Droit bancaire

Droit bancaire

2e édition

2019

Sous la coordination de
Jérôme Lasserre Capdeville
Maître de conférences HDR à l'Université de Strasbourg

Michel Storck
Professeur à l'Université de Strasbourg

Marc Mignot
Professeur à l'Université de Strasbourg

Jean-Philippe Kovar
Professeur à l'Université de Strasbourg

Nicolas Éréséo
Maître de conférences HDR à l'Université de Strasbourg

DALLOZ

Le pictogramme qui figure ci-contre mérite une explication. Son objet est d'alerter le lecteur sur la menace que représente pour l'avenir de l'écrit, particulièrement dans le domaine de l'édition technique et universitaire, le développement massif du photocopillage.

Le Code de la propriété intellectuelle du 1er juillet 1992 interdit en effet expressément la photocopie à usage collectif sans autorisation des ayants droit. Or, cette pratique s'est généralisée dans les établissements d'enseignement supérieur, provoquant une baisse brutale des achats de livres et de revues, au point que la possibilité même pour les auteurs de créer des oeuvres nouvelles et de les faire éditer correctement est aujourd'hui menacée.

Nous rappelons donc que toute reproduction, partielle ou totale, de la présente publication est interdite sans autorisation de l'auteur, de son éditeur ou du Centre français d'exploitation du droit de copie (CFC, 20 rue des Grands-Augustins, 75006 Paris).

DALLOZ

31-35 rue Froidevaux, 75685 Paris cedex 14

ISBN : 978-2-247-18950-2
978-2-247-19100-0

SOMMAIRE

(Une table des matières détaillée figure à la fin de l'ouvrage)

ABRÉVIATIONS

A.	arrêté
Actu. proc. coll.	revue *Actualité des procédures collectives*
Actualité bancaire	revue *Actualité bancaire*
AFECEI	Association française des établissements de crédit et des entreprises d'investissement
AJ	partie « Actualité juridique » (*Recueil Dalloz*)
AJDI	revue *Actualité juridique droit immobilier*
Anc. C. pr. civ.	Ancien Code de procédure civile
ass. plén.	assemblée plénière
Ass. plén.	Cour de cassation, assemblée plénière
Avis	Cour de cassation, avis
BALO	*Bulletin des annonces légales obligatoires*
Banque et droit	revue *Banque et droit*
Banque magazine	revue *Banque magazine*
Banque	revue *Banque*
BCAC	Bureau commun d'assurances collectives
BICC	*Bulletin d'information de la Cour de cassation*
BOCCRF	*Bulletin officiel de la concurrence, de la consommation et la répression des fraudes*
BODACC	*Bulletin officiel des annonces civiles et commerciales*
BRDA	*Bulletin rapide de droit des affaires*
Bull. Banque de France	*Bulletin de la Banque de France*
Bull. civ.	*Bulletin des arrêts de la Cour de cassation* (chambres civiles)
Bull. crim.	*Bulletin des arrêts de la Cour de cassation* (chambre criminelle)
Bull. Joly Bourse	*Bulletin Joly Bourse et produit financiers*
Bull. Joly	*Bulletin Joly* (mensuel d'information des sociétés)
Bull. mens. COB	*Bulletin mensuel de la COB*
Bull. mixte	*Bulletin des arrêts de la Cour de cassation* (chambre mixte)
C. civ.	Code civil
C. com.	Code de commerce
C. consom.	Code de la consommation
C. marchés	Code des marchés publics
C. mon. fin.	Code monétaire et financier
C. pr. civ.	Code de procédure civile
C. pr. exéc.	Code des procédures civiles d'exécution

C. pr. pén.	Code de procédure pénale
C. trav.	Code du travail
c/	contre *(Dupond c/Durand)*
CAA	cour administrative d'appel
Cah. dr. entr.	*Cahiers de droit de l'entreprise*
CCC	*Contrats, concurrence, consommation*
CCE	*Communication - Commerce électronique*
CCH	Code de la construction et de l'habitation
CE	Conseil d'État
CEDH	Cour européenne des droits de l'Homme
CESR	Committee of European Securities Regulator
CGI	Code général des impôts
circ.	circulaire
Civ. 1re	Cour de cassation, première chambre civile
Civ. 2e	Cour de cassation, deuxième chambre civile
Civ. 3e	Cour de cassation, troisième chambre civile
CJCE	Cour de justice des Communautés européennes
COJ	Code de l'organisation judiciaire
Com.	Cour de cassation, chambre commerciale
Comm. clauses abusives	Commission des clauses abusives
Cons. conc.	Conseil de la concurrence
Cons. const.	Conseil constitutionnel
Constr.-Urb.	revue *Construction et urbanisme*
Conv. EDH	Convention européenne des droits de l'Homme
Crim.	Cour de cassation, chambre criminelle
D. Affaires	*Dalloz Affaires* (de 1995 à 1999)
D.	décret
D.	*Recueil Dalloz*
Defrénois	*Répertoire du notariat Defrénois*
DH	*Dalloz hebdomadaire*
DP	*Dalloz périodique*
Dr. adm.	revue *Droit administratif*
Dr. et patr.	revue *Droit et patrimoine*
Dr. et proc.	revue *Droit et procédures (ancienne Revue des huissiers)*
Dr. fiscal	revue *Droit fiscal*
Dr. pénal	revue *Droit pénal*
Dr. prat. com. int.	revue *Droit et pratique du commerce international*
Dr. sociétés	revue *Droit des sociétés*
Droit 21	*Droit 21* (revue de droit des affaires sur Internet)
fasc.	fascicule
FBF	Fédération bancaire française
FFSA	Fédération française des sociétés d'assurances
FNMF	Fédération nationale de la mutualité française
Gaz. Pal.	*Gazette du Palais*

Gaz. proc. coll.	*Gazette des procédures collectives*
IR	partie « Information rapide » (dans le *Recueil Dalloz*)
J.-Cl. Banque	*Juris-Classeur Banque-Crédit-Bourse*
J.-Cl. com.	*Juris-Classeur Commercial*
J.-Cl. Sociétés	*Juris-Classeur Sociétés*
JCP CI.	*Juris-Classeur périodique*, édition commerce et industrie (jusqu'en 1984)
JCP E	*Juris-Classeur périodique*, édition entreprise (depuis 1984)
JCP N	*Juris-Classeur périodique*, édition notariale
JCP	*Juris-Classeur périodique*, édition générale
JO	*Journal officiel*
JOAN Q/JO Sénat Q	*Journal officiel* (réponses ministérielles à questions écrites)
JOCE	*Journal officiel des Communautés européennes*
JOUE	*Journal officiel de l'Union européenne*
jur.	partie « Jurisprudence » (dans divers recueils et revues)
Juris-Data	*Juris-Data (banque de données juridiques)*
LEDB	*L'Essentiel droit bancaire*
LEDC	*L'Essentiel droit des contrats*
LEDEN	*L'Essentiel Droit des entreprises en difficulté*
Lexbase hebdo aff.	*Lexbase hedommadaire affaires*
LPA	*Petites affiches (Les)*
LPF	Livre des procédures fiscales
ord. réf.	ordonnance de référé
Quot. jur.	*Quotidien juridique*
RCA	revue *Responsabilité civile et assurances*
RD aff. int.	*Revue de droit des affaires internationales*
RD banc. fin.	*Revue de droit bancaire et financier* (depuis 1999)
RD bancaire et bourse	*Revue de droit bancaire et de la bourse* (jusqu'en 1999)
RDC	*Revue des contrats*
Rec. CE	*Recueil des décisions du Conseil d'État*
Rép. civ.	*Encyclopédie Dalloz, Répertoire de droit civil*
Rép. com.	*Encyclopédie Dalloz, Répertoire de droit commercial*
rép. min.	réponse ministérielle
Rép. Sociétés	*Encyclopédie Dalloz, Répertoire de droit des sociétés*
Req.	Cour de cassation, chambre des requêtes
Resp. civ. et assur.	revue *Responsabilité civile et assurances*
Rev. crit. législ. et jurispr.	*Revue critique de législation et de jurisprudence*
Rev. de la stabilité fin.	*Revue de la stabilité financière*
Rev. huiss.	*Revue des huissiers de justice*
Rev. proc. coll.	*Revue des procédures collectives*
Rev. Sociétés	*Revue des sociétés*

RGDA	Revue générale du droit des assurances
RID comp.	*Revue internationale du droit comparé*
RJ com.	*Revue de jurisprudence commerciale*
RJDA	*Revue de jurisprudence de droit des affaires*
RLC	*Revue Lamy de la concurrence*
RLDA	*Revue Lamy de droit des affaires*
RLDC	*Revue Lamy droit civil*
RTD civ.	*Revue trimestrielle de droit civil*
RTD com.	*Revue trimestrielle de droit commercial*
RTDF	*Revue trimestrielle de droit financier*
RUU	Règles et usances uniformes
S.	*Recueil Sirey*
Soc.	Cour de cassation, chambre sociale
somm.	sommaire, partie « Sommaire » (dans divers recueils et revues)
v. ss	voir sous numéro (de paragraphe)
T. com.	Tribunal de commerce
T. confl.	Tribunal des conflits
TGI	Tribunal de grande instance
TI	Tribunal d'instance

INTRODUCTION

I. Présentation générale du droit bancaire

1 ***Définition*** ◊ Le droit bancaire est, d'une façon générale, l'ensemble des règles concernant les opérations de banque mais aussi ceux qui les accomplissent à titre professionnel. Cette définition peut être précisée.

En premier lieu, cette branche du droit a vocation à régir un certain nombre d'opérations, et plus particulièrement des opérations de banque. L'article L. 311-1 du Code monétaire et financier déclare que relèvent de cette catégorie : la réception de fonds remboursables du public, la délivrance de crédits et enfin la mise à disposition ou la gestion des services bancaires de paiement [1]. Les établissements de crédit jouissent d'ailleurs d'un monopole pour réaliser de telles opérations à titre habituel [2]. Le droit bancaire est donc d'abord « le droit des activités bancaires ». Mais cela n'est pas tout.

En second lieu, le droit bancaire est également un droit professionnel, puisque s'adressant à certaines personnes déterminées en raison de leur activité professionnelle, et plus particulièrement les établissements de crédit [3]. Pour mémoire, ces derniers sont définis par l'article L. 511-1 du Code monétaire et financier comme les « entreprises dont l'activité consiste, pour leur propre compte et à titre de profession habituelle à recevoir des fonds remboursables du public (...) et à octroyer des crédits (...) ». Cette notion générique regroupe des établissements assez différents mentionnés par l'article L. 511-9 du Code monétaire et financier, à savoir les banques, les banques mutualistes ou coopératives, les caisses de crédit municipal, et enfin les établissements de crédits spécialisés [4]. Tous ces établissements, et d'autres encore [5], sont dès lors encadrés par le droit bancaire. Ce dernier peut ainsi être aussi perçu comme « le droit de la profession bancaire ».

---

1. V. ss 52. Notre droit connaît aussi des opérations connexes, visées par l'article L. 311-2 du Code monétaire et financier, que peuvent accomplir les établissements de crédit, sans pour autant bénéficier d'un monopole en la matière, v. ss 76.

2. V. ss 58.

3. Il serait cependant erroné de se limiter aux seuls établissements de crédit. On peut songer également aux établissements de paiement, aux établissements de monnaie électronique, aux sociétés de financement, aux changeurs manuels, etc. V. ss 159.

4. On comptait dans notre pays, au 1er janvier 2018, 339 établissements de crédit, dont 145 banques, 82 banques mutualistes ou coopératives, 18 caisses de crédit municipal et enfin 76 établissements de crédit spécialisés.

5. V. ss 159.

2 ***Droit lié à l'économie*** ◊ Le droit bancaire entretient incontestablement des liens forts avec l'économie [1]. Nous l'avons vu avec la crise des *subprimes* : la chute du marché immobilier aux États-Unis a entraîné une crise particulièrement grave pour le marché bancaire. Ces liens ne sauraient surprendre. Économiquement, les banques jouent un rôle d'intermédiaire financier. Elles collectent les dépôts et octroient des crédits. En outre, elles bénéficient d'un pouvoir de création monétaire, dans la mesure où elles n'accordent pas seulement des crédits à l'aide des sommes qu'elles ont préalablement collectées. En d'autres termes, les banques ne sont pas des entreprises comme les autres.

3 ***Droit issu du droit commercial*** ◊ À l'origine, le droit bancaire était inclus dans le droit commercial. D'ailleurs, aujourd'hui encore, certaines règles intéressant le droit bancaire figurent dans le Code de commerce. C'est le cas, par exemple, des articles L. 511-1 et suivants de ce Code, relatifs à la lettre de change, c'est-à-dire un instrument de crédit.

Ce n'est ainsi que progressivement que le droit bancaire s'est détaché du droit commercial pour devenir un droit autonome. Aujourd'hui, cette situation ne laisse aucune place au doute : le droit bancaire est bien une matière à part entière. Plusieurs éléments en attestent. Tout d'abord, les textes relevant de cette branche dérogent sur de nombreux points au droit commercial. De plus, les dispositions essentielles du droit bancaire figurent dans un code particulier, le Code monétaire et financier. En outre, ce droit fait l'objet, depuis de nombreuses années, d'ouvrages spéciaux qui lui sont exclusivement consacrés [2]. Enfin, le droit bancaire est enseigné de façon autonome dans les facultés de droit.

Les liens privilégiés avec le droit commercial ne sont pas remis en cause pour autant. Rappelons ainsi que l'article L. 110-1, 7°, du Code de commerce voit comme étant des actes de commerce « toute opération de change, banque et courtage ». Cette nature est importante. Elle explique, par exemple, pourquoi des établissements de crédit non commerçants, telles les caisses locales et régionales du Crédit Agricole, réalisent bien des actes de commerce [3].

4 ***Droit d'application fréquente*** ◊ Les citoyens sont souvent confrontés au droit bancaire. Par exemple, le Code du travail obligeant l'employeur à payer par chèque ou virement bancaire les salaires au-delà d'un certain montant [4], la signature d'un contrat de travail implique d'être titulaire d'un compte en banque. De même, les paiements réalisés par virements,

---

1. M.-A. Frison-Roche (dir.), *Les banques entre droit et économie*, LGDJ, 2006.
2. V. Bibliographie.
3. Com. 17 juill. 2001, n° 98-18.435 : *Bull. civ.* IV, 2001, n° 142 ; *D.* 2001, *AJ pénal* 2409. Com. 20 nov. 2007, n° 05-16.219 : *Bull. civ.*, n° 246 ; *D.* 2008, *AJ pénal* 7, obs. X. Delpech ; *D.* 2008. Pan. 872, obs. H. Synvet ; *Banque et Dr.* 3-4/2008. 12, obs. Th. Bonneau.
4. C. trav., art. L. 3241-1. – La limite est de 1 500 euros.

cartes bancaires, ou chèques nécessitent de recourir à des dispositions de droit bancaire. De tels paiements sont d'ailleurs obligatoires au-delà de certains seuils [1]. Un droit au compte et aux services bancaires de base est alors prévu par notre droit [2]. Enfin, il est difficilement imaginable de recourir au crédit sans passer par l'intermédiaire des établissements de crédit, ces derniers disposant, avec les sociétés de financement, d'un monopole en la matière. Nous pourrions encore multiplier les exemples témoignant de la fréquence de l'intervention du droit bancaire dans nos activités quotidiennes.

5 ***Droit en perpétuelle évolution*** ◇ Le droit bancaire est un droit particulièrement évolutif. Il est en effet fréquent qu'il fasse l'objet de modifications légales [3]. Si l'on s'accorde à voir dans la loi n° 1984-46 du 24 janvier 1984 relative à l'activité et au contrôle des établissements de crédit [4] le texte « de base » du droit bancaire contemporain, force est de constater que, trente ans plus tard, peu de dispositions découlant de ce texte ont conservé leur contenu d'origine [5]. Les interventions du législateur, mais aussi du pouvoir réglementaire, ont été ainsi régulières [6]. Cela a notamment été le cas, ces dernières années, dans le but de renforcer les droits de la clientèle des banques.

En outre, au-delà de cette évolution « textuelle », le droit bancaire donne lieu à un contentieux abondant. Une rapide vérification sur les sites juridiques « recensant » la jurisprudence suffit pour s'en convaincre. Or, il arrive que les juges dégagent de façon prétorienne des « devoirs » ou « obligations » à la charge du banquier : devoir de non-ingérence [7], de mise en garde de l'emprunteur [8], d'éclairer le client souscrivant une assurance de groupe [9], etc. Or, ces solutions ont tout autant d'importance en pratique que les textes écrits.

6 ***Droit conventionnel*** ◇ L'activité bancaire s'effectue principalement par la conclusion de contrats par les établissements de crédit avec leurs clients ou d'autres établissements.

---

1. C. mon. fin., art. L. 112-6 s. C'est ainsi, notamment, que depuis le décret n° 2015-741 du 24 juin 2015, il n'est plus possible pour un ressortissant français d'effectuer un paiement en espèces au-delà de la limite de 1 000 euros. J. Lasserre Capdeville, *Renforcement des exceptions au droit de payer en espèces* : *Gaz. Pal.* 2 sept. 2015, n° 245, p. 5. – V. plus récemment, J. Lasserre Capdeville, « *Nouveautés concernant l'interdiction de paiement en espèces ou au moyen de monnaie électronique* », *LPA*, 30 mai 2018, n° 108, p. 5.

2. C. mon. fin., art. L. 312-1. – Sur ce droit, v. ss 639.

3. Pour une liste, impressionnante, des principaux textes ayant modifié le droit bancaire depuis la codification du Code monétaire et financier, Th. Bonneau, *Droit bancaire*, Montchrestien, 2013, 10e éd., n° 9.

4. Sur ce texte, v. ss 16.

5. Sur l'évolution de ce texte depuis trente ans, *Banque et Dr., 30 ans de la loi bancaire*, Hors série, mai 2014.

6. V. ss 19.

7. V. ss 267.

8. V. ss 1885.

9. V. ss 2812.

Ces contrats prennent le plus souvent la forme de contrats-types se matérialisant sous la forme d'imprimés établis par les banquiers. Il s'agit fréquemment de contrats d'adhésion, c'est-à-dire de contrats comportant « un ensemble de clauses non négociables, déterminées à l'avance par l'une des parties »[1]. La place de la négociation contractuelle y est alors réduite : le client ne peut qu'adhérer intégralement au contrat qui lui est proposé ou le refuser. Comme le résume un courant doctrinal : « Le "sur-mesure" est seulement réservé aux clients les plus importants »[2]. Ce phénomène a été encore accentué en raison du développement de l'informatique, mais aussi du fait de l'importance prise par le droit de la consommation[3].

7 ***Droit technique*** ◊ Le droit bancaire n'est pas toujours totalement « accessible » au grand public. Certaines questions sont ainsi particulièrement complexes, plus particulièrement pour le profane. Songeons, par exemple, aux règles régissant le taux effectif global en matière de crédit[4].

De même, la lecture de certaines dispositions légales n'est pas aisée, le législateur usant, et abusant parfois, des renvois à d'autres articles du Code monétaire et financier, voire à d'autres codes encore. Les règles relatives aux « autres instruments de paiement » dans le Code monétaire et financier[5] présentent, par exemple, de telles lacunes.

Devant ces difficultés, il n'est pas surprenant de noter que plusieurs éditeurs proposent désormais à la vente un Code monétaire et financier commenté[6].

II. Domaine commun avec d'autres branches du droit

8 ***Différenciations*** ◊ Il serait tentant d'essayer de distinguer le droit bancaire d'autres branches juridiques lui paraissant très proches, tel le droit financier, le droit de la régulation bancaire ou encore le droit du crédit. Or, l'analyse de ces dernières ne permet pas d'opérer une telle distinction, certains de leurs « pans » pouvant être intégrés dans le droit bancaire.

Citons, tout d'abord, le droit financier que l'on pourrait définir comme le droit régissant à la fois les activités liées aux marchés, et plus particulièrement les services d'investissement portant sur des instruments

1. C. civ., art. 1110, al. 2.
2. S. Piedelièvre et E. Putman, *Droit bancaire*, Economica, 2011, n° 23.
3. V. ss 23, 1930.
4. V. ss 1651.
5. C. mon. fin., art. L. 133-1 s.
6. Le Code monétaire et financier Dalloz est ainsi commenté par Michel Storck et Jérôme Lasserre Capdeville, et le Code monétaire et financier Litec par Caroline Kleiner, Didier Martin, Mathieu Françon, Caroline Houin-Bressand, Damien Lukacs, et Laurent Schwebel. Récemment L'Argus a également publié un Code monétaire et financier commenté sous la direction de Luc Grynbaum.

financiers, les marchés eux-mêmes et enfin les différents acteurs des marchés [1]. Certes, les opérations financières ne sauraient être vues comme des opérations de banque au sens de l'article L. 311-1 du Code monétaire et financier. Néanmoins, les activités financières des établissements de crédit, plus particulièrement sur les marchés financiers, sont aujourd'hui une réalité et donnent lieu à un contentieux important. Il est alors difficile de les écarter de l'activité des professionnels de la banque alors qu'elles font partie de son quotidien. Cela explique d'ailleurs pourquoi elles seront rapidement abordées dans cet ouvrage à travers les questions intéressant les établissements de crédit, et plus particulièrement la responsabilité des prestataires de services d'investissement [2].

De même, le droit bancaire présente des points communs avec le droit de la régulation bancaire. Cette branche du droit, qui est relativement récente [3], tend à l'encadrement et au contrôle de l'activité bancaire, en la soumettant au respect de diverses normes, pour en maîtriser les risques afin de préserver la sécurité des déposants, la stabilité du système financier et les grands équilibres économiques. Cette matière, parfois qualifiée de « droit public bancaire », entretient alors des liens particulièrement étroits avec le droit bancaire. Un domaine commun peut ici aussi être constaté. Une place sera donc également laissée dans cet ouvrage au droit de la régulation bancaire [4].

Citons enfin le cas du droit du crédit, c'est-à-dire l'encadrement légal de l'octroi de crédit sous toutes ses formes. Il faut noter que certains auteurs ont utilisé, à une époque, l'expression de droit du crédit comme synonyme de droit bancaire [5]. Cela doit être aujourd'hui relativisé car l'activité de dispensateur de crédit du banquier occupe une place moins importante : la délivrance de crédits n'est que l'une des opérations pouvant être réalisée à titre habituel par un établissement de crédit (ou une société de financement). Le droit du crédit ne recouvre donc pas totalement la matière bancaire, mais doit être simplement vu comme une partie du droit bancaire [6].

Cette dernière solution est également envisageable avec le droit des instruments de paiement ou encore le droit des instruments de crédit.

---

1. Th. Bonneau et F. Drummond, *Droit des marchés financiers*, Economica, 2010, 3e éd., n° 36. – Sur cette matière, Th. Bonneau, P. Pailler, A.-Cl. Rouaud, A. Tehrani et R. Vabres, *Droit financier*, LGDJ, 2017.

2. V. ss 2723.

3. J.-Ph. Kovar et J. Lasserre Capdeville, *Droit de la régulation bancaire*, Revue Banque éditeur, préf. Ch. Noyer, 2013. Th. Bonneau, *Régulation bancaire et financière européenne et internationale*, Bruylant, 2018, 4e éd.

4. V. ss 394.

5. Ch. Gavalda et J. Stoufflet, *Droit du crédit, t. 1 : les institutions*, Litec, 1990 et *Droit du crédit, t. 2 : Instruments de paiement et de crédit. Effets de commerce, chèque, carte de paiement, transfert de fonds*, 2009, 7e éd.

6. Cette solution n'est pas partagée par tous les auteurs. Certains observent ainsi que le droit du crédit aborde également des questions qui ne sont pas forcément liées à l'activité des établissements de crédit, tel le prêt participatif ou le crédit interentreprises. Th. Bonneau, *Droit bancaire*, Domat droit privé, LGDJ, 2017, 12e éd., n° 5.

9 ***Expression « droit bancaire »*** ◇ Au final, nous le voyons, l'utilisation de l'expression « droit bancaire » se justifie par la multiplicité des questions qu'elle couvre concrètement. Elle n'est cependant pas à l'abri de toute critique non plus. En effet, les banques ne sont, d'un point de vue juridique, qu'une catégorie des établissements de crédit, à l'instar des banques mutualistes ou coopératives ou des caisses de crédit municipal.

L'expression « droit des établissements de crédit » ne devrait-elle pas dès lors être préférée ? Nous ne le pensons pas. Cette solution aurait pour défaut d'écarter, en raison de sa précision, les règles de droit concernant d'autres établissements en lien avec le « monde bancaire », tels que les établissements de paiement, les établissements de monnaie électronique ou encore les sociétés de financement.

Le recours à l'expression « droit bancaire » est donc la moins mauvaise des solutions.

III. Histoire de la banque et du droit bancaire

10 ***Antiquité*** ◇ Le droit bancaire est une branche du droit ancienne. En effet, les opérations de paiement et de crédit, qui vont de pair avec l'activité bancaire, sont ancestrales. On en trouve ainsi déjà des traces dans l'Antiquité. On peut citer les Babyloniens (avec le code d'Hammourabi vers 1700 av. J.-C.), les Égyptiens ou encore les Phéniciens qui connaissaient ces opérations et cherchaient à les encadrer [1].

Il en a été de même à Rome lorsque le commerce s'y est développé. Les financiers de l'époque, les *argentarii*, pouvaient réaliser toute une série d'opérations à connotation bancaire : dépôts, crédits, tenue des comptes, etc. Le droit romain reconnaissait ainsi la validité du contrat de prêt sous la forme du *nexum* et de la *stipulatio* [2], tout en en limitant le taux par crainte de pratiques usuraires.

11 ***Moyen-Âge*** ◇ Si les invasions barbares ont réduit la vie économique, et donc l'importance de l'activité bancaire [3], cette même économie a repris de l'importance au XIe siècle, notamment dans certaines villes de l'Italie du Nord. À cette époque, les banques jouent un rôle essentiel d'intermédiaires pour permettre le règlement des échanges internationaux. Grâce à elles, et aux outils qu'elles créent progressivement, notamment la lettre de change, le commerce peut se développer avec une sécurité plus grande, le transport d'argent pour procéder au règlement des marchandises devenant inutile.

---

1. Notons que c'est au VIIe siècle av. J.-C. qu'apparait, en Lydie, la monnaie frappée.
2. Certaines banques romaines accompagnaient aussi les armées. Les *negociatores* constituèrent ainsi le premier réseau bancaire multinational.
3. La banque est en effet le reflet de l'économie. Quand l'insécurité domine, quand les échanges se rarifient, les banques dépérissent. O. Pastré, *La banque*, Les essentiels, Milan, 1997, p. 6.

Un critère religieux a cependant eu une incidence importante, à cette époque, sur le développement de la pratique bancaire et des règles en résultant. C'est ainsi que le droit canonique s'est plutôt montré hostile à l'activité bancaire, notamment en interdisant le prêt à intérêt. L'ancien droit n'a alors eu de cesse de faire respecter ce principe (Ordonnance de Saint Louis en 1254 ; de Charles IX en 1560 ou encore d'Henri III en 1579), avant que certains actes royaux ne permettent d'en contourner la rigueur par la possibilité de fixer des « placements à rente » (Édit de Charles IX de 1572 ou Déclaration du roi Henri IV de 1609). Il faudra attendre, toutefois, la révolution pour qu'il soit mis fin à cette prohibition du prêt à intérêt. En revanche, d'autres religions, comme le judaïsme ou le protestantisme, n'ont pas fait preuve d'une telle hostilité à l'égard du prêt. Cela leur a alors permis de développer des activités bancaires à la même époque.

Enfin, et malgré ces différences d'approches, le rôle du banquier a été amené à se diversifier progressivement : d'intermédiaire dans les opérations de change de monnaie dans les foires, le banquier est devenu dépositaire des fonds qu'on lui confie puis dispensateur de crédits.

12 ***Renaissance*** ◊ C'est néanmoins surtout à partir de la Renaissance que les banques ont connu un véritable essor. Les grandes découvertes ont ainsi permis un afflux des métaux précieux et la prohibition du prêt à intérêt a connu des assouplissements. De grands banquiers privés ont alors fait leur apparition à cette époque, tels Jacques Cœur en France ou les Médicis à Florence.

Au XVIIe siècle, des établissements se créent sous forme de sociétés. Les billets de banque font, quant à eux, leur apparition en Angleterre vers 1640.

13 ***XIXe siècle*** ◊ C'est au XIXe siècle, grâce à l'avènement du capitalisme et du libéralisme, que le système bancaire se développe réellement en France, sans qu'une réglementation ne soit adoptée pour autant [1]. Ainsi, en 1807, le Code de commerce ne prévoit aucune disposition spécifique à la matière bancaire.

En 1799, est créée la Banque de France avec l'accord du Premier Consul. Son rôle public de banque d'émission la soumet au contrôle de l'État bien qu'il s'agisse d'une société privée (elle ne sera nationalisée qu'en 1945).

Avec le second Empire, des grandes banques privées de dépôts sont créées, comme par exemple le Comptoir national d'Escompte de Paris (1860), le Crédit lyonnais (1863) ou la Société générale (1864). Des banques régionales font également leur apparition à cette période, telles la Société marseillaise de crédit (1865) ou le Comptoir d'Escompte de Lille (1867). Toutes ces banques se créent librement, sur la seule initiative des individus intéressés, et leur fonctionnement est tout aussi dépourvu de contrainte.

---

1. Le Code civil entérine la fin de la prohibition précitée en admettant dans son principe le prêt à intérêt, C. civ., art. 1905 s.

Avec la IIIe République, ce sont les banques d'affaires qui font leur apparition. On peut citer la Banque de Paris et des Pays-Bas (1872) ou la Banque de l'Union parisienne (1904). On assiste également à la création de nouvelles banques de dépôts à succursales multiples comme le Crédit commercial de France (1894) ou la Banque nationale de Crédit (1912).

Enfin, des banques coopératives ou mutualistes apparaissent à cette époque. On peut mentionner le cas de la Banque populaire (1878) ou du Crédit Agricole (1885).

14 ***Crise économique de 1929*** ◊ Jusqu'à la crise économique de 1929 qui va entraîner la faillite de milliers d'entreprises, le secteur bancaire n'est soumis à aucune législation particulière. L'activité de la banque parvient alors à se développer librement. Cependant, suite à cette crise aux conséquences internationales, s'ouvre une période de dirigisme économique se traduisant par un interventionnisme étatique de plus en plus marqué. La loi du 19 juin 1930 sur la profession bancaire fut ainsi l'un des premiers textes cherchant à moraliser la profession de banquier, notamment par le biais de diverses interdictions [1]. Mais ces mesures, d'ordre négatif, ne constituaient pas un contrôle de la profession.

Celui-ci n'existe qu'à partir du moment où l'activité des diverses banques se trouve orientée par d'autres que leurs propriétaires ou encore lorsque les opérations qu'elles concluent avec leur clientèle doivent respecter des règles de fond qui ne sont pas édictées par leurs propriétaires. Telles sont les deux voies dans lesquelles notre droit s'est orienté avec les lois des 13 et 14 juin 1941 [2].

Ces textes ont permis le contrôle des banques par des organismes professionnels qui édictent une réglementation assortie de peines disciplinaires. Les organismes professionnels sont alors composés d'un Comité permanent d'organisation professionnelle des banques, d'une Commission de contrôle et d'une Association professionnelle des banques.

Cet encadrement juridique est important et va au-delà du simple contrôle des établissements de crédit. Le Conseil national du crédit peut, par exemple, ordonner à une banque de fermer telle ou telle succursale si les circonstances le justifient.

15 ***Après la Seconde Guerre mondiale*** ◊ À la fin du second conflit mondial, l'État continue à assurer la direction du crédit pour orienter

---

1. Elle est ainsi venue interdire l'exercice de la profession de banquier aux condamnés pour crime et pour certains délits, et notamment l'escroquerie ou l'abus de confiance. Loi du 19 juin 1930, portant interdiction de l'exercice de la profession de banquier aux individus frappés de certaines condamnations et aux faillis non réhabilités : *JO* 20 juin 1930, p. 6754.

2. Loi n° 2-532 du 13 juin 1941, relative à la réglementation et à l'organisation de la profession bancaire : *JO* 6 juill. 1941, p. 2830. Loi n° 2-253 du 14 juin 1941, relative à la réglementation et organisation des professions se rattachant à la profession du banquier et qui accomplissent à titre principal, accessoire ou occasionnel des opérations de banques prévues à l'article 27 de la loi du 13 juin 1941 : *JO* 6 juill. 1941, p. 2834.

l'économie vers les activités jugées essentielles. Dans ce but, est promulguée la loi du 2 décembre 1945 relative à la nationalisation et à l'organisation du crédit [1] qui modifie, sans pour autant les abroger, les lois des 13 et 14 juin 1941. Ces textes seront complétés, par la suite, à plusieurs reprises.

Notons qu'à l'époque, le système bancaire est des plus morcelés. En premier lieu, existe un secteur bancaire regroupant les banques inscrites et les établissements financiers relevant de la Banque de France, du Conseil national du crédit et de la Commission de contrôle des banques. Le concept de banque n'est, d'ailleurs, pas lui-même homogène, puisque le droit distingue les banques de dépôt, les banques d'affaires et les banques de crédit à moyen et long terme. En second lieu, on trouve des établissements à statut légal spécial échappant au droit commun bancaire, investis d'une mission de service public, notamment de distribution de prêts bonifiés et bénéficiant d'un régime fiscal particulier [2].

L'intervention de l'État ne s'est, en outre, pas limitée à un travail législatif et réglementaire. Il a également procédé à la nationalisation de la Banque de France et des quatre grandes banques de dépôts de l'époque : le Crédit Lyonnais, la Société générale, la Banque nationale pour le Commerce et l'Industrie et le Comptoir national d'Escompte de Paris. Ce mouvement s'est poursuivi au début des années 1980 par la nationalisation de 36 banques et de 2 compagnies financières par la loi n° 82-155 du 11 février 1982 [3].

Par la suite, en revanche, une politique plus libérale a été mise en place. Des privatisations partielles du secteur bancaire ont ainsi été engagées en 1986 (privatisation de Paribas, du crédit commercial de France et de la Société générale), puis reprises en 1996 (privatisation de la Banque française du commerce extérieur) et poursuivies en 1997 (privatisation du Crédit Lyonnais et du CIC).

16 ***Loi bancaire de 1984*** ◊ Le système mis en place par les lois de juin 1941 et de décembre 1945 a fini par se révéler de moins en moins adapté à l'évolution de la profession bancaire. La loi n° 1984-46 du 24 janvier 1984 relative à l'activité et au contrôle des établissements de crédit, dite « loi bancaire » [4], a alors été adoptée. Celle-ci vient définir un statut de base aux établissements de crédit, tout en rénovant le dispositif institutionnel de l'organisation bancaire.

---

1. Loi n° 45-015 du 2 décembre 1945, relative à la nationalisation et à l'organisation du crédit : *JO* 3 déc. 1945, p. 8001.

2. A. Gourio, « L'adoption de la loi du 24 janvier 1984 », *Banque et Dr.*, hors série, mars 2014, p. 7.

3. Loi n° 82-155 du 11 février 1982 de nationalisation : *JO* 13 févr. 2012, p. 566.

4. Loi n° 84-29 du 24 janvier 1984 relative à l'activité et au contrôle des établissements de crédit : *JO* 25 janv. 1984, p. 390. Sur ce texte, Ch. Gavalda et J. Stoufflet, « La loi bancaire du 24 janvier 1984 », *JCP* 1985, I, 3176. F.-J. Crédot, « La nouvelle loi bancaire : ses aspects institutionnels », *Banque*, mars 1984, n° 437, p. 275. M. Cabrillac et B. Teyssié, « La loi relative à l'activité et au contrôle des établissements de crédit », *RTD com.* 1984. 307.

Ce texte est notamment à l'origine d'un concept générique d'établissement de crédit couvrant différents types d'organisation. Plus concrètement, cette évolution s'est traduite par la fusion des banques de dépôts et des banques d'affaires et la banalisation des banques mutualistes et coopératives. Beaucoup de ces établissements de crédit se sont alors retrouvés dans la possibilité d'exercer, en plus des opérations de banque, des activités financières, d'abord à titre d'opérations connexes puis, par la suite, comme prestataires de services d'investissement agréés [1]. La constitution de « banques universelles » a donc été facilitée par la loi du 24 janvier 1984 [2].

Le contenu de ce texte, finalement codifié dans le Code monétaire et financier [3], a fait l'objet, depuis lors, de nombreuses évolutions [4].

17 ***Évolution depuis 2007*** ◊ Les différentes crises subies par les secteurs de la banque et de la finance depuis 2007, et notamment la crise de l'euro, ont eu des incidences sur l'évolution du droit bancaire et du droit de la régulation bancaire, l'idée étant clairement d'accroître le contrôle exercé sur la profession et l'activité bancaire, que cela soit au niveau national, européen ou international. Il est vrai que ces crises ont pu démontrer que si l'État avait pu renoncer dans une large mesure à exercer le métier de banquier, les banques ne pouvaient se passer de son concours en période de difficulté financière grave.

Plusieurs textes majeurs ont ainsi été adoptés. Citons, à titre d'illustration, l'ordonnance n° 2010-76 du 21 janvier 2010 à l'origine de la création, à la place notamment de la Commission bancaire, de l'Autorité de contrôle prudentiel (devenue par la suite l'Autorité de contrôle prudentiel et de résolution) [5]. Depuis lors, une seule autorité « de supervision » est compétente en matière de délivrance d'agrément (sauf pour les établissements de crédit du fait des pouvoirs désormais reconnus à la Banque centrale européenne), de surveillance des professionnels et de sanction en cas de manquements relevés. Cette autorité est compétente à la fois pour les secteurs de la banque et de l'assurance.

Cet encadrement n'a cessé de se renforcer, notamment par l'intermédiaire de la loi n° 2010-1249 du 22 octobre 2010 de régulation bancaire et financière [6] ou encore de la loi n° 2013-672 du 26 juillet 2013 de séparation et de régulation bancaire [7].

---

1. Loi n° 96-597 du 2 juillet 1996 de modernisation des activités financières : *JO* 4 juill. 1996, p. 10063.

2. J. Lasserre Capdeville, « Quel avenir pour les banques universelles en droit français ? », *LPA*, 3 mai 2016, n° 88, p. 4, n° 6 s.

3. V. ss 20.

4. V. ss 21. Sur l'évolution de ce texte depuis trente ans, Collectif, « 30 ans de la loi bancaire », *Banque et Dr.* 5/2014, hors série.

5. V. ss 395.

6. V. ss 21.

7. V. ss 21.

Ce mouvement peut également être observé au niveau européen. C'est ainsi qu'un « mécanisme de surveillance unique » (MSU) est entré en fonction le 4 novembre 2014 [1] : il a transféré à la Banque centrale européenne (BCE) les compétences de superviseur bancaire à l'échelon européen afin d'uniformiser les règles et normes de supervision et ainsi prévenir les défaillances au sein du système bancaire européen et sa contagion d'un État membre à l'ensemble des pays de l'Union européenne.

Mais quel est aujourd'hui, en 2019, l'état du droit bancaire ? Observons, pour répondre à cette interrogation, ses sources.

IV. Sources contemporaines du droit bancaire

18 À l'image d'autres branches du droit, et notamment le droit commercial, le droit bancaire présente à la fois des sources nationales (A), européennes (B) et internationales (C) [2]. Néanmoins, certaines évolutions particulières sont à souligner en la matière, et notamment l'importance progressivement prise par les règles d'origine professionnelle

A. Les sources nationales

19 Ces sources sont multiples et peuvent prendre diverses formes : la loi (1), le règlement (2), les codes de conduite et les bonnes pratiques (3), la jurisprudence du juge judiciaire (4) et des régulateurs (5) et enfin les usages (6).

1. La loi

20 ***Code monétaire et financier*** ◊ La principale source légale du droit bancaire figure aujourd'hui dans la partie législative Code monétaire et financier. Celui-ci a été promulgué par l'ordonnance n° 2000-1223 du 14 décembre 2000 [3] et réunis les principaux textes intéressant la matière, notamment la loi n° 84-46 du 24 janvier 1984 relative à l'activité et au contrôle des établissements de crédit [4], ou encore la loi n° 96-597 du 2 juillet 1996 de modernisation des activités financières [5]. Cette

---

1. Règlement (UE) n° 1024/2013 du Conseil du 15 octobre 2013 confiant à la Banque centrale européenne des missions spécifiques ayant trait aux politiques en matière de surveillance prudentielle des établissements de crédit : *JOUE* 29 oct. 2013, L 287/63. Sur cette évolution, v. ss 505.

2. S. Piedelièvre, « Remarques sur l'évolution actuelle des sources du droit bancaire », *in* Mél. Jestaz. Libre propos sur les sources du droit, Dalloz, 2006, p. 441.

3. Ordonnance n° 2000-1223 du 14 décembre 2000 relative à la partie législative du Code monétaire et financier : *JO* 16 déc. 2000, p. 20004.

4. V. ss 16.

5. Loi n° 96-597 du 2 juillet 1996 de modernisation des activités financières : *JO* 4 juill. 1996, p. 10063.

codification a donc permis de regrouper à droit constant les textes éparpillés régissant la matière bancaire, mais aussi la matière financière.

Ce code se divise en sept livres : la monnaie, les produits, les services, les marchés, les prestataires de services, les institutions en matière bancaire et financière et le régime de l'outre-mer. Son champ d'application est donc particulièrement large puisqu'il est commun à la banque et enfin les finance.

21 ***Inflation législative*** ◊ Cette codification n'a cependant pas « stabilisé » le droit bancaire : cela a été dit plus haut, celui-ci fait l'objet de fréquentes évolutions. Les réformes d'importance ne cessent ainsi de se multiplier ces dernières années [1]. Citons, à titre d'exemple, depuis 2010, la loi n° 2010-1249 du 22 octobre 2010 de régulation bancaire et financière [2], la loi n° 2013-100 du 28 janvier 2013 portant diverses dispositions d'adaptation de la législation au droit de l'Union européenne en matière économique et financière [3], la loi n° 2013-672 du 26 juillet 2013 de séparation et de régulation bancaire [4], la loi n° 2014-344 du 17 mars 2014 relative à la consommation, dite « loi "Hamon" » [5], la loi n° 2014-617 du 13 juin 2014 relative aux comptes bancaires inactifs et aux contrats d'assurance vie en déshérence [6], la loi n° 2015-990 du 6 août 2015 pour la croissance, l'activité et l'égalité des chances économiques, dite « loi Macron » [7], la loi n° 2016-1691 du 9 décembre 2016 relative à la transparence, à la lutte contre la corruption et à la modernisation

---

1. Pour une liste, impressionnante, des principaux textes ayant modifié le droit bancaire depuis la codification précitée, Th. Bonneau, *Droit bancaire*, Montchrestien, 2013, 10ᵉ éd., n° 9.

2. Loi n° 2010-1249 du 22 octobre 2010 de régulation bancaire et financière : *JO* 23 oct. 2010, p. 18984. J. Lasserre Capdeville, « Présentation générale de la loi de régulation bancaire et financière », *LPA*, 2010, n° 211, p. 3. Th. Bonneau, « Commentaire de la loi n° 2010-1249 du 22 octobre 2010 de régulation bancaire et financière », *JCP E* 2010. 19. Collectif, *LPA*, 16 déc. 2010, n° 250, n° spécial.

3. Loi n° 2013-100 du 28 janvier 2013 portant diverses dispositions d'adaptation de la législation au droit de l'Union européenne en matière économique et financière : *JO* 23 janv. 2013, p. 1721 ; J. Lasserre Capdeville, « La réforme de la monnaie électronique en droit français. Un nouveau droit pour un réel essor ? », *JCP* 2013, n° 10, 278, p. 489.

4. Loi n° 2013-672 du 26 juillet 2013 de séparation et de régulation bancaire : *JO* 27 juill. 2013, p. 12530. Sur ce texte, J. Lasserre Capdeville, « Séparation et régulation des activités bancaires. Une avancée du droit », *JCP* 2013, n° 36, 925, p. 1587. S. Piedelièvre, « La loi sur la séparation et la régulation des activités bancaires », *D.* 2013. 2110. Collectif, *LPA*, 27 sept. 2013, n° 194, n° spécial.

5. Loi n° 2014-344 du 17 mars 2014 relative à la consommation : *JO* 18 mars 2014, p. 5400. N. Mathey et J. Werner, « La loi relative à la consommation. Aspects de droit bancaire », *RDBF* 2012. Étude 6, n° 5 s. J. Lasserre Capdeville, « L'encadrement de la mobilité bancaire par la loi du 17 mars 2014 relative à la consommation », *JCP E* 2014. 500.

6. Loi n° 2014-617 du 13 juin 2014 relative aux comptes bancaires inactifs et aux contrats d'assurance vie en déshérence : *JO* 15 juin 2014, p. 9951. J. Lasserre Capdeville, « L'encadrement légal des comptes bancaires et des coffres-forts inactifs : étude d'une évolution », *RDBF* 2014, n° 4, étude n° 15, p. 11.

7. Loi n° 2015-990 du 6 août 2015 pour la croissance, l'activité et l'égalité des chances économiques : *JO* 7 août 2015, p. 13537. dalloz.fr, actualité, 8 sept. 2015, obs. X. Delpech.

de la vie économique[1], la loi n° 2017-201 du 21 février 2017 ratifiant les ordonnances du 14 mars 2016 et du 25 mars 2016[2] ou encore, plus près de nous, la loi n° 2018-700 du 3 août 2018 ratifiant l'ordonnance n° 2017-1252 du 9 août 2017[3]. D'autres textes légaux, ayant eu également des incidences en droit bancaire, auraient pu être mentionnés.

En outre, notons que le recours à l'ordonnance de l'article 38 de la Constitution est assez fréquent en matière bancaire, notamment pour transposer des directives de l'Union européenne. Citons par exemple l'ordonnance n° 2013-544 du 27 juin 2013 relative aux établissements de crédit et aux sociétés de financement[4], l'ordonnance n° 2014-158 du 20 février 2014 portant diverses dispositions d'adaptation de la législation au droit de l'Union européenne en matière financière[5], l'ordonnance n° 2014-1332 du 6 novembre 2014 portant diverses dispositions d'adaptation de la législation au Mécanisme de surveillance unique des établissements de crédit[6], l'ordonnance n° 2016-351 du 25 mars 2016 sur les contrats de crédit aux consommateurs relatifs aux biens immobiliers à usage d'habitation[7] ou encore l'ordonnance n° 2017-1252 du 9 août 2017 portant transposition de la directive 2015/2366 du 25 novembre 2015 concernant les services de paiement dans le marché intérieur[8].

---

1. Loi n° 2016-1691 du 9 décembre 2016 relative à la transparence, à la lutte contre la corruption et à la modernisation de la vie économique : *JO* 10 déc. 2016, texte n° 2. – J. Lasserre Capdeville, « *Les évolutions du droit bancaire résultant de la loi Sapin 2* », *JCP E* 2017, n° 6-7, 103, p. 5.

2. Loi n° 2017-203 du 21 février 2017 ratifiant les ordonnances n° 2016-301 du 14 mars 2016 relative à la partie législative du Code de la consommation et n° 2016-351 du 25 mars 2016 sur les contrats de crédit aux consommateurs relatifs aux biens immobiliers à usage d'habitation et simplifiant le dispositif de mise en œuvre des obligations en matière de conformité et de sécurité des produits et services : *JO* 22 févr. 2017, texte n° 1. – J. Lasserre Capdeville, « Les incidences en droit du crédit aux consommateurs de la loi n° 2017-203 du 21 février 2017 », *JCP E* 2017, n° 23, 426, p. 5.

3. Loi n° 2018-700 du 3 août 2018 : *JO* 5 août 2018, texte n° 4. – J. Lasserre Capdeville, « De la ratification à la reconnaissance du cash-back », *JCP* 2018. 929, p. 1592. – P. Storrer, « Sur la loi de ratification de l'ordonnance de transposition de la DSP 2 », Revue Banque, oct. 2018, n° 824, p. 92. – M. Roussille, « Ratification de l'ordonnance DSP 2 : entre soulagement et agacement », *Banque et Dr.* 9-10/2018, n° 181, p. 44.

4. Ordonnance n° 2013-544 du 27 juin 2013 relative aux établissements de crédit et aux sociétés de financement : *JO* 28 juin 2013, p. 10682. Th. Bonneau, « La réforme des établissements de crédit. Commentaire de l'ordonnance du 27 juin 2013 », *JCP E* 2013, 1429. J. Lasserre Capdeville, « Statut d'établissement de crédit », *JCP* 2013, n° 28, 805, p. 1392.

5. Ordonnance n° 2014-158 du 20 février 2014 portant diverses dispositions d'adaptation de la législation au droit de l'Union européenne en matière financière : *JO* 21 févr. 2014, p. 3022. *Revue Banque* avr. 2014, n° 771, p. 85, obs. J.-Ph. Kovar et J. Lasserre Capdeville.

6. Ordonnance n° 2014-1332 du 6 novembre 2014 portant diverses dispositions d'adaptation de la législation au Mécanisme de surveillance unique des établissements de crédit : *JO* 7 nov. 2014, p. 18791. *Revue Banque* janv. 2015 n° 779-780, p. 155, obs. J.-Ph. Kovar et J. Lasserre Capdeville.

7. Ordonnance n° 2016-351 du 25 mars 2016 sur les contrats de crédit aux consommateurs relatifs aux biens immobiliers à usage d'habitation : *JO* 26 mars 2016, texte n° 27. J. Lasserre Capdeville, « La réforme du crédit immobilier : une évolution juridique de bon sens ! » *JCP* 2016. 517. A. Gourio, « La réforme du crédit immobilier aux particuliers » *JCP E* 2016. 1362.

8. Ordonnance n° 2017-1252 du 9 août 2017 portant transposition de la directive 2015/2366 du Parlement européen et du Conseil du 25 novembre 2015 concernant les services de paiement

Cette inflation « textuelle » ne saurait pour autant surprendre le lecteur. On retrouve ici un phénomène pouvant être relevé dans bien d'autres branches du droit, notamment en droit social, en droit fiscal, ou encore, certaines années, avec la procédure pénale. Cette « surproduction » légale ne peut, bien entendu, qu'inquiéter, car de nature à compliquer un peu plus la bonne intelligibilité de la matière.

22 ***Règles civiles et commerciales*** ◊ Il serait erroné de penser que le Code monétaire et financier réglemente entièrement le droit bancaire. Un grand nombre de règles intéressant le droit bancaire se trouvent éparpillées dans d'autres codes. Il en va ainsi, par exemple, avec les articles du Code civil régissant d'une façon générale les contrats. En effet, l'activité bancaire s'effectue principalement par la conclusion de contrats par les établissements de crédit avec leurs clients ou avec d'autres établissements ; il est donc logique que les dispositions régissant le droit des obligations s'imposent à ces conventions bancaires. La réforme récente du droit des obligations est donc de nature à avoir des incidences sur le droit bancaire [1].

Cette solution se retrouve également avec les dispositions du Code civil encadrant plus strictement certains contrats spéciaux, comme le prêt à intérêt [2] ou le mandat [3].

De mêmes, des dispositions légales figurant dans le Code de commerce intéressent grandement les banques, comme par exemple les articles encadrant les effets de commerces ou encore certains articles relatifs au droit des entreprises en difficulté [4].

23 ***Règles du droit de la consommation*** ◊ Les liens entre le droit bancaire et le droit de la consommation sont aujourd'hui bien connus. Ils sont évidents en droit du crédit. Rappelons que le droit de la consommation cherche à opérer un rééquilibrage en faveur de la partie réputée faible. Ce phénomène est notamment apparu avec la loi n° 78-23 du 10 janvier 1978 relative à l'information et à la protection des consommateurs dans le domaine de certaines opérations de crédit, et la loi n° 79-596 relative à l'information et à la protection des emprunteurs dans le domaine

---

dans le marché intérieur : *JO* 10 août 2017, texte n° 26. – J. Lasserre Capdeville, « Nouvelle réforme des services de paiement : la « DSP 2 » est transposée », *JCP* 2017. 923. – D. Legeais, « Droit des services de paiement », *RTD com.* 2017. 959. – P. Storrer, « Notice explicative de l'ordonnance de transposition de la DSP 2 (et appendice) », Revue Banque, oct. 2017, n° 812, p. 79.

1. Ordonnance n° 2016-131 du 10 février 2016 portant réforme du droit des contrats, du régime général et de la preuve des obligations : *JO* 11 févr. 2016, texte n° 26. Sur les incidences de ce texte, J. Lasserre Capdeville, « Conséquences de la réforme du droit des obligations sur le droit bancaire. Étude prospective », *JCP E* 2016. 1434. – Cette ordonnance a été ratifiée par la loi n° 2018-287 du 20 avril 2018 : *JO* 21 avr. 2018, texte n° 1 ; dalloz.fr, actualité, 30 avr. 2018, obs. J.-D. Pellier.

2. C. civ., art. 1905 s.

3. C. civ., art. 1984 s.

4. Sur les liens entre le droit bancaire et le droit commercial, v. ss 3.

immobilier, plus connues sous le nom des « lois Scrivener 1 et 2 ». Ces textes, désormais codifiés dans le Code de la consommation [1], et assez régulièrement modifiés [2], servent de fondement légal à un contentieux abondant intéressant au premier plan les professionnels de la banque.

Par ailleurs, d'autres textes généraux du droit de la consommation ont également vocation à jouer un rôle important en droit bancaire. Songeons, par exemple, à la prohibition des clauses abusives prévue par l'article L. 212-1 s. du Code de la consommation [3], ou encore à l'article R. 632-1 du même code qui prévoit que « le juge peut soulever d'office toutes les dispositions du présent code ».

2. Le règlement

24 ***Codification*** ◊ Un grand nombre de textes à valeur réglementaire intéresse également la matière bancaire. Beaucoup d'entre eux ont été codifiés dans la partie réglementaire du Code monétaire et financier, notamment à la suite des décrets n° 2005-1006 et n° 2005-1007 du 2 août 2005 [4]. Ici encore, on peut noter que les textes ont tendance à se multiplier, ce qui nuit à l'intelligibilité de la matière.

25 ***Ministre de l'Économie*** ◊ Antérieurement à la loi n° 2003-706 du 1er août 2003 sur la sécurité financière, dans le domaine bancaire le pouvoir réglementaire appartenait au Comité de la réglementation bancaire et financière (CRBF). Les règlements du CRBF étaient soumis à homologation du ministre de l'économie et publié au *Journal officiel* de la République française. Un certain nombre de ces règlements sont encore applicables aujourd'hui [5]. Cette solution a cependant évolué suite à la loi précitée du 1er août 2003 [6]. Depuis lors, le pouvoir réglementaire appartient simplement au ministre chargé de l'économie. En effet, selon l'article L. 611-1 du Code monétaire et financier, ce ministre arrête les règles concernant notamment :

- le montant du capital des établissements de crédit ;

---

1. Pour une présentation, v. ss 1930.

2. Ce fut notamment le cas, récemment, par la loi n° 2010-737 du 1er juillet 2010 portant réforme du crédit à la consommation et l'ordonnance n° 2016-351 du 25 mars 2016 sur les contrats de crédit aux consommateurs relatifs aux biens immobiliers à usage d'habitation.

3. Sur ses impacts en droit bancaire, voir « La banque et le droit des clauses abusives », *RDBF* 2016, n° 3, dossier 17 à 22.

4. Décret n° 2005-1006 du 2 août 2005 relatif aux dispositions de la partie réglementaire du Code monétaire et financier relevant d'un décret délibéré en Conseil des ministres : *JO* 25 août 2005, p. 13484. Décret n° 2005-1007 du 2 août 2005 relatif à la partie réglementaire du Code monétaire et financier : *JO* 25 août 2005, p. 13486.

5. Songeons par un exemple au règlement n° 2002-01 du 18 avril 2002 relatif aux obligations de vigilance en matière de chèques aux fons de lutte contre le blanchiment des capitaux et le financement du terrorisme, même s'il a fait l'objet, depuis, de plusieurs modifications.

6. J. Lasserre Capdeville, « Le Conseil national du crédit et les comités : les articles 24 à 36 de la loi », *Banque et Dr.* 3/2014, hors série, p. 32.

– les conditions dans lesquelles ces établissements peuvent prendre des participations ;

– les conditions des opérations que peuvent effectuer les établissements de crédit ou leurs agents, en particulier dans leurs relations avec la clientèle, ainsi que les conditions de la concurrence ;

– les normes de gestion que les établissements de crédit doivent respecter en vue notamment de garantir leur liquidité, leur solvabilité et l'équilibre de leur structure financière ainsi que les conditions dans lesquelles ces normes sont respectées sur une base consolidée, y compris en l'absence d'une entreprise mère ayant son siège social en France ;

– ou encore les règles relatives à la protection des déposants.

Selon les hypothèses, cette compétence doit, ou non, être exercée après avis du Comité consultatif de la législation et de la réglementation financière (CCLRF) [1].

La loi prévoit des dispositions analogues concernant les établissements de paiement, les agents des prestataires de services de paiement, les établissements de monnaie électronique, les prestataires de services d'investissement et enfin les entreprises d'investissement [2].

Notons pour finir que si les règlements du CRBF, antérieurs donc à la loi de 2003, ne sont pas automatiquement abrogés, ils peuvent l'être, ou être modifiés, par arrêté du ministre chargé de l'économie dans les conditions prévues par l'article L. 611-7 du Code monétaire et financier [3].

3. Les codes de conduite et les bonnes pratiques

26 ***Des textes sans force juridique par le passé*** ◊ Depuis les années 1990, la matière bancaire a vu se développer un nouveau type de règles, à caractère déontologique, élaborées directement par les professionnels de la banque, et prenant des formes diverses : chartes, codes de conduite, codes de déontologie, etc.

Citons, à titre d'exemples, la charte des services bancaires de base du 9 juin 1992 [4] ; la charte relative aux conventions de compte de dépôt du 9 janvier 2003 ; la charte du service de médiation de novembre 2003 [5] ; les différentes conventions s'étant succédé pour permettre aux personnes présentant un risque aggravé de santé d'accéder au crédit (et notamment

---

1. Th. Bonneau, *Droit bancaire*, Montchestien, 2017, 12e éd., n° 221.

2. C. mon. fin., art. L. 611-1-1 s.

3. C'est ainsi, notamment, que le règlement n° 97-02 du 21 février 1997 relatif au contrôle interne des établissements de crédit et des entreprises d'investissement a été remplacé par l'arrêté du 3 novembre 2014 relatif au contrôle interne des entreprises du secteur de la banque, des services de paiement et des services d'investissement soumises au contrôle de l'ACPR, *JO* 5 nov. 2014, p. 18598.

4. *Revue Banque* 1992, p. 766.

5. J.-L. Guillot, « Pratiques banques, source du droit des affaires », *LPA*, 27 nov. 2003, n° 237, p. 19.

la Convention AERAS du 6 juillet 2006) [1] ; les engagements pris dans le cadre du Comité consultatif du secteur financier du 9 novembre 2004 pour améliorer les relations entre les banques et leurs clients [2] ; ou encore les différents engagements souscrits par la profession en ce qui concerne les tarifs bancaires [3]. De même, la plupart des établissements de crédit ont adopté, depuis une vingtaine d'années, un code de déontologie ou un code de conduite afin de se constituer, aux yeux des clients, une réputation sérieuse.

Ces textes ont pour point commun d'être dénués de toute sanction particulière en cas de manquement. Certes, quelques dispositions légales ou réglementaires viennent, parfois, leur conférer une certaine valeur, mais cela demeure relativement rare [4]. Nous sommes ainsi en présence de *soft law*, dit aussi droit « mou », c'est-à-dire de normes émanant de la pratique, dépourvues de force juridique obligatoire, et en conséquence dénuées de toutes sanctions.

27 ***Des textes ayant acquis une force juridique*** ◊ Aujourd'hui, l'Autorité de contrôle prudentiel et de résolution (ACPR) [5] est chargée de « veiller au respect par les personnes soumises à son contrôle des règles destinées à assurer la protection de leur clientèle, résultant notamment de toute disposition européenne législative et réglementaire ou des codes de conduites approuvés à la demande d'une association professionnelle, ainsi que des bonnes pratiques de leur profession qu'elle constate ou recommande, ainsi qu'à l'adéquation des moyens et procédures qu'elles mettent en œuvre à cet effet » [6]. Or, parmi les dispositions tendant à protéger la clientèle, on peut relever qu'une place toute particulière est désormais laissée aux codes de conduite et aux bonnes pratiques professionnelles.

D'une part, l'article L. 611-3-1 du Code monétaire et financier précise que le ministre chargé de l'Économie peut, après avis du Comité consultatif de la législation et de la réglementation financières et à la demande d'une ou plusieurs organisations représentatives des établissements de crédit [7], homologuer par arrêté les codes de conduite qu'elles ont élaborés en matière d'opérations de banque ou de services de paiement. Lorsque

1. M. Bigot-Goncalves, « Présentation et réflexion autour de la convention AERAS », *in Finance et Éthique*, Lamy, 2013, p. 57.

2. E. Jouffin, « Le droit mou est-il en train de durcir ? Brèves réflexions au sujet de la soft law bancaire et de sa disparition », *in Mélanges AEDBF VI*, p. 269, n° 8.

3. J. Lasserre Capdeville, « La loi de régulation bancaire et financière et la tarification bancaire », *LPA* 2010, n° 250, p. 44. – V. dernièrement, J. Lasserre Capdeville, « Les nouveaux engagements des établissements de crédit à l'égard des frais et commissions », *JCP E* 2019, n° 11, 155, p. 5.

4. Citons l'ancien règlement CRBF n° 97-02 du 21 février 1997 relatif au contrôle interne des établissements de crédit et des entreprises d'investissement qui visait, par ses articles 4 p) et 5 a), les « normes professionnelles et déontologiques ».

5. V. ss 395.

6. C. mon. fin., art. L. 612-1, II, 3°.

7. Cette association peut être l'Association française des établissements de crédit et des entreprises d'investissement (AFECEI). C. mon. fin., art. L. 511-29, al. 3.

cette homologation est obtenue, le code devient obligatoire. Un établissement ne saurait alors en méconnaître le contenu, sous peine de voir sa responsabilité disciplinaire engagée. À ce jour, aucun code intéressant les opérations de banque ou les services de paiement n'a été homologué par le ministre chargé de l'économie. Mais la possibilité existe.

En revanche, il faut rappeler que l'article L. 312-1-1 A du Code monétaire et financier, issu de la loi n° 2013-672 du 26 juillet 2013 de séparation et de régulation bancaire, prévoit que l'Association française des établissements de crédit et des entreprises d'investissement (AFECEI) doit adopter une charte d'inclusion bancaire et de prévention du surendettement. Or, cette charte a été adoptée, et elle a été homologuée par un arrêté du 5 novembre 2014 [1]. Elle est entrée en vigueur le 13 novembre 2015 et demeure par conséquent applicable à tout établissement de crédit. Le contrôle de son respect relève de la compétence de l'ACPR.

D'autre part, l'article L. 612-29-1 étend les compétences de l'ACPR aux codes de bonne conduite élaborés par les associations professionnelles en matière de commercialisation des produits bancaires et de protection de la clientèle. L'association ayant élaboré un code de conduite [2] va ici demander à l'ACPR de l'approuver [3]. La publication de cette approbation confère un caractère obligatoire aux dispositions approuvées [4]. Cette conséquence doit néanmoins être relativisée. En premier lieu, le caractère obligatoire est circonscrit aux adhérents de l'association concernée et ne s'attache qu'aux dispositions formellement approuvées, dans les conditions que le code de conduite ou, le cas échéant la décision, peut préciser. En second lieu, un établissement méconnaissant une règle prévue par un tel code approuvé ne peut être sanctionné qu'indirectement. En effet, l'Autorité de contrôle prudentiel et de résolution peut uniquement mettre en demeure l'établissement de respecter les dispositions du code de bonne conduite approuvé. Ce n'est alors que si cette mise en demeure reste sans effet que l'Autorité peut ouvrir une procédure disciplinaire à l'encontre de l'établissement en question. Le 24 juin 2013, le collège de l'ACPR a eu l'occasion d'approuver

1. Arrêté du 5 novembre 2014 portant homologation de la charte d'inclusion bancaire et de prévention du surendettement : *JO* 13 nov. 2014, p. 19071.

2. Le 23 novembre 2011, l'ACP (aujourd'hui ACPR) a publié une liste des organisations professionnelles représentatives au sens de l'article L. 612-29 du Code monétaire et financier pouvant lui soumettre une demande d'approbation. ACPR, décision n° 2011-C-75, 23 nov. 2011. – Concernant les établissements de crédit, on peut citer l'Association française des établissements de crédit et des entreprises d'investissement (AFECEI), l'Association française des établissements de paiement et de monnaie électronique (AFEPAME), l'Association française des marchés financiers (AMAFI), l'Association des sociétés financières (ASF) et la Fédération bancaire française (FBF).

3. Sur la procédure applicable en la matière, Instruction n° 2011-I-19 du 23 novembre 2011 relative à la procédure d'approbation d'un Code de bonne conduite. *Banque et Dr.* 2012, n° 141, p. 50, obs. P.-G. Marly.

4. A.-M. Moulin, « Le renouvellement des instruments juridiques en matière bancaire. La politique de transparence de l'Autorité de contrôle prudentiel », *RDBF* 2012, n° 1, dossier, n° 14.

deux codes de bonne conduite constitués de dispositions émanant de la Fédération bancaire française (FBF) [1]. Ces codes, puisque approuvés, sont applicables à tous les adhérents de la FBF.

Enfin, le superviseur bancaire lui-même est en droit de constater l'existence de bonnes pratiques professionnelles ou de formuler des recommandations définissant des règles de bonne pratique professionnelle en matière de commercialisation et de protection de la clientèle [2]. Lorsque l'ACPR adopte et publie une recommandation, les bonnes pratiques qu'elle mentionne prennent une portée générale pour l'ensemble des personnes concernées par le champ d'application qu'elle établit. Toutefois, et à l'image des dispositions figurant dans les codes de bonne conduite approuvés, la méconnaissance des bonnes pratiques recommandées par l'ACPR ne donne pas directement lieu à sanction disciplinaire. En l'occurrence, lorsque le régulateur constate qu'un établissement de crédit a des comportements susceptibles de mettre en danger les intérêts de ses clients, il peut, après avoir invité ses dirigeants à présenter leurs explications, le mettre en garde contre la poursuite de ces pratiques « en tant qu'elles portent atteinte aux règles de bonne pratique de la profession » [3]. Ce n'est alors que s'il n'est pas tenu compte de cette mise en garde qu'une procédure disciplinaire peut éventuellement être ouverte [4]. On peut noter l'existence de quelques recommandations adoptées par l'ACPR : une en 2010, cinq en 2011, deux en 2012, une en 2013, une en 2014, quatre en 2015, quatre en 2016, et deux en 2017. Il n'y a pas eu en 2018. Elles portent sur des sujets divers [5].

Dès lors, qu'il s'agisse de codes de conduite homologués, de codes de conduite approuvés ou de bonnes pratiques professionnelles, il ressort de ce qui précède que nous sommes en présence de règles obligatoires pour les professionnels. Certes, parfois la sanction disciplinaire n'est encourue que de façon indirecte, mais elle demeure susceptible d'être infligée. Nous ne sommes donc pas, ici, en présence de *soft law*, mais de droit « dur » [6].

Ce constat est en outre renforcé par la jurisprudence du Conseil d'État. En effet, ce dernier accepte désormais de contrôler la légalité des actes de droit souple, sans avoir à les qualifier préalablement de décisions faisant grief, dès lors qu'ils sont de « nature à produire des effets notables, notamment de nature économique, ou ont pour objet d'influer de manière significative

1. Décisions ACP n° 2013-C-34 et n° 2013-C-35 du 24 juin 2013 : *JO* 6 juill. 2013, textes 99 et 100. *Revue Banque* oct. 2013, n° 764, p. 82, obs. J. Ph. Kovar et J. Lasserre Capdeville.
2. C. mon. fin., art. L. 612-29-1, al. 2.
3. C. mon. fin., art. L. 612-30.
4. C. mon. fin., art. L. 612-39.
5. V. par ex., « Recommandation sur le traitement des réclamations 2015-R-03 du 26 févr. 2015 », *Revue Banque* n° 784, mai 2015, p. 94, obs. J.-Ph. Kovar et J. Lasserre Capdeville. – Plus prèsde nous, citons la recommandation sur le libre choix de l'assurance emprunteur souscrite en couverture d'un crédit immobilier, Recomm. ACPR n° 2017-R-01 du 26 juin 2017.
6. E. Jouffin, *op. cit.*

sur les comportements des personnes auxquelles ils s'adressent »[1]. Cette solution a donc vocation à jouer à l'égard des recommandations de l'Autorité de contrôle prudentiel et de résolution[2].

4. La jurisprudence judiciaire

28 ***Interprétation des textes*** ◊ La jurisprudence joue un rôle particulièrement important en matière bancaire[3]. Tout d'abord, elle permet d'interpréter les textes. Il est vrai que ceux-ci ne sont pas toujours des plus clairs. Prenons un exemple : le secret bancaire est-il opposable au juge civil ? La loi ne disant mot sur ce point, il est revenu au juge de dégager la solution applicable en la matière, c'est-à-dire l'opposabilité du principe[4].

29 ***Reconnaissance de la pratique*** ◊ Le rôle de la jurisprudence ne s'arrête pas à l'interprétation des normes. Elle vient également reconnaître l'existence de « pratiques » traditionnellement admises par les banques, ce qui vient à leur conférer un régime juridique. Il en a été de la sorte, par exemple, avec le compte courant[5] qui trouve aujourd'hui l'essentiel de son encadrement juridique dans la jurisprudence.

30 ***Création de nouveaux devoirs*** ◊ Notons encore que plusieurs devoirs à la charge du banquier ont été progressivement dégagés par le juge, sans pour autant trouver un fondement exprès dans un texte : devoir de non-ingérence[6], devoir de mise en garde de l'emprunteur[7], devoir d'éclairer le client souscrivant une assurance de groupe[8], etc. Plusieurs règles importantes, intéressant le taux effectif global, relèvent également de la jurisprudence[9]. Ces solutions ont souvent pour première finalité la protection du client, jugé plus faible que le banquier par le juge.

31 ***Sanctions*** ◊ Enfin, le juge a pour fonction essentielle de sanctionner les manquements aux obligations s'imposant au banquier. Ces sanctions

---

1. CE 21 mars 2016, n° 368082, 368083 et 368084, *Société Fairvesta International GMGH et autres* et CE 21 mars 2016, n° 390023, *Société NC Numéricable* : *Banque et Dr.* 2016, n° 167, p. 28, obs. J. Chacornac ; *Revue Banque* juin 2016, n° 797, p. 87, obs. J.-Ph. Kovar et J. Lasserre Capdeville. J.-J. Daigre, « Le droit mou est-il en train de se durcir ? », *Banque et Dr.* 2016, n° 167, p. 3, éditorial.

2. CE 20 juin 2016, *Fédération française des sociétés d'assurance*, n° 384297. CE 30 juin 2016, *Crédit agricole SA*, n° 383822. CE 30 juin 2016, *Caisse régionale de Crédit agricole mutuel de la Réunion*, n° 385606 : *Revue Banque* sept. 2016, n° 799, obs. J.-Ph. Kovar et J. Lasserre Capdeville. Elle peut aussi jouer à l'égard des positions formulées de manière impérative.

3. G. Canivet, « Les effets économiques de la jurisprudence bancaire », *in Les banques entre Droit et Économie*, LGDJ, 2006, p. 7.

4. V. ss 301.

5. V. ss 787.

6. V. ss 267.

7. V. ss 1885.

8. V. ss 2812.

9. V. ss 1715.

peuvent être de nature civile (versement de dommages et intérêts notamment), comme de nature pénale lorsque le manquement relevé constitue une incrimination pénale.

5. La jurisprudence des superviseurs

32 ***ACPR et AMF*** ◊ L'Autorité de contrôle prudentiel et de résolution (ACPR) a été créée par l'ordonnance n° 2010-76 du 21 janvier 2010. Elle résulte de la fusion de la Commission bancaire, l'Autorité de contrôle des assurances et des mutuelles (ACAM), le Comité des établissements de crédit et des entreprises d'investissement (CECEI) et le Comité des entreprises d'assurance (CEA). Il s'agit du superviseur des banques, mais également du secteur de l'assurance. À ce titre, l'ACPR a vocation à sanctionner l'un des assujettis visés par l'article L. 612-2 du Code monétaire et financier en cas de manquement à une disposition européenne, législative ou réglementaire au respect de laquelle elle a pour mission de veiller ou des codes de conduite homologués applicables à la profession [1]. Les décisions de sanction ne sont d'ailleurs pas rares (5 en 2011, 5 en 2012, 8 en 2013, 8 en 2014, 11 en 2015, 12 en 2016, 8 en 2017 et enfin 10 en 2018). Les sanctions pécuniaires prononcées peuvent parfois être très lourdes [2].

L'Autorité des marchés financiers (AMF), quant à elle, a été créée par la loi n° 2003-706 du 1er août 2003 de sécurité financière. Elle a pour mission de veiller à la protection de l'épargne investie dans les instruments financiers mais aussi à l'information des investisseurs et au bon fonctionnement des marchés d'instruments financiers. Elle dispose également d'un pouvoir de sanction étendu [3].

33 ***Intérêt pour le droit bancaire*** ◊ Les décisions des commissions de sanction de ces deux superviseurs intéressent le droit bancaire. Tout d'abord, ce sont parfois des établissements de crédit qui sont ainsi sanctionnés. De plus, si ces deux superviseurs ne sont pas d'un point de vue juridique des juridictions [4], leurs décisions ont pour intérêt de préciser les textes applicables en la matière. C'est ainsi, par exemple, que des décisions

---

1. C. mon. fin., art. L. 612-39.
2. On peut ainsi citer deux sanctions pécuniaires d'un montant de cinquante millions d'euros (Décis. ACPR n° 2014-01 du 19 déc. 2014. – Décis. ACPR n° 2018-01 du 21 déc. 2018) et une autre de quarante millions d'euros (Décis. ACPR n° 2013-05 du 31 oct. 2014).
3. C. mon. fin., art. L. 621-15.
4. Concernant l'AMF, CE 4 févr. 2005, n° 269001 : *Banque et Dr.* 2005, n° 101, p. 44, obs. H. de Vauplane et J.-J. Daigre ; *RTD com.* 2005. 384, obs. N. Rontchevsky. CE 27 oct. 2006, n° 276069, 277198 et 177460 : *Dr. sociétés* 2007, comm. 55, obs. Th. Bonneau. Concernant l'ACPR, Comm. Sanct., n° 2012-04 et n° 2012-04 *bis*, 10 janv. 2013 : *Banque et Dr.* 2013, n° 148, p. 26, obs. Th. Bonneau ; *Revue Banque* avr. 2013, n° 759, p. 89, obs. J.-Ph. Kovar et J. Lasserre Capdeville. Cette solution a cependant été discutée un temps, v. ss 416.

de la commission des sanctions de l'ACPR ont permis de clarifier certaines dispositions relatives à la lutte contre le blanchiment d'argent et le financement du terrorisme [1], ou encore en matière de droit au compte [2].

6. Les usages

34 ***Manifestations pratiques*** ◊ Les usages traduisent l'importance de la pratique dans la formation de la règle de droit bancaire. Cette importance s'explique par la technicité de la matière. C'est ainsi que le contenu, les effets des opérations de banque et le comportement du banquier sont parfois issus d'un usage. Il doit s'agir, bien évidemment, d'un véritable usage, c'est-à-dire d'une pratique consacrée par la profession pendant un temps assez long et ayant obtenu un consensus.

L'usage bancaire ne peut pas déroger, cependant, aux règles posées de façon impérative par la loi. Il est susceptible, en revanche, de préciser le silence de la loi, voire d'écarter une règle de droit supplétive comme le ferait une convention. Les juges ne doivent cependant à ces usages dits conventionnels que le respect dû aux conventions [3].

Aujourd'hui encore, quelques usages peuvent être relevés en droit bancaire [4]. Certains d'entre eux ont pu être consacrés par la jurisprudence lorsqu'ils ne se heurtaient à aucune autre disposition ayant une valeur normative supérieure. Le cas du compte courant en est une bonne illustration [5]. Parfois, c'est le législateur lui-même qui confirme l'usage appliqué de longue date. Tel fut le cas, par exemple, de l'obligation pour le prêteur de respecter un préavis en cas de réduction ou d'interruption d'un concours à durée indéterminée, autre qu'occasionnel, consenti à une entreprise [6].

Pendant longtemps, en cas de litige, le contenu des usages applicables en matière bancaire devait être prouvés au moyen d'un parère,

---

1. V. par ex., ACPR, 10 janv. 2019, n° 2017-10, *Western Union Payment Services Ireland Limited*, Revue Banque 2019, n° 830, p. 89, obs. J.-Ph. Kovar et J. Lasserre Capdeville. - ACPR, 17 avr. 2018, n° 2017-05, *Caisse fédérale du Crédit Mutuel Nord Europe* : Revue Banque 2018, n° 821, p. 79, obs. J.-Ph. Kovat et J. Lasserre Capdeville. - ACPR, 26 janv. 2015, n° 2013-06, *Banque of Africa France* : *Revue Banque* n° 782, mars 2015, p. 90, obs. J.-Ph. Kovar et J. Lasserre Capdeville. ACP, 2 déc. 2013, n° 2013-08, *Banque Chaâbi du Maroc* : *Revue Banque* n° 769, févr. 2014, p. 92, obs. J.-Ph. Kovar et J. Lasserre Capdeville.

2. V. par ex., ACP, 3 juill. 2013, n° 2012-09, *Crédit Lyonnais* : *LEDB* sept. 2013, p. 7, n° 118, obs. J. Lasserre Capdeville.

3. Com. 14 avr. 1975, n° 74-10.009 et n° 74-10.651 : *Bull. civ.* IV, 1975, n° 97 et 98.

4. J.-L. Guillot, « Pratiques bancaires, source du droit des affaires », *LPA*, 27 nov. 2003, n° 237, p. 14.

5. À l'inverse, la jurisprudence a parfois cherché à limiter l'application d'un usage. Tel fut notamment le cas, ces dernières années, à propos du taux conventionnel du crédit calculé sur 360 jours et non pas une année civile. V. ss 1702. Il en a été de même, par exemple, avec l'usage dite des dates de valeurs qui a été partiellement condamné par la Cour de cassation avant de l'être par le législateur, Com. 6 avr. 1993, n° 90-21.198, *Bull. civ.* IV, 1993, n° 138 ; *D.* 1993. 310, note Ch. Gavalda.

6. C. mon. fin., art. L. 313-12. V. ss 1606.

c'est-à-dire un document émanant d'une autorité professionnelle, en l'occurrence du président de l'Association française des banques (AFB) [1]. Ces parères n'étaient cependant pas à l'abri de la critique, dans la mesure où ils permettaient aux banques de se préconstituer une preuve à elles-mêmes.

35 ***Opposabilité au client*** ◊ Si entre établissements de crédit les usages s'appliquent sans restriction, ils ne sauraient être opposés à la clientèle que si cette dernière en a eu connaissance lors de la conclusion du contrat. À défaut, nous dit une jurisprudence remarquée, les usages sont inopposables [2].

B. Les sources européennes

36 ***Importance*** ◊ À l'image d'autres branches du droit, le droit bancaire est fortement imprégné du droit de l'Union européenne. À plusieurs reprises, le premier a dû évoluer en raison du second. Songeons, par exemple, à la règle relative à l'absence de rémunération des comptes de dépôt. Sur cette question, la Cour de justice de l'Union européenne est venue affirmer, par une célèbre décision *Caixabank* du 4 octobre 2004, que « l'article 43 du traité CE s'oppose à la réglementation d'un État membre qui interdit à un établissement de crédit, filiale d'une société d'un autre État membre, de rémunérer les comptes à vue libellés en euros, ouverts par les résidents du premier État membre » [3]. Dès lors, suite à cette décision, les autorités françaises ont mis fin à cette prohibition par un arrêté ministériel en date du 8 mars 2005.

37 ***Statut des établissements de crédit*** ◊ Les sources européennes du droit bancaire n'ont cessé de se développer depuis quarante ans [4]. Celles-ci concernaient, à l'origine, principalement le statut des établissements de crédit. On peut ainsi citer la directive 77/780/CEE du 12 décembre 1977 [5] et la directive 89/646/CEE du 15 décembre 1989 [6].

---

1. Paris, 12 nov. 1992 : *D.* 1994, somm. p. 321 ; *JCP E* 1995, I, 463, n° 7, obs. Ch. Gavalda. Rouen, 22 avril 1999 : *JCP* 2000, IV, 2050.

2. Com. 4 mai 1999, n° 95-21.752, *Bull. civ.* IV, 1999, n° 90 ; *D. Affaires* 1999. 939, obs. X. Delpech ; *RTD com.* 1999. 731, obs. M. Cabrillac ; *JCP E* 2000, p. 895, note Ph. Neau-Leduc. Com. 6 juill. 1964 : *JCP* 1965, II, 14024, note Ch. Gavalda.

3. CJCE 5 oct. 2004, C-442/02, *Caixabank* : *RTD com.* 2004. 792, obs. D. Legeais ; *D.* 2005. 370, note A. Boujeka. S. Piedelièvre, « Feu vert de la CJCE pour les comptes rémunérés », *D.* 2004. 2770.

4. B. Sousi-Roubli, *Droit bancaire européen*, Dalloz, 1995.

5. Directive 77/780/CEE du Conseil du 12 décembre 1977 visant à la coordination des dispositions législatives, réglementaires et administratives concernant l'accès à l'activité des établissements et son exercice : *JOCE* L 322 du 17 déc. 1977.

6. Directive 89/646/CEE du Conseil du 15 décembre 1989 visant à la coordination des dispositions législatives, réglementaires et administratives concernant l'accès à l'activité des établissements et son exercice, et modifiant la directive 77/780/CEE : *JOCE* L 389 du 30 déc. 1989.

Rappelons que, par la suite, les dispositions de ces textes ont été regroupées, avec d'autres, dans la directive 2000/12/CE du 20 mars 2000 [1] qui a, elle-même, été refondue par la directive 2006/48/CE du 14 juin 2006 [2]. Celle-ci, et la directive 2006/49/CE du même jour [3], ont été enfin remplacées, récemment, par la directive 2013/36/UE du 26 juin 2013 concernant l'accès à l'activité des établissements de crédit et la surveillance prudentielle des établissements de crédit et des entreprises d'investissement [4] et le règlement 575/2013 du 26 juin 2013 concernant les exigences prudentielles applicables aux établissements de crédit et aux entreprises d'investissement [5].

38 ***Mise en place d'une « Union bancaire »*** ◊ Depuis la crise financière de 2008, la Commission européenne cherche à mettre en place un secteur financier solide et sûr au sein du Marché unique. Ces initiatives ont permis d'établir un règlement uniforme européen (*single rulebook*) pour tous les acteurs financiers des 28 États membres de l'Union européenne (dont environ 8 300 banques).

Ces règles ont pour but d'éviter que de nouvelles crises bancaires ne surviennent, par exemple en instaurant une augmentation du montant des fonds propres que les banques sont tenues de posséder (directive/règlement sur les exigences de fonds propres [6]). Si une crise est néanmoins susceptible de se produire, un cadre commun est également prévu afin de traiter ces difficultés, mais aussi de les anticiper (directive sur le redressement des banques et la résolution de leurs défaillances [7]). Le règlement uniforme européen contribue encore à protéger les consommateurs en cas de difficultés des banques. Ainsi, les dépôts allant jusqu'à 100 000 euros

---

1. Directive 2000/12/CE du Parlement européen et du Conseil du 20 mars 2000 concernant l'accès à l'activité des établissements de crédit et son exercice : *JOCE* L 126/1 du 26 mai 2000. B. Sousi, « La codification des directives relatives aux établissements de crédit », *in Mélanges Michel Vasseur*, Revue Banque éditeur, 2000, p. 121.

2. Directive 2006/48/CE du Parlement européen et du Conseil du 14 juin 2006 concernant l'accès à l'activité des établissements de crédit et son exercice : *JOUE* L 177/1 du 30 juin 2006.

3. Directive 2006/49/CE du Parlement européen et du Conseil du 14 juin 2006 relative aux fonds propres des établissements de crédit : *JOUE* L 177/1 du 30 juin 2006.

4. Directive 2013/36/UE du Parlement européen et du Conseil du 26 juin 2013 concernant l'accès à l'activité des établissements de crédit et la surveillance prudentielle des établissements de crédit et des entreprises d'investissement, modifiant la directive 2002/87/CE et abrogeant les directives 2006/48/CE et 2006/49/CE : *JOUE* L 176/338 du 27 juin 2013.

5. Règlement n° 575/2013 du Parlement européen et du Conseil du 26 juin 2013 concernant les exigences prudentielles applicables aux établissements de crédit et aux entreprises d'investissement et modifiant le règlement (UE) n° 648/2012 : *JOUE* L 176/1 du 27 juin 2013.

6. Directive 2013/36/UE du Parlement européen et du Conseil du 26 juin 2013, v. ss 37. Règlement n° 575/2013 du Parlement européen et du Conseil du 26 juin 2013, v. ss 37.

7. Directive 2014/59/UE du 15 mai 2014 établissant un cadre pour le redressement et la résolution des établissements de crédit et des entreprises d'investissement : *JOUE* L173, 12 juin 2014, p. 190. Th. Bonneau, « Le traitement administratif des entreprises bancaires et financières », *RDBF* 2014, dossier 48. D. Robine, « La création des mécanismes de résolution sous l'influence de la crise financière », *Bull. Joly Bourse* oct. 2015, n° 10, p. 481.

sont garantis dans l'ensemble de l'Union européenne pour éviter les retraits massifs de dépôts bancaires lorsqu'une banque devient non viable [1].

Cependant, avec la crise financière des « *subprimes* », puis son aggravation en crise de la dette de la zone euro, il est devenu clair que, pour les pays partageant l'euro et donc encore plus interdépendants, une intégration plus poussée de leurs systèmes bancaires était nécessaire. C'est ainsi que lors du sommet de la zone euro en juin 2012, le Conseil européen a décidé de « briser le cercle vicieux entre les banques et les États » et de créer une « Union bancaire » qui permettrait d'assurer de manière centralisée la surveillance et la résolution des banques de la zone euro. Sur base de la feuille de route de la Commission européenne pour créer l'Union bancaire, les institutions européennes se sont accordées pour établir un Mécanisme de surveillance unique (MSU) [2] et un Mécanisme de résolution unique (MRU) [3] pour les banques.

Une étape supplémentaire vers une « Union bancaire » à part entière devrait être franchie, dans le futur, avec la mise en œuvre d'un Système européen d'assurance des dépôts (SEAD). Toutefois, si le MSU et le MRU sont pleinement opérationnels (depuis le 4 novembre pour le premier et le 1er janvier 2016 pour le second), le troisième pilier de l'Union bancaire, dont la mise en place suppose de remplacer progressivement les systèmes nationaux de garantie des dépôts (SGD) par un système unique au niveau européen, se heurte, pour l'heure, à des résistances au sein du Parlement européen et du Conseil [4].

39 ***Services de paiements et monnaie électronique*** ◊ L'intérêt du droit de l'Union européenne pour le droit bancaire ne s'est pas limité au statut des établissements de crédit et à la mise en œuvre progressive d'une « Union bancaire ». Il est également à l'origine d'importantes évolutions tendant à l'harmonisation de la réglementation des opérations bancaires elles-mêmes.

---

1. Directive n° 2014/49/UE du Parlement européen et du Conseil du 16 avril 2014 relative aux systèmes de garantie des dépôts, *JOUE* L173 du 12 juin 2014, p. 149.

2. Règlement n° 1024/2013 du Parlement européen et du Conseil du 15 octobre 2013 confiant à la Banque centrale européenne des missions spécifiques ayant trait aux politiques en matière de surveillance prudentielle des établissements de crédit : *JOUE* L287/63 du 29 oct. 2013. J. Stoufflet et S. Durox, « Vers une Union bancaire européenne », *in Mélanges AEDBF-France VI*, Revue Banque édition, 2013, p. 667. J. Lasserre Capdeville, « Présentation succincte du mécanisme de surveillance unique », *L'Observateur de Bruxelles*, avr. 2016, n° 104, Larcier, p. 30. Sur cette évolution, v. ss 505.

3. Règlement n° 806/2014 du Parlement européen et du Conseil du 15 juillet 2014 établissant des règles et une procédure uniformes pour la résolution des établissements de crédit et de certaines entreprises d'investissement dans le cadre d'un mécanisme de résolution unique et d'un fonds de résolution bancaire unique : *JOUE* L 225, 30 juill. 2014, p. 1. A. Gourio, « Le mécanisme de résolution unique : les nouveaux instruments de pouvoirs des autorités de résolution bancaire », *RDBF* 2014, comm. 30. Th. Bonneau, « Le traitement administratif des entreprises bancaires et financières », *RDBF* 2014, dossier 48.

4. J. Lasserre Capdeville et J.-Ph. Kovar, « Vers l'achèvement de l'Union bancaire ? », Revue Banque déc. 2017, n° 814, p. 68

Tel a été le cas, d'une part, en matière de paiement avec la directive 2007/64/CE du 13 novembre 2007 concernant les services de paiement dans le marché intérieur (dite DSP 1) [1]. L'ambition de cette dernière était d'améliorer la concurrence des intervenants sur le marché bancaire tout en améliorant la protection des consommateurs. Cette directive a été transposée en droit interne par l'ordonnance n° 2009-866 du 15 juillet 2009 [2].

Cet encadrement législatif a connu, récemment, une évolution notable. En effet, un nouveau texte a été adopté par le législateur européen en la matière : la directive (UE) 2015/2366 du Parlement et du Conseil du 25 novembre 2015 concernant les services de paiement dans le marché intérieur (dite DSP 2) [3]. Ce cadre législatif renouvelé s'est révélé nécessaire pour prendre en compte les évolutions technologiques et les nouveaux usages apparus sur le marché des paiements depuis l'adoption de la DSP 1 en 2007 (croissance continue du e-commerce, développement du m-commerce, etc.). Cette directive a alors été transposée, dans notre droit, par l'ordonnance n° 2017-1252 du 9 août 2017 [4].

D'autre part, l'Union européenne a été relativement active en matière de monnaie électronique, cette dernière ayant déjà fait l'objet de deux directives successives : la directive 2000/46/CE du 18 septembre 2000 [5] et la directive 2009/110/CE du 16 septembre 2009 [6]. Le contenu de ces textes a également été intégré en droit français [7].

40 ***Crédits aux consommateurs*** ◊ Ces dernières années, le droit européen a joué un rôle particulièrement important en matière de crédits, et plus

---

1. Directive 2007/64/CE du Parlement européen et du Conseil du 13 novembre 2007 concernant les services de paiement dans le marché intérieur : *JOUE* L 319/1 du 5 déc. 2007. F. Vanden Bosch et N. Mathey, « Le marché unique des services de paiement en Europe », *RDBF* juill.-août 2007, p. 59.

2. Ordonnance n° 2009-866 du 15 juillet 2009 relative aux conditions régissant la fourniture de services de paiement et portant création des établissements de paiement : *JO* 16 juill. 2009, p. 11868. N. Mathey, « La réforme des services de paiement », *RDBF* janv.-févr. 2010. Étude 1.

3. Directive 2015/2366 du Parlement et du Conseil du 25 novembre 2015 concernant les services de paiement dans le marché intérieur : *JOUE* L 337/35 du 23 déc. 2015 ; *RDBF* 2016, comm. 91, obs. A. Gourio et M. Gillouard. – Th. Verbiest et E. Corcos, « La directive révisée sur les services de paiement (DSP 2) », *RDBF* mai-juin 2016. Étude 17.

4. Ordonnance n° 2017-1252 du 9 août 2017 portant transposition de la directive 2015/2366 du Parlement européen et du Conseil du 25 novembre 2015 concernant les services de paiement dans le marché intérieur : *JO* 10 août 2017, texte n° 26. – J. Lasserre Capdeville, « *Nouvelle réforme des services de paiement : la "DSP 2" est transposée* » : *JCP* 2017. 923. – D. Legeais, *Droit des services de paiement* : *RTD com.* 2017. 959. – P. Storrer, *Notice explicative de l'ordonnance de transposition de la DSP 2 (et appendice)* : Revue Banque, oct. 2017, n° 812, p. 79.

5. Directive 2000/46/CE du Parlement européen et du Conseil du 18 septembre 2000 concernant l'activité des établissements de monnaie électronique et son exercice ainsi que la surveillance prudentielle de ces établissements : *JOCE* L 275/39 du 27 oct. 2000.

6. Directive 2009/110/CE du Parlement européen et du Conseil du 16 septembre 2009 concernant l'accès à l'activité des établissements de monnaie électronique et son exercice ainsi que la surveillance prudentielle de ces établissements : *JOUE* 267/7 du 10 oct. 2009.

7. J. Lasserre Capdeville, « La réforme de la monnaie électronique en droit français. Un nouveau droit pour un réel essor ? », *JCP* 2013. 278, p. 489. S. Moreil, « La directive DME 2 enfin transposée », *D.* 2013. 1150.

précisément à l'égard des crédits aux consommateurs. Tout d'abord, par la directive 2008/48/CE du 23 avril 2008 [1], il est venu encadrer assez strictement le crédit à la consommation. Ce texte a été transposé dans notre droit par la loi n° 2010-737 du 1er juillet 2010 portant réforme du crédit à la consommation, dite « loi « Lagarde » » [2].

Plus récemment, l'Union européenne a adopté une directive sur le crédit hypothécaire [3]. Le contenu de cette dernière, qui a pour ambition d'uniformiser *a minima* le droit des États membres en matière de crédit immobilier, a également été pris en considération par notre droit interne par l'intermédiaire de l'ordonnance n° 2016-351 du 25 mars 2016 sur les contrats de crédit aux consommateurs relatifs aux biens immobiliers à usage d'habitation [4].

C. Les sources internationales

41 ***Conventions internationales*** ◊ Si elles sont objectivement peu nombreuses, les conventions internationales intéressant le droit bancaire ont, ou ont eu, un rôle non négligeable. Dans la première moitié du XXe siècle, les conventions de Genève du 7 juin 1930 sur la lettre de change et le billet à ordre, et du 19 mars 1931 sur le chèque ont ainsi été particulièrement utiles pour le développement du commerce international.

Plus près de nous, on peut citer les conventions d'Ottawa sur le crédit-bail international et sur l'affacturage international du 28 mai 1988. Ces deux textes ont été ratifiés en droit français par les lois n° 91-636 et n° 91-641 du 10 juillet 1991 [5].

42 ***Pratiques internationales*** ◊ Mentionnons, également, l'existence de pratiques internationales reconnues et unifiées. Il convient de citer ici les

1. Directive 2008/48/CE du Parlement européen et du Conseil du 23 avril 2008 concernant les contrats de crédit aux consommateurs et abrogeant la directive 87/102/CEE du Conseil : *JOUE* L 133/66 du 22 mai 2008. S. Piedelièvre, « La directive du 23 avril 2008 sur le crédit aux consommateurs », *D.* 2008. 2614. A. Gourio, « La directive européenne du 23 avril 2008 concernant les contrats de crédit aux consommateurs », *JCP E* 2008. 2047.

2. Loi n° 2010-737 du 1er juill. 2010, *JO* 2 juill. 2010, p. 12001.

3. Directive 2014/17/UE du Parlement européen et du Conseil du 4 février 2014 sur les contrats de crédit aux consommateurs relatifs aux biens immobiliers à usage résidentiel et modifiant les directives 2008/48/CE et 2013/36/UE et le règlement (UE) n° 1093/2010 : n° L. 60/34 du 28 févr. 2014. Sur ce texte, A. Gourio, « La directive européenne sur le crédit immobilier aux consommateurs », *JCP E* 2015. 1114 ; J. Lasserre Capdeville (dir.), « La future réforme du crédit immobilier en France », *Gaz. Pal.* 2015, n° 235.

4. Ordonnance n° 2016-351 du 25 mars 2016 sur les contrats de crédit aux consommateurs relatifs aux biens immobiliers à usage d'habitation : *JO* 26 mars 2016, texte n° 27. Sur ce texte, J. Lasserre Capdeville, « La réforme du crédit immobilier : une évolution juridique de bon sens ! », *JCP* 2016. 517. A. Gourio, « La réforme du crédit immobilier aux particuliers », *JCP E* 2016. 1362. M. Boccara et E. Jouffin, « La réforme du crédit immobilier aux consommateurs », *Banque et Dr.* 2016, n° 167, p. 34.

5. J.-P. Béraudo, « Le nouveau droit du crédit-bail international et de l'affacturage international », *JCP E* 1995. I. 458. V. ss 2356.

travaux de la Chambre de commerce internationale (CCI) ayant élaboré des règles unifiées sur différents points de l'activité bancaire internationale [1]. L'idée est d'éviter la multiplication des réglementations à l'égard de différentes opérations présentant un caractère d'extranéité [2].

Il en a été plus particulièrement ainsi avec les règles ayant vocation à régir le crédit documentaire, qui est pour mémoire une technique de financement de ventes internationales [3]. Il s'agit des Règles et usances relatives aux crédits documentaires (RUU), dont la dernière version n° 600 date de 2007 [4].

Notons cependant que nous ne sommes pas en présence, ici, de pratiques ayant par nature force obligatoire : elles ne s'appliquent à une opération déterminée que dans la mesure où le banquier et le client en décident ainsi, au moins tacitement. Elles bénéficient néanmoins d'une place importante au sein des sources du droit bancaire international.

43 ***Travaux du Comité de Bâle*** ◊ Depuis plus de 40 ans, la surveillance des établissements de crédit fait l'objet d'études menées par le Comité de Bâle sur le contrôle prudentiel bancaire qui fonctionne auprès de la Banque des règlements internationaux [5]. Il regroupe les banques centrales et les organismes de réglementation et de surveillance bancaire des principaux pays industrialisés [6].

Les missions principales du Comité de Bâle sont le renforcement de la sécurité et de la fiabilité du système financier, l'établissement des standards minimaux en matière de contrôle prudentiel, la diffusion et la promotion des meilleures pratiques bancaires et de surveillance et la promotion de la coopération internationale en matière de contrôle prudentiel. Celui-ci est alors à l'origine de règles importantes, plus particulièrement en matière de régulation bancaire [7], plus connues sous les expressions « Bâle I », « Bâle II » et enfin « Bâle III ». Les normes de Bâle III ont ainsi été publiées par le comité le 16 décembre 2010 et sont venues fixer de nouveaux ratios de solvabilité nettement plus stricts pour les établissements de crédit. Les évolutions ne sont, bien évidemment, pas terminées en la matière. Ainsi, le 7 décembre 2017, la Comité de Bâle a publié un texte qui propose de revoir les exigences réglementaires des risques pondérés et de mettre en place un plancher de capital. Ces propositions font l'objet, par certains, de l'appellation « Bâle IV ».

---

1. J. Stoufflet, « L'œuvre normative de la Chambre de commerce internationale dans le domaine bancaire », *in Mélanges Goldman*, Litec, 1982, p. 361. J.-P. Mattout, « Droit bancaire, supranationalité et extraterritorialité : la *lex mercatoria* » *RDBF* 2015, n° 3, étude 32.
2. S. Piedelièvre et E. Putman, *Droit bancaire*, Economica, 2011, n° 20.
3. V. ss 2378.
4. V. ss 2381.
5. R. Bismuth, *La coopération internationale des autorités de régulation du secteur financier et le droit international public*, Bruylant, 2011.
6. Le comité de Bâle rassemble aujourd'hui les superviseurs de 27 membres.
7. J.-Ph. Kovar et J. Lasserre Capdeville, *Droit de la régulation bancaire*, Revue Banque édition, 2012, n° 502 s.

Notons cependant que ses travaux n'ont pas de caractère contraignant pour les États. Il revient aux autorités nationales de mettre en œuvre, selon le dispositif qu'elles jugent le mieux adapté, les normes et les règles de caractère général édictées par ce comité. Concernant plus particulièrement l'Union européenne, les travaux du comité de Bâle sont traditionnellement repris par des directives et, désormais, un règlement [1]. Cela leur confère alors un caractère obligatoire.

44 ***Travaux du GAFI*** ◊ Le Groupe d'action financière (GAFI) est un organisme intergouvernemental qui a pour mission de concevoir et promouvoir des politiques de lutte contre le blanchiment d'argent et le financement du terrorisme tant à l'échelon national qu'à l'échelon international. Il est à l'origine de 40 recommandations qui ont été transposées dans un grand nombre de législations nationales.

Le GAFI a également pour fonction de surveiller les progrès réalisés par ses membres dans la mise en œuvre des mesures utiles à la lutte contre le blanchiment d'argent et le financement du terrorisme. Il encourage, de la sorte, l'adoption et la mise en œuvre des mesures jugées adéquates.

45 ***Plan du précis*** ◊ Ce précis est divisé en cinq parties.

Avant d'étudier les opérations de banque, il est nécessaire de préciser le statut de ceux qui les réalisent en tant que professionnels (Première partie : L'encadrement de la profession).

Il convient également de préciser les règles concernant les comptes en banque qui retracent les opérations accomplies et en assurent le règlement (Deuxième partie : Les comptes en banque).

Les parties 3, 4, 5 et 6 sont consacrées aux opérations les plus souvent réalisées par les établissements de crédit aujourd'hui. La troisième partie porte ainsi sur les opérations de paiement (Troisième partie : Les opérations de paiement), la quatrième sur la délivrance des crédits (Quatrième partie : Les opérations de crédit) et la cinquième sur les services d'investissement (Cinquième partie : Les services d'investissement).

Dans la dernière partie, enfin, ont été regroupées, sous l'expression « autres services proposés », toutes les opérations qui ne pouvaient pas être classées soit comme opération d'encaissement et de paiement, soit comme opération de crédit, telles l'assurance, le contrat de coffre-fort ou la fourniture de renseignements (Sixième partie : Les autres services proposés).

1. V. ss 37.

PREMIÈRE PARTIE

L'ENCADREMENT DE LA PROFESSION

46 Dans cette première partie consacrée donc à l'encadrement de la profession, quatre points seront tour à tour envisagés. Tout d'abord, il sera observé qui sont aujourd'hui les établissements du secteur bancaire (titre 1). Ensuite, l'encadrement de l'activité bancaire sera abordé (titre 2). Pour finir, les questions actuelles de supervision de l'activité bancaire (titre 3) et de traitement des difficultés des établissements de crédit (titre 4) seront développées.

TITRE 1

LES ÉTABLISSEMENTS DU SECTEUR BANCAIRE

47 ***Les deux critères de qualification : activité et agrément*** ◊ Le législateur français définit les établissements à vocation bancaire à partir des opérations qu'ils peuvent accomplir. Les personnes qui accomplissent à titre de profession habituelle des opérations de banque ne peuvent exercer cette activité qu'après avoir été agréées ; à défaut d'agrément, ces personnes se rendent coupables d'infraction au monopole bancaire.

48 ***Évolution du statut des établissements bancaires*** ◊ Les deux lois des 13 et 14 juin 1941 [1] qui ont réglementé le statut des banques et des établissements financiers, ainsi que la loi n° 45-015 du 2 décembre 1945 [2] relative à la nationalisation et à l'organisation du crédit, ont encadré les établissements bancaires en introduisant des distinctions entre les banques (classées en banques de dépôts, banques de crédit à long et moyen terme et en banques d'affaires) et les établissements financiers qui ne pouvaient recevoir de dépôt du public à moins de deux ans.

La notion d'établissement de crédit a été introduite en droit européen par la première directive bancaire 77/780/CEE du 12 décembre 1977, qui a posé les premiers jalons d'une harmonisation des législations sur l'accès à l'activité bancaire et son exercice dans les différents pays membres [3].

---

1. *D.* 1941.. 333, rect. 456.

2. *D.* 1945.. 320.

3. Directive du 12 déc. 1977 visant à la coordination des dispositions législatives, réglementaires et administratives concernant l'accès à l'activité des établissements de crédit et son exercice, *JOCE* du 17 déc. 1977 ; voir la circulaire de l'Association française des banques, du 27 févr. 1978, *Banque* 1978. 504.

L'article 1er de cette Directive définit l'établissement de crédit comme étant « une entreprise dont l'activité consiste à recevoir du public des dépôts ou d'autres fonds remboursables et à octroyer des crédits pour son propre compte ».

La loi n° 84-46 du 24 janvier 1984 relative à l'activité et au contrôle des établissements de crédit a mis fin à l'éclatement de la profession bancaire introduit par les lois de 1941, en instituant un statut de base unifié, le statut d'établissement de crédit, visant tous les établissements qui effectuent à titre habituel des opérations de banque. Une distinction était néanmoins opérée entre d'une part, les établissements de crédit pouvant effectuer toutes les opérations de banque, dépôts et crédits notamment (les banques, les banques mutualistes ou coopératives, les caisses d'épargne et de prévoyance et les caisses de crédit municipal) et d'autre part, les établissements de crédit ne pouvant réaliser que des opérations de crédit (les sociétés financières et les institutions financières spécialisées). Plus précisément, aux termes de l'article 1er de la loi du 24 janvier 1984, les établissements de crédit ont été définis comme « des personnes morales qui effectuent à titre de profession habituelle des opérations de banque au sens de l'article L. 311-1 (...) », c'est-à-dire « la réception de fonds du public, les opérations de crédit, ainsi que les services bancaires de paiement ». Il n'était donc pas nécessaire, pour être qualifié d'établissement de crédit, d'accomplir l'ensemble de ces opérations ; une activité portant sur l'une de ces opérations suffisait à emporter cette qualification. La loi bancaire du 24 janvier 1984 se démarquait ainsi à un double titre de la première directive bancaire du 12 décembre 1977, en visant aussi au titre des opérations de banque la mise à disposition et la gestion de moyens de paiement, et en n'exigeant pas le cumul d'activité des trois opérations de banque visées.

La définition de l'établissement de crédit formulée par la première directive bancaire a été reprise par la seconde directive bancaire n° 2000-12 du 20 mars 2000, puis par la directive 2006/48/CE du 14 juin 2006 concernant l'accès à l'activité des établissements de crédit et son exercice [1]. Au sens de ces directives, les missions de réception, de dépôts et d'octroi de crédit doivent être cumulativement réalisées pour entraîner une qualification d'établissement de crédit. La directive 2007/64/CE du 13 novembre 2007 concernant les services de paiement dans le marché intérieur, a repris la définition des établissements de crédit au sens de l'article 4, point 1) a), de la directive 2006/48/CE, et a introduit un nouveau statut d'établissement de paiement qui est une variante du statut d'établissement de crédit.

49 ***Nouvelle définition des établissements de crédit en droit interne*** ◊ Un alignement de la définition des établissements de crédit en droit français sur la directive 2006/48/CE s'imposait avant l'entrée en vigueur

1. Dir. 2006/48/CE, art. 4, § 1, a.

au 1er janvier 2014 du Règlement (UE) n° 575/2013 du 26 juin 2013 [1], concernant les exigences prudentielles applicables aux établissements de crédit et aux entreprises d'investissement, qui transpose le nouveau cadre prudentiel dit de « Bâle III » ; ce règlement, d'application directe en droit interne, a pour objectif de soumettre les établissements de crédit à la même définition et aux mêmes règles prudentielles, quel que soit leur pays d'implantation dans l'UE.

Dans le cadre de cette harmonisation européenne, l'ordonnance n° 2013-544 du 27 juin 2013 relative aux établissements de crédit et aux sociétés de financement a redéfini en droit français les établissements de crédit comme étant des « personnes morales dont l'activité consiste à recevoir des fonds remboursables du public (...) et à octroyer des crédits (...) » [2]. Ainsi, à l'instar de la définition européenne, la qualification d'établissement de crédit d'une entité implique que cette dernière accomplisse cumulativement ces deux activités de réception de fonds remboursables du public et d'octroi de crédits. Les établissements de crédit peuvent en plus mener d'autres opérations de banque, des activités connexes, des activités non bancaires.

L'ordonnance du 27 juin 2013 a permis également aux entités qui avaient été agréées en tant qu'établissements de crédit et qui ne répondaient plus à cette nouvelle définition, de poursuivre leur activité au sein d'un nouveau statut de société de financement, distinct de celui d'établissement de crédit : les sociétés de financement sont autorisées à octroyer des crédits mais ne peuvent pas collecter de dépôts ou d'autres fonds remboursables du public [3].

50 ***Nécessité d'élargir les critères de qualification*** ◊ La définition des établissements de crédit formulée à l'article L. 511-1 du Code monétaire et financier n'est pas suffisamment large pour embrasser tous les professionnels des activités bancaires et financières ; certains d'entre eux n'accomplissent pas des opérations de banque et, dès lors, ne sont pas des établissements de crédit, ni des sociétés de financement. L'ordonnance du 27 juin 2013 les soumet néanmoins, pour partie, à la réglementation mise en place. Par ailleurs, les établissements de crédit et les sociétés de financement peuvent effectuer des opérations connexes ou complémentaires aux opérations de banque.

Ces chevauchements dans les listes d'opérations et activités relevant du secteur bancaire et ces statuts professionnels qui leur correspondent conduisent à analyser successivement les activités relevant des services bancaires et des services de paiement (Sous-Titre 1), puis les diverses classifications des établissements autorisés à accomplir ces actes (Sous-Titre 2).

---

1. CRR : « Capital requirements regulation ».
2. C. monét. fin., art. L. 511-1, I.
3. V. ss 130.

SOUS-TITRE 1

Activités relevant des services bancaires et des services de paiement

51 Les opérations de banque constituent le socle de l'activité bancaire soumise au monopole bancaire (Chapitre 1) ; gravitent autour de cette base, des activités périphériques et accessoires qui peuvent être cataloguées dans les catégories d'activités connexes aux activités bancaires (Chapitre 2), ou d'activités non bancaires (Chapitre 3), ou de prises de participations (Chapitre 4). Les établissements qui souhaitent exercer des activités ainsi répertoriées doivent obtenir le cas échéant l'agrément adéquat. Cette classification de toutes les activités pouvant relever des services bancaires et des services de paiement est propre à notre droit interne. En droit européen, la directive 2013/36/UE du 26 juin 2013 dresse sans distinction la liste générale de toutes les opérations susceptibles d'être effectuées par les établissements de crédit, qui peuvent bénéficier de la reconnaissance mutuelle (Chapitre 5).

CHAPITRE 1
OPÉRATIONS DE BANQUE

52 La loi du 24 janvier 1984 a dressé une liste de trois opérations de banques qui caractérisent les activités du secteur bancaire. Cette liste, intégrée à l'article L. 311-1 du Code monétaire et financier puis modifiée par l'ordonnance du 27 juin 2013 [1], comprend la réception de fonds remboursables du public (Section 1), les opérations de crédit (Section 2), ainsi que les services bancaires de paiement (Section 3).

SECTION 1. LA RÉCEPTION DE FONDS REMBOURSABLES DU PUBLIC

§ 1. Notion de fonds remboursables du public

53 ***Définition des fonds remboursables du public*** ◊ L'article L. 312-2 du Code monétaire et financier donne une définition des fonds remboursables du public. Il s'agit des fonds qu'une personne recueille d'un tiers, notamment sous la forme de dépôts, avec le droit d'en disposer pour son propre compte, mais à charge pour elle de les restituer [2].

L'article R. 312-18 du Code monétaire et financier précise les conditions et limites dans lesquelles les émissions de titres de créance sont assimilables au recueil de fonds remboursables du public, au regard notamment des caractéristiques de l'offre ou du montant nominal des titres. Les titres de créance sont assimilables à des fonds remboursables du public lorsque cumulativement :

- Les émissions ne sont pas réservées à certaines catégories d'investisseurs (prestataires de services d'investissement fournissant le service de gestion de portefeuille pour compte de tiers ou investisseurs qualifiés) ;
- Pour les titres autres que les titres de créances négociables (TCN), la valeur nominale de chacun des titres est inférieure à 100 000 € ;
- Les titres ne sont pas des titres subordonnés (ou quasi-fonds propres) [3]

1. V. D.-R. Martin, « Que sont les notions devenues ? », *D.* 2014. 164.
2. T. Samin, « La redéfinition de la notion de réception de fonds du public », *Banque et Dr.* juill.-août 2014, p. 3.
3. Titres subordonnés de dernier rang émis en application de l'article L. 228-97 du Code de commerce, titres participatifs mentionnés aux articles L. 213-32 à L. 213-35, ou assimilés : le produit de ces émissions est éligible en fonds propres.

54 ***Remise de fonds*** ◊ La remise de fonds implique une remise de monnaie en euros ou en devise, qui peut être spontanée de la part de la clientèle, mais qui peut aussi être sollicitée par l'établissement de crédit. Le législateur mentionnant le dépôt à titre d'exemple, la remise et réception de fonds peuvent s'inscrire dans un autre cadre juridique tel qu'une convention de prêt ou une convention de compte courant ; de même, la remise matérielle de fonds peut être réalisée non seulement en espèces, mais aussi par un chèque ou par un virement [1]. La preuve d'un dépôt en banque peut être faite contre le banquier par tous les moyens [2].

55 ***Droit de disposer pour son propre compte*** ◊ L'article L. 312-2 du Code monétaire et financier précise que les fonds doivent être utilisés par les établissements de crédit pour leur propre compte, mais n'indique pas les emplois que ces derniers peuvent en faire. Ils sont en conséquence totalement libres d'utiliser les fonds pour leur propre compte. C'est ainsi qu'en pratique les établissements de crédit financent, au moyen des dépôts de la clientèle, une part des crédits qu'ils distribuent.

Le droit de disposer librement des fonds peut exister même si les fonds sont confiés en vue d'une affectation déterminée [3], dès lors que le dépositaire dispose d'un délai pour employer les fonds pour son propre compte [4].

56 ***Obligation de restituer*** ◊ Le banquier ayant reçu des fonds du public est dans l'obligation de les restituer. Cette restitution peut notamment se faire directement, par la remise au client d'espèces dans des opérations de retraits, ou indirectement, par exécution d'ordres de paiement émanant de ce même client, émetteur de chèques ou de virement au bénéfice d'un tiers [5].

La jurisprudence a précisé qu'il résulte des articles 1239 et 1937 du Code civil que le banquier ne peut être dégagé de son obligation de restitution qu'en procédant à des paiements entre les mains du véritable créancier ou de celui qui a reçu pouvoir de ce dernier [6]. C'est alors à

1. F. Grua, « Le dépôt de monnaie en banque », *D.* 1998. Chron. 259 ; J. Stoufflet, « Dépôts et comptes en monnaie étrangère », *Mélanges J. Derrupé*, p. 183.

2. Com. 8 mars 2005 : *RDBF* 2005, n° 155, obs. Crédot et Gérard ; Com. 24 janv. 2018, n° 16-19.866 P : *D. actu.* 5 mars 2018, obs. Delpech ; *D.* 2018. Actu. 236 ; *AJ contrat* 2018. 195, obs. Douville ; *JCP* 2018, n° 352, note Lasserre Capdeville ; *RJDA* 2018, n° 351 ; *Banque et Dr.* 5-6/2018. 11, obs. Bonneau ; *RDBF* 2018, n° 27, obs. Samin et Torck.

3. Crim. 11 mars 2015, *RDBF* sept oct 2015, 141 note F.C. Crédot et Th. Samin : fonds collectés auprès d'immigrés puis convertis en machines-outils livrées en Algérie ou changés en dinars remis à des personnes désignées.

4. Paris, 25 févr. 1999, *D.* 2000, somm. 455, obs. H Synvet : une avocate qui propose des placements à haut rendement et fait signer à ses clients une convention de fiducie l'habilitant à ouvrir des sous-comptes au nom de chacun des investisseurs et à affecter les sommes qui lui étaient confiées aux seuls placements prévus par la convention n'a pas la libre disposition des fonds.

5. H. Causse, « L'obligation de restitution du banquier dépositaire peut-elle être payante ? », *RDBF* 2003. 315.

6. Paris, 18 mars 1992 : *D.* 1993. Somm. 57, obs. Vasseur.

l'établissement de crédit, dépositaire, qu'incombe la charge de prouver qu'il a restitué les fonds déposés conformément aux instructions de son client [1].

57 ***Monnaie électronique*** ◊ La collecte de fonds par des établissements de monnaie électronique en vue de l'émission de monnaie électronique n'est pas une réception de fonds remboursables du public au sens de l'article L. 312-2 ; en outre, l'établissement de monnaie électronique ne peut disposer de ces fonds pour son propre compte [2].

§ 2. **Monopole bancaire**

A. **Principe**

58 En principe, la réception de fonds remboursables du public est une opération de banque [3]. Dès lors, cette réception est soumise au monopole bancaire visé par l'article L. 511-5, alinéa 2 du Code monétaire et financier, aux termes duquel il est interdit à toute personne autre qu'un établissement de crédit de recevoir à titre habituel des fonds remboursables du public.

L'ordonnance du 27 juin 2013 a supprimé la distinction qui existait précédemment entre les fonds reçus du public à vue ou à moins de deux ans de terme, et celle des fonds à plus de deux ans de terme ; les dépôts de fonds reçus du public à vue ou à moins de deux ans de terme bénéficiaient d'un monopole bancaire renforcé : l'ancien alinéa 2 de l'article L. 511-5 du Code monétaire et financier prévoyait en effet qu'« il [était] interdit à toute personne autre qu'un établissement de crédit de recevoir du public des fonds à vue ou à moins de deux ans de terme », sans exigence d'un fait commis à titre habituel.

Par ailleurs, l'article R. 312-7 du Code monétaire et financier n'incluant pas dans la notion de fonds remboursables du public les émissions de titres de créance réservées à certaines catégories d'investisseurs (prestataires de services d'investissement fournissant le service de gestion de portefeuille pour compte de tiers ou investisseurs qualifiés), les sociétés de financement, qui ne peuvent en raison de leurs statuts, recevoir de dépôts [4], peuvent néanmoins avoir recours au placement privé de titres de créances auprès d'investisseurs qualifiés [5] ; il en est de même pour les titres de créances dont la valeur nominale est supérieure à 100 000 €.

---

1. Com. 19 sept. 2006, *RJDA* 2007, n° 83.
2. C. mon. fin., art. L. 526-5 ; v. ss 188.
3. C. mon. fin., art. L. 311-1.
4. V. ss 131.
5. Th. Samin, art. préc. p. 7.

B. Exceptions

59 L'article L. 312-2 alinéa 2 prévoit que dans certains cas, les fonds versés par des dirigeants, associés salariés ou prêteurs participatifs à une entreprise, ne sauraient être considérés comme des fonds remboursables du public. Il a été relevé que cette démarche du législateur n'est pas cohérente [1] : ce n'est pas la définition des fonds remboursables du public qui devrait exclure les opérations visées, pour lesquelles les fonds proviennent du public. Il aurait été plus approprié de préciser qu'en raison de liens étroits qui unissent les parties et de l'absence de relations de clientèle, le régime des opérations de banque n'est pas applicable aux fonds qu'une entreprise recueille de ses associés, dirigeants, ou salariés ou de prêteurs participatifs lorsque les conditions mentionnées à l'article L. 312-2 alinéa 2 sont réunies.

1. Comptes courants d'associés et prêts participatifs

60 Ne sont pas considérés par le législateur comme des fonds reçus du public, les fonds reçus par une société ou laissés en compte par les associés en nom ou les commanditaires d'une société de personnes, les associés ou actionnaires détenant au moins 5 % du capital social, les administrateurs, les membres du directoire et du conseil de surveillance ou les gérants [2]. Les dirigeants de sociétés par actions simplifiées, les directeurs généraux de sociétés anonymes ou encore les directeurs généraux délégués ne sont pas mentionnés dans cette liste.

De même, ne sont pas considérés comme des fonds reçus du public les fonds provenant de prêts participatifs, qui sont régis par les articles L. 313-14 et suivants. Ces fonds sont légalement assimilés à des fonds propres : les prêteurs prennent, dans ce cas, un risque important dans la mesure où ils ne seront remboursés qu'après paiement des autres créanciers.

2. Fonds reçus des salariés

61 Sont visés par l'article L. 312-2 alinéa 2, les fonds qu'une entreprise reçoit de ses salariés sous réserve que leur montant n'excède pas 10 % de ses capitaux propres ; cette dérogation vise à inciter les salariés à participer au financement de leur entreprise.

SECTION 2. LES OPÉRATIONS DE CRÉDIT

62 L'article L. 313-1 du Code monétaire et financier définit l'opération de crédit, tout en y assimilant certaines opérations [3].

---

1. Th. Bonneau, *Droit bancaire*, Montchrestien, 2017, 12e éd., n° 54.
2. A. Schricke, « À propos des fonds reçus en comptes courants d'associés », *Mélanges AEDBF-France*, III, RB Édition, 2001, p. 279 ; H. Hovasse, « Comptes courants d'associés et monopole des banques », *JCP E* 2010, 128.
3. Pour une étude plus détaillée des différentes formes de crédit, v. ss 1535 s.

§ 1. Crédit « classique »

A. Définition

63 Constitue une opération de crédit « tout acte par lequel une personne agissant à titre onéreux met ou promet de mettre des fonds à la disposition d'une autre personne ou prend, dans l'intérêt de celle-ci, un engagement par signature tels qu'un aval, un cautionnement ou une garantie » [1].

Cette définition intègre les trois éléments essentiels de toute opération de crédit : 1° une avance ou une promesse d'avance de fonds ; 2° une rémunération du créditeur ; 3° une restitution. Cette acception moderne de l'opération de crédit comprend une gamme étendue d'opérations, aussi bien le prêt, que l'ouverture de crédit ou les crédits par signature.

1. Crédit par remise immédiate des fonds

64 La mise à disposition des fonds est immédiate lorsque le décaissement découlant de l'opération de crédit se produit au même moment que sa conclusion et n'implique aucun acte postérieur.

Tel est notamment le cas du contrat de prêt d'argent. Il convient de relever que, depuis un arrêt de la Cour de cassation du 28 mars 2000, le contrat de prêt consenti par un professionnel de crédit n'est plus, comme c'était le cas jusqu'alors, un contrat réel ; il est un contrat consensuel [2]. Cette évolution est importante car elle permet l'exécution forcée d'un engagement pris par un banquier n'ayant pas encore versé les sommes négociées. En revanche, la qualification de contrat réel ne permet qu'une condamnation à des dommages-intérêts, dans la mesure où le contrat de prêt n'est, dans ce cas, pas encore valablement formé.

---

1. C. mon. fin., art. L. 313-1.

2. Civ. 1re, 28 mars 2000, *Bull. civ.* I, n° 105 ; *D.* 2000. 482, note S. Piedelièvre. V. aussi Civ. 1re, 27 juin 2006, *D.* 2007. Pan. 759, obs. D.-R. Martin ; *CCC* 2006, n° 221, obs. Leveneur ; Civ. 1re, 5 juill. 2006, *Bull. civ.* I, n° 358 ; *D.* 2007. 50, note Ghestin ; *ibid.* Pan. 759, obs. D.-R. Martin ; *RTD com.* 2006. 887, obs. Legeais ; *JCP* 2006. IV. 2684 ; *Banque et Dr.* 11-12/2006. 22, obs. Bonneau ; *RJDA* 2007, n° 86 ; *RLDA* nov. 2006. 47, obs. Rakotovahiny ; Civ. 1re, 14 janv. 2010, *Bull. civ.* I, n° 6 ; *D.* 2010. Chron. Cass. 2097, obs. Creton ; *ibid.* 620, note J. François ; *D.* 2011. Pan. 1649, obs. D. R. Martin ; *RTD com.* 2010. 763, obs. Legeais ; *RDI* 2010. 203, obs. Heugas-Darraspen ; *JCP E* 2010, n° 1465, note Dissaux ; *ibid.*, n° 1496, spéc. n° 9, obs. Routier ; *Gaz. Pal.* 2010. 417, obs. Piedelièvre ; *ibid.* 1033, obs. Houtcieff ; *Dr. et patr.* 9/2010. 105, obs. Mattout ; *RDBF* 2010, n° 45, obs. Lagarde ; *RJDA* 2010, n° 421 ; Civ. 1re, 19 juin 2008, *Bull. civ.* I, n° 174 ; *D.* 2008. Chron. Cass. 2369, obs. Creton ; *RTD com.* 2008. 602, obs. Legeais ; *JCP E* 2008, n° 30, p. 10, note Legeais ; *JCP* 2008. II. 10150, note Constantin ; *Gaz. Pal.* 2008. 3398, note S. Piedelièvre ; *CCC* 2008, n° 255, obs. Leveneur ; *RDC* 2008. 1129, obs. Laithier ; *Banque et Dr.* 9-10/2008. 31, obs. Bonneau ; *Defrénois* 2008. 1967, obs. Savaux ; *RJDA* 2009, n° 464 ; *RDC* 2009. 188, obs. Puig ; Com. 7 avr. 2009, *Bull. civ.* IV, n° 54 ; *D.* 2009. 2080, note Ghestin ; *D.* 2010. Pan. 1049, obs. D. R. Martin ; *RTD com.* 2009. 598, obs. Legeais ; *JCP* 2009, n° 27, p. 27, note Lasserre Capdeville ; *JCP E* 2009, n° 44-45, p. 11, obs. Stoufflet ; *Banque et Dr.* juill.-août 2009. 18, obs. Bonneau ; *Defrénois* 2009. 1942, note François ; *Dr. et patr.* juill.-août 2009. 87, obs. Aynès.

Le crédit par remise immédiate des fonds peut aussi prendre la forme d'une écriture au crédit du compte du client. La banque effectue alors un virement d'une certaine somme d'argent sur le compte de son client, faisant ainsi s'élever la provision apparente. Mais il peut s'agir également d'une écriture au débit du compte du client, la banque laissant alors le compte devenir débiteur par une autorisation de découvert.

2. Crédit par mise à disposition éventuelle des fonds

65 Dans certains types de crédits, qualifiés de crédits par signature, l'établissement de crédit ne met pas immédiatement les fonds à la disposition de son client, mais s'engage simplement à procéder à une mise à disposition de fonds si le client ne peut pas faire face à une obligation de paiement : l'établissement de crédit prend par exemple un engagement cambiaire comme avaliste ou comme tiré accepteur, ou se porte caution ou fournit une garantie à première demande.

3. Crédit avec mobilisation de créances

66 Bien que n'étant pas expressément visée dans la définition du crédit figurant à l'article L. 313-1, la mobilisation des créances professionnelles constitue néanmoins un crédit par remise immédiate des fonds [1] : par cette opération, un créancier obtient d'un établissement de crédit une avance à court terme en contrepartie soit de la souscription d'un effet de commerce remis en propriété à l'établissement de crédit (lettre de change, billet à ordre, etc.), soit par la cession de plusieurs créances professionnelles par le biais d'un bordereau (bordereau de cession de créances professionnelles, dit aussi « bordereau Dailly »).

L'originalité de ce crédit par mobilisation de créances se retrouve dans le fondement économique du crédit consenti par l'établissement de crédit, lié aux créances transférées par le bénéficiaire du crédit. Cette assise particulière du crédit repose, d'une part, et sauf exception, sur le transfert de la créance, et, d'autre part, sur les modalités du remboursement du crédit qui est réalisé au moyen du recouvrement de la ou des créances mobilisées de la sorte.

B. Caractère onéreux

67 Il découle de la définition de l'article L. 313-1 qu'un crédit qui ne présenterait pas un caractère onéreux ne relève pas de la définition de l'opération de crédit visée à ce texte. Ainsi, un prêt consenti à titre gratuit entre

1. En ce sens, pour des opérations d'affacturage : Versailles, 24 nov. 1989, *JCP E* 1991. I. 91, n° 36, obs. Gavalda et Stoufflet ; pour des cessions de créances par bordereau Dailly : *Rép. min.* n° 4067, *JOAN* Q 27 janv. 2003, p. 600 ; *JCP E* 2003, n° 7-8, p. 294.

particuliers échappe à toute réglementation autre que celle du Code civil. On ne saurait dès lors reprocher une violation du monopole bancaire à la personne qui prête des fonds sans intérêts à plusieurs de ses proches : le délit d'exercice illégal de la profession de banquier ne saurait être retenu.

La circonstance qu'un solde débiteur ne s'accompagne pas de la perception d'intérêts n'est pas de nature à exclure que l'opération ait un caractère onéreux, celui-ci pouvant parfaitement découler de la perception de commissions de report, rendue possible par des facilités accordées [1].

C. Promesse de crédit

68 L'article L. 313-1 mentionne le fait de promettre de mettre des fonds à la disposition d'une autre personne, visant ainsi l'ouverture de crédit. Or l'ouverture de crédit est caractérisée par l'engagement du banquier à consentir une opération de crédit déterminée, reconnaissant ainsi à son client une option dont la levée lui permettra d'obtenir le crédit promis. Il s'agit donc, en réalité, d'une promesse de crédit [2]. L'emprunteur aura alors le choix : soit lever l'option et bénéficier du crédit, soit ne rien faire. Ce ne sera que s'il lève cette option que la convention de crédit sera juridiquement formée, et ce à concurrence des fonds utilisés [3].

§ 2. Crédit par assimilation

69 Le crédit-bail et la location assortie d'une option d'achat sont assimilés par l'article L. 313-1 à des opérations de crédit et ne peuvent dès lors être réalisés à titre habituel que par des entreprises agréées en qualité d'établissements de crédit ou de sociétés de financement.

A. Crédit-bail

70 L'opération de crédit-bail est assimilée à une opération de crédit. Le crédit-bail est l'opération par laquelle un établissement financier, le crédit-bailleur, acquiert auprès d'un fournisseur, à la demande d'un client, le crédit-preneur, la propriété d'un bien qui est donné à bail à ce client pendant une certaine période à l'issue de laquelle il disposera d'une option lui conférant la faculté soit de restituer le bien au crédit-bailleur, soit de l'acheter moyennant le paiement d'un prix résiduel, soit de reprendre la

1. CE 25 juill. 2007, n° 266735, *Société Dubus SA*.
2. Com. 21 janv. 2004, *Bull. civ.* IV, n° 13 ; *D.* 2004. 1149, note Jamin ; *ibid. AJ* 498, obs. Avena-Robardet ; *RTD com.* 2004. 352, obs. Legeais.
3. Civ. 2e, 18 nov. 2004 : *Bull. civ.* II, n° 501 ; *D.* 2005. Pan. 1604, obs. Taormina ; *D.* 2006. Pan. 166, obs. Martin ; *RTD com.* 2005. 154, obs. Legeais ; *JCP E* 2005, n° 21, p. 867, obs. Salgueiro ; *RDBF* 2005, n° 5, obs. Crédot et Gérard ; *ibid.*, n° 23, obs. S. Piedelièvre ; *Banque et Dr.* 5-6/2005. 70, obs. Bonneau ; *RJDA* 2005, n° 1277.

location durant une certaine période [1]. Le crédit-bail ne peut porter que sur des biens mobiliers et immobiliers à usage professionnel [2].

B. Location assortie d'une option d'achat

71 Il a été précisé précédemment que le crédit-bail ne peut porter que sur des biens mobiliers et immobiliers à usage professionnel ; la même opération qui porterait sur un bien à usage non professionnel est une location assortie d'une option d'achat. Dans ce cas, le locataire disposera également d'une option lui conférant la faculté soit de restituer le bien au bailleur, soit de l'acheter, soit de reprendre la location.

SECTION 3. LA MISE À LA DISPOSITION OU LA GESTION DE MOYENS DE PAIEMENT

72 Jusqu'à l'ordonnance n° 2009-866 du 15 juillet 2009 ayant transposé en droit français la directive n° 2007/64/CE du 13 novembre 2007 concernant les services de paiement dans le marché intérieur [3], l'article L. 311-1 du Code monétaire et financier visait, d'une façon générale, la mise à la disposition de la clientèle ou la gestion de moyens de paiement. Cette ordonnance de 2009 a introduit une nouvelle catégorie d'opérateurs, les établissements de paiement [4]. La mise à disposition de la clientèle et la gestion des moyens de paiement se retrouvent à présent partagées entre, d'une part, les « services de paiement » [5], qui peuvent être exercés à titre principal par les établissements de paiement et par les établissements de crédit à titre connexe, et, d'autre part, les « services bancaires de paiement » qui ne peuvent être exercés que par les établissements de crédit [6].

73 ***Notion de « moyens de paiement »*** ◊ L'article L. 311-3 du Code monétaire et financier définit la notion de « moyens de paiement » comme étant « tous les instruments qui permettent à toute personne de transférer des fonds, quel que soit le support ou le procédé technique utilisé ». La notion de transfert de fonds est large et doit être entendue de tout procédé, même s'il est révocable. Cette définition est très extensive puisqu'elle englobe les moyens de paiement comportant un support

1. C.mon.fin., art. L. 313-7 à L. 313-11.
2. C.mon.fin., art. L. 313-7.
3. H. Bouthinon-Dumas, « La directive sur les services de paiement et la concurrence entre les établissements de paiement et les banques », *RTD com.* 2009. 59.
4. C. mon. fin., art. L. 522-1.
5. C. mon. fin., art. L. 314-1, II.
6. C. mon. fin., art. L. 311-3)(pour une étude plus complète des opérations de paiement autres que le chèque, v. ss 1278 s.)

papier, magnétique et tout procédé comme une installation télématique permettant d'assurer un transfert de fonds.

74 ***Mise à disposition et gestion de moyens de paiement*** ◊ Il est précisé à l'article L. 311-3 que les opérations de mise à disposition de la clientèle ou de gestion de moyens de paiement comprennent non seulement les services bancaires de paiements visés par l'article L. 311-1, c'est-à-dire, essentiellement, la délivrance de formules de chèques, mais également les services de paiement dont la liste est mentionnée à l'article L. 314-1, II, et, enfin, depuis la loi n° 2013-100 du 28 janvier 2013, les activités d'émission et de gestion de monnaie électronique que l'on incluait, jusqu'à ce texte, dans les services bancaires de paiement.

75 ***Services bancaires de paiement et services de paiement*** ◊ L'article L. 314-1 dresse une liste limitative des services de paiement. Sont visés les services permettant le versement d'espèces sur un compte de paiement et les opérations de gestion d'un compte de paiement, les services permettant le retrait d'espèces sur un compte de paiement et les opérations de gestion d'un compte de paiement ainsi que l'exécution des opérations de paiement par prélèvement, par carte de paiement ou par virement. Il en va de même de l'exécution des opérations de paiement par prélèvement, carte ou virement associées à une ouverture de crédit, de l'émission d'instruments de paiement et/ou de l'acquisition d'ordres de paiement, les services de transmission de fonds. L'ordonnance du 9 août 2017 a ajouté deux nouveaux services de paiement fournis aux consommateurs ou aux entreprises à partir d'un accès aux données des comptes de paiement [1] : le service d'initiation de paiement [2] et le service d'information sur les comptes [3].

Cette liste des services de paiement étant limitative, d'autres services permettant également l'exécution d'opérations de paiement sont nécessairement, sauf exceptions légales, des services bancaires de paiement relevant de la seule compétence des établissements de crédit. La cour d'appel de Paris a précisé que la société qui, lors de négociations de *Bitcoins* sur une plate-forme d'échange gérée par une société étrangère, reçoit les fonds des acheteurs et les transfère aux vendeurs, déduction faite de ses frais et

1. V. D Legeais, « Droit des services de paiement », *RTD com*. 2017. 959 ; K. Magnier-Merran, « La "DSP 2" et les nouveaux services de paiement : chronique d'une "démonopolisation" bancaire annoncée », *RDBF* Mars avr. 2018, p. 64

2. Le service d'initiation de paiement est un service consistant à initier un ordre de paiement à la demande de l'utilisateur de services de paiement concernant un compte de paiement détenu auprès d'un autre prestataire de service de paiement (C.mon.fin. art. D. 314-2, 6°).

3. Le service d'information sur les comptes est un service en ligne consistant à fournir des informations consolidées concernant un ou plusieurs comptes de paiement détenus par l'utilisateur de services de paiement soit auprès d'un autre prestataire de services de paiement, soit auprès de plus d'un prestataire de services de paiement (C. mon. fin., art. D. 314-2, 7°).

commissions et de ceux dus au gestionnaire de la plate-forme, fournit un service de paiement au sens de l'article L. 314-1 pour lequel elle doit être agréée [1].

L'article L. 314-1, III complète cette liste énumérative des services de paiement en dressant une liste de sept opérations de paiement ou de fourniture de services qui ne sont pas considérées comme un service de paiement.

1. Paris, 26 sept. 2013, *JCP E* 2014, n° 1091, note Bonneau ; *RDBF* 2014, n° 3, obs. Crédot et Samin ; *LEDB* avr. 2014, p. 5, obs. Lasserre Capdeville.

CHAPITRE 2
OPÉRATIONS CONNEXES AUX OPÉRATIONS DE BANQUE

76 L'article L. 311-2 du Code monétaire et financier vise les opérations connexes aux opérations de banque que peuvent réaliser les établissements de crédit sans se prévaloir à leur égard du monopole bancaire (Section 1). Certaines de ces opérations, bien que non soumises au monopole bancaire, sont concernées par un autre monopole légal (Section 2).

SECTION 1. LISTE DES OPÉRATIONS CONNEXES

77 L'article L. 311-2 du Code monétaire et financier fixe la liste des opérations connexes aux opérations de banque. Sont ainsi visées :

1. Les opérations de change ;

2. Les opérations sur or, métaux précieux et pièces ;

3. Le placement, la souscription, l'achat, la gestion, la garde et la vente de valeurs mobilières et de tout produit financier ;

4. Le conseil et l'assistance en matière de gestion de patrimoine ;

5. Le conseil et l'assistance en matière de gestion financière, l'ingénierie financière et d'une manière générale tous les services destinés à faciliter la création et le développement des entreprises, sous réserve des dispositions législatives relatives à l'exercice illégal de certaines professions ;

6. Les opérations de location simple de biens mobiliers ou immobiliers pour les établissements habilités à effectuer des opérations de crédit-bail ;

7. Les services de paiement mentionnés au II de l'article L. 314-1 ;

8. L'émission et la gestion de monnaie électronique.

La liste figurant à l'article L. 311-2 est considérée par un courant doctrinal comme exhaustive [1], mais cette analyse n'est pas partagée par tous les auteurs [2]. Le Comité des établissements de crédit et des entreprises

---

1. Ph. Neau-Leduc, A. Perin-Dureau, Ch. Neau-Leduc, *Droit bancaire*, Dalloz, 2018, 6e éd., n° 178.

2. Th. Bonneau, *Droit bancaire*, Montchrestien, 2017, 12e éd., n° 104.

d'investissement interprétait largement cette notion d'activité connexe. Il y incluait ainsi la domiciliation au siège d'un établissement de crédit d'entreprises non bancaire [1].

SECTION 2. SOUMISSION D'OPÉRATIONS CONNEXES À UN AUTRE MONOPOLE LÉGAL

78 Ce n'est pas parce qu'elles ne sont pas soumises au monopole bancaire que les opérations connexes ne sont pas concernées par un autre monopole légal.

79 ***Services de paiement*** ◊ L'article L. 311-2 du Code monétaire et financier vise, au titre des opérations connexes, les services de paiement mentionnés au II de l'article L. 314-1 ; or ces services font l'objet d'un monopole reconnu par la loi au bénéfice des prestataires de services de paiement [2], c'est-à-dire les établissements de crédit et les établissements de paiement.

80 ***Services d'investissement*** ◊ Lorsqu'il constitue la fourniture de services d'investissement au sens de l'article L. 321-1, l'exercice des opérations connexes et de l'activité de conservation est subordonné à l'agrément préalable prévu à l'article L. 532-1, en l'occurrence l'agrément nécessaire pour pouvoir fournir des services d'investissement [3]. Un constat similaire peut être fait avec la monnaie électronique.

---

1. Rapport annuel CECEI 2006. 57.
2. C. mon. fin., art. L. 521-2 ; v. ss 176.
3. C. mon. fin., art.C. mon. fin., art. L. 311-2, *in fine* ; v. ss 2729.

CHAPITRE 3
ACTIVITÉS NON BANCAIRES

81 ***Présentation des activités non bancaires*** ◊ Il est précisé à l'article L. 511-3 du Code monétaire et financier que les établissements de crédit ainsi que les sociétés de financement ne peuvent exercer à titre habituel une activité autre que celles mentionnées aux articles L. 311-1 (opérations de banque), L. 311-2 (opérations connexes) et L. 511-2 (prises de participations dans des entreprises existantes ou en création) « que dans des conditions définies par le ministre chargé de l'Économie ». Il découle de cette formulation que si les activités en question sont occasionnelles, elles ne sont soumises à aucune exigence. En revanche, si elles deviennent habituelles, elles ne peuvent être exercées que dans les conditions définies par arrêté ministériel. Dans ce cadre, le règlement n° 86-21 du 24 novembre 1986 du Comité de la réglementation bancaire (CRBF) définit ces activités non bancaires. Il s'agit des activités de mandat, de courtage ou de commission, de gestion de patrimoine immobilier, de prestations de services constituant l'accessoire de moyens principalement affectés à l'exploitation bancaire et de prestations de services à la clientèle constituant le prolongement d'opérations de banque.

Il convient de préciser qu'en vertu de l'article L. 511-3, alinéa 2 du Code monétaire et financier, ces activités non bancaires doivent, en tout état de cause, demeurer d'une importance limitée par rapport à l'ensemble des activités habituelles de l'établissement et ne pas empêcher, restreindre ou fausser le jeu de la concurrence sur le marché considéré. Le règlement CRBF n° 86-21 du 24 novembre 1986 visé précédemment précise en son article 3 que le montant annuel des produits provenant des activités non bancaires ne doit pas dépasser 10 % du produit net bancaire. Il ne faut pas, enfin, que ces mêmes activités soient incompatibles avec les exigences de la profession bancaire, et notamment avec le maintien de la sécurité des déposants.

82 ***Distinction des activités non bancaires et des activités connexes*** ◊ La distinction entre les activités non bancaires et les opérations connexes est délicate. La doctrine propose une approche distincte de ces deux hypothèses : l'activité connexe est « une notion qui désigne les opérations objectivement dans le prolongement des opérations de banque » [1] alors que l'activité non bancaire serait, quant à elle, une notion plus étendue regroupant tant les activités « totalement étrangères aux opérations de banque » que les activités « objectivement connexes et subjectivement étrangères » [2].

1. Th. Bonneau, *op. cit.*, n° 107 ; M. Vasseur, *Institutions bancaires*, Les cours du droit, 1985-1986, fasc. 1, p. 811.

2. Th. Bonneau, *op. cit.* n° 107 ; F-J. Crédot et Y. Gérard, « L'exercice par les établissements de crédit d'activités extra-bancaires », *RDBB* 1987, n° 2, p. 41.

CHAPITRE 4

PARTICIPATIONS DANS DES FILIALES À CARACTERE FINANCIER OU DES FILIALES D'ASSURANCE

83 Il est précisé à l'article L. 511-2 du Code monétaire et financier que les établissements de crédit et les sociétés de financement peuvent prendre des participations dans des filiales à caractère financier ou des filiales d'assurance ou de réassurance ou dans des entités comparables ayant leur siège social en dehors de l'Espace économique européen Pour éviter des prises de risques excessifs dans ces opérations, un arrêté du 4 août 2016 [1] fixe les conditions de ces prises de participation. Les prises de participation sont soumises à notification ou autorisation préalable de l'ACPR lorsque la taille de bilan de la cible dépasse respectivement 15 % ou 25 % des fonds propres de l'établissement assujetti calculés sur base individuelle, consolidée ou sous-consolidée.

1. Arrêté du 4 août 2016 pris pour l'application de l'article L. 511-2 (Arr. du 20 oct. 2016, art. 1er) du Code monétaire et financier relatif aux prises de participation des établissements de crédit dans des filiales à caractère financier ou des filiales d'assurance ou de réassurance ou dans des entités comparables ayant leur siège social en dehors de l'Espace économique européen

CHAPITRE 5

LISTE DES ACTIVITÉS QUI BÉNÉFICIENT DE LA RECONNAISSANCE MUTUELLE

84 Le droit européen ne procède pas à une classification des opérations pouvant être réalisées par les établissements de crédit en opérations de banque, opérations connexes ou non bancaires. L'annexe 1 de la directive 2013/36/ du 26 juin 2013 concernant l'accès à l'activité des établissements de crédit et la surveillance prudentielle des établissements de crédit et des entreprises d'investissement, dresse la liste de toutes les activités pouvant être exercées par des établissements de crédit qui peuvent bénéficier de la reconnaissance mutuelle :

1. Réception de dépôts et d'autres fonds remboursables.

2. Prêts, y compris, notamment : le crédit à la consommation, le crédit hypothécaire, l'affacturage avec ou sans recours et le financement des transactions commerciales (affacturage à forfait inclus).

3. Crédits-bails.

4. Services de paiement au sens de l'article 4, point 3), de la directive 2007/64/CE.

5. Émission et gestion d'autres moyens de paiement (par exemple, chèques de voyage et lettres de crédit) dans la mesure où cette activité n'est pas couverte par le point 4.

6. Octroi de garanties et souscription d'engagements.

7. Transactions, pour le compte propre ou pour le compte des clients, sur tout élément suivant :

a) les instruments du marché monétaire (chèques, effets, certificats de dépôts, etc.) ;

b) les marchés des changes ;

c) les instruments financiers à terme et options ;

d) les instruments sur devises ou sur taux d'intérêt ;

e) les valeurs mobilières.

8. Participation aux émissions de titres et prestations de services y afférents.

9. Conseil aux entreprises en matière de structure de capital, de stratégie industrielle et questions connexes et conseils ainsi que services dans le domaine de la fusion et du rachat d'entreprises.

10. Intermédiation sur les marchés interbancaires.

11. Gestion et conseil en gestion de patrimoine.
12. Conservation et administration de valeurs mobilières.
13. Renseignements commerciaux.
14. Location de coffres.
15. Émission de monnaie électronique.

Parmi toutes les activités qui peuvent être exercées par des établissements de crédit, certaines participent de la définition même de ces établissements. Le règlement n° 575/2013 du 26 juin 2013 concernant les exigences prudentielles applicables aux établissements de crédit et aux entreprises d'investissement définit l'établissement de crédit en ciblant les deux opérations essentielles et cumulatives : recevoir du public des dépôts ou d'autres fonds remboursables et octroyer des crédits pour son propre compte.

SOUS-TITRE 2

Les établissements prestataires de services bancaires, de services de paiement et les émetteurs de monnaie électronique

85 Dans le livre V du Code monétaire et financier visant les prestataires de services, la première classification portant sur les prestataires de services bancaires regroupe les établissements de crédit (Chapitre 1), les sociétés de financement (Chapitre 2) ainsi que les compagnies financières (Chapitre 3) et les intermédiaires en opérations de banque et en services de paiement (Chapitre 4) ; s'y rajoutent des organismes étatiques visés à l'article L. 518-1 du Code monétaire et financier, autorisés à effectuer des opérations de banque (Chapitre 5). La seconde classification portant sur les prestataires de services de paiement et les changeurs manuels recoupe la classification des prestataires de services bancaires : les prestataires de services de paiement sont les établissements de crédit, ainsi que les établissements de paiement (Chapitre 6) et les établissements de monnaie électronique (Chapitre 7) ; les changeurs manuels effectuent à titre de profession habituelle des opérations de change manuel, qui sont elles aussi des opérations connexes aux opérations de banque (Chapitre 8).

Tous ces prestataires de services, à l'exception des organismes étatiques visés à l'article L. 518-1 du Code monétaire et financier, ont pour caractéristique commune d'exercer une activité dans le secteur bancaire sous le contrôle de l'ACPR qui leur délivre un agrément ou une autorisation d'exercice.

CHAPITRE 1
LES DIFFÉRENTES CATÉGORIES D'ÉTABLISSEMENTS DE CRÉDIT

86 Depuis le 1er janvier 2014, sont des établissements de crédit les « personnes morales dont l'activité consiste à recevoir des fonds remboursables du public (...) et à octroyer des crédits (...) »[1]. Ainsi, à l'instar de la définition européenne, la qualification d'établissement de crédit implique désormais que l'entité concernée accomplisse cumulativement ces deux activités[2].

Les personnes morales agréées ne le sont pas exactement en tant qu'établissement de crédit. Cette expression est, en effet, une notion générique recouvrant plusieurs catégories distinctes. Depuis le 1er janvier 2014, les établissements de crédit sont agréés en qualité de banque (Section 1), de banque mutualiste ou coopérative (Section 2), d'établissement de crédit spécialisé (Section 3) ou de caisse de crédit municipal (Section 4). Ces différentes catégories d'établissements ne peuvent pas réaliser les mêmes opérations de banque. L'agrément est donc spécial : il en résulte qu'un établissement qui veut changer de catégorie est alors dans l'obligation de demander un nouvel agrément.

87 ***Statistiques*** ◊ Au 1er janvier 2018, on comptait en France 339 établissements de crédit agréés par l'ACPR : 163 banques (dont 18 succursales de banques de pays tiers), 82 banques mutualistes ou coopératives, 18 caisses de crédit municipal, 76 établissements de crédit spécialisés[3].

SECTION 1. LES BANQUES

88 ***Historique*** ◊ Les lois des 13 et 14 juin 1941 et du 2 décembre 1945 avaient introduit une distinction entre les banques et les établissements de crédit. La différence entre ces deux catégories tenait au fait que les établissements de crédit n'utilisaient pas les dépôts de fonds de clients, mais leurs fonds propres et ceux empruntés auprès de banques. Les banques, quant à elles, pouvaient prendre l'une des trois formes prévues : les banques de dépôt, les banques d'affaires et les banques de crédit à moyen et long

1. C.mon.fin. art. L. 511-1-I.
2. V. ss 52 s.
3. ACPR, Rapport annuel 2017, p. 11.

terme. Les premières recueillaient les dépôts à vue ou à court terme et elles consentaient des crédits à court terme. Les banques d'affaires prenaient des participations dans des entreprises. Les banques de crédit à moyen ou long terme recevaient enfin des dépôts à moyen et long termes et consentaient également des prêts à moyen ou long terme.

Cette distinction, supprimée en 1966, n'a pas été reprise par la loi bancaire du 24 janvier 1984. Cette dernière était d'ailleurs clairement favorable à la déspécialisation bancaire et à la constitution de banques universelles.

89 ***Pluralité de types de banque*** ◊ La catégorie des banques n'est pas uniforme. D'une part, les banques gardent la liberté de se spécialiser dans certains types d'opérations. D'autre part, l'agrément peut également limiter l'activité qu'est habilité à exercer l'établissement qui le reçoit, notamment en fonction des moyens dont il dispose. Les banques peuvent donc prendre des formes très diverses en raison de leurs compétences, de leur importance ou de leur taille.

Dans son rapport pour l'année 2009, le Comité des établissements de crédit et des entreprises d'investissement (CECEI) distinguait plusieurs types d'établissements relevant de la catégorie des banques :

– les grandes banques à vocation générale qui disposent d'un réseau étendu de guichets en France, une activité diversifiée et une importante activité internationale ;

– les établissements orientés vers une clientèle de grandes entreprises, les opérations de marchés et les activités internationales ;

– les établissements qui disposent d'une importante clientèle de particuliers ou d'entreprises et d'un réseau significatif de guichets ;

– les banques régionales et locales qui ont une implantation limitée à une zone déterminée, voire à une seule localité. Leur clientèle est généralement composée de particuliers et de PME ;

– ou encore les banques de financement spécialisé se caractérisant par une activité essentiellement orientée vers la distribution de certains types de crédits, notamment les prêts immobiliers.

Cette présentation en fonction du type d'opérations passées et de la clientèle visée n'est pas exhaustive ; d'autres catégories, plus précises encore, sont envisagées par le rapport.

On notera qu'une autre catégorie de banque est appréhendée par la BCE : les banques Fintech définies comme des entités « présentant un modèle d'activité dans le cadre duquel la production et la fourniture de produits et de services bancaires reposent sur l'innovation de nature technologique » [1].

90 ***Opérations susceptibles d'être passées*** ◊ L'article L. 511-9, alinéa 2, du Code monétaire et financier dispose que les banques peuvent effectuer

1. BCE, Guide relatif à l'évaluation des demandes d'agrément en qualité d'établissement de crédit Fintech, mars 2018.

toutes les opérations de banque. Il s'agit donc de la catégorie d'établissements de crédit ayant le domaine de compétence le plus large.

Cette compétence est toutefois susceptible d'être réduite par l'agrément [1]. En effet, l'article L. 511-10 du Code monétaire et financier prévoit que l'ACPR « peut, selon les cas, limiter ou proposer à la Banque centrale européenne de limiter l'agrément à l'exercice de certaines opérations définies par l'objet social du demandeur ».

SECTION 2. LES BANQUES MUTUALISTES ET COOPÉRATIVES

91 ***Évolution générale des banques mutualistes et coopératives*** ◊ Les banques mutualistes et coopératives sont des organismes que l'on rattache traditionnellement au financement de l'économie locale, professionnelle voire sociale. À titre d'exemple, les caisses de Crédit Agricole avaient été constituées pour financer le secteur agricole et les Banques populaires pour couvrir les besoins en financement des PME-PMI. Elles ont alors longtemps bénéficié de certains avantages dont la contrepartie résidait dans l'interdiction de réaliser des opérations en particulier.

Progressivement, néanmoins, les banques mutualistes et coopératives se sont banalisées en élargissant leurs compétences. Les différences se sont donc estompées entre cette catégorie d'établissement, et la catégorie des « banques ». Les banques mutualistes et coopératives conservent néanmoins certaines spécificités [2]. La démarche unificatrice entre les établissements de crédit voulue par les rédacteurs de la loi n° 84-46 du 24 janvier 1984 n'a pas été poussée jusqu'au bout de sa logique. En effet, les réseaux mutualistes et coopératifs, bien que soumis au statut d'établissement de crédit « de base » et au contrôle des autorités créées par la loi bancaire, ont conservé un certain nombre de spécificités légales.

92 ***Réseaux mutualistes et organes centraux*** ◊ Aujourd'hui, les banques mutualistes et coopératives sont regroupées en quatre réseaux : le réseau du Crédit Agricole, le réseau du Crédit mutuel, le réseau des Banques populaires et le réseau des Caisses d'épargne.

Les réseaux mutualistes ont pour point commun d'être composés de plusieurs niveaux, qui entretiennent entre eux des relations étroites et à la tête desquels il y a un organisme, qualifié par l'article L. 511-30 du Code monétaire et financier d'organe central. Sont considérés comme de tels organes : Crédit Agricole SA, la Confédération nationale du crédit mutuel et l'organe

---

1. V. ss 198 s.
2. N. Théry, « La banque constituée sous forme de coopérative : une meilleure protection des clients ? », *RDBF* janv. 2019. 89.

central des caisses d'épargne et des banques populaires. Ce dernier a pour particularité de concerner deux réseaux autonomes et complémentaires de banques coopératives et mutualistes.

93 ***Compétences des organes centraux*** ◊ L'article L. 511-31 du Code monétaire et financier confère aux organes centraux un certain nombre de compétences communes.

Ils représentent, tout d'abord, les établissements de crédit et les sociétés de financement qui leur sont affiliés auprès de la Banque de France et de l'Autorité de contrôle prudentiel et de résolution.

Ils sont chargés de veiller à la cohésion de leur réseau et de s'assurer du bon fonctionnement des établissements et sociétés qui leur sont affiliés. Pour accomplir cette mission, ils peuvent prendre toutes les mesures nécessaires, notamment pour garantir la liquidité et la solvabilité de chacun de ces établissements et sociétés comme de l'ensemble du réseau.

Ils veillent à l'application des dispositions législatives et réglementaires propres à ces établissements et sociétés et exercent un contrôle administratif, technique et financier sur leur organisation et leur gestion.

Dans l'exercice de ces compétences, les organes centraux peuvent, en outre, « prendre les sanctions prévues par les textes législatifs et réglementaires qui leur sont propres ».

Enfin, l'article L. 511-32 du Code monétaire et financier dispose que, sans préjudice des pouvoirs de contrôle sur pièce et sur place conférés à l'Autorité de contrôle prudentiel et de résolution sur les établissements et sociétés qui leur sont affiliés, les organes centraux concourent à l'application des dispositions européennes directement applicables, législatives et réglementaires régissant les établissements de crédit et les sociétés de financement. À ce titre, ils saisissent l'ACPR des infractions à ces dispositions.

94 ***Opérations susceptibles d'être passées*** ◊ L'article L. 511-9, alinéa 4, du Code monétaire et financier, dispose que les banques mutualistes ou coopératives « peuvent effectuer toutes les opérations de banque dans le respect des limitations qui résultent des textes législatifs et réglementaires qui les régissent ».

L'article L. 511-10 du Code monétaire et financier prévoit que l'ACPR « peut, selon les cas, limiter ou proposer à la Banque centrale européenne de limiter l'agrément à l'exercice de certaines opérations définies par l'objet social du demandeur ».

95 ***Statistiques*** ◊ On comptait au 1er janvier 2018, en France, 82 banques mutualistes ou coopératives agréées par l'ACPR.

Le Code monétaire et financier fixe les règles juridiques qui structurent et encadrent les quatre réseaux : le réseau des Banques populaires (§ 1), le réseau du Crédit Agricole (§ 2), le réseau du Crédit mutuel (§ 3) et enfin le réseau des Caisses d'épargne (§ 4). Sont également prévues des règles à l'égard du crédit mutuel agricole et rural [1] et du crédit maritime mutuel [2].

§ 1. Le réseau des Banques populaires

96 ***Évolution*** ◊ Le réseau des banques populaires est né à la fin du XIXe siècle avec pour objectif de procurer aux entrepreneurs individuels (artisans, commerçants, professions libérales, PME, etc.) l'offre de services bancaires que leur refusaient, souvent, les grandes banques commerciales. Les banques populaires ont par la suite élargi leur champ d'activité, et ce plus particulièrement à partir des années 1960. Elles demeurent néanmoins très implantées parmi les PME et dans le secteur de l'artisanat.

L'évolution de ce réseau a été marquée, ces dernières années, par le rapprochement en 2009 des banques populaires et des caisses d'épargne au sein du groupe BPCE. BPCE est l'organe central du groupe bancaire coopératif composé des réseaux des caisses d'épargne et des banques populaires ainsi que des autres établissements affiliés dont Natixis. BPCE, est ainsi devenue le deuxième groupe bancaire français ; au sein du nouveau groupe, les deux réseaux des caisses d'épargne et des banques populaires subsistent.

97 ***Compétences*** ◊ Aux termes de l'article L. 512-2, alinéa 1, du Code monétaire et financier, les banques populaires ne peuvent faire d'opérations qu'avec « des commerçants, industriels, fabricants, artisans, patrons bateliers, sociétés commerciales et les membres des professions libérales pour l'exercice normal de leur industrie, de leur commerce, de leur métier ou de leur profession ». Cette disposition est fidèle à la vocation première des banques populaires. Cela réduit cependant considérablement leur domaine de compétence. La rigueur de cette disposition est néanmoins atténuée par les alinéas 2 et 3 de l'article L. 512-2.

D'une part, les banques populaires sont habilitées à prêter leurs concours à leurs sociétaires ainsi qu'à participer à la réalisation de toutes opérations garanties par une société de caution mutuelle.

D'autre part, l'article L. 512-2, alinéa 3, du Code monétaire et financier dispose que les banques populaires peuvent également recevoir des dépôts de toute personne ou société.

Enfin, d'une façon encore plus générale, les statuts de chaque banque populaire sont susceptibles d'indiquer si la société étend à d'autres personnes que ses sociétaires le bénéfice de ses opérations.

98 ***Multiplicité d'établissements*** ◊ Le réseau des banques populaires comprend, selon l'article L. 512-11, les banques populaires, les sociétés

1. C. mon. fin., art. L. 512-60 et R. 512-26.
2. C. mon. fin., art. L. 512-68 à L. 512-84, R. 512-27 à R. 512-46.

de caution mutuelle leur accordant statutairement l'exclusivité de leur cautionnement et la société de participations du réseau des banques populaires. L'organe central de ce réseau est l'Organe central des caisses d'épargne et des banques populaires.

99 ***Banques populaires*** ◊ Les banques populaires sont actuellement au nombre de quatorze : douze banques populaires régionales et deux banques populaires à compétences nationales. Il s'agit, pour ce dernier cas, de la Casden Banque populaire (banque sectorielle nationale de l'éducation nationale, de la culture et de la recherche) et du Crédit coopératif, qui joue un rôle important dans le domaine de l'économie sociale et solidaire.

100 ***La Fédération nationale des banques populaires*** ◊ Les quatorze banques populaires sont représentées par une fédération : la Fédération nationale des banques populaires. Cette dernière a été constituée sous forme d'association à la suite de la création de l'organe central des caisses d'épargne et des banques populaires. Elle a pour objet la défense et la promotion des intérêts communs des banques populaires et de leurs sociétaires. Elle favorise également les relations et les informations entre les banques populaires. Elle collabore, enfin, avec l'organe central du groupe, et peut, à ce titre, lui faire part de ses opinions sur ses orientations dans tous les domaines.

101 ***Organe central des caisses d'épargne et des banques populaires*** ◊ L'organe central commun aux réseaux des Banques populaires et des Caisses d'épargne a été créé par la loi n° 2009-715 du 18 juin 2009. Il s'agit d'une société anonyme constituant une filiale commune des banques populaires et des caisses d'épargne. Il a lui-même la qualité d'établissement de crédit.

L'organe central définit notamment la politique et les orientations stratégique du groupe BPCE ainsi que de chacun des réseaux qui le constituent, il en coordonne les politiques commerciales, prend toutes les mesures nécessaires pour garantir la liquidité et la solvabilité du groupe, définit les principes et conditions d'organisation du dispositif de contrôle interne du groupe et de chacun des réseaux [1].

Au cas où un établissement affilié prendrait des décisions « non conformes aux dispositions législatives ou réglementaires relatives aux activités bancaires et financières ou instructions fixées par l'organe central des caisses d'épargne et des banques populaires », l'organe central peut procéder à la révocation d'une ou des personnes assurant la détermination effective de l'orientation de l'activité de cet établissement ainsi qu'à la révocation collective des membres de son directoire ou de son conseil d'administration

---

1. C. mon. fin., art. L. 511-31 et L. 511-32, L. 512-107 et L. 512-108.

ou de surveillance et peut désigner des personnes qui seront chargées s'assumer leurs fonctions jusqu'à la désignation de nouveaux titulaires [1].

Pour garantir la liquidité et la solvabilité de ce réseau, l'organe central dispose des fonds de garantie inscrits dans les comptes de la société de participations du réseau des banques populaires. En cas d'utilisation, il peut décider la reconstitution des fonds de garanties en question en appelant auprès des banques populaires les cotisations nécessaires.

§ 2. Le réseau du Crédit Agricole

102 ***Évolution générale*** ◊ Le réseau du Crédit Agricole a été créé à la fin du XIXe siècle. Une loi du 5 novembre 1894 a autorisé la création de caisses locales. Puis une loi du 31 mars 1899 a permis à ces caisses locales de se regrouper en des caisses régionales. Ce réseau n'avait, à l'origine, que des compétences limitées et liées au monde agricole. Il ne pouvait ainsi distribuer que des crédits spéciaux à taux bonifié aux agriculteurs. Il bénéficiait du soutien des pouvoirs publics, ce qui se traduisait par une tutelle de l'État.

Peu à peu, néanmoins, sa clientèle et ses compétences se sont élargies jusqu'à devenir une banque universelle. Désormais, le Crédit Agricole exerce l'ensemble des fonctions bancaires sur tous les marchés. Il peut ainsi consentir des crédits à des professionnels comme à des particuliers. Le Crédit Agricole a, de plus, développé un rôle important sur les marchés financiers internationaux. En outre, et même s'il a perdu le monopole de la distribution des prêts à taux bonifiés, il demeure le financier privilégié de l'agriculture avec près de 90 % des parts de marché auprès de cette clientèle et la présence majoritaire des agriculteurs dans ses organes de décision. L'article L. 512-21 du Code monétaire et financier dispose que les caisses de Crédit Agricole mutuel « ont notamment pour objet de faciliter et de garantir les opérations concernant la production agricole et l'équipement agricole et rural effectuées par leurs sociétaires ».

Il est devenu, progressivement, un groupe bancaire puissant se développant mondialement.

103 ***Organisation pyramidale*** ◊ L'organisation du réseau du Crédit Agricole comprend trois niveaux : des caisses locales, des caisses régionales et enfin, au sommet de cette pyramide, l'organe central : Crédit Agricole SA.

104 ***Caisses locales*** ◊ Les caisses locales, c'est-à-dire la base de la pyramide, sont des sociétés coopératives, ayant un statut civil. Ce dernier statut ne les empêche pas, néanmoins, de réaliser une activité commerciale, ce qui présente des incidences en matière de compétence juridictionnelle.

1. C. mon. fin., art. L. 512-108.

Ces caisses admettent comme sociétaires les groupements agricoles ou leurs membres, les collectivités, associations et organismes dont la liste est fixée par décret ainsi que les artisans ruraux n'employant pas plus de deux ouvriers de façon permanente [1]. Toutefois, au-delà de cette première restriction, les statuts peuvent prévoir la possibilité pour de telles caisses d'admettre comme sociétaires les personnes pour lesquelles elles ont effectué une opération de banque ou une opération qu'elles ont la possibilité d'accomplir (opération connexe, prise de participation ou autre opération définie par le ministre chargé de l'Économie). Peuvent également être admises, les personnes qui n'ont pas vocation à recourir à leurs services, mais qui entendent contribuer par l'apport de capitaux à la réalisation des objectifs de la caisse.

Ces caisses locales ne sont pas agréées individuellement en tant qu'établissement de crédit, mais bénéficient d'un agrément collectif avec la caisse régionale dont elles sont sociétaires, qui est donc seule astreinte au respect des diverses règles de fonctionnement bancaires (capital minimum, ratios prudentiels, exigences quant aux dirigeants etc.). Les caisses locales ne sont pas non plus tenues de s'immatriculer au registre du commerce et des sociétés. Elles peuvent réaliser toute opération de banque.

105 Les établissements du réseau du Crédit Agricole peuvent-ils, pour autant, consentir des crédits à des non sociétaires ? Certes, l'article L. 512-32 du Code monétaire et financier dispose que « les caisses locales de Crédit Agricole mutuel peuvent consentir des prêts à leurs sociétaires », mais il ne dit pas qu'il est prohibé d'en consentir à des non sociétaires. Aucune précision n'est donnée, de surcroît, concernant les caisses régionales. On peut donc être favorable à une telle délivrance de crédit aux non sociétaires. La jurisprudence, quant à elle, a refusé, récemment, de se prononcer en la matière [2]. Il convient de relever que l'article R. 512-5 du Code monétaire et financier, issu du décret n° 79-417 du 28 mai 1979, précise que les caisses de Crédit Agricole mutuel peuvent apporter leurs concours financiers à des usagers qui, n'ayant pas la qualité de sociétaires, relèvent des catégories suivantes :

- les entreprises dont l'activité principale concerne la production, le stockage, la transformation ou la commercialisation des produits agricoles ou alimentaires ;
- les professions libérales, les titulaires de charges et officiers ministériels, les entreprises commerciales, industrielles, artisanales et de prestation de services ;
- les propriétaires, les constructeurs d'immeubles ;
- les associations, groupements, sociétés civiles et autres organismes de nature comparable ;

1. C. mon. fin., art. L. 512-22.
2. Aix en Provence 19 janv. 2012, *LEDB* avr. 2012, p. 3 obs. J. Lasserre Capdeville.

– les personnes physiques, quelle que soit leur commune de résidence, pour des prêts destinés à leurs besoins familiaux et à leur logement ;

– les personnes morales de droit public, les sociétés d'économie mixte.

L'octroi de crédit à des non sociétaires est donc parfaitement possible du moment que le bénéficiaire en question présente l'une des qualités précitées. Concrètement, ce sont les statuts qui déterminent la nature et l'étendue des opérations que peut passer la caisse de Crédit Agricole concernée [1]. En conséquence, la souscription de parts sera parfois exigée pour pouvoir bénéficier d'un crédit, ce qui aura des incidences sur le calcul du taux effectif global [2].

106 ***Caisses régionales*** ◊ Les caisses régionales du Crédit Agricole sont également des sociétés coopératives ayant un statut civil.

Elles ont, notamment, pour objet de faciliter les opérations effectuées par les sociétaires des caisses locales de leur circonscription et garanties par celles-ci. Si les caisses régionales peuvent réaliser toutes les opérations de banque, les prêts accordés aux sociétaires sont en principe consentis par les caisses locales. Ce n'est qu'en l'absence de caisse locale que l'article L. 512-33 du Code monétaire et financier habilite, « à titre exceptionnel », une caisse régionale à consentir personnellement un prêt à un sociétaire. Le non-respect de cette règle ne remet pas en cause, toutefois, la validité de l'opération passée.

Les dépôts reçus par les caisses locales affiliées à une caisse régionale de Crédit Agricole mutuel doivent être transmis immédiatement à la caisse régionale en question qui en assure la gestion [3]. Lorsqu'une caisse régionale a un excédent de dépôt, il doit être déposé à l'organe central du Crédit Agricole.

Ces caisses régionales sont elles-mêmes liées à l'organe central. Le nom de « caisse régionale de Crédit Agricole mutuel » est ainsi réservé aux caisses régionales recevant des avances de la part de l'organe central et fonctionnant sous son contrôle.

107 ***Crédit Agricole SA*** ◊ Depuis l'ordonnance n° 2005-429 du 6 mai 2005, l'appellation de « Caisse nationale du Crédit Agricole » a été remplacée par celle de « Crédit Agricole SA » [4]. Il s'agit, juridiquement, d'une société anonyme cotée en bourse, dont la majorité du capital social est détenue par les caisses régionales. Les participations des caisses régionales sont regroupées dans une société commune.

Crédit Agricole SA exerce les compétences reconnues aux organes centraux par les articles L. 511-31 et L. 511-32 du Code monétaire et financier.

---

1. C. mon. fin., art. L. 512-31.
2. Com. 7 févr. 2012, *JCP* 2012, n° 489, note Lasserre Capdeville ; CCC 2012, n° 138, obs. Raymond ; *Banque et Dr.* 5-6/2012. 19, obs. Bonneau.
3. C. mon. fin., art. L. 512-45.
4. C. mon. fin., art. L. 511-30.

Ainsi, Crédit Agricole SA est chargé de faciliter, de coordonner et de contrôler la réalisation des opérations prévues par le Code monétaire et financier. Il n'a cependant aucun pouvoir de sanction.

§ 3. Le réseau du Crédit mutuel

108 ***Évolution générale*** ◊ Le crédit mutuel trouve son origine dans un mouvement mutualiste apparu en Allemagne au cours de la seconde moitié du XIXe siècle. Son essor a été très rapide en Alsace, alors annexée à l'Empire allemand. Après la restitution de l'Alsace-Lorraine à la France, le crédit mutuel s'est développé progressivement dans l'ensemble du pays et s'est vu reconnaître un statut légal par l'ordonnance n° 58-966 du 16 octobre 1958.

Les caisses de crédit mutuel avaient, à l'origine, pour but de procurer des crédits à des personnes de condition modeste en mettant en œuvre la solidarité mutualiste. Aujourd'hui, leur compétence se limite toujours au crédit mutuel. Néanmoins, elles peuvent réaliser, dans ce cadre, un certain nombre d'opérations mentionnées à l'article L. 512-55, alinéa 3, en l'occurrence recevoir des dépôts de toute personne physique ou morale et admettre des tiers non sociétaires à bénéficier de leurs concours ou de leurs services dans les conditions fixées par leurs statuts.

109 ***Organisation pyramidale*** ◊ L'organisation du réseau du crédit mutuel comprend, à l'image de celui du Crédit Agricole, trois niveaux : un niveau local, un niveau régional et un niveau national. Le réseau du crédit mutuel se distingue cependant par sa composition.

110 ***Niveau local*** ◊ Les caisses locales de crédit mutuel, qui sont des sociétés coopératives, ont pour objet le crédit mutuel. Il peut s'agir de caisses départementales ou interdépartementales. Les sociétaires sont copropriétaires de leur caisse locale, et participent, à ce titre, à son assemblée générale.

Ces caisses locales ne sont pas agréées individuellement en tant qu'établissement de crédit, mais bénéficient d'un agrément collectif avec la caisse fédérale dont elles sont sociétaires.

Les caisses de crédit mutuel « peuvent recevoir des dépôts de toute personne physique ou morale et admettre des tiers non sociétaires à bénéficier de leurs concours ou de leurs services dans les conditions fixées par leurs statuts » [1].

111 ***Niveau régional*** ◊ Les groupes régionaux comprennent chacun une caisse fédérale et une fédération régionale. L'article L. 512-56 du Code monétaire et financier précise que chaque caisse de crédit mutuel est dans l'obligation d'adhérer à une fédération régionale, qui, elle-même, doit adhérer à la Confédération nationale du crédit mutuel.

1. C. mon. fin., art. L. 512-55.

La caisse et la fédération n'ont pas les mêmes fonctions. La caisse fédérale réalise des opérations de banque dans la limite de l'article L. 512-55, alinéa 3, et gère les intérêts financiers communs des caisses locales adhérentes. La fédération régionale assume des missions stratégiques et de contrôle et représente le crédit mutuel dans la région.

112 ***Niveau national*** ◊ Le réseau du crédit mutuel a pour originalité de comprendre deux organisations centrales.

La première a une vocation administrative : il s'agit de la Confédération nationale du crédit mutuel, qui est l'organe central du groupe [1]. Ses compétences sont celles prévues par les articles L. 511-31 et L. 511-32 du Code monétaire et financier pour tous les organes centraux. Le conseil d'administration de la Confédération nationale du crédit mutuel peut prononcer à l'égard d'une caisse qui enfreindrait la réglementation en vigueur un avertissement, un blâme ou la radiation de la liste des caisses de crédit mutuel [2].

La seconde organisation existante, la Caisse centrale du crédit mutuel, a une vocation financière. Elle intervient pour le refinancement et gère les excédents de trésorerie des caisses fédérales régionales. Son capital est détenu par l'ensemble des caisses fédérales.

§ 4. Le réseau des Caisses d'épargne

113 ***Évolution générale*** ◊ Le réseau des caisses d'épargne est un groupe constitué autour des caisses d'épargne et de prévoyance. La première de ces caisses fut créée à Paris en 1818. Ces caisses avaient, à l'origine, pour finalité de permettre aux sociétaires de bénéficier, grâce à la mise en commun de petites épargnes, d'un financement refusé par des organismes bancaires classiques. Leur but était également d'encourager l'épargne, la prévoyance et une bonne gestion des budgets individuels et familiaux. Néanmoins, et même s'il s'agissait des seuls établissements susceptibles de rémunérer les dépôts publics, leur activité bancaire demeura longtemps des plus limitées. Il fallut attendre la loi n° 83-557 du 1er juillet 1983 pour que leur soit reconnu le statut d'établissement de crédit. Leur champ d'activité n'a cessé de s'élargir depuis.

114 ***Missions*** ◊ Le réseau des caisses d'épargne participe à la mise en œuvre « des principes de solidarité et de lutte contre les exclusions » [3]. Il a, en particulier, pour mission la promotion et la collecte de l'épargne ainsi que le développement de la prévoyance, pour satisfaire notamment « les besoins collectifs et familiaux ». Il contribue également à la protection de l'épargne populaire, au financement du logement social, à l'amélioration

1. C. mon. fin., art. L. 511-30.
2. C. mon. fin., art. R. 512-24 ; cf. CE 9 mars 2018, 3e - 8e chambres réunies, Arrêt n° 399413
3. C. mon. fin., art. L. 512-85.

du développement économique local et régional ainsi qu'à la « lutte contre l'exclusion bancaire et financière de tous les acteurs de la vie économique, sociale et environnementale ». L'organe central des caisses d'épargne et des banques populaires est chargé de veiller à l'application, par les caisses d'épargne, de ces missions.

Il est admis, aujourd'hui, qu'elles peuvent accomplir toutes les opérations de banque. Créé en 1818 avec la Caisse d'épargne de Paris, le livret A constitue l'un des produits d'épargne les plus populaires en France ; ce livret représente la principale source de financement du logement locatif social en France. L'article 145-I de la loi n° 2008-776 du 4 août 2008, pour la modernisation de l'économie, a posé le principe de la généralisation de la distribution du livret A : depuis le 1er janvier 2009, tout établissement de crédit habilité à recevoir du public des fonds à vue, qui s'engage en ce sens par convention avec l'État, peut proposer des livrets A.

115 ***Multiplicité d'établissements*** ◊ Le réseau des caisses d'épargne comprend plusieurs types d'établissements : des caisses d'épargne et de prévoyance, des sociétés locales d'épargne, la Fédération nationale des caisses d'épargne et de prévoyance, la société de participation du réseau des caisses d'épargne, et enfin l'Organe central des caisses d'épargne et des banques populaires.

116 ***Caisses d'épargne et de prévoyance*** ◊ Les caisses d'épargne et de prévoyance sont des sociétés coopératives qui peuvent exercer toute opération de banque. Les caisses d'épargne et de prévoyance peuvent consentir des crédits à des non sociétaires : en effet ces caisses peuvent, nonobstant les dispositions de l'article 3 de la loi n° 47-1775 du 10 septembre 1947, « exercer toutes opérations de banque » [1]. Aucune restriction n'est formulée en ce qui concerne les catégories de clients pouvant faire appel à leurs services. Des crédits peuvent donc être proposés à des non sociétaires sans que les statuts de la caisse en question n'aient prévu une telle possibilité.

Le capital de ces caisses est détenu intégralement par les sociétés locales d'épargne. Elles sont dirigées par un directeur sous le contrôle d'un conseil de surveillance. On en compte aujourd'hui dix-sept.

117 ***Sociétés locales d'épargne*** ◊ Ces sociétés sont également des coopératives. Elles sont affiliées à la caisse d'épargne et de prévoyance dans la circonscription territoriale de laquelle elles exercent leur activité. Elles n'ont donc pas à s'immatriculer au registre du commerce et des sociétés. Les sociétés locales d'épargne n'ont pas d'activité bancaire propre, celle-ci étant du seul ressort des caisses d'épargne et de prévoyance : elles sont constituées simplement pour détenir une part du capital de l'une de ces dernières et pour élaborer ses orientations générales. Elles ont également pour objet de favoriser la détention la plus large du capital de cette caisse « en animant le sociétariat ».

---

1. C. mon. fin., art. L. 512-88.

Peuvent être sociétaires d'une société locale d'épargne les établissements publics de coopération intercommunale à fiscalité propre ainsi que, dans les conditions prévues par les statuts, les personnes physiques ou morales ayant effectué avec la caisse d'épargne et de prévoyance des opérations de banque et des opérations connexes aux opérations de banque, les salariés de cette caisse d'épargne et de prévoyance ou encore les collectivités territoriales. Cette présentation n'est cependant pas exhaustive [1].

118 ***Fédération nationale des caisses d'épargne*** ◊ La Fédération nationale des caisses d'épargne et de prévoyance est une association regroupant l'ensemble des caisses d'épargne et de prévoyance. Elle est garante des intérêts de sociétaires, de l'identité et des valeurs mutualistes des caisses d'épargne.

Cette fédération a des missions particulières. Elle doit, notamment, coordonner les relations des caisses d'épargne et de prévoyance avec le sociétariat, assurer la représentation de leurs intérêts communs, participer à la définition des orientations stratégiques du réseau ou encore surveiller le respect des règles déontologiques au sein du réseau des caisses d'épargne. La fédération est consultée par l'organe central des caisses d'épargne et des banques populaires sur tout projet de réforme concernant les caisses d'épargne. Il s'agit ainsi de l'organe « politique » du réseau.

119 ***Organe central des caisses d'épargne et des banques populaires*** ◊ L'organe central du réseau des Caisses d'épargne est, depuis la loi n° 2009-715 du 18 juin 2009, l'organe central des caisses d'épargne et des banques populaires. Il a succédé à la Caisse nationale des caisses d'épargne et de prévoyance. Ce nouvel organe central, commun avec le réseau des Banques populaires [2], exerce les missions visées par l'article L. 511-31 du Code monétaire et financier.

Cet organe bénéficie, pour garantir la liquidité et la solvabilité du réseau des caisses d'épargne, du fonds commun de garantie et de solidarité du réseau des Caisses d'épargne [3]. En cas d'utilisation de ce fonds, l'organe central peut décider de sa reconstitution en faisant cotiser les caisses d'épargne.

SECTION 3. LES CAISSES DE CRÉDIT MUNICIPAL

§ 1. Présentation

120 Issues des « Monts-de-piété » qui avaient initialement vocation à consentir des prêts à des emprunteurs de condition modeste, les caisses de

1. C. mon. fin., art. L. 512-93.
2. V. ss 101.
3. C. mon. fin., art. L. 512-86-1.

crédit municipal ont aujourd'hui le statut d'établissements de crédit [1]. Elles exercent leur activité après avoir obtenu l'agrément de la Banque centrale européenne. Les caisses de crédit municipal sont des établissements publics à caractère administratif, c'est-à-dire des personnes morales de droit public disposant d'une certaine autonomie administrative et financière afin de remplir une mission d'intérêt général autre qu'industrielle et commerciale, précisément définie, sous le contrôle de l'État ou d'une collectivité territoriale. À ce titre, les agents contractuels qu'elles emploient sont des agents de droit public [2].

Il existe aujourd'hui dix-huit caisses de crédit municipal sur notre territoire (Avignon, Bordeaux, Boulogne-sur-Mer, Dijon, Lille, Lyon, Marseille, Nancy, Nantes, Nice, Nîmes, Paris, Reims, Roubaix, Rouen, Strasbourg, Toulon, Toulouse).

§ 2. Compétences

121 ***Présentation générale*** ◊ À l'image des banques mutualistes ou coopératives, les caisses de crédit municipal peuvent effectuer toutes les opérations de banque « dans le respect des limitations qui résultent des textes législatifs et réglementaires qui les régissent » [3] et notamment de l'article L. 514-1 du Code monétaire et financier.

122 ***Compétences en matière de prêts sur gage corporel*** ◊ Les caisses de crédit municipal ont pour fonction principale de combattre l'usure par l'octroi de prêts sur gage corporel, pour lesquels elles bénéficient d'un monopole. Il s'agit de leur compétence de base.

L'opération se déroule de la façon suivante. Une personne ayant besoin rapidement de liquidité va se rendre au guichet d'une caisse de crédit municipal avec un bien mobilier corporel ayant « une valeur appréciable et en bon état de conservation » [4] (bijoux, équipements ménagers, bouteilles de vin de valeur, etc.). Le bien sera expertisé et un prêt représentant un pourcentage de sa valeur (le plus souvent entre 30 et 60 %) sera proposé au propriétaire du bien. Si celui-ci accepte l'opération, il laissera le bien à la caisse qui, en contrepartie, lui remettra le montant du prêt en espèces. Pendant la durée du contrat, le client pourra rembourser ce prêt et récupérer son bien, en versant le capital prêté augmenté des intérêts et des frais dus. Il est possible de prolonger le prêt durant une nouvelle période. La durée du prêt ne pourra cependant pas être supérieure à deux ans [5]. Pendant tout ce

---

1. C. mon.fin. art. L. 511-9 : « les établissements de crédit sont agréés en qualité de banque, de banque mutualiste ou coopérative, d'établissement de crédit spécialisé ou de caisse de crédit municipal ».
2. T. confl. 22 sept. 2003, *Bull. civ.*, n° 30 ; *JCP E* 2003, n° 47, p. 1838.
3. C. mon.fin. art. L. 511-9, al. 3.
4. C. mon. fin., art. D. 514-1.
5. C. mon. fin., art. D. 514-7.

temps, la caisse de crédit municipal conservera les objets dans ses locaux dans les meilleures conditions de sécurité. Enfin, en cas de non-remboursement du client à l'échéance (d'origine ou prolongée), le bien sera vendu aux enchères publiques [1]. Les sommes obtenues par la caisse supérieures à la somme prêtée reviendront au propriétaire de la chose [2]. En revanche, si cette dernière ne trouve preneur que pour un prix inférieur à la somme prêtée, la différence ne sera pas due par le client.

Les caisses de crédit municipal, établissements tendant à l'aide sociale, n'ont pas vocation à faire des profits. En conséquence, lorsqu'apparaissent des excédents en fin d'exercice ou des bonis acquis par prescription après réalisation de gages, ils sont affectés à la dotation de la caisse, et « si ces excédents et bonis ne sont pas intégralement utilisés à cette fin, le reliquat en est attribué à d'autres organismes d'aide sociale » [3]. La mise en vente aux enchères des biens remis en gage ne participe pas à l'accomplissement de la mission de service public de prêts sur gages corporels ; il en résulte qu'une telle vente par la voie d'enchères publiques constitue un contrat de droit privé, les contestations qui s'y rapportent relèvent dès lors de la compétence de la juridiction judiciaire [4].

123 ***Compétences annexes*** ◊ En prolongement de cette mission principale qu'est le prêt sur gage corporel, les caisses de crédit municipal peuvent réaliser toutes opérations avec les établissements de crédit et les sociétés de financement, recevoir des fonds des personnes physiques et morales, mettre à leur disposition des moyens de paiement ou encore réaliser avec elles des opérations connexes aux opérations bancaires. Les prêts sur gages peuvent également être garantis par un cautionnement [5].

124 ***Compétences en matière de crédit*** ◊ Les compétences des caisses de crédit municipal sont susceptibles d'être encore plus étendues [6]. En effet, l'agrément bancaire obtenu peut prévoir, en fonction des capacités techniques et financières de la caisse, que celle-ci est habilitée à octroyer des crédits (sous forme de prêt d'argent au sens classique du terme) aux personnes physiques et/ou aux établissements publics et aux associations dont l'activité s'exerce dans la zone d'activité habituelle de la caisse et dont l'objet « présente un intérêt social ou culturel ».

Un rôle important était ainsi dévolu à l'ACPR dans la définition de l'agrément des caisses : soit elle étendait leur activité à l'octroi des prêts à certaines personnes, soit elle la limitait aux prêts sur gages corporels. Ce rôle revient désormais à la BCE.

---

1. C. mon. fin., art. D. 514-16 s.
2. C. mon. fin., art. D. 514-21.
3. C. mon. fin., art. L. 514-4.
4. T. confl., 12 févr. 2018, n° C4108, *LEDB* avr. 2018, p. 2 obs. J. Lasserre Capdeville.
5. C. mon. fin., art. L. 514-1, I.
6. C. mon. fin., art. L. 514-1, II.

§ 3. Administration

125 Les caisses de crédit municipal sont administrées par un directeur, sous le contrôle d'un conseil d'orientation et de surveillance. Ces deux organes présentent des liens très forts avec la commune dans laquelle la caisse de crédit municipal à son siège. D'une part, le directeur est nommé par le maire, après avis du conseil d'orientation et de surveillance. D'autre part, ce conseil est composé du maire de la commune, qui en est le président de droit, et, en nombre égal, de membres du conseil municipal élus en son sein, et de membres nommés par le maire en raison de leurs compétences dans le domaine financier ou bancaire.

Le conseil d'orientation et de surveillance est le principal organe de la caisse de crédit municipal. Il en définit les orientations générales ainsi que les règles d'organisation et exerce le contrôle permanent de la gestion de l'établissement par le directeur. Il veille également au respect des réglementations générales de la profession bancaire et des dispositions législatives et réglementaires applicables aux caisses de crédit municipal. Dans ce but, le conseil opère les vérifications et les contrôles qu'il juge opportuns et se fait communiquer les documents qu'il estime utiles à l'accomplissement de sa mission. Enfin, l'article R. 514-32 du Code monétaire et financier fixe les autres domaines de compétences de ce conseil, et notamment les catégories d'opérations dont la conclusion est subordonnée à son autorisation préalable.

§ 4. Responsabilité disciplinaire

126 Les caisses de crédit municipal sont tenues de respecter les règles générales régissant les établissements de crédit et sont soumises au contrôle du superviseur bancaire. D'éventuels manquements de leur part, comme des « insuffisances dans le suivi de ses risques et l'organisation de son dispositif de contrôle interne » seront dès lors sanctionnés disciplinairement par l'ACPR.

SECTION 4. LES ÉTABLISSEMENTS DE CRÉDIT SPÉCIALISÉS

127 Dans le prolongement de la redéfinition de la notion d'établissement de crédit, l'ordonnance du 27 juin 2013 a créé deux nouvelles catégories d'institutions financières : les établissements de crédit spécialisés et les sociétés de financement [1].

1. V. ss 130.

Les établissements de crédit spécialisés ne peuvent effectuer que les opérations de banque résultant des dispositions législatives et réglementaires qui leur sont propres ou de la décision d'agrément qui les concerne. Leur agrément précise les activités qu'ils peuvent exercer dont les plus courantes sont : le crédit à la consommation, le crédit-bail mobilier, le crédit-bail immobilier, le crédit aux entreprises, l'affacturage, les cautions et garanties, etc.

Ils constituent une catégorie d'établissements de crédit et, à ce titre, bénéficient du droit au passeport européen et d'un accès au refinancement de la Banque centrale européenne.

Les établissements de crédit agréés avant le 1er janvier 2014 en qualité de société financière ou d'institution financière spécialisée qui n'étaient pas autorisés à recevoir du public des fonds à vue ou à moins de deux ans de terme et qui ne répondaient plus à la nouvelle définition d'établissement de crédit [1], bénéficient d'une clause de grand-père : ils sont réputés agréés en qualité d'établissements de crédit spécialisés depuis le 1er janvier 2014, sauf à avoir opté, avant le 1er octobre 2014, pour le statut de société de financement. Toutefois l'ordonnance indique expressément que les sociétés de crédit foncier et les sociétés de financement de l'habitat ne peuvent, quant à elles, opter pour le statut de société de financement et tombent dans la catégorie des établissements de crédit spécialisés.

Au 1er janvier 2018, il existait 76 établissements de crédit spécialisés agréés par l'ACPR.

128 ***Les sociétés de crédit foncier*** ◊ Les sociétés de crédit foncier en voie de disparition sont des établissements de crédit spécialisés, qui ont pour objet exclusif [2] :

1° De consentir ou d'acquérir des prêts garantis, des expositions sur des personnes publiques et des titres et valeurs tels que définis aux articles L. 513-3 à L. 513-7 du Code monétaire et financier ;

2° Pour le financement de ces catégories de prêts, d'expositions, de titres et valeurs, d'émettre des obligations appelées obligations foncières bénéficiant du privilège défini à l'article L. 513-11 du Code monétaire et financier et de recueillir d'autres ressources.

129 ***Les sociétés de financement de l'habitat*** ◊ Les sociétés de financement de l'habitat sont des établissements de crédit spécialisés qui ont pour objet exclusif de consentir ou de financer des prêts à l'habitat et de détenir des titres et valeurs dans les conditions définies par décret en Conseil d'État. Ces sociétés sont régies par les articles L. 513-3, L. 513-5 et L. 513-7 à L. 513-26 du Code monétaire et financier.

1. V. ss 49.
2. C. mon. fin., art. L. 513-2.

CHAPITRE 2
LES SOCIÉTÉS DE FINANCEMENT

130 L'ordonnance du 27 juin 2013 qui a introduit dans la définition des établissements de crédit l'obligation de recueillir des fonds du public, a supprimé les anciennes sociétés financières et a créé le statut de sociétés de financement destiné aux établissements qui, exerçant une activité de crédit sans collecter de fonds remboursables du public, ne répondent plus, depuis le 1er janvier 2014, à la définition d'établissement de crédit. Au 1er janvier 2018, il existait 181 sociétés de financement agréés par l'ACPR. Les sociétés de financement ne sont pas des établissements de crédit : elles sont des établissements financiers au sens du droit de l'Union européenne [1]. Leurs activités sont plus réduites que celles des établissements de crédit (Section 1), ce qui permet de les soumettre à un régime juridique moins contraignant (Section 2).

SECTION 1. ACTIVITÉS EXERCÉES

131 Les sociétés de financement sont des personnes morales, autres que des établissements de crédit, qui effectuent à titre de profession habituelle et pour leur propre compte des opérations de crédit dans les conditions et limites définies par leur agrément [2].

Les sociétés de financement sont en droit d'octroyer des crédits, mais ne reçoivent pas de dépôts ou d'autres fonds remboursables du public. Elles peuvent en outre, si elles disposent de l'agrément requis, exercer l'une des opérations suivantes [3] :

- fournir des services de paiement (double agrément de sociétés de financement et d'établissement de paiement),
- émettre et gérer de la monnaie électronique (double agrément de sociétés de financement et d'établissement de monnaie électronique),
- fournir des services d'investissement (double agrément de sociétés de financement et d'entreprise d'investissement).

Les sociétés de financement peuvent également effectuer les opérations connexes à leur activité telles que les opérations de change ; les opérations sur or, métaux précieux et pièces ; le conseil et l'assistance en matière de

1. C. mon. fin., art. L. 511-1.
2. C. mon. fin., art. L. 511-1.
3. C. mon. fin., art. L. 511-1.

gestion financière, l'ingénierie financière (...) ainsi que les opérations de location simple de biens mobiliers ou immobiliers (...) [1].

SECTION 2. RÉGIME JURIDIQUE

132 Le statut des sociétés de financement reprend partiellement le statut des établissements de crédit ; leurs activités étant moins étendues, ce statut est moins contraignant (§ 1), mais leur capacité de se refinancer est limitée, faute notamment de pouvoir se refinancer auprès de la Banque centrale européenne (§ 2).

§ 1. Agrément et règles prudentielles

133 Avant d'exercer leur activité, les sociétés de financement doivent obtenir l'agrément délivré par l'ACPR [2]. L'encadrement est uniquement national : les sociétés de financement ne bénéficient pas du passeport européen [3]. Les sociétés de financement ne peuvent recourir au passeport européen que si elles répondent à la définition d'établissement financier [4] ; dans ce cadre, elles doivent bénéficier d'une garantie solidaire de leur maison mère qui couvre l'ensemble de leurs engagements.

Les décrets n° 2014-1315 et 2014-1316 du 3 novembre 2014 portant diverses dispositions d'adaptation au droit de l'UE en matière financière et relatifs aux sociétés de financement, procèdent à l'adoption du volet réglementaire de la création du statut de société de financement et achèvent la transposition du « paquet CRD IV » [5], dont l'objet est principalement d'assurer le renforcement et l'harmonisation des exigences en fonds propres, et d'introduire des normes de liquidité pour le secteur bancaire, en transposant les recommandations Bâle III. S'y ajoute la transposition de la directive n° 2011/89/UE du 16 novembre 2011, dite directive « Ficod », qui prévoit l'approfondissement de la surveillance complémentaire applicable aux conglomérats financiers.

Toute société de financement doit publier ses comptes annuels dans des conditions fixées par l'Autorité des normes comptables après avis du Comité consultatif de la législation et de la réglementation financières [6].

---

1. C. mon. fin., art. L. 311-2.
2. C. mon. fin., art. L. 511-10.
3. M.-E. Ancel « Opérations de banque intra-communautaires - Aspects statutaires », *J.-Cl. BCB*, Fasc. 1010, 15 nov. 2013, n° 13 ; Iris M. Barsan, « Les nouveaux acteurs et contours du monopole bancaire », *RTDF* n° 2, 2014. 97.
4. Art. 4.1/définition 26 du CRR et l'article 34 § 1 de la CRDIV.
5. Composé de la dir. n° 2013/36/UE du 26 juin 2013 et du règl. UE n° 575/2013 adopté le même jour.
6. C. mon. fin., art. L. 511-37.

§ 2. Refinancement sur les marchés

134 Dans la mesure où elles ne peuvent recevoir de fonds du public ou émettre de manière continue des titres de créances, les sociétés de financement ont vocation à se refinancer principalement sur le marché interbancaire, ou encore par le biais d'opérations de titrisation ainsi que par l'émission de titres de créances (par exemple sous forme de placement privé auprès d'investisseurs qualifiés) sous réserve des conditions visées aux articles L. 312-2 et R. 312-18 du Code monétaire et financier relatives notamment aux caractéristiques de l'offre ou au montant nominal des titres.

CHAPITRE 3
LES COMPAGNIES FINANCIÈRES HOLDING

135 *Création des compagnies financières* ◊ Lorsqu'un établissement de crédit est une filiale d'un groupe bancaire, les dispositifs d'agrément et de surveillance appliqués au niveau de ce seul établissement de crédit sont insuffisants : il est à craindre que des transactions internes entre sociétés du groupe fassent échec notamment au contrôle du régulateur, aux exigences en matière de fonds propres, aux obligations comptables, aux obligations prudentielles... L'établissement de comptes consolidés au niveau du groupe n'offre pas de garanties suffisantes face à de tels risques.

Pour renforcer le contrôle sur ces établissements, la loi bancaire du 24 janvier 1984 a institué les compagnies financières qui sont des sociétés holding d'un groupe bancaire, qui pouvaient avoir ou non le statut d'établissement de crédit : les compagnies financières qui avaient le statut d'établissement de crédit étaient soumises à toutes les dispositions qui se rattachent à l'agrément et au contrôle des établissements de crédit ; si la compagnie financière n'avait pas le statut d'établissement de crédit, elle était alors soumise à certaines dispositions applicables aux établissements de crédit par voie d'extension, bien qu'elle n'effectue pas d'opérations de banque.

La notion de compagnie financière a été réformée à de nombreuses reprises par les lois du 31 décembre 1993, du 2 juillet 1996, du 25 juin 1999, du 1er août 2003, du 27 juin 2013 et en dernier lieu par l'ordonnance du 20 février 2014 : désormais, il existe des compagnies financières holding, des compagnies financières holding mixtes, des conglomérats financiers ; ces notions nouvelles ont été introduites afin de pouvoir tenir compte de la dimension internationale des groupes bancaires et financiers qui sont constitués, ainsi que de l'hétérogénéité des groupes qui peuvent avoir des activités dans le domaine bancaire, financier, des assurances [1].

1. M. Storck, « Les compagnies financières », *Banque et Dr.* hors-série, mars 2014, p. 46.

SECTION 1. DÉFINITIONS DES COMPAGNIES FINANCIÈRES ET DES CONGLOMÉRATS FINANCIERS

136 ***Compagnie financière holding*** ◊ L'article 517-1 du Code monétaire et financier définit la compagnie financière holding en reprenant la définition donnée par la Directive 2013/36/UE du 26 juin 2013 et par le règlement n° 575/2013 du 26 juin 2013 : une compagnie financière holding est un établissement financier au sens de l'article L. 511-21 dont les filiales sont exclusivement ou principalement des établissements de crédit ou des entreprises d'investissement ou des établissements financiers, l'une au moins de ces filiales étant un établissement de crédit ou une entreprise d'investissement, et qui n'est pas une compagnie financière holding mixte.

L'ACPR a répertorié 31 compagnies financières holding au 1er janvier 2016, sur lesquelles elle exerce une surveillance.

137 ***Compagnie holding mixte*** ◊ Une compagnie holding mixte est définie à l'article L. 517-4-1 du Code monétaire et financier comme étant une entreprise mère autre qu'un établissement de crédit ou une entreprise d'investissement, ou une compagnie financière holding ou une compagnie financière holding mixte, qui compte parmi ses filiales au moins un établissement de crédit ou une entreprise d'investissement.

138 ***Entreprise mère de société de financement*** ◊ Une entreprise mère de société de financement est définie à l'article L. 517-1 du Code monétaire et financier comme étant un établissement financier, au sens de l'article L. 511-21, qui n'est ni une compagnie financière holding ni une compagnie financière holding mixte ni une compagnie holding mixte et qui a pour filiales, exclusivement ou principalement, une ou plusieurs sociétés de financement ou établissements financiers. L'une au moins de ces filiales est une société de financement.

139 ***Conglomérat financier*** ◊ Par application de l'article L. 517-3 du Code monétaire et financier, et de l'arrêté du 3 novembre 2014 relatif à la surveillance complémentaire des conglomérats financiers, un groupe constitue un conglomérat financier lorsque les trois conditions suivantes sont remplies :

– Une entité réglementée est à la tête du groupe (entreprise mère, entreprise détenant une participation ou liée) ou l'une des filiales du groupe au moins est une entité réglementée. Dans le cas où il n'y a pas d'entité réglementée à la tête du groupe, les activités de ce dernier doivent s'exercer principalement dans le secteur financier. Le seuil est fixé par l'arrêté à 40 %.

– Une entité du groupe au moins appartient au secteur de l'assurance et au moins une autre entité appartient au secteur bancaire ou à celui des services d'investissement.

– Les activités consolidées ou agrégées des entités du groupe dans le secteur de l'assurance, le secteur bancaire et celui des services d'investissement sont importantes.

SECTION 2. RÉGIME JURIDIQUE APPLICABLE AUX COMPAGNIES FINANCIÈRES ET AUX CONGLOMÉRATS FINANCIERS

140 Les compagnies financières et conglomérats financiers sont soumis à certaines règles applicables aux établissements de crédit (§ 1), et à des règles spécifiques (§ 2).

§ 1. Soumission partielle à la réglementation applicable aux établissements de crédit

141 La création d'une compagnie financière n'est pas subordonnée à un agrément ni à une déclaration auprès de l'ACPR.

Toutefois, l'article L. 511-50 du Code monétaire et financier prévoit que « L'agrément mentionné à l'article L. 532-1 [pour un établissement de crédit] peut être refusé par l'Autorité de contrôle prudentiel et de résolution si l'organisation et le fonctionnement, de même que le système de contrôle interne, d'un établissement de crédit, d'une compagnie financière holding ou d'une compagnie financière holding mixte ainsi que de leurs filiales mentionnées aux articles L. 511-47 et L. 511-48 ne permettent pas d'assurer de manière adéquate le respect de ces mêmes articles ».

L'article L. 517-5 al. 1 du Code monétaire et financier précise par ailleurs que les compagnies financières holding et les entreprises mères de société de financement sont soumises à certaines dispositions visant les établissements de crédit, dont notamment les règles relatives à la détermination effective de l'orientation de l'activité par deux dirigeants au moins (art. L. 511-13), aux règles de liquidités et de solvabilité (art. L. 511-41), aux obligations comptables (art. L. 511-35, 511-38).

§ 2. Contrôles spécifiques

142 Les compagnies financières holding font l'objet d'une surveillance prudentielle sur base consolidée ; elles doivent notamment solliciter l'autorisation préalable de l'ACPR en cas de prise de participation significative dans un établissement agréé. Le contrôle est exercé par l'ACPR ou par la BCE en application des dispositions des articles L. 612-24 à L. 621-27 et L. 612-31 à L. 612-35 du Code monétaire et financier, relatifs aux documents et

renseignements à communiquer à l'ACPR, aux contrôles sur place et aux mesures à prendre pour une mise en conformité avec les obligations légales et réglementaires.

La directive 2002/87/CE du 16 décembre 2002 [1], qui a créé un mécanisme de contrôle prudentiel spécifique aux conglomérats financiers, a été modifiée par la directive 2011/89/UE (dite directive FICOD) du 16 novembre 2011 relative à la surveillance complémentaire des conglomérats financiers, transposée en droit interne par l'ordonnance du 20 février 2014 et par l'arrêté du 3 novembre 2014. Après identification des conglomérats financiers (par l'ACPR ou l'AMF), les entités réglementées y appartenant sont soumises à une surveillance complémentaire, au-delà des contrôles opérés sur chaque filiale spécialisée ou groupe spécialisé soumis aux contrôles de son superviseur sectoriel [2]. Sont précisés notamment la méthode d'identification d'un conglomérat, les principes de calcul des fonds propres, les règles relatives à la concentration des risques et aux transactions intragroupe ainsi que les procédures de gestion des risques et les dispositifs de contrôle interne à mettre en place.

1. *JOUE* L 35 du 11 févr. 2003.
2. C. mon. fin., art. L. 517-2 s.

CHAPITRE 4
LES INTERMÉDIAIRES EN OPÉRATIONS DE BANQUE ET EN SERVICES DE PAIEMENT

143 La distribution des produits bancaires par les établissements de crédit peut aussi s'opérer par des partenaires externes [1]. La loi bancaire du 24 janvier 1984 avait réintroduit une catégorie de personnes partiellement soumise à la loi du 14 juin 1941 : les intermédiaires en opérations de banque. Le régime juridique applicable à ces intermédiaires a été modifié par l'ordonnance n° 2009-866 du 15 juillet 2009 relative aux conditions régissant la fourniture de services de paiement et portant création des établissements de paiement, par l'article 36 de la loi n° 2010-1249 du 22 octobre 2010 de régulation bancaire et financière ainsi que par l'ordonnance n° 2016-351 du 25 mars 2016 [2].

SECTION 1. CRITÈRES DE QUALIFICATION DES INTERMÉDIAIRES EN OPÉRATIONS DE BANQUE ET EN SERVICES DE PAIEMENT

§ 1. Définition

A. Activité exercée

144 Les intermédiaires en opérations de banque et en services de paiement (IOBSP) sont des personnes qui, « à titre habituel », exercent, « contre rémunération ou toute autre forme d'avantage économique », l'intermédiation en opérations de banque et en services de paiement, laquelle consiste « à présenter, proposer ou aider à la conclusion des opérations de

1. E. Bouretz, Intemédiaires en opérations de banque et en services de paiement en financement participatif - Agent lié -Quelle réglementation et sous quel contrôle ? Revue Banque, 2018 ; Th. Samin, « Le statut d'intermédiaire en opérations de banque : jugement de Rolland ou Belle au bois dormant ? », *Banque et Dr*. 9-10/2003. 3.

2. Ordonnance n° 2016-351 du 25 mars 2016 sur les contrats de crédit aux consommateurs relatifs aux biens immobiliers à usage d'habitation ; V. H. Bouchetemble, « Réforme du régime des intermédiaires en opérations de banque et en services de paiement. Des difficultés de légiférer », *Banque et Dr*. janv.févr. 2017, n° 171.

banque ou des services de paiement ou à effectuer tous travaux et conseils préparatoires à leur réalisation »[1]. L'article R. 519-1 du Code monétaire et financier complète cette définition de l'article L. 519-2 en précisant qu'est considéré comme présentation, proposition ou aide à la conclusion d'une opération de banque ou à la fourniture d'un service de paiement, « le fait pour toute personne de solliciter ou de recueillir l'accord du client sur l'opération de banque ou le service de paiement ou d'exposer oralement ou par écrit à un client potentiel les modalités d'une opération de banque ou d'un service de paiement, en vue de sa réalisation ou de sa fourniture ». Ainsi, l'intermédiaire n'accomplit pas, en personne, les opérations de banque ou de services de paiement en question ; il se contente de rapprocher les parties à ces opérations, dont l'une doit nécessairement être un établissement de crédit ou un établissement de paiement[2].

Le champ d'activité des IOBSP n'est plus limité à l'intermédiation : il a été étendu par l'ordonnance du 25 mars 2016 au service de conseil en matière d'opérations relatives à des contrats de crédit immobilier, à l'exclusion des opérations de regroupement de crédit[3]. Ce service consiste en la fourniture au client de recommandations personnalisées en ce qui concerne une ou plusieurs opérations relatives à des contrats de crédit, et constitue une activité distincte de l'octroi de crédit et de l'intermédiation en opérations de banque et en services de paiement.

Cette prestation porte sur un ou plusieurs contrats de crédits adaptés aux besoins et à la situation financière de l'emprunteur sur le fondement de la prise en considération :

- par les prêteurs ainsi que les intermédiaires, lorsque ceux-ci agissent en vertu d'un mandat délivré par un prêteur, d'un nombre suffisamment important de contrats de crédit de leur gamme de produits ;
- par les intermédiaires (les courtiers) d'un nombre suffisamment important de contrats de crédit disponibles sur le marché. [4]

Pour être qualifié de conseiller indépendant, l'IOBSP devra fournir un conseil indépendant « en considération d'un nombre suffisamment important de contrats de crédits disponibles sur le marché et que sa fourniture ne donne lieu à aucune autre rémunération que celle versée, le cas échéant, par le client, ni à aucune forme d'avantage économique »[5].

B. Mandat conféré à l'intermédiaire

145 L'intermédiaire est qualifié de mandataire, mais il s'agit d'un mandat dont l'objet est limité. En effet, aux termes de l'article L. 519-2, alinéa 2 du

1. C. mon. fin., art. L. 519-1-I.
2. C. mon. fin., art. L. 519-2 ; Crim. 12 nov. 1998, *Bull. crim.* n° 297 ; *RTD com.* 1999. 774, obs. Bouloc.
3. C.mon.fin. art. L 519-1-1.
4. *Ibid*
5. *Ibid.*

Code monétaire et financier, un mandat doit être délivré à l'intermédiaire par un ou plusieurs établissements de crédit, sociétés de financement, établissements de monnaie électronique (fournissant des services de paiement) ou établissements de paiement. Néanmoins, par dérogation, l'intermédiaire en question pourra agir en vertu d'un mandat délivré par un autre intermédiaire en opérations de banque et en services de paiement ou par le client. Le mandat recensera obligatoirement un certain nombre d'informations concernant la nature et les conditions des opérations que l'intermédiaire est habilité à accomplir. La mission de l'intermédiaire en question ne saurait être assimilée à un mandat de gestion ni à un mandat d'intérêt commun : en effet, il n'accomplit aucun acte juridique au nom et pour le compte de la banque [1].

En l'absence de mandat d'intérêt commun, la rupture de la relation commerciale est néanmoins encadrée par les dispositions de l'article L. 442-6-I-5° du Code de commerce : en conséquence, une cour d'appel ne saurait rejeter une demande d'indemnisation fondée sur une rupture sans préavis de la relation commerciale établie avec un tel intermédiaire sans caractériser un manquement grave de ce dernier à ses obligations contractuelles [2].

L'article L. 519-1-I, alinéa 2, précise que cet intermédiaire ne se porte pas ducroire, c'est-à-dire qu'il ne garantit pas la solvabilité des parties [3].

§ 2. Exclusions

146 La définition ainsi donnée par la loi est relativement large : elle vise tant la réception de fonds remboursables du public que les opérations de crédit, les services bancaires de paiement et les services de paiement mentionnés à l'article L. 314-1-II. Elle pourrait alors englober un grand nombre de professionnels qui sont déjà soumis, par ailleurs, à un statut. C'est la raison pour laquelle le Code monétaire et financier procède à un certain nombre d'exclusions.

L'article L. 519-1-II, cite, tout d'abord, les établissements de crédit, les sociétés de financement, les établissements de monnaie électronique qui fournissent des services de paiement, les établissements de paiement ou encore les personnes physiques salariées d'un établissement de crédit, d'une société de financement, d'un établissement de monnaie électronique ou d'un établissement de paiement. Il en va de même concernant les établissements de crédit, les établissements de monnaie électronique,

1. Com. 8 juill. 2008, *Bull. civ.* IV, n° 148 ; *D.* 2008. AJ 2140, obs. Delpech ; *RTD com.* 2008. 828, obs. Legeais ; *JCP E* 2008, n° 48, p. 11, obs. Salgueiro ; *CCC* 2008, n° 229, obs. Mathey ; *RJDA* 2008, n° 1255 ; *Dr. et patr.* 3/2009. 103, obs. Mattout et Prüm.

2. Com. 9 juill. 2013, *JCP E* 2013, n° 1597, obs. Mathey ; CCC 2013, n° 239, obs. Mathey ; *BRDA* 2013, n° 15-16, p. 10 ; *LEDB* déc. 2013, p. 4, obs. Lasserre Capdeville.

3. Paris, 14 juin 1995, *JCP E* 1996. I. 525, n° 3, obs. Gavalda et Stoufflet ; *RD bancaire* 1995. 215, obs. crit. Crédot et Gérard.

les établissements de paiement ou les personnes physiques salariées d'un établissement de crédit, d'un établissement de monnaie électronique ou d'un établissement de paiement intervenant en libre prestation de services. En outre, les personnes physiques salariées sont exclues de la catégorie des personnes pratiquant une activité d'intermédiation en opérations de banque et en services de paiement.

L'exclusion vise également les personnes qui, pratiquant une activité d'intermédiation en opérations de banque et en services de paiement, répondent à des conditions fixées par décret. L'article R. 519-2 mentionne notamment les personnes qui offrent de tels services d'intermédiation comme un complément aux produits ou services fournis dans le cadre de leur activité professionnelle, lorsque le nombre total des opérations de banque ou de services de paiement ou le montant total des crédits octroyés ou des services de paiement fournis ou réalisés chaque année n'excèdent pas trente opérations ou 300 000 euros.

147 Les indicateurs ne sont pas soumis au statut des intermédiaires : leur rôle consiste à mettre en relation un client et un établissement de crédit ou de paiement, par exemple en donnant une brochure non contractuelle au client ou en donnant les coordonnées d'un client à un établissement de crédit ou à un établissement de paiement ; ils sont autorisés à recevoir pour cela une « commission d'apport » [1].

L'indication est le fait d'indiquer à des personnes intéressées à la conclusion d'une opération de banque ou d'un service de paiement, un établissement de crédit, un établissement de paiement ou un intermédiaire en opérations de banque et en services de paiement, sans remise de documents autres que publicitaires se rapportant à l'opération ou au service, et mis à disposition par un établissement de crédit, un établissement de paiement ou un intermédiaire en opérations de banque et en services de paiement.

L'indication est aussi le fait de transmettre à un établissement de crédit, un établissement de paiement ou un intermédiaire en opérations de banque et en services de paiement, les coordonnées d'une personne intéressée à la conclusion d'une opération de banque ou d'un service de paiement [2].

Les notaires ne sont pas soumis au statut d'intermédiaire en opérations de banque et en services de paiement [3]. Par ailleurs, en exigeant une « profession habituelle », le législateur admet qu'une telle activité puisse échapper aux obligations à la charge des intermédiaires en opérations de banque et en services de paiement lorsque cette activité s'exerce à titre occasionnel.

---

1. V. ACPR, FAQ IOBSP, janv. 2017. 5.
2. C. mon. fin., art. R. 519-2 2.
3. C. mon. fin., art. L. 519-3.

§ 3. Catégories d'intermédiaires en opérations de banque et en services de paiement

148 L'article R. 519-4 du Code monétaire et financier répartit en quatre catégories distinctes les intermédiaires en opérations de banque et en services de paiement :

- les courtiers en opérations de banque et en services de paiement qui exercent l'intermédiation en vertu d'un mandat du client, à l'exclusion de tout mandat d'un établissement de crédit ou d'un établissement de paiement ;
- les mandataires exclusifs en opérations de banque et en services de paiement qui exercent l'intermédiation en vertu d'un mandat d'un établissement de crédit ou d'un établissement de paiement et qui sont soumis à une obligation contractuelle de travailler exclusivement avec l'un de ces établissements pour une catégorie déterminée d'opérations de banque ou de services de paiement ;
- les mandataires en opérations de banque et en services de paiement qui exercent l'intermédiation en vertu d'un ou de plusieurs mandats non exclusifs délivrés par un ou plusieurs établissements de crédit, sociétés de financement, établissements de paiement ou établissements de monnaie électronique ;
- les mandataires d'intermédiaires en opérations de banque et services de paiement (MIOBSP) exerçant en vertu de mandats confiés par des personnes appartenant aux trois catégories précédentes ainsi que des intermédiaires « passeportés » en France pour l'exercice de l'activité de d'intermédiation en matière de crédit immobilier.

Cette distinction tend à favoriser la transparence sur les liens unissant les intermédiaires en question aux établissements de crédit et aux établissements de paiement. Elle permet également de moduler les exigences auxquelles ils sont soumis en fonction du degré d'indépendance dont ils se prévalent [1]. La rémunération allouée au titre de l'activité d'intermédiation ne peut être versée qu'à des intermédiaires immatriculés dans l'une des quatre catégories ci-dessus [2].

Les IOBSP doivent indiquer dans la demande d'inscription à l'ORIAS les opérations réalisées, en référence à la liste suivante [3] :

- Fourniture de services de paiement,
- Crédits à la consommation,
- Regroupement de crédits,
- Crédits immobilier,
- Prêts viagers hypothécaires,
- Autres activités.

---

1. D. Legeais, « Un statut pour les intermédiaires du crédit », *RTD com.* 2011. 782.
2. C.mon.fin. art. R. 519-5 II.
3. Arrêté du 9 juin 2016 relatif au registre unique prévue à l'article L 512-1 du Code des assurances et à l'article L 546-1 du Code monétaire et financer, art. 1er, 11°.

149 ***Règle de non-cumul*** ◊ Une même personne ne peut cumuler l'activité d'intermédiation au titre de plusieurs catégories que pour la réalisation ou la fourniture d'opérations de banque de natures différentes ou la fourniture de services de paiement, c'est-à-dire [1] :

- crédit à la consommation ;
- regroupement de crédits ;
- crédit immobilier ;
- prêt viager hypothécaire ;
- services de paiement.

Par exemple, un courtier en crédit à la consommation peut aussi être un mandataire en crédit immobilier.

SECTION 2. STATUT DES INTERMÉDIAIRES EN OPÉRATIONS DE BANQUE ET EN SERVICES DE PAIEMENT

§ 1. Accès à la profession

A. Immatriculation à l'ORIAS

150 Parmi les innovations introduites par la loi n° 2010-1249 du 22 octobre 2010 de régulation bancaire et financière figure le fait que les intermédiaires en opérations de banque et en services de paiement doivent s'immatriculer auprès de l'Organisme pour le registre des intermédiaires en assurances (ORIAS). Cette mesure d'immatriculation sur un registre unique a pour objet de faciliter l'identification et le recensement des personnes exerçant une activité réglementée d'intermédiation en la matière [2].

L'ORIAS est chargé notamment de vérifier que les conditions relatives à l'accès et à l'exercice de l'activité d'intermédiaire en opération de banque et en services de paiement sont respectées, sous peine de radiation d'office de l'immatriculation [3].

Les IOBSP ne sont pas assujettis à un contrôle permanent de l'ACPR. Le projet de loi Pacte adopté en 2e lecture par l'Assemblée nationale en mars 2019 prévoit la création d'associations professionnelles représentatives d'IOBSP, à adhésion obligatoire, agréées par l'ACPR : ce dispositif, calqué sur le système déjà en place pour les conseillers en investissement financier, devrait conduire à une autorégulation de la profession d'IOBSP,

1. C.mon.fin. art. R 519-4, II
2. C. mon. fin., art. L. 519-3-1 et L. 546-1. En 2017, 30 509 IOBSP étaient immatriculés au registre de l'ORIAS
3. C. mon. fin., art R. 546-1 s.

tout en permettant à l'ACPR de mieux cibler ses contrôles [1]. Ces associations professionnelles disposeraient envers leurs membres d'un pouvoir disciplinaire, exercé en leur sein par une commission dont les décisions répondront à des garanties d'indépendance et d'impartialité, mais aussi d'une mission de vigilance envers les manquements connus d'elles relatifs aux règles en matière de pratiques commerciales et dont elles feront part à l'ACPR.

Les IOBSP cumulent très souvent leur statut avec d'autres activités réglementées, notamment une activité d'intermédiation en assurances ou de conseil en investissement financier [2].

B. Honorabilité et compétences professionnelles

151 Des conditions d'honorabilité et de compétences professionnelles sont exigées [3]. Ainsi, les personnes physiques intermédiaires en opérations de banque et en services de paiement, ou les dirigeants de tels intermédiaires, ne doivent pas avoir fait l'objet de certaines condamnations, en l'occurrence celles qui sont mentionnées au II de l'article L. 500-1 du Code monétaire et financier. Afin de vérifier cet état de fait, l'ORIAS doit demander communication du bulletin n° 2 du casier judiciaire de la personne intéressée [4].

Les compétences professionnelles sont également strictement encadrées. Les IOBSP personnes physiques, les dirigeants des personnes morales ou les délégués des personnes morales pratiquant l'intermédiation à titre accessoire doivent justifier d'un diplôme, d'une formation professionnelle ou d'une expérience professionnelle. La réglementation prévoit trois niveaux d'exigences différents [5], selon la catégorie de l'intermédiaire (courtier, mandataire non exclusif, mandataire exclusif ou mandataire d'intermédiaire), et selon ses modalités d'exercice (à titre complémentaire ou non) [6].

§ 2. Obligations

A. Assurance

152 Lorsque l'intermédiaire en opérations de banque et en services de paiement agit pour le compte d'un établissement de crédit, d'une société de financement, d'un établissement de monnaie électronique qui fournit

1. Article 71 bis AA (art. L. 519-11 à L. 519-14 [nouveaux] du Code monétaire et financier)
2. Environ 22 000 IOBSP exercent à titre accessoire l'activité d'intermédiation en assurances.
3. C. mon. fin., art. L. 519-3-3, et R. 519-6 à R. 519-1.
4. C. mon. fin., art. R. 546-5.
5. C.mon.fin. art. L. 519-3-3 et R 519-8 s. : niveau I IOB, niveau II IOB et niveau III IOB.
6. La nomenclature et les niveaux du diplôme, ainsi que la durée et les conditions de l'expérience professionnelle, sont précisés par les articles R. 519-8 à R. 519-10 du Code monétaire et financier. Le contenu et les conditions de validation de la formation professionnelle sont fixés par l'arrêté du 9 juin 2016

des services de paiement, d'un établissement de paiement ou d'un autre intermédiaire en opérations de banque et en services de paiement, les conséquences pécuniaires de sa responsabilité civile professionnelle sont couvertes par la personne pour le compte de laquelle il est mandaté. Néanmoins, pour les autres cas, cet intermédiaire doit souscrire un contrat d'assurance le couvrant contre les conséquences pécuniaires de sa responsabilité civile [1].

B. Garantie financière

153 L'intermédiaire qui, même à titre occasionnel se voit confier des fonds, est dans l'obligation, et ce à tout moment, de justifier d'une garantie financière spécialement affectée au remboursement des fonds en question ; cette garantie ne peut découler que d'un engagement de caution pris par un établissement de crédit ou une société de financement habilité à cet effet ou une entreprise d'assurance ou de capitalisation régie par le Code des assurances [2]. La méconnaissance de cette obligation est punie d'un an d'emprisonnement et de 15 000 euros d'amende [3].

Le décret n° 2012-101 du 26 janvier 2012 précise le régime juridique de cette garantie financière [4]. Elle est ainsi mise en œuvre sur la seule justification que l'intermédiaire garanti est défaillant, sans que le garant puisse opposer au créancier le bénéfice de discussion. La défaillance de la personne garantie est notamment acquise un mois après la date de réception par celle-ci d'une lettre recommandée exigeant le paiement des sommes dues ou d'une sommation de payer demeurée sans effets. Le paiement est effectué par le garant à l'expiration d'un délai de trois mois à compter de la présentation de la première demande écrite, qui doit être envoyée par lettre recommandée avec avis de réception [5].

C. Règles de bonne conduite

154 Depuis la loi n° 2010-1249 du 22 octobre 2010, les intermédiaires en opérations de banque et en services de paiement sont tenus au respect de règles de bonnes conduites qui doivent prévoir, notamment, les obligations à l'égard de leurs clients pour leur bonne information et le respect de leurs intérêts [6]. Ils doivent notamment fournir à leurs clients une information claire sur les frais et la rémunération et convenir de la rémunération « avant tous travaux et conseils préparatoires » [7]. Les règles de bonne

1. C. mon. fin., art. L. 519-3-4.
2. C. mon. fin., art. L. 519-4.
3. C. mon. fin., art. L. 571-16 ; V. par ex. Crim. 30 mars 1992 : *Bull. crim.* n° 131.
4. D. Legeais, *RDBF* 2011, n° 202.
5. C. mon. fin., art. R. 519-17.
6. C. mon. fin., art. L. 519-4-1.
7. L519-26

conduite sont délimitéesen fonction de la catégorie à laquelle l'IOBSP appartient [1]. Il est par exemple précisé que si le contrat porte sur une opération de crédit, l'intermédiaire doit attirer l'attention de son client, y compris du client potentiel, sur les conséquences que la souscription du contrat pourrait avoir sur sa situation financière et, le cas échéant, sur les biens remis en garantie [2]. Des règles de bonne conduite supplémentaires sont imposées aux seuls courtiers en opérations de banque et en services de paiement et à leurs mandataires [3].

D. Démarchage

155 Les intermédiaires en opérations de banque et en services de paiement qui se livrent à une activité de démarchage au sens de l'article L. 341-1 du Code monétaire et financier sont soumis à certaines obligations à la charge des démarcheurs [4], et doivent à ce titre être titulaires d'une carte de démarchage délivrée par l'établissement de crédit ou l'établissement de paiement.

E. Prohibitions

156 Il est interdit à toute personne physique ou morale qui apporte son concours, et ce « à quelque titre que ce soit », à l'obtention ou à l'octroi d'un prêt d'argent de recevoir, avant le versement effectif des fonds prêtés, une somme représentative de provision, de commission, de frais de recherche, de démarches, de constitution de dossier ou d'entremise quelconque. De la même façon, il est interdit, avant la remise des fonds et de la copie de l'acte, de présenter à l'acceptation de l'emprunteur des lettres de change ou de lui faire souscrire des billets à ordre en recouvrement des frais d'entremise ou de commissions.

Le non-respect de ces interdictions fait encourir à son auteur six mois d'emprisonnement et 7 500 euros d'amende, c'est-à-dire les sanctions du démarchage en matière bancaire ou financière [5].

§ 3. Passeport européen

157 Les IOBSP proposant des contrats de crédits immobiliers bénéficient du passeport européen prévu par l'article 32 de la directive n° 2014/17/UE

1. C. mon. fin., art. R. 519-19 s.
2. C. mon. fin., art. R. 519-22, al. 2 ; D. Legeais, *RDBF* 2011, n° 203.
3. C. mon. fin., art. R. 519-27 s.
4. C. mon. fin., art. L. 341-4 à L. 341-17.
5. C. mon. fin., art. L. 519-6.

du 4 février 2014 sur les contrats de crédit aux consommateurs relatifs aux biens immobiliers à usage résidentiel. À cette fin, tout intermédiaire immatriculé à l'ORIAS dans l'une des catégories d'IOBSP, à l'exception des mandataires d'IOBSP, qui envisage d'exercer une activité pour la première fois dans un ou plusieurs États membres de l'UE en régime de libre prestation de service (LPS) ou en libre établissement (LE), en informe l'ORIAS [1].

Les candidats au passeport doivent préciser à l'ORIAS la catégorie d'IOBSP sous laquelle ces intermédiaires proposent des crédits immobiliers, conformément à la règle de non cumul de catégorie.

Lorsque les crédits immobiliers sont proposés par un courtier en OBSP, l'intermédiaire doit fournir une attestation de responsabilité civile professionnelle le couvrant pour le ou les États dans lesquels ils souhaitent exercer. L'intermédiaire doit préciser le ou les mandats d'établissements de crédits avec lequel il souhaite exercer dans le pays d'accueil. A l'appui de ces éléments, l'ORIAS notifie le souhait de l'intermédiaire à son homologue du pays d'accueil ; dans le délai d'un mois à compter de cette notification, l'intermédiaire sera autorisé à exercer dans le ou les pays cibles.

La procédure de demande de passeport européen est identique au sein de l'Union européenne ainsi que les délais liés au début d'activité.

Les IOBSP inscrits à l'ORIAS, qui ne proposent pas du crédit immobilier, ne peuvent se prévaloir du passeport européen pour exercer en dehors du territoire national ; de même les IOBSP non établis en France et en dehors du cadre de la directive n° 2014/17/UE du 4 février 2014 ne peuvent être immatriculés à l'ORIAS : pour exercer sur le territoire français, ils doivent s'établir en France, par voie de succursale ou par la création d'une société de droit français.

SECTION 3. SANCTIONS DE L'EXERCICE ILLÉGAL DE LA PROFESSION D'INTERMÉDIAIRE EN OPÉRATIONS DE BANQUE

158 Le fait, pour toute personne physique, d'exercer l'activité d'intermédiaire en opérations de banque et en services de paiement sans satisfaire à l'obligation prévue au premier alinéa de l'article L. 519-2 est puni de deux ans d'emprisonnement et de 30 000 euros d'amende [2].

1. C. mon. fin., art. L. 519-8
2. C. mon. fin., art. L. 571-15.

Des dommages-intérêts peuvent être prononcés dès lors que le délit d'exercice illégal de la profession d'intermédiaire en opérations de banque a causé à des personnes un préjudice direct, comme la privation des garanties attachées à l'agrément des établissements de crédit [1].

Par ailleurs, afin d'éviter toute confusion dans l'esprit du public, il est interdit à toute personne d'utiliser une dénomination, une raison sociale, une publicité ou une expression quelconque qui pourraient faire croire ou laisser entendre qu'elle serait immatriculée sur le registre évoqué précédemment alors qu'il n'en serait rien [2].

1. Crim. 2 déc. 2009, *Gaz. Pal.* 2010. 914, obs. Lasserre Capdeville ; *Banque et Dr.* 3-4/2010. 31, obs. Bonneau ; *RDBF* 2010, n° 167, obs. Crédot et Samin.

2. C. mon. fin., art. L. 546-3.

CHAPITRE 5
AUTRES ORGANISMES AUTORISÉS À EFFECTUER DES OPÉRATIONS DE BANQUE

159 L'article L. 518-1 du Code monétaire et financier fixe une liste d'établissements et services autorisés à effectuer des opérations de banque, sans être soumis au statut de droit commun d'établissements de crédits : le Trésor public, la Banque de France, les services financiers de la Poste, l'institut d'émission des départements d'Outre-Mer et la Caisse des dépôts et consignations. Ces organismes (à l'exception de la Banque Postale) ne relèvent pas d'un pouvoir de contrôle de l'ACPR.

SECTION 1. LE TRÉSOR PUBLIC

160 Le Trésor public est un service public de l'État dépourvu de la personnalité morale. À côté de sa mission traditionnelle de caissier du Budget chargé d'exécuter les opérations de recettes et de dépenses prévues par la loi de finances, le Trésor est, depuis 1928, devenu banquier, empruntant de l'argent à court terme par les Bons du Trésor (qui en fait constituent une monnaie) et prêtant de l'argent à des entreprises privées. Ayant commencé par les habitations à bon marché, continué en renflouant des sociétés défaillantes, en particulier des banques privées, le Trésor, à partir de 1936, a plus systématiquement accordé son crédit à des entreprises privées travaillant dans des secteurs d'intérêt national, ceci par des prêts, des garanties ou des bonifications d'intérêts.

La direction générale du Trésor élabore la politique économique française, européenne et internationale. À ce titre, elle établit des prévisions économiques et conseille les ministres sur les politiques économiques et les politiques publiques dans les domaines financier, social et sectoriel. Elle veille à la régulation et au financement de l'économie et des institutions intervenant en matière d'assurance, de banque et d'investissement sur les marchés financiers et elle gère la trésorerie et la dette de l'État à travers l'Agence France Trésor (AFT).

Acteur important en matière de commerce extérieur, elle assure le soutien à l'export et à l'investissement à l'étranger des entreprises : la direction générale du Trésor conçoit et met en œuvre les procédures de garantie et de financement des exportations : elle assure notamment le contrôle de l'État sur les activités de la COFACE gérées pour son compte ; elle est chargée de la garantie des investissements français à l'étranger, de la garantie de change et de l'assurance-prospection.

SECTION 2. LA BANQUE DE FRANCE

161 La Banque de France fait partie intégrante du Système européen de banques centrales, institué par l'article 8 du traité instituant la Communauté européenne [1] ; à ce titre, elle est chargée de participer à l'accomplissement des missions de ce dernier, et notamment à la politique monétaire, et au respect des objectifs qui sont assignés à ce système par le Traité, telle la stabilité des prix [2].

La Banque de France apporte son soutien à la politique générale du Gouvernement [3]. Cette seconde mission n'empêche pas la Banque de France d'être indépendante lorsqu'elle exerce sa première mission : elle ne peut « ni solliciter ni accepter d'instructions du Gouvernement ou de toute autre personne » [4].

La Banque de France doit veiller au bon fonctionnement et à la sécurité des systèmes de paiement ainsi qu'à la sécurité des moyens de paiement, des chambres de compensation et des systèmes de règlements-livraisons des instruments financiers. Elle s'assure, conjointement avec le Haut Conseil de stabilité financière, de la stabilité du système financier. Elle est, en outre, seule habilitée sur le territoire de la France métropolitaine, des départements d'outre-mer, du département de Mayotte ainsi que sur les territoires de Saint-Barthélemy et de Saint-Martin à émettre les billets ayant cours légal [5].

Enfin, la Banque de France détient et gère les réserves de change de l'État en or et en devises [6] et établit la balance des paiements et la position extérieure de la France.

162 Les missions précitées sont, en pratique, complétées par d'autres missions d'intérêt général que la Banque de France est susceptible d'accomplir pour le compte de l'État ou pour le compte de tiers.

La Banque de France n'est pas chargée, en droit, de surveiller et de contrôler les établissements de crédit. Toutefois, des liens particulièrement étroits sont établis entre la Banque de France et l'autorité de contrôle des établissements de crédit, c'est-à-dire l'Autorité de contrôle prudentiel et de

1. Traité sur le fonctionnement de l'Union européenne (TFUE), art. 282.
2. C. mon. fin., art. L. 141-1, al. 1er.
3. C. mon. fin., art. L. 141-1, al. 2.
4. C. mon. fin., art. L. 141-1, al. 3.
5. C. mon. fin., art. L. 141-5-1
6. C. mon. fin., art. L. 141-2, al. 1er.

résolution (ACPR) : ainsi c'est le Gouverneur de la Banque de France qui en est le président, l'ACPR bénéficiant des services et des personnels de la Banque de France.

SECTION 3. LA BANQUE POSTALE

163 Le 1er janvier 2006 le groupe La Poste a créé une filiale, La Banque postale, agréée comme établissement de crédit, recevant tous les biens, droits et obligations relatifs aux activités des Services financiers de La Poste.

La Banque postale a reçu à sa création l'autorisation d'élargir sa gamme à tous les types de crédits immobiliers, puis en 2007, l'autorisation d'étendre sa gamme de produits aux crédits à la consommation et en 2009 à l'assurance de dommages. En 2010, les pouvoirs publics ont autorisé La Banque postale à lancer une offre de produits et de services pour le financement des personnes morales.

164 ***La mission d'accessibilité bancaire*** ◊ La mission d'accessibilité bancaire de La Banque Postale, qui s'exerce via la distribution et le fonctionnement spécifiques du livret A, permet d'assurer la mise à disposition de toute la population, sans aucune restriction, de certains services de base.

La loi de modernisation de l'économie du 4 août 2008 qui a généralisé la distribution du livret A à toutes les banques au 1er janvier 2009, a fixé des obligations spécifiques pour La Banque Postale en matière de distribution et de fonctionnement du livret A au titre de sa mission d'accessibilité bancaire : « dans les domaines bancaire, financier et des assurances, La Poste propose des produits et services au plus grand nombre, notamment le livret A » [1].

165 Les obligations spécifiques de La Banque Postale, définies par l'arrêté du 4 décembre 2008 modifié par l'arrêté du 14 mai 2010 pris en application de l'article R. 221-5 du Code monétaire et financier, et précisées dans le cadre d'une convention pluriannuelle entre l'État et La Banque Postale, sont à ce titre les suivantes :

– ouvrir un livret A à toute personne qui en fait la demande ;

– effectuer gratuitement les opérations de dépôt et de retrait à partir de 1,50 euro (contre 10 euros dans les autres réseaux) ;

– permettre à son titulaire d'effectuer des opérations de versement et de retrait dans tous les bureaux de Poste où elle permet ces mêmes opérations aux titulaires d'un compte courant postal ;

---

1. C. mon. fin., art. L. 518-25-1 et L. 221-2.

– accepter à titre gratuit les domiciliations de virements et de prélèvements de certaines opérations (minima sociaux, factures de gaz et d'électricité...) ;

– de proposer gratuitement les services complémentaires suivants :

a) virement sur le compte à vue du titulaire du livret A (de son représentant légal ou de son mandant) quel que soit l'établissement teneur de compte ;

b) chèque de banque tiré au profit du titulaire du livret A (de son représentant légal ou de son mandant) ;

c) mise à disposition d'une carte de retrait utilisable dans les DAB/GAB de La Banque Postale.

La Banque Postale perçoit une rémunération au titre des obligations spécifiques qui lui incombent en matière de distribution et de fonctionnement du livret A, calculée de manière à lui assurer une compensation proportionnée de la mission de service d'intérêt économique général d'accessibilité bancaire qui lui est confiée.

SECTION 4. LES INSTITUTS D'ÉMISSION

166 L'Institut d'émission des départements d'outre-mer (IEDOM), établissement public national français créé en application de l'ordonnance n° 59-74 du 7 janvier 1959, est depuis décembre 2016 une SAS, filiale de la Banque de France. L'IEDOM est chargé d'exécuter dans les départements et collectivités d'outre-mer dont la monnaie est l'euro (Guadeloupe, Guyane, Martinique, Mayotte, La Réunion, Saint-Barthélemy, Saint-Martin, Saint-Pierre-et-Miquelon, et les Terres australes et antarctiques françaises) les missions incombant à la Banque de France au titre de sa participation au Système européen de banques centrales [1] : mise en circulation et entretien de la monnaie fiduciaire [2], production d'informations pour la communauté bancaire, lutte contre le blanchiment des capitaux et le financement du terrorisme (LCB-FT). L'IEDOM est le relais des autorités nationales (Banque de France, ACPR, AMF) et européenne (BCE) de supervision et de réglementation bancaire et financière. L'État a également confié à l'IEDOM des missions de service public [3]. L'IEDOM évalue la solidité financière des entreprises et leur attribue une cotation ; il agit comme médiateur du crédit. Il répond aux demandes d'exercice du droit au compte et d'accès aux grands fichiers de la Banque de France. Il mène une action renforcée en faveur de la prévention et du traitement des situations de surendettement. Par ailleurs, l'IEDOM assure le rôle d'Observatoire économique et financier des économies ultramarines.

---

1. C.mon.fin. art. L 711-2-2e alinéa

2. Le 1er janvier 2002, l'IEDOM a mis en circulation l'euro dans les départements d'outre-mer et les collectivités de Mayotte et de Saint-Pierre et Miquelon.

3. C. mon. fin., art. L. 711-3.

Créé en 1966 sous la forme d'un établissement public pour exercer le privilège de l'émission monétaire, l'Institut d'émission d'outre-mer (IEOM) assure le rôle de banque centrale dans les collectivités ayant pour monnaie le franc Pacifique : Nouvelle-Calédonie, Polynésie française et Wallis-et-Futuna. L'IEOM met en œuvre ses missions de stratégie monétaire, de stabilité financière, de services à l'économie dans le respect des spécificités ultramarines.

SECTION 5. LA CAISSE DES DÉPÔTS

167 Créée en 1816, la Caisse des dépôts s'était vue attribuer pour mission la réception et la gestion des dépôts légaux et des consignations et le soutien des cours de la rente de l'État sur le marché boursier. La loi du 31 mars 1937 lui a confié la gestion des fonds collectés par les Caisses d'épargne. Elle a conservé ces deux missions initiales tout en diversifiant ses activités.

La Caisse des dépôts a le statut d'établissement spécial chargé d'administrer les dépôts et les consignations, d'assurer les services relatifs aux caisses ou aux fonds dont la gestion lui a été confiée et d'exercer les autres attributions de même nature qui lui sont légalement déléguées [1].

L'article L. 518-2 du Code monétaire et financier délimite les missions d'intérêt général assurées par la Caisse des dépôts :

- centraliser, transformer et gérer les dépôts réglementés (livret A, livret de développement durable et solidaire, livret d'épargne populaire) en faveur de programmes d'intérêt général, via le fonds d'épargne;
- agir en tant que dépositaire de confiance pour les dépôts de professions juridiques et les consignations et assurer également les prestations bancaires de l'Agence centrale des organismes de sécurité sociale (ACOSS) et d'autres établissements publics ;
- gérer les régimes de retraite et des fonds de solidarité ;
- contribuer au développement économique local et national.

168 ***Organisation et règles de gouvernance*** ◊ La Caisse de dépôts est dotée d'une Commission de surveillance composée de 13 membres : représentants de l'Assemblée nationale, du Sénat, de la Cour des comptes, du Conseil d'État, du Trésor, de la Banque de France, membres désignés à raison de leurs compétences dans les domaines financier, comptable ou économique ou dans celui de la gestion [2]. La commission de surveillance élit son président parmi les parlementaires qui la composent. La Caisse des dépôts est dirigée et administrée par un directeur général nommé pour cinq ans par décret du président de la République pris en Conseil des ministres.

1. C. mon. fin., art. L. 518-2.
2. C. mon. fin., art. L. 518-4 .

En raison de la spécificité de sa mission d'intérêt général en appui des politiques publiques conduites par l'État et les collectivités territoriales, la Caisse des dépôts est soumise à des règles prudentielles ad hoc fixées par décret en Conseil d'Etat [1] et à un régime de supervision dérogatoire qui relève à la fois de l'ACPR et de la commission de surveillance.

Le projet de loi Pacte, adopté en 2e lecture par l'Assemblée nationale en mars 2019 prévoit d'élargir le champ des règles de droit commun applicables à la Caisse des dépôts : l'ensemble des règles de « Gouvernance des établissements de crédit et des sociétés de financement » [2] devraient s'appliquer, à la seule exception de l'article L. 511-58 relatif à l'interdiction du cumul des fonctions de direction et de l'organe de surveillance. La commission de surveillance déterminerait le modèle prudentiel ; l'ACPR serait l'unique autorité de supervision et pourrait notamment décider du champ des contrôles. Il est prévu également de renforcer les prérogatives de la commission de surveillance, qui deviendrait un véritable organe délibérant [3].

169 Activité bancaire - La Caisse des dépôts peut effectuer des opérations de banque sans pour autant être soumise au régime des établissements bancaires [4]. -

L'activité de la direction des clientèles bancaires de la Caisse des dépôts se décline en 4 missions principales :

- Banquier du service public de la justice : la Caisse des Dépôts rend des services bancaires spécialisés pour les fonds de tiers maniés par les professions juridiques réglementées. Elle assure le service des consignations et œuvre pour la protection financière des personnes vulnérables protégées par la loi ;- Banquier de la Sécurité sociale : la Caisse des Dépôts assure pour l'Agence centrale des organismes de sécurité sociale (Acoss) les prestations bancaires indispensables à la performance de la gestion de trésorerie du régime général de la Sécurité sociale. Elle propose également aux organismes de Sécurité sociale des services bancaires adaptés, comme le traitement de leurs flux financiers de masse ;

- Banquier de clients institutionnels : la Caisse des Dépôts propose des offres de tenue de comptes, moyens de paiement à des clients institutionnels d'intérêt général : organismes de logement social, entreprises publiques locales, fondations, associations ;

- Fiduciaire et mandataire public : la Caisse des Dépôts assure des prestations de gestion bancaire, administrative et financière, dans le cadre de mandats confiés par l'Etat et développe une activité de fiduciaire, prolongement naturel de sa qualité de tiers de confiance.

---

1. C. mon. fin., art. L. 518-15-2.
2. C. mon. fin., art. L. 511-51 à L. 511-103.
3. Projet de loi préc. art. 31
4. Cons. const. *décis. n° 83-167 DC du 19 janvier 1984.*

CHAPITRE 6
LES ÉTABLISSEMENTS DE PAIEMENT

170 La directive sur les services de paiement 2007/64/CE du 13 novembre 2007 (DSP 1) a mis fin au monopole des banques sur les services de paiement en instituant un nouveau statut d'établissements de paiement [1]. La souplesse qui caractérise ce nouveau statut non bancaire vise notamment à favoriser la concurrence et l'émergence de nouveaux acteurs [2], grâce à des exigences réglementaires allégés par rapport à celles imposées aux établissements de crédit.

En droit interne, les établissements de paiement ont ainsi été créés par l'ordonnance n° 2009-866 du 15 juillet 2009, entrée en vigueur le 1er novembre de la même année [3]. Au 1er janvier 2018, il existait 29 établissements de paiement agréés par l'ACPR.

SECTION 1. ACTIVITÉS EXERCÉES PAR LES ÉTABLISSEMENTS DE PAIEMENT

171 L'établissement de paiement est habilité à exécuter la plupart des services de paiement auparavant réservés aux établissements de crédit (§ 1). L'octroi de crédit est fortement limité, au titre d'un service connexe (§ 2). D'autres activités peuvent être autorisées (§ 3) ; la réception de fonds ne peut être traitée comme une opération de banque (§ 4).

§ 1. Services de paiement

172 ***Liste limitative des services de paiement*** ◊ Aux termes de l'article 522-1 du Code monétaire et financier, les établissements de paiement sont

1. La Directive (UE) 2015/2366 du Parlement européen et du Conseil du 25 novembre 2015 concernant les services de paiement dans le marché intérieur (DSP 2) abroge la directive 2007/64/CE (DSP 1) ; la directive DSP 2 devra être transposée par les États membres avant le 13 janvier 2018 ; les dispositions seront applicables à partir de cette date. V. P. Storrer, « De la DME 2 à la DSP 2 : le nouvel horizon des paiements », *Banque et Dr.* n° 152, nov. déc. 2013, p. 8.

2. Par exemple sociétés de transfert d'argent, prestataires alternatifs de paiement en ligne, opérateurs télécoms, grandes enseignes du commerce…

3. N. Mathey, « La réforme des services de paiement », *RDBF* 2010, n° 1, p. 9 ; M. Roussille, « Les établissements de paiement. Premiers regards sur les derniers-nés dans la famille bancaire », *RDBF* 2011, n° 1, p. 105.

des personnes morales, autres que des établissements de crédit ou des établissements de monnaie électronique (mais également autres que la Banque de France, l'Institut d'émission des départements d'outre-mer, le Trésor public, et la Caisse des dépôts et consignations), qui fournissent à titre de profession habituelle les services de paiement mentionnés à l'article L. 314-1, c'est-à-dire, notamment, les services permettant le versement d'espèces sur un compte de paiement et les opérations de gestion d'un compte de paiement, les services permettant le retrait d'espèces sur un compte de paiement et les opérations de gestion d'un compte de paiement ou encore l'exécution des opérations de paiement par prélèvement, par carte de paiement ou par virement, les services d'initiation de paiement et les services d'information sur les comptes [1]. Tous les services visés par cet article, dont la liste est limitative, peuvent également être exercés par les établissements de crédit.

§ 2. Services connexes

173 Les établissements de paiement demeurent, en outre, susceptibles de fournir un certain nombre de services connexes, comme des services de change, des services de garde ou encore consentir des crédits. Dans ce dernier cas, il est nécessaire de respecter les conditions exigées par l'article L. 522-2-II du Code monétaire et financier. Tout d'abord, le crédit doit avoir un caractère accessoire à une opération de paiement et être accordé exclusivement dans le cadre de l'exécution d'une telle opération. De plus, le crédit doit impérativement être de courte durée : il ne peut dépasser douze mois. Enfin, ce crédit ne peut pas être octroyé sur la base de fonds reçus ou détenus par l'établissement dans le cadre de l'exécution d'une opération de paiement. Certaines opérations de crédit, comme le découvert, le crédit-bail ou la pratique de l'escompte, sont ici exclues. Pour certains auteurs [2], il aurait été judicieux de soumettre les établissements de paiement octroyant des crédits à des normes de solvabilité comparables à celles applicables aux établissements de crédit ; les rédacteurs de l'ordonnance du 15 juillet 2009 ne l'ont cependant pas jugé souhaitable. Les crédits octroyés par les établissements de paiement demeurent soumis dans tous les cas aux dispositions du Code de la consommation lorsqu'elles leur sont applicables.

§ 3. Autres activités autorisées

174 Les établissements de paiement peuvent fournir, à titre de profession habituelle, des activités autres que les services de paiement. L'article L. 522-3

1. Cf. supra n° 74
2. N. Mathey, « La réforme des services de paiement », *RDBF* 2010. Étude 1, spéc. n° 16.

du Code monétaire et financier limite cependant cette autorisation en déclarant que ces activités ne doivent pas être incompatibles avec les exigences de la profession.

§ 4. Réception de fonds

175 Au cours de leurs activités, les établissements de paiement sont amenés à recevoir des fonds de leurs clients. L'article L. 522-4, II, du Code monétaire et financier précise que les fonds en question ne sont pas des fonds remboursables du public au sens de l'article L. 312-2 : il ne s'agit pas d'une opération de banque réservée aux établissements de crédit. L'établissement ne saurait dès lors en disposer pour son propre compte, comme les placer à son profit.

SECTION 2. CONDITIONS D'EXERCICE DE LA PROFESSION

§ 1. Agrément

176 Avant de fournir des services de paiement, les établissements de paiement doivent obtenir un agrément qui est délivré par l'Autorité de contrôle prudentiel et de résolution après avis de la Banque de France. Ils bénéficient alors d'un monopole partagé avec les établissements de crédit en matière de services de paiement. Les modalités d'obtention de cet agrément sont précisées par un arrêté du 29 octobre 2009.

La demande d'agrément doit comporter notamment un programme d'activité qui décrit le type de service de paiement envisagé, ainsi que les services connexes, le recours à des agents, l'exercice d'activité à l'étranger. Les établissements de paiement doivent disposer, au moment de l'agrément, d'un capital libéré d'un montant au moins égal à la somme fixée par voie réglementaire selon l'étendue de leurs activités [1]. D'autres conditions sont également exigées, notamment en matière d'organisation, de contrôle [2] ou encore de situation de l'administration centrale [3], de dispositifs de sécurité des services fournis et de protection des données sensibles [4]. Les dirigeants des établissements de paiement doivent, quant à eux, présenter des conditions d'honorabilité, d'expérience et de compétence [5].

---

1. C. mon. fin., art. L. 522-7 et Arr. 29 oct. 2009, art. 4. Selon les circonstances, ce capital minimum est de 20 000, 38 000, 50 000 ou 125 000 euros
2. C. mon. fin., art. L. 522-6-II.
3. C. mon. fin., art. L. 522-8.
4. C. mon. fin., art. L. 522-6, II
5. C. mon. fin., art. L. 522-6-II.

L'ensemble de ces conditions doivent être satisfaites à tout moment [1]. À défaut, l'agrément peut être retiré [2]. Les causes du retrait d'agrément sont les mêmes que celles du retrait de l'agrément bancaire [3] avec une hypothèse supplémentaire, visant le cas d'un agrément obtenu au moyen de fausses déclarations ou par tout autre moyen irrégulier.

Les prestataires qui fournissent à titre de profession habituelle le service d'information sur les comptes [4] à l'exclusion de tout autre service de paiement entrent dans la catégorie des prestataires d'information sur les comptes (PSIC) : ils ne sont pas assujettis à la procédure d'agrément des établissements de paiement, mais doivent être enregistrés auprès de l'ACPR [5].

La directive 2007/64/CE a introduit la procédure de passeportage, autorisant un établissement de paiement agréé et régulé par l'autorité *ad hoc* du pays d'origine, à exercer sur le territoire d'autres États membres, par l'application du principe de reconnaissance mutuelle des agréments. L'agrément est ainsi valable dans tous les États membres et autorise l'établissement de paiement à fournir des services de paiement dans l'ensemble des États parties à l'accord sur l'Espace économique européen, soit en régime de libre prestation de services, soit en régime de liberté d'établissement. Les services en question doivent néanmoins être couverts par l'agrément.

Au 1er janvier 2018, 29 établissements de paiements bénéficient d'un agrément délivré par l'ACPR, 16 établissements ont le statut de succursales d'établissements de paiement relevant du libre établissement [6].

§ 2. **Monopole**

177 Les activités constitutives des services de paiement sont couvertes par un monopole institué spécialement pour elles : il s'agit du monopole reconnu au bénéfice des prestataires de services de paiement par l'article L. 521-2 du Code monétaire et financier. En effet, en vertu de ce dernier texte, il est interdit à toutes autres personnes que celles mentionnées à l'article L. 521-1, principalement les établissements de paiement et les établissements de crédit (tous qualifiés de prestataires de services de paiement), de fournir des services de paiement « à titre de profession habituelle » [7].

---

1. C. mon. fin., art. L. 522-10.
2. C. mon. fin., art. L. 522-11.
3. C. mon. fin., art. L. 511-15.
4. C. mon. fin., art. L. 314-1, II, 8°
5. C. mon. fin., art. L. 522-11-2
6. Rapport ACPR pour 2017, p. 11.
7. J. Lasserre Capdeville, « Évolution du droit intéressant les PSP : extension des exceptions à leur monopole et assouplissement de leurs règles de création », *RDBF*, mars avr. 2018, p. 77.

§ 3. Obligations

178 Les établissements de paiement sont tenus de respecter un certain nombre d'obligations, telles que le secret professionnel [1] ou encore des règles comptables [2] et prudentielles [3]. Les établissements de paiement qui fournissent les services de paiement 1 à 6 de l'article L 314-1 doivent mettre en place un dispositif de protection des fonds reçus des utilisateurs, sous forme de règle de cantonnement et d'investissement ou de couverture des fonds [4]. Un régime prudentiel allégé s'applique aux prestataires de services d'initiation de paiement (PSIP) [5] et aux prestataires de services d'information sur les comptes (PSIC) [6], qui n'ont pas vocation à détenir de fonds remis par les utilisateurs de ces services.

Ces règles prudentielles sont moins lourdes que celles imposées aux établissements de crédit [7]. Cette situation est d'ailleurs critiquée par un courant doctrinal [8], car de nature à créer des distorsions de concurrence [9]. Les établissements de paiement sont assujettis au dispositif de lutte contre le blanchiment de capitaux et le financement du terrorisme au titre de l'article L. 561-2-1°*bis* du Code monétaire et financier [10]. Ils sont tenus de déclarer toutes sommes ou opérations portant sur des sommes dont ils savent, soupçonnent ou ont de bonnes raisons de soupçonner qu'elles proviennent d'une infraction passible d'une peine de prison supérieures à un an ou participent au financement des activités terroristes. Ces professionnels doivent, une fois complétée leur analyse de la situation de leurs clients en fonction d'informations qu'ils doivent tenir à jour, procéder à un examen de chaque opération suspecte avant d'adresser, le cas échéant, une déclaration à Tracfin. Ils ne peuvent opposer le secret professionnel à Tracfin.

---

1. C. mon. fin., art. L. 522-19 et L. 572-7.
2. C. mon. fin., art. L. 522-20.
3. C. mon. fin., art. L. 522-14 à L. 522-18.
4. C.mon.fin. art. L 522-17 ; Article 34 et 35 de l'arrêté du 29 octobre 2009.
5. L'exigence de capital minimum est fixée à 50 000 euros ; aucune exigence de fonds propre ne leur est appliquée.
6. Pas d'exigence de capital initial.
7. C. mon. fin., art. L. 522-19.
8. N. Mathey, « La réforme des services de paiement », *RDBF* 2010. Étude 1, spéc. n° 17.
9. R. Porreca, « La concurrence entre les établissements bancaires et les établissements de paiement : un leurre ? », *RDBF* 2011, n° 3, p. 78 ; L. de Pellegars, « Vers l'émergence de nouveaux intervenants dans le paysage bancaire ? », *Revue Banque* 2010, n° 720, p. 68.
10. Un régime dérogatoire est prévu à l'article L 561-2-3 pour la fourniture du service d'information sur les comptes.

CHAPITRE 7
LES ÉTABLISSEMENTS DE MONNAIE ÉLECTRONIQUE

179 Les établissements de monnaie électronique sont définis à l'article L. 526-1 du Code monétaire et financier comme étant des personnes morales autres que les établissements de crédit qui « émettent et gèrent à titre de profession habituelle de la monnaie électronique ». Initialement, les établissements de monnaie électronique étaient une catégorie particulière d'établissement de crédit (Section 1). L'échec de ce statut a conduit le législateur à créer une catégorie distincte des établissements de crédit et des établissements de paiement, soumise à un statut spécifique (Section 2).

SECTION 1. ÉVOLUTION DE LA RÉGLEMENTATION

§ 1. Directive 2000/46/CE

A. Encadrement de l'émission et de la distribution de monnaie électronique

180 La directive 2000/46/CE du 18 septembre 2000, concernant l'accès à l'activité des établissements de monnaie électronique et son exercice ainsi que la surveillance prudentielle de ces établissements, est venue pour la première fois encadrer l'émission et la distribution de monnaie électronique. Elle avait pour objectif de faire de la monnaie électronique un substitut de la monnaie fiduciaire.

La directive 2000/46/CE définissait l'établissement de monnaie électronique comme « une entreprise ou toute autre personne morale, autre qu'un établissement de crédit (...) qui émet des moyens de paiement sous la forme de monnaie électronique ». Elle distinguait ainsi la notion d'établissement de crédit et celle d'établissement de monnaie électronique. La directive renvoyait cependant à de nombreuses reprises à la directive 2000/12/CE du 20 mars 2000 concernant l'accès à l'activité des établissements de crédit et à son exercice.

Il était ainsi admis que les établissements de crédit pouvaient émettre de la monnaie électronique, mais que cette activité ne leur était pas réservée : des établissements de monnaie électronique pouvaient également exercer cette activité. Ces établissements étaient soumis à un statut moins contraignant que celui des établissements de crédit (capital minimum inférieur, normes de gestion à respecter plus légères, etc.), même s'ils devaient bénéficier d'un agrément [1].

Cette directive a été transposée en droit français par le règlement du Comité de la réglementation bancaire et financière n° 2002-13 du 21 novembre 2002 relatif à la monnaie électronique et aux établissements de monnaie électronique, homologué par un arrêté du ministre de l'Économie, des Finances et de l'Industrie du 10 janvier 2003. Le règlement de 2002 prévoyait que les établissements de monnaie électronique ne constituaient qu'un sous-ensemble des établissements de crédit, qui seuls pouvaient émettre de la monnaie électronique ; leur rôle était limité à la fourniture des services liés à l'émission, à la mise à disposition ou à la gestion de monnaie électronique, ainsi qu'au stockage de données sur support électronique pour le compte d'autres personnes morales [2]. Ce règlement n'ayant pas créé pas une nouvelle catégorie d'établissement de crédit, les établissements de monnaie électronique étaient agréés en qualité de société financière tout en bénéficiant d'un régime prudentiel particulier [3].

B. Échec

181 Très peu d'établissements ont sollicité un agrément en la matière. Deux sociétés financières spécialisées dans l'émission de monnaie électronique n'ont pas souhaité bénéficier du régime prudentiel mis en place par la transposition de la directive 2000/46/CE ; trois établissements de monnaie électronique ont été soumis au régime prudentiel mis en place par la directive de 2000, quatre sociétés bénéficiant par ailleurs d'une exemption d'agrément.

Plusieurs raisons expliquent cet échec. Tout d'abord, la directive du 18 septembre 2000 a freiné le développement du marché de la monnaie électronique en posant des exigences en capital minimum excessives et en interdisant aux établissements de monnaie électronique d'accomplir d'autres activités commerciales.

De plus, les règles prudentielles dont le respect s'impose aux établissements de monnaie électronique étaient assez contraignantes.

Enfin, la directive du 18 septembre 2000 étant d'harmonisation minimale, les États membres ont disposé d'une grande marge de manœuvre

---

1. J. Stoufflet, « Établissements de monnaie électronique », *RDBF* 2000. 247. D.-R. Martin, « De la (fausse) monnaie électronique », *RDBF* 2003. 65. G. Blanluet, « La monnaie électronique, Définition – Nature juridique », *RDBF* 2001. 128.

2. Règl. CRBF n° 2002-13 du 21 nov. 2002, art. 11 ; désormais abrogé et remplacé par Arr. du 2 mai 2013.

3. CECEI, Rapport annuel, Exercice 2007 p. 26.

dans sa transposition, ce qui a favorisé le maintien de divergences nationales. Le droit français s'est d'ailleurs distingué pour sa rigueur extrême.

§ 2. **Directive 2009/110/CE**

182 La directive 2009/110/CE du 16 septembre 2009, concernant l'accès à l'activité des établissements de monnaie électronique et son exercice ainsi que la surveillance prudentielle de ces établissements, a été adoptée afin de remédier à l'échec de la directive 2000/46/CE. La directive 2009/110/CE a pour ambition de promouvoir la mise en place d'un véritable marché unique des services de monnaie électronique en Europe, de contribuer à la conception et à la mise en œuvre de services de monnaie électronique nouveaux, innovants et sûrs, de permettre à de nouveaux entrants d'accéder au marché, et enfin d'assurer une concurrence réelle et effective entre tous les participants au marché.

La directive 2009/110/CE dispose, par son article 1, § 1, que sont autorisés à émettre de la monnaie électronique :

- les établissements de crédit ;
- les établissements de monnaie électronique ;
- les offices des chèques postaux habilités en droit national à émettre de la monnaie électronique ;
- la Banque centrale européenne et les banques centrales nationales lorsqu'elles n'agissent pas en qualité d'autorités monétaires ou autres autorités publiques ;
- ou enfin les États membres eux-mêmes ou leurs autorités régionales ou locales lorsqu'ils agissent en qualité d'autorités publiques.

D'inspiration plus libérale, cette directive a créé un régime autonome pour les établissements de monnaie électronique, qui ne sont plus considérés comme une « sous-catégorie » des établissements de crédits. Ces derniers conservent néanmoins le droit d'émettre de la monnaie électronique.

183 Les opérations que les établissements de monnaie électronique sont habilités à exercer sont détaillées à l'article 6 de la directive 2009/110/CE. Leur compétence est très nettement élargie. Outre l'émission de monnaie électronique, ils sont autorisés :

- à effectuer les services de paiement énumérés par la directive n° 2007/64/CE ;
- à consentir des crédits liés aux services de paiement définis dans la même directive, à la condition que ces crédits ne sont pas octroyés sur la base des fonds reçus en contrepartie de la monnaie électronique émise ;
- à gérer des services de paiement ;
- enfin, à effectuer des opérations commerciales autres que l'émission de monnaie électronique dans le respect du droit de l'Union européenne et du droit national.

Ainsi, la directive 2009/110/CE élargit substantiellement le champ des activités autorisées pour les établissements de monnaie électronique.

184 ***Limite*** ◊ La directive 2009/110/CE précise cependant que les établissements de monnaie électronique ne peuvent pas recevoir du public des dépôts ou autres fonds remboursables au sens de l'article 5 de la directive 2006/48/CE. Les fonds reçus par les établissements de monnaie électronique des détenteurs de monnaie électronique doivent donc être échangés « sans délai » contre de la monnaie électronique. La réception des dépôts continue donc à relever du seul monopole des établissements de crédit.

Cette directive est d'harmonisation totale, à l'exception de quelques rares dispositions.

§ 3. Loi du 28 janvier 2013

185 La transposition en droit français de la directive 2009/110/CE a été opérée par la loi n° 2013-100 du 28 janvier 2013 portant diverses dispositions d'adaptation de la législation au droit de l'Union européenne en matière économique et financière [1]. Cette loi a créé pour les établissements de monnaie électronique un statut distinct de celui des établissements de crédit. Dans le titre II du livre V du Code monétaire et financier deux chapitres sont ainsi consacrés, respectivement, aux émetteurs de monnaie électronique et aux établissements de monnaie électronique.

A. Émetteurs de monnaie électronique

186 Les émetteurs de monnaie électronique sont les établissements de monnaie électronique et les établissements de crédit [2]. Il est précisé que « lorsqu'ils émettent de la monnaie électronique, les institutions et services suivants sont également considérés comme des émetteurs de monnaie électronique, sans être soumis aux dispositions du chapitre VI du présent titre et dans les limites des dispositions législatives qui, le cas échéant, les régissent » : la Banque de France, l'Institut d'émission des départements d'outre-mer et l'Institut d'émission d'outre-mer, le Trésor public, et enfin la Caisse des dépôts et consignations [3]. Il est interdit à toute autre personne d'émettre et de gérer de la monnaie électronique à titre de profession habituelle [4].

---

1. S. Piedelièvre et H. Lair, « La monnaie électronique après la loi du 28 janvier 2013 », *JCP E* 2013. 1118 ; J. Lasserre Capdeville, « La réforme de la monnaie électronique en droit français. Un nouveau droit vers un réel essor ? », *JCP* 2013. Doctr. 278 ; A. Marion, « La monnaie électronique française enfin sur le pas de tir ? », *RDBF* 2013. Didier R. Martin, « Aspects de la monnaie électronique », *D.* 2013. 2117.

2. C. mon. fin., art. L. 525-1.

3. C. mon. fin., art. L. 525-2.

4. C. mon. fin., art. L. 525-3 ; quatre dérogations à ce monopole, de nature et de portée variable, sont introduites par les articles L. 525-4, L. 525-5, L. 525-6 et L. 526-19.

Les émetteurs de monnaie électronique peuvent en outre recourir, dans les limites de leur agrément, aux services d'une ou de plusieurs personnes en vue de distribuer, pour leur compte, la monnaie électronique, y compris le rechargement et le remboursement de monnaie électronique [1].

B. Établissements de monnaie électronique

187 Conformément aux dispositions de la directive 2009/110/CE, la loi du 28 janvier 2013 prévoit qu'outre l'émission et la gestion à titre de profession habituelle de la monnaie électronique, ces établissements peuvent aussi fournir des services de paiement au sens de l'article L. 314-1, II, dans le respect des dispositions législatives et réglementaires applicables à la fourniture de ces services [2] : services permettant le versement et le retrait d'espèces sur un compte de paiement, exécution d'opérations de paiement associées à un compte de paiement, émission d'instruments de paiement, services de transmission de fonds, etc.

La loi du 28 janvier 2013 prévoit également que les établissements de monnaie électronique peuvent exercer, à titre de profession habituelle, une activité commerciale autre que l'émission et la gestion de monnaie électronique. Pour ces établissements, assurant donc des activités de nature hybride, les activités commerciales en question doivent être en compatibilité avec les exigences de la profession, « notamment le maintien de la réputation de l'établissement de monnaie électronique, la primauté des intérêts des clients et le jeu de la concurrence sur le marché considéré » [3]. Cette nouvelle règle devrait permettre à ces établissements de développer des services nouveaux sur le marché favorisant ainsi l'innovation (par exemple la téléphonie). Cet élargissement de compétences devrait logiquement donner un caractère plus attractif aux établissements de monnaie électronique.

SECTION 2. STATUT DES ÉTABLISSEMENTS DE MONNAIE ÉLECTRONIQUE

188 Les établissements de monnaie électronique demeurent bien distincts des établissements de crédit, qui peuvent quant à eux également émettre et gérer de la monnaie électronique [4]. C'est ainsi qu'ils ne sauraient recevoir du public des dépôts ou autres fonds remboursables au sens de l'article L. 312-2 du Code monétaire et financier. La loi prend d'ailleurs

1. C. mon. fin., art. L. 525-8.
2. C. mon. fin., art. L. 526-2, 1.
3. C. mon. fin., art. L. 526-3.
4. C. mon. fin., art. L. 525-1.

soin de préciser que les fonds représentatifs de monnaie électronique en vue de l'émission et de la gestion de la monnaie électronique ne constituent pas des fonds remboursables du public [1]. En conséquence, la réception des dépôts continue à relever du monopole des établissements de crédit. De même, il leur est interdit d'encaisser un chèque aux fins d'émission de monnaie électronique, sauf s'ils en sont eux-mêmes bénéficiaires [2]. Si un établissement de monnaie électronique peut donc émettre de la monnaie électronique en contrepartie d'un chèque établi à son profit, il n'est pas possible pour un particulier d'encaisser un chèque auprès d'un tel établissement.

§ 1. **Agrément**

189 À l'instar des établissements de crédit et des établissements de paiement, les établissements de monnaie électronique doivent obtenir un agrément de l'Autorité de contrôle prudentiel et de résolution (ACPR) [3]. L'ACPR s'assure notamment que l'établissement de monnaie électronique dispose pour son activité d'émission et de gestion de monnaie électronique d'une gouvernance et d'un contrôle interne adéquat, des dispositifs à même d'assurer la sécurité des services fournis, ainsi que la protection des données de paiement sensibles ; les dirigeants doivent remplir des conditions d'honorabilité, de compétence et d'expérience nécessaires à leur fonction [4].

L'établissement de monnaie électronique doit satisfaire, à tout moment, aux conditions de son agrément [5], qui lui permet notamment d'implanter des succursales dans un autre État partie à l'accord sur l'Espace économique européen [6]. L'ACPR est également compétente pour prononcer le retrait de l'agrément à la demande de l'établissement ou d'office dans certaines circonstances [7]. La radiation de l'établissement est aussi susceptible d'être décidée à titre de sanction par le régulateur [8]. La radiation n'entraînera pas la liquidation de la personne morale dans tous les cas de figure : un effet particulier est ainsi prévu à l'égard des établissements de monnaie électronique exerçant des activités de nature hybride au sens de l'article L. 526-3 du Code monétaire et financier.

Au 1er janvier 2018, l'ACPR a délivré 8 agréments à des établissements de monnaie électronique.

---

1. C. mon. fin., art. L. 526-5.
2. C. mon. fin., art. L. 131-45 ; L. n° 2013-100, art. 2, I.
3. C. mon. fin., art. L. 526-7.
4. C. mon. fin., art. L. 526-8.
5. C. mon. fin., art. L. 526-12.
6. C. mon. fin., art. L. 526-22.
7. C. mon. fin., art. L. 526-14 et L. 526-15.
8. C. mon. fin., art. L. 526-18.

§ 2. Règles prudentielles

190 Les établissements de monnaie électronique sont tenus de respecter un certain nombre de règles prudentielles destinées à garantir leur solvabilité ainsi que l'équilibre de leurs structures financières. Or, l'une des principales critiques formulées à l'encontre de l'encadrement juridique précédent était la lourdeur du régime prudentiel prévu pour les établissements de monnaie électronique. Le capital initial minimal avait été ainsi fixé à un million d'euros, ce qui pouvait paraître excessif et disproportionné au regard des risques que présente cette catégorie de services. En réponse, la directive 2009/110/CE du 16 septembre 2009 a considérablement réduit le niveau du capital requis en le fixant, au minimum, à 350 000 euros, montant minimal retenu en droit français [1]... Leurs fonds propres doivent également respecter les seuils fixés par l'arrêté du 2 mai 2013 portant sur la réglementation prudentielle des établissements de monnaie électronique [2]. En outre, les établissements de monnaie électronique sont tenus de disposer d'un dispositif approprié de contrôle interne leur permettant, notamment, de mesurer les risques et la rentabilité de leur activité [3].

Les établissements de monnaie électronique dont les activités génèrent une moyenne de monnaie électronique en circulation inférieure à 5 millions d'euros peuvent bénéficier d'un agrément simplifié [4].

1. Arrêté 2 mai 2013, art. 4.
2. Arrêté 2 mai 2013, art. 35 et 36, mod. Arrêté 31 août 2017
3. C. mon. fin., art. L. 526-27.
4. C. mon. fin., art. L. 526-19 ; le capital initial est de 100 000 euros minimum.

CHAPITRE 8
LES CHANGEURS MANUELS

SECTION 1. DÉFINITIONS

§ 1. Changeurs manuels

191 Les changeurs manuels sont des personnes physiques ou morales, autres que les établissements de crédit, les sociétés de financement, les établissements de monnaie électronique, les établissements de paiement et les institutions et services mentionnés à l'article L. 518-1 (Trésor public, Banque de France, La Poste, Institut d'émission des départements d'outre-mer, Institut d'émission d'outre-mer, Caisse des dépôts et consignations), qui effectuent à titre de profession habituelle des opérations de change manuel [1].

§ 2. Opération de change

192 L'opération de change manuel est constituée par l'échange immédiat de billets ou monnaies libellés en devises différentes ou par le fait d'accepter, en échange des espèces délivrées à un client, un règlement par un autre moyen de paiement, sous réserve que celui-ci soit libellé dans une devise différente [2].

Les opérations de change constituent des opérations connexes, au sens de l'article L. 311-2-1°, qui peuvent être librement effectuées par des établissements de crédit, des sociétés de financement, des établissements de monnaie électronique, des établissements de paiement, ainsi que des institutions ou services mentionnés à l'article L. 518-1 du Code monétaire et financier.

SECTION 2. AUTORISATION D'EXERCICE

193 Les changeurs manuels doivent, avant de pouvoir exercer leur activité, obtenir une autorisation délivrée par l'ACPR [3].

---

1. C. mon. fin., art. L. 524-1.
2. C. mon. fin., art. L. 524-1.
3. C. mon. fin., art. L. 524-3.

A. Dérogations

194 Ne constitue pas l'exercice de la profession de changeur manuel le fait de réaliser, à titre occasionnel des opérations de change manuel.

De même, ne constitue pas l'exercice de la profession de changeur manuel le fait de réaliser, pour des montants limités, des opérations de change manuel dans des conditions définies par l'article D. 524-1 du Code monétaire et financier. Deux hypothèses sont envisagées par ce texte :

- tout d'abord, ne constitue pas l'exercice de la profession de changeur manuel l'activité de change manuel réalisée par les personnes citées à l'article L. 561-2 du Code monétaire et financier (notamment, les agents immobiliers, les représentants légaux et directeurs responsables des opérateurs de jeux ou de paris, les marchands d'art et de pierres et métaux précieux, les professions libérales juridiques et judiciaires, les sociétés de ventes volontaires de meubles aux enchères publiques, les entreprises de domiciliation ou encore les agents sportifs), lorsque les sommes de leurs opérations d'achat et de vente de devises n'excèdent pas la contre-valeur de 100 000 euros au cours d'un même exercice comptable ;

- ne constitue pas non plus l'exercice de la profession de changeur manuel l'activité de change manuel réalisée par les personnes autres que celles mentionnées à l'article L. 561-2 (c'est-à-dire les personnes précitées, plus les organismes, institutions et services régis par les dispositions du titre Ier du livre V du Code monétaire et financier, à savoir les établissements de crédit et les changeurs manuels), lorsque trois conditions cumulatives peuvent être retenues, et notamment le fait que la somme des opérations d'achat et de vente de devises effectuées sur un exercice comptable est inférieure à une contre-valeur de 50 000 euros et ne dépasse pas 5 % du chiffre d'affaires réalisé pour l'ensemble des activités sur le même exercice comptable.

B. Autorisation délivrée par l'ACPR

195 Les changeurs manuels doivent, avant de pouvoir exercer leur activité, obtenir une autorisation délivrée par l'Autorité de contrôle prudentiel et de résolution [1]. Cette dernière procédera alors à certaines vérifications de l'entreprise : inscription au registre du commerce et des sociétés, montant du capital libéré ou de la caution émanant d'un établissement de crédit ou d'une entreprise d'assurance, honorabilité et compétence des dirigeants et des bénéficiaires effectifs. Le montant du capital libéré ou de la caution exigée est au moins égal à 38 000 euros [2].

L'Autorité de contrôle prudentiel et de résolution (ACPR), comme antérieurement le Comité des établissements de crédit et des entreprises

1. C. mon. fin., art. L. 524-3.
2. C. mon. fin., art. D. 524-2.

d'investissement (CECEI), est en droit de retirer cette autorisation soit à la demande de l'établissement, soit d'office, lorsque le changeur manuel n'a pas fait usage de cette autorisation dans un délai de douze mois ou n'exerce plus son activité depuis au moins six mois.

L'exercice de l'activité de change manuel ou la direction de droit ou de fait d'une entreprise exerçant une telle activité est interdit à toute personne qui a fait l'objet par l'ACPR de la sanction de radiation de la liste des changeurs manuels établie par cette même autorité.

Les changeurs manuels sont tenus de respecter les obligations de vigilance et de déclaration prévues par la législation régissant la lutte contre le blanchiment des capitaux et le financement du terrorisme [1].

SECTION 3. **SANCTIONS**

196 L'exercice de la profession de changeur manuel est interdit à toute personne n'ayant pas reçu une autorisation préalable de l'ACPR : la méconnaissance de cette interdiction est sanctionnée de deux ans d'emprisonnement et de 30 000 euros d'amende [2].

L'article L. 524-5 du Code monétaire et financier interdit à toute personne n'ayant pas la qualité de changeur manuel d'utiliser une dénomination, une raison sociale, une publicité ou tout autre procédé laissant croire qu'elle a cette qualité, ou au moins créant une confusion sur ce point. Les peines encourues sont les mêmes que celles évoquées précédemment [3]. Est également puni d'un an d'emprisonnement et de 15 000 euros d'amende le fait, pour les personnes soumises à l'obligation de déclaration citée ci-dessus, de ne pas la souscrire ou de communiquer des renseignements inexacts à l'ACPR [4].

Les agents des douanes ayant au moins le grade de contrôleur sont habilités à rechercher et à constater les manquements applicables aux changeurs manuels [5]. L'ACPR, qui est l'autorité de contrôle des changeurs manuels, dispose d'un pouvoir disciplinaire à leur encontre en cas d'infraction ou de manquement aux dispositions législatives ou réglementaires applicables [6], notamment en matière de lutte contre le blanchiment d'argent. Elle peut ainsi prononcer, soit à la place, soit en plus de sanctions disciplinaires (avertissement, blâme et radiation de la liste des changeurs manuels), une sanction pécuniaire fixée en fonction de la gravité du manquement et ne pouvant excéder un million d'euros. En outre, la commission des

1. C. mon. fin., art. L. 561-5 s.
2. C. mon. fin., art. L. 572-1, al. 1er.
3. C. mon. fin., art. L. 572-1, al. 2.
4. C. mon. fin., art. L. 572-1, al. 3.
5. C. mon. fin., art. L. 520-7.
6. C. mon. fin., art. L. 612-41-II.

sanctions de l'ACPR peut interdire aux dirigeants de droit ou de fait des changeurs manuels d'exercer, directement ou indirectement, la profession de changeur manuel pour une durée de dix ans au plus. Lorsque le changeur manuel est une personne morale, la commission des sanctions peut décider que ses dirigeants de droit ou de fait seront tenus solidairement au paiement de la sanction pécuniaire prononcée ; elle peut assortir la sanction d'une astreinte.

TITRE 2

L'ENCADREMENT DE L'ACTIVITÉ BANCAIRE

197 L'encadrement de l'activité est étendu. Il prend aussi des formes diverses. Il peut s'agir de l'agrément des établissements de crédit (sous-titre 1), des règles prudentielles (sous-titre 2), mais aussi des règles relatives au droit de la concurrence (sous-titre 3).

Pour finir, les principaux devoirs des établissements de crédit seront abordés (sous-titre 4).

SOUS-TITRE 1

L'agrément des établissements de crédit

CHAPITRE 1
L'OCTROI DE L'AGRÉMENT

SECTION 1. LES CONDITIONS D'AGRÉMENT

198 ***Conditions minimales*** ◊ La directive « CRD 4 » définit un certain nombre de conditions minimales harmonisées à l'agrément des établissements de crédit qui portent sur l'existence d'un programme d'activités [1], la détention de fonds propres et le montant du capital initial [2], le nombre et la qualité des dirigeants effectifs et le lieu de l'administration centrale [3], ainsi que l'identité des actionnaires ou associés [4]. Les États membres peuvent ajouter d'autres conditions, sous réserve de respecter le droit de l'Union européenne. La directive « CRD 4 » leur interdit toutefois de soumettre l'obtention de l'agrément à un critère de nécessité économique [5].

En droit français, les conditions d'agrément sont prévues aux articles L. 511-10, L. 511-11 et L. 511-13 du Code monétaire et financier. Lorsqu'elle est saisie d'une demande d'agrément, l'ACPR s'assure du respect de ces conditions en prenant en compte le programme d'activités de l'entreprise, son organisation, les moyens techniques et financiers qu'elle prévoit de mettre en œuvre ainsi que l'identité des apporteurs de capitaux et le montant de leur participation. Elle apprécie également l'aptitude de l'entreprise à réaliser ses objectifs de développement dans des conditions compatibles avec le bon fonctionnement du système bancaire et qui assurent à la clientèle une sécurité satisfaisante [6].

199 ***Forme juridique de l'entreprise*** ◊ Le Code monétaire et financier n'impose aucune forme juridique particulière à l'entreprise souhaitant obtenir l'agrément, dès lors qu'il s'agit d'une personne morale [7]. L'article L. 511-10 précise cependant que la forme choisie doit être en adéquation avec l'activité d'établissement de crédit. Par conséquent, les formes juridiques limitant trop strictement la responsabilité des apporteurs de capitaux et leur capacité à fournir, en cas de besoin, le soutien nécessaire

1. Directive n° 2013/36/UE du Parlement européen et du Conseil du 26 juin 2013 concernant l'accès à l'activité des établissements de crédit et à la surveillance prudentielle des établissements de crédit et des entreprises d'investissement, *JOUE* L 176 du 27 juin 2013, p. 338, art. 9.
2. Dir. n° 2013/36/UE, art. 12.
3. Dir. n° 2013/36/UE, art. 13.
4. Dir. n° 2013/36/UE, art. 14.
5. Dir. n° 2013/36/UE, art. 11.
6. C. mon. fin., art. L. 511-10, III.
7. C. mon. fin., art. L. 511-10, I.

sont exclues. C'est pourquoi, la société à responsabilité limitée n'est traditionnellement pas admise [1]. En pratique, les établissements de crédit sont le plus souvent constitués sous forme de sociétés anonymes ou de sociétés en commandite simple ou par actions.

200 ***Lieu de l'administration centrale*** ◊ Le siège statutaire et l'administration centrale de l'entreprise doivent être situés sur le même territoire [2]. Par conséquent, l'entreprise qui adresse à l'ACPR une demande d'agrément doit implanter en France son siège social et son administration centrale. Cette exigence est imposée par la directive « CRD 4 » afin d'éviter les pratiques de *forum shopping*. Elle n'est pas applicable aux succursales installées en France d'établissements de crédit ayant leur siège social dans un État qui n'est pas partie à l'accord sur l'Espace économique européen.

201 ***Dirigeants effectifs*** ◊ La direction effective de l'activité de l'établissement de crédit doit être assurée par deux personnes au moins, afin de notamment garantir la continuité de l'exploitation en cas d'empêchement d'un dirigeant [3]. Cette règle dite des « quatre yeux » ou du « double regard » vise également à prémunir l'établissement contre des actes de malversation ou de mauvaise gestion.

Les dirigeants effectifs doivent satisfaire à des conditions d'honorabilité, de compétence et d'expérience ainsi qu'aux règles en matière de disponibilité et de limitation du cumul des mandats [4]. Afin de s'assurer de leur qualité, l'ACPR peut consulter le Fichier des dirigeants et actionnaires des établissements de crédit et des entreprises d'investissement (FIDEC) qui centralise un certain nombre d'informations les concernant. Par ailleurs, les personnes ayant fait l'objet de certaines condamnations pénales mentionnées à l'article L. 500-1 du Code monétaire et financier depuis moins de dix ans, ne peuvent diriger, gérer, administrer ni être membres d'organe collégial de contrôle d'un établissement de crédit.

La position n° 2014-P-07 de l'ACPR, publiée le 20 juin 2014, précise que la fonction de « dirigeant effectif » doit être exercée dans une société anonyme à conseil d'administration par le directeur général et le ou les directeurs généraux délégués et dans une société anonyme à conseil de surveillance par tous les membres du directoire [5]. Elle souligne, par ailleurs,

---

1. CECEI, *Rapport annuel 2009*, p. 97.

2. C. mon. fin., art. L. 511-13.

3. C. mon. fin., art. L. 511-13, al. 2.

4. V. ss 236.

5. Position n° 2014-P-07 de l'ACPR relative à la désignation des « dirigeants effectifs » au sens de l'article L. 511-13 et du 4 de l'article L. 532-2 du Code monétaire et financier. Les positions sont des documents permettant à l'Autorité d'exposer la manière dont elle analyse un texte législatif ou réglementaire et dont il doit être appliqué par les organismes soumis à son contrôle. Dans un arrêt du 30 juin 2016, le Conseil d'État a accepté de contrôler la légalité de la position n° 2014-P-07 au motif « qu'eu égard à sa formulation générale et impérative, cette position, doit être regardée comme une décision susceptible de faire l'objet d'un recours pour excès de pouvoir ». Il a jugé que l'ACPR, qui n'est pas dotée d'un pouvoir réglementaire, était néanmoins que le président du conseil d'administration, qui participe à la fonction de surveillance, ne peut être considéré comme un « dirigeant effectif », sauf dans les cas où il est expressément autorisé par l'ACPR à cumuler ses fonctions avec celles de directeur général.

202 ***Capital initial*** ◊ Les établissements de crédit doivent disposer d'un capital initial libéré ou d'une dotation versée dont le montant minimum est de 5 millions d'euros [1].

SECTION 2. LA DÉCISION D'AGRÉMENT

203 ***Demande d'agrément*** ◊ Les entreprises souhaitant obtenir un agrément en qualité d'établissement de crédit doivent déposer une demande d'agrément auprès de l'ACPR. Il en va ainsi même lorsque la décision appartient, dans le cadre du Mécanisme de surveillance unique (MSU), à la Banque centrale européenne (BCE) [2]. Dans ce cas, l'ACPR avise la BCE de la réception de la demande d'agrément dans un délai de quinze jours ouvrables. Si l'ACPR est convaincue que la demande est conforme aux conditions nationales d'agrément, elle propose à la BCE un projet de décision dans lequel figurent son évaluation et ses recommandations [3]. Le projet de décision est réputé adopté par la BCE si celle-ci ne s'y oppose pas dans un délai maximal de dix jours ouvrables, qui peut être reconduit une fois.

L'ACPR ou la BCE, selon les cas, se prononce dans les six mois à compter de la réception de la demande d'agrément complète [4]. La BCE ne peut s'opposer au projet de décision que lorsque les conditions d'agrément prévues par le droit de l'Union européenne ne sont pas remplies. Elle doit communiquer par écrit les motifs de son rejet.

La décision d'agrément est notifiée par l'ACPR au demandeur [5].

---

compétente pour prendre un tel acte afin d'indiquer aux personnes soumises à son contrôle, dans un souci de transparence et de prévisibilité sur des questions qu'elle estime importantes, la manière dont elle entend assurer le respect par ces dernières des dispositions du Code monétaire et financier, et que son interprétation de la notion de « direction effective » au sein des établissements de crédit et des sociétés de financement n'était pas illégale. V. CE 30 juin 2016, *Crédit Agricole SA et association « Coop FR, les entreprises coopératives »*, n° 383822.

1. C. mon. fin., art. L. 511-11. Arrêté du 4 décembre 2017 relatif à l'agrément, aux modifications de situation et au retrait de l'agrément des établissements de crédit, art. 4.

2. Règl. n° 1024/2013/UE du Conseil du 5 octobre 2013 confiant à la Banque centrale européenne des missions spécifiques ayant trait aux politiques en matière de surveillance prudentielle des établissements de crédit, *JOUE* L 287 du 29 octobre 2013, p. 63, art. 14 § 1.

3. Règl. n° 1024/2013/UE, art. 14 § 2.

4. C. mon. fin., art. R. 511-2-1.

5. Règl. n° 1024/2013/UE, art. 14 § 4.

204 ***Agrément limité*** ◊ L'ACPR peut limiter, ou proposer à la BCE, de limiter l'agrément à l'exercice de certaines opérations définies par l'objet social du demandeur [1]. Elle peut également assortir, ou proposer à la BCE d'assortir, l'agrément de conditions particulières visant à préserver l'équilibre de la structure financière de l'établissement et le bon fonctionnement du système bancaire. À cette fin, l'ACPR peut prendre en compte la spécificité de certains établissements de crédit appartenant au secteur de l'économie sociale et solidaire. Elle apprécie notamment l'intérêt de leur action au regard des missions d'intérêt général relevant de la lutte contre les exclusions ou de la reconnaissance effective d'un droit au crédit [2]. Enfin, l'ACPR peut subordonner, ou proposer à la BCE, de subordonner l'octroi de l'agrément au respect d'engagements souscrits par l'établissement [3].

Un établissement de crédit qui ne respecte pas les conditions particulières accompagnant l'agrément, ou les engagements pris à l'occasion de la demande d'agrément, s'expose à des poursuites disciplinaires. La commission des sanctions de l'ACPR, lorsqu'elle est saisie, peut prononcer, en fonction de la gravité du manquement, une ou plusieurs des sanctions disciplinaires prévues à l'article L. 612-39 du Code monétaire et financier [4].

205 ***Agrément individuel ou collectif*** ◊ L'agrément est en principe accordé à titre individuel à une personne morale établie en France ou à une succursale d'un établissement de crédit ayant son siège social en dehors de l'Espace économique européen.

La BCE peut cependant délivrer un agrément collectif pour les réseaux mutualistes et coopératifs [5]. Cet agrément est octroyé, sur proposition de l'ACPR et après avis de l'organe central, à une caisse régionale ou fédérale pour elle-même et pour les caisses locales qui lui sont affiliées ou qui sont affiliées comme elle à une même fédération régionale, lorsque la liquidité et la solvabilité des caisses locales sont garanties du fait de cette affiliation.

206 ***Refus d'agrément*** ◊ L'agrément doit être refusé lorsque les conditions imposées par le droit interne ou le droit de l'Union pour son obtention ne sont pas remplies. Dans le cadre du MSU, l'ACPR peut refuser les demandes d'agrément qui ne satisferaient pas aux conditions nationales, alors qu'il appartient à la BCE, sur proposition de l'Autorité, de rejeter les demandes qui ne rempliraient pas les conditions prévues par le droit de l'Union.

L'ACPR est également tenue de refuser l'agrément lorsque la surveillance de l'entreprise est susceptible d'être entravée en raison de l'existence de liens de capital ou de contrôle directs ou indirects entre celle-ci et d'autres

1. C. mon. fin., art. L. 511-10, III, al. 4.
2. C. mon. fin., art. L. 511-10, III, al. 3.
3. C. mon. fin., art. L. 511-10, III, al. 5.
4. V. ss 489.
5. C. mon. fin., art. R. 511-3.

personnes physiques ou morales, ou de l'existence de dispositions législatives ou réglementaires d'un État qui n'est pas partie à l'accord sur l'Espace économique européen et dont relèvent une ou plusieurs de ces personnes [1].

Enfin, l'ACPR ne doit pas accorder l'agrément lorsque les dispositions des articles L. 511-51 et L. 511-52 du Code monétaire et financier en matière de gouvernance ne sont pas respectées [2] ou s'il existe des motifs raisonnables de penser que la qualité des apporteurs de capitaux ne permet pas de garantir une gestion saine et prudente.

Tout refus d'agrément est notifié au demandeur [3] qui a ainsi la possibilité d'introduire un recours contre cette décision négative devant la juridiction compétente. Celle-ci varie selon l'auteur de la décision de rejet. Le refus prononcé par l'ACPR peut être attaqué par la voie du recours pour excès de pouvoir devant le Conseil d'État. La décision négative de la BCE est susceptible d'un recours en annulation devant le Tribunal de l'Union européenne.

SECTION 3. LE DÉFAUT D'AGRÉMENT

207 ***Sanction pénale*** ◊ L'article L. 511-5 du Code monétaire et financier interdit à toute personne autre qu'un établissement de crédit ou une société de financement d'effectuer des opérations de crédit à titre habituel. Cette disposition prohibe également la réception à titre habituel, par toute personne qui n'est pas agréée en qualité d'établissement de crédit, de fonds remboursables du public ainsi que la fourniture de services bancaires de paiement.

Par conséquent, toute personne qui effectue habituellement des opérations soumises au monopole bancaire sans avoir été agréée en qualité d'établissement de crédit (ou de société de financement) se rend coupable du délit d'exercice illégal de la profession de banquier réprimé à l'article L. 571-3 du Code monétaire et financier. Il peut s'agir d'une personne physique qui ne peut avoir la qualité d'établissement de crédit ou de société de financement réservée aux personnes morales par l'article L. 511-1, ou d'une personne morale qui n'a pas obtenu l'agrément bancaire ou dont l'agrément a été retiré.

Les personnes physiques qui méconnaissent l'interdiction de l'article L. 511-5 encourent trois ans d'emprisonnement et 375 000 euros d'amende [4]. En outre, le tribunal correctionnel peut ordonner l'affichage ou la diffusion de la décision prononcée dans les conditions prévues à l'article 131-35 du Code pénal [5]. Les peines applicables aux personnes morales qui

1. C. mon. fin., art. L. 511-10, IV.
2. V. ss 236.
3. C. mon. fin., art. L. 511-14.
4. C. mon. fin., art. L. 571-3, al. 1.
5. C. mon. fin., art. L. 571-3, al. 2.

commettent le délit d'exercice illégal de la profession de banquier sont prévues à l'article L. 571-1 du Code monétaire et financier. Elles peuvent se voir infliger une amende de 1 875 000 euros, selon les modalités de l'article 131-38 du Code pénal, ainsi qu'une ou plusieurs peines suivantes : la dissolution ; l'interdiction, à titre définitif ou pour une durée de cinq ans au plus, d'exercer directement ou indirectement une ou plusieurs activités professionnelles ou sociales ; le placement, pour une durée de cinq ans au plus, sous surveillance judiciaire ; la fermeture définitive ou pour une durée de cinq ans au plus des établissements ou de l'un ou de plusieurs des établissements de l'entreprise ayant servi à commettre les faits incriminés ; l'interdiction, à titre définitif ou pour une durée de cinq ans au plus, de procéder à une offre au public de titres financiers ou de faire admettre ses titres financiers aux négociations sur un marché réglementé ; l'interdiction pour une durée de cinq ans au plus, d'émettre des chèques autres que ceux qui permettent le retrait de fonds par le tireur auprès du tiré ou ceux qui sont certifiés ou d'utiliser des cartes de paiement ; la peine de confiscation ; l'affichage de la décision prononcée ou la diffusion de celle-ci soit par la presse écrite, soit par tout moyen de communication au public par voie électronique [1].

208 ***Sanction civile*** ◊ La question de savoir si les opérations de banque accomplies par des personnes dépourvues d'agrément ou qui ont dépassé les limites de leur agrément sont - de ce seul fait - frappées de nullité a donné lieu à des jurisprudences divergentes entre la première chambre civile et la chambre commerciale de la Cour de cassation. Si la première se prononçait en faveur du maintien des opérations illicites [2], la seconde faisait le choix de la nullité relative ou absolue [3].

L'Assemblée plénière de la Cour de cassation a mis fin à cette controverse jurisprudentielle par un arrêt du 4 mars 2005 [4]. Un établissement de crédit belge avait consenti des prêts hypothécaires à des résidents français avant

---

1. C. pén., art. 131-39.

2. Civ. 1re, 24 févr. 1993, n° 91-16.225, *JCP E* 1993, 302, n° 2, obs. Ch. Gavalda et J. Stoufflet ; *RDBB* 1993. 126, obs. F.-J. Crédot et Y. Gérard ; Civ. 1re, 30 mars 1994, n° 92-16.797, *Bull. civ.* I, 1994, n° 125 ; *RTD civ.* 1995. 100, obs. J. Mestre.

3. Com. 19 nov. 1991, n° 90-10.270, *Bull. civ.* IV, 1991, n° 347 ; *Banque*, 1992, p. 426, obs. J.-L. Rives-Lange ; *RTD com.* 1992. 426, obs. M. Cabrillac et B. Teyssié ; *D.* 1993, somm. p. 53, obs. M. Vasseur ; *RTD civ.* 1992. 391, obs. J. Mestre ; Com. 27 févr. 1996, n° 94-13.901, *D. Affaires* 1996. 552 ; Com. 20 oct. 1998, n° 93-17.988, *Bull. civ.* IV, 1998, n° 246 ; *D.* 1999, jurispr., p. 10, note B. Sousi ; *RTD com.* 1999. 166, obs. M. Cabrillac ; Com. 27 févr. 2001, n° 98-20.819, *D.*, 2001. AJ 1097, obs. A. Lienhard ; *D.* 2002, somm. p. 636, obs. H. Synvet ; *RDBF* 2001, comm. 73, obs. F.-J. Crédot et Y. Gérard ; Com. 13 mars 2001, n° 96-20.840, *RJDA*, 2001, n° 801 ; Com. 4 juin 2002, n° 00-16.915, *RDBF* 2002. 181, obs. F.-J. Crédot et Y. Gérard ; *JCP E* 2003, 396, n° 1, obs. J. Stoufflet ; Com. 2 juill. 2002, n° 00-21.404 ; *JCP E* 2003, 396, n° 1, obs. J. Stoufflet.

4. Cass., ass. plén., 4 mars 2005, n° 03-11.725, *Bull. civ. ass. plén.* 2005 n° 2 ; *JCP* 2005, II, 10062, concl. A. G. de Gouttes ; *D.*, 2005. AJ 836, obs. X. Delpech ; *D.* 2005, jurispr., p. 785, obs. B. Sousi ; *RTD com.* 2005. 400, obs. D. Legeais ; *JCP E* 2005, p. 766, note Th. Bonneau ; *D.* 2006. Pan. 155 et 158, obs. H. Synvet ; *RDBF* 2005, comm. 118, obs. F.-J. Crédot et Y. Gérard ; *Banque* l'entrée en vigueur de la deuxième directive de coordination bancaire qui a instauré l'agrément unique. Or, certains emprunteurs, à une époque de baisse des taux, avaient invoqué la nullité de ces prêts au motif qu'ils avaient été accordés par un établissement dépourvu d'agrément en France. En effet, la législation française alors en vigueur soumettait la fourniture de services bancaires à l'obtention d'un agrément par le Comité des établissements de crédit, qui était elle-même subordonnée à la présence d'un établissement stable sur le territoire national. L'Assemblée plénière a jugé que « la seule méconnaissance par un établissement de crédit de l'exigence d'agrément (...) n'est pas de nature à entraîner la nullité des contrats qu'il a conclus ». La chambre commerciale de la Cour de cassation a fait sienne cette solution [1] qui est applicable quelle que soit la nationalité des établissements de crédit, et même lorsque ces établissements n'ont pas leur siège social dans l'Espace économique européen [2]. Le défaut d'agrément bancaire n'est donc pas sanctionné civilement.

Il reste que cette jurisprudence concerne des opérations de crédit réalisées par des personnes morales qui avaient, au moins dans leur pays d'origine, la qualité d'établissements de crédit. On peut se demander, par conséquent, si elle pourrait être étendue aux personnes physiques ou aux personnes morales non agréées ayant effectué, de façon habituelle, des opérations de crédit.

---

et Dr. 2005, n° 101, p. 69, obs. Th. Bonneau ; *LPA*, 8 juin 2005, n° 113, p. 15, note M.-M. Ververka ; J. Stoufflet, « Le défaut d'agrément bancaire n'entraîne pas la nullité des contrats conclus », *RDBF* 2005. 48.

1. Com. 7 juin 2005, n° 04-13.303, *Bull. civ.* IV, 2005, n° 125, *RDBF* 2005, comm. 118, obs. F.-J. Crédot et Y. Gérard ; *RTD com.* 2005. 574, obs. D. Legeais ; *Banque et Dr.* 2005, n° 103, p. 68, obs. Th. Bonneau ; Com. 28 nov. 2006, n° 04-19.244, *Bull. civ.* IV, 2006, n° 230 ; *D.* 2007. AJ 13, obs. V. Avena-Robardet ; *Banque et Dr.* 2007, n° 112, p. 30, obs. Th. Bonneau ; Com. 24 avr. 2007, n° 05-21.998, *Bull. civ.* IV, 2007, n° 110 ; *Banque et Dr.* 2007, n° 114, p. 16, obs. Th. Bonneau ; Com. 8 janv. 2008, n° 06-19.944.

2. À propos d'un établissement de crédit suisse qui a fourni des services bancaires en France sans être agréé. V. Com. 3 juill. 2007, n° 06-17.963, *D.* 2007. AJ 2029, obs. V. Avena-Robardet ; *RTD com.* 2007. 814, obs. D. Legeais ; *Dr. et patr.* 2007, n° 162, p. 82, obs. Ph. Stoffel-Munck ; *JCP E* 2007, 2332, n° 3, obs. R. Routier ; *Banque et Dr.* 2008, n° 119, p. 17, obs. Th. Bonneau.

CHAPITRE 2
LES EFFETS DE L'AGRÉMENT

209 ***Accès au marché bancaire*** ◊ L'entreprise qui est agréée en qualité d'établissement de crédit peut exercer l'activité bancaire. Pour autant, elle n'a pas nécessairement le droit de réaliser l'ensemble des opérations de banque. En effet, l'agrément bancaire est spécial, c'est-à-dire qu'un établissement de crédit est agréé au titre d'une des quatre catégories prévues à l'article L. 511-9 du Code monétaire et financier. Seules les banques peuvent effectuer toutes les opérations bancaires. Les banques mutualistes ou coopératives, les établissements de crédit spécialisés et les caisses de crédit municipal ne peuvent accomplir que les opérations de banque compatibles avec les limitations résultant des textes législatifs et réglementaires qui les régissent [1].

210 ***Agrément unique*** ◊ L'agrément bancaire donne accès non seulement au marché national, mais également aux marchés des États parties à l'accord sur l'Espace économique européen. Cet agrément unique - communément appelé « passeport européen » - est l'un des principaux apports de la deuxième directive de coordination bancaire adoptée le 15 décembre 1989 [2] pour la réalisation du marché intérieur des services bancaires. Il repose sur le principe de reconnaissance mutuelle.

Jusqu'à la transposition de cette directive, les États membres de la Communauté économique européenne pouvaient soumettre la création, sur leur territoire, de succursales d'établissements de crédit qui avaient leur siège social dans un autre pays membre, à un agrément [3]. Par l'effet de l'agrément unique, un établissement de crédit dont le siège social est situé dans l'un des États parties à l'accord sur l'Espace économique européen est libre d'implanter une succursale dans un autre État partie, sans demander un nouvel agrément aux autorités du pays d'accueil. Il peut également fournir des services bancaires sous le régime de la libre prestation de services sans être agréé par les autorités du pays de destination. En revanche, la création de filiales dans un autre État partie à l'accord

1. C. mon. fin., art. L. 511-9.

2. Directive n° 89/646/CEE du Conseil du 15 décembre 1989 visant à la coordination des dispositions législatives, réglementaires et administratives concernant l'accès à l'activité des établissements de crédit et son exercice, et modifiant la directive n° 77/780/CEE, *JOCE* L 336 du 30 décembre 1989, p. 1.

3. Directive n° 77/780/CEE du Conseil du 12 décembre 1977 visant à la coordination des dispositions législatives, réglementaires et administratives concernant l'accès à l'activité des établissements de crédit et son exercice, *JOCE* L 322 du 17 décembre 1977, p. 30, art. 4 § 1.

sur l'Espace économique européen reste subordonnée à la délivrance d'un agrément par les autorités du pays d'accueil.

211 ***Mécanisme de surveillance unique*** ◊ Pour mémoire, la mise en place du Mécanisme de surveillance unique (MSU), depuis le 4 novembre 2014, a entraîné un transfert du pouvoir d'agrément à la Banque centrale européenne au sein de la zone euro. Les autorités bancaires des États participant au MSU ont donc perdu leur compétence, au profit de la BCE, en matière d'agrément des établissements de crédit installés dans la zone euro.

SECTION 1. LA FOURNITURE DE SERVICES BANCAIRES EN FRANCE

212 ***Établissement d'une succursale en France*** ◊ Les articles L. 511-22 à L. 511-26 du Code monétaire et financier définissent les conditions d'implantation en France d'une succursale d'un établissement de crédit déjà titulaire d'un agrément dans un autre État partie à l'accord sur l'Espace économique européen. Selon l'article L. 511-22, l'agrément unique ne peut jouer que dans la limite des services que cet établissement est habilité à fournir sur le territoire de l'État d'origine « et en fonction de l'agrément qu'il y a reçu ». Il ne peut donc réaliser en France, par l'intermédiaire de sa succursale, des opérations interdites par son agrément.

213 ***Information préalable de l'ACPR*** ◊ La fourniture de services bancaires sur le territoire français par un établissement ayant son siège social dans un autre État partie sous le régime du droit d'établissement ou de la libre prestation de services suppose simplement l'information préalable de l'ACPR par l'autorité d'agrément [1].

SECTION 2. LA FOURNITURE DE SERVICES BANCAIRES HORS DE FRANCE

214 ***Liberté d'établissement*** ◊ Tout établissement de crédit ayant son siège social en France qui souhaite implanter une succursale dans un autre État partie à l'accord sur l'Espace économique européen doit notifier son projet à l'ACPR et lui transmettre un certain nombre d'informations obligatoires. Ces informations doivent être communiquées par l'ACPR à

1. C. mon. fin., art. L. 511-22. Il s'agit, selon les cas, de la BCE ou de l'autorité compétente du pays d'origine.

l'autorité compétente de l'État d'accueil dans les trois mois de leur réception [1]. Ce délai est ramené à deux mois lorsque l'établissement envisage d'établir une succursale dans un État participant au MSU [2]. L'ACPR peut refuser de communiquer ces informations à l'autorité compétente du pays d'accueil s'il s'agit d'un établissement de crédit important ou si elle a des raisons de douter de l'adéquation des structures administratives ou de la situation financière de l'établissement de crédit [3]. Elle doit faire connaître les raisons de ce refus dans les trois mois suivant la réception de ces informations. Les autorités compétentes de l'État membre d'accueil sont tenues, avant même que la succursale ne commence à exercer ses activités, et dans les deux mois suivant la réception des informations communiquées, de mettre en place les modalités d'une surveillance auxiliaire de l'établissement de crédit.

215 ***Libre prestation de services*** ◊ Un établissement de crédit agréé en France désirant exercer pour la première fois ses activités sur le territoire d'un autre État partie à l'accord sur l'Espace économique européen sous le régime de la libre prestation de services doit adresser une déclaration à l'ACPR assortie de certaines informations obligatoires [4].

---

1. C. mon. fin., art. L. 511-27, I, al. 2.
2. C. mon. fin., art. L. 511-27, I, al. 4.
3. C. mon. fin., art. L. 511-27, I, al. 1.
4. C. mon. fin., art. L. 511-27, II.

CHAPITRE 3
LE RETRAIT DE L'AGRÉMENT

216 ***Autorité compétente*** ◊ Seule la BCE est compétente pour retirer l'agrément d'un établissement de crédit ayant son siège social dans un État participant au MSU. Le retrait d'agrément peut être prononcé par la BCE de sa propre initiative ou sur proposition de l'autorité compétente de l'État du siège lorsque celle-ci estime que l'agrément doit être retiré en vertu du droit national [1]. S'agissant des établissements ayant leur siège social dans un État partie à l'accord sur l'Espace économique européen qui n'est pas membre du MSU, les autorités du pays d'origine sont seules habilitées à décider du retrait d'agrément.

La compétence de l'ACPR en la matière est donc considérablement réduite au profit de la BCE depuis la mise en place du MSU. L'Autorité ne peut plus prononcer le retrait d'agrément des établissements de crédit ayant leur siège social en France. Elle conserve uniquement le pouvoir de retirer l'agrément de la succursale française d'un établissement de crédit ayant son siège social dans un État qui n'est pas partie à l'accord sur l'Espace économique européen [2].

217 ***Procédure de retrait*** ◊ L'arrêté du 4 décembre 2017 relatif à l'agrément, aux modifications de situation et au retrait de l'agrément des établissements de crédit prévoit un certain nombre de règles concernant la procédure de retrait [3]. Les retraits prononcés par la BCE doivent être publiés chaque mois par l'ACPR, avec mention de leur date de prise d'effet, au registre officiel de l'Autorité [4].

218 ***Période de retrait*** ◊ Le retrait d'agrément prend effet à l'expiration d'une fixée par la BCE ou l'ACPR dont la durée ne peut excéder deux ans [5].

Pendant toute la période de retrait d'agrément, l'établissement de crédit reste soumis au contrôle de la BCE ou de l'ACPR. En particulier, la commission des sanctions de l'ACPR, lorsqu'elle est compétente, peut prononcer à

---

1. Règl. n° 1024/2013/UE, art. 14 § 5.
2. C. mon. fin., art. L. 511-15, II. L'article 40 de l'arrêté du 4 décembre 2017 relatif à l'agrément, aux modifications de situation et au retrait de l'agrément des établissements de crédit prévoit que les dispositions relatives au retrait d'agrément des établissements de crédit prononcés par la BCE s'appliquent au retrait par l'ACPR d'agrément des succursales d'établissements de crédit de pays tiers.
3. Arrêté du 4 décembre 2017 relatif à l'agrément, aux modifications de situation et au retrait de l'agrément des établissements de crédit, *JO* n° 0285 du 7 décembre 2017, texte n° 24.
4. Arrêté du 4 décembre 2017, préc., art. 28.
5. C. mon. fin., art. L. 511-15, III.

son encontre les sanctions disciplinaires prévues aux articles L. 612-39 et L. 612-40 du Code monétaire et financier. L'établissement ne peut effectuer que les opérations de banque, de services d'investissement, de services de paiement et les opérations de gestion de monnaie électronique « strictement nécessaires » à l'apurement de sa situation. Il ne peut faire état de sa qualité d'établissement de crédit qu'en précisant que son agrément est en cours de retrait.

219 ***Remboursement des dépôts*** ◊ Les fonds reçus du public ainsi que les titres émis par l'établissement, qui ne sont pas négociables sur un marché réglementé, sont remboursables à leur échéance ou à la date fixée par la BCE ou l'ACPR [1]. À cet effet, l'établissement dont le retrait d'agrément a été prononcé doit en informer immédiatement, par lettre recommandée avec accusé de réception ou par lettre remise en main propre, toute personne titulaire sur ses livres de fonds remboursables ou d'un compte de titres et autres instruments financiers ou bénéficiaires d'un engagement de sa part. Cette lettre doit rappeler la possibilité pour le client d'obtenir le transfert, dans un autre établissement habilité, d'un certain nombre d'actifs et d'engagements [2].

220 ***Transfert d'avoirs*** ◊ L'article L. 511-18 du Code monétaire et financier prévoit le transfert de certains avoirs vers un ou plusieurs établissements de crédit. L'article 34 de l'arrêté du 4 décembre 2017 précise que le transfert des avoirs conservés sous forme de produits d'épargne générale à statut fiscal spécifique et de produits d'épargne salariale, ainsi que celui des engagements par signature, peut être effectué sur les livres d'un ou plusieurs établissements de crédit habilités à recevoir de tels actifs, si leur titulaire ou bénéficiaire le souhaite. Le transfert est effectué sans frais pour le donneur d'ordres. Il doit être neutre pour les titulaires ou bénéficiaires, et ne pas entamer leurs droits.

Lorsque le retrait d'agrément est prononcé à la demande de l'établissement, celui-ci indique quels sont les établissements de crédit qui ont accepté de reprendre l'ensemble de ces avoirs et engagements. Ils doivent être au moins au nombre de deux.

Les opérations de banque autres que la réception de fonds du public, c'est-à-dire les opérations de crédit et les services de paiement, que l'entreprise a conclues ou s'est engagée à conclure avant la décision de retrait d'agrément peuvent être menées jusqu'à leur terme [3]. Les créances correspondantes peuvent toutefois être cédées à un ou plusieurs établissements de crédits habilités à traiter de telles opérations. Un établissement dont l'agrément est en cours de retrait peut également continuer à effectuer les opérations connexes à son activité au sens de l'article L. 311-2 du Code

1. C. mon. fin., art. L. 511-16.
2. Arrêté du 4 décembre 2017, préc., art. 32.
3. Arrêté du 4 décembre 2017, art. 36.

monétaire et financier, à l'exception de la fourniture de services d'investissement, l'émission ou la gestion de monnaie électronique ou de services de paiement, à condition que le montant trimestriel des produits correspondants n'excède pas le quart du produit net bancaire constaté au cours du dernier exercice annuel clos avant la décision de retrait [1]. Il peut encore poursuivre l'exercice d'activités non bancaires prévues à l'article L. 511-3 du Code monétaire et financier [2].

Cet établissement peut, enfin, prendre ou détenir des participations dans le capital d'entreprises [3].

Au terme de la période de retrait d'agrément, l'entreprise perd la qualité d'établissement de crédit et doit avoir changé sa dénomination sociale.

221 ***Liquidation*** ◊ Le retrait d'agrément n'entraîne pas nécessairement la liquidation de la personne morale. C'est le cas, en revanche, lorsque le retrait total d'agrément est prononcé par la BCE sur proposition de l'ACPR et dans les cas prévus aux articles L. 612-39 et L. 612-40 du Code monétaire et financier, c'est-à-dire dans le cadre d'une procédure disciplinaire [4].

Enfin, le retrait total par l'ACPR de l'agrément d'une succursale d'un établissement de crédit dont le siège social est situé en dehors de l'Espace économique européen entraîne la liquidation des éléments du bilan et du hors-bilan de cette succursale [5].

1. Arrêté du 4 décembre 2017, préc., art. 38.
2. Arrêté du 4 décembre 2017, préc., art. 39.
3. Arrêté du 4 décembre 2017, préc., art. 39.
4. C. mon. fin., art. L. 511-17, I, al. 1er.
5. C. mon. fin., art. L. 511-17, I, al. 2.

SOUS-TITRE 2
Les règles prudentielles

222 La réglementation prudentielle est constituée de normes quantitatives (Chapitre 1) et qualitatives (Chapitre 2) visant à limiter les risques pris par les établissements de crédit.

Ces règles prudentielles trouvent leur origine, en grande partie, dans les travaux du Comité de Bâle sur le contrôle bancaire. Ce comité, institué en 1974 sous la dénomination de Comité des règles et pratiques de contrôle des opérations bancaires, a été fondé par les gouverneurs des banques centrales du « Groupe des Dix » (G10), qui rassemblait les dix principaux pays industrialisés, réunis au sein de la Banque des règlements internationaux (BRI) à Bâle. Il fait partie de la dizaine de groupes d'experts ou d'organisations indépendantes accueillis par cette institution financière internationale. Le Comité de Bâle, qui réunissait initialement les représentants des banques centrales et des autorités de contrôle bancaire des États membres du G10 (Allemagne, Belgique, Canada, France, Italie, Japon, Pays-Bas, Royaume-Uni, Suède et États-Unis) ainsi que le Luxembourg et l'Espagne, comprend désormais vingt-sept États membres ainsi que l'Union européenne représentée par la Banque centrale européenne [1]. Il a pour mission de renforcer la sécurité et la fiabilité du système financier, d'établir des standards minimaux en matière de contrôle prudentiel, de diffuser les meilleures pratiques bancaires et de surveillance et de promouvoir la coopération internationale en matière de contrôle prudentiel. Les exigences prudentielles définies par le Comité de Bâle, qui n'ont pas un caractère juridiquement contraignant, ont été reprises et enrichies par les institutions de l'Union européenne au travers de directives et de règlements mis en œuvre au sein des États membres.

1. Le Comité de Bâle réunit quarante-huit banques centrales ou autorités de contrôle.

CHAPITRE 1
LES EXIGENCES QUANTITATIVES

223 Les normes prudentielles quantitatives portent essentiellement sur le contrôle de la solvabilité (Section 1), de l'effet de levier (Section 2), de la liquidité (Section 3) et des grands risques (Section 4) des établissements de crédit.

SECTION 1. LE CONTRÔLE DE LA SOLVABILITÉ

224 ***« Bâle I »*** ◊ Le dispositif sur la « Convergence internationale de la mesure et des normes de fonds propres » (dénommé Accord de « Bâle I ») approuvé en juillet 1988 par le Comité de Bâle prévoyait l'obligation, pour les établissements de crédit, de respecter un rapport minimal entre leurs fonds propres et le niveau des risques qu'ils encouraient.

À l'origine, ce premier ratio de solvabilité international (dit ratio « Cooke » [1]) ne prenait en compte que le risque de crédit. Le rapport des fonds propres réglementaires sur les encours, pondérés en fonction de la nature de la contrepartie, devait être égal ou supérieur à 8 %. Par la suite, le périmètre des risques couverts a été élargi au risque de marché compte tenu du développement des activités de marché des banques.

Le ratio « Cooke » a été introduit en droit de l'Union européenne par la directive n° 89/647/CEE du 18 décembre 1989 relative au ratio de solvabilité des établissements de crédit [2].

225 ***« Bâle II »*** ◊ Le 26 juin 2004, le Comité de Bâle adoptait un dispositif révisé sur la « Convergence internationale de la mesure et des normes de fonds propres », communément appelé accord de « Bâle II ».

Ce nouveau dispositif reposait sur trois piliers complémentaires. Le pilier 1 imposait aux établissements de conserver un niveau minimal de fonds propres afin de couvrir le risque de crédit, le risque de marché et le risque opérationnel générés par leurs activités. Le pilier 2 posait le principe d'une surveillance prudentielle individualisée qui pouvait conduire le superviseur à imposer une exigence supplémentaire de fonds propres si le profil de risque

1. Du nom du premier président du Comité de Bâle, M. Peter Cooke.
2. Directive n° 89/647/CEE du Conseil du 18 décembre 1989 relative à un ratio de solvabilité des établissements de crédit, *JO* L 386 du 31 décembre 1989, p. 14.

de l'établissement le justifiait. Le pilier 3 prévoyait de nouvelles exigences en matière de transparence financière afin de renforcer la discipline de marché.

Surtout, l'Accord de « Bâle II » substituait au ratio « Cooke » un nouveau ratio de solvabilité (le ratio « McDonough » [1]). Si les exigences minimales en fonds propres restaient inchangées (au moins 8 % des actifs pondérés en fonction des risques), le ratio « McDonough » permettait une couverture plus complète des risques en prenant en compte non seulement les risques de crédit et de marché, mais aussi le risque opérationnel défini comme le risque résultant d'une inadaptation ou d'une défaillance imputable à des procédures, personnels et systèmes internes ou à des événements extérieurs, y compris des événements de faible probabilité d'occurrence mais à fort risque de perte. L'Accord de « Bâle II » a été modifié notamment en juillet 2009, dans le contexte de la crise financière, afin de renforcer la surveillance des risques de marché et de prendre en compte les opérations de retitrisation.

Ces exigences prudentielles ont été reprises en droit de l'Union européenne par les directives « CRD 1 » [2], « CRD 2 » [3] et « CRD 3 » [4] transposées en droit interne.

226 ***« Bâle III »*** ◊ En décembre 2010, le Comité de Bâle a publié un nouveau document intitulé « Bâle III : dispositif réglementaire mondial visant à renforcer la résilience des établissements et systèmes bancaires ». L'Accord de « Bâle III » conserve l'architecture en trois piliers (exigence minimale de fonds propres, surveillance prudentielle, discipline de marché) mise en place en 2004. Il prévoit principalement le renforcement du niveau et de la qualité des fonds propres, la création d'un ratio de levier et l'amélioration de la gestion du risque de liquidité par l'introduction de deux ratios de liquidité (ratio de liquidité à un mois et ratio de liquidité à un an). Sa mise en œuvre progressive devait s'étendre du 1er janvier 2013 au 1er janvier 2019. L'Accord de « Bâle III » a été traduit en droit de l'Union européenne par la directive « CRD 4 » [5] et le règlement « CRR » [6] adoptés le 26 juin

---

1. Du nom du président du Comité de Bâle alors en exercice, M. William McDonough.

2. Directive n° 2006/49/CE du 14 juin 2006 sur l'adéquation des fonds propres des entreprises d'investissement et des établissements de crédit, *JOUE* L 177 du 30 juin 2006, p. 20.

3. Directive n° 2009/111/CE du 16 septembre 2009 modifiant les directives 2006/48/CE, 2006/49/CE et 2007/64/CE en ce qui concerne les banques affiliées à des institutions centrales, certains éléments de fonds propre, les grands risques, les dispositions en matière de surveillance et la gestion des crises, *JOUE* L 302 du 17 novembre 2009, p. 97

4. Directive n° 2010/76/UE du 24 novembre 2010, modifiant les directives 2006/48/CE et 2006/49/CE en ce qui concerne les exigences de fonds propres pour le portefeuille de négociation et pour les retitrisations, et la surveillance prudentielle des politiques de rémunération, *JOUE* L 329, 14 déc. 2010, p. 3.

5. Directive n° 2013/36/UE du Parlement européen et du Conseil du 26 juin 2013 concernant l'accès à l'activité des établissements de crédit et à la surveillance prudentielle des établissements de crédit et des entreprises d'investissement, *JOUE* L 176 du 27 juin 2013, p. 338.

6. Règlement n° 575/2013/UE du Parlement européen et du Conseil du 26 juin 2013 concernant les exigences prudentielles applicables aux établissements de crédit et aux entreprises d'investissement et modifiant le règlement n° 648/2012/UE, *JOUE* L 176 du 27 juin 2013, p. 1.

2013. La directive « CRD 4 », qui comprend également plusieurs mesures sans rapport direct avec l'Accord de « Bâle III », a été transposée en droit interne par la loi n° 2013-672 du 26 juillet 2013 de séparation et de régulation des activités bancaires [1] et l'ordonnance n° 2014-158 du 20 février 2014 portant diverses dispositions d'adaptation de la législation au droit de l'Union européenne en matière financière [2] complétée par deux décrets du 3 novembre 2014 [3] et divers arrêtés.

Les fonds propres réglementaires doivent représenter au minimum 8 % des actifs pondérés en fonction du risque, répartis ainsi : 4,5 % de fonds propres de base de catégorie 1 (*Commonn Equity Tier 1* – « *CET 1* ») qui correspondent au capital social et aux primes d'émission associées, aux réserves, aux résultats non distribués et au fonds bancaire pour risques bancaires généraux ; 1,5 % de fonds propres additionnels de catégorie 1 (*Additional Tier 1* – « *AT 1* ») correspondant aux instruments de dette perpétuelle, dégagés de toute incitation ou obligation de remboursement ; 2 % de fonds propres de catégorie 2 (*Tier 2*) correspondant aux instruments de dette subordonnée d'une durée minimale de 5 ans [4].

227 ***Coussins de fonds propres*** ◊ L'article L. 511-41-1 A du Code monétaire et financier prévoit que les établissements de crédit et les sociétés de financement peuvent être soumis à des obligations de fonds propres supplémentaires.

Ces coussins de fonds propres, au nombre de quatre, visent à prendre en compte le cycle économique ainsi que le risque macroéconomique ou systémique. Il s'agit : (1) du coussin de conservation de fonds propres qui concerne tous les établissements de crédit et sociétés de financement et qui doit être égal à 2,5 % du montant total de leur exposition au risque [5] ; (2) du coussin de fonds propres contra-cyclique dont le taux, fixé par le Haut Conseil de stabilité financière [6], se situe, en principe, entre 0 à 2,5 % des

1. Loi n° 2013-672 du 26 juillet 2013 de séparation et de régulation des activités bancaires, *JO* n° 0173 du 27 juillet 2013, p. 12530.

2. Ordonnance n° 2014-158 du 20 février 2014 portant diverses dispositions d'adaptation de la législation au droit de l'Union européenne en matière financière, *JO* n° 0044 du 21 février 2014, p. 3022.

3. Décret n° 2014-1315 du 3 novembre 2014 portant diverses dispositions d'adaptation au droit de l'Union européenne en matière financière et relatif aux sociétés de financement, *JO* n° 0256 du 5 novembre 2014, p. 18575 ; décret n° 2014-1316 du 3 novembre 2014 portant diverses dispositions d'adaptation du droit de l'Union européenne en matière financière et relatif aux sociétés de financement, *JO* n° 0256 du 5 novembre 2014, p. 18590.

4. Règl. n° 575/2013/UE, art. 92 § 1.

5. C. mon. fin., art. L. 511-41-1 A III.

6. Le Haut Conseil de stabilité financière (HCSF), créé par la loi n° 2013-672 du 26 juillet 2013 de séparation et de régulation des activités bancaires réunit, sous la présidence du ministre des Finances et des Comptes publics, le gouverneur de la Banque de France (président de l'ACPR), le vice-président de l'ACPR, le président de l'Autorité des marchés financiers, le président de l'Autorité des normes comptables ainsi que trois personnalités qualifiées choisies en raison de leurs compétences dans les domaines monétaire, financier ou économique par le président de l'Assemblée nationale, le président du Sénat et le ministre des Finances et des Comptes publics.

actifs pondérés en fonction du risque [1], (3) du coussin applicable aux établissements d'importance systémique qui tend à réduire le risque de faillite des grands établissements en renforçant les exigences de fonds propres [2] et (4) du coussin pour le risque systémique qui vise à limiter les risques systémiques ou macro-prudentiels non cycliques à long terme [3].

228 ***Établissements d'importance systémique*** ◊ L'ACPR établit, sur base consolidée, la liste des établissements d'importance systémique mondiale en tenant compte de la taille du groupe, de l'interconnexion du groupe avec le système financier, des possibilités de substitution des services ou de l'infrastructure financière fournis par le groupe, de la complexité du groupe et de ses activités transfrontières, y compris celles entre États membres et entre un État membre et un pays tiers [4]. Quatre groupes bancaires sont considérés comme étant d'importance systématique mondiale : BNP Paribas, BPCE, Crédit Agricole et Société générale [5]. La liste des autres établissements d'importance systémique est également arrêtée par l'ACPR à partir des critères suivants : la taille, l'importance pour l'économie de l'Union européenne ou de l'État membre concerné, l'importance des activités transfrontières, l'interconnexion de l'établissement de crédit, de la société de financement ou du groupe avec le système financier [6].

SECTION 2. LE CONTRÔLE DE L'EFFET DE LEVIER

229 ***Ratio de levier*** ◊ L'Accord de « Bâle III » a introduit un ratio de levier correspondant au rapport entre les fonds propres de catégorie 1 et le total des expositions (total des actifs bancaires au bilan et hors bilan) non pondérés en fonction des risques. Il a vocation à compléter le ratio de solvabilité dont il constitue le « filet de sécurité » financier.

Cette nouvelle exigence prudentielle poursuit deux objectifs principaux : réduire l'effet de levier par l'endettement des banques qui a contribué à la

Il est chargé de veiller à la stabilité financière en France et de définir la politique macro-prudentielle qu'il convient de conduire pour limiter les risques systémiques.

1. Le coussin de fonds propres contra-cycliques vise à atténuer et prévenir une expansion du crédit et un effet de levier excessifs. Le taux de ce coussin peut aller au-delà de 2,5 % si l'analyse le justifie. V. C. mon. fin., art. L. 631-2-1, 4°.

2. Ce coussin peut être fixé entre 1 et 3,5 % pour les établissements d'importance systémique mondiale et entre 0 et 2 % pour les autres établissements d'importance systémique.

3. Ce coussin n'est pas plafonné mais a priori compris entre 1 et 5 %. Son application est décidée par le Haut Conseil de stabilité financière.

4. C. mon. fin., art. L. 511-41-1 A VI.

5. Liste des établissements d'importance systémique mondiale au titre de l'article L. 511-41-1 A VI du Code monétaire et financier publiée le 3 mars 2015.

6. C. mon. fin., art. L. 511-41-1 A VII.

crise financier en favorisant les prises de risques excessifs, d'une part, et réduire le risque de modèles lié aux calculs de pondérations dont souffre le ratio de solvabilité, d'autre part.

Le règlement « CRR » ne prévoit, pour l'heure, que l'obligation de publier le ratio d'effet de levier conformément à la méthodologie qu'il établit [1]. Le ratio d'effet de levier devrait être fixé, à terme, à 3 %.

SECTION 3. LE CONTRÔLE DE LA LIQUIDITÉ

230 ***Ratios de liquidité*** ◊ L'Accord de « Bâle III » prévoit la mise en place de deux ratios de liquidité afin de s'assurer la capacité d'une banque à faire face à des retraits massifs en cas de crise.

En premier lieu, le ratio de couverture des besoins de liquidité à court terme (LCR) impose aux banques de détenir suffisamment d'actifs liquides permettant pour couvrir la différence entre leurs sorties et leurs entrées de trésorerie attendue sur une période de tensions de trente jours [2].

En second lieu, le ratio de financement stable net (NSFR) devait entrer en application au 1er janvier 2018 après une période d'observation. Il exige que le financement stable disponible soit supérieur au financement stable nécessaire à horizon d'un an. Pour l'heure, le règlement « CRR » prévoit simplement que les établissements veillent à ce que leurs obligations à long terme soient couvertes de façon adéquate au moyen d'une diversité d'instruments de financement stable, dans des conditions normales comme en situation de tensions [3].

SECTION 4. LE CONTRÔLE DES GRANDS RISQUES

231 ***Limitation des risques*** ◊ Le contrôle des grands risques répond à l'impératif de prudence qui consiste à interdire aux établissements de crédit de trop concentrer les risques qu'ils encourent. Le règlement « CRR » définit un grand risque comme une exposition d'un établissement sur un

1. Règl. n° 575/2013/UE, art. 430.
2. Règl. n° 575/2013/UE, art. 412. V. également Règlement délégué n° 2015/61/UE de la Commission du 10 octobre 2014 complétant le règlement n° 575/2013/UE du Parlement européen et du Conseil en ce qui concerne l'exigence de couverture des besoins de liquidité pour les établissements de crédit, *JOUE* L 11, p. 1, 17 janv. 2015.
3. Règl. n° 575/2013/UE, art. 413 § 1.

client ou un groupe de clients liés, lorsque sa valeur atteint ou dépasse 10 % des fonds propres éligibles de l'établissement [1].

Les établissements doivent se doter de procédures administratives et comptables, ainsi que de dispositifs de contrôle interne appropriés, afin d'identifier, de déclarer, de comptabiliser et de suivre l'évolution de tous les grands risques [2]. Ces derniers doivent être déclarés régulièrement à l'autorité de contrôle [3].

Enfin, le règlement « CRR » fixe des limites en matière de grands risques qui doivent être respectées en permanence [4]. Ainsi, un grand risque à l'égard d'un même client, ou d'un groupe de clients liés, ne doit pas dépasser 25 % des fonds propres éligibles de l'établissement de crédit [5].

1. Règl. n° 575/2013/UE, art. 392.
2. Règl. n° 575/2013/UE, art. 393.
3. Règl. n° 575/2013/UE, art. 394.
4. Règl. n° 575/2013/UE, art. 395.
5. La limite aux grands risques est de 25 % des fonds propres éligibles ou 150 millions d'euros lorsque ce client est un établissement de crédit ou une entreprise d'investissement ou lorsqu'un groupe de clients liés contient un de ces établissements. Le montant le plus élevé est retenu.

CHAPITRE 2
LES EXIGENCES QUALITATIVES

232 Ces exigences portent sur la gouvernance, l'organisation et le contrôle interne (Section 1) ainsi que la politique de rémunération (Section 2) des établissements de crédit.

SECTION 1. LES RÈGLES EN MATIÈRE DE GOUVERNANCE

233 ***Constat*** ◊ La réglementation prudentielle influe, dans une certaine mesure, sur la gouvernance des établissements de crédit. Ainsi, la règle dite des « quatre yeux », qui implique la dualité des dirigeants responsables, a imposé une forme de collégialité aux décisions stratégiques.

La directive « CRD 4 » confirme les liens existant entre la réglementation prudentielle et la gouvernance des établissements de crédit. Son préambule souligne que « les lacunes de la gouvernance d'entreprise dans un certain nombre d'établissements ont conduit à des prises de risques excessives et imprudentes dans le secteur bancaire, ce qui a entraîné la défaillance de certains établissements et des problèmes systémiques dans les États membres et dans le monde. Le caractère très général des dispositions relatives à la gouvernance des établissements et le caractère non contraignant d'une partie importante du cadre régissant la gouvernance d'entreprise, qui repose essentiellement sur des codes de conduite volontaires, n'ont pas suffisamment encouragé la mise en œuvre effective, par les établissements, de saines pratiques de gouvernance d'entreprise. Dans certains cas, l'absence de véritable équilibre des pouvoirs au sein des établissements s'est traduite par un manque de supervision efficace de la prise de décisions en matière de gestion, encourageant ainsi des stratégies de gestion axées sur le court terme et excessivement risquées. Le manque de clarté du rôle incombant aux autorités compétentes dans la supervision des systèmes de gouvernance d'entreprise des établissements n'a pas permis un contrôle suffisant de l'efficacité des processus de gouvernance interne » [1]. En conséquence, la directive invite les États membres à « introduire des principes et des normes visant à assurer une supervision efficace par l'organe de direction, à promouvoir une saine culture du risque à tous les niveaux des établissements de crédit et des

1. Dir. n° 2013/36/UE, cons. 53.

entreprises d'investissement, et à permettre aux autorités compétentes de suivre l'adéquation des dispositifs de gouvernance internes »[1].

234 ***Réforme*** ◊ L'ordonnance n° 2014-158 du 20 février 2014 portant diverses dispositions d'adaptation de la législation au droit de l'Union européenne en matière financière, qui achève la transposition de la directive « CRD 4 », a introduit dans le Code monétaire et financier un certain nombre de règles de gouvernance des établissements de crédit.

235 ***Dissociation des fonctions*** ◊ En premier lieu, l'article L. 511-58 du Code monétaire et financier prévoit la dissociation des fonctions de président du conseil d'administration et de directeur général au sein des établissements de crédit, des entreprises d'investissement, l'ACPR pouvant toutefois autoriser le cumul de ces fonctions sur demande motivée de l'entité. Par la position n° 2014-P-02 publiée le 29 janvier 2014[2], l'Autorité a précisé la manière dont elle examinera les justifications avancées par les établissements de crédit afin de déroger au principe de dissociation des fonctions de président du conseil d'administration et de directeur général. Son appréciation, fondée sur le principe de proportionnalité, tiendra compte de la nature, de l'échelle et de la complexité des activités des établissements.

236 ***Limitation du cumul des mandats*** ◊ En deuxième lieu, l'article L. 511-52 du Code monétaire et financier impose aux dirigeants des établissements de crédit et des sociétés de financement revêtant une importance significative des règles de cumul des mandats plus contraignantes que celles prévues par le Code de commerce. Il prévoit ainsi que les personnes qui assurent la direction effective de l'activité de l'entreprise ainsi que les membres du conseil d'administration, du conseil de surveillance, du directoire ou de tout autre organe exerçant des fonctions équivalentes ne peuvent exercer simultanément, au sein de toute personne morale, qu'une fonction de directeur général ou équivalent et deux fonctions de membre du conseil d'administration ou équivalent ou que quatre fonctions de membre du conseil d'administration ou équivalent. Ces règles, qui ne s'appliquent pas aux représentants de l'État siégeant dans les organes sociaux, peuvent toutefois faire l'objet d'exceptions et de certains assouplissements. En particulier, l'ACPR peut autoriser une personne à exercer une fonction de membre du conseil d'administration ou équivalent supplémentaire.

Plus généralement, les dirigeants effectifs des établissements de crédit et des sociétés de financement ainsi que les membres du conseil d'administration, du conseil de surveillance, du directoire ou de tout organe exerçant des fonctions équivalentes sont tenues de consacrer un temps

---

1. Dir. n° 2013/36/UE, cons. 54.
2. Position n° 2014-P-02 de l'ACPR relative à la dissociation des fonctions de président du conseil d'administration et de directeur général.

suffisant à l'exercice de leurs fonctions au sein de l'entreprise [1]. En outre, l'article L. 511-53 du Code monétaire et financier dispose que les établissements de crédit et les sociétés de financement consacrent les ressources humaines et financières nécessaires à la formation de leurs dirigeants.

237 ***Comités spécialisés*** ◊ En dernier lieu, l'article L. 511-89 du Code monétaire et financier exige la création de deux nouveaux deux comités spécialisés au sein des établissements de crédit et des sociétés de financement d'importance significative au regard de leur taille et de leur organisation interne ainsi que de la nature, de l'échelle et de la complexité de leurs activités : le comité des risques et le comité des nominations. Ces comités spécialisés assistent le conseil d'administration, le conseil de surveillance ou tout autre organe exerçant des fonctions de surveillance équivalentes.

238 ***Organisation et contrôle interne*** ◊ Conformément à l'article L. 511-55 du Code monétaire et financier, les établissements de crédit et les sociétés de financement sont tenus de se doter d'un dispositif de gouvernance comprenant une organisation claire assurant un partage des responsabilités bien défini, transparent et cohérent, des procédures efficaces de détection, de gestion, de suivi et de déclaration des risques, d'un dispositif adéquat de contrôle interne, de procédures administratives et comptables saines, ainsi que d'une politique de rémunération favorisant une gestion saine et efficace des risques.

Le Code monétaire et financier exige, par ailleurs, que l'organisation de ces établissements garantisse l'indépendance des fonctions de contrôle par rapport aux unités opérationnelles. Il définit, enfin, les responsabilités respectives en matière de gouvernance et de suivi des risques qui incombent aux membres du conseil d'administration, du conseil de surveillance ou de tout organe exerçant des fonctions de surveillance équivalentes, aux dirigeants effectifs, et aux personnes chargées de la gestion du risque dont le responsable doit disposer d'un positionnement hiérarchique suffisamment élevé.

Les exigences en matière de contrôle interne sont précisées par un arrêté du 3 novembre 2014 [2].

239 ***Séparation des activités bancaires et financières*** ◊ L'article L. 511-47 du Code monétaire et financier, issu de la loi n° 2013-672 du 26 juillet 2013 de séparation et régulation des activités bancaires, impose aux établissements de crédit les plus importants la filialisation des activités de négociation pour compte propre sans lien avec le client et les opérations conclues avec des organismes de placement collectifs à effet de levier ou

1. C. mon. fin., art. L. 511-52, I.
2. Arrêté du 3 novembre 2014 relatif au contrôle interne des entreprises du secteur de la banque, des services de paiement et des services d'investissement soumises au contrôle de l'Autorité de contrôle prudentiel et de résolution, *JO* n° 0256 du 5 novembre 2014, p. 18598.

autres véhicules d'investissement similaires lorsque ces établissements ne sont pas garantis par une sûreté. La séparation des activités bancaires et financières vise à prévenir les conflits d'intérêts et à éviter une éventuelle contagion. À cet effet, les filiales dédiées à la réalisation des activités mentionnées ci-dessus, qui sont normalement des entreprises d'investissement, doivent être capitalisées et financées de manière autonome, comme si elles n'appartenaient pas au groupe bancaire qui les contrôle. Elles doivent, par ailleurs, respecter individuellement ou de manière sous-consolidée les règles prudentielles en matière de liquidité et de solvabilité. Enfin, les filiales dédiées doivent utiliser des raisons sociales et des normes commerciales distinctes de ceux des établissements de crédit du groupe qui les contrôlent, de manière à n'entretenir aucune confusion dans l'esprit de leurs créanciers et cocontractants.

Les filiales dédiées ne peuvent réaliser aucune opération de négoce à haute fréquence ni aucune opération sur instruments financiers à terme dont le sous-jacent est une matière première agricole [1].

SECTION 2. LES RÈGLES EN MATIÈRE DE RÉMUNÉRATION

240 ***Plafonnement des rémunérations*** ◊ La directive « CRD 4 » insiste sur l'importance que revêtent les politiques de rémunération en matière prudentielle. Dans son préambule, elle précise ainsi que « les politiques de rémunération qui encouragent les prises de risque excessives peuvent nuire à une gestion saine et efficace des risques au sein des établissements de crédit et des entreprises d'investissement. Les membres du G20 se sont engagés à mettre en œuvre les principes et normes d'exécution du Conseil de stabilité financière (CSF) pour de saines pratiques en matière de rémunération dont le but est de prévenir les répercussions négatives que des structures de rémunération mal conçues pourraient avoir sur la saine gestion des risques et le contrôle des prises de risques par les personnes physiques. L'objectif de la présente directive est de mettre les normes et principes internationaux en œuvre au niveau de l'Union en imposant aux établissements de crédit et aux entreprises d'investissement l'obligation expresse de mettre en place et de maintenir, pour les catégories de personnel dont les activités professionnelles ont une incidence significative sur leur profil de risque, des politiques et des pratiques de rémunération compatibles avec une gestion efficace des risques » [2].

---

1. C. mon. fin., art. L. 511-48, II. Par dérogation, les filiales dédiées peuvent également être agréées par l'ACPR en qualité d'établissement de crédit.
2. Dir. n° 2013/36/UE, cons. 62.

La directive « CRD 4 » prolonge, en la matière, les avancées de la directive « CRD 3 » [1]. En particulier, elle encadre le montant et les modalités de fixation de la composante variable de la rémunération des preneurs de risques, des personnes exerçant une fonction de contrôle ainsi que de tout salarié dont les activités professionnelles ont une incidence significative sur le profil de risque de l'entreprise ou du groupe. Ainsi, la part variable de la rémunération totale de ces personnels ne peut, en principe, excéder le montant de la part fixe de cette rémunération [2]. Elle peut cependant être portée au double du montant de la rémunération fixe sur décision de l'assemblée générale de l'établissement de crédit ou de la société de financement statuant à la majorité des deux tiers et à condition qu'au moins la moitié des actionnaires soient représentés [3]. En outre, le montant total de la rémunération variable peut, en tout ou partie, être réduit ou donner lieu à restitution en fonction notamment des agissements ou du comportement de la personne concernée [4].

Par ailleurs, l'ACPR peut exiger d'un établissement de crédit, d'une entreprise d'investissement ou d'une société de financement qu'il limite la rémunération variable sous forme de pourcentage du total des revenus nets lorsque la solidité de sa situation financière est compromise ou susceptible de l'être [5].

241 ***Comité des rémunérations*** ◊ Les établissements de crédit et les sociétés de financement d'importance significative ont l'obligation de se doter d'un comité des rémunérations [6]. Ce comité est composé majoritairement de membres indépendants, compétents pour analyser les politiques et pratiques de rémunérations. Il procède à un examen annuel des principes de la politique de rémunération de l'entreprise, des rémunérations indemnités et avantages de toute nature accordés aux mandataires sociaux de l'entreprise, de la politique de rémunération des salariés évoqués au paragraphe précédent [7].

---

1. Directive n° 2010/76/UE du Parlement européen et du Conseil du 24 novembre 2010 modifiant les directives n° 2006/48/CE et 2006/49/CE en ce qui concerne les exigences de fonds propres pour le portefeuille pour les retritrisations, et la surveillance prudentielle des politiques de rémunération, *JOUE* L 329 du 14 décembre 2010, p. 3.
2. C. mon. fin., art. L. 511-78.
3. À défaut, l'assemblée générale compétente doit statuer à la majorité des trois quarts.
4. C. mon. fin., art. L. 511-84.
5. C. mon. fin., art. L. 511-41-3, III, 2°.
6. C. mon. fin., art. L. 511-89.
7. C. mon. fin., art. L. 511-102.

SOUS-TITRE 3

Les règles en matière de concurrence

242 ***Spécificité du secteur bancaire de la concurrence*** ◊ Face au droit de la concurrence, le secteur bancaire a toujours revendiqué la mise à l'écart des textes ou tout au moins un traitement dérogatoire par rapport à celui mis en œuvre dans les autres secteurs.

243 Au soutien de cette revendication, deux arguments contradictoires sont traditionnellement avancés. Le premier résonne aujourd'hui avec une acuité particulière dans le contexte de crise marqué que traverse le monde depuis 2008. Il souligne les dangers qu'une concurrence excessive fait peser sur l'ensemble du système, la faillite d'un seul établissement pouvant entraîner des conséquences en chaîne catastrophiques [1]. Lorsque la concurrence est forte, les établissements tendent par exemple à octroyer des crédits risqués et peu rentables - voire non rentables - à seule fin de conserver la clientèle, faisant ainsi peser une menace importante sur l'ensemble du système en cas de défaillance en chaîne des emprunteurs [2].

Le second argument met en avant la dimension d'intérêt général attachée à l'activité bancaire. Le libre accès au compte et au crédit conditionne en effet rien moins que la possibilité d'être un acteur économique dès lors que sans les prestations bancaires de base, les particuliers ne peuvent accéder à l'emploi et au logement et les entreprises ne peuvent se développer normalement. Or, le jeu normal de la concurrence pourrait conduire à exclure les clients les plus fragiles ou les moins rentables de sorte que des aménagements aux règles de la concurrence apparaissent là encore souhaitables.

244 ***Spécificité du droit bancaire de la concurrence : application normale du droit européen*** ◊ En dépit de ces arguments, les règles européennes relatives à la concurrence ont toujours reçu pleine et entière application dans le secteur bancaire. À l'occasion du célèbre arrêt *Züchner*, la Cour de justice a notamment jugé que les activités bancaires n'échappaient pas à l'application du droit de la concurrence, observant à cet égard

1. V. B. Sousi, « Interférence entre le droit de la concurrence et le fonctionnement du secteur bancaire » *in Les banques entre droit et économie*, LGDJ 2006, p. 171 s. Scialom, *Économie bancaire*, 1re éd., La découverte, p. 66 s.
2. S. Piedelièvre et E. Putman, *Droit bancaire*, Economica 2011, n° 119.

que les transferts de fonds effectués par les établissements bancaires au profit de leurs clients ne constituaient pas des « services d'intérêt économique général » au sens du traité [1].

245 ***Spécificité du droit bancaire de la concurrence : application limitée du droit interne*** ◊ En revanche, le législateur français s'est rapidement montré sensible aux attentes du secteur bancaire en prévoyant une application à l'origine très limitée des règles sur la concurrence. L'article 89 al. 1er de la loi bancaire du 24 janvier 1984 prévoyait certes une soumission totale des activités non bancaires au droit de la concurrence mais les opérations de banque et les opérations connexes étaient soumises à deux dispositions seulement : celles relatives aux ententes anticoncurrentielles et celles applicables aux abus de domination [2]. Les autres dispositions étaient en revanche écartées : celles sur les concentrations bancaires [3] comme celles sur la transparence tarifaire et les pratiques dites restrictives de concurrence visées aujourd'hui au titre IV du livre IV du Code de commerce. Étaient également implicitement écartées certaines règles qui figuraient dans l'ordonnance du 1er décembre 1986 [4] et qui ont par la suite été reprises dans le Code de la consommation comme par exemple les interdictions applicables aux refus de vente entre professionnels et consommateurs, aux ventes liées ou encore aux ventes avec prime.

246 ***Spécificité du droit bancaire de la concurrence : vers une normalisation du droit bancaire de la concurrence*** ◊ Le droit contemporain a cependant évolué vers une relative normalisation des rapports entre le secteur bancaire et le droit de la concurrence.

D'une part, l'exclusion des règles relatives aux concentrations est rapidement apparue inadaptée si bien que le législateur est intervenu pour garantir un contrôle de la structure des marchés bancaires (Chapitre 1). D'autre part, s'agissant des comportements observés sur ces mêmes marchés, la période récente témoigne également d'un contrôle plus poussé à travers une mise en œuvre plus effective des quelques dispositions applicables (Chapitre 2).

---

1. CJCE 14 juill. 1981, aff. 172/80, *Züchner et Bayerische Vereinsbank*, *Rec.* I, p. 2021172/80, *Rec.* 1981, p. 2021, point 7 s.

2. Aujourd'hui codifiées aux art. L. 420-1 s. du C. com.

3. F. Boucard, « Le contrôle des concentrations : l'oublié de la loi bancaire » *in 30 ans de la loi bancaire, Banque et Dr.* 3/2014. 38 s.

4. Ord. n° 86-243 du 1er déc. 1986 relative à la liberté des prix et de la concurrence.

CHAPITRE 1
LE CONTRÔLE DE LA STRUCTURE DES MARCHÉS BANCAIRES

247 ***Droit interne : exclusion initiale des règles relatives aux concentrations*** ◊ La loi bancaire de 1984 prévoyait à l'origine une application limitée des règles de concurrence en ne visant, parmi celles qui figuraient à l'époque dans la grande ordonnance de droit économique 30 juin 1945, que celles relatives aux ententes et aux abus de domination, sans que soient mentionnées les dispositions relatives aux concentrations des entreprises. Les dispositions en cause ne figuraient cependant pas dans cette ordonnance, le législateur ayant fait le choix d'un texte séparé à travers une loi du 19 juillet 1977. Son application au secteur bancaire pouvait ainsi être défendue en partant du principe que le législateur avait entendu écarter les seules dispositions relatives à la concurrence figurant dans l'ordonnance de 1945 à l'exclusion de celles logées dans d'autres textes. Pourtant, à l'occasion d'un avis rendu en 1985, le Conseil d'État avait estimé que la loi de 1977 relative aux concentrations avait été « implicitement mais nécessairement » exclue par la loi bancaire [1].

En résultait ainsi une carence législative importante dont les méfaits ont été constatés à l'occasion de l'OPA du Crédit Agricole sur le Crédit Lyonnais.

À cette époque, le CECEI avait affirmé sa compétence pour opérer un contrôle de l'opération du point de vue du droit des concentrations, prolongeant ainsi son approche normalement strictement prudentielle d'une appréciation concurrentielle. Le Conseil d'État avait cependant confirmé la position résultant de l'avis rendu en 1985 en jugeant inapplicables les dispositions de la loi 1977 qui avaient depuis été reprises et modifiées par l'ordonnance Balladur du 1er décembre 1986 [2]. En conséquence, ni le ministre de l'Économie, qui était normalement compétent à l'époque pour autoriser les concentrations, ni le CECEI n'étaient en mesure d'opérer un contrôle concurrentiel des structures du marché bancaire.

248 ***Droit interne : la réforme opérée en 2003*** ◊ Réagissant assez vite à cette carence, la loi de sécurité financière votée en 2003 est venue

---

1. CE, sect., fin., avis du 23 avr. 1985.
2. CE 16 mai 2003, n° 255482 ; *D.* 2003. 1828, note G. Damy ; *AJDA* 2003. 1330, chron. Donnat et Casas. V. les conclusions de M. G. Goulard publiées à la *RFDA* 2004. 109.

modifier les dispositions de l'article 89 qui avaient par la suite été codifiées à l'article L. 511-4 du Code monétaire et financier [1]. Le texte prévoit désormais une soumission de principe du secteur bancaire au droit des concentrations tel qu'il résulte des articles L. 430-1 et suivants du Code de commerce avec cependant quelques aménagements concernant la procédure suivie.

249 ***Droit interne : régime actuel*** ◊ Les prises de contrôle, fusions ou créations d'entreprises communes dépassant les seuils en chiffre d'affaires indiqués par le Code donnent désormais lieu à une obligation de notification auprès de l'Autorité de la concurrence avant toute réalisation de l'opération. La procédure de contrôle repose sur deux phases, la première assez courte (25 jours en principe [2]) ne pouvant déboucher que sur une autorisation ou un constat d'inapplicabilité des dispositions, la seconde dite d'examen approfondi, plus longue (65 jours en principe) [3], pouvant cette fois entraîner l'interdiction de l'opération. Lorsqu'un tel examen approfondi est mené, l'Autorité de la concurrence doit impérativement solliciter l'avis de l'Autorité de contrôle prudentiel et de résolution (ACPR) [4] avant de se prononcer sur le sort de la concentration, tout au moins lorsque celle-ci concerne des entreprises soumises directement ou indirectement au contrôle de l'ACPR [5]. Celle-ci rend alors son avis dans un délai d'un mois qui doit faire l'objet d'une publication pourvu que le secret des affaires puisse être préservé [6].

250 L'Autorité autorise ou refuse l'opération en fonction du risque avéré ou non de création ou renforcement d'une position dominante ; risque tempéré par l'existence éventuelle de gains d'efficacité économique susceptibles d'être associés au projet notifié par les parties [7]. Une telle appréciation suppose en amont une correcte délimitation des marchés concernés par l'opération et en pratique trois catégories sont traditionnellement distinguées : le marché des opérations sur les marchés financiers (banque de financement et d'investissement), le marché des services bancaires destinés aux entreprises (banque commerciale) et le marché des services bancaires destinés aux particuliers et aux ménages (banque de détail) ; ces différents marchés faisant par ailleurs l'objet de différentes segmentations [8]. S'agissant des banques de détails, l'Autorité distingue par exemple le marché des

---

1. L. n° 2003-706 du 1er août 2003 de sécurité financière, art. 24.
2. C. com., art. L. 430-5.
3. C. com., art. L. 430-7.
4. V. ss 395.
5. C. mon. et fin., art. L. 612-22.
6. C. com., art. L. 430-10.
7. C. com., art. L. 430-7.
8. V. récemment : Aut. conc., n° 13-DCC-81 du 2 juillet 2013 relative à la création de la Banque Publique d'Investissement, entreprise commune de l'État français et à la Caisse des Dépôts et Consignations.

dépôts à vue, le marché de l'épargne bancaire, le marché du crédit immobilier, le marché du crédit à la consommation, le marché du crédit de restructuration d'endettement, le marché de l'émission de cartes de paiements (émission au profit des clients), le marché de la banque privée, etc. [1]

En marge d'appréciations strictement concurrentielles, le rachat de titres de presse par une banque donne également prise à des considérations destinées à garantir le pluralisme de la presse [2].

251 ***Droit européen*** ◊ L'applicabilité du droit européen des concentrations au secteur bancaire n'a pas suscité de difficultés similaires à celles posées en droit interne. Cinq ans après l'adoption de la loi bancaire de 1984, un règlement du Conseil n° 4064/89 du 21 décembre 1989 a mis en place un contrôle généralisé des concentrations sans que soit prévue une quelconque exclusion du secteur bancaire. Le dispositif a été remplacé par le règlement n° 139/2004 du 20 janvier 2004 qui ne prévoit pas davantage d'exclusion propre au secteur bancaire. L'article 3, § 5, a) écarte cependant certaines opérations spécifiques susceptibles d'être mises en œuvre par des établissements de crédit. Sont concernés les établissements dont l'activité normale inclut la transaction et la négociation de titres pour compte propre ou pour compte d'autrui qui détiennent à titre temporaire des participations dans une entreprise mais non dans l'optique d'une prise de contrôle, l'établissement n'ayant pas vocation à exercer les droits de vote attachés aux titres et ceux-ci devant être revendus dans un délai d'un an, sauf exception. Le Code de commerce ne prévoit pas une telle dérogation mais l'Autorité de la concurrence applique les mêmes principes comme elle le confirme dans les lignes directrices publiées sur son site [3].

Les seuils en chiffre d'affaires au-delà desquels l'opération doit être notifiée à la Commission sont bien plus élevés que ceux applicables en droit interne [4]. Ils s'expriment en chiffre d'affaires mais pour les établissements de crédit des valeurs spécifiques sont prises en considération, à savoir la somme HT de différents postes : intérêts et revenus assimilés, revenus de titres, commissions perçues, etc [5].

---

1. Décision n° 09-DCC-16 du 22 juin 2009 relative à la fusion entre les groupes Caisse d'Épargne et Banque Populaire.
2. Décision n° 11-DCC-114 du 12 juillet 2011 relative à la prise de contrôle exclusif du groupe l'Est Républicain par la Banque Fédérative du Crédit Mutuel.
3. Lignes directrices relatives au contrôle des concentrations du 10 juillet 2013, point n° 68 s.
4. Règlement (CE) 139/2004, art. 1, § 2.
5. Règlement (CE) 139/2004, art. 5 § 3, a).

CHAPITRE 2

LE CONTRÔLE DES COMPORTEMENTS SUR LES MARCHÉS BANCAIRES

252 ***Deux corps de règles*** ◊ Les règles du droit de la concurrence relatives au contrôle des comportements se déclinent en France en deux catégories : une première catégorie regroupe des règles prévoyant des interdictions valables *per se*, c'est-à-dire indépendamment de leur contexte, mais elles ne sont pas applicables aux activités bancaires (Section 1). Une seconde catégorie regroupe les règles relatives aux pratiques anticoncurrentielles dont l'applicabilité de principe au secteur bancaire ne fait cette fois guère de doute (Section 2).

SECTION 1. LA MISE À L'ÉCART DES RÈGLES PRÉVOYANT DES INTERDICTIONS VALABLES *PER SE*

253 ***Spécificité du droit français de la concurrence*** ◊ Le droit français de la concurrence s'est toujours singularisé par la mise en place d'interdictions dites *per se*, c'est-à-dire valables en toutes circonstances, alors que le propre des règles relatives à la concurrence est d'appeler une analyse détaillée des pratiques dans le contexte où elles sont susceptibles de produire des effets. Regroupées sous un titre IV intitulé « De la transparence et des pratiques restrictives de concurrence », les articles 28 s. de l'ancienne ordonnance du 1er décembre 1986 stigmatisaient à ce titre une quinzaine de pratiques commerciales, les dispositions concernées ayant été reprises dans le Code de commerce après de multiples modifications.

254 ***Exclusion générale de l'article L. 442-6*** ◊ L'article L. 442-6 relatif aux « pratiques restrictives de concurrence » regroupe aujourd'hui la plupart des interdictions qui figuraient à l'article 36 de l'ordonnance du 1er décembre 1986. De nombreuses dispositions sont susceptibles d'intéresser le secteur bancaire, comme celles relatives à la rupture brutale des relations commerciales établies ou celles sanctionnant la soumission d'un partenaire commercial à des obligations instaurant un déséquilibre significatif entre les droits et obligations des parties au contrat.

L'article L. 511-4 du Code monétaire et financier ne les mentionne cependant pas parmi celles susceptibles de s'appliquer au secteur bancaire. Pendant longtemps, la jurisprudence est restée silencieuse sur la possibilité d'invoquer ces textes mais un arrêt ancien de la Cour de cassation s'était de manière très nette prononcé au sujet de l'ancienne disposition qui interdisait à l'époque le refus de vente entre professionnels en la jugeant inapplicable aux opérations de crédit [1]. Cette solution pouvait au demeurant se justifier par le très haut degré de confiance exigé par la nature même de l'opération de crédit et par la volonté de permettre aux banques de refuser un crédit aux entreprises susceptibles de représenter une menace de non-remboursement. Heureusement, la cour d'appel de Paris a eu l'occasion de se prononcer de manière très clairement au sujet de l'article L. 442-6, I, 2° qui sanctionne la soumission à des obligations créant un déséquilibre significatif. Elle a énoncé que les opérations de crédit « *ne relèvent pas du Code de commerce mais des dispositions spécifiques du Code monétaire et financier, la loi spéciale prévalant sur la loi générale. En effet, le législateur n'a pas étendu l'application des pratiques restrictives de concurrence aux organismes et activités bancaires et financiers, l'extension étant limitée aux seules pratiques anticoncurrentielles du titre II.* » [2]

255 ***Dispositions équivalentes applicables au secteur bancaire : déséquilibre significatif*** ◊ L'exclusion générale de l'article L. 442-6 n'a cependant pas pour conséquence de laisser les partenaires des banques sans protection. S'agissant du 2° de l'article qui interdit la soumission à des clauses déséquilibrées, l'entrée en vigueur le 1er octobre prochain de l'article 1171 du Code civil permettra aux clients professionnels d'obtenir une protection qui leur était jusqu'ici refusée [3]. Celle-ci sera cependant limitée aux contrats d'adhésion qu'une nouvelle disposition du Code civil prend la peine de définir [4] mais cette restriction devrait être sans grande conséquence au regard des pratiques bancaires. Le secteur de la banque offre en effet l'illustration de contrats qui, pour partie au moins, à travers l'existence de conditions générales intangibles, échappent à la discussion. Des auteurs relèvent en effet que « dans le secteur de la banque de détail, les formules de contrats étant et ne pouvant être, pour des raisons pratiques évidentes, rédigées que par la banque » [5].

Il demeure que les établissements pourraient être tentés de simuler une négociation afin d'échapper à la qualification de contrat d'adhésion et donc

1. Civ. 1re, 11 oct. 1994, n° 92-13.947 ; *Bull. civ.* I, n° 289, au sujet de l'article 36 (devenu L. 442-6) de l'ancienne ordonnance du 1er décembre 1986.
2. Paris, pôle 5, ch. 4, 27 sept. 2017, n° 16/00671, *AJ contrat* 2017. 535.
3. N. Éréséo, « Les clauses abusives dans les contrats conclus entre les banques et la clientèle professionnelle » *in* « La banque et le droit des clauses abusives », *RDBF* 2016, n° 3, dossiers 17 à 22 (dir. J. Lasserre Capdeville).
4. C. civ., art. 1110.
5. Ch. Gavalda et J. Stoufflet, *Droit bancaire*, 9e éd., LexisNexis 2015, n° 354.

au contrôle des clauses abusives, par exemple sous la forme d'un échange purement formel de courriers électroniques ainsi que le suggère un auteur [1]...

256 ***Dispositions équivalentes applicables au secteur bancaire : déséquilibre significatif. Rupture brutale*** ◊ S'agissant des dispositions prévues au 5° de l'article L. 442-6, I, 5° qui sanctionnent la rupture brutale des relations commerciales établies, leur exclusion peut se recommander également de l'article L. 511-4 du Code monétaire et financier mais la jurisprudence préfère la justifier en faisant valoir l'existence d'une disposition spéciale dérogatoire rendant inapplicable la disposition plus générale figurant dans le Code de commerce. L'article L. 313-12 du Code monétaire et financier offre en effet aux clients professionnels le bénéfice d'un préavis de 60 jours pour toute rupture d'un concours à durée indéterminée, sauf comportement gravement répréhensible ou situation irrémédiablement compromise [2]. En effet, bien que la disposition en cause soit moins protectrice que l'article L. 442-6, I, 5° du Code de commerce, quelques juges du fond s'appuient sur l'adage *specialia generalibus derogant* pour faire prévaloir le Code monétaire et financier au lieu de se fonder sur l'exclusion de principe des règles relatives à la concurrence [3]. La chambre commerciale s'est également prononcée en faveur de l'exclusion de l'article L. 442-6, I, 5° mais sans motiver clairement sa solution [4].

SECTION 2. L'APPLICATION NORMALE DES RÈGLES SUPPOSANT UN EXAMEN AU CAS PAR CAS DES PRATIQUES EN CAUSE

257 ***Principes : dispositions initiales*** ◊ Les règles relatives aux pratiques anticoncurrentielles visées aujourd'hui au titre II du livre IV du Code de commerce ont toujours été applicables au secteur bancaire. La loi bancaire n° 84-46 du 24 janvier 1984 prévoyait en effet que l'ordonnance du 30 juin 1945 relative aux prix qui abritait à l'époque l'interdiction des ententes et des abus de position dominante était applicable aux activités bancaires ou non bancaires des établissements de crédit avec cette seule particularité que leur mise en œuvre était confiée à l'ancienne

1. M. Mekki, « L'ordonnance n° 2016-131 du 10 février 2016 portant réforme du droit des contrats. Le volet droit des contrats : l'art de refaire sans défaire », *D.* 2016. 494, n° 20.
2. V. ss 1606.
3. T. com. Paris, 6e ch., 30 oct. 2014, n° J2014000072, *RDBF* janv. 2015, comm. 2, note J. Crédot et Th. Samin - Montpellier, 20 nov. 2012, n° 11/06281.
4. Com., 25 oct. 2017, n° 16-16839, à paraître au *Bulletin*. L'arrêt énonce que la rupture d'un crédit relève exclusivement du Code monétaire et financier mais n'indique pas si cette solution découle de l'adage *speciala*. Comme l'article L. 511-4 du Code monétaire et financier n'est pas visé, c'est sans doute l'interprétation à retenir.

Commission bancaire et à non la Commission de la concurrence qui était compétente pour tous les autres secteurs. La loi n° 85-695 du 11 juillet 1985 avait cependant fini par transférer la compétence en cause à la Commission de la concurrence, remplacée par le Conseil de la concurrence après l'ordonnance n° 86-1243 du 1er décembre 1986 sur la concurrence. La Commission bancaire a certes été réintroduite dans la procédure par la loi n° 99-532 du 25 juin 1999 relative à l'épargne et à la sécurité financière mais avec un rôle simplement consultatif.

258 ***Principes : dispositions actuelles*** ◊ Aujourd'hui, l'Autorité de la concurrence a remplacé l'ancien Conseil de la concurrence depuis la LME du 4 août 2008 et la soumission des opérations bancaires à l'interdiction des pratiques anticoncurrentielles résulte très nettement de l'article L. 511-4 du Code monétaire et financier. Ce texte dispose en effet que les articles L. 420-1 à L. 420-4 du Code de commerce s'appliquent « aux établissements de crédit et aux sociétés de financement pour leurs opérations de banque et leurs opérations connexes [...] aux établissements de monnaie électronique pour l'émission et la gestion de monnaie électronique et leurs opérations [connexes] ainsi qu'aux établissements de paiement pour leurs services de paiement et leurs services connexes [...] ».

259 ***Principes : interdictions concernées*** ◊ Les interdictions visées aux articles L. 420-1 à L. 420-4 du Code de commerce concernent aujourd'hui trois pratiques anticoncurrentielles [1] : les ententes anticoncurrentielles, les abus de position dominante et les abus de dépendance économique. Sont ainsi exclues les dispositions de l'article L. 420-5 du Code de commerce relatives aux pratiques par lesquelles une entreprise offre un produit ou un service [2] pour un prix abusivement bas mais les pratiques de ce type peuvent toujours relever de l'interdiction plus générale des abus de position dominante.

260 ***Spécificité concernant la procédure et les sanctions*** ◊ Quelques aménagements spécifiques ont été prévus en ce qui concerne la procédure applicable et les sanctions : la notification des griefs prévue à l'article L. 463-2 du Code de commerce, qui clôt la phase d'enquête et ouvre la phase contradictoire, doit être communiquée à l'Autorité de contrôle prudentiel et de résolution. Celle-ci rend alors un avis dans un délai de deux mois qui ne lie pas l'Autorité de la concurrence mais qui l'oblige à motiver spécialement sa décision lorsqu'elle décide de prononcer une sanction en s'écartant de la position de l'Autorité de contrôle prudentiel [3].

---

1. Nous mettons de côté l'article L. 420-2-1 du C. com. issu de la loi n° 2012-1270 du 20 novembre qui vise les droits exclusifs d'importation consentis aux grossistes ultramarins et qui est manifestement sans rapport avec les activités bancaires.

2. Le texte ne mentionne que la vente mais la jurisprudence en étend l'application aux services : C. const. DC n° 02-D-66, relative à des pratiques mises en œuvre par les sociétés d'assurance directe.

3. C. mon. et fin., art. L. 511-4.

S'agissant des sanctions, dès lors que le renvoi opéré par l'article L. 511-4 du Code monétaire et financier se limite aux articles L. 420-1 à L. 420-4 du Code de commerce, l'interprète doit conclure que l'article L. 420-6 est inapplicable au secteur bancaire. Celui-ci permet pourtant de poursuivre pénalement les personnes physiques ayant pris une part personnelle et déterminante dans la conception, l'organisation ou la mise en œuvre d'une pratique anticoncurrentielle et son exclusion apparaît difficilement justifiable. Sont alors seules applicables les sanctions financières visées par l'article L. 464-2, I, al. 4 et qui peuvent atteindre 10 % du montant du chiffre d'affaires mondial hors taxes le plus élevé réalisé au cours d'un des exercices clos depuis l'exercice précédant celui au cours duquel les pratiques ont été mises en œuvre.

261 ***Illustrations : commissions interbancaires*** ◊ Malgré l'application de principe pleinement admise du droit des pratiques anticoncurrentielles, le contentieux a longtemps été quasi inexistant. Seules quelques affaires ont ponctuellement troublé le tranquille ménage formé par les établissements de la place [1]. À partir du début des années 2010, la Commission européenne et l'Autorité de la concurrence ont cependant entrepris d'examiner de près la pratique des commissions interbancaires sous l'angle de l'interdiction des ententes anticoncurrentielles [2].

La fixation en commun d'un prix au titre d'une « décision d'association d'entreprises » ou d'un accord est en effet expressément visée à l'article 101, § 1, TFUE comme relevant potentiellement de la catégorie des ententes interdites. Le texte vise plus précisément le fait de « fixer de façon directe ou indirecte les prix d'achat ou de vente ou d'autres conditions de transaction ». Le droit interne ne prévoit pas autre chose en stigmatisant à l'article L. 420-1 du Code de commerce les ententes qui font « obstacle à la fixation des prix par le libre jeu du marché ».

Or, en première analyse, les commissions interbancaires sont susceptibles de relever de cette catégorie particulièrement grave d'entente. Dans cette veine, l'arrêt *Züchner* avait d'ailleurs très tôt rappelé l'exigence de fixation autonome des prix ou plus largement des comportements, dans un contexte où les banques avaient convenu d'une commission uniforme sur les transferts de somme d'argent d'un État membre à un autre [3].

---

1. Nous songeons notamment à l'affaire du *Club Lombard*, voir en dernier lieu : CJCE 24 sept. 2009, aff. C-125/07 P, C-133/07 P, C-135/07 P et C-137/07 P., *Rec.* I, p. 8681, Europe 2009/11, comm. n° 425, obs. L. Idot.

2. N. Éréséo, « Banque et concurrence : deux années particulièrement mouvementées », *LPA* n° 225, 9 nov. 2012, p. 25. V. égal. N. Éréséo et J. Lasserre Capdeville, « La rémunération de la banque par les frais et commissions » *in* « La rémunération de la banque et du banquier », dossier publié à la *RDBF* n° 2, mars-avril 2015, p. 64 s.

3. CJCE 14 juill. 1981, aff. 172/80, *Züchner et Bayerische Vereinsbank*, *Rec.* I, p. 2021172/80, *Rec.* 1981, p. 2021.

262 C'est en matière de chèque que l'Autorité de la concurrence a lancé les premières hostilités, montrant au passage sa détermination en condamnant les principales banques françaises pour un montant avoisinant les 385 millions d'euros [1]. Il leur était reproché d'avoir mis en place pendant 5 ans, de janvier 2002 à juillet 2007, une commission interbancaire de 4,3 centimes d'euros, la fameuse commission d'échange image chèque (CEIC), prévue suite à la dématérialisation du traitement des chèques.

L'Autorité a estimé que la CEIC avait un objet anticoncurrentiel en restreignant la liberté pour chaque banque de définir individuellement sa politique tarifaire. Justifiant l'application du droit européen (TFUE, art. 101) en parallèle du droit interne, l'Autorité a en outre relevé que la pratique en cause avait eu pour conséquence d'affecter la liberté d'établissement des banques étrangères.

La décision de l'Autorité de la concurrence a pourtant été infirmée par la cour d'appel de Paris à l'occasion d'un arrêt particulièrement remarqué [2]. Si la cour n'a pas remis en cause le principe même de la condamnation des banques, elle a en revanche stigmatisé la méthode suivie reposant sur la très confortable qualification de restriction par objet. Cette qualification entraîne en effet des conséquences probatoires redoutables en permettant aux autorités de sanctionner une pratique sans avoir à établir qu'elle provoque des effets néfastes sur la concurrence (qui sont en quelque sorte présumés), soumettant les entreprises concernées au défi de prouver que l'entente répond aux quatre conditions d'un bilan économique positif [3].

Pour reprocher à l'Autorité d'avoir retenu cette qualification, la Cour a rappelé la nécessité de prendre en considération la gravité intrinsèque de l'accord litigieux, son contexte économique et juridique ainsi que l'expérience acquise à son propos. À ce titre, elle a estimé que l'Autorité avait négligé de nombreux facteurs favorables aux banques [4] qui auraient dû l'inciter à vérifier la réalité des effets sur la concurrence de l'accord litigieux, sans s'arrêter aux apparences d'un objet anticoncurrentiel jugé pour le moins douteux.

La Cour de cassation a cependant cassé l'arrêt de la cour d'appel de Paris en lui reprochant d'avoir privé des associations qui étaient intervenues à l'instance du droit d'être effectivement entendues [5]. En effet, pour la cour

1. Aut. conc., 20 sept. 2010, n° 10-D-28, *LEDB* nov. 2010, p. 1 obs. N. Éréséo.

2. Paris, 23 févr. 2012, n° 2010/20555, *LEDB* avril 2012, p. 1, obs. N. Éréséo. L'arrêt a été cassé mais sur un motif de procédure : Com. 14 avr. 2015, n° 12-15.971.

3. C. com., art. L. 420-4.

4. Contraintes techniques rendant indispensable une convention réunissant tous les acteurs de la place, rôle actif joué par la Banque de France pour dégager un compromis, objectif de dématérialisation jugé favorable au progrès économique ou technique, caractère transitoire de l'accord, contenu limité aux relations interbancaires et n'ayant aucune incidence directe sur les tarifs pratiqués à l'égard de la clientèle, absence de secret entourant l'accord, etc.

5. Com., 14 avr. 2015, n° 12-15971.

d'appel, comme les banques avaient été mises hors de cause, ces interventions étaient devenues sans objet. Sur renvoi, la cour d'appel de Paris a finalement confirmé la condamnation des banques tout en réduisant le montant de certaines sanctions [1].

263 Durant la même période, les efforts de l'Autorité se sont étendus aux commissions applicables aux autres instruments de paiement, le plus souvent en application des règles du Code de commerce qui permettent de mettre un terme à la procédure moyennant l'engagement pris par les parties de remédier aux préoccupations de concurrence exprimées par les services d'instruction [2]. S'agissant des commissions applicables aux opérations par carte, des baisses ont ainsi été consenties par le GIE Carte Bancaire [3] ou par Visa et Mastercard pour les opérations réalisées à l'aide des cartes ne portant que leur logo [4]. S'agissant des moyens scripturaux de paiement autres que les cartes bancaires ou les chèques (prélèvements, TIP, virements), des baisses similaires ont été arrachées par l'Autorité de la concurrence [5] et même des suppressions en accord avec les travaux entourant à l'époque la mise en application progressive du règlement européen SEPA concernant ces moyens de paiement [6].

Au niveau européen justement, des efforts ont également été entrepris en matière d'opérations par carte à travers une proposition de règlement publiée dès 2013 et prévoyant le plafonnement du montant des commissions interbancaires [7] qui est venue conforter des procédures qui avaient été menées par la Commission dès le début des années 2000 contre les principaux acteurs de la place [8]. Dans une affaire concernant le groupement CB, la Cour de justice a cependant reproché à la Commission [9] et au tribunal de première instance [10] d'avoir retenu la qualification de restriction par objet sans indiquer en quoi les mesures litigieuses « eu égard à leurs

1. Paris, Pôle 5, ch. 7, 21 déc. 2017, n° 2015/17638: *Gaz. Pal.*, 6 févr. 2018, n° 5, p. 15, note J. Lasserre Capdeville.

2. C. com., art. L. 464-2, I.

3. Aut. conc., 7 juill. 2011, *LEDB* sept. 2011, p. 5, obs. N. Éréséo.

4. Aut. conc., 20 sept. 2013, n° Déc. 13-D-17 et 13-D-18, *LEDB* nov. 2013, p. 5, obs. N. Éréséo.

5. Aut. conc., 5 juill. 2012 : *LEDB* oct. 2012, p. 7, obs. N. Éréséo.

6. Règlement (UE) n° 260/2012 du Parlement européen et du Conseil du 14 mars 2012 établissant des exigences techniques et commerciales pour les virements et les prélèvements en euros, *JO* L 94, 30 mars 2012, p. 22.

7. Proposition de règlement relatif aux commissions d'interchange pour les opérations de paiement liées à une carte, Comm. UE, communiqué IP/13/730, 24 juill. 2013 : *JCP E* n° 31, act. 589 ; *LEDB* oct. 2013, p. 7, n° 134, obs. N. Éréséo. Règlement (UE) n° 2015/751 du Parlement européen et du Conseil du 29 avril 2015 relatif aux commissions d'interchange pour les opérations de paiement liées à une carte.

8. Comm. CE 24 juill. 2002, *Visa International*, aff. n° COMP/29.373 ; 17 oct. 2007, *Groupement CB*, aff. n° COMP/D1/38606 ; 19 déc. 2007, *Mastercard*, aff. n° COMP/34.579.

9. Comm. CE 17 oct. préc.

10. TUE 29 nov. 2012, n° T-491/07 : *LEDB* févr. 2013, p. 4, obs. N. Éréséo.

termes, leurs objectifs et leur contexte, présentaient un degré de nocivité suffisant pour être considérées comme ayant pour objet de restreindre la concurrence » [1], rejoignant ainsi une même tendance que celle observée en droit interne [2]. Le règlement européen a cependant depuis été adopté et il a entériné un plafonnement significatif du montant des commissions interbancaires [3].

---

1. CJUE 11 sept. 2014, n° C-67/13, *LEDB* nov. 2014, p. 7, obs. N. Éréséo. Sur renvoi, le tribunal a annulé la décision de la Commission en ce qu'elle avait enjoint le groupement de s'abstenir à l'avenir de tout comportement identique mais le recours a été rejeté pour le surplus. V. TUE, 30 juin 2016, aff. T-491/07.

2. V. ss 262.

3. Règlement (UE) n° 2015/751 du Parlement européen et du Conseil du 29 avril 2015 relatif aux commissions d'interchange pour les opérations de paiement liées à une carte.

SOUS-TITRE 4

Les devoirs des établissements de crédit

264 ***Principes d'origine jurisprudentielle*** ◊ Le banquier ne saurait bénéficier, dans l'exercice de sa profession, d'une liberté absolue. C'est ainsi que, cherchant à adapter les règles de droit commun à l'activité bancaire, la jurisprudence a dégagé, dès la première moitié du XXe siècle, des obligations propres à la profession de banquier, permettant aux magistrats d'apprécier le caractère fautif ou non de ses agissements. Si certains de ces devoirs, qui fixent dès lors les limites que le banquier ne peut franchir sans engager sa responsabilité, ont été repris par le législateur, tel le secret bancaire par l'intermédiaire de la loi n° 84-46 du 24 janvier 1984, ou encore l'obligation d'information, qui se retrouve quant à elle dans une multitude de textes [1], d'autres demeurent encore de nature simplement jurisprudentielle.

265 Nous évoquerons ici certains de ces principes, du moins les plus importants : le devoir de non-ingérence (Chapitre 1), le devoir de discrétion à travers le secret bancaire (Chapitre 2) et enfin les obligations propres à la lutte contre le blanchiment d'argent et le financement du terrorisme (Chapitre 3). D'autres devoirs auraient pu être également mentionnés [2].

266 ***Médiation*** ◊ Le non-respect des principes ici évoqués n'entraîne pas nécessairement l'engagement de la responsabilité du banquier. En effet, le législateur a voulu éviter le recours systématique aux tribunaux en cas de différents avec certains clients. Ainsi, depuis la loi n° 2001-1168 du 11 décembre 2001 portant mesures urgentes de réformes à caractère économique et financier (MURCEF), les établissements de crédit doivent offrir à leurs clients la possibilité de saisir un médiateur pour le traitement de leurs litiges.

---

1. V. par ex., C. mon. fin., art. L. 312-1-1, L. 313-21, L. 313-22 ou encore R. 312-1. Elle est également exigée dans un certain nombre de cas par les juges, v. récemment, Civ. 1re, 16 avr. 2015, n° 14-16.536, *LEDB* juin 2015, p. 7, n° 100, obs. R. Routier ; *Gaz. Pal.* 8 juill. 2015, n° 189, p. 12, note J. Lasserre Capdeville. Civ. 1re, 17 juin 2015, n° 14-20.257 ; dalloz.fr, actualité, 29 juin 2015, obs. Th. de Ravel d'Esclapon ; *Gaz. Pal.* 30 oct. 2015, n° 217, p. 10, note J. Lasserre Capdeville.

2. Citons, notamment, l'obligation de sécurité du banquier, même si elle est plus rarement mentionnée par les juges. J. Lasserre Capdeville, « L'obligation de sécurité du banquier », *Banque et Dr.* 2007, n° 114, p. 7. Rennes, 10 avr. 2015, n° 12/00899, *LEDB* juill. 2015, p. 5, n° 115, obs. J. Lasserre Capdeville.

Cette médiation est aujourd'hui envisagée par l'article L. 316-1 du Code monétaire et financier. Notons que cet encadrement juridique a connu récemment une évolution en raison de l'ordonnance n° 2015-1033 du 20 août 2015 relative au règlement extrajudiciaire des litiges de consommation.

Ainsi, selon l'article L. 316-1, tout consommateur peut recourir, et ce de façon gratuite, à un médiateur, dans les conditions prévues au chapitre V du titre Ier du Livre VIer du Code de la consommation, en vue de la résolution du litige qui l'oppose à un établissement de crédit, une société de financement, un établissement de monnaie électronique, un établissement de paiement ou un prestataire de services d'information « et relatif aux services fournis et à l'exécution de contrats conclus dans le cadre du présent titre et du titre II du présent livre » (c'est-à-dire en matière d'opérations de banque, de services de paiement et d'émission et de gestion de monnaie électronique, mais aussi en matière de services d'investissement et de leurs services connexes et enfin de services de communication des données) « et relatifs aux produits mentionnés aux titres Ier et II du livre II » (les instruments financiers et les produits d'épargne).

Soulignons que cet article ne s'adresse qu'au consommateur [1]. La rigueur de cette affirmation est cependant à relativiser. En effet, la loi n° 2013-672 du 26 juillet 2013 de séparation et de régulation des activités bancaires est venue prévoir que la convention de compte des clients « professionnels personnes physiques » doit comporter les modalités d'accès, pour ces clients, à la médiation [2]. La loi impose donc d'ouvrir la médiation bancaire également aux professionnels personnes physiques [3].

1. Paris, 31 oct. 2013, n° 12/04613, *LEDB* janv. 2014, p. 4, n° 177, obs. J. Lasserre Capdeville.
2. C. mon. fin., art. L. 312-1-6.
3. M. Roussille, « Loi SRAB : incidences sur les relations des banques avec leur clientèle », *JCP E* 2013, 1661, n° 18.

CHAPITRE 1
LE DEVOIR DE NON-INGÉRENCE

267 Ce principe (Section 1), relativement ancien, connaît aujourd'hui un grand nombre d'exceptions (Section 2). Cela ne le remet pas en cause pour autant.

SECTION 1. LE CONTENU DU PRINCIPE

268 ***Présentation générale*** ◊ Le devoir de non-ingérence, dit aussi devoir de non-immixtion, impose aux établissements de crédit de ne pas intervenir dans les affaires de leurs clients, soit en s'informant sur leurs affaires, soit en réalisant de leur propre chef des opérations pour le compte des clients. Le banquier n'a donc pas, en principe, à effectuer de recherches pour s'assurer que les opérations qu'un client souhaite effectuer sont régulières, non dangereuses pour le client et non susceptibles de nuire injustement à un tiers. Le devoir place ainsi l'établissement bancaire dans une position de neutralité, quelle que soit l'opération passée : encaissement de chèque, retraits de fonds, opération de crédit, etc. [1]

269 ***Fondement*** ◊ Cette règle a été dégagée par l'arrêt *Ducrocq* de la Cour de cassation du 28 janvier 1930 [2]. Elle est rappelée par la Haute juridiction à intervalle régulier [3]. La loi ne l'a cependant jamais consacrée directement, même si l'article L. 761-2 du Code de la consommation y fait référence dans son alinéa 2. Il s'agit, pour résumer, d'une norme de comportement tenant compte des conditions particulières de l'exercice de la profession de banquier.

---

1. J. Lasserre Capdeville, « Que reste-t-il au XXIe siècle du devoir de non-ingérence du banquier ? », *Banque et Dr.* 2005, n° 101, p. 11.

2. Civ. 28 janv. 1930, Ducrocq, *RTD civ.* 1930. 369, obs. R. Demogue.

3. V. par ex., Com. 30 oct. 1984, n° 83-94.685, *Bull. civ.* IV, 1984, n° 285. Com. 15 juin 1993, n° 91-15.431, *Bull. civ.* IV, 1993, n° 239. Com. 11 mai 1999, n° 96-16.088, *Bull. civ.* IV, 1999, n° 95 ; *RDBB* 1999. 184, obs. F.-J. Crédot et Y. Gérard. Com. 19 nov. 2002, n° 99-20.828, *Bull. civ.* IV, 2002, n° 167 ; *RTD com.* 2003. 150, obs. D. Legeais ; *Banque et Dr.* 3-4/2003. 61, obs. Th. Bonneau. Com. 27 mai 2008, n° 07-15.132, *Bull. civ.* IV, 2008, n° 109 ; *RTD civ.* 2008. 481, obs. B. Fages. Com. 27 nov. 2012, n° 11-19.311, *LEDB* févr. 2013, p. 3, n° 005, obs. J. Lasserre Capdeville. Com. 17 sept. 2013, n° 12-20.512, *LEDB* nov. 2013, p. 3, n° 142, obs. R. Routier. Com. 27 janv. 2015, n° 13-20.088, *RDBF* 2015, comm. 113, obs. F.-J. Crédot et Th. Samin ; *LEDB* mars 2015, p. 5, n° 043, obs. J. Lasserre Capdeville. Com. 12 juill. 2017, n° 15-27.891 : *JCP E* 2017, n° 1637, obs. N. Mathey ; *RJDA* 2017, n° 750 ; *Gaz. Pal.* 14 nov. 2017, p. 59, obs. C. Houin-Bressand ; *Banque et Dr.* 11-12/2017. 26, obs. Th. Bonneau ; *LEDB* 2018, n° 2, p. 2, obs. J. Lasserre Capdeville.

270 ***Finalités*** ◊ Le principe de non-ingérence du banquier présente une double finalité. Il protège, certes, les clients des établissements de crédit contre les ingérences du banquier dans leurs propres affaires. Mais ce n'est pas son principal objectif. Il permet avant tout de préserver l'établissement de crédit contre les actions en responsabilité qui pourraient être engagées contre lui dans les hypothèses où l'opération effectuée se révélerait préjudiciable pour le client ou pour les tiers.

SECTION 2. LES EXCEPTIONS AU PRINCIPE

271 ***Devoir de vigilance*** ◊ Si le principe de non-ingérence a vocation à s'appliquer à l'ensemble des activités du banquier, ce dernier se voit aussi imposer, dans un certain nombre de cas, un devoir contraire à cette non-immixtion. En effet, l'exercice de l'activité bancaire présente des risques importants, dans la mesure où les opérations de banque peuvent permettre la réalisation de fraudes au détriment d'un client, de l'établissement de crédit lui-même ou encore de tiers. Le risque lié à l'exercice de cette profession justifie alors que le banquier soit également investi d'une mission de contrôle des opérations qu'il exécute à la demande de ses clients. Tel est l'objet du devoir de vigilance, également appelé devoir de surveillance ou devoir général de prudence, qui désigne l'obligation pour le banquier de s'immiscer, dans certaines circonstances bien précises, dans les affaires de ses clients pour opérer diverses vérifications.

272 Ce devoir de vigilance est, selon les cas, imposé par la loi ou le règlement (§ 1), la jurisprudence (§ 2) ou le contrat unissant le banquier à son client (§ 3).

§ 1. Le devoir de vigilance d'origine légale ou réglementaire

273 ***Ouverture d'un compte en banque*** ◊ En vertu de l'article R. 312-2 du Code monétaire et financier, le banquier est dans l'obligation, avant d'ouvrir un compte, de « vérifier le domicile et l'identité du postulant qui est tenu de présenter un document officiel portant sa photographie » [1]. Concrètement, le banquier recueillera et conservera un certain nombre d'informations : nom, prénoms, date et lieu de naissance du postulant, nature, date et lieu de délivrance du document présenté et nom de l'autorité ou de la personne qui l'a délivré ou authentifié.

1. Pour une présentation plus détaillée de cet article, v. ss 607.

La responsabilité de l'établissement de crédit sera donc engagée en cas d'utilisation abusive du compte s'il n'a pas été procédé à un tel contrôle. Ce sera d'ailleurs au banquier de prouver qu'il a satisfait à son obligation [1]. Si la jurisprudence n'impose pas de pratiquer un examen approfondi du document produit par le client pour vérifier son authenticité du moment que la pièce produite offre une apparence de sincérité, il en ira différemment si la pièce en question présente une « anomalie apparente » [2], c'est-à-dire une anomalie détectable par le banquier normalement prudent ou diligent. Le professionnel de la banque n'ayant pas relevé cette dernière sera susceptible de voir sa responsabilité civile engagée si sa faute est à l'origine d'un préjudice [3].

274 ***Délivrance de chéquier*** ◊ Une dérogation légale comparable au devoir de non-ingérence se constate à l'article R. 131-44 du Code monétaire et financier en cas de première délivrance de chéquier. Dans cette hypothèse, en effet, le banquier est tenu d'interroger la Banque de France qui centralise les informations relatives aux incidents de paiement des chèques et aux mesures d'interdiction d'émettre des chèques. Sera alors consulté le fichier central des chèques (FCC) qui liste l'ensemble des personnes à qui une banque a retiré la faculté d'émettre des chèques ou d'utiliser une carte bancaire. Une interrogation aux mêmes fins est imposée, par la pratique, en cas de nouvelle demande de chéquiers si le banquier sait que son client a été frappé d'une interdiction. En outre, lorsque le chéquier est délivré à une société en formation, la consultation doit porter sur tous les associés fondateurs [4].

275 ***Crédit aux consommateurs*** ◊ Depuis la loi n° 2010-737 du 10 juillet 2010 portant réforme du crédit à la consommation, dite « loi « Lagarde » », l'article L. 312-16 du Code de la consommation prévoit, concernant ce type de crédit, qu'« avant de conclure le contrat de crédit, le prêteur vérifie la solvabilité de l'emprunteur à partir d'un nombre suffisant d'informations, y compris des informations fournies par ce dernier à la demande du prêteur ». Surtout, le même article précise que le prêteur doit consulter le fichier des incidents de remboursement des crédits aux particuliers (FICP) [5]. Le manquement à cette obligation fait encourir au prêteur une sanction non négligeable : la déchéance du droit aux intérêts

---

1. Com. 11 janv. 2000, n° 97-11.584, *Bull. civ.* IV, 2000, n° 7 ; *RTD com.* 2000. 421, obs. M. Cabrillac ; *Banque et Dr.* 3-4/2000. 47, obs. M. Storck ; *RDBF* 2000, comm. 49, obs. F.-J. Crédot et Y. Gérard.

2. Sur cette notion, v. ss 278.

3. Com. 23 juin 2004, n° 02-17.789, *D.* 2004. AJ 2373 ; *RDBF* 2004, comm. 228, obs. F.-J. Crédot et Y. Gérard. Reims, 11 juill. 2014, n° 13/02266, *LEDB* sept. 2014, p. 5, n° 127, obs. J. Lasserre Capdeville. Il en ira différemment, en revanche, lorsque le bénéficiaire du chèque aura eu un comportement léger, et que sa faute sera qualifiée par les juges de cause exclusive de son préjudice, Com. 9 juill. 2013, n° 12-22.240, *Gaz. Pal.* 26 sept. 2013, n° 268, p. 8, note J. Lasserre Capdeville.

4. Com. 6 mai 2002, n° 00-15.648, *RDBF* 2002. 183, obs. F.-J. Crédot et Y. Gérard.

5. Le régime juridique de ce fichier est prévu par les articles L. 751-1 s. du Code de la consommation.

en totalité ou dans la proportion fixée par le juge [1]. Plusieurs décisions ont été déjà rendues en ce sens, notamment lorsque l'établissement de crédit prêteur n'est pas en mesure de prouver qu'il a consulté le FICP antérieurement ou concomitamment à passation du crédit [2].

En matière de crédit immobilier, depuis l'ordonnance n° 2016-351 du 25 mars 2016, l'article L. 313-16 prévoit que le prêteur doit s'appuyer sur les « informations nécessaires, suffisantes et proportionnées relatives aux revenus et dépenses de l'emprunteur » et ce auprès « de sources internes ou externes pertinentes ». L'alinéa 7 de l'article précise que le prêteur doit consulter dans cette hypothèse le FICP. Le non-respect de ces obligations fait encourir à l'emprunteur la déchéance du droit aux intérêts dans la proportion fixée par le juge, « jusqu'à un montant ne pouvant excéder (...) 30 % des intérêts et plafonné à 30 000 euros » [3].

276 ***Lutte contre le blanchiment d'argent et le financement du terrorisme*** ◊ Les plus importantes dérogations au devoir de non-ingérence d'origine légale se retrouvent en matière de lutte contre le blanchiment d'argent et le financement du terrorisme. Pour mémoire, le blanchiment d'argent désigne classiquement le processus à l'issue duquel des fonds obtenus au moyen de la commission d'infractions pénales sont réinjectés dans l'économie légale.

Une obligation de vigilance particulièrement étendue a ainsi vocation à jouer en la matière. Cette dernière a pour but de permettre aux personnes assujetties de détecter des anomalies qui devront faire l'objet d'investigations et déboucher, le cas échéant, sur une déclaration de soupçon [4].

La vigilance ainsi imposée aux professionnels dépend, aujourd'hui, du risque de blanchiment attaché au profil des clients, des produits et des opérations. En conséquence, à une vigilance standard s'articulent désormais des niveaux de vigilance renforcée ou allégée. S'agissant de la vigilance standard, par exemple, le Code monétaire et financier prévoit clairement deux exigences de vigilance à la charge des professionnels : une première *ab initio*, avant l'entrée en relation avec la clientèle, et une seconde dans le suivi des clients et des opérations qu'ils conduisent [5]. Le banquier a alors intérêt à respecter scrupuleusement ces exigences légales. A défaut, il encourt des sanctions disciplinaires et pécuniaires de la part de l'ACPR. Cette législation sera étudiée en détail plus loin [6].

---

1. C. consom., art. L. 341-2.
2. V. par ex., TI Orléans, 3 juill. 2014, n° 11-12 001679, *D.* 2014. AJ 1685, obs. G. Poissonnier. Paris, 8 janv. 2015, n° 14/01037, *LEDB* mars 2015, p. 5, n° 042, obs. J. Lasserre Capdeville. Versailles, 10 mai 2016, n° 14/03345, *LEDB* sept. 2016, p. 3, n° 127, obs. J. Lasserre Capdeville. – J. Lasserre Capdeville, « Le contentieux bancaire lié au FICP » : CCC 2018, n° 3, étude n° 4, p. 6.
3. C. consom., art. L. 341-27.
4. C. mon. fin., art. L. 561-15.
5. C. mon. fin., art. L. 561-5, L. 561-5-1 et L. 561-6.
6. V. ss 352.

§ 2. Le devoir de vigilance d'origine jurisprudentielle

277 ***Principe général*** ◊ Le banquier est tenu de rester vigilant et son attention doit demeurer en éveil. Il est ainsi établi de longue date, pour les magistrats, que le principe de non-ingérence laisse subsister la responsabilité du banquier qui accepte d'enregistrer une opération dont l'illicéité ressort d'une « anomalie apparente » [1]. Le devoir de « neutralité » tombe ainsi devant l'apparence d'une opération illicite. Le professionnel de la banque verra alors sa responsabilité engagée, ou souvent retenue à côté de celle d'un autre fautif, si face à cette anomalie il n'a procédé à aucune vérification.

278 ***Anomalie apparente*** ◊ Mais qu'est-ce qu'une anomalie apparente ? La doctrine [2] a pris l'habitude de distinguer, à la lumière du contentieux, deux sortes d'anomalies : les anomalies matérielles et les anomalies intellectuelles.

Les premières, qui affectent la régularité même du contrat ou du titre (falsification, imitation grossière d'une signature, grattage, etc.), permettraient ainsi d'engager facilement la faute du banquier dans la mesure où l'altération est révélée par un simple examen du titre [3].

Au contraire, les secondes, qui résultent des circonstances dans lesquelles l'opération se présente (montant très élevé par rapport aux revenus habituels du titulaire du compte, nombre important de chèques remis à l'encaissement, etc.), ne pourraient être soupçonnées qu'à partir de certains éléments objectifs du contexte [4].

Ainsi, d'une façon générale, l'anomalie apparente est celle qui ne doit pas échapper au banquier diligent. En présence d'une telle anomalie, il est acquis que le banquier doit rechercher si elle n'est qu'apparente ou bien si elle est réelle et, dans ce dernier cas, il doit tout mettre en œuvre pour que

---

1. V. par ex., Com. 25 avr. 1967, *JCP* 1967, II, 15306, obs. Ch. Gavalda. Com. 3 janv. 1977, n° 75-11.853, *Bull. civ.* IV, 1977, n° 2. – Com. 15 nov. 2016, n° 15-14.133 : *Gaz. Pal.* 24 janv. 2017, p. 14, note J. Lasserre Capdeville ; *Banque et Dr.* 5-6/2017. 29, obs. Th. Bonneau ; *LEDB* janv. 2017, p. 2, obs. S. Piedelièvre.

2. V. par ex., Th. Bonneau, *Droit bancaire*, Montchrestien, 2017, 12e éd., n° 577. Ch. Gavalda et J. Stoufflet, *Droit bancaire*, Litec, 2015, 9e éd., n° 328. S. Piedelièvre et E. Putman, *Droit bancaire*, Economica, 2011, n° 189.

3. V. par ex., en matière de chèque, Com. 7 juill. 2009, n° 08-18.251, *Bull. civ.* IV, 2009, n° 93 ; *JCP* 2009. 360, note J. Lasserre Capdeville. Com. 10 déc. 2003, n° 00-18.653, *Bull. civ.* IV, 2003, n° 200.

4. V. par ex., concernant un nombre important de chèques, Douai, 16 mars 2011, n° 10/01481, *LEDB* juin 2011, p. 6, n° 086, obs. J. Lasserre Capdeville. De même, concernant le fonctionnement d'un compte bancaire, Com. 22 nov. 2011, n° 10-30.101, *Bull. civ.* IV, 2011, n° 190 ; *JCP* 2012. 105, note J. Lasserre Capdeville ; *JCP E* 2012, 1349, n° 5, obs. J. Stoufflet ; *RDBF* 2012, comm. 37, obs. F.-J. Crédot et Th. Samin ; *Banque et Dr.* 3-4/2012. 19, obs. Th. Bonneau ; *LEDB* janv. 2012, p. 1, n° 181, obs. R. Routier.

le préjudice ne se réalise pas, au besoin en refusant d'exécuter l'opération. Parfois, une simple information ou un conseil donné à la personne dont les intérêts sont menacés pourra suffire. À défaut d'une telle initiative, la banque verra sa responsabilité engagée. L'appréciation de cette dernière ne peut donc se faire qu'en fonction des circonstances de chaque espèce, c'est-à-dire « *in concreto* ». Cette solution, relative à l'anomalie apparente, est fréquemment rappelée par la jurisprudence.

279 ***Autonomie de la vigilance requise*** ◊ La Cour de cassation a eu l'occasion d'affirmer qu'une banque doit faire preuve d'une « vigilance particulière » lorsqu'elle ouvre un compte à un organisme un compte à un organisme financier de droit étranger qui peut aller au-delà des obligations imposées par la législation anti-blanchiment [1]. On ne saurait confondre alors ces différentes hypothèses.

§ 3. Le devoir de vigilance d'origine conventionnelle

280 ***Principe général*** ◊ Le banquier est tenu de s'immiscer dans les affaires de ses clients, notamment à titre de surveillance, chaque fois que le contrat l'unissant à ces mêmes clients en dispose ainsi.

Cette solution se retrouve avec la question du non-respect de l'affection des fonds prêtés [2]. Il arrive, souvent, que des crédits soient octroyés dans une finalité particulière, c'est-à-dire pour l'achat d'un bien déterminé. En conséquence, l'emprunteur ne peut pas utiliser les fonds à d'autres fins. Mais si celui-ci ne respecte pas l'affectation en question, une personne, et notamment une caution, peut-elle reprocher au prêteur son absence de surveillance ?

La jurisprudence est clairement venue affirmer qu'à défaut de clause de surveillance dans le contrat de prêt, le principe est celui de l'absence de faute du banquier [3]. La vérification de l'affectation de la somme prêtée s'analyse ainsi en une simple faculté dont le non-exercice n'est pas de nature à engager la responsabilité de la banque [4]. Dès lors, *a contrario*, ce

---

1. Com. 22 nov. 2011, n° 10-30.101, *op. cit.*

2. V. ss 1924.

3. Com. 23 janv. 2007, n° 05-18.368, *Bull. civ.*, n° 7 ; *RTD com.* 2007. 432, obs. D. Legeais ; *JCP E* 2007, n° 22, p. 18, obs. J. Stoufflet ; *Banque et Dr.* 5-6/2007. 38, obs. Th. Bonneau. Com. 5 juin 2007, n° 06-12.632, *RDBF* 2007, comm. 150, obs. D. Legeais. Com. 15 févr. 2011, n° 10-14.912, *Banque et Dr.* 5-6/2011. 29, obs. Th. Bonneau. Com. 1er oct. 2013, n° 12-25.741, *Banque et Dr.* 11-12/2013. 17, obs. G. Helleringer ; *LEDB* déc. 2013, p. 1, n° 155, obs. J. Lasserre Capdeville. De même, estimant que la clause contractuelle faisant référence à l'emploi des fonds n'est stipulée que dans le seul intérêt du prêteur, Com. 8 juill. 2003, n° 00-15.584, *RJDA* 2004, n° 86.

4. Civ. 1re, 25 févr. 2010, n° 08-19.848, *JCP E* 2010, 1496, n° 12, obs. R. Routier ; *Banque et Dr.* juill.-août 2010, p. 20, obs. Th. Bonneau ; *RJDA* 2010, n° 671. On rencontre souvent en pratique une clause rendant exigibles les sommes prêtées en cas de non-respect de l'affectation des fonds, Com. 22 mai 2013, n° 12-17.665, *Banque et Dr.* 9-10/2013. 3, obs. G. Helleringer.

n'est qu'en présence d'une telle clause de surveillance, et en cas de non-respect de cette dernière, qu'il est possible de retenir la responsabilité civile du banquier. Il s'agit, dans cette hypothèse, d'une exception conventionnelle au principe de non-ingérence.

D'autres décisions ont également eu l'occasion d'affirmer, dans des circonstances différentes, que la vigilance s'impose si elle a été promise par le banquier [1]. Dès lors, un manquement en la matière est de nature à être sanctionné.

281 ***Effectivité du principe*** ◊ Une question pourrait se poser à la vue de toutes ces exceptions au devoir de non-ingérence. Ce dernier est-il toujours effectif ? Assurément. L'étude de la jurisprudence permet de constater que les exceptions précitées n'ont pas fait disparaître le principe. À défaut d'être dans l'une des hypothèses jurisprudentielles, légales ou contractuelles dans lesquelles le banquier est tenu à une obligation de vigilance, impliquant un certain contrôle des affaires de ses clients, le devoir de non-ingérence demeure applicable.

Cette solution ne saurait surprendre. Une mise à l'écart trop importante de cette obligation reviendrait à imposer au professionnel de la banque la détection de toutes les fraudes commises sur les comptes de ses clients, qu'elles soient apparentes ou pas. Sa responsabilité civile deviendrait alors bien facile à caractériser.

1. Concernant une carte de paiement ayant pour objet l'apprentissage dès 12 ans de ce moyen de paiement par la vérification, par le banquier, que les dépenses n'excèdent pas les avoirs avant l'autorisation de la transaction, Grenoble, 28 avr. 2015, n° 12/04789, *LEDB* juill. 2015, p. 3, n° 111, obs. J. Lasserre Capdeville.

CHAPITRE 2
LE SECRET BANCAIRE

282 ***Définition*** ◊ Le secret bancaire est l'obligation, pour l'ensemble des membres des organes de direction et de surveillance des établissements de crédit, ainsi que leurs employés exerçant une activité bancaire, de taire les informations de nature confidentielle qu'ils possèdent sur leurs clients ou des tiers. Le professionnel de la banque ne respectant pas cette obligation encourt des sanctions à caractères civil, pénal et disciplinaire [1].

Cette notion recouvre, plus précisément, deux concepts complémentaires : une obligation de discrétion et le secret professionnel du banquier. L'obligation de discrétion à la charge de ce dernier, tout d'abord, est une obligation de nature civile, découlant, selon les hypothèses, du contrat unissant le banquier à ses clients, des règles de la responsabilité civile délictuelle, ou encore des dispositions prévoyant le respect de la vie privée. Le secret professionnel du banquier, quant à lui, est une obligation légale qui se fonde, non seulement sur les liens de confiance issus de la profession du banquier, mais aussi sur des textes législatifs. La responsabilité encourue est ici pénale, mais elle n'écarte pas pour autant la responsabilité civile des auteurs de révélations indues.

283 ***Fondement légal*** ◊ Ce principe, qui a été reconnu légalement en France par la loi n° 84-46 du 24 janvier 1984 relative à l'activité et au contrôle des établissements de crédit [2], figure à l'article L. 511-33 du Code monétaire et financier. Ce dernier a connu plusieurs évolutions [3], notamment ces dernières années. Si certaines d'entre elles ont été relativement légères, d'autres ont été plus conséquences. Relèvent de cette seconde hypothèse, les « nouveautés » issues de l'ordonnance n° 2014-158 du 20 février 2014 portant diverses dispositions d'adaptation de la législation au droit de l'Union européenne en matière financière [4].

---

1. Sur cette obligation, J. Lasserre Capdeville, *Le secret bancaire. Approches nationale et internationale*, collection « Les essentiels de la banque et de la finance », Revue Banque édition, 2014.

2. Il demeurait néanmoins reconnu par la doctrine, A. Sacker, *Du secret professionnel du banquier*, thèse, Paris, 1933. P. Gulphe, « Le secret professionnel du banquier en droit français et en droit comparé », *RTD com.* 1948. 20. La jurisprudence le visait également parfois, Paris, 17 oct. 1941, *Gaz. Pal.* 1932. 1, p. 19. T. civ. Strasbourg, 23 déc. 1954, *RTD com.* 1956. 634, obs. J. Becqué et H. Cabrillac. T. civ. Caen, 22 déc. 1955, *JCP* 1956, IV, 56. Paris, 6 févr. 1975, *D.* 1975. 318, obs. J. Vezian. Concernant un employé de la Banque de France, T. corr. Seine, 23 déc. 1931, *Gaz. Pal.* 1931. 1, jurispr. p. 491.

3. Sur son évolution depuis 1984, J. Lasserre Capdeville, « Le secret bancaire », *Banque et Dr.* 3/2014, Hors série, 30 ans de la loi bancaire, p. 77.

4. Sur les apports notables de ce texte en la matière, *Banque et Dr.* 2013, n° 154, p. 50, obs. J. Lasserre Capdeville.

Étudions le contenu du principe en question (Section 1) avant d'en observer les nombreuses exceptions (Section 2).

SECTION 1. LE CONTENU DU SECRET BANCAIRE

284 Observons le champ d'application du secret bancaire (§ 1) avant d'évoquer les sanctions encourues en cas de violation du principe par une personne tenue au respect de ce secret (§ 2).

§ 1. Le champ d'application du principe

285 L'étude du champ d'application du principe implique de savoir qui est tenue, concrètement, au respect du secret bancaire (A), au bénéfice de qui (B), et enfin à propos de quoi, c'est-à-dire l'objet du secret (C).

A. Les débiteurs du secret bancaire

286 ***Principe général*** ◊ Le secret professionnel du banquier est traditionnellement présenté comme une obligation imposée à l'établissement de crédit. De façon plus précise, l'article L. 511-33 soumet à cette obligation tout membre d'un conseil d'administration, tout membre d'un conseil de surveillance mais aussi « toute personne qui à un titre quelconque participe à la direction ou à la gestion d'un établissement de crédit, d'une société de financement » ou « aux associations sans but lucratif et aux fondations reconnues d'utilité publique » accordant sur leurs ressources propres et sur emprunts contractés auprès, notamment, d'établissements de crédit, « des prêts pour la création et le développement d'entreprises dont l'effectif n'excède pas un nombre fixé par décret ou pour la réalisation de projets d'insertion par des personnes physiques ». La loi n° 2015-992 du 17 août 2015 a, récemment, étendu le principe aux sociétés de tiers-financement définies à l'article L. 381-2 du Code de l'instruction et de l'habitation. Il en va de même pour les personnes employées par l'un de ces établissements ou organismes [1].

287 ***Durée du secret*** ◊ En tant qu'obligation à durée continue, l'obligation au secret bancaire ne serait pas efficace si elle ne demeurait pas effectivement à la charge du débiteur aussi longtemps que l'exige l'intérêt du créancier au secret, c'est-à-dire la personne physique ou morale intéressée

1. En revanche, un conseiller en gestion de patrimoine ne serait pas, pour la jurisprudence, tenu au secret bancaire, TGI Metz, 20 nov. 2014, *LEDB* janv. 2015, p. 1, obs. J. Lasserre Capdeville.

par les informations confidentielles. Ainsi, l'obligation au secret bancaire ne s'éteint pas et reste punissable, alors même que la personne sur qui portent les informations n'est plus cliente de la banque [1], que l'emploi de l'agent détenteur du secret a pris fin ou encore que ce dernier a quitté ses fonctions pour quelques raisons que ce soit : licenciement, démission, retraite, etc. En effet, dans ces hypothèses, le besoin de protection des personnes physiques ou morales n'a pas pour autant cessé. De la même manière, le décès du client, créancier principal du secret bancaire, ne met pas un terme à l'obligation pour le banquier de respecter le principe [2].

288 ***Filiales et succursales*** ◊ Des incertitudes ont pu se poser lorsque l'établissement de crédit a des filiales et des succursales. Le secret bancaire peut-il être opposé à l'une de ces dernières ? Cela varie selon les hypothèses.

Tout d'abord, du fait de son indépendance, la filiale n'est qu'une associée de la société « principale ». En conséquence, celle-ci ne saurait communiquer à sa filiale des informations de nature confidentielle qu'elle détiendrait sur ses clients (hormis si nous sommes en présence de l'une des dérogations envisagées par l'article L. 511-33, et notamment son 6° [3]). De la même manière, la filiale ne peut pas transmettre de telles informations à sa société mère [4].

En revanche, la succursale n'a pas de personnalité juridique propre. Elle ne constitue qu'une simple structure décentralisée de l'établissement « principal ». Le secret est dès lors inopposable entre ce dernier établissement et sa succursale, dans la mesure où il n'existe pas, par principe, d'obligation de discrétion à l'intérieur d'une même personne morale.

Cette solution devrait, néanmoins, pouvoir trouver une exception lorsque la succursale est implantée à l'étranger [5]. En effet, le secret bancaire étant un principe dont la violation est réprimée pénalement, on peut estimer qu'il constitue une loi de police [6]. Il devrait par conséquent s'imposer à tous ceux qui exercent une activité bancaire sur le territoire, et notamment aux succursales d'un établissement de crédit à l'étranger qui devront alors l'opposer à leurs société-mères situées dans un autre État.

1. Civ. 1re, 2 juin 1993, n° 90-21.982, *Bull. civ.* I, 1993, n° 397.

2. Com. 25 févr. 2003, n° 00-21.184, *Bull. civ.* IV, 2003, n° 26 ; *D.* 2003. AJ 1162, obs. V. Avena-Robardet ; *RTD com.* 2003. 343, obs. D. Legeais ; *RTD civ.* 2003. 477, obs. J. Hauser ; *RDBF* 2003, comm. 59, obs. F.-J. Crédot et Y. Gérard ; *Banque et Dr.* 5-6/2003. 56, obs. Th. Bonneau. Des exceptions existent cependant au bénéfice de certains héritiers. V. ss 310.

3. V. ss 336.

4. Une limite est cependant à relever en cas de contrôle des établissements de crédit sur une base consolidée, C. mon. fin., art. L. 511-34.

5. Ch. Gavalda, « Activités bancaires et droit communautaire », *LPA*, 5 juin 1991, p. 2.

6. Pour mémoire, une loi de police est une disposition impérative dont le respect est jugé crucial par un pays pour la sauvegarde de ses intérêts publics, tels que son organisation politique, sociale ou économique, au point d'en exiger l'application à toute situation entrant dans son champ d'application. V. ss 2334.

B. Les créanciers du secret bancaire

289 ***Clients de la banque*** ◊ Le droit ne précise pas qui est le créancier de ce secret, c'est-à-dire qui dispose du droit à ce que les informations de nature confidentielle qui le visent demeurent secrètes. Il s'agira, dans la majorité des cas, des clients des établissements de crédit. Le client de la banque peut être une personne civile comme une personne morale. Sa nationalité importe peu, comme sa qualité de résident.

Notons que le secret bancaire n'est pas opposable au client sur ses propres affaires. En effet, un droit ne saurait se retourner contre celui qu'il protège. Ce client ne pourra, en revanche, avoir accès à des informations de nature confidentielle visant des tiers et, dès lors, protégées par leur secret bancaire.

290 ***Tiers à la banque*** ◊ Le banquier est amené, dans l'exercice de ses activités, à recueillir des informations sur des personnes avec lesquelles il n'entretient pas de rapport contractuel. Or ces dernières ayant tout autant besoin de discrétion que les clients du banquier, rien n'empêche de leur accorder la protection du secret bancaire, dans la mesure où la législation ne limite à aucun moment le bénéfice du secret aux seuls clients [1].

La jurisprudence s'est implicitement prononcée en faveur d'une telle extension de la protection en matière de communication de photocopies de versos de chèques [2]. En effet, dans la mesure où ces versos comprennent des informations de nature confidentielle (nom, signature et numéro de compte bancaire du bénéficiaire du chèque), la chambre commerciale a refusé, à plusieurs reprises, la communication d'une photocopie d'un tel verso au tireur du chèque qui en faisait la demande, au motif que cela risquait de porter atteinte au principe du secret bancaire [3]. Or, dans une telle circonstance, c'est le bénéficiaire du chèque qui est protégé, c'est-à-dire une personne qui n'est pas forcément cliente du banquier-tiré auquel la communication est demandée. Les tiers, et leurs affaires, bénéficient donc également du secret bancaire. Cette jurisprudence a été confirmée à plusieurs reprises [4]. Cette protection des tiers est d'ailleurs parfois expressément mentionnée par les magistrats [5].

---

1. Paris, 15 oct. 2014, n° 13/04525, *LEDB* déc. 2014, p. 6, n° 163, obs. J. Lasserre Capdeville. Toulouse, 2 déc. 1999, *JCP* 2000, IV, 2369.

2. Sur la possibilité de fournir au tireur une copie du recto d'un chèque, Rennes, 11 oct. 2012, *LEDB* déc. 2012, p. 4, obs. J. Lasserre Capdeville.

3. Com. 13 juin 1995, n° 93-16.317, *Bull. civ.* IV, 1995, n° 172 ; *Banque* oct. 1995, p. 93, obs. J.-L. Guillot. Com. 8 juill. 2003, n° 00-11.993, *Bull. civ.* IV, 2003, n° 119 ; *D.* 2003. AJ 2170, obs. V. Avena-Robardet ; *RTD com.* 2003. 783, obs. M. Cabrillac ; *RDBF* 2004, comm. 5, obs. F.-J. Crédot et Y. Gérard ; *Banque et Dr.* 1-2/2004. 54, obs. Th. Bonneau. Com. 9 juin 2004, n° 02-19.572, *Banque et Dr.* 9-10/2004. 82, obs. Th. Bonneau ; *RJDA* 2004, n° 1363.

4. Com. 21 sept. 2010, n° 09-68.994, *LEDB* nov. 2010, p. 3, obs. Lasserre Capdeville. Sur la procédure applicable, Civ. 2e, 17 nov. 2011, n° 10-21.326, *LEDB* janv. 2012, p. 5, n° 188, obs. R. Routier.

5. Paris, 15 oct. 2014, n° 13/04525 : *LEDB* déc. 2014, p. 6, n° 163, obs. J. Lasserre Capdeville. - Toulouse, 2 déc. 1999 : *JCP* 2000. IV. 2369.

291 ***Secret des affaires*** ◊ En revanche, le secret bancaire, qui tend donc à la protection de la personne visée par des informations de nature confidentielle parvenues à la connaissance du banquier, ne saurait s'étendre aux renseignements intéressant uniquement la banque [1]. Rappelons, en effet, que le principe mentionné à l'article L. 511-33 du Code monétaire et financier est, avant tout, une obligation à la charge du banquier dont la violation est réprimée, et non un droit bénéficiant à ce professionnel. Il doit dès lors être distingué du secret des affaires, en vertu duquel une banque peut imposer le silence à ses employés sur ses propres affaires, et ce dans son seul intérêt. Aujourd'hui, suite à une réforme récente, le secret des affaires fait l'objet d'un encadrement juridique particulier [2].

C. Les informations confidentielles

292 ***Principe général*** ◊ Il serait erroné de penser que le banquier est astreint à une obligation générale de se taire : il n'est tenu de garder secrets que certains faits jugés de nature confidentielle. Cependant, l'absence de définition légale de l'information confidentielle a suscité des controverses, tant au sein de la doctrine que de la jurisprudence. Un certain nombre de critères objectifs peuvent néanmoins être dégagés au vu de la loi et des arrêts rendus en la matière.

L'information confidentielle doit ainsi avoir été confiée, constatée, déduite ou apprise de tiers ; avoir été reçue à titre professionnel ; être ignorée du public ; et enfin être suffisamment précise [3]. Ce dernier caractère est important, car il légitime la pratique des renseignements commerciaux [4]. Il est en effet d'usage que le banquier puisse donner des appréciations générales sur la situation économique ou financière d'un client en se fondant sur « l'opinion de la place » par des indications relativement générales : paiements irréguliers, échéances difficiles, chèques impayés, bon crédit, etc. [5]

Sont dès lors protégés par le secret bancaire, à titre d'exemple, la dénomination, l'immatriculation et le lieu du siège social d'une personne morale, si ces informations permettent d'identifier le client d'une banque

1. Poitiers, 2 nov. 2005, *BICC* 2006, n° 1334. Moins clairement en revanche, TGI Nanterre, 25 mai 2010, *Banque et Dr.* 9-10/2010. 37, obs. Th. Bonneau.

2. Loi° 2018-670 du 30 juillet 2018 relative à la protection du secret des affaires : *JO* 31 juill. 2018, texte n° 1.

3. Si le secret bancaire couvre tous les renseignements d'ordre privé, notamment la situation médicale des clients, dans le cadre d'une demande de prêt, il ne s'étend pas aux éléments purement factuels relatifs à la demande de prêt, ses modalités précises et la réponse motivée donnée par la banque, Versailles, 23 mars 1994, *D.* 1994, somm. p. 328, obs. M. Vasseur ; *Banque* févr. 1995, p. 89, obs. J.-L. Guillot.

4. V. ss 2841.

5. Com. 18 sept. 2007, n° 06-10.663, *Bull. civ.* IV, 2007, n° 195. Paris, 6 févr. 1975, *D.* 1975. 318, note J. Vezian.

comme bénéficiaire d'un virement [1]. Citons encore la situation médicale des clients [2]. En revanche, ne sont pas couvertes par le secret les pièces qui ne visent qu'à établir que la banque avait effectué toutes les diligences auxquelles elle était tenue du seul fait de la loi [3].

293 ***Volonté du « maître du secret »*** ◊ Malgré la présence des critères objectifs précités, la nature confidentielle des informations peut évoluer en fonction de la volonté de la personne qu'elles visent. Cette dernière peut en effet étendre l'étendue du secret, comme autoriser le banquier à révéler certaines informations de nature confidentielle l'intéressant [4].

Ce pouvoir ne saurait toutefois aller à l'encontre de la loi. En effet, l'obligation au secret bancaire n'étant pas absolue, il est des hypothèses dans lesquelles des dérogations au principe sont expressément prévues par le législateur. Dès lors, si tel est le cas, le banquier devra révéler certaines informations, confidentielles ou pas, même si son client lui demande de les tenir secrètes. Le professionnel échappera dans ce cas à l'engagement de sa responsabilité pénale ou civile pour avoir effectué de telles révélations ; l'autorisation de la loi légitimera sa conduite [5].

§ 2. Les sanctions encourues

294 Antérieurement à la reconnaissance expresse du secret bancaire par la loi du 24 janvier 1984, la violation par le banquier de son obligation de discrétion ne lui faisait encourir, semble-t-il, que des sanctions civiles. Il en va différemment aujourd'hui : des sanctions civiles (A), pénales (B) et disciplinaires (C) sont désormais encourues en la matière.

A. Les sanctions civiles

295 ***Responsabilité contractuelle*** ◊ Le banquier verra sa responsabilité civile contractuelle mise en jeu lorsqu'il aura révélé une information de nature confidentielle visant une personne avec laquelle il est lié contractuellement. C'est ainsi que cette responsabilité peut être imputable à titre personnel à l'établissement de crédit lorsque l'indiscrétion a été commise par les dirigeants sociaux ou encore en raison du fait d'autrui si

---

1. Com. 21 févr. 2012, n° 11-10.900, *RTD com.* 2012. 380, obs. D. Legeais ; *Gaz. Pal.* 2012. 1556, obs. A.-C. Rouaud ; *RJDA* 2012, n° 523 ; *RDBF* 2012, comm. 75, obs. F.-J. Crédot et Th. Samin ; *Banque et Dr.* 5-6/2012. 20 obs. Th. Bonneau ; *LEDB* avr. 2012, p. 3, n° 039, obs. J. Lasserre Capdeville.
2. Versailles, 23 mars 1994, *D.* 1994, somm. p. 328, obs. M. Vasseur ; *Banque* févr. 1995, p. 89, obs. J.-L. Guillot.
3. Angers, 16 juill. 2013, n° 13/01369, *LEDB* oct. 2013, p. 4, obs. J. Lasserre Capdeville.
4. V. ss 307.
5. C. pénal, art. 122-4, al. 1.

le dommage résulte d'une violation commise par un employé qu'il a introduit dans l'exécution de son obligation contractuelle.

L'inexécution de l'obligation de discrétion confèrera alors au client lésé par la révélation le droit de réclamer la réparation du dommage par le biais de dommages-intérêts. Il devrait également pouvoir obtenir la résolution du contrat qui l'unit au banquier.

296 ***Responsabilité extracontractuelle*** ◊ En outre, cela a été noté, les règles du secret bancaire débordent des limites de la responsabilité contractuelle, les personnes pourtant non clientes du banquier demeurant protégées par le principe. Le banquier pourra dès lors voir sa responsabilité civile délictuelle engagée lorsqu'il aura révélé une information de nature confidentielle visant une personne avec laquelle il n'est pas lié, pas encore lié ou n'est plus lié contractuellement, et que cette révélation aura occasionné un préjudice à l'intéressée. Celle-ci sera en droit d'obtenir réparation du dommage subi par l'intermédiaire de dommages-intérêts.

B. Les sanctions pénales

297 ***Incrimination*** ◊ L'article L. 571-4 du Code monétaire et financier sanctionne par les peines figurant à l'article 226-13 du Code pénal, soit un an d'emprisonnement et 15 000 euros d'amende, le fait, pour les personnes mentionnées à l'article L. 511-33, de méconnaître intentionnellement le secret professionnel [1].

Les personnes morales reconnues coupables de l'infraction peuvent se voir, quant à elles, infliger une amende pouvant s'élever jusqu'à 75 000 euros. Les peines complémentaires de l'article 131-39 du Code pénal peuvent également être prononcées à leur encontre [2].

298 ***Causes d'irresponsabilité pénale*** ◊ Le Code pénal envisage un certain nombre de causes d'irresponsabilité pénale. Or, certaines d'entre elles sont susceptibles de jouer avec le secret bancaire, telle la permission de la loi [3] ou l'état de nécessité [4]. C'est ainsi qu'un banquier ne doit pas voir sa responsabilité pénale engagée pour violation du secret bancaire s'il est venu à révéler aux autorités judiciaires des soupçons d'abus de faiblesse subis par un client [5].

---

1. Pour une absence de violation du secret professionnel à l'égard de professionnels de la banque qui n'avaient pas conscience de communiquer des informations couvertes par le secret, Grenoble, 9 févr. 2000, *JCP E* 2001, n° 11, p. 444.
2. C. mon. fin., art. L. 571-1.
3. C. pén., art. 122-4.
4. C. pén., art. 122-7.
5. J. Lasserre Capdeville, « Le banquier face au délit d'abus de faiblesse », *RDBF* 2012. Étude 34.

299 ***Condamnations*** ◊ Peu de décisions ont, à ce jour, sanctionné pénalement une violation du secret bancaire en France [1]. En général, c'est l'établissement de crédit qui se prévaut lui-même du principe pour justifier son refus de communiquer certaines informations. Le texte revêt ainsi, le plus souvent, le caractère d'une sorte de fait justificatif.

C. Les sanctions disciplinaires

300 ***Principe général*** ◊ Outre le fait que la violation du secret bancaire peut constituer une cause réelle et sérieuse de licenciement, car constituant un manquement du salarié à ses obligations professionnelles en raison de l'emploi occupé, des sanctions disciplinaires peuvent également être prononcées à l'encontre des établissements eux-mêmes par l'Autorité de contrôle prudentiel et de résolution (ACPR).

Cette dernière doit en effet s'assurer, en vertu de l'article L. 612-1, I, du Code monétaire et financier, du respect par les établissements de crédit des dispositions figurant dans le même code. À défaut, la loi reconnaît à l'Autorité le pouvoir de prononcer des sanctions disciplinaires, qui peuvent se révéler très lourdes [2], contre l'établissement de crédit en question. Cette situation ne s'est jamais rencontrée à ce jour à notre connaissance.

SECTION 2. LES EXCEPTIONS AU SECRET BANCAIRE

301 ***Opposabilité du principe*** ◊ Le secret bancaire doit être opposé par le banquier chaque fois qu'il ne se trouve pas dans un cas qui admet une levée de celui-ci [3]. Ainsi, malgré l'existence d'un grand nombre d'exceptions le principe demeure le secret. Il est vrai que les dérogations aux infractions pénales doivent être interprétées strictement, et l'interprétation par analogie doit être proscrite. Tel est logiquement le cas ici.

La jurisprudence a ainsi eu l'occasion de dire que le secret bancaire est opposable aux tiers, quels que soient leurs qualités ou leurs rangs, comme

1. Bourges, 31 oct. 1991, n° 557/1, *JurisData* n° 1991-048594. Rennes, 13 janv. 1992, *D.* 1993, somm. p. 54, obs. M. Vasseur ; *D.* 1994, somm. p. 287, obs. H. Maisl ; *JCP E* 1993, II, 432, obs. Ch. Gavalda. Toulouse, 2 déc. 1999, n° 99/00155, *JCP* 2000, IV, n° 2369. Pour des relaxes, Toulouse, 16 févr. 1984, *JurisData* n° 1984-041025 ; *Cah. Jurispr.* Aquitaine et Midi-Pyrénées 2000, n° 2, p. 311. Paris, 25 mars 1998, n° 7911/97, *JurisData* n° 1998-02020. Grenoble, 9 févr. 2000, n° 99/00539, *JurisData* n° 2000-124121. Monaco, 30 mai 2011, *JCP E* 2011, 1673, note J. Lasserre Capdeville ; *LEDB* sept. 2011, p. 7, n° 124, obs. J.-M. Canac.

2. V. ss 487.

3. CAA Bordeaux, 11 avr. 2017, n° 15BX02110 : *LEDB* sept. 2017, p. 2, obs. J. Lasserre Capdeville.

par exemple à l'associé d'une SARL demandant communication de documents relatifs à la société [1], au créancier du client [2] ou encore à un ancien dirigeant de la personne morale cliente [3].

Par ailleurs, il est acquis qu'un banquier n'a pas à informer un époux emprunteur sur l'état du compte personnel de son conjoint co-emprunteur [4] ; le secret bancaire doit prévaloir dans ce cas-là. De la même manière, le conjoint divorcé ne peut demander communication de pièces concernant les relations bancaires ayant existé entre son ancien conjoint et sa banque [5].

302 ***Cas de l'instance civile ou commerciale. Banquier partie à l'instance*** ◊ À défaut d'exception légale [6], il est de principe que le secret bancaire est opposable au juge civil ou commercial [7]. Mais le tribunal ne peut-il pas contraindre le banquier à produire, malgré lui, des informations confidentielles ? La loi semble conférer un pouvoir étendu aux magistrats en la matière. En effet, aux termes de l'article 10 du Code civil : « Chacun est tenu d'apporter son concours à la justice en vue de la manifestation de la vérité. Celui qui sans motif légitime se soustrait à cette obligation (...) peut être contraint d'y satisfaire (...) ». De même, les articles 11 et 142 du Code de procédure civile donnent au juge le pouvoir d'ordonner la production forcée des pièces détenues par une partie.

Cependant, il convient de noter que cet article 10 du Code civil n'admet une telle contrainte qu'en l'absence de « motif légitime ». Or la jurisprudence a progressivement perçu le secret bancaire comme un tel motif légitime [8]. Il doit donc prévaloir.

La même solution se retrouve pour les mesures d'instruction *in futurum* qui sont ordonnées en dehors de tout procès au fond en vue d'un éventuel litige [9].

---

1. Paris, 20 mars 1990 : D. 1992, somm. 31, obs. M. Vasseur/
2. Montpellier, 2 sept. 1994 : *Banque et Dr.* 1995, n° 41, p. 70, obs. J.-L. Guillot.
3. Com. 16 janv. 2001, n° 98-11.744 : *Bull. civ.* 2001, IV, n° 12 ; *D.* 2001. AJ 545, obs. A. Lienhard ; D. 2003, somm. p. 340, obs. H. Synvet ; *JCP E* 2003, n° 11, p. 463, obs. J. Stoufflet. – En revanche, le dirigeant en fonction bénéficie logiquement d'une levée du secret, Colmar, 30 nov. 2010, n° 09/05721 : *LEDB* janv. 2011, p. 4, n° 105, obs. J. Lasserre Capdeville.
4. Paris, 26 oct. 2007 : *JCP E* 2008, n° 48, p. 10, obs. R. Routier.
5. Reims, 25 mars 2008 : *JCP E* 2008, n° 48, p. 10, obs. R. Routier
6. V. ss 324.
7. R. Routier, « Le secret bancaire face au juge civil et commercial en droit français », *RLDA* mai 2010, p. 55.
8. Com. 25 févr. 2003, n° 00-21.184, *Bull. civ.* IV, 2003, n° 26 ; *D.* 2003. AJ 1162, obs. V. Avena-Robardet ; *JCP* 2003, II, 10195, note E. Ayissi Manga ; *RTD com.* 2003. 343, obs. D. Legeais ; *RTD civ.* 2003. 477, obs. J. Hauser ; *RDBF* 2003, comm. 59, obs. F.-J. Crédot et Y. Gérard ; *Banque et Dr.* 5-6/2003. 56, obs. Th. Bonneau. Com. 13 nov. 2003, n° 00-19.573, *JCP E* 2004, 736, n° 2, obs. J. Stoufflet ; *Banque et Dr.* 3-4/2004. 57, obs. Th. Bonneau. Com. 25 janv. 2005, n° 03-14.693, *Bull. civ.* IV, 2005, n° 13 ; *Banque et Dr.* 2005, n° 101, p. 70, obs. Th. Bonneau ; *RTD com.* 2005. 395, obs. D. Legeais. Com. 23 janv. 2007, n° 05-18.368, *Bull. civ.* IV, 2007, n° 7 ; *RTD com.* 2007. 432, obs. D. Legeais.
9. D. Chemla et E. Bouretz, « Référé probatoire et secret bancaire : un secret si bien gardé », *RDBF* 2004. 205. Com. 16 janv. 2001, n° 98-11.744, *Bull. civ.* IV, 2001, n° 12 ; *D.* 2001. 545, obs. A. Lienhard ; *D.* 2003. 340, obs. H. Synvet.

303 ***Cas de l'instance civile ou commerciale. Banquier tiers à l'instance*** ◊ Qu'en est-il lorsque le banquier est un tiers à l'instance ? Aux termes de l'article 11, alinéa 2, du Code de procédure civile, le juge « peut, à la requête de l'une des parties demander ou ordonner (...) la production de tous documents détenus par des tiers s'il n'existe pas d'empêchement légitime ». L'article admet ainsi, dans ce cas encore, une exception à la production des informations requises : le cas de l'« empêchement légitime ». Or, la jurisprudence perçoit également le secret bancaire comme un tel empêchement [1], notamment lorsqu'est souhaitée la production d'une photocopie d'un verso de chèque [2].

Le principe doit donc être opposé au juge civil ou commercial, hormis dans les hypothèses où le législateur, voire le juge, prévoit une solution différente [3].

304 En effet, et le contenu même de l'article L. 511-33 en témoigne, le principe du secret bancaire ne présente pas un caractère absolu. La loi lui prévoit en effet des dérogations au nom de la préservation de l'intérêt public (§ 2), mais également de certains intérêts privés (§ 1).

§ 1. Les dérogations tendant à la préservation d'intérêts privés

305 ***Principe général*** ◊ L'opacité engendrée par le secret bancaire est de nature à porter atteinte au besoin d'information de certaines personnes privées. Le législateur a donc été amené à opérer des choix. Dès lors, si par principe le banquier est tenu d'opposer une fin de non-recevoir aux demandes des tiers relatives à des informations de nature confidentielle, il arrive néanmoins, dans certains cas bien circonscrits, que la préférence soit donnée à d'autres intérêts privés que celui de la personne visée par les informations en question. Relevons ici, sans prétendre à l'exhaustivité, les principales hypothèses concernées. Elles sont des plus variées.

306 ***Développements jurisprudentiels*** ◊ Ces dérogations ne sont pas toujours issues de la volonté du législateur. La jurisprudence est aussi amenée, parfois, à faire des choix quant à l'opposabilité ou pas du secret bancaire.

---

1. Paris, 6 févr. 1998, n° 97/17006, *RDBF* 1998, comm. 69, obs. F.-J. Crédot et Y. Gérard. Chambéry, 15 févr. 2002, *Banque et Dr*. 2002, n° 84, p. 54, obs. Th. Bonneau. Com. 21 févr. 2012, n° 11-10.900, *LEDB* avr. 2012, p. 3, n° 039, obs. J. Lasserre Capdeville. Com., 5 févr. 2013, n° 11-27.746 : *Banque et Dr*. 2013, n° 149, p. 28, obs. Th. Bonneau ; *LEDB* avr. 2013, p. 5, obs. R. Routier ; *JCP* 2013. 502, note J. Lasserre Capdeville. Com. 10 févr. 2015, n° 13-14.779, dalloz.fr, 24 févr. 2015, obs. V. Avena-Robardet ; *LEDB* avr. 2015, p. 6, n° 062, obs. R. Routier ; *D*. 2015. 959, note J. Lasserre Capdeville.

2. V. ss 290.

3. Il en va ainsi en cas de procédure de conciliation, de procédures collectives, de procédure civile d'exécution, de surendettement, de divorce, etc. V. ss 324.

À titre d'exemple, la chambre commerciale de la Cour de cassation a pu estimer que dès lors qu'un syndic de copropriété a ouvert un compte bancaire à son nom pour la gestion des fonds du syndicat des copropriétaires, la banque ne viole pas son obligation au secret professionnel en communiquant les documents relatifs au compte directement au syndicat des copropriétaires [1].

Plus près de nous, la jurisprudence est venue dire que le principe du secret bancaire ne constitue pas un empêchement légitime lorsque la demande de communication de documents est dirigée contre l'établissement de crédit non en sa qualité de tiers confident, mais en celle de partie au procès intenté contre lui en vue de rechercher son éventuelle responsabilité dans la réalisation de l'opération contestée [2]. Cette jurisprudence est importante. Elle pose comme règle que si la demande de communication de documents couverts par le secret bancaire est dirigée contre un établissement de crédit partie au procès intenté contre lui (1ère condition) dans le but de rechercher son éventuelle responsabilité dans la réalisation d'une opération contestée (2de condition), le secret bancaire n'est pas opposable par la banque au juge civil ou commercial. Il importe peu, en revanche, que les informations en question visent également des tiers. Ainsi, le droit de la preuve est susceptible dans ces circonstances de prendre le dessus sur le secret bancaire alors même que la loi ne dit rien en la matière. Cette nouvelle exception a pour intérêt d'éviter que des banquiers fautifs n'échappent trop facilement à l'engagement de leur responsabilité civile en opposant le secret bancaire au juge civil. Cette jurisprudence devrait alors avoir des incidences en pratique, notamment à propos des demandes de production de photocopies de versos de chèques lorsque l'action en question est exercée contre le banquier pour manquement à son devoir de vigilance [3].

A. L'autorisation du client

307 ***Principe général*** ◊ Tout d'abord, et la législation le prévoit expressément depuis la loi n° 2008-776 du 4 août 2008, les établissements de crédit peuvent communiquer à des tiers les informations de nature confidentielle dès que « les personnes concernées leur ont expressément permis de

1. Com. 24 mars 2015, n° 13-22.597, *LEDB* mai 2015, p. 5, n° 078, obs. J. Lasserre Capdeville. Com. 14 janv. 2014, n° 13-12.151, *LEDB* mars 2014, p. 6, n° 0127, obs. J. Lasserre Capdeville.

2. Com. 29 nov. 2017, n° 16-22.060 : *JCP E* 2017, n° 49, act. 877 ; dalloz.fr, actualité, 8 déc. 2017, obs. M. Kebir ; *D.* 2017. AJ 2420 ; *LEDB* janv. 2018, p. 2, obs. N. Mathey ; *JCP E* 2018, n° 4, 1038, note J. Lasserre Capdeville. – Com. 24 mai 2018, n° 17-27.969 : *LEDB* juill. 2018, p. 2, obs. J. Lasserre Capdeville. – V. déjà, Com. 11 oct. 2011, n° 10-10.490 : *Bull. civ.* 2011, IV, n° 153 ; *D.* 2011. AJ 2532, obs. V. Avena-Robardet ; *RTD com.* 2011. 780, obs. D. Legeais ; *JCP* 2011. 1388, note J. Lasserre Capdeville ; *Banque et Dr.* 1-2/2012. 34, obs. Th. Bonneau.

3. J. Lasserre Capdeville, « Le secret bancaire face au droit de la preuve » : *RDBF* 2018, n° 6, dossier 38, p. 67.

le faire »[1]. Notons qu'antérieurement à ce texte la jurisprudence admettait encore plus largement cette solution, puisqu'une simple demande tacite de l'intéressé suffisait[2].

08 ***Mandat*** ◊ Le recours au mandat est notamment possible. Dans ce cas, le mandataire représentera le mandant devant l'établissement de crédit et pourra avoir accès à certaines informations de nature confidentielle concernant ce dernier (l'identité du mandataire sera elle-même parfois protégée par le secret)[3]. La formule issue de la loi du 4 août 2008 implique néanmoins une référence expresse, dans le mandat, à la levée du secret bancaire.

B. L'héritier du bénéficiaire

09 ***Principe général*** ◊ La levée du secret bancaire est classiquement admise par les juges au bénéfice des héritiers réservataires[4]. Cette solution n'est pourtant pas expressément prévue par les textes. Néanmoins, les droits reconnus par la loi à de tels héritiers doivent pouvoir être vus comme des dérogations légales au principe. Il en va plus particulièrement ainsi avec l'action en réduction des libéralités consenties par le disposant lorsque ces dernières portent atteinte à leur réserve, c'est-à-dire à la fraction de la succession dont les enfants, ou à défaut le conjoint survivant, ne peuvent être frustrés par une donation ou un testament. L'exercice d'un tel droit implique, il est vrai, une information étendue afin de s'assurer qu'aucun retrait ou virement effectué du vivant du *de cujus* ne constitue une donation occulte attentatoire à cette réserve.

La jurisprudence estime dès lors que le secret bancaire est inopposable aux héritiers réservataires, continuateurs de la personne du défunt, qui peuvent recevoir communication des relevés des opérations comptables à l'exclusion des documents relatifs à la vie privée du défunt[5].

---

1. CE 30 déc. 2009, n° 306173, *Gaz. Pal.* 2010. 896, note J. Lasserre Capdeville ; *Gaz. Pal.* 2010. 3057, obs. S. Piedelièvre ; *CCE* 2010, comm. 36, obs. A. Lepage ; *RDBF* 2010, comm. 86, obs. N. Mathey. TGI Metz, 20 nov. 2014, n° 12/00644, *LEDB* janv. 2015, n° 001, obs. J. Lasserre Capdeville.

2. Com. 11 avr. 1995, n° 92-20.985, *Bull. civ.* IV, n° 121 ; *D.* 1996. 573, note H. Matsopoulou ; *RTD com.* 1995. 635, obs. M. Cabrillac.

3. Com. 25 févr. 2003, n° 00-21.184, *Bull. civ.* IV, 2003, n° 26 ; *D.* 2003. AJ 1162, obs. V. Avena-Robardet ; *RTD com.* 2003. 343, obs. D. Legeais ; *RTD civ.* 2003. 477, obs. J. Hauser ; *RDBF* 2003, comm. 59, obs. F.-J. Crédot et Y. Gérard ; *Banque et Dr.* 5-6/2003. 56, obs. Th. Bonneau.

4. TGI Marseille, 26 févr. 1973, *Gaz. Pal.* 1973. 1, p. 348. TGI Monaco, 3 mai 1973, *RTD com.* 1973. 610, obs. M. Cabrillac et J.-L. Rives-Lange. TGI Paris, 10 juill. 1991, *D.* 1993, somm. p. 55, obs. M. Vasseur.

5. Douai, 8 févr. 2018, n° 17/04470 : *LEDB* avr. 2018, p. 2, obs. J. Lasserre Capdeville.

310 ***Cas des héritiers non réservataires*** ◊ La solution demeure, en revanche, plus discutée à l'égard des héritiers non réservataires [1].

C. Le représentant du bénéficiaire

311 Lorsque l'on aborde la question du représentant du créancier du secret, il convient de distinguer les hypothèses dans lesquelles ce dernier est un mineur (1), un majeur protégé (2) ou une société (3).

1. Le bénéficiaire mineur

312 ***Principe général*** ◊ Le mineur non émancipé est frappé d'une incapacité totale d'exercice [2]. Il doit donc être représenté, en principe, pour passer tous types d'actes, soit par son administrateur légal, la plupart du temps ses parents, soit par son tuteur [3]. Par conséquent, ce représentant aura logiquement accès aux informations de nature confidentielle intéressant les affaires du mineur avec la banque. Il sera donc bénéficiaire d'une dérogation au secret bancaire.

313 ***Concernant le mineur*** ◊ *Quid* du mineur lui-même ? Peut-il se faire communiquer par le banquier les informations intéressant ses comptes ? Il serait erroné de penser que l'incapacité du mineur demeure absolue en la matière. En effet, outre les cas où la loi reconnaît un droit de retrait au mineur agissant seul [4], les retraits modestes sont facilement assimilables à des « actes de la vie courante » que l'adolescent peut accomplir, en vertu de l'usage, sans l'intermédiaire de son administrateur légal [5]. De même, un mineur doit pouvoir, dans un grand nombre de cas, ouvrir seul un compte en banque [6] et y déposer de l'argent.

La possibilité d'accomplir toutes ces opérations implique alors, pour le banquier, de mettre le mineur dans des conditions lui permettant de les

---

1. Pau, 15 mai 2006, *JCP* 2006, II, 10156, note J. Lasserre Capdeville ; *JCP E* 2006, n° 48, p. 2029, n° 5, obs. A. Salgero. Sur cette question, J. Lasserre Capdeville, *Le secret bancaire. Approches nationale et internationale*, Revue Banque édition, 2014, p. 53, n° 103 et 104.

2. C. civ., art. 1145 et 1146.

3. J. Lasserre Capdeville, « Le compte en banque du mineur », *RDBF* 2008, n° 2, étude 6.

4. C. mon. fin., art. L. 221-3. Cet article concerne le livret A et les mineurs âgés de 16 ans révolus.

5. Néanmoins, même dans un tel cas, le banquier doit demeurer vigilant, Pau, 12 déc. 2005, *LPA* 2007, n° 23, p. 9, note J. Lasserre Capdeville et A. Lecourt.

6. Selon l'annexe 1 du décret n° 2008-1484 du 22 décembre 2008 relatif aux actes de gestion du patrimoine des personnes placées en curatelle ou en tutelle, l'ouverture d'un premier compte est un acte d'administration. En revanche, l'ouverture d'un nouveau compte est un acte de disposition. Le mineur ne peut donc pas pouvoir passer seul une telle opération.

réaliser. Le professionnel ne doit donc pas pouvoir, selon nous, lui opposer le secret bancaire sur ses propres affaires.

2. Le bénéficiaire majeur protégé

314 ***Principe général*** ◊ L'accès aux informations de nature confidentielle portant sur les comptes personnels du majeur protégé fait l'objet de réponses variables selon la nature des mesures de protection appliquées. Des distinctions s'imposent en effet en fonction des circonstances [1].

315 ***Tutelle*** ◊ Concernant la tutelle, la doctrine estime, de longue date, que le tuteur bénéficie d'une levée du secret bancaire à l'égard des informations nécessaires à l'exercice de sa mission [2]. Notons que depuis la loi n° 2007-308 du 5 mars 2007 portant réforme de la protection juridique des majeurs, le tuteur est en droit, pour établir chaque année un compte de sa gestion, de solliciter des établissements auprès desquels un ou plusieurs comptes sont ouverts au nom de la personne protégée un relevé annuel de ceux-ci « sans que puisse lui être opposé le secret professionnel ou le secret bancaire » [3].

316 ***Curatelle*** ◊ La même règle profite au curateur en curatelle renforcée car celui-ci, comme le tuteur, est un mandataire disposant d'un pouvoir de gestion, souvent exclusif, sur tous les comptes personnels du majeur protégé. L'article 510, alinéa 2, mentionné ci-dessus lui est donc également applicable [4].

Lorsque la curatelle est simple, la levée du secret s'impose aussi au bénéfice du curateur. En effet, si ce dernier ne peut faire fonctionner seul le compte en banque du curatélaire, son assistance demeure requise pour la passation des actes de disposition [5]. De plus, le curateur est tenu de vérifier que le majeur protégé respecte les mesures de protection et ne conclut pas, seul, des actes juridiques de nature à mettre en péril son patrimoine. Notons encore que ce curateur voit peser sur lui l'obligation, en fin d'année de chaque exercice de la mesure, de rendre compte de sa gestion patrimoniale. En outre, il doit signaler au juge des tutelles les actes anormaux de gestion ou l'informer du refus manifesté par le majeur protégé d'engager une action en nullité d'un acte préjudiciable à ses intérêts [6]. Or, comment le curateur pourrait-il réaliser convenablement l'ensemble de ces

---

1. G. Raoul-Cormeil et J. Lasserre Capdeville, « Le droit de regard sur les comptes d'un majeur protégé », *RDBF* 2013, n° 3, dossier 26, p. 94 s.
2. R. Farhat, *Le secret bancaire : étude de droit comparé (France, Suisse, Liban)*, LGDJ, 1980, n° 97.
3. C. civ., art. 510, al. 2.
4. C. civ., art. 472, al. 3.
5. C. civ., art. 467.
6. C. civ., art. 465.

missions s'il se voyait opposer le secret bancaire ? Ce serait bien difficile. Il en découle, par conséquent, la possibilité pour l'intéressé d'accéder aux informations couvertes par le secret bancaire intéressant le majeur protégé du moment qu'elles sont utiles pour la réalisation des obligations précitées.

317 ***Autres régimes de protection*** ◊ La situation est en revanche moins claire à l'égard du mandataire spécial en cas de sauvegarde de justice, et du mandataire judiciaire à la protection des majeurs chargé de conduire la mesure d'accompagnement judiciaire. Si ces derniers ont le pouvoir de gestion limité aux comptes bancaires visés par le jugement d'ouverture de la mesure, la mauvaise tenue des autres comptes bancaires pourrait les conforter dans leur conviction que la mesure s'avère inadaptée à l'état de santé du majeur protégé ou à son besoin d'être mieux protégé dans ses biens. Or, ces personnes investies par le juge des tutelles sont compétentes pour saisir le juge d'une demande en ouverture [1] ou en révision de la mesure de protection juridique [2] ; la levée du secret bancaire devrait donc pouvoir être envisagée. Cependant, l'étendue de cette dérogation peut susciter encore des interrogations. Une clarification légale pourrait alors se révéler opportune en la matière.

318 ***Juge des tutelles*** ◊ Il fut un temps où le juge des tutelles, en dépit de ses pouvoirs étendus, n'avait pas le droit de s'informer auprès des établissements de crédit sur les avoirs des personnes dont il était chargé d'assurer la protection. Cette solution a évolué. Désormais, en effet, l'article 499 du Code civil dispose que « les tiers peuvent informer le juge des actes et omissions du tuteur qui leur paraissent de nature à porter préjudice aux intérêts de la personne protégés ». Cet article doit alors pouvoir être analysé comme une permission de la loi [3], dérogatoire au secret bancaire.

319 ***Majeur protégé*** ◊ Concernant le majeur protégé, à présent, la solution est plus incertaine. *A priori*, l'incapacité d'exercice qui touche ce dernier donnerait à l'établissement de crédit le droit de lui opposer le secret bancaire. Cette solution se retrouve implicitement dans le droit de la tutelle. Rappelons que cette dernière entraîne notamment un changement de domicile du majeur protégé. Les relevés mensuels des comptes bancaires du tutélaire doivent donc être adressés au domicile du tuteur.

Néanmoins, aucun texte ne justifie réellement, selon nous, de priver le majeur protégé d'un droit de regard sur ses propres comptes. En l'occurrence, ce majeur demeure le cocontractant de la banque, et devrait pouvoir être renseigné par le dépositaire des fonds chaque fois qu'il en fait la demande à ce dernier.

---

1. C. civ., art. 430, al. 1er *in fine*.
2. C. civ., art. 442, al. 4.
3. C. pén., art. 122-4, al. 1er.

3. Le bénéficiaire personne morale

320 ***Principe général*** ◊ Lorsque le bénéficiaire du secret est une personne morale, un nombre limité de personnes va avoir légalement accès aux informations de nature confidentielle, visant la personne morale en question, détenues par le banquier. Le bénéficiaire de la levée du secret pourra, selon les cas, être unique ou constituer une collectivité de personnes physique.

Si l'on prend les cas de la société civile, la SNC ou la SARL, le ou les gérants bénéficieront d'une telle levée du principe dans la mesure où ils représentant la société auprès de tiers [1].

321 ***Limite*** ◊ Dans tous les cas, cette dérogation au secret bancaire prend nécessairement fin lorsque le dirigeant en question cesse ses fonctions. Dans ce cas, en effet, il n'a plus qualité pour représenter la personne morale et devient un tiers par rapport à cette dernière. Il ne saurait, par conséquent, accéder à des informations intéressant la société couvertes par le secret bancaire [2].

D. La caution

322 ***Solution légale*** ◊ En vertu de l'article L. 313-22 du Code monétaire et financier, la caution est tenue périodiquement informée par la banque de l'existence et du volume des risques cautionnés. Il convient, dès lors, de voir dans cet article une dérogation légale au secret bancaire bénéficiant à la caution.

Cette obligation d'information a été étendue par la suite dans un plus grand nombre de cas. C'est ainsi que, depuis la loi n° 2003-721 du 1er août 2003, l'article L. 333-2 du Code de la consommation prévoit un dispositif analogue au bénéfice de la caution personne physique en présence d'un créancier professionnel.

323 ***Solution jurisprudentielle*** ◊ Pour la jurisprudence, le secret bancaire n'est pas opposable non plus aux ayants droit d'une caution auxquels le banquier réclame un paiement. Ce dernier doit, en effet, établir l'existence et le montant de la créance dont il exige le paiement [3]. L'article 1353 du Code civil, concernant la charge de la preuve, pourrait légitimer cette solution.

---

1. Colmar, 30 nov. 2010, n° 09/05721, *LEDB* janv. 2011, p. 4, n° 105, obs. J. Lasserre Capdeville.

2. Com. 16 janv. 2001, n° 98-11.744, *Bull. civ.* IV, 2001, n° 12 ; *D.* 2001. AJ 545, obs. A. Lienhard ; *D.* 2003, somm. p. 340, obs. H. Synvet ; *JCP E* 2003, n° 11, p. 463, obs. J. Stoufflet ; *Dr. sociétés* 2011, comm. 55, obs. Th. Bonneau.

3. Com. 16 déc. 2008, n° 07-19.777, *Bull. civ.* IV, 2008, n° 206 ; *D.* 2009. 784, note J. Lasserre Capdeville ; *D.* 2009. AJ 163, obs. V. Avena-Robardet ; *RTD civ.* 2009. 147, obs. P. Crocq ; *JCP E* 2009, 1037, note Th. Bonneau ; *RDBF* 2009, comm. 1, obs. F.-J. Crédot et Y. Gérard ; *Banque et Dr.* 1-2/2009. 45, obs. N. Rontchevsky ; *Banque et Dr.* 3-4/2009. 32, obs. Th. Bonneau.

E. En cas d'entreprise en difficulté

324 Plusieurs exceptions au secret bancaire peuvent être constatées dans le droit régissant les entreprises en difficulté qu'il s'agisse de la procédure de conciliation (1) ou des procédures collectives (2).

1. La procédure de conciliation

325 ***Principe général*** ◊ Concernant la procédure de conciliation, il est prévu que le président du tribunal de commerce ou du tribunal de grande instance puisse charger un expert de son choix d'établir un rapport sur la situation économique, sociale et financière du débiteur et, « nonobstant toute disposition législative ou réglementaire contraire », obtenir des établissements bancaires ou financiers tout renseignement de nature à donner une exacte information sur la situation économique et financière de celui-ci [1]. L'expert bénéficie alors d'une dérogation légale au secret bancaire pour l'établissement de son rapport. Le président du tribunal et le conciliateur auront, quant à eux, accès au rapport en question.

2. Les procédures collectives

326 ***Principes généraux*** ◊ En matière de procédures collectives, différents intervenants jouissent d'une dérogation légale au secret bancaire : il en va ainsi pour le juge-commissaire, l'administrateur judiciaire si celui-ci assiste ou prend en charge l'administration de l'entreprise [2] et enfin le liquidateur judiciaire [3].

Prenons l'exemple du juge-commissaire. L'article L. 623-2 prévoit que « nonobstant toute disposition législative ou réglementaire contraire », celui-ci peut obtenir communication par les établissements de crédit des renseignements de nature à lui donner une exacte information sur la situation économique, financière, sociales et patrimoniale du débiteur. Il bénéficie ainsi d'une dérogation au secret bancaire [4].

327 ***Cas du commissaire à l'exécution du plan*** ◊ L'hypothèse du commissaire à l'exécution du plan est particulière. En effet, faute de disposition légale prévoyant une levée du secret, aucune dérogation n'est, semble-t-il, admise au bénéfice de ce commissaire à l'exécution du plan

1. C. com., art. L. 611-6, al. 4.
2. Com. 11 avr. 1995, n° 92-20.935, *Bull. civ.* IV, 1995, n° 121.
3. C. com., art. L. 641-9.
4. Poitiers, 12 mai 1993, *JCP* 1993, IV, 2697.

agissant, pour mémoire, dans l'intérêt collectif des créanciers. Le principe doit, par conséquent, lui être opposé. La jurisprudence a déjà eu l'occasion de se prononcer en ce sens [1].

F. En cas de procédures civiles d'exécution

328 ***Principe général*** ◊ Une importante dérogation au secret bancaire est à signaler en matière de procédures civiles d'exécution, et plus particulièrement à travers l'obligation d'information pesant sur le banquier en matière de saisie-attribution [2]. Ainsi, au moment de la signification de la saisie, l'article L. 211-3 du Code des procédures civiles d'exécution prévoit que le tiers saisi est tenu de déclarer au créancier « l'étendue de ses obligations à l'égard du débiteur ainsi que les modalités qui pourraient les affecter et, s'il y a lieu, les cessions de créances, délégations ou saisies antérieures ». En outre, de façon plus précise, lorsque le tiers en question est un établissement de crédit, l'article L. 162-1, alinéa 1er, du même code dispose que la banque est dans l'obligation de déclarer « le solde du ou des comptes du débiteur au jour de la saisie ». Le secret bancaire est donc inopposable dans ce cas [3].

329 ***Sanctions*** ◊ Le Code des procédures civiles d'exécution sanctionne sévèrement les manquements à cette obligation d'information. Son article R. 211-4 déclare, en effet, que le tiers saisi est tenu de fournir « sur-le-champ » à l'huissier les renseignements en question. Il en va simplement différemment si l'acte de saisie est signifié par voie électronique, car le tiers saisi doit, dans ce cas, procéder à la communication « au plus tard le premier jour ouvré suivant la signification ». Or, le tiers saisi qui, « sans motif légitime », ne fournit pas les renseignements prévus est condamné, à la demande du créancier, à payer les sommes dues à ce dernier sans préjudice de son recours contre le débiteur [4]. Le banquier est tenu, par conséquent, de mettre tous les moyens en œuvre pour fournir, le plus promptement possible, les informations qu'il ne peut pas communiquer immédiatement.

330 ***Fonds déposés dans une succursale*** ◊ Notons que, pour les juges, la banque, qui a seule la personnalité morale, est dépositaire des fonds détenus dans une succursale située à l'étranger. Dès lors, le fait que les fonds

1. Com. 10 déc. 2002, n° 00-10.824, *Bull. civ.* IV, 2002, n° 194 ; *RTD com.* 2003. 147, obs. D. Legeais ; *JCP E* 2003, n° 20, p. 849, obs. M. Carbillac ; *RDBF* 2003, comm. 36, obs. F.-X. Lucas ; *Banque et Dr.* 3-4/2003. 58, obs. Th. Bonneau.

2. V. ss 734.

3. Civ. 2e, 1er juill. 1999, n° 96-19.108, *Bull. civ.* II, 1999, n° 129 ; *Banque et Dr.* 5-6/2000. 50, obs. J.-L. Guillot ; *RDBF* 2000, comm. 24, obs. J.-M. Delecci.

4. C. pr. exéc., art. R. 211-5. Civ. 2e, 3 oct. 2002, n° 01-02.159, *Bull. civ.* II, n° 207 ; *RDBF* 2003, comm. 38, obs. J.-M. Delecci ; *D.* 2003, somm. p. 1471, obs. G. Taormina. V. ss 735.

soient déposés dans une telle succursale, est, pour l'application des dispositions régissant la saisie-attribution, sans incidence sur l'effet d'attribution, au profit du créancier saisissant, de la créance de somme d'argent, à la restitution de laquelle est tenue la banque tiers-saisie en sa qualité de dépositaire [1]. La levée du secret bancaire est donc admise largement.

G. En cas de surendettement

331 ***Commission de surendettement*** ◊ La commission de surendettement des particuliers a pour mission de traiter la situation de surendettement des personnes physiques. C'est ainsi le point de passage obligé pour tous les dossiers déposés par des personnes surendettées, quelle que soit la gravité de leur situation. Or, l'article 712-6 du Code de la consommation prévoit, au bénéfice de cette commission, une dérogation au secret bancaire [2].

332 ***Juge du tribunal d'instance*** ◊ Une solution comparable est prévue par différentes dispositions du même code à l'égard du président du tribunal d'instance [3]. Celles-ci disposent en effet que le juge peut obtenir, « nonobstant toute disposition contraire », communication de tout renseignement lui permettant d'apprécier la situation du débiteur et l'évolution possible de celle-ci.

333 ***Incertitudes*** ◊ Cette solution devrait pouvoir être étendue au bénéfice du mandataire et du liquidateur susceptibles d'intervenir dans cette procédure depuis la loi n° 2003-710 du 1er août 2003. Il est à regretter cependant que la législation ne soit pas plus explicite à leur égard.

H. En cas de divorce

334 ***Principe général*** ◊ Le secret bancaire est opposable au conjoint de la personne visée par des informations de nature confidentielle, le législateur n'ayant prévu, au bénéfice du premier, aucune dérogation légale [4]. Cette opposabilité connaît cependant une importante dérogation légale en matière de divorce. L'article 259-3, alinéa 2, du Code civil permet en effet au juge de faire procéder à toutes recherches utiles, notamment auprès de ceux qui détiennent des valeurs pour le compte des époux, sans que le secret professionnel ne puisse lui être opposé.

1. Civ. 2e, 14 févr. 2008, n° 05-16.167, *Bull. civ.* II, 2008, n° 36 ; *D.* 2008. AJ 686, obs. V. Avena-Robardet ; *D.* 2009. Pan. 1049, obs. H. Synvet ; *RTD com.* 2008. 601, obs. D. Legeais ; *RTD civ.* 2008. 357, obs. R Perrot ; *RDBF* 2008, comm. 63, obs. F.-J. Crédot et Th. Samin ; *Banque et Dr.* 5-6/2008. 19, obs. Th. Bonneau.

2. Toulouse, 8 févr. 1993, *D.* 1994, somm. p. 328.

3. C. consom., art. L. 733-14, L. 741-6, L. 741-9 et L. 742-6.

4. V. ss 301.

La jurisprudence n'a cependant pas manqué de préciser que cette communication demeure limitée par le secret bancaire des tiers [1], et ne saurait être étendue aux concubins [2].

I. Dérogations utiles à l'activité bancaire

335 S'il a fallu attendre une loi du 4 août 2008 pour que l'article L. 511-33 du Code monétaire et financier mentionne expressément quelques dérogations au secret bancaire utiles aux établissements de crédit, obligés de réaliser un certain nombre de révélations dans leur activité quotidienne (1), la jurisprudence avait déjà eu l'occasion de dégager d'autres exceptions au profit de ces mêmes établissements (2).

1. Les exceptions légales

336 ***Principe général*** ◊ La loi n° 2008-776 du 4 août 2008 de modernisation de l'économie est à l'origine de nouvelles dérogations au principe dans l'intérêt, plus précisément, de l'activité du banquier [3]. L'article L. 511-33 a ainsi été très nettement complété, passant de six à une trentaine de lignes. Les établissements de crédit peuvent ainsi, depuis ce texte, communiquer des informations couvertes par le secret professionnel, d'une part, aux agences de notation pour les besoins de la notation des produits financiers et, d'autre part, aux personnes avec lesquelles ils « négocient, concluent ou exécutent » un certain nombre d'opérations expressément visées par l'article, du moment que ces informations peuvent être qualifiées de « nécessaires ». L'idée est ici de permettre aux établissements de crédit de faire circuler, dans des hypothèses bien déterminées, des informations normalement couvertes par le secret bancaire sans avoir à obtenir le consentement du client.

337 ***Illustration*** ◊ Il en va ainsi, par exemple, pour les « contrats de prestations de services conclus avec un tiers en vue de lui confier des fonctions opérationnelles importantes » [4]. La jurisprudence a été amenée à faire application de ce texte. C'est ainsi qu'aucune violation du secret n'a été retenue dans le fait, pour une banque, d'avoir transmis des informations de nature confidentielle à un conseiller juridique avec lequel elle avait signé un contrat de prestation de services juridiques [5].

---

1. Com. 18 févr. 2004, n° 01-11.728, *Bull. civ.* IV, 2004, n° 33 ; *Banque et Dr.* 5-6/2004. 49, obs. Th. Bonneau ; *RJDA* 2004, n° 878.
2. Paris, 31 mars 1992, *RDBB* 1995. 146, obs. F.-J. Crédot et Y. Gérard.
3. J. Lasserre Capdeville, « Le secret bancaire en 2009 : un principe en voie de disparition ? », *AJ pénal* 2009. 165
4. C. mon. fin., art. L. 511-33, I, 6°.
5. Monaco, 30 mai 2011, *LEDB* sept. 2011, p. 7, n° 124, obs. J.-M. Canac ; *JCP E* 2011. 1673, note J. Lasserre Capdeville.

338 ***Limites*** ◊ La levée du secret bancaire ainsi admise demeure néanmoins encadrée par l'article L. 511-33, I. Celui-ci prévoit en effet par un dernier alinéa que « les personnes recevant des informations couvertes par le secret professionnel, qui leur ont été fournies pour les besoins de l'une des opérations ci-dessus énoncées, doivent les conserver confidentielles, que l'opération susvisée aboutisse ou non ». Pour résumer, si le législateur se montre favorable au « secret partagé » dans certaines circonstances, cela ne doit pas aboutir à une levée incontrôlée du secret bancaire.

2. Les exceptions jurisprudentielles

339 ***Solution générale*** ◊ Le secret bancaire doit, en principe, être opposé au juge civil ou commercial [1], hormis dans les hypothèses où le législateur a prévu une solution différente. La jurisprudence a, quant à elle, imaginé une autre situation dans laquelle le banquier est libre de lever son secret : lorsqu'il risque de subir un préjudice en conservant ce dernier [2]. Le professionnel doit ainsi pouvoir faire état de ses arguments afin de se défendre lorsque ses intérêts s'opposent à ceux d'un client, même si cela l'oblige à communiquer des informations confidentielles. Un fondement juridique à cette solution peut être trouvé dans la nécessité pour toute personne de pouvoir se défendre, c'est-à-dire un principe général du droit.

Cette dérogation vient d'être récemment rappelée par la Cour de cassation [3]. Cette dernière décision vise ainsi « l'exercice par la banque de son droit à la preuve ».

340 ***Limites*** ◊ La banque ne pourra révéler, néanmoins, que ce qui est strictement nécessaire à la sauvegarde de ses intérêts [4]. Elle ne pourra donc pas communiquer d'informations couvertes par le secret bancaire dépassant le cadre strict de sa défense.

§ 2. Les dérogations tendant à la préservation de l'intérêt public

341 Le client, bénéficiaire de l'obligation au secret bancaire, ne possède pas un droit illimité à la discrétion. En effet, au nom de l'intérêt général, plusieurs administrations et organismes publics ou semi-publics bénéficient d'une dérogation au secret bancaire. Citons, sans prétendre à l'exhaustivité [5], le cas des autorités de contrôle (A), de la justice

---

1. V. ss 302.

2. Paris, 23 mai 1996, *RDBB* 1996, comm. 236, obs. F.-J. Crédot et Y. Gérard. Paris, 25 mars 1998, n° 7911/97, *JurisData* n° 1998-02020.

3. Com., 4 juill. 2018, n° 17-10.158 : *JCP E* 2018, n° 40, 1507, note J. Lasserre Capdeville.

4. TGI Bordeaux, 19 juin 1990, *D.* 1992, somm. p. 32, obs. M. Vasseur.

5. Concernant, par exemple, le droit de communication des douanes, Crim. 25 janv. 1977, n° 75-93.120, *Bull. crim.* n° 32 ; *D.* 1977. 666, obs. M. Vasseur ; *RTD com.* 1977. 779, obs. M. Cabrillac et J.-L. Rives-Lange ; *JCP* 1977, II, 18651, note Ch. Gavalda. Crim. 3 mai 2001, pénale (B), de la lutte contre le blanchiment d'argent et le financement du terrorisme (C) et enfin de l'administration fiscale (D).

342 ***Solutions jurisprudentielles*** ◊ Dans le silence des textes, les juges dégagent parfois de nouvelles exceptions au principe tendant également à préserver l'intérêt public. C'est ainsi qu'une décision récente est venue affirmer que le banquier, en sa qualité d'employeur, ne peut se prévaloir du secret bancaire, lequel ne constitue pas un empêchement légitime opposable au juge prud'homal tenu au contrôle du motif du licenciement [1]. En conséquence, le salarié avait été jugé en droit, dans le cadre strict de sa défense, de produire des éléments de preuve faisant référence à des informations couvertes par le secret professionnel, dont il avait eu connaissance à l'occasion de l'exercice de ses fonctions. Cette solution, qui n'est pas envisagée par la loi, peut laisser le lecteur circonspect. Pourquoi accorder au juge prud'homal ce que la jurisprudence refuse traditionnellement au juge civil ou commercial ? La question mérite d'être posée.

A. Les autorités de contrôle

343 ***Autorité de contrôle prudentiel et de résolution*** ◊ Les banques occupant une place prépondérante dans l'économie, la plupart des pays s'attachent à garantir la solvabilité de leur système bancaire par l'intermédiaire d'un contrôle prudentiel des établissements de crédit. Or, pour réaliser efficacement celui-ci, les autorités de contrôle bénéficient traditionnellement d'une dérogation en matière de secret bancaire. Il en va ainsi, en vertu de l'article L. 511-33 du Code monétaire et financier, pour l'Autorité de contrôle prudentiel et de résolution (ACPR) et la Banque de France.

Notons que l'ordonnance n° 2014-148 du 20 février 2014 portant diverses dispositions d'adaptation de la législation au droit de l'Union européenne en matière financière, est à l'origine d'une évolution non négligeable en la matière. C'est ainsi qu'est désormais prévu un principe de signalement à l'ACPR des manquements et infractions à la réglementation prudentielle par le personnel des établissements de crédit, des sociétés de financement, des compagnies financières holding, des compagnies financières holdings mixtes et des entreprises mères de sociétés de financement soumis au contrôle de l'Autorité, ainsi que le personnel de leurs prestataires externes. Il s'agit d'un droit d'alerter le superviseur. L'ACPR est alors tenue de recueillir les signalements dans des conditions qui garantissent une protection adéquate de l'identité de leur auteur et des données à caractère personnel figurant dans les signalements.

---

n° 00-81.691, *Bull. crim.* n° 107 ; *RTD com.* 2001. 992, obs. B. Bouloc. De même, concernant les organismes de Sécurité sociale, C. séc. soc., art. L. 114-19. Paris, 2 déc. 2010, *LEDB* févr. 2011, p. 7, n° 012, obs. J. Lasserre Capdeville.

1. Paris, 5 déc. 2013, n° 11/10952, *LEDB* mars 2014, p. 6, n° 126, obs. J. Lasserre Capdeville.

344 ***Autres autorités*** ◊ Différents textes prévoient des dérogations analogues au secret bancaire pour d'autres autorités de contrôle non spécifiques, cette fois-ci, au domaine bancaire : Autorité des marchés financiers, Autorité de la concurrence, CNIL, Cour des comptes, etc.

B. La justice pénale

345 ***Principe général*** ◊ Les banques se trouvent parfois impliquées dans des relations d'affaires avec des auteurs de vol, d'abus de confiance, d'abus de faiblesse, de blanchiment d'argent, etc. La nécessité de l'administration d'une bonne justice a alors conduit le législateur à conférer au juge pénal des pouvoirs très étendus, dont celui de se faire communiquer les renseignements qu'il estime utiles à la manifestation de la vérité, quand bien même ces renseignements feraient l'objet d'une obligation de non-divulgation [1].

L'article L. 511-33, I, alinéa 2, du Code monétaire et financier prévoit ainsi une levée du principe en faveur de « l'autorité judiciaire agissant dans le cadre d'une procédure pénale ». Le secret ne peut donc pas être opposé, par le dirigeant d'une banque ou son préposé, aux procureurs [2], aux juridictions pénales de droit commun ou aux juridictions pénales d'exception [3].

C. La lutte contre le blanchiment d'argent et le financement du terrorisme

346 ***Présentation générale*** ◊ Il est des hypothèses dans lesquelles le secret est écarté alors même que les poursuites n'ont pas encore débuté. Il s'agit bien évidemment de la lutte contre le blanchiment d'argent et le financement du terrorisme [4]. Ce droit a évolué à plusieurs reprises, et notamment par l'ordonnance n° 2009-104 du 30 janvier 2009, relative à la prévention de l'utilisation du système financier aux fins de blanchiment de capitaux et de financement du terrorisme ou plus récemment par la loi n° 2013-672 du 26 juillet 2013 de séparation et de régulation des activités bancaires.

347 ***Déclaration de soupçon*** ◊ Avant que l'ordonnance n° 2009-104 du 30 janvier 2009 précitée ne vienne réformer l'obligation de déclaration, l'article L. 562-2 imposait au banquier de déclarer à une cellule de lutte

---

1. J. Lasserre Capdeville, « Le secret bancaire face au juge pénal en droit français », *RLDA* mai 2010, p. 64.

2. C. pén., art. 132-22.

3. Crim. 27 avr. 1994, n° 93-82.976, *Bull. crim.* n° 152 ; *D.* 1994. 402, note Ch. Gavalda ; *BJB* 1994. 469, § 87, note Th. Bonneau. T. corr. Tarbes, 7 oct. 1997, *JCP E* 2009, p. 760, obs. Ch. Gavalda et J. Stoufflet. Cette solution était déjà admise antérieurement à la loi « bancaire » du 24 janvier 1984, T. corr. Pau, 23 oct. 1963, *Banque* 1964, p. 117, obs. X. Marin. T. corr. Lure, 4 nov. 1970, *D.* 1971. 276, note Ch. Gavalda.

4. V. ss 352.

contre le blanchiment, TRACFIN [1], les sommes inscrites dans leurs livres et les opérations portant sur ces sommes, qui pouvaient « provenir du trafic de stupéfiants, de la fraude aux intérêts financiers des Communautés européennes, de la corruption ou d'activités criminelles organisées ou qui pourraient participer au financement du terrorisme ».

Toutefois, depuis l'ordonnance précitée, l'obligation est encore plus large. L'article L. 561-15 du Code monétaire et financier étend le champ d'application de la déclaration de soupçon aux infractions graves, c'est-à-dire aux infractions passibles « d'une peine privative de liberté supérieure à un an ou participant au financement du terrorisme ». La déclaration doit alors être réalisée dans un grand nombre de cas, dans la mesure où la quasi-totalité des infractions susceptibles de générer des profits sont punies, dans notre droit, d'une peine d'emprisonnement supérieure à un an : escroquerie, vol, abus de confiance, extorsion, etc. [2]

348 ***Information systématique*** ◊ La loi n° 2013-672 du 26 juillet 2013 a étoffé le droit en la matière en créant un nouveau régime spécifique de transmission automatique d'informations. Dès lors, en vertu de l'article L. 561-15-1, II, les établissements de crédit doivent adresser à TRACFIN « les éléments d'information relatifs aux opérations financières présentant un risque élevé de blanchiment ou de financement du terrorisme en raison du pays ou du territoire d'origine ou de destination des fonds, du type d'opération ou des structures juridiques concernées ».

Ainsi, même si le décret n° 2015-324 du 23 mars 2015 est venu encadrer cette obligation d'information automatique en lui donnant un champ d'application déterminé [3], on ne peut que constater une certaine « érosion » du secret bancaire en matière de lutte contre le blanchiment d'argent et le financement du terrorisme.

D. L'administration fiscale

349 ***Obligation de communication*** ◊ La fiscalité repose, dans notre pays, de façon importante sur les déclarations faites par les contribuables eux-mêmes. Cette situation a donc conduit le législateur à multiplier les moyens de contrôle et d'investigation des agents des impôts [4]. Cette situation se retrouve également dans la plupart des États étrangers [5].

---

1. V. ss 379.
2. La fraude fiscale est concernée, quant à elle, par un régime particulier de déclaration. V. ss 384.
3. V. ss 389.
4. F. Durand, « Le secret bancaire face à l'administration fiscale en droit français », *RLDA* mai 2010, p. 71.
5. Concernant, par exemple, la portée de la dérogation au secret bancaire allemand bénéficiant aux autorités fiscales de ce pays, CJUE 14 avr. 2016, n° C-22/14, *LEDB* juin 2016, p. 6, n° 098, obs. J. Lasserre Capdeville. Th. Bonneau, « Le secret bancaire à l'épreuve de la CJUE », *RDBF* 2016, n° 4 Repère 4.

Dès lors, dans la panoplie des moyens de contrôle dont dispose l'administration fiscale, il en est un qui occupe une place privilégiée : il s'agit du droit de communication de cette administration. Or ce dernier, qui repose sur l'article L. 83 du Livre des procédures fiscales, fait expressément exception à l'application du secret bancaire. La banque qui refuserait d'effectuer une telle communication encourt d'ailleurs différentes sanctions, notamment celles figurant dans le Code général des impôts [1].

Notons que ce droit de communication n'est pas sans limite. D'une part, il ne bénéficie qu'à certaines personnes expressément habilitées à l'exercer. D'autre part, l'article L. 83 précité ne prévoit la communication que de « documents de service ». Sont alors concernés, par exemple, les dossiers de clientèle, les fiches d'ouverture de compte, les correspondances, etc.

350 ***Obligations de déclaration*** ◊ En outre, soucieux de ne plus voir l'administration fiscale démunie devant le développement des différentes activités bancaires et financières, le législateur français a étendu ses pouvoirs en la matière. Le droit de communication général précité a ainsi été complété par diverses dispositions légales imposant au banquier des déclarations obligatoires, également dérogatoires au secret bancaire.

Plusieurs hypothèses de déclarations obligatoires sont ainsi expressément prévues par la loi, qu'elles soient réalisées par le banquier spontanément (ouverture ou clôture de compte [2], décès d'un client [3], etc.) ou sur demande de l'administration (délivrance de formules de chèques non barrées [4], transfert de sommes à l'étranger [5], etc.).

351 ***Étendue du secret*** ◊ Ainsi l'administration fiscale française bénéficie de pouvoirs étendus et, parfois, dérogatoires au secret bancaire. Néanmoins, il n'est pas réduit à néant pour autant. Hormis les hypothèses dans lesquelles des dérogations légales lui sont prévues, le secret reste opposable à l'administration fiscale [6]. Nous ne sommes pas en présence d'une transparence totale. Dit autrement, le principe demeure ici encore le secret, et l'exception sa levée.

---

1. Crim. 4 oct. 1982, n° 81-92.483, *Bull. crim.* n° 203.
2. CGI, art. 1649 A.
3. CGI, art. 806-I.
4. LPF, art. L. 96.
5. LPF, art. L. 96 A.
6. CAA Bordeaux, 11 avr. 2017, n° 15BX02110 : *LEDB* sept. 2017, p. 2, obs. Lasserre Capdeville.

CHAPITRE 3

LES OBLIGATIONS EN MATIÈRE DE LUTTE CONTRE LE BLANCHIMENT D'ARGENT ET LE FINANCEMENT DU TERRORISME

352 ***Présentation générale*** ◊ Le blanchiment d'argent désigne classiquement le processus à l'issue duquel des fonds obtenus au moyen de la commission d'infractions pénales sont réinjectés dans l'économie légale. Or, le dispositif national légal de lutte contre cette forme de criminalité n'a cessé de se développer depuis une vingtaine d'années en France, et plus particulièrement en matière de prévention du blanchiment [1].

On doit ainsi à la loi n° 90-614 du 12 juillet 1990 relative à la participation des organismes financiers à la lutte contre le blanchiment des capitaux provenant du trafic des stupéfiants, la création d'un système de contrôle des opérations financières, de prévention et de détection des activités de blanchiment. Cet encadrement juridique a été par la suite considérablement étendu par une succession de textes, et notamment l'ordonnance n° 2009-104 du 30 janvier 2009 relative à la prévention de l'utilisation du système financier aux fins de blanchiment de capitaux et de financement du terrorisme, qui est venue transposer en droit interne la directive n° 2005/60/CE du 26 octobre 2005, dite « 3e directive » [2]. L'ordonnance en question, ratifiée par la loi n° 2009-526 du 12 mai 2009, a nettement refondu le régime national de lutte préventive contre le blanchiment

1. L'article 324-1 du Code pénal prévoit une infraction générale de blanchiment. Pour des condamnations remarquées, Crim. 14 janv. 2004, n° 03-81.165, *Bull. crim.* n° 12 ; *D.* 2004. 1377, note C. Cutajar ; *RTD com.* 2004. 623, obs. B. Bouloc ; *JCP* 2004, II, 10081, note H. Matsopoulou. Crim. 20 févr. 2008, n° 07-82.977, *Bull. crim.* n° 43 ; *D.* 2008. 1585, note C. Cutajar ; *D.* 2008. Pan. 1577, note C. Mascala ; *JCP E* 2008, 1861, note J. Lasserre Capdeville. Crim. 2 juin 2010, n° 09-82.013, *Bull. crim.* n° 99 ; *RTD com.* 2011. 184, obs. B. Bouloc ; *AJ pénal* 2010. 441, obs. J. Lasserre Capdeville. Crim. 17 mars 2015, n° 17 mars 2015, n° 14-80.805, *Banque et Dr.* 2015, n° 161, p. 79, obs. J. Lasserre Capdeville. – L'état du droit régissant ce délit général de blanchiment devrait, en outre, connaître des évolutions dans le futur. En effet, un nouveau texte a été adopté en la matière au niveau européen ; il s'agit de la directive (UE) 2018/1673 du Parlement européen et du Conseil du 23 octobre 2018 visant à lutter contre le blanchiment de capitaux au moyen du droit pénal. Sa transposition est attendue, de la part des États membres, d'ici le 3 décembre 2020.

2. C. Cutajar, « Droit du blanchiment : une ordonnance nécessaire mais à parfaire », *D.* 2009. 821.

d'argent et le financement du terrorisme. Plusieurs décrets ont depuis complété cette ordonnance en de nombreux points.

353 ***Dernières réformes*** ◊ Plus près de nous, l'ordonnance n° 2016-1635 du 1er décembre 2016 renforçant le dispositif français de lutte contre le blanchiment et le financement du terrorisme [1] a transposé, quant à elle, en droit français le contenu de la directive n° 2015/849/UE du 20 mai 2015 relative à la prévention de l'utilisation du système financier aux fins de blanchiment de capitaux ou du financement du terrorisme, dite « 4e directive anti-blanchiment » [2], qui abroge celle du 26 octobre 2005, et qui était devenue nécessaire en raison notamment de l'adoption d'un nouvel ensemble de recommandations du GAFI en février 2012. Cet encadrement a été complété par le décret n° 2018-284 du 18 avril 2018 [3].

354 ***Evolutions à venir*** ◊ Il convient de souligner que l'état du droit n'a pas fini d'évoluer en la matière. C'est ainsi qu'une nouvelle directive anti-blanchiment a été adoptée récemment. Il s'agit de la directive (UE) du Parlement européen et du Conseil 2018/843 du 30 mai 2018. Cette dernière doit être transposée par les États membres d'ici le 10 janvier 2020.

355 ***Obligations du banquier*** ◊ Au-delà de ces évolutions à venir, le législateur a prévu une collaboration active de certains professionnels, expressément mentionnés par l'article L. 561-2, avec les autorités publiques pour lutter efficacement contre le blanchiment de capitaux et le financement du terrorisme. Le banquier est, logiquement, le premier professionnel visé par cette lutte. Il est vrai qu'il est le plus à même de découvrir l'origine frauduleuse des fonds placés en banque par ses clients.

Ainsi, une obligation de vigilance (Section 1) et des obligations de déclaration et d'information systématique (Section 2) sont prévues en la matière.

SECTION 1. L'OBLIGATION DE VIGILANCE

356 ***Définition*** ◊ Intéressons-nous, tout d'abord, à l'obligation de vigilance mentionnée par les articles L. 561-5 et suivants du Code monétaire et

1. Ordonnance n° 2016-1635 du 1er décembre 2016 renforçant le dispositif français de lutte contre le blanchiment et le financement du terrorisme : *JO* 2 déc. 2016, texte n° 14 ; *LEDB* 2017, n° 1, p. 7, obs. J. Lasserre Capdeville.

2. Directive n° 2015/849/UE du 20 mai 2015 relative à la prévention de l'utilisation du système financier aux fins de blanchiment de capitaux ou du financement du terrorisme, dite « 4e directive anti-blanchiment » : *JOUE* L 141, 6 juin 2015, p. 73.

3. Décret n° 2018-284 du 18 avril 2018 renforçant le dispositif français de lutte contre le blanchiment de capitaux et le financement du terrorisme : *JO* 20 avr. 2018, texte n° 28. – C. Cutajar, « Le décret d'application de l'ordonnance du 1er décembre 2016 transposant la quatrième directive anti-blanchiment enfin publié » : *JCP* 2018, n° 19-20, 538.

financier [1]. Cette obligation consiste, d'une façon générale [2], pour le professionnel concerné, à procéder à un examen particulier des opérations présentant une anomalie apparente [3] et à demander aux intéressés des renseignements sur ces opérations quant à leur origine et leur finalité. En matière de lutte contre le blanchiment d'argent, l'approche est encore plus large. L'obligation de vigilance a pour but de permettre aux personnes assujetties de détecter des anomalies qui devront faire l'objet d'investigations et déboucher, le cas échéant, sur une déclaration de soupçon.

357 ***Approche différenciée*** ◊ Mais quel est, plus concrètement, son contenu ? Les articles L. 561-5 et suivants du Code monétaire et financier nous renseignent sur ce point. Or, force est de constater que le régime mis en place n'est pas des plus simples. En effet, l'obligation de vigilance n'a cessé de s'étoffer au fil des réformes et, disons-le, de se complexifier [4]. Ainsi, depuis l'ordonnance n° 2009-104 du 30 janvier 2009, le code retient une démarche graduée dans la logique de la directive transposée : la vigilance imposée aux professionnels dépend du risque de blanchiment attaché au profil des clients, des produits et des opérations concernés.

Pour résumer, l'obligation de vigilance « standard » (§ 1) peut donner lieu à des « modulations » (§ 2). Dans tous les cas, la violation de ces exigences est sanctionnée disciplinairement (§ 3).

358 ***Evolution*** ◊ L'article 3 de l'ordonnance n° 2016-1635 du 1er décembre 2016 est encore venu renforcer ce devoir de vigilance. Ce dernier est ainsi rappelé dans un nouvel article L. 561-4-1. Les personnes assujetties doivent définir et mettre en place des dispositifs d'identification et d'évaluation des risques de blanchiment des capitaux et de financement du terrorisme auxquels elles sont exposées ainsi qu'une politique adaptée à ces risques. Le décret n° 2018-284 du 18 avril 2018 a, récemment, précisé l'état du droit applicable en la matière.

§ 1. L'obligation de vigilance standard

359 S'agissant de la vigilance standard, le Code monétaire et financier prévoit clairement deux exigences à la charge des professionnels : une première *ab initio*, avant l'entrée en relation d'affaires [5] avec la clientèle (A), et une

1. J. Lasserre Capdeville, « L'obligation de vigilance du banquier en matière de lutte contre le blanchiment d'argent en droit français », *RLDA* 2014, n° 95, p. 78.
2. V. ss 271.
3. V. ss 278.
4. J. Lasserre Capdeville, « L'évolution des obligations du banquier », *AJ pénal* 2006. 429.
5. La relation d'affaires est, selon l'article L. 561-2-1, la relation professionnelle ou commerciale que la personne assujettie engage avec le client ; cela inclut, le cas échéant, le bénéficiaire effectif. De même, dans les contrats d'assurance vie et de capitalisation, cette relation inclut le bénéficiaire du contrat et, le cas échéant, le bénéficiaire effectif du bénéficiaire du contrat.

seconde dans le suivi des clients et des opérations qu'ils conduisent (B). Des interdictions et obligations consécutives à cette vigilance sont en outre prévues par le législateur (C).

A. L'obligation avant l'entrée en relation d'affaires

360 ***Présentation générale*** ◊ L'article L. 561-5, I, alinéa 1er, du Code monétaire et financier dispose qu'avant d'entrer en relation d'affaires avec lui, ou de l'assister dans la préparation ou la réalisation d'une opération, le professionnel doit identifier son client et, le cas échéant, le bénéficiaire effectif de la relation nouée ou de l'opération sollicitée. Pour mémoire, constitue un bénéficiaire effectif d'une opération la personne physique (ou un groupe de personnes) soit qui contrôle en dernier lieu, directement ou indirectement, le client ; soit pour laquelle une opération est exécutée ou une activité réalisée [1].

Le banquier doit alors se faire présenter « tout document écrit à caractère probant » pour s'assurer de l'exactitude des éléments d'identification recueillis [2]. De même, le professionnel doit recueillir « les informations relatives à l'objet et à la nature » de la relation d'affaires et tout autre élément d'information pertinent [3].

Les modalités de l'identification du client sont prévues par les articles R. 561-5 à R. 561-6 dont les contenus ont été modifiés par le décret n° 2018-284 du 18 avril 2018.

361 ***Cas du client occasionnel*** ◊ La suite de l'article L. 561-5 du code est encore plus précise. Elle vise le client occasionnel, c'est-à-dire toute personne qui s'adresse à l'une des personnes assujetties à la lutte contre le blanchiment d'argent et le financement du terrorisme dans le but « exclusif de préparer ou de réaliser une opération ponctuelle ou d'être assistée

---

L'article précise que la relation d'affaires est censée, au moment où le contact est établi, s'inscrire dans une certaine durée. Elle peut être prévue soit par un contrat selon lequel plusieurs opérations successives seront réalisées entre les cocontractants ou qui crée à l'égard de ceux-ci des obligations continues, soit, de manière tacite, lorsque le client bénéficie de manière régulière de l'intervention d'une personne assujettie pour la réalisation de plusieurs opérations ou d'une opération présentant un caractère continu. – C. consom., art. L. 561-2-1.

1. C. mon. fin., art. L. 561-2-2. Les articles R. 561-1 à R. 561-3-0, issus du décret n° 2018-284 du 18 avril 2018, viennent préciser cette définition. C'est ainsi que, lorsque le client est une société, le bénéficiaire effectif de l'opération est la ou les personnes physiques qui, soit détiennent, directement ou indirectement, plus de 25 % du capital ou des droits de vote de la société, soit exercent, par tout autre moyen, un pouvoir de contrôle sur la société au sens des 3° et 4° du I de l'article L. 233-3. Cette dernière précision, qui résulte du nouveau décret, est heureuse. Le contrôle exercé sur la société par le bénéficiaire effectif se définit donc à présent par référence à l'une de ces deux hypothèses légales. Le droit est dès lors plus précis que par le passé : le bénéficiaire effectif devra soit disposer de droits de vote, soit être personnellement associé ou actionnaire. Un contrôle de fait sera, en outre, suffisant dans le premier cas.

2. C. mon. fin., art. L. 561-5, I, al. 1er.

3. C. mon. fin., art. L. 561-5-1.

dans la préparation ou la réalisation d'une telle opération, que celle-ci soit réalisée en une seule opération ou plusieurs opérations apparaissant comme liées entre elles »[1].

En vertu de l'article L. 561-5, II, les personnes assujetties doivent identifier et vérifier, dans les mêmes conditions que pour le client en passe d'entrer en relation d'affaires, l'identité de leurs clients occasionnels et, le cas échéant, de leurs bénéficiaires effectifs « lorsqu'elles soupçonnent qu'une opération pourrait participer au blanchiment de capitaux ou au financement du terrorisme, ou lorsque les opérations sont d'une certaine nature ou dépassent un certain montant » envisagés par l'article R. 561-10, II. Dans ce dernier cas, il importe peu qu'il n'y ait pas de soupçon de blanchiment.

Les personnes mentionnées à l'article L. 561-2 sont dès lors tenues de procéder à l'identification du client occasionnel ou, le cas échéant, du bénéficiaire effectif, et de vérifier les éléments d'identification, lorsqu'il s'agit : — d'une opération de nature à donner lieu à une déclaration à TRACFIN ; - d'une opération de transmission de fonds ; - d'un service de location de coffre-fort ; - d'une opération (ou d'opérations liées) de change manuel dont le montant excède 1 000 euros et de toute opération de change manuel lorsque le client ou son représentant légal n'est pas physiquement présent aux fins de l'identification ; - d'une opération (ou d'opérations liées) portant sur l'acquisition ou la vente d'un instrument « contenant sous forme numérique des unités de valeur non monétaire pouvant être conservées ou être transférées dans le but d'acquérir un bien ou une service, mais ne présentant pas de créance sur l'émetteur » (ex. Bitcoin), et dont le montant excède 1 000 euros ; - d'une opération mentionnée à l'article L. 561-13 (gain de jeux) au-delà de 2 000 euros ; - d'une opération (ou d'opérations liées) réglée en espèces ou en monnaie électronique pour un montant excédant 10 000 euros ; - et enfin d'une opération (ou d'opérations liées) autre que celles précitées dont le montant excède 15 000 euros.

B. L'obligation en cours de relation d'affaires

362 ***Présentation générale*** ◊ La vigilance professionnelle se poursuit pendant la relation d'affaires. En effet, pendant toute la durée de cette dernière, les personnes assujetties doivent exercer une vigilance constante et pratiquer un examen attentif des opérations effectuées en veillant à ce qu'elles soient cohérentes avec la connaissance actualisée qu'elles ont de leur relation d'affaires[2].

L'article R. 561-12 vise alors cette nécessité de mettre à jour et d'analyser les éléments d'information qui permettent de conserver une connaissance appropriée de leur relation d'affaire. La nature et l'étendue des

1. C. mon. fin., art. R. 561-10, I.
2. C. mon. fin., art. L. 561-6.

informations collectées ainsi que la fréquence de la mise à jour de ces informations et l'étendue des analyse menées doivent être adaptées au risque de blanchiment de capitaux et de financement du terrorisme présenté par la relation d'affaires. Un arrêté du ministre chargé de l'économie en date du 2 septembre 2009 précise les modalités d'application de ce dispositif.

Les professionnels assujettis sont encore tenus de mettre en œuvre des mesures permettant de s'assurer de la cohérence des opérations effectuées au titre d'une relation d'affaires avec la connaissance de cette relation d'affaires actualisée [1].

363 ***Délégation*** ◊ Afin de ne pas alourdir inutilement les obligations pesant sur les personnes assujetties, est prévue la possibilité, pour un établissement financier, de déléguer à un tiers certaines des obligations d'identification mentionnées par l'article L. 561-5 (celles du I et du III) et les articles L. 561-5-1 et L. 561-6. Soulignons que seuls les organismes visés à l'article L. 561-2-1° à 6°, peuvent mettre en œuvre une telle tierce introduction [2].

Un certain nombre de conditions sont néanmoins à respecter. Le tiers doit être un organisme financier ou un professionnel du chiffre et du droit. L'établissement doit, de plus, être situé en France ou dans un autre État membre de l'Union européenne ou dans un « pays tiers équivalent », c'est-à-dire imposant des obligations équivalentes en matière de LCB-FT. Ceux-ci sont listés dans un arrêté du 27 juillet 2011. Enfin, la personne assujettie doit avoir accès aux informations recueillies par le tiers dans les conditions prévues par l'article R. 561-13.

La personne assujettie, qui se repose ainsi sur les diligences effectuées par un tiers introducteur, demeure responsable du respect de ses obligations [3].

C. Interdiction et obligation consécutives

364 ***Inexécution de l'opération*** ◊ Tout d'abord, lorsqu'une des personnes mentionnées à l'article L. 561-2, et notamment un banquier, n'est pas en mesure d'identifier son client ou d'obtenir des informations sur l'objet et la nature de la relation d'affaires, elle ne doit exécuter aucune opération « quelles qu'en soient les modalités », et ne doit établir ni poursuivre aucune relation d'affaires [4].

365 ***Terme à la relation*** ◊ De même, lorsque l'une de ces personnes n'a pas pu identifier son client ou obtenir des informations sur l'objet et la nature de la relation d'affaires et que celle-ci a néanmoins été établie en application

1. C. mon. fin., art. R. 561-12-1.
2. C. mon. fin., art. L. 561-7.
3. C. mon. fin., art. L. 561-7, I, *in fine*.
4. C. mon. fin., art. L. 561-8.

du IV de l'article L. 561-5 visant un risque de blanchiment de capitaux ou de financement du terrorisme faible [1], elle doit y mettre un terme [2].

On notera que la législation impose au professionnel assujetti, si l'on est en présence d'une relation d'affaires établie en application du IV de l'article L. 561-5 (c'est-à-dire en cas de risque de blanchiment de capitaux ou de financement du terrorisme faible et qu'il est nécessaire de ne pas interrompre l'exercice normal de l'activité), de procéder en plus à la déclaration de soupçon envisagée par l'article L. 561-15 du Code monétaire et financier.

§ 2. L'obligation de vigilance « modulée »

366 Aujourd'hui, notre Code monétaire et financier connaît, en fonction du risque de blanchiment ou de financement du terrorisme, une obligation de vigilance simplifiée (A), renforcée (B) ou encore des mesures de vigilance complémentaires (C). Reprenons successivement ces différentes hypothèses.

A. L'obligation de vigilance simplifiée

367 ***Hypothèses concernées*** ◊ Les personnes assujetties, mentionnées à l'article L. 561-2, peuvent mettre en œuvre les dispositions des articles L. 561-5, L. 561-5-1 et L. 561-6 « sous la forme de mesures de vigilance simplifiées » dans deux cas envisagés par l'article L. 561-9 dont le contenu a été nettement modifié par l'ordonnance n° 2016-1635 du 1er décembre 2016.

Il en va ainsi, en premier lieu, lorsque le risque de blanchiment des capitaux et de financement du terrorisme leur paraît faible.

En second lieu, cette solution peut également être mise en œuvre si les personnes, les services ou les produits concernés présentent un faible risque de blanchiment de capitaux ou de financement du terrorisme s'il n'existe pas, dans le même temps, un soupçon de blanchiment ou de financement du terrorisme [3].

---

1. V. ss 367.
2. C. mon. fin., art. L. 561-8.
3. Antérieurement à l'ordonnance n° 2016-1635 du 1er décembre 2016, l'article L. 561-9 prévoyait également que les personnes assujetties étaient dispensées des mesures d'identification et de recueil d'informations relatives à la relation d'affaires lorsqu'il n'existait pas de soupçon de blanchiment de capitaux ou de financement du terrorisme : — pour les clients ou les produits listés par les articles R. 561-15, concernant les personnes (Beaussier et Quintard, Blanchiment de capitaux et financement du terrorisme, Banque édition, 2010, p. 84), et R. 561-16 pour les opérations portant sur certains produits (Beaussier et Quintard, *op. cit.*, p. 86). Pour les sociétés d'assurances, il convenait en outre de se reporter à l'article R. 561-17-I ; — lorsque le client est un organisme financier (art. L. 561-2, 1° à 6°) établi ou ayant son siège social en France, dans l'Union européenne ou dans un pays tiers équivalent. Dans tous les cas, les personnes assujetties devaient recueillir des informations suffisantes sur leur client de manière à vérifier qu'il était

Cette disposition légale est précisée par les articles R. 561-14 à R. 561-16 dont les contenus ont été nettement modifiés par le décret n° 2018-284 du 18 avril 2018.

368 *Cas de la monnaie électronique* ◊ L'article L. 561-9-1 prévoit que, lorsqu'il n'existe pas de soupçon de blanchiment ou de financement du terrorisme, les émetteurs de monnaie électronique ne sont pas soumis aux obligations de vigilance prévues aux articles L. 561-5 et L. 561-5-1, sous réserve de conditions, et notamment de seuils, définies par décret.

Concernant ces seuils, l'article R. 561-16-1, dont le contenu a été retouché par les décrets n° 2017-1313 du 31 août 2017 et n° 2018-284 du 18 avril 2018, nous donne des indications utiles. C'est ainsi que la monnaie électronique concernée par l'atténuation précitée est celle qui réunit les conditions suivantes : elle est émise en vue de la seule acquisition de biens ou de services de consommation ; elle a une valeur monétaire maximale stockée qui n'excède pas 250 euros et, dans l'hypothèse où le support peut être rechargé, la valeur monétaire est assortie d'une limite maximale de stockage et de paiement de 250 euros par période de 30 jours et ne peut être utilisée que pour des paiements sur le territoire national ; son support ne peut être chargé au moyen d'espèces (une exception existe en cas de monnaie électronique émise en vue de l'acquisition de biens ou de services dans un réseau limité de personnes acceptant ces moyens de paiement ou pour un éventail limité de biens ou de services) ; enfin ce même support ne peut pas être chargé au moyen de monnaie électronique dont le détenteur n'est pas identifié.

En revanche, et c'est à souligner, les opérations de retrait ou de remboursement en espèces de la monnaie électronique d'un montant supérieur à 100 euros demeurent soumises aux obligations de vigilance « standard ». L'évolution témoigne, en la matière, de la volonté des pouvoirs publics de limiter l'utilisation anonyme des cartes servant de support à la monnaie électronique.

B. L'obligation de vigilance renforcée

369 *Présentation générale* ◊ Bien que portant sur des questions différentes, les articles L. 561-10-1 à L. 561-10-3 ont pour point commun de viser des cas impliquant une vigilance renforcée. Cette dernière consiste ainsi à appliquer, en plus des mesures de vigilance standard, des mesures de vigilance renforcée.

370 *Premier cas* ◊ Tout d'abord, l'article L. 561-10-3 vise exclusivement les institutions financières citées aux 1° et 5° de l'article L. 561-2 et les entreprises d'investissement. Il s'applique ainsi lorsque l'une de ces

satisfait à ces conditions. L'exonération ne se supposait pas. Or, le nouveau texte a purement et simplement supprimé ce cas d'exonération totale.

personnes entretient, avec un organisme financier situé dans un État non partie à l'accord sur l'Espace économique européen ou sur la liste des pays tiers imposant des obligations équivalentes en matière de lutte contre le blanchiment de capitaux et le financement du terrorisme, une relation transfrontalière de correspondant bancaire ou une relation en vue de la distribution d'instruments financiers.

Aux termes de l'article R. 561-21, en plus de la vigilance standard, les personnes assujetties doivent mettre en œuvre les mesures de vigilance spécifiques suivantes : recueillir sur l'établissement cocontractant des informations suffisantes pour connaître la nature de ses activités et pour apprécier, sur la base d'informations accessibles au public et exploitables, sa réputation et la qualité de la surveillance ; évaluer le dispositif de lutte contre le blanchiment de capitaux et le financement du terrorisme mis en place par l'établissement cocontractant ; s'assurer que la décision de nouer une relation d'affaires avec l'établissement cocontractant est prise par un membre de l'organe exécutif ou toute personne habilitée à cet effet par l'organe exécutif ; prévoir, dans la convention de correspondant bancaire ou de distribution des instruments financiers, les responsabilités respectives de chaque établissement, les modalités de transmission des informations à la demande de l'établissement assujetti et les modalités de contrôle du respect de la convention ; s'assurer enfin, lorsqu'elles accueillent des comptes de correspondant qui sont utilisés directement par des tiers indépendant pour l'exécution d'opérations pour leur propre compte, que l'établissement de crédit cocontractant a vérifié l'identité des clients ayant un accès direct à ces comptes de correspondant et a mis en œuvre à l'égard de ces clients des mesures de vigilance « standard ».

371 ***Deuxième cas*** ◊ Ensuite, selon l'article L. 561-10-1, lorsque le risque de blanchiment de capitaux et de financement du terrorisme présenté par une relation d'affaires, un produit ou une opération leur paraît élevé, les personnes assujetties doivent mettre en œuvre les dispositions des articles L. 561-5, L. 561-5-1 et L. 561-6 « *sous la forme de mesures de vigilance renforcée* ». Concrètement, l'intéressé devra renforcer l'identification et la collecte d'informations sur la nature et l'objet de la relation d'affaires. La mise en œuvre des mesures de vigilance complémentaires, mentionnées à l'article L. 561-10, ne fait pas obstacle à l'application de ces dispositions.

372 ***Troisième cas*** ◊ Enfin, l'article L. 561-10-2 prévoit que les personnes mentionnées à l'article L. 561-2 doivent effectuer un examen renforcé de toute opération « particulièrement complexe ou d'un montant inhabituellement élevé ou ne paraissant pas avoir de justification économique ou d'objet licite ».

Antérieurement à l'ordonnance du 1er décembre 2016, la législation précisait que, dans de tels cas, l'examen renforcé consistait à se renseigner auprès du client sur l'origine des fonds et la destination des sommes ainsi que sur l'objet de l'opération et l'identité de la personne qui en bénéficie.

La mise en œuvre de cette disposition suscitait néanmoins des interrogations doctrinales [1]. Elle ne figure plus dans l'article en question.

L'article R. 561-22 se contente, quant à lui, de préciser que les résultats de l'examen renforcé en question doivent être consignés par écrit et conservés selon les modalités prévues à l'article L. 561-12, c'est-à-dire conservés pendant 5 ans.

C. Les mesures de vigilance complémentaires

373 ***Présentation générale*** ◊ Le Code monétaire et financier prévoit des cas pour lesquels le professionnel doit appliquer des « mesures de vigilance complémentaires » en plus de l'obligation de vigilance standard. Se situant entre le risque standard et les « mesures renforcées », les mesures complémentaires impliquent un durcissement des obligations d'identification et de recueil d'informations dans certaines circonstances précises. L'objectif est ainsi de couvrir différents risques, tels que l'entrée en relation avec des personnes qui dissimulent leur véritable identité, l'opacité sur l'identité des bénéficiaires effectifs, ou encore le blanchiment de produits de la corruption dans le cas des « personnes politiquement exposées ». Prenons ici deux exemples.

374 ***Cas du client non physiquement présent*** ◊ Tout d'abord, des mesures de vigilance complémentaires s'imposent lorsque le client ou son représentant n'est pas physiquement présent aux fins de l'identification au moment de l'établissement de la relation d'affaires. L'idée, ici, est de prévenir le risque de fausse identité ou de substitution d'identité, nécessairement favorisé par l'éloignement.

Aujourd'hui, avant d'entrer en relations d'affaires avec un client non physiquement présent au moment de l'identification, les professionnels assujettis à l'obligation de vigilance doivent appliquer au moins deux des mesures de vigilance complémentaires énumérées à l'article R. 561-20, comme par exemple, obtenir la copie d'un document justificatif supplémentaire permettant de confirmer l'identité du client ; mettre en œuvre des mesures de vérifications et de certification de la copie d'un document officiel ou d'un extrait de registre officiel par un tiers indépendant de la personne à identifier ; exiger que le premier paiement des opérations soit effectué en provenance ou à destination d'un compte ouvert au nom du client auprès d'un autre établissement bancaire ou financier établie dans un État partie à l'accord sur l'Espace économique européen ; recourir à un moyen d'identification électronique délivré dans le cadre d'un schéma français d'identification électronique notifié à la Commission européenne ; ou encore recueillir une signature électronique avancée ou qualifiée ou un

1. Cutajar, « Le nouveau droit du blanchiment et du financement du terrorisme », *JCP* 2009. Actu. 70.

cachet électronique avancé ou qualifié valide reposant sur un certificat qualifié. D'autres hypothèses sont encore visées par cet article R. 561-20.

Les personnes assujetties devront, dans tous les cas, choisir les mesures qui, combinées entre elles, permettent la vérification de tous les éléments d'identification du client mentionnés, quant à eux, par l'article R. 561-5.

375 ***Cas des personnes politiquement exposées*** ◊ Citons également l'hypothèse dans laquelle le client, le cas échéant son bénéficiaire effectif, est une personne « *qui est exposée à des risques particuliers en raison des fonctions politiques, juridictionnelles ou administratives qu'elle exerce ou a exercées pour le compte d'un autre État ou de celles qu'exercent ou ont exercées des membres directs de sa famille ou des personnes connues pour lui être étroitement associées ou le devient en cas de relation d'affaire* » [1].

Ces « personnes politiquement exposées » (PPE) sont précisées par l'article R. 561-18 du code, dont le contenu a été quelque peu modifié par le décret n° 2018-284 du 18 avril 2018. Jusqu'ici, étaient uniquement visées des personnes étrangères liées à un États tiers y ayant exercé les fonctions de chef d'État, chef de gouvernement, membre d'un gouvernement national, ambassadeur ou encore dirigeant d'une institution internationale publique créée par un traité. Les seuls Français concernés étaient ceux qui étaient membres de la Commission européenne ou du Parlement européen. Désormais, l'article vise les PPE nationales qui exercent ou ont cessé d'exercer depuis moins d'un an l'une des fonctions visées par le texte. En outre, ont été ajoutées les fonctions de membre de l'organe dirigeant d'un parti ou d'un groupement politique français ou étranger. On notera encore que les fonctions exercées au sein d'une organisation internationale sont précisées et visent le directeur, le directeur adjoint et les membres du conseil ou une personne qui occupe une position équivalente en son sein. La définition s'étend aux membres directs de la famille ou aux personnes étroitement associées à ces personnes. L'article R. 561-18, II et III, vient préciser qui peut être vu comme présentant l'une de ces caractéristiques. L'évolution de la notion par le décret du 18 avril 2018 devrait aboutir à un accroissement significatif des signalements de PPE et faciliter l'harmonisation des pratiques déclaratives des établissements sur ce sujet.

Lorsque le client, ou son bénéficiaire effectif, est une personne politiquement exposée, ou le devient au cours de la relation d'affaires, les personnes tenues à l'obligation de vigilance appliquent, en plus des mesures prévues aux articles L. 561-5 à L. 561-6, les mesures de vigilance complémentaires visées par l'article R. 561-20-2 du code. D'une part, elles doivent s'assurer que la décision de nouer ou maintenir une relation d'affaires avec cette personne ne peut être prise que par un membre de l'organe exécutif ou toute personne habilitée à cet effet par l'organe exécutif. D'autre part, elles sont tenues de rechercher l'origine du patrimoine et des fonds impliqués

1. C. mon. fin., art. L. 561-10, 2°.

dans la relation d'affaires ou la transaction. Enfin, elles doivent renforcer les mesures de vigilance prévues à l'article R. 561-12-1 relatif aux obligations de vigilance constante sur la relation d'affaires.

§ 3. Les sanctions encourues en cas de manquements

376 ***Pouvoir de sanction de l'ACPR*** ◊ Il appartient aux personnes assujetties, et notamment aux établissements de crédit, de respecter scrupuleusement l'obligation de vigilance étudiée, quelque soit sont intensité. En effet, l'article L. 561-36 du code prévoit que les professionnels ayant manqué à leur obligation peuvent être sanctionnés par leurs autorités de contrôle respectives. Les établissements de crédit fautif encourent alors les sanctions susceptibles d'être infligées par l'Autorité de contrôle prudentiel et de résolution [1].

En revanche, la Cour de cassation a eu l'occasion d'affirmer que la victime d'agissements frauduleux ne peut se prévaloir de l'inobservation des textes prévoyant la lutte contre le blanchiment d'argent pour réclamer des dommages-intérêts à l'établissement financier [2].

377 ***Exigences en matière de contrôle interne*** ◊ En outre, l'ordonnance du 30 janvier 2009 est venue prévoir la mise en place, pour les professionnels assujettis, de procédures et d'un contrôle interne afin d'assurer l'efficacité des mesures de prévention. L'article L. 561-32 impose ainsi, depuis lors, l'instauration d'une organisation et des procédures internes pour lutter contre le blanchiment des capitaux et le financement du terrorisme, tenant compte de l'évaluation des risques.

Plusieurs exigences sont alors mentionnées par les textes. Les personnes assujetties doivent, par exemple, mettre en place un dispositif de gestion des risques permettant de détecter les personnes [3] et les opérations néces-

---

1. V. ss 471. V. par ex., ACP, n° 2010-01, 10 janv. 2011, *Caisse de crédit municipal de Toulon, LEDB* mars 2011, p. 7, n° 029, obs. J.-Ph. Kovar. ACPR n° 2012-08 du 2 déc. 2013, *Banque Chaâbi du Maroc, BJB* 2014, n° 2, p. 104, note C. Cutajar ; *Revue Banque* févr. 2014, n° 769, p. 92, obs. Jean-Philippe Kovar et J. Lasserre Capdeville. ACPR, 26 janv. 2015, n° 2013-06, *Banque of Africa France, Revue Banque* n° 782, mars 2015, p. 90, obs. J.-Ph. Kovar et J. Lasserre Capdeville. ACPR, 17 avr. 2018, n° 2017-05, *Caisse fédérale du Crédit Mutuel Nord Europe* : Revue Banque 2018, n° 821, p. 79, obs. J.-Ph. Kovat et J. Lasserre Capdeville. – Concernant un changeur manuel, ACPR, 21 mai 2015, n° 2015-01, *Revue Banque* juill.-août 2015, n° 786, p. 78, obs. J.-Ph. Kovar et J. Lasserre Capdeville. – ACPR, 8 avr. 2018, n° 2018-05, *Société Raguram International* – J. Lasserre Capdeville, « L'Autorité de contrôle prudentiel et de résolution et la lutte contre le blanchiment d'argent », *Rev. inter. de l'éthique et des affaires et de la compliance*, n° 51/52, 19 déc. 2013, p. 16, n° 14.

2. Com. 28 avr. 2004, n° 02-15.054, *Bull. civ.* IV, 2004, n° 72 ; *D.* 2004. AJ 1380, obs. V. Avena-Robardet ; *D.* 2006. Pan. 159, obs. H. Synvet ; *JCP E* 2004, n° 23, p. 913, note J. Stoufflet ; *JCP* 2004, II, 10105, note C. Cutajar ; *RDBF* 2004, comm. 154, obs. F.-J. Crédot et Y. Gérard ; *Banque et Dr.* juill.-août 2004, p. 56, obs. Th. Bonneau ; *RTD com.* 2004. 577, obs. M. Cabrillac.

3. C. mon. fin., art. L. 561-32, I, al. 3.

sitant des mesures de vigilance complémentaires (c'est-à-dire visées par les 2° et 4° de l'art. L. 561-10), mais aussi les hypothèses concernées par un examen renforcé (figurant à l'article L. 561-10-2). De même, l'instauration de mesures de contrôle interne est exigée [1]. L'information régulière du personnel et la mise en place de toute action de formation utile est encore prévue [2].

Les conditions d'application sont définies, quant à elles, par les articles R. 561-38 à R. 561-38-9 du code modifiés ou créés par le décret n° 2018-284 du 18 avril 2018. Ces dispositions figurent désormais dans deux sous-sections relatives, d'une part, à l'organisation du dispositif de lutte contre le blanchiment de capitaux et le financement du terrorisme et, d'autre part, au contrôle interne.

Les modalités de mise en œuvre de ces procédures et de ces mesures de contrôle interne sont en outre précisées par l'arrêté du 3 novembre 2014 relatif au contrôle interne des entreprises du secteur de la banque, des services de paiement et des services d'investissement soumises au contrôle de l'ACPR qui a pris la place et complété le règlement CRBF n° 97-02 du 21 février 1997.

L'ACPR est alors également susceptible de sanctionner des manquements à propos de cette obligation [3].

SECTION 2. LES OBLIGATIONS DE DÉCLARATION ET D'INFORMATION

378 ***Dérogation au secret bancaire*** ◊ Le secret bancaire n'est pas un principe absolu. Cela a été noté [4], un certain nombre d'exceptions sont prévues par notre droit en la matière, notamment pour préserver l'intérêt public. Il en va de la sorte pour lutter efficacement contre le blanchiment d'argent et le financement du terrorisme. C'est ainsi que la loi n° 90-614 du 12 juillet 1990 relative à la participation des organismes financiers à la lutte contre le blanchiment des capitaux provenant du trafic des stupéfiants a institué l'obligation, pour le professionnel de la banque notamment, d'effectuer des déclarations, dans certaines circonstances, à un organisme particulier : TRACFIN (Traitement du Renseignement et Action contre les Circuits FINanciers clandestins).

1. C. mon. fin., art. L. 561-32, II.
2. C. mon. fin., art. L. 561-34.
3. V. par ex., ACP, n° 2010-01, 10 janv. 2011, *Caisse de crédit municipal de Toulon, op. cit.* ACPR n° 2012-08 du 2 déc. 2013, *Banque Chaâbi du Maroc, op. cit.* ACPR, 26 janv. 2015, n° 2013-06, *Banque of Africa France, op. cit.* - ACPR n° 2016-01 du 28 déc. 2016, Société SAXO Banque France. - Décis. ACPR n° 2016-08 du 6 déc. 2017, *National Bank of Pakistan.*
4. V. ss 301.

379 *TRACFIN* ◊ Cet organisme est la cellule française de lutte anti-blanchiment. Il s'agit plus précisément d'un service à compétence nationale rattaché au ministère de l'Économie et des Finances [1]. Son rôle est, d'une façon générale, d'analyser, enrichir et exploiter tout renseignement propre à établir l'origine ou la destination des sommes ou la nature des opérations ayant fait l'objet d'une déclaration auprès de ses services et, si les investigations mettent en évidence des faits susceptibles de relever du blanchiment du produit d'une infraction punie d'une peine privative de liberté supérieure à un an ou du financement du terrorisme, de saisir le procureur de la République.

380 ***Évolution*** ◊ L'obligation d'information précitée s'est considérablement étendue au fil des réformes. Cela a été notamment le cas suite à la loi n° 93-122 du 29 janvier 1993, la loi n° 2001-420 du 15 mai 2001, la loi n° 2004-130 du 11 février 2004, la loi n° 2004-204 du 9 mars 2004, l'ordonnance n° 2009-104 du 30 janvier 2009, ou encore la loi n° 2013-672 du 26 juillet 2013 de séparation et de régulation des activités bancaires [2].

Aujourd'hui, les fondements légaux à la situation qui nous intéressent sont les articles L. 561-15 et L. 561-15-1 du Code monétaire et financier qui prévoient, respectivement, une obligation de déclaration de soupçon (§ 1) et une obligation d'information systématique (§ 2) [3]. Ces obligations sont encadrées par un régime de responsabilité particulier (§ 3).

§ 1. L'obligation de déclaration

381 La mise en œuvre de cette obligation, dont le contenu a nettement évolué (A), implique de respecter des règles de procédure assez précises (B).

A. Le contenu de l'obligation

382 ***Élargissement de la déclaration*** ◊ Avant que l'ordonnance n° 2009-104 du 30 janvier 2009 précitée ne vienne réformer l'obligation de déclaration, l'article L. 562-2 du Code monétaire et financier imposait à différents professionnels, et notamment les banquiers, de déclarer à TRACFIN les sommes inscrites dans leurs livres et les opérations portant sur ces sommes, qui pouvaient « provenir du trafic de stupéfiants, de la fraude aux intérêts financiers des Communautés européennes, de

---

1. C. mon. fin., art. R. 561-33, al. 1er.

2. J. Lasserre Capdeville, « Évolutions en matière de lutte contre les paradis fiscaux et le blanchiment des capitaux », *LPA*, 27 sept. 2013, n° 194, p. 21. C. Cutajar, « Le volet anti-blanchiment », *BJB* 2013, n° 12, p. 625.

3. J. Lasserre Capdeville, « Les obligations de déclaration et d'information du banquier en matière de lutte contre le blanchiment d'argent en droit français », *RLDA* 2014, n° 95, p. 91.

la corruption ou d'activités criminelles organisées ou qui pourraient participer au financement du terrorisme ».

Or, l'ordonnance du 30 janvier 2009, qui a transposé en droit interne la directive n° 2005/60/CE du 26 octobre 2005 relative à l'utilisation du système financier aux fins du blanchiment des capitaux et du financement du terrorisme, dite aussi « 3e directive de lutte contre le blanchiment », a innové en la matière [1] en retenant une conception élargie de l'infraction d'origine qui permet de dégager les capitaux illicites. L'article L. 561-15 étend en effet aujourd'hui le champ d'application de la déclaration de soupçon aux infractions graves, c'est-à-dire aux infractions passibles « d'une peine privative de liberté supérieure à un an ou participant au financement du terrorisme ». La déclaration doit alors être réalisée dans un grand nombre de cas, dans la mesure où la quasi-totalité des infractions susceptibles de générer des profits sont punies, dans notre droit, d'une peine d'emprisonnement supérieure à un an : escroquerie, vol, abus de confiance, extorsion, etc. [2]

Cette extension du champ d'application a incontestablement facilité la tâche du banquier en matière de déclarations de soupçon, puisque celui-ci n'est plus dans l'obligation de se livrer à un exercice de qualification de l'infraction d'origine pour lequel il ne dispose pas nécessairement des compétences. Bien entendu, toute information de nature à infirmer, conforter ou modifier les éléments contenus dans une déclaration doit être portée sans délai à la connaissance de TRACFIN [3].

383 ***Tentative*** ◊ Depuis la loi n° 2013-672 du 26 juillet 672 du 26 juillet 2013 de séparation et de régulation des activités bancaires, le seul fait de tenter de réaliser des opérations impliquant des fonds issus d'infractions sanctionnées de plus d'un an d'emprisonnement suffit également à fonder une déclaration de soupçon de la part du professionnel assujetti auprès de TRACFIN. Concernant plus particulièrement les établissements de crédit, on peut voir là une limitation supplémentaire au champ d'application du secret bancaire [4].

384 ***Cas de la fraude fiscale*** ◊ La fraude fiscale est punie, pour mémoire, d'une peine de cinq ans d'emprisonnement par l'article 1741 du Code général des impôts (ainsi que d'une amende de 500 000 euros). Elle est donc désormais incluse dans le périmètre de la déclaration de soupçons de l'article L. 561-15. Elle est expressément mentionnée à son II. Cependant,

1. La CJUE est particulièrement favorable à cette transparence dans la lutte contre le blanchiment d'argent, CJUE 25 avr. 2013, n° C-211/11, *LEDB* sept. 2013, p. 7, n° 117, obs. C. Cutajar ; *Banque et Dr*. 2013, n° 150, p. 45, obs. J. Lasserre Capdeville.
2. Sur cette évolution, C. Cutajar, « Blanchiment. Prévention du blanchiment », J.-Cl. *Droit pénal des affaires* 2010, Fasc. 10, n° 157 s.
3. C. mon. fin., art. L. 561-15, V
4. C. mon. fin., art. L. 561-15, V *bis*. Sur cette évolution, C. Cutajar, « Le volet anti-blanchiment », *BJB* 2013, n° 12, p. 625.

et c'est une particularité à souligner, le soupçon seul ne suffit pas à son égard pour engager le processus déclaratif : il faut que le professionnel soit à même de lui associer l'un au moins des seize critères prévus par le II de l'article D. 561-32-1 [1]. Le législateur a voulu, par ce mécanisme, limiter les déclarations aux cas de fraude les plus graves.

385 ***Statistiques*** ◊ En 2017, TRACFIN a été destinataire de 68 661 déclarations contre 62 259 en 2016, 43 231 en 2015, 36 715 en 2014, 27 477 en 2013, 26 011 en 2012, 22 856 en 2011, 19 208 en 2010, 17 310 en 2009 et 14 565 en 2008 [2]. L'augmentation est donc régulière année après année. Notons d'ailleurs que la grande majorité de ces déclarations provient annuellement des établissements de crédit (29 508 en 2014). Le secret bancaire est donc loin d'être un principe absolu.

B. La procédure entourant l'obligation

386 ***Qualité de déclarant*** ◊ Les déclarations doivent, en principe, être faites par un déclarant spécialement habilité. L'article R. 561-23, I, du Code monétaire et financier parle ainsi de « dirigeants ou préposés habilités à procéder aux déclarations prescrites ». Cette règle demeure néanmoins tempérée par le fait, qu'en cas d'urgence, toute personne, dirigeant ou préposé de la personne morale, peut procéder à la déclaration en question [3].

387 ***Correspondant*** ◊ De plus, un correspondant chargé de répondre aux demandes de la cellule de renseignement financier ou de l'autorité de contrôle doit également être désigné [4]. Une même personne peut néanmoins cumuler les deux fonctions de déclarant et de « chargé de réponse ». Précisons que ces fonctions doivent être assurées de manière continue afin qu'il puisse être rapidement répondu aux demandes de TRACFIN.

388 ***Forme de la déclaration*** ◊ En principe, la déclaration est établie par écrit. Elle doit alors, en vertu de l'article R. 561-31 du code [5], être effectuée au moyen d'un formulaire dont les mentions ont été fixées par un arrêté du 6 juin 2013. Elle devra notamment comporter la profession exercée par la personne qui effectue la déclaration ; les éléments d'identification et les coordonnées du déclarant ; le cas de déclaration par référence aux cas mentionnés à l'article L. 561-15 ; les éléments d'identification du client et, le cas échéant, du bénéficiaire effectif de l'opération ainsi que l'objet

---

1. Ce régime, qui limite les possibilités de déclaration, a été critiqué par le Conseil d'État. Conseil d'État. Rapport public 2010, *Activité juridictionnelle et consultative des juridictions administratives en 2009*, p. 112.

2. Tacfin, rapport d'activité 2014, p. 9.

3. C. mon. fin., art. R. 561-23, III.

4. C. mon. fin., art. R. 561-24, al. 1er.

5. C. Cutajar, « Les nouvelles conditions de recevabilité de la déclaration de soupçon », *BJB* 2013. 419.

et la nature de la relation d'affaires nouée avec le client ; un descriptif de l'opération et les éléments d'analyse ayant conduit à effectuer la déclaration ; le délai d'exécution des opérations non exécutées. La déclaration est accompagnée, le cas échéant, de toute pièce utile à son exploitation par TRACFIN.

Toutefois, la déclaration peut aussi être recueillie verbalement par TRACFIN [1]. Dans ce cas, elle doit l'être en présence du ou des déclarants [2]. Cette déclaration s'accompagnera logiquement de la remise des pièces ou documents justificatifs utiles.

§ 2. L'obligation d'information systématique

389 *Cas envisagés* ◊ L'article L. 561-15-1 a été créé par la loi n° 2013-100 du 28 janvier 2013, et par la suite modifié par la loi n° 2013-672 du 26 juillet 2013 et l'ordonnance n° 2016-1635 du 1er décembre 2016. Il prévoit, à côté de l'obligation de déclaration de soupçon à TRACFIN figurant à l'article L. 561-15, un régime spécifique de transmission automatique d'informations. On parle alors de communications systématiques d'informations (COSI). Il en va plus particulièrement ainsi en cas « d'opérations présentant un risque élevé de blanchiment ou de financement du terrorisme en raison du pays ou du territoire d'origine ou de destination des fonds, de la nature des opérations en cause ou des structures juridiques impliquées dans ces opérations ». Cette disposition paraît, *a priori*, excessivement large et donc de nature à réduire quelque peu, concernant les professionnels de la banque, le champ d'application du secret bancaire.

Tel n'est cependant pas le cas. Le pouvoir réglementaire s'est montré ici plus précis. Deux hypothèses sont ainsi envisagées par les articles R. 561-31-1 et R. 561-31-2 du code, dont le contenu a été modifié par le décret n° 2018-284 du 18 avril 2018.

En premier lieu, l'article R. 561-31-1 envisage le cas où (principalement) les établissements de crédit, de paiement et de monnaie électronique sont tenus de transmettre à TRACFIN des informations relatives aux services de transmission de fonds effectués à partir d'un versement d'espèces ou au moyen de monnaie électronique. Ces informations doivent alors comporter les éléments d'identification et les coordonnées des personnes habilitées, les éléments d'identification du client, le type, la référence et la date de l'opération ainsi que son montant, et enfin la désignation de l'établissement de contrepartie et du client de celui-ci. Notons cependant que ces informations ne sont requises qu'à partir de certains seuils : 1 000 euros par opération ou 2 000 euros cumulés par client sur un mois civil. Ces informations doivent être transmises par les professionnels assujettis au plus tard dans les 30 jours suivant le mois où l'opération a été payée.

---

1. Il en va différemment pour les avocats, C. mon. fin., art. L. 561-18, al. 1er.
2. C. mon. fin., art. R. 561-31, III.

En second lieu, l'article R. 561-31-2 vise le cas de la déclaration automatique des versements en espèces effectués sur un compte de dépôt ou de paiement ouvert au nom d'un client (autre qu'un organisme financier), et les retraits d'espèces d'un tel compte « dont respectivement le montant cumulé sur un mois calendaire dépasse une somme de 10 000 euros ». Il importe peu que les opérations aient été effectuées alternativement ou cumulativement en euros ou en devises. L'article R. 561-31-3 précise, quant à lui, les éléments que doit compter cette information. Il en va ainsi avec la date de chaque opération, sa nature, son montant en euros ou en devises ainsi que sa contre-valeur en euros, etc. Ici encore, cette information est à adresser au plus tard dans les trente jours suivant le mois au cours duquel le seuil précité a été atteint.

§ 3. Le régime de responsabilité lié aux obligations précitées

390 ***Sanctions disciplinaires*** ◇ Le banquier ayant manqué à son obligation de déclaration ou d'information systématique encourt des sanctions de nature disciplinaire de la part de l'ACPR [1].

C'est ainsi, par exemple, que la commission des sanctions du superviseur bancaire a pu sanctionner un établissement dont les déclarations de soupçon réalisées auprès de TRACFIN ne contenaient aucune analyse des faits et des raisons pour lesquelles ces communications avaient justement été opérées, ni aucun justificatif utile à leur exploitation [2].

391 ***Sanctions pénales*** ◇ Le banquier (voire la banque) n'ayant pas déclaré des fonds à TRACFIN pouvant laisser objectivement penser qu'ils sont issus d'une infraction pénale peut-il être automatiquement poursuivi pour blanchiment d'argent ? Une réponse négative s'impose. En effet, la méconnaissance de cette obligation ne peut donner lieu à des poursuites pénales que si les éléments constitutifs du délit de blanchiment, principalement celui visé par l'article 324-1 du Code pénal, sont réunis. Il faudra alors un élément matériel positif, une abstention étant par conséquent insuffisante, et un élément intentionnel [3] pour pouvoir retenir cette incrimination à l'encontre, notamment, du professionnel de la banque.

392 ***Immunité du déclarant*** ◇ Par ailleurs, le déclarant ne saurait voir sa responsabilité engagée s'il a réalisé une déclaration de soupçon qui se

---

1. V. ss 487.
2. V. par ex., Déc. ACPR n° 2012-08 du 2 déc. 2013, *Banque Chaâbi du Maroc, BJB* 2014, n° 2, p. 104, note C. Cutajar ; *Revue Banque* févr. 2014, n° 769, p. 92, obs. Jean-Philippe Kovar et J. Lasserre Capdeville. Dans le même sens, Déc. ACPR, n° 2013-06 du 26 janv. 2015, *Banque of Africa, Revue Banque* 2015, n° 782, p. 90, obs. J.-Ph. Kovar et J. Lasserre Capdeville.
3. Il s'agit de la conscience et de la volonté de commettre l'élément moral du délit.

révèle finalement sans objet, car portant sur des opérations parfaitement licites. En effet, l'article L. 561-22 du Code monétaire et financier prévoit une immunité pénale, civile et professionnelle au bénéfice de l'auteur d'une telle déclaration.

Il déclare notamment qu'« aucune poursuite fondée sur les articles 226-10, 226-13 et 226-14 du code pénal ne peut être intentée contre (...) les personnes mentionnées à l'article L. 561-2 ou leurs dirigeants et préposés ou les autorités mentionnées à l'article L. 561-17 lorsqu'ils ont, de bonne foi, fait la déclaration prévue à l'article L. 561-15 dans les conditions prescrites par les dispositions législatives ou réglementaires applicables ou lorsqu'ils ont communiqué des informations au service mentionné à l'article L. 561-23 en application de l'article L. 561-26 ». De même, aucune action en responsabilité civile ne peut être intentée ni aucune sanction professionnelle prononcée contre les personnes lorsqu'elles ont « de bonne foi, fait la déclaration prévue à l'article L. 561-15 dans les conditions prescrites par les dispositions législatives ou réglementaires applicables (...) ». En outre, « en cas de préjudice résultant directement d'une telle déclaration ou communication, l'État répond du dommage subi ». Enfin, l'article précise dans son III que l'ensemble de ces règles s'applique même si la preuve du caractère délictueux des faits à l'origine de la déclaration mentionnée à l'article L. 561-15 n'est pas rapportée ou si les poursuites engagées en raison de ces faits ont été closes par une décision de non-lieu, de relaxe ou d'acquittement.

Notons, cependant, que cette disposition légale ne vise que « la déclaration mentionnée à l'article L. 561-15 ». Rien n'est dit, pour l'heure, à propos de l'obligation d'information systématique prévue par l'article L. 561-15-1.

393 ***Confidentialité de la déclaration*** ◊ L'article L. 561-19 du Code monétaire et financier prévoit que la déclaration mentionnée à l'article L. 561-15, et elle seule à nouveau, est confidentielle. Concrètement, il interdit aux personnes assujetties de porter à la connaissance du propriétaire des sommes ou de l'auteur de l'une des opérations déclarées ou à des tiers autres que les autorités de contrôle (l'ACPR pour les établissements de crédit) l'existence et le contenu d'une déclaration faite auprès de TRACFIN. Le fait de méconnaître cette interdiction de divulgation est puni d'une amende de 22 500 euros [1].

1. C. mon. fin., art. L. 574-1.

TITRE 3

LA SUPERVISION DE L'ACTIVITÉ BANCAIRE

394 La supervision de l'activité bancaire est essentiellement exercée par l'Autorité de contrôle prudentiel et de résolution (Sous-titre 1) et la Banque centrale européenne réunies, avec les superviseurs des autres États membres de la zone euro, au sein du Mécanisme de surveillance unique, qui constitue l'un des piliers de l'Union bancaire (Sous-titre 2).

SOUS-TITRE 1

L'Autorité de contrôle prudentiel et de résolution

395 ***Création*** ◊ L'Autorité de contrôle prudentiel et de résolution (ACPR) a été créée par l'ordonnance n° 2010-76 du 21 janvier 2010 portant fusion des autorités d'agrément et de contrôle des banques et de l'assurance [1]. Elle a succédé à quatre autorités administratives indépendantes : la Commission bancaire, le Comité des établissements de crédit et des entreprises d'investissement, l'Autorité de contrôle des assurances et des mutuelles et le Comité des entreprises d'assurance. La création d'une seule autorité de supervision des secteurs de la banque et de l'assurance était préconisée par le rapport « Deletré I » publié en janvier 2009 [2].

396 ***Statut*** ◊ Lors de sa création en 2010, l'ACPR a été qualifiée d'autorité administrative indépendante par le législateur délégué. Ce statut a été discuté par la commission d'enquête sénatoriale sur le bilan et le contrôle de la création, de l'organisation, de l'activité et de la gestion des autorités administratives indépendantes qui a proposé, dans son rapport déposé le 28 octobre 2015, de ne conserver que vingt autorités administratives indépendantes, au lieu des quarante-deux recensées par ses soins [3]. Durant son audition par la commission d'enquête, le gouverneur de la Banque de France, qui est de droit président de l'ACPR, avait indiqué que la qualification d'autorité administrative indépendante ne s'imposait pas. Il soulignait, en effet, que si les formations collégiales de l'Autorité devaient être séparées des instances dirigeantes de la banque centrale, les services de l'ACPR correspondaient, en fait, « à une direction générale de la Banque de France ». Il est vrai que l'ACPR est « adossée » à la Banque de France dont elle bénéficie des moyens humains, matériels et financiers. La loi

---

1. Ordonnance n° 2010-76 du 21 janvier 2010 portant fusion des autorités d'agrément et de contrôle des banques et de l'assurance, *JO* du 22 janvier 2010, p. 1392 ; Th. Bonneau, « Commentaire de l'ordonnance n° 2010-76 du 21 janvier 2010 portant fusion des autorités d'agrément et de contrôle de la banque et de l'assurance », *JCP E* 2010.1140 ; H. Causse et A. Maymont, « L'autorité de contrôle prudentiel. Commentaire de l'ordonnance du 21 janvier 2010 portant fusion des autorités d'agrément et de contrôle de la banque et de l'assurance », *RDBF* 2010. Étude 11, p. 11.

2. B. Deletré, « Pour une réforme des autorités de supervision des institutions financières », *JCP E* 2009.1577.

3. J. Mézard, « Un État dans l'État : canaliser la prolifération des autorités administratives indépendantes pour mieux les contrôler », rapport n° 126 fait au nom de la commission d'enquête.

n° 2017-55 du 20 janvier 2017 portant statut général des autorités administratives indépendantes et des autorités publiques indépendantes, qui a traduit en droit positif les onze propositions formulées par la commission d'enquête, exclut ainsi l'ACPR de la liste de ces autorités [1].

397 ***Missions*** ◊ L'Autorité de contrôle prudentiel et de résolution est investie d'une pluralité de missions énumérées à l'article L. 612-1 du Code monétaire et financier. L'ACPR est ainsi chargée de d'examiner les demandes d'autorisations ou de dérogations individuelles qui lui sont adressées et de prendre les décisions prévues par les dispositions européennes, législatives et réglementaires applicables aux personnes assujetties à son contrôle [2]. Elle exerce une surveillance permanente de la situation financière et des conditions d'exploitation des personnes soumises à son contrôle, qu'il s'agisse des établissements de crédit, des entreprises d'investissement autres que les sociétés de gestion de portefeuille, des entreprises de marché, des adhérents aux chambres de compensation, des personnes habilitées à exercer les activités de conservation ou d'administration d'instruments financiers, des établissements de paiement, des compagnies financières holding et des compagnies financières holdings mixtes, des changeurs manuels, des associations et fondations dites de microcrédit, des sociétés retenues pour contribuer à la création d'activités ou au développement des emplois dans le cadre d'une convention passée avec l'État, des établissements de monnaie électronique, des sociétés de financement, des entreprises mères de sociétés de financement, des entreprises exerçant une activité d'assurance ou de réassurance ou des mutuelles et unions [3].

L'Autorité veille au respect des règles destinées à assurer la protection des clientèles résultant de toute disposition européenne, législative, réglementaire ou de codes de conduite approuvés à la demande d'une association professionnelle ou encore de bonnes pratiques de la profession constatées ou recommandées par elle. Elle veille également à l'élaboration et à la mise en œuvre des mesures de prévention et de résolution des crises dans les secteurs de la banque ou de l'assurance

L'ACPR s'assure du respect, par les personnes relevant de sa compétence, des règles relatives aux modalités d'exercice de leur activité, par elles-mêmes ou par l'intermédiaire de filiales, et aux opérations d'acquisition et de prise de participation, ainsi que des règles relatives à la lutte contre le blanchiment des capitaux et le financement du terrorisme. Par ailleurs, l'Autorité participe, dans le cadre de l'Union bancaire, au Mécanisme de surveillance unique et au Mécanisme de résolution unique en tant qu'autorité nationale de surveillance et de résolution pour la France. À ce titre, elle assiste la

---

1. Loi n° 2017-55 du 20 janvier 2017 portant statut général des autorités administratives indépendantes et des autorités publiques indépendantes, *JO* du 21 janvier 2017.

2. V. ss 198 s.

3. C. mon. fin., art. L. 612-2.

Banque centrale européenne et le Conseil de résolution unique dans l'exercice de leurs missions de surveillance prudentielle et de résolution.

Enfin, la loi de finances rectificatives pour 2017 du 28 décembre 2017 a confié à l'Autorité une nouvelle mission qui consiste à s'assurer de la mise en place, par les organismes du secteur de la banque et de l'assurance, de procédures internes et d'un dispositif de contrôle interne concernant leurs obligations en matière de lutte contre la fraude et l'évasion fiscale [1], dans le cadre de la mise en œuvre de l'échange automatique d'informations en matière fiscale [2].

Pour l'accomplissement de ces missions, l'ACPR s'appuie sur une organisation complexe (Chapitre 1) et dispose d'attributions étendues (Chapitre 2).

1. Au titre de l'article 1649C du Code général des impôts, il appartient à ces organismes d'identifier les résidences fiscales et, le cas échéant, les numéros d'identification fiscale des titulaires de comptes ou de contrats d'assurance-vie ou de capitalisation.

2. Directive 2011/16/UE du Conseil du 15 février 2011 relative à la coopération administrative dans le domaine fiscal, *JOUE* L 64 du 11 mars 2011, p. 1.

CHAPITRE 1
L'ORGANISATION DE L'AUTORITÉ DE CONTRÔLE PRUDENTIEL ET DE RÉSOLUTION

398 ***Architecture du superviseur*** ◊ L'ACPR exerce ses compétences essentiellement au travers d'organes collégiaux : le collège de supervision, le collège de résolution et la commission des sanctions. Cette organisation trinitaire repose sur une double séparation organique, permettant de distinguer, d'une part, les autorités de poursuite (les collèges de supervision et de résolution) et de sanction (la commission des sanctions) et, d'autre part, les missions de supervision et de résolution.

Dans l'exercice de leurs attributions, les collèges de supervision et de résolution (Section 1) ainsi que la commission des sanctions (Section 2) s'appuient sur les services opérationnels de l'Autorité réunis au sein du secrétariat général (Section 3).

SECTION 1. LES COLLÈGES

399 La présidence des collèges de supervision (§ 2) et de résolution (§ 3) est assurée par le président de l'Autorité ou son représentant (§ 1). Il incarne l'unité de l'ACPR, par-delà la diversité de ses missions [1], et rappelle les liens unissant le superviseur à la banque centrale.

§ 1. Le président de l'Autorité

400 ***Mandat*** ◊ Les collèges de supervision et de résolution sont présidés par le gouverneur de la Banque de France ou le sous-gouverneur qu'il désigne pour le représenter.

Le gouverneur et les deux sous-gouverneurs de la Banque de France sont nommés par le président de la République par décret en conseil des ministres pour une durée de six ans renouvelable une fois [2]. S'agissant du gouverneur de la Banque de France, le pouvoir de nomination du président

1. Il est à noter toutefois que le président de l'Autorité ne préside pas la commission des sanctions.
2. C. mon. fin., art. L. 142-8, al. 7.

de la République s'exerce après avis public des commissions des finances de l'Assemblée nationale et du Sénat conformément au dernier alinéa de l'article 13 de la Constitution. Le président de la République ne peut procéder à la nomination lorsque l'addition des votes négatifs dans chaque commission représente au moins trois cinquième des suffrages exprimés au sein des deux commissions.

401 ***Révocation*** ◊ Il ne peut être mis fin, de façon anticipée, aux fonctions de gouverneur et de sous-gouverneur de la Banque de France qu'en cas d'incapacité ou de faute grave [1]. La révocation est prononcée par décret en conseil des ministres sur demande motivée du conseil général de la Banque de France statuant à la majorité. Cet organe, chargé d'administrer la Banque de France [2], comprend onze membres dont le gouverneur et les deux sous-gouverneurs [3] ainsi que le vice-président de l'ACPR [4].

402 ***Pouvoirs*** ◊ Le président de l'Autorité exerce, en premier lieu, des pouvoirs propres qui lui sont attribués directement par les lois et règlements. Il propose au ministre de l'Économie un candidat aux fonctions de secrétaire général [5], nomme le premier secrétaire général adjoint sur avis conforme du vice-président [6], fixe l'ordre du jour des différentes formations du collège de supervision [7] et veille au respect des règles déontologiques applicables aux membres des organes collégiaux et aux agents de l'Autorité [8]. Le président a qualité pour agir en justice au nom de l'ACPR [9] et peut introduire un recours de pleine juridiction devant le Conseil d'État contre les décisions de la commission des sanctions, après accord de la formation du collège de supervision ou du collège de résolution à l'origine de la notification des griefs [10]. Il peut saisir le procureur de la République en cas d'infractions pénales [11] et l'Autorité de la concurrence en cas de pratiques anticoncurrentielles [12].

En second lieu, le collège de supervision peut donner délégation au président pour prendre des décisions individuelles relevant de sa compétence. Cette délégation de pouvoirs, qui déroge au principe de collégialité

---

1. C. mon. fin., art. L. 142-8, al. 8.
2. C. mon. fin., art. L. 142-2, al. 1er.
3. C. mon. fin., art. L. 142-3, I, 1°.
4. C. mon. fin., art. L. 142-3-1, 5°.
5. C. mon. fin., art. L. 612-15, al. 1er.
6. C. mon. fin., art. L. 612-15, al. 2.
7. C. mon. fin., art. L. 612-12, II, al. 1er.
8. C. mon. fin., art. R. 612-7, I, al. 1er.
9. C. mon. fin., art. L. 612-16, I.
10. C. mon. fin., art. L. 612-16, IV.
11. C. mon. fin., art. L. 612-28. L'article 40 du Code de procédure pénale impose aux autorités publiques d'aviser le procureur de la République des crimes et délits dont elles ont connaissance dans l'exercice de leurs fonctions. Il est à noter que la responsabilité encourue par l'État en cas de faute de l'ACPR dans l'exercice de cette prérogative doit être recherchée devant les juridictions judiciaires (TC, 8 déc. 2014, *M. B. c/ACPR*, n° 3974).
12. C. mon. fin., art. L. 612-29.

des décisions, est strictement encadrée. Elle ne peut porter sur l'ouverture d'une procédure de sanction ni sur l'adoption de certaines mesures de police administrative [1]. En outre, le président doit rendre compte au collège de supervision des décisions prises sur le fondement de la délégation de compétences [2].

En cas de circonstances exceptionnelles, le président peut édicter des décisions relevant de la compétence d'une des formations du collège de supervision sans avoir reçu délégation de sa part [3]. Il doit rendre compte de ces décisions au collège de supervision, et justifier des circonstances qui ont motivé son intervention, dans le mois suivant leur adoption [4]. Ces pouvoirs exceptionnels ne peuvent être exercés en matière de sanction.

§ 2. Le collège de supervision

A. La composition du collège de supervision

403 ***Modes de désignation*** ◊ Le collège de supervision est composé de trois membres de droit (le gouverneur de la Banque de France, le président de l'Autorité des marchés financiers et le président de l'Autorité des normes comptables ou leurs représentants) et de seize membres nommés (dont un conseiller d'État, un conseiller à la Cour de cassation, un conseiller maître à la Cour des comptes, le vice-président de l'Autorité) [5].

Les trois membres de droit du collège de supervision siègent ès qualités. La cessation de leurs fonctions à la tête de ces autorités indépendantes entraîne nécessairement la fin de leur mandat au sein du collège de supervision et leur remplacement par le nouveau titulaire de ces fonctions.

Le conseiller d'État, le conseiller à la Cour de cassation et le conseiller maître à la Cour des comptes sont nommés par le ministre de l'Économie sur proposition, respectivement, du vice-président du Conseil d'État, du premier président de la Cour de cassation et du premier président de la Cour des comptes. Deux personnalités qualifiées sont désignées par les

---

1. C. mon. fin., art. R. 612-7-I, al. 1er.
2. C. mon. fin., art. R. 612-7, III.
3. C. mon. fin., art. L. 612-14, II, 1°. Sur ce fondement, le président de l'ACPR a interdit, en urgence, à une société de courtage en assurance d'encaisser des primes d'assurance et de disposer des fonds déposés sur des comptes bancaires. Un contrôle sur place effectué par les services de l'Autorité avait révélé que cette société avait encaissé des primes sans en avoir été habilitée par l'assureur, pour un montant de 545 000 euros, qu'elle se trouvait dans l'impossibilité de rembourser le montant des primes encaissées et qu'elle ne pouvait faire face à ses dettes exigibles avec sa trésorerie disponible. Le président de l'Autorité a estimé que la gravité de la situation financière de la société était telle que les intérêts de ses clients étaient susceptibles d'être compromis, ce qui constituait une circonstance exceptionnelle justifiant l'adoption de mesures conservatoires au nom de la mission de protection de la clientèle assignée par la loi à l'ACPR (ACPR, 15 oct. 2013, *SAS Teucer gestion privée*, n° 2013, Pt 55). V. également ACPR, 3 juin 2014, *Mme Maria Alice Vilar da Lomba Meneses*, n° 2014-P-46.
4. C. mon. fin., art. R. 612-7, V.
5. C. mon. fin., art. L. 612-5.

présidents de l'Assemblée nationale et du Sénat à raison de leur compétence financière et juridique ainsi que de leur expérience en matière d'assurance et de banque. Les dix autres membres du collège de supervision sont nommés par le ministre de l'Économie : quatre personnalités choisies en fonction de leurs compétences en matière d'assurance, de mutualité, de prévoyance ou de réassurance ; quatre personnalités retenues en raison de leurs compétences en matière d'opérations de banque, d'émission et de gestion de monnaie électronique, de services de paiement ou de services d'investissement ; deux personnalités choisies pour leurs compétences en matière de protection des clientèles ou de techniques quantitatives ou actuarielles ou dans d'autres matières utiles à l'ACPR dans l'accomplissement de ses missions.

Enfin, le vice-président de l'Autorité est nommé conjointement par les ministres chargés de l'Économie, de la Sécurité sociale et de la Mutualité, après avis des commissions des finances de l'Assemblée nationale et du Sénat. Les avis des commissions sont réputés favorables à l'expiration d'un délai de trente jours suivant la réception de la demande d'avis.

La désignation des membres du collège de supervision, comme des autres organes collégiaux de l'ACPR, est soumise à des règles visant à garantir la parité entre les hommes et les femmes [1].

404 ***Mandat*** ◇ Le mandat des membres nommés du collège de supervision est de cinq ans. Il est renouvelable une fois. Les membres ne peuvent être âgés de plus de soixante-dix ans leur jour de leur nomination ou de leur renouvellement. Il ne peut être mis fin aux fonctions d'un membre nommé que « s'il n'est plus à même de siéger au sein du collège de supervision du fait d'une incapacité ou d'un manquement grave à ses obligations empêchant la poursuite de son mandat » [2]. La révocation est prononcée par l'autorité de nomination, sur avis conforme des autres membres du collège de supervision, et dans le respect du parallélisme des formes.

405 ***Déontologie*** ◇ Les membres du collège de supervision sont soumis à des règles déontologiques prévues par le Code monétaire et financier et le règlement intérieur de l'ACPR. Ces règles prennent la forme d'interdictions et d'obligations visant à prévenir les conflits d'intérêts. En particulier, les membres du collège de supervision sont tenus à un strict devoir de confidentialité concernant les informations recueillies dans le cadre de leurs fonctions et ne peuvent en faire aucune utilisation à des fins personnelles [3]. Ils s'interdisent, en outre, toute communication ou prise de position publique, ainsi que tout contact personnel sur les dossiers individuels

1. Ordonnance nº 2015-948 du 31 juillet 2015 relative à l'égal accès des femmes et des hommes au sein des autorités administratives indépendantes et des autorités publiques indépendantes, *JO* nº 177 du 2 août 2015, p. 13236.
2. C. mon. fin., art. L. 612-5, avant dernier al.
3. Règl. int. du collège de supervision de l'ACPR, art. 28, al. 1er.

traités ou en cours d'instruction [1]. Les membres du collège de supervision sont, par ailleurs, tenus au secret professionnel [2].

Dès leur prise de fonction, les membres du collège de supervision adressent au président de l'Autorité, dans un délai d'un mois, une déclaration écrite dressant la liste détaillée des intérêts, fonctions et mandats qu'ils détiennent ou exercent ou qu'ils ont détenus ou exercés au cours des deux années précédentes [3]. Tout changement dans leur situation doit être immédiatement porté à la connaissance du président par la voie d'une déclaration modificative [4]. Ces informations peuvent être communiquées aux autres membres du collège de supervision sur décision du président [5]. Conformément aux dispositions de l'article 11 de la loi n° 2013-97 du 11 octobre 2013 relative à la transparence de la vie publique, chaque membre du collège de supervision transmet également au président une copie de la déclaration d'intérêts adressée au président de la Haute autorité pour la transparence de la vie publique [6].

406 Les membres du collège de supervision sont soumis à un régime d'incompatibilités rigoureux visant à garantir leur indépendance et leur impartialité. Ils ne peuvent délibérer ou participer aux travaux du collège de supervision dans une affaire dans laquelle ils ont directement ou indirectement un intérêt [7]. Ils doivent se déporter en cas de conflit d'intérêts [8]. Par ailleurs, les membres du collège de supervision ne peuvent être salariés ou détenir un mandat dans une personne soumise au contrôle de l'ACPR.

Le président de l'Autorité s'assure du respect de ces obligations et interdictions par les membres du collège de supervision [9]. Il peut demander communication de toute information utile à son contrôle, se faire assister par une personne extérieure de son choix ou désigner un déontologue dont il définit la mission [10]. Si un membre du collège de supervision a manqué à ses obligations déontologiques, le président prend les mesures appropriées après l'avoir invité à présenter ses observations [11]. Il peut engager une

1. Règl. int. du collège de supervision de l'ACPR, art. 28, al. 2.
2. C. mon. fin., art. L. 612-17. L'obligation au secret professionnel lie, plus généralement, toutes les personnes qui participent à l'accomplissement des missions de l'ACPR. L'article L. 612-17 du Code monétaire et financier prévoit cependant un certain nombre d'exceptions, notamment lorsque les informations sont demandées dans le cadre d'un contentieux devant les juridictions administratives relatif à l'activité de l'ACPR ou par une commission d'enquête parlementaire. V. art. L. 641-1 du C. mon. fin. pour les peines.
3. C. mon. fin., art. L. 612-10 et Règl. int. du collège de supervision de l'ACPR, art. 22.
4. Règl. int. du collège de supervision de l'ACPR, art. 23.
5. Règl. int. du collège de supervision de l'ACPR, art. 25.
6. Règl. int. du collège de supervision de l'ACPR, art. 22 al. 3.
7. C. mon. fin., art. L. 612-10, al. 6.
8. Règl. int. du collège de supervision de l'ACPR, art. 26.
9. C. mon. fin., art. L. 612-10, avant-dernier al.
10. Règl. int. du collège de supervision de l'ACPR, art. 29.
11. Règl. int. du collège de supervision de l'ACPR, art. 30.

procédure de révocation à l'encontre de l'intéressé en cas de « manquement grave à ses obligations empêchant la poursuite de son mandat » [1].

B. Les formations du collège de supervision

407 ***Pluralité des formations*** ◇ Le collège de supervision statue en formation plénière, en formation restreinte, en formations sectorielles ou en commissions spécialisées. Les membres du collège restreint et des sous-collèges sectoriels, ainsi que des commissions spécialisées, sont désignés par le collège plénier sur proposition du président de l'Autorité [2].

408 ***Collège plénier*** ◇ Le collège de supervision statuant en formation plénière exerce essentiellement deux séries d'attributions. En premier lieu, il prend les décisions les plus importantes concernant la vie interne de l'ACPR. Le collège plénier vote le budget, élabore les principes d'organisation et fonctionnement de l'Autorité, définit les priorités du contrôle, adopte les règles déontologiques applicables à ses membres et aux agents de l'ACPR. En second lieu, il traite des questions générales de stabilité financière relatives au secteur de la banque ou à celui des assurances, ainsi que des questions d'ordre général qui leur sont communes [3].

409 ***Collège restreint*** ◇ Le collège de supervision statuant en formation restreinte comprend huit membres : le président de l'Autorité ou le sous-gouverneur de la Banque de France chargé de le représenter, le vice-président et six autres membres. Ces derniers sont désignés, en nombre égal, parmi les personnalités qualifiées choisies en fonction de leur connaissance de la banque (2) ou de l'assurance (2) et les autres membres nommés n'appartenant pas à l'un de ces deux secteurs (2) [4].

Le collège restreint règle les questions individuelles relatives à la surveillance complémentaire des conglomérats financiers et examine les prises, augmentations et cessions de participations susceptibles d'avoir un effet significatif à la fois sur des entités relevant du secteur de la banque et sur des entités relevant du secteur de l'assurance [5].

En outre, le président de l'Autorité ou le vice-président peut demander au collège restreint d'examiner les questions individuelles qui ont une incidence significative sur les secteurs de la banque et de l'assurance ou sur la stabilité financière dans son ensemble [6].

410 ***Sous-collèges sectoriels*** ◇ Les sous-collèges « banque » et « assurance » sont composés chacun de huit membres. Ils réunissent le président de

---

1. C. mon. fin., art. L. 612-5, avant-dernier al.
2. Règl. int. du collège de supervision de l'ACPR, art. 1er.
3. C. mon. fin., art. L. 612-12, I.
4. C. mon. fin., art. L. 612-6.
5. C. mon. fin., art. L. 612-12, I, al. 4.
6. C. mon. fin., art. L. 612-12, I, al. 5.

l'Autorité, le vice-président, les quatre experts du secteur concerné et deux autres membres du collège plénier choisis parmi ceux qui n'appartiennent pas aux métiers de la banque et de l'assurance [1]. La présidence du sous-collège « banque » est assurée par le président de l'Autorité, tandis que celle du sous-collège « assurance » est exercée par le vice-président [2].

Chaque sous-collège traite des questions individuelles et des questions d'ordre général spécifiques à son secteur sous réserve des affaires attribuées aux autres formations par le président de l'Autorité ou le vice-président [3].

411 ***Commissions spécialisées*** ◊ Le collège de supervision peut constituer en son sein une ou plusieurs commissions spécialisées et leur donner délégation pour prendre des décisions individuelles [4]. Chacune de ces commissions comprend le président de l'Autorité ou le vice-président ainsi que quatre à sept membres du collège plénier.

À ce jour, le collège de supervision n'a créé aucune commission spécialisée.

412 ***Commissions consultatives*** ◊ Le collège de supervision peut instituer une ou plusieurs commissions consultatives afin d'associer les professionnels des secteurs de la banque et de l'assurance aux travaux de l'Autorité [5]. Si les présidents et vice-présidents de ces commissions appartiennent au collège de supervision, les autres membres sont majoritairement des représentants d'associations professionnelles ou des personnalités qualifiées.

Quatre commissions consultatives ont ainsi été créées : la commission « Affaires prudentielles » chargée de rendre un avis, avant leur adoption, sur les instructions de l'ACPR qui encadrent la transmission d'états périodiques prudentiels par les assujettis, ainsi que sur les projets de notices et de guides explicatifs ; la commission « Lutte contre le blanchiment » qui donne des avis sur les projets d'instructions, de lignes directrices ou d'autres documents de l'ACPR dans le domaine de la lutte contre le blanchiment des capitaux et le financement du terrorisme ; la commission « Pratiques commerciales » qui est consultée sur les projets de recommandation portant sur son domaine de compétence ainsi que de recueillir les informations et suggestions de ses membres en matière de protection des clientèles et un comité scientifique.

§ 3. **Le collège de résolution**

413 ***Composition*** ◊ Le collège de résolution a été instauré par la loi du 26 juillet 2013 de séparation et de régulation des activités bancaires [6]. Cette loi

---

1. C. mon. fin., art. L. 612-7.
2. C. mon. fin., art. L. 612-12, III, al. 1er.
3. C. mon. fin., art. L. 612-12, I, al. 3.
4. C. mon. fin., art. L. 612-8.
5. C. mon. fin., art. L. 612-14-1, al. 1er.
6. Loi n° 2013-672 du 26 juillet 2013 de séparation et de régulation des activités bancaires, *JO* n° 173 du 27 juillet 2013, p. 12530.

a mis en place un régime de résolution bancaire, dans la perspective de l'adoption de la directive sur la résolution bancaire qui est intervenue le 15 mai 2014 [1], et a confié à l'Autorité de contrôle prudentiel - devenue, à cette occasion, l'Autorité de contrôle prudentiel et de résolution - des missions nouvelles en matière de prévention et de gestion des crises bancaires.

Le collège de résolution comprend sept membres : le gouverneur de la Banque de France et le sous-gouverneur qu'il désigne, le directeur général du Trésor, le président de l'Autorité des marchés financiers, le président de la chambre commerciale, financière et économique de la Cour de cassation et le président du directoire du fonds de garantie des dépôts et de résolution ou leurs représentants et le vice-président du collège de supervision l'ACPR [2]. Il est présidé par le gouverneur de la Banque de France ou son représentant. La composition du collège de résolution, qui était initialement de six membres, a été élargie au vice-président de l'ACPR par l'ordonnance n° 2017-1608 du 27 novembre 2017 désignant l'Autorité comme autorité de résolution pour le secteur de l'assurance [3].

La composition du collège de résolution, bien plus resserrée que celle du collège de supervision, doit garantir la discrétion et la réactivité de ses membres nécessaires à la gestion des crises bancaires. C'est pourquoi, cet organe collégial ne comporte aucune personnalité extérieure.

Il est à noter que le directeur général du Trésor, ou son représentant, dispose d'un droit de veto sur les décisions pouvant entraîner, immédiatement ou à terme, l'appel à des concours publics, ainsi que sur les décisions pouvant avoir des conséquences significatives sur le système financier ou l'économie réelle [4].

Les membres du collège de résolution sont soumis aux mêmes règles déontologiques que les membres du collège de supervision [5].

414 ***Autonomie de gestion*** ◊ L'article L. 612-8-1 du Code monétaire et financier aménage, au sein de l'Autorité, une autonomie de gestion au profit du collège de résolution afin de garantir la séparation des missions de supervision et de résolution. La directive sur la résolution bancaire du 15 mai 2014 (dite directive « BRRD ») prévoit, en effet, que si les États membres peuvent confier exceptionnellement les missions de l'autorité

---

1. Dir. 2014/59/UE du Parlement européen et du Conseil du 15 mai 2004 établissant un cadre pour le redressement et la résolution des établissements de crédit et des entreprises d'investissement, *JOUE* L 173 du 12 juin 2014, p. 190.

2. C. mon. fin., art. L. 612-8-1.

3. Ordonnance n° 2017-1608 du 27 novembre 2017 relative à la création d'un régime de résolution pour le secteur de l'assurance, *JO* du 28 novembre 2017, texte n° 22.

4. Le directeur général du Trésor, ou son représentant, siège également, sans voix délibérative, auprès des différentes formations du collège de supervision et de la commission des sanctions. Il peut demander une second délibération, sauf en matière de sanction. Le directeur de la Sécurité sociale dispose des mêmes pouvoirs lorsque sont concernés des organismes régis par le Code de la mutualité ou le Code de la sécurité sociale.

5. C. mon. fin., art. L. 612-10.

de résolution au superviseur national, ils doivent adopter « des dispositions structurelles adéquates pour assurer l'indépendance opérationnelle et éviter tout conflit d'intérêts » entre les fonctions de surveillance et de résolution [1]. En particulier, le personnel chargé des missions confiées à l'autorité de résolution doit relever « d'une structure organisationnelle distincte et de lignes hiérarchiques séparées » de celles dont relève le personne en charge des tâches de surveillance. En outre, les États membres ou l'autorité nationale de résolution sont tenues d'adopter et de publier « toutes les règles internes ad hoc nécessaires, dont les règles relatives au secret professionnel et aux échanges d'informations entre les différents départements ».

C'est pourquoi, l'article L. 612-8-1 du Code monétaire et financier prévoit que le collège de résolution arrête les principes d'organisation et de fonctionnement des services chargés de préparer ses travaux, par dérogation à la compétence de principe du collège de supervision statuant en formation plénière [2]. Il peut également se doter de son propre règlement intérieur [3]. En outre, le budget de l'ACPR comporte une section relative au fonctionnement de ces services, qui est arrêtée après avis du collège de résolution [4].

415 ***Direction de la résolution*** ◊ Pour l'exercice de ses missions, le collège de résolution s'appuie sur la direction de la résolution dont la responsabilité est confiée à un directeur de la résolution nommé par le ministre de l'Économie sur proposition du président du collège de résolution [5]. Le directeur de la résolution rapporte directement au collège de résolution.

La direction de la résolution est chargée d'élaborer les plans opérationnels de résolution, prévoyant les modalités spécifiques d'application des mesures de résolution à chaque établissement ou groupe bancaire concerné. Pour ses travaux, elle a accès aux informations détenues par l'ACPR dans le cadre de ses missions de supervision.

SECTION 2. LA COMMISSION DES SANCTIONS

416 ***Nature*** ◊ La Commission bancaire, qui était l'une des quatre autorités de contrôle ou d'agrément dont la fusion a donné naissance à l'ACPR, était à la fois une autorité administrative indépendante et une juridiction

1. Dir. 2014/59/UE du Parlement européen et du Conseil du 15 mai 2004 établissant un cadre pour le redressement et la résolution des établissements de crédit et des entreprises d'investissement, art. 3 § 3.
2. C. mon. fin., art. L. 612-8-1, II.
3. Le collège de résolution a ainsi adopté son propre règlement intérieur le 22 avril 2014.
4. C. mon. fin., art. L. 612-8, III.
5. C. mon. fin., art. L. 612-15-1, I.

administrative spécialisée. En effet, les décisions qu'elle rendait en matière disciplinaire avaient un caractère juridictionnel et étaient susceptibles de recours en cassation devant le Conseil d'État.

Si le législateur avait reconnu expressément la qualité de juridiction de la Commission bancaire statuant en matière disciplinaire, l'ordonnance du 21 janvier 2010 portant création de l'Autorité de contrôle prudentiel a fait du nouveau superviseur une autorité administrative indépendante, sans distinguer entre ses fonctions purement administratives et contentieuses. L'article L. 612-16 du Code monétaire et financier prévoit cependant que les décisions de la commission des sanctions peuvent faire l'objet d'un recours de pleine juridiction devant le Conseil d'État [1]. Il n'est pas fait mention d'un recours en cassation mais bien d'un recours de pleine juridiction qui constitue l'un des recours contentieux pouvant être ouvert contre une décision administrative. Pourtant, la commission des sanctions de l'ACPR, à l'occasion d'une question prioritaire de constitutionnalité soulevée devant elle, s'est déclarée « juridiction administrative spéciale de première instance soumise au contrôle d'appel du Conseil d'État » [2]. Elle est finalement revenue sur cette qualification, dans une décision du 10 janvier 2013 en reconnaissant que « même si la commission des sanctions est organisée et fonctionne de manière similaire à une juridiction, le législateur n'a pas entendu lui conférer cette qualité » [3]. Par la suite, le Conseil d'État a confirmé que la commission n'était pas une juridiction au sens du droit interne [4].

La commission des sanctions de l'ACPR n'est donc pas, d'un point de vue organique et sur le plan du droit interne, une juridiction. Il s'agit d'une autorité administrative qui prend des décisions administratives et non des décisions de justice revêtues de l'autorité de chose jugée. Si la commission a pu considérer dans une décision du 25 novembre 2013 « qu'elle est (...) susceptible d'être qualifiée de juridiction au sens du droit de l'Union européenne bien qu'elle n'ait pas cette qualité en droit interne » [5], cette qualification purement fonctionnelle a été retenue pour les besoins du renvoi préjudiciel prévu à l'article 234 du traité FUE.

417 ***Composition*** ◊ La commission des sanctions de l'ACPR est composée de six membres titulaires : deux conseillers d'État un conseiller à la Cour de

1. C. mon. fin., art. L. 612-16, III.
2. Comm. sanct., ACP, déc. du 13 mai 2010, n° 2010-06 *bis*, *JCP E* 2011.1544, note A. Couret et B. Dondero ; *JCP* 2011. 949, note Th. Bonneau. Dans une précédente décision en date du 10 janvier 2010, la commission avait déjà affirmé le caractère juridictionnel de ses décisions (Comm. sanct., ACP, déc. du 10 janv. 2010, *Caisse de crédit municipal de Toulon*, n° 2010-01, *BJB* 2011. 318, § 146, note A.-D. Merville ; *LEDB*, mars 2011, p. 7, n° 029, obs. J.-Ph. Kovar. V. également sur cette question : J.-Ph. Kovar, « La commission des sanctions de l'ACP : juridiction ou administration ? », *LPA*, 9 nov. 2012, p. 29.
3. Comm. sanct., ACP, déc. du 10 janv. 2013, *Société générale*, n° 2012-04.
4. CE 30 janv. 2013, *Crédit municipal de Toulon*, n° 347357.
5. Comm. sanct., ACPR, déc. du 25 nov. 2013, *Caisse d'épargne et de prévoyance du Languedoc-Roussillon*, n° 2013-01.

cassation désignés, respectivement, par le vice-président du Conseil d'État et le premier président de la Cour de cassation, ainsi que trois personnalités qualifiées choisies par le ministre de l'Économie [1]. Des membres suppléants, nommés selon les mêmes modalités, sont appelés à remplacer les membres titulaires de la commission des sanctions en cas d'empêchement, de déport ou de récusation.

Le vice-président du Conseil d'État désigne le président de la commission des sanctions parmi les deux conseillers d'État [2]. Les fonctions de membre de la commission sont incompatibles avec celles de membre du collège de supervision [3].

418 ***Mandat*** ◊ Les membres de la commission des sanctions sont nommés pour un mandat de cinq ans renouvelable une fois [4]. Ils ne peuvent être âgés de plus de soixante-dix ans le jour de leur nomination ou de leur renouvellement. Les membres de la commission sont soumis aux mêmes interdictions et obligations déontologiques que les membres du collège de supervision.

419 ***Révocation*** ◊ Il peut être mis fin, de manière anticipée, aux fonctions d'un membre de la commission des sanctions lorsque celui-ci est dans l'incapacité de siéger ou qu'un manquement grave à ses obligations empêche la poursuite de son mandat [5]. La révocation est prononcée par l'autorité de nomination, dans le respect du parallélisme des formes, après avis conforme émis à la majorité des autres membres de la commission.

420 ***Secrétariat*** ◊ La commission des sanctions dispose d'un secrétariat composé d'agents de l'ACPR [6]. Ceux-ci, rattachés administrativement à la direction des affaires juridiques du secrétariat général de l'Autorité, dépendent hiérarchiquement et fonctionnellement du président de la commission des sanctions. Ils ont notamment pour mission d'assister les rapporteurs et de tenir le secrétariat des audiences de la commission.

SECTION 3. LE SECRÉTARIAT GÉNÉRAL

421 Le secrétariat général réunit les services opérationnels de l'ACPR (§ 1) qui comptent plus d'un millier d'agents (§ 2) sous la direction du secrétaire général (§ 3).

1. C. mon. fin., art. L. 612-9.
2. C. mon. fin., art. L. 612-9, al. 7.
3. C. mon. fin., art. L. 612-9, al. 8.
4. C. mon. fin., art. L. 612-9, al. 9.
5. C. mon. fin., art. L. 612-9, al. 11.
6. C. mon. fin., art. R. 612-35.

§ 1. Le secrétaire général

422 ***Désignation*** ◊ Le secrétaire général est nommé par le ministre de l'Économie sur proposition du président de l'Autorité [1].

423 ***Secrétaires généraux adjoints*** ◊ Il est assisté d'un premier secrétaire général adjoint et de deux autres secrétaires généraux adjoints. Le premier secrétaire général adjoint est choisi par le président de l'Autorité après avis conforme du vice-président et agrément par les ministres de l'Économie, de la Sécurité sociale et de la Mutualité [2]. Il doit avoir une expérience en matière de banque ou d'assurance complémentaire de celle du secrétaire général.

424 ***Compétences propres*** ◊ Le secrétaire général organise et dirige les services de l'ACPR [3]. Il exécute le budget arrêté par le collège de supervision [4]. Le secrétaire général recrute et gère les personnels de l'Autorité pour le compte de la Banque de France dans le cadre général établi par le collège plénier [5]. Il exerce toutes les actions en justice dans les domaines relevant de ses compétences propres [6] et peut conclure des transactions ou autoriser, en matière de recouvrement de la contribution pour frais de contrôle, les remises gracieuses en dessous de certains seuils fixés par le collège de supervision [7]. Surtout, le secrétaire général organise les contrôles sur pièces et sur place [8].

Il peut donner délégation de signature au premier secrétaire général adjoint ou à tout autre agent des services [9].

425 ***Compétences déléguées*** ◊ Le secrétaire général peut recevoir délégation de compétences du collège de supervision pour prendre des décisions individuelles [10], sauf en matière d'agrément ou de modification des participations détenues dans une personne contrôlée, de saisine du procureur de la République ou de l'Autorité de la concurrence, de constitution de partie civile, d'ouverture d'une procédure de sanction, de mesures spécifiques à l'application des dispositions du Code de commerce relatives aux entreprises en difficulté ou de mesures de police administrative [11]. Il rend compte au collège de supervision à chaque séance des décisions prises sur délégation [12].

---

1. C. mon. fin., art. L. 612-15, al. 1er.
2. C. mon. fin., art. L. 612-15, al. 2.
3. C. mon. fin., art. L. 6121-15, al. 4.
4. C. mon. fin., art. R. 612-19, I, al. 1er.
5. C. mon. fin., art. R. 612-19, I, al. 2.
6. C. mon. fin., art. R. 612-19, I, al. 3.
7. C. mon. fin., art. R. 612-19, II.
8. C. mon. fin., art. L. 612-23, al. 1er.
9. C. mon. fin., art. R. 612-7, IV.
10. C. mon. fin., art. L. 612-15, al. 5.
11. C. mon. fin., art. R. 612-7, I, al. 1er et 2.
12. C. mon. fin., art. R. 612-7, III.

Les délégations de compétence accordées par le collège de supervision au secrétaire général portent notamment sur les matières suivantes : assujettissement au contrôle d'un intermédiaire, avis relatif à la nomination ou au renouvellement du mandat du commissaire aux comptes, désignation de contrôleurs pour la mise en œuvre de certaines mesures de police administrative, calcul des contributions au fonds de garantie, coopération et communication de certaines informations aux autorités.

Le secrétaire général reçoit également délégation de la Banque de France pour conclure des contrats et procéder à des appels d'offres [1].

426 ***Délégation de signature*** ◊ Enfin, le président de l'ACPR peut, après en voir informé le collège de supervision, déléguer sa signature au secrétaire général, au premier secrétaire général adjoint ou aux secrétaires généraux adjoints dans les matières relevant de sa compétence propre [2].

§ 2. Les services du secrétariat général

427 ***Organisation*** ◊ Le secrétariat général de l'ACPR comprend quatorze directions :

- six directions sectorielles (quatre pour le secteur bancaire - la délégation du contrôle sur place des établissements de crédit et des entreprises d'investissement, deux directions de contrôle des banques ainsi que la direction de la résolution - et deux pour le secteur des assurances - la première direction du contrôle des assurances et la seconde direction du contrôle des assurances) ;
- six directions transversales (la direction des affaires internationales, la direction des études, la direction des affaires juridiques, la direction des agréments, des autorisations et de la réglementation et la direction du contrôle des pratiques commerciales, la direction des contrôles spécialisés et transversaux) ;
- et deux directions de moyens (la direction des ressources humaines, méthodes et systèmes d'information et la direction de la qualité et de la gestion).

§ 3. Les agents du secrétariat général

428 ***Secret professionnel*** ◊ Les agents de l'ACPR sont tenus au secret professionnel dans les conditions prévues à l'article L. 641-1 du Code monétaire et financier qui renvoie aux dispositions de l'article 226-13 du Code pénal. Tout manquement est puni d'un an d'emprisonnement et de 15 000 euros

1. C. mon. fin., art. L. 612-19, I, al. 2.
2. C. mon. fin., art. L. 612-14, II, al. 2 et R. 612-7, II.

d'amende. Cette obligation déontologique s'impose sans limitation de durée aux collaborateurs ayant quitté le service, s'agissant des faits et des informations dont ils ont pu avoir connaissance à l'occasion de leurs fonctions.

Le secret professionnel n'est pas opposable aux commissions d'enquêtes parlementaires, à la Cour des comptes dans son activité de contrôle et, dans certains cas, aux juridictions administratives et judiciaires [1].

429 ***Conflits d'intérêts*** ◊ Les agents de l'ACPR sont soumis, pendant et après l'exercice de leurs fonctions, à des règles déontologiques visant à prévenir tout conflit d'intérêts.

Ils ne peuvent exercer aucune fonction rétribuée dans un établissement de crédit, une société de financement, un établissement de monnaie électronique, un établissement de paiement ou une entreprise d'investissement [2]. La prise illégale d'intérêts qui est le fait pour une personne chargée d'une mission de service public de prendre, de recevoir ou de conserver directement ou indirectement un intérêt quelconque dans une entreprise dont elle a la surveillance ou l'administration, est punie de cinq ans d'emprisonnement et d'une amende de 500 000 euros dont le montant peut être porté au double du produit tiré de l'infraction [3].

En outre, les agents de l'ACPR doivent « éviter toute situation qui pourrait les placer en conflit d'intérêts, c'est-à-dire une situation où leurs intérêts personnels ou ceux de leurs proches viennent en concurrence avec ceux des missions de l'Autorité de contrôle prudentiel et pourraient de ce fait influencer l'impartialité dont ils ne doivent jamais se départir dans l'accomplissement de leurs fonctions » [4]. Il en résulte une série d'interdictions applicables aux agents dans la gestion de leur patrimoine [5] ou dans leurs rapports avec les personnes contrôlées [6].

Enfin, les agents de l'ACPR se voient interdire l'exercice de certaines activités pendant le délai de trois ans après la cessation de leurs fonctions conformément à l'article 432-13 du Code pénal réprimant le délit de « pantouflage ».

---

1. C. mon. fin., art. L. 612-17, II.
2. C. mon. fin., art. R. 616-1.
3. C. pén., art. 432-12.
4. ACP, déc. n° 2010-C-72 du 29 septembre 2010, Règles de déontologie applicables au personnel des services de l'Autorité de contrôle prudentiel, pt 2.
5. ACP, déc. n° 2010-C-72, préc., pts 2.1.1 et 2.2.
6. ACP, déc. n° 2010-C-72, préc., pts 2.1 et 2.1.2.

CHAPITRE 2
LES ATTRIBUTIONS DE L'ACPR

430 L'ACPR est investie d'un pouvoir de contrôle (Section 1), du pouvoir de prendre des mesures de police administrative (Section 2) ainsi que d'un pouvoir de sanction disciplinaire (Section 3). Elle dispose également de pouvoirs de prévention et de résolution des crises bancaires qui font l'objet de développements séparés [1].

SECTION 1. LE POUVOIR DE CONTRÔLE

431 ***Priorités du contrôle*** ◊ Le secrétaire général de l'ACPR organise les contrôles sur pièces et sur place conformément aux priorités du contrôle définies par le collège de supervision sur sa proposition [2]. Il peut décider de procéder à des contrôles sur place supplémentaires lorsque cela est justifié par l'évolution de la situation des personnes assujetties ou du contexte économique et financier.

§ 1. Le contrôle sur pièces

432 ***Modalités*** ◊ Le contrôle permanent sur pièces des établissements du secteur bancaire est assuré par les deux directions du contrôle des banques. Au sein de ces deux directions, cinq services contrôlent des établissements selon une approche « groupe » (Groupe Société Générale, Groupe BNP Paribas, Groupe Crédit Agricole, Groupe BPCE, Groupe Crédit Mutuel et Banques régionales) et trois autres services contrôlent des établissements selon une approche thématique (Établissements étrangers en France, Établissements du secteur public, Établissements spécialisés).

Le contrôle sur pièces repose sur l'examen approfondi de documents périodiques remis par les établissements assujettis (reporting trimestriel SURFI [3], rapports annuels de contrôle interne, reportings internes des établissements, etc.). Cette analyse est enrichie par des échanges et des réunions régulières avec les principaux responsables des établissements contrôlés. Pour les grands groupes bancaires, ces réunions sont organisées

1. Renvoi aux développements sur la résolution bancaire.
2. C. mon. fin., art. L. 612-23, al. 1er.
3. Les établissements assujettis sont tenus de transmettre à l'Autorité, chaque trimestre, un certain nombre d'états comptables et prudentiels.

dans le cadre d'un programme structuré d'entretiens dits « de surveillance rapprochée » visant à apprécier périodiquement leurs expositions aux différents risques (crédit, marché, liquidité, opérationnels, etc.) et à évaluer leurs dispositifs de contrôle interne. À cet effet, le secrétaire général peut demander aux personnes contrôlées des renseignements ou des documents, quel qu'en soit le support, et en obtenir copie, ainsi que tous éclaircissements ou justifications. Il peut également convoquer ou entendre toute personne dont l'audition est nécessaire à l'exercice de son contrôle. Le contrôle permanent peut être prolongé par des visites sur place.

433 ***Relations avec les commissaires aux comptes*** ◊ Le contrôle sur pièces repose également sur les informations communiquées par d'autres personnes que les assujettis. C'est le cas, en particulier, des commissaires aux comptes. En effet, les personnes soumises au contrôle de l'ACPR sont tenues, sauf exception [1], de désigner au moins un commissaire aux comptes, et la fiabilité de l'information financière des assujettis, qui est une condition essentielle de la surveillance prudentielle, repose pour partie sur la qualité des travaux des commissaires aux comptes.

L'ACPR entretient des relations étroites avec les commissaires aux comptes des personnes contrôlées et, plus généralement, avec les instances de cette profession. L'article L. 631-1 du Code monétaire et financier prévoit ainsi que l'ACPR et le Haut Conseil du commissariat aux comptes (H3C), qui exerce la surveillance de la profession de commissaire aux comptes, peuvent se communiquer les renseignements utiles à l'exercice de leurs missions respectives [2]. Ces deux autorités ont conclu le 6 avril 2011 un accord de coopération portant notamment sur l'échange d'informations relatives aux personnes soumises à leur contrôle [3]. Par ailleurs, la Compagnie nationale des commissaires aux comptes (CNCC) et l'ACPR ont publié, le 31 octobre 2014, un guide à l'intention des commissaires aux comptes qui interviennent dans des établissements relevant de l'Autorité [4].

Jusqu'à l'entrée en vigueur de l'ordonnance n° 2015-1682 du 17 décembre 2015 portant simplification de certains régimes d'autorisation préalable et de déclaration des entreprises et des professionnels, la nomination et le renouvellement des commissaires aux comptes des personnes contrôlées étaient soumis à un avis préalable de l'ACPR. Celle-ci devait être saisie par l'assujetti dans les deux mois précédant la désignation ou le renouvellement du commissaire aux comptes par l'organe compétent [5].

---

1. C. mon. fin., art. L. 511-38. Ces exceptions concernent principalement les établissements de crédit qui ne sont pas tenus d'établir ou de publier des comptes consolidés et qui sont soumis aux règles de la comptabilité publique ou à un régime spécifique d'approbation de leurs comptes présentant des garanties jugées suffisantes par l'ACPR.

2. C. mon. fin., art. L. 631-1, I, al. 2.

3. Accord entre le H3C et l'ACP relatif à l'assistance de l'ACP dans le cadre des contrôles réalisés par le H3C et aux modalités d'échange d'informations utiles à leurs missions respectives.

4. Guide des relations « ACPR – commissaires aux comptes »

5. C. mon. fin., art. D. 612-53.

Le non-respect de ce délai constituait un manquement aux obligations légales et réglementaires pouvant justifier l'ouverture d'une procédure de sanction disciplinaire. L'instruction de la demande était confiée à la direction des agréments, des autorisations et de la réglementation. Elle s'assurait notamment que le commissaire aux comptes présentait toutes les garanties d'expérience, de compétence et d'indépendance nécessaires l'accomplissement de leur mission légale de certification des comptes. L'ACPR conserve simplement le pouvoir d'imposer un commissaire aux comptes supplémentaire si la situation de l'organisme le justifie [1]. Cette désignation est effectuée en respectant une procédure contradictoire avec la personne assujettie et les autres commissaires aux comptes de la place. L'Autorité doit adresser son projet de décision à la personne contrôlée et aux commissaires aux comptes en fonction qui sont invités à présenter des observations écrites dans un délai qui ne peut être inférieur à un mois [2].

434 Le Secrétaire général du H3C informe l'ACPR lorsqu'à l'issue d'un contrôle périodique, il saisit les autorités compétentes pour engager une action disciplinaire à l'encontre d'un commissaire aux comptes exerçant ses fonctions auprès d'une personne relevant de sa compétence. L'Autorité peut émettre un avis favorable, assortir son avis de réserves ou rendre un avis défavorable [3]. S'il est défavorable ou réservé, l'avis doit être motivé et rendu à l'issue d'une procédure contradictoire. Dans ce cas, le commissaire aux comptes et la personne assujettie sont invités par courrier recommandé à faire connaître leurs observations sur le projet d'avis, dans un délai qui ne peut être inférieur à un mois [4]. Les dirigeants de la personne contrôlée soumettent l'avis de l'ACPR à l'organe compétent pour désigner le commissaire aux comptes, c'est-à-dire, le plus souvent, l'assemblée générale. Une copie de cet avis est transmise par l'Autorité à la compagnie régionale dont est membre le commissaire aux comptes concerné et au H3C [5]. Après avoir pris connaissance de l'avis, l'organe compétent pour désigner le commissaire aux comptes prend sa décision.

Dans le cadre de sa mission de surveillance prudentielle, l'ACPR peut demander aux commissaires aux comptes tout renseignement sur l'activité et sur la situation financière de la personne qu'ils contrôlent, ainsi que sur les diligences qu'ils y ont effectuées [6]. Elle peut également transmettre des observations écrites aux commissaires aux comptes, qui sont tenus de lui répondre par écrit [7]. Les demandes et observations de l'Autorité peuvent concerner des informations propres à la situation de la personne assujettie (par exemple, les traitements comptables de certaines opérations et les

1. C. mon. fin., art. L. 612-43.
2. C. mon. fin., art. R. 612-59.
3. C. mon. fin., art. D. 612-56.
4. C. mon. fin., art. D. 612-55.
5. C. mon. fin., art. D. 612-57.
6. C. mon. fin., art. L. 612-44, I.
7. C. mon. fin., art. L. 612-44, I, al. 4.

appréciations des commissaires aux comptes sur ces traitements) ou des éléments sur la nature et les conclusions des travaux mis en œuvre par le commissaire aux comptes dans le cadre de sa mission (nature, organisation et résultats des travaux effectués, répartition des honoraires et des diligences entre les commissaires aux comptes, aspects déontologiques, etc.). L'ACPR peut demander communication des informations que le commissaire aux comptes a portées à la connaissance du conseil d'administration, du directoire et du conseil de surveillance, ou du comité d'audit en application de l'article L. 823-16 du Code de commerce. Des réunions périodiques peuvent être organisées à l'initiative de l'Autorité avant ou après l'arrêt des comptes [1]. Elle peut encore transmettre aux commissaires aux comptes des informations nécessaires à l'accomplissement de leur mission [2]. Ces informations sont couvertes par le secret professionnel. Surtout, l'Autorité, lorsqu'elle a connaissance d'une infraction ou d'un manquement aux dispositions législatives ou réglementaires commis par le commissaire aux comptes d'une personne contrôlée, peut demander au tribunal compétent de le relever de ses fonctions [3].

435 ***Devoir de signalement*** ◊ Les commissaires aux comptes ont le devoir de signaler au superviseur les faits ou décisions de la personne contrôlée susceptibles de constituer une violation des dispositions législatives ou réglementaires qui lui sont applicables et d'avoir des effets significatifs sur leur situation financière, leur solvabilité, leur résultat ou leur patrimoine (tel que le non-respect par la personne des conditions de son agrément, de l'autorisation d'exercice de ses activités ou de dispositions législatives ou réglementaires, y compris en matière de contrôle interne, auxquelles elle est soumise), de porter atteinte à la continuité d'exploitation ou d'entraîner l'émission de réserves ou le refus de certification des comptes [4]. Ces signalements visent à alerter l'ACPR ou, le cas échéant, la BCE sur des situations difficiles et de leur permettre d'exercer leurs missions de surveillance ou de résolution.

Ce devoir de signalement est étendu aux faits et décisions dont les commissaires aux comptes auraient eu connaissance dans l'exercice de leur mission auprès de l'entreprise mère ou d'une filiale de la personne contrôlée.

436 ***Instructions*** ◊ L'ACPR définit par voie d'instructions la liste, le modèle, la fréquence et les délais de transmission des documents et informations qui doivent lui être remis périodiquement au titre du contrôle sur pièces [5]. Ces instructions doivent faire l'objet d'un examen pour avis des commissions consultatives « Affaires prudentielles » et « Lutte contre le

---

1. C. mon. fin., art. L. 612-44, I.
2. C. mon. fin., art. L. 612-44, I, al. 2.
3. C. mon. fin., art. L. 612-45, al. 1er.
4. C. mon. fin., art. L. 612-44, II.
5. C. mon. fin., art. L. 612-24, al. 1er.

blanchiment »[1] avant leur adoption par le collège de supervision. Elles sont complétées par des notes techniques et des guides méthodologiques précisant les modalités pratiques de la déclaration d'informations et d'envoi des documents demandés.

437 ***Injonction sous astreinte*** ◊ En cas de violation d'une obligation de déclaration ou de non-transmission, l'ACPR peut adresser à l'établissement concerné une injonction assortie d'une astreinte dont elle fixe le montant et la date d'effet[2].

438 ***Délit d'obstacle*** ◊ Le collège de supervision peut aussi ouvrir une procédure de sanction à l'encontre de l'assujetti.

Enfin, tout dirigeant d'un établissement de crédit, d'une société de financement ou d'une des personnes morales ou filiales mentionnées à l'article L. 612-24 et L. 612-26 du Code monétaire et financier (notamment les filiales des établissements de crédit, des entreprises d'investissement ou des sociétés de financement ou les personnes morales contrôlant directement ou indirectement des établissements de crédit, des entreprises d'investissement ou des sociétés de financement) qui ne répond pas, après mise en demeure, aux demandes d'information de l'ACPR, fait obstacle de quelque manière que ce soit à l'exercice de son contrôle ou lui communique des renseignements inexacts, commet un délit puni d'un an d'emprisonnement et de 15 000 euros d'amende[3].

Ce délit d'obstacle au contrôle de l'ACPR peut être retenu contre une personne morale[4]. Elle encourt alors une amende de 75 000 euros, correspondant au quintuple du taux maximal de l'amende applicable aux personnes physiques[5], et les peines complémentaires prévues à l'article 131-29 du Code pénal, en particulier l'interdiction, à titre définitif ou pour une durée de cinq ans au plus, d'exercer directement ou indirectement l'activité bancaire[6].

§ 2. **Le contrôle sur place**

439 **Chartes du contrôle.** Les contrôles sur place menés par l'ACPR sont régis par la « Charte de conduite d'une mission de contrôle sur place » publiée le 24 juin 2014. Elle remplace deux chartes, adoptées au lendemain de la création de l'Autorité de contrôle prudentiel, qui visaient, d'une part, le

1. C. mon. fin., art. L. 612-14, I.
2. C. mon. fin., art. L. 612-25.
3. C. mon. fin., art. L. 571-4. V. J. Lasserre Capdeville, « Le délit d'obstacle au contrôle de l'ACP », *RDBF* 2011, n° 2, Étude 19, p. 9.
4. C. mon. fin., art. L. 571-1.
5. C. pén., art. 131-8.
6. Pour des exemples de condamnations, Crim. 20 juin 1994, n° 93-84.141 ; Crim. 27 avr. 2000, n° 98-87.708 ; Crim. 31 mai 2006, n° 05-86.756, *JurisData*, n° 2006-034477 ; *Gaz. Pal.* 2007, somm. p. 3332, note J. Lasserre Capdeville ; Crim. 19 mars 2008, n° 07-85.182.

secteur de la banque, des services de paiement et des services d'investissement et, d'autre part, le secteur de l'assurance. À la différence des chartes précédentes, cette nouvelle charte s'applique à l'ensemble des missions de contrôle sur place diligentées par l'ACPR. Elle tient compte, par ailleurs, de la création de l'Union bancaire et de la mise en place du Mécanisme de surveillance unique le 4 novembre 2014.

La charte, qui est destinée aux assujettis, décrit les principales étapes du contrôle sur place. Elle détermine l'organisation du contrôle (1), précise les pouvoirs et devoirs des contrôleurs (2) ainsi que les droits et obligations des personnes contrôlées (3). Il s'agit d'un document à vocation purement informative qui vise à apporter des précisions sur l'objet et les modalités de déroulement des contrôles sur place mais qui ne contient aucune disposition d'ordre procédural juridiquement contraignante [1]. Il en résulte que la méconnaissance de cette charte n'est pas, par elle-même, de nature à entacher le contrôle d'irrégularité [2].

A. L'organisation du contrôle

1. La mission de contrôle

440 ***Programme de contrôles*** ◊ Dans le cadre des priorités fixées par le collège de supervision, le secrétaire général de l'ACPR, à qui il appartient d'organiser les contrôles sur pièces et sur place [3], détermine le programme de contrôles. Il établit la liste des personnes devant faire l'objet d'un contrôle sur place en se fondant notamment sur l'analyse, dans le cadre du contrôle permanent, des états comptables et prudentiels et des rapports transmis par celles-ci, ainsi que sur les échanges avec d'autres autorités compétentes (Autorité des marchés financier, TRACFIN [4], etc.).

441 ***Habilitation*** ◊ Les personnes chargées du contrôle sur place doivent être habilitées. Conformément à l'article R. 612-22 du Code monétaire et financier, cette habilitation peut prendre deux formes.

Lorsque le contrôle sur place est confié à d'autres agents que ceux des services en charge du contrôle individuel permanent [5], ces agents

---

1. Comm. sanct., ACPR, 10 janv. 2013, *Banque populaire Côte d'Azur*, n° 2012-04 et 2012-04 *bis*.
2. Comm. sanct., ACPR, 25 nov. 2013, *Caisse d'épargne et de prévoyance du Languedoc-Roussillon*, n° 2013-01.
3. C. mon. fin., art. L. 612-23.
4. TRACFIN est un service du Ministère des Finances et des Comptes publics chargé de recueillir et d'analyser les déclarations de soupçons que les professionnels assujettis sont tenus, par la loi, de remplir en matière de lutte contre le blanchiment des capitaux et le financement du terrorisme.
5. C'est-à-dire, pour ce qui est du secteur bancaire, les agents de la première et de la seconde direction du contrôle des banques.

doivent être habilités par une lettre de mission du secrétaire général. Cette lettre, qui est présentée à la personne contrôlée à sa demande, précise l'objet de la mission de contrôle et désigne les contrôleurs qui en sont chargés [1].

En revanche, une lettre de mission n'est pas nécessaire lorsque le contrôle est exercé par les agents en charge de l'ensemble du contrôle permanent, sur place et sur pièces, de la personne assujettie. Ces contrôleurs, qui disposent d'une accréditation permanente, peuvent « à toute époque de l'année vérifier sur pièces et sur place toutes les opérations » des assujettis.

En pratique, les contrôles sur place menés dans le cadre de la surveillance prudentielle des établissements de crédit, des établissements de paiement et des entreprises d'investissement sont confiés à des inspecteurs de la Banque de France chefs de mission.

442 ***Champ de la mission*** ◇ Les contrôles sur place ont un caractère général (ils concernent alors l'ensemble des activités et des processus de la personne contrôlée) ou thématique (ils sont, en ce cas, limités à une ligne de métiers - banque de détail, banque privée, activités de marché, etc. -, à un type de risques particulier - risque de liquidité, risque de crédit, risque de solvabilité, etc. -, ou à la vérification des modalités de mise en œuvre d'une réglementation spécifique). Des contrôles thématiques peuvent être conduits de manière transversale et simultanée auprès de plusieurs établissements.

En outre, des visites sur place peuvent être décidées dans le cadre du suivi des missions antérieures de contrôle sur place, notamment pour s'assurer du respect des mises en demeure ou des mises en garde adressées par l'Autorité dans l'exercice de ses pouvoirs de police administrative.

443 Le secrétaire général de l'ACPR peut élargir la mission de contrôle aux filiales de l'établissement contrôlé [2], aux personnes morales qui le contrôlent directement ou indirectement [3] et à leurs filiales [4], ainsi qu'à toute entreprise ou personne morale appartenant au même groupe [5]. Les contrôles sur place peuvent également être étendus aux succursales et filiales installées à l'étranger des personnes contrôlées. Si ces filiales ou succursales sont établies dans des États parties membres à l'accord sur l'Espace économique européen, l'ACPR doit demander aux autorités nationales de surveillance d'effectuer à ces contrôles [6]. Elle peut, avec leur autorisation, désigner des représentants pour procéder aux contrôles sur place. Lorsque les filiales ou succursales sont implantées dans des pays tiers,

1. C. mon. fin., art R. 612-22, al. 2.
2. C. mon. fin., art. L. 612-26, al. 2.
3. C. mon. fin., art. L. 612-26, al. 3.
4. C. mon. fin., art. L. 612-26, al. 4.
5. C. mon. fin., art. L. 612-26, al. 5.
6. C. mon. fin., art. L. 632-12, al. 1er.

l'extension des contrôles sur place nécessite la conclusion d'une convention bilatérale [1] ou l'accord exprès du superviseur national [2].

444 ***Équipes de contrôle*** ◊ Les missions de contrôle sont menées par des équipes de contrôle sous l'autorité de chefs de mission. Elles sont composées, en principe, d'agents appartenant aux services du secrétariat général [3]. Le secrétaire général de l'ACPR peut aussi faire appel à d'autres autorités ou corps de contrôle chargés de missions complémentaires à celles de l'ACPR (Autorité des marchés financiers, Direction générale de la concurrence, de la consommation et de la répression des fraudes, Institut d'émission des départements d'outre-mer, etc.), à des commissaires aux comptes ou à des experts [4]. Il peut, enfin, avoir recours au personnel des autorités de surveillance nationale d'autres États parties à l'accord sur l'Espace économique européen ou d'États tiers dans le cadre d'accords de coopération.

2. Le déroulement du contrôle

445 ***Début de la mission*** ◊ Le chef de mission décide du déroulement de la mission et de l'organisation des contrôles en respectant le cadre fixé par le secrétaire général de l'ACPR. Il organise en début de mission une réunion avec les dirigeants de la personne contrôlée pour leur présenter les grandes étapes du déroulement du contrôle (entretiens préliminaires, visites dans les implantations, étapes-clé du processus d'élaboration du rapport, etc.). À cette occasion, la durée indicative de la mission de contrôle peut être communiquée, ainsi que la lettre de mission.

446 ***Rapport de contrôle*** ◊ L'élaboration du rapport de contrôle repose sur une procédure contradictoire composée d'une phase orale et d'une phase écrite.

Avant la communication du projet de rapport, le chef de mission doit ainsi proposer aux dirigeants de la personne contrôlée l'organisation d'une réunion afin de débattre des principaux constats de la mission. Cette réunion peut être précédée ou accompagnée de l'envoi d'un avant-projet de

1. C. mon. fin., art. L. 632-13.
2. L'article L. 612-26 du Code monétaire et financier prévoyait initialement que l'extension des contrôles sur place à une filiale ou une succursale implantée en dehors de l'Espace économique européen devait être prévue par une convention internationale. Par conséquent, la commission des sanctions de l'ACP avait considéré que de simples échanges de correspondance entre le secrétariat général de l'Autorité et les agents du superviseur du pays tiers ne pouvaient pas servir de fondement juridique à l'extension à l'étranger des contrôles sur place, sous peine d'irrégularité du contrôle (Comm. sanct., ACP, 24 oct. 2012, *Établissement de crédit A.*, n° 2011-02). La loi du 26 juillet 2013 de séparation et de régulation des activités bancaires a modifié la rédaction de l'article L. 612-26 du Code afin de permettre l'extension des contrôles sur place en cas simplement d'accord exprès du superviseur du pays concerné.
3. C. mon. fin., art. L. 612-19.
4. C. mon. fin., art. L. 612-23, al. 3.

rapport, permettant à l'assujetti de relever d'éventuelles erreurs factuelles, de faire valoir des éléments dont la mission n'a pas eu connaissance ou de faire état de points de vue divergents.

À la lumière de ces éléments, le chef de mission, après avoir procédé à un examen complémentaire des faits lorsque cela s'avère nécessaire, rédige un projet de rapport qu'il adresse à la personne contrôlée. Celle-ci dispose d'un délai d'au moins quinze jours pour formuler des observations écrites. Un délai supplémentaire peut être accordé par le chef de mission sur demande écrite et motivée. Les observations écrites de la personne contrôlée sont jointes au projet de rapport de contrôle. Le chef de mission répond, par écrit, à ces observations en précisant s'il y a lieu d'amender ou de modifier les conclusions ou les constats du projet de rapport.

L'ensemble constitue le rapport définitif, qui est signé par le chef de mission et transmis au secrétaire général de l'ACPR. L'envoi à la personne contrôlée du rapport définitif marque la fin des opérations de contrôle sur place.

447 L'organisation par le législateur d'un débat contradictoire lors de l'élaboration du rapport de contrôle est d'autant plus louable que les principes des droits de la défense rappelés à l'article 6 de la Convention européenne de sauvegarde des droits de l'homme et des libertés fondamentales s'appliquent seulement à la procédure de sanction ouverte par la notification des griefs par le collège de l'Autorité et la saisine de la commission des sanctions, et non à la phase préalable de contrôle. Le Conseil d'État et la commission des sanctions de l'ACPR ont ainsi déclaré, à de nombreuses reprises, que les contrôles doivent seulement se dérouler dans des conditions garantissant qu'il ne soit pas porté une atteinte irrémédiable aux droits de la défense des personnes auxquelles les griefs sont ensuite notifiés [1]. En particulier, les contrôleurs ne doivent pas se livrer à des manœuvres déloyales afin de réunir des éléments de preuve, ni recueillir des aveux sous la contrainte.

Le caractère pleinement contradictoire des contrôles sur place a pu toutefois être contesté par les assujettis [2]. Il a ainsi été souligné que les établissements contrôlés n'ont pas un droit d'accès aux pièces qui fondent le projet de rapport sur lequel ils doivent être invités à faire état de leurs observations. La commission des sanctions considère, en effet, que « la

1. CE 20 janv. 2016, *Caisse d'épargne et de prévoyance de Languedoc-Roussillon*, n° 374950 ; Revue Banque, n° 794, mars 2016, p. 90, obs. J.-Ph. Kovar et J. Lasserre Capdeville ; *RDBF* 2017, comm. 195, obs. N. Mathey ; *RDBF* 2017, comm. 3, note Th. Samain et S. Torck ; CE 15 mai 2013, *Alternative Leaders France*, n° 356054 et 359477 ; CE 12 juin 2013, *Société Générale e. a.*, n° 359245 ; CE 7 juin 2017, *Société Vaillance Courtage*, n° 393509 ; CE 15 déc. 2014, *Banque Populaire Côte d'Azur*, n° 366640 ; Comm. sanct., ACPR, 25 nov. 2013, *Caisse d'épargne et de prévoyance de Languedoc-Roussillon*, n° 2013-01 ; Comm. sanct., ACPR, 7 avr. 2014, *Cardif Assurance vie*, n° 2013-03 bis ; Comm. sanct., ACPR, 24 juill. 2015, *Generali Vie*, n° 2014-07, cons. 4.

2. M. Pugliese, « L'Autorité de contrôle prudentiel et de résolution : pouvoirs de contrôle et garanties procédurales », *RLDA*, n° 93, mai 2014, p. 109-114.

communication des documents réunis par l'inspection n'est pas prévue par les dispositions relatives aux contrôles »[1]. Il est vrai que le rapport de contrôle contient les constatations détaillées de la mission, ce qui permet à l'établissement contrôlé de formuler des observations en réponse, et que les pièces utilisées ont souvent été communiquées par celui-ci. Certains documents peuvent cependant avoir été adressés de manière anonyme aux contrôleurs, sans que l'assujetti n'en ait eu connaissance. En outre, le rapport de contrôle peut être fondé sur des entretiens informels des membres de la mission avec des dirigeants ou des salariés de l'établissement contrôlé dont ils ne conservent aucune trace écrite[2].

3. Les suites du contrôle

448 ***Examen du rapport*** ◊ Le secrétaire général de l'ACPR décide des suites à donner à la mission de contrôle sur place après avoir examiné le rapport de contrôles. Les organes dirigeants de l'établissement concerné sont informés des suites données au contrôle sur place[3].

449 ***Lettre de suite*** ◊ Souvent, le contrôle sur place donne lieu simplement à l'envoi par le secrétaire général d'une lettre de suite à l'établissement contrôlé. Cette lettre de suite rappelle les principales conclusions de la mission de contrôle, prend acte des engagements souscrits par l'établissement afin de remédier aux insuffisances constatées et contient des recommandations à mettre en œuvre selon un calendrier figurant en annexe.

Des missions de contrôle sur place peuvent être diligentées dans le cadre du suivi de ces recommandations afin de vérifier que les mesures correctives préconisées ont été adoptées effectivement.

450 ***Saisine du collège de supervision*** ◊ Le secrétaire général peut également proposer au président de l'Autorité la saisine du collège de supervision afin qu'il examine la situation de l'établissement contrôlé. Le collège statuant en formation restreinte ou sectorielle peut décider de prendre des mesures de police administrative ou d'ouvrir une procédure de sanction.

451 ***Saisine du parquet*** ◊ Si les faits constatés à l'occasion d'un contrôle sur place sont susceptibles de justifier des poursuites pénales, le président de l'ACPR en avise le procureur de la République territorialement compétent[4].

---

1. Comm. sanct., ACP, 10 janv. 2013, *Banque Populaire Côte d'Azur*, n° 2012-04 et 2012-04 *bis*.

2. La commission des sanctions de l'ACPR rappelle qu'aucune disposition législative ou réglementaire n'impose que ces entretiens informels donnent lieu à l'établissement d'un procès-verbal. V. Comm. sanct., ACP, 10 janv. 2013, *Banque Populaire Côte d'Azur*, n° 2012-04 et 2012-04 *bis*.

3. C. mon. fin., art. L. 612-27, al. 3.

4. C. mon. fin., art. L. 612-28.

Enfin, il informe l'Autorité de la concurrence des comportements pouvant constituer des pratiques anticoncurrentielles [1].

B. Les pouvoirs et obligations des contrôleurs

1. Les pouvoirs des contrôleurs

452 ***Accès aux locaux*** ◊ Afin de mener leurs contrôles, les contrôleurs de l'ACPR ont un droit d'accès aux locaux professionnels de la personne contrôlée.

Dans l'arrêt *Caisse d'épargne et de prévoyance de Languedoc Roussillon (CELR)* du 20 janvier 2016, le Conseil d'État a jugé que si le droit au respect du domicile garanti à l'article 8 de la Convention européenne des droits de l'homme s'applique également, dans certaines circonstances, aux locaux professionnels où des personnes morales exercent leurs activités, il doit être concilié avec les finalités légitimes du contrôle, par les autorités publiques, du respect des règles qui s'imposent à ces personnes morales dans l'exercice de leurs activités professionnelles [2]. Le caractère proportionné de l'ingérence que constitue la mise en œuvre, par une autorité publique, de ses pouvoirs de visite et de contrôle des locaux professionnels résulte de l'existence de garanties effectives et appropriées, compte tenu, pour chaque procédure, de l'ampleur et de la finalité de ces pouvoirs. Le Conseil d'État a rappelé que les articles L. 612-23 et R. 612-36 du Code monétaire et financier permettent seulement aux contrôleurs de l'ACPR de pénétrer dans les locaux des personnes contrôlées pendant les heures normales de fonctionnement et en présence de leur responsable. Dans l'hypothèse où les représentants de l'organisme contrôlé feraient obstacle à l'exercice de leurs missions, les contrôleurs, qui ne disposent d'aucune possibilité de contrainte matérielle, peuvent seulement demander l'application des sanctions prévues à l'article L. 571-4 du Code monétaire et financier en cas de délit d'obstacle. La Haute juridiction a estimé que l'ampleur des pouvoirs de visite des locaux professionnels de l'Autorité et d'accès aux documents de toute nature qui s'y trouvent n'est pas telle que cette ingérence ne puisse être regardée comme proportionnée aux buts en vue desquels elle a été exercée qu'à la condition d'être préalablement autorisée par un juge ou d'intervenir après que la personne contrôlée a été informée de son droit de s'y opposer. Elle a considéré, par conséquent, que la circonstance que la personne morale contrôlée n'a pas été informée de la possibilité de s'opposer au contrôle sur place effectué dans ses locaux professionnels est sans incidence sur la régularité de la procédure de contrôle.

---

1. C. mon. fin., art. L. 612-29.

2. CE 20 janv. 2016, *Caisse d'épargne et de prévoyance de Languedoc Roussillon (CELR)*, *n°* 374950 ; Revue Banque, n° 794, mars 2016, p. 90, obs. J.-Ph. Kovar et J. Lasserre Capdeville ; *RDBF* 2017, comm. 195, obs. N. Mathey ; *RDBF* 2017, comm. 3, note Th. Samain et S. Torck

453 ***Communication de documents*** ◊ Les contrôleurs peuvent demander à la personne contrôlée tout renseignement, éclaircissement ou justification nécessaires à l'exercice de leur mission. Ils peuvent se faire communiquer les documents comptables ainsi que les rapports des commissaires aux comptes qui sont tenus de répondre à leurs demandes de renseignements sur l'activité et la situation financière de l'établissement contrôlé [1]. Plus généralement, les contrôleurs doivent disposer de tous les documents utiles à leurs vérifications et peuvent en obtenir copies [2] sans que le secret professionnel leur soit opposable [3].

454 ***Audition*** ◊ Les contrôleurs peuvent mener des entretiens avec les dirigeants de l'établissement contrôlé et leurs collaborateurs, lorsqu'ils sont susceptibles de leur fournir des renseignements et documents utiles aux contrôles [4].

455 ***Procès-verbaux*** ◊ Les contrôleurs peuvent dresser procès-verbal s'ils constatent des faits ou des agissements susceptibles de constituer des manquements aux dispositions applicables à la personne contrôlée. Ces procès-verbaux indiquent la nature, la date et le lieu des constatations opérées. Ils sont signés par le chef de mission et par le dirigeant de la personne contrôlée. Si celui-ci refuse de signer, le chef de mission doit en faire mention au procès-verbal [5].

2. Les obligations des contrôleurs

456 ***Intégrité*** ◊ Les contrôleurs ne peuvent participer à un contrôle s'ils ont été condamnés pour crime ou pour certains délits mentionnés à l'article L. 500-1 du Code monétaire et financier [6].

457 ***Conflit d'intérêts*** ◊ Les contrôleurs doivent veiller à éviter toute situation qui pourrait les placer en situation de conflit d'intérêts, c'est-à-dire dans une situation où les intérêts personnels ou ceux de leurs proches seraient en concurrence avec ceux des missions de l'ACPR et pourraient de ce fait influencer l'impartialité dont ils ne doivent pas de départir dans l'accomplissement de leurs fonctions.

Afin de prévenir tout conflit d'intérêts, ils sont soumis à des règles déontologiques arrêtées par le collège de supervision [7].

---

1. C. mon. fin., art. L. 641-44, I.
2. C. mon. fin., art. R. 612-26.
3. C. mon. fin., art. L. 612-44.
4. C. mon. fin., art. R. 612-26.
5. C. mon. fin., art. R. 612-26.
6. C. mon. fin, art. R. 612-25.
7. C. mon. fin., art. L. 619, II.

458 ***Secret professionnel*** ◊ Les contrôleurs sont tenus au secret professionnel dans les conditions prévues à l'article L. 641-1 du Code monétaire et financier [1]. Il leur est donc interdit de divulguer les faits, actes, documents et renseignements non publics dont ils ont pu avoir connaissance ou qu'ils ont pu obtenir dans le cadre des contrôles sur place. En application de l'article 226-13 du Code pénal, la violation du secret professionnel par un contrôleur est passible d'une sanction pénale pouvant aller jusqu'à un an d'emprisonnement et 15 000 euros d'amende.

Toutefois, le secret professionnel n'est pas opposable à l'autorité judiciaire agissant dans le cadre d'une procédure de liquidation judiciaire concernant la personne contrôlée ou d'une procédure pénale, devant les juridictions administratives saisies d'un contentieux relatif à l'activité de l'ACPR, ou en cas d'audition devant une commission d'enquête parlementaire, ou d'un contrôle de la Cour des comptes [2].

Enfin, l'ACPR peut légalement échanger des informations avec d'autres autorités publiques pour l'accomplissement de leurs missions. C'est notamment le cas pour la cellule de renseignement financier national (TRACFIN) [3], pour l'organisme chargé de la tenue du registre d'immatriculation des intermédiaires (ORIAS) [4], et pour les autorités mentionnées à l'article L. 631-1 du Code monétaire et financier, qui sont elles-mêmes soumises au secret professionnel et ne peuvent utiliser les informations communiquées par l'ACPR que dans le cadre de leur mission (Banque de France, Autorité des marchés financiers, Haut Conseil du commissariat aux comptes, Direction général de la concurrence, de la consommation et de la répression des fraudes en matière de pratiques commerciales, Fonds de garantie des dépôts et de résolution), ainsi que le Haut Conseil de la stabilité financière [5], le Système européen de banques centrales ou la Banque centrale européenne agissant en qualité d'autorités monétaires [6]. La communication d'informations peut également intervenir au profit d'autres superviseurs nationaux (notamment en matière de surveillance des groupes bancaires sur base consolidée [7], de contrôle des établissements de crédit et des entreprises d'investissement bénéficiant de la liberté d'établissement ou de la libre prestation de services [8] ou de la surveillance complémentaire des conglomérats financiers [9]) ou d'une autorité européenne de surveillance (Autorité bancaire européenne, Autorité

1. C. mon. fin., art. L. 612-7, I.
2. C. mon. fin., art. L. 612-7, II.
3. C. mon. fin., art. L. 561-30, I.
4. C. ass., art. L. 514-4 (pour les intermédiaires d'assurances) ; C. mon. fin., art. L. 546-4 (pour les autres intermédiaires immatriculés).
5. C. mon. fin., L. 631-2-1.
6. C. mon. fin., art. L. 612, I.
7. C. mon. fin., art. L. 632-1 à L. 632-7 et L. 632-12 à L. 632-15, ainsi que L. 613-20-1 à L. 613-21-7.
8. C. mon. fin., art. L. 613-32, I à L. 613-33-4.
9. C. mon. fin., art. L. 633-4 à L. 633-11.

européenne des marchés financiers, Autorité européenne des assurances et des pensions professionnelles) [1]. Enfin, l'ACPR est tenue de communiquer à l'administration fiscale tout document ou information qu'elle détient dans le cadre de ses missions et dont elle informe TRACFIN [2] ou le parquet [3], dès lors qu'il s'agit de sommes ou d'opérations susceptibles de provenir d'une fraude fiscale [4].

C. Les droits et obligations des personnes contrôlées

1. Les droits des personnes contrôlées

459 ***Début du contrôle*** ◊ Les personnes contrôlées doivent être informées du début des opérations de contrôle sur place. Le cas échéant, le chef de la mission présente, à la demande des dirigeants de la personne contrôlée, la lettre de mission signée par le secrétaire général de l'ACPR. Si la personne contrôlée est une filiale d'un groupe dont la société mère est assujettie au contrôle de l'Autorité, le chef de mission informe celle-ci du début des opérations de contrôle dans cette filiale. De même, il informe les organes centraux des banques coopératives ou mutualistes des contrôles sur place diligentés dans les établissements du groupe.

460 ***Fin du contrôle*** ◊ Les personnes contrôlées doivent être informées des résultats des contrôles sur place. Celui-ci donne lieu à un rapport dont un projet est « porté à la connaissance des dirigeants de la personne contrôlée, qui peuvent faire part de leurs observations dont il est fait état dans le rapport définitif » [5]. Les conclusions tirées du rapport de contrôle sont communiquées aux organes délibérants de la personne contrôlée, c'est-à-dire, en règle générale, le conseil d'administration, le directoire ou le conseil de surveillance. Elles peuvent également être adressées à la maison mère de la personne contrôlée, à son organe central ou aux commissaires aux comptes [6].

2. Les obligations des personnes contrôlées

461 ***Comportement attendu*** ◊ Les personnes soumises au contrôle de l'ACPR doivent coopérer avec les contrôleurs afin d'assurer le bon déroulement des contrôles sur place. Les dirigeants et leurs collaborateurs sont tenus de répondre avec diligence et loyauté aux demandes de renseignement qui

1. C. mon. fin., art. L. 632-6-1.
2. C. mon. fin., art. L. 561-30.
3. C. mon. fin., art. L. 612-28.
4. C. mon. fin., art. L. 561-15, II.
5. C. mon. fin., art. L. 612-27.
6. C. mon. fin., art. L. 612-27.

leur sont adressées. Ils doivent satisfaire dans un délai raisonnable aux demandes d'informations, répondre aux demandes d'audition et organiser toutes les rencontres et réunions que les contrôleurs jugent utiles.

Les personnes contrôlées doivent assurer la confidentialité des documents communiqués par l'Autorité dans le cadre des contrôles et des suites.

462 ***Refus de contrôle*** ◊ En cas d'obstacle à un contrôle sur place, l'ACPR peut adresser à l'établissement récalcitrant une injonction sous astreintes ou lui infliger des sanctions disciplinaires.

En outre, le fait pour un dirigeant d'une personne contrôlée, après mise en demeure, d'entraver de quelque manière que ce soit l'exercice par l'Autorité de sa mission de contrôle est constitutif d'un délit pénal puni d'un an d'emprisonnement et de 15 000 euros d'amende [1].

SECTION 2. LE POUVOIR DE POLICE

463 ***Procédure contradictoire*** ◊ Dans l'exercice de son pouvoir de police administrative, l'ACPR peut prendre des mesures diverses. Elle peut adresser des mises en garde ou des mises en demeure, imposer l'adoption d'un programme de rétablissement, formuler des injonctions, édicter des mesures conservatoires ou désigner un administrateur provisoire. Ces mesures de police administrative sont adoptées au terme d'une procédure contradictoire [2] permettant à la personne mise en cause de présenter des observations écrites ou orales. Elles doivent être motivées et sont susceptibles de recours pour excès de pouvoir devant le Conseil d'État [3]. Ce recours peut être assorti d'une demande de référé-suspension afin de suspendre l'exécution de la décision litigieuse [4].

464 ***Mise en garde*** ◊ Lorsqu'elle constate qu'une personne soumise à son contrôle à des pratiques susceptibles de mettre en danger les intérêts de ses clients, l'ACPR peut prononcer une mise en garde à son encontre [5]. Si l'assujetti ne cesse pas les pratiques qui font l'objet de la mise en garde, le collège de supervision peut décider d'ouvrir une procédure de sanction.

Le Conseil d'État a jugé qu'une mise en garde adressée par le collège de supervision en application de l'article L. 613-15 du Code monétaire et

1. C. mon. fin., art. L. 571-4. V. ss 438.
2. C. mon. fin., art. L. 612-35.
3. C. mon. fin., art. L. 612-16, III.
4. C. just. adm., art. L. 521-1.
5. C. mon. fin., art. L. 612-30.

financier n'a pas en elle-même le caractère d'une sanction, celle-ci pouvant découler, ultérieurement, de l'inobservation de la mise en garde [1].

465 ***Mise en demeure*** ◊ L'ACPR dispose également d'un pouvoir de mise en demeure qui lui permet d'exiger d'une personne contrôlée qu'elle prenne, dans un délai déterminé, toutes mesures pour se conformer à ses obligations [2]. Le collège de supervision a délégué ce pouvoir au président [3].

Dans un arrêt du 9 octobre 2013, le Conseil d'État a jugé que le refus de l'Autorité de mettre en demeure un assujetti de respecter ses obligations est une décision faisant grief susceptible de recours pour excès de pouvoir [4]. Cette solution s'applique, plus généralement, à tout refus de l'ACPR de faire usage de ses pouvoirs de police administrative. Le Conseil d'État a toutefois précisé qu'« il appartient à une autorité administrative indépendante investie d'une mission de régulation, qui dispose en vertu de la loi de pouvoirs de contrôle et de police, qu'elle exerce de sa propre initiative et dont l'objet consiste à assurer la sécurité d'un marché, de procéder, lorsqu'elle est saisie d'une demande tendant à la mise en œuvre de ces pouvoirs, à l'examen des faits qui en sont à l'origine et de décider des suites à leur donner. Elle dispose, à cet effet, d'un large pouvoir d'appréciation et peut tenir compte de l'ensemble des intérêts généraux dont elle a la charge ». L'ACPR dispose, par conséquent, d'une marge d'appréciation étendue dans l'exercice de ses pouvoirs de police administrative.

466 ***Programme de rétablissement*** ◊ L'Autorité peut exiger de toute personne assujettie à son contrôle qu'elle soumette à son approbation, dans le délai d'un mois, un programme de rétablissement comprenant toutes les mesures appropriées pour restaurer ou renforcer sa situation financière ou de liquidité, améliorer ses méthodes de gestion ou assurer l'adéquation de son organisation à ses activités ou à ses objectifs de développement [5]. Elle peut aussi lui imposer de soumettre à son approbation les changements apportés à ce programme au cours de son exécution, notamment en ce qui concerne sa portée et son délai de mise en œuvre.

467 ***Injonction*** ◊ L'ACPR peut enjoindre aux personnes contrôlées de prendre, dans un délai déterminé, toutes mesures destinées à restaurer ou renforcer leur situation financière ou de liquidité, à améliorer leurs méthodes de gestion, à assurer l'adéquation de leur organisation à leurs activités ou à

---

1. CE 28 juill. 2011, *Société crédit immobilier de France Développement*, n° 382655.
2. C. mon. fin., art. L. 612-31.
3. décision n° 2010-10 du 12 avril 2010
4. CE 9 oct. 2013, *Selafa MJA*, n° 359161, *Rec.* t. p. 471 ; *AJDA* 2013. 2002 ; Revue Banque, déc. 2013, n° 766, obs. J.-Ph. Kovar et J. Lasserre Capdeville ; *Banque et Dr.*, mars-avril 2014, n° 154, p. 23, obs. Th. Bonneau ; *D.*, 2014. Pan. 2136, obs. H. Synvet ; janv. 2015, comm. 1, obs. Th. Samin.
5. C. mon. fin., art. L. 612-32.

leurs objectifs de développement ou à prévenir un manquement, dans un délai de douze mois, à ses obligations en matière prudentielle [1].

En outre, l'ACPR peut imposer aux assujettis de détenir de fonds propres d'un montant supérieur au montant minimal prévu par la réglementation, ou exiger de ces établissements qu'ils appliquent une politique spécifique de provisionnement [2].

Lorsque la solidité de la situation financière d'un établissement de crédit, d'une entreprise d'investissement ou d'une société de financement est compromise ou susceptible de l'être, l'Autorité peut exiger de l'entreprise en cause qu'elle affecte tout ou partie de ses bénéfices nets au renforcement de ses fonds propres, qu'elle limite la rémunération variable sous forme de pourcentage du total des revenus nets ou qu'elle publie des informations supplémentaires [3].

Enfin, l'ACPR peut enjoindre à un établissement de crédit, une entreprise d'investissement ou une société de financement de se soumettre à une exigence spécifique de liquidité [4].

468 ***Mesures conservatoires*** ◇ L'ACPR prend des mesures conservatoires lorsque la solvabilité ou la liquidité d'un assujetti ou les intérêts de ses clients sont compromis ou susceptibles de l'être ou lorsqu'il risque, dans un délai de douze mois, de manquer à ses obligations en matière prudentielle [5]. Elle peut placer la personne contrôlée sous surveillance spéciale, charger un ou plusieurs de ses agents d'exercer une mission de contrôle permanent au sein de l'assujetti afin d'y assurer un suivi rapproché de sa situation, limiter ou interdire temporairement l'exercice de certaines opérations ou activités par la personne contrôlée, notamment l'acceptation de dépôts, suspendre, restreindre ou interdire temporairement la libre disposition de tout ou partie des actifs de la personne contrôlée, exiger de cette dernière la cession d'activités, limiter le nombre de ses agences ou de ses succursales, prononcer le transfert d'office de tout ou partie d'un portefeuille de crédits ou de dépôts d'un établissement de crédit [6], interdire ou limiter la distribution d'un dividende aux actionnaires

1. C. mon. fin., art. L. 511-41-3, I.
2. C. mon. fin., art. L. 511-41-3, II.
3. C. mon. fin., art. L. 511-41-3, III.
4. C. mon. fin., art. L. 511-41-3, IV.
5. C. mon. fin., art. L. 612-33.
6. Le Conseil constitutionnel a déclaré inconstitutionnelle la disposition du Code monétaire et financier donnant compétence à l'ACPR pour prononcer, au titre de ses mesures provisoire, le transfert d'office du portefeuille de contrats d'assurance d'un assujetti. Il a estimé que cette disposition qui prévoyait que le transfert de tout ou partie du portefeuille s'opère sur décision de l'Autorité, sans que soit laissée à la personne visée la faculté, pendant une période préalable, de procéder elle-même à la cession portait une atteinte excessive au droit de propriété garanti à l'article 17 de la déclaration des droits de 1789 (Cons. const. décr. n° 2014-449 QPC du 6 févr. 2015, *Société Mutuelle des transports d'assurance*). À notre connaissance, le Conseil constitutionnel n'a pas été saisi d'un recours portant sur les dispositions équivalentes relatives au transfert d'office de tout ou partie du portefeuille de crédits ou de dépôts d'un établissement de crédit.

ou d'une rémunération des parts sociales aux sociétaires qu'elle jugerait excessive au regard de la situation financière et des fonds propres de l'établissement, exiger la réduction du risque inhérent aux activités, aux produits et aux systèmes des établissements de crédit, entreprises d'investissement et sociétés de financement, ou encore suspendre un ou plusieurs dirigeants de la personne contrôlée. En particulier, l'Autorité peut suspendre les dirigeants effectifs lorsqu'elles ne remplissent plus les conditions d'honorabilité, de compétences, d'expérience ou de connaissances requises par leur fonction et que l'urgence justifie cette mesure en vue d'assurer une gestion saine et prudente.

Si elle estime que ces mesures provisoires ne sont pas suffisantes pour remédier à la situation, l'ACPR peut désigner, pour une durée qu'elle détermine, un ou plusieurs administrateurs temporaires pour assister ou remplacer les dirigeants ainsi que les membres du conseil d'administration ou du conseil de surveillance [1]. L'administrateur temporaire est une personne physique ou morale. La durée de son mandat ne peut excéder un an, sauf prorogation exceptionnelle.

469 ***Désignation d'un administrateur provisoire*** ◊ L'ACPR a le pouvoir de nommer un administrateur provisoire auprès de l'établissement contrôlé auquel sont transférés tous les pouvoirs d'administration, de direction et de représentation de la personne morale [2]. Cette désignation intervient soit à la demande des dirigeants lorsqu'ils estiment ne plus être en mesure d'exercer normalement leurs fonctions, soit à l'initiative de l'Autorité lorsque la gestion de la personne contrôlée ne peut plus être assurée dans des conditions normales ou en cas de suspension d'un ou plusieurs de ses dirigeants [3].

Enfin, les organes centraux des banques coopératives ou mutualistes peuvent demander à l'ACPR de désigner un administrateur provisoire dans les établissements qui leur sont affiliés [4].

470 ***Mesures d'intervention précoce*** ◊ Sur le fondement de l'article L. 511-41-5 du Code monétaire et financier, l'Autorité peut prendre des mesures d'intervention précoces lorsque du fait d'une dégradation rapide de sa situation financière ou de liquidité, un établissement de crédit enfreint ou est susceptible dans un proche avenir d'enfreindre les exigences résultant d'un certain nombre de dispositions européennes, législatives ou réglementaires, dont le règlement « CRR » du 26 juin 2013 [5].

1. C. mon. fin., art. L. 612-34-1, I.
2. C. mon. fin., art. L. 612-34, I, al. 1er.
3. C. mon. fin., art. L. 612-34, I, al. 5.
4. C. mon. fin., art. L. 612-34, I, al. 6 ; CE 22 oct. 2010, *M. Hervé Q.*, n° 316220 ; CE, ord. réf., 16 juin 2008, M. *Hervé A.*, n° 316221.
5. C. mon. fin., art. L. 511-41-5, I.

Ces mesures d'intervention précoce consistent en l'application de mesures figurant dans le plan préventif de rétablissement de l'établissement, la soumission à l'approbation de l'Autorité d'un programme de rétablissement spécifique, la cessation des fonctions des dirigeants, des membres du conseil d'administration ou du conseil de surveillance, l'élaboration d'un plan d'action visant à la restructuration de la dette ainsi que la modification de la stratégie commerciale ou de la structure juridique ou opérationnelle de l'établissement [1].

SECTION 3. LE POUVOIR DE SANCTION

471 ***Décision d'ouverture de la procédure de sanction*** ◊ L'ouverture d'une procédure de sanction suppose une décision du collège de supervision ou du collège de résolution [2].

Dans le cadre de l'Union bancaire, la procédure de sanction peut être ouverte par le collège de supervision ou le collège de résolution à la demande, respectivement, de la Banque centrale européenne [3] et du Conseil de résolution unique [4].

472 ***Notification des griefs*** ◊ Le président de la formation du collège de supervision ou du collège de résolution qui a décidé l'ouverture d'une procédure de sanction notifie les griefs aux personnes mises en cause. La notification des griefs est effectuée par lettre recommandée avec demande d'avis de réception, remise en main propre contre récépissé ou acte d'huissier ou par tout autre moyen permettant de s'assurer de la date de sa réception [5]. Elle est transmise simultanément au président de la commission des sanctions [6].

La notification des griefs informe la personne mise en cause qu'elle peut consulter les pièces du dossier auprès du secrétariat de la commission des sanctions et en obtenir copie, qu'elle peut se faire assister ou représenter par un conseil de son choix et que toute notification ultérieure lui sera envoyée à l'adresse à laquelle la notification des griefs lui est parvenue ou à la dernière adresser qu'elle aura signée au secrétariat de la commission des sanctions par lettre recommandée avec demande d'avis de réception [7]. Elle doit également préciser le délai dont dispose la personne mise en cause pour transmettre au président de la commission des sanctions ses

1. C. mon. fin., art. L. 511-41-5, II.
2. C. mon. fin., art. L. 612-38, al. 1er.
3. C. mon. fin., art. L. 612-38, al. 2.
4. C. mon. fin., art. L. 612-38, al. 3.
5. C. mon. fin., art. R. 612-9, I.
6. C. mon. fin., art. R. 612-36, al. 2.
7. C. mon. fin., art. R. 612-36, al. 1er.

observations écrites sur les griefs qui lui ont été notifiés. Ce délai ne peut être inférieur à quinze jours à compter de la réception de la notification.

Lorsque la procédure disciplinaire peut conduire à l'application de sanctions à des dirigeants, la notification des griefs doit l'indiquer expressément en précisant les éléments susceptibles de fonder leur responsabilité directe et personnelle dans les manquements ou infractions en cause [1]. Hormis cette hypothèse prévue par la loi, le Conseil d'État juge que l'absence de mention - dans la notification des griefs - de la sanction encourue n'empêche pas la personne mise en cause de présenter utilement sa défense [2].

473 ***Prescription*** ◊ La mise en œuvre de son pouvoir de sanction par l'ACPR n'est pas enfermée dans un délai de prescription. En effet, l'action répressive en matière de sanction administrative ne se prescrit pas, sauf texte particulier [3]. Le Conseil constitutionnel a d'ailleurs jugé qu'aucune règle ou aucun principe constitutionnel n'impose que les poursuites disciplinaires soient nécessairement soumises à une règle de prescription [4]. Or, le Code monétaire et financier ne prévoit aucun délai de prescription concernant l'ACPR à la différence de la règle de prescription par six ans qui s'applique devant la commission des sanctions de l'Autorité des marchés financiers [5].

Le Conseil constitutionnel considère toutefois que le principe de proportionnalité des peines découlant de l'article 8 de la déclaration de 1789 « implique que le temps écoulé entre la faute et la condamnation puisse être pris en compte dans la détermination de la sanction » [6]. Il en résulte que l'autorité disciplinaire doit choisir une sanction en adéquation non seulement avec le type de manquement constaté, mais aussi, le cas échéant, avec le délai écoulé depuis celui-ci. En application de cette jurisprudence, la commission des sanctions de l'ACPR a décidé, dans la décision *Allianz Vie* du 19 décembre 2014, qu'elle devait, en l'absence d'une règle de prescription applicable devant elle, tenir compte de l'ancienneté des faits reprochés, en application du principe de proportionnalité [7]. Elle a estimé que des faits, dont les plus récents avaient été commis quinze ans avant qu'elle n'en soit saisie, étaient trop anciens pour contribuer à la détermination d'une sanction disciplinaire [8].

---

1. C. mon. fin., art. L. 612-39, al. 10, L. 612-40, al. 2, L. 612-41, I, al. 10, L. 612-41, II, al. 6.
2. CE 25 juill. 2007, *Société Dubus SA*, n° 266735, *RFDA* 2007. 1211, concl. M. Guyomar ; *Dr. adm.* 2007, comm. 172, obs. M. Bazex et S. Blazy ; CE 30 mai 2007, *Société Dubus Management SA*, n° 266737, *Banque et Dr.* 2007, n° 116, p. 26, obs. Th. Bonneau.
3. CE, ass., 27 mai 1955, *Deleuze*.
4. Cons. cons., déc. n° 2011-199 QPC du 25 nov. 2011, *M. Michel G.* (Discipline des vétérinaires), consid. 5.
5. C. mon. fin., art. L. 621-15-I, al. 2. Ce délai était de trois ans jusqu'à la loi n° 2019-486 du 22 mai 2019.
6. Cons. cons., déc. n° 2011-199 QPC du 25 nov. 2011, *M. Michel G.* (Discipline des vétérinaires), consid. 10.
7. Comm. sanct., ACPR, 19 déc. 2014, *Allianz Vie*, n° 2014-01, cons. 28. V. également comm. sanct., ACP, 25 juin 2013, *UBS (France) SA*, n° 2012-03.
8. V. également Comm. sanct., ACPR, 20 juill. 2015, *Vaillance Courtage*, n° 2014-11, consid. 5 et 6.

§ 1. Le déroulement de la procédure de sanction

474 ***Saisine de la commission des sanctions*** ◊ Le président de la formation du collège de supervision qui a décidé l'ouverture de la procédure disciplinaire, ou le président du collège de résolution, transmet le dossier la notification des griefs au président de la commission des sanctions dans les plus brefs délais. Lorsque la procédure de sanction est ouverte sur saisine de la Banque centrale européenne ou du Conseil de résolution unique, la notification des griefs comporte les documents communiqués par ces autorités, y compris le rapport de contrôle sur place [1].

Il s'ensuit alors une phase d'instruction conduisant normalement à une audience devant la commission des sanctions.

475 ***Représentant des collèges*** ◊ Le collège de supervision ou le collège de résolution, selon les cas, charge l'un de ses membres de le représenter auprès de la commission des sanctions. Il est peut être assisté ou représenté par les services de l'Autorité.

Le représentant du collège de supervision ou du collège de résolution assiste à l'audience sans voix délibérative. Il présenter des observations au soutien des griefs notifiés et proposer une sanction [2].

La phase d'instruction préalable à l'audience vise à éclairer la formation de jugement en raison de la complexité des affaires dont elle peut être saisie.

476 ***Régime de preuve*** ◊ Il appartient à l'autorité poursuivante d'établir devant la commission des sanctions les manquements qu'elle entend faire réprimer.

S'agissant de l'administration de la preuve d'un manquement aux obligations légales en matière de droit au compte, le Conseil d'État a jugé dans un arrêt *Société générale* du 14 octobre 2015 qu'en présence d'éléments rendant vraisemblable un tel manquement, le collège de l'ACPR devait « demander formellement à l'établissement de crédit mis en cause d'apporter les éléments (...) permettant de déterminer, pour les demandeurs auxquels la Banque de France l'a désigné, les suites à donner aux demandes d'ouverture de compte » [3]. Selon la Haute juridiction, « c'est seulement au vu des réponses fournies par l'établissement de crédit, ou de l'absence de réponse, que le manquement peut, le cas échéant, être regardé comme établi ». Afin de caractériser le manquement, la commission des sanctions avait simplement indiqué que la Société générale avait été désignée 6 534 fois mais n'avait ouvert que 1 257 comptes au titre du droit au compte, et qu'elle n'avait pas utilement contesté cet écart

1. C. mon. fin., art. L. 612-38, al. 2 et 3.
2. C. mon. fin., art. L. 612-38, al. 5.
3. CE 14 oct. 2015, *Société générale*, n° 381173 ; *RDBF* mai 2016, comm. 109, obs. N. Mathey ; *Gaz. Pal.* 2015. 3684, obs. M. Roussille ; *Banque et Dr.* 1-2/2016. 43, obs. Th. Bonneau ; *Rev. Banque*, déc. 2015, n° 790, p. 77, obs. J.-Ph. Kovar et J. Lasserre Capdeville.

durant la procédure contradictoire [1]. Pour la commission des sanctions, le collège de supervision s'était acquitté de la charge de la preuve dès lors que les éléments apportés par lui rendaient le manquement suffisamment vraisemblable et que la personne mise en cause s'était abstenue de fournir la preuve contraire qu'elle possédait ou était tenue de posséder. Il en résultait une forme d'inversion de la charge de la preuve. Par conséquent, le Conseil d'État a annulé dans sa totalité la décision litigieuse par laquelle la commission avait infligé à la Société générale un blâme ainsi qu'une sanction pécuniaire de 2 millions d'euros. Il a toutefois précisé que cette annulation « ne fait pas obstacle à ce que la commission des sanctions reprenne l'instruction de la procédure devant elle, sur le fondement des griefs qui lui ont été notifiés et en prenant en compte, le cas échéant, les éléments de preuve supplémentaires qu'il revient à l'autorité de poursuite d'apporter ». Par une nouvelle décision, la commission a imposé à la Société générale un blâme assorti d'une sanction pécuniaire de 800 000 euros [2]. La réduction significative du montant de la sanction pécuniaire s'explique par le fait que la commission a écarté le grief tiré du refus d'ouverture de comptes à des titulaires du droit au compte, en l'absence de preuve rapportée par l'autorité de poursuite.

A. L'instruction préalable à l'audience

477 ***Désignation du rapporteur*** ◊ Le président de la commission des sanctions désigne un rapporteur parmi les membres de la commission [3]. Il en informe la personne mise en cause et le représentant du collège de supervision ou du collège de résolution [4]. La personne mise en cause peut demander la récusation du rapporteur dans le délai de quinze jours à compter de sa désignation [5].

478 ***Pouvoirs du rapporteur*** ◊ Durant l'instruction, le rapporteur procède à toute diligence utile [6]. Il peut entendre toutes les personnes dont l'audition lui semble nécessaire et s'adjoindre un ou plusieurs agents du secrétariat de la commission des sanctions [7]. L'agent adjoint au rapporteur participe aux procédures sous l'autorité de celui-ci. Il peut notamment demander, pour le compte du rapporteur, tout document ou renseignement aux parties ou au secrétariat général de l'ACPR et participer aux auditions auxquelles le rapporteur décide de procéder.

---

1. Comm. sanct., ACPR, 11 avr. 2014, *Société générale*, n° 2013-04, *Gaz. Pal.* 2014. 2321, obs. M. Roussille ; *LEDB*, juin 2014, p. 1, obs. J.-Ph. Kovar ; *Revue Banque*, juin 2014, n° 773, p. 106, obs. ; J.-Ph. Kovar et J. Lasserre Capdeville.
2. Comm. sanct., ACPR, 19 mai 2016, *Société générale*, n° 2013-04.
3. C. mon. fin., art. L. 612-38, al. 1er.
4. C. mon. fin., art. R. 612-38, I, al. 1er.
5. C. mon. fin., art. R. 612-41, al. 2.
6. C. mon. fin., art. R. 612-38, I, al. 4.
7. Règl. int. de la comm. Sanct., art. 2.

Le rapporteur veille au respect du caractère contradictoire de la procédure de sanction. Il précise à la personne mise en cause, qui peut demander à être entendue, le délai dont elle dispose pour transmettre au président de la commission des sanctions ses observations écrites [1] et communique les pièces du dossier aux parties, notamment au représentant du collège de supervision ou du collège de résolution [2].

S'il estime que les griefs doivent être complétés ou que d'autres personnes doivent être mises en cause, le rapporteur saisit le collège qui a ouvert la procédure de sanction [3]. En cas de notification complémentaire des griefs, la personne mise en cause dispose d'un délai de trente jours pour présenter ses observations en réponse [4].

479 ***Rapport*** ◊ Le rapporteur établit un rapport écrit consignant le résultat des investigations qu'il a accomplies, résumant les faits et l'argumentation des parties et présentant son appréciation sur les griefs notifiés [5]. Dans le respect du principe du contradictoire, ce rapport est transmis aux personnes mises en cause et au représentant du collège de supervision ou du collège de résolution [6].

Depuis 2012, le rapporteur n'est plus tenu d'indiquer dans son rapport écrit la nature et le niveau des sanctions qu'il préconise. Cette réforme visait à laisser à l'autorité de poursuite l'initiative de la proposition d'une sanction appropriée. Cependant, le rapporteur a toujours la faculté de faire une telle proposition ; il peut aussi, le cas échéant, donner son avis sur la proposition faite par le représentant du collège de supervision ou du collège de résolution à l'audience.

B. L'audience devant la commission des sanctions

480 ***Convocation*** ◊ À l'issue de la phase d'instruction, le président de la commission des sanctions convoque à l'audience la personne mise en cause. Cette convocation, qui ne peut lui être envoyée moins d'un mois après la communication du rapport du rapporteur, mentionne la composition de la commission afin de permettre une éventuelle demande de récusation [7] et précise qu'elle dispose d'un délai de quinze jours pour présenter ses observations écrites [8].

---

1. C. mon. fin., art. R. 612-38, I, al. 3. Ce délai ne peut être inférieur à trente jours francs à compter de la réception de la notification des griefs.
2. C. mon. fin., art. R. 612-38, I, al. 5.
3. C. mon. fin., art. R. 612-36, I, al. 6.
4. C. mon. fin., art. R. 612-38, I, al. 7.
5. Règl. int. de la comm. sanct., art. 3.
6. C. mon. fin., art. R. 612-38, II.
7. La demande de récusation doit être formée dans le délai de huit jours à compter de la notification de la composition de la formation de la commission des sanctions appelée à délibérer. V. C. mon. fin., art. R. 612-41, al. 3.
8. C. mon. fin., art. R. 612-39.

La convocation indique que la personne mise en cause peut demander que l'audience ne soit pas publique, qu'elle peut se faire assister d'un conseil et que la demande de récusation d'un membre délibérant doit être adressée à la commission dans un délai de huit jours [1]. Elle est effectuée par lettre recommandée avec demande d'avis de réception, remise en main propre conter récépissé ou acte d'huissier ou par tout autre moyen permettant de s'assurer de la date de sa réception [2].

481 ***Quorum*** ◊ La commission des sanctions ne peut siéger qu'en présence de trois membres au moins [3]. Si le quorum n'est pas atteint, le président de la commission suspend la séance et peut renvoyer l'affaire [4].

482 ***Publicité des débats*** ◊ L'audience est en principe publique. La personne mise en cause peut toutefois demander que l'audience ne soit pas publique [5]. En outre, le président de la commission des sanctions qui assure la police de l'audience [6], peut interdire au public l'accès de la salle pendant tout ou partie de l'audience dans l'intérêt de la moralité, de l'ordre public, de la sécurité nationale ou lorsque la publicité des débats est susceptible de porter atteinte au secret des affaires ou à tout autre secret protégé par la loi [7].

483 ***Séance*** ◊ Le président de la commission des sanctions, qui est nécessairement choisi parmi l'un des deux conseillers d'État membres de la commission, peut faire entendre toute personne dont il estime l'audition utile [8]. En cas d'absence ou d'empêchement du président, la séance est présidée par le second conseiller d'État titulaire et le suppléant du président siège en tant que membre délibérant [9].

À l'audience, le rapporteur rappelle succinctement les conclusions de son rapport. Le président donne ensuite la parole au directeur général du Trésor ou, le cas échéant, au directeur de la Sécurité sociale ou à leurs représentants, au représentant du collège de supervision ou du collège de résolution ainsi qu'à la personne mise en cause ainsi qu'à son conseil. Ces personnes, les agents des services de l'ACPR ou tout expert, peuvent être invités à répondre aux questions des membres délibérants ou du rapporteur [10]. La personne mise en cause ou son conseil parle en dernier [11].

---

1. Règl. int. de la comm. sanct., art. 9.
2. C. mon. fin., art. R. 612-9, I.
3. C. mon. fin., art. L. 612-38, al. 8 et R. 612-46.
4. Règl. int. de la comm. sanct., art. 10.
5. C. mon. fin., art. R. 612-47, al. 1er.
6. C. mon. fin., art. R. 612-47, al. 3.
7. C. mon. fin., art. 612-47, al. 2.
8. C. mon. fin., art. R. 612-47, al. 3.
9. C. mon. fin., art. R. 612-46, al. 2.
10. Règl. int. de la comm. sanct., art. 12.
11. C. mon. fin., art. R. 612-48.

À l'issue de l'audience, si la formation s'estime insuffisamment éclairée, elle peut ordonner au rapporteur d'effectuer des diligences complémentaires. Sinon, l'affaire est mise en délibéré.

Le secrétaire de séance (un agent du secrétariat de la commission des sanctions) établit un compte-rendu de l'audience, qui est signé par le président de la commission, le rapporteur et lui-même. Ce compte-rendu est transmis à toutes les personnes qui ont siégé ou ont été convoquées [1].

484 ***Délibéré*** ◊ La commission des sanctions délibère hors la présence des parties, du rapporteur, du directeur général du Trésor ou, le cas échéant, du directeur de la Sécurité sociale ou de leurs représentants, du représentant du collège de supervision ou du collège de résolution et des agents des services de l'Autorité chargés de l'assister ou de le représenter [2].

485 ***Notification et publicité de la décision*** ◊ La décision, signée par le président de la commission des sanctions, mentionne les noms des membres de la commission qui ont statué afin de pouvoir vérifier si les règles de composition et de prévention des conflits d'intérêts ont été respectées. Elle est notifiée à la personne concernée par lettre recommandée avec demande d'avis de réception, remise en main propre contre récépissé ou acte d'huissier [3]. La décision est également communiquée au président de l'ACPR, qui en rend compte au collège qui a ouvert la procédure de sanction, au directeur général du Trésor et, le cas échéant, au directeur de la Sécurité sociale [4].

Si nécessaire, l'ACPR informe les autorités compétentes des autres États membres de l'Union européenne des décisions de la commission des sanctions [5]. Par ailleurs, l'Autorité communique au moins une fois par mois à l'Autorité bancaire européenne les décisions de la commission des sanctions prises en application de l'article L. 612-40 du Code monétaire et financier, c'est-à-dire en cas de manquement prudentiel.

486 ***Recours*** ◊ Les décisions de la commission des sanctions peuvent faire l'objet d'un recours de pleine juridiction devant le Conseil d'État par les personnes sanctionnées ou par le président de l'ACPR, après accord du collège à l'origine de la notification des griefs. Ce recours doit être introduit dans un délai de deux mois à compter de la notification de la décision.

En cas de recours d'une personne poursuivie, le président peut former une action reconventionnelle dans les deux mois de la notification de ce recours à l'Autorité.

Le Conseil d'État, qui peut annuler ou modifier la décision de la commission des sanctions, vérifie notamment la proportionnalité de la sanction infligée à la gravité du manquement constaté.

---

1. C. mon. fin., art. R. 612-49.
2. C. mon. fin., art. L. 612-38, al. 8.
3. C. mon. fin., art. R. 612-50, al. 1er.
4. C. mon. fin., art. R. 612-50, al. 2.
5. C. mon. fin., art. R. 612-50, al. 3.

Enfin, le recours de pleine juridiction peut être assorti d'une demande de référé-suspension afin d'obtenir la suspension de la décision attaquée [1].

§ 2. Les sanctions disciplinaires

487 La Commission des sanctions de l'ACPR peut infliger des sanctions professionnelles (A) ou pécuniaires (B). Elle peut également ordonner la publication de la décision de sanction (C).

A. Les sanctions professionnelles

488 Les sanctions pouvant être infligées par l'ACPR sont énumérées aux articles L. 612-39, L. 612-40 et L. 612-41 du Code monétaire et financier.

489 ***Manquements*** ◊ L'article L. 612-39 du Code monétaire et financier donne compétence à la commission des sanctions pour sanctionner les personnes soumises à son contrôle qui ont enfreint une disposition européenne, législative ou réglementaire au respect de laquelle l'Autorité a pour mission de veiller ou des codes de conduite homologués applicables à leur profession. Elle peut également infliger des sanctions aux assujettis qui ne lui ont pas remis le programme de rétablissement demandé ou le programme de formation des membres du conseil d'administration ou du conseil de surveillance mentionné à l'article L. 612-23-1, qui n'ont pas tenu compte d'une mise en garde, qui n'ont pas déféré à une mise en demeure, ou qui n'ont pas respecté les conditions particulières posées ou les engagements pris à l'occasion d'une demande d'agrément, d'autorisation ou de dérogation prévue par les lois ou règlements qui leur sont applicables ou qui n'ont pas déféré aux injonctions de l'Autorité [2].

Dans la décision *Arca patrimoine* du 18 juin 2013, la commission des sanctions a rappelé qu'aucune disposition du Code monétaire et financier ne subordonne l'ouverture d'une procédure disciplinaire à l'échec préalable d'une recommandation par l'ACPR à l'issue d'un précédent contrôle ou d'une mesure de police, ni à l'absence de coopération de l'établissement au cours du contrôle ou de régularisation après celui-ci [3]. Il en résulte que l'engagement d'une procédure disciplinaire de résolution n'a pas un caractère subsidiaire. Les collèges de supervision ou de résolution ne sont pas tenus d'adresser des recommandations à l'établissement ou de prendre à son encontre des mesures de police administrative avant d'engager des poursuites disciplinaires.

490 ***Liste des sanctions*** ◊ Si le manquement reproché est avéré, la commission peut prononcer une ou plusieurs sanctions professionnelles suivantes,

1. C. just. adm., art. L. 521-1.
2. C. mon. fin., art. L. 612-39, avant-der. al.
3. Comm. sanct., 18 juin 2013, *Arca Patrimoine*, n° 2012-07.

en fonction de la gravité du manquement : l'avertissement ; le blâme ; l'interdiction, au maximum pendant dix ans, d'effectuer certaines opérations et toutes autres limitations dans l'exercice de l'activité ; la suspension temporaire, pendant une période qui ne saurait excéder dix ans, ou la démission d'office d'un ou plusieurs dirigeants ou, dans le cas d'un établissement de paiement ou d'un établissement de monnaie électronique exerçant des activités hybrides, des personnes déclarées responsables de la gestion des activités de services de paiement ou des activités d'émission et de gestion de monnaie électronique, avec ou sans nomination d'administrateur provisoire ; la démission d'office d'un ou plusieurs dirigeants ; le retrait partiel d'agrément ; le retrait total d'agrément ou la radiation de la liste des personnes agréées, avec ou sans nomination d'un liquidateur.

491 ***Retrait d'agrément*** ◊ La création de l'Union bancaire et la mise en place du Mécanisme de surveillance unique ont privé l'ACPR du pouvoir de prononcer, même à titre de sanction, le retrait de l'agrément d'un établissement de crédit dont le siège social est situé en France [1]. En effet, la Banque centrale européenne est désormais seule compétente pour accorder et retirer l'agrément d'un établissement de crédit d'un État participant au Mécanisme de surveillance unique. C'est pourquoi, pour les activités qui entrent dans le champ de l'agrément délivré par la Banque centrale européenne, les retraits partiel et total d'agrément prennent la forme respectivement d'une interdiction partielle ou totale d'activité prononcée à titre conservatoire [2].

Lorsque la commission des sanctions prononce l'interdiction totale d'activité d'un établissement de crédit, l'ACPR propose à la Banque centrale européenne le retrait de l'agrément [3]. Si la BCE ne suit pas cette proposition, la commission des sanctions peut délibérer à nouveau et infliger une autre sanction parmi celles énumérées à l'article L. 612-39 du Code monétaire et financier.

492 ***Manquement prudentiel*** ◊ L'article L. 612-40 du Code monétaire et financier prévoit les sanctions applicables aux assujettis en cas de manquement prudentiel [4].

Sur ce fondement, la commission des sanctions de l'ACPR peut infliger aux établissements de crédit, aux entreprises d'investissement ou aux

1. Du moins pour les activités qui relèvent de l'agrément délivré par la Banque centrale européenne.
2. C. mon. fin., art. L. 612-39, al. 9.
3. C. mon. fin., art. 612-39, al. 10.
4. Sont visés les manquement à une disposition du règlement n° 575/2013/UE du 26 juin 2013, à une disposition du titre Ier et du titre III du livre V du Code monétaire et financier relatifs, respectivement aux prestataires de services bancaires et aux prestataires de services d'investissements, ou d'un règlement pris pour son application, à toute autre disposition législative ou réglementaire dont la méconnaissance entraîne celle de ces dispositions, ainsi que le fait de ne pas déférer à une mise en demeure de se conformer à ces dispositions ou à une injonction prévue articles L. 511-41-3 et L. 511-41-4 du Code monétaire et financier.

sociétés de financement une ou plusieurs des sanctions professionnelles suivantes, en fonction de la gravité du manquement : l'avertissement ; le blâme ; l'interdiction d'effectuer certaines opérations et toutes autres limitations dans l'exercice de l'activité pour une durée qui ne saurait excéder dix ans ; le retrait partiel d'agrément ; le retrait total d'agrément ou la radiation de la liste des personnes agréées [1].

Si la responsabilité directe et personnelle des dirigeants effectifs de l'entreprise, des membres du conseil d'administration, du conseil de surveillance, du directoire ou de tout organe exerçant des fonctions équivalentes est établie, la commission des sanctions peut prononcer leur suspension temporaire ou leur démission d'office pour une durée ne pouvant dépasser dix ans, ainsi qu'une sanction pécuniaire d'un montant maximal de 5 millions d'euros ou de deux fois l'avantage obtenu [2].

493 ***Intermédiaires du secteur bancaire*** ◊ Conformément au I de l'article L. 612-41 du Code monétaire et financier, lorsque les intermédiaires en opérations de banque et de services de paiement ou les intermédiaires en financement participatif méconnaissent une disposition européenne, législative ou réglementaire au respect de laquelle l'ACPR a pour mission de veiller ou un code homologué applicable à leur profession, la commission des sanctions peut prononcer à leur encontre ou, le cas échéant, à l'encontre de leurs dirigeants, associés ou tiers ayant le pouvoir de gérer ou d'administrer, une ou plusieurs sanctions suivantes : l'avertissement ; le blâme ; l'interdiction, au maximum pendant dix ans, d'effectuer certaines opérations d'intermédiation et toutes autres limitations dans l'exercice de cette activité ; la suspension, pendant dix ans au plus, ou la démission d'office d'un ou plusieurs dirigeants et l'interdiction, pour une période qui ne saurait excéder dix ans de pratique l'activité d'intermédiation.

494 ***Changeurs manuels*** ◊ En application du II de l'article L. 612-41 du Code monétaire et financier, si un changeur manuel a violé une disposition du même code qui lui est applicable, la commission des sanctions peut lui infliger l'une des sanctions professionnelles suivantes : l'avertissement ; le blâme ; la radiation de la liste des changeurs manuels publiée par l'ACPR ; l'interdiction, pour ses dirigeants de droit ou de fait, d'exercer, directement ou indirectement, la profession de changeur manuel pendant une durée maximale de dix ans.

B. Les sanctions pécuniaires

495 ***Quantum*** ◊ Conformément à l'article L. 612-39 du Code monétaire et financier, la commission des sanctions de l'ACPR peut prononcer à

1. C. mon. fin., art. L. 612-40, I.
2. C. mon. fin., art. L. 612-40, VII.

l'encontre de toute personne soumise à son contrôle [1], une sanction pécuniaire d'un montant maximal de 100 millions d'euros ou de 10 % du chiffre d'affaire annuel net, à la place ou en sus d'une sanction professionnelle lorsque le manquement ne porte pas sur des exigences prudentielles [2]. L'article L. 612-40 du même code prévoit qu'en cas de manquement prudentiel, les sanctions encourues par les personnes morales s'élèvent à 10 % du chiffre d'affaires ou à deux fois l'avantage retiré s'il peut être évalué [3]. Les personnes physiques dont la responsabilité directe et personnelle dans le manquement est établie encourent une sanction pécuniaire de 5 millions d'euros au maximum [4].

Dans la décision *CNP Assurances* du 31 octobre 2014 [5], la commission des sanctions a explicité la démarche suivie pour déterminer le montant des sanctions pécuniaires : « Considérant que pour proportionner le montant de la sanction pécuniaire qu'elle prononce dans la limite du plafond prévu par la loi, la Commission des sanctions doit apprécier la gravité du ou des manquements qu'elle estime établis, eu égard notamment à la nature des obligations en cause dans ces manquements, à leur nombre et à leur durée, aux torts qu'ils ont pu causer aux clients ou à des tiers ainsi qu'aux économies ou bénéfices indus qui ont pu en résulter pour la personne sanctionnée ; qu'il lui appartient aussi de prendre en compte, le cas échéant, la rapidité et l'ampleur des mesures de correction mises en œuvre et, enfin, de s'assurer de ce que la sanction envisagée n'est pas excessive au vu des capacités financières de la personne sanctionnée ; qu'une sanction égale au maximum légal, assortie de surcroît d'une interdiction temporaire d'exercice de l'activité principale, comme l'a demandé le représentant du collège dans la présente affaire, ne pourrait être retenue, dans le respect du principe de proportionnalité, que pour réprimer des manquements d'une exceptionnelle gravité au regard de ces différents éléments d'appréciation ».

Les sanctions pécuniaires peuvent faire l'objet d'une majoration, dans la limite de 10 % de leur montant, mise à la charge de la personne sanctionnée et destinée à financer l'aide aux victimes [6].

496 ***Recouvrement*** ◊ Le montant des sanctions pécuniaires est recouvré par le Trésor public et versé au budget de l'État [7]. Le recouvrement donne lieu à l'émission d'un titre exécutoire susceptible d'un recours contentieux devant la juridiction administrative.

---

1. À l'exception des changeurs manuels, pour lesquels la sanction pécuniaire maximale est de 1 million d'euros. V. C. mon. fin., art. L. 612-41, II, al. 5.
2. C. mon. fin., art. L. 612-39, al. 13.
3. C. mon. fin., art. L. 612-40, V.
4. C. mon. fin., art. L. 612-40, V.
5. Comm. sanct., ACPR, 31 oct. 2014, *CNP Assurances*, n° 2013-05, cons. 44 ; Comm. sanct., ACPR, 19 déc. 2014, *Allianz Vie*, n° 2014-01, cons. 40.
6. C. mon. fin., art. L. 612-40.
7. C. mon. fin., art. L. 612-42, I.

497 ***Principe de non-déductibilité*** ◊ Le 2 de l'article 39 du Code général des impôts énonce que « les sanctions pécuniaires et pénalités de toute nature mises à la charge des contrevenants à des obligations légales ne sont pas admises en déduction des bénéfices soumis à l'impôt ». Ces dispositions sont applicables aux entreprises relevant de l'impôt sur le revenu dans la catégorie des bénéfices industriels et commerciaux et des bénéfices agricoles, ainsi qu'à celles passibles de l'impôt sur les sociétés.

498 ***Astreinte*** ◊ La sanction peut être assortie d'une astreinte dont la commission fixe le montant et la date d'effet [1].

C. La publication des décisions

499 ***Principe de la publication*** ◊ La publication des décisions de la commission des sanctions est en principe obligatoire [2]. Ces décisions sont rendues publiques dans les publications, journaux ou supports désignés par la commission, dans un format proportionné à la faute commise et à la sanction infligée. Les frais sont supportés par les personnes sanctionnées. Les décisions de la commission sont normalement publiées sur le site Internet de l'ACPR [3].

La commission peut toutefois choisir de ne pas rendre publiques ses décisions, lorsque leur publication risquerait de perturber gravement les marchés financiers ou de causer un préjudice disproportionné aux parties en cause [4].

500 ***Nature de la sanction*** ◊ La décision par laquelle la commission des sanctions de l'ACPR rend publique la sanction prononcée a le caractère d'une sanction complémentaire [5].

---

1. C. mon. fin., art. L. 612-39, al. 13 ; art. L. 612-40, VI.
2. C. mon. fin, art. L. 612-39, al. 16, art. L. 612-40, XII, art. L. 612-41, I, al. 12, art. L. 612-41, II, al. 8.
3. Règl. int. de la comm. sanct., art. 16.
4. C. mon. fin., art. L. 612-39, al. der. ; art. L. 612-41, I, al. der. ; art. L. 612-41, II, al. der. En cas de manquement prudentiel, l'article L. 612-40, XII prévoit que les décisions de la commission des sanctions sont publiées de manière anonyme dans les cas suivants : lorsque, s'agissant d'une sanction infligée à une personne physique, il ressort d'une évaluation préalable réalisée à partir d'éléments fournis par l'intéressée que la publication des données personnelles la concernant lui causerait un préjudice disproportionné ; lorsque la publication non anonymisée compromettrait la stabilité des marchés financiers ou une enquête pénale en cours ; lorsqu'il ressort d'éléments objectifs et vérifiables fournis par la personne poursuivie que le préjudice qui résulterait pour elle d'une publication non anonymisée serait disproportionné.
5. CE 20 mai 2011, *Société Euroland Finance*, n° 316522 ; CE 28 mars 2011, *Caisse d'épargne de Normandie e. a.*, n° 319217 ; CE 18 févr. 2011, *M. Jean-Sébastien A.*, n° 321056 ; CE 17 déc. 2008, *Société Oddo et Cie*, n° 316000 ; CE 6 juin 2008, *Société Tradition Securities and Futures*, n° 299203 ; CE 9 nov. 2007, *Société Bourse Direct SA*, n° 298911.

SOUS-TITRE 2

L'Union bancaire

501 *Système européen de surveillance financière* ◊ La crise financière de 2008 a incité les États membres de l'Union européenne à renforcer les mécanismes de coopération entre les autorités nationales en matière de contrôle bancaire. Cinq règlements et une directive adoptés en 2010 ont instauré un Système européen de surveillance financière (SESF) [1], suivant les recommandations du rapport « de Larosière » [2]. Le SESF concerne tant la supervision macro-prudentielle qui vise à garantir la stabilité financière, au travers du Comité européen du risque systémique (CERS), que la supervision micro-prudentielle qui s'exerce directement sur les entités contrôlées. Trois autorités européennes de surveillance (Autorité bancaire européenne, Autorité européenne des marchés financiers, Autorité européenne des assurances et des pensions professionnelles) ont ainsi succédé, avec des compétences élargies et un statut différent, aux comités de surveillance (Comité européen des contrôleurs bancaires, Comité européen des régulateurs des marchés de valeurs mobilières, Comité européen des contrôleurs des assurances et des pensions professionnelles) qui avaient été créés dans le cadre du « processus Lamfalussy » initié en 2002 afin d'améliorer la qualité des règlements et directives adoptés dans le secteur financier et de développer la coopération entre les superviseurs des différents États membres.

---

1. Règl. n° 1093/2010/UE du Parlement européen et du Conseil du 24 novembre 2010 instituant une Autorité européenne de surveillance (Autorité bancaire européenne) modifiant la décision n° 716/2009/CE et abrogeant la décision n° 2009/78/CE de la Commission, *JOUE* L 331/12, 15 déc. 2010, p. 12 ; Règl. 1094/2010/UE du Parlement européen et du Conseil du 24 novembre 2010 instituant une Autorité européenne de surveillance (Autorité européenne des assurances et des pensions professionnelles) modifiant la décision n° 716/2009/CE et abrogeant la décision n° 2009/78/CE de la Commission, *JOUE* L 331/12, 15 déc. 2010, p. 48 ; Règl. n° 1095/2010/UE du Parlement européen et du Conseil du 24 novembre 2010 instituant une Autorité européenne de surveillance (Autorité européenne des marchés financiers) modifiant la décision n° 716/2009/CE et abrogeant la décision n° 2009/78/CE de la Commission, *JOUE* L 331/12, 15 déc. 2010, p. 84 ; Règl. n° 1096/2010/UE du Parlement européen et du Conseil du 17 novembre 2010 confiant à la Banque centrale européenne des missions spécifiques relatives au fonctionnement du Comité européen du risque systématique, *JOUE* L 331/12, 15 déc. 2010, p. 162 ; Dir. n° 2010/78/UE du Parlement européen et du Conseil du 24 novembre 2010 modifiant les directives n° 98/26/CE, 2002/87/CE, 2003/6/CE, 2003/41/CE, 2003/71/CE, 2004/39/CE, 2004/109/CE, 2005/60/CE, 2006/48/CE, 2006/49/CE et 2009/65/CE en ce qui concerne les compétences de l'Autorité européenne de surveillance (Autorité bancaire européenne), l'Autorité européenne de surveillance (Autorité européenne des assurances et des pensions professionnelles) et l'Autorité européenne de surveillance (Autorité européenne des marchés financiers), *JOUE* L 331 du 15 décembre 2010, p. 120.

2. Rapport du groupe de haut niveau sur la supervision financière en Europe, févr. 2009 ; *RDBF* 2009, comm. 145, note A.-C. Muller.

502 ***Autorité bancaire européenne*** ◊ À l'instar des autres autorités européennes de surveillance, l'Autorité bancaire européenne (ABE) comprend deux organes collégiaux : le Conseil des autorités de surveillance, composé du président de l'ABE et des directeurs des autorités de surveillance des vingt-huit États membres de l'Union européenne, qui détient l'essentiel du pouvoir décisionnel [1] et le Conseil d'administration qui veille à ce que l'Autorité accomplisse la mission et exécute les tâches qui lui sont confiées [2].

L'ABE est chargée principalement d'élaborer des projets de normes techniques de réglementation ou d'exécution qui seront adoptées par la Commission sous forme de règlements ou de décisions directement applicables dans tous les États membres. Elle a également pour fonction de coordonner la conduite des « tests de résistance » par les autorités compétentes en vue d'évaluer la résistance des établissements de crédit aux chocs financiers, de favoriser la convergence des pratiques des superviseurs notamment en publiant des orientations et des recommandations à leur intention, et d'organiser la surveillance des établissements financiers transfrontaliers. En outre, l'ABE dispose d'un pouvoir de décision individuelle en vue de remédier à une violation du droit de l'Union [3], en cas d'urgence [4] ou afin de régler des différends entre les autorités de contrôle bancaire.

503 ***Piliers de l'Union bancaire*** ◊ L'évolution de la crise financière, puis son aggravation en crise de la dette souveraine, ont mis en lumière la nécessité pour les États membres de la zone euro de rompre le cercle vicieux entre les banques et les finances publiques nationales. C'est pourquoi, en juin 2012, les chefs d'État et de gouvernement des États membres ayant choisi l'euro pour monnaie ont décidé de prolonger l'Union économique et monétaire par la création d'une Union bancaire au sein de la zone euro.

L'Union bancaire repose sur trois piliers : le Mécanisme de surveillance unique (MSU) qui réunit la Banque centrale européenne (BCE) et les autorités compétentes des dix-neuf États membres de la zone euro [5], le

1. Le Conseil des autorités de surveillance comprend également un représentant de la Commission, un représentant de la BCE, un représentant du CERS, un représentant de l'Autorité européenne des marchés financiers et un représentant de l'Autorité européenne des assurances et pensions professionnelles qui n'ont pas de droit de vote.

2. Le Conseil d'administration réunit le président de l'ABE et six autres membres du Conseil des autorités de surveillance élus, parmi ceux qui ont le droit de voter, pour un mandat de deux ans et demi prorogeable une fois.

3. Elle peut imposer à un établissement financier de respecter ses obligations découlant du droit de l'Union en cas de défaillance d'un superviseur national.

4. Elle peut imposer à un établissement financier de prendre les mesures nécessaires afin de remédier d'urgence à une situation risquant de compromettre gravement le bon fonctionnement et l'intégrité des marchés financiers ou la stabilité globale ou partielle du système financier de l'Union. L'ABE ne peut toutefois user de ce pouvoir qu'en cas de défaillance du superviseur national.

5. Les États membres de l'Union européenne qui n'ont pas fait le choix de la monnaie unique ont la possibilité d'adhérer au MSU dans le cadre d'une coopération intégrée.

Mécanisme de résolution unique (MRU), et les systèmes nationaux de garantie des dépôts [1]. L'Union bancaire qui s'étend, pour l'heure, aux seuls pays membres de l'Union européenne qui ont choisi la monnaie commune n'a pas vocation à se substituer au SESF, qui concerne tous les États membres de l'Union européenne et l'ensemble du secteur financier.

504 ***MRU*** ◊ Le Mécanisme de résolution unique, qui recouvre l'ensemble des entités relevant du MSU, rassemble le Conseil de résolution unique (CRU) doté d'un Fonds de résolution unique et les autorités nationales de résolution.

Le CRU est chargé de l'élaboration des plans de résolution et de l'adoption de toutes les décisions de résolution relatives aux établissements et aux groupes soumis à la surveillance directe de la BCE dans le cadre du MSU [2]. Il ne lui revient pas cependant d'apprécier l'ensemble des conditions d'ouverture d'une procédure de résolution. Il appartient ainsi à la BCE, chargée de la surveillance prudentielle des établissements et groupes importants, de constater que l'entreprise est en situation de défaillance avérée ou prévisible [3]. Le CRU apprécie, en revanche, s'il n'existe aucune perspective raisonnable que d'autres mesures empêchent la défaillance de l'entreprise dans un délai raisonnable et si la mesure de résolution envisagée est bien nécessaire dans l'intérêt public.

Le CRU a le statut d'agence de l'Union dotée de la personnalité juridique [4]. Il est composé d'un président, de quatre autres membres à temps plein et d'un représentant de chaque autorité nationale de résolution [5]. Les membres à temps plein sont nommés par le Conseil de l'Union européenne sur proposition de la Commission européenne et après approbation du Parlement européen [6]. Ils sont choisis sur la base de leurs qualifications, de leurs compétences, de leur connaissance des domaines bancaire et financier, et de leur expérience en matière de surveillance et de réglementation financières, ainsi que de résolution des banques.

Les autorités nationales de résolution s'acquittent des mêmes tâches concernant les établissements qui ne relèvent pas directement de la compétence du CRU.

505 ***MSU*** ◊ Le Mécanisme de surveillance unique, qui est effectif depuis le 4 novembre 2014, comprend la Banque centrale européenne et les

1. À la différence de la surveillance et de la résolution, il n'existe pas de système unique de garantie des dépôts au niveau de la zone euro.

2. Règl. n° 806/2014/UE du Parlement européen et du Conseil du 15 juillet 2014 établissant des règles et une procédure uniformes pour la résolution des établissements de crédit et de certaines entreprises d'investissement dans le cadre d'un mécanisme de résolution unique et d'un Fonds de résolution bancaire unique, et modifiant le règlement n° 1093/2010/UE, *JOUE* L 225 du 30 juillet 2014, p. 1, art. 7.

3. Règl. n° 806/2014/UE, préc., art. 18 § 1.

4. Règl. n° 806/2014/UE, préc., art. 42.

5. Règl. n° 806/2014/UE, préc., art. 43.

6. Règl. n° 806/2014/UE, préc., art. 56.

autorités compétentes des États membres participants. Il est fondé sur le règlement de base n° 1024/2013/UE du Parlement européen et du Conseil du 15 octobre 2013 [1] complété par le règlement-cadre de la BCE n° 468/2014/UE du 16 avril 2014 [2].

Le MSU repose sur l'attribution à la BCE de compétences en matière de surveillance prudentielle des établissements de crédit dans la zone euro (Chapitre 1) dont la mise en œuvre est partagée entre le superviseur européen et les autorités compétentes nationales (Chapitre 2).

1. Règl. n° 1024/2013/UE du Parlement européen et du Conseil du 15 octobre 2013 confiant à la Banque centrale européenne des missions spécifiques ayant trait aux politiques en matière de surveillance prudentielle des établissements de crédit, *JOUE* L 287 du 29 octobre 2013, p. 63.

2. Règl. n° 468/2014/UE de la Banque centrale européenne du 16 avril 2014 établissant le cadre de la coopération au sein du mécanisme de surveillance unique entre la Banque centrale européenne, les autorités compétentes nationales et les autorités désignées nationales, *JOUE* L 141 du 14 mai 2014, p. 1.

CHAPITRE 1

L'ATTRIBUTION DES COMPÉTENCES AU SEIN DU MSU

506 ***Compétence exclusive de la BCE*** ◊ La surveillance des établissements de crédit dans l'Union européenne est une compétence essentiellement nationale. L'article 127 § 6 du traité sur le fonctionnement de l'Union européenne ne confère à la BCE qu'une compétence d'appui lui permettant d'intervenir pour soutenir, coordonner ou compléter l'action des États membres en matière de surveillance prudentielle. Il prévoit ainsi que le système européen de banques centrales, qui est dirigé par les organes de la BCE, « contribue à la bonne conduite des politiques menées par les autorités compétentes en ce qui concerne le contrôle prudentiel des établissements de crédit et la stabilité du système financier ».

Or, le règlement de base a transféré à la BCE un ensemble de compétences relatives à la surveillance prudentielle des établissements de crédit établis dans les États membres participant au MSU. L'attribution à la BCE de ces compétences, énumérées à l'article 4 § 1 du règlement de base, a été rendue possible grâce à une interprétation constructive de l'article 127 § 7 du traité sur le fonctionnement de l'Union européenne qui habilite le Conseil, statuant par voie de règlements conformément à une procédure législative spéciale, à l'unanimité, et après consultation du Parlement européen et de la BCE, à confier à cette dernière des missions spécifiques ayant trait aux politiques en matière de contrôle prudentiel des établissements financiers, à l'exception des entreprises d'assurance.

Si ces compétences appartiennent désormais à la BCE dans la zone euro, celle-ci n'assure directement que la surveillance prudentielle des établissements et groupes « importants ». Les autorités compétentes nationales (ACN) demeurent responsables de la surveillance prudentielle directe des établissements moins importants. Dans un arrêt du 16 mai 2017, le Tribunal de l'Union européenne a ainsi jugé « qu'a été déléguée par le Conseil à la BCE une compétence exclusive s'agissant des missions envisagées à l'article 4 § 1 du règlement de base et que l'article 6 de ce même règlement [relatif à la coopération au sein du MSU] a pour seul objet de permettre la mise en œuvre décentralisée dans le cadre du MSU de cette compétence par les autorités nationales, sous le contrôle de la BCE, à l'égard des entités moins importantes » [1]. Le juge de l'Union a rejeté la thèse

1. Trib. UE, 16 mai 2017, *Landeskreditbank Baden-Württemberg - Förderbank c/BCE*, T-122/15, aff. T-122/15, pt 63.

soutenue devant lui selon laquelle les États membres seraient restés compétents en matière de surveillance prudentielle des entités moins importantes s'agissant des missions énumérées à l'article 4 § 1 du règlement de base.

507 Le règlement de base et le règlement-cadre prévoient différents critères permettant de classer les établissements ou les groupes bancaires comme importants ou moins importants. Ainsi, un établissement ou un groupe est considéré comme important s'il remplit l'un des critères suivants :

- le critère de la taille. Un établissement ou un groupe est soumis à la surveillance directe de la BCE lorsque la valeur totale de ses actifs est supérieure à 30 milliards d'euros [1] ;
- le critère de l'intérêt pour l'économie de l'Union ou d'un État membre participant. Sur ce fondement, un établissement ou un groupe bancaire est considéré comme important lorsque la valeur totale de ses actifs dépasse 20 % du PIB national, sauf si elle est inférieure à 5 milliards d'euros [2]. D'autres éléments de nature qualitative peuvent être pris en compte afin d'établir l'importance de l'établissement ou du groupe, alors même que le seuil d'importance économique au niveau national ne serait pas atteint [3] : son importance pour des secteurs économiques spécifiques de l'Union ou d'un État membre participant, son interdépendance avec l'économie de l'Union ou d'un État membre participant, la substituabilité de l'établissement ou du groupe aussi bien en tant qu'intervenant sur le marché qu'en tant que prestataire de services à la clientèle, la complexité de l'activité ou la complexité structurelle et opérationnelle de l'établissement ou du groupe ;
- le critère de la demande ou de l'octroi d'une aide du Mécanisme européen de stabilité ;
- le critère de l'importance des activités transfrontalières. Un groupe bancaire sera considéré comme important en raison de ses activités transfrontalières, d'une part, si l'entreprise mère a établi une ou plusieurs filiales, qui sont elles-mêmes des établissements de crédit, dans un autre État membre participant et, d'autre part, si la valeur totale de ses actifs excède 5 milliards d'euros et le ratio entre ses actifs transfrontaliers et le total de ses actifs est supérieur à 20 % ou le ratio entre ses passifs transfrontaliers et le total de ses passifs dépasse 20 % [4].

En application de ces critères, la BCE surveille directement environ 120 groupes bancaires représentant approximativement 1 200 entités. Les superviseurs nationaux continuent à assurer la surveillance directe de près de 3 700 entités.

---

1. Règl. n° 468/2014/UE, art. 50.
2. Règl. n° 468/2014/UE, préc., art. 56.
3. Règl. n° 468/2014/UE, préc., art. 57.
4. Règl. n° 468/2014/UE, préc., art. 59. Les actifs et passifs transfrontaliers correspondent à la part du total des actifs ou des passifs pour lesquels la contrepartie est située dans un État membre participant autre que celui dans lequel l'entreprise mère du groupe a son siège social. V. Règlement-cadre MSU, art. 60.

508 ***Décision de classement*** ◊ Il incombe à la BCE de déterminer si un établissement ou un groupe bancaire est important, ce qui a pour effet de le soustraire à la surveillance des superviseurs nationaux en ce qui concerne le respect des exigences prudentielles. En effet, le classement d'un établissement ou d'un groupe comme important ou moins important procède d'une inscription, par la BCE, sur la liste des entités soumises directement à sa surveillance ou sur celle des entités placées sous la surveillance directe des autorités nationales compétentes [1].

Si la décision de classer un établissement ou un groupe comme important n'est souvent que l'expression d'une compétence liée [2], il est des cas où la BCE dispose d'un véritable pouvoir d'appréciation. Ainsi, la Banque centrale européenne tient compte d'un ensemble de paramètres afin de déterminer si un établissement ou un groupe est important pour l'économie de l'Union ou d'un État membre participant, alors même que le seuil d'importance économique au niveau national n'est pas franchi [3]. En outre, la BCE peut, de sa propre initiative, considérer un groupe comme important sur la base de ses seules activités transfrontalières. Enfin, elle peut décider de surveiller directement les trois établissements ou groupes bancaires les plus importants dans un État membre participant [4].

La BCE, en coopération avec l'autorité compétente nationale, examine régulièrement si un établissement moins important remplit l'un des critères énoncés par le règlement-cadre relatif au MSU pour être considéré comme important. Inversement, elle vérifie si un établissement important n'est pas devenu moins important au sens du règlement-cadre relatif au MSU.

509 ***Procédures communes*** ◊ La Banque centrale européenne est exclusivement compétente pour délivrer et retirer les agréments bancaires [5], ainsi que pour autoriser les acquisitions et augmentations de participations qualifiées dans les établissements de crédit de la zone euro qu'ils soient « importants » ou « moins importants » [6]. Elle exerce ces attributions en coopération avec les autorités compétentes nationales dans le cadre de « procédures communes ».

---

1. Règl. n° 468/2014/UE, préc., art. 49.

2. Un établissement ou un groupe doit être considéré comme important en cas de franchissement du « seuil minimal » (critère de la taille), c'est-à-dire lorsque la valeur totale de ses actifs dépasse 30 milliards d'euros ou du « seuil d'importance économique au niveau national » (critère de l'importance économique), c'est-à-dire lorsque le ratio entre ses actifs totaux et le PIB national excède 20 %, sauf si la valeur totale de ses actifs est inférieure à 5 milliards d'euros, ou encore lorsqu'il a demandé ou reçu du Mécanisme européen de stabilité une aide financière publique ou, encore, lorsqu'il s'agit d'un des trois établissements de crédit les plus importants d'un État membre participant.

3. Ce seuil est atteint lorsque la valeur totale des actifs de l'établissement ou du groupe dépasse 20 % du PIB national, sauf si elle est inférieure à 5 milliards d'euros.

4. Règl. n° 468/2014/UE, préc., art. 65.

5. Règl. n° 1024/2013/UE du Conseil du 15 octobre 2013 confiant à la Banque centrale européenne des missions spécifiques ayant trait aux politiques en matière de surveillance prudentielle des établissements de crédit, *JOUE* L 287 du 29 octobre 2013, p. 63, art. 4 § 1, point a).

6. Règl. n° 1024/2013/UE, préc., art. 4 § 1, point c).

CHAPITRE 2

L'EXERCICE DES COMPÉTENCES AU SEIN DU MSU

510 Il convient de distinguer les procédures communes [1] (Section 1) de la surveillance prudentielle des établissements importants (Section 2) ou des établissements moins importants (Section 3) avant d'exposer le processus de prise de décision au sein de la Banque centrale européenne (Section 4).

SECTION 1. LES PROCÉDURES COMMUNES

511 **Délivrance d'agrément et acquisition de participations qualifiées.** Les demandes d'agrément et les notifications de projets d'acquisition d'une participation qualifiée doivent être envoyées à l'autorité compétente nationale [2]. Celle-ci avise la BCE de la réception d'une demande d'agrément ou de la notification d'un projet d'acquisition d'une participation qualifiée [3]. Si le superviseur national estime que la demande d'agrément est conforme aux dispositions du droit interne, il propose à la BCE un projet de décision dans lequel figurent son évaluation et ses recommandations. Concernant les participations qualifiées, l'autorité compétente nationale soumet à la BCE un projet de décision de refus ou d'acceptation d'acquisition. La décision finale d'approbation ou de refus appartient à la Banque centrale européenne. Une audition doit être organisée avant l'adoption de toute décision négative, qu'il s'agisse du rejet de la demande ou de l'exigence de conditions supplémentaires. La décision finale est notifiée au demandeur par l'autorité compétente nationale qui a instruit la demande (en matière d'agrément) ou par la BCE (en matière d'acquisition de participations qualifiées). Le juge de l'Union est seul compétent pour apprécier, à titre

---

1. V. ss 509.

2. Pour l'octroi d'un agrément bancaire, il s'agit de l'autorité compétente de l'État membre dans lequel le nouvel établissement de crédit doit être établi ; pour les projets d'acquisitions de participations qualifiées, l'autorité compétente est celle de l'État membre dans lequel est situé l'établissement qui fait l'objet de l'acquisition.

3. L'autorité compétente nationale avise la BCE d'une demande d'agrément dans un délai de quinze jours ouvrables. Elle l'informe de la notification d'un projet d'acquisition d'une participation importante au plus tard cinq jours ouvrables à compter de son accusé de réception au requérant.

incident, si les actes préparatoires pris par les autorités compétentes nationales sont entachés de vices de légalité, lors de l'examen d'un recours formé contre la décision de la BCE [1].

512 ***Évaluation des acquisitions*** ◊ Toute personne, agissant seule ou de concert avec d'autres, qui envisage d'acquérir une participation qualifiée dans un établissement de crédit, ou d'augmenter cette participation qualifiée au-delà d'un certain seuil de droits de vote ou de parts de capital, doit en informer l'autorité compétente nationale [2]. La notion de participation qualifiée s'entend du fait de détenir dans une entreprise, directement ou indirectement, au moins 10 % du capital ou des droits de vote, ou toute autre possibilité d'exercer une influence notable sur la gestion de cette entreprise [3].

La BCE peut s'opposer à l'opération si la qualité du candidat acquéreur ou la solidité financière de l'acquisition envisagée ne leur semble pas garantir une gestion saine et prudente de l'établissement de crédit. Elle fonde son appréciation sur les critères suivants : l'honorabilité du candidat acquéreur ; l'honorabilité, les connaissances, les compétences et l'expérience des dirigeants qui assureront la direction des activités de l'établissement de crédit à la suite de l'acquisition envisagée ; la solidité financière du candidat acquéreur ; la capacité de l'établissement de crédit de respecter et de continuer à respecter les exigences prudentielles auxquelles il est soumis ; l'existence de motifs raisonnables de soupçonner qu'une opération ou une tentative de blanchiment de capitaux ou de financement du terrorisme est en cours ou a eu lieu en rapport avec l'acquisition envisagée, ou que l'acquisition envisagée pourrait en augmenter le risque [4]. Si l'influence des candidats acquéreurs est susceptible de s'exercer au détriment d'une gestion prudente et saine de l'établissement, la BCE prend les mesures appropriées pour mettre fin à cette situation [5]. Ces mesures peuvent consister en des injonctions, des sanctions à l'encontre des membres de l'organe de direction et des directeurs ou la suspension des droits de vote attachés aux actions ou parts détenues par les actionnaires ou associés de l'établissement de crédit.

513 ***Retrait d'agrément*** ◊ Le retrait d'un agrément bancaire est décidé par la BCE de sa propre initiative dans les cas prévus par le droit de l'Union, ou sur proposition des autorités des États membres participants dans lesquels un établissement de crédit est établi. La BCE et les autorités compétentes nationales se consultent avant toute décision afin de laisser aux superviseurs ou aux autorités de résolution un délai suffisant pour émettre des

1. CJUE, 19 déc. 2018, *Silvio Berlusconi et Fininvest c/Banca d'Italia et IVASS*, aff. C-219/17.
2. Il s'agit des seuils de 20 %, de 30 %, de 50 % ou de prise de contrôle.
3. Règl. CRR, art. 4 § 1, 36).
4. Dir. CRD 4, art. 23 § 1.
5. Dir. CRD 4, art. 26 § 2.

objections éventuelles, prendre les mesures nécessaires à la préservation de la continuité de l'exploitation ou soumettre l'établissement à une procédure de résolution. À l'issue de la consultation, l'autorité qui a pris l'initiative de la procédure de retrait élabore un projet de décision. L'établissement surveillé peut formuler des observations et être entendu par la BCE. La décision finale appartient à la Banque centrale européenne. Elle est notifiée à l'établissement de crédit, à l'autorité compétente nationale et à l'autorité de résolution concernés.

SECTION 2. LA SURVEILLANCE DES ÉTABLISSEMENTS IMPORTANTS

514 ***Pouvoirs de la BCE*** ◇ Au titre de ses missions de surveillance prudentielle, la BCE doit veiller au respect par les établissements ou les groupes bancaires importants des exigences prudentielles en matière de fonds propres, de titrisation, de grands risques, de liquidité, d'effet de levier [1], et en matière de gouvernance, de gestion des risques, de contrôle interne, de politique de rémunération ou d'adéquation du capital interne [2]. Elle peut mener des contrôles prudentiels « visant à déterminer si les dispositifs, stratégies, processus et mécanismes mis en place par les établissements de crédit et les fonds propres qu'ils détiennent garantissent la bonne gestion et la couverture de leurs risques » [3]. À ce titre, la BCE peut notamment réaliser des tests de résistance, en coordination avec l'Autorité bancaire européenne. Elle peut, si nécessaire, imposer aux établissements contrôlés des exigences spécifiques de fonds propres supplémentaires, de publicité ou de liquidité lorsque le droit de l'Union prévoit que les autorités nationales compétentes peuvent agir en ce sens. La BCE dispose, par ailleurs, de pouvoirs d'enquête [4] et peut infliger des sanctions pécuniaires administratives [5]. Elle doit également assurer la surveillance sur base consolidée des sociétés mères des établissements de crédit importants établies dans l'un des États membres participants au MSU, en particulier des compagnies financières holdings et des compagnies financières holdings mixtes [6]. La BCE peut aussi participer à la surveillance complémentaire d'un conglomérat financier en ce qui concerne les établissements de crédit qui en font partie et, si elle est désignée à cet effet, assumer le rôle de coordinateur [7]. Enfin, la Banque centrale européenne, qui veille à l'adoption

1. Règl. n° 1024/2013/UE, préc., art. 4 § 1, point d).
2. Règl. n° 1024/2013/UE, préc., art. 4 § 1, point e).
3. Règl. n° 1024/2013/UE, préc., art. 4 § 1, point f).
4. Règl. n° 1024/2013/UE, préc., art. 10 à 13.
5. Règl. n° 1024/2013/UE, préc., art. 18.
6. Règl. n° 1024/2013/UE, préc., art. 4 § 1, point g).
7. Règl. n° 1024/2013/UE, préc., art. 4 § 1, point h).

de plans de redressement par les établissements assujettis, est compétente pour prendre des mesures d'intervention précoce lorsqu'un établissement ou un groupe important ne répond plus, ou est susceptible de ne plus répondre, aux exigences prudentielles qui lui sont applicables [1].

515 ***Assistance des ACN*** ◊ Les autorités compétentes nationales sont tenues d'assister la BCE dans l'exercice de ses missions de surveillance prudentielle à l'égard des établissements et des groupes importants [2]. Ce rôle d'assistance porte tant sur la préparation que sur l'exécution des décisions de la Banque centrale européenne. Ainsi, les autorités compétentes nationales soumettent à la BCE, à sa demande, des projets de décisions de surveillance prudentielle, participent à ses activités de contrôle, et mettent en application ses décisions en faisant usage, si nécessaire, des pouvoirs dont elles disposent en vertu de leur droit national, lorsque le règlement MSU ne confère pas à la BCE de tels pouvoirs [3]. Dans l'accomplissement de leur mission d'assistance, les superviseurs nationaux suivent les instructions de la BCE [4].

En outre, les agents des autorités compétentes nationales participent aux équipes de surveillance prudentielles conjointes qui assurent le contrôle quotidien des établissements et des groupes importants. Ces équipes sont composées de personnels issus de la BCE et des superviseurs des États participants dans lesquels sont établis les établissements de crédit, les filiales bancaires ou les succursales transfrontalières importantes d'un groupe bancaire déterminé [5]. Une équipe de surveillance prudentielle conjointe est constituée pour chaque établissement ou groupe important. Elle est dirigée par un coordinateur, appartenant au personnel de la BCE, assisté d'un ou de plusieurs sous-coordinateurs, émanant des autorités nationales [6].

Enfin, les superviseurs nationaux ont aussi obligation de prêter assistance à la BCE lorsqu'elle fait usage de ses pouvoirs d'enquête à l'égard des établissements importants ou moins importants. En particulier, si une personne fait obstacle à la conduite de l'enquête, l'autorité compétente de l'État membre participant où se trouvent les locaux concernés, doit prêter l'assistance nécessaire, conformément au droit national, en facilitant l'accès de la BCE [7].

---

1. Règl. n° 1024/2013/UE, préc., art. 4 § 1, point i).
2. Règl. n° 1024/2013/UE, préc., art. 6 § 3.
3. Règl. n° 468/2014/UE, préc., art. 90 § 1.
4. Règl. n° 468/2014/UE, préc., art. 90 § 2.
5. La BCE est chargée de la mise en place et de la composition des équipes de surveillance prudentielle conjointe. Si la nomination des personnels émanant des autorités nationales revient à ces mêmes autorités, la BCE a néanmoins le pouvoir d'exiger la modification d'une nomination. V. Règl. n° 468/2014/UE, préc., art. 4.
6. Règl. n° 1024/2013/UE, préc., art. 3 § 1.
7. Règl. n° 1024/2013/UE, préc., art. 11 § 5. En cas d'inspection sur place, cette assistance peut impliquer l'apposition de scellés sur tous les locaux professionnels, livres ou enregistrements. V. Règl. n° 1024/2013/UE, préc., art. 12 § 5.

Il est à noter que les autorités compétentes nationales demeurent compétentes dans les domaines qui ne relèvent du MSU, qu'il s'agisse de la protection de la clientèle ou encore de la lutte contre le blanchiment des capitaux et le financement du terrorisme.

SECTION 3. LA SURVEILLANCE DES ÉTABLISSEMENTS MOINS IMPORTANTS

516 ***Surveillance directe par les ACN*** ◊ Les autorités compétentes nationales sont chargées de la surveillance prudentielle directe des établissements moins importants, à l'exception de l'octroi et du retrait des agréments bancaires ainsi que des autorisations d'acquisition ou d'augmentation de participations qualifiées qui relèvent du régime des procédures communes. Elles planifient et mènent leurs contrôles en tenant compte de la stratégie de surveillance globale du MSU.

517 ***Surveillance indirecte par la BCE*** ◊ Si les établissements moins importants sont placés sous la surveillance directe des autorités compétentes nationales, la BCE exerce à leur égard une surveillance indirecte. En effet, la crise bancaire et financière a montré que les petits établissements de crédit pouvaient, eux aussi, constituer une menace pour la stabilité financière. En outre, la Banque centrale européenne est responsable du fonctionnement efficace et cohérent du MSU.

C'est pourquoi, la BCE supervise l'exercice par les autorités compétentes nationales de leurs pouvoirs de surveillance prudentielle à l'égard des établissements moins importants. Elle peut prendre des règlements, des orientations ou des instructions générales précisant les modalités selon lesquelles ces autorités doivent accomplir leurs missions et arrêter leurs décisions [1]. Les superviseurs nationaux sont également soumis à des obligations d'information à l'égard de la BCE. Ils doivent lui notifier leurs procédures [2] ainsi que leurs projets de décisions essentielles en matière de surveillance prudentielle [3]. La Banque centrale européenne peut leur demander de faire régulièrement rapport sur l'accomplissement de leurs missions [4]. La BCE peut faire usage des pouvoirs d'enquête dont elle dispose à l'égard de tous les établissements relevant du MSU, quelle que soit leur importance [5] : droit

---

1. Règl. n° 1024/2013/UE, art. 6 § 5, point a).
2. Règl. n° 468/2014/UE, préc., art. 97. Il s'agit notamment de la révocation des membres du conseil d'administration d'établissements moins importants ou de la nomination d'administrateurs spéciaux ou, plus généralement, de toute procédure ayant une incidence importante sur une entité moins importante.
3. Règl. n° 468/2014/UE, préc., art. 98.
4. Règl. n° 1024/2013/UE, art. 6 § 5, point e).
5. Règl. n° 1024/2013/UE, art. 6 § 5, point d) et Règl. n° 468/2014/UE, préc., art. 138.

de demander des informations périodiques ou ponctuelles [1], de lancer des enquêtes générales [2] impliquant la transmission de pièces ou des auditions, et de mener des inspections sur place [3]. Surtout, la BCE peut, à tout moment et de sa propre initiative, décider d'exercer elle-même directement la surveillance prudentielle d'un ou de plusieurs établissements de crédit moins importants, lorsque « cela s'avère nécessaire pour assurer une application cohérente de normes élevées de surveillance » [4]. Elle a ainsi un pouvoir de substitution à l'égard des autorités compétentes nationales [5].

SECTION 4. LE PROCESSUS DE DÉCISION AU SEIN DE LA BCE

518 ***Conseil de surveillance*** ◊ Le règlement MSU a créé au sein de la BCE un conseil de surveillance afin de garantir la séparation entre les missions de surveillance prudentielle et les missions de politique monétaire confiées au Conseil des gouverneurs [6].

Le Conseil de surveillance est composé d'un président, d'un vice-président, de quatre représentants de la BCE et d'un représentant de l'autorité de contrôle de chaque État membre participant au MSU. Il planifie et accomplit les missions de surveillance prudentielle, effectue les travaux préparatoires et propose des projets de décision en vue de leur adoption par le Conseil des gouverneurs [7]. Le processus décisionnel est fondé sur une procédure d'approbation tacite, dite « procédure de non objection », favorable au Conseil de surveillance. Si le Conseil des gouverneurs n'émet pas d'objection à un projet de décision proposé par le Conseil de surveillance, dans un délai qui ne peut dépasser dix jours ouvrables, la décision est réputée adoptée. Le Conseil des gouverneurs peut adopter les projets de décision ou émettre des objections, mais il ne peut les modifier.

519 ***Comité de médiation*** ◊ Un comité de médiation est chargé de résoudre les différends exprimés par une autorité compétente nationale concernant

1. Règl. n° 1024/2013/UE, art. 10.
2. Règl. n° 1024/2013/UE, art. 11.
3. Règl. n° 1024/2013/UE, art. 12.
4. Règl. n° 1024/2013/UE, art. 6 § 5, point b).
5. Un tel pouvoir de substitution existe également en matière de surveillance macro-prudentielle en application de l'article 5 § 2 du règlement MSU. En effet, la BCE peut, si elle le juge nécessaire imposer aux établissements de crédit, à la place des autorités nationales des exigences plus strictes en ce qui concerne les coussins de fonds propres à détenir au niveau adéquat que celles imposées par ces mêmes autorités.
6. Le Conseil des gouverneurs est composé des six membres du Directoire de la BCE et des gouverneurs des banques centrales des dix-neuf États membres de la zone euro. Depuis le 1er janvier 2015, un système de rotation des droits de vote a été mis en place au sein du Conseil des gouverneurs.
7. Règl. n° 1024/2013/UE, art. 26 § 8.

une objection du Conseil des gouverneurs à un projet de décision du Conseil de surveillance [1]. Ce comité de médiation réunit des membres du Conseil des gouverneurs et du Conseil de surveillance.

520 ***Commission administrative de réexamen*** ◊ Enfin, une commission administrative de réexamen peut être saisie en vue d'un réexamen administratif interne des décisions prises par la BCE dans l'exercice de ses pouvoirs de surveillance prudentielle. Elle est composée de cinq membres indépendants qui ne font pas partie du personnel de la Banque centrale européenne ni de celui d'une autorité compétente nationale.

Toute personne physique ou entité contrôlée peut solliciter le réexamen d'une décision de la BCE dont elle est destinataire ou qui la concerne directement et individuellement. La commission administrative de réexamen peut également proposer au Conseil des gouverneurs qu'il suspende l'application de la décision litigieuse pendant la durée de la procédure de réexamen.

Une demande de réexamen d'une décision de la BCE n'affecte pas le droit d'exercer un recours devant la Cour de justice de l'Union européenne.

---

1. Règl. n° 1024/2013/UE, art. 25 § 5.

TITRE 4

LE TRAITEMENT DES DIFFICULTÉS DES ÉTABLISSEMENTS DE CRÉDIT

521 ***Évolution de l'encadrement juridique*** ◊ Il est possible que, malgré les règles de conduite et de gestion mises en œuvre, un établissement de crédit connaisse des difficultés de nature financière. Il risque alors de se voir appliquer les règles relatives au droit des entreprises en difficultés, avec ici ou là quelques spécificités légales en raison de sa nature.

Le législateur a donc cherché, progressivement, à mettre en place des mécanismes particuliers tendant, non seulement à assurer la sécurité des intérêts financiers du public, mais également à consolider la situation financière de l'établissement en difficulté.

Avant 1999, le traitement des difficultés des établissements de crédit était ainsi relativement limité [1]. Cette solution a nettement évolué avec la loi n° 99-532 du 25 juin 1999 relative à l'épargne et à la sécurité financière ainsi que plusieurs règlements pris à sa suite. L'idée principale était d'offrir une garantie aux déposants [2]. Plusieurs textes sont venus moderniser, depuis, les mécanismes mis en place. Cela a été notamment le cas de l'ordonnance n° 2015-1024 du 20 août 2015 portant diverses dispositions de la législation au droit de l'Union européenne en matière financière [3].

---

1. V. ss 524. Il comprenait essentiellement l'article 52 de la loi n° 84-46 du 24 janvier 1984.
2. G. Decocq, Y. Gérard et J. Morel-Maroger, *Droit bancaire*, Revue Banque édition, 2014, 2e éd., n° 126.
3. V. ss 525.

522 ***Création d'un régime de résolution*** ◇ Plus récemment, la loi n° 2013-672 du 26 juillet 2013 de séparation et de régulation de l'activité bancaire a doté le superviseur bancaire de nouveaux pouvoirs en matière de prévention et de traitement des crises bancaires. On parle de régime de résolution. L'Autorité de contrôle prudentiel (ACP) est d'ailleurs devenue, suite à ce texte, l'Autorité de contrôle prudentiel et de résolution (ACPR). Cet encadrement législatif s'est nettement renforcé depuis lors, du fait de l'ordonnance n° 2015-1024 du 20 août 2015 qui a transposé en droit interne, notamment, la directive 2014/59/UE du 15 mai 2014 établissant un cadre pour le redressement et la résolution des établissements de crédit et des entreprises d'investissement [1].

Cette évolution ne saurait surprendre. Les différentes crises s'étant succédé depuis 2007, ont démontré que même si le droit des entreprises en difficulté est bien applicable aux établissements de crédit, ces crises conduisent le plus souvent à faire supporter principalement aux États les pertes subies par les établissements de crédit concernés. La procédure de résolution mise en place tend alors à se démarquer de cette solution.

523 Observons l'état du droit en la matière. Après avoir mentionné les dispositions légales tendant à garantir les dépôts des clients (Sous-titre 1), nous présenterons les règles régissant désormais la résolution des difficultés des établissements de crédits (Sous-titre 2), mais aussi celles qui encadrent, de façon dérogatoire, les procédures collectives intéressant ces derniers (Sous-titre 3).

---

1. V. ss 548.

SOUS-TITRE 1

Les dispositions garantissant les dépôts des clients

524 ***Historique*** ◊ Pendant longtemps, aucun texte légal n'organisait la protection des déposants. C'est la directive n° 94/19/CE du 30 mai 1994, relative aux systèmes de garantie des dépôts, qui fut ainsi à l'origine de la loi n° 94-679 du 8 août 1994, qui obligea tout établissement de crédit agréé en France à adhérer à un système de garantie des dépôts et autres fonds remboursables [1]. Ce système demeurait cependant perfectible. D'une part, il se contentait d'abandonner à un règlement du Comité de la réglementation bancaire et financière (CRBF) le détail du fonctionnement de ce système de garantie. D'autre part, il ne prévoyait une contribution des membres qu'après le constat de la défaillance de l'établissement. Cela n'était pas satisfaisant. Ce régime fut alors abrogé et remplacé par la loi n° 99-532 du 25 juin 1999 sur l'épargne et la sécurité financière [2] qui créa alors un fonds de garantie des dépôts obligatoire ayant pour principale fonction d'indemniser les déposants en cas « d'indisponibilité de leurs dépôts ou autres fonds remboursables, à l'exclusion des fonds recueillis par l'émission de titres de créances » [3].

525 ***Évolutions récentes*** ◊ Le fonds de garantie des dépôts a connu une évolution importante suite à la loi n° 2013-672 du 26 juillet 2013 de séparation et de régulation des activités bancaires. Depuis lors, il a pour nom « fonds de garantie des dépôts et de résolution ». La réforme envisagée par ce texte demeurait cependant insuffisante, car cette loi n'avait pris en compte, alors, que la proposition de directive relative aux systèmes de garantie des dépôts.

---

1. J. Stoufflet, « La garantie des dépôts bancaires en France après l'entrée en vigueur de la directive n° 94/19/CE », *in Mélanges Pardon*, Bruylant, 1996, p. 482.

2. Sur ce texte, C. Leguevagues, « La création d'un fonds de garantie des dépôts : la fin d'une exception française », *Banque et Dr.* 1999/11, p. 9. Th. Bonneau, « De quelques apports de la loi n° 99-532 du 25 juin 1999 relative à l'épargne et à la sécurité financière au droit régissant le secteur financier », *JCP E* 1999, 1378. Le régime de ce fonds est aujourd'hui codifié aux articles L. 312-4 à L. 312-16 du Code monétaire et financier.

3. C. mon. fin., art. L. 312-4.

Or, ce dernier texte ayant finalement été adopté mais aussi modifié par rapport à la proposition [1], il a fallu le transposer en droit interne. Cela a été fait par l'ordonnance n° 2015-1024 du 20 août 2015 portant diverses dispositions de la législation au droit de l'Union européenne en matière financière, qui est à l'origine d'un certain nombre d'évolutions au régime juridique du fonds de garantie des dépôts et de résolution en vigueur en droit interne [2]. Jusqu'à cette réforme, le Code monétaire et financier régissait le mécanisme de garantie des titres et le mécanisme de garantie des cautions, mais ne disait mot du mécanisme de garantie des dépôts qui se fondait dans le fonds de garantie des dépôts et de résolution. Il en va différemment désormais : le mécanisme de garantie des dépôts est clairement identifié.

526 ***Missions du fonds de garantie des dépôts et de résolution*** ◊ Le fonds de garantie de dépôts et de résolution (FGDR) a plusieurs missions. Tout d'abord, il lui revient de gérer et de mettre en œuvre le mécanisme de garantie des dépôts et le dispositif de financement de la résolution. Il est également compétent pour gérer le mécanisme de garantie des cautions visé par l'article L. 313-50 du code ainsi que les mécanismes de garantie des investisseurs prévus par les articles L. 322-1 et L. 322-5. Si cette énumération formelle des missions du fonds est nouvelle, les missions elles-mêmes ne le sont pas.

527 Après avoir présenté le fonds de garantie des dépôts et de résolution (Chapitre 1) nous observerons son intervention au titre du mécanisme de garantie des dépôts (Chapitre 2).

1. Directive 2014/49/UE du Parlement et du Conseil du 16 avril 2014 relative aux systèmes de garantie des dépôts, *JOUE* L. 173/149 du 12 juin 2014.
2. Th. Bonneau, « L'adaptation de la France aux directives Résolution bancaire et Garantie des dépôts par l'ordonnance du 20 août 2015 », *JCP E* 2015, 1434.

CHAPITRE 1

LE FONDS DE GARANTIE DES DÉPÔTS ET DE RÉSOLUTION

528 ***Nature*** ◊ Selon l'article L. 312-9 du Code monétaire et financier, le fonds de garantie des dépôts et de résolution (FGDR) est une personne morale de droit privé. Cette dernière est souvent perçue comme une personne morale *sui generis* placée sous la surveillance des pouvoirs publics. Un courant doctrinal le voit d'ailleurs comme un établissement d'utilité publique [1].

529 ***Organisation*** ◊ Le fonds est géré par un directoire agissant sous le contrôle d'un conseil de surveillance. Les membres de ces différents organes sont soumis aux incapacités énoncées à l'article L. 500-1 du Code monétaire et financier [2]. Les intéressés sont tenus au secret professionnel [3].

530 ***Obligation d'adhésion*** ◊ Les établissements de crédit, les entreprises d'investissement et les sociétés de financement agréés en France, de même que les compagnies financières holding et les compagnies financières holding mixte ayant leur siège en France sont dans l'obligation d'adhérer à un fonds de garantie de dépôts et de résolution [4]. Il s'agit d'ailleurs d'une condition d'exercice de la profession bancaire.

531 ***Information du fonds de garantie*** ◊ L'article L. 312-15 encadre l'information du FGDR. Ce dernier opère une distinction selon le cas d'intervention du fonds.

Cet article, qui avait déjà été modifié par la loi n° 2013-672 du 26 juillet 2013, a pour intérêt de clarifier l'état du droit applicable en la matière. Il est vrai que celui-ci fut un temps incertain. Une question s'était ainsi posée sur la possibilité pour le fonds de garantie des dépôts de se faire communiquer des rapports d'enquêtes réalisées par la Commission bancaire, c'est-à-dire l'ancien superviseur bancaire. Les juges du fond avaient, dans un premier temps, estimé que cette communication était impossible [5]. Cette

1. S. Cabrillac, *Les garanties financières professionnelles*, Litec, 2000, n° 347.
2. Cet article prévoit l'interdiction d'exercer certaines activités en présence de condamnations expressément visées.
3. C. mon. fin., art. L. 312-14.
4. C. mon. fin., L. 312-4.
5. Versailles, 29 mai 2008, *Banque et Dr.* 9-10/2008. 27, obs. Th. Bonneau.

solution avait cependant été cassée par la Haute juridiction [1]. Désormais, l'article L. 312-15 se montre très favorable à la coopération entre le fonds de FGDR et l'ACPR.

532 ***Financement du fonds de garantie et de résolution*** ◊ L'adoption de la directive du 16 avril 2014 a suscité beaucoup de discussions sur la question du financement des fonds de garantie et de résolution. Il est vrai que les systèmes européens se sont révélés insuffisamment financés en période de crise financière. L'ordonnance du 20 août 2015 a alors repris les règles dégagées par la directive.

Le FGDR dispose d'une autonomie financière. Ce sont les adhérents au fonds qui lui procurent les ressources financières nécessaires à l'accomplissement de ses missions, tant pour les mécanismes dont il a la charge que pour son fonctionnement. Ces contributions, qui sont annuelles, peuvent prendre plusieurs formes, et notamment la souscription de certificats d'associés ou de certificats d'association. Des emprunts sont également possibles. Dans tous les cas, ces contrats d'emprunt ou de prêt ne peuvent être conclus que sur avis conforme de l'ACPR.

1. Com. 30 mars 2010, n° 08-17.841, *Bull. civ.* IV, 2010, n° 69 ; *D.* 2011. 1645, obs. H. Synvet ; *Gaz. Pal.* 2010. 2189, note J. Lasserre Capdeville ; *RDBF* 2010, n° 166, obs. F.-J. Crédot et Th. Samin.

CHAPITRE 2
LE MÉCANISME GARANTIE DES DÉPÔTS

533 Observons, tour à tour, le mécanisme en question (Section 1) et sa mise en œuvre (Section 2).

SECTION 1. PRÉSENTATION GÉNÉRALE

534 ***Principe*** ◊ La garantie des dépôts couvre, dans la limite d'un plafond de 100 000 euros [1], les fonds laissés en compte auprès d'un établissement de crédit et libellés en euros ou dans la devise d'un autre État, sous deux conditions : d'une part, ces fonds doivent être restitués par l'établissement de crédit à leur titulaire en vertu des textes applicables, et, d'autre part, ces mêmes fonds ne doivent pas constituer le gage ou la garantie d'un engagement en vigueur contracté par leur titulaire envers l'établissement de crédit [2].

Le plafond en question s'applique au montant cumulé des comptes créditeurs d'un même déposant auprès du même établissement de crédit, quels que soient leur nombre et leur localisation. Les comptes présentant un solde débiteur ne sont toutefois pas inclus dans le calcul de ce montant cumulé, sauf disposition légale ou contractuelle prévoyant leur compensation avec les comptes créditeurs.

Notons encore que cette garantie des dépôts couvre les sommes correspondant à des opérations de paiement en cours ou à des opérations à caractère transitoire, « effectuées au bénéfice d'une personne identifiée et provenant d'opérations bancaires normales ».

535 ***Limites*** ◊ Certains titulaires de comptes ne peuvent pas bénéficier de la garantie des dépôts [3]. Il en va ainsi, notamment, pour les établissements de crédit et les entreprises d'investissement pour les dépôts qu'ils ont effectués en leur nom et pour leur propre compte, mais aussi les sociétés de financement pour les dépôts qu'elles ont effectué en leur nom propre et pour leur propre compte, les établissements de monnaie électronique et les établissements de paiement là encore pour les dépôts qu'ils ont effectué

1. Arrêté du 27 octobre 2015, art. 7
2. C. mon. fin., art. 312-4-1, I.
3. C. mon. fin., art. L. 312-4-1, II.

en leur nom et pour leur propre compte, les entreprises d'assurance et de réassurance, les organismes de placement collectif ou encore les organismes de retraite.

De même, certains fonds sont exclus de la garantie des dépôts, et ce quel que soit leur titulaire [1]. Citons, par exemple, les dépôts dont l'existence ne peut être prouvée que par un instrument financier, les dépôts ayant le caractère de fonds propre, les dépôts liés à des opérations pour lesquelles une condamnation pénale définitive pour blanchiment a été prononcée, les dépôts anonymes ou les dépôts dont le titulaire n'est pas identifié en application des règles de vigilance pour lutter contre le blanchiment d'argent ou encore les titres de créances négociables et les autres titres de créances émis par l'établissement de crédit [2].

536 ***Subrogation*** ◊ L'article L. 312-6 du Code monétaire et financier pose le principe de subrogation du fonds de garantie des dépôts et de résolution dans les droits des bénéficiaires de son intervention dans la limite des sommes qu'il a versées. C'est ainsi que, concrètement, il est en droit d'engager toute action en responsabilité à l'encontre des dirigeants de droit ou de fait des établissements pour lesquels il intervient. Il peut, de la sorte, obtenir le remboursement de tout ou partie des sommes qu'il a versées. Formellement, il doit simplement en informer l'Autorité de contrôle prudentiel et de résolution. Cette solution peut s'appliquer à des faits antérieurs à la loi l'ayant instaurée [3].

SECTION 2. LA MISE EN ŒUVRE DU MÉCANISME

537 Le mécanisme de garantie des dépôts à vocation à jouer en cas de difficulté d'un établissement (§ 1), mais aussi à titre préventif (§ 2) ou encore en cas de procédure de résolution (§ 3).

§ 1. La mise en œuvre en cas de difficulté

538 ***Principe*** ◊ Le mécanisme de garantie des dépôts est mis en œuvre sur demande de l'Autorité de contrôle prudentiel et de résolution (ACPR) dès que cette dernière constate qu'un établissement de crédit « n'est plus en mesure de restituer, immédiatement ou à terme rapproché, les fonds »

1. C. mon. fin., art. L. 312-4-1, III.
2. CJUE, 25 juin 2015, n° C-671/13.
3. Cela ne heurte pas, selon la jurisprudence, le principe de non-rétroactivité de la loi, Com. 6 déc. 2005, n° 03-11.858, *Bull. civ.* IV, 2005, n° 239 ; *D.* 2006. AJ 136, obs. V. Avena-Robardet ; *RTD com.* 2006. 177, obs. D. Legeais ; *RDBF* 2006, comm. 51, obs. F.-J. Crédot et Th. Samin.

couverts par le mécanisme de garantie des dépôts [1]. Notons que cette formulation est très proche de la définition de la cessation des paiements prévue pour les établissements de crédit par l'article L. 613-26, alinéa 1er, du Code monétaire et financier [2].

539 ***Conséquence pour l'établissement*** ◊ L'intervention du FGDR au titre du mécanisme de garantie des dépôts entraîne la radiation ou le retrait d'agrément de l'établissement concerné et l'annulation des certificats d'association [3] qu'il détenait. Précisons que si ce dernier est un établissement de crédit, l'ACPR est tenue de demander à la Banque centrale européenne de prononcer le retrait total d'agrément.

§ 2. La mise en œuvre préventive

540 ***Principe*** ◊ À titre préventif, et sur proposition de l'ACPR, le mécanisme de garantie des dépôts peut également intervenir auprès d'un établissement de crédit dont la situation laisse craindre, à terme, une indisponibilité des dépôts mentionnés au I de l'article L. 312-4-1, « compte tenu du soutien dont il peut par ailleurs bénéficier » [4].

Dans une telle hypothèse, le fonds de garantie définit, après avis de l'ACPR, les conditions de cette intervention. Il peut, en particulier, la subordonner à la cession totale ou partielle de l'établissement de crédit ou à l'extinction de son activité. La cession du fonds de commerce est envisageable.

541 ***Privilège*** ◊ Les sommes versées par le fonds de garantie des dépôts et de résolution dans le cadre de l'intervention préventive, à l'exception de celles qui correspondent à des titres de capital ou à des créances subordonnées, bénéficient du privilège mentionné à l'article L. 611-11 du Code de commerce. Ce dernier article, bien connu sous le nom de « privilège de conciliation » ou encore de « privilège de *New money* », permet, en cas d'ouverture d'une procédure de sauvegarde, de redressement judiciaire ou de liquidation judiciaire, aux personnes ayant consenti, dans l'accord de conciliation homologué, un nouvel apport en trésorerie au débiteur en vue d'assurer la poursuite de l'activité de l'entreprise et sa pérennité, d'être payées, pour le montant de cet apport, par privilège avant toutes les autres créances.

542 ***Irresponsabilité*** ◊ Le fonds de garantie des dépôts et de résolution est protégé contre les actions en responsabilité civile. En effet, il ne peut être tenu pour responsable des préjudices subis du fait de concours consentis,

1. C. mon. fin., art. L. 312-5, I.
2. V. ss 572.
3. C. mon. fin., art. L. 312-7.
4. C. mon. fin., art. L. 312-5, II.

sauf dans les hypothèses visées par l'article L. 650-1 du Code de commerce, c'est-à-dire en cas de fraude, d'immixtion caractérisée dans la gestion du débiteur ou si les garanties prises en contrepartie de ces concours sont disproportionnées par rapport à ceux-ci, du moment qu'une faute dans l'octroi du crédit peut également être relevée [1].

543 ***Pouvoirs du fonds*** ◊ Concernant l'intervention préventive du fonds (mais aussi le recours à ce dernier en matière de résolution) [2], le fonds de garantie des dépôts et de résolution se voit reconnaître un certain nombre de pouvoirs [3]. Il peut, par exemple, souscrire à une augmentation de capital, acquérir tout ou partie des actions, titres de capital, parts sociales ou autres titres de propriété de la personne concernée. De même, il est en droit de souscrire au capital ou à une augmentation de capital de l'établissement-relais ou de la structure de gestion des actifs susceptibles de jouer un rôle en la matière du fait des dispositions légales régissant la procédure de résolution. Le fonds est également susceptible de garantir tout ou partie de l'actif ou du passif de la personne concernée, de ses filiales, de l'établissement-relais ou de la structure de gestion des actifs. Il peut, en outre, acquérir des éléments d'actif de l'établissement de crédit, de l'entreprise d'investissement ou de la société de financement concernés. Le FGDR peut enfin participer, sur demande d'un organe central [4], à l'action de celui-ci en prenant en charge une partie du coût des mesures destinées à garantir la solvabilité d'un établissement de crédit affilié à ce même organe central. Notons qu'en cas de nécessité constatée par l'ACPR, le fonds peut toujours intervenir sur demande de cette dernière.

§ 3. **La mise en œuvre en cas de procédure de résolution**

544 ***Principe*** ◊ Depuis la loi n° 2013-672 du 26 juillet 2013, l'article L. 312-5, III, du code prévoit que l'ACPR peut saisir le FGDR de la situation d'un établissement de crédit, mais aussi d'une entreprise d'investissement, d'une compagnie financière holding, d'une compagnie financière holding mixte et d'une société de financement qui fait l'objet de l'une des mesures de résolution prévues aux articles L. 613-50 et suivant du Code monétaire et financier [5].

Notons que l'Autorité peut demander au fonds d'intervenir auprès de la personne agréée pour reprendre ou poursuivre les activités cédées ou transférées. Les pouvoirs du fonds sont également étendus ici [6]. Le FGDR

1. Com. 27 mars 2012, n° 10-20.077. – Com. 20 sept. 2017, n° 16-12.939. V. ss 1882.
2. V. ss 544.
3. C. mon. fin., art. L. 312-5, IV.
4. C. mon. fin., art. L. 511-30.
5. L'hypothèse est précisée par un arrêté du 11 septembre 2015, *JO* 20 sept. 2015, p. 16627.
6. V. ss 543.

est ainsi susceptible de participer à la mise en œuvre d'une mesure de renflouement interne de la personne concernée. Dans tous les cas, les modalités de ses interventions sont déterminées par le collège de résolution de l'ACPR.

L'irresponsabilité civile prévue par l'article L. 650-1 du Code de commerce joue ici aussi.

SOUS-TITRE 2

La procédure de résolution des établissements de crédit

545 ***L'invitation des actionnaires*** ◊ Que faire lorsqu'un établissement de crédit connaît d'importantes difficultés financières ? Jusqu'à une date récente, le droit était relativement limité en la matière, les mesures envisagées n'étant pas obligatoires.

Citons plus particulièrement le cas de l'article 52 de la loi « bancaire » du 24 janvier 1984 [1] dont le contenu se retrouve aujourd'hui à l'article L. 511-42 du Code monétaire et financier. Selon ce dernier, « lorsqu'il apparaît que la situation d'un établissement de crédit le justifie, le gouverneur de la Banque de France, président de l'Autorité de contrôle prudentiel et de résolution, invite, après avoir, sauf en cas d'urgence, pris l'avis de l'Autorité de contrôle prudentiel et de résolution, les actionnaires ou les sociétaires de cet établissement à fournir à celui-ci le soutien qui lui est nécessaire ». Cette invitation, qui ne saurait être vue comme une obligation, peut donc être mise en œuvre du moment que l'établissement en question connaît des difficultés financières, sans qu'il soit nécessairement en état de cessation des paiements.

546 ***Programme de redressement*** ◊ L'ACPR demeure également susceptible, depuis sa création, de demander aux établissements de crédit l'établissement d'un programme de redressement comprenant toutes les mesures appropriées pour restaurer ou renforcer sa situation financière [2]. Il s'agit d'une mesure de police administrative.

Ces diverses règles [3] ne sont donc pas négligeables, mais elles sont loin d'être suffisantes pour réguler une véritable crise bancaire.

547 ***Risque systémique et aléa moral*** ◊ La faillite de la banque *Lehman Brothers*, le 15 septembre 2008, et les conséquences en chaîne qui en ont résulté, ont révélé au grand public la fragilité du système financier international dont l'effondrement n'a été évité qu'en raison de l'intervention

---

1. M.-A. Frison-Roche, « L'invitation de l'article 52 de la loi bancaire », *RDBB* mai-juin 1993, p. 109.
2. C. mon. fin., art. L. 612-32.
3. Pour d'autres règles encore, Th. Bonneau, *Droit bancaire*, LGDJ, 2015, 11e éd., n° 344.

massive des pouvoirs publics. La défaillance des banques dites « d'importance systémique »[1] représente, en effet, un risque de déstabilisation du système financier dans son ensemble et de l'économie en général.

À ce risque systémique, s'ajoute l'aléa moral résultant de l'impossibilité pour les États de laisser ces établissements de crédit faire faillite et de la garantie implicite qui leur est accordée par conséquent. Il s'agit de la théorie dite « *too big too fail* ». La certitude d'un sauvetage par les pouvoirs publics encourage ces établissements, ou du moins leurs dirigeants, à prendre davantage de risques augmentant ainsi la probabilité de défaut, et le recours à la garantie implicite de l'État et, partant, les contribuables.

Ce dilemme entre risques systémiques et aléa moral a alors justifié l'établissement d'un cadre juridique particulier afin de prévenir les faillites bancaires ainsi que l'effet de contagion, et de préserver les déposants et les finances publiques en mettant à contribution prioritairement les actionnaires et certains créanciers.

548 ***Reconnaissance légale de la résolution*** ◊ L'idée a donc été de créer un régime, dit de « résolution », dans le but de « sauver tout ou partie des activités de l'établissement, en préservant les fonctions considérées comme utiles, critiques et/ou d'importance systémique, et en limitant, voire en supprimant, l'intervention du contribuable »[2].

La loi n° 2012-672 du 26 juillet 2013 de séparation et de régulation des activités bancaires a ainsi été le premier texte prévoyant, dans notre pays, la mise en place d'un régime de résolution bancaire[3] inspiré des travaux internationaux[4] et européens, et plus particulièrement de la proposition de directive établissant un cadre pour le redressement et la résolution des défaillances d'établissements de crédit et d'entreprises d'investissement présentée par la Commission le 6 juin 2012[5].

Toutefois la directive finalement adoptée, en l'occurrence la directive 2014/59/UE du 15 mai 2014 établissant un cadre pour le redressement et la résolution des établissements de crédit et des entreprises

1. Ces établissements ont une importance systémique en raison de leur taille, de leur interdépendance, de l'absence de substituts directs ou d'infrastructures financières pour leurs prestations de service, de leur activité et de leur complexité. V. Comité de Bâle sur le contrôle bancaire, *Banques d'importance systémique mondiale : méthodologie d'évaluation et exigence de capacité additionnelle d'absorption des pertes*, nov. 2011.

2. Rapport n° 422 de M. R. Yung, fait au nom de la commission des finances du Sénat, déposé le 12 mars 2013, p. 27.

3. J.-Ph. Kovar, « Le nouveau régime de résolution des crises bancaires », *LPA*, 27 sept. 2013, n° 194, p. 42. A.-C. Muller, « La nouvelle procédure de résolution, articles 26 et 27 de la loi du 26 juillet 2013 », *RDBF* nov.-déc. 2013, dossier 54, p. 59. Th. Bonneau, « Le traitement administratif des entreprises bancaires et financières », *RDBF* ov.-déc. 2014, dossier 48, p. 77.

4. Les dirigeants des pays du G20 ont approuvé, lors du sommet de Cannes des 3 et 4 nov. 2011, les recommandations formulées par le Conseil de stabilité financière publiées dans un document intitulé *Key Attributes of Effective Resolution Regimes for Financial Institutions*.

5. O. Guersent, « Résolution des crises bancaires. Vers un cadre commun européen », *Revue Banque* 2012, n° 753, p. 28.

d'investissement [1], se démarquait nettement de sa proposition. Il a donc fallu modifier, une nouvelle fois, notre droit en la matière.

549 ***Évolution légale*** ◊ L'ordonnance n° 2015-1024 du 20 août 2015 a transposé en droit interne, notamment, la directive précitée 2014/59/UE du 15 mai 2014 (dite « BRRD »). Elle a également adapté le Code monétaire et financier aux dispositions du règlement (UE) n° 806/2014 du Parlement européen et du Conseil du 14 juillet 2014 établissant des règles et une procédure uniformes pour la résolution des établissements de crédit et de certaines entreprises d'investissement dans le cadre d'un mécanisme de résolution unique et d'un Fonds de résolution bancaire unique [2] (dit « MRU ») [3].

Cette réforme a alors considérablement enrichie le dispositif de prévention et de résolution des crises bancaires : la législation est ainsi passée de 9 articles à plus d'une centaine, eux-mêmes répartis en 13 sous-sections. Elle a donné notamment à l'ACPR davantage de moyens de contrôle sur les plans préventifs de rétablissement élaborés par les assujettis, tout en améliorant l'efficacité des plans préventifs de résolution et en renforçant l'arsenal des mesures de résolution.

550 Le droit actuel trouve son siège aujourd'hui dans la section 4 du chapitre III du titre Ier du livre VI du Code monétaire et financier, consacrée aux « Mesures de prévention et de gestion des crises bancaires », prévoyant à la fois des mesures de prévention (Chapitre 1) et de résolution (Chapitre 2) des crises bancaires [4].

1. Directive 2014/59/UE du Parlement européen et du Conseil du 15 mai 2014 établissant un cadre pour le redressement et la résolution des défaillances d'établissements de crédit et d'entreprises d'investissement et modifiant les directives 82/891/CEE du Conseil ainsi que les directives du Parlement et du Conseil 2001/24/CE, 2002/47/CE, 2004/25/CE, 2005/56/CE, 2007/36/CE, 2011/35/UE, 2012/30/UE et 2013/36/UE et les règlements du Parlement européen et du Conseil (UE) n° 1093/2010 et (UE) n° 648/2012, *JOUE* L. 173/190, 12 juin 2014. A. Gourio, « Le mécanisme de résolution unique : les nouveaux instruments et pouvoirs des autorités de résolution bancaire », *RDBF* juill.-août 2014, dossier 30, p. 81.

2. Règlement (UE) n° 806/14 du Parlement et du Conseil du 15 juillet 2014 établissant des règles et une procédure uniformes pour la résolution des établissements de crédit et de certaines entreprises d'investissement dans le cadre d'un mécanisme de résolution unique et d'un Fonds de résolution bancaire unique, et modifiant le règlement (UE) n° 1093/2010, *JOUE L.* 225/1, 30 févr. 2014.

3. Rapport au Président de la République relatif à l'ordonnance n° 2015-1024 du 20 août 2015, *JO* 21 août 2015, p. 14646. Th. Bonneau, « L'adaptation de la France aux directives Résolution bancaire et garantie des dépôts par l'ordonnance du 20 août 2015 », *JCP E* 2015, 1434.

4. C. mon. fin., art. L. 613-31-11 à L. 613-31-19.

CHAPITRE 1
LES MESURES PRÉVENTIVES DES CRISES BANCAIRES

551 Le Code monétaire et financier évoque un certain nombre de mesures préventives applicables en la matière. Concrètement, il s'agit de mesures destinées à préparer le traitement des difficultés des établissements de crédit : on y trouve les plans préventifs de rétablissement (Section 1) et les plans préventifs de résolution (Section 2).

SECTION 1. LES PLANS PRÉVENTIFS DE RÉTABLISSEMENT

552 Les plans préventifs de rétablissement ont pour objectif de pouvoir détecter précocement les difficultés des établissements assujettis et de faire en sorte que ces derniers soient à même de réagir en cas de difficultés soudaines.

Après avoir observé ce que prévoit le droit à propos de l'établissement de ces plans préventifs de rétablissement (§ 1), nous verrons quel est le rôle de l'ACPR, et plus particulièrement de son collège de supervision, en la matière (§ 2).

§ 1. L'établissement des plans préventifs de rétablissement

553 *Hypothèses concernées* ◊ Les établissements de crédit soumis à la surveillance directe de la BCE [1], les établissements de crédit ou les entreprises d'investissement constituant une part importante du système financier au sens du § 8 de l'article 11 du règlement « MRU » du 15 juillet 2014, les établissements de crédit et les entreprises d'investissement qui ne font pas partie d'un groupe soumis à une surveillance sur base consolidée ainsi que les entreprises mères dans l'Union sont tenues d'élaborer un

1. À l'origine dix établissements français relevaient de cette catégorie ; ils sont désormais treize : Agence française de développement, Barclay Bank plc, BNP Paribas, BPCE SA, BpiFrance, Confédération Nationale du Crédit mutuel, Caisse de refinancement de l'habitat, Crédit Agricole SA, HSBC France, La Banque postale, RCI Banque, Société de Financement Local SA, Société générale SA.

plan préventif de rétablissement [1], communément appelé « testament bancaire » ou « *living wills* ». Le collège de supervision de l'ACPR peut également soumettre à cette obligation les établissements de crédit et les entreprises d'investissement qui sont des filiales d'une entreprise mère dans l'Union.

Cette solution est bien plus large que celle applicable avant l'ordonnance n° 2015-1024 du 20 août 2015, qui ne soumettait à une telle obligation d'établir un plan préventif de rétablissement que les établissements de crédit et les entreprises d'investissement (hormis les sociétés de gestion de portefeuille) d'importance systémique [2].

554 ***Contenu des plans*** ◊ Ces plans préventifs de rétablissement qui, selon les cas, sont élaborés sur base individuelle (plans préventifs de rétablissement individuels) ou consolidée (plans préventifs de rétablissement de groupe) prévoient des mesures de rétablissement permettant de faire face à une « détérioration significative de la situation financière » des personnes concernées [3] ainsi que des mesures permettant d'assurer leur rétablissement en cas de crise [4], à l'exception de toute possibilité de soutien financier public exceptionnel [5].

Plus précisément, ces plans préventifs de rétablissement, qu'ils soient individuels ou de groupe, prennent en compte la situation particulière des établissements de crédit et des entreprises d'investissement ou du groupe auxquels ils appartiennent. Ils veillent à éviter ou à réduire les effets négatifs sur le système financier, y compris dans le cas où d'autres établissements, entreprises ou groupes seraient susceptibles de mettre en œuvre leur propre plan au même moment [6]. Ils envisagent également plusieurs scénarios de crise macroéconomique et financière grave en fonction de la situation particulière de la personne concernée ou du groupe. Dans tous les cas, ils comportent des conditions et procédures appropriées permettant d'assurer la mise en œuvre rapide des mesures de rétablissement identifiées. En revanche, ils ne prennent en compte aucune possibilité de soutien financier public exceptionnel.

Ces plans sont mis à jour au moins une fois par an ou après toute modification importante de la structure juridique des personnes et entités concernées, de leur organisation, de leur activité ou de leur situation financière [7].

---

1. C. mon. fin., art. L. 613-35, I.
2. Il s'agissait, en l'occurrence, de BNP Paribas, BPCE, Crédit Agricole et la Société générale.
3. C. mon. fin., art. L. 613-35, IV et V.
4. C. mon. fin., art. L. 613-35, VI.
5. L'objectif est ici de pouvoir détecter précocement les difficultés et de faire en sorte que les entreprises concernées puissent concrètement réagir, Th. Bonneau, « L'adaptation de la France aux directives Résolution bancaire et garantie des dépôts de l'ordonnance du 20 août 2015 », *JCP E* 2015. 1434, n° 25.
6. C. mon. fin., art. L. 613-35, VI.
7. C. mon. fin., art. L. 613-35, VII, al. 1.

555 ***Approbation*** ◊ Les plans préventifs de rétablissement sont soumis, pour leur adoption et à chacune de leurs modifications, à l'approbation du conseil d'administration, du conseil de surveillance ou de tout autre organe exerçant des fonctions de surveillance équivalentes de la personne chargée de les établir, et ce avant leur transmission au collège de supervision de l'ACPR [1].

§ 2. Le rôle du collège de supervision de l'ACPR

556 ***Évaluations*** ◊ Les plans préventifs de rétablissement sont donc soumis au collège de supervision de l'ACPR, et non au collège de résolution, afin de procéder à diverses évaluations.

Prenons le cas des plans préventifs de rétablissement élaborés sur une base individuelle [2]. Le collège de supervision évalue notamment leur capacité à maintenir ou à rétablir la viabilité et la situation financière des personnes concernées ou du groupe auquel elles appartiennent. Il vérifie également que les plans en question, et les mesures qu'ils contiennent, peuvent être mis en œuvre rapidement et efficacement en cas de crise financière, en évitant, si possible, tout effet négatif significatif sur le système financier, y compris dans des scénarios qui conduiraient d'autres établissements de crédit ou entreprises d'investissement à mettre en œuvre des plans préventifs de rétablissement au cours de la même période.

557 ***Pouvoirs directifs*** ◊ S'il estime qu'un plan présente des lacunes importantes ou qu'il existe des obstacles essentiels à sa mise en œuvre, le collège de supervision invite la personne concernée à lui soumettre, dans un délai de deux mois, un plan modifié [3]. Si ce même collège considère que le plan qui lui est finalement soumis présente toujours des insuffisances, il peut enjoindre à la personne concernée d'apporter au plan des modifications spécifiques [4].

Dans l'hypothèse où aucune modification du plan ne permettrait de remédier efficacement aux lacunes et obstacles relevés lors de l'évaluation du plan, le collège de supervision peut exiger de la personne concernée qu'elle lui soumette, dans un délai qu'il détermine, les changements qu'elle peut apporter à ses activités [5].

Enfin, si de tels changements ne sont pas soumis dans le délai imparti, ou paraissent insuffisants, le collège de supervision peut enjoindre l'établissement de prendre toute mesure qu'il estime nécessaire, et notamment de réduire son profil de risque, de procéder à une recapitalisation rapide, de

1. C. mon. fin., art. L. 613-35, VII, al. 2.
2. Concernant les plans préventifs de rétablissement de groupe, C. mon. fin., art. L. 613-37 et L. 613-37-1.
3. C. mon. fin., art. L. 613-36, II.
4. C. mon. fin., art. L. 613-36, III.
5. C. mon. fin., art. L. 613-36, IV.

revoir sa stratégie et sa structure, de modifier sa stratégie de financement afin d'accroître la capacité de rétablissement des activités fondamentales et des fonctions critiques ou de modifier sa structure de gouvernance [1].

SECTION 2. LES PLANS PRÉVENTIFS DE RÉSOLUTION

558 Après avoir présenté ces plans préventifs de résolution (§ 1), nous verrons à nouveau quel est le rôle de l'ACPR en la matière (§ 2).

§ 1. L'établissement des plans préventifs de résolution

559 ***Présentation générale*** ◊ Le collège de résolution de l'ACPR (et non plus le collège de supervision) établit des plans préventifs de résolution pour les personnes tenues d'élaborer un plan préventif de rétablissement [2].

Ces plans prévoient les mesures de résolution susceptibles d'être prises en application des articles L. 613-48 et suivants du code lorsque sont réunies les conditions de déclenchement d'une procédure de résolution mentionnées à l'article L. 613-49, II, voire à l'article L. 613-49-1, I et II, du code [3].

Les plans préventifs de résolution décrient la mise en œuvre des mesures de résolution adoptées selon un éventail d'options, et ce en se fondant sur plusieurs scénarios. Ces plans ne sauraient, en revanche, tenir compte ni d'un soutien financier public exceptionnel, à l'exception des concours du fonds de garantie des dépôts et de résolution, ni d'un apport urgent de liquidités octroyé par une Banque centrale [4].

Les mesures mentionnées dans les plans ne sont cependant qu'indicatives ; elles ne lient pas le collège de résolution ou les autorités de résolution des autres États membres.

560 ***Contenu des plans*** ◊ Aujourd'hui, et à la différence du droit qui résultait de la loi du 26 juillet 2013, notre droit détermine très précisément le contenu des plans préventifs de résolution. Ils comprennent, notamment, un descriptif des modalités selon lesquelles les fonctions critiques et les activités fondamentales pourraient être juridiquement et économiquement dissociées des autres fonctions si cela s'avérait nécessaire pour assurer leur continuité en cas de défaillance, un calendrier de mise en

1. C. mon. fin., art. L. 613-36, V.
2. V. ss 553.
3. C. mon. fin., art. L. 613-38, I.
4. C. mon. fin., art. L. 613-38, II.

œuvre du plan, une description détaillée des différentes stratégies de résolution susceptibles d'être appliquées en fonction des scénarios possibles ou encore un plan de communication avec les médias et le public [1].

Ces plans sont mis à jour au moins une fois par an et après chaque modification de la structure juridique, de l'organisation, de l'activité ou de la situation financière de la personne concernée ou du groupe, dès lors que cette modification est susceptible d'avoir une incidence importante sur l'efficacité du plan ou sur les conditions de sa mise en œuvre [2].

§ 2. Le rôle du collège de résolution de l'ACPR

561 ***Évaluations*** ◊ Lors de l'élaboration des plans préventifs de résolution et à chacune de leurs mises à jour, le collège de résolution procède à l'analyse de la « résolvabilité » des personnes concernées [3]. Il s'agit ici d'évaluer dans quelle mesure ces personnes peuvent être mises en liquidation ou faire l'objet d'une ou de plusieurs mesures de résolution, tout en assurant la continuité des fonctions critiques (c'est-à-dire nécessaires à la continuité des opérations et dont l'arrêt serait dommageable) et sans entraîner d'effet négatif significatif sur le système financier français et européen.

Si le collège de résolution constate qu'il existe d'importants obstacles à ce qu'un établissement de crédit ou une entreprise d'investissement puisse être liquidé ou faire l'objet de mesures de résolution, il notifie par écrit ce constat à la personne concernée [4] qui, dans un délai de quatre mois, doit lui proposer des mesures correctrices [5].

562 ***Pouvoirs directifs*** ◊ Lorsque le collège de résolution estime que les propositions précitées sont insuffisantes, il peut prendre toutes les mesures qui lui paraissent nécessaires, et en particulier enjoindre à la personne concernée de se séparer de certains actifs, de limiter ou interrompre certaines activités en cours ou prévues, de modifier ses structures juridiques et opérationnelles afin d'en réduire la complexité et de permettre la séparation juridique et opérationnelle des fonctions critiques et des autres fonctions [6].

Ces mesures peuvent aussi être adoptées par le collège de résolution de l'ACPR sur instruction du Conseil de résolution unique [7].

1. C. mon. fin., art. L. 613-38, III.
2. C. mon. fin., art. L. 613-38, IV.
3. C. mon. fin., art. L. 613-41, I.
4. C. mon. fin., art. L. 613-42, I.
5. C. mon. fin., art. L. 613-42, II.
6. C. mon. fin., art. L. 613-42, III.
7. C. mon. fin., art. L. 613-42, V.

CHAPITRE 2
LES MESURES DE RÉSOLUTION DES CRISES BANCAIRES

563 La procédure de résolution est envisagée par les articles L. 613-49 et suivants du Code monétaire et financier. Ces articles sont particulièrement précis. Dès lors, avant d'observer les mesures susceptibles d'être adoptées (§ 1) nous verrons dans quels cas la procédure de résolution peut être mise en œuvre (§ 2).

§ 1. La mise en œuvre de la procédure de résolution

564 ***Principe général*** ◊ À la différence des plans préventifs de rétablissement et de résolution, la procédure de résolution s'applique en principe à tout établissement de crédit, entreprise d'investissement (à l'exception des sociétés de gestion de portefeuille), compagnie financière holding ou compagnie financière holding mixte.

565 ***Conditions à respecter*** ◊ L'ouverture de cette procédure de résolution suppose, en vertu de l'article L. 612-49, II, du code, la réunion trois conditions cumulatives. Il faut ainsi : que la personne en cause soit défaillante ; qu'il n'existe aucune perspective que cette défaillance puisse être évitée dans un délai raisonnable sans la mise en œuvre d'une mesure de résolution et qu'une procédure de liquidation judiciaire ne permette pas d'atteindre les objectifs de la résolution dans la même mesure. Cette dernière condition a été ajoutée par l'ordonnance n° 2015-1024 du 20 août 2015.

Cette solution implique quelques précisions. D'une part, la notion de défaillance est définie par l'article L. 613-48, II, du Code monétaire et financier. Elle est ainsi avérée ou prévisible si la personne concernée « remplit ou s'il existe des éléments objectifs attestant que cette personne est susceptible de remplir à terme rapproché » l'une des conditions suivantes : elle ne respecte plus les conditions de son agrément ; elle n'est pas en mesure de s'acquitter de ses dettes ou de ses autres engagements à l'échéance ; un soutien financier exceptionnel est requis des pouvoirs publics ; la valeur de ses actifs est inférieure à celle de ses passifs.

D'autre part, les objectifs de la résolution sont énoncés à l'article L. 613-50, I, du code. Il s'agit d'assurer la continuité des fonctions critiques, d'éviter les effets négatifs importants sur la stabilité financière et de protéger les ressources de l'État ainsi que les fonds et actifs des clients.

566 ***Déclenchement de la procédure*** ◊ Les mesures de résolution ne peuvent être décidées que par le collège de résolution de l'ACPR. Celui-ci doit avoir été saisi, soit par le gouverneur de la Banque de France, soit par le directeur général du Trésor, soit enfin par la BCE [1].

En revanche, précisons que seul le directeur général du Trésor peut saisir le collège de résolution si le soutien financier exceptionnel des pouvoirs publics est requis afin d'éviter ou de remédier à une perturbation grave de l'économie et de préserver la stabilité financière. Celui-ci se voit ainsi reconnaître un véritable droit de veto, dès lors que la décision d'entrée en résolution implique un soutien financier public.

Le collège de résolution doit également, sans avoir à vérifier que les conditions de déclenchement de la procédure de résolution sont réunies, faire usage de ses pouvoirs de résolution sur instruction du Conseil de résolution unique pour les entités qui relèvent de la compétence de ce dernier [2].

§ 2. Les mesures susceptibles d'être adoptées

567 ***Présentation générale*** ◊ Le collège de résolution de l'ACPR dispose d'un large éventail de mesures qu'il est susceptible d'adopter en fonction des circonstances. Il peut ainsi décider la cession d'activités à des personnes autres que des établissements-relais [3] ; la mise en place d'un établissement-relais chargé de recevoir, à titre provisoire et en vue d'une cession ultérieure tout ou partie des biens, droits ou obligations de la personne défaillante [4] ; le recours à une structure de gestion d'actifs à laquelle sont transférés tout ou partie des biens, droits ou obligations de cette personne en vue de la réalisation de ces actifs aux meilleurs prix [5] ; la mise en œuvre de mesures de renflouement interne [6] ; ou encore l'émission de nouveaux titres de capital [7]. Beaucoup de ces mesures étaient déjà prévues par la loi n° 2012-672 du 26 juillet 2013. L'ordonnance n° 2015-1024 du 20 août 2015 est cependant venue les préciser et les compléter afin d'être en adéquation avec la directive 2014/59/UE du 15 mai 2014.

568 ***Cas du bail-in*** ◊ Mentionnons, par exemple, les nombreuses dispositions applicables à la mise en œuvre d'une mesure de renflouement interne. Ainsi, selon l'article L. 613-55, I, du Code monétaire et financier,

1. C. mon. fin., art. L. 613-49, I.
2. C. mon. fin., art. L. 613-49, III.
3. C. mon. fin., art. L. 613-52.
4. C. mon. fin., art. L. 613-53.
5. C. mon. fin., art. L. 613-54.
6. C. mon. fin., art. L. 613-55.
7. C. mon. fin., art. L. 613-56.

les engagements éligibles d'une personne soumise à une procédure de résolution peuvent faire l'objet d'une réduction de leur valeur ou d'une conversion en instruments de fonds propres de base de catégorie 1 en vue, notamment, de recapitaliser la personne concernée. Dit plus simplement, il s'agit ici d'annuler des dettes non garanties ou de les convertir en capital. Certains actionnaires et créanciers risquent de la sorte de voir leurs droits anéantis par l'ACPR (*bail-in*). L'idée est d'éviter d'avoir encore à sauver les banques défaillantes par le recours à l'argent public (*bail-out*).

Toutefois, l'article L. 613-55-1 du code mentionne plusieurs engagements qui ne peuvent faire l'objet d'une réduction de leur valeur ou d'une conversion. Il en va ainsi, par exemple, pour les dépôts couverts par la garantie du fonds de garantie des dépôts et de résolution (FGDR).

Par ailleurs, le rapport au Président de la République relatif à l'ordonnance du 20 août 2015 rappelle que l'intervention du collège de résolution se fait ici dans le respect de plusieurs principes. Les actionnaires et créanciers « sont touchés par des mesures de résolution dans l'ordre des créanciers prévu en liquidation en cas d'insuffisance d'actif ». De plus, aucun d'entre eux ne peut supporter des pertes supérieures à celles qu'il aurait subies dans une telle hypothèse. En outre, sauf dispositions contraires, les créanciers de même rang sont traités de manière égale. D'autres mesures de sauvegarde sont encore envisagées par les textes

569 ***Contestation des mesures*** ◊ Les mesures de résolution peuvent être contestées en justice. Cependant, l'article L. 613-58-1 attribue un effet limité à cette contestation. En effet, l'annulation des mesures prises en application des sous-sections 9 et 10, et donc les dispositions relatives à la procédure de résolution, n'affecte pas la validité des actes pris pour leur application lorsque leur remise en cause est de nature à porter atteinte aux intérêts des tiers (sauf cas de fraude).

SOUS-TITRE 3

Les procédures collectives des établissements de crédit

570 ***Évolution légale*** ◊ Malgré le respect des règles de conduite et de gestion s'imposant à eux, il est possible qu'un établissement de crédit vienne à connaître des difficultés financières. Le législateur a donc envisagé des règles particulières tendant, non seulement à assurer la sécurité des intérêts financiers du public, mais également à consolider la situation financière de l'établissement en difficulté [1].

La loi n° 84-46 du 24 janvier 1984, tout d'abord, avait prévu quelques spécificités en la matière [2]. Cependant, il était évident que l'ensemble du droit des entreprises en difficulté ne pouvait s'appliquer aux établissements du secteur bancaire, de par leurs spécificités. Des solutions originales ont ainsi été recherchées pour maintenir la confiance du public dans un contexte économique sensible. Les dispositions issues loi bancaire du 24 janvier 1984 ont alors été modifiées par la loi n° 99-532 du 25 juin 1999 relative à l'épargne et à la sécurité financière au droit régissant le secteur financier [3]. Ces dispositions ont connu, depuis, plusieurs évolutions, et notamment par la loi n° 2013-672 du 26 juillet 2013 et l'ordonnance n° 2015-1024 du 20 août 2015 pour les coordonner avec la résolution bancaire.

571 Ce régime juridique figure désormais aux articles L. 613-24 et suivants du Code monétaire et financier [4]. Il témoigne du fait que les faillites bancaires obéissent à des règles dérogatoires au droit commun des entreprises en difficulté. Reprenons-en les principales spécificités concernant tant les conditions de déclenchement de la procédure (Chapitre 1) que son déroulement (Chapitre 2). Nous dirons un mot, pour finir, des mesures d'assainissement et de liquidation des établissements de crédit de l'Union européenne (Chapitre 3).

---

1. Th. Bonneau, « Redressement et liquidation judiciaires : établissements de crédit et entreprise d'investissement », J.-Cl. *Procédures collectives*, fasc. 3220.

2. Th. Bonneau, « Le droit des faillites bancaires et financières », *RDBB* janv-févr. 1997, p. 2.

3. H. Le Nabasque, « L'adaptation du droit des procédures collectives à la situation des établissements financiers », *RDBF* 1999. 148. Th. Bonneau, « De quelques apports de la loi n° 99-532 du 15 juin 1999 relative à l'épargne et à la sécurité financière au droit régissant le secteur financier », *JCP* 1999, I, 168. Ch. Léguevaques, *Droit des défaillance bancaires*, Economica, 2002.

4. G. Bourdeaux, « Le traitement judiciaire des institutions financières en difficulté », *RDBF* ov.-déc. 2014, dossier 49, p. 82.

CHAPITRE 1
LE DÉCLENCHEMENT DE LA PROCÉDURE

572 ***Cessation des paiements*** ◊ La notion de cessation des paiements de l'établissement de crédit, qui n'est pas une « hypothèse d'école » [1], présente des particularités. En effet, alors que l'article L. 631-1 du Code de commerce définit l'état de cessation des paiements comme l'impossibilité pour une entreprise de faire face au passif exigible avec son actif disponible, l'article L. 613-26, alinéa 1er, du Code monétaire et financier, propre aux difficultés des établissements de crédit, dispose que « sont en état de cessation des paiements les établissements de crédit qui ne sont pas en mesure d'assurer leurs paiements, immédiatement ou à terme rapproché ».

Rappelons, pour la bonne compréhension de cette définition, que le paiement immédiat consiste, pour une banque, à pouvoir rembourser les dépôts à vue et que le paiement à terme rapproché concerne, quant à lui, le remboursement d'une épargne à court terme, comme le livret A ou les comptes d'épargne logement.

Ainsi, le critère du lien entre l'actif disponible et le passif exigible applicable à la généralité des entreprises a disparu au profit d'une impossibilité immédiate de paiement. L'ouverture du redressement judiciaire d'un établissement de crédit est donc liée à sa seule capacité à rembourser ses créanciers les plus liquides.

573 ***Ouverture de la procédure*** ◊ Selon l'article L. 613-27, alinéa 1er, du Code monétaire et financier, les procédures de sauvegarde, de redressement et de liquidation judiciaires ne peuvent être ouvertes à l'encontre d'un établissement de crédit (mais aussi d'une société de financement, d'un établissement de monnaie électronique, d'un établissement de paiement ou d'une entreprise d'investissement) qu'après l'avis de l'Autorité de contrôle prudentiel et de résolution. Celui-ci devant désormais être conforme [2], cette procédure permet à l'ACPR de se réserver, si elle le souhaite, le traitement des difficultés bancaires et d'évincer les mécanismes de droit commun.

1. F. Derrida, « À propos de la faillite d'une banque : nouveau dévoiement », *D.* 1996. 7.
2. Évolution découlant de la loi n° 2013-672 du 26 juillet 2013 de séparation et de régulation des activités bancaires. Th. Bonneau, « Procédures collectives et avis conforme de l'ACPR », *RDBF* janv.-févr. 2013. Alerte 1.

L'article R. 613-14 du Code monétaire et financier précise le déroulé de cette phase d'ouverture. Le collège de supervision de l'Autorité doit notamment se prononcer dans un délai de 21 jours à compter de la réception de la demande d'avis [1]. En l'absence de réponse dans le délai imparti, l'avis est réputé favorable à l'ouverture de la procédure.

1. En cas d'urgence, le délai peut être abrégé par le président du tribunal, sans pouvoir toutefois être inférieur à cinq jours ouvrables. L'article R. 613-14, II, al. 2, prévoit des cas dérogatoires.

CHAPITRE 2

LE DÉROULEMENT DE LA PROCÉDURE

574 La procédure se déroule selon les règles définies dans le Code de commerce. Néanmoins, quelques dispositions spécifiques sont également à relever en la matière, concernant notamment la nomination des mandataires judiciaires (Section 1), mais aussi la déclaration de créances (Section 2).

SECTION 1. LA NOMINATION DES MANDATAIRES JUDICIAIRES

575 ***Administrateurs*** ◊ Les spécificités du secteur bancaire ont été prises en considération par le législateur pour organiser les pouvoirs concurrents de l'administrateur judiciaire qui peut être nommé lors de l'ouverture d'une procédure de redressement et ceux de l'administrateur provisoire qui a pu être désigné par l'ACPR dans l'exercice de sa mission de contrôle.

L'article L. 613-28 du Code monétaire et financier répartit ainsi les fonctions : « Lorsqu'un administrateur provisoire a été désigné par l'Autorité de contrôle prudentiel et de résolution en application de l'article L. 612-34, le tribunal ne peut charger l'administrateur judiciaire que de la surveillance des opérations de gestion, telle qu'elle est prévue au 1° du II de l'article L 622-1 du Code de commerce ». Ainsi, nous le voyons, la nomination d'un administrateur provisoire dans le cadre de l'article L. 612-34 du Code monétaire et financier interfère avec les pouvoirs de l'administrateur judiciaire désigné dans le cadre d'une procédure collective.

Comme le relève un courant doctrinal [1], la répartition des rôles semble, *a priori*, relativement simple : l'administrateur désigné par l'ACPR dispose d'un pouvoir de gestion et de représentation de l'établissement, et l'administrateur judiciaire est compétent pour surveiller la gestion menée [2]. Toutefois, il convient de garder à l'esprit que l'administrateur judiciaire dispose de pouvoirs propres qui doivent être maintenus en l'absence de dispositions contraires du Code monétaire et financier [3]. Son rôle est donc peut-être plus important qu'il n'y paraît.

---

1. G. Bourdeaux, *op. cit.*, n° 14.

2. Paris, 2 mars 1990, *D.* 1990, somm. p. 569, obs. M. Vasseur ; *RTD com.* 1990. 234, obs. M. Cabrillac et B. Teyssié.

3. H. Le Nabasque, « L'adaptation du droit des procédures collectives à la situation des établissements financiers », *RDBF* 1999. 152.

576 ***Liquidateurs*** ◊ Lors d'une liquidation judiciaire, une répartition de compétence analogue est prévue par l'article L. 613-29 du Code monétaire et financier. L'ACPR doit, en effet, nommer à cette occasion un liquidateur pour procéder à l'inventaire des actifs, aux opérations de liquidation et aux licenciements. Le liquidateur judiciaire nommé, quant à lui, par le tribunal ne se voit, par conséquent, que reconnaître une compétence résiduelle extrêmement réduite. Il sera notamment chargé de la vérification des créances.

SECTION 2. LA DÉCLARATION DE CRÉANCES

577 ***Régime dérogatoire*** ◊ S'agissant de la déclaration de créances, l'article L. 613-30 du Code monétaire et financier doit être signalé dans la mesure où il déroge au droit commun des procédures collectives. L'article dispose en effet qu'en cas d'ouverture d'une procédure de sauvegarde, de redressement ou de liquidation judiciaires à l'égard d'un établissement de crédit ou d'une entreprise d'investissement sont dispensés de la déclaration prévue à l'article L. 622-24 du Code de commerce « le fonds de garantie et les déposants pour leurs créances entrant pour tout ou partie dans le champ d'intervention du fonds » [1].

La mise en œuvre concrète de cette disposition repose ainsi sur le FGDR qui est chargé d'informer les déposants et le mandataire judiciaire du montant des créances qui ne relèvent pas de son intervention [2].

---

1. Avant que cette disposition ne soit prévue par la loi du 25 juin 1999, la jurisprudence retenait la solution inverse, Com. 4 mars 1997, n° 94-13.170, *Bull. civ.* IV, 1997, n° 64.

2. C. mon. fin., art. L. 613-30, al. 2. V. également, C. mon. fin., art. R. 613-19, al. 1.

CHAPITRE 3

LES MESURES CONCERNANT LES ÉTABLISSEMENTS DE CRÉDIT DE L'UNION EUROPÉENNE

578 ***Fondement*** ◊ L'ordonnance n° 2004-1127 du 21 octobre 2004 est à l'origine de la transposition de la directive 2001/24/CE du Parlement européen et du Conseil du 4 avril 2001 concernant l'assainissement et la liquidation des établissements de crédit [1]. Les dispositions en question figurent aux articles L. 613-31-1 à L. 613-31-10 du Code monétaire et financier. Ceux-ci ont fait l'objet de modifications par l'ordonnance n° 2015-1024 du 20 août 2015.

579 ***Champ d'application*** ◊ Ce régime juridique s'applique aux mesures d'assainissement et aux procédures de liquidation des établissements de crédit, des entreprises d'investissement autres que des sociétés de gestion de portefeuille, et de leurs succursales établies sur le territoire d'un État membre de l'Union européenne autre que celui du siège social [2]. Notons que sont assimilés aux États membres de l'Union européenne les États parties à l'accord sur l'Espace économique européen (EEE) [3]. Les règles précitées ont également vocation à jouer à l'égard des succursales d'établissements de crédit ayant leur siège hors de l'Espace économique européen, à la condition ces établissements disposent de succursales établies dans au moins deux États membres. Il en va de même à l'égard des personnes mentionnées aux 3° à 6° de l'article L. 613-34 du code (établissements financiers, compagnies financières holding, compagnies financières holding mixtes, etc.) à l'encontre desquelles est prise une mesure de résolution par une autorité de résolution compétente.

580 ***Régime juridique*** ◊ Concernant donc les États parties à l'accord sur l'EEE, il est prévu que ce sont les autorités de l'État membre d'origine, défini comme étant l'État où l'établissement de crédit a été agréé, et la loi

---

1. F. Melin, « L'ordonnance du 21 octobre 2004 portant transposition de la directive du 4 avril 2001 concernant l'assainissement et la liquidation des établissements de crédit », *JCP E* 2004, act. 251.
2. C. mon. fin., art. L. 613-31-1.
3. L'Espace économique européen comprend l'ensemble des pays de l'Union européenne, auxquels s'ajoutent l'Islande, la Norvège et le Liechtenstein.

de cet État qui sont compétentes pour régler les difficultés financières de l'établissement en question. Ainsi, les mesures d'assainissement, c'est-à-dire les mesures de redressement comme de liquidations judiciaires, décidées par les autorités de cet État conformément à sa législation produisent leurs effets sur tout le territoire de l'Espace économique européenne [1].

Notons cependant que cette application de la loi du pays d'origine demeure assortie de dérogations, des règles de conflit de lois étant prévues pour déterminer les effets des procédures sur certains contrats, droits ou instances en cours [2]. En outre, un certain nombre de dispositions plus protectrices sont envisagées, par exemple au bénéfice des créanciers bénéficiant d'une réserve de propriété [3].

581 ***Illustration*** ◊ Peu de décisions ont été rendues en la matière. On peut cependant citer un arrêt de la CJUE du 24 octobre 2013 [4] ayant affirmé que les articles 3 et 9 de la directive 2001/24/CE du 4 avril 2001 concernant l'assainissement et la liquidation des établissements de crédit doivent être interprétés en ce sens que des mesures d'assainissement ou de liquidation d'un établissement financier, telles que celles basées sur les dispositions transitoires figurant sous le point II de la loi islandaise n° 44/2009 du 15 avril 2009, sont à considérer comme des mesures prises par une autorité administrative au sens de ces articles de la directive en question, dès lors que les dispositions transitoires en question ne produisent leurs effets que par le biais des décisions judiciaires accordant un moratoire à un établissement de crédit. Cette décision a eu des incidences en droit interne [5].

---

1. C. mon. fin., art. L. 613-31-2 et L. 613-31-3.

2. C. mon. fin., art. L. 613-31-5.

3. C. mon. fin., art. L. 613-31-6, 2°.

4. CJUE 24 oct. 2013, *LBI hf c. Kepler Capital Markets SA*, *D.* 2014. 249, note C. Kleiner ; *JCP E* 2013, 1694, note Th. Bonneau ; *Banque et Dr.* 1-2/2014. 17, obs. Th. Bonneau ; *RDBF* 2014, comm. 1, obs. F.-J. Crédot et Th. Samin ; *LEDB* janv. 2014, p. 7, n° 182, obs. C. Kleiner.

5. Com. 24 juin 2014, n° 10-27.648, *LEDB* sept. 2014, p. 5, n° 109, obs. J. Lasserre Capdeville.

DEUXIÈME PARTIE

LES COMPTES EN BANQUE

582 ***Nécessité*** ◊ Les comptes en banques sont un « passage obligé » pour tous ceux qui veulent participer à la vie économique. Les commerçants sont ainsi tenus d'avoir un compte bancaire [1]. Cette obligation se retrouve à l'égard des personnes ayant opté pour le statut d'entrepreneur individuel à responsabilité limitée (EIRL) [2]. De même, le Code du travail oblige l'employeur à payer par chèque ou virement bancaire les salaires au-dessus d'un certain montant [3]. En outre, les paiements réalisés par virements, cartes bancaires, ou chèques sont aussi obligatoires au-delà de certains seuils [4]. La détention d'un compte est donc, aujourd'hui, une nécessité.

583 ***Définition*** ◊ Le compte en banque peut être défini, d'une façon globale, comme un instrument juridique permettant la réception de fonds, mais aussi leur conservation avant utilisation.

Plus concrètement, il constitue à la fois un tableau de dettes et de créances établissant un lien patrimonial entre la banque et son client, mais aussi une convention. À ce titre, le compte en banque a une réalité juridique propre [5].

---

1. C. com., art. L. 123-24.

2. C. com., art. L. 526-13. Selon ce dernier, l'entrepreneur est tenu de faire ouvrir dans un établissement de crédit un ou plusieurs comptes bancaires exclusivement dédiés à l'activité à laquelle le patrimoine a été affecté.

3. C. trav., art. L. 3241-1. C. mon. fin., art. L. 112-10. La limite est de 1 500 euros. V. ss 928.

4. C. mon. fin., art. L. 112-6 s. Par exemple, depuis un décret n° 2015-741 du 24 juin 2015, il n'est plus possible pour un ressortissant français d'effectuer un paiement en espèces au-delà de la limite de 1 000 euros (contre 3 000 euros auparavant). V. ss 919.

5. J. Stoufflet, « Compte bancaire. Généralités. Compte de dépôt », *J.-Cl. BCB*, fasc. 200, 2013, n° 1.

Il apparaît également comme un instrument de règlement, puisque le banquier accomplit les ordres de paiement donnés par le client à l'aide des fonds déposés sur le compte.

Ce dernier pourra encore devenir un instrument de crédit, lorsque le professionnel de la banque autorisera son client à le mettre en position débitrice.

584 ***Professionnels teneurs de compte*** ◊ Les établissements de crédit sont les principaux teneurs de compte dans notre pays. La plupart des opérations qu'ils traitent avec leurs clients, mais également avec des établissements tiers, sont réalisées par des écritures en compte. Il est vrai que la réception de fonds remboursables du public constitue une opération de banque protégée par le monopole bancaire [1].

Les établissements de paiement [2], quant à eux, sont susceptibles d'ouvrir des comptes uniquement dédiés à l'exécution d'opérations de paiement. En conséquence, du fait de cette seule finalité, un établissement de paiement ne saurait utiliser les fonds en question pour son propre compte. Il n'y a donc pas de monopole partagé en matière de réception de fonds remboursables du public.

585 ***Pluralité de comptes*** ◊ Les comptes en banque sont le premier instrument unissant les établissements de crédit à leurs clients. Ils sont à la fois les plus nombreux et les plus actifs. La quasi-totalité des opérations effectuées par les banques aujourd'hui donnent ainsi lieu à une inscription en compte.

À côté de ces comptes en banque au sens classique du terme, il existe, cela vient d'être dit, depuis l'ordonnance n° 2009-866 du 15 juillet 2009 des « comptes de paiement » qui peuvent être ouverts par les établissements de paiement et qui ont une finalité particulière : effectuer seulement des opérations de paiement [3].

En outre, au-delà de cette première distinction, il convient de rappeler que les comptes bancaires peuvent eux-mêmes être classés en plusieurs catégories, telles que les comptes de dépôt (Titre 1), les comptes courants (Titre 2), et les comptes spéciaux (Titre 3). Chacun d'eux présente des caractéristiques propres.

1. C. mon. fin., art. L. 511-5, al. 2. V. ss 58.
2. V. ss 170.
3. V. ss 868.

TITRE 1

LE COMPTE DE DÉPÔT

586 ***Définition*** ◊ La convention de compte de dépôt constitue le support privilégié des opérations de clientèle. La jurisprudence y voit un simple cadre comptable « mouvementé uniquement par des versements ou des retraits dans la limite du disponible » [1]. La doctrine, quant à elle, définit cette convention comme un contrat-cadre de services bancaires fixant les conditions générales gouvernant la relation entre un établissement de crédit à un client [2]. Il s'agit, en quelque sorte, du compte « ordinaire » ouvert par le client [3].

587 ***Encadrement juridique*** ◊ Si pendant longtemps, le compte de dépôt était essentiellement régi par la convention et les usages, il en va différemment aujourd'hui. Ce compte fait en effet l'objet, désormais, d'un encadrement légal et réglementaire étendu [4]. Le législateur comme le pouvoir réglementaire ont en effet cherché à le régir de plus en plus strictement, que cela soit concernant son ouverture (Sous-titre 1), son fonctionnement (Sous-titre 2), sa clôture (Sous-titre 3), ou encore les suites de cette dernière (Sous-titre 4). Toutes ces règles ne sont cependant pas nécessairement limitées au compte de dépôt ; certaines d'entre elles s'adressent également, parfois, à d'autres catégories de comptes.

---

1. Civ. 1re, 8 janv. 2009, n° 06-17.630, *Banque et Dr.* 2009, n° 124, p. 30, note Th. Bonneau ; CCC 2009, comm. 85, obs. G. Raymond ; *JCP E* 2009, 1538, obs. N. Mathey.

2. Th. Bonneau, *Droit bancaire*, Montchrestien, 2014, 11e éd., n° 435.

3. Ph. Neau-Leduc, A. Perrin-Dureau et Ch. Neau-Leduc, *Droit bancaire*, Dalloz, coll. Cours, 2018, 6e éd., n° 288.

4. Pour une présentation détaillée, J. Stoufflet, « Compte bancaire. Généralités. Compte de dépôt », *J.-Cl. BCB*, fasc. 200, 2013. D. Gibirila (dir.), « Les comptes bancaires », *Journ. sociétés* 10/2015, n° 134, dossier, p. 9 s.

SOUS-TITRE 1

L'ouverture du compte de dépôt

588 ***Liberté contractuelle*** ◊ Par principe, les conventions unissant les banques à leurs clients comportent un *intuitu personae* marqué, dans la mesure où elles reposent avant tout sur la confiance entre les parties. En conséquence, le banquier doit avoir, en principe, la liberté de choisir son cocontractant. Il en va ainsi, notamment, en matière de droit du crédit, puisqu'il n'existe pas en droit français de droit au crédit [1].

Mais qu'en est-il concernant le compte de dépôt ? Un banquier peut-il refuser l'ouverture d'un tel compte ? De longue date, la doctrine répond à cette interrogation par l'affirmative [2] : un banquier est libre d'ouvrir ou de refuser d'ouvrir un compte bancaire. Cette solution est aujourd'hui visée par la loi [3].

Pour autant, cette liberté n'est pas sans limite. D'une part, un tel refus doit pouvoir être jugé fautif en cas d'abus de droit du banquier démontré [4]. Il devrait en aller ainsi lorsque le professionnel de la banque fait obstacle à cette ouverture dans le but de nuire au requérant. D'autre part, la prise en considération d'un motif discriminatoire comme fondement d'un tel refus est nécessairement fautive [5]. Le banquier encourra ici des sanctions civiles comme des sanctions pénales. Enfin, et surtout, depuis trente-cinq ans notre législation prévoit un droit à l'ouverture d'un compte au bénéfice de toute personne dépourvue d'un compte de dépôt.

589 Observons alors, en premier lieu, l'encadrement juridique de l'ouverture du compte de dépôt, qui laisse ainsi une grande place à la liberté contractuelle (Chapitre 1), avant de nous intéresser, en second lieu, au dispositif particulier du droit au compte (Chapitre 2).

---

1. V. ss 1569.

2. J. et R. Escarra et J. Rault, *Principes de droit commercial. Tome VI*, Sirey, n° 320. J. Hamel, « Le droit du banquier de refuser l'ouverture d'un compte », *Revue Banque* 1959, p. 6.

3. C. mon. fin., art. L. 312-1, al. 2. Par ailleurs, notons que si l'article L. 511-4 du Code monétaire et financier prévoit que les articles L. 420-1 à L. 420-4 du Code de commerce s'appliquent aux établissements de crédit pour leurs opérations de banque et leurs opérations connexes ainsi qu'aux établissements de paiement, il résulte des silences de ce même article L. 511-4 que la prohibition du « refus de vente », envisagée par l'article L. 122-1 du Code de commerce, n'est pas applicable ici. Les établissements de crédit comme les établissements de paiement gardent donc la liberté de refuser d'ouvrir un compte sans risquer de se voir opposer un tel « refus de vente ».

4. J.-L. Rives-Lange et M. Contamine-Raynaud, *Droit bancaire*, Dalloz, 1995, 6e éd., n° 186.

5. Halde, délib. n° 2010-27, 1er févr. 2000, *Banque et Dr.* 2011, n° 136, p. 22, obs. Th. Bonneau.

CHAPITRE 1
L'ENCADREMENT JURIDIQUE DE L'OUVERTURE DU COMPTE

590 L'ouverture d'un compte de dépôt s'analyse logiquement comme la conclusion d'un contrat. Il convient dès lors, pour les parties, de respecter les exigences du droit commun des contrats visées le Code civil. Pour mémoire, depuis l'ordonnance n° 2016-131 du 10 février 2016 portant réforme du droit des contrats, du régime général et de la preuve des obligations, l'article 1128 prévoit comme conditions essentielles pour la validité d'une convention : le consentement des parties ; leur capacité de contracter ; et enfin un contenu licite et certain [1]. Or, en matière d'ouverture de comptes en banque, des interrogations peuvent se poser à propos de la capacité du client (Section 1).

Au-delà de ces questions, l'encadrement juridique de l'ouverture de compte se compose principalement de l'obligation pour le banquier de connaître son client (Section 2), de l'informer correctement (Section 3) et de passer avec lui une convention de compte strictement encadrée par la loi (Section 4).

SECTION 1. LA CAPACITÉ DES PARTIES

591 Par principe, toute personne physique ou morale est susceptible de se faire ouvrir un compte en banque. Néanmoins, des questions ont pu se poser, ces dernières années, à propos de la capacité de certains clients, personnes physiques (§ 1) ou personnes morales (§ 2), souhaitant bénéficier d'une telle ouverture.

§ 1. Les clients personnes physiques

592 Deux situations soulèvent *a priori* des incertitudes. Il en va ainsi à l'égard des mineurs (A) et des majeurs protégés (B).

---

1. On rappellera qu'antérieurement à cette réforme, l'ancien article 1108 envisageait : le consentement de la partie qui s'oblige ; sa capacité de contracter ; un objet certain qui forme la matière de l'engagement ; et une cause licite dans l'obligation.

593 ***Conjoint*** ◊ En revanche, le cas des conjoints est régi par le droit. En effet, s'agissant des couples mariés, l'article 221 du Code civil dispose que chacun des époux peut se faire ouvrir, sans le consentement de l'autre, tout compte de dépôt [1]. Aucune restriction n'est donc prévue en la matière.

A. Les mineurs

594 La doctrine s'est régulièrement intéressée, depuis 40 ans, au cas du compte en banque du mineur [2]. Il est vrai que le droit applicable en la matière a toujours soulevé des questions que le mineur en question soit émancipé (2) ou pas (1).

1. Le mineur non émancipé

595 ***Différence de nature des actes*** ◊ La bonne compréhension des règles posées en la matière nécessite, au préalable, de rappeler les différences de nature existant entre les divers actes juridiques susceptibles de se rencontrer. Tout d'abord, l'acte d'administration est l'acte correspondant aux opérations de gestion normale d'un patrimoine, en conservant notamment sa valeur. L'acte conservatoire, quant à lui, est celui qui tend simplement à préserver un droit, c'est-à-dire à éviter sa disparition (inscription d'une hypothèque, interruption d'une prescription, etc.). Ces deux types d'actes se distinguent alors de l'acte de disposition qui modifie la composition du patrimoine par le transfert d'un droit réel ou par la souscription d'un engagement juridique important (vente, donation, prêt, etc.).

596 ***Principes généraux*** ◊ Sous le régime de l'administration pure et simple [3], il est prévu que chacun des parents peut effectuer seul les actes d'administration ou conservatoires, mais que l'accord des deux demeure requis pour les actes de disposition [4].

Sous le régime de l'administration légale sous contrôle judiciaire, le parent qui exerce l'autorité parentale peut faire seul les actes d'administration et conservatoires. Il doit en revanche obtenir l'autorisation du juge des tutelles pour les actes de disposition [5].

---

1. L'article vise également le compte titre.

2. V. notamment, J. Stoufflet, « L'activité juridique du mineur non émancipé », *in Mélanges Voirin*, LGDJ, 1967, p. 782. J. Huet, « Détournement (bancaire) de mineurs ? », *D.* 1987. 215. J. Delgado, « Réflexion sur la pratique bancaire et les mineurs non émancipés », *JCP N* 1994, I, 283. J. Casey, « L'enfant et la banque », *Dr. et patr.* 2000, n° 87, p. 76. J. Lasserre Capdeville, « Le compte en banque du mineur », *RDBF* mars-avr. 2008, p. 11.

3. C. civ., art. 383.

4. Notons, toutefois, que pour certains actes graves, dont le prêt, l'approbation du juge des tutelles demeure requise. C. civ., art. 389-5.

5. C. civ., art. 389-6.

Enfin, sous le régime de la tutelle, le tuteur ne peut accomplir seul que les actes d'administration ou conservatoires [1]. Les actes de disposition doivent, quant à eux, être autorisés par le conseil de famille ou, à défaut, par le juge [2].

597 ***Application en matière d'ouverture de compte*** ◊ Quelle est la nature juridique de l'ouverture d'un compte en banque ? Pour un courant doctrinal, il s'agit d'un acte d'administration [3]. Il est vrai qu'une telle ouverture n'engage pas le patrimoine de la personne.

Cependant, l'état du droit a été précisé, ces dernières années, en la matière. En effet, d'après la classification présentée dans l'annexe 1 du décret n° 2008-1484 du 22 décembre 2008, rédigée pour faciliter la tâche des protecteurs et leur éviter ainsi de dépasser leurs pouvoirs, l'ouverture d'un premier compte en banque ou livret au nom ou pour le compte de la personne protégée s'analyse comme un acte d'administration. En revanche, l'ouverture d'un nouveau compte ou livret, toujours au nom ou pour le compte de la personne protégée, est qualifiée d'acte de disposition.

598 ***Pouvoirs du mineur*** ◊ Un mineur peut-il dès lors se faire ouvrir, seul, un compte en banque ? Pour certains types de compte particuliers, ce pouvoir est expressément prévu [4]. Mais qu'en est-il pour le compte de dépôt ? La doctrine y est favorable, même si elle ne fonde pas toujours cette solution de la même façon.

Pour un certain nombre d'auteurs [5], il conviendrait ici de se référer aux articles 389-3 et 408 du Code civil, ces deux textes relevant le mineur de son incapacité de contracter dans tous les cas où la loi ou l'usage l'habilite à agir de lui-même, c'est-à-dire en présence d'actes de la vie courante. On peut néanmoins douter de l'assimilation de l'ouverture d'un compte en banque à un acte de la vie courante, dans la mesure où un tel acte n'est pas fréquemment effectué par un individu dans son existence.

Une autre explication paraît dès lors préférable. Cela a été dit plus haut, l'ouverture d'un premier compte en banque est un acte d'administration [6]. Or, il est traditionnellement admis que les actes d'administration passés

---

1. C. civ., art. 504.

2. C. civ., art. 505.

3. F. Grua, *Les contrats de base de la pratique bancaire*, Litec, 2000, p. 63, n° 85. Ph. Delebecque et M. Germain, *Droit commercial*, LGDJ, t. 2, 17ᵉ éd., n° 2291. J. Delgado, *op. cit.*, p. 283. J. Casey, *op. cit.*, p. 78. J. Lasserre Capdeville, *op. cit.*, p. 13, n° 12.

4. Selon l'article L. 221-3 du Code monétaire et financier, « les mineurs sont admis à se faire ouvrir des livrets A sans l'intervention de leur représentant légal ». Le mineur peut retirer, sans son intervention, les sommes figurant sur un livret ainsi ouvert, mais seulement après l'âge de 16 ans et sauf opposition de la part de son représentant légal. Notons que le livret jeune, mentionné par l'article L. 221-24 du Code monétaire et financier, réservé aux personnes âgées de 12 à 25 ans résidant habituellement en France, est également soumis à un régime dérogatoire en ce qui concerne la capacité.

5. J. Huet, *op. cit.*, p. 218. J.-L. Rives-Lange et M. Contamine-Raynaud, *Droit bancaire*, Dalloz, 1995, 6ᵉ éd., n° 188.

6. V. ss 597.

par le mineur seul sont admissibles du moment qu'ils ne sont pas lésionnaires. Par conséquent, la conclusion d'une simple convention de dépôt ne donnant lieu, en elle-même, à aucun risque financier pour le jeune client, elle sera nécessairement admise [1].

2. Le mineur émancipé

599 ***Principe général*** ◊ Le mineur émancipé est doté de la pleine capacité [2]. En conséquence, il peut librement effectuer toutes les opérations bancaires.

Notons que jusqu'à une date récente une limite importante existait en la matière : le mineur émancipé ne pouvait pas être commerçant. En conséquence, il était recommandé au banquier, lors de l'ouverture d'un compte par le mineur, de s'assurer que ce dernier n'était pas destiné à être le support d'une activité commerciale. Cette limite est cependant à relativiser aujourd'hui. En effet, la loi n° 2010-658 du 15 juin 2010 relative à l'entrepreneur individuel à responsabilité a modifié le contenu des articles L. 121-2 du Code de commerce et 413-8 du Code civil. Désormais, il est prévu que le mineur émancipé peut être commerçant sur autorisation du juge des tutelles au moment de la décision d'émancipation et du président du tribunal de grande instance s'il formule cette demande après avoir été émancipé.

B. Les majeurs protégés

600 ***Principes généraux*** ◊ Le droit n'est pas particulièrement prolixe au sujet de la question de l'ouverture d'un compte en banque au bénéfice d'un majeur protégé. Néanmoins, depuis la loi n° 2007-308 du 5 mars 2007 portant réforme de la protection juridique des majeurs, l'article 427 du Code civil [3] prévoit que : « La personne chargée de la mesure de protection ne peut pas procéder à la clôture des comptes ou livrets ouverts, avant le prononcé de la mesure, au nom de la personne protégée. Elle ne peut pas non plus procéder à l'ouverture d'un autre compte ou livret auprès d'un nouvel établissement habilité à recevoir des fonds du public.

Le juge des tutelles ou le conseil de famille s'il a été constitué peut toutefois l'y autoriser si l'intérêt de la personne protégée le commande.

Un compte est ouvert au nom de la personne protégée auprès de la Caisse des dépôts et consignations par la personne chargée de la protection si le juge ou le conseil de famille s'il a été constitué l'estime nécessaire.

---

1. J. Lasserre Capdeville, *op. cit.*, p. 13, n° 12. Cette solution ne devrait, en revanche, pas être admissible en présence de l'ouverture d'un nouveau compte. L'autorisation du conseil de famille ou du juge paraît alors requise.

2. C. civ., art. 413-6.

3. L'article en question vient d'être légèrement retouché par la loi n° 2019-222 du 23 mars 2019 de programmation 2018-2022 et de réforme pour la justice : *JO* 24 mars 2019, texte n° 2. Le cas de la clôture est désormais expressément envisagé.

Lorsque la personne protégée n'est titulaire d'aucun compte ou livret, la personne chargée de la mesure de protection lui en ouvre un (...) » [1].

Cet article envisage donc l'ouverture d'un compte bancaire par la personne chargée de la protection juridique, c'est-à-dire le protecteur (1). Il est à regretter, en revanche, qu'il ne dise mot à propos du majeur protégé lui-même, alors que l'ouverture d'une mesure de protection juridique ne crée pas nécessairement une incapacité d'exercice pour le majeur concerné (2).

1. L'ouverture par le protecteur

601 ***État des lieux*** ◊ Toutes les mesures de protection juridique n'emportent pas désignation d'un protecteur. C'est le cas de la sauvegarde de justice, lorsque le juge des tutelles ne désigne pas de mandataire spécial. En outre, toute mesure de protection juridique ne crée pas nécessairement une incapacité d'exercice. La sauvegarde de justice, le mandat de protection future et la mesure d'accompagnement judiciaire restent ainsi officieuses et inopposables aux tiers, faute d'émargement du jugement d'ouverture sur l'acte de naissance de l'intéressé. Leurs bénéficiaires conservent quasiment leur pleine capacité juridique. Concernant, plus particulièrement la sauvegarde de justice, celle-ci n'altère pas, en principe, la capacité de celui qui y est soumis [2], mais les actes accomplis par ce dernier sont susceptibles de faire l'objet d'actions en annulation, en rescision pour lésion ou en réduction pour excès [3].

La curatelle, quant à elle, assure à la personne une protection plus complète que celle fournie dans le cadre de la sauvegarde de justice, tout en restant moins contraignante que la mesure de tutelle. Plus concrètement, elle a pour objet d'assister ou de contrôler le majeur qui, sans être hors d'état d'agir lui-même, a besoin d'être assisté de façon continue dans les actes les plus importants de la vie civile, c'est-à-dire les actes de disposition [4].

La tutelle, enfin, tend à protéger les individus qui souffrent des altérations les plus graves. Par conséquent, ce régime met en place une protection étendue. Il s'agit d'un régime de représentation. Cela a été observé plus haut [5], le tuteur accomplit seul les actes conservatoires ainsi que les

1. G. Raoul-Cormeil et J. Lasserre Capdeville, « Le compte en banque du majeur protégé. Difficultés pratiques soulevées par le droit des incapacités et le droit bancaire », *RDBF* mai-juin 2013, dossiers 23, 24, 25 et 26.
2. C. civ., art. 435.
3. C. civ., art. 435.
4. C. civ., art. 467. Notons, car cela a ici son importance, que lorsque la curatelle est renforcée, l'article 472 du Code civil investit le curateur de la mission de percevoir les revenus sur un compte ouvert au nom du curatélaire, d'assurer le paiement des dépenses et de verser l'excédent entre ses mains ou sur un autre compte laissé à sa disposition.
5. V. ss 596.

actes d'administration [1]. En revanche, le tuteur ne peut, sans y être autorisé par le conseil de famille ou, à défaut, le juge, faire des actes de disposition au nom de la personne protégée [2].

Or, et cela a été également noté [3], l'annexe du décret n° 2008-1484 du 22 décembre 2008 déclare que l'ouverture d'un premier compte en banque ou livret au nom ou pour le compte de la personne protégée s'analyse comme un acte d'administration, alors que l'ouverture d'un nouveau compte ou livret, toujours au nom ou pour le compte de la personne protégée, est un acte de disposition.

602 ***Particularité légale*** ◊ Une spécificité est à noter à l'égard du majeur protégé : l'article 427 du Code civil prévoit un ensemble de règles qui gouvernent celui-ci (quel que soit le régime de protection retenu) dans sa relation avec son banquier [4]. Cette disposition légale prévoit notamment l'immutabilité des comptes bancaires, c'est-à-dire l'obligation de leur maintien. Plusieurs conséquences en découlent à propos de l'ouverture d'un compte en banque.

Tout d'abord, la personne chargée de la mesure de protection ne peut procéder à l'ouverture « d'un autre compte » auprès d'un établissement habilité à recevoir des fonds du public. Il ne peut en aller différemment que si le juge des tutelles ou le conseil de famille s'il a été constitué l'y autorise et « si l'intérêt de la personne protégée le commande » [5]. Cette solution a été rappelée par la Cour de cassation dans un avis remarqué [6]. Il est vrai que, dans ce cas, nous sommes en présence d'un acte de disposition au sens du décret du 22 décembre 2008.

En revanche, selon l'alinéa 4 de l'article 427 du code, lorsque la personne protégée n'est titulaire d'aucun compte ou livret, « la personne chargée de la mesure de protection lui en ouvre un ». Cette règle va dans le sens du même décret qui précise qu'il s'agit d'un acte d'administration. Le tuteur comme le curateur doivent donc pouvoir opérer, sur le fondement de l'alinéa précité, une telle ouverture au bénéfice du majeur protégé.

2. L'ouverture par le majeur protégé

603 ***Ouverture autorisée*** ◊ L'ouverture d'un compte bancaire est, selon les circonstances, un acte d'administration ou de disposition. Dès lors, les

---

1. C. civ., art. 504.
2. C. civ., art. 505.
3. V. ss 597.
4. V. ss 600.
5. Notons qu'un compte peut être ouvert au nom de la personne protégée auprès de la Caisse des dépôts et consignations par la personne chargée de la protection si le juge ou le conseil de famille s'il a été constitué « l'estime nécessaire ». Cette dernière règle suscite néanmoins des interrogations doctrinales, G. Raoul-Cormeil et J. Lasserre Capdeville, « L'ouverture d'un compte en banque pour un majeur protégé », *RDBF* mai-juin 2013, dossier 24, p. 87, n° 4. J. Massip, *Tutelle des mineurs et protection juridique des majeurs, Defrénois* 2009, n° 260, p. 219.
6. Civ. 1re, avis, 6 déc. 2018, n° 18-70.012 : *Gaz. Pal.* 22 janv. 2019, n° 3, p. 18, note J. Lasserre Capdeville ; dalloz.fr, actualité, 18 déc. 2018, obs. N. Péterka ; *JCP* 2018. 1374, note D. Noguéro ; *Banque et Dr.* 3-4/2019, n° 184, p. 41, obs. Th. Bonneau.

majeurs protégés en droit de passer de tels actes pourront se faire ouvrir un compte en banque. Il en ira ainsi pour la personne placée en sauvegarde de justice, puisqu'elle conserve sa pleine capacité juridique [1]. On peut citer également le mandant partie à un mandat de protection future, ou encore la personne bénéficiant d'une mesure d'accompagnement judiciaire continu.

Dans ces trois hypothèses, l'unique limite au droit des intéressés est constituée par l'interdiction d'émettre des chèques [2].

604 ***L'ouverture non autorisée*** ◊ Tout n'est cependant pas permis en la matière. Tout d'abord, la personne en tutelle étant frappée d'une incapacité spéciale d'exercice, elle ne peut se faire ouvrir, sous sa seule signature, un compte bancaire, que cela soit d'ailleurs un premier compte ou un nouveau. Elle conclut là, en principe, un acte nul. La nullité est prononcée de plein droit, sans qu'il soit nécessaire de prouver l'existence d'un préjudice [3].

Par ailleurs, concernant la curatelle, que celle-ci soit renforcée ou simple, les actes de disposition doivent être passés par le curatélaire assisté de son curateur. La personne en curatelle ne peut donc procéder seule à une telle ouverture de compte si elle dispose déjà d'un autre compte, puisque ce n'est que dans cette hypothèse que l'ouverture d'un compte en banque est qualifiée d'acte de disposition. Toutefois, la nullité de l'acte ne sera ici prononcée que s'il est établi que la personne a subi un préjudice [4]. Cela sera peu probable concernant l'ouverture d'un compte dépourvue de tout lien avec un éventuel crédit ou la délivrance d'un instrument de paiement [5].

En revanche, s'il s'agit d'un premier compte en banque, il n'y a alors aucun problème : nous sommes en présence d'un acte d'administration, c'est-à-dire un acte susceptible d'être accomplis par le curatélaire seul.

§ 2. **Les clients personnes morales**

605 ***Sociétés*** ◊ Les sociétés dotées de la personnalité morale peuvent, sans difficulté, disposer d'un compte bancaire ouvert par leurs représentants. Les banquiers doivent simplement s'assurer alors de la régularité de la nomination des dirigeants [6].

---

1. C. civ., art. 435.
2. G. Raoul-Cormeil et J. Lasserre Capdeville, *op. cit., p.* 89, n° 9.
3. C. civ., 465, 3°.
4. C. civ., 465, 2°.
5. En effet, il est difficilement inimaginable que l'ouverture d'un compte seule occasionne un préjudice au client majeur protégé.
6. C. mon. fin. R. 312-2. V. ss 610.

En revanche, en l'état de notre droit qui ne reconnaît pas la personnalité juridique aux groupes de sociétés, on peut penser qu'un tel groupe ne saurait ouvrir, en tant que tel et à défaut de patrimoine propre, un compte [1]. Il en va de même pour les sociétés en participation ou les sociétés de fait qui demeurent dépourvues de personnalité juridique [2].

606 ***Sociétés en formation*** ◊ Pour les sociétés en formation, l'ouverture d'un compte peut être effectuée au nom de la société par les associés fondateurs, alors même que la personnalité morale n'existe pas encore [3]. Toutefois, il convient de prévoir la reprise de cet engagement par la société après son immatriculation. À défaut, les fondateurs qui ont agi au nom de la société en formation resteront personnellement tenus des obligations souscrites [4].

SECTION 2. LA CONNAISSANCE DU CLIENT

607 ***Fondement textuel*** ◊ L'article R. 312-2 du Code monétaire et financier vise, sans le citer expressément, l'obligation de vigilance du banquier, susceptible de déroger, dans un certain nombre de cas, à son devoir de non-ingérence [5]. Il prévoit en effet des vérifications à la charge du professionnel de la banque ouvrant un compte à un nouveau client.

Si cet article trouve son fondement dans l'article 33 du décret n° 92-456 du 22 mai 1992, il est à noter que les obligations qu'il prévoit figuraient également dans le décret n° 75-903 du 3 octobre 1975, et étaient déjà admises antérieurement par la jurisprudence [6].

La législation contemporaine relative à la lutte contre le blanchiment des capitaux [7] a donné une utilité supplémentaire aux contrôles effectués par les établissements de crédit, notamment lors de l'ouverture d'un compte. Cette législation est néanmoins beaucoup plus étendue [8] que l'article R. 312-2 précité.

---

1. Com. 2 avr. 1996, n° 94-16.380, *Bull. civ.* IV, 1996, n° 113 ; *JCP* 1997, II, 22803, note J.-P. Chazal.

2. Rien n'empêche cependant le gérant de faire ouvrir à son nom un compte qui sera affecté exclusivement aux opérations de la société en question.

3. Com. 31 mai 1988, n° 86-10.146, *Revue Soc.* 1989, p. 39, note J. Stoufflet. Com. 6 févr. 1990, n° 88-18.873, *Bull. civ.* IV, 1990, n° 34 ; *Revue Soc.* 1990, p. 237, note J. Stoufflet ; *RTD com.* 1990. 232, obs. M. Cabrillac.

4. C. civ., art. 1843. C. com., art. L. 210-6. Pour des difficultés d'appréciation, Com. 27 oct. 1980, n° 79-11.232, *Bull. civ.* IV, 1980, n° 350.

5. V. ss 268.

6. V. par ex., Com. 7 févr. 1962, *D.* 1962. 306 ; *Revue Banque* 1962, p. 341, obs. X. Marin. Paris, 18 déc. 1965, *JCP* 1966, II, 14704, note J. Stoufflet. Com. 27 avr. 1967, *JCP* 15306, note Ch. Gavalda.

7. V. ss 352.

8. Pour une présentation succincte, v. ss 356.

Malgré cette situation, l'étude de ce dernier article, qui continue de servir de fondement à des décisions de justice [1], n'est pas inutile. Cette disposition, applicable même si le guichet est une simple succursale de banque étrangère [2], a ainsi été précisée par la jurisprudence, tant lorsque le postulant est une personne physique (§ 1) que lorsqu'il s'agit d'une personne morale (§ 2).

§ 1. **Le client personne physique**

608 En vertu de l'article R. 312-2, qui n'est pas limité aux seuls comptes de dépôt [3], le banquier doit, avant de procéder à l'ouverture du compte souhaitée, vérifier le domicile (B) et l'identité (A) du client. En revanche, faute de disposition en ce sens, il est acquis pour les juges qu'il n'est pas nécessaire que ce banquier s'assure de la profession actuelle ou passée du client [4] ou encore de son honorabilité [5].

609 ***Attitude du client*** ◊ Notons que l'attitude du client peut être de nature à engager sa responsabilité pénale. Ainsi, pour une décision remarquée, l'ouverture d'un compte bancaire afin de disposer d'un chéquier ainsi que l'utilisation de celui-ci dans le seul but « d'obtenir la remise de marchandises avec le dessein formé dès l'origine de ne pas en payer le prix » constituent des manœuvres frauduleuses au sens de l'article 313-1 du Code pénal régissant le délit d'escroquerie [6].

A. **L'identité du client**

610 ***Principe général*** ◊ En vertu de l'article R. 312-2 du Code monétaire et financier, le « banquier doit, préalablement à l'ouverture d'un compte, vérifier (...) l'identité du postulant, qui est tenu de présenter un document officiel comportant sa photographie ». Si le compte doit être ouvert au profit de plusieurs personnes, l'identité de chacune d'elles devra être vérifiée [7].

---

1. Reims, 11 juill. 2014, n° 13/02266, *LEDB* oct. 2014, p. 5, n° 127, obs. J. Lasserre Capdeville. Paris, 5 mars 2015, n° 13/23756.
2. Com. 6 mars 2007, n° 05-19.776, *Banque et Dr.* juill.-août 2007, p. 31, obs. G. Affaki et J. Stoufflet.
3. J. Stoufflet, *op. cit.*, n° 13.
4. Nîmes, 12 oct. 1988, *Revue Banque* 1989, p. 98, obs. J.-L. Rives-Lange.
5. Com. 25 janv. 1977, n° 76-13.644, *Bull. civ.* IV, 1977, n° 24. Paris, 18 déc. 1965, *JCP* 1966, II, 14704, note J. Stoufflet.
6. Crim. 1er juin 2011, n° 10-82.568, *D.* 2011. AJ 1621, obs. M. Bombled ; *D.* 2011. 2008, note J. Lasserre Capdeville ; *LEDB* sept. 2011, p. 4, n° 117, obs. M. Nord-Wagner ; *Dr. pénal* 2011, comm. 117, obs. J.-H. Robert. La même infraction a été retenue contre celui qui s'était fait ouvrir un compte et l'avait fait fonctionner normalement pendant quelques mois afin d'obtenir un chéquier et ainsi pouvoir émettre de nombreux chèques sans provision, Crim. 19 févr. 2014, n° 13-81.242, *Banque et Dr.* 2014, n° 154, obs. J. Lasserre Capdeville.
7. Com. 24 mars 1992, n° 90-13.157, *Bull. civ.* IV, 1992, p. 53, n° 124 ; *Revue Banque* 1992, p. 646, obs. J.-L. Rives-Lange.

Concrètement, le banquier va recueillir et conserver les informations suivantes : nom, prénoms, date et lieu de naissance du postulant, nature, date et lieu de délivrance du document présenté et nom de l'autorité ou de la personne qui l'a délivré ou authentifié. Les juges ont logiquement estimé que cette obligation devait également s'appliquer à l'ouverture d'un compte sur livret [1].

611 ***Preuve de l'identité*** ◊ La jurisprudence rendue en la matière précise que le document officiel comportant la photographie, envisagé par l'article étudié, ne peut être qu'une pièce délivrée par une autorité publique sur laquelle figure non seulement la photographie de l'intéressé, mais également sa signature [2]. Concrètement, il peut s'agir d'une carte nationale d'identité ou d'un passeport.

Concernant les permis de conduire, l'état des pratiques a évolué. Les anciennes versions des permis (le célèbre « papier rose ») ont été, un temps, admises par les banques [3], avant d'être définitivement refusées. Il est vrai que ces documents n'étaient pas bien difficiles à falsifier [4]. Toutefois, cette situation a aujourd'hui changé suite à la délivrance, depuis septembre 2013, du « nouveau permis de conduire » qui a pour caractéristique d'être nettement plus sécurisé que l'ancien.

En revanche, n'ont pas été considérées comme des pièces acceptables : une feuille de démobilisation datant de plusieurs années ne portant ni photographie ni adresse correspondant à celle donnée dans la déclaration du client [5], une carte de séjour ou un certificat de réfugié politique [6], une quittance de loyer [7], une carte grise dépourvue de signature [8], une photocopie de carte nationale d'identité [9] ou encore le récépissé de dépôt d'une demande de statut de réfugié [10]. Une carte d'identité périmée appelle, quant à elle, une vigilance particulière [11].

612 ***Examen du document*** ◊ Les juges n'imposent pas au banquier de pratiquer un examen approfondi du document pour vérifier son authenticité,

1. Paris, 17 avr. 1989, *Gaz. Pal.* 1989. 2, p. 521, note A. Piedelièvre ; *RTD com.* 1989. 700, obs. M. Cabrillac et B. Tessié.
2. Paris, 9 juin 1981, *JCP E* 1983, II, 13939, n° 18, obs. Ch. Gavalda et J. Stoufflet.
3. En faveur de l'admission d'un permis de conduire, Paris, 9 juin 1981, *D.* 1981. IR 494, obs. M. Vasseur ; *JCP E* 1983, II, 13939, n° 18, obs. Ch. Gavalda et J. Stoufflet. Paris, 21 juin 2012, n° 10/12001.
4. AN, question écrite n° 34474, *JO AN*, 8 sept. 2009.
5. Paris, 14 oct. 1960, *JCP* 1961. II. 12075.
6. Com. 3 avr. 1990, n° 88-20.135, *Bull. civ.* IV, 1990, n° 105.
7. Com. 17 oct. 1995, n° 94-11.664, *Bull. civ.* IV, 1995, n° 231 ; *RTD com.* 1996. 92, obs. M. Cabrillac.
8. Paris, 17 mars 1936, *D.* 1936. 257.
9. Metz, 18 mai 1977, *JCP* 1979, I, 2965, n° 26, obs. Ch. Gavalda et J. Stoufflet ; *RTD com.* 1978. 143, obs. M. Cabrillac et J.-L. Rives-Lange.
10. Paris, 24 févr. 2006, n° 05/17438, *JCP E* 2006, p. 2013, obs. A. Salgueiro.
11. Civ. 1re, 2 nov. 2005, n° 03-10.909, *Bull. civ.* I, 2005, n° 400 ; *D.* 2006. AJ 62, obs. V. Avena-Robardet ; *JCP E* 2006. 959, n° 22, obs. A. Salgueiro ; *Banque et Dr.* 3-4/2006. 66, obs. Th. Bonneau. Civ. 1re, 8 nov. 2005, n° 04-11.307.

du moment que la pièce produite offre une apparence de sincérité. En revanche, il en va différemment si cette dernière présente une « anomalie apparente » [1]. Dans cette hypothèse, le banquier devra rechercher si celle-ci n'est qu'apparente ou si elle est réelle et, dans ce dernier cas, il devra tout mettre en œuvre pour que le préjudice ne se réalise pas, au besoin en refusant d'exécuter l'opération. À défaut, le professionnel pourra voir sa responsabilité retenue [2].

Il en va ainsi pour le banquier dont l'attention n'a pas été attirée par la mention « gratis échange » figurant de manière insolite au dos du permis de conduire présenté par le client [3]. De même, commet une négligence engageant sa responsabilité la banque dont le préposé, à l'ouverture d'un compte bancaire, n'a pas remarqué les dissemblances évidentes entre, d'une part, la physionomie du postulant et la photographie apposée sur le passeport présenté pour justifier de l'identité du client et, d'autre part, la signature apposée sur la demande et celle du passeport [4].

Néanmoins, quelle que soit la faute commise par la banque, les tribunaux doivent rechercher si le préjudice subi par la victime est bien dû à la commission de la faute [5].

B. L'adresse du client

613 ***Principe général*** ◊ La présentation d'un document officiel n'est pas suffisante pour autoriser l'ouverture d'un compte. En effet, ce document ne contient pas forcément l'adresse actuelle de l'intéressé. Il est dès lors d'usage de demander au postulant un autre document sur lequel figure également son adresse. Il s'agira le plus souvent d'une quittance de loyer, de gaz ou d'électricité.

614 ***Adresse particulière*** ◊ Notons que l'adresse du centre communal ou intercommunal d'action sociale ou de l'organisme agréé figurant sur la carte nationale d'identité vaut justification du domicile. Il en est de même de l'attestation d'élection de domicile présentée par la personne ne disposant pas d'un domicile stable [6].

615 ***Vérifications*** ◊ La tâche du banquier ne se limite pas à cette obligation de s'informer sur l'adresse du client. Il doit encore vérifier l'exactitude

1. V. ss 278.
2. Civ. 1re, 2 nov. 2005, n° 03-10.909, *op. cit.* Rouen, 28 févr. 2013, *RJDA* 2013, n° 657.
3. Com. 23 juin 2004, n° 02-17.789, *D.* 2004. AJ 2373, obs. V. Avena-Robardet ; *RDBF* 2004, comm. 228, obs. F.-J. Crédot et Y. Gérard.
4. Reims, 11 juill. 2014, n° 13/02266, *le ré* oct. 2014, p. 5, n° 127, obs. J. Lasserre Capdeville.
5. T. com. Paris, 13 sept. 1988, *Revue Banque* 1988, p. 1275, obs. J.-L. Rives-Lange. La banque échappe donc à toute condamnation en cas de comportement léger du bénéficiaire du chèque, faute qualifiée par les juges de cause exclusive de son préjudice, Com. 9 juill. 2013, n° 12-22.240, *Gaz. Pal.* 26 sept. 2013, n° 268, p. 8, note J. Lasserre Capdeville.
6. C. mon. fin., R. 312-2, al. 2.

des renseignements recueillis. Cette obligation se justifie par la nécessité d'éviter que le titulaire du compte puisse effectuer sous un nom d'emprunt des opérations préjudiciables à des tiers, telles que l'émission de chèques sans provision. Il est alors d'usage, pour l'établissement de crédit, d'envoyer une lettre dite « d'accueil » à l'adresse indiquée par le client [1]. Si la lettre n'est pas retournée à l'envoyeur par la Poste, il est permis de penser qu'elle a bien été remise au destinataire et que l'adresse indiquée est exacte.

Dans tous les cas, il appartiendra au banquier de prouver qu'il a satisfait à ses obligations [2], notamment par la production d'une photocopie du document d'identité demandé [3].

616 ***Incertitude*** ◊ Une question s'est néanmoins posée en la matière : la lettre en question doit-elle être impérativement recommandée avec avis de réception ? Faute de disposition clarifiant ce point, on peut penser que l'envoi d'une lettre simple est suffisant [4]. Cependant, la preuve de l'envoi en question risque de se révéler difficile à rapporter pour le banquier. La lettre recommandée avec avis de réception est dès lors, sous cet aspect-là, préférable.

§ 2. Le client personne morale

617 ***Principe général*** ◊ Toujours selon l'article R. 312-2 du Code monétaire et financier, pour l'ouverture d'un compte au nom d'une personne morale, le banquier doit demander « la présentation de l'original ou de l'expédition ou la copie de tout acte ou extrait de registre officiel date de moins de trois mois constatant la dénomination, la forme juridique, l'adresse du siège social et l'identité des dirigeants ». Cette solution demeure applicable en présence d'une société étrangère [5].

618 ***Vérifications*** ◊ La banque doit-elle procéder, dans ce cas, à des vérifications particulières ? Si l'on se réfère au texte de l'article R. 312-2, on peut penser que le banquier est dans l'obligation de vérifier l'exactitude de l'adresse du siège social alléguée, ne serait-ce que pour constater l'existence de la société en question. Le recours à la lettre d'accueil semble donc, dans cette hypothèse encore, une technique opportune.

---

1. Com. 12 mars 1996, n° 94-14.546, *D. Affaires* 1996. 615 ; *RDBB* 1996. 172, obs. F.-J. Crédot et Y. Gérard. Com. 21 janv. 1997, n° 95-12.927, *RTD com.* 1997. 256, obs. M. Cabrillac ; *RJDA* 1997, n° 670.

2. Com. 11 janv. 2000, n° 97-11.584, *Bull. civ.* IV, 2000, n° 7 ; *RTD com.* 2000. 421, obs. M. Cabrillac ; *Banque et Dr.* 3-4/2000. 47, obs. M. Storck ; *RDBF* 2000, comm. 49, obs. F.-J. Crédot et Y. Gérard.

3. Limoges, 20 oct. 2011, n° 10/00969.

4. Com. 6 avr. 1993, n° 90-21.660, *RTD com.* 1993. 548, obs. M. Cabrillac ; *RJDA* 1993, n° 533. La jurisprudence était plus stricte par le passé, Com. 17 janv. 1968, *JCP* 1969, II, 15839, note J. Stoufflet.

5. Com. 26 mai 2004, n° 02-11.257, *RJDA* 2004, n° 1253.

D'autres vérifications sont-elles nécessaires ? Selon la jurisprudence, le banquier est tenu de s'assurer de la conformité des pouvoirs des représentants à la loi et aux statuts de la personne morale [1]. Hormis ce point, en l'absence de circonstances particulières de nature à faire naître une suspicion sur le sérieux de l'information donnée, il semble que le respect du principe de non-ingérence [2] ne permette pas d'autres contrôles. Dès lors, seule une anomalie apparente, telle une différence d'objet social entre les documents fournis et les propos du prétendu gérant, ou encore la nationalité et l'objet social de la société [3], devraient imposer au banquier des vérifications plus importantes [4].

619 ***Société en formation*** ◊ Une hypothèse particulière est à relever avec la société en formation, cette dernière nécessitant des précautions supplémentaires [5]. Il est vrai que dans ce cas le compte ne peut pas encore être ouvert au nom du groupement, puisqu'il ne bénéficie pas encore de la personnalité morale. Il sera alors ouvert au nom des associés fondateurs. En conséquence, la banque exercera, à l'égard de chaque fondateur, les mêmes vérifications que si elle leur ouvrait un compte individuellement pour leurs besoins personnels. Leur identité et leur adresse seront donc analysées [6].

La banque sera en outre tenue de s'assurer par la suite que les engagements souscrits au nom de la société en formation par ses fondateurs ont été repris par la société lors de son immatriculation. C'est ainsi qu'en pratique un exemplaire des statuts signés par tous les associés comportant un état annexé des actes accomplis pour le compte de la société en formation sera remis au banquier.

SECTION 3. L'OBLIGATION D'INFORMATION

620 ***Définition*** ◊ L'obligation d'information impose traditionnellement au professionnel de « fournir des indications sur l'objet du contrat ou

1. Com. 27 mai 2008, n° 07-15.132, *Bull. civ.* IV, 2008, n° 105 ; *D.* 2008 ; *AJ* p. 1687, obs. V. Avena-Robardet ; *RDBF* 2008, comm. 130, obs. F.-J. Crédot et Th. Samin ; *Banque et Dr.* juill.-août 2008, p. 14, obs. Th. Bonneau ; *Banque et Dr.* juill.-août 2008, p. 44, obs. M. Storck. - Com. 14 juin 2016, n° 14-26.358 : *Banque et Dr.* 9-10/2016, n° 169, p. 12, obs. Th. Bonneau ; *Droit bancaire et financier*, 2017/1, p. 4, obs. J. Lasserre Capdeville. Cette dernière décision rappelle que cette vérification doit également être opérée, en cours de vie sociale, à l'occasion du changement de mandataire.
2. V. ss 268.
3. Com. 22 nov. 2011, n° 10-30.101, *Bull. civ.* IV, 2011, n° 190 ; *RDBF* mars-avr. 2012, comm. 37, obs. F.-J. Crédot et Th. Samin.
4. Com. 19 juin 1990, n° 89-11.151, *Bull. civ.* IV, 1990, n° 177 ; *RTD com.* 1991. 74, obs. M. Cabrillac et B. Teyssié.
5. E. Garaud, « L'ouverture d'un compte chèque au nom d'une société en formation », *BJS* 1992. 728.
6. Com. 24 mars 1992, n° 90-13.157, *Bull. civ.* IV, 1992, n° 124.

l'opération envisagée par les moyens adéquats »[1] afin que le choix du cocontractant soit effectué en pleine connaissance de cause. Il s'agit donc de la simple transmission de données objectives, c'est-à-dire la diffusion de renseignements bruts déniés de toute appréciation subjective.

Elle se distingue en cela du devoir de conseil qui impose au professionnel, outre d'informer son partenaire, de lui faire part de son opinion quant à l'opportunité d'effectuer l'opération en question[2]. Le conseil, et lui seul, suppose alors une appréciation de nature à orienter la décision de l'autre partie.

621 ***Développement*** ◊ Les établissements de crédit n'ont pas échappé au développement du rôle de l'information. Les banquiers sont ainsi tenus de respecter, légalement, une obligation d'information dans un grand nombre de cas. Il en va de la sorte, par exemple, en matière de crédit[3], de cautionnement[4], d'instruments de paiement[5] ou encore d'instruments financiers[6]

La jurisprudence, elle-même, vient prévoir cette obligation dans des hypothèses non envisagées par le législateur[7]

622 Il n'est donc pas surprenant de constater que l'obligation d'information joue un rôle important en matière d'ouverture de compte. En effet, le banquier est tenu d'informer son client[8] non seulement sur les conditions générales de banque (§ 1), mais aussi à propos des conditions d'utilisation du compte (§ 2).

§ 1. L'information sur les conditions générales de banque

623 ***Définition*** ◊ Les conditions générales de banque désignent principalement « les rémunérations que les banquiers demandent à leurs clients

1. G. Cornu, *Vocabulaire juridique*, PUF, 2004, 7e éd., p. 480.
2. M. Fabre-Magnan, *De l'obligation d'information dans les contrats. Essai d'une théorie*, LGDJ, 1992, n° 11 et n° 471. Sur la disparition de ce devoir en matière de crédit, v. ss 1887.
3. Citons l'article L. 314-5 du Code de la consommation en matière de taux effectif global, v. ss 1647.
4. Plusieurs articles peuvent être cités. V. Par ex., C. mon. fin., art. L. 313-22 ou C. consom., art. L. 333-2.
5. V. par ex., C. mon. fin., art. L. 131-73, al. 1er. J. Lasserre Capdeville, « L'information en matière de chèque », *Banque et Dr.* 2007, n° 116, p. 3.
6. V. par ex., C. mon. fin., art. L. 533-12.
7. V. par ex., récemment, en matière d'opérations de défiscalisation, Civ. 1re, 16 avr. 2015, n° 14-16.536, *LEDB* juin 2015, p. 7, n° 100, obs. R. Routier ; *Gaz. Pal.* 8 juill. 2015, n° 189, p. 12, note J. Lasserre Capdeville. Paris, 7 mai 2015, n° 14/01571. De même, en matière de bancassurance, Civ. 1re, 17 juin 2015, n° 14-20.257, *LEDB* sept. 2015, p. 7, n° 135, obs. R. Routier ; dalloz. fr, actualité, 29 juin 2015, obs. Th. de Ravel d'Esclapon. – Citons encore le cas de certains prêts à taux révisables, Com. 20 avr. 2017, n° 15-16.316.
8. Notons que l'article 1649 A du Code général des impôts impose également aux personnes qui reçoivent habituellement en dépôt des valeurs mobilières, titres ou espèces, de déclarer à l'administration fiscale l'ouverture et la clôture des comptes de toute nature.

pour les services qu'ils leur rendent ou celles qu'ils leur consentent pour les fonds que les clients mettent à leur disposition » [1]. Dit autrement, il s'agit d'une tarification préalable.

624 ***Reconnaissance de l'obligation d'information*** ◊ Dans l'intérêt de la clientèle, le législateur est intervenu pour obliger le banquier à communiquer à celle-ci ses conditions générales. Pour un auteur, l'objectif de cette information, qui n'a cessé de se renforcer, serait que l'acceptation du client puisse être présumée par la suite « avec une suffisante vraisemblance » [2].

Ainsi, l'article 7, alinéa 1er, du décret n° 84-708 du 24 juillet 1984 était venu imposer aux établissements de crédit de porter à la connaissance de leur clientèle et du public les conditions générales de banque qu'ils pratiquent pour les opérations qu'ils effectuent. Cette disposition est devenue aujourd'hui l'article R. 312-1, alinéa 1er, du Code monétaire et financier.

Notons que ce dernier n'indique ni les moyens de cette information, ni la sanction du défaut d'information. Un manquement à l'obligation en question constituant néanmoins une faute professionnelle, il doit pouvoir être sanctionné disciplinairement par l'Autorité de contrôle prudentiel et de résolution.

625 ***Renforcement de l'obligation d'information*** ◊ Cette obligation d'information entourant les conditions générales de banque a été nettement renforcée, du moins dans certaines circonstances, par la loi n° 2001-1168 du 11 décembre 2001 portant mesures urgentes de réformes à caractère économique et financier (MURCEF).

Depuis lors, en effet, l'article L. 312-1-1, I, alinéa 1er, du Code monétaire et financier impose aux établissements de crédit de mettre à la disposition, sur support papier ou sur un autre support durable, de leur clientèle et du public les conditions générales et tarifaires applicables aux opérations relatives à la gestion d'un compte de dépôt, selon les conditions fixées par un arrêté du 5 septembre 2018 [3]. Le manquement à cette obligation d'information est puni de la peine d'amende prévue pour les contraventions de la cinquième classe, c'est-à-dire 1 500 euros au maximum [4].

De plus, selon l'alinéa 3 du II de l'article, avant que le client ne soit lié par la convention envisagée, « l'établissement de crédit lui fournit lesdites conditions sur support papier ou sur un autre support durable. L'établissement de crédit peut s'acquitter de cette obligation en fournissant

1. F. Grua, *Les contrats de base de la pratique bancaire*, Litec, 2000, p. 4, n° 2.
2. F. Grua, *op. cit.*, p. 4, n° 3.
3. *JO* 7 sept. 2018, texte n° 19.
4. C. mon. fin., art. L. 351-1, al. 2. Avant d'engager l'action publique tendant à l'application de cette sanction pénale, le parquet peut saisir pour avis le comité de la médiation pénale s'il l'estime nécessaire, C. mon. fin., art. L. 351-1, al. 3. Ce comité se prononce dans un délai de six semaines au plus tard. Cette disposition a été quelque peu modifiée par la loi n° 2018-700 du 3 août 2018.

au client une copie du projet de convention de compte de dépôt » [1]. Il s'agit donc, ici, d'une obligation d'information précontractuelle. L'alinéa suivant du texte précise que si, à la demande du client, cette convention est conclue par un moyen de communication à distance ne permettant pas à l'établissement de crédit de se conformer à ces formalités, ce dernier satisfait à ses obligations aussitôt après la conclusion de la convention de compte de dépôt. Aucune sanction n'est semble-t-il prévue en cas de manquement ici. Il est vrai que l'obligation prévue par l'alinéa 1er du I de l'article L. 312-1-1 a été, par hypothèse, respectée ici.

626 ***Présentation formelle*** ◊ Depuis le décret n° 2014-373 du 27 mars 2014, l'article D. 312-1-1 du Code monétaire et financier donne une définition des dénominations que les établissements de crédit sont tenus d'utiliser dans leurs plaquettes tarifaires.

De plus, le 24 juin 2013, le collège de l'ACPR a eu l'occasion d'approuver un code de bonne conduite [2], émanant de la Fédération bancaire française (FBF), portant sur la présentation des plaquettes tarifaires des banques suivant un sommaire-type et un extrait standard des tarifs. Cette harmonisation de la présentation des plaquettes est de nature à faciliter la comparaison des tarifs par les consommateurs [3]. Cet article D. 312-1-1 a fait l'objet, récemment, de modifications par le décret n° 2018-774 du 5 septembre 2018 et le décret n° 2018-1175 du 18 décembre 2018.

§ 2. L'information sur les conditions d'utilisation du compte

627 ***Reconnaissance de l'obligation d'information*** ◊ Ici encore, l'obligation d'information en question découle de l'article 7 du décret n° 84-708 du 24 juillet 1984. Elle se retrouve désormais à l'article R. 312-1, alinéa 2, du Code monétaire et financier. Selon ce dernier, les établissements de crédit « doivent fournir à leurs clients, sur support papier ou sur un autre support durable, les conditions d'utilisation du compte, le prix des différents services auxquels il donne accès et les engagements réciproques de l'établissement et du client ». Cette disposition est également dépourvue de toute sanction légale [4] en cas de manquement [5].

1. Il est vrai que pour l'article L. 312-1-1, I, al. 5, les conditions générales et tarifaires d'ouverture sont parmi les stipulations principales que la convention de compte doit comporter. V. ss 633.
2. V. ss 27.
3. *Revue Banque* oct. 2013, n° 764, p. 82, obs. J. Ph. Kovar et J. Lasserre Capdeville.
4. Des sanctions disciplinaires, infligées par l'ACPR, devraient néanmoins pouvoir être envisagées en cas de manquement constaté.
5. C'est ainsi qu'un établissement ayant omis de porter à la connaissance d'un nouveau client, auquel il ouvre un compte, les conditions d'utilisation de ce compte et le prix de ses différents services n'est pas déchu du droit de percevoir le prix de ses prestations de services et les frais y afférents, dès lors qu'il a, *a posteriori*, recueilli l'accord de son client sur son droit à leur

628 ***Renforcement de l'obligation d'information*** ◊ Des dispositions analogues, mais non limitées aux établissements de crédit, ont été par la suite prévues dans le Code de la consommation. À titre d'exemple, l'article L. 111-1 de ce code demande à tout professionnel prestataire de services, avant la conclusion du contrat, de mettre le consommateur en mesure de connaître les caractéristiques essentielles du service [1].

629 ***Support durable*** ◊ Depuis l'ordonnance n° 2017-1433 du 4 octobre 2017 relative à la dématérialisation des relations contractuelles dans le secteur financier, l'article L. 311-7 du Code monétaire et financier déclare que constitue un support durable, « tout instrument offrant au client ou au professionnel la possibilité de stocker des informations qui lui sont adressées personnellement afin de pouvoir s'y reporter ultérieurement pendant un laps de temps adapté aux fins auxquelles les informations sont destinées, et qui permet la reproduction à l'identique des informations conservées ». Cette notion a fait l'objet de précisions jurisprudentielles [2].

SECTION 4. L'ENCADREMENT JURIDIQUE DE LA CONVENTION DE COMPTE DE DÉPÔT

630 ***Formalisme*** ◊ Les personnes physiques qui n'agissent pas dans un but de professionnel sont présumées inexpérimentées, et méritent, à ce titre, d'être mieux protégées par le droit. Tel est le cas en matière de compte de dépôt où, depuis la loi n° 2001-1168 du 11 décembre 2001, la loi « MURCEF », un formalisme important doit être obligatoirement respecté par le banquier.

631 Ainsi, l'article L. 312-1-1, qui a fait l'objet de multiples modifications, prévoit de plus en plus de règles concernant le contenu de la convention de dépôt (§ 1), mais également ses modifications (§ 2) [3].

perception et sur leur montant, Com. 13 mars 2001, n° 97-10.611, *Bull. civ.* IV, 2001, n° 55 ; *RTD com.* 2001. 743, obs. M. Cabrillac ; *JCP E* 2001, n° 31-35, p. 1329, obs. J. Stoufflet. Com. 19 juin 2001, n° 99-10.416, *JCP E* 2003, n° 11, p. 464, obs. J. Stoufflet.

1. Pour un manquement à cette obligation à l'égard d'un PEA, Civ. 1re, 8 oct. 2009, n° 08-14.405, *Gaz. Pal.* 5 mars 2010, p. 25, obs. J. Lasserre Capdeville.

2. CJUE, 25 janv. 2017, aff. C-375/15 : *Dalloz IP/IT*, mai 2017, p. 284, obs. J. Lasserre Capdeville ; *LEDB* mars 2017, p. 2, obs. N. Mathey. Aux termes de ce dernier, une boîte à lettre électronique intégrée à un site internet de banque en ligne peut être un support durable s'il permet à l'utilisateur de services de paiement de stocker les informations qui lui sont personnellement adressées d'une manière telle que ces informations puisse être consultées ultérieurement pendant une période adaptée à leur finalité ainsi que reproduites à l'identique.

3. Cet article régit également la dissolution de la convention de compte de dépôt. V. ss 740.

§ 1. Le contenu de la convention de compte de dépôt

632 ***Écrit exigé*** ◊ Tout d'abord, l'article L. 312-1-1, II, du Code monétaire et financier déclare que « la gestion d'un compte de dépôt des personnes physiques n'agissant pas pour des besoins professionnels est réglée par une convention écrite, sur support papier ou sur un autre support durable, passée entre le client et son établissement de crédit ».

Cette disposition est d'ordre public, et sa violation est sanctionnée par une amende fiscale de 75 euros [1]. Cette amende est prononcée et recouvrée suivant les règles applicables à la taxe sur la valeur ajoutée. En revanche, aucune sanction civile n'est prévue.

Notons que cette obligation de passer une convention de compte par écrit a été étendue par la loi n° 2013-672 du 26 juillet 2013 de séparation et de régulation des activités bancaires au profit des personnes physiques agissant pour des besoins professionnels [2]. Pour un courant doctrinal [3], cette mesure s'inscrit dans une tendance à étendre aux professionnels personnes physiques les mesures mises en place au profit des consommateurs [4].

Ainsi, si en pratique les conventions de compte prennent la forme d'un document écrit, rien n'empêche aux parties de passer un acte dématérialisé [5]. Notons d'ailleurs que l'article L. 312-1-1, II, alinéa 4, prévoit la possibilité, si le client en fait la demande, de conclure la convention par un moyen de communication à distance.

633 ***Mentions exigées*** ◊ La convention de compte unissant les banques et leurs clients personnes physiques doit comporter un certain nombre de mentions [6]. Sur ce point, l'article L. 312-1-1, II, alinéa 2, déclare que les principales stipulations que la convention de compte de dépôt doit comporter, « notamment les conditions générales et tarifaires d'ouverture, de fonctionnement et de clôture », doivent être précisées par un arrêté du ministre chargé de l'économie. C'est donc ce qui a été fait par l'arrêté du 5 septembre 2018 [7].

---

1. C. mon. fin., art. L. 351-1, al. 1er.

2. C. mon. fin., art. L. 312-1-6.

3. M. Roussille, « Loi SRAB : incidences sur les relations des banques avec leur clientèle », *JCP E* 2013. 1661, n° 17.

4. Sur les différents régimes juridiques applicables suite à cette évolution légale, M. Villemonteix, « Compte de dépôt et compte courant », *Journ. sociétés* 10/2015, n° 134, p. 15.

5. S. Moreil, « L'ouverture du compte en banque en ligne », *Banque et Dr.* 6/2013, hors série, p. 21. Sur les exigences en matière de lutte contre le blanchiment d'argent et le financement du terrorisme, v. ss 374.

6. P. Bouteiller, « La mise en œuvre des nouvelles relations entre les banques et leurs clients », *JCP E* 2003, p. 352, n° 9.

7. *JO* 7 sept. 2018, texte n° 19.

Avant que le client ne soit lié par cette convention, l'établissement de crédit lui fournit ces conditions sur papier ou sur un autre support durable. Notons que si, à la demande du client, cette convention est conclue par un moyen de communication à distance ne permettant pas à l'établissement de crédit de se conformer à l'exigence précitée, ce dernier satisfait à ses obligations aussitôt après la conclusion de la convention de compte de dépôt.

À défaut de respecter ces exigences, l'établissement de crédit encourt une amende fiscale de 75 euros [1].

634 ***Contrat d'adhésion*** ◊ En pratique, les banquiers proposent à leurs clients des contrats prérédigés par l'établissement de crédit lui-même. La convention de compte est donc, le plus souvent, un contrat d'adhésion [2] que le client doit adopter « en bloc » ou refuser.

Cette situation n'a cependant pas empêché que certaines clauses figurant dans ces contrats d'adhésion soient jugées abusives [3]. Les magistrats se prononcent au cas par cas [4].

635 ***Signature exigée*** ◊ L'article L. 312-1-1, II, alinéa 5, précise que l'acceptation de la convention du compte de dépôt doit être formalisée par la signature du ou des titulaires du compte. Une amende fiscale de 75 euros est également encourue par le banquier à défaut de cette signature [5].

Rappelons que pour l'alinéa 4 du même article, le client peut demander à ce que la convention soit conclue par un moyen de communication à distance. La signature électronique est donc logiquement admissible en la matière [6].

§ 2. **Les modifications de la convention de compte de dépôt**

636 ***Exigences légales*** ◊ Les conditions de modification de la convention de compte de dépôt ont évolué du fait de l'ordonnance n° 2009-866 du 15 juillet 2009 relative aux conditions régissant la fourniture de services de paiement et portant création des établissements de paiement.

---

1. C. mon. fin, art. L. 351-1, al. 1.

2. C. civ., art. 1110, al. 2.

3. V. par ex., Civ. 1re, 8 janv. 2009, n° 06-17.630, *RDBF* 2009, comm. 42, obs. F.-J. Crédot et Th. Samin. G. Raymond, « Les clauses abusives dans les conventions de compte de dépôt », *RDBF* mai-juin 2006, p. 41. A. Lecourt, « Compte de dépôt et clauses abusives », *RDBF* 2016, n° 3, dossier 18.

4. V. par ex., Civ. 1re, 28 mai 2009, n° 08-15.802, *Bull. civ.* I, 2009, n° 110 ; *JCP E* 2009, n° 44-45, p. 10, obs. N. Mathey ; *RDBF* 2009, comm. 149, obs. F.-J. Crédot et Th. Samin. Civ. 1re, 23 janv. 2013, n° 10-21.177 et n° 10-22.815, CCC 2013, n° 88, obs. G. Raymond ; *Gaz. Pal.* 2013. 2382, obs. S. Piedelièvre.

5. C. mon. fin, art. L. 351-1, al. 1.

6. C. civ., art. 1367.

Désormais, l'article L. 312-1-1, IV, prévoit que tout projet de modification de la convention de compte de dépôt est fourni sur support papier ou sur un autre support durable au client au plus tard deux mois avant la date d'application envisagée [1].

De plus, selon les modalités prévues dans la convention de compte de dépôt, l'établissement de crédit informe le client qu'il est réputé avoir accepté la modification s'il ne lui a pas notifié, avant la date d'entrée en vigueur proposée de cette modification, qu'il ne l'acceptait pas. En d'autres termes, « qui ne dit mot consent ».

L'établissement de crédit doit encore préciser à son client que, si celui-ci refuse la modification proposée, la banque pourra résilier la convention de compte de dépôt sans frais, avant la date d'entrée en vigueur proposée de la modification.

Pour résumer, à l'image d'une jurisprudence plus ancienne, la loi estime que la banque est parfaitement libre de modifier certains de ses prix, du moment que le client a bien bénéficié du formalisme précité [2]. De même, elle est en droit de prévoir de nouvelles prestations de services donnant lieu à rémunération non envisagées jusqu'ici.

C'est ainsi qu'entre 2014 et 2016, plusieurs établissements de crédit français ont décidé de facturer la tenue de compte, et ce pour une somme variable selon les banques concernées. Cette évolution, qui a concerné près de 8 établissements sur 10, a été justifiée par des coûts de sécurisation toujours plus élevés [3].

Notons, néanmoins, que cette règle envisagée par l'article L. 312-1-1, ne s'applique qu'aux comptes de dépôt. Elle ne concerne donc pas, par exemple, les comptes d'instruments financiers [4].

637 ***Sanctions*** ◊ L'article L. 351-1, alinéa 2, du Code monétaire et financier punit de peine d'amende prévue pour les contraventions de 5e classe, c'est-à-dire 1 500 euros, le fait de méconnaître le formalisme précité. De plus, la banque ayant manqué à ce dernier verra sa responsabilité civile engagée si sa faute a occasionné un préjudice à une personne. Enfin, des

---

1. Sur l'absence de forme particulière, Versailles, 27 juin 2013, *JurisData* n° 2013-017809.

2. Com. 13 mars 2001, n° 97-10.611, *Bull. civ.* IV, 2001, n° 55 ; *RDBF* mai-juin 2001, p. 152, obs. F.-J. Crédot et Y. Gérard. Civ. 1re, 25 nov. 2003, n° 01-18.021, *RDBF* 2004, comm. 190, obs. F.-J. Crédot et Y. Gérard. Civ. 1re, 30 juin 2004, n° 01-00.475, *Bull. civ.* I, 2004, n° 190 ; *D.* 2004. AJ 2150, obs. V. Avena-Robardet ; *D.* 2005. 1828, note D. Mazeaud ; *D.* 2006. Pan. 165, obs. D.-R. Martin ; *JCP E* 2005, n° 21, p. 864, obs. N. Mathey ; *RDBF* 2004, comm. 226, obs. F.-J. Crédot et Y. Gérard ; *Banque et Dr.* nov.-déc. 2004, p. 58, obs. Th. Bonneau ; *RTD com.* 2004. 800, obs. D. Legeais. Il s'agissait, dans cette dernière décision, du prix de location de deux chambres fortes.

3. J. Lasserre Capdeville, « L'augmentation des commissions bancaires en 2016 », *JCP E* 2016, n° 8-9, 176.

4. Com. 6 juill. 2010, n° 09-70.544, *Bull. civ.* IV, 2010, n° 117 ; *D.* 2010. AJ 1861, obs. X. Delpech ; *JCP E* 2010, 2008, n° 42, obs. H. Causse ; *LEDB* sept. 2010, p. 3, obs. J. Lasserre Capdeville.

sanctions disciplinaires de la part de l'ACPR sont également envisageables, les dispositions méconnues ayant pour objectif de protéger les clients des établissements de crédit.

638 ***Proposition de nouvelles prestations*** ◊ On notera que, pour l'article L. 312-1-1, III, lorsque l'établissement est amené à proposer à son client de nouvelles prestations de services de paiement dont il n'est pas fait mention dans la convention de compte de dépôt, les informations relatives à ces nouvelles prestations doivent faire l'objet d'un contrat-cadre de service de paiement régi par les articles L. 314-2 à L. 314-16 ou d'une modification de la convention de dépôt [1].

1. Depuis l'ordonnance n° 2017-1433 du 4 octobre 2017, l'alinéa suivant précise que lorsqu'un relevé de compte est fourni en application des stipulations de la convention en question, et que celui-ci indique, à titre d'information, qu'un montant de découvert est autorisé, il doit alors mentionner immédiatement après, dans les mêmes caractères, le taux annuel effectif global, quelle que soit la durée du découvert autorisé considéré.

CHAPITRE 2
LE DISPOSITIF PARTICULIER DU DROIT AU COMPTE

639 ***Exception légale à la liberté contractuelle*** ◊ Cela a été noté [1], le banquier peut, en principe, choisir son cocontractant. Il en va ainsi, notamment, pour délivrer un crédit, mais aussi pour ouvrir compte en banque. Cependant, cela a été également relevé [2], l'ouverture d'un compte bancaire est, aujourd'hui, une nécessité [3]. Fort de ce constat, le législateur est venu prévoir, par la loi n° 84-46 du 24 janvier 1984 relative au contrôle et à l'activité des établissements de crédit, le droit pour tous à bénéficier d'un compte de dépôt [4]. On parle de droit à l'inclusion bancaire [5]. Ce droit au compte participe aux « fonctions sociales du banquier » [6].

Ce droit a connu, depuis, un grand nombre d'évolutions légales, et notamment un prolongement notable par la reconnaissance d'un droit aux services bancaires de base (Section 2) pour les personnes ayant bénéficié de ce droit à l'ouverture d'un compte de dépôt (Section 1).

SECTION 1. LE DROIT À L'OUVERTURE D'UN COMPTE DE DÉPÔT

640 ***Fondement légal*** ◊ Le droit à l'ouverture d'un compte de dépôt est prévu par l'article L. 312-1 du Code monétaire et financier. Celui-ci a connu ces

---

1. V. ss 588.

2. V. ss 582.

3. On ne saurait pour autant subordonner l'affiliation effective d'une personne à un régime d'assurance maladie maternité à la détention d'un compte en banque, Civ. 2e, 21 juin 2018, n° 17-13.468 : *LEDB* sept. 2018, p. 3, obs. J. Lasserre Capdeville.

4. C. Hugon, « Le droit au compte », *in* Mél. Cabrillac, Dalloz-Litec, 1999, p. 483. Th. de Ravel d'Esclapon, « La vocation sociale du banquier : l'exemple du droit au compte et aux services bancaires de base », *in Finance et éthique*, coll. « Axe Droit », Lamy, p. 33. N. Mathey, « Le droit au compte : de la lutte contre les exclusions à la promotion de l'inclusion bancaire », *Banque et Dr.* 3/2014, Hors série, p. 65.

5. J. Fournier, « L'inclusion bancaire en France » : *RDBF* 2019, n° 1, dossier n° 5, p. 85.

6. J. Lasserre Capdeville et N. Théry, « La banque a-t-elle en 2018 des fonctions sociales ? » : *JCP* 2018, n° 7, 193, p. 330. – Dossier collectif, « Les fonctions sociales du banquier » : *RDBF* 2019, n° 1, dossiers 1 à 11.

dernières années plusieurs modifications tendant à en élargir la portée [1]. Par exemple, la loi n° 2011-525 du 17 mai 2011 a étendu le bénéfice de ce dispositif aux non-résidents [2]. De même, la loi n° 2013-672 du 26 juillet 2013 de séparation et de régulation des activités bancaires a cherché à faciliter l'application pratique de ce droit au compte [3]. Plus récemment, l'ordonnance n° 2016-1808 du 22 décembre 2016 relative à l'accès à un compte de paiement assorti de prestations de base a cherché à transposer en droit interne certaines dispositions de la directive 2014/92/UE du 23 juillet 2014 sur la comparabilité des frais liés aux comptes de paiement, le changement de compte de paiement et l'accès à un compte de paiement assorti de prestations de base [4]. Quelques retouches ont encore été opérées, dernièrement, par l'ordonnance n° 2017-1433 du 4 octobre 2017 relative à la dématérialisation des relations contractuelles dans le secteur financier [5].

641 ***Bénéficiaires*** ◊ L'article L. 312-1 du Code monétaire et financier prévoit ainsi le droit, pour toute personne physique [6] ou morale domiciliée en France [7], dépourvue de tout compte de dépôt, de s'en faire ouvrir un dans un établissement de crédit.

Ce droit s'étend à toute personne physique de nationalité française résidant hors de France, dépourvue là encore de tout compte de dépôt.

Enfin, l'ordonnance n° 2016-1808 du 22 décembre 2016 a étendu l'accès au droit au compte à « toute personne physique résidant légalement sur le territoire d'un autre État membre de l'Union européenne n'agissant pas pour des besoins professionnels », bien évidemment toujours sous la condition de ne pas avoir déjà un tel compte en France.

On notera que si, jusqu'à la loi du 26 juillet 2013, seul le postulant pouvait saisir la Banque de France, il en va différemment depuis cette dernière, laquelle a étendu cette faculté de saisine en permettant à certains organismes sociaux de faire la démarche auprès de la Banque de France au profit d'une personne physique : département, caisse d'allocations familiales, centre communal ou intercommunal d'action sociale dont le demandeur dépend, association ou fondation à but non lucratif dont l'objet est

---

1. Th. de Ravel d'Esclapon, « L'élargissement régulier du droit au compte » : *RDBF* 2019, n° 1, dossier n° 3, p. 77.

2. J. Lasserre Capdeville, « L'extension légale du droit au compte par la loi de simplification du droit du 17 mai 2011 », *LPA*, 2011, n° 144, p. 17.

3. J. Lasserre Capdeville, « Le renforcement du droit au compte et aux services bancaires de base », *LPA*, 27 sept. 2013, n° 194, p. 74.

4. J. Lasserre Capdeville, « Les évolutions résultant de l'ordonnance n° 2016-1808 du 22 décembre 2016 relative à l'accès à un compte de paiement assorti de prestations de base » : *JCP E* 2017, n° 16, 285, p. 5. – J. Lasserre Capdeville, « Nouvelles évolutions du droit au compte » : *LPA*, 18 sept. 2017, n° 186, Le billet du bancariste, p. 7.

5. J. Lasserre Capdeville, « Les incidences pour le droit bancaire de l'ordonnance relative à la dématérialisation des relations contractuelles dans le secteur financier », *JCP E* 2018, n° 3, 27, p. 5-6.

6. Concernant la reconnaissance du droit au compte d'une personne étrangère en situation irrégulière, TA Paris, ordon. réf., 16 mars 2005, *RDBF* janv.-févr. 2008, comm. 4, obs. F.-J. Crédot et Th. Samin. Rép. min. n° 65599, *JO AN Q* 22 nov. 2005, p. 10839 ; *JCP E* 2005, 1818.

7. Les personnes morales doivent donc avoir leur siège en France.

d'accompagner les personnes en difficulté ou de défendre les intérêts des familles, association de consommateurs agréée. Cette intervention doit ainsi tendre à faciliter l'accès au droit au compte [1].

642 ***Comptes concernés*** ◊ Ce droit au compte demeure, en l'état, limité au compte de dépôt. En conséquence, un établissement bancaire est libre, par exemple, de refuser de recevoir les dépôts relatifs à la libération des apports en numéraires d'une société en formation, cette opération n'entrant pas dans le cadre de ce droit au compte [2].

643 ***Statistiques*** ◊ Depuis la reconnaissance de ce droit par le législateur, le nombre d'interventions annuelles de la Banque de France a connu une hausse notable et quasi continue. De moins de 5 000 en 1985, ce nombre est passé à 60 093 en 2017. On notera, cependant, qu'il a été un peu plus élevé en 2016 (66 715). Une légère décrue peut donc être relevée aujourd'hui.

644 ***Rôle de l'établissement de crédit initial*** ◊ Il résulte de l'article L. 132-1 du code que l'établissement de crédit est libre d'accepter comme de refuser d'ouvrir un compte de dépôt [3].

S'il accepte, l'établissement procédera à cette ouverture dans les six jours ouvrés « à compter de la réception de l'ensemble des pièces qui lui sont nécessaires à cet effet ».

En revanche, s'il refuse, il se verra dans l'obligation de fournir au demandeur gratuitement, sur support papier, et sur un autre support durable lorsque celui-ci en fera la demande expresse, les motifs de ce refus en mentionnant, le cas échéant, la procédure du droit au compte. De plus, l'établissement en question remettra au demandeur « *systématiquement, gratuitement et sans délai* » [4], sur support papier, et sur un autre support durable (en cas de demande de l'intéressé), une attestation de refus d'ouverture de compte et l'informera qu'il peut demander à la Banque de France de lui désigner un établissement de crédit pour lui ouvrir un compte. Enfin, l'établissement auteur d'un tel refus, proposera, si le postulant est une personne physique, d'agir en son nom et pour son compte en transmettant la demande de désignation d'un établissement de crédit à la Banque de France ainsi que les informations requises pour l'ouverture du compte [5].

---

1. N. Mathey, « La protection du consommateur » : *RDBF* 2013, dossier 57, n° 20. L'auteur parle ici « d'intervention paternaliste ».

2. Rép. min. n° 89139, *JO AN* Q 20 juin 2006, p. 6639 ; *Banque et Dr.* juill.-août 2006, p. 46, obs. M. Storck.

3. L'abus de droit comme la discrimination constituent néanmoins des limites logiques à cette liberté.

4. M. Roussille, « Loi SARB : incidences sur les relations des banques et leur clientèle », *JCP E* 2013. 1661.

5. C'est dans ce cas-là qu'à la demande de la personne physique, le département, la CAF ou encore une association pourra éventuellement transmettre en son nom et pour son compte la demande de désignation et les pièces requises à la Banque de France. V. ss 641.

645 ***Rôle de la Banque de France*** ◊ Il revient alors à la Banque de France de désigner un établissement de crédit situé près du domicile du postulant ou d'un autre lieu de son choix « en prenant en considération les parts de marché de chaque établissement concerné ». Le choix de l'établissement devra d'ailleurs être rapidement réalisé, la loi évoquant « un jour ouvré », c'est-à-dire travaillé dans l'entreprise, à compter de la réception des pièces requises [1]. La Banque de France se doit ainsi d'être particulièrement rapide.

646 ***Rôle de l'établissement désigné*** ◊ L'établissement choisi se retrouvera face à un contrat forcé. Il sera tenu de procéder à l'ouverture du compte de dépôt dans les trois jours ouvrés à compter de la réception de l'ensemble des pièces qui sont nécessaires à cet effet. L'établissement en question ne saurait opposer un quelconque refus [2], même s'il s'agit d'une banque ayant déjà écarté l'intéressé de sa clientèle [3].

Le Conseil d'État a estimé, à l'occasion d'une question prioritaire de constitutionnalité, que l'article L. 312-1 du code n'occasionne pas d'atteinte disproportionnée à la liberté contractuelle et n'emporte aucune violation du droit de propriété [4].

647 ***Dématérialisation*** ◊ On notera que l'ordonnance n° 2017-1433 du 4 octobre 2017 relative à la dématérialisation des relations contractuelles dans le secteur financier a cherché à protéger les clients en matière de droit au compte. En effet, concernant ce dernier, c'est le postulant qui doit faire « la faire la demande expresse » au banquier pour que celui-ci puisse recourir à un autre support que le papier concernant la fourniture des motifs du refus par l'établissement initial d'ouvrir un compte de dépôt ou à propos de la délivrance de l'attestation de refus d'ouverture de compte. De même, concernant la convention écrite réglant la gestion du compte de dépôt ouvert à l'aide de cette procédure du droit au compte, le recours au support durable ne sera possible que si le demandeur y consent.

---

1. Un arrêté en date du 31 juillet 2015 fixe la liste des pièces justificatives nécessaires au respect du droit au compte auprès de la Banque de France. Cet arrêté distingue les personnes physiques et, parmi les personnes morales de droit privé, les sociétés et les associations. Il a été récemment modifié par un arrêté du 10 janvier 2017.

2. Notons, toutefois, que l'établissement désigné demeure en droit de décider de la clôture du compte en question. Il devra simplement respecter les conditions et règles de forme envisagées par l'article L. 312-1, IV. V. ss 747. Cette possibilité de clôture constitue une limite non négligeable au dispositif du droit au compte, J. Lasserre Capdeville, « Réflexions sur une proposition de loi cherchant à sanctionner la violation du droit au compte », *Gaz. Pal.* 11 févr. 2015, n° 42, p. 4.

3. Paris, 26 août 2011, n° 11/15269, *LEDB* oct. 2011, p. 3, n° 134, obs. J. Lasserre Capdeville. – Il en ira, en revanche, différemment, si les pièces produites par la société concernée ne sont pas suffisantes, T. com. Lyon, 1er mars 2018, n° 2010R123-1806000027/1 : *RDBF* mai-juin 2018, comm. 58, obs. Th. Samin et S. Torck.

4. CE 10 sept. 2014, n° 381183, *RDBF* 2015, comm. 3, obs. F.-J. Crédot et Th. Samin ; *LEDB* nov. 2014, p. 1, n° 137, obs. J. Lasserre Capdeville.

648 ***Charte d'accessibilité bancaire*** ◊ L'efficacité du droit au compte a été améliorée par l'intermédiaire d'une charte d'accessibilité bancaire adopté par l'Association française des établissements de crédit et des entreprises d'investissement, et homologuée par un arrêté du ministre chargé de l'économie du 18 décembre 2008 [1]. Cette charte précise notamment les modalités de la transmission par les établissements de crédit à la Banque de France des informations nécessaires à l'ouverture d'un compte. Son respect est contrôlé par l'Autorité de contrôle prudentiel et de résolution.

SECTION 2. LE DROIT AU BÉNÉFICE DE SERVICES BANCAIRES DE BASE

649 ***Définition*** ◊ Depuis la loi n° 98-657 du 29 juillet 1998 d'orientation relative à la lutte contre les exclusions, le droit au compte prévu par l'article L. 312-1 du Code monétaire et financier ne se limite plus à la seule prérogative de se faire ouvrir un compte de dépôt. Il donne également un accès gratuit, pour le bénéficiaire du compte ainsi ouvert, à des services bancaires minimums, que l'on qualifie de « services bancaires de base » (SBB) [2]. Ces derniers figurent, aujourd'hui, à l'article D. 312-5-1 du code.

Sans reprendre la liste exhaustive de ces SBB, on peut dire qu'il s'agit de produits et de services ayant pour effet d'empêcher une aggravation de la situation financière de leur titulaire. On y retrouvera, d'abord, des instruments de paiement, en l'occurrence une carte de paiement à autorisation systématique et débit immédiat permettant notamment d'opérations sur internet et les retraits d'espèces dans l'Union européenne, et deux formules de chèques de banque par mois ou de moyens équivalents offrant les mêmes services. La possibilité d'effectuer des paiements par prélèvements SEPA et des virements SEPA est également envisagée. De plus, y figurent plusieurs services cherchant à assurer l'information du client sur l'état de ses comptes, comme la fourniture mensuelle d'un relevé des opérations effectuées sur le compte ou la délivrance de moyens de consultation à distance du solde du compte.

Traditionnellement, les banques estiment que les bénéficiaires de ces SBB n'ont plus le droit de recevoir et d'utiliser des formules de chèques, ni bénéficier d'un découvert en compte. Cette solution expliquerait le fait que

1. *JO*, 26 déc. 2008, p. 20020.
2. J. Stoufflet, « Un élargissement du droit aux services bancaires », *RDBF* sept.-oct. 1998, p. 153.

beaucoup de clients, ayant fait ouvrir un compte de dépôt à l'aide de la procédure du droit au compte, refusent dans le même temps le bénéfice des SBB.

650 ***Principe général*** ◊ Selon l'article L. 312-1, III, alinéa 4, du Code monétaire et financier, les établissements de crédit désignés par la Banque de France sont tenus d'offrir « au titulaire du compte » les services bancaires de base dont le contenu et les conditions tarifaires sont précisés par décret. Plus précisément, l'article D. 312-6 reconnaît ce droit à « toute personne physique ou morale mentionnée au I de l'article L. 312-1 » du code ayant ouvert un compte de dépôt auprès d'un établissement désigné selon la procédure du droit au compte. Il importe peu que l'intéressé soit inscrit sur le Fichier central des chèques (FCC), qui recense les interdits bancaires, ou le Fichier des incidents de remboursement des crédits aux particuliers (FICP), qui comprend les noms des personnes concernées par un incident de paiement caractérisé lié aux crédits accordés aux personnes physiques pour des besoins non professionnels [1].

651 ***Gratuité des services*** ◊ Normalement, lorsqu'un établissement de crédit assure des services à ses clients, il perçoit, en échange, une rémunération appelée commission [2]. Ce principe connaît cependant une dérogation avec les services bancaires de base (SBB). En effet, pour éviter que l'organisme désigné en application de l'article L. 312-1 applique des taux de commission anormalement élevés, dans la mesure où les comptes concernés sont souvent peu rentables, l'article D. 312-6 du code a prévu la gratuité des SBB.

652 ***Sanctions disciplinaires*** ◊ Les établissements de crédit n'ayant pas scrupuleusement respecté les règles intéressant le droit au compte et les services bancaires de base sont susceptibles d'être sanctionnés par l'ACPR. Cela a déjà été le cas à l'égard d'établissements de crédit connus à l'origine de plusieurs manquements en la matière, et notamment le non-respect de la gratuité des services bancaires de base [3].

653 ***Clients fragiles*** ◊ Il est à noter que les services minimaux précités, comme leur gratuité, ne sont garantis qu'aux personnes ayant obtenu l'ouverture d'un compte à l'aide de la procédure du droit aux comptes. Ce

1. C. mon. fin., art. L. 312-1, *in fine*.
2. V. ss 693.
3. ACP, 3 juill. 2013, n° 2012-09, « Le Crédit Lyonnais », dalloz.fr, actualité, 12 juill. 2013, obs. X. Delpech ; *LEDB* sept. 2013, p. 7, comm. 118, obs. J. Lasserre Capdeville. ACPR, 11 avr. 2014, n° 2013-04, *Société générale, Revue Banque* juin 2014, n° 773, p. 106, obs. J.-Ph. Kovar et J. Lasserre Capdeville ; *LEDB* juin 2014, p. 1, n° 070, obs. J.-Ph. Kovar. Notons que cette dernière décision a été annulée pour des motifs d'ordre procédural, CE 15 oct. 2015, n° 381173, *Revue Banque*, janv. 2016, n° 791-792, p. 139, obs. J.-Ph. Kovar et J. Lasserre Capdeville. Une nouvelle décision de condamnation a alors été rendue, récemment, par l'ACPR à l'égard de l'établissement de crédit concerné, ACPR, 19 mai 2016, n° 2013-04, *Société générale, Revue Banque* juill.-août 2016, n° 798, p. 90, obs. J.-Ph. Kovar et J. Lasserre Capdeville.

constat doit cependant être tempéré. En effet, depuis la loi du 26 juillet 2013, l'article L. 312-1-3, alinéa 2, prévoit l'obligation pour les établissements de crédit de proposer aux personnes physiques n'agissant pas pour des besoins professionnels et qui se trouvent en situation de fragilité financière, une offre spécifique comprenant des moyens de paiement des services appropriés [1]. Cette dernière, si celle n'est pas gratuite, demeure financièrement attractive [2].

---

1. V. ss 716 s.

2. C. mon. fin., art. R. 312-4-3, IV. Elle ne saurait ainsi dépasser 3 euros par mois. – On observera encore que, depuis l'ordonnance n° 2016-1808 du 22 décembre 2016, l'article L. 312-1, II, indique que les établissements de crédit sont tenus de réserver, pour les personnes physiques n'agissant pas pour des besoins professionnels, un certain nombre de prestations de base. Ces dernières sont visées par l'article D. 312-5 du Code monétaire et financier. J. Lasserre Capdeville « Nouvelles évolutions du droit au compte » : *LPA*, 18 sept. 2017, n° 186, p. 7.

SOUS-TITRE 2

Le fonctionnement du compte de dépôt

654 Une fois la convention de compte de dépôt signée, le compte sera normalement tenu par le banquier (Chapitre 1). Il enregistrera alors des mouvements entraînant, le plus souvent, une rémunération au bénéfice de l'établissement de crédit (Chapitre 2). Cette tenue du compte risque cependant d'être perturbée, dans certaines circonstances particulières, par des saisies (Chapitre 3).

CHAPITRE 1
LA TENUE DU COMPTE

655 Après avoir évoqué la question de l'entrée en compte des créances du client (Section 1), nous observerons les obligations pesant sur le banquier teneur de compte (Section 2).

SECTION 1. L'ENTRÉE EN COMPTE DES CRÉANCES

656 ***Dépôt de fonds*** ◊ Les établissements de crédit peuvent, en raison de leur monopole bancaire [1], recevoir des fonds du public. Le moyen de la remise est alors indifférent : dépôt au guichet, virement, chèque, etc. Notons que si l'article L. 312-2 du Code monétaire et financier visait jusqu'au 1er janvier 2014 la notion de « fonds reçus du public », cette dernière a laissé sa place, depuis cette date, à celle de « fonds remboursables du public ». Cette évolution est due à l'ordonnance n° 2013-544 du 27 juin 2013 relative aux établissements de crédit et aux sociétés de financement, qui a réformé le statut d'établissement en vue de l'entrée en vigueur au 1er janvier 2014 du règlement 575/2013 du 26 juin 2013 concernant les exigences prudentielles applicables aux établissements de crédit et aux entreprises d'investissement qui transpose au sein de l'Union européenne le nouveau cadre prudentiel dit de « Bâle III ». L'ordonnance a ainsi aligné la notion d'établissement de crédit dans le droit français avec la définition européenne [2].

L'article L. 312-2 précise alors ce que sont exactement des fonds remboursables du public. Il s'agit des fonds qu'une personne recueille d'un tiers, notamment sous la forme de dépôts, avec le droit d'en disposer pour son propre compte, mais à la charge pour elle de les restituer. Il serait donc erroné de limiter cette notion au seul dépôt. D'autres hypothèses doivent pouvoir être envisagées, et plus particulièrement l'émission de titres de créance.

Concernant ce dernier point, l'article R. 312-7 précise que les titres concernés ici sont les titres de créance mentionnés à l'article L. 211-1, II, 2°, à l'exception de différentes hypothèses expressément visées : titres subordonnés de dernier rang émis en application de l'article L. 228-97 du Code de commerce, titres participatifs mentionnés aux articles L. 213-32 à L. 213-35 du Code monétaire et financier, etc.

---

1. V. ss 58.
2. V. ss 49.

657 ***Inscription en compte*** ◊ L'inscription en compte sera réalisée à la suite de la remise d'une créance. Aucun accord particulier des parties n'est requis en la matière suite à cette même remise [1]. L'inscription en compte prend date au jour de la remise, du moment que la créance est certaine, liquide et exigible [2].

Plus juridiquement, si lors d'une telle remise, par un exemple un dépôt de fonds au guichet, le déposant perd la propriété qu'il avait sur les fonds en question, il devient dans le même temps titulaire d'un droit de créance contre la banque [3].

658 ***Auteur des opérations*** ◊ Pour les opérations créditrices du compte, c'est-à-dire les dépôts, on estime traditionnellement que toute personne doit pouvoir y procéder [4]. En effet, une telle opération doit être vue comme un acte conservatoire : l'inscription en compte de sommes d'argent permet d'échapper au risque de perdre de la trésorerie liquide et fongible.

Un mineur doit dès lors pouvoir réaliser de telles opérations sans l'aide de son représentant légal ou de son tuteur [5]. Il en va de même pour le majeur protégé ou la personne chargée de la mesure de protection [6].

659 ***Preuve du dépôt*** ◊ Il est de principe que la preuve d'un dépôt de banque pèse sur le déposant [7]. Cette démonstration peut être faite contre le banquier par tous moyens [8], hormis si une clause de la convention de compte en dispose autrement [9].

Les dépôts de fonds effectués à des guichets automatiques aux heures de fermeture de l'agence bancaire peuvent d'ailleurs poser un problème délicat, puisque c'est au déposant qu'il appartient, en cas de contestation, de démontrer qu'il a bien remis cette somme [10]. La jurisprudence s'est parfois montrée très favorable au client [11].

---

1. T. com. Paris, 6 oct. 1982, *Revue Banque* 1983, p. 919.

2. Com. 22 oct. 1996, n° 93-15.787, *Bull. civ.* IV, 1996, n° 249 ; *JCP E* 1996, I, 635, n° 8, obs. Ch. Gavalda et J. Stoufflet. Il s'agissait en l'occurrence d'un compte courant.

3. Celui-ci explique le devoir de restitution du banquier, v. ss 55.

4. Il en va différemment, en revanche, concernant les opérations débitrices, v. ss 676.

5. J. Lasserre Capdeville, « Le compte en banque du mineur », *RDBF* mars-avr. 2008. Étude 6, p. 14, n° 16.

6. G. Raoul-Cormeil et J. Lasserre Capdeville, « Le fonctionnement du compte d'un majeur protégé », *RDBF* mai-juin 2013, dossier 25, p. 90, n° 2.

7. Paris, 29 sept. 2016, n° 15/08894 : *LEDB* déc. 2016, p. 2, obs. N. Mathey. Il importait peu, en l'occurrence, qu'il n'y ait pas eu de guichet automatique sécurisé à l'extérieur de la banque, une telle inexistence ne constituant pas un manquement de la banque à son obligation de sécuriser les opérations bancaires.

8. Com. 8 mars 2005, n° 02-11.154, *RDBF* 2005, comm. 155, obs. F.-J. Crédot et Y. Gérard.

9. Paris, 31 janv. 2008, *JCP E* 2008, n° 48, p. 11, obs. N. Mathey. Depuis l'ordonnance n° 2016-131 du 10 février 2016, l'article 1356 du Code civil reconnaît les conventions de preuve.

10. Rennes, 10 avr. 2015, n° 12/00899, *LEDB* juill. 2015, p. 5, n° 115, obs. J. Lasserre Capdeville. – Com. 14 mars 2018, n° 16-26.678 : *LEDB* mai 2018, p. 2, obs. J. Lasserre Capdeville.

11. Com. 24 janv. 2018, n° 16-19.866 : dalloz.fr, actualité, 5 mars 2018, obs. X. Delpech ; *JCP* 2018, n° 13, 352, p. 605, note J. Lasserre Capdeville ; *Banque et Dr.* 5-6/2018, n° 179, p. 11, obs. Th. Bonneau ; *RDBF* 2018, comm. 27, obs. Th. Samin et S. Torck. En l'occurrence, les juges

660 ***Droit de disposer des fonds*** ◊ Si l'article L. 312-2 du Code monétaire et financier nous dit que les fonds remis par les clients peuvent être utilisés par les établissements de crédit dépositaires pour leur propre compte, il ne précise pas pour quels emplois. Les établissements concernés bénéficient alors d'une totale liberté, sauf limitation conventionnelle [1]. C'est ainsi qu'en pratique les banques financent, au moyen des dépôts de la clientèle, une part des crédits qu'elles distribuent.

En revanche, le banquier ne saurait s'approprier de façon indue le solde du compte représentant la créance du déposant. À défaut, il verrait sa responsabilité pénale engagée, notamment sur le fondement de l'abus de confiance [2].

661 ***Dates de valeur*** ◊ Une pratique bancaire est à évoquer ici : celle des dates de valeur. En vertu de cette pratique, en cas de dépôt par le client, le jour de valeur était le plus souvent postérieur au jour du dénouement de l'opération. À l'inverse, en cas de retrait ou de paiement, la banque avait pour habitude d'inscrire l'opération à un jour antérieur à la date effective de l'opération. Cette pratique a longtemps été vue comme un moyen pour la banque d'être rémunérée en raison des frais qu'elle engageait pour la réalisation de l'opération sollicitée par le client.

Elle demeurait néanmoins très critiquée [3]. Elle n'a finalement pas prospéré. En premier lieu, la jurisprudence l'a remise en question en se fondant sur l'ancien article 1131 du Code civil qui prévoyait alors que « l'obligation sans cause ou sur une fausse cause, ou sur une cause illicite ne peut avoir aucun effet ». Les juges ont ainsi retenu le défaut de cause, lorsque le dénouement de l'opération était immédiat [4]. Plus précisément, a été jugée sans cause la perception d'intérêts par le jeu des dates de valeur sur les remises et retraits sur un compte bancaire, à l'exception de remises de chèques pour encaissement, ces opérations n'impliquant pas que, même pour le calcul des intérêts, les dates de crédit ou de débit soient différées ou avancées [5].

---

estiment que la découverte par la banque, dans le guichet automatique, du double du bordereau de remise vaut commencement de preuve par écrit. Or, ce dernier avait été complété par des éléments extrinsèques de nature à prouver le dépôt d'espèces litigieux.

1. J. Lasserre Capdeville et S. Hazoug, « Le compte de dépôt et la finance islamique », *RDBF* 2011, n° 6, étude n° 33, p. 9.

2. Crim. 20 juill. 2011, n° 10-81.726, *Bull. crim.* n° 158 ; *D.* 2011. 2242, note J. Lasserre Capdeville ; *RSC* 2011. 832, obs. H. Matsopoulou ; *RTD com.* 2011. 805, obs. B. Bouloc ; *JCP* 2011. 1226, note Th. Samin et S. Torck ; *RDBF* 2011, comm. 185, obs. F.-J. Crédot et Th. Samin ; *RDC* 2012. 557, obs. V. Malabat.

3. V. notamment, Ch. Mouly, « Bilan provisoire d'une critique des dates de valeur », *RJDA* 1993. 503.

4. Com. 6 avr. 1993, n° 90-21.198, *Bull. civ.* IV, 1993, n° 138 ; *JCP* 1993, II, 22062, note J. Stoufflet ; *D.* 1993. 310, note Ch. Gavalda ; *RJ com.* 1993. 262, note F. Grua ; *RTD com.* 1993. 549, obs. M. Cabrillac et B. Teyssié. Com. 29 mars 1994, n° 92-11.843, *D.* 1994. 611, note Ch. Gavalda. Com. 10 janv. 1995, n° 91-21.141, *Bull. civ.* IV, 1995, n° 8 ; *D.* 1995. 229, note Ch. Gavalda ; *D.* 1996, somm. p. 114, obs. R. Libchaber. Com. 21 mai 1996, n° 94-16.917, *RTD com.* 1996. 507, obs. M. Cabrillac.

5. Com. 6 avr. 1993, *op. cit.*

En second lieu, le législateur a réduit au maximum la possibilité de recourir aux dates de valeur en matière d'instruments de paiement. Tout d'abord, pour l'article L. 131-1-1, la date de valeur d'une opération de paiement par chèque « ne peut différer de plus d'un jour ouvré de la date retenue pour sa comptabilisation sur un compte » de dépôt ou de paiement [1]. De même, concernant les « autres instruments de paiement » [2], l'article L. 133-14, I, prévoit, depuis l'ordonnance n° 2009-866 du 15 juillet 2009, plusieurs règles limitant grandement l'application de ces dates de valeur. C'est ainsi que la date de valeur d'une somme portée au crédit du compte du bénéficiaire ne peut être postérieure à celle du jour ouvrable au cours duquel le montant de l'opération de paiement est crédité sur le compte du prestataire de services de paiement du bénéficiaire. À l'inverse, la date de valeur du débit inscrit au compte de paiement du payeur ne peut être inférieure au jour où le montant de l'opération de paiement est débité de ce compte. Enfin, lorsqu'une personne physique n'agissant pas pour des besoins professionnels verse des espèces sur un compte auprès d'un prestataire de services de paiement, dans la devise de compte, le prestataire de services de paiement veille à ce que le montant versé soit mis à disposition et reçoive une date de valeur aussitôt que les fonds sont reçus [3].

Ainsi, s'il n'interdit pas catégoriquement les dates de valeur, notre droit limite désormais le décalage pouvant exister entre la date de valeur et la date d'entrée en compte ; celui-ci ne saurait dépasser un jour ouvré.

662 ***Garantie des déposants*** ◊ Les établissements de crédit agréés en France (mais aussi les entreprises d'investissement, les sociétés de financement, les compagnies financières holding, les compagnies financières holding mixte et les entreprises de marché) sont dans l'obligation d'adhérer au fonds de garantie des dépôts et de résolution (FGDR) [4]. Il s'agit d'ailleurs d'une condition d'exercice de la profession bancaire. Rappelons que ce fonds a pour principale fonction d'indemniser les déposants en cas d'indisponibilité de leurs dépôts ou autres fonds remboursables, à l'exclusion des fonds recueillis par l'émission de titres de créances.

L'indemnisation en question n'est cependant pas sans limite [5], et notamment concernant son montant puisqu'un plafond d'indemnisation est prévu : depuis le 31 décembre 2010, celui-ci est de 100 000 euros. Il était de 70 000 euros antérieurement.

---

1. Cette évolution résulte de la loi n° 2009-1255 du 19 octobre 2009 tendant à favoriser l'accès au crédit des petites et moyennes entreprises et à améliorer le fonctionnement des marchés financiers.

2. V. ss 1377.

3. Pour les déposants ne correspondant pas à ces exigences légales, le montant versé est également mis à disposition. Il reçoit alors une date de valeur au plus tard le jour ouvrable suivant celui de la réception des fonds.

4. C. mon. fin., L. 312-4. V. ss 530.

5. V. ss 534.

SECTION 2. LES OBLIGATIONS DU BANQUIER TENEUR DE COMPTE

663 Le dépôt bancaire n'est pas un dépôt comme les autres [1]. La loi et la jurisprudence ont progressivement prévu ou dégagé plusieurs obligations à la charge du banquier teneur de compte. L'étude des textes et des décisions rendues en la matière permet ainsi d'en relever trois principales : une obligation d'information (§ 1), une obligation de vigilance (§ 2) et enfin une obligation de restitution (§ 3).

D'autres devoirs peuvent également être brièvement mentionnés ici [2].

664 ***Devoir de diligence*** ◊ Tout d'abord, il est acquis que banquier doit correctement passer les opérations souhaitées par son client. Ainsi, en cas de paiements ou de virements opérés par erreur au bénéfice d'un tiers, l'obligation de restitution [3] implique que le banquier demeure tenu de restituer la chose reçue à son véritable bénéficiaire. Il devra alors procéder au remboursement du client victime de l'erreur [4] et, le plus souvent, prétendre à un remboursement par le tiers [5].

Or, comme le remarque un courant doctrinal [6], il sera également possible d'engager la responsabilité civile de la banque fautive si son erreur a causé un préjudice à son client. Il devrait en être ainsi, par exemple, lorsque le professionnel de la banque aura oublié de créditer le compte de son client et que cela l'aura amené, par la suite, à refuser le paiement d'un chèque pour défaut de provision.

665 ***Devoir de ponctualité*** ◊ En prolongement de l'hypothèse précédent, on peut penser qu'un banquier qui tarderait à réaliser une opération sur un compte, telle une inscription en compte d'une créance remise ou encore opérer un paiement ordonné, doit voir sa responsabilité civile engagée si ce retard a occasionné un préjudice à son client. La jurisprudence a eu l'occasion de le dire à plusieurs reprises, notamment concernant des virements réalisés tardivement [7]. Un devoir de ponctualité paraît ainsi également admis.

---

1. J. Lasserre Capdeville, « Le dépôt bancaire, un dépôt « à part » » : *AJ contrat* déc. 2016, p. 515.

2. Les obligations particulières du banquier en présence de comptes inactifs seront évoquées plus loin. V. ss 753.

3. V. ss 676.

4. V. ss 676.

5. Com. 19 nov. 1991, n° 90-15523, *Bull. civ.* IV, 1991, n° 354.

6. S. Piedelièvre, *Instruments de crédit et de paiement*, Dalloz, 2014, 8e éd., n° 25.

7. Com. 18 sept. 2012, n° 11-10.209, *Banque et Dr.* 2012, n° 146, p. 125, obs. Th. Bonneau. Toulouse, 25 sept. 2013, n° 11/05515, *LPA*, 1er mai 2015, n° 87, p. 12, obs. C. Kleiner ; *LEDB* déc. 2013, p. 5, n° 162, obs. J. Lasserre Capdeville.

666 ***Vers un devoir d'éclairer ?*** ◊ Par ailleurs, par une décision remarquée du 12 juillet 2005 [1], l'arrêt *Grimaldi*, la première chambre civile de la Cour de cassation a pu imposer à la banque auprès de laquelle un client avait ouvert un compte de dépôt, un compte d'épargne logement et un plan d'épargne populaire, d'éclairer ce même client, en tant que gestionnaire de ces comptes, sur les avantages et inconvénients du choix qui s'offrait à celui-ci, pour couvrir le solde débiteur de son compte de dépôt, entre le recours au crédit et la mobilisation de l'épargne figurant sur ses autres comptes. Toutefois, cette solution n'ayant pas été réitérée depuis [2], on peut douter de l'existence aujourd'hui d'un tel devoir d'éclairer à la charge du banquier teneur de compte [3].

§ 1. **L'obligation d'information**

667 ***Relevés de compte*** ◊ Une obligation d'information relativement étendue se rencontre, nous l'avons vu, au stade l'ouverture du compte de dépôt [4]. Elle ne disparaît pas par la suite. Jusqu'à l'ordonnance n° 2009-866 du 15 juillet 2009, l'article L. 312-1-1, II, du Code monétaire et financier visait l'obligation pour l'établissement de crédit de porter à la connaissance du client à intervalle régulier n'excédant pas un mois toutes les opérations en crédit et en débit d'un compte de dépôt.

Or, cette obligation n'est plus mentionnée dans l'article précité. Est-ce pour autant une mise à l'écart des relevés de compte ? Absolument pas. En effet, les articles D. 312-5 et D. 312-5-1 incluent, dans les prestations de base et les services bancaires de base, « la fourniture mensuelle d'un relevé des opérations effectuées sur le compte ». Cette mention atteste que la remise de relevés de compte demeure un service de base.

668 ***Preuve*** ◊ La jurisprudence a eu l'occasion d'affirmer que l'envoi et la réception des relevés de compte constituent de simples faits pouvant être prouvés par tout moyen [5]. Les copies des relevés produits par les banques sont alors de nature à faire présumer leur envoi et leur réception par le client [6]. Il est alors conseillé au client de contrôler ses relevés et de se manifester en cas de problème détecté [7].

---

1. Civ. 1re, 12 juill. 2005, *Grimaldi*, *Bull. civ.* I, n° 326 ; *D.* 2005. 3094, note B. Parance ; *D.* 2005. AJ 2276, obs. X. Delpech. *D.* 2006. Pan. 167, obs. D.-R. Martin ; *JCP E* 2005, n° 38, p. 1521, note D. Legeais ; *JCP* 2005, II, 10140, obs. A. Gourio ; *Banque et Dr.* nov.-déc. 2005, p. 83, obs. Th. Bonneau. D. Legais, D. Legeais, « Responsabilité du banquier fournisseur de crédit », *J.-Cl. BCB*, 2015, fasc. 500, n° 7.

2. D. Legeais, « L'arrêt Grimaldi : La naissance du devoir d'éclairer », *RDBF* 2015, n° 5, dossier 48, p. 89.

3. Il ne fait pas de doute, en revanche, qu'un tel principe s'applique en matière d'assurance de groupe. V. ss 2812.

4. V. ss 620.

5. Com. 14 déc. 2004, n° 02-19.532. Com. 13 nov. 2012, n° 11-25.596, *LEDB* janv. 2013, p. 1, n° 172, obs. J. Lasserre Capdeville.

6. Com. 3 juill. 2012, n° 11-19.565, *LEDB* sept. 2012, p. 5, n° 112, obs. J. Lasserre Capdeville.

7. Com. 15 févr. 2011, n° 10-15.268.

669 ***Présomption d'accord du client*** ◊ Mais qu'advient-il si ce dernier ne se manifeste pas ? Les juges ont eu l'occasion de le dire. En effet, selon plusieurs décisions de justice, le silence prolongé après la réception des relevés fait présumer l'acceptation par le client des opérations qui y sont mentionnées comme la régularité des écritures portées sur ses mêmes relevés [1].

Cette présomption, qui serait justifiée par un usage [2], n'est cependant pas irréfragable. En effet, elle ne prive pas le client de la faculté de rapporter, pendant la durée de la prescription légale, la preuve d'éléments propres à l'écarter [3]. Notons d'ailleurs qu'a été jugée abusive la clause qui postule l'approbation tacite de relevés de compte dans un délai de trois mois [4].

670 ***Défaut de contrôle du client*** ◊ Le fait, pour un client, de ne pas procéder au contrôle des relevés de compte qui lui sont transmis pas la banque est considéré, par les juges, comme une négligence fautive de nature à justifier un partage de responsabilité [5].

§ 2. **L'obligation de vigilance**

671 ***Principes généraux*** ◊ Le banquier est tenu, par principe, à un devoir de non-ingérence lui interdisant de s'immiscer dans les affaires de ses clients [6]. En conséquence, il n'a pas à se préoccuper de l'origine ou de la destination des ordres qui lui sont transmis en cours de fonctionnement du compte [7]. De même, la banque n'a pas à s'interroger sur la cause et l'opportunité des retraits ordonnés par son client [8]. Enfin, le banquier

1. Com. 28 avr. 1981, n° 79-13.771, *Bull. civ.* IV, 1981, n° 190. Com. 9 déc. 1986, 85-15.649, *Bull. civ.* IV, 1986, n° 234 ; *JCP* 1988, II, 20918, note H. Croze. Com. 10 mai 1994, n° 91-21.904, *Bull. civ.* IV, 1994, n° 170. Com. 19 juin 2001, n° 98-21.079, *JCP E* 2003, 396, p. 464, obs. J. Stoufflet.
2. S. Piedelièvre, *Instruments de crédit et de paiement*, Dalloz, 2014, 8e éd., n° 25.
3. Com. 10 févr. 1998, n° 96-11.241, *Bull. civ.* IV, 1998, n° 63 ; *RTD com.* 1998. 394, obs. M. Cabrillac. Com. 3 nov. 2004, n° 01-16.238, *Bull. civ.* IV, 2004, n° 187 ; *D.* 2005. 579, note E. Naudin ; *D.* 2004. AJ 3063, obs. V. Avena-Robardet ; *JCP E* 2001, n° 21, p. 865, obs. J. Stoufflet ; *RDBF* 2005, comm. 4, obs. F.-J. Crédot et Y. Gérard ; *RTD com.* 2005. 150, obs. M. Cabrillac. Com. 22 nov. 2005, n° 04-14.142, *RTD com.* 2006. 167, obs. D. Legeais. Com. 13 nov. 2012, n° 11-25.596, *Bull. civ.* IV, 2012, n° 205 ; *RTD com.* 2013. 119, obs. D. Legeais ; *Banque et Dr.* 3-4/2013. 29, obs. Th. Bonneau ; *LEDB* janv. 2013, p. 1, n° 172, obs. J. Lasserre Capdeville.
4. Civ. 1re, 8 janv. 2009, n° 06-17.630, *D.* 2010. Pan. 1046, obs. D.-R. Martin ; *RTD com.* 2009. 418, obs. D. Legeais ; *JCP E* 2009, n° 22, p. 12, obs. N. Mathey ; *CCC* 2009, comm. 85, obs. G. Raymond ; *RDBF* 2009, comm. 44, obs. F.-J. Crédot et Th. Samin ; *Banque et Dr.* 3-4/2009. 30, obs. Th. Bonneau.
5. Com. 29 janv. 1985, n° 83-16.482, *Bull. civ.* IV, 1985, n° 36 ; *JCP E* 1985, 3221, n° 31, obs. Ch. Gavalda et J. Stoufflet. Com. 15 févr. 2011, n° 10-15.268, *Banque et Dr.* 2011, n° 137, p. 25, obs. Th. Bonneau.
6. V. ss 268.
7. V. par ex., Com. 30 janv. 1990, n° 88-13.703, *Revue Banque* 1990, p. 535, obs. J.-L. Rives-Lange. Com. 11 mai 1999, n° 96-16.088, *Bull. civ.* IV, 1999, n° 95 ; *JCP E* 1999, 1730, note D. Legeais.
8. Com. 21 sept. 2004, n° 02-17.083, *RDBF* 2005, comm. 3, obs. F.-J. Crédot et Y. Gérard ; *Banque et Dr.* janv-févr. 2006, p. 67, obs. J.-L. Guillot.

dépositaire des fonds prêtés à son client par un établissement tiers en vue d'un emploi déterminé, n'engage pas sa responsabilité en procédant aux paiements ordonnés par son client à d'autres fins [1].

Cependant, il convient de rappeler qu'il existe des exceptions dans lesquelles, au contraire, il est attendu du banquier qu'il se renseigne les affaires de ses clients. On parle alors de devoir de vigilance du banquier [2]. Il est ainsi établi, de longue date, que le principe de non-ingérence laisse subsister la responsabilité du banquier qui accepte d'enregistrer une opération dont l'illicéité ressort d'une « anomalie apparente » [3]. Le devoir de « neutralité » tombe devant l'apparence d'une opération illicite.

672 ***Définition de l'anomalie apparente*** ◊ Cela a été noté, la doctrine [4] a pris l'habitude de distinguer deux sortes d'anomalies : les anomalies matérielles, qui affectent la régularité même du contrat ou du titre, et les anomalies intellectuelles, qui résultent des circonstances dans lesquelles l'opération se présente [5].

En présence de telles anomalies, il est donc attendu du professionnel de la banque de rechercher si elles ne sont qu'apparentes ou bien si elles sont réelles et, dans ce dernier cas, il doit tout mettre en œuvre pour que le préjudice ne se réalise pas, au besoin en refusant d'exécuter l'opération souhaitée.

À titre d'exemple, une banque a déjà vu sa responsabilité engagée, pour manquement à ses obligations de vigilance et de diligence, pour avoir admis qu'un mineur, ne bénéficiant pas de la signature sur son compte épargne et sur son PEL, effectue des retraits importants ainsi que des virements sur une courte période, sans se préoccuper de l'absence d'autorisation de son représentant légal [6]. De même, un manquement au devoir de vigilance a été reconnu dans un cas où un compte avait enregistré des retraits journaliers renouvelés et dont le montant excédait le découvert autorisé [7]. Enfin, l'anomalie apparente a pu être caractérisée en présence de nombreux mouvements sans

---

1. Com. 11 févr. 2003, n° 00-12.860, *RDBF* 2003, comm. 175, obs. F.-J. Crédot et Y. Gérard ; *RJDA* 2003, n° 759.
2. V. ss 271.
3. V. par ex., Com. 25 avr. 1967, *JCP* 1967, II, 15306, obs. Ch. Gavalda. Com. 3 janv. 1977, n° 75-11.853, *Bull. civ.* IV, 1977, n° 2. – Com. 15 nov. 2016, n° 15-14.133 : *Gaz. Pal.* 24 janv. 2017, n° 4, p. 14, note J. Lasserre Capdeville ; *Banque et Dr.* 5-6/2017. 29, obs. Th. Bonneau ; *LEDB* janv. 2017, p. 2, obs. S. Piedelièvre ; *RDBF* 2017, comm. 2, obs. Th. Samin et S. Torck.
4. V. par ex., Th. Bonneau, *Droit bancaire*, Montchrestien, 2017, 12e éd., n° 577. Ch. Gavalda et J. Stoufflet, *Droit bancaire*, Litec, 2015, 9e éd., n° 328. S. Piedelièvre et E. Putman, *Droit bancaire*, Economica, 2011, n° 189.
5. V. ss 278.
6. Pau, 12 déc. 2005, *LPA*, 31 janv. 2007, n° 23, p. 9, note J. Lasserre Capdeville et A. Lecourt. De même concernant des retraits opérés par le père de clients mineurs jusqu'à épuisement des comptes bancaires, Rennes, 10 févr. 2016, n° 14/00931, *LEDB* mai 2016, p. 2, n° 072, obs. J. Lasserre Capdeville.
7. Com. 6 févr. 2007, n° 05-14.872. De même, pour des retraits importants opérés sur des comptes d'un incapable majeur, Chambéry, 17 mai 2016, n° 14/02371, *LEDB* juill. 2016, p. 6, n° 115, obs. J. Lasserre Capdeville.

justification apparente et des virements sur des comptes en Suisse ou aux Bahamas [1]. L'appréciation se fait ainsi en fonction des circonstances [2].

Sans surprise, ces solutions sont susceptibles de se retrouver en matière de compte en banque [3]. Par exemple, a été jugée comme ne constituant pas une opération anormale de fonctionnement d'un compte appelant une vigilance particulière de la banque, la seule inscription de deux sommes importantes au crédit d'un compte bancaire d'une société [4].

673 ***Vérification de signature*** ◊ Durant toute la durée de fonctionnement du compte, le professionnel de la banque voit peser sur lui l'obligation de s'assurer que les instructions et ordres qu'il exécute émanent bien des personnes ayant qualité [5].

Plus particulièrement, pour les opérations entraînant un débit du compte, la signature d'un ordre de paiement est nécessaire. Le banquier doit alors, en principe, procéder à la vérification de la signature apposée sur le chèque au regard de celle déposée à titre de spécimen par le client lors de l'ouverture de compte.

674 ***Auteur des opérations*** ◊ Le client de la banque est, en principe, seul titulaire des pouvoirs sur son compte. Cela est plus particulièrement le cas pour les opérations débitrices [6], et découle du devoir de restitution étudié plus loin [7]. Il est donc demandé au banquier d'être vigilant et de s'assurer que les personnes réalisant des opérations au débit d'un compte sont bien en droit d'agir de la sorte.

Des difficultés peuvent toutefois se présenter lorsque le client en question est un majeur protégé [8]. C'est ainsi, par exemple, que concernant les retraits de fonds effectués par le tuteur ou le curateur, en cas de curatelle renforcée, leur réalisation n'est valable que si le tuteur ou le curateur dispose d'un pouvoir de gestion sur le compte attribué par le juge des tutelles. La banque devra par conséquent vérifier l'existence de ce pouvoir [9].

---

1. Com. 22 nov. 2011, n° 10-30.101, *LEDB* janv. 2012, p. 1, n° 181, obs. R. Routier.

2. Com. 3 mai 2016, n° 14-24.598, *LEDB* juin 2016, p. 7, n° 100, obs. J. Lasserre Capdeville. – Civ. 1re, 11 oct. 2017, n° 15-24.946 : *JCP* 2017, n° 50, 1320, p. 2273, note J. Lasserre Capdeville ; *LEDB* déc. 2017, p. 2, obs. N. Mathey. Dans cette dernière décision, les magistrats refusent de caractériser une anomalie apparente dans l'attitude d'une mère, administrateur légal, ayant détourné des fonds déposés sur le compte en banque de son fils mineur.

3. J.-F. Riffard, « Le banquier, le compte et le contrôle : retour sur une notion fondamentale, mais négligée » : *RDBF* 2018, n° 6, dossier 40, p. 76.

4. Com. 12 juill. 2017, n° 15-27.891 : *Banque et Dr.* 11-12/2018, n° 176, p. 27, obs. Th. Bonneau ; *LEDB* févr. 2018, p. 2, obs. J. Lasserre Capdeville.

5. Nancy, 4 juill. 2013, *RJDA* 2013, n° 1044.

6. Il en va différemment pour les opérations au crédit du compte, v. ss 658.

7. V. ss 676.

8. G. Raoul-Cormeil et J. Lasserre Capdeville, « Le fonctionnement du compte d'un majeur protégé », *RDBF* mai-juin 2013, dossier 25, p. 91, n° 4 s.

9. G. Raoul-Cormeil et J. Lasserre Capdeville, *op. cit*, n° 4. Pour les juges, il n'y a pas de faute de la banque dans la tenue des comptes de sa cliente alors qu'elle ignorait que cette dernière faisait

De la même manière, le banquier sera tenu de vérifier les pouvoirs de celui qui se présente comme représentant du mineur et s'assurer, éventuellement, qu'il a obtenu les autorisations requises par la loi [1]. Dans tous les cas, le pouvoir du représentant légal de faire fonctionner le compte cesse à la date de la majorité du titulaire du compte. Un banquier ne saurait, par conséquent, à la majorité d'un client, exécuter un ordre de paiement émis par l'ancien administrateur légal [2].

675 ***Recours aux procurations*** ◊ Le client est bien évidemment libre de donner une procuration à une autre personne qui fera fonctionner le compte par des opérations créditrices et débitrices [3]. Cette procuration, qui peut être tacite [4], s'analyse alors en un mandat par lequel le titulaire du compte donne mission au bénéficiaire de celle-ci de faire fonctionner le compte [5]. L'étendue de ce mandat dépendra souvent des stipulations de la convention unissant le banquier à son client.

Le professionnel de la banque sera logiquement tenu de vérifier que la procuration émane bien du titulaire du compte. Il devra notamment s'assurer de la conformité de la signature figurant sur la procuration avec celle du client dont il a normalement gardé un exemplaire [6]. Si l'établissement de crédit prend en général la précaution de conserver également la formule écrite proposée, la jurisprudence a estimé par un arrêt de la Cour de cassation du 3 juin 2015 qu'il est en droit de rapporter la preuve de la procuration, par tous moyens, dès lors qu'il n'est pas partie à l'acte [7].

De même, en présence d'un client personne morale, le professionnel de la banque devra vérifier la conformité des pouvoirs de ses représentants à la loi et aux statuts de cette même personne morale, et ce tant lors de l'ouverture du compte, qu'en cours de fonctionnement de ce dernier [8]. Dans tous les cas, une procuration présentant une anomalie apparente ne saurait être acceptée.

---

l'objet d'une curatelle renforcée qui n'a jamais été mise en place par sa fille qui était sa curatrice, Paris, 3 sept. 2015, n° 14/08353, *LEDB* déc. 2015, p. 6, n° 186, obs. J. Lasserre Capdeville.

1. Toulouse, 3 mars 2005, *JurisData* n° 2005-281247.

2. Civ. 1re, 9 janv. 2008, n° 05-21.000, *Banque et Dr.* 2008, n° 118, p. 13, obs. Th. Bonneau ; *JCP* 2008, II, 10 048, note J. Lasserre Capdeville.

3. Le procédé n'est pas à l'abri de la critique, D. Guérin, « Les procurations bancaires données par les personnes âgées », *RDBF* 2016, n° 4, Étude 22.

4. Civ. 1re, 30 mai 2006, n° 04-14.958. Le recours à un écrit est cependant conseillé.

5. Les textes n'exigent pas que la procuration soit recueillie en présence d'un représentant de l'établissement de crédit, Com. 1er oct. 1996, n° 94-20.046. Com. 28 avr. 2004, n° 02-13.591, *Bull. civ.* IV, 2004, n° 73 ; *Banque et Dr.* 2004, n° 96, p. 58, obs. Th. Bonneau ; *RTD com.* 2004. 579, obs. M. Cabrillac.

6. Commet une faute le préposé d'une banque qui ne recueille pas la signature du titulaire d'un compte courant lors de l'établissement d'une procuration, Civ. 2e, 1er oct. 1975, n° 74-11.180, *Bull. civ.* II, 1975, n° 255 ; *RTD com.* 1976. 585, obs. M. Cabrillac.

7. Civ. 1re, 3 juin 2015, n° 14-19.825, *D.* 2015. 1588, note A. Tehrani ; *RDBF* 2015, comm. 180, obs. F.-J. Crédot et Th. Samin ; Droit bancaire et financier, 2016/1, p. 6, obs. J. Lasserre Capdeville.

8. Com. 14 juin 2016, n° 14-26.358, *LEDB* sept. 2016, p. 5, obs. N. Mathey.

Le titulaire d'une procuration usant à son profit des fonds du client sans y avoir été autorisé par ce dernier se rend logiquement coupable d'un abus de confiance [1].

Bien évidemment, la désignation d'un ou de plusieurs mandataires par l'intermédiaire de procuration n'empêche pas le titulaire de compte de donner personnellement des ordres.

§ 3. L'obligation de restitution

676 ***Principe général*** ◊ Le banquier ayant reçu des fonds du public est dans l'obligation de les restituer, puisque son client est titulaire d'un droit de créance contre sa banque [2]. Cette restitution peut se faire, directement, par la remise au client d'espèces, ou encore, indirectement, par le paiement d'ordres de paiement émanant de ce même client au bénéfice d'un tiers.

En la matière, depuis une vingtaine d'années, la jurisprudence est venue préciser qu'il résultait de l'ancien article 1239 (relatif au paiement) [3] et de l'article 1937 (relatif au dépôt) du Code civil que le banquier ne peut être dégagé de son obligation de restitution qu'en procédant à des paiements entre les mains du véritable créancier ou de celui qui a reçu pouvoir de ce dernier. C'est alors à l'établissement de crédit, dépositaire, qu'incombe la charge de prouver qu'il a restitué les fonds déposés conformément aux instructions de son client [4].

La solution est par conséquent intéressante pour ce même client. Par principe, et même s'il n'est pas lui-même fautif, le banquier reste tenu envers celui qui lui a confié des fonds quand il s'en est défait sur présentation d'un faux ordre de paiement, tel un chèque contrefait [5]. Cette solution a été logiquement confirmée en matière de paiement à distance contesté par le titulaire de la carte bancaire [6], de transfert de fonds international [7] ou de virement [8]. La banque qui aurait été victime de manœuvres

---

1. Crim. 22 oct. 1998, n° 97-84.186, *Bull. crim.* n° 276 ; *JCP* 1999, IV, 1322. Douai, 13 avr. 2015, n° 14/01982, *Banque et Dr.* 2015, n° 163, p. 84, obs. J. Lasserre Capdeville. Crim. 2 sept. 2015, n° 14-84.427, *Banque et Dr.* 2015, n° 164, p. 79, obs. J. Lasserre Capdeville.

2. V. ss 657.

3. Cette règle figure aujourd'hui à l'article 1342-2 du Code civil.

4. Com. 19 sept. 2006, n° 05-16.406, *RJDA* 2007, n° 83. Com. 9 févr. 2010, n° 09-12.853, *RDBF* 2010, comm. 125, obs. F.-J. Crédot et Th. Samin ; *RJDA* 2010, n° 994.

5. Concernant des chèques, Com. 26 nov. 1996, n° 94-19.071, *Bull. civ.* IV, 1996, n° 283. Com. 2 juill. 2002, n° 00-10.121, *RDBF* 2002, comm. 224, obs. F.-J. Crédot et Y. Gérard. Com. 18 juin 2013, n° 12-15.612, *RTD com.* 2013. 785, obs. D. Legeais ; *Banque et Dr.* sept-oct. 2013, p. 19, obs. G. Helleringer.

6. Com. 23 juin 2004, n° 02-15.547, *Bull. civ.* IV, 2004, n° 131 ; *Gaz. Pal.* 2005, somm. p. 2046, obs. S. Piedelièvre ; *CCE* 2004, comm. 161, obs. L. Grynbaum.

7. Colmar, 29 avr. 2013, n° 13/0300, *LEDB* juill. 2013, p. 2, n° 087, obs. J. Lasserre Capdeville.

8. Com. 3 nov. 2004, n° 01-16.238, *Bull. civ.* IV, 2004, n° 187 ; *D.* 2005. 579, note E. Naudin ; *D.* 2004. AJ 3063, obs. V. Avena-Robardet ; *JCP E* 2001, n° 21, p. 865, obs. J. Stoufflet ; *RDBF* 2005, comm. 4, obs. F.-J. Crédot et Y. Gérard ; *RTD com.* 2005. 150, obs. M. Cabrillac. Com.

frauduleuses ou de contrefaçons l'ayant amené à se déposséder de fonds détenus pour le compte de clients est en droit néanmoins de se constituer partie civile contre l'auteur des faits illicites [1].

Une exception existe cependant en cas de faute du déposant [2]. Dans cette hypothèse, en effet, le banquier n'est tenu envers ce dernier, et uniquement pour sa part de responsabilité, que s'il a commis lui-même une négligence, et notamment s'il n'a pas su détecter ce qui constituait pourtant une « anomalie apparente » [3]. Ce sera, bien entendu, au banquier de démontrer la faute du client l'exonérant totalement ou partiellement de sa responsabilité [4].

677 ***Délit pénal*** ◊ L'appropriation indue par la banque du solde créditeur d'un compte clôturé caractérise un abus de confiance [5]. Il importe peu, sur ce point, que durant le fonctionnement du compte, l'établissement ait eu la libre disposition des fonds en vertu de l'article L. 312-2 du Code monétaire et financier. Selon les circonstances, d'autres incriminations peuvent être éventuellement préférées [6].

678 ***Cas des époux*** ◊ En sa qualité de dépositaire, le banquier est tenu de restituer les fonds déposés à l'époux déposant, sans pouvoir se prévaloir des règles relatives à la représentation des époux [7]. Au contraire, la banque commettrait une faute si elle laissait l'un des conjoints appréhender des sommes d'argent figurant sur un compte bancaire personnel à l'autre [8]. Notons néanmoins que, pour une décision récente de la Cour de cassation, la responsabilité de la banque teneur de compte sur lequel sont

---

8 nov. 2005, n° 03-20.402, *JCP E* 2006, n° 22, p. 962, obs. J. Stoufflet ; *RJDA* 2006, n° 315. Com. 23 avr. 2013, n° 12-18.119, *LEDB* juin 2013, p. 3, n° 072, obs. J. Lasserre Capdeville. Paris, 24 mai 2012, n° 09/05609, *LEDB* juill. 2012, p. 6, n° 097, obs. J. Lasserre Capdeville. Paris, 5 sept. 2013, n° 2011/22812, *LEDB* nov. 2013, p. 6, n° 143, obs. J. Lasserre Capdeville.

1. Crim. 14 nov. 2007, n° 07-80.576, *Bull. crim.* n° 277 ; *JCP E* 2008, n° 12, p. 14, note J. Lasserre Capdeville ; *RDBF* 2008, comm. 2, obs. F.-J. Crédot et Th. Samin.

2. Sur les caractères de cette dernière, Com. 22 mai 2013, n° 12-15.672, *LEDB* juill. 2013, p. 4, n° 092, obs. R. Routier.

3. Com. 31 mai 2005, n° 03-20.952, *Bull. civ.* IV, 2005, n° 120.

4. Com. 18 sept. 2012, n° 11-10.209, *Banque et Dr.* nov-déc. 2012, p. 25, obs. Th. Bonneau ; *LEDB* nov. 2012, p. 5, obs. R. Routier.

5. Crim. 20 juill. 2011, n° 10-81.726, *Bull. crim.* n° 158 ; *D.* 2011. 2242, note J. Lasserre Capdeville ; *RSC* 2011. 832, obs. H. Matsopoulou ; *RTD com.* 2011. 805, obs. B. Bouloc ; *JCP* 2011. 1226, note Th. Samin et S. Torck ; *RDBF* 2011, comm. 185, obs. F.-J. Crédot et Th. Samin ; *RDC* 2012. 557, obs. V. Malabat ; *LEDB* oct. 2011, p. 5, n° 137, obs. M. Nord-Wagner.

6. Pour la caractérisation du délit de détournement de fonds privés pour des faits commis par le directeur d'une agence de la Banque postale, Crim. 20 avr. 2017, n° 16-80.091 : *D.* 2017. 1459, note J. Lasserre Capdeville.

7. Com. 11 mars 2003, n° 00-20.866, *D.* 2003. 1478, note M. Laugier. Civ. 1re, 29 juin 2011, n° 10-11.683, *LEDB* janv. 2012, p. 4, n° 187, obs. M. Storck. *D.* 2012. 1912, obs. D.-R. Martin ; *Gaz. Pal.* 2011. 3082, obs. A.-C. Rouaud ; *RDBF* 2011, comm. 186, obs. F.-J. Crédot et Th. Samin ; *Banque et Dr.* 9-10/2011. 17, obs. Th. Bonneau. Agen, 9 avr. 2014, n° 13/00390, *LEDB* juin 2014, p. 5, n° 077, obs. J. Lasserre Capdeville.

8. Civ. 1re, 10 oct. 2012, n° 11-13.376, *LEDB* déc. 2012, p. 4, obs. R. Routier.

effectuées des opérations sans procuration par le conjoint du titulaire ou un tiers n'est pas engagée si le titulaire du compte les ratifie conformément aux règles du mandat, cette ratification pouvant être tacite [1].

Par ailleurs, un banquier ne saurait considérer que le compte personnel de l'un des époux a été tacitement transformé en compte joint [2].

679 ***Compte débiteur*** ◊ Bien évidemment si le solde du compte est débiteur, le banquier pourra, à défaut d'autorisation de découvert, en demander le remboursement au client.

680 ***Compensation*** ◊ Les parties sont libres de passer un accord de compensation permettant, comme son nom l'indique, de compenser les soldes de différents comptes. Cette faculté, qui doit résulter d'une stipulation expresse [3], offre au banquier une garantie [4].

Des limites existent néanmoins en la matière. D'une part, la compensation ne saurait jouer en n'importe quelles circonstances. Elle a ainsi été écartée en présence d'une convention de compte courant et une convention de comptes-titres, conventions qui n'avaient donc pas pour objet de réaliser une même opération économique [5]. D'autre part, signalons que la Commission des clauses abusive a déjà émis un avis négatif à propos de l'insertion de clauses de compensation dans des conventions s'adressant aux consommateurs [6].

681 ***Nature juridique du retrait*** ◊ On notera que le retrait d'espèces sur un compte de paiement (et donc un compte de dépôt), y compris au guichet d'une agence bancaire, constitue une opération de paiement [7]. En conséquence, en cas de constat d'opérations non autorisées ou mal exécutées, l'utilisateur de services de paiement est tenu de procéder à un signalement à son banquier sans tarder et au plus tard dans les treize mois de la date de débit sous peine de forclusion.

---

1. Com. 17 nov. 2015, n° 14-18.880, *RDBF* 2016, comm. 148, obs. F.-J. Crédot et Th. Samin ; *LEDB* oct. 2016, p. 6, obs. J. Lasserre Capdeville.

2. Com. 9 juin 2004, n° 01-14.302. Sur le fonctionnement du compte joint, v. ss 856.

3. Reims, 8 juin 2004, *JurisData* n° 2004-248992.

4. On trouve également des conventions de fusion de compte, dite aussi d'unité de compte, qui prévoient que, malgré l'apparente pluralité formelle des comptes, établie pour des raisons de commodité de gestion, le compte est juridiquement unique. De telles conventions ne sont admissibles que si cela résulte clairement des stipulations, Com. 17 janv. 2006, n° 03-20.300, *D.* 2006. AJ 440, obs. X. Delpech. La banque doit user de la stipulation de bonne foi, Com. 8 mars 2005, n° 02-15.783, *Bull. civ.* IV, 2005, n° 44 ; *D.* 2005. AJ 883, obs. X. Delpech ; *RTD com.* 2005. 397, obs. D. Legeais. Com. 2 mars 2010, n° 09-12.087, *Banque et Dr.* 2010, n° 132, p. 19, obs. Th. Bonneau.- Com. 22 juin 2010, n° 09-67.384, *Banque et Dr.* 2010, n° 133, p. 35, obs. Th. Bonneau. S. Piedelièvre, « La pluralité de comptes ouverts à une seule personne », *Journ. sociétés* 10/2015, n° 134, p. 23.

5. Com. 16 déc. 2014, n° 13-17.046, *JCP E* 2015, 1060, note D. Legeais ; *RDBF* 2015, comm. 28, obs. F.-J. Crédot et Th. Samin ; *LEDB* mars 2015, p. 4, n° 041, obs. R. Routier ; *LPA*, 22 avr. 2015, n° 80, p. 12, note J. Lasserre Capdeville.

6. Commission clauses abusives, recomm. n° 98-01, BOCCRF, 14 mai 1998.

7. Com. 24 janv. 2018, n° 16-26.188 : *JCP E* 2018, n° 20, 1254, p. 44, note J. Lasserre Capdeville ; *Banque et Dr.* 5-6/2018, n° 179, p. 12, obs. Th. Bonneau ; *LEDB* mars 2018, p. 3, obs. N. Mathey.

CHAPITRE 2

LA RÉMUNÉRATION DU COMPTE

682 Le fonctionnement d'un compte de dépôt est traditionnellement générateur de revenus pour l'établissement de crédit dépositaire (voire exceptionnellement de dépenses) prenant la forme d'intérêts (Section 1) mais aussi de frais et commissions (Section 2).

SECTION 1. LES INTÉRÊTS

683 Notre droit prévoit quelques règles concernant les intérêts liés aux comptes en banque, et plus particulièrement aux comptes de dépôt. Il en va ainsi que le compte bancaire en question présente un solde créditeur (§ 1) ou débiteur (§ 2).

§ 1. En cas de solde créditeur

684 ***Historique*** ◊ Pendant longtemps, les soldes créditeurs des comptes à vue ne pouvaient pas donner lieu à des intérêts en faveur du client. L'article L. 312-3 du Code monétaire et financier disposait alors que « nonobstant toutes dispositions contraires, il est interdit à tout établissement de crédit qui reçoit du public des fonds en compte à vue ou à moins de cinq ans (...) de verser sur ces fonds une rémunération supérieure à celle fixée par règlement du comité de la réglementation bancaire et financière ou par le ministre chargé de l'économie ».

685 ***Condamnation de la CJCE*** ◊ Cependant, un arrêt du Conseil d'État a fini par poser une question préjudicielle auprès de la Cour de justice des Communautés européennes [1]. En l'espèce, la Commission bancaire avait interdit à une banque de rémunérer les comptes à vue de ses clients. Le Conseil d'État avait alors été saisi d'un recours contre cette décision. Il avait décidé de surseoir à statuer et avait interrogé la CJCE. La difficulté était liée au principe de liberté d'établissement prévu, à l'époque, par l'article 43 du Traité instituant la Communauté européenne.

---

1. CE 6 nov. 2002, n° 247209, *Société Caixa Bank France, D.* 2002. AJ 3204 ; *RTD com.* 2003. 145, obs. D. Legeais ; *Banque et Dr.* 3-4/2003. 57, obs. Th. Bonneau.

Or, la cour a condamné la France par une décision du 5 octobre 2004 en raison de sa réglementation interdisant la rémunération des dépôts à vue [1]. Selon cette décision, « l'article 43 CE s'oppose à la réglementation d'un État membre qui interdit à un établissement de crédit, filiale d'une société d'un autre État membre, de rémunérer les comptes à vue libellés en euros, ouverts par les résidents du premier État membre » [2].

Le Conseil d'État a alors pris acte de cette décision en prononçant l'annulation de la sanction prise à l'époque par la Commission bancaire contre l'établissement de crédit ayant voulu rémunérer des comptes de dépôt [3].

686 ***Évolution légale et réglementaire*** ◊ Cette décision a nécessairement eu des incidences sur l'état de notre droit positif. Tout d'abord, un arrêté du 8 mars 2005 est venu abroger les dispositions réglementaires portant interdiction de rémunération sur les dépôts à vue.

Par la suite, la loi n° 2007-1774 du 17 décembre 2007 portant diverses dispositions d'adaptation au droit communautaire dans les domaines économiques et financiers a abrogé l'article L. 312-3 du Code monétaire et financier.

La rémunération des comptes de dépôt est, depuis lors, parfaitement possible. Néanmoins, force est de constater que, malgré cette évolution, peu d'établissements de crédit procèdent à une telle rémunération.

687 ***Cas des comptes à terme*** ◊ La rémunération a, en revanche, toujours été libre pour les comptes à terme. La jurisprudence a d'ailleurs déduit des conséquences à cette liberté. Par exemple, un établissement de crédit ne saurait soutenir que le taux d'intérêt prévu au contrat est exorbitant, puisqu'il ne se heurte à aucune interdiction légale [4].

688 ***Limitation*** ◊ Les textes prévoient, parfois, des limites à la liberté précitée concernant le taux de l'intérêt créditeur. C'est notamment le cas avec le livret A [5], le livret d'épargne populaire [6] ou encore le livret jeune. [7]

689 ***Interdiction*** ◊ Il existe un cas où la stipulation d'intérêts demeure purement et simplement interdite : c'est pour les fonds reçus dans le cadre de

1. CJCE 5 oct. 2004, C-442/02, *Caixa Bank France*, *D.* 2005. 370, note A. Boujeka ; *D.* 2004. 2770, note S. Piedelièvre ; *RTD com.* 2004. 792, obs. D. Legeais ; *D.* 2006. Pan. 157, obs. H. Synvet ; *Banque et Dr.* 1-2/2005. 66, obs. Th. Bonneau ; *RDBF* 2004. 437, note J. Stoufflet.

2. J. Stoufflet, « La fin de la rémunération des comptes à vue ? L'arrêt de la CJCE du 5 octobre 2004 », *RDBF* 2004. 437. E. Alfandari, « La rémunération des comptes à vue : la fin du "ni-ni" français ? », *JCP E* 2004, acr. 265.

3. CE 23 févr. 2005, n° 247209, *Caixa Bank France*, *D.* 2005. AJ 639 ; *D.* 2006. Pan. 157, obs. H. Synvet ; *Banque et Dr.* 3-4/2005. 3, concl. Y. Aguila.

4. Paris, 14 mars 2013, n° 11/05758, *LEDB* mai 2013, p. 2, n° 053, obs. J. Lasserre Capdeville.

5. C. mon. fin., art. L. 221-4 et R. 221-4.

6. C. mon. fin., art. L. 221-14 et R. 221-50.

7. C. mon. fin., art. L. 221-26 et R. 221-92.

la monnaie électronique. En effet, selon l'article L. 515-4 du Code monétaire et financier, il est interdit à tout émetteur de monnaie électronique qui collecte des fonds « à verser sur ces fonds des intérêts, toute rémunération ou tout autre avantage liés à la durée de détention de monnaie électronique ».

§ 2. En cas de solde débiteur

690 ***Mention de l'intérêt : solution passée*** ◊ Le solde débiteur d'un compte de dépôt est assurément une forme de crédit qui autorise une rémunération par la voie de l'intérêt. Cependant, cette rémunération n'est pas automatique comme en témoigne l'article 1907, alinéa 2, du Code civil qui prévoit que le taux de l'intérêt conventionnel doit être déterminé par écrit [1]. À défaut, la Cour de cassation a considéré, un temps, qu'aucun intérêt n'était dû, même pas au taux légal [2].

691 ***Mention de l'intérêt : solution actuelle*** ◊ Désormais, la jurisprudence se fonde plus fréquemment sur l'article L. 314-5 (ancien article L. 313-2, alinéa 1) du Code de la consommation qui prévoit que « le taux effectif global [3] (...) est mentionné dans tout écrit constatant un contrat de prêt (...) » [4]. Il est admis que cette exigence s'applique à n'importe quelle forme de crédit, que le bénéficiaire soit un consommateur ou un professionnel [5].

Surtout, et même si une ordonnance est en préparation sur ce point [6], les magistrats estiment aujourd'hui qu'à défaut de respecter une telle exigence légale (sauf cas de crédits à la consommation ou immobilier [7]), la nullité de l'intérêt conventionnel doit être prononcée, auquel le taux légal est finalement substitué [8]. Ce dernier étant relativement faible (0,86 % pour le 1er semestre 2019 concernant les personnes physiques n'agissant pas pour des besoins professionnels), cette sanction civile peut se révéler particulièrement redoutable pour le prêteur. La jurisprudence a étendu cette sanction au taux effectif global erroné [9].

---

1. Civ. 1re, 9 févr. 1988, n° 86-11.557, *Bull. civ.* I, 1988, n° 34. Com. 12 avr. 1988, n° 87-11.199, *Bull. civ.* IV, 1988, n° 130 ; *Revue Banque* 1988, p. 590, obs. J.-L. Rives-Lange ; *JCP E* 1988, II, 15204, note Ch. Gavalda et J. Stoufflet ; *RTD civ.* 1988. 733, obs. J. Mestre.

2. Com. 4 déc. 1990, n° 89-13.250, *Revue Banque* 1991, p. 324, obs. J.-L. Rives-Lange. il s'agissait en l'espèce d'un compte courant.

3. Il s'agit du taux d'intérêt comprenant l'ensemble des dépenses occasionnées par l'opération de crédit. Pour une présentation détaillée, v. ss 1651.

4. En matière d'opérations de crédit, v. ss 1649.

5. V. ss 1667.

6. J. Lasserre Capdeville, « Réflexions à la vue du projet d'ordonnance modifiant la sanction applicable au TEG/TAEG erroné » : *JCP E* 2019, 237, p. 5.

7. V. ss 1703 s.

8. V. ss 1678.

9. V. ss 1715.

En outre, l'article L. 312-1-1, III, du Code monétaire et financier impose aux établissements de crédit de mentionner dans les relevés de compte de dépôt des personnes physiques n'agissant pas pour des besoins professionnels le taux annuel effectif global au sens des articles L. 314-1 à L. 314-4 du Code de la consommation, quelle que soit la durée du découvert autorisé considéré.

692 ***Usure*** ◊ Par ailleurs, le taux d'intérêt du découvert en compte ne doit pas dépasser les seuils du taux d'usure [1]. Cette solution vise principalement les comptes ouverts à des consommateurs [2]. Notons cependant que si les règles régissant l'usure ne sont plus applicables, depuis quelques années, aux prêts accordés à une personne physique agissant pour des besoins professionnels ou à une personne morale se livrant à une activité industrielle, commerciale, artisanale, agricole ou professionnelle non commerciale, une exception existe avec les découverts en compte [3].

SECTION 2. LES FRAIS ET COMMISSIONS

693 ***Définitions*** ◊ Les frais reflètent une dépense engagée par l'établissement de crédit qui se trouve par la suite répercutée sur le client. Les commissions correspondent, quant à elles, à une « somme perçue par l'établissement de crédit ou l'entreprise d'investissement en rémunération des services qu'il rend à son client » [4]. Ces commissions s'observent en matière de fonctionnement de compte en banque, d'opérations de paiement, d'encaissements demandés, voire de délivrance de crédit [5]. Les plus connues sont très certainement les commissions d'intervention dont l'objet est de rémunérer la banque pour le service lié à l'examen de la situation du client en cas de dysfonctionnement du compte [6].

694 ***Distinction*** ◊ La distinction entre ces deux notions est cependant difficile à opérer [7]. En pratique, tout service objet d'une commission s'accompagne de frais dont la charge a été intégrée dans le calcul du montant la commission. À l'inverse, la facturation des frais liés à une dépense (par ex. frais d'envoi d'un courrier) est généralement associée à un service réalisé par la banque (l'envoi du courrier lui-même) dont la valeur a été prise en

---

1. V. ss 1751.
2. C. consom., art. L. 314-9. C. consom., ancien art. L. 313-3.
3. C. mon. fin., art. L. 313-5-1. Crim. 3 nov. 2005, n° 04-87.835, *Bull. crim.* n° 277 ; *D.* 2006. AJ 138, obs. A. Lienhard ; *RDBF* 2006, comm. 13, obs. F.-J. Crédot et Y. Gérard.
4. B. Sousi-Roubi, avec la collab. de S. Dussart et F. Marmoz, *Lexique de la Banque et des Marchés financiers*, Dunod, 2009, 6e éd., p. 71.
5. V. ss 1645.
6. V. ss 709.
7. N. Éréséo et J. Lasserre Capdeville, « La rémunération de la banque par les frais et commission », *RDBF* mars 2015. Étude 17, n° 3.

considération dans le calcul des frais. Ces derniers sont en effet toujours facturés bien au-delà des dépenses réellement engagées par la banque de sorte que les frais comme les commissions semblent recouvrir une même réalité : la rémunération des différents services offerts par la banque.

695 ***Liberté*** ◊ En principe, les établissements de crédit sont libres de déterminer les prix qu'ils entendent pratiquer pour les frais et commissions. Ceux-ci devraient normalement être fixés d'un commun accord entre le banquier et son client. Mais tel n'est pas le cas en pratique : ils demeurent imposés par les banquiers à leurs clients et la négociation n'a guère sa place en la matière. Certaines pratiques suscitent d'ailleurs des interrogations [1].

696 ***Évolution*** ◊ Les frais et commissions bancaires occupent désormais une place croissante dans le budget des ménages. La gratuité est devenue exceptionnelle [2]. Il est vrai que pour compenser la baisse des taux d'intérêt, les banques ont progressivement enrichi les grilles tarifaires de nouveaux frais et de nouvelles commissions [3], tout en augmentant en parallèle le montant de ceux qui existaient déjà [4]. Ils représentent ainsi, en 2019, une part importante du produit net bancaire (PNB) [5].

697 Le législateur a donc cherché à renforcer l'encadrement de ces frais et commissions. Celui-ci a ainsi porté sur l'information des clients au sujet de ces frais et commissions (§ 1), mais aussi, dans certaines hypothèses, sur les montants appliqués (§ 2). Un mot sera dit, pour terminer, sur une nouvelle catégorie de clients bénéficiant de droits supplémentaires en la matière : les clients économiquement « fragiles » (§ 3).

§ 1. Le renforcement de l'information liée aux frais et commissions

698 ***Évolution des textes*** ◊ Pendant longtemps, les règles sur la tarification bancaire ne permettaient pas à la clientèle de comparer correctement les

1. À titre d'exemple, certains établissements de crédit ont pris l'habitude de facturer, à leurs clients, des frais intitulés « minimum forfaitaire d'agios », dits aussi « minimum de perception d'agios », qui leur permettront en cas de découvert, même minime, de prélever un montant forfaitaire de quelques euros qui sera supérieur au montant réel d'intérêts débiteurs calculé, J. Lasserre Capdeville, « Interrogations sur la pratique du minimum forfaitaire d'intérêts débiteurs » : *AJ contrat* oct. 2018, p. 419.
2. J. Dubos et A. Salgueiro, « Intérêts et commissions. Fixation », *J.-Cl. BCB*, fasc. 510, 2011, n° 18. – C. Houin-Bressand, « Le banquier et la gratuité » : *RDBF* 2019, n° 1, dossier 7. V. ss 703.
3. R. Routier, « Multiplication des frais et commissions de banque : vers la reconnaissance de l'abus et d'un "barattage passif" », *D.* 2006. 985.
4. J. Lasserre Capdeville, « L'augmentation des commissions bancaires en 2016 » : *JCP E* 2016, n° 8-9, 176, p. 5.
5. Selon l'ACPR, ils représenteraient 30 % du PNB, contre 50 % pour la rémunération du crédit. Rapport ACPR 2013, analyses et statistiques : la situation des grands groupes bancaires français à fin 2013, p. 7.

prix d'un établissement à l'autre. Il a fallu attendre l'article 7 du décret n° 84-708 du 24 juillet 1984 pour qu'une information sur les services bancaires et services associés au compte, ainsi que sur leurs tarifs, soit mise à la charge de l'établissement de crédit teneur de compte au bénéfice de son client [1]. Cet encadrement juridique a été complété, par la suite, par la loi n° 2001-1168 du 11 décembre 2001 ou encore par la loi n° 2008-3 du 3 janvier 2008. Cette dernière a par exemple mis à la charge du banquier, une information annuelle sur les frais bancaires perçus au cours de l'année écoulée [2]. L'idée est que les clients soient susceptibles de prendre la mesure de la tarification bancaire et de décider, éventuellement, de faire jouer la concurrence [3].

699 ***Clarification des notions*** ◊ Cependant, en dépit de toutes ces dispositions, la clientèle s'est trop longtemps heurtée au grand nombre de frais ou commissions susceptibles d'être convenus par les établissements sous les appellations les plus diverses et à l'impossibilité pratique d'opérer une comparaison fiable entre les établissements.

Pour faciliter les comparaisons, le CCSF a ainsi mis en place un « extrait standard des tarifs bancaires » qui présente en tête des plaquettes tarifaires des banques le prix d'une liste standardisée des dix puis onze services les plus couramment utilisés par les consommateurs de services bancaires. Cette uniformisation a finalement été consacrée par le décret n° 2014-373 du 27 mars 2014. L'article D. 312-1-1 du Code monétaire et financier, qui en est issu, détermine désormais la dénomination commune des principaux frais et services bancaires [4]. Cette liste connaît, à intervalle régulier, des modifications [5].

700 ***Comparateur des tarifs bancaires*** ◊ Le 1er février 2016 le ministre des finances et des comptes publics a dévoilé le premier comparateur public et gratuit des tarifs bancaires en France [6]. Cet outil a pour vocation de permettre au consommateur de s'informer facilement afin de pouvoir faire jouer la concurrence s'il le souhaite. Il va dans le prolongement de l'évolution légale concernant la mobilité bancaire [7]. C'est ainsi que 150 établissements de crédit, soit plus de 98 % du marché, ont été intégrés au comparateur qui est mis à jour chaque semaine.

1. Cette obligation figure désormais à l'article R. 312-1 du Code monétaire et financier.
2. Une obligation analogue figure aujourd'hui à l'article L. 314-7, III, du Code monétaire et financier.
3. La directive 2014/92/UE du 23 juillet 2014, publiée le 28 août 2014, prévoit des nouveautés, notamment, en matière de comparabilité des frais liés aux comptes de paiement et de changement de compte de paiement, *LEDB* oct. 2014, p. 6, n° 128, obs. J. Lasserre Capdeville.
4. *LPA*, 21 oct. 2014, n° 210, p. 4, obs. Y. Gérard.
5. Cela a notamment été le cas, récemment, par le décret n° 2018-774 du 5 septembre 2018 et le décret n° 2018-1175 du 18 décembre 2018.
6. Celui-ci est accessible à tous à l'adresse suivante : www.tarifs-bancaires.gouv.fr
7. V. ss 774.

701 ***Information préalable*** ◇ Le législateur est venu, par la loi n° 2013-672 du 26 juillet 2013 de séparation et de régulation des activités bancaires, ajouter à notre droit une obligation d'information spécifique sur les frais relatifs aux irrégularités et aux incidents attachés au fonctionnement du compte de dépôt. C'est ainsi que pour l'article L. 312-1-5, « le client, personne physique n'agissant pas pour des besoins professionnels, est informé gratuitement, par le biais de son relevé de compte mensuel, du montant et de la dénomination des frais bancaires liés à des irrégularités et incidents que l'établissement entend débiter sur son compte de dépôt. Ce débit a lieu au minimum quatorze après la date d'arrêté du relevé de compte ». Cette disposition a été précisée par le décret n° 2014-739 du 30 juin 2014. Celui-ci a en effet ajouté un article R. 312-1-2 au Code monétaire et financier établissant la liste des frais concernés et rappelant que celle information préalable doit être gratuite [1].

Cette nouvelle obligation, qui est entrée en vigueur le 1er janvier 2016, permet alors au consommateur d'anticiper le débit, pour ne pas être à découvert à cause des frais prélevés, et ainsi éviter des incidents en cascade.

§ 2. L'encadrement des montants des frais et commissions

702 Deux modalités d'encadrement des tarifs s'offrent aux pouvoirs publics : l'instauration d'une gratuité pure et simple (A) ou la mise en œuvre, plus souple, d'un plafonnement (B).

A. L'instauration de la gratuité

703 ***Services bancaires de base*** ◇ Pour protéger les personnes se trouvant dans une situation bancaire délicate, et dès lors risquant l'exclusion bancaire, la loi a posé, cela a été observé, le principe d'un droit au compte [2]. L'article L. 312-1 du Code monétaire et financier prévoit ainsi l'intervention de la Banque de France afin de désigner un établissement de crédit qui sera dans l'obligation d'ouvrir un compte à la personne qui en est dépourvue et qui en a fait la demande. En parallèle, un certain nombre de services bancaires de base, définis par l'article D. 312-5-1 du code, doivent également être fournis au bénéficiaire. Or, ces services sont, pour l'article D. 312-6, fournis « sans contrepartie contributive » de la part du bénéficiaire. L'ACPR veille d'ailleurs au respect de cette exigence [3].

704 ***Mobilité bancaire*** ◇ La gratuité se rencontre également à l'article L. 312-1-7 du Code monétaire et financier qui encadre la clôture et la mobilité

1. La liste en question a été modifiée par le décret n° 2018-970 du 8 novembre 2018.
2. V. ss 639.
3. V. ss 652.

bancaire. Ainsi, la clôture de tout compte de dépôt, compte de paiement et compte sur livret est nécessairement gratuite [1]. Cette solution demeure néanmoins limitée aux comptes précités lorsqu'ils sont détenus par des personnes physiques n'agissant pas pour des besoins professionnels.

Au-delà de ces deux exemples, force est de constater que les hypothèses envisageant une telle gratuité demeurent relativement rares aujourd'hui en matière bancaire [2].

B. Le plafonnement de certains frais et commissions

705 Plusieurs hypothèses peuvent être relevées à propos de l'utilisation des instruments de paiement (1), des commissions d'intervention (2) et de certaines opérations de saisie (3) [3].

1. Le cas des instruments de paiement

706 ***Chèque*** ◊ Plusieurs règles de plafonnement ont été mises en place ces dernières années pour limiter les frais ou les commissions perçus en cas d'incident de paiement. Ainsi, en matière de chèque, l'article D. 131-25 du Code monétaire et financier dispose que les frais bancaires perçus par le tiré à l'occasion du rejet d'un chèque ne peuvent excéder un montant de 30 euros pour les chèques d'un montant inférieur ou égal à 50 euros et un montant de 50 euros pour les chèques supérieurs à cette somme. Dans ces frais sont compris : les frais engendrés par l'obligation d'information préalable du titulaire du compte du défaut de provision dès qu'un incident de paiement est constitué, mais aussi la facturation de l'envoi d'une lettre d'injonction ou de rejet de chèque ou d'une commission d'incident.

707 ***Autres instruments de paiement*** ◊ Concernant les incidents de paiement découlant d'un autre instrument que le chèque [4], le montant des frais ne peut excéder le montant de l'ordre de paiement rejeté, dans la limite d'un plafond de 20 euros [5]. Notons que si plusieurs demandes de paiement concernant la même opération de paiement ont été rejetées

1. V. ss 775.
2. C. Houin-Bressand, « Le banquier et la gratuité » : *RDBF* 2019, n° 1, dossier 7. On retrouve encore cette gratuite en matière de délivrance des formules de chèques, C. mon. fin., art. L. 131-71, al. 2.
3. On pourrait encore citer la reconnaissance, par un arrêté du 21 septembre 2015 (*JO* 24 sept. 2015, p. 16794), d'un plafond annuel de 30 euros pour les frais et commissions de toute nature prélevés sur les comptes inactifs, V. ss 759.
4. L'article L. 133-26, II, du Code monétaire et financier s'adresse spécifiquement à l'incident de paiement, c'est-à-dire, selon l'article D. 133-5, à tout rejet d'un ordre de paiement reçu par le prestataire de services de paiement du payeur en raison d'un défaut ou d'une insuffisance de provision, quel que soit le moyen de paiement utilisé.
5. C. mon. fin., art. D. 133-6.

par le prestataire de services de paiement, le payeur peut demander le remboursement des frais perçus au titre de ces incidents au-delà du montant facturé pour le premier rejet.

708 ***Limite*** ◊ Ces différents plafonnements comportent néanmoins une faille majeure : rien n'empêche de facturer sans limite autant de frais que d'incidents survenus sur une période donnée. En pratique, une banque est parfaitement libre de facturer un grand nombre d'opérations par mois avec à la clé un montant total à la charge du client pouvant représenter des sommes excessivement importantes.

2. Le cas des commissions d'intervention

709 ***Définition*** ◊ Les commissions d'intervention ont pour objet de rémunérer la banque pour le service consistant à analyser la situation financière individuelle du client afin d'apprécier l'opportunité d'autoriser un paiement demandé par ce dernier malgré l'absence de provision [1]. Concrètement, un conseiller bancaire évaluera si, au regard de la situation du solde et du montant ou de la nature du paiement, l'opération peut être exécutée alors qu'elle se situe en dehors du cadre de la convention unissant la banque à son client.

Un courant doctrinal [2] voit dans ces commissions de véritables clauses pénales, puisqu'elles ne sont facturées que lorsque le client initie une opération sans respecter la convention de compte et le plafond de découvert contractuellement négocié.

710 ***Danger des commissions d'intervention*** ◊ Jusqu'à une date assez récente, ces commissions d'intervention pouvaient se révéler particulièrement onéreuses pour les clients des banques. D'une part, elles demeuraient simplement soumises aux exigences conventionnelles prévues par les banquiers eux-mêmes [3]. Leur montant était ainsi très variable d'un établissement à l'autre. D'autre part, elles pouvaient souvent se cumuler sans limite.

Ces commissions étaient fortement critiquées. Tout d'abord, il leur était reproché de frapper des populations souvent fragiles et d'aggraver

---

1. L'article R. 312-1-1, 32°, définit, quant à lui, cette commission comme la « somme perçue par la banque en raison d'une opération entraînant une irrégularité de fonctionnement du compte nécessitant un traitement particulier ».

2. M. Roussille, obs. sous Com. 8 juill. 2014, n° 13-20.147, *Gaz. Pal.* 28 oct. 2014, n° 301, p. 14.

3. Si le consentement formel du client n'est pas nécessaire, il doit être établi par l'établissement de crédit en cas de contestation, Com. 14 mars 2006, n° 04-19.460. Civ. 1re, 11 mars 2010, n° 09-11.946. Ce consentement suppose, logiquement, que le client a été informé de la nature et du taux des commissions mises à sa charge pour qu'il puisse être réputé les avoirs acceptées, Paris, 17 déc. 1990, *D.* 1991. 351, note D.-R. Martin.

certaines situations de surendettement. Surtout, la réalité de la contrepartie offerte au client était souvent mise en doute [1]. Ces commissions d'intervention ne pouvaient par conséquent demeurer en dehors de tout encadrement textuel.

711 ***Plafonds admis*** ◊ La loi n° 2013-672 du 26 juillet 2013 de séparation et de régulation des activités bancaires, qui a prévu un certain nombre de mesures tendant à protéger la clientèle, a alors cherché à encadrer ces commissions d'intervention [2]. Désormais, l'article L. 312-1-3 du Code monétaire et financier prévoit des plafonds en la matière au bénéfice les clients personnes physiques n'agissant pas pour des besoins professionnels, mais aussi en faveur des clients « fragiles » économiquement [3].

Concernant, les premiers cités, le décret n° 2013-931 du 17 octobre 2013 [4] a plafonné les commissions perçues par les établissements de crédit à raison du traitement des irrégularités de fonctionnement d'un compte bancaire à 8 euros par intervention et 80 euros par mois [5]

712 ***Critiques*** ◊ Cette évolution a fait l'objet de critiques, surtout de la part des professionnels de la banque [6], mais aussi de certains auteurs [7]. Il est vrai que ces commissions d'intervention rapportaient jusqu'alors, d'après les estimations, près de 3 milliards d'euros par an pour l'ensemble du système bancaire français [8]. La mesure n'a donc pas été indolore pour ce dernier [9].

3. Le cas de certaines saisies

713 ***Difficultés liées aux « frais pour avis à tiers détenteur »*** ◊ Lorsqu'un contribuable n'a pas réglé tout ou partie de ses impôts, la direction générale des finances publiques peut adresser à l'établissement de crédit de l'intéressé un « avis à tiers détenteur » (ATD). Cet acte contraint

1. N. Éréséo, « Le plafonnement des commissions d'intervention par la loi n° 2013-672 du 26 juillet 2013 », *LPA*, 27 sept. 2013, n° 194, p. 71.
2. M. Roussille, « Loi SRAB : incidences sur les relations des banques avec leur clientèle », *JCP E* 2013, 1661.
N. Éréséo, *op. cit., p.* 71. J. Lasserre Capdeville, « L'encadrement juridique des commissions d'intervention », *JCP E* 2015, 1514.
3. V. ss 727.
4. *JO*, 19 oct. 2013, p. 17222 ; *RDBF* 2013. Alerte 24.
5. C. mon. fin., art. R. 312-4-1.
6. V. notamment, Interview J.-L. Bonnafé, « La loi bancaire entraînera des surcoûts considérables », *Les Échos*, 15 févr. 2013, p. 27. « Loi bancaire : les banques françaises évoquent des conséquences sur l'emploi », *Les Échos*, 18 févr. 2013, p. 30. « Frais bancaires : le Sénat veut rassurer les banques », *Les Échos*, 5 mars 2013, p. 24.
7. Le plafonnement précité constituerait notamment pour certains une atteinte à la liberté d'entreprendre, M. Roussille, *op. cit.*, n° 15.
8. *Les Échos*, 5 mars 2013, p. 24.
9. Pour des premières estimations en la matière, V. Chocron, « Les banques accusent le coup du plafonnement de leurs frais », *Les Échos*, 12 août 2014, p. 19.

alors le banquier à renseigner le fisc sur l'état des comptes bancaires de son client et, le cas échéant, à prélever la somme requise pour rembourser la dette fiscale. Cette saisie est strictement encadrée par notre droit [1].

Or, que cette saisie aboutisse ou non (en fonction du solde du compte), la réception par une banque d'une telle ATD nécessite un traitement manuel par un conseiller. Les établissements facturent alors des « frais pour avis à tiers détenteur », et ce même si le compte n'a finalement pas été saisi. Selon l'association des consommateurs CLCV, cet avis à tiers détenteur était facturé, jusqu'à une date récente, 104 euros en moyenne [2].

714 ***Encadrement des frais*** ◊ Le législateur est intervenu, en la matière, par l'intermédiaire de la loi n° 2017-1775 du 28 septembre 2017 de finance rectificative pour 2017 [3]. L'article 73 de cette dernière a ainsi modifié l'article L. 262 du Livre des procédures fiscales. Depuis le 1er janvier 2019, le 5° de cet article prévoit que « *le montant des frais bancaires afférents à la saisie administrative à tiers détenteur perçu par les établissements de crédit ne peut dépasser 10 % du montant dû au Trésor public, dans la limite d'un plafond fixé par décret* ». Le décret n° 2018-1118 du 10 décembre 2018 a fixé ce dernier, toutes taxes comprises, à 100 euros.

715 ***Limites*** ◊ La solution retenue demeure limitée aux frais pour avis à tiers détenteur, c'est-à-dire à l'égard des dettes fiscales. Elle n'a alors aucune incidence sur les frais de saisie-attribution, alors que les montants exigés par les banques sont souvent élevés dans ce cas également.

§ 3. L'encadrement des clients fragiles

716 ◊ Depuis la loi n° 2013-672 du 26 juillet 2013 de séparation et de régulation des activités bancaire [4], une nouvelle catégorie juridique de clients de banque a fait son apparition : il s'agit des clients en situation de fragilité financière, dits plus classiquement « clients fragiles ». Or ces derniers, du fait de leur situation délicate, se sont vus reconnaître le bénéfice de droits spécifiques, aujourd'hui envisagés par l'article L. 312-1-3 du Code monétaire et financier [5]. Ces droits tendent d'ailleurs à se développer [6].

---

1. LPF, art. L. 262 s.
2. V. Mignot, Saisie ATD : à quoi correspondent les frais d'avis à tiers détenteur ? : *CBanque*, 25 janv. 2018.
3. *JO* 29 déc. 2017, texte n° 1. J. Lasserre Capdeville, « Instauration d'un plafond aux frais bancaires « pour avis à tiers détenteur » » : *LPA*, 4 avr. 2018, n° 68, p. 4.
4. *JO* 27 juill. 2013, p. 12530.
5. J. Lasserre Capdeville, « Une nouvelle catégorie de clients : les personnes en situation de fragilité financière », *Banque et Dr.* 11-12/2014, n° 158, p. 13. – C. Kleiner, « La protection des clients fragiles » : *RDBF* 2019, n° 1, dossier n° 4, p. 81.
6. J. Lasserre Capdeville, « Le renforcement de la protection des clients de banque « fragiles » » : *RLDA*, janv. 2019, n° 144, dossier 38, p. 46. V. ss 729.

Observons alors qui sont ces clients fragiles (A), ainsi que l'étendue de leurs droits aujourd'hui (B).

A. La détermination des clients fragiles

717 ***Interrogation*** ◊ Qui sont les clients de banque se trouvant « en situation de fragilité » ? La réponse à cette question nous a été en partie donnée par le décret n° 2014-738 du 30 juin 2014 [1] à l'origine de l'article R. 312-4-3 du Code monétaire et financier [2]. Ce dernier mentionne en effet des critères objectifs, mais aussi subjectifs, pour déterminer les « clients fragiles » en question.

718 ***Critères objectifs*** ◊ En premier lieu, des critères objectifs sont prévus par l'article R. 312-4-3, I. Il en va ainsi, d'abord, avec les personnes au nom desquelles un chèque impayé ou une déclaration de retrait de carte bancaire est inscrit pendant trois mois consécutifs au fichier de la Banque de France centralisant les incidents de paiement de chèques. Pour mémoire, ce fichier (FCC) liste l'ensemble des personnes auxquelles une banque a retiré la faculté d'émettre des chèques ou d'utiliser une carte bancaire, c'est-à-dire les « interdits bancaires ».

De la même manière, les personnes dont la demande tendant au traitement de leur situation de surendettement a été déclarée recevable en application des articles L. 722-1 et suivants du Code de la consommation doivent également bénéficier, de façon automatique, des plafonds réduits. Rappelons que cette recevabilité ne concerne que la situation de surendettement des personnes physiques se trouvant dans « l'impossibilité manifeste », alors qu'elles sont de bonne foi, de faire face à l'ensemble de leurs dettes non professionnelles exigibles et à échoir [3].

719 ***Critères subjectifs*** ◊ En second lieu, l'article R. 312-4-3-I prévoit la possibilité, pour le professionnel de la banque, de recourir à des critères subjectifs pour qualifier un client de personne en situation de fragilité financière. Selon cette disposition, la situation de fragilité du client titulaire d'un compte est appréciée par l'établissement teneur de compte à partir « de l'existence d'irrégularités de fonctionnement du compte ou d'incidents de paiement ainsi que de leur caractère répété constaté pendant trois mois consécutifs » et du « montant des ressources portées au crédit du compte ». En outre, la suite de l'article précise que, dans son appréciation, l'établissement de crédit peut prendre en considération « les

---

1. Décret n° 2014-738 du 30 juin 2014 relatif à l'offre spécifique de nature à limiter les frais en cas d'incident, *JO*, 1er juill. 2014, p. 10847 ; *JCP E* 2014, act. 504.

2. Cet article ne méconnaît pas, pour le Conseil d'État, les principes d'égalité devant la loi et de sécurité juridique, ni l'objectif à valeur constitutionnelle de clarté et d'intelligibilité de la loi, CE 15 févr. 2016, n° 383901, *LEDB* avr. 2016, p. 1, n° 054, obs. J. Lasserre Capdeville ; *Gaz. Pal.* 7 juin 2016, p. 56, obs. M. Roussille.

3. C. consom., art. L. 711-1.

éléments dont il aurait connaissance et qu'il estime de nature à occasionner des incidents de paiement, notamment les dépenses portées au débit du compte ». Il s'agirait ici des « accidents de la vie » (chômage, maladie, divorce, etc.) qui ont pour conséquence, souvent, une baisse des revenus.

En résumé, ces clients fragiles sont, avant tout, des clients en voie de surendettement, qu'il convient de mieux protéger pour éviter que cette issue ne survienne.

720 ***Détermination effective*** ◊ La qualité de client fragiles est déterminée par les services internes des établissements assujettis. Concrètement, c'est à eux qu'il revient d'appliquer les critères objectifs précités, mais aussi de dégager des critères supplémentaires répondant aux exigences plus subjectives mises en avant par l'article R. 312-4-3 du code. En effet, pour l'article 7 de la Charte d'inclusion bancaire et de prévention du surendettement, rédigée par l'Association française des établissements de crédit et des entreprises d'investissement (AFECEI) et homologuée par un arrêté du ministre chargé de l'économie du 5 novembre 2014 [1], les établissements de crédit, les établissements de paiement, les établissements de monnaie électronique et les sociétés de financement « mettent en place un ou des mécanisme(s) de détection précoce de leurs clients en situation de fragilité financière combinant des dispositifs d'alertes internes et la connaissance du client ». À ce titre, ils se sont dotés d'un dispositif spécifique permettant d'identifier les difficultés financières de leurs clients au regard de l'utilisation des produits et services souscrits auprès d'eux par leurs clients sur la base de critères qui leur sont propres, « tenant compte notamment des profils de leurs clientèles et de leur comportement financier ». Il en résulte qu'un client peut parfaitement être fragile pour un établissement de crédit et pas pour un autre. Une variable existe en fonction des critères pris en considération par le professionnel de la banque en question. Cette détection est traditionnellement réalisée tous les trois mois.

Le rapport annuel de l'Observatoire de l'inclusion bancaire, rendu public le 12 juin 2018 [2], indique que fin 2017, 3,6 millions de personnes physiques se trouvaient, dans notre pays, en situation de fragilité financière. Par rapport à fin 2016, la hausse est importante : + de 40 %, soit 1,2 million de personnes de plus.

B. Les droits propres aux clients fragiles

721 Les clients fragiles doivent se faire proposer une offre spécifique de produits et de services bancaires (1), mais aussi bénéficier de plafonds plus bas concernant les commissions d'intervention (2). Récemment, les

1. Arrêté du 5 novembre 2014 portant homologation de la charte d'inclusion bancaire et de prévention du surendettement, *JO*, 13 nov. 2014, p. 19071.

2. Rapport annuel de l'Observatoire de l'inclusion bancaire 2017, Banque de France, p. 18 ; *JCP E* 2018, act. 504.

établissements de crédit se sont engagés à renforcer prochainement les droits de cette nouvelle catégorie de clients (3).

722 ***Charte d'inclusion bancaire*** ◊ Plusieurs mesures favorables aux clients fragiles sont encore à relever dans la Charte d'inclusion bancaire et de prévention du surendettement, rédigée par l'Association française des établissements de crédit et des entreprises d'investissement (AFECEI). Ainsi, pour l'article 8 de ce texte, les banques doivent proposer par tout moyen approprié au client fragile détecté un entretien afin de faire le point sur ses difficultés financières et lui proposer, « dans la mesure du possible » des solutions de paiement, de gestion du compte ou du crédit adaptées à sa situation. L'objectif est alors très clair : traiter les difficultés de l'intéressé et/ou prévenir leur aggravation. Les établissements assujettis sont également tenus, le cas échéant, d'orienter leur client en difficulté vers un acteur tiers utile, et notamment une association d'aide aux surendettés.

1. La proposition d'une « offre spécifique »

723 ***Obligation*** ◊ Le deuxième alinéa de l'article L. 312-1-3 prévoit que les établissements de crédit « proposent aux personnes physiques » n'agissant pas pour des besoins professionnels qui se trouvent en situation de fragilité une offre spécifique « qui comprend des moyens de paiement, dont au moins deux chèques de banque par mois, et des services appropriés à leur situation et de nature à limiter les frais supportés en cas d'incident ».

724 ***Contenu*** ◊ L'article R. 312-4-3, III, vient préciser le contenu de cette offre spécifique : une carte de paiement à autorisation systématique, quatre virements mensuels SEPA, deux chèques de banque par mois, un système d'alertes sur le niveau du solde du compte, la fourniture de RIB, etc. Cette liste s'inspire clairement des services bancaires de base (SBB), définis à l'article D. 312-5-1 du code, et liés à la procédure du droit au compte. Cette offre est proposée, d'après l'article R. 312-4-3, IV, pour un tarif maximum de trois euros par mois [1]. On comprend alors l'intérêt de cette offre réservée, qui prendra des dénominations variables selon les banques (*Convention OCF* pour la Caisse d'épargne ou la Banque populaire, *Facil'Accès* pour le Crédit mutuel ou encore *Forfait de compte* pour BNP Paribas). L'idée sous-jacente est très claire : éviter que la situation du client fragile ne s'aggrave par des incidents de paiement supplémentaires.

À ce titre, les banques considèrent, logiquement, qu'un client ayant accepté une telle offre ne peut plus bénéficier de chéquier, ni d'autorisation de découvert. Ces conséquences expliqueraient, pour certains, pourquoi beaucoup de clients refuserait, en pratique, l'offre spécifique.

---

1. Cette tarification se démarque de celle des SBB qui sont quant à eux gratuits. – C. mon. fin., art. D. 312-6.

725 ***Formalisme*** ◊ D'un point de vue formel, l'article R. 312-4-3, II, du code précise que la proposition de souscrire à l'offre en question doit être formulée sur support papier ou sur un autre support durable et que les établissements de crédit sont tenus d'en conserver une copie. La charge de la preuve pèse donc sur eux. En outre, si le bénéficiaire d'une telle offre souhaite s'en défaire pour choisir une autre offre, sa renonciation sur support papier ou sur un autre support durable devra être nécessairement recueillie par l'établissement bancaire [1].

726 ***Statistiques*** ◊ On notera que les débuts de mise en œuvre effective de l'offre réservée aux clients fragiles ont été en dessous des attentes. Ainsi, fin 2016, elle n'avait été souscrite que par environ 250 000 personnes, soit un dixième de ses bénéficiaires potentiels, la population éligible étant alors estimée par les banques à 2,4 millions de personnes. Un an plus tard le nombre d'offres spécifiques souscrites est passé à 351 000, soit une hausse de 40 %. Ces chiffres, bien qu'en progression, demeurent cependant faibles lorsque l'on songe au fait que 3,6 millions de personnes physiques se trouvaient en situation de fragilité financière au même moment. Dit autrement, fin 2017, à peine 10 % des personnes éligibles utilisaient l'offre réservée [2].

2. Le plafonnement des commissions d'intervention

727 ***Seuils applicables*** ◊ Les commissions d'intervention sont désormais concernées par un encadrement légal original [3]. En effet, après avoir constaté que ces dernières pouvaient atteindre, si elles s'accumulent, plusieurs centaines d'euros par mois, le législateur a décidé de fixer des limites en la matière : en l'occurrence un plafond maximal par opération et un plafond total mensuel.

Or, les clients « fragiles » bénéficient de seuils inférieurs à ceux prévus pour les « personnes physiques n'agissant pas pour des besoins professionnels » [4] : quatre euros par intervention et vingt euros par mois [5]. Notons que ces seuils sont également applicables aux bénéficiaires du droit au compte assorti des services bancaires de base.

Le but de cette mesure est donc, ici encore, d'éviter que la situation financière des intéressés ne s'aggrave pas plus.

---

1. C. mon. fin., art. R. 312-4-3, V.
2. E. Lederer, « Les clients fragiles boudent les offres bancaires dédiées » : *Les Échos*, 5 déc. 2017, p. 28.
3. V. ss 711.
4. V. ss 711.
5. C. mon. fin., art. R. 312-4-2.

3. Le renforcement à venir des droits des clients fragiles

728 ***Critiques de la protection actuelle*** ◊ L'encadrement des frais intéressant les clients fragiles, à travers les seules commissions d'intervention, n'est qu'une protection a minima. En effet, celles-ci s'additionnent, souvent, à d'autres frais et commissions liés aux incidents de paiement concernés. Ainsi, en pratique, les clients détectés fragiles continuent souvent d'endurer, chaque mois, un nombre important de frais prélevés sur leurs comptes bancaires, aggravant de la sorte leur situation.

Des associations (60 millions de consommateurs et l'UNAF) ont évalué ces frais d'incidents à 296 euros par an en moyenne pour les personnes en difficulté persistante (contre 34 pour l'ensemble des clients). Le rapport de l'Observatoire de l'inclusion bancaire porte, quant à lui, ce montant annuel à 320 euros [1].

729 ***Nouveaux engagements*** ◊ Le 4 septembre 2018, la Fédération bancaire française (FBF) a publié sur son site internet un « Bon usage professionnel » afin de réaffirmer la mobilisation de chaque banque pour promouvoir la diffusion de l'offre spécifique auprès de la clientèle éligible, mais aussi « améliorer le contenu de l'offre spécifique définie par la loi en limitant les frais en cas d'accumulation d'incident de paiement et d'irrégularité de fonctionnement pour les personnes qui ont souscrit à l'offre spécifique » [2]. Deux engagements forts sont alors mis en avant à la vue de ce « Bon usage professionnel », mais aussi un communiqué du ministère de l'économie et des finances [3]

Tout d'abord, les banques se sont engagées à faire progresser, d'ici la fin 2019, le nombre des clients fragiles souscrivant l'offre spécifique d'au moins 30 % par rapport au nombre de personnes l'ayant souscrit en 2017.

Ensuite, et surtout, il est prévu la mise en place, au bénéfice des seuls clients fragiles titulaires de l'offre spécifique, d'un plafond pour l'ensemble de différents frais liés aux incidents de paiement et irrégularités de fonctionnement du compte [4]. L'idée est de permettre de réduire significativement les frais facturés aux clients fragiles titulaires de l'offre spécifique en

---

1. Rapport annuel de l'Observatoire de l'inclusion bancaire 2017, Banque de France, p. 20.
2. J. Lasserre Capdeville, « Le renforcement de la protection des clients de banque « fragiles » » : *RLDA*, janv. 2019, n° 144, dossier 38, p. 46.
3. MINEFE, communiqué, 3 sept. 2018 : *JCP E* 2018, act. 665.
4. Le « Bon usage professionnel » vise ainsi : les commissions d'intervention ; les frais de lettre d'information préalable pour chèque sans provision ; les frais de lettre d'information pour compte débiteur non autorisé ; le forfait de frais par chèque rejeté pour défaut de provision ; les frais de rejet de prélèvement pour défaut de provision ; les frais de non-exécution de virement permanent pour défaut de provision ; les frais suite à notification signalée par la Banque de France d'une interdiction d'émettre des chèques ; les frais pour déclaration à la Banque de France d'une interdiction d'émettre des chèques ; les frais de déclaration à la Banque de France d'une décision de retrait de carte bancaire ; les frais d'opposition (blocage) de la carte par la banque.

cas d'accumulation d'incidents de paiement et d'irrégularités de fonctionnement du compte. Pour la FBF, le niveau global de ce plafond doit être fixé librement, de façon unilatérale, par chaque banque « *en fonction de ses propres coûts et de sa politique d'inclusion bancaire envers ces publics qui souscrivent à l'OCF* » [1]. Le 11 décembre 2018, en pleine crise des « gilets jaunes », les banques ont confirmé au président de la République leurs engagements en la matière [2]. Ce nouvel encadrement doit intervenir au plus tard fin juin 2019. Une limite de 25 euros par mois est espérée par le ministère de l'économie.

Le choix a donc été fait, ici, de privilégier la *soft law* plutôt qu'un encadrement légal ou réglementaire.

1. V. Mignot, « Frais d'incidents : chaque banque choisira son plafond » : *CBanque*, 6 sept. 2018.

2. J. Lasserre Capdeville, « Les nouveaux établissements de crédit à l'égard des frais et commissions » : *JCP E* 2019, n° 11, 156, p. 5.

CHAPITRE 3
LA SAISIE DU COMPTE

730 ***Principe général*** ◊ Le crédit d'un compte bancaire constitue une créance dont le client est titulaire à l'encontre du banquier. Il peut donc être intéressant pour des créanciers de saisir ce solde. Le droit régissant la matière a été nettement modifié par la loi n° 91-650 du 9 juillet 1991 portant réforme des procédures civile d'exécution [1], complété en cela par le décret n° 92-755 du 31 juillet 1992 instituant de nouvelles règles relatives aux procédures civiles d'exécution pour l'application de la loi précitée. Les articles de ces deux textes figurent désormais dans le Code des procédures civiles d'exécution [2].

Ainsi, tous les comptes représentant des créances de sommes d'argent sont saisissables, qu'il s'agisse de compte de dépôt, de compte courant [3] ou de comptes spéciaux [4]. Il en va différemment, en revanche, à l'égard d'une simple ouverture de crédit accordée par un établissement de crédit à un client et non utilisée par ce dernier [5].

731 ***Créances insaisissables*** ◊ Il convient de noter encore que, face au droit de saisie du créancier, certaines sommes sont déclarées insaisissables par la loi. En effet, même si la technique du compte bancaire fait perdre, en théorie, toute individualité à une créance entrée en compte dans la mesure où elle se fond dans le solde provisoire, le législateur souhaite protéger certains débiteurs en reportant le caractère insaisissable de leurs créances, à due concurrence, sur le solde provisoire du compte [6].

Sont ainsi préservées un certain nombre de créances alimentaires, et notamment la contribution aux charges du mariage, les pensions alimentaires, une fraction du salaire définie aux articles L. 3252-2 et suivants du

---

1. F.-J. Crédot, « Les aspects bancaires de la loi du 9 juillet 1991 portant réforme des procédures civiles d'exécution », *LPA*, 24 avr. 1992, p. 5. Ch. Mouly, « Les saisies de compte bancaire », *LPA*, 26 mai 1993, p. 7.

2. D. Gibirila, « La saisie-attribution d'un compte bancaire », *Journ. sociétés* 10/2015, n° 134, p. 30.

3. J.-L. Rives-Lange, « La saisissabilité du compte courant », *D.* 1974. Chron. 102. V. ss 833.

4. Pour un plan d'épargne logement, Civ. 2e, 29 mai 1991, n° 90-11.714, *Bull. civ.* II, n° 170. Concernant le compte joint, v. ss 860.

5. Civ. 2e, 18 nov. 2004, n° 00-19.693, *Bull. civ.* II, 2004, n° 501 ; *D.* 2005. AJ 213, obs. V. Avena-Robardet ; *JCP E* 2005, 782, obs. J. Stoufflet et N. Mathey ; *RTD com.* 2005. 154, obs. D. Legeais. H. François-Marsal, « Peut-on saisir les ouvertures de crédit (libres propos) ? », *RLDA* 2008/28, n° 1700. V. ss 1543.

6. C. pr. exéc., art. L. 112-2 s.

Code du travail, les prestations familiales [1], les indemnités journalières d'assurance-maladie [2] ou encore le revenu de solidarité active [3].

732 ***Solde bancaire insaisissable*** ◊ En outre, depuis le 1er décembre 2002, le décret n° 2002-1150 du 11 septembre 2002 a institué un solde bancaire insaisissable pour protéger certains débiteurs. Le système a été partiellement modifié par la loi n° 2009-526 du 12 mai 2009 dite de simplification du droit et d'allégement des procédures [4]. Désormais, l'article L. 162-2 du Code des procédures civiles d'exécution dispose que « le tiers saisi laisse à disposition du débiteur personne physique, dans la limite du solde créditeur du ou des comptes au jour de la saisie, une somme à caractère alimentaire d'un montant égal au montant forfaitaire, pour un allocataire seul » du revenu de solidarité active (RSA).

On notera que le dispositif de l'article L. 162-2 est doté de sanctions à l'encontre du titulaire du compte qui se verrait mettre à disposition une somme d'un montant supérieur à celui auquel il peut prétendre en application de l'« équivalent-RSA ». Ces sanctions sont prévues par l'article R. 162-8.

733 ***Procédures envisageables*** ◊ La saisie-attribution emporte transfert immédiat au profit du créancier des sommes saisies sur le compte du débiteur [5]. Le créancier devra néanmoins disposer d'un titre-exécutoire. À défaut, il ne pourra que pratiquer une saisie-conservatoire sur autorisation judiciaire [6] qu'il transformera en saisie-attribution après avoir obtenu un titre exécutoire [7].

734 ***Saisie-attribution*** ◊ La saisie-attribution consiste donc à saisir entre les mains d'un tiers les créances d'une personne débitrice d'une somme d'argent [8]. À l'instar de toute saisie-attribution, celle d'un compte impliquera de recourir à un huissier de justice dont l'acte de signification doit contenir toutes les indications signalées par l'article R. 211-1 du Code des procédures civiles d'exécution.

Concrètement, le créancier muni d'un titre exécutoire procédera à la saisie par acte d'huissier signifié au banquier teneur de compte [9]. L'acte de saisie rendra, dès cet instant, indisponible l'ensemble des comptes du

1. CSS, art. L. 553-4.
2. CSS, art. L. 433-3.
3. CASF, art. L. 262-48.
4. Ph. Hoonakker, « Le RSA bancaire ou la mise à disposition automatique d'une somme à caractère alimentaire sur un compte bancaire saisi », *D.* 2010. 1890.
5. C. pr. exéc., art. L. 211-2.
6. C. pr. exéc., art. L. 511-1.
7. C. pr. exéc., art. R. 511-7.
8. Il s'agit de l'objet exclusif de la saisie attribution. Il n'y a donc pas lieu de déclarer l'existence de comptes-titres, ceux-ci étant exposés à une autre forme de saisie. C. pr. exéc., art. L. 231-1 et R. 232-1 s.
9. C. pr. exéc., art. R. 211-1.

débiteur qui représentent des créances de sommes d'argent [1]. Dit autrement, la banque devra bloquer le montant du solde au profit du créancier saisissant [2]. Ce dernier devra alors dénoncer dans les mêmes formes la saisie sous huit jours au débiteur saisi sous peine de caducité.

Au moment de la signification de la saisie, l'article L. 211-3 du Code des procédures civiles d'exécution prévoit que le tiers saisi est tenu de déclarer au créancier « l'étendue de ses obligations à l'égard du débiteur ainsi que les modalités qui pourraient les affecter et, s'il y a lieu, les cessions de créances, délégations ou saisies antérieures ». En outre, de façon plus précise, lorsque le tiers en question est un établissement de crédit, l'article L. 162-1, alinéa 1er, du même code dispose que la banque est dans l'obligation de déclarer « le solde du ou des comptes du débiteur au jour de la saisie ». Le secret bancaire est donc inopposable dans ce cas [3]. Il importe peu, pour les juges, que les avoirs du débiteur soient détenus par une succursale étrangère [4].

Notons que pour le même article L. 162-1, dans le délai de quinze jours ouvrables qui suit la saisie et pendant lequel les sommes laissées au compte sont indisponibles, ce solde peut être affecté à l'avantage ou au préjudice du saisissant par les opérations suivantes dès lors qu'il est prouvé que leur date est antérieure à la saisie. Il en va notamment ainsi par l'imputation d'un chèque émis par le débiteur et remis à l'encaissement antérieurement à la saisie. L'objectif est ici de régulariser des opérations qui pourraient être en cours à la date de la saisie [5].

735 ***Sanction*** ◊ Le Code des procédures civiles d'exécution sanctionne sévèrement les manquements à l'obligation d'information précitée. Son article R. 211-4 déclare, en effet, que le tiers saisi est tenu de fournir « sur-le-champ » à l'huissier les renseignements en question [6]. Il en va différemment si l'acte de saisie est signifié par voie électronique, car le tiers saisi doit, dans ce cas, procéder à la communication « au plus tard le premier jour ouvré suivant la signification ».

---

1. C. pr. exéc., art. R. 211-19. Pour une critique de cette indisponibilité totale, Th. Bonneau, *op. cit.*, n° 520, p. 394.
2. Concernant le cas des comptes-joints, v. ss 860.
3. Civ. 2e, 1er juill. 1999, n° 96-19.108, *Bull. civ.* II, 1999, n° 129 ; *Banque et Dr.* 5-6/2000. 50, obs. J.-L. Guillot ; *RDBF* 2000, comm. 24, obs. J.-M. Delecci. V. ss 328.
4. Civ. 2e, 14 févr. 2008, n° 05-16.167, *Bull. civ.* II, 2008, n° 36 ; *D.* 2008. AJ 686, obs. V. Avena-Robardet ; *Banque et Dr.* 2008, n° 118, p. 33, obs. G. Affaki et J. Stoufflet ; *Revue Banque* 2008, n° 702, p. 74, obs. J.-L. Guillot ; *RTD com.* 2008. 601, obs. D. Legeais. J.-M. Delleci, « La déclaration des avoirs déposés dans une succursale étrangère », *RDBF* 2003, n° 3, p. 179.
5. Si la provision est inférieure au montant du chèque, son bénéficiaire a le droit d'exiger le paiement jusqu'à concurrence de la provision, Civ. 2e, 7 avr. 2016, n° 15-11.436, *LEDB* juin 2016, p. 2, n° 090, obs. J. Lasserre Capdeville ; *RTD civ.* 2016. 677, obs. N. Cayrol ; *Banque et Dr.* juill.-août 2016, n° 168, p. 15, obs. Th. Bonneau ; *RDBF* 2016, comm. 134, obs. S. Piedelièvre.
6. Pour les juges, le retard d'un jour suffit à caractériser le refus de fournir les renseignements prévus par le texte, Civ. 2e, 2 avr. 1997, n° 95-13.567, *Bull. civ.* II, 1997, n° 107 ; *RTD civ.* 1997. 752, obs. R. Perrot.

Or, le tiers saisi qui, « sans motif légitime »[1], ne fournit pas les renseignements prévus est condamné, à la demande du créancier, à payer les sommes dues à ce dernier sans préjudice de son recours contre le débiteur[2]. Le banquier est tenu, par conséquent, de mettre tous les moyens en œuvre pour fournir, le plus promptement possible, les informations qu'il ne peut pas communiquer immédiatement.

736 ***Contestation*** ◊ Le débiteur saisi dispose d'un délai d'un mois pour contester la saisie. Il peut demander au juge de l'exécution la mainlevée partielle de cette dernière. En l'absence de contestation dans ce délai, le créancier peut demander le paiement de la créance saisie[3].

737 ***Ordonnance européenne*** ◊ L'hétérogénéité entre les procédures nationales d'exécution et leur durée respective rend très complexe et onéreux le recouvrement de créances transfrontières. Dès lors, depuis quelques années, le droit de l'Union européenne cherche à faciliter et accélérer le recouvrement de ces créances en créant des procédures européennes spécialement dédiées à cet objectif. Un nouvel « outil » est ainsi apparu à la suite du règlement n° 655/2014 du 15 mai 2014 portant création d'une procédure d'ordonnance européenne de saisie conservatoire, destinée à faciliter le recouvrement transfrontière de créances en matière civile et commerciale[4].

Pour résumer ce règlement, prenant la forme de 54 articles, on peut dire que tout créancier résidant dans un État membre peut bénéficier d'une ordonnance permettant la saisie conservatoire de comptes bancaires domiciliés dans un ou plusieurs États membres. Cette nouvelle procédure est de nature à faciliter nettement le recouvrement transfrontalier des créances civiles et commerciales au sein de l'Union, tout en rompant la frontière des pratiques judiciaires divergentes entre les États membres[5]. Le règlement est entré en application le 18 janvier 2017.

---

1. Se conçoit comme tel, par exemple, la nécessité de récapituler les comptes pour connaître exactement ce dont le tiers saisi est redevable envers le débiteur, Civ. 2e, 28 janv. 1998, n° 95-18.340, *Bull. civ.* II, 1998, n° 35 ; *Procédures* 1998, comm. 62, obs. R. Perrot.

2. C. pr. exéc., art. R. 211-5, al. 1. Civ. 2e, 3 oct. 2002, n° 01-02.159, *Bull. civ.* II, 2002, n° 207 ; *RDBF* 2003, comm. 38, obs. J.-M. Delecci ; *D.* 2003, somm. p. 1471, obs. G. Taormina. L'alinéa 2 de cet article R. 211-5 envisage, quant à lui, le cas de la « négligence fautive » et la « déclaration inexacte ou mensongère ». Ici, seul le versement de dommages-intérêts est prévu.

3. C. pr. exéc., art. L. 211-4.

4. PE et Cons. UE, règl. (UE) n° 655/2014, 15 mai 2014, portant création d'une procédure d'ordonnance européenne de saisie conservatoire des comptes bancaires, destinée à faciliter le recouvrement transfrontière de créances en matière civile et commerciale, *JOUE L* 189, 27 juin 2014, p. 59. J. Lasserre Capdeville, « Une nouvelle procédure utile en matière de recouvrement : l'ordonnance européenne de saisie conservatoire des comptes bancaires », *Gaz. Pal.* 5 nov. 2014, n° 309, p. 9.

5. G. Cuniberti et S. Migliorini, « La procédure d'ordonnance européenne de saisie conservatoire des comptes bancaires établie par le règlement UE n° 655/2014 » : *Rev. Crit. DIP* 2018. 31. – Th. d'Alès et L. Marion, « La nouvelle procédure d'ordonnance européenne de saisie conservatoire des comptes bancaires » : *JCP E* 2017, n° 9, 153.

SOUS-TITRE 3

La clôture du compte de dépôt

738 Que prévoit notre droit à propos de la clôture du compte en banque ? Voilà une question importante [1], le client ne devant pas se retrouver « prisonnier » de son compte. Ainsi, si l'on parcourt les dispositions du Code monétaire et financier, on peut noter que la clôture du compte peut résulter de la volonté des parties (Chapitre 1), mais aussi de certaines circonstances (Chapitre 2), telle l'inactivité du compte bancaire en question.

1. J. Stoufflet, « Compte bancaire. Généralités. Compte de dépôt », *J.-Cl. BCB*, fasc. 200, 2013, n° 79 s. P. Bouteiller, « Compte de dépôt. Clôture », J.-Cl. *Commercial*, fasc. 354, 2014. J. Lasserre Capdeville, « L'encadrement juridique de la clôture du compte en banque et de ses conséquences », *JCP E* 2015, n° 23, 1268, p. 36. M. Rakotovahiny, « La clôture d'un compte bancaire », *Journ. sociétés* 10/2015, n° 134, p. 38.

CHAPITRE 1
LA CLÔTURE SOUHAITÉE PAR LES PARTIES

739 ***Principe général*** ◊ En application du droit commun des conventions, le compte bancaire prend fin en principe à l'arrivée du terme s'il est à durée déterminée. Toutefois, en pratique, seuls certains comptes d'épargne sont à durée déterminée : compte à terme, plan épargne logement, etc. Cette situation est en revanche beaucoup plus rare concernant les comptes de dépôt ordinaires ou les comptes courants. Ainsi, généralement, les comptes en banque sont à durée indéterminée [1].

Or, pour une jurisprudence classique, les conventions à durée indéterminée peuvent être rompue unilatéralement du moment qu'est respecté un délai de préavis d'une durée raisonnable [2]. L'idée est que ce délai puisse permettre à son bénéficiaire de prendre ses dispositions dans la perspective de la fin annoncée du contrat [3]. Cette règle figure désormais à l'article 1211 du Code civil suite à l'ordonnance n° 2016-131 du 10 février 2016 portant réforme du droit des contrats, du régime général et de la preuve des obligations [4].

Dès lors, concernant le compte bancaire, il est parfaitement admis, aujourd'hui, qu'il puisse être dénoncé de manière unilatérale par chacun des parties intéressées, c'est-à-dire le client (Section 1) ou le banquier (Section 2), du moment que certaines conditions sont respectées.

SECTION 1. LA CLÔTURE À L'INITIATIVE DU CLIENT

740 ***Liberté du client*** ◊ En présence d'un compte bancaire à durée indéterminée, il est acquis que le client est libre de clôturer son compte de dépôt

---

1. Notons que si le compte bancaire est maintenu, même tacitement, au-delà du terme, il suit alors le régime des engagements à durée indéterminée, Civ. 1re, 28 oct. 1997, n° 95-21.345, *Bull. civ.* I, 1997, n° 296 ; *D.* 1998. 552, note M. Boccara.

2. V. par ex., Com. 5 déc. 1984, n° 83-14.273, *Bull. civ.* IV, 1984, n° 332. Civ. 1re, 5 févr. 1985, n° 83-15.895, *Bull. civ.* I, 1985, n° 54. Com. 5 avr. 1994, n° 92-17.278, *Bull. civ.* IV, 1994, n° 149 ; *RTD civ.* 1994. 604, obs. J. Mestre. Civ. 1re, 14 nov. 2012, n° 11-25.900. Civ. 1re, 11 mars 2014, n° 12-29.876, *RDC* sept. 2014, p. 355, note Y.-M. Laithier.

3. Sur le droit antérieur à la réforme, M. Fabre-Magnan, *Droit des obligations, t. 1, Contrat et engagement unilatéral*, PUF, 2012, 3e éd., p. 601. F. Terré, Ph. Simler et Y. Lequette, *Les obligations*, Dalloz, 2013, 11e éd., n° 481-2.

4. L. Andreu et N. Thomassin, Cours de droit des obligations : éd. Gualino, 2018, n° 784 s.

lorsqu'il le souhaite [1]. Il n'est pas « prisonnier » de son compte. À défaut, cela serait contraire à la prohibition des engagements perpétuels.

Le législateur a néanmoins cherché à préciser cette liberté, afin d'en limiter tout risque d'entrave, notamment de la part du banquier. Ainsi, selon l'article L. 312-1-1, V, du Code monétaire et financier, le client de la banque peut résilier la convention de compte de dépôt à tout moment, « sauf stipulation contractuelle d'un préavis qui ne peut dépasser trente jours ». Dit autrement, cette résiliation doit pouvoir être réalisée en principe sans préavis, c'est-à-dire « du jour au lendemain ». Ce ne sera que si la convention contient une disposition visant l'obligation pour le client de respecter un tel délai de préavis (clause quasiment toujours présente aujourd'hui) que la clôture ne pourra pas être effective immédiatement. Dans ce dernier cas, le délai de préavis sera de 30 jours au maximum, ce qui est relativement bref.

741 ***Portée*** ◇ Surtout, il convient de souligner que le législateur a cherché à donner un champ d'application particulièrement large à la règle précitée concernant le pouvoir de rupture : elle a vocation à s'appliquer tant à la convention à durée indéterminée qu'à celle qui est à durée déterminée. Il s'agit là d'une grosse différence avec les droits reconnus, en la matière, au banquier teneur de compte [2].

742 ***Frais*** ◇ En outre, et toujours en vertu du même article L. 312-1-1, V, du code, au-delà de douze mois la convention de compte de dépôt peut être résiliée sans frais. En dessous de ce seuil, les frais de résiliation doivent être proportionnés aux coûts induits par cette résiliation.

Une précision s'impose cependant à l'égard de ce dernier point. Cette disposition doit, désormais, être lue à la lumière de l'article L. 312-1-7 du Code monétaire et financier intéressant la mobilité bancaire, c'est-à-dire le fait pour un client de changer de banque [3]. Cet article, qui concerne tous les comptes de dépôt et les comptes de paiement ouverts auprès des prestataires de services de paiement et détenus par des « personnes physiques n'agissant pas pour des besoins professionnels », prévoit que la clôture de tout compte de dépôt ou compte sur livret est totalement gratuite.

743 ***Incertitude*** ◇ Notons pour finir qu'un doute persiste à la lecture de l'article L. 312-1-1 du Code monétaire et financier : toutes les règles prévues par ce dernier, et notamment celles qui concernent la résiliation unilatérale du compte de dépôt par le client, s'adressent-elles à n'importe quelles conventions de compte, ou simplement à celles qui sont conclues

---

1. La volonté du client doit être dénuée de toute équivoque. Ainsi, le titulaire peut se borner à retirer l'ensemble de ses avoirs et cesser toutes opérations, sans que ces circonstances puissent à elles seules être interprétées comme sa volonté non équivoque de procéder à la clôture tacite de son compte, Montpellier, 6 mars 2001, n° 99/03774.

2. V. ss 744.

3. V. ss 777.

avec des personnes physiques n'agissant pas pour leurs besoins professionnels ? On peut légitimement s'interroger, même s'il nous paraît qu'une interprétation stricte devrait prévaloir [1]. Une clarification légale serait heureuse sur ce point, et ce d'autant plus qu'elle se retrouve à propos de la résiliation unilatérale émanant de la banque.

SECTION 2. LA CLÔTURE À L'INITIATIVE DU BANQUIER

744 ***Liberté du banquier*** ◊ Les opérations de banque sont des contrats comportant un *intuitu personae* marqué, dans la mesure où elles reposent avant tout sur la confiance entre les parties. En conséquence, le banquier doit avoir la liberté de rompre son contrat si celui-ci est à durée indéterminée, ne serait-ce qu'en raison, là encore, de la prohibition des engagements perpétuels. Le compte bancaire n'échappe pas à cette logique élémentaire du droit des contrats. Il existe certes un « droit au compte » [2], mais pas d'obligation pour le banquier de conserver un client *ad vitam aeternam* [3]. Il est donc logiquement admis de longue date que le banquier peut clôturer un compte bancaire à durée indéterminée moyennant un préavis [4], et n'a pas à motiver sa décision [5].

745 ***Durée du préavis*** ◊ Pendant longtemps, la durée de ce préavis était fixée par la jurisprudence. Celle-ci exigeait ainsi le respect d'un préavis « raisonnable » [6]. Un délai de 60 jours [7] a ainsi pu être jugé suffisant pour permettre à un client de retrouver un nouveau banquier.

Aujourd'hui, et ce depuis l'ordonnance n° 2009-866 du 15 juillet 2009, l'article L. 312-1-1, V, alinéa 3, du Code monétaire et financier prévoit que l'établissement de crédit peut résilier une convention de compte de

1. Dans le même sens, J. Stoufflet, *op. cit.*, n° 82.
2. V. ss 639.
3. J. Lasserre Capdeville, « La résiliation unilatérale de la convention de compte décidée par la banque » : *RDBF* 2018, n° 1, Focus 1, p. 4.
4. Une assignation qui tend au paiement du solde du compte manifesterait suffisamment l'intention de la banque de procéder à la clôture du compte, Com. 12 mars 2013, n° 11-13.539, *LEDB* mai 2013, p. 2, n° 052, obs. R. Routier.
5. Une telle résiliation de la convention de compte ne saurait avoir d'effet automatique sur les crédits consentis. Elle ne vaut donc pas prononcé de la déchéance du terme, Com. 15 juin 2016, n° 15-16.173, *LEDB* sept. 2016, p. 5, n° 131, obs. N. Mathey.
6. À défaut, le banquier verra sa responsabilité engagée, Com. 20 mai 1980, n° 04-10.041, *D.* 1981. IR 185, obs. M. Vasseur. Com. 13 déc. 2005, n° 04-10.041. Paris, 25 sept. 2014, n° 13/08465. Dans ce dernier arrêt, un délai d'un mois est jugé insuffisant à l'égard d'un client résidant au Gabon.
7. Paris, 17 janv. 2013, n° 10/16650, *LEDB* mars 2013, p. 6, n° 025, obs. J. Lasserre Capdeville. – Un délai d'un mois a, en revanche, été jugé trop bref, Paris, 25 sept. 2014, n° 13/08465. – Concernant le compte courant, v. ss 836.

dépôt conclue pour une durée indéterminée (et seulement dans ce cas) en respectant un préavis d'au moins deux mois [1]. Aucune motivation n'est en revanche requise [2].

En revanche, dans les hypothèses non visées par les textes ci-dessus [3], c'est-à-dire s'il s'agit d'un compte courant, voire peut-être d'un compte de dépôt ouvert à une personne morale, et que le droit au compte n'est pas en jeu, il conviendra d'appliquer les règles de droit commun telles qu'elles résultent de la jurisprudence mentionnée précédemment.

746 ***Interrogation*** ◊ La jurisprudence a déjà eu l'occasion de déclarer qu'en clôturant un compte en banque sans préavis, compte tenu de son fonctionnement anormal, une banque ne commettait aucune faute susceptible d'ouvrir droit à des dommages-intérêts [4].

Mais cette solution a-t-elle vocation à perdurer en l'absence de disposition légale la visant expressément (à l'instar de l'article L. 313-12 du Code monétaire et financier relatif à la rupture de crédit à durée indéterminée autre qu'occasionnel) ? On peut légitimement s'interroger, et ce d'autant plus que pour d'autres décisions la gravité du comportement du titulaire du compte n'est pas « nécessairement exclusive d'un délai de préavis » [5]. Une clarification légale serait alors utile.

747 ***Cas du droit au compte*** ◊ Une hypothèse particulière est à mentionner ici : la clôture par le banquier d'un compte ouvert grâce à la procédure du droit au compte [6]. Cette dernière fait l'objet d'une procédure particulière.

Tout d'abord, depuis l'ordonnance n° 2016-1808 du 22 décembre 2016 [7], l'article L. 312-1, IV, ne permet à l'établissement de crédit de résilier unilatéralement la convention de compte de dépôt assorti des services bancaires de base que si l'une au moins des conditions envisagées par ce

---

1. Si est associé au compte un découvert autorisé précédé ou accompagné d'une ouverture de crédit, le banquier sera, de toutes les façons, tenu de respecter les 60 jours de préavis visés par l'article L. 313-12 du Code monétaire et financier relatif à la rupture de crédit à durée indéterminée autre qu'occasionnel. V. ss 1606.

2. Cette situation permet à certains établissements de crédit de se séparer discrètement de clients dont le compte est jugé insuffisamment productif. Une exception existe cependant lorsque le compte a été ouvert en utilisant la procédure du droit au compte, v. ss 747.

3. Sur les incertitudes de la portée de cette disposition, V. ss 632.

4. Paris, 30 juin 2011, n° 08/05638, *LEDB* sept. 2011, p. 3, n° 116, obs. J. Lasserre Capdeville. De même, une clôture de compte sans préavis a été jugée légitime lorsque le client avait manqué gravement à ses obligations, par exemple en refusant de fournir des explications sur des dépôts d'un montant tel qu'une suspicion d'infraction à la législation sur le blanchiment existait, Com. 14 févr. 2006, n° 04-16.464. Une autre manifestation de cette situation se rencontre, en pratique, en cas d'incivilité des clients.

5. Civ. 1re, 13 oct. 1998, n° 96-21.485, *Bull. civ.* I, 1998, n° 300.

6. V. ss 639.

7. *JO* 23 déc. 2016, texte n° 17. Ce texte permet de finaliser la transposition en droit interne de la directive 2014/92/UE du 23 juillet 2014 sur la comparabilité des frais liés aux comptes de paiement, le changement de compte de paiement et l'accès à un compte de paiement assorti de prestations de base : *JOUE* L. 257, 28 août 2014, p. 214. – J. Lasserre Capdeville « Nouvelles évolutions du droit au compte » : *LPA*, 18 sept. 2017, n° 186, p. 7.

passage est remplie. Il en va ainsi lorsque : le client a délibérément utilisé son compte pour des opérations que l'organisme a des raisons de soupçonner comme poursuivant des fins illégales ; le client a fourni des informations inexactes ; le client ne répond plus aux conditions de domicile ou de résident ; le client a ultérieurement ouvert un deuxième compte de dépôt en France qui lui permet d'utiliser les services bancaires de base ; le client a fait preuve « d'incivilités répétées » envers le personnel de l'établissement de crédit ; et enfin l'établissement est dans l'une des situations prévues à l'article L. 561-8 du Code monétaire et financier, c'est-à-dire que l'établissement de crédit en question n'a pas été en mesure de satisfaire à ses obligations de vigilance.

Ensuite, d'un point de vue formel, une telle résiliation à l'initiative de l'établissement doit faire l'objet d'un courrier sur support papier, envoyé gratuitement au client. Dans tous les cas, la décision de résiliation est adressée, pour information, à la Banque de France.

En outre, une obligation de motivation est imposée en la matière. Il n'en va différemment que si cette motivation contrevient « aux objectifs de sécurité nationale ou de maintien de l'ordre public ».

Par ailleurs, un délai de préavis de deux mois doit être octroyé au titulaire du compte [1]. Il n'en va différemment que si le motif à cette résiliation est le fait que le client a délibérément utilisé son compte pour des opérations que l'organisme a des raisons de soupçonner comme poursuivant des fins illégales ou s'il a fourni des informations inexactes, c'est-à-dire les deux premiers cas envisagés comme légitimant une telle résiliation. La brièveté de ce délai de deux mois n'échappe pas à la critique de certains auteurs [2].

Enfin, l'établissement de crédit doit informer le client, dans son courrier de résiliation, de l'existence d'un service de relations avec la clientèle et de la médiation pour traiter les litiges éventuels liés à la résiliation de la convention de compte de dépôt.

1. Avant la loi n° 2010-737 du 1er juillet 2010, ce délai était de quarante-cinq jours. – Paris, 16 oct. 2008, n° 06/22310.

2. Il est vrai qu'il est identique à la règle générale applicable à toutes les conventions de compte de dépôt, J. Lasserre Capdeville, « Réflexions sur une proposition de loi cherchant à sanctionner la violation du droit au compte », *Gaz. Pal.* 11 févr. 2015, n° 42, p. 4. Un allongement du délai de préavis dans cette hypothèse est alors vivement souhaité par certains auteurs, Th. de Ravel d'Esclapon, *op. cit*, p. 43. J. Lasserre Capdeville, *op. cit.*, p. 4.

CHAPITRE 2
LA CLÔTURE DÉCOULANT DES CIRCONSTANCES

748 ***Principes généraux*** ◊ Plusieurs événements, au-delà de la volonté des parties, peuvent légitimer la clôture du compte bancaire. Ainsi, ce dernier étant une convention conclue *intuitu personae*, le décès du client personne physique [1] comme la dissolution du client personne morale [2] entraînent logiquement la clôture des comptes ouverts à leurs noms [3]. Pour les besoins de la liquidation, ces comptes peuvent continuer à fonctionner quelque temps au nom des héritiers ou des liquidateurs [4].

Notons, à propos de ces cas, que le droit ne cesse d'évoluer. La loi n° 2015-177 du 16 février 2015 relative à la modernisation et à la simplification du droit des procédures dans les domaines de la justice et des affaires intérieures est ainsi venue régir la clôture des comptes des successions de faibles montants et le versement des sommes y figurant [5]. Cette évolution légale figure désormais à l'article L. 312-1-4, 2°, du Code monétaire et financier. Des conditions strictes demeurent néanmoins à respecter afin de limiter le risque d'abus de la part de certains héritiers au détriment des autres.

749 ***Cas des comptes inactifs*** ◊ Une hypothèse particulière est à développer ici : il s'agit des comptes bancaires inactifs, c'est-à-dire les comptes n'ayant fait l'objet d'aucune opération pendant un temps déterminé par le législateur. L'encadrement juridique de cette situation a profondément été modifié récemment.

Ainsi, l'état du droit régissant cette question, nettement insuffisant (Section 1), a été renforcé par la loi n° 2014-617 du 13 juin 2014 relative

---

1. Sur les incidences en la matière, v. ss 758.

2. Concernant un compte courant, Com. 15 nov. 1994, n° 90-15.865, *Bull. civ.* IV, 1994, n° 340 ; *RTD com.* 1994. 449, obs. M. Cabrillac.

3. En revanche, l'incapacité n'est pas une cause obligatoire de clôture. C'est ainsi qu'en vertu de l'article 427 du Code civil, la personne chargée de la mesure de protection ne peut, sauf accord du juge des tutelles ou du conseil de famille et dans l'intérêt de la personne protégée, procéder à la clôture des comptes ouverts au nom de la personne protégée. Le juge doit alors expliquer en quoi l'intérêt de la personne protégée commandait de procéder à la clôture de ses comptes, Civ. 1re, 28 janv. 2015, n° 13-26.363, *JCP E* 2015, 1168, note G. Raoul-Cormeil ; *LEDB* mai 2015, p. 6, n° 081, obs. J. Lasserre Capdeville.

4. Com. 15 nov. 1994, n° 90-15.865, *Bull. civ.* IV, 1994, n° 340.

5. J. Lasserre Capdeville, « Paiement des dépenses urgentes d'un client défunt et clôture de ses comptes bancaires : évolutions consécutives à la loi du 16 février 2015 », *Gaz. Pal.* 11 mars 2015, n° 70, p. 11

aux comptes bancaires inactifs et aux contrats d'assurance vie en déshérence dont les dispositions sont entrées en vigueur le 1er janvier 2016 (Section 2).

SECTION 1. UN ENCADREMENT ANTÉRIEUR DES COMPTES INACTIFS INSUFFISANT

750 ***Autorisation de clôture*** ◊ Par principe, la clôture d'un compte ne résulte pas automatiquement de l'absence prolongée d'activité de ce compte [1]. Toutefois, l'article 2, alinéa 1er, de la loi n° 77-4 du 3 janvier 1977 modifiant l'article 189 *bis* du Code de commerce, concernant la prescription en matière commerciale, prévoyait que « les établissements dépositaires de sommes et valeurs sont autorisés à clôturer les comptes qu'ils tiennent lorsque les dépôts et avoirs inscrits à ces comptes n'ont fait l'objet, de la part des ayants droit, d'aucune opération ou réclamation depuis dix années ».

Les fonds en question devaient alors être transférés à la Caisse des dépôts et consignation. Ce dépôt, dont le principe était rappelé par l'article R. 1126-4 du Code général de la propriété des personnes publiques, était obligatoire en cas de clôture du compte.

751 ***Conservation des fonds*** ◊ Il découlait de ce qui précède que si la banque décidait de ne pas clôturer le compte en question, elle n'était pas obligée d'opérer le transfert de fonds au bout de dix ans à la Caisse des dépôts et consignations. La clôture n'était en aucun cas obligatoire. Dès lors, si l'établissement dépositaire décidait de ne pas y recourir, il devait simplement conserver les « dépôts et avoirs » à la disposition des ayants droit pendant trente ans puis, à l'issue de ce délai, transférer directement les sommes reliquaires de dépôt au trésor public.

Nous touchons du doigt ici une difficulté : entre le moment où un compte devenait inactif et l'application de cette déchéance, il s'écoulait une période de trente ans pendant laquelle les établissements de crédit bénéficiaient d'une totale liberté de gestion de ces comptes. Rien ne leur interdisait, par exemple, de prélever des frais de tenue de compte sans mouvement [2], et ce même si les coûts de gestion de tels comptes étaient peu élevés.

752 ***Critiques*** ◊ Or, cette situation suscitait, ces dernières années, de fortes critiques. Il est vrai que les pouvoirs publics, et plus particulièrement la

---

1. Com. 23 mars 1993, n° 91-13.256, *Bull. civ.* IV, 1993, n° 113. Com. 5 oct. 2004, n° 01-12.435.

2. P. Bouteiller, E. Jouffin et F. Ribay, *L'exploitant de banque et le droit*, Revue Banque édition, 2008, 4e éd., p. 45.

Cour des comptes [1], avaient pu constater des abus de la part de certains établissements de crédit qui, en présence de comptes bancaires inactifs, ne procédaient pas au dépôt des fonds à la Caisse des dépôts et consignation comme elles auraient dû le faire, et continuaient de prélever des frais de gestion.

L'encadrement légal ne paraissait pas en outre conforme aux exigences de la jurisprudence de la Cour européenne des droits de l'homme [2]. Un texte particulier a donc été adopté afin de mettre un terme aux abus relevés.

SECTION 2. LE NOUVEL ENCADREMENT DES COMPTES INACTIFS

753 ***Évolution légale*** ◊ La loi n° 2014-617 du 13 juin 2014 relative aux comptes bancaires inactifs et aux contrats d'assurance vie en déshérence [3] est à l'origine d'évolutions notables en matière bancaire mais aussi d'assurance. Ce texte, qui est entré en vigueur le 1er janvier 2016, a instauré un régime juridique entièrement nouveau applicable aux comptes bancaires inactifs. Il a été complété par le décret n° 2015-1092 du 28 août 2015 et un arrêté du 21 septembre 2015.

Ainsi, après avoir précisé cette notion de « compte bancaire inactif » (§ 1), la loi vient prévoir un certain nombre d'obligations à la charge des établissements de crédit (§ 2) [4].

§ 1. La définition du compte bancaire inactif

754 L'article L. 312-19, I, du Code monétaire et financier donne une définition à la notion de compte bancaire inactif que son titulaire soit en vie (A) ou décédé (B).

A. Les comptes inactifs dont le titulaire est en vie

755 ***Absence d'opération*** ◊ Les comptes inactifs dont le titulaire est en vie sont les comptes qui ont été « abandonnés » par celui-ci. Aux termes de

1. Cour des comptes, rapport, *Les avoirs bancaires et les contrats d'assurance-vie en déshérence*, juin 2013.

2. CEDH 29 janv. 2013, n° 66610/09, *Zolotas c/Grèce*, *JCP* 2013. 181, cons. G. Gonzales.

3. Loi n° 2014-617 du 13 juin 2014 relative aux comptes bancaires inactifs et aux contrats d'assurance vie en déshérence, *JO* 15 juin 2014, p. 9951. J. Lasserre Capdeville, « L'encadrement légal des comptes bancaires et des coffres-forts inactifs : étude d'une évolution », *RDBF* 2014, n° 4, étude n° 15, p. 11.

4. Des obligations nouvelles pèsent également sur la Caisse des dépôts et consignations. J. Lasserre Capdeville, *op. cit.*, p. 16, n° 49 s.

l'article L. 312-19, I, 1°, du code deux conditions cumulatives doivent être constatées pour qualifier de tels comptes d'inactifs.

En premier lieu, aucune opération ne doit avoir été effectuée pendant une période de douze mois consécutifs. Pour l'appréciation de cette condition, sont exclus l'inscription d'intérêts et le débit par l'établissement tenant le compte de frais et commissions de toutes natures ou le versement de produits ou le remboursement de titres de capital ou de créance.

En second lieu, le titulaire du compte, son représentant légal ou la personne habilitée par lui ne doit pas s'être manifesté, « sous quelques formes que ce soit », auprès de l'établissement teneur de compte pendant cette même période de douze mois. En pratique, une telle manifestation pourrait être constatée, par exemple, s'il répond à un appel téléphonique de sa banque, s'il répond à un courrier électronique ou s'il émet tout signe permettant de confirmer sa volonté d'utiliser le compte. De même, il n'y aura pas compte inactif, selon l'article étudié, si l'intéressé a effectué une opération sur un autre compte ouvert à son nom dans les livres de l'établissement.

Ainsi, l'appréciation de l'inactivité du compte devrait être réalisée par le biais d'une « approche client », consistant à prendre en compte l'ensemble des comptes ouverts par un client dans les livres d'un même établissement.

756 ***Cas particuliers*** ◊ Un régime particulier est cependant prévu pour certains types de comptes. En effet, la période de douze mois est portée à cinq ans pour les comptes sur lesquels sont inscrits des titres financiers, les comptes sur livret, les comptes à terme et les comptes sur lesquels sont inscrits des avoirs et dépôts au titre des produits d'épargne mentionnés au titre II du Livre II du code.

Précisons, dans un tel cas, que lorsque les sommes déposées sur un compte sont indisponibles pendant une certaine période en vertu de dispositions légales, de stipulations contractuelles ou de l'existence d'une sûreté conventionnelle, la période de cinq ans précitée commence à courir au terme de la période d'indisponibilité.

757 ***Exception*** ◊ Une limite demeure, dans tous les cas, prévue par l'article L. 312-19 du code. Celui-ci exclut en effet de la qualification de compte inactif les comptes dont l'inactivité est due à l'application « de dispositions légales ou réglementaires ou d'une décision de justice ». À titre d'exemple, un compte inactif en raison de sa mise sous séquestre doit échapper à la qualification d'inactivité.

B. Les comptes inactifs dont le titulaire est décédé

758 ***Principe général*** ◊ Les comptes de personnes décédées sont des comptes inactifs si, à l'issue d'une période de douze mois suivant le décès, aucun des ayants droit n'a informé l'établissement tenant le compte de sa volonté de faire valoir ses droits sur les avoirs et dépôts qui y sont inscrits.

Ce délai d'un an doit laisser un temps suffisant aux ayants droit pour se manifester auprès du teneur de compte puisque les délais légaux de dépôt de la déclaration de succession sont compris entre six et douze mois. Ainsi, quand bien même une succession pourrait prendre plusieurs années, le compte ne serait pas qualifié d'inactif dès lors qu'un ayant droit se serait manifesté, directement ou par le biais de son notaire, auprès de l'établissement teneur de compte et lui aurait signifié sa volonté de faire valoir ses droits sur ces actifs.

§ 2. Les nouvelles obligations pesant sur les établissements de crédit

759 ***Principes généraux*** ◊ La loi n° 2014-617 du 13 juin 2014 précitée est donc à l'origine d'un certain nombre d'obligations nouvelles à la charge du banquier teneur de comptes : le recensement annuel des comptes inactifs, la publication annuelle du nombre des comptes inactifs, le plafonnement des frais prélevés (à 30 euros par an) [1], la recherche des titulaires décédés, l'information du titulaire du compte ou de ses ayants droit connus, le dépôt des fonds à la Caisse des dépôts et consignations (CDC), l'information précédant et suivant le dépôt à la Caisse des dépôts et consignations et enfin la clôture des comptes.

760 ***Cas du dépôt des fonds*** ◊ Quelques précisions s'imposent à propos du dépôt des fonds à la CDC. En effet, le nouvel article L. 312-20, I, du code vient poser le principe aux termes duquel les dépôts et avoirs inscrits sur les comptes inactifs sont déposés à la Caisse des dépôts et consignations. Soulignons que ce dépôt est obligatoire, et non plus facultatif. Il s'agit alors d'une évolution importante. Un tel dépôt des sommes entraîne automatiquement la clôture des comptes sur lesquels elles figuraient, nonobstant toute stipulation contractuelle contraire [2].

761 ***Mais à quel moment un tel dépôt doit-il être effectué ?*** ◊ Cela est variable selon les circonstances. En premier lieu, pour les comptes inactifs dont le titulaire est en vie, c'est nécessairement à l'issue d'un délai de dix ans. Toutefois, plusieurs points de départ peuvent être envisagés. Ce peut être :

– soit à compter de la date de la dernière opération, hors inscription d'intérêts et débit par les établissements tenant le compte de frais et commissions de toute nature ou versement de produits ou remboursement de titres de capital ou de créance ;

1. Arrêté du 21 septembre 2015 : *JO* 24 sept. 2015, p. 16794. Des solutions particulières sont prévues pour les produits d'épargne, les comptes d'épargne et les comptes sur lesquels sont inscrits des titres financiers.
2. C. mon. fin., art. L. 312-20, II.

- soit à compter de la date de la dernière manifestation du titulaire du compte, de son représentant légal ou de la personne habilitée par lui ;

- soit à compter du terme de la période d'indisponibilité lorsque les sommes déposées sur un compte sont indisponibles pendant une certaine période en vertu de dispositions légales, de stipulations contractuelles ou de l'existence d'une sûreté conventionnelle.

Dès lors, quelle solution privilégier ? Selon l'article L. 312-20, I, 1°, du code, il convient de prendre en compte la date la plus récente parmi les trois précitées.

Notons que, depuis la loi n° 2015-990 du 6 août 2015 pour la croissance, l'activité et l'égalité des chances économiques, c'est-à-dire la loi « Macron », la même disposition précise que pour les plans d'épargne-logement dont le titulaire ne détient aucun autre compte au sein du même établissement de crédit, le délai de dix ans en question est porté à vingt ans à compter de la date du dernier versement. Le décret n° 2013-76 du 29 janvier 2016 a modifié l'article R. 312-20 pour intégrer cette évolution.

762 En second lieu, pour les comptes inactifs dont le titulaire est décédé, la règle est plus simple. Le dépôt doit se faire à l'issue d'un délai de trois ans après la date du décès du titulaire du compte. Ce délai est jugé suffisant par le législateur pour que le teneur de compte constate que le compte est inactif en raison d'une absence de mouvement et de manifestation du client pendant douze mois. Ce délai raccourci se justifie par le fait que le décès du titulaire du compte a pour effet de rendre caduque la convention de compte passée avec l'établissement teneur de compte et, partant, de faire disparaître toute justification à la présence des fonds de la personne décédée dans le bilan de l'établissement.

763 ***Résultats chiffrés*** ◊ Un an après l'entrée en vigueur de cet encadrement, ce sont 3,7 milliards d'euros d'encours sur des comptes inactifs qui ont été transmis à la CDC, en provenance de 253 établissements : 1,9 milliard d'euros pour 5,5 millions de comptes bancaires inactifs, mais aussi 938 millions d'euros pour 400 000 produits d'épargne salariale oubliés, et 843 millions d'euros pour 550 000 contrats d'assurance-vie en déshérence.

SOUS-TITRE 4

Les suites de la clôture du compte

764 ***Liquidation*** ◇ La clôture d'un compte de dépôt interdit toute opération pour l'avenir. Il s'ouvre une période de liquidation qui permettra d'apurer les opérations en cours entre les parties. Le banquier demandera généralement la restitution des formules de chèques inutilisées et paiera les chèques émis antérieurement à la clôture si le compte est suffisamment provisionné. La contre-passation des effets antérieurement escomptés et revenus impayés restera possible et les commissions rémunérant la tenue du compte ne pourront plus être perçues [1].

765 Sans surprise, notre droit prévoit différentes règles susceptibles de s'appliquer à l'occasion de cette phase postérieure à la clôture du compte bancaire. Les dispositions en question s'intéressent, notamment, au sort du solde du compte bancaire concerné, que celui-ci soit créditeur ou débiteur (Chapitre 1), mais aussi aux différentes obligations mises progressivement à la charge des établissements de crédit afin de favoriser la mobilité bancaire (Chapitre 2).

1. La banque doit en outre déclarer à l'Administration fiscale la clôture du compte, CGI, art. 1649 A. Notons que le non-respect de cette obligation est sanctionné d'une amende de 1 500 euros par clôture de compte non déclarée, CGI, art. 1736, IV-1.

CHAPITRE 1
LE SORT DU SOLDE DU COMPTE

766 Concernant le sort du solde du compte, les obligations pesant sur le banquier ou son client postérieurement à la clôture du compte bancaire varient, logiquement, selon que ce dernier est, du point de vue du client, créditeur (Section 1) ou débiteur (Section 2).

SECTION 1. EN CAS DE SOLDE CRÉDITEUR

767 Après avoir observé les règles générales applicables en la matière (§ 1), nous observerons le cas particulier du compte en banque du client décédé (§ 2).

§ 1. Les principaux généraux

768 ***Obligation de restitution*** ◊ Par principe, et cela a été noté [1], le banquier ayant reçu des fonds du public est dans l'obligation de les restituer, puisque son client est titulaire d'un droit de créance contre sa banque. Cette restitution peut se faire, directement, par la remise au client d'espèces, ou encore, indirectement, par le paiement d'ordres de paiement émanant de ce même client au bénéfice d'un tiers.

En la matière, la jurisprudence est venue préciser qu'il résultait de l'ancien article 1239 (relatif au payement) [2] et de l'article 1937 (relatif au dépôt) du Code civil que le banquier ne peut être dégagé de son obligation de restitution qu'en procédant à des paiements entre les mains du véritable créancier ou de celui qui a reçu pouvoir de ce dernier. C'est alors à l'établissement de crédit dépositaire qu'incombe la charge de prouver qu'il a restitué les fonds déposés conformément aux instructions de son client [3].

Le solde définitif ne saurait être approprié par l'établissement de crédit, sous peine de commettre un abus de confiance [4].

---

1. V. ss 676.
2. Cette règle figure aujourd'hui à l'article 1342-2 du Code civil.
3. Com. 19 sept. 2006, n° 05-16.406, *RJDA* 2007, n° 83. Com. 9 févr. 2010, n° 09-12.853, *RDBF* 2010, comm. 125, obs. F.-J. Crédot et Th. Samin ; *RJDA* 2010, n° 994.
4. Crim. 20 juill. 2011, n° 10-81.726, *Bull. crim.* n° 158 ; *D.* 2011. 2242, note J. Lasserre Capdeville ; *RSC* 2011. 832, obs. H. Matsopoulou ; *RTD com.* 2011. 805, obs. B. Bouloc ; *JCP* 2011. 1226, note Th. Samin et S. Torck ; *RDBF* 2011, comm. 185, obs. F.-J. Crédot et Th. Samin ; *RDC* 2012. 557, obs. V. Malabat ; *LEDB* oct. 2011, p. 5, n° 137, obs. M. Nord-Wagner.

769 ***Action en restitution*** ◊ L'action en restitution du titulaire du compte sera soumise à la prescription de droit commun, c'est-à-dire, depuis la loi n° 2008-561 du 17 juin 2008, à une prescription quinquennale, que le compte soit de nature civile, commerciale ou mixte [1]. Cette prescription débutera logiquement à partir du jour de la clôture du compte [2].

§ 2. En cas de décès du titulaire du compte

770 ***Principe*** ◊ En cas de décès du titulaire du compte en banque, le devenir de ce dernier variera suivant le type de compte concerné (compte individuel, compte joint ou compte indivis). Concernant plus particulièrement le compte individuel, dès que la banque aura connaissance de façon certaine du décès du titulaire (par les proches ou par un notaire), elle bloquera le compte en question [3], et n'y enregistrera plus aucune opération de dépôt ou de retrait. De même, les procurations éventuelles cesseront d'être effectives. Enfin, le devenir du solde créditeur sera réglé en même temps que la succession.

771 ***Exception*** ◊ Une pratique s'est peu à peu instaurée en la matière. Les établissements de crédit se sont mis à autoriser la personne qui pourvoit aux funérailles du défunt, et ce qu'elle soit l'héritière ou non, à prélever sur le compte de ce dernier les sommes nécessaires au paiement de tout ou partie des frais d'obsèques sous une certaine limite. Cette pratique s'est fondée, un temps, sur une instruction de la direction de la comptabilité publique en date du 31 mars 1976 visant les comptes de dépôt ouverts par les particuliers auprès du Trésor public. La solution était cependant devenue bien incertaine. La loi n° 2013-672 du 26 juillet 2013 est donc venue créer l'article L. 312-1-4, afin de conformer le droit avec la pratique évoquée ici [4]. Le montant maximal des prélèvements susceptibles d'être opérés pour de tels paiements a été fixé à 5 000 euros.

Le législateur a cependant décidé d'aller plus loin à propos des comptes bancaires des clients défunts, par l'intermédiaire de la loi n° 2015-177 du 16 février 2015 relative à la modernisation et à la simplification du droit des procédures dans les domaines de la justice et des affaires intérieures [5]. Cette dernière complète ainsi l'article L. 312-1-4 en y ajoutant quinze

1. C. civ., art. 2224. C. com., art. L. 110-4.
2. Il sera néanmoins nécessaire que le client ait été informé de la clôture du compte, Com. 8 mars 2005, n° 01-16.132 *Bull. civ.* IV, 2005, n° 43 ; *JCP* 2005, IV, 1921.
3. C. civ., art. 1939.
4. J. Lasserre Capdeville, « Évolution concernant le paiement des frais funéraires », *LPA*, 27 sept. 2013, n° 194, p. 78.
5. J. Lasserre Capdeville, « Paiement des dépenses urgentes d'un client défunt et clôture de ses comptes bancaires : évolutions consécutives à la loi du 16 février 2015 », *Gaz. Pal.* 11 mars 2015, n° 70, p. 11.

alinéas. Désormais cette disposition légale prévoit la possibilité pour tout successible en ligne directe d'obtenir, sur présentation des factures, du bon de commande des obsèques ou des avis d'imposition, le débit sur les comptes de paiement du défunt, dans la limite des soldes créditeurs de ces comptes, des sommes nécessaires au paiement de tout ou partie des actes conservatoires, « au sens du 1° de l'article 784 du Code civil » (frais funéraires, frais de dernière maladie, impôts dus par le défunt, loyers, etc.), auprès des établissements de crédit teneurs des comptes en question, dans la limite d'un montant de 5 000 euros [1]. Cette faculté implique la présence cumulative d'un certain nombre de conditions, le législateur ayant souhaité bien encadrer la solution ainsi mise en place. C'est ainsi, notamment, que ce régime ne s'adresse qu'aux successions les plus modestes, en l'occurrence les comptes bancaires dont le solde est inférieur à 5 000 euros.

SECTION 2. EN CAS DE SOLDE DÉBITEUR

772 ***Principe général*** ◊ À l'inverse de l'hypothèse précédente, si le solde du compte se révèle débiteur pour le client, celui-ci sera dans l'obligation d'en régler le montant à la banque.

Cette créance de la banque sera aussi soumise à la prescription quinquennale applicable dans les rapports entre commerçants ou entre commerçants et non-commerçants [2]. Il en ira, cependant, différemment si la créance en question peut être vue comme un découvert autorisé soumis aux règles régissant le crédit à la consommation [3]. Dans ce cas, en effet, le délai de forclusion biennal prévu à l'article R. 312-35 du Code de la consommation devra jouer [4].

773 ***Taux légal*** ◊ Notons que le solde débiteur pourra continuer à produire des intérêts. Or, le taux de l'intérêt dû sur le solde débiteur d'un compte débiteur clôturé et non soldé a fait l'objet de controverses. Doit-on

1. Arrêté du 7 mai 2015 pris en application de l'article L. 312-1-4 du Code monétaire et financier, *JO* 14 mai 2015, p. 8238.
2. C. com., art. L. 110-4.
3. C. mon. fin., art. L. 311-1 s.
4. Pendant longtemps, les juges nous indiquaient que, dans ce cas, le point de départ du délai devait se situer au jour où le solde débiteur était devenu exigible, c'est-à-dire à la date de clôture du compte, Civ. 1re, 4 juin 1996, n° 94-15.862, *Bull. civ.* I, 1996, n° 238. Civ. 1re, 23 mai 2000, n° 97-21.866, *Bull. civ.* I, 2000, n° 156. Civ. 1re, 5 nov. 2009, n° 08-17.053. – Aujourd'hui, l'article R. 312-35 nous indique que c'est à partir du « non-paiement des sommes dues à la suite de la résiliation du contrat ou de son terme ».

appliquer, en l'espèce, le taux légal ou maintenir le taux conventionnel logiquement plus avantageux pour le banquier teneur de compte ? La Cour de cassation a jugé que, sauf convention contraire, seul le taux légal est applicable [1]. La question est généralement réglée, aujourd'hui, dans les conditions générales du teneur de compte [2].

1. Civ. 1re, 11 juill. 1984, n° 82-16.837, *Bull. civ.* I, 1984, n° 229 ; *JCP* 1994, IV, n° 203. Com. 29 janv. 1985, n° 83-16.483, *Bull. civ.* IV, 1985, n° 36 ; *JCP* 1985, IV, 136. Com. 3 mars 1987, n° 85-15.157, *Gaz. Pal.* 1987. 1, pan. jurispr. p. 119.

2. Com. 10 janv. 1989, n° 87-13.202, *Revue Banque* 1989, p. 340, obs. J.-L. Rives-Lange. Com. 17 juill. 2001, n° 98-20.337.

CHAPITRE 2

OBLIGATIONS EN MATIÈRE DE MOBILITÉ BANCAIRE

774 Les obligations du banquier teneur de compte ne s'arrêtent plus, désormais, à la clôture du compte bancaire et à la restitution du solde créditeur. En effet, depuis quelques années, le législateur cherche également à améliorer la mobilité bancaire. Rappelons que cette mobilité est le fait, pour un client, de changer de banque en toute liberté.

Toutefois, jusqu'en 2014, aucune disposition légale n'encadrait la mobilité bancaire dans notre droit. Rien ne s'opposait, néanmoins, à ce que le titulaire d'un compte en demande le transfert dans un autre établissement ayant donné son accord pour l'accueillir comme client [1].

Il apparaissait alors, en pratique, que beaucoup de clients hésitaient à changer de banque en raison de différentes craintes : complexité de la procédure, frais occasionnés, délais trop longs, risque de perte d'un paiement, risque de paiement réalisé deux fois, risque d'incident ignoré, etc. Ainsi, tous les ans, seuls 6 % des clients français opéreraient un changement d'établissement, contre 9 % en moyenne dans les autres pays d'Europe [2].

La loi n° 2014-344 du 17 mars 2014 relative à la consommation, dite « loi Hamon », a donc cherché à faire évoluer le droit en la matière. Elle a ainsi créé l'article L. 312-1-7 prévoyant la mobilité bancaire. Dans le même temps, la directive 2014/92/UE du Parlement européen et du Conseil du 23 juillet 2014 sur la comparabilité des frais liés aux comptes de paiement, le changement de compte de paiement et l'accès à un compte de paiement assorti de prestations de base a été adoptée [3].

Le régime français de la mobilité bancaire a alors été complété par la loi n° 2015-990 du 6 août 2015 pour la croissance, l'activité et l'égalité des chances économiques, dite « loi Macron » [4]. Plus récemment encore, le décret n° 2016-73 du 29 janvier 2016 mais aussi les ordonnances

---

1. Un engagement de fidélité envers une banque souscrit par un client pour une durée limitée a déjà été reconnu valable, Agen, 8 mars 1976, *D*. 1977. 484, note J. Stoufflet ; *RTD com*. 1977. 564, obs. M. Cabrillac et J.-L. Rives-Lange.

2. N. Éréséo et J. Lasserre Capdeville, « La rémunération de la banque par les frais et commissions », *RDBF* mars-avr. 2015. Étude 17, p. 66, n° 21.

3. *JOUE*, n° L 257, 28 août 2014, p. 214 ; *RDBF* 2015, comm. 58, obs. A. Gourio et M. Gillouard.

4. Loi n° 2015-990 du 6 août 2015 pour la croissance, l'activité et l'égalité des chances économiques, *JO* 7 août 2015, p. 13537. dalloz.fr, actualité, 8 sept. 2015, obs. X. Delpech. – J. Lasserre Capdeville, « Le renforcement des dispositions facilitant la mobilité bancaire » : *JCP E* 2015, n° 45, 823, p. 5. – F. Goudouin, « Le nouveau service d'aide à la mobilité bancaire » : *Banque et Dr*. 9-10/2016, n° 169, p. 7 et nov.-déc. 2016, n° 170, p. 4.

n° 2016-1808 du 22 décembre 2016 et n° 2017-1433 du 4 octobre 2017 ont précisé le régime ainsi instauré.

775 ***Cadre général*** ◊ Le I de l'article L. 312-1-7 commence par affirmer la gratuité de la clôture des comptes de dépôt et des comptes sur livret.

De plus, ce même article prend soin de préciser que le service d'aide à la mobilité bancaire développé à son III s'applique aux « comptes de dépôt ou aux comptes de paiement ouverts auprès de tous les prestataires de services de paiement et détenus par les personnes physiques n'agissant pas pour des besoins professionnels » [1]. Pour mémoire, le compte de paiement est défini à l'article L. 314-1 comme « un compte détenu au nom d'une ou de plusieurs personnes, utilisé pour l'exécution d'opérations de paiement ». Cette notion permet alors de couvrir à la fois les comptes de dépôt et les comptes courants ouverts auprès des établissements de crédit, mais aussi les comptes uniquement dédiés à l'exécution d'opérations de paiement ouverts auprès des établissements de paiement.

776 ***Obligations des banquiers*** ◊ L'article L. 312-1-7 imposent alors aux établissements de départ (Section 1) comme d'arrivée (Section 2) un certain nombre d'obligations.

On notera, avant d'étudier ces dernières, que l'ensemble des banques concernées doivent, en vertu du II de l'article, mettre à la disposition de leurs clients, gratuitement et sans condition, une documentation relative à la mobilité bancaire. Cette documentation, qui peut figurer sur support papier ou sur un autre support durable, est mise à la disposition dans les locaux des établissements, mais aussi sous forme électronique sur leur site internet [2].

SECTION 1. OBLIGATIONS DE L'ÉTABLISSEMENT DE DÉPART

777 ***Information de l'établissement d'arrivée*** ◊ Concernant le service d'aide à la mobilité bancaire, l'établissement de départ doit tout d'abord transférer à l'établissement d'arrivée, lorsque celui-ci lui en fait la demande, les informations relatives aux mandats de prélèvements valides, aux « virements récurrents » ayant transité sur le compte au cours des treize derniers mois (salaire, Trésor public, gaz et électricité, abonnement Internet, etc.), mais aussi concernant les chèques non débités sur les chéquiers utilisés au cours de la même période. Ces informations doivent être

---

1. C. mon. fin., art. L. 312-1-7, VII.

2. L'article R. 312-4-4, II, précise quelles sont les informations devant, de la sorte, être communiquées.

transmises dans un délai de cinq jours ouvrés à compter de la réception de la demande qui lui a été faite par l'établissement d'arrivée [1].

L'article R. 312-4-4 entend les notions de virement récurrent ou de virement régulier comme « toute opération présentée au moins deux fois, par le même émetteur, au crédit du compte du client au cours des treize mois précédant l'accord formel » mentionné à l'article L. 312-1-7, c'est-à-dire le mandat du client [2].

778 ***Information de l'ancien client*** ◊ Si la « loi Hamon » avait simplement prévu qu'en cas de présentation d'un chèque au paiement au cours des treize mois suivant la clôture du compte, l'établissement devait informer, par tout moyen approprié, l'ancien titulaire du compte qu'il avait l'obligation de refuser le paiement du chèque et des conséquences de ce refus, ainsi que des conditions dans lesquelles il pouvait régulariser sa situation, la « loi Macron » a étendu cette obligation.

Désormais, le texte dispose qu'en cas de clôture du compte, cet établissement fournit gratuitement, durant une période de treize mois à compter de la date de clôture, « par tout moyen approprié et dans un délai de trois jours ouvrés », au titulaire du compte ayant bénéficié du service d'aide à la mobilité, d'une part, la présentation de toute opération de virement ou prélèvement sur compte clos, d'autre part, la présentation d'un chèque sur compte clos [3].

Sur ce dernier point, l'ancien titulaire du compte clôturé est toujours informé par l'établissement de départ de son obligation de refuser le paiement, des conséquences de ce refus, ainsi que des conditions à respecter pour régulariser la situation. Le bénéfice de cette information sur les opérations de virement et de prélèvement se présentant sur compte clos s'applique, selon l'article R. 312-4-4-VIII, « aux clôtures de compte intervenant, au plus tard, dans les six mois à compter de la date de l'accord formel » visé par l'article L. 312-1-7.

779 ***Cas d'une ouverture de compte dans un autre pays de l'UE*** ◊ Par ailleurs, depuis la « loi Macron », le texte donne un certain nombre de précisions en cas d'ouverture d'un compte auprès d'un établissement situé dans un autre État membre de l'Union européenne. Dans ce cas, en effet,

1. C. mon. fin., art. L. 312-1-7, III.
2. L'article R. 312-4-4, VI, prévoit que, dès réception de ce même mandat et aux dates indiquées dans ce document, l'établissement de départ annule les ordres de virement permanent, transfère, en cas de demande de clôture de compte, sur le compte détenu auprès de l'établissement d'arrivée le solde positif éventuel du compte d'origine, et clôture, en cas de demande en ce sens, ce compte, une fois le solde positif éventuel transféré sur le nouveau compte. Le cas échéant, l'établissement de départ informe, sur support papier, ou lorsque cela est approprié, sur un autre support durable, au titulaire de compte « des obligations en suspens ou de toute autre circonstance de nature à empêcher le transfert du solde et la clôture de son compte ». L'article précise encore que, sauf demande expresse du client, l'établissement de départ ne résilie pas les instruments de paiement avant la date de clôture donnée par le titulaire du compte.
3. C. mon. fin., art. L. 312-1-7, IV.

l'établissement de départ français, teneur de compte que le client souhaite clôturer, est tenu de proposer gratuitement, dans les six jours ouvrés qui suivent la demande de clôture, un récapitulatif des opérations automatiques et récurrentes ayant transité sur ce compte au cours des treize derniers mois.

De même, cet établissement de départ doit transférer tout solde positif éventuel du compte, sous réserve de disposer des informations permettant d'identifier l'établissement d'arrivée et le nouveau compte du client. Ce transfert est ici opéré à la date sollicitée par le client, « au plus tôt six jours ouvrés après la réception de la demande de clôture du compte ».

780 ***Sanctions*** ◊ Bien évidemment l'établissement de départ ne saurait manquer à ses obligations. Ainsi, le IV de l'article R. 312-4-4 prévoit que si cette banque ne respecte pas les obligations qui lui incombent dans le cadre de la procédure de mobilité bancaire, aucun frais n'en résultant ni aucune pénalité de ce chef ne sauraient être mis à la charge du client.

Surtout, l'article L. 312-1-7-VI prévoit que l'établissement de départ indemnise sans délai le titulaire de compte de tout préjudice subi, résultant directement du non-respect des obligations lui incombant dans le cadre de la procédure de mobilité bancaire. En revanche, cet établissement est exonéré de cette obligation d'indemnisation « en cas de circonstances anormales et imprévisibles échappant à son contrôle, dont les suites auraient été inévitables malgré tous les efforts déployés, lorsqu'il est lié par d'autres obligations légales spécifiques ».

SECTION 2. OBLIGATIONS DE L'ÉTABLISSEMENT D'ARRIVÉE

781 ***Proposition d'un mandat*** ◊ À l'instar de l'établissement de départ, l'établissement d'arrivée voit peser sur lui différentes obligations prévues par l'encadrement juridique de la mobilité bancaire. Son rôle est d'ailleurs particulièrement étendu aujourd'hui. Cet établissement d'arrivée est ainsi dans l'obligation de proposer au client, gratuitement et sans condition, un service d'aide à la mobilité bancaire permettant un changement automatisé des domiciliations bancaires, vers le nouveau compte, des prélèvements valides et virements récurrents du compte d'origine [1]. Si le client souhaite bénéficier de ce service, l'établissement d'arrivée recueille son accord formel pour effectuer en son nom les formalités liées au changement de compte, afin que les virements et prélèvements réguliers se présentent sur le nouveau compte.

1. C. mon. fin., art. L. 312-1-7, III.

Une précision s'impose à propos de cet accord formel, que l'on peut qualifier de mandat. En effet, selon le III de l'article R. 312-4-4, celui-ci doit présenter un certain nombre de mentions : l'annulation de tous les ordres de virement permanent présents sur son compte d'origine ainsi que la date de fin d'émission des virements permanents par l'établissement de départ ; la demande ou non de la clôture du compte ouvert dans l'établissement de départ ; en cas de demande de clôture du compte d'origine, la date à compter de laquelle il souhaite que le solde positif éventuel de ce compte soit transféré sur le nouveau compte ouvert auprès de l'établissement d'arrivée.

782 ***Rôle du client*** ◊ Cette procédure, qui est de nature à éviter les risques d'incident de paiement, a connu une évolution notable suite à la « loi Macron ». Précédemment, la « loi Hamon » prévoyait que l'établissement d'arrivée était tenu, sur la base des informations qui lui étaient fournies par le client, de communiquer, dans un délai de cinq jours ouvrés à compter de l'ouverture d'un nouveau compte, les coordonnées de ce dernier aux émetteurs de prélèvements et de virements réguliers. Le client devait donc jouer un rôle actif en la matière : d'une part rechercher qui étaient les émetteurs de prélèvements et de virements réguliers, et, d'autre part, en avertir l'établissement d'arrivée.

Tel n'est plus le cas aujourd'hui. La « loi Macron » est allée encore plus loin en la matière en mettant à la charge de l'établissement d'arrivée le soin de recueillir les coordonnées bancaires de l'établissement de départ afin de procéder à la « reconnexion » des virements et des prélèvements avec les références du nouveau compte.

783 ***Rapidité de la procédure*** ◊ Concrètement, dans un délai de deux jours ouvrés à compter de la réception de cet accord du client et des coordonnées bancaires de l'établissement de départ (en l'occurrence un RIB), l'établissement d'arrivée sollicite de ce même établissement de départ le transfert des informations relatives aux mandats de prélèvements valides, aux virements récurrents ayant transité sur le compte au cours des treize derniers mois, mais aussi aux chèques non débités sur les chéquiers utilisés au cours du même délai.

L'établissement de départ a alors un délai de cinq jours ouvrés à compter de la réception de la demande qui lui a été faite pour transmettre ces informations.

L'établissement d'arrivée communique, dans un délai de cinq jours ouvrés à compter de la réception des informations demandées à l'établissement de départ, les coordonnées du nouveau compte aux émetteurs de prélèvements valides et de virements récurrents (salaire, Trésor public, gaz et électricité, abonnement Internet, etc.). Ces émetteurs disposent d'un délai de 10 jours ouvrés [1] pour prendre en compte ces modifications et informer le client.

1. C. mon. fin., art. R. 312-4-4, X.

Enfin, la banque d'arrivée informe son client de la liste des opérations pour lesquelles le changement de domiciliation a été envoyé à ses créanciers et à ses débiteurs et lui adresse la liste des formules de chèques non débitées transmises par l'établissement de départ. L'idée est ici d'éviter une quelconque rupture des prélèvements récurrents au profit des créanciers du client transférant son compte. Il ne faut pas que cette opération soit génératrice de risques (paiements effectués deux fois, facturation de pénalités, résiliation éventuelle d'abonnement, etc.).

Au final, le changement de domiciliation bancaire ne peut excéder vingt-deux jours ouvrés.

784 ***Obligations d'information*** ◊ Outre la procédure précitée, plusieurs obligations d'information pèsent sur l'établissement de crédit d'arrivée. Tout d'abord, il doit informer le client des conséquences associées à un incident de paiement en cas d'approvisionnement insuffisant de son compte dans l'établissement de départ, s'il fait le choix de ne pas le clôturer.

De plus, si le titulaire du compte choisit de fournir lui-même ses nouvelles coordonnées bancaires aux émetteurs de prélèvements et de virements récurrents, l'établissement d'arrivée doit lui fournir, sur support papier ou sur un autre support durable, dans un délai de cinq jours ouvrés à compter de la réception de sa demande, des modèles de lettre indiquant les coordonnées du compte [1].

Enfin, ce même établissement est tenu d'informer le client de l'existence d'un service de relations avec la clientèle et de médiation pour traiter les litiges éventuels liés au changement de domiciliation bancaire [2]. Notons que du temps de la « loi Hamon », cette obligation pesait sur l'établissement de départ. Il en va différemment désormais.

785 ***Sanctions*** ◊ Dans tous les cas, l'établissement d'arrivée, comme celui de départ, ne saurait méconnaître ses obligations. Tout d'abord, il est prévu que si cette banque ne respecte pas les obligations qui lui incombent dans le cadre de la procédure de mobilité bancaire, aucun frais n'en résultant ni aucune pénalité de ce chef ne saurait être mis à la charge du client [3]. Ensuite, et surtout, l'article L. 312-1-7-VI prévoit que l'établissement d'arrivée doit indemniser sans délai le titulaire de compte de tout préjudice subi, résultant directement du non-respect des obligations prévues par la procédure étudiée.

---

1. C. mon. fin., art. R. 312-4-4, V.
2. C. mon. fin., art. L. 312-1-7-III, *in fine*.
3. C. mon. fin., art. R. 312-4-4, IV.

786 ***Premiers résultats*** ◊ Le régime juridique précité, résultant de la loi « Macron », est entré en vigueur le 6 février 2017 [1]. Certaines prédisaient une explosion des demandes de mobilité. Or, deux années plus tard, on constate que 2,4 millions de personnes ont bénéficié du mandat de mobilité, ce qui constitue un nombre inférieur aux objectifs attendus [2].

Certaines banques en ligne ont néanmoins tiré profit de ce nouveau mécanisme. Boursorama, notamment, a annoncé une hausse de 40 % des « mobilités entrantes » entre 2017 et 2018, et très peu de mobilités sortantes.

---

1. J. Lasserre capdeville, « La mobilité bancaire : contenu et premiers effets » : *LPA*, 16 mai 2017, n° 97, p. 6.

2. V. Mignot, « Changement de banque : 2 ans après, le bilan très mitigé de la loi Macron » : *CBanque*, 25 févr. 2019.

TITRE 2
LE COMPTE COURANT

787 ***Notion*** ◊ La notion de « compte courant »[1] est à la fois familière et mal connue. Traditionnellement, on définit celui-ci comme le « contrat par lequel les parties décident de faire entrer en compte toutes leurs créances et dettes réciproques de manière à ce que celles-ci soient réglées immédiatement par leur fusion dans un solde disponible soumis à un régime unitaire »[2]. Ainsi, on n'applique plus le régime des créances primitives, mais on les soumet, du fait de leur entrée en compte, à un régime unique qu'est celui du solde du compte. Ce dernier fera l'objet d'un paiement par celui qui en sera débiteur à la clôture du compte.

En résumé, le compte courant est un mécanisme de règlement global et simplifié des créances réciproques engendrées par une relation entre, le plus souvent, un banquier et son client. Ce mode de règlement simplifié dispense alors les parties de s'adresser des virements ou des paiements par cartes bancaires, chèques ou espèces pour régler les créances en question.

---

1. Sur le compte courant, V. Th. Bonneau, *Droit bancaire*, Montchrestien, 2017, 12e éd., n° 466 s. J.-L. Rives-Lange et M. Contamine-Raynaud, *Droit bancaire*, Dalloz, 1995, 6e éd., n° 227 s. R. Bonhomme, *Instruments de crédit et de paiement*, LGDJ, 2015, 11e éd., n° 476 s. J. Lasserre Capdeville, « Le paiement par l'intermédiaire du compte courant », *in Le paiement*, L'Harmattan, 2014, p. 217 s. Pour des présentations encore plus détaillées, J. Stoufflet, « Compte courant », *Rép. com. Dalloz*, 2009. P. Bouteiller, « Compte courant », *J.-Cl. BCB* 2011, fasc. 210. J. Labat, *Le compte courant bancaire des entreprises*, Lamy, coll. « Axe droit », 2007.

2. Th. Bonneau, *op. cit.*, n° 466. Rappelons que, pour Thaller, les opérations portées sur le compte courant perdent leur condition première « comme si elles étaient fondues dans un creuset » et « viennent se combiner et former un contrat nouveau ». Ainsi, dès qu'une créance entre en compte, elle s'amalgame en un tout, « elle disparaît pour devenir article de crédit et pour concourir au solde éventuel ». E. Thaller, *Traité élémentaire de droit commercial à l'exclusion du droit maritime*, A. Rousseau, 1916, 5e éd., n° 1661.

788 ***Distinction avec le compte de dépôt*** ◊ La différence essentielle entre le compte de dépôt et le compte courant tient dans la possibilité, dans ce dernier cas, de remises réciproques. En effet, dans le compte de dépôt les remises sont traditionnellement unilatérales, dans la mesure où elles émanent principalement du client [1].

Toutefois, en pratique, force est de constater que la distinction est de moins à moins évidente entre ces deux types de comptes bancaires [2], notamment en raison de l'essor du crédit, et plus particulièrement les découverts autorisés. Il est alors souvent nécessaire de se référer à la volonté commune des parties pour savoir si ces dernières ont souhaité ouvrir un compte de dépôt ou un compte courant et, dans ce dernier cas, procéder à un règlement immédiat de leurs créances respectives. C'est parfois très incertain [3].

789 ***Historique*** ◊ Le compte courant trouverait ses origines au XIIe siècle dans des villes commerçantes italiennes [4]. Notons que, dès la deuxième moitié du XIXe siècle, le compte courant étant dépourvu de statut légal [5], la doctrine a cherché à le théoriser. On doit ainsi à Delamarre et Lepoitvin les premiers travaux en la matière [6].

790 ***Encadrement juridique*** ◊ Aujourd'hui encore, le compte courant ne fait l'objet d'aucun statut législatif. Bien peu de textes y font simplement référence [7]. C'est une création de la pratique bancaire qui n'a jamais été légalisée. Son encadrement juridique est essentiellement jurisprudentiel et doctrinal.

---

1. Rappelons que le compte de dépôt a simplement pour objet d'enregistrer les opérations de caisse qui augmentent ou diminuent le dépôt initial.

2. Th. Bonneau, *op. cit.*, n° 463 s. A. Prüm, « De la distinction entre compte de dépôt et compte courant », *RDBF* 2003. 153. R. Routier, « La distinction entre compte courant et compte de dépôt », *Banque et Dr.*, hors série, mars 2014, p. 72. M. Villemonteix, « Compte de dépôt et compte courant », *Journ. sociétés* 10/2015, n° 134, p. 12.

3. La qualification retenue par les parties ne lie d'ailleurs pas le juge, Civ. 1re, 15 mars 2005, n° 03-20.016, *Bull. civ.* I, 2005, n° 137 ; *JCP E* 2005. 1135, obs. R. Bonhomme ; *RTD com.* 2005. 574, obs. D. Legeais.

4. Pour une approche historique, A.-V. Le Fur, « Le compte courant, l'oublié du Code de commerce », *in Le Code de commerce 1807-2007, Livre du bicentenaire*, Dalloz, 2007, p. 307 s. J. Labat, *op. cit.*, n° 7 s.

5. Plusieurs projets de loi ont pourtant été élaborés. Citons, à ce propos, les projets de la Société d'études législatives en 1935 et 1945 ou encore celui qui fut préparé par la Commission de réforme du Code de commerce et des sociétés en 1951.

6. C. Delamarre et M. Lepoitvin, *Traité théorique et pratique de droit commercial*, Hingray, 1861, 2e éd., n° 318 s. Ceux-ci ont ainsi relevé que si dans le compte de dépôt, les remises sont faites en vue d'un emploi déterminé, dans le cas du compte courant elles sont dépourvues d'emploi précis, la seule obligation qu'elles impliquent résidant dans la charge d'en créditer le remettant.

7. On peut simplement citer l'article L. 624-18 du Code de commerce qui évoquait, jusqu'à l'ordonnance n° 2008-1345 du 18 décembre 2008, la compensation « en compte courant ». On regrettera l'ambiguïté de certains textes qui visent tantôt le compte bancaire en général (V. par ex., C. mon. fin., art. L. 312-1-3), tantôt le compte de dépôt.

791 ***Qualité du client*** ◊ Soulignons, dès ce stade introductif, que la qualité du client du banquier importe peu. Certes, le compte courant est souvent perçu comme un contrat commercial qui, passé entre deux commerçants [1], leur permet de procéder à des règlements simplifiés [2]. Néanmoins, rien n'empêche un consommateur d'être partie à un tel compte [3], du moment que les critères propres à ce type de compte [4] sont respectés et que les parties y ont consenti [5]. D'ailleurs, plutôt que de tenter de distinguer les comptes courant des comptes de dépôt, la Cour de cassation a tendance, aujourd'hui, à opposer les comptes courant à vocation professionnelle et les comptes courant à vocation non professionnelle. Ces derniers, et eux seuls, sont ainsi soumis aux dispositions du Code de la consommation [6].

792 Observons les caractéristiques essentielles de cet outil (Sous-titre 1) avant d'en détailler les modalités de fonctionnement (Sous-titre 2).

---

1. Com. 26 mai 1999, n° 96-19.937. Com. 9 avr. 2002, n° 99-11.066.

2. H. Causse, « Le marché du compte courant », *in Mélanges Jean Beauchard*, LGDJ, 2013, p. 550, n° 8.

3. Com. 2 mars 1976, n° 74-15.260, *Bull. civ.* IV, 1976, n° 81. Com. 29 févr. 1984, n° 82-15.725, *Bull. civ.* IV, 1984, n° 84 ; *Revue Banque* 1984, p. 1304, obs. J.-L. Rives-Lange. Civ. 1re, 26 nov. 2002, n° 99-11.197, *Bull. civ.* I, 2002, n° 287 ; *Banque et Dr.* 2003, n° 88, p. 60, obs. Th. Bonneau ; *RTD com.* 2003. 346, obs. D. Legeais.

4. V. ss *796*.

5. En revanche, a été jugée abusive la clause aux termes de laquelle le compte de dépôt fonctionne comme un compte courant, dans la mesure où l'assimilation du compte de dépôt au compte courant est non conforme à la réalité du premier et que cette assimilation permet à la banque d'éluder les obligations posées par l'article L. 312-1-1 du Code monétaire et financier, Civ. 1re, 8 janv. 2009, n° 06-17.630, *RDBF* mars-avr. 2009, p. 42, obs. F.-J. Crédot et Th. Samin. J. Stoufflet, N. Mathey, H. Causse et J.-F. Riffard, *TD de droit bancaire*, LexisNexis 2011, p. 59.

6. Civ. 1re, 6 janv. 2011, n° 09-70.651, *JCP E* 2011, 1140, obs. D. Legeais ; *D.* 2011. 486, note R. Routier ; *JCP* 2011, n° 3, 48, p. 101, obs. J. Lasserre Capdeville.

SOUS-TITRE 1

Les caractéristiques du compte courant

793 ***Champ d'application*** ◇ Le compte courant est une convention *sui generis* que la pratique et la jurisprudence ont contribué à développer. Il est traditionnellement privilégié dans les relations entre les commerçants. Pour autant, il ne saurait être réduit à cette hypothèse. Son régime est civil ou commercial en fonction de l'activité concernée [1].

794 La qualification de compte courant implique la réunion d'éléments matériels (Chapitre 1) et un élément intentionnel (Chapitre 2).

---

1. Com. 2 mars 1976, n° 74-15.260, *Bull. civ.* IV, 1976, n° 81 ; *RTD com.* 1976. 764, obs. J. Becqué et M. Cabrillac.

CHAPITRE 1
LES ÉLÉMENTS MATÉRIELS DU COMPTE COURANT

795 ***Absence de formalisme*** ◊ La convention de compte courant n'impose pas de forme précise, puisque l'article L. 312-1-1 du Code monétaire et financier, issu de la loi n° 2001-1168 du 11 décembre 2001, dite loi « MURCEF », ne prévoit la rédaction d'un écrit que pour les conventions réglant la gestion d'un compte de dépôt. Les conventions de compte courant paraissent donc écartées de cette obligation [1]. La liberté du banquier est en conséquence plus grande en la matière. La jurisprudence a donc un rôle important à jouer, par exemple pour déterminer la durée du délai de préavis à respecter en cas de résiliation par une banque d'une convention de compte courant [2].

796 Au-delà de cette absence de formalisme, la jurisprudence identifie trois critères dont la réunion est nécessaire pour la caractérisation du compte courant : l'affectation générale des créances en compte (Section 1), la réciprocité des remises (Section 2) et enfin leur enchevêtrement (Section 3).

SECTION 1. L'AFFECTATION GÉNÉRALE DES CRÉANCES EN COMPTE

797 ***Principe général*** ◊ La convention de compte courant se définit, d'abord, par une affectation générale au compte des créances qui vont naître entre les parties. En vertu de ce principe, chacune des parties s'engage à faire entrer en compte les créances dont elle est titulaire à l'encontre de son cocontractant. L'entrée d'une créance en compte n'implique donc pas un accord spécial du créancier [3]. Au contraire, on estime que ce dernier ne peut pas pouvoir s'opposer à l'inclusion d'une créance dans le compte et en demander un

1. D'une façon générale, les règles relatives au formalisme qui doit présider à l'ouverture du compte, les stipulations que doit contenir la convention, les modifications notamment tarifaires dont elle peut faire l'objet, mais aussi les dispositions relatives au droit au compte (C. mon. fin., art. L. 312-1) ou encore les nouvelles exigences en matière de mobilité bancaire (C. mon. fin., art. L. 312-1-7) ne sont pas applicables au compte courant.
2. V. ss 836.
3. Com. 8 juill. 1997, n° 95-15.540, *JCP E* 1998, 321, n° 8, obs. Ch. Gavalda et J. Stoufflet.

règlement direct. Ce principe renforce alors la garantie de chaque partie : les dettes de l'une demeurent garanties par ses propres créances [1].

798 ***Exception*** ◇ Édicté dans l'intérêt commun des parties, ce principe de l'affectation générale peut néanmoins être écarté si celles-ci y donnent leur consentement respectif. Elles peuvent ainsi convenir expressément que certaines créances recevront une affectation spéciale [2]. La demande d'affectation spéciale doit toutefois être formulée avant l'entrée en compte de la créance considérée [3].

799 ***Caractères des créances*** ◇ Les créances éligibles à l'entrée en compte courant doivent être liquides, exigibles et certaines, afin de permettre leur règlement. Ainsi, la jurisprudence ne retient pas les créances simplement éventuelles, qui ne sont ni liquides ni certaines.

En revanche, des créances non échues ou conditionnelles, dont seule l'exigibilité est repoussée et qui ont vocation à entrer en compte, peuvent être directement affectées à un compte d'attente, nommé différé [4]. Ainsi, lorsque ces créances présenteront les qualités requises, elles basculeront automatiquement dans la partie disponible du compte courant.

SECTION 2. LA RÉCIPROCITÉ DES REMISES EN COMPTE

800 ***Principe général*** ◇ La réciprocité des remises, quant à elle, se traduit par la possibilité, pour chacune des parties au compte, de prendre la position de remettant et de récepteur [5], et ce tout au long du fonctionnement du compte. Si cette réciprocité cesse, elle équivaut pour les juges à la clôture du compte courant [6].

1. R. Bonhomme, *op. cit.*, n° 480.
2. Com. 4 mai 1993, n° 91-16.092, *Bull. civ.* IV, 1993, n° 162 ; *RJDA* 1993, n° 925. Com. 16 mars 2010, n° 09-12.008. Com. 10 juill. 2012, n° 11-21.552.
3. Com. 3 juill. 2012, n° 11-19.476, *Bull. civ.* IV, 2012, n° 141 ; *Banque et Dr.* 2012, n° 145, p. 17, obs. Th. Bonneau ; *JCP E* 2012, 1646, n° 9, obs. J. Stoufflet ; *LEDB* 2012. 4, n° 128, obs. J. Lasserre Capdeville ; *RJDA* 2012, n° 990 ; *Gaz. Pal.* 2012. 2867, obs. A.-C. Rouaud.
4. Com. 6 févr. 1996, n° 93-15.735, *JCP E* 1997, I, 635, n° 8, obs. C. Gavalda et J. Stoufflet ; *RTD com.* 1996. 306, obs. M. Cabrillac.
5. Civ. 2e, juill. 1880, *S.* 1881, 1, p. 177, note Wahl ; *D.* 1881. 1, p. 377. Civ. 22 mai 1939, S. 1939, 1, p. 302. Com. 26 juin 1957, *Bull. civ.* III, 1957, n° 207. Civ. 1re, 26 nov. 2002, n° 99-11.197, *Bull. civ.* I, 2002, n° 287 ; *Banque et Dr.* 2003, n° 88, p. 60, obs. Th. Bonneau ; *RTD com.* 2003. 346, obs. D. Legeais. Com. 5 oct. 2004, n° 01-12.435, *Bull. civ.* IV, 2004, n° 180 ; *RTD com.* 2005. 153, obs. D. Legeais. Com. 6 déc. 2011, n° 10-24.852, *Banque et Dr.* 2012, n° 142, p. 21, obs. Th. Bonneau ; *JCP E* 2012, 1349, n° 9, obs. J. Stoufflet.
6. Com. 5 janv. 1965, *JCP* 1965, II, 14177 ; *Revue Banque* 1965, p. 894, obs. X. Marin. Com. 16 févr. 1965, *Bull. civ.* III, 1965, n° 165. Paris, 30 avr. 1990, *Revue Banque* 1990, n° 517, p. 655, obs. J.-L. Rives-Lange.

801 ***Appréciation large*** ◊ Il convient cependant d'observer que cette exigence, fréquemment rappelée par les juges [1], est entendue de façon relativement large. La réciprocité est ainsi admise lorsque le compte est simplement crédité ou débité d'intérêts ou de commissions [2].

En outre, les magistrats n'imposent pas que cette réciprocité soit effective : il suffit qu'elle n'ait pas été exclue par la convention des parties [3].

SECTION 3. L'ENCHEVÊTREMENT DES REMISES

802 ***Principe général*** ◊ L'enchevêtrement des remises, que l'on nomme aussi l'alternance des remises, est la troisième exigence requise pour pouvoir qualifier un compte en banque de compte courant [4]. Il n'est donc pas possible de décider que, pendant un certain temps, les remises ne seront effectuées que par l'une des parties. Les remises doivent se faire de manière réciproque et alternée sans périodicité ni ordre prévus.

Soulignons néanmoins qu'une simple possibilité d'alternance des remises pendant toute la durée du fonctionnement du compte suffit ici également [5].

1. Civ. 2e, juill. 1880, *op. cit.* Com. 17 déc. 1991, n° 90-12.144, *JCP E* 1992, I, 156, n° 21, obs. Ch. Gavalda et J. Stoufflet ; *Revue Banque* 1992, p. 529, obs. J.-L. Rives-Lange.

2. Com. 23 oct. 1973, n° 72-11.717, *JCP* 1974, II, 17761, note J. Stoufflet. Com. 9 avr. 2002, n° 99-11.066, *Banque et Dr.* 2002, n° 84, p. 46, obs. Th. Bonneau.

3. Th. Bonneau, *op. cit.*, n° 450.

4. Com. 29 févr. 1984, n° 82-15.725, *Bull. civ.* IV, 1984, n° 84 ; *Revue Banque* 1984, p. 1304, obs. J.-L. Rives-Lange. Com. 17 déc. 1991, n° 90-12.144, *Bull. civ.* IV, 1991, n° 389 ; *JCP E* 1992, 156, n° 21, obs. Ch. Gavalda et J. Stoufflet. Com. 19 févr. 2008, n° 06-18.147, *D.* 2009. 1044, obs. D.-R. Martin. Com. 6 déc. 2011, n° 10-24.852, *Banque et Dr.* 2012, n° 142, p. 21, obs. Th. Bonneau ; *JCP E* 2012, 1349, n° 9, obs. J. Stoufflet.

5. Com. 23 mars 1993, n° 91-13.256, *RTD com.* 1994. 80, obs. M. Cabrillac et B. Teyssié.

CHAPITRE 2
L'ÉLÉMENT INTENTIONNEL DU COMPTE COURANT

803 ***Principe général*** ◊ L'existence d'un compte courant implique la présence d'un élément intentionnel consistant dans la volonté expresse ou tacite des parties de travailler en compte courant [1]. Cet élément est recherché par le juge pour s'assurer de la réelle volonté des parties de se soumettre à un régime particulier. Il vérifie alors leur commune intention [2] d'affecter les créances respectives, dont elles sont réciproquement titulaires, à un compte qui en permet le règlement [3].

804 ***Qualification*** ◊ Les magistrats ne sont pas tenus par la dénomination donnée par les parties à leur convention [4]. Ils doivent exactement qualifier la volonté des parties, qui peut être expresse ou tacite [5].

---

1. Com. 23 oct. 1974, *JCP* 1974, II, 17741, note J. Stoufflet. Com. 5 oct. 2004, n° 01-12.435, *Bull. civ.* IV, 2004, n° 180 ; *Banque et Dr.* 2005, n° 99, p. 68, obs. Th. Bonneau ; *RTD com.* 2005. 153, obs. M. Cabrillac ; *RDBF* 2005, n° 2, p. 14, obs. F.-J. Crédit et Y. Gérard.

2. Com. 13 janv. 1970, n° 68-12.464, *Bull. civ.* IV, 1970, n° 16.

3. Com. 9 janv. 2001, n° 97-13.236, *RDBF* 2001, comm. 44, obs. F.-J. Crédot et Y. Gérard.

4. Com. 17 déc. 1991, n° 90-12.144, *JCP E* 1992, I, 156, n° 21, obs. Ch. Gavalda et J. Stoufflet ; *Revue Banque* 1992, p. 529, obs. J.-L. Rives-Lange.

5. Com. 12 mars 1996, n° 94-14.046, *RJDA* 1996, n° 808.

SOUS-TITRE 2

Le régime du compte courant

805 ***Droit applicable*** ◊ Le compte de dépôt comme le compte courant sont concernés par un certain nombre de règles communes concernant leurs conditions d'ouverture, de fonctionnement et de clôture [1]. À titre d'illustration, à la base de ces deux types de compte, nous trouvons une convention-cadre dont la conclusion impose le respect, par le professionnel de la banque, d'un certain nombre d'obligations en matière de vérification de la situation juridique de son client, mais aussi concernant la lutte contre le blanchiment d'argent et le financement du terrorisme.

Des spécificités sont néanmoins à relever. Le compte courant permet aux parties de réaliser le règlement des créances entrées en compte (Chapitre 1) en tenant pour indivisibles les articles de ce compte (Chapitre 2). Cette seconde solution est cependant à relativiser grandement aujourd'hui.

---

1. M. Villemonteix, « Compte de dépôt et compte courant », *Journ. sociétés* 10/2015, n° 134, p. 13.

CHAPITRE 1
LE RÈGLEMENT DES CRÉANCES

806 Le premier effet juridique de la remise en compte courant d'une créance est son extinction. L'inscription en compte entraîne, en effet, le règlement immédiat de la créance et équivaut à son paiement [1]. Après avoir observé cette solution (Section 1), nous évoquerons les différents fondements qui ont été successivement donnés à cette règle par la doctrine (Section 2).

SECTION 1. LE PRINCIPE DU RÈGLEMENT

807 Un constat s'impose ici : le règlement des remises par leur simple entrée en compte (§ 1) n'est pas un véritable paiement, au sens juridique du terme même s'il s'en rapproche (§ 2)

§ 1. Un règlement par simple entrée en compte

808 ***Définition des remises*** ◊ On parle fréquemment de « remises en compte courant ». Mais de quoi s'agit-il exactement ? D'une façon générale, on peut dire que c'est une créance d'une partie sur l'autre, destinée à être réglée en compte. Ce sera, dans tous les cas, une créance de somme d'argent [2] liquide, exigible et certaine [3].

Rappelons, à ce sujet, qu'une tolérance est semble-t-il admise en la matière. On distingue ainsi parfois entre le disponible, qui comprend toutes les créances qui présentent les critères précités, et le différé, où figurent les créances pour qui ce n'est pas le cas [4]. Ces dernières ne sont alors pas immédiatement payées du fait de leur entrée en compte en raison de cette situation [5]. En revanche, dès qu'elles remplissent enfin les critères en question, elles peuvent être portées au disponible du compte.

---

1. V. ss 812.

2. P. Bouteiller, *op. cit.*, n° 4. V. cependant, Th. Bonneau, (*op. cit.*, n° 475), pour qui il pourrait également s'agir de choses fongibles comme des titres au porteur.

3. Com. 6 févr. 1996, n° 93-19.601, *Bull. civ.* IV, 1996, n° 34. Com. 7 avr. 1998, n° 95-16.613, *Bull. civ.* IV, 1998, n° 123.

4. R. Bonhomme, *Instruments de crédit et de paiement, op. cit.*, n° 492 et 493. L'auteur relève néanmoins, même si elle tente d'en donner une explication, l'incohérence de la jurisprudence rendue en la matière.

5. Ce différé du compte présente l'avantage d'appréhender un grand nombre de créances qui sont affectées à la garantie des autres créances.

809 ***Créances concernées*** ◊ Mais quelles sont ces créances faisant l'objet de remises ? Cela dépend de la partie concernée. D'une part, s'il s'agit de l'établissement de crédit, il passera ses propres créances en compte courant pour se faire payer : commissions, créances d'intérêts, etc. En outre, en tant que mandataire de son client, il y fera également entrer les ordres de virement, les ordres de paiement passés par chèques ou cartes bancaires ou encore les prélèvements. Ainsi, la créance du banquier ayant exécuté sa mission de paiement passera au débit du compte courant, de la même manière qu'un mandataire ferait un recours contre le mandant en paiement des avances qu'il a fait pour lui.

D'autre part, s'il s'agit du client, qui sera souvent un professionnel, une partie des opérations passées au crédit du compte courant représentera les dépôts qu'il aura effectués (dépôts d'espèces, par chèques, etc.), mais aussi les crédits obtenus du banquier, et plus particulièrement les crédits par mobilisation de créance (crédit d'escompte, cession de créances professionnelles par « bordereau Dailly », etc.).

810 ***Extinction de la créance*** ◊ La remise en compte courant a pour caractéristique d'emporter extinction de la créance. Tout se passe comme si le créancier avait obtenu satisfaction indépendamment de l'accomplissement par l'autre partie de sa prestation, et ce même si le solde du compte était déjà débiteur. Le créancier est considéré comme désintéressé.

C'est ainsi, par exemple, qu'une créance entrée en compte courant avant l'ouverture du redressement judiciaire n'a pas, en raison de son extinction, à être déclarée en passif du débiteur [1]. En réalité, si la créance entrée en compte disparaît, c'est parce qu'elle est incorporée, par fusion, dans un bloc « indivisible » [2] qui est constitutif du solde du compte dont le règlement est reporté à la clôture du compte et qui est soumis à un régime unitaire. Le compte produit ainsi, par son seul fonctionnement, un effet de règlement. Cette situation peut alors faire songer à un paiement au sens juridique du terme. Ce n'est pourtant pas le cas.

§ 2. Un règlement proche du paiement

811 ***Conséquences de l'extinction*** ◊ L'extinction de la créance dès sa remise en compte courant peut laisser penser qu'elle a fait l'objet d'un paiement. Elle produit d'ailleurs des conséquences comparables :

– le créancier est, dès l'entrée de la créance en compte, considéré comme désintéressé. Son action en paiement est éteinte et le bénéfice du titre exécutoire éventuel perdu [3] ;

---

1. Com. 5 déc. 1995, n° 94-10.990, *Bull. civ.* IV, 1995, n° 284 ; *D. Affaires* 1996. 211.
2. Ce caractère ne doit cependant pas être appréhendé trop strictement, v. ss 829.
3. Com. 25 nov. 1974, n° 73-12.702, *Bull. civ.* IV, 1974, n° 298 ; *RTD com.* 1975. 572, obs. M. Cabrillac et J.-L. Rives-Lange. Notons toutefois que la source juridique de la créance n'est pas affectée par l'entrée en compte et qu'un lien subsiste entre l'écriture de crédit ou de débit et le fait

– la créance disparaît avec ses sûretés et actions pour devenir, nous l'avons dit, un article de compte participant à la formation de son solde. Les sûretés et actions ne sont pas reportées automatiquement sur ce même solde. Cette solution s'applique tant aux sûretés réelles et personnelles qu'aux privilèges qui s'éteignent automatiquement [1] ;

– l'extinction de la créance entrée en compte présente enfin une incidence en matière de prescription : le délai de prescription entourant la créance entrée en compte n'a plus lieu d'être. Ne demeure prescriptible que le solde du compte lorsqu'il est arrêté [2], c'est-à-dire à sa clôture. Cette situation équivaut concrètement à un rallongement de la prescription.

812 ***Nature du règlement*** ◊ La Cour de cassation s'est quant à elle prononcée à plusieurs reprises en faveur de la proximité de ce règlement de créance avec le paiement en affirmant que « la passation en compte vaut paiement » [3]. Il en va de même, nous le verrons plus loin, pour la contre-passation [4].

813 ***Incertitude*** ◊ Mais sommes-nous en présence d'un véritable paiement, au sens juridique du terme ? Nous ne le pensons pas. L'identification de la remise en compte et du paiement ne peut être, en l'état, totale [5]. Rappelons que le paiement désigne l'exécution d'une obligation [6].

Or, observons la situation des parties au moment de l'entrée de la créance en compte : en aucun cas, il n'y a accomplissement par le débiteur de sa propre prestation, mais simplement intégration du lien d'obligation

---

ou l'acte qui lui a donné naissance. C'est ainsi, par exemple, que l'entrée en compte courant de la créance ne couvre pas la nullité du contrat. De même, elle ne fait pas obstacle à la disparition de la créance à la suite de la résolution de ce contrat. Le créancier ne peut donc pas se prévaloir de l'indivisibilité du compte ou de l'effet novatoire pour justifier sa carence, Com. 25 mai 1993, n° 91-15.183, *Bull. civ.* IV, 1993, n° 205. Com. 16 oct. 2001, n° 98-12.838, *Revue Banque* 2002, n° 632, p. 74, obs. J.-L. Guillot.

1. Civ. 12 juin 1936, *D.* 1936. 411. Com. 10 juin 1949, *JCP* 1949, II, 5106 note H. Cabrillac. Com. 19 mars 1980, n° 78-14.000, *Bull. civ.* IV, 1980, n° 135. Com. 4 juill. 2006, n° 05-11.688, *Bull. civ.* IV, 2006, n° 158 ; *D.* 2006. AJ 2028, obs. X. Delpech ; *RTD com.* 2006. 894, obs. D. Legeais. Com. 28 nov. 2006, n° 05-14.672, *JCP E* 2007, 1679, n° 18, obs. N. Mathey. C'est d'ailleurs pour permettre au créancier d'éviter la perte des sûretés que la jurisprudence lui reconnaît la faculté de s'opposer à l'entrée au compte d'une créance garantie (Soc. 23 févr. 2005, n° 03-40.482, *Bull. civ.* V, 2005, n° 65). Notons que les parties sont libres de décider, par une convention spéciale, le report des sûretés sur le solde du compte courant.

2. Com. 22 déc. 1981, n° 80-13.241, *Bull. civ.* IV, 1981, n° 455.

3. Com. 25 janv. 1955, *JCP* 1955, II, 8547 bis, note H. Cabrillac ; *Gaz. Pal.* 1955. 1, p. 244. Com. 19 déc. 1956, *D.* 1957. 287, note Neel. Com. 30 sept. 2008, n° 07-13.298, *JCP E* 2009, 1538, n° 16, obs. H. Causse. – Sur le fait que l'inscription d'une créance au débit du compte courant « équivalait à un paiement », Com. 13 sept. 2016, n° 15-12.936 : *Banque et Dr.* 1-2/2017, n° 171, p. 10, obs. Th. Bonneau ; *LEDB* nov. 2016, p. 3, obs. N. Mathey.

4. V. ss 826.

5. D.-R. Martin, *D.* 1992. 322.

6. Selon l'article 1342, al. 1, du Code civil, « Le paiement est l'exécution volontaire de la prestation due ». Sur cette notion de paiement, M. Mignot, « La nature juridique du paiement », *in Le paiement*, L'Harmattan, 2014, p. 9, n° 1.

dans un mécanisme global de règlement. Nous ne retrouvons donc pas exactement la physionomie du paiement telle qu'envisagée par le droit civil. En outre, si la passation en compte « vaut paiement » pour les juges, l'emploi de ces termes n'est pas anodin : ce n'est pas un paiement au sens strict, mais tout se passe « comme si » la créance était payée.

Pour résumer, l'entrée en compte d'une créance l'éteint, mais sans que cela soit un véritable paiement.

SECTION 2. LES FONDEMENTS DONNÉS AU RÈGLEMENT

814 Différentes techniques ont été proposées, par les auteurs, pour expliquer le fonctionnement du compte courant qui repose donc sur l'effet extinctif de l'entrée en compte.

Sans prétendre à l'exhaustivité [1], nous reprendrons les trois principales théories développées en la matière : la novation (§ 1), la compensation (§ 2) ou encore l'effet de règlement (§ 3). Nous verrons alors qu'aucune de ces théories ne s'est avérée totalement satisfaisante. Néanmoins, et malgré ses lacunes, la dernière théorie citée a indiscutablement nos faveurs (§ 4).

§ 1. La novation

815 ***Définition*** ◊ La première proposition doctrinale s'est fondée sur le recours à deux notions juridiques : la novation et l'indivisibilité [2]. La novation est ici importante. Il s'agit pour mémoire de l'opération juridique résultant d'une transformation de l'obligation, et aboutissant à la création d'une obligation nouvelle [3]. La novation est prévue aujourd'hui par les articles 1329 et suivants du Code civil, et suppose la modification d'un élément essentiel de l'obligation. C'est un procédé d'extinction d'une obligation sans exécution.

---

1. D'autres constructions juridiques, proposées par la doctrine, pourraient également être mentionnées. Signalons, notamment, la théorie du professeur Paul Didier qui analyse l'opération d'entrée de la créance en compte en une opération de change à savoir la transformation d'une monnaie en une autre monnaie (P. Didier, « Monnaie de compte et monnaie bancaire », *in Mélanges Flour, Defrénois* 1979. 159). Pour une autre théorie encore, J. Labat, *op. cit.*, n° 163 s. L'auteur fonde sa démonstration sur la volonté des parties.

2. C. Lyon-Caen et L. Renault, *Traité de droit commercial*, t. IV, Pichon, 1925, 5e éd., n° 823. J. Escarra et R. Rault, *Principes de droit commercial*, t. IV, Sirey, 1936, n° 456. J. Hamel, *Banques et opérations de banque*, t. 1, Rousseau, 1933, n° 365.

3. Sur cette notion, Ph. Simler, « Contrats et obligations. novation. Modes particuliers. novation par changement de l'obligation », *J.-Cl. Civ.*, fasc. 20, 2011. À propos du mécanisme du compte courant, Ph. Simler, *op. cit.*, n° 50 s.

816 ***Application au compte courant*** ◊ Appliqué au compte courant, l'idée est alors la suivante : les créances des parties sont novées dès leur entrée en compte ; elles perdent ainsi toutes particularités, y compris leurs actions, et s'intègrent dans un solde. Tout au long du fonctionnement du compte, elles se retrouvent, si l'on applique scrupuleusement cette théorie, dans un état d'indisponibilité puisqu'elles sont inséparables du fait du lien d'indivisibilité qui les unit. À la clôture, il y a lieu à un règlement global par compensation de toutes les créances indivisibles, qui permet de dégager un solde définitif qui est seul exigible.

À plusieurs reprises, les magistrats se sont fondés expressément sur la novation pour expliquer le mécanisme du compte courant [1]. Ce fut encore le cas par une décision remarquée de la chambre commerciale de la Cour de cassation en date du 4 juillet 2006 [2].

817 ***Critiques*** ◊ Cette solution n'est cependant pas à l'abri de la critique. Tout d'abord, la novation suppose la disparition de l'obligation ancienne et son remplacement par une obligation nouvelle. Or, en admettant que la créance ou la dette portée en compte soit éteinte, il ne naît pas immédiatement un rapport d'obligation nouveau et différent [3], mais simplement un article de compte. Ce n'est qu'à clôture du compte qu'une créance nouvelle naîtra au profit de l'une ou l'autre des parties, mais pas avant.

En outre, la novation ne permet pas d'expliquer pourquoi, concrètement, l'extinction d'une créance vient modifier le montant du solde [4].

818 ***Conséquence*** ◊ La solution retenue par les auteurs précités implique alors l'« adaptation », voire une distorsion, de la technique de la novation [5]. Certains auteurs [6] ont alors préféré parler de « quasi-novation » ou encore d'« effet novatoire » en matière de compte courant, plutôt que de novation.

Une question se pose alors : sommes-nous encore ici en présence d'une véritable novation ? On peut légitimement en douter [7], même si la caractérisation de cette dernière permet, c'est incontestable, de tirer les

1. Civ. 29 nov. 1871, S. 1872, 1, p. 79. Civ. 25 avr. 1910, *D.* 1912. 1, p. 364. Civ. 19 nov. 1929, *D.* 1930. 1, p. 97, note J. Hamel. Com. 22 janv. 1958, *Bull. civ.* III, 1958, n° 39. Com. 20 nov. 1963, *Bull. civ.* III, 1963, n° 495. Com. 1er juill. 2003, n° 00-16.591, *Bull. civ.* IV, 2003, n° 113 ; *RTD com.* 2003. 799, obs. M. Cabrillac ; *JCP* 2003, I, 176, n° 8, obs. Ph. Simler. Com. 13 déc. 2005, n° 04-15.255, *RDBF* 2006, comm. 184, obs. F.-J. Crédot et Th. Samin.

2. Com. 4 juill. 2006, n° 05-11.688, *Bull. civ.* IV, 2006, n° 158 ; *D.* 2006. AJ 2028, obs. X. Delpech ; *RTD com.* 2006. 894, obs. D. Legeais ; *RDBF* 2006, comm. 186, obs. F.-J. Crédot et Th. Samin. V. également, Com. 28 nov. 2006, n° 05-14.672, *JCP E* 2007, 1679, n° 18, obs. N. Mathey.

3. P. Esmein, « Essai de la théorie juridique du compte courant », *RTD civ.* 1920. 79. Th. Bonneau, *op. cit.*, n° 471.

4. J. Labat, *op. cit.*, n° 148.

5. Ph. Simler, *op. cit.*, n° 50.

6. G. Marty, P. Raynaud et Ph. Jestaz, *Droit civil, Les obligations, t. II, Le régime*, Sirey, 1989, 2e éd., n° 420. B. Starck, H. Roland et L. Boyer, *Obligations, t. III, Régime général*, Litec, 1999, 6e éd., n° 540. J. Carbonnier, *Droit civil. Les biens. Les obligations*, PUF, 2004, n° 1267.

7. Ph. Simler, *op. cit.*, n° 50.

conséquences juridiques de l'extinction d'une obligation [1]. Cela explique d'ailleurs pourquoi elle a encore ses partisans aujourd'hui [2].

§ 2. La compensation

819 ***Compensations successives*** ◊ La novation ne permettant donc pas d'expliquer de façon totalement satisfaisante le mécanisme du compte courant, un certain nombre d'auteurs ont proposé de recourir à la compensation, envisagée aujourd'hui par les articles 1347 et suivants du Code civil. En premier lieu, un courant doctrinal [3] a envisagé la « théorie des compensations successives » aux termes de laquelle les créances se compensent au fur et à mesure de leur entrée en compte. Quelques rares décisions ont semblé admettre cette théorie [4].

820 ***Critiques*** ◊ Cette dernière n'est cependant pas à l'abri de la critique. Tout d'abord, elle méconnaît l'originalité du compte courant : les créances s'éteignent du seul fait de leur entrée en compte, et ce même si elles ne viennent qu'accroître un solde débiteur et ne subissent donc aucune compensation dans les faits.

De plus, cet effet de fusion se produit sans que les conditions légales de la compensation (liquidité, exigibilité des créances) soient réunies.

En outre, le cadre de la compensation exige que deux personnes soient réciproquement créancières et débitrices. Deux dettes doivent exister en même temps, et la compensation emporte leur extinction réciproque à hauteur de leurs quotités respectives. Or, l'effet de règlement de compte courant intervient en l'absence de toute dette réciproque et même s'il n'a d'autre effet que d'accroître le solde créditeur du compte.

La théorie précitée se heurte encore aux solutions acquises en jurisprudence, notamment en ce qui concerne la perte des sûretés et accessoires attachés à la créance primitive du seul fait de son entrée. En effet, si le solde ne devait être que le reliquat d'une créance non entièrement compensée, on devrait retrouver tous les attributs de cette créance et donc ses sûretés.

Enfin, cette théorie enlève tout intérêt à la convention de compte courant, dans la mesure où le fonctionnement ainsi décrit se retrouve dans les comptes de dépôt [5].

---

1. Cependant, dans notre hypothèse, les créances ne sont pas transformées, mais éteintes. J. Labat, *op. cit.*, n° 149.

2. J. Stoufflet, « Compte courant », *Rép. com. Dalloz*, 2009, n° 73 s. Gavalda et J. Stoufflet, *Droit bancaire*, Litec, 2015, 8e éd., n° 480 s. Th. Bonneau, *Droit bancaire*, Montchrestien, 2017, 12e éd., n° 472.

3. A. Esmein, « Essai sur la théorie juridique du compte courant », *RTD civ.* 1920. 79.

4. Crim. 13 déc. 1978, n° 78-90.109, *Bull. crim.* n° 354 ; *D.* 1980. IR 13, obs. M. Vasseur ; *JCP* 1981, I, 3048, n° 49, obs. Ch. Gavalda et J. Stoufflet.

5. Une version particulière de cette théorie est proposée par un auteur (R. Bonhomme, *Instruments de crédit et de paiement*, LGDJ, 2017, 12e éd., n° 488), qui analyse le compte courant comme une « convention de règlement par compensation qui contient un accord de découvert unilatéral

821 ***Compensation in futurum*** ◊ En second lieu, un autre courant doctrinal a préféré fonder son analyse sur la « théorie de la compensation *in futurum* ». L'idée ici est que le compte courant a pour but d'établir une compensation entre les créances réciproques de manière globale à la clôture [1]. On rejette donc la notion de compensation successive pour une compensation globale intervenant à terme, lors de la clôture du compte. Jusqu'à cette dernière, il n'y a ni créance ni dette, ce qui maintient le solde provisoire dans un état d'indisponibilité.

822 ***Critiques*** ◊ Cette vision du compte courant demeure cependant également critiquable, notamment à la vue de son fonctionnement concret. Elle implique ainsi une indisponibilité du solde provisoire, ce qui est contredit par la pratique [2]. De plus, elle présente des inconvénients à la clôture quant à l'ordre d'imputation des créances.

§ 3. **L'effet de règlement**

823 ***Solution*** ◊ Estimant qu'il est vain de chercher à faire entrer dans un cadre juridique connu le mécanisme trop particulier du compte courant, un courant doctrinal contemporain [3] en a conclu à son caractère *sui generis* et a décidé de se borner à lui attribuer les effets qu'implique la volonté des parties telle qu'elle se dégage de la convention : simplifier le règlement des créances réciproques par leur fusion en un solde. En effet, au lieu d'envisager chaque opération isolément et de procéder à des règlements distincts, soumis à des modalités différentes, les parties conviennent de simplifier leurs rapports juridiques et de régler leurs créances réciproques par fusion en un solde. Chaque créance, lorsqu'elle devient certaine, liquide et exigible, se fond avec les autres créances dans un solde essentiellement fluctuant et provisoire. Par cette fusion, la créance est payée et seul son résultat, c'est-à-dire le solde, peut être recouvré par son titulaire. Le solde provisoire (résultant de chaque fusion) est vu, quant à lui, comme une créance certaine et disponible.

Ce mécanisme de règlement simplifié [4] par fusion est accompagné, pour ce courant doctrinal, d'un mécanisme de garantie dont l'efficacité est

---

ou bilatéral, lequel est à montant variable, illimité pour le banquier (le compte créditeur n'est pas plafonné), limité ou non pour le client, souvent à durée indéterminée et qui se reconstitue au fur et à mesure de son comblement ».

1. R. Houin, note sous Civ. 13 juill. 1942, *JCP* 1943, II, 2157. J. Larguier, note sous Rouen, 24 avr. 1948, *JCP* 1948, II, 4464.

2. V. ss 830.

3. J.-L. Rives-Lange et M. Contamine-Raynaud, *Droit bancaire*, Dalloz, 1995, 6e éd., n° 234 et 229. Ph. Neau-Leduc, A. Périn-Dureau et Ch. Neau-Leduc, *Droit bancaire*, Dalloz, 2018, 6e éd., n° 367.

4. L'expression de « mécanisme de règlement simplifié » est parfois utilisée par la jurisprudence, Com. 8 déc. 1987, n° 87-11.501, *Bull. civ.* IV, 1987, n° 266 ; *JCP* 1988, II, 20927, note M. Germain ; *Revue Banque* 1988, p. 16, obs. J.-L. Rives-Lange.

accentuée par la convention des parties. En effet, chaque créance sert de garantie aux créances en sens inverse. Cela explique le fait que chaque partie accepte d'être payée de sa créance par une simple inscription en compte [1].

824 ***Controverse*** ◊ Mais cette théorie, qui permet d'expliquer la disparition de la créance primitive ainsi que de ses accessoires, échappe-t-elle à toute controverse ? Certainement pas. D'une part, force est de constater que nous sommes plus en présence d'une description d'un mécanisme que d'une véritable théorie juridique [2]. Ce mécanisme *sui generis* de règlement des créances respectives ne saurait être parfaitement perçu comme l'une des institutions classiques du droit privé.

D'autre part, on peut penser avec d'autres [3] que ce courant doctrinal a simplement remplacé l'effet novatoire par le règlement par fusion.

Enfin, les parties au compte courant estiment que, par cette fusion, les créances seront payées ; or nous avons vu précédemment que tel n'est pas exactement le cas [4].

§ 4. Recherche d'un nouveau fondement

825 ***Problématique*** ◊ Les développements qui précèdent font penser que les discussions autour du compte courant sont sans fin. Que faire alors ? Doit-on, à l'instar de la majorité des auteurs, estimer que la novation est la moins mauvaise des solutions pour expliquer le règlement des créances entrées en compte ? Nous ne le pensons pas.

En premier lieu, nous rejoignons sans peine le courant doctrinal estimant qu'il est difficile de faire entrer dans un cadre juridique existant le mécanisme du compte courant. Rappelons que nous sommes en présence d'un outil créé par la pratique avec des spécificités propres aux besoins professionnels. L'évocation du caractère *sui generis* de l'opération de compte courant est donc, selon nous, préférable.

En second lieu, il apparaît que les théories juridiques précitées ont pour défaut d'appréhender le compte courant sous la forme qu'il avait au début du XXe siècle et de taire les évolutions pratiques postérieures, et plus particulièrement la possibilité pour le banquier de recourir à la contre-passation. Celle-ci est pourtant d'une grande importance.

826 ***Contre-passation*** ◊ Rappelons que la contre-passation est un procédé comptable générateur d'effets juridiques, dont l'objet consiste à rectifier,

---

1. Ici la généralité du compte courant, c'est-à-dire le principe d'affectation générale des créances en compte (v. ss 797) est l'élément fondamental de cette garantie, le règlement simplifié n'est voulu que parce que les parties espèrent des remises futures qui vont permettre un renversement de la position du compte.

2. S. Piedelièvre et E. Putman, *Droit bancaire*, Economica, 2011, n° 266.

3. V. notamment, J. Labat, *op. cit.*, n° 159.

4. V. ss 812.

par une écriture en sens inverse (c'est-à-dire au débit du compte), une écriture erronée ou qui ne se justifie plus et que l'on ne peut purement et simplement annuler ou effacer. Cette contre-passation a été créée par la pratique bancaire comme une protection supplémentaire, notamment pour le banquier escompteur qui aura l'assurance de la sorte de pouvoir récupérer aisément la somme qu'il a versée pour acquérir en pleine propriété un effet de commerce lorsque le débiteur cédé viendra à ne pas rembourser, pour quelque raison que ce soit, sa dette. Il en ira de même à l'égard des chèques inscrits en compte et revenus impayés [1].

Or, cette contre-passation effectuée en cours de fonctionnement du compte équivaut à un paiement [2] lorsque le client est *in bonis*. Par suite, la banque perd la propriété de l'effet de commerce contrepassé ainsi que ses droits sur l'effet qui garantissait sa créance de remboursement à l'égard du client remettant. Elle ne peut plus se prévaloir de l'article L. 511-81, alinéa 2, du Code de commerce interdisant les délais de grâce en matière cambiaire [3] et surtout elle est tenue de restituer l'effet au remettant [4]. Notons qu'aucun délai n'est imposé au banquier escompteur pour contre-passer ; il en conserve la possibilité tant que la prescription n'est pas accomplie.

Si l'entreprise est soumise à une procédure collective, l'effet de règlement précité ne pourra prospérer que pour une créance dont l'origine est antérieure au redressement ou lorsque le compte a été clôturé [5]. Dans ce cas, le banquier qui contrepasse l'effet impayé est admis à conserver le titre pour faire valoir d'éventuels recours cambiaires si le solde du compte au jour de la contre-passation ne permet pas de le désintéresser complètement [6]. Cette hypothèse a été étendue aux chèques escomptés revenus impayés [7] ainsi qu'aux opérations d'affacturage [8].

1. Com. 17 mars 1998, n° 95-21.435, *Bull. civ.* IV, 1998, n° 103 ; *RTD com.* 1998. 648, obs. M. Cabrillac. Com. 28 janv. 2014, n° 12-28.904. La même solution est retenue, par les juges, à l'égard des opérations d'affacturage, Com. 21 mars 2000, n° 97-19.258.

2. Com. 20 mars 1979, n° 77-14.604, *Bull. civ.* IV, 1979, n° 108. Com. 16 mars 1982, n° 80-14.684, *Bull. civ.*, n° 104. Com. 5 nov. 1991, n° 89-18.996, *Bull. civ.* IV, 1991, n° 331 ; *D.* 1992. 322, note D.-R. Martin. Com. 7 mars 1994, n° 92-12.645, *Bull. civ.* IV, 1994, n° 200. Com. 21 mars 2000, n° 97-19.258. Com. 8 juill. 2003, n° 00-11.579. Com. 18 sept. 2012, n° 10-18.547.

3. Paris, 5 mars 1953, *JCP* 1953, IV, 95.

4. H. Synvet, « La contre-passation en compte courant », *in Mélanges offerts à Jean Derruppé*, Joly-Litec, 1991, p. 193. L'escompteur dispose cependant d'un autre moyen pour ne pas perdre la propriété de l'effet : c'est de s'abstenir de contre-passer. En faisant cela, il conserve la propriété de l'effet et peut exercer contre les signataires de celui-ci les actions cambiaires (ou autres) qui y sont attachées, Com. 1er févr. 1961, *JCP* 1962, II, 12670, note J.-L. Rives-Lange. Com. 22 juin 1964, *Bull. civ.* III, 1964, n° 322.

5. Ch. Gavalda, « La contrepassation des effets de commerce après clôture du compte courant », *JCP* 1963, I, 1763.

6. Com. 25 mai 1965, *D.* 1965. 529, concl. Monguilan ; *JCP* 1966, II, 14477, note Ch. Gavalda ; *Revue Banque* 1965, p. 578, obs. X. Marin.

7. Com. 17 mars 1998, n° 95-21.435, *JCP E* 1998, 1642, note M. Lecène-Marénaud ; *RTD com.* 1998. 648, obs. M. Cabrillac.

8. Com. 5 nov. 1991, n° 89-18.996, *Bull. civ.* IV, 1991, n° 331 ; *D.* 1992. 322, obs. D.-R. Martin ; *JCP E* 1993, I, 240, n° 23, obs. Ch. Gavalda et J. Stoufflet ; *RTD com.* 1992. 656, obs. M. Cabrillac et B. Teyssié.

827 ***Effets sur le compte courant*** ◊ Cette possibilité pratique de contre-passer doit ainsi modifier la vision que l'on doit avoir du compte courant. L'effet extinctif évoqué précédemment, et auquel nous cherchons un fondement juridique acceptable, n'est plus si fort que cela ; il demeure susceptible d'être remis en cause à tout moment par le banquier recourant à la contre-passation. Nous nous retrouvons dans ce cas en présence d'une extinction soumise à une condition résolutoire : l'exercice d'une contre-passation par la banque [1].

828 ***Proposition*** ◊ Dès lors, que proposer ? L'ancien article 1234 du Code civil, qui précisait, antérieurement à l'ordonnance portant réforme du droit des obligations, comment s'éteignaient les obligations, ne nous est pas d'une grande utilité, puisque l'on sait que le paiement, la novation ou la compensation ne peuvent être retenus ici.

Nous voici en présence d'un mécanisme présentant des caractéristiques tout à fait originales et, partant, difficiles à rapprocher d'une figure juridique connue. Nous ne voyons pas, en conséquence, de conciliation sérieusement envisageable entre la théorie du Code civil et le mécanisme étudié.

Finalement la moins mauvaise des solutions est, selon nous, de s'associer aux auteurs se limitant à voir dans le mécanisme du compte courant un moyen simplifié de règlement des créances réciproques par leur fusion en un solde (théorie de l'effet de règlement) [2], en rajoutant simplement que ce règlement demeure susceptible d'être confronté à une condition résolutoire, en l'occurrence la réalisation d'une contre-passation par le banquier [3].

Cette « explication par la description » du phénomène ne satisfera certainement pas totalement le lecteur. Mais peut-il en être autrement à

1. Si la jurisprudence a eu l'occasion d'affirmer l'irrévocabilité de la contre-passation (Montpellier, 11 févr. 1964, *JCP* 1964, II, 14649, note J.-L. Rives-Lange), cette solution connaît des tempéraments lorsque cette contre-passation a été opérée automatiquement. Ainsi, pour les juges, si l'écriture de crédit a suivi de peu l'écriture initiale de débit et si celle-ci résulte de l'application d'un programme informatique, il n'y a pas eu de contre-passation, laquelle requiert une volonté du banquier (Com. 22 nov. 1976, n° 75-11.949, *Bull. civ.* IV, 1976, n° 293 ; *Revue Banque* 1977, p. 604, obs. J.-L. Rives-Lange. Com. 16 mars 1982, n° 80-14.684, *Bull. civ.* IV, 1982, n° 104 ; *JCP* 1985, I, 3221, n° 48, obs. Ch. Gavalda et J. Stoufflet. Paris, 27 mars 1992, *JCP E* 1992, I, 156, n° 22, obs. C. Gavalda et J. Stoufflet. Com. 18 sept. 2012, n° 10-18.547, *JCP E* 2012, 1946, n° 15, obs. J. Stoufflet). Dès lors, vu sous cet angle, le règlement des remises opérées par le client devient particulièrement fragile, et la traduction de cette situation par un principe juridique paraît encore moins aisée.

2. V. ss 810.

3. On pourrait d'ailleurs aller encore plus loin dans la réflexion. Y a-t-il véritablement extinction de la créance entrée en compte courant ? Certes, nous l'avons affirmé plus haut, mais nous faisions alors abstraction, comme l'ensemble des auteurs, de la réalité pratique qu'est le recours à la contre-passation. Dès lors, peut-on encore parler d'extinction de la créance alors que cette dernière peut facilement être remise en cause par le banquier ? Cette question mérite d'être posée aujourd'hui à la vue de la reconnaissance contemporaine de la contre-passation, susceptible de remettre en cause, à tous les instants (sous la limite de la prescription), le règlement de la créance.

propos d'un instrument totalement créé par la pratique, et dont l'évolution se poursuit, comme en atteste l'admission par la jurisprudence de la contre-passation [1] ? Mieux vaut ainsi rester en dehors des notions juridiques plutôt que de les tordre ou, pire, de donner au compte courant des effets juridiques qu'il n'a pas en pratique. Comme le résume très justement un courant doctrinal : « un excès de logique juridique a conduit à doter le compte courant de conséquences totalement coupées de la réalité concrète » [2]. Une description juste est dès lors préférable à une explication juridique « boiteuse ».

1. Voire d'une nouvelle contre-passation en sens inverse.
2. J.-L. Rives-Lange et M. Contamine-Raynaud, *op. cit.*, n° 227.

CHAPITRE 2
L'INDIVISIBILITÉ DU COMPTE

829 ***Principe général*** ◊ Par l'effet de la convention de compte courant, les créances entrées en compte se fondent dans un solde provisoire autonome qui ne permet plus de les identifier. Ces créances ne peuvent plus, en théorie, être individualisées et le compte-courant est donc dit indivisible au regard de ses éléments constituants.

830 ***Évolution*** ◊ Il fut un temps où le principe d'indivisibilité du compte était strictement entendu par les juges. Ainsi, selon une décision remarquée du 24 juin 1903 [1] : « Les opérations d'un compte courant, se succédant les unes aux autres jusqu'au règlement définitif, forment un tout indivisible qu'il n'est pas permis de décomposer ni de scinder ; tant que le compte reste ouvert, il n'y a ni créance ni dette mais seulement des articles de crédit et de débit et c'est par la balance finale que se détermine le solde à la charge de l'un ou l'autre des contractants et par conséquent les qualités de créancier et de débiteur, jusque-là en suspens ». Cette jurisprudence n'est cependant plus d'actualité. Notre droit se démarque aujourd'hui très nettement de la rigueur de cette solution

831 Il n'est ainsi plus possible d'affirmer que le solde provisoire dégagé par le compte n'a pas d'existence juridique en tant que tel (Section 1) et que seule la clôture du compte fait apparaître un lien d'obligation entre les parties en fonction du solde définitif (Section 2).

SECTION 1. LE SOLDE PROVISOIRE

832 À la lecture de la décision précitée du 24 juin 1903, on pourrait penser que le solde provisoire du compte courant n'est pas immédiatement exigible et ne permet pas, en conséquence, une action en exécution. Or, la logique abstraite de l'indivisibilité a montré aujourd'hui ses limites, que cela soit en matière de saisie (§ 1) ou dans d'autres cas encore (§ 2).

§ 1. Le cas des saisies

833 ***Solutions passées*** ◊ À l'origine, la jurisprudence déduisait de l'indivisibilité du compte l'insaisissabilité d'un article particulier de ce compte,

1. Civ. 24 juin 1903, D. 1903, I, p. 472. S. 1904, I, p. 220.

mais également l'insaisissabilité du solde provisoire [1]. Dans la mesure où les parties avaient souhaité repousser l'exigibilité du solde jusqu'à la clôture du compte, il était impossible en effet d'agir sur le fondement d'une créance simplement éventuelle. En l'absence d'obligation susceptible d'être exécutée, la saisie du solde provisoire n'avait pas de cause. Dit plus clairement encore, il découlait de la règle de l'indivisibilité l'indisponibilité de solde.

834 ***Évolutions*** ◊ Or la solution lésait, notamment, le gage général des créanciers [2]. La Cour de cassation s'est donc orientée vers une analyse plus pragmatique [3]. Dans la mesure où le solde provisoire fait apparaître à un moment donné une position identifiant une partie débitrice et une partie créditrice, réalité qui n'apparaît pas en soi contestable, la saisie a été jugée possible [4].

Cette solution a reçu une consécration légale avec la loi n° 91-650 du 9 juillet 1991 portant réforme des procédures civiles d'exécution. Désormais, l'article L. 211-2 du Code des procédures civiles d'exécution dispose que « l'acte de saisie emporte, à concurrence des sommes pour lesquelles elle est pratiquée, attribution immédiate au profit du saisissant de la créance saisie disponible entre les mains du tiers ainsi que de tous ses accessoires » [5]. Le créancier a également la possibilité d'exercer une saisie conservatoire sur le solde du compte courant.

§ 2. **Autres hypothèses**

835 ***Solutions*** ◊ D'autres illustrations à la remise en cause du principe d'indisponibilité du solde provisoire du compte courant peuvent être mentionnées. Il en va ainsi, avec la possibilité, pour le titulaire du compte, de disposer de ce solde par des retraits ou le recours à des moyens de paiement, telle la réalisation de virements.

De même, l'indivisibilité invoquée demeure infirmée par une autre technique dégagée par la pratique bancaire : la contre-passation des effets impayés [6]. Dans ce cas, en effet, le banquier reporte le montant d'un effet de commerce impayé au débit du compte courant de son client.

---

1. Civ. 23 janv. 1922, S. 1923, I, p. 225, note P. Esmein ; D. 1925, I, p. 72.
2. C. civ., art. 2092.
3. Com. 13 nov. 1973, n° 70-14.374, *Bull. civ.* IV, 1973, n° 325 ; *Revue Banque* 1974, n° 311, obs. X. Marin ; *RTD civ.* 1974. 675, obs. R. Perrot ; *RTD com.* 1974. 130, obs. M. Cabrillac et J.-L. Rives-Lange. M.-Th. Calais-Auloy, « L'idée d'indivisibilité et le compte courant », *LPA*, 14 avr. 2000, n° 75, p. 13.
4. J.-L. Rives-Lange, « La saisissabilité du compte courant », *D.* 1974. 102.
5. V. ss 733.
6. V. ss 826.

Il n'est donc pas surprenant de constater que la jurisprudence contemporaine n'admet plus, dans les faits, ce principe d'indivisibilité ou du moins les conséquences rigoureuses qu'il entraîne [1]. Son appréhension a évolué [2].

SECTION 2. LE SOLDE DÉFINITIF

836 ***Les causes de clôture du compte*** ◊ Le compte courant est soumis aux mêmes causes de clôture que les autres comptes bancaires [3]. Par conséquent, si la convention est à durée déterminée, elle s'éteindra par l'arrivée du terme. En revanche, si elle est à durée indéterminée, elle pourra être résiliée unilatéralement par l'une des parties. Le respect d'un délai de préavis « suffisant » sera néanmoins attendu par les juges dans un tel cas [4]. Elle pourra encore prendre fin par le décès du client.

837 ***Cas de l'ouverture d'une procédure collective*** ◊ Pendant de nombreuses années, l'ouverture d'une procédure collective débouchait sur la clôture du compte courant. Cette solution était classiquement justifiée par l'*intuitu personae* de la convention. Désormais, notre droit se démarque de cette solution. En effet, en vertu de l'article L. 622-13 du Code de commerce, « l'administrateur a seul la faculté d'exiger l'exécution des contrats en cours en fournissant la prestation promise au cocontractant du débiteur ». Ainsi, et le même article le précise, aucune résiliation ne peut intervenir du seul fait de l'ouverture d'une telle procédure.

---

1. Il a ainsi été jugé que le principe d'indivisibilité n'empêchait pas une banque d'établir le solde provisoire d'un compte courant et de le déclarer à une procédure collective du client, Com. 5 nov. 2003, n° 00-20.122. Par ailleurs, concernant le délai de forclusion de deux ans prévu par l'ancien article L. 311-37 du Code de la consommation, les juges ont estimé que les règles d'ordre public relatives à la détermination du délai biennal de forclusion ne pouvaient être mises en échec par l'inscription à un compte courant soit de l'échéance d'un prêt, soit, en cas de découvert, d'une sommes dépassant le montant de celui-ci, Civ. 1re, 22 janv. 2009, n° 06-15.370, *Bull. civ.* I, 2009, n° 10.

2. G. Decocq, Y. Gérard et J. Morel-Marojer, *Droit bancaire*, Revue Banque édition, 2014, 2e éd., n° 414.

3. V. ss 738.

4. Pour l'admission d'un délai de 60 jours, Com. 28 févr. 2018, n° 16-19.136 : *JCP E* 2018, n° 19, 1244, p. 49, note J. Lasserre Capdeville ; Poitiers, 21 oct. 2014, n° 13/04222. – Pour un délai de 90 jours, Com. 23 sept. 2014, n° 13-19.683. – Com. 26 janv. 2010, n° 09-65.086 : *Bull. civ.* 2010, IV, n° 18 ; *D.* 2010. 2178, obs. D. Mazeaud ; *RTD com.* 2010. 762, obs. D. Legeais ; *Banque et Dr.* 5-6/2010. 18, obs. Th. Bonneau ; *RDBF* 2010, comm. 121, obs. F.-J. Crédot et Th. Samin. – Paris, 17 janv. 2013, n° 10/16650 : *LEDB* mars 2013, p. 6, obs. J. Lasserre Capdeville. – Pour un délai de 50 jours, Rouen, 22 janv. 2015, n° 14/00410. Les banques ont néanmoins la faculté de se passer de ce délai « raisonnable » en cas de comportement gravement répréhensible du client, Com. 14 févr. 2006, n° 04-16.464. – Paris, 30 juin 2011, n° 08/05638 : *LEDB* sept. 2011, p. 3, obs. J. Lasserre Capdeville.

La jurisprudence a donc eu logiquement l'occasion d'affirmer que le caractère *intuitu personae* d'un contrat ne fait pas obstacle à la possibilité qu'a l'administrateur légal de demander sa continuation [1].

Cependant, la solution ne vaut plus en cas de liquidation judiciaire. Dans ce cas en effet, l'ouverture de cette procédure entraîne la clôture du compte [2].

838 ***Dégagement d'un solde définitif*** ◊ À la clôture du compte, un solde définitif est dégagé. Après compensation des diverses remises, le compte fait apparaître un solde créditeur au profit de l'une des parties. Cette créance est liquide et exigible et peut faire l'objet d'une saisie de la part des créanciers de la partie débitrice.

Le solde définitif d'un compte courant est productif de plein droit d'intérêts [3]. Ces intérêts sont au taux légal.

La capitalisation des intérêts [4], envisagée jusqu'à une date récente par l'ancien article 1154 du Code civil [5], est également applicable en la matière.

839 ***Effets impayés*** ◊ Si la contre-passation d'effets impayés est possible [6], elle n'oblige pas à restituer le titre, dans la mesure où l'effet de règlement du compte ne peut jouer après sa clôture.

840 ***Action contre la caution*** ◊ Tant que le compte courant n'a pas été clôturé, le banquier ne saurait exercer une action contre la caution qui en garantit le solde débiteur. Cela a notamment été rappelé dans une décision du 3 janvier 1995 dans un cas où un banquier avait agi contre une caution en raison de l'ouverture du redressement judiciaire du débiteur principal [7]. Or, il ne saurait y avoir automatiquement de clôture du compte dans une telle hypothèse.

---

1. Com. 8 déc. 1987, n° 87-11.501, *Bull. civ.* IV, 1987, n° 266 ; *JCP* 1988, II, 20827, note M. Jeantin. B. Soinne, « La continuation du compte courant après le jugement d'ouverture », *Gaz. Pal.* 1988. 1, doctrine, p. 128. En revanche, la liquidation judiciaire entraîne la clôture du compte, Com. 20 janv. 1998, n° 95-17.836, *RTD com.* 1998. 393, obs. M. Cabrillac.

2. Com. 14 mai 2002, n° 98-21.521 : *Bull. civ.* 2002, IV, n° 83 ; *Banque et Dr.* 9-10/2002, n° 85, p. 42, obs. Th. Bonneau. - Com. 13 déc. 2016, n° 14-16.037 : *Banque et Dr.* 3-4/2017, n° 172, obs. Th. Bonneau. L'auteur relève, très justement, que la solution n'est plus conforme à l'article 1844-7 du Code civil qui ne lie plus la disparition de la société au jugement de liquidation judiciaire, mais au jugement ordonnant la clôture de la liquidation judiciaire pour insuffisance d'actif.

3. Com. 4 nov. 1981, n° 80-13.250, *Bull. civ.* IV, 1981, n° 378. Com. 15 juill. 1986, n° 84-16.376, *Bull. civ.* IV, 1986, n° 160 ; *D.* 1987, somm. p. 291, obs. M. Vasseur.

4. On parle également d'anatocisme. Les intérêts échus s'ajoutant à la dette initiale, ils sont eux-mêmes soumis aux intérêts.

5. Désormais, la règle se retrouve à l'article 1343-2 du Code civil aux termes duquel : « Les intérêts échus, dus au moins pour une année entière, produisent intérêt si le contrat l'a prévu ou si une décision de justice le précise ».

6. V. ss 826.

7. Com. 3 janv. 1995, n° 90-19.832 : *Bull. civ.* 1995, IV, n° 1 ; *RTD com.* 1995. 631, obs. M. Cabrillac.

Par ailleurs, on rappellera que pour une jurisprudence bien établie [1], toute remise au crédit d'un compte courant s'impute sur le montant de l'engagement de la caution, fût-elle postérieure à la date d'expiration de l'engagement de celle-ci. Il s'agit donc d'une exception au principe voulant que la caution soit tenue du montant du solde débiteur existant au jour de l'extinction de son obligation de couverture.

1. Com. 12 mai 1998, n° 96-17.026 : *Bull. civ.* 1998, IV, n° 151. – Com. 1er juill. 2003, n° 00-16.591 : *Bull. civ.* 2003, IV, n° 113 ; *Banque et Dr.* 11-12/2003, n° 92, p. 54, obs. Th. Bonneau ; *RTD com.* 2003. 799, obs. M. Cabrillac. – Com. 22 févr. 2017, n° 14-28.302 : *Banque et Dr.* juill.-août 2017, n° 174, p. 23, obs. Th. Bonneau.

TITRE 3

LES AUTRES VARIÉTÉS DE COMPTES

841 Un certain nombre de comptes spéciaux sont à évoquer ici. Notons que l'expression même « compte spécial » recouvre des hypothèses très diverses. Leur spécialité résultera ainsi, selon les cas, du nombre de titulaires (Sous-titre 1) ou de l'objet du compte en question (Sous-titre 2).

SOUS-TITRE 1

Les comptes ayant plusieurs titulaires

842 ***Principe général*** ◊ Si le plus souvent, le compte bancaire est ouvert à un seul titulaire, que cela soit une personne physique ou d'une personne morale, il arrive parfois qu'il en ait plusieurs à la fois. On parle dans cette hypothèse de comptes collectifs [1]. Bien évidemment, les titulaires demeurent en droit de se faire représenter par un ou plusieurs mandataires pour faire fonctionner le compte. La désignation d'un seul titulaire n'efface d'ailleurs pas le caractère collectif du compte en question.

843 Ces comptes collectifs se subdivisent, essentiellement, en deux catégories se distinguant en fonction de leur mode de fonctionnement et des pouvoirs accordés aux co-titulaires [2] : il s'agit du compte indivis (Chapitre 1) et du compte joint (Chapitre 2).

---

1. P. Bouteiller, « Comptes ayant plusieurs titulaires », *J.-Cl. BCB*, févr. 2009, fasc. 240. J. Lasserre Capdeville, « Les comptes ayant plusieurs titulaires », *Journ. sociétés* 10/2015, n° 134, p. 26.

2. Il est également possible de mentionner le cas du compte en usufruit et en nue-propriété qui fait l'objet d'un régime juridique propre. Ce dernier est cependant particulièrement rare aujourd'hui. Sur ce dernier, P. Bouteiller, *op. cit.*, n° 6, 18, 19, 32, 39 et 40. R. Routier, *Obligations et responsabilité du banquier*, Dalloz, 2011, 3e éd., n° 224-21 et 224-22.

CHAPITRE 1
LE COMPTE INDIVIS

844 ***Définition*** ◊ Le compte indivis, dit aussi compte en indivision, est le compte collectif dont les co-titulaires ont tous les mêmes droits sur les fonds en dépôt, mais chacun pour sa part et portion. Ils sont alors indivisaires. On peut songer, pour illustrer cette hypothèse, aux comptes ouverts aux cohéritiers avant le partage, ou encore aux comptes ayant pour titulaires des personnes qui entreprennent des activités ou des opérations en commun.

845 Observons les règles concernant l'ouverture (Section 1), le fonctionnement (Section 2) et la disparition (Section 3) de ce compte indivis.

SECTION 1. L'OUVERTURE DU COMPTE INDIVIS

846 ***Acquisition du caractère collectif*** ◊ En premier lieu, le caractère collectif de ce compte peut être volontaire et exister dès l'ouverture du compte. Il en va plus particulièrement ainsi lorsque plusieurs personnes souhaitent exercer en commun une activité pour laquelle un compte en banque est nécessaire. On peut citer le cas du compte ouvert pour enregistrer les opérations d'une société créée de fait, dépourvue de personnalité morale. Le compte a alors pour titulaire tous les associés de fait. Il en va de même avec la société en participation [1].

En second lieu, il peut également arriver qu'un compte initialement individuel devienne collectif, notamment en raison des circonstances. Songeons au cas du décès du titulaire d'un compte individuel. Cet événement a pour conséquence de rendre ses héritiers titulaires indivis du compte qui leur est transmis. Cette situation suppose, bien évidemment, que le *de cujus* laisse des héritiers possédant des droits successoraux identiques. Dans ce cas, tant que le partage n'est pas intervenu, l'indivision règne entre les héritiers désormais co-titulaires de ce compte collectif.

847 ***Règle de forme*** ◊ D'un point de vue formel, on a pu se demander si le régime indivis de ce compte collectif impliquait nécessairement

1. C. civ., art. 1871.

l'établissement d'une convention expresse. Pour la jurisprudence, cela n'est pas le cas. L'indivision peut résulter des conditions dans lesquelles le compte fonctionne [1].

SECTION 2. LE FONCTIONNEMENT DU COMPTE INDIVIS

848 ***Principe de l'unanimité*** ◊ Le compte indivis est soumis au régime légal de l'indivision envisagé par les articles 815 et suivants du Code civil. En conséquence, ce compte requiert, en principe, l'unanimité des co-titulaires pour la prise de décision. Dit autrement, aucun des titulaires ne saurait faire fonctionner le compte sans le concours des autres [2]. Il importe peu que cela soit pour effectuer des retraits ou donner des ordres de paiement.

849 ***Assouplissements*** ◊ Cette règle de l'unanimité, relativement lourde, connaît cependant un certain nombre d'assouplissements. Tout d'abord, il est possible aux co-indivisaires de donner mandat à l'un d'entre eux afin qu'il puisse faire fonctionner le compte sous sa seule signature. Le titulaire ainsi désigné agira par représentation des autres. Le mandat, révocable *ad nutum* [3], pourra s'éteindre pour les causes de droit commun [4]. De même, les co-titulaires peuvent s'ils le souhaitent se donner mandat mutuel.

De plus, depuis la réforme de l'indivision par la loi n° 2006-728 du 23 juin 2006, il ressort des articles 815-2 et 815-3 du Code civil que tout indivisaire peut faire seul des actes conservatoires et les indivisaires titulaires d'au moins deux tiers des droits indivis peuvent décider à cette majorité d'effectuer des actes d'administration.

En outre, une autorisation de justice permet de passer outre le refus d'un indivisaire dans les situations de crise visées aux articles 815-4 à 815-7 du Code civil.

Enfin, le titulaire qui prendrait en charge la gestion du compte au vu et au su de ses co-titulaires, et ce sans opposition de leur part, peut semble-t-il faire valoir l'existence d'un mandat tacite couvrant les actes d'administration [5].

850 ***Obligation conjointe*** ◊ Une seconde règle importante, résultant de l'application du régime légal de l'indivision, doit être mentionnée : les indivisaires sont tenus conjointement du solde débiteur du compte envers

---

1. Montpellier, 23 nov. 2005, n° 04/02217.
2. Paris, 7 juill. 1981, *D.* 1982. IR 335, obs. M. Vasseur ; *RTD com.* 1982. 595, obs. M. Cabrillac et B. Teyssié ; *JCP* 1985, I, 3221, n° 53, obs. Ch. Gavalda et J. Stoufflet.
3. C. civ., art. 2004.
4. C. civ., art. 2003. Il en va ainsi, par exemple, en cas de décès de l'un des co-titulaires.
5. C. civ., art. 815-3, *in fine*.

l'établissement de crédit, sauf si la solidarité a été stipulée. Il découle de cette règle que le banquier souhaitant se faire rembourser sa créance sera tenu de diviser son action à l'égard de chacun des co-titulaires. Ces derniers ne sauraient être obligés, par principe, d'honorer les dettes de l'un d'eux domiciliées sur le compte. Les établissements de crédit ne manquent cependant pas, en pratique, de prévoir dans la convention de compte l'existence d'une solidarité passive.

Le solde créditeur d'un compte indivis ne saurait, en outre, être saisi en tant que tel. Les créanciers personnels d'un indivisaire devront obligatoirement provoquer le partage pour se faire payer sur une part divise [1].

SECTION 3. LA DISPARITION DU COMPTE INDIVIS

851 ***Principe général*** ◊ La co-titularité prend fin, dans notre hypothèse, en même temps que l'indivision, c'est-à-dire par l'arrivée du terme de celle-ci ou par le partage, événements qui entraînent la clôture du compte indivis.

852 ***Suite la clôture*** ◊ À partir de cette clôture, sur présentation des pièces justificatives, l'établissement de crédit doit remettre à chaque co-titulaire la part du solde créditeur qui lui revient. À l'inverse, en cas de solde débiteur, la banque devra diviser ses recours contre les anciens co-titulaires du compte, sauf stipulation d'une clause de solidarité passive.

1. C. civ., art. 815-17, al. 2.

CHAPITRE 2
LE COMPTE JOINT

853 ***Définition*** ◊ Le compte joint est également un compte collectif dont les règles principales se distinguent radicalement de celles du compte indivis étudié précédemment : avec le compte joint, les co-titulaires ont tous les mêmes droits sur les fonds inscrits en compte, et ce chacun pour le tout [1]. Les époux utilisent fréquemment ce type de compte [2], de même que les concubins ou les partenaires liés par un pacte civil de solidarité. Il se rencontre ainsi bien plus souvent en pratique que le compte indivis.

854 Observons les règles régissant l'ouverture (Section 1), le fonctionnement (Section 2) et la disparition (Section 3) de ce compte joint.

SECTION 1. L'OUVERTURE DU COMPTE JOINT

855 ***Nécessité d'une convention écrite*** ◊ Une règle de forme est requise en matière d'ouverture d'un compte joint : une convention écrite doit être nécessairement passée par les parties. En effet, et cela sera observé plus loin, la solidarité active et passive, qui caractérise un tel compte, ne se présume pas [3] (à l'exception de la solidarité passive entre commerçants [4]) ; il est donc nécessaire de la prévoir [5].

Un banquier ne saurait par conséquent estimer que le compte personnel a été tacitement transformé en compte joint [6] ou encore en prouver cette nature par la production d'un document établi unilatéralement par lui [7].

---

1. J.-P. Deschanel, « La convention de compte joint », *Revue Banque* 1982, p. 1229 s. et 1344 s. D.-R. Martin, « Aspects juridiques du compte joint », *RDBF* 1988. 4.

2. M. Dupuis, « Une institution dérogeant aux règles des régimes matrimoniaux : le compte bancaire joint », *D.* 1988. Chron. 39. F. Terré, « Le compte joint entre époux », *in* Mél. Cabrillac, Dalloz-Litec, 1999, p. 529 s.

3. C. civ., art. 1310.

4. Ch. Clément, « Solidarité et compte bancaire », *D.* 2007. 1805, n° 1.

5. Civ. 1re, 16 juin 1992, n° 90-18.209, *Bull. civ.* I, 1992, n° 179 ; *RDBF* 1992. 206, obs. F.-J. Crédot et Y. Gérard ; *D.* 1993, somm. p. 216, obs. Ph. Delebecque ; *RTD civ.* 1993. 356, obs. Ph. Mestre. – Com. 8 mars 2017, n° 15-15.350 : *LPA*, 8 juin 2017, n° 114, p. 20 ; *LEDB* mai 2017, p. 2, obs. N. Mathey ; *Banque et Dr.* juill.-août 2017, n° 174, p. 23, obs. Th. Bonneau.

6. Com. 9 juin 2004, n° 01-14.302, *Banque et Dr.* 2004, n° 97, p. 83, obs. Th. Bonneau.

7. Civ. 1re, 5 juin 2008, n° 06-20.434.

SECTION 2. LE FONCTIONNEMENT DU COMPTE JOINT

856 Une distinction peut être faite entre la solidarité active (§ 1) et la solidarité passive (§ 2) se rencontrant avec le compte joint, et se démarquant très nettement des règles applicables au compte indivis.

§ 1. La solidarité active

857 ***Principe général*** ◊ Cela a été dit précédemment, la première spécificité du compte joint est la solidarité active qui unit ses co-titulaires. Chacun est créancier de l'intégralité du solde disponible et peut en disposer sous la seule signature. Il pourra réaliser seul n'importe quelle opération : retrait de fonds, ordre de paiement, etc.

858 ***Limite à la solidarité active*** ◊ Cette solidarité active ne concerne cependant que les relations entre la banque et les titulaires du compte. Elle ne saurait s'étendre aux relations des titulaires du compte entre eux [1], ni être invoquée par les créanciers des titulaires. À titre d'exemple, un porteur de chèque tiré sans provision par l'un d'eux, ne peut pas poursuivre l'autre titulaire en se fondant sur la nature du compte joint [2].

De la même manière, la solidarité est limitée au compte joint, et ne saurait logiquement s'étendre aux comptes ouverts de façon individuelle par les différents co-titulaires.

§ 2. La solidarité passive

859 ***Principe général*** ◊ La solidarité passive, qui permet au banquier de demander à n'importe lequel des titulaires du compte l'intégralité des sommes dues, peut également être stipulée.

On pouvait penser, à la lecture d'un arrêt de la première chambre civile de la Cour de cassation du 6 mars 1996 [3], que l'on devait exclure de cette solidarité passive les dettes contractées dans l'intérêt exclusif de l'un des co-titulaires du compte joint. Mais cette solution a été expressément remise en cause par la chambre commerciale dans un arrêt du 8 février 2005 [4].

---

1. Douai, 16 mars 1992, *RD banque* et bourse, sept. 1992, n° 33, p. 206, obs. F.-J. Crédot et Y. Gérard.

2. Com. 8 mars 1988, n° 86-10.733, *Bull. civ.* IV, 1988, n° 102 ; *Revue Banque* 1988, n° 485, p. 821, obs. J.-L. Rives-Lange ; *D.* 1989, somm. p. 321, obs. M. Vasseur.

3. Civ. 1re, 6 mars 1996, n° 93-17.223, *Bull. civ.* I, 1996, n° 116 ; *RJDA* 1996, n° 1075.

4. Com. 8 févr. 2005, n° 02-16.967, *Bull. civ.* IV, 2005, n° 20 ; *D.* 2005. AJ 771, obs. V. Avena-Robardet ; *D.* 2006. Pan. 161, obs. D.-R. Martin ; *JCP E* 2005, n° 21, p. 866, obs. J. Stoufflet ; *Banque et Dr.* 2001, 101, p. 73, obs. Th. Bonneau ; *D.* 2005. AJ 771, obs. V. Avena-Robardet ; *RTD com.* 2005. 396, obs. D. Legeais.

Selon ce dernier en effet : « la circonstance que l'un des codébiteurs ait seul profité d'une opération à l'origine du solde débiteur d'un compte joint ne saurait exonérer l'autre codébiteur, tenu solidairement envers le créancier, de son obligation de le rembourser ».

860 ***Saisie-attribution*** ◊ En cas de saisie-attribution d'un compte joint, il serait logique que la saisie n'affecte que la part du débiteur saisi [1]. Cependant, comme le banquier ignore le plus souvent ce montant, il se voit dans l'obligation de bloquer l'intégralité du solde total du compte. Il revient alors au co-titulaire non concerné par la saisie d'apporter la preuve de sa propriété de tout ou partie des fonds inscrits en compte [2], pour obtenir à due concurrence, mainlevée de la saisie-attribution [3]. La banque, quant à elle, devra avertir chacun des titulaires de la saisie pratiquée [4].

861 ***Impacts du régime matrimonial*** ◊ Les principes précités seront parfois affectés par d'autres règles juridiques, et notamment le droit des régimes matrimoniaux. En effet, dès lors que le débiteur est marié, il sera nécessaire pour le créancier saisissant de tenir compte du régime matrimonial adopté par les époux.

À titre d'exemple, lorsque le débiteur saisi aura adopté le régime de la séparation de biens, il faudra prendre en considération la présomption légale d'indivision prévue par l'article 1538 alinéa 3 du Code civil aux termes duquel « les biens sur lesquels aucun des époux ne peut justifier d'une propriété exclusive sont réputés leur appartenir indivisément, à chacun pour moitié ». En conséquence, pour la Cour de cassation, lorsque le créancier d'un époux marié sous le régime de la séparation des biens fera pratiquer une saisie sur un compte ouvert au nom des deux époux, il lui appartiendra d'identifier les fonds personnels de l'époux débiteur [5]. Cette preuve sera parfois particulièrement difficile à rapporter.

---

1. J.-L. Rives-Lange et M. Contamine-Raynaud, *Droit bancaire*, Dalloz, 1995, n° 191.

2. J.-P. Deschanel, *op. cit.*, p. 1348. TGI Arras, 12 janv. 1981, *D.* 1982. 127, obs. M. Vasseur ; *RTD com.* 1981. 808.

3. Civ. 2e, 24 avr. 1985, n° 81-11.234, *Bull. civ.* II, 1985, n° 87 ; *D.* 1986, info. rap. p. 315, note M. Vasseur ; *RTD com.* 1986. 129, obs. M. Cabrillac et B. Teyssié.

4. C. pr. exéc., art. R. 211-22. Le défaut de dénonciation de la saisie-attribution au co-titulaire d'un compte joint sur lequel porte la mesure d'exécution n'est pas susceptible d'entraîner la caducité de celle-ci, Civ. 2e, 7 juill. 2011, n° 10-20.923, *Bull. civ.* II, 2011, n° 160 ; *Banque et Dr.* 2011, n° 140, p. 17, obs. Th. Bonneau ; *RDBF* 2011, comm. 206, obs. S. Piedelièvre ; *LEDB* nov. 2011, p. 7, n° 159, obs. Ph. Hoonakker.

5. Civ. 1re, 20 mai 2009, n° 08-12.922, *Bull. civ.* I, 2009, n° 102 ; *RDBF* 2009, comm. 181, obs. F.-J. Crédot et Th. Samin ; *Dr. fam.* 2009, comm. 93, obs. B. Beigner ; *Banque et Dr.* 2009, n° 126, p. 17, obs. Th. Bonneau ; *RDBF* 2009, comm. 189, obs. D. Legeais ; *RDBF* 2009, comm. 136, obs. S. Piedelièvre.

SECTION 3. LA DISPARITION DU COMPTE JOINT

862 On ne saurait confondre ici la dénonciation de la solidarité (§ 1) et la clôture du compte joint (§ 2), leurs conséquences juridiques étant distinctes.

§ 1. La dénonciation de la solidarité

863 ***Principe général*** ◊ La solidarité est toujours révocable par la seule manifestation de volonté de l'un des co-titulaires [1]. Cette dénonciation doit cependant être expresse, et ne peut résulter d'une situation factuelle. Tout autre événement d'ordre personnel, telle la séparation des co-titulaires, ne saurait mettre un terme à la solidarité, laquelle, faute de dénonciation, continue dans les termes de la convention souscrite par les intéressés indépendamment de leur mésentente [2].

Ainsi, même après un divorce porté à la connaissance de la banque, l'un des co-titulaires ne pourra reprocher à cette dernière d'avoir laissé son ex-conjoint procéder à des opérations de retrait ou de paiement [3].

864 ***Règles de forme*** ◊ D'un point de vue formel, la désolidarisation doit être demandée par un co-titulaire de façon unilatérale soit sous la forme d'un acte extrajudiciaire [4], soit sous la forme classique d'une lettre recommandée avec demande d'avis de réception [5].

Dès la réception de cette dénonciation, la banque est tenue d'informer le co-titulaire de l'évènement. À défaut, elle commet une faute entraînant la mise en jeu de sa responsabilité si le co-titulaire non informé subit, par suite de cette absence d'information, un préjudice [6].

865 ***Effets*** ◊ La dénonciation étudiée prend effet immédiatement, et ce indépendamment des dispositions prises ou non par la banque pour en informer les autres titulaires [7]. Dès lors, en cas de demande de remboursement de la position débitrice du compte, l'ex-époux ayant bénéficié de la

1. Civ. 1re, 16 juill. 1988, n° 86-12.357, *Bull. civ.* I, 1988, n° 246 ; D. 1989, somm. p. 321, obs. M. Vasseur ; *RTD com.* 1989. 280, obs. M. Cabrillac et B. Teyssié ; *RDBB* 1989, n° 12, p. 64, obs. F.-J. Crédot et Y. Gérard. Com. 30 janv. 1990, n° 87-19.133, *Bull. civ.* IV, 1990, n° 25 ; *D.* 1990. 513, note D.-R. Martin ; *RTD com.* 1990. 236, obs. M. Cabrillac et B. Teyssié ; *RDBB* 1990, n° 19, p. 127, obs. F.-J. Crédot et Y. Gérard.

2. Besançon, 15 mars 2007, *JCP E* 2007, n° 45, 2322, p. 15 ; *JurisData* n° 2007-038123.

3. P. Bouteiller, *op. cit.*, n° 45.

4. Paris, 30 oct. 1985, *JurisData* n° 1985-026375.

5. J.-P. Deschanel, *op. cit.*, n° 207.

6. Com. 4 mai 1999, n° 95-21.752, *Bull. civ.* IV, 1999, n° 90 ; Dalloz aff. 1999, p. 939, obs. X. Delpech ; *RDBF* 1999, n° 74, p. 121, obs. F.-J. Crédot et Y. Gérard ; *JCP E* 2000, p. 895, note Ph. Neau-Leduc ; *JCP E* 2000, p. 1042, obs. Ch. Gavalda et J. Stoufflet ; *RTD com.* 1999. 731, obs. M. Cabrillac.

7. Civ. 1re, 16 juill. 1988, n° 86-12.357, *op. cit.* Com. 30 janv. 1990, n° 87-19.133, *op. cit.*

désolidarisation doit voir sa condamnation solidaire au paiement du solde débiteur du compte joint limitée à la somme arrêtée au jour où la désolidarisation en question est intervenue [1].

En revanche, le compte n'est pas clôturé du seul fait de la dénonciation de la solidarité. En pratique, il peut continuer de fonctionner comme un compte indivis nécessitant la signature de l'ensemble des titulaires pour chaque opération, sauf désignation d'un mandataire commun.

§ 2. La clôture du compte joint

866 ***Décès d'un co-titulaire*** ◊ Le compte joint est soumis aux causes « classiques » de clôture de compte en banque [2]. Une hypothèse particulière demeure néanmoins à aborder ici : le cas du décès de l'un des co-titulaires du compte joint. En effet, il est de principe que ce décès ne prive pas le titulaire survivant du droit de continuer de faire fonctionner le compte [3] ; celui-ci n'est pas automatiquement clôturé [4]. C'est l'une des conséquences de la solidarité dont est assorti le compte joint. Le banquier devra informer la succession de l'existence du compte joint [5] en question.

1. Versailles, 26 sept. 2013, n° 12/04977, *LEDB* déc. 2013, p. 5, n° 163, obs. J. Lasserre Capdeville.

2. V. ss 738.

3. Paris, 6 avr. 2006, n° 04/20247, *Banque et Dr*. sept-oct. 2007, p. 51, obs. J.-L. Guillot.

4. Com. 15 janv. 2002, n° 99-18.451, *RDBF* 2002, comm. 41 obs. F.-J. Crédot et Y. Gérard.

5. Pour les juges cependant, la banque n'est pas tenue d'adresser aux héritiers un double des relevés de compte qu'elle a fait parvenir au co-titulaire survivant. En revanche, si le compte fait l'objet d'une clôture par le co-titulaire survivant, la banque aura le devoir d'en informer les héritiers afin que ces derniers soient en mesure de prendre toute initiative de nature à éviter la disparition des sommes devant leur revenir, Com. 9 nov. 1993, n° 91-13.950, *Bull. civ.* IV, 1993, n° 383 ; *RDBF* 1994, n° 41, p. 33, obs. F.-J. Crédot et Y. Gérard.

SOUS-TITRE 2

Les comptes spéciaux par leur objet

867 Plusieurs comptes sont aujourd'hui soumis à une réglementation spéciale en raison de leur objet [1]. Avant d'aborder les cas « classiques » des comptes d'épargne (Chapitre 2) et des comptes professionnels (Chapitre 3), nous évoquerons une nouvelle forme de compte issue de la transposition de la directive n° 2007/64/CE du 13 novembre 2007 sur les services de paiement (DSP1) : les comptes de paiement (Chapitre 1).

---

1. Sur ces « autres comptes », R. Routier, *op. cit.*, 225.00 s.

CHAPITRE 1
LES COMPTES DE PAIEMENT

868 ***Reconnaissance légale*** ◊ L'ordonnance n° 2009-866 du 15 juillet 2009 [1] est venue transposer en droit interne les dispositions de la directive 2007/64/CE du 13 novembre 2007 précitée. Les modifications légales qu'elle a entraînées ont été considérables. Elle a reconnu notamment, à côté des établissements de crédit, des établissements de paiement [2] qui fournissent à titre de profession habituelle des services de paiement définis à l'article L. 314-1 du Code monétaire et financier [3]. Or, l'ordonnance en question a introduit également dans notre droit une nouvelle forme de compte ; il s'agit du compte de paiement [4]. L'état du droit applicable en la matière a connu quelques évolutions récentes, suite à l'ordonnance n° 2017-1252 du 9 août 2017 [5] ayant transposé en droit interne la directive (UE) 2015/2366 du Parlement et du Conseil du 25 novembre 2015 concernant les services de paiement dans le marché intérieur (dite DSP 2) [6].

869 Présentons rapidement ce compte de paiement (Section 1) ainsi que son encadrement légal (Section 2).

SECTION 1. PRÉSENTATION GÉNÉRALE DU COMPTE DE PAIEMENT

870 ***Définition*** ◊ Le compte de paiement est défini à l'article L. 314-1 du Code monétaire et financier comme étant « un compte détenu au nom d'une ou de plusieurs personnes, utilisé pour l'exécution d'opérations de paiement ».

À première vue, cette notion peut paraître très large. On peut ainsi penser qu'elle couvre à la fois les comptes de dépôt et les comptes courants ouverts chez un établissement de crédit et les comptes uniquement dédiés

---

1. Ordonnance n° 2009-866 du 15 juillet 2009 relative aux conditions régissant la fourniture de services de paiement et portant création des établissements de paiement, *JO* 16 juill. 2009, p. 11868. N. Mathey, « La réforme des services de paiement », *RDBF* janv.-févr. 2010. Étude 1.
2. V. ss 170.
3. C. mon. fin., art. L. 522-1. V. ss 172.
4. L. de Pellegars, « Le compte de paiement », *Banque et Dr.* 2010, n° 134, p. 14. – M. Roussille, « La notion de compte de paiement » : *Banque et Dr.* 2016, Hors-série, « Nouveaux comptes et intérêts négatifs », p. 14.
5. *JO* 10 août 2017, texte n° 26.
6. *JOUE*, n° L 337, 23 déc. 2015, p. 35.

à l'exécution d'opérations de paiement ouverts chez un établissement de paiement. Elle n'est pas illimitée pour autant. D'une part, les comptes d'épargne (livret A, livret de développement durable, etc.) sont à exclure de cette définition [1]. D'autre part, et surtout, un compte de paiement n'a qu'une seule finalité : l'exécution d'opérations de paiement.

Pour mémoire, constitue une opération de paiement, au sens de l'article L. 133-3, I, du Code monétaire et financier, l'action consistant « à verser, transférer ou retirer des fonds, indépendamment de toute obligation sous-jacente entre le payeur et le bénéficiaire, ordonnée par le payeur ou le bénéficiaire ».

871 ***Précision jurisprudentielle*** ◊ Récemment, la CJUE a eu l'occasion de préciser que ne relève pas de la notion de « compte de paiement », un compte d'épargne qui permet de disposer de sommes déposées à vue et à partir duquel des opérations de versement et de retrait ne peuvent être effectuées que par l'intermédiaire d'un compte courant [2].

872 ***Cas des établissements de paiement*** ◊ Les comptes de paiement ouverts par les établissements de paiement sont donc exclusivement utilisés pour des opérations de paiement, telles que le versement et le retrait d'espèces ou encore l'exécution des virements ou des opérations effectuées par cartes de paiement. Cette destination exclusive doit, d'ailleurs, être expressément prévue dans le contrat-cadre de services de paiement qui régit le compte. Cette qualification exclut alors tout placement au nom du client de ces fonds, même temporaire, dans un produit d'épargne ou d'investissement [3].

De plus, notons que les fonds des utilisateurs de services de paiement collectés par des établissements de paiement en vue de la prestation de services de paiement ne constituent pas des fonds remboursables reçus du public au sens de l'article L. 312-2 du Code monétaire et financier, ni des fonds représentatifs de la monnaie électronique. En conséquence, les établissements de paiement ne peuvent pas disposer de ces fonds pour leur propre compte [4], comme par exemple pour financer une activité de crédit. Les sommes remises par le client ne demeurent sur le compte que le temps nécessaire à ces opérations.

873 ***Compte Nickel*** ◊ Un exemple de compte de paiement proposé par un établissement de paiement (du moins à l'origine) peut être donné avec le compte Nickel [5]. Créé en 2012 par la société la Financière des paiements

---

1. C. mon. fin., art. L. 314-1, III, 2°.
2. CJUE, 4 oct. 2018 : C-191/17 : *LEDB* févr. 2019, p. 1, obs. J. Lasserre Capdeville. – M. Roussille, « Compte de paiement : et si la CJUE contribuait à clarifier les règles du jeu ? » : *RDBF* 2018, n° 6, Focus, 108, p. 3.
3. L'établissement de paiement ne délivre pas, en outre, de chéquiers.
4. C. mon. fin., art. L. 522-4.
5. J. Lasserre Capdeville, « NICKEL : le compte sans banque » : *RDBF* 2014, n° 4, Focus, n° 15, p. 3.

électroniques (FPE) [1], ce compte est le premier compte de paiement pouvant être ouvert par l'utilisation d'une borne d'inscription chez un buraliste. Il nécessite simplement une pièce d'identité et un numéro de téléphone mobile. Ce compte est actif immédiatement et s'ouvre en 5 minutes.

À l'ouverture du compte, le client obtient un RIB et une carte bancaire à autorisation systématique et débit immédiat.

Au 22 août 2018, on comptait 1 184 700 comptes Nickel ouverts.

SECTION 2. L'ENCADREMENT LÉGAL DU COMPTE DE PAIEMENT

874 ***Contrat-cadre*** ◊ Un contrat-cadre de services de paiement doit être conclu lorsque le service de paiement proposé est lié soit à un compte de paiement ne faisant pas l'objet d'une convention de compte de dépôt au sens de l'article L. 312-1-1, soit à un instrument de paiement spécifique [2].

Ce contrat-cadre doit nécessairement être établi par écrit et mentionner les informations prévues par l'article L. 314-12 du code, mais également par l'article 2 de l'arrêté du 29 juillet 2009 [3]. Ce dernier texte liste ainsi près d'une trentaine de catégories d'informations réparties en sept rubriques communes aux conventions de compte de dépôt et aux contrats-cadres de services de paiement. L'article L. 351-1, alinéa 1er, prévoit une amende fiscale de 75 euros applicable en cas de méconnaissance de l'une des obligations prévues par l'article L. 314-12 si le client est une personne physique agissant pour des besoins non professionnels.

À l'occasion de l'ouverture d'un compte de paiement, et donc exclusivement utilisé pour des opérations de paiement, l'acceptation du contrat-cadre doit être formalisée par la signature du ou des titulaires du compte [4]. Ici encore, à défaut de respecter cette obligation, une amende de 75 euros est encourue par l'établissement en question [5].

Le contrat-cadre de services de paiement peut être modifié dans des conditions alignées sur celles applicables aux conventions de compte de dépôt [6]. La méconnaissance des règles applicables en la matière fait encourir à l'établissement concerné une amende de 1 500 euros [7].

---

1. En 2017, BNP Paribas, a racheté 95 % des actions de la Financière des paiements électroniques.
2. C. mon. fin., art. L. 314-12, I.
3. V. ss 633.
4. C. mon. fin., art. L. 314-13, III.
5. C. mon. fin., art. L. 351-1, al. 1er.
6. C. mon. fin., art. L. 314-13, IV et L. 312-1-1. IV. ss 635.
7. C. mon. fin., art. L. 351-1, al. 2.

La résiliation du contrat-cadre par le client est enfin prévue à l'article L. 314-13, V, du code. Ici encore, les règles relatives au compte de dépôt mentionnées par l'article L. 312-1-1 sont reprises. Le client peut ainsi résilier le contrat-cadre de services de paiement à tout moment, sauf stipulation contractuelle d'un préavis qui ne peut dépasser trente jours. L'idée est de garantir la liberté de l'usager de services de paiement de changer de prestataire en faisant jouer la concurrence. En revanche, le droit de résiliation du prestataire de services de paiement (c'est-à-dire l'établissement de crédit, l'établissement de monnaie électronique ou l'établissement de paiement [1]) est plus limité. Il ne peut ainsi que résilier un contrat-cadre de services de paiement conclu pour une durée indéterminée moyennant un préavis d'au moins deux mois. L'objectif est bien entendu de protéger le client.

875 ***Information sur les conditions générales et tarifaires*** ◊ Les établissements de paiement sont tenus d'informer leur clientèle et le public des conditions générales et tarifaires applicables aux opérations relatives à la gestion d'un compte ouvert par ces mêmes établissements et donc exclusivement utilisés pour des opérations de paiement [2]. Cette obligation est aujourd'hui précisée par un arrêté du 5 septembre 2018 [3].

À défaut de respecter cette obligation, une amende de 1 500 euros est encourue par l'établissement [4].

876 ***Obligation d'information précontractuelle*** ◊ Avant même que l'utilisateur de services de paiement ne soit lié par un contrat-cadre ou une offre de services de paiement, le prestataire de services de paiement doit lui fournir sur support papier ou sur un autre support durable les informations et conditions visées par l'article L. 314-12 du code et l'article 2 de l'arrêté du 29 juillet 2009 [5].

877 ***Information annuelle*** ◊ Enfin, la loi oblige le prestataire de services de paiement de porter à la connaissance des personnes physiques et des associations, au cours du mois de janvier de chaque année, un document distinct récapitulant le total des sommes perçues par le prestataire de services de paiement au cours de l'année civile précédente au titre des produits ou services dont ces personnes ont bénéficié dans le cadre de la gestion de leur compte de paiement ou dans l'application du contrat-cadre de services de paiement ou d'une convention de compte de dépôt [6].

---

1. C. mon. fin., art. L. 521-1.
2. C. mon. fin., art. art. L. 314-13, I.
3. *JO* 7 sept. 2018, texte n° 19.
4. C. mon. fin., art. L. 351-1, al. 2. Rappelons que les établissements de crédit sont soumis à la même obligation en vertu de l'article L. 312-1-1, alinéa 1er, concernant les comptes de dépôt. V. ss 625.
5. C. mon. fin., art. L. 314-13, II.
6. C. mon. fin., art. L. 314-7, III.

CHAPITRE 2
LES COMPTES D'ÉPARGNE

878 ***Définition*** ◊ Les comptes d'épargne sont des comptes de dépôts bénéficiant de certains avantages en matière d'intérêts et, dans certains cas, d'un traitement fiscal privilégié de ces intérêts [1]. En revanche, en contrepartie de ces caractéristiques, ils subissent des restrictions comme une limitation des opérations susceptibles d'être effectuées ou un blocage temporaire des fonds.

On peut citer, à titre d'exemples, le livret A [2], le livret jeune [3], le livret de développement durable et solidaire (LDDS) [4] ou encore les produits d'épargne logement [5].

Ces comptes d'épargne ont souvent été créés par les pouvoirs publics pour orienter l'épargne vers des secteurs d'activité déterminés.

879 ***Évolution des avantages*** ◊ Pendant longtemps, la rémunération des comptes d'épargne constituait le principal avantage des comptes d'épargne. Cependant, et cela a été noté [6], depuis une décision de la CJCE du 5 octobre 2004, un arrêté du 8 mars 2005 a abrogé les dispositions réglementaires portant interdiction de rémunérer les comptes à vue de ses clients [7]. Cette rémunération est désormais possible pour tous types de comptes

Mais cela a-t-il retiré tout intérêt aux comptes d'épargne ? Une réponse négative s'impose. Tout d'abord, et malgré l'autorisation précitée, peu d'établissements de crédit se sont mis à rémunérer aujourd'hui les comptes de dépôt. Par ailleurs, au-delà de cette rémunération, les comptes d'épargne bénéficient souvent, également, d'avantages fiscaux. Les intérêts des livrets A sont, par exemple, exonérés d'impôts sur le revenu.

880 ***Compte à terme ou à vue*** ◊ Les comptes d'épargne sont fréquemment des comptes à terme, c'est-à-dire des comptes qui enregistrent des sommes qui sont bloquées pendant une certaine durée et qui produisent des intérêts créditeurs à un taux fixé par les pouvoirs publics. Il en va de la sorte,

---

1. Ch. Gavald et J. Stoufflet, *op. cit.*, n° 522.
2. C. mon. fin., art. L. 221-1 s.
3. C. mon. fin., art. L. 221-24 s.
4. C. mon. fin., art. L. 221-27.
5. C. constr. et hab., art. L. 315-1 s.
6. V. ss 685.
7. V. ss 686. La loi n° 2007-1774 du 17 décembre 2007 portant diverses dispositions d'adaptation au droit communautaire dans les domaines économiques et financier a, quant à elle, abrogé l'article L. 312-3 du Code monétaire et financier.

par exemple, avec les comptes d'épargne-logement (CEL) [1] ou les plans d'épargne-logement (PEL) [2]. Cette indisponibilité n'entraîne cependant pas une insaisissabilité [3].

Plus rarement, les comptes d'épargne sont des comptes à vue, c'est-à-dire des comptes permettant au client le retrait sur première demande du solde provisoire créditeur.

881 ***Cas du livret A*** ◊ Créé le 22 mai 1818 avec la Caisse d'épargne de Paris, le livret A a longtemps été l'un des produits d'épargne les plus populaires en France du fait de ses nombreux attraits. Il s'agit d'un compte d'épargne rémunéré dont les fonds sont disponibles à tout moment. Ce compte est sans frais et les intérêts versés sont exonérés d'impôt sur le revenu et de prélèvements sociaux. L'État en fixe le taux d'intérêt deux fois par an. Il est actuellement de 0,75 %. Le plafond du livret A est, quant à lui, fixé aujourd'hui à 22 950 euros.

Ce livret représente, de longue date, la principale source de financement du logement locatif social en France. En effet, les dépôts des livrets A font l'objet d'une centralisation auprès de la Caisse des dépôts et consignations (CDC) au sein des fonds d'épargne dont elle assure la gestion. La CDC utilise alors ces fonds pour divers financements, et notamment les opérations de construction de logements sociaux sous la forme de prêts à longs termes accordés aux organismes HLM.

Rappelons que jusqu'au milieu des années 2000, la Caisse d'épargne et la Banque postale bénéficiaient d'un droit spécial pour la distribution du livret A, alors que le Crédit mutuel disposait de l'exclusivité de la distribution du livret bleu dont les caractéristiques étaient très proches de celles du livret A. Or, le 7 décembre 2005 une plainte avait été déposée devant la Commission européenne par plusieurs banques soutenant que la législation française était contraire à la liberté d'établissement et à la libre prestation de services, dans la mesure où elle empêchait les banques étrangères de s'établir en France afin de commercialiser ce type de produit. La Commission s'était alors prononcée par une décision du 10 mai 2007, aux termes de laquelle elle avait enjoint la France de donner à tous les réseaux bancaires le droit de distribuer le livret A [4]. C'est ainsi que l'article 145-I de la loi n° 2008-776 du 4 août 2008, pour la modernisation de l'économie,

1. Ce compte, envisagé par les articles L. 315-1 et R. 315-1 du Code de la construction et de l'habitation, est destiné à faciliter l'accession à la propriété. Il donne ainsi droit à l'octroi d'un prêt au logement à l'issue d'une période d'épargne d'une durée minimum. Les dépôts sont généralement libres, dans la limite d'un plafond. R. Routier, *op. cit.*, n° 225-26.

2. Le PEL, qui n'est pas à proprement parler un compte, obéit à des formalités plus strictes et les dépôts sont indisponibles pendant une période donnée. R. Routier, *op. cit.*, n° 225-26. Concernant la clôture d'un PEL d'un client décédé, Com. 19 janv. 2016, n° 14-12.806, *LEDB* mars 2016, p. 2, n° 039, obs. J. Lasserre Capdeville.

3. Civ. 2e, 29 mai 1991, n° 90-11.714, *Bull. civ.* II, 1991, n° 170.

4. N. Lenoir et D. Roskis, « La Commission européenne met fin aux droits spéciaux de distribution des livrets A et Bleu », *JCP E* 2007, act. 260.

est venu poser le principe de la généralisation de la distribution du livret A. Désormais, et ce depuis le 1er janvier 2009, tout établissement de crédit habilité à recevoir du public des fonds à vue, et qui s'engage en ce sens par convention avec l'État, peut proposer des livrets A [1].

882 ***Particularités*** ◊ On notera ici quelques particularités juridiques du livret A. D'abord, les mineurs peuvent se faire ouvrir un livret A sans l'intervention de leur représentant légal. Il s'agit donc d'une limitation légale à l'incapacité d'exercice générale du mineur [2].

Ensuite, concernant les retraits relatifs aux fonds déposés sur ces livrets A, le même article indique que les mineurs peuvent passer seuls une telle opération s'ils ont au moins 16 ans, et qu'il n'y ait pas d'opposition de la part de leur représentant légal.

Enfin, et surtout, il est à souligner qu'une même personne ne peut, en principe, être titulaire que d'un seul livret A.

---

1. C. Bérard et S. Yvon, « La généralisation de la distribution du livret A. Nouveautés et difficultés juridiques rencontrées lors de sa mise en œuvre », *JCP E* 2009, 1806.
2. C. civ., art. 1146, 1°.

CHAPITRE 3
LES COMPTES PROFESSIONNELS

883 ***Principe général*** ◊ Plusieurs professionnels sont tenus d'ouvrir des comptes spéciaux afin d'y déposer des fonds qu'ils reçoivent et détiennent pour leurs clients [1]. Il en va ainsi, notamment, pour les agents immobiliers, les agents généraux d'assurances, les syndics de copropriété, les avocats, les notaires, les huissiers, etc.

Bien évidemment, le professionnel qui viendrait à confondre ce compte avec son compte personnel est susceptible de voir non seulement sa responsabilité civile engagée, mais également sa responsabilité pénale et sa responsabilité disciplinaire. Le banquier lui-même a déjà été jugé responsable pour avoir laissé le professionnel ne pas respecter l'affectation des fonds prévue [2].

Notons encore que la saisie de tels comptes professionnels doit respecter des règles spécifiques. Ainsi, seuls les créanciers du client peuvent saisir les fonds déposés sur le compte. Cela n'est pas possible pour les créanciers du professionnel [3].

884 ***Compte CARPA*** ◊ Prenons l'exemple du compte CARPA (Caisse Autonome des règlements pécuniaires des avocats). Si la profession d'avocat est réglementée par la loi n° 71-1130 du 30 décembre 1971, modifiée à de fréquentes reprises, c'est le décret n° 91-1197 du 27 novembre 1991 organisant la profession d'avocat qui fixe les règles applicables aux dépôts et aux maniements de fonds intéressant les avocats. Ainsi, aux termes de l'article 240 de ce décret : « Les fonds, effets ou valeurs (...) reçus par les avocats, sont déposés à un compte ouvert au nom de la caisse règlement pécuniaires des avocats dans les écritures d'une banque ou de la caisse des dépôts et consignations ». Le compte CARPA est donc un compte professionnel obligatoire [4] sur lequel doivent être enregistrées les sommes reçues par l'avocat dans le cadre de son activité professionnelle.

L'état du droit applicable en la matière a été précisé par l'arrêté du 5 juillet 1996 fixant les règles relatives aux dépôts et maniements des fonds,

---

1. P. Bouteiller, « Comptes spéciaux », *J.-Cl. BCB*, fasc. 230, 2009, n° 104 s.

2. Com. 14 mai 1991, n° 89-14.287, *Revue Banque* 1991, p. 869, obs. J.-L. Rives-Lange. Civ. 1re, 12 janv. 1999, n° 95-13.147, *Bull. civ.* I, 1999, n° 14.

3. Civ. 1re, 19 févr. 1985, n° 83-15.536, *Bull. civ.* I, 1985, n° 68. Com. 25 févr. 1992, n° 90-16.881, *Bull. civ.* I, 1992, n° 92.

4. Les comptes personnels d'un avocat peuvent également, parfois, bénéficier d'une protection plus étendue en raison notamment du secret professionnel propre à l'avocat, CEDH 1er déc. 2015, n° 69436/10, *LEDB* avr. 2016, p. 7, n° 066, obs. J. Lasserre Capdeville.

effets ou valeurs reçus par les avocats pour le compte de leurs clients [1]. Ce texte, modifié à plusieurs reprises, est riche d'enseignements. Il déclare tout d'abord que chaque caisse des règlements pécuniaires des avocats (CARPA) ouvre un compte unique pour les dépôts et règlements de fonds dans un établissement de crédit de son choix. Le compte en question est alors divisé en autant de comptes individuels qu'il y a d'avocats membres de la caisse [2], et chaque compte individuel est lui-même divisé en autant de sous-comptes qu'il y a d'affaires traitées par l'avocat [3].

Les fonds reçus par les avocats doivent alors être déposés à la caisse des règlements pécuniaires des avocats dès réception. Les fonds en question seront ensuite reversés au bénéficiaire dès la justification de l'encaissement définitif et dans le respect des conventions de délais de bonne fin conclues entre la caisse et l'établissement de crédit dépositaire des fonds. Surtout, aucun prélèvement d'honoraires au profit de l'avocat ne pourra intervenir sans l'autorisation écrite préalable du client.

Enfin, notons que la CARPA voit peser sur elle une obligation de contrôle non négligeable. Elle doit, en effet, être en mesure de contrôler la position bancaire et comptable des sous-comptes/affaires, l'intitulé et la nature des affaires, la provenance des fonds crédités sur les sous-comptes/affaires, l'identité des bénéficiaires des règlements, la justification du lien entre les règlements pécuniaires des avocats et les actes juridiques ou judiciaires accomplis par ceux-ci dans le cadre de leur exercice professionnel, etc. Elle ne saurait déléguer à un tiers la surveillance et le contrôle des mouvements de fonds transitant par les comptes individuels ouverts au nom des avocats. Ainsi, le compte CARPA est en tout point original.

---

1. *JO* 9 juill. 1996, p. 10337.

2. En cas d'exercice en commun, un seul compte est ouvert au nom de la structure d'exercice.

3. Décret n° 91-1197 du 27 novembre 1991, art. 240-1. Tout mouvement de fonds entre sous-comptes est interdit, sauf autorisation spéciale, préalable et motivée du président de la caisse. En outre, aucun sous-compte ne doit présenter de solde débiteur

TROISIÈME PARTIE

LES OPÉRATIONS DE PAIEMENT

885 ***Importance des établissements de crédit*** ◊ Il est classique de dire que les établissements de crédit sont au « centre » des opérations de paiement. Ils sont ainsi les « acteurs obligés » de la plupart de ces opérations [1], même si aujourd'hui ils subissent, dans certaines circonstances, la concurrence des établissements de paiement et des établissements de monnaie électronique.

886 ***Difficulté d'appréhension des notions*** ◊ Pour autant, traiter en détail ces opérations de paiement, n'est pas chose facile. En effet, on se retrouve assez rapidement confronté à des notions qui ne sont pas toujours simples à définir et qui rendent, en conséquence, la matière moins accessible. Nous allons dès lors tâcher, à l'occasion de cette introduction, de reprendre les principales d'entre elles afin d'en préciser le sens. Il s'agira des notions de paiement, d'opération de paiement, d'instrument de paiement, de moyen de paiement, de service de paiement, de service bancaire de paiement, de monnaie, de monnaie fiduciaire, et enfin de monnaie scripturale. Ces définitions serviront alors de « clés » au lecteur pour la bonne compréhension de la suite des développements.

887 ***Paiement*** ◊ Qu'est-ce qu'un paiement (que l'on peut également écrire « payement ») ? D'une façon générale, l'article 1342 du Code civil définit de la sorte « l'exécution volontaire de la prestation due ». Il libère alors

1. S. Piedelièvre, *Instruments de crédit et de paiement*, Dalloz, coll. Cours, 2018, 10e éd., n° 1.

le débiteur à l'égard du créancier et éteint la dette (sauf bien sûr si la loi ou le contrat prévoit une subrogation dans les droits du créancier) [1]. On rappellera que les articles 1343 et suivants du Code civil encadrent spécifiquement le paiement de sommes d'argent.

L'article 1343-3 du Code civil, modifié par la loi n° 2018-287 du 20 avril 2018 portant réforme du droit des contrats, du régime général et de la preuve des obligations, indique notamment que « le paiement, en France, d'une obligation de somme d'argent s'effectue en euros ». L'utilisation d'une monnaie étrangère dans l'opération de paiement n'est donc pas admise pour les contrats internes [2].

La disposition précitée précise cependant que, par exception, « le paiement peut avoir lieu en une autre monnaie si l'obligation ainsi libellée procède d'une opération à caractère international ou d'un jugement étranger ». De même, les parties peuvent convenir que le paiement aura lieu en devise « s'il intervient entre professionnels, lorsque l'usage d'une monnaie étrangère est communément admis pour l'opération concernée » [3].

888 ***Opération de paiement*** ◊ Il résulte de l'article L. 133-3, I, du Code monétaire et financier que constitue une opération de paiement « une action consistant à verser, transférer ou retirer des fonds, indépendamment de toute obligation sous-jacente entre le payeur et le bénéficiaire, initiée par le payeur, ou pour son compte, ou par le bénéficiaire » [4]. La notion est abstraite. Ainsi, selon l'instrument de paiement concerné, l'opération de paiement sera initiée par le payeur (V. par ex., pour le virement) ou le bénéficiaire (V. par ex. pour le prélèvement).

Cette définition peut être utilement complétée en se référant à la directive 2007/64/CE du 13 novembre 2007, dite « DSP 1 », qui indique que le payeur est une personne physique ou morale qui est titulaire d'un compte de paiement et qui autorise un ordre de paiement à partir de ce compte de

---

1. Sur la nature juridique du paiement, N. Catala, *La nature juridique du payement*, J. Reschly, 1960. – G. Loiseau, « Réflexion sur la nature juridique du paiement », *JCP* 2006. I. 171. Cl. Quétand-Finet, « La nature juridique du paiement : ce que la controverse nous apparent », *D.* 2013. 942. – M. Mignot, *La nature juridique du paiement, in* Le paiement, M. Mignot et J. Lasserre Capdeville (dir.), L'Harmattan, 2014, p. 9.

2. Civ. 3e, 18 oct. 2005, n° 04-13.930. – De même, pour un « paiement interne », Civ. 1re, 7 oct. 1997, n° 95-16.671 : *Bull. civ.* 1997, I, n° 268 ; *RTD civ.* 1998. 907. – Concernant plus particulièrement des crédits immobiliers en franc suisse, Metz, 6 avr. 2017, n° 15/15/01665 : *LEDB* mai 2017, p. 3, obs. J. Lasserre Capdeville. – Metz, 6 avr. 2017, n° 15/00415 : *LEDB* juill. 2017, p. 1, obs. J. Lasserre Capdeville. – Civ. 1re, 11 juillet 2018, n° 17-19.873 : *Gaz. Pal.* 11 sept. 2018, n° 35, p. 19, note J. Lasserre Capdeville (15 décisions rendues).

3. Notons encore que, depuis la loi n° 2018-287 du 20 avril 2018, l'article L. 112-5-1 du Code monétaire et financier prévoit que, par dérogation au premier alinéa de l'article 1343-3 du Code civil, le paiement peut avoir lieu en une autre monnaie « si l'obligation ainsi libellée procède d'un instrument financier à terme ou d'une opération de change au comptant ».

4. Pour une étude très précise de cette notion et une confrontation avec celles de moyen de paiement, d'instrument de paiement et de services de paiement, M. Roussille, « Variations sur l'opération de paiement », *in* Mélanges en l'honneur du Professeur Didier R. Martin, *Liber amicorum* : éd. LGDJ-Lextenso, 2015, p. 549.

paiement ou, en l'absence de compte de paiement, une personne physique ou morale qui donne un ordre de paiement [1]. Le bénéficiaire, quant à lui, est une personne physique ou morale qui est destinataire prévu de fonds ayant fait l'objet d'une opération de paiement [2]. La directive n'a ainsi pas repris les notions classiques de débiteur et de créancier.

889 ***Moyen de paiement*** ◊ L'article L. 311-3 du Code monétaire et financier déclare que sont considérés comme des moyens de paiement « tous les instruments qui permettent à toute personne de transférer des fonds, quel que soit le support ou le procédé technique utilisé ».

L'article précise encore ce qu'il faut entendre par « opérations de mise à disposition de la clientèle et de gestion de moyens de paiement ». Or, cette dernière expression est appréhendée de façon large, puisqu'elle comprend, non seulement les services bancaires de paiements visés par l'article L. 311-1 [3], c'est-à-dire, essentiellement, la délivrance de formules de chèques, mais également les services de paiement dont la liste est mentionnée à l'article L. 314-1, II [4], et, enfin, depuis la loi n° 2013-100 du 28 janvier 2013, les activités d'émission et de gestion de monnaie électronique [5].

890 ***Instrument de paiement*** ◊ L'article L. 133-4, c), définit la notion d'instrument de paiement. Il s'agit ainsi, alternativement ou cumulativement, de tout dispositif personnalisé (c'est-à-dire un support comme une carte) et de « l'ensemble de procédures convenu entre l'utilisateur de services de paiement et le prestataire de services de paiement » auquel l'utilisateur en question a recours pour donner un ordre de paiement. Il s'agit ainsi de l'« outil de mise en œuvre d'une processus » de paiement [6]. Plusieurs textes se réfèrent encore expressément à cette notion d'instrument de paiement [7]. Toutefois, on notera que, le plus souvent, ces instruments sont appréhendés par le droit à travers la notion générale d'opération de paiement.

891 ***Services de paiement*** ◊ La directive 2007/64/CE du 13 novembre 2007 concernant les services de paiement dans le marché intérieur est à

1. Dir. 2007/64/CE du 13 nov. 2007, art. 4, point 7.
2. Dir. préc., *op. cit.*, art. 4, point 8.
3. v. ss 893.
4. v. ss 891.
5. On notera que l'article L. 311-4 du Code, dont le contenu a été modifié par l'ordonnance n° 2017-1252 du 9 août 2017, opère, en la matière, des exclusions à l'égard des activités mentionnées aux 2° à 7° du III de l'article L. 314-1. Celles-ci ne sauraient ainsi être considérées comme « *mise à disposition ou gestion de moyens de paiement* ». Il en va de la sorte, par exemple, avec la réalisation d'opérations de paiement entre une entreprise mère et sa filiale, ou entre filiales d'une même entreprise mère, au sein d'un groupe, sans qu'aucun autre prestataire de services de paiement qu'une entreprise du même groupe ne fasse office d'intermédiaire.
6. D. R. Martin, « Que sont les notions devenues ? », *D.* 2014. 167.
7. V. par ex., C. mon. fin., art. L. 133-15.

l'origine de la notion de « services de paiement ». Elle a été transposée en droit interne par l'ordonnance n° 2009-866 du 15 juillet 2009. Depuis lors, l'article L. 314-1 du Code monétaire et financier définit positivement, comme négativement, cette notion de services de paiement qui ne peuvent être fournis que par des prestataires de services de paiement (c'est-à-dire des établissements de crédit, des établissements de paiement ou des établissements de monnaie électronique).

Tout d'abord, il en dresse par son II une liste limitative. Nous y retrouvons ainsi les services permettant le versement d'espèces sur un compte de paiement et les opérations de gestion d'un compte de paiement ; les services permettant le retrait d'espèces sur un compte de paiement et les opérations de gestion d'un compte de paiement [1] ; l'exécution des opérations de paiement par prélèvement, par carte de paiement ou par virement associées à un compte de paiement ; l'exécution des opérations de paiement par prélèvement, carte ou virement, associées à une ouverture de crédit ; l'émission d'instruments de paiement et/ou l'acquisition d'ordres de paiement ; les services de transmission de fonds. La doctrine n'a pas manqué de critiquer ce texte, jugé « inutilement analytique et redondant » [2].

Si l'ordonnance n° 2017-1252 du 9 août 2017, dite « DSP 2 » [3], n'a pas remis en cause les cas précités, elle demeure cependant à l'origine d'évolutions. D'une part, elle a fait disparaître de la liste des services de paiement l'exécution d'opérations de paiement, lorsque le consentement du payeur est donné au moyen de tout dispositif de télécommunication, numérique ou informatique, et que le paiement est adressé à l'opérateur du système ou du réseau de télécommunication ou informatique agissant uniquement en qualité d'intermédiaire entre l'utilisateur du service de paiement et le fournisseur de biens ou de services. D'autre part, et surtout, elle a créé deux nouveaux services de paiement fournis aux consommateurs ou aux entreprises à partir d'un accès aux données des comptes de paiement : les services d'initiation de paiement et les services d'information sur les comptes.

892 L'article L. 314-1 ne se contente pas d'énumérer ce que sont les services de paiement. Il procède également à des exclusions. C'est ainsi que n'est pas considérée comme un service de paiement la réalisation d'opérations fondées sur l'un des documents suivants, tiré sur le prestataire de services de paiement en vue de mettre des fonds à la disposition du bénéficiaire : un titre de service sur support papier, un chèque de voyage sur support papier ou encore un mandat postal sur support papier.

1. V. par ex., Com. 24 janv. 2018, n° 16-26.188 : *JCP E* 2018. 1254, note J. Lasserre Capdeville.

2. J.-J. Daigre, « Quelques observations sur la notion de services de paiement », *in* Mélanges en l'honneur du Professeur Didier R. Martin, *Liber amicorum*, LGDJ-Lextenso, 2015, p. 201.

3. *JO* 10 août 2017, texte n° 26, J. Lasserre Capdeville, « Nouvelle réforme des services de paiement : la « DSP 2 » est transposée », *JCP* 2017. 923. P. Storrer et M. Roussille, « Transposition de la DSP 2 en droit français », *Banque et Dr.* 2017, n° 175, p. 52.

On notera que l'ordonnance n° 2017-1252 du 9 août 2017 a nettement allongé la liste des opérations ne pouvant pas être considérées comme des services de paiement. Sept hypothèses sont désormais envisagées.

893 ***Services bancaire de paiement*** ◊ La notion de services bancaires de paiement est mentionnée par l'article L. 311-1 du Code monétaire et financier qui en fait une opération de banque. Elle figure également à l'article L. 511-5, visant le monopole bancaire. Mais de quoi s'agit-il exactement ? Faute d'énumération, et en raison du nombre important d'activités constituant des services de paiement [1], la catégorie des services bancaires de paiement paraît relativement limitée et floue [2].

On peut néanmoins dire que les services bancaires de paiement se limitent, aujourd'hui, à l'édition et à la délivrance de chéquiers. En effet, si jusqu'à la loi n° 2013-100 du 28 janvier 2013, on y incluait également la monnaie électronique, cette dernière a désormais pris son autonomie depuis l'entrée en vigueur de ce texte [3].

894 ***Monnaie*** ◊ La monnaie n'est pas une notion simple à définir [4]. Il est vrai que ni le Code monétaire et financier, ni le Code civil, ne disent mot sur ce point [5]. Elle est traditionnellement vue comme constituant à la fois une unité de valeur, une unité de paiement et enfin une réserve de valeur [6]. Des précisions s'imposent ici.

En premier lieu, en tant qu'unité de valeur, la monnaie permet d'évaluer et de comparer la valeur de différents biens, en les ramenant à un étalon unique instituant une équivalence générale entre les prix des biens échangés. L'utilité d'une telle fonction s'appréhende classiquement en opposition à une économie non monétaire de troc, dans laquelle chaque bien aurait un prix exprimé par rapport à chacun des autres biens existants.

En second lieu, la monnaie constitue un intermédiaire des échanges. Ici encore, l'utilité d'une telle fonction est souvent décrite en l'opposant à une économie de troc, où une personne souhaitant échanger un bien contre un autre ne trouvera peut-être pas une contrepartie détenant le bien souhaité et disposée à accepter le sien en échange. L'utilisation d'une « monnaie d'échange » permet alors de régler cette difficulté.

---

1. v. ss 891.
2. Th. Bonneau, *Droit bancaire*, Montchrestien, 2017, 12e éd., n° 93. – D.-R. Martin, *op. cit.*, p. 167.
3. C. mon. fin., art L. 315-1 s.
4. À ce titre, elle a fait l'objet de nombreux travaux doctrinaux, V. par ex., D.-R. Martin, « De la monnaie », *in* Mélanges Blaise, Economica, 1995, p. 333, R. Libchaber, *Recherches sur la monnaie en droit privé*, LGDJ, bibl. droit privé, 1992, tome 225, C. Kleiner, *La Monnaie dans les relations privées internationales*, LGDJ, bibl. droit privé, 2009, tome 516, Th. Le Gueut, *Le paiement de l'obligation monétaire en droit privé interne*, LGDJ, 2016, tome 572, F. Lemaitre, *La monnaie comme objet de sûretés*, LGDJ, 2017, bibl. droit des entreprises en difficulté, tome 8.
5. Certains ont pu alors la qualifier d'« inconnue du droit », R. Libchaber, *op. cit.*, pp. 1-2.
6. J. Carbonnier, *Droit civil, T. II, Les obligations. Les biens* : éd. PUF, 2004, n° 675.

En dernier lieu, et car c'est également une réserve de valeur, la monnaie permet de différer dans le temps l'utilisation de son pouvoir d'achat. Par rapport aux actifs susceptibles d'être détenus à concurrence comme réserve de valeur, la monnaie a pour avantage d'être immédiatement disponible dans les échanges.

895 Il résulte de ce qui précède que la monnaie est avant tout un concept économique [1]. Pour reprendre la formule d'un auteur [2], traduisant la difficulté de définir correctement cette notion de monnaie : c'est « dans le même temps un procédé de régulation d'essence mentale (...) et une réalité matérielle qui prend diverses formes (pièces, billets, moyens liés au compte en banque...) et cette réalité n'est qu'une matérialisation secondaire de ce processus premier de régulation ».

896 Notons encore qu'un autre critère a également été mis en avant, par certains auteurs, pour qualifier la monnaie, en prenant en considération ses liens avec la puissance publique [3]. Selon cette théorie, seule la force de la loi crée la monnaie et lui permet d'être unité de compte et de servir de moyen d'échange sur le territoire d'un État. Dit autrement, ne peut être monnaie que celle créée par l'État ou sous son autorité. On parle alors de théorie « étatiste » de la monnaie [4]. On rappellera d'ailleurs que, pour l'article L. 111-1 du Code monétaire et financier, « la monnaie de la France est l'euro » [5].

897 ***Monnaie fiduciaire*** ◊ Il est classique de dire que coexistent deux sortes de monnaie : la monnaie fiduciaire et l'autre la monnaie scripturale. La première va alors prendre la forme de pièces (monnaie métallique) et de billets (monnaie papier), c'est-à-dire des meubles corporels. Les espèces circulent par tradition, c'est-à-dire de la main à la main.

898 ***Monnaie scripturale*** ◊ A l'inverse de la précédente, la monnaie scripturale correspond à des créances sur des professionnels de la banque. Plus précisément, elle est constituée « par les soldes disponibles des comptes en banque susceptibles de circuler de compte à compte par jeu d'écritures » [6]. Elle s'apparente aux meubles incorporels [7], et circule par virement. Le développement de la monnaie scripturale, et des instruments qui y

---

1. D. Carreau et C. Kleiner, *Monnaie*, Rép. droit international Dalloz, 2017, n° 1.

2. R. Libchaber, *op. cit.*, n° 483

3. G.F. Knapp, *Staaliche theoriesde geldes*, München und Leibz, 1923.

4. Cette théorie n'échappe cependant pas à la critique, R. Libchaber, *op. cit.*, n° 68. Pour l'auteur, « le fait d'observer que c'est souvent l'État qui crée la monnaie ne peut pas signifier qu'en droit, il n'y ait que l'État qui puisse la créer ».

5. Elle est surtout la monnaie de l'Union économique et monétaire, formée au sein de l'Union européenne. L'euro est ainsi la monnaie commune à 19 des 28 États membres qui forment la zone euro.

6. J.-L. Rives-Lange, *La monnaie scripturale (contribution à l'étude juridique), in* Études de droit commercial à la mémoire de H. Cabrillac : éd. Litec, 1968, p. 407.

7. F. Grua et N. Cayrol, « Régime général des obligations. Paiement des obligations de sommes d'argent. Monnaie de paiement », *J.-Cl. civil code*, art. 1343 à 1343-5, fasc. 30, 2017, n° 61.

sont associés (chèques, cartes bancaires, etc.), n'a pas remis en cause pour autant le recours à la monnaie fiduciaire.

899 ***Plan*** ◊ Quel plan adopter ici pour étudier, le plus clairement possible, le droit régissant en 2019 les opérations de paiement ? Une reprise du plan du Code monétaire et financier, qui fait une distinction entre « La monnaie fiduciaire » (Titre II du Livre Ier) et « Les instruments de monnaie scripturale » (Titre III du Livre Ier) paraît envisageable.

Pour autant, elle ne saurait pleinement satisfaire le lecteur. Une telle présentation serait nécessairement, aujourd'hui, incomplète. L'essor de la technologie a en effet fait apparaître de nouveaux modes de paiement ; telle la monnaie électronique, ou encore, plus récemment, les « crypto-monnaies ». Dès lors, et même si le qualificatif de « monnaie » n'est pas approprié à leur égard [1], il paraît difficile de ne pas les évoquer dans une partie d'ouvrage consacrée aux opérations de paiement.

900 Notre plan sera alors divisé en quatre titres consacrés, respectivement, aux opérations de paiement passées à l'aide de la monnaie fiduciaire (titre 1), avec des instruments de la monnaie scripturale (titre 2), en faisant usage de la monnaie électronique (titre 3) et enfin à l'aide de crypto-monnaies (titre 4).

901 ***Monnaies locales complémentaires*** ◊ On signalera ici, brièvement, l'introduction dans le Code monétaire et financier, par la loi n° 2014-856 du 31 juillet 2014 relative à l'économie sociale et solidaire [2], de « monnaies locales complémentaires », pouvant être définies comme des monnaies non officielles, dont l'utilisation est restreinte à une zone géographique limitée, et créées dans le but de servir d'instruments d'échange de complément à la monnaie ayant cours légal. L'émission de ces monnaies s'inscrit souvent dans un projet politique ou associatif visant à favoriser l'inclusion sociale et le développement local. Ainsi, conformément aux dispositions de l'article L. 311-5 du Code monétaire et financier, ces monnaies peuvent être émises par des entreprises respectant les principes de l'économie sociale et solidaire [3].

Toutefois, n'étant pas libellées en euro, elles ne sont pas des monnaies ayant cours légal [4] et peuvent dès lors être refusées en paiement, y compris dans leur zone géographique d'émission. Plusieurs dizaines de projets de monnaies locales complémentaires existent aujourd'hui dans notre pays. On peut citer, à titre d'illustrations, l'*eusko* au pays basque, le *Sol-violette* dans le bassin toulousain, le *Vendéo* dans le département de la Vendée, le *Buzuk* dans le pays de Morlaix ou encore *I Soldi Corsi* en Corse.

---

1. v. ss 1494, 1516.
2. *JO* 1er août 2014, p. 12666 ; *D.* 2014. AJ 1636, obs. X. Delpech ; *LPA*, 1er mai 2015, n° 87-88, p. 18, obs. J. Lasserre Capdeville.
3. C. mon. fin., art. L. 311-5 et L. 311-6.
4. N. Mathey, « La nature juridique des monnaies alternatives à l'épreuve du paiement », *RD banc.* 2016, dossier 41.

TITRE 1

LA MONNAIE FIDUCIAIRE

902 Le Code monétaire et financier, mais aussi le Code pénal, prévoient quelques dispositions intéressant la monnaie fiduciaire. Ces dernières ont d'ailleurs été renforcées suite à la loi n° 2018-700 du 3 août 2018, ayant reconnu dans notre pays le « cash-back » [1].

Un certain nombre de règles sont ainsi à relever à propos de la création de la monnaie fiduciaire (chapitre 1), sa fourniture dans le cadre d'une opération de paiement (chapitre 2), son utilisation (chapitre 3) et enfin les infractions qui lui sont liées (chapitre 4).

1. V. ss 905 s.

CHAPITRE 1
LA CRÉATION DE LA MONNAIE FIDUCIAIRE

903 ***Fabrication des billets*** ◊ La Banque centrale européenne (BCE) a, selon les dispositions de l'article 128, § 1er du Traité sur le fonctionnement de l'Union européenne (TFUE), le monopole d'autorisation d'émission des billets de banque dans la zone euro de l'Union européenne, et la Banque de France est seule habilitée, sur le territoire métropolitain et dans les départements d'outre-mer, à émettre les billets ayant cours légal [1].

On notera que dans le cadre de la lutte contre le blanchiment d'argent et le financement d'activités illicites poursuivie par la BCE, celle-ci a décidé d'arrêter la production et l'émission de billets de 500 euros à la fin de l'année 2018. Les coupures en question continuent cependant d'avoir cours légal et peuvent donc être encore utilisées comme moyen de paiement et réserve de valeur [2].

904 ***Fabrication des pièces*** ◊ Les pièces métalliques ayant cours légal et pouvoir libératoire destinées à la circulation en France sont, quant à elles, obligatoirement fabriquées par la Monnaie de Paris [3]. Il s'agit d'une compétence exclusive. L'article L. 121-3 du Code monétaire et financier décrit d'ailleurs les pouvoirs reconnus à cette Monnaie de Paris, qui est un établissement public de l'État à caractère industriel et commercial. Il est ainsi également susceptible de fabriquer et de commercialiser les monnaies métalliques courantes étrangères [4].

---

1. C. mon. fin., art. L. 141-5.
2. BCE, communiqué de presse, 4 mai 2016. À cette date, la coupure représentait 3,2 % du nombre de billets en circulation mais 27,8 % de leur valeur cumulée des euros en circulation.
3. C. mon. fin., art. L. 121-2.
4. Les missions de la Monnaie de Paris ne se limitent pas à la fabrication de la monnaie métallique. Elle demeure aussi compétente pour fabriquer et commercialiser les monnaies de collection françaises, mais aussi étrangères, lutter contre la contrefaçon des pièces métalliques, fabriquer et commercialiser des instruments de marque, des décorations, des médailles (Paris, 20 mai 2011, n° 10/14110) ou des bijoux, fabriquer tous les poinçons de garantie des matières d'or, d'argent et de platine ou encore présenter au public ses collections historiques.

CHAPITRE 2
LA FOURNITURE DE MONNAIE FIDUCIAIRE

905 ***Reconnaissance du cash-back*** ◊ La loi n° 2018-700 du 3 août 2018 ratifiant l'ordonnance n° 2017-1252 du 9 août 2017 portant transposition de la directive 2015/2366 du Parlement européen et du Conseil du 25 novembre 2015 [1] est à l'origine d'une nouveauté légale notable par la reconnaissance du *cash-back*, c'est-à-dire la possibilité, pour un consommateur achetant un produit, de payer par carte un montant supérieur et d'obtenir des espèces en retour. Cette pratique se rencontre déjà en droit belge, en droit allemand ou encore en droit italien. Désormais, l'article L. 112-14 du Code monétaire et financier envisage cette situation [2].

906 ***Protagonistes visés*** ◊ Plusieurs conditions sont cependant prévues à cette fourniture de monnaie fiduciaire. Tout d'abord, le I de cette disposition déclare que les commerçants mentionnés à l'article L. 121-1 du Code de commerce, c'est-à-dire les personnes « *qui exercent des actes de commerce et en font leur profession habituelle* », peuvent fournir des espèces à l'utilisateur de services de paiement dans le cadre d'une opération de paiement pour l'achat de biens ou de services. Il ne s'agit donc que d'une simple possibilité pour les commerçants. Une démarche volontaire s'impose [3]. De plus, le II de l'article L. 112-14 précise que ce service ne peut être fourni qu'à la demande du consommateur, formulée juste avant l'exécution d'une opération de paiement « *pour l'achat de biens ou de services et dans des conditions conformes à l'article L. 112-1 du Code de la consommation* ». Ainsi, le service n'est pas ouvert aux utilisateurs agissant à des fins professionnelles.

907 ***Instruments de paiement utilisés*** ◊ Il ressort du même article L. 112-14 que le *cash-back* n'est pas applicable aux paiements effectués par chèques, ou réalisés par le biais de titres-papiers, d' « *instruments spéciaux*

---

1. Loi n° 2018-700 du 3 août 2018, *JO* 5 août 2018, texte n° 4. – J. Lasserre Capdeville, « De la ratification à la reconnaissance du cash-back », *JCP* 2018. 929, p. 1592, M. Roussille, « Ratification de l'ordonnance DSP 2 : entre soulagement et agacement », *Banque et Dr.* 9-10/2018, n° 181, p. 44.

2. J. Lasserre Capdeville, « Le futur encadrement du « cash-back » en droit français », *RDBF* juill.-août 2018. Focus 66, p. 3.

3. Un arrêté du 29 janvier 2019 (*JO* 1er févr. 2019, texte n° 22) précise les obligations d'information pesant sur commerçants qui décident d'assurer cette fourniture d'espèces.

de paiement au sens de l'article L. 521-3-2 » du code, c'est-à-dire les instruments de paiement ne pouvant être utilisés que de manière limitée comme les cartes prépayées, ou de « *titres spéciaux de paiement dématérialisés au sens de l'article L. 525-4* » qui sont soumis, quant à eux, à des dispositions législatives ou réglementaires spécifiques ou à un régime spécial de droit public qui en destinent l'usage exclusivement à l'acquisition d'un nombre limité de catégories de biens ou de services déterminées ou à une utilisation dans un réseau limité. L'ensemble de ces restrictions est présenté comme de nature à réduire les risques de fraude, mais aussi de blanchiment d'argent et de financement du terrorisme [1].

908 ***Montants appliqués*** ◊ Enfin, le III de l'article L. 112-14 précise que les modalités de fourniture de ce service doivent encore être précisées par un décret. C'est ce qui a été fait par le décret n° 2018-1224 du 24 décembre 2018 [2] à l'origine de l'article D. 112-6 du Code monétaire qui fixe les plafonds applicables en la matière. Tout d'abord, « le montant minimal de l'opération de paiement d'achat de biens ou de services dans le cadre de laquelle des espèces sont fournies » est fixé à 1 euro. De plus, « le montant maximal en numéraire pouvant être décaissé dans ce cadre » est établi, quant à lui, à 60 euros. Ce dernier seuil cherche à préserver à la fois l'intérêt du service, mais aussi les différents risques susceptibles de se rencontrer en matière [3].

909 ***Avenir de la pratique*** ◊ Ce *cash-back* connaîtra-t-il le succès ? Il est certainement trop tôt pour le dire. Néanmoins, il devrait faciliter la gestion du cash par les commerçants et en réduire le coût. De plus, à une période où les banques ferment les agences et les distributeurs, les clients pourraient ici trouver une nouvelle voie pour accéder aux espèces. La mesure est également présentée comme un moyen de répondre à l'isolement des territoires les plus reculés.

---

1. A. de Montgolfier, Rapp. Sénat n° 348, 14 mars 2018, p. 43.

2. Décret n° 2018-1224, 24 déc. 2018 relatif à la fourniture d'espèces dans le cadre d'une opération de paiement, *JO* 26 déc. 2018, texte n° 31 ; *Banque et Dr.* 1-2/2019, n° 183, p. 72, obs. J. Lasserre Capdeville.

3. Sur les aspects pénaux de cette évolution, v. ss 940.

CHAPITRE 3
L'UTILISATION DE LA MONNAIE FIDUCIAIRE

910 ***Évolution du recours aux espèces*** ◊ Depuis plusieurs mois, les médias évoquent la fin progressive du paiement opéré avec des espèces. Il est vrai que le volume des transactions réalisées à l'aide du « sans contact » a explosé. Cependant, un courant doctrinal a pu souligner qu'« *en réalité, le paiement en espèces n'a jamais été très développé dans l'hexagone* » [1].

911 ***Historique*** ◊ Ce faible recours aux espèces trouverait ainsi ses origines dans une règle posée par les autorités françaises, sous le régime de Vichy, afin de lutter contre le marché noir. En effet, une loi du 22 octobre 1940 relative aux règlements par chèques et virement avait rendu obligatoire, par son article 1er, le règlement par chèque barré ou virement des traitements, salaires, loyers, transports, services, fournitures ou travaux à partir de 3 000 francs. Ce passé légal expliquerait alors l'état de notre droit aujourd'hui.

912 ***Droit de payer en espèces*** ◊ L'article R. 162-2 du Code monétaire et financier envisage un droit de payer en espèces. Ainsi, le fait de refuser de recevoir des pièces de monnaie ou des billets de banque ayant cours légal en France selon la valeur pour laquelle ils ont cours est réprimé conformément à l'article R. 642-3 du Code pénal, c'est-à-dire par une amende de 150 au plus [2].

Pour autant, ce droit est loin d'être absolu. En effet, certaines dispositions du Code monétaire et financier y apportent des tempéraments [3]. Il en va plus particulièrement avec l'obligation de faire l'appoint (section 1) et l'interdiction pure et simple de payer en espèces dans certaines circonstances (sections 2).

SECTION 1. L'OBLIGATION DE FAIRE L'APPOINT

913 ***Principe légal*** ◊ L'article L. 112-5 du Code monétaire et financier oblige le débiteur, en cas de paiement à l'aide de billets et pièces, à faire

---

1. M. Roussille, « La fin du paiement en espèces ? Retour sur les origines d'une disgrâce », *RDBF* sept.-oct. 2017. Focus 55, p. 3.

2. Sur cette contravention, v. ss 939.

3. J. Lasserre Capdeville, « Vers un rétrécissement du droit de payer en espèces ? », *Banque et Dr.* 2008, n° 118, p. 6.

l'appoint [1]. Cette dernière disposition, qui trouve son origine dans l'article 7 d'un décret du 22 avril 1790 (concernant à l'origine la création des assignats gagés par les domaines nationaux), a été invoquée à plusieurs reprises lors d'actions formées par des automobilistes ayant laissé leurs véhicules sur une zone de stationnement payant sans s'être acquittés de la redevance prévue, et qui reprochaient aux horodateurs en question de refuser les billets de banque et de n'accepter que certaines pièces de monnaie. Les magistrats ont alors écarté ces actions en se fondant sur l'article L. 112-5 précité (ou le plus souvent sur le décret du 22 avril 1790) et sur l'ancien article 1243 du Code civil (devenu l'article 1342-4 du même code [2]) [3].

914 ***Autorisation de la loi*** ◊ Ainsi, l'article L. 112-5 du Code monétaire et financier doit être interprété comme dérogeant aux articles R. 162-2 du Code monétaire et financier et R. 642-3, alinéa 1er, du Code pénal, ce qui n'est guère contestable. Il est en effet traditionnellement admis que l'autorisation de la loi, cause d'irresponsabilité pénale prévue par l'article 122-4, alinéa 1er, du Code pénal, peut n'être qu'implicite et résulter de la simple contrariété entre deux textes. Dans un tel cas, le texte spécial va déroger à l'autre, plus général. Il n'est pas nécessaire, en outre, que le texte spécial soit de nature pénale.

915 ***Illustration*** ◊ Cette solution a été rappelée, ces dernières années, à l'égard d'un directeur de supermarché ayant refusé un billet de 500 euros présenté par une cliente en paiement d'achats d'un montant de 51,13 euros [4]. En l'espèce, la Cour de cassation avait cassé l'arrêt qui avait déclaré le directeur en question coupable de la contravention prévue par l'article R. 642-3 du Code pénal. Les magistrats de la haute juridiction se fondaient, ici encore, sur l'article L. 112-5 du Code monétaire et financier. Ainsi, l'interdiction de refuser un paiement en espèces prévue par notre droit ne doit pas être confondue avec le refus d'un billet ou d'une pièce d'un montant supérieur à la dette.

SECTION 2. **L'INTERDICTION DE PAYER EN ESPÈCES**

916 ***Présentation générale*** ◊ Le débiteur ne saurait utiliser de façon illimitée les billets de banque ou les pièces de monnaie, voire, depuis la loi n° 2013-100

1. J. Bourdoiseau, « L'appoint », *in Hommage en l'honneur de Grégoire Forest*, Dalloz, 2014, p. 51.
2. Aux termes de ce dernier : « *Le créancier peut refuser un paiement partiel même si la prestation est divisible. Il peut accepter de recevoir en paiement autre chose que ce qui est dû* ».
3. V. par ex., Crim. 27 oct. 1993, n° 93-80.404 : *Bull. crim.* 1993, n° 317 ; D. 1994, somm. p. 263, obs. P. Couvrat. – Crim. 26 avr. 2006, n° 06-80.236 : *Bull. crim.* 2006, n° 114 ; *AJ pénal* 2006. 309, obs. J.-P. Céré ; *RSC* 2007. 87, obs. C. Mascala ; *RDBF* 2006, comm. 153, obs. F.-J. Crédot et Th. Samin ; *Dr. pénal* 2006, comm. 111, obs. J.-H. Robert.
4. Crim. 14 déc. 2005, n° 04-87.536 : *Bull. crim.* 2005, n° 334 ; *D.* 2006. AJ 498, obs. V. Avena-Robardet ; *RTD com.* 2006. 501, obs. B. Bouloc ; *Dr. pénal* 2006, comm. 57, obs. M. Véron.

du 28 janvier 2013, la monnaie électronique. En effet, le législateur impose que certains paiements, les plus importants en fait, soient effectués par chèque barré, virement ou carte bancaire [1]. Les pouvoirs publics se méfient particulièrement des paiements en espèces, susceptibles de faciliter la commission d'actes de fraude fiscale, voire, aujourd'hui, de blanchiment d'argent. Leur souhait est donc d'éviter de lourdes et importantes manipulations de monnaie fiduciaire. Les cas prohibant le paiement par voie d'espèces ou de monnaie électronique figurent ainsi aux articles L. 112-6 à L. 112-8, dont le contenu a été modifié à plusieurs reprises [2].

917 Observons alors les interdictions prévues par la loi (§ 1), et les sanctions encourues en cas de violation (§ 2). Quelques dérogations à ces interdictions demeurent néanmoins à relever (§ 3).

§ 1. Les interdictions légales

918 Plusieurs interdictions sont prévues en la matière, et leur rigueur est variable selon les hypothèses. Ainsi, des prohibitions générales (A), comme spéciales (B), sont envisagées par notre droit.

A. Les interdictions générales

919 ***Principe général*** ◊ Selon l'article L. 112-6, I, alinéa 1er, du Code monétaire et financier, ne peut être effectué en espèces ou au moyen de monnaie électronique le paiement d'une dette supérieure à un montant fixé par décret, « *tenant compte du lieu du domicile fiscal du débiteur, de la finalité professionnelle ou non de l'opération et de la personne au profit de laquelle le paiement est effectué* ». Mais quels sont les montants applicables ? Il convient, pour répondre à cette question, de se référer à l'article D. 112-3 du Code monétaire et financier. Or, celui-ci a été modifié, à plusieurs reprises, par le pouvoir réglementaire. Citons ainsi le décret n° 2010-662 du 16 juin 2010, le décret n° 2015-741 du 24 juin 2015 [3], le décret n° 2016-1985 du 30 décembre 2016 [4] ou encore, dernièrement, le décret n° 2018-284 du 18 avril 2018 [5]. Plusieurs hypothèses sont alors à distinguer.

---

1. Il n'existe pas pour autant de droits de payer par chèque ou carte bancaire, Rép. Min. n° 57747 : *JOAN Q*, 6 oct. 2009, p. 9455 : *RDBF* 2010, comm. 1, obs. F.-J. Crédot et Th. Samin, J. Lasserre Capdeville, « Existe-t-il un droit de payer par carte bancaire ou par chèque ? », *JCP E* 2010, 1690. – V. ss 970.

2. Le Conseil d'État (CE 16 nov. 2011, n° 353040 : *Dr. fisc.* 2011, n° 49, comm. 618), comme la Cour de cassation (Crim. 22 févr. 2012, n° 11-90.122), ont déjà refusé de transmettre une question prioritaire de constitutionnalité au Conseil constitutionnel portant sur cet article L. 112-6.

3. J. Lasserre Capdeville, « Renforcement des exceptions au droit de payer en espèces », *Gaz. Pal.* 2 sept. 2015, n° 245, p. 5.

4. M. Roussille, « La fin du paiement en espèces ? Retour sur les origines d'une disgrâce », *RDBF* 2017. Focus 55.

5. C. Cutajar, « Le décret d'application de l'ordonnance du 1er décembre 2016 transposant la quatrième directive anti-blanchiment enfin publié », *JCP* 2018, n° 19-20, 538. – J. Lasserre

920 ***Débiteur domicilié fiscalement en France*** ◊ Tout d'abord, lorsque le débiteur a son domicile fiscal sur le territoire de la République française ou agit pour les besoins d'une activité professionnelle, le montant prévu est de 1 000 euros pour les paiements effectués en espèces [1]. Ce montant est, en revanche, de 3 000 euros pour les paiements effectués à l'aide de la monnaie électronique [2].

921 ***Débiteur non domicilié fiscalement en France*** ◊ Ensuite, lorsque le débiteur justifie qu'il n'a pas son domicile fiscal sur le territoire de la République et qu'il n'agit pas pour les besoins d'une activité professionnelle, le montant était, jusqu'au 1er octobre 2018, de 15 000 euros pour les paiements effectués non seulement en espèces, mais aussi au moyen de monnaie électronique. Cette solution a cependant été modifiée suite à une évolution résultant du décret n° 2018-284 du 18 avril 2018. En effet, une distinction s'impose depuis.

D'une part, lorsque le débiteur justifie qu'il n'a pas son domicile fiscal sur le territoire de la République française, n'agit pas pour les besoins d'une activité professionnelle et paie une dette au profit d'une personne qui n'est pas mentionnée parmi celles qui sont assujetties aux obligations de lutte contre le blanchiment des capitaux et le financement du terrorisme [3], le montant maximum admis pour les paiements effectués en espèces ou au moyen de monnaie électronique est de 10 000 euros. Les conditions précitées sont cumulatives.

D'autre part, lorsque le débiteur justifie qu'il n'a pas son domicile fiscal sur le territoire de la République française, n'agit pas pour les besoins d'une activité professionnelle et paie une dette au profit d'une personne cette fois-ci mentionnée à l'article L. 561-2 du Code monétaire et financier, le montant maximum admis pour les paiements effectués en espèces ou au moyen de monnaie électronique est toujours de 15 000 euros. Ainsi, de par la présence de ce professionnel assujetti à la lutte contre le blanchiment de capitaux et le financement du terrorisme, le paiement en question est jugé comme présentant moins de risque.

B. Les interdictions spéciales

922 ***Achat de métaux*** ◊ Tout d'abord, il découle de la loi n° 2014-344 du 17 mars 2014 relative à la consommation, à l'origine de l'article L. 112-6,

---

Capdeville, « Nouveautés concernant l'interdiction du paiement en espèces ou au moyen de monnaie électronique », *LPA*, 30 mai 2018, n° 108, Le billet du bancariste, p. 5.

1. Ce seuil résulte du décret n° 2015-741 du 24 juin 2015 : *JO* 27 juin 2015, p. 10881.

2. C'est le décret n° 2016-1985 du 30 décembre 2016 qui a préféré prévoir un seuil plus élevé pour les paiements effectués au moyen de la monnaie électronique. Jusqu'à ce texte, et ce depuis le décret n° 2015-741 du 24 juin 2015, le seuil était de 1 000 euros. Ce « relâchement » a alors été justifié par le fait que la monnaie électronique a pu faire l'objet, dans le même temps, d'en encadrement plus strict en matière de lutte contre le blanchiment d'argent et le financement du terrorisme.

3. C. mon. fin., art. L. 561-2.

I, alinéa 3, que lorsqu'un professionnel achète des métaux à un particulier ou à un autre professionnel, le paiement doit nécessairement être effectué par chèque barré ou par virement à un compte ouvert au nom du vendeur. La solution est donc ici radicale : aucun paiement ne peut être fait sous une autre forme, et notamment en espèces.

923 ***Livraison de céréales*** ◊ De même, selon l'article L. 112-8 du code, les livraisons de céréales par les producteurs aux coopératives sont nécessairement réglées par chèque ou virement sur un établissement de crédit, sur un établissement de paiement ou sur un établissement de monnaie électronique dans le cadre de la fourniture de services de paiement. Là encore, aucune place n'est laissée à un paiement sous une autre forme.

924 ***Remboursement des AGS*** ◊ En outre, la loi n° 2016-1547 du 18 novembre 2016 de modernisation de la justice du XXIe siècle est à l'origine d'un nouvel article L. 112-6-2 visant le remboursement par les administrateurs et mandataires judiciaires des sommes avancées par l'AGS au titre du règlement des salaires impayées ou des indemnités de rupture du contrat de travail. Ce remboursement doit obligatoirement être effectué par virement au profit de l'AGS. Le paiement en espèces est par conséquent totalement prohibé.

L'article ne s'arrête pas là. Il étend la même obligation, d'une part, aux professionnels « hors liste » désignés pour exercer les fonctions d'administrateur et de mandataire judiciaires, mais aussi, d'autre part, aux versements faits au profit des salariés d'un débiteur en redressement ou en liquidation judiciaire par les administrateurs et mandataires judiciaires, lorsqu'ils étaient jusqu'alors payés par virement.

925 ***Services concédés*** ◊ Par ailleurs, l'article L. 112-6, II, du code prend soin de préciser que les dépenses des services concédés qui excèdent la somme de 450 euros doivent être payées par virement. En revanche, en dessous de ce montant, la liberté est à nouveau de mise.

926 ***Notaires*** ◊ Citons encore la loi n° 2011-331 du 28 mars 2011 de modernisation des professions judiciaires ou juridiques et certaines professions réglementées qui est venue prévoir, dans un article L. 112-6-1, que les paiements effectués ou reçus par un notaire pour le compte des parties à un acte reçu en la forme authentique et donnant lieu à publicité foncière doivent être assurés par virement. Depuis le décret n° 2013-232 du 20 mars 2013, l'article R. 112-5 précise les modalités d'exécution de ce virement, sachant qu'en dessous de 3 000 euros les autres modalités de paiement demeurent autorisées.

927 ***Prêt sur gage*** ◊ Un cas particulier a été ajouté par la loi n° 2016-1691 du 9 décembre 2016 relative à la transparence, à la lutte contre la corruption et à la modernisation de la vie économie, dite « loi Sapin 2 » : il s'agit des

opérations afférentes au prêt sur gage, qui peuvent être payées en espèces ou au moyen de monnaie électronique dans la limite de 3 000 euros. Il est vrai que, dans cette hypothèse, la limite de 1 000 euros mentionnée antérieurement se révélait préjudiciable aux personnes ayant recours aux caisses de crédit municipal [1]. En effet, leur compte en banque étant souvent en position débitrice, les virements effectués obligatoirement au-delà de ce montant ne leur permettaient pas d'utiliser les fonds obtenus pour honorer une dette urgente.

928 ***Salaires*** ◊ Pour l'alinéa 2 de l'article L. 112-6, I, au-delà d'un montant mensuel fixé par décret, en l'occurrence 1 500 euros [2], le paiement des traitements et salaires est soumis à l'interdiction précitée et doit être effectué par « *chèque barré ou par virement* » à un compte bancaire ou postal ou à un compte tenu par un établissement de paiement ou un établissement de monnaie électronique qui fournit des services de paiement. Cette obligation est rappelée à l'article L. 112-10 du code. En dessous de ce seuil, en revanche, le salarié peut demander à ce que son salaire lui soit versé en espèces.

929 ***Paiement aux finances publiques*** ◊ Enfin, l'article 1680 du Code général des impôts prévoit, depuis la loi n° 2017-1775 du 28 décembre 2017 de finances rectificatives pour 2017, que le plafond de paiement des impositions de toute nature et des recettes recouvrées par un titre exécutoire mentionné à l'article L. 252 A du Livre des procédures fiscales sont payés en espèces, jusqu'à un montant fixé par décret entre 60 et 300 euros. En l'absence de la publication du décret, le plafond de 300 euros s'applique.

§ 2. Les sanctions applicables

930 ***Amende réduite*** ◊ Selon l'article L. 112-7 du Code monétaire et financier, les infractions aux obligations prévues par les articles L. 112-6 à L. 112-6-2 sont passibles d'une amende dont le montant est fixé compte tenu de la gravité des manquements, et ne peut excéder 5 % des sommes payées en violation des dispositions précitées. Précisons que le débiteur et le créancier sont solidairement responsables du paiement de cette amende en cas d'infraction aux articles L. 112-6 et L. 112-6-1. La sanction applicable n'est donc guère redoutable.

931 ***Contraventions*** ◊ Il en va différemment en cas non-respect de l'obligation relative au professionnel achetant des métaux à un particulier ou

1. J. Lasserre Capdeville, « Vers un prochain réaménagement du seuil au-delà duquel les paiements en espèces sont prohibés ? », *LPA*, 6 janv. 2016, n° 4, Le billet du bancariste, p. 6.
2. Décret n° 85-1073 du 7 octobre 1985 : *JO* 11 oct. 1985, p. 11821.

à un autre professionnel, visée par l'article L. 112-6, I, alinéa 3 [1]. En effet, ce manquement est puni de l'amende prévue pour les contraventions de la cinquième classe, c'est-à-dire 1 500 euros [2].

De même, le fait de ne pas respecter les exigences légales relatives aux modalités de paiement des salaires [3] est puni de l'amende prévue pour les contraventions de la troisième classe, soit 450 euros [4].

932 ***Constat des infractions*** ◊ Les infractions en question sont constatées par des agents désignés par arrêté du ministre chargé du budget.

§ 3. **Les dérogations légales**

933 ***Présentation générale*** ◊ Cette mise à l'écart de la monnaie fiduciaire connaît un certain nombre de dérogations légales visées par l'article L. 112-6, III, du Code monétaire et financier. Celles-ci n'ont cependant vocation à jouer que pour les hypothèses envisagées par les I, II, et II bis du même article [5].

934 ***Incapables*** ◊ Il en va ainsi, tout d'abord, pour les paiements réalisés par des personnes qui sont incapables de s'obliger par chèque ou par un autre moyen de paiement, ainsi que par celles qui n'ont pas de compte de dépôt. Une personne victime d'exclusion bancaire pourra donc bénéficier de cette exception. Ce cas ne devrait cependant se rencontrer que dans de rares cas, dans la mesure où les intéressés peuvent bénéficier du droit au compte et aux services bancaires de base [6].

935 ***Relations entre particuliers*** ◊ Le même article vise une autre dérogation à la portée bien plus large : lorsque les paiements sont effectués entre personnes physiques n'agissant pas pour des besoins professionnels. Les paiements peuvent, ici encore, être librement réalisés en espèces (ou au moyen de monnaie électronique) Ainsi, à titre d'exemple, l'achat d'une automobile d'occasion entre deux particuliers peut parfaitement se faire en espèces, et ce même au-delà de 1 000 euros.

936 ***Dépense de l'État*** ◊ En outre, citons le cas, toujours mentionné par l'article L. 112-6, III, du Code monétaire et financier des paiements des dépenses de l'État et des autres personnes publiques.

---

1. V. ss 922.
2. C. mon. fin., art. L. 112-6, al. 3.
3. V. ss 928.
4. C. trav., art. R. 3246-1.
5. Y échappent donc les cas envisagés par les articles L. 112-6-1 (v. ss 926), L. 112-6-2 (v. ss 924) et L. 112-8 (v. ss 923) du code.
6. C. mon. fin., art. L. 312-1. – V. ss 639 s.

937 ***Limitation territoriale*** ◊ Enfin, on rappellera que la jurisprudence a eu l'occasion de préciser que l'interdiction de payer en espèces au-dessus d'un certain montant ne peut concerner que des règlements effectués sur le territoire français [1]. Si tel n'est pas le cas, aucune sanction ne pourra être infligée aux intéressés, quelle que soit la nationalité ou le lieu d'établissement du client.

1. CE 10 mai 2012, n° 337573 : *D.* 2012. 2289, note C. Kleiner ; *LPA*, 6 sept. 2012, n° 179-180, p. 19, obs. J. Lasserre Capdeville ; *RDBF* 2013, comm. 2, obs. F.-J. Crédot et Th. Samin. – CAA Marseille, 23 juill. 2015, n° 13MA01141.

CHAPITRE 4
LES INFRACTIONS LIÉES À LA MONNAIE FIDUCIAIRE

938 ***Présentation générale*** ◊ Le Code monétaire et financier prévoit un certain nombre d'infractions applicables en matière de monnaie fiduciaire, plus particulièrement dans sa partie réglementaire, aux articles R. 162-1 à R. 162-5.

À titre d'exemple, l'article R. 162-3 sanctionne pénalement le fait d'utiliser comme support d'une publicité quelconque des pièces de monnaie ou des billets de banque ayant cours légal en France ou émis par des institutions étrangères ou internationales habilitées à cette fin [1].

939 ***Droit de payer en espèces*** ◊ L'une de ces contraventions attire, plus particulièrement, l'attention. Elle vient donner de la force au principe, évoqué plus haut, du droit de payer en espèces [2]. En effet, l'article R. 162-2 indique que « le fait de refuser de recevoir des pièces de monnaie ou des billets de banque ayant cours légal en France selon la valeur pour laquelle ils ont cours est réprimé conformément à l'article R. 642-3 du code pénal », c'est-à-dire l'amende prévue pour les contraventions de la 2e classe, soit 150 euros au plus [3]. L'infraction demeure néanmoins rarement caractérisée en pratique [4] ; elle est même peu souvent invoquée [5].

940 ***Cash-back*** ◊ Par ailleurs, le décret n° 2018-1224 du 24 décembre 2018 [6] est venu récemment préciser les sanctions assorties au non-respect des dispositions des articles L. 112-14 et D. 112-6 du Code monétaire et financier relatives au *cash-back*. Ainsi, le nouvel article R. 112-7 du Code monétaire et financier punit d'une amende de 1 500 euros (3 000 en cas de récidive) le fait de fournir des espèces contre paiement au moyen

---

1. S'appliquent ici les sanctions de l'article R. 642-4 du Code pénal, c'est-à-dire une contravention de la 2e classe, soit 150 euros.

2. v. ss 912.

3. J. Lasserre Capdeville, « Vers un rétrécissement du droit de payer en espèces ? », *Banque et Dr.* 2008, n° 118, p. 6.

4. Pour une société créancière n'acceptant aucun règlement en numéraire, le débiteur n'étant donc pas en mesure d'effectuer un paiement en billets et pièces ni même de s'acquitter de l'obligation de faire l'appoint, Crim. 3 oct. 2007, n° 07-80.045 : *Bull. crim.* 2007, n° 235 ; *D.* 2007. AJ 2803, obs. V. Avena-Robardet ; *AJ pénal* 2007. 538.

5. Crim. 23 janv. 2013, n° 12-84.164 : *Bull. crim.* 2013, n° 28 ; *Banque et Dr.* 5-6/2013. 49, obs. J. Lasserre Capdeville ; *Dr. pénal* 2013, comm. 57, obs. J.-H. Robert ; *LEDB* mai 2013, p. 3, obs. Nord-Wagner.

6. *JO* 26 déc. 2018, texte n° 31.

d'un instrument de paiement figurant dans la liste mentionnée au second alinéa du II du même article L. 112-14 [1] ou sans respecter les seuils applicables en la matière [2].

941 ***Fausse monnaie*** ◊ Des infractions plus importantes sont, surtout, à signaler. Ainsi, comment est sanctionnée aujourd'hui la fausse monnaie ? Sans surprise cette dernière fait l'objet d'un encadrement important. Celui-ci a pour originalité de relever, à la fois, du Code pénal (section 1) et du Code monétaire et financier (section 2). Observons alors les textes applicables en la matière.

SECTION 1. LA RÉPRESSION DE LA FAUSSE MONNAIE PAR LE CODE PÉNAL

942 L'essentiel de la législation prévoyant cette lutte se retrouve aux articles 442-1 à 442-15 du Code pénal [3]. L'article L. 162-1 du Code monétaire et financier renvoie ainsi expressément à ces dispositions pénales, qui répriment, notamment, la fabrication (§ 1) et le trafic de fausse monnaie (§ 2).

§ 1. La fabrication de fausse monnaie

943 La fabrication de fausse monnaie est encadrée par l'article 442-1 du Code pénal. Observons l'élément matériel (A) et l'élément moral de cette infraction (B), ainsi les sanctions pénales auxquelles elle peut donner lieu (C).

A. L'élément matériel de l'infraction

944 ***Contrefaçon ou falsification*** ◊ L'article 442-1 du Code pénal réprime d'abord « la contrefaçon ou la falsification des pièces de monnaie ou des billets de banque ayant cours légal en France ou émis par les institutions étrangères ou internationales habilitées à cette fin ». La caractérisation de cette situation impliquera donc soit une contrefaçon, soit une falsification de la part de l'auteur des faits. L'infraction ne dépend pas, en revanche, d'un quelconque résultat.

Pour mémoire, la contrefaçon consiste dans la fabrication d'une monnaie imitant la « monnaie légale », alors qu'elle n'en est pas.

---

1. v. ss 907.
2. v. ss 908.
3. J. Lasserre Capdeville, « La répression de la fabrication et du trafic de fausse monnaie », *RLDA* avr. 2013, n° 81, p. 78. – M.-L. Rassat, « Fausse monnaie », JurisClasseur Pénal, art. 442-1 à 442-15, fasc. 20, 2014.

La falsification, quant à elle, doit être vue comme toute modification apportée à la monnaie existante. On pourrait imaginer, dans ce dernier cas, le limage d'une pièce, sa coloration de façon à tromper sur la nature du métal ou encore le fait de changer les chiffres indiquant la valeur faciale d'une monnaie. De telles hypothèses de falsification ont néanmoins bien peu de chances de se rencontrer aujourd'hui.

945 ***Apparence trompeuse*** ◊ Si un faux quasi-parfait n'est pas exigé [1], il est évident que la monnaie contrefaite doit avoir une apparence suffisante proche de la réalité pour être susceptible de tromper des tiers. En effet, la finalité de la fausse monnaie, même si cela n'est pas un élément constitutif de l'infraction étudiée, est sa circulation. Par conséquent, il faut qu'elle ressemble suffisamment à de la véritable monnaie [2].

A l'inverse, si la distinction est manifeste, et ne saurait à ce titre tromper les citoyens, l'infraction ne pourra logiquement pas être caractérisée. C'est au juge qu'il reviendra, in fine, d'apprécier cette circonstance.

946 ***Violation des conditions d'émission*** ◊ Ensuite, depuis la loi n° 2004-204 du 9 mars 2004, dite loi « Perben 2 », un deuxième alinéa à l'article 442-1 sanctionne la fabrication des mêmes pièces de monnaie et des billets de banque réalisée à l'aide d'installations ou de matériels autorisés destinés à cette fin, « lorsqu'elle est effectuée en violation des conditions fixées par les institutions habilitées à émettre ces signes monétaires et sans l'accord de ces institutions ».

L'objectif, ici, est d'atteindre ceux qui utiliseraient, pour leur usage personnel ou pour un trafic, les installations ou matériels officiellement destinés à la fabrication de la monnaie d'une façon autre que celle qui est prévue et autorisée par les institutions habilitées à organiser cette production. En résumé, cet alinéa permet de punir la fabrication d'une monnaie matériellement vraie mais légalement fausse du fait de sa fabrication illicite.

947 ***Mise en circulation indifférente*** ◊ Il découle du contenu de l'article 442-1 du Code pénal, que les deux éléments matériels précités demeurent susceptibles d'être retenus alors même que sont en cause des billets de banque et des pièces de monnaie qui, bien que destinés à être mis en circulation, n'ont pas encore été émis par les institutions habilitées à cette fin et n'ont pas encore cours légal [3].

948 ***Tentative*** ◊ La tentative de crime de contrefaçon ou de falsification est punissable de plein droit conformément aux dispositions de l'article 121-4, alinéa 2, du Code pénal [4].

---

1. Pau, 3 févr. 2005, n° 04/00783.
2. Crim. 2 juin 1853 : *D.* 1853. 5, p. 225. - Crim. 24 nov. 1999, n° 99-82.220.
3. C. pén., art. 442-15.
4. V. par ex., Crim. 2 juin 1853 : *D.* 1853. 5, p. 225.

B. L'élément moral de l'infraction

949 ***Élément intentionnel*** ◊ L'infraction étudiée est intentionnelle. En effet, des actes de « contrefaçon » et de « falsification » ne sauraient être commis par imprudence ou négligence. De plus, et surtout, il est de principe, pour l'article 121-3 du Code pénal, que tous les crimes sont intentionnels. Concrètement, cet élément prendra la forme de la conscience et de la volonté du délinquant de fabriquer illicitement de la monnaie.

C. Les sanctions de l'infraction

950 ***Accusé personne physique*** ◊ L'infraction étudiée est un crime. En effet, son auteur, personne physique, encourt trente ans de réclusion criminelle et une amende de 450 000 euros. De plus, les peines complémentaires prévues par l'article 442-11 du Code pénal sont susceptibles d'être prononcées par le juge à son encontre.

951 ***Accusé personne morale*** ◊ Les personnes morales peuvent logiquement être poursuivies et sanctionnées pour ce crime [1]. Elles encourent alors, à titre principal, une sanction de 2 250 000 euros, et peuvent se voir infliger, à titre de peines complémentaires, celles qui sont prévues par l'article 131-39 du Code pénal.

§ 2. Le trafic de fausse monnaie

952 Le trafic de fausse monnaie est régi, quant à lui, par l'article 442-2 du Code pénal. Reprenons son élément matériel (A) et son élément moral (B), ainsi que les sanctions pénales auxquelles cette infraction peut donner lieu (C).

A. L'élément matériel de l'infraction

953 ***Exigences légales*** ◊ L'article 442-2 du code pénal réprime, de façon délictuelle, « le transport, la mise en circulation ou la détention en vue de la mise en circulation » des signes monétaires contrefaisants ou falsifiés visés par l'article 442-1, alinéa 1er, mais aussi les signes monétaires irrégulièrement fabriqués mentionnés au deuxième alinéa de même article. Ainsi, matériellement, le délit implique la démonstration soit du transport, soit de mise en circulation de fausse monnaie, soit enfin de la détention « en vue de la mise en circulation » de cette même fausse monnaie. Ces termes sont relativement larges. Prenons, par exemple, le cas du transport. Celui-ci permet de sanctionner, non seulement le transport effectué

1. C. pén., art. 442-14.

totalement à l'intérieur du territoire, mais également l'importation de fausse monnaie, son exportation et son simple transit.

Par ailleurs, la loi ne spécifiant pas les procédés punissables, on peut en conclure que tous les modes de diffusion des espèces contrefaites sont constitutifs de l'infraction. Notons simplement que, pour les juges, la détention constitutive du délit suppose la possession de la fausse monnaie en question. Elle ne saurait ainsi être caractérisée en cas de dispositions simplement d'une image numérique [1].

Enfin, faute de limitation légale, l'infraction est imputable à tous les émetteurs successifs ; il est seulement nécessaire qu'ils connaissent le caractère contrefait de la monnaie au moment où ils la reçoivent et la remettent en circulation. Cette solution est heureuse dans la mesure où, souvent, les trafics de fausse monnaie impliquent toute une série de protagonistes se succédant dans le temps.

954 ***Mise en circulation indifférente*** ◊ Dans ce cas encore, l'article 442-15 du Code pénal dispose que le délit étudié peut être retenu alors que sont en cause des billets de banque et des pièces de monnaie qui, bien que destinés à être mis en circulation, n'ont pas encore été émis par les institutions habilitées à cette fin et n'ont pas encore cours légal.

955 ***Tentative*** ◊ La tentative de crime de trafic en bande organisée est punissable de plein droit conformément aux dispositions de l'article 121-4, alinéa 2, du Code pénal. Le trafic délictuel de fausse monnaie voit également sa tentative sanctionnée [2].

B. L'élément moral de l'infraction

956 ***Dol général*** ◊ A l'instar du crime de fabrication de fausse monnaie, l'infraction de trafic de cette même fausse monnaie est intentionnelle. La jurisprudence n'a pas manqué de le dire à de nombreuses reprises. Il est donc nécessaire, pour les juges, de caractériser chez l'intéressé la conscience et la volonté de commettre l'élément matériel du délit.

Cet élément pourra être relevé, par exemple, à la vue de la tentative de fuite de l'intéressé lors de son interpellation [3], en raison de l'aspect des faux billets de nature à attirer l'attention de leur possesseur [4], ou encore car l'intéressé détenait suffisamment d'espèces pour acquérir le bien suite au refus du vendeur d'accepter le faux billet [5].

1. Bourges, 11 sept. 2003, n° 03/00386.
2. C. pén., art. 442-8.
3. Bordeaux, 30 sept. 2004, n° 04/00090.
4. Grenoble, 11 déc. 2007, n° 07/00033.
5. Aix-en-Provence, 4 mars 2014, n° 2014/135 : *Banque et Dr.* 9-10/2014, n° 157, p. 49, obs. J. Lasserre Capdeville.

957 ***Dol spécial*** ◊ De plus, il est un cas où un dol spécial sera également requis : en cas de détention de fausse monnaie, puisque celle-ci doit être faite « en vue de la mise en circulation » [1].

Les magistrats ont pu ainsi caractériser ce dol supplémentaire dans le fait d'acheter à un tiers des billets étrangers à un prix très inférieur au taux de change officiel [2] ou de détenir, parmi de vrais billets, quelques fausses coupures de même valeur faciale et de les remettre ensemble à un particulier [3].

C. Les sanctions de l'infraction

958 ***Prévenu personne physique*** ◊ L'infraction envisagée par l'article 442-2 du Code pénal est, par principe, un délit. La personne physique qui en est reconnue coupable encourt ainsi dix ans d'emprisonnement et 150 000 euros d'amende.

Cependant, cette nature peut varier. En effet, ces sanctions sont portées à trente ans de réclusion criminelle et à 450 000 euros d'amende si les faits sont commis en bande organisée. Pour mémoire, cette dernière notion est définie par l'article 132-71 du Code pénal comme « tout groupement tourné ou toute entente établie en vue de la préparation, caractérisée par un ou plusieurs faits matériels, d'une ou de plusieurs infractions ».

Les peines complémentaires envisagées avec le crime de fabrication de fausse monnaie sont également applicables ici.

959 ***Prévenu personne morale*** ◊ Bien évidemment, les personnes morales peuvent être poursuivies et sanctionnées pour le crime ou le délit en question [4]. Elles encourent alors, à titre principal, une amende suivant les modalités prévues par l'article 131-38 du code pénal, ainsi que, le cas échéant, les peines complémentaires visées par l'article 131-39 du même code.

SECTION 2. LA RÉPRESSION DE LA FAUSSE MONNAIE PAR LE CODE MONÉTAIRE ET FINANCIER

960 ***Principe général*** ◊ Depuis l'ordonnance n° 2005-429 du 6 mai 2005, l'article L. 123-1 du Code monétaire et financier déclare que les billets de

---

1. Crim. 16 déc. 1880 : S. 1881, 1, p. 330. - Crim. 27 févr. 1947 : *D.* 1947. 252. - Crim. 8 nov. 2000, n° 00-81.805 : *Bull. crim.* 2000, n° 333 ; *Dr. pénal* 2001, comm. 58, obs. M. Véron.

2. Crim. 10 nov. 1999, n° 99-80.018.

3. Crim. 12 janv. 2005, n° 04-81.540 : *AJ pénal* 2005. 240, obs. M. Redon. - On notera que pour cette même décision, les deux infractions de mise en circulation de fausse monnaie et d'escroquerie ne sont pas incompatibles entre elles dans la mesure où elles comportent des éléments constitutifs différents et sanctionnent des intérêts distincts.

4. C. pén., art. 442-14.

banque et les pièces de monnaie « bénéficient de la protection instituée au profit des œuvres de l'esprit par les articles L. 122-4 et L. 335-2 du Code de la propriété intellectuelle ». On rappellera que l'article L. 122-4 du Code de la propriété intellectuelle énonce le principe selon lequel l'utilisation d'une œuvre sans autorisation de l'ayant droit est un acte de contrefaçon, et que l'article L. 335-2 du même code envisage l'infraction de contrefaçon des droits d'auteur et des droits voisins.

Dès lors, et contrairement à la solution applicable antérieurement à la loi du 6 mai 2005 [1], les pièces de monnaie et les billets de banque circulant sur le territoire français doivent être vus comme des créations intellectuelles protégés par le droit d'auteur français. Ils bénéficient, à ce titre, de la même protection que dans la plupart des autres pays de la zone euro.

961 ***Cumul de sanctions*** ◊ La répression de la fabrication et du trafic de fausse monnaie est donc particulièrement étendue en droit français. L'auteur de l'un de ces faits encourra des sanctions rigoureuses figurant dans le Code pénal, et pourra également, dans certaines circonstances bien établies, être reconnu coupable du délit de contrefaçon des droits d'auteur envisagé par le Code de la propriété intellectuelle. Toutes ces règles paraissent pouvoir coexister du fait de leurs spécificités. Toutefois, aucune jurisprudence n'a été rendue à ce jour, à notre connaissance, en la matière sur le fondement de l'article L. 123-1 du présent code.

962 ***Remise à la Banque de France*** ◊ Selon l'article L. 162-2 du Code monétaire et financier, toute personne qui a reçu des signes monétaires contrefaits ou falsifiés se voit obligée de les remettre ou de les faire remettre à la Banque de France ou à La Monnaie de Paris, selon qu'il s'agit de billets de banque ou de monnaie métalliques [2].

Or, pour l'article R. 162-4, le fait, pour une personne ayant reçu des pièces de monnaie ou billets de banque ayant cours légal en France contrefaits ou falsifiés, de refuser de les remettre ou de les faire remettre comme cela a été indiqué ci-dessus est réprimé « *conformément à l'article R. 645-9 du code pénal* », soit par une amende de 1 500 euros au plus.

963 ***Employés de banque*** ◊ Le cas des employés de différents types d'établissements est également envisagé par l'article R. 162-5 du code, qui sanctionne de la même peine une multitude de manquements. Il en va notamment ainsi à l'égard de l'employé d'un établissement de crédit qui

---

1. Paris, 10 nov. 1999, n° 1999-01874 : *CCE* 2000, comm. 5, obs. Ch. Caron. - Civ. 1re, 5 févr. 2002, n° 00-11.588 : *Bull. civ.* 2002, I, n° 41 ; *JCP E* 2002. 1473, note S. Grégoire ; *D.* 2003. 336, obs. H. Synvet ; *CCE* 2002, comm. 34, obs. Ch. Caron ; *Gaz. Pal.* 2003. 1, p. 403, concl. J. Sainte-Rose.

2. La Banque de France et la Monnaie de Paris sont alors habilitées à retenir et éventuellement à détruire les signes monétaires qu'elles reconnaissent comme contrefaisants ou falsifiés.

n'a pas retiré de la circulation, « préalablement à toute délivrance au guichet des billets en euros reçus du public, les billets dont il a des raisons suffisantes de penser qu'ils sont faux » ou n'ayant pas transmis sans délai à la Banque de France ou à l'établissement public La Monnaie de Paris « les pièces de monnaie ou les billets en euros dont il a des raisons suffisantes de penser qu'ils sont faux ».

TITRE 2

LES INSTRUMENTS DE LA MONNAIE SCRIPTURALE

964 ***Instruments de paiement*** ◊ On rappellera que pour l'article L. 311-3 du Code monétaire et financier, sont considérés comme des moyens de paiement tous les instruments qui permettent à toute personne de transférer des fonds, « *quel que soit le support ou le procédé technique utilisé* ». Le chèque n'est plus aujourd'hui le seul instrument de paiement, trouvant sa place à côté de la monnaie fiduciaire. La carte bancaire, mais aussi les techniques du virement ou du prélèvement, permettent également de réaliser quotidiennement des opérations de paiement.

965 ***Évolution des instruments*** ◊ Le chèque a été, pendant de nombreuses années, le principal instrument de paiement utilisé. Ce dernier présente pourtant un certain nombre de limites. Titre formaliste comportant un support papier, il nécessite de nombreuses manipulations qui engendrent un coût de traitement élevé. De plus, et surtout, les fraudes susceptibles commises à l'aide de cet instrument sont particulièrement nombreuses.

On ne sera pas surpris de constater que, depuis 2003, le nombre des paiements effectué annuellement par chèques a été dépassé par celui des paiements effectués à l'aide d'une carte bancaire. Aujourd'hui ce phénomène est encore plus marqué. Ainsi, en 2017, seuls 8 % des paiements scripturaux ont été réalisés à l'aide de chèques, contre 52 % par carte bancaire, mais aussi 17 % par prélèvement et 16 % par virement [1].

---

1. Observatoire de la sécurité des moyens de paiement. Rapport pour l'année 2017 : juill. 2018. – J. Lasserre Capdeville, « La fraude aux moyens de paiement : état des lieux », *JCP E* 2018, n° 30, 608.

966 Le plan suivi ici s'inspirera de celui du Code monétaire et financier qui différencie, lorsqu'il aborde « Les instruments de la monnaie scripturale », d'une part « Le chèque bancaire et postal », et, d'autre part, « Les règles applicables aux autres instruments de paiement et à l'accès aux comptes ». C'est ainsi que nous traiterons, successivement, le cas du chèque (sous-titre 1) et celui des autres instruments de paiement (sous-titre 2).

SOUS-TITRE 1
Le chèque

967 ***Définition*** ◊ Le chèque est classiquement défini comme l'écrit par lequel une personne, appelée tireur, donne l'ordre à un établissement de crédit, appelé tiré, de payer à vue une certaine somme à une troisième personne, appelée bénéficiaire, ou à son ordre [1].

968 ***Origine*** ◊ Le chèque trouve son origine, en France, dans une loi du 14 juin 1865. Cette dernière avait été adoptée, avant tout, dans un objectif économique. Il s'agissait, en effet, de trouver une alternative aux paiements en espèces, préjudiciables à l'économie en diminuant les dépôts en banque [2].

Cet encadrement juridique a cependant connu de nombreuses évolutions par la suite, surtout après la signature de la Convention de Genève du 11 mars 1931 portant loi uniforme sur le chèque. Celle-ci a été transposée en droit interne par un décret-loi du 30 octobre 1935.

Ce nouveau texte a cependant fait lui aussi l'objet, au fil des réformes, d'un grand nombre de modifications, notamment en matière de chèque sans provision. Plusieurs réformes successives ont ainsi cherché à désencombrer le rôle des tribunaux répressifs en leur retirant ce contentieux de masse. Ce fut plus particulièrement le cas par le biais des lois n° 72-10 du 3 janvier 1972, n° 75-4 du 3 janvier 1975 et enfin n° 91-1382 du 30 décembre 1991 qui ont procédé à une large dépénalisation en la matière [3].

969 ***Nature juridique*** ◊ Quelle est la nature juridique du chèque ? Faut-il voir dans son mécanisme un mandat de payer donné au tiré par le tireur ? Ne s'agirait-il pas, plutôt, d'une délégation par voie de dation ? Peut-être serait-ce une lettre une lettre de change à vue ? La doctrine s'est interrogée. Nous ne rentrerons pas dans ce débat ancien. Il apparaît que ce chèque fait l'objet, aujourd'hui, d'un régime juridique tout à fait « à part » rendant difficile l'adoption de l'une des propositions précitées. Nous sommes désormais, semble-t-il, en présence d'un mécanisme *sui generis*.

970 ***Absence de droit au paiement par chèque*** ◊ S'il existe un droit de payer en espèces [4], il en va différemment d'un droit à payer par chèque [5]. En effet, ce

1. R. Bonhomme, *Instruments de crédit et de paiement*, LGDJ, 2017, 12e éd., n° 294.
2. P. Le Cannu, Th. Granier et R. Routier, *Instruments de paiement et de crédit. Titrisation*, Dalloz, 2017, 9e éd., n° 108.
3. V. ss 1164.
4. V. ss 912.
5. J. Lasserre Capdeville, « Existe-t-il un droit de payer par carte bancaire ou par chèque ? », *JCP E* 2010. 1690.

droit n'est envisagé par aucun texte et, au contraire, la jurisprudence estime de longue date qu'il est impossible de contraindre son créancier à accepter un règlement par chèque [1]. On ne saurait, dès lors, reprocher à des commerçants, de plus en plus nombreux, de refuser les paiements opérés à l'aide de cet instrument [2]. Il en va de même pour le Trésor public ou l'URSSAF.

Une dérogation est néanmoins à relever dans le cas où le commerçant en question est adhérent à un centre de gestion agréé [3]. Pour mémoire, un centre de gestion agréé est un organisme ayant pour objet de fournir aux entreprises une aide technique en matière de gestion et de fiscalité et de les inciter à développer l'usage de la comptabilité. Les adhérents à un tel centre bénéficient de certains avantages fiscaux, notamment d'un abattement sur leurs bénéfices imposables. Or, dans une telle hypothèse, le commerçant est dans l'obligation d'accepter les chèques quel qu'en soit le montant, tout en pouvant exiger, naturellement, la présentation d'une pièce d'identité. Cette solution découle plus précisément de l'article 1649 quater E bis du code général des impôts aux termes duquel « les adhérents des centres de gestion agréés sont soumis à l'obligation d'accepter les règlements soit par carte bancaire soit par chèques. Dans ce dernier cas, ils doivent faire libeller ces chèques à leur ordre et ne pas les endosser sauf pour remise directe à l'encaissement ». Les clients doivent alors être informés de cette obligation par des affiches ou des mentions apposées sur les documents ou correspondances qui leur sont adressés, mesures de publicité dont les modalités sont précisées par des textes réglementaires [4]. Cette règle a pour objet de faciliter le contrôle de l'administration fiscale.

Les parties peuvent aussi, le cas échéant, s'engager à utiliser un chèque pour effectuer un paiement [5].

971 ***Utilisation*** ◊ Le chèque est perçu, aujourd'hui, comme un instrument de paiement ancien et désuet. Il a été progressivement concurrencé, surtout au cours de ces vingt dernières années, par d'autres instruments de paiement, et plus particulièrement par la carte bancaire. En 2017, seuls 8 % des paiements scripturaux ont été réalisés à l'aide de chèques. En revanche, en Europe, la France reste de loin le pays qui utilise le plus cet instrument de paiement, avec 70 % du nombre des chèques émis dans l'Union européenne en 2015 [6].

---

1. Req. 3 mars 1930 : *DP* 1930, 1, p. 210 ; S. 1931, 1, p. 249, note P. Esmein. – Req. 13 févr. 1934 : *Gaz. Pal.* 1934, jurispr. 742. Le chèque n'équivaut donc pas à une monnaie ayant cours légal, Crim., 19 juill. 1954 : D. 1954, jurispr. p. 629 ; *JCP* 1954. IV. 133.
2. Rép. Min. n° 57747 : *JOAN Q*, 6 oct. 2009, p. 9455.
3. M. Cabrillac et Ph. Casson, « Règlements par chèques », *J.-Cl. Banque*, fasc. 350, 2017, n° 3.
4. CGI, Ann. II, art. 371 LA.
5. TGI de Paris, 24 nov. 1961 : *Gaz. Pal.* 1962. 1, p. 140 ; *RTD com.* 1962. 278, obs. J. Becqué et H. Cabrillac.
6. D. Cuny, « Carte, virement, chèque ou cash : comment paie-t-on en Europe ? », *La Tribune*, 20 sept. 2017.

972 ***Avenir du chèque*** ◊ Un rapport rendu public en mars 2012 sur « L'avenir des moyens de paiement en France » se montrait favorable à une réduction de moitié en cinq ans du nombre de chèques émis en France [1]. Cet objectif paraît atteint aujourd'hui. La prochaine phase n'est-elle pas la disparition pure et simple de cet instrument de paiement ? On peut le penser tant il présente de défauts. Au-delà de son coût de traitement, c'est surtout la fraude qui lui est associée qui inquiète.

L'Observatoire de la sécurité des moyens de paiement a rendu public, le 10 juillet 2018, sont nouveau rapport annuel. Or, si la fraude tend à baisser pour les instruments de paiement que sont la carte bancaire, le virement et le prélèvement, la situation inverse est à relever à propos du chèque, alors même que ce dernier est de moins en moins utilisé en pratique [2]. Plus précisément, sa part dans les montants de fraude ne cesse de se renforcer ces dernières années : 34 % en 2016 et 40 % en 2017. Le montant des fraudes liées aux chèques est aussi passé de 272 millions d'euros en 2016 à 296 millions un an plus tard. Sans surprise, le taux de fraude augmente également : 0,025 % en 2016 à 0,029 en 2017.

En outre, et au-delà des chèques contrefaits et falsifiés, il ne faut pas oublier que l'utilisation du chéquier permet également à beaucoup de personnes d'émettre des chèques sans provision. Ainsi, le Fichier central des chèques (FCC), qui recense notamment les émetteurs de chèques sans provision déclarés par leurs banquiers, comportait au 31 décembre 2016 près de 1,4 millions d'interdits bancaires en raison d'opérations passées avec des chèques. Face à de tels résultats, peut-être serait-il temps de mettre un terme à cet instrument de paiement d'un autre âge [3].

973 ***Chèque de voyage*** ◊ Une précision s'impose à propos d'un « chèque » particulier : le chèque de voyage, dit aussi *traveller's* chèque. Il s'agit, pour mémoire, d'un titre qui donne à son porteur le droit de se faire payer la somme qui y est indiquée par l'un quelconque des guichets ou des correspondants de l'établissement émetteur. Pour autant, et c'est à souligner, il ne saurait être assimilé au chèque ordinaire et échappe, à ce titre, aux articles du Code monétaire et financier qui concernent ce dernier [4]. Néanmoins, en présence d'un tel chèque de voyage, le banquier doit vérifier

---

1. Jérôme Lasserre Capdeville, « Rapport Pauget et Constans : l'avenir des moyens de paiement en France », *RDBF* mai-juin 2012. Focus 13, p. 3.

2. J. Lasserre Capdeville, « La fraude aux moyens de paiement : état des lieux », *JCP E* 2018, n° 30, 608.

3. Il a néanmoins « la peau dure ». Rappelons, en effet, qu'il y a quelques mois, le législateur a voulu limiter le régime juridique du chèque en ramenant son délai de prescription à 6 mois (contre un an actuellement. - v. ss 1226). Or, le parlement a fini par écarter cette idée après avoir constaté qu'elle posait différents problèmes, notamment pour les versements de caution ou pour les paiements échelonnés. J. Lasserre Capdeville, « Les évolutions du droit bancaire résultant de la loi Sapin 2 », *JCP E* 2017, n° 6-7, 9 févr. 2017, p. 5.

4. M. Cabrillac et Ph. Casson, « Chèques affectés d'une modalité particulière et chèques soumis à un statut spécial », *J.-Cl. Banque* 2017, fasc. 340, n° 42 s.

l'identité du porteur, la chaîne des endossements et effectuer un examen de nature à déceler les anomalies apparentes avant de prendre un tel titre à l'encaissement. À défaut, sa responsabilité civile est susceptible d'être engagée [1].

974 ***Encadrement juridique*** ◇ A l'image des effets de commerce [2], le chèque est soumis dans notre pays à un encadrement juridique très précis et à un formalisme rigoureux. Il en va ainsi tant pour sa création (chapitre 1), que pour sa circulation (chapitre 2) et son paiement (chapitre 3). Son encadrement par le droit pénal est en outre loin d'être anodin (chapitre 4).

1. Douai, 28 mars 2013, n° 12/05250 : *LEDB* juin 2013, p. 2, obs. R. Routier ; *LPA*, 26 juin 2013, n° 127, p. 15, note J. Lasserre Capdeville.
2. V. ss 2102.

CHAPITRE 1
LA CRÉATION DU CHÈQUE

975 Si le banquier décide remettre des formules de chèques à l'un de ses clients (section 1), celui-ci pourra alors créer un chèque. Cette création impliquera, cependant, le respect d'un certain nombre de conditions de forme (section 2) et de fond (section 3). La création des « chèques de banque », qui obéit à quelques spécificités juridiques, sera évoquée pour terminer (section 4).

SECTION 1. LA REMISE DE FORMULES DE CHÈQUES

976 La délivrance de formules de chèques, envisagée par l'article L. 131-71 du Code monétaire et financier (§ 2), n'est possible qu'après que le banquier se soit correctement informé sur son client (§ 1).

§ 1. L'obligation de s'informer du banquier

977 Observons les différentes manifestations de cette obligation (A) avant d'étudier les sanctions applicables en cas de manquement du banquier sur ce point (B).

A. Les manifestations de l'obligation

978 ***Ouverture d'un compte*** ◊ L'obligation de s'informer, ou de contrôle, du banquier en la matière se manifeste à plusieurs moments [1]. Il en va d'abord ainsi avant l'ouverture d'un compte bancaire. En effet, en vertu de l'article R. 312-2, le banquier doit, préalablement à l'ouverture d'un compte, vérifier le domicile et l'identité du postulant « qui est tenu de présenter un document officiel portant sa photographie ». Les caractéristiques et les références de ce document sont enregistrées par le banquier. Cette disposition, applicable même si le guichet est une simple succursale de banque étrangère [2], a été précisée par la jurisprudence, tant lorsque le postulant est une personne physique que lorsqu'il s'agit d'une personne morale [3].

---

1. J. Lasserre Capdeville, « L'information en matière de chèque », *Banque et Dr.* 11-12/2007, n° 116, p. 3.
2. Com. 6 mars 2007, n° 05-19.776, *Banque et Dr.* juill.-août 2007, n° 114, p. 37, obs. G. affaki et J. Stoufflet.
3. Pour une présentation détaillée de cette obligation réglementaire, v. ss 607.

979 ***Délivrance d'un premier chéquier*** ◊ Cependant, les informations précitées ne sont pas suffisantes pour que le banquier puisse délivrer un chéquier à un nouveau client. Une obligation supplémentaire est prévue par l'article R. 131-44 du Code monétaire et financier. Selon ce dernier, le banquier est tenu d'interroger la Banque de France « avant de procéder à la première délivrance de formules de chèques à un nouveau titulaire de compte » [1]. Cette obligation se comprend. La Banque de France a parmi ses missions, la gestion de différents fichiers, riches d'enseignements. Il en va notamment ainsi avec le fichier central des chèques (FCC), qui recense l'ensemble des personnes qui se sont vues interdites d'émettre des chèques ou d'utiliser une carte bancaire [2]. Cette obligation de s'informer tend alors directement à lutter contre les chèques sans provision, dans la mesure où le professionnel refusera de délivrer un chéquier à un client figurant sur ce fichier. Cette obligation s'impose, bien évidemment, en présence tant d'un client personne physique que d'un client personne morale. Il en va de même lorsque le client est simplement une société en formation [3].

980 ***Délivrance d'un nouveau chéquier*** ◊ Notons que si notre droit ne fait obligation de consulter le FCC que lors de la délivrance d'un premier chéquier à un client, la pratique impose une interrogation similaire en cas de nouvelle demande de chéquiers, si le banquier sait que son client a été frappé d'une interdiction. Cette situation est cependant rare dans les faits, dans la mesure où les établissements de crédit sont systématiquement informés par la Banque de France, en vertu des articles R. 131-42 et suivants, des interdictions prononcées.

B. Les sanctions au manquement à l'obligation

981 ***Paiement des chèques*** ◊ Une sanction tout à fait spécifique a été prévue par le législateur en la matière. En effet, en vertu de l'article L. 131-81, I, le tiré est dans l'obligation de payer certains chèques en dépit de l'insuffisance ou de l'indisponibilité de la provision. Or, il en va ainsi pour les chèques émis sur des formules délivrées à un nouveau client « dont le

---

1. Sur les effets de la preuve de cette obligation en matière de secret bancaire, Angers, 16 juill. 2013, n° 13/01369 : *LEDB* oct. 2013, p. 4, obs. J. Lasserre Capdeville.

2. La vérification pourra aussi porter sur le Fichier des incidents de remboursements des crédits aux particuliers (FICP), qui recense les incidents de paiement caractérisés sur des crédits accordés aux particuliers pour des besoins non-professionnels et les informations relatives aux mesures de traitement des situations de surendettement. On rappellera que les articles L. 312-16 et L. 313-16 du Code de la consommation impose la consultation de fichier avant de pouvoir délivrer, respectivement, un crédit à la consommation ou un crédit immobilier.

3. Dans ce dernier cas, la consultation préalable du fichier de la Banque de France doit porter sur tous les associés fondateurs, puisque le compte fonctionne sous leur responsabilité personnelle pendant toute la durée de la formation, Com. 11 janv. 2000 : *Bull. civ.* 2000, IV, n° 7 ; *RTD com.* 2000. 421, obs. M. Cabrillac ; *Banque et Dr.* 3-4/2000. 47, obs. M. Storck ; *RDBF* 2000, comm. 49, obs. F.-J. Crédot et Y. Gégard.

nom figurait (...) sur le fichier de la Banque de France centralisant les incidents de paiement de chèque », c'est-à-dire le FCC. Le banquier ayant manqué à son obligation de s'informer auprès de la Banque de France devra donc payer les chèques émis par son client.

S'il refuse un tel paiement, la sanction sera encore plus sévère. En effet, l'article L. 131-81, II, dispose que ce banquier sera solidairement tenu de payer, outre une somme égale au montant du chèque, les dommages-intérêts accordés au porteur en raison du non-paiement. Le banquier sera également privé de son recours subrogatoire [1].

982 ***Interrogation*** ◊ Mais une question se pose ici. Le professionnel de la banque sera-t-il automatiquement condamné s'il ne parvient pas à démontrer qu'il a bien consulté la Banque de France avant de délivrer le chéquier ? Ne pourrait-on pas dire que cette sanction ne peut intervenir que si le nom du client est effectivement sur le FCC, mais pas s'il n'y est pas ?

Si l'on applique par analogie la solution retenue par les juges en matière de consultation du Fichier des incidents de remboursement de crédits aux particuliers (FICP) avant de délivrer un crédit à la consommation sur le fondement de l'article L. 312-16 du Code de la consommation [2], la première alternative devrait prévaloir. Il est vrai que le dispositif envisagé par cet article L. 131-81 est destiné, avant toute chose, à inciter les banquiers à assurer la police des chèques.

Pourtant la Haute juridiction ne l'a pas entendu ainsi. En effet, par un arrêt remarqué du 12 juillet 2004, la chambre commerciale de la Cour de cassation a estimé que la sanction figurant à l'article L. 131-81 ne pouvait être retenue lorsque, au moment de l'ouverture du compte, la société cliente ne faisait ni l'objet d'une interdiction bancaire, ni d'incidents de paiement [3].

983 ***Responsabilité civile*** ◊ La responsabilité civile de la banque est, en outre, susceptible d'être engagée lorsqu'elle vient à manquer à l'une des obligations de s'informer précédemment étudiées. La jurisprudence en témoigne [4].

---

1. C. pén., art. L. 131-83.

2. Sur cette obligation, J. Lasserre Capdeville, « Le contentieux bancaire lié au FICP », *CCC* 2018, n° 3, étude n° 4, p. 6.

3. Com. 12 juill. 2004, n° 03-10.748 : *Bull. civ.* 2004 : *Bull. civ.* 2004, IV, n° 151 ; *D.* 2004. AJ 2372 ; *RTD com.* 2004. 791, obs. M. Cabrillac ; *RDBF* 2005, comm. 1, obs. F.-J. Crédot et Y. Gérard ; *Banque et Dr.* 1-2/2005. 65, obs. Th. Bonneau ; *Gaz. Pal.* 2005, somm. p. 2047, obs. S. Piedelièvre ; *RJDA* 2005, n° 184.

4. Civ. 1re, 2 nov. 2005, n° 03-10.909 : *Bull. civ.* 2005, I, n° 400 ; *D.* 2006. AJ 62, obs. V. Avena-Robardet ; *Banque et Dr.* 3-4/2006. 66, obs. Th. Bonneau ; *JCP E* 2006, n° 22, p. 959, obs. A. Salgueiro. En l'occurrence, la cour d'appel, qui avait rejeté la responsabilité de la banque, avait constaté « que, pour l'ouverture du compte litigieux, M. Y. avait présenté une carte d'identité périmée portant une adresse différente de celle qu'il déclarait être la sienne » et que la banque

984 ***Cumul*** ◊ Mais les sanctions figurant à l'article L. 131-81 peuvent-elles se cumuler avec l'engagement de la responsabilité civile du tiré ? La doctrine demeure partagée sur cette question. En effet, si pour certains auteurs [1] cette obligation constitue un système de réparation forfaitaire qui exclut une action du porteur contre le tiré en dommages-intérêts supplémentaires, d'autres [2] y voient une sanction de nature répressive qui ne porterait pas atteinte au droit du porteur de réclamer l'indemnisation intégrale du préjudice subi. La jurisprudence ne s'est pas encore prononcée clairement sur ce point à ce jour.

§ 2. La délivrance de formules de chèques

985 Après avoir noté que la délivrance de formules de chèques n'est que facultative (A), nous observerons les modalités d'une telle délivrance (B), mais aussi certaines caractéristiques de ces mêmes formules (C).

A. La faculté de délivrance

986 ***Liberté du banquier*** ◊ Le professionnel de la banque est, par principe, libre de délivrer ou de ne pas délivrer un chéquier au titulaire d'un compte. Cette solution transparait à l'article L. 131-71 du Code qui indique expressément que « tout banquier peut (...) refuser de délivrer au titulaire d'un compte les formules de chèques ». Il précise encore que le professionnel de la banque « peut, à tout moment, demander la restitution des formules antérieurement délivrées » [3]. Sans surprise, les juges du fond rappellent, de temps à autre, cette liberté d'appréciation laissée par les textes au banquier [4]. Ils se prononcent de même à l'égard du renouvellement de chéquier [5].

987 ***Tempéraments*** ◊ Cette liberté connait cependant quelques limites. D'une part, depuis la loi n° 91-1382 du 31 décembre 1991 [6], l'article L. 131-71

---

en question « ne justifiait pas avoir vérifié l'exactitude de cette indication, ce dont il résultait qu'il lui incombait de faire preuve d'une vigilance particulière relativement au fonctionnement du compte litigieux ». Dès lors, en statuant comme elle l'avait fait, sans tirer les conséquences légales de ses propres constatations, la cour d'appel avait violé par l'article 1382 du Code civil.

1. M. Cabrillac et Ph. Casson, *Chèque. Paiement et défaut de paiement*, *J.-Cl. Banque*, fasc. 330, n° 27.

2. F. Derrida, « Le nouveau régime des chèques sans provision », *D.* 1976. Chron. 203.

3. N'est ainsi pas abusive la clause mentionnant que la banque peut, à tout moment, en motivant sa décision demander au titulaire du compte la restitution de son chéquier, Civ. 1re, 28 mai 2009, n° 08-15.802 : *Bull. civ.* 2009, I, n° 110 ; *D.* 2009. AJ 1602 ; *RDBF* 2009, comm. 149, obs. F.-J. Crédot et Th. Samin ; *RDC* 2009. 1430, note D. Fenouillet.

4. Paris, 18 sept. 2001 : D. 2003, somm. p. 337, obs. H. Synvet.

5. TGI Paris, 12 mars 1999, *Banque et Dr.* 3-4/2000. 55, obs. J.-L. Guillot.

6. Antérieurement, le banquier disposait en la matière d'un pouvoir totalement discrétionnaire. Paris, 21 févr. 1977 : *D.* 1977. 657, note Ch. Gavalda. – Paris, 26 sept. 1985 : D. 1987, somm. 69.

précité exige que le refus de délivrance fasse l'objet d'une décision motivée [1]. Cette information doit logiquement être donnée préalablement au refus [2].

D'autre part, la liberté en question ne concerne que « les formules de chèques autres que celles qui sont remises pour un retrait de fonds par le tireur auprès du tiré ou pour une certification ». En conséquence, les formules ayant pour objet l'une de ces deux dernières hypothèses doivent, au contraire, être obligatoirement délivrées. De tels chèques ne font, en effet, courir aucun risque au banquier ou aux tiers. Le chèque de retrait, qui s'apparente à un récépissé, est établi à l'ordre du tireur lui-même et lui permet de retirer à la caisse du banquier tiré tout ou partie des fonds qu'il a déposés sur son compte [3]. Le chèque certifié, quant à lui, donne lieu à une vérification immédiate de l'existence de la provision et à son blocage pendant huit jours [4]. Le paiement est donc assuré pendant ce délai.

B. Les modalités de délivrance

988 ***Évolution*** ◊ Plusieurs décisions ont déjà retenu, par le passé, la responsabilité de la banque qui avait adressé au titulaire du compte un chéquier par courrier ordinaire, lorsque l'utilisation du chéquier en question par un tiers avait été à l'origine d'un préjudice [5].

Cette jurisprudence est cependant loin d'être uniforme. Au contraire, aujourd'hui, les solutions sont nettement plus favorables aux banques. C'est ainsi qu'il a pu être jugé que la préconisation de la Fédération bancaire française (FBF) d'envoi des chéquiers aux client par lettre recommandée avec avis de réception ne constituait qu'une recommandation et qu'en conséquence, en l'absence de texte imposant la forme recommandée pour l'envoi d'un chéquier (sauf demande spéciale du client), l'établissement de crédit ne commettait pas de faute en procédant à un envoi par lettre simple [6].

989 ***Erreur dans la délivrance*** ◊ Fort logiquement, le banquier qui délivre un chéquier à un tiers non habilité par le titulaire du compte commet une faute susceptible d'engager sa responsabilité [7].

1. La clause d'une convention type de compte courant subordonnant la délivrance d'un chéquier à l'agrément de la banque sans préciser que sa décision doit être motivée est de nature à induire le client en erreur sur ses droits et est abusive, TGI, 9 nov. 2005 : *D.* 2006. AJ 295, obs. V. Avena-Robardet.

2. Aix-en-Provence, 16 juin 2015, n° 13/23460 : *LEDB* sept. 2015, p. 2, obs. J. Lasserre Capdeville. Ici la convention unissant la banque et son client visait cette information préalable. Or, elle n'était intervenue qu'après le refus.

3. C. mon. fin., art. L. 131-7.

4. C. mon. fin., art. L. 131-14.

5. Com. 28 févr. 1989, n° 87-17.374 : *Bull. civ.* 1989, IV, n° 70.

6. T. com. Lyon, 13 mars 2008 : *RDBF* 2008, comm. 97, obs. F.-J. Crédot et Th. Samin.

7. TGI Nîmes, 20 mars 1973 : *RTD com.* 1973. 607. – Paris, 17 oct. 1931 : *Gaz. Pal.* 1932. 1, p. 21. – Concernant une personne non dotée d'un pouvoir de représentation, Com. 7 oct. 1997, n° 95-15.828 : *JCP E* 1997. Pan. 1205, note P. Bouteiller.

C. Les caractéristiques des formules de chèques

990 ***Gratuité*** ◊ Pour favoriser la circulation du chèque, l'article L. 131-71, alinéa 2, du code prévoit que « les formules de chèques sont mises gratuitement à la disposition du titulaire du compte ».

Cette règle est fréquemment critiquée par les établissements de crédit, au nom de leurs frais de gestion. Il est vrai qu'elle représente un coût pour les banques, notamment en termes d'impression, de contrôle avant délivrance, de délivrance des formules de chèques et de contrôle avant paiement.

991 ***Barrement d'avance*** ◊ Le même article L. 131-71 prévoit, par son alinéa 3, que les formules en question peuvent être « barrées d'avance ». Il faut alors rappeler que le barrement est une mention facultative en vertu de laquelle le chèque ne peut être payé qu'à certaines personnes. En effet, pour l'article L. 131-45, le chèque « à barrement général » ne « peut être payé par le tiré qu'à un banquier, à un établissement de monnaie électronique, à un établissement de paiement, à un chef de centre de chèques postaux ou à un client du tiré ». Il diminue dès lors l'insécurité afférente au risque de perte ou de vol du titre, dans la mesure où son paiement ne pourra être obtenu que par la personne cliente d'une banque ou d'un établissement assimilé, c'est-à-dire une personne « connue » d'un banquier.

Concrètement, le barrement résulte de la présence au recto du chèque de deux traits parallèles [1]. Il est dit général s'il ne porte entre les deux barres aucune désignation ou la mention « banquier » ou un terme équivalent. Il devient, en revanche, spécial si le nom d'un banquier est inscrit entre les deux barres. Ce barrement spécial est cependant très rare en pratique [2]. Aujourd'hui, les formules délivrées par les banquiers à leurs clients comportent un barrement général pré-imprimé [3].

On notera que, pour l'article L. 131-46 du code, les chèques à porter en compte émis à l'étranger et payables sur le territoire français doivent être traités comme des chèques barrés [4].

992 ***Interdiction d'endosser*** ◊ Enfin, l'article L. 131-71, alinéa 3, indique qu'il peut être délivré des formules de chèques rendues, par une mention expresse du banquier, non transmissibles par voie d'endossement,

---

1. C. mon. fin., art. L. 131-44, al. 2.
2. C. mon. fin., art. L. 131-44, al. 3.
3. Les chèques non barrés étrangers peuvent, quant à eux, occasionner des incertitudes en matière de droit applicable, Com. 4 nov. 2014, n° 12-27.072 : Dalloz, actualité, 19 nov. 2014, obs. X. Delpech ; *JCP* 2015. 19, note L. Abadie et J. Lasserre Capdeville ; *RJDA* 2015, n° 377 ; *Gaz. Pal.* 2015. 1088, obs. J. Morel-Marojer ; *RDBF* 2015, comm. 142, obs. F.-J. Crédot et Th. Samin.
4. En revanche, cette solution n'a aucune incidence sur la possibilité d'endosser le chèque et de le faire circuler. À ce titre, un tel chèque peut être amené à devoir être déclaré sur le fondement de l'article L. 152-1, Crim. 19 juin 2013, n° 12-81.811, *Banque et Dr.* 11-12/2013. 49, obs. J. Lasserre Capdeville ; *Dr. pénal* 2013, comm. 154, obs. J.-H. Robert.

« sauf au profit d'un établissement de crédit, d'un établissement assimilé, d'une société de financement, d'un établissement de monnaie électronique ou d'un établissement de paiement »[1].

Ainsi, aujourd'hui, dans la grande majorité des cas, le chèque ne fait l'objet que d'un seul endossement, au profit de la banque de son bénéficiaire, en vue de son encaissement. Voilà qui réduit considérablement les possibilités d'endossement des chèques dans notre pays. Il est vrai, néanmoins, que l'endossement est susceptible de faciliter le transit de fonds d'origines douteuses.

993 ***Protection supplémentaire*** ◊ On notera que des exigences supplémentaires s'imposent lorsque les deux règles précitées ne sont pas mises en œuvre.

D'une part, pour l'article L. 131-71, alinéa 3, l'administration des impôts peut obtenir à tout moment, sur sa demande, communication de l'identité des personnes auxquelles sont délivrées des formules ne répondant pas à ces caractéristiques, ainsi que le numéro de ces formules.

D'autre part, l'article 916 A du Code général des impôts prévoit que les formules de chèques ne répondant pas aux caractéristiques de barrement d'avance et de non-transmissibilité par voie d'endossement « sont soumises à un droit de timbre de 1,5 € par formule ».

SECTION 2. LES CONDITIONS DE FORME À LA CRÉATION DU CHÈQUE

994 ***Mentions obligatoires*** ◊ Les conditions de formes applicables en la matière sont très strictes. Ainsi, le titre en question doit comporter un certain nombre de mentions expressément prévues par la loi (§ 1), à défaut de quoi différentes sanctions peuvent être prononcées (§ 2)[2].

995 ***Chèque sur papier libre*** ◊ Au-delà de ces mentions obligatoires, on notera que le droit n'impose pas au client d'utiliser les formules de chèques qui lui ont été délivrées par son établissement de crédit. Le chèque sur un papier libre est dès lors juridiquement valable[3], du moins si le papier n'est pas trop fragile[4].

---

1. Ch. Gavalda, « Le chèque prébarré et non endossable », *D.* 1979. Chron. 189.

2. J. Lasserre Capdeville, « Le contentieux autour des mentions du chèque », *Banque et Dr.* 3-4/2009, n° 124, p. 3.

3. Paris, 30 avr. 1931 : *DP*, 1932, 2, p. 152, note A. C. – Aix-en-Provence, 14 nov. 1958 : *Gaz. Pal.* 1959. 1, p. 54. – Paris, 2 oct. 1986 : *RDBB* 1987. 8, obs. F.-J. Crédot et Y. Gérard.

4. TGI Lyon, 16 avr. 1996 : *Gaz. Pal.* 1996. 2, p. 624 ; *JCP E* 1997, I, 637, n° 24, obs. Ch. Gavalda et J. Stoufflet. Il s'agissait, en l'occurrence, d'un chèque établit sur un papier hygiénique et qui présentait, de ce fait, une fragilité en empêchant l'encaissement.

Cette pratique, qui suscite des critiques de la part d'un courant doctrinal [1], est cependant particulièrement rare. Il est vrai que les établissements de crédit cherchent à décourager les tireurs d'émettre de tels chèques en prévoyant des commissions de traitement élevées [2].

996 ***Mentions interdites*** ◊ Le droit régissant le chèque ne s'est pas contenté d'envisager les mentions devant obligatoirement figurer sur le chèque ; il a également prévu un certain nombre de mentions qu'il juge, au contraire, interdites. Il en va ainsi avec l'acceptation du chèque par le tiré [3], l'indication d'une date d'échéance ou d'une condition à l'encaissement [4], la stipulation d'un intérêt [5] et enfin l'exonération de la garantie du tireur [6].

997 ***Mentions facultatives*** ◊ Différentes dispositions visent des mentions facultatives, c'est-à-dire admises à figurer sur un chèque sans pour autant être obligatoires. Relèvent de cette catégorie : la désignation du bénéficiaire [7], le visa [8], la certification [9], la clause non à ordre, la clause sans frais, ou encore le barrement.

---

1. S. Piedelièvre, *Instruments de crédit et de paiement* : éd. Dalloz, coll. Cours, 2018, 10e éd., n° 319.

2. En revanche, le banquier tiré ne saurait opposer au porteur la clause de la convention qu'il a conclu avec le tireur lui interdisant d'utiliser un papier libre pour refuser le paiement, Paris, 2 oct. 1986, *BRDA*, 15 nov. 1986, p. 13.

3. C. mon. fin., art. L. 131-5, al. 1. Cette solution est logique. Une telle mention aboutirait à donner au chèque la sécurité d'un billet de banque. Il concurrencerait alors la monnaie fiduciaire. Notons que la sanction à cette prohibition n'est pas la nullité du titre. En effet, pour l'article L. 131-5 du Code, une mention d'acceptation portée sur le chèque est simplement réputée non écrite. Le chèque demeure donc valable si, par ailleurs, il comporte les mentions obligatoires prévues par le législateur à l'article L. 131-2.

4. Sont donc interdits les « chèques papillons » par l'intermédiaire desquels un tireur interdit à un porteur de présenter le titre au paiement avant une certaines date. – En revanche, lorsque le porteur a un rapport direct avec le tireur, l'absence de cause peut éventuellement être retenue pour faire échec au paiement du chèque, Com. 29 juin 2011, n° 10-12.018 : *Banque et Dr.* 2011, n° 140, p. 16, obs. Th. Bonneau.

5. C. mon. fin., art. L. 131-8.

6. C. mon. fin., art. L. 131-13.

7. Paris, 14 juin 1983 : *D.* 1984. IR 69, obs. M. Cabrillac. – Aix-en-Provence, 26 janv. 2017, n° 14/13864. – Com. 13 oct. 2015, n° 14-11.453 : *Gaz. Pal.* 8 mars 2016, p. 62, obs. C. Houin-Bressand.

8. C. mon. fin., art. L. 131-5, al. 2. De par la généralité du texte, il semble que ce visa peut être demandé aussi bien par le tireur que par le porteur. Il a pour effet de constater l'existence de la provision à la date à laquelle il est donné.

9. C. mon. fin., art. L. 131-14 et R. 131-2. – v. ss 1135 – Ici, le tiré garantit l'existence de la provision et s'oblige à la bloquer au profit du porteur durant le délai de présentation de huit jours (mais pas au-delà, Com. 11 juill. 2000, n° 96-21.031 : *Bull. civ.* 2000, IV, n° 140 ; *D.* 2000. AJ 378, obs. V. Avena-Robardet ; *RDBF* 2000, comm. 184, obs. F.-J. Crédot et Y. Gérard). La certification est donc plus intéressante que le visa, ce dernier n'emportant aucun devoir de blocage de la provision à la charge du banquier tiré, Com. 11 déc. 1973, n° 71-12.942 : *Bull. civ.* 1973, IV, n° 359 ; *D.* 1975. 64, note J. Vézian ; *RTD com.* 1974. 309, obs. M. Cabrillac et J.-L. Rives-Lange.

§ 1. Les mentions obligatoires du chèque

998 Nous reprendrons ici, successivement, les sept mentions envisagées par l'article L. 131-2 du Code monétaire et financier.

A. Le dénomination de chèque

999 ***Obligation légale*** ◊ La loi a rendu obligatoire, par l'intermédiaire de l'article L. 131-2, 1°, l'insertion du mot « chèque » dans le titre. Celle-ci doit être réalisée, précise ce texte, dans la langue employée pour la rédaction de ce titre. En pratique cette mention est pré imprimée. Cette exigence légale est naturelle s'agissant d'un instrument susceptible de circuler, dans la mesure où sa qualification ne doit pas prêter à discussion.

1000 ***Incidence*** ◊ A défaut de cette mention, le titre en question ne vaut pas, en vertu de l'article L. 131-3, comme chèque. Aucune des règles régissant ne pourra alors lui être appliquée. Ce titre n'aura pas plus la valeur d'une lettre de change, puisqu'il sera dépourvu de la mention, elle aussi obligatoire, de « lettre de change ». Il pourra simplement être vu, en fonction des circonstances, comme une reconnaissance de dette ou comme un commencement de preuve par écrit [1].

B. Le mandat pur et simple de payer une somme déterminée

1001 ***Obligation légale*** ◊ Aux termes de l'article L. 131-2, 2°, le chèque doit contenir « le mandat pur et simple de payer une somme déterminée ». Dans cette hypothèse encore, le titre non revêtu de cette mention ne vaut pas comme chèque.

1002 ***Précisions légales*** ◊ Le législateur est à l'origine de quelques précisions utiles concernant cette mention. En effet, l'article L. 131-10, alinéa 1er, dispose que le chèque dont le montant est écrit à la fois en toutes lettres et en chiffres « ne vaut, en cas de différence, que pour la somme écrite en toutes lettres » [2].

De plus, selon l'alinéa suivant, le chèque dont le montant est écrit plusieurs fois, soit en lettres, soit en chiffres, ne vaut, en cas de différence, que pour la plus faible des sommes visées [3].

1003 ***Précisions jurisprudentielles*** ◊ Plusieurs solutions dégagées par les juges sont à mentionner ici. Tout d'abord, commet une faute la banque

---

1. V. ss 1018.
2. Paris, 13 févr. 1985 : *D.* 1985. IR 417, obs. M. Cabrillac.
3. Paris, 30 sept. 1982 : *D.* 1983. IR 42, obs. M. Cabrillac.

qui n'interroge pas son client sur l'intention qui était la sienne en rédigeant un chèque dont le montant mentionné en lettre est incohérent [1].

De plus, il n'est nullement exigé de la part des articles L. 131-2 et L. 131-10 précités que la somme soit impérativement écrite à la fois en lettres et en chiffres [2]. D'ailleurs, force est de constater qu'aujourd'hui la double inscription est en recul en raison de la croissance des rédactions informatisées qui ne portent que des chiffres.

Enfin, ce n'est que lors de la remise à l'encaissement que la somme doit impérativement figurer sur le titre. La mention de la somme à payer peut alors ne pas être écrite sur le titre lors de sa création, le tireur laissant au bénéficiaire le soin de compléter le chèque émis ainsi en « blanc » avant de le remettre à l'encaissement [3]. Cette pratique est, à l'évidence, dangereuse.

1004 ***Limitation pratique*** ◊ Il n'existe, en théorie, aucun montant minimal ou maximal au chèque. En pratique, cependant, il est classique que les commerçants exigent un montant minimum. Cette pratique n'est aucunement critiquable du moment que le client a été averti par l'intéressé.

C. Le nom du tiré

1005 ***Obligation légale*** ◊ Le chèque doit contenir « le nom de celui qui doit payer, nommé le tiré ». À défaut de cette mention concernant le tiré, l'article L. 131-3 dispose que le titre en question ne vaut pas comme chèque. L'article L. 131-71 complète cette exigence en déclarant que les formules de chèques doivent également mentionner le numéro de téléphone de la succursale ou de l'agence bancaire auprès de laquelle le chèque est payable.

1006 ***Monopole*** ◊ Soulignons ici le fait que tout le monde ne peut pas faire office de tiré. En effet, le chèque ne peut être tiré, en vertu de l'article L. 131-4, que sur « un établissement de crédit, un prestataire de services d'investissement autre qu'une société de gestion de portefeuille, le Trésor public, la Caisse des dépôts et consignations, la Banque de France ».

---

1. Aix-en-Provence, 2 juill. 2015, n° 11/13907 : *LEDB* déc. 2015, p. 6, obs. J. Lasserre Capdeville.

2. Rép. min. n° 10004 : *JOAN Q* 24 nov. 1986, p. 4390. – Com. 17 oct. 1995, n° 94-11.664 : *Bull. civ.* 1995, IV, n° 231 ; *RTD com.* 1996. 92, obs. M. Cabrillac.

3. Un tel chèque, dont les mentions manquantes relatives au nom du bénéficiaire et à la somme à payer ont été complétées par un tiers, est logiquement valide, Paris, 18 janv. 2002 : *BICC* n° 644.

D. L'indication du lieu où le paiement doit s'effectuer

007 ***Obligation légale*** ◊ Selon l'article L. 131-2, 4°, le chèque doit contenir « l'indication du lieu où le paiement doit s'effectuer ». Il est donc nécessaire de préciser l'agence ou la succursale qui gère le compte du tireur. Cette mention peut se révéler importante en cas d'action en justice, dans la mesure où elle va permettre de déterminer la compétence territoriale et la législation applicable en cas de conflits de lois. Précisons qu'un lieu de paiement conventionnel peut toujours être fixé par les intéressés. Néanmoins, une telle domiciliation aux caisses d'un établissement de crédit autre que celui du tiré demeure exceptionnelle en matière de chèque.

Le lieu de paiement ne soulève aucune difficulté en pratique, dans la mesure où les formules indiquent le nom du tiré et l'agence où est tenu le compte du tireur.

008 ***Mentions supplétives*** ◊ Une particularité est à relever en l'espèce : aucune sanction n'est prévue par la loi si cette mention fait défaut. En effet, des règles pour suppléer cette omission ont été posées par les alinéas 2 et 3 de l'article L. 131-3. Tout d'abord, à défaut d'indication spéciale, le lieu désigné à côté du nom du tiré est réputé être le lieu de paiement. Si plusieurs lieux figurent de la sorte sur le titre, le chèque est payable « au premier lieu indiqué ». De plus, à défaut de ces indications, le chèque est payable au lieu où le tiré à son établissement principal.

E. L'indication de la date de création du chèque

009 ***Obligation légale*** ◊ Une mention prévoyant la date de création du chèque est imposée par l'article L. 131-2, 5°, du code. Cette date est d'une grande importance en pratique, car c'est elle qui permettra d'apprécier la capacité et les pouvoirs du tireur au moment de la création du chèque. C'est à partir de cette date, également, que courront les délais de présentation du chèque au paiement [1] et de prescription [2].

010 ***Précisions jurisprudentielles*** ◊ Faute de précision légale, cette date peut logiquement figurer en lettres ou en chiffres. La jurisprudence est simplement venue déclarer qu'elle impliquait l'indication de l'année, du mois et du jour [3]. Rappelons encore que la date de création ne doit pas être confondue avec celle de l'émission, qui résulte, quant à elle, du dessaisissement au profit du bénéficiaire [4].

---

1. C. mon. fin., art. L. 131-32.
2. C. mon. fin., art. L. 131-59.
3. Com. 24 juin 1997, n° 95-11.300 : *Bull. civ.* 1997, IV, n° 199 ; *RTD com.* 1997. 655, obs. M. Cabrillac.
4. Com. 31 janv. 2006, n° 04-15.315 : *Bull. civ.* 2006, IV, n° 18 ; *D.* 2007. 756, obs. D. R. Martin ; *D.* 2006. AJ 573, obs. V. Avena-Robardet ; *RTD com.* 2006. 455, obs. D. Legeais ;

Toutefois, notons que lorsque le chèque de paiement d'une cotisation est envoyé par voie postale ordinaire, la Cour de cassation estime que la date de remise est présumée être celle figurant sur le chèque, et il appartient à l'assureur, s'il a accepté et encaissé, de prouver qu'il lui a été remise ou adressé à une date postérieure [1].

1011 ***Incidences*** ◊ Le titre ne contenant pas cette mention ne peut pas, selon l'article L. 131-3, valoir comme chèque. Il pourra cependant être perçu, malgré cette irrégularité, comme un acte sous seing privé ou comme un commencement de preuve par écrit [2].

Par ailleurs, le tireur qui émettrait un chèque sans date demeure passible d'une amende maximale de 6 % de la somme pour laquelle le chèque est tiré, sans que cette amende puisse être inférieure à 0,75 euro [3]. Mais ces sanctions sont-elles une fatalité ? La Cour de cassation est récemment venue répondre à cette question par la négative en déclarant que le rajout par le porteur de la date de création, postérieurement à son émission, est parfaitement admissible [4].

F. L'indication du lieu de création du chèque

1012 ***Obligation légale*** ◊ L'indication du lieu de création du chèque est également qualifiée d'obligatoire par l'article L. 131-2, 5°, du Code monétaire et financier. Cette mention n'est pas sans intérêt. Elle peut ainsi avoir une incidence en cas de conflits de lois, car elle permettra de déterminer la loi applicable.

1013 ***Mentions supplétives*** ◊ A l'image de l'indication du lieu où le paiement doit s'effectuer, des règles tendant à suppléer une omission en la matière ont été posées par l'alinéa 4 de l'article L. 131-3. Aux termes de ce dernier, en effet, le chèque sans indication du lieu de sa création est considéré comme souscrit « dans le lieu désigné à côté du nom du tireur ». Les formules de chèques délivrées par les établissements de crédit faisant aujourd'hui figurer sur le titre l'adresse du tireur, l'omission de cette mention est désormais difficilement envisageable.

1014 ***Incidence*** ◊ Le tireur qui émet un chèque ne portant pas l'indication du lieu de l'émission est passible, ici encore, d'une amende maximale de 6 % de la

---

RDBF 2006, comm. 91, obs. F.-J. Crédot et Th. Samin. – Ch. Youego, « Retour sur une notion controversée : la date d'émission du chèque », *RDBF* 2008. Étude 21.

1. Civ. 2e, 22 janv. 2009, n° 08-10.682 : *Banque et Dr*. 5-6/2009. 28, obs. Th. Bonneau.
2. V. ss 1018.
3. C. mon. fin., art. L. 131-69.
4. Com. 22 sept. 2015, n° 14-17.901 : *D. actu*. 8 oct. 2015, obs. X. Delpech ; *D*. 2015. AJ 1948 ; *RTD com*. 2016, obs. D. Legeais ; *JCP E* 2015, 1617, note K. Rodriguez ; *Banque et Dr*. 1-2/2016. 41, obs. Th. Bonneau ; *RDBF* 2016, comm. 51, obs. F.-J. Crédot et Th. Samin ; *LEDB* nov. 2015, p. 7, obs. J. Lasserre Capdeville ; *Gaz. Pal*. 10 nov. 2015, p. 17, obs. C. Houin-Bressand.

somme pour laquelle le chèque est tiré, sans que cette amende puisse être inférieure à 0,75 euro [1]. Cette sanction peut paraître bien inutile, surtout pour un manquement qui a peu de chance, nous l'avons dit, de se rencontrer.

G. La signature du tireur

1015 ***Obligation légale*** ◊ Enfin, aux termes de l'article L. 131-2, 6°, du code, le chèque doit porter « la signature de celui qui émet le chèque, nommé tireur ». Cette exigence est logique puisque, en apposant sa signature sur le chèque, le tireur marque sa volonté de créer le titre et d'assumer les obligations qui s'attachent à sa mise en circulation. Le consentement du tireur doit être donné librement. À défaut de signature, l'ordre du bénéficiaire est inopérant [2].

1016 ***Caractère manuscrit*** ◊ Une question importante s'est posée en la matière. Cette signature doit-elle être obligatoirement manuscrite ? Les textes étant muets sur ce point, rien ne semble imposer un tel caractère à la signature. Néanmoins, on ne peut nier le fait que cette dernière permet un meilleur contrôle (certes très théorique de nos jours) de la validité du chèque. Il n'est donc pas surprenant de constater que les juridictions du fond ont longtemps été favorables à la seule signature manuscrite [3]. Toutefois, on notera que des conventions conclues entre des entreprises et leurs banques permettent, parfois, l'usage d'une griffe pour la signature des chèques ou admettent même une signature imprimée, et les magistrats ne paraissent pas contester de telles conventions [4]. L'incertitude demeure néanmoins sur ce point.

1017 ***Incidence*** ◊ Ici encore, le titre dépourvu de la signature du tireur « ne vaut pas comme chèque » [5]. Cette solution est dès lors amenée à se rencontrer dans deux situations : d'une part lorsque sur le titre ne figure aucune signature, par exemple en raison d'un oubli du tireur, mais également, d'autre part, lorsque le titre en question est revêtu d'une fausse signature, c'est-à-dire une signature contrefaite [6].

§ 2. Les sanctions liées aux mentions obligatoires du chèque

1018 ***Valeur du titre*** ◊ A défaut de l'une des mentions précitées, du moins celles qui n'admettent pas une mention supplétive (l'indication du lieu où

1. C. mon. fin., art. L. 131-69.
2. Com. 12 juill. 2011, n° 10-15.833 : *Banque et Dr.* 11-12/2011, n° 140, p. 16, obs. Th. Bonneau ; *LEDB* oct. 2011, p. 2, obs. R. Routier ; *Gaz. Pal.* 29 oct. 2011, p. 27, obs. A.-C. Rouaud.
3. Paris, 31 août 2000 : *D.* 2000. AJ 424. – Paris, 10 juin 2010, n° 09/02815 : *LEDB* oct. 2010, p. 6, obs. J. Lasserre Capdeville.
4. Com. 25 févr. 2003, n° 01-00.751 : *RDBF* 2003, comm. 63, obs. F.-J. Crédot et Y. Gérard.
5. C. mon. fin., art. L. 131-3.
6. V. ss 1043.

le paiement doit s'effectuer et l'indication du lieu de création du chèque peuvent ainsi être suppléées), le titre en question ne vaut pas, en vertu de l'article L. 131-3, comme chèque [1]. Aucune des règles du chèque ne pourra donc lui être appliquée. Ce titre ne saurait, également, avoir la valeur d'une lettre de change, puisqu'il est dépourvu de la mention expresse, elle aussi obligatoire, de « lettre de change ».

Il pourra en revanche, en fonction des circonstances, être perçu comme un commencement de preuve par écrit [2].

1019 ***Régularisation*** ◊ Outre les cas où une mention supplétive est envisagée (c'est-à-dire l'indication du lieu où le paiement doit s'effectuer et l'indication du lieu de création du chèque), le tiré a toujours la faculté de s'adresser au tireur pour lui demander de bien vouloir régulariser le titre en complétant la mention omise [3]. De la sorte, le titre en question ne perdra pas sa qualité de chèque.

1020 ***Amende*** ◊ Rappelons encore que pour l'article L. 131-69 du Code monétaire et financier le tireur qui émet un chèque ne portant pas l'indication du lieu de l'émission ou sans date, est passible d'une amende maximale de 6 % de la somme pour laquelle le chèque est tiré, sans que cette amende puisse être inférieure à 0,75 euro. Cette sanction nous parait aujourd'hui bien désuète.

SECTION 3. LES CONDITIONS DE FOND À LA CRÉATION DU CHÈQUE

1021 Après avoir observé qui sont exactement les parties au chèques (§ 1), nous verrons les exigences légales intéressant la provision (§ 2).

---

1. V. par ex., Civ. 1re, 26 janv. 1988, n° 86-15.300 : *Bull. civ.* 1988, I, n° 23 ; *Gaz. Pal.* 1988, I, somm. p. 257, obs. A. Piedelièvre ; *RTD com.* 1998. 471, obs. M. Cabrillac. – Com. 24 juin 1997, n° 95-11.300 : *Bull. civ.* 1997, IV, n° 199 ; *RTD com.* 1997. 655, obs. M. Cabrillac.

2. Civ. 1re, 8 juill. 1986, n° 84-12.369 : *Bull. civ.* 1986, I, n° 203 ; *RTD com.* 1987. 84, obs. M. Cabrillac. – Civ. 1re, 10 mars 1992, n° 90-21.074 : *Bull. civ.* 1992, I, n° 78 ; *D.* 1992. 337, obs. M. Cabrillac ; Com. 16 déc. 2014, n° 13-20.895 : dalloz.fr, actualité, 7 janv. 2015, obs. X. Delpech ; *LPA*, 1er mai 2015, n° 87-88, p. 6, obs. J. Lasserre Capdeville ; *Banque et Dr.* 5-6/2015. 26, obs. M. Helleringer ; *Gaz. Pal.* 15 mars 2015 2015, p. 13, obs. C. Houin-Bressand. – Versailles, 15 janv. 2019, n° 17/05308 : *LEDB* mars 2019, p. 2, obs. J. Lasserre Capdeville.

3. Paris, 5 juill. 1952 : *JCP* 1952, II, 7139, note H. Cabrillac. – Les juges du fond ont déjà eu l'occasion de dire que la mention par le tireur de la somme en chiffres et de sa signature suffisait à rendre un chèque régulier. Ainsi, le fait que le bénéficiaire ait complété le chèque de la mention du bénéficiaire, du lieu et de la mention en lettres de la somme n'était pas de nature à porter atteinte à la validité du chèque, Toulouse, 13 oct. 2016, n° 16/03275.

§ 1. Les parties au chèque

022 Nous nous intéresserons ici au tireur (A), au tiré (B) et enfin au bénéficiaire du chèque (C). Plusieurs règles particulières s'adressent en effet à ces protagonistes.

A. Le tireur

023 ***Présentation générale*** ◊ Le tireur est la personne qui prend l'initiative de la création d'un chèque en vue de sa remise à un tiers pour effectuer un paiement ou une donation.

024 ***Capacité*** ◊ Fort logiquement, de par leur incapacité d'exercice, les mineurs [1] comme les majeurs sous tutelle ne peuvent pas émettre un chèque. Il en va différemment, en revanche, pour les mineurs émancipés, ceux-ci étant capables d'effectuer la plupart des actes de la vie civile.

La jurisprudence a, pour sa part, déjà eu l'occasion d'affirmer que dès lors que l'insanité d'esprit du tireur était suffisamment établie à l'époque de l'émission des chèques, leur nullité devait être dénoncée [2].

Notons que pour l'article L. 131-12 du Code monétaire et financier, quiconque appose sa signature sur un chèque, comme représentant d'une personne pour laquelle il n'avait pas le pouvoir d'agir, est obligé lui-même en vertu du chèque et, s'il a payé, a les mêmes droits, qu'aurait eu le prétendu représenté [3]. Il en va de même pour le représentant qui aurait dépassé ses pouvoirs.

025 ***Intangibilité*** ◊ L'article L. 131-36 du Code monétaire et financier indique que ni le décès du tireur, ni son incapacité survenant après l'émission, n'a d'incidence sur les effets du chèque [4]. On parle traditionnellement de l'« intangibilité des effets du chèque ». Cette solution constitue une garantie importante pour le bénéficiaire du chèque, qui s'ajoute à la garantie personnelle du tireur [5].

---

1. J. Lasserre Capdeville, *Le compte en banque du mineur* : *RDBF* 2006. Étude 6.
2. Dijon, 31 mars 1998 : *BICC* 1999, n° 132 ; *D. Affaires* 1998, p. 1745, obs. X. Delpech.
3. La responsabilité de la banque peut être engagée si elle a délivré des formules de chèques à une personne non dotée d'un pouvoir de représentation, Com. 7 oct. 1997, n° 95-15. 828 : *JCP E* 1997. Pan. 1205, note P. Bouteiller.
4. Ce sera alors à l'ayant droit du tireur, venant à ses droits et obligations, que le certificat de non-paiement devra être signifié par l'huissier instrumentaire en vue de la délivrance d'un titre exécutoire conformément à l'article L. 131-73 du Code monétaire et financier, Com. 3 juill. 2012, n° 11-14.227 : *Gaz. Pal.* 19 sept. 2012, n° 263, p. 13, note J. Lasserre Capdeville ; *LEDB* sept. 2012, p. 2 obs. R. Routier.
5. C. mon. fin., art. L. 131-13.

1026 ***Absence de novation*** ◊ Il résulte de l'article L. 131-67 du même code que la remise d'un chèque en paiement, accepté par un créancier, n'entraîne pas novation. En conséquence, la créance originaire subsiste avec toutes ses garanties, jusqu'à ce que le chèque en question soit payé. La libération intervient seulement, et cela sera observé plus loin, à la date de l'encaissement [1].

B. Le tiré

1027 ***Monopole*** ◊ Il résulte de l'article L. 131-4 du Code monétaire et financier que tout le monde ne peut pas faire office de tiré. En effet, le chèque ne peut être tiré que sur un établissement de crédit, un prestataire de services d'investissement autre qu'une société de gestion de portefeuille, le Trésor public, la Caisse des dépôts et consignations et la Banque de France.

1028 ***Sanctions*** ◊ L'article L. 131-4 précise *in fine* que les titres tirés et payables en France sous forme de chèques sur toute autre personne que celles mentionnées ci-dessus ne sont pas valables comme chèques.

En outre, son tireur s'expose, en vertu de l'article L. 131-69 du Code monétaire et financier, à une amende fiscale de 6 % du montant du chèque, ne pouvant être inférieure à 0,75 euro.

1029 ***Accord du tiré*** ◊ Notons encore que le chèque ne peut être tiré que si « *conformément à une convention expresse ou tacite [...] le tireur a le droit de disposer de ces fonds par chèque* » [2]. Ainsi, tout dépôt de fonds auprès d'un établissement de crédit ne confère pas automatiquement le droit d'émettre des chèques. L'accord du tiré s'exprimera, en pratique, par la délivrance des formules de chèques.

1030 ***Chèque tiré sur le tireur*** ◊ L'article L. 131-7, alinéa 3, du Code monétaire et financier interdit spécifiquement que le chèque ne soit tiré sur le tireur lui-même. Par exception, cette possibilité est admise dans le cas où il s'agit d'un chèque tiré entre différents établissements d'un même tireur et à la condition que ce chèque ne soit pas au porteur. Il s'agit alors, dans un tel cas, de chèques de banque [3].

C. Le bénéficiaire

1031 ***Capacité*** ◊ Il est, par principe, exigé que le bénéficiaire ait la capacité de recevoir un paiement. Certains [4] considèrent alors que les mineurs

---

1. V. ss 1136 – Civ. 17 déc. 1924 : S. 1925, I, p. 19, rapport S. Colin.
2. C. mon. fin., art. L. 131-4.
3. V. ss 1070.
4. S. Piedelièvre, *op. cit.*, n° 342.

non émancipés ou les majeurs sous tutelle ne peuvent être payés que par l'intermédiaire de leurs représentants. Cette solution n'est, selon nous, pas convaincante, dans la mesure où la réception d'un chèque n'est sûrement pas un acte de disposition.

1032 ***Mention facultative*** ◊ La désignation du bénéficiaire ne figurant pas dans les mentions obligatoires visées par l'article L. 131-2 du Code monétaire et financier, elle ne constitue qu'une mention facultative au chèque [1].

1033 Au contraire, l'article L. 131-6 prône la liberté en la matière : il opère en effet une distinction entre plusieurs hypothèses selon que le chèque est stipulé payable à une personne dénommée avec ou sans la clause expresse « à ordre » (1), à une personne dénommée avec la clause « non à ordre » (2), ou encore au porteur (3). Toutefois, cette solution n'empêche pas le banquier, dans certaines circonstances (chèque contrefait, chèque falsifié), de voir sa responsabilité civile engagée (4).

1. Le chèque payable à une personne dénommée avec ou sans clause « à ordre »

1034 ***Définition*** ◊ On parle de chèque à ordre lorsque le chèque est libellé au profit d'une personne dénommée ou à son ordre. La désignation du bénéficiaire est réalisée par l'inscription soit d'un nom patronymique, qu'il est préférable de compléter par un prénom, soit par l'appellation d'une personne morale, soit encore par l'indication d'une fonction publique ou privée (par exemple « Trésor public »). L'indication du bénéficiaire peut également résulter de la mention du numéro du compte à créditer au recto ou au verso du chèque [2].

1035 ***Pluralité de bénéficiaires*** ◊ Il est admis que le chèque puisse être émis à l'ordre de plusieurs personnes. Cette règle aura cependant des effets distincts selon que la désignation est alternative ou cumulative.

Tout d'abord, lorsque la désignation est alternative, le chèque pourra être encaissé par n'importe laquelle des personnes visées.

Il en ira différemment, en revanche, si la désignation en question est cumulative. Le consentement des deux bénéficiaires, c'est-à-dire leurs deux signatures, sera alors exigé [3]. Notons, cependant, que cette règle peut être infléchie par le jeu du mandat. Il a en effet été jugé que, par application de

1. V. ss 997.
2. Com. 13 févr. 1996, n° 93-18.593 : *Bull. civ.* 1996, IV, n° 45 ; *D. Affaires* 1996, p. 395.
3. La banque qui crédite le compte d'un seul bénéficiaire, sans avoir obtenu l'accord de l'autre, engage sa responsabilité, en raison de sa faute, Com. 3 janv. 1996, n° 93-18.863 : *Bull. civ.* 1996, IV, n° 1 ; *JCP* 1996, II, 22617, note Th. Bonneau ; *RTD com.* 1996. 301, obs. M. Cabrillac.

l'article 221 du Code civil, le banquier présentateur ne commettait pas une faute en portant au compte de la femme le montant d'un chèque émis à l'ordre des deux époux et endossé par chacun d'eux [1].

1036 ***Cas du chèque à l'ordre du tireur*** ◊ L'article L. 131-7, alinéa 1er, du Code monétaire et financier reconnaît expressément la validité du chèque à l'ordre du tireur lui-même [2]. La combinaison était fréquente autrefois, car elle permettait au titulaire du compte de prélever directement les fonds déposés sans qu'il soit nécessaire d'établir un reçu, reçu qui donnait lieu à une perception fiscale.

Cette pratique n'a pas disparu aujourd'hui, même si le virement entre comptes a pris désormais le pas. Elle demeure ainsi utile pour retirer des fonds, et ce même dans une autre agence que celle où est tenu le compte. On parle d'ailleurs, classiquement, de « chèques de retrait ». Ces derniers ont pour particularité de pouvoir être émis par des personnes frappées de l'interdiction bancaire [3].

1037 ***Cas du chèque tiré pour le compte d'un tiers*** ◊ L'article L. 131-7, alinéa 2, du Code monétaire et financier autorise le tirage pour le compte d'un tiers. Cette situation est tout à fait particulière. Le tireur apparent se présentera alors comme le véritable créateur du titre, et, à ce titre, il sera garant du paiement à l'égard des endosseurs et du porteur du chèque, à l'image d'un tireur ordinaire [4].

Précisons encore qu'à l'égard du tiré, le titre sera créé pour le compte du donneur d'ordre et c'est donc le compte bancaire de ce dernier que le banquier débitera du montant du chèque. Un tirage de ce genre supposera simplement qu'il a été autorisé par le donneur d'ordre et que le banquier a été avisé d'avoir à payer, par le débit du compte de ce dernier, le chèque émis par le tireur pour compte.

Enfin, dans les rapports entre le donneur d'ordre et le tireur pour compte, l'opération ne sera qu'un mandat. Le tireur ne devra donc pas dépasser les termes de son mandat. Cette pratique du chèque tiré pour le compte d'un tiers est cependant aujourd'hui relativement rare, comme en témoigne l'absence de jurisprudence sur ce point.

---

1. Com. 21 nov. 2000, n° 97-18.187 : *Bull. civ.* 2000, IV, n° 177 ; D. 2001, somm. 2932, obs. F. Brémond ; *RTD com.* 2001. 199, obs. M. Cabrillac. – Sur les incidences de la règle, Civ. 1re, 16 mai 2013, n° 12-12.207 : *Gaz. Pal.* 6 juin 2013, n° 187, p. 22, obs. C. Houin-Bressand ; *LEDB* juill. 2013, p. 1, obs. R. Routier ; *D.* 2014. 2145, obs. D.-R. Martin. – En revanche, lorsque l'époux a encaissé le chèque sur un compte personnel situé à l'étranger alors que la signature de l'épouse au dos du chèque est frauduleuse, dans ce cas l'endos est jugé irrégulier, Civ. 1re, 22 févr. 2017, n° 16-12.771 : *LEDB* avr. 2017, p. 3, obs. S. Piedelièvre.

2. Crim. 4 nov. 1972, n° 71-92.495 : *JCP* 1973, II, 17336, note Ch. Gavalda ; *RTD com.* 1973, obs. M. Cabrillac et J.-L. Rives-Langes.

3. C. mon. fin., art. L. 131-73, al. 1er.

4. C. mon. fin., art. L. 131-4, al. 2.

2. Le chèque payable à une personne dénommée avec clause « non à ordre »

1038 ***Définition*** ◊ Une clause « non à ordre » peut être apposée sur le chèque. Cette dernière a pour particularité d'interdire l'endossement d'un chèque payable au profit d'une personne dénommée. Ce chèque n'est alors transmissible qu'en application des règles de droit commun de la cession de créances de envisagées par le Code civil [1]. Cette situation ne se rencontre quasiment plus aujourd'hui.

3. Le chèque payable au porteur

1039 ***Définition*** ◊ Notre droit admet le chèque au porteur. L'article L. 131-6 du code donne quelques précisions utiles à propos de ce dernier. Ainsi, le chèque au profit d'une personne dénommée, avec la mention « ou au porteur » ou un terme équivalent, vaut comme chèque au porteur. De même, le chèque sans indication du bénéficiaire est vu aussi comme un chèque au porteur. Ainsi, le fait de ne faire figurer sur le chèque aucun nom de bénéficiaire n'altère en rien sa validité, et ce chèque peut parfaitement se transmettre par simple tradition [2].

1040 ***Utilité de la désignation du bénéficiaire*** ◊ Bien évidemment, la désignation du bénéficiaire d'un chèque demeure importante en pratique, ne serait-ce que pour lutter contre les chèques encaissés indument par un tiers.

Notons que, légalement, toute personne qui remet un chèque en paiement doit en théorie justifier de son identité au moyen d'un document portant sa photographie [3]. On sait cependant qu'aujourd'hui les méthodes de traitement des chèques ne laissent guère de place à ce formalisme.

4. Les cas d'engagement de la responsabilité civile du banquier

1041 Le nom du bénéficiaire ne constituant pas une mention nécessaire à la validité du chèque, on ne saurait reprocher au banquier d'avoir payé un chèque dépourvu d'une telle mention. Mais la responsabilité du professionnel de la banque est-elle exclue dans tous les cas ? Une réponse négative s'impose.

D'une part, la banque qui paie par erreur un chèque non pas au bénéficiaire mentionné sur le titre, mais à un tiers, verra sa responsabilité engagée [4].

---

1. C. mon. fin., art. L. 131-16, al. 2.

2. Com. 12 nov. 1996, n° 94-18.145 : *Bull. civ.* 1996, IV, n° 265 ; *RTD com.* 1997. 121, obs. M. Cabrillac.

3. C. mon. fin., art. L. 131-15.

4. Civ. 1re, 18 sept. 2002, n° 00-12.033 : *Bull. civ.* 2002, I, n° 201 ; *D.* 2002. AJ 3011 ; *RDBF* 2002, comm. 223, obs. F.-J. Crédot et Y. Gérard ; *Banque et Dr.* 1-2/2003. 58, obs. Th. Bonneau ;

D'autre part, et surtout, il en ira de même, dans certaines circonstances, en présence d'un chèque contrefait (a) ou d'un chèque falsifié (b).

1042 Les statistiques de l'Observatoire de la sécurité des moyens de paiement témoignent de la réalité de telles fraudes en matière de chèques [1]. Notre droit cherche alors logiquement à protéger les utilisateurs de cet instrument de paiement [2]. Cela est très net en matière d'admissibilité des preuves, comme en témoigne le fait que les juges sont de plus en plus hostiles à l'opposition du secret bancaire en cas d'action en responsabilité menée contre le banquier en présence du paiement d'un chèque contrefait ou falsifié [3].

a. Le chèque contrefait

1043 ***Définition*** ◊ Le chèque contrefait est celui sur lequel ne figure pas la signature du tireur. C'est donc un tiers qui a frauduleusement apposé sa signature sur le titre. Ce dernier n'a donc pas la qualité de chèque [4].

1044 ***Interrogation*** ◊ En cas de chèque contrefait, le véritable titulaire des formules de chèque, est-il en droit de demander à la banque tirée le remboursement de la somme détournée par le fraudeur ? La loi ne disant mot sur ce point, du moins de façon précise, il est revenu à la jurisprudence de se prononcer. Or cette dernière opère des distinctions en fonction des circonstances, et plus précisément de l'existence ou pas d'une faute de la part du titulaire du chéquier, ou de son préposé.

1045 ***Absence de faute du titulaire*** ◊ Tout d'abord, lorsque le titulaire des formules de chèque n'a eu aucun comportement fautif, la fausseté de la signature implique la nullité du chèque. Dès lors, si le banquier tiré a payé le chèque revêtu d'une fausse signature, il reste tenu de son obligation de

---

RTD com. 2003. 141, obs. M. Cabrillac ◊ Com. 10 juin 2008, n° 06-20.525. – Paris, 31 janv. 2013, n° 11/09631 : *LEDB* avr. 2013, p. 3, obs. J. Lasserre Capdeville.

1. Présentation du 2e rapport annuel par F. Villeroy de Galhau. Conférence de presse du 10 juillet 2018, Observatoire de la sécurité des moyens de paiement. – Sur ce rapport, J. Lasserre Capdeville, « La fraude aux moyens de paiement : état des lieux », *JCP E* 2018. 608.

2. J. Djoudi, « La protection des utilisateurs du chèque », *RDBF* mai-juin 2011, dossier 18, p. 102.

3. J. Lasserre Capdeville, « Le secret bancaire face au droit de la preuve », *RDBF* 2018, n° 6, dossier 38. – Ainsi, pour les juges, « le secret bancaire institué par l'article L. 511-33 du Code monétaire et financier ne constitue pas un empêchement légitime au sens de l'article 145 du Code de procédure civile lorsque la demande de communication de documents est dirigée contre l'établissement de crédit non en sa qualité de tiers confident mais en celle de partie au procès intenté contre lui en vue de rechercher son éventuelle responsabilité dans la réalisation de l'opération contestée », Com. 29 nov. 2017, n° 16-22.060 : *JCP* 2018. 54, note Th. Bonneau ; *JCP E* 2018, n° 4, 1037, note J. Lasserre Capdeville ; *LEDB* janv. 2018, p. 2, obs. N. Mathey ; *D.* 2018. 603, note C. Kleiner. – Com. 24 mai 2018, n° 17-27.969 : *LEDB* juill. 2018, p. 2, obs. J. Lasserre Capdeville. – v. ss 306.

4. Com. 2 juill. 2002, n° 00-10.121 : *RDBF* 2002. 315, obs. F.-J. Crédot et Y. Gérard.

restitution née du contrat de dépôt à l'égard de son client [1]. En effet, en payant le montant du chèque, le tiré méconnaît notamment la règle posée par l'article 1342-2 du Code civil aux termes duquel « *le paiement doit être fait au créancier ou à la personne désignée pour le recevoir* ». De même, l'article 1937 du même code, intéressant le dépôt, prévoit que « *le dépositaire ne doit restituer la chose déposée qu'à celui qui la lui a confiée, ou à celui au nom duquel le dépôt a été fait, ou celui qui a été indiqué pour le recevoir* ». Le banquier doit par conséquent recréditer son compte du montant du chèque [2]. Il importe peu qu'il n'ait commis lui-même aucune faute et que la fausse signature fût indécelable. Ce principe de responsabilité sans faute du banquier, qui paie un chèque contrefait dès l'origine, est aujourd'hui bien acquis [3]. Bien évidemment, il revient au tireur de prouver que le chèque litigieux constituait bien un faux ordre de paiement [4].

)46 ***Faute exclusive du titulaire*** ◊ En revanche, dans les cas où le paiement effectué a eu pour cause exclusive une faute imputable au titulaire du chéquier, la banque peut s'exonérer de sa responsabilité. La jurisprudence en témoigne. Il en a été ainsi dans des affaires où les titulaires des chéquiers avaient fait preuve de négligence dans la surveillance et le contrôle des formules de chèque en question [5], des relevés bancaires [6], ou encore de leurs préposés [7]. Cette exclusivité doit être relevée les juges [8]. Les situations varieront donc en fonction des circonstances [9].

)47 ***Fautes du titulaire et du tiré*** ◊ Il est admis de longue date, pour la jurisprudence, que le principe de non-ingérence à la charge du banquier [10], qui lui interdit de s'immiscer dans les affaires de ses clients,

1. V. ss 676.

2. Com. 9 févr. 1993, n° 90-21.792 : *Bull. civ.* 1993, IV, n° 52 ; *D.* 1993. IR 316, obs. M. Cabrillac ◊ Com. 26 nov. 1996, n° 94-19.071 : *Bull. civ.* 1996, IV, n° 283 ; *D.* 1997. IR 9 ◊ Com. 2 juill. 2002, n° 00-10.121 : *RDBF* 2002, comm. 224, obs. F.-J. Crédot et Y. Gérard.

3. Com. 12 juill. 2017, n° 16-13.576 : *LEDB* oct. 2017, p. 3, obs. N. Mathey.

4. Civ. 1re, 6 sept. 2017, n° 16-17.230 : *LEDB* nov. 2017, p. 3, obs. S. Piedelièvre.

5. Com. 31 mai 2005, n° 03-20.952 : *Bull. civ.* 2005, IV, n° 120 ; *Banque et Dr.* 9-10/2005, obs. Th. Bonneau ; *RJDA* 2005, n° 1144. – Com. 16 nov. 2010, n° 09-17.072 : *LEDB* févr. 2011, p. 6, obs. J. Lasserre Capdeville.

6. Com. 5 nov. 2002, n° 00-11.314 : *Bull. civ.* 2002, IV, n° 157 ; *RTD com.* 2003. 139, obs. M. Cabrillac ; *D.* 2002. AJ 3268, obs. V. Avena-Robardet ; *RDBF* 2003, comm. 1, obs. F.-J. Crédot et Y. Gérard. – Com. 15 févr. 2011, n° 10-15.268 : *D.* 2012. 1911, obs. D.-R. Martin ; *Gaz. Pal.* 2011. 1751, obs. A.-C. Rouaud ; *Banque et Dr.* 5-6/2011. 25, obs. Th. Bonneau.

7. Com. 18 sept. 2012, n° 11-21.898 : *RDBF* 2013, comm. 39, obs. F.-J. Crédot et Th. Samin.

8. Com. 28 janv. 2014, n° 12-27.901 : *RJDA* 2014, n° 461 ; *LPA*, 1er mai 2015, n° 87-88, p. 9, obs. J. Lasserre Capdeville ; *Banque et Dr.* 5-6/2014, n° 155, p. 30, obs. H. Helleringer ; *Gaz. Pal.* 16 mars 2014, p. 12, obs. C. Houin-Bressand.

9. Ainsi, le fait pour le tireur d'expédier pour courrier simple un chèque n'est pas à lui seul constitutif d'une faute, Com. 10 déc. 2003, n° 00-18.653 : *Bull. civ.* 2003, IV, n° 2000 ; *Gaz. Pal.* 2004, somm. p. 1992, obs. S. Piedelièvre ; *Banque et Dr.* 5-6/2004. 50, obs. Th. Bonneau ; *RJDA* 2004, n° 459.

10. V. ss 268. Sur ce principe, J. Lasserre Capdeville, *Que reste-t-il au XXIe siècle du devoir de non-ingérence du banquier ?* : *Banque et Dr.* 2005, n° 101, p. 11 ◊ Il n'est pas rare que les décisions de

laisse subsister le risque de voir sa responsabilité engagée s'il accepte d'enregistrer une opération dont l'illicéité ressort d'une « anomalie apparente »[1]. Ainsi, en matière de chèque, celle-ci devra être relevée dans tous les cas où la signature figurant sur le titre n'aura aucune ressemblance avec le spécimen déposé par le client ou figurant sur diverses conventions. Dès lors, même en présence d'une faute du tireur, le banquier n'ayant pas détecté l'anomalie apparente verra également sa responsabilité engagée[2]. Un partage de responsabilité sera le plus souvent décidé par les magistrats.

Il en ira différemment, en revanche, si l'imitation est de bonne qualité[3] ou encore si le graphisme de la signature du tireur a pour habitude d'évoluer largement[4].

1048 ***Charge de la preuve*** ◊ Il appartient à celui qui invoque le caractère contrefait du chèque de le démontrer[5].

b. Le chèque falsifié

1049 ***Définition*** ◊ Le chèque falsifié se démarque du précèdent, dans la mesure où il a bien été signé par le tireur, et constitue à ce titre un véritable ordre de paiement. En revanche, certaines de ses mentions, et plus particulièrement le montant du chèque et/ou le nom de son bénéficiaire, ont été frauduleusement rajoutées ou modifiées par un tiers[6].

1050 ***Devoir de vigilance*** ◊ Cela a été rappelé précédemment, le devoir de non-ingérence du banquier n'est pas sans limite. Le banquier peut se voir imposer, dans un certain nombre de cas, un devoir contraire, celui de vigilance, qui désigne l'obligation pour le banquier de s'immiscer dans les

---

justice visent ce principe, V. par ex., Com. 15 nov. 2016, n° 15-14.133 et n° 15-14.783 : *Gaz. Pal.* 24 janv. 2017, n° 4, p. 14, note J. Lasserre Capdeville. Com. 13 oct. 2015, n° 14-11.453. - Com. 4 nov. 2014, n° 13-23.659.

1. V. ss 278.
2. Com. 10 oct. 2000, n° 97-21.126 : *Banque et Dr.* 9-10/2000. 51, obs. J.-L. Guillot ◊ Com. 3 déc. 2002, n° 00-20.566 : *Bull. civ.* 2002, n° 183 ; *D.* 2003. 1756, note J. Djoudi ; *RTD com.* 2003. 340, obs. M. Cabrillac ; *Banque et Dr.* 5-6/2003. 57, obs. Th. Bonneau. - Civ. 1re, 20 mars 2013, n° 12-12.805 : *RDBF* 2013, comm. 181, obs. F.-J. Crédot et Th. samin ; *LEDB* mai 2013, p. 5, obs. J. Lasserre Capdeville ◊ Com. 22 mai 2013, n° 12-15.672 : *LEDB* juill. 2013, p. 4, obs. R. Routier ; *Banque et Dr.* 2013, n° 151, p. 20, obs. G. Helleringer.
3. Com. 9 juill. 1996, n° 94-17.119 : *Bull. civ.* 1996, IV, n° 202 ; *D. Affaires* 1996, p. 1100 ; *RTD com.* 1996. 696, obs. M. Cabrillac.
4. Lyon, 28 avr. 2016, n° 15/03370 : *LEDB* juin 2016, p. 6, obs. J. Lasserre Capdeville.
5. Com. 6 sept. 2017, n° 16-17.230 : *LEDB* nov. 2017, p. 3, obs. S. Piedelièvre.
6. Même les chèques de banque (v. ss 1070) peuvent être falsifiés, V. par ex., Com. 11 févr. 2003, n° 00-18.058 : *Bull. civ.* 2003, IV, n° 18 ; *D.* 2003. 2565, note J. Djoudi ; *RTD com.* 2003. 341, obs. M. Cabrillac ; *Banque et Dr.* 5-6/2003. 57, obs. Th. Bonneau ; *Gaz. Pal.* 2003, somm. p. 2476, obs. S. Piédelièvre. Paris, 27 mai 2014, n° 13/07072 ; *LPA*, 1er mai 2015. Chron. 10, obs. J. Lasserre Capdeville.

affaires de ses clients pour opérer, dans certaines circonstances, diverses vérifications. Ce dernier s'impose ainsi, plus particulièrement, en présence d'une « anomalie apparente » [1].

)51 ***Anomalie apparente*** ◊ Pour mémoire, la doctrine a pris l'habitude de distinguer, à la lumière du contentieux, deux sortes d'anomalies : les anomalies matérielles et les anomalies intellectuelles. Les premières, qui affectent la régularité même du contrat ou du titre (falsification, imitation grossière d'une signature, grattage, etc.), permettraient ainsi d'engager facilement la faute du banquier dans la mesure où l'altération est révélée par un simple examen du titre. Au contraire, les secondes, qui résultent des circonstances dans lesquelles l'opération se présente (montant très élevé par rapport aux revenus habituels du titulaire du compte, nombre important de chèques remis à l'encaissement, etc.), ne pourraient être soupçonnées qu'à partir de certains éléments objectifs du contexte.

Ainsi, d'une façon générale, l'anomalie apparente est celle qui ne doit pas échapper au banquier diligent. En présence d'une telle anomalie, il est acquis que le professionnel de la banque doit rechercher si elle n'est qu'apparente ou bien si elle est réelle et, dans ce dernier cas, il doit tout mettre en œuvre pour que le préjudice ne se réalise pas, au besoin en refusant d'exécuter l'opération. Parfois, une simple information ou un conseil donné à la personne dont les intérêts sont menacés pourra suffire. À défaut, cela a été dit plus haut, la banque verra sa responsabilité engagée.

052 ***Application au chèque falsifié*** ◊ C'est solution jurisprudentielle est, sans surprise, mise en œuvre en présence d'un chèque falsifié. Il appartient, en effet, au banquier présentateur comme au banquier tiré de vérifier la régularité formelle du chèque, et, en s'abstenant de le faire, ils s'exposent à un risque dont ils devront assumer les conséquences [2].

La question que le juge devra se poser, pour retenir la responsabilité de l'un d'eux, sera de savoir si la falsification ou les circonstances entourant l'émission et la circulation du titre étaient de nature à constituer une anomalie apparente. Si la réponse est positive, et que le banquier a néanmoins payé le chèque (banque tirée) ou présenté le titre au paiement (banque présentatrice) [3], en ne décelant pas cette anomalie qui était pourtant

1. V. ss 278.

2. Concernant la banque tirée, V. par ex., Com. 9 juill. 2002, n° 00-22.788 : *Bull. civ.* 2002, IV, n° 114 ; *D.* 2003. 1289, obs. A. Boujeka ; *Banque et Dr.* 2002, comm. 169, obs. F.-J. Crédot et Y. Gérard. - Com. 16 oct. 2007 : *RDBF* 2008, comm. 32, obs. F.-J. Crédot et Th. Samin. - Com. 7 juill. 2009, n° 08-18.251 : *Bull. civ.* 2009, IV, n° 93 ; *D.* 2009. AJ 2108, obs. X. Delpech ; *RTD com.* 2009. 790, obs. D. Legeais ; *JCP E* 2009, n° 44-45, p. 17, note J. Lasserre Capdeville ; *RDBF* 2009, comm. 177, obs. F.-J. Crédot et Th. Samin ; *Banque et Dr.* 9-10/2009. 21, obs. Th. Bonneau. - Concernant la banque présentatrice, V. par ex., Com. 17 sept. 2013, n° 12-18.202 : *LEDB* nov. 2013, p. 6, obs. J. Lasserre Capdeville.

3. Ainsi, selon les cas, ce sera l'un ou l'autre, voire les deux professionnels à la fois, qui se verront reprocher l'absence de détection de l'anomalie pourtant apparente. Tout dépendra de leur capacité respective à détecter la falsification en cause.

« manifeste », il verra sa responsabilité civile engagée, et devra à ce titre indemniser le tireur en lui remboursant le montant du titre en question. L'appréciation de cette responsabilité se fera alors en fonction des circonstances de chaque espèce, c'est-à-dire « *in concreto* ».

1053 ***Présence d'anomalie apparente*** ◊ Une anomalie apparente sera retenue, par exemple, en présence d'un chèque falsifié présentant des traces de grattage, d'effacement ou de maquillage du nom inscrit dans un premier temps sur le titre [1], ou encore en cas d'adjonction évidente du nom d'une personne physique à côté de celui d'une société [2]. Il en ira de même, lorsque le montant du chèque en question sera d'un montant manifestement disproportionné par rapport au solde du compte concerné [3]. Nous pourrions multiplier les exemples [4].

1054 ***Éléments indifférents*** ◊ La jurisprudence a eu l'occasion de préciser que les nécessités du traitement de masse des chèques n'affranchissent en aucun cas le banquier présentateur de l'obligation d'un minimum de vigilance [5]. De même, l'absence de traitement visuel ne décharge pas le banquier de son obligation de vérifier qu'il n'y a ni surcharge, ni falsification [6]. Enfin, la banque, en sa qualité de professionnelle, ne peut se prévaloir d'une croyance légitime en un mandat apparent l'autorisant à s'affranchir de toute vérification et de tout contrôle sur le signataire des chèques litigieux [7].

1055 ***Partage de responsabilité*** ◊ Citons un cas de partage de responsabilité dans lequel la banque avait fait preuve de négligence en ne procédant pas à une vérification au vu des anomalies apparentes (falsification grossière et immédiatement décelable) et le client avait facilité l'encaissement du chèque falsifié en laissant en blanc la mention de l'ordre et en tardant à identifier le caractère excessif du débit de son compte [8].

1056 ***Absence d'anomalie apparente*** ◊ En revanche, à défaut d'anomalie apparente, le principe de non-ingérence du banquier doit à nouveau

1. Cass. req., 26 oct. 1898 : *DP* 1898, 1, p. 560. – T. com. Lyon, 8 oct. 1954 : *D.* 1955. 143. Concernant des traces d'effacement de l'ordre, Com. 10 déc. 2003, n° 00-18653 : *Bull. civ.* IV, n° 200 ; *Banque et Dr.* 2004, n° 95, p. 50, obs. Th. Bonneau. – De même, concernant la présence d'une quatrième série de numéros en bas du chèque, Com. 7 juill. 2009, n° 08-18.251 : *Bull. civ.* 2009, IV, n° 93 ; *JCP E* 2009, p. 2020, obs. R. Routier ; *JCP* 2009. 360, note J. Lasserre Capdeville.
2. Com. 3 déc. 2002, n° 00-20.566 : *Bull. civ.* 2002, IV, n° 183 ; *D.* 2003. 1756, note J. Djoudi ; *RTD com.* 2003. 340, obs. M. Cabrillac ; *Banque et Dr.* 5-6/2003. 57, obs. Th. Bonneau ◊ V. également, pour des bordereaux de falsifiés dont l'altération était apparente, Com. 7 déc. 1993, n° 91-22.203 : *Bull. civ.* 1993, IV, n° 449 ; D. 1994, somm. p. 182, obs. M. Cabrillac.
3. Com. 4 mars 2008, n° 06-14409.
4. V. ss 1125.
5. Paris, 5 août 2011, n° 09/07476 : *LEDB* oct. 2011, p. 2, obs. J. Lasserre Capdeville.
6. Douai, 16 mars 2011, n° 10/01481 : *LEDB* juin 2011, p. 6, obs. J. Lasserre Capdeville.
7. Bordeaux, 21 janv. 2015, n° 12/03849 : *LEDB* avr. 2018, p. 5, obs. J. Lasserre Capdeville.
8. Paris, 21 mai 2002 : *Banque et Dr.* 11-12/2003. 60, obs. J.-L. Guillot.

prévaloir [1]. Ce sera alors le tireur, qui a « mis en circulation » le chèque, qui devra normalement assumer les risques de sa falsification postérieure.

§ 2. La provision

057 ***Définition*** ◊ Le Code monétaire et financier ne définit pas la provision. Celle-ci est néanmoins vue, traditionnellement, comme la créance possédée par le tireur sur le tiré, disponible et suffisante pour couvrir l'ordre de payer du tireur. S'il ne s'agit pas d'une condition à la validité du chèque, la provision est néanmoins une garantie fondamentale, comme en témoigne le fait que le droit sanctionne son absence, son insuffisance ou son retrait.

058 De par son importance, une étude de cette provision s'impose. Nous aborderons successivement ses caractères (A), ses modes de constitution (B) et enfin sa preuve (C). Le cas du chèque sans provision sera abordé, quant à lui, plus loin [2].

A. Les caractères de la provision

059 ***Caractère préalable*** ◊ L'article L. 131-4, alinéa 1er, du Code monétaire et financier dispose qu'il y a provision si le tiré a, « *au moment de la création du titre, des fonds à la disposition du tireur* ». La provision doit donc être, en théorie, préalable. Dans les faits, la provision sera exigée lors de l'émission du chèque [3], c'est-à-dire au moment du dessaisissement du titre au profit du bénéficiaire [4]. En revanche, sa constitution à la seule échéance ne devrait pas suffire. En effet, le chèque est un instrument de paiement représentant une somme d'argent immédiatement exigible ; il est payable à vue. Une provision préalable à la présentation au paiement parait donc nécessaire.

---

1. V. par ex., Com. 13 févr. 1996, n° 93-18.593 : *Bull. civ.* IV, n° 45 ; *D. Affaires* 1996, p. 395 ◊ Com. 5 nov. 2002, n° 00-18175 : *Bull. civ.* IV, n° 158 ; *Gaz. Pal.* 2003, somm. p. 2473, obs. S. Piedelièvre ; Banquet et droit mars-avr. 2003, p. 58, obs. Th. Bonneau ; *JCP E* 2003, 37, note Th. Bonneau ; *D.* 2002. AJ 3268, obs. V. Avena-Robardet ; *RTD com.* 2003. 139, obs. M. Cabrillac. - Com. 16 mars 2010, n° 09-11.734 : *Gaz. Pal.* 10 juill. 2010, n° 191, p. 23, obs. A.-C. Rouaud - Rouen, 10 juin 2010, n° 09/04145 : *LEDB* oct. 2010, p. 6, obs. J. Lasserre Capdeville. - Com. 13 oct. 2015, n° 14-11.453 : *Gaz. Pal.* 8 mars 2016, p. 62, obs. C. Houin-Bressand - Com. 1er déc. 2015, n° 14-22.703 : *LPA*, 25 févr. 2016, n° 40, p. 10, note J. Lasserre Capdeville ; *Gaz. Pal.* 8 mars 2016, p. 62, obs. C. Houin-Bressand. - Aix-en-Provence, 26 janv. 2017, n° 14/13864. - Com. 22 mars 2017, n° 15-24.129, obs. *LEDB* mai 2017, p. 2, obs. S. Piedelièvre.
2. V. ss 1166.
3. Com. 18 déc. 1990, n° 89-12.532 : *Bull. civ.* 1990, IV, n° 326 ; D. 1991, somm. 216, obs. M. Cabrillac. Civ. 3e, 1er juill. 2009, n° 07-19.446 : *Bull. civ.* 2009, III, n° 168 ; *D.* 2009. 2904, note J. Lasserre Capdeville ; *RTD com.* 2009. 790, obs. D. Legeais ; CCC 2009, comm. 242, obs. L. Leveneur.
4. Com. 31 janv. 2006, n° 04-15.315 : *Bull. civ.* 2006, IV, n° 18 ; *D.* 2007. 756, obs. D. R. Martin ; *D.* 2006. AJ 573, obs. V. Avena-Robardet ; *RTD com.* 2006. 455, obs. D. Legeais ; *RDBF* 2006, comm. 91, obs. F.-J. Crédot et Th. Samin.

La règle précitée demeure néanmoins à relativiser selon nous. On peut en effet penser que lorsque la provision a été constituée au jour de la présentation du chèque au paiement, son éventuelle absence antérieure ne donnera lieu à aucune sanction. C'est uniquement le refus de paiement par le tiré qui conduira à l'application des règles relatives au chèque sans provision.

1060 ***Caractère suffisant*** ◊ La provision doit également être suffisante. Le tireur est ainsi tenu de disposer sur le tiré d'une créance d'un montant au moins égal à celui du chèque. L'insuffisance de provision est assimilée à une absence de provision.

Mais qu'en est-il si le tireur a plusieurs comptes chez un même tiré ? Peut-on prendre en considération le solde global de ceux-ci pour rechercher l'existence d'une provision suffisante ? La jurisprudence a répondu à cette question par la négative en posant le principe d'indépendance des différents comptes [1]. L'existence de la provision s'apprécie ainsi simplement par rapport au compte sur lequel le chèque a été tiré, hormis bien entendu si une convention de compte a été conclue entre le tireur et le tiré [2].

1061 ***Caractère disponible*** ◊ La provision doit encore être disponible, ce qui signifie que la créance du tireur sur la banque tirée doit être certaine, liquide et exigible.

1062 ***Caractère irrévocable*** ◊ Enfin, il découle de cette disponibilité de la provision son irrévocabilité. Il est ainsi interdit au tireur de la retirer ou de la bloquer en faisant opposition au paiement (à l'exception des cas admis par la loi [3]). Elle doit être laissée à la disposition du porteur jusqu'au paiement effectif du titre ou jusqu'à l'expiration du délai de prescription du chèque [4]. Les manquements commis intentionnellement en la matière sont susceptibles d'être sanctionnés pénalement [5].

B. Les modes de constitution de la provision

1063 ***Fonds déposés*** ◊ La provision résulte traditionnellement de fonds déposés chez le banquier tiré par la remise de monnaie fiduciaire, par un

---

1. Com. 14 avr. 1975, n° 74-10.651 : *Bull. civ.* 1975, IV, n° 98 ; *RTD com.* 1975. 881, obs. M. Cabrillac. – Notons qu'a déjà vu sa responsabilité engagée la banque ayant considéré comme sans provision un chèque sur lequel le tireur a remplacé à la main le numéro de compte par un autre numéro de compte dont la provision était suffisante, Com. 18 mai 2005, n° 02-13.358 : *Bull. civ.* 2005, IV, n° 104 ; *D.* 2005. AJ 1549, obs. X. Delpech ; *RTD com.* 2005. 572, obs. M. Cabrillac ; *Banque et Dr.* sept-oct. 2005, p. 69, obs. Th. Bonneau.

2. Aix-en-Provence, 6 oct. 1982 : *D.* 1983. 231, note Ph. Delebecque.

3. V. ss 1144.

4. C. mon. fin., art. L. 131-59.

5. C. mon. fin., art. L. 163-2. V. ss 1236.

virement, voire plus rarement aujourd'hui par la remise d'un effet de commerce. Dans ce dernier cas, l'effet devra être remis à titre d'escompte.

En principe, le montant d'un chèque en instance d'encaissement ne saurait constituer une provision disponible [1]. Cependant, force est de constater qu'en pratique les banques consentent une avance à leurs clients concernant ces chèques. Cette avance est alors vue aujourd'hui comme valant provision [2].

1064 ***Ouverture de crédit*** ◊ La provision peut également résulter d'une ouverture de crédit. Aucune difficulté ne se pose en cas d'ouverture de crédit expresse. La provision est alors constituée tant que le tireur reste dans la limite du crédit octroyé par le tiré.

Il en va différemment, en revanche, si l'ouverture de crédit est tacite. Dans cette hypothèse, des problèmes de preuve risquent de se rencontrer [3].

En outre, lorsque l'ouverture de crédit aura été établie, une autre difficulté pourra surgir en raison de la possibilité de révocation de cette ouverture par la banque [4].

Il demeure dans tous les cas acquis qu'une tolérance exceptionnelle, c'est-à-dire une facilité de caisse ne saurait être vue comme un découvert autorisé accompagné d'une ouverture de crédit à durée indéterminée et donc une source de la provision [5].

1065 ***Auteur de la provision*** ◊ La provision doit être faite par le tireur ou par celui pour le compte de qui le chèque sera tiré, « sans que le tireur pour compte d'autrui cesse d'être personnellement obligé envers les endosseurs et le porteur seulement » [6]. On rappellera cependant qu'une clause interdisant l'endossement à une personne autre qu'à un établissement de crédit ou un établissement assimilé, se retrouve aujourd'hui sur pratiquement toutes les formules délivrées par les établissements bancaires [7].

C. La preuve de la provision

1066 ***Charge de la preuve*** ◊ Dérogeant au principe de la charge de la preuve prévu par l'article 1353 du Code civil [8], l'article L. 131-4, alinéa 3, du

---

1. Com. 4 mars 1986, n° 84-16.880 : *Bull. civ.* 1986, IV, n° 37 ; *D.* 1987. 25, obs. M. Cabrillac.

2. Paris, 19 mars 1979 : *RTD com.* 1979. 779, obs. M. Cabrillac et J.-L. Rives-Lange. – Paris, 2 juin 1980 : *RTD com.* 1981. 109, obs. M. Cabrillac et J.-L. Rives-Lange.

3. Com. 16 janv. 1990, n° 88-14.883 : *Bull. civ.* 1990, IV, n° 12 ; D. 1992, somm. p. 27, obs. M. Vasseur ; Banque 1990, p. 538, somm. p. 27, obs. M. Vasseur.

4. V. ss 1604.

5. Com. 30 mars 2010, n° 09-56.949 : *Bull. civ.* 2010, IV, n° 64 ; *D.* 2010. 1527, note J. Lasserre Capdeville ; *D.* 2010. AJ 1013, obs. X. Delpech ; *D.* 2011. 1648, obs. H. Synvet ; *RTD com.* 2010. 592, obs. D. Legeais ; *JCP E* 2010. 1739, note K. Rodriguez ; *RDBF* 2010, comm. 123, obs. F.-J. Crédot et Th. Samin ; *Banque et Dr.* juill.-août 2010, p. 18, obs. Th. Bonneau.

6. C. mon. fin., art. L. 131-4, al. 2.

7. V. ss 1083.

8. V. déjà, C. civ., anc. 1315.

Code monétaire et financier fait peser sur le tireur la démonstration de la provision [1], que ce soit dans ses rapports avec le tiré ou dans les rapports avec les porteurs successifs du chèque. Lui seul devra ainsi prouver, en cas de dénégation, que ceux sur qui le chèque était tiré avaient provision au moment de la création du titre.

En revanche, pour la jurisprudence, il appartiendra au tiré qui a payé par erreur un chèque sans provision et qui a agi en répétition de l'indu contre le porteur d'apporter la preuve de l'absence de provision [2].

1067 ***Liberté de la preuve*** ◊ Cette preuve du tireur pourra être faite par tous moyens, puisque le tiré est un commerçant. En revanche, un courant doctrinal estime que pour les chèques tirés sur le Trésor public ou sur la Caisse des dépôts et consignations, les modes de preuve sont ceux du droit civil [3].

D. La transmission de la provision

1068 ***Principe applicable*** ◊ En principe, le transfert de la créance de provision s'opère dès l'émission du chèque [4], c'est-à-dire au moment du dessaisissement du titre au profit du bénéficiaire [5]. Certes, les textes ne mentionnent le transfert de propriété de la provision qu'à propos de l'endossement [6], mais il parait logique d'admettre que l'émission du chèque transfère également au bénéficiaire la propriété de la provision. Un courant doctrinal [7] voit dans cette solution de bon sens le « corollaire de l'irrévocabilité de la provision », dans la mesure où « la provision étant, dès l'émission du chèque, transmise au bénéficiaire, le tireur en perd immédiatement la maîtrise ».

1069 ***Incidences*** ◊ La règle précitée permet alors d'expliquer pourquoi le décès du tireur, postérieur à l'émission, n'a aucune incidence en la matière [8].

---

1. Crim. 19 déc. 1957 : Banque 1958, p. 178, obs. X. Marin. – Com. 4 déc. 1979 : *JCP E* 1980, II, 8456.

2. Req. 5 mai 1891 : S. 1892, 1, p. 369, note J. Appert.

3. S. Piedelièvre, *op. cit.*, n° 345.

4. Com. 18 déc. 1990, n° 89-12.532 : *Bull. civ.* 1990, IV, n° 326 ; D. 1991, somm. p. 216, obs. M. Cabrillac ; *Banque* 1991. 870, obs. J.-L. Rives-Lange. Cette décision casse un arrêt qui avait estimé que le transfert de la provision avait lieu lors de la présentation au paiement. – Com. 3 déc. 1991, n° 90-13.356 : *Bull. civ.* 1991, IV, n° 105.

5. Com. 31 janv. 2006, n° 04-15.315 : *Bull. civ.* 2006, IV, n° 18 ; *D.* 2007. Pan. 756, obs. D.-R. Martin ; *D.* 2006. AJ 573, obs. V. Avena-Robardet ; *RTD com.* 2006. 455, obs. D. Legeais ; *RDBF* 2006, comm. 91, obs. F.-J. Crédot et Th. Samin.

6. C. mon. fin., art. L. 131-20, al. 1.

7. R. Bonhomme, *Instruments de crédit et de paiement*, LGDJ, 2017, 12e éd., n° 317. – V. également, P. Le Cannu, Th. Granier et R. Routier, *Instruments de paiement et de crédit. Titrisation*, Dalloz, 2017, 9e éd., n° 208.

8. C. mon. fin., art. L. 131-36. Cet article pose comme principe l'intangibilité des effets du chèque. Cette règle constitue alors une garantie importante pour le bénéficiaire du chèque, qui s'ajoute à la garantie personnelle du tireur (C. mon. fin., art. L. 313-13).

La créance en question ne figurera donc pas dans l'actif successoral du tireur, car le porteur en sera déjà devenu propriétaire. Cette solution a été rappelée à plusieurs reprises en présence de dons manuels par chèques remis au porteur avant le décès du tireur [1], alors que la provision était, au moment de cette remise, suffisante [2].

De la même manière, les juges ont pu déclarer que le bénéficiaire doit se faire payer par le tiré si, postérieurement à l'émission, une procédure collective a été ouverte à l'encontre du tireur [3]. Encore faut-il néanmoins, dans un tel cas, que la provision ait existé au jour du jugement d'ouverture [4].

SECTION 4. LA CRÉATION DES CHÈQUES DE BANQUE

070 ***Définition*** ◊ Le chèque de banque est un moyen de paiement émis par un établissement de crédit. Il est, à ce titre, plus fiable qu'un chèque classique. En effet, le bénéficiaire du chèque [5] est assuré de son paiement pendant toute la durée de validité du chèque car, lors de sa délivrance, la banque va débiter le compte du demandeur après contrôle de sa provision, et bloquer la somme correspondante jusqu'à son encaissement par le bénéficiaire. Il ne peut donc pas être sans provision. Il remplace alors avantageusement le chèque certifié [6] car, à la différence de ce dernier, la garantie de paiement n'est pas limitée à huit jours. Il pourra ainsi être

---

1. Civ. 1re, 4 nov. 1981, n° 80-12.926, *Bull. civ.* 1981, I, n° 327 ; *Defrénois* 1982. 1378, obs. G. Champenois ; *RTD com.* 1986. 413, obs. M. Cabrillac. – Civ. 1re, 10 févr. 1993, n° 91-14.486 : D. 1994 somm. p. 182, obs. M. Cabrillac.

2. Civ. 1re, 5 févr. 2002, n° 99-18.578 : *Bull. civ.* 2002, I, n° 39 ; *Banque et Dr.* 5-6/2002. 48, obs. Th. Bonneau ; *Defrénois* 2003. 43, obs. G. Champenois. Mais qu'en est-il si cette dernière condition n'est pas respectée ? Un arrêt de la chambre commerciale est venu affirmer que dans un tel cas l'obligation subsiste et la persistance des effets du chèque « ne peut exister que contre les héritiers qui, venant aux droits et obligations du tireur, se trouvent soumis au rapport cambiaire », Com. 3 juill. 2012, n° 11-14.227 : *Bull. civ.* 2012, IV, n° 139 ; *D.* 2012. AJ 1877, obs. V. Avena-Robardet ; *Gaz. Pal.* 2012. 2722, note J. Lasserre Capdeville ; *Banque et Dr.* sept-oct. 2012, p. 15, obs. Th. Bonneau ; *LEDB* sept. 2012, p. 2, obs. R. Routier.

3. Com. 3 déc. 1991, n° 90-13.356 : *Bull. civ.* 1991, IV, n° 371 ; *RTD com.* 1992. 423, obs. M. Cabrillac. – Com. 12 mars 1996, n° 94-10.214 : *RTD com.* 1996. 501, obs. M. Cabrillac.

4. Com. 12 janv. 2010, n° 08-20.241 : *Bull. civ.* 2010, IV, n° 1 ; *JCP E* 2010. Pan. 1142 ; *RLDA* 2010, n° 2772.

5. Il ne profite qu'à ce bénéficiaire, Com. 19 sept. 2006, n° 05-11.105 : *Bull. civ.* 2006, IV, n° 184 ; *RTD com.* 2007. 205, obs. D. Legeais ; *D.* 2007. Pan. 763, obs. D.-R. Martin ; *Banque et Dr.* 1-2/2007. 24, obs. Th. Bonneau.

6. C. mon. fin., art. L. 131-14. – Le remplacement du chèque certifié par le chèque de banque est d'ailleurs expressément prévu par l'article R. 131-2, alinéa 2, du Code.

encaissé pendant le délai d'un an et huit jours [1]. La provision correspondante, existant au profit du porteur pendant ce délai de prescription, constitue un actif disponible [2].

Il n'est donc pas surprenant de constater que, du fait de telles garanties, certains créanciers importants exigent de leur débiteur la remise d'un tel chèque [3].

1071 ***Admission*** ◊ Cela a été noté précédemment, l'article L. 131-7, alinéa 3, du code prévoit que la même personne ne peut avoir simultanément la qualité de tireur et de tiré d'un chèque. La loi interdit de la sorte le tirage de chèque sur soi-même, comme en matière de lettre de change. À défaut, il y aurait ici une véritable émission de monnaie fiduciaire en fonction de la solvabilité du banquier puisque le paiement deviendrait certain.

Cependant, le texte admet également, à titre d'exception, le cumul des qualités lorsque le tireur et le tiré sont des établissements différents du même banquier [4] et que le chèque n'est pas au porteur. Le chèque de banque est donc parfaitement admis par notre droit [5].

1072 ***Coût*** ◊ Nous sommes ici en présence d'un service en principe payant pour la personne qui demande l'émission du chèque, mais gratuit pour celui qui en est le bénéficiaire. Il est à noter encore que le recours à ce chèque peut se révéler très peu onéreux dans certaines circonstances.

D'une part, on rappellera que l'offre spécifique visée à l'article R. 312-4-3 du code, réservée aux « clients fragiles », mentionne le bénéfice de deux chèques de banque par mois. Or, le coût de cette offre ne peut pas dépasser 3 euros par mois [6].

D'autre part, nous retrouvons le droit à « deux formules de chèques de banque par mois ou moyens de paiement équivalents offrants les mêmes services » à l'article D. 312-5-1 visant les services bancaires de paiement, réservés aux bénéficiaires du droit au compte. Or, ils sont, quant à eux, gratuits [7].

---

1. Le délai de présentation est de huit jours et le délai de prescription d'un an. - C. mon. fin., art. L. 131-59, al. 2.

2. Com. 18 déc. 2007, n° 06-16.350 : *Bull. civ.* 2007, IV, n° 267 ; *JCP* 2008, I, 142, obs. M. Cabrillac ; *JCP E* 2007. 1358, note B. Grimonprez.

3. Com. 27 févr. 1996, n° 94-14.031 : *RTD com.* 1996. 304, obs. M. Cabrillac.

4. Notons que la jurisprudence s'est parfois démarquée de la lettre de l'article L. 131-7, alinéa 3, en admettant la validité d'un chèque sur soi-même émis par une banque à guichet unique, Com. 26 janv. 1999, n° 96-11.779 : *Bull. civ.* 1999, IV, n° 21 ; D. 1999, somm. p. 147, obs. M. Cabrillac.

5. Lors de l'établissement d'un chèque de banque, l'établissement de crédit n'a pas à remplir les obligations légales imposées au seul chèque certifié, Paris, 3 sept. 2002 : *Banque et Dr.* 3-4/2004. 63, obs. J.-L. Guillot.

6. V. ss 724.

7. V. ss 651.

1073 ***Responsabilité de la banque émettrice*** ◊ Les magistrats exigent une certaine rigueur de la part du banquier émetteur la matière. Ils ont ainsi déjà engagé la responsabilité de l'émetteur d'un chèque de banque dont la rédaction n'offrait pas des garanties de sécurité suffisantes, ce qui avait permis de le falsifier [1]. Par exemple, en n'ayant utilisé ni procédé de marquage, ni impression indélébile, ni papier de sécurité, de nature à rendre le chèque de banque quasiment infalsifiable, une banque a pu commettre une négligence de nature à permettre la falsification dénoncée [2] et l'utilisation dénoncée [3].

Une obligation d'information pèse également sur cet émetteur [4].

1074 ***Responsabilité de la banque présentatrice*** ◊ Le fait qu'un chèque, présenté comme un chèque de banque, ne comporte pas un filigrane normalisé, qui est pourtant identique en taille pour l'ensemble des banques opérant en France, constitue pour les juges une anomalie apparente impliquant des vérifications complémentaires de la part de la banque présentatrice. A défaut d'avoir agi de la sorte, sa faute est susceptible d'être retenue et sa responsabilité civile engagée. Ainsi, dans un tel cas, la banque aurait dû déceler immédiatement l'anomalie et mettre en garde le client avant qu'il ne procède au retrait des fonds 6 jours plus tard [5].

En revanche, la banque qui rejette un chèque de banque émis par un établissement de crédit américain en raison de son altération ne commet pas de faute, pour les juges, en ne dressant pas de protêt. En effet, après avoir relevé que s'agissant d'un chèque de banque, la garantie de provision était limitée au bénéficiaire désigné du chèque, que la banque avait informé son client du rejet du chèque et procédé à la contre-passation de l'écriture après lui avait laissé un temps suffisant pour réapprovisionner le compte qu'elle lui avait immédiatement restitué l'original du chèque pour lui permettre de déposer plainte ou d'exercer les recours adéquats, la cour d'appel a pu en déduire que l'établissement bancaire n'avait pas commis de faute [6].

1075 ***Cas du bénéficiaire du chèque*** ◊ Le bénéficiaire d'un chèque de banque falsifié peut-il également voir sa responsabilité civile engagée ? La

1. Com. 11 févr. 2003, n° 00-18.058 : *Bull. civ.* 2003, IV, n° 18 ; *D.* 2003. 2565, note J. Djoudi ; *RTD com.* 2003. 341, obs. M. Cabrillac ; *Banque et Dr.* 5-6/2003. 57, obs. Th. Bonneau ; *RDBF* 2003, comm. 101, obs. F.-J. Crédot et Y. Gérard.

2. Paris, 17 déc. 2015, n° 14/16806 : *LEDB* févr. 2016, p. 5, obs. R. Routier. La décision précise utilement que la remise d'un chèque de banque n'impose pas au bénéficiaire de s'assurer auprès de la banque émettrice de la validité de ce chèque.

3. Rouen, 24 juin 2010, n° 09/04240 : *LEDB* sept. 2010, p. 7, obs. J. Lasserre Capdeville.

4. Lyon, 25 janv. 2018, n° 16/05273 : *LEDB* mars 2018, p. 7, obs. J. Lasserre Capdeville.

5. Douai, 22 nov. 2018, n° 17/05261 : *LEDB* févr. 2019, p. 2, obs. J. Lasserre Capdeville. Les juges précisent que le fait que le bénéficiaire du chèque se soit montré insuffisamment méfiant, dans la mesure où le chèque avait été reçu d'un contact établi sur internet lui demandant d'encaisser le chèque et de lui envoyer les fonds correspondants, n'est pas de nature à exonérer la banque de sa responsabilité.

6. Com. 28 oct. 2008, n° 07-19.132.

jurisprudence y est assez hostile. Ainsi, par une décision récente, une cour d'appel déclare qu'en l'absence d'obligation contractuelle en ce sens, un tel bénéficiaire n'est pas tenu de procéder à la vérification systématique des chèques de banque qui lui sont délivrés [1].

1. Douai, 7 févr. 2019, n° 17/07326 : *LEDB* avr. 2019, p. 2, obs. J. Lasserre Capdeville.

CHAPITRE 2
LA CIRCULATION DU CHÈQUE

076 ***Libre circulation*** ◊ Bien qu'il soit un titre payable à vue, le chèque est susceptible de circuler. C'est un titre négociable pouvant être transmis selon les mêmes modes simplifiés que les autres effets de commerce c'est-à-dire la tradition ou l'endossement. De la sorte, il y aura une transmission de tous les droits résultant du titre. Nos propos porteront ici sur l'endossement, prévu par les articles L. 131-16 et suivants, dont le contenu fait immanquablement songer à l'endossement applicable à la lettre de change [1].

077 ***Principes généraux*** ◊ Il résulte ainsi de l'article L. 131-16 du Code monétaire et financier que le chèque stipulé payable au profit d'une personne dénommée avec ou sans clause expresse « à ordre » est transmissible par la voie de l'endossement. En revanche, le chèque stipulé payable au profit d'une personne dénommée avec la clause « non à ordre » ou une clause équivalente n'est transmissible que dans la forme et avec les effets d'une cession ordinaire [2].

078 Intéressons-nous alors à l'endossement du chèque, même si aujourd'hui, dans la grande majorité des cas, le chèque ne fait l'objet que d'un seul endossement : au profit de la banque de son bénéficiaire, en vue de son encaissement. Nos propos porteront sur les différentes formes d'endossement (section 1), mais aussi la procédure et les effets de l'endossement (section 2).

SECTION 1. LES DIFFÉRENTES FORMES D'ENDOSSEMENT

079 ***Endossement translatif*** ◊ L'endossement translatif transmet à l'endossataire la propriété du chèque et de la provision. Dans ce cas, l'endossataire, investi de tous les droits résultant du chèque, bénéficiera de l'inopposabilité des exceptions et de la garantie de paiement due, en principe, par l'endosseur. Ces effets seront développés plus loin [3].

---

1. V. ss 2140.
2. V. ss 1038.
3. V. ss 1094.

1080 ***Applications*** ◊ L'endossement translatif est la forme « normale » de transmission des chèques à personne dénommée. Il existe une présomption de la nature translative de propriété de l'endossement. Il importe peu ici que le chèque ne comporte pas de clause « à ordre ». Le chèque au porteur peut également être endossé. La principale application de l'endossement translatif est l'escompte de chèque. L'escompte est, pour mémoire, une forme de crédit consistant pour le porteur d'un titre négociable à en transmettre la propriété à un banquier escompteur qui lui en règle immédiatement le montant en retenant un intérêt [1]. L'encaissement du titre assurera, dans un second temps, le remboursement de cette avance.

Cette règle concernant l'endossement connaît cependant une exception en cas de chèque payable à une personne dénommée avec clause « non à ordre » [2], la loi n'autorisant la transmission, dans une telle hypothèse, qu'en application des règles de droit commun de la cession de créances de l'article 1690 du Code civil. Cette situation aura alors un certain nombre d'incidences. C'est ainsi, notamment, que l'acquéreur ne pourra pas prétendre au bénéfice de l'inopposabilité des exceptions, faute de posséder la qualité de porteur

1081 ***Endossement à titre de procuration*** ◊ L'endossement peut également être à titre de procuration [3]. Il tend à charger l'endossataire du mandat d'encaissement pour le compte de l'endosseur [4]. L'endossataire, simple mandataire, n'aura alors pas la propriété du titre et ne bénéficiera pas personnellement de l'inopposabilité des exceptions. Les effets de cette forme d'endossement seront observés plus loin [5].

1082 ***Endossement pignoratif*** ◊ Même si la loi ne le vise pas expressément, la doctrine admet, par analogie avec la lettre de change, l'existence d'un endossement pignoratif ou de gage, consistant en une mise en gage du titre bancaire [6]. La courte vie des chèques rend cependant cette hypothèse purement théorique [7].

1083 ***État de la pratique*** ◊ Tous ces développements relatifs à l'endossement, et à ses différentes formes, sont cependant un peu « datés », même s'ils correspondent toujours à l'état de notre droit. En effet, une mention, certes facultative, est traditionnellement pré imprimée par les banquiers

---

1. Com. 15 juin 1976, n° 75-11.057 : *Bull. civ.* 1976, IV, n° 203.
2. C. mon. fin., art. L. 131-16.
3. C. mon. fin., art. L. 131-16.
4. Com. 13 mai 1981, n° 79-16.270 : *Bull. civ.* 1981, IV, n° 226 ; *D.* 1982. IR 171, obs. M. Cabrillac ; *D.* 1982. 241, note M. Vasseur.
5. V. ss 1098.
6. S. Piedelièvre, *op. cit.*, n° 376.
7. Ch. Gavalda et J. Stoufflet, *Instruments de paiement et de crédit* : éd. Litec, 2012, 8e éd., n° 243. – Pour quelques exemples d'endossements pignoratifs, Com. 8 mars 1988, n° 86-10.733 : *Bull. civ.* 1988, IV, n° 102. Com. 10 juill. 1989, n° 87-15.603 : *Bull. civ.* 1989, IV, n° 217 ; D. 1990, somm. p. 120, obs. M. Cabrillac.

sur les formules de chèque qu'ils délivrent à leurs clients : il s'agit de la clause interdisant l'endossement à une personne autre qu'un établissement de crédit ou à un établissement assimilé. Cette mention vient alors limiter considérablement les possibilités d'endossement des chèques dans notre pays. Il est vrai que l'endossement est vu comme de nature à faciliter le transit de fonds d'origine douteuse. Ainsi, dans la grande majorité des cas, le chèque ne fait l'objet que d'un seul endossement, au profit de la banque du bénéficiaire, en vue de son encaissement.

SECTION 2. LA PROCÉDURE ET LES EFFETS DE L'ENDOSSEMENT

1084 Observons, brièvement, la procédure de l'endossement (§ 1) et l'ensemble de ces effets (§ 2).

§ 1. La procédure de l'endossement

1085 Nos propos porterons tant sur les parties à l'endossement (A) que sur le formalisme lui-même de l'endossement (B).

A. Les parties à l'endossement

1086 ***Endosseur*** ◊ L'endos peut être fait par toute personne, à l'exception du tiré. Cette limite est de bon sens. Le chèque étant payable à vue par le tiré, il est logique de considérer que s'il est remis au tiré, c'est nécessairement pour être payé. En conséquence, le titre ne saurait recommencer à circuler. L'endossement du tiré est nul.

1087 ***Endossataire*** ◊ L'endos peut être fait au profit de toute personne (même le tireur [1]), sauf, là encore, au tiré. Une règle particulière est ainsi posée à l'alinéa 5 de l'article L. 131-18 sur ce point : hormis dans le cas où le tiré a plusieurs établissements et que le chèque est endossé à l'ordre d'un établissement autre que celui sur lequel le chèque est tiré, l'endossement à l'ordre du tiré vaut simplement comme quittance. Dans une telle hypothèse, en effet, l'endossement entraîne l'extinction du titre par confusion.

1088 ***Bonne foi*** ◊ Ce n'est que s'il est porteur « légitime », au terme d'une succession régulière d'endos, que l'endossataire a le droit d'encaisser le chèque [2].

---

1. C. mon. fin., art. L. 131-17.
2. C. mon. fin., art. L. 131-22.

Or, pour l'article L. 131-24 du code, l'endossataire n'aura la qualité de porteur légitime que s'il a acquis le titre de bonne foi ou sans faute lourde [1].

La preuve de la mauvaise foi du porteur ou de sa faute lourde devra alors être rapportée par le propriétaire dépossédé, un porteur antérieur ou le tiré.

B. Le formalisme de l'endossement

1089 ***Endossement translatif*** ◊ Le formalisme à respecter, en matière d'endossement translatif [2], n'est pas très rigoureux. L'endos doit simplement figurer sur le titre ou sur une allonge (c'est-à-dire une feuille attachée au chèque), et être signé par l'endosseur [3]. La signature sera donc accompagnée de la mention « payer à l'ordre de... » ou d'une formule équivalente, même si aucune formule sacramentelle n'est exigée. Notons qu'une signature non manuscrite est parfaitement admise.

La forme la plus fréquemment utilisée est l'endos en blanc. Dans ce cas, le porteur du chèque se borne simplement à apposer sa signature au verso du chèque. En effet, l'article L. 131-20 du code indique que le nouveau porteur peut remplir le blanc, de son nom, soit du nom d'une autre personne, ou endosser le chèque de nouveau en blanc, ou à une autre personne ou remettre le chèque à un tiers, sans remplir le blanc et sans l'endosser [4].

1090 ***Interdictions*** ◊ L'endossement ne peut être partiel. Il ne peut pas non plus être signé par quelqu'un d'autre que l'endosseur. En outre, l'endossement conditionnel est prohibé. Enfin, dans tous les cas, l'endossement doit être pur et simple. Ainsi, toute condition qui l'assortirait serait réputée non écrite.

1091 ***Endossement à titre de procuration*** ◊ Concernant l'endossement à titre de procuration [5], celui-ci se traduit par l'apposition au verso du titre de formules explicites, comme « valeur en recouvrement », « pour encaissement » ou « par procuration », de nature à écarter la présomption de la nature translative de propriété de l'endossement [6]. Toute mention impliquant un mandat sera également admise. En revanche, la mention « sauf bonne fin » a déjà été jugée insuffisante pour écarter la présomption en question [7].

---

1. Com. 8 févr. 1984, n° 82-12.377 : *Bull. civ.* 1984, IV, n° 56 ; *RTD com.* 1984. 306, obs. M. Cabrillac.

2. V. ss 1079.

3. C. mon. fin., art. L. 131-19.

4. L'article L. 131-20, alinéa 2, du Code monétaire et financier prévoit que l'endosseur peut interdire tout nouvel endossement. Lorsque tel est le cas, il n'est pas tenu à la garantie envers les personnes auxquelles le chèque est ultérieurement endossé.

5. V. ss 1081.

6. C. mon. fin., art. art. L. 131-20.

7. Com. 13 mai 1981, n° 79-16.270 : *Bull. civ.* 1981, IV, n° 226 ; *D.* 1982. IR 171, obs. M. Cabrillac.

1092 ***Moment de l'endossement*** ◇ L'endossement n'a une pleine efficacité que s'il est fait avant l'expiration du délai de présentation ou avant qu'un protêt, faute de paiement du chèque, ait été dressé. À défaut, il ne produit que les effets d'une cession de créance ordinaire [1]. Dans ce cas, l'endossataire ne bénéficie pas de l'inopposabilité des exceptions [2].

Notons, cependant, que l'endos n'a pas à être daté. S'il ne l'est pas, il est présumé avoir été fait avant les événements cités ci-dessus [3]. Néanmoins, l'antidate frauduleuse d'un endos de chèque est pénalement sanctionnée comme faux.

§ 2. Les effets de l'endossement

1093 Des effets variés sont à constater selon que nous sommes en présence d'un endossement translatif (A) et d'un endossement à titre de procuration (B).

A. Concernant l'endossement translatif

1094 ***Transmission de la provision*** ◇ L'article L. 131-20 du Code monétaire et financier prévoit que « *l'endossement transfère tous les droits résultant du chèque et notamment la propriété de la provision* » [4]. Cette règle parait découler du principe selon lequel le tireur se dessaisi nécessairement de la provision au profit du bénéficiaire lors de l'émission du chèque [5].

Cependant, ce transfert de propriété de la provision n'oblige pas le tiré à en bloquer le montant jusqu'à la présentation au paiement du chèque par le porteur. Il est vrai que le tiré ne connaît pas, à ce stade, la création du chèque ni son endossement.

1095 ***Conséquences de la transmission*** ◇ Ce transfert immédiat de la propriété de la provision explique que l'article L. 131-36 du Code monétaire et financier indique que ni le décès du tireur ni son incapacité survenant après l'émission ne modifient les effets du chèque. Il en va de même en cas de procédure collective du tireur, à partir du moment où la provision existait au moment de l'ouverture de cette procédure [6].

---

1. Com. 17 oct. 1995, n° 93-14.262 : *Bull. civ.* 1995, IV, n° 235 ; *RTD com.* 1996. 93, obs. M. Cabrillac.

2. C. mon. fin., art. L. 131-25. – V. ss 1097.

3. Com. 13 oct. 1970, n° 68-13.551 : *Bull. civ.* 1970, IV, n° 265.

4. Com. 18 déc. 1990, n° 89-12.532 : *Bull. civ.* 1990, IV, n° 326 ; D. 1991, somm. 216, obs. M. Cabrillac.

5. Ph. Jestaz, *Le tireur conserve-t-il la disponibilité de la provision après l'émission d'une lettre de change ou d'un chèque ?* : *RTD com.* 1966. 881. – Civ. 3e, 4 janv. 1967 : *Bull. civ.* III, n° 8.

6. Pour la Cour de cassation, la charge de cette preuve pèse sur le porteur, Com. 12 mars 1996, n° 94-10.214 : *RTD com.* 1996. 501, obs. M. Cabrillac.

1096 ***Garantie solidaire*** ◊ Selon l'article L. 131-21 du code, l'endosseur est, sauf clause contraire [1], garant du paiement avec tous les autres signataires du titre. On retrouve ici une application du principe de l'indépendance des signatures. En effet, l'article L. 131-51 précise que toutes les personnes obligées, en vertu d'un chèque, sont tenues solidairement envers le porteur. Cela renforce alors les droits de ce dernier. Cette garantie sera mise en jeu par l'exercice des recours cambiaires. La garantie solidaire précitée profitera également à tous les porteurs ultérieurs du chèque [2].

1097 ***Inopposabilité des exceptions*** ◊ L'article L. 131-25 du Code monétaire et financier reproduit le principe de l'inopposabilité des exceptions de l'article L. 511-12 du Code de commerce applicable aux lettres de change. Ainsi, selon ce texte, les personnes actionnées en vertu du chèque, c'est-à-dire le tiré et tous les endosseurs successifs, ne peuvent opposer au porteur les exceptions fondées sur leurs rapports personnels avec le tireur ou avec les porteurs antérieurs [3]. La transmission du titre opère ainsi une « purge » des vices du titre. La sécurité du porteur en sort renforcée.

Cependant, du fait de l'interdiction « classique » de l'endossement aujourd'hui, cette règle trouve beaucoup moins d'occasions de s'appliquer à propos du chèque qu'en matière de lettre de change.

B. Concernant l'endossement à titre de procuration

1098 ***Mandat d'encaisser*** ◊ Les effets de l'endossement par procuration se démarquent de ceux de l'endossement translatif. Il tend simplement à charger l'endossataire du mandat d'encaissement pour le compte de l'endosseur. Dès lors, l'endossataire n'étant qu'un mandataire, il ne pourra pas transmettre la propriété du chèque par voie d'un nouvel endossement. Il lui sera simplement possible de confier, à son tour, un nouveau mandat de recouvrement.

Notons, ici, une distinction avec le droit commun du mandat : l'article L. 131-26 du Code monétaire et financier prévoit, et ce par

---

1. L'endosseur peut interdire un nouvel endossement. Dans ce cas, il ne sera pas tenu à la garantie envers les personnes auxquelles le chèque est ultérieurement endossé.

2. Notons que si le banquier escompteur ne recouvre pas sur présentation au tiré le montant du chèque, il disposera alors d'un recours contre son client remettant consistant, en pratique, à contrepasser le chèque au compte du client (C. mon. fin., art. L. 131-47). Cette contrepassation obéit, d'une façon générale, au régime de la contrepassation des traites impayées en compte courant.

3. Des limites existent cependant en la matière. Il en va de la sorte si le porteur, en acquérant le chèque, a agi « *sciemment au détriment du débiteur* », si les exceptions sont inhérentes au titre lui-même, si elles portent sur la capacité du porteur ou encore si elles concernent l'absence de cause du rapport fondamental. Sur ce dernier cas, Paris, 12 mars 2003 : *RTD com.* 2003. 547, obs. M. Cabrillac.

dérogation à l'article 2003 du Code civil, que ce mandat ne prend pas fin par le décès ou l'incapacité de l'endosseur.

1099 ***Opposabilité des exceptions*** ◊ Dans cette hypothèse, l'endossataire, et notamment un banquier escompteur, pourra se voir opposer toutes les exceptions opposables au propriétaire du chèque.

1100 ***Vérification du banquier*** ◊ Le banquier devra se livrer à un contrôle avant d'accepter de prendre un chèque à l'encaissement. Sa responsabilité délictuelle est ainsi susceptible d'être engagée à l'égard du tiré, du tireur ou d'un porteur antérieur lorsqu'il vient à présenter un chèque portant une anomalie apparente [1]. Il en va plus particulièrement ainsi de la régularité de l'endos apposé sur le titre [2]. Le principe de non-ingérence tempère néanmoins ce devoir de contrôle. L'apparence de titre régulier suffit ainsi à exonérer le banquier [3].

1101 ***Importance pratique*** ◊ Aujourd'hui, le chèque est le plus souvent endossé au profit d'un banquier en vue de son encaissement. Il arrive d'ailleurs, fréquemment, que le professionnel de la banque mandataire consente une avance sur encaissement à son client et qu'il crédite immédiatement le compte de son client mandant. Cette pratique entraîne d'ailleurs certaines conséquences juridiques qui seront analysées plus loin [4].

1. Com. 26 mars 1973, n° 72-11.565 : *Bull. civ.* 1973, IV, n° 132 ; *RTD com.* 1973. 839, obs. M. Cabrillac. – Com. 30 janv. 1990, n° 88-13.703 : *RTD com.* 1990. 437, obs. M. Cabrillac.

2. Com. 28 oct. 2008, n° 07-18.818 : *Bull. civ.* 2008, IV, n° 175 ; *D.* 2008. AJ 2862, obs. V. Avena-Robardet ; *RTD com.* 2009. 185, obs. D. Legeais ; *Banque et Dr.* 1-2/2009, n° 123, p. 20, obs. Th. Bonneau ; Droit et patrimoine mars 2009, n° 179, p. 99, obs. J.-P. Mattout et A. Prüm. – Com. 26 janv. 2010, n° 09-11.210 : *RJDA* 2010, n° 554. – Com. 16 mars 2010, n° 09-12.970 : *Gaz. Pal.* 2010. 2302, obs. A.-C. Rouaud. – Sur le préjudice subi par le bénéficiaire, Com. 16 oct. 2012, n° 11-18.366 : *Banque et Dr.* 2012, n° 147, p. 20, obs. Th. Bonneau.

3. Civ. 2e, 5 mai 1975, n° 73-12.166 : *Bull. civ.* 1975, II, n° 130 ; *RTD com.* 1976. 164, obs. M. Cabrillac et J.-L. Rives-Lange.

4. V. ss 1137.

CHAPITRE 3
LE PAIEMENT DU CHÈQUE

1102 ***Absence de droit au paiement par chèque*** ◊ Il est fréquent, aujourd'hui, que les commerçants refusent certains moyens de paiement, et plus particulièrement les chèques. Mais de telles conditions de paiement, imposées unilatéralement par les professionnels, sont-elles légales ? Cette question a, sans surprise, été posée par un député au ministre du budget en 2009. Or, selon ce dernier, « *les commerçants sont libres d'accepter ou non les paiements par carte bancaire ou par tout autre moyen de paiement* » [1].

Cette solution n'est guère contestable [2]. D'une part, législateur n'a jamais reconnu un tel droit. Si le droit de payer en espèces est, lui, protégé par le droit pénal [3], il en va différemment du droit de payer par chèques [4]. D'autre part, un tel titre ne saurait constituer une monnaie ayant cours légal. Ainsi, ce mode de paiement peut parfaitement être refusé par un commerçant [5]. C'est d'ailleurs de plus en plus souvent le cas désormais [6].

1103 Le paiement du chèque est fortement encadré par notre droit et les décisions de justice rendues sur cette question ne sont pas rares. Il en va ainsi tant pour la présentation du chèque au paiement (section 1) que pour son règlement (section 2). L'hypothèse du chèque impayé est, sans surprise, régi avec précision (section 3).

1104 ***Aval*** ◊ Notons, avant d'aborder l'ensemble de ces points, que le paiement d'un chèque peut parfaitement être garanti pour tout ou partie de son montant par un aval. Cette garantie sera alors fournie par un tiers (hormis le tiré) ou par un signataire du chèque. Cette solution, qui est régie par les articles L. 131-28 à L. 131-30 du Code monétaire et financier, ne se rencontre cependant plus aujourd'hui en pratique.

---

1. Rép. min. n° 57747 : *JOAN* Q, 6 oct. 2009, p. 9455 ; *RDBF* 2010, comm. 1, obs. F.-J. Crédot et Th. Samin.

2. J. Lasserre Capdeville, *Existe-t-il un droit de payer par carte bancaire ou par chèque ?* : *JCP E* 2010. 1690.

3. V. ss 939.

4. On rappellera cependant que l'article 1649 *quater* E *bis* du Code général des impôts prévoit que les adhérents des centres de gestion agréés sont tenus d'accepter les règlements soient par carte bancaire, soit par chèque.

5. Celui-ci peut également, en vertu de l'article L. 131-15 du Code, subordonner son acceptation à la présentation d'une pièce d'identité.

6. Il est vrai que le risque de fraude est multiplié avec cet instrument de paiement. – v. ss 972.

SECTION 1. LA PRÉSENTATION DU CHÈQUE AU PAIEMENT

1105 Le présentation du chèque au paiement est un droit (§ 2). Elle devra néanmoins être réalisée sous le respect d'un délai légal (§ 3) et obligera le banquier tiré à procéder à certaines vérifications (§ 4). Elle suivra nécessairement une remise de ce chèque à l'auteur de cette présentation (§ 1).

§ 1. La remise du chèque

1106 ***Libération*** ◊ Selon l'article L. 131-67 du Code monétaire et financier, la remise d'un chèque en paiement, acceptée par un créancier, n'entraîne pas novation [1]. La créance originaire subsiste donc, avec toutes les sûretés qui y sont attachées, jusqu'au paiement du chèque. Seul l'encaissement effectif de ce dernier libère le débiteur [2]. À ce titre, un vendeur peut valablement refuser la livraison du bien vendu tant qu'il n'a pas encaissé le chèque [3].

1107 ***Dérogations*** ◊ Il est à noter, cependant, qu'est parfois pris en compte la date de remise au paiement du chèque, par exemple pour le paiement des impôts [4], des primes d'assurance [5] ou des cotisations de sécurité sociale [6]. La remise du chèque effectuée dans les délais impartis par la loi ou une convention permettra au débiteur d'échapper à d'éventuelles sanctions de retard. La remise du chèque au paiement peut donc être vue, dans de telles circonstances, comme un « *commencement d'exécution du paiement* » [7].

1108 ***Moment de la remise*** ◊ Les interrogations liées à la détermination du moment de la remise ne se rencontrent guère lorsqu'elle est faite directement. Dans ce cas, la preuve de la remise incombera classiquement au débiteur.

---

1. La règle figurant à l'article L. 131-67 reprend la jurisprudence antérieure, Civ. 17 déc. 1924 : S. 1925, 1, p. 19, rapport Colin. - Civ. 16 déc. 1931 : *D.* 1931. 1, p. 38.

2. V. par ex., Civ. 1re, 4 avr. 2001, n° 99-14.927 : *Bull. civ.* 2001, I, n° 102 ; *D.* 2001. 3323, obs. H. Groutel. - Civ. 3e, 1er juill. 2009, n° 07-19.446 : *Bull. civ.* 2009, III, n° 168 ; *D.* 2009. 2904, note J. Lasserre Capdeville ; *RTD com.* 2009. 790, obs. D. Legeais ; CCC 2009, comm. 242, obs. L. Leveneur. Com. 12 janv. 2010, n° 08-19.332, v. ss 1136.

3. Paris, 4 avr. 1960 : *D.* 1960. 410.

4. CE 25 nov. 1968, n° 71227 : *JCP* 1970, II, 16337, note M. Cozian.

5. Civ. 1re, 2 déc. 1968, n° 66-12.727 : *Bull. civ.* 1968, I, n° 301 ; *JCP* 1969, II, 15775, concl. Lindon, note S. Besson ; *RTD com.* 1969. 550, obs. M. Cabrillac et J.-L. Rives-Lange. G. Durry, « Le paiement de la prime d'assurance au moyen d'un chèque sans provision », *JCP* 1984, I, 3161.

6. Soc. 17 mai 1972, n° 71-10.805 : *Bull. civ.* 1972, V, n° 335 ; *D.* 1973. 129, note Ch. Gavalda. - Soc. 3 mai 1984, n° 82-14.312 : *Bull. civ.* 1984, V, n° 171.

7. P. Le Cannu, Th. Granier et R. Routier, *Droit commercial. Instruments de paiements et de crédit. Titrisation* : éd. Dalloz, 2017, 9e éd., n° 240.

Mais qu'en est-il si le chèque a été envoyé à son bénéficiaire par courrier postal ? Quelle date convient-il de retenir : celle de l'expédition ou celle de la réception ? La Cour de cassation s'est prononcée en faveur de cette seconde hypothèse, c'est-à-dire la date de réception [1]. Cette solution connaît cependant une exception en matière de dettes fiscales, car, dans ce cas, c'est la date de l'expédition qui fait foi [2].

1109 ***Justification d'identité*** ◊ L'article L. 131-15 du Code monétaire et financier dispose que tout remettant d'« un chèque en paiement doit justifier de son identité au moyen d'un document officiel portant sa photographie ». On notera que la loi ne prévoit pas de sanction à l'obligation incombant au débiteur de justifier de son identité. Cependant, une sanction implicite en découle nécessairement : la possibilité pour le créancier de refuser le chèque [3].

§ 2. Le droit à la présentation au paiement

1110 ***Principe général*** ◊ En théorie, le chèque est susceptible d'être présenté par son porteur ou par tout mandataire de celui-ci au guichet du tiré afin de se faire payer en espèces.

Toutefois, dans la majorité des hypothèses, le porteur remettra le titre à son propre établissement de crédit qui se chargera alors de son encaissement.

Bien évidemment, la présentation d'un chèque à l'encaissement implique le dessaisissement du tireur au profit du bénéficiaire [4].

1111 ***Titre payable à vue*** ◊ L'article L. 131-31 du Code monétaire et financier pose une règle essentielle aux termes de laquelle le chèque est « payable à vue ». Il peut donc être présenté au paiement dès son émission. Toute mention contraire est réputée non écrite [5]. Le chèque ne saurait par exemple voir son encaissement subordonné à la condition que le tireur remplisse certaines obligations [6]. Cette règle se comprend aisément puisque le chèque est un instrument de paiement et non de crédit.

---

1. Soc. 9 nov. 1976, n° 75-12.701 : *Bull. civ.* 1976, V, n° 571 ; *RTD com.* 1976. 762, obs. M. Cabrillac et J.-L. Rives-Lange. – Soc. 4 juill. 1983, n° 82-10.655 : *Bull. civ.* 1983, V, n° 386.

2. CE 25 nov. 1968, n° 71227 : *JCP* 1970, II, 16337, note M. Cozian.

3. M. Cabrillac et Ph. Casson, *Règlements par chèques* : *J.-Cl. Banque*, fasc. 350, 2017, n° 35.

4. Com. 18 juin 1996, n° 94-16.033 : *Bull. civ.* 1996, IV, n° 177 ; *RTD com.* 1996. 697, obs. M. Cabrillac.

5. Com. 9 mars 1993, n° 91-16.806 : *Bull. civ.* 1993, IV, n° 93 ; *RTD com.* 1993. 340, obs. M. Cabrillac. Com. 3 juin 2003, n° 01-10.612 : *Bull. civ.* 2003, IV, n° 90 ; *D.* 2003. AJ 1836, obs. V. Avena-Robardet ; *RDBF* 2003, comm. 131, obs. F.-J. Crédot et Y. Gérard ; *Banque et Dr.* 11-12/2003. 53, obs. Th. Bonneau ; *RTD com.* 2003. 782, obs. Cabrillac. – Concernant un paiement échelonné, Com. 12 janv. 2010, n° 08-20.241 : *Bull. civ.* 2010, IV, n° 1 ; *Gaz. Pal.* 10 juill. 2010, n° 190, p. 25, obs. A.-C. Rouaud.

6. Douai, 29 juin 2017, n° 16/05310 : *LEDB* oct. 2017, p. 4, obs. J. Lasserre Capdeville. – Il s'agit d'une mention interdite, v. ss 996.

L'article confirme d'ailleurs ce principe en prévoyant que le chèque présenté au paiement avant même le jour indiqué comme date d'émission, c'est-à-dire le chèque « postdaté », est payable le jour de la présentation.

L'obligation de fournir une provision disponible se prolonge ainsi dans l'obligation de la maintenir jusqu'à ce que le chèque soit payé ou qu'il ne soit plus exigible. Pour mémoire, ce dernier résultat ne se produit qu'avec la prescription [1], et non avec l'expiration du délai légal de présentation [2]. Passé ce dernier délai, en effet, si les recours cambiaires disparaissent, le tireur n'en demeure pas moins tenu au paiement [3].

1112 ***Cas du chèque de garantie*** ◊ Le chèque de garantie est un chèque remis à une autre partie à un contrat comme sûreté [4]. Longtemps réprimé pénalement [5], le chèque de garantie est désormais valable, puisque, après en avoir abandonné la sanction répressive [6], la Cour de cassation a refusé d'en prononcer la nullité [7].

Or, depuis un arrêt de la chambre commerciale du 17 novembre 1998 [8], la Cour de cassation admet expressément que le bénéficiaire d'un chèque de garantie puisse l'encaisser immédiatement. Le tireur ne pourra que solliciter, éventuellement, la répétition si cet encaissement a effectivement conduit à un paiement indu. Il importe peu que le chèque de garantie en question soit d'un montant supérieur à la créance du bénéficiaire [9].

Mais le tireur d'un chèque en garantie peut-il faire opposition au paiement de ce dernier [10] lorsqu'il apprend que le porteur l'a encaissé ? La Cour de cassation a répondu à cette interrogation par la négative [11]. Le refus de l'opposition se justifie par la nature intrinsèque du chèque. Instrument de paiement irrévocable, il doit pouvoir être porté à l'encaissement même s'il a été émis à titre de garantie. Les conventions extra-cambiaires conclues entre les parties ne sauraient alors avoir pour effet d'éluder ce droit au

1. C. mon. fin., art. L. 131-59.
2. C. mon. fin., art. L. 131-32.
3. V. ss 1120, 1121.
4. H. Aubry, *Réflexions sur le chèque remis en garantie* : *D. Affaires* 2000, p. 555.
5. Crim. 8 déc. 1955 : *D.* 1956. 698, note F. Derrida.
6. Crim. 5 oct. 1983, n° 83-91.209 : *Bull. crim.* 1983, n° 238 ; *D.* 1984. 461, note B. Bouloc ; *RTD com.* 1983. 439, obs. M. Cabrillac.
7. Com. 12 janv. 1993, n° 90-17.015 : *Bull. civ.* 1993, IV, n° 3 ; *JCP E* 1993, II, 425 note M. Cabrillac.
8. Com. 17 nov. 1998, n° 96-14.296 : *Bull. civ.* 1998, IV, n° 296 ; D. 1999, somm. 148, obs. M. Cabrillac ; *D. Affaires* 1999, p. 78, obs. X. Delpech ; *JCP* 1999, II, 10226, note D. Gibirila ; *RTD civ.* 1999. 156, obs. P. Crocq ; *RTD com.* 1999. 165, obs. M. Cabrillac. - Com. 21 juin 2005, n° 04-13.066 : *RJDA* 2005, n° 1273. - Civ. 1re, 19 juin 2007, n° 05-18.541.
9. Civ. 1re, 6 janv. 2011, n° 09-71.400 : *Banque et Dr.* 3-4/2011. 22, obs. Th. Bonneau ; *Gaz. Pal.* 26 févr. 2011, n° 57, p. 21, obs. A.C. Rouaud ; *LEDB* mars 2011, p. 2, obs. J. Lasserre Capdeville
10. C. mon. fin., art. L. 131-35.
11. Com. 24 oct. 2000, n° 97-21.710 : *Bull. civ.* 2000, IV, n° 162 ; *D.* 2000. AJ 417, obs. A. Lienhard ; *RTD com.* 2001. 195, obs. M. Cabrillac ; *Banque et Dr.* 1-2/2001. 46, obs. Rontechvsky. - Com. 24 sept. 2003, n° 00-21.952 : *RJDA* 2003, n° 214.

paiement à vue. Notons cependant que, pour la Haute juridiction, l'opposition au paiement de chèques n'est pas sanctionnable pénalement s'il peut être démontré que ceux-ci ont été émis en garantie [1].

1113 ***Lieu de présentation*** ◊ Normalement, la présentation du chèque s'effectue au lieu indiqué sur le titre. Toutefois, aujourd'hui, la présentation est opérée par l'intermédiaire d'un système interbancaire de compensation. Ainsi, pour l'article L. 131-34 du code, « la présentation à une chambre de compensation équivaut à la présentation au paiement ».

§ 3. Le délai de présentation au paiement

1114 Notre droit encadre la présentation au paiement par des délais légaux (A) dont le non-respect présente des effets juridiques (B). La non présentation du chèque à l'encaissement dans les temps constitue ainsi un comportement à risque pour l'intéressé [2].

A. L'encadrement légal du délai de présentation

1115 ***Pluralité de cas*** ◊ Un délai de présentation de huit jours est prévu par l'article L. 131-32, alinéa 1er, du Code monétaire et financier. Il ne doit pas être confondu avec le délai de prescription de l'action du porteur du chèque contre le tiré qui est, quant à lui, prévu par l'article L. 131-59, et qui est d'un an. Notons que ce délai de huit jours présente une grande importance pour les chèques certifiés, dont la provision est bloquée pendant ce délai [3].

On notera que le délai de présentation est plus long s'il est émis hors de la France métropolitaine, avec une distinction si le lieu d'émission est situé en Europe ou hors de l'Europe. Dans le premier cas, le délai est de vingt jours et, dans le second, de soixante-dix jours [4]. L'article L. 131-32, alinéa 3, précise encore que les chèques émis dans un pays riverain de la Méditerranée sont considérés comme émis en Europe.

1116 ***Obstacle insurmontable*** ◊ Lorsque la présentation du chèque dans les délais précités a été empêchée « *par un obstacle insurmontable* », et plus particulièrement par la prescription légale ou un autre cas de force majeure, le délai doit être prolongé [5].

---

1. Crim. 27 sept. 2006, n° 06-83.454 : *Gaz. Pal.* 9 sept. 2007, n° 252, p. 20, note J. Lasserre Capdeville ; *RDBF* 2007, comm. 90, obs. F.-J. Crédot et Th. Samin ; *Dr. pénal* 2007, comm. 38, obs. J.-H. Robert.

2. Ch. Youego, « La non-présentation du chèque à l'encaissement », *RDBF* sept.-oct. 2009. Étude 30, p. 8.

3. C. mon. fin., art. L. 131-14. – V. ss 997.

4. Concernant la Martinique, *Fort-de-France*, 30 sept. 1994 : *D.* 1996. 10, note J. Larrieu ; *JCP E* 1995. Pan. 488.

5. C. mon. fin., art. L. 131-55.

Pour bénéficier de cette prolongation, le porteur est tenu de donner sans retard, c'est-à-dire dès qu'il en a connaissance, avis du cas de force majeure à son endosseur et en faire mention sur le chèque ou sur une allonge avec date et signature.

L'endosseur doit, à son tour, dans les délais fixés pour l'exercice de ses recours, en donner avis à son propre endosseur. Les chaînes des endossements sont, ainsi, remontées jusqu'au tireur.

En revanche, aucune modification conventionnelle n'est admise en la matière [1].

1117 ***Point de départ*** ◊ L'article L. 131-32, alinéa 2, pose comme principe que le point de départ du délai de présentation est le jour porté sur le chèque comme date d'émission. Une précision s'impose toutefois en la matière : il ne faut pas confondre la date de création qui sera traditionnellement apposée par le tireur sur le titre [2] et la date d'émission du chèque. En effet, cette dernière résultera concrètement du dessaisissement du titre au profit du bénéficiaire [3].

1118 ***Précisions réglementaires*** ◊ En application de l'article R. 131-3 du Code monétaire et financier, les délais légaux concernant la présentation des chèques ne comprennent pas le jour qui leur sert de point de départ. L'article R. 131-4 complète cette solution en précisant que la présentation ne peut être faite qu'un jour ouvrable. Enfin, lorsque le dernier jour du délai fixé pour la présentation est un jour férié légal, ce délai est prorogé jusqu'au premier jour ouvrable qui en suit l'expiration.

Notons cependant que les tirés ne peuvent refuser le paiement si leurs établissements sont ouverts ces jours-là.

1119 ***Dérogation conventionnelle*** ◊ Lorsque les parties conviennent de ne pas dater le chèque et que celui-ci est daté par la suite par le bénéficiaire du chèque avant son encaissement, le tireur ne peut invoquer une utilisation frauduleuse du chèque, car les parties ont conventionnellement conféré à ce chèque un usage de chèque de garantie. Celui-ci doit être payé, même s'il est présenté au paiement plus de deux ans après son émission [4].

---

1. Rép. min., 7 févr. 1970 : *JOAN* 11 avr. 1970, p. 990.
2. V. ss 1009.
3. Com. 31 janv. 2006, n° 04-15.315 : *Bull. civ.* 2006, IV, n° 18 ; *D.* 2007. 756, obs. D.-R. Martin ; *D.* 2006. AJ 573, obs. V. Avena-Robardet ; *RTD com.* 2006. 455, obs. D. Legeais ; *RDBF* 2006, comm. 91, obs. F.-J. Crédot et Th. Samin. – Com. 12 janv. 2010, n° 08-20.241 : *Bull. civ.* 2010, IV, n° 1 ; *RTD com.* 2010. 592, obs. D. Legeais ; *RDBF* 2010, comm. 36, obs. F.-J. Crédot et Th. Samin ; *Banque et Dr.* 5-6/2010. 17, obs. Th. Bonneau.
4. Com. 22 sept. 2015, n° 14-17.901 : *JCP E* 2015, 1617, note K. Rodriguez ; *RDBF* 2016, comm. 51, obs. F.-J. Crédot et Th. Samin ; *RTD com.* 2016. 168, obs. D. Legeais ; *LEDB* nov. 2015, p. 7, obs. J. Lasserre Capdeville.

B. Les effets du non-respect des délais légaux

1120 ***Perte des recours cambiaires*** ◊ Le non-respect du délai légal de présentation a pour conséquence la perte des recours cambiaires contre les signataires du chèque, voire le bénéfice de la certification. Ainsi, le législateur ne souhaite pas que les différents signataires du chèque, solidairement tenus, restent trop longtemps exposés aux recours.

1121 ***Limites*** ◊ Il convient de relativiser les effets précités. Rappelons tout d'abord que la clause interdisant l'endossement à une personne autre qu'un établissement de crédit ou à un établissement assimilé [1] vient limiter considérablement les possibilités d'endossement des chèques dans notre pays. Les demandes de certification sont également très rares.

De plus, et surtout, le tireur reste tenu de l'obligation légale de laisser la provision voulue jusqu'à l'expiration du délai de prescription, envisagé plus loin [2], et il continue de garantir le paiement du chèque. Le tiré sera donc tenu de payer celui-ci même après l'expiration du délai de présentation, du moment que l'action du porteur n'est pas prescrite [3].

Le porteur n'est enfin aucunement fautif de ne pas avoir respecté le délai de présentation [4]. Il lui est cependant conseillé de présenter le chèque rapidement au paiement, afin que les fonds disponibles ne s'amenuisent pas. En effet, le tiré paiera jusqu'à épuisement de ces derniers par les présentations successives de chèques, qui seront honorés par ordre chronologique.

§ 4. Les vérifications attendues du tiré

1122 ***Vérification des endossements*** ◊ L'article L. 131-38, alinéa 2, du Code monétaire et financier vient poser comme principe l'obligation pour le banquier tiré de vérifier la régularité de la suite des endossements [5]. Il prend néanmoins soin d'exclure de cette obligation la signature des différents endosseurs s'étant succédés [6]. Cette règle rappelle immanquablement celle figurant à l'article L. 511-28 du Code de commerce en matière de lettre de change.

---

1. C. mon. fin., art. L. 131-71, al. 3.
2. V. ss 1226.
3. Com. 7 janv. 1997, n° 95-11.078 : *Bull. civ.* 1997 : *Bull. civ.* 1997, IV, n° 4 ; *D. Affaires* 1997, p. 345 ; *RTD com.* 1997. 294, obs. M. Cabrillac.
4. Com. 19 juin 2001, n° 98-22.647 : *Bull. civ.* 2001, IV, n° 119 ; *D.* 2001. AJ 2297, obs. V. Avena-Robardet ; *RTD com.* 2001. 958, obs. M. Cabrillac ; *RDBF* 2001. 224, obs. F.-J. Crédot et Y. Gérard.
5. Com. 17 déc. 1980, n° 79-10.658 et n° 79-11.216 : *Bull. civ.* 1980, IV, n° 427 ; *D.* 1981. IR 497, obs. M. Vasseur. Com. 26 janv. 2010, n° 09-11.210 : *RDBF* juill.-août 2010, comm. 122, obs. F.-J. Crédot et Th. Samin.
6. Paris, 26 nov. 1986 : *RDBB* 1987. 87, obs. F.-J. Crédot et Y. Gérard. – Com. 17 sept. 2013, n° 12-18.202 : *Gaz. Pal.* 8 nov. 2013, p. 16, obs. C. Houin-Bressand ; *Banque et Dr.* 2013, n° 152, p. 17, obs. Th. Bonneau ; *LEDB* nov. 2014, p. 6, obs. J. Lasserre Capdeville.

1123 ***Élargissement de la vérification*** ◊ En la matière, la jurisprudence est à l'origine d'une obligation générale pour le banquier de vérifier la régularité du chèque et d'en détecter les anomalies, du moment, et c'est une limite, que celles-ci puissent être qualifiées d'« apparentes ». En effet, le professionnel demeure tenu, dans le même temps, par une obligation de non-ingérence dans les affaires de ses clients.

1124 ***Devoir de non-ingérence*** ◊ Le principe de non-ingérence du banquier, encore dénommé principe de non-immixtion, a déjà été étudié précédemment [1]. Il impose, pour mémoire, aux établissements de crédit de ne pas intervenir dans les affaires de leurs clients, soit en s'informant sur leurs affaires, soit en réalisant de leur propre chef des opérations pour le compte des clients [2]. Il place donc l'établissement bancaire dans une position de neutralité.

1125 ***Exception liée à l'« anomalie apparente »*** ◊ Si, en vertu du principe de non-ingérence précité, l'établissement de crédit n'a pas à effectuer de recherches pour s'assurer que les opérations qu'un client souhaite effectuer sont régulières, le banquier doit néanmoins rester vigilant. Il est ainsi établi depuis longtemps pour les magistrats que le principe de non-ingérence laisse subsister la responsabilité du banquier qui accepte d'enregistrer une opération dont l'illicéité ressort d'une « anomalie apparente », c'est-à-dire une anomalie qui ne doit pas échapper au banquier diligent [3]. Il en ira ainsi en cas de falsification du titre (trace de grattage, surcharge, etc.) ou si les circonstances dans lesquelles le compte a été ouvert ou le titre a été remis nécessitent de plus amples vérifications. Le devoir de « neutralité » tombe ainsi devant l'apparence d'une opération illicite.

En présence d'une telle anomalie, le banquier devra rechercher si elle n'est qu'apparente ou bien si elle est réelle et, dans ce dernier cas, et sera tenu tout mettre en œuvre pour que le préjudice ne se réalise pas, au besoin en refusant d'exécuter l'opération. Parfois, une simple information ou un conseil donné à la personne dont les intérêts sont menacés sera suffisante. A défaut d'une telle initiative, la banque verra sa responsabilité engagée.

1126 ***Illustrations en matière de chèques*** ◊ La jurisprudence a, à plusieurs reprises, caractérisé des anomalies apparentes en matière de chèque, et engagé, en conséquence, la responsabilité du banquier n'ayant pas relevé ces dernières. Cela a été le cas tant pour les chèques contrefaits que pour les chèques falsifiés [4].

---

1. V. ss 267.
2. J. Lasserre Capdeville, « Que reste-t-il au XXIe siècle du devoir de non-ingérence du banquier ? », *Banque et Dr.* 3-4/2005, n° 100, p. 11. – Civ. 28 janv. 1930, *Ducrocq* : *RTD civ.* 1930. 369, obs. R. Demogue.
3. V. ss 278.
4. V. ss 1041.

À titre d'exemple, l'encaissement d'un chèque sur le compte personnel d'une personne dont le nom avait été rajouté sur le titre a été sanctionné civilement [1]. Il en a été de même en présence d'un rajout d'une quatrième série de numéros sur le recto du chèque [2] ou encore à l'égard de plusieurs chèques de gros montants provenant du compte d'une personne âgée [3]. Citons encore le cas dans lequel un nombre important de chèques aurait dû éveiller les soupçons chez le banquier tiré [4]. Nous pourrions ici multiplier les exemples.

1127 ***Éléments indifférents*** ◊ La jurisprudence a eu l'occasion de préciser que les nécessités du traitement de masse des chèques n'affranchissaient en aucun cas le banquier présentateur de l'obligation d'un minimum de vigilance [5]. Plus précisément, l'absence de traitement visuel ne décharge pas le banquier de son obligation de vérifier qu'il n'y a ni surcharge, ni falsification [6].

Il est vrai que compte tenu du développement de l'informatisation des procédures de traitement des chèques, l'ensemble des vérifications précitées ne sont pas souvent effectués, du moins en dessous d'un montant variable selon les établissements de crédit. Ainsi, les banques préfèrent être condamnées de temps en temps, au risque de devoir verser des dommages-intérêts, plutôt que d'investir dans un contrôle systématique des chèques dont le coût serait bien plus élevé.

1128 ***Non-caractérisation d'anomalies apparentes*** ◊ En revanche, n'ont pas été considérées comme des anomalies apparentes : une inscription sur un chèque du numéro d'un compte ouvert dans ses livres à côté de son propre nom commercial [7], une inscription sur des chèques libellés à l'ordre d'une banque du numéro du compte d'un individu au sein de cette dernière [8], une signature bien imitée [9] ou encore un chèque encaissé par un mandataire sur son compte personnel [10].

---

1. Com. 3 déc. 2002, n° 00-20.566 : *Bull. civ.* 2002, IV, n° 183 ; *D.* 2003. 1756, note J. Djoudi ; *RTD com.* 2003. 340, obs. M. Cabrillac ; *Banque et Dr.* 5-6/2003. 57, obs. Th. Bonneau.

2. Com. 7 juill. 2009, n° 08-18.251 : *Bull. civ.* 2009, IV, n° 93 ; *D.* 2009. AJ 2108, obs. X. Delpech ; *RTD com.* 2009. 790, obs. D. Legeais ; *JCP* 2009. 360, note J. Lasserre Capdeville ; *RDBF* 2009, comm. 177, obs. F.-J. Crédot et Th. Samin ; *Banque et Dr.* 9-10/2009. 21, obs. Th. Bonneau.

3. Com. 15 nov. 2016, n° 15-14.133 et n° 15-14.783 : *RDBF* 2017, comm. 2, obs. Th. Samin et S. Torck ; *Gaz. Pal.* 24 janv. 2017, n° 4, p. 14, note J. Lasserre Capdeville.

4. Douai, 16 mars 2011, n° 10/01481 : *LEDB* juin 2011, p. 6, obs. J. Lasserre Capdeville.

5. Paris, 5 août 2011, n° 09/07476 : *LEDB* oct. 2011, p. 2, obs. J. Lasserre Capdeville.

6. Douai, 16 mars 2011, n° 10/01481 : *LEDB* juin 2011, p. 6, obs. J. Lasserre Capdeville.

7. Com. 5 nov. 2002, n° 00-18.175 : *Bull. civ.* 2002, IV, n° 158 ; *JCP E* 2003, n° 1, p. 36, note Th. Bonneau ; *RTD com.* 2003. 139, obs. M. Cabrillac ; *Banque et Dr.* 3-4/2003. 58, obs. Th. Bonneau ; *Gaz. Pal.* 2003, somm. p. 2473, obs. S. Piedelièvre

8. Com. 1er déc. 2015, n° 14-22.703 : *LPA*, 25 févr. 2016, n° 40, p. 10, note J. Lasserre Capdeville.

9. Com. 9 juill. 1996, n° 94-17.119 : *Bull. civ.* 1996, IV, n° 202 ; *D.* 1996. IR 198.

10. Com. 13 févr. 2019, n° 17-24.340, n° 17-50.052 et n° 18-10.585 : *LEDB* avr. 2019, p. 2, obs. J. Lasserre Capdeville.

A défaut d'anomalie apparente, le principe de non-ingérence du banquier doit à nouveau prévaloir [1]. Il revient donc au juge d'apprécier, au cas par cas, le caractère manifeste et donc nécessairement détectable de l'anomalie en question.

SECTION 2. LE RÈGLEMENT DU CHÈQUE

1129 Après avoir observé l'effectivité du règlement du chèque (§ 1), nous aborderons la question particulière de l'opposition au paiement (§ 2), cette dernière empêchant le banquier tiré de procéder à toute règlement.

§ 1. L'effectivité du règlement

1130 Ce règlement, qui obéit à différents principes généraux (A), ne peut en théorie intervenir qu'à partir de l'encaissement du chèque. La pratique s'écarte cependant de la rigueur de cette solution (B).

A. Les principes généraux applicables

1131 ***Obligation de règlement*** ◊ L'article L. 131-70, alinéa 2, du Code monétaire et financier prévoit l'obligation pour le banquier, s'il y a provision et en l'absence de toute opposition [2], de payer tout chèque « *régulièrement assigné sur ses caisses* ». Cette obligation existe jusqu'à l'expiration du délai de prescription de l'action porteur, c'est-à-dire en principe un an à compter de l'expiration du délai de présentation [3].

À défaut, il sera tenu responsable du dommage résultant, pour le tireur, tant de l'inexécution de son ordre que de l'atteinte portée à son crédit [4].

1132 ***Cas du paiement partiel du chèque*** ◊ L'article L. 131-37 du Code monétaire aborde la question du paiement partiel du chèque. Il prévoit notamment que le porteur ne peut pas refuser un paiement partiel.

---

1. V. par ex., Com. 5 nov. 2002, n° 00-18175 : *op. cit.* - Rouen, 10 juin 2010, n° 09/04145 : *LEDB* oct. 2010, p. 6, obs. J. Lasserre Capdeville, Com. 1er déc. 2015, n° 14-22.703 : *op. cit.*

2. V. ss 1144.

3. C. mon. fin., art. L. 131-59, al. 2. - V. par ex., Paris, 15 déc. 2016, n° 15/16048.

4. Grenoble, 7 juill. 1976 : *D.* 1976. 489, note F. Derrida ; *RTD com.* 1976. 770, obs. M. Cabrillac et J.-L. Rives-Lange. - T. com. Lyon, 16 août 1957 : Banque 1958, p. 107 ; *RTD com.* 1959. 128, obs. J. Becqué et M. Cabrillac. - Paris, 12 avr. 1996 : *Gaz. Pal.* 1996. 2, somm. p. 483, obs. H. Vray. - La faute devra présenter un lien de causalité direct et certain avec le préjudice invoqué, Lyon, 15 nov. 2016, n° 15/03038. - Aix-en-Provence, 5 janv. 2017, n° 14/13753.

De même, si la provision est inférieure au montant du chèque, le porteur a le droit d'exiger le paiement jusqu'à concurrence de la provision [1].

Des règles de forme sont alors visées. C'est ainsi qu'en cas de paiement partiel, le tiré peut exiger qu'une mention de ce paiement soit faite sur le chèque et qu'une quittance lui en soit donnée.

1133 ***Liberté en cas d'insuffisance de provision*** ◊ Le banquier demeure, dans tous les cas, libre de refuser le règlement d'un chèque si la provision du compte du tireur est insuffisante. La jurisprudence a ainsi eu l'occasion de dire qu'il ne saurait être reproché à une banque d'avoir rejeté des chèques dès lors que l'entreprise, tireur du chèque, ne disposait pas sur son compte d'une provision suffisante et disponible et que les dépassements antérieurement constatés sur le compte, ouverts à bref délai par l'entreprise, ne constituaient qu'une simple tolérance de la banque [2].

A l'inverse, on observera qu'il ne résulte d'aucun texte qu'une banque engage sa responsabilité à l'égard des tiers en payant un chèque émis sans provision [3].

1134 ***Exception pour les chèques de 15 euros*** ◊ Selon l'article L. 131-82 du Code monétaire et financier, le tiré doit payer, « *nonobstant l'absence, l'insuffisance ou l'indisponibilité de provision* », tout chèque établi sur une formule délivrée par lui d'un montant égal ou inférieur à 15 euros, le titulaire du compte et le tiré étant en ce cas réputés légalement avoir conclu lors de la délivrance de la formule une convention portant ouverture de crédit irrévocable.

On notera que cette obligation pesant sur le tiré n'est pas soumise à la prescription de l'article L. 131-59 du code. Elle prend ainsi fin un mois après la date d'émission du chèque. Il convient encore de souligner que cette obligation ne s'impose pas au tiré si celui-ci ne doit ou ne peut payer un chèque pour tout motif autre que l'absence ou l'insuffisance de provision. Toutes ces règles sont qualifiées d'ordre public.

1135 ***Cas du chèque certifié*** ◊ Les articles L. 131-14 et R. 131-2 du Code monétaire et financier régissent le cas particulier du chèque certifié. Dans

---

1. Sur la nécessité d'une demande du porteur, Com. 8 mars 2005, n° 02-20.348 : *Bull. civ.* 2005, IV, n° 45 ; *Banque et Dr.* 2005, n° 103, n° 70, obs. Th. Bonneau ; *Gaz. Pal.* 21 juin 2006, n° 172, p. 2, note F. Boucard. –Sur les incidences de la règle en cas de saisie-attribution, Civ. 2e, 7 avr. 2016, n° 15-11.436 : *LEDB* juin 2016, p. 2, obs. J. Lasserre Capdeville ; *Gaz. Pal.* 21 juin 2016, p. 43, note J.-J. Ansault.

2. Pau, 16 févr. 2004 : *RDBF* 2004, comm. 194, obs. F.-J. Crédot et Y. Gérard ; *Banque et Dr.* juill.-août 2005, p. 72, obs. J.-L. Guillot.

3. Amiens, 12 sept. 2002 : *RDBF* 2003, comm. 100, obs. F.-J. Crédot et Y. Gérard ; *Banque et Dr.* 1-2/2004. 64, obs. J.-L. Guillot. – De même, concernant un chèque falsifié dont l'encaissement avait pour effet d'augmenter le passif du compte au-delà du découvert autorisé, Com. 30 mars 2010, n° 09-65.949 : *D.* 2010. AJ 1013, obs. X. Delpech ; *D.* 2010. 1527, note J. Lasserre Capdeville ; *RTD com.* 2010. 592, obs. D. Legeais ; *JCP E* 2010, 1739, note K. Rodriguez.

ce cas, le tiré garantit l'existence, sous sa responsabilité, de la provision et s'oblige à la bloquer au profit du porteur durant le délai de présentation de huit jours. Cette technique accorde donc, pour un délai relativement bref, une garantie de paiement. En revanche, une fois que le délai de huit jours est expiré, la provision redevient disponible [1].

La faculté de demander cette certification appartient au tireur et au porteur [2]. Ainsi, à partir du moment où il existe une provision suffisante, le tiré ne peut s'y opposer. Il a simplement la possibilité de remplacer le chèque certifié par un chèque de banque. Il semble, qu'en pratique, ce dernier soit d'ailleurs préféré [3].

D'un point de vue formel, l'article R. 131-2 du Code monétaire et financier précise que la certification résulte de l'apposition sur le chèque par le tiré d'une formule « *comportant, outre sa signature, les mentions relatives à la certification et à la date de celle-ci au montant pour lequel le chèque a été établi et la désignation de l'établissement tiré* ». Ces mentions doivent être apposées au moyen d'un procédé de marquage ou d'impression indélébile offrant toute garantie de sécurité.

B. Le moment du règlement

1136 ***Principe*** ◊ Il a été noté précédemment que le chèque est payé au moment de son encaissement [4].

L'inscription au compte d'un client du montant d'un chèque par son banquier devrait donc être effectuée, en toute logique, après l'encaissement effectif du titre en question suite à la présentation du titre au banquier tiré.

1137 ***Usage*** ◊ Comme en droit commercial, les usages revêtent, en droit bancaire, une importance non négligeable. Il en va ainsi en matière de règlement du chèque. En effet, les banques ont pris l'habitude d'inscrire dès la réception d'un chèque le montant de ce dernier au crédit du compte de leur client. L'opération peut alors s'analyser en une avance sur encaissement [5]. Le client de la banque, bénéficiaire du chèque, pourra en effet utiliser les fonds dès ce moment [6].

---

1. Com. 11 juill. 2000, n° 96-21.031 : *Bull. civ.* 2000, IV, n° 140 ; *D.* 2000. AJ 378, obs. V. Avena-Robardet ; *RDBF* 2000, comm. 184, obs. F.-J. Crédot et Y. Gérard.

2. Civ. 1re, 27 févr. 1990, n° 87-15.335 : *Bull. civ.* 1990, I, n° 56 ; *RTD com.* 1990. 613, obs. M. Cabrillac.

3. Pour la jurisprudence, le créancier porteur a la faculté de refuser un chèque ordinaire, dès lors qu'il avait demandé un paiement par un chèque certifié ou par un chèque de banque, Crim., 27 févr. 1996, n° 94-14.031 : *RTD com.* 1996. 304, obs. M. Cabrillac.

4. V. par ex., Civ. 1re, 4 avr. 2001, n° 99-14.927 : *Bull. civ.* 2001, I, n° 102 ; *D.* 2001. 3323, obs. H. Groutel. – Civ. 3e, 1er juill. 2009, n° 07-19.446 : *Bull. civ.* 2009, III, n° 168 ; *D.* 2009. 2904, note J. Lasserre Capdeville ; *RTD com.* 2009. 790, obs. D. Legeais ; *CCC* 2009, comm. 242, obs. L. Leveneur. Com. 12 janv. 2010, n° 08-19.332.

5. M. Cabrillac et S. Cabrillac, « Chèque. Émission et circulation », *J.-Cl. Banque*, fasc. 320, 2017, n° 119.

6. Les abus du remettant demeurent pénalement sanctionnables. Ainsi, la remise à un banquier, pour bénéficier d'une avance de fonds, en mettant à profit le délai d'encaissement, de

1138 ***Obligation d'information*** ◊ Pour la Cour de cassation, le banquier auquel un chèque est remis à l'encaissement, s'il ne procède pas à son inscription en compte immédiatement, est obligé d'en prévenir son client, faute de quoi il s'engagerait sa responsabilité, sauf stipulations contractuelles contraires ou circonstances particulières [1]. Cette solution va dans le sens d'un courant doctrinal qui estimait, de longue date, que : « *La généralisation de cette pratique conduit à estimer que le banquier qui diffère la passation en compte doit prévenir son client sous peine d'engager sa responsabilité* » [2].

Ensuite, le défaut d'information relatif au rejet du chèque, dans un délai raisonnable, peut créer une apparence trompeuse de l'existence d'une provision suffisante permettant au bénéficiaire du chèque de croire qu'il peut disposer de la somme. Dès lors, à défaut d'informer ce bénéficiaire du rejet du chèque dans un tel délai raisonnable, la banque présentatrice engage sa responsabilité [3].

1139 ***Responsabilité*** ◊ L'inscription immédiate en compte d'un chèque qui s'avèrerait, par la suite, sans provision ne saurait permettre d'engager la responsabilité du banquier à l'égard du remettant [4], à moins qu'il lui ait laissé croire qu'il avait vérifié au préalable l'existence de la provision [5]. La banque peut également accepter d'établir un chèque de banque d'un montant équivalent au chèque inscrit immédiatement en compte [6].

En revanche, en retirant le même jour que la remise à l'encaissement du chèque une somme correspondant à ce dernier en espèces, alors qu'il ignorait l'identité du tireur en question, le titulaire du compte, bénéficiaire du chèque impayé, fait preuve pour certaines décisions d'imprudence et de précipitation. L'action en responsabilité contre la banque doit donc être rejetée dans un tel cas [7].

---

chèques obtenus en contrepartie d'engagements que le remettant savait ne pouvoir honorer, a ainsi été jugée constitutive d'escroquerie, Cass., ass. plén., 18 janv. 2006, n° 02-80.787 : *D.* 2006. 1950, note D. Père ; *RTD com.* 2006. 682, obs. B. Bouloc ; *Dr. pénal* 2006, comm. 49, obs. M. Véron.

1. Com. 19 juin 2012, n° 11-17.061 : *Bull. civ.* 2012, IV, n° 124 ; *D.* 2012. AJ 2364, obs. V. Avena-Robardet ; *D.* 2012. 2364, note J. Lasserre Capdeville ; *D.* 2013. 2426, obs. D.R. Martin ; *RTD com.* 2012. 596, obs. D. Legeais ; *Banque et Dr.* 9-10/2012, n° 145, p. 14, obs. Th. Bonneau ; *LEDB* sept. 2012, p. 2, obs. R. Routier. – V. également, Lyon, 31 oct. 2017, n° 16/00666 : *LEDB* déc. 2017, p. 2, obs. N. Mathey.

2. M. Cabrillac, *Le chèque et le virement*, Litec, 1980, 5e éd., n° 178.

3. Com. 13 avr. 2010, n° 09-14.085 : *Banque et Dr.* 2010, n° 132, p. 17, obs. Th. Bonneau.

4. Com. 15 janv. 1975, n° 73-14.009 : *Bull. civ.* 1975, IV, n° 13 ; *RTD com.* 1975. 333, obs. M. Cabrillac et J.-L. Rives-Lange. – Com. 17 juill. 1980, n° 78-15.217 : *Bull. civ.* 1980, IV, n° 301 ; *JCP* 1981, II, 19576, note Ch. Gavalda ; *RTD com.* 1981. 325, obs. M. Cabrillac. – Com. 16 janv. 2019, n° 17-16.557 : *LEDB* mars 2019, p. 3, obs. N. Mathey ; *Gaz. Pal.* 12 mars 2019, n° 10, p. 18, note J. Lasserre Capdeville.

5. Aix-en-Provence, 22 sept. 2011, n° 09/06463 : *LEDB* mars 2012, p. 7, obs. G. Grundeler.

6. Com. 16 janv. 2019, n° 17-16.557 : *LEDB* mars 2019, p. 3, obs. N. Mathey ; *Gaz. Pal.* 12 mars 2019, n° 10, p. 18, note J. Lasserre Capdeville.

7. Douai, 22 mai 2014, n° 13/05887 : *LPA*, 1er mai 2015, p. 7, obs. C. Kleiner.

1140 ***Contrepassation*** ◊ Si le chèque se révèle finalement impayé, le banquier mandataire du porteur est en droit de demander le remboursement de l'avance précitée. Il en ira plus précisément ainsi s'il se voit refuser le paiement du chèque faute de provision [1] ou s'il s'agit d'un titre contrefait ou falsifié [2]. Le banquier effectuera généralement cette opération par la technique de la contrepassation [3]. Il n'aura pas à recourir préalablement contre le tireur [4]. En revanche, cette contrepassation doit être faite dans un délai raisonnable [5].

1141 ***Délai*** ◊ Les juges du fond ont eu l'occasion d'estimer qu'une banque ne commet aucun manquement à son obligation d'information lorsqu'il s'est écoulé entre l'inscription au crédit du compte du chèque et la contrepassation au débit du compte un délai raisonnable, d'au plus 15 jours, « conforme à l'usage en la matière », et que la banque a dûment informé le client dans ce délai du motif du rejet du chèque. Un délai de 27 jours entre la date de la remise du chèque à l'encaissement et la date à laquelle elle a informé ses clients par courrier du rejet du chèque ne saurait, en conséquence, être admis [6].

1142 ***Date de valeur*** ◊ Depuis la loi n° 2009-1255 du 19 octobre 2009 tendant à favoriser l'accès des petites et moyennes entreprises et à améliorer

1. Com. 11 mars 1970, n° 68-10.808 : *Bull. civ.* 1970, IV, n° 94 ; *JCP* 1970, II, 16498, note J.-L. Rives-Lange. - Com. 17 juill. 1980, n° 78-15.217 : *Bull. civ.* 1980, IV, n° 301 ; *JCP* 1981, II, 19576, note Ch. Gavalda ; *RTD com.* 1981. 325, obs. M. Cabrillac ◊ Com. 30 janv. 1996, n° 94-12.885 : *Bull. civ.* 1996, IV, n° 27 ; *D.* 1996. 320, note J.-L. Rives-Lange ; *RTD com.* 1996. 302, obs. M. Cabrillac ◊ Com. 31 janv. 2006, n° 04-15.315 : *D.* 2006. AJ 573, obs. V. Avena-Robardet ; *RDBF* mai-juin 2006, comm. 13, obs. F.-J. Crédot et Th. Samin ; *RTD com.* 2006. 455, obs. D. Legeais. - Com. 23 janv. 2007, n° 05-18.557 : *Bull. civ.* 2007, IV, n° 6 ; *D.* 2007. AJ 438, obs. X. Delpech ; *RTD com.* 2007. 420, obs. D. Legeais ; *D.* 2008. 875, obs. H. Synvet ; *RDBF* 2007, comm. 50, obs. F.-J. Crédot et Th. Samin ; *Banque et Dr.* 5-6/2007. 37, obs. Th. Bonneau ◊ Com. 3 nov. 2010, n° 09-16.326 : *RDBF* 2011, comm. 38, obs. F.-J. Crédot et Th. Samin ; *Gaz. Pal.* 26 févr. 2011, n° 57, p. 21, obs. A.-C. Rouaud ; *LEDB* janv. 2011, p. 7, obs. J. Lasserre Capdeville. - Com. 25 oct. 2011, n° 10-23.397 : *RDBF* 2012, comm. 36, obs. F.-J. Crédot et Y. Gérard ; *JCP E* 2012, 1349, obs. R. Routier ; *Banque et Dr.* 2012, n° 141, p. 30, obs. Th. Bonneau ; *Gaz. Pal.* 4 févr. 2012, n° 36, p. 15, obs. A.-C. Rouaud.

2. V. par ex., Com. 14 févr. 2006, n° 05-12.805 : *RTD com.* 2006. 457, obs. D. Legeais ; *RDBF* 2006, comm. 125, obs. F.-J. Crédot et Th. Samin ◊ Com. 8 mars 2011, n° 10-13.501 : *RDBF* 2011, comm. 122, obs. F.-J. Crédot et Th. Samin ; *Gaz. Pal.* 25 juin 2011, n° 176, p. 26, obs. A.-C. Rouaud. - Com. 25 oct. 2011, n° 10-23.397 : *Banque et Dr.* 2012, n° 141, p. 30, obs. Th. Bonneau.

3. V. ss 819 - La banque qui n'a pas contrepassé le chèque impayé peut néanmoins recouvrer le montant de l'avance en exerçant une action en subrogation contre le tireur, Com. 12 juill. 1993, n° 91-20.063 : *Bull. civ.* 1993, IV, n° 293 ; *RTD civ.* 1994. 358, obs. J. Mestre ; Banque nov. 1993, p. 100, obs. J.-L. Guillot.

4. Com. 13 nov. 2012, n° 02-10.220 : *D.* 2012. AJ 2732, obs. V. Avena-Robardet ; *JCP* 2012. 1269, obs. J. Lasserre Capdeville ; *LEDB* janv. 2013, p. 7, obs. R. Routier.

5. Paris, 1er oct. 2004, n° 03/10054. - Com. 13 mai 2014, n° 13-15.881 : *Gaz. Pal.* 22 juill. 2014, p. 14, obs. C. Houin-Bressand ; *RDBF* 2014, comm. 188, obs. F.-J. Crédot et Th. Samin.

6. Colmar, 6 juin 2018, n° 16/00387 : *JCP E* 2018, n° 43-44, 1551, chronique par l'Institut des usages, n° 9, obs. A. Brès. La banque est alors condamnée à réparer le préjudice matériel résultant pour les clients de la souscription d'un crédit en intérêts, frais et cotisation d'assurance.

le fonctionnement des marchés financiers, l'article L. 131-1-1 du Code monétaire et financier prévoit que la date de valeur d'une opération de paiement par chèque libellé en euros ne peut différer de plus d'un jour ouvré de la date retenue pour sa comptabilisation sur un compte de dépôts ou sur un compte de paiement [1].

La jurisprudence semble estimer, néanmoins, que le client ayant tacitement accepté la pratique des dates de valeur pour les remises de chèques ne peut pas exercer une action en nullité des dates de valeurs [2].

1143 ***Responsabilité professionnelle du notaire*** ◊ Le notaire instrumentaire de l'acte de vente d'un fonds de commerce payé par un chèque n'ayant pu être finalement encaissé, faute de provision, peut voir sa responsabilité engagée. Ainsi, pour la Haute juridiction, « ayant constaté que le notaire avait transféré la propriété et la jouissance du fonds de commerce au jour de la signature de l'acte, sans attendre l'encaissement effectif du chèque, la cour d'appel a pu en déduire qu'il avait manqué à son obligation de prudence et ainsi commis une faute de nature à engager sa responsabilité professionnelle » [3].

§ 2. L'opposition au paiement du chèque

1144 ***Définition*** ◊ L'irrévocabilité de l'ordre de payer connaît une dérogation avec l'opposition, qui est une mesure conservatoire immobilisant la provision entre les mains du banquier tiré [4]. Il s'agit, plus concrètement, de l'ordre donné au tiré par le tireur [5], voire par le porteur [6], de ne pas payer un chèque présenté à l'encaissement.

Cette situation heurte alors deux principes importants du droit du chèque : d'une part, celui du transfert immédiat de la propriété de la provision, et, d'autre part, celui du mandat irrévocable de payer conféré au tiré. À ce titre, l'opposition doit demeurer exceptionnelle.

---

1. Sur cette disparition des dates de valeur, v. ss 661.

2. Com. 31 mai 2011, n° 10-18.599 : *RDBF* 2011, comm. 190, obs. F.-J. Crédot et Th. Samin ; *Gaz. Pal.* 29 oct. 2011, n° 302, p. 23, obs. A.-C. Rouaud.

3. Com. 15 oct. 2014, n° 13-24.984 : *Gaz. Pal.* 15 mars 2015, p. 13, obs. C. Houin-Bressand ; *JCP N* 2015, 1130, obs. G. Durand-Pasquier.

4. J. Lasserre Capdeville, « Les éclaircissements jurisprudentiels de l'opposition en matière de chèque », *Banque et Dr.* 11-12/2004, n° 98, p. 3. – Ch. Youego, « Domaine de l'opposition au paiement par chèque », *RDBF* Mai-juin 2005, p. 51.

5. L'opposition d'un chèque de banque (v. ss 1070) est formée par le banquier tireur, Paris, 8 nov. 2012, n° 10/20019 : *LPA*, 20 févr. 2013, n° 37, p. 10, note J. Lasserre Capdeville. Colmar, 9 avr. 2014, n° 13/00771 : *LEDB* mai 2014, p. 6, obs. R. Routier ; *LPA*, 10 juill. 2014, n° 137, p. 15, note J. Lasserre Capdeville. – V. cependant, Paris, 13 janv. 2017, n° 15/15867, dans lequel le bénéficiaire avait rédigé une lettre d'opposition à l'encaissement et avait obtenu la restitution des fonds.

6. M. Cabrillac et Ph. Casson, « Chèque. Paiement et défaut de paiement », *J.-Cl. Banque*, fasc. 330, 2017, n° 18 – S. Piedelièvre, *op. cit.*, n° 388. Ce dernier auteur qualifie cette solution de « nécessaire ».

1145 ***Formalisme requis*** ◊ Cette opposition doit être confirmée immédiatement par écrit, et ce, « quel que soit le support de cet écrit ». Il en résulte que, si le tireur ne fait pas opposition par écrit ou s'il ne la confirme pas de la sorte immédiatement, celle-ci est caduque [1]. Dès lors, le banquier ne peut, dans un tel cas, refuser le paiement du chèque, sous peine d'encourir les sanctions du délit de refus de paiement d'un chèque visé par l'article L. 163-1 du Code monétaire et financier [2].

1146 Observons ici les différents cas d'opposition (A), les rôles respectifs en l'espèce du banquier tiré (B) et du juge des référés (C).

A. Les cas d'opposition

1147 ***Présentation générale*** ◊ Pour l'article L. 131-35 du Code monétaire et financier, il n'est admis d'opposition au paiement par chèque qu'en cas « de perte, de vol ou d'utilisation frauduleuse du chèque, de sauvegarde, de redressement ou de liquidation judiciaires du porteur ». La liste est limitative et, par conséquent, aucun autre motif ne saurait justifier une opposition [3]. Le rejet d'un chèque pour défaut de provision ne peut pas, en outre, être régularisé par une opposition opérée postérieurement [4].

Le tireur qui fait opposition pour un motif illicite est ainsi assimilé à celui qui n'a pas fourni de provision [5]. Il encourt à ce titre les sanctions de l'article L. 163-2, relatif au délit de blocage illicite de la provision, c'est-à-dire un emprisonnement de cinq ans et une amende de 375 000 euros [6].

---

1. Est, en revanche, abusive la clause stipulant que l'opposition au paiement d'un chèque doit identifier suffisamment le chèque concerné (n° de la vignette, compte concerné et, s'agissant d'un chèque barré ou émis, son montant, sa date d'émission, le nom du bénéficiaire), dans la mesure où elle est de nature à laisser penser au client que, s'il n'est pas en mesure de fournir l'ensemble de ces renseignements, son opposition ne pourra pas être prise en compte, TGI Paris, 9 nov. 2005 : *D.* 2006. AJ 295, obs. V. Avena-Robardet ; *RJDA* 2006, n° 469.

2. V. ss 1252.

3. Versailles, 24 févr. 1989 : *Gaz. Pal.* 1989. 2, somm. p. 311. – Douai, 29 juin 2017, n° 16/05310 : *LEDB* oct. 2017, p. 4, obs. J. Lasserre Capdeville – C'est ainsi, par exemple, que l'énumération ne vise pas le cas de la dissolution du porteur lorsque celui-ci est une personne morale, Besançon, 24 juin 2009, n° 09/00134 : *RJDA* 2010, n° 627 ; *Dr. sociétés* 2009, comm. 218, obs. M.-L. Coquelet – De même, ne saurait fonder une opposition, une contestation des honoraires d'un avocat, Pau, 25 avr. 2013 : Cah. jurispr. Aquitaine et Midi-Pyrénées 2013/03, p. 511. – Pour une opposition fondée sur l'existence d'une contestation de la réalité de la date, Douai, 26 janv. 2017, n° 16/04179 – Concernant un chèque de garantie, Civ. 1re, 6 janv. 2011, n° 09-71.400 : *Gaz. Pal.* 26 févr. 2011, n° 57, p. 21, obs. A.C. Rouaud. – Le tireur pourra cependant, parfois, agir en répétition de l'indu.

4. Il ne peut donc pas être reproché à la banque d'avoir manqué à son devoir de conseil sur la forme que doit revêtir l'opposition d'un chèque préalablement rejeté pour défaut de paiement, Com. 15 juin 2011, n° 10-18.748 : *Banque et Dr.* 2011, n° 139, p. 16, obs. Th. Bonneau.

5. Com. 30 mai 1995, n° 93-10.454 : *Bull. civ.* 1995, IV, n° 158 ; D. 1996, somm. p. 35, obs. M. Cabrillac.

6. V. ss 1236.

1148 ***Perte ou vol*** ◊ Les cas de perte comme de vol sont interprétés strictement par la jurisprudence. Ainsi, lorsque le tireur vient à remettre un chèque litigieux à la personne qui en est bénéficiaire, il ne peut prétendre, par la suite, en avoir été involontairement dépossédé. L'opposition fondée sur la perte ou un prétendu vol du chèque n'est donc pas licite dans de telles circonstances [1]. En revanche, l'extorsion par violence est logiquement assimilée au vol [2].

1149 ***Procédure collective du porteur*** ◊ La jurisprudence est également venue préciser le cas d'opposition fondée sur la procédure collective du porteur. Il est vrai qu'à partir du moment où il y a liquidation judiciaire, le débiteur est dessaisi et, par conséquent, il n'a plus la possibilité d'encaisser le montant du chèque. Il existe également le risque qu'il détourne le montant de ce chèque qui doit pourtant figurer à l'actif de la procédure. Le paiement qui serait ainsi effectué par le porteur serait nul.

En revanche, il n'est pas admis d'opposition en cas de redressement judiciaire du tireur [3]. De même, l'opposition fondée sur la liquidation judiciaire du porteur n'est plus possible s'il est établi que le titre en cause a bien été remis au liquidateur judiciaire de ce dernier [4]. Dans ce dernier cas, en effet, le paiement effectué par le tireur est parfaitement valable.

1150 ***Utilisation frauduleuse du chèque*** ◊ C'est la loi n° 91-1382 du 30 décembre 1991 relative à la sécurité des chèques et des cartes de paiement qui a ajouté, en la matière, le cas fondé sur l'« *utilisation frauduleuse du chèque* ». Or, celui-ci a vite donné lieu à des incertitudes quant à sa portée [5]. Les travaux parlementaires indiquaient, certes, que cette hypothèse pouvait être retenue en cas de falsification, voire de contrefaçon d'un chèque [6].

---

1. Com. 9 févr. 1981, n° 79-15.168 : *Bull. civ.* 1981, IV, n° 68 ; *D.* 1981. IR 303, obs. M. Cabrillac ◊ Com. 18 févr. 2004, n° 01-03.136 : *Bull. civ.* 2004, IV, n° 34 ; *D.* 2004. AJ 1082 ; *Banque et Dr.* 5-6/2004. 49, obs. Th. Bonneau ; *RTD com.* 2004. 577, obs. M. Cabrillac. - Com. 21 févr. 2012, n° 11-11.441 : *Banque et Dr.* 2012, n° 143, p. 18, obs. Th. Bonneau ; *LEDB* avr. 2012, p. 2, obs. J. Lasserre Capdeville. - Com. 1er avr. 2014, n° 13-11.252 : *Banque et Dr.* 2015, n° 159, p. 37, obs. Th. Bonneau.

2. Com. 26 juin 1979, n° 78-12.281 : *Bull. civ.* 1979, IV, n° 215 ; *D.* 1980. IR 134, obs. M. Cabrillac. - Versailles, 19 juin 1991 : *D.* 1991. IR 209. - Notons que l'immunité familiale n'interdit pas au titulaire du compte de faire opposition au paiement d'un chèque volé par son enfant, Versailles, 28 mars 1990 : *RTD com.* 1990. 615, obs. M. Cabrillac.

3. Com. 12 mars 1996, n° 94-10.214 : *D. Affaires* 1996, p. 680 ; *RTD com.* 1996. 501, obs. M. Cabrillac.

4. Com. 26 janv. 1999, n° 96-11.779 : *Bull. civ.* 1999, IV, n° 21 ; *RTD com.* 1999. 473, obs. M. Cabrillac ◊ Com. 8 juill. 2008, n° 07-16.936 : *Bull. civ.* 2008, IV, n° 141 ; *D.* 2008. AJ 2139, obs. X. Delpech ; *RTD com.* 2008. 827, obs. D. Legeais ; *RTD civ.* 2008. 678, obs. B. Fages ; *Banque et Dr.* sept-oct. 2008, p. 26, obs. Th. Bonneau ; *Gaz. Pal.* 21 janv. 2009, p. 42, obs. R. Bonhomme.

5. D. Cholet, « La définition de l'utilisation frauduleuse du chèque après les arrêts récents de la Cour de cassation », *RDBF* mai-juin 2001, p. 178.

6. TGI Paris, 6 mars 1992 : *BICC* 1992, n° 1509. - TGI Paris, 28 déc. 1992 : *BICC* 1993, n° 641 ; D. 1993, somm. 315, obs. M. Cabrillac. - Pour une signature non conforme, Com.

Mais la notion n'était-elle pas plus large ? La chambre commerciale de la Cour de cassation est venue répondre à cette question positivement par l'intermédiaire d'une décision du 24 octobre 2000 [1]. Il découle ainsi de cette dernière que le fait d'utiliser un chèque obtenu frauduleusement suffit à permettre l'opposition. Cette solution a été réitérée à de multiples reprises [2]. Ainsi, pour résumer, la notion d'« utilisation frauduleuse » du chèque doit pouvoir être caractérisée tant en cas de falsification ou de contrefaçon de celui-ci qu'en cas de violation de la loi pénale pour son obtention ou son utilisation.

B. Le rôle du banquier tiré

151 ***Obligation d'immobilisation*** ◊ En cas d'opposition au paiement d'un chèque, le banquier tiré est, d'abord, tenu d'en immobiliser la provision [3].

Il est à noter, à ce propos, que le législateur n'a pas précisé la durée d'une telle immobilisation. Cet oubli a néanmoins été réparé par la jurisprudence [4], qui prévoit que la banque tirée d'un chèque frappé d'opposition est tenue d'en immobiliser la provision jusqu'à décision judiciaire sur la validité de l'opposition, si elle a été mise en cause dans l'instance en référé engagée à cette fin, ou, sinon, pendant une année suivant l'expiration du délai de présentation du chèque.

Toutefois, cette obligation ne peut être respectée que si la provision existe. En conséquence, lorsque tel n'est pas le cas, on ne peut reprocher à une banque de ne pas avoir opéré cette immobilisation [5].

152 ***Interdiction de payer*** ◊ De plus, le banquier tiré doit s'abstenir de payer le chèque. À défaut, il verra sa responsabilité civile engagée si le paiement réalisé a été préjudiciable au tireur [6]. La Cour de cassation a eu l'occasion

16 juin 2015, n° 14-13.493 : *RDBF* 2015, comm. 178, obs. F.-J. Crédot et Th. Samin ; *RTD com.* 2016. 167, obs. D. Legeais ; *Gaz. Pal.* 10 nov. 2015, p. 17, obs. C. Houin-Bressand.

1. Com. 24 oct. 2000, n° 97-21.233 : *Bull. civ.* 2000, IV, n° 161 ; *JCP E* 2001, 1096, note D. Cholet ; *RDBF* 2000, comm. 214, obs. F.-J. Crédot et. Y. Gérard ; *D.* 2000. AJ 417, obs. A. Lienhard ; *RTD com.* 2001. 195, obs. M. Cabrillac.

2. Com. 19 déc. 2000, n° 98-10.420 : *RJDA* 2001, comm. 497 - Com. 22 oct. 2002, n° 01-03.562 : *RJDA* 2003, n° 182. - Com. 9 juin 2004, n° 00-22.353. - Com. 4 juill. 2018, n° 17-16.018 : *LEDB* oct. 2018, p. 3, obs. J. Lasserre Capdeville.

3. Req. 18 juin 1946 : *JCP* 1946, II, 3252, rapp. Lescot ; *D.* 1946. 346 ; Banque 1946, p. 45, obs. R. Houin.

4. Com. 18 avr. 2000, n° 96-20.499 : *Bull. civ.* 2000, IV, n° 79 ; *RTD com.* 2000. 987, obs. M. Cabrillac ; *RDBF* 2000, comm. 140, obs. F.-J. Crédot et Y. Gérard ; Com. 21 nov. 2018, n° 17-24.014 : *D.* 2018. AJ 2300 ; *JCP* 2018, n° 50, 1301, obs. N. Kilgus ; *LEDB* janv. 2019, p. 2, obs. N. Mathey ; Dalloz, actualité, 11 déc. 2018, obs. X. Delpech ; *D.* 2019. 471, note J. Lasserre Capdeville.

5. Nîmes, 27 sept. 2011, n° 09/03465 : *LEDB* nov. 2011, p. 3, obs. J. Lasserre Capdeville

6. Com. 20 juin 1977, n° 00-12.174 : *Bull. civ.* 1977, IV, n° 173 ; *D.* 1978. 398, note Ch. Gavalda ; *JCP* 1978, II, 18808, note J. Vezian ; *RTD com.* 1977. 338, obs. M. Cabrillac et J.-L. Rives-Lange. – Paris, 21 nov. 2013, n° 12/04431 : *LEDB* juin 2014, p. 6, obs. J. Lasserre Capdeville.

de préciser que le banquier ayant ainsi fautivement payé un chèque faisant l'objet d'une opposition ne peut pas exercer l'action *de in rem verso* contre le tireur de ce même chèque [1].

On notera que le banquier tiré n'a pas à délivrer de certificat de non-paiement lorsque le paiement du chèque a ainsi été refusé en raison d'une opposition, même si le compte du tireur présente au surplus une insuffisance ou une absence de provision [2].

1153 ***Obligation d'information de l'auteur de l'opposition*** ◊ Ensuite, le banquier tiré est tenu de respecter une obligation d'information. Pour l'article L. 131-35, alinéa 3, le professionnel de la banque doit informer par écrit l'auteur de l'opposition des sanctions encourues en cas d'opposition fondée sur une autre cause que « celles évoquées au présent article ».

Plus précisément, sera communiqué au client à l'origine de l'opposition, et ce, avant de refuser le paiement du chèque, le contenu de l'article L. 163-2, sanctionnant d'un emprisonnement de cinq ans et d'une amende de 375 000 euros le fait pour toute personne d'« effectuer après l'émission d'un chèque, dans l'intention de porter atteinte aux droits d'autrui, le retrait de tout ou partie de la provision, par transfert, virement ou quelque moyen que ce soit, ou de faire dans les mêmes conditions défense au tiré de payer ».

Cette information est importante dans le cas où le client alléguerait un motif licite qui n'est pas réel. Il sera, de la sorte, incité à révoquer son opposition, ce qui lui permettra d'échapper à l'incrimination de blocage illicite de la provision figurant dans cet article L. 163-2. La règle introduit donc la possibilité d'un désistement volontaire de nature à effacer l'infraction si l'annulation intervient dès que l'information est reçue. C'est original, d'un point de vue juridique. La loi admet ici un « repentir actif » pourtant sans incidence, en principe, en matière pénale [3]. Notons que, faute de précisions textuelles, la méconnaissance de cette obligation d'information ne paraît sanctionnée que par la responsabilité civile du tiré en cas de préjudice subi par une personne.

Une autre obligation d'information se retrouve également à l'article R. 131-51 du code. En effet, il résulte de ce dernier que, lorsque le motif allégué est illicite, ou lorsque le tiré ne reçoit pas la confirmation écrite de l'opposition, il doit adresser au titulaire du compte une lettre lui indiquant la raison pour laquelle son opposition ne peut pas être admise.

1154 ***Obligation d'information de la banque présentatrice*** ◊ Une obligation d'information pèse encore sur le banquier tiré à l'égard de la banque présentatrice. À défaut, le premier engagera sa responsabilité contractuelle [4].

---

1. Civ. 1re, 19 mars 2015, n° 14-10.075 : *D.* 2015. 1084, note J. Lasserre Capdeville ; *Gaz. Pal.* 2015. 2330, obs. C. Houin-Bressand ; *RLDA* mai 2015, p. 30, obs. V. Mauriès.

2. Com. 1er avr. 2014, n° 12-29.777 : *LEDB* juin 2014, p. 3, obs. R. Routier.

3. Un tel « retour en arrière » ne fait, normalement, pas disparaître le délit antérieurement consommé.

4. Douai, 13 juin 2015, n° 14/02362.

1155 ***Obligation d'information du porteur*** ◊ On notera qu'aucun texte ne régit le délai dans lequel le banquier présentateur, informé par le tiré de l'opposition, doit transmettre cette information au bénéficiaire du chèque. Le délai de neuf jours a déjà été jugé raisonnable par la Cour de cassation [1].

1156 ***Obligation d'information de la Banque de France*** ◊ Il résulte de l'article L. 131-84 du Code monétaire et financier, que le tiré qui a refusé le paiement d'un chèque en raison d'une opposition pour perte ou vol de chèques ou de formules de chèque doit en aviser la Banque de France. Les informations ainsi transmises alimentent en effet le Fichier central des chèques (FCC) tenu par la Banque de France [2].

1157 ***Interdiction de refuser un paiement*** ◊ L'article L. 163-1 du Code monétaire et financier punit d'une amende de 6 000 euros le fait, pour le banquier tiré, de refuser le paiement d'un chèque, hors les cas d'opposition admis par la loi, pour le simple motif que le tireur y a fait opposition [3].

Notons cependant que cette disposition ne vise que les cas dans lesquels le motif d'opposition est illégitime, c'est-à-dire différent des cas mentionnés par l'article L. 131-35. Dans les autres hypothèses, cela a été dit, le banquier doit immobiliser la provision au profit du porteur [4].

1158 ***Obligation de contrôle*** ◊ En introduisant ainsi une sanction pénale à l'encontre du banquier tiré qui vient à admettre une opposition infondée [5], et en obligeant celui-ci, lorsqu'il reçoit une opposition illicite, à indiquer la raison pour laquelle cette opposition ne peut être admise [6], le droit applicable a donné lieu à une incertitude : faut-il faire peser sur le banquier tiré le devoir de vérifier les causes de l'opposition et lui reconnaître le pouvoir de rejeter les oppositions qu'il juge illégales, avec la responsabilité qui s'ensuit ? La doctrine s'est divisée sur cette question. Il est donc revenu à la jurisprudence de préciser ce point de la procédure d'opposition en matière de chèque.

Ainsi, dans un premier temps, une décision remarquée est venue préciser que le tiré était tenu de vérifier que le motif invoqué figurait bien dans l'énumération légale [7]. Mais doit-il, pour autant, s'assurer de la réalité du motif invoqué ? Cette question a été résolue dans un second temps : en

---

1. Com. 20 oct. 2009, n° 08-19.073.

2. La responsabilité de la banque n'ayant pas avisé la Banque de France d'une opposition à paiement ne peut être engagée s'il n'est démontré aucun préjudice en relation avec ce manquement à son obligation d'information, Nîmes, 27 sept. 2011, n° 09/03564 : *LEDB* nov. 2011, p. 3, obs. J. Lasserre Capdeville.

3. V. ss 1252.

4. V. ss 1151.

5. V. ss 1252.

6. V. ss 1153.

7. Com. 12 mars 1996, n° 94-10.214 : *D. Affaires* 1996, p. 690 ; *RTD com.* 1996. 501, obs. M. Cabrillac.

présence d'un cas légal d'opposition, le tiré n'a aucun pouvoir d'appréciation ; il est tenu de l'admettre sans en rechercher la réalité [1]. La provision doit simplement être immobilisée au profit du porteur.

C. Le rôle du juge des référés

1159 ***Règle générale*** ◊ Une procédure de mainlevée de l'opposition est logiquement envisagée par notre droit. En effet, si le porteur estime non fondé le motif invoqué par le tireur pour justifier son opposition, il est en droit de saisir le juge des référés afin d'obtenir mainlevée de l'opposition [2].

1160 ***Compétence exclusive*** ◊ L'article L. 131-35, alinéa 4, du Code monétaire et financier ne visant que le juge des référés, il n'est pas question de reconnaître un pouvoir concurrent, à l'égard de la procédure de mainlevée, à une autre juridiction [3].

Ce magistrat vérifiera alors si l'opposition n'était pas justifiée par les circonstances ; comme par exemple une utilisation frauduleuse du chèque concerné [4]. Le juge des référés bénéficiera, en la matière, d'un pouvoir souverain d'appréciation.

1161 ***Délai*** ◊ Mais dans quel délai le bénéficiaire d'un chèque frappé d'opposition peut-il intenter une action en mainlevée ? La jurisprudence est venue préciser, sur ce point, que le bénéficiaire d'un chèque peut agir en mainlevée de l'opposition jusqu'à la prescription de l'action contre le tiré, soit dans le délai d'un an prévu par l'article L. 131-59 du code [5].

---

1. Com. 8 oct. 2002, n° 00-12.174 : *Bull. civ.* 2002, IV, n° 135 ; *D.* 2002. AJ 2940, obs. V. Avena-Robardet ; *JCP E* 2003, p. 222, note D. Cholet ; *RDBF* 2002, comm. 225, obs. F.-J. Crédot et Y. Gérard ; *Banque et Dr.* 1-2/2003. 57, obs. Th. Bonneau ; *RTD com.* 2003. 140, obs. M. Cabrillac. – Com. 17 févr. 2015, n° 13-22.520 : *Gaz. Pal.* 2015. 3685, obs. C. Houin-Bressand ; *Banque et Dr.* juill.-août 2015, p. 21, obs. G. Helleringer ; *LEDB* avr. 2015, p. 5, obs. R. Routier. Com. 16 juin 2015, n° 14-13.493 : Dalloz, actualité, 8 juill. 2015, obs. X. Delpech ; *RTD com.* 2016. 167, obs. D. Legeais ; *JCP* 2015. 916, note J. Lasserre Capdeville ; *RDBF* 2015, comm. 178, obs. F.-J. Crédot et Th. Samin ; *LEDB* sept. 2015, p. 2, obs. R. Routier. – Com. 9 mai 2018, n° 16-28.157 : *LEDB* juill. 2018, p. 3, obs. S. Piedelièvre.

2. Paris, 5 juill. 1977 : *D.* 1978. IR 339. – TGI Dunkerque, 20 oct. 1977 : *D.* 1978. IR 81, obs. M. Cabrillac.

3. Com. 3 déc. 2013, n° 12-24.543 ◊ Nancy, 31 mars 2015, n° 14/01958 : *LEDB* juin 2015, p. 5, obs. J. Lasserre Capdeville ◊ Douai, 29 juin 2017, n° 16/05310 : *LEDB* oct. 2017, p. 4, obs. J. Lasserre Capdeville. Com. 5 déc. 2018, n° 17-22.658 : *JCP E* 2018, n° 50, act. 925 ; *LEDB* janv. 2019, p. 2, obs. N. Mathey ; Dalloz, actualité, 21 déc. 2018, obs. X. Delpech ; *JCP* 2019, n° 6, 143, note J. Lasserre Capdeville. La publicité donnée à cette dernière décision est heureuse, car la position de la Haute juridiction en la matière suscitait de plus en plus d'interrogations, Com. 16 sept. 2014, n° 13-18.030 : *Gaz. Pal.* 28 oct. 2014, p. 11, obs. C. Houin-Bressand. – Com. 14 oct. 2014, n° 13-22.960 : *LEDB* déc. 2014, p. 5, obs. J. Lasserre Capdeville.

4. Com. 1er avr. 2014, n° 13-11.252 : *Gaz. Pal.* 26 oct. 2014, p. 11, obs. C. Houin-Bressand.

5. Com. 24 oct. 2000, n° 97-21.710 : *Bull. civ.* 2000, IV, n° 162 ; *D.* 2000. AJ 417, obs. A. Lienhard ; *Banque et Dr.* 1-2/2001. 46, obs. N. Rontchevsky. Selon ce dernier, « le bénéficiaire d'un chèque peut agir en mainlevée de l'opposition tant que celle-ci garde effet, à savoir jusqu'à la prescription de l'action contre le tiré ». – Dans le même sens, Com. 17 déc. 2002, n° 00-17.546.

162 ***Effets de la mainlevée*** ◊ Il est acquis que lorsque le juge des référés prononce la mainlevée de l'opposition, le banquier tiré est dans l'obligation, dès qu'il en est informé, de délivrer le montant du chèque, jusqu'alors bloqué, au porteur, sous la seule réserve que le titre puisse lui être remis en contrepartie [1].

Une décision récente [2] est venue préciser cette solution en indiquant que la banque tirée doit « *soit dès la décision judiciaire de mainlevée, si elle a été elle-même en cause, soit dès qu'elle lui a été notifiée ou signifiée, payer au bénéficiaire le montant, jusqu'alors bloqué, de la provision du chèque* » [3].

On peut trouver un fondement à cette solution dans le droit de propriété du porteur sur la provision [4]. En effet, on rappellera que si les textes ne mentionnent le transfert de propriété de la provision qu'à propos de l'endossement [5], il parait logique d'admettre que l'émission du chèque transfère également au bénéficiaire la propriété de la provision. En conséquence, si à l'occasion de l'opposition, le banquier-tiré bloque de manière conservatoire cette provision, qui appartient donc déjà à ce porteur, une fois l'opposition levée, celui-ci a nécessairement droit de se faire remettre les fonds en question.

SECTION 3. LE CHÈQUE IMPAYÉ

163 Les dispositions du Code monétaire et financier encadrent, sans surprise, la situation dans laquelle le chèque est finalement impayé par la banque. D'une part, si le titre a été émis sans provision, son tireur risque de subir la sanction particulière envisagée en la matière, c'est-à-dire l'interdiction bancaire (§ 1). D'autre part, le porteur pourra exercer, dans certaines circonstances, les recours envisagés par notre droit, c'est-à-dire les recours cambiaires (§ 2).

Com. 27 nov. 2012, n° 11-19.864 : *Bull. civ.* 2012, IV, n° 212 ; *D.* 2012. AJ 2884, obs. X. Delpech ; *D.* 2013. 214, note J. Lasserre Capdeville ; *Banque et Dr.* 1-2/2013. 20, obs. Th. Bonneau ; *LEDB* févr. 2013, p. 1, obs. K. Rodriguez. – Notons encore que l'action en mainlevée d'opposition ne constitue pas un recours cambiaire (au sens des articles L. 131-47 et L. 131-59), et c'est alors à bon droit que le juge rejette l'exception de prescription de cette action particulière, Paris, 25 nov. 1992 : D. 1993, somm. 315, obs. M. Cabrillac.

1. En outre, la juridiction des référés a le pouvoir, dans le cadre de sa compétence générale, d'accorder une provision au créancier au cas où la position du compte ne permet pas d'honorer le chèque, Com. 26 mars 1996, n° 94-10.872 : *RTD com.* 1996. 503, obs. M. Cabrillac.

2. Com. 21 nov. 2018, n° 17-24.014 : *D.* 2018. AJ 2300 ; *JCP* 2018, n° 50, 1301, obs. N. Kilgus ; *LEDB* janv. 2019, p. 2, obs. N. Mathey ; Dalloz, actualité, 11 déc. 2018, obs. X. Delpech ; *D.* 2019. 471, note J. Lasserre Capdeville.

3. Ici encore sous la réserve que le titre puisse lui être remis en échange

4. Dans le même sens, N. Kilgus, *JCP* 2018, n° 50, 1301.

5. C. mon. fin., art. L. 131-20, al. 1.

§ 1. L'encadrement du chèque sans provision

1164 ***Dépénalisation*** ◊ La législation consacrée aux chèques sans provision a connu d'incessantes évolutions tout au long du XXe siècle. C'est ainsi une loi du 12 août 1917 qui, la première, réprima l'émission de tels chèques. L'arsenal législatif fut, dans un souci d'efficacité, maintes fois remanié ou complété dans les années 1920, 30, 40 et 50. Or, après cette forte pénalisation du droit, le législateur décida d'opter pour une solution inverse. Il est vrai que le renforcement des textes ne parvenait pas à freiner la croissance régulière des émissions de chèques sans provision [1] qui occasionnait, concrètement, un engorgement des parquets et des tribunaux correctionnels. Ainsi, les infractions étaient tellement nombreuses que la répression ne parvenait pas à suivre. Elle demeurait de ce fait aléatoire, et donc arbitraire.

La législation fit alors l'objet d'une nouvelle réforme par la loi n° 72-10 du 3 janvier 1972, procédant notamment à la contraventionnalité de l'émission de chèques sans provision de faibles montants et mettant également en place un délai de régularisation [2]. Cette évolution légale manqua toutefois également son but.

La loi n° 75-3 du 3 janvier 1975 opéra dès lors un changement de politique législative en dépénalisant largement le comportement d'émission de chèque sans provision, le relai étant pris par le mécanisme de l'interdiction bancaire [3]. L'intervention de la sanction pénale fut ainsi limitée aux seules hypothèses dans lesquelles le tireur était animé d'une « *intention de nuire aux droits d'autrui* » et une mission de prévention a été confiée aux banquiers. Poursuivant cette démarche, la loi n° 91-1382 du 30 décembre 1991 supprima les sanctions pénales en cas d'émission de chèques sans provision et confia des larges pouvoirs aux banques afin qu'elles puissent lutter efficacement contre les chèques sans provision [4].

1165 ***Assouplissement de l'interdiction bancaire*** ◊ Depuis lors, notre droit privilégie en la matière l'interdiction bancaire, c'est-à-dire une sanction infligée par le banquier lui-même [5]. Les évolutions légales n'ont cependant pas cessé pour autant [6]. Un certain nombre de textes ont ainsi cherché à protéger, plus particulièrement, le tireur de chèques sans

1. W. Jeandidier, « Chèque et carte de paiement », *Rép. pén.* Dalloz, 2012, n° 12.
2. Ch. Gavalda, « Une étape ? La réforme du chèque par la loi du 3 janvier 1972 », *JCP* 1973. I. 2587.
3. Ch. Gavalda, « Une seconde étape ? La loi n° 75-4 du 3 janvier 1975 sur la prévention et la répression des infractions en matière de chèques », *JCP* 1976, I, 2764.
4. M. Vasseur, « Le chèque sans provision en France 1865-1992 », *JCP* 1992. I. 3562.
5. On notera que notre droit sanctionne encore, par l'article L. 163-2 du Code monétaire et financier, celui qui, dans l'intention de porter atteinte aux droits d'autrui, après l'émission d'un chèque, retire par quelque moyen que ce soit, tout ou partie de la provision. V. ss 1234.
6. J. Lasserre Capdeville, « Le chèque sans provision en France 1992-2013 », *JCP* 2013. 1358, p. 2343.

provision contre une application trop rigoureuse de ce régime essentiellement bancaire [1]. Il a ainsi été assoupli en plusieurs points, et notamment en ce qui concerne les possibilités de régularisation. L'interdiction bancaire a perdu, aujourd'hui, une part de ce qui faisait d'elle une sanction redoutable [2].

166 Observons alors l'état du droit applicable au chèque sans provision. Les dispositions légales sont nombreuses et précises. Plusieurs points seront alors ici successivement abordés : l'information préalable du tireur (A), le refus de paiement et la lettre d'injonction (B), la déclaration au Fichier central des chèques (C), la régularisation de la situation (D), la délivrance d'un certificat de non-paiement (E) et les contestations judiciaires liées à l'interdiction bancaire (F). Un mot sera dit, pour finir, sur les hypothèses particulières dans lesquelles le banquier tiré peut se voir imposer le paiement d'un chèque (G).

A. L'information préalable du tireur

167 ***Obligation légale*** ◊ Depuis la loi « MURCEF » n° 2001-1168 du 11 décembre 2001 [3], l'article L. 131-73, alinéa 1er, impose aux établissements de crédit souhaitant refuser le paiement d'un chèque sans provision d'informer préalablement le tireur [4]. Pour l'alinéa, en effet, « *le banquier peut, après avoir informé par tout moyen approprié mis à disposition par lui le titulaire du compte des conséquences du défaut de provision, refuser le paiement d'un chèque pour défaut de provision suffisante* ».

Cette obligation, qui n'en est pas réellement une, mais qui le devient si le tiré souhaite refuser le paiement d'un chèque pour défaut de provision suffisante, a pour objectif de laisser une ultime chance au tireur susceptible de voir son chèque rejeté et de se retrouver lui-même interdit bancaire : soit il constitue ou complète la provision, soit il ne fait rien et il se retrouve confronté à des désagréments.

168 ***Précisions jurisprudentielles*** ◊ La jurisprudence a eu l'occasion de préciser cette information préalable. Tout d'abord, il apparait que le moyen utilisé pour réaliser cette dernière importe peu. Le recours à une lettre recommandée avec accusé de réception n'est ainsi pas obligatoire [5].

---

1. V., notamment, la loi « NRE » n° 2001-420 du 15 mai 2001, la loi « MURCEF » n° 2001-1168 du 11 décembre 2001 ou la loi « Lagarde » n° 2010-737 du 1er juillet 2010.
2. J. Lasserre Capdeville, « L'interdiction bancaire : une sanction toujours redoutable ? », *in* Mélanges Martin-Serf, 2019, à paraître.
3. R. Bonhomme, « Les aspects bancaires de la loi Murcef », *Banque et Dr.* 2002, n° 82, p. 3.
4. J. Lasserre Capdeville, « L'information en matière de chèque », *Banque et Dr.* 11-12/2007, n° 116, p. 3. – Ch. Youego, « L'obligation d'information préalable au rejet d'un chèque sans provision depuis la loi Murcef du 11 décembre 2001 », *RDBF* 2014. Étude 9. Sur la liberté du banquier en la matière, Montpellier, 15 mai 2013, n° 11/05252.
5. Paris, 25 oct. 2012, n° 10/20106.

Il incombe seulement à l'établissement de crédit de prouver, lorsqu'il délivre l'information par courrier, qu'il l'a adressée au tireur avant le rejet du chèque en cause [1].

De plus, la banque n'a pas à se faire juge des clients méritant d'être informés [2]. Ils le sont nécessairement tous.

En outre, une information générale sur les conséquences du défaut de provision des chèques que le tireur pourrait émettre n'est pas suffisante [3] ; un avertissement précis doit ainsi viser chacun des chèques posant difficulté [4].

Par ailleurs, la banque ne peut se retrancher derrière l'absence de régularisation de chèques impayés antérieurs et de provision suffisante sur le compte pour s'exonérer de son obligation légale [5].

Enfin, l'établissement de crédit doit laisser à son client un délai de régularisation suffisant [6].

1169 ***Sanctions civiles*** ◊ Les sanctions encourues par le banquier n'ayant pas procédé à cette information préalable ont également soulevé des divergences. Deux hypothèses sont en effet concevables.

Tout d'abord, il est possible d'imaginer que le client obtienne la nullité de l'interdiction d'émettre des chèques résultant du refus de paiement par le banquier, interdiction postérieure à l'information non respectée [7]. Cette solution n'a cependant pas été réitérée depuis. Un courant doctrinal estime alors que la mesure d'interdiction prononcée reste valable jusqu'à régularisation effective [8]. Il est vrai qu'aucun texte n'envisage la possibilité de retenir la nullité en la matière.

---

1. Com. 7 févr. 2012, n° 10-27.078 : *Banque et Dr.* 5-6/2012, n° 143, p. 19, obs. Th. Bonneau. – Com. 19 nov. 2013, n° 12-26.253 : *Bull. civ.* 2013, IV, n° 166 ; *D.* 2013. AJ 2764, obs. X. Delpech ; *JCP E* 2013, 1696 ; *RJDA* 2014. 179, note D. Gibirila ; *Banque et Dr.* 1-2/2014, n° 153, p. 17, obs. G. Helleringer ; *Gaz. Pal.* 18 déc. 2013, n° 352, p. 14, note J. Lasserre Capdeville ; *LPA*, 1er mai 2015, n° 87-88, p. 12, obs. C. Kleiner ; *LEDB* janv. 2014, p. 1, obs. R. Routier. – Aix-en-Provence, 8 févr. 2018, n° 16/14954 : *LEDB* avr. 2018, p. 3, obs. J. Lasserre Capdeville.

2. Com. 14 mars 2006, n° 04-16.946 : *Bull. civ.* 2006, IV, n° 64 ; *D.* 2007. 763, obs. D.-R. Martin ; *D.* 2006. AJ 979, obs. V. Avena-Robardet ; *RTD com.* 2006. 455, obs. D. Legeais ; *Banque et Dr.* juill.-août 2006, p. 59, obs. Th. Bonneau ; *RDBF* 2006, comm. 89, obs. F.-J. Crédot et Th. Samin.

3. Com. 31 mai 2005, n° 03-15.659 : *Bull. civ.* 2005, IV, n° 119 ; *JCP E* 2005, p. 1412, note I. Krimmer ; *D.* 2005. AJ 1693, obs. X. Delpech ; *RTD com.* 2005. 813, obs. M. Cabrillac ; *RDBF* 2005, comm. 121, obs. F.-J. Crédot et Y. Gérard ; *Banque et Dr.* 9-10/2005. 68, obs. Th. Bonneau.

4. Com. 30 sept. 2008, n° 07-16.863 : *Banque et Dr.* 11-12/2008, n° 122, p. 19, obs. Th. Bonneau ; *RJDA* 2008, n° 1303. – Com. 18 janv. 2011, n° 10-10.259 : *Bull. civ.* 2011, IV, n° 2 ; *LEDB* mars 2011, p. 2, obs. R. Routier ; *D.* 2011. AJ 364, obs. V. Avena-Robardet ; *Gaz. Pal.* 16 mars 2011, n° 75, p. 14, note J. Lasserre Capdeville ; *Banque et Dr.* 3-4/2011. 22, obs. Th. Bonneau.

5. Paris, 26 janv. 2012, n° 10/08435.

6. Lyon, 27 juin 2013, n° 12/02576. – Rennes, 11 janv. 2008, n° 06/07720.

7. Paris, 9 févr. 2005, n° 04/17843.

8. M. Cabrillac, *RTD com.* 2005. 813.

La seconde sanction envisageable, et qui a eu les faveurs de la Cour de cassation [1], est l'engagement de la responsabilité civile du banquier tiré ayant manqué à son obligation d'information préalable. La jurisprudence a d'ailleurs précisé que le préjudice résultant du défaut de délivrance de l'information en question consiste en la perte d'une chance, pour le titulaire du compte, d'approvisionner celui-ci pour couvrir les chèques émis et échapper aux conséquences qui résultent du refus de paiement du chèque [2]. Le préjudice résultant du défaut de délivrance de l'information ne saurait par conséquent se confondre avec le rejet fautif du chèque [3]. Un préjudice moral peut également être allégué [4].

La démonstration d'un préjudice subi demeure, dans tous les cas, nécessaire [5].

170 ***Sanction pénale*** ◊ Il semble, en outre, que le banquier puisse aussi encourir, dans ce cas, des sanctions de nature pénale. En effet, en vertu de l'article L. 163-10 du Code monétaire et financier, est puni de 12 000 euros le fait, pour le tiré, de contrevenir aux dispositions des articles L. 131-72 et L. 131-73 [6]. Or l'obligation d'informer préalablement le client figurant à l'article L. 131-73, rien ne s'oppose à l'application de cette sanction pénale au banquier manquant à son obligation. Pour l'heure, la jurisprudence n'a jamais caractérisé l'infraction dans un tel cas à notre connaissance.

B. Le refus de paiement et la lettre d'injonction

171 ***Principes applicables*** ◊ En vertu de l'article L. 131-73, le banquier tiré peut, à la suite de l'information préalable, refuser le paiement d'un chèque pour défaut de provision suffisante [7]. S'il juge utile de refuser un tel paiement, comme le lui permet le texte, il doit alors enjoindre au titulaire du compte de restituer à tous les banquiers dont il est client les formules en sa possession et en celle de ses mandataires et de ne plus émettre des chèques autres que ceux qui permettent exclusivement le retrait de fonds par le

1. Com. 14 déc. 2004, n° 03-13.663.

2. Com. 14 juin 2016, n° 14-19.742 : Dalloz, actualité, 30 juin 2016, obs. X. Delpech ; *Gaz. Pal.* 6 sept. 2016, n° 30, p. 27, note J. Lasserre Capdeville ; *Banque et Dr.* 11-12/2016, n° 170, p. 22, obs. Th. Bonneau ; *RDBF* 2016, comm. 187, obs. F.-J. Crédot et Th. Samin ; *LEDB* sept. 2016, p. 6, obs. J. Lasserre Capdeville. — Pour la perte d'une chance d'échapper aux pénalités, commissions et frais consécutifs au rejet du chèque, Lyon, 2 nov. 2006, n° 05/04713 : *BICC*, 15 févr. 2007, n° 347.

3. On rappellera que pour une jurisprudence bien établie, l'indemnisation d'un tel préjudice ne pourra pas être égale ni supérieure à la valeur de l'avantage qu'aurait procuré cette chance si elle s'était réalisée, Civ. 2e, 9 avr. 2009, n° 08-15.977 : *Bull. civ.* 2009, II, n° 98.

4. Concernant l'inscription au FICP, Aix-en-Provence, 8 févr. 2018, n° 16/14954 : *LEDB* avr. 2018, p. 3, obs. J. Lasserre Capdeville.

5. Com. 17 févr. 2015, n° 13-28.495 : *RJDA* 2015, n° 376 ; *Gaz. Pal.* 2015. 2331, obs. C. Houin-Bressand.

6. V. ss 1255.

7. Sur cette liberté du banquier, v. ss 1167.

tireur auprès du tiré ou ceux qui sont certifiés. Ce n'est ainsi que s'il refuse le paiement pour insuffisance de la provision, et uniquement pour cette raison, que le tiré doit obligatoirement mettre en œuvre l'interdiction bancaire qui est déclenchée par la lettre d'injonction.

1172 ***Effets de l'interdiction bancaire*** ◊ Le tireur est avisé, cela a été noté, qu'il lui est désormais interdit d'émettre des chèques [1]. Plusieurs conséquences concrètes résultent de cette interdiction [2].

D'une part, il devra restituer les formules en sa possession (et celles de ses mandataires) à tous les banquiers dont il est le client (s'il y a plusieurs comptes et plusieurs chéquiers).

D'autre part, selon l'article L. 131-72, des formules de chèques ne pourront plus lui être délivrées à compter d'un incident de paiement pour défaut de provision suffisante s'il n'a pas régularisé cet incident ou payé le montant de ce chèque à la suite de la signification d'un certificat de non-paiement. Le client perd ainsi le droit d'émettre des chèques sur tous ses comptes, tant celui sur lequel l'incident a été constaté que ceux dont il pourrait être titulaire, même dans d'autres établissements.

1173 ***Limites à l'interdiction*** ◊ L'interdiction en question n'est toutefois pas sans limite. C'est ainsi, tout d'abord, qu'elle ne concerne que le chèque dit de paiement. Elle ne saurait, en revanche, s'étendre au chèque de retrait [3], ni au chèque certifié [4]. Cette solution peut se justifier par le fait que ces derniers ne présentent pas de danger, mais aussi parce que les salaires et les traitements sont généralement versés par virements et que, par conséquent, les intéressés doivent pouvoir en disposer.

Par ailleurs, on peut légitimement penser que l'interdiction bancaire n'a pas vocation à s'appliquer à l'étranger [5].

Enfin, une ultime exception est à relever lorsque le titulaire du compte est un entrepreneur individuel à responsabilité limitée (EIRL) [6]. En effet, dans ce cas, l'interdiction bancaire limitera aux comptes afférents au patrimoine non affecté à son activité professionnelle si c'est sur l'un d'eux que le tireur a émis le chèque sans provision [7].

1174 ***Cas du mandataire*** ◊ En l'absence d'interdiction légale expresse, on s'est demandé si l'interdit bancaire pouvait émettre des chèques en qualité

1. Sur le contenu de cette injonction, C. mon. fin., art. R. 131-15 s.

2. En revanche, une telle mesure d'interdiction bancaire ne suffit pas à caractériser la situation obérée de l'emprunteur et, en conséquence, la banque n'est pas tenue à son égard à un devoir de mise en garde, Com. 3 juill. 2012, n° 11-18.945 : *RDBF* 2012, comm. 141, obs. F.-J. Crédot et Th. Samin ; *Banque et Dr.* 2012, n° 145, p. 19, obs. Th. Bonneau.

3. C. mon. fin., art. L. 131-7.

4. C. mon. fin., art. L. 131-14.

5. Ch. Gavalda et J. Stoufflet, *Instruments de paiement et de crédit*, Litec, 2012, 8e éd., n° 322.

6. C. com., art. L. 526-6 s.

7. C. mon. fin., art. L. 131-86-1. J. Lasserre Capdeville, « Modifications de l'interdiction bancaire par l'ordonnance sur l'EIRL », *LPA* 24 déc. 2010, p. 4.

de mandataire pour le compte d'un tireur non-interdit. Il est vrai que la loi prohibe seulement d'être mandant et l'article L. 131-73 sanctionne expressément le « titulaire du compte ». La Cour de cassation est cependant hostile à une telle solution : l'interdiction doit jouer dans ce cas également [1].

175 *Cas du compte collectif* ◊ Antérieurement à la loi n° 92-665 du 16 juillet 1992, en cas d'émission sur un compte collectif, que ce soit un compte-joint ou un compte indivis, il était de principe que l'interdiction s'appliquait à tous les co-titulaires sur tous les comptes personnels.

Depuis lors, la solution prévue par l'article L. 131-80 du Code monétaire et financier est plus nuancée. Certes, il demeure de principe que l'interdiction s'applique aux co-titulaires, au moins en ce qui concerne le compte en question [2]. Mais les co-titulaires peuvent, d'un commun accord, désigner l'un d'entre eux qui sera atteint par l'interdiction sur le compte collectif et sur tous les comptes personnels. Celui-ci sera alors vu comme une sorte de « bouc émissaire » [3], et il importera peu qu'il ne soit pas l'auteur de l'émission contestée. Les autres co-titulaires, quant à eux, ne seront privés de la faculté d'émission que sur le compte collectif. La nomination de ce « puni volontaire » sera alors particulièrement utile, car si aucun ne consent à ce « sacrifice », tous seront interdits tant sur le compte collectif que sur les comptes dont ils seraient individuellement titulaires [4].

Fort logiquement, le co-titulaire qui met fin à sa participation au compte collectif n'encourt pas l'interdiction du fait des chèques émis postérieurement par un autre co-titulaire [5].

176 *Cas des procédures collectives* ◊ Le droit des procédures collectives apporte certaines dérogations à l'interdiction précitée. D'abord, l'article L. 626-13 du Code de commerce prévoit que lorsque le débiteur fait l'objet d'une interdiction d'émettre des chèques conformément à l'article L. 131-73 du Code monétaire et financier, mise en œuvre à l'occasion du rejet d'un chèque émis avant le jugement d'ouverture de la procédure, le tribunal peut prononcer la suspension des effets de cette mesure pour une durée n'excédant pas le plan de continuation.

---

1. Crim. 8 févr. 1982, n° 81-93.814 : *Bull. crim.* 1982, n° 43 ; *D.* 1982. 412, note Ch. Gavalda ; *RTD com.* 1982. 271, obs. M. Cabrillac ; *Rev. sociétés* 1982. 554, obs. B. Bouloc. – Crim. 9 oct. 1989, n° 89-80.160 : *Bull. crim.* 1989, n° 343 ; D. 1990, somm. 120, obs. M. Cabrillac ; *RTD com.* 1990. 509, obs. P. Bouzat ; *Rev. sociétés* 1990. 279, note B. Bouloc.

2. Il en va cependant différemment si la co-titularité a disparu, Aix-en-Provence, 13 sept. 2013, n° 2013/434 : *LEDB* nov. 2013, p. 7, obs. J. Lasserre Capdeville.

3. S. Piedelièvre, *Instruments de crédit et de paiement*, Dalloz, 2018, 10e éd., n° 351.

4. C. mon. fin., art. L. 131-80.

5. Paris, 19 oct. 1989 : *RTD com.* 1990. 66, obs. M. Cabrillac. – Aix-en-Provence, 13 sept. 2013 : *LEDB* nov. 2013, p. 7, obs. J. Lasserre Capdeville

De même, l'article L. 643-12 du Code de commerce déclare que le clôture de la liquidation judiciaire suspend les effets de la mesure d'interdiction d'émettre des chèques dont le débiteur fait l'objet, au titre de l'article L. 131-73. La suite de la disposition précise encore que si les créanciers recouvrent leur droit de poursuites individuelles, la mesure d'interdiction reprend à compter de la délivrance du titre exécutoire mentionné au V de l'article L. 643-11 du Code de commerce.

1177 ***Cas du droit du surendettement*** ◊ D'autres exceptions peuvent être relevées dans le droit du surendettement. Ainsi l'article L. 733-17 du Code de la consommation prévoit que les dettes effacées en application d'une procédure de rétablissement personnel valent régularisation des incidents de paiement au sens de l'article L. 131-73 du Code monétaire et financier.

1178 ***Clientèle fragile*** ◊ Enfin, il convient de rappeler que l'article R. 312-4-3, I, du Code monétaire et financier fait des personnes inscrites « *pendant trois mois consécutifs au fichier de la Banque de France centralisant les incidents de paiement de chèques* » des clients fragiles [1]. Dès lors, à ce titre, ils se voient reconnaître un certain nombre de droits supplémentaires envisagés par l'article L. 312-1-3 du code. C'est ainsi que les établissements de crédit « *proposent aux personnes physiques* » n'agissant pas pour des besoins professionnels qui se trouvent en situation de fragilité une offre spécifique « *qui comprend des moyens de paiement, dont au moins deux chèques de banque par mois, et des services appropriés à leur situation et de nature à limiter les frais supportés en cas d'incident* ». L'article R. 312-4-3, III, précise alors le contenu de cette offre spécifique : une carte de paiement à autorisation systématique (et débit immédiat), quatre virements mensuels SEPA, deux chèques de banque par mois, un système d'alertes sur le niveau du solde du compte, la fourniture de RIB, le plafonnement spécifique des commissions d'intervention, etc. Cette offre est proposée pour un tarif maximum de trois euros par mois.

Il découle alors de cet encadrement légal que les interdits bancaires ne sont plus autant sanctionnés que par le passé. Une personne se voyant interdite par son banquier d'émettre des chèques, bénéficiera automatiquement d'une carte bancaire, mais aussi des chèques de banques, qui lui permettront de réaliser des opérations de paiement « classiques ». Les conséquences préjudiciables, qui découlaient autrefois de l'interdiction bancaire, c'est-à-dire ne plus pouvoir passer d'opérations qu'à l'aide d'espèces (ce qui pouvait se révéler stigmatisant, voire discriminant pour l'intéressé), sont moins présentes. Cela est d'autant plus vrai que le recours au chèque a considérablement perdu de son importance aujourd'hui.

1. V. ss 716.

179 ***Durée de l'interdiction*** ◊ Il sera observé plus loin [1] que le titulaire interdit d'émettre des chèques recouvre cette faculté en cas de régularisation. Mais qu'en est-il à défaut d'une telle régularisation ? En d'autres termes, quelle est la durée maximale de l'interdiction bancaire ? En contrepartie de la dépénalisation des émissions sans provision, la loi n° 91-1382 du 30 décembre 1991 avait prévu une interdiction d'une période de dix ans.

Cependant, l'accroissement du nombre des interdits rendant le mécanisme difficile à gérer, le législateur a réduit la période d'interdiction à cinq ans par l'intermédiaire de la loi n° 2001-420 du 15 mai 2001. Ce délai court à compter de l'injonction [2].

180 ***Délit pénal*** ◊ L'article L. 163-2, alinéas 3 et 4, érige en délit correctionnel l'émission faite au mépris d'une telle interdiction bancaire [3]. Ce délit vise le tireur personnellement interdit, mais également le mandataire non interdit qui émet par représentation d'un interdit. Le prévenu encourt des peines de cinq ans d'emprisonnement et 375 000 euros d'amende.

181 ***Forme et contenu de l'injonction*** ◊ L'article R. 131-15 vient quelque peu préciser la forme de l'injonction que doit adresser, en vertu de l'article L. 131-73, le banquier au tireur, après avoir enregistré l'incident. Elle doit, notamment, prendre la forme d'une lettre recommandée avec demande d'accusé de réception. La preuve de l'accomplissement d'une telle information sera donc aisée à rapporter par le banquier qui pourra présenter un double de la lettre, mais aussi le récépissé, c'est-à-dire l'accusé de réception délivré lors de l'envoi d'une lettre recommandée [4]. La diligence due par le banquier se limite à l'expédition ; il n'a pas à s'assurer de la réception [5].

Le contenu de la lettre d'injonction est déterminé par les articles R. 131-15 et suivants du code. Outre la formule d'injonction, le numéro et le montant du chèque ainsi que la situation du compte à la date du refus du paiement doivent être précisés. Il en va de même de la situation du destinataire au regard de la régularisation. Précisons que le tiré peut également être astreint, dans certaines circonstances, à adresser des injonctions complémentaires.

182 ***Obligation de moyen*** ◊ Il ne saurait être mis à la charge de la banque une obligation de résultat quant à la restitution de l'intégralité des formules de chèques du client, dans la mesure où elle ne bénéficie en ce domaine d'aucun pouvoir coercitif [6].

---

1. V. ss 1191.
2. C. mon. fin., art. L. 131-78.
3. V. ss 1239.
4. Com. 12 juill. 2004, n° 03-10.748 : *Bull. civ.* 2004, IV, n° 151 ; *D.* 2004. AJ 2372 ; *RTD com.* 2004. 791, obs. M. Cabrillac ; *RDBF* 2005, comm. 1, obs. F.-J. Crédot et Y. Gérard ; *Banque et Dr.* 1-2/2005. 65, obs. Th. Bonneau ; *Gaz. Pal.* 5 juin 2005, n° 156, p. 26, obs. S. Piedelièvre.
5. Com. 24 févr. 1987, n° 85-13.826 : *Bull. civ.* 1987, IV, n° 49 ; *RTD com.* 1987. 546, obs. M. Cabrillac.
6. Toulouse, 12 déc. 2016, n° 15/03444.

1183 ***Délai d'injonction*** ◊ La durée du délai pour envoyer la lettre d'injonction demeure incertaine, dans la mesure où le législateur n'en a prévu aucun. La jurisprudence s'est, quant à elle, prononcée pour l'expédition immédiate, c'est-à-dire le jour même où le rejet est définitif [1]. Évidemment, cette date ne saurait cependant se confondre avec le jour où le banquier constate l'absence ou l'insuffisance de provision, ne serait-ce que parce que, préalablement à son refus de paiement, le banquier est tenu, cela a été souligné [2], à une obligation d'information préalable du tireur.

1184 ***Sanctions*** ◊ Les sanctions encourues par le banquier n'ayant pas envoyé cette lettre d'injonction sont relativement importantes. Tout d'abord, la responsabilité civile du professionnel est susceptible d'être engagée [3]. La jurisprudence a admis cette solution dans l'hypothèse où il manquait à la lettre une « information essentielle » pour permettre au tireur de régulariser sa situation, telle la situation du compte du client au jour de la présentation du chèque litigieux [4].

De plus, une sanction spécifique est à relever en la matière à l'article L. 131-81 du code. Il s'agit de l'obligation faite au tiré de payer, nonobstant l'absence de provision, les chèques émis sur des formules dont il n'a pas obtenu la restitution dans les conditions prévues à l'article L. 131-73, sauf s'il justifie qu'il a bien mis en œuvre les diligences prévues par cet article [5]. Or, cette preuve ne pourra pas être rapportée si le banquier a omis d'adresser la lettre d'injonction à son client frappé d'interdiction.

Enfin, le banquier ayant manqué à son obligation en la matière encourt également les sanctions pénales de l'article L. 163-10 [6], le professionnel ayant, dans cette hypothèse encore, contrevenu aux dispositions de l'article L. 131-73.

1185 ***Frais d'incidents*** ◊ Des frais d'incidents sont, le plus souvent, demandés par l'établissement de crédit tiré en cas de chèque sans provision. Or, en matière de chèque, un encadrement particulier est prévu. Ainsi, lorsque le montant du chèque rejeté est inférieur ou égal à 50 euros, les frais bancaires de toute nature perçus au titre du rejet ne peuvent dépasser un montant de 30 euros. Ce seuil est de 50 euros pour les chèques d'un montant supérieur [7].

---

1. Crim. 19 mai 1980, n° 79-92.979 : *D.* 1980. 513, note Ch. Gavalda.
2. V. ss 1167.
3. Paris, 26 sept. 1985 : *D.* 1985. IR 70, obs. M. Cabrillac.
4. Paris, 19 juill. 1982 : *D.* 1983. IR 42, obs. M. Cabrillac.
5. En revanche, le tireur d'un chèque ne peut reprocher au banquier tiré de l'avoir payé alors qu'il était, selon lui, interdit bancaire. Le tireur ne saurait se prévaloir de sa propre faute, Paris, 4 nov. 2010, n° 08/14310 : *LEDB* janv. 2011, p. 6, obs. J. Lasserre Capdeville.
6. V. ss 1255.
7. C. mon. fin., art. D. 131-25.

Cette mesure protectrice n'échappe pas, cependant, à toute critique. Elle n'est notamment applicable qu'à l'unité. Les montants en question pourront alors toujours se cumuler en cas de plusieurs chèques.

Toutefois, on notera que, récemment, les banques se sont engagées à ne pas dépasser un montant annuel, voire mensuel, en matière de frais d'incident. Cette solution n'a néanmoins vocation à jouer qu'au bénéfice des clients de banque dits « fragiles » [1].

C. La déclaration au Fichier central des chèques

186 ***Obligation d'information de la Banque de France*** ◊ Selon l'article L. 131-85 du code, la Banque de France doit informer les établissements et les personnes sur lesquels peuvent être tirés des chèques, les sociétés de financement, les organismes mentionnés au 5 de l'article L. 511-6, les établissements de monnaie électronique, les établissements de paiement ainsi que, sur sa demande, le procureur de la République [2], des incidents de paiement de chèque, des interdictions prononcées et des levées d'interdiction d'émettre des chèques. Seule la Banque de France peut ainsi assurer la centralisation des informations en question. Elle le fait par le Fichier central des chèques (FCC).

187 ***Fichier central des chèques*** ◊ Le Fichier central des chèques (FCC) recense donc toute personne, physique ou morale, frappée d'une interdiction bancaire ou judiciaire d'émettre des chèques ou ayant fait un usage abusif de sa carte bancaire. Ce recensement a pour principal objectif de fournir aux banques des informations fiables sur une personne souhaitant ouvrir un compte bancaire ou souscrire un crédit. Une inscription au fichier central des chèques interdit la délivrance d'un chéquier ou d'une carte bancaire. On rappellera d'ailleurs que les établissements sont tenus de consulter ce fichier en cas de délivrance d'un premier chéquier [3].

Ce Fichier central des chèques doit être distingué du Fichier national des chèques irréguliers (FNCI), lequel permet de savoir si un chèque dont l'identification est communiquée à la Banque de France n'a pas été déclaré comme perdu ou volé, n'a pas été tiré sur un compte clôturé ou encore n'a pas été émis par une personne frappée d'interdiction bancaire ou judiciaire. Ce dernier a donc un domaine plus large que celui du FCC.

La Banque de France communique alors les renseignements qui y figurent sur demande visant une personne déterminée, d'une part aux

1. V. ss 728 – J. Lasserre Capdeville, « Le renforcement de la protection des clients de banque "fragiles" », *RLDA* 2019, n° 144.
2. T. com. Valenciennes, 29 avr. 2013 : *RPC* 2013, comm. 163, obs. Ch. Delattre.
3. C. mon. fin., art. R. 131-44. – Angers, 16 juill. 2013, n° 13/01369 : *LEDB* oct. 2013, p. 4, obs. J. Lasserre Capdeville.

autorités judiciaires [1] et, d'autre part, aux banquiers, aux sociétés de financement, aux établissements de monnaie électronique et aux établissements de paiement intéressés [2].

1188 ***Avis de non-paiement*** ◊ Il est demandé aux établissements de crédit de déclarer au FCC les incidents de paiement par chèques constatés. Cette information prendra la forme d'un avis de non-paiement [3], dont le contenu est précisé par l'article R. 131-26 du Code monétaire et financier.

1189 ***Moment de transmission*** ◊ L'article précité précise notamment que l'avis de non-paiement pour défaut de provision suffisante doit être transmis à la Banque de France au plus tard le deuxième jour ouvré suivant le refus de paiement du chèque. Cependant, lorsque le titulaire du compte a émis le chèque au mépris d'une interdiction toujours en vigueur, ce délai expire au plus tard le cinquième jour ouvré suivant le refus de paiement.

1190 ***Sanctions*** ◊ Les sanctions encourues par le banquier en la matière sont rigoureuses. En effet, l'article L. 163-10 trouve ici à s'appliquer [4]. Or, celui-ci punit d'une amende de 12 000 euros le fait pour le tiré « *de ne pas déclarer, dans les conditions prévues par décret en Conseil d'État, les incidents de paiement (...)* ». L'absence d'information de la Banque de France comme son information en violation des délais impartis constituent dès lors un délit.

Aucune sanction spécifique de nature civile n'est, en revanche, prévue par les textes. La jurisprudence a, néanmoins, déjà retenu la responsabilité civile de la banque pour avoir effectué des déclarations abusives d'incident de paiement auprès de la Banque de France, déclarations ayant causé un préjudice au client [5].

D. La régularisation de la situation

1191 ***Faculté de régularisation*** ◊ Une chance est laissée au tireur d'un chèque sans provision [6]. Il retrouve en effet la possibilité d'émettre des chèques lorsqu'il justifie avoir, à la suite de l'injonction précitée, réglé le montant du chèque impayé ou constitué une provision suffisante et disponible destinée à son règlement par le tiré. L'idée est simple : permettre aux tireurs négligents de recouvrer l'usage du chèque de paiement.

---

1. C. mon. fin., art. R. 131-40
2. C. mon. fin., art. R. 131-43.
3. C. mon. fin., art. L. 131-84.
4. V. ss 1255.
5. Aix-en-Provence, 13 sept. 2013 : *LEDB* nov. 2013, p. 7, obs. J. Lasserre Capdeville.
6. Ch. Youego, « Régularisation de l'incident d'émission du chèque sans provision », *RDBF* sept-oct. 2005, p. 41.

192 ***Modalités de régularisation*** ◊ La régularisation peut être effectuée par le paiement direct du chèque à son porteur légitime ou bien par la constitution de la provision avec l'indication que la somme versée est affectée au paiement d'un ou de chèques déterminés [1]. Cette affectation est, pour les juges, essentielle [2]. En revanche, une procédure collective ne peut en aucun cas valoir régularisation des incidents au sens de l'article L. 131-73 du Code monétaire et financier [3].

193 ***Pénalités libératoires*** ◊ Jusqu'à la loi n° 2010-737 du 1er juillet 2010, portant réforme du crédit à la consommation, la régularisation exigeait, en outre, le paiement d'une pénalité libératoire [4]. Celle-ci a été, depuis, supprimée par l'abrogation des anciens articles L. 131-75 à L. 131-77 du code [5]. L'idée était de faciliter les régularisations et la réinsertion bancaire du tireur en difficulté.

194 ***Effets de la régularisation*** ◊ La régularisation complète a pour effet de rétablir la pleine faculté d'émettre des chèques. Il est à noter, cependant, que la levée de l'interdiction ne permet pas pour autant au titulaire du compte d'exiger la délivrance de formules de chèques, le banquier pouvant toujours la lui refuser en vertu de la règle générale figurant à l'article L. 131-71 [6].

La jurisprudence a déduit, quant à elle, une conséquence originale de cette possibilité de régularisation : l'interdiction bancaire ne suffit pas à caractériser l'obligation du banquier de le mettre en garde sur les risques du prêt qu'il lui accorde dans ces circonstances [7]. Il est vrai que l'interdiction bancaire n'a pas pour effet, dans l'absolu, d'empêcher d'accéder au crédit [8].

---

1. C. mon. fin., art. R. 131-20 s. Sur la nécessité de respecter cet encadrement réglementaires, Pau, 13 mai 2014, n° 14/1686 : *LEDB* juill. 2014, p. 6, obs. J. Lasserre Capdeville.

2. Pour la jurisprudence, l'affectation d'un versement du tireur en priorité à la constitution d'une provision pour paiement d'un chèque impayé suppose que le tireur ait opté pour cette modalité de régularisation en demandant à cet effet que la provision soit bloquée, Com. 22 févr. 2005, n° 03-17.326 : *Bull. civ.* 2005, IV, n° 30 ; *D.* 2005. AJ 708, obs. V. Avena-Robardet ; *RDBF* 2005, comm. 31, obs. F.-J. Crédot et Y. Gérard ; *Banque et Dr.* juill.-août 2005, p. 67, obs. Th. Bonneau ; *RJDA* 2005, n° 756 ; *RTD com.* 2005. 393, obs. M. Cabrillac ; *JCP E* 2005, 783, n° 11, obs. J. Stoufflet.

3. Com. 28 mai 2002, n° 99-18.105 : *Banque et Dr.* nov-déc. 2002, p. 52, obs. Th. Bonneau ; *RDBF* 2002, comm. 170, obs. F.-J. Crédot et Y. Gérard. – Toulouse, 6 avr. 1999 : *RTD com.* 1999. 932, obs. M. Cabrillac.

4. Sur le calcul de la pénalité libératoire, Versailles, 12 janv. 1996 : *D.* 1998. IR 69. – Paris, 22 mai 1997 : *D. Affaires*, p. 833 ; *JCP E* 1997. Pan. 860, obs. P. Bouteiller ; *RTD com.* 1997. 486, obs. M. Cabrillac.

5. *D.* 2010. AJ 1700, obs. X. Delpech.

6. V. ss 986.

7. Com. 3 juill. 2012, n° 11-18.945 : *Bull. civ.* 2012, IV, n° 142 ; *D.* 2012. AJ 1878, obs. V. Avena-Robardet ; *RTD com.* 2012. 599, obs. D. Legeais ; *Gaz. Pal.* 2012. 2792, obs. S. Piedelièvre ; *RDBF* 2012, comm. 141, obs. F.-J. Crédot et Th. Samin ; *LEDB* sept. 2012, p. 3, obs. J. Lasserre Capdeville.

8. Com. 15 juin 1993, n° 91-17.123 : *Bull. civ.* 1993, IV, n° 248.

Rappelons qu'à défaut de régularisation le titulaire de compte retrouve la possibilité d'émettre des chèques après un délai de cinq ans, période qui court à compter de l'injonction [1].

1195 ***Information*** ◊ La régularisation met à la charge du banquier une obligation d'information au bénéfice du titulaire du compte, mais aussi de la Banque de France, par l'intermédiaire de deux types d'actes : l'attestation de régularisation et l'avis de régularisation.

Lorsque le titulaire du compte a procédé à la régularisation de tous les incidents survenus sur son compte, une attestation doit lui être remise ou adressée par le tiré [2]. De même, le titulaire du compte doit être informé de la situation dans laquelle il se trouve au regard des dispositions applicables en matière de prévention et de répression des infractions en matière de chèques. Il est précisé enfin à l'intéressé qu'il ne pourra retrouver la faculté d'émettre des chèques qu'à la condition qu'il ne soit pas sous le coup d'une interdiction judiciaire ou d'une injonction qui lui aurait été notifiée par un banquier à la suite d'un incident qui aurait été constaté sur un autre compte.

Le banquier tiré est, en outre, dans l'obligation de donner avis de la régularisation en question à la Banque de France [3]. Celui-ci doit intervenir, au plus tard, le deuxième jour ouvré suivant la justification. Il est à noter que, lorsque le titulaire a fait l'objet de plusieurs avis de non-paiement, le tiré informe la Banque de France par un seul avis de la régularisation de tous les incidents.

E. La délivrance d'un certificat de non-paiement

1196 ***Définition*** ◊ Le certificat de non-paiement est un titre accordé par un établissement de crédit tiré à une personne certifiant que celle-ci s'est vue opposer le refus de paiement d'un chèque en raison d'une provision insuffisante sur le compte bancaire de l'émetteur.

1197 ***Domaine d'application*** ◊ Le banquier ne doit délivrer de certificat de non-paiement que dans les conditions prévues par l'article L. 131-73, alinéa 3, du Code monétaire et financier. Dès lors, le tiré n'a pas à remettre celui-ci lorsque le paiement du chèque a été refusé en raison d'une opposition, peu important que le compte du tireur présente au surplus une insuffisance ou une absence de provision [4].

1198 ***Régime*** ◊ Selon l'article L. 131-73, alinéa 6, la notification effective ou, à défaut, la signification du certificat de non-paiement au tireur par

1. V. ss 1179.
2. C. mon. fin., art. R. 131-23.
3. C. mon. fin., art. R. 131-31, al. 1er.
4. Com. 1er avr. 2013, no 12-29.777 : *LEDB* juin 2014, p. 3, obs. R. Routier.

ministère d'huissier vaut commandement de payer. Ainsi, lorsque l'huissier de justice n'aura pas reçu de justification du paiement du montant du chèque et des frais dans un délai de quinze jours à compter de la réception de la notification ou de la signification [1], il délivrera un acte exécutoire [2]. Notons que si le tireur est décédé après l'émission du chèque, le certificat de non-paiement devra être signifié à son ayant droit par l'huissier en vue de la délivrance d'un titre exécutoire [3].

199 ***Succès*** ◊ Le certificat de non-paiement [4] constitue aujourd'hui la base d'une procédure d'exécution contre le tireur, avec cette particularité qu'il est établi par un établissement de crédit, organisme de statut privé. Cette situation est une manifestation probante de la mission confiée par la loi aux établissements de crédit pour assurer le bon fonctionnement du système bancaire, dont le chèque reste l'un des principaux instruments, même s'il est en net recul.

200 ***Modalités de délivrance*** ◊ Le législateur a prévu deux modalités de délivrance de certificat, dont les régimes sont différents.

Tout d'abord, la délivrance peut avoir lieu à la demande du porteur. Cette demande peut être faite dès le rejet du chèque sur première présentation. Toutefois, le tiré ne peut pas délivrer le document avant l'expiration d'un délai de trente jours qui court à compter de la première présentation, répit qui est laissé au titulaire du compte pour constituer la provision ou payer le chèque. Le certificat doit néanmoins, pour l'article R. 131-48, alinéa 1er, être délivré au plus tard dans les quinze jours de la demande. Mais comment concilier ce délai avec celui d'un mois précédemment cité ? Il convient d'admettre que, si le délai le plus court expire avant que le délai le plus long ne soit écoulé, la délivrance ne peut être réalisée qu'à partir du lendemain du dernier jour du délai de trente jours.

Une seconde modalité de délivrance est en outre à noter : il s'agit de la délivrance d'office. Cette dernière s'impose lorsqu'au-delà d'un délai de trente jours une nouvelle présentation se révèle infructueuse.

---

1. Ce délai n'est pas un délai pour agir. Aucune forclusion n'est dont prévue par la loi ici, Paris, 17 mai 1990 : D. 1991, somm. p. 217, obs. M. Cabrillac.

2. Pour les juges du fond, est valable la saisie des rémunérations se fondant sur le titre exécutoire établi par l'huissier quinze jours après la signification du certificat de non paiement, Amiens, 13 nov. 2015, n° 14/03504 : *LEDB* févr. 2016, p. 6, obs. J. Lasserre Capdeville ◊ Ce titre exécutoire ne constitue cependant pas une décision de justice, Civ. 2e, 7 janv. 2016, n° 14-26.449 : Dalloz, actualité, 19 janv. 2016, obs. V. Avena-Robardet ; *D.* 2016. AJ 124 ; *RDBF* Comm. 78, obs. S. Piedelièvre.

3. Com. 3 juill. 2012, n° 11-14.227 : *Bull. civ.* 2012, IV, n° 139 ; *D.* 2012. AJ 1877, obs. V. Avena-Robardet ; *Gaz. Pal.* 2012. 2722, note J. Lasserre Capdeville ; *Banque et Dr.* 9-10/2012. 15, obs. Th. Bonneau ; *LEDB* sept. 2012, p. 2, obs. R. Routier.

4. Sur la valeur du certificat de non-paiement à l'égard du débiteur de l'obligation qui n'est pas l'émetteur du chèque sans provision, Civ. 1re, 18 oct. 2005, n° 04-15.809 : *Bull. civ.* 2005, I, n° 368 ; *D.* 2005. AJ 3011, obs. X. Delpech ; *RDBF* 2006, comm. 53, obs. F.-J. Crédot et Th. Samin ; *Banque et Dr.* 1-2/2006. 57, obs. Th. Bonneau.

1201 ***Contenu*** ◊ Le certificat doit, pour l'article R. 131-48, alinéa 1er, être conforme à un modèle fixé par arrêté conjoint du ministre de la justice et du ministre chargé de l'économie [1]. Il doit notamment comporter tous renseignements permettant d'identifier le tireur et le tiré, ainsi que les numéros et le montant du chèque dont le paiement a été refusé.

1202 ***Sanctions*** ◊ Le respect de telles diligences n'est assuré par aucune sanction particulière de nature civile. C'est donc le droit commun de la responsabilité délictuelle qui doit, à nouveau, s'appliquer lorsque le banquier ne délivre pas ce certificat alors que le bénéficiaire lui en a fait la demande ou qu'il est tenu de le lui transmettre d'office. La jurisprudence a, quant à elle, déjà retenu la nullité d'un certificat ne comportant pas tous les renseignements exigés par la réglementation [2].

En outre, et à l'image de la solution retenue en matière de lettre d'injonction, la responsabilité civile du banquier devrait pouvoir être engagée lorsque l'absence d'une mention essentielle dans le certificat de non-paiement a occasionné un préjudice à son destinataire.

En matière pénale, le banquier tiré ayant manqué à son obligation encourt également les sanctions de l'article L. 163-10 [3], dans la mesure où la délivrance de ce certificat est aussi imposée par l'article L. 131-73.

F. Les contestations judiciaires de l'interdiction bancaire

1203 ***Juridiction compétente*** ◊ Depuis la loi n° 91-1382 du 30 décembre 1991, les contestations judiciaires de l'interdiction bancaire doivent être déférées à la juridiction civile. En conséquence, au stade de la première instance, la valeur du litige permettra de déterminer la compétence du tribunal.

En outre, le tribunal géographiquement compétent sera, par application du droit commun, celui de la succursale où a été enregistré l'incident de paiement [4].

1204 ***Limitation*** ◊ Cette compétence exclusive doit être limitée à la décision d'annulation. Elle ne doit donc pas empêcher la saisine de la juridiction commerciale par le tireur pour un autre motif, par exemple pour faire juger que le chèque a été rejeté à tort et faire engager, en conséquence, la responsabilité du banquier.

1205 ***Suspension de l'interdiction*** ◊ L'action en justice devant la juridiction n'a pas d'effet suspensif. Cependant, la juridiction saisie peut, même en

1. V. Arr. du 20 avr. 2011 : *JO* 29 avr. 2011, p. 7477.
2. Paris, 21 nov. 1995 : *D. Affaires* 1996, p. 151.
3. V. ss 1255.
4. C. mon. fin., art. L. 131-79.

référé, ordonner la suspension de l'interdiction d'émettre des chèques en cas de contestation sérieuse. Cette situation est relativement rare en pratique [1].

G. L'obligation de paiement du banquier tiré

206 ***Principe général*** ◊ L'article L. 131-81 du Code monétaire et financier contient des sanctions spécifiques susceptibles d'être prononcées contre le banquier n'ayant pas fait preuve de certaines diligence exigée par la loi en la matière. Cette disposition légale témoigne ainsi du fait que l'accroissement du rôle des banques dans la lutte contre les chèques sans provision a eu également pour conséquence d'augmenter leur responsabilité.

207 ***Obligation de payer le chèque*** ◊ Plus précisément, l'article précité prévoit l'obligation pour le banquier tiré de payer, malgré l'absence, l'insuffisance ou l'indisponibilité de la provision, tout chèque émis au moyen de formules que l'interdit n'aurait pas dû détenir. Seront ainsi concernés, non seulement, les chèques émis sur des formules dont le tiré n'a pas obtenu restitution, sauf s'il parvient à démontrer qu'il a effectivement tenté de se faire remettre, comme le prévoit l'article L. 131-73, les formules en question, mais aussi les chèques émis sur des formules délivrées après un incident de paiement ou après une interdiction bancaire ou judiciaire ou enfin les chèques émis sur des formules délivrées à un nouveau client dont le nom figurait sur le Fichier central des chèques.

Ainsi, dans l'ensemble de ces cas, le tiré se verra obligé de payer le montant intégral du chèque [2], la loi n° 91-1382 du 30 décembre 1991 ayant fait disparaître, en la matière, la limite de 10 000 francs prévue jusqu'alors. Bien entendu, cette garantie ne profite qu'au porteur. Le tireur ne saurait logiquement s'en prévaloir [3].

208 ***Refus d'exécuter l'obligation*** ◊ Lorsque le tiré refuse le paiement d'un chèque émis au moyen de l'une de ces formules, c'est-à-dire en cas de résistance injustifiée de sa part, il se retrouve solidairement tenu de payer, outre son montant, des dommages-intérêts au porteur en raison du non-paiement.

C'est d'ailleurs à ce même tiré qu'il revient de faire la preuve, dans une telle circonstance, qu'il a bien respecté les obligations légales et réglementaires résultant des incidents de paiement. La doctrine estime, en la

1. Pour une absence de contestation sérieuse, Versailles, 24 avr. 2013, n° 12/04327.
2. Outre les sanctions de nature civile prévues par l'article L. 131-81, le banquier tiré encourt, dans les mêmes circonstances, des sanctions pénales. En effet, l'article L. 163-10 sanctionne d'une amende de 12 000 euros, notamment, le fait de ne pas déclarer les incidents de paiement ou encore le non-respect de la procédure d'injonction de payer ou la délivrance d'un chéquier à une personne frappée d'une interdiction d'émettre des chèques (v. ss 1255).
3. Paris, 26 sept. 1985 : D. 1987, somm. 70, obs. M. Cabrillac.

matière, que cette double sanction ne peut jouer qu'après mise en demeure adressée au tiré et non du seul fait du rejet du chèque [1].

1209 ***Subrogation*** ◇ En vertu de l'article L. 131-83, le tiré qui a payé un chèque malgré l'absence, l'insuffisance ou l'indisponibilité de la provision est, en principe, subrogé dans les droits du porteur pour le montant de la somme dont il a fait l'avance. Cette règle ne saurait cependant s'appliquer pour le cas prévu au premier alinéa du II de l'article L. 131-81, c'est-à-dire dans l'hypothèse où le tiré a refusé le paiement d'un chèque émis au moyen des formules dont son client n'aurait pas dû se trouver en possession, soit qu'elles auraient dû être restituées au banquier, soit qu'elles n'auraient jamais dû être délivrées au client.

1210 ***Cas des chèques de petit montant*** ◇ Par ailleurs, selon l'article L. 131-82 du code, le banquier est, par principe, tenu de payer les chèques d'un montant égal ou inférieur à 15 euros [2]. Dans ce cas, « *l'absence, l'insuffisance ou l'indisponibilité de la provision* » importe peu. Le paiement de ce chèque repose sur une ouverture de crédit que le tiré est contraint de consentir.

Cette obligation, qui est d'ordre public, comporte cependant deux limites légales. D'une part, elle prend fin au terme d'un délai d'un mois à compter de l'émission. D'autre part, elle est écartée lorsque le refus de payer le chèque peut s'appuyer sur une autre cause que « *l'absence ou l'insuffisance de la provision* ».

Pour illustrer ce dernier cas, certains auteurs donnent, parfois, l'exemple de l'indisponibilité de la provision. Cet exemple n'est pas incontestable. En effet, l'alinéa premier de l'article impose bien le paiement du chèque en cas d'une telle indisponibilité. Il ne nous semble donc pas possible d'en faire, par la suite, une exception. En fait, c'est l'article L. 131-82 lui-même qui est mal rédigé, le cas de l'indisponibilité disparaissant étonnamment entre le premier et le second alinéa. Une modification de cette disposition par le législateur serait donc la bienvenue [3].

§ 2. L'exercice des recours cambiaires

1211 En vertu de l'article L. 131-21 du Code monétaire et financier, l'endosseur devient, avec tous les autres signataires du titre, garant solidaire de son paiement. En conséquence, le porteur impayé non négligent peut recourir, à l'amiable comme judiciairement, contre les signataires antérieurs

---

1. M. Cabrillac, « Chèque », *Rép. com.* Dalloz, 2004, n° 177.
2. V. ss 1134.
3. Notons que, pour éviter le paiement fractionné d'une dette supérieure à 15 euros, l'article R. 163-1 sanctionne d'une amende de 1 500 euros au plus celui qui exige ou provoque la remise d'un ou de plusieurs chèques d'un montant inférieur à 15 euros (v. ss 1246).

du titre (endosseurs, tireur, avalistes) (B). Cette garantie n'est cependant possible que si le chèque, présenté en temps utile (C), n'est pas payé et si ce refus de paiement est constaté par un acte particulier : le protêt (A).

A. L'exigence d'un protêt

212 ***Définition*** ◊ Le protêt est un acte authentique, dressé à l'initiative du porteur, qui fait foi du défaut de paiement. Celui-ci est donc nécessaire pour l'exercice des recours cambiaires. Notons qu'antérieurement à la loi n° 85-695 du 11 juillet 1985 portant diverses dispositions d'ordre économique et financier, ce protêt avait force exécutoire. Ce n'est plus le cas depuis ce texte. Le porteur d'un chèque impayé ne peut, par conséquent, si le recours amiable n'aboutit pas, utiliser le protêt pour une exécution forcée

213 ***Incidences à l'absence de protêt*** ◊ En l'absence de protêt, le porteur « négligent » est déchu de ses recours cambiaires contre les garants autres que le tireur [1]. Dans tous les cas, néanmoins, le tireur restera tenu de l'obligation légale de laisser la provision voulue jusqu'à l'expiration du délai de prescription, et il continuera de garantir le paiement du chèque.

214 ***Délai*** ◊ Les règles de forme concernant le protêt figurent aux articles L. 131-61 à L. 131-68 du Code monétaire et financier. Le protêt doit être dressé, à la demande du porteur, par un huissier ou, mais cela est plus rare en pratique, par un notaire. Il doit être établi avant l'expiration du délai de présentation, c'est-à-dire, en principe, huit jours à partir de la date d'émission du chèque [2]. Toutefois, si la présentation a lieu le dernier jour du délai précité, le protêt peut être établi le premier jour ouvrable suivant [3].

À défaut de respecter de tels délais, l'intéressé est qualifié de négligent [4]. Notons, néanmoins, que le délai de confection du protêt peut exceptionnellement être allongé en cas d'obstacle insurmontable, comme la prescription légale ou un autre cas de force majeure [5].

215 ***Contenu*** ◊ L'acte de protêt contient la transcription littérale du chèque et des endossements, ainsi que la sommation de payer le montant du chèque. Il énonce également la présence ou l'absence de celui qui doit payer, les motifs du refus de payer et l'impuissance ou le refus de signer. En cas de paiement partiel, le montant de la somme qui a été payée doit aussi y figurer.

1. C. mon. fin., art. L. 131-47. Com. 12 oct. 1982, n° 81-10.904 : *Bull. civ.* 1982, IV, n° 307.
2. C. mon. fin., art. L. 131-32.
3. C. mon. fin., art. L. 131-48.
4. Pau, 3 juin 1998 : Cah. jurispr. d'Aquitaine et Midi-Pyrénées 1999, n° 1, p. 125.
5. C. mon. fin., art. L. 131-55.

L'huissier (ou le notaire) est, en outre, dans l'obligation de faire mention sur le chèque en question du protêt et de sa date. Cette formalité a pour effet d'empêcher le porteur de transmettre le chèque en cachant l'existence du protêt. Notons que le défaut de cette mention est de nature à entraîner la responsabilité civile de l'officier instrumentaire à l'égard de l'endossataire qui aurait été finalement abusé.

1216 ***Publicité*** ◊ Une publicité des protêts est imposée par l'article L. 131-64 du Code monétaire et financier. L'huissier doit, notamment, remettre deux copies exactes du protêt au greffier du tribunal de commerce ou du tribunal de grande instance, statuant commercialement, du domicile du débiteur, l'une d'elles étant destinée au parquet. Le non-respect de cette obligation par l'officier public et ministériel engage sa responsabilité civile et l'expose à des sanctions disciplinaires. Un état nominatif et un registre chronologique des protêts sont ainsi tenus au greffe du tribunal de commerce.

La communication au public s'effectuera, quant à elle, sous la forme d'un extrait que le greffier du tribunal de commerce devra délivrer à tout requérant après l'expiration d'un délai d'un mois à compter du jour du protêt et pendant un an à compter de la même date [1].

1217 ***Clause sans protêt*** ◊ Le tireur, mais aussi tout endosseur ou avaliseur, peut, par la clause « retour sans frais » ou « sans protêt » ou toute autre mention comparable portée sur le titre, dispenser le porteur, pour exercer ses recours, de faire établir un protêt. Cette clause doit être signée, à moins qu'elle ne soit insérée dans le texte de l'ordre de paiement.

Lorsqu'elle est inscrite par le tireur, elle produit ses effets à l'égard de tous les signataires. En revanche, lorsqu'elle est inscrite par un endosseur ou un avaliseur, elle n'a d'incidences qu'à l'égard de ces derniers [2].

En pratique, cette clause est rarement apposée sur un chèque. Notons qu'elle ne dispense en rien le porteur de présenter le chèque dans le délai fixé, autre condition pour qu'il puisse bénéficier de la qualité de porteur diligent.

1218 ***Information des précédents signataires*** ◊ Le porteur demeure tenu d'aviser du défaut de paiement son endosseur et le tireur dans les quatre jours ouvrables qui suivent le protêt ou, en cas de dispense de protêt, la présentation. Dans les deux jours ouvrables suivant celui où il a reçu l'avis, chaque endosseur doit aviser son propre endosseur et l'avaliste doit être averti de la même façon que celui qu'il garantit [3].

---

1. C. mon. fin., art. L. 131-65 et C. com., art. L. 511-57.
2. C. mon. fin., art. L. 131-50.
3. C. mon. fin., art. L. 131-49.

Il est à souligner que la sanction du défaut d'avis n'est pas une sanction cambiaire. En effet, le porteur qui n'a pas donné avis dans les délais n'est pas considéré comme un porteur négligent. Il est cependant responsable envers les autres signataires auxquels l'absence d'avis en temps utile aurait pu causer préjudice. Le montant de la réparation est néanmoins limité à celui du chèque.

219 ***Perte d'importance du recours au protêt*** ◊ Aujourd'hui, les protêts sont très rarement dressés en raison de l'avènement du chèque non endossable sauf à un banquier [1]. Son formalisme est, de plus, jugé trop lourd et coûteux.

Ainsi, à l'heure actuelle, il n'y a guère plus que le banquier escompteur qui a encore intérêt à préserver ses recours cambiaires. Cependant, même dans ce cas, il est fréquent que le banquier chargé de l'encaissement ait obtenu une dispense de protêt par acte séparé.

En outre, en cas de refus de paiement pour insuffisance de la provision, le porteur préférera, le plus souvent, obtenir un certificat de non-paiement [2]. Certes, ce dernier ne permet pas de recourir contre les signataires du chèque, mais cette impossibilité n'a plus grande portée, le chèque ne circulant quasiment plus.

B. Les recours admissibles

220 ***Recours du porteur contre le tireur*** ◊ Le recours du porteur contre le tireur est ouvert au porteur diligent, c'est-à-dire ayant présenté le chèque et fait dresser protêt dans le délai légal de huit jours. Il est également ouvert au porteur négligent lorsque la provision n'existait pas au moment de l'émission [3]. Cette solution est classiquement étendue au cas où le tireur a fait une opposition illicite. Le recours est exercé pour la somme portée sur le chèque majorée des frais de protêt et de poursuite s'il y a lieu et des intérêts à compter du jour de la présentation et calculés au taux légal applicable en France [4]. À défaut de paiement spontané, le porteur devra se procurer un titre exécutoire contre ce garant.

Ainsi, aujourd'hui, le mode normal d'exercice du recours cambiaire est la signification ou la notification du certificat de non-paiement suivie de l'établissement d'un titre exécutoire. Des règles de prescription sont également à respecter en la matière [5].

221 ***Recours du porteur contre les autres coobligés*** ◊ Les recours du porteur contre les autres coobligés sont ouverts au porteur diligent. Ce

1. C. mon. fin., art. L. 131-71, al. 3.
2. C. mon. fin., art. L. 131-73, v. ss 1196.
3. C. mon. fin., art. L. 131-59, al. 3.
4. C. mon. fin., art. L. 131-52.
5. C. mon. fin., art. L. 131-59.

dernier peut alors agir contre n'importe lequel des garants, et même contre tous collectivement. Le signataire amené à payer peut exiger que le chèque lui soit remis accompagné du protêt et d'un compte acquitté [1]. Les règles concernant le montant du recours ou la prescription de ce dernier sont similaires à celles du recours contre le tireur.

À défaut de paiement spontané, le porteur devra, dans ce cas encore, se procurer un titre exécutoire contre ce garant. Notons que, dans cette hypothèse, l'article L. 131-59, alinéa 3, prévoit, au bénéfice du porteur négligent, une action contre les autres obligés « *qui se seraient enrichis injustement* ».

1222 ***Cas de la contrepassation*** ◊ Cela a été observé [2], les banquiers ont pris l'habitude, aujourd'hui, de créditer le compte de leurs clients dès la remise du chèque [3]. Cette situation s'analyse traditionnellement comme une avance sur encaissement [4]. Mais que se passe-t-il si le chèque se révèle finalement sans provision ? Le banquier opérera une contrepassation, c'est-à-dire qu'il débitera le compte du client du montant du chèque.

Notons que la contrepassation ne vaut paiement que si l'endosseur est « *in bonis* » et que le compte n'est pas clôturé [5]. Le banquier, considéré comme remboursé, devra alors restituer le titre à son client, qui en redeviendra propriétaire. Ainsi, en contrepassant, le professionnel se dessaisira du titre et renoncera à ses recours contre les autres signataires.

En revanche, si la contrepassation intervient après le redressement judiciaire de l'endosseur ou après la clôture de son compte, elle ne vaudra plus paiement. Le banquier conservera la propriété du chèque et pourra exercer ses droits cambiaires contre les autres signataires (tireur ou coobligés) [6].

La jurisprudence a encore eu l'occasion de préciser que la banque, simple porteur et bénéficiaire du chèque, n'a pas à faire son affaire de son recouvrement, et qu'en conséquence elle est fondée à exercer un recours contre sa cliente par voie de contrepassation, sans avoir à recourir contre le tireur du chèque [7].

---

1. C. mon. fin., art. L. 131-54.
2. v. ss 1137.
3. À défaut d'opérer ainsi, le banquier doit prévenir le bénéficiaire, Com. 19 juin 2012, nº 11-17.061 : *Bull. civ.* 2012, IV, nº 124 ; *D.* 2012. AJ 2364, obs. V. Avena-Robardet ; *D.* 2012. 2364, note J. Lasserre Capdeville ; *D.* 2013. 2426, obs. D.R. Martin ; *RTD com.* 2012. 596, obs. D. Legeais ; *Banque et Dr.* 9-10/2012, nº 145, p. 14, obs. Th. Bonneau ; *LEDB* sept. 2012, p. 2, obs. R. Routier.
4. M. Cabrillac et S. Cabrillac, « Chèque. Émission et circulation », *J.-Cl. Banque*, fasc. 320, 2017, nº 119.
5. Com. 5 juill. 1994, nº 92-18.041 : *Bull. civ.* 1994, IV, nº 252 ; *RTD com.* 1994. 755, obs. M. Cabrillac.
6. Com. 17 mars 1998, nº 92-21.435 : *Bull. civ.* 1998, IV, nº 103 ; *D. Affaires* 1998, p. 671, obs. X. Delpech ; *RTD com.* 1998. 648, obs. M. Cabrillac.
7. Com. 13 nov. 2012, nº 02-10.220 : *Bull. civ.* 2012, IV, nº 204 ; *D.* 2012. AJ 2732, obs. V. Avena-Robardet ; *JCP* 2012. 1269, pobs. J. Lasserre Capdeville ; *Gaz. Pal.* 2013. 1152, obs. A.-Cl. Rouaud ; *Banque et Dr.* 1-2/2013. 19, obs. Th. Bonneau ; *RDBF* 2013, comm. 40, obs. F.-J. Crédot et Th. Samin.

223 ***Recours du coobligé ayant payé*** ◊ Le signataire qui a effectué un paiement amiable ou forcé peut recourir contre le tireur selon les mêmes modalités que le porteur. Il peut également recourir contre les autres coobligés qui l'ont précédé dans la chaîne des endossements. A la somme qu'il a dû verser s'ajouteront les intérêts légaux à compter du jour du paiement et éventuellement les frais de poursuite [1].

C. Les règles de prescription

224 ***Action cambiaire contre les endosseurs et le tireur*** ◊ Le porteur non négligent dispose d'une action cambiaire contre chacun des signataires [2], action dont la prescription est relativement brève : six mois à compter de l'expiration du délai de présentation [3]. Notons qu'en cas d'action récursoire le délai court du jour où l'intéressé a effectivement payé ou a été lui-même actionné en paiement.

L'article L. 131-60 prévoit un certain nombre de précisions à l'égard de ces délais de prescription. C'est ainsi, notamment, qu'en cas d'action exercée en justice, les prescriptions ne courent que du jour de la dernière poursuite judiciaire. De même, elles ne s'appliquent pas lorsqu'il y a eu condamnation ou si la dette en question a été reconnue par acte séparé. Soulignons que le bénéficiaire de la prescription peut être sommé d'affirmer sous serment qu'il ne doit plus rien. La jurisprudence déduit de ces solutions que la prescription ne peut pas jouer en cas d'aveu du défaut de paiement [4], même implicite [5].

Le régime de l'interruption du droit commun est, également, susceptible de jouer en l'espèce. Cependant, l'article L. 131-60 écarte ici la solidarité des garants. En effet, aux termes de ce texte, l'interruption de la prescription n'a d'effet que contre celui à l'égard duquel l'acte interruptif a été fait. En revanche, faute de disposition légale en ce sens, la prescription ne peut pas être suspendue.

225 ***Survivances de l'action fondamentale*** ◊ Une fois le délai légal prescrit, il n'est plus possible pour le porteur d'exercer l'action cambiaire. En

1. C. mon. fin., art. L. 131-53.
2. C. mon. fin., art. L. 131-47.
3. Selon l'article R. 131-3 du Code, les délais prévus ici ne comprennent pas le jour qui leur sert de point de départ. De plus, pour l'article R. 131-4 la présentation, comme le protêt d'un chèque ne peuvent être fait qu'un jour ouvrable. Lorsque le dernier jour du délai fixé pour l'accomplissement des actes relatifs au chèque, et notamment pour la présentation ou pour l'établissement du protêt, est un jour férié légal, ce délai est prorogé jusqu'au premier jour ouvrable qui en suit l'expiration. Les jours fériés intermédiaires sont compris dans la computation du délai. Aux jours fériés légaux sont assimilés les jours où, aux termes des dispositions en vigueur, aucun paiement ne peut être exigé ni aucun protêt dressé.
4. Com. 14 mars 1972, n° 71-10.341 et 71-14.740 : *Bull. civ.* 1972, IV, n° 87 ; *RTD com.* 1972. 971, obs. M. Cabrillac et J.-L. Rives-Lange.
5. Com. 18 mai 1966 : *Bull. civ.* 1966, III, n° 263 ; Banque 1966, p. 574, obs. X. Marin.

revanche, on estime que l'action née de la créance fondamentale contre l'endosseur subsiste, dans la mesure où la remise du chèque n'emporte pas novation [1] et ne vaut pas, en conséquence, à elle seule, paiement de la dette fondamentale. Seul l'encaissement effectif libère ainsi le débiteur [2].

Il fut un temps où une partie de la doctrine comme la jurisprudence estimaient que le porteur ne pouvait conserver le bénéfice de l'action fondamentale que si l'impossibilité d'obtenir le paiement du chèque était imputable au fait de l'endosseur.

La survie de cette action fondamentale a été aujourd'hui pleinement reconnue par un arrêt de principe de la chambre commerciale, qui a accordé l'action fondamentale au banquier escompteur [3]. La preuve de la créance fondamentale incombe, dès lors, à celui qui se prétend créancier. Il ne peut se prévaloir du chèque qu'à titre de commencement de preuve par écrit [4], ouvrant ainsi la preuve par tous moyens.

1226 ***Action du porteur contre le tiré*** ◊ L'action contre le tiré, qui ne doit payer en principe que s'il a reçu provision, se prescrit par un an. Ce délai court à l'expiration du délai de présentation (qui est de huit jours), et non à partir de la présentation elle-même. Le délai d'un an de l'article L. 131-59 apparaît alors comme un délai de validité du chèque et a pour conséquence la péremption du titre [5]. Ainsi, le tiré qui viendrait à payer un chèque après expiration de ce délai d'un an serait privé de recours contre le tireur.

La jurisprudence a eu l'occasion de préciser que, dans la mesure où l'action du porteur d'un chèque de banque contre le tiré se prescrit par un an à partir de l'expiration du délai de présentation, la provision correspondante existant au profit du porteur pendant ce délai de prescription de cette action constitue un actif disponible [6].

---

1. C. mon. fin., art. L. 131-67.

2. V. par ex., Civ. 1re, 4 avr. 2001, n° 99-14.927 : *Bull. civ.* 2001, I, n° 102 ; *D.* 2001. 3323, obs. H. Groutel. - Civ. 3e, 1er juill. 2009, n° 07-19.446 : *Bull. civ.* 2009, III, n° 168 ; *D.* 2009. 2904, note J. Lasserre Capdeville ; *RTD com.* 2009. 790, obs. D. Legeais ; CCC 2009, comm. 242, obs. L. Leveneur ◊ Com. 12 janv. 2010, n° 08-19.332.

3. Com. 30 janv. 1996, n° 94-12.885 : *Bull. civ.* 1996, IV, n° 27 ; *D.* 1996. 320, note J.-L. Rives-Lange ; *D. Affaires* 1996, p. 323.

4. Civ. 3e, 19 juin 2002, n° 01-01.499 : *Bull. civ.* 2002, III, n° 143 ; *D.* 2002. AJ 2186, obs. V. Avena-Robardet ; *Banque et Dr.* 9-10/2002. 47, obs. Th. Bonneau ; *RTD com.* 2002. 711, obs. M. Cabrillac.

5. Com. 20 nov. 1984, n° 83-12.214 : *Bull. civ.* 1984, IV, n° 312 ; *RTD com.* 1985. 534, obs. M. Cabrillac. - Toutefois, n'engage pas sa responsabilité la banque tirée ayant payé un chèque périmé en l'absence de préjudice subi par l'émetteur du chèque en lien avec cette faute, Caen, 5 avr. 2018, n° 16/03853 : *LEDB* juin 2018, p. 2, obs. N. Mathey.

6. Com. 18 déc. 2007, n° 06-16.350 : *Bull. civ.* 2007, IV, n° 267 ; *D.* 2008. AJ 83, obs. A. Lienhard ; RJ Com. 2008, p. 237, obs. Ph. Roussel-Galle ; *RPC* 2008, comm. 113, obs. B. Saintourens. - Com. 5 févr. 2013, n° 11-28.194 : *RJDA* 2013, n° 343 ; *BJE* 2013. 136, obs. R. Bonhomme ; *RPC* 2013, comm. 119, obs. B. Saintourens.

227 ***Modification avortée*** ◊ Notons qu'il a été envisagé, à l'occasion des discussions sur le projet de loi relatif à la transparence, à la lutte contre la corruption et à la modernisation de la vie économique (loi « Sapin 2 » du 9 décembre 2016), de ramener le délai de prescription d'un an à six mois. Cependant, le Parlement a fini par écarter cette idée après avoir constaté qu'elle pouvait poser quelques difficultés, notamment pour certains versements de caution ou pour les paiements échelonnés [1].

228 ***Action spécifique du porteur contre le tireur*** ◊ Il arrive que le porteur soit négligent. Cela n'a cependant plus, aujourd'hui, de conséquences majeures. En effet, aux termes de l'article L. 131-59, alinéa 3, une action, que la jurisprudence a qualifiée de « *recours fondé sur le droit du chèque* » [2], subsiste en cas de déchéance ou de prescription contre « *le tireur qui n'a pas fait provision* » [3]. La jurisprudence étend cette solution au cas où le tireur a fait une opposition illicite [4]. Il appartiendra néanmoins au porteur de démontrer, à l'appui de ses contestations, l'absence de provision en question, ce qui ne sera pas toujours facile à prouver [5].

Cette situation est donc soustraite non seulement à la déchéance qui frappe le porteur négligent, mais aussi au régime de la prescription de six mois. La Cour de cassation est allée encore plus loin ici. En effet, après avoir rappelé que l'alinéa 2 de l'article L. 131-59 dispose que l'action du porteur du chèque se prescrit par un an à partir de l'expiration du délit de présentation (qui est de huit jours), la Haute juridiction en déduit, par une décision récente, que le tireur du chèque, qui doit constituer la provision au plus tard lors de son émission, est tenu de la maintenir jusqu'à l'expiration de ce délai. Dès lors, le défaut de provision, qui permet l'ouverture du recours

---

1. J. Lasserre Capdeville, « Les évolutions du droit bancaire résultant de la loi Sapin 2 », *JCP E* 2017, n° 6-7, 9 févr. 2017, p. 5.

2. Com. 23 oct. 2001, n° 99-10.005 : *Bull. civ.* 2001, IV, n° 173 ; *D.* 2001. AJ 3528, obs. V. Avena-Robardet ; *RTD com.* 2002. 135, obs. M. Cabrillac ; *RDBF* 2002, comm. 30, obs. J.-M. Delleci.

3. Com. 7 janv. 1997, n° 95-11.078 : *Bull. civ.* 1997, IV, n° 4 ; *RTD com.* 1997. 294, obs. M. Cabrillac : *D. Affaires* 1997, p. 345. – Com. 23 oct. 2001, n° 99-10.005 : *Bull. civ.* 2001, IV, n° 173 ; *D.* 2001. AJ 3528, obs. V. Avena-Robardet ; *RTD com.* 2002. 135, obs. M. Cabrillac ; *RDBF* 2002, comm. 30, obs. J.-M. Delleci. Civ. 3e, 1er juill. 2009, n° 07-19.446 : *Bull. civ.* 2009, III, n° 168 ; *D.* 2009. 2904, note J. Lasserre Capdeville ; *RTD com.* 2009. 790, obs. D. Legeais ; *CCC* 2009, comm. 242, obs. L. Leveneur.

4. Com. 4 juin 1991, n° 89-19.934 : *Bull. civ.* 1991, IV, n° 201 ; *RTD com.* 1991. 616, obs. M. Cabrillac. – Com. 27 sept. 2011, n° 10-21.812 : *Bull. civ.* 2011, IV, n° 137 ; *D.* 2011. 2845, note J. Lasserre Capdeville ; *Gaz. Pal.* 2012. 375, obs. A.-C. Rouaud ; *Banque et Dr.* 11-12/2011. 16, obs. Th. Bonneau ; *LEDB* nov. 2011, p. 2, obs. R. Routier ; *RLDA* nov. 2011, p. 33, obs. V. Mauries.

5. Com. 3 juin 2003, n° 01-10.612 : *Bull. civ.* 2003, IV, n° 90 ; *D.* 2003. AJ 1836, obs. V. Avena-Robardet ; *RTD com.* 2003. 782, obs. M. Cabrillac. – Civ. 3e, 1er juill. 2009, n° 07-19.446 : *Bull. civ.* 2009, III, n° 168 ; *D.* 2009. 2904, note J. Lasserre Capdeville ; *RTD com.* 2009. 790, obs. D. Legeais ; CCC 2009, comm. 242, obs. L. Leveneur.

spécifique « *fondé sur le droit du chèque* », doit être constaté avant l'expiration du délit de prescription prévu à l'alinéa 2 de l'article L. 131-59 [1].

1229 ***Action du porteur contre les autres obligés*** ◊ L'article L. 131-59, alinéa 3, prévoit une autre action spécifique à l'encontre, cette fois-ci, des « *autres obligés qui se seraient enrichis injustement* ». Cette action spéciale d'enrichissement injuste ne saurait s'identifier à l'action *de in rem verso*. Elle implique la démonstration d'un fait de la part de l'un des coobligés préjudiciables au porteur. De façon plus précise, il s'agira, pour la jurisprudence, d'une faute, « *fût-elle de simple imprudence ou légèreté* », ayant causé un préjudice au porteur [2]. Une telle action ne prive pas le porteur de son action fondamentale contre son endosseur. Il y a cependant bien longtemps qu'aucun arrêt n'a été rendu sur le fondement de cette action subsidiaire à la disparition des recours cambiaires.

1. Com. 3 mai 2016, n° 14-23.950 : *D.* 2016. 1687, note J. Lasserre Capdeville ; *JCP E* 2016, 1367, note K. Rodriguez ; *JCP* 2016. 611, obs. L. Dumoulin ; *Gaz. Pal.* 2016, n° 33, p. 54, obs. C. Houin-Bressand ; *RDBF* 2016, comm. 147, obs. F.-J. Crédot et Th. Samin ; *LEDB* juin 2016, p. 1, obs. J. Lasserre Capdeville.

2. Com. 4 juill. 1961 : *Bull. civ.* 1961, III, n° 311 ; *JCP* 1962, II, 12646, note J.-L. Rives-Lange. – Montpellier, 5 févr. 1970 : *RTD com.* 1970. 170, obs. M. Cabrillac et J.-L. Rives-Lange.

CHAPITRE 4

LES INFRACTIONS PÉNALES LIÉES AU CHÈQUE

1230 ***Dépénalisation*** ◊ De longue date, le chèque est encadré par des dispositions à caractère pénal [1]. Cependant, il a été observé précédemment [2] que la législation régissant les chèques sans provision a connu une dépénalisation notable suite aux lois n° 75-4 du 3 janvier 1975 et n° 91-1382 du 30 décembre 1991. Cette évolution est originale, car, parallèlement, les banques se sont vues reconnaître de larges pouvoirs en la matière, en l'occurrence une mission de « police bancaire » tendant directement à lutter contre les chèques sans provision. Dès lors, si l'émission de chèques sans provision ne constitue plus en elle-même une infraction [3], elle reste un comportement sanctionné selon une procédure propre à la matière bancaire : l'interdiction bancaire envisagée par l'article L. 131-73 du Code monétaire et financier [4].

1231 ***Survivance d'incriminations*** ◊ Néanmoins, il serait erroné pour autant de penser que le droit pénal a totalement disparu en matière de chèque. D'une part, il est des circonstances dans lesquelles le délit d'escroquerie sera retenu par les juges [5], généralement lorsqu'un véritable stratagème aura été mis en place par le prévenu [6]. Un courant doctrinal a d'ailleurs pu se demander si la création d'une nouvelle infraction spéciale ne serait finalement pas utile ici [7].

---

1. M. Cabrillac et Ch. Mouly, *Droit pénal de la banque et du crédit* : éd. Masson, 1982, p. 208 s.
2. V. ss 1164.
3. Crim. 1er juin 2005, n° 04-87.757 : *Bull. crim.* 2005, n° 167 ; *RTD com.* 2006. 224, obs. B. Bouloc ; *AJ pénal* 2005. 329, obs. M. Redon ; *Dr. pénal* 2005, comm. 147 obs. M. Véron.
4. V. ss 1165.
5. Concernant une remise à un banquier de chèques sans provision accompagnée d'une demande de virement sur un compte situé au Luxembourg, Cass., ass. plén., 18 janv. 2006, n° 02-80.787 : *Bull. ass. plén.* 2006, n° 1 ; *Dr. pénal* 2006, comm. 49, obs. M. Véron ; *RTD com.* 2006. 682, obs. B. Bouloc ; *AJ pénal* 2006, obs. P.R. – Pau, 21 sept. 2006 : Cahier de jurispr. d'Aquitaine et Midi-Pyrénées 2007-1, p. 211, note J. Lasserre Capdeville. – Pour la fabrication d'un faux chèque, Crim. 22 janv. 2014, n° 12-87.861 : *Banque et Dr.* 5-6/2014, n° 155, p. 65, obs. J. Lasserre Capdeville.
6. Crim. 1er juin 2011, n° 10-83.568 : *Bull. crim.* 2011, n° 117 ; *D.* 2011. 2008, note J. Lasserre Capdeville ; *RTD com.* 2011. 653, obs. B. Bouloc ; *RTD com.* 2011. 780, obs. D. Legeais ; *AJ pénal* 2011. 523, obs. A. Gallois ; *RSC* 2011. 839, obs. H. Matsopoulou ; *Dr. pénal* 2011, comm. 117, obs. M. Véron ; *RDBF* 2011, comm. 154, obs. F.-J. Crédot et Th. Samin. Crim. 19 févr. 2014, n° 13-81.242 : *Banque et Dr.* 3-4/2014. 54, obs. J. Lasserre Capdeville.
7. J. Lasserre Capdeville, « Le recul de la justiciabilité par la dépénalisation : l'exemple de la lutte contre les chèques sans provision », *in* ouvrage collectif *L'accès au juge. Recherche sur l'effectivité d'un droit*, V. Donier et B. Lapérou-Scheneider (dir.), Bruylant, 2013, p. 974.

D'autre part, les articles L. 163-1 et suivants du Code monétaire et financier prévoient toute une série d'infractions [1], dont certaines concernent également les autres instruments de paiement, et notamment, la carte de paiement [2]. Beaucoup de ces incriminations demeurent cependant inappliquées [3].

1232 Sans prétendre à l'exhaustivité, nous observerons les principales d'entre elles s'adressant, selon les cas, au tireur (section 1), au porteur (section 2) ou au tiré (section 3). Un mot particulier sera également dit à propos des infractions relevant du faux (section 4). Ces dernières sont, en effet, celles qui donnent le plus souvent lieu à de la jurisprudence.

SECTION 1. LES INFRACTIONS COMMISES PAR LE TIREUR

1233 Plusieurs incriminations sont à mentionner ici. Il est ainsi de principe que le transfert de la créance de provision s'opère dès l'émission du chèque, c'est-à-dire au moment du dessaisissement du titre au profit du bénéficiaire [4]. Il n'est donc pas admissible qu'après cette remise, et alors que le transfert concret de la provision n'a pas été opéré, le tireur ou un tiers retire tout ou partie de cette provision ou fasse défense au tiré de payer. Tel est l'objet de l'article L. 163-2, alinéa 1, du code qui envisage le retrait de la provision (§ 1) et le blocage de cette dernière (§ 2) [5].

Le tireur encourt, en outre, des sanctions pénales s'il vient à méconnaître une interdiction bancaire (§ 3) ou judiciaire (§ 4) d'émettre des chèques.

§ 1. Le retrait de la provision

1234 ***Incrimination*** ◊ Ce délit, visé par l'article L. 163-2, alinéa 1, du Code monétaire et financier [6], implique une condition préalable : qu'un chèque ait été émis et qu'une provision existait lors de cette émission. Remarquons alors ici un paradoxe : si l'émission du chèque sans provision a été

1. Pour une étude complète, W. Jeandidier, « Chèque et carte de paiement », *Rép. pén.* Dalloz, 2012.
2. V. ss 1471.
3. W. Jeandidier, « Les vicissitudes du droit pénal positif du chèque », *in* Mélanges Jean Larguier, éd. PUG, 1993, p. 177.
4. Com. 31 janv. 2006, n° 04-15.315 : *Bull. civ.* 2006, IV, n° 18 ; *D.* 2007. 765, obs. D.-R. Martin ; *D.* 2006. AJ 573, obs. V. Avena-Robardet ; *RTD com.* 2006. 455, obs. D. Legeais ; *RDBF* 2006, comm. 91, obs. F.-J. Crédot et Th. Samin.
5. Pour la recherche, la poursuite, l'instruction et le jugement des infractions mentionnées à l'article L. 163-2, le tribunal du lieu où le chèque est payable est compétent – C. mon. fin., art. L. 163-2, al. 5.
6. M. Cabrillac, « Variations nouvelles sur des airs anciens ou les délits de retrait et de blocage de la provision après 1991 », *in* Mélanges Jean Larguier, PUG, 1993, p. 57.

dépénalisée [1], la condamnation pénale redevient possible si le chèque a présenté, un temps, la provision en question.

L'élément matériel du délit prendra alors la forme d'un « retrait de tout ou partie de la provision, par transfert, virement ou quelque moyen que ce soit ». Le retrait est ainsi incriminé dès lors qu'il est fait obstacle au paiement intégral du chèque. Il importe peu que le retrait n'ait eu lieu qu'après le délai légal de présentation [2]. Le moyen utilisé pour procéder à un tel retrait est également indifférent [3].

Il s'agit d'une infraction intentionnelle. La caractérisation de l'un des cas précités implique d'ailleurs la démonstration d'un double dol [4]. D'une part, il faut que le prévenu ait eu la conscience et la volonté de commettre l'élément matériel. D'autre part, il est aussi exigé qu'il ait agi « dans l'intention de porter atteinte aux droits d'autrui ». Un courant doctrinal n'a pas manqué de critiquer l'ambiguïté de l'expression [5].

1235 ***Répression*** ◊ Les personnes physiques reconnues coupables du délit encourent un emprisonnement de cinq ans et une amende de 375 000 euros. Les personnes morales, quant à elles, peuvent se voir opposer une amende de 1 875 000 euros [6].

Le tribunal peut également prononcer un certain nombre de peines complémentaires, notamment, concernant les personnes physiques, l'interdiction des droits civiques, civils et de famille prévue par l'article 131-26 du Code pénal, l'interdiction pour une durée de cinq ans au plus d'exercer une activité professionnelle ou sociale, en application des articles 131-27 et 131-28 du même code [7], ou encore l'interdiction, toujours pour une durée de cinq ans, d'émettre de chèques [8]. Concernant les personnes morales, les peines complémentaires envisagées par l'article 131-39 du Code pénal sont ici applicables ici.

---

1. V. ss 1164.
2. Crim. 19 mars 1953 : *Bull. crim.* 1953, n° 97.
3. Crim. 12 févr. 1975, n° 74-91.960 : *Bull. crim.* 1975, n° 46 ; *D.* 1975. IR 115.
4. Crim. 29 oct. 1990, n° 89-86.046.
5. J. Larguier et Ph. Conte, *Droit pénal des affaires* : éd. A. Colin, 2004, 11e éd., n° 151. – M. Cabrillac, « Variations nouvelles sur des airs anciens ou les délits de retraits et de blocage de provision après 1991 », *in* Mélanges Larguier, 1991, PUG, p. 57.
6. C. mon. fin., art. L. 163-10-1. Le caractère limitatif de la liste d'infractions figurant à cet article importe peu désormais. En effet, depuis la loi n° 2004-204 du 9 février 2004, il est possible d'engager la responsabilité pénale des personnes morales pour quasiment n'importe quelle infraction.
7. C. mon. fin., art. L. 163-6, al. 1er. – Sur l'étendue de cette peine complémentaire, Crim. 22 sept. 2015, n° 14-83.787 : *Dr. pénal* 2015, comm. 141, obs. J.-H. Robert ; *Banque et Dr.* 11-12/2015, n° 164, p. 74, obs. J. Lasserre Capdeville. – V. également, Crim. 2 sept. 2015, n° 14-83.248 : *RTD com.* 2015. 769, obs. B. Bouloc ; *Banque et Dr.* sept-oct. 2015, p. 87, obs. J. Lasserre Capdeville ; *Dr. sociétés* 2015, comm. 205, obs. R. Salomon.
8. La peine complémentaire de l'interdiction a un caractère personnel et empêche ainsi celui qui en est frappé d'émettre des chèques (autres que ceux qui permettent exclusivement le retrait de fonds auprès du tiré ou ceux qui sont certifiés), soit à titre personnel, soit à titre de mandataire, Crim. 3 juill. 1979 : *D.* 1979. IR 133, obs. M. Cabrillac.

La peine accessoire, prévue par l'article L. 500-1 du Code monétaire et financier, s'impose enfin si la sanction effectivement prononcée est au d'au moins 6 mois d'emprisonnement avec sursis [1].

§ 2. Le blocage de la provision

1236 ***Incrimination*** ◊ Comme pour le délit précédent, il est nécessaire que, préalablement, un chèque ait été émis et qu'une provision existait lors de cette émission.

Est alors prohibé, par l'article L. 163-2 alinéa 1, le fait de « faire (...) défense au tiré de payer ». Sera ici sanctionnée l'opposition indue du tireur au paiement du chèque, c'est-à-dire en dehors des cas admis par l'article L. 131-35 du code (perte, vol ou utilisation frauduleuse du chèque, sauvegarde, redressement ou liquidation judiciaires du porteur) ou encore lorsque l'un des cas légaux aura été invoqué de façon fallacieuse [2]. Il appartiendra à l'auteur de l'opposition de rapporter la preuve du motif licite dont il se prévaut [3].

Ici encore, un double dol paraît requis, c'est-à-dire que le prévenu doit avoir eu la conscience et la volonté de commettre l'élément matériel, tout en ayant agi « dans l'intention de porter atteinte aux droits d'autrui » [4].

1237 ***Interrogation*** ◊ Une question importante s'est posée à l'égard de ce délit. L'auteur du blocage peut-il se prévaloir de sa bonne foi s'il fait opposition au paiement du chèque en dehors des cas autorisés en invoquant une inexécution par le bénéficiaire de ses engagements, le rapport fondamental prévalant alors sur le rapport cambiaire ? La jurisprudence a évolué en la matière [5]. Ces dernières années, les juges ont tendance à prendre en considération, au-delà des droits qu'a le bénéficiaire sur la provision, ceux

1. Sur cette sanction accessoire, J. Lasserre Capdeville, « L'article L. 500-1 du Code monétaire et financier : une peine accessoire sujette à interrogations », *in* ouvrage collectif : *Liber amicorum*, Mélanges en l'honneur du Professeur Didier R. Martin : Lextenso, 2015, p. 407.

2. Crim. 4 janv. 1996, n° 94-85.465 : *Bull. crim.* 1996, n° 3. – Crim. 17 oct. 2007, n° 07-81.724. – TGI Paris, 28 déc. 1992 : D. 1993, somm. p. 315, obs. M. Cabrillac ; *RDBB* 1993. 128, obs. F.-J. Crédot et Y. Gérard. Pau, 10 juin 2016 : Cahier de jurisprudence d'Aquitaine et Midi-Pyrénées 2016-3, p. 481, obs. J. Lasserre Capdeville. – Pour un cas de complicité, Chambéry, 6 juin 2018, n° 17/01313 : *Banque et Dr.* 9-10/2018, n° 181, p. 63, obs. J. Lasserre Capdeville.

3. Crim. 10 janv. 1968, n° 67-92.257 : *D.* 1968. 477.

4. Cet élément est relevé par les juges si l'intéressé, en faisant défense au tiré de payer le chèque, avait conscience que celui-ci serait impayé à sa présentation, et qu'il voulait le laisser impayé, Crim. 3 avr. 1979, n° 78-91.889 : *D.* 1979. IR 525, obs. M. Puech. – V. également, Crim. 22 juill. 1980, n° 79-92.746. – En revanche, la seule connaissance par le tireur de l'absence de provision (Crim. 13 avr. 1983, n° 82-92.898 : *Bull. crim.* 1983, n° 102 ; *D.* 1984. 461, obs. B. Bouloc ; *RTD com.* 1983. 439, obs. M. Cabrillac) ou sa mauvaise foi (Crim. 17 juill. 1980, n° 78-94.172 : *Bull. crim.* 1980, n° 227 ; *JCP* 1981, II, 19589, note Ch. Gavalda) sont insuffisantes, pour les juges, pour constituer l'infraction.

5. W. Jeandidier, *op. cit.*, n° 79 s.

qu'il aurait ou non sur la créance fondamentale [1]. C'est ainsi, notamment, que les magistrats ont refusé de caractériser le délit à l'encontre de celui qui avait fait opposition car son cocontractant avait encaissé un chèque remis en garantie [2]. En revanche, et à l'image de toute infraction, les mobiles de l'agent demeurent indifférents.

1238 ***Répression*** ◊ On retrouve ici les mêmes sanctions que celles encourues pour le délit de retrait de la provision [3].

Les statistiques officielles de la justice mentionnent indifféremment le nombre des condamnations pour retrait de la provision avec le nombre de celles fondées sur un blocage de la provision. On en comptait 258 en 2008, 283 en 2009 et enfin 270 en 2010 [4]. La plus grande part de ces condamnations concernerait cependant plutôt le second délit [5].

§ 3. La violation d'une interdiction bancaire d'émettre des chèques

1239 ***Incrimination*** ◊ L'émission d'un chèque au mépris d'une interdiction bancaire fait l'objet d'une double incrimination, selon l'auteur de l'infraction par les alinéas 3 et 4 de l'article L. 163-2. Dans ces deux cas, une condition préalable sera exigée : l'existence d'une interdiction bancaire d'émettre des chèques, c'est-à-dire l'injonction bancaire de restituer les formules de chèques prévue par l'article L. 131-73, susceptible d'être décidée par le banquier en présence d'émission de chèques sans provision [6].

L'élément matériel du délit est alors l'émission d'un ou de plusieurs chèques, soit par « toute personne [...] au mépris de l'injonction qui lui a été adressée » en application de l'article L. 131-73 du code [7], soit par un mandataire au mépris d'une émission également interdite. La référence à toute personne permet d'inclure non seulement l'interdit bancaire, mais également les co-titulaires d'un compte collectif. Il est vrai que, à défaut de désignation, l'interdiction frappe tous les co-titulaires [8]. Notons que,

1. A. Lepage, P. Maistre du Chambon et R. Salomon, *Droit pénal des affaires*, Litec, 2013, 3e éd., n° 1136.
2. Crim. 27 sept. 2006, n° 06-83.454 : *Gaz. Pal.* 9 sept. 2007, n° 252, p. 20, obs. J. Lasserre Capdeville ; *RDBF* 2007, comm. 90, obs. F.-J. Crédot et Th. Samin ; *Dr. pénal* 2007, comm. 38, obs. J.-H. Robert.
3. V. ss 1235. La réparation civile a suscité, en la matière, quelques controverses, Crim. 20 juin 2007, n° 06-85.803 : *Gaz. Pal.* 11 sept. 2009, n° 254, note J. Lasserre Capdeville.
4. Annuaire statistique de la justice, éd. 2011-2012, p. 187.
5. Pour un cas où a été préférée la caractérisation du délit de dénonciation d'une infraction imaginaire (C. pénal, art. 434-26), Chambéry, 14 janv. 2015, n° 14/00801 : *Banque et Dr.* 2015, n° 160, p. 75, obs. J. Lasserre Capdeville.
6. V. ss 1171.
7. V. par ex., Montpellier, 30 juin 2009, n° 08/01745. - Riom, 30 mai 2018, n° 18/00071 : *Banque et Dr.*, juill.-août 2018, n° 180, p. 53, obs. J. Lasserre Capdeville.
8. C. mon. fin., art. L. 131-80.

pour la Cour de cassation, si l'interdit est une personne morale, à la suite d'une émission, pour son compte, d'un chèque sans provision, son représentant ne peut émettre non seulement en qualité de mandataire social, mais encore à titre personnel sur ses propres comptes [1].

Ces incriminations sont, dans tous les cas, intentionnelles, même si l'exigence d'agir « *en connaissance de cause* » n'est mentionnée qu'à l'égard des mandataires. L'intention délictueuse demeure nécessaire même de la part de l'interdit bancaire. Il faut en effet rappeler qu'il découle de l'article 121-3 du Code pénal que les délits sont nécessairement intentionnels si la loi n'en dispose pas autrement. Cependant, concernant cet interdit, il est évident que cette intention sera déduite de la connaissance qu'il a de la mesure qui le frappe.

1240 ***Répression*** ◇ Ces deux infractions sont sanctionnées de cinq ans d'emprisonnement et de 375 000 euros d'amende. Les personnes physiques sont exposées aux mêmes peines complémentaires et accessoires que celles rencontrées avec les délits de retrait ou le blocage de la provision du chèque après émission du chèque. Les similitudes se retrouvent également pour les personnes morales.

Il demeure difficile de dire si ces incriminations sont fréquemment caractérisées en pratique, dans la mesure où les chiffres « officiels » mélangent ce délit avec l'infraction voisine de violation d'une interdiction judiciaire d'émettre [2]. Il est fait état de 270 condamnations en 2010, 283 en 2009 et 295 en 2008 [3]. Néanmoins, on peut penser avec certains auteurs [4] que la plupart de ces condamnations doivent concerner la violation d'une interdiction bancaire, cette dernière étant nettement plus fréquente que l'interdiction judiciaire.

§ 4. **La violation d'une interdiction judiciaire d'émettre des chèques**

1241 ***Incriminations*** ◇ L'article L. 163-7 du Code monétaire et financier réprime le fait, pour toute personne, d'émettre un ou plusieurs chèques en violation de l'interdiction judiciaire d'émettre des chèques, prononcée en application de l'article L. 163-6 du même code. En outre, est également incriminé le fait pour un mandataire d'émettre, en connaissance de cause, un ou plusieurs chèques dont l'émission était interdite à son mandant en raison des mêmes dispositions. Ces deux incriminations impliquent donc l'existence d'une condition préalable : une interdiction judiciaire d'émettre des chèques.

---

1. Crim. 8 févr. 1982, n° 81-93.814 : *Bull. crim.* 1982, n° 43 ; *D.* 1982. 412, note Ch. Gavalda ; *RTD com.* 1982. 271, obs. M. Cabrillac ; *Rev. sociétés* 1982. 554, obs. B. Bouloc.
2. C. mon. fin., art. L. 163-7.
3. Annuaire statistique de la justice, éd. 2011-2012, p. 187.
4. W. Jeandidier, *op. cit.*, n° 94.

L'élément matériel de ces délits est ainsi la violation de l'interdiction judiciaire d'émettre un ou plusieurs chèques, donc l'émission d'un ou plusieurs chèques ordinaires. L'auteur sera, dans le premier cas, le titulaire du compte frappé par l'interdiction en question, mais pas le co-titulaire du compte, dans la mesure où l'interdiction judiciaire est personnelle. Dans la seconde hypothèse, il s'agira du mandant du titulaire du compte frappé de l'interdiction.

Ces deux incriminations sont intentionnelles. Ce dol général sera logiquement présumé chez le titulaire du compte personnellement frappé par l'interdiction judiciaire. Il devra, en revanche, être prouvé chez le mandataire. Les mobiles de l'agent demeureront, comme d'habitude, indifférents.

Ce délit est donc le « pendant » du délit de violation d'une interdiction d'émettre des chèques [1].

1242 ***Répression*** ◊ Les personnes reconnues coupables de l'une de ces infractions encourent, à titre principal, cinq ans d'emprisonnement et 375 000 euros d'amende. Ce montant demeure critiqué par un courant doctrinal [2]. On retrouve, pour les personnes physiques, les mêmes peines secondaires que pour les infractions précitées. Les personnes morales peuvent être, quant à elles, logiquement sanctionnées.

Cette infraction est rarement caractérisée. Le rapport « Coulon » de 2008 sur la dépénalisation de la vie des affaires donne ainsi quelques statistiques témoignant de cette affirmation : 10 condamnations en 2006, 16 en 2005 et 8 en 2004 [3].

SECTION 2. LES INFRACTIONS COMMISES PAR LE PORTEUR

1243 Les dispositions légales et réglementaires encadrant, dans le Code monétaire et financier, les infractions relatives à la monnaie, permettent de relever un certain nombre d'hypothèses donnant lieu à des sanctions pénales s'adressant plus particulièrement au porteur : l'acceptation ou l'endossement d'un chèque dont la provision a été retirée ou bloquée (§ 1), le fractionnement du paiement par chèque (§ 2), l'interrogation irrégulière de la Banque de France (§ 3), le défaut de diligence du mandataire porteur et enfin la diffusion ou la conservation d'information sur un chèque remis au porteur. Beaucoup de ces incriminations ne donnant plus lieu, aujourd'hui, à des caractérisations en pratique, nous nous limiterons à évoquer, ici, les trois premières citées.

1. V. ss 1239.
2. W. Jeandidier, *op. cit.*, n° 121 et 122.
3. *Rapport Coulon sur la dépénalisation de la vie des affaires*. La documentation française, 2008, annexe 1, p. 122.

§ 1. L'acceptation ou l'endossement d'un chèque dont la provision a été retirée ou bloquée

1244 ***Incrimination*** ◊ L'article L. 163-2, alinéa 2, sanctionne matériellement le fait pour toute personne « *d'accepter de recevoir ou d'endosser en connaissance de cause un chèque* » dont la provision a été retirée ou bloquée. Cette infraction peut être commise tant par le bénéficiaire que par un endossataire ultérieur.

L'infraction est intentionnelle. Il faut ainsi que l'agent ait eu connaissance du retrait ou du blocage illicite de la provision. Cette connaissance devra logiquement se situer au moment de l'acceptation de la remise ou de l'endossement. Notons que, pour que ce délit soit retenu, il est aussi nécessaire que l'auteur du retrait ou de l'opposition illicite ait agi avec « l'intention de porter atteinte aux droits d'autrui », comme en témoigne la référence aux « conditions définies à l'alinéa précédent » de l'article L. 163-2. L'exigence d'un tel dol spécial est alors de nature à limiter les cas donnant lieu à sanction.

1245 ***Répression*** ◊ Le délit d'acceptation ou d'endossement est passible des mêmes peines principales et complémentaires que le délit de retrait ou de blocage de la provision à l'égard des personnes physiques, comme des personnes morales [1]. Cette incrimination est, sans surprise, très rarement caractérisée.

§ 2. Le fractionnement du paiement par chèque

1246 ***Incrimination*** ◊ Le premier alinéa de l'article L. 131-82 oblige le tiré à payer les chèques d'un montant égal ou inférieur à 15 euros émis sur des formules qu'il a délivrées, malgré l'absence, l'insuffisance ou l'indisponibilité de la provision [2]. Cette obligation, qui pèse donc sur le banquier tiré, est de nature à inciter les créanciers à demander le fractionnement du paiement de leur créance en plusieurs chèques d'un montant inférieur ou égal à ce seuil de 15 euros afin de profiter de cette règle. L'article R. 163-1 du code prévoit alors une contravention dite de « fractionnement » en réprimant « le fait d'exiger ou de provoquer, par quelque moyen que ce soit, directement ou indirectement, pour le paiement d'une somme supérieure à 15 euros, la remise d'un ou plusieurs chèques d'un montant inférieur ou égal à 15 euros ».

On notera que cette contravention est une infraction formelle : il n'est pas nécessaire que la remise de tels chèques ait eu lieu pour qu'elle soit constituée. De même, faute de précision de l'article R. 163-1, ces chèques peuvent parfaitement être provisionnés.

1. V. ss 1134.
2. V. ss 1210.

1247 ***Originalité*** ◊ Une particularité est à constater en la matière. Même si nous sommes en présence d'une simple contravention, l'infraction est intentionnelle. En effet, le fait de provoquer ou de réclamer le fractionnement suppose la connaissance de la garantie bancaire et la volonté d'en profiter de manière abusive. L'élément moral est donc un dol général.

1248 ***Répression*** ◊ Un tel fractionnement est sanctionné d'une contravention de la cinquième classe, c'est-à-dire d'une amende de 1 500 euros. Aucune peine complémentaire n'a été prévue par le code. Les personnes morales peuvent aussi être sanctionnées sur ce fondement. L'amende qu'elles encourent est alors de 7 500 euros.

§ 3. L'interrogation irrégulière de la Banque de France

1249 ***Incrimination*** ◊ Le premier alinéa de l'article R. 163-2 incrimine le fait, pour toute personne, d'interroger la Banque de France sur la régularité d'un chèque en méconnaissance des conditions fixées par l'article R. 131-5, alinéa 1er.

Cette infraction implique dès lors de mentionner ce dernier texte, qui prévoit que « toute personne à laquelle est remis un chèque pour le paiement d'un bien ou d'un service peut, directement ou par l'intermédiaire d'un mandataire, vérifier auprès de la Banque de France si ce chèque n'a pas été déclaré comme volé ou perdu, n'a pas été tiré sur un compte clôturé ou émis par une personne frappée d'une interdiction judiciaire ou bancaire ». Dans un tel cas, la Banque de France doit informer l'intéressé de l'existence d'une cause d'irrégularité du chèque sans en indiquer la nature [1].

La contravention sera alors retenue en cas de méconnaissance de ces conditions, prévues par l'article R. 131-5. Il s'agira ainsi du cas où le porteur interrogera la Banque de France en dehors des hypothèses précitées, par exemple en lui demandant s'il y a eu opposition pour une autre cause que le vol ou la perte [2].

L'élément moral de la contravention est, semble-t-il, limité à une simple faute contraventionnelle se déduisant de l'élément matériel. L'infraction devrait ainsi pouvoir être retenue par le seul fait, pour le mis en cause, d'avoir procédé à une telle interrogation irrégulière.

1250 ***Répression*** ◊ Le délit est sanctionné d'une contravention de la cinquième classe, c'est-à-dire une amende de 1 500 euros. Les personnes morales peuvent également voir leur responsabilité engagée.

1. C. mon. fin., art. R. 131-8, al. 2.
2. W. Jeandidier, *op. cit.*, n° 12.

SECTION 3. LES INFRACTIONS COMMISES PAR LE TIRÉ

1251 Ici encore plusieurs infractions peuvent être mentionnées : le refus de paiement du chèque pour opposition en dehors des cas légaux (§ 1), le rejet d'un chèque sans provision émis par un interdit sans indiquer la violation de l'interdiction (§ 2), l'indication d'une provision inférieure à la provision réelle, la non-déclaration des incidents de paiement et des interdictions d'émettre des chèques et enfin la délivrance irrégulière de chéquiers et non-utilisation du pouvoir d'injonction. Nous développerons simplement les deux premières infractions citées.

§ 1. Le refus de paiement du chèque pour opposition en dehors des cas légaux

1252 ***Incrimination*** ◊ L'infraction visée par l'article L. 163-1 du Code monétaire et financier a été créée par la loi n° 91-1382 du 30 décembre 1991 relative à la sécurité des chèques et des cartes de paiement.

La caractérisation du délit implique une condition préalable : le fait que le tireur ait fait opposition au paiement d'un chèque en dehors des cas légaux énumérés par l'article L. 131-35 (perte, vol, utilisation frauduleuse du chèque ou sauvegarde, redressement ou liquidation judiciaires du porteur). On rappellera que ces différents cas sont interprétés strictement par la jurisprudence [1].

L'élément matériel du délit consiste en un refus par le tiré de payer le chèque à la suite d'une telle opposition. En agissant de la sorte, le banquier tiré s'associe, en quelque sorte, à l'action délictueuse du tireur auteur du délit de blocage de la provision [2]. Le refus du banquier [3] devra, néanmoins, être suffisamment extériorisé pour que le délit puisse être retenu [4].

L'infraction est intentionnelle, faute de précision contraire du législateur comme l'exige l'article 121-3 du Code pénal.

1253 ***Incertitudes*** ◊ Ce délit suscite cependant un certain nombre d'interrogations. D'une part, des auteurs admettent la caractérisation de l'infraction alors que l'opposition, qui a été fondée sur l'un des cas mentionnés

---

1. V. ss 1144.

2. C. mon. fin., art. L. 163-2, al. 1. Il ne saurait, en revanche, être vu comme un complice de ce dernier, dans la mesure où son comportement est postérieur aux agissements de ce tireur. Or, comme l'indique l'article 121-7 du Code pénal, l'aide ou l'assistance doit, pour pouvoir être sanctionnée, avoir pour but de faciliter « *la préparation ou la consommation* » du crime ou du délit. Il n'y a donc pas, en principe, de complicité quand les agissements sont intervenus après l'infraction.

3. Pour la condamnation d'un directeur d'agence, Crim. 17 mars 1966, n° 65-92.551 : *Bull. crim.* 1966, n° 102.

4. L'utilité de cette incrimination est critiquée par un courant doctrinal, W. Jeandidier, « Chèque et carte de paiement », Rép. pén. Dalloz, 2012, n° 203.

à l'article L. 131-35 du code, n'a pas été confirmée par écrit, ensuite, par son auteur [1]. Cette lecture du délit nous paraît trop large. D'abord, l'article L. 163-1 vise simplement « les cas » d'opposition et non pas, en plus, « les conditions » mentionnées par le deuxième alinéa de l'article L. 131-35. Ensuite, le principe d'interprétation stricte de la loi pénale, rappelé par l'article 111-4 du Code pénal tendrait plutôt à ne pas admettre une telle extension.

D'autre part, le délit peut-il être retenu en cas de défaut d'envoi de la lettre informative imposée par l'alinéa 3 de l'article L. 131-35, dont l'objet est d'éclairer l'opposant sur les sanctions encourues ? Selon l'article L. 163-1, le délit n'est constitué qu'en cas de refus de paiement d'un chèque « *hors les cas mentionnés au deuxième alinéa de l'article L. 131-35* ». Or, l'envoi de la lettre d'avertissement est imposé par le troisième alinéa de ce dernier. Le délit ne devrait donc pas pouvoir être retenu dans ce cas. Un courant doctrinal émet néanmoins des doutes à l'égard de cette solution [2].

1254 ***Répression*** ◊ Le tiré encourt ici une amende de 6 000 euros. Celle-ci est de 30 000 euros s'il s'agit d'une personne morale.

Cette incrimination est cependant très rarement caractérisée en pratique. Le rapport « *Coulon* » sur la dépénalisation de la vie des affaires, rendu public en janvier 2008, indiquait ainsi, dans son annexe 1, que seules sept condamnations avaient été prononcées sur ce fondement entre 1995 et 2006 [3].

§ 2. Le rejet d'un chèque sans provision émis par un interdit sans indiquer la violation de l'interdiction

1255 ***Incrimination*** ◊ L'article L. 163-10, 2°, du Code monétaire et financier sanctionne le fait pour le tiré de rejeter un chèque pour insuffisance ou indisponibilité de la provision sans indiquer, lorsque cela a été le cas, que le chèque a été émis « au mépris d'une injonction adressée en application de l'article L. 131-73 ou en violation d'une interdiction prononcée en application de l'article L. 163-6 ».

Ainsi, ce délit implique, au préalable, l'émission d'un chèque présentant un double vice : d'une part, sa provision est inexistante ou insuffisante et, d'autre part, le tireur de ce même chèque est concerné par une interdiction bancaire ou une interdiction judiciaire.

---

1. P. Maistre du Chambon, A. Lepage et R. Salomon, *Droit pénal des affaires* : Litec, 2013, 3e éd., n° 1141.

2. M. Cabrillac et D. Dechenaud, « Droit pénal du chèque », JurisClasseur Banque-Crédit Bourse, fasc. 360, 2009, n° 60.

3. *La dépénalisation de la vie des affaires* : La documentation française, 2008, p. 122.

L'élément matériel du délit est, quant à lui, plus simple : c'est un défaut de précisions de la part du tiré lors du rejet du chèque. Il doit obligatoirement, lorsque c'est le cas, indiquer au porteur du chèque que l'auteur est frappé d'une interdiction bancaire ou judiciaire.

Le délit est, faute de disposition légale contraire, intentionnel. Néanmoins, on peut penser que, comme c'est souvent le cas, les magistrats déduiront cet élément moral des circonstances, et notamment la qualité du tiré.

1256 ***Répression*** ◊ L'auteur du délit encourt une amende de 12 000 euros au maximum. Cette amende est portée à 60 000 euros pour les personnes morales.

Cette incrimination est très rarement retenue. Le rapport « *Coulon* » sur la dépénalisation de la vie des affaires indiquait ainsi dans son annexe 1, que seules sept condamnations étaient intervenues entre 1995 et 2006 sur le fondement de l'article L. 163-10, qui vise d'ailleurs d'autres délits que celui détaillé ici [1].

SECTION 4. LES INFRACTIONS RELEVANT DU FAUX

1257 L'article L. 163-3 du Code monétaire et financier [2] a pour caractéristique de s'adresser à la fois aux chèques et aux autres instruments de paiement, tels que définis par l'article L. 133-4, et notamment la carte bancaire [3].

Trois hypothèses sont envisagées par ce texte : le fait de contrefaire ou de falsifier l'un de ces instruments de paiement (§ 1), le fait d'en faire usage ou de tenter d'en faire usage (§ 2), et enfin le fait d'accepter de recevoir un paiement au moyen de l'un d'entre eux (§ 3). Un autre délit, prolongeant les trois précités, est envisagé par l'article L. 163-4 : le recours à du matériel de contrefaçon ou de falsification de chèques (§ 4). Nos propos seront ici limités au cas du chèque [4].

1258 ***Préjudice de la victime*** ◊ La victime d'un chèque irrégulier peut logiquement obtenir des dommages-intérêts en réparation de son préjudice dû aux inconvénients procurés par le chèque en question [5].

---

1. *La dépénalisation de la vie des affaires* : *op. cit.*, p. 122.
2. Pour la Cour de cassation cette disposition est rédigée en des termes suffisamment précis, Crim. 7 janv. 2014, n° 13-82.514 : *Banque et Dr.* 3-4/2014, n° 154, p. 53, obs. J. Lasserre Capdeville.
3. V. ss 1325.
4. Concernant les autres instruments de paiement, v. ss 1471.
5. Crim. 29 nov. 1993, n° 97-84.221 : *Bull. crim.* 1993, n° 361 ; *JCP E* 1994. Pan. 390.

On notera, sur ce point, que l'article L. 163-9 prévoit une action en remboursement spécifique. Ainsi, lorsque des poursuites pénales sont exercées contre le tireur, le porteur qui s'est constitué partie civile est recevable à demander au juge pénal une somme égale au montant du chèque, sans préjudice, le cas échéant, de tous dommages-intérêts. Il s'agit d'une dérogation au droit commun, car la victime peut ainsi obtenir le paiement d'une créance préexistante au délit, qualifiée de créance fondamentale, que le chèque était destiné à éteindre par le paiement [1].

§ 1. La contrefaçon ou la falsification de chèque

1259 ***Historique*** ◊ C'est un décret-loi du 24 mai 1938 qui a créé l'infraction autonome se retrouvant aujourd'hui à l'article L. 163-3, 1°, du Code monétaire et financier. Auparavant, la contrefaçon ou falsification de chèque constituait le crime de faux en écriture privée, de commerce ou de banque. Le décret-loi précité est ainsi à l'origine d'une correctionnalisation.

1260 ***Incrimination*** ◊ Le 1° de l'article prohibe donc, matériellement, le faire « *de contrefaire ou de falsifier un chèque* ». La simple tentative est également sanctionnée [2].

Les notions de contrefaçon et de falsification sont interprétées par référence au droit commun du faux en écriture. Il s'agit ainsi d'une altération de la vérité réalisée « *par quelque moyen que ce soit* » [3]. Le faux peut donc être matériel comme intellectuel. Il est matériel lorsque, par exemple, la signature du tireur est imitée [4], une fausse somme est indiquée [5], ou encore le nom du bénéficiaire est modifié [6]. Il en va de même lorsque des porteurs de chèques sans mention d'ordre ont apposé leur nom aux lieu et place du véritable porteur [7]. Le faux intellectuel est, quant à lui, plus rare ici. Il a cependant pu être retenu en cas d'absence de pouvoir du prévenu pour

1. L'article L. 163-9 va jusqu'à préciser, dans un second alinéa, que le juge pénal peut, en présence de certaines conditions, condamner d'office le tireur à payer au bénéficiaire une somme égale au montant du chèque, même en l'absence de constitution de partie civile. Cette action en remboursement peut, concrètement, être exercée par le bénéficiaire du chèque ou la personne qui l'a reçu par l'effet d'un endossement translatif (Crim. 9 mai 1984, n° 83-92.674 : *Bull. crim.* 1984, n° 160 ; *RTD com.* 1985. 334, obs. M. Cabrillac) contre l'auteur de l'infraction. Elle ne peut, en revanche, pas être dirigée contre son dirigeant social qui a agi par représentation sans être tenu personnellement à la dette, la société étant la seule débitrice (Crim. 6 avr. 1992, n° 91-84.474 : *Bull. crim.* 1992, n° 142 ; *D.* 1992. IR 207).

2. C. mon. fin., art. L. 163-4-1.

3. C. pén., art. 441-1.

4. Crim. 16 avr. 2008, n° 97-84.127.

5. Crim. 4 avr. 2001, n° 00-84.482.

6. Crim. 21 nov. 2001, n° 01-81.375. – Crim. 11 juill. 2017, n° 15-85.569 : *Banque et Dr.* 9-10/2017, n° 175, p. 72, obs. J. Lasserre Capdeville.

7. Crim. 20 avr. 2017, n° 16-80.227 : *Banque et Dr.* 5-6/2017, n° 173, p. 73, obs. J. Lasserre Capdeville.

tirer un chèque sur le compte d'une société [1]. On rappellera que la jurisprudence civile fait une distinction assez nette entre le chèque contrefait et le chèque falsifié. Le premier a pour caractéristique de ne pas avoir été signé par le titulaire des formules de chèques, alors que le second a bien été signé par celui-ci, mais ses mentions ont fait l'objet de modifications non souhaitées de la part de tiers. Les règles de responsabilité applicables à chacun d'entre eux sont assez différentes [2].

En revanche, concernant l'incrimination qui nous occupe, la jurisprudence a eu l'occasion de préciser logiquement que la caractérisation de cette dernière n'implique pas la preuve d'un préjudice [3].

L'infraction est enfin intentionnelle. Le ministère public devra donc prouver que le prévenu avait connaissance de l'altération de la vérité à laquelle il a procédé [4]. Cette dernière sera souvent déduite des circonstances de fait.

1261 ***Répression*** ◊ L'infraction est punie de sept ans d'emprisonnement et de 750 000 euros d'amende, ce qui est plus sévère que pour le faux de droit commun prévu par l'article 441-1 du Code pénal. Les personnes morales encourent, quant à elle, une amende de 3 750 000 euros. Les peines sont aggravées lorsque le délit a été commis en bande organisée [5].

Un certain nombre de peines complémentaires sont également envisageables, et plus particulièrement les interdictions énumérées par l'article L. 163-6 (interdiction des droits civiques, civils et de famille, interdiction d'exercer une activité professionnelle ou sociale, etc.). Concernant les personnes morales, les peines complémentaires de l'article 131-39 sont encourues.

La peine accessoire de l'article L. 500-1 doit être aussi appliquée, si une peine d'au moins six mois d'emprisonnement avec sursis a été prononcée contre le prévenu.

1262 ***Cumul*** ◊ La Haute juridiction a déjà eu l'occasion de dire qu'il était possible de retenir ce délit avec celui d'abus de confiance dans la mesure où ils ne présentent aucune incompatibilité et assurent la protection de valeurs sociales distinctes [6].

---

1. Crim. 29 juin 2016, n° 15-84.455 : *Banque et Dr.* juill.-août 2016, n° 168, p. 72, obs. J. Lasserre Capdeville.

2. V. ss 1041.

3. Crim. 8 janv. 2003, n° 02-82.433 : *Bull. crim.* 2003, n° 4 ; *D.* 2003. 2037, note J. Djoudi ; *Dr. pénal* 2003, n° 48, obs. J.-H. Robert ; *RTD com.* 2003. 580, obs. B. Bouloc. Cette décision est perçue, parfois, comme un revirement de jurisprudence, W. Jeandidier, *op. cit.*, n° 304.

4. Crim. 31 oct. 2000, n° 00-80.832.

5. C. mon. fin., art. L. 163-4-2.

6. Crim. 22 oct. 2014, n° 13-84.488 : *Banque et Dr.* 11-12/2014. 52, obs. J. Lasserre Capdeville.

Notons que les juges ont tendance à privilégier la caractérisation du délit d'escroquerie, et non pas l'incrimination étudiée, en cas de fabrication, par un procédé informatique, d'un chèque tiré sur un établissement bancaire fictif et son utilisation [1].

263 ***Statistiques*** ◊ L'Annuaire statistique de la justice ne distingue pas les condamnations pour contrefaçon de chèque et pour usage de chèque contrefait. Le nombre total de condamnations était ainsi de 2018 en 2010, de 2022 en 2009 et de 2098 en 2008 [2]. On peut néanmoins penser que la grande majorité de ces décisions concernait la contrefaçon et la falsification de chèques. Dans tous les cas, le chiffre est loin d'être anodin.

§ 2. **L'usage de chèque contrefait ou falsifié**

264 ***Incrimination*** ◊ L'article L. 163-3, 2°, sanctionne le fait « de faire ou de tenter de faire usage, en connaissance de cause, d'un chèque (...) contrefaisant ou falsifié ». Ce délit, créé par la loi n° 72-10 du 3 janvier 1972, implique une condition préalable : la présence d'un chèque falsifié ou contrefait.

L'élément matériel du délit est l'usage du chèque en question, c'est-à-dire le fait de l'utiliser « conformément à sa raison d'être, sa destination, donc comme un instrument de paiement » [3]. Cet usage sera, par exemple, caractérisé par l'obtention de marchandises ou de prestations de services grâce aux chèques [4] ou le crédit de la somme portée sur le chèque profitant à l'agent ou à un tiers [5]. La simple tentative est également sanctionnée. Elle est, cette fois-ci, expressément envisagée dans la formulation de l'élément matériel du délit.

Le délit est intentionnel. L'agent qui utilise le chèque doit donc en connaître la fausseté [6].

265 ***Répression*** ◊ Les sanctions ici encourues (peines principales, complémentaires et accessoires) sont les mêmes que celles observées pour le délit de contrefaçon ou de falsification du chèque.

---

1. Crim. 22 janv. 2014, n° 12-87.861 : *Banque et Dr.* 5-6/2014. 65, obs. J. Lasserre Capdeville.
2. Annuaire statistique de la justice, éd. 2011-2012, p. 187.
3. W. Jeandidier, *op. cit.*, n° 338. *Quid* de l'exigence d'un préjudice ? L'arrêt rendu le 8 janvier 2003, évoqué précédemment à propos du délit de falsification ou de contrefaçon de chèque (Crim. 8 janv. 2003, n° 02-82.433 : *Bull. cim.* 2003, n° 4 ; *D.* 2003. 2037, note J. Djoudi ; *Dr. pénal* 2003, n° 48, obs. J.-H. Robert ; *RTD com.* 2003. 580, obs. B. Bouloc), affirmant que le préjudice n'est pas un élément constitutif de ce délit, semble transposable au délit d'usage de chèque contrefait ou falsifié, sa formule concernant tant la contrefaçon ou la falsification d'un chèque que son usage.
4. Crim. 10 déc. 1990, n° 90-90.967.
5. Crim. 10 févr. 2010, n° 09-81.155.
6. Crim. 20 déc. 1995, n° 95-81.250.

§ 3. L'acceptation d'un chèque contrefait ou falsifié

1266 ***Incrimination*** ◊ Cette infraction, sanctionnant le fait « d'accepter, en connaissance de cause, de recevoir un paiement au moyen d'un chèque (...) contrefaisant ou falsifié », a été créée par la loi n° 75-4 du 3 janvier 1975 et son champ d'application a été réduit par la loi n° 91-1382 du 30 décembre 1991. Ce délit, mentionnée à l'article L. 163-3, 3°, implique à nouveau une condition préalable : l'existence d'un chèque falsifié ou contrefait.

Son élément matériel sera alors l'acceptation de ce chèque comme moyen de paiement. Le bénéficiaire du chèque en question pourra ainsi être inquiété par ce délit, de même que le banquier qui le paie [1].

Le délit est intentionnel, puisqu'il résulte de l'article 121-3 du Code pénal que les délits sont nécessairement intentionnels, sauf lorsque la loi en dispose autrement. Or, tel n'est pas le cas ici. La conscience et la volonté du bénéficiaire du chèque qui remet celui-ci à l'encaissement, ou encore du banquier qui le paie, devront être démontrées pour entrer en voie de condamnation.

1267 ***Répression*** ◊ Nous retrouvons ici les mêmes sanctions que celles envisagées pour les deux infractions précédentes. La tentative n'est, en revanche, pas réprimée ici.

§ 4. Le recours à du matériel de contrefaçon ou falsification de chèques

1268 ***Incrimination*** ◊ Ce délit, visé par l'article L. 163-4, est issu de la loi n° 2001-1062 du 15 novembre 2001 relative à la sécurité quotidienne. Il tend à prévenir les actes de contrefaçon ou de falsification de chèques, en incriminant de façon autonome cette forme classique de complicité qu'est la fourniture de moyens, mais aussi les actes préparatoires (comme la mise au point de programmes informatiques destinés à vaincre les protections d'accès ou à effectuer des paiements frauduleux).

Ainsi, d'un point de vue matériel, le délit sanctionne le fait « pour toute personne, de fabriquer, d'acquérir, de détenir, de céder, d'offrir ou de mettre à disposition des équipements, instruments, programmes informatiques ou toutes données conçus ou spécialement adaptés pour commettre les infractions prévues au 1° de l'article L. 163-3 » c'est-à-dire la contrefaçon ou la falsification de chèques. La tentative demeure punissable [2].

---

1. W. Jeandidier, *op. cit.*, n° 360 à 362.
2. C. mon. fin., art. L. 163-4-1.

Le délit est intentionnel. Il implique alors à la fois un dol général et un dol spécial, dans la mesure où les équipements ou autres instruments concernés doivent être destinés à réaliser des contrefaçons ou des falsifications [1].

1269 ***Répression*** ◊ L'auteur de tels faits encourt sept ans d'emprisonnement et 750 000 euros d'amende. Les peines complémentaires de l'article L. 163-6 sont également applicables. Les personnes morales peuvent, bien évidemment, être sanctionnées. Elles encourent une amende de 3 750 000 euros ainsi que les peines complémentaires de l'article 131-39.

Ce délit est plus fréquemment retenu à l'égard de la contrefaçon de cartes bancaires [2].

1. La formulation de ce dol spécial est critiquée par un courant doctrinal, W. Jeandidier, *op. cit.*, n° 380.
2. V. ss 1472.

SOUS-TITRE 2

Les « autres instruments de paiement »

1270 ***Instrument de paiement*** ◊ Cela a déjà été indiqué [1], l'article L. 133-4, c), définit la notion d'instrument de paiement. Il s'agit ainsi, alternativement ou cumulativement, de tout dispositif personnalisé (c'est-à-dire un support, telle une carte) et de « l'ensemble de procédures convenu entre l'utilisateur de services de paiement et le prestataire de services de paiement » auquel l'utilisateur en question a recours pour donner un ordre de paiement. Il s'agit ainsi de l'« outil de mise en œuvre d'une processus » de paiement [2].

Toutefois, si plusieurs textes se réfèrent effectivement à cette notion d'instrument de paiement [3], on notera que, le plus souvent, ces instruments sont appréhendés par le droit à travers la notion générale d'opération de paiement, envisagée quant à elle par l'article L. 311-3, alinéa 1er, du code [4].

1271 ***État du droit passé*** ◊ Jusqu'en novembre 2009, les instruments de paiement étaient régis par des dispositions légales distinctes selon qu'il s'agissait d'un chèque ou d'une carte bancaire. La jurisprudence complétait ces dernières, et était à l'origine de précisions utiles intéressant également le virement et le prélèvement.

1272 ***DSP 1*** ◊ Mais cette situation a évolué à la fin des années 2000. En effet, l'Union européenne, dans la perspective du marché unique et de l'espace unique européen des paiements [5], est venue prévoir, par la directive 2007/64/CE du 13 novembre 2007 concernant les services de paiement dans le marché intérieur (dite DSP 1) [6], un régime juridique d'ensemble des moyens de paiement autres que le chèque. Cette réforme s'inscrivait alors dans un mouvement général européen de protection

1. V. ss 890.
2. D. R. Martin, « Que sont les notions devenues ? » : *D.* 2014. 167.
3. V. par ex., C. mon. fin., art. L. 133-15.
4. V. ss 888.
5. A. Prüm, « Vers un espace européen des paiements », *RDBF* mai-juin 2004, p. 167.
6. Directive 2007/64/CE du Parlement européen et du Conseil du 13 novembre 2007 concernant les services de paiement dans le marché intérieur : *JOUE*, n° L. 319/1 du 5 déc. 2007. – F. Van-den Bosch et N. Mathey, « Le marché unique des services de paiement en Europe », *RDBF* juill.-août 2007, p. 59.

des consommateurs, mais aussi de dynamisation du marché des paiements dans la Communauté européenne [1].

L'ordonnance n° 2009-866 du 15 juillet 2009, relative aux conditions régissant la fourniture de services de paiement [2], a alors transposé cette directive en droit interne. Ce texte a été complété, notamment, par le décret n° 2009-934 du 29 juillet 2009 [3].

1273 ***Incidences*** ◊ Les évolutions découlant de ce texte ont été, à l'époque, importantes : création des établissements de paiement [4], encadrement des relations contractuelles entre les clients et les prestataires de services de paiement [5] et, surtout, instauration d'un cadre général applicable à toutes les opérations de paiement.

Ainsi, depuis lors, un seul corps de règles commun est prévu à l'égard de la carte bancaire, du virement et du prélèvement. A partir du moment où l'instrument n'est ni un chèque, ni une lettre de change, ni un billet à ordre [6], il convient de se référer au chapitre consacré aux « autres instruments », qui a vocation à les régir tous.

Le droit est néanmoins devenu, en conséquence, un peu plus abstrait, ce qui n'est pas sans soulever un certain nombre de critiques [7]. Les dispositions relatives à ces « autres instruments » de paiement, c'est-à-dire les articles L. 133-1 à L. 133-28, encadrent ainsi l'autorisation de l'opération de paiement, les conditions d'exécution d'une telle opération, le délai d'exécution, les obligations des parties en matière d'instruments de paiement, ou encore les contestations et les questions de responsabilité [8].

1274 ***DSP 2*** ◊ Cet encadrement législatif a connu, récemment, une évolution notable. En effet, un nouveau texte a été adopté par le législateur européen en la matière : la directive (UE) 2015/2366 du Parlement et du Conseil du 25 novembre 2015 concernant les services de paiement dans le marché

---

1. R. Bonhomme, *Instruments de crédit et de paiement*, LGDJ, 2017, 12e éd., n° 345.

2. Ordonnance n° 2009-866 du 15 juillet 2009 relative aux conditions régissant la fourniture de services de paiement et portant création des établissements de paiement : *JO* 16 juill. 2009, p. 11868. – N. Mathey, « La réforme des services de paiement », *RDBF* janv.-févr. 2010. Étude 1 ; S. Piedelièvre, « *L'ordonnance du 15 juillet 2009 relative aux conditions régissant la fourniture de services de paiement* », *Gaz. Pal.* 6-8 sept. 2009, p. 5 et 10-12 sept. 2009, p. 6. – P. Bouteiller, *La transposition en droit français des dispositions européennes régissant la fourniture de services de paiement et portant création des établissements de paiement* : *JCP E* 2009, 1897.

3. C. mon. fin., art. D. 133-1 s.

4. C. mon. fin., art. L. 522-1 s.

5. C. mon. fin., art. L. 314-1 s.

6. Ni de la monnaie électronique, celle-ci faisant l'objet d'un encadrement juridique spécifique.

7. N. Mathey, « La réforme des services de paiement », *RDBF* 2010. Étude 1, spéc. n° 28.

8. J. Lasserre Capdeville, « Droit régissant le paiement par internet en France », *RLDA* juill.-août 2012, p. 84.

intérieur (dite DSP 2) [1]. Ce cadre législatif renouvelé s'est révélé nécessaire pour prendre en compte les évolutions technologiques et les nouveaux usages apparus sur le marché des paiements depuis l'adoption de la DSP 1 en 2007 (croissance continue du e-commerce, développement du m-commerce, etc.).

Les États membres étaient alors dans l'obligation d'adopter, avant le 13 janvier 2018, les dispositions nécessaires pour se conformer à cette directive. Si quelques-unes des règles de la directive précitée ont fait leur apparition dans notre droit à la suite de l'adoption de la loi n° 2016-1321 du 7 octobre 2016 pour une République numérique [2], la transposition attendue a été vraiment réalisée par l'ordonnance n° 2017-1252 du 9 août 2017 [3], prise sur le fondement de l'habilitation prévue par la loi n° 2016-1691 du 9 décembre 2016, dite loi « Sapin 2 ».

275 ***Incidences*** ◊ Plusieurs évolutions notables résultent de ce texte en matière de paiement, et notamment la reconnaissance de deux nouveaux services de paiement : les services d'initiation de paiement [4] et les services d'information sur les comptes [5]. Le droit intéressant les instruments de paiement a lui-même fait l'objet de plusieurs modifications importantes. L'ordonnance en question a été ratifiée par la loi n° 2018-700 du 3 août 2018 [6].

---

1. *JOUE* L 337, 23 déc. 2015, p. 35 ; *RDBF* 2016, comm. 91, obs. A. Gourio et M. Gillouard. – Th. Verbiest et E. Corcos, « La directive révisée sur les services de paiement (DSP 2) », *RDBF* mai-juin 2016. Étude 17. – P. Storrer, « Abécédaire DSP 2 », Revue Banque, févr. 2016, n° 793, p. 76. – P. Storrer et M. Roussille, « L'économie numérique à l'heure de la DSP 2 », *Banque et Dr.* 1-2/2016, n° 165, p. 67 ◊ P. Storrer (coord.), « DSP 2 : le futur du paiement », *Banque et Dr.*, Hors série, juill.-août 2016.

2. *JO* 8 oct. 2016, texte n° 1. – J. Lasserre Capdeville, « Loi République numérique : évolutions intéressant les services de paiement et la monnaie électronique », *JCP E* 2016. 1676. Ce texte est à l'origine d'évolutions notables en matière d'achat de contenus numériques et de services vocaux, mais aussi pour la collecte de dons ou encore à l'égard de l'achat de tickets électroniques.

3. *JO* 10 août 2017, texte n° 26. J. Lasserre Capdeville, « Nouvelle réforme des services de paiement : la "DSP 2" est transposée », *JCP* 2017. 923. – D. Legeais, « Droit des services de paiement », *RTD com.* 2017. 959. P. Storrer, « Notice explicative de l'ordonnance de transposition de la DSP 2 (et appendice) », Revue Banque, oct. 2017, n° 812, p. 79. P. Storrer et M. Roussille, « Transposition de la DSP 2 en droit français : morceaux choisis », *Banque et Dr.* 9-10/2017, n° 175, p. 52. Pour une présentation détaillée, *RDBF* 2018, dossiers 6 à 11 (contributions de K. Magnier-Merran, Th. de Ravel d'Esclapon, C. Kleiner, J. Lasserre Capdeville et N. Kilgus).

4. V. ss 1329.

5. Le contenu de la DSP 2 a été complété par le règlement délégué (UE) 2018/389 de la Commission du 27 novembre 2017 : *JOUE*, n° L. 69, 13 mars 2018, p. 23. – P. Storrer, « Derrière la DSP 2 : le règlement Authentification forte et Communication sécurisée », Revue Banque, mai 2018, n° 820, p. 86. Ce dernier vient préciser l'authentification forte du client, mais aussi la communication commune entre les PSP gestionnaires de compte et les PSP tiers.

6. Loi n° 2018-700 du 3 août 2018 : *JO* 5 août 2018, texte n° 4. – J. Lasserre Capdeville, « De la ratification à la reconnaissance du cash-back », *JCP* 2018. 929, p. 1592. – P. Storrer, « Sur la loi de ratification de l'ordonnance de transposition de la DSP 2 », Revue Banque, oct. 2018, n° 824, p. 92. – M. Roussille, « Ratification de l'ordonnance DSP 2 : entre soulagement et agacement », *Banque et Dr.* 9-10/2018, n° 181, p. 44.

1276 ***Avenir*** ◊ Toutefois, il y a lieu de penser que l'évolution du droit régissant les « autres instruments de paiement » [1] n'est pas achevée.

D'une part, la mise en œuvre pratique des modifications résultant de la DSP 2 pourrait encore nécessiter des adaptations du droit positif.

D'autre part, et surtout, le développement incessant du commerce en ligne est de nature à entraîner de futures adaptations des moyens de paiement, voire la création de nouveaux « outils » en la matière.

Le droit des instruments de paiement est devenu un droit particulièrement « vivant ».

1277 L'étude du droit applicable en la matière en 2019 (chapitre 2) ne peut cependant se faire convenablement sans rappeler son contenu antérieurement à l'entrée en vigueur des dispositions de l'ordonnance n° 2009-866 du 15 juillet 2009, découlant donc de la DSP 1, le 1er novembre 2009 (chapitre 1). Il est vrai que des décisions de justice, intéressant la carte bancaire, le virement ou le prélèvement, sont encore souvent rendues aujourd'hui sur le fondement de ce droit antérieur.

1. Cette formule figure dans l'intitulé du chapitre III du titre III du Livre 1er du Code monétaire et financier.

CHAPITRE 1
LE DROIT ANTÉRIEUR DES « AUTRES INSTRUMENTS DE PAIEMENT »

278 Une distinction sera faite ici entre le droit qui était applicable à la carte bancaire (section 1), au virement et enfin au prélèvement (section 2). Si le premier comprenait une partie légale, les suivants étaient essentiellement d'origine jurisprudentielle.

SECTION 1. LE DROIT RÉGISSANT LA CARTE BANCAIRE

279 ***Définition*** ◊ L'ancien article L. 132-1 du Code monétaire et financier déclarait que « constitue une carte de paiement toute carte émise par un établissement de crédit ou par une institution ou un service mentionné à l'article L. 518-1 et permettant à son titulaire de retirer ou de transférer des fonds ». Il précisait encore que « constitue une carte de retrait toute carte émise par un établissement, une institution ou un service mentionné au premier alinéa et permettant, à son titulaire, exclusivement de retirer des fonds ».

280 ***Fonctions variées*** ◊ Il ressort de cette ancienne définition que la notion de carte bancaire recouvre plusieurs réalités. Tout d'abord, il peut s'agir de simples cartes « de retrait » qui, comme leur nom l'indique, permettent seulement à son titulaire de retirer des espèces au guichet d'une banque ou auprès de distributeurs automatiques de billets.

Ensuite, on peut rencontrer des cartes « de paiement », qui permettent non seulement de retirer des fonds, mais aussi d'effectuer des paiements. Certaines de ces cartes sont, en outre, « à débit différé », c'est-à-dire qu'elles offrent des facilités de remboursement, puisque le début en question n'aura lieu qu'à un moment précis, généralement en fin de mois.

Enfin, et même si cela ne ressort pas du contenu de l'ancien article L. 132-1 du code, nous trouvons aussi des cartes dites « de crédit » qui permettent à leurs titulaires, en plus des possibilités de retraits et de paiement, de bénéficier d'un découvert autorisé. Il s'agit, généralement, d'un crédit renouvelable. Ce type de carte est logiquement encadré, aujourd'hui, par le droit du crédit à la consommation [1].

1281 ***Développement*** ◊ Historiquement, les premières cartes ont fait leur apparition dans les années 1930 aux États-Unis. Elles étaient à l'origine émises par certains grands magasins pour effectuer des achats en leur sein. Il a fallu attendre les années 50 pour que soient émises les premières cartes, dites « universelles », permettant de payer n'importe quel fournisseur participant au système. Les établissements de crédit en sont alors devenus les émetteurs.

Sans surprise, cette évolution a gagné l'Europe, et notamment la France. Ainsi, dès 1967, six banques françaises (Crédit Lyonnais, Société générale, Banque nationale de Paris, Crédit industriel et commercial, Crédit commercial de France et Crédit du Nord) se sont associées pour lancer la première carte de paiement en France, en l'occurrence la « Carte bleue ». Un premier distributeur automatique de billets (DAB) fut d'ailleurs installé à Paris dès l'année suivante. Le développement de la carte bancaire n'a pas cessé, depuis, dans notre pays.

On rappellera qu'aujourd'hui, la carte est le moyen de paiement privilégié des Français, puisqu'elle est utilisée dans plus de la moitié (53 %) des paiements scripturaux. Le montant moyen d'un paiement par carte se situait 45 euros en 2016 [2].

1282 ***Intérêts pour les parties*** ◊ Le succès de la carte bancaire n'est pas une surprise. Cet instrument de paiement présente bien des avantages pour l'ensemble des parties concernées.

Tout d'abord, le banquier dit « émetteur » pourra facturer des frais et commissions aux utilisateurs de la carte bancaire. Le montant de ceux-ci seront variables en fonction des services offerts par l'établissement de crédit.

Le commerçant, quant à lui, que l'on qualifiera ici de « fournisseur », bénéficiera de la possibilité d'accepter cet instrument de paiement largement utilisé par le public. Surtout, il profitera d'un paiement rapide et nettement moins risqué qu'avec d'autres instruments de paiement, et plus particulièrement le chèque.

Enfin, le titulaire de la carte, souvent nommé « porteur », se retrouvera en possession d'un instrument de paiement particulièrement simple à utiliser, lui permettant non seulement de retirer des fonds mais aussi d'effectuer des achats auprès de commerçants et de e-commerçants.

1283 ***Encadrement légal*** ◊ Il a fallu cependant attendre la loi n° 91-1382 du 30 décembre 1991 relative à la sécurité des chèques et des cartes de

---

1. C. consom., art. L. 312-57 s.
2. Banque de France, *Cartographie des moyens de paiement scripturaux. Bilan de la collecte 2017*, p. 3.

paiement pour que le législateur commence à encadrer la carte bancaire par des dispositions juridiques spécialement dédiées.

Cet encadrement a fait l'objet d'une évolution notable par la loi n° 2001-1062 du 15 novembre 2001 sur la sécurité quotidienne [1]. Les dispositions en question figuraient, jusqu'à l'entrée en vigueur de l'ordonnance n° 2009-865 du 15 juillet 2009, aux articles L. 132-1 à L. 132-6 du Code monétaire et financier, uniquement applicables à l'utilisation de la carte bancaire [2].

284 ***Liberté contractuelle*** ◊ Il ne s'agissait, toutefois, que d'un cadre légal minimum, laissant alors une grande place à la liberté contractuelle [3].

Les relations entre l'émetteur et le titulaire, mais aussi entre l'émetteur et le fournisseur, étaient ainsi principalement régies par le droit des contrats [4]. Le droit des clauses abusives pouvait, par exemple, jouer à l'égard du contrat passé par la banque avec un consommateur [5]. En cela, ce régime légal se démarquait du droit du chèque nettement plus étendu et précis.

La remise d'une carte demeurait facultative (hormis hypothèse des services bancaires de base) [6].

285 ***Rapports contractuels*** ◊ Le banquier émetteur est amené ici à conclure deux contrats distincts. Le premier le sera avec le porteur de la carte, afin que celui-ci puisse payer à l'aide de cet instrument de paiement. On parle dans ce cas de « contrat adhérent » ou de « contrat porteur ».

Ensuite, un contrat sera conclu avec le fournisseur, souvent un commerçant, afin que celui-ci puisse être payé par l'intermédiaire du fonctionnement de la carte. Il s'agit du « contrat fournisseur », dit aussi « contrat accepteur ».

---

1. F. Leplat, « La réforme des cartes bancaires par la loi du 15 novembre 2001 », *LPA*, 24 janv. 2002. – A. Likillimba, « Les incidences bancaires de la loi du 15 novembre 2001 », *Banque et Dr.* 1-2/2002. 19.

2. Metz, 8 déc. 2010, n° 08/01529 : *LEDB* févr. 2011, p. 6, obs. J. Lasserre Capdeville. Il s'agissait en l'espèce d'une fraude sur un accès au compte. Le régime précité n'était donc pas applicable.

3. Ainsi, une banque ne commet pas de faute en refusant de délivrer une carte de crédit à son client à qui elle avait retiré une autorisation de découvert, ce client ayant fait l'objet d'une mesure d'interdiction bancaire à la suite d'incidents de paiement dans d'autres banques, Paris, 9 sept. 1998 : *RDBB* 1998. 227, obs. F.-J. Crédot et Y. Gérard.

4. Les règles de capacité étaient donc logiquement à respecter, Civ. 1re, 21 nov. 1984, n° 83-13.199 : *Bull. civ.* 1984, I, n° 317 ; *D.* 1985. 297, note Cl. Lucas de Leyssac ; *RTD com.* 1985. 544, obs. M. Cabrillac ; *Gaz. Pal.* 1985. 2, p. 473, note J. Massip. Cette décision rappelle la nécessité de l'assistance du curateur pour la délivrance de la carte au majeur en curatelle.

5. V. par ex., Civ. 1re, 28 mai 2009, n° 08-15.802 : *Bull. civ.* 2009, I, n° 110 ; *D.* 2009. AJ 1602 ; Dalloz, actualité, 9 juin 2009, obs. Y. Tchotourian ; *RDBF* 2009, comm. 149, obs. F.-J. Crédot et Th. Samin ; *RDC* 2009. 1430, note D. Fenouillet.

6. R. Bonhomme, *op. cit.*, n° 379.

Or, force est de constater que le législateur s'est surtout intéressé au premier contrat cité, la convention passée avec le fournisseur étant, pour sa part, quasi exclusivement encadrée par le droit des contrats, et donc la liberté contractuelle [1].

1286 L'encadrement légal en question s'intéressait alors, principalement, à l'opposition au paiement (§ 1), aux opérations passées à distance (§ 2) et enfin à la répression pénale de la contrefaçon et la falsification de carte bancaire (§ 3).

§ 1. L'encadrement de l'opposition au paiement

1287 ***Irrévocabilité de l'ordre*** ◊ L'ancien article L. 132-1 du Code monétaire et financier prévoyait le principe l'irrévocabilité de l'ordre de paiement [2] donné au moyen d'une carte bancaire [3]. Cet ordre est classiquement donné par la tabulation d'un code secret voire, dans certains cas, par la signature d'une facturette [4].

Ce principe n'était cependant pas sans limite, le même article envisageant des hypothèses d'opposition. Observons alors les différents cas admissibles (A), le rôle du banquier en la matière (B) et enfin les effets de l'opposition sur les opérations passées (C).

A. Les cas d'opposition

1288 ***Liste limitative*** ◊ Les cas d'opposition légaux étaient limitatifs [5]. L'opposition ne pouvait ainsi être réalisée qu'en cas de perte, de vol ou d'utilisation

1. Il est ainsi admis que la convention puisse prévoir qu'en cas de contestation de la transaction par le débiteur de l'opération, le banquier émetteur a la faculté de contrepasser sur le compte-courant du fournisseur, Com. 6 déc. 2005, n° 03-19.750 : *Bull. civ.* 2005, IV, n° 238 ; *RTD com.* 2006. 166, obs. D. Legeais.

2. Notons que la simple communication des numéros et des données figurant sur une carte bancaire ne devait pas nécessairement être vue comme un ordre de paiement. C'est ainsi que la Cour de cassation a estimé qu'en communiquant de telles informations pour la réservation d'une chambre d'hôtel, le client ne donnait pas un ordre de paiement si le formulaire de réservation indiquait que cette communication ne donnerait lieu à aucun débit, Com. 24 mars 2009, n° 08-12.025 : *D.* 2009. 1241, obs. S. Bélaval ; *D.* 2009. 1735, note J. Lasserre Capdeville ; *D.* 2010. 1047, obs. D. R. Martin ; *JCP E* 2009, n° 25, p. 17, note S. Bouteiller ; *RDBF* 2009, comm. 80, obs. F.-J. Crédot et Th. Samin ; Droit mai-juin 2009, p. 21, obs. Th. Bonneau. J. Lasserre Capdeville, « La communication à distance des données figurant sur une carte bancaire vaut-elle mandat de payer ? », *D.* 2009. 2373. – Concernant une pénalité, suite à une réservation hôtelière, Civ. 1re, 19 oct. 1999, n° 97-10.556 : *Bull. civ.* 1999, I, n° 285 ; *RTD com.* 2000. 159, obs. M. Cabrillac.

3. Ce principe était cependant limité au porteur de la carte, Com. 15 déc. 2015, n° 14-10.675 : Dalloz, actualité, 18 janv. 2016, obs. X. Delpech ; *RJDA* 2016, n° 223 ; *RDBF* 2016, comm. 52, obs. F.-J. Crédot et Th. Samin ; *LEDB* mars 2016, p. 7, obs. J. Lasserre Capdeville.

4. Sur la contestation de la signature, Com. 1er mars 2016, n° 13-14.280 : *LEDB* mai 2016, p. 6, obs. R. Routier.

5. F.-J. Crédot, « Conditions et effets des oppositions en matière de carte de paiement », *LPA*, 15 sept. 1986, n° 111, p. 104.

frauduleuse de la carte ou des données liées à son utilisation, de procédure de sauvegarde, de redressement ou de liquidation judiciaire du bénéficiaire [1]. Ces cas font immanquablement songer aux causes d'opposition envisagées par le droit en matière de chèque [2].

289 ***Cas étendu*** ◊ Un cas particulier devait cependant être relevé : il s'agit de l'« *utilisation frauduleuse de la carte ou des données liées à son utilisation* ». Cette notion était en effet assez large. Les données visées ici pouvaient être le simple numéro d'identification de la carte (à distinguer du code secret d'utilisation), sa date de validité, mais également le cryptogramme visuel servant à effectuer des paiements par courrier, par téléphone ou par internet.

B. Le rôle du banquier

290 ***Incertitude*** ◊ Le banquier émetteur de la carte devait-il apprécier le bien-fondé de l'opposition réalisée par le titulaire de la carte ? La question était en pratique essentielle, dans la mesure où le rejet de l'opposition laissait à la charge de ce titulaire le paiement des débits frauduleux.

La difficulté ne provenait pas ici de la formulation de la loi, mais de son silence. En matière de chèque, cela a été observé [3], le banquier ne peut juger de la régularité de l'opposition et doit, dans tous les cas, respecter le retrait du mandat que constitue l'opposition si celle-ci est fondée sur l'un des cas légaux. Il appartient alors au créancier de demander la mainlevée de l'opposition au juge des référés. Il n'en allait pas de même en matière de carte bancaire, puisque l'intervention du juge n'avait pas été prévue par le législateur.

Les auteurs s'étaient donc opposés sur la possibilité, pour le banquier, de juger de la légitimité d'une opposition à un paiement par carte.

291 ***Clarification jurisprudentielle*** ◊ La jurisprudence a finalement pris parti en déclarant que le banquier n'avait pas à vérifier la réalité du fondement de l'opposition [4]. Le devoir de non-ingérence [5] devait ici, logiquement, primer.

---

1. Concernant ce dernier cas, Com. 11 oct. 2011, n° 10-20.954 : *Bull. civ.* 2011, IV, n° 152 ; *RTD com.* 2011. 781, obs. D. Legeais ; *Gaz. Pal.* 9 nov. 2011, n° 313, p. 6, note J. Lasserre Capdeville ; *RDBF* 2012, comm. 35, obs. F.-J. Crédot et Th. Samin ; *Banque et Dr.* 1-2/2012. 31, obs. Th. Bonneau ; *BJE* 2012. 19, note R. Bonhomme ; *LEDB* déc. 2011, p. 4, obs. R. Routier.
2. C. mon. fin., art. L. 131-35. – V. ss 1147. J.-M. Jude, « Le règlement par carte bancaire et par chèque : unité ou dualité ? », *D.* 2003. 2675.
3. V. ss 1158.
4. Com. 20 janv. 2009, n° 08-11.273 : *Bull. civ.* 2009, IV, n° 6 ; *D.* 2009. AJ 367, obs. V. Avena-Robardet ; *D.* 2010. 1046, obs. D. R. Martin ; *JCP E* 2009, n° 8-9, p. 13, note P. Bouteiller ; *JCP* 2009, II, 10050, note J. Lasserre Capdeville ; *RDBF* 2009, comm. 40, obs. F.-J. Crédot et Th. Samin ; *Banque et Dr.* 3-4/2009. 29, obs. Th. Bonneau.
5. V. ss 268.

C. Les effets sur les opérations passées

1292 Une distinction s'imposait entre les opérations passées avant (1) et après (2) la notification de l'opposition. En effet, l'état du droit ne régissait pas ces deux situations de la même manière.

1. Les opérations passées avant la notification de l'opposition

1293 ***Principe*** ◊ Tant que l'opposition n'était pas effectuée, le titulaire de la carte demeurait tenu, même en l'absence de faute de sa part, des débits frauduleux antérieurs à son opposition [1] dans la limite d'un plafond. Il s'agissait ainsi d'une sorte de « franchise » restant à sa charge. Le montant de cette dernière était cependant passé, en quelques années de 400 à 200 euros (à partir du 1er janvier 2002) et enfin à 150 euros (à partir du 1er janvier 2003).

Cette limitation de la responsabilité du porteur, introduite par la loi n° 2001-1062 du 15 novembre 2001 sur la sécurité quotidienne, avait pour but de réduire la méfiance de certains clients de banque à l'égard des cartes bancaires.

1294 ***Exceptions*** ◊ Cependant, ce plafond n'était pas applicable, selon l'ancien article L. 132-3, si l'intéressé avait agi avec « une négligence constituant une faute lourde » ou si, après la perte ou le vol de la carte, il n'avait « pas effectué la mise en opposition dans les meilleurs délais, compte tenu de ses habitudes d'utilisation de la carte ». Ces deux hypothèses, qui laissaient donc la charge totale de la dépense contestée au payeur, ont fait l'objet de précisions jurisprudentielles notables.

1295 ***Cas de la faute lourde*** ◊ La faute lourde peut être définie comme une « négligence d'une extrême gravité confinant au dol et dénotant l'inaptitude du débiteur de l'obligation à l'accomplissement de sa mission contractuelle » [2]. C'est donc un comportement s'écartant largement de celui qu'aurait eu une personne normalement prudente placée dans les mêmes circonstances.

Concernant les cartes bancaires, celle-ci a déjà pu être caractérisée dans le fait de laisser habituellement une carte bancaire dans la boîte à gants de son véhicule automobile à proximité de son code confidentiel [3] ou encore

---

1. Com. 1er mars 1994, n° 91-21.144 : *Bull. civ.* 1994, IV, n° 82 ; *JCP* 1994, II, 22286, note Ch. Gavalda ; *RTD com.* 1994. 538, obs. M. Cabrillac.

2. Orléans, 9 févr. 2006 : *JCP E* 2006, n° 48, p. 2036, n° 49, obs. N. Mathey.

3. Com. 16 oct. 2012, n° 11-19.981 : *Bull. civ.* 2012, IV, n° 183 ; *D.* 2012. AJ 2508, obs. X. Delpech ; *D.* 2013. 407, note J. Lasserre Capdeville ; *RTD com.* 2012. 825, obs. D. Legeais ; *JCP E* 2012, 1680, note S. Piedelièvre ; *Banque et Dr.* 1-2/2013. 21, obs. Th. Bonneau ; *LEDB* déc. 2012, p. 2, obs. R. Routier. – Dans un sens proche, Versailles, 17 janv. 1980 : *RTD com.* 1980. 586, pour avoir tapé à nouveau le code secret lié à une carte sur un distributeur automatique de billets devant les yeux d'un inconnu [1].

En revanche, le simple fait qu'une carte ait été utilisée par un tiers avec composition du code confidentiel demeurait, à lui seul, insusceptible de constituer la preuve d'une telle faute [2].

L'appréciation se faisait alors en fonction des circonstances de fait [3]. Dans tous les cas, c'était à la banque, refusant de rembourser le titulaire de la carte bancaire, qu'il revenait de prouver la faute lourde de ce dernier.

296 ***Cas de l'opposition tardive*** ◊ Le porteur devait avoir une réaction rapide lorsqu'il découvrait la disparition de sa carte. La difficulté sur ce dernier point était la détermination du caractère tardif d'une opposition. La fréquence de l'usage qu'en faisait habituellement le porteur, à laquelle se référait l'article L. 132-3, fournissait néanmoins une indication utile [4]. La tardiveté de l'opposition était donc appréciée subjectivement [5].

C'est ainsi, par exemple, qu'a été considérée comme fautive, au regard des habitudes d'utilisation de la carte, l'opposition par écrit faite un mois [6], ou une semaine après le vol [7]. En revanche, une opposition formée dans les

---

obs. M. Cabrillac et J.-L. Rives-Lange. - Com. 10 janv. 1995, n° 92-21.975 : *Bull. civ.* 1995, IV, n° 7 ; *RTD com.* 1995. 458, obs. M. Cabrillac.

1. Paris, 20 janv. 2011, n° 09/14694. - La composition du code confidentiel devant une personne suite à un stratagème est fautif, mais ne constitue pas, dans toutes les circonstances, une faute lourde, Colmar, 10 janv. 2011, n° 10/01590 : *LEDB* mai 2011, p. 7, obs. J. Lasserre Capdeville.

2. Com. 2 oct. 2007, n° 05-19.899 : *Bull. civ.* 2007, IV, n° 208 ; *JCP E* 2007, 2376, note P. Bouteiller ; *RTD com.* 2007. 813, obs. D. Legeais ; *CCC* 2008, comm. 26, obs. G. Raymond ; D., AJ p. 2604, obs. V. Avena-Robardet ; *D.* 2008. 454, note A. Boujeka ; *JCP* 2008, II, 10014, note E. Bazin ; *RDBF* 2007, comm. 206, obs. F.-J. Crédot et Th. Samin ; *RDBF* comm. 234, obs. E. Caprioli ; *Banque et Dr.* 1-2/2008. 22, obs. Th. Bonneau ; *RCA* 2007, comm. 358, obs. S. Hocquet-Berg. - Civ. 1re, 28 mars 2008, n° 07-10.186 : *Bull. civ.* 2008, I, n° 91 ; *D.* 2008. AJ 1136, obs. V. Avena-Robardet ; *JCP E* 2008, 1735, note P. Bouteiller ; *RTD com.* 2008. 607, obs. D. Legeais ; *RDBF* 2008, comm. 122, obs. E. Caprioli ; *JCP* 2008, II, 10109, note E. Bazin ; *Banque et Dr.* 5-6/2008. 18, obs. Th. Bonneau ; *Dr. et patr.* 9/2008. 95, obs. J.-P. Mattout et A. Prüm, Com. 21 sept. 2010, n° 09-16.534 : *JCP E* 2010, 2008, n° 33, obs. J. Stoufflet ; *LEDB* nov. 2010, p. 4, obs. J. Lasserre Capdeville ; *Gaz. Pal.* 2010. 3489, obs. A.-C. Rouaud ; *Banque et Dr.* 11-12/2010. 20, obs. Th. Bonneau ; *RDBF* 2011, comm. 40, obs. F.-J. Crédot et Th. Samin, Com. 1er mars 2016, n° 14-22.946 : *LEDB* avr. 2016, p. 2, obs. J. Lasserre Capdeville. - *Contra*, Douai, 2 juill. 2015 : *LEDB* oct. 2015, p. 5, obs. J. Lasserre Capdeville.

3. V. par ex., sur l'absence de faute lourde du titulaire de la carte victime d'un « collet marseillais », Paris, 3 mai 2013, n° 12/03900 : *Gaz. Pal.* 25 août 2013, p. 18, note J. Lasserre Capdeville.

4. Com. 19 déc. 2006, n° 05-16.391 : *RJDA* 2007, n° 392.

5. Ayant pensé que sa carte avait été conservée par l'appareil défectueux, et qu'il pourrait normalement la récupérer le mardi suivant à l'ouverture de la banque, Paris, 3 mai 2013 : n° 12/03900 : *Gaz. Pal.* 25 août 2013, p. 18, note J. Lasserre Capdeville. - De même, pour l'admission d'un délai de 7 jours pour faire opposition en présence d'habitudes d'utilisation de la carte qui démontraient que celle-ci était parfois inutilisée pendant plusieurs jours, Douai, 29 janv. 2014, n° 13/0285 : *LEDB* avr. 2014, p. 6, obs. J. Lasserre Capdeville.

6. Versailles, 13 mars 2012, n° 10/09125 : *LEDB* mai 2012, p. 2, obs. J. Lasserre Capdeville.

7. Com. 18 mai 2005, n° 03-14.338 : *RDBF* 2005. 12, obs. F.-J. Crédot et Y. Gérard. Paris, 10 avr. 2008, n° 06/16094 - Paris, 10 avr. 2008, n° 06/16094. - De même, pour un délai de 15 jours, Com. 28 juin 2011, n° 10-19.265 : *LEDB* sept. 2011, p. 6, obs. J. Lasserre Capdeville.

deux jours [1], voire cinq jours [2], a déjà été jugée efficace. De même, si le titulaire de la carte était en vacances au moment de la disparition de la carte, les juges estimaient que l'opposition devait, pour échapper à la critique, être réalisée dès le retour sur le sol français [3].

2. Les opérations passées après la notification de l'opposition

1297 ***Principe*** ◇ Après notification d'une opposition, le banquier émetteur était dans l'obligation de déprogrammer la carte et d'éviter que des opérations soient effectuées par un tiers non-habilité. Concrètement, la carte devait être « désactivée » et le fichier des cartes perdues ou volées informé. À défaut, le banquier était tenu au paiement des débits frauduleux postérieurs à l'opposition [4].

§ 2. L'encadrement des opérations passées à distance

1298 Ici deux questions avaient été réglées par notre droit. D'une part, la loi prévoyait des règles en matière de remboursement du montant des opérations contestées (A) et, d'autre part, la jurisprudence était venue préciser sur qui pesait la charge définitive du paiement (B).

A. Le remboursement du montant des opérations contestées

1299 ***Irresponsabilité du titulaire de la carte*** ◇ Le développement de la vente à distance, sur simple communication du numéro de la carte bancaire sans utilisation du code secret, ayant multiplié les possibilités de fraude, le législateur avait cherché à réglementer, par la loi n° 2001-1062 du 15 novembre 2001 sur la sécurité quotidienne, les effets civils de telles utilisations frauduleuses constitutives du délit d'escroquerie [5].

---

1. Lyon, 3 juin 2004, n° 03/00446.

2. Douai, 22 mars 2007, n° 06/00027.

3. Concernant une croisière, Paris, 12 déc. 2002, n° 2002/05702. – Pour une opposition exigée « *au moins dès l'atterrissage* » de l'avion du titulaire en France, Versailles, 13 sept. 2012, n° 11/06525 : *LEDB* déc. 2012, p. 2, obs. J. Lasserre Capdeville.

4. Com. 20 oct. 1998, n° 96-10.259 : *Bull. civ.* 1998, IV, n° 244 ; *D. Affaires* 1998, p. 1859, obs. X. Delpech ; *RTD com.* 1999. 174, obs. M. Cabrillac ; *RDBB* 1998. 226, obs. F.-J. Crédot et Y. Gérard ; *CCC* 1999, comm. 2, obs. L. Leveneur ; *JCP E* 1999, n° 17, p. 765, obs. Ch. Gavalda et J. Stoufflet ; *RTD civ.* 1999. 390, obs. J. Mestre.

5. Pour des faits antérieurs à la réforme légale, mais se prononçant dans le même sens, Com. 23 juin 2004, n° 02-15.547 : *Bull. civ.* 2004, IV, n° 131 ; *JCP E* 2005, n° 21, p. 872, obs. N. Mathey ; *RDBF* 2004, comm. 189, obs. F.-J. Crédot et Y. Gérard ; *Banque et Dr.* 9-10/2004.

C'est ainsi que l'ancien article L. 132-4 du Code monétaire et financier prévoyait l'irresponsabilité du titulaire d'une carte, d'une part, si le paiement avait été effectué frauduleusement à distance sans utilisation physique de sa carte ou, d'autre part, en cas de contrefaçon de la carte si, au moment de l'opération contestée, il était en possession physique de celle-ci [1].

300 ***Remboursement*** ◊ Dans ces deux hypothèses, il suffisait alors au titulaire de la carte de contester par écrit avoir effectué un paiement ou un retrait, pour que les sommes contestées lui soient recréditées sur son compte par l'émetteur de la carte ou restituées, sans frais, « au plus tard dans le délai d'un mois à compter de la réception de la contestation ». La totalité des frais bancaires supportés par le titulaire de la carte était également remboursable par l'émetteur de la carte [2].

Les juges ont également eu l'occasion de préciser, dans une affaire remarquée où il n'y avait pas eu d'utilisation frauduleuse, que si la carte bancaire avait été utilisée pour souscrire un abonnement payable mensuellement, la contestation formulée par son titulaire valait révocation pour l'avenir du mandat donné [3].

301 ***Délai de contestation*** ◊ S'agissant du délai pour effectuer une telle contestation, l'ancien article L. 132-6 du code précisait que celle-ci devait intervenir dans un délai de 70 jours à compter de la date de l'opération contestée [4].

B. La charge définitive du paiement

302 ***Action contre le e-commerçant*** ◊ En matière de paiement à distance, les banques avaient pris l'habitude de stipuler des clauses mettant à la charge des commerçants le remboursement des opérations ainsi contestées

---

82, obs. Th. Bonneau ; *RTD com.* 2004. 792, obs. Legeais ; *Gaz. Pal.* 2005, somm. p. 2046, obs. S. Piedelièvre ; *CCE* 2004, comm. 161, obs. L. Grynbaum. – Pour des faits postérieurs, Com. 12 déc. 2006, n° 05-15.481 : *Bull. civ.* 2006, IV, n° 241.

1. V. par ex., Douai, 28 avr. 2012, n° 10/07447 : *LEDB* juin 2012, p. 4, obs. J. Lasserre Capdeville.

2. C. mon. fin., art. L. 132-5 ancien.

3. Com. 27 mars 2012, n° 11-11.275 : *Bull. civ.* 2012, IV, n° 65 ; *D.* 2012. 1520, note J. Lasserre Capdeville ; *D.* 2012. AJ 944, obs. X. Delpech ; *JCP E* 2012, 1407, note K. Rodriguez ; *Gaz. Pal.* 2012. 1554, obs. A.-Cl. Rouaud ; *RDBF* 2012, comm. 109, obs. F.-J. Crédot et Th. Samin ; *Banque et Dr.* juill.-août 2012, p. 19, obs. Th. Bonneau ; *Dr. et patr.* 12/2012. 105, obs. J.-P. Mattout et A. Prüm.

4. Com. 12 nov. 2008, n° 07-19.324 : *Bull. civ.* 2008, IV, n° 190 ; *D.* 2008. AJ 2931, obs. V. Avena-Robardet ; *RTD com.* 2009. 186, obs. D. Legeais ; *JCP E* 2008, n° 50, p. 9, note P. Bouteiller ; *JCP* 2008, II, 10211, note J. Lasserre Capdeville ; *RDBF* 2009, comm. 2, obs. F.-J. Crédot et Th. Samin ; *Banque et Dr.* 1-2/2009. 21, obs. Th. Bonneau. – Au-delà de ce délai de 120 jours (s'il était prévu par la banque), les titulaires des cartes n'étaient plus fondés à obtenir la restitution des sommes détournées, Bordeaux, 17 mars 2011, n° 10/00110 : *LEDB* mai 2011, p. 6, obs. J. Lasserre Capdeville.

par leurs clients. Les banques se retournaient donc vers les e-commerçants afin de récupérer les sommes qu'elles avaient restituées, dans un premier temps, au titulaire de la carte.

De telles clauses n'avaient été jugées ni potestatives, ni abusives [1].

§ 3. L'encadrement pénal de la contrefaçon et la falsification de carte bancaire

1303 *Incriminations générales* ◊ Les délits pénaux, figurant dans le Code pénal, ont parfois trouvé à s'appliquer pour sanctionner des faits répréhensibles commis à l'aide de cartes bancaires [2].

Par exemple, l'utilisation indue d'un numéro de carte bancaire a pu aboutir, en fonction des circonstances, à la caractérisation du délit d'escroquerie [3] ou à celui de l'abus de confiance [4]. L'utilisation frauduleuse d'un terminal électronique de paiement a aussi déjà été puni sur le fondement de l'escroquerie [5].

1304 *Incriminations particulières* ◊ Mais des incriminations particulières ont été progressivement prévues en la matière [6] pour sanctionner certains comportements en lien avec la contrefaçon et la falsification de cartes bancaires [7].

Tout d'abord, l'ancien article L. 163-4 punissait d'un emprisonnement de sept ans et d'une amende de 750 000 euros, le fait pour toute personne de contrefaire ou de falsifier une carte de paiement ou de retrait [8], de

1. Pau, 8 janv. 2007, n° 04/02285 : *CCE* 2007, comm. 58, obs. A. Debet ; *RDBF* 2007, comm. 124, obs. E. Caprioli ; *RJDA* 2007, n° 1274. – V. également, Caen, 2 mars 2006, n° 05/00004 : *JCP* 2007, IV, 1891. – Metz, 21 janv. 2009, n° 06/02387 : *JCP* 2009, IV, 1981 ◊ Jugeant ainsi que la banque avait commis une faute en ne communiquant pas au commerçant la notice d'information sur les garanties, Paris, 11 mars 2010 : *BRDA* 2010, n° 13, p. 7.

2. En revanche, pour les juges, l'exécution de retraits successifs supérieurs au montant du crédit disponible au compte ouvert au titulaire ne constituait pas en soi une infraction pénale, Crim. 24 nov. 1983, n° 82-90.672, *Lafont* : *Bull. crim.* 1983, n° 315 ; *D.* 1984. IR 307, obs. M. Vasseur ; *D.* 1984. 465, note Cl. Lucas de Leyssac ; *RTD com.* 1984. 326, obs. Cabrillac ; *RSC* 1984. 515, obs. P. Bouzat. – Angers, 2 déc. 1980 : *Gaz. Pal.* 1981. 2, p. 704, note B. Sousi-Roubi ; *D.* 1981. 353, obs. M. Vasseur.

3. Crim. 2 mars 2004, n° 03-82.788. Pau, 16 sept. 2010 : Cahier jurispr. Aquitaine et Midi-Pyrénées 2010-3, p. 602, obs. J. Lasserre Capdeville.

4. Crim. 14 nov. 2000, n° 99-84.522 : *Bull. crim.* 2000, n° 338 ; *Dr. pénal* 2001, comm. 28, obs. M. Véron. – Crim. 19 mai 2004, n° 03-83.675 : *Bull. crim.* 2004, n° 125 ; *Dr. pénal* 2004, comm. 129, obs. M. Véron.

5. Crim. 13 sept. 2006, n° 05-81.737 : *Bull. crim.* 2006, n° 221 ; D. 2006, aff. p. 2525, obs. V. Avena-Robardet ; *Dr. pénal* 2006, comm. 158, obs. M. Véron ; *JCP* 2007. II. 10033, note J. Lasserre Capdeville.

6. J. Lasserre Capdeville, *La répression de la fraude à la carte bancaire : état des lieux* : *Banque et Dr.* 5-6/2005, n° 101, p. 26.

7. Sur l'état du droit actuel, v. ss 1471.

8. La tentative était sanctionnée par l'ancien article L. 163-4-2 du Code monétaire et financier.

faire ou de tenter de faire usage, en connaissance de cause, d'une carte de paiement ou de retrait contrefaite ou falsifiée, et enfin d'accepter, en connaissance de cause, de recevoir un paiement au moyen d'une carte de paiement contrefaite ou falsifiée [1].

Ensuite, l'ancien article L. 163-4-1 punissait des mêmes peines, le fait, pour toute personne, de fabriquer, d'acquérir, de détenir, de céder, d'offrir ou de mettre à disposition des équipements, instruments, programmes informatiques ou toutes données conçus ou spécialement adaptés pour commettre des infractions relatives aux cartes de crédit [2].

SECTION 2. LE DROIT RÉGISSANT LE VIREMENT ET LE PRÉLÈVEMENT

305 Antérieurement à l'entrée en vigueur de l'ordonnance n° 2009-865 du 15 juillet 2009, les dispositions du Code monétaire et financier ne disaient mot à propos des deux instruments de paiement que sont le virement et le prélèvement. La liberté contractuelle prévalait par conséquent, et les seules limites existantes étaient de nature jurisprudentielle. Observons-les successivement.

§ 1. Le virement

306 ***Définition*** ◊ Le virement [3] se définit, traditionnellement, comme un transfert de fonds d'un compte bancaire vers un autre. Il se réalise à l'aide d'un jeu d'écriture. En effet, le compte du donneur d'ordre est débité, alors que celui du bénéficiaire est crédité. Il permet donc d'effectuer des paiements ou des libéralités, sans manipulation des espèces.

307 ***Essor*** ◊ Ce virement a connu un essor notable en raison de plusieurs facteurs, telle l'informatisation du système bancaire [4], ou encore la promotion par les pouvoirs publics des paiements par monnaie scripturale [5]. Il s'est également développé en matière de paiements internationaux [6].

---

1. TGI Paris, 25 févr. 2000 : *D. Affaires* 2000, p. 219, obs. X. Delpech. – Paris, 6 déc. 2000 : CCE 2001, comm. 28, obs. O. Le Stanc. – Pour des faits commis en Nouvelle-Calédonie, Crim. 3 juin 2009, n° 08-86.747 : *Gaz. Pal.* 16 oct. 2009, n° 289, p. 13, note J. Lasserre Capdeville.

2. La tentative était également sanctionnée par l'ancien article L. 163-4-2 du Code monétaire et financier.

3. D-R. Martin, *Aspects juridiques du virement* : *RDBB* 1989. 149.

4. P. Le Cannu, Th. Granier et R. Routier, *Instruments de paiement et de crédit. Titrisation*, Dalloz, 2017, 9e, n° 10.

5. V. ss 916.

6. J. Lasserre Capdeville, *Le virement SEPA* : *in* Mélanges en l'honneur de Claude Witz : éd. LexisNexis, 2018, p. 505.

1308 ***Étapes successives*** ◊ Le virement se décompose, concrètement, en deux temps : la première est de type préparatoire et la seconde est d'exécution [1].

Tout d'abord, l'opération implique que le titulaire du compte donne un ordre à son banquier, afin que ce dernier transfère les fonds souhaités. On parle alors d'ordre de virement. En revanche, le banquier ne saurait agir de son propre chef. À défaut, il méconnaîtrait son devoir de non-ingérence [2]. Cet ordre est constitutif d'un mandat [3] et ne vaut pas paiement [4]. Il ne transfère pas la provision comme le ferait l'émission d'un chèque [5] : le donneur d'ordre demeure, à ce stade, débiteur [6].

En revanche, l'exécution du virement permet, elle, au donneur d'ordre d'effectuer le paiement souhaité. Bien évidemment, le banquier ne sera tenu d'exécuter l'ordre qui lui est donné que si le compte en banque présente un solde positif, ou si ce dernier est accompagné d'une autorisation de découvert. Le banquier pourra néanmoins toujours accorder, s'il le souhaite, une facilité de caisse ou un dépassement de découvert au titulaire du compte.

1309 ***Contrat consensuel*** ◊ Le virement a toujours été analysé comme un contrat consensuel. Il pouvait, à ce titre, être passé verbalement [7]. Cependant, en pratique, ne serait-ce que pour des raisons de preuve, il était traditionnellement passé par écrit, que ce soit un écrit papier ou un écrit électronique.

Son contenu était encadré par le droit commun des contrats, le virement étant, par lui-même, très rarement visé par des dispositions légales [8].

1310 ***Nature juridique*** ◊ Quelle est la nature juridique du virement ? Est-il possible de le rattacher à un mécanisme de droit commun ? Ces questions ont longtemps suscité des incertitudes. Est-ce une cession de créance ou une application du mécanisme de délégation [9] ? Ces propositions n'étaient

---

1. En l'absence d'ordre, le banquier ne peut procéder à aucun virement. À défaut, il commettrait une faute, Dijon, 15 janv. 2008, n° 07/00089.

2. V. ss 268.

3. Il devra donc respecter toutes les conditions du droit commun des contrats et celles, plus spécifiques, du mandat.

4. Com. 29 nov. 1954 : *Bull. civ.* 1954, III, n° 369.

5. Le porteur d'un chèque émis sur le même compte lui sera préféré en cas de concours, T. com. Seine, 16 mars 1917 : *Gaz. Pal.* 1917-1918, I, p. 802.

6. S. Piedelièvre, *op. cit.*, n° 419. Paris, 24 juin 2010, n° 08/01248 : *LEDB* oct. 2010, p. 7, obs. J. Lasserre Capdeville.

7. Com. 26 févr. 1979, n° 77-13.701 : *D.* 1980. IR 14, obs. M. Vasseur ; *RTD com.* 1979. 794, obs. M. Cabrillac. – Com. 29 janv. 1985, n° 83-16.482 : *Bull. civ.* 1985, n° 36. – Com. 4 juin 1996, n° 94-14.623 : *RTD com.* 1996. 700, obs. M. Cabrillac. – Civ. 1re, 1er juill. 1997, n° 95-16.278 : *Bull. civ.* 1997, I, n° 218. – TGI Paris, 3 sept. 2003 : *Banque et Dr.* 5-6/2005. 76, obs. J.-L. Guillot. Com. 19 juin 2007, n° 06-11.070.

8. Concernant les limites au droit de payer en espèces, et donc se montrant favorable au virement, C. mon. fin., art. L. 112-6.

9. E. Thaller et J. Percerou, *Traité de droit commercial*, t. 11, n° 1609. – J. Escarra et J. Rault, *Principes de droit commercial*, Sirey, 1937, T. VI, n° 356.

pas à l'abri de la critique car non pleinement satisfaisantes [1]. La plupart des auteurs préfère alors y voir, aujourd'hui, une transmission de monnaie scripturale [2]. Cette solution est d'ailleurs confirmée par quelques décisions de justice [3].

311 ***Réalisation du paiement*** ◊ La date du virement était jadis celle du jour de l'inscription du crédit au compte du bénéficiaire [4].

La jurisprudence a cependant évolué par la suite. Il fut ainsi posé comme règle que la réalisation du paiement résultait de l'inscription, non plus au crédit du compte du bénéficiaire, mais au crédit du compte du banquier de celui-ci [5]. La créance entrait ainsi immédiatement en compte, même si l'inscription de son montant au compte du bénéficiaire par son banquier, qui n'est qu'une régularisation comptable, avait été effectivement réalisée à une date postérieure [6].

Le donneur d'ordre n'avait enfin pas de droit de repentir, si ce n'est sur le fondement du paiement indu à l'égard du bénéficiaire.

312 ***Absence de provision*** ◊ Le mandat donné au banquier ne pouvait être exécuté que si le solde du compte bancaire à débiter était suffisant [7], soit parce qu'il existait un solde positif, soit en raison de l'existence d'un découvert autorisé.

Le banquier pouvait, bien évidemment, procéder à l'ordre de virement en consentant à son client, sur sa demande implicite, une facilité de caisse [8]. Il n'était donc pas fautif pour avoir procédé à un tel virement alors que les sommes inscrites au crédit du compte du client étaient insuffisantes.

313 ***Diligence du banquier*** ◊ Le banquier était tenu d'exécuter l'ordre conformément aux instructions qui lui étaient données, et ce avec diligence [9]. De longue date, la jurisprudence estimait que passé un délai de

---

1. R. Bonhomme, *op. cit.*, n° 410. P. Le Cannu, Th. Granier et R. Routier, *Instruments de paiement et de crédit. Titrisation*, Dalloz, 2017, 9e, n° 14.
2. M. Cabrillac, *Le chèque et le virement* : éd. Sirey, 1980, 5e éd., n° 392.
3. Paris, 31 janv. 1986 : *RTD com.* 1986. 418, obs. M. Cabrillac.
4. Civ. 16 juin 1931 : *D.* 1931. 410. – Civ. 1re, 23 juin 1993, n° 91-14.472 : *D.* 1994. 27, note D.-R. martin ; *Defrénois* 1994. 344, obs. Ph. Delebecque.
5. Com. 8 juill. 2003, n° 99-10.590 : *Bull. civ.* 2003, IV, n° 117 ; *RDBF* 2004, comm. 60, obs. F.-J. Crédot et Y. Gérard.
6. Com. 3 févr. 2009, n° 06-21.184 : *Bull. civ.* 2009, IV, n° 16 ; *D.* 2009. 493, obs. V. Avena-Robardet ; *JCP E* 2009, 1227, note J. Stoufflet ; *RTD com.* 2009. 417, obs. D. Legeais.
7. Com. 19 déc. 2000, n° 97-15.394 : *Bull. civ.* 2000, IV, n° 193 ; *D.* 2001. AJ 920, obs. V. Avena-Robardet ; *RTD com.* 2001. 749, obs. M. Cabrillac ; *JCP E* 2001, p. 1331, obs. J. Stoufflet ; D. 2002, somm. p. 640, obs. D.-R. Martin.
8. Com. 28 févr. 2006, n° 04-17.204 : *Bull. civ.* 2006, n° 54 ; *D.* 2006. AJ 855, obs. V. Avena-Robardet. La banque demeure, dans tous les cas, libre, et ce même s'il s'agit de contre-passer un virement erroné, Com. 19 déc. 2000, n° 97-15.394 : *Bull. civ.* 2000, IV, n° 193 ; *D.* 2001. AJ 920, obs. V. Avena-Robardet ; *RTD com.* 2001. 749, obs. M. Cabrillac.
9. Un virement opéré à l'étranger 27 jours plus tard n'est ainsi pas admissible, Toulouse, 25 sept. 2013, n° 11/05515 : *LEDB* déc. 2013, p. 5, obs. J. Lasserre Capdeville ; *LPA*, 1er mai 2015, n° 87-88, p. 17, obs. C. Kleiner.

8 jours de retard, le banquier était en faute s'il n'avait toujours pas réalisé l'opération [1]. Le professionnel de la banque se voyait alors imposer la réparation du dommage qu'il avait causé, que cela soit au donneur d'ordre ou au bénéficiaire du virement [2].

Toutefois, rien n'empêchait les parties de convenir d'un délai d'exécution, par l'intermédiaire d'un virement à échéance [3].

1314 ***Vigilance du banquier*** ◊ Le professionnel de la banque devait également effectuer un certain nombre de vérifications, et notamment s'assurer de l'authenticité de l'ordre, par exemple en contrôlant la signature de l'auteur de l'ordre ou en s'assurant des pouvoirs de ce dernier [4].

Un devoir de vigilance pesait ainsi logiquement sur lui : il devait être en mesure de détecter les anomalies apparentes [5], telles que les erreurs de syntaxe, ou les virements revêtant un caractère inhabituel en raison de certaines circonstances (montant élevé, qualité du bénéficiaire, etc.) [6]. En revanche, à défaut d'une telle anomalie notable, le principe de non-ingérence du banquier devait logiquement prévaloir à nouveau [7].

De même, concernant le banquier du bénéficiaire, il lui appartenait d'effectuer également certaines vérifications, comme le nom de ce même bénéficiaire. L'erreur commise par le banquier du bénéficiaire était source de responsabilité non seulement à l'égard de ce bénéficiaire [8], mais encore à l'égard du donneur d'ordre auquel il était lié par un sous-mandat [9]. C'est ainsi, par exemple, qu'a été condamné pour faute le banquier du destinataire qui n'avait pas vérifié si l'ordre concernait son client, dans un cas où le nom de ce client figurait avec un numéro de compte qui n'était pas le sien, mais celui que l'émetteur d'un faux ordre avait indiqué pour subtiliser la somme virée [10].

---

1. Com. 6 janv. 1955 : *Bull. civ.* 1955, IV, n° 3 ; *RTD com.* 1955. 363, obs. J. Becqué et H. Cabrillac. – À propos d'un retard d'exécution légitimé par des exigences contractuelles supplémentaires, Com. 18 mai 1978, n° 76-13.503 : *D.* 1979. IR 140, obs. M. Vasseur.

2. Com. 23 avr. 1985, n° 84-11.021 : *Bull. civ.* 1985, IV, n° 121. – Il en allait logiquement différemment si le compte du client était débiteur, Com. 19 déc. 2000, n° 97-15.394 : *Bull. civ.* 2000, IV, n° 193.

3. C. Cousin, « Moyens de paiement, le virement à échéance : la sécurité en plus », Banque, août 1999, p. 56.

4. Com. 3 janv. 1975 : *D.* 1975. 743, note J. Vézian ; *RTD com.* 1975. 151, obs. M. Cabrillac. Com. 10 févr. 1998, n° 96-11.241 : *Bull. civ.* 1998, IV, n° 63 ; *RTD com.* 1998. 394, obs. M. Cabrillac.

5. Sur cette notion, v. ss 278.

6. V. par ex., Paris, 28 avr. 2011, n° 09/21821 : *LEDB* juill. 2011, p. 4, obs. J. Lasserre Capdeville.

7. En matière de chèque, Paris, 21 nov. 2013, n° 12/04431 : *LEDB* janv. 2014, p. 6, obs. J. Lasserre Capdeville.

8. Com. 31 janv. 1956 : *Bull. civ.* 1956, III, n° 43 ; *RTD com.* 1957. 420, obs. J. Becqué et M. Cabrillac.

9. M. Cabrillac, *op. cit.*, n° 409.

10. Com. 29 janv. 2002, n° 99-16.571 : *Bull. civ.* 2002, IV, n° 20 ; *D.* 2002. AJ 716, obs. A. Lienhard ; *RTD com.* 2002. 354, obs. M. Cabrillac.

315 ***Action en répétition de l'indu*** ◊ Le banquier ayant opéré un virement par erreur devait pouvoir exercer une action en répétition de l'indu [1]. Une action en contrepassation était le plus souvent appliquée.

316 ***Obligation de restitution*** ◊ En outre, on rappellera que le banquier est dépositaire des fonds de ses clients et qu'en conséquence son obligation de restitution des fonds ne disparait pas s'il exécute un ordre qui se révèlerait, par la suite, faux, et ce même si la falsification n'était pas décelable [2]. La jurisprudence a, fort logiquement, retenu cette solution a de multiples reprises en matière de virement [3].

Le banquier ne pourra tenter de s'exonérer, en tout ou en partie, qu'en démontrant la faute du titulaire du compte, par exemple dans la surveillance de ses proposés ou la vérification de ses relevés de compte [4].

317 ***Limitation de la responsabilité*** ◊ Si l'inexécution du virement pouvait entraîner l'engagement de la responsabilité du banquier, encore fallait-il qu'un préjudice ait été subi, en l'occurrence, par l'une des personnes intéressées par l'opération. De même, la faute de la victime pouvait avoir des incidences en la matière [5].

318 ***Révocation*** ◊ Le donneur d'ordre avait, à l'image de tout mandataire sur le fondement de l'article 2004 du Code civil, la possibilité de révoquer l'ordre de virement. Sur ce point, la jurisprudence a eu l'occasion de préciser que la révocation était possible jusqu'au jour où les sommes étaient sorties du compte du donneur d'ordre, c'est-à-dire jusqu'à l'inscription du débit de son compte [6].

§ 2. Le prélèvement

319 ***Définition*** ◊ Le prélèvement est l'instrument permettant la mise en place de paiements répétés ou périodiques entre un fournisseur et son

---

1. Civ. 1re, 16 mai 2006, n° 05-12.972 : *Bull. civ.* 2006, I, n° 248 ; *Banque et Dr.* 9-10/2006. 47, obs. Th. Bonneau.

2. V. ss 676.

3. V. par ex., Com. 23 avr. 2013, n° 12-18.119 : *LEDB* juin 2013, p. 3, obs. J. Lasserre Capdeville ◊ Paris, 24 mai 2012, n° 09/05609 : *LEDB* juill. 2012, p. 6, obs. J. Lasserre Capdeville. Paris, 5 sept. 2013, n° 2011/22812 : *LEDB* nov. 2013, p. 6, obs. J. Lasserre Capdeville. – Paris, 18 déc. 2014, n° 12/19837 : *LEDB* févr. 2015, p. 4, obs. R. Routier ; *LPA*, 1er mai 2015, n° 87-88, p. 16, obs. J. Lasserre Capdeville. – Com. 18 sept. 2012, n° 11-10.209 : *LEDB* nov. 2012, p. 5, obs. R. Routier. – Lyon, 31 mars 2016, n° 2015J597 : *LEDB* juin 2016, p. 5, obs. R. Routier.

4. En matière de virement, récemment, Com. 31 janv. 2017, n° 15-17.498 : *Gaz. Pal.* 13 juin 2017, p. 57, obs. C. Houin-Bressand. – Le défaut de protection à la réception des relevés de compte faisant apparaître les virements litigieux fait présumer leur régularité, ce qui oblige alors le titulaire à apporter la preuve contraire, Com. 12 juill. 2016, n° 14-28.247 : *Gaz. Pal.* 13 juin 2017, p. 54, obs. C. Houin-Bressand.

5. Civ. 2e, 10 déc. 2009, n° 08-70.299 : *Gaz. Pal.* 24 févr. 2010, n° 55, p. 9, note J. Lasserre Capdeville ; *Gaz. Pal.* 5 mars 2010, n° 64, p. 37, obs. R. Routier.

6. Com. 26 janv. 1983 : *D.* 1983. IR 469, obs. M. Vasseur ; *RTD com.* 1984. 129, obs. M. Cabrillac.

client, dont le montant ne peut être déterminé à l'avance. Il est parfois appelé « avis de prélèvement » ou encore « autorisation de prélèvement ».

1320 ***Essor*** ◊ Le prélèvement est né, dans les années cinquante, dans les relations des services publics avec leurs usagers, et plus particulièrement EDF-GDF [1], pour le recouvrement de leurs factures. Ce mécanisme s'est généralisé par la suite, en raison de ses avantages pratiques.

1321 ***Double mandat*** ◊ Ici, deux mandats peuvent être relevés. D'une part, un débiteur va donner mandat à l'un de ses créanciers pour lui permettre d'émettre des avis de prélèvement sur son compte bancaire. On parlera de « mandat de prélèvement ».

D'autre part, le débiteur donnera mandat à son banquier d'exécuter les avis qui lui seront présentés par ce créancier [2]. Il s'agira alors d'un « mandat de virement ». Le banquier devra exécuter ce dernier, sauf si le compte de son client n'est pas suffisamment provisionné.

1322 ***Encadrement juridique*** ◊ Pendant longtemps, le prélèvement était uniquement encadré par le droit régissant le mandat, et ne suscitait guère de contentieux. Les décisions rendues en la matière étaient ainsi particulièrement rares [3].

1323 ***Révocation*** ◊ La seule question ayant donné lieu, à l'époque, à de la jurisprudence remarquée concernait la révocation du prélèvement par le payeur. Sans surprise, les juges avaient pu estimer que le mandat donné au banquier demeurait révocable *ad nutum* [4]. La clôture du compte par le client entraînait, logiquement, cette révocation de façon automatique [5].

1324 ***Responsabilité*** ◊ La jurisprudence a déjà eu l'occasion de dire que constitue une faute lourde de nature à entraîner l'impossibilité pour le banquier de bénéficier d'une clause de non-responsabilité, le fait pour le professionnel de la banque d'omettre de régler une échéance alors que l'avis de prélèvement était régulier et le solde du compte suffisant [6]. Le professionnel de la banque devait donc se montrer diligent.

---

1. R. Bonhomme, *op. cit.*, n° 422.
2. R. Bonhomme, *op. cit.*, n° 423.
3. J. Stoufflet, *Instruments de paiement et de crédit*, LexisNexis, 2012, 8e éd., n° 495.
4. Citons le cas d'une carte bancaire ayant été utilisée pour souscrire un abonnement payable mensuellement, c'est-à-dire opérer un prélèvement. Pour les juges, la contestation formulée par le titulaire de la carte devait valoir révocation pour l'avenir du mandat donné, Com. 27 mars 2012, n° 11-11.275 : *Bull. civ.* 2012, IV, n° 65 ; *D.* 2012. 1520, note J. Lasserre Capdeville ; *D.* 2012. AJ 944, obs. X. Delpech ; *JCP E* 2012, 1407, note K. Rodriguez ; *Gaz. Pal.* 2012. 1554, obs. A.-Cl. Rouaud ; *RJDA* 2012, n° 614 ; *RDBF* 2012, comm. 109, obs. F.-J. Crédot et Th. Samin ; *Banque et Dr.* juill.-août 2012, p. 19, obs. Th. Bonneau ; *Dr. et patr.* 12/2012. 105, obs. J.-P. Mattout et A. Prüm ; *LEDB* juin 2012, p. 4, obs. R. Routier.
5. Com. 21 nov. 1978, n° 77-12.867 : *Bull. civ.* 1978, IV, n° 271 ; *D.* 1979. IR 356, obs. M. Vasseur ; *RTD com.* 1979. 301, obs. M. Cabrillac et J.-L. Rives-Lange.
6. Com. 4 janv. 1979 : *D.* 1979. IR 357, obs. M. Vasseur ; *RTD com.* 1979. 794, obs. M. Cabrillac et J.-L. Rives-Lange ; *JCP* 1981. I. 3048, obs. Ch. Gavalda et J. Stoufflet.

CHAPITRE 2

LES « AUTRES INSTRUMENTS DE PAIEMENT » DEPUIS L'ORDONNANCE DU 15 JUILLET 2009

325 ***Opérations de paiement. Définition*** ◊ La carte bancaire et le virement ne sont plus spécifiquement encadrés par le Code monétaire et financier. Ils ont été absorbés par le droit régissant plus largement « l'opération de paiement » que l'article L. 133-3 prend soin de définir comme l'action consistant à « verser, transférer ou retirer des fonds, indépendamment de toute obligation sous-jacente entre le payeur et le bénéficiaire, initiée par le payeur, ou pour son compte, ou par le bénéficiaire » [1].

Ainsi, selon l'instrument de paiement, cette opération sera initiée par le payeur (V. par ex. le virement) ou le bénéficiaire (V. par ex. le prélèvement). Cette définition peut être utilement complétée en se référant à la directive 2007/64/CE du 13 novembre 2007, selon laquelle le payeur est « une personne physique ou morale qui est titulaire d'un compte de paiement et qui autorise un ordre de paiement à partir de ce compte de paiement, ou, en l'absence de compte de paiement, une personne physique ou morale qui donne un ordre de paiement » [2]. Le bénéficiaire, quant à lui, est « une personne physique ou morale qui est destinataire prévu de fonds ayant fait l'objet d'une opération de paiement » [3]. Le texte n'a ainsi pas repris les notions classiques de débiteur et de créancier.

326 ***Exclusions*** ◊ Certaines exclusions s'imposent cependant. Il en va ainsi pour les paiements effectués en espèces, les instruments de paiement papier (et donc les chèques), les effets de commerce, ou encore les instruments privatifs (telles les cartes délivrées par certaines enseignes).

327 ***Présentation générale*** ◊ Un encadrement important est prévu par le droit en la matière. Celui-ci est étendu. Il porte ainsi sur : l'autorisation d'une opération de paiement ; les conditions d'exécution d'une opération de paiement ; les délais d'exécution des opérations et les dates de valeur ; les obligations des parties ; mais aussi la contestation et la responsabilité

1. V. ss 888.
2. Dir. 2007/64/CE 13 nov. 2007, art. 4, point 7. – Cette définition est reprise par l'article 4, point 8, de la « DSP 2 ».
3. Dir. *préc.*, art. 4, point 8. – Elle figure également à l'article 4, point 9, de la « DSP 2 ».

en cas d'opération de paiement non autorisée ou encore la responsabilité en cas d'opération de paiement mal exécutée.

L'encadrement se veut aujourd'hui très précis. Il est également en développement constant. Par exemple, depuis la transposition de la « DSP 2 » en droit interne par l'ordonnance n° 2017-1252 du 9 août 2017, le traitement des réclamations est lui-même expressément régi par le droit [1].

1328 ***Cas des instruments de paiement de faibles montants*** ◊ Une hypothèse particulière, et partiellement dérogatoire au régime applicable, est prévue par l'article L. 133-28 du Code monétaire et financier à l'égard des instruments de paiement de faibles montants. Un instrument de paiement présentera cette caractéristique lorsque la convention de compte de dépôt ou le contrat-cadre de services de paiement relatif à cet instrument précisera qu'il permet de réaliser exclusivement des opérations de paiement ne dépassant pas unitairement 30 euros, ou qu'il a une limite de dépenses de 150 euros ou qu'il ne permet pas de stocker plus de 150 euros [2]. Ainsi, à l'égard de ces instruments, notre droit prévoit que le prestataire de services de paiement sera en droit de convenir avec le payeur d'un certain nombre de dérogations expressément prévues.

À titre d'exemple, il sera prévu que le payeur ne pourra pas révoquer l'ordre de paiement après l'avoir transmis ou après avoir donné un consentement à l'exécution de l'opération de paiement au bénéficiaire. De même, seront envisagés d'autres délais d'exécution que ceux mentionnés à l'article L. 133-13 [3]. En outre, toute une série de dispositions (les II et III de l'article L. 133-15, l'article L. 133-17, le III de l'article L. 133-19 et l'article L. 133-20) ne pourra pas s'appliquer à de tels instruments « pour lesquels le prestataire de services de paiement n'a pas la capacité de bloquer le compte ou l'instrument de paiement ». Enfin, plusieurs dispositions (l'article L. 133-18, les I, II et IV de l'article L. 133-19 et les articles L. 133-20, L. 133-23 et L. 133-23-1) pourront être écartées des instruments de paiement de faibles montants « si l'instrument est utilisé de manière anonyme » ou si le prestataire de services de paiement n'est pas en mesure, pour d'autres raisons inhérentes à l'instrument de paiement, d'apporter la preuve qu'une opération a été autorisée.

1329 ***Cas de l'initiation de paiement*** ◊ L'ordonnance d'août 2017 est à l'origine de deux nouveaux services de paiement : le service d'initiation de paiement et celui d'information sur les comptes. Le premier attire plus particulièrement l'attention [4]. Selon l'article D. 314-2, 6°, du Code monétaire et financier, il consiste à « initier un ordre de paiement à la demande

1. C. mon. fin., art. L. 133-45.
2. C. mon. fin., art. D. 133-7.
3. V. ss 1373.
4. J. Lasserre Capdeville, « Quels risques pour le service d'initiation de paiement ? », *RDBF* mars-avril 2019, à paraître.

de l'utilisateur de services de paiement concernant un compte de paiement détenu auprès d'un autre prestataire de services de paiement ». Le considérant 27 de la directive 2015/2366 du 25 novembre 2015, c'est-à-dire la « DSP 2 », précise que ces services « interviennent dans les paiements dans le cadre du commerce électronique en établissant une passerelle logicielle entre le site internet du commerçant et la plate-forme de banque en ligne du prestataire de services de paiement gestionnaire du compte du payeur en vue d'initier des paiements par internet sur la base d'un virement ».

Un tel service d'initiation de paiement doit alors permettre au client de faire des achats en ligne, sans utiliser les données figurant sur sa carte de paiement, et donc échapper aux risques de fraudes liés à cette utilisation. De plus, et c'est un autre atout, l'opération est susceptible d'être réalisée en quelques secondes. Par ailleurs, les e-commerçants devraient également trouver des avantages à ce nouveau service. Ils auront d'abord l'assurance que le paiement a bien été initié, comme l'indique leur site internet, et qu'ils peuvent en conséquence livrer les biens ou fournir les services promis au client sans délai. Les coûts de transaction devraient également être réduits en la matière, puisque le e-commerçant ne passera plus par les réseaux liés à la carte bancaire (Visa, MasterCard, etc.).

L'article L. 133-40 du Code monétaire et financier donne des précisions utiles sur la mise en œuvre de ce nouveau service de paiement. Il est complété par des modifications des dispositions relatives à la contestation et la responsabilité en cas d'opération de paiement non autorisée [1] ou d'opération de paiement mal exécutée.

330 ***Évolution des techniques de paiement*** ◊ Face au développement du commerce électronique et à la numérisation de l'économie, le Conseil européen des paiements [2] a souhaité perfectionner le « virement SEPA » [3], c'est-à-dire le virement utilisable dans l'espace *SEPA* (*Single Euro Payments Area*) qui comprend les 28 États membres de l'Union européenne, les 4 États membres de l'Association européenne de libre échange (Islande, Liechtenstein, Norvège et Suisse), la principauté de Monaco et la République de San Marin. L'idée a ainsi été de mettre en place un virement réalisé en 10 secondes, pour un montant maximum de 15 000 euros, vers n'importe quel autre compte situé dans l'espace *SEPA*, et ce 24 heures sur 24 et 7 jours sur 7. On parle, dans ce cas, de « virement instantané SEPA » (SCT Inst).

---

1. V., notamment, le nouvel article L. 133-17-1 du Code.
2. Le Conseil européen des paiements (dit *EPC*), créé en juin 2002, est un groupe ayant pris la forme d'une association internationale sans but lucratif de droit belge, réunissant les principaux représentants du secteur bancaire et des établissements de paiement. Son objectif est de parvenir à une simplification des opérations de paiement, mais aussi à une réduction des coûts et des délais ainsi qu'à une plus grande fiabilité des moyens de paiement dans une zone déterminée appelée *espace SEPA*.
3. J. Lasserre Capdeville, « Le virement SEPA », *in* Mélanges en l'honneur de Claude Witz, LexisNexis, 2018, p. 505.

Ce virement ultrarapide devrait alors bouleverser certaines pratiques en matière de paiement. Tout d'abord, il pourrait marquer l'avènement du m-paiement (paiement mobile), utilisant la technique du virement, au détriment du paiement par carte bancaire. En conséquence, un grand nombre de paiement pourraient s'affranchir de certains grands réseaux internationaux (Visa, MasterCard, etc.) qui sont pour l'heure des partenaires « quasi-obligés » des prestataires de services de paiement. De même, la masse de la monnaie fiduciaire (billets et pièces) pourrait s'en trouver réduite. Ce virement instantané devrait ainsi contribuer au renforcement de la dématérialisation des paiements.

Les banques françaises commencent, progressivement, à investir ce nouveau domaine comme en témoigne l'*Instant Payment* (ou virement instantané) que proposent déjà certains établissements, et notamment BPCE [1] via la Caisse d'Épargne Ile-de-France qui procède à des expérimentations en magasin avec paiements en caisse. Le déploiement devrait se faire au cours de l'année 2019 [2].

1331 Plusieurs points sont donc à aborder ici : la réalisation de l'opération de paiement (section 1), mais aussi la contestation de cette dernière (section 2) et enfin les infractions susceptibles de jouer en la matière (section 3).

SECTION 1. LA RÉALISATION DE L'OPÉRATION DE PAIEMENT

1332 L'étude de la passation d'une telle opération implique d'évoquer ce que prévoit le droit concernant l'autorisation de l'opération paiement (§ 1), l'exécution de cette dernière (§ 2) et les obligations particulières pesant sur les parties concernées (§ 3). Un mot sera également dit, pour terminer, sur les frais liés aux opérations de paiement (§ 4).

§ 1. L'autorisation de l'opération de paiement

1333 L'autorisation de l'opération de paiement prendra ici la forme d'un consentement de la part du payeur (A) qui pourra d'ailleurs être retiré dans certaines circonstances (B). On notera, enfin, que, dans différents cas, notre droit exige aujourd'hui le recours à une authentification forte (C).

---

1. K. Mellaza, « L'*Instant* Payment, une révolution dans le monde du paiement ? », *CBanque*, 23 nov. 2018.

2. S. Poullennec, « Virement instantané : les banques françaises sur la ligne départ », *Les Échos*, 20 nov. 2018, p. 27.

A. Le consentement du payeur

334 ***Définition*** ◊ Le consentement à l'opération de paiement par le payeur témoigne de la volonté de ce dernier d'autoriser l'exécution de l'opération en question selon des modalités qui auront été déterminées.

335 ***Nécessité*** ◊ Pour l'article L. 133-6, I, du Code monétaire et financier, l'opération de paiement n'est réputée autorisée que si le payeur a effectivement donné son consentement à cette dernière dans les formes convenues. Le consentement peut être éventuellement donné, précise l'article L. 133-7, alinéa 2, par l'intermédiaire du bénéficiaire ou d'un prestataire de services de paiement fournissant un service d'initiation de paiement.

En l'absence d'un tel consentement, l'opération sera réputée « non autorisée ». Le payeur se verra alors ouvrir un droit au remboursement, qu'il pourra exercer pendant le délai maximal de 13 mois suivant la date de débit en compte sous peine de forclusion [1]. Un encadrement légal favorable au payeur est ainsi prévu par notre droit dans un tel cas.

336 ***Cas de l'ordre de paiement*** ◊ L'opération de paiement trouve toujours son origine dans un ordre de paiement. Celui-ci est défini, par la directive 2007/64/CE du 13 novembre 2007, comme « toute instruction d'un payeur ou d'un bénéficiaire à son prestataire de services de paiement demandant l'exécution d'une opération de paiement » [2].

Or, il résulte de l'article L. 133-3, II, que cet ordre de paiement pourra être donné par différentes personnes. Selon les cas, il émanera : du payeur qui donnera un ordre de paiement à son prestataire de services de paiement (V. par ex. le virement) ; du payeur qui donnera un ordre de paiement par le biais du bénéficiaire qui, après avoir recueilli l'ordre de paiement du payeur, le transmettra au prestataire de services de paiement du payeur, généralement par l'intermédiaire de son propre prestataire de services de paiement (V. par ex. la carte bancaire) ou enfin du bénéficiaire qui donnera un ordre de paiement au prestataire de services de paiement du payeur, fondé sur le consentement donné au préalable par le payeur au bénéficiaire et, le plus souvent, par l'intermédiaire de son propre prestataire de services de paiement (V. par ex. le prélèvement) [3].

Cet article L. 133-3 se réfère ainsi à des opérations variées par le biais de termes génériques. Cette présentation devrait ainsi pouvoir être également utile en cas de création, dans l'avenir, de nouveaux instruments de paiement.

---

1. C. mon. fin., art. L. 133-24. - V. ss 1417.
2. Dir. préc., art. 4, point 16. Cette définition est reprise par l'article 4, point 13, de la « DSP 2 ».
3. Sauf anomalie apparente, le prestataire de services de paiement n'est pas tenu de s'assurer de l'existence du mandat de prélèvement donné par le payeur au bénéficiaire, préalablement à l'exécution de l'ordre de prélèvement transmis par ce dernier, Com. 24 mai 2018, n° 17-11.710 : Dalloz, actualité, 14 juin 2018, obs. X. Delpech ; *Rev. Banque*, juill.-août 2018, n° 822, p. 67, obs. P. Storrer ; *D.* 2018. 1628, note J. Lasserre Capdeville ; *LEDB* juill. 2018, p. 3, obs. N. Mathey.

1337 ***Distinction ordre de paiement/consentement au paiement*** ◊ L'opération de paiement est donc initiée par un ordre. Celui-ci doit néanmoins être conforme à la volonté de celui qui va payer, c'est-à-dire celui dont le compte va être débité. A plusieurs reprises, les articles du Code monétaire et financier visent l'ordre, mais également le consentement. Ces deux termes peuvent-ils être utilisés pour autant l'un à la place de l'autre ? Une réponse négative s'impose, et ce pour plusieurs raisons [1].

D'abord, la concomitance entre les deux n'est pas obligatoire dans les faits. Certes, elle le sera si c'est le payeur qui donne l'ordre à son prestataire, mais d'autres hypothèses sont envisageables. Le consentement sera ainsi antérieur lorsque l'ordre sera donné par le bénéficiaire, dans la mesure où celui-ci agira en vertu d'une autorisation qu'il aura déjà reçue du payeur. Il pourra même intervenir, si les parties se sont mises d'accord sur ce point, après exécution de l'ordre [2].

Ensuite, si l'ordre peut être donné par le bénéficiaire [3], il en va différemment avec le consentement qui émane obligatoirement du payeur.

En outre, si le consentement peut éventuellement être donné pour une série d'opérations [4], et éventuellement retiré pour la série en question [5], l'ordre est donné (comme révoqué) pour une seule opération. La série d'opérations prendra, concrètement, la forme de virements ou de prélèvements permanents qui seront autorisés une fois pour toutes par le payeur et s'exécuteront, selon les cas, sans réitération d'ordre (virement permanent) ou sur ordre périodique du bénéficiaire précisant le montant à prélever lorsque celui-ci n'est pas connu à l'origine (prélèvements des fournisseurs d'énergie).

Enfin, et cela exclut définitivement toute confusion entre ces deux notions, elles peuvent être définies de façon différente. Le consentement, tout d'abord, témoigne de la volonté du payeur d'autoriser l'exécution de l'opération ordonnée selon des modalités qui auront été déterminées [6]. L'ordre, quant à lui, constitue « l'acte déclencheur » de cette opération [7].

Néanmoins, la confusion entre ces notions ne saurait surprendre. Dans un grand nombre de cas, l'ordre exprimera dans le même temps le consentement. De plus, la révocation de cet ordre constituera aussi le retrait du consentement.

1338 ***Forme du consentement*** ◊ La convention passée entre le payeur et son prestataire de services de paiement se doit de préciser la forme que devra revêtir le consentement en question pour pouvoir produire des effets.

---

1. R. Bonhomme, « *Le déclenchement de l'opération de paiement : le consentement et l'ordre* », *JCP E* 2010, n° 2, 1032, n° 6.
2. V. ss 1339.
3. C. mon. fin., art. L. 133-3, II, c.
4. C. mon. fin., art. L. 133-6, II.
5. C. mon. fin., art. L. 133-7, al. 5.
6. V. ss 1338.
7. R. Bonhomme, *op. cit.*, n° 7.

À titre d'exemple, en matière de paiement par carte bancaire, la convention conclue entre le payeur-porteur et son prestataire-émetteur indiquera la forme que prendra nécessairement le consentement du payeur à l'opération de paiement, qui coïncidera dans ce cas avec l'ordre de paiement : ce pourra être par la présentation de la carte accompagnée d'une signature ou, plus vraisemblablement, par la tabulation du code secret [1].

La lecture de l'article L. 133-7 laisse penser que le respect de la forme du consentement constitue une condition de validité de l'opération [2].

339 ***Moment du consentement*** ◊ Si en pratique le consentement est donné préalablement à l'initiation de l'opération par le prestataire de services de paiement, l'article L. 133-6, I, alinéa 2, prévoit que le prestataire et le client peuvent convenir que le consentement du payeur sera donné après l'exécution de l'opération. L'hypothèse demeure néanmoins bien difficile à imaginer [3].

340 ***Portée du consentement*** ◊ Il résulte de l'article L. 133-6 du code que le consentement peut porter sur une opération de paiement unique, comme sur une série d'opérations si, dans ce dernier cas, le payeur a donné son consentement à l'exécution de cette série, notamment sous la forme d'un mandat de prélèvement.

341 ***Limites de dépenses*** ◊ Notons que lorsqu'un « instrument de paiement spécifique » est utilisé pour donner le consentement, le payeur et le prestataire de services de paiement peuvent convenir de limites de dépenses pour des opérations de paiement exécutées avec l'instrument de paiement en question [4]. On peut songer ici, notamment, aux paiements réalisés à l'aide d'un téléphone portable.

1. Sur la caractérisation de ce consentement, Besançon, 14 févr. 2018, n° 17/00316 : *Gaz. Pal.* 17 avr. 2018, n° 15, p. 19, note J. Lasserre Capdeville. – On notera que jusqu'à l'ordonnance n° 2017-1252 du 9 août 2017, l'article L. 133-4 du Code évoquait, en la matière, la notion de « dispositif de sécurité personnalisé ». Désormais, l'ordonnance en question a remplacé cette notion par celle de « données de sécurité personnalisées » qu'elle définit comme « des *données personnalisées fournies à un utilisateur de services de paiement par le prestataire de services de paiement à des fins d'authentification* ». Cette expression recouvre à la fois le code secret de la carte bancaire mais aussi, par exemple, le code d'accès à ses comptes sur internet.

2. R. Bonhomme, *op. cit., n°* 14.

3. P. Bouteiller, « La transposition en droit français des dispositions européennes régissant la fourniture de services de paiement et portant création des établissements de crédit », *JCP E* 2009, n° 1897, n° 17. S. Piedelièvre, *op. cit.*, n° 427.

4. C. mon. fin., art. D. 133-1, al. 1. On notera que, selon le même article, si la convention de compte le prévoit, le prestataire de services de paiement peut également se réserver le droit de bloquer l'instrument de paiement « pour des raisons objectivement motivées ayant trait à la sécurité de l'instrument de paiement, à la présomption d'une utilisation non autorisée ou frauduleuse de l'instrument de paiement ou au risque sensiblement accru que le payeur soit dans l'incapacité de s'acquitter de son obligation de paiement » (v. ss 1386). Cette règle intéresse prioritairement les cartes de crédit.

B. Le retrait du consentement

1342 ***Solution applicable*** ◊ Le consentement peut être retiré par le payeur tant que l'ordre de paiement n'a pas acquis un caractère d'irrévocabilité [1].

1343 ***Date de l'irrévocabilité*** ◊ La question qui se pose est dès lors de savoir à partir de quel moment un ordre de paiement devient irrévocable. La règle figure à l'article L. 133-8, I, du code : l'utilisateur de services de paiement (c'est-à-dire le payeur ou le bénéficiaire) ne peut révoquer un ordre de paiement une fois qu'il a été reçu par le prestataire de services de paiement du payeur.

Les parties ne peuvent déroger à ce principe d'irrévocabilité dans la convention régissant le compte de paiement lorsque le client est une personne physique agissant pour ses besoins non professionnels.

1344 ***Aménagement légaux*** ◊ Quelques cas particuliers sont néanmoins envisagés par notre droit à propos de cette révocation de l'ordre de paiement.

Il en va ainsi, en premier lieu, lorsque l'opération de paiement est initiée par le bénéficiaire (prélèvement) ou par son intermédiaire (carte bancaire). Il découle de l'article L. 133-8, II, que le payeur ne peut révoquer l'ordre de paiement « après avoir transmis l'ordre de paiement au bénéficiaire ou donné son consentement à l'exécution de l'opération de paiement au bénéficiaire ». Ainsi, l'utilisation de la carte, avec composition du code secret sur le terminal du commerçant rend l'ordre en question irrévocable à partir ce moment-là. Cependant, deux tempéraments sont prévus en la matière.

D'une part, lorsque l'opération de paiement a été initiée par un prestataire de service de paiement fournissant le service d'initiation de paiement [2], le payeur peut révoquer l'ordre de paiement après avoir donné son consentement à ce que le prestataire de services de paiement fournissant le service d'initiation de paiement initie l'opération de paiement en question.

D'autre part, en cas prélèvement, et uniquement dans ce cas, le payeur peut révoquer l'ordre de paiement au plus tard à la fin du jour ouvrable précédant le jour convenu pour le débit des fonds [3]. Dans ce cas, nous le voyons, il est nécessaire qu'une date ait été décidée pour le débit du compte du payeur. À défaut, ce sera à nouveau le consentement à l'exécution de l'ordre qui marquera son irrévocabilité [4].

1345 En second lieu, dans les cas où il a été convenu entre l'utilisateur (payeur ou bénéficiaire) qui a ordonné l'opération et son prestataire de services de paiement que l'exécution de l'ordre de paiement commencera soit un jour

1. C. mon. fin., art. L. 133-7, al. 4.
2. V. ss 1329.
3. art. L. 133-8, II, al. 3.
4. R. Bonhomme, *op. cit.*, n° 34.

particulier, soit à l'issue d'une période déterminée, soit enfin le jour où le payeur aura mis les fonds à la disposition de son prestataire, l'ordre est révocable par l'utilisateur « au plus tard à la fin du jour ouvrable précédant le jour convenu » [1].

346 En dernier lieu, si les délais précités sont expirés, la révocation demeure possible avec l'accord des parties concernées, c'est-à-dire l'utilisateur de services de paiement (payeur ou bénéficiaire) et son prestataire de services de paiement. Cette solution est donc fondée sur la volonté des contractants [2].

347 ***Forme du retrait*** ◊ L'article 1 d'un arrêté du 31 août 2017 [3] prévoit que la convention de compte ou de service de paiement mentionne la forme que prendra le retrait du consentement. Mais qu'advient-il si la forme stipulée dans la convention n'a finalement pas été respectée ? Le code ne dit rien sur ce point, mais un courant doctrinal [4] conseille au prestataire de tenir compte du retrait.

348 ***Effets du retrait*** ◊ Les effets du retrait, lorsqu'il pourra être réalisé, seront variables selon les cas. Si le consentement a été donné pour une seule opération, son retrait constituera également une révocation de l'ordre de paiement. En revanche, si le consentement a été donné pour une série d'opérations, son retrait ne produira d'effet qu'à l'égard de l'ensemble des opérations à venir [5]. Les opérations déjà exécutées ne seront, quant à elles, pas concernées.

C. Le cas de l'authentification forte

349 ***Fondements juridiques*** ◊ La directive 2015/2366 du 25 novembre 2015 concernant les services de paiement dans le marché intérieur, dite « DSP 2 » est à l'origine de plusieurs évolutions notables, et notamment un renforcement des exigences liées à l'authentification de l'utilisateur de service de paiement. En effet, en raison notamment de la croissance régulière des paiements par internet et par téléphone mobile, la directive précitée cherche à généraliser les mesures de sécurité, et à les renforcer.

1. C. mon. fin., art. L. 133-8, III.
2. C. mon. fin., art. L. 133-8, IV. – Dans ce cas, si la convention de compte de dépôt ou le contrat-cadre de services de paiement le prévoit, le prestataire de services de paiement peut imputer des frais pour la révocation.
3. *JO* 2 sept. 2017, texte n° 13.
4. R. Bonhomme, *op. cit.*, n° 21.
5. C. mon. fin., art. L. 133-7, al. 5. V. déjà sous le droit antérieur, Com. 27 mars 2012, n° 11-11.275 : *Bull. civ.* 2012, IV, n° 65 ; *D.* 2012. 1520, note J. Lasserre Capdeville ; *D.* 2012. AJ 944, obs. X. Delpech ; *JCP E* 2012, 1407, note K. Rodriguez ; *Gaz. Pal.* 2012. 1554, obs. A.-Cl. Rouaud ; *RJDA* 2012, n° 614 ; *RDBF* 2012, comm. 109, obs. F.-J. Crédot et Th. Samin ; *Banque et Dr.* juill.-août 2012, p. 19, obs. Th. Bonneau ; *Dr. et patr.* 12/2012. 105, obs. J.-P. Mattout et A. Prüm.

Désormais, afin de garantir la protection des utilisateurs et le développement d'un « environnement sain » pour le e-commerce, tous les services de paiement proposés par voie électronique devront être sécurisés au moyen de technologies permettant de garantir une authentification sûre de l'utilisateur et de réduire les risques de fraude. À cet effet, il est introduit une nouvelle méthode d'authentification : celle de « l'authentification forte du client » (*Strong Customer Authentification* - SCA). L'idée sous-jacente à cette évolution est très simple : lutter contre la fraude en permettant de s'assurer qu'une opération a bien été initiée par l'utilisateur d'un service de paiement, c'est-à-dire, selon les cas, par le payeur ou le bénéficiaire en relation contractuelle avec le prestataire concerné.

Afin de permettre une implantation effective et harmonisée de ces nouvelles règles sécuritaires, l'Autorité Bancaire Européenne a été chargée d'élaborer des projets de normes techniques de réglementation (*Regulatory Technical Standard*) venant préciser les exigences relatives à l'authentification forte du client et les exigences auxquelles doivent satisfaire les mesures de sécurité. Le droit régissant cette authentification a donc été complété, dernièrement [1], par le règlement délégué n° 2018/389 du 27 novembre 2017 [2].

1350 Observons alors ici le contenu de cette authentification forte (1), les cas dans lesquels elle est exigée (2) et enfin les dérogations applicables en la matière (3).

1. Le contenu de l'authentification forte

1351 ***Définition*** ◊ Le droit français définit aujourd'hui cette authentification forte par l'article L. 133-4, *f*, du Code monétaire et financier. Il s'agit ainsi d' « une authentification reposant sur l'utilisation de deux éléments ou plus appartenant aux catégories «connaissance» (quelque chose que seul l'utilisateur connaît), «possession» (quelque chose que seul l'utilisateur possède) et «inhérence» (quelque chose que l'utilisateur est) et indépendants en ce sens que la compromission de l'un ne remet pas en question la fiabilité des autres, et qui est conçue de manière à protéger la

1. Ce renvoi à un texte postérieur à la DSP 2 a d'ailleurs été critiqué, fort légitimement, par la doctrine. P. Storrer, « Consultation Paper de l'ABE sur l'authentification et la communication », *Banque*, 2016. 89, n° 800.

2. Comm. UE, règl. délégué (UE) n° 2018/389 du 27 novembre 2017 complétant la directive (UE) 2015/2366 du Parlement européen et du Conseil par des normes techniques de réglementation relatives à l'authentification forte du client et à des normes ouvertes communes et sécurisées de communication : *JOUE* L 69, 13 mars 2018, p. 23 ; *JCP E* 2018, n° 12, 318 ; P. Storrer, « Derrière la DSP 2 : le règlement Authentification forte et Communication sécurisée », Revue Banque mai 2018, n° 820, p. 86. – M. Roussille, « La DSP 2 bientôt pleinement applicable : les normes techniques enfin publiées », *Banque et Dr.* 5-6/2018, n° 179, p. 47. J. Lasserre Capdeville et J. Bernardin, « Une évolution notable des services de paiement : l'exigence d'authentification forte », Revue banque mars-avril 2019, p. 2.

confidentialité des données d'authentification » [1]. L'authentification forte reposera donc, selon les prestataires concernés, sur l'utilisation de deux de ces éléments, voire plus.

1352 ***Clarifications pratiques*** ◊ La définition légale précitée, qui est rappelée par l'article 4 règlement délégué n° 2018/389 du 27 novembre 2017, doit être clarifiée, même si l'on comprend que la sécurisation des paiements en ligne par SMS [2] sera désormais insuffisante [3]. En effet, si la notion de « connaissance » [4] (par exemple un mot de passe ou un code confidentiel) est assez claire, il en va différemment de celles de « possession » [5] et d'« inhérence » [6]. Des précisions s'imposent.

En premier lieu, concernant la « possession », il s'agira d'un objet que seul l'utilisateur possède (smartphone, ordinateur, tablette, etc.).

En second lieu, l'« inhérence » doit être entendue comme une donnée biométrique, telles les empreintes digitales ou une reconnaissance faciale (et notamment le visage ou les yeux). On peut également imaginer une reconnaissance par la voix.

1353 ***Exigences complémentaires*** ◊ Quelques règles supplémentaires, liées au contenu de l'authentification forte, sont mentionnées à l'article 4 du règlement délégué n° 2018/389 du 27 novembre 2017 [7].

D'une part, celui-ci précise que les prestataires de services de paiement (PSP) doivent prendre des mesures de sécurité garantissant le respect des exigences suivantes : il ne faut qu'aucune information sur l'un des éléments en question ne puisse être déduite de la divulgation du code d'authentification ; il ne doit pas non plus être possible de générer un nouveau code d'authentification en se basant sur un autre code d'authentification généré au préalable et enfin le code d'authentification ne doit pas pouvoir être falsifié.

D'autre part, les mêmes PSP doivent veiller à ce que l'authentification au moyen de la génération d'un code d'authentification intègre un certain nombre de mesures, et notamment le fait que le nombre de tentatives d'authentification infructueuses consécutives au bout duquel les actions seront bloquées à titre temporaire ou permanent ne dépasse pas cinq au cours d'une période donnée. Notons, dans ce dernier cas, qu'il est

---

1. V. également, Dir. (UE) 2015/2366, art. 4, point 30.
2. On songe ici à la technique du *3D Secure*.
3. S. Poullennec, « Les banques bientôt privées de SMS pour sécuriser les paiements en ligne », *Les Échos*, 7 nov. 2018, p. 32.
4. L'article 6 du règlement délégué prévoit un certain nombre d'exigences relatives aux éléments appartenant à la catégorie connaissance.
5. Pour des précisions, Règl. délégué (UE) n° 2018/389 du 27 novembre 2017, art. 7.
6. Pour des précisions, Règl. délégué (UE) n° 2018/389 du 27 novembre 2017, art. 8.
7. L'article L. 133-44, III, du Code monétaire et financier indique d'ailleurs que les prestataires de service de paiement sont tenus de mettre en place des mesures de sécurité adéquates afin de protéger « la confidentialité et l'intégrité des données de sécurité personnalisées des utilisateurs de services de paiement ».

nécessaire que le payeur soit averti avant que le blocage ne devienne permanent. En outre, lorsque le blocage est rendu justement permanent, une procédure sécurisée doit être nécessairement mise en place pour permettre au payeur d'utiliser à nouveau les instruments de paiement électronique ainsi bloqués.

1354 Par ailleurs, concernant plus particulièrement les opérations de paiement électronique à distance, l'authentification forte du client définie au *f* de l'article L. 133-4, doit comporter des éléments qui établissent un lien dynamique entre l'opération, le montant et le bénéficiaire donnés [1]. Cette exigence est alors précisée par l'article 5 règlement délégué n° 2018/389 du 27 novembre 2017. Ainsi, lorsqu'ils appliquent la procédure d'authentification forte du client, les prestataires de services de paiement doivent prendre des mesures de sécurité qui satisfont à un certain nombre d'exigences visées par l'article.

Tout d'abord, le payeur doit être informé du montant de l'opération de paiement et du bénéficiaire.

De plus, le code d'authentification généré est nécessairement spécifique au montant de l'opération de paiement et au bénéficiaire approuvé par le payeur lors de l'initiation de l'opération.

En outre, le code d'authentification accepté par le prestataire de services de paiement correspond au montant spécifique initial de l'opération de paiement et à l'identité du bénéficiaire approuvé par le payeur.

Pour finir, toute modification du montant ou du bénéficiaire entraîne l'invalidation du code d'authentification généré.

1355 Enfin, l'article L. 133-4, *f*, du Code monétaire et financier prend soin de déclarer que les deux éléments (minimums) choisis doivent être indépendants entre eux. Comme l'indique l'article : « la compromission de l'un ne remet pas en question la fiabilité des autres ». Cette exigence est longuement précisée par l'article 9 du règlement délégué du 27 novembre 2017.

2. Le recours obligatoire à l'authentification forte

1356 *Cas concernés* ◊ Il découle de l'article L. 133-44, I, que cette authentification forte devra être obligatoirement appliquée dans trois cas [2]. Il en ira ainsi, tout d'abord, lorsque le payeur accédera à son compte de paiement en ligne.

La même solution s'imposera, ensuite, lorsque le payeur initiera une opération de paiement électronique.

Enfin, cette authentification sera exigée lorsque ce même payeur exécutera une opération par le biais d'un moyen de communication à distance,

1. C. mon. fin., art. L. 133, 44, II.
2. V. également, Dir. (UE) 2015/2366, art. 97.

susceptible de comporter un risque de fraude en matière de paiement ou de toute autre utilisation frauduleuse [1]. Cette dernière hypothèse peut paraître particulièrement large.

1357 ***Utilisation unique*** ◊ L'article 4, § 1, du règlement délégué du 27 novembre 2017 précise ici que le code d'authentification en question « n'est accepté qu'une seule fois par le prestataire de services de paiement » lorsque le payeur l'utilise dans les trois cas précités.

1358 ***Sanctions en cas d'opérations non autorisées*** ◊ Qu'advient-il en cas de manquement à une telle exigence par les professionnels assujettis ? Concernant plus particulièrement les opérations non autorisées, l'article L. 133-19 du Code monétaire et financier envisage le cas particulier de la contestation des opérations de paiement passées avec des instruments de paiement dotés de « données de sécurité personnalisées ». Or, depuis l'ordonnance du 9 août 2017, cette disposition prévoit de nouveaux cas d'irresponsabilité du payeur [2], et plus particulièrement le fait que, sauf agissement frauduleux de sa part, le payeur ne supportera aucune conséquence financière si l'opération de paiement non autorisée a été effectuée sans que le prestataire de services de paiement de ce même payeur n'ait exigé l'authentification forte de ce dernier prévue par l'article L. 133-44 du code [3]. Le PSP du payeur assumera, par conséquent, l'entière dépense de l'opération en question du fait l'absence de cette dernière.

Mais qu'en est-il si l'absence d'authentification forte concerne le bénéficiaire (notamment le e-commerçant) ou son PSP ? L'article L. 131-19, VI, nous le dit. En effet, selon ce dernier, lorsque le bénéficiaire ou son prestataire de services de paiement n'accepte pas une authentification forte du payeur, il se voit dans l'obligation de rembourser le préjudice financier causé au prestataire de services de paiement du payeur. Ainsi, et c'est à souligner, même dans ce cas ce dernier PSP devra rembourser, dans un premier temps, le payeur ayant contesté une opération passée. Ce n'est que dans un second temps qu'il pourra être remboursé, selon les circonstances, par le bénéficiaire ou son PSP.

De telles exigences nouvelles devraient avoir des impacts positifs sur la fraude aux moyens de paiement.

1359 ***Sanctions en cas d'opérations mal exécutées*** ◊ Concernant les opérations mal exécutées, il convient de rappeler que leur régime juridique trouve son siège dans l'article L. 133-22 du Code monétaire et financier [4].

---

1. Pour mémoire, L. 133-44, III, précise que les prestataires de service de paiement doivent de mettre en place des mesures de sécurité adéquates en la matière.

2. N. Kilgus, « L'évolution des procédures de contestation des paiements », *RDBF* 2018, n° 2, dossier 11.

3. C. mon. fin., art. L. 133-19, V. – v. ss 1431 s.

4. V. ss 1445.

Celui-ci fait une différence selon que l'ordre de paiement a été donné par le payeur ou que l'opération de paiement a été initiée par le bénéficiaire ou par le payeur qui donne ordre de paiement par l'intermédiaire du bénéficiaire.

Or, pour l'article D. 133-4 du code, lorsque la responsabilité d'un prestataire de services de paiement, au titre de l'article L. 133-22, est imputable à un autre prestataire de services de paiement ou à un intermédiaire, le prestataire de services de paiement ou l'intermédiaire en question doit indemniser le premier prestataire de services de paiement pour toutes pertes subies ou toutes sommes payées en application de ce même article. L'article D. 133-4 prend soin alors de préciser que cette indemnisation « s'applique au cas où l'un des prestataires de services de paiement ne recourt pas à l'authentification forte du client ».

3. Les exceptions au recours à l'authentification forte

1360 ***Fondement*** ◊ Le règlement délégué (UE) n° 2018/389 du 27 novembre 2017 prévoit, par ses articles 10 et suivants, des dérogations à l'application des exigences de sécurité relatives à l'authentification forte du client, sous réserve de conditions bien définies et limitées fondées sur le niveau de risque, le montant et le caractère récurrent de l'opération de paiement et le moyen utilisé pour l'exécuter. Nous donnerons ici simplement cinq exemples. Les hypothèses sont, en réalité, plus nombreuses [1].

1361 ***Paiement sans contact*** ◊ A propos du paiement sans contact au point de vente, l'article 11 du même règlement délégué indique que les prestataires de services de paiement sont autorisés à ne pas appliquer l'authentification forte du client lorsque le payeur initie une opération de paiement électronique sans contact, pour autant que les conditions suivantes soient remplies : le montant individuel de l'opération de paiement électronique sans contact ne dépasse pas 50 euros ; et le montant cumulé des précédentes opérations de paiement électronique sans contact initiées par l'intermédiaire d'un instrument de paiement disposant d'une fonctionnalité sans contact, depuis la date de la dernière authentification forte du client, ne dépasse pas 150 euros ; ou le nombre d'opérations de paiement électronique sans contact consécutives initiées par l'intermédiaire de l'instrument de paiement disposant d'une fonctionnalité sans contact, depuis la dernière authentification forte du client, ne dépasse pas cinq [2].

1. J. Lasserre Capdeville et J. Bernardin, « Une évolution notable des services de paiement : l'exigence d'authentification forte », Revue banque mars-avril 2019, p. 2, n° 31 s.
2. Règl. délégué (UE) n° 2018/389 du 27 novembre 2017, art. 11.

1362 ***Bénéficiaire de confiance*** ◇ L'article 13 du règlement délégué du 27 novembre 2017 prévoit que les prestataires de services de paiement sont autorisés à ne pas appliquer l'authentification forte du client lorsque le payeur initie une opération de paiement et que le bénéficiaire figure dans une liste de bénéficiaires de confiance préalablement créée par le payeur. Bien évidemment, l'authentification forte du client s'imposera à nouveau lorsque le payeur créera ou modifiera cette liste de bénéficiaires de confiance par l'intermédiaire du prestataire de services de paiement gestionnaire de son compte.

1363 ***Opérations récurrentes*** ◇ L'hypothèse des opérations récurrentes n'a pas été oubliée. En effet, pour l'article 14 du texte les prestataires de services de paiement sont autorisés à ne pas appliquer l'authentification forte du client (après une première authentification présentant ce caractère) pour l'initiation de l'ensemble des opérations de paiement ultérieures comprises dans la série d'opérations de paiement récurrentes ayant le même montant et le même bénéficiaire. En revanche, les PSP appliqueront l'authentification forte du client lorsqu'un payeur créera, modifiera ou initiera pour la première fois une telle série d'opérations récurrentes.

1364 ***Opérations entre mêmes personnes*** ◇ L'article 15 du règlement délégué prévoit ici que les prestataires de services de paiement sont autorisés à ne pas appliquer l'authentification forte du client lorsque le payeur initie un virement pour lequel le payeur et le bénéficiaire sont la même personne physique ou morale et les deux comptes de paiement sont détenus auprès du même prestataire de services de paiement gestionnaire du compte.

1365 ***Opérations de faible valeur*** ◇ Les opérations de faible valeur sont visées, quant à elles, par l'article 16 du règlement qui prévoit que les prestataires de services de paiement sont également autorisés à ne pas appliquer l'authentification forte du client lorsque le payeur initie une opération de paiement électronique à distance, pour autant que certaines conditions suivantes sont remplies. En effet, d'une part, le montant de l'opération de paiement électronique à distance ne doit pas dépasser 30 euros et, d'autre part, le montant cumulé des précédentes opérations de paiement électronique à distance initiées par le payeur depuis la dernière authentification forte du client ne doit pas être supérieur à 100 euros, ou le nombre des précédentes opérations de paiement électronique à distance initiées par le payeur depuis la dernière authentification forte du client ne doit pas dépasser cinq opérations de paiement individuelles consécutives.

1366 ***Entrée en vigueur*** ◇ Selon l'article 34 VIII de l'ordonnance n° 2017-1252 du 9 août 2017, l'entrée en vigueur des I, II et III de l'article L. 133-44 est reportée à dix-huit mois après l'entrée en vigueur de l'acte délégué adopté en vertu de l'article 98.1 de la directive (UE) 2015/2366 du Parlement européen et du Conseil du 25 novembre 2015. Or, le règlement délégué en question étant entré en vigueur le 14 mars 2018, le dispositif précité intéressant l'authentification forte ne devrait s'appliquer qu'à partir du 14 septembre 2019 [1].

§ 2. L'exécution de l'opération de paiement

1367 ***Transfert du montant*** ◊ Il résulte de l'article L. 133-11 du Code monétaire et financier que le ou les prestataires de services de paiement du payeur et celui ou ceux du bénéficiaire ainsi que leurs intermédiaires intervenant pour la réalisation d'une opération de paiement vont ici être tenus de transférer le montant total de l'opération de paiement.

1368 Trois questions liées à l'exécution de l'opération de paiement sont à préciser à la vue du droit applicable. Il s'agit du moment de l'exécution de l'ordre de paiement (A), de la réalisation effective de celle-ci (B) et enfin du cas particulier du refus de paiement (C).

A. Le moment de l'exécution de l'ordre de paiement

1369 ***Principe applicable*** ◊ L'ordre de paiement est reçu par le prestataire de services de paiement du payeur [2]. Cette date de réception est importante car d'elle dépend non seulement le moment de l'irrévocabilité de l'ordre [3] mais aussi, et surtout, le point de départ du délai d'exécution de l'opération de paiement. Le prestataire de services de paiement sera tenu, en principe, d'exécuter cet ordre dès sa réception. Mais ce principe connaît des tempéraments.

1370 ***Volonté des parties*** ◊ L'utilisateur de services de paiement à l'origine de l'ordre et son prestataire de services de paiement peuvent convenir que l'exécution de l'ordre de paiement commencera un jour donné ou à l'issue d'une période déterminée ou le jour où payeur aura mis les fonds à la disposition de son prestataire de services de paiement. Dans ces cas, le moment de réception sera réputé être le jour convenu.

1371 ***Jour ouvrable*** ◊ L'article L. 133-9, alinéa 3, donne une autre précision notable. Dans l'ensemble des cas précités, si le moment de réception

1. Régl. délégué (UE) n° 2018/389, art. 38.
2. C. mon. fin., art. L. 133-9, al. 1.
3. V. ss 1343.

n'est pas un jour ouvrable pour le prestataire de services de paiement du payeur, l'ordre de paiement sera réputé avoir été reçu le jour ouvrable suivant. Pour mémoire, est un jour ouvrable celui au cours duquel le prestataire de services de paiement du payeur ou celui du bénéficiaire exerce une activité permettant d'exécuter des opérations de paiement [1].

On notera encore que le prestataire de services de paiement peut établir une heure limite proche de la fin d'un jour ouvrable au-delà de laquelle tout ordre de paiement reçu est réputé reçu le jour ouvrable suivant [2].

B. L'exécution effective de l'ordre de paiement

1372 Deux phases successives sont à distinguer : d'une part la mise à disposition des fonds au prestataire de services de paiement (PSP) du bénéficiaire (1), et, d'autre part, la mise à disposition effective des fonds au bénéficiaire par son prestataire (2).

1. La mise à disposition des fonds au prestataire du bénéficiaire

1373 ***Moment de la délivrance des fonds*** ◊ Le montant de l'opération de paiement doit être crédité sur le compte du prestataire de services de paiement du bénéficiaire, « *au plus tard à la fin du premier jour ouvrable* [3] *suivant le moment de réception de l'ordre de paiement* » [4].

Ce délai peut être prolongé d'un jour ouvrable de plus pour les opérations de paiement ordonnées sur support papier [5].

1374 ***Appréciation*** ◊ Ce délai, particulièrement court, témoigne du fait que le législateur est favorable à une exécution rapide. Il est vrai que celle-ci est permise par la dématérialisation. Des délais plus longs ne seraient guère compréhensibles aujourd'hui.

1375 ***Transition*** ◊ Soulignons qu'une période de transition a été, un temps, aménagée en permettant aux parties de déroger temporairement au délai précité. En effet, jusqu'au 1er janvier 2012, le payeur et le prestataire de services de paiement pouvaient convenir d'un délai d'exécution différent, ne pouvant excéder trois jours ouvrables.

---

1. C. mon. fin., art. L. 133-4, d).
2. C. mon. fin., art. D. 133-2.
3. On rappellera que le jour ouvrable est celui au cours duquel le prestataire de services de paiement du payeur ou celui du bénéficiaire exerce une activité permettant d'exécuter des opérations de paiement. - C. mon. fin., art. L. 133-4, d).
4. C. mon. fin., art. L. 133-13, I.
5. C. mon. fin., art. L. 133-13, I.

2. La mise à disposition des fonds au bénéficiaire par son prestataire

1376 ***Bénéficiaire titulaire d'un compte*** ◊ Lorsque le bénéficiaire du paiement est titulaire d'un compte, le prestataire de services de paiement du bénéficiaire doit « immédiatement » créditer ce compte après que son compte propre l'a été [1].

1377 ***Dates de valeur*** ◊ L'article L. 133-14, I, prohibe toute date de valeur qui serait postérieure à celle du jour ouvrable au cours duquel le montant de l'opération de paiement est crédité sur le compte du prestataire de services de paiement du bénéficiaire. De la même façon, la date de valeur du débit inscrit au compte de paiement du payeur ne saurait être antérieure au jour où le montant de l'opération de paiement est débité de ce compte.

Ces solutions sont aisées à comprendre. Cela fait de nombreuses années que la Cour de cassation condamne la stipulation de dates de valeur au motif qu'elle serait dépourvue de cause, exception faite de la remise de chèques en vue de leur encaissement [2]. Les utilisateurs doivent ainsi pouvoir connaître le coût réel des services de paiement.

Ces dispositions sont qualifiées d'ordre public et il n'est pas possible, à ce titre, d'y déroger [3].

1378 ***Cas des devises*** ◊ La mise à disposition immédiate du montant de l'opération sur le compte du bénéficiaire n'est cependant exigée que s'il n'y a pas de conversion ou s'il y a une conversion entre l'euro et la devise d'un État membre ou entre les devises de deux États membres.

Le II de l'article L. 133-14 donne alors d'autres précisions utiles lorsque des devises sont présentes. Ainsi, lorsqu'une personne physique n'agissant pas pour des besoins professionnels verse des espèces sur un compte auprès d'un prestataire de services de paiement, dans la devise de ce compte, le prestataire de services de paiement veille « à ce que le montant versé soit mis à disposition et qu'il reçoive une date de valeur aussitôt que les fonds sont reçus ». Pour les autres déposants, le montant versé est mis à disposition et il reçoit une date de valeur au plus tard le jour ouvrable suivant la réception des fonds.

---

1. C. mon. fin., art. L. 133-14, I, al. 2.

2. V. notamment, Com. 6 avr. 1993, n° 90-21.198 : *Bull. civ.* 1993, IV, n° 138 ; *D.* 1993. 310, note Ch. Gavalda ; *JCP* 1993, II, 22062, note J. Stoufflet. - Com. 29 mars 1994, n° 92-11.843 : *Bull. civ.* 1994, IV, n° 134 ; *D.* 1994. 611, note Ch. Gavalda ; *RJ com.* 1994. 234, note F. Grua.

3. C. mon. fin., art. L. 133-14, I, *in fine*. Rappelons que cette règle régissant les dates de valeur a été complétée, en matière de chèque, par une disposition de la loi n° 2009-1255 du 19 octobre 2009 relative à l'accès au crédit des PME. Ainsi, désormais, la date de valeur pour le paiement par chèque en euros ne peut pas différer de plus d'un jour ouvré de la date retenue pour sa comptabilisation sur un compte de dépôt, C. mon. fin., art. L. 131-1-1.

1379 ***Bénéficiaire non titulaire d'un compte*** ◇ Lorsque le bénéficiaire n'est pas titulaire d'un compte auprès d'un prestataire de services de paiement, l'article L. 133-13, III, dispose que le prestataire qui reçoit les fonds a l'obligation de les mettre à la disposition du bénéficiaire dans les délais prévus, c'est-à-dire immédiatement après que le compte du prestataire ait été crédité, sous réserve qu'il a été crédité un jour ouvrable.

C. Le cas du refus d'exécution

1380 ***Principe*** ◇ L'article L. 133-10 du Code monétaire et financier régit l'hypothèse particulière du refus d'exécuter un ordre de paiement (ou d'initier une opération de paiement) par le prestataire de services de paiement. L'ordre de paiement refusé est alors réputé non reçu [1].

1381 ***Notification*** ◇ Le refus en question doit être notifié à l'utilisateur de services de paiement. Il met également la notification à sa disposition selon les modalités convenues.

Cette transmission doit intervenir « dès que possible et, en tout état de cause, dans un délai ne pouvant excéder celui prévu à l'article L. 133-13 », c'est-à-dire au plus tard à la fin du premier jour ouvrable suivant le moment de réception de l'ordre de paiement. Ce délai pourra être prolongé d'un jour ouvrable supplémentaire pour les opérations de paiement ordonnées sur support papier.

1382 ***Motivation*** ◇ L'article L. 133-10, I, du code indique que le prestataire de services de paiement à l'origine d'un tel refus doit donner à l'utilisateur de services de paiement « si possible et à moins d'une interdiction en vertu d'une autre disposition du droit de l'Union ou de droit national pertinente » [2], les motifs de celui-ci. Le refus doit ainsi pouvoir faire l'objet d'un contrôle judiciaire. Un courant doctrinal estime alors qu'un refus d'exécution sans motif légitime est de nature à engager la responsabilité du prestataire s'il occasionne un préjudice à l'utilisateur de services de paiement [3].

1383 ***Erreur matérielle*** ◇ Lorsque le refus est justifié par une erreur matérielle, le prestataire de services de paiement doit indiquer, si possible, à l'utilisateur de services de paiement la procédure à suivre pour corriger cette erreur.

1384 ***Frais*** ◇ On notera que la convention de compte de dépôt ou le contrat-cadre de services de paiement peut prévoir la possibilité pour le prestataire

1. C. mon. fin., art. L. 133-10, I, al. 3.

2. On peut songer ici aux règles de la lutte contre le blanchiment d'argent, et notamment aux dispositions de l'article L. 561-8 du Code monétaire et financier.

3. S. Torck, « L'exécution et la contestation des opérations de paiement », *JCP E* 2010, n° 1033, spéc. n° 11 et 12.

de services de paiement d'imputer des frais proportionnés aux coûts induits par une telle notification si le refus est objectivement justifié.

1385 ***Cas du prélèvement*** ◊ Dans le cas du prélèvement, lorsque le montant crédité à l'échéance sur le compte du bénéficiaire constitue une avance, le contrat-cadre de services de paiement ou la convention de compte de dépôt doit prévoir les conséquences de la contre-passation de l'opération lorsqu'elle n'est pas imputée au compte du payeur.

1386 ***Blocage de l'instrument de paiement*** ◊ Si la convention de compte de dépôt ou le contrat-cadre de services de paiement le prévoit, le prestataire de services de paiement peut également se réserver le droit de bloquer l'instrument de paiement, « pour des raisons objectivement motivées ayant trait à la sécurité de l'instrument de paiement, à la présomption d'une utilisation non autorisée ou frauduleuse de l'instrument de paiement ou au risque sensiblement accru que le payeur soit dans l'incapacité de s'acquitter de son obligation de paiement » [1]. Cette hypothèse devrait concerner, principalement, les cartes bancaires.

Dans ce cas, le prestataire de services de paiement devra informer, dans les formes convenues entre les parties, le payeur du blocage de l'instrument de paiement et des raisons de ce blocage, et ce, si possible, avant que l'instrument de paiement ne soit bloqué « et au plus tard immédiatement après, à moins que le fait de donner cette information ne soit pas acceptable pour des raisons de sécurité objectivement motivées ou soit interdite en vertu d'une autre législation communautaire ou nationale pertinente » [2], par exemple en matière de lutte contre le blanchiment d'argent ou le financement du terrorisme.

On peut penser que cette règle risque d'être difficile à mettre en œuvre par les prestataires de services de paiement, dans la mesure où une mauvaise appréciation de leur part serait de nature à engager leur responsabilité.

L'utilisateur devrait pouvoir demander, à tout moment, le déblocage de l'instrument de paiement. Ce déblocage sera logiquement de droit lorsque la raison qui l'a motivé a disparu.

§ 3. Les obligations particulières des parties à l'opération de paiement

1387 Notre droit envisage un certain nombre d'obligations à la charge du prestataire de services de paiement (A), mais aussi de l'utilisateur de services de paiement (B).

1. C. mon. fin., art. D. 133-1, al. 2.
2. C. mon. fin., art. D. 133-1, al. 3.

A. Les obligations du prestataire de services de paiement

1388 ***Protection des données*** ◊ L'article L. 133-15 du Code monétaire et financier vise un certain nombre d'obligations à la charge du prestataire de services de paiement. Ce dernier doit tout d'abord s'assurer que les données de sécurité personnalisées des instruments de paiement délivrés ne sont pas accessibles à des tiers [1].

Pour mémoire, les données de sécurité personnalisées s'entendent « des données personnalisées fournies à un utilisateur de services de paiement par le prestataire de services de paiement à des fins d'authentification » [2].

Usent alors de tels dispositifs les cartes de paiement, du fait de leur code secret, et les opérations de paiement effectuées à distance à l'aide d'un code personnalisé. Le système *3D Secure* est notamment vu, ces dernières années, comme une telle donnée de sécurité personnalisée.

1389 ***Information en matière d'opposition*** ◊ Le prestataire de services de paiement est également tenu de mettre en place à titre gratuit les moyens appropriés permettant à l'utilisateur de procéder à tout moment à l'information prévue en matière d'opposition par l'article L. 133-17 du Code monétaire et financier [3].

De façon plus précise encore, l'article D. 133-3 impose au prestataire de services de paiement de fournir au client, sur sa demande, pendant dix-huit mois à compter de l'information-opposition, les éléments permettant de prouver que ce même a procédé à cette dernière information.

1390 ***Envoi de l'instrument de paiement*** ◊ Le prestataire de services de paiement doit s'abstenir d'envoyer tout instrument de paiement non sollicité, sauf dans le cas où un instrument de paiement déjà donné à l'utilisateur de services de paiement doit être remplacé [4].

De plus, il supporte les risques liés à l'envoi au payeur d'un instrument de paiement ou de toute donnée de sécurité personnalisé de celui-ci. La manière dont est rédigée cette dernière exigence a été critiquée [5]. Des questions peuvent en effet se poser. À titre d'exemple, cette responsabilité peut-elle être atténuée ou écartée en raison de la négligence de l'utilisateur de services de paiement ? La loi ne dit rien sur ce point.

1391 ***Blocage de l'instrument de paiement*** ◊ Le prestataire de services de paiement se voit également dans l'obligation d'empêcher toute utilisation

1. C. mon. fin., art. L. 133-15, I.
2. C. mon. fin., art. L. 133-4, a.
3. C. mon. fin., art. L. 133-15, II.
4. C. mon. fin., art. L. 133-15, I, al. 2.
5. S. Torck, « L'exécution et la contestation des opérations de paiement », *JCP E* 2010, n° 1033, n° 41.

de l'instrument de paiement après avoir été informé de sa perte, de son vol, de son détournement ou de toute utilisation non autorisée de l'instrument de paiement ou des données qui lui sont liées [1]. On rappellera que notre droit envisage d'autres cas pouvant fonder le blocage de l'instrument de paiement [2].

1392 ***Blocage des fonds*** ◊ Depuis l'ordonnance n° 2017-1252 du 9 août 2017, le Code monétaire et financier prévoit une nouvelle section totalement dédiée aux « Opérations de paiement dont le montant n'est pas connu à l'avance ». Ainsi, pour l'article L. 133-42 figurant dans cette section, lorsqu'une opération de paiement est initiée par l'intermédiaire du bénéficiaire dans le cadre d'une opération de paiement liée à une carte et que le montant exact n'est pas connu au moment où le payeur donne son consentement à l'exécution de l'opération de paiement, le prestataire de services de paiement du payeur « ne peut bloquer des fonds sur le compte de paiement du payeur que si celui-ci a donné son consentement quant au montant exact des fonds à bloquer ».

Le prestataire de services de paiement du payeur débloquera alors les fonds ainsi bloqués sur le compte de paiement du payeur sans retard injustifié après réception des informations sur le montant exact de l'opération de paiement et au plus tard immédiatement après réception de l'ordre de paiement [3].

B. Les obligations de l'utilisateur d'un instrument de paiement

1393 ***Préservation de la sécurité*** ◊ L'article L. 133-16 oblige l'utilisateur de services de paiement à prendre toute mesure raisonnable pour préserver la sécurité de ses données de sécurité personnalisées.

Cette exigence n'est pas nouvelle. La jurisprudence déclare depuis de nombreuses années que le titulaire d'une carte bancaire ne doit pas, par exemple, noter le numéro confidentiel sur la carte ou un document accessible, ni communiquer ce numéro à un proche, ni laisser la carte dans un local ou une voiture accessible au public [4].

1394 ***Utilisation conforme de l'instrument*** ◊ Le même article indique que l'utilisateur de services de paiement doit utiliser l'instrument de paiement conformément aux conditions régissant sa délivrance et son utilisation qui doivent être « objectives, non discriminatoires et proportionnées ».

---

1. C. mon. fin., art. L. 133-15, III.
2. V. ss 1386.
3. C. mon. fin., art. L. 133-43.
4. V. ss 1295.

1395 ***Délai de déclaration des opérations contestées*** ◊ Il résulte enfin de l'article L. 133-17 du Code monétaire et financier, qui sera évoqué plus en détail plus loin [1], que lorsqu'il a connaissance de la perte, du vol, du détournement ou de toute utilisation non autorisée de son instrument de paiement ou des données qui lui sont liées, l'utilisateur de services de paiement « en informe sans tarder, aux fins de blocage de l'instrument, son prestataire ou l'entité désignée par celui-ci ». Une certaine réactivité est ainsi attendue de sa part.

1396 ***Sanctions encourues*** ◊ Le non-respect des obligations posées par ces articles L. 133-16 et L. 133-17 a des incidences sur le remboursement du payeur en cas d'opération de paiement non autorisée. En effet, pour l'article L. 133-19, IV, du code, le payeur supporte ici toutes les pertes liées à de telles opérations « s'il n'a pas satisfait intentionnellement ou par négligence graves aux obligations mentionnées » par ces deux articles [2].

§ 4. Les frais liés aux opérations de paiement

1397 Plusieurs dispositions sont à mentionner ici à propos des frais liés aux opérations de paiement : celles qui encadrent le *surcharging* (A), mais aussi celles qui concernent l'exécution d'une opération de paiement (B) et les éventuels incidents de paiement (C).

A. L'encadrement du *surcharging*

1398 ***Objectif*** ◊ L'ordonnance n° 2009-866 du 15 juillet 2009, qui a transposé en droit interne les dispositions de la directive 2007/64/CE du 13 novembre 2007, a notamment cherché à encadrer la pratique dite de *surcharging*, qui consiste, pour un commerçant ou un professionnel, à répercuter sur ses clients les frais effectifs correspondant aux moyens de paiement qu'ils utilisent et faisant varier le prix de vente en fonction du moyen de paiement choisi par le client. Cet encadrement, qui a été quelque peu modifié par l'ordonnance n° 2017-1252 du 9 août 2017, envisage plusieurs obligations à l'égard des parties en présence, c'est-à-dire le prestataire de services de paiement (PSP) et le bénéficiaire d'un paiement.

1399 ***Interdiction pesant sur le PSP*** ◊ L'article L. 112-11 du Code monétaire et financier prévoit une interdiction à la charge du prestataire de services de paiement (PSP). Celui-ci ne peut, en aucun cas, limiter contractuellement la possibilité pour le bénéficiaire (commerçant ou professionnel) d'une opération de paiement d'appliquer des frais, de proposer une réduction au payeur ou de l'orienter d'une autre manière

1. V. ss 1422.
2. V. ss 1437.

vers l'utilisation d'un instrument de paiement donné. Toute clause contraire à ce principe est réputée non écrite.

1400 ***Obligations d'information du PSP*** ◊ Au cours des trois premiers mois de l'année, le PSP est tenu de porter à la connaissance du bénéficiaire du paiement un « document distinct » venant récapituler le total des sommes perçues par ce prestataire au cours de l'année civile précédente au titre des frais facturés fixés contractuellement pour l'encaissement des paiements par carte. Il convient, néanmoins, de préciser que sont exclues du bénéfice de cette obligation les personnes physiques n'agissant pas pour des besoins professionnels. L'objectif de ce dispositif est donc essentiellement d'améliorer l'information des petites entreprises. Plus concrètement, ce relevé annuel se doit de distinguer, pour chaque catégorie de produits ou services, le sous-total des frais perçus et le nombre de produits ou services correspondants [1].

Par ailleurs, lorsque le prestataire de services de paiement ou une autre partie intervenant dans l'opération applique des frais pour l'utilisation d'un instrument de paiement donné, il doit obligatoirement en informer l'utilisateur de services de paiement avant l'initiation de l'opération de paiement. Le payeur n'est alors tenu d'acquitter de tels frais que s'il a eu connaissance de leur montant total, et ce avant l'initiation de l'opération de paiement en question [2]. La violation de cette dernière obligation d'information est passible d'une amende administrative [3].

1401 ***Interdiction pesant sur le bénéficiaire*** ◊ Concernant l'application de frais, une interdiction et des dérogations ont été prévues à l'égard du bénéficiaire. En effet, par principe, ce dernier ne peut pas appliquer de frais pour l'utilisation d'un instrument de paiement donné [4]. Cette solution permet alors d'écarter le risque d'une tarification abusive qui aurait pour conséquence de réduire le recours à un instrument de paiement, et notamment les plus efficaces [5].

Toutefois, il peut être dérogé à cette interdiction dans des conditions définies par décret, pris après avis de l'Autorité de la concurrence, compte tenu de la nécessité « d'encourager la concurrence et de favoriser l'utilisation de moyens de paiement efficaces » [6]. Cet article s'adresse, en toute logique, aux cartes bancaires, aux virements et aux prélèvements automatiques, et non aux chèques. Ces derniers, de par leur coût, ne sauraient en

---

1. C. mon. fin., art. L. 112-11, al. 2.
2. C. mon. fin., art. L. 112-13.
3. C. mon. fin., art. L. 171-2. Cette amende est de 3 000 euros au plus pour une personne physique et 15 000 euros pour une personne morale.
4. Sur cette interdiction, V. Aut. conc., avis n° 09-A-35, 26 juin 2009 : CCC 2009, comm. 248, obs. G. Decocq.
5. C. mon. fin., art. L. 112-12, al. 2. S. Piedelièvre, « L'ordonnance du 15 juillet 2009 relative aux conditions régissant la fourniture de services de paiement », *Gaz. Pal.* 2009. 2807 et 2820.
6. C. mon. fin., art. L. 112-12, al. 2.

effet être vus comme efficaces. Dès lors, des commerçants ne devraient pas pouvoir, par exemple, surcharger l'utilisation de la carte bancaire par rapport à l'utilisation du chèque, car, dans un tel cas, le chèque se retrouverait favorisé, et ce au détriment de la carte. Or, c'est le type même de situation que le gouvernement souhaite éviter [1].

L'article L. 171-1 sanctionne d'une amende administrative ne pouvant dépasser 75 000 euros pour une personne physique et 375 000 pour une personne morale, tout manquement à l'obligation mentionnée au deuxième alinéa de l'article L. 112-12. Cette amende est prononcée par l'Autorité de la concurrence [2].

1402 ***Obligation d'information du bénéficiaire*** ◊ Concernant plus particulièrement le cas de la réduction, le bénéficiaire devra, selon l'article L. 112-12, alinéa 1, lorsqu'il en proposera une au payeur pour l'utilisation d'un instrument de paiement donné, l'en informer avant l'initiation de l'opération de paiement.

B. Les frais intéressant l'exécution d'une opération de paiement

1403 Plusieurs dispositions s'intéressent aux frais liés au montant transféré (1) et aux services réalisés (2).

1. Les frais liés au montant transféré

1404 ***Interdiction*** ◊ Par principe, selon l'article L. 133-11 du Code monétaire et financier, le ou les prestataires de services de paiement du payeur et celui ou ceux du bénéficiaire ainsi que leurs intermédiaires intervenant pour la réalisation d'une opération de paiement doivent transférer le montant total de l'opération de paiement, et ne peuvent prélever de frais sur montant transféré.

1405 ***Dérogations*** ◊ Le bénéficiaire peut néanmoins convenir avec son prestataire de services de paiement que ce dernier prélève préalablement les frais qui lui sont dus sur le montant transféré. Dans ce cas, le montant total de l'opération de paiement et les frais devront être séparés dans l'information donnée au bénéficiaire [3].

Le même article précise encore que si d'autres frais devaient être déduits du montant transféré, une distinction s'impose. D'une part, lorsque l'opération de paiement est ordonnée par le payeur, le prestataire de services de

1. Dans ce cas encore, le payer n'est tenu d'acquitter les frais en question que s'il a eu connaissance de leur montant total avant l'initiation de l'opération de paiement.

2. C. mon. fin., art. L. 171-3. *Banque et Dr.*, sept-oct. 2017, n° 175, p. 71, obs. J. Lasserre Capdeville.

3. C. mon. fin., art. L. 133-11, al. 2.

paiement du payeur veille à ce que le bénéficiaire reçoive le montant total de l'opération. D'autre part, lorsque l'opération de paiement est ordonnée par le bénéficiaire ou par le payeur qui donne un ordre de paiement par l'intermédiaire du bénéficiaire, le prestataire de services de paiement du bénéficiaire est tenu de veiller à ce que celui-ci reçoive le montant total de l'opération de paiement.

2. Les frais liés aux services réalisés

1406 ***Interdiction*** ◇ Il résulte de l'article L. 133-26 du code que le prestataire de services de paiement ne peut imputer de frais à l'utilisateur de services de paiement pour l'accomplissement de ses obligations d'information, « ni pour l'exécution des mesures correctives et préventives » envisagées par le chapitre relatif aux « autres instruments de paiement ».

On notera que les dispositions en question ne nous disent pas ce sont exactement de telles mesures « correctives et préventives ». Pour la doctrine [1], il s'agirait de mesures d'événements subis par le client, à son corps défendant.

1407 ***Dérogations*** ◇ Des exceptions sont cependant prévues pour les services envisagés au IV de l'article L. 133-8 (frais de révocation), au I de l'article L. 133-10 (frais de notification) et à l'article L. 133-21 (frais de recouvrement en cas d'erreur d'IBAN). Ces frais sont alors convenus entre l'utilisateur de services de paiement et de prestataires de services de paiement et doivent être « appropriés et en rapport avec les coûts réellement supportés par le prestataire de services de paiement » [2].

Par ailleurs, lorsque l'utilisateur de services de paiement procède à l'information prévue à l'article L. 133-17, le prestataire de services de paiement ne peut facturer éventuellement que les coûts de remplacement directement imputables à cet instrument de paiement [3].

1408 ***Précision*** ◇ Selon l'article L. 133-27 du code, le bénéficiaire paie les frais prélevés par son prestataire de services de paiement et le payeur paie les frais prélevés par le sien, lorsqu'une opération de paiement est effectuée à l'intérieur de l'Espace économique européen (EEE) et que le prestataire de services de paiement du payeur et celui du bénéficiaire sont tous deux situés dans un État membre de l'Union européenne (UE) ou d'un autre État partie à l'accord sur l'EEE.

---

1. P. Bouteiller, « La transposition en droit français des dispositions européennes régissant la fourniture de services de paiement et portant création des établissements de crédit », *JCP E* 2009. 1897, n° 83.

2. Le III de l'article L. 133-26 précise toutefois que le prestataire de services de paiement ne peut imputer de frais à l'utilisateur de services de paiement en cas de révocation par le payeur d'un mandat de prélèvement (sauf cas prévu au IV de l'article L. 133-8).

3. C. mon. fin., art. L. 133-26, IV.

Il en va de même lorsque l'unique prestataire de services de paiement intervenant dans l'opération de paiement est situé dans un État membre de l'UE ou d'un autre État partie à l'accord sur l'EEE.

C. Les frais intéressant les incidents de paiement

1409 ***Encadrement*** ◊ L'article L. 133-26, II, s'adresse spécifiquement à l'incident de paiement, c'est-à-dire, selon l'article D. 133-5, à tout rejet d'un ordre de paiement reçu par le prestataire de services de paiement du payeur en raison d'un défaut ou d'une insuffisance de provision, quel que soit le moyen de paiement utilisé. Il est alors prévu que le montant des frais consécutifs à un tel incident de paiement autre que le rejet d'un chèque ne peut excéder le montant de l'ordre de paiement rejeté, dans la limite d'un plafond de 20 euros [1].

1410 ***Limite*** ◊ Si plusieurs demandes de paiement concernant la même opération de paiement ont été rejetées par le prestataire de services de paiement, le payeur peut demander le remboursement des frais perçus au titre de ces incidents au-delà du montant facturé pour le premier rejet [2].

SECTION 2. LA CONTESTATION DE L'OPÉRATION DE PAIEMENT

1411 ***Volonté de protection*** ◊ Une opération passée n'est pas à l'abri de la critique. Elle peut être ainsi le résultat de la fraude d'un tiers [3], ou encore d'une erreur de l'un des prestataires de services de paiements intervenus. Des contestations doivent alors pouvoir être possibles. Fort de ce constat, le législateur européen a cherché, par les directives 2007/64/CE du 13 novembre 2007, dite « DSP 1 », et 2015/2366 du 25 novembre 2015, dite « DSP 2 », à encadrer ces situations, notamment pour protéger au mieux le payeur.

1412 Ainsi, aujourd'hui, notre droit encadre non seulement la contestation de l'opération non autorisée (§ 1), de l'opération mal exécutée (§ 2) et enfin de l'opération dont le montant n'était pas déterminé à l'origine (§ 3).

1. C. mon. fin., art. D. 133-6, al. 1.
2. C. mon. fin., art. D. 133-6, al. 3
3. L'Observatoire de la sécurité des moyens de paiement a rendu public, le 10 juillet 2018, son nouveau rapport annuel. Celui-ci relève que la fraude tend à baisser pour les instruments de paiement que sont la carte bancaire, le virement et le prélèvement. J. Lasserre Capdeville, « La fraude aux moyens de paiement : état des lieux », *JCP E* 2018, n° 30, 608.

§ 1. La contestation de l'opération non autorisée

1413 ***Définition*** ◊ Les opérations de paiement non autorisées ne sont pas précisées par le Code monétaire et financier. En revanche, l'article L. 133-6, I, définit l'opération autorisée ; il s'agit d'une opération par laquelle « le payeur a donné un consentement à son exécution ». Dès lors, concrètement, plusieurs hypothèses d'opérations non autorisées sont envisageables [1] : celles qui seraient déclenchées par le prestataire de services de paiement sans ordre du client ; celles qui seraient indûment déclenchées par une personne autre que le payeur à l'aide d'un instrument de paiement appartenant à ce dernier ; ou encore celles qui seraient déclenchées à partir d'un instrument de paiement contrefait.

1414 Notre droit a donc cherché à protéger l'utilisateur de services de paiement (le payeur ou le bénéficiaire) contre ces situations [2]. Il a ainsi prévu, au bénéfice de celui-ci, une possibilité de contestation (A) qui va produire différents effets (B).

A. Les règles relatives à la contestation

1415 Après avoir observé les dispositions générales applicables en la matière (1), nous nous intéresserons à différentes hypothèses faisant l'objet de dispositions particulières (2).

1. Le régime général applicable

1416 ***Principe*** ◊ En cas d'opération de paiement non autorisée, il revient à l'utilisateur de paiement de la signaler à son prestataire de services de paiement [3].

1417 ***Moment de la contestation*** ◊ L'obligation de signalement précitée doit intervenir « sans tarder », et ce, au plus tard dans les treize mois suivant la date de débit sous peine de forclusion [4]. Ce dispositif, qui s'applique aux opérations de paiement passées depuis le 1er novembre 2009 [5] et ce pour l'ensemble des opérations de paiement [6], fait immanquablement songer

---

1. S. Torck, « L'exécution et la contestation des opérations de paiement », *JCP E* 2010. 1033, n° 32.

2. J. Lasserre Capdeville, « La contestation des opérations de paiement non autorisées », *RDBF* 2011, n° 1, dossier, n° 6. S. Torck, « L'exécution et la contestation des opérations de paiement », *JCP E* 2010, n° 1033.

3. C. mon. fin., art. L. 133-24, al. 1er.

4. Les parties peuvent déroger conventionnellement à ce dispositif, hormis si l'utilisateur est une personne physique agissant pour des besoins non professionnels.

5. Paris, 5 sept. 2013 : *LEDB* nov. 2013, p. 6, obs. J. Lasserre Capdeville.

6. Il en va ainsi, par exemple, pour un retrait d'espèces sur un compte de paiement, Com. 24 janv. 2018, n° 16-26.188 : Dalloz, actualité, 6 mars 2018, obs. X. Delpech ; *JCP E* 2018, 1254, au régime prévu, antérieurement à l'ordonnance n° 2009-866 du 15 juillet 2009, par l'ancien article L. 132-6, en matière de carte bancaire [1]. Le délai en question a néanmoins été considérablement allongé, puisque celui-ci est passé de soixante-dix jours à treize mois.

En contrepartie de cet allongement, l'écoulement de ce délai est désormais doté d'un effet radical car il s'agit d'un délai de forclusion. Ce dernier déroge ainsi au principe de l'article L. 110-4 du Code de commerce qui énonce que la prescription applicable aux relations entre commerçants et non-commerçants est de cinq ans. De la sorte, la sécurité des transactions n'est pas indéfiniment menacée [2].

418 ***Charge de la preuve*** ◊ Selon l'article L. 133-23 du Code monétaire et financier, lorsqu'un utilisateur de services de paiement nie avoir autorisé une opération de paiement qui a été exécutée, ou encore affirme que l'opération de paiement n'a pas été exécutée correctement, son prestataire de services de paiement se voit dans l'obligation de démontrer que l'opération a été « authentifiée, dûment enregistrée et comptabilisée, et qu'elle n'a pas été affectée d'une déficience technique ou autre » [3]. La charge de la preuve de la régularité de l'autorisation pèse donc exclusivement sur le prestataire : il doit amener des éléments rendant certain le fait que l'ordre émane bien du payeur ou de l'utilisateur [4]. Ce payeur n'a dès lors, en toute logique, rien à démontrer [5], hormis, le cas échéant, si les faits rendent ses affirmations douteuses.

419 ***Précision*** ◊ Une précision importante figure à l'alinéa 2 de l'article L. 133-23 : l'utilisation de l'instrument de paiement telle qu'enregistrée par le prestataire de services de paiement ne suffit pas nécessairement, en tant que telle, à prouver que l'opération a été autorisée par le payeur ou que celui-ci n'a pas « satisfait intentionnellement ou par négligence grave aux obligations lui incombant en la matière » [6]. Il est donc attendu du prestataire de

---

note J. Lasserre Capdeville ; *Banque et Dr.* 5-6/2018. 12, obs. Th. Bonneau ; *RJDA* 2018, n° 355 ; Revue Banque, mars 2018, n° 818, p. 82, obs. P. Storrer.

1. V. ss 1296.

2. On précisera que les dispositions de l'article L. 133-24 s'appliquent, « indifféremment de l'intervention d'un prestataire de services de paiement fournissant un service d'initiation de paiement dans l'opération de paiement ». (C. mon. fin., art. L. 133-24, al. 3)

3. L. Siguoirt, « La preuve de l'opération de paiement », *RDBF* mai-juin 2011, dossier 17, p. 95.

4. Cette disposition, qui peut paraître à première vue contraignante pour les établissements de crédit, n'est en fin de compte que l'application de la règle figurant à l'article 1937 du Code civil aux termes de laquelle le dépositaire ne peut se libérer des fonds reçus de son client que sur son ordre ou celui de son mandataire.

5. *Contra*, Aix-en-Provence, 30 juin 2014, n° 2014/398 : *LPA*, 1er mai 2015, n° 87-88, p. 14, obs. J. Lasserre Capdeville. On notera cependant que les faits de l'espèce rendaient suspectes les allégations du titulaire de la carte, et notamment le fait que les opérations en question avaient été passées sur le distributeur automatique de billets habituellement utilisé par l'intéressé.

6. Notons que les parties peuvent déroger à cette disposition, sauf si le cocontractant du prestataire de services de paiement est une personne physique agissant pour des besoins non professionnels. – C. mon. fin., art. L. 133-2.

services de paiement, y compris de celui qui fournit un service d'initiation de paiement [1], de fournir de façon positive la preuve de la fraude ou de la négligence grave de l'utilisateur.

Cette disposition, fortement critiquée dès sa création par un courant doctrinal [2], va dans le sens de la jurisprudence de la Cour de cassation en matière de carte bancaire aux termes de laquelle il appartient à l'émetteur de la carte qui se prévaut d'une faute lourde de son titulaire d'en apporter la preuve, étant attendu que la circonstance que la carte ait été utilisée à l'aide de la composition du code confidentiel est, à elle seule, insusceptible de constituer la preuve d'une telle faute lourde [3]. On peut penser que les notions de négligence grave et de faute lourde ont le même contenu pour les juges [4].

1420 ***Difficulté pratique*** ◊ Mais comment le prestataire de services de paiement parvient-il, concrètement, à prouver que l'opération a été « authentifiée, dûment enregistrée et comptabilisée et qu'elle n'a pas été affectée par une déficience technique ou autre » si l'enregistrement de l'utilisation de l'instrument de paiement n'est pas suffisant ?

La jurisprudence actuelle témoigne du fait que cela est de plus en difficile, hormis lorsque le client reconnaît avoir été victime d'un *phishing*, c'est-à-dire d'un « hameçonnage » afin d'obtenir de lui ses codes secrets [5].

La mise en avant de l'adresse IP de l'ordinateur du client par la banque ne paraît plus, quant à elle, suffisante en la matière [6].

2. Les dispositions particulières applicables

1421 ***Cas du recours à un PSIP*** ◊ La reconnaissance par notre droit d'un nouveau service de paiement, prenant la forme de l'initiation de paiement [7], est à l'origine du nouvel article L. 133-23-1 au code. Selon ce dernier, lorsqu'un utilisateur de services de paiement nie avoir autorisé une opération de paiement qui a été exécutée, ou affirme que l'opération n'a pas été exécutée correctement, et que l'ordre de paiement est initié par l'intermédiaire d'un prestataire de services de paiement fournissant un service d'initiation de paiement (PSIP) à la demande du payeur, il

---

1. V. ss 1329.
2. S. Piedelièvre, « L'ordonnance du 15 juillet 2009 relative aux conditions régissant la fourniture de services et de paiement », *Gaz. Pal.* 2009. 2810. – S. Torck, *op. cit.*, n° 40.
3. V. ss 1295.
4. Paris, 23 mai 2013, n° 12/03900 : *Gaz. Pal.* 2013. 2331, note J. Lasserre Capdeville. – Grenoble, 30 juin 2014, n° 12/02503 : *LEDB* oct. 2014, p. 3, obs. J. Lasserre Capdeville.
5. V. ss 1440.
6. J. Lasserre Capdeville, « Problèmes liés à l'adresse IP en matière bancaire », Dalloz IP/IT 2017, n° 4, p. 219. – T. com. Cannes, 27 juill. 2017, n° 2015F00305 : Dalloz IP/IT 2018, n° 12, p. 661, note J. Lasserre Capdeville.
7. V. ss 1329.

incombe à ce prestataire de services de paiement de prouver que l'ordre de paiement a été reçu par le prestataire de services de paiement gestionnaire du compte du payeur et que, pour ce qui le concerne, l'opération de paiement a été authentifiée et dûment enregistrée et correctement exécutée et qu'elle n'a pas été affectée par une déficience technique ou autre en relation avec soit le service qu'il fournit, soit la non-exécution, la mauvaise exécution ou l'exécution tardive de l'opération.

Ainsi, sa seule intervention en la matière fait peser sur le prestataire de services de paiement fournissant un service d'initiation de paiement (PSIP) la charge de la preuve. Cette règle pourrait alors se révéler problématique pour certains de ces nouveaux prestataires.

1422 ***Cas de certains instruments de paiements détournés*** ◊ Il résulte de l'article L. 133-17, I, du Code monétaire et financier que lorsqu'il a connaissance de la perte, du vol, du détournement ou de toute utilisation non autorisée de son instrument de paiement ou des données qui lui sont liées, l'utilisateur de services de paiement en informe sans tarder, aux fins de blocage de l'instrument, son prestataire ou l'entité désignée par celui-ci [1].

Cette disposition reprend un principe prévu par le passé par l'ancien article L. 132-2 relatif aux cartes bancaires mais l'étend désormais à l'ensemble des instruments de paiement ou les données qui lui sont liées. Notons que l'utilisateur doit agir ici « sans tarder ». Comme le remarque un auteur [2], l'article L. 133-17 est moins précis que l'ancien article L. 132-3, qui limitait cette obligation par la prise en compte des conditions d'utilisation habituelle de la carte [3] et, surtout, prévoyait que le délai d'opposition ne pouvait être inférieur à deux jours francs à compte de la perte ou du vol de la carte.

1423 ***Interrogation*** ◊ Mais comment concilier, dès lors, ce signalement « sans tarder » et le délai de treize mois visé par l'article L. 133-24 [4] ? Le client devra, par principe, se manifester dès la réception de l'avis ou du relevé mentionnant l'opération. Mais encore faut-il qu'il puisse objectivement prendre connaissance d'une telle information. Dès lors, le prestataire de services de paiement ne pourra se prévaloir d'un manquement à l'obligation de réagir « sans tarder » dans les cas où le client pourra démontrer

---

1. Selon l'article D. 133-3 du Code monétaire et financier, lorsqu'un utilisateur de services de paiement a utilisé les moyens mis à sa disposition par son prestataire de services de paiement conformément au II de l'article L. 133-15 du même Code, pour l'informer de la perte, du vol ou du détournement de son instrument de paiement, le prestataire de services de paiement fournit au client, sur demande de ce dernier et pendant dix-huit mois à compter de l'information faite par celui-ci, les éléments lui permettant de prouver que ce dernier a procédé à cette information.

2. S. Torck, « L'exécution et la contestation des opérations de paiement », *JCP E* 2010, n° 1033, spéc. n° 54.

3. Com. 18 oct. 2005, n° 03-14.338. v. 1290.

4. V. ss 1417.

qu'il était dans l'impossibilité matérielle de prendre connaissance de l'information. L'utilisateur doit donc pouvoir bénéficier, dans une telle hypothèse, du délai légal de treize mois.

1424 *Cas des cartes bancaires* ◊ Un régime encore plus spécifique est envisagé par l'article L. 133-17, II. Selon ce dernier, lorsque le paiement est effectué par une carte de paiement émise par un établissement de crédit et permettant à son titulaire de retirer ou de transférer des fonds, il peut être fait opposition au paiement en cas de procédure de redressement ou de liquidation judiciaires du bénéficiaire tant que le compte du prestataire de services de paiement du bénéficiaire n'a pas été crédité du montant de l'opération de paiement [1]. Nous retrouvons là une solution existant dans le droit régissant la carte bancaire antérieurement à l'ordonnance n° 2009-866 du 15 juillet 2009.

B. Les effets de la contestation

1425 Après avoir observé le régime général applicable en l'espèce (1), il conviendra de s'intéresser au cas particulier des instruments de paiement dotés de données de sécurité personnalisées (2).

1. Le régime général applicable

1426 *Principe du remboursement* ◊ En cas d'opération de paiement non autorisée signalée par l'utilisateur, le prestataire de services de paiement du payeur doit rembourser ce même payeur. Ce prestataire du payeur rétablira donc le compte débité dans l'état où il se serait trouvé si l'opération non autorisée n'avait pas eu lieu.

On notera que l'état du droit a légèrement évolué sur ce point, suite à l'ordonnance n° 2017-1252 du 9 août 2017. L'article L. 133-18 précise désormais que ce remboursement au payeur du montant de l'opération non autorisée doit être effectué immédiatement après avoir pris connaissance de l'opération ou après avoir été informé, et en tout état de cause au plus tard à la fin du premier jour ouvrable suivant, « sauf s'il a de bonnes raisons de soupçonner une fraude de l'utilisateur du service de paiement et s'il communique ces raisons par écrit à la Banque de France ». On peut penser que les banques utiliseront fréquemment cette faculté de retarder le remboursement souhaité afin de procéder aux vérifications adéquates.

1427 *Indemnité complémentaire* ◊ Le payeur et son prestataire de services de paiement peuvent, s'ils le souhaitent, décider contractuellement le paiement d'une indemnité complémentaire. Cette faculté est logiquement peu utilisée.

1. C. Houin-Bressand, « L'incidence de l'ouverture d'une procédure collective sur le processus de paiement », *RDBF* mai-juin 2011, dossier 16, p. 91, n° 12.

428 ***Appréciation du banquier*** ◊ Il convient de souligner que le texte de l'article 133-18 ne précise pas si le prestataire de services de paiement doit se faire juge du motif de contestation. Or, celui-ci peut logiquement souhaiter, avant de procéder à un tel remboursement, réaliser quelques vérifications afin de s'assurer qu'il s'agit bien d'une opération de paiement non autorisée et non pas d'une fraude du client.

Rappelons que, sous le régime antérieur [1], il avait été posé comme solution que si le banquier n'avait pas à vérifier la réalité du motif allégué, le principe de non-ingérence devant prévaloir, il ne devait pas pour autant donner suite à une opposition non fondée sur des motifs légaux [2].

Qu'en est-il désormais? L'état du droit n'est pas clair sur ce point. Certains auteurs sont néanmoins favorables à un tel contrôle [3]. D'autres, au contraire, constatent que la disposition légale étudiée ne vise pas l'article L. 133-23, qui met à la charge du prestataire de services de paiement l'obligation de vérifier les caractéristiques de l'opération de paiement litigieuse [4]. On peut cependant penser que l'évolution de l'article résultant de l'ordonnance n° 2017-1252 du 9 août 2017 [5] est de nature à laisser au prestataire concerné un peu de temps pour procéder à des recherches concernant la réalité de la contestation qui lui est opposée.

429 ***Cas du recours à un PSIP*** ◊ Si l'opération de paiement non autorisée a été initiée par l'intermédiaire d'un prestataire de services de paiement fournissant un service d'initiation de paiement (PSIP) [6], le prestataire de services de paiement gestionnaire du compte doit également rembourser immédiatement, « et en tout état de cause au plus tard à la fin du premier jour ouvrable suivant », au payeur le montant de l'opération non autorisée et, le cas échéant, rétablit le compte débité dans l'état où il se serait trouvé si l'opération de paiement non autorisée n'avait pas eu lieu. La date de valeur à laquelle le compte de paiement du payeur est crédité n'est pas postérieure à la date à laquelle il avait été débité.

Néanmoins, et fort logiquement, si le PSIP est effectivement responsable de l'opération de paiement non autorisée, il indemnise immédiatement le prestataire de services de paiement gestionnaire du compte, « à sa demande, pour les pertes subies ou les sommes payées en raison du remboursement du payeur, y compris le montant de l'opération de paiement non autorisée » [7].

1. V. ss 1290, 1291.
2. Com. 20 janv. 2009, n° 08-11.273 : *Bull. civ.* 2009, IV, n° 6 ; *D.* 2009. AJ 367, obs. V. Avena-Robardet ; *JCP* II, 10050, note J. Lasserre Capdeville ; *RDBF* 2009, comm. 40, obs. F.-J. Crédot et Th. Samin ; *Banque et Dr.* 3-4/2009. 29, obs. Th. Bonneau.
3. P. Bouteiller, « La transposition en droit français des dispositions européennes régissant la fourniture de services de paiement et portant création des établissements de crédit », *JCP E* 2009, n° 1897, spéc. n° 41.
4. S. Torck, *op. cit.*, n° 49 et 50.
5. V. ss 1426.
6. V. ss 1421.
7. C. mon. fin., art. L. 133-18, al. 2 et 3.

Le droit est donc sévère pour le prestataire de services de paiement gestionnaire du compte, le plus souvent un établissement de crédit : il doit de la sorte assumer la situation posant difficulté en payant sans délai l'utilisateur et avant les coûts d'un recours contre le PSIP. Il devient ici une sorte de « payeur à première demande » [1].

2. Le cas des instruments de paiement dotés d'un dispositif de sécurité personnalisé

1430 Notre droit distingue clairement le sort des opérations passées avant l'information (a) de celles passées postérieurement (b).

a. Le sort des opérations passées avant l'information

1431 ***Responsabilité partielle du payeur*** ◊ L'article L. 133-19 s'adresse aux instruments de paiement dotés de données de sécurité personnalisées, c'est-à-dire, pour mémoire, des données personnalisées fournies à un utilisateur de services de paiement par le prestataire de services de paiement à des fins d'authentification [2]. Sont ici principalement visées les cartes bancaires.

Ainsi, en cas d'opération de paiement non autorisée consécutive à la perte ou au vol d'un instrument de paiement doté d'un tel dispositif, le payeur supporte les pertes liées à l'utilisation de cet instrument, jusqu'à l'information imposée par l'article L. 133-17, dans la limite, depuis le 13 janvier 2018, d'un plafond de 50 euros (il était de 150 euros auparavant). Il s'agit ici d'une reprise du régime existant par le passé en matière de carte bancaire [3].

1432 ***Irresponsabilité du payeur*** ◊ L'article L. 133-19, modifié par l'ordonnance n° 2017-1252 du 9 août 2017, prévoit un certain nombre de cas dans lesquels le payeur est qualifié de totalement irresponsable et, à ce titre, se trouve déchargé du paiement des sommes débitées avant la mise en opposition dans la limite de 50 euros.

Cette solution se rencontre, tout d'abord, en cas d'opération de paiement non autorisée effectuée sans utilisation des données de sécurité personnalisées. Songeons à un achat sur internet réalisé en communiquant les données figurant au recto (numéro et date de validité) et au verso (cryptogramme visuel) d'une carte bancaire. Dans ce cas, bien évidemment, le code secret associé à cette dernière n'est pas communiqué.

---

1. K. Magnier-Merran, « La "DSP 2" et les nouveaux services de paiement : chronique d'une "démonopolisation" bancaire annoncée », *RDBF* mars.-avr. 2018, dossier 7, n° 18.
2. C. mon. fin., art. L. 133-4, a.
3. C. mon. fin., ancien art. L. 132-3. – v. ss 1293.

Il en va de même en cas de perte ou de vol d'un instrument de paiement ne pouvant être détecté par le payeur avant le paiement ou encore en présence de perte due à des actes ou à une carence d'un salarié, d'un agent ou d'une succursale d'une prestataire de services de paiement ou d'une entité vers laquelle ses activités ont été externalisées.

1433 L'irresponsabilité du payeur est également prévue lorsque l'opération de paiement non autorisée a été effectuée en détournant, à son insu, l'instrument de paiement ou les données qui lui sont liées [1]. Ce terme de détournement soulève des incertitudes doctrinales [2]. Comment distinguer le détournement de l'instrument du vol ou de la perte de ce dernier ? Il semble que le détournement ne couvrirait dans ce cas que l'hypothèse de l'obtention illégitime des données liées à l'instrument de paiement, et non pas de l'instrument de paiement lui-même contrairement aux termes mêmes de l'article L. 133-19. Une clarification légale serait ici opportune.

1434 En outre, la responsabilité du payeur est écartée en cas de contrefaçon de l'instrument de paiement si, au moment de l'opération de paiement non autorisée, le payeur était en possession de cet instrument.

1435 Par ailleurs, hormis agissement frauduleux de sa part, le payeur ne supporte aucune conséquence financière si le prestataire de services de paiement n'a pas fourni de moyens appropriés permettant l'information aux fins de blocage de l'instrument de paiement, c'est-à-dire l'information visée par l'article L. 133-17 [3].

1436 Enfin, et toujours sauf agissement frauduleux de sa part, le payeur ne supporte aucune conséquence financière si l'opération de paiement non autorisée a été effectuée sans que le prestataire de services de paiement du payeur n'exige une authentification forte du payeur conforme à l'article L. 133-44 du code [4].

1437 ***Limites à l'irresponsabilité du payeur*** ◊ Selon l'article L. 133-19, IV, du Code monétaire et financier, le payeur supporte toutes les pertes occasionnées par des opérations de paiement non autorisées si ces pertes résultent d'un agissement frauduleux de sa part ou si celui-ci n'a pas « satisfait intentionnellement ou par négligence grave aux obligations prescrites par les articles L. 133-16 et L. 133-17 » [5], c'est-à-dire, respectivement, l'obligation de préserver la sécurité de ses données de sécurité personnalisées et celle d'informer sans tarder son prestataire (ou l'entité

---

1. C. mon. fin., art. L. 133-19, II.
2. S. Torck, *op. cit.*, n° 55 ; Y. Gérard, « L'utilisation frauduleuse des instruments de paiement », *JCP E* 2010, 1034, n° 16.
3. V. ss 1422.
4. Sur cette notion d'authentification forte et de ses incidences, v. ss 1349 s.
5. Sur ces obligations, v. ss 1393 s.

désignée par celui-ci) de la perte, du vol, du détournement ou de toute utilisation non autorisée de son instrument de paiement ou des données qui lui sont liées.

1438 ***Notion de « négligence grave »*** ◊ La notion de « négligence grave », visée par l'article L. 133-19, IV, a succédé à celle de « négligence constituant une faute lourde » figurant à l'ancien article L. 132-3 [1]. Toutefois, elles sont vues par la jurisprudence comme ayant le même contenu [2].

Mais cette négligence grave est-elle facilement retenue par les magistrats ? Les dernières décisions rendues en la matière, plus particulièrement en matière de « hameçonnage » [3], encouragent à répondre à cette question par la négative. On sait que, de longue date, la jurisprudence déclare que cette faute aggravée ne peut se déduire du simple fait qu'une carte ait été utilisée par un tiers avec composition du code confidentiel [4].

Par exemple, pour les juges du fond, une banque ne saurait démontrer la faute caractérisée de sa cliente, susceptible de l'exonérer de sa responsabilité, en se bornant à la déduire du piratage de son adresse électronique ou de la connaissance par les pirates de la signature du dirigeant ou du numéro de compte social, « tous ces renseignements pouvant être obtenus aisément par des malfaiteurs hostiles » [5]. On ne sera donc pas surpris de noter qu'il est très rare qu'elle soit retenue [6], en dehors des cas où le titulaire de la carte aura avoué une quelconque faute de sa part [7].

1439 **Responsabilité du banquier**. On notera que la négligence grave retenue contre le titulaire de la carte bancaire pour n'avoir pas préservé la sécurité de celle-ci et de son code confidentiel ne le prive pas du droit d'invoquer le manquement du banquier à ses propres obligations en application des règles du droit commun de la responsabilité contractuelle [8].

1440 ***Hypothèse du phishing*** ◊ Le « hameçonnage », dit aussi « phishing », consiste à se faire remettre par les victimes contactées par des courriels non sollicités leurs données bancaires personnelles afin de les exploiter frauduleusement. Le message du délinquant prendra souvent l'habillage,

1. V. ss 1295.
2. Paris, 3 mai 2013, n° 12/03900 : *Gaz. Pal.* 25 août 2013, n° 237, p. 18, note J. Lasserre Capdeville. Grenoble, 30 juin 2014, n° 12/02503 : *LEDB* oct. 2014, p. 3, obs. J. Lasserre Capdeville.
3. V. ss 1440 s.
4. V. ss 1295.
5. Paris, 12 janv. 2018, n° 16/12983 : *Gaz. Pal.* 27 févr. 2018, n° 8, p. 22, obs. J. Lasserre Capdeville.
6. Pour une absence de négligence grave à l'égard d'une victime d'un « collet marseillais », Grenoble, 30 juin 2014, n° 12/02503 : *LEDB* oct. 2014, p. 3, obs. J. Lasserre Capdeville.
7. V. par ex., Com. 31 mai 2016, n° 14-29.906 : *JCP E* 2016, 1450, note J. Lasserre Capdeville ; *RJDA* 2016, n° 728. – Toulouse, 20 mars 2017, n° 16/01256. Aix-en-Provence, 24 mai 2017, n° 15/07438 : *LEDB* sept. 2017, p. 1, obs. J. Lasserre Capdeville.
8. Com. 17 mai 2017, n° 15-28.209 : *CCC* 2017, comm. 77, obs. E. Caprioli ; *Banque et Dr.* 9-10/2017, n° 175, p. 22, obs. Th. Bonneau.

plus ou moins bien réalisé, d'une page internet d'un établissement de crédit. Il sera en général demandé au destinataire, sous couvert d'un problème technique ou d'une rénovation totale du site, de mettre à jour ses identifiants, mots de passe, numéro de compte, etc. Une fois que la victime trompée aura révélé ses identifiants personnels, le fraudeur pourra accéder à son compte bancaire et en détourner les fonds par l'intermédiaire de faux ordres de virement.

Or, cette transmission des données peut-elle être qualifiée de négligence grave ? Les décisions de la Cour de cassation se multiplient depuis deux ans sur ce point. Deux solutions en découlent selon que le payeur nie avoir été victime d'un phishing ou reconnaît cela.

441 ***Phishing et négation du payeur*** ◊ Par un arrêt remarqué du 18 janvier 2017 [1], la Cour de cassation est venue affirmer que si, aux termes des articles L. 133-16 et L. 133-17, il appartient à l'utilisateur de services de paiement de prendre toute mesure raisonnable pour préserver la sécurité de ses dispositifs de sécurité personnalisés et d'informer sans tarder son prestataire de tels services de toute utilisation non autorisée de l'instrument de paiement ou des données qui lui sont liées, c'est à ce prestataire qu'il incombe, par application des articles L. 133-19, IV, et L. 133-23, de rapporter la preuve que l'utilisateur, qui nie avoir autorisé une opération de paiement, a agi frauduleusement ou n'a pas satisfait intentionnellement ou par négligence grave à ses obligations.

Or, cette preuve ne peut se déduire, pour l'arrêt étudié, « du seul fait que l'instrument de paiement ou les données personnelles qui lui sont liées ont été effectivement utilisés ». Ainsi, le fait pour le client de nier avoir été victime d'un « hameçonnage » est de nature à rendre quasi impossible la caractérisation d'une négligence grave de sa part.

Cette solution est aujourd'hui reprise par d'autres décisions de la Cour de cassation [2] et des juridictions du fond [3].

442 ***Phishing et reconnaissance du payeur*** ◊ La solution diffère, en revanche, si le client reconnaît avoir été victime d'actes de *phishing*. Dans un tel cas, les

1. Com. 18 janvier 2017, n° 15-18.102 : dalloz.fr, actualité, 31 janv. 2017, obs. X. Delpech ; *LEDB* mars 2017, p. 1, obs. S. Piedelièvre ; *JCP* 2017. 241, note J. Lasserre Capdeville ; *RTD com.* 2017. 154, obs. D. Legeais ; *CCE* 2017, comm. 33, obs. G. Loiseau ; *JCP E* 2017, n° 9, 1122, note K. Rodriguez ; *CCE* 2017, comm. 39, E. Caprioli ; *Gaz. Pal.* 13 juin 2017, n° 22, p. 55, obs. M. Roussille ; *RLDA* mai 2017, p. 30, note N. Mathey ; *Banque et Dr.* 3-4/2017, n° 172 p. 32, obs. Th. Bonneau ; *RDBF* 2017, comm. 44, obs. Th. Samin et S. Torck ; Revue Banque, févr. 2017, n° 806, p. 72, note P. Storrer. V. également, Com. 18 janv. 2017, n° 15-18.224, 15-18.466, 15-26.058 et 15-22.783.

2. Com. 21 nov. 2018, n° 17-18.888 : *LEDB* janv. 2019, p. 3, obs. J. Lasserre Capdeville. – Com. 13 févr. 2019, n° 17-23.139 : *LEDB* avr. 2019, p. 7, obs. J. Lasserre Capdeville.

3. Paris, 12 janv. 2018, n° 16/12983 : *Gaz. Pal.* 27 févr. 2018, n° 8, p. 22, note J. Lasserre Capdeville. Douai, 17 mai 2018, n° 18/02690 : Dalloz IP/IT nov. 2018, n° 11, p. 643, obs. J. Lasserre Capdeville.

juges du fond ne sauraient retenir l'irresponsabilité du payeur sans observer si le *phishing* en question ne pouvait pas être détecté par l'intéressé [1].

Prenons, par exemple, une décision de la chambre commerciale du 28 mars 2018 [2]. Il s'agissait, en l'occurrence, d'une cassation d'une décision des juges du fond ayant refusé de retenir la négligence grave du payeur qui reconnaissait pourtant avoir été victime d'un *phishing*. En effet, en statuant ainsi, *alors que « manque, par* négligence grave, à son obligation de prendre toute mesure raisonnable pour préserver la sécurité de ses dispositifs de sécurité personnalisés l'utilisateur d'un service de paiement qui communique les données personnelles de ce dispositif de sécurité en réponse à un courriel qui contient des indices permettant à un utilisateur normalement attentif de douter de sa provenance, peu important qu'il soit, ou non, avisé des risques d'hameçonnage », la cour d'appel avait violé les articles L. 133-16 et L. 133-19 du Code monétaire et financier. L'arrêt a pour intérêt de donner des illustrations concernant de tels indices objectifs : la présence ici de fautes d'orthographe (mentionnées par les juges du fond) [3].

1443 ***Cas de l'authentification forte*** ◊ Depuis l'ordonnance n° 2017-1252 du 9 août 2017, l'article L. 133-19, VI, du code indique que lorsque le bénéficiaire ou son prestataire de services de paiement n'accepte pas une authentification forte du payeur prévue à l'article L. 133-44 [4], il se voit alors tenu de rembourser le préjudice financier causé au prestataire de services de paiement du payeur.

---

1. Com. 25 oct. 2017, n° 16-11.644 : *D.* 2017. 2465, note F. Mélin ; *JCP E* 2017, 1685, note D. Legeais ; *Gaz. Pal.* 2017. 7 nov. 2017, n° 38, p. 18, avis de M.-L. Guinamant et note J. Lasserre Capdeville ; *Gaz. Pal.* 27 févr. 2018, p. 55, obs. C. Houin-Bressand ; *RDBF* 2017, comm. 233, obs. Th. Samin et S. Torck ; *D.* 2017. 2465, note F. Melin ; *Banque et Dr.* 1-2/2018, n° 177, p. 20, obs. Th. Bonneau ; *Rev. Banque*, déc. 2017, n° 814, p. 64, obs. P. Storrer ; *LEDB* déc. 2017, p. 1, obs. S. Piedelièvre. Com. 28 mars 2018, n° 16-20.018 : *JCP* 2018. 458, obs. N. Kilgus ; *Gaz. Pal.* 15 mai 2018, n° 17, p. 20, note J. Lasserre Capdeville ; *LEDB* mai 2017, p. 3, obs. N. Mathey ; dalloz.fr, actualité, 10 avr. 2018, obs. X. Delpech ; *RTD com.* 2018. 436, obs. D. Legeais ; Dalloz IP/IT 2018, p. 440, obs. N. Kilgus ; *JCP E* 2018, 1272, note K. Rodriguez ; *Banque et Dr.* juill.-août 2018, n° 180, p. 8, obs. Th. Bonneau ; *CCE* 2018, comm. 34, obs. G. Loiseau ; *Rev. Banque*, juin 2018, n° 821, p. 75, obs. P. Storrer. Com. 6 juin 2018, n° 16-29.065 : *RJDA* 2018, n° 766 ; *LEDB* juill. 2018, p. 4, obs. N. Mathey ; *CCE* 2018, comm. 68, obs. E. Caprioli ; Dalloz IP/IT, nov. 2018, n° 11, p. 643, obs. J. Lasserre Capdeville. Com. 3 oct. 2018, n° 17-21.395 : *Rev. Banque*, nov. 2018, n° 825, p. 78, obs. P. Storrer ; *LEDB* déc. 2018, p. 2, obs. S. Piedelièvre ; *LPA*, 27 sept. 2018, n° 259, p. 10, note J. Lasserre Capdeville.

2. Com. 28 mars 2018, n° 16-20.018 : *op. cit.*

3. On ne sera donc pas surpris de constater qu'en pratique les banques exigent de leurs clients, contestant être les auteurs de diverses opérations de paiement, de déposer une plainte devant les services de police ou de gendarmerie. L'objectif est ici que les intéressés parlent aux officiers de police judiciaire, et reconnaissent, le cas échéant, avoir été victimes d'une opération de *phishing*. En faisant cela, nous le voyons, ils se retrouveront *de facto* dans une situation moins privilégiée au regard du droit applicable. Beaucoup de commissariats refusent cependant, désormais, de recevoir de tels dépôts de plainte.

4. V. ss 1351.

Ainsi, et c'est à souligner, ce dernier PSP devra rembourser, dans un premier temps, le payeur ayant contesté une opération passée. Ce n'est que dans un second temps qu'il pourra être remboursé, selon les circonstances, par le bénéficiaire ou son PSP.

Cette solution devrait alors avoir des conséquences en pratique, plus particulièrement sur les bénéficiaires précités qui chercheront, logiquement, à exiger une telle authentification forte. Au final, ce sont les opérations de fraude aux paiements qui devraient bénéficier de la mise en œuvre de cette authentification fraude. Les progrès relevés par l'Observatoire de la sécurité des moyens de paiement, dans son rapport du 10 juillet 2018 [1], devraient donc encore se renforcer.

b. Le sort des opérations passées après l'information

444 ***Principes applicables*** ◊ Après avoir informé son prestataire, conformément à l'article L. 133-17, dans le but de faire bloquer l'instrument de paiement, le payeur ne supporte aucune conséquence financière découlant de l'utilisation de cet instrument de paiement ou encore de l'utilisation détournée des données qui lui sont liées [2].

Il en va cependant différemment hormis si l'intéressé a commis des agissements frauduleux.

§ 2. La contestation de l'opération mal exécutée

445 ***Définition*** ◊ Une opération mal exécutée est un manquement aux obligations qui incombent aux prestataires de services de paiement dans l'exécution des ordres de paiement. Il en ira ainsi, par exemple, en cas de défaut d'exécution de l'ordre de paiement, d'un retard dans l'exécution de cet ordre, ou encore d'une erreur dans le montant ou dans l'identité du bénéficiaire.

446 ***Modalités de contestation*** ◊ Le régime général de contestation des ordres de paiement non ou mal exécutés est identique à celui qui a été décrit en cas d'ordre de paiement non autorisé, qu'il s'agisse de la charge de la preuve [3] ou qu'il s'agisse du délai imparti à l'utilisateur de services de paiement pour contester la bonne exécution d'une opération de paiement [4].

447 ***Recherche de l'opération de paiement*** ◊ Dans le cas d'une opération de paiement mal exécutée, sans préjudice de son éventuelle responsabilité, le prestataire de services de paiement de l'utilisateur s'efforce immédiatement,

1. J. Lasserre Capdeville, « La fraude aux moyens de paiement : état des lieux », *JCP E* 2018, n° 30, act. 608.
2. C. mon. fin., art. L. 133-20.
3. C. mon. fin., art. L. 133-23.
4. C. mon. fin., art. L. 133-24.

sur sa demande, de retrouver la trace de l'opération de paiement et notifie le résultat de sa recherche à son utilisateur sans frais pour celui-ci [1].

1448 ***Frais et intérêts*** ◊ On notera encore que les prestataires de services de paiement sont redevables, vis-à-vis de leurs utilisateurs de services de paiement respectifs, des frais et des intérêts supportés par l'utilisateur de services de paiement imputables à la non-exécution, la mauvaise exécution ou l'exécution tardive de l'opération dont ils sont responsables [2].

1449 Il ressort de la section du Code monétaire et financier consacrée à la « Responsabilité en cas d'opération de paiement mal exécutée » qu'une distinction s'impose entre les hypothèses dans lesquelles l'ordre de paiement a été donné par le payeur (A), mais aussi lorsque l'opération de paiement de paiement a été initié par le bénéficiaire ou par son intermédiaire (B). Les cas d'intervention de tiers (PSIP ou intermédiaire) seront, pour finir, envisagés (C).

A. En cas d'ordre de paiement donné par le payeur

1450 ***Principes applicables*** ◊ Selon l'article L. 133-22, I, du code, lorsque l'ordre de paiement est donné par le payeur (comme en matière de virement), son prestataire de services de paiement est, en principe, responsable de la bonne exécution de l'opération de paiement à l'égard du payeur « jusqu'à réception du montant de l'opération de paiement » par le prestataire de services de paiement du bénéficiaire.

A partir de cet instant, le prestataire de services de paiement du bénéficiaire devient, à son tour, responsable de la bonne exécution de l'opération de paiement à l'égard du bénéficiaire.

1451 ***Exceptions*** ◊ La responsabilité du prestataire de services de paiement du payeur sera écartée en cas de force majeure [3], si l'IBAN (International Bank Account Number) du bénéficiaire est inexact [4], ou enfin si le délai butoir de treize mois de l'article L. 133-24 a expiré.

1452 ***Effets*** ◊ Lorsque l'ordre de paiement est donné par le payeur et que la mauvaise exécution de l'ordre de paiement est imputable au prestataire de services de paiement du payeur, celui-ci doit restituer sans tarder son montant au payeur. Il rétablit également, le cas échéant, le compte du payeur dans la situation qui aurait prévalu si l'opération de paiement mal exécutée n'avait pas eu lieu [5].

---

1. C. mon. fin., art. L. 133-22, III.
2. C. mon. fin., art. L. 133-22, IV.
3. C. mon. fin., art. L. 133-5.
4. V. ss 1453.
5. La date de valeur à laquelle le compte de paiement du payeur est crédit n'est pas postérieure à la date à laquelle il a été débité.

Dans le cas où l'ordre de paiement a été donné par le payeur et que la mauvaise exécution de l'ordre de paiement est imputable, cette fois-ci, au prestataire de services de paiement du bénéficiaire, celui-ci doit mettre immédiatement le montant de l'opération de paiement à la disposition du bénéficiaire et, le cas échéant, créditer son compte du montant correspondant [1].

53 ***Cas de l'IBAN erroné*** ◊ L'article L. 133-21 du Code monétaire et financier vise le cas de la délivrance de l'IBAN (*International Bank Account Number*), qui est un numéro de compte bancaire international, utilisé pour faciliter le traitement automatisé des paiements transfrontaliers.

La solution posée en la matière est alors la suivante : le prestataire de services de paiement qui a exécuté l'ordre de paiement conformément à l'identifiant unique communiqué par l'utilisateur de services de paiement ne peut être tenu pour responsable si cet identifiant est inexact, et ce, même si d'autres informations lui sont fournies. Il devra néanmoins s'efforcer raisonnablement de récupérer les fonds engagés dans l'opération de paiement [2].

La jurisprudence a eu l'occasion récemment, par une décision remarquée du 24 janvier 2018, de préciser que cette irresponsabilité civile profitait tant au prestataire de services de paiement du payeur qu'à celui du bénéficiaire [3]. Il est vrai que l'article L. 133-21, alinéa 2, n'opère sur ce point aucune distinction.

En revanche, lorsque la forme du consentement de payer a bien été respectée, l'ordre doit être exécuté et le prestataire n'est pas tenu d'effectuer des vérifications particulières [4].

---

1. Ici encore, la date de valeur à laquelle le compte de paiement du bénéficiaire a été crédité ne doit pas être postérieure à la date de valeur qui lui aurait été attribuée si l'opération avait été correctement exécutée. En outre, lorsqu'une opération de paiement est exécutée tardivement, le prestataire de services de paiement du bénéficiaire se voit tenu de veiller, à la demande du prestataire de services de paiement du payeur agissant pour le compte du payeur, à ce que la date de valeur à laquelle le compte de paiement du bénéficiaire a été crédité ne soit pas postérieure à la date de valeur qui lui aurait été attribuée si l'opération avait été correctement exécutée.

2. C. mon. fin., art. L. 133-21, al. 3. – Le prestataire de services de paiement du bénéficiaire doit ainsi communiquer au prestataire de services de paiement du payeur toutes les informations utiles pour récupérer les fonds. Si le prestataire de services de paiement du payeur ne parvient pas à récupérer les fonds engagés dans l'opération de paiement, il met à disposition du payeur, à sa demande, les informations qu'il détient pouvant documenter le recours en justice du payeur en vue de récupérer les fonds.

3. Com. 24 janv. 2018, n° 16-22.336 : *LEDB* mars 2018, p. 1, obs. S. Piedelièvre ; *D.* 2018. 501, note J. Lasserre Capdeville ; *JCP E* 2018, 1154, note K. Rodriguez ; *JCP* 2017. 178, obs. N. Kilgus ; *Banque et Dr.* 5-6/2018, n° 179, p. 10, obs. Th. Bonneau ; *RJDA* 2018, n° 356 ; Revue Banque, mars 2018, n° 818, p. 82, obs. P. Storrer.

4. En effet, son devoir de non-ingérence le lui interdit en l'absence d'anomalie apparente, Paris, 21 nov. 2013 : *LEDB* janv. 2014, obs. J. Lasserre Capdeville.

B. En cas d'opération de paiement initiée par le bénéficiaire ou par son intermédiaire

1454 ***Principes applicables*** ◊ Lorsqu'une opération de paiement est initiée par le bénéficiaire (tel le prélèvement) ou par le payeur qui donne un ordre de paiement par l'intermédiaire du bénéficiaire (tel le paiement par carte bancaire), le prestataire de services de paiement du bénéficiaire est, en principe, responsable à l'égard du bénéficiaire de la bonne transmission de l'ordre de paiement au prestataire de services de paiement du payeur conformément aux modalités convenues afin de permettre une exécution de l'opération dans le respect du délai légal d'exécution, c'est-à-dire le délai prévu par l'article L. 133-13, II, du Code monétaire et financier [1].

En revanche, dès que l'ordre de paiement a été transmis au prestataire de services de paiement du payeur, c'est ce dernier qui devient responsable de la bonne exécution du paiement jusqu'à ce que les sommes correspondantes aient été mises à la disposition du prestataire de services de paiement du bénéficiaire.

A partir de ce moment, le prestataire de services de paiement du bénéficiaire redevient responsable à l'égard du bénéficiaire de l'exécution de l'opération.

1455 ***Exceptions*** ◊ Dans ce cas également, la responsabilité du prestataire de services de paiement du bénéficiaire sera écartée en cas de force majeure, si l'IBAN du bénéficiaire est inexact ou fin si le délai butoir de treize mois de l'article L. 133-24 a expiré.

1456 ***Effets*** ◊ Si le prestataire de services de paiement du bénéficiaire n'est pas responsable (dans la mesure où il a bien transmis l'ordre au prestataire de services de paiement du payeur et a correctement porté au compte du bénéficiaire les sommes mises à sa disposition par le prestataire de services de paiement du payeur), c'est le prestataire de services de paiement du payeur qui devient responsable. Il doit par conséquent restituer au payeur le montant de l'opération de paiement mal exécutée et rétablir le compte du payeur dans la situation qui aurait prévalu si l'opération de paiement mal exécutée n'avait pas eu lieu [2].

Toutefois, lorsque le prestataire de services de paiement du payeur prouve que le prestataire de service de paiement du bénéficiaire a bien reçu le

---

1. En cas de défaut de transmission, le prestataire de services de paiement du bénéficiaire retransmet immédiatement l'ordre de paiement au prestataire de services de paiement du payeur, qui devient alors responsable de la bonne exécution de l'opération.

2. La date de valeur attribuée au montant de cette opération sur le compte de paiement du bénéficiaire ne saurait être postérieure à la date de valeur qui lui aurait été attribuée si l'opération avait été correctement exécutée.

montant de l'opération de paiement, l'obligation ci-dessus ne s'applique pas, « quand bien même l'exécution de l'opération de paiement était retardée » [1].

C. En cas d'intervention d'un tiers

457 Seront envisagés ici l'intervention, dans l'opération de paiement mal exécutée, d'un prestataire de services de paiement fournissant un service d'initiation de paiement (PSIP) (1) ou d'un intermédiaire (2).

1. L'intervention d'un PSIP

458 ***Définition*** ◊ On se souvient que parmi les nouveautés issues de la « DSP 2 », nous trouvons la reconnaissance du service d'initiation de paiement qui tend « à initier un ordre de paiement à la demande de l'utilisateur de services de paiement concernant un compte de paiement détenu auprès d'un autre prestataire de services de paiement » [2].

459 ***Principes applicables*** ◊ L'article L. 133-22-1 du code prend donc en considération ce nouveau service en déclarant que lorsqu'un ordre de paiement est initié par le payeur par l'intermédiaire d'un prestataire de services d'initiation de paiement (PSIP), le PSP gestionnaire du compte « rembourse au payeur le montant de l'opération de paiement non exécutée ou mal exécutée et, le cas échéant, rétablit le compte de paiement débité dans l'état où il se serait trouvé si l'opération de paiement mal exécutée n'avait pas eu lieu ». Ainsi, c'est d'abord le PSP gestionnaire de compte qui verra peser sur lui l'obligation de rembourser l'opération contestée car mal exécutée.

Toutefois, cette responsabilité ne devrait durer qu'un temps. En effet, pour l'article L. 133-22-2 du même code, si le PSIP est bel et bien responsable de la non-exécution, de la mauvaise exécution ou de l'exécution tardive de l'opération de paiement, il sera alors tenu d'indemniser immédiatement le PSP gestionnaire du compte, à sa demande, « *pour les pertes subies ou les sommes payées en raison du remboursement du payeur* ».

460 ***Exceptions*** ◊ Ici encore, la responsabilité du prestataire de services de paiement prestataire de services de paiement gestionnaire du compte sera

1. Dans ce cas, le prestataire de services de paiement du bénéficiaire attribue une date de valeur au montant de cette opération sur le compte de paiement du bénéficiaire qui n'est pas postérieure à la date de valeur qui lui aurait été attribuée si l'opération avait été correctement exécutée. Notons encore qu'en cas de transmission tardive de l'ordre de paiement, la date de valeur attribuée au montant de l'opération sur le compte de paiement du bénéficiaire ne saurait être postérieure à la date de valeur qui lui aurait été attribuée si l'opération avait été correctement exécutée. – C. mon. fin., art. L. 133-22, II, *in fine*.

2. C. mon. fin., art. D. 314-2, 6°. – v. ss 1329.

écartée en cas de force majeure, si l'IBAN du bénéficiaire est inexact ou si le délai butoir de treize mois de l'article L. 133-24 a expiré.

2. L'intervention d'un intermédiaire

1461 ***Principes applicables*** ◊ Lorsque la responsabilité d'un prestataire de services de paiement au titre de l'article L. 133-22 du Code monétaire et financier est imputable à un autre prestataire de services de paiement ou à un intermédiaire, le prestataire de services de paiement ou l'intermédiaire en question est tenu d'indemniser le premier prestataire de services de paiement pour toutes pertes subies ou toutes sommes payées en application de ce même article [1]. Des indemnisations financières supplémentaires peuvent en outre être convenues entre les prestataires de services de paiement et les intermédiaires.

Cette indemnisation s'applique, notamment, au cas où l'un des prestataires de services de paiement ne recourt pas à l'authentification forte du client [2].

Des indemnisations financières supplémentaires peuvent être convenues entre le prestataire de services de paiement et les intermédiaires dans cette hypothèse.

§ 3. La contestation de l'opération au montant non déterminé à l'origine

1462 ***Hypothèse concernée*** ◊ L'article L. 133-25 du Code monétaire et financier s'adresse à l'opération de paiement pourtant ordonnée par le bénéficiaire ou par le payeur qui donne un ordre de paiement par l'intermédiaire du bénéficiaire. Il s'agit plus particulièrement de l'hypothèse dans laquelle l'autorisation donnée « *n'indiquait pas le montant exact de l'opération de paiement* » et où, au final, le montant de l'opération « *dépassait le montant auquel le payeur pouvait raisonnablement s'attendre* » en tenant compte de ses dépenses passées, des conditions prévues par son contrat-cadre et des circonstances propres à l'opération. Ces deux conditions sont cumulatives [3].

1463 ***Principe applicable*** ◊ Dans un tel cas, le payeur a droit au remboursement par son prestataire de services de paiement de cette opération de

---

1. C. mon. fin., art. D. 133-4.

2. Sur cette notion, C. mon. fin., art. L. 133-44. - v. ss 1349.

3. Dans le cas où le montant de l'opération dépasserait le montant auquel le payeur pouvait raisonnablement s'attendre, l'article L. 133-25, II, prend soin de préciser que payeur ne saurait invoquer des raisons liées à une opération de change si le taux de change de référence convenu avec son prestataire de services de paiement a été appliqué.

paiement pourtant autorisée. Le remboursement en question portera sur le montant total de l'opération de paiement exécutée [1].

Ce dispositif légal fait ainsi supporter aux prestataires de services de paiement une responsabilité alors qu'ils ont convenablement exécuté leur mission et qu'aucune faute ne peut leur être reprochée.

464 ***Incertitudes*** ◊ L'article L. 133-25 a recours à des notions particulièrement floues. A partir de quel moment, par exemple, sommes-nous en présence d'un montant auquel le payeur ne « *pouvait raisonnablement s'attendre* »? Difficile à dire.

Par ailleurs, si cette disposition légale peut éventuellement concerner des réservations à distance (véhicule, chambre d'hôtel, etc.), on peut penser que son application demeurera, en réalité, peu fréquente dans ces hypothèses. En effet, dans la majorité des cas de réservation, l'intéressé aura une connaissance approximative du montant global du paiement. Par exemple, à l'égard d'une chambre d'hôtel, il connaîtra généralement le prix de la chambre pour une nuit. Il en ira de même pour la réservation d'un véhicule automobile. L'application de cet encadrement légal nous parait plus probable pour le paiement de différents produits « énergétiques » susceptibles d'augmenter rapidement et de façon importante, tels l'essence, le gaz, voire l'électricité.

465 ***Critiques*** ◊ Un courant doctrinal [2] a pu noter que le principe posé par cet article « s'harmonise difficilement avec les notions de consentement et d'indépendance du moyen de paiement par rapport à l'opération sous-jacente ». Il est vrai qu'en apparence, le titulaire de la carte a donné son consentement. Il a de la sorte enclenché le processus menant jusqu'au paiement. Une telle opération ne devrait-elle pas, en conséquence, garder son indépendance par rapport à toute obligation sous-jacente entre le payeur et le bénéficiaire ? On peut légitimement se le demander. Ce cas demeure néanmoins très spécifique. Il n'a d'ailleurs pas donné lieu à de la jurisprudence, à notre connaissance, jusqu'ici.

466 ***Procédure*** ◊ Si les deux conditions cumulatives posées par le texte de l'article L. 133-25, I, sont réunies, le payeur aura huit semaines suivant la date du débit pour présenter une demande de remboursement au prestataire de services de paiement.

Le prestataire de services de paiement disposera alors, quant à lui, de dix jours ouvrables suivant la réception de la demande en remboursement

---

1. C. mon. fin., art. L. 133-25, IV. La date de valeur à laquelle le compte de paiement du payeur est crédit n'est pas postérieure à la date à laquelle il a été débité.

2. S. Piedelièvre, *op. cit.*, n° 445.

pour, soit rembourser le montant total de l'opération de paiement exécutée, soit justifier son refus de remboursement [1].

Pour le cas particulier des prélèvements, l'article L. 133-25-1 prévoit que le payeur jouit d'un droit au remboursement inconditionnel dans les délais fixés ci-dessus.

1467 ***Régime dérogatoire*** ◊ L'article L. 133-25-2 du code prévoit un régime dérogatoire en la matière. En effet, le payeur et son prestataire de services de paiement peuvent convenir, dans la convention de compte de dépôt ou dans le contrat-cadre de services de paiement, que le payeur n'a pas droit à remboursement sous certaines conditions.

Il en ira ainsi lorsqu'il a donné son consentement à l'exécution de l'opération de paiement directement à son prestataire de services de paiement et, le cas échéant, que les informations relatives à la future opération de paiement lui ont été fournies ou mises à disposition de la manière convenue, et ce, au moins quatre semaines avant l'échéance, par le prestataire de services de paiement ou par le bénéficiaire.

SECTION 3. LES INFRACTIONS LIÉES AUX AUTRES INSTRUMENTS DE PAIEMENT

1468 ***Risque de fraude*** ◊ Les « autres instruments de paiement », que sont notamment la carte bancaire, le virement et le prélèvement, posent nécessairement des risques en termes de fraude. Les rapports rendus publics annuellement par l'Observatoire de la sécurité des moyens de paiement en témoignent [2].

1469 ***Infractions pénales de droit commun*** ◊ La caractérisation d'infractions de droit commun sont ainsi parfois caractérisées par les juges en présence d'actes illicites commis à l'aide d'une carte bancaire [3] ou portant sur une carte bancaire [4].

À titre d'exemple, en présence d'actes relevant du « collet marseillais », c'est-à-dire une technique utilisée pour subtiliser à la fois des cartes

1. C. mon. fin., art. L. 133-25, III.
2. Cet observatoire a ainsi rendu public, le 10 juillet 2018, son nouveau rapport annuel. Celui-ci relève que la fraude tend à baisser pour les instruments de paiement que sont la carte bancaire, le virement et le prélèvement. J. Lasserre Capdeville, « La fraude aux moyens de paiement : état des lieux », *JCP E* 2018, n° 30, 608.
3. Concernant le délit d'escroquerie, V. par ex., Crim. 13 sept. 2006, n° 05-81.737 : *Bull. crim.* 2006, n° 221 ; D. 2006, aff. p. 2525, obs. V. Avena-Robardet ; *Dr. pénal* 2006, comm. 158, obs. M. Véron ; *JCP* 2007, II, 10033, note J. Lasserre Capdeville.
4. V. ss 1303.

bancaires ainsi que leurs codes secrets, le délit de vol [1], ou d'escroquerie [2], voire les deux à la fois [3] ont déjà été retenus.

1470 ***Infractions pénales spéciales*** ◊ Par ailleurs, les « autres instruments de paiement » font l'objet, à l'instar du chèque [4] ou de la seule carte bancaire par le passé [5], d'un encadrement pénal particulier [6]. Celui-ci demeure cependant réduit, et comporte essentiellement des infractions relevant du faux [7].

1471 L'article L. 163-3, qui est rédigé en des termes suffisamment précis [8], s'adresse ainsi à la fois aux chèques [9] et aux autres instruments de paiement, tels que définis par l'article L. 133-4, et notamment la carte de paiement. Il réprime trois situations : le fait de contrefaire ou falsifier l'un de ces instruments de paiement (§ 1), le fait d'en faire usage (§ 2), et enfin le fait d'accepter de recevoir un paiement au moyen de l'un d'entre eux (§ 3). Reprenons ces trois hypothèses. En prolongement de cette première disposition, l'article L. 163-4 sanctionne le recours à du matériel de contrefaçon ou falsification d'instruments de paiement (64).

§ 1. **La contrefaçon ou la falsification d'un instrument de paiement**

1472 ***Élément matériel*** ◊ L'élément matériel du délit est la contrefaçon ou la falsification d'une carte de paiement. Notons ici le remplacement de l'expression « carte de paiement ou de retrait » par l'expression « autre instrument de paiement mentionné à l'article L. 133-4 » par l'ordonnance n° 2009-866 du 15 juillet 2009. Celle-ci a eu alors pour conséquence d'écarter l'application du délit aux cartes ne permettant que de faire des retraits, ces dernières n'étant pas des instruments de paiement.

---

1. Com. 18 mai 2005, n° 03-12.314. Chambéry, 28 févr. 2006, n° 05/00041. - Chambéry, 28 févr. 2006, n° 05/00041. Aix-en-Provence, 29 janv. 2014, n° 2014/78 : *Banque et Dr.* 2014, n° 157, p. 65, obs. J. Lasserre Capdeville.

2. Amiens, 26 avr. 2017, n° 16/00907 : *Banque et Dr.*, juill.-août 2017, n° 174, p. 68. Pour une tentative, Paris, 12 janv. 2009, n° 08/04047 : *Gaz. Pal.* 17 oct. 2009, n° 289, p. 15, note J. Lasserre Capdeville.

3. Paris, 10 janv. 1996, n° 95/05450. Angers, 19 nov. 2009, n° 09/00652.

4. V. ss 1232 s.

5. V. ss 1304.

6. W. Jeandidier, « Chèque et carte de paiement », *Rép. pén.* Dalloz, 2012.

7. On peut encore citer l'article L. 163-11, dont le 1° sanctionne la communication indue de certaines informations centralisées par la Banque de France. Les peines encourues sont celles de l'article 226-21 du Code pénal, soit un emprisonnement de cinq ans et une amende de 300 000 euros. Cette incrimination s'applique à la fois au chèque et à la carte de paiement.

8. Crim. 7 janv. 2014, n° 13-82.514 : *Banque et Dr.* 3-4/2014. 53, obs. J. Lasserre Capdeville.

9. V. ss 1257 s.

Au-delà de cette particularité, on peut estimer que l'élément matériel est le même que celui concernant les chèques [1]. C'est ainsi, par exemple, qu'il y aura contrefaçon dans le fait de programmer de fausses cartes bancaires à puce vierge [2].

La simple tentative est sanctionnée par l'article L. 163-4-1.

1473 ***Élément moral*** ◇ Ce délit est-il intentionnel ou simplement d'imprudence ? Il découle de l'article 121-3 du Code pénal que tout délit est nécessairement intentionnel, sauf lorsque la loi en dispose autrement. Dès lors, faute de disposition légale prévoyant une autre solution, l'incrimination qui nous occupe est intentionnelle. La caractérisation du délit impliquera par conséquent de démontrer que le prévenu avait la conscience et la volonté de commettre son élément matériel. Cette intention sera souvent déduite des circonstances de fait.

1474 ***Procédure*** ◇ D'un point de vue procédural, l'utilisation frauduleuse d'une carte bancaire en raison de sa contrefaçon porte préjudice non seulement au propriétaire mais encore au détenteur et possesseur des sommes détournées, en l'occurrence la banque émettrice [3]. Cette dernière est en effet tenue à une obligation de restitution au bénéfice de ses clients ayant subi la fraude. Elle peut dès lors, logiquement, se constituer partie civile car elle subit, du fait de ce remboursement, un préjudice personnel et direct.

1475 ***Répression*** ◇ L'infraction est punie de sept ans d'emprisonnement et de 750 000 euros d'amende, ce qui est plus sévère que pour le faux de droit commun prévu par l'article 441-1 du Code pénal.

Un certain nombre de peines complémentaires sont également envisageables, notamment les interdictions énumérées par l'article L. 163-6. La peine accessoire de l'article L. 500-1 doit être aussi appliquée si une peine d'au minimum 6 mois d'emprisonnement avec sursis a été prononcée. Les personnes morales peuvent voir leur responsabilité engagée. Les peines sont aggravées lorsque le délit a été commis en bande organisée [4].

§ 2. L'usage d'un instrument de paiement contrefait ou falsifié

1476 ***Condition préalable*** ◇ Le délit implique la présence d'une condition préalable : qu'un instrument de paiement ait été contrefait ou falsifié.

1. V. ss 1260.
2. Pour une affaire ancienne remarquée, TGI Paris, 25 févr. 2000 : *D. Affaires* 2000, p. 219, obs. X. Delpech. – Paris, 6 déc. 2000 : *CCE* 2001, comm. 28, obs. O. Le Stanc.
3. Crim. 14 nov. 2007, n° 06-88.538 : *Bull. crim.* 2007, n° 278 ; *D.* 2008. 759, note J. Lasserre Capdeville ; *AJ pénal* 2008. 42, obs. M.-E. C. ; *Banque et Dr.* 1-2/2008, n° 117, p. 42, obs. D. Rebut.
4. C. mon. fin., art. L. 163-4-2.

Logiquement, il s'agira d'une carte bancaire. Rappelons ici que, si la carte concernée est uniquement de retrait, la lettre de l'article L. 163-3 paraît l'exclure du champ d'application du délit : un instrument de paiement est attendu.

1477 ***Élément matériel*** ◊ Est ici sanctionné le simple usage de l'instrument de paiement contrefait ou falsifié [1].

Parfois, ce sera la même personne qui aura non seulement contrefait ou falsifié l'instrument de paiement, mais aussi utilisé par la suite. Il n'est cependant pas certain que les juges retiennent cumulativement les deux infractions, tant la jurisprudence de la Cour de cassation se montre stricte, aujourd'hui, pour appliquer le principe *non bis in idem* [2].

La tentative d'usage est pénalement sanctionnée [3]. Elle est expressément visée dans la formulation de l'élément matériel du délit.

1478 ***Élément moral*** ◊ Dans cette hypothèse encore, l'article L. 163-3, 2°, n'aborde pas la question de l'élément moral du délit. Il convient alors d'en conclure, en se fondant sur la règle générale posée par l'article 121-3 du Code pénal, que l'infraction est intentionnelle. Le prévenu aura dû commettre l'élément matériel de l'infraction avec conscience et volonté.

1479 ***Répression*** ◊ Les sanctions ici encourues (peines principales, complémentaires et accessoires) sont les mêmes que pour le délit de contrefaçon ou de falsification du chèque [4].

§ 3. L'acceptation d'un instrument de paiement contrefait ou falsifié

1480 ***Condition préalable*** ◊ Le délit [5] implique, ici encore, le fait qu'un instrument de paiement ait été contrefait ou falsifié, le plus souvent une carte bancaire. En revanche, la simple communication de certaines données pour déclencher un paiement à distance ne paraît pas suffire pour caractériser cette condition préalable.

1481 ***Élément matériel*** ◊ L'élément matériel sera l'acceptation d'une réception en paiement d'une carte de paiement contrefaite ou falsifiée. Le délit

1. C. mon. fin., art. L. 163-3, 2°.

2. En effet, pour plusieurs décisions récentes, « les faits qui procèdent de manière indissociable d'une action unique caractérisée par une seule intention coupable ne peuvent donner lieu, contre le prévenu, à deux déclarations de culpabilité de nature pénales, fussent-elles concomitantes », Crim. 24 janv. 2018, n° 16-83.045 : *AJ pénal* avr. 2018, p. 196, obs. E. Clément. – Dans le même sens, V. par ex., Crim. 30 mai 2018, n° 17-82.034. – Crim. 16 janv. 2019, n° 18-81.566. – Crim. 30 janv. 2019, n° 18-82.589.

3. Crim. 16 mai 2018, n° 17-81.686.

4. V. ss 1475.

5. C. mon. fin., art. L. 163-3, 3°.

a ainsi déjà été retenu à l'encontre d'un commerçant à l'égard duquel avait été établi un taux très important d'utilisation frauduleuse de cartes bancaires dans son magasin [1].

La tentative n'est, en revanche, pas réprimée.

1482 ***Élément moral*** ◊ L'infraction est intentionnelle, faute de disposition contraire de l'article L. 163-3, 3°. Il faudra donc établir que le prévenu connaissait la fausseté des instruments de paiement. Ici encore, cet élément constitutif sera déduit des circonstances de fait.

1483 ***Répression*** ◊ Nous retrouvons ici les mêmes sanctions que celles envisagées pour les deux infractions précédentes [2].

§ 4. **Le recours à du matériel de contrefaçon ou falsification d'instruments de paiement**

1484 ***Élément matériel*** ◊ Antérieurement à l'ordonnance n° 2009-866 du 15 juillet 2009, ce délit figurait à l'article L. 163-4-1 du Code monétaire et financier [3]. Il se retrouve désormais à l'article L. 163-4. L'élément matériel est similaire à celui observé pour le chèque [4], c'est-à-dire qu'il doit revêtir l'un des six fait envisagés (c'est-à-dire fabriquer, acquérir, détenir, céder, offrir ou mettre à la disposition), devant lui-même porter sur un ou plusieurs objets spécifiques énumérés par l'article (équipements, instruments, programmes informatiques, ou toutes données conçus ou adaptés pour commettre une contrefaçon ou une falsification d'instruments de paiement). Le délit a ainsi pu être retenu concernant des *skimmer* permettant de copier les pistes magnétiques des cartes bancaires [5].

La tentative de ce délit demeure punissable [6].

1485 ***Élément intentionnel*** ◊ La caractérisation du délit implique, tout d'abord, la démonstration d'un dol général. Le prévenu doit avoir eu la conscience et la volonté de commettre l'élément matériel précisé. Mais, de plus, un dol spécial parait ici également requis : le fait que l'intéressé souhaite la commission d'une contrefaçon ou une falsification d'un instrument de paiement. L'agent se livrant à l'une des formes de l'élément matériel du délit doit donc connaître la destination précise du matériel en question.

---

1. Crim. 8 déc. 1999, n° 98-86.822.
2. V. ss 1475.
3. V. ss 1304.
4. V. ss 1268.
5. Montpellier, 16 déc. 2009, n° 09/01571.
6. C. mon. fin., art. L. 163-4-1.

Les juges déduisent cet élément constitutif des circonstances de fait, comme par exemple l'impossibilité pour le prévenu d'expliquer des éléments matériels non équivoques [1].

1486 ***Répression*** ◇ L'auteur de tels faits encourt sept ans d'emprisonnement et 750 000 euros d'amende. Les peines complémentaires de l'article L. 163-6 sont également applicables, de même que la peine accessoire de l'article L. 500-1 du Code monétaire et financier (en fonction de la peine prononcée). Les personnes morales peuvent être sanctionnées.

---

1. Crim. 28 sept. 2016, n° 15-85.091 : *RTD com.* 2016. 886, obs. B. Bouloc ; *Dr. pénal* 2016, comm. 155, obs. J.-H. Robert ; *Banque et Dr.* oct.-déc. 2016, n° 170, p. 79, obs. J. Lasserre Capdeville.

TITRE 3

LA MONNAIE ÉLECTRONIQUE

1487 ***Apparition*** ◊ Dans le but de réduire les frais de traitement, de nouveaux moyens de paiement dématérialisés ont fait leur apparition, afin d'offrir une possibilité de substitution aux espèces. Tel a été le cas, dans les années 1990, de la monnaie électronique.

1488 ***Définition*** ◊ La monnaie électronique est, pour l'article L. 315-1, I, du Code monétaire et financier, la valeur monétaire « qui est stockée sous une forme électronique, y compris magnétique, représentant une créance sur l'émetteur, qui est émise contre la remise de fonds aux fins d'opérations de paiement définies à l'article L. 133-3 et qui est acceptée par une personne physique ou morale autre que l'émetteur de monnaie électronique » [1]. C'est donc une valeur stockée qui permet d'effectuer des paiements électroniques de montants limités auprès de différentes personnes, et ce immédiatement par le seul transfert d'unités électroniques. Ces unités de monnaie électronique sont dites « unités de valeur », et chacune constitue une créance incorporée dans un titre [2].

1489 ***Techniques utilisées*** ◊ Cette définition large permet de qualifier de monnaie électronique celle qui a pour support matériel un moyen de paiement que le titulaire a en sa possession, telle une carte à puce (porte-monnaie

1. Cette définition a pour origine l'article 2, § 2, de la directive n° 2009/110/CE du 16 septembre 2009.
2. C. mon. fin., art. L. 315-1, II.

électronique), mais aussi à celle qui est stockée à distance sur un serveur et gérée par le titulaire par l'intermédiaire d'un compte spécifique [1].

Par exemple, dans le premier cas, une personne créditera un compte de monnaie électronique auprès d'un établissement de crédit ou d'un établissement de monnaie électronique dont le montant donnera lieu à l'émission d'unités électroniques sur son porte-monnaie électronique. Cette opération pourra s'effectuer en ligne. Les étudiants reconnaitront, notamment, le cas de leur carte « Izly » qui leur permet, sur le campus, de payer leurs repas au restaurant universitaire ou les photocopies à la bibliothèque.

Ainsi, grâce à cette technique, le risque d'une absence ou d'une insuffisance de provision est écarté, puisque le porte-monnaie ne sera chargé que si l'intéressé apporte ou détient la somme nécessaire.

1490 ***Première directive*** ◊ Un premier encadrement juridique de cette monnaie électronique fut réalisé par la directive 2000/46/CE du 18 septembre 2000 [2], dite « DME 1 ». Ce texte fut transposé en droit français par un règlement du comité de la règlementation bancaire et financière (CRBF) n° 2002-13 du 21 novembre 2002, lui-même homologué par un arrêté du ministre de l'Économie, des Finances et de l'Industrie du 10 janvier 2003 [3].

Or, force est de constater, qu'à l'époque, le développement de la monnaie électronique fut un échec dans notre pays. Plusieurs raisons pouvaient expliquer ce résultat. Tout d'abord, la directive du 18 septembre 2000 freinait le développement du marché de la monnaie électronique en posant des exigences en capital minimum excessives et en interdisant aux établissements de monnaie électronique d'accomplir d'autres activités commerciales. Les règles prudentielles pouvaient également paraître bien lourdes pour ce type de service. Ces limites étaient, en outre, accentuées par les divergences nationales trop grandes en la matière. En effet, la directive étant d'harmonisation minimale, les États membres disposaient d'une marge de manœuvre importante dans sa transposition, ce qui ne favorisait pas une harmonisation des différents régimes en ce domaine. Le droit français s'était d'ailleurs fait remarquer pour sa rigueur extrême [4].

1491 ***Seconde directive*** ◊ Par la suite, la directive 2009/110/CE du 16 septembre 2009 concernant l'accès à l'activité des établissements de monnaie électronique et son exercice ainsi que la surveillance prudentielle de ces

---

1. Cela va dans le sens de la directive 2009/110/CE du 16 septembre 2009 (v. ss 1491) qui souhaitait régir « la totalité des produits de monnaie électronique disponibles aujourd'hui sur le marché, mais également les produits qui pourraient être développés à l'avenir » (8e considérant de la directive).

2. *JOUE*, n° L. 275, 27 oct. 2000, p. 39. G. Blanluet, « La monnaie électronique. Définition. Nature juridique », *RDBF* 2001, n° 2, p. 128. – D.-R. Martin, « De la (fausse) monnaie électronique », *RDBF* 2003, n° 1, p. 65.

3. *JO* 1er févr. 2003, p. 2003. – J. Rochfeld, « Monnaie électronique », *RTD civ.* 2003. 361.

4. J. Lasserre Capdeville, « Le droit régissant le paiement par monnaie électronique en France », *RLDA* 2012, n° 73, p. 93.

établissements [1], dite « DME 2 », a été adoptée. Celle-ci avait pour ambition de promouvoir la mise en place d'un véritable marché unique des services de monnaie électronique en Europe, de contribuer à la conception et à la mise en œuvre de services de monnaie électronique nouveaux, innovants et sûrs, de permettre à de nouveaux entrants d'accéder au marché, et enfin d'assurer une concurrence réelle et effective entre tous les participants au marché. Cette directive était d'harmonisation totale, à l'exception de quelques rares dispositions.

Elle a été transposée en droit français, avec un léger retard [2], par la loi n° 2013-100 du 28 janvier 2013 portant diverses dispositions d'adaptation de la législation au droit de l'Union européenne en matière économique et financière [3]. Sans surprise, cette dernière est à l'origine d'un régime plus souple à l'égard des établissements de monnaie électronique afin d'encourager leur constitution et partant le développement de la monnaie électronique.

1492 ***Usage en France*** ◊ Toutefois, force est de constater que l'évolution des textes n'a pas eu le succès escompté.

D'une part, rares sont les établissements à avoir sollicité un agrément. On peut certes citer la *SFPMEI* (qui gère *Moneo*) et *Paypal*, mais les cas demeurent rares. Ainsi, au 1er décembre 2018, on ne trouve que 10 personnes morales agréées comme établissements de monnaie électronique.

D'autre part, son utilisation demeure résiduelle, même si des progrès peuvent être relever. Ainsi, en 2016, celle-ci a connu une croissance significative (+ 47 %) [4]. Pour autant, elle ne représentait encore que 0,5 % de l'ensemble des opérations paiements réalisées pour cette même année. L'utilisation de ce mode de paiement reste donc limitée au regard des autres moyens de paiement, tant en encours total (près de 600 millions d'euros) qu'en encours unitaire (16 euros). On notera néanmoins que ce dernier montant n'était que de 11 euros par transaction en 2015 et de 7,60 en 2014. Il progresse donc.

---

1. *JOUE* n° L 267, 10 oct. 2009, p. 7. B. May et M. Vincent-Moreau, « Transposition de la Directive 2009/110. Une deuxième chance pour la monnaie électronique », *Banque et Dr.* 1-2/2011, n° 135, p. 15. – A. Marion, « La monnaie électronique française enfin sur le pas de tir ? », *RDBF* mars-avr. 2013. Étude 4, p. 7. J. Lasserre Capdeville, « Le droit régissant le paiement par monnaie électronique en France », *RLDA* juill.-août 2012, p. 93.

2. La Commission européenne a été amenée à engager une procédure d'infraction contre la France pour non transposition de la directive dans le délai imparti, J. Lasserre Capdeville, « Monnaie électronique : un retard de transposition problématique », *D.* 2012. 1728.

3. *JO* 29 janv. 2013, p. 1721. P. Storrer, *Droit de la monnaie électronique*, RB édition, 2014. B. May et D. Hoche, « La transposition de la DME2 : apports et questions persistantes », *Banque et Dr.* 5-6/2013, n° 149, p. 10. S. Piedelièvre et H. Lair, « La monnaie électronique après la loi du 28 janvier 2013 », *JCP E* 2013, 1108. – J. Lasserre Capdeville, « La réforme de la monnaie électronique en droit français. Un nouveau droit pour un réel essor ? », *JCP* 2013, n° 10, 278, p. 489. – S. Moreil, « La directive DME2 enfin transposée », *D.* 2013. 1150. – P. Storrer, « *La transposition de la DME 2 en droit français : et après ?* », Revue Banque, avr. 2013, n° 759, p. 92. Ce texte a rapidement fait l'objet de précisions réglementaires, *JCP* 2013. 609, p. 1049, obs. J. Lasserre Capdeville.

4. Banque de France, *Cartographie des moyens de paiement scripturaux. Bilan de la collecte 2017*, p. 4.

1493 ***Usage en Europe*** ◊ On ne sera pas surpris de noter que le Luxembourg est, de loin, le premier émetteur de paiements en monnaie électronique en Europe, avec des parts de 78,5 % en montant et 77,3 % en nombre de transactions. Ces chiffres sont logiquement liés à l'hébergement au Grand-Duché de l'acteur le plus important du marché européen : *PayPal*. L'Italie occupe, quant à elle, le deuxième rang européen, avec des parts de 17,7 % en montant et 15,6 % en nombre.

1494 ***Nature*** ◊ La monnaie électronique est assurément un substitue à l'argent liquide [1]. Mais la monnaie électronique constitue-t-elle pour autant une véritable monnaie ? [2] La majorité de la doctrine répond à cette interrogation par la négative [3]. Plusieurs arguments plaident en effet en ce sens.

Tout d'abord, elle constitue, avant tout, une créance (« incorporée dans un titre » [4]) d'un détenteur sur un émetteur. Ce dernier n'émettra ainsi la monnaie électronique en question qu'à la suite de la remise de fonds [5] et devra, le cas échéant la rembourser en espèces ou en monnaie scripturale [6]. Le détenteur, quant à lui, ne se verra remettre qu'un titre lui permettant leur remboursement auprès de l'émetteur. Comme le résume un auteur [7] : « *c'est une créance représentative d'un pouvoir d'achat qui peut être utilisée, et donc transmis de détenteur à détenteur* ».

En revanche, il n'y a pas ici de transfert de monnaie fiduciaire ou scripturale ; la transmission n'interviendra que lors du remboursement de la monnaie électronique.

1495 Observons alors le régime juridique de cette monnaie électronique [8]. Celui-ci porte essentiellement sur l'émission et l'utilisation de la monnaie électronique (chapitre 1), mais aussi le remboursement auquel elle peut donner lieu (chapitre 2). Des règles intéressant la contestation des paiements effectués à l'aide de la monnaie électronique peuvent également être mentionnées (chapitre 3).

---

1. On notera d'ailleurs que l'article L. 112-6 du Code monétaire et financier étend au paiement au moyen de monnaie électronique un certain nombre d'interdictions relatives au paiement en espèces. – v. ss 916 s.

2. Sur ce débat, P. Storrer, *Droit de la monnaie électronique*, RB édition, 2014, n° 12 s.

3. Th. Bonneau, *Droit bancaire*, LGDJ, 2017, 12e éd., n° 92. – B. Fatier, « Services de paiement et monnaie électronique : les conditions juridiques du succès », *LPA*, 19 févr. 2013, p. 4. – D.-R. Martin, « Aspects de la monnaie électronique », *D*. 2013. 2117. Ce dernier y voit ainsi une « monnaie conventionnelle » (*op. cit.*, n° 10) – *Contra*, S. Moreil, « La directive DM2 enfin transposée », *D*. 2013. 1151. – P. Storrer, *op. cit.*, p. 25, n° 16.

4. C. mon. fin., art. L. 315-1, II.

5. C. mon. fin., art. L. 315-2.

6. C. mon. fin., art. L. 133-36.

7. Th. Bonneau, *op. cit.*, n° 92.

8. Celui-ci est disséminé entre plusieurs articles figurant dans la partie législative du Code : C. mon. fin., art. L. 133-29 à L. 133-38 (sur les modalités de remboursement de la monnaie électronique), C. mon. fin., art. L. 315-1 à L. 315-9 (sur l'émission de la monnaie électronique), C. mon. fin., art. L. 525-1 à L. 525-13 (sur les émetteurs de monnaie électronique) et C. mon. fin., art. L. 561-9-1 (sur la lutte contre le blanchiment d'argent). Plusieurs dispositions relevant de la partie réglementaire nous intéressent également : C. mon. fin., art. D. 315-1 et D. 315-2, mais aussi D. 525-1 et D. 525-2 et enfin R. 561-16-1.

CHAPITRE 1
L'ÉMISSION ET L'UTILISATION DE LA MONNAIE ÉLECTRONIQUE

496 ***Compétence*** ◊ L'article L. 525-1 du Code monétaire et financier prévoit que « *les émetteurs de monnaie électronique sont les établissements de monnaie électronique et les établissements de crédit* ». Lorsqu'ils émettent de la monnaie électronique sont également considérés comme des émetteurs de monnaie électronique, la Banque de France et l'Institut d'émission des départements d'outre-mer, le Trésor public et la Caisse des dépôts et consignations [1]. Il est alors interdit à toute autre personne d'émettre et de gérer de la monnaie électronique [2].

497 ***Remise de fonds*** ◊ L'émission de la monnaie électronique nécessite une remise de fonds. Un détenteur de monnaie électronique doit donc préalablement créditer un compte de monnaie électronique tenu soit par un établissement de monnaie électronique, soit par un établissement de crédit.

Ainsi, il ne peut y avoir de création autonome et spontanée d'une sphère monétaire de monnaie électronique, l'émission étant systématiquement adossée à la remise de fonds en monnaie officielle. Cette caractéristique différencie de façon fondamentale la monnaie électronique et les crypto-monnaies.

498 ***Précisions*** ◊ Il résulte de l'article L. 315-2 du Code monétaire et financier que chacune des unités de monnaie électronique est émise sans délai contre la remise de fonds. Cela exclut alors l'utilisation de la monnaie électronique aux fins de crédit.

De plus, pour l'article L. 315-3 du code, chacune des unités de monnaie électronique ne peut être émise que pour une valeur nominale égale à celle des fonds collectés en contrepartie.

499 ***Liberté contractuelle*** ◊ La relation qui se crée à ce stade entre l'émetteur et le détenteur de monnaie électronique est de nature contractuelle [3]. Le contenu du contrat sera déterminé librement par les parties.

---

1. C. mon. fin., art. L. 525-2.

2. C. mon. fin., art. L. 525-3 ◊ La violation d'un tel monopole fait encourir à son auteur trois ans d'emprisonnement et 375 000 euros d'amende (1 875 000 s'il s'agit d'une personne morale). – C. mon. fin., art. L. 572-13. – Sur ce monopole, J. Lasserre Capdeville, « Banque », *Rép. pén.* Dalloz, 2018, n° 160 s.

3. W. Prost et M. Roussille, « Modalités pratiques applicables aux contrats d'émission de monnaie électronique », *RDBF* mai-juin 2013. Étude 10, p. 16.

1500 ***Obligation d'information*** ◊ La liberté précitée n'est cependant pas sans limite. La loi pose en effet les contours d'une obligation d'information pesant sur l'émetteur. Ainsi, selon l'article L. 315-6 du Code monétaire et financier, cet émetteur doit fournir à son cocontractant, sur support papier ou tout autre support durable, les conditions contractuelles dans des termes clairs et aisément compréhensibles, en principe en français [1].

De même, pour l'article L. 315-7, le contrat liant l'émetteur et le détenteur de monnaie électronique doit établir clairement les conditions et le délai de remboursement des unités de monnaie électronique.

De plus, si, par exception à l'article L. 133-30 et dans le cadre de l'article L. 133-31 [2], des frais consécutifs à un remboursement sont prévus, ils sont obligatoirement précisés de façon claire dans le contrat. Ce dernier défini ainsi le montant, la nature et le détail de calcul de ces frais.

Le contrat doit enfin mentionner, pour l'article L. 315-8, le fait que le remboursement sera effectué à la valeur nominale des unités de monnaie électronique [3].

1501 ***Sanctions encourues*** ◊ Il est à noter que l'article L. 351-1, alinéa 2, du code punit de la peine d'amende prévue pour les contraventions de la cinquième classe, c'est-à-dire 1 500 euros, le fait de méconnaitre l'une des obligations mentionnées aux articles L. 315-5 à L. 315-8 du code. Les personnes morales encourent, quant à elles, une amende 7 500 euros.

1502 ***Rémunération*** ◊ L'article L. 315-4 du code interdit à tout émetteur de monnaie électronique qui collecte des fonds de verser sur ces fonds des intérêts, toute rémunération ou tout autre avantage liés à la durée de détention de monnaie électronique.

1503 ***Utilisation concrète*** ◊ Les cartes prépayées sont alors utilisées comme moyen de paiement alternatif aux cartes de paiement « classiques », aux chèques ou aux espèces pour le règlement des transactions aux points de vente. Elles peuvent parfois prendre des formes originales, comme, par exemple, des « cartes cadeaux ».

Sous forme de compte en ligne, la monnaie électronique permet un paiement direct entre clients d'un même émetteur, sans avoir à recourir aux moyens de paiement interbancaires classiques (virement, chèque, etc.).

---

1. L'article R. 315-1 prévoit, quant à lui, que les établissements de monnaie électronique sont tenus de mettre à disposition de leur clientèle et du public, sur support papier ou sur un autre support durable, les conditions générales qu'ils pratiquent pour les opérations qu'ils effectuent.
2. V. ss 1507.
3. C. mon. fin., art. L. 315-8. En outre, l'article L. 315-5, renvoyant aux articles L. 314-1 et suivants, précise que cette obligation d'information, spécifique aux émetteurs de monnaie électronique, doit être complétée par celle qui pèse sur les prestataires de services de paiement. Pour une présentation détaillée : W. Prost et M. Roussille, *op. cit.*

Cette pratique se traduit alors par des paiements crédités quasi immédiatement sur le compte du bénéficiaire.

504 ***Encadrement particulier des cartes prépayées*** ◊ Cependant, cette monnaie électronique, et plus particulièrement les cartes prépayées (le plus souvent anonymes), a été rapidement accusée de faciliter des actes de blanchiment d'argent, voire de financement du terrorisme. TRACFIN d'ailleurs l'a rappelé, à plusieurs reprises, dans ses rapports annuels.

La loi n° 2016-731 du 3 juin 2016 renforçant la lutte contre le crime organisé, le terrorisme et leur financement, et améliorant l'efficacité et les garanties de la procédure pénale est alors à l'origine d'une évolution notable en matière des cartes prépayées. Désormais, l'article L. 315-9 du Code monétaire et financier prévoit un encadrement strict de la valeur monétaire maximale stockée sous forme électronique et utilisable au moyen d'un support physique.

Plus précisément, l'article D. 315-2, 1°, qui résulte du décret n° 2016-1742 du 15 décembre 2016 [1], déclare que la valeur monétaire maximale stockée sous forme électronique et utilisable au moyen d'un tel support physique est fixée à 10 000 euros. Des précisions sont, en outre, donnée par le même article. Celui-ci fixe en effet à 1 000 euros par mois calendaire, le montant maximal de chargement en espèces ou en monnaie électronique, de remboursement en espèces et de retrait en espèces au moyen d'un tel support physique stockant de la monnaie électronique.

505 ***Lutte contre le blanchiment de capitaux*** ◊ Sans surprise, les règles régissant les obligations des professionnels assujettis en matière de lutte contre le blanchiment d'argent et le financement du terrorisme ont également connues des évolutions intéressant la monnaie électronique. L'article L. 561-9-1 du Code monétaire et financier prévoit ainsi désormais, s'il n'existe pas de soupçon de blanchiment ou de financement de terrorisme, un cas de vigilance allégée au bénéfice des personnes qui émettent de la monnaie électronique si plusieurs conditions, figurant à l'article R. 561-16-1 et découlant du décret n° 2018-284 du 18 avril 2018 [2], sont réunies :

- la monnaie électronique est émise en vue de la seule acquisition de biens ou de services de consommation ;
- la valeur monétaire maximale stockée n'excède pas 250 euros et, dans l'hypothèse où le support peut être rechargé, la valeur monétaire est assortie d'une limite maximale de stockage et de paiement de 250 euros par période de trente jours et ne peut être utilisée que pour des paiements sur le territoire national ;

1. *JO* 17 déc. 2016, texte n° 10. – P. Storrer, « La monnaie électronique plafonnée », Revue Banque, févr. 2017, n° 805, p. 83.

2. Antérieurement à ce texte, une réglementation analogue figurait à l'article R. 561-16, 5°, du Code.

– le support de la monnaie électronique ne peut pas être chargé au moyen d'espèces. Toutefois, cette condition ne s'applique pas à la monnaie électronique émise en vue de l'acquisition de biens ou de services dans un réseau limité de personnes acceptant ces moyens de paiement ou pour un éventail limité de biens ou de services ;

– le support de la monnaie électronique ne peut pas être chargé au moyen de monnaie électronique dont le détenteur n'est pas identifié ni son identité vérifiée, dans les conditions respectivement prévues aux articles R. 561-5 et R. 561-5-1.

En outre, dans tous les cas, les opérations de retrait ou de remboursement en espèces de la monnaie électronique d'un montant supérieur à 100 euros demeurent soumises aux obligations de vigilance prévues aux articles L. 561-5 et L. 561-5-1, c'est-à-dire à la vigilance « standard ».

CHAPITRE 2
LE REMBOURSEMENT DE LA MONNAIE ÉLECTRONIQUE

506 ***Principe général*** ◊ Par le passé, l'article 3, I, du règlement CRBF n° 2002-13 du 21 novembre 2002 prévoyait un principe de « remboursabilité » en la matière. Ce principe est aujourd'hui confirmé par l'article L. 133-29 du Code monétaire et financier qui prévoit que les unités de monnaie électronique sont remboursées par l'établissement émetteur au détenteur de monnaie électronique qui en fait la demande [1].

507 ***Frais*** ◊ Le principe de remboursabilité est renforcé par l'encadrement des frais. C'est ainsi que, par principe, le remboursement de la monnaie électronique par l'émetteur de monnaie électronique mentionné à l'article L. 525-1 du code est effectué sans frais pour le détenteur de monnaie électronique [2].

Seules trois exceptions sont envisagées par l'article L. 133-31 du code, du moment, bien entendu, que ceux-ci sont prévus dans le contrat conclu entre l'émetteur et le détenteur de monnaie électronique. Il en va de la sorte lorsque le remboursement est demandé avant l'expiration du contrat ; lorsque le contrat spécifie une date d'expiration et que le détenteur de monnaie électronique résilie le contrat avant cette date ; et enfin lorsque le remboursement est demandé plus d'un an et un jour après le terme du contrat [3].

Dans l'ensemble de ces hypothèses, le montant des frais doit, en outre, être proportionné et en rapport avec les coûts réels supportés par l'émetteur de monnaie électronique [4]. Le contrat liant l'émetteur et le détenteur de monnaie électronique doit obligatoirement, quant à lui, préciser clairement les frais consécutifs à un remboursement [5].

508 ***Seuils de remboursabilité*** ◊ Les articles en vigueur depuis la loi n° 2013-100 du 28 janvier 2013 ne reprennent pas le seuil de non-remboursabilité de 10 euros qui existait jusqu'alors. En conséquence, le titulaire

---

1. Ce principe pèse sur l'émetteur de monnaie électronique, même s'il recourt à une personne pour distribuer (C. mon. fin., art. L. 525-8), pour son compte, une telle monnaie. – C. mon. fin., art. L. 133-38.
2. C. mon. fin., art. L. 133-30.
3. C. mon. fin., art. L. 133-31.
4. C. mon. fin., art. L. 133-32.
5. C. mon. fin., art. L. 315-7.

d'un porte-monnaie électronique qui souhaite récupérer les quelques euros qui y figurent est en droit d'en faire la demande à l'émetteur qui ne peut refuser un tel remboursement en raison de la modicité de la somme.

L'article L. 133-33 dispose au contraire, aujourd'hui, que lorsque la demande de remboursement de la monnaie électronique intervient avant le terme stipulé au contrat (hors cas de résiliation du contrat), la demande peut porter sur la totalité ou sur une partie de la monnaie électronique détenue.

En revanche, si la demande de remboursement intervient dans le délai d'un an à compter du terme stipulé au contrat ou dans le cadre d'une résiliation du contrat, le remboursement de la monnaie électronique détenue doit être total [1].

1509 ***Formes de remboursement*** ◊ Les remboursements en question s'effectuent, selon le choix exprimé par le détenteur de monnaie électronique, en pièces et en billets de banque ayant cours légal ou par une opération de paiement ordonnée par l'émetteur au bénéfice du détenteur de monnaie électronique.

Pour le remboursement en pièces et en billets, l'émetteur de monnaie électronique peut convenir avec le détenteur d'un remboursement par transmission de fonds. Les frais relatifs à cette dernière opération sont nécessairement à la charge de l'émetteur de monnaie électronique [2].

1510 ***Dérogations*** ◊ Il est possible pour les parties de déroger, contractuellement, aux dispositions précitées, à l'exception du principe de remboursabilité. Ces dérogations demeurent cependant interdites si le détenteur de monnaie électronique est une personne physique agissant pour des besoins non professionnels [3].

1. C. mon. fin., art. L. 133-34. Notons qu'une hypothèse particulière est envisagée si l'établissement de monnaie électronique exerce des activités de nature hybride au sens de l'article L. 526-3. – C. mon. fin., art. L. 133-35.
2. C. mon. fin., art. L. 133-36.
3. C. mon. fin., art. L. 133-37.

CHAPITRE 3

LA CONTESTATION DES PAIEMENTS EFFECTUÉS PAR MONNAIE ÉLECTRONIQUE

1511 ***Régime applicable*** ◊ Que faire en cas de contestation de paiement effectués par monnaie électronique ? Jusqu'à la loi n° 2013-100 du 28 janvier 2013, notre droit ne disait mot sur ce point. Désormais, la réponse à cette question découle de l'article L. 133-1, VII, du Code monétaire et financier, celui-ci prévoyant que les dispositions du chapitre relative aux règles applicables aux autres instruments de paiement s'imposent à l'émission et la gestion de monnaie électronique.

1512 ***Incidences*** ◊ Les conséquences de cette dernière solution sont alors importantes : les articles L. 133-1 et suivants du code seront applicables à la monnaie électronique. À ce titre, l'émetteur devra s'assurer que les données de sécurité personnalisés, s'il y en a, ne sont pas accessibles à d'autres personnes [1], mais aussi mettre en place les moyens appropriés permettant à l'utilisateur de procéder à tout moment à l'information-opposition prévue par l'article L. 133-17 du code [2], empêcher toute utilisation de l'instrument après l'information-opposition [3], supporter le risque lié à l'envoi à l'intéressé d'un tel instrument [4], ou encore, et surtout, rembourser au payeur, en cas d'opération de paiement non autorisée, le montant de l'opération en question contestée par l'intéressé [5].

1513 ***Limites*** ◊ Les porte-monnaie électroniques doivent cependant pouvoir bénéficier, en fonction de leurs capacités, du régime « simplifié » mentionné à l'article L. 133-28 du Code monétaire et financier, qui allège pour mémoire les contraintes légales à l'égard des instruments de paiement de faibles montants, c'est-à-dire permettant de réaliser exclusivement des opérations de paiement ne dépassant pas unitairement 30 euros, ou ayant une limite de dépenses de 150 euros ou ne permettant pas de stocker plus de 150 euros [6].

---

1. C. mon. fin., art. L. 133-15, I.
2. C. mon. fin., art. L. 133-15, II.
3. C. mon. fin., art. L. 133-15, III.
4. C. mon. fin., art. L. 133-15, IV.
5. C. mon. fin., art. L. 133-18.
6. C. mon. fin., art. D. 133-7.

Rappelons, en effet, qu'en présence de tels instruments, le prestataire de services de paiement peut convenir avec le payeur d'un certain nombre de dérogations aux obligations pesant sur lui, et notamment celles mentionnées aux II et III de l'article L. 133-15 ou à l'article L. 133-17 « *lorsque le prestataire de services de paiement n'a pas la capacité de bloquer le compte ou l'instrument de paiement* », ou encore avec celle figurant à l'article L. 133-18 « *si l'instrument est utilisé de manière anonyme (...)* ». Ces situations devraient pouvoir se retrouver avec certains supports de monnaie électronique « classiques », du type « *Izly* ».

TITRE 4

LES CRYPTO-MONNAIES

1514 ***Présentation générale*** ◊ Les crypto-monnaies, tel que le *bitcoin*, sont nées au début des années 2010, en raison notamment du développement à l'échelle mondiale de communautés dites « virtuelles ». Souvent désignés sous le terme « monnaies virtuelles » ou « crypto-monnaies » [1], ces actifs doivent en réalité être vus, pour la Banque de France, comme des instruments contenant, sous forme numérique, des unités de valeur non monétaire pouvant être conservées ou être transférées dans le but d'acquérir un bien ou un service, mais ne représentant pas de créance sur l'émetteur.

Si elles ont été initialement conçues comme des instruments d'échange dans le monde numérique, ces crypto-monnaies ont de plus en plus d'incidences dans l'économie réelle, à travers notamment l'émergence de services permettant leur achat ou vente contre des monnaies légales, leur conservation ou leur utilisation comme instrument d'échange.

L'activité de financement a également tiré parti du développement des crypto-monnaies avec les ICOs (*Initial Coin Offerings*) [2]. Il s'agit d'opérations de levée de fonds par offre au public, destinées à financer le développement d'un projet de l'émetteur et donnant lieu à une émission de jetons numériques (appelés *tokens* [3]) remis à l'investisseur en contrepartie

---

1. P. Storrer, « Les monnaies virtuelles dans tous leurs états », Revue Banque, sept. 2014, n° 775, p. 86. G. Bourdeau, « Propos sur les "crypto-monnaies" » : *RDBF* nov.-déc. 2016, dossier 39. D. Legeais, « Développement et potentialités des crypto-monnaies », *JCP E* 2018, n° 29, 583.

2. D. Legeais, « L'ICO en trois questions », *JCP E* 2018, n° 1, 1. D. Legeais, « Regards sur une opération juridique non identifiée : les ICOs », *Dalloz IP/IT*, févr. 2018, p. 113. – A.-S. Choné-Grimaldi, « Les contraintes du droit des obligations sur les opérations d'ICO », *D.* 2018. 1171. Ph. Lorentz, L. Bensoussan et A. Barbet-Massin, « La mise en œuvre d'une ICO : les étapes en pratique », *RDBF* 2019, n° 1, étude 1.

3. Th. Bonneau, « "*Tokens*", titres financiers ou biens divers ? », *RDBF* 2018, n° 1, repère 1.

d'une somme d'argent ou en contrepartie de la remise de crypto-monnaies. C'est ainsi d'une variante « crypto-actif » du financement participatif.

Ces opérations sont effectuées par l'intermédiaire de la technologie *Blockchain* [1].

1515 ***Cas du bitcoin*** ◊ Le *bitcoin* est très certainement, aujourd'hui, la crypto-monnaie la plus connue du grand public [2]. Il s'agit bien d'une unité de compte virtuelle stockée sur un support électronique permettant à une communauté d'utilisateurs d'échanger entre des biens et des services sans avoir à recourir à la monnaie légale. Il est créé au sein d'une communauté d'internautes, appelés « mineurs » (*miners*), ayant installé sur leurs unités informatiques connectées à internet un logiciel libre qui crée, selon un algorithme, les unités de compte *bitcoin* [3] qui seront ensuite allouées à chaque mineur en récompense de sa participation au fonctionnement du système. Les intéressés peuvent ensuite les revendre sur internet. Des plateformes se sont ainsi créées pour permettre l'achat et la vente de *bitcoins* contre de la monnaie ayant cours légal. L'achat de *bitcoins* est donc possible pour les particuliers.

Plusieurs particularités sont à relever. D'une part, la quantité de *bitcoin* créée par le système est limitée par le programme à 21 millions. Cette limitation nourrit alors un phénomène de pénurie qui, face à la forte demande induite principalement pour le motif de spéculation, entraîne de très fortes fluctuations de cours.

D'autre part, le rythme de création des bitcoins est régulé et fluctue pour tenir compte du nombre de *miners* et de l'évolution de la capacité de calcul des unités informatiques connectées.

En outre, faute de régulation étatique, le *bitcoin* échappant au contrôle des États et de leurs banques centrales, la création de cet actif et son transfert bénéficie d'un large anonymat.

Enfin, nous sommes en présence d'une unité de compte hautement volatile : restant sous la barre de 1 dollar jusqu'au printemps 2011, le *bitcoin* commencé à prendre de la valeur après que différents articles de presse l'ait progressivement mis dans la lumière. Par la suite, la perte de confiance et les craintes à l'égard de la monnaie unique a eu tendance à provoquer une ruée spéculative vers cette « devise » apatride et non régulée.

---

1. Pour mémoire, la *Blockchain* est un mode d'enregistrement de données produites en continu, sous forme de blocs liés les uns aux autres dans l'ordre de leur validation, chacun des blocs étant alors protégés contre toute modification. D. Legeais, « *Blockchain* », JurisClasseur Commercial, fasc. 534. – D. Legais, « L'utilisation de la blockchain pour les titres de sociétés non cotées », Droit des sociétés, févr. 2019. Étude 2.

2. J. Lasserre Capdeville, « Le bitcoin », *JCP E* 2014, n° 3, 25. – M. Roussille, « Le bitcoin : objet juridique non identifié », *Banque et Dr.* 1-2/2015, n° 159, p. 27. – H. de Vauplane, « Bitcoin, monnaie ou article de foi ? », *in* Mélanges AEDBF VII, 2018, RB édition, p. 275. – Il en existe en réalité des centaines d'autres, comme par exemple l'*ether*.

3. Pour une présentation plus détaillée de ce processus, M. Julienne, « Les crypto-monnaies : régulation et usages », *RDBF* 2018, n° 6, étude 19, n° 1 s.

Au plus fort de la crise chypriote, son cours a alors atteint 200 dollars. Cette évolution n'a pas ralenti ensuite. Le *bitcoin* a ainsi passé le cap des 1 000 dollars le 28 novembre 2013 et fleurté avec les 20 000 dollars le 17 décembre 2017 ! Au 25 mars 2919, un *bitcoin* vaut 3 548 dollars.

1516 ***Qualificatif de monnaie*** ◊ Souvent désignés par abus de langage sous le terme de « monnaies virtuelles » ou « crypto-monnaies », ces actifs peuvent-ils être qualifiés de « monnaie » ? La majorité de la doctrine répond à cette interrogation par la négative [1]. Il est vrai les trois fonctions dévolues à la monnaie, c'est-à-dire une unité de valeur, une unité de paiement et enfin une réserve de valeur, ne paraissent pas présentent ici, ou du moins très imparfaitement.

Tout d'abord, leur valeur fluctue très fortement et demeure alors incertaine. Cela ne leur permet donc pas d'en faire des unités de compte. Ainsi, bien peu de prix sont exprimés dans ces crypto-actifs.

Ensuite, il est évident que comme intermédiaire des échanges, les crypto-actifs sont nettement moins efficaces que la monnaie qui a un cours légal. L'effet libératoire n'est ici que conventionnel et non pas légal. Il n'est ainsi pas possible d'imposer un paiement en bitcoins en dehors de la communauté d'utilisateurs. La volatilité de leurs cours rend d'ailleurs difficile leur utilisation comme moyen de paiement. En outre, leur utilisation est de nature à générer des frais de transactions importants, et dans tous les cas non adaptés pour de simples opérations de détail.

Pour finir, en l'absence de sous-jacent réel, ces crypto-actifs ne permettent pas d'en faire de véritables réserves de valeur. Il en va d'autant plus ainsi qu'ils sont particulièrement volatiles.

Certains préfèrent alors parler, en la matière, d'« objet juridique non identifié » [2].

1517 ***Qualification de crypto-actifs*** ◊ Les actifs en question sont définis juridiquement, par l'article L. 561-2, 7° bis, du Code monétaire et financier, comme : « tout instrument contenant sous forme numérique des unités de valeur non monétaire pouvant être conservées ou être transférées dans le but d'acquérir un bien ou un service, mais ne représentant pas de créance sur l'émetteur ». Il est donc plus juste de les qualifier de « crypto-actifs ».

1518 ***Assimilations impossibles*** ◊ Au-delà de l'absence des fonctions dévolues à la monnaie, il apparait que les crypto-actifs ne sauraient être vus, comme une monnaie ayant cours légal, ni comme moyen de paiement.

1. V. notamment, H. de Vauplane, « Bitcoin. Monnaie de singe ou monnaie légale ? L'analyse juridique », *Rev. Banque* juill.-août 2013, p. 79. – Th. Bonneau, « Le Bitcoin, une monnaie ? », *Banque et Dr.* 1-2/2015, n° 159, p. 8. – J. Lasserre Capdeville, *op. cit.* – M. Roussille, *op. cit.*, p. 27. – C. Kleiner, « Bitcoin, monnaie étrangère et indexation : quelle équation ? », *in Mélanges Joel Monéger* : éd. Lexisnexis 2017, p. 245. – Pour une solution moins tranchée, D. Legeais, « Blockchain et crypto-actifs : état des lieux », *RTD com.* 2018. 754.

2. M. Roussille, *op. cit.*, p. 27. – M. Julienne, *op. cit.*, n° 12.

D'une part, il résulte de l'article L. 111-1 du Code monétaire et financier que : « La monnaie de la France est l'euro ». Il s'agit alors de la seule monnaie ayant cours légal en France. En conséquence, il est possible de refuser les crypto-actifs en paiement sans pour autant méconnaitre les dispositions de l'article R. 162-2 du Code monétaire et financier qui indique que « le fait de refuser de recevoir des pièces de monnaie ou des billets de banque ayant cours légal en France selon la valeur pour laquelle ils ont cours est réprimé conformément à l'article R. 642-3 du code pénal », c'est-à-dire de l'amende prévue pour les contraventions de la 2ème classe, soit 150 euros au plus.

D'autre part, les crypto-actifs ne répondent pas plus à la définition de moyens de paiement prévue par l'article L. 311-3 du Code monétaire et financier qui qualifie ainsi « tous les instruments qui permettent à toute personne de transférer des fonds, quel que soit le support ou le procédé technique utilisé ». Or, ici, les crypto-actifs ne sont pas émis contre la remise de fonds. Pour la même raison, ils ne sauraient être assimilés à de la monnaie électronique, elle-même « émise contre la remise de fonds » [1].

1519 ***Dangers*** ◊ Les crypto-actifs présentent plusieurs dangers. En premier lieu, de par leur caractère anonyme, ils favorisent le contournement des règles relatives à la lutte contre le blanchiment des capitaux et le financement du terrorisme. Les fonds issus de différents trafics permettront ainsi d'acquérir des bitcoins qui seront transformés par la suite en une autre devise officielle. Ce danger a été pointé du doigt, à plusieurs reprises, par TRACFIN dans son rapport d'activité annuel [2].

En second lieu, les crypto-actifs sont également vecteurs de risques de cyber-attaques [3]. L'actualité a ainsi pu démontrer que leur « soustraction » n'était pas une hypothèse d'école. A titre d'exemple, en décembre 2017, la plateforme de minage de *bitcoins NiceHash* s'est faite dérober un portefeuille de 4 700 *bitcoins* représentant une somme de 63,9 millions de dollars.

En dernier lieu [4], ces crypto-actifs présentent un risque financier évident pour les détenteurs. D'une part, leur valeur n'étant adossée à aucune activité réelle et n'étant représentative d'aucun actif sous-jacent, leurs cours sont extrêmement volatiles. Ils peuvent même s'effondrer à tout moment.

---

1. C. mon. fin, art. L. 315-1, I.

2. TRACFIN, Rapport d'activité 2011, p. 21 s. Toutefois, pour l'ACPR, l'activité de change de *Bitcoin* contre des devises officielles implique le respect de la réglementation relative à la lutte contre le blanchiment et le financement du terrorisme, ACPR, 30 mars 2017 : *RDBF* 2017, comm. 106, obs. N. Mathey ; Revue Banque juin 2017, n° 809, p. 90, obs. J.-Ph. Kovar et J. Lasserre Capdeville.

3. M. Quéméner, « Présentation d'une nouvelle dépêche sur les cyberfraudes par crypto-actifs », D. IP/IT 2019, p. 55.

4. On peut également mentionner le coût environnemental des crypto-actifs : la validation d'une seule opération en *bitcoin*, exigerait une consommation électrique de 215 kWh, soit l'équivalent de six mois de travail sur un ordinateur allumé jour et nuit.

D'autre part, leur convertibilité dans différentes monnaies ayant cours légal, nécessaire pour tirer les bénéfices d'une spéculation, n'est garantie par aucun organisme centralisé. Les investisseurs ne pourront récupérer leurs fonds en devises que si d'autres utilisateurs désirent acquérir les mêmes crypto-actifs.

520 ***Études et orientations des superviseurs*** ◊ Devant tant de dangers, plusieurs autorités et superviseurs ont cherché à mettre en garde le public sur les dangers des crypto-actifs et notamment du bitcoin. La Banque de France, par exemple, a rendu public, dès le 5 décembre 2013, un Focus intitulé « Les dangers liés au développement des monnaies virtuelles », riche d'enseignements [1]. Peu de temps après l'ACPR a, à son tour, émis une position sur cette question [2].

Plus près de nous encore, la Banque de France a publié, le 5 mars 2018, un Focus relatif à « *L'émergence du bitcoin et autres crypto-actifs : enjeux, risques et perspectives* » [3] par lequel elle rappelle les dangers liés à ces crypto-actifs et préconise un certain nombre d'améliorations. Par exemple, concernant la réglementation des plateformes de conversion et de transactions en crypto-actifs, il est proposé un élargissement de l'encadrement réglementaire applicable aux prestations associées aux crypto-actifs, par la mise en place d'un statut de prestataires de services crypto-actifs. De même, concernant, l'encadrement des placements en crypto-actifs, le Focus propose une limitation de la possibilité pour certaines entreprises régulées (banques, assurances, sociétés de gestion, etc.) d'intervenir sur ces crypto-actifs. Par exemple, il est envisagé d'interdire les activités de dépôts et de prêts en crypto-actifs. En ce qui concerne les produits d'épargne, l'interdiction de commercialiser des crypto-actifs dans des véhicules collectifs à destination du grand public, pour réserver ces véhicules aux investisseurs les plus avertis, est également envisagée. Ces produits devraient par ailleurs être assujettis à des règles strictes de protection de la clientèle.

On signalera, pour finir, que le 4 juillet 2018 le sous-gouverneur honoraire de la Banque de France, M. Landau, a remis au ministre de l'Économie un rapport sur les crypto-actifs qui, non seulement, dresse un panorama du développement et des potentialités des crypto-monnaies, en considérant leurs implications pour l'économie réelle et la sphère financière, mais, surtout, propose des orientations sur l'évolution souhaitable de la réglementation nationale, européenne et internationale, afin de créer un

---

1. Banque de France, « Les dangers liés au développement des monnaies virtuelles : l'exemple du bitcoin », Focus, 5 déc. 2013.
2. ACPR, position 2014-P-01, relative aux opérations de *bitcoin* en France : *LPA*, 1er mai 2015, n° 87, chronique, p. 19, obs. J. Lasserre Capdeville.
3. Banque de France, « L'émergence du bitcoin et autres crypto-actifs : enjeux, risques et perspectives », Focus, 5 mars 2018 : Revue Banque, avr. 2018, n° 819, p. 90, obs. J.-Ph. Kovar et J. Lasserre Capdeville ; *RDBF* 2018. Alerte 14 ; E. Goetz, « Les propositions de la Banque de France pour réguler le bicoin », *Les Échos*, 7 mars 2018, p. 27.

environnement qui soit à la fois souple et sécurisé, capable de faciliter le développement des crypto-actifs tout en protégeant les épargnants et les investisseurs [1].

1521 ***Encadrement par la jurisprudence*** ◊ Peu de décisions de justice ont été rendues, jusqu'ici, en matière crypto-actifs, et notamment concernant le *bitcoin*. On citera, simplement, un arrêt de la Cour d'appel de Paris du 26 septembre 2013 ayant déclaré que la société qui, lors de négociations de *bitcoins* sur une plate-forme internet d'échange gérée par une société japonaise, reçoit les fonds des acheteurs et les transfère aux vendeurs, déduction faite de ses frais et commissions et de ceux dus au gestionnaire de la plate-forme, fournit un service de paiement pour lequel elle doit être agréée [2].

De même, on notera que le statut fiscal des opérations relatives au *bitcoin* a fait l'objet de diverses précisions par la jurisprudence européenne [3] et nationale [4].

1522 ***Encadrement légal*** ◊ La loi PACTE (Plan d'action pour la croissance et la transformation des entreprises), en voie d'adoption, prévoit la création d'un cadre juridique pour les levées de fonds en crypto-actifs. Plus précisément, dans le cadre des financements par émission de *tokens* (ICOs) [5], l'AMF aura la responsabilité d'attribuer un visa optionnel aux porteurs de projet « légitimes » respectant certains critères. Le principe de cet agrément sera d'offrir aux porteurs de projet une certaine légitimité, notamment en opposition aux porteurs de projet qui ne l'auront pas obtenu. Dit autrement, il sera possible de distinguer les bonnes et les mauvaises ICOs. De fait, les investisseurs seront plus enclins à soutenir une ICO ayant obtenu ce label, ce qui conduit à élargir le cercle des investisseurs potentiels et donc à rendre la France plus attractive pour le marché des ICOs et des crypto-actifs en général.

Le gouvernement a ainsi l'intention de faire de notre pays « une terre d'accueil » des financements par ICO, et plus généralement des projets relatifs aux crypto-actifs. Il y a donc fort à parier que de nouvelles mesures verront le jour, en la matière, dans les prochaines années.

1. Sur ce rapport, *RDBF* sept. 2018. Alerte 88.
2. Paris, 26 sept. 2013, n° 12/00161 : *JCP E* 2014. 1091, note Th. Bonneau ; *RDBF* 2014, comm. 3, obs. F.-J. Crédot et Th. Samin ; *LEDB* avr. 2014, p. 5, obs. J. Lasserre Capdeville.
3. Pour une exonération de la TVA, CJUE, 22 oct. 2015, aff. C-264/14 : Europe 2015, comm. 516, obs. A.-L. Mosbrucker ; *Dr. fisc.* 2015, act. 514, obs. T. Guillebon ; *Banque et Dr.* 2015, n° 164, p. 55, obs. P. Storrer.
4. CE 26 avr. 2018, n° 417809 : *JCP E* 2018, 1323, note Th. Bonneau ; *Dr. fisc.* 2018, comm. 298, obs. M. Collet ; *LEDB* juin 2018, p. 7, obs. J. Lasserre Capdeville.
5. V. ss 1514.

QUATRIÈME PARTIE

LES OPÉRATIONS DE CRÉDIT

1523 ***Définition générale*** ◊ Qu'est-ce qu'une opération de crédit ? Le Code monétaire et financier nous renseigne sur ce point. En effet, selon l'article L. 313-1 de ce code, constitue une opération de crédit « tout acte par lequel une personne agissant à titre onéreux met ou promet de mettre des fonds à la disposition d'une autre personne ou prend, dans l'intérêt de celle-ci, un engagement par signature tel qu'un aval, un cautionnement ou une garantie » [1]. L'article ajoute par un second alinéa que « sont assimilés à des opérations de crédit le crédit-bail, et, de manière générale, toute opération de location assortie d'une option d'achat ». Il s'agit d'une opération de banque au sens de l'article L. 311-1 du Code monétaire et financier à l'instar de la réception de fonds remboursables du public et des services bancaires de paiement [2].

---

1. L'article L. 311-1, 6°, du Code de la consommation donne également une définition de l'opération de crédit. Il s'agit ainsi du « contrat en vertu duquel un prêteur consent ou s'engage à consentir à l'emprunteur un crédit, relevant du champ d'application du présent titre, sous la forme d'un délai de paiement, d'un prêt, y compris sous forme de découvert ou de tout autre facilité de paiement similaire, à l'exception des contrats conclus en vue de le fourniture d'une prestation continue ou à exécution successive de services ou de biens de même nature et aux termes desquels l'emprunteur en règle le coût par paiements échelonnés pendant toute la durée de la fourniture ». Cette définition ne vaut cependant que pour les crédits aux consommateurs, c'est-à-dire le crédit à la consommation (C. consom., art. L. 312-1 s.) et le crédit immobilier (C. consom., art. L. 313-1 s.).

2. Sur ces opérations de banque, v. ss 53.

1524 ***Appréhension large*** ◊ Cette définition est particulièrement large. Des opérations, *a priori* très diverses, peuvent entrer dans cette dernière. On peut citer le prêt d'argent « classique » par remise des fonds [1], mais également la promesse de crédit, et notamment l'« ouverture du crédit » [2]. Une mention est faite encore au « crédit par signature » [3] par lequel le prêteur s'engage seulement à procéder à cette mise à disposition si le client est défaillant.

En outre, l'article envisage des crédits par assimilation prenant la forme d'opérations de crédit-bail [4] mais aussi, plus largement, de locations assorties d'une option d'achat [5]. On peut, avec d'autres [6], s'étonner de cette simple assimilation. Prenons le cas du crédit-bail. Celui-ci peut se définir comme l'opération par laquelle une société de crédit-bail, le crédit-bailleur, achète un bien d'équipement professionnel en vue de sa location, laquelle est assortie d'une promesse unilatérale de vente au profit du locataire, le crédit-preneur. Ainsi, en acquérant le bien en question, on peut penser que crédit-bailleur procède à une avance de fonds au profit du crédit-preneur. Nous sommes donc bien en présence d'une opération de crédit.

1525 ***Limite*** ◊ Néanmoins, à y regarder de plus près, on peut regretter un oubli de la part de la définition mentionnée à l'article L. 313-1 du Code monétaire et financier, ou plutôt un manque de précision. En effet, cette énumération omet de faire directement mention des crédits avec mobilisation de créances professionnelles, pourtant nombreux. Certes, il s'agit d'une remise de fonds par le banquier prêteur, mais celle-ci présente de très nettes spécificités. Rappelons ainsi que la mobilisation de créance est l'opération par laquelle un créancier obtient d'un établissement de crédit une avance à court terme en contrepartie, soit de la souscription d'un effet de commerce (lettre de change, billet à ordre, etc.) remis en propriété à l'établissement de crédit en contrepartie de l'avance, on parlera alors d'escompte d'effet de commerce [7], soit par la cession escompte ou en propriété à titre de garantie de plusieurs créances professionnelles à termes à la fois. Interviendra, dans ce dernier cas, un bordereau de cession de créances professionnelles, appelé plus couramment « bordereau Dailly » [8].

---

1. Il s'agit d'un prêt de consommation. Pour mémoire, celui-ci est défini par l'article 1892 du Code civil comme le « contrat par lequel l'une des parties livre à l'autre une certaine quantité de choses qui se consomment par l'usage, à la charge pour cette dernière de lui en rendre autant de même espèce et qualité ». On l'oppose, traditionnellement, au prêt à usage qui est le « contrat par lequel l'une des parties livre une chose à l'autre pour s'en servir, à la charge pour le preneur de la rendre après s'en être servi ».

2. V. ss 1543.

3. V. ss 1550.

4. V. ss 2062.

5. Le crédit-bail doit être vu comme une manifestation particulière de cette location assortie d'une option d'achat.

6. Th. Bonneau, *Droit bancaire*, éd. Montchrestien, 2017, 12e éd., n° 61.

7. V. ss 2216.

8. V. ss 2252.

L'originalité de ce crédit par mobilisation de créance réside donc dans l'« assise économique » du crédit consenti par le banquier, à savoir les créances du bénéficiaire du crédit. Cette assise du crédit se traduit d'une part, et sauf exception, par le transfert en pleine propriété d'une ou de plusieurs créances au bénéfice du banquier prêteur et, d'autre part, dans les modalités du remboursement du crédit qui est réalisé au moyen du recouvrement des créances mobilisées en question.

Ce dernier point est d'ailleurs important pour la définition du terme « crédit ». Il ne peut y avoir opération de crédit sans remboursement de la part de l'emprunteur : ce qui importe c'est qu'il y ait restitution, peu importe de qui elle émane (l'emprunteur, un débiteur cédé, un tiers, etc.). Il n'est donc pas étonnant que certains auteurs préfèrent utiliser, en la matière, ce terme de restitution, plutôt que celui de remboursement [1].

1526 ***Caractère onéreux*** ◊ Notons que, pour l'article L. 313-1 du code, les opérations doivent être effectuées « à titre onéreux » pour pouvoir être perçues comme des opérations de crédit, et, partant, des opérations de banque. L'existence d'une réelle contrepartie, quelle qu'en soit la teneur, sera donc requise pour qualifier l'opération bancaire [2]. Il s'agira, le plus souvent, de la stipulation d'un intérêt.

Cette règle explique pourquoi, lorsqu'un prêt est consenti gratuitement entre particuliers, il échappe à toute réglementation autre que celle du Code civil, pour qui le prêt est essentiellement gratuit [3]. On ne saurait dès lors reprocher une violation du monopole bancaire à la personne qui prête de l'argent sans intérêts à plusieurs de ses proches. Le délit d'exercice illégal de la profession de banquier ne saurait être retenu [4].

Deux précisions s'imposent néanmoins à ce stade. En premier lieu, la circonstance qu'un solde débiteur ne s'accompagne pas de la perception d'intérêts n'est pas de nature à exclure que l'opération ait un caractère onéreux, celui-ci pouvant parfaitement découler de la perception de commissions de report, rendue possible par des facilités accordées [5].

En second lieu, le principe évoqué ici ne saurait être remis en cause par l'article L. 312-1 du Code de la consommation qui vise, pour mémoire, le crédit « à titre onéreux ou à titre gratuit ». En effet, nous ne sommes pas,

---

1. Th. Bonneau, *op. cit*, n° 56. Nous utiliserons quant à nous ces deux vocables.

2. J.-L. Rives-Lange et M. Contamine-Raynaud, *Droit bancaire*, éd. Dalloz, 1995, 5e éd., n° 31. V. ss 1591 s.

3. Il en va cependant différemment en cas de financement participatif, le prêt sans intérêt faisant, dans ce cas, l'objet d'un encadrement particulier. Il ne saurait ainsi excéder 5 000 euros par prêteur et par projet, C. mon. fin., art. D. 548-1.

4. Concernant, de même, des avances consenties à titre gratuit, Crim. 4 mai 2017, n° 16-81.171 : *Banque et Dr.* 5-6/2017, n° 173, p. 71, obs. J. Lasserre Capdeville.

5. Com., 26 juin 2012, n° 11-11.450, *Bull. civ.* IV, n° 133 ; *JCP E* 2012, 1486, note Th. Bonneau.

dans ce cas, en présence d'un véritable crédit gratuit [1] : bien que présenté comme étant sans perception d'intérêt ou de frais pour le consommateur, il a néanmoins un coût qui sera supporté par un tiers, généralement le vendeur du bien financé grâce au crédit. Cette situation est d'ailleurs attestée par le fait l'article L. 312-41 du Code de la consommation impose au prêteur de préciser, dans les publicités, le nom de la personne qui prend en charge le coût du crédit consenti gratuitement au consommateur.

1527 ***Monopole bancaire*** ◊ Cela déjà été observé [2], les établissements de crédit bénéficient, notamment pour la délivrance du crédit, d'un monopole. En effet, en vertu de l'article L. 511-5, alinéa 1, du Code monétaire et financier : « Il est interdit à toute personne autre qu'un établissement de crédit ou une société de financement [3] d'effectuer des opérations de crédit à titre habituel » [4]. La fourniture habituelle de crédit relève donc de la compétence exclusive de ces deux établissements.

Rappelons que pour une jurisprudence bien établie, il n'y a « habitude », au sens de l'article précité, que si au moins deux personnes différentes ont pu bénéficier de crédits de la part d'un prêteur non agréé [5]. Une pluralité de « clients » doit donc, traditionnellement, pouvoir être relevée [6].

À défaut de respecter un tel monopole bancaire, des sanctions pénales sont prévues par le biais du délit d'exercice illégal de la profession de banquier lorsque les agissements du prêteur en question peuvent être qualifiés d'habituel [7]. L'auteur des faits encourt alors trois ans d'emprisonnement et 375 000 euros d'amende s'il s'agit d'une personne physique et 1 875 000 euros d'amende si c'est une personne morale [8]. En revanche, la

---

1. Y. Gérard, Th. Bonneau, Ph. Guillermin et A. Gourio, « Crédits gratuits et promotionnels : vraies et fausses rémunérations », *RDBF* mars-avr. 2007, p. 89. – J. Lasserre Capdeville, « Le cas du crédit gratuit » : *LPA* 2019, n° spécial, à paraître.

2. V. ss 58.

3. Sur cette catégorie, v. ss 130.

4. Cette formulation résulte de l'ordonnance n° 2013-544 du 27 juin 2013.

5. Crim., 2 mai 1994, n° 93-83.512, *Bull. crim.* n° 158 ; *JCP E* 1995, p. 463, obs. Ch. Gavalda et J. Stoufflet. Com., 3 déc. 2002, n° 00-16.957, *Bull. civ.* IV, n° 182 ; *JCP E* 2003, p. 953, note B. Dondéro ; *RTD com.* 2003. 344, obs. D. Legeais ; *RDBF* 2003, comm. 58, obs. F.-J. Crédot et Y. Gérard ; *Banque et Dr.* 5-6/2003. 55, obs. Th. Bonneau ; *Gaz. Pal.* 2003, somm. p. 2475, obs. S. Piedelièvre. Cette solution n'a pas été remise en cause depuis, Crim. 17 oct. 2007, n° 07-81.038. – Montpellier, 20 mai 2010, n° 09/01741 – Versailles, 15 sept. 2011, n° 10/08029 : *LEDB* févr. 2012, p. 2, obs. J. Lasserre Capdeville. – Com. 30 juin 2015, n° 14-14.443.

6. Crim., 17 oct. 2007, n° 07-81.038. Versailles, 15 sept. 2011, n° 10/08029, *LEDB*, févr. 2012, p. 2, n° 003, obs. J. Lasserre Capdeville.

7. J. Lasserre Capdeville, « Banque » : *Rép. pén.* Dalloz, 2018, n° 53 s.

8. C. mon. fin., art. L. 571-3. V. par ex., en matière de délivrance prohibée de crédits, Crim., 11 janv. 1993, n° 92-81.894. Crim., 3 juin 2004, n° 03-83.514, *Bull. crim.* n° 147 ; *D.* 2004. 2782, note B. Dondéro ; *Banque et Dr.* sept-oct. 2004, p. 81, obs. Th. Bonneau ; *RDBF* 2004, comm. 225, obs. F.-J. Crédot et Y. Gérard ; *RTD com.* 2004. 795, obs. D. Legeais. Crim. 11 févr. 2009, n° 03-83.870 : *Gaz. Pal.* 17 oct. 2009, n° 290, p. 9, note J. Lasserre Capdeville. – Crim. 14 déc. 2016, n° 16-80.059, *Banque et Dr.* 1-2/2017, n° 171, p. 66, obs. J. Lasserre Capdeville ; *Gaz. Pal.* 13 juin 2017, n° 22, p. 83, obs. J. Morel-Marojer ; *LEDB* févr. 2017, p. 7, obs. N. Mathey. – Crim. 18 juill. 2017, n° 16-83.346 : *Banque et Dr.* 9-10/2017, n° 175, p. 70, obs. J. Lasserre Capdeville.

seule méconnaissance par un établissement de crédit de l'exigence d'agrément n'est pas de nature à entraîner la nullité des contrats de crédit qu'il a conclu [1].

528 ***Dérogations au monopole. Généralités*** ◊ Le Code monétaire et financier, et plus particulièrement ses articles L. 511-6 et L. 511-7, vise un certain nombre d'exceptions au monopole bancaire. D'une façon générale, le premier de ces textes prévoit des dérogations fondées sur la qualité de la personne qui en bénéficie, et le second énumère certaines opérations qui ne sont pas soumises, en elles-mêmes, au monopole. Ces dérogations répondent, en fait, à des « nécessités pratiques, sociales et économiques » [2]. Leur nombre tend à augmenter au fil des réformes [3]. Prenons ici quelques exemples [4].

529 ***Dérogations. Cas de certains organismes*** ◊ Tout d'abord, une application trop absolue du monopole bancaire pourrait porter atteinte à l'activité d'autres professionnels. L'article L. 511-6 du Code monétaire et financier énonce, dès lors, que l'interdiction formulée à l'article L. 511-5 ne concerne pas, notamment, les personnes et services mentionnés à l'article L. 518-1, c'est-à-dire le Trésor public, la Banque de France, La Poste, l'Institut d'émission des départements d'outre-mer, l'Institut d'émission d'outre-mer et la Caisse des dépôts et consignations, mais aussi les entreprises d'assurances ou de réassurance [5], les entreprises d'investissement, les établissements de monnaie électronique [6], les établissements de paiement [7], les organismes collecteurs de la participation des employeurs à l'effort de construction pour les opérations prévues par le Code de la construction et de l'habitation, les OPCVM ou encore les FIA. Cet article est régulièrement enrichi par le législateur.

Notons, cependant, que les dérogations admises au bénéfice de ces établissements ne sont pas sans limites, mais demeurent cantonnées aux opérations couvertes par leurs statuts ou spécialités professionnelles.

---

1. Sur les sanctions civiles, J. Lasserre capdeville, « Les sanctions civiles de la violation du monopole bancaire : état des lieux et propositions » : *Banque et Dr.* juill.-août 2017, n° 174, p. 15, n° 13 s.
2. S. Piedelièvre et E. Putman, *Droit bancaire*, éd. Economica, 2011, n° 106.
3. Citons encore, récemment, des ajouts issus de la loi n° 2018-1021 du 23 novembre 2018 portant évolution du logement, de l'aménagement et du numérique : *JO* 24 nov. 2018, texte n° 1. - *Banque et Dr.* 1-2/2019, n° 183, p. 77, obs. J. Lasserre Capdeville.
4. Pour une présentation détaillée, J. Lasserre Capdeville, « Banque » : *Rép. pén.* Dalloz, 2018, n° 86 s.
5. Ces dernières ne constituent pas pour autant des établissements de crédit, Com., 24 mars 2004, n° 00-13.447, *RJDA* 2004, n° 846.
6. V. ss 179.
7. V. ss 170.

1530 ***Dérogations. Cas de certaines associations*** ◊ De plus, demeurent licites un certain nombre d'opérations de crédit par des organismes sans but lucratif qui accordent, sur leurs ressources propres, des prêts à certains de leurs ressortissants dans le cadre de leur mission ou encore des associations sans but lucratif et des fondations reconnues d'utilité publique accordant des prêts pour la création et le développement de certaines entreprises.

1531 ***Dérogations Cas de certaines entreprises*** ◊ Le plus grand nombre de dérogations, en matière de crédit, concerne néanmoins les entreprises. Ainsi, l'article L. 511-7 du Code monétaire et financier dispose que ces dernières peuvent consentir à leurs contractants, dans l'exercice de leurs activités professionnelles, « des délais et avances de paiement » [1]. Cette hypothèse a parfois été entendue très largement par les juges du fonds [2].

De même, les entreprises sont en droit procéder à des opérations de trésorerie [3] avec des sociétés ayant avec elles, directement ou indirectement, des liens de capital conférant à l'une des entreprises liées un pouvoir de contrôle effectif sur les autres [4]. On parle ici de crédits intra-groupes [5].

En outre, l'article L. 511-6 permet aux entreprises d'accorder des avances sur salaires ou des prêts de caractère exceptionnel « pour des motifs d'ordre social à leurs salariés » [6].

Plus près de nous encore, la loi n° 2015-990 du 6 août 2015 pour la croissance, l'activité et l'égalité des chances économiques, dite loi « Macron », est venue compléter ce dernier article d'un alinéa « 3 *bis* » prévoyant la possibilité, pour les sociétés par actions ou les SARL, de prêter de l'argent à de petites ou moyennes entreprises ou à des entreprises de taille intermédiaire avec lesquelles elles « entretiennent des liens économiques » [7]. L'objectif est ici de permettre aux plus petites entreprises d'accéder au crédit sans nécessairement avoir à passer par un établissement de crédit

---

1. N. Mathey, « La question des délais de paiement » : *RDBF* mai-juin 2018, dossier 15, p. 77.

2. Concernant des sociétés de brasserie ayant signé avec un débitant de boissons un contrat dit « de bière », Colmar, 29 juin 2005, n° 1B02/02816, *RDBF* 2006, n° 52, obs. F.-J. Crédot et Th. Samin ; *JCP E* 2006, 1850, n° 5, obs. J. Stoufflet. Poitiers 7 avr. 2009, n° 08/01071, *JCP* 2010. 145 ; *JCP E* 2010, 1496, n° 5, obs. J. Stoufflet. Montpellier, 7 mai 2013, n° 12/01373, *RDBF* 2014, comm. 89, obs. F.-J. Crédot et Th. Samin.– Montpellier, 17 févr. 2015, n° 14/01926. Cette solution n'échappe d'ailleurs pas à la critique, J. Lasserre Capdeville, « Retour sur une jurisprudence attentatoire au monopole bancaire », *RDBF* 2017. Focus 1, p. 4.

3. Cette notion n'est pas des plus claires, Th. Bonneau, *Droit bancaire*, éd. Montchrestien, 2017, 12ᵉ éd., n° 287.

4. Com., 10 déc. 2003, n° 02-13.449, *D.* 2004, somm. p. 2930, obs. J.-Cl. Hallouin ; *RDBF* 2004, comm. 55, obs. F.-J. Crédot et Y. Gérard.

5. J. Lasserre Capdeville, « Le crédit intragroupe : une exception au monopole bancaire aux contours controversés », *AJ contrat* 2017, p. 418.

6. Une procédure d'attribution demeure cependant à respecter. À défaut, le délit d'abus de confiance est susceptible d'être caractérisé, Crim., 30 juin 2010, n° 10-81.182, *Bull. crim.* n° 121 ; *D.* 2010. 2820, note J. Lasserre Capdeville.

7. D. Legeais, « Le crédit interentreprises réactivé », *RDBF* 2015, n° 5, repère 5.

ou une société de financement. Notons néanmoins que la mise en œuvre de cette exception au monopole bancaire implique la réunion d'un grand nombre de conditions [1].

532 ***Dérogations. Cas du financement participatif*** ◊ Rappelons que depuis l'ordonnance n° 2014-559 du 30 mai 2014 relative au financement participatif, l'interdiction relative aux opérations de crédit ne s'applique pas aux personnes physiques qui, agissant à des fins non professionnelles ou commerciales, consentent des prêts dans le cadre du financement participatif (*crowdfunding*) [2]. On notera cependant que les prêts avec intérêt proposés de la sorte ne peuvent pas dépasser 2 000 euros [3]. Le champ d'application de ce financement par voie de prêt à intérêt est donc des plus réduits, ce qui limite la dérogation au monopole bancaire [4].

533 ***Constat*** ◊ Ces hypothèses, non exhaustives, témoignent alors du fait que la distribution du crédit n'est pas une activité uniquement réservée aux établissements de crédit ou aux sociétés de financement. Le monopole bancaire connaît des exceptions dont certaines sont d'une large portée, comme les opérations de trésorerie réalisées au sein des groupes de sociétés.

534 ***Principales règles*** ◊ Beaucoup de dispositions légales intéressent aujourd'hui le droit du crédit. Elles ont cependant pour caractéristique d'être disséminées entre plusieurs codes, et notamment le Code civil, le Code monétaire et financier, le Code de commerce ou le Code de la consommation. Cet ensemble de textes n'est donc pas d'un maniement facile, car si certains d'entre eux s'adressent à l'ensemble des crédits, d'autres n'en concernent que certains.

C'est pour cette raison que nous évoquerons, dans un premier temps, les règles communes aux opérations de crédit (Titre 1) avant de distinguer celles qui s'adressent plus spécifiquement aux crédits s'opérant sans mobilisation de créance (Titre 2), ou reposant, à l'inverse, sur un transfert de créances au profit du banquier (Titre 3) et aux crédits internationaux (Titre 4). Les principales règles régissant les garanties du crédit seront abordées pour terminer cette présentation (Titre 5).

---

1. J. Lasserre Capdeville, « La limitation du monopole bancaire par la reconnaissance du prêt inter-entreprises », *RDBF* 2016, n° 1, Focus, n° 1, p. 3. Cette évolution a été précisée par le décret n° 2016-501 du 22 avril 2016. – H. Le Nabasque, « Prêt interrentreprises : le décret est paru ! » : *RDBF* 2016. Repère 3, p. 2.

2. Un certain nombre de conditions sont néanmoins prévues en la matière, J. Lasserre Capdeville, « Les incidences sur le monopole bancaire et le monopole des prestataires de services de paiement de l'ordonnance sur le financement participatif », *Gaz. Pal.* 18 sept. 2014, n° 261, p. 5.

3. Décret n° 2016-1453 du 28 oct. 2016 : *JO* 30 oct. 2016, texte n° 8. Antérieurement à ce texte, le montant n'était que de 1 000 euros.

4. M. Chaaben, « Le financement participatif (crowdfunding) : quatre ans après l'adoption de l'ordonnance n° 2014-559 du 30 mai 2014 » : *RDBF* juill.-août 2018. Étude 13, p. 21.

TITRE 1

LES RÈGLES APPLICABLES À L'ENSEMBLE DES OPÉRATIONS DE CRÉDIT

1535 Quelle que soit la forme du crédit consenti, des règles générales en régissent l'octroi (Sous-titre 1), le remboursement (Sous-titre 2) comme la rupture (Sous-titre 3). La question de l'intérêt du crédit fait également l'objet d'un encadrement minimum non négligeable (Sous-titre 4). Enfin, dans tous les cas, le crédit implique deux risques principaux pour le prêteur : tout d'abord le risque de défaillance de l'emprunteur, (Sous-titre 5), mais aussi, et la jurisprudence en témoigne tous les jours, le risque pour le professionnel du crédit de voir sa responsabilité engagée (Sous-titre 6).

SOUS-TITRE 1

L'octroi de crédit

536 Après avoir noté que les opérations de crédit peuvent prendre, concrètement, des formes très variées (Chapitre 1), nous observerons les conditions de validité exigées par le droit en la matière (Chapitre 2) et l'absence de droit au crédit (Chapitre 3). L'octroi de ce dernier est ainsi le résultat, avant tout, d'une évaluation stricte du demandeur par l'établissement de crédit prêteur (Chapitre 4).

CHAPITRE 1
LES FORMES VARIÉES DU CRÉDIT

537 La notion de crédit fait immanquablement songer à celle du prêt d'argent, qui consiste à la remise d'une somme d'argent par le prêteur à l'emprunteur qui lui est restituée par la suite accompagnée du paiement d'intérêts. Cependant, le crédit ne repose pas uniquement sur le prêt ainsi défini ; les techniques de crédit consenti par les banques sont diverses. La doctrine a alors pris l'habitude de présenter la variété des opérations de crédit en les regroupant dans plusieurs classifications : selon la durée du crédit [1], sa destination en faveur des particuliers ou des entreprises [2], son caractère national ou international [3], etc.

Nous procéderons également de la sorte, ici, en distinguant entre les crédits impliquant une remise immédiate des fonds (Section 1), une remise future de ceux-ci (Section 2) ou enfin une remise éventuelle (Section 3) [4]. Cette présentation permet d'envisager des situations présentant des incidences juridiques bien différentes.

SECTION 1. LES CRÉDITS RÉALISÉS PAR VOIE DE MISE À DISPOSITION IMMÉDIATE DES FONDS

538 ***Écriture au crédit du compte*** ◊ La mise à disposition des fonds est immédiate lorsque le décaissement découlant de l'opération de crédit se produit au même moment que sa conclusion et n'implique aucun acte postérieur.

Cette remise immédiate des fonds peut alors être réalisée par l'intermédiaire d'une écriture au crédit du compte du client : la banque effectuera un virement d'une certaine quantité d'argent sur le compte faisant ainsi s'élever la provision apparente. Cette solution peut se retrouver dans les crédits avec comme sans mobilisation de créances. Dans tous les cas, le

1. Il est en effet classique de distinguer les crédits à court, moyens et long terme. Les premiers sont vus comme d'une durée généralement inférieure à deux ans, les seconds ont une durée variant entre deux et sept ans, et les derniers une durée dépassant sept ans.
2. Pour une présentation particulière des crédits aux consommateurs, v. ss 1930.
3. Pour une présentation particulière des crédits internationaux, v. ss 2306.
4. Sur cette distinction, Th. Bonneau, *Droit bancaire*, éd. LGDJ, 2017, 12e éd., n° 60.

bénéficiaire du virement acquerra la propriété des fonds en question et pourra, à ce titre, en disposer librement [1].

1539 ***Preuve*** ◊ La charge de la preuve de l'existence d'un contrat de prêt incombe à celui qui s'en prévaut. Or, la jurisprudence est venue poser un certain nombre de règles en la matière. Tout d'abord, la preuve de la remise de fonds à une personne ne suffit pas à justifier l'obligation pour celle-ci de restituer la somme reçue. Il faut établir l'existence du contrat de prêt [2].

Par ailleurs, les documents internes à la banque, en l'absence de production de relevés de compte, de lettre de confirmation du versement des fonds corroborant le montant et la réalité du versement, sont insuffisants à établir la remise des fonds objets du prêt [3].

En outre, si l'existence du contrat de prêt doit être prouvée par écrit, cette règle reçoit exception lorsqu'il existe un commencement de preuve par écrit émanant de celui contre lequel la demande est formée, rendant vraisemblable le fait allégué et devant être complété par d'autres éléments [4].

1540 ***Écriture au débit du compte*** ◊ Le crédit n'est cependant pas seulement constitué en présence d'une écriture à l'actif d'un compte : il peut aussi s'opérer par une écriture au débit du compte du client. Dans ce cas, la banque laissera le compte devenir débiteur dans une certaine limite. On parle alors classiquement d'« autorisation de découvert », ou de « découvert autorisé » ou encore d'« avance ».

Aujourd'hui, l'article L. 311-1, 12° du Code de la consommation définit l'autorisation de découvert comme le « contrat de crédit en vertu duquel le prêteur autorise expressément l'emprunteur à disposer de fonds qui dépassent le solde du compte de dépôt de ce dernier ».

1541 ***Caractère bilatéral ou multilatéral*** ◊ Les crédits bancaires ne sont pas nécessairement bilatéraux. En effet, ils peuvent être également accordés par plusieurs banques réunies pour l'occasion au sein d'une entité dépourvue de la personnalité juridique, dénommée « syndicat », « consortium », « tour de table » ou « *pool* bancaire ». On parle le plus souvent de « crédit syndiqué ».

---

1. Il découle de cette règle, que l'abus de confiance ne saurait être retenu à l'encontre de l'emprunteur n'ayant pas utilisé les fonds comme cela avait été contractuellement prévu, le transfert de propriété empêchant la caractérisation de ce délit, Crim., 14 févr. 2007, n° 06-82.283, *Gaz. Pal.* 9 sept. 2007, p. 22, note J. Lasserre Capdeville. Dans le même sens, Crim., 5 sept. 2007, n° 07-80.529, *Bull. crim.* n° 194 ; *Gaz. Pal.* 11 sept. 2009, p. 30, note J. Lasserre Capdeville. En revanche, il demeure possible, dans un tel cas, d'engager la responsabilité contractuelle de l'emprunteur.

2. Civ. 1re, 4 déc. 1984, n° 83-14.360 : *Bull. civ.* 1984 I n° 324, *RID civ.* 1985. 733 obs. J. Mestre ; Civ. 1re, 28 févr. 1995, n° 92-19.097 : *Bull. civ.* 1995 I n° 107 ; Civ. 1re, 7 juin 2006, n° 03.18.807 : *Bull. civ.* 2006, I, n° 293, *RDC* 2006. 778, obs. P. Puig ; Bordeaux, 16 mai 2011, n° 10/00622, *LEDB* juill. 2011, p. 2, n° 096, obs. J. Lasserre Capdeville.

3. Paris, 9 juin 2011, n° 08/07297, *LEDB* sept. 2011, p. 3, n° 115, obs. R. Routier.

4. Versailles, 1er juill. 2014, n° 13/02943, *LEDB* oct. 2014, p. 5, n° 126, obs. R. Routier.

La syndication peut prendre deux formes principalement : soit le risque d'un crédit est supporté, dès l'origine, entre des banques toutes signataires de la documentation contractuelle, soit ce risque est transféré concomitamment ou ultérieurement par une banque, seule signataire de la convention de crédit, à une ou plusieurs autres banques. Dans le premier cas, il y a syndication directe ; dans le second, sous-participation.

542 ***Caractère permanent ou occasionnel*** ◊ Une autre distinction est à développer ici, car présentant des incidences juridiques importantes : il s'agit du caractère occasionnel ou permanent du concours accordé, et notamment de l'autorisation de découvert. Dans la première hypothèse, nous serons en présence d'un concours précédée ou accompagnée d'une ouverture de crédit (§ 1), alors que tel ne sera pas le cas dans la second hypothèse (§ 2).

§ 1. En présence d'une ouverture de crédit

543 ***Notion d'ouverture de crédit*** ◊ Il est fréquent que les concours accordés par les prêteurs, et plus particulièrement les découverts autorisés, soient précédés ou accompagnés d'une ouverture de crédit.

L'ouverture de crédit est la convention par laquelle une personne, ici un établissement de crédit ou une société de financement, s'engage à avancer une somme d'argent à une autre lorsque cette dernière en fera la demande. Le contrat de prêt ne sera ainsi formé que lorsque le bénéficiaire de l'offre lèvera l'option. L'ouverture de crédit est traditionnellement analysée comme une promesse de prêt [1].

Il résulte de ce qui précède que l'ouverture de crédit, dans sa fraction inutilisée, c'est-à-dire pour laquelle l'option n'a pas été levée, n'est pas saisissable [2]. Cette solution ne saurait surprendre. L'option est une faculté qui repose sur la seule volonté du bénéficiaire qui ne saurait être forcée. Or, si l'on admettait la saisie d'une telle fraction inutilisée, cela conduirait à admettre que le bénéficiaire d'une promesse de crédit puisse être contraint de lever l'option et donc de s'endetter.

Notons que cette ouverture de crédit est susceptible de prendre de nombreuses formes. L'établissement de crédit peut ainsi s'engager à ouvrir un crédit sous forme d'escompte [3] ou de payer des ordres de paiement émis sur le découvert consenti. L'ouverture de crédit est en outre fréquemment renouvelable (*revolving*) au fur et à mesure des remboursements effectués par le client, ce qui lui confère une souplesse supplémentaire.

---

1. Com., 21 janv. 2004, n° 01-01.129, *Bull. civ.* IV, n° 13 ; *D.* 2004. 1149, note Ch. Jamin ; *JCP E* 2004, 649, note O. Salati ; *RTD com.* 2004. 352, obs. D. Legeais.

2. Civ. 2e, 18 nov. 2004, n° 00-19.693, *Bull. civ.* II, n° 501 ; *Banque et Dr.* 2005, n° 101, p. 70, obs. Th. Bonneau.

3. V. ss 2216.

1544 ***Caractère permanent*** ◊ Le concours précédé ou accompagné d'une ouverture de crédit a un caractère permanent. Or, cette situation présente, nous le verrons plus loin [1], des incidences juridiques en matière de rupture de crédit si l'autorisation de découvert en question bénéficie à une entreprise. En effet, en vertu de l'article L. 313-12 du Code monétaire et financier, le banquier souhaitant rompre ou réduire un concours à durée indéterminée « autre qu'occasionnel » devra respecter un formalisme particulier, et notamment un délai de préavis d'au moins 60 jours.

§ 2. En l'absence d'ouverture de crédit

1545 ***Présentation générale*** ◊ Une avance de fonds au crédit d'un compte ou une autorisation de découvert au débit de celui-ci peut ne pas être précédée ou accompagnée d'une ouverture de crédit. Il s'agit alors d'un concours occasionnel, consenti expressément ou implicitement par le banquier, dont le bénéfice n'est pas automatiquement renouvelable. Elle est laissée à la libre appréciation de l'établissement de crédit. Dans un tel cas, l'opération en question tend simplement à permettre à un particulier ou à une entreprise de faire face à un décalage de très courte durée affectant sa trésorerie.

1546 ***Facilité de caisse*** ◊ La facilité de caisse est justement une forme d'autorisation de découvert, non précédée ou accompagnée d'une ouverture de crédit. Elle a donc pour caractéristiques d'être, d'une part, ponctuelle et, d'autre part, de donner lieu à des positions débitrices relativement brèves [2].

Ce caractère exceptionnel aura alors une incidence juridique en matière de rupture de crédit à durée indéterminée à une entreprise fondée sur l'article L. 313-12 du Code monétaire et financier : le formalisme envisagé par cet article ne sera pas applicable à l'égard de ces facilités de caisse [3].

SECTION 2. LES CRÉDITS RÉALISÉS PAR VOIE DE MISE À DISPOSITION FUTURE DES FONDS

1547 ***Présentation*** ◊ Les crédits relevant de cette catégorie sont ceux pour lesquels, certes les fonds n'ont pas été mis immédiatement à la disposition de l'emprunteur, mais le seront dès que celui-ci le jugera utile.

---

1. V. ss 1617.
2. J. Lasserre Capdeville, « Le droit de la facilité de caisse », *Banque et Dr.* 2011, n° 135, p. 21 et n° 136, p. 16.
3. V. ss 1618.

548 ***Ouverture de crédit*** ◊ Cela a été dit plus haut, l'article L. 313-1 du Code monétaire et financier voit l'ouverture de crédit, qui n'est donc qu'une promesse de prêt, comme une opération de crédit. Or, dans ce cas, le banquier s'engage simplement à accorder à un client un prêt d'un certain montant dont l'intéressé usera s'il le souhaite. On parle souvent d'« encours » ou de « ligne de crédit ».

En conséquence, tant qu'elle n'est pas utilisée, l'ouverture de crédit n'entraîne pas de mise à disposition immédiate des fonds, mais est simplement fondée sur une mise à disposition future de ceux-ci.

1549 ***Crédit immobilier*** ◊ Il est de plus en plus fréquent que le crédit immobilier [1] prenne également la forme d'un crédit réalisé par voie de mise à disposition future des fonds. Dans cette hypothèse, le prêteur ne virera pas la somme totale du prêt sur le compte de son client, mais procédera à des versements fractionnés en fonction des souhaits, ou de la production de certaines factures, par l'emprunteur. Une période dite « intercalaire », donnant souvent lieu au paiement d'un intérêt, sera donc mise en place ici.

SECTION 3. LES CRÉDITS RÉALISÉS PAR VOIE DE MISE À DISPOSITION ÉVENTUELLE DES FONDS

1550 ***Présentation générale*** ◊ Dans un certain nombre de cas, le banquier ne met pas les fonds immédiatement à disposition de son client, mais s'engage à procéder à cette remise si une condition se produit, et notamment la défaillance du client. La mise à disposition des fonds ne sera donc qu'éventuelle, et découlera du respect de la condition prévue. Dès lors, parce qu'il n'y a aucune mise à disposition immédiate, mais seulement un engagement du banquier résultant de sa signature, on parle traditionnellement ici de crédit par signature [2].

1551 ***Garanties*** ◊ Les mécanismes utilisés sont, le plus souvent, des sûretés personnelles, telles que le cautionnement ou l'aval. On peut également citer la garantie à première demande [3]. Des anciens établissements de crédit, devenus des sociétés de financement, se sont spécialisés dans ce type de crédit. Il en va notamment ainsi avec les sociétés de caution mutuelle.

---

1. V. ss 2017.
2. C. Houin-Bressand, « Le crédit par signature », *in Mélanges AEDBF-France*, t. V, Revue Banque édition, p. 249.
3. V. ss 2417.

Notons que les articles L. 313-50 et L. 313-51 du Code monétaire et financier, complétés par les articles D. 313-26 à D. 313-31 du même code, prévoient un régime spécifique concernant les professionnels de la banque qui délivrent des cautionnements. Ces dispositions instituent ainsi un mécanisme de garantie des cautions ayant pour objet d'honorer, en cas de défaillance, les engagements de caution pris par cet établissement ou cette société au profit de personnes physiques ou morales de droit privé. Ce mécanisme, géré par le fonds de garantie des dépôts et de résolution (FGDR), permet de garantir la sécurité financière des établissements ou sociétés concernés.

1552 ***Crédit documentaire*** ◊ La même solution se retrouve avec le crédit documentaire [1]. Il s'agit, pour mémoire, de l'opération par laquelle une banque (appelée banque émettrice) accepte, à la demande d'un acheteur (le donneur d'ordre), de mettre des fonds à la dispositions du vendeur (le bénéficiaire), afin de financer une opération commerciale, contre remise de documents constatant la bonne exécution d'une vente.

La mise à disposition des fonds au profit du vendeur interviendra alors, dans un second temps, à la suite de la présentation, par ce vendeur, des documents visés par la lettre de crédit et ce, après examen strict de leur régularité par la banque prêteuse [2]. La condition ici est que les documents en question présentent les qualités attendues.

1. Th. Bonneau, *op. cit.*, n° 840.
2. Sur ce crédit, v. ss 2378.

CHAPITRE 2

LES CONDITIONS DE VALIDITÉ DES CONVENTIONS DE CRÉDIT

1553 La convention de crédit n'est en principe soumise à aucune condition de forme particulière (Section 1), mais des exceptions sont à relever en la matière (Section 2).

SECTION 1. L'ABSENCE DE CONDITION SPÉCIFIQUE

1554 ***Liberté contractuelle*** ◊ Les contrats bancaires sont, par principe, largement soumis à la liberté contractuelle [1]. Il en va tout particulièrement du contrat de crédit.

Dans l'absolu, et hors dérogation légale [2], un prêt n'a pas besoin d'être passé par un écrit papier. La loi ne l'impose pas. Un consentement par voie électronique est donc parfaitement admissible [3]. Un accord verbal est suffisant, de même qu'un accord implicite, c'est-à-dire résultant des circonstances. La signature des parties n'est pas plus nécessaire [4].

Néanmoins, d'un point de vue probatoire, il est recommandé aux parties de passer par une convention écrite et signée [5].

1555 ***Conditions de validité*** ◊ Le contrat conclu entre le prêteur et l'emprunteur devra nécessairement respecter les conditions de validité des contrats prévues par le droit commun. Depuis l'ordonnance n° 2016-131 du 10 février 2016 portant réforme du droit des contrats, du régime général et de la preuve des obligations, l'article 1128 du Code civil prévoit comme

1. A. Maymont, « La liberté contractuelle du banquier : un droit fondamental ? » : *RDBF* ov-déc. 2018, dossier 37, p. 63.

2. On songe ici aux cas du crédit à la consommation et du crédit immobilier.

3. Pour un avenant d'un crédit renouvelable conclu électroniquement, Nancy, 14 févr. 2013, n° 442/12, *JCP* 2013. 497, note E. Caprioli ; *LPA*, 1er nov. 2013, n° 219, p. 11, obs. J. Lasserre Capdeville.

4. Ainsi, pour les juges, l'exigence de signature n'interdit pas que la volonté de contracter puisse être déduite d'une attitude, voire résulter d'un simple silence, Lyon, 15 juin 2017, n° 15/03894 : *LEDB* sept. 2017, p. 3, obs. J. Lasserre Capdeville.

5. Notons néanmoins qu'en la matière l'emprunteur pourra produire n'importe quel moyen de preuve dans un litige l'opposant à son banquier, dans la mesure où ce dernier est un commerçant.

conditions essentielles pour la validité d'une convention : le consentement des parties ; leur capacité de contracter ; et enfin un contenu licite et certain [1].

Or, deux de ces conditions ont pu susciter quelques interrogations en matière de crédit : il s'agit de la capacité de contracter (§ 1) et du consentement exempt de vice de la partie qui s'oblige (§ 2).

1556 ***Cause*** ◊ Antérieurement à cette réforme, l'article 1108 du Code civil visait également comme conditions « une cause licite dans l'obligation [2]. Or, à son égard, la jurisprudence intéressant les conventions de crédit était claire. À plusieurs reprises, en effet, la Cour de cassation est venue déclarer que « c'est dans l'obligation souscrite par le prêteur que l'obligation de l'emprunteur trouve sa cause dont l'existence, comme l'exactitude, doit être appréciée au moment de la conclusion du contrat » [3].

En revanche, l'usage des fonds par l'emprunteur reste sans incidence sur la cause d'un prêt et, partant, sur sa validité [4]

1557 ***Clauses abusives*** ◊ On notera que le droit des clauses abusives a, aujourd'hui, pris une importance non négligeable en matière de crédit. Il n'est ainsi pas rare, en effet, que de telles clauses soient caractérisées en matière de crédit à la consommation [5] ou de crédit immobilier [6]. En revanche, il semble que les magistrats de la Cour de cassation y soient

1. On rappellera qu'antérieurement à cette réforme, l'ancien article 1108 envisageait : le consentement de la partie qui s'oblige ; sa capacité de contracter ; un objet certain qui forme la matière de l'engagement ; et une cause licite dans l'obligation.

2. Si l'ordonnance du 10 février 2016 a supprimé la notion de cause, elle maintient toutefois certaines de ses fonctions dans des textes épars de la réforme. V. notamment, art. 1162, 1169 et 1170.

3. Civ. 1re, 19 juin 2008, n° 06-19.753, *Bull. civ.* I, n° 174 ; *D.* 2008. AJ 1825, obs. X. Delpech ; *RTD com.* 2008. 602, obs. D. Legeais ; *Gaz. Pal.* 2008. 3398, note S. Piedelièvre ; *JCP E* 2008, 1964, note D. Legeais ; *Banque et Dr.* 2008, n° 121, p. 31, obs. Th. Bonneau. ; *JCP* 2008, II, 10150, note A. Constatin. Com., 7 avr. 2009, n° 08-12.192, *Bull. civ.* IV, n° 54 ; *D.* 2009. 2080, note J. Ghestin ; *D.* 2010. Pan. 1049, obs. D.-R. Martin ; *RTD com.* 2009. 598, obs. D. Legeais ; *D.* 2009. 2555, obs. F. Chénedé ; *JCP* 2009. 10150, note A. Constatin ; *Banque et Dr.* 2009, n° 125, p. 18, obs. Th. Bonneau ; *JCP* 2009, n° 27, 77, p. 27, note J. Lasserre Capdeville. Com., 26 mai 2010, n° 09-14.055, *RDBF* 2010, comm. 204, obs. F.-J. Crédot et Th. Samin. – Com. 14 mars 2018, n° 16-27.815 : *LEDB* mai 2018, p. 3, obs. M. Mignot. Cette solution s'explique par le fait que, depuis la fin des années 1990, le prêt consenti par un professionnel n'est plus un contrat réel mais un contrat consensuel, v. ss 1566.

4. Lyon, 4 oct. 2018, n° 18/03110 : *LEDB* déc. 2018, p. 3, obs. J. Lasserre Capdeville.

5. J. Lasserre Capdeville, « Le droit des clauses abusives et le contrat de crédit à la consommation » : *RDBF* 2016, n° 3, dossier, n° 19, p. 90. – V. par ex., Cass., avis, 28 nov. 2016, n° 16-70.009 : *LEDB* janv. 2017, p. 1, obs. N. Mathey ; *AJ contrat* 2017, n° 1, p. 29, note J. Lasserre Capdeville ; *Banque et Dr.* 1-2/2017, n° 171, p. 14, obs. G. Helleringer.

6. J. Lasserre Capdeville, « Interrogations à propos des clauses de déchéance du terme en matière de crédit immobilier » : *AJ contrat* juill. 2018, p. 320. – Civ. 1re, 10 oct. 2018, n° 17-20.441. D. 2019, n° 1, p. 57, note J. Lasserre Capdeville ; dalloz.fr, actualité, 25 oct. 2018, obs. J.-D. Pellier ; *LEDB* déc. 2018, p. 1, obs. M. Mignot et p. 4, obs. S. Piedelièvre ; *RDBF* 2019, comm. 4, obs. N. Mathey.

plus hostiles en matière de prêts en devise [1], considérant que les clauses litigieuses portent sur l'objet principal du contrat et sont rédigées de façon suffisamment claire et compréhensible [2].

On rappellera que l'ordonnance n° 2016-131 du 10 février 2016 a créé l'article 1171 du Code pénal dont l'alinéa 1er prévoit que : « Dans un contrat d'adhésion, toute clause non négociable, déterminée à l'avance par l'une des parties, qui crée un déséquilibre significatif entre les droits et obligations des parties au contrat est réputée non écrite ». Les magistrats sont donc susceptibles, désormais, de caractériser de telles clauses dans les conventions de crédit conclues, depuis le 1er juillet 2016, avec des emprunteurs professionnels. Cette évolution devrait avoir des incidences pratiques dans l'avenir [3].

§ 1. La capacité de contracter

1558 Tout le monde n'a pas la capacité juridique de bénéficier d'un crédit. Certaines personnes ne peuvent ainsi pas en contracter. Citons plus précisément ici les cas des mineurs (A) et des majeurs protégés (B).

A. Les mineurs

1559 ***À l'égard du mineur*** ◊ Un mineur ne saurait bénéficier d'un crédit. Pour l'article 1145 du Code civil : « Toute personne physique peut contracter sauf en cas d'incapacité prévue par la loi ». Or, pour l'article 1146 : « Sont incapables de contracter, dans la mesure définie par la loi : (...) les mineurs non émancipés (...) ». Le mineur seul ne peut donc pas contracter un prêt qui constitue un acte de disposition, c'est-à-dire acte juridique modifiant la composition du patrimoine par le transfert d'un droit réel sur un bien ou par la souscription d'un engagement juridique important.

1560 ***À l'égard des représentants du mineur*** ◊ L'intervention du représentant légal n'est, en outre, pas suffisante pour compenser cette incapacité.

---

1. J. Lasserre Capdeville, « Prêt en devise. Synthèse de 18 mois de jurisprudence (janv. 2017-juin 2018) » : *JCP E* 2018, n° 39, 1488, p. 41. – C. Kleiner, « Les prêts libellés en devises octroyés aux particuliers : l'inutile réforme ? » : *RDBF* mai-juin 2017, dossier 20, p. 89. – N. Mathey, « Les prêts en devise » : *Banque et Dr.*, Hors-série, juill. 2018, p. 12.

2. V. notamment, Civ. 1re, 3 mai 2018, n° 17-13.593 : *JCP* 2018, n° 24, 671, note J. Lasserre Capdeville ; dalloz.fr, actualité, 17 mai 2018, obs. J.-D. Pellier ; *JCP E* 2018, 1268 ; *RDBF* 2019, comm. 3, obs. N. Mathey. – Civ. 1re, 20 févr. 2019, n° 17-31.065 et n° 17-31.067 : *LEDB* avr. 2019, p. 4, obs. J. Lasserre Capdeville ; Dalloz, actualité, 5 mars 2019, obs. J.-D. Pellier ; *JCP E* 2019, n° 11, act. 157 ; *JCP E* 2019, note J. Lasserre Capdeville, à paraître. – Civ. 1re, 13 mars 2019, n° 17-23.169 : *D.* 2019. AJ 581 ; dalloz.fr, actualité, 1er avr. 2019, obs. J.-D. Pellier ; *LEDB* mai 2019, obs. M. Mignot, à paraître ; *JCP E* 2019, note J. Lasserre Capdeville, à paraître.

3. J. Lasserre Capdeville, « Conséquences de la réforme du droit des obligations sur le droit bancaire. Étude prospective » : *JCP E* 2019, n° 29, 1434, n° 35 s. – M. Boccara, E. Jouffin et M. Roussilles, « Réforme du droit des contrats et du régime des obligations. Quelle incidence pour les banques ? » : *Banque et Dr.* 3-4/2016, n° 166, p. 52.

En effet, en vertu de l'article 387-3 du Code civil, l'administrateur légal ne peut, sans l'autorisation du juge des tutelles, « contracter un emprunt au nom du mineur » [1].

1561 ***Nullité de l'acte*** ◊ Lorsque les règles précitées n'ont pas été scrupuleusement respectées, le crédit consenti au mineur est logiquement nul.

Or, le régime de cette nullité présente des spécificités qui vont sanctionner le prêteur et ainsi l'encourager à ne plus consentir de crédit à un mineur. En effet, si en droit commun, lorsqu'un contrat est annulé après avoir été exécuté, chacune des parties doit restituer à l'autre ce qu'elle a reçu, on parle alors de restitutions réciproques, des dispositions particulières ont vocation à s'appliquer dans le cas qui nous occupe.

D'une part, antérieurement à l'ordonnance n° 2016-131 du 10 février 2016 portant réforme du droit des contrats, du régime général et de la preuve des obligations, l'ancien article 1312 du Code civil prévoyait, en substance, que lorsque la nullité était prononcée pour une cause d'incapacité, le mineur n'était tenu de restituer que ce qu'il avait reçu en vertu du contrat de crédit annulé et qui lui avait permis de s'enrichir. En revanche, lorsque les fonds avaient été dilapidés, aucune restitution ne s'imposait [2]. Cette solution était donc de nature à inciter les banquiers à ne pas passer de convention avec un mineur.

D'autre part, depuis la réforme précitée, la même solution transparaît à l'article 1352-4 du Code civil, modifié par la loi n° 2018-287 du 20 avril 2018, qui prévoit que « les restitutions dues par un mineur non émancipé ou par un majeur protégé sont réduites à hauteur du profit qu'il a retiré de l'acte annulé ».

B. Les majeurs protégés

1562 ***Principes généraux*** ◊ L'article 2 du décret n° 2008-1484 du 22 décembre 2008 relatif aux actes de gestion du patrimoine des personnes placées en curatelle ou en tutelle, définit l'acte de disposition comme celui qui engage « le patrimoine de la personne protégée, pour le présent ou l'avenir, par une modification importante de son contenu, une dépréciation significative de sa valeur en capital ou une altération durable des prérogatives de son titulaire ». Un crédit bancaire, qui est traditionnellement onéreux, est logiquement un acte de disposition.

Un majeur sous tutelle ne saurait par conséquent contracter seul un crédit. De plus, selon l'article 505 du Code civil, le tuteur lui-même ne saurait,

---

1. Cette autorisation a été notamment jugée nécessaire pour un prêt bancaire à une société civile dont certains associés étaient mineurs, Civ. 3ᵉ, 28 nov. 2005, n° 04-14.756, *Banque et Dr.* 1-2/2006. 46, obs. M. Storck ; *RTD civ.* 2005. 757, obs. J. Hauser. – E. Naudin, « La protection de l'associé mineur d'une société civile immobilière face aux emprunts contractés par la société », *Dr. fam.* mai 2006. Étude 26.

2. Versailles, 26 oct. 1990, *D.* 1993, somm. p. 125, obs. F. Lucet.

sans y être autorisé par le conseil de famille ou, à défaut le juge, procéder à un tel acte de disposition au nom de la personne protégée. La nullité est donc encourue dans ce cas également. Jusqu'à la réforme du droit des contrats, l'ancien article 1312 du Code civil [1] avait vocation à jouer ici, ce qui suscitait certaines critiques, le banquier n'étant pas toujours à même de détecter objectivement la qualité de majeur protégé de son nouveau client [2]. Aujourd'hui, l'article 1352-4 du Code civil, mentionné précédemment, s'impose à son tour dans ce cas de figure.

Une autre interdiction se retrouve avec le régime de la curatelle. Rappelons que le rôle du curateur est l'assistance et non la représentation du majeur. Ce curateur doit alors être présent lorsque le majeur doit prendre certaines décisions, mais il ne peut pas se substituer à lui. Il en va notamment ainsi avec les actes de disposition. En effet, en vertu de l'article 467 du Code civil, « la personne en curatelle ne peut, sans l'assistance du curateur, faire aucun acte qui, en cas de tutelle, requerrait une autorisation du juge ou du conseil de famille », ce qui est le cas des actes de disposition passés au nom de la personne protégée. On rappellera que pour l'article 465, 2°, si la personne protégée a accompli seule un acte pour lequel elle aurait dû être assistée, l'acte ne peut être annulé « que s'il est établi que la personne protégée a subi un préjudice » [3]. La jurisprudence a néanmoins eu l'occasion, à plusieurs reprises, de retenir la nullité du crédit contracté par le majeur sans l'assistance du curateur [4]. L'article 1352-4 du Code civil, qui vise d'une façon générale le « majeur protégé », ce qui inclut alors le curatélaire, doit pouvoir s'appliquer dans ce cas.

1563 ***Effets d'un placement postérieur sous curatelle*** ◊ Le placement sous curatelle d'une emprunteuse postérieurement à l'octroi du crédit peut avoir une incidence sur le crédit en question. Il incombe notamment aux juges du fond de rechercher si le jugement portant ouverture de la curatelle de l'intéressée a fait l'objet de publicité légale la rendant opposable à l'établissement de crédit. Si tel est le cas, ce dernier est en faute s'il n'a pas satisfait, à l'égard du curateur en question, à l'obligation annuelle d'information prévue par le Code de la consommation à propos des crédits à la consommation [5]. Cette

---

1. V. ss 1561.

2. J. Lasserre Capdeville, « Le banquier prêteur face à l'emprunteur sous tutelle : attention danger ! », *LPA*, 25 août 2015, p. 4.

3. La même solution prévalait, par le passé, sur le fondement de l'ancien article 510-1 du Code civil, Civ. 1re, 4 juill. 2018, n° 17-19.953 : *LEDB* oct. 2018, p. 3, obs. J. Lasserre Capdeville.

4. Douai, 23 janv. 2014, n° 13/00756, *LPA*, 1er août 2014, n° 153, p. 9, obs. J. Lasserre Capdeville. Cette solution rejoint une décision célèbre ayant déjà considéré que le majeur en curatelle ne pouvait bénéficier d'une carte de crédit sans l'autorisateur de son curateur, Civ. 1re, 21 nov. 1984, n° 83-13.199, *Bull. civ.* I, n° 317 ; *D.* 1985. 297, note G. Lucas de Leyssac ; *D.* 1985. IR 342, obs. M. Vasseur.

5. Civ. 1re, 9 nov. 2011, n° 10-14.375, CCC 2012, comm. 29, obs. G. Raymond ; *RTD civ.* 2012. 192, obs. J. Hauser ; *RTD com.* 2012. 1972, obs. D. Legeais ; *LEDB* janv. 2012, p. 2, n° 183, obs. J. Lasserre Capdeville.

jurisprudence est très sévère pour le prêteur. Elle peut d'ailleurs paraître en contradiction avec le devoir de non-ingérence du banquier [1].

§ 2. Un consentement exempt de vice

1564 *Principe* ◊ Le consentement de l'emprunteur doit également être exempt de vice. Dit autrement, il ne doit pas avoir été obtenu par erreur, dol, ou violence. On dit classiquement que le consentement donné doit être libre et éclairé. Notons à ce propos que, depuis l'ordonnance n° 2016-131 du 10 février 2016 portant réforme du droit des contrats, du régime général et de la preuve des obligations, notre Code civil entend la notion de violence de façon étendue dans un article 1143 visant expressément la violence économique [2]. Cette évolution pourrait avoir des incidences en droit bancaire [3], même si la dernière retouche de cet article par la loi n° 2018-287 du 20 avril 2018 a réduit ce risque [4].

1565 *Manifestation* ◊ Cela a été noté précédemment [5], par principe, l'échange de consentement doit pouvoir s'opérer de n'importe quelle façon : écrit papier, support durable, ou échange verbal. Un accord implicite est aussi possible. Néanmoins, les nécessités de la preuve recommandent d'opter pour un consentement exprès et écrit [6].

1566 *Incidence du consentement* ◊ Le consentement de l'emprunteur présente des incidences fortes en matière de contrat de prêt, et plus particulièrement lorsqu'il est accordé par un établissement de crédit ou une société de financement. En effet, depuis le début des années 2000 [7], il est de règle que le contrat de prêt consenti par un professionnel du crédit est un contrat consensuel, c'est-à-dire valablement conclu à partir du seul échange des consentements des parties. Antérieurement, on enseignait, au contraire, que le contrat de prêt était un contrat réel, et donc

1. V. ss 268.

2. Aux termes de ce dernier, « il y a également violence lorsqu'une partie, abusant de l'état de dépendance dans lequel se trouve son cocontractant à son égard, obtient de lui un engagement qu'il n'aurait pas souscrit en l'absence d'une telle contrainte ».

3. J. Lasserre Capdeville, « Conséquences de la réforme du droit des obligations sur le droit bancaire : étude prospective », *JCP E* 2016, n° 29, 1434, n° 20 s.

4. J. Lasserre Capdeville, « Le prêt bancaire et les vices du consentement » : *RLDC* 2019, à paraître.

5. V. ss 1554.

6. Notons néanmoins qu'en la matière l'emprunteur pourra produire n'importe quel moyen de preuve dans un litige l'opposant à son banquier, dans la mesure où ce dernier est un commerçant.

7. Civ. 1re, 28 mars 2000, n° 97-21.422, *Bull. civ.* I, n° 105 ; *D.* 2000. 482, note S. Piedelièvre ; *D.* 2000, somm. p. 358, obs. Ph. Delebecque ; *D.* 2002, somm. p. 640, obs. D.-R. Martin ; *Defrénois* 2000. 720, obs. J.-L. Aubert. Civ. 1re, 27 nov. 2001, n° 99-10.633, *Bull. civ.* I, n° 297. Civ. 1re, 5 juill. 2006, n° 04-12.588, *Bull. civ.* I, n° 358.

juridiquement formé à partir de la remise des fonds par le professionnel de la banque à l'emprunteur. Cette évolution est importante. Désormais, si la banque décide, finalement, de ne pas verser les fonds à l'emprunteur, alors qu'elle a consenti à l'opération, elle peut y être forcée par le juge, puisque le contrat est juridiquement formé.

La distinction précitée paraît, aujourd'hui, bien acquise : les prêts consentis par des professionnels du crédit doivent être qualifiés de contrats consensuels [1], alors que ceux qui émanent d'autres prêteurs demeurent des contrats réels [2].

SECTION 2. LES EXCEPTIONS AU PRINCIPE

567 ***Crédits aux consommateurs*** ◊ Un encadrement législatif et réglementaire relativement strict encadre aujourd'hui la conclusion, voire l'exécution, de certains contrats de prêt. Il en va plus particulièrement ainsi dans l'intérêt du consommateur avec le crédit à la consommation et le crédit immobilier. Leurs régimes juridiques seront étudiés en détail plus loin [3].

568 ***Taux effectif global*** ◊ Une règle importante s'adresse en revanche à l'ensemble des crédits : il s'agit de la publication écrite du taux effectif global (TEG) [4]. Ce dernier est, pour mémoire, un taux comprenant l'ensemble des dépenses occasionné par un crédit (taux conventionnel, frais, commissions, assurance obligatoire, etc.) [5], déterminables au stade de l'offre. Il permet à l'emprunteur de savoir combien lui coûtera exactement, et ce en totalité, le crédit en question.

Or, selon l'article L. 314-5 du Code de la consommation : « Le taux effectif global déterminé selon les modalités prévues aux articles L. 314-1 à L. 314-4 est mentionné dans tout écrit constatant un contrat de prêt (...) ». La jurisprudence a eu l'occasion de déclarer que cette règle s'appliquait à toutes les formes de crédit, et notamment aux prêts consentis dans une finalité professionnelle [6]. À défaut de respecter cette obligation d'information, le banquier encourt diverses sanctions pénales et

1. Civ. 1re, 14 janv. 2010, n° 08-13.160, *Bull. civ.* I, n° 6 ; *D.* 2010. AJ 259, obs. V. Avena-Robardet ; *D.* 2011. Pan. 1649, obs. D.-R. Martin ; *RTD com.* 2010. 763, obs. D. Legeais ; *RDBF* 2010, comm. 45, obs. X. Lagarde ; *Gaz. Pal.* 5 mars 2010, n° 64, p. 30, obs. B. Bury. – Com. 18 juin 2014, n° 12-29.116 et n° 13-13.312. – Com. 14 mars 2018, n° 16-27.816. Cette solution a d'ailleurs eu un impact sur l'appréciation de la cause de l'obligation de l'emprunteur, v. ss 1556.
2. Civ. 1re, 14 janv. 2010, n° 08-18.581, *Gaz. Pal.* 5 mars 2010, n° 64, p. 30, obs. B. Bury.
3. V. ss 1930.
4. V. ss 1647.
5. C. consom., art. L. 314-1.
6. V. ss 1667.

civiles, et notamment dans un certain nombre de cas la nullité de la clause mentionnant le taux conventionnel et sa substitution par le taux légal [1].

Nous parvenons dès lors, ici, à une solution particulière : si le contrat de prêt peut être purement verbal, le taux effectif global devra toujours, en ce qui le concerne, être fixé par écrit.

1. Si l'absence de TEG concerne l'offre d'un crédit aux consommateurs (on parlera alors de TAEG), c'est la déchéance du droit aux intérêts qui sera encourue, v. ss 1681.

CHAPITRE 3
L'ABSENCE DE DROIT AU CRÉDIT

669 Le crédit repose sur la confiance [1] et l'opération est empreinte d'un fort *intuitu personae*. Il n'est donc pas surprenant de constater que le banquier bénéficie d'un droit discrétionnaire d'accepter comme de refuser de consentir un crédit (Section 1). Sans être remis en cause, ce principe connaît néanmoins aujourd'hui quelques tempéraments (Section 2).

SECTION 1. LE DROIT DISCRÉTIONNAIRE DU BANQUIER

670 ***Solution*** ◊ Notre législation prévoit un droit au compte et aux services bancaires de base [2]. Mais ce droit s'étend-t-il au crédit ? Sur ce point, la doctrine est aujourd'hui quasi unanime en affirmant qu'il n'existe pas de droit au crédit [3] et qu'à l'inverse le banquier bénéficie d'un droit discrétionnaire d'accorder ou de refuser un crédit [4].

On peut expliquer cette « discrétionnarité » par les spécificités du contrat de crédit qui implique la confiance du banquier envers l'autre partie et repose, alors, sur un fort *intuitu personae*. La passation de l'opération variera donc en fonction de la « personne » du candidat au crédit et, plus concrètement, de certaines informations le concernant. Si ces données sont jugées rassurantes par le prêteur, le crédit sera probablement accordé. À l'inverse, si sa situation est plus « délicate », il se verra certainement

---

1. L'étymologie du terme « crédit » (du latin « *credere* », croire) rappelle que l'opération est fondée sur la croyance par le créancier que le débiteur sera à même de rembourser sa dette à l'échéance. Le prêteur est donc « celui qui fait confiance » à son débiteur.

2. V. ss 639.

3. Sur l'absence, par ailleurs, de droit à la renégociation du crédit, Com. 18 sept. 2012, n° 11-21.790 : *Banque et Dr.* 2012, n° 146, p. 27, obs. Th. Bonneau ; *RTD com.* 2013. 121, obs. D. Legeais.

4. Th. Bonneau, *op. cit.*, n° 669. – R. Routier, *Obligations et responsabilité du banquier*, Dalloz, coll. Dalloz Action, 2017, 4e éd., n° 311.11. – J. Stoufflet, « Le droit au crédit », *in Mélanges A.-M. Sohm*, éd. PUF Clermont-Ferrand, 2005, p. 205. – J. Lasserre capdeville, « Vers la reconnaissance d'un droit au crédit ? » : *RDBF* janv.-févr. 2019, dossier 9, p. 99. – V. cependant, contra, D. Legais, « Opérations de crédit » : éd. LexisNexis, coll. Traités, 2015, n° 415 s. – M. Nicolle, « Essai sur le droit du crédit » : Thèse, Université Paris Descartes, 2014.

opposer un refus de la part du professionnel de la banque. La banque recourra vraisemblablement à la technique du *scoring* [1].

La même solution s'applique à l'augmentation de l'encours d'un crédit antérieurement consenti, tel un découvert autorisé, mais aussi au renouvellement de crédit.

1571 ***Jurisprudence*** ◊ La Cour de cassation a eu l'occasion de confirmer cette solution. Une décision remarquée de l'assemblée plénière de la Cour de cassation du 9 octobre 2006 [2], concernant l'affaire *Adidas*, est ainsi venue affirmer que « hors le cas où il est tenu par un engagement antérieur, le banquier est toujours libre, sans avoir à justifier sa décision qui est discrétionnaire, de proposer ou de consentir un crédit quelle qu'en soit la forme, de s'abstenir ou de refuser de le faire ».

Cette solution a été confirmée à plusieurs reprises par la suite [3], et notamment par un arrêt de la chambre commerciale de la Cour de cassation en date du 25 octobre 2017 [4].

1572 ***Interrogation à propos du refus de vente*** ◊ Une question a pu se poser en la matière. Rappelons qu'en vertu de l'article L. 121-11 du Code de la consommation, « est interdit le fait de refuser à un consommateur la vente d'un produit ou la prestation d'un service ». Or, cette règle n'est-elle pas de nature à fonder l'existence d'un droit au crédit ? La Cour de cassation a répondu à cette interrogation par la négative, au motif que cet article est inapplicable aux opérations de banque et, en particulier, au refus de crédit [5].

SECTION 2. **LES TEMPÉRAMENTS AU DROIT DISCRÉTIONNAIRE DU BANQUIER**

1573 Quelques tempéraments à la liberté « absolue » du banquier en matière de délivrance du crédit peuvent être relevés aujourd'hui. Il en va ainsi en cas de promesse de crédit (§ 1), mais aussi d'intervention du médiateur du crédit

1. V. ss 1589.
2. Cass., ass. plén., 9 oct. 2006, n° 06-11.056, *Bull. ass. plén.* 2006, n° 11 ; *D.* 2006. 2933, note D. Houtcieff ; *D.* 2007. Pan. 758, obs. D.-R. Martin ; *RTD com.* 2007. 207, obs. D. Legeais ; *JCP* 20056, II, 10175, note Th. Bonneau ; *RDBF* 2006, comm. 188, obs. F.-J. Crédot et Th. Samin ; *Banque et Dr.* 1-2/2007. 25, obs. Th. Bonneau.
3. Versailles, 14 févr. 2008, *JCP E* 2008, n° 11, p. 21. Paris, 28 avr. 2011, n° 08/09606 : *LEDB* juin 2011, p. 2, obs. J. Lasserre Capdeville.
4. Com. 25 oct. 2017, n° 16-16.839 : *JCP E* 2017, 1246, note N. Mathey ; *Banque et Dr.* 1-2/2018, n° 177, p. 21, obs. Th. Bonneau ; *LEDB* déc. 2017, p. 3, obs. S. Piedelièvre ; *RTD com.* 2017. 972, obs. D. Legeais ; *AJ contrat* 2017, p. 530, obs. J. Lasserre Capdeville.
5. Civ. 1re, 11 oct. 1994, n° 92-13.947, *Bull. civ.* I, n° 289 ; *D.* 1994. IR 241.

aux entreprises (§ 2) et, enfin, dans l'hypothèse d'une demande d'information de la part d'une entreprise s'étant vue refuser un crédit (§ 3).

Mais sommes-nous, pour autant, en présence de véritables remises en cause de la liberté précitée ? En l'état des textes, une réponse négative s'impose [1]. C'est ainsi que dans les deux derniers cas, il s'agit simplement d'un tempérament à l'absence de motivation du banquier dispensateur de crédit.

1574 ***Motif discriminatoire*** ◇ La Haute Autorité de lutte contre les discriminations et pour l'égalité (Halde) [2], comme aujourd'hui le Défenseur des droits [3], ont déjà été saisis de contestations émanant de particuliers s'étant vus refuser un crédit et alléguant un motif discriminatoire. Sur ce point, la Halde a eu l'occasion d'affirmer que si la décision de consentir ou non un crédit est discrétionnaire, cette faculté ne peut s'exercer que dans le respect des dispositions d'ordre public édictées par le Code pénal, lequel interdit les discriminations fondées, notamment, sur l'âge et ne prévoit pas d'exception à cette interdiction en matière de crédit.

§ 1. La promesse de crédit

1575 ***Principe*** ◇ La jurisprudence hostile au droit au crédit, telle la décision *Adidas* du 9 octobre 2006 [4], vise traditionnellement une limite au droit discrétionnaire du banquier en matière d'octroi ou de refus de crédit : l'engagement antérieur de l'intéressé.

1576 ***Applications pratiques*** ◇ La solution précitée peut donner lieu à plusieurs situations. En premier lieu, citons le cas du banquier qui, alors qu'il s'est engagé à consentir un crédit, change ensuite d'avis. Dans ce cas, la jurisprudence estime que ce « volte-face » du professionnel de la banque entraînera l'engagement de sa responsabilité civile, et il se verra condamner à verser des dommages et intérêts à l'autre partie [5]. Cette jurisprudence est traditionnellement fondée sur le principe de bonne foi qui gouverne les relations précontractuelles. Mais ne sommes-nous pas, dans un tel cas, en présence d'une promesse unilatérale ? Une réponse négative s'impose.

---

1. Nous ne pensons donc pas que notre droit aille vers a reconnaissance progressive d'un « service public du crédit ». Soulevant cette question, D. Legeais, « Vers un retour du service public du crédit ? », *RDBF* sept. 2012. Repère 5. « Existence et conséquence d'une mission de service public », *RDBF* mai 2014, dossier 16.

2. V. notamment Halde, n° 2010-193, 2010-206 et 2010-207, 27 sept. 2010, *Banque et Dr.* 5-6/2011. 26, obs. Th. Bonneau. Il s'agissait en l'espèce de banques proposant des crédits à la consommation et des cartes de paiement avec réserve de crédit uniquement à des personnes âgées de moins de 75 ans ou de moins de 80 ans.

3. S. Poullennec, « un « testing » inédit met en lumière des discriminations dans l'accès au crédit » : *Les Échos*, 22 sept. 2017, p. 33.

4. V. ss 1571.

5. V. par ex., Paris, 10 déc. 2015, n° 14/15218 : *BJE* janv. 2016, p. 42, note J. Lasserre Capdeville. – Grenoble, 17 oct. 2017, n° 15/05057 : *LEDB* févr. 2018, p. 5, obs. J. Lasserre Capdeville.

Pour cela, il faudrait que le promettant accorde au bénéficiaire le droit d'opter pour la conclusion d'un contrat dont les éléments essentiels sont déterminés, et pour la formation duquel ne manque que le consentement du bénéficiaire [1]. Il faut ainsi distinguer l'offre du simple accord de principe. Or, c'est ce dernier qui est présent dans le cas qui nous occupe.

En second lieu, une solution comparable doit pouvoir être retenue lorsque le banquier s'est engagé à accorder un crédit à l'autre partie, si celle-ci respecte une condition déterminée, ou si une vérification complémentaire est réalisée ; et qu'il ne respecte pas son engagement alors que la condition a bien été respectée ou que la vérification s'est révélée positive [2]

En dernier lieu, il convient de mettre « à part » l'hypothèse où le banquier a veillé, par la formulation qu'il a employée, à ne pas trop s'engager. Dans ce cas, le refus final de crédit ne sera pas nécessairement fautif. C'est ainsi que pour une décision de la chambre commerciale de la Cour de cassation du 10 janvier 2012, un accord de principe donné par une banque « sous les réserves d'usage » implique, pour les juges, que les conditions définitives de l'octroi de son concours restent à définir et oblige seulement le professionnel de la banque à poursuivre de bonne foi les négociations en cours [3].

1577 ***Cas de la rupture des pourparlers*** ◊ En principe, les parties sont libres d'interrompre les pourparlers. Il en va différemment, en revanche, lorsque la rupture décidée par l'une d'elles présente un caractère abusif. C'est le cas non seulement lorsque l'auteur de la rupture est animé par l'intention de nuire à son partenaire, mais aussi lorsqu'il agit de mauvaise foi [4]. Il verra alors sa responsabilité civile engagée. Cette règle, qui figure désormais à l'article 1112 du Code civil, a déjà été rappelée en matière de crédit [5].

§ 2. L'intervention du médiateur du crédit

1578 ***Présentation générale*** ◊ La médiation du crédit est un dispositif gratuit proposé par l'État aux entreprises (artisans, commerçants, professions libérales, sociétés, etc.) qui rencontrent avec leurs banques des difficultés

1. C. civ., art. 1124, al. 1er.
2. Com. 31 mars 1992, n° 90-14.867 : *Bull. civ.* 1992, IV, n° 145. En revanche, si la condition n'a pas été respectée par le client, ou que la vérification supplémentaire s'est révélée négative, Com. 31 janv. 2017, n° 15-18.975 : *LEDB* mars 2017, p. 2, obs. J. Lasserre Capdeville ; *JCP E* 2017, 1246, obs. N. Mathey.
3. Com. 10 janv. 2012, n° 10-26.149 : *JCP E* 2012, 1349, note N. Mathey ; *RDBF* 2012, comm. 111, obs. F.-J. Crédot et Th. Samin ; *Banque et Dr.* 2012, n° 142, p. 22, obs. Th. Bonneau ; *RTD com.* 2012. 175, obs. D. Legeais ; *LEDB* mars 2012, p. 4, obs. R. Routier.
4. Civ. 1re, 12 avr. 1976, n° 74-11.770, *Bull. civ.* I, n° 122 ; *Defrénois* 1977. 389, obs. J.-L. Aubert. Com., 26 nov. 2003, n° 00-10.243, *Manoukian, Bull. civ.* IV, n° 186 ; *JCP* 2004, I, 163, n° 18, obs. G. Viney ; *RDC* 2004. 257, obs. D. Mazeaud
5. Aix-en-Provence, 5 avr. 2012, n° 2012/174, *LEDB* juin 2012, p. 2, n° 071, obs. R. Routier.

de financement ou de trésorerie. Le but est ici de faciliter le dialogue entre les entreprises et les établissements de crédit, et de recommander des solutions en cas de difficultés pour l'obtention et le maintien de crédits ou de garanties [1]. Appuyée sur le réseau de la Banque de France, la médiation du crédit est présente dans l'ensemble des départements au plus près des entreprises, afin de garantir des délais de réponse rapide [2].

Or, selon l'article 16 de l'accord de place sur la médiation du crédit aux entreprises, « dès lors qu'une entreprise saisit la Médiation du crédit aux entreprises que celle-ci considère la demande recevable, l'établissement de crédit concerné, c'est-à-dire la ou les banque(s) dont l'entreprise est cliente, doit participer au processus de médiation et fera son possible pour lui donner une issue favorable qui donne satisfaction aux parties. S'il refuse de suivre, partiellement ou totalement, la recommandation de médiation, il doit lui exposer les raisons de son refus (...) ». Ainsi, et c'est à souligner, s'ils ne souhaitent pas suivre les recommandations du médiateur du crédit, les établissements de crédit sont tenus de s'en expliquer.

Est-ce pour autant une remise en cause de l'absence de droit au crédit dans notre pays ? Aucunement. Il s'agit simplement d'un tempérament à l'absence de motivation du banquier [3].

§ 3. La demande d'information de l'entreprise concernée

679 ***Principe*** ◊ Depuis la loi n° 2009-1255 du 19 octobre 2009 tendant à favoriser l'accès au crédit des petites et moyennes entreprises et à améliorer le fonctionnement des marchés financiers, les entreprises peuvent, sur demande, être informées sur les raisons de leur mauvais score ayant entraîné un refus de crédit. En effet, en vertu de l'article L. 313-12-1 du Code monétaire et financier : « Les établissements de crédit ou les sociétés de financement fournissent aux entreprises qui sollicitent un prêt ou bénéficient d'un prêt leur notation et une explication sur les éléments ayant conduit aux décisions de notation les concernant, lorsqu'elles en font la demande ».

---

1. J. Lasserre Capdeville, « La médiation du crédit aux entreprises », *in* ouvrage collectif : *Crise du crédit et entreprises. Les réponses du droit*, sous la direction de Jean-Luc Vallens, collection Axe Droit, éd. Lamy, 2010, p. 231 s.
2. Pour l'année 2017, la Médiation du crédit a traité 1 394 dossiers avec un taux de réussite de 65 %. Rapport d'activité 2017 de la Médiation du crédit aux entreprises.
3. On notera que la loi n° 2017-1339 du 15 septembre 2017 pour la confiance dans la vie politique est venue créer un « médiateur du crédit aux candidats et aux partis politiques » sur le modèle du médiateur du crédit aux entreprises. J. Lasserre Capdeville, « Les aspects bancaires de la loi pour la confiance dans la vie politique » : *JCP E* 2017, n° 40, 698, p. 5.

1580 ***Interrogation*** ◊ Un courant doctrinal [1] a pu se demander si cette obligation de motivation n'aurait pas pour effet de remettre en cause l'absence de droit au crédit. Or, tel n'est pas le cas. Le devoir prévu par l'article précité ne présente pas d'effet concret sur un éventuel droit en la matière. Il est simplement demandé au prêteur d'expliquer à l'emprunteur [2] pourquoi son dossier présente des difficultés et, partant, comment y remédier. C'est donc, à nouveau, l'absence de motivation du banquier dispensateur du crédit qui est ici tempérée. Cette obligation a simplement pour objectif de permettre aux entreprises ayant reçu cette information de s'adapter avant de procéder à une nouvelle demande de financement auprès d'un établissement de crédit.

1. N. Mathey, « Vers une remise en cause de la liberté du banquier en matière de crédit ? », *JCP E* 2010, 1550, spéc. n° 36.

2. Il s'agira, en l'occurrence, nécessairement d'une entreprise. Notons toutefois qu'à l'égard des personnes physiques une solution très proche est mentionnée par la délibération de la CNIL n° 2008-198 du 9 juillet 2008 relative à certains traitements de données à caractère personnel mis en œuvre par les établissements de crédit pour aider à l'évaluation et à la sélection des risques en matière d'octroi de crédit, v. ss 1590.

CHAPITRE 4
L'ÉVALUATION DU DEMANDEUR

581 ***Nécessité de l'évaluation*** ◊ L'établissement de crédit doit éviter de contracter avec une personne, physique ou morale, qui n'assumera pas ses obligations de remboursement. Il est vrai qu'un crédit non remboursé n'a pas que pour effet d'occasionner un préjudice à la banque [1] ; la défaillance d'un emprunteur peut entraîner des déconfitures en cascade. Il est donc nécessaire que le banquier prêteur réalise une sélection rigoureuse pour ne retenir, comme bénéficiaires d'un crédit, que ceux qui seront à même d'honorer leurs engagements.

582 Les établissements de crédit opèrent alors différentes vérifications (Section 1) et recourent à une technique d'évaluation automatisée particulière : le *scoring* (Section 2).

SECTION 1. LES VÉRIFICATIONS OPÉRÉES PAR LA BANQUE

583 ***Généralités*** ◊ Après avoir vérifié la capacité légale de l'emprunteur [2] et de s'être assuré de ses pouvoirs, le banquier va devoir évaluer les risques du crédit à travers l'évaluation de la solvabilité de cet emprunteur [3]. Il va, pour ce faire, interroger le demandeur au crédit, notamment par l'établissement d'une « fiche de dialogue », mais aussi lui demander de bien vouloir produire diverses pièces justificatives : feuilles de paye, fiche d'imposition, relevés d'autres comptes, etc.

Parfois, l'intéressé sera déjà client du même établissement ; celui-ci aura dès lors déjà un certain nombre d'informations le concernant.

584 ***Renseignements bancaires*** ◊ Les établissements de crédit sont également susceptibles de recueillir des renseignements sur l'emprunteur

---

1. V. ss 1775.

2. Il est vrai que le banquier non vigilant s'expose, sur ce point, à des sanctions non négligeables, v. ss 1558.

3. Pour une présentation détaillée, A. Salgueiro, « Évaluation de la solvabilité d'un emprunteur », *J.-Cl. BCB* 2013.

auprès de la communauté bancaire [1]. Il est en effet d'usage que le banquier puisse donner des appréciations générales sur la situation économique ou financière d'un client en se fondant sur « l'opinion de la place » par des indications relativement générales : paiements irréguliers, échéances difficiles, chèques impayés, bon crédit, etc. [2] C'est ce que l'on appelle les renseignements commerciaux [3].

Notons, cependant, que la transmission de telles informations ne saurait pour autant porter atteinte au principe du secret bancaire [4]. Les données ainsi communiquées ne peuvent donc pas être trop précises ou chiffrées.

1585 ***Cas des sociétés*** ◊ Lorsque l'emprunteur est une société, l'établissement de crédit demandera à ses représentants la production des comptes annuels et de leurs documents connexes. Différents documents comptables seront, à ce stade, exigés. Dans des cas moins fréquents, l'établissement de crédit cherchera à compléter les informations ainsi recueillies en s'adressant à des tiers : partenaires, concurrents, clients de l'emprunteur, etc. Enfin, pour les crédits à usage professionnel de montants importants, il se peut que l'établissement demande au client de faire procédé à des investigations particulières par un cabinet d'audit.

1586 ***Fichiers gérés par la Banque de France*** ◊ Les informations précitées seront complétées par des données figurant sur différents fichiers. La Banque de France gère, en effet, un certain nombre de fichiers susceptibles de contenir des informations utiles aux prêteurs sur les personnes physiques ou morales souhaitant bénéficier d'un crédit. Citons, notamment, le Fichier bancaire des entreprises (FIBEN), le Fichier central des chèques (FCC), le Fichier national des chèques irréguliers (FNCI), ou encore le Fichier national des incidents de remboursement des crédits aux particuliers (FICP). Tous ces fichiers constituent aujourd'hui des sources d'informations précieuses sur le demandeur de crédit, notamment s'il a connu récemment certaines difficultés économiques [5].

1587 ***Crédits aux consommateurs*** ◊ Depuis la loi n° 2010-737 du 1er juillet 2010 portant réforme du crédit à la consommation, dite loi « Lagarde », l'article L. 312-16 du Code de la consommation prévoit, concernant ce type de crédit, qu'« avant de conclure le contrat de crédit, le prêteur vérifie la solvabilité de l'emprunteur à partir d'un nombre suffisant d'informations, y compris des informations fournies par ce dernier à la demande du

1. Sur cette coopération bancaire, A. Salgueiro, *op. cit.*, n° 77 s.
2. Com., 18 sept. 2007, n° 06-10.663, *Bull. civ.* IV, n° 195. Paris, 6 févr. 1975, *D.* 1975. 318, note J. Veina.
3. V. ss 2841.
4. V. ss 292.
5. Les dispositions légales prévoyant la création d'un registre national des crédits aux particuliers ont été récemment censurées par le Conseil constitutionnel, Cons. const. 13 mars 2014, déc. 2014-690 DC, *JO*, 18 mars 2014, p. 5450.

prêteur » [1]. Le prêteur doit notamment consulter le fichier des incidents de remboursement des crédits aux particuliers (FICP). Le manquement à cette obligation fait encourir au prêteur une sanction non négligeable : la déchéance du droit aux intérêts en totalité ou dans la proportion fixée par le juge [2]. Plusieurs décisions ont été déjà rendues en ce sens, notamment lorsque l'établissement de crédit prêteur n'est pas en mesure de prouver qu'il a consulté le FICP antérieurement ou concomitamment à passation du crédit [3].

En matière de crédit immobilier, le Code de la consommation prévoit aujourd'hui un dispositif analogue depuis la transposition en droit interne de la directive n° 2014/17/UE du 4 février 2014 sur les contrats de crédit aux consommateurs relatifs aux biens immobiliers à usage résidentiel [4] par l'ordonnance n° 2016-351 du 25 mars 2016 [5]. Ainsi, selon l'article L. 313-16 du code, avant de conclure un contrat de crédit, le prêteur doit procéder à une évaluation de la solvabilité de l'emprunteur, et ce en prenant en compte « de manière appropriée » les facteurs pertinents permettant d'apprécier la capacité de l'emprunteur à remplir ses obligations définies par le contrat de crédit. Il devra ainsi se fonder sur les « informations nécessaires, suffisantes et proportionnées relatives aux revenus et dépenses de l'emprunteur ainsi que sur d'autres critères économiques et financiers ». Ces informations sont recueillies par le prêteur auprès de sources internes ou externes pertinentes, y compris l'emprunteur. Le banquier dispensateur de crédit se voit, ici également, obligé de consulter le FICP.

Le droit se veut alors très rigoureux pour le prêteur. D'une part, selon l'article L. 313-17, il ne peut ni résilier ni modifier ultérieurement le contrat de crédit conclu avec l'emprunteur au motif que les informations fournies étaient incomplètes ou qu'il a vérifié la solvabilité de manière incorrecte [6]. D'autre part, l'article L. 341-27 prévoit la déchéance du droit aux intérêts dans la proportion fixée par le juge, jusqu'à un montant ne pouvant excéder, notamment, 30 % des intérêts, le non-respect des exigences posées par l'article L. 313-16.

---

1. Th. de Ravel d'Esclapon, « L'obligation de renseignement du prêteur » : *LPA*, 28 juill. 2017, n° 150, p. 6.
2. C. consom., art. L. 341-2.
3. J. Lasserre Capdeville, « Le contentieux bancaire lié au FICP » : CCC mars 2018. Étude 4, p. 6.
4. J. Lasserre Capdeville, « L'évaluation de la solvabilité de l'emprunteur et les devoirs d'explication et de mise en garde à la charge du prêteur », *Gaz. Pal.* 23 août 2015, n° 235, p. 7.
5. Ordonnance n° 2016-351 du 25 mars 2016 sur les contrats de crédit aux consommateurs relatifs aux biens immobiliers à usage d'habitation, *JO*, 26 mars 2016, texte n° 27.
6. Il en va simplement différemment s'il est démontré que les informations essentielles à la conclusion du contrat ont été sciemment dissimulées ou falsifiées par l'emprunteur. On notera encore que, pour l'article L. 313-16, alinéa 1er, le crédit « n'est accordé à l'emprunteur que si le prêteur a pu vérifier que les obligations découlant du contrat seront vraisemblablement respectées conformément à ce qui est prévu par ce contrat ».

1588 ***Vigilance du prêteur*** ◊ Rappelons néanmoins que l'établissement de crédit prêteur demeure tenu de respecter un devoir de non-ingérence lui empêchant de trop s'immiscer dans les affaires de ses clients [1]. Peut-on alors lui reprocher de ne pas avoir détecté toutes les insuffisances du patrimoine et des revenus du demandeur au crédit ? Assurément non, notamment lorsque l'emprunteur a volontairement caché sa véritable situation.

Ce devoir recule néanmoins lorsque le banquier est face à une « anomalie apparente » [2]. Dès lors, chaque fois que les recherches « générales » du banquier lui auront permis de détecter une situation « sortant de l'ordinaire », il devra intensifier ses recherches, sur le fondement de cette obligation de vigilance, afin d'en savoir plus sur cette situation.

SECTION 2. LE RECOURS AU *SCORING*

1589 ***Définition du scoring*** ◊ Les établissements de crédit ont recours, depuis de nombreuses années, à la technique des scores, dite aussi « *scoring* », pour évaluer le risque de crédit. Le *scoring* est un traitement automatisé [3] qui, sur la base de calculs statistiques et de probabilités, attribue un certain nombre de « points » aux données personnelles concernant le demandeur d'un prêt, afin de déterminer une note (un score) de nature à apprécier son risque de défaillance [4]. L'utilisation des scores permet alors au banquier d'identifier les « bons clients », c'est-à-dire ceux qui ont un profil garantissant un remboursement du crédit sans trop de difficultés, et, à l'inverse, les clients à risques. Un mauvais score entraînera, le plus souvent, un refus de crédit ou l'octroi d'un crédit à un taux d'intérêt élevé.

1590 ***Encadrement par la CNIL*** ◊ La Commission nationale informatique et liberté (CNIL) est venue encadrer ce *scoring* à l'égard des personnes physiques. En effet, dans la mesure où ce dernier est une technique de traitement de données personnelles, il doit être autorisé par cette dernière, en application de la loi n° 78-17 du 6 janvier 1978 relative à l'informatique, aux fichiers et aux libertés, dite « loi Informatique et libertés ».

1. V. ss 268.
2. V. ss 278.
3. Pour mémoire, l'article 2, alinéa 3, de la loi Informatique et libertés du 6 janvier 1978, modifié par la loi n° 2018-493 du 20 juin 2018, définit le traitement de données à caractère personnel comme « toute opération ou tout ensemble d'opérations portant sur de telles données, quel que soit le procédé utilisé, et notamment la collecte, l'enregistrement, l'organisation, la conservation, l'adaptation ou la modification, l'extraction, la consultation, l'utilisation, la communication par transmission, diffusion ou toute autre forme de mise à disposition, le rapprochement ou l'interconnexion, ainsi que le verrouillage, l'effacement ou la destruction ». Le *scoring* constitue donc un traitement automatisé de données à caractère personnel.
4. S. Carre, « Les difficultés du scoring », *in Le crédit : aspects juridiques et économiques*, éd. Dalloz, coll. Thèmes et commentaires, p. 137. Pour une présentation détaillée, A. Salgueiro, *op. cit.*, n° 129 s.

Deux procédures d'autorisation ont ainsi été prévues : soit la sollicitation d'une autorisation au cas par cas, soit le bénéfice d'une autorisation unique. Cette dernière solution a, bien évidemment, la préférence des établissements de crédit. Ceux-ci s'engagent alors à respecter les conditions attachées à l'autorisation unique « crédit *scoring* » prévue par la CNIL.

C'est ainsi que plusieurs délibérations de la CNIL sont venues successivement encadrer cette autorisation unique. La dernière en date est du 9 juillet 2008 [1]. Ce texte, qui ne tend qu'à la protection des personnes physiques (et intéresse alors le crédit à la consommation, le crédit immobiliers, mais aussi dans certains cas le crédit professionnel), prévoit un certain nombre de règles de protection.

En premier lieu, les données pouvant être prises en considération sont limitées par cette délibération. Concernant, par exemple, la situation personnelle du demandeur de crédit, les établissements pourront donner une incidence aux données portant sur l'âge de l'intéressé, sa nationalité (sous certaines limites prévues [2]), sa capacité juridique, sa situation maritale, son régime matrimonial, ou encore le nombre d'enfants. Les autres données pouvant également être prises en compte sont relatives à la situation économique de ce demandeur, sa situation bancaire, etc. En revanche, aucun autre critère que ceux expressément mentionnés dans la délibération ne saurait être admis.

En second lieu, le score ne peut, à lui seul, justifier le refus de crédit. Le client informé du refus de crédit doit être averti de son droit de demander un réexamen de son dossier par « un agent spécialement habilité à cette fin, à l'issue d'une phase contradictoire au cours de laquelle il aura été en mesure de présenter ses observations sur les principales difficultés de son dossier » [3]. En l'absence de guichet situé à proximité du demandeur, cet entretien pourra, selon la même délibération, s'effectuer à distance et être complété par un échange de courriers ou courriels [4].

Rappelons cependant que cet encadrement ne protège que le *scoring* concernant les personnes physiques. Le choix des critères concernant les emprunteurs personnes morales demeure, en conséquence, libre.

---

1. Délibération de la CNIL n° 2008-198 du 9 juillet 2008 relative à certains traitements de données à caractère personnel mis en œuvre par les établissements de crédit pour aider à l'évaluation et à la sélection des risques en matière d'octroi de crédit, *JO*, 9 août 2008, texte n° 41.

2. Notons, toutefois, que seules trois catégories de personnes sont envisagées : les « Français », les « ressortissants d'un autre État de l'Union européenne » et ceux qui relèvent d'un « autre nationalité ». Cette prise en considération de la nationalité ne saurait par conséquent être vue comme discriminatoire.

3. Rappelons que, depuis la loi n° 2009-1255 du 19 octobre 2009 tendant à favoriser l'accès au crédit des petites et moyennes entreprises et à améliorer le fonctionnement des marchés financiers, les entreprises peuvent également, si elles le souhaitent, être informées sur les raisons de leurs scores. V. ss 1626.

4. J. Lasserre Capdeville, « Les opérations de crédit en ligne : présentation générale », *Banque et Dr.* 6/2013, Hors-série, p. 28.

SOUS-TITRE 2

Le remboursement du crédit

591 ***Obligation*** ◊ Une opération de crédit n'est pas un don. Si une personne met des fonds à la disposition d'une autre, cette dernière s'engage en retour à rembourser ce capital emprunté, généralement par fraction à des échéances déterminées. En outre, cela a été noté [1], l'opération de crédit envisagée par l'article L. 313-1 du Code monétaire et financier est un acte à titre onéreux. Sauf cas exceptionnels, l'emprunteur devra donc verser au prêteur un certain montant d'intérêts en fonction des stipulations du contrat.

592 ***Mode de remboursement*** ◊ De quelle façon se rembourse un crédit ? La réponse à cette question ne saurait être unique. En effet, le mode de remboursement d'un crédit varie en fonction de la technique de crédit adoptée.

Tout d'abord, les prêts d'argent par virements au crédit du compte sont généralement remboursables en une seule fois à l'échéance convenue [2] ou par fractions successives [3].

En revanche, en cas de découvert autorisé, le remboursement se fera classiquement par le mécanisme du compte.

Enfin, concernant les crédits avec mobilisation de créances, telle l'escompte ou la cession de créances professionnelles par bordereau Dailly, le remboursement du prêteur s'opérera par le recouvrement de la créance escomptée auprès du débiteur cédé.

593 ***Lieu du remboursement*** ◊ S'agissant du lieu du paiement, l'article 1342-6, issu de l'ordonnance n° 2016-131 du 10 février 2016, réitère le principe posé par l'ancien article 1247, alinéa 3 tout en le reformulant : le paiement doit être fait au domicile du débiteur. La créance reste donc, par principe, quérable et non portable, ce qui implique que le créancier doive aller chercher le paiement chez le débiteur.

Cependant, comme le précise le nouveau texte, les parties, le droit spécial ou le juge peuvent écarter cette règle. Or, le nouvel article 1343-4 du code, applicable aux obligations de somme d'argent, écarte justement le principe de la quérabilité du paiement pour les soumettre à celui de la

---

1. V. ss 1523.

2. Cela est surtout le cas pour les crédits à court terme.

3. Ces échéances ne seront pas nécessairement d'un même montant. Le crédit peut ainsi être à taux variable.

portabilité : le lieu du paiement de l'obligation de somme d'argent est le domicile du créancier à défaut, du moins, d'une autre désignation par la loi, le contrat ou le juge.

Cette solution est conforme à la pratique bancaire. De longue date, les établissements de crédit demandent la domiciliation de tout ou partie des revenus de l'emprunteur en compte auprès d'eux et opèrent, aux échéances prévues, les prélèvements.

1594 ***Preuve*** ◊ La jurisprudence est venue clarifier, quelque peu, les incertitudes liées à la question de la preuve en la matière. Tout d'abord, il apparaît que c'est au prêteur qu'il incombe, en cas de contestation, de prouver qu'il a exécuté son obligation de délivrance des fonds et que ces fonds doivent lui être restitués [1].

En revanche, la preuve du remboursement pèse sur l'emprunteur. En pratique, cette dernière résultera le plus souvent des écritures bancaires. Sur ce point, la Cour de cassation a déjà eu l'occasion de préciser que lorsque l'emprunteur produit une quittance établie par l'établissement de crédit faisant état du paiement intégral du prêt, la preuve contraire en matière civile pesant sur la banque ne pourra être rapportée que dans les conditions prévues par l'article 1359 du Code civil [2].

1595 Quelques interrogations ont pu se poser concernant l'auteur du remboursement (Chapitre 1) et le moment de ce dernier (Chapitre 2).

1. Civ. 1re, 14 janv. 2010, n° 08-13.160, *Bull. civ.* I, n° 6. Civ. 1re, 14 janv. 2010, n° 08-18.581, *Bull. civ.* I, n° 7.

2. Civ. 1re, 4 nov. 2011, n° 10-27.035, *Bull. civ.* I, n° 194 ; *D.* 2012. 63, note J. François ; *RTD civ.* 2011. 118, obs. B. Fages ; *RTD com.* 2012. 169, obs. D. Legeais.

CHAPITRE 1
L'AUTEUR DU REMBOURSEMENT

596 ***Principe*** ◊ Qui doit rembourser le crédit ? Assurément l'emprunteur [1]. Il en va néanmoins différemment en matière de crédit avec mobilisation de créance. La restitution des fonds proviendra dans ce cas, en effet, du débiteur cédé.

597 ***Cas des époux*** ◊ Le cas du couple marié doit être ici précisé. Bien évidemment, lorsque le crédit a été consenti aux deux époux à la fois, ceux-ci sont solidairement tenus à son remboursement [2]. Sans surprise, les banques demandent, le plus souvent, à ce que les deux membres du couple se portent co-emprunteurs. De cette façon, l'intégralité de leurs patrimoines respectifs est engagée.

La situation est plus délicate, en revanche, lorsque le crédit n'a été signé que par l'un des deux [3]. N'est-il pas possible d'appliquer ici la solidarité des époux mentionnée à l'article 220 du Code civil [4] ? La réponse à cette question n'est pas des plus simples. En effet, si cet article déclare que chacun des époux a pouvoir pour passer seul les contrats qui ont pour objet l'entretien du ménage ou l'éducation des enfants, et que toute dette ainsi contractée par l'un oblige l'autre solidairement, son alinéa 3 précise qu'il en va justement différemment pour les emprunts passés par un époux seul. Toutefois, la solidarité s'applique à nouveau si les emprunts en question « portent sur des sommes modestes nécessaires aux besoins de la vie courante » [5]. Néanmoins, cette même solidarité est une nouvelle fois écartée, depuis la loi n° 2014-344 du 17 mars 2014, la loi « Hamon », lorsque le « montant cumulé de ces sommes, en cas de pluralité d'emprunts » est

1. Il peut d'agir, bien évidemment, de co-emprunteurs solidaires. Dans ce cas, l'emprunteur ayant intégralement remboursé le prêteur disposera d'un recours contre son co-emprunteur. Celui-ci reposera sur la subrogation légale, Civ. 1re, 1er juill. 2010, n° 09-12.849, *Bull. civ.* I, n° 153. Cette dernière est aujourd'hui visée par l'article 1346 du Code civil.

2. Rappelons que pour l'article 1310 du Code civil, la solidarité ne se présume pas. Il faut ainsi qu'elle soit expressément stipulée, sauf lorsqu'elle joue de plein droit en vertu d'une disposition légale.

3. Sur les règles preuve applicables, Civ. 1re, 16 nov. 2016, n° 15-25.943 : *LEDB* janv. 2017, p. 3, obs. N. Mathey. Selon ce dernier, inverse la charge de la preuve, la cour d'appel qui condamne le client d'une banque ne rapportant pas la preuve qu'il n'est pas le bénéficiaire de l'offre de prêt et que sa concubine aurait imité sa signature. Ainsi, c'est à la partie qui invoque l'acte dont la signature est déniée ou méconnue d'en établir la sincérité.

4. Concernant les partenaires d'un PACS, C. civ., art. 515-4.

5. La Cour de cassation veille à ce que les juges du fond vérifient ces conditions pour retenir la solidarité de la dette née de l'emprunt, Civ. 1re, 13 nov. 2008, n° 07-19.284, *D.* 2010. 728, obs. J.-J. Lemouland et D. Vigneau. Civ. 1re, 14 avr. 2010, n° 08-15.930.

« manifestement excessif eu égard au train de vie du ménage ». Cette dernière disposition n'échappe pas à la critique [1].

Le droit régissant les régimes matrimoniaux a également vocation à jouer. Rappelons alors que pour l'article 1415 du Code civil : « Chacun des époux ne peut engager que ses biens propres et ses revenus, par un cautionnement ou un emprunt, à moins que ceux-ci n'aient été contractés avec le consentement exprès de l'autre conjoint qui, dans ce cas, n'engage pas ses biens propres ». Ainsi, par une décision remarquée, la Cour de cassation [2] a eu l'occasion de déclarer qu'en cas d'ouverture de crédit signé par un membre d'un couple, les dispositions impératives de cet article du Code civil sont applicables aux époux mariés sous un régime de communauté universelle. L'emprunt contracté par le mari sans le consentement exprès de son épouse ne peut donc engager la communauté [3].

1. J. Lasserre Capdeville et E. Naudin, « La modification de l'article 220 du Code civil par la loi du 17 mars 2014 », *D.* 2014. 1606.

2. Civ. 1re, 5 oct. 2016, n° 15-24.616 : *D.* 2016. AJ 2063 ; *LEDB* déc. 2016, p. 1, obs. S. Piedelièvre ; *Banque et Dr.* 11-12/2016, n° 170, p. 23, obs. G. Helleringer ; *D.* 2016. 2507, note Ch. Simler et J. Lasserre Capdeville.

3. Des difficultés apparaissent, en outre, pour le calcul des récompenses en fonction des circonstances, Civ. 1re, 19 oct. 2016, n° 15-27.387 : dalloz.fr, actualité, 7 nov. 2016, obs. N. Kilgus ; *Gaz. Pal.* 13 déc. 2016, n° 44, p. 25, note J. Lasserre Capdeville ; *LEDB* déc. 2016, p. 3, obs. S. Piedelièvre.

CHAPITRE 2
LE MOMENT DU REMBOURSEMENT

598 ***Principe*** ◊ Le remboursement doit, en principe, avoir lieu au terme convenu [1]. Rappelons sur ce point, notamment, qu'en vertu de l'article 1899 du Code civil, « le prêteur ne peut pas redemander les choses prêtées avant le terme convenu ». Un certain nombre d'exceptions peuvent néanmoins être relevées.

599 ***Reports d'échéances*** ◊ Des reports d'échéances sont possibles.

Il en va ainsi, tout d'abord, si les parties y consentent. La renégociation demeure néanmoins une simple faculté pour la banque [2]. Elle ne saurait être imposée à cette dernière.

Par ailleurs, le juge peut accorder des délais de grâce en application de l'article 1343-5 du Code civil [3]. En effet, « compte tenu de la situation du débiteur et en considération des besoins du créancier », le magistrat est en droit de reporter ou échelonner, dans la limite de deux années, le paiement des sommes dues.

Enfin, des reports sont également envisageables en cas de procédure de surendettement ou en vertu du droit des entreprises en difficulté [4].

600 ***Remboursement anticipé*** ◊ À l'inverse de l'hypothèse précédente, l'emprunteur peut-il rembourser son crédit de façon anticipé, c'est-à-dire avant le terme du contrat ? La réponse à cette question est importante car le taux d'intérêt d'un crédit est supérieur au taux de l'inflation. Dès lors, si l'intéressé a finalement de quoi rembourser immédiatement son crédit, il peut être avantageux pour lui de le faire. Cette faculté est expressément prévue par la loi concernant les crédits à la consommation et les crédits immobiliers [5].

Quid des autres crédits ? Aucune règle générale n'est envisagée par notre droit en la matière [6]. Il est vrai que le terme, s'agissant du prêt à titre oné-

---

1. Selon l'article 1900 du Code civil, s'il n'a pas été fixé de terme pour la restitution, le juge peut accorder à l'emprunteur un délai suivant les circonstances. V. par ex., Civ. 1re, 19 janv. 1983, n° 81-15.105, *Bull. civ.* I, n° 29. Com., 26 janv. 2010, n° 08-12.591, *Bull. civ.* IV, n° 22 ; *Banque et Dr.* 2010, n° 131, p. 19, obs. Th. Bonneau.

2. Com., 18 sept. 2012, n° 11-21.790, *Banque et Dr.* 2012, n° 146, obs. Th. Bonneau.

3. V. ss 1777.

4. V. ss 1776.

5. Pour le crédit à la consommation, C. consom., art. L. 312-34. Pour le crédit immobilier, C. consom., art. L. 313-47 à L. 313-49.

6. La question a néanmoins été débattue en doctrine, J. Huet, « Un bienfait de l'histoire : la subrogation opérée par le débiteur pour le remboursement anticipé d'un prêt d'argent en cas de baisse des taux d'intérêt », *D.* 1999. Chron. 303.

reux, est en faveur des deux parties. En conséquence, le remboursement anticipé ne sera admis que si la convention prévoit une telle possibilité ou si les parties se mettent d'accord pour procéder de la sorte. Le paiement d'une indemnité en faveur du prêteur sera, le plus souvent, exigée par le contrat dans de tels cas [1].

1601 ***Déchéance du terme d'origine conventionnelle*** ◊ La déchéance du terme peut être envisagée par la convention. Concrètement, le contrat de prêt peut prévoir une clause de déchéance conventionnelle stipulant que le défaut de paiement d'une échéance par l'emprunteur, c'est-à-dire sa défaillance, emporte la déchéance du terme. Le remboursement du prêt, c'est-à-dire le capital restant dû et les intérêts échus et non réglés, deviendra alors immédiatement exigible.

Si concernant le crédit à la consommation la déchéance ne peut être que la conséquence d'une défaillance de l'emprunteur [2] (la solution demeure source d'incertitudes en matière de crédit immobilier [3]), il en va différemment, semble-t-il, à l'égard des autres formes de crédit. La clause de déchéance peut être ainsi envisagée pour l'inexécution d'une autre obligation que le seul remboursement. Cela est, par exemple, le cas pour le non-respect de l'affectation des fonds [4].

Une limite est néanmoins à relever : l'article L. 622-29 du Code de commerce répute non écrite toute clause de déchéance du terme en cas d'ouverture d'une procédure de sauvegarde ou de redressement judiciaire.

1602 ***Déchéance du terme d'origine légale*** ◊ La déchéance du terme est, dans quelques cas, prévue par la loi. Il en va ainsi, tout d'abord, en matière de crédit à la consommation et de crédit immobilier où la déchéance du terme est expressément envisagée en cas de défaillance de l'emprunteur [5].

---

1. La clause prévoyant un tel paiement est parfaitement valable, Civ. 1re, 6 mars 2001, n° 98-21.523, *Bull. civ.* I, n° 63 ; *D.* 2001. 3239, obs. L. Aynes. Civ. 1re, 14 juin 2000, n° 98-14.438, *Bull. civ.*, n° 98-14.438, *Bull. civ.* I, n° 184. Il ne s'agit pas d'une clause abusive, Civ. 1re, 27 sept. 2005, n° 02-13.935, *Bull. civ.* I, n° 347 ; *D.* 2005. AJ 2670, obs. X. Delpech.

2. J. Lasserre Capdeville, « Le droit des clauses abusives et le contrat de crédit à la consommation », *RDBF* 2016, n° 3, dossier, n° 19, p. 90, n° 12 s. Cela a été plus particulièrement le cas à l'égard des crédits soumis, jusqu'à la loi « Lagarde » aux modèles types annexés à l'article R. 311-6 du Code de la consommation. Un grand nombre de clauses ont ainsi pu être déclarées illicites par le juge. V. par ex., Civ. 1re, 17 juin 2015, n° 14-16.602, *D.* 2015. AJ 1644, obs. G. Poissonnier ; *RDBF* 2015, comm. 143, obs. N. Mathey. Aujourd'hui, le droit des clauses abusives à pris le relai en la matière.

3. J. Lasserre Capdeville, « Interrogations à propos des clauses de déchéance du terme en matière de crédit immobilier » : *AJ contrat* juill. 2018, p. 320. Les clauses en question se doivent, dans tous les cas d'être suffisamment précises. À défaut, leur caractère abusif peut, le cas échéant, être retenu, Civ. 1re, 10 oct. 2018, n° 17-20.441. D. 2019, n° 1, p. 57, note J. Lasserre Capdeville ; dalloz.fr, actualité, 25 oct. 2018, obs. J.-D. Pellier ; *LEDB* déc. 2018, p. 1, obs. M. Mignot et p. 4, obs. S. Piedelièvre ; *RDBF* 2019, comm. 4, obs. N. Mathey. – Civ. 1re, 28 nov. 2018, n° 17-21.625 : *AJ contrat* févr. 2019, p. 84, obs. J. Lasserre Capdeville ; *Banque et Dr.* 3-4/2019, n° 184, p. 42, obs. Th. Bonneau.

4. Com., 22 mai 2013, n° 12-17.665.

5. Pour le crédit à la consommation, C. consom., art. L. 312-36. Pour le crédit immobilier, C. consom., art. L. 313-51 à L. 313-52.

La jurisprudence exige toutefois, d'un point de vue formel, qu'une mise en demeure soit réalisée avant le prononcé de la déchéance du terme, sauf si une disposition expresse et non équivoque du contrat ne dispense la banque de la satisfaction de cette exigence. À défaut, la Haute juridiction n'hésite pas à casser les décisions de justice des juges du fond [1]. Elle est alors traditionnellement reprise par des clauses de la convention.

De même, l'article 1305-4 du Code civil prévoit que « le débiteur ne peut réclamer le bénéfice du terme s'il ne fournit pas les sûretés promises au créancier ou s'il diminue celles qui garantissent l'obligation ». Ainsi, si l'emprunteur diminue la valeur du bien qui sert de garantie, comme par exemple en détériorant la chose faisant l'objet d'un gage, il encourt la déchéance du terme.

Enfin, cette même déchéance du terme est légalement encourue en cas de liquidation judiciaire de l'emprunteur [2].

603 ***Action en remboursement*** ◊ Faute de remboursement par l'emprunteur, le banquier prêteur est titulaire, et ce dès l'échéance du crédit, d'une action en remboursement. Par principe, l'action précitée est soumise à la prescription quinquennale [3] de l'article L. 110-4 du Code de commerce [4]. Cette prescription court à compter de la date d'exigibilité du remboursement, date qui peut être anticipée, cela a été noté, par le jeu d'une clause de déchéance du terme [5].

Notons cependant que, sur ce point également, les crédits à la consommation et immobiliers font l'objet de dispositions particulières par l'intermédiaire, respectivement, des articles R. 312-35 [6] et L. 218-2 [7] du Code de la consommation qui prévoient, respectivement, un délai de forclusion de deux ans, et un délai de prescription spécial de deux ans également.

---

1. V. par ex., Civ. 1re, 3 juin 2015, n° 14-15.655 : *RDBF* 2015, comm. 143, obs. N. Mathey ; *RTD civ.* 2015. 875, obs. H. Barbier ; *D.* 2015. 1677, note G. Poissonnier. - Civ. 1re, 22 juin 2017, n° 16-18.418 : *AJ contrat* août-sept. 2017, p. 386, obs. J. Lasserre Capdeville ; *RDBF* 2017, comm. 156, obs. N. Mathey. - Civ. 1re, 13 mars 2019, n° 17-27.102 : *LEDB* mai 2019, p. 3, obs. J. Lasserre Capdeville.

2. C. com., art. L. 643-1. Notons qu'en cas de poursuite de l'activité en vue d'une cession, les créances non échues ne sont exigibles qu'au jour du jugement ordonnant la cession en question ou, à défaut, à la date à laquelle le maintien de l'activité prend fin.

3. Rappelons qu'antérieurement à la loi n° 2008-561 du 17 juin 2008, la prescription en question était de dix ans.

4. Il importe peu que le banquier prêteur dispose d'un titre exécutoire, Com., 12 déc. 2006, n° 05-14.480.

5. Com., 16 juin 2009, n° 08-15.235.

6. Selon cet article : « Le tribunal d'instance connaît des litiges nés de l'application des dispositions du présent chapitre. Les actions en paiement engagées devant lui à l'occasion de la défaillance de l'emprunteur doivent être formées dans les deux ans de l'événement qui leur a donné naissance à peine de forclusion ».

7. Selon ce dernier, « l'action des professionnels, pour les biens ou les services qu'ils fournissent aux consommateurs, se prescrit par deux ans ».

SOUS-TITRE 3

La rupture de crédit

1604 ***Problématique*** ◊ Conformément au droit commun, un crédit à durée déterminée prend fin à l'échéance convenue, sauf clause de tacite reconduction, ou de déchéance du terme. Cependant, de nombreux crédits sont consentis à durée indéterminée. Songeons, notamment, aux autorisations de découverts précédées ou accompagnées d'une ouverture de crédit [1], pour lesquelles n'est généralement pas mentionnée d'échéance particulière.

Cette situation a alors des incidences juridiques en matière de rupture du contrat par les cocontractants. En effet, de longue date, la jurisprudence estime que les contrats à durée indéterminée peuvent être librement résiliés par chacune des parties [2], du moment qu'est respecté un délai de préavis d'une durée raisonnable [3]. Ce délai doit ainsi permettre à la partie informée de prendre ses dispositions dans la perspective de la fin annoncée du contrat [4]. Cette règle est aujourd'hui expressément mentionnée aux articles 1210 et 1211 du Code civil suite à l'ordonnance n° 2016-131 du 10 février 2016 portant réforme du droit des contrats, du régime général et de la preuve des obligations.

1605 ***Cas des crédits aux consommateurs*** ◊ Notre droit a cherché, très tôt, à protéger les consommateurs-emprunteurs sur cette question. Les tribunaux ont ainsi eu l'occasion d'affirmer que commet une faute dans l'exercice de son droit de résiliation, le banquier qui, sans raison sérieuse, n'accorde pas au bénéficiaire du crédit un délai suffisant pour lui permettre de prendre des dispositions en raison de la perte de bénéfice d'un concours [5].

Surtout, la loi n° 2010-737 du 1er juillet 2010 portant réforme du crédit à la consommation, dite loi « Lagarde », a introduit dans le Code de la consommation un article L. 312-91 disposant que si le contrat de crédit le prévoit, et donc uniquement dans ce cas, le prêteur a la faculté de

1. V. ss 1543.
2. Ph. Simler, « L'article 1134 du Code civil et la résiliation unilatérale des contrats à durée indéterminée », *JCP* 1971. I. 2413.
3. V. par ex., Com., 5 déc. 1984, n° 83-14.273, *Bull. civ.* IV, n° 332. Civ. 1re, 5 févr. 1985, n° 83-15.895, *Bull. civ.* I, n° 54. Com., 5 avr. 1994, n° 92-17.278, *Bull. civ.* IV, n° 149 ; *RTD civ.* 1994. 604, obs. J. Mestre. Civ. 1re, 14 nov. 2012, n° 11-25.900. Civ. 1re, 11 mars 2014, n° 12-29.876, *RDC* sept. 2014, p. 355, note Y.-M. Laithier.
4. M. Fabre-Magnan, *Droit des obligations, t. 1, Contrat et engagement unilatéral*, éd. PUF, 2012, 3e éd., p. 601. F. Terré, Ph. Simler et Y. Lequette, *Les obligations*, éd. Dalloz, 2013, 11e éd., n° 481-2.
5. Com., 13 janv. 1987, n° 85-17.056, *Bull. civ.* IV, n° 8. Rennes, 11 janv. 2008, n° 06/07720.

résilier l'autorisation de découvert à durée indéterminée (c'est-à-dire précédée ou accompagnée d'une ouverture de crédit) moyennant un préavis d'un moins deux mois [1], fourni à l'emprunteur sur support papier ou sur un autre support durable [2].

1606 ***Cas des crédits aux entreprises*** ◊ C'est néanmoins à l'égard des crédits consentis aux entreprises que l'admission d'une rupture unilatérale des crédits a les plus graves répercussions. Ainsi, si l'entreprise bénéficiaire connaît déjà des difficultés financières, une rupture trop soudaine pourrait les aggraver et, peut-être, entraîner à court terme l'ouverture d'une procédure collective. Face à de tels dangers, le législateur a décidé de protéger les intérêts de l'entreprise par l'intermédiaire d'un encadrement légal spécifique, en l'occurrence l'article 60 de la loi n° 84-46 du 24 janvier 1984, devenu l'article L. 313-12 du Code monétaire et financier [3].

Ce dernier, bien que technique, est important. Il cherche à protéger strictement l'entreprise liée par un crédit à durée indéterminée. Le banquier qui viendrait ainsi à manquer à certaines de ses exigences est alors susceptible de voir sa responsabilité civile engagée. Il donne d'ailleurs lieu à une jurisprudence non négligeable [4].

Observons alors le contenu de cet article L. 313-12 à travers son champ d'application (Chapitre 1), l'encadrement envisagé par cet article (Chapitre 2) et enfin les effets juridiques de la rupture de crédit opérée (Chapitre 3).

---

1. Le même article précise qu'en cas de « motif légitime », cette résiliation peut intervenir sans préavis. Dans ce cas, le prêteur doit en communiquer les motifs à l'emprunteur, « si possible avant la résiliation ».

2. L'emprunteur, quant à lui, peut, en vertu de l'article L. 311-90 du Code de la consommation, procéder, « à tout moment et sans frais », à la résiliation d'une autorisation de découvert à durée indéterminée, à moins que les parties n'aient convenu d'un délai de préavis qui ne peut d'ailleurs être supérieur à un mois.

3. J. Lasserre Capdeville, « Le droit de rompre un crédit octroyé à une entreprise. Analyse contemporaine de l'article L. 313-12 du Code monétaire et financier », *in Mélanges AEDBF*, tome VI, RB éd., 2013, p. 313 s. D. Legeais, « La loi bancaire et l'évolution du crédit aux entreprises », *Banque et Dr.* n° spécial, 30 ans de loi bancaire, p. 82 s.

4. V. par ex., récemment, Civ. 1re, 1er juill. 2015, n° 14-16.555, *LEDB* oct. 2015, p. 3, n° 145, obs. R. Routier. Com., 22 sept. 2015, n° 14-17.023. Com., 14 juin 2016, n° 14 juin 2016, n° 14-17.121, *LEDB* sept. 2016, p. 5, n° 131, obs. N. Mathey. Com. 28 févr. 2018, n° 16-19.136 : *JCP E* 2018, 1244, note J. Lasserre Capdeville.

CHAPITRE 1
LE CHAMP D'APPLICATION DU TEXTE

1607 L'étude de ce champ d'application implique de savoir quels sont les cas de rupture envisagés par cet article L. 313-12 (Section 1), mais aussi quels sont les protagonistes (Section 2) et les concours (Section 3) concrètement concernés.

SECTION 1. LES CAS DE RUPTURE ENVISAGÉS

1608 ***Principe*** ◊ Le texte de l'article L. 313-12 du Code monétaire et financier s'applique dans deux hypothèses : d'une part, en cas d'interruption du concours, mais aussi, d'autre part, en cas de réduction d'un concours [1]. Il est donc nécessaire qu'un crédit soit en cours au moment où le prêteur prend sa décision de rompre le concours.

La rupture en question prendra d'ailleurs des formes diverses selon le crédit concerné. Il pourra s'agir d'une demande de remboursement immédiat du solde d'un compte, du refus d'escompter un effet de commerce ou encore du rejet d'un chèque.

1609 ***Exclusions*** ◊ En revanche, ne sont pas concernés par le régime figurant à l'article L. 313-12 du code les refus d'octroyer un crédit, de renouveler un concours antérieurement accordé [2] ou encore d'accroître le montant du crédit préalablement consenti [3]. Dans l'ensemble de ces cas, en effet, le banquier demeurera libre d'octroyer ou pas les concours sollicités. Cette solution ne saurait surprendre : l'opération de crédit présente, par nature, un fort *intuitu personae*, et par conséquent le banquier doit se voir reconnaître un droit discrétionnaire en matière d'octroi de prêt. Cela a été noté précédemment [4], il n'existe pas de droit au crédit.

Enfin, d'une manière plus générale encore, il n'y a pas rupture de crédit au sens de l'article L. 313-12 si les deux parties sont d'accords pour rompre ou réduire le concours en question [5].

---

1. Cela peut être, par exemple, la diminution du plafond d'un découvert autorisé.
2. Com., 3 déc. 1991, n° 90-16.905, *Bull. civ.* IV, n° 368 ; Banque 1992, p. 842, obs. J.-L. Rives-Lange. Com., 22 mai 2007, n° 06-11.405, *JCP E* 2007, 2377, obs. L. Dumoulin.
3. Com., 21 sept. 2004, n° 03-11.528.
4. V. ss 1570.
5. Dans un tel cas, la nécessité d'un préavis est exclue, Com., 5 mars 1991, n° 89-11.620, *RJDA* 1991, n° 626. Com., 14 janv. 1992, n° 90-10.966, *Bull. civ.* IV, n° 11.

SECTION 2. LES PROTAGONISTES VISÉS

1610 ***Emprunteurs*** ◊ L'article L. 313-12 ne visant que les concours consentis à une entreprise, c'est-à-dire à toute activité exercée à titre professionnel [1], il ne saurait s'appliquer aux crédits accordés à des particuliers [2]. En revanche, une entreprise artisanale est logiquement concernée par l'article précité [3].

1611 ***Prêteurs*** ◊ L'obligation prévue par l'article L. 313-12 du code s'impose non seulement aux établissements de crédit, mais aussi, depuis l'ordonnance n° 2013-544 du 27 juin 2013, aux sociétés de financement.

SECTION 3. LES CONCOURS CONCERNÉS

1612 Plusieurs distinctions s'imposent à l'égard des concours, que cela soit à propos de la notion même de concours (§ 1), la durée de ces derniers (§ 2) et leur caractère « autre qu'occasionnel » (§ 3).

§ 1. La notion de concours

1613 ***Incertitude*** ◊ L'article L. 313-12 du Code monétaire et financier manque, sur certains points, de clarté. C'est ainsi que son premier alinéa s'adresse à « tout concours », c'est-à-dire toutes avances de fonds, alors que le second se réfère, quant à lui, à l'ouverture de crédit, qui n'est qu'une promesse de prêt [4]. Faut-il, dès lors, distinguer entre ces deux alinéas ? Si tel devait être le cas, des découverts en compte non précédés d'une ouverture de crédit ne seraient pas concernés par l'alinéa second, pourtant essentiel. Ce régime manquerait alors de cohérence.

1614 ***Solution*** ◊ Il n'est donc pas surprenant de constater que la doctrine se refuse à opérer une telle distinction [5]. Cette opinion est d'ailleurs parfaitement fondée : si le deuxième alinéa précise les cas de dispense du délai de préavis, il n'indique pas les situations concernées, c'est-à-dire la réduction

1. Plus juridiquement, l'entreprise peut être définie comme un ensemble cohérent concourant à l'exercice, par le moyen d'actes déterminés répétés en vue d'obtenir un résultat, d'une activité à caractère économique distincte d'une simple gestion patrimoniale, Com., 18 févr. 1997, n° 95-108.40, *Bull. civ.* IV, n° 53.

2. Paris, 5 juin 2008, n° 06/14682, *JCP E* 2009, n° 24, p. 13, obs. R. Routier. Concernant ces derniers, v. ss 1604, 1605.

3. Com., 10 juin 1997, n° 95-14.966, *D. Affaires* p. 896 ; *RDBB* 1997. 218, obs. F.-J. Crédot et Y. Gérard ; *RTD com.* 1997. 657, obs. M. Cabrillac.

4. V. ss 1543.

5. Th. Bonneau, *Droit bancaire*, éd. Montchrestien, 2017, 12ᵉ éd., n° 879.

et l'interruption de concours. En conséquence, les deux alinéas sont étroitement liés, le second ne pouvant se comprendre que par référence au premier. Ils portent ainsi tous deux sur les crédits d'exploitation au sens large du terme, et il ne faut voir dans la distinction entre ces alinéas qu'« une simple imprécision du législateur » [1].

§ 2. La durée du concours

1615 ***Incertitude*** ◊ Ici encore, une divergence malheureuse est à relever. L'alinéa premier ne se réfère qu'aux concours à durée « indéterminée », alors que le second s'adresse à l'ouverture de crédit « à durée indéterminée ou déterminée ». Dès lors, comment lire l'article en question ?

1616 ***Solution*** ◊ Les deux alinéas doivent être vus comme étant autonomes et le formalisme légal n'est exigé qu'à l'égard des crédits à durée indéterminée. À défaut, cela reviendrait à reconnaître au bénéfice du banquier un droit de révocation unilatérale alors même que le concours serait à durée déterminée. Or, tel n'a pas été la volonté du législateur.

Par principe, le crédit à durée déterminée perdure jusqu'à son terme. L'engagement bancaire va donc devoir s'exécuter, quelles que soient les circonstances, jusqu'à ce même terme, à moins que les parties ne conviennent d'une modification ou d'une rupture par anticipation ou que, le client n'ayant pas rempli ses obligations, la banque provoque la résolution judiciaire de la convention en application de l'article 1228 du Code civil.

Néanmoins, le banquier demeure libre de faire figurer dans la convention une clause prévoyant la déchéance du terme [2]. Dans ce cas, et à l'image du crédit consenti à durée indéterminée, la banque devra nécessairement accorder un certain délai à son cocontractant pour lui permettre de prendre des dispositions en raison de la perte du bénéfice du crédit, sauf si l'on est en présence de l'une des deux hypothèses dérogatoires figurant à l'alinéa 2 de l'article L. 313-12 du Code monétaire et financier [3]. Ce n'est en effet que dans ces deux cas, et seulement dans ceux-ci, que l'exigence du délai de préavis pourra être exclue [4].

§ 3. Un concours « autre qu'occasionnel »

1617 ***Solution*** ◊ L'alinéa 1er de l'article L. 313-12 du Code monétaire et financier donne une précision importante à propos des concours concernés par

1. S. Neuville, *Droit de la banque et des marchés financiers*, éd. PUF, 2005, n° 190.
2. V. ss 1601.
3. V. ss 1627.
4. La jurisprudence récente de la Cour de cassation n'est, malheureusement, pas des plus claires sur cette question, Com., 24 mars 2015, n° 13-16.076, *Banque et Dr.* 2015, n° 162, p. 25, obs. Th. Bonneau.

les obligations prévues en son sein : seuls sont visés les concours « autres qu'occasionnels », c'est-à-dire permanents. Il importe peu en revanche, le texte étant muet sur ce point, que le concours permanent n'ait pas été expressément consenti par le banquier, mais découle seulement de faits implicites.

1618 ***Incidences sur les facilités de caisses*** ◊ Il résulte de ce qui précède que les facilités de caisse, qui sont ponctuelles, ne rentrent pas dans le champ d'application de cette disposition. Pour mémoire, une facilité de caisse (dite aussi « tolérance ») est un débit occasionnel d'un compte accordé par un établissement de crédit et non automatiquement renouvelable [1]. Elle est laissée à la libre appréciation de l'établissement de crédit dans la mesure où elle n'est pas constitutive d'un droit. Le banquier peut donc rompre ce crédit sans avoir à respecter le formalisme prévu à l'article L. 313-12 du code [2].

Il en va différemment, en revanche, avec les découverts autorisés précédés ou accompagnés d'une ouverture de crédit. En effet, cette dernière [3] étant, comme son nom l'indique, une autorisation contractuellement donnée par l'établissement de crédit au titulaire d'un compte de rendre, quand il le souhaite, celui-ci débiteur dans la limite d'un certain montant, nous sommes en présence d'un crédit qui n'a rien d'occasionnel. L'ouverture de crédit est permanente.

1619 ***Difficulté pratique*** ◊ Notons cependant que la distinction entre la facilité de caisse et le découvert autorisé accompagné d'une ouverture de crédit n'est pas toujours facile à opérer. En effet, pour la jurisprudence, l'ouverture de crédit n'a pas à être obligatoirement écrite, ni même expresse, et peut être même tacite et découler des circonstances.

Le juge peut ainsi estimer que ces dernières sont à même de laisser penser que le banquier était d'accord de consentir un découvert renouvelable d'un certain montant à son client. Il en va plus particulièrement ainsi en cas de réitération de facilités de caisse [4] ou, surtout, d'une durée trop longue des positions débitrices en découlant [5], sans

---

1. J. Lasserre Capdeville, « Le droit de la facilité de caisse », *Banque et Dr.* 2011, n° 135, p. 21, n° 6.
2. Com., 30 juin 1992, n° 90-18.639, *Bull. civ.* IV, n° 251. Com., 11 juill. 2006, n° 04-18.810, *Bull. civ.* IV, n° 170 ; *Banque et Dr.* 2006, n° 110, p. 25, obs. Th. Bonneau. Com., 19 juin 2007, n° 06-11.065, *RDBF* 2007, comm. 212, obs. F.-J. Crédot et Th. Samin. Paris, 28 avr. 2011, n° 08/09606, *LEDB* juin 2011, p. 2, n° 078, obs. J. Lasserre Capdeville. Paris, 4 avr. 2013, n° 11/11798, *LEDB* juin 2013, p. 076, obs. J. Lasserre Capdeville. Com., 27 janv. 2015, n° 13-26.475, *LEDB* mars 2015, p. 7, n° 047, obs. J. Lasserre Capdeville. Com., 22 sept. 2015, n° 14-17.023, *LEDB* nov. 2015, p. 5, n° 167, obs. J. Lasserre Capdeville.
3. V. ss 1543.
4. Nancy, 22 juin 2011, n° 09/02782.
5. Paris, 31 janv. 1991, n° 91/6285, *D.* 1992. 298, note J. Tridi. Riom, 2 mai 2012, n° 10/01893, *LEDB* juill. 2012, p. 2, n° 089, obs. J. Lasserre Capdeville. Aix-en-Provence, 6 sept. 2012, n° 2012/346, *LEDB* nov. 2012, p. 3, n° 143, obs. J. Lasserre Capdeville. – Pour les juge, la constatation de l'absence de solde débiteur permanent est impropre à exclure l'existence d'un

réaction du banquier [1]. Les juges ont déjà pour retenir, dans de telles hypothèses, une ouverture de crédit tacite [2].

Cette situation explique pourquoi les bénéficiaires de ce qui paraît être une facilité de caisse, agissant contre leur banquier sur le fondement de l'article L. 313-12 du Code monétaire et financier, réfutent parfois cette qualité de « facilité de caisse » en prétendant s'être vus reconnaître un découvert autorisé accompagné d'une ouverture de crédit implicite [3]. Il est vrai que ce n'est que dans ce dernier cas que le banquier souhaitant rompre le crédit devra respecter un formalisme rigoureux [4], et, en cas de manquement à l'origine d'un préjudice pour son client, verra sa responsabilité civile engagée.

En pratique, afin d'éviter de telles conséquences, les banques accordant des facilités de caisse ont pris l'habitude d'informer par courrier leurs clients de leur caractère exceptionnel. De la sorte, elles évitent de se voir opposer une quelconque ouverture de crédit tacite.

---

crédit stable et durable, c'est-à-dire la présence d'une ouverture de crédit tacite, Com., 22 sept. 2015, n° 14-17.023, *LEDB* nov. 2015, p. 5, n° 167, obs. J. Lasserre Capdeville.

1. Com., 19 juin 2007, n° 06-11.065, *RDBF* 2007, comm. 212, obs. F.-J. Crédot et Th. Samin.

2. Soulignons que la détermination du montant d'un tel engagement a aussi, parfois, donné lieu à des incertitudes. La jurisprudence refuse ainsi de prendre en compte la méthode dite du « plus fort découvert » consistant à retenir comme montant le pic du solde débiteur du compte, Com., 16 janv. 1990, n° 88-14.883, *Bull. crim.* IV, n° 12 ; *D.* 1992, somm. p. 27, obs. M. Vasseur ; Banque 1990, p. 538, obs. J.-L. Rives-Lange. Paris, 28 avr. 2011, n° 08/09606, *LEDB* juin 2011, p. 2, n° 078, obs. J. Lasserre Capdeville. C'est donc le solde moyen des positions débitrices qui est pris en considération.

3. Com., 15 avr. 2008, n° 07-12.552, *RDBF* 2008, comm. 101, obs. F.-J. Crédot et Th. Samin ; *Banque et Dr.* 2008, n° 120, p. 17, obs. Th. Bonneau ; *LPA* 27 août 2008, n° 172, p. 8, note J. Lasserre Capdeville. Com., 22 mai 2012, n° 11-14.981.

4. V. ss 1621.

CHAPITRE 2
L'ENCADREMENT LÉGAL DE LA RUPTURE DE CRÉDIT

1620 Pour être régulière, la rupture de crédit envisagée par l'article L. 313-12 du code doit respecter un certain nombre de règles de forme (Section 1). L'une d'entre elles, l'obligation de laisser un délai préavis, connait cependant des situations dérogatoires (Section 2).

SECTION 1. LE FORMALISME REQUIS

1621 Le prêteur souhaitant rompre un crédit répondant aux exigences précitées devra notifier sa décision à l'emprunteur (§ 1) tout en laissant à son cocontractant suffisamment de temps pour se trouver une nouvelle source de financement (§ 2). Il pourra enfin se voir obliger, par l'entreprise en question, de justifier sa décision de rupture ou de limitation du crédit (§ 3) [1].

§ 1. La notification de la rupture

1622 ***Solution*** ◊ Avant tout chose, la rupture doit être notifiée au cocontractant. Cette exigence n'est guère surprenante, elle est également requise en droit commun en matière de rupture unilatérale d'un contrat à durée indéterminée.

Cette notification est alors nécessairement écrite [2]. Néanmoins, la loi n° 2004-575 du 21 juin 2004 pour la confiance dans l'économie numérique ayant prévu l'équivalence entre l'écrit papier et l'écrit électronique, on peut imaginer que cette notification soit effectuée en ligne.

---

1. Le respect de ce formalisme devrait permettre au prêteur d'échapper à l'engagement de sa responsabilité. L'abus de droit peut néanmoins constituer une exception à cette affirmation : TI Strasbourg, 10 juin 2016, *Gaz. Pal.* 11 oct. 2016, n° 35 p. 18, note J. Lasserre Capdeville ; *LEDB* oct. 2016, p. 5, obs. N. Mathey.

2. Com., 22 mai 2002, n° 00-16.561, *Banque et Dr.* nov-déc. 2002, p. 54, obs. Th. Bonneau ; *BRDA* 2002, n° 12, p. 8. Com., 2 mars 2010, n° 09-10.435.

De plus, cette notification doit être faite « en des termes non équivoques ». Ainsi de simples lettres de mise en garde au client contre les insuffisances de sa structure financière ne sauraient constituer la notification requise [1].

1623 ***Obligation*** ◊ Si en cas de comportement gravement répréhensible du bénéficiaire du crédit ou lorsque la situation de ce dernier s'avère irrémédiablement compromise, la banque est dispensée de respecter un préavis avant d'interrompre son concours [2], elle n'en reste pas moins tenue, même dans ces cas, de notifier préalablement cette décision [3]. Cette règle ne saurait ici connaître d'exceptions.

§ 2. Le respect d'un délai de préavis

1624 ***Solution*** ◊ Pour protéger le client contre les inconvénients d'une rupture brutale du crédit, il est nécessaire qu'un délai de préavis par la banque soit respecté afin que l'entreprise soit mis en mesure de trouver une autre source financement. Un décret n° 2005-743 du 30 décembre 2005 était alors venu prévoir un délai de préavis minimal de 60 jours [4].

Ce délai n'étant pas toujours respecté en pratique, la loi n° 2009-1255 du 19 octobre 2009 l'a fait figurer dans le corps même de l'article L. 313-12 du code. Ce dernier prend soin de préciser, d'ailleurs, que la banque ne pourra être tenue pour responsable des préjudices financiers éventuellement supportés par d'autres créanciers du fait du maintien de son engagement pendant ce délai.

1625 ***Un délai suffisant*** ◊ Le délai de 60 jours doit-il être jugé suffisant dans toutes les circonstances ? La jurisprudence répond à cette interrogation par l'affirmative [5]. Les dispositions de l'article L. 442-6, I, 5°, du Code de commerce, relatives à la rupture des relations commerciales, ne sauraient s'appliquer en l'espèce [6]. Un courant doctrinal a pourtant critiqué cette

---

1. Com., 18 mai 1993, n° 91-17.675, *Bull. civ.* IV, n° 189 ; *RTD com.* 1993. 552, obs. M. Cabrillac et B. Teyssié ; Banque 1993, p. 100, obs. J.-L. Guillot.
2. V. ss 1627.
3. Com., 19 févr. 1991, n° 89-14.825, *D.* 1992, somm. p. 27, obs. p. M. Vasseur ; *RTD com.* 1991. 421, obs. M. Cabrillac et B. Teyssié. Com., 18 mars 2014, n° 12-29.583, *LEDB* mai 2014, p. 3, n° 023, obs. R. Routier ; *Gaz. Pal.* 14 mai 2014, n° 134, p. 14, note J. Lasserre Capdeville ; *RDBF* 2014, comm. 127, obs. F.-J. Crédot et Th. Samin.
4. S. Piedelièvre, « Le préavis en cas de rupture de crédit à durée indéterminée », *D.* 2006, Point de vue, p. 434.
5. Com., 14 janv. 2014, n° 12-29.682, *LEDB* mars 2014, p. 4, n° 023, obs. R. Routier ; *LPA*, 21 oct. 2014, n° 210, p. 4, obs. Y. Gérard ; *Gaz. Pal.* 12 mars 2014, n° 71, p. 8, note J. Lasserre Capdeville. – *Contra*, Bastia, 16 avr. 2014, n° 13/00021, *LEDB* juin 2014, p. 6, n° 080, obs. R. Routier.
6. T. com., 24 janv. 2013, *RDBF* 2013, comm. 78, obs. F.-J. Crédot et Th. Samin ; *JCP E* 2013, 1662, obs. R. Routier. V. également T. com. Paris, 30 oct. 2014, n° J201400072, *RDBF* 2015, comm. 2, obs. F.-J. Crédot et Th. Samin.

solution [1], estimant que d'un point de vue économique, le débiteur peut avoir de réelles difficultés en période de crédit plus rare, voire de *credit crunch*, à trouver un financement de substitution, ce qui légitimerait un délai plus long dans certaines circonstances. La jurisprudence de la Cour de cassation n'est cependant pas favorable à ce courant de pensée [2].

§ 3. Les explications quant à la rupture

1626 ***Solution*** ◊ Par principe, l'article L. 313-12 n'exige pas que le banquier invoque, dans la lettre de notification de la rupture, le motif de sa décision [3]. Cependant, la loi n° 2009-1255 du 19 octobre 2009 mentionnée précédemment est venue prévoir une exception à cette règle : si l'entreprise concernée lui en fait la demande, l'établissement de crédit doit lui fournir les raisons de cette réduction ou interruption. Le banquier qui ne répond pas à l'emprunteur peut alors voir sa responsabilité civile engagée [4].

Cette information, qui n'est donc pas automatique puisqu'elle doit être expressément demandée [5], pourrait donner, selon certains auteurs, une occasion au juge d'intervenir dans le contrat lorsque les raisons fournies par la banque paraissent particulièrement contestables [6]. Néanmoins, cette situation ne devrait guère se rencontrer en pratique [7]. On peut penser en effet que le professionnel aura toujours « une explication au minimum plausible » à fournir [8], telles des contraintes de fonds propres l'obligeant à réduire ses encours de crédit.

SECTION 2. LES SITUATIONS ÉCHAPPANT À LA RIGUEUR DU FORMALISME

1627 Le respect du délai de préavis précité n'est pas exigé dans deux circonstances particulières : en cas de comportement gravement répréhensible du bénéficiaire (§ 1) ou si ce dernier est dans une situation irrémédiablement compromise (§ 2) [9]. En dehors de ces cas, l'interruption du

1. R. Routier, *JCP E* 2013, 1662.
2. Com. 28 févr. 2018, n° 16-19.136 : *JCP E* 2018, 1244, note J. Lasserre Capdeville.
3. Com., 22 févr. 2005, n° 02-12.199, *RDBF* 2005, comm. 157, obs. F.-J. Crédot et Y. Gérard.
4. Limoges, 9 oct. 2014, n° 13-01.387, *LEDB* déc. 2014, p. 6, n° 164, obs. R. Routier.
5. Aix-en-Provence, 2 mai 2013, n° 2013/194.
6. N. Mathey, « Vers une remise en cause de la liberté du banquier en matière de crédit ? », *JCP E* 2010, 1550, n° 26 s.
7. J. Lasserre Capdeville, et L. Mourey, « Le banquier dispensateur de crédit face au risque de discrimination », *in Le crédit. Aspects juridiques et économiques*, éd. Dalloz, 2012, p. 65, n° 20.
8. R. Routier, *Obligations et responsabilité du banquier*, éd. Dalloz, 2011, 3e éd., n° 312-32.
9. Rappelons que ces deux exceptions ne dispensent pas la banque de son obligation de notifier l'interruption du concours, v. ss 1623.

crédit ne saurait avoir un effet immédiat [1] ; la relation doit obligatoirement être maintenue le temps du délai de préavis.

§ 1. En cas de comportement gravement répréhensible du bénéficiaire

1628 *Définition* ◊ Le délai de préavis de 60 jours au minimum ne s'impose plus lorsque le bénéficiaire du crédit a eu « un comportement gravement répréhensible ». Mais quand peut-on dire qu'un comportement présente un tel caractère ? Il est difficile de répondre à cette question, car seule une approche subjective permet réellement de caractériser ce cas de figure. Il faudra néanmoins un comportement du bénéficiaire du crédit revêtant un degré de gravité suffisant pour altérer la relation de confiance ayant pu s'instaurer entre le banquier et lui et légitimer une rupture immédiate des concours à durée indéterminée. Une faute simple ne saurait constituer un tel comportement.

1629 *Illustrations* ◊ Les magistrats ont eu l'occasion de caractériser cette hypothèse dans des circonstances bien distinctes.

Il en a été ainsi, par exemple, avec la remise de bordereaux de cession de créances professionnelles éteintes [2], la double mobilisation de créances professionnelles [3] ou encore la remise de chèque de complaisance [4]. Dans la plupart ces cas, une infraction pénale avait été commise par le bénéficiaire du crédit.

Mais une approche plus large a également été retenue dans plusieurs décisions. Des actes contractuellement répréhensibles ont ainsi déjà pu être pris en considération du moment qu'ils présentaient une certaine gravité, comme par exemple la production d'un compte de résultat non-sincère [5] ou la fourniture délibérée et réitérée d'informations inexactes en violation des engagements contractuels [6]. Ces illustrations témoignent de l'extrême variété des hypothèses pouvant constituer des comportements gravement répréhensibles.

Aujourd'hui, cette situation est parfois caractérisée en présence d'incivilités de la part du client de la banque à l'égard des employés de cette dernière [7].

---

1. Com., 14 juin 2016, n° 14-17.121, *LEDB* sept. 2016, obs. N. Mathey ; *Banque et Dr.* 1-2/2017, n° 171, p. 13, obs. Th. Bonneau.
2. Aix-en-Provence, 14 déc. 1990, Banque 1991, p. 657, obs. J.-L. Rives-Lange.
3. Com., 8 mars 2011, n° 10-12.909, *RJDA* 2011, n° 649.
4. Com., 8 mars 2005, n° 02-20.348, *D.* 2005. AJ 450, obs. V. Avena-Robardet ; *RTD com.* 2005. 571, obs. M. Cabrillac.
5. Com., 20 juin 2006, n° 04-16.238, *Bull. civ.* IV, n° 148 ; *RTD com.* 2006. 891, obs. D. Legeais ; *JCP E* 2006, 20136, n° 44, obs. J. Stoufflet ; *Banque et Dr.* 11-12/2006. 24, obs. Th. Bonneau.
6. Com., 28 juin 2011, n° 10-27.086, *Banque et Dr.* 9-10/2011. 20, obs. Th. Bonneau ; *RDBF* 2011, comm. 192, obs. F.-J. Crédot et Th. Samin ; *RTD com.* 2011. 787, obs. D. Legeais.
7. Com. 13 déc. 2016, n° 14-17.410 : *LEDB* févr. 2017, p. 3, obs. J. Lasserre Capdeville.

§ 2. En cas de situation irrémédiablement compromise du bénéficiaire

1630 *Définition* ◊ La situation irrémédiablement compromise implique l'impossibilité d'un rétablissement de l'entreprise au moyen d'un plan de redressement sérieux. Cette situation ne saurait donc être assimilée à la simple cessation des paiements, c'est-à-dire l'état du débiteur dans l'impossibilité de faire face à son passif exigible avec son actif disponible [1]. De même, l'existence à la fin d'un exercice d'un résultat lourdement déficitaire ne suffit pas non plus à caractériser la situation irrémédiablement compromise. Cette dernière se rencontrera, généralement, lorsque l'entreprise bénéficiaire du crédit est vouée à la liquidation judiciaire.

1631 *Difficultés d'appréciation* ◊ La situation en question est davantage objective que celle concernant le comportement gravement répréhensible du bénéficiaire. Néanmoins, force est de constater que les solutions retenues par la jurisprudence sont toutes en nuances [2]. Les juges ont ainsi pu déclarer que la situation irrémédiablement compromise n'était pas forcément incompatible avec le redressement judiciaire [3]. La notion étudiée n'est donc pas entendue, ici, de la même façon qu'en matière de procédure collective. Voilà qui est regrettable pour la sécurité juridique.

1. C. com., art. L. 631-1. Com. 31 mars 2004, n° 02-16.437, *Bull. civ.* IV, n° 64 ; *RTD com.* 2004. 582, obs. D. Legeais ; *Banque et Dr.* 2004, n° 96, p. 50, obs. Th. Bonneau.

2. R. Routier, *Obligations et responsabilités du banquier*, éd. Dalloz, 2011, 3e éd., n° 312-54.

3. Com., 19 oct. 1999, n° 96-16.377, *Bull. civ.* IV, n° 167 ; *RTD com.* 2000. 448, obs. M. Cabrillac.

CHAPITRE 3
LES EFFETS DE LA RUPTURE

1632 La rupture de crédit à durée indéterminée entraîne des incidences variables selon que nous sommes en présence d'un cas de rupture abusive (Section 1) ou d'un cas de rupture conforme aux exigences légales (Section 2).

SECTION 1. EN CAS DE RUPTURE ABUSIVE

1633 ***Cas concernés*** ◊ La rupture abusive peut être retenue principalement dans deux hypothèses : d'une part, lorsque le banquier rompt un crédit sans laisser à son cocontractant de délai de préavis, et, d'autre part, lorsque le délai concrètement respecté a été inférieur à 60 jours.

1634 ***Nullité*** ◊ La loi prévoit, dans les hypothèses précitées, la nullité de la rupture du concours. La banque fautive devra par conséquent maintenir ce dernier, et, si elle souhaite toujours y mettre fin, elle sera dans l'obligation de respecter scrupuleusement le formalisme prévu par l'article L. 313-12 du Code monétaire et financier [1]. Concrètement, si le crédit consiste dans un découvert, le banquier doit continuer de payer les chèques émis par le bénéficiaire de ce crédit ou ses ordres de virement dans la limite du concours consenti.

Cette procédure peut néanmoins se révéler illusoire en pratique. En effet, elle durera, au minimum, plusieurs semaines. Or, durant ce laps de temps, on peut penser que l'entreprise aura trouvé une nouvelle source de financement, ou, au pire, aura vu sa situation se dégrader. Dans ce dernier cas, le rétablissement du crédit initial se révélera peut-être insuffisant.

1635 ***Dommages-intérêts*** ◊ La méconnaissance par la banque du formalisme précité est également susceptible d'entraîner l'engagement de sa responsabilité dès lors que le cocontractant, ou un tiers (créancier, caution, etc.), justifiera que ce manquement lui a causé un préjudice [2]. Cette solution est expressément mentionnée à l'article L. 313-12 du Code monétaire et financier lorsqu'il affirme par un troisième alinéa que « le non-respect de ces dispositions peut entraîner la responsabilité pécuniaire de l'établissement de crédit ».

---

1. Chambéry, 18 sept. 2007, n° 06/01288.

2. Com., 13 janv. 1987, n° 85-17.056, *Bull. civ.* IV, n° 8 ; *D.* 1987. IR 17. Com., 4 juill. 1995, n° 93-14.369, *RJDA* 1995, n° 1402.

Cette solution est cependant plus compliquée qu'elle n'y paraît à mettre en œuvre. En effet, rappelons que la responsabilité civile a pour fonction d'indemniser les victimes de dommages. D'une part, elle implique la démonstration, par les intéressés, d'un préjudice subi. Or, ce dernier peut prendre des formes très diverses : la diminution d'actif ou l'aggravation du passif de l'entreprise ayant fait l'objet d'une procédure collective [1], la perte d'une chance de négocier avec succès un concours extérieur [2] ou encore un « préjudice moral en raison du tracas nécessairement causés par la rupture brutale de l'autorisation tacite de découvert » [3].

D'autre part, un lien de causalité certain entre la faute et le préjudice invoqué sera également requis. L'emprunteur qui recherche la responsabilité de la banque devra démontrer que c'est bien la rupture de crédit qui est à l'origine du préjudice allégué [4]. Or, la jurisprudence témoigne qu'une rupture brutale de crédit n'est pas obligatoirement la cause d'une cessation des paiements. C'est ainsi qu'il a pu être décidé par la Haute juridiction que la responsabilité de la banque devait être écartée quand, de toutes les façons, l'ouverture de la procédure était inéluctable [5]. Un critère chronologique est parfois pris en considération [6]. Les magistrats ont néanmoins fait preuve, dans certains cas, d'une grande rigueur en la matière [7].

Cette action en responsabilité pour rupture abusive est limitée par un délai de prescription de cinq ans. Le point de départ de ce délai est la date de cette rupture [8].

SECTION 2. EN CAS DE RUPTURE JUSTIFIÉE

1636 ***Paiements durant le préavis*** ◊ Concrètement, la rupture prendra effet à la date de fin du préavis ou de la réception de la notification de la rupture si elle a eu lieu dans l'un des deux cas où le préavis n'est pas exigé [9].

Cette date présente un intérêt particulier. En effet, la banque devra, notamment, honorer les chèques émis avant cette date en raison du transfert de la provision qui s'est opéré dès l'émission du chèque [10]. Elle ne

1. Com., 21 juin 2005, n° 02-17.721, *Gaz. Pal.* 4 nov. 2005, p. 45, obs. R. Routier.
2. Com., 5 mars 1996, n° 93-10.606, *D. Affaires* 1996. 487.
3. Metz, 24 mai 2012, n° 12/00323.
4. Com., 14 déc. 1999, n° 97-14.500, *Bull. civ.* IV, n° 230.
5. Com., 30 juin 1998, n° 95-19.637, *RJDA* 1998, n° 1279.
6. Y. Guyon, « La rupture abusive de crédit », *RDBF* 2002, n° 2, p. 370.
7. Com. 4 déc. 2001, n° 99-17.664, *Bull. civ.* IV, n° 194 ; *Banque et Dr.* 2002, n° 82, p. 56, obs. Th. Bonneau ; *RTD com.* 2002. 140, obs. M. Cabrillac. Il s'agissait en l'occurrence du suicide du client bénéficiaire d'un crédit à la suite de la réception de la lettre l'informant de la rupture de ce dernier.
8. Civ. 1re, 1er juill. 2015, n° 14-16.555, *LEDB* oct. 2015, p. 3, n° 145, obs. R. Routier.
9. V. ss 1627.
10. Com., 15 juill. 1992, n° 90-18.685. Com., 13 janv. 1988, n° 95-13.976, *RDBB* 1998. 104, obs. F.-J. Crédot et Y. Gérard.

pourra refuser de payer que les titres émis postérieurement à la date d'effet de la rupture du crédit. Rappelons ici que la date d'émission ne doit pas être confondue avec la date de création ; elle résulte du seul dessaisissement au profit du bénéficiaire [1]. L'article L. 313-12 prend soin, en outre, de préciser que l'établissement de crédit ne pourra être tenu pour responsable des préjudices financiers éventuellement subis par d'autres créanciers du fait du maintien de son engagement durant ce délai de préavis.

637 ***Limite*** ◊ Durant la période de préavis, le banquier demeure bien évidemment en droit de refuser de régler des chèques ou différents ordres de paiement, lorsque leur paiement effectif conduirait à dépasser le montant du découvert autorisé [2].

1. Com., 31 janv. 2006, n° 04-15.315, *Bull. civ.* IV, n° 18 ; *D.* 2006. AJ 573, obs. V. Avena-Robardet ; *D.* 2007. Pan. 756, obs. D.-R. Martin.

2. Com., 31 oct. 2006, n° 04-18.667, *Bull. civ.* IV, n° 213 ; *Banque et Dr.* 2007, n° 111, p. 27, obs. Th. Bonneau.

SOUS-TITRE 4

L'encadrement de l'intérêt du crédit

638 ***Définitions*** ◊ On ne peut donner une définition unique de l'intérêt. Il convient, en effet, d'opérer des distinctions en la matière. Il en va ainsi, notamment, entre les intérêts créditeurs et les intérêts débiteurs. Les premiers sont versés par les banques en rémunération de certains dépôts de leur clientèle, en vertu d'une stipulation contractuelle ou dans le cadre de dispositions législatives ou réglementaires en vigueur. Les seconds, quant à eux, sont les intérêts généralement produits par les crédits de toute nature consentis par les banques à leurs clients.

639 ***Caractère onéreux du crédit*** ◊ En pratique, le crédit bancaire est à titre onéreux, c'est-à-dire que le remboursement du capital prêté implique également le paiement d'une somme à titre d'intérêt. Le prêteur, ayant été privé de la jouissance d'un capital pendant une certaine période, a droit d'obtenir en retour une rémunération représentant un pourcentage du capital. L'intérêt constitue alors la rémunération du prêteur pour les fonds mis à la disposition de l'emprunteur.

Son montant dépendra alors de différents facteurs, et notamment du montant de la somme prêtée, de la durée du prêt, ainsi que du risque du crédit en question.

Le taux d'intérêt pourra être fixe ou variable (dit révisable). Notons que la pratique de ces derniers s'est fortement développée ces dernières années, plus particulièrement pour les prêts à long terme.

Cet intérêt est traditionnellement exprimé en pourcentage du montant prêté. On parle alors de taux d'intérêt.

640 ***Libre fixation du taux conventionnel*** ◊ Selon l'article 1907 du Code civil : « L'intérêt conventionnel peut excéder celui de la loi, toutes les fois que la loi ne le prohibe pas ». Il découle alors de ce dernier que la fixation du taux conventionnel se fait, en principe, librement par accord entre les parties.

Cette liberté n'est cependant pas sans limite. Il en va ainsi, à l'égard de certains emprunteurs, concernant le recours à une autre base de calcul que l'année civile [1]. De même, quelques crédits distribués encore aujourd'hui en France demeurent tributaires de taux définis par les pouvoirs publics,

1. V. ss 1701 s.

pour des raisons économiques ou sociales. Il en va ainsi, notamment, avec les prêts à taux bonifiés. Enfin, la liberté en question est nettement limitée par la législation sur l'usure s'adressant principalement aux crédits aux consommateurs [1].

1641 ***Cours des intérêts*** ◊ Les intérêts sont normalement dus au prêteur par l'emprunteur jusqu'à l'extinction de la dette. Néanmoins, si le cours normal des intérêts est la règle, il faut noter que son arrêt ou sa suspension demeurent possibles dans certaines hypothèses. Il en va plus particulièrement ainsi en cas de remboursement anticipé du capital, de l'ouverture d'une procédure collective ou encore en vertu de certaines dispositions législatives protectrices des emprunteurs.

1642 ***Capitalisation des intérêts*** ◊ Également dénommée « anatocisme », la capitalisation des intérêts est le fait, pour les intérêts non payés, d'être « capitalisés » et de devenir eux-mêmes productifs d'intérêts. L'article 1343-2 du Code civil reconnaît ainsi la validité de la capitalisation des intérêts du moment qu'elle respecte des conditions ayant pour objet d'en circonscrire les effets pour le débiteur. La clause de capitalisation des intérêts stipulée dans un prêt professionnel échappe alors à toute critique [2].

Ce principe connaît néanmoins des dérogations. La première chambre civile a ainsi eu l'occasion de préciser, à plusieurs reprises, que cette capitalisation des intérêts ne pouvait pas jouer en présence d'un crédit aux consommateurs, que cela soit en cas de rupture du crédit consécutive à la défaillance de l'emprunteur [3] ou en cas de remboursement par anticipation [4].

1643 ***Paiement des intérêts*** ◊ Le droit régissant le paiement des intérêts se retrouve dans les règles générales figurant dans le Code civil. Il en va notamment ainsi pour la date de paiement, le lieu de paiement, l'indivisibilité de la dette ou encore la prescription. Le défaut de paiement, voire le simple retard dans le paiement des échéances, justifie l'indemnisation du prêteur par l'octroi de dommages et intérêts et d'intérêts moratoires. L'inexécution de l'obligation peut également entraîner la résolution du contrat, ainsi que l'application d'une clause pénale préalablement prévue dans la convention de crédit.

---

1. V. ss 1751.

2. Civ. 1re, 20 sept. 2017, n° 16-23.631 : *LEDB* nov. 2017, p. 4, obs. M. Mignot.

3. V. par ex., Civ. 1re, 9 févr. 2012, n° 11-14.605, *JCP* 2012. 208, obs. J. Lasserre Capdeville ; *D.* 2012. 1158, note G. Poissonnier ; *RDBF* 2012, comm. 76, obs. N. Mathey. – Civ. 1re, 13 mai 2014, n° 12-35.149 : *RDBF* 2014, comm. 191, obs. F.-J. Crédot et Th. Samin. – Civ. 1re, 30 nov. 2016, n° 15-16.660 : *RDBF* 2017, comm. 9, obs. N. Mathey ; *LPA*, 5 déc. 2017, n° 242, p. 21, obs. J. Lasserre Capdeville.

4. V. par ex., Civ. 1re, 29 juin 2016, n° 15-16.945, *RDBF* 2016, comm. 197, obs. N. Mathey ; *LEDB* sept. 2016, p. 7, n° 135, obs. J. Lasserre Capdeville.

644 ***Cas des intérêts négatifs*** ◊ Depuis 2015, la Banque centrale européenne recourt à des taux d'intérêts négatifs afin de retrouver un niveau d'équilibre d'épargne-investissement plus favorable à la croissance pour conjurer un risque de déflation assez marqué, découlant notamment de la crise de la zone euro. Or, ces taux négatifs ont eu des incidences en matière de crédit, à l'égard plus particulièrement de prêts immobiliers à taux variables à l'égard desquels le banquier dispensateur de crédit avait omis de prévoir un taux « plancher » dans la convention.

Plusieurs décisions des juridictions du fond ont alors admis qu'en présence d'un tel contrat, l'emprunteur était en droit de demander le bénéfice d'un taux d'intérêt devenu inférieur à 0 % [1]. La Cour de cassation devrait, prochainement, se prononcer en la matière.

645 ***Frais et commissions*** ◊ Bien évidemment, le coût exact du concours consenti par la banque ne se limite pas au versement des intérêts conventionnels. D'autres dépenses sont également à évoquer, et plus particulièrement les frais et les commissions liés au crédit en question.

Pour mémoire, les premiers concernent une dépense engagée par l'établissement de crédit qui se trouve par la suite répercutée sur le client. Les secondes correspondent, quant à elles, à une « somme perçue par l'établissement de crédit ou l'entreprise d'investissement en rémunération des services qu'il rend à son client » [2]. Ces commissions s'observent surtout en matière de fonctionnement de compte en banque et d'opérations de paiement. Elles se rencontrent plus rarement en matière de crédit. Citons, néanmoins, la commission de confirmation qui rémunère le service rendu par la banque qui a promis à son client de mettre à sa disposition une certaine somme [3].

646 Revenons à l'intérêt, et plus particulièrement au taux qui l'exprime en pourcentage du montant prêté. Celui-ci fait encore l'objet, aujourd'hui,

---

1. En faveur de l'application d'un taux négatif, TGI Strasbourg, ord. réf., 5 janv. 2016, n° 15/00764, *LEDB* mars 2016, n° 048, p. 6, obs. J. Lasserre Capdeville ; *RDBF* 2016, comm. 54, obs. F.-J. Crédot ; *Gaz. Pal.* 7 juin 2016, p. 64, obs. M. Roussille. – TI Montpellier, 9 juin 2016, n° 11-16-000424, *Gaz. Pal.* 5 juill. 2016, n° 25, p. 19, note J. Lasserre Capdeville ; *LEDB* sept. 2016, p. 1, n° 124, obs. S. Piedelièvre. – Colmar, 8 mars 2017, n° 16/00310 : *D.* 2017. AJ 701, obs. J. Lasserre Capdeville. – Le TGI de Thonon-les-Bains (TGI Thonon-les-Bains, 30 nov. 2016, n° 16/00506 : *LEDB* janv. 2017, p. 4, obs. J. Lasserre Capdeville ; *RDBF* mrs-avr. 2017, comm. 45, ibs. Th. Samin et S. Torck) s'était prononcé en faveur d'une limitation de l'effet de l'indexation à un taux de 0 %. Sa décision a été, récemment, infirmée : Chambéry, 20 sept. 2018, n° 16/02665, n° 16/02667 et 16/02668 : *RDBF* ov.-déc. 2018, comm. 153, obs. Th. Samin et S. Torck ; *LEDB* déc. 2018, p. 2, obs. J. Lasserre Capdeville. La limite à 0 % se retrouve pourtant dans d'autres décisions, Besançon, 10 juill. 2018, n° 17/01227 : *LEDB* oct. 2018, p. 4, obs. J. Lasserre Capdeville. – B. Brehier, « L'application des taux d'intérêt négatifs » : *RDBF* mai-juin 2017, dossier 23, p. 106.

2. B. Sousi-Roubi, avec la collab. de S. Dussart et F. Marmoz, *op. cit.*, p. 71. En pratique, cependant, la distinction n'est pas aussi claire.

3. Ces commissions liées à une opération de crédit déterminée doivent alors être prises en considération pour le calcul du taux effectif global, v. ss 1655.

d'un encadrement juridique minimum, ayant pour originalité de résulter de la loi et de la jurisprudence. En effet, la liberté du banquier en la matière se heurte à trois limites. Celles-ci portent sur la présentation du taux d'intérêt (Chapitre 1), son exactitude (Chapitre 2) et enfin son montant (Chapitre 3). L'ensemble de ces situations donne lieu, aujourd'hui, à un contentieux abondant [1].

1. Une chronique semestrielle est ainsi, aujourd'hui, totalement dédiée à ce contentieux, J. Lasserre Capdeville et M. Correia, « Droit du taux d'intérêt : chronique semestrielle » : *JCP E* 2017, n° 30-34, 1446 ; *JCP E* 2018, n° 10, 1121 ; *JCP E* 2018, n° 37, 1453 ; et *JCP E* 2019, n° 8, 1093. – Pour une thèse, A. Ayoun, « Recherche sur le taux effectif global » : thèse, Université Aix-Marseille (dir. B. Brignon), 2017.

CHAPITRE 1
LA PRÉSENTATION DU TAUX D'INTÉRÊT

647 ***Code civil*** ◊ Le Code civil envisage le prêt comme étant, par nature, donné à titre gratuit. Cependant, il est évident que le crédit bancaire est en pratique quasi exclusivement rémunéré. Toutefois, pour pouvoir être admise, cette rémunération doit être mentionnée par écrit.

En effet, si l'article 1905 du Code civil permet de stipuler des intérêts au prêt d'argent, l'article 1907, alinéa 2, du Code civil prévoit alors une règle de forme à respecter : « le taux de l'intérêt conventionnel doit être fixé par écrit ». Cette exigence est, pour les juges, une condition de validité de la stipulation d'intérêts [1]. Notons cependant que celui qui a payé volontairement des intérêts qui n'étaient pas stipulés ne peut en obtenir remboursement [2].

648 Cependant, cet article 1907 du Code civil a perdu, aujourd'hui, de son importance [3] au bénéfice d'autres dispositions du Code de la consommation s'adressant spécifiquement au taux effectif global (Section 1) et au taux de période (Section 2) et imposant, dans l'ensemble de ces cas, une mention écrite.

SECTION 1. L'EXIGENCE DE MENTION ÉCRITE DU TEG

649 ***Principe*** ◊ L'article L. 314-5 du Code de la consommation prévoit que le taux effectif global « déterminé selon les modalités prévues aux articles L. 314-1 à L. 314-4 est mentionné dans tout écrit constatant un prêt régi par la présente section » [4].

Le cas particulier du TEG erroné est, quant à lui, étudié plus loin [5].

---

1. Civ. 1re, 24 juin 1981, n° 80-12.773, *Bull. civ.* I, n° 233 ; *JCP* 1982, II, 19713, note M. Vasseur. Civ. 1re, 14 févr. 1995, n° 92-17.061, *D.* 1995. 340, note S. Piedelièvre. Com., 18 févr. 1997, n° 94-18.073, *Bull. civ.* IV, n° 52.

2. C. civ., art. 1906. Com., 23 oct. 1990, n° 88-19.244, *Bull. civ.* IV, n° 249 ; *D.* 1991. 73, note Ch. Gavalda.

3. Ce fondement légal réapparaît, cependant, de temps à autre dans les décisions de justice, V. par ex., Civ. 1re, 13 mars 2019, n° 17-23.169 : *JCP E* 2019, note J. Lasserre Capdeville, à paraître. Selon cet arrêt, l'article 1907 impose la mention du caractère variable ou fixe du taux, mais aussi de l'éventuel indice objectif de référence accompagnant ce dernier.

4. Jusqu'au 1er juill. 2016, cette règle figurait à l'article L. 313-2 du Code de la consommation.

5. V. ss 1713.

1650 La bonne compréhension la règle précitée implique cependant de savoir ce que comprend exactement le « taux effectif global » (§ 1), avant d'observer le respect concret de cette exigence légale (§ 2) et les sanctions encourues en cas de méconnaissance de cette dernière (§ 3). Une dérogation légale bénéficiant aux prêts structurés sera mentionnée pour terminer (§ 4).

§ 1. Présentation du taux effectif global

1651 ***Définition générale*** ◊ Le taux effectif global (TEG) reflète le coût réel du crédit. Il s'agit du taux véritablement pratiqué pour une opération de crédit déterminée. Il réunit ainsi l'ensemble des frais dont la dépense est rendue nécessaire pour l'obtention du crédit, du moment que ceux-ci sont déterminables au jour de l'offre. Il est exprimé en pourcentage annuel du montant du crédit consenti.

Il permet alors à l'emprunteur de connaître le coût global du crédit, et ainsi d'apprécier l'effort financier qu'il aura à consentir, mais aussi, dans certains cas, de plafonner le taux de l'intérêt conventionnel par le biais de la prohibition de l'usure [1].

Les incertitudes liées à cette notion sont fréquemment dénoncées [2]. Ce TEG fait l'objet d'un contentieux important depuis une dizaine d'années.

1652 ***TAEG*** ◊ Pour les contrats de crédit entrant dans le champ d'application du crédit à la consommation ou du crédit immobilier, le taux effectif global est dénommé « taux annuel effectif global » (TAEG). Les éléments à prendre en considération pour sa détermination [3], comme la formule mathématique à appliquer pour son calcul [4], présentent quelques spécificités.

1653 La présentation du TEG implique alors d'observer les éléments qui le composent (A), mais aussi les règles encadrant son calcul (B).

A. La composition du TEG

1654 ***Encadrement légal*** ◊ Selon l'article L. 314-1 du Code de la consommation, le taux effectif global comprend les intérêts conventionnels auxquels s'ajoutent, en vertu de l'article L. 314-1 du Code de la consommation, « les frais, les taxes, les commissions ou rémunérations de toute nature, directs ou indirects, supportés par l'emprunteur et connus du prêteur à la

1. C. consom., art. L. 314-6. – V. ss 1751.
2. P. Lutz et O. Berg, « Taux effectif global : de plus en plus d'incertitudes », *D.* 2005. 841. A. Brunet, « Le TEG, un taux d'embrouille généralisé ? », *in Mélanges offerts à E. Alfandéri*, éd. Dalloz, 2000, p. 231.
3. V. ss 1655.
4. V. ss 1662.

date d'émission de l'offre de crédit ou de l'avenant au contrat de crédit, ou dont le montant peut être déterminé à ces mêmes dates, et qui constituent une condition pour obtenir le crédit ou pour l'obtenir aux conditions annoncées » [1].

1655 ***Précisions réglementaires propres au TAEG*** ◊ Concernant, plus particulièrement, le taux annuel effectif global [2], l'article R. 314-4 du Code de la consommation précise que sont compris dans le TAEG, « lorsqu'ils sont nécessaires pour obtenir le crédit ou pour l'obtenir aux conditions annoncées », notamment, les frais de dossier, les frais payés ou dus à des intermédiaires intervenus de quelque manière que ce soit dans l'octroi du prêt, les coûts d'assurance et de garanties obligatoires, mais aussi « les frais d'ouverture et de tenue d'un compte donné, d'utilisation d'un moyen de paiement permettant d'effectuer à la fois des opérations et des prélèvements à partir de ce compte ainsi que les autres frais liés aux opérations de paiement », ou encore le coût d'évaluation d'un bien immobilier (hors frais d'enregistrement liés au transfert de propriété du bien immobilier).

À l'inverse, l'article R. 314-5 du Code de la consommation vise des frais ne pouvant pas être intégrés au TAEG, à savoir, d'une part, « les frais liés à l'acquisition des immeubles mentionnés au a du 1° de l'article L. 313-1 tels que les taxes y afférentes, les frais d'acte notarié établis en application de la section III du chapitre Ier du titre IV bis du livre IV de la partie Arrêtés du Code de commerce » et, d'autre part, « les frais à la charge de l'emprunteur en cas de non-respect de l'une de ses obligations prévues dans le contrat de crédit ». On notera encore, qu'en vertu de l'article R. 314-10, lorsque l'octroi d'un prêt est subordonné à une phase d'épargne, le TEG (l'article n'est donc pas limité au TAEG) est calculé sans tenir compte de cette phase d'épargne.

1656 ***Précisions jurisprudentielles. Dépenses incluses dans le TEG*** ◊ L'article L. 314-1 du Code de la consommation mentionné plus haut n'étant finalement pas des plus précis, la jurisprudence vient dire, à intervalle régulier, ce qu'il convient de prendre effectivement en considération pour le calcul du TEG/TAEG (outre le taux conventionnel). Il en va ainsi avec :

- les frais de dossier [3] ;
- les frais de souscription d'une assurance décès-invalidité obligatoire [4] ;

---

1. Le contenu de cet article, issu de l'ordonnance n° 2015-351 du 25 mars 2016, diffère légèrement du contenu de l'ancien article L. 313-1 du Code de la consommation.

2. V. ss 1652.

3. V. par ex., Paris, 18 nov. 2005, *JCP E* 2006, n° 22, p. 964, obs. C. Lassalas-Langlais. Paris, 7 juill. 2006, n° 05/01484. Civ. 1re, 13 juill. 2016, n° 15-11.031, *LEDB* oct. 2016, p. 1, obs. J. Lasserre Capdeville ; *Banque et Dr.* 11-12/2016, n° 170, p. 24, obs. Th. Bonneau. Selon cette dernière décision, si des frais sont qualifiés dans le contrat comme « frais de dossier », ils doivent nécessairement être comptabilisés dans le TEG.

4. V. par ex., Civ. 1re, 31 janv. 2018, n° 16-22.945.

– les frais de souscription d'une assurance-incendie obligatoire [1] ;
– les frais d'hypothèque [2] ;
– les frais d'inscription du privilège de prêteur de denier [3] ;
– les frais de nantissement de titre [4] ;
– les frais de cautionnement mutuel [5] ;
– les frais de notaire [6] ;
– les frais relatifs à la souscription de parts sociales [7] ;
– les commissions liées à l'opération de crédit [8] ;
– les frais d'intermédiaires, et plus particulièrement de courtage [9] ;
– les impôts, taxes et droits mis par le contrat à la charge de l'emprunteur [10] ;
– les frais de commission de change en cas de prêt en franc suisse dont le montant a été crédité sur un compte en euros après une opération de change [11] ;

---

1. V. par ex., Civ. 1re, 13 nov. 2008, n° 07-17.737, *Bull. civ.* I, n° 262 ; *D.* 2009. Pan. 1051, obs. D.-R. Martin ; *RTD com.* 2009. 188, obs. D. Legeais ; *Banque et Dr.* janv.-févr. 2009, p. 22, obs. Th. Bonneau. – Grenoble, 4 juill. 2017, n° 14/05945.

2. V. par ex., Colmar, 12 mars 2018, n° 17/00445.

3. V. par ex., Paris, 3 nov. 2017, n°, n° 15/23307.

4. V. par ex., Rennes, 14 nov. 2017, n° 15/05268.

5. V. par ex., Civ. 1re, 9 déc. 2010, n° 09-14.977, *Bull. civ.* I, n° 257 ; *D.* 2011. 720, note J. Lasserre Capdeville ; *LEDB* févr. 2011, p. 2, n° 002, obs. R. Routier ; *RTD com.* 2011. 618, obs. D. Legeais ; *Banque et Dr.* 3-4/2011. 24, obs. Th. Bonneau ; *RDBF* 2011, comm. 41, obs. F.-J. Crédot et Th. Samin. Metz, 22 sept. 2011, n° 09/00856, *LEDB* déc. 2011, p. 6, n° 174, obs. J. Lasserre Capdeville. – Bordeaux, 28 févr. 2018, n° 16/06833.

6. V. par ex., Civ. 1re, 28 nov. 2018, n° 17-20.106. Cette solution n'est aujourd'hui plus valable pour les crédits aux consommateurs. V. ss 1655.

7. V. par ex., Civ. 1re, 23 nov. 2004, n° 02-13.206, *Bull. civ.* I, n° 289 ; *Banque et Dr.* 3-4/2005. 46, obs. Th. Bonneau. Civ. 1re, 6 déc. 2007, n° 05-17.842, *Bull. civ.* I, n° 381 ; *Banque et Dr.* 3-4/2008. 15, obs. Th. Bonneau ; *RTD com.* 2008. 159, obs. Legeais ; *JCP E* 2008, 1768, n° 16, obs. Ch. Lassalas. Civ. 1re, 9 déc. 2010, n° 09-67.089, *Bull. civ.* I, n° 258 ; *D.* 2011. Pan. 1650, obs. D.-R. Martin ; *RTD com.* 2011. 617, obs. D. Legeais ; *LPA*, 17 févr. 2011, n° 34, p. 4, note J. Lasserre Capdeville ; *Banque et Dr.* 2011, n° 136, p. 24, obs. Th. Bonneau ; *LEDB* févr. 2011, p. 2, n° 003, obs. R. Routier TI Niort, 14 sept. 2011, n° 11-116000290, *LEDB* nov. 2011, p. 2, n° 149, obs. R. Routier ; *Gaz. Pal.* 2011. 2851, note J. Lasserre Capdeville. Com., 7 févr. 2012, n° 11-10.833, *JCP* 2012, II, 489, note J. Lasserre Capdeville ; *LEDB* avr. 2012, p. 4, n° 040, obs. R. Routier. Civ. 1re, 24 avr. 2013, n° 12-14.377, *JCP* 2013, n° 26, 739, p. 1273, note J. Lasserre Capdeville ; *LEDB* juin 2013, p. 5, n° 077, obs. R. Routier ; *RTD com.* 2013. 564, note D. Legeais. Com., 12 janv. 2016, n° 14-15.203, *LEDB* mars 2016, p. 6, n° 047, obs. J. Lasserre Capdeville ; *Banque et Dr.* 3-4/2016, n° 166, p. 35, obs. Th. Bonneau. Civ. 1re, 15 juin 2016, n° 15-12.803, *LEDB* sept. 2016, obs. J. Lasserre Capdeville. Versailles, 3 mars 2016, n° 14/04400, *LEDB* mai 2016, p. 5, n° 079, obs. R. Routier. – Civ. 1re, 15 janv. 2017, n° 15-24.607.

8. V. par ex., Civ. 1re, 14 déc. 2016, n° 15-17.415. – Com. 20 avr. 2017, n° 15-24.278. – Paris, 10 nov. 2017, n° 16/038897.

9. V. par ex., Crim., 12 nov. 1998, n° 97-82.954, *Bull. crim.* n° 297. Com., 14 déc. 2004, n° 02-19.532, *Bull. civ.* IV, n° 228 ; *D.* 2005. AJ 276, obs. V. Avena-Robardet ; *RDBF* 2005, comm. 36, obs. F.-J. Crédot et Y. Gérard ; *Banque et Dr.* 3-4/2005. 47, obs. Th. Bonneau. Civ. 1re, 16 janv. 2013, n° 05-12.081, *D.* 2013. 890, note J. Lasserre Capdeville. Civ. 1re, 8 févr. 2017, n° 16-11.625.

10. V. par ex., Civ. 1re, 21 janv. 1992, n° 90-18.120, *Bull. civ.* I, n° 22.

11. V. par ex., Metz, 6 avr. 2017, n° 15/00415.

– les frais facturés à l'occasion d'un réaménagement de prêts concernant le calcul du TEG figurant dans des avenants [1] ;

– les frais intercalaires, dits aussi de « période de préfinancement » [2].

Les magistrats affinent ainsi, au cas par cas, leur jurisprudence en la matière.

657 ***Précision jurisprudentielle. Dépenses exclues du TEG*** ◊ Les éléments à prendre en considération pour le calcul du TEG ne sont cependant pas illimités. Les juges excluent ainsi de ce dernier :

– les frais d'acquisition d'un immeuble indispensables à l'acquisition en question dans la mesure où ils ne conditionnent pas l'octroi de prêt [3] ;

– les frais liés à une assurance facultative [4] ;

– les frais notariés si ces derniers ne conditionnent pas l'octroi du crédit [5] ;

– le prix de services sans lien avec le crédit [6] ;

– l'indemnité de remboursement anticipé dont la mise en œuvre est éventuelle [7] ;

– les frais d'information annuelle de la caution [8] ;

– les frais de relance après des échéances impayée [9] ;

---

1. V. par ex., Civ. 1re, 6 avr. 2016, n° 15-12.774, *RDBF* 2016, comm. 151, obs. F.-J. Crédot et Th. Samin.

2. Pour mémoire, les intérêts intercalaires sont les intérêts à verser lorsqu'il y a plusieurs déblocages à l'intérieur d'un même prêt. Ils portent sur la période se situant entre le moment où la banque commence à débloquer les fonds et celui où l'emprunteur commence à rembourser le prêt. V. par ex., Civ. 1re, 17 juin 2015, n° 14-14.326, *LEDB* sept. 2015, p. 6, n° 134, obs. R. Routier ; *Gaz. Pal.* 10 sept. 2015, n° 253, p. 11, note J. Lasserre Capdeville. Civ. 1re, 16 avr. 2015, n° 14-17.738, dalloz.fr, actualité, 10 juill. 2015, obs. V. Avena-Robardet ; *LEDB* juin 2015, n° 6, p. 2, n° 090, obs. J. Lasserre Capdeville. – Civ. 1re, 14 déc. 2016, n° 15-26.306 : *D.* 2017. 443, note J. Lasserre Capdeville ; *LEDB* févr. 2017, p. 1, obs. S. Piedelièvre ; *Banque et Dr.* 3-4/2017, n° 172, obs. Th. Bonneau ; dalloz.fr, actualité, 12 janv. 2016, obs. V. Avena-Robardet ; *RDBF* janv.-févr. 2017, comm. 8, obs. N. Mathey. – On notera que, pour certaines juridictions du fond, il importe peu que la durée de période soit dépendante de la volonté de l'emprunteur. Selon elles, c'est la durée maximum prévue au contrat, et donc les frais qui sont liés à cette période, qui doit être prise en considération, Douai, 7 sept. 2017, n° 16/03057 : *LEDB* déc. 2017, p. 4, obs. J. Lasserre Capdeville. – Colmar, 23 mai 2018, n° 16/04231 : *JCP E* 2018, n° 31-35, 1433, note J. Lasserre Capdeville.

3. V. par ex., Rennes, 15 mai 2018, n° 15/09976.

4. V. par ex., Civ. 1re, 28 sept. 2016, n° 15-17.687 : *LEDB* nov. 2016, p. 1, obs. J. Lasserre Capdeville. – Civ. 1re, 6 déc. 2017, n° 16-24.620.

5. Civ. 1re, 1er oct. 2014, n° 13-22.320. – De même, concernant des frais notariés non générés pour les besoins du prêt, Civ. 1re, 22 sept. 2016, n° 15-19.643 : *Banque et Dr.* 1-2/2017, n° 171, obs. Th. Bonneau. – Civ. 1re, 1er mars 2017, n° 16-10.270 : *LEDB* avr. 2017, p. 4, obs. J. Lasserre Capdeville.

6. V. par ex., Com., 14 déc. 2004, n° 02-19.532, *D.* 2005. AJ 276, obs. V. Avena-Robardet ; *RDBF* 2005, comm. 36, obs. F.-J Crédot et Y. Gérard ; *Banque et Dr.* 2005, n° 100, p. 47, obs. Th. Bonneau.

7. V. par ex., Civ. 1re, 27 sept. 2005, n° 02-13.935, *Bull. civ.* I, n° 347 ; *D.* 2005. AJ 2670, obs. X. Delpech ; *RDBF* 2005, comm. 202, obs. F.-J. Crédot et Th. Samin ; *Banque et Dr.* 1-2/2006. 59, obs. Th. Bonneau.

8. V. par ex., Civ. 1re, 15 oct. 2014, n° 13-19.241. – Rennes, 14 nov. 2017, n° 15/05268.

9. V. par ex., Com., 3 déc. 2013, n° 12-22.755, *JCP E* 2014, 1012 ; *LPA*, 21 oct. 2014, n° 210, p. 4, obs. Y. Gérard ; *LEDB* févr. 2014, p. 6, n° 010, obs. J. Lasserre Capdeville. En l'occurrence, ces

- les frais d'inscription de garantie finalement non supportés par l'emprunteur [1] ;

- et d'une façon encore plus générale, les frais non déterminables au jour de l'acte de prêt [2]. Bien évidemment, c'est à la banque concernée qu'il revient de démontrer cette impossibilité de connaître le montant exact de la dépense antérieurement à la conclusion définitive du contrat [3].

1658 ***Cas des frais de souscription d'assurance*** ◊ La prise en considération des frais de souscription d'assurance a fait l'objet, ces dernières années, d'une évolution jurisprudentielle notable. Jusqu'à une date récente, on estimait classiquement que de tels frais devaient être pris en considération pour le calcul du TEG lorsqu'ils étaient obligatoires pour pouvoir bénéficier du crédit [4] et, au contraire, exclus si cette assurance n'était que facultative [5]. Cette solution emportait l'adhésion, puisque le rôle du TEG est justement d'informer l'emprunteur sur les charges totales, et obligatoires, du prêt.

Cependant, par une décision remarquée du 6 février 2013, la 1re chambre civile est venue déclarer que « les frais relatifs à l'assurance-incendie ne sont intégrés dans la détermination du TEG que lorsque la souscription d'une telle assurance est imposée à l'emprunteur comme une condition de l'octroi du prêt et non à titre d'obligation dont l'inexécution est sanctionnée par la déchéance du terme » [6]. Ainsi, les juges opèrent désormais une distinction entre trois hypothèses :

- lorsque la souscription d'une assurance est facultative : dans ce cas les frais qui y sont relatifs ne sont pas pris en considération dans le calcul du TEG ;

---

frais correspondaient à la rémunération de prestations de service assurées pour le fonctionnement du compte courant en cas de prélèvement impayé faute de provision, et ce indépendamment du contrat de prêt remboursé au moyen de ces prélèvements.

1. V. par ex., Civ. 1re, 30 nov. 2016, n° 15-24.123 : *RDBF* janv.-févr. 2017, comm. 6, obs. N. Mathey ; *Banque et Dr.* 3-4/2017, n° 172, p. 34, obs. Th. Bonneau. - Civ. 1re, 15 mars 2017, n° 16-11.422.

2. V. par ex., Civ. 1re, 6 sept. 2017, n° 16-19.063. - Colmar, 12 mars 2018, n° 17/00445.

3. V. par ex., Civ. 1re, 14 oct. 2015, n° 14-24.582, *LEDB* déc. 2015, p. 7, n° 189, obs. J. Lasserre Capdeville.

4. Civ. 1re, 23 nov. 2004, n° 02-13.206, *Bull. civ.* I, n° 289 ; *RDBF* 2005, comm. 6, obs. F.-J. Crédot et Y. Gérard ; *D.* 2006. 167, obs. D.-R. Martin ; *Banque et Dr.* 2005, n° 100, p. 47, obs. Th. Bonneau. Civ. 1re, 13 nov. 2008, n° 07-17.737, *Bull. civ.* I, n° 262 ; *D.* 2008. 3006, obs. V. Avena-Robardet ; *RTD com.* 2009. 188, obs. D. Legeais ; *Banque et Dr.* 2009, n° 123, p. 22, obs. Th. Bonneau ; *D.* 2009. 1051, obs. D.-R. Marin ; *Dr. patr.* mars 2009, n° 179, p. 101, obs. J.-P. Mattout et A. Prüm. Nancy, 17 avr. 2013, n° 12/00117, *LEDB* juill. 2013, p. 5, n° 093, obs. J. Lasserre Capdeville.

5. Civ. 1re, 3 mars 1993, n° 90-14.005. Civ. 1re, 8 nov. 2007, n° 04-18.668, *Bull. civ.* I, n° 349 ; *RTD com.* 2009. 159, obs. D. Legeais ; *Banque et Dr.* 2008, n° 117, p. 23, obs. Th. Bonneau.

6. Civ. 1re, 6 févr. 2013, n° 12-15.722, *Bull. civ.* I, n° 11 ; dalloz.fr, actualité, 27 févr. 2013, obs. V. Avena-Robardet ; *LEDB* avr. 2013, p. 6, n° 043, obs. R. Routier ; *RDBF* 2013, comm. 46, obs. N. Mathey ; *JCP E* 1159, note P. Bouteiller et F.-J. Crédot ; *Banque et Dr.* 3-4/2013. 31, obs. Th. Bonneau ; *JCP E* 2013, n° 10, 1159, note P. Bouteiller et F.-J. Crédot ; *LPA*, 4 nov. 2013, n° 220, p. 15, obs. J. Lasserre Capdeville.

- lorsque la souscription est imposée par l'emprunteur comme une « condition de l'octroi du prêt » : ils doivent alors être pris en compte dans le taux ;

- et enfin lorsque la souscription n'est pas exigée pour l'obtention du crédit, mais constitue une obligation conventionnelle dont l'inexécution est sanctionnée par la déchéance du terme : ici, à nouveau, les frais afférents ne sont pas à intégrer au TEG.

Cette solution, qui a suscité des discussions doctrinales [1], est aujourd'hui semble-t-il bien acquise [2].

659 ***Cas des frais évolutifs*** ◊ L'article L. 314-1 du Code de la consommation précise que seuls les frais, taxes, commissions ou rémunérations à prendre en considération sont ceux dont le « montant peut être déterminé » à la date d'émission de l'offre de crédit ou de l'avenant. En conséquence, si tel n'est pas le cas, ils n'ont pas à intégrer le TEG. De façon plus précise, l'article R. 314-2 dispose du code que « les charges liées aux garanties dont les crédits sont éventuellement assortis ainsi que les honoraires d'officiers ministériels ne sont pas compris dans le taux effectif global défini ci-dessus, lorsque leur montant ne peut être indiqué avec précision antérieurement à la conclusion définitive du contrat ».

Mais qu'advient-il si les frais en question, évaluables à l'origine, sont susceptibles de faire l'objet d'une évolution par la suite ? Doivent-ils toujours être pris en compte ? L'article R. 314-1 du Code de la consommation, issu du décret n° 2016-884 du 29 juin 2016, répond à cette question. Selon lui, en effet, « pour les contrats de crédit comportant des clauses qui permettent des adaptations du taux d'intérêt et, le cas échéant, des frais entrant dans le taux effectif global mais ne pouvant pas faire l'objet d'une quantification au moment du calcul, le taux effectif global est calculé en partant de l'hypothèse que le taux d'intérêt et les autres frais resteront fixes par rapport au niveau initial et s'appliqueront jusqu'aux termes du contrat de crédit ».

Cette règle, qui concerne donc tant les frais que le taux d'intérêt, devrait avoir des incidences importantes en pratique, car il arrive souvent que ces éléments fassent l'objet d'adaptation pendant la durée de vie du crédit.

B. Le calcul du TEG

660 ***Fondements réglementaires*** ◊ Plusieurs textes sont successivement venus préciser les modes de calcul du TEG en fonction de la nature

---

1. En faveur de la solution retenue, P. Bouteiller et F.-J. Crédot, *JCP E* 2013, n° 10, 1159. X. Lagarde, *RDBF* 2011, comm. 157. Pour des positions plus critiques, R. Routier, *LEDB* avr. 2013, p. 6, n° 043. J. Lasserre Capdeville, *Gaz. Pal.* 5 févr. 2014, n° 36, p. 10, n° 13 s.

2. Civ. 1re, 11 déc. 2013, n° 12-23.802, 12-23.803 et 12-23804, *Gaz. Pal.* 5 févr. 2014, n° 36, p. 8, note J. Lasserre Capdeville. Civ. 1re, 30 avr. 2014, n° 13-13.385. Civ. 1re, 30 sept. 2015, n° 14-19.046. Civ. 1re, 6 avr. 2016, n° 15-12.774. - Civ. 1re, 4 oct. 2017, n° 16-16.407.

des crédits en question. Cela a été le cas des décrets n° 2002-927 et n° 2002-928 du 10 juin 2002, du décret n° 2011-135 du 1er février 2011 et enfin, plus récemment, le décret n° 2016-884 du 29 juin 2016, adopté en vue de la recodification du Code de la consommation. Aujourd'hui, plusieurs hypothèses sont différenciées par les articles R. 314-2 et suivants du Code de la consommation.

1661 ***Crédit professionnels*** ◊ Concernant, d'abord, les opérations de crédit destinées à financer les besoins d'une activité professionnelle ou destinées à des personnes morales de droit public [1], le TEG est « un taux annuel, proportionnel au taux de période, à terme échu et exprimé pour cent unités monétaires » [2]. On parle ici de méthode « proportionnelle » [3].

1662 ***Crédits aux consommateurs*** ◊ Pour ce qui est, ensuite, des opérations de crédit aux consommateurs, le TAEG est calculé « à terme échu, exprimé pour cent unités monétaires, selon la méthode d'équivalence » définie par la formule figurant en annexe à l'article R. 314-3 du Code de la consommation. On parle de méthode « équivalente » ou « actuarielle ».

1663 ***Cas du découvert*** ◊ Citons, encore, les cas de l'autorisation ou de la facilité de découvert. Dans ces hypothèses, lorsque le TAEG est calculé avant leur utilisation, le calcul est effectué selon la méthode définie par la formule mentionnée à l'article R. 314-3 du Code de la consommation [4], c'est-à-dire la méthode par équivalence [5]. Le calcul se complique, en revanche, après leur utilisation comme en témoigne l'alinéa 2 de l'article R. 314-7 du même code.

Les découverts destinés à financer les besoins d'une activité professionnelle font également l'objet de règles particulières précisées à l'alinéa 3 du même article.

1664 ***Cas de l'escompte et de l'affacturage*** ◊ Enfin, pour les opérations d'escompte, l'article R. 314-8 du Code de la consommation prévoit que « le taux de période s'entend du rapport qui s'établit entre les intérêts et frais divers dus par l'emprunteur au titre de l'escompte et le montant de l'effet escompté ».

L'article R. 314-6 envisage, quant à lui, le cas de l'affacturage.

1665 ***Calcul sur une année civile*** ◊ Selon la jurisprudence, le TEG ne peut être calculé que sur une année civile, et non pas sur une année de

1. Jusqu'à la réforme du crédit immobilier, ce dernier était également concerné par cette méthode de calcul, Civ. 1re, 6 avr. 2016, n° 15-15.932.
2. C. consom., art. R. 314-2.
3. Civ. 1re, 27 nov. 2013, n° 12-22.456 et 12-24.115, *LEDB* 2014, n° 2, p. 5, n° 009, obs. J. Lasserre Capdeville ; *RDBF* 2014, comm. 36, obs. F.J Crédot et Th. Samin.
4. C. consom., art. R. 314-7.
5. Civ. 1re, 14 oct. 2015, n° 14-24.582, *LEDB* déc. 2015, p. 7, n° 189, obs. J. Lasserre Capdeville.

360 jours [1]. Cette solution, qui se retrouve aujourd'hui en annexe de l'article R. 314-2 du Code de la consommation, n'a jamais été remise en cause [2].

66 ***Détermination du capital*** ◊ Par ailleurs, la Cour de cassation est venue préciser que, pour fixer le TEG, le banquier se doit de soustraire du capital prêté les frais de dossiers et d'enregistrement de la garantie [3]. Cette solution ne saurait surprendre : les dépenses nécessaires à l'obtention du prêt doivent être ajoutées au taux conventionnel ; il n'est alors pas question que certaines d'entre-elles soient additionnées au capital pour le calcul de ce dernier taux.

§ 2. Le respect concret de l'obligation

67 ***Prêts visés*** ◊ Selon l'article L. 314-5 du Code de la consommation, le TEG « doit être mentionné dans tout écrit constatant un prêt régi par la présente section ». Notons que la référence à la « présente section » n'a pas pour conséquence de réduire le champ d'application de la règle aux seuls crédits aux consommateurs [4]. À plusieurs reprises, la Cour de cassation est venue déclarer que l'exigence légale étudiée a vocation à régir tous les types de crédit, et non pas seulement ceux qui sont encadrés par le Code de la consommation. Sont donc également concernés les prêts à finalité professionnelle [5]. Cette solution peut trouver un fondement dans l'article L. 313-4 du Code monétaire et financier. En effet, pour ce dernier, les règles relatives au TEG sont fixées par différents articles du Code de la consommation, que la disposition en question reproduit.

En outre, la formule figurant à l'article L. 314-5 du Code de la consommation pourrait être interprétée comme limitant l'exigence de la mention du taux à l'hypothèse où le prêt est constaté dans un écrit. Ici encore, la

1. Com. 10 janv. 1995, n° 91-21.141, *Bull. civ.* IV, n° 8 ; *D.* 1995. 229, note Ch. Gavalda ; Banque 1995, p. 93, obs. J.-L. Guillot ; *Gaz. Pal.* 29 août 1995, p. 10, note A. Piedelièvre ; *D.* 1996, somm. p. 114, obs. R. Libchaber ; *RTD com.* 1995. 454, obs. M. Cabrillac.

2. V. par ex., Com., 18 mars 1997, n° 94-22.216, *D. Affaires* 1997. 506 ; *CCC* 1997, comm. 124, obs. G. Raymond. Com., 8 juill. 2008, n° 07-13.868, *Bull. civ.* IV, n° 146 ; *RTD com.* 2009. 206, obs. A. Martin-Serf. Com., 24 mars 2009, n° 08-12.530, *Bull. civ.* IV, n° 44 ; *RTD com.* 2009. 422, obs. D. Legeais. Civ. 1re, 6 avr. 2016, n° 15-15.932. - Com. 4 juill. 2018, n° 17-10.349 : *JCP* 2018. 985, note J. Lasserre Capdeville ; *Banque et Dr.* 1-2/2019, n° 183, p. 24, obs. Th. Bonneau.

3. Civ. 1re, 28 nov. 2018, n° 17-23.584 : *LEDB* janv. 2019, p. 5, obs. J. Lasserre Capdeville.

4. On pouvait le penser à la vue du plan du Code de la consommation antérieurement à sa recodification par l'ordonnance n° 2016-301 du 14 mars 2016.

5. Civ. 1re, 22 janv. 2002, n° 99-13.456, *Bull. civ.* I, n° 23 ; *D.* 2002. AJ 884, obs. A. Lienhard ; *Banque et Dr.* 2002, n° 82, p. 54, obs. Th. Bonneau ; *JCP E* 2003, n° 11, p. 466, obs. J. Stoufflet ; *RDBF* 2002, comm. 65, obs. F.-J. Crédot et Y. Gérard. Com., 5 oct. 2004, n° 01-12.435, *Bull. civ.* IV, n° 180 ; *JCP E* 2005, p. 131, obs. S. Piedelièvre ; *Banque et Dr.* 2005, n° 199, p. 68, obs. Th. Bonneau ; *RDBF* 2005, comm. 34, obs. F.-J. Crédot et Y. Gérard. Civ. 1re, 22 sept. 2011, n° 10-16.375, *CCC* 2012, comm. 27, obs. G. Raymond. Com., 30 oct. 2012, n° 11-22.258. Nancy, 17 avr. 2013, n° 12/00117, *LEDB* juill. 2013, obs. J. Lasserre Capdeville.

solution doit être entendue largement. En effet, la fixation du taux par écrit ne paraît pas dépendante de la forme empruntée par la convention de crédit. Un crédit verbal peut donc parfaitement y être soumis. Dans ce cas, le formalisme ne portera pas sur la convention de crédit elle-même, mais sur la fixation de son taux d'intérêt.

Enfin, et faute de disposition prévoyant une autre solution, la règle consacrée à la publicité du TEG s'applique également aux prêts constatés par acte notarié [1].

1668 ***Ordre public*** ◊ L'exigence d'un TEG mentionné par écrit est d'ordre public. Il importe donc peu, par exemple, que le client de l'établissement ait eu la possibilité de connaître, par d'autres moyens, le taux appliqué par la banque [2].

De même, pour une jurisprudence bien établie, la réception, sans protestation ni réserve, par le titulaire d'un compte, des relevés qui lui sont adressés, ne saurait suppléer l'absence de fixation préalable, par écrit, du TEG [3].

1669 ***Formalisme*** ◊ L'article L. 314-5 du Code de la consommation n'impose aucune règle particulière quant à la forme et à l'emplacement dans un contrat de prêt d'argent de la mention écrite du TEG. Il est donc revenu à la jurisprudence de clarifier ce point. Or, force est de constater que les juges ne sont pas trop exigeants. C'est ainsi, par exemple, que l'inscription au *recto* du contrat des lettres « TEG », dont le détail est donné au *verso*, a déjà été jugée suffisante [4]. De même, il est admis que la mention du TEG pratiqué puisse figurer sur l'offre qui fait corps avec le prêt [5]. De plus, une décision du 19 février 2013 a retenu que le taux devait être communiqué à l'emprunteur « fût-ce dans un document distinct du contrat de prêt » [6]. Un arrêt récent a encore eu l'occasion de dire, en présence d'un TEG mentionné clairement dans un acte notarié, qu'il importait peu que soient inscrits un taux hors frais notariés et un autre avec les frais en question. Cela n'était pas de nature, pour les juges, « à prêter confusion » [7].

En outre, notre droit admettant, depuis la loi n° 2004-575 du 21 juin 2004 pour la confiance dans l'économie numérique, l'équivalence entre l'écrit papier et l'écrit électronique, le TEG peut être fixé dans un écrit sous forme électronique [8], si les conditions des articles 1366 et 1367 sont respectées.

---

1. Civ. 1re, 22 janv. 2002, n° 99-13.456, *op. cit.*
2. Com., 13 juin 1995, n° 93-20.577, *RJDA* 1995, n° 1397.
3. Com., 10 mai 1994, n° 91-22.196, *Bull. civ.* IV, n° 174 ; *D.* 1994. 550, note D.-R. Martin ; *RDBB* 1994. 236, obs. F.-J. Crédot et Y. Gérard.
4. Civ. 1re, 9 janv. 1985, n° 83-13.701, *Bull. civ.* I, n° 15 ; *JCP* 1986, II, 20532, note J. Pitou.
5. Com. 18 mai 2005, n° 03-10.508, *Bull. civ.* IV, n° 106 ; *RDBF* 2005, comm. 158, obs. F.-J. Crédot et Y. Gérard ; *Banque et Dr.* sept-oct. 2005, p. 71, obs. Th. Bonneau.
6. Civ. 1re, 19 févr. 2013, n° 12-14.381.
7. Civ. 2e, 12 avr. 2018, n° 17-17.603.
8. C. civ., art. 1174.

En revanche, la seule indication par écrit des éléments composant le TEG, mais non le montant de ce taux, est logiquement jugée insuffisante par la jurisprudence [1]. De même, un simple renvoi à un affichage ou à des conditions générales ne saurait répondre à l'exigence légale de l'écrit préalable [2]. Enfin, dans tous les cas, la mention doit être précise [3] et lisible [4].

670 ***Preuve*** ◇ Concernant la preuve, la Cour de cassation a eu l'occasion d'affirmer que les copies informatiques des décomptes relatifs au compte produites par la banque et mentionnant le taux effectif global appliqué font, à défaut pour le débiteur d'apporter des éléments contraires, présumer leur envoi ainsi que leur réception par ce dernier [5].

671 ***Cas de la prolongation du prêt*** ◇ Pour la jurisprudence, l'exigence d'un écrit mentionnant le taux effectif global s'applique à l'acte de prolongation du prêt dès lors que ce TEG est augmenté [6]. Elle est en revanche écartée si le coût du crédit en question ne varie pas [7]. Il en va notamment ainsi lorsque l'avenant ne modifie pas les conditions initiales du crédit [8].

672 ***Cas du découvert en compte courant*** ◇ L'obligation de fixer par écrit le TEG est d'application générale. Elle s'applique donc également aux intérêts afférents au solde débiteur d'un compte courant [9].

Dans ce cas, le TEG devra être porté, non seulement sur un document écrit préalable à titre indicatif, mais également sur les relevés périodiques reçus par l'emprunteur sans protestation ni réserve [10]. Il est vrai que le TEG indiqué au moment de la conclusion du contrat ne peut être ici qu'exemplatif : l'établissement de crédit ignore à ce stade si le bénéficiaire de la

1. Com. 17 oct. 1995, n° 93-17.489, *RJDA* 1996, n° 84.
2. Montpellier, 21 févr. 2006, n° 04/03397.
3. Com. 8 nov. 2011, n° 10-25.131.
4. Douai, 10 mars 2016, n° 15/03799.
5. Com., 4 mai 1993, n° 91-16.906, *Bull. civ.* IV, n° 162 ; *RJ com.* 1993. 335, note F. Grua. Com., 3 juill. 2012, n° 11-19.565, *Bull. civ.* IV, n° 140 ; *D.* 2012. AJ 1948, obs. V. Avena-Robardet ; *RTD com.* 2013. 119, obs. D. Legeais ; *LEDB* sept. 2012, p. 5, n° 112, obs. J. Lasserre Capdeville.
6. Com., 15 oct. 1996, n° 94-14.938, *Bull. civ.* IV, n° 232.
7. Com., 9 juill. 2002, n° 00-22.512, *Bull. civ.* IV, n° 118 ; *Banque et Dr.* 2002, n° 85, p. 52, obs. Th. Bonneau ; *RTD com.* 2002. 713, obs. M. Cabrillac.
8. Com., 31 mai 2011, n° 10-15.854, *Banque et Dr.* 2011, n° 138, p. 14, obs. Th. Bonneau ; *JCP E* 2011, 1882, n° 12, obs. N. Mathey ; *RDBF* 2011, n° 191, obs. F.-J. Crédot et Th. Samin.
9. Com., 16 mars 2010, n° 09-11.236, *Gaz. Pal.* 18 juill. 2010, n° 199, p. 15, note J. Lasserre Capdeville.
10. Com., 5 oct. 2004, n° 01-12.435, *Bull. civ.* IV, n° 180. Com., 20 févr. 2007, n° 04-11.989, *Bull. civ.* IV, n° 47 ; *D.* 2008. Pan. 879, obs. D.-R. Martin ; *RTD com.* 2007. 426, obs. D. Legeais ; *RDBF* 2007, comm. 142, obs. F.-J. Crédot et Th. Samin ; *Banque et Dr.* 2007, n° 118, p. 17, obs. Th. Bonneau ; *JCP E* 2008, 1226, note A. Gourio. Com., 10 juin 2008, n° 07-14.202, *Bull. civ.* IV, n° 119 ; *RDBF* 2008, comm. 102, obs. F.-J. Crédot et Th. Samin. Com., 13 nov. 2012, n° 11-25.596, *RDBF* 2013, comm. 41, obs. F.-J. Crédot et Th. Samin. Com., 18 mars 2014, n° 13-13.618, *LEDB* mai 2014, p. 5, n° 061, obs. J. Lasserre Capdeville ; *RDBF* 2014, comm. 169, obs. F.-J. Crédot et Th. Samin ; *LPA*, 21 oct. 2014, n° 210, p. 4, obs. Y. Gérard.

promesse unilatérale de prêt utilisera ou non, en tout ou partie, le droit de tirage qui lui a été consenti et, si oui, à quel moment.

Le non-respect de cette double information présente alors des incidences. Tout d'abord, à défaut de respect de la première exigence, les intérêts ne sont dus qu'à compter de l'information régulièrement reçue sur les relevés périodiques, valant seulement pour l'avenir [1]. En revanche, à défaut d'information sur le TEG sur ces mêmes relevés, la seule mention indicative de ce taux ne permet logiquement pas à l'établissement de crédit de percevoir un taux conventionnel. La sanction de la nullité de la clause prévoyant le taux conventionnel et la substitution du taux d'intérêt légal [2] est alors susceptible d'être prononcée [3].

1673 ***Cas du crédit à taux variable*** ◊ Si le taux mentionné dans l'acte de prêt est assorti d'une clause de variation, est-il nécessaire que le prêteur procède à la communication écrite du TEG chaque fois que l'application de la clause de variation aboutit à une modification du taux ?

Dans un premier temps, la Cour de cassation avait répondu à cette interrogation par la positive [4] en déclarant qu'en présence d'un prêt à taux variable indexé sur le taux de base de la banque, le TEG devait être également mentionné à chaque variation du taux de base sur les relevés reçus par l'emprunteur. Cette solution demeurait néanmoins critiquée par un courant doctrinal [5].

Une évolution notable se produisit alors par un arrêt remarqué du 20 décembre 2007 [6], la première chambre civile posant une règle différente en cas de stipulation de révision du taux d'intérêt originel selon l'évolution d'un « indice objectif ». Plus précisément, pour la décision en question, l'article L. 314-5 du Code de la consommation, « s'il impose la mention du taux effectif global dans tout écrit constatant un prêt, ne fait pas obligation au prêteur, en cas de stipulation de révision du taux d'intérêt originel selon l'évolution d'un indice objectif, d'informer l'emprunteur de la

---

1. Com., 6 avr. 1999, n° 96-15.337, *Bull. civ.* IV, n° 82. Com., 10 mars 2015, n° 14-11.616, *LEDB* mai 2015, p. 4, n° 077, obs. J. Lasserre Capdeville. Civ. 3e, 16 juin 2016, n° 11-28.573. Civ. 1re, 6 sept. 2017, n° 16-21.046.

2. V. ss 1678.

3. Com., 22 mai 2007, n° 06-12.180, *Bull. civ.* IV, n° 135 ; *D.* 2007. AJ 1654, obs. V. Avena-Robardet ; *RTD com.* 2007. 574, obs. D. Legeais.

4. Civ. 1re, 19 oct. 2004, n° 01-17.091, *Bull. civ.* I, n° 229 ; *D.* 2004. AJ 2932, obs. V. Avena-Robardet ; *RTD com.* 2005. 152, obs. M. Cabrillac ; *JCP E* 2004, 1862, avis F. Cavarroc ; *JCP* 2014, II, 10194, note S. Raby ; *Banque et Dr.* 2005, n° 99, p. 67, obs. Th. Bonneau ; *RDBF* 2005, comm. 7, obs. F.-J. Crédot et Y. Gérard ; *CCC* 2005, comm. 26, obs. L. Leveneur ; *Banque et Dr.* 2005, n° 99, p. 66, obs. Th. Bonneau ; *Banque* 2005, n° 670, p. 83, obs. J.-L. Guillot et M. Boccara. P. Lutz et O. Berg, « Taux effectif global : de plus en plus d'incertitudes », *D.* 2005. 841.

5. J.-L. Guillot et M. Boccara, Banque 2005, n° 670, p. 83. F.-J. Crédot et Y. Gérard, *RDBF* 2005, comm. 7.

6. Civ. 1re, 20 déc. 2007, n° 06-14.690, *Bull. civ.* I, n° 396 ; *D.* 2008. AJ 286, obs. V. Avena-Robardet ; *RTD com.* 2008. 159, obs. D. Legeais ; *RDBF* 2008, comm. 1, obs. F.-J. Crédot et Th. Samin ; *Banque et Dr.* 2008, n° 118, p. 14, obs. Th. Bonneau ; *JCP* 2008, II, 10044, note A. Gourio ; *Gaz. Pal.* 11 mars 2008, p. 15, note S. Piedelièvre.

modification du taux effectif global résultant d'une telle révision ». Ainsi, l'obligation d'information posant sur le banquier-prêteur est plus légère dans une telle hypothèse : il lui suffit de mentionner le TEG dans l'acte de prêt lui-même. L'information postérieure n'est plus requise.

Mais encore faut-il, pour que cette jurisprudence joue, que nous soyons en présence d'une variation fondée sur un « indice objectif ». Dès lors, une question se pose immanquablement : que recouvre exactement cette notion ? La loi ne dit mot sur ce point. Les auteurs [1] s'accordent néanmoins à y faire figurer les indices de marchés monétaires (par exemple, l'Euribor [2], l'Eonia [3] ou le taux moyen mensuel du marché monétaire [4]) et les indices obligataires. Mais qu'en est-il du taux de base bancaire (TBB), c'est-à-dire le « taux d'intérêt minimum que peut consentir un établissement de crédit lorsqu'il accorde un crédit » qui est « fixé librement par chaque établissement » [5] ? La Cour de cassation a répondu à cette interrogation, en 2015, par la négative [6] : la clause prévoyant « une variation automatique du TEG en fonction de l'évolution du taux de base décidée par l'établissement de crédit (...) ne constitue pas un indice objectif ». En conséquence, une double communication était ici attendue : non seulement le TEG devait être mentionné dans l'acte de prêt, comme cela avait été le cas, mais en plus « le prêteur avait l'obligation de faire figurer le taux effectif appliqué sur les relevés reçus par les emprunteurs ».

674 ***Cas du prêt à la consommation*** ◊ En matière de crédit à la consommation, l'information portant sur le TAEG est régie par différents articles. Le TAEG doit ainsi être mentionné dans la publicité du crédit [7] et ce « dans une taille de caractère plus importante que celle utilisée pour indiquer toute autre information » [8], mais aussi dans la fiche précontractuelle d'information [9] et dans le contrat de crédit [10]. En cas de découvert en compte, cette information doit également être transmise avant la

---

1. D. Legeais, « Rémunération du prêteur », J.-Cl. *Commercial* 2013, fasc. 356, n° 19. V. Avena-Robardet, dalloz.fr, actualité, 27 juill. 2015.

2. L'Euribor désigne la moyenne mathématique de taux offerts par un panel de banques de références pour des dépôts en euros sur une période déterminée. La jurisprudence l'a d'ailleurs déjà qualifié d'indice objectif, Paris, 20 juin 2013, n° 11/22151. Paris, 9 oct. 2012, n° 2010/24022. Aix-en-Provence, 2 déc. 2010, n° 2010/451.

3. L'Eonia est la moyenne arithmétique de taux consentis pour des opérations de prêts interbancaires accordées par certaines banques de référence, cette moyenne étant pondérée par le volume respectif des transactions effectuées.

4. Le taux moyen mensuel du marché monétaire (TMM) est égal, pour un mois donné, à la moyenne arithmétique des taux journaliers Eonia.

5. B. Sousi-Roubi, S. Dussart et F. Marmoz, *Lexique de la banque et des marchés financiers*, éd. Dunod, 2009, 6e éd., p. 300.

6. Civ. 1re, 1er juill. 2015, n° 14-23.483, dalloz.fr, actualité, 27 juill. 2015, obs. V. Avena-Robardet ; *D.* 2015. 2110, note J. Lasserre Capdeville.

7. C. consom., art. L. 312-6.

8. C. consom., art. L. 312-8.

9. C. consom., art. R. 312-2.

10. C. consom., art. R. 312-10.

conclusion de l'opération [1] et figurer dans le contrat de crédit [2]. Enfin, en présence d'un contrat d'ouverture de crédit n'ayant fait l'objet pendant un an d'aucune utilisation, et dont le prêteur entend proposer la reconduction [3], ce TEG doit être aussi être communiqué à l'emprunteur.

1675 ***Cas du prêt immobilier*** ◊ Concernant le prêt immobilier prévu par les articles L. 313-1 et suivants du Code de la consommation, il est également envisagé plusieurs obligations d'informations concernant le TEG. Il en va ainsi en matière de publicité [4], d'information générale [5], avec la fiche d'information standardisée [6], ou encore dans l'offre de prêt [7].

1676 ***Projet d'ordonnance*** ◊ L'article 55 la loi n° 2018-727 du 10 août 2018 pour un État au service d'une société de confiance [8] est venu habiliter le Gouvernement à prendre par ordonnance, dans un délai de 12 mois à compter de la publication de la loi précitée, toute mesure pour « modifier les dispositions du Code de la consommation et du Code monétaire et financier relatives au taux effectif global et à prévoir les mesures de coordination découlant de ces modifications » [9].

Or, l'article 55 précité autorise, notamment, le Gouvernement « excepté dans le cas des contrats de crédit à taux fixe, de supprimer la mention obligatoire du taux effectif global dans les contrats de crédit aux entreprises, lorsque cette mention est inappropriée à ces contrats » [10].

§ 3. Les sanctions au manquement à l'obligation

1677 ***Sanction pénale*** ◊ Le non-respect de la mention écrite du TEG visée par l'article L. 314-5 du Code de la consommation fait d'abord encourir à son auteur une sanction de nature pénale. En effet, l'article L. 341-49 du Code de la consommation prévoit une amende de 150 000 euros [11]. Antérieurement à la loi n° 2014-du 17 mars 2014 relative à la consommation, dite loi « Hamon », cette amende n'était que de 4 500 euros.

Le délit en question demeure cependant très rarement caractérisé [12]. Il est vrai qu'en vertu de l'article 121-3 du Code pénal, tout délit est

1. C. consom., art. R. 312-32.
2. C. consom., art. R. 312-33.
3. C. consom., art. L. 312-80.
4. C. consom., art. R. 313-1.
5. C. consom., art. R. 313-3.
6. C. consom., art. R. 313-6.
7. C. consom., art. L. 313-25, 5°.
8. *JO* 11 août 2018, texte n° 1.
9. Sur cette réforme, A. Maymont, « Vers un allègement des obligations du banquier en matière de TEG » : *JCP E* 2018, act. 154.
10. Sur cette évolution, Rép. min. n° 4605 : *JOAN*, 6 mars 2018.
11. Les personnes physiques coupables du délit encourent également, à titre de peines complémentaires, les interdictions professionnelles envisagées par l'article 131-27 du Code pénal.
12. V. cependant, Pau, 26 juin 2001, n° 00/00914 – Pau, 8 juill. 2004, n° 04/00173, *JCP* 2004, IV, p. 3543.

nécessairement intentionnel sauf lorsque la loi en dispose autrement. Or, les articles L. 314-5 et L. 341-49 ne faisant pas de l'infraction qui nous intéresse un délit d'imprudence, on peut penser que sa caractérisation implique la démonstration d'un élément intentionnel. Celui-ci devrait être bien difficile à rapporter.

On notera l'existence d'un autre délit, limité au crédit immobilier, prévoyant une amende de 150 000 euros si le prêteur vient à ne pas mentionner le TEG dans l'offre de prêt [1].

1678 ***Sanction civile*** ◊ La loi ne prévoit pas expressément de sanction civile au non-respect de l'exigence visée par l'article L. 314-5 du code [2]. La jurisprudence en a cependant développé une. Les magistrats ont estimé, en effet, que la présence d'un écrit mentionnant dans le contrat le TEG est une condition de validité de la stipulation d'intérêts conventionnels. Dès lors, la méconnaissance des dispositions de l'article L. 314-5, édictées dans le seul intérêt de l'emprunteur, est sanctionnée par la nullité de cette stipulation [3], sans que cette nullité n'ait d'incidence sur le principe du droit à l'intérêt lui-même : le taux légal est alors substitué au taux convenu [4] à compter de la date du prêt. Le prêteur devra par conséquent restituer les excédents d'intérêts indûment perçus [5].

La nullité de la clause en question a logiquement un caractère relatif, dans la mesure où elle sanctionne ici le non-respect d'un formalisme de protection [6]. Le juge ne devrait donc pas pouvoir la relever d'office. À l'inverse, l'acte peut être confirmé [7].

1679 ***Taux d'intérêt légal*** ◊ Le taux d'intérêt légal est un taux d'intérêt fixé par la loi ayant vocation à s'appliquer dans un certain nombre de cas, et notamment en cas de retard dans l'exécution d'un paiement.

Jusqu'à une date récente, ce taux légal était unique et fixé annuellement par décret. C'est ainsi que le décret n° 2014-98 du 4 février 2014 avait établi ce taux, pour l'année 2014, à 0,04 %. Il était un peu plus élevé les

---

1. C. consom., art. L. 341-37.
2. Des sanctions spécifiques sont en revanche prévues en cas de crédits aux consommateurs. V. ss 1681.
3. L'absence d'écrit ne saurait, par contre, entraîner la nullité du contrat de prêt. Il est vrai que cette solution aurait lésé l'emprunteur, en raison des restitutions réciproques suivants logiquement le prononcé de la nullité d'un contrat.
4. Civ. 1re, 21 janv. 1992, n° 90-18.120, *Bull. civ.* I, n° 22 ; *RDBB* nov.-déc. 1992, p. 247, obs. F.-J. Crédot et Y. Gérard ; *JCP* 1992, I, 3591, n° 5, obs. M. Fabre-Magnan ; *JCP E* 1993, 240, n° 18, obs. Ch. Gavalda et J. Stoufflet. Beaucoup plus récemment, TGI Nanterre, 8 févr. 2013, n° 11/03778, 11/03779 et 11/03780, *Département de la Seine-Saint-Denis c/Dexia*, *RDBF* 2013, comm. 124, obs. F.-J. Crédot et Th. Samin ; *BJB* 2013. 187, § 75, note P. Pailler ; *Dr. adm.* 2013, comm. 41, obs. A. Boujeka ; *LEDB* avr. 2013, p. 7, n° 045, obs. J. Lasserre Capdeville. Nancy, 13 avr. 2013, n° 12/00117, *LEDB* juill. 2013, p. 5, n° 093, obs. J. Lasserre Capdeville. TGI Paris, 25 mars 2014, n° 11/04698, *AJCT* 2014, n° 6, p. 323, obs. J. Lasserre Capdeville.
5. Com., 17 mai 1982, n° 80-12.843, *Bull. civ.* IV, n° 181.
6. J. Dubos et A. Salgueiro, « Intérêts et commissions », *J.-Cl. BCB*, fasc. 510, 2014, n° 66.
7. C. civ., art. 1181.

années précédentes : 0,71 % en 2012, 0,38 % en 2011, 0,65 % en 2010 ou encore 3,79 % en 2009. D'une façon générale, ce taux avait baissé régulièrement depuis une vingtaine d'années. Il était ainsi de 10,40 % pour l'année 1993.

L'ordonnance n° 2014-947 du 20 août 2014 a cependant fait évoluer les règles de calcul du taux d'intérêt légal depuis le 1er janvier 2015 dans le but de rendre ce dernier plus représentatif du coût de refinancement de celui à qui l'argent est dû et de l'évolution de la situation économique [1]. Désormais, il se décompose en deux taux. Un premier taux est ainsi applicable aux créances des particuliers personnes physiques n'agissant pas pour des besoins professionnels et un second à tous les autres cas (principalement aux entreprises). Ce dernier est nettement plus élevé que le premier.

Ainsi, pour le premier semestre 2019, le taux de l'intérêt légal est fixé, d'une part, pour les créances des personnes physiques n'agissant pas pour des besoins professionnels à 3,40 %, et, d'autre part, pour tous les autres cas à 0,86 %.

1680 ***Question prioritaire de constitutionnalité*** ◊ Récemment, la 1re chambre civile de la Cour de cassation a refusé de transmettre au Conseil constitutionnel une question prioritaire de constitutionnalité formée contre cette sanction automatiquement applicable au défaut de TEG mentionné dans un acte écrit constatant un contrat de prêt [2]. La question est en effet jugée irrecevable, au motif qu'elle porte « exclusivement » sur une règle jurisprudentielle.

1681 ***Crédit aux consommateurs*** ◊ Une sanction particulière est amenée à jouer si le crédit concerné est un crédit à la consommation ou un crédit immobilier. Il s'agit de la déchéance du droit aux intérêts. Cette dernière s'applique en effet dans un certain nombre de cas envisagés par les articles L. 341-1 et suivants du Code de la consommation. Elle peut, selon les hypothèses, être totale ou déterminée dans une certaine proportion fixée par le juge [3].

1682 ***Projet d'ordonnance*** ◊ L'article 55 la loi n° 2018-727 du 10 août 2018 pour un État au service d'une société de confiance est venu habiliter, récemment, le Gouvernement à prendre par ordonnance, dans un délai de 12 mois à compter de la publication de la loi précitée, toute mesure pour

1. J. Lasserre Capdeville, « Interrogations autour de la future évolution du taux de l'intérêt légal », *Gaz. Pal.* 10 sept. 2014, n° 253, p. 5.

2. Civ. 1re, 14 mars 2019, n° 18-21.567 : *LEDB* mai 2019, p. 1, obs. J. Lasserre Capdeville.

3. Concernant l'offre de crédit à la consommation, C. consom., art. L. 341-4. Cette sanction qu'est la déchéance du droit aux intérêts n'est pas contraire à la directive 2008/48/CE du 23 avr. 2008. CJUE, 9 nov. 2016, n° C-82/15, *LEDB déc.* 2016. 3, obs. J. Lasserre Capdeville ; *RDBF* janv.-févr. 2017, comm. 4, obs. N. Mathey ; *JCP E* 2016. 1637, note S. Moracchini-Zeidenberg. - Concernant l'offre de crédit immobilier, C. consom., L. 341-34.

« modifier les dispositions du Code de la consommation et du Code monétaire et financier relatives au taux effectif global et à prévoir les mesures de coordination découlant de ces modifications »[1]. Or, cet article 55 précité donne comme seconde directive au pouvoir exécutif le fait « de clarifier et d'harmoniser le régime des sanctions civiles applicables en cas d'erreur ou de défaut de ce taux ». L'état du droit va donc prochainement connaître une évolution en la matière[2].

§ 4. La dérogation légale intéressant les prêts structurés

1683 ***Jurisprudence*** ◊ La lutte contre les « emprunts toxiques » a connu une étape fondamentale avec la célèbre décision du TGI de Nanterre[3] ayant estimé que si le taux effectif global du crédit n'avait pas été mentionné « dans tout écrit constatant un contrat de prêt », comme l'exigeait alors l'ancien article L. 313-2 du Code de la consommation[4], le prêteur devait se voir infliger la nullité de la stipulation prévoyant le taux conventionnel et sa substitution par le taux légal. Face à cette jurisprudence, qui a été confirmée par la suite[5], voire même étendue[6], le législateur a souhaité modifier l'état du droit afin de valider *a posteriori* ces contrats de prêts non conformes à la loi.

1684 ***Validation rétroactive*** ◊ Dans un premier temps, le législateur a voulu « sécuriser » un grand nombre de contrats de prêts par l'intermédiaire d'une validation législative rétroactive figurant dans la loi de finance de 2014. Cependant, le Conseil constitutionnel a censuré cette dernière au motif qu'elle portait « une atteinte injustifiée aux droits des personnes morales ayant souscrit un emprunt »[7]. Il est vrai que cette validation devait bénéficier aux crédits structurés passés par des établissements de crédit avec des « personnes morales ». Cette approche était bien trop large.

---

1. V. ss 1729.
2. Sur le projet d'ordonnance, v. ss 1730.
3. TGI Nanterre, 8 févr. 2013, n° 11/03778, 11/03779 et 11/03780, *Département de la Seine-Saint-Denis c/Dexia*, v. ss 1678.
4. La règle figure désormais à l'article L. 314-5 de ce Code.
5. TGI Paris, 25 mars 2014, n° 11/04698, *Département de la Seine-Saint-Denis c/Depfa*, dalloz.fr, actualité, 31 mars 2014, obs. M.-Ch. de Montecler ; *RDBF* 2014, comm. 93, obs. J. Martin ; *AJCT* 2014, n° 6, p. 323, obs. J. Lasserre Capdeville.
6. TGI Nanterre, 7 mars 2014, n° 12/06737, *Commune de Saint-Maur-des-Fossés c/Dexia*, *RDBF* 2014, comm. 92, obs. J. Martin ; *RDBF* 2014, comm. 126, obs. F.-J. Crédot et Th. Samin. La nullité de la stipulation d'intérêts est ici fondée sur l'absence de taux de période et de durée de période dans un contrat de prêt faisant suite à un fax de confirmation. Dans le même sens, TGI Nanterre, 4 juill. 2014, *D.* 2014. AJ 1540, obs. S. Gobin.
7. Cons. const. 29 déc. 2013, n° 2013-684 DC, *JO* 30 déc. 2013, p. 22232 ; dalloz.fr, actualité, 7 janv. 2014, obs. J.-M. Pastor ; *AJCT* 2014. 107, note J. Lasserre Capdeville.

Suite à cet échec, le législateur a proposé une nouvelle évolution qui a finalement été adoptée. Il s'agit de la loi n° 2014-844 du 29 juillet 2014 relative à la sécurisation des contrats de prêts structurés souscrits par les personnes morales de droit public [1]. Ainsi, pour échapper à la substitution du taux légal au taux conventionnel, l'article 1er de la loi du 29 juillet 2014 est venu valider de façon rétroactive les prêts, entrant dans le champ d'application de la loi, ayant méconnu l'obligation de mentionner le TEG par écrit. Ce régime n'est cependant applicable que si certaines conditions sont réunies. Il est en effet nécessaire que l'écrit constatant le contrat de prêt (ou un avenant) indique cumulativement : le montant ou le mode de détermination des échéances de remboursement du prêt en principal et intérêts ; la périodicité de ces échéances ; et enfin le nombre de ces échéances ou la durée du prêt. Une décision de la Cour de cassation a rappelé, récemment, l'importance de ces conditions [2].

1685 ***Appréciation*** ◊ Celle validation *a posteriori* échappe à la critique. Le Conseil constitutionnel subordonne au respect de cinq conditions cumulatives la constitutionnalité des lois de validation [3] : la validation doit poursuivre un but d'intérêt général suffisant ; elle doit respecter les décisions de justice ayant force de chose jugée ; elle doit respecter le principe de non-rétroactivité des peines et des sanctions ; l'acte validé ne doit méconnaître aucune règle, ni aucun principe de valeur constitutionnelle, sauf à ce que le but d'intérêt général visé par la validation soit lui-même constitutionnel ; et enfin la portée de la validation doit être strictement définie. Or, pour le Conseil constitutionnel [4], par la création de l'article étudié, le législateur a entendu prévenir les conséquences financières directes ou indirectes, « pouvant excéder dix milliards d'euros », résultant, pour les établissements de crédit auxquels l'État a apporté sa garantie, de la généralisation des solutions retenues par le TGI Nanterre à plusieurs reprises. Ainsi, eu égard à l'ampleur des conséquences financières encourues, l'atteinte aux droits des personnes morales de droit public était, pour les Sages, justifiée par un motif impérieux d'intérêt général.

En outre, l'admission de la validation demeure, dans tous les cas, conditionnée par la présence, cumulative, d'un certain nombre d'informations expressément visées par l'article 1 de la loi précitée.

---

1. Loi n° 2014-844 relative à la sécurisation des contrats de prêts structurés souscrits par les personnes morales de droit public, *JO* 30 juill. 2014, p. 12513 ; *D.* 2014. AJ 1642. J. Lasserre Capdeville, « Sécurisation des contrats de prêts structurés : analyse de la loi du 29 juillet 2014 », *AJ Coll. Ter.* 2014, p. 490.

2. Com. 24 mai 2018, n° 16-26.478 : *LEDB* juill. 2018, p. 5, obs. J. Lasserre Capdeville.

3. Cons. const. 14 déc. 2006, n° 2006-544 DC, *Loi de financement de la sécurité sociale pour 2007*, cons. 18 et 19, *AJDA* 2007. 1643, note P. Luppi ; *D.* 2007. 1166, obs. V. Bernaud, L. Gay et C. Severino. Dans le même sens, Cons. const. 29 déc. 2013, n° 2013-684 DC, *op. cit.*, cons. 76.

4. Cons. const. 24 juill. 2014, n° 2014-695 DC, *JO* 30 juill. 2014, p. 12514.

SECTION 2. L'EXIGENCE DE MENTION ÉCRITE DU TAUX DE PÉRIODE

686 ***Définition*** ◊ Selon l'article R. 314-2, alinéa 2, du Code de la consommation le taux de période est un taux « calculé actuariellement, à partir d'une période unitaire correspondant à la périodicité des versements effectués par l'emprunteur. Il assure, selon la méthode des intérêts composés, l'égalité entre, d'une part, les sommes prêtées et, d'autre part, tous les versements dus par l'emprunteur au titre de ce prêt, en capital, intérêts et frais divers, ces éléments étant, le cas échéant, estimés ».

Ce taux de période est donc une sorte de taux « tout compris » calculé à partir d'une période unitaire, généralement mensuelle, correspondant à la périodicité des versements effectués par l'emprunteur [1]. Ce taux de période est utile pour vérifier l'exactitude du TEG dont il est l'un des éléments constitutifs [2].

687 Observons le contenu de cette obligation (§ 1), mais aussi la sanction applicable en cas de non-respect de celle-ci (§ 2). Dans ce cas encore, la loi prévoit une exception au bénéfice des prêts structurés (§ 3).

§ 1. Le contenu de l'obligation intéressant le taux de période

688 L'obligation de mentionner le taux de période a varié dans le temps, en fonction des règlements applicables successivement. La jurisprudence est néanmoins à l'origine de décisions à même d'en apprécier la portée. Reprenons ces différents décrets.

A. L'obligation prévue par le décret du 4 septembre 1985

689 ***Règle*** ◊ Il convient de citer, en premier lieu, l'article 1er du décret n° 85-944 du 4 septembre 1985 relatif au calcul du taux effectif global. Ce dernier, qui fait suite au décret n° 97-298 du 27 mars 1997, va devenir l'article R. 313-1 du Code de la consommation, vise déjà le taux de période. Surtout, l'article déclare que « le taux de période et la durée de la période doivent être expressément communiqués à l'emprunteur ».

---

1. J. Lasserre Capdeville, « Droit du crédit : le régime juridique du taux de période » : *JCP E* 2017, n° 3, 1044.

2. Toulouse, 13 févr. 2017, n° 15/05516. – Toulouse, 12 sept. 2018, n° 16/04571 : *JCP E* 2018. 1570, note J. Lasserre Capdeville.

1690 ***Portée*** ◊ Faute de distinction en la matière, il y a lieu de penser que cette dernière exigence a vocation à jouer pour l'ensemble des crédits, qu'ils soient à la consommation, immobiliers, à vocation professionnelle ou encore à destination d'une personne morale de droit public.

La jurisprudence a eu l'occasion de confirmer implicitement cette solution, à propos de prêts destinés à financer des opérations immobilières consentis à une société [1].

B. L'obligation prévue par le décret du 10 juin 2002

1691 ***Règle*** ◊ Le décret n° 2002-927 du 10 juin 2002 relatif au calcul du taux effectif global applicable au crédit à la consommation et portant modification du Code de la consommation est à l'origine d'une évolution notable de l'article R. 313-1 précité.

Suite à ce décret, l'article opère des distinctions entre, d'une part, les opérations de crédit destinées à financer les besoins d'une activité professionnelle, les prêts aux personnes morales de droit public et les crédits immobiliers et, d'autre part, les crédits à la consommation. L'article prévoit ensuite, à nouveau, que « le taux de période et la durée de la période doivent être expressément communiqués à l'emprunteur ».

1692 ***Portée*** ◊ Une question importante s'est alors posée. Quels sont les crédits concernés par cette exigence de publicité ? Deux possibilités se présentent : soit on considère que la phrase comportant cette obligation doit s'interpréter à la lecture de la phrase précédente, qui ne concerne que les crédits à la consommation, et on lui donne alors une portée limitée à ces derniers, soit on la lit de façon autonome et on l'applique en conséquence à toutes les catégories de crédit. La Cour de cassation a d'abord adopté une position restrictive [2], avant de faire évoluer sa jurisprudence.

En effet, par un arrêt remarqué du 1er juin 2016 [3], elle estime que cette obligation d'information doit s'étendre aux crédits immobiliers. Selon elle, l'article R. 313-1 combine deux phrases distinctes : la première relative au calcul du TEG, pour laquelle une distinction doit être effectivement faite entre différentes formes de crédits, et la seconde « qui impose, quelle que soit l'opération, la communication expresse du taux et la durée de période de l'emprunteur ».

---

1. Civ. 1re, 19 sept. 2007, n° 06-18.924.

2. Com. 3 déc. 2013, n° 12-22.755 : *LEDB* févr. 2014, p. 6, obs. J. Lasserre Capdeville ; *LPA*, 1er août 2014, p. 6, obs. N. Éréséo ; *CCC* 2014, comm. 78, obs. G. Raymond. - Civ. 1re, 26 nov. 2014, n° 13-24.944. - Civ. 1re, 17 févr. 2016, n° 13-11.041 : *JCP N* 2016, act. 391.

3. Civ. 1re, 1er juin 2016, n° 15-15.813 : *LEDB* juill. 2016, p. 3, obs. J. Lasserre Capdeville ; *Gaz. Pal.* 27 sept. 2017, n° 33, p. 56, obs. M. Roussille ; *Banque et Dr.* 9-10/2016, n° 169, p. 12, obs. Th. Bonneau.

693 ***Formalisme*** ◊ Notons que la forme et le moyen de communication ne sont pas mentionnés par l'article. La Cour de cassation a alors pu considérer « que le taux de période et la durée de la période doivent être expressément communiqués à l'emprunteur, fût-ce par une modalité autre que le contrat de prêt » [1]. Il n'est donc pas nécessaire, comme pour le TEG par exemple, que cette mention figure nécessairement dans le contrat de prêt. Ce qui est obligatoire c'est que cette communication soit faite.

On peut néanmoins penser que, dans la mesure où elle présente un caractère informatif utile pour l'emprunteur, et notamment pour vérifier le montant du TEG annoncé, la communication du taux de période doit être effectuée avant que l'intéressé n'ait accepté l'offre de crédit émanant de l'établissement de crédit prêteur.

694 ***Avenant*** ◊ Plusieurs arrêts récents ont eu l'occasion de préciser que l'ancien article R. 313-1 du Code de la consommation, devenu l'article R. 314-2, ne distinguait pas entre les offres de crédit initiales et les avenants emportant modification des modalités du crédit. Par conséquent, l'obligation de communiquer le taux de période à l'emprunteur s'applique également à ces avenants [2].

C. L'obligation prévue par le décret du 1er février 2011

695 ***Règle*** ◊ Le pouvoir réglementaire a cherché à clarifier l'état du droit en la matière par le décret n° 2011-135 du 1er février 2011 relatif aux modalités de calcul du taux effectif global.

Ce texte soumet toujours les crédits immobiliers au même encadrement réglementaire que les opérations de crédit destinées à financer les besoins d'une activité professionnelle ou destinées à des personnes morales de droit public. Mais le décret est plus précis concernant le taux de période : l'article R. 313-1, II, alinéa 1, applicable à l'ensemble de ces crédits prévoit en effet que « le taux de période et la durée de la période doivent être expressément communiqués à l'emprunteur ». Il a ainsi été mis un terme aux incertitudes liées au décret de 2002.

Concernant les crédits à la consommation, l'exigence est en revanche allégée par rapport à l'ancien décret : le III du même article prévoit que seule « la durée de la période doit être expressément communiquée à l'emprunteur » en la matière.

---

1. Civ. 1re, 19 févr. 2013, n° 12-14.381 : *Banque et Dr.* 2013, n° 149, p. 25, obs. Th. Bonneau ; *LPA*, 4 nov. 2013, p. 18, obs. J. Lasserre Capdeville.

2. Toulouse, 16 oct. 2017, n° 17/03877 : *LEDB* févr. 2018, p. 4, obs. J. Lasserre Capdeville. – Toulouse, 12 sept. 2018, n° 16/04571 : *JCP E* 2018, n° 45, 1570, note J. Lasserre Capdeville.

D. L'obligation prévue par le décret du 29 juin 2016

1696 *Règle* ◊ Du fait de la recodification du Code de la consommation, un nouveau texte a été adopté : le décret n° 2016-884 du 29 juin 2016. Sans surprise, certaines de ses dispositions portent sur la question qui nous occupent ici. Celles-ci sont entrées en vigueur le 1er octobre 2016.

Désormais, l'article R. 314-2 du Code de la consommation s'adresse exclusivement aux opérations de crédit destinées à financer les besoins d'une activité professionnelle ou destinées à des personnes morales de droit public. Dans ce cas, le taux effectif global est un taux annuel, proportionnel au taux de période, à terme échu et exprimé pour cent unités monétaires. Surtout, il est prévu que « le taux de période et la durée de la période doivent être expressément communiqués à l'emprunteur ».

Ensuite, l'article R. 314-3 s'adresse aux « opérations de crédit autres que celles mentionnées à l'article R. 314-2 », c'est-à-dire les crédits aux consommateurs. Or, dans un tel cas, le taux annuel effectif global est calculé à terme échu, exprimé pour cent unités monétaires, selon la méthode d'équivalence et « la durée de la période doit être expressément communiquée à l'emprunteur ». L'obligation de mentionner le taux de période a donc perdu une partie de son champ d'application.

§ 2. La sanction au manquement à l'obligation

1697 *Jurisprudence* ◊ Les textes ne disant mot à propos de la sanction applicable en la matière, il est revenu à la Cour de cassation de préciser l'état du droit en la matière. Il ressort ainsi de la jurisprudence mentionnée précédemment, et plus particulièrement de la décision remarquée de la 1re chambre civile de la Cour de cassation du 1er juin 2016 [1], que l'absence de mention par écrit du taux de période, dans les cas où celle-ci est requise, fait encourir un prêteur la nullité de la clause prévoyant le taux conventionnel et sa substitution par le taux légal.

Nombreuses sont les juridictions du fond, aujourd'hui à se prononcer de la sorte [2], même si la cour d'appel de Paris se démarque par quelques décisions beaucoup plus strictes en la matière, par lesquelles elle refuse d'appliquer une telle sanction [3].

La Haute juridiction paraît néanmoins toujours favorable à la nullité de la stipulation conventionnelle d'intérêts et sa substitution par le taux légal [4].

1. Civ. 1re, 1er juin 2016, n° 15-15.813. V. ss 1692.
2. V. par ex., Amiens, 11 janv. 2018, n° 16/01874. – Metz, 22 févr. 2018, n° 16/00563. – Riom, 9 mai 2018, n° 17/00050. – Toulouse, 12 sept. 2018, n° 16/04571 : *JCP E* 2018, n° 45, 1570, note J. Lasserre Capdeville.
3. Paris, 21 sept. 2018, n° 16/13708. – Paris, 28 sept. 2018, n° 16/22346.
4. Civ. 1re, 27 mars 2019, n° 18-11.448 : *LEDB* mai 2019, p. 5, obs. J. Lasserre Capdeville.

§ 3. La dérogation légale intéressant les prêts structurés

698 ***Jurisprudence*** ◊ Il convient, à nouveau, de mentionner la lutte contre les « emprunts toxiques ». En effet, suite à la célèbre décision du TGI de Nanterre du 8 février 2013 [1] ayant estimé que si le taux effectif global du crédit n'avait pas été mentionné « dans tout écrit constatant un contrat de prêt », comme l'exigeait alors l'ancien article L. 313-2 du Code de la consommation, le prêteur devait se voir infliger la nullité de la stipulation prévoyant le taux conventionnel et sa substitution par le taux légal, d'autres décisions ont rendu des solutions analogues dans des cas où c'était le taux de période et la durée de période qui étaient manquants [2].

699 ***Validation rétroactive*** ◊ Or, et cela a été dit précédemment [3], pour échapper à la substitution du taux légal au taux conventionnel, l'article 1er de la loi du 29 juillet 2014 est venu valider de façon rétroactive les prêts, entrant dans le champ d'application de la loi. Pour mémoire, il est simplement nécessaire, pour que cette validation opère, que l'écrit constatant le contrat de prêt (ou un avenant) indique cumulativement : le montant ou le mode de détermination des échéances de remboursement du prêt en principal et intérêts ; la périodicité de ces échéances ; et enfin le nombre de ces échéances ou la durée du prêt. Cette solution est applicable également aux exigences liées au taux de période [4].

---

1. TGI Nanterre, 8 févr. 2013, n° 11/03778, 11/03779 et 11/03780, Département de la Seine-Saint-Denis c/ Dexia : V. ss 1678, 1683.

2. TGI Nanterre, 7 mars 2014, n° 12/06737, Commune de Saint-Maur-des-Fossés c/ Dexia : *RDBF* 2014, comm. 92, obs. J. Martin et comm. 126, obs. F.-J. Crédot et Th. Samin.

3. V. ss 1684.

4. Récemment, la Cour de cassation a eu l'occasion de dire qu'en présence des conditions légales, une commune ne saurait agir en justice pour défaut dans l'acte de prêt du taux de période et de la durée de période, Com. 24 mai 2018, n° 16-26.478 : *LEDB* juill. 2018, p. 5, obs. J. Lasserre Capdeville.

CHAPITRE 2
L'EXACTITUDE DU TAUX D'INTÉRÊT

1700 La mention écrite du taux d'intérêt n'est pas suffisante. Elle doit être aussi exacte. La jurisprudence s'est d'ailleurs considérablement développée en matière. Des exigences sont ainsi prévues par cette dernière, non seulement concernant le taux conventionnel (Section 1), mais aussi à propos du taux effectif global (Section 2).

SECTION 1. L'EXACTITUDE REQUISE DU TAUX CONVENTIONNEL

1701 ***Interrogation*** ◊ Peut-on calculer le taux conventionnel d'un prêt en se fondant, non pas sur une année civile de 365 jours, mais sur une année théorique de 360 jours (correspondant à 12 mois de 30 jours chacun) ? Nous reconnaissons là un usage bancaire ancien (remontant aux marchands lombards) plus connu sous le nom d'« année lombarde » ou de « diviseur 360 ».

Le recours à cet usage pouvait se comprendre à une époque où il n'était pas simple de calculer les intérêts avec un diviseur de 365 jours. Or, malgré l'existence de moyens performants de calcul des taux et des intérêts, certains établissements de crédit continuent de déterminer le taux conventionnel de crédits en employant cette méthode. La jurisprudence ne l'admet pourtant pas dans n'importe quelles circonstances [1].

Observons alors l'étendue de l'interdiction envisagée (§ 1), la sanction encourue (§ 2), mais aussi les règles de preuve (§ 3) et de prescription (§ 4) applicables en la matière.

§ 1. L'interdiction de recourir au « diviseur 360 »

1702 ***Crédit professionnel*** ◊ La Haute juridiction ne valide le recours à l'« année lombarde » qu'à l'égard des crédits consentis dans une finalité professionnelle. Pour la Cour de cassation, « si le TEG doit être calculé sur

1. S. Nérac, « L'"affaire" du 360 », *Banque et Dr.*, Hors-série, juill. 2018, p. 11.

la base de l'année civile, rien n'interdit aux parties de convenir d'un taux d'intérêt conventionnel calculé sur une autre base »[1]. Cette solution est aujourd'hui bien acquise[2].

703 ***Crédit aux consommateurs. Position de la Cour de cassation*** ◊ En revanche, la Haute juridiction a eu l'occasion d'affirmer par un arrêt de principe du 19 juin 2013 qu'une telle base de calcul n'est pas admissible à l'égard des emprunteurs consommateurs[3].

Cette jurisprudence n'a jamais été remise en cause, à ce jour, par la Haute juridiction[4]. Il est vrai qu'une présentation conforme à l'année civile, à laquelle songe immanquablement le bénéficiaire du crédit, participe à l'obligation de clarté pesant sur le prêteur[5].

704 ***Crédit aux consommateurs. Position des juges du fond*** ◊ Si la solution prônée par la Cour de cassation se retrouve logiquement dans plusieurs décisions de juges du fond, comme par exemple la cour d'appel de Riom[6], il faut reconnaitre que ce type d'arrêt est, désormais, de plus en plus rare. En effet, les juridictions du fond cherchent, ces derniers mois, à s'écarter de la position de la Haute juridiction. Beaucoup d'entre elles rechignent, désormais, à sanctionner le recours au « diviseur 360 » pour le calcul du taux conventionnel d'un crédit aux consommateurs lorsque le prêt en question est simplement remboursable mensuellement, et ne fait donc pas intervenir de taux quotidien.

Cette jurisprudence, se démarquant de la position de la Cour de cassation en cas de crédits remboursables mensuellement, se retrouve tout particulièrement dans de nombreuses décisions rendues par la chambre 6 du

---

1. Com. 24 mars 2009, n° 08-12.530, *Bull. civ.* IV, n° 44 ; *D.* 2009. AJ 1016, obs. V. Avena-Robardet ; *RTD com.* 2009. 422, obs. D. Legeais ; *JCP E* 2009, 1645, note P. Bouteiller ; *RDBF* 2009, comm. 116, obs. F.-J. Crédot et Th. Samin ; *Banque et Dr.* 2009, p. 22, obs. Th. Bonneau.

2. Civ. 1re, 6 sept. 2017, n° 16-19.063.

3. Civ. 1re, 19 juin 2013, n° 12-16.651, *Bull. civ.* I, n° 132 ; *D.* 2013. 2084, note J. Lasserre Capdeville ; *LPA*, 1er nov. 2013, obs. N. Éréséo ; *Gaz. Pal.* 2013. 2318, note S. Piedelièvre ; *Banque et Dr.* 9-10/2013. 23, obs. Th. Bonneau ; *RDBF* 2013, comm. 185, obs. F.-J. Crédot et Th. Samin ; *RDBF* 2013, comm. 187, obs. N. Mathey ; *LEDB* sept. 2013, p. 1, n° 106, obs. R. Routier ; *CCC* 2013, comm. 252, obs. G. Raymond ; *D.* 2013. AJ 2084, obs. V. Avena-Robardet. – B. Wertenschlag, O. Poindron et J. Moreau, « Taux d'intérêt conventionnels calculés sur la base de l'année bancaire : le début de la fin ? », *AJDI* 2013. 770.

4. Civ. 1re, 17 juin 2015, n° 14-14.326, dalloz.fr, actualité, 10 juill. 2015, obs. V. Avena-Robardet ; *LEDB* sept. 2015, p. 6, n° 134, obs. R. Routier ; *Gaz. Pal.* 10 sept. 2015, n° 253, p. 11, note J. Lasserre Capdeville ; *RDBF* 2015, comm. 182, obs. F.-J. Crédot et Th. Samin. Civ. 1re, 15 juin 2016, n° 15-16.498 : *RDBF* 2016, comm. 224, obs. F.-J. Crédot et Th. Samin. – Com. 29 nov. 2017, n° 16-17.802 : *LEDB* janv. 2018, p. 4, obs. J. Lasserre Capdeville ; Resp. civ. et ass. 2018, comm. 48.

5. F. Boucard, « Le contentieux des intérêts. Questions d'actualité » : *RDBF* 2014. Étude 25, n° 8 s.

6. Riom, 4 avr. 2018, n° 17/00048. – V. également Douai, 3 nov. 2016, n° 16/00338 : *LEDB* déc. 2016, p. 4, obs. J. Lasserre Capdeville, déclarant qu'il ne peut être déduit des règlements opérés pendant plusieurs années par les emprunteurs que ceux-ci avaient eu la volonté claire et non équivoque de confirmer la stipulation d'intérêts conventionnels calculée sur 360 jours.

Pôle 5 (Vie économique) de la cour d'appel de Paris [1]. Elle tend aujourd'hui à se développer auprès de différentes cours d'appel de provinces.

Cette solution, critiquée par certains [2], peut s'expliquer mathématiquement [3].

§ 2. La sanction au non-respect de l'interdiction

1705 ***Position de la Cour de cassation*** ◊ Il résulte de la jurisprudence de la Cour de cassation qu'en application combinée de l'article 1907, alinéa 2, du Code civil et des articles L. 313-1, L. 313-2 et R. 313-1 du Code de la consommation, « le taux de l'intérêt conventionnel mentionné par écrit dans l'acte de prêt consenti à un consommateur ou un non-professionnel doit, comme le taux effectif global, sous peine de se voir substituer l'intérêt légal, être calculé sur la base de l'année civile ».

La sanction applicable en cas de recours indu au « diviseur 360 » est donc la nullité de la clause prévoyant le taux conventionnel et sa substitution par le taux légal, c'est-à-dire 0,86 % depuis le 1er janvier 2019 [4].

1706 ***Positions des juges du fond*** ◊ Cela a été dit précédemment, ce n'est que lorsque le crédit n'est pas totalement remboursable mensuellement que beaucoup de juridictions critiquent le recours au « diviseur 360 » [5]. Mais quelle est la sanction prononcée ? Il s'agit logiquement de la nullité de la clause prévoyant le taux conventionnel et sa substitution par le taux légal. Cette sanction se retrouve alors régulièrement prononcée par les juges du fond.

Pourtant, à plusieurs reprises, la chambre 6 du Pôle 5 (Vie économique) de la cour d'appel de Paris s'est montrée favorable à d'autres sanctions, nettement moins dissuasives [6]. On notera, au passage, que les chambres 8 et 9 du Pôle 4 (Biens, immobiliers, environnement et consommation) de la même cour d'appel ne partagent pas nécessairement la position du pole 5 [7].

1. V. par ex., Paris, 24 mars 2017, n° 15/14551. – CA Paris, 23 juin 2017, n° 16/00903 : *LEDB* oct. 2017, p. 5, obs. J. Lasserre Capdeville. – Paris, 23 mars 2018, n° 16/16101. – V. également, Colmar, 23 mai 2018, n° 16/04231 : *JCP E* 2018, n° 31-35, 1433, note J. Lasserre Capdeville. – Toulouse, 25 oct. 2017, n° 16/04264.

2. J. Lasserre Capdeville, « Interrogation autour du recours au "diviseur 360" pour les crédits aux consommateurs » : *JCP E* 2017, n° 38, 1496, n° 17 s. – Ch. Léguevaques, « L'année lombarde et les banques. Entre faute lucrative et risque systémique diffus » : *LPA*, 4 oct. 2017, p. 6. – *Contra*, P. Lutz, « TEG des prêts immobiliers et année civile » : *RDBF* 2015. Prat. 6.

3. G. Biardeaud, « Rejet de l'année lombarde : une dérive inquiétante » : *D.* 2017. 116. – G. Biardeaud, « Année lombarde : juristes, encore un effort ! » : *D.* 2018. 300.

4. Arrêté du 21 décembre 2018 : *JO* 30 déc. 2018, texte n° 49.

5. V. ss 1704.

6. V. notamment Paris, 6 oct. 2017, n° 16/04945 : *JCP E* 2017, n° 48, 1651, note J. Lasserre Capdeville. – Paris, 17 nov. 2017, n° 16/09224 : *Gaz. Pal.* 9 janv. 2018, n° 1, p. 23, note J. Lasserre Capdeville. – Paris, 3 août 2018, n° 16/22358 : *Gaz. Pal.* 16 oct. 2018, n° 35, p. 19, note J. Lasserre Capdeville. – Paris, 24 oct. 2018, n° 16/23403.

7. Paris, 23 mars 2017, n° 16/14662. – Paris, 8 juin 2017, n° 16/01465. – Paris, 22 juin 2017, n° 17/01330 : *LEDB* oct. 2017, p. 5, obs. J. Lasserre Capdeville. – Paris, 14 sept. 2017, n° 16/25687.

707 *Clause abusive* ◊ Quelques juges ont été interrogés, dans un tel cas de figure, sur le droit des clauses abusives. Il est vrai que la Commission des clauses abusives a déjà pu demander, dans une recommandation n° 05-02 publiée le 20 septembre 2005, que « soient éliminées des conventions de compte de dépôts souscrites par des consommateurs ou non-professionnels, les clauses ayant pour effet de permettre à l'établissement de crédit de calculer les intérêts sur une année de 360 jours sans que le consommateur soit à même d'en apprécier l'incidence financière ».

Or, si certaines juridictions refusent de relever un caractère abusif à la clause mentionnant le calcul du taux conventionnel sur 360 jours [1], estimant qu'aucun déséquilibre significatif n'est démontré entre les droits et obligations des parties au contrat, il faut noter que cette jurisprudence n'est pas partagée par tous les magistrats [2].

§ 3. La preuve relative au recours indu au « diviseur 360 »

708 *Règle générale* ◊ Il revient aux emprunteurs de démontrer que la banque a bien calculé les intérêts conventionnels sur la base d'une année lombarde de 360 jours, et non civile. À défaut aucun manquement ne pourra être reproché au banquier. Cette solution ne saurait surprendre ; elle est en conformité avec l'article 1353 du Code civil.

709 *Démonstration effective* ◊ Mais comment rapporter cette preuve ? Certaines juridictions du fond sont très favorables au client. Citons, à titre d'exemple, une décision de la cour d'appel de Riom du 4 avril 2018 [3] qui indique que « *l'emprunteur n'a aucune démonstration mathématique à produire dans cette hypothèse, car la seule stipulation d'une clause prévoyant le calcul des intérêts sur la base d'une année de 360 jours est sanctionnée par la nullité de la stipulation de l'intérêt nominal et sa substitution par le taux légal* ».

Cependant, ce type de solution devient de plus en plus rare. Plusieurs arrêts récents sont, en effet, venus dire qu'une référence à une telle méthode de calcul sur 360 jours dans le contrat était, à elle seule, insuffisante. Les juges du fond exigent en effet du client, en plus, la démonstration mathématique du recours au « diviseur 360 » [4]. Dit autrement, le chiffre doit prévaloir sur la lettre.

---

1. Aix-en-Provence, 12 avr. 2018, n° 16/1502.
2. G. Biardeaud, « Abusive et calcul lombard des intérêts intercalaires : du nouveau » : *D.* 2019. 711.
3. Riom, 4 avr. 2018, n° 17/00048.
4. V. par ex., Colmar, 23 mai 2018, n° 16/04231 : *JCP E* 2018, 1433, note J. Lasserre Capdeville. – TGI Paris, 6 févr. 2018, n° 16/05265. – Paris, 7 nov. 2018, n° 17/0476. – Pour une solution se fondant uniquement sur la référence expresse à l'année lombarde, Douai, 27 sept. 2018, n° 17/02267.

1710 ***Recours à une expertise*** ◊ On rappellera encore, toujours en matière de preuve, que la Cour de cassation a eu l'occasion de dire que « *si le juge ne peut refuser d'examiner une pièce régulièrement versée aux débats et soumise à la discussion obligatoire, il ne peut se fonder exclusivement sur une expertise réalisée à la demande de l'une des parties* » [1]. D'autres éléments sont donc requis, semble-t-il, pour fonder une décision de condamnation. On regrettera l'absence de précision de ces décisions.

§ 4. Les règles de prescription applicable

1711 ***Délai*** ◊ L'action menée sur le fondement du recours à l'« année Lombarde » est logiquement limitée par le délai de prescription de 5 ans envisagé par l'article L. 110-4 du Code de commerce.

1712 ***Point de départ*** ◊ À quel moment ce délai commence-t-il à courir ? Deux solutions peuvent être distinguées [2].

D'une part, lorsque le mode de calcul des intérêts sur la base d'une année de 360 jours et d'un mois de 30 jours est explicitement mentionné dans l'offre de crédit, et donc immédiatement décelable par la lecture de cette offre, le point de départ du délai de prescription de l'action fondée sur cette technique de calcul doit être logiquement fixé à la date de la conclusion du contrat [3].

D'autre part, si le contrat ne dit mot sur ce point, et que la démonstration résulte d'un calcul mathématique réalisé par un expert du fait de sa technicité, on peut penser que le point de départ du délai en question sera repoussé au jour de l'expertise en question. Cette solution a déjà été admise par quelques juridictions du fond [4].

SECTION 2. L'EXACTITUDE REQUISE DU TAUX EFFECTIF GLOBAL

1713 La Cour de cassation est à l'origine d'une évolution considérable du droit régissant le TEG par une assimilation du TEG simplement erroné au TEG non écrit (§ 1). Ce régime n'est cependant pas sans limites (§ 2).

§ 1. L'assimilation du TEG erroné au TEG non écrit

1714 Observons alors l'interdiction de prévoir un TEG erroné (A), les sanctions applicables en la matière (B) ainsi que les règles de preuve envisagées (C).

1. Civ. 1re, 6 sept. 2017, n° 16-19.063.
2. J. Lasserre Capdeville, « Point de départ du délai de prescription de l'action menée contre le taux conventionnel calculé sur « l'année lombarde » » : *LPA*, Le billet du bancariste, 12 févr. 2018, n° 31, p. 4.
3. V. par ex., Toulouse, 25 oct. 2017, n° 16/04264. - Bordeaux, 28 févr. 2018, n° 16/06833.
4. V. par ex., Douai, 5 oct. 2017, n° 16/02960.

A. L'interdiction de mentionner un TEG erroné

715 ***Principe dégagé*** ◊ Les solutions évoquées précédemment [1] concernant le TEG non mentionné par écrit ont été étendues, par la Cour de cassation, au TEG inexact. Ainsi, depuis le début des années 2000, un TEG erroné équivaut pour les juges à un TEG ne respectant pas les exigences de publicité visées par l'article 314-5 du Code de la consommation [2]. Cette solution, qui allait à contre-courant de la position d'éminents auteurs [3], a été critiquée [4]. Peut-on en effet assimiler une absence et une erreur ? On peut légitimement se le demander. Néanmoins, la réitération « massive » de cette jurisprudence témoigne du fait que la Cour de cassation n'est pas sensible à ces critiques.

La solution est pourtant particulièrement dangereuse pour le prêteur. Un TEG peut assez facilement être qualifié d'inexact, soit en raison d'une erreur de calcul, soit parce qu'un élément « normalement » compris dans le TEG a été omis, soit encore parce que l'établissement prêteur a décidé de procéder à un arrondi de ce taux. Il n'est donc pas surprenant de noter que le nombre des actions en justice ait considérablement augmenté sur ce fondement à la fin des années 2000.

716 ***Cas de l'avenant*** ◊ La même solution s'impose en cas d'avenant. On rappellera, en effet, que pour l'article L. 313-39 du Code de la consommation en cas de renégociation du prêt, des modifications du contrats de prêt initial sont apportées sous la seule forme d'un avenant, lequel doit comprendre, d'une part, un échéancier des amortissements détaillant pour chaque échéance le capital restant dû en cas de remboursement anticipé et, d'autre part, le TEG ainsi que le coût du crédit calculé sur la base des seules échéances et frais à venir.

Dès lors, en cas d'avenant, le taux doit être calculé sur cette seule base, c'est-à-dire en excluant les frais liés uniquement à l'opération initiale, comme les frais de caution, d'inscription du privilège de prêteur de deniers ou encore de souscription des parts sociales [5]. En effet, si ces frais ont été logiquement imposés lors de la signature de la convention de crédit, ils ne le sont plus forcément au moment de la conclusion de l'avenant. Il est vrai que l'avenant est une nouvelle convention. Dès lors, seuls les frais exigés (et déterminables) au stade de la conclusion de celui-ci, pour l'obtention du crédit, doivent être intégrés dans le calcul du TEG.

---

1. V. ss 1649 s.
2. J. Lasserre Capdeville, « Intérêt et usure : des concepts confrontés à des objectifs contradictoires », *RDBF* 2013, n° 5, dossier 45, p. 76. – P. Lutz, « Un TEG exact » : *RDBF* mai-juin 2017. Étude 13, p. 22.
3. Ch. Gavalda et J. Stoufflet, *Droit bancaire*, éd. Litec, 2005, 6ᵉ éd., n° 373-1. J.-L. Rives-Lange et M. Contamine-Raynaud, *Droit bancaire*, éd. Dalloz, 1995, 6ᵉ éd., n° 450.
4. N. Mathey, *RDBF* 2011, comm. n° 4.
5. Aix-en-Provence, 15 févr. 2018, n° 16/02932 : *LEDB* juin 2018, p. 4, obs. J. Lasserre Capdeville.

1717 ***Cas du découvert en compte courant*** ◊ Cela a été observé [1], en cas de découvert en compte courant, le TEG devra être porté, non seulement sur un document écrit préalable à titre indicatif, mais également sur les relevés périodiques reçus par l'emprunteur sans protestation ni réserve. Or, il est traditionnellement admis que la sanction civile précitée est encourue même si le TEG indiqué dans la convention d'origine est exact, dès lors que celui porté sur les relevés de compte est erroné. En effet, ici aussi l'erreur du TEG équivaut à son absence.

En revanche, la mention sur les relevés périodiques de compte du TEG régulièrement calculé pour la période écoulée supplée l'irrégularité du taux figurant dans le contrat initial [2].

B. Les sanctions encourues en cas de TEG erroné

1718 ***Variété de sanctions*** ◊ Après avoir rapidement mentionnées les sanctions pénales, qui ne sont guère retenues en pratique (1), nous étudierons les sanctions civiles applicables [3]. Pour ce faire, nous distinguerons selon que le crédit concerné est protégé ou pas par le droit du crédit aux consommateurs, car si dans le premier cas la déchéance du droit aux intérêts est prévue par la loi (3), c'est la nullité de la clause prévoyant le taux conventionnel et sa substitution par le taux légal qui est classiquement retenue par les juges dans la seconde hypothèse (2). L'état du droit devrait, cependant, prochainement évoluer (4).

1. Les sanctions pénales

1719 ***Délit pénal*** ◊ Rappelons que l'article L. 341-49 du Code de la consommation prévoit que le fait de ne pas respecter les dispositions de l'article L. 314-5 du Code de la consommation, c'est-à-dire l'obligation de mentionner le TEG « dans tout écrit consistant un contrat de prêt (...) » est puni d'une amende de 150 000 euros [4]. Ce délit est très rarement retenu [5].

1720 ***Incertitude*** ◊ Mais ce délit s'applique-t-il au TEG erroné ? Nous ne le pensons pas [6]. En effet, l'article en question ne vise que l'absence de mention du TEG par écrit. Or, la loi pénale est d'interprétation stricte [7]. Il

1. V. ss 1672.
2. Com., 10 mars 2015, n° 14-11.616, *JCP* 2015. 529, p. 882, note J. Lasserre Capdeville.
3. J. Lasserre Capdeville, « Les sanctions au TEG erroné : revue de la jurisprudence récente » : *Banque et Dr.*, Hors-série, juill. 2018, p. 24.
4. V. ss 1677.
5. V. ss 1677.
6. *Contra*, Circ. n° 2003-15, 18 déc. 2003, NOR : JUSD0330212C, relative à l'entrée en vigueur de la loi n° 2003-721 du 1er août 2004 pour l'initiative économique, art. 32. Cette circulaire se montre en effet favorable à une application large du délit.
7. C. pénal, art. 111-4.

n'y a donc pas lieu d'étendre l'incrimination à des cas non explicitement envisagés par le législateur. De plus, notre droit prohibe l'interprétation par analogie (sauf si elle est favorable au prévenu) [1]. Enfin, si, contre toute attente, le juge se prononçait en faveur de l'application du délit ici, la caractérisation de cette infraction impliquerait la démonstration d'un élément intentionnel. Cette preuve serait bien difficile alors à rapporter.

2. La nullité de la clause prévoyant le taux conventionnel

721 ***Hypothèses concernées*** ◊ Le droit du crédit aux consommateurs comprend, pour mémoire, les règles régissant spécifiquement le crédit à la consommation et le crédit immobilier. Quels sont alors les crédits non protégés par ce droit ? Deux hypothèses sont à mentionner : d'une part, les crédits professionnels, et, d'autre part, les crédits relevant du « secteur libre ».

Une précision s'impose à propos de ces derniers. Il s'agit des crédits accordés à des particuliers, mais dans des conditions qui les excluent des crédits protégés par le Code de la consommation. Il en va plus particulièrement ainsi en raison de leur montant. Rappelons, en effet, qu'un crédit à la consommation ne peut pas dépasser 75 000 euros [2]. Un crédit de 80 000 euros, accordé par exemple pour l'achat d'un camping-car, relèvera du secteur libre et, partant, ne sera protégé que par les règles du droit des contrats. Notons que cette catégorie de crédits a été, par le passé, plus importante dans la mesure où le seuil précité était alors nettement plus bas : 21 500 euros.

722 ***Sanction applicable*** ◊ Dès lors, en présence d'un crédit professionnel ou d'un crédit relevant du secteur libre présentant un TEG erroné, quelle sanction civile est encourue par le prêteur en présence d'un TEG erroné ? La jurisprudence a répondu à cette question dès le début des années 2000 : il s'agit de la nullité de la clause prévoyant le taux conventionnel et sa substitution par le taux légal [3]. Ainsi, si le prêteur n'a plus le droit d'invoquer l'application d'une telle clause jugée nulle, il ne perd pas pour autant le droit de percevoir des intérêts, d'où le recours au taux légal.

Rappelons que le taux légal applicable est de 0,86 % pour le premier semestre de 2019 [4]. Il a d'ailleurs été bien plus bas par le passé. Le décret n° 2014-98 du 4 février 2014 avait ainsi établi ce taux, pour l'année 2014, à 0,04 %.

Quelques juridictions du fond, et notamment le TGI de Paris [5], ont l'occasion, cependant, de se démarquer de cette solution.

---

1. Pour les mêmes raisons il nous semble que le délit envisagé en matière de crédit immobilier à l'article L. 341-17 du Code de la consommation (v. ss 1677) n'est pas applicable au TEG erroné.
2. C. consom., art. L. 312-1.
3. V. par ex., Com. 3 juill. 2001, n° 98-14.873. - Com. 18 juin 2002, n° 01-01.337. - Civ. 1re, 26 oct. 2004, n° 02-17.781. - Com. 17 janv. 2006, n° 04-11.100.
4. Arrêté du 21 décembre 2018 : *JO* 30 déc. 2018, texte n° 49.
5. J. Lasserre Capdeville, « Les sanctions au TEG erroné : revue de la jurisprudence récente » : *Banque et Dr.*, Hors-série, juill. 2018, p. 27.

1723 ***Incidences*** ◊ Plusieurs conséquences résultent de la règle qui précède dégagée par la Cour de cassation. D'une part, en présence d'un crédit professionnel dont le taux est erroné, la déchéance du droit aux intérêts et le délai de prescription applicable en la matière ne sauraient être invoqués [1]. D'autre part, le client ne peut pas demander le bénéfice de dommages et intérêts [2].

1724 ***Taux légal applicable*** ◊ Mais quel est le taux légal devant être appliqué dans un tel cas ? Est-ce uniquement le taux applicable au jour de la convention (ou, le cas échéant, de son avenant) ou faut-il prendre en considération les variations annuelles (désormais semestrielles) de ce taux. Plusieurs décisions de la Cour de cassation [3] ou des juges du fond [4] se sont prononcées en faveur de la première alternative.

Cependant, aujourd'hui, cette jurisprudence a évolué. Ces derniers mois, en effet, la Cour de cassation est venue affirmer que « lorsqu'il est substitué au taux conventionnel d'un prêt mentionnant un taux effectif global erroné, l'intérêt au taux légal court, à compter de la souscription de ce prêt, au taux alors en vigueur, et obéit aux variations auxquelles la loi le soumet » [5]. Dans tous les cas le prêteur sera tenu de restituer les excédents d'intérêts indûment perçus.

1725 ***Atteinte résultant de la sanction*** ◊ Cette sanction, qu'est la nullité de la clause prévoyant le taux conventionnel et sa substitution par le taux légal ne porte pas une atteinte disproportionnée au droit de l'établissement de crédit prêteur au respect de ses biens garantis par l'article 1er du Protocole n° 1 additionnel à la Convention de sauvegarde des droits de l'homme [6]. Elle ne constitue pas plus une atteinte disproportionnée aux droits du prêteur ou au respect de ses biens [7].

---

1. Com. 7 févr. 2018, n° 16-18.826.

2. Com., 30 oct. 2012, n° 11-23.034, *RTD com.* 2013. 119, obs. D. Legeais ; *RDBF* 2013, comm. 43, obs. F.-J. Crédot et Th. Samin ; *LEDB* janv. 2013, p. 2, n° 173, obs. R. Routier ; *D.* 2012. AJ 2589, obs. V. Avena-Robardet ; *Gaz. Pal.* 9 janv. 2013, n° 9, p. 9, note J. Lasserre Capdeville. Civ. 1re, 16 janv. 2013, n° 05-12.081, CCC 2013, comm. 94, obs. G. Raymond. Civ. 1re, 1er juill. 2015, n° 14-18.053.

3. Civ. 1re, 15 oct. 2014, n° 13-16.555, *RDBF* 2015, comm. 31, obs. F.-J. Crédot et Th. Samin ; *D.* 2014. AJ 2108, obs. V. Avena-Robardet.

4. V. par ex., Lyon, 18 mai 2017, n° 16/02196. – Lyon, 28 sept. 2017, n° 16/05791.

5. Civ. 1re, 11 mai 2017, n° 14-27.253 : *Banque et Dr.* 11-12/2017, n° 176, p. 27, obs. Th. Bonneau. – Dans le même sens, Civ. 1re, 19 déc. 2018, n° 17-14.450 : *LEDB* févr. 2019, p. 5, obs. N. Mathey ; *Banque et Dr.* 3-4/2019, n° 184, p. 41, obs. Th. Bonneau. Civ. 1re, 23 janv. 2019, n° 17-20.818 : *LEDB* mars 2019, p. 5, obs. J. Lasserre Capdeville.

6. Com., 12 janv. 2016, n° 14-15.203, *LEDB* mars 2016, p. 6, n° 047, obs. J. Lasserre Capdeville ; *Banque et Dr.* 2016, n° 166, p. 35, obs. Th. Bonneau ; *JCP E* 2016, 1194, note A. Perin-Dureau ; *Gaz. Pal.* 8 mars 2016, obs. S. Moreil ; *RDBF* 2016, comm. 103, obs. F.-J. Crédot et Th. Samin. Civ. 1re, 14 déc. 2016, n° 15-26.306 : *D.* 2017. 443, note J. Lasserre Capdeville ; *LEDB* févr. 2017, p. 1, obs. S. Piedelièvre ; dalloz.fr, actualité, 12 janv. 2016, obs. V. Avena-Robardet.

7. Toulouse, 3 juill. 2017, n° 16/01916.

726 ***Déchéance du terme*** ◊ En revanche, la nullité du taux légal ne peut, en elle-même, priver la banque de la faculté de se prévaloir de la déchéance du terme [1].

3. La déchéance du droit aux intérêts

1727 ***Crédit à la consommation*** ◊ Concernant, en premier lieu, le crédit à la consommation, plusieurs dispositions sont à mentionner. Tout d'abord, le contrat de crédit est régi par l'article L. 312-28 du Code de la consommation qui rappelle qu'un encadré, « inséré au début du contrat », doit informer l'emprunteur sur les caractéristiques essentielles du crédit. Son contenu est alors expressément précisé par l'article R. 312-10 du même code. L'encadré en question doit ainsi mentionner, notamment, « le taux annuel effectif global, et le montant total dû par l'emprunteur, calculés au moment de la conclusion du contrat de crédit. Toutes les hypothèses utilisées pour calculer ce taux sont mentionnées ».

La sanction au non-respect de cette exigence se retrouve alors à l'article L. 341-4. En effet, selon ce dernier le prêteur qui accorde un crédit sans remettre à l'emprunteur un contrat satisfaisant aux conditions fixées, entre autres par cet article L. 312-28, « *est déchu du droit aux intérêts* » [2]. La sanction est donc radicale, aucun pouvoir de modulation n'étant ici reconnu au juge.

1728 ***Crédit immobilier*** ◊ Concernant, en second lieu, le crédit immobilier, l'état du droit est un peu plus compliqué. Une distinction s'impose selon l'acte comprenant le TAEG erroné. Tout d'abord, concernant l'offre de crédit, il faut rappeler que son contenu est strictement encadré par l'article L. 313-25 du Code de la consommation. Or, celui-ci exige que cette offre « indique, outre le montant du crédit susceptible d'être consenti et, le cas échéant, celui de ses fractions périodiquement disponibles, son coût total, son taux défini conformément aux articles L. 314-1 à L. 314-4 ainsi que, s'il y a lieu, les modalités de l'indexation ».

La violation de cet article est alors sanctionnée, par l'article L. 341-37, pénalement. Mais la « véritable » sanction est ailleurs : l'article L. 341-34 prévoit que dans les cas prévus, notamment à l'article L. 341-37 précité, le prêteur « peut être déchu du droit aux intérêts, en totalité ou dans la proportion fixée par le juge ». Il s'agit donc, ici, d'une déchéance modulable [3].

Une originalité est toutefois à noter en la matière. En effet, la Cour de cassation est venue poser, par quelques décisions, une solution supplémentaire : si le taux erroné a également été mentionné dans l'acte authentique

---

1. Civ. 1re, 12 mai 2016, n° 15-15.425, *RDBF* 2016, comm. 152, obs. F.-J. Crédot et Th. Samin ; *LEDB* oct. 2016, p. 7, obs. J. Lasserre Capdeville.

2. Sur cette sanction, B. Bouloc, « La perte du droit aux intérêts », *in Liber amicorum Jean Calais-Auloy*. Études de droit de la consommation, éd. Dalloz, 2004, p. 81.

3. Civ. 1re, 25 févr. 2016, n° 14-29.838.

réitérant devant notaire la convention de prêt immobilier, l'emprunteur dispose d'une autre action contre le prêteur : l'action en nullité de la clause prévoyant le taux conventionnel et sa substitution par le taux légal [1].

Cette dualité de solutions, en matière de crédit immobilier, a suscité de vives discussions de la part de certaines juridictions du fond [2]. Cependant, la Cour de cassation paraît demeurer favorable à l'existence des deux sanctions applicables au crédit immobilier [3].

4. Évolution à venir

1729 ***Loi d'habilitation*** ◊ L'article 55 la loi n° 2018-727 du 10 août 2018 pour un État au service d'une société de confiance [4] est venu habiliter le Gouvernement à prendre par ordonnance, dans un délai de 12 mois à compter de la publication de la loi précitée, toute mesure pour « modifier les dispositions du Code de la consommation et du Code monétaire et financier relatives au taux effectif global et à prévoir les mesures de coordination découlant de ces modifications » [5]. Or, cet article 55 précité donne comme seconde directive au pouvoir exécutif le fait « de clarifier et d'harmoniser le régime des sanctions civiles applicables en cas d'erreur ou de défaut de ce taux ».

L'article souligne, à propos de cette sanction « harmonisée », en visant les directives régissant le crédit à la consommation et le crédit immobilier, son caractère « proportionné (...) au regard des préjudices subis par les emprunteurs ».

1730 ***Projet d'ordonnance*** ◊ Plusieurs associations de consommateurs membres du Comité consultatif du secteur financier (CCSF) ont révélé, il y a peu, que le gouvernement avait pour ambition de prévoir en cas d'erreur ou de défaut de TEG/TAEG une sanction unique : la déchéance du droit aux intérêts, dans la proportion fixée par le juge, jusqu'à un montant ne pouvant excéder 30 % des intérêts [6].

Cette sanction sera-t-elle finalement retenue ? Cela n'est pas certain. Il ne s'agit, pour l'heure, que d'un projet d'ordonnance. Le risque qui se profile avec l'instauration d'une telle sanction, c'est que les emprunteurs soient finalement découragés d'agir en la matière. Cette situation

---

1. Civ. 1re, 18 févr. 2009, n° 05-16.774. - Civ. 1re, 9 avr. 2015, n° 13-28.058.
2. M. Roussille, *A Paris, la nullité pour TEG erroné dans un crédit immobilier, c'est fini !* : *Gaz. Pal.* 21 févr. 2017, n° 8, p. 48. - V. par ex., Paris, 2 déc. 2016, n° 15/13823 ; n° 15/13850 ; n° 15/13910 ; 9 déc. 2016, n° 15/14315 : *LEDB* mars 2017, p. 4, obs. J. Lasserre Capdeville ; Paris, 13 janv. 2017, n° 15/15501. - Paris, 31 mars 2017, n° 15/17642. - Paris, 5 mai 2017, n° 15/21076. - Paris, 23 déc. 2018, n° 16/24864. - V. également, Amiens, 6 févr. 2018, n° 16/02300. - Aix-en-Provence, 25 oct. 2018, n° 16/09391.
3. Com. 29 nov. 2017, n° 16-17.802.
4. *JO* 11 août 2018, texte n° 1.
5. V. ss 1682.
6. J. Lasserre Capdeville, « Réflexions à la vue du projet d'ordonnance modifiant la sanction applicable du TEG/TAEG erroné » : *JCP E* 2019, n° 15, 237.

reviendrait alors à donner un « blanc-seing » aux banques pour déterminer leurs TEG/TAEG comme elles l'entendent. L'absence de rigueur en la matière importerait donc peu. A moyen terme, c'est la saine concurrence entre les établissements prêteurs qui pourrait pâtir de cette situation.

C. Les règles de preuve applicables

1731 ***Charge de la preuve*** ◊ Il résulte de notre droit, et plus particulièrement de l'alinéa 1er de l'article 1353 du Code civil, que celui qui réclame l'exécution d'une obligation doit la prouver. Les décisions s'intéressant au taux effectif global estiment alors qu'il revient à l'emprunteur de démontrer l'erreur du TEG mentionné en rapportant la preuve de l'erreur de calcul ou l'absence de prise en compte de frais normalement inclus dans le TEG. Cette solution ne saurait surprendre.

La jurisprudence est à l'origine, sur ce point, de quelques précisions utiles. Tout d'abord, le rapport de l'expert financier mandaté par l'emprunteur ne peut se limiter, sans démonstration convaincante, à alléguer une erreur de taux [1]. Par ailleurs, les magistrats demeurent tenus d'étudier le calcul proposé par le demandeur, même s'il n'émane pas d'un professionnel du chiffre [2].

1732 ***Fondement exclusif sur une expertise*** ◊ Mais le juge peut-il se fonder uniquement sur une telle expertise privée ? La jurisprudence y est de plus en plus hostile [3].

Par exemple, la Cour de cassation a pu indiquer qu'il n'y avait pas de manquement de la part du prêteur, lorsque « aucun élément du dossier ne permettait de vérifier la pertinence des conclusions d'un rapport d'expertise unilatéral » [4].

1733 ***Démonstration du recours à « l'année lombarde »*** ◊ Il a été noté précédemment que le TEG doit nécessairement être calculé sur une année civile, et non sur une année de 360 jours [5]. Mais comment rapporter la preuve d'un tel recours à « l'année lombarde » ? Une décision récente nous renseigne [6]. La banque avait, pour déterminer en l'occurrence sa créance, produit un décompte qui avait été calculé sur une base de 360 jours. Or, un tel fait n'aurait-il pas pu laisser penser que les deux crédits concernés

1. Civ. 1re, 1er oct. 2014, n° 13-22.778. Com., 4 juin 2013, n° 12-16.611. TGI Créteil, 21 janv. 2013, n° 11/00563.
2. Civ. 1re, 13 mai 2014, n° 13-15.151.
3. Civ. 1re, 6 sept. 2017, n° 16-19.063. – Civ. 1re, 12 déc. 2018, n° 17-22.341. – Civ. 1re, 9 janv. 2019, n° 17-22.581. – Civ. 1re, 23 janv. 2019, n° 17-22.420 : *LEDB* mars 2019, p. 5, obs. N. Mathey.
4. Civ. 2e, 12 avr. 2018, n° 17-17.603.
5. V. ss 1701 s.
6. Com. 4 juill. 2018, n° 17-10.349 : *JCP* 2018. 985, note J. Lasserre Capdeville ; *Banque et Dr.* 1-2/2019, n° 183, p. 24, obs. Th. Bonneau ; *LEDB* oct. 2018, p. 4, obs. N. Mathey.

avaient eux-mêmes été calculés de la sorte ? Les juges du fond comme la Cour de cassation répondent à cette interrogation par la négative. Il doit revenir, dans tous les cas, aux demandeurs de prouver, positivement, le calcul dénoncé, et ne pas se contenter de la présomption précitée. Une démonstration mathématique sera ainsi obligatoire.

§ 2. Les limites au régime juridique en vigueur

1734 Les sanctions précitées au TEG erroné n'ont pas vocation à s'appliquer dans n'importe quelles circonstances. Quelques limites légales (B) et, surtout, jurisprudentielles (A) sont en effet à observer ici. En outre, les règles régissant la prescription ont un rôle important à jouer en la matière (C).

A. Les limites jurisprudentielles

1735 La Cour de cassation a cherché à limiter les conséquences de l'assimilation précitée en recourant en tolérant une inexactitude du TEG inférieure à une décimale (1), ou en empêchant toute action si l'erreur est en faveur de l'emprunteur (2).

En revanche, ce n'est pas parce qu'un crédit a été remboursé qu'aucune action fondée sur le TEG erroné n'est possible [1].

1. La tolérance à l'erreur inférieure à une décimale

1736 ***Solution dégagée*** ◊ Il convient d'évoquer ici une évolution importante. En effet, par trois décisions remarquées de 2014 et 2015, la Cour de cassation est venue refuser toute action en justice en la matière si la différence entre le taux annoncé et le taux réel est inférieure à une décimale [2].

Cette solution, souvent critiquée en raison de la faiblesse de son fondement juridique [3], a été rappelée à plusieurs reprises en 2017, et notamment par deux décisions ayant eu les honneurs d'une publication au *Bulletin civil* [4].

---

1. Nancy, 31 mars 2016, n° 14/03329.

2. Civ. 1re, 1er oct. 2014, n° 13-22.778, *Gaz. Pal.* 17 mars 2015, n° 76, p. 18, obs. M. Roussille ; *D.* 2014. 2395, note J. Lasserre Capdeville ; *Banque et Dr.* 2015, n° 160, p. 29, obs. Th. Bonneau ; *RDBF* 2015, comm. 32, obs. F.-J. Crédot et Th. Samin. Civ. 1re, 26 nov. 2014, n° 13-23.033, *JCP* 2014, act. 1306, obs. J. Lasserre Capdeville ; *Banque et Dr.* 2015, n° 160, p. 29, obs. Th. Bonneau ; *RTD com.* 2015. 137, obs. D. Legeais ; *RDBF* 2015, comm. 36, obs. N. Mathey. Civ. 1re, 9 avr. 2015, n° 14-14.216, *D.* 2015. AJ 1150, obs. J. Lasserre Capdeville.

3. G. Biardeau, « Le TEG, ses décimales et la Cour de cassation », *D.* 2015. 215. J.-L. Coudert et F. Coudert, « Quelle place pour l'erreur en matière de calcul de TEG ? », *Gaz. Pal.* 19 févr. 2015, n° 50, p. 3. D. Mainguy, « L'arrondi de la décimale. De l'influence des mathématiques sur la rigueur de l'information due au consommateur de crédit », *JCP E* 2015, 1250. J. Lasserre Capdeville, « Critiques d'une jurisprudence permettant au banquier de se tromper », *Gaz. Pal.* 10 juin 2015, n° 161, p. 7. Y. Le Targat, « TEG en matière de crédit immobilier : regard critique d'un praticien sur une jurisprudence très (trop ?) favorable aux banques », *Gaz. Pal.* 10 mai 2016, n° 263, p. 63.

4. Civ. 1re, 25 janv. 2017, n° 15-24.607 : *JCP E* 2017, n° 11, 1158, p. 39, note J. Lasserre Capdeville ; *RDBF* mars-avr. 2017, comm. 60, obs. N. Mathey ; *CCC* 2017, comm. 91, obs. S. Bernheim-Desvaux. – Com. 18 mai 2017, n° 16-11.147 : *LEDB* juill. 2017, p. 3, obs. S. Piedelièvre ;

Sans surprise, cette solution est aujourd'hui reprise par la plupart des juridictions du fond. Cette jurisprudence a alors eu des incidences notables sur les actions exercées. Certains ont alors pu parler, du fait de l'application de cette jurisprudence, d'« hécatombe » des contestations en la matière [1].

Un auteur [2] a proposé une explication à cette solution à travers la jurisprudence de la Cour de justice de l'Union européenne, et notamment une décision du 9 novembre 2016 [3].

737 ***Critiques juridiques de la solution*** ◊ Cette solution est fondée sur le point d) de l'annexe I de l'ancien article R. 313-1 du Code de la consommation (devenu l'article R. 314-2). Pour mémoire, celui-ci prévoit que : « Le résultat du calcul est exprimé avec une exactitude d'au moins une décimale. Si le chiffre de la décimale suivant est supérieur ou égal à 5, le chiffre de la première décimale sera augmenté de 1 ».

Pourtant, force est de constater que cette annexe ne nous dit à aucun moment que le résultat du calcul peut être exprimé avec une erreur inférieure à une décimale. L'interprétation des juges parait alors aller au-delà de la lettre de l'article. Surtout, le décret à l'origine de ce dernier, c'est-à-dire le décret n° 2002-927 du 10 juin 2002, n'a vocation à régir que les crédits à la consommation et non les crédits immobiliers ou les crédits professionnels. L'approche étendue, privilégiée par la Cour de cassation, peut alors paraître controversée.

738 ***Questions préjudicielles*** ◊ Un juge du Tribunal d'instance de Limoges a posé successivement deux questions préjudicielles à la Cour de justice de l'Union européenne (CJUE) à propos de l'arrondi pratiqué par les établissements de crédit français sur le fondement de la seconde phrase figurant à l'ancien article R. 313-1 du Code de la consommation [4]. Il est vrai que la règle figurant à l'annexe de l'ancien article R. 313-1 se retrouve également dans les directives 98/7/CE du 16 février 1988 et 2008/48/CE du 23 avril 2008.

Une première question a ainsi été posée en ce sens le 1er février 2017 [5]. Cependant, la banque concernée a préféré se désister de l'instance [6], et donc abandonner la possibilité de récupérer la somme de 26 820,97 euros, plutôt que d'entendre la position de la CJUE sur cette question de droit.

JCP E 2017, n° 26, 1366, p. 49, note J. Lasserre Capdeville ; *Banque et Dr.* 9-10/2017, n° 175, p. 23, obs. Th. Bonneau. - Civ. 1re, 5 juill. 2017, n° 16-21.075 : *Gaz. Pal.* 12 sept. 2017, p. 18, note J. Lasserre Capdeville ; *Banque et Dr.* 9-10/2017, n° 175, p. 23, obs. Th. Bonneau. - Civ. 1re, 28 nov. 2018, n° 17-20.106. - J. Martinet, « L'« affaire » de la décimale » : *Banque et Dr.*, Hors-série, juill. 2018, p. 18.

1. V. Mignot, « Crédit immobilier : l'hécatombe des contestations de TEG » : *CBanque*, 31 mai 2018.
2. F. Boucard, *D.* 2017. 328.
3. CJUE, 9 nov. 2016, n° C-42/15.
4. V. ss 1737.
5. TI Limoges, 1er févr. 2017, n° 16-000784 : *D.* 2017. AJ 502, obs. G. Poissonnier.
6. Limoges, 7 juin 2018, n° 17/00768.

Par la suite, le magistrat a profité d'une autre affaire comparable pour poser une nouvelle question préjudicielle le 11 octobre 2017 comparable [1]. Cependant, dans cette affaire encore, la banque (qui était la même que dans la 1re procédure) a décidé de se désister et perdre, cette fois-ci, toute chance de récupérer la somme de 22 356,49 euros [2].

Cette attitude de la banque est très explicite [3] : elle n'est manifestement pas totalement convaincue de la valeur juridique de la pratique des établissements de crédit français d'arrondir assez facilement le TEG, ou du moins de la conventionnalité de leur lecture des textes.

2. L'admission de l'erreur favorable au client

1739 ***Solution dégagée*** ◊ La Cour de cassation est venue affirmer que lorsque l'erreur du TEG est en faveur de l'emprunteur, celui-ci ne peut plus agir en justice [4].

Les juridictions du fond appliquent, logiquement, cette solution de bon sens [5].

B. Les limites légales

1740 ***Cas des « emprunts toxiques »*** ◊ La lutte contre les « emprunts toxiques » a connu une étape fondamentale avec la célèbre décision du TGI de Nanterre du 8 février 2013 ayant estimé que si le taux effectif global du crédit n'avait pas été mentionné « dans tout écrit constatant un contrat de prêt », comme l'exigeait alors l'ancien article L. 313-2 du Code de la consommation, le prêteur devait se voir infliger la nullité de la stipulation prévoyant le taux conventionnel et sa substitution par le taux légal [6].

Face à cette jurisprudence, le législateur a souhaité modifier l'état du droit afin de valider *a posteriori* ces contrats de prêts non conformes à la loi. C'est ce qui a été fait par la loi n° 2014-844 du 29 juillet 2014 relative à la sécurisation des contrats de prêts structurés souscrits par les personnes morales de droit public [7].

---

1. TI Limoges, 11 oct. 2017, n° 17-000561 : *D.* 2017. AJ 2093, obs. G. Poissonnier ; *LEDB* déc. 2017, p. 4, obs. J. Lasserre Capdeville.
2. Limoges, 17 mai 2018, n° 17/01433 : *LEDB* juill. 2018, p. 5, obs. J. Lasserre Capdeville.
3. J. Lasserre Capdeville, « La pratique de l'arrondi du TEG par les banques : une pratique bien fragile selon les banques elles-mêmes... » : *LPA*, Le billet du bancariste, 2 août 2018, n° 154, p. 7.
4. Com. 12 oct. 2016, n° 15-25.034 : *Gaz. Pal.* 13 déc. 2016, n° 44, p. 28, obs. S. Piedelièvre ; *LEDB* déc. 2016, p. 5, obs. J. Lasserre Capdeville ; *D.* 2016. AJ 2165, obs. V. Avena-Robardet ; *RDBF* janv.-févr. 2017, comm. 1, obs. Th. Samin et S. Torck et comm. 5, obs. N. Mathey ; *Banque et Dr.* 1-2/2017, n° 171, p. 11, obs. Th. Bonneau. – Civ. 1re 16 nov. 2016, n° 15-23.178. *LEDB* janv. 2017, p. 4, obs. S. Piedelièvre ; *Banque et Dr.* 3-4/2017, n° 172, p. 34, obs. Th. Bonneau. – Com. 22 nov. 2017, n° 16-15.756.
5. V. par ex., Amiens, 6 févr. 2018, n° 16/02300.
6. V. ss 1667.
7. V. ss 1683.

1741 ***Validation rétroactive*** ◊ Ainsi, pour échapper à la substitution du taux légal au taux conventionnel, l'article 1er de la loi du 29 juillet 2014 valide de façon rétroactive les prêts, entrant dans le champ d'application de la loi, ayant méconnu l'obligation de mentionner le TEG par écrit. Il est alors simplement nécessaire que l'écrit constatant le contrat de prêt (ou un avenant) indique cumulativement : le montant ou le mode de détermination des échéances de remboursement du prêt en principal et intérêts ; la périodicité de ces échéances ; et enfin le nombre de ces échéances ou la durée du prêt [1].

De plus, et surtout, l'article 2 de cette loi valide également, de façon rétroactive, les contrats de prêts structurés souscrits par les personnes morales de droit public dont les TEG étaient inexacts du moment que l'écrit constatant le contrat de prêt (ou un avenant) indique les mentions visées précédemment.

Pour le Conseil constitutionnel [2], le législateur a entendu de la sorte prévenir par cette règle les conséquences financières directes ou indirectes, pouvant excéder dix milliards d'euros, résultant, pour les établissements de crédit auxquels l'État a apporté sa garantie, de la généralisation des solutions retenues par le TGI de Nanterre à plusieurs reprises. Elle est donc justifiée par un motif impérieux d'intérêt général.

1742 ***Erreur postérieure à la loi*** ◊ La loi du 29 juillet 2014 prévoit, en outre, une nouvelle sanction à l'erreur de taux commise postérieurement à son entrée en vigueur à l'égard des seuls prêts structurés consentis à des personnes morales de droit public : si le TEG exigé est inférieur au TEG déterminé conformément à l'article L. 314-1 du Code de la consommation, l'emprunteur a droit au versement par le prêteur de la différence entre ces deux taux, appliquée au capital restant dû à chaque échéance. La sanction est donc ici nettement « amoindrie ».

C. Les règles de prescription

1743 ***Délais concernés*** ◊ Les actions menées contre les TEG erronés demeurent, dans tous les cas, limitées par un délai de prescription.

Tout d'abord, les actions tendant au prononcé de la nullité de la clause prévoyant le taux conventionnel et sa substitution par le taux légal, sont encadrées par le délai de prescription de cinq ans envisagé, jusqu'à la réforme du droit des obligations, par l'ancien article 1304, alinéa 1er, du Code civil. La solution est désormais fondée d'une façon plus générale sur l'article 2224 du Code civil.

---

1. V. ss 1684. – Sur l'importance de ces conditions, Com. 24 mai 2018, n° 16-26.478 : *LEDB* juill. 2018, p. 5, obs. J. Lasserre Capdeville.

2. Cons. const. 24 juill. 2014 : n° 2014-695 DC : *AJCT* sept. 2014, p. 400, obs. J. Lasserre Capdeville.

Par ailleurs, l'action intéressant les crédits aux consommateurs, et tendant donc à voir prononcer la déchéance du droit aux intérêts, est limitée, quant à elle, par le délai de prescription de cinq ans de l'article L. 110-4 du Code de commerce. Rappelons qu'il était de 10 ans antérieurement à l'entrée en vigueur de la loi n° 2008-561 du 17 juin 2008.

1744 ***Point de départ du délai - Action en nullité du taux conventionnel*** ◊ De longue date, la question du point de départ du délai prévu par l'ancien article 1304, alinéa 1er, du Code civil, donne lieu à une jurisprudence abondante à propos du TEG erroné. Il est vrai que la solution diffère selon qu'elle émane de la première chambre civile ou de la chambre commerciale de la Cour de cassation. La finalité non professionnelle ou professionnelle du crédit a une incidence sur le droit applicable.

Tout d'abord, pour la chambre commerciale, le délai court à compter du jour où l'emprunteur a connu ou aurait dû connaître le vice affectant le TEG et, s'agissant d'un prêt, c'est « nécessairement la date de la convention » [1]. Ainsi, pour les juges, en sa qualité de professionnel, l'emprunteur ne doit pas pouvoir ignorer l'erreur qu'il a commise. De même, en présence d'un découvert, le point de départ sera la réception de chacun des écrits indiquant le TEG erroné [2].

Toutefois, cette solution, qui n'échappe pas à la critique [3], n'est pas totalement partagée par la première chambre civile de la Cour de cassation [4]. Cette dernière a en effet adopté une solution plus favorable à

---

1. Com., 10 juin 2008, n° 06-19.452, 06-18.906 et 06-19.905, *Bull. civ.* IV, n° 116, 117 et 118 ; *D.* 2008. 2202, note D.-R. Martin ; *D.* 2008. AJ 1761 ; obs. V. Avena-Robardet ; *RTD com.* 2008. 604, obs. D. Legeais ; *RDBF* 2008, comm. 103, obs. F.-J. Crédot et Th. Samin ; *Banque et Dr.* 9-10/2008. 28, obs. Th. Bonneau. Com., 17 mai 2011, n° 10-17.397, *Bull. civ.* IV, n° 77 ; *D.* 2011. AJ 1477, obs. V. Avena-Robardet ; *Banque et Dr.* juill.-août 2011, p. 13, obs. Th. Bonneau ; *JCP* 2011. 826, note J. Lasserre Capdeville ; *LEDB* juill. 2011, p. 4, n° 100, obs. R. Routier. Com., 7 févr. 2012, n° 11-10.833, *LEDB* avr. 2012, p. 4, n° 040, obs. R. Routier ; *JCP* 2012. 489, note J. Lasserre Capdeville ; CCC 2012, comm. 138, obs. G. Raymond. Com., 3 déc. 2013, n° 12-23.976, dalloz.fr, 16 déc. 2013, obs. V. Avena-Robardet ; *Banque et Dr.* 1-2/2014. 43, obs. E. Netter ; *RDBF* 2014, comm. 8, obs. D. Legeais. - Com. 4 mai 2017, n° 15-19.141 : *JCP E* 2017, n° 13, 1405, note J. Lasserre Capdeville ; dalloz.fr, actualité, 31 mai 2017, obs. X. Delpech ; *Banque et Dr.* 9-10/2017, n° 175, p. 23, obs. Th. Bonneau. Cette dernière décision, publiée au *Bulletin civil*, cherche, semble-t-il, à démontrer qu'une décision du 31 janvier 2017 ne devait pas être vue comme un revirement de jurisprudence (Com. 31 janv. 2017, n° 14-26.360 : *JCP E* 2017, 142, note J. Lasserre Capdeville ; *Banque et Dr.* 5-6/2017, n° 173, p. 32, obs. Th. Bonneau).

2. Com., 9 févr. 2010, n° 06-19.581, *RJDA* 2010, n° 547. Com., 16 mars 2010, n° 09-11.236, *Bull. civ.* IV, n° 58 ; *D.* 2010. AJ 823, obs. V. Avena-Robardet ; *Gaz. Pal.* 18 juill. 2010, n° 199, p. 15, note J. Lasserre Capdeville ; *JCP E* 2010, 1435. Com., 8 oct. 2013, n° 11-26.600.

3. J. Lasserre Capdeville, « TEG erroné et délai de prescription : état du droit et observations », *LPA*, 28 janv. 2016, n° 20, p. 7, n° 9.

4. Notons que la 1re chambre civile ne remet pas fondamentalement en cause la solution retenue par la chambre commerciale. En effet, s'agissant d'un concours financier contracté pour les besoins de l'activité professionnelle de l'emprunteur, la prescription de l'exception de nullité de la stipulation du taux effectif global court, pour la 1re chambre civile, également, à compter de la conclusion de l'acte de prêt, Civ. 1re, 11 mars 2010, n° 09-14.236. Civ. 1re, 11 déc. 2013, n° 12-15.512 et 13-13.393, *LEDB* févr. 2014, p. 6, n° 011, obs. J. Lasserre Capdeville. Civ. 1re, 9 déc. 2015, n° 14-29615. Civ. 1re, 1er juin 2016, n° 15-16.380.

l'emprunteur : le point de départ de la prescription est la date de la convention lorsque l'examen de sa teneur permet de constater l'erreur, ou, lorsque tel n'est pas le cas, la date de la révélation de celle-ci à l'emprunteur [1]. Les magistrats doivent alors indiquer la date à laquelle l'emprunteur a eu ou aurait dû avoir connaissance de l'erreur affectant le TEG du prêt litigieux [2] ou s'il pouvait se convaincre de cette erreur par la seule lecture du prêt [3]. Cette solution est conforme à l'esprit de l'article 2224 du Code civil qui prévoit que « les actions personnelles ou mobilières se prescrivent par cinq ans à compter du jour où le titulaire d'un droit a connu ou aurait dû connaître les faits lui permettant de l'exercer ».

Notons que cette même chambre ne remet pas pour autant en cause la solution retenue par la chambre commerciale [4]. La jurisprudence est donc bien distincte selon la qualité de l'emprunteur.

1745 ***Caractère décelable*** ◊ Une question importante se pose à la vue des décisions rendues par la 1re chambre civile. Comment est déterminé ce caractère décelable ? La jurisprudence témoigne du fait que cette appréciation se fait d'abord à la vue de convention, c'est-à-dire objectivement. Si la lecture du contrat, ou d'actes postérieurs, permet de relever le caractère erroné du taux, le délai de prescription commencera à courir à partir du contrat ou de l'acte en question. Ainsi, ce délai a pu débuter à la convention de crédit dans un cas où le contrat de prêt mentionnait que le TEG avait été calculé « hors frais de notaire » [5] ou encore en présence d'une offre de prêt immobilier visant un TEG différent de celui figurant finalement dans l'acte authentique [6].

De même, en présence d'un tableau d'amortissement, édité deux années après le contrat, et mentionnant un TEG différent de celui figurant dans la convention, les juges ont pu estimer que le délai commençait à courir à partir de la date d'édition du tableau d'amortissement [7].

---

1. Civ. 1re, 13 nov. 2008, n° 06-20.328. Civ. 1re, 11 juin 2009, n° 08-11.755, *Bull. civ.* I, n° 125 ; *D.* 2009. AJ 1689, obs. V. Avena-Robardet ; *D.* 2010. Pan. 1050, obs. D.-R. Martin ; *RTD com.* 2009. 600 et 792, obs. D. Legeais ; *JCP E* 2009, n° 37, p. 11, note A. Gourio ; *RDBF* 2009, comm. 150, obs. F.-J. Crédot et Th. Samin ; *Banque et Dr.* 9-10/2009. 23, obs. Th. Bonneau. Com., 17 mai 2011, n° 10-17.397, *JCP* 2011. 826, note J. Lasserre Capdeville. Civ. 1re, 20 déc. 2012, n° 11-27.836. Civ. 1re, 16 oct. 2013, n° 12-18.190. Civ. 1re, 27 nov. 2013, n° 12-22.456 et 12-24.115, *RDBF* 2014, comm. 36, obs. F.-J. Crédot et Th. Samin ; *LEDB* févr. 2014, p. 5, n° 009, obs. J. Lasserre Capdeville. - Civ. 1re, 29 mars 2017, n° 13-18.042 : *LEDB* juin 2017, p. 3, obs. S. Piedelièvre. - Civ. 1re, 6 déc. 2017, n° 16-19.914. - Civ. 1re, 31 janv. 2018, n° 16-22.945 : *Banque et Dr.* juill.-août 2018, n° 189, p. 13, obs. S. Gjidara-Decaix. - Civ. 1re, 28 nov. 2018, n° 17-20.067.
2. Civ. 1re, 9 juill. 2015, n° 14-12.939. Civ. 1re, 25 févr. 2016, n° 14-29.926, *RDBF* 2016, comm. 149, obs. F.-J. Crédot et Th. Samin. - Civ. 1re, 6 déc. 2017, n° 16-19.914.
3. Civ. 2e, 12 mai 2016, n° 15-15.968 : *LEDB* juill. 2016, p. 3, obs. M. Mignot.
4. Civ. 1re, 11 mars 2010, n° 09-14.236. - Civ. 1re, 11 déc. 2013, n° 12-15.512.
5. Lyon, 2 juill. 2015, n° 15/02248.
6. Lyon, 29 sept. 2015, n° 13/09427.
7. Civ. 1re, 9 déc. 2015, n° 14-29.615, *LEDB* févr. 2016, p. 4, n° 025, obs. R. Routier

Citons encore le cas d'une offre précise et de charges annexes détaillées permettant à l'emprunteur de déceler par lui-même que le TEG n'intégrait pas le coût de certaines de ces charges, au nombre desquelles figurait la commission d'engagement [1].

Enfin, les juges ne sauraient se contenter de dire que la co-emprunteuse aurait pu être alertée par son époux, co-emprunteur, sur les erreurs qu'il aurait pu détecter par ses vérifications personnelles. Il faut nécessairement rechercher si l'intéressée avait, ou aurait pu, personnellement, déceler les erreurs litigieuses [2].

1746 ***Interrogations*** ◊ Notons cependant que dans les cas précités les anomalies étaient clairement « apparentes ». Mais qu'en est-il lorsque l'erreur du TEG résulte d'une difficulté mathématique (erreur dans l'application de l'équation réglementaire pour déterminer le TEG, arrondi du taux conventionnel, arrondi du taux de période, etc.) ? Peut-on reprocher à l'emprunteur de ne pas avoir su détecter cette erreur à la seule vue du montant du TEG figurant dans le contrat de prêt ? De même, qu'advient-il si l'erreur du taux résulte d'une erreur juridique (oubli de prendre en considération certaines dépenses pourtant mises à la charge de l'emprunteur mais non mentionnées dans le contrat de prêt) ? Dans ces cas, la seule mention du TEG dans le contrat ne devrait pas suffire pour considérer que l'intéressé a pris connaissance de l'erreur.

La jurisprudence n'est cependant pas toujours très claire sur ce point. Pourtant, il est difficile de considérer qu'un emprunteur est suffisamment spécialiste en matière juridique ou en mathématique financière pour détecter la difficulté. Cette analyse est confortée par quelques décisions de la Cour de cassation tendant à prendre en considération le fait que l'emprunteur était « en mesure de déceler par lui-même », à la lecture des actes, l'erreur affectant le taux effectif global [3]. Un critère subjectif tend donc à être privilégié parfois.

1747 ***Présence d'un avenant*** ◊ Une situation particulière doit être mentionnée : en cas d'avenant. En effet, si l'erreur de TEG est réitérée dans celui-ci, un nouveau délai de prescription, concernant uniquement les actions relatives à l'erreur figurant dans l'avenant, se met à courir [4].

---

1. Civ. 1re, 14 avr. 2016, n° 15-14.760. De même, concernant le prix de souscription de parts sociales, Civ. 1re, 15 juin 2016, n° 15-12.803, *LEDB* sept. 2016, obs. J. Lasserre Capdeville.

2. Civ. 1re, 6 avr. 2016, n° 15-12.774 : *LEDB* oct. 2016, p. 7, obs. J. Lasserre Capdeville.

3. Civ. 1re, 6 avr. 2016, n° 15-12.774, *RDBF* 2016, comm. 151, obs. F.-J. Crédot et Th. Samin. Civ. 1re, 16 avr. 2015, n° 14-17.738, *LEDB* juin 2015, p. 2, n° 090, obs. J. Lasserre Capdeville. Civ. 1re, 19 mars 2015, n° 124-11.121. Civ. 1re, 26 nov. 2014, n° 13-24.168. Civ. 1re, 23 févr. 2012, n° 10-27.572. Concernant une personne morale, Civ. 2e, 12 mai 2016, n° 15-15.969, *LEDB* juill. 2016, p. 3, n° 108, obs. M. Mignot.

4. Aix-en-Provence, 15 févr. 2018, n° 16/02932. – Toulouse, 12 sept. 2018, n° 16/04571 : *JCP E* 2018, 1570, note J. Lasserre Capdeville.

748 ***Point de départ du délai – Action en déchéance du droit aux intérêts*** ◊ Concernant le cas particulier de l'action en déchéance du droit aux intérêts, la question entourant le début du délai de prescription est restée longtemps sans réponse certaine [1]. Par la suite, la Cour de cassation est venue déclarer que ce délai débutait « à compter de la date à laquelle le contrat de crédit est définitivement formé » [2]. La solution suscitait légitimement des critiques.

Il n'en va plus de la sorte désormais. En effet, la Haute juridiction fait à présent courir ce délai au jour où l'emprunteur a connu ou aurait dû connaître l'erreur affectant ce taux [3]. Tout dépend en conséquence, ici encore, du contenu de l'offre. Par cette évolution, la Cour de cassation a réalisé « *une* harmonie entre l'action en déchéance et l'action en nullité de la stipulation des intérêts conventionnels en retenant un point de départ identique du délai de prescription pour les deux actions » [4].

749 ***Nécessité de soulever la prescription*** ◊ Bien évidemment, la prescription ne peut être éventuellement prononcée que si elle est soulevée par l'une des parties. Une cour d'appel ne saurait par conséquent retenir une telle prescription d'une action fondée sur un TEG erroné si « ni l'emprunteur ni la banque n'avaient soulevé la prescription de cette action ». À défaut, les juges du fond violent l'article 2247 du Code civil disposant que « les juges ne peuvent pas suppléer d'office le moyen résultant de la prescription » [5].

750 ***Exception de nullité*** ◊ Par application de l'adage « *Quae temporalia sunt ad agendum, perpetua sunt ad excipiendum* » [6], la prescription de l'action en nullité n'interdit pas d'opposer la nullité de la clause par voie d'exception, en défense à une action principale. Cette exception de nullité est alors imprescriptible.

Notons cependant que cette dernière n'est recevable que pour faire échec à une demande d'exécution de la stipulation irrégulière non encore exécutée. En effet, et le nouvel article 1182, alinéa 3, du Code civil le déclare, « l'exécution volontaire du contrat en connaissance de la cause de nullité, vaut confirmation » [7].

---

1. Civ. 1re, 13 mars 2001, n° 98-19691, *Bull. civ.* I, n° 70 ; CCC 2001, comm. 113, obs. G. Raymond G. Raymond, *Droit de la consommation*, éd. Litec, 2011, 2e éd., n° 716.

2. Civ. 1re, 3 juill. 2013, n° 12-12.350, *LEDB* juill. 2013, p. 2, n° 107, obs. J. Lasserre Capdeville.

3. Civ. 1re, 15 juin 2016, n° 15-12.803, *RDBF* 2016, comm. 160, obs. N. Mathey ; *LEDB* sept. 2016, p. 6, n° 134, obs. J. Lasserre Capdeville. – Civ. 1re, 1er mars 2017, n° 16-10.142 : *Gaz. Pal.* 18 avr. 2017, n° 15, p. 27, note J. Lasserre Capdeville ; *LEDB* avr. 2017, p. 5, obs. S. Piedelièvre ; *Banque et Dr.* 5-6/2017, n° 173, p. 26, obs. Th. Bonneau.

4. Paris, 1er juin 2018, n° 16/03191.

5. Civ. 1re, 5 juill. 2017, n° 16-20.950.

6. « Ce qui est temporaire au regard de l'exercice d'une action en justice, est perpétuel au regard de la défense ».

7. Les juges ont eu également l'occasion d'affirmer que « la règle selon laquelle l'exception de nullité est perpétuelle ne s'applique que si l'action en exécution de l'obligation litigieuse est

Cette solution est logiquement confirmée par la jurisprudence intéressant le TEG. Ainsi, dans une affaire où pour déchoir la banque des intérêts conventionnels, les juges du fond avaient énoncé que l'exception de nullité relative à la clause d'intérêt est perpétuelle et qu'ainsi la déchéance du droit aux intérêts n'était pas prescrite au moment de l'assignation, la Cour de cassation vient affirmer qu'en statuant ainsi, « alors qu'il ressortait de ses constatations que le contrat de crédit avait reçu un commencement d'exécution », la cour d'appel avait violé l'article 1304 du Code civil, dans sa rédaction antérieure à celle issue de l'ordonnance n° 2016-131 du 10 février 2016 [1].

introduite après l'expiration du délai de prescription », Com., 3 déc. 2013, n° 12-23.976, dalloz.fr, 16 déc. 2013, obs. V. Avena-Robardet ; *RDBF* 2014, comm. 8, obs. D. Legeais.

1. Civ. 1re, 6 sept. 2017, n° 16-21.046. – Pau, 10 janv. 2019, n° 17/00205.

CHAPITRE 3
LE MONTANT MAXIMUM DU TAUX D'INTÉRÊT

751 ***Limite à la liberté du prêteur*** ◊ Si le banquier est, en principe, libre pour déterminer le montant de l'intérêt demandé [1], il faut rappeler qu'une limite non négligeable existe à travers le droit régissant l'usure.

Pour mémoire, l'usure est le profit qui est retiré d'un prêt au-dessus d'un seuil déterminé, le seuil de l'usure, et qui n'est pas jugé admissible par une disposition juridique.

752 ***Prohibition*** ◊ Depuis plusieurs siècles, notre droit cherche à lutter contre l'usure, avec plus ou moins de rigueur selon les époques [2]. Longtemps rattachée à des considérations morales et religieuses, la question de l'usure est davantage liée de nos jours à des préoccupations d'ordre économique, et plus particulièrement au souci d'assainir les circuits du crédit, sur lesquels repose une part importante de la vie économique.

Notre droit actuel régissant l'usure a pour origine la loi n° 66-1010 du 28 décembre 1966 relative à l'usure, aux prêts d'argent et à certaines opérations de démarchage et de publicité, même s'il a fait l'objet, depuis, d'un grand nombre de modifications légales, notamment par les lois n° 2003-721 du 1er août 2003 et n° 2005-882 du 2 août 2005 qui en ont nettement réduit le champ d'application.

753 L'étude de la lutte contre le prêt usuraire implique de savoir à partir de quand un prêt peut être qualifié d'usuraire (Section 1), avant d'observer les éléments constitutifs du délit d'usure (Section 2) et la répression prévue en la matière (Section 3).

SECTION 1. LA QUALIFICATION DE PRÊT USURAIRE

754 ***Définition*** ◊ La notion du prêt usuraire est définie par l'article L. 314-6, alinéa 1er, du Code de la consommation. Aux termes de ce dernier : « Constitue un prêt usuraire tout prêt conventionnel consenti à un taux

---

1. V. ss 1640.

2. S. Piedelièvre, « Usure », *Rép. comm. Dalloz*, 2012, n° 5 s. J. Lasserre Capdeville, « Le prêt usuraire », *RLDA* 2008. 98, n° 3.

effectif global qui excède, au moment où il est consenti, de plus du tiers, le taux effectif moyen pratiqué au cours du trimestre précédent par les établissements de crédit et les sociétés de financement pour des opérations de même nature comportant des risques analogues, telles que définies par l'autorité administrative (...) ».

1755 De cette définition découlent les éléments permettant d'appréhender un prêt usuraire. Il faut être en présence de certains types de prêts conventionnels (§ 1), consentis à un taux d'intérêt trop élevé (§ 2).

§ 1. Les prêts conventionnels concernés

1756 ***Principe*** ◊ L'article L. 314-6, alinéa 1er, du Code de la consommation prévoit l'application du régime de l'usure à « tout prêt conventionnel » porteur d'intérêts. Y sont également assimilés, par l'alinéa suivant, les opérations de vente à tempérament, c'est-à-dire la vente à terme par laquelle le vendeur se réserve la propriété du bien jusqu'au paiement total du prix de vente.

La jurisprudence a eu l'occasion de préciser, à plusieurs reprises, le champ d'application de la législation sur l'usure. Elle a ainsi déclaré cette dernière applicable au découvert en compte [1]. Le champ d'application des règles régissant l'usure paraît donc, *a priori*, extrêmement large. Mais c'est loin d'être le cas.

1757 ***Limites*** ◊ Les magistrats ont, les premiers, cherchés à délimiter l'application des règles régissant l'usure. C'est ainsi que ces dernières ont été écartées, par les juges, en présence d'une clause pénale [2], d'un taux d'intérêt de retard fixé par la loi, et plus précisément la loi fiscale [3] ou encore d'un crédit-bail [4].

Surtout, depuis la loi n° 2003-721 du 1er août 2003 relative à l'initiative économique et la loi n° 2005-882 du 2 août 2005 en faveur des PME, l'article L. 314-9 écarte expressément l'application des dispositions régissant l'usure « aux prêts accordés à une personne physique agissant pour ses besoins professionnels ou à une personne morale se livrant à une activité industrielle, commerciale, artisanale, agricole ou professionnelle non commerciale » [5].

---

1. Aix-en-Provence, 17 déc. 1986, *JCP* 1987, II, 20795, note J. Stoufflet. Crim. 17 mai 2006, n° 05-81.927.

2. Com., 22 févr. 1977, n° 75-15.054, *Bull. civ.* IV, n° 58 ; *D.* 1977, info. rap., p. 244.

3. Concernant l'intérêt de retard visé par l'article 1727 du Code général des impôts, Com., 27 sept. 2005, n° 02-13.935, *Bull. civ.* IV, n° 347.

4. Rouen, 3 juill. 1970, *D.* 1971. 465, note C. Dessens. Toulouse, 8 mai 1970, *JCP* 1970, II, p. 481, note E.M. Bey.

5. S. Piedelièvre, « Le déplafonnement de certains taux d'intérêt », *JCP E* 2003, 1466. Sur cette exception, Com., 25 nov. 2015, n° 14-23.224, *JCP* 2015. 1386, obs. J. Lasserre Capdeville.

L'objectif de l'évolution engendrée par les lois précitées de 2003 et 2005 était clairement de faciliter l'accès au crédit aux entreprises connaissant certaines difficultés financières et dont le crédit est, en conséquence, plus risqué. En effet, l'octroi d'un prêt à ces dernières impliquant un taux d'intérêt plus élevé, car prenant en considération ce risque, le seuil de l'usure pouvait constituer une limite empêchant le bénéfice du concours souhaité. Le législateur a donc estimé plus simple de faire échapper les crédits consentis aux entreprises au régime protecteur de l'usure afin que ces dernières puissent trouver plus facilement un partenaire financier, quel qu'en soit le coût.

Notons cependant une exception en la matière. L'article L. 313-5-1 du Code monétaire et financier applique en effet certaines règles relatives à l'usure aux découverts en compte consentis à une personne physique agissant pour ses besoins professionnels ou à une personne morale se livrant à une activité industrielle, commerciale, artisanale, agricole ou professionnelle non commerciale [1].

§ 2. Le taux élevé consenti

758 ***Solution*** ◇ Pour déterminer le caractère usuraire ou non d'un taux d'intérêt, il convient de le comparer à la limite admise en la matière : le seuil de l'usure. Plus concrètement, le taux effectif global du crédit ne doit pas dépasser ce dernier.

759 ***Mode de calcul*** ◇ Le taux de l'usure est le taux d'intérêt maximum qu'un prêteur a le droit d'appliquer à un prêt aux particuliers. La formule pour calculer ce taux est prévue à l'article L. 314-6 du Code de la consommation. Selon ce dernier, il y a prêt usuraire si le taux effectif global du crédit en question « excède, au moment où il est consenti, de plus du tiers, le taux effectif moyen pratiqué au cours du trimestre précédent par les établissements de crédit et les sociétés de financement pour des opérations de même nature comportant des risques analogues, telles que définies par l'autorité administrative après avis du Comité consultatif du secteur financier ».

La procédure de calcul est alors la suivante [2]. Différentes catégories de prêts, concernées par les règles régissant l'usure, sont différenciées par un arrêté du ministre chargé de l'économie. Jusqu'au début des années 2010, les catégories en question étaient déterminées en prenant en compte à la fois la nature et le montant des prêts. Cependant, depuis la loi n° 2010-737 du 1er juillet 2010 portant réforme du crédit à la consommation, c'est-à-dire la loi « Lagarde », le droit a quelque peu évolué en la matière dans le but de lutter contre les catégories présentant un coût excessif. Les catégories

1. V. ss 1774.
2. C. consom., art. D. 314-15 s.

de prêts aux particuliers, à l'exception des prêts immobiliers, sont ainsi désormais définies, au regard de la notion d'usure, exclusivement en fonction de leur montant [1]. Un arrêté du 16 juin 2016 a récemment légèrement modifié l'état du droit en la matière [2].

Tous les trois mois, la Banque de France procède à une enquête auprès d'un « panel » d'établissements de crédit considérés comme représentatifs. Elle les interroge afin de savoir quel est le taux effectif global (TEG) exigé en moyenne pour chacune des catégories précitées de prêts au cours du trimestre précédent. Une fois qu'elle a centralisé ces informations, la Banque de France détermine le taux effectif moyen (TEM) pratiqué par les établissements de crédit pour toutes ces catégories, puis elle calcule le taux de l'usure (dit aussi seuil de l'usure) à partir de ces TEM. Il lui suffit pour cela d'additionner à chacun de ces TEM son propre tiers. De la sorte, elle obtient le taux de l'usure pour chacune des catégories. Le ministre chargé de l'économie et des finances fait alors procéder à la publication au *Journal officiel* des taux effectifs moyens ainsi que des seuils de l'usure correspondant. Cette publicité a lieu dans la seconde quinzaine du dernier mois de chaque trimestre civil, et ces taux servent de référence pour le trimestre suivant [3].

Illustrons nos propos. Après consultation des établissements de crédit, le taux effectif moyen d'une catégorie de crédit est de 9 %. La Banque de France va alors ajouter à ce taux son propre tiers (en l'occurrence 3 %), ce qui lui permettra de déterminer le seuil de l'usure : il sera ici de 12 %. Dès lors, si un prêteur vient à exiger le trimestre suivant le paiement d'un taux d'intérêt supérieur à ce seuil, par exemple 14 %, nous serons en présence d'un prêt usuraire.

1760 ***Caractérisation de l'usure*** ◇ Lorsque le juge est amené à déterminer si le taux d'un crédit est usuraire, il en compare le TEG (le plus souvent le TAEG) au taux de l'usure ainsi calculé pour la catégorie dans laquelle se classe le crédit en question. Le seuil de l'usure pris en considération est celui en vigueur au moment où le prêt a été consenti, ou, s'agissant de crédits à caractère renouvelable, à la date de chaque arrêté périodique de compte donnant lieu à perception d'intérêts.

Soulignons que le juge sera dans l'obligation de faire une telle comparaison, et ne pourra se contenter de constater que la preuve du caractère usuraire n'est pas rapportée par les parties [4]. Dès lors, si le TEG est supérieur

1. Notons qu'un arrêté du 22 mars 2011 a mis en œuvre des mesures transitoires pour huit trimestres à la suite de la loi « Lagarde » réformant le droit régissant le crédit à la consommation. Elles ont pris fin le 1er avril 2013. Aujourd'hui l'article L. 314-8 prévoit expressément la possibilité pour le ministre chargé de l'économie de mettre en œuvre des mesures transitoires pour une période ne pouvant excéder huit trimestres consécutifs dans certaines circonstances.

2. *JO*, 19 juin 2016, texte n° 4.

3. C. consom., art. D. 313-6.

4. Civ. 1re, 22 avr. 1997, n° 95-13.270, *Bull. civ.* I, n° 124 ; *D. Affaires* 1997. 698 ; CCC 1997, comm. 41, obs. G. Raymond. Civ. 1re, 28 juin 2012, n° 11-19.175.

au seuil en question, le crédit sera qualifié d'usuraire. Il encourra à ce titre, notamment, des sanctions de nature pénale.

SECTION 2. LE DÉLIT D'USURE

761 ***Présentation générale*** ◊ Aux termes de l'article L. 341-50 du Code de la consommation : « Le fait de consentir à autrui un prêt usuraire ou d'apporter à quelque titre et de quelque manière que ce soit, directement ou indirectement, son concours à l'obtention ou à l'octroi d'un prêt usuraire ou d'un prêt qui deviendrait usuraire au sens de l'article L. 314-6 du fait de son concours est puni d'un emprisonnement de deux ans et d'une amende de 300 000 euros ».

762 À l'instar de toute infraction pénale, le délit précité implique, pour pouvoir être caractérisé, la réunion d'un élément matériel (§ 1) et d'un élément moral (§ 2). En revanche, il découle du texte précité qu'il importe peu que l'auteur des faits ait déjà perçu des intérêts [1].

§ 1. L'élément matériel du délit

763 ***Double élément*** ◊ L'article L. 341-50 du Code de la consommation prévoit deux éléments matériels distincts pouvant donner lieu, chacun, à la caractérisation de l'infraction [2]. En premier lieu, est sanctionné le fait de consentir à un tiers un prêt usuraire. Notons que l'article ne limite pas la caractérisation de cet élément à un professionnel déterminé, dans la mesure où il fait simplement référence au « fait de consentir ». Antérieurement à l'ordonnance 2016-351 du 25 mars 2016, l'article prévoyant ce délit visait d'une façon générale « quiconque ». Le délit d'usure peut donc être commis aussi bien par un particulier que par un professionnel du crédit. Les personnes morales sont aussi susceptibles d'être sanctionnées.

En second lieu, constitue également l'élément matériel du délit le fait d'apporter son concours à l'obtention ou à l'octroi d'un prêt usuraire ou d'un prêt qui deviendrait usuraire. Cette hypothèse fait immanquablement penser à un cas de complicité. Elle s'en démarque cependant dans la mesure où, pour qu'il y ait complicité, il faut nécessairement la démonstration d'un fait principal punissable. Tel n'est pas le cas ici. Cette solution tend alors à renforcer la répression en la matière.

---

1. Crim., 19 déc. 1963, n° 63-91.428, *Bull. crim.* n° 370.

2. Pour une caractérisation de ces deux cas à la fois, Aix-en-Provence, 23 mars 2011, n° 2011/101. Crim., 3 mai 2012, n° 11-84.438, *LEDB* nov. 2012, p. 8.

Bien entendu, dans l'ensemble de ces hypothèses, il est nécessaire d'être dans des hypothèses où la législation sur l'usure s'applique. À défaut, le délit ne saurait être retenu. Il en va ainsi à l'égard des crédits consentis dans une finalité professionnelle [1].

§ 2. L'élément moral du délit

1764 ***Interrogation*** ◊ Le délit étudié est-il entièrement intentionnel ? La question s'est longtemps posée dans la mesure où l'article applicable antérieurement à l'ordonnance 2016-351 du 25 mars 2016 ne faisait référence à un acte commis « sciemment » qu'à propos du second élément matériel, c'est-à-dire le fait d'apporter son concours à l'obtention ou à l'octroi d'un prêt usuraire. Fallait-il en conclure que le délit était d'imprudence concernant le fait de consentir directement un prêt usuraire ?

1765 ***Solution*** ◊ Une réponse négative s'imposait. En effet, il faut rappeler qu'en vertu de l'article 121-3 du Code pénal, qu'il n'y a pas de crime ou de délit sans intention de le commettre, hormis, pour les délits, lorsque la loi en dispose autrement. Or, les textes ne disant mot sur ce point à propos du délit qui nous occupe, il fallait en conclure que celui-ci était intentionnel. Plus concrètement, la condamnation impliquait que l'un des éléments matériels précités ait été commis en connaissance du caractère usuraire du crédit [2].

Cette solution a été logiquement confirmée par le législateur. Désormais, l'article L. 341-50 ne mentionne plus le terme « sciemment ». Toute erreur sera alors évitée : les deux éléments matériels du délit doivent être traités de la même façon au regard de l'élément moral : un élément intentionnel, dit aussi dol général, est requis dans les deux hypothèses.

En revanche, il ne ressort ni des textes, ni de la jurisprudence, l'exigence d'un dol spécial, c'est-à-dire la volonté de parvenir à un résultat précis.

1766 ***Présomption*** ◊ Il découle de ce qui précède que les personnes de bonne foi ayant participé à une convention usuraire, en ignorant le montant des intérêts réclamés ou le seuil de l'usure, doivent échapper à la répression.

Cependant, les cas de relaxe sont loin d'être automatiques. En effet, le prêteur sera souvent un professionnel du crédit, susceptible de connaître facilement les taux autorisés. En conséquence, il y a fort à parier qu'à l'égard de ce dernier, les juges auront tendance à estimer que, de par sa

---

1. V. ss 1757. Crim., 3 nov. 2005, n° 04-87.835, *Bull. crim.* n° 277 ; *D.* 2006. AJ 138, obs. A. Lienhard ; *RTD com.* 2006. 499, obs. B. Bouloc ; *AJ pénal* 2006. 217, obs. G. Royer ; *RDBF* 2012, comm. 54, obs. F.-J. Crédot et Th. Samin.

2. Crim. 2 oct. 2002, n° 01-85.931, *Bull. crim.* n° 179 ; *RTD com.* 2003. 147, obs. D. Legeais ; *Dr. pénal* 2003, comm. 11, obs. J.-H. Robert.

qualité, « il ne pouvait pas ne pas savoir ». Par conséquent, son comportement sera à coup sûr présumé intentionnel et ce sera à l'intéressé de démontrer la preuve certaine. Un tel « renversement de la charge de la preuve » se constate fréquemment en droit pénal des affaires [1].

SECTION 3. LES SANCTIONS DE L'USURE

767 La personne, à l'origine d'un prêt usuraire, encourra à la fois des sanctions de nature pénale (§ 1) et civile (§ 2).

§ 1. Les sanctions pénales

768 ***Auteur personne physique*** ◊ Selon l'article L. 341-50 du Code de la consommation, l'auteur personne physique de l'infraction étudiée est puni d'un emprisonnement de deux ans et d'une amende de 300 000 euros ou de l'une de ces deux peines seulement. Ce montant était de 45 000 euros antérieurement à la loi n° 2014-344 du 17 mars 2014.

Des peines complémentaires sont également prévues par le même article, comme par exemple la fermeture, provisoire ou définitive, de l'entreprise dont l'une des personnes chargées de l'administration ou de la direction est condamnée sur le fondement de l'infraction étudiée.

Enfin, une peine accessoire, trouvant son siège à l'article L. 500-1 du Code monétaire et financier, est aussi infligée si l'auteur des faits est condamné à une peine d'emprisonnement ferme ou d'au moins six mois avec sursis.

769 ***Auteur personne morale*** ◊ Cela a été noté, les personnes morales sont susceptibles de se voir condamner sur le fondement du délit d'usure. Elles encourent alors une amende égale au quintuple de celle prévue pour les personnes physiques par la loi qui réprime l'infraction [2], c'est-à-dire ici 1 500 000 euros.

770 ***Action publique*** ◊ Une règle particulière, concernant l'exercice de l'action publique, est à constater. Selon l'article L. 341-51 du Code de la consommation, la prescription de l'action publique « court à compter du jour

---

1. Cette jurisprudence s'est retrouvée, par exemple, en matière d'abus de confiance (Crim., 30 juin 2010, n° 10-81.182, *D.* 2010. 2820, note J. Lasserre Capdeville), de banqueroute (Crim., 5 avr. 2006, n° 04-87.765, *D.* 2007. 1624, obs. C. Mascala ; *Dr. sociétés* 2006, comm. 171, obs. R. Salomon), de pratiques commerciales trompeuses (Crim., 15 déc. 2009, n° 09-83.059, *D.* 2010. AJ 203, obs. X. Delpech ; *AJ pénal* 2010. 73, obs. N. Éréséo et J. Lasserre Capdeville) ou encore de tromperie (Crim., 20 nov. 2001, n° 00-46.414, *Bull. crim.* n° 241 ; *Dr. pénal* 2002, comm. 21, obs. J.-H. Robert).

2. C. pén., art. 131-38.

de la dernière perception, soit d'intérêt, soit de capital ». C'est ainsi que, pour un courant doctrinal [1], le délit d'usure serait devenu un délit « continué » à la manière de l'escroquerie, c'est-à-dire commis dès la conclusion du contrat usuraire et réitéré au fur et à mesure de la perception des intérêts excessifs.

La chambre criminelle a eu l'occasion de préciser que « le recouvrement de sommes en exécution d'une décision judiciaire ne peut être considéré comme la perception, soit d'intérêts, soit de capital » au sens de l'article précité [2].

§ 2. La sanction civile

1771 Observons le contenu concret de cette sanction civile (A) avant de voir dans quels cas elle a vocation à jouer (B).

A. Le contenu de la sanction

1772 ***Solution légale*** ◊ La sanction de l'usure ne consiste pas dans la nullité du contrat de prêt [3], ni de la stipulation d'intérêts [4]. Selon l'article L. 341-48 du Code de la consommation, lorsqu'un prêt conventionnel est usuraire, les perceptions excessives au regard des règles déterminant l'usure sont imputées de plein droit sur les intérêts normaux alors échus, et subsidiairement sur le capital de la créance. Dans les cas où la créance serait éteinte en capital et intérêts, les sommes indûment perçues doivent être restituées avec intérêts légaux du jour où elles auront été payées.

C'est donc l'ensemble des clauses de remboursement qui sont ici rectifiées et ramenées au taux maximal toléré. Il a ainsi été jugé que cet intérêt normal n'est pas l'intérêt au taux légal, mais l'intérêt au-delà duquel le prêt devient usuraire [5]. Cette sanction est soumise au délai de prescription quinquennal prévu par l'article L. 110-4 du Code de commerce.

On notera ici que la sanction civile de l'usure est paradoxalement moins lourde que celle qui frappe l'absence de stipulation écrite du taux d'intérêt [6] alors même que l'usure peut constituer, dans le même temps, un délit pénal fortement réprimé.

---

1. J. Larguier et Ph. Conte, *Droit pénal des affaires*, éd. A. Collin, 2004, n° 469.
2. Crim., 23 mai 2007, n° 06-86.330.
3. Agen, 10 nov. 2008, n° 06/01027.
4. Com. 11 oct. 2011, n° 10-14.359, *Bull. civ.* IV, n° 156 ; *LEDB* déc. 2013, p. 6, n° 173, obs. J. Lasserre Capdeville ; *Banque et Dr.* 2012, n° 141, p. 33, obs. Th. Bonneau ; *JCP E* 2012, 1373, n° 17, obs. R. Routier.
5. Paris, 21 déc. 1989, *D.* 1990. IR 34. – La déchéance du droit aux intérêts ne saurait pas plus être retenue, Besançon, 14 juin 2016, n° 15/00557.
6. V. ss 1678, 1681.

B. Les applications de la sanction

773 ***Solutions générales*** ◊ Cette sanction civile, qu'est la restitution du « trop perçu », a vocation à s'appliquer dans plusieurs hypothèses. Il en va tout d'abord ainsi lorsque le délit pénal est caractérisé par le juge. Elle accompagnera alors les sanctions pénales infligées.

De plus, le juge pourra également y recourir en présence d'un prêt usuraire, alors que l'un des éléments constitutifs de l'infraction, figurant à l'article L. 341-50 du Code de la consommation, ne pourra pas être relevé. Il en ira plus particulièrement ainsi lorsque l'élément moral fera défaut. Dans ce cas, la sanction civile s'imposera tout de même. Il aurait été bien évidemment choquant que celui qui consent, sans le savoir, un prêt usuraire puisse continuer à percevoir le paiement d'intérêts supérieurs au seuil de l'usure.

774 ***Cas particulier du découvert en compte*** ◊ La sanction civile précitée, et elle seule, a enfin vocation à s'appliquer dans une hypothèse tout à fait particulière : le découvert en compte consenti à certaines personnes physiques ou morales. En effet, depuis les lois n° 2003-721 du 1er août 2003 et n° 2005-882 du 2 août 2005, l'article L. 313-5-1 du Code monétaire et financier dispose que constitue un prêt usuraire les découverts en compte consentis à une personne physique agissant pour ses besoins professionnels ou à une personne morale se livrant à une activité industrielle, commerciale, artisanale, agricole ou professionnelle non commerciale, chaque fois que les conditions pour pouvoir qualifier un prêt d'usuraire sont réunies [1].

Ainsi, dans ce dernier cas, la loi ne faisant aucune référence à l'article L. 341-50 du Code de la consommation visant les sanctions pénales, seule la sanction civile visée par l'article L. 313-5-2 du Code monétaire et financier peut être retenue [2] : il s'agit à nouveau de l'obligation de restitution des perceptions excessives.

---

1. V. ss 1755.

2. Crim., 3 nov. 2005, n° 04-87.835, *Bull. crim.* n° 277 ; *D.* 2006. AJ 138, obs. A. Lienhard ; *RTD com.* 2006. 499, obs. B. Bouloc ; *AJ pénal* 2006. 217, obs. G. Royer ; *RDBF* 2012, comm. 54, obs. F.-J. Crédot et Th. Samin. Montpellier, 16 déc. 2003, *RDBF* 2004, comm. 135, note B. Bouloc.

SOUS-TITRE 5

Le risque de défaillance de l'emprunteur

775 ***Risque du crédit*** ◊ Le risque de crédit est défini par l'article 10, e), de l'arrêté du 3 novembre 2014 relatif au contrôle interne des entreprises du secteur de la banque, des services de paiement et des services d'investissement soumises au contrôle de l'ACPR, comme « le risque encouru en cas de défaillance d'une contrepartie ou de contreparties considérées comme un même groupe de clients (...) ».

Ainsi, le crédit présente, pour le prêteur, un danger intrinsèque : le fait que son cocontractant ne soit pas en mesure de le rembourser en raison de son insolvabilité ; en résumé, qu'il soit défaillant.

776 ***Évolutions légales*** ◊ Le législateur est intervenu à de multiples reprises dans le but d'offrir au débiteur des techniques de prévention de ces difficultés ou, une fois que la défaillance est constatée, des mesures de traitement de sa situation, plus particulièrement pour faciliter son redressement.

La défaillance du client des banques est ainsi principalement traitée par les règles du surendettement s'il s'agit d'une personne physique n'exerçant pas de profession commerciale, agricole ou artisanale, ou d'activité professionnelle indépendante (Chapitre 1). La défaillance de l'entreprise appelle, quant à elle, l'application de mesures particulières, et notamment de mesures collectives de traitement des difficultés (Chapitre 2). On parle alors de droit des entreprises en difficulté.

Or, ces procédures présentent d'importantes incidences pour le banquier dispensateur de crédit créancier. En effet, face à un client insolvable ou en difficulté, il risque de ne pas pouvoir voir sa créance être normalement remboursée. Le risque de perte totale est d'ailleurs de plus en plus grand. Observons ces situations plus en détail.

CHAPITRE 1
LE SURENDETTEMENT DES PARTICULIERS

777 ***Mesures protectrices du Code civil*** ◊ L'article 1343-5 du Code civil permet au juge de prendre des mesures en faveur des débiteurs qui ont des difficultés financières. Tout d'abord, ce juge se voit reconnaître la possibilité, « compte tenu de la situation du débiteur et en considération des besoins du créancier », de reporter et d'échelonner dans la limite de deux années le paiement des sommes dues [1]. De même, le magistrat peut ordonner, par décision spéciale et motivée, que les sommes correspondant aux échéances reportées porteront intérêt à un taux réduit qui ne peut être inférieur au taux légal ou que les paiements s'imputeront d'abord sur le capital [2].

La décision du juge, qui peut subordonner ces mesures à l'accomplissement pour le débiteur d'actes propres à faciliter ou à garantir le paiement de la dette, suspend les procédures d'exécution qui auraient pu être engagées par le créancier. De même, les majorations d'intérêts ou les pénalités encourues en raison du retard cessent d'être dues pendant le délai fixé par le juge.

Ces mesures, qui affectent à l'évidence la situation du banquier-créancier, ne permettent cependant pas un traitement global du surendettement du débiteur. En effet, à défaut de retour à « meilleure fortune », elles ne font que décaler dans le temps les difficultés du débiteur.

778 ***Lutte contre le surendettement*** ◊ Face à un tel constat, le législateur est venu créer un mode organisé de règlement des situations de surendettement des personnes physiques par l'intermédiaire de la loi n° 89-1010 du 31 décembre 1989 relative à la prévention et au règlement des difficultés liées au surendettement des particuliers et des familles, dite loi « Neiertz ».

779 ***Évolutions légales*** ◊ Cette législation [3] a fait l'objet d'un certain nombre d'évolutions depuis sa création. Ce fut le cas, notamment, par la loi n° 95-125 du 8 février 1995 relative à l'organisation des juridictions

---

1. Les pouvoirs du juge sont ici discrétionnaire, Civ. 1re, 29 oct. 2002, n° 00-12.703, *Bull. civ.* I, n° 257 ; *D.* 2003. AJ 1092, obs. V. Avena-Robardet. Civ. 1re, 24 oct. 2006, n° 05-16.517, *Bull. civ.* I, n° 435.

2. Il s'agit d'une dérogation à l'article 1343-1 du Code civil.

3. Pour une présentation du droit applicable en la matière, V. Martineau-Bourgninaud, *Procédures de surendettement des particuliers et rétablissement personnel* : éd. LGDJ, 2018.

et à la procédure civile, pénale et administrative, la loi n° 98-657 du 29 juillet 1998 d'orientation relative à la lutte contre l'exclusion, la loi n° 2003-710 du 1er août 2003 relative à la ville et à la rénovation urbaine (dite loi « Borloo »), la loi n° 2010-737 du 1er juillet 2010 portant réforme du crédit à la consommation (dite loi « Lagarde »), la loi n° 2014-du 17 mars 2014 relative à la consommation la loi du 17 mars 2014 relative à la consommation (dire loi « Hamon ») ou encore la loi n° 2016-1547 de modernisation de la justice du XXIe siècle [1]. Très récemment, la loi n° 2018-1021 du 23 novembre 2018 portant évolution du logement, de l'aménagement et du numérique (loi ELAN) est utilement venue modifier l'articulation des situations de surendettement et la procédure en constat de résiliation du bail [2].

En outre, il faut rappeler que la partie législative du Code de la consommation a été recodifiée par l'ordonnance n° 2016-301 du 14 mars 2016 [3]. En effet, l'architecture de ce code étant devenue inadaptée et de moins en moins accessible pour ses utilisateurs, cette réforme a cherché à en clarifier le contenu. Ce code a alors subi un grand nombre d'évolutions notables, et notamment en droit du surendettement. C'est ainsi que l'ancien livre III a été scindé en deux ; seules les dispositions relatives aux opérations de crédit y sont encore. L'encadrement légal du surendettement a, quant à lui, été déplacé et se retrouve désormais un livre VII qui lui est entièrement consacré. Il est vrai que ce droit ne cherche pas à prévoir des obligations et des droits et à en sanctionner les violations, mais tend plutôt à mettre en place des procédures pour traiter le surendettement des particuliers [4]. La structure de ce livre VII se veut alors plus pédagogique. Celui-ci débute par un titre I qui regroupe les « Dispositions générales relatives au traitement des situations de surendettement ». Le titre II est relatif à l'« Examen de la demande de traitement de la situation de surendettement », et le titre III aux « Mesures de traitement des situations de surendettement ». Enfin, le « Rétablissement personnel » fait l'objet du dernier titre.

1780 ***Évolution à venir*** ◊ Les articles 95 et suivants de la loi n° 2019-222 du 23 mars 2019 de programmation 2018-2022 et de réforme pour la justice envisage la disparition de la distinction classique entre les tribunaux

---

1. S. Piedelièvre, « Droit du surendettement dans la loi de modernisation de la justice du XXIe siècle » : *JCP* 2016. 1329. – L. Raschel, « Justice du XXIe siècle : présentation des dispositions relatives au surendettement » : *Procédures* 2017. Étude 16.

2. *RDBF* 2019, comm. 21, obs. S. Piedelièvre. – M.-F. Bonneau, « Loi Elan : articulation entre le traitement des situations de surendettement et la procédure en constat et résiliation du bail » : *RPC* 2018, n° 6, alerte 28.

3. Ordonnance n° 2016-301 du 15 mars 2016 relative à la partie législative du Code de la consommation, *JO*, 16 mars 2016, texte n° 29. V. également, décret n° 2016-884 du 29 juin 2016 relatif à la partie réglementaire du Code de la consommation, *JO*, 30 juin 2016, texte n° 62.

4. dalloz.fr, actualité, 24 mars 2016, obs. N. Kilgus. N. Sauphanor-Brouillaud et H. Aubry, « Recodification du droit de la consommation. À propos de l'ordonnance n° 2016-301 du 14 mars 2016 », *JCP* 2016, n° 14, 392.

de grande instance et les tribunaux d'instance. Cependant, il demeure prévu qu'au sein du tribunal judiciaire, un ou plusieurs juges exerceront les fonctions de juge des contentieux et de la protection. Or, selon l'article L. 213-4-7 du Code de l'organisation judiciaire, c'est ce juge qui connaîtra « des mesures de traitement des situations de surendettement des particuliers et de la procédure de rétablissement personnel ». Cette réforme doit entrer en vigueur le 1er janvier 2020.

781 ***Incidences pour la banque*** ◊ La mise en œuvre de ces procédures, prévues par les articles L. 711-1 et suivants du Code de la consommation, peut se révéler assez douloureuse pour le banquier-créancier. En effet, il est très probable que ce dernier ne parvienne pas, du fait des possibilités offertes par les diverses procédures, à récupérer le montant total de sa créance. Des efforts notables lui seront, selon les cas, demandés ou imposés.

782 ***Conditions d'éligibilité*** ◊ Le régime protecteur étudié n'a pas vocation à s'appliquer dans n'importe quelle situation. En premier lieu, il ne concerne que les « personnes physiques de bonne foi ». Les personnes morales ne sont donc pas concernées par le régime juridique étudié.

En second lieu, il est nécessaire que cette personne physique soit en situation de surendettement [1], c'est-à-dire qu'elle soit « l'impossibilité manifeste de faire face à l'ensemble de ses dettes non professionnelles exigibles et à échoir » [2]. Par conséquent, ne peuvent saisir la commission de surendettement, ni les débiteurs professionnels susceptibles de faire l'objet d'une procédure collective de règlement de leur passif, ni les professions libérales pour les dettes occasionnées dans le cadre de leur activité professionnelle [3]. Une activité professionnelle sous le statut d'auto-entrepreneur ne relève pas plus de la procédure de traitement des situations de surendettement des particuliers [4]. En revanche, le débiteur répondant aux conditions précitées, qui a déjà bénéficié d'une procédure de traitement du surendettement, peut saisir la commission d'une nouvelle demande de traitement du surendettement, s'il justifie d'un élément de nature à conduire à une analyse différente de sa situation [5].

---

1. La loi profite à toutes les personnes physiques sans distinction de nationalité, dès lors qu'elles résident sur le territoire français, Civ. 1re, 23 févr. 1999, n° 97-04.078, *Bull. civ.* I, n° 68. G. Raymond, « Ressortissants étrangers et surendettement français », CCC 2005. Étude 21.

2. C. mon. fin., art. L. 711-1. Le même article précise que constitue également une situation de surendettement « l'impossibilité de faire face à un engagement de cautionner ou d'acquitter solidairement la dette d'un entrepreneur individuel ou d'une société ».

3. Cette exclusion s'applique également en cas de dettes nées d'une activité professionnelle ayant cessé, Civ. 2e, 16 oct. 2014, n° 13-24.553, *Gaz. Pal.* 20 mai 2015, n° 140, p. 15, obs. J. Lasserre Capdeville.

4. Civ. 2e, 18 févr. 2016, n° 15-10.076, *Gaz. Pal.* 10 mai 2016, n° 17, p. 36, obs. J. Lasserre Capdeville.

5. Civ. 2e, 15 sept. 2005, n° 04-04.104, *Bull. civ.* II, n° 221 ; CCC 2006, comm. 17, obs. G. Raymond ; *RTD com.* 2005. 854, obs. G. Paisant.

1783 ***Bonne foi*** ◊ Parmi ces conditions d'éligibilité, il en est une qui attire immanquablement l'attention : c'est l'exigence de bonne foi du débiteur. L'idée du législateur est ici de départager les débiteurs qui, ayant fait preuve d'imprudence ou d'imprévoyance, se sont engagés au-delà de leurs capacités financières et méritent de bénéficier de la procédure de traitement du surendettement et ceux qui se sont sciemment surendettés pour « vivre au-dessus de leurs moyens » dans l'espoir d'être déchargés d'une partie de leur surendettement en bénéficiant de la procédure de traitement du surendettement et qui doivent en être exclus.

Notons qu'en matière de surendettement, la Cour de cassation n'a jamais donné de définition générale à cette notion de « bonne foi », ni à celle de « mauvaise foi ».

Dans tous les cas, la bonne foi du débiteur est présumée [1]. Il revient alors à la commission de surendettement ou aux créanciers, et notamment aux banquiers, d'apporter la preuve de la mauvaise foi du débiteur [2]. Cette dernière est alors traditionnellement appréciée en fonction des circonstances dans lesquelles l'endettement a été constitué et du comportement du débiteur à l'égard de ses créanciers (théorie de la bonne foi contractuelle), mais aussi à la vue de son comportement à l'ouverture et au cours de la procédure de surendettement (théorie de la bonne foi procédurale) [3]. Cette seconde situation donne lieu à une jurisprudence non négligeable [4].

1784 ***Commission de surendettement*** ◊ La procédure est engagée devant la commission de surendettement des particuliers à la demande du débiteur, qui lui déclare les éléments actifs et passifs de son patrimoine [5]. Cette saisine fait courir un délai de trois mois à compter du dépôt du dossier pour procéder à son instruction et décider de son orientation. En cas de non-respect de ce délai, le taux d'intérêt applicable à tous les emprunts en cours contractés par le débiteur est, au cours des trois mois suivants, le taux d'intérêt légal, sauf décision contraire de la commission ou du juge intervenant au cours de cette période [6].

---

1. C. civ., art. 2274.
2. Civ. 1re, 8 juill. 1994, n° 93-04.177, *CCC* 1994, comm. 240, obs. G. Raymond.
3. S. Gjidara-Decaix, *op. cit.*, n° 18.
4. Par exemple, est de mauvaise foi la débitrice ayant retiré de l'argent pour jouer au casino à l'issue de l'audience ayant précédé un premier plan redressement, Civ. 2e, 15 mai 2014, n° 13-13.664, *D.* 2015. 588, obs. H. Aubry ; *RDBF* 2014, comm. 206, obs. S. Piedelièvre ; *Gaz. Pal.* 20 mai 2015, n° 140, p. 16, obs. J. Lasserre Capdeville. De même, le fait pour le débiteur de ne pas rechercher un emploi, alors qu'il s'y était engagé, permet de caractériser l'absence de bonne foi du débiteur, Civ. 2e, 7 janv. 2016, n° 15-10.633, *Gaz. Pal.* 10 mai 2016, n° 17, p. 6, obs. E. Mouial-Bassilana. On citera encore le fait, pour une débitrice, de souscrire treize crédits, Civ. 2e, 21 févr. 2019, n° 18-11.476 : *Gaz. Pal.* 23 avr. 2019, n° 16, p. 20, obs. E. Mouial-Bassilana.
5. C. consom., art. L. 721-1
6. C. consom., art. L. 721-2.

Notons que dès qu'une commission de surendettement des particuliers est saisie par un débiteur, elle doit en informer la Banque de France aux fins d'inscription sur le fichier national des incidents de remboursement des crédits aux particuliers [1] (FICP).

Si la commission juge le dossier recevable, elle va alors faire un choix : soit orienter le dossier vers la voie classique de traitement du surendettement en vue d'aboutir à un plan conventionnel de redressement ou à la mise en place de mesures imposées de nature à régler, sur une durée limitée, la situation de surendettement, soit, en cas de situation irrémédiablement compromise du débiteur, et avec son accord, orienter le dossier vers la procédure de rétablissement personnel. Notons que la décision déclarant la recevabilité de la demande emporte suspension et interdiction des procédures d'exécution diligentées à l'encontre des biens du débiteur et portant sur des dettes autres qu'alimentaires [2].

785 Or, dans l'ensemble de ces cas, le banquier-créancier est susceptible de n'être remboursé que pour partie de sa créance, voire de ne pas être remboursé du tout. Le risque de non-recouvrement est donc bien présent en matière de droit du surendettement, tant en ce qui concerne les mesures de traitement (Section 1) qu'avec les procédures de rétablissement personnel (Section 2).

SECTION 1. LES MESURES DE TRAITEMENT DU SURENDETTEMENT

786 Selon les cas, avec les mesures de traitement du surendettement, le banquier-créancier pourra peut-être négocier (§ 1) ou se verra imposer (§ 2) des « efforts » pouvant aller, concrètement, jusqu'à l'abandon partiel de créances.

§ 1. Les mesures négociées

787 ***Mise en œuvre*** ◊ Il fut un temps où la tentative de conciliation était le « passage obligé » en matière de traitement de surendettement. L'idée était que la commission de surendettement cherche, dans un premier temps,

1. C. consom., art. L. 752-2, al. 1.
2. C. consom., art. L. 722-2 s. Avant la décision de recevabilité, la commission peut saisir, à la demande du débiteur, le juge aux fins de suspension des procédures d'exécution diligentées à l'encontre des biens du débiteur, ainsi que des cessions de rémunérations consenties par celui-ci et portant sur les dettes autres qu'alimentaires. En cas d'urgence, la saisine du juge peut intervenir à l'initiative du président de la commission, du délégué de ce dernier ou du représentant local de la Banque de France. C. consom., art. L. 721-4.

à concilier les parties en vue de l'élaboration d'un plan conventionnel de redressement approuvé par le débiteur et ses principaux créanciers.

Il en va différemment aujourd'hui. En effet, ce n'est que si l'examen de la demande de traitement de la situation du surendettement fait apparaître que le débiteur a des ressources ou un actif réalisable [1] et qu'il est propriétaire d'un bien immobilier, que la commission « s'efforce de concilier les parties en vue de l'élaboration » d'un tel plan conventionnel [2]. Cette procédure a alors perdu, du fait de ces conditions, de son importance en pratique. Cette évolution traduit la volonté du législateur d'accélérer les procédures en matière de surendettement.

Ce plan doit permettre l'apurement du passif du débiteur dans le délai imparti, qui ne peut excéder aujourd'hui 7 années [3].

1788 ***Propositions de la commission*** ◊ La commission dispose, à ce titre, de toute latitude dans le choix des modalités d'élaboration du plan conventionnel de redressement. À titre d'exemple, l'article L. 732-2 du Code de la consommation propose de recourir à des mesures de report ou de rééchelonnement des paiements des dettes, de remise de dettes, de réduction ou de suppression du taux d'intérêt, de consolidation, de création ou de substitution de garantie.

En contrepartie des « sacrifices » consentis par les créanciers, le plan peut subordonner ces mesures à l'accomplissement par le débiteur d'actes propres à faciliter ou à garantir le paiement de la dette. Il peut également les subordonner à l'abstention par le débiteur d'actes qui aggraveraient son insolvabilité.

Afin d'anticiper toutes difficultés d'application, le plan prévoit « les modalités de son exécution » [4]. La commission doit ainsi préciser dans ce dernier les conditions de règlement des créances et les dates d'échéances.

1789 ***Ordre de priorité*** ◊ La commission de surendettement dispose, en la matière, de grands pouvoirs. C'est ainsi qu'elle n'est pas tenue d'assurer une égalité de traitement entre les créanciers, lorsqu'elle détermine, pour chacune des dettes, quelles sont les mesures propres à assurer le redressement du débiteur [5].

Toutefois, elle demeure tenue de respecter un ordre de priorité. En effet, l'article L. 711-6 du Code de la consommation prévoit que « les créances des bailleurs sont réglées prioritairement aux créances des établissements

---

1. C. consom., art. L. 724-1.

2. C. consom., art. L. 732-1.

3. L'article L. 732-3, alinéa 2, prévoit cependant que ces mesures peuvent excéder cette durée lorsqu'elles concernent « le remboursement de prêts contractés pour l'achat d'un bien immobilier constituant la résidence principale du débiteur dont elles permettent d'éviter la cession ou lorsqu'elles permettent au débiteur de rembourser la totalité de ses dettes tout en évitant la cession du bien immobilier constituant sa résidence principale ».

4. C. consom., art. L. 732-3, al. 1.

5. Civ. 1re, 5 avr. 1993, n° 92-04.184, *Bull. civ.* I, n° 142.

de crédit et des sociétés de financement (...) ». Le législateur a voulu, par l'institution de cette règle, inciter les bailleurs à louer leurs biens, même à des ménages modestes, en leur garantissant en cas de défaillance de ces derniers, d'être mieux traités que les établissements de crédit et les sociétés accordant des crédits aux consommateurs dans le cadre d'une procédure de traitement du surendettement.

1790 ***Signature et entrée en application*** ◊ Le plan conventionnel de redressement est signé et daté par les parties. On notera que les créanciers disposent d'un délai de 30 jours pour refuser la proposition de plan conventionnel de redressement élaborée par la commission. En l'absence de réponse dans ce délai, l'accord des créanciers est réputé acquis [1].

Une copie du plan leur est adressée par lettre simple. Il entre alors en application à la date fixée par la commission ou, au plus tard, le dernier jour du mois suivant la date du courrier par lequel la commission informe les parties de l'approbation de ce plan [2].

1791 ***Obligations des signataires*** ◊ Les créanciers signataires (comme ceux qui n'ont pas répondu) s'engagent, d'une part, à respecter les mesures de traitement des créances auxquelles ils ont consenti, et d'autre part à renoncer à leur droit de poursuite tant que le débiteur respecte les dispositions prévues au plan [3]. À ce titre, ils sont tenus d'exécuter de bonne foi le plan au risque de voir engager leur responsabilité civile.

Les créanciers ayant refusé de signer le plan conservent, quant à eux, leur droit de poursuivre le recouvrement de leurs créances sur les biens du débiteur, qui ne peut leur opposer le plan conventionnel de redressement dont il bénéficie.

§ 2. Les mesures imposées

1792 ***Principe général*** ◊ En l'absence de mission de conciliation ou en cas d'échec de celle-ci, la commission peut, à la demande du débiteur et après avoir mis les parties en mesure de fournir leurs observations, imposer tout ou partie des mesures prévues à l'article L. 733-1 [4] mais aussi celles, plus graves, envisagées par l'article L. 733-4 [5]. La commission peut imposer que les mesures en question soient subordonnées à l'accomplissement par le débiteur « d'actes propres à faciliter ou à garantir le paiement de la dette » [6].

1. C. consom., art. L. 732-3, al. 3. Dans ce cas, l'accord ne sera signé que par le seul débiteur, C. consom., art. R. 732-1.
2. C. consom., art. R. 732-1.
3. Civ. 2e, 23 sept. 2004, n° 02-13.856, *Bull. civ.* II, n° 430.
4. V. ss 1793.
5. V. ss 1794.
6. C. consom., art. L. 733-7.

1793 ***Évolution des pouvoirs de la commission*** ◊ La commission de surendettement a vu, ses dernières années, ses pouvoirs être régulièrement renforcés par le législateur.

D'abord, jusqu'à la loi n° 2010-737 du 1er juillet 2010 portant réforme du crédit à la consommation, lorsque la commission constatait qu'il était impossible de recueillir l'accord des intéressés en vue d'un plan conventionnel de redressement, elle pouvait recommander des mesures de nature à apurer le passif du débiteur, mais ne pouvait pas les imposer. Ce rôle demeurait dévolu au juge de l'exécution. Or, prenant acte du fait que la plupart de ces mesures étaient homologuées par le juge de l'exécution, la loi précitée a conféré de plus larges pouvoirs à la commission en la matière.

Suite à ce texte, notre droit a distingué, par l'intermédiaire des anciens articles L. 733-1 et L. 733-7, entre les mesures pouvant être directement imposées par la commission et celles ne pouvant qu'être recommandées par cette dernière. Relevaient ainsi du premier cas : le rééchelonnement du paiement des dettes de toute nature du débiteur pour une durée maximum de sept ans ; l'imputation prioritaire des paiements sur le capital ; la réduction des taux d'intérêt ; la suspension de l'exigibilité des créances autres qu'alimentaires pour une durée qui ne peut excéder deux ans. Les mesures pouvant être recommandées, sur le fondement de l'ancien article L 733-7, étaient, quant à elles, au nombre de deux [1] : la réduction de la dette immobilière en cas de vente du logement principal et l'effacement partiel de dettes. Dans ces cas, qui intéressent particulièrement les banquiers-créanciers, le juge du tribunal d'instance conservait le pouvoir décisionnel. Il statuait par voie d'ordonnance.

Mais ces solutions ont à nouveau évolué, suite à l'entrée en vigueur le 1er janvier 2018 de la loi n° 2016-1547 du 18 novembre 2016 de modernisation de la justice du XXIe siècle. Depuis lors, en effet, les mesures jusqu'alors recommandées par la commission de surendettement sont devenues des mesures pouvant être directement imposées par cette dernière. Le juge n'intervient plus qu'en cas de contestation. Cette évolution, se traduisant par un recul très net du juridictionnel, a pour but de réduire la charge de travail des juges d'instance en la matière.

1794 ***Cas de la réduction de la dette immobilière en cas de vente du logement principal*** ◊ L'article L. 733-4, 1°, permet donc à la commission d'imposer, par décision spéciale et motivée, la réduction du montant de la fraction des prêts immobiliers restant due aux établissements de crédit ou aux sociétés de financement après la vente du logement principal du débiteur [2]. Cette mesure, qui s'analyse en une remise forcée de dette, est logiquement encadrée par notre droit.

---

1. L'ancien article L. 733-9 du Code disposait, quant à lui, que la commission pouvait recommander l'ouverture d'une procédure de rétablissement personnel sans liquidation judiciaire.

2. V. Martineau-Bourgninaud, « Procédures de surendettement des particuliers et rétablissement personnel » : éd. LGDJ, 2018, n° 735 s.

Tout d'abord, la réduction de la dette immobilière suppose la mise en œuvre soit d'une « vente forcée du logement principal du débiteur [1], grevé d'une inscription bénéficiant à un établissement de crédit ou à société de financement ayant fourni les sommes nécessaires à son acquisition », soit d'une « vente amiable dont le principe, destiné à éviter une saisie immobilière [2], et les modalités ont été arrêtés d'un commun accord entre le débiteur et l'établissement de crédit ou la société de financement ».

De plus, la réduction ne peut porter que sur les seuls prêts immobiliers restant à rembourser après la vente. Elle ne saurait par conséquent être étendue aux crédits à la consommation [3]. En revanche, pour les juges, on ne peut pas faire de distinction entre les prêts destinés à l'acquisition, l'agrandissement ou la rénovation du logement principal [4].

En outre, cette réduction n'est susceptible d'être imposée qu'aux seuls établissements de crédit ou sociétés de financement [5].

Enfin, plus formellement, la réduction ne peut intervenir qu'après la réalisation de la vente. Il est vrai qu'avant celle-ci le montant du solde du prêt restant dû n'est pas encore déterminé et ne saurait, dès lors, être réduit. Cette réduction doit alors s'effectuer dans le respect de l'ordre des paiements des créanciers privilégiés ou hypothécaires [6].

795 ***Cas de l'effacement partiel des dettes*** ◊ L'effacement partiel des dettes est souvent imposé au banquier-créancier. La commission peut ainsi imposer, par décision spéciale et motivée, l'effacement partiel des créances combiné avec les mesures mentionnées à l'article L. 733-1 [7]. Cette combinaison est désormais obligatoire [8]. L'effacement partiel des créances tend à se banaliser.

Notons que cet effacement partiel peut concerner un grand nombre de créances, y compris les dettes fiscales qui font l'objet « de remises totales ou partielles dans les mêmes conditions que les autres dettes » [9]. Les éventuels effacements de dettes sont alors déterminés souverainement par la

---

1. Cette notion est entendue assez largement. V. par ex., une débitrice qui ne résidait plus, au moment de la vente, dans le logement de famille qui avait été attribué à son ex-mari par le juge aux affaires familiales saisi de leur demande de divorce, Civ. 2e, 14 mai 2009, n° 07-21.599, *Bull. civ.* II, n° 126 ; *RTD com.* 2009. 630, obs. G. Paisant ; *RPC* 2010, comm. 41, obs. S. Gjidara-Decaix.

2. La vente amiable ne peut donc intervenir pour convenance personnelle, Civ. 1re, 21 mars 1995, n° 93-04.165, *Bull. civ.* I, n° 137 ; *RTD com.* 1995. 480, obs. G. Paisant.

3. Civ. 1re, 8 nov. 1994, n° 92-04.125 et n° 92-04.130, *Bull. crim.* I, n° 325.

4. Cass., avis, 2 mai 1994, n° 09-40004, *Bull. civ. avis* n° 14.

5. Civ. 1re, 15 déc. 1999, n° 98-04.057, *Bull. civ.* I, n° 355. Civ. 1re, 15 juin 1999, n° 98-04.001, *Bull. civ.* I, n° 204.

6. Civ. 1re, 6 juin 2000, n° 97-04.021, *CCC* 2000, comm. 136, obs. G. Raymond.

7. C. consom., art. L. 733-4, 2°. V. Martineau-Bourgninaud, *op. cit.*, n° 751 s.

8. Cette exigence vise à mettre fin à la pratique de certaines commissions de surendettement consistant à effacer la quasi-totalité des dettes d'un débiteur, alors même qu'à ce stade de la procédure, l'effacement des créances ne peut être que partiel.

9. C. consom., art. L. 733-6. Civ. 2e, 26 juin 2014, n° 13-15.974, *Gaz. Pal.* 20 mai 2015, n° 140, p. 21, obs. J. Lasserre Capdeville.

commission de surendettement, sous réserve de la priorité accordée aux bailleurs par l'article L. 711-6 du Code de la consommation [1]. L'effacement partiel aura pour incidence de libérer le débiteur à l'égard de son créancier pour la partie de la dette qui en a fait l'objet.

Toutefois, il faut noter que certaines créances demeurent exclues de toute mesure d'effacement. Il en va ainsi pour les dettes alimentaires, les réparations pécuniaires allouées aux victimes dans le cadre d'une condamnation pénale, les dettes ayant pour origine des manœuvres frauduleuses commises au préjudice des organismes de protection sociale et les amendes prononcées dans le cadre d'une condamnation pénale [2]. Par ailleurs, l'article L. 711-5 déclare que les dettes issues de prêts sur gage, c'est-à-dire les créances des caisses de crédit municipal [3], ne peuvent être effacées. Enfin, l'article L. 733-4, 2°, du Code de la consommation prévoit que l'effacement partiel des créances ne peut concerner les créances « dont le montant a été payé au lieu et place du débiteur par la caution ou le coobligé, personnes physiques ». En revanche, la Cour de cassation a eu l'occasion d'affirmer que les dettes professionnelles pouvaient faire l'objet de mesures de rééchelonnement, de suspension d'exigibilité ou bien encore d'effacement partiel [4].

Le traitement des situations de surendettement n'est donc pas indolore pour le banquier-prêteur, puisque, nous le voyons, ses droits peuvent être remis en cause, notamment par cette mesure d'effacement partiel des dettes.

SECTION 2. LES PROCÉDURES DE RÉTABLISSEMENT PERSONNEL

1796 ***Évolution légale*** ◊ La procédure de rétablissement personnel a été instituée par la loi n° 2003-710 du 1er août 2003 d'orientation et de programmation pour la ville, dite loi « Borloo », afin de corriger les insuffisances du dispositif du traitement des situations de surendettement. En effet, il était apparu que de nombreux débiteurs faisaient l'objet de plans successifs, et, malgré tout, restaient en situation de surendettement, le plus souvent en raison de l'insuffisance de leurs ressources. Inspirée de la faillite civile appliquée en Alsace-Moselle de longue date, la procédure de rétablissement personnel a été instituée pour permettre au débiteur, dont

1. V. ss 1789.
2. C. consom., art. L. 711-4.
3. Les caisses de crédit municipal sont une catégorie d'établissements de crédit.
4. Civ. 2e, 21 déc. 2006, n° 05-20.980, *Bull. civ.* II, n° 373. Civ. 2e, 21 déc. 2006, n° 05-04.052, *Bull. civ.* II, n° 374 ; *CCC* 2007, comm. 83, obs. G. Raymond ; *RDBF* 2007, comm. 120, obs. S. Piedelièvre. Civ. 2e, 15 nov. 2007, n° 05-15.094, *CCC* 2008, comm. 57, obs. G. Raymond ; *RDBF* 2008, comm. 50, obs. S. Piedelièvre.

la situation est irrémédiablement compromise, de bénéficier d'un effacement de ses dettes non professionnelles après la réalisation judiciaire de ses actifs.

Cette procédure a connu une nette évolution suite à la loi n° 2010-737 du 1er juillet 2010. Plus précisément, ce texte a scindé la procédure de rétablissement personnel en deux « parcours » distincts : lorsque cet actif est quasi inexistant on recourra à une procédure de rétablissement personnel sans liquidation judiciaire ; en revanche, s'il existe un actif valorisable, on procédera à un rétablissement personnel avec liquidation judiciaire.

Depuis l'ordonnance n° 2016-301 du 14 mars 2016 relative à la partie législative du Code de la consommation, les procédures de rétablissement personnel font l'objet d'un titre au sein du code [1], alors qu'il ne s'agissait jusqu'alors que d'une section. Cette évolution témoigne du fait que ces procédures ont pris une grande importance depuis leur création.

1797 Dans tous les cas, si elles obéissent à des conditions d'ouverture assez proches (§ 1) ces procédures présentent des régimes juridiques bien distincts (§ 2).

§ 1. Les conditions d'ouverture des procédures

1798 ***Situation financière du débiteur*** ◊ Pour pouvoir bénéficier d'une procédure de rétablissement personnel le débiteur doit se trouver dans une « situation irrémédiablement compromise », c'est-à-dire une situation caractérisée par l'impossibilité manifeste de mettre en œuvre les mesures de traitement précitées [2].

Définie ainsi négativement, la situation irrémédiablement compromise impose de constater l'échec du traitement classique du surendettement : ni un plan conventionnel de redressement, ni les mesures imposées ne doivent pouvoir en l'espèce permettre l'apurement total du passif dans le délai légal imparti [3]. Cette solution confère par conséquent un caractère subsidiaire aux procédures de rétablissement personnel.

Le plus souvent, cette situation irrémédiablement compromise sera relevée en l'absence concrète de capacité de remboursement permettant l'adoption de mesures d'apurement.

1799 ***Bonne foi du débiteur*** ◊ Le débiteur, pour pouvoir bénéficier de la procédure de rétablissement personnel, doit être de bonne foi. L'article L. 742-3 du code précise ainsi que lorsque le juge est saisi aux fins d'ouverture d'une procédure de rétablissement personnel avec liquidation

1. C. consom., art. L. 741-1 s.
2. C. consom., art. L. 724-1.
3. Cass., avis, 10 janv. 2005, n° 0050001, *Bull. civ.* I, n° 1 ; *CCC* 2005, comm. 76, obs. G. Raymond ; *RTD civ.* 2005. 424, obs. G. Paisant. Civ. 2e, 22 mai 2008, n° 07-12.408, *Bull. civ.* II, n° 126 ; *CCC* 2008, comm. 253, obs. G. Raymond.

judiciaire, il doit notamment apprécier « le caractère irrémédiablement compris de sa situation ainsi que sa bonne foi ». Celle-ci est évaluée conformément aux règles générales dégagées pour apprécier la recevabilité de la demande du débiteur.

1800 *Autres conditions* ◊ Des conditions spécifiques sont également prévues en cas de rétablissement personnel sans liquidation judiciaire ou de rétablissement personnel avec liquidation judiciaire. Rappelons à ce stade que dans le premier cas il n'y a pas d'actif réalisable [1], alors qu'il y en a dans le second. L'idée ici, découlant de la loi n° 2010-737 du 1er juillet 2010, est d'accélérer la procédure à défaut d'actif. Le formalisme prévu en la matière est ainsi allégé.

Par ailleurs, une autre distinction notable est à relever : la mise en œuvre de la procédure de rétablissement personnel sans liquidation judiciaire n'est pas subordonnée à l'obtention de l'accord du débiteur par la commission. Il est vrai qu'une telle procédure ne peut lui être défavorable sur le plan patrimonial. À l'inverse, la procédure de rétablissement personnel avec liquidation judiciaire implique nécessairement l'accord du débiteur aux sacrifices qui lui seront imposés dans cette procédure, c'est-à-dire la vente amiable ou judiciaire de son patrimoine personnel [2].

§ 2. Les régimes juridiques des procédures

1801 Une distinction logique s'impose entre la procédure de rétablissement personnel sans liquidation judiciaire, relativement souple (A), et la procédure nécessitant, au contraire, une telle liquidation (B).

A. La procédure sans liquidation judiciaire

1802 *Pourvoir de la commission* ◊ La principale évolution découlant de la loi n° 2010-737 du 1er juillet 2010 en matière de lutte contre le surendettement résidait dans la possibilité pour la commission de recommander un rétablissement personnel sans liquidation judiciaire si elle constatait que le débiteur se trouvait dans une situation irrémédiablement compromise et ne disposait d'aucun actif réalisable. Cette recommandation était alors transmise au juge d'instance, afin qu'il lui soit conféré force exécutoire.

Or, depuis l'entrée en vigueur de la loi n° 2016-1547 du 18 novembre 2016, l'article L. 741-1 donne directement le pouvoir à la commission d'imposer un rétablissement personnel sans liquidation judiciaire. Une partie peut cependant contester devant le tribunal d'instance cette décision [3].

---

1. V. ss 1796.
2. En cas de défaut de réponse du débiteur, le dossier n'est pas clôturé pour autant, Civ. 2e, 4 sept. 2014, n° 13-21.082, *Gaz. Pal.* 20 mai 2014, n° 140, p. 23, obs. E. Mouial-Bassilana.
3. C. consom., art. L. 741-4.

Cette solution est applicable depuis le 1er janvier 2018, sauf si à cette date le juge d'instance a été saisi par la commission de surendettement aux fins d'homologation. Dans ce cas, le droit antérieur continue de s'appliquer.

803 ***Effacement des dettes*** ◊ En l'absence de contestation dans les conditions prévues à l'article L. 741-4 du code, le rétablissement personnel sans liquidation judiciaire entraîne l'effacement de toutes les dettes non professionnelles du débiteur « arrêtées à la date de la décision de la commission » [1]. Les dettes en question sont alors totalement effacées de plein droit, sans modulation possible [2]. La mesure d'effacement dépasse, par ses effets, la simple interdiction faite aux créanciers en matière de procédures collectives commerciales de reprendre leurs poursuites contre le débiteur [3].

Plusieurs catégories de dettes échappent néanmoins à un tel effacement : les dettes alimentaires ; les réparations pécuniaires allouées aux victimes dans le cadre d'une condamnation pénale [4] ; les dettes ayant pour origine des manœuvres frauduleuses commises au préjudice des organismes de protection sociale ; les amendes prononcées dans le cadre d'une condamnation pénale ; les dettes issues de prêt sur gage ; celles dont le prix a été payé en lieu et place du débiteur par la caution ou le coobligé, personnes physiques ; et enfin les dettes professionnelles [5]. Sur ce dernier point, notons que le rétablissement personnel sans liquidation judiciaire entraîne tout de même l'effacement de la dette résultant de l'engagement que le débiteur a donné de cautionner ou d'acquitter solidairement la dette d'un entrepreneur individuel ou d'une société [6].

B. La procédure avec liquidation judiciaire

804 ***Saisine du juge*** ◊ L'effacement précité se retrouve avec la procédure de rétablissement personnel avec liquidation judiciaire. La procédure est, en revanche, nettement plus lourde.

Si l'examen de la demande de traitement de la situation de surendettement fait apparaître que le débiteur se trouve dans une situation irrémédiablement compromise et qu'il dispose de certains biens, la commission,

1. Les dettes nées postérieurement ne sont donc pas effacées, Douai, 18 sept. 2014, n° 14/608 et 12/06854, *Gaz. Pal.* 20 mai 2014, n° 140, p. 24, obs. J. Lasserre Capdeville.

2. Les dettes effacées valent régularisation des incidents au sens de l'article L. 131-73 du Code monétaire et financier. C. consom., art. L. 743-1.

3. C. com., L. 643-11.

4. La créance du Fonds de garantie des victimes des actes de terrorisme et autres infractions relève de cette exclusion, Cass., avis, 6 juill. 2015, n° 15005, *Gaz. Pal.* 16 déc. 2015, n° 350, p. 20, obs. J. Lasserre Capdeville.

5. Cette exception est à souligner car ces mêmes dettes professionnelles peuvent, pour les juges, faire l'objet d'un effacement partiel dans le cadre de la mesure envisagée par l'article L. 733-4 du Code. V. ss 1795.

6. C. consom., art. L. 741-2, al. 2.

après avoir convoqué le débiteur et obtenu son accord, saisit le juge du tribunal d'instance aux fins d'ouverture d'une procédure de rétablissement personnel avec liquidation judiciaire [1].

1805 ***Ouverture de la procédure*** ◊ Lorsqu'il est ainsi saisi, le juge doit, d'abord, convoquer le débiteur et les créanciers connus à l'audience d'ouverture. Puis, à l'occasion de cette dernière, le juge doit, après avoir entendu le débiteur s'il s'est présenté, apprécier les conditions de recevabilité à la procédure de rétablissement personnel avec liquidation judiciaire [2]. Si tel est le cas, il prononce l'ouverture de la procédure par un jugement qui doit indiquer dans son dispositif, l'adresse à laquelle doit être présentée la déclaration des créances et le délai dans lequel celle-ci doit être faite [3]. Ce jugement d'ouverture doit être notifié aux parties, mais aussi faire l'objet d'un avis adressé, pour publication au BODACC (Bulletin officiel des annonces civiles et commerciales), par le mandataire ou, à défaut, par le greffe du tribunal d'instance [4].

1806 ***Déclaration des créances*** ◊ Les créanciers doivent alors déclarer leurs créances au mandataire, et à défaut au greffe, par lettre recommandée avec demande d'avis de réception, dans un délai de deux mois à compter de la publicité du jugement d'ouverture effectuée au BODACC [5]. Lorsqu'un mandataire et été désigné, il doit dresser l'état des créances qui lui ont été déclarées, après les avoir vérifiées. En l'absence de mandataire, cet état est effectué par le greffe du juge d'instance.

Au cours de l'audience décidant de l'issue de la procédure de rétablissement personnel, le juge arrête l'état des créances après s'être prononcé sur les éventuelles contestations dont il a été saisi [6].

1807 ***Procédure de liquidation*** ◊ La liquidation ne sera envisagée que si les sommes dégagées par la vente des biens du débiteur, après paiement des frais de la procédure, sont de nature à satisfaire les créanciers. S'il décide de prononcer cette liquidation, le juge désigne dans son jugement un liquidateur qui peut être le mandataire, s'il y en avait un, ou une personne figurant sur une liste établie par le Procureur de la République [7].

---

1. C. consom., art. L. 742-1.

2. C. consom., art. L. 742-3. D'après l'article L. 742-20 du Code, si le juge constate, lors de l'audience d'ouverture de la procédure de rétablissement personnel avec liquidation judiciaire, que le débiteur ne dispose pas d'actif réalisable, il peut ouvrir et clôturer la procédure de rétablissement personnel avec liquidation judiciaire pour insuffisance d'actif par un même jugement. Ce dernier emporte alors effacement des dettes du débiteur.

3. C. consom., art R. 742-8.

4. C. consom., art. R. 742-9.

5. C. consom., art. L. 742-10. C. consom., art. R. 742-11. À défaut d'avoir été déclarées dans le délai imparti, les créances sont éteintes, « sauf à ce que soit prononcé par le juge un relevé de forclusion », C. consom., art. L. 742-11.

6. C. consom., art. R. 742-17.

7. C. consom., art. R. 742-18.

Ce liquidateur dispose alors d'un délai de douze mois pour vendre les biens du débiteur à l'amiable ou, à défaut, organiser une vente forcée dans les conditions relatives aux procédures civiles d'exécution [1]. Plusieurs catégories de biens sont néanmoins exclues de cette liquidation. Il s'agit des « biens insaisissables énumérés à l'article L. 112-2 du Code des procédures civiles d'exécution ainsi que les biens dont les frais de vente seraient manifestement disproportionnés au regard de leur valeur vénale et les biens non professionnels indispensables à l'exercice de l'activité professionnelle du débiteur » [2].

808 ***Répartition du prix*** ◊ Après la réalisation de l'actif, le liquidateur doit répartir le produit de la vente des actifs, en désintéressant les créanciers selon le rang des sûretés assortissant leurs créances [3]. Pour répartir le produit des ventes, le liquidateur élabore un projet de distribution notifié aux créanciers et au débiteur [4]. En l'absence de contestation de ces derniers, il transmet ce projet au juge d'instance aux fins d'homologation par voie d'ordonnance lui conférant force exécutoire [5].

809 ***Clôture de la procédure*** ◊ Lorsqu'à l'issue de la procédure de liquidation, l'actif réalisé est suffisant pour désintéresser les créanciers, le juge prononce la clôture [6]. Cependant, le plus souvent, cette même clôture sera prononcée pour insuffisance d'actif.

Cette dernière situation entraînera alors l'effacement de toutes les dettes non professionnelles du débiteur [7]. Les exceptions à cet effacement évoquées, précédemment, avec l'autre procédure de rétablissement personnel [8], se retrouvent ici également.

810 ***Inscription au FICP*** ◊ Le fichier national des incidents de remboursement des crédits aux particuliers (FICP) recense les informations sur les incidents de paiement caractérisés liés aux crédits accordés aux personnes physiques pour des besoins non professionnels. Il a pour finalité de fournir, notamment aux établissements de crédit et aux sociétés de financement, un élément d'appréciation de la solvabilité des personnes qui sollicitent un crédit [9].

Or, le greffe du juge du tribunal d'instance doit informer la Banque de France aux fins d'inscription sur ce fichier lorsque le débiteur a bénéficié de l'effacement des dettes suite à une procédure de rétablissement

1. C. consom., art. L. 742-16. Une prolongation de ce délai est néanmoins possible, C. consom., art. R. 742-26.
2. C. consom., art. L. 742-14.
3. C. consom., art. L. 742-18.
4. C. consom., art. R. 742-44.
5. C. consom., art. R. 742-45.
6. C. consom., art. L. 742-21.
7. C. consom., art. L. 742-22.
8. V. ss 1803.
9. C. consom., art. L. 751-1 et L. 751-2.

personnel [1]. Ces informations portées au FICP sont radiées à l'expiration d'un délai de cinq ans à compter soit de la décision de la commission en l'absence de liquidation, soit de la clôture de la procédure s'il y a eu liquidation [2].

1811 ***Déchéance*** ◊ Une sanction civile importante et générale doit être citée pour finir. En vertu de l'article L. 761-1 du Code de la consommation, est déchue du bénéfice des dispositions du livre VII du code : toute personne qui a sciemment fait de fausses déclarations ou remis des documents inexacts ; toute personne qui a détourné ou dissimulé ou tenté de détourner ou de dissimuler, tout ou partie de ses biens ; et enfin toute personne qui, « sans l'accord de ses créanciers, de la commission ou du juge, a aggravé son endettement en souscrivant de nouveaux emprunts ou aura procédé à des actes de disposition de son patrimoine pendant le déroulement de la procédure de traitement de la situation de surendettement ou de rétablissement personnel ou pendant l'exécution du plan ou des mesures prévues à l'article L. 733-1 ou à l'article L. 733-4 » [3].

---

1. C. consom., art. L. 752-2, al. 2.
2. C. consom., art. L. 752-3, *in fine*.
3. Le juge se prononcera en fonction des circonstances, Nancy, 8 déc. 2014, n° 14/01401, *Gaz. Pal.* 16 déc. 2015, p. 350, obs. J. Lasserre Capdeville.

CHAPITRE 2
LES DIFFICULTÉS DES ENTREPRISES

1812 ***Présentation générale*** ◊ Comme les particuliers, les entreprises qui connaissent des difficultés financières peuvent bénéficier de procédures ayant pour finalité d'améliorer leur situation si cela est encore possible. Or, ces procédures auront également des incidences sur le banquier-créancier qui risque, selon les circonstances, de ne pas voir ses créances lui être remboursées, ou du moins pas intégralement.

1813 ***Évolution légale*** ◊ Nous sommes, avec ce droit des entreprises en difficulté, en présence d'une branche du droit particulièrement évolutive. Les réformes ont ainsi été nombreuses à se succéder. Citons notamment, ces dernières années, la loi n° 2005-845 du 26 juillet 2005, l'ordonnance n° 2008-1345 du 18 décembre 2008, la loi n° 2010-1249 du 22 octobre 2010, l'ordonnance n° 2010-1512 du 9 décembre 2010, l'ordonnance n° 2014-326 du 12 mars 2014, l'ordonnance n° 2014-1088 du 26 septembre 2014, la loi n° 2015-990 du 6 août 2015 ou encore la loi n° 2016-1547 du 18 novembre 2016 de modernisation de la justice du XXIe siècle. La loi relative à la croissance et la transformation des entreprises, dite loi « PACTE », récemment adoptée et soumise au Conseil constitutionnel, contient encore des nouveautés importantes pour le droit des procédures collectives. Or, beaucoup des règles envisagées par cette branche du droit intéressent le banquier prêteur.

1814 Le droit régissant la matière distingue entre plusieurs procédures et, plus particulièrement, la conciliation (Section 1), la sauvegarde judiciaire (Section 2), le redressement judiciaire (Section 3) et enfin la liquidation judiciaire (Section 4). Reprenons brièvement ces différentes procédures afin d'en souligner les incidences concrètes pour le banquier-créancier.

SECTION 1. LA PROCÉDURE DE CONCILIATION

1815 ***Présentation générale*** ◊ La procédure de conciliation est régie par les articles L. 611-4 à L. 611-16 du Code de commerce. Elle vise à l'obtention d'un accord entre le débiteur et tout ou partie de ses créanciers, destiné à assurer un redressement durable de l'entreprise, avec l'appui d'une intervention judiciaire mesurée [1].

1. C. Saint-Alary-Houin et M.-H. Monsèrié-Bon, « Prévention et traitement amiable des difficultés des entreprises » : éd. LGDJ, 2018, n° 492 s.

1816 ***Ouverture d'une procédure de conciliation*** ◊ Reposant sur une démarche volontariste du débiteur, l'ouverture de la procédure de conciliation est néanmoins subordonnée au respect de certaines exigences légales. D'une part, elle ne peut être demandée que par le chef d'entreprise. D'autre part, le demandeur doit éprouver « une difficulté juridique, économique ou financière, avérée ou prévisible ». Cependant, il ne doit pas se trouver en cessation des paiements depuis plus de 45 jours [1]. Cette dernière précision témoigne du fait que la procédure étudiée a un domaine plus large que celui conféré à la procédure de sauvegarde [2].

1817 ***Déroulement de la procédure de conciliation*** ◊ Cette procédure, qui est menée par un conciliateur désigné par le tribunal, doit permettre d'obtenir la conclusion d'un accord entre le débiteur et ses principaux créanciers [3]. Cette procédure a ainsi un caractère conventionnel et la négociation demeure libre. Seuls les créanciers souhaitant participer à cet accord en seront en conséquence parties [4].

1818 ***Pouvoirs du débiteur*** ◊ Le conciliateur n'est pas partie à la procédure car il n'exerce aucune fonction d'assistance ou de représentation du débiteur. Celui-ci ne subit alors aucune restriction de pouvoirs, à la différence par exemple de la sauvegarde où il peut être assisté ou surveillé par l'administrateur.

1819 ***Efforts des parties*** ◊ Pour favoriser au mieux la conclusion de l'accord de conciliation, certains efforts particuliers peuvent être demandés par le conciliateur aux créanciers, et notamment aux banquiers : délais de paiement, rééchelonnement des dettes, remises de dettes, etc. Ces mesures doivent permettre de régler les difficultés de l'entreprise. La conciliation n'est donc pas sans douleur pour les créanciers. De nouveaux concours bancaires peuvent également être proposés.

1820 ***Contrat*** ◊ Si la mission du conciliateur est couronnée de succès, un contrat est conclu entre le débiteur et ses principaux créanciers, dont les établissements de crédit. Ce contrat mentionne les différents engagements pris par les parties. S'agissant d'un contrat, cet accord ne s'impose qu'à ceux qui l'ont accepté. Il ne saurait donc porter atteinte aux droits des non-signataires.

---

1. C. com., art. L. 611-4.

2. V. ss 1823.

3. Il peut aussi, à la demande du débiteur, et après avis des créanciers, être chargé d'une mission ayant pour objet l'organisation d'une cession partielle ou totale de l'entreprise (« prépack-cession »).

4. C. com., art. L. 611-7.

821 ***Constatation et homologation*** ◊ L'accord en question peut connaître plusieurs sorts.

Tout d'abord, le président du tribunal, sur la requête conjointe des parties, peut constater leur accord et donner à celui-ci force exécutoire. Il statue au vu d'une déclaration certifiée du débiteur attestant qu'il ne se trouvait pas en cessation des paiements lors de la conclusion de l'accord, ou que celui-ci y met fin. Notons que la décision constatant l'accord n'est pas soumise à publication et n'est pas susceptible de recours [1]. Cette constatation sera probablement préférée par le débiteur soucieux de ne pas ébruiter ses difficultés.

Mais une autre solution existe. En effet, le débiteur peut soumettre l'accord à l'homologation du tribunal [2]. Cette homologation sera alors donnée si les conditions suivantes sont réunies : le débiteur n'est pas en cessation des paiements ou l'accord conclu y met fin, les termes de l'accord sont de nature à assurer la pérennité de l'activité de l'entreprise et enfin cet accord ne porte pas atteinte aux intérêts des créanciers non-signataires. La procédure cesse, dans ce cas, d'être confidentielle tout en offrant plus de sécurité aux signataires [3].

822 ***Privilège de conciliation*** ◊ Soulignons ici que la participation à une procédure de conciliation, se traduisant par un accord homologué, peut se révéler intéressante pour le banquier-créancier, comme en témoigne le privilège de conciliation, dit aussi privilège de *new money* [4].

Aux termes de l'article L. 611-11 du Code de commerce, en cas d'ouverture d'une procédure de sauvegarde, de redressement judiciaire ou de liquidation judiciaire postérieure, les personnes ayant consenti dans l'accord homologué un nouvel apport en trésorerie au débiteur « en vue d'assurer la poursuite de l'activité de l'entreprise et sa pérennité » sont payées, pour le montant de cet apport, par privilège avant toutes les autres créances nées antérieurement à l'ouverture de la conciliation, c'est-à-dire immédiatement après les créances super-privilégiées que sont salaires et les frais de justice privilégiés, mais avant tous les créanciers titulaires de sûretés spéciales antérieures ou postérieures à la conciliation et tous les créanciers postérieurs éligibles au traitement préférentielles.

Ce privilège offert aux créanciers jouant le jeu de la conciliation est dès lors très attractif. Cependant, la personne concernée ne bénéficiera de ce privilège qu'à hauteur de son apport nouveau et non pour l'ensemble de sa créance.

---

1. C. com., art. L. 611-8, I.

2. C. com., art. L. 611-8, II.

3. Notons que l'accord homologué entraîne la levée de plein droit de toute interdiction d'émettre des chèques conformément à l'article L. 131-73 du Code monétaire et financier, mise en œuvre à l'occasion du rejet d'un chèque émis avant l'ouverture de la procédure de conciliation. C. com., art. L. 611-10-2.

4. P.-M. Le Corre, « Le privilège de la conciliation : questions-réponses », *Gaz. Pal.* 12 janv. 2014, n° 12, p. 44.

Le créancier dont la créance bénéficie du privilège de conciliation doit en principe la déclarer au passif de la procédure collective ouverte au bénéfice de son débiteur postérieurement à la conciliation.

SECTION 2. LA PROCÉDURE DE SAUVEGARDE

1823 ***Présentation générale*** ◊ La procédure de sauvegarde est une procédure judiciaire de prévention-traitement ouverte aux débiteurs commerçants, artisans, agriculteurs, professionnels indépendants, personnes physiques ou personnes morales, qui, sans être en cessation des paiements peuvent justifier de difficultés qu'ils ne sont pas en mesure de surmonter et de nature à les conduire à la cessation des paiements. C'est ainsi une sorte de « redressement judiciaire anticipé » censé aboutir à un plan de continuation, appelé plan de sauvegarde. La procédure ne peut être ouverte qu'à la demande du débiteur.

1824 ***Période d'observation*** ◊ Le premier effet du jugement d'ouverture de la procédure est l'ouverture d'une période d'observation qui altère la situation des acteurs concernés par cette même procédure. Ainsi, selon l'article L. 622-7 du code, ce jugement emporte, de plein droit, interdiction de payer toute créance née antérieurement à lui, à l'exception du paiement par compensation des créances connexes.

De plus, le jugement arrête le cours des intérêts légaux ou conventionnels, ainsi que tous intérêts de retard et majorations, « à moins qu'il ne s'agisse des intérêts résultant de contrats de prêt conclus pour une durée égale ou supérieure à un an ou de contrats assortis d'un paiement différé d'un an au plus » [1].

1825 ***Déclaration des créances*** ◊ Les créanciers antérieurs et postérieurs non privilégiés vont être dans l'obligation de déclarer leurs créances à la procédure [2]. Cette déclaration a pour but d'établir la consistance du passif du débiteur. Elle peut donc être vue comme une demande en justice formulée par le créancier en vue de participer au règlement collectif du passif. Dit plus simplement, cela lui permet de « rentrer » dans la procédure.

La déclaration porte sur le montant de la créance due au jour du jugement d'ouverture avec indication des sommes à échoir et de la date de leurs échéances. Elle précise également la nature du privilège ou de la sûreté dont la créance est éventuellement assortie [3].

1. C. com., art. L. 622-28.
2. C. com., art. L. 622-24.
3. C. com., art. L. 622-25.

Les modalités de déclaration sont strictement encadrées par le droit [1]. La déclaration doit, en principe, être expédiée au mandataire judiciaire dans un délai de deux mois à compter de la publication au BODACC du jugement d'ouverture de la procédure. À défaut de déclaration dans les délais impartis, le créancier ne sera pas payé. En effet, selon l'article L. 622-26, alinéa 2, du Code de commerce : « Les créances non déclarées régulièrement dans ces délais sont inopposables au débiteur pendant l'exécution du plan et après cette exécution lorsque les engagements énoncés dans le plan ou décidés par le tribunal ont été tenus » [2]. Il en va ainsi, par exemple, lorsqu'une banque procède à une déclaration trop tardivement [3].

826 ***Régime juridique des contrats en cours*** ◊ L'article L. 622-13 du Code de commerce confère à l'administrateur, ou à défaut au débiteur autorisé par le juge-commissaire, un droit d'option sur la continuation des contrats en cours, c'est-à-dire en cours d'exécution. Il importe peu que les contrats aient été conclus ou non en considération de la personne [4]. Sans surprise, cet article, réécrit par l'ordonnance du 18 décembre 2008 [5], a des incidences sur les contrats bancaires [6].

827 ***Conséquences sur les crédits*** ◊ Une distinction s'impose, semble-t-il, en fonction des concours concernés. Tout d'abord, en cas d'ouverture de crédit, il a été admis que si au moment de l'ouverture de la procédure de sauvegarde, une telle ouverture n'était pas entièrement utilisée, l'administrateur peut obtenir un nouveau crédit jusqu'au maximum autorisé. Nous serions donc en présence d'un contrat en cours [7]. L'administrateur a donc la faculté d'exiger l'exécution d'un tel contrat en fournissant la prestation promise au cocontractant. Bien évidemment, cette règle n'interdit pas que les concours en question, s'ils sont à durée indéterminée, soient interrompus sur le fondement de l'article L. 313-12 du Code monétaire et financier [8].

En revanche, le contrat de prêt consenti, par un établissement de crédit, antérieurement au jugement d'ouverture ne saurait être vu, par la Cour de

1. C. com., art. L. 622-24.
2. Les créanciers défaillants sont néanmoins relevés de la forclusion par le juge-commissaire s'ils établissent que leur défaillance n'est pas due à leur fait, ou bien qu'elle est due à une omission du débiteur lors de l'établissement de la liste de l'article L. 622-6, alinéa 2, du Code de commerce. C. com., art. L. 622-26.
3. Versailles, 11 oct. 2012, n° 11/01208, *LEDB* déc. 2012, p. 7, n° 167, obs. R. Routier.
4. Com., 8 déc. 1987, n° 87-11.501, *Bull. civ.* IV, n° 266 ; *D.* 1988. 52, note F. Derrida ; *JCP* 1988, II, 20927, note M. Jeantin.
5. Ph. Roussel-Galle, « Les "nouveaux" régimes des contrats en cours et du bail » : *RPC* 2009, n° 1, p. 55.
6. C. Saint-Alary, « Droit des entreprises en difficulté » : éd. LGDJ, coll. Précis Domat, 2018, 11e éd., 2018, n° 617 s. – P.-M. Le Corre, « Droit et pratique des procédures collectives » : éd. Dalloz, Dalloz Action, 2019, n° 431-291.
7. Paris, 17 nov. 1998 : *APC* mars 1999, n° 38.
8. Com. 1er oct. 1991, n° 89-13.127 : *Bull. civ.* 1991, IV, n° 273 ; *RTD com.* 1992. 240, obs. Y. Chaput ; D. 1993, somm. p. 10, obs. F. Derrida ; *JCP E* 1991, II, 236, note M. Jeantin.

cassation, comme un contrat en cours à cette date [1] et doit, en conséquence, subir toutes les contraintes imposées par le Code de commerce : nécessité de déclarer les créances, interruption ou interdiction des poursuites individuelles et interdiction des paiements. Il est vrai que, depuis le début des années 2000, nous sommes ici en présence d'un contrat consensuel et non plus réel [2]. Cette situation juridique nouvelle pourrait d'ailleurs remettre en cause la jurisprudence précitée à l'égard de l'ouverture de crédit [3].

Enfin, les crédits consentis postérieurement au jugement d'ouverture, pendant la période d'observation, bénéficient des dispositions de l'article L. 622-17 du Code de commerce, en particulier de la règle du paiement à l'échéance et du privilège reconnu en cas de défaut de paiement.

1828 ***Plan de sauvegarde : présentation générale*** ◊ L'objet de la période d'observation est de déterminer si les difficultés de l'entreprise peuvent être surmontées et, dans l'affirmative, d'élaborer un projet de plan de sauvegarde qui sera soumis au tribunal. L'article L. 626-1 Code de commerce déclare en effet que, lorsqu'il existe une possibilité sérieuse pour l'entreprise d'être sauvegardée, le tribunal arrête dans ce but un plan de sauvegarde qui met fin à la période d'observation. Il s'agit ainsi d'un plan de réorganisation.

1829 ***Préparation du plan de sauvegarde*** ◊ L'élaboration du projet de plan, qui incombe au chef d'entreprise et à l'administrateur, suppose la collecte d'informations. Ainsi, la loi permet à l'administrateur de recevoir du juge-commissaire tous renseignements et documents utiles à l'accomplissement de sa mission [4]. De même, il consulte le mandataire judiciaire et entend toute personne susceptible de l'informer, notamment, sur la situation et les perspectives de redressement de l'entreprise. Cet administrateur fera alors des propositions pour le règlement des dettes qui seront communiquées au mandataire judiciaire.

1830 ***Consultation des créanciers*** ◊ Les créanciers doivent logiquement être consultés sur les propositions en question. Si par principe cette consultation est faite individuellement [5], le mandataire judiciaire adressant une lettre recommandée à chaque créancier ayant déclaré sa créance [6] (§ 1),

1. Com. 9 févr. 2016, n° 14-23.219 : *D.* 2016. AJ 423, obs. A. Lienhard ; *RTD com.* 2016. 554, obs. A. Martin-Serf ; *LEDEN* 3/2016. 4, obs. P. Rubellin ; *RDBF* 2016, comm. 88, obs. C. Houin-Bressand ; *Gaz. Pal.* 12 avr. 2016, n° 14, p. 72, obs. E. Le Corre-Broly ; *BJE* 2016. 175, note F. Reille.

2. V. ss 1566.

3. V. déjà, Com. 16 juin 2004, n° 01-17.030.

4. C. com., art. L. 623-3. Rappelons que le juge-commissaire bénéficie, quant à lui, d'une exception au secret bancaire, v. ss 326.

5. Il en sera ainsi dans 95 % des cas.

6. Notons que l'accord des créanciers n'est pas requis pour la détermination des délais de paiement qui seraient fixés dans le plan par le tribunal (C. com., art. L. 626-18). En revanche, les remises de dettes nécessitent un tel accord.

il faut noter que pour les entreprises les plus importantes [1] elle sera réalisée selon des modalités dérogatoires, les créanciers étant réunis en deux comités appelés à s'exprimer collectivement (§ 2).

Revenons brièvement sur ces deux hypothèses.

§ 1. Le traitement individuel de la créance bancaire

1831 ***Consultation du banquier*** ◊ En vertu de l'article L. 626-5 du Code de commerce, les propositions adressées aux banquiers pour le règlement des dettes peuvent porter sur des délais, remises et conversion en titres pouvant donner accès au capital. Elles sont alors communiquées par l'administrateur au mandataire judiciaire, aux contrôleurs ainsi qu'au comité d'entreprise ou, à défaut, aux délégués du personnel.

Quelques observations s'imposent. D'une part, si la consultation sur les remises et délais peut être individuelle ou collective, celle portant sur les conversions en titres est nécessairement individuelle. D'autre part, lorsque la consultation porte sur des délais de paiement, le banquier doit répondre dans les 30 jours à la proposition qui lui est faite, à défaut de quoi le défaut de réponse vaut acceptation. Pour la conversion en titres, en revanche, le silence vaut refus.

1832 ***Pouvoirs du tribunal*** ◊ Si le banquier accepte les propositions, le tribunal en prend acte. Dit autrement, il n'impose rien, mais acte les accords de volonté. Cela accentue le caractère contractuel du plan.

En revanche, si le professionnel de la banque oppose son refus, aux délais, remises et conversions de créances, le tribunal impose des délais uniformes de paiement. Il s'agit de la pratique du « plan imposé » [2]. Notons que les délais en question sont nécessairement les mêmes pour tous, en raison du principe de l'égalité des créanciers, et le tribunal ne saurait imposer ni une remise de dette, ni une conversion de créances. À défaut, il y aurait un excès de pouvoir.

Dans tous les cas, et cela a été noté précédemment, la durée du prêt ne s'impose pas au tribunal. De même, les clauses du prêt sont suspendues pendant l'exécution du plan. Cela concernera, notamment, les sûretés, les clauses d'exigibilité anticipée, etc. Pour résumer, tant que le plan est exécuté, le prêteur ne peut prétendre qu'au paiement des échéances du plan.

1833 ***Le cas des délais de paiement supérieurs à la durée du plan*** ◊ La question s'est posée de savoir si le tribunal peut donner effet à l'accord des créanciers sur des délais supérieurs à la durée du plan, qui est de dix

---

1. V. ss 1834.
2. C. com., art. L. 626-18.

ans au maximum [1]. Les textes ne l'interdisent pas. Elle est donc logiquement admise par les juridictions du fond [2].

§ 2. Le traitement par les comités de créanciers

1834 ***Rôle des comités*** ◊ À l'égard des plus grosses entreprises [3], deux comités seront constitués à l'initiative de l'administrateur [4]. Le premier va réunir des créanciers titulaires d'une créance antérieure au jugement d'ouverture, qui sont des établissements de crédit ou assimilés, ainsi que les titulaires de créances, qui leur ont été transmises, et qui étaient initialement détenues par un établissement de crédit ou par un fournisseur et toute entité auprès de laquelle le débiteur a conclu une opération de crédit. Bien évidemment, le poids des créances bancaires est variable selon les entreprises. Le second comité, quant à lui, réunira les principaux fournisseurs de biens ou de services, c'est-à-dire des créanciers antérieurs détenant, au vu des documents comptables du débiteur, au moins 3 % du passif fournisseur [5].

La constitution des comités de créanciers donne une grande latitude aux praticiens pour assurer la restructuration de la dette dans le cadre du plan. En effet, selon l'article L. 626-30-2 du Code de commerce, le projet de plan proposé aux comités n'est soumis ni aux dispositions de l'article L. 626-12 (limitation de la durée du plan), ni à celles de l'article L. 626-18 (limitation de la durée des délais de paiement). Le régime est donc celui de la totale liberté pour le règlement du passif.

En cas de réunion du comité des établissements de crédit, le projet de plan peut notamment prévoir des délais de paiement, des remises et, lorsque le débiteur est une société par actions dont tous les actionnaires ne supportent les pertes qu'à concurrence de leurs apports, des conversions de créances en titres donnant ou pouvant donner accès au capital. Précisons que le projet de plan peut parfaitement établir un traitement différencié entre les créanciers si les différences de situation le justifient.

Après discussion avec le débiteur et l'administration judiciaire, les comités se prononcent sur ce projet, le cas échéant modifié, dans un délai de 20 à 30 jours suivant la présentation du projet de plan du débiteur. Chaque

---

1. P.-M. Le Corre, « Les délais de remboursement d'un plan supérieur à dix ans », *Gaz. Pal.* 3 août 2012, n° 49, p. 5.
2. T. com. Annecy, 19 mars 2013, n° 2013F00040.
3. Dès lors que l'entreprise dépasse l'un des deux seuils alternatifs fixés par décret, les comités de créanciers doivent impérativement être constitués pour l'élaboration du plan de sauvegarde. L'article R. 626-52 du Code de commerce fixe ainsi les seuils : 150 salariés et 20 000 000 d'euros de chiffre d'affaires hors taxes. Dans l'un de ces cas, les comités de créanciers deviennent donc obligatoires.
4. C. com., art. L. 626-30.
5. Les créanciers n'appartenant pas aux comités seront consultés selon les modalités ordinaires par le mandataire judiciaire. C. com., art. L. 626-33.

comité se prononce alors à la majorité des deux tiers du montant des créances détenues par les membres ayant exprimé un vote.

Un vote favorable des deux comités est nécessaire à l'adoption du projet de plan présenté.

1835 ***Proposition de plan alternatif*** ◊ Ces dernières années, l'article L. 626-30-2 du Code de commerce a fait l'objet d'évolutions afin de permettre aux créanciers de proposer un plan alternatif à celui qu'a envisagé le débiteur assisté de l'administrateur. En effet, suite à une modification résultant de l'ordonnance n° 2014-326 du 12 mars 2014, l'article prévoit, dès son alinéa 1er, que « tout créancier membre d'un comité peut également soumettre un projet de plan qui fera l'objet d'un rapport de l'administrateur ». Les comités doivent alors se prononcer également sur ces projets alternatifs.

1836 ***Rôle du tribunal*** ◊ Lorsque les comités adoptent les propositions qui leur sont soumises, le tribunal doit vérifier que tous les intérêts de tous les créanciers sont suffisamment protégés [1]. Si tel est le cas, il arrête alors le plan conformément au projet adopté. Sa décision rend applicables à tous leurs membres les propositions adoptées par chacun des comités [2]. Ainsi, les membres minoritaires sont tenus par des dispositions qu'ils n'ont pas obligatoirement acceptées [3]. Si le tribunal peut éventuellement réduire les efforts consentis par les créanciers, il ne peut pas les aggraver.

Lorsque l'un ou l'autre des comités ne s'est pas prononcé sur un projet de plan dans un délai de 6 mois à compter du jugement d'ouverture de la procédure, ou bien si l'un d'eux a refusé les propositions faites par le débiteur, la procédure est reprise pour préparer un plan qui sera conçu et arrêté par le tribunal [4].

1837 ***Intérêt du plan*** ◊ Soulignons que, pour rendre attractive la procédure de sauvegarde et encourager le débiteur à jouer le jeu de la prévention judiciaire, l'article L. 626-11 prévoit par son alinéa 2 qu'« à l'exception des personnes morales, les coobligés et les personnes ayant consenti une sûreté personnelle ou ayant affecté ou cédé un bien en garantie peuvent » se prévaloir des dispositions du plan de sauvegarde. Cette règle a pour but de rendre plus attrayant la procédure de sauvegarde pour les dirigeants d'entreprises qui sont souvent cautions de celles-ci.

---

1. C. com., art. L. 626-31.
2. C. com., art. L. 626-31.
3. Ils peuvent ainsi se voir imposer des délais de paiement et des remises de dettes pouvant excéder 10 ans.
4. C. com., L. 626-34. Toutefois à la demande de l'administrateur, le tribunal peut fixer aux comités un nouveau délai qui ne peut excéder la durée de la période d'observation.

SECTION 3. LA PROCÉDURE DE REDRESSEMENT JUDICIAIRE

1838 ***Présentation générale*** ◊ La procédure de redressement présente, pour l'essentiel, les mêmes caractéristiques que la procédure de sauvegarde. Elle est aussi destinée à permettre la poursuite de l'activité de l'entreprise, le maintien de l'emploi et l'apurement du passif. Elle donne lieu à un plan arrêté par jugement à l'issue d'une période d'observation.

La différence est que la société est en état de cessation des paiements, c'est-à-dire que le débiteur est dans l'impossibilité de faire face au passif exigible avec son actif disponible [1], mais sa situation n'est pas encore irrémédiablement compromise.

En outre, à la différence de la procédure de sauvegarde purement volontariste, la procédure de redressement peut être ouverte, certes à la suite de la déclaration du débiteur, mais aussi sur assignation d'un créancier, à la demande du ministère public ou enfin sur saisine d'office du tribunal.

1839 ***Période d'observation*** ◊ Le régime de la période d'observation présente de nombreux points communs en redressement judiciaire et en sauvegarde. Il en va plus particulièrement ainsi concernant la neutralisation de la situation financière [2].

Des règles propres sont cependant à relever. C'est ainsi qu'afin d'augmenter les chances de sauvetage de l'entreprise, la procédure dispose de moyens supplémentaires pour reconstituer l'actif et notamment la règle des nullités de la période suspecte. En effet, pendant cette période, qui s'étend de la cessation des paiements au jour du jugement d'ouverture, le débiteur a pu accomplir des actes portant atteinte au principe d'égalité entre les créanciers. La loi sanctionne alors ces actes irréguliers par la nullité, ce qui permet de reconstituer l'actif de l'entreprise.

1840 ***Administrateur judiciaire*** ◊ Dans le cas du redressement judiciaire, la mission de l'administrateur judiciaire est fixée par le tribunal. C'est ainsi qu'il a pu être décidé que l'administrateur assistera le débiteur dans tous les actes de gestion ce qui inclut l'utilisation du compte bancaire sous la double signature [3].

1841 ***Continuation des contrats en cours*** ◊ En vertu de l'article L. 622-13 du Code de commerce, nonobstant toute clause contractuelle, aucune

1. C. com., art. L. 631-1, al. 1er.
2. Le jugement d'ouverture ne rend pas exigible les créances non échues à la date de son prononcé. Dès lors, toutes clauses liant directement ou indirectement la déchéance du terme d'une créance à l'ouverture d'une procédure de redressement judiciaire est réputée non écrite, Com., 21 févr. 2012, n° 11-30.077, *LEDB* avr. 2012, p. 6, n° 044, obs. R. Routier.
3. Com., 4 juin 2013, n° 12-17.203, *Bull. civ.* IV, n° 93.

indivisibilité, résiliation ou résolution d'un contrat en cours ne peut résulter du seul fait de l'ouverture d'une procédure collective.

La jurisprudence a alors eu l'occasion d'affirmer qu'est interdite toute clause qui modifie les conditions de poursuite d'un contrat en cours en diminuant les droits ou en aggravant les obligations du débiteur du seul fait de sa mise en redressement judiciaire [1].

842 ***Plan de redressement*** ◊ Tout comme le plan de sauvegarde, le plan de redressement, ne peut tendre qu'à la continuation de l'activité. Ce plan est soumis pour l'essentiel au même régime que le plan de sauvegarde, même si quelques distinctions peuvent être relevées : situation des garants, sort des dirigeants, effets de la résolution, etc.

Ici encore, le jugement qui arrête le plan, qui comprendra certainement plusieurs « efforts » des banquiers-créanciers, en rend les dispositions opposables à tous.

Notons cependant que, dans ce cas, les coobligés et les personnes ayant consenti une sûreté personnelle ou ayant affecté ou cédé un bien en garantie ne peuvent se prévaloir des dispositions du plan qu'il s'agisse de garants personnes physiques ou morales [2].

843 ***Plan de cession*** ◊ Une règle particulière, intéressant le droit bancaire, est à observer ici. L'article L. 642-7, alinéa 5, du Code de commerce prévoit que : « en cas de cession d'un contrat de crédit-bail, le crédit-preneur ne peut lever l'option d'achat qu'en cas de paiement des sommes restant dues dans la limite de la valeur du bien fixée d'un commun accord entre les parties ou, à défaut, par le tribunal à la date de la cession ». Ainsi, l'établissement de crédit, crédit-bailleur, bénéficie d'une protection particulière en raison de sa situation de propriétaire. Notons que cette règle ne jouera que si les biens faisant l'objet de contrat de crédit-bail sont portés dans l'offre d'acquisition présentée.

SECTION 4. LA PROCÉDURE DE LIQUIDATION

844 ***Présentation générale*** ◊ La procédure de liquidation est ouverte à tout débiteur en cessation des paiements dont le redressement est manifestement impossible [3]. Elle est destinée à mettre fin à l'activité de l'entreprise ou à réaliser le patrimoine du débiteur par une cession globale ou séparée de ses droits ou de ses biens. Sa finalité est donc uniquement liquidative.

1. Com., 14 janv. 2014, n° 12-22.909, *D.* 2014, *AJ* p. obs. A. Lienhard ; *APC* 2014, comm. 4, obs. Ph. Roussel-Galle. Com., 3 juill. 2013, n° 12-22.284 et 12-22.287 ; *D.* 2013. AJ 1740, obs. A. Lienhard. Com., 4 juin 2013, n° 12-17.203.
2. C. com., art. L. 631-20.
3. C. com., art. L. 640-1.

1845 ***Déclaration des créances*** ◊ Le jugement qui ouvre ou prononce la liquidation judiciaire rend exigibles toutes les créances que les créanciers détiennent contre l'entreprise, même si elles ne sont pas encore échues [1]. Tel est le cas des crédits accordés.

Ainsi, dans un délai de 2 mois à partir de la publication du jugement d'ouverture au BODACC, les créanciers qui disposent d'une créance qui existait avant le jugement d'ouverture doivent adresser une déclaration de créances au liquidateur [2].

1846 ***Missions du liquidateur*** ◊ Le jugement qui prononce la liquidation judiciaire nomme un mandataire judiciaire pour être liquidateur. Dès l'ouverture de la procédure, ce liquidateur exerce un certain nombre de missions, et notamment la vente des biens (marchandises, matériels, immeubles, droit au bail, etc.) soit dans le cadre d'une vente globale de l'entreprise (plan de cession), soit par des ventes séparées. Notons que le liquidateur fautif peut être tenu au paiement des sommes dues par la société liquidée [3].

1847 ***Ordre des paiements*** ◊ L'article L. 641-13 du Code de commerce définit, pour certaines créances postérieures, un régime particulier de faveur comme cela est également le cas dans le cadre de la sauvegarde ou du redressement judiciaire. C'est ainsi que sont payées à leur échéance les créances nées régulièrement après le jugement qui ouvre ou prononce la liquidation judiciaire, si ces créances sont nées : pour les besoins du déroulement de la procédure ou du maintien provisoire de l'activité autorisé (en application de l'article L. 641-10), ou en exécution d'un contrat en cours décidée par le liquidateur ou encore si elles sont nées des besoins de la vie courant du débiteur, personne physique.

Lorsqu'elles ne sont pas payées à l'échéance, ces créances sont payées par privilège avant toutes les autres créances, à l'exception : de celles qui sont garanties par le super-privilège des salaires ; des frais de justice nés régulièrement après le jugement d'ouverture pour les besoins du déroulement de la procédure ; de celles qui sont garanties par le privilège de conciliation établi par l'article L. 611-11 du code ; et de celles qui sont garanties par des sûretés immobilières.

Le même article L. 641-13 institue également, par son III, un classement interne de ces créances bénéficiant d'un traitement préférentiel.

Notons cependant que ces dernières perdent leur privilège si elles n'ont pas été portées à la connaissance du mandataire judiciaire, de

1. C. com., art. L. 643-1.

2. Le créancier qui a déjà régulièrement déclaré sa créance au redressement judiciaire du débiteur n'est pas tenu de procéder à une nouvelle déclaration lorsque la liquidation judiciaire est prononcée, Com., 16 janv. 2007, n° 05-16.927, *Bull. civ.* IV, n° 4 ; *D.* 2007. AJ 311, obs. A. Lienhard.

3. Com., 20 oct. 2015, n° 13-17.049, *LEDB* déc. 2015, p. 5, n° 185, obs. R. Routier. Cette règle est mentionnée à l'article L. 237-12 du Code de commerce.

l'administrateur lorsqu'il en est désigné ou du liquidateur au plus tard, dans le délai de six mois à compter de la publication du jugement ouvrant ou prononçant la liquidation ou, à défaut, dans le délai d'un an à compter de celle du jugement arrêtant le plan de cession.

1848 ***Clôture de la liquidation judiciaire*** ◊ La liquidation judiciaire prend fin par un jugement de clôture prononcé par le tribunal. Ce sera tout d'abord le cas lorsqu'il n'existera plus de passif exigible ou lorsque le liquidateur disposera de sommes suffisantes pour désintéresser les créanciers [1]. Cependant, le plus souvent, la procédure sera clôturée car la poursuite des opérations de liquidation judiciaire sera rendue impossible en raison de l'insuffisance d'actif [2].

Dans ce dernier cas, si le débiteur est une société, la clôture provoque la disparition de sa personnalité juridique. En effet, celle-ci ne survivait que pour les besoins de la liquidation, depuis que le jugement de liquidation avait provoqué sa dissolution.

En revanche, si le débiteur est une personne physique, la clôture pour insuffisance d'actif met fin au-dessaisissement dont il était frappé depuis le jugement de liquidation et le rétablit dans l'intégralité de ses pouvoirs, sous réserve des sanctions qui ont pu être prononcées contre lui. De plus, et surtout, l'article L. 643-11 du Code de commerce dispose que ses créanciers ne retrouvent pas le droit de poursuite individuelle dont ils ont été privés à l'ouverture de la procédure. Cette « purge », très favorable au débiteur personne physique, n'entraîne pas l'extinction de la dette, mais paralyse le droit de poursuite des créanciers [3]. Cela permet alors à ce débiteur de reconstruire sa vie professionnelle sans subir les conséquences d'un premier échec [4].

---

1. C. com., art. L. 643-9. Dans ce cas, le jugement de clôture rétablit le débiteur dans tous ses droits.
2. C. com., art. L. 643-9.
3. L'effacement des dettes se retrouve, en revanche, avec la procédure particulière de rétablissement professionnel, qui ne s'applique qu'aux personnes physiques visées par l'article L. 640-2 du Code de commerce dont l'actif patrimonial déclaré est inférieur à un montant fixé à 5 000 euros. C. com., art. L. 645-1 s.
4. Cette règle connaît quelques exceptions fondées sur la nature des créances (C. com., art. L. 643-11, I) et le comportement du débiteur (C. com., art. L. 643-11, III et IV).

SOUS-TITRE 6
Les risques juridiques pour le prêteur

1849 ***Interrogation*** ◊ Le banquier dispensateur de crédit peut-il voir sa responsabilité engagée pour avoir accordé un crédit ? Cette interrogation peut, *a priori*, paraître surprenante alors que dans un tel cas le professionnel de la banque n'aura fait que répondre positivement à une demande émanant d'un client.

Pourtant, force est de constater, à la lecture de la jurisprudence, que le banquier ayant accordé un crédit n'est pas à l'abri d'une action en justice cherchant à faire engager sa responsabilité en raison de l'octroi d'un crédit. Au contraire, on peut même affirmer que la recherche de cette responsabilité est devenue un moyen de défense de la part des emprunteurs, mais aussi des cautions, poursuivis en paiement.

1850 ***Responsabilité pénale. Généralités*** ◊ Observons, avant d'étudier les actions de nature civile admises contre le banquier dispensateur de crédit, que ce dernier peut aussi faire l'objet, dans certains cas, de condamnations pénales [1]. Il en va ainsi, par exemple, lorsque le taux d'intérêt est supérieur au seuil de l'usure [2], en présence de certains manquements au droit régissant les crédits aux consommateurs [3] ou encore si les règles encadrant le démarchage ont été méconnues [4]. D'autres délits ont encore pu être envisagés en fonction des circonstances [5]. Les condamnations demeurent cependant particulièrement rares sur le fondement de ces incriminations.

1. M. Cabrillac et Ch. Mouly, *Droit pénal de la banque et du crédit*, éd. Masson, 1982. A. Lepage, P. Maistre du Chambon et R. Salomon, *Droit pénal des* affaires, éd. Litec, 2013, 3e éd., n° 1101 s. J. Lasserre Capdeville, « La responsabilité pénale du banquier dispensateur de crédit », *in Le crédit : approches juridique et économique*, éd. Dalloz, coll. Thèmes et commentaires, 2012, p. 25 s.

2. V. ss 1751. Rappelons que les crédits octroyés dans une finalité professionnelle ne peuvent plus être sanctionnés pénalement sur ce fondement. V. ss 1757.

3. J. Lasserre Capdeville, « La double réforme du droit pénal des crédits aux consommateurs », *AJ pénal* 2016, n° 5, p. 251.

4. C. mon. fin., art. L. 353-1 s. V. par ex., Crim., 31 mai 2012, n° 11-83.790, *BJB* 2012. 471, note J. Lasserre Capdeville. – T. corr. Paris, 20 févr. 2019 11055092033 : *Banque et Dr.* 3-4/2019, n° 184, p. 91, obs. J. Lasserre Capdeville.

5. Pour un cas de corruption, Crim., 16 juin 2011, n° 09-87.292, *LEDB* oct. 2011, p. 5, n° 138, obs. J. Lasserre Capdeville. Crim., 9 sept. 2009, n° 08-87.312, *Gaz. Pal.* 5 mars 2010, n° 64, p. 43, obs. J. Lasserre Capdeville.

1851 *Complicité de banqueroute* ◇ Un cas particulier mérite néanmoins d'être quelque peu développé, car ayant donné lieu à plusieurs décisions remarquées : il s'agit de la complicité de banqueroute du banquier par fourniture de moyens ruineux [1]. Pour mémoire, la banqueroute est un délit visant les commerçants, les artisans, les agriculteurs, les personnes physiques exerçant une activité professionnelle indépendante ou encore les personnes physiques ayant en droit ou en fait dirigé ou liquidé une personne morale de droit privé, dont l'entreprise a fait l'objet d'une procédure de redressement ou de liquidation judiciaire, et qui sont auteurs de l'un des agissements frauduleux mentionnés par l'article L. 654-2 du Code de commerce [2]. Cette incrimination cherche à protéger les créanciers sociaux.

C'est ainsi qu'est notamment sanctionné le fait d'« avoir, dans l'intention d'éviter ou de retarder l'ouverture de la procédure de redressement ou de liquidation judiciaire (...) employé des moyens ruineux pour se procurer des fonds ». Or, ont été qualifiés de moyens ruineux : l'escompte d'effets de complaisance et de fausses factures [3], l'autorisation d'un découvert trop important entraînant des intérêts et agios hors de proportion avec le chiffre d'affaires de l'entreprise [4] ou encore la souscription d'un emprunt à un taux d'intérêt élevé [5]. En conséquence, quelques banquiers dispensateurs de crédit ont déjà été condamnés au titre de la complicité de la banqueroute par octroi de moyens ruineux [6]. Rappelons que le complice

---

1. R. Koering-Joulin, « L'élément moral de la complicité par fourniture de moyens ruineux », *D.* 1980. Chron. 231. C. Mouly, « La responsabilité pénale du banquier en cas de banqueroute de son client : un révélateur », *D.* 1984. 32. J. Lasserre Capdeville, « Le banquier complice de banqueroute : analyse contemporaine », *RLDA* 2014, n° 94, p. 77.

2. Ph. Roussel Galle (dir.), *Entreprises en difficulté*, Droit 360 °, éd. LexisNexis, 2012, n° 1777 s.

3. Crim., 10 juin 1981, n° 80-93.117, *Bull. crim.* n° 219. Crim., 14 mai 1984, n° 83-91.119, *Bull. crim.* n° 172. Crim., 3 janv. 1985, n° 84-91.057, *Bull. crim.* n° 2. Crim., 6 déc. 1993, n° 93-81.475, *Bull. crim.* n° 370.

4. Crim., 18 mai 1976, n° 75-90.378, *Bull. crim.* n° 166 ; *D.* 1976. 578, note Ch. Gavalda ; *RTD com.* 1976. 765, obs. M. Cabrillac et J.-L. Rives-Langes. Crim. 2 avr. 1984, n° 83-90.265, *Bull. crim.* n° 135.

5. Crim., 12 mars 1998, n° 96-85.739, *Bull. crim.* n° 100. Crim., 2 juin 1999, n° 98-81.454, *Bull. crim.* n° 118.

6. V. par ex., Crim., 23 juill. 1970, n° 69-90.335, *Bull. crim.* n° 245 ; *RTD com.* 1970. 793, obs. R. Houin. Crim., 19 oct. 1972, *Bull. crim.* n° 295. Crim., 18 mai 1976, n° 75-90.378, *Bull. crim.* n° 166 ; *D.* 1976. 578, note Ch. Gavalda ; *RTD com.* 1976. 765, obs. M. Cabrillac et J.-L. Rives-Langes. Crim. 3 janv. 1985, n° 84-91.057, *Bull. crim.* n° 2. Crim., 30 oct. 1989, n° 88-84.556, *Dr. pénal* 1990, comm. 88, obs. J.-H. Robert. Crim., 3 avr. 1991, n° 89-85.699, *JCP E* 1992, I, 154, n° 11, obs. Ch. Gavalda et J. Stoufflet. Crim., 5 déc. 2001, n° 01-81.234. Crim., 16 déc. 2009, n° 08-87.458. Crim., 22 sept. 2010, n° 09-83.274, *RDBF* 2011, comm. 193, obs. F.-J. Crédot et Th. Samin. Pour des cas de complicité du banquier pour banqueroute par détournement d'actif du débiteur, Crim., 9 oct. 1989, n° 89-80.160, *Bull. crim.* n° 343 ; *D.* 1990, somm. p. 364, obs. G. Roujou de Boubée ; *Rev. sociétés* 1990. 279, obs. B. Bouloc ; *D.* 1990, somm. p. 120, obs. M. Cabrillac. Crim., 6 mars 1989, n° 88-83.968.

est passible des mêmes peines que l'auteur principal [1], à savoir ici cinq ans d'emprisonnement et 75 000 euros d'amende [2].

Force est de constater, néanmoins, que la jurisprudence n'est pas toujours très claire en la matière. Certains arrêts rendus par les juridictions du fond se sont ainsi montrés relativement cléments avec le banquier prêteur en exigeant la démonstration stricte de l'élément intentionnel de l'infraction qui lui est imputable. Pour ces décisions, il convient, pour caractériser l'acte de complicité, de prouver que le professionnel de la banque connaissait la situation de cessation des paiements, mais aussi le caractère ruineux du crédit accordé, et surtout la volonté du débiteur de retarder l'ouverture de la procédure de redressement judiciaire [3]. L'impossibilité pour la partie poursuivante de rapporter cette dernière preuve a alors parfois permis à des banquiers d'échapper à toute condamnation. La Cour de cassation paraît, quant à elle, plus sévère en la matière, dans la mesure où elle ne reprend pas les exigences ainsi requises par les juridictions du fond [4]. Les décisions de justice demeurent néanmoins très rares sur cette question.

852 Il est plus fréquent, en revanche, que le banquier soit poursuivi civilement [5] en raison de la délivrance d'un crédit [6]. Il s'agit d'un droit essentiellement jurisprudentiel [7]. Si les cas sont variés et en évolution, trois hypothèses méritent que l'on s'y attarde. La première a perdu aujourd'hui beaucoup d'importance : il s'agit de celle où crédit ruineux ou un soutien abusif a été consenti (Chapitre 1). La seconde, à l'inverse, n'a cessé de se renforcer depuis une dizaine d'années : c'est le manquement du banquier prêteur à son devoir de mise en garde (Chapitre 2). Enfin, on s'interrogera

1. Cet acte de complicité implique, pour pouvoir être sanctionné, la présence d'un fait principal objectivement punissable. Dans notre hypothèse, il sera donc nécessaire que l'infraction de banqueroute puisse être constatée.

2. C. com., art. L. 654-3.

3. Douai, 2 nov. 1977, *D.* 1978. 257, note Y. Letartre. Paris, 9 oct. 1980, Banque 1981, p. 100, obs. L. Martin ; *RTD com.* 1981. 122, obs. M. Cabrillac. Saint-Denis de La Réunion, 17 déc. 1998, *D.* 1999. 609, note D.R. Martin. V. surtout, Paris, 14 févr. 2000, *D.* 2002, somm. p. 205, obs. J.-P. Sortais ; *RTD com.* 2001. 238, obs. C. Mascala.

4. Plusieurs arrêts récents ont ainsi retenu ce cas de complicité de banqueroute en présence de concours consentis par un banquier connaissant simplement, semble-t-il, la situation financière obérée de l'entreprise et son état de cessation des paiements, Crim., 8 oct. 2003, n° 02-80.449. Crim., 3 oct. 2007, n° 06-89.194. Crim., 16 déc. 2009, n° 08-87.458, *Dr. sociétés* 2010, comm. 79, obs. R. Salomon. Les décisions en question ne disent mot, en revanche, sur la nécessité de démontrer que le complice savait que l'auteur principal avait cherché à empêcher l'ouverture d'une procédure collective. Pour une légère amélioration, mais n'écartant pas toutes les incertitudes, Crim., 22 sept. 2010, n° 09-83.274, *RDBF* 2011, comm. 193, obs. F.-J. Crédot et Th. Samin.

5. Sur la responsabilité disciplinaire, J.-Ph. Kovar, « La responsabilité disciplinaire du banquier dispensateur de crédit », *in Le crédit : approches juridique et économique*, éd. Dalloz, coll. Thèmes et commentaires, 2012, p. 37.

6. Sur les impacts de l'action de groupe en la matière, K. Rodriguez, « Contentieux bancaire et action de groupe » : *RDBF* janv.-févr. 2017. Étude 2, p. 17.

7. Pour une présentation détaillée, D. Legeais, « Responsabilité du banquier fournisseur de crédit », *J.-Cl. BCB*, 2015, fasc. 500.

sur un cas particulier : le non-respect de la destination des fonds prêtés par l'une des parties au contrat de prêt (Chapitre 3).

1853 ***Devoir d'information*** ◊ Ces illustrations, qui seront donc développées ci-dessous, ne sont cependant pas exhaustives [1]. C'est ainsi que, ces dernières années, la jurisprudence s'est montrée favorable à la nécessité pour le prêteur, dans certaines circonstances, de respecter un devoir d'information. Il en a été ainsi, notamment, en présence de la modification d'un projet de crédit [2], de prêt à taux révisables [3], de droit au bénéfice d'un prêt à taux zéro (PTZ) [4], ou encore d'opérations de défiscalisation réalisées par l'intermédiaire d'investissements locatifs [5]. Il n'est pas rare en effet, dans ce dernier cas, que l'obligation d'information soit ainsi invoquée par des investisseurs-emprunteurs déçus [6].

---

1. Concernant l'idée de retenir une responsabilité du prêteur en cas de préjudice environnemental, M. Bayle, « La responsabilité du bailleur de fonds pour préjudice environnemental : proposition de réforme », *D.* 2007. 2398. J. Stoufflet, « Les financements bancaires et les activités industrielles polluantes », *in Mélanges P. Van Ommeslague*, éd. Bruylant, 2000, p. 699.

2. Com., 3 déc. 2013, n° 12-23.976, *LEDB* févr. 2014, p. 1, n° 001, obs. R. Routier ; *LPA*, 13 mai 2014, n° 95, p. 7, note J. Lasserre Capdeville.

3. Com. 20 avr. 2017, n° 15-17.316.

4. Rennes, 22 sept. 2017, n° 14/05253 : *LEDB* nov. 2017, p. 7, obs. J. Lasserre Capdeville.

5. Com., 8 janv. 2013, n° 11-19.387, *RDI* mars 2013, p. 146, note H. Heugas-Darraspen ; *JCP E* 2013, n° 21, 1304, obs. H. Causse. Civ. 1re, 11 sept. 2013, n° 12-15.897, *Gaz. Pal.* 10 nov. 2013, n° 314, p. 10, note J. Lasserre Capdeville ; *LEDB* nov. 2013, p. 7, n° 147, obs. R. Routier. Dans ces deux arrêts, c'est le « devoir d'information et de conseil » qui est visé. Dans le même sens, Colmar, 8 févr. 2017, n° 15/02861 : *Gaz. Pal.* 23 mai 2017, n° 20, p. 19, note J. Lasserre Capdeville. Plus récemment, visant uniquement le devoir d'information, Civ. 1re, 16 avr. 2015, n° 14-16.536, *LEDB* juin 2015, p. 7, n° 100, obs. R. Routier ; *Gaz. Pal.* 9 juill. 2015, p. 12, obs. J. Lasserre Capdeville. En revanche, si l'emprunteur a été conseillé par un expert en défiscalisation ou en conseil de gestion de patrimoine, la responsabilité de la banque est moins facilement retenue, Lyon, 10 mars 2015, n° 13-011085, *LEDB* mai 2015, p. 6, n° 80, obs. J. Lasserre Capdeville. Pour une information jugée suffisante, Lyon, 30 juin 2015, n° 13/09221, *LEDB* sept. 2015, p. 5, n° 131, obs. J. Lasserre Capdeville. – Pour une présentation générale, J. Lasserre Capdeville, « Opérations de défiscalisation et responsabilité du banquier » : *RDBF* 2017, n° 3, dossier 22, p. 100.

6. V. par ex., en matière de prêts en devise, Civ. 1re, 20 févr. 2019, n° 17-31.065 et n° 17-31.067 : *JCP E* 2019, note J. Lasserre Capdeville.

CHAPITRE 1

LE CRÉDIT RUINEUX ET LE SOUTIEN ABUSIF

854 Jusqu'à une date récente, la jurisprudence estimait que le banquier dispensateur de crédit pouvait voir sa responsabilité civile engagée lorsqu'il avait accordé un crédit ruineux ou consenti un soutien abusif à des entreprises connaissant par la suite de graves difficultés financières (Section 1). Cependant, ces hypothèses ayant été souvent accusées de décourager les prêteurs à venir en aide à une entreprise commençant à connaître des difficultés, la loi n° 2005-845 du 26 juillet 2005 de sauvegarde des entreprises est venue prévoir une irresponsabilité de principe en la matière (Section 2).

SECTION 1. LES INTERDICTIONS JURISPRUDENTIELLES S'IMPOSANT AU PRÊTEUR

855 Pendant plusieurs années, il était possible de trouver des décisions de justice venant sanctionner civilement les banquiers ayant consenti à des entreprises des crédits non adaptés à leur situation. Deux hypothèses étaient classiquement distinguées par les magistrats : le crédit ruineux (§ 1) et, surtout, le soutien abusif (§ 2).

856 ***Circonstances*** ◊ Dans ces deux hypothèses, la situation de départ était souvent la même. Après l'ouverture d'une procédure collective d'une entreprise, les organes de la procédure (administrateur, représentant des créanciers, commissaire à l'exécution du plan, liquidateur), voire les cautions dans certaines circonstances [1], reprochaient à la banque de cette même entreprise soit de lui avoir octroyé un crédit disproportionné à sa capacité financière (crédit ruineux), soit de l'avoir soutenue financièrement alors qu'elle connaissait de graves difficultés et n'avait aucune chance de voir sa

---

1. D. Legeais, *op. cit.*, n° 150 s. Il sera alors nécessaire que la caution démontre que le prêteur savait que la situation de l'entreprise était irrémédiablement compromise et que, par suite de circonstances exceptionnelles, elle-même l'ignorait., Com., 24 juin 2003, n° 00-12.566, *Bull. civ.* IV, n° 103 ; *Banque* 2003, n° 650, p. 80, obs. J.-L. Guillot. Com., 25 févr. 2004, n° 01-17.599. Compte tenu de cette exigence, la caution dirigeante a peu de chances de voir la responsabilité de la banque retenue à son égard.

situation s'améliorer (soutien abusif). Or, tels concours étaient accusés de conduire à une augmentation du passif de l'entreprise bénéficiaire. Des prêteurs ont alors pu voir leur responsabilité civile engagée.

§ 1. Le crédit ruineux

1857 ***Définition*** ◊ La Cour de cassation a eu l'occasion d'affirmer, à plusieurs reprises, que les crédits octroyés ne doivent pas être ruineux pour l'entreprise qui en bénéficie [1]. Le crédit ruineux est un crédit dont le coût est insupportable pour l'équilibre de la trésorerie de la société, et donc incompatible avec toute perspective de rentabilité. Ce qui est alors reproché par les magistrats, c'est le fait pour le banquier d'avoir permis à son client de s'endetter dans une mesure et à des conditions créant des charges excédant ses capacités financières présentes et prévisibles. En résumé, c'est un crédit disproportionné par rapport à l'importance de l'entreprise ou ses perspectives d'avenir [2].

1858 ***Connaissance du prêteur*** ◊ Notons qu'à la différence du soutien abusif [3], la caractérisation du crédit ruineux n'exige pas que l'emprunteur ait été dans une situation irrémédiablement compromise au moment de l'octroi du crédit et que le banquier connaissait cette situation [4]. Les difficultés peuvent ainsi intervenir plus tard, en raison justement de l'importance du crédit octroyé.

Il doit, en revanche, être établi que le banquier, en faisant preuve d'une diligence normale, ne pouvait ignorer que l'opération était vouée à l'échec en l'état des facultés de remboursement de l'entreprise et de ses perspectives de développement [5].

1859 ***Illustrations*** ◊ Par exemple, a été jugé fautif l'établissement de crédit ayant accordé un prêt à une société avant toute activité de cette dernière pour en permettre le démarrage, sans s'être fait présenter des éléments comptables prévisionnels. Dans ce cas, en effet, la banque n'avait pas été

1. V. par ex., Com., 10 oct. 2000, n° 96-20.121, *RDBF* 2001, comm. 7, obs. F.-J. Crédot et Y. Gérard. Com., 22 mai 2001, n° 98-15.010, *RDBF* 2001, comm. 179, obs. F.-J. Crédot et Y. Gérard ; *JCP E* 2003, 396, obs. J. Stoufflet – Com. 7 févr. 2012, n° 10-28.757. Concernant un financement LBO, Com., 8 janv. 2013, n° 11-27.120, *RDBF* 2013, comm. 123, obs. F.-J. Crédot et Th. Samin.

2. Par ailleurs, rappelons que la fourniture de crédits ruineux est parfois punissable pénalement au titre de la complicité de banqueroute. V. ss 1851.

3. V. ss 1860. Certains auteurs en font néanmoins un cas de soutien abusif, D. Legeais, *op. cit.*, n° 131. Il est vrai que la distinction n'est pas toujours très marquée, et la jurisprudence use souvent des expressions « crédit ruineux » et « soutien abusif » indifféremment.

4. V. par ex., Com., 26 mars 2002, n° 99-19.839, *Banque et Dr.* 2002, n° 85, obs. Th. Bonneau. Com., 8 juill. 2003, n° 00-18.757, *RTD com.* 2003. 787, note D. Legeais. Com., 24 sept. 2003, n° 00-20.309, *Banque et Dr.* 2004, n° 93, p. 57, obs. Th. Bonneau ; *JCP E* 2003. Pan. 1519. Com., 22 mars 2005, n° 03-12.922, *Bull. civ.* IV, n° 67 ; *RTD com.* 2005. 578, obs. D. Legeais.

5. Com., 25 avr. 2006, n° 04-14.797 et 04-14.890.

en mesure d'apprécier l'adaptation de ce crédit, qui était d'un montant important, aux capacités financières de la société [1].

De même, l'existence de crédits ruineux a été retenue dans un cas où une banque avait financé l'acquisition d'un fonds de commerce alors que le commerçant ne disposait, d'aucune liquidité, qu'il y avait un déficit structurel de trésorerie qui interdisait toute rentabilité, et que l'entreprise était soutenue artificiellement par de nouveaux concours [2].

§ 2. Le soutien abusif

860 ***Définition*** ◊ La notion de soutien abusif, qui est également une construction jurisprudentielle, a pour objet de sanctionner la faute commise par le banquier dispensateur de crédit [3] qui apporte, ou maintien, son concours à une entreprise dont il sait, ou ne peut ignorer la situation irrémédiablement compromise.

Or de tels concours, et peu importe leur forme [4], sont de nature à prolonger artificiellement la vie de l'entreprise bénéficiaire, à différer l'ouverture d'une procédure collective, à entraîner une augmentation de son passif ou encore à conférer à cette entreprise une apparence de crédit susceptible de tromper les tiers [5].

861 ***Situation irrémédiablement compromise*** ◊ Une question se pose dès lors : quand peut-on dire qu'une entreprise est dans une situation irrémédiablement compromise ? Le législateur ne disant mot sur ce point, il est revenu à la jurisprudence de préciser les contours de cette notion. C'est ainsi que la situation irrémédiablement compromise ne saurait être confondue avec la cessation des paiements de l'entreprise [6], c'est-à-dire pour l'article L. 631-1 du Code de commerce l'impossibilité de « faire face

1. Com., 11 avr. 2012, n° 10-25.904, *Bull. civ.* IV, n° 76 ; *RTD com.* 382, obs. D. Legeais ; *JCP E* 2012, 1748, n° 8, obs. Ph. Simler ; *Banque et Dr.* juill.-août 2012, p. 19, obs. Th. Bonneau ; *BJS* 2012. 548, obs. R. Routier ; *LEDB* juin 2012, p. 1, obs. M. Mignot. Notons cependant que le simple fait d'accorder un crédit à une entreprise, avant toute activité pour en permettre le démarrage, afin de financer l'activité d'achat et de revente de produits, n'est pas de nature, à elle seule, à caractériser un comportement fautif de la banque, Com., 22 mars 2005, n° 02-20.678, *Bull. civ.* IV, n° 68 ; *D.* 2005. AJ 1020, obs. A. Lienhard ; *RTD com.* 2005. 402, obs. D. Legeais.

2. Com., 8 juill. 2003, n° 00-18.757, *RTD com.* 2003. 787, note D. Legeais.

3. Le prêteur n'est cependant pas obligatoirement un tel établissement. Concernant la responsabilité d'une caisse de mutualité sociale agricole, Com., 10 déc. 2003, n° 01-03.746, *Bull. civ.* IV, n° 1999 ; *D.* 2004. AJ 136, obs. X. Delpech ; *JCP E* 2004, n° 7, p. 282, note D. Legeais ; *RDBF* 2004, n° 109, obs. F.-J. Crédot et Y. Gérard ; *BJS* 2004. 491, obs. F.-X. Lucas.

4. Le crédit-bail peut, par exemple, être source d'un soutien abusif. D. Legeais, *op. cit.*, n° 129.

5. Com., 22 mai 2001, n° 98-15.010, *RDBF* 2001, comm. 179, obs. F.-J. Crédot et Y. Gérard ; *JCP E* 2003, 396, obs. J. Stoufflet. Com., 25 mars 2003, n° 01-01.690, *Bull. civ.* IV, n° 50 ; *Banque et Dr.* 11-12/2003. 55, obs. Th. Bonneau ; *RDBF* 2003, comm. 177, obs. F.-J. Crédot et Y. Gérard ; *RTD com.* 2003. 557, note D. Legeais.

6. Com., 23 oct. 2001, n° 97-14.439, *APC* 2001, comm. 268.

au passif exigible avec son actif disponible ». Une insuffisance de trésorerie, même grave, au moment de l'octroi des crédits ne peut pas plus entraîner la caractérisation d'un soutien abusif [1].

Pour qu'il y ait situation irrémédiablement compromise, il est nécessaire que l'entreprise ne soit plus viable au moment où les crédits sont accordés, c'est-à-dire que sa situation ne soit plus susceptible de faire l'objet d'un redressement [2]. Il devra donc être démontré que la situation condamnait irrémédiablement la société à la liquidation ou à la ruine de l'entreprise [3]. Les juges du fonds sont, dans tous les cas, souverains pour apprécier ce caractère irrémédiablement compromis [4].

1862 ***Connaissance du prêteur*** ◊ La preuve de la faute de la banque prêteuse suppose dès lors, non seulement que soit démontré l'octroi ou le maintien d'un crédit à une entreprise dans une situation irrémédiablement compromise, mais aussi le fait que cette circonstance financière était connue de la banque ou aurait dû l'être de celle-ci [5].

Cette connaissance peut donc être présumée en fonction des circonstances. Le juge statuera sur la base de la situation de l'entreprise à la date du concours [6] et en fonction des données dont disposait le banquier à l'époque du comportement critiqué [7] et des éléments qu'il lui était raisonnablement possible de se procurer, en faisant preuve notamment d'une « diligence normale » [8].

1863 ***Groupe de sociétés*** ◊ Il importe peu, pour la jurisprudence, que les crédits posant difficultés aient été consentis à la société mère, s'il est

1. Com., 19 janv. 1983, n° 81-14.808, *Bull. civ.* IV, n° 22 ; *D.* 1984. IR 90, obs. M. Vasseur ; *RTD com.* 1983. 592, obs. M. Cabrillac.

2. La démonstration d'une possibilité de redressement empêche alors la caractérisation du soutien abusif, Com., 23 oct. 1990, n° 89-14.721, *Bull. civ.* IV, n° 255. Com., 1er févr. 1994, n° 91-19.430, *Bull. civ.* IV, n° 39 ; *JCP E* 1995, I, 465, obs. Ch. Gavalda et J. Stoufflet. Com., 4 mars 2008, n° 06-14.096. Com., 11 oct. 2011, n° 10-21.414. Notons que c'est la viabilité d'une opération garantie qui doit être prise en considération et non les facultés réelles de remboursement du débiteur par ailleurs cautionné, Com., 7 janv. 2004, n° 01-11.947, *APC* 2004, comm. 40.

3. Com., 11 mai 2010, n° 09-12.906 et 09-13.347, *RDBF* 2010, comm. 207, obs. F.-J. Crédot et Th. Samin.

4. Com., 15 oct. 2013, n° 12-19.468, *LEDB* déc. 2013, p. 2, n° 159, obs. R. Routier.

5. Com., 11 mai 1999, n° 96-16.088, *Bull. civ.* IV, n° 95 ; *JCP E* 1999, p. 1730, note D. Legeais ; *RTD com.* 1999. 733, obs. M. Cabrillac ; *RDBB* 1999. 184, obs. F.-J. Crédot et Y. Gérard. Com., 14 janv. 2003, n° 99-21.241. Com., 25 avr. 2006, n° 04-17.462.

6. Com., 30 sept. 2008, n° 07-17.384, *Bull. civ.* IV, n° 162 ; *APC* 2008-17, comm. 263, obs. C. Regnaut-Moutier.

7. Citons, par exemple, le cas d'une étude à laquelle la banque avait fait procéder, Com., 3 mai 1983, n° 81-14.223, *Bull. civ.* IV, n° 127 ; *D.* 1984. IR 89, obs. M. Vasseur. De même, concernant un rapport d'audit, Com., 26 mars 1996, n° 94-13.907, *Bull. civ.* IV, n° 95.

8. Il est donc de son devoir de rechercher les documents en question, Com., 24 sept. 2003, n° 00-19.067, *Bull. civ.* IV, n° 136 ; *Banque et Dr.* 2004, n° 93, p. 57, obs. Th. Bonneau ; *Dr. sociétés* 2004, comm. 54, obs. F.-G. Trébulle.

démontré que ceux-ci ont été en réalité affectés à la filiale en difficulté. La responsabilité du prêteur doit également être retenue dans ce cas [1].

64 ***Préjudice*** ◊ Dans de telles situations, les créanciers ont droit à la réparation de leur préjudice. Mais de quel préjudice s'agit-il ? Pour un courant doctrinal [2], ce préjudice est susceptible de prendre plusieurs formes. D'une part, il peut porter sur l'apparence de solvabilité créée par le soutien abusif [3]. D'autre part, et surtout, il comprend l'aggravation du passif découlant de ce soutien abusif [4].

Dans tous les cas, la responsabilité de la banque doit s'apprécier en fonction de la situation du débiteur au moment de l'octroi du concours [5]. Une décision récente est ainsi venue préciser que le montant de l'aggravation de l'insuffisance d'actif est « égal à la différence entre le montant de l'insuffisance d'actif à la date à laquelle le juge statue et le montant de l'insuffisance d'actif au jour de l'octroi du soutien abusif » [6]. Ainsi, le préjudice subi par les créanciers ne peut être évalué à la totalité de l'insuffisance d'actif que s'il est démontré que sans la faute de la banque, les créanciers auraient pu être intégralement désintéressés [7].

365 ***Lien de causalité*** ◊ Un lien de causalité entre le soutien abusif et le préjudice doit être logiquement établi [8]. Un partage de responsabilité entre les différents établissements de crédit ayant soutenu fautivement l'entreprise peut, bien évidemment, être envisagé en fonction des circonstances.

366 ***Limites à l'engagement de la responsabilité*** ◊ La caractérisation du soutien abusif n'est cependant pas sans limite. Tout d'abord, la banque peut parfaitement s'en tenir à la situation apparente de l'entreprise. Ce n'est donc, *a contrario*, que si les documents présentés à l'appui de la

---

1. Com., 25 mars 2003, n° 01-01.690, *Bull. civ.* IV, n° 50 ; *Banque et Dr.* 2003, n° 92, p. 55, obs. Th. Bonneau ; *RTD com.* 2004. 145, obs. D. Legeais ; *JCP E* 2004, 927, obs. H. Croze.

2. D. Legeais, *op. cit.*, n° 145.

3. Com., 18 janv. 1994, n° 91-15.279, *BJS* 1994. 323.

4. Com., 22 mars 2005, n° 03-12.922, *Bull. civ.* IV, n° 67 ; *D.* 2005. AJ 1012, obs. A. Lienhard ; *RTD com.* 2005. 578, obs. D. Legeais ; *Banque et Dr.* 2005, n° 102, p. 71, obs. Th. Bonneau. Com., 16 oct. 2007, n° 06-15.386, *RJDA* 2008, n° 73. Com., 3 juin 2009, n° 08-12.267, *RJDA* 2009, n° 67. Com., 11 mai 2010, n° 09-12.906. Sur les éléments à prendre à considération en la matière, Com., 23 avr. 2013, n° 12-22.843, *Bull. civ.* IV, n° 65 ; dalloz.fr, actualité, 22 mai 2013, obs. X. Delpech ; *LEDB* juin 2013, p. 7, n° 081, obs. R. Routier ; *Gaz. Pal.* 2013. 2408, obs. R. Routier ; *RDBF* 2013, comm. 122, obs. F.-J. Crédot et Th. Samin.

5. Com., 7 janv. 2003, n° 99-15.806.

6. Com., 22 mars 2016, n° 14-10.066, *RDBF* 2016, comm. 153, obs. F.-J. Crédot et Th. Samin ; *LEDEN* 5/2016. 2, obs. G. Couturier ; *LEDB* mai 2016, p. 2, n° 073, obs. J. Lasserre Capdeville ; *Banque et Dr.* juill-août 2016, n° 168, obs. G. Helleringer.

7. Com., 5 oct. 2004, n° 01-13.043, *RJDA* 2003, n° 296.

8. Nancy, 2 oct. 2002, *RDBF* 2004, comm. 34, obs. F.-X. Lucas. Com., 16 mars 2010, n° 09-11.550, RPC mai-juin 2010, p. 74, note A. Martin-Serf. La preuve du lien de causalité ne sera ainsi pas établie lorsque les difficultés rencontrées sont liées à l'effondrement du secteur économique, Civ. 1re, 4 janv. 2005, n° 02-10.661, *Gaz. Pal.* Proc. coll. 2005, n° 1, p. 40, obs. R. Routier.

demande du crédit peuvent paraître suspects ou insuffisants, ou si elle est alertée de la dégradation financière du bénéficiaire de son concours, que la banque doit procéder à des investigations plus poussées [1]. Nous retrouvons ici une application de l'obligation de non-ingérence du banquier, imposant aux établissements de crédit de ne pas intervenir dans les affaires de leurs clients que ce soit en s'informant sur leurs affaires, ou en réalisant de leur propre chef des opérations pour le compte des clients [2]. Or, il est traditionnellement admis que ce principe s'écarte en cas d'« anomalie apparente », c'est-à-dire une circonstance ne pouvant pas échapper à l'œil du banquier normalement prudent et diligent [3].

Par ailleurs, il est admis par les juges que si une analyse financière ou une étude sérieuse soutient la décision du banquier de délivrer ou de maintenir un crédit, il ne sera pas responsable de l'investissement improductif de son client [4].

Enfin, les conditions d'octroi de certains crédits sont de nature à empêcher l'engagement de la responsabilité civile du banquier dispensateur de crédit. C'est ainsi que l'existence d'un plan de restructuration peut exonérer l'établissement de crédit, particulièrement s'il a été approuvé par le trésorier-payeur général et que le crédit entrait dans le cadre de ce plan [5]. De même, le crédit octroyé au bénéfice d'un plan de redressement échappe à la critique [6], comme celui qui a pour but de sauver l'emploi ou de faciliter un plan de restructuration [7]. Dans l'ensemble de ces circonstances le concours perd, pour les juges, son caractère abusif.

1867 ***Prescription*** ◊ Le délai de prescription de l'action en responsabilité contre la banque pour soutien abusif est de cinq ans [8]. Il court à compter de la manifestation du dommage, et non pas nécessairement de la date de l'état de cessation des paiements [9].

1868 ***Répercussions*** ◊ La publicité donnée aux arrêts ayant engagé la responsabilité civile du banquier dispensateur de crédit pour soutien abusif, ou crédit ruineux, a pu donner l'impression que les banques étaient fréquemment condamnées sur ces fondements. Cette situation nuisait alors à l'octroi de crédit en faveur des entreprises commençant à connaître

1. Com., 24 sept. 2002, n° 00-10.063, *Bull. civ.* IV, n° 128 ; *D. Affaires* 2002. 2866, note V. Avena-Robardet.

2. V. ss 268.

3. V. ss 278.

4. Com., 15 juin 1993, n° 91-17.660, *Bull. civ.* IV, n° 240 ; *JCP E* 1993. Pan. 1070 ; *RJDA* 1994, n° 66. Com., 6 févr. 2007, n° 04-11.980.

5. Com., 9 nov. 1993, n° 91-18.337, *Bull. civ.* IV, n° 384 ; *RTD com.* 1994. 86, obs. M. Cabrillac.

6. Paris, 8 mars 2007, n° 05/20624. Il en va de même lorsque des négociations sérieuses sont établies avec repreneur, Com., 15 juin 1993, n° 91-17.660, *Bull. civ.* IV, n° 240.

7. Com., 2 oct. 2007, n° 06-14.682, Gaz. Proc. coll. 2008-1, p. 60, obs. R. Routier.

8. C. com., art. L. 110-4.

9. Com., 7 sept. 2010, n° 09-10.453, *APC* 2010-15, n° 222.

des difficultés. En effet, de peur de voir leur responsabilité engagée, les banquiers hésitaient parfois à leur consentir de nouveaux concours. Le législateur est donc intervenu en ce domaine afin d'encourager le crédit à ces entreprises.

SECTION 2. L'IRRESPONSABILITÉ LÉGALE BÉNÉFICIANT AU PRÊTEUR

869 ***Évolution législative*** ◊ L'article 1er de la loi n° 2005-845 du 26 juillet 2005 de sauvegarde des entreprises est venu créer l'article L. 650-1 du Code de commerce. Selon son alinéa 1er, depuis lors légèrement modifié [1] : « Lorsqu'une procédure de sauvegarde, de redressement judiciaire ou de liquidation judiciaire est ouverte, les créanciers ne peuvent être tenus pour responsables des préjudices subis du fait des concours consentis, sauf les cas de fraude, d'immixtion caractérisée dans la gestion du débiteur ou si les garanties prises en contrepartie des concours sont disproportionnées à ceux-ci.

Pour le cas où la responsabilité d'un créancier est reconnue, les garanties prises en contrepartie de ses concours peuvent être annulées ou réduites par le juge ».

870 Cet article, qui a donné lieu dès sa création à une littérature doctrinale abondante [2], prévoit ainsi un principe d'irresponsabilité civile en faveur du créancier (§ 1), et donc notamment du prêteur, qu'il limite cependant par un certain nombre d'exceptions soulevant encore des interrogations (§ 2). La jurisprudence tend, progressivement, à clarifier ces différentes situations [3].

---

1. Ce fut le cas par l'ordonnance n° 2008-1345 du 18 décembre 2008 portant réforme du droit des entreprises en difficulté.

2. V. par ex., R. Dammann, « La situation des banques titulaires de sûretés après la loi de sauvegarde des entreprises », *Banque et Dr.* 2005, n° 103, p. 16. P.-M. Le Corre, « Premier regard sur la loi de sauvegarde des entreprises (loi n° 2005-845 du 26 juillet 2005) », *D.* 2005, aff., p. 2322. R. Routier, « De l'irresponsabilité du prêteur dans le projet de loi de sauvegarde des entreprises », *D.* 2005. 1478. « Le cantonnement de la responsabilité pour soutien abusif, commentaire de l'article L. 650-1 du Code de commerce », *Gaz. Pal.* 2005. 2. Doctr. 3012. « L'article L. 650-1 du Code de commerce : un article "détonnant" pour le débiteur et "détonant" pour le contribuable ? », *D.* 2006, aff., p. 2916. D. Robine, « L'article L. 650-1 du Code de commerce : un "cadeau" empoisonné ? », *D.* 2006, aff., p. 69. J.-C. Cabotte, « Les établissements de crédit créanciers : dix ans d'évolution législative », *JCP E* 2006, p. 2454. J. Moury, « La responsabilité du fournisseur de concours dans le marc de l'article L. 650-1 du Code de commerce », *D.* 2006. 1743. P. Hoang, « De la suppression du dispositif prétorien de la responsabilité pour soutien abusif », *D.* 2006, aff., p. 1458. J. Lasserre Capdeville, « Le banquier dispensateur de crédit face au principe de proportionnalité », *Banque et Dr.* 2007, n° 113, p. 25. L.-J. Laisney, « Nouvelles incertitudes sur la responsabilité du banquier pour soutien abusif », *RLDA* 2010, n° 48, p. 60.

3. P.-M. Le Corre, « Droit et pratique des procédures collectives » : éd. Dalloz, coll. Dalloz Action, 2017-2018, 9e éd., n° 834.00 s. – J. Lasserre Capdeville, « Quelle utilité pour l'article L. 650-1 du Code de commerce ? », in *Mélanges J.-L. Vallens*, éd. Joly, 2017, p. 81 s.

§ 1. Le principe de l'irresponsabilité civile du créancier

1871 ***Solution*** ◊ Le principe posé par l'article est parfaitement simple : lorsqu'une procédure collective est ouverte, les créanciers ne peuvent être reconnus responsables des préjudices subis par leurs clients du fait de concours qu'ils ont pu leur consentir. L'instauration d'un tel principe n'est guère surprenante. Le législateur a voulu, par son intermédiaire, favoriser la sauvegarde des entreprises en encourageant le crédit consenti aux entreprises commençant à connaître des difficultés.

La légitimité de cette disposition a été contestée par certains auteurs [1]. Le Conseil constitutionnel a cependant refusé de l'annuler, au motif que l'exigence de responsabilité ne fait pas obstacle à ce que, en certaines matières, pour un motif d'intérêt général, le législateur aménage les conditions dans lesquelles la responsabilité peut être engagée [2].

1872 ***Étendue*** ◊ Nous sommes ici en présence d'une exonération de responsabilité assez étendue. Tout d'abord, l'article vise d'une façon générale « les créanciers » de l'entreprise. Il ne se limite donc pas aux seuls établissements de crédit [3] et est, en conséquence, applicable au crédit interentreprises [4] ou au crédit émanant d'un fournisseur [5].

De plus, en faisant référence simplement aux « concours consentis », le législateur se montre également très large. Par l'emploi de ce terme, il admet l'application du principe à l'égard de toutes les formes de crédit possibles : prêt d'argent au solde créditeur d'un compte, découvert autorisé, escompte, cession de créances professionnelles, etc. La jurisprudence a ainsi pu estimer que des délais de paiement accordés par un cocontractant au débiteur constituent bien un concours au sens de l'article L. 650-1 du Code de commerce [6]. Il en va de même des crédits consentis pour la création ou l'acquisition d'une entreprise [7].

---

1. V. notamment, R. Routier, « De l'irresponsabilité du prêteur dans le projet de loi de sauvegarde des entreprises », *D.* 2005. 1478.
2. Conseil constitutionnel, Déc. n° 2005-522, DC du 22 juill. 2005, *JO* 27 juill. 2005, p. 12225.
3. On se souvient que le soutien abusif peut être retenu à l'encontre de fournisseurs de crédit non banquiers, v. ss 1860.
4. Com., 16 oct. 2012, n° 11-22.993, *Bull. civ.* IV, n° 186 ; *D.* 2012. AJ 2513, obs. A. Lienhard ; *BJE* nov. 2012, n° 194, p. 379, note L. Le Mesle ; *RTD com.* 2012. 829, obs. D. Legeais ; *JCP E* 2012, 1735, note D. Legeais ; *JCP E* 2012, 1757, n° 18, obs. Ph. Pétel ; *Rev. sociétés* 2012. 730, obs. Ph. Roussel-Galle ; *Banque et Dr.* 1-2/2013. 22, obs. Th. Bonneau ; *LEDEN* 12/2012, n° 11, p. 4, obs. N. Borga. Rappelons qu'est dérogatoire au monopole bancaire le fait, pour une entreprise, de consentir à ses contractants dans l'exercice de son activité professionnelle « des délais ou avance de paiement ».
5. Com. 10 janv. 2018, n° 16-10.824 : *BJE* mai 2018, p. 210, note Th. Favario ; *Rev. sociétés* 2018. 199, obs. Ph. Roussel-Galle ; LEDN févr. 2018, p. 1, obs. F.-X. Lucas ; *Gaz. Pal.* 17 avr. 2018, n° 15, p. 79, obs. J. Lasserre Capdeville.
6. Com., 16 oct. 2012, n° 11-22.993, *op. cit.*
7. Com., 3 nov. 2015, n° 14-10.274 et 14-18.433, *Gaz. Pal.* 8 mars 2016, n° 10, p. 70, obs. S. Moreil.

573 ***Précisions jurisprudentielles*** ◊ Depuis quelques années, la jurisprudence nous donne des indications utiles à propos du domaine du régime d'irresponsabilité prévu par l'article L. 650-1 du Code de commerce. Nous savons en effet que ce dernier :

– implique qu'une procédure collective ait été ouverte [1] ;

– nécessite que la procédure ouverte l'ait été après le 1er janvier 2006 [2] ;

– vise aussi le prêt consenti pendant la période suspecte [3] ;

– s'adresse également aux concours consentis pour financer la création ou l'acquisition d'une entreprise [4] ;

– ne concerne pas la garantie financière accordée aux personnes qui, d'une manière habituelle, se livrent ou prêtent leurs concours aux opérations mentionnées à l'article 1er de la loi n° 70-9, du 2 janvier 1970 [5] ;

– n'empêche pas les actions fondées sur le devoir de mise en garde du bénéficiaire du concours ou de la caution [6] ;

– intéresse les créanciers de l'entreprise bénéficiaire qui n'ont plus cette qualité au jour de l'ouverture de la procédure collective [7].

---

1. Com., 12 juill. 2016, n° 14-29.429 : *D.* 2012. 2554, note D. Robine ; *BJE*, nov. 2016, p. 435, obs. Th. Favario ; *Gaz. Pal.* 18 oct. 2016, n° 36, p. 64, obs. J. Lasserre Capdeville ; *LEDEN* 9/2016. 4, obs. O. Staes.

2. Versailles, 15 déc. 2005, *BICC* 2006, n° 1238 ; *D.* 2006. AJ 1601, obs. A. Lienhard. Com., 8 janv. 2008, n° 05-17.936, *Gaz. Pal.* 27 avr. 2008, p. 31, obs. R. Routier. Com., 19 juin 2012, n° 11-18.940, *Bull. civ.* IV, n° 127 ; *LEDB* nov. 2012, p. 7, n° 151, obs. J. Lasserre Capdeville ; *D.* 2012. AJ 1670, obs. A. Lienhard ; *Rev. sociétés* 2012. 535, obs. Ph. Roussel-Galle ; *Banque et Dr.* 9-10/2012. 18, obs. Th. Bonneau ; *RDBF* 2012, comm. 187, obs. D. Legeais ; *LEDEN* 9/2012. 4, obs. I. Parachkévova ; *D.* 2012. 2204, obs. P.-M. Le Corre. – Com. 22 mars 2016, n° 14_10.066 : *LEDEN* 5/2016. 2, obs. G. Couturier ; *LEDB* mai 2016, p. 2, obs. J. Lasserre Capdeville. – Com. 14 juin 2016, n° 14-25.442 : *BJE* 2016, n° 6, p. 436, note R. Bonhomme.

3. Com. 9 mai 2018, n° 17-10.965 : *BJE* juill. 2018, p. 266, note Th. Favario ; *Gaz. Pal.* 10 juill. 2018, n° 25, p. 61, obs. J. Lasserre Capdeville.

4. Com. 3 nov. 2015, n° 14-10.274 : *Gaz. Pal.* 19 janv. 2016, n° 3, p. 74, obs. R. Routier ; *BJE* 2016. 48, note Th. Favario.

5. Com. 24 mai 2018, n° 16-26.387 : BJS sept. 2018, p. 529, note N. Pelletier ; dalloz.fr, actualité, 18 juin 2018, obs. X. Delpech ; *LEDEN* 7/2018. 5, obs. E. Mouial-Bassilana ; *LEDB* juill. 2018, p. 2, obs. J. Lasserre Capdeville ; Rev. sociérés 2018. 540, obs. Ph. Roussel-Galle.

6. Com. 12 juill. 2017, n° 16-10.793 : BJS nov. 2017, p. 695, note M. Roussille ; *D.* 2017. 2020, note J. Lasserre Capdeville ; LEDEN 2017, n° 9, p. 5, obs. Th. Favario ; *JCP E* 2017, 1688, n° 19, obs. A. Tehrani ; *JCP E* 2018, 1010, note D. Legeais ; *LEDB* oct. 2017, p. 1, obs. M. Mignot ; *RTD com.* 2017. 669, obs. D. Legeais ; *AJ contrat* 2017, p. 433, obs. D. Houtcieff. – Com. 20 juin 2018, n° 16-27.693 : BJS sept. 2018, p. 526, note J. Lasserre Capdeville ; *LEDB* sept. 2018, p. 2, obs. N. Mathey ; *LEDEN* 10/2018. 6, obs. L. Camensuli-Feuillard ; dalloz.fr, actualité, 26 juill. 2018, obs. X. Delpech ; *AJ contrat* 2018, p. 429, obs. G. Marain ; *Gaz. Pal.* 23 oct. 2018, n° 36, p. 67, obs. S. Moreil ; *Gaz. Pal.* 9 oct. 2018, p. 78, obs. J. Lasserre Capdeville ; *BJE* sept. 2018, p. 359, note Th. Favario. La jurisprudence fait donc une distinction entre, d'une part, les actions dont le fait générateur du dommage allégué est l'octroi du crédit, c'est-à-dire le soutien abusif ou le crédit ruineux, et, d'autre part, celles dont le fait générateur est distinct du concours consenti, tel un manquement au devoir de mise en garde de l'emprunteur, voire de la caution. Si l'article L. 650-1 a vocation à jouer dans le premier cas et à empêcher l'engagement de la responsabilité du prêteur, il en va différemment dans le second.

7. Com. 19 sept. 2018, n° 17-12.596 : LEDEC 2018. 6, obs. S. Pellet ; BJS déc. 2018, p. 705, note J. Lasserre Capdeville ; *LEDEN* 11/2018. 2, obs. F. Melin ; *LEDB* nov. 2018, p. 1, obs. N. Mathey ; *JCP* 2018. 1043, obs. J. Lasserre Capdeville ; *Banque et Dr.* 1-2/2019, n° 183, p. 29, obs. Th. Bonneau.

1874 ***Entrée en application*** ◊ Une originalité est cependant à souligner en la matière. L'article L. 650-1 du Code de commerce n'est, en vertu de l'article 190 de la loi n° 2005-845 du 26 juillet 2005, applicable qu'aux procédures ouvertes après l'entrée en vigueur de la loi, c'est-à-dire le 1er janvier 2006. Cette solution, qui a été rappelée à plusieurs reprises par la jurisprudence [1], explique pourquoi les magistrats sont parfois encore amenés à s'interroger sur l'existence d'un cas de soutien abusif [2]. Ces décisions de justice devraient néanmoins progressivement se raréfier.

§ 2. Les tempéraments au principe d'irresponsabilité du créancier

1875 Cela a été noté, le principe posé par l'article L. 650-1 du code ne saurait jouer « en cas de fraude, d'immixtion caractérisée dans la gestion du débiteur ou si les garanties prises en contrepartie des concours sont disproportionnées à ceux-ci ». *A priori* très clair, ce passage de l'article suscite, depuis sa création, de multiples interrogations. Certes, aucune de ces trois notions ne nous est totalement étrangère. Cependant, elles ne se laissent pas facilement cerner. Quel est, dès lors, leur contenu exact ? (A) [3] En outre, constituent-elles des fautes susceptibles d'engager la responsabilité du banquier si elles sont à l'origine de dommages, ou sont-elles, plus largement, des « causes de déchéance d'irresponsabilité » du créancier ? L'incertitude a longtemps régné quant à cette nature, avant que la jurisprudence ne clarifie cette question (B).

A. Le contenu des exceptions

1876 ***Fraude. Interrogations*** ◊ La première exception au principe de non-responsabilité est constituée par la fraude du créancier. Mais qu'est-ce que cette « fraude », au sens de l'article L. 650-1 du Code de commerce ? Cela n'est pas dit. Or, ce terme est susceptible d'être entendu de différentes façons. Il peut l'être très restrictivement, et ainsi être limité aux seuls comportements relevant du droit pénal, comme l'escompte d'effets de complaisance, la mobilisation par bordereau Dailly de factures ne correspondant pas à des créances réelles [4] ou encore la complicité de banqueroute par utilisation de moyens ruineux [5].

---

1. V. ss 1873.
2. V. par ex., Com., 22 mars 2016, n° 14-10.066, *LEDEN* 5/2016. 2, obs. G. Couturier ; *LEDB* mai 2016, p. 2, n° 073, obs. J. Lasserre Capdeville. Paris, 3 juill. 2014, n° 12/18124, *LEDB* oct. 2014, p. 4, n° 124, obs. R. Routier.
3. J. Lasserre Capdeville, « L'article L. 650-1 du Code de commerce aujourd'hui : précisions utiles à la vue de deux années de jurisprudence (2016-2017) » : *BJE* 2018, n° 1, p. 71.
4. P.-M. Le Corre, « Premier regard sur la loi de sauvegarde des entreprises (loi n° 2005-845 du 26 juillet 2005) », *D.* 2005, aff., p. 2322. R. Dammann, « La situation des banques, titulaires de sûretés, après la loi de sauvegarde des entreprises », *Banque et Dr.* 2005, n° 103, p. 19.
5. D. Vidal, « La responsabilité civile du banquier dans la faillite de son client », *RDBF* 2006, n° 6, p. 89.

Mais, de par l'imprécision de l'article, on pourrait y faire entrer aussi des comportements non pénaux, tel que l'octroi de crédit dans le but de masquer la situation irrémédiablement compromise du débiteur le temps de se dégager au détriment des autres créanciers [1]. Une interprétation plus large n'est, en outre, pas totalement à proscrire. Le garde des Sceaux n'évoquait-il pas, lors de la discussion de la loi, la possibilité d'y inclure la faute lourde ? [2]

77 ***Fraude. Éclaircissements*** ◊ Aujourd'hui, la Cour de cassation affirme que « la fraude, en matière civile ou commerciale, ne se démarque guère de la fraude pénale ; il s'agit d'un acte qui a été réalisé en utilisant des moyens déloyaux destinés à surprendre le consentement, à obtenir un avantage matériel ou moral indu ou réalisé avec l'intention d'échapper à l'application d'une loi impérative ou prohibitive » [3]. Il peut s'agir d'une fraude à la loi ou aux droits des tiers [4].

D'une façon négative, à présent, une décision nous indique que le non-respect d'un accord de conciliation amiable et la prise de nouvelles garanties sont impropres à caractériser une telle fraude [5]. Une autre estime que l'octroi d'un crédit en contrepartie d'une sûreté est un procédé licite et ne peut alors constituer des manœuvres, une tromperie ou une contravention à la loi ou aux règlements [6]. Cette interprétation restrictive n'échappe pas, d'ailleurs, à la critique dans toutes les circonstances [7].

78 ***Immixtion caractérisée. Interrogations*** ◊ Les incertitudes dénoncées pour la fraude se retrouvent avec la seconde dérogation au principe d'irresponsabilité, c'est-à-dire le cas de l'« immixtion caractérisée dans la gestion du débiteur ». Cette notion fait immanquablement penser à

1. F.-J. Crédot er Y. Gérard, « Encadrement de la responsabilité des créanciers pour soutien abusif », *RDBF* 2005, n° 6, p. 10. J. Moury, « La responsabilité du fournisseur de “concours” dans le marc de l'article L. 650-1 du Code de commerce », *D.* 2006, aff., p. 1747, n° 14.

2. Intervention de D. Berben, *JO* Ass. nat. 3e séance du 8 mars 2005, p. 1791.

3. Com., 16 oct. 2012, n° 11-22.993, *Bull. civ.* IV, n° 186 ; *D.* 2012. AJ 2513, obs. A. Lienhard ; *RTD com.* 2012. 829, obs. D. Legeais ; *JCP E* 2012, 1735, note D. Legeais ; *JCP E* 2012, 1757, n° 18, obs. Ph. Pétel ; *Rev. sociétés* 2012. 730, obs. Ph. Roussel-Galle ; *Banque et Dr.* 1-2/2013. 22, obs. Th. Bonneau ; *LEDEN* 12/2012, n° 11, p. 4, obs. N. Borga. -Com. 13 déc. 2017, n° 16-21.498 : *Gaz. Pal.* 2018, p., obs. J. Lasserre Capdeville. – Aix-en-Provence, 17 mars 2016, n° 13/22556. – Paris, 29 sept. 2017, n° 16/02870.

4. Com., 2 oct. 2012, n° 11-23.213, *D.* 2012. AJ 2445, obs. A. Lienhard *JCP E* 2012, 1735, note D. Legeais. Versailles, 20 janv. 2011, n° 09/09658, *RDBF* 2011, comm. 130, obs. F.-J. Crédot et Th. Samin.

5. Com. 13 déc. 2017, n° 16-21.498, *op. cit.*

6. Com. 8 mars 2017, n° 15-20.288 : *Gaz. Pal.* 27 juin 2017, n° 24, p. 64, obs. J. Lasserre Capdeville ; *LEDEN* 4/2017. 1, obs. F.-X. Lucas. La Haute juridiction estime ici que la cour d'appel a justifié sa décision et reprend la formule employée par cette dernière : « toute personne agissant dans le but de préserver ses propres intérêts aux dépens d'autrui, ne commet une fraude que si elle accomplit un acte déloyal et obtient le résultat recherché par tromperie, manœuvres, falsifications ou autres actes répréhensibles ».

7. J. Lasserre Capdeville, « L'article L. 650-1 du Code de commerce aujourd'hui : précisions utiles à la vue de deux années de jurisprudence (2016-2017) » : *BJE* 2018, n° 1, p. 71, n° 26.

l'hypothèse dans laquelle le créancier acquiert la qualité de dirigeant de fait en participant activement à la gestion du débiteur en prenant seul des décisions importantes en ses lieu et place [1]. Mais sommes-nous certains que la notion figurant à l'article L. 650-1 du Code de commerce renvoie simplement à la gestion de fait ? Absolument pas.

Le terme immixtion pourrait englober aussi une intervention du créancier plus réduite dans le temps, et ce même si le législateur exige d'elle qu'elle soit « caractérisée ». Il pourrait en être ainsi d'une simple influence exercée par le créancier sur son débiteur [2]. De même, une attitude du banquier simplement contraire à son devoir de non-ingérence [3] ne serait-elle pas susceptible d'entrer également dans le champ d'application de cet article ? Une immixtion ponctuelle, dès lors qu'elle est suffisamment appuyée, pourrait ainsi *a priori* suffire.

1879 ***Immixtion caractérisée. Éclaircissements*** ◊ Que faut-il alors entendre par cette notion ? Jusqu'ici, la jurisprudence ne nous a guère renseigné sur ce point [4]. Les décisions sont rares. On peut néanmoins citer un arrêt de la chambre commerciale du 22 mars 2017 [5] qui est venu indiquer que le fait de consentir un crédit important sans prendre en considération, à l'issue d'une analyse utile, la fragilité de la société bénéficiaire ne constituait pas une telle immixtion caractérisée. Il est vrai qu'une abstention du prêteur semble difficile à assimiler à une intrusion de sa part. Plus près de nous, une décision de la cour d'appel de Rennes du 28 août 2017 [6] a pu dire que le simple maintien par la banque d'un découvert du compte pendant quelques mois, malgré une lettre de dénonciation, était insuffisant pour définir une immixtion caractérisée de la banque dans la gestion du débiteur principal.

Ces décisions, qui sont cohérentes, ne nous avancent pas quant à la détermination du contenu exact de la notion qui nous occupe. On notera cependant que pour un arrêt de la chambre commerciale du 21 novembre 2018 [7], l'immixtion caractérisée dans la gestion du débiteur suppose de démontrer l'accomplissement par le banquier « d'actes positifs de direction ou l'exercice d'une influence décisive sur la gestion du débiteur ».

---

1. Sur la notion de dirigeant de fait, J. Lasserre Capdeville, *Abus de biens sociaux et banqueroute*, éd. Lextenso, 2010, n° 50 à 54.

2. Intervention D. Perben, *JO* Ass. nat., 3ᵉ séance du 8 mars 2005, p. 1791.

3. V. ss 268.

4. Pour un cas où l'immixtion caractérisée a été retenue pour les juges du fond, sans donner des indications sur ce point, Com. 10 janv. 2018, n° 16-10.824, *op. cit.*

5. Com. 22 mars 2017, n° 15-13.290 : *Gaz. Pal.* 27 juin 2017, n° 24, p. 66, obs. J. Lasserre Capdeville ; *BJE* 2017, n° 3, p. 230, note Th. Favario.

6. Rennes, 28 août 2017, n° 15/01947 : *Gaz. Pal.* 16 janv. 2018, n° 2, p. 76, obs. J. Lasserre Capdeville.

7. Com. 21 nov. 2018, n° 17-21.025 : *Gaz. Pal.* 16 avr. 2019, n° 15, p. 77, note J. Lasserre Capdeville ; *RDBF* 2019, n° 1, comm. 10, obs. D. Legeais ; *Gaz. Pal.* 19 févr. 2019, n° 7, p. 60, obs. S. Moreil.

880 ***Garanties disproportionnées. Interrogations*** ◊ La notion de garanties prises en contrepartie des concours et disproportionnées à ceux-ci a soulevé, elle aussi, des interrogations. Par exemple, quand y a-t-il disproportion ? Les juges du fond bénéficient ainsi de pouvoirs d'appréciation étendus, et ce d'autant plus qu'il n'est pas nécessaire ici que cette disproportion soit « manifeste ».

Des difficultés en pratique pourraient également se rencontrer. En effet, si le créancier a le souci de se prémunir contre la dépréciation des biens sur lesquels portent les garanties, il sera parfois amené à demander à ce que le montant de ces dernières excède celui du concours. Ne risque-t-il donc pas, en raison de cette pratique, de perdre la protection prévue par l'article L. 650-1, alinéa 1 ?

Par ailleurs, à quel moment convient-il de se placer pour caractériser la disproportion entre la garantie et le concours consenti ? Est-ce au moment de la constitution ou à celui de la réalisation de la garantie ? En présence d'un cautionnement solidaire, les cautionnements doivent-ils être additionnés ? Faut-il tenir compte des crédits promis ou simplement des crédits effectivement utilisés par l'entreprise ? Le texte, et c'est regrettable, ne répond à aucune de ces interrogations.

881 ***Garanties disproportionnées. Éclaircissements*** ◊ La cour d'appel de Riom a eu l'occasion d'affirmer, par une décision du 1er février 2017 [1], que « la notion de garantie disproportionnée aux concours, telle que prévue par cet article, doit s'entendre de garanties excessives, au regard des emprunts consentis », la loi visant dans ce cas « à protéger les autres créanciers contre le prêteur qui, face aux difficultés d'une entreprise, exigerait d'elle des garanties trop importantes, au détriment du gage général des autres créanciers, ou de leur possibilité de demander des gages particuliers ». La disproportion s'apprécie donc en fonction des circonstances de fait.

Il revient dès lors au juge de dire, au cas par cas, si les garanties demandées étaient bien « en rapport avec le niveau de financement consenti » [2]. Ainsi, pour une décision de la cour d'appel de Paris du 21 janvier 2016 [3], l'engagement de caution d'un dirigeant à hauteur de 34 500 euros en contrepartie d'un prêt de 30 000 euros n'est pas disproportionné. Il en va à plus forte raison de même pour une garantie donnée par une caution correspondant à moins d'1/3 de la somme empruntée [4].

Une solution importante est néanmoins à relever dans une décision de la chambre commerciale de la Cour de cassation du 18 mai 2017 [5], lorsqu'une banque ne prend, en contrepartie des concours consentis à

1. Riom, 1er févr. 2017, n° 15/01920.
2. Rennes, 6 déc. 2016, n° 14/05991.
3. Paris, 21 janv. 2016, n° 14/20848.
4. Paris, 29 sept. 2017, n° 16/02870.
5. Com. 18 mai 2017, n° 15-12.338 : *Gaz. Pal.* 10 oct. 2017, n° 34, p. 74, obs. J. Lasserre Capdeville ; *BJE* 2017, n° 5, p. 347, note Th. Favario.

une société, qu'une garantie constituée par un cautionnement. Pour la Haute juridiction, en effet, cette situation exclut, en raison du caractère accessoire d'une telle sûreté, quelle que soit sa limite, toute disproportion à ses concours. Dit autrement, puisque le montant du cautionnement ne pourra pas dépasser la dette principale [1], on ne saurait relever une garantie disproportionnée au concours consenti. La disproportion ne pourra être éventuellement retenue que si d'autres garanties, et plus particulièrement une ou plusieurs sûretés réelles, accompagnent ce cautionnement. Or tel n'était pas le cas en l'espèce.

D'autres décisions sont encore attendues pour y voir parfaitement clair en la matière.

B. La nature des exceptions

1882 ***Incertitude*** ◊ Les controverses, en la matière, ne se sont pas limitées aux contenus incertains des hypothèses précitées. Leur portée a elle-même été sujette à discussion. Deux interprétations semblaient envisageables à la vue du texte.

Pour la première, les trois hypothèses envisagées ci-dessus devraient être vues comme des faits générateurs de responsabilité. La responsabilité du créancier, et plus particulièrement du banquier, pourrait ainsi être retenue chaque fois qu'il est l'auteur d'une faute correspondant à l'un des trois comportements occasionnant au bénéficiaire un préjudice.

Mais une autre lecture était possible. On pouvait voir dans les trois exceptions, non pas des faits générateurs de responsabilité, mais des « causes de déchéance d'irresponsabilité » du créancier. Ainsi, dès que l'une de ces trois hypothèses serait démontrée, le créancier perdrait automatiquement la protection conférée par l'article L. 650-1. L'engagement de sa responsabilité serait alors possible sur le fondement de n'importe quelle faute à l'origine d'un dommage lors de l'octroi d'un crédit, et plus particulièrement en cas de soutien abusif ou d'octroi d'un crédit ruineux. Il appartiendrait, par conséquent, au demandeur de rapporter la preuve d'une faute et d'un préjudice et d'un lien de causalité entre les deux [2], alors même que nous serions dans l'une des trois hypothèses dérogatoires envisagées par l'article L. 650-1 du Code de commerce.

1883 ***Solution*** ◊ La chambre commerciale de la Cour de cassation a finalement pris parti pour la seconde alternative. En effet, selon une décision remarquée du 27 mars 2012, les créanciers ne peuvent être tenus pour responsable des préjudices consentis en cas de fraude, d'immixtion caractérisée dans la gestion du débiteur ou de disproportion des garanties que si les concours consentis

1. C. civ., art. 2290. À défaut, le cautionnement est réduit à la mesure de la dette principale.
2. J. Lasserre Capdeville, « Le banquier dispensateur de crédit face au principe de proportionnalité », *Banque et Dr.* 2007, n° 113, p. 25.

sont en eux-mêmes fautifs [1]. Par une telle affirmation, la Haute juridiction alourdit la charge de la preuve pesant sur le demandeur. Elle rend plus difficile l'engagement de la responsabilité civile du prêteur [2]. Cet engagement est alors « doublement verrouillé » [3]. Cette solution a été réitérée depuis [4].

84 ***Responsabilité du créancier*** ◊ Il est arrivé, dans des cas très rares, que les magistrats retiennent la responsabilité du créancier estimant être en présence de l'une des trois causes d'irresponsabilité civile et d'un cas de soutien abusif ou de crédit ruineux. On peut citer, en ce sens, une décision de la chambre commerciale du 10 janvier 2018 ayant ainsi caractérisé la responsabilité d'un fournisseur auteur d'immixtions caractérisées dans la gestion du débiteur et d'octroi d'un crédit ruineux [5].

Au-delà de ses nombreux silences, notamment sur la notion d'immixtion caractérisée, cette décision a pour intérêt de rappeler que le créancier fautif est tenu de réparer « *l'aggravation de l'insuffisance d'actif qu'il a contribué à créer* ». Cette jurisprudence est conforme, en matière de préjudice réparable, à celle qui était retenue par le passé en matière de soutien abusif [6].

Les juges du fond commencent également à retenir la responsabilité civile de certains prêteurs [7].

---

1. Com., 27 mars 2012, n° 10-20.077, *Bull. civ.* IV, n° 68 ; *D.* 2012. AJ 870, obs. A. Lienhard ; *D.* 2012. 2204, obs. P.-M. Le Corre ; *D.* 2012. 1455, note R. Damman ; *RTD com.* 2012. 385, obs. D. Legeais ; *JCP E* 2012, 1373, n° 14, obs. J. Stoufflet ; *Banque et Dr.* 5-6/2012. 22, obs. Th. Bonneau ; *JCP E* 2012, 635, note S. Piedelièvre ; *RDBF* 2012, comm. 112, obs. F.-J. Crédot et Th. Samin ; *RLDA* juill.-août 2012, p. 21, note D. Robine ; *APC* 2012-9, comm. 125, obs. R. Routier ; *LEDB* 2012. 1, n° 053, obs. J. Lasserre Capdeville.

2. Aucun arrêt de la Haute juridiction ne peut ainsi être cité en ce sens, Com., 17 sept. 2013, n° 12-21.871. Com., 5 mai 2015, n° 14-11.863.

3. P. Hoang, « L'octroi abusif de crédit s'invite à la table de l'exclusion de responsabilité de l'article L. 650-1 du Code de commerce », *D.* 2012. 2035.

4. Com., 19 juin 2012, n° 11-18.940, *Bull. civ.* IV, n° 127 ; *LEDB* nov. 2012, p. 7, n° 151, obs. J. Lasserre Capdeville ; *D.* 2012. AJ 1670, obs. A. Lienhard ; *Rev. sociétés* 2012. 535, obs. Ph. Roussel-Galle ; *Banque et Dr.* 9-10/2012. 18, obs. Th. Bonneau ; *RDBF* 2012, comm. 187, obs. D. Legeais ; *LEDEN* 9/2012. 4, obs. I. Parachkévova. Com., 11 déc. 2012, n° 11-25.795, *JCP E* 2013, 1282, obs. J. Stoufflet ; *LEDB* févr. 2013, p. 2, n° 003, obs. R. Routier. Com., 28 janv. 2014, n° 12-26.156. Com., 11 févr. 2014, n° 12-26.683. - Com. 22 mars 2017, n° 15-13.290 : *Gaz. Pal.* 27 juin 2017, n° 24, p. 66, obs. J. Lasserre Capdeville. - Com. 4 mai 2017, n° 15-18.259. - Com. 20 sept. 2017, n° 16-12.939. - Com. 21 nov. 2018, n° 16-25.128 : *D.* 2018. AJ 2356 ; dalloz.fr, actualité, 5 déc. 2018, obs. Y. Blandin ; *AJ contrat* 2019, p. 43, obs. D. Houtcieff ; *JCP E* 2019, n° 1-2 ; 1007, note D. Legeais ; *LEDB* janv. 2019, p. 6, obs. M. Mignot ; *Gaz. Pal.* 16 avr. 2019, n° 15, p. 79, obs. J. Lasserre Capdeville ; LEDC janv. 2019 ; p. 3, obs. G. Cattalano. - Montpellier, 28 mars 2017, n° 15/05999. - Rennes, 16 mai 2017, n° 15/08020. - Versailles, 15 juin 2017, n° 15/06127.

5. Com. 10 janv. 2018, n° 16-10.824 : *BJE* mai 2018, p. 210, note Th. Favario ; *Rev. sociétés* 2018. 199, obs. Ph. Roussel-Galle ; LEDN févr. 2018, p. 1, obs. F.-X. Lucas ; *Gaz. Pal.* 17 avr. 2018, n° 15, p. 79, obs. J. Lasserre Capdeville.

6. V. ss 1864.

7. Chambéry, 7 juin 2018, n° 17/00741 : *Gaz. Pal.* 15 janv. 2019, n° 2, p. 78, obs. J. Lasserre Capdeville. Selon cet arrêt constitue un agissement frauduleux, le fait pour une banque d'accorder un prêt à une entreprise dans le but d'assurer, du moins à court terme, le recouvrement des échéances de précédents prêts alors que la société bénéficiaire se trouve dans une situation irrémédiablement compromise. Ce faisant, l'établissement bancaire avait privilégié sa situation personnelle, sans tenir compte de celle de ses clients.

CHAPITRE 2
LE MANQUEMENT AU DEVOIR DE MISE EN GARDE

1885 ***Définition*** ◊ Mettre en garde, c'est prévenir d'un danger. Appliqué au droit du crédit, c'est le fait pour le prêteur d'avertir son client des risques de l'opération envisagée, notamment à la vue des ressources de l'emprunteur. L'endettement excessif est ainsi visé. Or, l'existence de ce devoir a justement été reconnue par la jurisprudence il y a une quinzaine d'années [1]. Il donne lieu, aujourd'hui, à un contentieux abondant [2].

1886 Dès lors, après avoir brièvement rappelé dans quel contexte ce devoir de mise en garde a fait son apparition (Section 1) nous en étudierons le contenu à la vue de la jurisprudence rendue en la matière (Section 2).

SECTION 1. LA RECONNAISSANCE PROGRESSIVE DU DEVOIR DE MISE EN GARDE

1887 ***Interrogation*** ◊ L'octroi d'un crédit étant susceptible de causer un préjudice à son bénéficiaire, parce que sa charge est supérieure au profit que le bénéficiaire tire de l'emploi des fonds, une question a été posée au juge à partie des années quatre-vingt-dix : le banquier doit-il juger l'opportunité du crédit ? Dit autrement, est-il tenu de respecter une obligation de conseil [3] à l'égard de son client, c'est-à-dire veiller à ce que la conclusion du contrat soit opportune pour le cocontractant au regard de ses perspectives financières et, si ce n'est pas le cas, orienter sa décision en l'incitant à agir au mieux de ses intérêts ?

---

1. V. par ex., N. Bourdalle et J. Lasserre Capdeville, « Le développement jurisprudentiel de l'obligation de mise en garde du banquier », *Banque et Dr.* 2006, n° 107, p. 17. F. Boucard, « Le devoir de mise en garde du banquier à l'égard de l'emprunteur et de sa caution : présentation didactique », *RDBF* 2007, n° 5, p. 24. D. Gallois-Cochet, « Le devoir de mettre en garde le client », *RLDA* 24/2008, p. 107. E. Bazin, « Retour sur le devoir de mise en garde du prêteur », *Banque et Dr.* 2010, n° 130, p. 23.

2. A. Perin-Dureau, « Variations sur l'obligation de mise en garde au terme de dix ans de décisions », *JCP E* 2016, 1304.

3. Sur le contenu de ce devoir, M. Fabre-Magnan, *De l'obligation d'information dans les contrats. Essai d'une théorie*, éd. LGDJ, 1992, n° 11 et n° 471.

La doctrine « bancariste » s'est longtemps interrogée en la matière [1]. Il est vrai que ce devoir de conseil pouvait légitiment paraître comme contraire au principe de non-ingérence auquel le banquier est également tenu [2]. Celui-ci ne devant pas s'immiscer dans les affaires de son client, il ne lui est normalement pas possible d'orienter les choix de ce dernier.

88 Or, après de longues années d'incertitude, en raison des disparités des décisions rendues par la première chambre civile et de la chambre commerciale de la Cour de cassation en la matière (§ 1), ces deux chambres ont fini par dégager une solution commune en reconnaissant l'existence d'un devoir de mise en garde à la charge du prêteur dans l'intérêt de certains emprunteurs (§ 2).

§ 1. Les incertitudes jurisprudentielles

89 ***Position de la 1re chambre civile*** ◇ Cette chambre s'est montrée, un temps, favorable à la reconnaissance d'une obligation de conseil à la charge de ce dernier. Pour mémoire, ce devoir impose au professionnel, outre d'informer son partenaire, de lui faire part de son opinion quant à l'opportunité d'effectuer l'opération en question. Le conseil suppose alors une appréciation de nature à orienter directement la décision de l'autre partie.

C'est ainsi que, par un arrêt remarqué du 27 juin 1995 [3], la 1re chambre civile est venue déclarer que manque à son devoir de conseil, et engage sa responsabilité, la banque qui consent un prêt dont les charges sont manifestement excessives au regard de la modicité des ressources de l'emprunteur sans avoir mis en garde l'emprunteur sur l'importance de l'endettement résultant de l'octroi de ce prêt. Un courant doctrinal a alors perçu, ici, une manifestation de l'obligation de proportionnalité dont le banquier serait, en définitive, débiteur [4].

90 ***Position de la chambre commerciale*** ◇ Cette solution n'était cependant pas totalement partagée par la chambre commerciale de la Cour de

1. D. Legais, « L'obligation de conseil de l'établissement de crédit à l'égard de l'emprunteur et de sa caution », *in Mélanges AEDBF-France*, tome II, Banque éditeur, 1999, p. 257. F.-J. Crédot, « L'octroi de crédits et l'obligation de conseil du banquier », *Dr. et patr.* 1/1994. 34.

2. V. ss 268.

3. Civ. 1re, 27 juin 1995, n° 92-19.212, *Bull. civ.* I, n° 287 ; *JCP E* 1996, I, 722, note D. Legeais ; *D.* 1995. 621, note S. Piedelièvre ; *RTD civ.* 1996. 385, obs. J. Mestre ; *CCC* 1995, comm. 211, obs. G. Raymond. Selon cette décision, « manque à son devoir de conseil, et engage sa responsabilité, la banque qui consent un prêt dont les charges sont manifestement excessives au regard de la modicité des ressources de l'emprunteur sans avoir mis en garde l'emprunteur sur l'importance de l'endettement résultant de l'octroi de ce prêt ». Dans un sens proche, Civ. 1re, 8 juin 1994, n° 92-16.142, *Bull. civ.* I, 206 ; *JCP E* 1995, 652, note D. Legeais ; *RTD com.* 1995. 170, obs. M. Cabrillac.

4. D. Legeais, « Principe de proportionnalité : le cas du contrat de crédit avec constitution de garantie », *LPA* 1998, n° 117, p. 39.

cassation qui rendait, à la même époque, une solution un peu différente sans être radicalement contradictoire. Pour cette chambre, en effet, la banque n'était pas tenue à une obligation de conseil à l'égard de l'emprunteur, sauf lorsqu'elle avait sur la situation financière de celui-ci (ou sur celle de son entreprise), ou sur les risques encourus, des informations que lui-même ignorait [1]. Dès lors, à défaut de démontrer l'existence de telles circonstances, le banquier ne commettait aucune faute à l'égard de l'emprunteur en lui accordant un crédit, même s'il savait que sa situation ne lui permettrait pas de faire face au remboursement du crédit en question.

Cette distinction de jurisprudences au sein même de la Cour de cassation demeurait néanmoins gênante, car contraire à la sécurité juridique. Les deux chambres ont alors fait évoluer leurs positions en la matière.

§ 2. La reconnaissance d'une solution commune

1891 ***Évolution de la 1re chambre civile*** ◊ La première chambre civile de la Cour de cassation fut la première, après quelques décisions manquant de clarté [2], à substituer au devoir de conseil un devoir de mise en garde aux effets moins attentatoires à l'obligation de non-ingérence du banquier dans les affaires de son client. De façon plus précise, ce sont trois décisions du 12 juillet 2005, les arrêts *Jauleski* [3], *Seydoux* [4] et *Guigan* [5], qui sont à l'origine de cette évolution.

Si la principale de ces décisions, l'arrêt *Jauleski*, n'était pas à l'abri de toute critique en raison de la définition qu'elle donnait au devoir de mise en garde, clairement confondu avec un devoir de proportionnalité [6], force est de constater que la première chambre civile a mis un terme à cette difficulté dès les arrêts suivants, et donné au devoir de mise en garde une

1. En ce sens, par ex., Com., 26 mars 2002, n° 99-13.810, *Bull. civ.* IV, n° 57 ; *Banque et Dr.* 2002, n° 84, p. 46, obs. Th. Bonneau ; *RTD com.* 2002. 523, obs. M. Cabrillac ; *JCP E* 2002, 852, note A. Gourio. Com., 1er juill. 2003, n° 98-22.286, *RTD com.* 2003. 793, obs. D. Legeais. Com., 7 janv. 2004, n° 02-11.354, *JCP E* 2004, 736, n° 21, obs. J. Stoufflet. Com., 21 juin 2005, *RDBF* 2005, n° 5, p. 21, obs. D. Legeais.

2. V. notamment, Civ. 1re, 8 juin 2004, n° 02-12.185, *Bull. civ.* I, n° 166 ; *Banque et Dr.* 2004, n° 98, p. 56, obs. Th. Bonneau ; *JCP E* 2004, 1442, note D. Legeais ; *Gaz. Pal.* 2005. 1183, note F. Boucard ; *RDBF* 2004, comm. 158, obs. F.-J. Crédot et Y. Gérard.

3. Civ. 1re, 12 juill. 2005, n° 03-10.921, *Bull. civ.* I, n° 327 ; *D.* 2005. AJ 2276, obs. X. Delpech ; *RTD com.* 2005. 820, obs. D. Legeais ; *JCP* 2005, II, 10140, note A. Gourio ; *Banque et Dr.* 2005, n° 104, p. 80, obs. Th. Bonneau ; *D.* 2005 aff. p. 3094, note B. Parance ; *RDBF* 2005, comm. 203, obs. F.-J. Crédot et Y. Gérard ; *RLDC* 2005, n° 21, p. 15, note S. Piedelièvre ; *Dr. et patr.* 2005, n° 143, p. 98, obs. J.-P. Mattout et A. Prüm ; *D.* 2006. Pan. 167, obs. D.-R. Martin et H. Synvet ; *RDI* 2006. 123, obs. H. Heugas-Darraspen.

4. Civ. 1re, 12 juill. 2005, n° 02-13.155, *Bull. civ.* I, n° 324 ; *ibid.*

5. Civ. 1re, 12 juill. 2005, n° 03-10.770, *Bull. civ.* I, n° 325 ; *ibid.*

6. J. Lasserre Capdeville, « Les arrêts Jauleski, Seydoux et Guigan : l'avènement du devoir de mise en garde », *RDBF* 2016, n° 5, dossier 47, n° 15 s.

définition conforme à ce que l'on peut attendre d'une telle notion [1]. Il s'agit ainsi du fait pour le prêteur d'attirer l'attention de son client, présentant la caractéristique d'être non-averti (ou profane), sur les risques du crédit qu'il lui propose, et plus particulièrement le risque d'endettement excessif.

892 ***Confirmation par les chambres commerciale et mixte*** ◊ Le principe dégagé par la première chambre civile fut rapidement confirmé par la chambre commerciale [2], avant que la chambre mixte de la Haute juridiction ne consacre « une bonne fois pour toutes » cette unification de jurisprudence [3].

893 ***Confirmation de la disparition du devoir de conseil*** ◊ Aujourd'hui, le banquier dispensateur de crédit n'est plus soumis à un devoir de conseil d'origine jurisprudentielle [4]. En effet, selon l'attendu d'une décision remarquée de la chambre commerciale du 13 janvier 2015 : « sauf disposition légale ou contractuelle contraire, la banque n'est pas tenue à une obligation de conseil à l'égard de son client et n'est susceptible d'engager sa responsabilité que dans le cas où elle lui a fourni un conseil inadapté à sa situation dont elle a connaissance » [5]. Dit autrement, par principe, le banquier dispensateur de crédit n'est pas tenu à une obligation de conseil à l'égard de son client.

---

1. Civ. 1re, 2 nov. 2005, n° 03-17.443, *Bull. civ.* I, n° 397 ; *D.* 2005, aff. p. 3084, obs. V. Avena-Robardet ; *RTD com.* 2006. 171, obs. D. Legais ; *RJDA* 2006, n° 452 ; *Banque et Dr.* 2006, n° 107, p. 83, obs. Th. Bonneau. De façon plus claire encore, Civ. 1re, 21 févr. 2006, n° 02-19.066, *Bull. civ.* I, n° 91 ; *JCP* 2006, IV, 1606 ; *JCP E* 2006, 1522, note D. Legeais ; *D.* 2006 aff. p. 1618, note J. François ; *Banque et Dr.* 2006, n° 108, p. 62, obs. Th. Bonneau ; *RDBF* 2006, n° 4, p. 12, obs. F.-J. Crédot et Y. Gérard. V. également, par ex., Civ. 1re, 12 juill. 2006, n° 05-12.699, *Bull. civ.* I, n° 398 ; *Banque et Dr.* 2006, n° 109, p. 50, obs. Th. Bonneau ; *CCC* 2007, comm. 38, obs. G. Raymond. Civ. 1re, 13 févr. 2007, n° 04-14.287, *Bull. civ.* I, n° 59 ; *D.* 2007. AJ 723, obs. V. Avena-Robardet ; *RTD com.* 2007. 427, obs. D. Legeais ; *Banque et Dr.* 2007, n° 113, p. 41, obs. Th. Bonneau.

2. Com., 3 mai 2006, n° 04-15.517, 02-11.211 et 04-19.315, *Bull. civ.* IV, n° 101, n° 102 et n° 103 ; *D.* 2006. AJ 1445, obs. X. Delpech ; *D.* 2006. 1618, note J. François ; *Banque et Dr.* 2006, n° 108, p. 53, obs. N. Rontchevsky ; *JCP* 2006, II, 10122, note A. Gourio ; *Gaz. Pal.* 28 juin 2006, p. 5, note S. Piedelièvre ; *RDBF* 2006, comm. 99, obs. D. Legeais. Com., 20 juin 2006, n° 04-14.114, *Bull. civ.* IV, n° 145 ; *JCP* 2006, II, 10122, note A. Gourio ; *RDBF* 2006, comm. 191, obs. F.-J. Crédot et Th. Samin ; *Banque et Dr.* 2006, n° 109, p. 50, obs. Th. Bonneau ; *D.* 2006. AJ 1887, obs. X. Delpech ; *JCP E* 2006, p. 1466, note D. Legeais. Com., 19 sept. 2006, *JCP E* 2007, p. 1111, note A. Gourio.

3. Cass. mixte, 29 juin 2007, n° 05-21.104 et n° 06-11.673, *Bull. ch. mixte* 2007, n° 7 et 8 ; *D.* 2007. 2081, note S. Piedelièvre ; *D.* 2007. Pan. 878, obs. D.-R. Martin ; *RTD com.* 2007. 579, obs. D. Legeais ; *RTD civ.* 2007. 779, obs. P. Jourdain ; *JCP* 2007, II, 10146, note A. Gourio ; *RDBF* 2007, comm. 174, obs. F.-J. Crédot et Th. Samin.

4. En revanche, depuis l'ordonnance n° 2016-351 du 25 mars 2016, les articles L. 313-13 à L. 313-15 du Code de la consommation prévoient, en matière de crédit immobilier, un service de conseil.

5. Com., 13 janv. 2015, n° 13-25.856, *Banque et Dr.* 2015, n° 160, p. 34, obs. Th. Bonneau ; *RDBF* 2015, comm. 71, obs. F.-J. Crédot et Th. Samin ; *D.* 2005. 2151, obs. D.-R. Martin ; *RTD com.* 2015. 341, obs. D. Legeais ; *Gaz. Pal.* 15 mars 2015, p. 24, obs. S. Moreil ; *LEDB* mars 2015, p. 6, n° 045, obs. J. Lasserre Capdeville. – Com. 18 mai 2016, n° 14-15.988. – Rennes, 12 janv. 2018, n° 14/09703 : *LEDB* mars 2018, p. 7, obs. J. Lasserre Capdeville. V. également concernant la souscription d'une assurance facultative, Com., 9 févr. 2016, n° 14-23.210, *Banque et Dr.* 5-6/2016, n° 167, p. 23, obs. Th. Bonneau.

En revanche, si ce banquier décide tout de même de conseiller l'emprunteur, il est susceptible de voir sa responsabilité civile engagée si le conseil se révèle finalement préjudiciable au client. Ainsi, et au-delà de cette dernière hypothèse qui ne devrait se rencontrer que très rarement, le devoir de mise en garde a bien succédé au devoir de conseil en matière de délivrance du crédit [1].

SECTION 2. LE CONTENU DU DEVOIR DE MISE EN GARDE

1894 ***Présentation générale*** ◊ Le devoir de mise en garde à la charge du banquier dispensateur de crédit doit être vu comme l'obligation pour le prêteur d'alerter son cocontractant sur les risques d'endettement excessif de l'opération envisagée. Il peut ainsi être perçu comme une « obligation d'information renforcée », puisqu'à l'image de l'obligation d'information « classique », il ne tend pas à inciter directement le cocontractant à agir dans un sens, mais se borne à lui présenter en toute objectivité l'opération projetée en lui en soulignant, en plus, les risques susceptibles de se présenter. La jurisprudence précitée a imposé ce dernier au bénéfice, principalement de l'emprunteur non-averti (dit à l'origine « profane »), c'est-à-dire insuffisamment connaisseur en la matière. Le manquement à ce devoir de mise en garde ne saurait être confondu avec le dol [2].

1895 ***Obligations concrètes du prêteur*** ◊ En pratique, le devoir de mise en garde va imposer au prêteur un certain nombre d'obligations successives que l'on peut décomposer. Le professionnel du crédit devra ainsi :

– vérifier si le crédit consenti ne présente pas un risque pour l'emprunteur, et plus précisément un risque d'endettement excessif. Il sera alors dans l'obligation de s'assurer des capacités financières de son client et du risque d'endettement né de l'octroi du crédit en question ;

– puis, en présence d'un tel risque, relever la qualité d'averti ou de non-averti de l'emprunteur. La caractérisation de la qualité de non-averti découlera le plus souvent d'un faisceau d'indices tenant notamment à l'expérience de l'intéressé en la matière, sa profession, la complexité de l'opération projetée, etc. ;

– enfin, si la qualité de non-averti du client est avérée, attirer l'attention de ce dernier sur ces mêmes risques, c'est-à-dire l'alerter [3] afin qu'il puisse

1. Il convient néanmoins de constater que certaines décisions font encore parfois des confusions entre le devoir de conseil et celui de mise en garde, Civ. 1re, 5 mars 2015, n° 14-11.205.

2. Com., 9 févr. 2016, n° 14-23.210, *LEDB* avr. 2016, p. 4, n° 059, obs. M. Mignot.

3. D. Legeais, « Responsabilité du banquier fournisseur de crédit », *J.-Cl. BCB*, fasc. 500, 2015, n° 41 s.

accepter ou refuser l'offre de crédit en pleine connaissance de cause [1]. Ce devoir doit être accompli au moment de la souscription du prêt [2].

96 ***Effet du respect du devoir*** ◊ Si le professionnel de la banque a bien respecté ce « devoir d'alerte », on ne pourra pas lui reprocher, par la suite, d'avoir accordé un crédit excessif ou risqué à un emprunteur profane.

En effet, si l'emprunteur persiste dans son projet et accepte définitivement l'offre, il aura manifesté sa volonté en pleine connaissance de cause et ne saurait, postérieurement, reprocher quoi que ce soit au prêteur. Il n'existe pas d'obligation pour le prêteur de refuser le crédit qu'il sait inadapté ou excessif [3]. L'obligation de respecter un principe de proportionnalité, comme la prévoyait par erreur l'arrêt *Jauleski* [4], est restée sans lendemain. Ce sera néanmoins au banquier de démontrer qu'il a respecté le devoir étudié [5], sauf s'il prouve que son client a la qualité d'emprunteur averti [6].

97 La jurisprudence fondée sur ce devoir, particulièrement abondante, est venue utilement préciser son régime juridique, plus particulièrement en déterminant ce qu'était le risque encouru (§ 1), mais aussi comment apprécier la qualité d'averti ou de non-averti du cocontractant (§ 2), et le préjudice subi par ce dernier (§ 3). La question du délai de prescription de l'action a également été abordée (§ 4). En outre, il ressort de quelques décisions que le devoir de mise en garde serait également susceptible de jouer, dans certaines circonstances bien précises, en faveur de l'emprunteur averti (§ 5). Enfin, la reconnaissance légale d'une obligation de mise en garde en matière de crédits immobiliers par l'ordonnance n° 2016-351 du 25 mars 2016 sera abordée pour clore cette section (§6).

§ 1. **Le risque encouru**

98 ***Principe général*** ◊ Pour qu'il y ait obligation de mise en garde, il faut, avant toute chose, qu'un risque puisse être relevé pour le cocontractant du banquier. Il s'agit d'un risque d'endettement excessif de l'emprunteur en

---

1. Le devoir de mise en garde ne porte pas, en revanche, sur l'opportunité ou sur les risques de l'opération financée, Com., 1er mars 2016, n° 14-22.582, *Banque et Dr.* 2016, n° 167, p. 23, obs. Th. Bonneau. Pour une obligation, contestable de dissuader une cliente, Douai, 21 mars 2013, n° 12/05854, *LEDB* mai 2013, p. 4, n° 057, obs. J. Lasserre Capdeville.

2. Grenoble, 3 sept. 2012, n° 09/05128, *LEDB* nov. 2012, p. 6, n° 149, obs. J. Lasserre Capdeville.

3. Il n'existe donc pas de prêteur responsable, J. Lasserre Capdeville, « Le banquier prêteur responsable », *in* ouvrage collectif, *Finance et éthique*, collection Axe Droit, éd. Lamy, 2013, p. 45.

4. V. ss 1891.

5. Com., 11 déc. 2007, n° 03-20.747, *Bull. civ.* IV, n° 260 ; *D.* 2008. AJ 220, obs. V. Avena-Robardet ; *RTD com.* 2008. 165, obs. D. Legeais ; *JCP* 2008, II, 10055, note A. Gourio ; *Banque et Dr.* 3-4/2008. 17, obs. Th. Bonneau. Cass., ch. mixte, 29 juin 2007, n° 05-21.104, *op. cit.*

6. V. ss 1909.

raison de la trop lourde charge du crédit [1] comparé à sa capacité financière. Toute forme de crédit peut être ici concernée [2].

Il découle de cette exigence, que la banque n'est pas tenue d'un devoir de mise en garde envers l'emprunteur non averti, si le prêt accordé est adapté aux capacités financières de l'emprunteur et ne présente donc pas un tel risque d'endettement excessif [3].

1899 ***Preuve*** ◊ La jurisprudence a eu l'occasion de déclarer à plusieurs reprises, que c'est l'emprunteur, qui invoque le manquement de la banque à son obligation de mise en garde, qui voit peser sur lui la charge de démontrer le risque du crédit accordé, notamment par rapport à sa situation financière [4].

1900 ***Précisions jurisprudentielles*** ◊ Les règles précitées ont été utilement précisées par la jurisprudence, et plus particulièrement la Cour de cassation. Ainsi, le risque du crédit s'apprécie, non seulement à la vue des revenus de l'emprunteur, mais également de son patrimoine [5]. En revanche, une mesure d'interdiction bancaire ne permet pas de caractériser, à elle seule, la situation obérée d'un emprunteur [6].

La Cour de cassation a en outre déjà pu estimer que le prêt n'était pas excessif si son montant était quasi équivalent au patrimoine de l'emprunteur, alors même qu'il s'agissait de sa résidence [7].

---

1. La nature du crédit importe peu. Il peut s'agir, le cas échéant, d'une autorisation tacite de découvert, Aix-en-Provence, 6 déc. 2018, n° 16/09909 : *LEDB* mars 2019, p. 2, obs. J. Lasserre Capdeville.

2. Pour une autorisation tacite de découvert, Aix-en-Provence, 6 déc. 2018, n° 16/09909 : *LEDB* 2019, obs. J. Lasserre Capdeville.

3. Com., 18 févr. 2009, n° 08-11.221, *JCP* 2009, II, 10091, note A. Gourio ; *JCP E* 2009, 1364, note S. Piedelièvre. Com., 7 juill. 2009, n° 08-13.536, *Bull. civ.* IV, n° 92 ; *D.* 2009. AJ 2034, obs. X. Delpech ; *Banque et Dr.* 9-10/2009. 26, obs. Th. Bonneau ; *D.* 2009. 2318, note J. Lasserre Capdeville ; *JCP E* 2009, 1948, note D. Legeais. Com., 19 nov. 2009, n° 08-13.601, *Bull. civ.* I, n° 232 ; *D.* 2009. AJ 2859, obs. V. Avena-Robardet ; *RTD civ.* 2010. 109, obs. P. Jourdain ; *RDBF* 2010, comm. 37, obs. F.-J. Crédot et Th. Samin ; *Banque et Dr.* 1-2/2010. 21, obs. Th. Bonneau. Civ. 1re, 17 déc. 2009, n° 08-12.783, *JCP E* 2010, 1068, note D. Legeais. Com., 18 mars 2014, n° 13-11.262. Civ. 1re, 10 sept. 2015, n° 14-18.851, *Banque et Dr.* 2016, n° 167, p. 22, obs. G. Helleringer ; *LEDB* nov. 2015, p. 2, n° 160, obs. R. Routier. Com., 9 févr. 2016, n° 14-10.371, *LEDB* avr. 2016, p. 4, n° 060, obs. R. Routier. Com., 5 avr. 2016, n° 14-23.947, *Banque et Dr.* 2016, n° 167, p. 22, obs. G. Helleringer. – Civ. 1re, 14 déc. 2016, n° 15-27.088 : *LEDB* févr. 2017, p. 2, obs. S. Piedelièvre – Civ. 1re, 15 nov. 2017, n° 16-16.424 : *LEDB* janv. 2018, p. 2, obs. N. Mathey. – Civ. 1re, 12 sept. 2018, n° 17-17.650 : *LEDB* nov. 2018, p. 3, obs. J. Lasserre Capdeville.

4. Civ. 1re, 14 janv. 2010, n° 08-18.033. Com., 11 déc. 2012, n° 11-25.876. Com., 21 févr. 2012, n° 11-11.270. Com., 13 mai 2014, n° 13-13.843, *LEDB* juill. 2014, p. 4, n° 092, obs. R. Routier. Civ. 1re, 4 juin 2014, n° 13-10.975, *LEDB* juill. 2014, p. 5, n° 093, obs. J. Lasserre Capdeville. – Civ. 1re, 1er mars 2017, n° 15-14.916 : *LEDB* avr. 2017, p. 2, obs. J. Lasserre Capdeville. – Civ. 1re, 29 nov. 2017, n° 16-17.802 : *Banque et Dr.* 3-4/2018, n° 178, obs. Th. Bonneau.

5. Com., 27 nov. 2012, n° 11-19.311, *LEDB* févr. 2013, obs. J. Lasserre Capdeville. Com., 6 déc. 2011, *RDBF* 2012, comm. 38, obs. F.-J. Crédot et Th. Samin.

6. Com., 3 juill. 2012, n° 11-18.945, *Bull. civ.* IV, n° 142 ; *D.* 2012. AJ 1878, obs. V. Avena-Robardet ; *RTD com.* 2012. 599, obs. D. Legeais ; *RDBF* 2012, comm. 141, obs. F.-J. Crédot et Th. Samin ; *LEDB* sept. 2012, p. 3, n° 107, obs. J. Lasserre Capdeville ; *Banque et Dr.* sept-oct. 2012, p. 19, obs. Th. Bonneau.

7. Com., 13 mai 2014, n° 13-13.843, *RDBF* 2014, comm. 192, obs. F.-J. Crédit et Th. Samin.

Notons encore que lorsqu'ils ne comportent pas d'anomalie apparente, la banque n'a pas à vérifier l'authenticité des documents qui lui sont remis par le client [1].

Enfin, et d'une façon générale, la Cour de cassation a pu estimer que le prêt dont les échéances ont été réglées pendant plusieurs années ne peut être jugé excessif [2].

01 ***Cas du taux d'endettement et du « reste à vivre »*** ◊ Quelques règles non écrites sont souvent appliquées par les professionnels du crédit pour déterminer ce risque. Il en va ainsi avec le « taux d'endettement » et le « reste pour vivre ».

Le premier cité, tout d'abord, est déterminé en opérant une division entre, d'une part, les principales charges de l'emprunteur (échéances mensuelles de crédit + loyer) et, d'autre part, ses revenus. Dès lors, si le pourcentage obtenu comme résultat est inférieur à 30 % [3], on estime que le crédit n'est pas risqué [4]. On parle souvent de ratio d'endettement. Notons que, pour certains [5], cette pratique ne serait pas la plus pertinente.

Le « reste pour vivre » est calculé, quant à lui, par une soustraction des charges aux revenus du client. Ainsi, en dessous d'une somme, qui est variable selon les établissements de crédit, le crédit est risqué.

02 ***Moment de l'appréciation*** ◊ Dans tous les cas, c'est au jour de la conclusion du contrat de prêt que doit être appréciée la situation patrimoniale des emprunteurs. On ne saurait alors prendre en considération des événements postérieurs, inconnus du prêteur lors de la conclusion du crédit, tels des évènements familiaux et professionnels (divorce, licenciement, etc. [6]), ou une amélioration de la situation financière de l'intéressé [7]

03 ***Cas des époux emprunteurs*** ◊ En outre, en présence de prêts souscrits par deux époux, le caractère adapté de ces crédits doit s'apprécier, non au regard des capacités financières de chacun des époux, mais de celles, globales, du couple qu'ils forment [8].

---

1. Civ. 1re, 1er juin 2016, n° 15-15.051 : *Banque et Dr.* sept-oct. 2016, n° 169, p. 16, obs. Th. Bonneau - Civ. 5 juill. 2017, n° 16-17.103 : *LEDB* oct. 2017, p. 2, obs. S. Piedelièvre.

2. Com., 16 sept. 2014, n° 13-20.093, *LEDB* nov. 2014, p. 4, n° 143, obs. R. Routier.

3. D. Legeais, « Responsabilité du banquier fournisseur de crédit », *J.-Cl. BCB*, fasc. 500, 2015, n° 14.

4. Cette solution n'est cependant pas automatiquement retenue. Pour une exclusion du devoir en présence d'un taux d'endettement pourtant supérieur à 44 %, Paris, 4 juill. 2013, *LEDB* oct. 2013, p. 2, n° 124, obs. J. Lasserre Capdeville.

5. D. Legais, *op. cit.*, n° 14.

6. Com., 7 juill. 2009, n° 08-13.536, *Bull. civ.* IV, n° 92 ; *D.* 2009. AJ 2034, obs. X. Delpech ; *Banque et Dr.* 9-10/2009. 26, obs. Th. Bonneau ; *D.* 2009. 2318, note J. Lasserre Capdeville ; *JCP E* 2009, 1948, note D. Legeais. Com., 18 mars 2014, n° 13-11.262.

7. Com. 28 mars 2018, n° 16-25.248 : *LEDB* mai 2018, p. 2, obs. J. Lasserre Capdeville.

8. Civ. 1re, 20 mai 2010, n° 08-21.444. Com., 28 janv. 2014, n° 13-10.558. Com., 4 mars 2014, n° 13-10.558, *LEDB* mai 2014, p. 4, n° 060, obs. J. Lasserre Capdeville. Com., 18 nov. 2014, n° 13-22.495, *LEDB* janv. 2015, p. 4, n° 007, obs. R. Routier. Civ. 1re, 8 sept. 2015,

Cette solution s'impose logiquement dans toute situation concernant des co-emprunteurs [1].

1904 ***Cas du prêt in fine*** ◊ Le prêt *in fine* est un prêt dans lequel les échéances ne comprennent que les intérêts, le capital ne se remboursant qu'à la fin de l'opération, en une seule fois. Ce type de crédit est donc particulièrement dangereux, car les emprunteurs ne peuvent pas toujours faire face à la dernière et redoutable échéance.

A plusieurs reprises, les magistrats ont retenu un manquement au devoir de mise en garde à prêteur en présence d'un crédit *in fine* [2]. Mais peut-on dire pour autant que ce dernier est, par nature, un crédit risqué impliquant le respect du devoir précité ? La Cour de cassation ne semble pas l'admettre.

Il convient notamment de mentionner une décision remarquée de la chambre commerciale du 13 février 2019 [3]. En l'espèce, la Haute juridiction rappelle que le manquement d'une banque à son obligation de mettre en garde un emprunteur non averti sur le risque d'endettement excessif né de l'octroi d'un prêt « prive cet emprunteur d'une chance d'éviter le risque qui s'est réalisé, la réalisation de ce risque supposant que l'emprunteur ne soit pas en mesure de faire face au paiement des sommes exigibles au titre du prêt ». Or, il résultait en l'occurrence des constatations des juges du fond que le terme du prêt, remboursable *in fine*, n'était pas échu, de sorte que le risque, sur lequel la banque s'était abstenue de mettre l'emprunteuse en garde, ne s'était pas réalisé. Ainsi, pour la Cour de cassation, aucune action fondée sur un manquement au devoir de mise en garde ne saurait être admise avant l'ultime échéance de ce prêt *in fine*. Le risque prochain et certain d'une impossibilité de remboursement ne saurait, dès lors, être jugé suffisant semble-t-il.

Voilà une décision particulièrement stricte : tant que l'ultime échéance ne s'est pas présentée à l'emprunteur, ce dernier se voit interdit d'agir en justice sur le fondement du devoir de mise en garde. Ne sommes-nous pas pourtant, ici, en présence d'un préjudice futur ? Pas pour la Cour de cassation. Celle-ci ne souhaite donc pas faire du crédit *in fine* un prêt « risqué par nature ».

1905 ***Cas du prêt relais*** ◊ Le prêt relais est un type particulier de crédit permettant à l'emprunteur de recevoir du prêteur une partie de la valeur d'un bien immobilier en vente pour acheter un nouveau bien. Dans ce cas, le débiteur ne rembourse que les intérêts et restitue le capital restant

---

n° 13-23.905. Civ. 1re, 10 sept. 2015, n° 14-18.851. Com., 5 avr. 2016, n° 14-23.947, *Banque et Dr.* sept-oct. 2016, n° 169, p. 16, obs. G. Helleringer.

1. Com. 4 mai 2017, n° 16-12.316 : *LEDB* juin 2017, p. 2, obs. J. Lasserre Capdeville ; *Banque et Dr.* 9-10/2017, n° 175, p. 25, obs. G. Helleringer.

2. Com., 8 mars 2011, n° 10-11.545, *LEDB* mai 2011, p. 2, n° 59, obs. J. Lasserre Capdeville. Ici, l'emprunteur avait été considéré comme averti, car il avait l'habitude de recourir à ce type de financement. Lyon, 4 déc. 2012, n° 11/06062.

3. Com. 13 févr. 2019, n° 17-14.785 : *JCP* 2019, n° 9-10, 253, obs. J. Lassserre Capdeville ; *LEDB* avr. 2019, p. 1, obs. M. Mignot ; *Banque et Dr.* 3-4/2019, n° 184, p. 78, obs. M. Leroy.

lorsque son bien immobilier est vendu. Le crédit en question assure de la sorte un « relais » entre l'achat d'un nouveau bien et la perception du prix de vente de l'ancien.

Un risque apparaît alors pour l'emprunteur : devoir éventuellement supporter le remboursement du prêt, alors même qu'il n'est pas parvenu à vendre son bien immobilier. Mais ce risque est-il de nature à imposer au prêteur, quasi automatiquement, le respect du devoir de mise en garde ? La Haute juridiction n'y est pas favorable [1]. Dans ce cas encore, il reviendra à l'emprunteur de démontrer le risque d'endettement excessif que lui faisait encourir son engagement.

906 ***Cas du prêt en devise*** ◇ À partir du milieu des années 2000, certains établissements de crédit se sont mis à proposer à leurs clients des crédits en francs suisses (monnaie de compte), remboursables en euros (monnaie de paiement). L'idée était que l'évolution des deux monnaies concernées influe sur le montant du remboursement du crédit. *BNP Paribas* a ainsi proposé un produit dénommé *Helvet Immo* présentant de telles caractéristiques. Or, ces prêts en devise se sont révélés préjudiciables à un grand nombre d'emprunteurs. Il est vrai qu'à l'occasion de la crise de la zone euro, le franc suisse a servi de valeur refuge pour les capitaux, ce qui a eu pour conséquence de renforcer cette devise par rapport à l'euro. Cette situation a, sans surprise, entraîné une augmentation des actions en justice menées par des emprunteurs mécontents, et plus particulièrement sur le fondement du droit des clauses abusives [2] et du devoir de mise en garde du banquier [3].

Concernant cette dernière action [4], la Cour de cassation s'y est rapidement montrée hostile [5] en rappelant que l'appréciation de ce risque devait se faire au jour de la conclusion du contrat de prêt. Or, dans la situation qui nous occupe, au moment de la passation des crédits en question, le risque d'endettement des prêteurs n'était pas encore présent. Il n'était, de surcroit, qu'hypothétique, rien n'indiquant à l'époque que l'euro connaîtrait une forte dépréciation par rapport au franc suisse [6].

---

1. Civ. 1re, 20 déc. 2012, n° 11-26.970 : *LEDB* févr. 2013, p. 7, obs. R. Routier. – Com. 14 janv. 2014, n° 12-13.270 : *LEDB* mars 2014, p. 5, obs. J. Lasserre Capdeville. – Civ. 1re, 1er mars 2017, n° 15-14.916 : *LEDB* avr. 2017, p. 2, obs. J. Lasserre Capdeville.

2. V. ss 1557.

3. J. Lasserre Capdeville, « Prêt en devise. Synthèse de 18 mois de jurisprudence (janv. 2017-juin 2018) » : *JCP E* 2018, n° 39, 1488, p. 41. – C. Kleiner, « Les prêts libellés en devises octroyés aux particuliers : l'inutile réforme ? » : *RDBF* mai-juin 2017, dossier 20, p. 89.

4. Elle a, parfois, été admise par les juges du fond, Limoges, 9 déc. 2014, n° 13/01205 ; *RTD com.* 2015. 135, obs. D. Legeais. – Chambéry, 20 nov. 2014, n° 14/01745. – Colmar, 3 mai 2017, n° 15/05155.

5. Civ. 1re, 29 mars 2017, n° 15-27.231 : *RDBF* mai-juin 2017, comm. 107, obs. N. Mathey ; *JCP N* 2017, 1158, note S. Piedelièvre ; *Banque et Dr.* juill-août 2017, n° 174, p. 28, obs. G. Helleringer.

6. Dans le même sens, Civ. 1re, 3 mai 2018, n° 17-13.593 : *JCP* 2018, n° 24, 671, note J. Lasserre Capdeville ; dalloz.fr, actualité, 17 mai 2018, obs. J.-D. Pellier ; *JCP E* 2018, 1268 ; *RDBF*

1907 ***Cas de l'opération de défiscalisation*** ◊ Les banques participent, depuis de nombreuses années, à des opérations de défiscalisation, plus particulièrement en matière immobilière. Or, certaines de ces opérations n'ayant pas eu les effets escomptés pour les clients, quelques-uns ont cherché à exercer des actions en responsabilité contre les banques simplement prêteuses ou ayant eu un rôle plus actif dans l'opération [1].

Sans surprise, le devoir de mise en garde a été invoqué à de multiples reprises. La lecture de la jurisprudence permet alors de constater quelques arrêts de la Cour de cassation ayant retenu, en présence d'opérations de défiscalisation, un manquement du banquier à son devoir de mise en garde de nature à engager sa responsabilité civile [2].

Ce type de décision demeure cependant rare. La Cour de cassation est ainsi assez favorable au prêteur dans ce type de situation. Par exemple, et fort logiquement, en l'absence d'anomalie apparente, elle déclare qu'on ne saurait reprocher à un établissement prêteur de ne pas avoir détecté des dissimulations ou falsifications opérées par une société tiers, intéressée par l'opération de financement [3]. De même, l'établissement prêteur qui recourt à un intermédiaire en opérations de banque peut, sauf anomalie apparente, se fier aux informations recueillies par ce dernier auprès des emprunteurs sur leurs capacités financières, sans être tenu de vérifier leur exactitude [4].

1908 ***Mauvaise foi de l'emprunteur*** ◊ Concernant toujours cette analyse du risque, les juges ont souhaité prévoir une situation particulière : la déloyauté de l'emprunteur non-averti. Il est ainsi prévu, depuis quelques années, que le client ne saurait reprocher au banquier un manquement à son devoir de mise en garde s'il a lui-même manqué de loyauté à son égard en lui dissimulant l'existence de crédits en cours de remboursement [5], ou

---

2019, comm. 3, obs. N. Mathey ; *Banque et Dr.* juill.-août 2018, n° 189, p. 12, obs. S. Gjidara-Decaix. - Civ. 1re, 12 sept. 2018, n° 17-17.650 : *LEDB* nov. 2018, p. 3, obs. J. Lasserre Capdeville. - Civ. 1re, 13 mars 2019, n° 17-23.169 : *D.* 2019. AJ 581 ; dalloz.fr, actualité, 1er avr. 2019, obs. J.-D. Pellier ; *LEDB* mai 2019, obs. M. Mignot, à paraître ; *JCP E* 2019, note J. Lasserre Capdeville, à paraître.

1. J. Lasserre Capdeville, « Opérations de défiscalisation et responsabilité du banquier » : *RDBF* 2017. 2017, n° 3, Dossier, n° 22, p. 100.

2. V. par ex., Civ. 1re, 30 avr. 2014, n° 13-10. 582. - Civ. 1re, 29 juin 2016, n° 14-30.011.

3. Com. 4 juill. 2018, n° 17-13.128 : *D.* 2018. AJ 1486 ; *D.* 2018. 2124, note J. Lasserre Capdeville ; *Banque et Dr.* 1-2/2019, n° 183, p. 25, obs. Th. Bonneau ; *LEDB* oct. 2018, p. 2, obs. N. Mathey.

4. Com. 10 janv. 2018, n° 16-23.845 : *LEDB* mars 2018, p. 2, obs. J. Lasserre Capdeville.

5. Civ. 1re, 30 oct. 2007, n° 06-17.003, *Bull. civ.* IV, n° 330 ; *D.* 2007. AJ 2871, obs. V. Avena-Robardet ; *RTD com.* 2008. 163, obs. D. Legeais ; *JCP* 2008, II, 10055, note A. Gourio ; *RDBF* 2008, comm. 8, obs. F.-J. Crédot et Th. Samin. Com., 23 sept. 2014, n° 13-20.874, dalloz.fr, actualité, 8 oct. 2014, obs. X. Delpech ; *RTD com.* 2014. 839, obs. D. Legeais ; *Banque et Dr.* 2015, p. 42, obs. G. Helleinger ; *LEDB* nov. 2014, p. 5, n° 145, obs. R. Routier ; *Gaz. Pal.* 27 nov. 2014, n° 331, p. 15, note J. Lasserre Capdeville.

d'un statut précaire [1], en mentant sur la composition de son patrimoine [2] ou encore en déclarant des revenus d'un montant plus important que ceux effectivement perçus [3]. En d'autres termes, la déloyauté fait perdre le bénéfice de la mise en garde au client de la banque. On peut voir dans cette jurisprudence une manifestation du célèbre adage *Nemo auditur propriam turpitudinem allegans* [4].

La jurisprudence a cependant eu l'occasion de préciser, récemment, que la déloyauté de l'emprunteuse ne saurait être retenue pour ne pas avoir déclaré ses crédits antérieurs à la banque, si cette dernière ne l'a pas interrogée et qu'il n'est pas démontré que l'emprunteuse aurait dissimulé son endettement si la banque l'avait questionné précisément sur sa situation [5].

§ 2. Les qualités d'emprunteur averti ou non-averti

909 ***Principe général*** ◊ Si le prêt en question présente un risque, il conviendra pour le prêteur de rechercher la qualité de l'emprunteur [6]. Le devoir de mise en garde a en effet pour caractéristique de s'appliquer, principalement, à l'emprunteur non-averti, dit aussi profane, c'est-à-dire l'emprunteur n'ayant pas de connaissances particulières en matière de crédit [7].

910 ***Appréciation concrète*** ◊ Il ressort de la jurisprudence rendue sur le fondement du devoir de mise en garde qu'est non-averti, celui qui n'a pas de compétence, d'aptitude ou d'expérience en matière de crédit. Cette hypothèse sera alors déduite de plusieurs éléments [8] : études et formations suivies, activité professionnelle, capacités intellectuelles de l'intéressé, habitude des affaires, existence d'opérations similaires antérieures [9], etc.

---

1. Grenoble, 10 mars 2015, n° 12/03726, *LEDB* mai 2015, p. 5, n° 079, obs. J. Lasserre Capdeville.
2. Civ. 1re, 25 juin 2009, n° 08-16.434, *Bull. civ.* I, n° 139 ; *Banque et Dr.* 2009, n° 127, p. 25, obs. Th. Bonneau.
3. Civ. 1re, 18 févr. 2009, n° 08-11.221, *Bull. civ.* I, n° 36 ; *D.* 2009. 1179, note J. Lasserre Capdeville ; *RTD com.* 2009. 422, obs. D. Legeais ; *JCP* 2009, II, 10091, note A. Gourio. Pau, 5 févr. 2013, *LPA*, 19 juin 2013, n° 122, p. 8, obs. J. Lasserre Capdeville.
4. Nul ne peut se prévaloir de sa propre turpitude.
5. Bordeaux, 21 juin 2018, n° 17/01804 : *LEDB* sept. 2018, p. 2, obs. J. Lasserre Capdeville.
6. Civ. 1re, 19 nov. 2009, n° 08-13.601, *Bull. civ.* I, n° 231 ; *D.* 2009. AJ 2859, obs. V. Avena-Robardet ; *RTD civ.* 2010. 109, obs. P. Jourdain ; *JCP E* 2009, n° 49, p. 14, note D. Legeais ; *JCP E* 2009, n° 49, p. 27, obs. L. Dumoulin ; *RDBF* 2010, n° 6, obs. D. Legeais ; *Banque et Dr.* 1-2/2010. 21, obs. Th. Bonneau.
7. Il en va différemment pour l'obligation d'information qui s'impose quelle que soit la qualité du client, Com., 3 déc. 2013, n° 12-23.976, *LEDB* févr. 2014, p. 1, n° 001, obs. R. Routier.
8. Sur la distinction entre emprunteur averti et non averti, D. Legeais, « Responsabilité du banquier fournisseur de crédit », *J.-Cl. BCB* 2015, n° 19 s.
9. En revanche, le fait qu'un emprunteur se soit déjà vu refuser un prêt professionnel par une autre banque ne permet pas d'en déduire qu'il était déjà informé des risques attachés à son prêt et donc de le qualifier d'averti, Com., 5 avr. 2011, n° 10-15.853, *LEDB* juin 2011, p. 2, n° 077, obs. R. Routier.

Plusieurs observations s'imposent alors. D'une part, les plus « faibles », c'est-à-dire les personnes âgées, malades, voire les étudiants, seront plus facilement considérés comme profanes. D'autre part, la distinction entre personne avertie et non avertie ne saurait se résumer à celle existant déjà entre professionnel et consommateur. Un professionnel peut ainsi être un profane [1] et, à l'inverse, un consommateur être qualifié d'averti [2].

1911 *Cas des personnes morales* ◊ Notons encore qu'il importe peu que l'emprunteur soit une personne morale [3].

L'appréciation du caractère averti ou non-averti se reportera alors sur la personne de son dirigeant [4]. Un dirigeant, dépourvu d'expérience en matière de crédits bancaires, pourra ainsi être qualifié de non-averti et la personne morale le sera également en conséquence. Tout dépendra alors des circonstances de fait.

La jurisprudence a eu l'occasion de préciser, récemment, que le caractère averti de l'emprunteur, personne morale, ne saurait s'apprécier en la personne de ses associés, même si ces derniers sont solidairement tenus des dettes sociales car il s'agit d'une société en nom collectif (SNC) [5].

1912 *Cas particulier des collectivités territoriales* ◊ À partir de la fin des années 1990, les crédits proposés par les établissements de crédit aux collectivités locales ont nettement évolué, en laissant une place de plus en plus grande aux produits structurés réunissant dans un seul et même contrat, d'une part, un prêt amortissable classique à taux fixe ou à taux variable et, d'autre part, un ou plusieurs produits dérivés (*swap* ou *option*) dont la valeur devait fluctuer en fonction de l'évolution d'un taux ou du prix d'un produit appelé sous-jacent. Or, si pendant un temps ces produits sophistiqués ont, effectivement, permis de ramener le taux d'intérêt conventionnel des crédits souscrits à des montants relativement faibles, la situation s'est fortement dégradée lorsque, suite à la crise financière, les taux applicables ont fortement augmenté [6]. Plusieurs communes ont

---

1. Civ. 1re, 18 sept. 2008, n° 07-17.270, *Bull. civ.* I, n° 203 ; *D.* 2008. AJ 2343, obs. V. Avena-Robardet ; *JCP E* 2008, n° 42, p. 16, note D. Legeais ; *RDBF* 2008, comm. 161, obs. F.-J. Crédot et Th. Samin ; Banque et doit nov.-déc. 2008, p. 21, obs. Th. Bonneau. Civ. 1re, 6 janv. 2011, n° 09-70.651, *Bull. civ.* I, n° 3 ; *LEDB* mars 2011, p. 1, n° 018, obs. S. Carre ; *JCP* 2011. 48, p. 101, obs. J. Lasserre Capdeville.

2. Com., 23 juin 2009, n° 08-19.053.

3. N. Mathey, « Le devoir de mise en garde du banquier à l'égard de l'emprunteur professionnel », *JCP E* 2011, 1542, n° 11.

4. Com., 10 juill. 2012, n° 11-10.548, *LEDB* oct. 2012, p. 6, obs. M. Mignot. Com., 11 avr. 2012, n° 10-25.904, *LEDB* juin 2012, p. 1, n° 070, obs. M. Mignot. Com., 4 mars 2014, n° 13-10.588, *RJDA* 2014, n° 719 ; *LPA*, 21 oct. 2014, n° 210, p. 4, obs. Y. Gérard. Concernant une société en formation, Com., 14 janv. 2014, n° 12-28.784. Com., 11 janv. 2011, n° 09-17.425, *BJS* 2011. 290, note B. Dondéro.

5. Com. 11 avr. 2018, n° 15-27.133 : *Banque et Dr.* 9-10/2018, n° 181, p. 19, obs. Th. Bonneau ; *LEDB* juin 2018, p. 2, obs. J. Lasserre Capdeville.

6. Pour des exemples, F. Morard, « Les emprunts « toxiques » souscrits par les collectivités locales » : *Banque et Dr.* 2011, n° 137, p. 18.

alors subi une hausse massive de leur endettement (Angoulême, Saint-Étienne, Argenteuil, Saint-Maur-des-Fossés, etc.).

Certaines d'entre elles ont alors invoqué en justice un manquement au devoir de mise en garde des prêteurs [1]. Celui-ci a, dans un premier temps, prospéré [2].

Cependant, par la suite, les magistrats sont revenus sur cette jurisprudence favorable aux emprunteurs. Plusieurs arrêts de la cour d'appel de Versailles [3], et une décision de la Cour de cassation du 28 mars 2018 [4] permettent d'illustrer cette évolution. Les collectivités territoriales ont en effet été, finalement, qualifiées d'averties la plupart du temps.

Ainsi, dans la décision précitée de la Cour de cassation, la Haute juridiction prend soin de rappeler les éléments ayant permis à la cour d'appel de retenir le caractère averti de la commune concernée, et notamment le fait que : elle était d'une certaine importance (quinze mille habitants) ; elle avait eu recours depuis plus de trente ans à une vingtaine d'emprunts auprès de différents établissements bancaires ; les prêts litigieux de 2007 et 2010 avaient eu pour objet de refinancer des prêts antérieurement souscrits ; son maire était diplômé de sciences de gestion et trésorier de l'Association des maires d'Ile-de-France ; elle disposait d'une commission des finances composée de dix membres ; etc. Pour résumer, il ressortait des circonstances que la commune avait, non seulement, l'habitude de souscrire des emprunts à taux variables, mais que son maire avait, de par notamment ses études, la capacité de comprendre les spécificités des emprunts ainsi octroyés par *Dexia*. Aucune action fondée sur un manquement au devoir de mise en garde du banquier prêteur n'était donc envisageable.

Une jurisprudence analogue se retrouve, désormais, en matière de prêts en devise [5].

1. J. Lasserre Capdeville, « Premier bilan de la jurisprudence judiciaire en matière « emprunts toxiques » » : *Rev. CMP* 2019, mai 2019, n° 5, p. 9.

2. TGI Nanterre, 26 juin 2015, n° 11/07236, *Commune Saint-Cast-le-Guido c/Dexia* : *LEDB* 2015, n° 11, p. 7, obs. J. Lasserre Capdeville ; *RDBF* 2015, comm. 185, obs. J. Martin ; *RDBF* 2015, comm. 135, obs. P. Pailler.

3. Versailles, 21 sept. 2016, n° 15/06388 et n° 15-047671 : *LEDB* déc. 2016, p. 2, obs. S. Piedelièvre.

4. Com. 28 mars 2018, n° 16-26.210, *Saint-Leu-La-Forêt* : *RDBF* mai-juin 2018, comm. 60, obs. Th. Samin et S. Torck ; *LEDB* mai 2018, p. 1, obs. N. Mathey ; *Banque et Dr.* juill.-août 2018, n° 189, p. 9, obs. Th. Bonneau ; *RTD com.* 2018. 429, obs. D. Legeais ; *AJCT* 2018. 396, obs. J.-D. Dreyfus ; *LPA*, 4 juill. 2018, p. 14, note J. Attard ; *AJ contrat* 2018, p. 228, note J. Lasserre Capdeville. – J. Martin, « La prudence de la Cour de cassation vis-à-vis des emprunts structurés des collectivités territoriales » : *RDBF* 2018, n° 3, étude 8.

5. Civ. 1re, 29 mars 2017, n° 16-30.050 : *JCP* 2017. 532, note Th. Bonneau ; *JCP E* 2017, n° 20, 1267, note J. Lasserre Capdeville ; *JCP N* 2017, 1158, note S. Piedelièvre ; *RDBF* mai-juin 2017, comm. 107, obs. N. Mathey ; *LEDB* mai 2017, p. 1, obs. N. Mathey ; *Banque et Dr.* juill-août 2017, n° 174, p. 28, obs. G. Helleringer. – Dans le même sens, Colmar, 27 juill. 2016, n° 15/00798 : *LEDB* oct. 2016, p. 3, obs. S. Piedelièvre.

1913 ***Charge de la preuve*** ◊ Dans tous les cas, c'est à l'établissement de crédit qu'il incombera d'établir le caractère averti de son client [1], s'il souhaite échapper à l'engagement de sa responsabilité [2].

1914 ***Appréciation individuelle*** ◊ Les magistrats apprécient le caractère averti ou non-averti de façon individuelle. C'est ainsi que lorsqu'un crédit a été consenti à plusieurs personnes, la qualité des emprunteurs est analysée séparément [3]. De même, le banquier n'est pas automatiquement dispensé de son devoir de mise en garde par la présence d'une personne avertie à côté de l'emprunteur qui ne l'est pas [4].

§ 3. Le préjudice subi

1915 ***Perte d'une chance*** ◊ Le manquement au devoir de mise en garde est souvent perçu par les juges comme une perte d'une chance, pour l'intéressé, de ne pas contracter [5]. L'idée est ainsi que si l'emprunteur non-averti avait été correctement informé, il n'aurait pas contracté [6]. Un courant doctrinal n'a pas manqué de constater que, de la sorte, la simple conclusion d'un contrat devient un préjudice : dès lors, « une telle position permet d'avoir en apparence un préjudice certain, là où en réalité il y a doute » [7].

---

1. Com., 11 déc. 2007, n° 03-20.747, *Bull. civ.* IV, n° 260 ; *D.* 2008. AJ 220, obs. V. Avena-Robardet ; *JCP E* 2008, 1192, note D. Legeais ; *JCP* 2008, II, 10055, note A. Gourio. Com., 17 nov. 2009, n° 08-70.197, *Bull. civ.* IV, n° 144 ; *JCP E* 2010, 1496, n° 15, obs. N. Mathey ; *RDBF* 2010, comm. 8, obs. D. Legais ; *RDBF* 2010, comm. 37, obs. F.-J. Crédot et Th. Samin ; *Banque et Dr.* 1-2/2010. 22, obs. Th. Bonneau. Toulouse, 3 juill. 2012, n° 11/00492, *LEDB* oct. 2012, p. 5, n° 130, obs. R. Routier. – Civ. 1re, 5 juill. 2017, n° 16-18.003 : *LEDB* oct. 2017, p. 2, obs. S. Piedelièvre.

2. Pour une limite, v. ss 1920.

3. Civ. 1re, 24 sept. 2009, n° 08-16.404, *Bull. civ.* I, n° 181 ; *RDBF* 2009, comm. 191, obs. D. Legeais ; *Banque et Dr.* 11-12/2009. 38, obs. Th. Bonneau. Com., 17 sept. 2013, n° 12-21.871, *LEDB* nov. 2013, p. 3, n° 148 obs. R Routier. Douai, 16 juin 2011, n° 10/05582, *LEDB* sept. 2011, p. 6, n° 121, obs. M. Mignot.

4. Civ. 1re, 30 avr. 2009, n° 07-18.334, *Bull. civ.* I, n° 85 ; *D.* 2009. AJ 1351, obs. V. Avena-Robardet ; *RTD com.* 2009. 604, obs. D. Legeais ; *Gaz. Pal.* 2009. 1979, note S. Piedelièvre ; *Banque et Dr.* 2009, n° 126, p. 20, obs. Th. Bonneau. V. cependant, Com., 12 nov. 2008, n° 07-12.949, *RDBF* 2009, comm. 9, obs. D. Legeais.

5. Com., 20 oct. 2009, n° 08-20.274, *Bull. civ.* IV, n° 127 ; *D.* 2009. AJ 2607, obs. X. Delpech ; *JCP E* 2009, n° 48, p. 29, note S. Piedelièvre ; *JCP E* 2009, n° 46, p. 12, note D. Legeais ; *RDBF* 2010, comm. 7, obs. D. Legeais ; *RDC* 2010. 30, obs. D. Mazeaud. Com., 26 janv. 2010, n° 08-18.354, *D.* 2010. AJ 578, obs. V. Avena-Robardet ; *D.* 2010, jurispr. p. 934, note J. Lasserre Capdeville. Civ. 1re, 1er juill. 2010, n° 09-16.474, *LEDB* oct. 2010, p. 4, obs. R. Routier. Com., 26 janv. 2010, n° 08-20.505, *Gaz. Pal.* 5 mars 2010, n° 64, p. 31. Com., 31 mai 2011, *JCP E* 2011, 1882, n° 9, obs. N. Mathey. Com., 10 juill. 2012, *D.* 2012. AJ 2020 ; *RTD com.* 2012. 826, obs. D. Legeais ; *RDBF* 2012, comm. 176, obs. F.-J. Crédot et Th. Samin. Civ. 1re, 11 sept. 2013, n° 12-15.897, *Gaz. Pal.* 10 nov. 2013, n° 314, p. 10, note J. Lasserre Capdeville. Civ. 1re, 5 mars 2015, n° 14-11.205.

6. F. Juredieu, « Perte de chance et devoir de mise en garde du banquier », *Gaz. Pal.* 25 févr. 2011, p. 13.

7. S. Piedelièvre et E. Putman, *Droit bancaire*, éd. Economica, 2011, n° 187.

Notons cependant que, pour une jurisprudence bien établie [1], l'indemnisation d'un tel préjudice ne pourra pas être égale ni supérieure à la valeur de l'avantage qu'aurait procuré cette chance si elle s'était réalisée. Sous cette limite, les juges du fond devront apprécier souverainement le montant du préjudice.

Celui-ci a, par exemple, déjà été évalué aux frais financiers, intérêts et pénalités réclamés par la banque [2]. Dans d'autres hypothèses, il a été admis un préjudice quasi égal au montant des sommes dues [3].

Selon une décision récente ayant attiré l'attention, il revient tout de même aux juges du fond de rechercher si, mieux informé, l'emprunteur aurait renoncé à acquérir le bien litigieux ou l'aurait acquis à des conditions plus avantageuses [4].

916 ***Autres préjudices*** ◊ Les magistrats caractérisent parfois un autre préjudice en fonction des circonstances [5]. Un partage de responsabilité est également envisageable avec l'emprunteur du moment que ce dernier a aussi commis une faute à l'origine de son préjudice [6].

917 ***Absence d'irresponsabilité*** ◊ On notera que les dispositions de l'article L. 650-1 du Code de commerce, envisageant l'irresponsabilité des créanciers d'entreprises ayant fait l'objet d'une procédure collective, ne font pas obstacle à la mise en œuvre de la responsabilité du banquier qui a manqué à son devoir de mise en garde, notamment à l'égard de l'emprunteur [7].

§ 4. **Le délai de prescription à l'action**

918 ***Délai applicable*** ◊ La Cour de cassation a eu l'occasion de préciser que le délai biennal de forclusion de l'ancien article L. 311-52 du Code de la consommation [8] n'est pas applicable aux demandes en dommages-intérêts formés par l'emprunteur pour non-respect par le prêteur de son devoir de mise en garde [9]. Il est vrai que celui-ci ne concerne que les actions en paiement engagées par le prêteur devant le tribunal d'instance à l'occasion de la défaillance du bénéficiaire d'un crédit à la consommation.

---

1. Civ. 2e, 9 avr. 2009, n° 08-15.977, *Bull. civ.* II, n° 98.
2. Civ. 1re, 1er juill. 2010, n° 09-16.474, *LEDB* oct. 2010, p. 4, obs. R. Routier.
3. Com., 8 nov. 2011, n° 10-23.662, *RDBF* 2012, comm. 13, obs. D. Legeais.
4. Civ. 1re, 5 mars 2015, n° 14-11.205, *LEDB* avr. 2015, p. 3, n° 056, obs. J. Lasserre Capdeville. D'une façon générale, et en dehors des actions en matière bancaire, la Cour de cassation a tendance à apprécier plus sévèrement la perte d'une chance, Civ. 1re, 30 avr. 2014, n° 12-22.567, *JCP* 2014. 815, note J.-B. Borghetti.
5. Douai, 21 mars 2013, *LEDB* mai 2013, p. 4, n° 057, obs. J. Lasserre Capdeville.
6. Civ. 1re, 9 juin 2011, n° 10-13.582, *LEDB* sept. 2011, p. 7, n° 123, obs. R. Routier.
7. V. ss 1873. En ce sens, Com. 20 juin 2018, n° 16-27.693 : *op. cit.*
8. Il s'agit aujourd'hui de l'article R. 312-35 du Code de la consommation.
9. Civ. 1re, 30 mai 2012, n° 11-14.728, *LEDB* juill. 2012, p. 3, n° 091, obs. R. Routier.

Le délai de prescription de cinq ans, prévu par l'article L. 110-4 du Code de commerce, est le seul délai applicable en l'espèce.

1919 ***Point de départ*** ◊ Mais à partir de quel moment ce délai débute-t-il ? Traditionnellement, le délai de prescription d'une action en responsabilité court à compter de la réalisation du dommage ou de la date à laquelle il est révélé à la victime. Mais qu'en est-il ici ? [1]

Tout d'abord, plusieurs décisions de la chambre commerciale ont eu l'occasion de dire que, dans la mesure où ce délai court à compter de la réalisation du dommage ou de la date à laquelle il est révélé à la victime, il doit, en matière de manquement par un banquier à son obligation de mise en garde, commencer à courir à compter du dommage, c'est-à-dire la perte de chance de l'emprunteur de ne pas contracter, qui se manifeste dès l'octroi des crédits [2]. Le point de départ est donc la date de la convention pour la chambre commerciale.

Mais la première chambre civile partage-t-elle cette solution ? On peut se le demander. C'est ainsi que par une décision récente cette chambre est venue déclarer que le délai de prescription de l'action en responsabilité fondée sur un manquement au devoir de mise en garde ne saurait automatiquement débuter au jour de la convention. Les juges du fond doivent constater que la connaissance du dommage était bien intervenue plus de cinq ans avant l'introduction de l'instance [3]. Les faits de l'espèce demeuraient cependant assez singuliers et l'arrêt n'a pas été publié au « *Bulletin civil* ». Il est donc encore attendue que la 1re chambre civile se prononce clairement en la matière par un arrêt de principe.

§ 5. **Le cas particulier de la mise en garde de l'emprunteur averti**

1920 ***Solution jurisprudentielle*** ◊ Il convient de noter, à la vue de la jurisprudence, que les magistrats reconnaissent parfois l'application du devoir de mise en garde au bénéfice de l'emprunteur averti dans un cas particulier [4] : lorsque le banquier détient des informations sur la situation financière de l'emprunteur et sur les risques encourus que lui-même ignore [5],

1. Rappelons que pour l'article 2224 du Code civile, les actions personnelles ou mobilières se prescrivent par cinq ans « à compter du jour où le titulaire d'un droit a connu ou aurait dû connaître les faits lui permettant de l'exercer ».

2. Com., 26 janv. 2010 n° 08-18.354, *Bull. civ.* IV, n° 21 ; *D.* 2010. AJ 578, obs. V. Avena-Robardet ; *Bull. civ.* IV, n° 21 ; *D.* 2010. 934, note J. Lasserre Capdeville ; *JCP E* 2010, 1153, note D. Legeais ; *JCP* 2010. 354, note A. Gourio ; *Gaz. Pal.* 2010. 829, note S. Piedelièvre ; *Banque et Dr.* 5-6/2010. 21, obs. Th. Bonneau ; *Dr. et patr.* 9/2010. 108, obs. J.-P. Mattout. Com., 3 déc. 2013, n° 12-26.934, *LEDB* févr. 2014, p. 2, n° 003, obs. R. Routier.

3. Civ. 1re, 12 déc. 2018, n° 17-21.232 : *LEDB* févr. 2019, p. 2, obs. J. Lasserre Capdeville.

4. D. Legais, « Responsabilité du banquier en matière de crédit », *RDBF* 2010. Étude 4, n° 16.

5. Civ. 1re, 12 juill. 2005, n° 03-10.770, *Guigan, Bull. civ.* I, n° 325 ; *D.* 2005. 3094, note B. Parance ; *D.* 2005. AJ 2276, obs. X. Delpech ; *D.* 2006. Pan. 167, obs. D.-R. Martin ; *RTD com.*

c'est-à-dire une situation excessivement rare en pratique. Cette hypothèse a pour but de lutter contre l'« asymétrie d'informations » entre les parties.

921 ***Utilité pratique*** ◊ Il n'est donc pas impossible qu'à l'avenir on puisse constater des actions fondées sur des manquements à l'obligation de mise en garde de l'emprunteur averti, victime d'une asymétrie d'informations, formées notamment par certaines collectivités territoriales s'étant retrouvées fortement endettées après avoir contracté des emprunts structurés [1].

Pour l'heure, cependant, la jurisprudence ne s'est toujours pas prononcée exactement en ce sens [2].

§ 6. La reconnaissance légale d'une obligation de mise en garde

922 ***Consécration légale*** ◊ Si l'obligation de mise en garde est de nature jurisprudentielle, l'ordonnance n° 2016-351 du 25 mars 2016 sur les contrats de crédit aux consommateurs relatifs aux biens immobiliers à usage d'habitation, ayant récemment modifié le droit applicable aux crédits immobiliers, a légalisé une obligation à la charge du prêteur s'en rapprochant considérablement [3].

Ainsi, en vertu de l'article L 313-12 du Code de la consommation, applicable aux crédits conclus depuis le 1er juillet 2016 [4] : « le prêteur ou l'intermédiaire de crédit met en garde gratuitement l'emprunteur lorsque, compte tenu de sa situation financière, un contrat de crédit peut induire des risques spécifiques pour lui ». Le manquement à cette obligation est

---

2005. 820, obs. D. Legeais ; *JCP* 2005, II, 10140, note A. Gourio. Com., 24 mars 2009, n° 08-10.183. Com., 7 avr. 2009, n° 08-12.192, *Bull. civ.* IV, n° 54 ; *JCP* 2009, n° 27, p. 27, note J. Lasserre Capdeville. Com., 11 avr. 2012, n° 11-15.429.

1. J. Lasserre Capdeville, « Crédits consentis aux collectivités locales : quelle action contre les banques ? », *AJ coll. terr.* 2012, p. 75. « "Prêts toxiques" : le devoir de mise en garde au secours des collectivités territoriales ? », *RDBF* 2013, n° 1, études, n° 1, p. 10. D. Legeais, « Responsabilité du banquier fournisseur de crédit », *J.-Cl. BCB*, fasc. 500, 2015, n° 106. Proposant d'appliquer en la matière l'obligation d'éclairer du banquier dégagées parfois par les juges (v. ss 2812), G. Eckert, « Emprunts "toxiques" des collectivités territoriales : quelles conséquences en tirer ? », *AJDA* 2011. 1715.

2. TGI Nanterre, 26 juin 2015, n° 11/07236, *RDBF* 2015, comm. 135, obs. P. Pailler ; *AJCT* 2015. 594, obs. P. Salen ; *LEDB* déc. 2015, p. 7, n° 188, obs. J. Lasserre Capdeville. Dans cette décision, si un manquement au devoir de mise en garde est bien relevé, la collectivité territoriale concernée est considérée comme non avertie. Cette jurisprudence a été remise en cause aujourd'hui, V. ss 1912.

3. *Quid* en matière de crédit à la consommation ? Certains ont vu une manifestation du devoir de mise en garde dans l'article L. 312-14 du Code de la consommation, qui prévoit une obligation d'explication à la charge du prêteur ou de l'intermédiaire de crédit, J Sousa, « Contenu des devoirs professionnels précontractuels du prêteur » : *JCP E* 2011. 1749. On peut ne pas partager cette opinion, le devoir de mise ayant un contenu distinct de celui de l'obligation d'explication.

4. J. Lasserre Capdeville, « La reconnaissance légale de l'obligation de mise en garde par l'ordonnance n° 2016-351 du 25 mars 2016 » : CCC 2016, n° 12, étude 12, p. 6.

sanctionné d'une déchéance du droit aux intérêts ne pouvant excéder « 30 % des intérêts et plafonné à 30 000 euros » [1].

1923 ***Différences avec le devoir jurisprudentiel*** ◊ L'obligation légale de mise en garde ne saurait être confondue avec le devoir jurisprudentiel mentionné précédemment. Des différences notables sont à relever.

D'une part, l'obligation légale n'opère pas de distinction entre les bénéficiaires. Il n'est pas nécessaire ici d'être non averti ; tous les consommateurs emprunteurs de crédits immobiliers sont concernés en cas de « risques spécifiques » [2] à leur égard.

D'autre part, les sanctions encourues ne sont pas les mêmes. L'obligation légale est donc sanctionnée de la déchéance du droit aux intérêts, sous certaines limites, alors que le devoir jurisprudentiel peut donner lieu au versement de dommages et intérêts si la perte d'une chance de ne pas contracter est relevée.

---

1. C. consom., art. L. 341-27.
2. Cette dernière notion peut d'ailleurs susciter des interrogations. Selon nous, un taux d'endettement élevé pourrait constituer un tel risque spécifique.

CHAPITRE 3

LE NON-RESPECT DE L'AFFECTATION DES FONDS PRÊTÉS

924 ***Affectation prévue*** ◊ Parfois, le crédit consenti a expressément pour finalité de financer un bien particulier ou une prestation de service déterminée. On parle classiquement de « crédit affecté » [1]. Or, ce dernier ne peut-il pas engendrer des situations dans lesquelles le banquier prêteur verrait sa responsabilité civile engagée ? Telle est la question qui s'est logiquement posée en la matière [2]. Plusieurs situations doivent cependant être distinguées.

925 ***Respect de l'affectation*** ◊ Dans quelques rares décisions, le banquier prêteur a pu voir sa responsabilité civile engagée pour n'avoir pas respecté, lui-même, la destination spécifique des fonds prêtés.

C'est ainsi que dans une affaire, en date du début des années 1990, dans laquelle une banque avait, de son propre chef, affecté le montant d'un prêt octroyé à l'apurement de comptes courants débiteurs, alors que le crédit en question devait permettre, d'après le contrat, des restructurations financières et améliorer les fonds de roulement, la cour d'appel de Paris avait retenu la responsabilité de l'établissement de crédit concerné. Or, la Cour de cassation rejette le pourvoi formé contre cette décision au motif que « les rapports entre un banquier et son client sont basés, de part et d'autre, sur la confiance et le respect des accords arrêtés entre eux » et « qu'il n'avait été à aucun moment prévu que le crédit accordé par la banque devait servir à apurer les découverts des comptes courants débiteurs des deux entreprises ». En conséquence, la cour d'appel avait pu en déduire que l'affectation donnée aux fonds par la banque de sa propre initiative constituait une faute génératrice de responsabilité [3]. Cette solution ne saurait surprendre. Si les fonds ont, contractuellement,

---

1. Pour l'article L. 311-1, 11°, du Code de la consommation, constitue un contrat de crédit affecté, ou contrat de crédit lié, « le crédit servant exclusivement à financer un contrat relatif à la fourniture de biens particuliers ou la prestation de services particuliers ». Ces deux contrats constituent une opération commerciale unique.

2. D. Legeais, *op. cit.* n° 116 s.

3. Com., 3 nov. 1992, n° 90-19.304, *Bull. civ.* IV, n° 336 ; *JCP* 1993, II, 21993, note D. Vidal. V. également, Com., 18 mai 1954, *Bull. civ.* III, n° 182.

une destination particulière, le prêteur est tenu de la respecter scrupuleusement [1]. Quelques décisions des juridictions du fond ont confirmé, depuis, cette solution [2].

1926 ***Absence de surveillance*** ◊ En revanche, ce prêteur n'est pas tenu de veiller à l'utilisation effective des fonds par l'emprunteur, et plus particulièrement au respect, par ce dernier, de la destination des sommes qui lui ont été remises [3], en l'absence de disposition légale ou de stipulation conventionnelle contraire [4]. Son inaction ne saurait ici être vue comme fautive [5]. Au contraire, la vérification de l'affectation de la somme prêtée s'analyserait en une simple faculté dont le non-exercice n'est pas de nature à engager la responsabilité de la banque [6]. Le principe de non-ingérence, auquel est tenu le banquier [7], légitime une telle solution.

1927 ***Clauses de vérification*** ◊ Il découle de ce qui précède, que ce n'est qu'en présence d'une clause imposant expressément au banquier dispensateur de crédit de surveiller l'utilisation des fonds prêtés par l'emprunteur, que le premier peut voir sa responsabilité civile engagée, plus particulièrement à l'égard de certains tiers ayant subis un préjudice (créanciers, cautions, etc.), s'il vient à y manquer. Ce type de clause demeure cependant très rare [8].

1. L'établissement de crédit est également responsable s'il compromet l'utilisation des fonds en versant les sommes dues à un compte courant et non à un compte bloqué, Com., 13 févr. 2001, n° 97-21.460, *JCP E* 2011, 1331, n° 10, obs. J. Stoufflet.

2. Rennes, 4 juill. 2010, n° 09/04364.

3. L'emprunteur qui a la pleine propriété des fonds remis (et non la détention précaire) ne saurait, pour sa part, être poursuivi pour abus de confiance, Crim. 14 févr. 2007, n° 06-82.281 : *Bull. crim.* 2007, n° 48 ; *AJ penal* 2007. 275, obs. Y. Muller ; *Dr. pénal* 2007, comm. 84, obs. M. Véron ; *Gaz. Pal.* 9 sept. 2007, n° 252, p. 22, note J. lasserre Capdeville. – Crim. 5 sept. 2007, n° 07-80.529 : *Bull. crim.* 2007, n° 194 ; *Gaz. Pal.* 11 sept. 2009, n° 254, p. 30, note J. Lasserre Capdeville.

4. Com., 23 janv. 2007, n° 05-18.368, *Bull. civ.*, n° 7 ; *RTD com.* 2007. 432, obs. D. Legeais ; *JCP E* 2007, n° 22, p. 18, obs. J. Stoufflet ; *Banque et Dr.* 5-6/2007. 38, obs. Th. Bonneau. Com., 5 juin 2007, n° 06-12.632, *RDBF* 2007, comm. 150, obs. D. Legeais ; *RJDA* 2007, n° 1151. Com., 15 févr. 211, n° 10-14.912, *LEDB* avr. 2011, p. 4, n° 041, obs. R. Routier. Com., 17 sept. 2013, n° 12-20.512, *LEDB* 2013. 3, n° 142, obs. R. Routier. Com., 1er oct. 2013, n° 12-25.741, *Banque et Dr.* 11-12/2013. 17, obs. G. Helleringer ; *LEDB* déc. 2013, p. 1, n° 155, obs. J. Lasserre Capdeville.

5. D. Legeais, *op. cit.*, n° 117.

6. Civ. 1re, 25 févr. 2010, n° 08-19.848, *JCP E* 2010, 1496, n° 12, obs. R. Routier ; *Banque et Dr.* juill.-août 2010, p. 20, obs. Th. Bonneau.

7. V. ss 268.

8. En outre, même en présence d'une telle clause, les jugent estiment parfois qu'elle n'est stipulée que dans le seul intérêt de l'établissement de crédit, Orléans, 13 sept. 2001, n° 00/02151. Nîmes, 1er oct. 2002, n° 164/01. La surveillance ne serait ainsi, pour ces mêmes décisions, qu'une simple faculté.

Le plus souvent, les établissements de crédit se réservent la faculté de mettre fin au prêt s'ils constatent l'affectation des fonds par l'emprunteur à une fin autre que celle prévue au contrat [1]. La jurisprudence considère que cette clause est stipulée dans le seul intérêt de la banque qui se voit reconnaître une simple faculté d'agir. En conséquence, le bénéficiaire de l'affectation est mal fondé à agir contre la banque [2].

1. Com., 22 mai 2013, n° 12-17.665, *Banque et Dr.* 9-10/2013. 3, obs. G. Helleringer.
2. Paris, 23 oct. 2002, n° 2001/09631. Paris, 16 mai 2003, n° 2001/02538. Paris, 9 avr. 2009, n° 07/02070.

TITRE 2

LES CRÉDITS SANS MOBILISATION DE CRÉANCES

928 ***Constat*** ◊ Toutes les opérations de crédit permettant une mise à disposition immédiate des fonds ne reposent pas sur un transfert de créances. Bien au contraire, la plupart des techniques mises en œuvre aujourd'hui sont opérées sans de tels transferts. Or, certains de ces crédits, dits sans mobilisation de créances, font l'objet d'un encadrement légal, parfois relativement strict.

929 Nous nous arrêterons ici sur quelques illustrations importantes en la matière : tout d'abord, les crédits aux consommateurs (Sous-titre 1), c'est-à-dire le crédit à la consommation et le crédit immobilier, puis les crédits sans mobilisation de créances intéressant plus particulièrement les entreprises (Sous-titre 2).

SOUS-TITRE 1

Le crédit aux consommateurs

930 ***Ambivalence du droit du crédit*** ◊ L'importance du crédit aux particuliers n'échappe à personne.

Socialement, il conditionne pour de nombreux ménages l'acquisition des biens les plus onéreux comme le logement ou l'automobile sans laquelle l'accès à l'emploi est parfois compromis. Ajoutons que les soins médicaux coûteux non remboursés ou mal remboursés, comme les soins dentaires par exemple, ne peuvent souvent être envisagés par le patient qu'au prix d'un endettement. Dans ces conditions, il n'est pas déraisonnable d'affirmer que le crédit aux particuliers conforte rien moins que des objectifs à valeur constitutionnelle reconnus par le Préambule de la Constitution de 1946 [1].

Économiquement, le rôle du crédit aux particuliers est également majeur : il stimule la consommation et constitue à ce titre un puissant levier de croissance. Se comprend ainsi l'obsession des pouvoirs publics à favoriser la pratique du crédit, particulièrement dans un contexte de crise.

Parallèlement, chacun cerne également les dangers susceptibles d'être charriés par des pratiques peu responsables de crédit. Conjuguées ensemble, la frivolité de certains consommateurs et les pratiques commerciales agressives de certains prêteurs provoquent de dramatiques situations de surendettement qui ruinent à leur tour les objectifs constitutionnels les plus fondamentaux. Ces situations ont inspiré, à partir de la fin des années 1980, un corps de règles spécifiques qui figurent aujourd'hui aux articles L. 711-1 s. du Code de la consommation [2]. En amont, le législateur cherche à prévenir le surendettement en encadrant la pratique des crédits aux particuliers dans une optique visant à décourager les comportements irresponsables qui sont le fait de certains prêteurs ou emprunteurs.

931 ***Droit commun de la consommation*** ◊ La protection de l'emprunteur particulier peut en premier lieu s'appuyer sur les règles du Code de la consommation garantissant une protection au consommateur valable pour l'ensemble des contrats susceptibles d'être conclus par lui. Peuvent à ce titre être sollicitées les dispositions assurant une information

1. Le Préambule prévoit que « Chacun a le devoir de travailler et le droit d'obtenir un emploi » et que la Constitution doit garantir à tous « la protection de la santé, la sécurité matérielle, le repos et les loisirs ».

2. Anc. art. L. 331-1 s. V. ss 1777 s.

précontractuelle au consommateur [1], celles réputant non écrites les clauses abusives [2], celles interdisant les pratiques commerciales déloyales entre professionnels et consommateurs [3], qu'elles soient trompeuses [4] ou agressives [5], pour ne citer que ces exemples.

1932 ***Droit commun des crédits consentis par les professionnels*** ◊ La protection de l'emprunteur particulier peut en deuxième lieu s'appuyer sur un corps de règles applicables à l'ensemble des crédits consentis par des professionnels. Déjà exposées, ces règles encadrent notamment la présentation du TEG, sanctionnent la pratique de l'usure [6] et mettent à la charge du prêteur un devoir de mise en garde bénéficiant aux emprunteurs non avertis [7].

1933 ***Droit spécial du crédit aux consommateurs*** ◊ La protection de l'emprunteur particulier peut en dernier lieu compter sur d'autres dispositions encore plus spécifiques en ce qu'elles ne s'appliquent qu'aux crédits consentis par les professionnels aux particuliers et que le législateur a adoptées à partir de la fin des années 1970. La question de l'endettement a en effet beaucoup préoccupé le législateur contemporain. Le crédit fait l'objet d'un livre entier du Code de la consommation (le livre III) qui comprend aujourd'hui près de deux cent cinquante articles. Le cœur du dispositif réside dans les chapitres I à IV du titre I qui regroupent des dispositions tantôt communes tantôt propres au crédit à la consommation ou au crédit immobilier.

1934 ***Droit spécial du crédit au consommateur : dispositions communes*** ◊ En marge de dispositions concernant la présentation du TAEG, qui ont déjà été exposées, le chapitre comprenant les règles communes au crédit à la consommation et au crédit immobilier s'ordonne principalement autour de l'idée devenue centrale aujourd'hui de promouvoir des pratiques responsables de crédit. Profitant de l'occasion offerte par la transposition de la directive de 2014 relative aux crédits immobiliers [8], le législateur a en effet introduit des dispositions nouvelles censées guider le comportement des prêteurs. Ceux-ci doivent dorénavant agir « d'une manière honnête, équitable, transparente et professionnelle, au mieux des droits et des intérêts des consommateurs » [9]. Ces devoirs peuvent faire sourire mais ils doivent être concrètement traduits par des politiques de rémunération

1. C. consom., art. L. 111-1.
2. C. consom., art. L. 212-1 (anc. art. L. 132-1). V. *RDBF* 2016, n° 3, dossiers n° 17 à 22 sur « La banque et le droit des clauses abusives », sous la dir. de J. Lasserre Capdeville.
3. C. consom., art. L. 121-1 (anc. art. L. 120-1).
4. C. consom., art. L. 121-2 (anc. art. L. 121-1).
5. C. consom., art. L. 121-6 (anc. art. L. 122-11).
6. V. ss 1751 s.
7. V. ss 1885 s.
8. V. ss 2017.
9. C. consom., art. L. 314-22.

des personnels aptes à garantir une saine gestion des risques et l'absence de conflits d'intérêts. Ils s'opposent également à ce que les salariés soient rémunérés en fonction du taux du crédit ou du type de crédit commercialisé [1], le tout sous peine d'une amende de 30 000 euros [2]. En parallèle, la loi est venue poser de nouvelles exigences très contraignantes en ce qui concerne les connaissances et les compétences requises des personnels des prêteurs ou des intermédiaires de crédit [3].

1935 ***Droit spécial du crédit au consommateur : dispositions propres au crédit à la consommation ou au crédit immobilier*** ◊ Pour le reste, le législateur a choisi de traiter séparément le crédit à la consommation et le crédit immobilier alors que ces deux formes de crédit font peser des risques de même nature sur le consommateur et appellent bien souvent des dispositions similaires, notamment en ce qui concerne l'information de l'emprunteur qui constitue l'axe majeur du droit du crédit aux particuliers. Le crédit immobilier apparaît certes plus risqué à première vue en ce qu'il est susceptible d'engager plus durablement et plus fortement l'emprunteur. Cependant, l'objet même de l'opération, rien moins que le logement dans la plupart des cas, est censé prévenir les décisions hâtives ou capricieuses. Au contraire, le crédit à la consommation pose peut-être des difficultés plus sérieuses en dépit d'une dangerosité intrinsèque apparemment moins importante si l'on considère que la vigilance du consommateur y est moins forte cependant que les tentations y sont plus vives. Reprenant la distinction voulue par le législateur, nous traiterons respectivement du crédit à la consommation (chapitre 1) et du crédit immobilier (chapitre 2).

1. C. consom., art. L. 314-23.
2. C. consom., art. L. 341-52.
3. C. consom., art. L. 314-24 et L. 314-25. Sur cette question, v. J. Lasserre Capdeville, « Le renforcement des obligations de formation des prêteurs, des intermédiaires du crédit et des IOBSP suite à la réforme du crédit immobilier », *LPA* 23 août 2016, n° 168, p. 5.

CHAPITRE 1
LE CRÉDIT À LA CONSOMMATION

936 ***Textes applicables*** ◊ Les textes applicables aux crédits à la consommation figurent aujourd'hui aux articles L. 312-1 et suivants du Code de la consommation depuis la recodification opérée par l'ordonnance n° 2016-301 du 14 mars 2016 [1]. Les dispositions concernées résultaient primitivement de la loi dite « Scrivener » n° 78-22 du 10 janvier 1978, plusieurs fois modifiées sans changements majeurs avant qu'une importante directive européenne ne vienne en 2008 établir un nouveau cadre très contraignant et peut-être moins protecteur du consommateur sur certains points [2]. D'harmonisation maximale, la directive a été transposée par la loi dite Lagarde du 1er juillet 2010 qui a entraîné une importante refonte des dispositifs applicables puisque le chapitre concerné est passé de 37 à 52 articles, les principales nouveautés s'appliquant à tous les contrats conclus depuis le 1er mai 2011 [3]. Perfectible à bien des égards, la loi « Lagarde » a par la suite =fait l'objet de quelques améliorations ou retouches techniques à l'occasion de la loi dite « Hamon » relative à la consommation [4].

937 ***Règles communes et règles spécifiques*** ◊ Les dernières réformes n'ont cependant pas modifié la structure générale du chapitre relatif aux crédits à la consommation. Prenant acte de la diversité des pratiques, le législateur distingue en effet les règles qui sont communes à l'ensemble des crédits couverts par les textes, qui font l'objet de plusieurs sections organisées de manière chronologique (publicité, offre, contrat, incident

---

1. Anc. art. L. 311-1 s.

2. Dir. n° 2009/48/CE 23 avr. 2008, *JOCE* 22 mai 2008 ; G. Raymond, « Premières approches de la directive 2008/48 CE ; 23 avr. 2008 », *CCC* 2008. Étude 9.

3. L. n° 2010-737, 1er juill. 2010 portant réforme du crédit à la consommation ; S. Piedelièvre, « La réforme du crédit à la consommation », *D.* 2010. 1952, n° 1 ; G. Raymond, « Loi n° 2010-737 du 1er juillet 2010 portant réforme du crédit à la consommation », *CCC* 2010. Étude n° 11 ; P. Bouteiller *et alii*, Banque juill.-août 2010, p. 1 ; X. Lagarde, Aperçu critique de la réforme : une légistique incertaine, *RDBF* 2010, Dossier 25 ; N. Mathey, « Présentation générale de la loi portant réforme du crédit à la consommation », *Dr. et patr.* 2010, n° 196, p. 42 ; A. Gourio, « La réforme du crédit à la consommation », *JCP E* 2010, n° 29, p. 1675 ; V. Valette-Ercole, « Vers un crédit responsable ? À propos de la loi du 1er juillet 2010 », *JCP* 2010, n° 779. V. également *RDBF* 2011. Dossier 25, « Vers un nouveau droit de la consommation », avec les communications d'A. Martinon, C. Hugon, Y. Picod, D. Legeais, V. Edel et S. Ramahandriarivelo.

4. L. n° 2014-344 relative à la consommation ; V. Legrand, « Le volet crédit de la loi "consommation" », *CCC* mai 2014, dossier 7 ; N. Mathey et J. Werner, « La loi relative à la consommation. Aspects de droit bancaire », *RDBF* mars 2014. Étude 6 ; N. Éréséo, « Loi relative à la consommation : aspects de droit du crédit », *LPA* 1er août 2014, n° 153, p. 6.

d'exécution, etc.) (Section 1), des règles qui sont spécifiques à telle ou telle opération en particulier (Section 2). Quatre sections du chapitre sont en effet dédiées à certains crédits spécifiques : le crédit affecté, le crédit gratuit, le découvert en compte ainsi que le crédit renouvelable qui, depuis l'ordonnance relative à la partie législative du Code de la consommation, bénéficie lui aussi d'une section dédiée alors que, dans l'ancien code, les dispositions applicables étaient disséminées au fil des sections consacrées aux dispositions communes.

SECTION 1. LES RÈGLES COMMUNES À L'ENSEMBLE DES CRÉDITS À LA CONSOMMATION

1938 **Plan**. Après avoir délimité le champ d'application des règles, nous exposerons leur contenu (§ 1) puis la procédure (§ 2) et les sanctions applicables (§ 3).

§ 1. Le champ d'application des règles

1939 ***Un champ d'application mal défini*** ◊ Les règles relatives au champ d'application du droit du crédit à la consommation souffrent de nombreuses lacunes et d'une construction pour le moins maladroite. À première lecture, le législateur semble distinguer de manière très nette, d'une part, les opérations qui sont couvertes par le champ d'application des règles à travers les dispositions de l'article L. 311-1 et des articles L. 312-1 à L. 312-3 du Code de la consommation [1] (A) et, d'autre part, les opérations exclues qui découlent de la liste égrenée par l'article L. 312-4 [2] (B). Cependant, outre que l'ensemble souffre de l'absence d'une véritable définition générale de l'opération de crédit à la consommation, les exclusions prévues par le législateur sont en réalité disséminées dans l'ensemble des articles au lieu d'être regroupées dans une même disposition.

A. Les opérations couvertes par le champ d'application des règles

1940 ***Critères d'application*** ◊ Lorsque l'opération considérée ne correspond pas aux critères légaux définissant le champ d'application des règles d'ordre

---

1. Anc. art. L. 311-1 à L. 311-2
2. Anc. art. L. 311-3

public applicables aux crédits à la consommation [1], les parties conservent la possibilité d'une soumission volontaire. Pour la jurisprudence la simple référence aux articles concernés [2] ou même à un seul article [3] peut suffire à déceler l'intention des parties de soumettre le contrat à l'ensemble des dispositions du Code de la consommation [4], sans préjudice de la possibilité d'écarter ces règles en concluant une transaction mais pourvu que celle-ci intervienne une fois les droits acquis [5]. En dehors de ces cas de figure, la délimitation du champ d'application des règles suppose l'inventaire de critères tantôt indifférents tantôt nécessaires.

1. Les critères indifférents

941 ***Indifférence quant à la nature du crédit*** ◊ En pratique, un crédit à la consommation peut prendre les formes les plus diverses et les entreprises ne manquent pas d'imagination à cet égard. Une définition générale du crédit, reprise par exemple de celle figurant au Code monétaire et financier [6], aurait permis de prévenir les tentatives de contournement du texte mais le législateur s'est contenté de dresser une liste d'exemples censés être représentatifs. L'article L. 312-1 du Code de la consommation [7] énonce en effet que les textes s'appliquent aux opérations de crédit telles qu'elles sont définies à l'article L. 311-1, 6° qui vise « un contrat par lequel un prêteur consent ou s'engage à consentir à l'emprunteur un crédit, relevant du champ d'application du présent titre, sous la forme d'un délai de paiement, d'un prêt, y compris sous forme de découvert ou de toute autre facilité de paiement similaire ». Sont ici couvertes les formes les plus classiques de crédit : le prêt personnel, qui se traduit par l'avance d'une somme d'argent non affectée à une opération déterminée, la vente à crédit [8], la vente à tempérament [9] ou toute facilité de paiement offerte par

1. C. consom., art. L. 314-26 (anc. art. L. 313-17).
2. Civ. 1re, 9 déc. 1997, n° 96-04172, *Bull. civ.* I, n° 364.
3. Civ. 1re, 1er juill. 2015, n° 14-18441, *LEDB* sept. 2015, p. 6, obs. J. Lasserre Capdeville.
4. Mais la soumission volontaire est sans incidence sur le régime de la prescription prévu par l'article L. 218-2 du Code de la consommation (anc. art. L. 137-2) qui demeure inapplicable, v. Civ. 2e, 3 sept. 2015, n° 14-18287, *LEDB* nov. 2015, p. 3, obs. M. Mignot.
5. Paris, 4 déc. 2014, n° 13/21508, *JurisData* n° 2014-030405, *CCC* avr. 2015, comm. 101, obs. G. Raymond.
6. Art. L. 313-1 : « Constitue une opération de crédit tout acte par lequel une personne agissant à titre onéreux met ou promet de mettre des fonds à la disposition d'une autre personne ou prend, dans l'intérêt de celle-ci, un engagement par signature tel qu'un aval, un cautionnement, ou une garantie. »
7. Anc. art. L. 311-2 al. 1.
8. Paiement différé d'une partie ou de la totalité du prix d'une prestation mais en une seule fois.
9. Paiement échelonné dans le temps du prix d'une prestation. Pour un exemple, v. Civ. 1re, 3 juill. 2013, n° 12-20238, *LPA* 1er août 2014, n° 153, p. 8, obs. J. Lasserre Capdeville : arrêt rendu en application des dispositions antérieures à la réforme Lagarde qui couvraient expressément « les ventes ou prestations de service dont le paiement est échelonné, différé ou fractionné » (C. consom., art. L. 311-2, al. 2, anc.). La nouvelle disposition ne mentionne plus ces opérations mais elles peuvent être couvertes par la disposition évoquant de manière assez large « toute autre facilité de paiement ».

un professionnel, par exemple sous la forme d'un crédit renouvelable. Le législateur vise encore le découvert bancaire mais avec certaines réserves [1], de même que le cautionnement accompagnant éventuellement le crédit.

On cherchera cependant en vain la définition du mot crédit employé par le législateur. Cette carence suscite l'embarras d'une partie de la doctrine qui rappelle que la notion se caractérise par un décalage dans le temps séparant l'exécution d'une prestation du paiement de sa valeur [2].

Faute de s'appuyer sur un tel critère, le législateur est conduit à procéder par tâtonnements en soulignant à la suite du texte que ne constituent pas des opérations de crédit les « contrats conclus en vue de la fourniture d'une prestation continue ou à exécution successive de services ou de biens de même nature et aux termes desquels l'emprunteur en règle le coût par paiements échelonnés pendant toute la durée de la fourniture ». Ces opérations ne se caractérisent en effet pas par un décalage dans le temps entre la prestation et son paiement et la simple présence d'une définition générale aurait permis de les écarter d'office [3].

L'absence d'une telle définition risque en outre de priver de protection certaines opérations assimilables à des crédits au seul motif qu'elles n'ont pas été mentionnées dans le texte. Par exemple, le législateur précise à l'article L. 312-2 que « la location-vente et la location avec option d'achat sont assimilées à des opérations de crédit » [4]. Cette extension se justifie pleinement dans la mesure où ces opérations sont très proches dans leur économie de la vente à tempérament ou de la vente à crédit. Mais en lisant le texte *a contrario*, l'interprète doit conclure que les locations non accompagnées d'une option d'achat ne relèvent pas du régime protecteur mis en place par le législateur. Pourtant, certains auteurs relèvent que si la durée de la location correspond à peu près à la durée moyenne d'utilité de la chose louée, l'absence de transfert de propriété en fin de bail est dépourvue de toute signification et l'opération doit être assimilée à un crédit [5].

Cet exemple illustre les dangers que fait peser l'absence de définition générale du crédit. En l'état, les dispositions relatives au champ d'application des règles sur le crédit à la consommation ne sont pas suffisamment

1. V. ss 2011 s.

2. J. Calais-Auloy et H. Temple, *Droit de la consommation*, 9e éd., Dalloz 2015, n° 356 : « Plutôt que de procéder par énumération, il valait mieux, à notre avis, définir globalement l'opération de crédit. Ce qui caractérise le crédit c'est le décalage dans le temps, c'est permettre à une personne d'obtenir immédiatement une prestation (somme d'argent, bien ou service) dont elle paiera la valeur plus tard ». V. égal. S. Piedelièvre, V° « Crédit à la consommation », *Rep. Dr. Commercial*, 2011, n° 43, qui relève que « le crédit est le moyen, pour une personne, de se procurer directement ou indirectement des disponibilités monétaires pendant un certain temps, moyen supposant une plus ou moins grande confiance de la part du fournisseur du crédit ».

3. Si un délai de paiement est accordé au consommateur entre chaque prestation, l'exclusion ne se justifie cependant pas.

4. Anc. art. L. 311-2 al. 1.

5. En ce sens, v. J. Calais-Auloy et H. Temple, *Droit de la consommation*, 9e éd., Dalloz 2015, n° 342 et 356.

souples pour embrasser l'ensemble des pratiques contractuelles susceptibles d'être inventées demain par la pratique [1].

942 ***Indifférence quant à la nature de l'instrumentum*** ◊ L'ancien article L. 311-3 excluait du champ d'application du régime protecteur les crédits conclus en la forme authentique, sans doute en raison du rôle de conseil susceptible d'être joué par le notaire, en réservant cependant l'hypothèse d'un crédit hypothécaire [2]. Le nouveau texte n'a cependant pas repris cette exclusion et les règles doivent alors s'appliquer sans égard pour la nature de l'*instrumentum*. En pratique, les crédits à la consommation sous la forme authentique sont extrêmement rares de sorte que cette modification ne devrait pas emporter de grandes conséquences.

943 ***Indifférence quant au caractère affecté ou non du crédit*** ◊ Les règles relatives au crédit à la consommation s'appliquent qu'une affectation des fonds ait été ou non convenue par les parties. La pratique des affaires illustre aussi bien l'une ou l'autre de ces hypothèses qui posent des risques similaires pour l'emprunteur. Les crédits affectés suscitent cependant des difficultés qui leur sont propres et font à ce titre l'objet de règles spécifiques [3].

944 ***Indifférence quant au caractère onéreux ou gratuit du crédit*** ◊ L'article L. 312-1 [4] souligne également que les règles s'appliquent à toute opération de crédit « qu'elle soit conclue à titre onéreux ou à titre gratuit ». En cela, la définition s'écarte de celle retenue par le Code monétaire et financier qui, pour délimiter le monopole des établissements de crédit, souligne le caractère nécessairement onéreux de l'opération [5]. Les enjeux ne sont ici cependant pas les mêmes puisqu'ils tiennent à la nécessité d'assurer une protection à l'emprunteur. Or, la gratuité du crédit ne supprime en rien les risques pesant sur le consommateur qui tiennent moins à la rémunération du prêteur qu'à la perspective de devoir rembourser le capital aux échéances convenues.

L'article L. 312-4, 5° écarte cependant « Les opérations de crédit comportant un délai de remboursement ne dépassant pas trois mois qui ne sont assorties d'aucun intérêt ni d'aucuns frais ou seulement d'intérêts

---

1. Pour un litige très intéressant dans le domaine de la téléphonie mobile, v. Com., 7 mars 2018, n° 16-16.645, à paraître au *Bulletin* ; *LPA* 26 nov. 2018, n° 236, p. 4, obs. J. Lasserre Capdeville ; *CCC* 2018/5, comm. 98, note S. Bernheim-Desvaux ; *JCP E* n° 17, 26 avr. 2018, 1210, note D. Legeais ; *AJ contrat* 2018, p. 178, note V. Legrand ; *RLDA* 2018/138, n° 6476, note A. Peron.

2. Pour une application dans le temps de cet article issu d'une ordonnance du 23 mars 2006, v. Civ. 1re, 29 mai 2013, n° 11-24278, *Bull. civ.* I, n° 106 ; *LPA* 4 nov. 2013, n° ° 219-220, p. 7, obs. J. Lasserre Capdeville.

3. V. ss 1991 s.

4. Anc. art. L. 311-1

5. Art. L. 313-1.

et de frais d'un montant négligeable »[1]. L'exclusion procède de ce qu'il ne convient pas de compliquer les opérations peu dangereuses qui seront rapidement dénouées. Le texte risque cependant de poser des difficultés d'interprétation puisque le législateur assimile les crédits totalement gratuits à ceux comportant des frais « négligeables ». Que faut-il entendre par là ? Au minimum, les frais en cause pourront comprendre ceux réellement engagés par le prêteur et calculés en fonction de leur coût réel. Au-delà, la qualification de frais négligeable risque d'être écartée. Le législateur va cependant plus loin en visant également les intérêts négligeables. Il ne supprime donc en rien la possibilité d'une rémunération pourvu qu'elle soit dérisoire.

Lorsque le crédit gratuit fait l'objet d'une durée de remboursement supérieure à trois mois, les règles au crédit à la consommation s'appliquent et le législateur a même prévu des dispositions spécifiques, notamment pour encadrer la publicité dont ces crédits particulièrement alléchants sont susceptibles de faire l'objet[2].

2. Les critères nécessaires

1945 ***La qualité de professionnel du prêteur*** ◊ Le prêteur est défini à l'article L. 311-1, 1° comme « toute personne qui consent ou s'engage à consentir un crédit mentionné à l'article L. 312-1 dans le cadre de l'exercice de ses activités commerciales ou professionnelles ». Les prêts consentis par des particuliers relèvent donc des seules dispositions de droit commun applicables à l'ensemble des crédits.

1946 ***La qualité de consommateur de l'emprunteur*** ◊ L'emprunteur est défini par l'article L. 311-1, 2° « comme toute personne physique qui est en relation avec un prêteur, ou un intermédiaire de crédit[3], dans le cadre d'une opération de crédit réalisée ou envisagée dans un but étranger à son activité commerciale ou professionnelle ». Une personne morale ne peut donc jamais avoir la qualité d'emprunteur au sens des articles L. 311-1 et suivants du Code de la consommation, alors que les dispositions équivalentes applicables aux crédits immobiliers ne les écartaient pas expressément jusqu'à une période très récente[4]. Quant aux personnes physiques, leur qualité d'emprunteur dépend de la destination du crédit qui doit être étrangère à toute activité professionnelle[5], quand bien même le crédit

---

1. Anc. art. L. 311-3, 4°. La rédaction actuelle du texte est issue de la loi relative à la consommation du 17 mars 2014. L'ancienne rédaction permettait semble-t-il d'exclure les prêts assortis d'intérêts mais dépourvus de tout frais.

2. V. ss 2008 s.

3. La référence à l'intermédiaire de crédit a été ajoutée par l'ordonnance n° 2016-351 du 25 mars 2016 de transposition de la directive de 2014 relative aux crédits immobiliers.

4. V. ss 2021.

5. S'agissant des contrats portant sur l'installation de panneaux photovoltaïques, lorsque l'électricité produite est destinée à être revendue, la qualité de consommateur est parfois déniée à

aurait été consenti en dehors de la spécialité du professionnel. Les juges tendent à présumer l'absence de tout caractère professionnel lorsque le contrat ne mentionne pas expressément une telle destination ce qui revient à poser une présomption d'affectation domestique des fonds [1]. Cependant, la jurisprudence aménage un sort particulier aux comptes courants à vocation professionnelle. Elle prévoit aujourd'hui que « si la destination professionnelle d'un crédit doit résulter d'une stipulation expresse, les dispositions régissant le crédit à la consommation ne sont pas applicables à la convention de compte courant à vocation professionnelle, même si ce dernier fonctionne à découvert » [2].

Des difficultés se posent lorsque des époux empruntent et que l'un des deux conjoints seulement a la qualité de professionnel. Dans ce cas de figure, la jurisprudence décide que le crédit demeure à vocation professionnelle et écarte les dispositions des articles L. 311-1 s. du Code de la consommation [3].

947 ***Le montant du crédit*** ◊ Les règles relatives au crédit à la consommation issues de la loi « Lagarde » s'appliquent uniquement lorsque le montant emprunté est compris entre 200 et 75 000 euros [4] pour tous les crédits consentis à compter du 1er mai 2011 [5]. Le texte réserve cependant l'hypothèse d'un regroupement de crédits au sens de l'article L. 314-10 du Code de la consommation [6] qui échappe à toute limite de seuil.

Le texte antérieur à la loi « Lagarde » prévoyait un plafond de 21 500 euros sans exclure les petits crédits alors qu'ils ne justifient certainement pas un régime aussi contraignant que celui prévu par les L. 311-1 et suivants du Code de la consommation. Pour apprécier le franchissement éventuel des seuils, la jurisprudence reprendra sans doute la solution antérieure qui

---

l'emprunteur par les juges du fond. V. en ce sens Bordeaux, 10 janv. 2017, n° 16/03073, *LPA* 5 déc. 2017, n° 242, p. 4, obs. J. Lasserre Capdeville. Mais la Cour de cassation est rarement convaincue par les arguments retenus par les juges, v. Civ. 1re, 27 juin 2018, n° 17-13.225 et n° 17-16.352.

1. Civ. 1re., 27 mai 2003, n° 01-03.781, *Bull. civ.* I, n° 130. V. cept. un arrêt estimant qu'un salarié souscrivant un prêt personnel afin de régulariser des dettes qu'il avait contracté dans le passé en tant qu'entrepreneur individuel devait être considéré comme ayant emprunté à des fins professionnelles : Civ. 1re, 30 sept. 2015, n° 14-20.277.

2. Civ. 1re, 6 janv. 2011, n° 09-70.651, *Bull. civ.* I, n° 3, et 14 oct. 2015, n° 14-21.894, *Bull. civ.* I, n° 246 ; *LPA* 9 janv. 2017, n° 6, p. 9, obs. J. Lasserre Capdeville. V. déjà Civ. 1re., 26 nov. 2002, n° 99-11.197, *Bull. civ.* I, n° 287

3. Civ. 1re, 4 mai 1999, *CCC* 1999, comm. 165.

4. L'ancien article L. 312-1 prévoyait que le régime juridique du crédit à la consommation s'appliquait aux crédits dont le montant « est supérieur à 200 euros et inférieur à 75 000 ». Depuis la loi n° 2017-203 du 21 février 2017, le texte prévoit que le régime s'applique lorsque le montant « est égal ou supérieur à 200 euros et inférieur ou égal à 75 000 ».

5. C. consom., art. L. 312-4, 3° (anc. L. 311-3, 2°). V. ss 1948, le déplafonnement qui s'applique depuis la transposition d'une modification de la directive de 2008 pour les crédits servant à financer des travaux immobiliers.

6. Anc. art. L. 313-15.

s'appuyait sur le capital prêté et non sur le coût total de l'opération [1]. Le nouveau seuil plafond de 75 000 euros procède de l'idée suivant laquelle les personnes empruntant de telles sommes ne nécessitent pas la protection du législateur [2]. Il découle également de la directive 2008/48/CE relative aux crédits mobiliers et de la directive 2014/17/UE relative aux crédits immobiliers qui en font un des critères permettant de délimiter leurs champs d'application respectifs.

1948 ***L'absence de destination immobilière*** ◊ L'article L. 312-4, 1° écarte du champ d'application des règles « Les opérations de crédit destinées à permettre l'acquisition ou le maintien de droits de propriété ou de jouissance d'un terrain ou d'un immeuble existant ou à construire, y compris lorsque ces opérations visent également à permettre la réalisation de travaux de réparation, d'amélioration ou d'entretien du terrain ou de l'immeuble ainsi acquis » [3], qui relèvent des articles L. 313-1 s. du Code de la consommation relatifs au crédit immobilier [4].

Le texte vise indifféremment les opérations portant sur la propriété ou la jouissance de l'immeuble, quand bien même cette dernière serait partagée [5]. Sont en revanche soumises aux règles relatives aux crédits à la consommation les opérations ne conférant aucune jouissance mais plutôt des services de nature hôtelière ou de loisir [6].

S'agissant des travaux de réparation, d'amélioration ou d'entretien de l'immeuble, s'ils accompagnent l'acquisition de droits de propriété ils relèvent des règles relatives au crédit immobilier. En revanche, les crédits souscrits pour des travaux réalisés de manière indépendante échappent à ces règles et sont soumis à celles relatives au crédit à la consommation.

Jusqu'à une période très récente, lorsque le montant emprunté pour les travaux dépassait le seuil de 75 000 euros issu de la directive 2008/48/CE relative aux crédits mobiliers, l'opération ne relevait ni de cette dernière ni de la directive 2014/17/UE relative aux crédits immobiliers, si bien qu'un « fossé réglementaire » entre les deux directives a été constaté [7].

Il en découlait un « vide » important dans la protection offerte par le législateur car s'il est vrai qu'une personne empruntant plus de 75 000 euros sans projet immobilier associé ne cadre certainement pas avec

---

1. Civ. 1re, 28 avr. 1998 ; *Bull. civ.* I, 1998, n° 156 ; *RTD com.* 1999. 176, obs. B. Bouloc.
2. En ce sens, J. Calais-Auloy et H. Temple, *Droit de la consommation*, 9e éd., Dalloz 2015, n° 358.
3. Anc. art. L. 311-3, 1°.
4. V. ss 2017 s.
5. Hypothèse d'un contrat d'utilisation de biens à temps partagé, v. C. consom., art. L. 224-69 (anc. L. 121-60).
6. En ce sens, V. G. Raymond, *J.-Cl. BCB*, fasc. 719, n° 65.
7. Dir. 2014/17/UE, cons. n° 18 et art. 46.

les profils d'emprunteurs pris en considération par le législateur (ménages modestes ou issus des classes moyennes), les crédits souscrits pour réaliser d'importants travaux immobiliers ne sont pas si rares et peuvent concerner des personnes méritant réellement protection.

La directive 2008/48/CE a en conséquence été modifiée par la directive 2014/17/UE et depuis la transposition opérée par l'ordonnance n° 2016-351 du 25 mars 2016, les articles L. 312-1 et suivants s'appliquent aux contrats de crédit non garantis destinés à permettre la rénovation (amélioration, entretien, réparation) d'un bien immobilier à usage résidentiel d'un montant supérieur à 75 000 € [1].

Une autre conséquence attachée à la transposition de la directive de 2014 doit encore être soulignée : les opérations de crédit garanties par une hypothèque ou une sûreté comparable relèvent désormais du régime des crédits immobiliers quand bien même la finalité de l'opération serait étrangère à l'acquisition, la construction ou la rénovation d'un immeuble [2].

Terminons en indiquant que les articles L. 314-10 et suivants [3] consacrent quelques dispositions à l'hypothèse d'un regroupement de crédits de nature différente, les uns mobiliers, les autres immobiliers. La règle est la suivante : lorsque la part des crédits immobiliers ne dépasse pas un seuil déterminé par décret, qui est aujourd'hui fixé à 60 % par l'article R. 313-11 alinéa 1, l'opération de regroupement est soumise aux règles relatives au crédit à la consommation, sauf lorsqu'elle est garantie par une hypothèque ou une sûreté comparable. Au-delà de ce seuil de 60 %, les règles relatives au crédit immobilier s'appliquent.

949 ***La durée de remboursement du crédit*** ◊ Seules les opérations présentant une certaine durée de remboursement sont concernées par les règles relatives au crédit à la consommation. En effet, certains crédits rapidement dénoués et donc peu risqués pour l'emprunteur sont expressément écartés par le législateur. Il en va ainsi des opérations de découvert remboursables dans un délai d'un mois et des opérations par carte proposant un débit différé n'excédant pas quarante jours et n'occasionnant aucuns autres frais que la cotisation liée au bénéfice de ce moyen de paiement [4]. En revanche, les opérations de découvert en compte d'une durée de remboursement comprise entre un et trois mois font l'objet d'une soumission partielle aux règles sur le crédit [5] et celles d'une durée supérieure à trois mois d'une soumission complète [6].

1. Art. L. 312-4, 3°.
2. V. ss 2024.
3. Anc. art. L. 311-15.
4. Art. L. 312-4, 4° et 11° (anc. art. L. 311-3, 3° et 10°).
5. C. consom., art. L. 311-42 al. 1, donnant la liste des dispositions applicables.
6. C. consom., art. L. 311-42 al. 2.

B. Les opérations exclues du champ d'application des règles

1950 ***Exclusions partielles*** ◊ Certaines opérations spécifiques font l'objet d'une exclusion seulement partielle des règles relatives au crédit à la consommation. Ainsi, les opérations de prêts sur gage corporel souscrits auprès des caisses de crédit municipal en application de l'article L. 514-1 du Code monétaire et financier sont écartées du champ d'application des règles mais demeurent soumises aux dispositions des articles L. 312-5, L. 312-6 et L. 312-8 à L. 312-21 [1] qui concernent la publicité entourant les crédits [2]. Pour le reste, le consommateur ne mérite certainement pas une protection plus complète dès lors qu'il ne prend le risque que de perdre l'objet donné en gage.

1951 ***Exclusions totales*** ◊ Certaines opérations très spécifiques font l'objet d'une exclusion totale des règles relatives au crédit à la consommation. Sont principalement concernées les opérations s'inscrivant dans un contexte contentieux et ayant fait intervenir une institution à même d'assurer la protection de l'emprunteur. Ainsi, sont écartés les contrats qui sont l'expression d'un accord intervenu devant une juridiction de même que ceux résultant d'un plan conventionnel de redressement mentionné à l'article L. 732-1 du Code de la consommation conclu devant la commission de surendettement des particuliers [3]. En marge de tout contentieux, sont également concernés les accords portant sur des délais de paiement accordés pour le règlement amiable d'une dette existante mais à condition qu'aucuns frais supplémentaires à ceux stipulés dans le contrat ne soient mis à la charge du consommateur [4].

Sont également écartées certaines opérations jugées socialement ou économiquement utiles et que le législateur a voulu favoriser comme celles par lesquelles les entreprises consentent des avances sur salaires ou des prêts de caractère exceptionnel accordés pour des motifs d'ordre social à leurs salariés [5], qui échappent d'ailleurs au monopole des établissements de crédit en application de l'article L. 511-6, 3° du Code monétaire et financier. De même, le législateur écarte de l'application des textes l'octroi de crédits ou de prêts à un investisseur pour lui permettre d'effectuer une transaction qui porte sur un instrument financier et dans laquelle intervient l'entreprise qui octroie le crédit ou le prêt [6].

---

1. Anc. art. L. 311-4 et L. 311-5. V. ss 1955.
2. Art. L. 312-3 al. 1 (anc. art. L. 311-2 al. 3).
3. C. consom., art. L. 312-4, 8° et 9° (anc. art. L. 311-3, 7° et 8°).
4. C. consom., art. L. 312-4, 10° (anc. art. L. 311-3, 9°).
5. C. consom., art. L. L. 312-4, 6° (anc. art. L. 311-3, 5°).
6. C. consom., art. L. 312-4, 7° (anc. art. L. 311-3, 6°), renvoyant à l'article L. 321-2 du Code monétaire et financier.

§ 2. Le contenu des règles

952 ***De la publicité au contrat*** ◊ Le régime offert aux crédits à la consommation consacre de nombreuses dispositions aux préliminaires contractuels afin de garantir une correcte information de l'emprunteur (A). Il encadre également la phase contractuelle proprement dite à travers un processus de formation original et des règles aménageant les obligations des parties dans un sens favorable à l'emprunteur (B).

A. Le traitement des préliminaires contractuels

953 ***Formalisme du droit du crédit*** ◊ Fiche, notice, offre, contrat, encadré, notification etc., le long chemin menant vers la conclusion du contrat de crédit à la consommation est un enfer pavé de paperasses. S'il n'est pas certain que l'information garantie au consommateur serve réellement ses intérêts [1], on reconnaîtra au moins un mérite au travail du législateur : celui de décourager les pratiques irresponsables. La complexité du processus de formation du contrat est en effet telle que, faute de lire les documents qui lui sont remis, l'emprunteur prend au moins conscience qu'il s'apprête à conclure un contrat peu ordinaire. Le formalisme des préliminaires contractuels irrigue ainsi l'ensemble des règles relatives à la publicité entourant les crédits comme celles concernant les explications ou les informations à fournir au consommateur avant la formation du contrat [2].

1. L'encadrement de la publicité pour le crédit

954 ***Droit commun de la publicité*** ◊ Considérant implicitement le crédit comme un produit dangereux, le législateur a fait en sorte que la publicité y afférente n'obéisse pas seulement aux prescriptions générales fixées par le livre 1er du Code de la consommation, et notamment aux articles L. 121-1 s. réprimant les pratiques commerciales déloyales et L. 122-1 s. encadrant les publicités comparatives. La protection offerte par ces dispositions n'a en effet pas été jugée suffisante par le législateur dès lors qu'elles se contentent de fixer des interdits sans imposer un contenu positif aux publicités en cause. Un droit spécial de la publicité des crédits a donc progressivement été élaboré à l'image de ce qui existe déjà pour le tabac, l'alcool ou les médicaments, produits dont la dangerosité intrinsèque apparaît peut-être de manière plus évidente.

---

1. V. ss 1972.
2. H. Claret, « Les obligations d'information du prêteur professionnel après la réforme du crédit à la consommation », CCC 2011. Étude 14 ; L. Arcelin-Lécuyer, « La redondance informative ou le bon sens oublié », CCC mai 2011. Étude 9.

1955 ***Champ d'application des règles spécifiques*** ◊ Les articles L. 312-5 et suivants fixent alors des règles spécifiques relatives à la publicité des crédits relevant du champ d'application établi par le législateur en les étendant expressément aux prêts sur gage corporel souscrits auprès des caisses de crédit municipal en application de l'article L. 514-1 du Code monétaire et financier alors qu'ils sont normalement exclus du régime protecteur mis en place par le législateur [1].

1956 ***Contenu des règles spécifiques : le cas des publicités chiffrées*** ◊ L'article L. 312-6 [2] prévoit en premier lieu des règles valables pour tous les supports mais seulement lorsque la publicité fait état d'informations chiffrées (concernant le taux d'intérêt ou le coût du crédit). Le texte énonce une liste de mentions obligatoires qui doivent être portées à la connaissance du public de manière « claire, précise et visible » et accompagnées d'un exemple représentatif. La loi « Lagarde » a allongé la liste de ces mentions obligatoires, allant même au-delà des exigences de la directive de 2008 au risque d'une transposition non conforme. Elles concernent notamment le taux débiteur, son caractère fixe ou variable, le TAEG [3], le montant total du crédit, sa durée ou encore le montant total dû, etc. Précisons que les informations relatives au TAEG, à sa nature fixe, variable ou révisable, au montant total dû par l'emprunteur et au montant des échéances doivent figurer dans une taille de caractère plus importante que celle utilisée pour indiquer toute autre information relative aux caractéristiques du financement, notamment le taux promotionnel, et s'inscrire dans le corps principal du texte publicitaire [4].

Lorsque le contrat est accompagné d'une proposition d'assurance, la publicité mentionne son coût à l'aide de l'exemple représentatif. Ce coût apparaît sous la forme d'un taux annuel effectif d'assurance permettant sa comparaison avec le taux annuel effectif global mais également à travers la mention du montant total dû en euros au titre de l'assurance sur toute la durée du prêt, de même que la mention en euros par mois [5].

1957 ***Règles valables pour toutes les publicités : mentions interdites*** ◊ Une publicité pour un crédit ne peut mentionner que celui-ci peut être consenti sans élément d'information permettant d'apprécier la situation financière de l'emprunteur ou laisser entendre que le prêt améliore la situation financière ou le budget de l'emprunteur, entraîne une augmentation de ressources, constitue un substitut d'épargne ou accorde une réserve automatique d'argent immédiatement disponible sans contrepartie financière identifiable [6].

---

1. V. ss 1950.
2. Anc. art. L. 311-4.
3. Taux annuel effectif global.
4. C. consom., art. L. 312-8 (anc. art. L. 311-5, al. 1).
5. C. consom., art. L. 312-7 (anc. L. 311-4-1).
6. C. consom., art. L. 312-10 al. 1 (anc. L. 311-5 al. 3).

958 ***Règles valables pour toutes les publicités : mentions obligatoires*** ◊ Toute publicité, sauf celles diffusées à la radio, doit par ailleurs contenir un avertissement (« Un crédit vous engage et doit être remboursé. Vérifiez vos capacités de remboursement avant de vous engager ») [1]. La formule est pour le moins infantilisante et pourrait se retourner contre le consommateur [2].

959 ***Règles spécifiques concernant certains supports publicitaires*** ◊ Lorsqu'une publicité est adressée par voie postale ou par courrier électronique, distribuée directement à domicile ou sur la voie publique, le document envoyé au consommateur doit indiquer de façon claire, précise et visible son droit de s'opposer sans frais à l'utilisation de ses données personnelles à des fins de prospection ainsi que les modalités d'exercice de ce droit. Par ailleurs, les mentions chiffrées doivent apparaître, sous forme d'encadré, en en-tête du texte publicitaire [3].

960 ***L'interdiction de la publicité sur les lots promotionnels*** ◊ L'article L. 312-11 « interdit dans toute publicité de proposer sous quelque forme que ce soit des lots promotionnels liés à l'acceptation d'une offre préalable de crédit » [4]. L'interdiction ne vise pas la pratique elle-même consistant à offrir un lot promotionnel mais seulement la publicité dont elle est susceptible de faire l'objet. En effet, l'article L. 312-15 [5] autorise d'accorder au consommateur ayant souscrit un crédit, immédiatement ou à terme, une prime en nature de produits ou biens, pourvu que la valeur de cette prime n'excède pas un seuil fixé par arrêté [6]. En interdisant toute publicité pour les pratiques de ce type, le législateur va au-delà des prescriptions de l'article 4 de la directive 2008/48/CE qui donne une liste de mentions obligatoires mais n'interdit pas de mentionner des lots promotionnels.

961 ***Règles spécifiques concernant les regroupements de crédit*** ◊ Certaines mentions obligatoires concernent spécifiquement les opérations de regroupement de crédit depuis les modifications apportées par la loi

---

1. C. consom., art. L. 312-5 (anc. art. L. 311-5 al. 6).
2. L. Arcelin-Lécuyer, « La redondance informative ou le bon sens oublié », CCC 2011. Étude 9, craignant que la mention finisse par constituer le consommateur surendetté de mauvaise foi
3. C. consom., art. L. 311-5 al. 2 (anc. art. L. 312-9).
4. Anc. art. L. 311-5 al. 5.
5. Anc. art. L. 311-10-1.
6. Un arrêté du 30 nov. 2010 a fixé ce seuil à 80 euros. La directive 2005/29/CE du 11 mai 2005 relative aux pratiques commerciales déloyales ne s'oppose pas à ce que, pour les services financiers, les États-membres adoptent ou maintiennent des règles plus strictes (art. 3§9). En dehors des services financiers, les États-membres ne peuvent pas prévoir un seuil au-delà duquel le lot promotionnel doit automatiquement être considéré comme une pratique commerciale déloyale, v. CJUE, 9 nov. 2010, aff. C-540/08 ; CCC 2011, comm. 21, obs. G. Raymond.

relative à la consommation du 17 mars 2014 [1]. Ainsi, lorsqu'une publicité compare le montant des échéances d'un ou plusieurs crédits antérieurs, et le cas échéant d'autres dettes, à celui d'une échéance résultant d'une opération de regroupement de crédits, elle mentionne de manière claire et apparente, d'une part, la somme des coûts totaux des crédits antérieurs et, d'autre part, le coût total du crédit postérieur à l'opération précitée [2].

1962 ***Sanctions*** ◊ L'annonceur pour le compte duquel est diffusée une publicité non conforme aux articles précités encourt une amende de 1 500 euros [3].

2. L'information précontractuelle de l'emprunteur et l'évaluation de sa solvabilité

1963 ***Fiche d'information*** ◊ Issu de la loi « Lagarde » du 1er juillet 2010, l'article L. 312-12 du Code de la consommation [4] met en place une assez lourde obligation d'information précontractuelle sous la forme d'une fiche d'information qui doit être fournie au consommateur sur support papier ou sur un autre support durable mais dans un document distinct de l'offre de contrat [5], sous peine de déchéance du droit aux intérêts [6] et d'une amende de 1 500 euros [7]. La fiche doit comprendre un nombre important de mentions obligatoires afin que l'emprunteur puisse « appréhender clairement l'étendue de son engagement ». L'article R. 312-2 [8] détaille aujourd'hui pas moins de 21 rubriques à renseigner concernant l'identité du prêteur ou de son intermédiaire, les caractéristiques du crédit proposé (montant, durée, échéances, conditions d'utilisation), son coût (taux débiteur, TAEG) ainsi que les modalités de l'opération (droit de rétractation, remboursement anticipé...). La fiche ne peut comporter aucune autre mention. Toute information complémentaire que le prêteur souhaiterait porter à la connaissance de l'emprunteur doit figurer sur un document distinct [9].

Les informations sont présentées de manière normalisée à l'aide d'une fiche annexée à l'article R. 312-5 [10] et conçue sur la base d'un modèle européen [11]. En effet, elle n'a pas seulement pour objectif de garantir la pro-

1. L. n° 344-2014, 17 mars 2014, *LPA* 1er août 2014, n° 153, p. 6, obs. N. Éréséo.
2. C. consom., art. L. 312-10 al. 2 (anc. art. L. 311-5 al. 3).
3. C. consom., art. R. 341-1 al. 1 (anc. art. L. 311-49 al. 2).
4. Anc. art. L. 311-6.
5. D'où les difficultés qui se posent lorsque la fiche et l'offre sont en opposition, v. à ce sujet H. Claret, « Les obligations d'information du prêteur professionnel après la réforme du crédit à la consommation », CCC 2011. Étude 14, n° 6.
6. C. consom., art. L. 341-1 (anc. art. L. 311-48 al. 1).
7. C. consom., art. R. 341-2 (anc. art. L. 311-49 al. 1).
8. Anc. art. R. 311-3.
9. C. consom., art. L. 312-13 al. 2 (anc. art. L. 311-7 al. 2).
10. Anc. art. R. 311-3.
11. FEIC, fiche européenne d'information standardisée, détaillée en annexe de la directive de 2008.

tection du consommateur. Elle vise également à faciliter la comparaison, et donc la concurrence, entre les différentes offres présentes sur l'ensemble du marché européen du crédit.

64 ***Explications à fournir à l'emprunteur*** ◊ S'inspirant du devoir prétorien de mise en garde bénéficiant à l'emprunteur non averti [1], la loi « Lagarde » a mis en place un devoir d'explication assez proche qui doit permettre au consommateur « de déterminer si le contrat de crédit proposé est adapté à ses besoins et à sa situation financière », à l'aide notamment de la fiche d'information qui doit lui avoir été remise. Le prêteur doit en particulier attirer « l'attention de l'emprunteur sur les caractéristiques essentielles du ou des crédits proposés et sur les conséquences que ces crédits peuvent avoir sur sa situation financière, y compris en cas de défaut de paiement » [2]. L'obligation est sanctionnée par la déchéance totale ou partielle du droit aux intérêts [3] et doit être exécutée avant la conclusion du contrat de crédit, comme la Cour de justice l'a confirmé [4]. Elle a également précisé que le prêteur était libre de fournir les explications avant que l'évaluation de la solvabilité de l'emprunteur ne soit opérée, quitte à ce que des éléments complémentaires soient fournis postérieurement [5].

L'article L. 312-14 comme l'article 5 de la directive 2008/48 sur lequel il s'appuie ne donne aucune précision quant au support des explications devant être fournies. La Cour de justice en a conclu que celles-ci pouvaient être données oralement au cours d'un entretien [6] mais le prêteur a tout intérêt à s'aménager la preuve des échanges.

65 ***Solutions propres aux prêts sur gage corporel*** ◊ Conformément à l'article L. 312-3 [7], les opérations de prêts sur gage corporel souscrits auprès des caisses de crédit municipal en application de l'article L. 514-1 du Code monétaire et financier échappent aux règles relatives au crédit à la consommation mais sont soumises à des obligations d'information spécifique détaillées par décret [8], étant précisé que le tribunal peut ordonner la publication du jugement et la rectification de la publicité.

66 ***Solutions propres aux crédits conclus à distance ou sur le lieu de vente*** ◊ Lorsque le crédit est proposé sur le lieu de vente, les échanges doivent avoir lieu sur place et dans des conditions garantissant leur

1. V. ss 1885.
2. C. consom., art. L. 312-14 al. 1 (anc. art. L. 311-8 al. 1).
3. C. consom., art. L. 341-2 (anc. art. L. 311-48 al. 2).
4. CJUE, 18 déc. 2014, C-449/13, *D.* 2015. 715, note G. Poissonnier ; *RTD com.* 2015. 138, obs. D. Legeais ; *LPA* 1er juin 2015, n° 108, p. 9, obs. N. Éréséo ; *JCP E* n° 12, 19 mars 2015, 1137, note S. Moracchini-Zeidenberg ; CCC n° 3, 2015, comm. 75, obs. G. Raymond.
5. CJUE, 18 déc. 2014 préc.
6. CJUE, 18 déc. 2014 préc.
7. Anc. art. L. 311-2 al. 3.
8. C. mon. et fin., art. D. 414-8-1

confidentialité [1]. Le personnel chargé de fournir les explications doit avoir suivi une formation au plus tard le 1er juillet 2012 ; cette formation devant garantir la connaissance des principaux types de crédits, de la réglementation applicable, des droits et obligations des parties, tout en proposant une sensibilisation aux causes du surendettement et à la manière de le prévenir [2]. Cette formation obligatoire était semble-t-il réservée aux crédits proposés sur le lieu de vente mais un décret d'application de la loi « Lagarde » en a étendu le champ d'application aux crédits conclus à distance [3]. La règle est sanctionnée par la déchéance totale ou partielle du droit aux intérêts [4] lorsqu'à l'occasion d'un contrôle l'employeur n'est pas en mesure de produire une attestation de formation au sens de l'article L. 6353-1 du Code du travail [5].

1967 ***Évaluation de la solvabilité de l'emprunteur*** ◊ La loi « Lagarde » a prévu l'obligation faite au prêteur de vérifier la solvabilité de l'emprunteur à partir d'un nombre suffisant d'informations [6], sous peine d'une déchéance totale ou partielle du droit aux intérêts [7]. La règle découle encore une fois de la directive 2008/48 qui n'énonce pas de manière exhaustive la nature des informations sur lesquelles le prêteur doit s'appuyer et ne précise pas davantage si et de quelle manière ces informations doivent être contrôlées. Interrogée sur le sens à donner aux dispositions concernées, la Cour de justice de l'Union européenne (CJUE) a estimé que le prêteur devait jouir d'une marge d'appréciation pour déterminer s'il se trouve en possession d'informations suffisantes pour vérifier la solvabilité de l'emprunteur ou s'il doit solliciter d'autres éléments, le tout devant s'opérer en fonction des circonstances et notamment de la situation personnelle du consommateur et du montant prévu par le contrat [8]. La Cour a cependant précisé que de simples déclarations émanant du consommateur ne pourront en elles-mêmes être qualifiées de suffisantes si elles ne sont pas accompagnées de pièces justificatives. Pour autant, la Cour a énoncé que la directive n'imposait pas aux prêteurs de contrôler systématiquement la véracité des informations fournies par les emprunteurs, sans préjudice des dispositions de l'article 8 § 1 qui permettent aux États membres de maintenir l'obligation de consulter une base de données. La France a d'ailleurs mis en place une telle obligation à la faveur de la loi « Lagarde » qui s'est appuyée sur

---

1. C. consom., art. L. 312-14 al. 2 (anc. art. L. 311-8 al. 2).
2. C. consom., art. L. 314-25 al. 1 (anc. art. L. 311-8 al. 3).
3. D. n° 2011-1871, 13 déc. 2011, voir le commentaire critique de N. Mathey, « Crédit à la consommation distribué sur le lieu de vente », *RDBF* n° 2, mars 2012, comm. 43, qui doute de la légalité du décret. V. aujourd'hui l'art. D. 314-27.
4. C. consom., art. L. 341-2 (anc. art. L. 311-48 al. 2).
5. Pour un exemple de sanction, v. TI Lille, 24 nov. 2014, CCC avr. 2015, comm. 106, obs. G. Raymond.
6. C. consom., art. L. 312-16 (anc. art. L. 311-9).
7. C. consom., art. L. 341-2 (anc. art. L. 311-48 al. 2).
8. CJUE, 18 déc. 2014 préc.

la création d'un fichier des incidents de remboursements des crédits aux particuliers (FICP) géré par la Banque de France [1]. La consultation doit être opérée avant toute décision effective d'octroyer un crédit, comme le précisent la jurisprudence [2] ainsi que l'arrêté détaillant les obligations des prêteurs et les modalités de la preuve des consultations [3]. La jurisprudence est assez sévère en ce qu'elle sanctionne les consultations tardives [4] mais également celles qui sont précoces [5]. La législation actuelle n'autorise cependant pas une évaluation fidèle de la situation de l'emprunteur faute pour le législateur d'avoir mis en place un fichier positif recensant tous les crédits en cours souscrits par le consommateur. La loi « Hamon » avait prévu l'introduction d'un tel fichier [6] mais le Conseil constitutionnel a censuré la disposition concernée en raison des atteintes trop fortes qu'elle était susceptible de causer au droit à la vie privée [7]. Le surendettement est pourtant un phénomène social de grande ampleur qui porte en germe des atteintes sensibles aux objectifs constitutionnels les plus fondamentaux : droit à la santé, droit au logement, etc. Or, le législateur n'a jusqu'ici jamais été en mesure d'apporter une solution préventive réellement efficace à ce problème. Dans ce contexte, le projet de création d'un fichier positif était une piste sérieuse qui suscitait de réels espoirs dès lors que les nouveaux devoirs mis à la charge du banquier auraient pu fonder, en jurisprudence, une plus grande responsabilité en cas d'octroi d'un crédit à un emprunteur manifestement insolvable.

968 ***Devoir de refuser les crédits dangereux*** ◊ Il demeure que, même si en l'état du droit positif, pour l'essentiel issu de la jurisprudence antérieure à la loi « Lagarde », rien n'oblige le prêteur à refuser de consentir un crédit dangereux à un consommateur, la jurisprudence pourrait à l'avenir se fonder sur les nouveaux articles L. 312-14 et L. 312-16 pour dégager un devoir de refuser un crédit lorsque l'évaluation de sa solvabilité fait apparaître un risque très important de surendettement [8]. Soulignons cependant que ces dispositions spéciales pourraient priver à l'avenir l'emprunteur de

---

1. C. consom., art. L. 751-1 s. (anc. art. L. 333-4).
2. Paris, 8 janv. 2015, n° 14/01037, *LPA* 1er juin 2015, n° 108, p. 7, obs. N. Éréséo ; *LEDB* 2015, n° 3, p. 5, obs. J. Lasserre Capdeville.
3. A. 26 oct. 2010, *JO* 30 oct., p. 19545.
4. Rennes, 9 févr. 2018, n° 15/00246 : consultation jugée tardive alors qu'elle était intervenue durant la période d'agrément c'est-à-dire à un moment où le prêteur pouvait encore renoncer à prêter (sur l'agrément, v. ss 2076). Les juges semblent avoir retenu la date de l'acceptation de l'offre comme référence alors que d'autres décisions (voir note suivante) retiennent la date de l'agrément qui intervient plus tard.
5. Amiens, 1re ch. civ., 17 juill. 2018, n° 17/01587 : consultation 18 jours avant la date de l'agrément retenue ici comme date de référence alors que d'autres décisions retiennent la date de l'acceptation de l'offre (voir note précédente).
6. *LPA* 4 nov. 2013, p. 6, obs. J. Lasserre Capdeville.
7. Cons. const. DC n° 2014-690 du 13 mars 2014 ; CCE mai 2014, comm. 49, note A. Lepage ; *LPA* 1er août 2014, n° 153, p. 6, obs. N. Éréséo.
8. En ce sens, v. G. Raymond, J.-Cl. *Crédit Bourse*, fasc. 719, n° 95.

la possibilité de sanctionner le prêteur sur le terrain du droit commun de la mise en garde, certains juges du fond semblant considérer que la mise en œuvre des nouveaux textes, sanctionnés par la déchéance du droit aux intérêts, ne saurait se cumuler avec une action en responsabilité contractuelle fondée sur le manquement du prêteur à son devoir prétorien de mise en garde, qui autorise normalement la condamnation à des dommages-intérêts en application de l'article 1147 du Code civil [1] dont les dispositions essentielles ont été reprises aux articles 1231 et suivants issus de l'ordonnance du 10 février 2016. Si la jurisprudence s'engage dans une telle voie, l'emprunteur pourrait en pâtir dès lors que la réparation de son préjudice en application du droit commun peut exceptionnellement représenter une voie de droit plus intéressante que la déchéance du droit aux intérêts.

1969 ***Charge de la preuve*** ◊ Les articles L. 311-1 et suivants issus de la loi « Lagarde » ne comportent aucune indication quant à la charge de la preuve du respect des obligations précontractuelles pesant sur le prêteur (remise de la fiche, explication à fournir, évaluation de la solvabilité). Prenant acte de ce silence, une juridiction française a interrogé la Cour de justice qui s'est appuyée sur le principe d'effectivité pour énoncer que les droits conférés par la directive seraient compromis si la charge de la preuve de la non-exécution des obligations du prêteur pesait sur l'emprunteur [2]. De manière générale, il est en effet beaucoup plus difficile pour le débiteur de l'information d'apporter la preuve du fait positif de divulgation plutôt que pour le créancier d'établir le fait négatif d'absence de divulgation. Au demeurant, en droit commun, il est largement admis que « celui qui est légalement ou contractuellement tenu d'une obligation particulière d'information doit rapporter la preuve de l'exécution de cette obligation » [3]. Il appartient donc au prêteur d'établir qu'il a satisfait à ses obligations précontractuelles.

Peut-il s'aménager cette preuve en produisant une clause ou un document signé par lequel le consommateur reconnaît avoir reçu les informations et les explications exigées par la loi ? Pour la Cour de justice [4], une stipulation de ce type ne saurait permettre au prêteur de contourner ses obligations en entraînant un renversement de la charge de la preuve. Elle constitue seulement un indice qu'il incombe au prêteur « de corroborer par un ou plusieurs éléments de preuve pertinents » sans pouvoir emporter à elle seule démonstration de la pleine et correcte exécution des obligations d'information. La jurisprudence nationale reprend aujourd'hui

1. Nancy, 18 juin 2015, n° 14/01753, *JurisData* n° 2015-016622.
2. CJUE, 18 déc. 2014 préc.
3. Civ. 1re, 9 déc. 1997, n° 95-16.923, *Bull. civ.* I, n° 356 ; *D.* 1998. 34 ; *RTD civ.* 1999. 83, obs. J. Mestre, concernant la remise d'une notice d'assurance. Le principe a été consacré par l'art. L. 111-5 C. consom. (anc. art. L. 111-4, I).
4. CJUE, 18 déc. 2014 préc.

ces solutions [1]. Les banquiers ont ainsi toujours intérêt à stipuler que tel document a été remis ou telle information a été donnée, quand bien même il n'en résulte aucun renversement de la charge de la preuve.

B. Le traitement de la phase contractuelle

970 ***Plan*** ◊ Après le traitement réservé aux préliminaires contractuels, le législateur s'attarde sur la phase contractuelle proprement dite en aménageant la remise de l'offre et l'établissement du contrat, en retardant le moment de la formation du contrat définitif et en encadrant les incidents susceptibles d'entourer son exécution.

1. La remise de l'offre et l'établissement du contrat

971 ***La remise de l'offre et l'établissement du contrat*** ◊ La phase de formation du contrat suppose la remise d'une offre au consommateur, établie sur support papier ou sur un autre support durable et adressée en autant d'exemplaires que de parties ou cautions [2]. Elle doit être remise en accompagnement de la fiche d'information si le consommateur en fait la demande et si le prêteur est disposé à lui consentir un crédit [3]. Lorsque le prêteur fait une proposition d'assurance, l'offre est également accompagnée d'une notice qui doit comprendre notamment les conditions générales de l'assurance [4].

Depuis la réforme opérée par la loi « Lagarde », la nécessité de se conformer à un modèle-type, correspondant à la catégorie de crédit concernée, a été supprimée. Seules certaines exigences typographiques ont été conservées mais elles se limitent au strict minimum. Aussi peut-on craindre des difficultés nouvelles que le consommateur ne manquera pas de rencontrer lorsqu'il souhaitera comparer plusieurs offres émanant de différents établissements [5].

L'article L. 312-28 [6] précise que le contrat doit constituer un document distinct de tout support ou document publicitaire, ainsi que de la fiche mentionnée à l'article L. 312-12 et ajoute qu'il doit comprendre un encadré, inséré au début du contrat en caractères plus apparents que le reste du document et destiné à informer l'emprunteur des caractéristiques essentielles du crédit. La Cour de justice a cependant précisé que le contenu obligatoire du contrat pouvait être réparti sur plusieurs supports distincts

---

1. Paris, 26 oct. 2017, n° 16/05120, *LPA* 26 nov. 2018, n° 236, p. 6, obs. N. Éréséo ; *Gaz. Pal.* 3 avr. 2018, n° 316, p. 23, obs. S. Piedelièvre ; *LEDB* févr. 2018, n° 111, p. 4, obs. J. Lasserre Capdeville. V. cept. s'agissant de la preuve de la remise de la notice d'assurance Civ. 2e, 5 juill. 2018, n° 17-20.244, à paraître au *Bulletin*.
2. C. consom., art. L. 312-18 al. 1 (anc. art. L. 311-11 al. 1).
3. C. consom., art. L. 312-13 (anc. art. L. 311-7 al. 1).
4. C. consom., art. L. 312-29 (anc. L. 311-19).
5. En ce sens, G. Raymond, *J.-Cl. BCB*, fasc. 719, n° 103.
6. Anc. art. L. 311-18.

(conditions générales, conditions particulières, etc.) pourvu que le contrat contienne un renvoi clair et précis aux autres supports et que ceux-ci soient effectivement remis à l'emprunteur [1]. Un décret a précisé le contenu du contrat et de son encadré à travers une trentaine de mentions obligatoires qui doivent apparaître en caractères dont la hauteur ne peut être inférieure à celle du corps huit [2]. Le tout est sanctionné par la déchéance totale du droit aux intérêts [3] et par une amende de 1 500 euros [4].

1972 ***Bilan sur l'information du consommateur*** ◊ Le bilan législatif n'est guère satisfaisant puisque le consommateur est aujourd'hui noyé par la pluralité des supports (publicité, fiche, offre) et des mentions de sorte qu'il est à craindre qu'il ne les lise tout simplement pas. Au demeurant, chacun sait que le consommateur moyen n'est pas à même de comprendre les subtilités des mathématiques financières et du droit du crédit. En outre, les décrets d'application de la loi « Lagarde » marquent un net recul par rapport à l'état du droit antérieur à la réforme [5]. Par exemple, l'ancien article L. 311-11 permettait au consommateur d'avoir une information précise sur le coût total de l'assurance, parfois très important (notamment pour les crédits renouvelables). Depuis les deux décrets du 1er février 2011 [6], ce coût de l'assurance obligatoire est noyé dans le coût total du crédit, qui n'est même pas mentionné en tant que tel puisque le consommateur doit soustraire le montant total du crédit du montant total dû, qui sont les seules mentions figurant dans la fiche d'information et l'encadré du contrat. Quant au coût global de l'assurance facultative, il n'en est pas question dans ces décrets et n'est donc jamais compris dans le coût total du crédit. Des observations similaires peuvent être formulées au sujet de la mention de l'assurance par échéance, qui n'a pas à figurer dans l'encadré du contrat [7], et du taux de la période (mensuel ou quotidien) et de sa

1. CJUE, 9 nov. 2016, aff. C-42/15, *LPA* 5 déc. 2017, n° 242, p. 13, obs. N. Éréséo ; *D.* 2017. 328, note F. Boucard, *CCC* 2017, comm. 42, note S. Bernheim-Desvaux ; *RDBF* 2017, n° 1, p. 43, note N. Mathey ; *Gaz. Pal.* 21 févr. 2017, p. 55, obs. M. Roussille ; *LEDB* déc. 2016, p. 3, obs. J. Lasserre Capdeville.

2. C. consom., art. R. 312-10 (anc. art. R. 311-5). Pour un exemple illustrant les difficultés pratiques qui se posent lorsque les magistrats doivent vérifier le respect des exigences typographiques, v. Paris, 15 janv. 2015, n° 14/03029, *LPA* 1er juin 2015, n° 108, p. 7, obs. J. Lasserre Capdeville ; *RDBF* mai 2015, comm. 73, obs. N. Mathey (qui commente également d'autres arrêts). Sur l'ensemble de la question, v. N. Kilgus, « La taille des caractères du contrat » in « Les grandes tendances du contentieux du crédit à la consommation », *LPA* 28 juill. 2017, n° 150, p. 12.

3. C. consom., art. L. 341-4 (anc. art. L. 311-48 al. 1).

4. C. consom., art. R. 341-4 (anc. art. L. 311-49 al. 1).

5. V. les observations très critiques de G. Biardeau et P. Flores, « Décrets du 1er février 2011 et information de l'emprunteur : le compte n'y est pas ! », *D.* 2011. 688.

6. Décr. n° 2011-135 et 2011-136 du 1er févr. 2011, *JO* 3 févr., modifiant la partie réglementaire du C. consom.

7. L'article R. 312-10 (anc. art. R. 311-5) se contente en effet d'exiger le montant de la mensualité hors assurance facultative ou, lorsque l'assurance est obligatoire, le montant de la mensualité assurance comprise, sans que la part de cette assurance n'ait à être précisée.

durée qui font également l'objet de restrictions difficilement justifiables. Le bilan s'aggrave si l'on prend en considération le fait que ces obligations précontractuelles entraînent des coûts considérables pour les banques qui ne manquent jamais de les répercuter sur les consommateurs [1]. Ceux-ci financent en définitive une protection qui ne présente qu'un intérêt limité et ne profite réellement qu'aux emprunteurs les plus avisés ou les mieux conseillés, qui ne sont pas toujours les plus honnêtes...

2. La formation retardée du contrat

973 ***Possibilité pour les parties d'empêcher le processus de formation du contrat*** ◊ La signature du contrat par les deux parties n'est pas suffisante pour les engager définitivement puisque le processus de formation est menacé par la possibilité laissée au prêteur et à l'emprunteur d'en paralyser le jeu.

974 ***L'échec de la formation du contrat initié par le prêteur : le refus d'agrément*** ◊ La remise ou l'envoi de l'offre fait en premier lieu courir un délai de quinze jours durant lesquels le prêteur est tenu d'en maintenir les conditions [2]. Pour autant, le prêteur n'est pas encore définitivement engagé à ce stade. La loi lui offre en effet une faculté d'agrément valable sept jours à compter de l'acceptation de l'offre par l'emprunteur [3]. Dans ce délai, le prêteur est libre de modifier les conditions initialement convenues en refusant l'agrément puis en communiquant une nouvelle offre. Au-delà du délai de sept jours, l'agrément est réputé refusé. La loi aménage cependant deux dérogations à cette solution : d'une part, l'agrément communiqué après le délai reste valable si le consommateur entend toujours bénéficier du crédit. D'autre part, la remise des fonds malgré l'écoulement du délai est réputée valoir agrément.

975 ***L'échec de la formation du contrat initié par l'emprunteur : la faculté de rétractation*** ◊ Après l'acceptation du contrat par l'emprunteur, la formation du contrat est en second lieu entravée par la faculté de rétractation qui est offerte à ce dernier. La loi « Lagarde » a allongé le délai qui était de sept jours pour le porter à quatorze jours à compter de l'acceptation [4]. Afin de faciliter l'exercice de la faculté de rétractation, la loi prévoit qu'un formulaire détachable doit être joint à l'exemplaire du contrat remis au consommateur [5], sous peine d'une amende de 1 500 euros [6].

---

1. J. Stoufflet, « Propos non conformistes sur la protection du consommateur emprunteur », *Mél. Gavalda*, Dalloz 2001, p. 287, n° 18.
2. C. consom., art. L. 312-18 al. 2 (anc. art. L. 311-11 al. 2).
3. C. consom., art. L. 312-24 (anc. L. 311-13).
4. C. consom., art. L. 312-19 (anc. L. 311-12 al. 1).
5. C. consom., art. L. 312-21 (anc. L. 311-12 al. 1).
6. C. consom., art. R. 341-3 (anc. art. L. 311-49, al. 1).

La possibilité pour le consommateur de se rétracter n'est pas subordonnée à la nécessité de fournir un motif et ne peut donner lieu à enregistrement sur un fichier.

Pour autant, la liberté pour le consommateur de se rétracter n'a pas la même force suivant qu'il choisit de l'exercer les sept premiers jours à compter de l'acceptation ou les sept suivants. Durant la première période, la loi prévoit qu'aucun paiement, sous quelque forme et à quelque titre que ce soit, ne peut être fait par le prêteur à l'emprunteur ou pour le compte de celui-ci, ni par l'emprunteur au prêteur [1]. Le prêteur qui réclame ou reçoit une somme de l'emprunteur avant ce délai peut faire l'objet d'une sanction qui a été portée à 300 000 euros par la loi relative à la consommation du 17 mars 2014 [2]. Au-delà du délai de sept jours, l'emprunteur éprouvera en revanche une grande réticence à exercer son droit de rétractation s'il a payé ou reçu des sommes dès lors qu'il devra entamer des démarches pour les restituer ou les recouvrer. Dans ce contexte, des auteurs estiment que la faculté de rétractation est « pratiquement paralysée » [3].

Il appartient normalement au prêteur de prouver la remise d'un exemplaire du contrat pourvu du formulaire détachable de rétractation. De manière très contestable, la Cour de cassation a cependant posé le principe suivant lequel « la reconnaissance écrite, par l'emprunteur, dans le corps de l'offre préalable, de la remise d'un bordereau de rétractation détachable joint à cette offre laisse présumer la remise effective de celui-ci », ajoutant pour le cas d'espèce « qu'ayant constaté que [l'emprunteur] avait souscrit une telle reconnaissance, la cour d'appel en a exactement déduit que, faute pour [celui-ci] de rapporter la preuve de l'absence de remise du bordereau ou, à défaut, de son caractère irrégulier, [il] ne pouvait se prévaloir de la déchéance du droit aux intérêts du prêteur » [4]. Confirmant une solution qui se dégageait déjà, mais de manière moins nette, d'une précédente décision [5], l'arrêt a suscité de sérieuses critiques doctrinales en ce qu'il revient à poser une présomption de remise effective d'un bordereau conforme à la réglementation. Or, comme l'a écrit un auteur, « opérant une confusion, le raisonnement suivi revient à déduire d'un élément de fait – la remise du bordereau – un élément de droit – la régularité du bordereau – » [6]. Plus

---

1. C. consom., art. L. 312-25 (anc. art. L. 311-14).
2. C. consom., art. L. 341-12 s. (anc. art. L. 311-50).
3. J. Calais-Auloy et H. Temple, *Droit de la consommation*, 9e éd., Dalloz 2015, n° 367.
4. Civ. 1re, 16 janvier 2013, n° 12-14.122 ; *JCP* 2013, n° 5, 106, p. 187, obs. J. Lasserre Capdeville ; *LPA* 4 nov. 2013, n° 219-220, p. 10, obs. N. Éréséo ; *RTD com.* 2013. 832, obs. D. Legeais ; *LEBD* mars 2013 n° 3, p. 1, obs. R. Routier ; *Gaz. Pal.* 14 févr. 2013, n° 45, p. 10, note S. Prieur ; *Gaz. Pal.* 21 févr. 2013, n° 52, p. 15, obs. S. Piedelièvre ; *D.* 2013. AJ 236, obs. V. Avena-Robardet. En application de cette jurisprudence, v. Lyon, 10 avr. 2014, n° 13/01521, *LPA* 1er août 2014, n° 153, p. 8, obs. J. Lasserre Capdeville, ainsi que les autres références citées. V. égal. Grenoble, 13 janv. 2015, n° 12/04304, *LPA* 1er juin 2015, n° 108, p. 8, obs. J. Lasserre Capdeville.
5. Civ. 1re, 12 juill. 2012, n° 11-17595 ; *LPA*, 5 nov. 2012, n° 221, p. 7, obs. J. Lasserre Capdeville ; *D.* 2012. AJ 1950, obs. V. Avena-Robardet et p. 2567, note G. Poissonnier ; *JCP E* 2012, 1606, note E. Bazin.
6. G. Poissonnier, note préc.

grave, la solution retenue par la Cour est probablement contraire au principe d'effectivité attaché aux prescriptions de la directive 2008/48 sur la base duquel la Cour de justice a récemment énoncé que les droits conférés par la directive seraient compromis si la charge de la preuve de la non-exécution des obligations du prêteur pesait sur l'emprunteur, ajoutant qu'une clause par laquelle l'emprunteur reconnaîtrait que le prêteur a satisfait à ses obligations ne saurait valoir renversement de la charge de la preuve mais tout au plus comme un élément devant être corroboré par d'autres indices [1]. Au demeurant, certains juges du fond semblent aujourd'hui s'écarter de la solution promue par la Cour de cassation [2].

976 ***Date de la formation du contrat*** ◊ La date à laquelle le contrat de crédit à la consommation doit être considéré comme étant définitivement conclu fait l'objet d'analyses doctrinales divergentes. Il est vrai que le législateur laisse place au doute en posant deux solutions contradictoires. D'un côté, l'existence même d'une faculté de rétractation suppose en principe que le contrat a été conclu dès l'acceptation de l'offre. Mais de l'autre, l'article L. 312-24 [3] énonce que le contrat « ne devient parfait » qu'en l'absence de rétractation. Mettant l'accent sur cette dernière solution, certains auteurs estiment que le contrat n'est définitivement conclu qu'à compter de l'expiration du délai de réflexion [4]. D'autres auteurs jugent au contraire que le contrat est formé dès l'acceptation de l'offre, en soulignant notamment que la suspension de l'exécution des obligations prévue par l'article L. 312-25 [5] n'aurait aucun sens si le contrat n'était pas déjà valablement formé à cette date [6]. Le raisonnement peut cependant être renversé en relevant que si l'exécution du contrat est interdite avant cette date c'est précisément parce que le contrat doit être considéré comme n'étant pas encore définitivement conclu à ce stade...

3. L'exécution encadrée du contrat

977 ***Exécution du contrat*** ◊ Pour encadrer la phase d'exécution du contrat, le législateur prévoit des obligations d'information à la charge du prêteur et anticipe deux difficultés susceptibles de compromettre le déroulement normal de l'opération : le remboursement anticipé et la défaillance éventuelle de l'emprunteur.

---

1. CJUE, 18 déc. 2014 préc. V. ss 1969.
2. Riom, 25 nov. 2015, n° 14/01230, *LPA* 9 janv. 2017, n° 6, p. 11, obs. N. Éréséo ; *LEDB* février 2016, p. 7, obs. J. Lasserre Capdeville, reconnaissant cependant que la preuve de la remise d'un bordereau conforme est apportée en l'espèce dès lors que le prêteur versait aux débats un exemplaire du même type de contrat que l'offre préalable acceptée par l'emprunteuse, lequel comportait effectivement un document conforme, et dès lors que l'emprunteuse reconnaissait avoir reçu celui-ci.
3. Anc. art. L. 311-13.
4. J. Calais-Auloy et H. Temple, *Droit de la consommation*, 9e éd., Dalloz 2015, n° 368.
5. Anc. art. L. 311-14
6. Th. Bonneau, *Droit bancaire*, 10e éd., LGDJ 2013, n° 834.

a. Le maintien d'une information au bénéfice de l'emprunteur

1978 ***Information sur la variation du taux*** ◊ Les obligations d'information qui lient les parties ne cessent pas après la conclusion du contrat. Elles se prolongent durant son exécution comme en attestent trois dispositions du Code de la consommation. La première concerne l'hypothèse où le prêteur a stipulé un taux variable, pratique qui avait été admise par la jurisprudence [1] avant que la directive de 2008 ne conduise la loi « Lagarde » à la consacrer expressément. Elle exige du prêteur, en cas de modification du taux débiteur, à informer l'emprunteur par écrit ou sur un autre support durable, avant que la modification n'entre en vigueur [2]. Le législateur n'indique pas de date limite de sorte que l'information peut parvenir au consommateur au dernier moment. Elle doit mentionner le montant des échéances après l'entrée en vigueur du nouveau taux ainsi que toute modification du nombre ou de la périodicité des échéances si le cas se présente. La sanction est assez lourde puisqu'elle se traduit par la déchéance totale ou partielle du droit aux intérêts [3].

1979 ***Information sur le capital restant dû*** ◊ La deuxième disposition s'applique à toutes les opérations de crédit, à l'exception de la location-vente et de la location avec option d'achat. Elle oblige le prêteur, au moins une fois par an, à porter à la connaissance de l'emprunteur le montant du capital restant à rembourser ; l'information devant figurer en caractères visibles sur la première page du document adressé au consommateur [4], le tout sous peine d'une amende de 1 500 euros [5]. Le dispositif est pour le moins infantilisant mais il permet de dissuader les emprunteurs déjà endettés de contracter de nouveaux crédits et prévient ainsi les situations de surendettement [6].

1980 ***Information sur les risques encourus en cas de défaillance*** ◊ La dernière disposition s'applique dès le premier manquement de l'emprunteur à son obligation de remboursement. Dans cette hypothèse, le prêteur est tenu d'informer l'emprunteur des risques encourus [7], et notamment de la possibilité qu'il tire du Code de la consommation d'exiger le remboursement immédiat du capital et le paiement d'une indemnité [8]. Le prêteur doit également déclarer l'incident de paiement à la Banque de France qui

---

1. Civ. 1re, 20 déc. 2007 ; *D.* 2008. AJ 286, obs. Avena-Robardet.
2. C. consom., art. L. 312-31 al. 1 (anc. art. L. 311-21 al. 1).
3. C. consom., art. L. 341-6 (anc. art. L. 311-48 al. 2).
4. C. consom., art. L. 312-32 (anc. art. L. 311-25-1).
5. C. consom., art. R. 341-6 (anc. art. L. 311-49 al. 1).
6. En ce sens, J. Calais-Auloy et H. Temple, *Droit de la consommation*, 9e éd., Dalloz 2015, n° 377.
7. C. consom., art. L. 312-36 (anc. art. L. 311-22-2 al. 1).
8. V. ss 1984.

tient le fichier des incidents de remboursement des crédits aux particuliers (FICP) dans les conditions prévues par les articles L. 751-1 et suivants du Code de la consommation. La caution éventuelle doit également être informée de l'incident dans les conditions prévues par l'article L. 314-17 du Code de la consommation. Par ailleurs, lorsque l'emprunteur n'a pas réglé sa prime d'assurance auprès de l'assureur choisi par lui, celui-ci doit en informer le prêteur afin qu'il puisse tirer les conséquences de cette modification des risques de l'opération [1].

b. Le remboursement anticipé

981 ***Intérêt du remboursement anticipé*** ◊ Lorsqu'il est possible, le remboursement anticipé est profitable à l'emprunteur mais désavantageux pour le prêteur puisqu'il est amené à perdre une partie des bénéfices attendus de l'opération. Du point de vue des tiers, le remboursement anticipé est également avantageux puisqu'il permet de faire jouer la concurrence entre établissements de crédit, notamment lorsqu'une baisse des taux rend intéressante la souscription d'un nouveau crédit à même de purger l'ancien à des conditions plus intéressantes.

982 ***Droit au remboursement anticipé*** ◊ Seul perdant de l'opération, le prêteur initial est tenté d'interdire le remboursement anticipé ou de le soumettre à des conditions financières dissuasives, tout au moins suffisantes pour compenser les pertes qu'il subit. Afin de protéger l'emprunteur et les concurrents du prêteur, le législateur prévoit cependant que l'emprunteur peut toujours, à son initiative, rembourser par anticipation, en partie ou en totalité, le crédit qui lui a été consenti, avec comme conséquence naturelle que les frais et intérêts afférents à la durée résiduelle du contrat ne sont plus dus [2]. La location avec option d'achat n'est cependant pas concernée par cette règle [3].

983 ***Plafonnement de l'indemnité de remboursement anticipé*** ◊ Faute de pouvoir interdire le remboursement anticipé, le prêteur peut toujours stipuler une indemnité à la charge de l'emprunteur mais celle-ci, quand elle n'est pas purement et simplement interdite dans certains cas, fait l'objet de règles de plafonnement assez complexes et interdisant purement et simplement tout autre frais ou indemnité [4], le prêteur étant en outre privé de la possibilité de pratiquer l'anatocisme [5]. La jurisprudence exige par ailleurs une stipulation expresse exposant clairement le principe

1. C. consom., art. L. 312-33 et L. 312-37 (anc. art. L. 311-22-3).
2. C. consom., art. L. 312-34 (anc. art. L. 311-22 al. 1).
3. C. consom., art. L. 312-35 (anc. art. L. 311-22-1).
4. C. consom., art. L. 312-34 al. 7 (anc. art. L. 311-22 al. 8).
5. Civ. 1re, 9 févr. 2012, n° 11-14605, *Bull. civ.* I, n° 27, *LPA* 5 nov. 2012, n° 221, p. 10, obs. N. Éréséo (arrêt rendu en application de la disposition antérieure à la loi « Lagarde » de 2010).

comme les modalités de cette indemnité [1] tout en contrôlant les clauses susceptibles d'entraver l'exercice par le consommateur du droit au remboursement anticipé [2].

Les règles de plafonnement voulues par le législateur supposent de distinguer deux cas de figure [3]. Lorsque le montant du remboursement anticipé est supérieur à un seuil actuellement fixé à 10 000 euros au cours d'une période douze mois, l'indemnité éventuellement exigée ne peut, dans un cas, dépasser 1 % du montant du crédit lorsque le délai entre le remboursement anticipé et la date de fin du contrat est supérieur à un an et, dans l'autre cas, 0,5 % du même montant si le délai est inférieur à un an. En dessous du seuil de 10 000 euros, l'indemnité n'est en apparence pas plafonnée mais le législateur précise qu'« en aucun cas », et donc au-dessus comme en dessous du seuil, le prêteur ne saurait prévoir une indemnité supérieure au montant des intérêts que l'emprunteur aurait payés durant la période comprise entre le remboursement et la date de fin du contrat de crédit.

Dans quatre cas cependant, le prêteur est privé du droit de stipuler toute indemnité de remboursement anticipé à la charge de l'emprunteur : pour les autorisations de découvert, lorsque le remboursement est effectué en exécution d'un contrat d'assurance destiné à garantir le remboursement du crédit, lorsqu'il intervient dans une période où le taux n'est pas fixe et lorsque le crédit est un crédit renouvelable [4]. Le droit positif issu de la loi « Lagarde » de 2010 marque un net recul de la protection du consommateur dès lors que la législation antérieure à la réforme interdisait, dans tous les cas de figure, la pratique des indemnités de remboursement anticipé.

C. La défaillance de l'emprunteur

1984 ***Déchéance du terme*** ◊ Le Code de la consommation consacre quelques articles à l'hypothèse, hélas courante, d'une défaillance de l'emprunteur. Outre l'information qui doit lui être garantie dès le premier incident [5],

1. Civ. 1re, 24 avr. 2013, n° 12-19070, *Bull. civ.* I, n° 87 ; *LPA* 4 nov. 2013, n° 219-220, p. 19, obs. N. Éréséo : la clause litigieuse évoquait simplement l'éventualité d'une indemnité de remboursement anticipé pour en préciser les modalités. La solution a été rendue en application de règles relatives aux crédits immobiliers mais elle est parfaitement transposable aux crédits à la consommation.

2. Civ. 1re, 30 avr. 2014, n° 13-13641, *LPA* 1er août 2014, n° 153, p. 11, obs. J. Lasserre Capdeville, déclarant abusive au sens de l'article L. 132-1 du Code de la consommation la clause subordonnant l'exercice du droit au remboursement anticipé à un préavis de deux mois et à une notification par lettre recommandée avec accusé de réception (solution rendue en application des dispositions antérieures à la réforme Lagarde).

3. Art. L. 312-34 al. 6 (anc. art. L. 311-22 al. 7).

4. C. consom., art. L. 312-24, 1° à 3° (anc. art. L. 311-22, 1° à 3°). Pour les crédits renouvelables, la règle a été déplacée à l'article L. 312-73 (anc. art. L. 311-22, 4°). Sur ces crédits, v. ss 2001 s.

5. V. ss 1980.

la loi consacre le principe d'une déchéance du terme puisque le prêteur peut réclamer le remboursement immédiat du capital restant dû, majoré des intérêts échus mais non payés [1]. Le prêteur est libre ou non de décider de prononcer la déchéance. S'il prend cette décision, il doit la notifier à l'emprunteur en le mettant en demeure au préalable de satisfaire à ses obligations et en lui laissant un délai. Seule une clause expresse et non équivoque peut décharger le prêteur de l'exigence d'une mise en demeure préalable [2].

985 ***Rôle du juge*** ◊ Le juge n'est pourtant pas privé de son rôle. En application des articles 1244-1 à 1244-3 du Code civil [3], le juge d'instance peut décider d'un délai de grâce en prévoyant que, durant cette période, les sommes dues ne produiront pas intérêts. Il peut en outre décider des modalités de remboursement qui s'appliqueront au terme de la suspension, sans toutefois que le dernier versement puisse excéder de plus de deux ans le terme initialement prévu pour le remboursement du prêt [4].

986 ***Frais et indemnités*** ◊ Lorsque le prêteur n'exige pas le remboursement immédiat du capital restant dû, il peut réclamer une indemnité égale à 8 % des échéances échues impayées, s'ajoutant aux intérêts de retard ; étant précisé que si le prêteur accepte des reports d'échéances futures, le montant est ramené à 4 % des échéances reportées [5]. S'agissant du contrat de location avec option d'achat, les règles de plafonnement sont différentes et découlent d'un barème déterminé en fonction de la durée restant à courir du contrat et de la valeur résiduelle du bien [6].

En dehors des frais taxables, par exemple les frais de justice ou les sommes allouées en application de l'article 700 du Nouveau Code de procédure civile, le prêteur ne peut réclamer aucun autre frais ni aucune autre indemnité que celles prévues par la loi [7]. Celle-ci précise en outre que le plafonnement ne prive pas le juge du pouvoir modérateur qu'il tire des articles 1152 et 1231 du Code civil [8].

---

1. C. consom., art. L. 312-39 (anc. art. L. 311-24).
2. Civ. 1re, 22 juin 2017, n° 16-18.418 ; Civ. 1re, 3 juin 2015, n° 14-15.655, *Bull. civ.* I, n° 131 ; *D.* 2015. 1677, note G. Poissonnier ; *RDBF* 2016, n° 1, p. 6, obs. J. Lasserre Capdeville.
3. Pour les contrats conclus après le 1er octobre 2016, voir l'art. 1343-5 du Code civil issu de l'ord. n° 2016-131 du 10 février 2016.
4. C. consom., art. L. 314-20 (anc. art. L. 313-12). Pour une application récente, v. Paris, 9 juin 2015, n° 14/07896, *JurisData* n° 2015-014240 : suspension refusée aux motifs que les emprunteurs n'apportaient pas la garantie qu'ils seraient solvables à l'issue de la période de suspension de deux années qu'ils sollicitaient, ce d'autant qu'ils avaient déjà bénéficié d'un moratoire de deux ans dans le cadre d'une procédure de surendettement.
5. C. consom., art. D. 312-17 (anc. art. D. 311-7).
6. C. consom., art. L. 312-40 (anc. art. L. 311-25) et D. 312-18 s. (anc. art. 311-8).
7. C. consom., art. L. 312-38 (anc. art. L. 311-23).
8. C. consom., art. L. 312-39 (anc. L. 311-24). V. auj. l'art. 1231-5 du Code civil issu de l'ord. n° 2016-131 du 10 févr. 2016.

§ 3. Procédure et sanctions

1987 ***Tribunal compétent*** ◊ En application de l'article R. 312-35 du Code de la consommation [1], le tribunal d'instance est exclusivement compétent pour régler les litiges nés de l'application des règles relatives aux crédits à la consommation, y compris lorsque le montant en jeu dépasse la limite de 10 000 euros qui borne normalement la compétence de cette juridiction.

1988 ***Délai pour agir en cas de défaillance de l'emprunteur*** ◊ En cas de défaillance de l'emprunteur, le prêteur doit agir dans un délai de deux ans à compter de l'événement concerné (non-paiement des sommes dues à la suite de la résiliation du contrat ou de son terme, premier incident de paiement non régularisé [2], etc.), et ce sous peine de forclusion, le délai ne cessant de courir qu'en cas d'engagement d'une action en paiement [3]. Précisons cependant que si le juge accorde un délai de suspension [4], le point de départ du délai de forclusion est reporté au premier incident non régularisé survenant après la fin du délai [5]. En revanche, le report d'échéances impayées décidé unilatéralement par le prêteur est sans effet sur le point de départ du délai [6] mais un crédit à amortissement différé convenu par les parties peut être pris en considération quand bien même ces modalités spécifiques de remboursement auraient été arrêtées non dans le crédit lui-même mais dans un contrat de vente interdépendant [7]. Par ailleurs, un éventuel accord des parties prévoyant un réaménagement ou un rééchelonnement des modalités de règlement des échéances impayées entraine un report du point de départ au premier incident non régularisé intervenu après ce réaménagement ou ce rééchelonnement [8].

S'agissant des découverts en compte, les textes applicables depuis l'entrée en vigueur de la loi Lagarde prévoient aujourd'hui que le fait pour le client

---

1. Anc. art. L. 311-52.

2. S'agissant de l'article L. 311-37 dans sa rédaction antérieure à la loi « Lagarde » du 1er juillet 2010, la jurisprudence estimait que « dans le cas d'un découvert en compte consenti tacitement par la banque, sans montant ni terme déterminé, le point de départ du délai de forclusion court à compter de la date d'exigibilité du solde débiteur du compte, constitué par la date à laquelle le paiement a été sollicité par la banque ou par celle de la résiliation du compte, correspondant à la clôture du compte », v. Civ. 1re, 12 nov. 2015, n° 14-25787, *LEDB* janv. 2016, p. 5, obs. J. Lasserre Capdeville ; *RDBF*, janv. 2016, comm. 7, obs. N. Mathey ; *Gaz. Pal.* 8 mars 2016, n° 10, p. 64, note M. Roussille.

3. Civ. 1re, 20 janv. 1993, n° 90-18780, *Bull. civ.* I, n° 28.

4. C. consom., art. L. 314-20 (anc. art. L. 313-12), v. ss 1985.

5. Civ. 1re, 1er juill. 2015, n° 14-13790, à paraître au *Bulletin*.

6. Civ. 1re, 28 oct. 2015, n° 14-23.267, *LEDB* déc. 2015, p. 4, obs. M. Mignot ; *RDBF* janv. 2016, comm. 5, obs. N. Mathey ; *Gaz. Pal.* 8 mars 2016, n° 10, p. 64, note M. Roussille, arrêt rendu en application de l'ancien article L. 311-37 dans sa rédaction antérieure à la loi « Lagarde » du 1er juillet 2010.

7. Civ. 1re, 28 oct. 2015, n° 14-11498, *LEDB* déc. 2015, p. 4, obs. R. Routier ; *RDC* 2016, n° 2, p. 207, note E. Savaux.

8. C. consom., art. R. 312-35, al. 6. Pour une illustration de la règle dans l'hypothèse d'un crédit consenti à plusieurs emprunteurs, v. Civ. 1re, 22 nov. 2017, n° 16-25.098.

d'une banque de dépasser le montant de découvert qui lui a été consenti ou de devenir débiteur sans autorisation ne déclenche le point de départ qu'en l'absence de toute régularisation après un délai de 3 mois à compter du jour du dépassement [1].

S'agissant des crédits renouvelables, lorsque le prêteur se réserve le droit de modifier le montant maximal initialement autorisé (clause de double montant, dont la validité est contestée [2]), la jurisprudence décide que c'est le dépassement du crédit initialement accordé qui constitue le point de départ du délai biennal de forclusion, faute de restauration ultérieure du crédit ou d'augmentation de son montant par la souscription d'une offre régulière dans ce délai [3]. La loi « Lagarde » du 1er juillet 2010 a cependant modifié la disposition à l'origine de cette jurisprudence de sorte que la solution jusqu'ici retenue pourrait évoluer à l'avenir [4].

Les actions menées par l'emprunteur contre le prêteur, par exemple dans le cadre d'un manquement au devoir de mise en garde, n'obéissent cependant pas à ce délai biennal comme la jurisprudence a eu l'occasion de le confirmer [5].

89 ***Déchéance du droit aux intérêts*** ◊ La déchéance du droit aux intérêts est la « sanction phare » du droit du crédit à la consommation [6]. Introduite pour la première fois par la loi dite « Scrivener » de 1978 comme sanction des règles relatives à l'offre préalable de crédit, la déchéance plane aujourd'hui sur l'ensemble du processus de formation du contrat. Depuis les modifications issues de la loi dite Lagarde du 1er juillet 2010, elle accompagne une vingtaine d'obligations et notamment celles imposées par la directive n° 2008/28/CE du 23 avril 2008 relatives aux fiches d'information à remettre au consommateur, aux explications et mises en

1. C. consom., art. R. 312-35, al. 5, renvoyant à L. 312-93 ; pour une illustration, v. TI Versailles, 22 févr. 2018, n° 11-17-000190, *Crédit Lyonnais c/M. et Mme D.*, CCC 2018, comm. 102, obs. S. Bernheim-Desvaux. Pour un rappel des solutions applicables avant la loi Lagarde, v. Civ. 1re, 9 juin 2017, n° 16-15140, *LPA* 5 déc. 2017, n° 242, p. 11, obs. J. Lasserre Capdeville.

2. Comm. clauses abusives, avis, n° 02-04 et n° 03-04, 24 mai 2004 et 27 juin 2004, relatif à un contrat de compte permanent. Cass., avis, 10 juill. 2006, n° 06-00.006, *D.* 2006. AJ 2313, obs. V. Avena-Robardet ; *CCC* 2006, comm. 210, obs. G. Raymond ; *RTD com.* 2006. 894, obs. D. Legeais. Le caractère abusif de la clause a été relevé à de nombreuses reprises par les juridictions du fond, V. par ex., Paris, 28 janv. 2010, *RDBF* 2010, comm. 87, obs. N. Mathey.

3. Civ. 1re, 22 mars 2012, n° 10-17079, *Bull. civ.* I, n° 87 ; *LPA* 6 nov. 2012, n° 222, p. 4, obs. J. Lasserre Capdeville ; *LEDB* avr. 2012, p. 4, obs. R. Routier ; *D.* 2012. AJ 869, obs. G. Poissonnier ; *RTD com.* 2012. 388, obs. D. Legeais ; *RDBF* 2012, comm. 77, obs. N. Mathey. Civ. 1re, 19 mars 2015, n° 14-12.131, *LPA* 1er juin 2015, n° 108, p. 13, obs. J. Lasserre Capdeville.

4. Les dispositions de l'article L. 311-37 ont été modifiées et reprises à l'article L. 311-52 (devenu ensuite R. 312-35) qui évoque désormais l'hypothèse d'un dépassement du « montant total » du crédit, notion qui pourrait correspondre au montant maximal autorisé et non à la fraction initialement disponible.

5. Civ. 1re, 30 mai 2012, n° 11-14728, *Bull. civ.* I, n° 117 ; *LPA* 6 nov. 2012, n° 222, p. 3, obs. J. Lasserre Capdeville ; *D.* 2012. AJ 1477, obs. V. Avena-Robardet ; *LEDB* juill. 2012, n° 91, n° 3, obs. R. Routier.

6. G. Poissonnier, « Pour une vraie déchéance du droit aux intérêts en droit du crédit à la consommation », *CCC* 2013/7, étude 10.

garde à lui fournir et à la vérification de sa solvabilité, notamment à l'aide du fichier des incidents de remboursements (FICP) [1].

Très sévère en apparence, la déchéance du droit aux intérêts ne prive cependant pas le prêteur de toute rémunération. La jurisprudence pose en effet une règle très favorable au prêteur puisque la déchéance ne le prive pas du droit de réclamer à l'emprunteur, en plus du principal de la créance, les intérêts moratoires au taux légal qui courent à compter de la première mise en demeure de payer (jurisprudence dite *Theret*) [2]. Plus grave, l'article L. 313-3 du Code monétaire et financier prévoit qu'« En cas de condamnation pécuniaire par décision de justice, le taux de l'intérêt légal est majoré de cinq points à l'expiration d'un délai de deux mois à compter du jour où la décision de justice est devenue exécutoire, fût-ce par provision » ; cette majoration s'appliquant de plein droit, c'est-à-dire même lorsqu'elle n'a pas été demandée et même si la décision de justice ne l'a pas prévue. La situation est telle qu'une juridiction française a interrogé la Cour de justice sur le point de savoir si les dispositions françaises étaient ou non à même de garantir des sanctions « effectives, proportionnées et dissuasives » comme le prévoit la directive de 2008 en son article 23 [3]. En réponse, la Cour de justice a invité la juridiction d'instance à l'origine de la saisine à « comparer, dans les circonstances de l'affaire dont elle est saisie, les montants que le prêteur aurait perçus en rémunération du prêt dans l'hypothèse où il aurait respecté son obligation précontractuelle d'évaluer la solvabilité de l'emprunteur en consultant une base de données appropriée, avec ceux qu'il percevrait en application de la sanction de la violation de cette même obligation précontractuelle » [4]. Faisant application de l'alinéa 2 de l'article L. 313-3 du Code monétaire et financier, et s'il est manifeste que le débiteur ne sera pas en mesure de régler sa dette dans les deux mois, les juridictions pourront à l'avenir l'exonérer de la majoration ou en réduire le montant pour supprimer préventivement les risques de contrariété au droit de l'Union. Le texte prévoit cependant que ces possibilités d'exonération ou de modération sont subordonnées à une demande du créancier ou du débiteur. Or, ce dernier n'est généralement pas informé de ses droits et ne formule pas cette demande, comme l'avait relevé la juridiction nationale à l'origine de la saisine. Un arrêt de la cour d'appel de Paris a, par exemple, estimé qu'il n'y avait pas lieu d'écarter l'application du taux d'intérêt légal à compter de la mise en demeure et la majoration du taux d'intérêt légal prévue par l'article L. 313-3 du Code monétaire et financier [5]. En l'espèce, le taux d'intérêt conventionnel s'élevait à 11,5 %

---

1. Voir l'ensemble des cas prévus aux art. L. 341-1 s. (anc. art. L. 311-48).
2. Sur cette jurisprudence et sa critique, voir G. Poissonnier, art. préc.
3. CJUE, 27 mars 2014, aff. C-565/12, *D.* 2014. 821 ; *Gaz. Pal.* 5 juin 2014, p. 11, note J. Lasserre Capdeville ; *D. actu.* 11 avr. 2014, obs. V. Avena-Robardet ; *LEDB* mai 2014, p. 1, obs. R. Routier ; *LPA* 1er août 2014, n° 153, p. 13.
4. Point n° 50.
5. Paris, 17 déc. 2015, n° 14/17346, *LPA* 10 janv. 2017, n° 7, p. 8, obs. N. Éréséo ; *LEDB* février 2016, p. 7, obs. J. Lasserre Capdeville.

et la mise en œuvre des dispositions précitées n'aboutissait pas, selon les magistrats, à ce que le prêteur perçoive un montant équivalent à celui dont il aurait bénéficié en application du taux initialement convenu [1].

L'efficacité de la déchéance du droit aux intérêts mériterait pourtant d'être renforcée. Derrière l'initiative des juges d'instance français à l'origine de la saisine de la Cour de justice, se profile en effet une forte critique dirigée contre l'arrêt *Theret* qui permet aux banquiers de conserver une rémunération parfois non négligeable lorsque le taux légal est élevé. D'autant que, par application de l'article 1254 du Code civil [2], la règle applicable est que les paiements s'imputent par priorité sur les intérêts de telle sorte que le remboursement du capital s'en trouve nécessairement retardé. La tendance n'est pourtant pas au renforcement de la sanction de la déchéance. Sur le fondement du principe de proportionnalité prévu par la directive n° 2008/28/CE du 23 avril 2008, la Cour de justice a en effet estimé que la sanction de la déchéance ne pouvait être prononcée qu'en présence d'un manquement susceptible d'affecter la possibilité pour le consommateur d'apprécier la portée de ses engagements [3]. Reprenant cette solution, la loi pour un État au service d'une société de confiance a prévu d'habiliter le gouvernement à adopter par ordonnance toute mesure relevant de la loi et destinée à clarifier et harmoniser le régime des sanctions civiles applicables en cas d'erreur ou de défaut affectant le TAEG, « en veillant en particulier, conformément aux exigences énoncées par la directive 2008/48/CE [...] au caractère proportionné de ces sanctions civiles au regard des préjudices effectivement subis par les emprunteurs » [4].

SECTION 2. LES RÈGLES SPÉCIFIQUES À CERTAINS CRÉDITS À LA CONSOMMATION

990 ***Crédits spécifiques*** ◊ Le Code de la consommation consacre plusieurs sections à certains crédits très courants mais qui posent des problèmes spécifiques comme le crédit affecté (§ 1), le crédit renouvelable (§ 2), le crédit gratuit (§ 3) ou le découvert en compte (§ 4).

1. V. cependant les autres espèces plus favorables à l'emprunteur relevées par N. Éréséo, « La déchéance du droit aux intérêts confrontée à l'exigence européenne d'une sanction dissuasive "in" Les grandes tendances du contentieux du crédit à la consommation », *LPA*, 28 juill. 2017, n° 150, p. 28...
2. V. auj. l'art. 1343-1 al. 1 issu de l'ord. n° 2016-131 du 10 févr. 2016.
3. CJUE, 9 nov. 2016, aff. C-42/15, *LPA* 5 déc. 2017, n° 242, p. 13, obs. N. Éréséo ; *D.* 2017. 328, note F. Boucard, *CCC* 2017, comm. 42, note S. Bernheim-Desvaux ; *RDBF* 2017, n° 1, p. 43, note N. Mathey ; *Gaz. Pal.* 21 févr. 2017, p. 55, obs. M. Roussille ; *LEDB* déc. 2016, p. 3, obs. J. Lasserre Capdeville.
4. L. n° 2018-727, 10 août 2018, art. 55.

§ 1. Le crédit affecté

1991 ***Définition*** ◊ Le Code de la consommation consacre quelques dispositions spécifiques à l'une des pratiques contractuelles les plus courantes en manière de crédit : le crédit affecté. Il est défini comme « le crédit servant exclusivement à financer un contrat relatif à la fourniture de biens particuliers ou la prestation de services particuliers » étant précisé que les deux contrats, celui de crédit et celui de vente ou de prestation de service, « constituent une opération commerciale unique » [1]. Se trouve ainsi soulignée l'interdépendance (ou l'indivisibilité) entre les deux conventions qui fonde les dispositions spécifiques applicables à la formation ou à l'exécution des crédits affectés, que certains auteurs jugent surabondantes dès lors que le droit commun des obligations était déjà apte à fonder des solutions similaires [2].

A. Règles applicables à la formation des crédits affectés

1992 ***Liens réciproques*** ◊ Comme le souligne la doctrine, la loi lie étroitement la formation du contrat de prêt et la formation de l'opération de vente ou de prestation de services financée, et ce de manière réciproque [3].

1993 ***Le prêt doit être conclu en vue de la vente*** ◊ Le prêt est en premier lieu subordonné à la vente en ce qu'il doit mentionner l'existence de l'opération financée et de son montant [4] et en ce qu'un vendeur ne saurait profiter de l'occasion pour obtenir du consommateur un engagement pour un crédit d'un montant supérieur [5].

1994 ***La vente doit être conclue à l'aide du prêt*** ◊ La subordination de la vente au prêt garantit en second lieu que le consommateur ne se trouvera pas obligé de payer comptant l'opération alors que, par hypothèse, il n'est pas en mesure de le faire.

Le contrat de vente doit d'abord préciser que le paiement du prix sera acquitté en tout ou en partie à l'aide d'un crédit [6] et tout engagement préalable de payer comptant en cas de refus du prêt est nul de plein droit [7].

---

1. C. consom., art. L. 311-1, 9°.
2. Civ. 1re, 10 sept. 2015, n° 14-13658, à paraître au *Bulletin* ; *JCP* n° 43, 19 oct. 2015, 1138, note J. Lasserre Capdeville. V. d'ailleurs, le nouvel art. 1186 al. 2 C. civ. issu de l'ord. n° 2016-131 du 10 févr. 2016.
3. J. Calais-Auloy et H. Temple, *Droit de la consommation*, 9e éd., Dalloz 2015, n° 369 s.
4. C. consom., art. R. 312-10, 2°, j) (anc. art. R. 311-5, I, j). La règle est sanctionnée par la déchéance du droit aux intérêts : art. L. 341-4 (anc. L. 311-48 al. 1).
5. C. consom., art. L. 312-30 (anc. art. L. 311-20). La règle est sanctionnée par une amende de 300 000 euros : art. L. 341-16 (anc. art. L. 311-50, 6°).
6. C. consom., art. L. 312-45 (anc. art. L. 311-34).
7. C. consom., art. L. 341-11 (anc. art. L. 311-39).

La loi prévoit ensuite qu'aucun engagement ne peut être contracté par le consommateur à l'égard du vendeur tant que le contrat de crédit n'a pas été accepté et, avant cette date, le vendeur ne peut recevoir aucun paiement sous quelque forme que ce soit [1]. Par corollaire, le vendeur n'est pas obligé de livrer l'objet vendu tant que le prêteur ne l'a pas avisé de l'octroi du crédit [2].

B. Règles applicables à l'exécution des crédits affectés

95 ***Maintien de l'interdépendance entre les contrats*** ◊ Au stade de l'exécution des obligations, la loi organise encore l'interdépendance des deux contrats, d'une part, en aménageant des mécanismes visant à suspendre les effets obligatoires et, d'autre part, prévoyant un effet de contagion à chaque fois que l'un des contrats est anéanti.

1. La suspension réciproque de l'exécution des obligations

96 ***Suspension réciproque de l'exécution des obligations : la vente retient le prêt*** ◊ Même si le contrat de prêt est conclu, il est prévu que les obligations de l'emprunteur ne peuvent prendre effet qu'à compter de la livraison du bien ou la fourniture de la prestation [3]. S'agissant des prestations de services à exécution successive, le déblocage des fonds peut être opéré dès le commencement d'exécution du contrat mais la règle ne s'applique pas aux opérations complexes dont l'exécution a été fractionnée en plusieurs étapes (par ex. livraison d'un bien, installation puis mise en service). Dans ce cas, si la banque débloque les fonds avant la complète exécution de l'opération, elle commet une faute qui la prive de la possibilité de demander la résolution du contrat de prêt comme conséquence de la résolution du contrat de prestation service pour défaut d'exécution [4]. La restitution des fonds prêtés ne peut alors qu'être demandée qu'au prestataire et non à l'emprunteur [5]. La banque est pareillement fautive lorsqu'elle débloque les fonds en s'appuyant sur la signature d'un bon de

1. C. consom., art. L. 312-46 (anc. art. L. 311-34).
2. C. consom., art. L. 312-47 (anc. art. L. 311-35).
3. C. consom., art. L. 312-48 (anc. art. L. 311-31).
4. V. ss 2000.
5. Civ. 1re, 12 déc. 2018, n° 17-20882, *LEDB* févr. 2019, p. 4, obs. J. Lasserre Capdeville ; Civ. 1re, 8 nov. 2017, n° 16-22002, *LPA* 26 nov. 2018, n° 236, p. 12, obs. N. Éréséo ; Civ. 1re, 1er juin 2016, n° 15-18043, *LPA* 10 janv. 2017, n° 7, p. 8, obs. N. Éréséo – Civ. 1re, 16 janv. 2013, n° 12-13022, *Bull. civ.* I, n° 6 ; *LPA* 4 nov. 2013, n° ° 219-220, p. 14, obs. N. Éréséo ; *LEDB* mars 2013, p. 2, obs. J. Lasserre Capdeville ; *Gaz. Pal.* 21 févr. 2013, n° 52, p. 17, obs. S. Piedelièvre.

livraison alors que celle-ci n'est visiblement pas celle de l'emprunteur [1] ou lorsqu'elle ne procède pas aux vérifications nécessaires auprès du vendeur et de l'emprunteur alors que de telles vérifications lui auraient permis de déceler que le contrat de vente était affecté d'une cause de nullité [2]. La banque conserve cependant sa créance de restitution lorsque le préjudice subi par le client est « seulement hypothétique », le prix payé pour la vente ou la prestation de service résolue ou annulée pouvant être récupéré auprès du vendeur ou du prestataire [3].

1997 ***Suspension de l'exécution des obligations : le prêt retient la vente*** ◊ Tant que l'acheteur peut encore exercer sa faculté de rétractation, le vendeur ne peut recevoir aucun paiement, sous quelque forme que ce soit, sauf la partie du prix que l'acheteur s'est éventuellement engagé à payer comptant [4]. Dans le même ordre d'idées, tant que le crédit n'est pas définitivement conclu, le vendeur n'est pas tenu d'accomplir son obligation de livraison [5]. Toutefois, la loi autorise une dérogation à ce principe au profit des consommateurs impatients de profiter de leur acquisition. Ils doivent faire une demande expresse rédigée de leur main [6], la fin du délai expirant alors au jour de la livraison, sans pouvoir être inférieure à 3 jours ou supérieure à 14 [7]. La règle ne s'applique pas en matière de démarchage où la dérogation au délai de 14 jours n'est pas permise [8].

2. L'anéantissement réciproque des contrats liés

1998 ***Anéantissement réciproque des deux contrats*** ◊ L'interdépendance entre les deux contrats est encore soulignée par l'effet de contagion attaché à l'anéantissement de l'un d'entre eux.

1999 ***Anéantissement réciproque des deux contrats : le prêt emporte la vente*** ◊ Le contrat de vente est résolu de plein droit et sans indemnité dans deux hypothèses. D'une part, il est résolu lorsque l'emprunteur exerce son droit de rétractation dans les délais prévus, sans préjudice de la possibilité pour lui de les réduire par un accord exprès, auquel cas la rétraction n'emporte résolution du contrat financé que si elle intervient

---

1. Civ. 1re, 19 févr. 2014, n° 12-26100, *LPA* 1er août 2014, n° 153, p. 12, obs. N. Éréséo.
2. Civ. 1re, 5 avr. 2018, n° 17-13528, *LPA* 26 nov. 2018, n° 236, p. 13, obs. J. Lasserre-Capdeville ; Civ. 1re, 10 déc. 2014, n° 13-26585, *LPA* 1er juin 2015, n° 108, p. 12, obs. J. Lasserre Capdeville.
3. Civ. 1re, 27 juin 2018, n° 17-10.108. Sur l'ensemble de la question, v. N. Éréséo, « Le cas du crédit affecté » *in* « Les crédits spéciaux à la consommation : Les nouveaux contentieux », n° spécial *LPA*, 30-31 mai 2019, n° 108-109, p. 9.
4. C. consom., art. L. 312-50 (anc. art. L. 311-40).
5. C. consom., art. L. 312-47 (anc. art. L. 311-35).
6. C. consom., art. R. 312-20 (anc. art. R. 311-9).
7. C. consom., art. L. 312-47 al. 2 (anc. art. L. 311-35).
8. C. consom., L. 312-51 (anc. art. L. 311-41).

dans les trois jours de l'acceptation du crédit [1]. D'autre part, le contrat de vente est résolu lorsque le prêteur n'a pas informé le vendeur de l'attribution du crédit au consommateur dans un délai de sept jours à compter de son acceptation [2]. Dans les deux cas, il est prévu que le consommateur peut toujours faire échec à l'anéantissement de la vente en payant comptant avant l'expiration des délais applicables [3].

Si l'opération financée est résolue, le vendeur ou le prestataire doivent alors rembourser le consommateur toute somme versée d'avance, qui produit intérêts de plein droit au taux légal majoré de moitié à compter du huitième jour suivant la demande de remboursement [4]. Le fait de persister à ne pas rembourser la somme pouvant conduire à une amende de 300 000 euros [5].

000 ***Anéantissement réciproque des deux contrats : la vente emporte le prêt*** ◊ Le contrat de crédit est résolu ou annulé de plein droit lorsque le contrat en vue duquel il a été conclu est lui-même résolu ou annulé en justice, mais pourvu que le prêteur soit intervenu à l'instance ou ait été mis en cause [6]. Parallèlement, lorsque le consommateur exerce son droit de rétractation du contrat de vente ou de prestation de services, le contrat de crédit destiné à en assurer le financement est résilié de plein droit sans frais ou indemnité, à l'exception des frais engagés pour l'ouverture du dossier de crédit [7].

§ 2. Le crédit renouvelable

001 ***Spécificité du crédit renouvelable*** ◊ Autrefois connu sous le nom de « crédit revolving », le crédit renouvelable se caractérise par une réserve d'argent, souvent couplée à une carte de fidélité, que l'emprunteur est libre d'utiliser et qui se reconstitue au fur et à mesure des remboursements [8]. Malgré des taux parfois très élevés, les mensualités sont généralement faibles et sont composées en grande partie des intérêts et des frais, qui comprennent notamment la prime d'assurance calculée sur la base d'un pourcentage du capital restant dû. Les mensualités n'augmentent en principe pas après réutilisation du crédit, ce qui apparaît comme une aberration économique, sauf à comprendre que le but est de retarder le remboursement du capital et de renchérir le coût du crédit. Renonçant à

1. C. consom., art. L. 312-52, 2° (anc. art. L. 311-36, 2°).
2. C. consom., art. L. 312-52, 1° (anc. art. L. 311-36, 1°).
3. C. consom., art. L. 312-52 al. 5 (anc. art. L. 311-36 al. 5).
4. C. consom., art. L. 312-53 et L. 341-10 (anc. art. L. 311-37).
5. C. consom., art. L. 341-17 (anc. art. L. 311-50, 4°).
6. C. consom., art. L. 312-55 (anc. art. L. 311-32).
7. C. consom., art. L. 312-54 (anc. art. L. 311-38).
8. J. Lasserre Capdeville, « Les nouveaux contentieux : Le cas du crédit renouvelable », *LPA*, 30-31 mai 2019, n° 108-109, p. 3.

la tentation d'interdire le crédit renouvelable en dépit des dangers qui lui sont inhérents [1], la réforme Lagarde a adopté quelques dispositions spécifiques – mais timides – destinées à renforcer la protection de l'emprunteur et à décourager les pratiques peu responsables de certains prêteurs [2]. Ces dispositions reposent aujourd'hui sur une définition légale qui s'oppose à ce que les banques imaginent des modèles différents, par exemple des formules hybrides panachant les caractéristiques d'un crédit amortissable et celles d'un crédit renouvelable [3].

2002 ***Désignation des crédits renouvelables*** ◊ La première mesure passe par une clarification de la désignation des pratiques concernées : toute opération correspondant à la définition que donne le législateur doit nécessairement être désignée dans tout document commercial ou publicitaire comme un crédit renouvelable, à l'exclusion de toute autre expression [4]. La formule choisie, plutôt neutre ; n'alerte en rien sur les dangers inhérents à ce type de crédit, tout en rompant avec les habitudes du consommateur qui connaissait mieux d'autres expressions qui étaient devenues péjoratives au fil du temps. Elle sert à ce titre les intérêts des prêteurs plutôt que ceux des consommateurs en laissant entendre que le consommateur n'a rien à craindre s'il souscrit ce type d'opération.

2003 ***Renforcement de l'information de l'emprunteur*** ◊ La deuxième série de mesures aménage une information renforcée de l'emprunteur. Les crédits renouvelables reposent en effet sur des mécanismes et des calculs d'une complexité telle que le consommateur n'y consent presque jamais en connaissance de cause. En pratique, il est très difficile de se figurer le coût réel de ces crédits puisque celui-ci dépend de l'utilisation qui en sera faite et de la mise en œuvre de règles dont la subtilité dépasse l'intelligence moyenne du public visé. Non réglée par la loi « Lagarde », l'une de ces subtilités est notamment que le montant des échéances n'est pas strictement proportionnel au montant emprunté mais se trouve calculé par tranches d'encours [5]. Par ailleurs, l'emprunteur ne réalise généralement pas que la réutilisation du crédit a pour conséquence d'en faire exploser le coût puisqu'elle s'opère sans faire varier le montant des échéances.

Dans ces conditions, la correcte information du consommateur ne peut être assurée que par la fourniture d'un exemple simple et chiffré permettant une compréhension au moins approximative du fonctionnement de ce type

1. A. Debet, « Faut-il interdire le crédit revolving ? », *D.* 2009. 1004.
2. V. Legrand, « Le crédit renouvelable va-t-il devenir responsable ? » ; *D.* 2011. 1990.
3. V. en ce sens Civ. 1re, avis, 6 avr. 2018, n° 18-70001, *LPA* 27 nov. 2018, n° 237, p. 3, obs. J. Lasserre Capdeville.
4. C. consom., art. L. 312-57 (anc. art. L. 311-16 al. 1).
5. Ex. : si la première tranche d'encours va jusqu'à 800 euros, le montant de l'échéance de remboursement sera identique que le client utilise 500 ou 800 euros.

de crédit. Les mesures adoptées en application de la loi « Lagarde » semblent cependant insuffisantes à cet égard, et ce pour au moins deux raisons [1].

La première concerne le coût de l'assurance qui est généralement très élevé en matière de crédit renouvelable. Pour assurer l'information de l'emprunteur sur ce point, la loi « Lagarde » prévoyait que « lorsque le prêteur offre à l'emprunteur ou exige de lui la souscription d'une assurance, le prêteur ou l'intermédiaire de crédit informe l'emprunteur du coût de l'assurance » [2], à l'aide d'un exemple chiffré exprimé en euros et par mois [3]. Destinée à permettre au consommateur de comparer plusieurs offres, une telle exigence impliquait l'indication d'une prime en valeur absolue valable pour chaque échéance et condamnait donc la pratique des organismes de crédit qui calculent chaque mois un pourcentage (0,6 % en principe) sur le capital restant dû, méthode permettant de mettre en avant des primes dégressives. Cependant, le décret d'application a *contra legem* permis d'indiquer le coût « sur la base de la cotisation mensuelle la plus élevée prévue par l'offre commerciale » [4], formulation qui semble conforter les anciennes pratiques [5].

L'autre raison concerne les montants choisis par le pouvoir réglementaire pour servir de base aux exemples représentatifs. L'exemple représentatif censé éclairer la décision du consommateur doit s'appuyer sur ou plusieurs montants déterminés : 500 euros, 1 000 euros, 3 000 euros, le prêteur devant faire en sorte que l'exemple corresponde au mieux à la nature des crédits dont il fait la publicité [6]. Le texte n'exige cependant pas que ces montants correspondent à des bornes supérieures d'encours, n'anticipe pas les cas où le montant minimum exigé à l'ouverture est supérieur à ce montant et n'impose pas deux variantes pour les calculs, avec et sans assurance. Certains établissements peuvent en conséquence fournir des exemples faussement représentatifs quant au coût réel des crédits qu'ils proposent.

004 ***Mesures destinées à encourager des pratiques responsables*** ◊ Les crédits renouvelables devraient être réservés aux opérations portant sur des montants raisonnables. Au lieu d'interdire purement et simplement les crédits renouvelables au-delà d'un certain montant, la loi « Lagarde » a prévu le droit pour le consommateur de disposer de la possibilité de conclure un contrat de crédit amortissable à la place d'un contrat de crédit renouvelable pour toute demande d'un crédit d'un montant supérieur à 1 000 euros [7]. La règle est cependant limitée aux crédits proposés à

1. G. Biardeau et P. Flores, « Décrets du 1er février 2011 et information de l'emprunteur : le compte n'y est pas ! », *D.* 2011. 688
2. C. consom. art. L. 312-12 al. 5 (anc. art. L. 311-6, III).
3. C. consom., art. L. 312-7 (anc. art. L. 311-4-1).
4. Art. D. 312-24 (anc. art. 311-1, IV, 2°).
5. V. en ce sens G. Biardeau et P. Flores, art. préc.
6. C. consom., art. D. 312-21 (anc. art. 311-1).
7. C. consom., art. L. 312-62 (anc. art. L. 311-8-1) et D. 312-25 (anc. art. D. 311-10-1).

distance ou sur le lieu de vente. Surtout, elle n'oblige pas formellement les prêteurs à faire une offre ou au moins une simple proposition et semble à ce titre devoir rester sans application, sauf à ce que le consommateur formule lui-même une demande, ce qui suppose qu'il connaisse ses droits [1]. La loi relative à la consommation du 17 mars 2014 a cependant modifié la disposition en cause en prévoyant dorénavant que le prêteur doit accompagner l'offre de crédit renouvelable d'une proposition de crédit amortissable en fournissant des informations permettant au consommateur de comparer de façon claire le fonctionnement, le coût et les modalités d'amortissement des deux crédits proposés selon au moins deux hypothèses de délai de remboursement. Cependant la règle demeurera facile à contourner puisqu'il suffira à la banque de proposer à l'emprunteur un prêt classique mais remboursable rapidement avec des échéances inacceptables ou si peu attractives que la perspective d'un crédit renouvelable apparaîtra beaucoup plus intéressante en comparaison. En outre, le texte n'impose pas au prêteur de fournir une offre mais une simple proposition. C'est seulement si l'emprunteur opte pour le crédit amortissable que le prêteur est tenu de faire l'offre correspondante [2]. Or, le texte n'exige pas que l'offre soit faite sans délai, c'est-à-dire le jour même, de sorte que le consommateur préférera sans doute opter immédiatement pour la seule offre réellement disponible.

En parallèle, une disposition a été adoptée afin d'empêcher les mesures d'intéressement par lesquelles les vendeurs, salariés ou non des entreprises de crédit, sont incités à placer des crédits renouvelables plutôt que des crédits amortissables. La loi prévoit que leur rémunération ne peut en aucun cas dépendre du taux ou du type de crédit consenti [3].

Toujours dans le dessein d'inspirer des pratiques plus responsables, le législateur a adopté un certain nombre de mesures jouant lorsque le crédit est couplé à l'utilisation d'une carte donnant droit « à des avantages de toute nature » [4]. Ceux-ci ne peuvent pas être subordonnés à l'utilisation à crédit de la carte. Par ailleurs, le consommateur doit être clairement informé de la possibilité qu'il a de payer comptant et doit donner un consentement exprès en cas d'utilisation du crédit. La loi « Hamon » a ajouté encore une nouvelle disposition obligeant les enseignes ayant mis place un programme proposant des avantages de toute nature et incluant un crédit renouvelable à mettre en place un autre programme comportant des avantages non liés à un crédit [5]. Le texte n'exige cependant pas que ce programme alternatif

1. V. Legrand, « Le volet crédit de la loi « consommation » », CCC mai 2014, dossier 7.
2. C. consom., art. L. 311-8-1 al. 2.
3. C. consom., art. L. 314-23 al. 3 (anc. art. L. 313-11).
4. C. consom., art. L. 312-68 (anc. art. L. 311-17), dans sa rédaction issue de la loi du 17 mars 2014. L'ancienne version évoquait des « avantages commerciaux et promotionnels », et semblait ainsi exclure les avantages commerciaux mais non promotionnels parce que permanents.
5. C. consom., art. L. 312-63 (anc. art. L. 311-17 al. 2).

offre des avantages similaires et les enseignes ne manqueront pas de rendre plus attractives les cartes de fidélité accompagnées d'un crédit renouvelable.

)05 ***Mesures relatives à la durée des contrats renouvelables*** ◊ La perspective d'obtenir les avantages associés à l'ouverture d'un crédit renouvelable pousse l'emprunteur à souscrire un crédit dont il n'a pas nécessairement besoin ou dont il n'aura plus besoin à brève échéance mais qui pourrait inspirer une consommation futile dont il conviendrait de l'éloigner. Par ailleurs, la situation du consommateur a pu évoluer depuis la conclusion initiale du contrat et son endettement a pu s'aggraver de sorte que l'évaluation initiale de sa solvabilité apparaîtra bien vite obsolète. La loi « Lagarde » puis la loi relative à la consommation du 17 mars 2014 ont dès lors mis en place toute une série de dispositifs destinés à encadrer la durée des crédits renouvelables.

La loi prévoit en premier lieu que la durée du contrat doit être limitée à un an et que le prêteur doit informer l'emprunteur des conditions de la reconduction trois mois avant l'échéance. Avant de proposer à l'emprunteur de reconduire le contrat, le prêteur doit consulter tous les ans le FICP [1] et tous les trois ans il doit vérifier sa solvabilité dans les conditions de droit commun qui ont été exposées [2]. Si les éléments recueillis le justifient, le prêteur peut réduire le montant du crédit, en suspendre l'utilisation ou ne pas proposer la reconduction. Le fait pour le législateur d'avoir prévu une simple faculté pour le prêteur, qui au demeurant aurait pu découler d'une clause du contrat, n'invite pas à le responsabiliser lorsqu'il reste inactif en dépit de signaux inquiétants.

La loi cherche en second lieu à faciliter la résiliation des contrats inactifs [3]. Aux termes d'un décret du 17 octobre 2014, applicables aux contrats souscrits à compter du 19 mars 2014, un crédit renouvelable est considéré comme inactif si, pendant un an à compter de la date de la souscription ou de la date de dernière reconduction, le contrat de crédit ou tout moyen de paiement associé n'a fait l'objet d'aucune utilisation [4]. Le prêteur qui entend proposer la reconduction du contrat doit alors adresser, au plus tard trois mois avant l'expiration du délai d'un an, un document comportant des mentions obligatoires (identité des parties, nature de l'opération, montant du crédit disponible, TAEG, etc.) et faute pour l'emprunteur de le retourner signé et daté au plus tard vingt jours avant la date d'échéance, le prêteur doit suspendre le droit d'utilisation du crédit. La suspension ne peut être levée que par l'emprunteur et après un nouveau délai d'un an sans demande de sa part le contrat est résilié de plein droit.

1. V. ss 1967.
2. C. consom., art. L. 312-75 (anc. art. L. 311-16 al. 4). V. ss 1967.
3. C. consom., art. L. L. 312-80 (anc. art. 311-16 al. 10).
4. C. consom., art. D. 312-31 (anc. art. D. 311-8-1).

2006 ***Mesures destinées à permettre un remboursement minimal du capital emprunté*** ◊ Le principal danger attaché aux crédits renouvelables vient du fait que les échéances servent au départ uniquement à rembourser les frais et les intérêts. Par ailleurs, à chaque nouvelle utilisation de la réserve reconstituée, comme le montant de l'échéance n'augmente pas, le tableau d'amortissement est remis à zéro avec comme conséquence l'allongement de la durée de remboursement du crédit et l'explosion de son coût. La loi « Lagarde » se proposait toutefois d'en finir avec ces « crédits qui ne se remboursent jamais », faisant naître l'espoir d'une transformation du crédit renouvelable en une série de crédits amortissables au fur et à mesure du rechargement du crédit. À ce titre, l'article L. 311-16 alinéa 2 [devenu L. 312-65] prévoyait que chaque échéance devait comprendre un remboursement minimal du capital, variant selon le montant total du crédit, et renvoyait à un décret. Adopté le 22 mars 2011, celui-ci a prévu une durée maximale de remboursement de 36 mois pour les crédits jusqu'à 3 000 euros, 60 mois au-delà [1]. L'encadrement de la durée ne s'applique cependant qu'au « capital restant dû après la dernière utilisation ». Elle ne joue pas en cas de réutilisation du crédit qui aura toujours pour conséquence d'allonger la durée du crédit alors qu'elle devrait entraîner l'augmentation de l'échéance. Comme certains ont pu le déplorer, malgré l'ambition affichée par le législateur « les crédits renouvelables restent des crédits permanents » [2].

2007 ***Taux des crédits renouvelables*** ◊ La dernière mesure adoptée par le législateur est probablement la plus convaincante en ce qu'elle vise à rendre moins attractifs et donc plus risqués les crédits renouvelables. Des mesures ont en effet été prises pour aligner progressivement les taux d'usure applicables aux crédits renouvelables, qui étaient très élevés, aux taux d'usure applicables aux prêts personnels [3].

§ 3. Le crédit gratuit

2008 ***Champ d'application des règles relatives aux crédits gratuits*** ◊ Les crédits gratuits d'une durée supérieure à trois mois relèvent du champ d'application des règles relatives aux crédits à la consommation [4] et font l'objet de quelques dispositions spécifiques [5]. La gratuité en matière commerciale n'est en effet jamais innocente. Dans le domaine du crédit, elle masque souvent la prise en charge par le consommateur des coûts

1. C. consom., art. D. 312-27 (anc. art. D. 311-4-1).
2. G. Biardeaud et P. Flores, « Décrets des 22 mars et 26 avril 2011 : les crédits renouvelables restent des crédits permanents », *D.* 2011. 1697.
3. V. ss 1751 s.
4. V. ss 1944.
5. J. Lasserre Capdeville, « Les nouveaux contentieux : Le cas du crédit gratuit », *LPA*, 30-31 mai 2019, n° 108-109, p. 20.

associés à l'opération à travers leur répercussion sur le prix de l'opération financée. Du côté du banquier, la pratique du crédit gratuit suscite également une certaine méfiance en laissant entendre qu'un tel service ne mérite pas d'être rémunéré.

009 ***Publicité des crédits gratuits*** ◊ En premier lieu, toute publicité sur un crédit gratuit doit, quel que soit le support utilisé, indiquer le montant de l'escompte éventuellement consenti en cas de paiement comptant et doit préciser la personne prenant en charge le coût de l'opération [1], sous peine d'une amende de 1 500 euros [2]. La disposition étonne en ce que l'existence même d'un escompte établit l'absence de gratuité du crédit [3] de sorte qu'une publicité qui ferait état d'une telle caractéristique devrait tomber sous le coup de l'interdiction des pratiques commerciales trompeuses [4].

010 ***Prix de l'opération financée*** ◊ En second lieu, et toujours dans le dessein d'éviter que le vendeur ne mette en avant une gratuité en trompe-l'œil, la loi impose au vendeur prenant en charge totalement ou partiellement le coût du crédit de ne pas pratiquer un prix supérieur à celui le plus bas effectivement proposé pour l'achat au comptant d'un article similaire, dans le même établissement et au cours des trente derniers jours précédant le début de la publicité ou de l'offre [5].

§ 4. Le découvert en compte

011 ***Définitions*** ◊ Le Code fournit deux définitions de l'opération de découvert en distinguant suivant qu'elle est expressément accordée par le prêteur, le consommateur pouvant alors disposer de fonds au-delà du solde de son compte de dépôt, ou suivant qu'elle est tacitement convenue, dans le cas où le consommateur dépasserait ce solde ou l'autorisation de découvert initialement convenue sans accord exprès préalable [6].

012 ***Régime des découverts tacites*** ◊ Les découverts tacites, que la loi qualifie de dépassement, font l'objet du régime le plus succinct à travers seulement deux dispositions de fond. Le Code prévoit d'abord que la convention de compte de dépôt doit mentionner le taux débiteur, les conditions applicables à ce taux, tout indice ou taux de référence qui se rapporte au taux débiteur initial, les frais applicables et, le cas échéant,

---

1. C. consom., art. L. 312-41 (anc. art. L. 311-27).
2. C. consom., art. R. 341-7 (anc. art. L. 311-49 al. 2).
3. En ce sens, v. J. Calais-Auloy et H. Temple, *Droit de la consommation*, 9e éd., Dalloz 2015, n° 361.
4. C. consom., art. L. 121-2 s. (anc. L. 121-1 s.).
5. C. consom., art. L. 312-42 (anc. art. L. 311-28).
6. C. consom., art. L. 311-1, 10° et 11°. K. Magnier Merran, « Les nouveaux contentieux : Le cas du découvert en compte », *LPA*, 30-31 mai 2019, n° 108-109, p. 15.

les conditions dans lesquelles ces frais peuvent être modifiés [1]. Lorsque le dépassement devient significatif et excède un mois, le prêteur doit informer le consommateur du montant du dépassement, du taux débiteur et de tous frais ou intérêts sur arriérés qui sont applicables [2], à défaut de quoi les sommes correspondant aux intérêts ou frais ne pourront être réclamées à l'emprunteur [3]. En revanche, si le dépassement se prolonge au-delà de trois mois, la banque doit proposer sans délai une autre opération de crédit davantage adaptée à la situation [4], sinon le prêteur ne peut réclamer à l'emprunteur les sommes correspondant aux intérêts et frais de toute nature applicables au titre du dépassement [5].

2013 ***Régime des découverts exprès*** ◊ Le régime des découverts exprès est plus complet. Le Code distingue les opérations prévoyant un délai de remboursement n'excédant pas un mois qui sont exclues du régime applicable aux crédits à la consommation [6] de celles dont le délai est compris entre un mois et trois mois qui sont partiellement soumises aux règles du Code de la consommation [7]. Celles prévoyant un délai supérieur à trois mois sont en revanche soumises à l'ensemble des règles communes mais échappent à quelques règles qui sont spécifiques aux découverts compris entre un mois et trois mois.

2014 ***Régime des découverts exprès : information précontractuelle spécifique aux découverts de moins de trois mois*** ◊ Pour les opérations de découvert de moins trois mois, le législateur a aménagé une information précontractuelle spécifique. Le prêteur doit donner à l'emprunteur, par écrit ou sur un autre support durable, des informations lui permettant d'appréhender clairement l'étendue de son engagement [8]. Les mentions obligatoires ont été détaillées par un décret qui précise qu'elles doivent avoir toutes la même visibilité et peuvent être présentées conformément à une fiche jointe en annexe de l'article [9].

---

1. C. consom., art. L. 312-92 al. 1 (anc. art. L. 311-46 al. 1).
2. C. consom., art. L. 312-92 al. 2 (anc. art. L. 311-46 al. 2).
3. C. consom., art. L. 341-9 (anc. art. L. 311-48 al. 4).
4. C. consom., art. L. 312-93 (anc. art. 311-47). Pour l'application du dispositif antérieur à la loi « Lagarde » (art. L. 311-3, 2° anc.), la jurisprudence exigeait une position débitrice observée de manière continue sur la période considérée : Civ. 1re, 22 mars 2012, n° 11-10199, *LPA* 5 nov. 2012, n° 221, p. 7, obs. J. Lasserre Capdeville. Pour un exemple de soumission au régime des crédits à la consommation, v. Civ. 1re, 26 nov. 2014, n° 13-21632, *LPA* 1er juin 2014, n° 108, p. 6, obs. J. Lasserre Capdeville ; *CCC* 2015, comm. 44, obs. G. Raymond.
5. C. consom., art. L. 341-9 (anc. art. L. 311-48, al. 4).
6. V. ss 1949.
7. C. consom., art. L. 312-84 et L. 341-19 (anc. art. L. 311-42). L'article vise les dispositions relatives à la publicité, à la vérification de la solvabilité de l'emprunteur, celles concernant les crédits à distance ou consentis sur le lieu de vente, celles concernant les frais et indemnités dus par l'emprunteur en cas de défaillance, certaines dispositions relatives aux crédits affectés, etc.
8. C. consom., art. L. L. 312-85 (anc. art. 311-43, I).
9. C. consom., art. R. 312-32 (anc. art. 311-11).

015 ***Établissement et exécution de la convention*** ◊ Pour l'ensemble des découverts supérieurs à un mois, la loi prévoit que le contrat doit être établi par écrit ou sur un autre support durable [1] et doit comporter des mentions obligatoires détaillées par décret [2]. La loi garantit à l'emprunteur une information tout au long de l'exécution de la convention d'autorisation de découvert, à travers des relevés de compte qui doivent être adressés régulièrement [3] et une notification de toute augmentation du taux débiteur applicable qui doit être communiquée avant son application effective [4].

016 ***Rupture de la convention*** ◊ La loi aménage une faculté de rupture au profit des parties, en prévoyant des facilités plus grandes au bénéfice des consommateurs. Ceux-ci peuvent résilier à tout moment et sans frais les conventions conclues pour une durée indéterminée, à moins que les parties n'aient convenu d'un délai de préavis mais celui-ci ne saurait être supérieur à un mois [5]. Le prêteur bénéficie en parallèle d'une telle faculté de résiliation unilatérale mais uniquement si elle est prévue dans le contrat et moyennant un préavis d'au moins deux mois. La loi réserve cependant l'hypothèse d'un motif qui serait jugé légitime, comme par exemple le dépassement non autorisé et non régularisé du découvert initialement consenti. Auquel cas le prêteur peut résilier sans préavis, mais il doit, si possible avant la prise d'effet de la résiliation, communiquer à l'emprunteur la teneur de ces motifs. Cette règle, qui fait écho à une disposition similaire applicable aux crédits consentis aux entreprises [6], favorisera peut-être le contrôle par le juge des résiliations abusives.

---

1. C. consom., art. L. 312-87 (anc. art. L. 311-43, III).
2. C. consom., art. R. 312-33 (anc. art. 311-12).
3. C. consom., art. L. 312-88 (anc. art. L. 311-44 al. 1) et R. 312-34 (anc. art. 311-13) pour le détail des mentions obligatoires.
4. C. consom., art. L. 312-89 (anc. art. L. 311-44 al. 2).
5. C. consom., art. L. 312-90 (anc. art. L. 311-44 al. 4).
6. C. mon. et fin., art. L. 313-12, prévoyant un délai similaire de soixante jours en cas de suspension ou interruption du concours et exigeant la fourniture de motifs mais uniquement sur demande de l'entreprise cliente. V. ss 1606.

CHAPITRE 2
LE CRÉDIT IMMOBILIER

2017 ***Textes applicables*** ◊ S'inspirant de ce qu'il avait fait en 1978 pour les crédits à la consommation [1], le législateur a adopté, le 13 juillet 1979, une loi applicable aux crédits immobiliers. Les dispositions figurent aujourd'hui aux articles L. 313-1 et suivants du Code de la consommation depuis la recodification opérée par l'ordonnance n° 2016-351 du 25 mars 2016 et après de multiples réformes dont le rythme s'est accéléré ces dernières années. La loi « Lagarde » n° 2010-737 du 1er juillet 2010 puis la loi n° 2014-344 relative à la consommation du 17 mars 2014 ont, en effet, apporté aux textes des modifications sensibles mais c'est surtout la directive n° 2014/17/UE du 4 février 2014 relative aux crédits immobiliers proposés aux consommateurs [2] qui a incité les pouvoirs publics à revoir de manière substantielle la législation applicable alors même que la directive n'était d'harmonisation maximale qu'en ce qui concerne certaines dispositions relatives à la fiche d'information standardisée et au TAEG [3]. La directive devait s'appliquer à tous les contrats de crédit conclus après la date limite de transposition prévue le 21 mars 2016, les contrats en cours à cette date restant soumis aux dispositions antérieures [4].

La transposition a cependant été opérée avec un certain retard, sans doute en raison des travaux concomitants de recodification du Code de la consommation. L'ordonnance de transposition n° 2016-351 a en effet été adoptée le 25 mars 2016 [5] et est entrée en vigueur le 1er juillet 2016 en

---

1. V. ss 1936.

2. Dir. n° 2014/17/UE, 4 févr. 2014, *JOUE* 28 févr. 2014, n° L. 60/34 ; *Gaz. Pal.* 23/25 août, n° ° 235 à 237, dossier sur « La future réforme du crédit immobilier en France », sous la dir. de J. Lasserre Capdeville, avec les interventions de N. Éréséo, J. Lasserre Capdeville, N. Rzepecki et N. Kilgus. V. égal. les commentaires de D. Legeais, *RTD com.* 2014. 386 ; S. Piedelièvre, *JCP N* 2014, 1357 ; J. Lasserre Capdeville, *LPA* 1er août 2014, n° 153, p. 15 ; C. Aubert de Vincelles, *RTD eur.* 2014. 715 ; T. Bonneau, « La directive "crédit hypothécaire", sa genèse, ses objectifs, son périmètre (biens visés, aux divers intervenants et aux types de prêts), comparaison par rapport au crédit mobilier », *RDBF* mars 2015, dossier n° 21 ; A. Gourio, « La directive européenne sur le crédit immobilier aux consommateurs », *JCP E* 2015, 1114. Pour l'examen de la proposition, v. N. Rzepecki, « Premiers regards sur la proposition de directive sur le crédit immobilier », *in Le crédit, Aspects juridiques et économiques*, Dalloz, 2012, p. 128.

3. N. Rzepecki, « Les mesures de transposition maximales dans la directive européenne sur le crédit immobilier », *Gaz. Pal.* 23/25 août 2015, n° ° 235 à 237, dossier sur « La future réforme du crédit immobilier en France » sous la dir. de J. Lasserre Capdeville, p. 12 s.

4. Dir. n° 2014/17/UE, 4 févr. 2014, art. 43, § 1, préc.

5. J. Lasserre Capdeville, « La réforme du crédit immobilier : une évolution juridique de bon sens ! », *JCP* n° 17, 27 avr. 2016. Doctr. 517 ; A. Gourio, « Ordonnance n° 2016-351 du

laissant un délai d'adaptation extrêmement court aux professionnels de la banque. Le gouvernement a cependant tiré profit de la possibilité laissée par la directive de différer l'entrée en vigueur de certaines dispositions, comme celles applicables aux intermédiaires de crédit. La directive prévoyait que les professionnels concernés pouvaient relever des seules dispositions nationales jusqu'au 21 mars 2017 avec cette réserve qu'ils ne pourraient alors exercer que dans leur pays d'origine, à moins qu'ils ne satisfassent également les dispositions légales applicables dans les autres États membres susceptibles de les accueillir [1]. Une même application différée au 21 mars 2017 était également permise par la directive [2] pour toutes les dispositions relatives aux compétences requises des membres du personnel des opérateurs proposant des crédits couverts par le texte [3], le gouvernement ayant à ce titre retenu la date du 1er janvier 2017 en ce qui concerne les exigences requises à l'entrée en fonction et celle du 20 mars 2017 en ce qui concerne la formation continue [4].

Le gouvernement est cependant allé au-delà de ce que permettait la directive en différant également au 1er octobre 2016 certaines dispositions concernant la phase précontractuelle (publicité, devoirs d'explication et de mise en garde) de même que celles concernant les prêts en devises étrangères ou le TAEG qui fait pourtant l'objet de règles d'harmonisation complète. L'ordonnance du 25 mars 2016 a été ratifiée par la loi n° 2017-203 du 21 février 2017 qui a apporté des modifications mineures au texte, pour la plupart de forme ou de correction [5].

2018 ***Plan*** ◊ Il demeure que l'ordonnance du 25 mars 2016 n'a pas bouleversé les caractéristiques essentielles du droit applicable aux crédits immobiliers qui, comme en matière de crédit de la consommation, s'assure qu'une information suffisante soit fournie à l'emprunteur, organise l'interdépendance entre le prêt et l'opération financée et encadre les incidents d'exécution. Tout au plus s'oriente-t-on vers une distribution plus responsable du crédit à travers des obligations plus lourdes mises à la charge des banquiers. Le constat en sera fait après l'examen des critères permettant de déterminer le champ d'application (Section 1) des règles (Section 2).

---

25 mars 2016... », *JCP E* n° 14, 7 avr. 2016, act. 290 ; V. Legrand, « Le nouveau droit du crédit immobilier : enfin la consécration d'un crédit responsable ? », *LPA* 22 avr. 2016, n° 81, p. 7 ; N. Éréséo, « Transposition de la directive de 2014 relative aux crédits immobiliers », *LPA* 10 janv. 2017, n° 7, p. 12.

1. Dir. n° 2014/17/UE, 4 févr. 2014, art. 43, § 2.
2. *Ibid.*, art. 9.
3. *Ibid.*, art. 43, § 3.
4. Ord. du 25 mars 2016, art. 13, différant par ailleurs au 21 mars 2019 l'application des dispositions relatives à l'exigence supplémentaire d'une formation professionnelle pour la prise en compte de l'expérience professionnelle à l'entrée en fonction des personnels prêteurs.
5. À l'exception notable des modifications importantes apportées au régime de la résiliation de l'assurance emprunteur, v. ss 2055.

SECTION 1. LE CHAMP D'APPLICATION DES RÈGLES RELATIVES AU CRÉDIT IMMOBILIER

2019 ***Conditions d'application*** ◊ La loi « Lagarde » du 1er juillet 2010 a modifié de manière substantielle le champ d'application des règles relatives aux crédits à la consommation [1]. Par corollaire, il était nécessaire de modifier également le champ d'application des règles applicables au crédit immobilier afin d'accorder les périmètres respectifs des deux régimes et d'assurer une protection complète et cohérente à l'ensemble des consommateurs. L'ordonnance du 25 mars 2016 de transposition de la directive de 2014 est cependant venue combler certaines failles qui avaient été déplorées et le résultat s'observe aujourd'hui à l'étude de conditions applicables tantôt aux personnes (§ 1) tantôt aux opérations (§ 2).

§ 1. Conditions tenant aux personnes

2020 ***Conditions applicables au prêteur*** ◊ Aux termes de l'ancien article L. 312-2 du Code de la consommation le prêt pouvait être consenti « par toute personne physique ou morale » mais pourvu que ce soit « de manière habituelle ». La loi ne visait pas une profession en particulier mais posait un simple critère d'habitude susceptible d'étendre le champ d'application des règles au-delà des seuls établissements de crédit. Pouvaient alors être concernés les employeurs accordant des prêts aux salariés, les vendeurs consentant des facilités de paiement et plus largement toute personne remplissant ce critère assez flou de l'habitude. En estimant que celui-ci pouvait être satisfait à partir d'un second prêt, de simples particuliers auraient pu être concernés par les textes mais une telle interprétation aux conséquences si absurdes n'était pas retenue par la doctrine dominante [2].

Le nouveau régime issu de l'ordonnance du 25 mars 2016 apporte une clarification utile à travers une série de définitions communes aux crédits mobiliers et immobiliers figurant à l'article L. 311-1. Le prêteur y est désormais défini de manière plus stricte comme toute personne « qui consent ou s'engage à consentir un crédit [...] dans le cadre de l'exercice de ses activités commerciales ou professionnelles ». La nécessité d'une activité professionnelle mise en avant par le texte permet ainsi d'exclure les simples particuliers mais le critère de l'habitude n'est pas repris de sorte que des professionnels autres que du crédit pourront être impactés par le

1. V. ss 1939 s.
2. En ce sens, v. F. Collart-Dutilleul, F. Delebecque, *Contrats civils et commerciaux*, 11e éd., 2019, n° 866, note 3. D. Mazeaud et S. Piedelièvre, *Rép. Dr. Comm.* Dalloz, V° Crédit immobilier », n° 12.

texte sans qu'il soit nécessaire, comme autrefois, de vérifier la fréquence avec laquelle des contrats de ce type sont proposés.

021 ***Conditions applicables à l'emprunteur*** ◊ L'emprunteur ne faisait l'objet d'aucune définition permettant de circonscrire l'application des textes alors que le législateur avait toute latitude pour s'appuyer sur la notion de consommateur afin de leur réserver expressément le bénéfice des dispositions protectrices. C'est à travers la finalité assignée à l'opération que se retrouvaient, en creux, les critères d'une telle notion de consommateur dès lors que les textes écartaient expressément les prêts « destinés, sous quelque forme que ce soit, à financer une activité professionnelle » (par ex. prêts contractés par des marchands de biens, des promoteurs).

Pour autant, si le code excluait expressément les prêts consentis aux personnes morales de droit public [1], il ne disait rien des personnes morales de droit privé, alors que les dispositions relatives aux crédits à la consommation ont toujours fait preuve d'une plus grande cohérence en les écartant expressément [2]. On estimait à ce titre qu'elles devaient pouvoir bénéficier des mesures protectrices si les autres conditions étaient satisfaites. La jurisprudence avait cependant refusé l'application des textes au bénéfice des SCI de location [3] alors qu'elles n'ont pas toujours une activité professionnelle [4]. S'agissant des prêts consentis pour une double finalité (professionnelle et d'habitation), ils relevaient du champ d'application des textes sauf lorsque la destination d'habitation était en réalité très accessoire [5].

La directive n° 2014/17/UE du 4 février 2014 [6] définit son champ d'application [7] personnel de manière beaucoup plus classique en se référant à la définition du consommateur telle qu'elle découle de la directive de 2008 relative aux crédits à la consommation qui exclut expressément les personnes morales [8]. Reprenant ces principes, l'article L. 311-1, 2° définit aujourd'hui l'emprunteur comme « toute personne physique qui est en relation avec un prêteur, ou un intermédiaire de crédit, dans le cadre d'une opération de crédit réalisée ou envisagée dans un but étranger à son activité commerciale ou professionnelle » [9]. Cependant, l'ordonnance du

1. C. consom., anc. art. L. 312-3, 1°.
2. V. ss 1946.
3. Civ. 1re, 14 oct. 2015, n° 14-24915, *LPA* 11 janv. 2017, n° 8, p. 7, obs. J. Lasserre Capdeville ; Civ. 1re, 10 févr. 1993, *D.* 1993. IR 60 ; Civ. 1re, 11 oct. 1994, *RDI* 1995. 113, obs. Groslière.
4. En ce sens, v. J. Calais-Auloy et H. Temple, *Droit de la consommation*, 9e éd., Dalloz 2015, n° 464, p. 480.
5. Civ. 3e, 25 avr. 1984, *Bull. civ.* III, n° 91 ; *RDI* 1985. 84, obs. Lancereau et Stoufflet.
6. V. ss 2017.
7. N. Éréséo, « Le champ d'application de la directive européenne sur les crédits immobiliers aux consommateurs », *Gaz. Pal.* 23/25 août 2015, n° ° 235 à 237, dossier sur « La future réforme du crédit immobilier en France » sous la dir. de J. Lasserre Capdeville, p. 4 s.
8. Art. 4 § 1 et 4 § 2.
9. En conséquence, l'emprunteur inscrit comme loueur professionnel ne bénéficie de la législation sur les crédits immobiliers, Civ. 1re, 12 oct. 2016, n° 15-20487, *LPA* 5 déc. 2017, n° 242, p. 15, obs. J. Lasserre Capdeville.

25 mars 2016 est allée au-delà des prévisions de la directive en soumettant expressément les crédits souscrits par des « personnes morales de droit privé, lorsque le crédit accordé n'est pas destiné à financer une activité professionnelle »[1]. Cette « surtransposition » a été jugée surprenante[2] mais l'exclusion des SCI devrait être maintenue puisque l'ordonnance a expressément écarté les « personnes physiques ou morales qui, à titre habituel, même accessoire à une autre activité, ou en vertu de leur objet social, procurent, sous quelque forme que ce soit, des immeubles ou fractions d'immeubles, bâtis ou non, achevés ou non, collectifs ou individuels, en propriété ou en jouissance »[3]. Cependant, des SCI de détention familiale pourraient, en pratique, être concernées par les textes si l'objet social indiqué dans les statuts mentionne la seule habitation de l'immeuble et non sa location ou sa gestion[4].

§ 2. Conditions tenant à l'opération

2022 ***Indifférence quant à la technique juridique utilisée*** ◊ Même si, en pratique, le crédit immobilier repose sur des supports juridiques moins variés que le crédit à la consommation, le législateur a prévu des dispositions suffisamment larges pour couvrir l'ensemble des opérations susceptibles d'être imaginées par la pratique. L'ancien texte s'appliquait « aux prêts [...], quelle que soit leur qualification ou leur technique »[5]. Étaient donc concernés aussi bien les prêts ordinaires que les prêts aidés par l'État, les découverts en compte ou même le crédit vendeur ; étant précisé que la forme de l'acte (sous seing privé ou authentique) était indifférente. L'ordonnance du 25 mars 2016 reprend des principes similaires en visant les opérations ou contrats de crédit définis par le 6° de l'article L. 311-1 qui mentionne le prêt mais également les délais de paiement, les découverts ou toute autre facilité de paiement similaire[6].

2023 ***Finalité immobilière de l'opération*** ◊ Si la technique juridique utilisée est indifférente, il en va autrement de la cause de l'opération qui sert de critère principal pour déterminer l'application du chapitre relatif aux crédits immobiliers. L'ancien article L. 312-2 du Code de la consommation délimitait à ce titre le périmètre du chapitre en référence à la finalité du prêt qui devait être immobilière.

---

1. C. consom., art. L. 313-1, 3°.
2. A. Gourio, « Ordonnance n° 2016-351 du 25 mars 2016... », *JCP E* n° 14, 7 avr. 2016, act. 290.
3. C. consom., art. L. 313-2, 2°.
4. Civ. 1re, 7 mars 2018, n° 16-27613, *LPA* 27 nov. 2018, n° 237, p. 8, obs. J. Lasserre Capdeville. Sur l'ensemble de la question, v. Th. de Ravel D'Esclapon, « L'attraction des SCI dans le domaine du crédit immobilier », *LPA* 1er juin 2018, n° 110, p. 4.
5. C. consom., anc. art. L. 312-2, al. 1.
6. V. ss 1941.

L'opération pouvait en premier lieu porter sur un terrain nu pourvu que ce soit pour y construire à usage d'habitation ou mixe. *A contrario*, l'achat de terrain nu sans projet de construction associé semblait devoir être exclu du bénéfice des textes [1].

L'opération pouvait en second lieu porter sur un immeuble d'habitation ou mixte et la loi distinguait à ce titre plusieurs finalités possibles. Le contrat pouvait d'abord avoir pour objet l'acquisition en propriété ou l'acquisition en jouissance de l'immeuble, quand bien même l'opération comprenait des travaux. La loi couvrait ensuite le prêt consenti uniquement pour des travaux (réparation, amélioration [2] ou entretien) mais seulement lorsque le montant dépassait 75 000 euros. Enfin, les dépenses relatives à la construction de l'immeuble d'habitation ou mixte étaient également couvertes par le champ d'application des règles.

024 ***Nouveautés issues de la directive de 2014*** ◊ La directive n° 2014/17/UE relative aux crédits immobiliers proposés aux consommateurs [3] a entraîné une modification significative du champ d'application des règles protectrices [4].

En premier lieu, les crédits non garantis par une sûreté souscrits pour des travaux pour un montant supérieur 75 000 euros sont depuis le 1er juillet 2016 soumis au régime des contrats de crédit à la consommation et non plus à celui réservé aux crédits immobiliers [5].

Surtout, la directive a prévu une application des mesures protectrices aux crédits garantis par un bien immobilier, quelle que soit la finalité par ailleurs assignée au crédit [6]. Cette inclusion ne s'explique pas seulement par la volonté d'assurer la plus large protection aux consommateurs mais par le fait qu'en dehors de la France les crédits immobiliers sont systématiquement des crédits hypothécaires [7]. L'ordonnance de transposition vise plus précisément les crédits « garantis par une hypothèque, par une autre sûreté comparable sur les biens immobiliers à usage d'habitation, ou par un droit lié à un bien immobilier à usage d'habitation » [8]. Hypothèque mise à part, la disposition a vocation à couvrir en France le privilège du prêteur de deniers prévu à l'article 2374, 2°, du Code civil et non les cautionnements très souvent accordés par des établissements spécialisés.

---

1. G. Raymond, *J.-Cl. BCB*, fasc. 721, n° 28.
2. Civ. 1re, 18 déc. 2014, n° 13-27871, *LPA* 1er juin 2014, n° 108, p. 15, obs. J. Lasserre Capdeville ; *LEDB* févr 2015, p. 5, obs. R. Routier ; *RDBF* mars 2015, comm. 35, obs. N. Mathey : nécessité pour les juges du fond de vérifier si l'installation à crédit de panneaux photovoltaïques ne relève pas de la législation sur le crédit immobilier.
3. V. ss 2017.
4. N. Éréséo, « Le champ d'application de la directive européenne sur les crédits immobiliers aux consommateurs », *Gaz. Pal.* 23/25 août 2015, n° ° 235 à 237, dossier sur « La future réforme du crédit immobilier en France » sous la dir. de J. Lasserre Capdeville, p. 4 s.
5. V. ss 1948.
6. Dir. n° 2014/17/UE, 4 févr. 2014, art. 3, § 1, b).
7. En ce sens, A. Gourio, « La directive européenne sur le crédit immobilier aux consommateurs », *JCP E* 2015, 1114.
8. C. consom., art. L. 313-1, 2°.

Pour le reste, la directive n'a pas innové par rapport aux textes jusqu'ici applicables. Le domaine de la directive se dessine principalement à la lecture de son article 3, paragraphe 1, b) qui vise les « contrats de crédit destinés à permettre l'acquisition ou le maintien de droits de propriété sur un terrain ou un immeuble existant ou à construire », en reprenant une formulation similaire à celle utilisée par la directive de 2008 relative aux crédits à la consommation.

Fidèle à ces principes, l'article L. 313-1 soumet les opérations, accompagnées ou non de travaux, portant sur l'acquisition en propriété ou en jouissance d'un immeuble ou l'achat de parts ou action de sociétés donnant vocation à une telle propriété ou une telle jouissance, de même que les dépenses relatives à la construction d'un immeuble. Le texte mentionne les immeubles à usage d'habitation ou mixte, étant précisé que la directive semblait plus restrictive en ne visant ces derniers qu'à la condition que la finalité professionnelle ne fut pas prépondérante par rapport à la finalité d'habitation [1].

Autre conséquence attachée à la transposition de la directive de 2014, la liste des exclusions autrefois prévues par l'article L. 312-3, qui mentionnait notamment les prêts consentis à des personnes morales de droit public, a été allongée aux termes du nouvel article L. 312-4. Le texte reprend toute une série d'exclusions qui s'appliquent également aux crédits à la consommation [2] et qui concernent des crédits qualifiés de crédits « de niche » [3] tels que les crédits qui ne sont assortis d'aucun intérêt ni d'aucun frais autres que les frais couvrant les coûts liés à la garantie du crédit, les prêts accordés par un employeur à ses salariés à un taux inférieur à celui du marché, les facilités de découvert remboursable sous un mois, les crédits issus d'un accord intervenu devant une juridiction, etc. Se dessine ainsi un traitement cohérent de ces « petits crédits » qui, mobiliers ou immobiliers, sont globalement exclus des mesures européennes d'harmonisation, sans doute en raison de leur nature spécifique et surtout des risques plus faibles qu'ils font peser sur l'emprunteur.

2025 ***Cas particuliers. Regroupement de crédits*** ◊ L'hypothèse d'un regroupement de crédits mobiliers pour les uns immobiliers pour les autres mobiliers fait l'objet de règles dépendant de la proportion respective des opérations concernées dans le crédit final [4]. S'agissant cependant des regroupements de crédit garanti par une hypothèque ou par une sûreté

1. Cons. n° 12 : « en cas de contrats à double finalité, lorsque le contrat est conclu à des fins qui n'entrent qu'en partie dans le cadre de l'activité commerciale ou professionnelle de l'intéressé et lorsque la finalité commerciale ou professionnelle est si limitée qu'elle n'est pas prédominante dans le contexte global du contrat, cette personne devrait également être considérée comme un consommateur ».
2. C. consom., art. L. 312-4 (anc. art. L. 311-3).
3. Dir. n° 2014/17/UE, 4 févr. 2014, Cons. n° 17.
4. V. ss 1948.

comparable, ils sont dorénavant soumis au régime du crédit immobilier quand bien même la part de crédit à la consommation serait supérieure au seuil de 60 % de l'opération globale.

026 ***Cas particuliers. Locations-ventes*** ◊ Les contrats de location-vente ou de location assortis d'une promesse de vente relatifs à un immeuble à usage d'habitation ou mixte sont soumis, lorsqu'ils ne sont pas consentis par une personne morale de droit public ou pour une finalité professionnelle, au chapitre relatif aux crédits immobiliers tout en faisant l'objet d'une section spécifique prévoyant des règles dérogatoires au régime commun [1].

SECTION 2. **LE CONTENU DES RÈGLES RELATIVES AU CRÉDIT IMMOBILIER**

027 ***Plan*** ◊ Qu'il s'agisse de la formation (§ 1) ou de l'exécution du contrat (§ 2), le régime applicable aux crédits immobiliers emprunte toujours plus aux règles applicables aux crédits à la consommation, notamment en accordant une place centrale à l'information du consommateur. En parallèle, la procédure applicable fait également l'objet de règles très similaires.

§ 1. **Les règles relatives à la conclusion du crédit immobilier**

028 ***Des préliminaires à la formation du contrat*** ◊ En matière immobilière, les règles relatives aux préliminaires contractuels étaient moins complexes que celles applicables aux crédits à la consommation depuis que la directive de 2008 était venue renforcer les devoirs des prêteurs à travers de nouveaux devoirs d'explication ou d'information. L'ordonnance du 25 mars 2016 a cependant nettement rapproché les deux régimes et souffre à son tour le grief d'avoir complexifié à l'excès la phase précontractuelle [2]. La phase de formation du contrat a quant à elle fait l'objet de modifications moins significatives et repose toujours, comme en matière de crédit à la consommation, autour de la nécessité d'accorder à l'emprunteur un délai de réflexion bien que les techniques juridiques utilisées se révèlent être différentes.

---

1. C. consom., art. L. 313-53 et suivants (anc. art. L. 312-24 s.).
2. V. ss 1972.

A. L'encadrement des préliminaires contractuels

2029 ***Plan*** ◊ L'ordonnance du 25 mars 2016 a modifié de manière sensible le traitement des préliminaires contractuels en ce qui concerne les règles entourant la publicité et l'information précontractuelle de l'emprunteur et surtout à travers de nouvelles obligations de mise en garde et d'évaluation de sa solvabilité.

1. Publicité et information précontractuelle de l'emprunteur

2030 ***Publicité : mentions obligatoires*** ◊ Les règles relatives à la publicité dont les crédits immobiliers sont susceptibles de faire l'objet étaient beaucoup moins complètes et protectrices que celles applicables aux crédits à la consommation [1]. Il est vrai que les publicités pour les crédits immobiliers sont moins fréquentes que celles pour les crédits à la consommation. Elles entraînent en outre des risques moins importants dès lors que le projet immobilier suppose, par nature, un engagement mûrement réfléchi et indépendant de toute sollicitation publicitaire, tout au moins davantage qu'un banal projet de consommation. L'article L. 313-4 du Code de la consommation [2] se borne alors à exiger, pour tous les supports, la mention de l'identité du prêteur ou de l'intermédiaire, de la nature et de l'objet du prêt. La loi exige en outre des mentions rappelant à l'emprunteur les grands traits de la protection qui lui est offerte par la loi. En effet, tout document remis au consommateur, publicitaire ou non, doit mentionner que l'emprunteur dispose d'un délai de réflexion de dix jours [3], que la vente est subordonnée à l'obtention d'un crédit et que si celui-ci n'est pas obtenu, le vendeur doit lui rembourser les sommes versées [4], le tout sous peine d'une sanction de 30 000 euros [5].

Si la publicité comporte des éléments chiffrés, elle doit cependant comporter des informations supplémentaires. L'ancien article L. 312-4 se bornait à exiger la mention de la durée de l'opération, du coût total et du taux effectif global annuel du crédit, à l'exclusion de tout autre taux comme par exemple le TAEG qui obéit à des règles différentes [6]. Applicable à compter du 1er octobre 2016, le nouvel article L. 313-4 issu de l'ordonnance n° 2016-351 du 25 mars 2016 va plus loin en exigeant que soient précisées de façon claire, concise et visible les informations complémentaires sur les caractéristiques du crédit, fournies, le cas échéant, à l'aide d'un exemple représentatif et suivant des modalités qui ont été fixées par

1. V. ss 1954 s.
2. Anc. art. L. 312-4.
3. V. ss 2042.
4. C. consom., art. L. 313-3 (anc. art. L. 312-5).
5. C. consom., art. L. 341-21 (anc. art. L. 312-32 al. 1).
6. V. ss 2017 s.

décret en Conseil d'État [1] qui fait désormais référence au TAEG, le tout sous peine d'une amende de 30 000 euros [2]. Cette exigence n'a pas été étendue aux contrats de location-vente ou assortis d'une promesse de vente, l'article L. 313-54 [3] prévoyant toujours la nécessité de mentionner l'identité du bailleur, la nature et l'objet du contrat mais, pour les publicités chiffrées, seule la durée du bail, ainsi que le coût annuel et le coût total de l'opération doivent être mentionnés.

031 ***Publicité : mentions interdites*** ◊ La loi interdit les publicités susceptibles d'exercer une séduction excessive en assimilant les mensualités de remboursement à des loyers ou en faisant référence, pour le calcul des échéances, à des prestations sociales qui ne sont pas assurées pendant toute la durée du contrat [4]. L'ordonnance du 25 mars 2016 a en outre ajouté une nouvelle interdiction de faire figurer toute formulation susceptible de faire naître chez le consommateur de fausses attentes concernant la disponibilité ou le coût d'un crédit [5]. L'intérêt d'une telle disposition apparaît cependant discutable dès lors que la loi interdit déjà, mais de manière plus générale, toute pratique commerciale fausse ou de nature à induire en erreur le consommateur sur la disponibilité d'un produit ou d'un service quel qu'il soit [6].

032 ***Information précontractuelle : devoirs généraux*** ◊ Aux termes d'une nouvelle disposition introduite par l'ordonnance du 25 mars 2016, le prêteur ou l'intermédiaire de crédit doivent garantir une disponibilité gratuite et permanente à une série d'informations générales, qui doivent être présentées de manière claire et compréhensible, concernant les contrats de crédit proposés [7]. Douze rubriques doivent à ce titre être renseignées [8].

033 ***Information précontractuelle : règles concernant l'assurance de groupe*** ◊ L'assurance accompagnant le prêt fait également l'objet de dispositions visant à garantir l'information du consommateur qui n'ont pas été sensiblement modifiées par l'ordonnance du 25 mars 2016. Tout document remis à l'emprunteur avant la formulation de l'offre et comportant des éléments chiffrés relatifs à une assurance de groupe proposé par le prêteur doit mentionner le coût de cette assurance à travers trois indications [9] : le taux annuel effectif de l'assurance pour permettre sa

---

1. D. n° 2016-607 du 13 mai 2016. V. R. 312-0 et R. 312-0-0.
2. C. consom., art. L. 341-21 (anc. art. L. 312-32 al. 1).
3. Anc. art. L. 312-25
4. C. consom., art. L. 313-5, 1° (anc. art. L. 312-6).
5. C. consom., art. L. 313-5, 2°.
6. C. consom., art. L. 121-2, 2°, a) (anc. art. L. 121-1, 2°, a).
7. C. consom., art. L. 313-6.
8. C. consom., art. R. 312-0-0-1.
9. C. consom., art. L. 313-8 (anc. art. L. 312-6-1).

comparaison avec le TAEG du crédit [1], le montant total en euros dû au titre de l'assurance, ainsi que le montant en euros et par période en fonction de la périodicité convenue.

Simultanément, doivent être remises une notice qui sera plus tard annexée au contrat de crédit et qui doit énumérer les risques garantis et toutes les modalités de la mise en jeu de l'assurance [2] ainsi qu'une fiche standardisée d'information [3]. Celle-ci doit être remise à tout emprunteur sollicitant ou se voyant proposer une assurance. Elle énonce de manière claire et lisible les principales caractéristiques de l'assurance dans des conditions qui ont été détaillées par un décret qui prévoit une série de cinq mentions obligatoires [4]. La notice doit également mentionner que l'emprunteur a la possibilité de souscrire une assurance auprès de l'assureur de son choix [5]. Le respect de ces différentes règles ne suffit cependant pas à décharger le prêteur de toute obligation puisque la jurisprudence décide que ce dernier est tenu d'éclairer l'emprunteur « sur l'adéquation des risques couverts à sa situation personnelle [...], la remise de la notice ne suffisant pas à satisfaire cette obligation » [6].

2034 ***Regroupement de crédits*** ◊ Avant la remise de l'offre, le prêteur doit demander à l'emprunteur si l'opération a vocation à rembourser d'autres créances (au moins deux, dont un crédit) [7]. En cas de réponse positive, la loi organise la bonne information de l'emprunteur à travers la nécessité d'un dialogue et le devoir de répondre aux interrogations de l'emprunteur ainsi qu'à travers la remise d'un document [8] qui doit comprendre une vingtaine de mentions obligatoires [9]. Le document doit être établi à l'aide de communications de pièces, contractuelles ou non, fournies par les prêteurs initiaux ou par l'emprunteur [10]. À défaut, le document mentionne de simples éléments déclaratifs en les identifiant comme tels ou indique que certaines mentions n'ont pu être complétées. Dans ce dernier cas, le prêteur avertit l'emprunteur des risques qui pèsent sur lui en concluant une opération sans en connaître tous les paramètres. Le dispositif s'avère en définitive très peu protecteur dès lors que l'avertissement exigé par la loi semble avoir pour conséquence de décharger le prêteur de toute responsabilité dans un cas où l'opération apparaîtrait pour le moins risquée en raison des incertitudes l'entourant [11].

---

1. Le texte dans sa rédaction antérieure (anc. L. 312-6-1) évoquait le taux effectif global annuel.
2. C. consom., art. L. 313-8 (anc. art. L. 312-6-1), renvoyant à l'art. L. 313-29 (anc. art. L. 312-9, 1°).
3. C. consom., art. L. 313-10 al. 1 (anc. art. L. 312-6-2 al. 1).
4. C. consom., art. R. 313-9 (anc. art. R. 312-0-1).
5. C. consom., art. L. 313-10 al. 2 (anc. L. 312-6-2 al. 2).
6. Civ. 2e, 13 janv. 2011, n° 10-30.009, CCC 2011, comm. 126, obs. G. Raymond.
7. C. consom., art. R. 313-21 (anc. art. R. 312-1).
8. C. consom., art. R. 314-19 (anc. art. R. 313-12).
9. C. consom., art. R. 314-20 (anc. art. R. 313-13).
10. C. consom., art. R. 314-21 (anc. art. 313-14).
11. V. ss 2036 s., les nouveaux devoirs du banquier d'évaluation de la solvabilité de l'emprunteur.

035 ***Nouveauté issue de la directive de 2014 : remise d'une fiche d'information standardisée européenne (FISE)*** ◊ La directive n° 2014/17/UE du 4 février 2014 exige au titre d'une disposition d'harmonisation maximale [1] que soit remise à l'emprunteur une fiche d'information standardisée européenne (FISE). Le principe est repris de la directive n° 2008/48/CE relative aux crédits à la consommation qui pour assurer la bonne information de l'emprunteur et lui permettre de faire jouer la concurrence entre établissements de crédit en comparant les différentes offres présentes sur le marché dans les meilleures conditions possibles, a également mis en place une fiche standardisée en s'appuyant sur un modèle fourni en annexe [2].

Applicable à compter du 1er octobre 2016, la disposition de transposition prévoit que la fiche doit être fournie gratuitement, sur support papier ou sur un autre support durable et au plus tard lors de l'émission de l'offre et dans des conditions permettant au consommateur, outre la comparaison des différentes offres disponibles sur le marché, de se déterminer en connaissance de cause sur l'opportunité de conclure un contrat de crédit [3].

Dès lors que la fiche doit être fournie sur un support spécifique distinct de l'offre et ne pouvant accueillir d'autres informations que celles qui ont été arrêtées par décret en Conseil d'État [4], cette innovation, cumulée aux autres, risque d'entraîner, comme pour les crédits à la consommation, une complexification du processus de formation du contrat qui n'est pas nécessairement conforme aux intérêts du consommateur [5].

2. Explications fournies à l'emprunteur et évaluation de sa solvabilité

036 ***Nouveaux devoirs à la charge du banquier*** ◊ La complexification du processus de formation du contrat est encore accusée par la création de nouveaux devoirs mis à la charge des établissements de crédit.

037 ***Explications, mises en garde et conseils*** ◊ En premier lieu, la directive n° 2014/17/UE a repris de la directive de 2008 le principe d'un devoir d'explication et de mise en garde à la charge du prêteur ou de l'intermédiaire [6].

---

1. N. Rzepecki, « Les mesures de transposition maximales dans la directive européenne sur le crédit immobilier », *Gaz. Pal.* 23/25 août 2015, n° ° 235 à 237, dossier sur « La future réforme du crédit immobilier en France », sous la dir. de J. Lasserre Capdeville, p. 12 s.
2. V. ss 1963.
3. C. consom., art. L. 313-7.
4. C. consom., art. R. 312-2. Le texte mentionne désormais le TAEG.
5. V. ss 1972.
6. V. ss 1964 s.

Au titre du devoir d'explication, la directive prévoit que le débiteur doit fournir au consommateur des explications adéquates sur le ou les contrats de crédits et les services auxiliaires, explications qui ne s'analysent pas comme de véritables recommandations personnalisées [1] mais qui doivent permettre au client de déterminer si l'opération est adaptée à ses besoins et à sa situation [2]. La disposition nationale de transposition a prévu à ce titre que l'emprunteur doit bénéficier gratuitement des explications lui permettant de déterminer si le ou les contrats de crédit proposés et les éventuels services accessoires sont adaptés à ses besoins et à sa situation financière ; explications portant notamment sur les principales caractéristiques du crédit proposé, les effets que celui-ci est susceptible d'entraîner, notamment en cas de défaut de paiement et de réalisation des garanties [3].

Au titre du devoir de mise en garde, la directive, reprise à la lettre par la disposition nationale de transposition, fait bénéficier l'emprunteur immobilier, averti ou non, d'un avertissement qui doit être donné « lorsque, compte tenu de sa situation financière, un crédit peut induire des risques spécifiques pour lui » [4]. À l'avenir, ces nouveaux devoirs risquent de poser des difficultés dès lors qu'ils devront être conciliés avec les règles de droit commun qui, jusqu'ici, ne bénéficiaient qu'aux emprunteurs non avertis. Par ailleurs, ils ne devront pas davantage être confondus avec les services de conseil, rémunérés ou non, susceptibles d'être rendus par les prêteurs ou les intermédiaires de crédit que l'ordonnance du 25 mars 2016 a entrepris de moraliser, notamment à travers une exigence d'indépendance posée comme condition pour ouvrir droit à une rémunération ; celle-ci ne pouvant provenir d'une autre personne que l'emprunteur [5].

2038 ***Évaluation de solvabilité et du bien immobilier*** ◊ En second lieu, la directive n° 2014/17/UE a également repris de la directive de 2008 relative aux crédits à la consommation le principe d'une évaluation de la solvabilité de l'emprunteur mais également du bien immobilier objet de l'opération financée comme préalable à la formation du contrat [6].

S'agissant de l'évaluation de la solvabilité de l'emprunteur, l'ordonnance du 25 mars 2016 a prévu que le prêteur devait l'opérer avant de conclure le contrat ou avant toute augmentation significative du montant total d'un crédit déjà accordé [7]. Elle doit être réalisée sur la base d'une série

1. Dir. n° 2014/17/UE, cons. 48.
2. Dir. n° 2014/17/UE, art. 16.
3. C. consom., art. L. 313-11.
4. Dir. n° 2014/17/UE, art. 22 § 5 et C. consom., art. L. 313-12.
5. C. consom., art. L. 313-13 à L. 313-15.
6. J. Lasserre Capdeville, « L'évaluation de la solvabilité de l'emprunteur et les devoirs d'explication et de mise en garde à la charge du prêteur », *Gaz. Pal.* 23/25 août 2015, n° ° 235 à 237, dossier sur « La future réforme du crédit immobilier en France », sous la dir. de J. Lasserre Capdeville, p. 7 s.
7. C. consom., art. L. 313-16 al. 1 et L. 313-18. Dans le cas d'un crédit supplémentaire, la réévaluation n'a pas à être opérée si ce crédit supplémentaire était prévu et intégré dans l'évaluation initiale.

d'informations, recueillies de sources internes ou externes ; informations qualifiées de « nécessaires, suffisantes et proportionnées » et « relatives aux revenus et dépenses de l'emprunteur ainsi que sur d'autres critères économiques et financiers » [1] comme par exemple l'âge ou la condition physique de l'emprunteur mais la condition de proportionnalité exigée par le texte devrait freiner les ardeurs des banques et contribuer à la préservation de la vie privée des emprunteurs. Le décret d'application ne vise d'ailleurs que les informations relatives aux revenus de l'emprunteur, à son épargne et à ses actifs, à ses dépenses régulières, à ses dettes et autres engagements financiers [2]. Le FICP doit à ce titre être consulté par le prêteur [3] qui doit, au terme de l'évaluation, informer l'emprunteur, dans les meilleurs délais, du rejet éventuel de sa demande en précisant le cas échéant que cette décision est fondée sur la consultation du fichier [4].

D'après la directive, la conséquence de cette évaluation est que le prêteur devra accorder « uniquement le crédit au consommateur si le résultat de l'évaluation de la solvabilité indique que les obligations découlant du contrat de crédit seront vraisemblablement respectées » [5]. Malgré l'interprétation contraire défendue par une partie minoritaire de la doctrine [6], cette disposition a été comprise comme entraînant l'obligation faite au banquier de refuser le crédit lorsque la situation de l'emprunteur laisse penser qu'il ne pourra pas faire face à ses obligations [7]. La disposition nationale de transposition semble avoir confirmé cette direction en prévoyant une disposition pratiquement identique à celle prévue la directive [8]. Au demeurant, le décret d'application de cette disposition renforce encore ce sentiment en prévoyant que le prêteur est tenu informer l'emprunteur que le crédit ne saurait être accordé lorsque l'évaluation de solvabilité n'est pas susceptible d'être opérée du fait du refus de l'emprunteur de communiquer les informations nécessaires à cette fin [9]. Par ailleurs, les textes prévoient que les procédures et informations mises en œuvre dans le cadre de cette

---

1. C. consom., art. L. 313-16, al. 3 et 4.
2. C. consom., art. R. 313-14.
3. C. consom., art. L. 313-16, al. 7. V. ss 1967.
4. C. consom., art. L. 313-16, al. 8 et 9.
5. Art. 18 § 5.
6. A. Gourio, « La directive européenne sur le crédit immobilier aux consommateurs », *JCP E* 2015, 1114. V. égal. en ce sens, V. Legrand, « Le nouveau droit du crédit immobilier : enfin la consécration d'un crédit responsable ? », *LPA* 22 avr. 2016, n° 81, p. 7.
7. J. Lasserre Capdeville, art. préc., n° 19 s. ; « La réforme du crédit immobilier : une évolution juridique de bon sens », *JCP* n° 17, 27 avr. 2016. Doctr. 517, n° 18 ; S. Piedelièvre, « Aperçu sur la directive du 4 février 2014 », *JCP N* 2014, n° 50, 1357, n° 7 ; J.-M. Moulin, « La financiarisation du crédit hypothécaire par la directive 2014/17/UE » : *RDBF* 2015. Étude 25, n° 25 ; A. Maymont, « L'avènement d'un crédit responsable en matière immobilière ? Réflexions sur la prochaine évolution du droit français à la lumière de la directive "crédit immobilier" du 4 février 2014 », *CCC* 2015. Étude 5, n° 6.
8. C. const., art. L. 313-16 al. 1 : le crédit « n'est accordé à l'emprunteur que si le prêteur a pu vérifier que les obligations découlant du contrat de crédit seront vraisemblablement respectées conformément à ce qui est prévu par ce contrat. »
9. C. consom., art. R. 313-15.

évaluation devront être documentées et conservées par le prêteur, sans doute pour faciliter le contrôle du juge dans l'hypothèse où le crédit aurait été octroyé en dépit de signaux alarmants [1]. Pour autant, ce nouveau devoir d'évaluation de la solvabilité de l'emprunteur doit être interprété à la lumière du devoir de mise en garde qui existe en parallèle [2]. Or, ce dernier n'aurait aucune utilité si le prêteur était tenu, en cas de situation financière susceptible d'induire des risques spécifiques pour l'emprunteur, non de simplement le mettre en garde mais de refuser purement et simplement le crédit. Si le devoir d'évaluation de solvabilité est demain interprété *a maxima*, le devoir de mise en garde risque d'être vidé de tout intérêt...

S'agissant de l'évaluation du bien immobilier, les textes prévoient qu'elle doit être opérée de manière « impartiale et objective » [3] par un évaluateur susceptible de justifier de ses compétences [4] et qui peut être externe, c'est-à-dire sans lien de subordination, familial ou capitalistique avec le prêteur, ou interne mais sous réserve de l'absence de conflit d'intérêts et à la condition que la tâche d'évaluation soit opérée de manière indépendante par rapport au processus de prise de décision concernant le crédit [5].

2039 ***Sanctions*** ◊ Les nouveaux devoirs d'explication, de mise en garde et d'évaluation de solvabilité de l'emprunteur font l'objet de sanctions à la fois civiles et pénales.

Sur le plan civil, le prêteur encourt la déchéance du droit aux intérêts dans la proportion fixée par le juge mais dans la limite de 30 % des intérêts et avec un plafonnement de 30 000 euros [6]. Ces limites très favorables aux prêteurs seront sans doute discutées dans la mesure où elles pourraient être jugées contraires aux dispositions de la directive 2014/17/UE qui exigent des sanctions suffisamment dissuasives [7]. L'absence pure et simple d'évaluation de solvabilité peut cependant entraîner une déchéance cette fois totale ou partielle et donc sans plafonnement [8].

Sur le plan pénal, l'absence d'explication, de mise en garde ou d'évaluation de solvabilité se traduit par une amende de 30 000 euros [9].

Les obligations entourant l'évaluation du bien immobilier sont moins lourdement sanctionnées dès lors qu'elles ne font pas l'objet de sanctions civiles et se traduisent par une simple contravention de la 5e classe [10].

---

1. C. consom., art. R. 313-13.
2. V. ss 2037.
3. C. consom., art. L. 313-20.
4. V. C. consom., art. R. 313-18 (expérience ou diplômes requis) et R. 313-19 (exigence en termes de formation continue).
5. C. consom., art. R. 313-17.
6. C. consom., art. L. 341-27.
7. Art. 38 § 1. V. ss 1989 en matière de crédit à la consommation.
8. C. consom., art. L. 341-28.
9. C. consom., art. L. 341-31.
10. C. consom., art. R. 341-22.

B. L'encadrement de la formation du contrat

040 ***Émission de l'offre*** ◊ Le régime applicable aux crédits immobiliers se singularisait par l'obligation faite au prêteur d'adresser l'offre, à l'emprunteur [1] et éventuellement aux cautions personnes physiques, par voie postale, tout autre procédé était exclu [2]. Depuis la réforme opérée par l'ordonnance du 25 mars 2016, l'offre peut être adressée « sur papier ou sur un autre support durable » et donc éventuellement de manière électronique [3]. Elle doit cependant être formalisée suivant un modèle établi par arrêté du ministre chargé de l'économie [4] et doit comprendre une dizaine de mentions obligatoires : identité des parties et éventuellement des cautions, nature, objet et modalités du prêt, échéancier des amortissements détaillant pour chaque échéance la répartition du remboursement entre le capital et les intérêts, etc. [5]. L'offre doit être accompagnée de la FISE [6] mais seulement lorsqu'elle comprend des caractéristiques différentes par rapport aux informations précédemment fournies [7].

Lorsque le crédit est stipulé à taux variable, l'offre doit également être accompagnée d'une notice détaillant les conditions et les modalités de variation du taux et d'une simulation d'impact destinées à avertir l'emprunteur des risques spécifiques que les opérations de ce type font peser et que la crise américaine des *subprimes* a dramatiquement illustrés.

L'offre doit par ailleurs rappeler que l'emprunteur est libre de choisir son assurance. Elle fait également état de la règle suivant laquelle elle doit être maintenue pendant une durée minimale de 30 jours à compter de sa réception par l'emprunteur [8]. Reprenant une règle applicable aux crédits à la consommation [9], la loi prévoit que, durant cette période, aucune opération de paiement ne peut être faite par l'une ou l'autre des parties [10]. Des dispositions similaires mais avec quelques aménagements sont prévues pour les contrats de location-vente ou location avec promesse de vente [11] ; la nécessité d'un envoi postal ayant en particulier été maintenue.

La sanction de l'offre irrégulière n'entraîne pas la nullité du contrat [12] mais la perte, pour le prêteur, en totalité ou en partie, du droit aux intérêts [13]. L'annulation aurait en effet été contraire aux intérêts de l'emprunteur

1. Lorsque des époux sont co-emprunteurs, le prêteur doit adresser l'offre nommément à chacun des conjoints, v. Rennes, 26 juin 2015, n° 12/02794, *JurisData* n° 2015-017995.
2. C. conso, anc. art. L. 312-7.
3. C. consom., art. L. 313-24 al. 1, applicable à compter du 1er octobre 2016.
4. C. consom., art. L. 313-26.
5. C. consom., art. L. 313-25 (anc. art. L. 312-8).
6. V. ss 2035.
7. C. consom., art. L. 313-24 al. 2.
8. C. consom., art. L. 313-34 al. 1 (anc. art. L. 312-10).
9. V. ss 1975.
10. C. consom., art. L. 313-34 al. 1 (anc. art. L. 312-11).
11. C. consom., art. L. 313-55 s. (anc. art. L. 312-26 s.).
12. Civ. 1re, 23 mars 1999, *Bull. civ.* I, n° 108, *CCC* 1999, comm. 167, obs. G. Raymond.
13. C. consom., art. L. 341-34 (anc. art. L. 312-33 al. 5).

alors que la déchéance ne frappe que ceux du prêteur [1]. Les obligations entourant la formalisation et l'envoi de l'offre font en parallèle l'objet d'une amende de 150 000 euros [2].

2041 ***Agrément de l'assurance proposé par l'emprunteur*** ◊ Le législateur a souhaité consacrer un principe de libre choix de l'assurance par l'emprunteur, valable pendant la formation du contrat de crédit mais également durant son exécution. En effet, jusqu'à la signature de l'offre, le prêteur ne peut pas refuser en garantie un autre contrat d'assurance dès lors que ce contrat présente un niveau de garantie équivalent au contrat d'assurance de groupe qu'il propose [3]. Si le prêteur accepte le contrat, il ne peut modifier le taux du crédit ou ses conditions d'obtention ni exiger le paiement de frais supplémentaires [4]. Il bénéficie cependant d'une disposition obligeant l'assureur choisi par l'emprunteur à l'informer en cas de non-paiement de la prime ou de toute modification substantielle du contrat [5]. Si le prêteur estime en revanche pouvoir refuser la proposition de l'emprunteur, il doit motiver sa décision, sans doute pour faciliter le contrôle par le juge des refus d'agrément abusifs.

2042 ***Acceptation de l'offre*** ◊ De manière assez infantilisante, la loi impose un délai de réflexion au consommateur qui doit être d'au moins dix jours à compter de la réception de l'offre [6]. La directive n° 2014/17/UE [7] n'a pas remis en cause cette solution dès lors qu'elle prévoyait des règles extrêmement souples en laissant le choix aux États membres d'opter pour délai de rétractation ou pour un délai de réflexion [8] et, dans ce dernier cas, en leur laissant la possibilité de décider si oui ou non l'emprunteur aura la possibilité d'accepter l'offre avant l'expiration du délai [9].

Durant la période de dix jours, l'acceptation de l'emprunteur (ou des cautions) doit être considérée comme étant sans effet, c'est-à-dire impuissante à entraîner la formation du contrat. De manière plus contestable mais avec un résultat pratique similaire, la jurisprudence décide que « la méconnaissance du délai d'acceptation de dix jours est sanctionnée par la nullité du contrat de prêt » [10], ce qui revient à considérer que l'acceptation

---

1. B. Bouloc, « La perte du droit aux intérêts » in « Études Calais-Auloy », Dalloz 2004, p. 81.
2. C. consom., art. L. 341-37 (anc. L. 312-33 al. 1).
3. C. consom., art. L. 313-30 (anc. art. L. 312-9, al. 5).
4. C. consom., art. L. 313-32 (anc. art. 312-9, al. 8).
5. C. consom., art. L. 313-33 (anc. art. 312-9, al. 9).
6. C. consom., art. L. 313-34 al. 2 (anc. L. 312-10 al. 2).
7. V. ss 2017
8. Art. 14. La directive envisage même une combinaison des deux mécanismes.
9. J. Lasserre Capdeville, « Deux règles essentielles laissées à la liberté des États membres : le délai de réflexion et le remboursement anticipé du crédit », *Gaz. Pal.* 23/25 août 2015, n° ° 235 à 237, dossier sur « La future réforme du crédit immobilier en France », sous la dir. de J. Lasserre Capdeville, p. 15 s.
10. Civ. 1re, 11 mars 2014, n° 12-29.910. V. cependant Civ. 1re, 29 mai 2013, n° 12-24278, *Bull. civ.* I, n° 106.

de l'offre entraîne la formation d'un contrat nul. Or, comment un même acte – l'acceptation – pourrait-il être à la fois la cause de la formation du contrat et celle de son anéantissement ? Mieux vaudrait parler d'inexistence de l'acte plutôt que de nullité avec comme conséquence l'absence de possibilité de confirmation et un régime de prescription sans doute différent. D'autres questions se posent encore : l'acceptation avant le délai de dix jours permet-elle au juge de prononcer une déchéance totale ou partielle du droit aux intérêts, comme semble le suggérer l'article L. 341-34 du Code de la consommation ? [1] Un arrêt récent mais inédit semble répondre par la négative, tout au moins si on l'interprète *a contrario* [2]. Dernière interrogation : le candidat à l'emprunt a-t-il la possibilité de régulariser son acceptation en la reformulant après le délai de dix jours ? La Cour de cassation semble admettre cette possibilité en émettant cependant une réserve : si la reformulation peut valablement être opérée au moment de la signature de l'acte authentique, c'est à la condition que celui-ci en fasse mention expresse [3].

Comme pour l'offre [4], le formalisme entourant l'acceptation a été allégé par l'ordonnance du 25 mars 2016. Elle n'a plus nécessairement à être adressée par voie postale, le cachet de la poste faisant foi [5], mais peut l'être « selon tout autre moyen convenu entre les parties de nature à rendre certaine la date de l'acceptation par l'emprunteur » [6]. Les parties doivent en effet être privées de la possibilité de supprimer le délai de réflexion en antidatant les documents. D'ailleurs, le prêteur encourt une amende de 300 000 euros lorsque l'acceptation souscrite ou reçue ne comporte pas de date ou une fausse date [7]. Après l'acceptation, le consommateur, qui a déjà bénéficié d'une longue période de réflexion, ne peut pas se rétracter ; tout au plus peut-il faire valoir l'interdépendance du prêt et du contrat principal [8].

043 ***Date de la formation du contrat*** ◊ Dès lors que les prêts immobiliers n'ont pas la nature de contrat réel [9], la formation du contrat s'opère dès l'acceptation de l'offre sans qu'il soit nécessaire d'attendre la remise des

1. Anc. art. L. 312-33 al. 5.
2. Civ. 1re, 11 mars 2014 préc.
3. Civ. 1re, 16 mai 2013 (2 espèces) n° 12-19.207 et n° 12-18.904.
4. V. ss 2040 s.
5. Anc. art. L. 312-10. En application de cette version du texte, la jurisprudence avait décidé que la loi n'imposait « ni un envoi par lettre recommandée avec demande d'avis de réception pour prouver le contenu de l'enveloppe ni une rédaction de l'adresse d'expédition de la main des emprunteurs ». V. Civ. 1re, 1er juin 2016, n° 15-15.051, à paraître au *Bulletin*, *LEDB* juillet 2016, p. 7, obs. J. Lasserre Capdeville ; *RDBF* juill. 2016, n° 4, comm. 159, obs. N. Mathey ; *LPA* 11 janv. 2017, n° 8, p. 8, obs. N. Éréséo.
6. C.conso., art. L. 313-39.
7. C. consom., art. L. 341-40 (anc. art. L. 312-33 al. 2).
8. V. ss 2046 s.
9. Civ. 1re, 27 mai 1998, *D.* 1999, J, 194, note M. Bruschi ; somm. 28, obs. Jobard-Bachelier ; *Defrénois* 1999, 21, obs. S. Piedelièvre.

fonds. Soulignons cependant que si l'acceptation est adressée au-delà du délai de 30 jours durant lesquels le prêteur doit maintenir son offre, la formation du contrat n'aura pas lieu à moins que l'établissement de crédit n'accepte de prendre en considération cette acceptation tardive. Relevons par ailleurs que lorsque l'emprunteur informe ses prêteurs qu'il recourt à plusieurs prêts pour la même opération, chaque prêt est conclu sous la condition suspensive de l'octroi des autres prêts, la règle ne s'appliquant toutefois qu'aux prêts dont le montant est supérieur à 10 % du crédit total[1].

2044 ***Clause de domiciliation des revenus*** [2] ◊ Le contrat de crédit comporte parfois l'obligation faite à l'emprunteur de domicilier l'ensemble de ses revenus sur un compte tenu par le prêteur. Une ordonnance n° 2017-1090 du 1er juin 2017 a consacré la validité de ces clauses de domiciliation en les subordonnant à certaines conditions [3] : l'engagement de l'emprunteur doit être limité à 10 ans [4] et un avantage individualisé doit lui être procuré en contrepartie. Celui-ci risque cependant d'être illusoire. En effet, compte tenu de la concurrence existante entre les banques, les taux sont aujourd'hui établis à des niveaux planchers et certains observateurs estiment que les intérêts ne baisseront pas en cas de domiciliation mais augmenteront si les consommateurs la refusent [5], pour autant que cette possibilité leur soit offerte [6]. Le législateur a cependant assoupli la sanction de la violation de la clause de domiciliation en prévoyant la seule perte pour l'avenir de l'avantage individualisé ; solution qui semble exclure toute sanction plus sévère telle que la déchéance du droit aux intérêts. On notera que la loi n° 2019-486 du 22 mai 2019 relative à la croissance et la transformation des entreprises a abrogé cet encadrement légal des clauses de domiciliation.

§ 2. Les règles relatives à l'exécution du crédit immobilier

2045 ***Exécution encadrée des obligations des parties*** ◊ L'exécution des contrats de crédit immobilier fait l'objet d'un encadrement reposant sur

1. C. consom., art. L. 313-37 (anc. art. L. 312-13).
2. Sur l'ensemble de la question, v. N. Éréséo, « Le nouvel encadrement légal des clauses de domiciliation des revenus », *LPA* 1er juin 2018, n° 110, p. 9.
3. C. conso., art. L. 313-25-1.
4. C. conso., art. R. 313-21-1.
5. En ce sens, *UFC-Que Choisir*, communiqué du 20 sept. 2017 publié sur son site.
6. Si le prêteur impose la clause de domiciliation comme condition de l'octroi du prêt, il risque de se heurter à l'article L. 311-1-2 du Code monétaire et financier qui interdit, sous peine d'une amende contraventionnelle de la 5e classe, la vente ou offre de vente de produits ou de prestations de services groupés, sauf lorsque les produits en cause peuvent être souscrits séparément.

trois axes : d'abord, la loi organise une interdépendance entre le crédit et l'opération financée qui s'inspire des règles applicables aux crédits à la consommation [1]. Ensuite, le législateur aménage les évolutions susceptibles d'être connues par le contrat comme la modification de son taux ou la renégociation plus large de ses termes. Enfin, la loi anticipe l'hypothèse d'un déroulement anormal du scénario imaginé par les parties à travers le traitement du remboursement anticipé ou à l'inverse de la défaillance de l'emprunteur.

A. L'aménagement de l'interdépendance du crédit et de l'opération financée

046 ***Interdépendance du prêt et de l'opération financée*** ◊ Le contrat de prêt est juridiquement causé par l'opération immobilière projetée par l'emprunteur. Confirmant des solutions qui auraient pu être dégagées sur le fondement du droit commun des obligations [2], la loi prévoit expressément, afin de l'aménager, l'interdépendance entre ces deux conventions formant un ensemble indivisible, en écartant toutefois les ventes par adjudication du bénéfice des dispositions concernées [3].

047 ***La condition résolutoire applicable au prêt*** ◊ D'abord, afin que le consommateur ne se trouve pas lié par un emprunt qui ne présente plus d'intérêt pour lui, le contrat de prêt est nécessairement conclu sous condition résolutoire de la non-conclusion du contrat financé dans un délai fixé par les parties qui ne saurait être inférieur à 4 mois [4]. Lorsque la condition résolutoire s'applique, l'effet rétroactif attaché à ce mécanisme oblige l'emprunteur à rembourser la totalité des sommes versées par le prêteur, intérêts compris [5]. Le prêteur ne peut solliciter aucun autre montant que celui relatif à d'éventuels frais d'étude mais ceux-ci sont plafonnés à 0,75 % du montant du prêt sans pouvoir excéder 150 euros [6] sous peine d'une amende de 300 000 euros [7]. Lorsque la vente est ultérieurement résolue du fait d'un défaut d'exécution, la jurisprudence s'inspire de ces règles et juge que le prêt doit également être résolu de plein droit [8].

---

1. V. ss 1991 s.
2. Civ. 1re, 10 sept. 2015, n° 14-13.658 et 14-17.772 ; *JCP* n° 43, 19 oct. 2015, 1138, note J. Lasserre Capdeville. Les nouvelles dispositions du Code civil applicables depuis le 1er octobre 2016 consacrent d'ailleurs le mécanisme de l'indivisibilité, v. art. 1186 al. 2.
3. C. consom., art. L. 313-45 (anc. art. L. 312-20).
4. C. consom., art. L. 313-36 (anc. art. L. 312-12).
5. C. consom., art. L. 313-38 (anc. art. L. 312-14).
6. C. consom., art. R. 313-22 (anc. art. R. 312-1-1).
7. C. consom., art. L. 341-46 (anc. art. L. 312-35).
8. Civ. 1re, 24 oct. 2018, n° 17-16709, *LEDB* déc. 2018, p. 4, obs. N. Mathey.

2048 ***La condition suspensive applicable à l'opération financée*** ◊ La loi aménage ensuite l'interdépendance entre le prêt et l'opération financée en prévoyant pour cette dernière la nécessité de mentionner dans l'acte le fait que le prix doit être réglé, en tout ou en partie, à l'aide d'un ou de plusieurs prêts [1]. Le texte n'exige pas d'indiquer le taux du prêt envisagé, sa durée ou les échéances maximales susceptibles d'être acceptées par le candidat à l'emprunt [2] mais ces mentions sont très utiles en pratique pour déterminer si le consommateur a reçu ou non une offre conforme à sa demande. La loi prévoit en effet que l'opération financée mentionnant un financement est conclue sous condition suspensive de l'obtention du ou des prêts dans un délai qui ne peut être inférieur à un mois à compter de la date de signature du contrat [3], la jurisprudence jugeant la condition remplie à compter de la réception par l'emprunteur d'une offre conforme à sa demande [4]. L'absence de mention des prêts dans l'acte est sans conséquence sur l'existence de la condition suspensive dès lors que celle-ci tire son existence de la loi [5] davantage que de la volonté des parties, sauf à dire qu'il était possible de prendre compte leur commune intention implicite mais il était sans doute préférable de ne pas laisser le juge décider du sort de la condition suspensive. En revanche, lorsque l'acte mentionne expressément que l'opération est financée sans l'aide d'un prêt, l'emprunteur perd le bénéfice de la protection légale s'il souscrit malgré tout un tel contrat, sauf à ce que le caractère mensonger de la mention soit établi [6]. Pour assurer la protection de l'emprunteur, l'exclusion de la protection légale suppose néanmoins une mention de sa main par laquelle il reconnaît que s'il recourt malgré tout à un prêt, le bénéfice du chapitre relatif au crédit immobilier est perdu [7]. Cependant, même en présence d'une telle mention, la jurisprudence réserve le cas de la fraude et celle-ci semble pouvoir s'inférer du simple fait que, malgré la mention, le vendeur n'ignorait pas que l'acquéreur avait l'intention de recourir à un prêt [8].

Lorsque la condition se réalise, l'emprunteur ne peut renoncer à l'opération financée sans perdre les sommes versées d'avance à son cocontractant. La solution est jugée insuffisamment protectrice par une partie de la doctrine qui plaide pour que le consommateur soit admis à faire valoir un

1. C. consom., art. L. 313-40 (anc. art. L. 312-15).
2. Cass., avis, du 18 mai 1998, *Bull. civ. avis* n° 7.
3. C. consom., art. L. 313-41 al. 1 (anc. art. L. 312-16 al. 1), précisant que s'il s'agit d'un acte soumis à enregistrement à peine de nullité le délai court à compter de la date de cet enregistrement.
4. Civ. 1re, 9 déc. 1992, n° 91-12498, *Bull. civ.* I, n° 309 ; *Defrénois* 1993, 317, obs. Aubert ; *JCP N* 1993, 121, note A. Gourio. Civ. 1re, 20 janv. 1993, *Bull. civ.* I, n° 30 ; *JCP* 1993, II, 22106, note A. Gourio. Comp. Civ. 3e, 27 janv. 2009, n° 06-15964 ; *CCC* 2009. 117.
5. C. consom., art. L. 313-42 al. 2 (anc. art. L. 312-17 al. 2).
6. Civ. 1re, 10 mars 1987, n° 95-15839, *Bull. civ.* I, n° 90 ; *D.* 1987. 577, note Morin.
7. C. consom., art. L. 313-42 (anc. art. L. 312-17).
8. Civ. 3e, 29 janv. 2014, n° 12-28836, *LPA* 1er août 2014, n° 153, p. 17, obs. J. Lasserre Capdeville ; *Gaz. Pal.* 10 avr. 2014, p. 15, obs. D. Houtcieff.

motif légitime extérieur à sa volonté – pour éviter toute potestativité – afin de permettre le refus d'une offre de prêt pourtant conforme à sa demande [1].

En revanche, lorsque la condition ne se réalise pas, toute somme versée d'avance par l'acquéreur doit faire l'objet d'une restitution immédiate sans retenue ni indemnité. La loi prévoit que des intérêts sont dus au taux légal majoré de moitié mais seulement à compter du quinzième jour suivant la demande de remboursement [2] alors que le consommateur aurait été protégé de manière plus efficace si les textes avaient prévu des intérêts de plein droit.

Conformément au droit commun des obligations [3], la condition est toutefois réputée accomplie et donc le prêt réputé conclu lorsque le consommateur est lui-même à l'origine de l'absence de réalisation de l'événement considéré (absence de sollicitation d'un établissement de crédit, demande d'un prêt pour un montant supérieur, etc.). Des diligences peuvent donc être attendues du candidat à l'emprunt mais, pour la jurisprudence, celles-ci ne peuvent cependant être aggravées par la stipulation d'exigences dépassant ce qui découle de la loi [4], comme celles imposant à l'acheteur de déposer une demande de crédit dans un délai de dix jours [5]. Cependant, a été jugée valable la clause subordonnant la réalisation de la condition au refus opposé par trois établissements [6] alors qu'en l'absence de toute stipulation une seule demande refusée suffit pour dégager le candidat à l'emprunt de ses obligations [7]. La jurisprudence mériterait d'être clarifiée sur ce point.

049 ***Règles spécifiques applicables aux travaux financés par des prêts*** ◊ Lorsque l'opération financée porte sur des travaux de réparation, d'amélioration ou d'entretien, la loi tient compte du fait que, bien souvent, les parties ne prennent pas le soin de rédiger un contrat écrit. Dans ce cas, la règle est que la condition suspensive frappant le contrat d'entreprise ne peut résulter que d'un avis écrit émanant du maître de l'ouvrage, donné avant l'exécution des travaux et indiquant que le prix sera payé en totalité ou en partie à l'aide d'un ou de plusieurs prêts [8]. Pour ces mêmes opérations ainsi que celles relatives à la maîtrise d'œuvre ou à la construction d'un immeuble, la loi aménage l'interdépendance du prêt et de l'opération financée en anticipant l'hypothèse de contestations (malfaçons) ou d'accidents affectant l'exécution du contrat [9]. En ce cas, le tribunal peut

1. J. Calais-Auloy et H. Temple, *Droit de la consommation*, 9e éd., Dalloz 2015, n° 471.
2. C. consom., art. L. 313-41 al. 2 (anc. art. 312-16 al. 2).
3. C. civ., anc. art. 1178 et nouvel art. 1304-3.
4. Civ. 1re, 28 janv. 1992, n° 89-11152, *Bull. civ.* I, n° 335 ; *CCC* juill. 1992, 132. Plus récemment, v. Civ. 3e, 6 juill. 2005, *Bull. civ.* III, n° 154 ; *D.* 2005. 2145, obs. C. Rondey.
5. Civ. 3e, 12 févr. 2014, n° 12-27182, *LPA* 1er août 2014, n° 153, p. 16, obs. N. Éréséo.
6. Civ. 3e, 21 juill. 1998, *CCC* 1999, comm. 46, obs. G. Raymond.
7. Civ. 3e, 8 déc. 1999, n° 98-10766, *Bull. civ.* III, n° 340 ; *JCP E* 1999, 2036.
8. C. consom., art. L. 313-43 (anc. art. L. 312-18).
9. C. consom., art. L. 313-44 (anc. art. 312-19).

décider de suspendre, jusqu'à la solution du litige, l'exécution du contrat de prêt, pourvu que le prêteur ait été appelé à la cause ou ait pu intervenir à l'instance. La loi réserve par ailleurs la possibilité pour le prêteur d'obtenir indemnisation du préjudice auprès du responsable de l'incident. Ces règles supposent cependant une mention expresse dans l'acte de prêt faisant valoir que celui-ci finance une construction ou des travaux. Elles ont été jugées applicables au contrat de vente en l'état futur d'achèvement qui n'est pourtant pas expressément mentionné par les textes [1].

2050 ***Règles spécifiques concernant l'assurance de groupe proposée par le prêteur*** ◇ La loi organise également une interdépendance entre le contrat de crédit et le contrat d'assurance de groupe éventuellement proposé par le prêteur. Lorsque l'assureur conditionne sa garantie à l'agrément de l'emprunteur et que celui-ci ne le reçoit pas, le contrat est en effet résolu de plein droit si l'emprunteur en fait la demande dans un délai d'un mois à compter de la notification du refus de l'agrément [2].

B. L'aménagement des évolutions du contrat

2051 ***Évolutions concernant le contrat de crédit. Révision du taux*** ◇ Pour les prêts à taux variable, l'information de l'emprunteur est garantie par l'obligation faite au prêteur de l'informer, au moins une fois par an, du montant du capital restant à rembourser [3]. La règle n'est susceptible d'être sanctionnée que sur le terrain de la responsabilité contractuelle de droit commun, la jurisprudence ayant confirmé que la déchéance du droit aux intérêts n'était pas applicable [4].

La directive n° 2014/17/UE du 4 février 2014 a entraîné l'adoption de dispositions plus complètes [5] imposant au prêteur d'avertir l'emprunteur des modifications du taux, avant leur entrée en vigueur, et de l'informer du montant actualisé des échéances en précisant tout éventuel changement quant à leur nombre ou leur périodicité, les parties pouvant cependant convenir d'un assouplissement de cette exigence lorsque la modification du taux résulte d'une variation du taux de référence et que celui-ci est rendu public par des moyens appropriés [6].

---

1. Civ. 1re, 9 déc. 2015, n° 14-29.960, *LPA* 11 janv. 2017, n° 8, p. 11, obs. N. Éréséo ; *LEDB* avril 2016, p. 6, obs. J. Lasserre Capdeville ; *Gaz. Pal.* 12 avr. 2016, n° 14, p. 29, obs. S. Piedelièvre ; *Defrénois* 15 avr. 2016, n° 7, p. 11, obs. H. Périnet-Marquet, l'arrêt se justifiant par la nature « hybride » du contrat. V. déjà en ce sens, Civ. 1re, 18 déc. 2014, n° 13-24.385.

2. C. consom., art. L. 313-29, 3° (anc. art. L. 312-9, 3°).

3. C. consom., art. L. 313-46 al. 1 (anc. art. L. 312-14-2).

4. Civ. 1re, 1er juin 2016, n° 15-15.051, à paraître au *Bulletin*, *LPA* 11 janv. 2017, n° 8, p. 8, obs. N. Éréséo ; *RDBF juill. 2016, n° 4, comm. 159, obs. N. Mathey* ; *LEDB* juillet 2016, p. 7, obs. J. Lasserre Capdeville.

5. Art. 27 § 1. N. Kilgus, « L'encadrement spécifique des prêts en devise et à taux variable », *Gaz. Pal.* 23/25 août 2015, n° 235 à 237, dossier sur « La future réforme du crédit immobilier en France », sous la dir. de J. Lasserre Capdeville, p. 19 s.

6. C. consom., art. L. 313-46 al. 2 à 5.

52 ***Évolutions concernant le contrat de crédit. Conséquences d'une mauvaise évaluation de solvabilité*** ◊ Autre conséquence attachée à la transposition de la directive 2014/17/UE du 4 février 2014, l'évaluation de solvabilité devant être opérée durant la phase précontractuelle est susceptible d'avoir des incidences sur la phase d'exécution du contrat. Lorsque le prêteur réalise *a posteriori* que les informations fournies étaient incomplètes ou qu'il a vérifié la solvabilité de manière incorrecte, il ne peut en principe modifier ou résilier le contrat. Cependant, cette possibilité lui est ouverte lorsque « des informations essentielles à la conclusion du contrat ont été sciemment dissimulées ou falsifiées par l'emprunteur. » [1] L'éventuelle fraude opérée par un tiers, intermédiaire de crédit par exemple, n'est en revanche pas envisagée par le texte.

53 ***Évolutions concernant le contrat de crédit. Renégociation du prêt*** ◊ Cette nouvelle possibilité de modifier le contrat devra être conciliée avec l'article L. 313-39 [2] du Code de la consommation qui aménage plus largement la possibilité pour les parties de renégocier les termes du contrat initial. Le dispositif s'applique seulement lorsque de réelles modifications sont apportées au contrat et non lorsque le prêteur consent simplement un report des échéances à la demande de l'emprunteur [3]. En présence d'une véritable renégociation, les modifications doivent exclusivement prendre la forme d'un avenant et ne supposent pas de remettre une nouvelle offre, comme la jurisprudence l'a fermement confirmé [4]. Cependant, l'article L. 313-27 [5] prévoit de manière assez contradictoire qu'une telle remise est exigée lorsqu'un prêt à taux fixe fait l'objet de modifications en ce qui concerne ses conditions d'obtention, et notamment son taux ou son montant. Comme l'a relevé un auteur, la conciliation entre les deux textes apparaît difficile à opérer, au moins pour les prêts à taux fixe [6].

Lorsque le contrat fait l'objet d'une modification par avenant, l'information de l'emprunteur est garantie par la présence obligatoire de mentions comprenant un échéancier des amortissements détaillant pour chaque échéance le capital restant dû en cas de remboursement anticipé et le taux effectif global ainsi que le coût du crédit calculés sur la base des seules échéances et frais à venir. Par ailleurs, lorsque le prêt est à taux variable l'avenant doit comprendre le taux effectif global ainsi que le coût du crédit calculés sur la base des seuls frais et échéances à venir jusqu'à la date de la

---

1. C. consom., art. L. 313-17.
2. Anc. art. L. 313-39 (anc. art. L. 312-14-1).
3. Civ. 1re, 17 juin 2015, n° 14-14326.
4. Civ. 1re, 3 mars 2011, n° 10-15152, *Bull. civ.* I, n° 46. Comp. Civ. 1re, 6 juill. 2004, *Bull. civ.* I, n° 202 ; *D.* 2004. 2498, obs. C. Rondey ; *JCP* 2004, II, 10193, note G. Nicolas.
5. Anc. art. L. 312-8, al. 11.
6. G. Raymond, *J.-Cl. BCB*, fasc. 721, n° 55.

révision du taux, ainsi que les conditions et modalités de variation du taux. La protection de l'emprunteur est également assurée par la mise en place d'un délai de réflexion de 10 jours à compter de la réception des informations exigées par la loi [1].

2054 ***Évolutions concernant le contrat d'assurance*** [2] ◊ La loi prévoit d'abord que toute modification apportée à la définition des risques garantis, aux modalités de la mise en jeu de l'assurance ou à la tarification du contrat est inopposable à l'emprunteur qui n'y a pas donné son acceptation [3].

La loi aménage ensuite l'hypothèse d'une demande de résiliation du contrat d'assurance décidée par l'emprunteur sur le fondement des dispositions figurant au premier alinéa de l'article L. 113-12-2 du Code des assurances ou au deuxième alinéa de l'article L. 221-10 du Code de la mutualité [4]. Ces dispositions introduites par la loi dite Hamon relative à la consommation du 17 mars 2014 [5] autorisent en effet l'emprunteur à résilier le contrat d'assurance dans un délai d'un an à compter de la signature de l'offre de prêt. Dans ce cas, il est prévu que le prêteur ne peut pas refuser un autre contrat d'assurance proposé en substitution par l'emprunteur dès lors que celui-ci présente un niveau de garantie similaire [6]. Le prêteur notifie à l'emprunteur sa décision d'acceptation ou de refus dans un délai de dix jours ouvrés à compter de la réception d'un autre contrat d'assurance. Si le prêteur accepte, il doit modifier par voie d'avenant le contrat de crédit en y mentionnant, notamment, le nouveau taux effectif global, le tout devant s'opérer en fonction des informations transmises par l'assureur [7]. Il ne peut cependant ni modifier le taux du crédit, qu'il soit fixe ou variable, ni les conditions d'octroi du prêt, ni exiger le paiement de frais supplémentaires quels qu'ils soient [8]. Au-delà de la période douze mois à compter de la signature de l'offre de prêt, les libertés de l'emprunteur étaient moins fortes jusqu'à une réforme récente. Une faculté de substitution pouvait en effet bénéficier à l'emprunteur mais uniquement si le contrat de prêt la prévoyait [9]. Quant à l'article L. 113-12 du Code des assurances qui prévoit une faculté de résiliation annuelle jouant durant toute la durée d'exécution du contrat, la jurisprudence avait estimé que les dispositions spéciales de l'article L. 312-9 limitant cette possibilité à la première année avaient vocation à priver d'application les règles plus générales

1. C. consom., art. L. 312-14-1.
2. Sur cette question, v. ss 2817.
3. C. consom., art. L. 313-29, 2° (anc. art. L. 312-9, 2°).
4. M. Tirel, « Le nouvel encadrement légal de l'assurance emprunteur », *LPA* 1er juin 2018, n° 110, p. 43.
5. M. Mignot, « Les dispositions relatives à l'assurance emprunteur issues de la loi n° 2014-344 du 17 mars 2014 relative à la consommation », *Gaz. Pal.* 24 avr. 2014, n° 114, p. 20.
6. C. consom., art. L. 313-30 (anc. art. L. 312-9, al. 5).
7. C. consom., art. L. 313-31 (anc. art. 312-9, al. 6).
8. C. consom., art. L. 313-32 (anc. art. 312-9, al. 8).
9. C. consom., art. L. 313-31 (anc. L. 312-9, al. 6).

du Code des assurances [1]. La loi n° 2016-1691 du 9 décembre 2016, dite loi Sapin II, avait cependant introduit ce droit de résiliation annuel dans le Code de la consommation [2] mais par sa décision n° 2016-741 DC du 8 décembre 2016, le Conseil constitutionnel avait estimé que cette mesure, ajoutée à l'occasion des débats devant le Parlement, n'était pas en relation directe avec une disposition restant en discussion et l'avait censurée. Il a fallu que le législateur la réintroduise à l'occasion de la loi n° 2017-203 du 21 février 2017. Désormais, l'article L. 313-30 du Code de la consommation prévoit la possibilité pour l'assuré de faire usage de son droit de résiliation annuel mentionné à l'article L. 113-12 du Code des assurances et à l'article L. 221-10 du Code de la mutualité, aux mêmes conditions que dans l'hypothèse d'une résiliation la première année du contrat. La réforme s'est appliquée aux offres de prêts émises depuis le 22 février 2017 et aux offres en cours à partir du 1er janvier 2018 [3].

C. Le traitement des incidents d'exécution

055 ***Le remboursement anticipé*** ◊ Comme pour les crédits à la consommation mais avec ici des enjeux financiers bien plus importants [4], la loi prend en considération l'hypothèse d'une demande de remboursement anticipé du crédit immobilier. Par faveur pour l'emprunteur, le prêteur ne saurait s'opposer à une telle demande, quand bien même une clause figurerait dans le contrat, sauf lorsque le remboursement porte sur une somme égale ou inférieure à 10 % du montant initial du prêt, à moins qu'il ne s'agisse de solder l'opération [5].

Dans tous les cas, le prêteur peut cependant stipuler une indemnité au titre des intérêts non échus pourvu qu'elle apparaisse clairement dans le contrat [6] et qu'elle n'excède pas un montant établi par décret en fonction de la durée du contrat restant à courir [7]. La loi interdit tout autre frais ou indemnité [8] et la jurisprudence en a conclu que le prêteur ne pouvait pas

---

1. Civ. 1re, 9 mars 2016, n° 15-18.899, à paraître au *Bulletin*, *LEDB* mai 2016, p. 1, obs. M. Mignot ; *RDBF* mai 2016, comm. 115, obs. N. Mathey ; *LPA* 11 janv. 2017, n° 8, p. 10, obs. J. Lasserre Capdeville.

2. J. Lasserre Capdeville, « Les évolutions du droit bancaire résultant de la loi Sapin 2 », *JCP E* 2017. 103.

3. Le Conseil constitutionnel a jugé que l'application du texte aux contrats en cours était conforme à la Constitution : Cons. const. 12 janv. 2018, n° 2017-685 QPC, *LPA* 27 nov. 2018, n° 237, p. 10, obs. N. Éréséo.

4. V. ss 1981 s.

5. C. consom., art. L. 313-47 al. 1 (anc. art. L. 312-21 al. 1).

6. Civ. 1re, 24 avr. 2013, n° 12-19070, *Bull. civ.* I, n° 87 ; *LPA* 4 nov. 2013, n° ° 219-220, p. 19, obs. N. Éréséo : la clause litigieuse évoquait simplement l'éventualité d'une indemnité de remboursement anticipé pour en préciser les modalités.

7. C. consom., art. L. 313-47 al. 2 (anc. art. L. 312-21 al. 2).

8. C. consom., art. L. 313-49 (anc. art. L. 312-23 al. 1).

davantage pratiquer l'anatocisme [1]. L'indemnité susceptible d'être exigée ne peut excéder la valeur d'un semestre d'intérêt sur le capital remboursé au taux moyen du prêt, sans pouvoir dépasser 3 % du capital restant dû avant le remboursement, sauf lorsque le prêt prévoit des taux différents suivant les périodes de remboursement, auquel cas l'indemnité peut être majorée de la somme permettant d'assurer au prêteur, sur la durée courue depuis l'origine, le taux moyen prévu lors de l'octroi du prêt. [2]

Deux réserves sont cependant prévues : d'une part, pour tous les contrats conclus après l'entrée en vigueur de la loi n° 99-532 du 25 juin 1999 l'indemnité ne peut être exigée lorsque le remboursement anticipé accompagne la vente du bien immobilier consécutive à un décès, à une cessation de l'activité professionnelle ou à une modification du lieu de l'activité lorsque ces événements frappent l'emprunteur ou son conjoint [3] ; étant précisé que si le prêt a été souscrit par des co-emprunteurs, l'événement considéré peut concerner un seul des deux sans préjudice pour l'application de la règle [4]. D'autre part, la loi réserve dans tous les cas le jeu de l'article 1152 (devenu 1231-5) du Code civil qui permet au juge de modérer la peine lorsque celle-ci est manifestement excessive.

La directive n° 2014/17/UE du 4 février 2014 [5] n'a pas entraîné de modification significative du régime applicable au remboursement anticipé [6]. Le texte pose en effet le principe général du droit à un tel remboursement [7] mais permet aux États membres d'en conditionner l'exercice à travers des limitations qui peuvent être fonction des circonstances entourant la demande, du moment où elle est formulée ou du type de crédit concerné [8]. La possibilité de réclamer une indemnité est également consacrée pourvu qu'elle n'excède pas la perte financière éprouvée par le prêteur [9]. L'ordonnance de transposition du 25 mars 2016 a cependant complété les dispositifs existants en prévoyant l'obligation faite au prêteur de communiquer à l'emprunteur, après réception de sa demande de remboursement par anticipation, les informations nécessaires à l'examen de

1. Civ. 1re, 30 nov. 2016, n° 15-16660, *LPA* 5 déc. 2017, n° 242, p. 21, obs. J. Lasserre Capdevillle. V. égal. Civ. 1re, 9 févr. 2012, n° 11-14605, *Bull. civ.* I, n° 27, *LPA* 5 nov. 2012, n° 221, p. 10, obs. N. Éréséo (arrêt rendu en application d'une disposition similaire applicable aux crédits à la consommation dans sa rédaction antérieure à la réforme Lagarde).

2. C. consom., art. R. 313-25 al. 1 (anc. art. R. 312-2 al. 1).

3. C. consom., art. L. 313-48 (anc. art. L. 312-21 al. 3).

4. Civ. 1re, 17 juin 2015, n° 14-14.444, à paraître au *Bulletin*, *Dalloz actu.* 26 juin 2015, obs. V. Avena-Robardet.

5. V. ss 2017.

6. J. Lasserre Capdeville, « Deux règles essentielles laissées à la liberté des États membres : le délai de réflexion et le remboursement anticipé du crédit », *Gaz. Pal.* 23/25 août 2015, n° ° 235 à 237, dossier sur « La future réforme du crédit immobilier en France », sous la dir. de J. Lasserre Capdeville, p. 15 s.

7. Art. 25 § 1.

8. Art. 25 § 2.

9. Art. 25 § 3.

cette faculté, comprenant au minimum des éléments chiffrés quant aux conséquences qui se produiraient si elle venait à être mise en œuvre [1].

)56 ***La défaillance de l'emprunteur*** ◇ La défaillance de l'emprunteur fait l'objet de règles similaires à celles applicables aux crédits à la consommation. Les textes envisagent deux options au profit du prêteur [2].

Il peut en premier lieu demander la résolution du contrat et exiger le remboursement immédiat du capital restant dû et le paiement des intérêts échus, étant précisé que jusqu'au règlement effectif, les sommes dues produisent intérêt au taux prévu dans le prêt. Le prêteur peut demander en outre une indemnité aujourd'hui plafonnée à 7 % des sommes dues au titre du capital restant dû ainsi que des intérêts échus et non versés [3], sans préjudice de la possibilité pour le juge de faire usage des articles 1152 et 1232 du Code civil qui autorisent la réduction des indemnités excessives [4]. Le prêteur ne peut faire valoir aucun autre coût ni aucune autre indemnité à l'exclusion des frais taxables si le prêteur fournit des justificatifs et s'il ne sollicite pas un remboursement forfaitaire des frais de recouvrement [5]. Comme en matière de crédit à la consommation [6], la jurisprudence décide également que le prêteur ne peut pas davantage procéder à la capitalisation des intérêts [7]. La déchéance du terme est une sanction particulière sévère que le prêteur ne peut conventionnellement prévoir en dehors de l'hypothèse d'un défaut de paiement. La jurisprudence a tout au moins estimé que présentait un caractère abusif la clause prévoyant une telle sanction dans l'hypothèse de déclarations inexactes faites par l'emprunteur lors de l'octroi du prêt [8].

Le prêteur peut en second lieu renoncer à demander la résolution. En ce cas, la loi lui offre la possibilité de majorer le taux d'intérêt que l'emprunteur aura à payer jusqu'à la reprise des paiements aux échéances normales. La majoration obéit cependant à des limites fixées par un décret qui prévoit qu'elle saurait excéder trois points d'intérêt [9]. Pour les contrats de location-vente ou de location assortis d'une promesse de vente, l'indemnité obéit à un plafonnement différent puisqu'elle ne peut excéder 2 % de la part des versements correspondant à la valeur en capital du bien à effectuer jusqu'à la date prévue du transfert de propriété [10].

1. C. consom., art. L. 313-47, al. 3.
2. C. consom., art. L. 313-50 et L. 313-51 (anc. art. L. 312-22).
3. C. consom., art. R. 313-28 (anc. art. R. 312-3 al. 3).
4. V. auj. l'art. 1231-5 du Code civil pour les contrats conclus après le 1er octobre 2016.
5. C. consom., art. L. 313-52 (anc. art. L. 312-23).
6. V. ss 1983.
7. Civ. 1re, 17 juin 2015, n° 14-11807.
8. Civ. 1re, 10 oct. 2018, n° 17-20441, *LEDB* déc. 2018, p. 1, obs. M. Mignot.
9. C. consom., art. R. 312-3 al. 3.
10. C. consom., art. R. 312-4.

§ 3. Les règles relatives aux litiges entourant un crédit immobilier

2057 ***Renvoi*** ◊ Les règles relatives aux litiges entourant un crédit immobilier sont sur certains points identiques à celles applicables aux crédits à la consommation, notamment en qui concerne la déchéance du droit aux intérêts, les mesures de suspension ou les délais de grâce susceptibles d'être décidés par le juge.

2058 ***Tribunal compétent*** ◊ Quelques différences peuvent cependant être soulignées par rapport au régime applicable aux crédits à la consommation. D'abord, le législateur n'a pas pris exemple sur les règles applicables aux crédits à la consommation en offrant un privilège de juridiction aux tribunaux d'instance [1], sauf en ce qui concerne la mise en œuvre de l'article L. 314-20 relatif au délai de grâce [2]. En application des règles de droit commun de la procédure civile, la compétence du tribunal est par conséquent déterminée en référence au montant en litige.

2059 ***Prescription*** ◊ Par ailleurs, les dispositions relatives au crédit immobilier figurant aux articles L. 313-1 et suivants du Code de la consommation ne prévoient aucune solution spécifique concernant la prescription. À la suite de l'entrée en vigueur de l'importante réforme relative à la prescription opérée par la loi du 17 juin 2008, deux dispositions concurrentes étaient alors susceptibles d'être invoquées : soit l'article L. 110-4 du Code de commerce selon lequel « Les obligations nées à l'occasion de leur commerce entre commerçants ou entre commerçants et non-commerçants se prescrivent par cinq ans si elles ne sont pas soumises à des prescriptions spéciales plus courtes », soit l'ancien article L. 137-2 du Code de la consommation (devenu L. 218-2) pour lequel « L'action des professionnels, pour les biens ou les services qu'ils fournissent aux consommateurs, se prescrit par deux ans ». Des hésitations se faisaient jour chez les juges du fond. Certains se prononçaient en faveur de la prescription quinquennale, cependant que d'autres préféraient la nouvelle prescription biennale de l'article L. 137-2. Pour répondre au problème, la Cour de cassation s'est appuyée sur l'article L. 137-2 en énonçant d'abord « qu'en vertu de ce texte, l'action des professionnels, pour les biens ou les services qu'ils fournissent aux consommateurs, se prescrit par deux ans » avant d'indiquer ensuite que « les crédits immobiliers consentis aux consommateurs par des organismes de crédit constituent des services financiers fournis par des professionnels » [3].

---

1. V. ss 1987.

2. C. consom., art. R. 313-33. V. ss 1985.

3. Civ. 1re, 28 nov. 2012, n° 11-26508, *Bull. civ.* I, n° 247 ; *LEDB* janv. 2013, p. 5, n° 179, obs. J. Lasserre Capdeville ; *LPA* 4 nov. 2013, n° ° 219-220, p. 20, obs. N. Éréséo ; *JCP* n° 4, 21 janvier 2013, 73, note N. Monachon-Duchêne ; *JCP E* n° 9, 28 février 2013, 1135, note M. Dupré ; *JCP E*

En pratique, la solution apparaît de prime abord très favorable à l'emprunteur qui pourra dans certains cas s'abstenir de rembourser sa banque, d'autant que le juge peut soulever d'office la prescription conformément à l'article L. 141-4 (devenu R. 632-1) du Code de la consommation [1]. Un auteur a cependant relevé que l'arrêt pourrait inciter les banques à entamer une procédure de saisie des biens dès le prononcé de la déchéance du terme, sans attendre un éventuel retour à meilleure fortune de l'emprunteur ou sans tenter de négocier une vente à l'amiable du bien ou un rééchelonnement de la dette [2]. En poussant les établissements vers des stratégies expéditives et radicales, la solution retenue par la Cour pourrait en définitive se retourner contre les emprunteurs.

D'autant qu'un nouvel arrêt rendu en 2014 par la Cour de cassation a par la suite aggravé la situation avant qu'un opportun revirement ne vienne remédier au désordre. Rendu au visa des articles L. 137-2 du Code de la consommation et 2224 du Code civil, la Cour avait énoncé que « le point de départ du délai de prescription biennale prévu par le premier de ces textes se situe au jour où le titulaire du droit a connu ou aurait dû connaître les faits lui permettant d'exercer l'action concernée, soit, dans le cas d'une action en paiement au titre d'un crédit immobilier consenti par un professionnel à un consommateur à la date du premier incident de paiement non régularisé » et cassé un arrêt de cour d'appel qui s'était fondé sur la déchéance du terme pour déterminer le point de départ de la prescription [3]. Sur le plan technique, la solution avait été fortement contestée dès lors qu'elle procédait d'une confusion entre la prescription, qui tend à consolider une situation de fait et constitue en principe une présomption irréfragable de paiement, et la forclusion, qui est plutôt un délai pour agir en justice et donc un délai de procédure [4]. En suivant ces principes, et dès lors que l'article L. 137-2 fixe un délai de prescription, la Cour de cassation n'aurait semble-t-il pas dû appliquer les règles de point de départ reprises de l'article R. 312-35 du Code de la consommation [5] et qui

n° 21, 23 mai 2013, 1304, obs. P. Couderc ; *CCC* 2013, comm. 45, obs. G. Raymond ; *RDBF* 2013, comm. 47, note. N. Mathey ; *AJDI* 2013. 215, note F. Cohet-Cordey ; *D.* 2013. Pan. 945, obs. H. Aubry ; *RTD com.* 2013. 126, obs. D. Legeais. Civ. 1re, 9 avr. 2014, n° 12-27614, *LPA* 1er août 2014, n° 153, p. 19, obs. J. Lasserre Capdeville. Mais la prescription ne peut pas être invoquée par une personne morale telle qu'une SCI, même si les parties ont volontairement soumis le contrat au régime du crédit Immobilier, v. en ce sens Civ. 1re, 18 oct. 2017, n° 16-23558, *LPA* 27 nov. 2018, n° 237, p. 13, obs. J. Lasserre Capdeville.

1. Civ. 1re, 9 juill. 2015, n° 14-19101, *LEDB* oct. 2015, p. 4, obs. M. Mignot
2. M. Dupré, note préc.
3. Civ. 1re, 10 juill. 2014, n° 13-15.511, *Gaz. Pal.* 11 sept. 2014 n° 254, p. 15, note M. Mignot ; *JCP* 2014, n° 38, 948, note J. Lasserre Capdeville ; *LPA* 1er juin 2015, n° 108, p. 17, obs. N. Éréséo ; *LEDB* 2014, n° 9, p. 1, obs. M. Mignot ; *CCC* nov. 2014, comm. 255, obs. G. Raymond ; *JCP E* 2014, n° 36, 4 sept. 2014, 1441, note D. Legeais ; *RTD com.* 2014. 675, obs. D. Legeais ; *Gaz. Pal.* 28 oct. 2014, n° 301, p. 17 obs. M. Roussille ; *D.* 2015. 588, obs. H. Aubry. V. plus récemment Civ. 1re, 16 avr. 2015, n° 13-24024, *LEDB* juin 2015, p. 4, obs. M. Mignot.
4. M. Mignot, note citée.
5. Anc. art. L. 311-52.

sont propres au mécanisme de la forclusion. Cependant, pour une autre partie de la doctrine, la solution s'expliquait par la volonté de conférer leur plein effet aux dispositions de l'article L. 137-1 selon lesquelles les parties ne peuvent, même d'un commun accord, modifier le point de départ du délai [1]. Or, en retenant la déchéance, on aurait permis au prêteur de décider seul du moment du point de départ de la prescription. La solution contraire décidée par la Cour forçait le prêteur à agir sans attendre, quitte à provoquer une procédure de surendettement, en évitant que l'emprunteur ne se trouve confronté à une majoration des intérêts. L'article L. 313-50 du Code de la consommation [2] prévoit en effet qu'en « cas de défaillance de l'emprunteur et lorsque le prêteur n'exige pas le remboursement immédiat du capital restant dû, il peut majorer, dans des limites fixées par décret, le taux d'intérêt que l'emprunteur aura à payer jusqu'à ce qu'il ait repris le cours normal des échéances contractuelles. » On pouvait se féliciter au moins sur un point : la Cour était parvenue à aligner le régime du crédit immobilier sur celui de consommation en créant une heureuse unité puisque la solution retenue était directement reprise de l'article L. 311-52 du Code de la consommation [3] applicable aux crédits à la consommation [4].

Répondant aux critiques, la première chambre civile a cependant fait machine arrière en opérant un spectaculaire revirement de jurisprudence. Elle y décide qu'à « l'égard d'une dette payable par termes successifs, la prescription se divise comme la dette elle-même et court à l'égard de chacune de ses fractions à compter de son échéance, de sorte que, si l'action en paiement des mensualités impayées se prescrit à compter de leurs dates d'échéance successives, l'action en paiement du capital restant dû se prescrit à compter de la déchéance du terme, qui emporte son exigibilité » [5]. En conséquence, chaque mensualité est une créance distincte, ayant sa propre date d'exigibilité, et, par suite, un point de départ particulier au regard du délai de prescription, conformément à l'article 2233, 3°, du Code civil, qui dispose que la prescription ne court pas « à l'égard d'une créance à terme, jusqu'à ce que ce terme soit arrivé ». Et lorsque le créancier provoque la déchéance du terme, la dette devient exigible intégralement et la déchéance constitue alors le point de départ du délai de prescription.

---

1. H. Aubry, obs. citée.
2. Anc. art. L. 312-22.
3. Devenu R. 312-35.
4. V. ss 1988.
5. Civ. 1re, 11 févr. 2016, n° 14-28.383, 14-27.143, 14-22.938 et 14-29.539, *LPA* 11 janv. 2017, n° 8, p. 13, obs. N. Éréséo ; *LEDB* mars 2016, p. 1, obs. J. Lasserre Capdeville ; *LPA* 11 mars 2016, n° 51, p. 7, note V. Legrand ; *Gaz. Pal.* 12 avr. 2016, n° 14, p. 30, obs. S. Piedelièvre, n° 21, p. 59, note M. Roussille ; *RDBF* mars 2016, comm. 59, note N. Mathey. Solution confirmée plus récemment par : Civ. 1re, 14 avr. 2016, n° 15-15841, *LEDB* juin 2016, p. 3, obs. M. Mignot.

SOUS-TITRE 2

Les crédits aux entreprises

060 ***Liberté contractuelle*** ◇ Les entreprises ont, logiquement, besoin de financements, notamment pour se développer. Or, de tels crédits étant consentis à des professionnels, ils sont nettement moins encadrés par le droit. La liberté contractuelle prévaut par conséquent.

061 ***Encadrement minimum*** ◇ Quelques dispositions légales peuvent cependant être relevées sur des questions particulières (rupture des crédits à durée indéterminée [1], obligation d'information au bénéfice de l'entreprise bénéficiaire [2], irresponsabilité du prêteur [3], etc.), mais aussi pour encadrer certaines formes de crédits aux entreprises, plus élaborées que le simple prêt d'argent, mais n'impliquant pas pour autant une mobilisation de créances.

Il en va plus particulièrement ainsi avec le crédit-bail (Chapitre 1) et le prêt participatif (Chapitre 2).

---

1. V. ss 1606.
2. V. ss 1579.
3. V. ss 1871.

CHAPITRE 1
LE CRÉDIT-BAIL

62 ***Présentation générale*** ◊ L'opération de crédit-bail, dite aussi *leasing*, est assimilée [1] par l'article L. 313-1, alinéa 2, du Code monétaire et financier à une opération de crédit. Il s'agit d'une technique de financement d'origine anglo-saxonne introduite en France dans les années soixante.

Plus concrètement, c'est l'opération par laquelle un établissement de crédit ou une société de financement, le crédit-bailleur, acquiert auprès d'un fournisseur, à la demande d'un client, le crédit-preneur, la propriété d'un bien qui est donné à bail à ce client pendant une certaine période à l'issue de laquelle il disposera d'une option lui conférant la faculté, soit de restituer le bien au crédit-bailleur, soit de l'acheter moyennant le paiement d'un prix résiduel, soit de reprendre la location durant une certaine période.

63 ***Opération triangulaire*** ◊ Cette opération, qui ne doit pas être confondue avec le contrat de crédit-bail proprement dit, présente la caractéristique d'être triangulaireet de reposer, dans la grande majorité des cas, sur deux contrats : d'une part, un contrat de vente conclu entre une société de crédit-bail et un fournisseur et, d'autre part, un contrat de crédit-bail par lequel le crédit-bailleur va louer le bien acheté au crédit-preneur, et auquel il consent une promesse unilatérale de vente.

Cette dernière est d'ailleurs un élément essentiel pour retenir la qualification de crédit-bail. À défaut d'une telle option, nous ne sommes en effet en présence que d'une location ou d'une location financière simple [2], mais pas d'une opération de crédit-bail [3]. La qualification expresse retenue par les parties importe d'ailleurs peu en la matière [4].

64 ***Biens visés par le crédit-bail*** ◊ Une part importante de l'investissement en biens d'équipement est aujourd'hui financée, en France, sous forme de crédit-bail. Celui-ci ne peut toutefois porter que sur des biens mobiliers et immobiliers à usage professionnel [5]. À défaut d'un tel caractère, il ne s'agira pas d'une opération de crédit-bail mais, d'une façon

---

1. Pour une critique de cette assimilation, v. ss 1524.

2. V. ss 2067.

3. Com., 30 mai 1989, n° 88-11.445, *Bull. civ.* IV, n° 167, *RTD com.* 1990. 93, obs. B. Bouloc. Com., 4 juin 1996, n° 94-15.120, *D. Affaires* 1996. 1165. Com., 13 mai 1997, n° 95-12.996, *RJDA* 1997, n° 1231.

4. Civ. 3e, 19 mai 1999, n° 97-18.433, *Bull. civ.* III, n° 117 ; *D. Affaires* 1999. 1078.

5. Com. 13 sept. 2016, n° 14-29.853 : *LEDB* nov. 2016, p. 3, obs. J. Lasserre Capdeville.

générale, d'une opération de location assortie d'une option d'achat [1]. Les dispositions régissant spécifiquement le crédit-bail ne seront donc pas applicables, même si nous sommes tout de même en présence d'une opération de crédit par assimilation.

Notons que le crédit-bail n'est plus aujourd'hui spécifiquement réservé aux biens d'équipement et au matériel d'outillage. En effet, son domaine a été progressivement élargi par le législateur. Ainsi l'article L. 313-7 du Code monétaire et financier différencie quatre types de crédit-bail selon la nature du bien : le crédit-bail mobilier corporel ; le crédit-bail immobilier ; le crédit-bail mobilier de fonds de commerce et enfin le crédit-bail de parts sociales ou d'actions. Ces différentes opérations demeurent néanmoins, dans leur fonctionnement, très proches.

2065 ***Sociétés de crédit-bail*** ◊ Dans la mesure où les opérations de crédit-bail sont assimilées à des opérations de crédit, le monopole bancaire mentionné par l'article L. 511-5 du Code monétaire financier exige que les sociétés crédit-bailleuses soient des établissements de crédits (telles des banques ou des établissements de crédit spécialisés) ou des sociétés de financement [2].

2066 ***Intérêts de l'opération*** ◊ Le crédit-bail présentera de nombreux avantages pour les parties qui y recourent. En premier lieu, pour le crédit-bailleur, la garantie que constitue la propriété du bien est tout à fait fondamentale. En effet, dans la mesure où jusqu'à la levée effective de l'option d'achat le crédit-bailleur demeurera le seul et unique propriétaire, il accordera plus facilement un financement. Il sera certain, en cas de défaillance du locataire, de pouvoir récupérer le bien financé si certaines règles de forme ont bien été respectées.

En second lieu, pour l'entreprise utilisatrice, le crédit-preneur, le crédit-bail permettra d'opérer des investissements sans aucun apport initial, c'est-à-dire sans immobilisation de capitaux. Il sera ainsi source d'optimisation financière, en préservant la trésorerie de l'entreprise. Celle-ci sera alors utilisée au financement des besoins de son exploitation.

2067 ***Distinction avec la location financière « simple »*** ◊ La location financière, ou *operating lease*, peut être définie comme un contrat mixte, associant le bail et la vente. Dans ce cas, la société de location financière achète le bien et le loue à la société qui en fait la demande. Le locataire choisit, le plus souvent, le fournisseur ainsi que le bien et, le cas échéant, négocie lui-même le prix. Le contrat de location est conclu pour une durée irrévocable et les loyers sont indépendants de l'utilisation du matériel. En revanche, à la fin du contrat, aucune option d'achat n'est reconnue au locataire : l'entreprise a simplement la possibilité, outre de restituer le

1. V. ss 2068.
2. C. mon. fin., art. L. 515-2.

matériel, de renouveler cette location. Dès lors, contrairement au crédit-bail, la location financière n'est pas soumise à la réglementation bancaire puisque, faute d'option d'achat, elle n'est pas assimilée à une opération de crédit [1] et, partant, à une opération de banque.

68 ***Rapprochement de la location avec option d'achat*** ◊ Il a été observé précédemment [2] que le crédit-bail ne pouvait porter que sur des biens mobiliers et immobiliers à usage professionnel. À défaut d'un tel caractère, la qualification de crédit-bail est à exclure. Néanmoins, la même opération qui porterait sur un bien à usage non professionnel demeure connue de notre droit : il s'agit de la location assortie d'une option d'achat [3]. Dans ce cas encore, comme son nom l'indique, le locataire dispose d'une option lui conférant la faculté soit de restituer le bien au bailleur, soit de l'acheter, soit de reprendre la location. Le crédit-bail et la location assortie d'une option d'achat sont donc, dans leur fonctionnement, très proches ; on peut même dire que le premier n'est qu'une catégorie particulière de location avec option d'achat. À ce titre, ces deux opérations sont assimilées par l'article L. 313-1 du Code monétaire et financier à des opérations de crédit. Elles ne peuvent dès lors être réalisées à titre habituel que par des entreprises agréées en qualité d'établissements de crédit ou de sociétés de financement.

69 Observons les deux contrats constituant traditionnellement l'opération de crédit-bail, et plus particulièrement le crédit-bail mobilier. Il s'agit d'un contrat de vente (Section 1), puis d'un contrat de crédit-bail (Section 2). Nous évoquerons brièvement pour finir les autres types de crédit-bail envisagés par la loi (Section 3)

SECTION 1. LE CONTRAT DE VENTE

70 ***Rôle réduit du crédit-bailleur*** ◊ L'achat du bien est le préalable à la conclusion du contrat de crédit-bail. Ce contrat de vente est soumis au droit commun. Des spécificités sont néanmoins à relever en la matière. C'est ainsi, notamment, que le crédit-bailleur ne jouera, le plus souvent, qu'un rôle purement financier dans la vente et laissera, par le biais d'un mandat, au crédit-preneur de nombreuses prérogatives. Ce dernier pourra, par exemple, choisir le fournisseur, le matériel et retirer le bien loué au moment où il le souhaite. C'est néanmoins la société de crédit-bail qui, en l'acquérant, deviendra propriétaire du bien.

---

1. Com., 30 mai 1989, n° 88-11.445, *Bull. civ.* IV, n° 167, *RTD com.* 1990. 93, obs. B. Bouloc.
2. V. ss 2064.
3. J. Lasserre Capdeville, « Les risques juridiques pour le banquier de la location avec option d'achat » : *JCP E* 2019, n° 12, 1140.

Les pouvoirs ainsi reconnus au crédit-preneur ne sauraient surprendre ; celui-ci est le plus à même de savoir ce dont il a besoin. L'obligation de délivrance pèsera alors sur le seul fournisseur [1].

2071 ***Réception du bien par le crédit-preneur*** ◇ Le crédit-preneur devra, le plus souvent, réceptionner lui-même le bien en question. Il signera, à cette occasion, un bon attestant la livraison du matériel loué. Ce document vaudra, contractuellement, bon à payer pour le crédit-bailleur qui devra régler le prix du bien au fournisseur [2].

Notons que le preneur ayant signé un certificat de réception qu'il sait inexact commet une faute l'obligeant à réparer le préjudice subi par la société de crédit-bail qui aurait, à la vue du document en question, versé le prix du matériel au fournisseur tombé ultérieurement en cessation des paiements [3].

2072 ***Transfert des garanties dues par le fournisseur*** ◇ Du fait de l'effet relatif des contrats, c'est le crédit-bailleur qui doit logiquement être le bénéficiaire des garanties d'éviction et des vices cachés s'imposant au fournisseur. Cependant, il est souvent prévu dans le contrat de vente étudié que le crédit-bailleur transfèrera au crédit-preneur les garanties dues par le fournisseur. Le locataire agira alors directement en garantie contre le vendeur en cas de vice de la chose [4]. Pour les juges, cette clause vaut renonciation du locataire à la garantie légale du bailleur [5].

SECTION 2. LE CONTRAT DE CRÉDIT-BAIL

2073 ***Présentation générale*** ◇ Une fois achetée par le crédit-bailleur, la chose sera louée au crédit-preneur. Le contrat de crédit-bail est dès lors soumis au droit commun du louage [6], même s'il constitue indéniablement une location particulière.

En effet, selon le droit du louage, le crédit-bailleur doit délivrer la chose louée et garantir cette dernière contre ses vices cachés [7]. Cependant, il est généralement prévu dans le contrat de crédit-bail des clauses exonérant le crédit-bailleur de toute responsabilité pour retard de livraison et vices

1. Com., 10 janv. 2012, n° 10-23.891, *RJDA* 2012, n° 613.
2. Civ. 1re, 2 nov. 1994, n° 92-16.683, *Bull. civ.* I, n° 312.
3. Civ. 1re, 5 nov. 1980, *Gaz. Pal.* 1981. 1, Pan. p. 86. Colmar, 30 mai 2006, *JCP E* 2006, n° 41, p. 1722.
4. Com., 26 janv. 1977, n° 75-12.613, *Bull. civ.* IV, n° 28.
5. Com., 24 mai 1994, n° 92-14.344, *Bull. civ.* IV, n° 184 ; *CCC* 1994, comm. 192, obs. L. Leveneur.
6. C. civ., art. 1713 s.
7. C. civ. 1719, 1720 et 1721.

affectant le bien loué [1]. De telles clauses ont été jugées valides du moment que le crédit-bailleur a bien transféré au crédit-preneur ses droits d'action en justice contre le vendeur [2]. Le transfert de ces actions peut être réalisé à l'aide de diverses techniques juridiques : subrogation, stipulation pour autrui, mandat, etc.

La location en question sera, dans tous les cas, assortie d'une promesse unilatérale de vente au profit du client [3].

074 ***Obligations du crédit-preneur*** ◊ Le crédit-preneur voit peser sur lui l'obligation principale de payer un loyer couvrant le prix de la location, l'amortissement du bien et la marge bénéficiaire de la société de crédit-bail. Une clause résolutoire sera souvent prévue dans la convention pour défaut de paiement des loyers [4].

Il doit également, le plus souvent, s'engager à entretenir le bien [5], mais aussi apporter diverses garanties ou encore souscrire une assurance [6].

En outre, des clauses pénales, assez rigoureuses, sont fréquemment mentionnées dans le contrat afin de contraindre le crédit-preneur à bien exécuter ses obligations [7]. Le juge pourra néanmoins réduire cette indemnité s'il l'estime manifestement excessive, en application de l'article 1231-5, alinéa 2, Code civil [8]. Ce n'est cependant pas une obligation pour lui [9].

Par ailleurs, si une clause de résiliation anticipée est prévue dans la convention, elle sera généralement accompagnée de l'obligation pour le crédit-preneur de payer une indemnité en cas d'utilisation de cette faculté. Cette dernière indemnité ne saurait être vue comme une clause pénale, dans la mesure où elle a simplement pour objet de réparer le

---

1. On parle de « clauses de non-recours ».

2. Com., 30 oct. 1973, n° 72-11.231, *Bull. civ.* IV, n° 303. Com., 7 mai 1974, n° 73-10.310, *Bull. civ.* IV, n° 147. Com., 15 mars 1983, n° 81-14.467, *Bull. civ.* IV, n° 103 ; D. 1984, somm. p. 79, obs. M. Vasseur. Civ. 3e, 15 janv. 2003, n° 00-16.106, *Bull. civ.* III, n° 5 ; *RJDA* 2003, n° 628.

3. V. ss 2063.

4. En cas de contestation, le juge pourra le cas échéant se prononcer à la vue de documents, versés au débat par la bailleresse, en langue anglaise. En effet, l'ordonnance de Villers-Cotterêts ne concerne que les actes de procédure et il appartient au juge du fond, dans l'exercice de son pouvoir souverain, d'apprécier la force probante des éléments qui lui sont soumis, Civ. 1re, 22 sept. 2016, n° 15-21.176 : *Banque et Dr.* 1-2/2017, n° 171, p. 12, obs. G. Helleringer.

5. Sur la validité de la clause d'un contrat de crédit-bail prévoyant, en cas de destruction du matériel même par force majeure, le paiement par le locataire des loyers restant à courir, déduction faite de l'indemnité d'assurance. Civ. 1re, 17 nov. 1998, n° 96-17.341, *Bull. civ.* I, n° 322 ; CCC 1999, comm. 21, obs. L. Leveneur.

6. C'est ainsi, par exemple, qu'à défaut de souscrire l'assurance promise, le crédit-preneur sera tenu d'indemniser le crédit-bailleur, Nouméa, 4 juill. 2013, *LEDB*, oct. 2013, p. 3, n° 127, obs. R. Routier.

7. Com., 5 juill. 1994, n° 92-19.106, *Bull. civ.* IV, n° 253. Com., 18 avr. 2000, n° 96-22.319, *RJDA* 2000, n° 745. Com., 24 mai 2005, n° 04-12.369, *BRDA* 2005, n° 14, p. 7.

8. Versailles, 26 févr. 1999, *RJDA* 1999, n° 645.

9. Civ. 1re, 8 févr. 2017, n° 15-25.792 : *LEDB* avr. 2017, p. 4, obs. N. Mathey.

préjudice subi par le crédit-bailleur du fait de l'exercice par le crédit-preneur de sa faculté de résiliation anticipée du contrat [1].

Enfin, le crédit-preneur s'engage, à la fin de la période de location, à restituer le bien s'il décide de ne pas l'acquérir. À défaut de procéder à cette restitution, il pourra se voir sanctionné pénalement sur le fondement de l'abus de confiance [2].

2075 ***Devoir de mise en garde du crédit-bailleur*** ◊ Le crédit-bail étant assimilé au crédit, la jurisprudence est venue logiquement imposer au crédit-bailleur une obligation de mise en garde du crédit-preneur, en présence d'un risque, si l'intéressé peut être qualifié de non-averti en la matière [3]. Les établissements proposant des opérations de crédit-bail ont donc intérêt à apprécier scrupuleusement les compétences de celui qui sollicite un tel crédit à des fins professionnelles [4].

2076 ***Publicité*** ◊ Durant l'exécution du contrat, la détention du bien par le crédit-preneur peut avoir des incidences. Tout d'abord, elle est de nature à lui conférer une certaine apparence de solvabilité. De même, en cas de redressement judiciaire du client défaillant, ses créanciers risquent de penser que le bien financé par crédit-bail va accroître leur gage. Dès lors, face à de tels dangers, l'article L. 313-10 du Code monétaire et financier prévoit des mesures de publicité [5] pour rendre cette technique de financement opposable aux tiers, et notamment aux créanciers du client [6].

---

1. Com. 11 avr. 2018, n° 16-24.143 : *JCP E* 2018, 1246 ; *LPA*, 25 juin 2018, n° 126, p. 19, note J. Lasserre Capdeville ; dalloz.fr, actualité, 30 avr. 2018, obs. J.-D. Pellier ; *LEDB* juin 2018, p. 4, obs. M. Mignot.

2. Douai, 2 oct. 2008 : *Gaz. Pal.* 11 sept. 2009, n° 254, p. 33, note J. Lasserre Capdeville. – Montpellier, 1er sept. 2012, n° 14/01792 : *Banque et Dr.* 1-2/2017, n° 171, p. 69, obs. J. Lasserre Capdeville.

3. Com., 12 déc. 2006, n° 03-20.176, *Bull. civ.* IV, n° 243 ; *RTD com.* 2007. 214, obs. D. Legeais. Com., 8 juin 2010, n° 09-15.001 et n° 09-65.732, *LEDB* sept. 2010, p. 4, obs. R. Routier. Le devoir s'imposera, en outre, en présence d'un crédit-preneur averti, si le crédit-bailleur dispose, sur sa situation financière et sur l'opération envisagée, de renseignements que ce locataire aurait ignorés, Com., 11 avr. 2012, n° 11-15.429, *Bull. civ.* IV, n° 77 ; *D.* 2012. AJ 1117, obs. X. Delpech ; *RTD com.* 2012. 381, obs. D. Legeais ; *Banque et Dr.* juill.-août 2012, p. 31, obs. Th. Bonneau ; *LEDB* juin 2012, p. 3, n° 074, obs. J. Lasserre Capdeville.

4. Il appartient au crédit-bailleur, lorsqu'il est tenu d'une obligation de mise en garde, de démontrer qu'il l'a exécutée, Com. 22 mars 2016, n° 14-20.216 : *D.* 2016. AJ 780 ; *Banque et Dr.* 9-10/2016, n° 169, p. 15, obs. G. Helleringer.

5. V. également, C. mon. fin., art. R. 313-3. Pour des erreurs commises à propos ce certaines des mentions requises, Com., 11 mai 2010, n° 09-14.048, *Bull. civ.* IV, n° 88 ; *D.* 2010. AJ 1276, obs. A. Lienhard ; *RTD com.* 2011. 174, obs. M. Martin-Serf ; *JCP* 2010. 791, note J. Lasserre Capdeville ; *Banque et Dr.* 9-10/2010. 36, obs. Th. Bonneau ; *Rev. sociétés* 2010. 409, obs. Ph. Roussel Galle.

Com., 29 avr. 1997, n° 95-15.099, *Bull. civ.* IV, n° 112 ; *D. Affaires* 1997. 835.

6. Civ. 1re, 6 déc. 2011, n° 10-25.893, *LEDB* févr. 2012, p. 6, n° 010, obs. J. Lasserre Capdeville. Com., 29 avr. 2014, n° 13-12.528, *LEDB* juin 2014, p. 4, n° 076, obs. J. Lasserre Capdeville ; *LEDEN* 6/2014. 5, obs. G. Pillet.

La publicité en question est faite, à la requête de l'entreprise de crédit-bail, sur un registre ouvert au greffe du tribunal de commerce dans le ressort duquel le client est immatriculé. Elle doit être renouvelée tous les cinq ans.

Si les formalités de publicité n'ont pas été accomplies, l'entreprise de crédit-bail ne peut opposer aux créanciers ou ayants cause à titre onéreux de son client, ses droits sur les biens dont elle a conservé la propriété, « sauf si elle établit que les intéressés avaient eu connaissance de l'existence de ces droits » [1].

1077 ***Effets de la résolution du contrat de vente*** ◊ Faute de précision légale, les juges ont été rapidement interrogés sur l'incidence de la résolution du contrat de vente conclu par le crédit-bailleur avec le fournisseur sur le contrat liant le crédit-bailleur au crédit-preneur. Toutefois, une controverse opposa, un temps, la première chambre civile et la chambre commerciale de la Cour de cassation sur ce point.

La chambre mixte de la Cour de cassation était alors venue clarifier cette question en décidant, par deux arrêts en date du 23 novembre 1990 [2], que la résolution du contrat de vente, en raison d'un vice du bien ou d'un trouble de jouissance affectant son utilisation, entraînait nécessairement la résiliation du contrat de crédit-bail « sous réserve de l'application des clauses ayant pour objet de régler les conséquences de cette résiliation » [3]. Le crédit-preneur, quant à lui, était dispensé du paiement des loyers à compter de sa demande judiciaire en résolution de la vente [4].

Or, cette solution a, récemment, connu une évolution remarquée par l'intermédiaire d'une décision de la chambre mixte de la Cour de cassation du 13 avril 2018 [5]. Cette dernière déclare en effet que la résolution du contrat de vente entraîne, par voie de conséquence, la caducité, à la date

---

1. C. mon. fin., art. R. 313-10. - Com. 18 janv. 2017, n° 15-14.916 : *LEDB* mars 2017, p. 4, obs. J. Lasserre Capdeville.

2. Ch. mixte, 23 nov. 1990, n° 86-19.396 et 88-16.883, *Bull. civ.* ch. mixte, n° 2 et 3 ; *D.* 1991. 121, note Ch. Larroumet ; *JCP* 1991, II, 21642, note D. Legeais ; *RTD civ.* 1991. 360, obs. Ph. Rémy ; *RTD com.* 1991. 440, obs. B. Bouloc.

3. V. également, Com., 22 mai 1991, n° 89-21.578, *Bull. civ.* IV, n° 169. Civ. 1re, 11 avr. 1995, n° 93-12.764, *Bull. civ.* I, n° 169. Bien évidemment, le preneur doit être condamné au paiement des mensualités du crédit-bail conclu en vue du financement de l'achat d'un véhicule, dès lors qu'il n'établit pas avoir obtenu la résiliation du contrat de vente pour inexécution de l'obligation de conformité ou de délivrance du véhicule, Civ. 1re, 28 janv. 1997, n° 94-21.723, *Bull. civ.* I, n° 32 ; *RJDA* 1997, n° 534.

4. Com., 12 oct. 1993, n° 91-17.621, *Bull. civ.* IV, n° 327 ; *JCP E* 1994, II, 548, note D. Legeais. Com., 21 févr. 1995, n° 93-16.740, *RJDA* 1995, n° 869. Considérant, par ailleurs, que la nullité du contrat de vente détermine celle du contrat de crédit-bail, Paris, 5 mai 2011, *Bull. Joly* Société 2011, p. 761, note R. Libchaber.

5. Cass. mixte, 13 avr. 2018, n° 16-21.345 : *JCP* 2018. 543, note F. Buy ; *LPA*, 23 mai 2018, n° 103, p. 13, note J. Lasserre Capdeville ; *Gaz. Pal.* 22 mai 2018, n° 18, p. 17, note S. Farhi ; *LEDB* juin 2018, p. 1, obs. N. Mathey ; *Banque et Dr.* 9-10/2018, n° 181, p. 16, obs. Th. Bonneau ; *RTD civ.* 2018. 388, obs. H. Barbier. ; *D.* 2018. 1185, note H. Barbier ; *JCP E* 2018. 1344, note E. Valette et L. Cann.

d'effet de la résolution, du contrat de crédit-bail. Plusieurs conséquences en découlent alors. Par exemple, le crédit-bailleur devra restituer au crédit-preneur les loyers perçus en exécution du contrat de crédit-bail. De même, ce crédit-bailleur ne pourra plus se prévaloir des clauses prévues en cas de résiliation du contrat.

Enfin, en l'absence de stipulation contraire, la résiliation du contrat de crédit-bail met fin au mandat donné par le crédit-bailleur au crédit-preneur pour l'exercice de l'action en garantie contre le fournisseur [1].

SECTION 3. LES AUTRES TYPES DE CRÉDIT-BAIL

2078 Intéressons-nous brièvement ici aux cas du crédit-bail mobilier incorporel (§ 1), du crédit-bail de parts sociales ou d'actions de sociétés (§ 2) et enfin du crédit-bail immobilier (§ 3).

§ 1. Le crédit-bail mobilier incorporel

2079 ***Présentation générale*** ◊ L'article L. 313-7, 3°, du Code monétaire et financier définit le crédit-bail sur meuble incorporel. Il s'agit de l'opération de location de fonds de commerce, d'établissement artisanal ou de l'un de leurs éléments incorporels, assortie d'une promesse unilatérale de vente moyennant un prix convenu tenant compte, au moins pour partie, des versements effectués à titre de loyers, à l'exclusion de toute opération de location à l'ancien propriétaire du fonds de commerce ou de l'établissement artisanal.

2080 ***Spécificités légales*** ◊ Le régime du crédit-bail sur meuble incorporel est calqué sur celui des meubles corporels. Quelques spécificités doivent cependant être relevées.

L'article L. 313-7, 3°, du Code monétaire et financier interdit toute opération de *lease-back*, dite aussi cession-bail. Ainsi, le propriétaire d'un fonds de commerce ou d'un établissement artisanal ne peut pas le vendre à une société de crédit-bail dans le but de reprendre le bien en location.

Par ailleurs, le crédit-bail de fonds de commerce impose quelques dérogations aux règles de la location-gérance de fonds de commerce [2]. Plus précisément, l'obligation d'exploitation personnelle du fonds pendant deux années au moins s'adressant aux personnes physiques ou morales qui

---

1. Com., 11 juill. 2006, n° 05-11.592, *Bull. civ.* IV, n° 173 ; *D.* 2006. AJ 2095, obs. X. Delpech ; CCC 2006, comm. 247, obs. L. Leveneur ; *Banque et Dr.* sept-oct. 2006, p. 71, obs. N. Rontchevsky.
2. C. com., art. L. 144-1 s.

concèdent une location-gérance, mentionnée par l'article L. 144-3 du Code de commerce, est ici inapplicable en vertu de l'article L. 144-5, 3°, du code.

§ 2. Le crédit-bail de parts sociales

081 ***Présentation générale*** ◊ L'article L. 313-7, 4°, du Code monétaire et financier envisage l'opération de crédit-bail de parts sociales ou d'actions de sociétés. Elle est définie comme une opération de location assortie d'une promesse unilatérale de vente moyennant un prix contenu tenant compte, au moins pour partie, des versements effectués à titre de loyers.

082 ***Spécificités légales*** ◊ L'opération de financement doit se conjuguer avec les règles propres au droit des sociétés, notamment en termes d'agrément, de participation aux décisions collectives et de distribution des résultats.

§ 3. Le crédit-bail immobilier

083 ***Présentation générale*** ◊ L'article L. 313-7, 2°, du Code monétaire et financier envisage le recours au crédit-bail pour financer un immeuble. Il s'agit plus particulièrement de l'opération par laquelle une entreprise donne en location des biens immobiliers à usage professionnel, achetés par elle ou construits pour son compte, lorsque ces opérations, quelle que soit leur qualification, permettent aux locataires de devenir propriétaires de tout ou partie des biens loués, au plus tard à l'expiration du bail.

La définition figurant à cet article prend en considération les différents montages financiers qui peuvent être à l'origine d'une opération de crédit-bail [1] :

– lorsque la société de crédit-bail achète un bien immobilier construit ou achète le terrain nu et s'engage à construire un immeuble ;

– lorsqu'une société civile immobilière, constituée entre le crédit-bailleur et le crédit-preneur, achète le bien immobilier construit ou le terrain nu ;

– lorsque le crédit-preneur propriétaire d'un terrain conclut avec le crédit-bailleur un bail à long terme, afin que ce dernier y fasse édifier un immeuble, qui sera donné en location au crédit-preneur.

084 ***Acquisition de la propriété*** ◊ Le transfert de propriété du bien immobilier se fera de différentes façons selon les circonstances de fait. Précisons qu'il n'est pas obligatoire qu'il intervienne au profit du locataire initial de celui-ci. Il peut parfaitement s'agir d'un tiers substitué, tel le sous-locataire de l'immeuble concerné [2].

---

1. Th. Bonneau, *Droit bancaire*, éd. Montchrestien, 2017, 12e éd., n° 738.

2. Civ. 3e, 19 oct. 2011, n° 10-13.651, *Bull. civ.* III, n° 173 ; *LEDB* déc. 2011, p. 4, n° 169, obs. J. Lasserre Capdeville ; dalloz.fr, actualité, 2 nov. 2011, obs. X. Delpech ; *Banque et Dr.* 1-2/2012. 33, obs. Th. Bonneau.

En premier lieu, si la société de crédit-bail a acheté un immeuble construit, ou a acheté un terrain, et s'est engagée à construire pour louer ensuite à une entreprise à laquelle elle a consenti une promesse unilatérale de vente, le transfert de propriété se fera par cession en exécution de la promesse précitée.

En second lieu, on peut se retrouver en présence d'une location de l'immeuble par une société dont le crédit-preneur pourra acquérir les titres en fin de location. Le transfert sera alors réalisé par l'acquisition directe ou indirecte des droits en question.

En dernier lieu, notons que certaines opérations immobilières, pourtant qualifiées de crédit-bail, ne comprennent pas d'option d'achat. C'est le cas plus particulièrement lorsque le locataire devient propriétaire « par transfert de plein droit de la propriété des constructions édifiées sur le terrain appartenant audit locataire » [1]. Il s'agit de l'hypothèse dans laquelle le crédit-preneur propriétaire d'un terrain conclut avec le crédit-bailleur un bail à long terme afin que ce dernier y fasse édifier un immeuble qui sera donné en location au crédit-preneur. À l'issue du contrat de bail, le propriétaire du terrain va acquérir de plein droit la propriété des constructions, et devenir ainsi propriétaire, non pas par un mécanisme d'option, mais par la règle de l'accession.

2085 ***Régime*** ◇ Le régime de cette opération de crédit-bail s'inspire assez largement de celui du crédit-bail mobilier, avec toutefois certaines particularités. C'est ainsi, notamment, que la durée de la location est plus longue en raison de l'importance de l'investissement réalisé. Le crédit-bail constitue, dans ce cas, un crédit à long terme. La durée du contrat justifie d'ailleurs l'indexation habituelle des loyers.

De même, le contrat de crédit-bail immobilier est soumis aux règles de la publicité auprès du service de la publicité suivant les modalités fixées pour les contrats de même nature régis par les articles 28 et 37 du décret n° 55-22 du 4 janvier 1955 [2]. À défaut, elles ne sont pas opposables aux tiers.

En outre, il est de principe que le régime des baux commerciaux n'est pas applicable à ce crédit-bail [3]. Il est vrai que nous sommes avant tout en présence d'une technique de financement, et non d'une simple location. Il en résulte que la faculté de résiliation triennale prévue en matière de baux commerciaux n'est pas reconnue au preneur. Toutefois, l'article L. 313-9, alinéa 2, du Code monétaire et financier indique que les contrats de crédit-

1. C. mon. fin., art. L. 313-7, 2°, al. 1er.
2. C. mon. fin., art. L. 313-10, R. 313-12 et R. 313-13.
3. C. mon. fin., art. L. 313-9, al. 1er. Civ. 3e, 10 juin 1980, n° 78-11.032, *Bull. civ.* III, n° 113 ; *D.* 1980. 566, note Y. Guyon ; *D.* 1981. IR 20, obs. M. Vasseur ; *RTD com.* 1982. 249, obs. M. Pédamon. Civ. 3e, 7 mai 1997, n° 95-15.504, *Bull. civ.* III, n° 99 ; *CCC* 1997, comm. 144, obs. L. Leveneur.

bail immobilier doivent prévoir, à peine de nullité [1], les conditions dans lesquelles leur résiliation peut intervenir à la demande du preneur, sans que le montant de l'indemnité de résiliation anticipée éventuellement prévue ne conduise à l'interdire en fait [2].

Enfin, les articles régissant le crédit-bail immobilier ne contenant pas de disposition spéciale sur les obligations du crédit-preneur quant à l'entretien de l'immeuble, il peut être fait application, pour les juges, des dispositions de l'article 1732 du Code civil pour des dégradations survenues dans les locaux pendant l'occupation par le crédit-preneur postérieurement à la résiliation du contrat [3].

1. Civ. 3ᵉ, 15 mai 1996, n° 94-14.987, *Bull. civ.* III, n° 116 ; *CCC* 1996, comm. 138, obs. L. Leveneur.

2. Civ. 3ᵉ, 27 juin 2001, n° 00-11.996, n° 00-11.996, *Banque et Dr.* 11-12/2001. 41, obs. N. Rontchevsky.

3. Civ. 3ᵉ, 2 mars 2005, n° 02-15.298, *Bull. civ.* III, n° 55 ; *RTD com.* 2005. 580, obs. D. Legeais ; *RDC* 2005. 1087, obs. J.-B. Seube.

CHAPITRE 2

LE PRÊT PARTICIPATIF

2086 ***Présentation générale*** ◊ Les prêts participatifs sont des financements à long terme destinés, avant tout, à faciliter la création d'une entreprise ou son développement. Le droit les régissant découle de la loi n° 78-741 du 13 juillet 1978 sur l'orientation de l'épargne vers le financement des entreprises, dont les dispositions figurent désormais aux articles L. 313-13 et suivants du Code monétaire et financier.

Ces prêts participatifs présentent un certain nombre de particularités, et notamment le fait que les sommes ainsi prêtées sont assimilées, pour l'appréciation de la situation financière de l'entreprise bénéficiaire, à des fonds propres [1]. De la sorte, ils n'apparaissent pas dans l'endettement apparent de cette dernière, ce qui renforce en conséquence sa capacité à emprunter.

Les prêts participatifs permettent aux entreprises de bénéficier de fonds conséquents sur le long terme, de façon quasi-permanente comme les capitaux propres, afin de financer leur exploitation, sans toucher à la trésorerie et sans changer la structure du capital. Par conséquent, l'emprunteur ne souffre d'aucune dilution de pouvoir ou d'immixtion étrangère dans sa gestion.

2087 ***Qualification*** ◊ La qualification de prêt participatif donne parfois lieu à des discussions. Pour les juges, elle peut découler de la longue durée du prêt, du faible intérêt servi et de la fonction du prêt [2]. De même, il est nécessaire que les parties, et plus particulièrement le prêteur, aient eu l'intention de soumettre ce prêt au régime des prêts participatifs, peu importante la dénomination donnée à celui-ci dans la convention [3].

2088 ***Distinction avec le crowdfunding*** ◊ Le prêt participatif ne doit pas être confondu avec le financement participatif, dit aussi *crowdfunding*. Ce dernier peut se définir comme un financement opéré sans l'aide des acteurs traditionnels du financement, notamment bancaires, reposant sur l'appel à un grand nombre de personnes pour financer un projet. Ce financement peut prendre la forme d'un don (*crowd sponsoring*), mais aussi d'un prêt (*crowd lending*) ou de souscriptions au capital de sociétés

---

1. C. mon. fin., art. L. 313-14, al. 2.

2. Com., 7 avr. 2009, n° 08-11.360, *D.* 2010. Pan. 1049, obs. D.-R. Martin ; *Banque et Dr.* 2009, n° 126, p. 19, obs. Th. Bonneau ; *RTD com.* 2009. 598, obs. D. Legeais.

3. Com., 18 juin 2013, n° 12-19.794, dalloz.fr, actualité, 23 sept. 2013, obs. X. Delpech ; *LEDB* nov. 2013, p. 2, n° 139, obs. J. Lasserre Capdeville.

(*crowd investing*) [1]. La contribution est généralement recueillie par un intermédiaire, le plus souvent une plate-forme électronique. L'ordonnance n° 2014-559 du 30 mai 2014 relative au financement participatif est à l'origine d'un cadre légal à ce financement participatif dans le Code monétaire et financier [2]. Cette reconnaissance légale a d'ailleurs permis de mettre cette pratique en conformité avec, notamment, le monopole bancaire [3]. Ce droit a connu récemment quelques évolutions notables [4].

089 ***Déclin*** ◇ Mais le prêt participatif est-il toujours attrayant ? Après un beau succès dans les années 1980, il semble que ce type de crédit soit aujourd'hui en net déclin [5], et ce pour plusieurs raisons. Tout d'abord, craignant de paraître allouer des subventions déguisées, l'État a cessé progressivement d'en attribuer tout en supprimant les bonifications accordées aux organismes distributeurs [6]. De même, le système de rémunération variable s'est révélé particulièrement incertain. Enfin, d'autres techniques de financement l'ont progressivement concurrencé : titres participatifs, titres simplement subordonnés ou encore titres super-subordonnés. La reconnaissance légale du financement participatif en droit français par l'ordonnance n° 2014-559 du 30 mai 2014 n'a pas amélioré cette situation.

Observons les spécificités des prêts participatifs concernant les parties (Section 1), mais aussi l'opération (Section 2).

SECTION 1. SPÉCIFICITÉS CONCERNANT LES PARTIES

090 Le prêt participatif ne peut pas être passé entre n'importe qui. Seules certaines personnes ne peuvent ainsi être prêteurs (§ 1) ou emprunteurs (§ 2) en la matière.

§ 1. Les règles intéressant les prêteurs

091 ***Nature requise*** ◇ Les prêts participatifs peuvent être accordés, notamment, par des établissements de crédit, des sociétés de financement, des

1. M. Roussille, *Le Crowdfunding*, *JCP E* 2013, 653.
2. Ordonnance n° 2014-559 du 30 mai 2014 relative au financement participatif, *JO*, 31 mai 2014, p. 9075. Sur ce texte, Banque 2014, n° 774, p. 74, obs. P. Storrer ; *Banque et Dr.* 2014, n° 156, p. 48, obs. J. Lasserre Capdeville.
3. J. Lasserre Capdeville, « Les incidences sur le monopole bancaire et le monopole des prestataires de services de paiement de l'ordonnance sur le financement participatif », *Gaz. Pal.* 17 sept. 2014, n° 260, p. 5.
4. Ordonnance n° 2016-520 du 28 avr. 2016 relatives aux bons de caisse, *JO*, 29 avr. 2016, texte n° 16.
5. Ch. Gavalda et J. Stoufflet, *Droit bancaire*, éd. Litec, 2015, 9e éd., n° 854.
6. J.-F. Quievy, « Prêt participatif », *Rép. Sociétés Dalloz*, 2019, n° 3.

sociétés commerciales, des sociétés et mutuelles d'assurance, des mutuelles et unions régies par le Code de la mutualité, des institutions de retraite complémentaire ou encore des institutions de prévoyance. Certaines personnes publiques peuvent également accorder de tels prêts. Il en va ainsi de l'État [1], mais également des « établissements publics dont la liste est fixée par décret en Conseil d'État » [2], à savoir les « établissements publics de l'État à caractère industriel et commercial dont l'objet les autorise à participer au financement de la vie économique » [3]. Il en va, notamment, ainsi avec la Banque publique d'investissement qui a succédé, suite à la loi n° 2012-1559 du 31 décembre 2012, à OSEO. L'ensemble de ces entités ne peut alors accorder de tels prêts que sur leurs ressources disponibles à long terme.

2092 ***Approche limitative*** ◊ La liste des prêteurs figurant à l'article L. 313-13 est de nature exhaustive. C'est ainsi que des particuliers ne sauraient accorder de tels prêts [4]. Le législateur a en effet estimé que seuls les organismes visés par l'article précité ont les moyens d'évaluer les risques encourus par l'octroi d'un tel crédit. Un particulier, même associé, est dès lors perçu comme insuffisamment armé pour opérer un tel contrôle. D'autres possibilités de financement s'offrent cependant à eux aujourd'hui, et plus particulièrement le financement participatif (dit aussi « crowdfunding »).

§ 2. Les emprunteurs

2093 ***Nature requise*** ◊ Les prêts participatifs ne peuvent être fournis qu'à des « entreprises agricoles, artisanales, industrielles ou commerciales ». Cette formulation très large permet néanmoins d'englober un grand nombre de cas, et notamment les entreprises individuelles (ordinaires comme à responsabilité limitée). Il est d'ailleurs à noter que, concernant ces dernières, l'attribution d'un prêt participatif n'emporte pas constitution d'une société entre les parties au contrat [5].

2094 ***Approche limitative*** ◊ Le texte est à nouveau exhaustif. À défaut d'être dans l'une des hypothèses visées par ce dernier, une personne ne peut pas bénéficier d'un prêt participatif. La Cour de cassation a eu l'occasion de le dire au sujet des dirigeants sociaux, qui ne sont ni commerçants, ni artisans. Ils ne sauraient recevoir des fonds au titre d'un prêt participatif [6].

---

1. C. mon. fin., art. L. 313-18 à L. 313-20.
2. C. mon. fin., art. L. 313-13.
3. C. mon. fin., art. R. 313-14-1.
4. Rép. min., *JO Sénat*, 31 janv. 1980, p. 206 ; *Rev. sociétés* 1980. 354.
5. C. mon. fin., art. L. 313-13, al. 2.
6. Com., 7 mars 1995, n° 92-13.527, *Bull. civ.* IV, n° 72 ; *BJS* 1995. 519, note A. Couret ; *Rev. sociétés* p. 703, note J.-F. Barbièri ; *Dr. sociétés* 1995, comm. 130, obs. Th. Bonneau. Com. 7 avr. 2009, n° 08-11.360, *op. cit.* Sur les incidences sur le prêt en question, J.-F. Quievy, *op. cit.*, n° 41 s.

SECTION 2. SPÉCIFICITÉS CONCERNANT L'OPÉRATION

095 L'opération de prêt participatif se distingue des autres prêts par deux spécificités concernant la participation aux bénéfices (§ 1) et le remboursement de dernier rang (§ 2).

§ 1. La participation aux bénéfices

096 ***Solution générale*** ◊ La rémunération des prêts participatifs comprend une participation aux bénéfices de l'emprunteur. Nous voilà, en effet, en présence d'un dispositif à caractère hybride : s'il s'agit d'un prêt, il existe aussi une idée de participation. De façon plus précise, cette rémunération sera formée d'un intérêt fixe, peu élevé, et d'un intérêt variable prenant la forme d'une participation.

097 ***Objet de la participation*** ◊ Cette participation peut porter soit sur le bénéfice réalisé lors de l'utilisation des biens financés par le prêt, soit sur la plus-value réalisée lors de leur cession. Elle peut aussi prendre la forme d'une « rétrocession de la marge réalisée » ou être assise sur le « bénéfice net de l'emprunteur » [1]. Dans ce dernier cas, la clause de « participation au bénéfice net de l'emprunteur » (obligatoire pour les prêts participatifs accordés par l'État [2]) donne droit à un prélèvement prioritaire, pour les personnes physiques, sur le bénéfice comptable et, pour les sociétés, sur le bénéfice distribuable avant toute autre affectation [3]. Ainsi, sans avoir le statut d'associé, le prêteur est directement intéressé aux gains et indirectement lié aux pertes de l'entreprise.

§ 2. Le remboursement de dernier rang

098 ***Solution générale*** ◊ Le remboursement du prêt participatif est décalé par rapport aux autres créanciers. Ce prêt est alors dit de dernier rang. Cela signifie qu'en cas de redressement ou de liquidation, le prêteur passera après les créanciers munis de sûretés, mais également après les créanciers chirographaires [4].

099 ***Précisions légales*** ◊ Ce prêteur sera, en revanche, remboursé avant les titres participatifs [5] et les titres de capital. Certains auteurs préfèrent dès lors parler de « créances d'avant-dernier rang » [6].

1. C. mon. fin., art. L. 313-17, al. 1er.
2. C. mon. fin., art. L. 313-19.
3. C. mon. fin., art. art. L. 313-17, al. 2.
4. C. mon. fin., art. L. 313-15.
5. C. com., art. L. 228-36, *in fine*.
6. Th. Bonneau, *Droit bancaire*, éd. Montchrestien, 2017, 12e éd., n° 714.

Les créanciers « participatifs » viennent entre eux en rang égal, sauf stipulations contractuelles contraires « ayant requis l'accord global de l'ensemble des créanciers titulaires de prêts participatifs » [1].

Notons, cependant, que ces règles établissant un ordre de remboursement ne visent que les cas de liquidation amiable, de liquidation judiciaire, de sauvegarde ou de redressement judiciaire. Ces textes ne sont donc pas applicables dans les hypothèses où l'emprunteur n'est sous le coup d'aucune de ces procédures. Il conviendra alors, tout simplement, d'appliquer le droit commun du prêt. En conséquence, le remboursement sera dû sans qu'il soit nécessaire de vérifier si les autres créanciers ont été payés [2].

---

1. C. mon. fin., art. L. 313-1.
2. J.-F. Quievy, *op. cit.*, n° 85.

TITRE 3

LES CRÉDITS AVEC MOBILISATION DE CRÉANCES

2100 ***Définition*** ◊ La mobilisation de créances est l'opération par laquelle un créancier obtient d'un établissement de crédit une avance à court terme soit en contrepartie de la souscription d'un effet de commerce, soit vertu d'une cession de créances professionnelles à termes. Dans le premier cas, l'effet de commerce sera remis en propriété à l'établissement de crédit en contrepartie de l'avance ou à titre de gage. On parlera alors d'escompte d'effet de commerce. Dans le second cas, nous serons le plus souvent en présence d'un bordereau de cessions de créances professionnelles, dit aussi bordereau Dailly.

2101 Évoquons brièvement les effets de commerce (Sous-titre 1), du moins les plus connus, avant d'étudier les principales techniques de mobilisation des créances appliquées en matière de crédits (Sous-titre 2).

SOUS-TITRE 1

Les effets de commerce

102 ***Définition et caractéristiques*** ◊ Les effets de commerce sont des titres négociables qui constatent l'existence, au profit du porteur, d'une créance de somme d'argent à court terme et sert à son paiement. Ce sont ainsi des titres incorporant une créance.

Pour un courant doctrinal [1], les effets de commerce se caractériseraient par cinq éléments : la négociabilité, un objet monétaire, un engagement de payer, un paiement à court terme et un usage de recevoir le titre en paiement. La caractéristique essentielle est sans nul doute la négociabilité qui déroge en grande partie aux règles du droit civil.

Cette notion recouvre des réalités diverses : la lettre de change [2], le billet à ordre [3] ou encore le warrant [4].

103 ***Circulation*** ◊ Le titre est appelé à circuler. Il se détache ainsi de la relation initiale qui a justifié sa création. Le titre est négociable et va circuler avec la créance qu'il représente par simple tradition ou par voie d'endossement. L'endosseur garantit solidairement le paiement en apposant sa signature. En conséquence, plus un titre circule, plus la certitude qu'il sera honoré augmente.

104 Les deux effets de commerce le plus souvent utilisés en pratique sont la lettre de change (Chapitre 1) et le billet à ordre (Chapitre 2).

---

1. Ch. Gavalda et J. Stoufflet, *Instruments de paiement et de crédit* : éd. LexisNexis, 2012, 8e éd., n° 1.

2. V. ss 2105.

3. V. ss 2199.

4. Les warrants peuvent être définis comme une forme particulière de billets à ordre dont le paiement est garanti par un gage. Le plus souvent, l'effet de commerce en question sera souscrit par un commerçant qui donnera à un créancier en garantie certaines marchandises déposées dans un magasin général ou gardées par lui. C. com., art. L. 522-24 à L. 522-37.

CHAPITRE 1
LA LETTRE DE CHANGE

105 ***Définition*** ◊ La loi ne donne aucune définition de la lettre de change, souvent qualifiée de « traite ». On s'accorde néanmoins à qualifier de la sorte un écrit par lequel une personne, appelée tireur, donne à une autre personne, appelée tiré, l'ordre de payer à une date déterminée une certaine somme d'argent à une troisième personne, appelée bénéficiaire ou porteur, ou à l'ordre de celle-ci. Elle est strictement encadrée par le Code de commerce.

106 ***Présentation générale*** ◊ Initialement, la lettre de change ne suppose qu'une seule signature : celle du tireur. Cependant, par la suite, deux relations vont se superposer : l'une dite fondamentale et l'autre qualifiée de cambiaire. La première est fondée sur le rapport fondamental, c'est-à-dire le rapport préexistant entre le tireur et le tiré, plus précisément la dette de ce tiré envers le tireur. La seconde relation concerne le tireur et le bénéficiaire. Le tireur lui remet la lettre de change parce que ce bénéficiaire fournit ou lui fournira une contrepartie. Dans tous les cas, le paiement réalisé par le tiré au profit du bénéficiaire, à l'échéance, éteint toutes les créances, qu'elles soient fondamentales ou cambiaires.

La relation peut en outre faire appel à d'autres acteurs. Le porteur peut ainsi endosser le titre au profit d'un second porteur. Il garantit de la sorte le titre avec le tireur au profit des endossataires successifs. La sécurité du titre augmente à l'occasion de sa circulation.

107 ***Évolutions de la lettre de change*** ◊ Les banquiers ont cherché, depuis une quarantaine d'années, à adapter cet instrument à l'outil informatique, permettant de traiter dans de bonnes conditions une grande quantité de titres grâce à leur dématérialisation. C'est ainsi que les lettres de change relevées sont apparues au début des années soixante-dix pour faciliter leur traitement. On peut en distinguer deux formes.

Il faut citer, tout d'abord, la lettre de change relevé-papier. Elle est traditionnellement vue comme la superposition d'un authentique effet de commerce et d'un procédé informatique de recouvrement. Concrètement, c'est un titre qui répond aux conditions de forme posées par l'article L. 511-1 du Code de commerce [1] auxquelles s'ajoutent essentiellement les coordonnées bancaires du tiré et une clause de retour sans frais. Ce titre sera alors remis au banquier du tireur et ne quittera plus

1. V. ss 2112.

ses mains. Le professionnel de la banque en transcrira en effet les mentions sur un support magnétique qui circulera seul entre les banques [1].

Il en va différemment avec la lettre de change relevé-magnétique, cette dernière éliminant purement et simplement le support papier. Le tireur, généralement une grande entreprise, va transcrire lui-même sur support magnétique les données relatives aux lettres de change relevé qu'il crée. Cette dématérialisation est utilisée pour l'automatisation de la remise à l'encaissement, la présentation au paiement et, le cas échéant, la gestion des impayés.

Mais cette lettre de change relevé-magnétique peut-elle être perçue comme une véritable lettre de change ? La Cour de cassation a longtemps répondu par la négative. En effet, compte tenu des mentions obligatoires prévues par l'article L. 511-1 du Code de commerce, le support papier était vu comme indispensable. La conséquence en était alors que l'ensemble des règles régissant l'effet de commerce ne s'appliquait pas à cet « outil » qui ne pouvait être confondu avec une « véritable » lettre de change [2].

Mais cette solution ne nous paraît plus d'actualité. Rappelons en effet que, depuis la loi n° 2004-575 du 21 juin 2004 pour la confiance dans l'économie numérique, notre droit admet l'équivalence entre l'écrit papier et l'écrit électronique alors que cet écrit est exigé comme condition de validité de l'acte. Il nous semble, par conséquent, qu'un titre totalement dématérialisé qui respecterait scrupuleusement les exigences formelles de l'article L. 511-1 du Code de commerce doit pouvoir être qualifié de lettre de change et soumis à son régime juridique.

2108 Revenons à la lettre de change papier « classique ». Après avoir présenté sa création (Section 1), nous évoquerons sa circulation (Section 2) puis son paiement de la traite (Section 3), et enfin les recours prévus en cas de non-paiement (Section 4).

SECTION 1. LA CRÉATION DE LA LETTRE DE CHANGE

2109 Titre particulièrement formaliste, la lettre de change est soumise à un certain nombre de conditions de forme (§ 1) et de fond (§ 2).

1. Pour les juges, la lettre de change-relevé papier constitue bien une véritable lettre de change, soumise en conséquence au formalisme cambiaire. Elle peut, notamment, être acceptée par le tiré, Com., 30 juin 1998, n° 95-17.785.

2. Com., 2 juin 2015, n° 14-13.775, dalloz.fr, actualité, 15 juin 2015, obs. X. Delpech ; *JCP E* 2015. 1466, note K. Rodriguez ; *RDBF* 2015, comm. F.-J. Crédot et Th. Samin ; *RTD com.* 2016. 169, obs. D. Legeais ; *LPA* 18 août 2015, n° 164, p. 13, note J. Lasserre Capdeville. La jurisprudence est parfois moins nette, Com., 25 nov. 1997, n° 95-13.254, *RTD com.* 1998. 388, obs. M. Cabrillac.

§ 1. Les conditions de forme

110 Le Code de commerce détaille les conditions de forme à respecter pour créer une lettre de change. Cette rigueur s'explique par le fait que le titre est appelé à circuler. On peut ainsi distinguer des mentions obligatoires (A) et facultatives (B).

A. Les mentions obligatoires

111 Des exigences légales sont prévues en la matière (1), et leur omission est sanctionnée (2). Le cas particulier de l'inexactitude de l'une des mentions obligatoires sera enfin évoqué (3).

1. Les exigences légales

112 ***Dénomination « lettre de change »*** ◊ L'article L. 511-1 du Code de commerce impose huit mentions obligatoires, à défaut desquelles le titre ne peut valoir comme lettre de change. Il en va ainsi, tout d'abord, avec la dénomination « lettre de change » qui doit être insérée dans le texte même de l'effet [1].

113 ***Mandat de payer*** ◊ Le « mandat pur et simple de payer une somme déterminée » doit ensuite être mentionné. Cette exigence renferme deux obligations. D'une part, un ordre de paiement doit nécessairement figurer. Cet ordre est en général exprimé par les termes « veuillez payer » ou « payez ». Il doit être, en outre, pur et simple, c'est-à-dire n'être assorti d'aucune condition de nature à affecter l'ordre de payer. À défaut, nous ne sommes pas en présence d'une lettre de change.

D'autre part, l'ordre de payer doit porter sur une somme déterminée, ce qui exclut en principe toute stipulation d'intérêts [2]. Notons que le montant doit être rédigé en chiffres et en lettres, et qu'en cas de différence entre les deux mentions, les lettres sont préférées [3].

114 ***Nom du tiré*** ◊ Le nom de celui qui doit payer, c'est-à-dire le tiré, doit également figurer sur la lettre de change. Si son identité est ainsi obligatoire, il en va différemment de son adresse qui demeure facultative [4]. Soulignons le tireur peut se désigner comme tiré, dans la mesure où l'article L. 511-2 du Code de commerce autorise la lettre de change tirée sur le tireur lui-même.

---

1. Montpellier, 24 nov. 1953, Banque 1956, p. 520, obs. X. Marin. Lyon, 11 juin 1956, *D.* 1957, somm. p. 36.
2. Bien évidemment, rien n'empêche le tireur d'en effectuer le calcul et de les inclure dans le montant de l'effet.
3. Com., art. L. 511-4.
4. Com., 24 févr. 1965, Banque 1965, p. 557, obs. X. Marin ; *RTD com.* 1965. 437, obs. G. Becqué et H. Cabrillac.

2115 ***Échéance*** ◊ Il est aussi obligatoire de mentionner sur la lettre de change son échéance, c'est-à-dire la date à laquelle le paiement pourra être réclamé au tiré.

La loi apporte un certain nombre de précisions concernant cette échéance. Tout d'abord, la lettre de change peut être tirée à vue [1]. Elle sera alors présentée au paiement à la discrétion du porteur dans le délai d'un an, sauf prorogation expresse du délai [2]. Elle peut aussi être stipulée à un certain délai de vue qui interdit au porteur de la présenter au paiement avant une date déterminée [3]. La lettre est encore susceptible d'être payable à un certain délai de date calculé à compter du jour de la création de l'effet (par exemple à deux mois). Enfin, la traite peut être à jour fixe [4]. Ce dernier cas est le plus fréquent.

En revanche, les lettres de change à échéances successives sont déclarées nulles par l'article L. 511-22, II, du Code de commerce.

2116 ***Lieu du paiement*** ◊ La mention du lieu où le paiement doit s'effectuer est toute aussi nécessaire.

Néanmoins, l'article L. 511-1, IV, du Code de commerce prévoit l'éventuelle carence du tireur en précisant qu'à défaut d'indication spéciale, le lieu désigné à côté du nom du tiré est réputé être le lieu du paiement.

2117 ***Nom du bénéficiaire*** ◊ Le nom du bénéficiaire est, sans surprise, obligatoire. La lettre de change ne peut donc pas, à la différence du chèque, être laissée en blanc [5].

En revanche, le tireur peut se désigner comme bénéficiaire [6], puis endosser le titre au porteur ou en blanc.

2118 ***Date et lieu de création du titre*** ◊ La date et le lieu où la lettre de change a été créée sont des mentions aussi requises. Ces mentions permettent le calcul des échéances et la résolution d'éventuels conflits de lois.

Toutefois, dans ce cas également, l'article L. 511-1, V, du Code de commerce indique qu'à défaut de mention du lieu de création, la lettre est considérée comme souscrite au lieu désigné à côté du nom du tireur [7]. En revanche, le défaut de date rend nulle la lettre de change [8].

---

1. C. com., art. L. 511-1, III.
2. C. com., art. L. 511-23.
3. C. com., art. L. 511-24.
4. C. com., art. L. 511-25.
5. Com., 29 mars 1994, n° 91-20.869, *Bull. civ.* IV, n° 127 ; *D.* 1994, somm. p. 183, obs. M. Cabrillac. L'indication du bénéficiaire par de simples initiales est suffisante dès lors qu'elle n'entraîne dans l'esprit du tiré aucune incertitude, Com., 12 nov. 1992, n° 91-10.922, *Bull. civ.* IV, n° 349 ; *D.* 1993, somm. p. 517, obs. M. Cabrillac.
6. C. com., art. L. 511-2, al. 1er.
7. Com., 26 mai 2010, n° 09-14.561, *Bull. civ.* IV, n° 96 ; *LEDB* sept. 2010, p. 4, obs. J. Lasserre Capdeville ; *D.* 2010. AJ 1476, obs. X. Delpech ; *RTD com.* 2010. 759, obs. D. Legeais ; *Banque et Dr.* 9-10/2010. 35, obs. Th. Bonneau ; *RDBF* 2010, comm. 168, obs. F.-J. Crédot et Th. Samin, *Gaz. Pal.* 2010. 3494, obs. C. Houin-Bressand.
8. Com., 29 mars 1994, n° 91-20.869, *Bull. civ.* IV, n° 127 ; *D.* 1994, somm. p. 183, obs. M. Cabrillac. Com., 7 oct. 1987, n° 86-14.542, *Bull. civ.* IV, n° 216 ; *D.* 1988, somm. p. 51, obs. M. Cabrillac.

119 ***Signature du tireur*** ◊ La signature du tireur est une condition essentielle de validité de la lettre de change [1], et ce pour deux raisons. D'une part, cette signature traduit l'engagement cambiaire du créateur de l'effet. Il est vrai qu'il est le seul, à la création de la lettre, à garantir que le tiré paiera à l'échéance le bénéficiaire et les porteurs successifs. D'autre part, la lettre de change étant un titre négociable, elle ne peut être authentifiée que par la signature de celui qui l'a créée et la met en circulation.

L'article L. 511-1, I, 8°, du Code de commerce précise que cette signature peut être apposée soit à la main, soit par tout procédé non manuscrit [2]. L'apposition d'un simple cachet commercial ne saurait en revanche, pour les juges, suffire [3].

Par ailleurs, la signature du tireur devant être portée sur le titre lui-même, les juges estiment que n'est pas valablement signée la lettre de change sur laquelle la signature se trouve à cheval sur l'effet et sur le timbre [4].

Enfin, très logiquement, la lettre de change portant une fausse signature ne peut engager la personne au nom de laquelle elle a été signée [5].

2. Les sanctions à l'absence des mentions obligatoires

120 ***Principe général*** ◊ L'article L. 511-1, II, du Code de commerce indique que le titre pour lequel l'une des énonciations précitées fait défaut ne vaut pas comme lettre de change [6]. Nous sommes en présence d'une nullité d'ordre public qui peut être soulevée d'office par le juge [7]. En conséquence, un porteur, même de bonne foi, ne saurait bénéficier des recours cambiaires.

Toutefois, le titre peut valoir, au regard des règles de droit commun, comme commencement de preuve par écrit, reconnaissance de dette [8],

---

1. Com., 11 juill. 1988, n° 86-18.690, *Bull. civ.* IV, n° 239 ; *D.* 1989, somm. p. 90, obs. M. Cabrillac ; *JCP* 1989, II, 21345, note E. Putman. Com., 29 nov. 1994, n° 92-18.003, *Bull. civ.* IV, n° 354.

2. Concernant un code-chiffre, Paris, 11 janv. 1995, *D.* 1996, somm. p. 36, obs. M. Cabrillac.

3. Com., 25 avr. 2006, n° 04-20.583, *Bull. civ.* IV, n° 98 ; *D.* 2006. AJ 1443, obs. V. Avena-Robardet ; *RDBF* 2006, comm. 154, obs. F.-J. Crédot et Th. Samin ; *Banque et Dr.* juill.-août 2006, p. 59, obs. Th. Bonneau ; *Procédures* 2006, comm. 184, obs. H. Croze. Cette décision concernait l'endossement, v. ss 2144.

4. Com., 1er déc. 1998, n° 96-11.365, *Bull. civ.* IV, n° 285 ; *D. Affaires* 1999. 173, obs. X. Delpech, *RJ com.* 1999. 227, obs. D. Gibirila.

5. Com. 1er avr. 2014, n_ 13-13.473 : *Banque et Dr.* juill.-août 2014, p. 20, obs. G. Helleringer.

6. Com., 13 mai 1986, n° 85-10.977, *Bull. civ.* IV, n° 89.

7. Com., 16 juill. 1973, n° 72-11.035, *Bull. civ.* IV, n° 243.

8. Com., 24 mars 1998, n° 95-19.867, *Bull. civ.* IV, n° 114 ; *D. Affaires* 1998. 910, obs. X. Delpech ; *RTD com.* 1998. 647, obs. M. Cabrillac. Com., 10 févr. 1971, n° 69-13.230, *Bull. civ.* IV, n° 42 ; *RTD com.* 1972. 126, obs. M. Cabrillac et J.-L. Rives-Lange.

voire comme billet à ordre si toutes les conditions légales propres à cet autre effet de commerce sont réunies [1].

Notons encore que le moyen tiré de la nullité pour vice de forme ne saurait être invoqué, pour la première fois, devant la Cour de cassation [2].

2121 ***Atténuations*** ◊ La rigueur de la sanction attachée à la lettre de change incomplète demeure cependant à atténuer, et ce pour plusieurs raisons.

En premier lieu, des équivalences sont admises en la matière. Rappelons ainsi que l'article L. 511-1 du Code de commerce propose lui-même des règles supplétives qui ont pour fonction d'écarter la nullité. Par exemple, le défaut de mention de l'échéance rend la lettre de change payable à vue.

En second lieu, le principe de régularisation a vocation à jouer dans un certain nombre de cas. Il est vrai que la régularité d'une lettre de change ne s'apprécie pas au jour de l'émission, mais au jour de la présentation au paiement [3]. C'est ainsi que, parfois, le nom du bénéficiaire fera défaut. Il transmettra alors la lettre à un tiers (souvent le banquier escompteur) qui prendra soin de la compléter. Les tribunaux ont rapidement admis que des traites incomplètes lors de leur création puissent, de la sorte, être régularisées par la suite, par accord entre les parties. Ces traites sont rétroactivement validées. Des exigences demeurent néanmoins ici à respecter. Tout d'abord, tous les signataires doivent avoir donné leur accord à cette régularisation [4]. De plus, la correction doit avoir lieu avant la présentation de la traite au paiement. Enfin, elle ne peut concerner que des manquements réputés accessoires tels que le nom du bénéficiaire. En revanche, la correction ne saurait couvrir des manquements mettant en cause l'existence de la lettre de change tels que la dénomination de lettre de change, le lieu et la date d'émission, son montant et la signature du tireur.

En troisième lieu, le principe de l'indépendance de signatures permet d'examiner la validité de la lettre de change par rapport à chaque signature au moment où elle est donnée. Ainsi, une traite qui serait nulle à l'égard de certaines signatures peut parfaitement être valable à l'égard des autres [5].

En dernier lieu, le principe de l'indépendance de l'obligation cambiaire et de l'obligation fondamentale a vocation à jouer. En conséquence, si la nullité d'une lettre de change incomplète vient à paralyser les recours cambiaires, cette situation n'empêche pas pour autant d'en poursuivre l'exécution sur le terrain du droit commun.

---

1. Com., 23 janv. 2007, n° 05-14.036, *Bull. civ.* IV, n° 9 ; *D.* 2007. 2509, note A. Boujeka ; *D.* 2007. AJ 437, obs. X. Delpech ; *D.* 2008. Pan. 882, obs. D.-R. Martin ; *RTD com.* 2007. 421, obs. D. Legeais.

2. Com., 25 oct. 1972, n° 70-13.831, *Bull. civ.* IV, n° 264.

3. Com., 19 oct. 1965, *Bull. civ.* III, n° 508 ; Banque 1966, p. 51, obs. X. Marin ; *RTD com.* 1966. 88, obs. G. Becqué et M. Cabrillac. Com., 9 mars 1976, n° 74-12.637, *Bull. civ.* IV, n° 85.

4. Com., 25 mai 1988, n° 86-15.275, *Bull. civ.* IV, n° 170 ; *JCP* 1989, II, 21345, note E. Putman.

5. C. com., art. L. 511-5, al. 2.

3. L'inexactitude d'une mention obligatoire

122 ***Situation concrète*** ◊ Alors que l'omission d'une mention obligatoire constitue, nous l'avons vu, un vice apparent, son inexactitude, c'est-à-dire son caractère mensonger ou erroné, est un vice caché. Ainsi, un titre formellement complet peut néanmoins présenter des mentions inexactes, ce qui va entraîner des conséquences juridiques.

123 ***Incidence sur la validité du titre*** ◊ Dans un tel cas, on estime que cette situation n'entraîne pas l'irrégularité de la lettre de change. Ainsi, l'apparence doit prévaloir. En conséquence, la présence de mentions mensongères n'est pas sanctionnée par le droit cambiaire, sauf exception de l'article L. 511-5, alinéa 3, du Code de commerce relative à la supposition de la qualité de représentant.

En revanche, et selon les circonstances, des sanctions pénales seront peut-être envisageables au titre de l'escroquerie [1] ou du faux [2].

En outre, d'un point de vue civil cette fois-ci, la théorie de la simulation pourra également trouver à s'appliquer [3].

B. Les mentions facultatives

124 ***Liberté contractuelle*** ◊ En dehors des mentions obligatoires précitées, la création d'une lettre de change laisse une place à la liberté contractuelle. Les parties peuvent donc recourir à des mentions permettant de compléter les informations contenues dans le titre ou d'aménager les rapports cambiaires qui lient les signataires.

125 ***Limites*** ◊ Quelques limites à cette liberté sont néanmoins à relever en la matière. D'une part, il n'est pas possible pour le tireur de s'exonérer, par l'intermédiaire d'une clause, de la garantie de paiement. Une telle clause est en effet réputée non écrite par la loi [4].

D'autre part, et d'une façon plus générale, il faut rappeler que selon le moment où elles sont stipulées, lors de la création ou à l'occasion de la circulation du titre, les mentions facultatives ajoutées ne seront opposables qu'aux signataires subséquents, et non pas aux signataires antérieurs.

126 ***Illustrations*** ◊ Ces clauses sont nombreuses et variées. Parmi les plus fréquemment utilisées, on trouve la clause de « retour sans frais », dite aussi « sans protêt », qui dispense le porteur de faire dresser protêt faute

1. C. pén., art. 313-1.
2. C. pén., art. 441-1.
3. C. civ., art. 1201.
4. C. com., art. L. 511-6, al. 2.

d'acceptation ou faute de paiement pour exercer ses recours [1]. Le recours à cette clause est d'ailleurs nécessaire pour bénéficier du traitement informatisé des lettres de change.

Est également fréquente, la mention de la valeur fournie par le bénéficiaire au tireur, c'est-à-dire la cause ou la contrepartie de la remise du titre au bénéficiaire. Cette mention a pour intérêt de faire bénéficier aux porteurs successifs toutes les garanties attachées à la créance.

Mentionnons encore la clause « non à ordre » [2]. Cette dernière présente aussi un réel avantage pratique. En interdisant de la sorte l'endossement, elle transforme la lettre de change en un titre nominatif qui ne peut circuler qu'en respectant les formalités de la cession de créances [3].

§ 2. Les conditions de fond

2127 ***Droit commun*** ◊ La création d'une lettre de change n'est pas seulement soumise à un strict formalisme. Elle doit également respecter l'ensemble des règles de droit commun qui régissent la création d'un acte juridique : le consentement des parties, leur capacité de contracter et enfin un contenu licite et certain [4]. Ces conditions de validité présentent cependant ici quelques spécificités.

2128 ***Capacité des signataires*** ◊ La signature d'une lettre de change est un acte de commerce [5]. En conséquence, elle ne peut être apposée que par une personne ayant la capacité de faire des actes de commerce, même s'il n'est pas nécessaire pour autant d'être commerçant [6]. Ces règles de capacité s'appliquent à tout signataire d'une lettre de change qui souscrit par là même une obligation de nature cambiaire : tireur, tiré accepteur, endosseur ou avaliseur.

Or, la loi vient frapper d'une « incapacité cambiaire » un certain nombre de personnes. Citons par exemple les mineurs [7], les incapables majeurs [8],

---

1. C. com., art. L. 511-43.- Com. 2 nov. 2016, n° 15-12.3999 : *LEDB* déc. 2016, p. 4, obs. J. Lasserre Capdeville. Cette décision précise qu'une telle clause, préimprimée sur la lettre de change, est valide à partir de la seule signature du tireur portée sur l'effet. Aucune autre signature, notamment sous la clause, n'est requise.

2. C. com., art. L. 511-8, al. 2.

3. Paris, 11 déc. 1984, *RTD com.* 1985. 331, obs. M. Cabrillac et B. Teyssié.

4. C. civ., art. 1128. Jusqu'au premier oct. 2016, l'article 1108 du Code civil visait un consentement libre et éclairé, une capacité de contracter, un objet certain qui forme la matière de l'engagement et une cause licite dans l'obligation.

5. C. com., art. L. 110-1.

6. Com., 1er oct. 1996, n° 94-17.222, *Bull. civ.* IV, n° 219 ; *JCP E* 1996. Pan. 1173.

7. C. com., art. L. 511-5, al. 1. Civ., 19 févr. 1856, *DP* 1856, 1, p. 56. Civ., 7 mars 1922, *DP* 1922, 1, p. 169. Com., 28 oct. 1969, *Bull. civ.* IV, n° 318 ; Banque 1970, p. 706, obs. X. Marin. Le régime des restitutions demeure cependant particulier. L'article précité vise ainsi l'article L. 1352-4 du Code civil qui prévoit, pour mémoire, que : « Les restitutions dues par un mineur non émancipé ou par un majeur protégé sont réduites à hauteur du profit qu'il a retiré de l'acte annulé ».

8. R. Bonhomme, *Instruments de crédit et de paiement*, éd. LGDJ, 2017, 12e éd., n° 135.

ou encore les souscripteurs d'un crédit à la consommation [1]. De même, il se peut qu'une réglementation professionnelle limite l'usage de la lettre de change. C'est ainsi que pour le règlement intérieur national des barreaux, un avocat ne peut être réglé par lettre de change que si celle-ci est acceptée par son client [2].

Toutefois, l'article L. 511-5, alinéa 2, du Code de commerce indique que si la lettre porte des signatures de personnes incapables (mais aussi de fausses signatures ou de personnes imaginaires), les obligations des autres signataires n'en sont pas moins valables. Ainsi la validité de chaque engagement doit être envisagée séparément [3]. Cette solution ne saurait surprendre : la plupart des causes de nullité sont inopposables au porteur de bonne foi.

129 ***Cause*** ◊ Les traites de complaisance, qui ne sont causées par aucune relation fondamentale, ou les traites de cavalerie qui entendent se causer les unes les autres, peuvent entraîner la caractérisation de certaines infractions pénales, et notamment le faux [4], l'escroquerie [5] ou encore la banqueroute par emploi de moyens ruineux pour se procurer des fonds [6].

SECTION 2. LA CIRCULATION DE LA LETTRE DE CHANGE

130 L'étude de la circulation de la lettre de change implique de s'arrêter un instant sur les principales situations juridiques susceptibles de se rencontrer en la matière : le dessaisissement (§ 1), l'endossement (§ 2), l'acceptation (§ 3) et enfin l'aval (§ 4).

§ 1. Le dessaisissement

131 ***Principe général*** ◊ Une fois créée, la lettre de change n'accède réellement à la « vie juridique » que lorsqu'elle est émise, c'est-à-dire lorsque le tireur s'en dessaisit. Ainsi, seule la remise à un tiers la rend irrévocable.

1. C. consom., art. L. 314-21.
2. Com., 6 déc. 2011, n° 10-30.896, *Bull. civ.* IV, n° 198 ; Dalloz 2012, p. 536, note J. Lasserre Capdeville.
3. Com., 21 déc. 1959, *D.* 1960. 262. Com., 15 juin 1993, n° 91-18.276, *Bull. civ.* IV, n° 247.
4. C. pén., art. 441-1. Crim., 8 janv. 2014, n° 13-80.087, *LEDB* mars 2014, p. 7, n° 028, obs. R. Routier ; *Banque et Dr.* 2013, n° 154, p. 50, obs. J. Lasserre Capdeville.
5. C. pén., art. 313-1. Crim., 20 juin 1983, n° 82-92.593, *Bull. crim.* n° 189. Ici, les traites de complaisances avaient été assorties de factures fictives tout en étant corroborées par l'intervention d'un tiers.
6. C. com., art. L. 654-2, 1°. Crim., 30 oct. 1989, n° 88-84.556.

2132 Cette mise en circulation a alors deux conséquences juridiques : elle atteste qu'une provision existera à l'échéance (A) et elle opère la transmission immédiate de cette provision au bénéficiaire de la lettre (B).

A. L'existence d'une provision à l'échéance

2133 ***Définition*** ◇ La provision est une « créance de somme d'argent du tireur d'une lettre de change ou d'un chèque sur le tiré » [1]. Cette créance peut avoir des origines diverses. En matière de lettre de change, la provision résultera le plus souvent d'une livraison de marchandises ou d'une prestation de services effectuée par le tireur au profit du tiré. Elle sera constituée plus généralement par toute opération faisant du tireur le créancier du tiré.

2134 ***Principe général*** ◇ Selon l'article L. 511-7, alinéa 2, du Code de commerce, il y a provision si, à l'échéance de la lettre de change, celui sur qui elle est fournie est redevable au tireur, ou à celui pour le compte de qui elle est tirée, d'une somme au moins égale au montant de la lettre de change. À défaut, le tiré n'aurait en effet aucune raison de payer le porteur. En revanche, si le tiré est effectivement débiteur du tireur à l'échéance, peu lui importe de payer un porteur inconnu ou son débiteur initial dans la mesure où ce paiement le libère de sa dette. En conséquence, si la provision est un élément essentiel de la lettre de change, elle n'est réellement nécessaire qu'à l'échéance [2]. Ainsi, nous le voyons, la lettre de change est un instrument de crédit, et tant que l'on ne demande pas au tiré de payer, il n'est pas indispensable qu'il soit effectivement débiteur du tireur. La provision n'est pas une condition de validité du titre.

Néanmoins, l'article L. 511-7, alinéa 1er, du Code de commerce précise que c'est au tireur de faire provision. Dit autrement, c'est à ce dernier de s'assurer, qu'à l'échéance, la provision existera et qu'une obligation le liera effectivement au tiré. À défaut, il manquera à ses obligations, mais restera tenu à l'égard des porteurs successifs.

B. La transmission de la provision

2135 ***Principe général*** ◇ Selon l'article L. 511-7, alinéa 3, du Code de commerce, la propriété de la provision est transmise de droit aux porteurs successifs de la lettre de change. La transmission porte alors, d'une part, sur une provision qui n'existe pas nécessairement en tant que créance

---

1. B. Sousi-Roubi, S. Dussart et F. Marmoz, *Lexique de la banque et des marchés financiers*, éd. Dunod, 2009, 6e éd., p. 259.

2. Com., 24 mars 1969, *Bull. civ.* IV, n° 110 ; *RTD com.* 1969. 775, obs. M. Cabrillac et J.-L. Rives-Lange. Com., 27 oct. 1992, n° 91-11.574, *Bull. civ.* IV, n° 324 ; *D.* 1993, somm. p. 317, obs. M. Cabrillac.

mais simplement en tant qu'obligation d'être constituée à l'échéance [1]. Il s'agit, pour un courant doctrinal, d'un droit éventuel sur la provision qui ne prendra véritablement consistance qu'au jour de l'échéance [2]. La transmission concerne également, d'autre part, les accessoires de la provision, c'est-à-dire ses éventuelles sûretés.

La transmission en question s'opère immédiatement à partir de la cession de la traite au bénéficiaire ou aux endossataires successifs [3].

136 ***Protections supplémentaires*** ◇ Si le droit du porteur sur la provision devient irrévocable à l'échéance, il est possible d'anticiper cette affectation au moyen de différentes techniques juridiques. Tout d'abord, notre droit admet l'immobilisation de la créance de provision, au profit du porteur, avant cette échéance. La provision sort alors définitivement du patrimoine du tireur qui ne peut plus en recevoir le paiement ni d'ailleurs être saisie. Ensuite, le porteur peut faire défense au tiré de payer le tireur [4]. Enfin, et surtout, ce même porteur peut faire accepter la lettre de change par le tiré.

Cette acceptation présente d'ailleurs des effets importants en la matière : une lettre de change acceptée (1) se différencie ainsi nettement d'une lettre de change non acceptée (2) concernant les droits du porteur sur la provision à l'égard du tiré.

1. En cas de lettre de change acceptée

137 ***Définition*** ◇ L'acceptation, dont le régime sera étudié plus loin [5], est l'engagement cambiaire du tiré de payer le montant de la lettre de change à l'échéance. Cette acceptation s'exprime par la signature du tiré sur le recto de la lettre de change, qu'il fait précéder de la mention « bon pour acceptation ». La seule signature du tiré suffit néanmoins pour valoir acceptation.

138 ***Effets juridiques*** ◇ L'acceptation établit une présomption simple d'existence de la provision dans les relations du tireur et du tiré [6], mais également au profit d'un tiers porteur à l'égard du tiré accepteur [7].

---

1. V. ss 2134

2. S. Piedelièvre, *Instruments de crédit et de paiement*, éd. Dalloz, 2014, n° 139.

3. Com., 20 mars 1962, *Bull. civ.* III, n° 183 ; *JCP* 1962, II, 12747, note J.-L. Rives-Lange ; Banque 1962, p. 421, obs. X. Marin. Com., 20 mars 1984, n° 83-10.618, *RTD com.* 1984. 697, obs. M. Cabrillac et B. Teyssié ; *RTD com.* 1984. 697, obs. M. Cabrillac.

4. Com., 3 mai 1995, n° 92-14.646, *D.* 1996. 292, note D. Gibirila. Com., 24 avr. 1972, n° 71-10.080, *D.* 1972. 964, note R. Roblot ; *RTD com.* 1972. 964, obs. M. Cabrillac et J.-L. Rives-Lange.

5. V. ss 2158.

6. Com., 16 juill. 1951, *JCP* 1951, II, 6513, note H. Lescot ; *RTD com.* 1952. 125, obs. G. Becqué et H. Cabrillac. Com., 14 mai 1958, *D.* 1958. 671. La charge de la preuve du défaut de provision incombe au tiré accepteur qui l'invoque, Com., 4 janv. 1980, n° 78-12.637, *Bull. civ.* IV, n° 4. Com., 4 juin 1991, n° 89-18.608, *Bull. civ.* IV, n° 147.

7. En cas d'acceptation partielle, la présomption ne joue qu'à concurrence du montant de l'acceptation, Chambéry, 13 mai 1977, *D.* 1978. IR 84, obs. M. Cabrillac.

Le porteur d'une lettre de change acceptée se retrouve alors dans une position plus confortable, car il est considéré comme le cessionnaire des droits actuels du tireur contre le tiré. En effet, en raison de l'acceptation par le tiré, la provision est définitivement sortie du patrimoine du tireur.

En conséquence, le tireur ne peut exiger du tiré le paiement de sa dette pas plus qu'il ne peut céder à un tiers la créance de provision. De même, le tiré accepteur ne saurait opposer la compensation au tiers porteur. Des effets particuliers sont également à relever en matière de procédure collective du fait du changement du titulaire de la provision en question.

2. En cas de lettre de change non acceptée

2139 ***Solution jurisprudentielle*** ◊ Faute de distinction légale, il est admis de longue date que la transmission de la provision au porteur s'opère pour les traites non acceptées comme pour celles qui ont été acceptées [1].

Néanmoins, pour la jurisprudence, lorsque la lettre de change n'a pas été acceptée, le droit du porteur ne s'exerce, jusqu'à l'échéance, que sur une créance simplement éventuelle. Ce n'est qu'au jour de l'échéance que la provision devient irrévocablement acquise au porteur [2]. Or, entre ces deux dates, beaucoup de choses peuvent se produire, dans la mesure où la créance de provision reste disponible entre les mains du tireur. Ce dernier peut, par exemple, valablement réclamer sa créance au tiré [3]. C'est dès lors dans un tel cas qu'il peut être utile, pour le porteur, d'adresser au tiré une défense expresse de payer quelqu'un d'autre que lui.

§ 2. L'endossement de la lettre de change

2140 ***Notion*** ◊ L'endossement est un mode privilégié, mais également simplifié de circulation de la lettre de change. Il s'opère en apposant sur le dos du titre une mention par laquelle le porteur actuel, dénommé endosseur, ordonne au tiré d'effectuer le paiement entre les mains d'un nouveau bénéficiaire, qualifié d'endossataire, auquel il remet le titre ou à l'ordre duquel il l'établit.

Ainsi, l'article L. 511-8 du Code de commerce indique que toute lettre de change est transmissible par voie d'endossement, sauf clause contraire. Il est, en effet, possible d'insérer dans la lettre de change les mots « non à

---

1. Civ. 18 janv. 1937, S. 1937, 1, p. 89, note F. Rousseau.

2. Com., 4 déc. 1984, n° 82-12.239, *Bull. civ.* IV, n° 329 ; *D.* 1985. 181, note A. Bénabent ; Banque 1985, p. 642, obs. J.-L. Rives-Lange ; *RTD com.* 1985. 536, obs. M. Cabrillac et B. Teyssié ; *JCP* 1985, II, 20445, note H. Synvet.

3. Com., 18 mars 1986, n° 84-15.309, *Bull. civ.* IV, n° 50 ; *D.* 1987, somm. p. 72, obs. M. Cabrillac.

ordre », ou une expression équivalente (par exemple « non endossable »), qui ne permet plus la transmission du titre que dans les conditions de la cession de créances du Code civil. De telles clauses sont cependant particulièrement rares [1].

141 Il existe, concrètement, trois types d'endossement qui seront étudiés ci-dessous : l'endossement translatif de propriété (A), l'endossement de procuration qui s'inspire nettement du mandat (B) et enfin l'endossement pignoratif qui emprunte des éléments au gage (C). En l'absence de toute indication sur la nature de l'endossement, celui-ci est présumé translatif de propriété [2].

A. L'endossement translatif

142 ***Présentation générale*** ◊ L'endossement translatif permet de transférer à l'endossataire la propriété du titre ainsi que tous les droits qui y sont attachés. Il est traditionnellement pratiqué par les banquiers par voie d'escompte. Cela sera observé plus loin [3], l'escompte est une opération de crédit par laquelle le porteur d'un effet de commerce en transfère la propriété à une banque qui en avance immédiatement le montant, déduction faite de sa rémunération, et qui sera remboursé à l'échéance grâce au paiement du tiré.

143 L'endossement doit néanmoins respecter certaines conditions (1) pour pouvoir produire ses effets (2).

1. Les conditions de validité de l'endossement

144 ***Conditions de formes*** ◊ L'endossement nécessite, tout d'abord, la remise de la lettre de change par l'endosseur à l'endossataire [4]. De plus, il implique l'apposition de la mention d'endos par l'endosseur sur la lettre de change ou sur une feuille qui y est attachée, dénommée allonge. En effet, la seule remise de la lettre de change en l'absence d'un endossement régulier ne saurait la transférer à celui qui la reçoit [5]. La mention de l'endos

---

1. Pour un exemple récent, Com., 9 avr. 2013, n° 12-14.133, *Bull. civ.* IV, n° 58 ; *D.* 2013. AJ 988, obs. X. Delpech ; *JCP E* 2013, 1447, note A. Boujeka ; *RLDA* mai 2013, p. 35, obs. V. Mauriès ; *LEDB* juin 2013, p. 2, n° 070, obs. J. Lasserre Capdeville.

2. Com., 27 févr. 1990, n° 88-15.840, *Bull. civ.* IV, n° 56 ; *RTD com.* 1991. 73, obs. M. Cabrillac et B. Teyssié. Com., 3 mai 2000, n° 97-10.911, *Bull. civ.* IV, n° 94 ; *RDBF* 2000, comm. 182, obs. F.-J. Crédot et Y. Gérard. Com., 24 sept. 2002, n° 00-11.121, *Bull. civ.* IV, n° 129 ; *Banque et Dr.* 1-2/2003. 59, obs. Th. Bonneau.

3. V. ss 2216.

4. L'endossement effectué par une personne n'ayant pas la qualité de porteur légitime demeure néanmoins privé d'effet translatif, Com., 17 juill. 1980, n° 78-16.503, *Bull. civ.* IV, n° 306.

5. Com., 13 oct. 1970, n° 68-13.551, *Bull. civ.* IV, n° 256. Com., 29 mai 1979, n° 77-15.562, *Bull. civ.* IV, n° 179.

doit alors comporter la signature de l'endosseur apposé soit à la main soit par tout procédé non manuscrit. L'apposition d'un cachet commercial ne saurait en revanche, pour les juges, suffire [1]. L'endossement est pur et simple, toute condition à laquelle il serait subordonné étant réputée non écrite. L'endossement partiel est enfin nul [2].

Notons que la mention d'endos peut aussi comprendre la désignation de l'endossataire : l'endossement est alors nominatif. Néanmoins, cela n'est pas obligatoire ; la mention d'endos peut parfaitement se limiter à la seule signature de l'endosseur sans désigner le bénéficiaire. Dans ce cas, l'endossement « au porteur » vaut comme endossement en blanc [3]. Cette hypothèse se rencontre fréquemment. L'article L. 511-9 du Code de commerce énumère alors les différentes possibilités offertes au porteur d'une lettre de change en blanc.

Par ailleurs, et cela est moins fréquent, l'endosseur peut interdire un nouvel endossement. La mention n'interdit pas la circulation du titre mais signifie que l'endosseur n'est pas tenu de garantir les personnes ayant ultérieurement endossé la lettre [4].

2145 ***Conditions de fond*** ◊ L'endosseur et l'endossataire doivent réunir en leur personne certaines conditions pour que l'endossement soit possible jusqu'à l'échéance, voire même, après l'échéance. Tout d'abord, l'endosseur doit justifier de sa qualité de propriétaire du titre. Notons que, dans ce cas, sa légitimité formelle suffit. En effet, l'endosseur est considéré comme porteur légitime s'il justifie de son droit par une suite ininterrompue d'endossements, même si le dernier endossement est en blanc [5].

Par ailleurs, concernant l'endossataire, il faut souligner qu'il ne s'engage pas cambiairement. Par conséquent, il n'y a pas à exiger de lui la capacité commerciale : sa capacité et son consentement s'apprécieront en fonction du droit commun.

Enfin, il faut noter que le moment de l'endossement importe peu. Certes, la majorité des titres sont transmis avant leur échéance. Néanmoins, l'article L. 511-14, alinéa 1er, du Code de commerce autorise expressément l'endossement postérieur à l'échéance. Dans ce cas, cet endossement produit les mêmes conséquences qu'un endossement translatif « antérieur », du moment bien sûr qu'il intervient avant la constatation

---

1. Com., 25 avr. 2006, n° 04-20.583, *Bull. civ.* IV, n° 98 ; *D.* 2006. AJ 1443, obs. V. Avena-Robardet ; *RDBF* 2006, comm. 154, obs. F.-J. Crédot et Th. Samin ; *Banque et Dr.* juill.-août 2006, p. 59, obs. Th. Bonneau ; Procédures 2006, comm. 184, obs. H. Croze. Il s'agissait d'un cachet commercial apposé sur la lettre de change pour endossement et comportant le nom de la société, son adresse et ses coordonnées téléphoniques.

2. Crim., 5 mars 1956, *JCP* 1956, II, 9369, note R. Roblot.

3. C. com., art. L. 511-8, al. 8.

4. C. com., art. L. 511-10. Paris, 11 déc. 1984, *RTD com.* 1985. 330, obs. M. Cabrillac et B. Teyssié.

5. C. com., art. L. 511-11, al. 1er.

officielle du défaut de paiement (c'est-à-dire le protêt faute de paiement [1]) ou l'expiration du délai fixé pour dresser ce même protêt. Toutefois, l'article L. 511-14, alinéa 2, du Code de commerce pose une présomption utile en la matière : l'endossement sans date est censé avoir été fait avant l'expiration du délai fixé pour dresser le protêt, sauf preuve contraire.

2. Les effets de l'endossement translatif

146 L'endossement translatif a des effets juridiques nettement plus importants que ceux découlant de la cession de créances de droit commun. Il est vrai que dans cette dernière le cédant ne garantit pas la solvabilité du débiteur et le cessionnaire n'a logiquement pas de recours contre le cédant en cas de défaillance du débiteur cédé. Les effets de l'endossement translatif sont alors tout autres : il permet de transmettre les droits découlant de la lettre de change (a), puis de rendre les endosseurs garants solidaires du paiement de cette lettre (b) et enfin de faire jouer la règle de l'inopposabilité des exceptions (c).

a. La transmission des droits résultant de la lettre de change

147 ***Présentation générale*** ◊ Selon l'article L. 511-9, alinéa 1er, du Code de commerce, l'endossement transmet tous les droits résultant de la lettre de change. En conséquence, l'endossataire va acquérir la propriété du titre et deviendra titulaire de toutes les créances cambiaires contre le signataire. Il aura alors droit au paiement de la part du tiré, mais aussi de la part de tous les signataires qui sont garants du paiement. Il pourra également demander l'acceptation de la lettre de change au tiré ou encore procéder à un nouvel endossement.

148 ***Provision et accessoires*** ◊ L'endossement a également pour effet de transmettre la provision à l'endossataire [2], mais aussi les accessoires, telles les garanties personnelles et les garanties réelles. La jurisprudence a eu l'occasion de préciser que cette transmission concerne tant les sûretés conventionnelles [3] que les sûretés légales [4].

---

1. V. ss 2186.
2. C. com., art. L. 511-7, al. 3.
3. Com., 11 juill. 1988, n° 87-10.834, *Bull. civ.* IV, n° 241 ; *Rev. Banque* 1988, p. 932, note J.-L. Rives-Lange ; *RTD com.* 1988. 656, obs. M. Cabrillac.
4. En revanche, l'opération d'escompte d'une lettre de change ne confère pas de plein droit à une banque le bénéfice d'un contrat d'assurance-crédit, destiné à garantir l'éventuelle insolvabilité du tiré, qui n'est pas l'accessoire de la lettre de change, Com., 25 févr. 1992, n° 90-14.707, *Bull. civ.* IV, n° 86 ; *D.* 1992. 349, note Ch. Gavalda ; Banque 1992, p. 530, obs. J.-L. Rives-Lange.

b. La garantie due par l'endosseur

2149 ***Principe général*** ◊ L'endosseur est, par principe, garant de l'acceptation et du paiement de la traite [1]. Cette garantie due à l'endossataire implique alors que l'endosseur paiera lui-même la lettre de change si le tiré ne l'accepte pas ou vient à ne pas la payer.

Notons que la règle précitée ne met pas pour autant l'endosseur dans une situation délicate. D'une part, du fait de la solidarité légale applicable ici [2], cet endosseur bénéficie également de la même garantie de la part des endosseurs antérieurs, à l'exception de ceux qui lui auraient interdit un nouvel endossement [3]. D'autre part, l'endosseur demeure susceptible d'écarter la garantie due à l'endossataire par l'intermédiaire d'une clause de non garantie [4].

c. L'inopposabilité des exceptions

2150 ***Principe général*** ◊ Contrairement au droit commun de la cession de créances, l'endossataire bénéficie de l'inopposabilité des exceptions. L'article L. 511-12 du Code de commerce indique en effet que les « personnes actionnées en vertu de la lettre de change ne peuvent pas opposer au porteur les exceptions fondées sur leurs rapports personnels avec le tireur ou avec les porteurs antérieurs, à moins que le porteur, en acquérant la lettre, n'ait agi sciemment au détriment du débiteur ». La règle est essentielle au régime des effets de commerce, dans la mesure où elle favorise la circulation des titres qui sont de la sorte « purgés » de leurs vices à chaque transfert. Cette règle garantit la sécurité du porteur.

2151 ***Limites*** ◊ Le principe de l'inopposabilité des exceptions n'est cependant pas sans limites. Il est vrai qu'il serait gênant qu'il encourage la mauvaise foi. Plusieurs exceptions sont donc à relever. D'une part, la qualité de porteur légitime est obligatoire pour pouvoir en bénéficier de cette inopposabilité [5].

D'autre part, et surtout, les exceptions inopposables sont uniquement celles qui ont leur source en dehors de la lettre de change, c'est-à-dire dans les rapports fondamentaux. Ainsi le signataire poursuivi ne saurait opposer au porteur, qui lui réclame le paiement de la lettre de change, les exceptions qu'il aurait pu valablement opposer à un précédent

---

1. C. com., art. L. 511-10, al. 1er.
2. C. com., art. L. 511-44, al. 1er.
3. C. com., art. L. 511-10, al. 2.
4. C. com., art. L. 511-10, al. 1er.
5. C. com., art. L. 511-11, al. 1er. Le détenteur n'est pas porteur légitime s'il ne justifie pas de son droit par une suite ininterrompue d'endossements, Com., 9 juin 1970, n° 68-12.153, *Bull. civ.* IV, n° 192 ; *RTD com.* 1971. 402, obs. M. Cabrillac et J.-L. Rives-Lange. Com., 24 nov. 1992, n° 90-20.891, *Bull. civ.* IV, n° 370 ; *D.* 1993, somm. p. 317, obs. M. Cabrillac. Com., 4 janv. 1994, n° 92-12.792, *RJDA* 1994, n° 691.

porteur en raison de ses rapports directs et personnels avec ce porteur. Concrètement, ont été déclarées inopposables au porteur : l'absence de provision [1], l'extinction de la dette [2], ou encore l'erreur sur la cause de l'acceptation par le tiré [3].

Dès lors, quels sont les moyens de défense réellement opposables au porteur ? Il s'agit principalement de ceux fondés sur un vice de forme apparent ou sur un vice d'incapacité [4], ceux tirés des rapports personnels entre le débiteur et le porteur [5] et enfin ceux qui résultent de la mauvaise foi du porteur. Ces derniers sont d'ailleurs ceux qui suscitent le plus de contentieux [6]. L'article L. 511-12 du Code de commerce exclut en effet du principe étudié le porteur qui en acquérant la lettre de change a agi sciemment au détriment du tiré. Il conviendra alors ici de prouver que le porteur, le plus souvent le banquier escompteur, connaissait, à la date à laquelle il a acquis la traite, la situation irrémédiablement compromise du tireur et qu'il avait donc conscience à ce moment-là d'empêcher le tiré de se prévaloir d'une exception telle qu'un défaut de provision. C'est au moment de l'acquisition du titre par le porteur que la mauvaise foi doit être appréciée [7]. La preuve de la mauvaise foi peut être rapportée par tout moyen [8].

B. L'endossement de procuration

152 ***Présentation générale*** ◊ L'endossement de procuration a pour caractéristique de donner mandat à l'endossataire de recouvrer la lettre de change pour le compte de l'endosseur. L'endossataire est ainsi simplement mandataire au recouvrement. Il s'agit souvent d'un établissement de crédit.

153 ***Formalisme*** ◊ Cette hypothèse est envisagée par l'article L. 511-13 du Code de commerce. L'endossement contient la mention « valeur en recouvrement », ou « pour encaissement », ou « par procuration » ou toute

1. Com., 4 nov. 1975, n° 74-10.884, *Bull. civ.* IV, n° 258.
2. Aix-en-Provence, 19 janv. 1976, *D.* 1977. IR 191.
3. Com., 2 juill. 1969, *Bull. civ.* III, n° 258 ; Banque 1969, p. 926, obs. X. Marin.
4. Paris, 17 juill. 1894, *DP* 1895, 2, p. 25, obs. E. Thaller.
5. Le principe d'inopposabilité des exceptions n'a en effet vocation qu'à protéger les tiers.
6. V. par ex., Com., 26 juin 1956, *JCP* 1956, II, 9600, note R. Roblot ; *RTD com.* 1957. 147, obs. J. Becqué et M. Cabrillac. Com., 9 juill. 1979, n° 78-10.787, *Bull. civ.* IV, n° 227 ; *D.* 1980. 265, obs. M. Vasseur. Com., 4 nov. 1982, n° 80-16.635, *Bull. civ.* IV, n° 330. Com., 6 déc. 2011, n° 10-30.896, *Bull. civ.* IV, n° 198 ; *D.* 2012. 536, note J. Lasserre Capdeville ; *D.* 2012. AJ 27, obs. X. Delpech ; *Banque et Dr.* 3-4/2012. 18, obs. Th. Bonneau. À titre d'exemple, le prononcé d'une liquidation judiciaire ne saurait constituer pour les juges, à lui seul, un élément de nature à caractériser la mauvaise foi du banquier escompteur, Com., 16 juin 2009, n° 08-17.845, Dr. et pr. 2010, suppl. n° 4, p. 14, obs. S. Piedelièvre.
7. Com., 30 janv. 1979, n° 77-14.125, *Bull. civ.* IV, n° 38 ; Banque 1979, p. 1502, obs. L. Martin. Com., 31 janv. 1984, n° 82-16.431, *Bull. civ.* IV, n° 46.
8. Com., 2 févr. 1976, n° 74-12.711, *Gaz. Pal.* 1977, II, 18714, note Ch. Gavalda. Com., 13 janv. 1982, n° 80-13.889, *Bull. civ.* IV, n° 15.

autre mention impliquant un simple mandat [1]. C'est donc la présence de cette mention qui permet de distinguer l'endossement de procuration de l'endossement translatif. À défaut de cette mention, l'endossement sera présumé translatif [2].

2154 ***Effets*** ◊ L'endosseur conserve la propriété du titre. Il peut ainsi le revendiquer en cas de redressement judiciaire de l'endossataire [3]. L'endossataire, quant à lui, bénéficie d'un mandat au recouvrement mais, contrairement au régime de droit commun du mandat, l'endossement de procuration ne prend pas fin du décès ou de l'incapacité du mandant [4]. Ce même endossataire ne peut pas, en tant que mandataire, endosser le titre, sauf à titre de procuration. Cette particularité explique que l'endossataire est susceptible de se voir opposer par le tiré et les autres signataires toutes les exceptions opposables à l'endosseur [5]. Enfin, il doit rendre compte de son mandat et demeure responsable de tout retard ou de toute négligence dans le recouvrement de l'effet [6].

C. L'endossement pignoratif

2155 ***Présentation générale*** ◊ La lettre de change peut être donnée en gage. Ainsi, plutôt que de céder la propriété de la lettre de change pour se procurer des fonds, le porteur va obtenir ici un crédit dont le remboursement est garanti par la mise en gage de la lettre de change. Cette technique demeure peu utilisée en pratique [7].

2156 ***Formalisme*** ◊ L'article L. 511-13, alinéa 4, du Code de commerce indique que la mention « valeur en garantie » ou « valeur engage », ou toute autre mention impliquant un nantissement, doit figurer sur le titre. À défaut d'une telle indication, l'endossement est, toujours, présumé translatif [8].

---

1. Com., 30 janv. 1996, n° 94-12.638, *Bull. civ.* IV, n° 29 ; *RTD com.* 1996. 300, obs. M. Cabrillac.

2. Com., 27 févr. 1990, n° 88-15.840, *Bull. civ.* IV, n° 56 ; *RTD com.* 1991. 73, obs. M. Cabrillac et B. Teyssié. Com., 3 mai 2000, n° 97-10.911, *Bull. civ.* IV, n° 94 ; *RDBF* 2000, comm. 182, obs. F.-J. Crédot et Y. Gérard. Com., 24 sept. 2002, n° 00-11.121, *Bull. civ.* IV, n° 129 ; *Banque et Dr.* 1-2/2003. 59, obs. Th. Bonneau.

3. C. com., art. L. 621-121. Aix-en-Provence, 8 juill. 1977, *JCP* 1979, II, 19111, note J. Stoufflet.

4. C. com., art. L. 511-13, al. 3.

5. C. com., art. L. 511-13, al. 2. Com., 24 sept. 2002, n° 00-10.983, *RJDA* 2003, n° 62.

6. Com., 21 nov. 1966, Banque 1967, p. 270. Paris, 19 févr. 1987, *D.* 1987. IR 57. Notons cependant qu'en l'absence de faute lourde de sa part, l'endossataire peut écarter sa responsabilité par l'effet de clauses exclusives ou limitatives, Civ., 7 juill. 1864, S. 1865, 1, p. 23. Paris, 9 juill. 1980, *RJ com.* 1981. 301, note Ph. Delebecque ; Banque 1981, p. 1452, obs. L. Martin.

7. Sur la validité des endossements pignoratifs successifs, Com., 21 avr. 1975, n° 73-14.383, *Bull. civ.* IV, n° 109 ; *RTD com.* 1975. 870, obs. M. Cabrillac et J.-L. Rives-Lange.

8. V. ss 2142.

157 ***Effets*** ◊ On retrouvera ici les effets du gage, mais appliqués à la lettre de change. Concrètement, l'endossataire pourra exercer tous les droits dérivant de la lettre de change [1], mais un endossement fait par lui ne vaudra que comme un endossement à titre de procuration [2], dans la mesure où l'endossataire gagiste n'est pas propriétaire. Les obligés, quant à eux, ne pourront invoquer contre le porteur les exceptions fondées sur leurs rapports personnels avec l'endosseur [3], à moins que le porteur, en recevant la lettre, n'ait agi sciemment au détriment du débiteur.

§ 3. L'acceptation de la lettre de change

158 ***Notion*** ◊ Jusqu'à l'échéance de la lettre de change, les droits du porteur sur la provision demeurent fragiles à l'égard du tiré. Pour renforcer sa situation, ce dernier peut présenter la lettre de change à l'acceptation du tiré. L'acceptation est alors l'engagement cambiaire du tiré de payer à l'échéance le montant de la lettre de change. En apposant sa signature, le tiré se reconnaît débiteur du porteur de la lettre. Il devient ainsi le débiteur principal de l'effet à la place du tireur, même s'il n'a pas encore reçu provision.

159 Cependant, l'obtention d'une telle garantie implique une présentation de la traite à l'acceptation (A) et une décision du tiré (B).

A. Présentation de la lettre de change à l'acceptation

160 Après avoir observé la faculté d'une telle présentation (1), nous en évoquerons les modalités concrètes (2).

1. Le caractère facultatif de la présentation

161 ***Liberté de principe*** ◊ En vertu de l'article L. 511-15, alinéa 1er, du Code de commerce, le porteur a la possibilité de présenter la lettre de change à l'acceptation jusqu'à la survenance de l'échéance.

162 ***Exceptions*** ◊ Dans certains cas, la présentation est néanmoins prohibée. En effet, le tireur est en droit d'interdire la présentation à l'acceptation par l'insertion de la « clause non acceptable » visée par l'article L. 511-15,

---

1. Com., 29 nov. 1982, n° 81-14.005, *Bull. civ.* IV, n° 374 ; *D.* 1983. IR 246, obs. M. Cabrillac.
2. C. com., art. L. 511-13, al. 4.
3. Com., 20 juin 1972, n° 71-10.789, *Bull. civ.* IV, n° 200. Com., 29 nov. 1982, n° 81-14.005, *Bull. civ.* IV, n° 374 ; *D.* 1983. IR 246, obs. M. Cabrillac.

alinéa 3, du Code de commerce. Notons cependant que ce même article prohibe le recours à cette clause dans certains cas.

À l'inverse, la présentation à l'acceptation est susceptible de devenir obligatoire. D'une part, l'article L. 511-15, alinéa 6, du Code de commerce prévoit que les lettres de change payables à un certain délai de vue « doivent être présentées à l'acceptation dans le délai d'un an à partir de cette date ». Le tireur peut abréger ou allonger ce délai et les endosseurs l'abréger simplement [1]. D'autre part, le tireur peut insérer dans la lettre de change une clause imposant une telle présentation. On parle ici de la clause « contre acceptation » [2].

2. Les modalités de la présentation à l'acceptation

2163 ***Principes applicables*** ◊ En vertu de l'article L. 511-15, alinéa 1er du Code de commerce, la présentation de la lettre de change à l'acceptation peut être faite par le porteur, voire par un simple détenteur. De plus, cette acceptation droit être requise du tiré lui-même ou de son mandataire. En outre, la présentation a nécessairement lieu au domicile du tiré, même si la lettre de change est stipulée payable chez le banquier domiciliataire. Souvent, le porteur adresse la traite au tiré par la voie postale en lui demandant de bien vouloir la renvoyer, sous un bref délai, après l'avoir accepté ou non accepté.

B. La décision du tiré

2164 ***Liberté de principe*** ◊ Le tiré n'a pas l'obligation d'accepter la lettre qui lui est présentée, même s'il est débiteur du tireur. Il dispose ici d'une faculté [3].

2165 ***Exceptions*** ◊ La liberté du tiré n'est cependant pas absolue. D'une part, l'article L. 515-15, alinéa 9, du Code de commerce prévoit que lorsque la lettre de change est créée en exécution d'une convention relative à des fournitures de marchandises et passée entre commerçants, et que le tireur a satisfait aux obligations résultant pour lui du contrat, le tiré ne peut refuser de donner son acceptation dès l'expiration d'un délai conforme aux usages normaux du commerce en matière reconnaissance de marchandises. En cas de refus, il perd, à titre de sanction, le bénéfice du terme conventionnel [4].

---

1. C. com., art. L. 511-15, al. 7 et 8.
2. C. com., art. L. 511-15, al. 2.
3. M. Vasseur, « Réflexions sur le régime juridique du porteur de traites non acceptées », *D.* 1985. 199.
4. C. com., art. L. 511-15, al. 10.

D'autre part, le tiré est également obligé d'accepter la lettre de change s'il a promis de « faire bon accueil » aux traites émises sur lui par le tireur. Son refus ferait alors naître à sa charge une responsabilité contractuelle de droit commun.

166 Observons ce qu'il advient, concrètement, lorsque la lettre de change est acceptée par le tiré (1) ou refusée par ce dernier (2).

1. En cas d'acceptation par le tiré

167 ***Caractères de l'acceptation*** ◊ Notons, avant d'observer les effets de l'acceptation, que cette dernière présente certains caractères particuliers. En premier lieu, l'acceptation est irrévocable. En effet, même si l'acceptant peut toujours changer d'avis avant de restituer le titre en biffant son acceptation [1], cette acceptation devient irrévocable dès que le tiré s'en est dessaisi [2].

En second lieu, l'acceptation doit être pure et simple [3]. Le seul examen du titre doit, en effet, suffisamment renseigner le porteur. Il ne peut y avoir d'ailleurs d'acceptation conditionnelle. En revanche, l'acceptation peut être partielle sans que le tireur puisse s'y opposer [4].

168 ***Formalisme*** ◊ En vertu de l'article L. 511-17, alinéa 1er, du Code de commerce, l'acceptation doit être écrite sur la lettre de change. L'acceptation mentionnée sur un acte séparé ne produit ainsi aucun effet cambiaire [5]. Elle est exprimée par le mot « accepté » ou tout autre mot équivalent. Elle est enfin signée par le tiré. Selon le même article, « la simple signature du tiré au recto de la lettre vaut acceptation » [6]. Cette dernière n'a en revanche pas à être datée.

169 ***Effets généraux*** ◊ Aux termes de l'article L. 511-19 du Code de commerce, par l'acceptation le tiré s'oblige à payer la lettre de change à l'échéance. En conséquence, l'acceptation modifie totalement la situation juridique du tiré. En effet, jusqu'à l'acceptation, le tiré n'est tenu, à l'égard du tireur et des porteurs suivants qu'à un paiement fondé sur la provision (la créance fondamentale), c'est-à-dire limité à son obligation à l'égard du

1. C. com., art. L. 511-20, al. 1er.
2. Com., 2 juill. 1969, *Bull. civ.* III, n° 258 ; *JCP* 1970, II, 16427, note F. Langlois ; *RTD com.* 1969. 1051, obs. M. Cabrillac et J.-L. Rives-Lange.
3. C. com., art. L. 511-17, al. 3.
4. C. com., art. L. 511-17, al. 3.
5. Com., 22 févr. 1954, *D.* 1954. 311 ; Banque 1954, p. 244, obs. X. Marin ; *RTD com.* 1954. 367, obs. J. Becqué et H. Cabrillac.
6. Ainsi, la simple signature du tiré apposée au recto de la lettre vaut acceptation, peu important qu'elle ait été apposée en dehors du cadre pré-imprimé destiné à la recevoir, Com., 3 mai 2006, n° 04-17.139, *Bull. civ.* IV, n° 107 ; *D.* 2007. Pan. 764, obs. D.-R. Martin ; *D.* 2006. AJ 1525, obs. V. Avena-Robardet ; *Banque et Dr.* 9-10/2006. 46, obs. Th. Bonneau.

tireur. Il peut dès lors opposer aux porteurs du titre les exceptions fondées sur ce rapport fondamental pour échapper au paiement en question. En revanche, suite à l'acceptation, sa situation change : le tiré se retrouve tenu dans les termes du droit cambiaire.

2170 ***Effets particuliers à l'égard d'un porteur subséquent*** ◊ En raison de l'acceptation précitée, le porteur va bénéficier de l'obligation cambiaire directe pesant sur le tiré. Ce dernier devient dès lors le débiteur principal de la lettre de change à la place du tireur.

L'acceptation du tiré a également pour vertu de soulager les endosseurs subséquents de la lettre de change qui sont en principe garants de l'acceptation et du paiement. L'acceptation leur permet ainsi d'échapper à toute action jusqu'à l'échéance, sauf si le tiré est en état de cessation des paiements [1].

2171 ***Effets particuliers à l'égard du tireur*** ◊ Le tireur-porteur va se voir reconnaître la même action directe contre l'accepteur [2]. Néanmoins, cette situation ne fait pas disparaître leur lien particulier découlant de la créance fondamentale. Le tiré accepteur pourra, dès lors, toujours se défendre en établissant que le tireur ne lui a pas fourni la provision ou que cette même provision est éteinte.

Ici encore, l'acceptation du tiré permet au tireur d'échapper à toute action jusqu'à l'échéance, sauf si le tiré est en état de cessation des paiements [3].

2. En cas de refus d'acceptation du tiré

2172 ***Principe général*** ◊ Le refus d'accepter du tiré a pour effet de rendre le titre suspect. Le porteur doit alors faire constater le refus d'acceptation par acte extra-judiciaire, en l'occurrence un protêt. Pour mémoire, ce dernier est un acte authentique (d'huissier le plus souvent) qui porte copie de la lettre de change et la mention du refus d'acceptation avec le motif invoqué [4]. Ce protêt, qui est soumis à des délais relativement stricts [5], n'est en revanche pas nécessaire en présence d'une clause « sans protêt ».

2173 ***Conséquences*** ◊ Lorsque le tiré refuse d'accepter, l'article L. 511-15 *in fine* du Code de commerce prévoit la déchéance du terme de la créance fondamentale de provision. Ainsi, parce qu'il fait légitimement craindre un refus ultérieur de paiement, le refus d'acceptation ouvre un recours immédiat au porteur contre les autres signataires. Le porteur non négligent

---

1. C. com., art. L. 511-38.
2. C. com., art. L. 511-19.
3. C. com., art. L. 511-38.
4. C. com., art. L. 511-39.
5. C. com., art. L. 511-42, al. 1 et 3.

sera alors en droit de poursuivre n'importe quel signataire qui pourra, à son tour, se retourner contre les signataires antérieurs [1]. Au final, l'action remontera jusqu'au tireur qui n'aura aucun recours cambiaire, le tiré n'ayant pas accepté le titre.

Soulignons que cette déchéance n'aura pas d'effet sur la date d'échéance de la lettre de change qui demeurera inchangée ; seule la créance du tireur sur le tiré sera ici concernée [2].

§ 4. **L'aval**

174 ***Notion*** ◊ L'aval est une garantie personnelle donnée par une personne appelée « donneur d'aval », « avaliste », ou « avaliseur ». Celui-ci va, en effet, s'engager à régler tout ou partie du montant de la traite à l'échéance en cas de carence de la personne pour le compte de laquelle il est donné, c'est-à-dire l'avalisé. C'est ainsi une forme « particulière » de cautionnement commercial dont le régime spécifique est défini à l'article L. 511-21 du Code de commerce

L'existence de règles propres à l'aval explique, pour la jurisprudence, que l'avaliste n'est pas fondé à rechercher la responsabilité de la banque pour manquement au devoir de mise en garde, ni pour violation de l'article L. 341-4 du Code de la consommation [3]. De même, la Cour de cassation estime que l'obligation annuelle d'information que l'article L. 313-22 du Code monétaire et financier met à la charge de l'établissement de crédit ayant consenti un concours financier à une entreprise sous la condition d'un cautionnement ne bénéficie pas à l'avaliste [4].

Cette garantie est traditionnellement fournie par un tiers, mais il peut aussi s'agir d'un signataire de la lettre [5]. Le bénéficiaire de l'aval, quant à lui, peut être toute personne déjà engagée cambiairement par la lettre de change : tireur, tiré accepteur, endosseur.

175 ***Manifestation*** ◊ L'aval, qui va donc garantir tout ou partie d'une lettre de change, sera donné soit sur la lettre de change, soit sur une allonge.

---

1. C. com., art. L. 511-38.

2. Com., 1er févr. 1977, n° 75-13.556, *Bull. civ.* IV, n° 35 ; *RTD com.* 1977. 322, obs. M. Cabrillac et J.-L. Rives-Lange ; *D.* 1977. IR 398, obs. M. Vasseur.

3. Com., 30 oct. 2012, n° 11-23.519, *Bull. civ.* IV, n° 195 ; *Banque et Dr.* 11-12/2012. 54, obs. F. Jacob ; *LEDB* déc. 2013, p. 5, n° 163, obs. J. Lasserre Capdeville.

4. Com., 16 juin 2009, n° 08-14.532, *Bull. civ.* IV, n° 79 ; *D.* 2009. AJ 1755, obs. X. Delpech.

5. Dans ce dernier cas, notons que l'aval n'est admis que s'il améliore effectivement la situation du bénéficiaire donc la sécurité du titre. Cela explique pourquoi une même personne ne peut être à la fois tiré accepteur d'une lettre de change, donc débiteur principal de l'effet et donneur d'aval, car sa signature n'apportera aucune amélioration à la situation du porteur, Com., 24 juin 1986, n° 85-12.061, *Bull. civ.* IV, n° 135.

Il peut encore être fourni par acte séparé [1], mais devra nécessairement indiquer le lieu où il est intervenu [2].

2176 ***Formule exprimée*** ◊ Dans tous les cas, l'aval est exprimé par les mots « bon pour aval » ou par toute formule équivalente, et est suivi de la signature manuscrite du donneur d'aval [3]. Notons, sur ce point, que la seule signature apposée au recto de la lettre de change est considérée comme valant aval, sauf s'il s'agit de celle du tiré ou de celle du tireur [4].

Il est conseillé, en outre, d'indiquer pour le compte de qui cet aval est donné. À défaut, il sera réputé donné pour le tireur [5].

Enfin, si la rubrique « aval ou acceptation » de la lettre de change comporte la mention « Bon pour aval ès qualité de gérant » de la société, il en résulte que le gérant ne s'est pas engagé personnellement comme avaliste [6].

2177 ***Effets*** ◊ L'avaliste est tenu de la même manière que celui dont il s'est porté garant. En tant que débiteur cambiaire, il est tenu solidairement au paiement de la lettre envers le porteur [7]. Il subit l'inopposabilité des exceptions par rapport au porteur de bonne foi [8].

Quand il paie la lettre de change, l'article L. 511-21, alinéa 9, du Code de commerce offre au donneur d'aval la possibilité d'exercer ses recours cambiaires contre l'avalisé, mais aussi les recours que le débiteur garanti aurait pu exercer s'il avait payé [9].

En outre, l'avaliste d'une lettre de change, tenu de la même manière que celui qu'il garantit, peut se voir opposer la présomption de provision qui s'attache à l'acceptation. Dès lors, pour combattre cette présomption, il lui incombe, comme au tiré accepteur, d'établir le défaut de provision [10].

En revanche, l'aval étant vu comme un cautionnement solidaire, on estime que l'avaliste ne peut se prévaloir ni du bénéfice de discussion [11], ni du bénéfice de division [12].

---

1. C. com., art. L. 511-21, al. 3.

2. Com., 11 janv. 1972, n° 69-13.489, *Bull. civ.* IV, n° 16 ; *RTD com.* 1972. 662, obs. M. Cabrillac et J.-L. Rives-Lange.

3. C. com., art. L. 511-21, al. 4.

4. Ainsi, pour les juges, le représentant s'engage personnellement par sa simple signature dès lors qu'elle n'est pas accompagnée d'autres indications sur la lettre de change, Com., 13 sept. 2011, n° 10-20.504.

5. C. com., art. L. 511-21, al. 6.

6. Com. 9 févr. 2016, n° 14-10.846 : *RJDA* 2016, n° 474 ; *RDBF* 2016, comm. 161, obs. D. Legeais. Une jurisprudence analogue se retrouve en matière de billet à ordre, V. ss 2212.

7. Com., 2 févr. 1965, n° 63-10.181, *D.* 1965. 391.

8. Com., 26 janv. 1971, n° 69-12.657, *RTD com.* 1971. 1050, obs. M. Cabrillac et J.-L. Rives-Lange.

9. Com., 26 mai 1961, *Bull. civ.* III, n° 235.

10. Com., 1er avr. 2014, n° 13-16.902, *Bull. civ.* IV, n° 64 ; *D.* 2014. 1256, note A. Boujeka ; *Banque et Dr.* 5-6/2014. 59 obs. F. Jacob ; *LEDB* juin 2014, p. 6, n° 079, obs. J. Lasserre Capdeville ; *D.* 2014. 1253, note A.-C. Rouaud ; *JCP E* 2014, 1291, note K. Rodriguez.

11. C. civ., art. 2298.

12. C. civ., art. 2303.

178 ***Lettre de change irrégulière*** ◊ En cas de lettre de change irrégulière, les règles spécifiques de l'aval ne s'appliquent plus. Il ne reste plus, par conséquent, au créancier qu'à essayer de démontrer l'existence d'un cautionnement [1]. Il a déjà été jugé que l'aval d'un effet de commerce irrégulier en raison d'un vice de forme est lui-même nul, et ne vaut pas promesses de porte-fort [2].

SECTION 3. LE PAIEMENT DE LA LETTRE DE CHANGE

179 La lettre de change est susceptible de circuler jusqu'à son échéance. Lorsque ce jour arrive, le porteur est tenu de présenter la traite au tiré pour en obtenir le paiement. Dès lors, après avoir observé l'encadrement légal de la présentation au paiement (§ 1), nous verrons la réalisation de ce dernier (§ 2).

§ 1. La présentation au paiement

180 ***Caractère obligatoire*** ◊ La présentation au paiement de la lettre de change doit obligatoirement [3] être effectuée à l'échéance par le dernier porteur [4]. Notons cependant que certains événements rendent inutiles la présentation au paiement. Il en va ainsi lorsqu'un protêt faute d'acceptation a été dressé [5], en cas de force majeure [6] ou en cas de redressement ou de liquidation judiciaire du tiré ou du tireur [7]. En revanche, hormis ces hypothèses, le porteur doit impérativement présenter la traite au paiement, sous peine de perdre tout recours en raison de sa négligence [8].

---

1. Com., 12 mars 2013, n° 11-19121, *Gaz. Pal.* 5 juill. 2013, p. 15, obs. A.-C. Rouaud. Toutefois, pour qu'un cautionnement puisse être retenu, il faut que les mentions manuscrites exigées par le Code de la consommation soient présentes. Cela est bien peu probable, Com. 27 sept. 2016, n° 14-22.013 : dalloz.fr, actualité, obs. X. Delpech ; *JCP E* 2016. 1588, note D. Legeais ; *RJDA* 2016, n° 897 ; *Banque et Dr.* 11-12/2016, n° 170, p. 23, obs. G. Helleringer. - Com. 29 nov. 2017, n° 16-13.597 : *RJDA* 2018, n° 168.

2. Com., 8 sept. 2015, n° 14-14.208, *LEDB* nov. 2015, p. 7, n° 170, obs. J. Lasserre Capdeville ; *RDBF* 2015, comm. 187, obs. D. Legeais.

3. C. com., art. L. 511-23 et L. 511-26.

4. C. com., art. L. 511-11. La remise d'une photocopie est insuffisante, Com., 20 nov. 1974, n° 71-12.283, *Bull. civ.* IV, n° 295.

5. C. com., art. L. 511-39, al. 4.

6. C. com., art. L. 511-50.

7. C. com., art. L. 511-39.

8. C. com., art. L. 511-49.

2181 ***Date de présentation au paiement*** ◊ Le porteur est dans l'obligation de présenter la traite au paiement au jour de son échéance, sauf cas de prorogation légale [1]. Les articles L. 511-23 à L. 511-25 du Code de commerce déterminent, par conséquent, les diverses modalités de calcul de l'échéance. Le respect de ce terme s'imposera aux différentes parties en présence : le porteur, le débiteur, mais aussi les signataires de la lettre.

Concernant le porteur, il est de principe que si celui-ci omet de présenter la traite au paiement au jour de son échéance, le tiré est en droit d'en remettre le montant à la Caisse des dépôts et consignations et ce aux frais, risques et périls du porteur [2].

Le débiteur, quant à lui, se doit de payer à l'échéance, puisqu'aucun délai de grâce ne peut lui être accordé [3]. En outre, les intérêts moratoires au taux légal courent à partir de l'échéance [4]. Notons que le débiteur ne peut pas contraindre le porteur à recevoir un paiement anticipé [5], à moins que la traite ne contienne une clause d'escompte l'autorisant à payer avant l'échéance en échange d'une réduction.

Enfin, les signataires de la lettre de change doivent pouvoir compter sur l'échéance en fonction de laquelle ils se sont engagés. C'est ainsi, par exemple, que si le porteur et le tiré parviennent à se mettre d'accord pour une prorogation conventionnelle, cette dernière est inopposable aux autres signataires à moins qu'ils n'y aient consenti [6].

2182 ***Lieu de présentation au paiement*** ◊ La présentation de la lettre de change doit être effectuée au lieu indiqué soit lors de l'émission [7], soit lors de l'acceptation [8]. À défaut d'une telle indication, la présentation devra avoir lieu au domicile du tiré [9]. Aujourd'hui, l'article L. 511-26, alinéa 2, du Code de commerce dispose que la présentation des traites à une chambre de compensation équivaut à une présentation au paiement. Cette présentation s'effectue concrètement sous une forme informatique et, donc, dématérialisée.

§ 2. La réalisation du paiement

2183 ***Obligation*** ◊ Le débiteur cambiaire, à qui la lettre de change est régulièrement présentée, est tenu de la payer et ne peut, en principe, faire

1. C. com., art. L. 511-79.
2. C. com., art. L. 511-30.
3. C. com., art. L. 511-81, al. 2.
4. C. com., art. L. 511-45.
5. C. com., art. L. 511-28. Selon ce même article, le tiré qui paie avant l'échéance le fait à ses risques et périls.
6. Le porteur doit ainsi avertir les porteurs antérieurs et obtenir leur accord s'il veut conserver contre eux ses recours, Com., 20 nov. 1990, n° 89-13.321, *Bull. civ.* IV, n° 285 ; *RJDA* 1991. 138.
7. C. com., art. L. 511-1, 5°.
8. C. com., art. L. 511-18.
9. C. com., art. L. 511-1, al. 4.

opposition à ce paiement [1]. Le règlement va s'effectuer soit en espèces [2], soit par chèque ou virement, soit encore par compensation.

L'article L. 511-27, alinéa 1er, du Code de commerce prévoit que le tiré peut exiger en payant la lettre de change qu'elle lui soit remise acquittée par le porteur. Cette remise, qui permet d'établir une présomption irréfragable de paiement [3], est cependant particulièrement rare aujourd'hui du fait de l'informatisation des procédures de recouvrement.

184 ***Effets du paiement*** ◊ En application de l'article L. 511-28 du Code de commerce, celui qui paie à l'échéance est valablement libéré, à moins qu'il n'y ait de sa part une fraude ou une faute lourde. Plus précisément, lorsque le paiement est effectué par le tiré qui a reçu provision, il éteint simultanément le rapport cambiaire et le rapport fondamental ainsi que les sûretés qui garantissaient l'obligation. Tous les autres signataires sont également libérés.

En revanche, si le paiement est effectué par le tiré qui n'a pas reçu provision, il faut noter que ce dernier conserve un recours contre le tireur.

SECTION 4. LES RECOURS CAMBIAIRES

2185 Lorsqu'à l'échéance, le porteur d'une lettre de change se heurte au défaut de paiement du tiré, il bénéficie d'un certain nombre de recours contre le tiré accepteur, mais aussi contre les autres signataires tenus solidairement. Des exigences strictes devront néanmoins être respectées à propos du constat du refus de paiement (§ 1) avant de pouvoir exercer les recours cambiaires (§ 2).

§ 1. Le constat du refus de paiement

2186 ***Recours obligatoire au protêt*** ◊ À l'image du refus d'acceptation [4], le refus de paiement doit obligatoirement être constaté par un protêt, en l'occurrence un protêt « faute de paiement ». Aucune autre formalité ne peut y suppléer [5].

---

1. Il n'en va différemment qu'en cas de perte de la lettre de change ou de sauvegarde, de redressement ou de liquidation judiciaire du porteur, C. com., art. L. 511-31.

2. C. com., art. L. 511-29.

3. Com., 6 mai 1991, n° 89-19.136, *Bull. crim.* IV, n° 158 ; *D.* 1992, somm. p. 339, obs. M. Cabrillac.

4. V. ss 2172.

5. C. com., art. L. 511-54. Com., 2 mars 2010, n° 09-10.723, *Bull. civ.* IV, n° 43 ; *D.* 2010. AJ 705, obs. X. Delpech ; *Gaz. Pal.* 2010. 860, note J. Lasserre Capdeville ; *RDBF* 2010, comm. 81, obs. F.-J. Crédot et Th. Samin ; *Banque et Dr.* 5-6/2010. 16, obs. Th. Bonneau.

Le non-respect de cette exigence dans les brefs délais requis par l'article L. 511-39, alinéa 3, du Code de commerce, fera de l'intéressé un « porteur négligent ». En conséquence, il perdra le bénéfice des recours que lui offre le droit cambiaire.

2187 ***Cas de dispense de protêt*** ◊ Un certain nombre de dispenses de dresser protêt, d'origines légale ou jurisprudentielle, sont néanmoins à constater. Concernant, tout d'abord, les dispenses légales, notons que l'article L. 511-39, alinéa 6, du Code de commerce donne au porteur la possibilité d'exercer ses recours, et donc de poursuivre tous les garants de la lettre de change, sans protêt, à la seule vue du jugement d'ouverture lorsque le tiré (qu'il soit accepteur ou non) ou le tireur fait l'objet d'une procédure de redressement ou de liquidation judiciaire. De la même manière, le protêt sera inutile lorsque la lettre de change a fait l'objet d'un protêt faute d'acceptation [1].

Concernant, à présent, les dispenses de nature contractuelle, on rencontre souvent en pratique la clause de retour sans frais ou sans protêt envisagée par l'article L. 511-43 du Code de commerce. Cette dernière dispense ainsi, lorsqu'elle est portée sur la lettre de change, de constater le non-paiement par le biais d'un protêt. Notons, cependant, qu'elle ne libère pas pour autant le porteur de l'obligation de présenter la lettre dans les délais.

À la vue de toutes ces dérogations, un courant doctrinal [2] se demande si, en pratique, le principe de la nécessité de faire dresser un protêt n'est pas devenu une exception.

2188 ***Information*** ◊ L'article L. 511-42 du Code de commerce impose également au porteur de prévenir son endosseur du non-paiement. Ce dernier devra alors, à son tour, informer son propre endosseur, et ce jusqu'au tireur. Le défaut d'une telle notification dans les délais impartis n'entraîne toutefois pas la déchéance de son auteur, mais seulement un risque d'action en dommages-intérêts si le non-respect de cette obligation occasionne un préjudice à l'un des signataires [3].

§ 2. L'exercice des recours cambiaires

2189 Les recours cambiaires sont les recours ouverts au porteur impayé contre les signataires de la lettre de change solidairement garants du paiement [4]. Toutefois, l'exercice de ces recours cambiaires n'est possible qu'au porteur

---

1. C. com., art. L. 511-39, al. 4.
2. M. Villemonteix, *Fiches de droit des instruments de paiement et de crédit*, éd. Ellipses, 2013, p. 140.
3. C. com., art. L. 511-42, *in fine*.
4. C. com., art. L. 511-44.

qualifié de diligent, c'est-à-dire celui qui a rempli l'ensemble de ses obligations (A). Le porteur négligent ne pourra, quant à lui, qu'exercer des recours extra-cambiaires (B).

A. Les recours du porteur diligent

190 ***Définition du porteur diligent*** ◊ Le porteur est qualifié de diligent s'il a présenté la lettre de change au paiement, et le cas échéant à l'acceptation s'il y était tenu, et s'il a fait dresser le protêt s'il était requis dans les délais.

191 ***Personnes intéressées par les recours*** ◊ Le porteur diligent pourra alors exercer ses recours cambiaires contre chacun des signataires antérieurs à la lettre de change (tireur, tiré-accepteur, endosseur, avaliste), et ce sans devoir respecter un ordre particulier [1]. Ce droit de recourir est reconnu à tout signataire d'une lettre de change qui, sur l'action du porteur, a remboursé cette dernière [2]. L'endosseur payeur bénéficie ainsi d'une action récursoire contre les signataires antérieurs s'étant portés garants [3].

192 ***Prescription des recours*** ◊ Les actions nées de la lettre de change sont soumises à un délai de prescription relativement bref. Cette situation peut s'expliquer par l'attitude attendue du porteur. Comme le résume un auteur [4] : « pourquoi (...) maintenir des actions spéciales à la disposition d'un créancier qui s'en désintéresse ? ».

Or, il est à souligner que l'article L. 511-78 du Code de commerce édicte plusieurs délais de prescription selon les actions :

- trois ans à compter de l'échéance pour les actions contre le tiré accepteur ;

- un an pour les actions du porteur contre les endosseurs et contre le tireur, à compter du protêt ou de l'échéance si la lettre de change comprend une clause de retour sans frais ;

- six mois pour les actions récursoires exercées par celui qui a payé le porteur contre les endosseurs ou le tireur, à compter du jour où il a remboursé (recours amiable) ou du jour où il a été actionné (recours judiciaire).

Concernant l'action exercée contre l'avaliseur, dans la mesure où son engagement est accessoire, il convient d'appliquer le délai relatif à la personne qu'il garantit : trois ans si c'est le tiré accepteur et un an dans les autres cas. Son propre recours devra, quant à lui, être exercé dans les trois ans contre le tiré accepteur, et dans les six mois dans les autres cas.

---

1. C. com., art. L. 511-44, al. 2.
2. C. com., art. L. 511-44, al. 3.
3. Sur cette procédure, C. com., art. L. 511-47.
4. R. Bonhomme, *Instruments de crédit et de paiement*, éd. LGDJ, 2017, 12e éd., n° 234.

Rappelons, en outre, que cette prescription est limitée aux actions cambiaires et laisse subsister les actions extra-cambiaires. De plus, elle ne s'applique pas non plus lorsqu'il y a eu condamnation ou si la dette a été reconnue par acte séparé [1].

2193 ***Moment des recours*** ◊ Par principe, ces recours sont ouverts à l'échéance. Toutefois, l'article L. 511-38 du Code de commerce distingue plusieurs hypothèses dans lesquelles les recours cambiaires peuvent être exercés avant l'échéance :

- en cas de refus total ou partiel d'acceptation (le porteur devra dans ce cas faire dresser protêt) ;
- en cas de sauvegarde, de redressement ou de liquidation judiciaires du tiré, accepteur ou non, de cessation de ses paiements même non constatée par un jugement, ou de saisie de ses biens demeurée infructueuse ;
- en cas de sauvegarde, de redressement ou de liquidation judiciaires du tireur d'une lettre non acceptable.

2194 ***Montant des recours*** ◊ En vertu de l'article L. 511-45 du Code de commerce, le porteur peut réclamer le montant de la traite, les intérêts au taux légal à partir de l'échéance [2], ainsi que tous les frais exposés (et notamment les frais de protêt). Notons que celui qui rembourse la lettre de change peut réclamer aux garants le montant total ainsi versé, augmenté des intérêts de cette somme calculés au taux légal et les frais qu'il a faits [3].

2195 ***Nature des recours*** ◊ Le recours en question sera, le plus souvent, opéré de façon amiable. Le signataire auquel le porteur s'adresse payera et exercera ensuite, amiablement, son recours contre l'un des garants.

Un cas particulier est alors à mentionner ici. Lorsque le porteur est un banquier avec lequel l'endosseur est lié par une convention de compte courant, le non-paiement des effets escompté est généralement suivi d'une contre-passation [4]. Pour mémoire, cette dernière est la technique par laquelle le montant des effets escomptés porté lors de l'escompte au crédit du client est inscrit à son débit, majoré des sommes auxquelles le porteur a droit en application de l'article L. 511-45 du Code de commerce ou du contrat d'escompte.

Notons que cette contre-passation de la créance du banquier sur son client équivaut au paiement de la créance cambiaire [5], et ce quelle que soit

1. C. com., art. L. 511-78, al. 4.
2. Com., 30 juin 2009, n° 08-15.165, *Bull. civ.* IV, n° 89 ; *D.* 2009. AJ 1888, obs. X. Delpech ; *RDBF* 2009, comm. 147, obs. F.-J. Crédot et Th. Samin ; *Banque et Dr.* 9-10/2009. 22, obs. Th. Bonneau.
3. C. com., art. L. 511-46.
4. Com., 3 nov. 1988, n° 87-12.915, *Bull. civ.* IV, n° 285 ; *D.* 1989, somm. p. 90, obs. M. Cabrillac ; *RTD com.* 1989. 95, obs. M. Cabrillac et B. Teyssié.
5. Com., 4 juin 1985, n° 84-11.977, *Bull. civ.* IV, n° 177 ; *D.* 1985. IR 420, obs. M. Cabrillac.

la position du compte. Dès lors, du fait de cette extinction, le banquier est dans l'obligation de restituer, sans délai, les effets au client endosseur afin que celui-ci puisse, à son tour, engager ses recours. En conséquence, en perdant de la sorte la propriété du titre, le banquier renonce à ses recours contre les autres signataires. Cette situation posera cependant des problèmes si le compte du client est débiteur. La contre-passation demeure néanmoins facultative.

Si le recours amiable n'aboutit pas, le porteur devra agir devant le tribunal de commerce. Le porteur peut également recourir à l'injonction de payer contre les signataires [1] ou à celle du référé provision [2]. Le recours à la saisie conservatoire sur les meubles de l'accepteur ou des garants est également envisageable sous le respect de certaines conditions [3].

B. Les recours du porteur négligent

196 ***Définition du porteur négligent*** ◊ Le porteur est qualifié de négligent s'il n'a pas présenté la lettre de change au paiement, et le cas échéant à l'acceptation s'il y était tenu, et s'il n'a pas fait dresser le protêt s'il était requis dans les délais [4].

197 ***Cas des recours cambiaires*** ◊ Selon l'article L. 511-49 du Code de commerce, le porteur négligent est déchu de la plupart de ses recours cambiaires. Il en va ainsi pour les recours exercés contre les endosseurs, contre le tireur qui a fait provision et contre les autres obligés.

Néanmoins deux recours cambiaires lui restent acquis. Citons, tout d'abord, le recours contre le tiré accepteur dans la mesure où la négligence du porteur lui est indifférente puisqu'il s'est engagé à payer, qu'il ait ou non reçu provision. Il en va de même avec le recours contre le tireur qui n'a pas fait provision à l'échéance [5], lequel s'enrichirait injustement si on le libérait au détriment d'un porteur dont la faute est légère.

En outre, dans la mesure où l'article L. 511-49 n'est pas d'ordre public, les parties peuvent renoncer à s'en prévaloir [6].

198 ***Cas des recours extra-cambiaires*** ◊ Il est de principe que les actions extra-cambiaires ne sont pas remises en cause en présence d'un porteur négligent. Deux hypothèses peuvent ici être distinguées.

---

1. C. proc. civ., art. 1405 s.

2. C. proc. civ., art. 873, al. 2.

3. C. com., art. L. 511-51.

4. En revanche, si la transgression du Règlement intérieur national des barreaux est éventuellement passible de sanctions disciplinaires, elle ne saurait priver le porteur d'une lettre de change de ses recours cambiaires, hormis le cas où il aurait agi de mauvaise foi, Com., 6 déc. 2011, n° 10-30.896, *LEDB* févr. 2012, p. 6, n° 011, obs. R. Routier ; *D.* 2012. 536, note J. Lasserre Capdeville.

5. C. com., art. L. 511-49.

6. Civ., 4 janv. 1910, S. 1911, 1, p. 3, note Bourcart. Com., 13 mars 1957, *Bull. civ.* III, n° 102.

En premier lieu, la créance de la provision, c'est-à-dire la créance fondamentale du tireur sur le tiré qui doit exister à l'échéance, est transmise de plein droit au porteur (sauf clause contraire). En effet, il n'y a pas novation du rapport fondamental par remise en propriété de la lettre de change. Ainsi, en tant que propriétaire de la créance du tireur sur le tiré [1], le porteur est en droit d'exercer l'action de provision, c'est-à-dire réclamer son paiement au tiré (accepteur ou pas), du moment que le tireur l'a effectivement constitué. Bien évidemment, et comme pour les cessions de créances ordinaires, le porteur peut se voir opposer par le tiré toutes les exceptions que celui-ci aurait pu opposer au tireur (vices de la marchandise, compensation, etc.). Cette solution témoigne de l'indépendance entre les rapports fondamentaux et cambiaires.

En second lieu, le porteur dispose d'une action contre son propre endosseur qui est issue du contrat qui les lie et qui a fait naître la créance de la valeur fournie. De la sorte, le banquier escompteur conservera une action en remboursement du crédit qu'il aura consenti. Cette action, qui est donc fondée sur le rapport fondamental, échappe également à la prescription cambiaire.

1. C. com., art. L. 511-7, al. 3.

CHAPITRE 2
LE BILLET À ORDRE

199 ***Présentation générale*** ◊ Le billet à ordre un autre type d'effet de commerce. C'est le titre par lequel une personne, le souscripteur, s'engage à payer une somme déterminée à une date déterminée à une autre personne, appelée bénéficiaire. Ainsi, contrairement à la lettre de change, c'est le débiteur qui s'engage ici directement en émettant le titre. Le souscripteur sera, en quelque sorte, à la fois le tireur et le tireur accepteur de la lettre de change. Cette situation explique pourquoi, notamment, aucune distinction n'est faite entre les effets acceptés et les effets non acceptés.

Ce billet à ordre est, parfois, utilisé pour la vente de fonds de commerce, ou encore par les établissements de crédit souhaitant se refinancer auprès d'un organisme mobilisateur [1].

200 ***Fondements légaux*** ◊ Le billet à ordre est régi par les articles L. 512-1 à L. 512-8 du Code de commerce trouvant leur origine dans la convention de Genève du 7 juin 1930 portant loi uniforme sur les lettres de change et les billets à ordre. Notons que les articles L. 512-3 à L. 512-6 opèrent des renvois aux dispositions relatives à la lettre de change [2]

201 Comme tout effet de commerce, la création du billet à ordre implique le respect de conditions (Section 1), et il peut circuler par la voie de l'endossement avant d'être payé (Section 2).

SECTION 1. LA CRÉATION DU BILLET À ORDRE

202 Le billet à ordre doit, lors de sa création, répondre à des conditions de forme (§ 1) et de fond (§ 2). Les règles ici prévues sont très proches de celles envisagées pour la lettre de change.

§ 1. Les conditions de forme

203 ***Mentions obligatoires*** ◊ L'article L. 512-1 du Code de commerce établit une liste des mentions obligatoires à défaut desquelles le titre ne vaut

1. Pour d'autres cas d'utilisation encore, S. Piedelièvre, *Instruments de crédit et de paiement*, éd. Dalloz, coll. Cours, 2014, 8e éd., n° 217.

2. Hormis, bien entendu, celles qui ont trait à la provision et à l'acceptation.

pas comme billet à ordre [1]. Outre une liste de mentions obligatoires, nous trouvons dans cet article des sanctions en cas d'omission et quelques cas de suppléances légales.

Le billet à ordre, titre nécessairement écrit, doit donc contenir les sept mentions expressément visées, c'est-à-dire : la clause à ordre ou la dénomination du titre insérée dans le texte même et exprimée dans la langue employée pour la rédaction du titre ; la promesse pure et simple de payer une somme déterminée ; l'indication de l'échéance ; l'indication du lieu où le paiement doit s'effectuer ; le nom de celui auquel ou à l'ordre duquel le paiement doit être fait ; l'indication de la date et du lieu où le billet est souscrit ; la signature de celui qui émet le titre dénommé souscripteur [2].

2204 ***Sanction*** ◊ Le non-respect des conditions formelles prévues par l'article L. 512-1 du Code de commerce est sanctionné, comme en matière de lettre de change, par la disqualification du titre. Celui-ci ne vaut donc plus comme billet à ordre [3].

Notons cependant que cette sanction peut être atténuée. Tout d'abord, des cas de suppléances légales sont envisagés par l'article L. 512-1, II, III et IV du Code.

De plus, la Cour de cassation admet la régularisation d'un billet à ordre incomplet [4]. Elle a d'ailleurs été jusqu'à sauver un titre irrégulier, pour défaut de mention du bénéficiaire, en considérant que le souscripteur ayant émis le billet à son propre ordre avait conféré à la banque la qualité de bénéficiaire en endossant le billet au profit de celle-ci [5].

Notons, enfin, que le titre irrégulier est susceptible de conserver une certaine valeur juridique. Un tel titre pourra, éventuellement, servir de billet au porteur.

2205 ***Mentions facultatives*** ◊ Aux mentions obligatoires, il est possible d'ajouter des mentions facultatives, à la condition néanmoins qu'elles soient compatibles avec la notion même de billet à ordre. La clause « non à ordre », par exemple, est incompatible avec les exigences de l'article L. 512-1, I, du Code de commerce.

Il en va différemment, en revanche, avec la mention de la valeur fournie au souscripteur par le bénéficiaire qui est parfaitement envisageable en la matière. Une clause de domiciliation rendant l'effet payable chez un tiers,

---

1. C. com., art. L. 512-2.
2. Com., 18 oct. 1994, n° 92-19.567, *RJDA* 1994, n° 1341.
3. C. com., art. L. 512-2.
4. Com., 5 oct. 2004, n° 01-15.274, *RJDA* 2005, n° 321.
5. L'identité de nom entre le souscripteur et le bénéficiaire n'entraîne pas obligatoirement la nullité du billet à ordre, Com., 13 sept. 2011, n° 10-19.963, *Bull. civ.* IV, n° 129 ; *D.* 2011. AJ 2269, obs. X. Delpech ; *RTD com.* 2011. 781, obs. D. Legeais ; *JCP* 2011. 1046, obs. J. Lasserre Capdeville ; *RDBF* 2011, comm. 187, obs. F.-J. Crédot et Th. Samin ; *Banque et Dr.* 11-12/2011. 15, obs. Th. Bonneau ; *LEDB* nov. 2011, p. 5, n° 156, obs. R. Routier.

et notamment un banquier, est également licite. Elle est même essentielle pour le traitement informatique du billet à ordre.

§ 2. Les conditions de fond

206 ***Droit de la lettre de change*** ◊ Ici encore, le droit applicable est proche de celui de la lettre de change. C'est ainsi, par exemple, qu'en raison du renvoi opéré par l'article L. 512-3 du Code de commerce à l'article L. 511-5 du même Code, l'indépendance des signatures a vocation à jouer.

207 ***Capacité*** ◊ Une originalité est en revanche à constater en matière de capacité. En effet, la capacité commerciale n'est pas nécessairement exigée puisque le billet à ordre n'est pas, à la différence de la lettre de change, un acte de commerce par la forme. Il n'aura, par conséquent, un caractère commercial que si la dette pour laquelle il est souscrit est elle-même commerciale.

Cette règle va rendre alors plus difficile la détermination de la juridiction compétente en présence d'un titre comportant des signatures de commerçants et de non commerçants [1]. En pratique, néanmoins, le billet à ordre a rarement un objet civil [2].

208 ***Limitations légales*** ◊ L'article L. 512-8 du Code de commerce prévoit que le paiement par billet à ordre n'est permis au débiteur que s'il a été expressément prévu par les parties et mentionné sur la facture. Par ailleurs, même dans un tel cas, si le billet à ordre n'est pas parvenu au créancier dans les 30 jours qui suivent l'envoi de la facture, le créancier peut émettre une lettre de change que le débiteur est tenu d'accepter selon les conditions prévues à l'article L. 511-15 du Code de commerce. Toute stipulation contraire est réputée non écrite.

SECTION 2. LA CIRCULATION ET LE PAIEMENT DU BILLET À ORDRE

209 La circulation (§ 1) comme le paiement (§ 2) du billet à ordre font l'objet d'un encadrement légal, empruntant beaucoup à celui de la lettre de change.

1. L'article L. 721-4, alinéa 1er, du Code de commerce prévoit néanmoins que « le tribunal de commerce connaît des billets à ordre portant en même temps des signatures de commerçants et de non commerçants ».
2. Notons d'ailleurs que son usage, comme celui de la lettre de change, a été interdit aux bénéficiaires de certains crédits. C. consom., art. L. 314-21.

§ 1. La circulation du billet à ordre

2210 ***Droit de la lettre de change*** ◊ Ici encore, l'article L. 512-3 du Code de commerce renvoie aux articles L. 511-8 à L. 511-14 du même Code relatifs à la lettre de change. En conséquence, la circulation du billet à ordre peut se faire par endossement translatif [1], par endossement à titre de procuration ou encore par endossement pignoratif [2]. De même, le porteur est protégé par la règle de l'inopposabilité des exceptions [3], sauf s'il a agi sciemment au détriment du débiteur [4].

En revanche, la transmission du billet à ordre par endossement n'emporte pas transfert au porteur de la propriété de la provision [5]. En effet, le souscripteur va réunir sur sa tête les qualités de tireur et de tiré. En conséquence, les règles relatives à la provision ou à l'acceptation n'ont pas vocation à jouer avec le billet à ordre [6].

2211 ***Régime de l'aval*** ◊ Un aval est susceptible d'être souscrit en matière de billet à ordre [7]. Il a néanmoins donné lieu à des décisions remarquées ces dernières années. Tout d'abord, il a été jugé que l'avaliste n'est pas fondé à en invoquer la disproportion manifeste à ses biens et revenus en application des règles propres au cautionnement [8]. Il en va de même pour le bénéfice de l'obligation d'information annuelle prévue par l'article L. 313-22 du Code monétaire et financier [9]. En revanche, l'aval porté sur un billet à ordre irrégulier au sens des articles L. 512-1 et L. 512-2 du Code de commerce pourrait constituer un cautionnement, mais encore faut-il qu'il

---

1. Com., 5 mars 1991, n° 89-20.252, *Bull. civ.* IV, n° 95 ; *D.* 1992, somm. p. 28, obs. M. Vasseur.

2. Com., 13 mai 1981, n° 79-15.859, *Bull. civ.* IV, n° 227.

3. Com., 20 févr. 1990, n° 87-19.839 et 88-12.148, *Bull. civ.* IV, n° 46.

4. Com., 10 déc. 1968, *Bull. civ.* IV, n° 351.

5. Civ., 15 déc. 1947, *D.* 1948. 127 ; *JCP* 1948, II, 4130, note R. Roblot ; Banque 1948, p. 314, obs. X. Marin.

6. Le souscripteur est ici déjà cambiairement engagé comme débiteur principal du billet.

7. C. com., art. L. 512-4. Pour cet article, si l'aval n'indique pas pour le compte de qui il a été donné, il est réputé l'avoir été pour le compte du souscripteur du billet à ordre. Pour l'interprétation d'une mention concernant l'aval, Com., 10 janv. 2012, n° 10-27.121, *LEDB* mars 2012, p. 3, n° 023, obs. J. Lasserre Capdeville. Lyon, 12 mai 2011, n° 10/04983, *LEDB* juill. 2011, p. 7, n° 106, obs. J. Lasserre Capdeville.

8. Com., 30 oct. 2012, n° 11-23.519, *RDBF* 2013, comm. 10, obs. A. Cerles ; *CCC* 2013, comm. 66, obs. G. Raymond. Civ. 1re, 19 déc. 2013, n° 12-25.888, *LEDB* févr. 2014, p. 3, n° 005, obs. R. Routier ; *D.* 2014. 518, note G. Piette et J. Lasserre Capdeville.

9. Com., 16 juin 2009, n° 08-14.532, *Bull. civ.* IV, n° 79 ; *D.* 2009. AJ 1755, obs. X. Delpech ; *RTD com.* 2009. 605, obs. D. Legeais. – L'aval, en ce qu'il garantit le paiement d'un titre dont la régularité n'est pas discutée, constitue un engagement cambiaire gouverné par les règles propres du droit du change, de sorte que l'avaliste n'est pas fondé à rechercher la responsabilité de la banque, bénéficiaire du billet à ordre, pour manquement à un devoir d'information, Com. 20 avr. 2017, n° 15-14.812 : *AJ contrat* 2017, p. 295, obs. Th. de ravel d'Esclapon : *JCP E* 2017, 1637, n° 16, obs. N. Mathey ; *RDBF* 2017, comm. 164, obs. D. Legeais ; *Gaz. Pal.* 6 juin 2017, n° 21, p. 14, note J. Lasserre Capdeville ; *Banque et Dr.* 5-6/2017, n° 173, p. 68, obs. E. Netter ; *Banque et Dr.* juill.-août 2017, n° 174, p. 27, obs. Th. Bonneau.

réponde aux prescriptions des articles L. 331-1 et L. 331-2 du Code de la consommation. À défaut, un tel cautionnement est nul [1].

212 ***Formalisme de l'aval*** ◊ En présence d'une mention manuscrite portée sous la signature à la rubrique « Bon pour aval », précisant que cette garantie était donnée en qualité de président d'une société, l'intéressé ne s'est pas engagé comme avaliste à titre personnel [2].

§ 2. Le paiement du billet à ordre

213 ***Droit de la lettre de change*** ◊ Ici encore, les règles applicables au paiement de la lettre de change sont transposables au billet à ordre. Le porteur légitime d'un titre peut ainsi prétendre au paiement à l'échéance [3].

À défaut, pour pouvoir être considéré comme diligent, il devra faire dresser protêt, sauf dispense ou procédure collective du souscripteur. Dans cette situation, il pourra exercer, dans les délais prescrits par l'article L. 511-78 du Code de commerce (trois ans contre le souscripteur, un contre les endosseurs, six mois pour les actions récursoires), ses recours cambiaires contre les signataires du billet. Il bénéficie, logiquement, du principe de l'indépendance des signatures et de l'inopposabilité des exceptions.

En revanche, dans ce cas également, le porteur négligent ne peut exercer de poursuites que sur le fondement du rapport fondamental [4].

---

1. Com., 5 juin 2012, n° 11-19.627, *Bull. civ.* IV, n° 113 ; *D.* 2012. AJ 1604 obs. X. Delpech ; *RTD com.* 2012. 603, obs. D. Legeais ; *JCP E* 2012, 1501, note S. Piedelièvre ; *Gaz. Pal.* 19 sept. 2012, n° 263, p. 16, obs. M.-P. Dumont-Lefrand ; *RDBF* 2012, comm. 117, obs. D. Legeais ; *Banque et Dr.* juill.-août 2012, p. 43, obs. E. Netter ; *LEDB* sept. 2012, p. 7, n° 116, obs. J. Lasserre Capdeville.

2. Com. 14 mars 2018, n° 16-27.869 : *LEDB* mai 2018, p. 7, obs. J. Lasserre Capdeville. Dans le même sens, Com. 20 juin 2018, n° 17-15.356 : *LEDB* sept. 2018, p. 4, obs. J. Lasserre Capdeville.

3. C. com., art. L. 512-3 et L. 511-11.

4. Com., 14 oct. 1980, n° 79-10.338, *Bull. civ.* IV, n° 333 ; *D.* 1981. IR 301, obs. M. Cabrillac.

SOUS-TITRE 2

Les principales techniques de mobilisation de créances

214 ***Définition*** ◊ Mobiliser ses créances consiste pour un créancier à obtenir d'un établissement de crédit l'avance de leurs montants en contrepartie d'un transfert de celles-ci à titre de propriété ou à titre de gage. Le crédit consenti de la sorte est donc garanti par la transmission des créances du bénéficiaire, créances qui, une fois recouvrées, doivent assurer le remboursement du banquier.

215 Plusieurs techniques permettant ainsi le financement à court terme des entreprises par mobilisation de créances sont à évoquer ici : certaines portent sur des effets de commerce, c'est le cas de l'escompte (chapitre 1), d'autres sur des fractures, tel l'affacturage (chapitre 2), et d'autres encore sur un ensemble de créances, la cession de créances professionnelles « Dailly » (chapitre 3).

CHAPITRE 1
L'ESCOMPTE

216 ***Définition*** ◊ L'escompte est une opération de crédit à court terme par laquelle une banque consent à l'un de ses clients une avance de fonds, en contrepartie de la cession d'une créance [1].

L'escompte fait donc intervenir trois parties : l'entreprise bénéficiaire de l'escompte, appelée le cédant, le banquier escompteur qui est, lui, le cessionnaire et enfin le débiteur de l'effet qui est le cédé.

Plus concrètement, l'entreprise cédera, avant échéance, les effets qu'elle détient à son banquier, et ce dernier en portera immédiatement au crédit du compte de son client le montant, déduction faite des intérêts et commissions qui lui reviennent. Pour une lettre de change ou un billet à ordre, la remise s'effectuera par la voie de l'endossement et l'avance sera remboursée par le recouvrement de la créance.

217 ***Nature juridique*** ◊ La nature juridique de l'escompte a longtemps été controversée : achat de créance, prêt d'argent, etc. La qualification de prêt, garanti par le nantissement d'un effet de commerce, est aujourd'hui admise par la majorité de la doctrine [2]. La jurisprudence n'a pas infirmé cette solution. Au contraire, elle a pu fonder l'application, un temps, de la législation sur l'usure à l'escompte [3].

218 ***Avantages et inconvénients*** ◊ L'escompte donne à l'entreprise bénéficiaire la possibilité d'obtenir le paiement anticipé de ses crédits à terme. De plus, elle procure au banquier, propriétaire des effets escomptés, une double garantie originale et opportune lors de l'échéance de l'opération d'escompte : une garantie de droit commun fondée sur le contrat d'escompte à la charge du client et des garanties de nature cambiaire à la charge des signataires des effets. En outre, le banquier qui escompte ainsi des effets de commerce a la faculté de reconstituer sa propre trésorerie en les faisant réescompter auprès, notamment, d'un autre établissement de crédit.

Des inconvénients peuvent néanmoins être également relevés. D'une part, les frais de manipulation générés par l'opération sont souvent élevés.

---

1. Sur cette opération de crédit à court terme, D. Gibirila, « Escompte » : *Rép. com.* Dalloz, 2018.
2. Il en va de même pour les cessions de créances professionnelles « Dailly » et l'affacturage.
3. Il n'en va plus ainsi depuis que les lois du 1er août 2003 et 2 août 2005 ont limité le champ d'application des règles régissant l'usure aux seuls crédits consentis dans une finalité non professionnelle. V. ss 1757.

D'autre part, l'escompte ne porte, parfois, que sur une seule créance [1]. Cette situation explique d'ailleurs le coût dénoncé précédemment. Au final, il convient de noter que l'escompte est une technique en net recul depuis les années quatre-vingt.

2219 ***Compte courant*** ◊ L'opération se réalise souvent par le biais d'un compte courant unissant la banque cessionnaire au cédant. Lors de la cession des effets de commerce, l'établissement de crédit créditera ce compte de la valeur de ces derniers, moyennant intérêts et commissions. L'utilisation de ce compte facilitera, en outre, la tâche du banquier si le titre n'est finalement pas payé à terme par le débiteur cédé [2].

2220 Observons brièvement la mise en œuvre de l'opération (section 1) puis son dénouement (section 2).

SECTION 1. LA MISE EN ŒUVRE DE L'OPÉRATION

2221 ***Formes*** ◊ L'escompte des effets de commerce résulte d'un accord entre le banquier et son client. Elle peut alors prendre des formes variées. D'une part, le contrat peut être ponctuel, et ne concerner qu'une créance déterminée [3]. D'autre part, le contrat peut porter sur toute une série de créances : le banquier va alors s'engager à escompter les titres qui lui sont remis à concurrence d'un certain montant. On parle ici de « crédit d'escompte » ou de « ligne d'escompte » [4].

2222 ***Convention*** ◊ Une convention d'escompte est conclue entre le titulaire d'une créance à terme et un banquier escompteur. En cas de crédit d'escompte, cette convention fixera le plafond d'encours, les intérêts et les commissions ou encore la durée maximale et minimale qui peut s'écouler entre la création de l'effet de commerce et l'échéance.

La convention se formera, en pratique, par l'accord du banquier escompteur sur la créance cédée.

En cas de crédit d'escompte, ce banquier sera soumis aux obligations de l'article L. 313-12 du Code monétaire et financier s'il souhaite le rompre [5]. Il est vrai que nous sommes en présence, ici, d'un concours à durée indéterminée.

---

1. Il en va différemment en cas de crédit d'escompte.
2. V. ss 2230.
3. Com., 22 avr. 1980, n° 78-14.238, *Bull. civ.* IV, n° 162.
4. Ce crédit d'escompte est généralement « *revolving* », c'est-à-dire se renouvelant à partir du moment où les effets escomptés sont payés.
5. V. ss 1605.

223 ***Vérifications*** ◊ Le banquier procédera, plus particulièrement en cas de crédit d'escompte, à l'étude de la solvabilité de son client et de celle de sa clientèle par diverses sources de renseignements dont celles qui lui sont données par la Banque de France. Le fichier FIBEN, qui est une base de données gérée par la Banque de France fournissant des éléments d'appréciation sur les entreprises et leur capacité à honorer leurs engagements financiers, sera ainsi consulté.

224 ***Acceptation des titres*** ◊ En principe, du fait de la promesse consentie, la banque ne peut plus refuser d'escompter un titre remis par le client. Le banquier qui s'opposerait, contre toute attente, au paiement d'une traite pourrait ainsi voir sa responsabilité civile engagée [1].

Ce principe connaît cependant des exceptions. D'une part, la banque peut rejeter un effet de commerce si elle considère qu'il est de mauvaise qualité, c'est-à-dire que la créance n'offre pas toutes les garanties requises pour une opération d'escompte. D'autre part, il n'est pas abusif de refuser des effets dès lors que le bénéficiaire du crédit, le client, n'a pas fourni les renseignements sollicités par l'établissement [2]. Ainsi la banque doit nécessairement pouvoir s'assurer de la licéité de l'effet afin notamment d'éviter les opérations d'escompte d'effets de complaisance ne correspondant à aucune prestation.

225 ***Rémunérations*** ◊ Nous sommes en présence, avec l'opération d'escompte, d'une forme de crédit [3]. Le banquier doit alors pouvoir prélever des intérêts. Ces derniers sont calculés sur le nominal du titre et précomptés en fonction d'un taux négocié à partir du taux de base bancaire, en tenant compte notamment de la qualité du client ainsi que de la durée allant de la date d'escompte à l'échéance.

Le banquier bénéficiera également, selon les services réalisés, de diverses commissions : commission d'endos, commission de confirmation, commission d'encaissement, commission de traitement, etc. Le coût de l'escompte demeure particulièrement élevé pour des effets de faibles montants.

226 ***Transfert de propriété*** ◊ L'endossement est présumé être translatif de propriété. Le banquier cessionnaire bénéficiera alors de la transmission de la créance. C'est la contrepartie du crédit. Il devient le bénéficiaire de la créance matérialisée par l'effet de commerce. Il ne saurait être vu ici comme un simple mandataire.

---

1. Paris, 14 janv. 1988, *D.* 1989, somm. p. 89, obs. M. Cabrillac.
2. Com., 30 nov. 1999, n° 96-14.028, *Bull. civ.* IV, n° 212 ; *D.* 2000. AJ 42, obs. V. Avena-Robardet ; *RDBF* 2000, comm. 7, obs. F.-J. Crédot et Y. Gérard ; *JCP E* 2000, p. 1087, obs. Ch. Gavalda et J. Stoufflet.
3. Il est à regretter que l'article L. 313-1 du Code monétaire et financier ne dise mot sur ce point. V. ss 1525.

La date du transfert est celle de la remise du titre et non celle du crédit en compte. Cette règle est importante, notamment en cas de saisies ou de procédures collectives.

Le banquier devient porteur légitime et assume, en conséquence, toutes les obligations du droit cambiaire dès cette remise. C'est ainsi, par exemple, qu'en cas de lettres de change, le banquier escompteur devra présenter le titre à l'acceptation ou au paiement à l'échéance.

SECTION 2. LE DÉNOUEMENT DE L'OPÉRATION

2227 ***Principe*** ◊ Généralement, l'opération d'escompte se dénoue par le paiement des titres escomptés, dès leur présentation au paiement.

Concrètement, à l'échéance, une lettre de change sera payée par le tiré ou par le tireur et un billet à ordre par le souscripteur. La plupart du temps, la créance cédée est payée, sur simple demande du banquier.

En revanche, si l'effet n'est pas payé, le banquier escompteur dispose de recours. Cette dernière hypothèse doit être précisée. Le professionnel de la banque peut en effet exercer deux types de recours : le premier fondé sur les titres escomptés (§ 1) et le second basé sur le contrat d'escompte (§ 2).

§ 1. Le recours fondé sur les titres escomptés

2228 ***Principe*** ◊ Le banquier escompteur peut logiquement exercer des recours fondés sur les titres escomptés. Prenons le cas de la lettre de change. Le banquier escompteur sera en droit d'exercer les recours cambiaires contre tous les signataires de l'effet en question, y compris le tireur et le tiré accepteur, et le recours basé sur la provision contre le tiré.

§ 2. Le recours fondé sur le contrat d'escompte

2229 ***Principe*** ◊ Le contrat d'escompte a pour intérêt de fonder un autre recours, qualifié d'action de droit commun [1]. Concrètement, il permet au banquier de demander au cédant le remboursement de l'avance consentie, ce qui n'est pas sans intérêt lorsque les recours cambiaires ne peuvent plus être exercés en raison de la prescription ou de la déchéance du porteur. Cela peut donc être utile au porteur négligent, mais aussi et surtout lorsque la créance escomptée n'est pas un effet de commerce.

1. Paris, 24 févr. 1982, *D.* 1982. 467, obs. J. Stoufflet.

230 ***Contre-passation*** ◊ Lorsque le banquier est lié au cédant par un compte courant, il utilisera ici la technique, relativement simple, de la contre-passation [1]. Pour mémoire, celle-ci est un procédé comptable générateur d'effets juridiques, dont l'objet consiste à rectifier, par une écriture en sens inverse (c'est-à-dire au débit du compte), une écriture erronée ou qui ne se justifie plus et que l'on ne peut purement et simplement annuler ou effacer. Elle a été créée par la pratique bancaire comme une protection supplémentaire, notamment pour le banquier escompteur qui aura l'assurance de récupérer la somme qu'il a versé pour acquérir en pleine propriété un effet de commerce lorsque le débiteur cédé vient à ne pas rembourser, pour quelque raison que ce soit, sa dette.

Or, cette contre-passation effectuée en cours de fonctionnement du compte équivaut à un paiement [2] lorsque le client est *in bonis*. Par suite, la banque perd la propriété de l'effet de commerce contrepassé ainsi que ses droits sur l'effet qui garantissait sa créance de remboursement à l'égard du client remettant. Elle est alors tenue de restituer l'effet au remettant [3]. Notons qu'aucun délai n'est imposé au banquier escompteur pour contre-passer ; il en conserve la possibilité tant que la prescription n'est pas accomplie.

En revanche, si le compte est débiteur ou que le client est soumis à une procédure collective, la contre-passation ne vaut plus paiement [4]. Dans ce cas, le banquier conserve la propriété de l'effet et peut alors exercer ses recours cambiaires contre les autres signataires [5].

---

1. V. ss 826.

2. Com., 20 mars 1979, n° 77-14.604, *Bull. civ.* IV, n° 108. Com., 16 mars 1982, n° 80-14.684, *Bull. civ.* IV, n° 104. Com., 5 nov. 1991, n° 89-18.996, *Bull. civ.* IV, n° 331 ; *D.* 1992. 322, note D.-R. Martin. Com., 7 mars 1994, n° 92-12.645, *Bull. civ.* IV, n° 200. Com., 21 mars 2000, n° 97-19.258. Com., 8 juill. 2003, n° 00-11.579. Com., 18 sept. 2012, n° 10-18.547.

3. H. Synvet, « La contre-passation en compte courant », *in Mélanges offerts à Jean Derruppé*, éd. Joly-Litec, 1991, p. 193.

4. Com. 11 juin 2014, n° 13-18.064 : *RJDA* 2015, n° 136.

5. Com., 25 mai 1965, *JCP* 1966, II, 14477, note Ch. Gavalda ; Banque 1965, p. 578, obs. X. Marin. Com., 9 mai 1990, n° 88-20.100, Banque 1990, p. 1212, obs. J.-L. Rives-Lange.

CHAPITRE 2
L'AFFACTURAGE

2231 ***Présentation générale*** ◊ L'affacturage peut être défini comme la technique juridique par laquelle un établissement d'affacturage, en l'occurrence un établissement de crédit ou une société de financement, dénommé *factor* ou affactureur, reçoit de son client, appelé adhérent ou fournisseur, des créances dont ce dernier dispose à l'encontre de ses propres clients [1].

Mais la spécificité de l'affacturage se situe au niveau des services qui y sont associés. L'affactureur rend en effet, moyennant rémunération, divers services aux adhérents : par exemple gérer et recouvrer les créances pour le compte de l'adhérent, mais aussi en garantir le recouvrement, ou encore procéder à leur règlement par anticipation [2].

2232 ***Nature variable*** ◊ La nature de l'affacturage est donc variable. C'est d'abord une technique de gestion commerciale au profit des entreprises. Il en va ainsi lorsque le *factor* est chargé de procéder à l'encaissement des créances remises et, le cas échéant, d'en poursuivre le recouvrement.

Mais cela n'est pas tout. L'affacturage peut aussi, et c'est le plus souvent le cas, constituer un instrument de crédit au profit des entreprises adhérentes. C'est ce qui se passe lorsque l'établissement d'affacturage règle par anticipation les factures qui lui sont présentées par l'adhérent ou encore lorsqu'il garantit le paiement des factures. Dans ce dernier cas, et c'est à souligner, nous sommes en présence d'un crédit par signature.

L'étendue des services rendus par le *factor* dépendra de la convention passée par ce dernier avec l'adhérent. La doctrine [3] classe ainsi, parfois, les opérations d'affacturage en fonction des trois types de services rendus : la gestion des créances commerciales, l'avance sur le paiement des factures et enfin la garantie des paiements de ces dernières.

La formule classique de l'affacturage inclut néanmoins les trois formes de services précités. Elle sera alors envisagée ici à titre principal.

2233 ***Distinction avec l'escompte*** ◊ L'affacturage est une opération de crédit. Il fait songer à l'escompte, puisque l'affactureur paiera l'entreprise de manière anticipée. Il s'en démarque néanmoins par le fait que ce même affactureur se chargera, le plus souvent, de l'encaissement des créances en

1. Sur cette opération, D. Legeais, « Affacturage », *J.-Cl. Banque*, 2017, fasc. 580.
2. G. Bourdeaux, « Affacturage international », *J.-Cl. BCB*, fasc. 590, 2015, n° 1.
3. G. Bourdeaux, *op. cit.*, n° 3.

se retournant contre les débiteurs lorsqu'elles parviendront à échéance [1], et, surtout, en garantira l'encaissement tout en renonçant à exercer tout recours contre l'adhérent [2]. En conséquence, l'adhérent sera délivré de toutes les charges liées au recouvrement des créances (relance, contentieux). Cela lui confère ainsi l'assurance d'un paiement sûr et rapide et une couverture du risque d'insolvabilité.

234 ***Textes*** ◊ L'affacturage s'est développé en France à partir des années soixante. Notons qu'une convention internationale a été adoptée à Ottawa, sous l'égide d'Unidroit, le 28 mai 1988 [3]. Elle a été approuvée en France par loi n° 91-640 du 10 juillet 1991. En revanche, en droit interne, aucun texte ne vient spécifiquement régir ce type de crédit. Il relève par conséquent de la liberté contractuelle et son régime est essentiellement jurisprudentiel.

235 ***Convention-cadre*** ◊ Dans tous les cas, une convention-cadre est conclue entre le *factor* et l'adhérent. Elle prévoit les conditions de l'opération. Elle est, à ce titre, relativement précise. Les conditions de la rémunération du *factor* sont, par exemple, développées [4].

236 Le contrat d'affacturage, qui est la plus souvent à durée indéterminée, se déroule en deux temps. Tout d'abord, l'adhérent transmet ses créances à l'affactureur qui les met en compte (section 1) et, ensuite, celui-ci se charge de les recouvrir (section 2).

SECTION 1. LA TRANSMISSION DES CRÉANCES

237 Avant d'étudier la question du transfert des créances (§ 1), il convient d'observer les principes applicables en la matière, c'est-à-dire le principe de globalité (§ 2) et celui d'approbation préalable (§ 3).

§ 1. Le principe de globalité

238 ***Présentation générale*** ◊ Lorsqu'elle décide de recourir aux services d'une société d'affacturage, l'entreprise s'engage à présenter à celle-ci l'ensemble de ses créances, et non simplement celles dont le recouvrement s'annonce délicat.

---

1. Il en ira différemment si le contrat d'affacturage est résilié. Dans ce cas, le *factor* est sans droit à encaisser le paiement de factures effectué par les clients de l'adhérent, Paris, 30 août 2011, n° 08/90600, *LEDB* nov. 2011, p. 6, n° 158, obs. J. Lasserre Capdeville.

2. Il est toutefois dérogé à cette règle lorsque la créance correspondrait à une opération commerciale non exécutée, voire mal exécutée. Dans cette hypothèse, en effet, il est admis que l'affactureur puisse agir contre l'adhérent en répétition de l'indu, Com., 29 avr. 2014, n° 13-13.630, *LEDB* juill. 2014, p. 3, n° 090, obs. R. Routier.

3. V. ss 2356.

4. V. ss 2245.

Notons, néanmoins, que cette globalité peut être affinée sur la base de certains critères objectifs : critère géographique, critère thématique, groupe défini de créances, etc. Toutefois, même dans ces cas, le contrat portera toujours sur une globalité pour permettre au *factor* de compenser les bonnes et les mauvaises créances.

2239 ***Bordereau*** ◊ L'adhérent remet par bordereau ses factures au *factor*. Notons que celui qui n'émet des factures qu'après avoir reçu paiement ne respecte pas la convention d'affacturage et peut voir sa responsabilité pénale engagée pour escroquerie [1].

§ 2. Le principe d'approbation préalable

2240 ***Présentation générale*** ◊ Le fournisseur va introduire une demande d'approbation des créances auprès de l'affactureur. Cette dernière pourra être donnée facture par facture. Néanmoins, le plus souvent, elle sera délivrée dans la limite d'un encours hebdomadaire ou mensuel de facturation.

2241 ***Contrôle de l'affactureur*** ◊ Pour qu'il soit en mesure de répondre à cette demande d'approbation, la convention d'affacturage prévoit généralement que les factures présentées doivent être accompagnées de pièces justificatives et que l'affactureur dispose d'un droit de contrôle qui lui permet de se faire communiquer tous documents commerciaux, administratifs ou comptables utiles à son contrôle.

L'affactureur est libre de refuser ou d'accepter les créances mais sur des critères justifiables. S'il accepte d'acquérir les créances, le *factor* devra en régler le montant à l'adhérent.

Si ce contrôle permet à l'affactureur de donner son approbation, cette dernière a aussi pour effet de garantir à l'adhérent la bonne fin de l'opération. En effet, et cela sera observé plus loin [2], l'affactureur ne peut pas recourir contre l'adhérent en cas de non-paiement de la créance approuvée.

§ 3. Le transfert des créances

2242 ***Transfert de propriété*** ◊ L'affacturage est un instrument de mobilisation des créances commerciales de l'adhérent. Si l'affactureur peut n'intervenir qu'à titre de mandataire au recouvrement, force est de constater qu'il acquiert, le plus souvent, les créances de son client en pleine propriété. C'est donc à lui, et non à l'adhérent, que la créance devra être payée.

1. Crim., 3 juin 1985, n° 83-95.073, *Bull. crim.* n° 211 ; *RTD com.* 1986. 134, obs. M. Cabrillac et B. Teyssié ; *D.* 1986. 318, obs. M. Vasseur.

2. V. ss 2248.

243 ***Subrogation*** ◊ Le mécanisme est principalement fondé sur la subrogation conventionnelle prévue désormais par l'article 1346-1 du Code civil. À cette fin, l'adhérent doit remettre à l'affactureur, avec les factures, une quittance subrogative, c'est-à-dire une quittance par laquelle il le subroge dans ses droits, actions, privilèges ou hypothèques contre le débiteur. Notons que cette quittance peut couvrir plusieurs créances sans qu'il soit nécessaire d'établir une quittance par facture.

244 ***Règlement des factures*** ◊ En contrepartie, et au même moment [1], l'affactureur inscrit le montant des factures approuvées au crédit du compte courant de l'adhérent. Cette inscription vaut « paiement » conformément à la règle admise en matière de compte courant [2]. Il débite également le montant de ses intérêts et commissions.

En réglant à l'adhérant immédiatement le montant de ses créances, l'affactureur le garantit contre les risques d'insolvabilité de ses propres clients. En effet, cela sera observé plus loin, pour les factures dites « approuvées », le *factor* se charge de la question du recouvrement. En revanche, pour les créances non approuvées, il agira comme mandataire. Dans ce cas, il ne paiera le montant à son client que lorsque, au préalable, il aura lui-même été payé par le débiteur.

245 ***Rémunérations*** ◊ L'affacturage, comme l'escompte, est une opération assez onéreuse. D'une part, le crédit octroyé en payant immédiatement des créances à terme est sujet à intérêts [3]. D'autre part, diverses commissions sont susceptibles d'être prélevées en la matière pour rémunérer, notamment, les frais de gestion du *factor*.

Les règles relatives à la mention écrite du TEG doivent être respectées par les sociétés d'affacturage [4].

SECTION 2. LE RECOUVREMENT DES CRÉANCES

246 ***Principe*** ◊ Le paiement des créances devenues exigibles doit être fait à l'affactureur par le débiteur en question [5]. Notons, néanmoins, que si un paiement est effectué entre les mains de l'adhérent, celui-ci est libératoire si le débiteur, de bonne foi, n'a pas été informé de la subrogation [6]. Il peut

1. Civ. 1re, 23 mars 1999, n° 97-11.685, *Bull. civ.* I, n° 105.
2. V. ss 806, 813.
3. Cette opération de crédit demeure soumise à la législation relative au TEG, Civ. 1re, 30 mai 2006, n° 03-17.646, *JCP E* 2006, 2698, note G. Ansaloni ; *Banque et Dr.* 2006, n° 109, p. 48, obs. Th. Bonneau
4. Civ. 1re, 17 févr. 2016, n° 15-12.782, *RDBF* 2016, comm. 150, obs. F.-J. Crédot et Th. Samin.
5. Com., 22 oct. 1991, n° 90-10.671, *Bull. civ.* IV, n° 299, *RDBF* 1992. 115, obs. F.-J. Crédot et Y. Gérard.
6. Com., 15 oct. 1996, n° 94-16.302, *Bull. civ.* IV, n° 230.

donc se révéler utile de lui notifier l'opération d'affacturage [1]. Il est généralement prévu dans le contrat d'affacturage que si l'adhérent reçoit un paiement, il doit en transmettre le montant sans délai au *factor*.

2247 Mais l'originalité de l'affacturage se retrouve plus particulièrement en cas de non-paiement : l'affactureur ne dispose pas, en effet, de recours contre l'adhérent (§ 1), mais simplement contre les débiteurs (§ 2).

§ 1. L'absence de recours contre l'adhérent

2248 ***Principe*** ◊ À la différence de l'escompte où le banquier bénéficie d'un recours contre le bénéficiaire du crédit en cas de non-paiement de la créance, le *factor*, qui est devenu propriétaire de la créance, n'a en principe aucun recours contre l'adhérent [2]. Le plus souvent, en effet, le professionnel de la banque garantit « sans recours la bonne fin du recouvrement », ce qui signifie qu'il prend à sa charge l'insolvabilité éventuelle du débiteur et le risque de non-paiement à l'échéance. En conséquence, l'adhérent est délivré de toutes les charges liées au recouvrement des créances (relance, contentieux, etc.). Cela confère l'assurance d'un paiement sûr et rapide et une couverture du risque d'insolvabilité.

2249 ***Exception*** ◊ Il est toutefois dérogé à cette règle lorsque la créance n'a aucune existence : dans cette hypothèse, il est admis que l'affactureur puisse agir contre l'adhérent en répétition de l'indu [3].

§ 2. Les recours contre les débiteurs

2250 ***Principe*** ◊ L'affactureur se substituant à l'adhérent, il va procéder au recouvrement des créances auprès des débiteurs. Cette substitution découle du transfert de la créance. Ainsi, à partir du paiement avec subrogation, il est de principe que le débiteur ne se libère valablement qu'entre les mains du *factor* [4]. Ce dernier pourra, éventuellement, accorder des délais.

2251 ***Opposabilité des exceptions*** ◊ La créance est ici transmise avec ses qualités, telles les sûretés, mais aussi avec ses vices. Il est alors admis que le débiteur pourra opposer au *factor* toutes les exceptions inhérentes à la dette ou antérieure à la subrogation [5].

---

1. Com., 18 mars 1997, n° 94-21.075, *Bull. civ.* IV, n° 77 ; *JCP E* 1998, 324, n° 17, obs. Ch. Gavalda et J. Stoufflet ; *RTD com.* 1997. 492, obs. M. Cabrillac.

2. Com., 10 oct. 2000, n° 96-22.412, *Bull. civ.* IV, n° 153 ; *D.* 2001. 2734, note D. Ammar.

3. Com., 29 avr. 2014, n° 13-13.630, *LEDB* juill. 2014, p. 3, n° 090, obs. R. Routier ; *LPA*, 24 sept. 2014, n° 191, p. 11, note J. Lasserre Capdeville.

4. Com., 22 oct. 1991, n° 90-10.671, *Bull. civ.* IV, n° 299 ; D. 1992, somm. p. 408, obs. L. Aynes. Com., 9 nov. 1993, n° 91-17.032, *Bull. civ.* IV, n° 381.

5. Com., 6 avr. 1993, n° 91-15.076, *Bull. civ.* IV, n° 139 ; *JCP* 1993, I, 302, n° 13, obs. Ch. Gavalda et J. Stoufflet ; *RTD com.* 1993. 545, obs. M. Cabrillac. Com., 9 mai 1977, n° 75-14.928, *Bull. civ.* IV, n° 125 ; *D.* 1978. IR 105, obs. M. Vasseur ; *RTD com.* 1977. 772, obs. M. Cabrillac et J.-L. Rives-Lange.

CHAPITRE 3
LA CESSION DE CRÉANCES PROFESSIONNELLES

252 ***Limite à l'utilisation des effets de commerce*** ◊ Le recours aux effets de commerce comme instruments de crédit n'est pas sans inconvénient. Leur utilisation s'est révélée, depuis les années 1960, particulièrement lourde. Il est vrai qu'un effet de commerce ne porte, chaque fois, que sur une seule opération. L'escompte a en outre donné lieu, longtemps, à d'importantes masses de papier, ce qui était de nature à gêner le banquier escompteur. Face à ces difficultés, la pratique a recherché un moyen plus simple pour que les entreprises puissent transférer leurs créances afin d'obtenir du crédit sans nécessairement passer par le formalisme de la cession de créances, longtemps envisagée par l'article 1690 du Code civil.

253 ***Historique*** ◊ Cette évolution a d'abord connu des débuts difficiles avec, plus particulièrement, les échecs de la facture protestable et le crédit de mobilisation des créances commerciales qui auraient dû se substituer à l'escompte.

L'idée fut alors de regrouper les cessions de créances pour faciliter l'octroi de crédits bancaires aux entreprises et pour permettre aux banquiers de se refinancer. Cette évolution fut concrétisée par la loi n° 81-1 du 2 janvier 1981 facilitant le crédit aux entreprises. L'objectif de cette dernière, dont le contenu se retrouve aux articles L. 313-23 et suivants du Code monétaire et financier, est de supplanter l'escompte et d'échapper à ses limites. Elle prévoit le recours à un bordereau, dit bordereau « Dailly », du nom du sénateur à l'origine de la proposition de loi, permettant de transmettre plusieurs créances à la fois. Son régime a connu quelques évolutions depuis, comme par exemple avec l'ordonnance n° 2017-1432 du 4 octobre 2017 portant modernisation du cadre juridique de la gestion d'actif et du financement par la dette.

254 ***Définition*** ◊ Le bordereau de cession de créances professionnelles peut être défini comme l'écrit par lequel une personne, appelée le cédant, transfère à un établissement de crédit, appelé le cessionnaire, la propriété de créances professionnelles déterminées afin de garantir un crédit consenti au cédant par le cessionnaire [1].

255 ***Formes diverses*** ◊ Concrètement, le bordereau de cession de créances professionnelles peut être utilisé sous une des deux formes prévues par

1. R. Bonhomme, *Instruments de crédit et de paiement*, éd. LGDJ, 2017, 12e éd., n° 258.

la loi : soit par une cession des créances professionnelles (à l'image de l'escompte), soit par un nantissement de ces mêmes créances. Dans le premier cas, le banquier cessionnaire va acquérir la propriété des créances non échues que son client détient contre ses propres clients, moyennant le paiement de leur montant, sous déduction de commissions. Il s'agit donc d'une cession contre un prix qui, finalement, ne se distingue de la cession civile de créances que par un formalisme simplifié.

Dans le second cas, qui résulte de la loi n° 84-46 du 24 janvier 1984 relative à l'activité et au contrôle des établissements de crédit, le banquier cessionnaire, va se voir transférée, sans stipulation de prix, la pleine propriété des créances en garantie des concours accordés au cédant [1]. Dans cette hypothèse, il n'existe pas de lien entre les créances cédées et le crédit accordé. Les créances vont simplement sécuriser le crédit consenti [2]. Dès lors, si à l'échéance l'emprunteur ne rembourse pas le montant du crédit, le banquier pourra actionner la garantie en demandant au débiteur cédé de le payer directement [3]. Bien évidemment, si la dette garantie vient, au contraire, à être intégralement remboursée, la garantie n'aura plus lieu d'être. Les créances cédées devront être restituées au cédant [4]. On notera que les juges ont longtemps estimé qu'une telle restitution impliquait l'observation des formes de la cession de créances prévue par l'ancien article 1690 du Code civil, dans la mesure où le cessionnaire n'a pas la qualité d'établissement de crédit [5]. Ces dernières années, cependant, la Cour de cassation a fini par admettre un retour de la créance au cédant sans formalité particulière, car une cession de créances en garantie prend fin lorsque son bénéficiaire n'a plus de droit à faire valoir ou y renonce [6].

---

1. C. mon. fin., art. L. 313-24. Com., 24 avr. 1990, n° 88-20.466, *Bull. civ.* IV, n° 118 ; *RTD com.* 1990. 442, obs. M. Cabrillac et B. Teyssié. Sur la validité de créances échues à titre de garantie, Com., 8 janv. 1991, n° 89-13.711, *Bull. civ.* IV, n° 8 ; *RJ com.* 1993. 190, note D. Fenouillet ; *RTD com.* 1991. 271, obs. M. Cabrillac. En outre, il ne résulte pas des articles L. 313-24 et L. 313-27 du Code monétaire et financier qu'un nantissement de créances ne puisse être constitué à titre temporaire par une mention portée sur le bordereau, Com., 16 mai 2000, n° 96-20.070, *Bull. civ.* IV, n° 106 ; *D.* 2000, somm. p. 392, obs. S. Piedelièvre ; *JCP* 2000, I, 259, n° 18, obs. Ph. Simler.

2. Jusqu'à la loi n° 2007-209 du 19 février 2007 instituant la fiducie, la cession de créances à titre de garantie ne pouvait être réalisée que grâce à ce bordereau Dailly. Aujourd'hui, les systèmes sont en concurrence.

3. En revanche, elle ne procure pas au cessionnaire de privilège si le cédant est soumis à une procédure collective.

4. Cette restitution reste subordonnée à l'épuisement de l'objet de la garantie consentie, Com., 22 nov. 2005, n° 03-15.669, *Bull. civ.* IV, n° 230 ; *D.* 2007. Pan. 760, obs. D.-R. Martin ; *D.* 2005. AJ 3081, obs. X. Delpech ; *RTD com.* 2006, obs. D. Legeais ; *Banque et Dr.* 3-4/2006. 67, obs. Th. Bonneau.

5. Versailles, 1er mars 2001, *RTD com.* 2001. 960, obs. M. Cabrillac.

6. Civ. 1re, 19 sept. 2007, n° 04-18.372, *Bull. civ.* I, n° 275 ; *RTD com.* 2008. 162, obs. D. Legeais ; *RDBF* 2007, comm. 209, obs. F.-J. Crédot et Th. Samin ; *Banque et Dr.* 11-12/2007. 30, obs. Th. Bonneau. Com. 9 févr. 2010, n° 09-10.119, *Bull. civ.* IV, n° 34 ; *D.* 2011. Pan. 1652, obs. D.-R. Martin ; *D.* 2010. AJ 578, obs. X. Delpech ; *RTD com.* 2010. 770, obs. D. Legeais ; *RDBF* 2010, comm. 84, obs. F.-J. Crédot et Th. Samin ; *Banque et Dr.* 5-6/2010. 20, obs. Th. Bonneau. Com., 3 nov. 2010, n° 09-69.870, *Bull. civ.* IV, n° 162 ; *RTD com.* 2011. 393, obs. D. Legeais ; *Banque et Dr.* 1-2/2011. 31, obs. Th. Bonneau.

Néanmoins, le cas de la cession étant, de loin, l'hypothèse la plus fréquente en pratique, nous l'évoquerons ici en priorité.

256 *Avantages* ◊ Ce bordereau Dailly présente plusieurs intérêts. Tout d'abord, le nouveau système échappe aux formalités contraignantes de la cession de créances classique, c'est-à-dire aux exigences de forme prévues par les articles 1321 et suivants du Code civil [1]. De plus, et surtout, il permet, grâce à la simple remise d'un bordereau, de transmettre (voire de nantir [2]) un grand nombre de créances professionnelles (et non plus seulement commerciales). Le mécanisme permet enfin de limiter au maximum les coûts de gestion pour les banques, puisqu'il évite les manipulations de papier.

257 *Nature* ◊ Le bordereau Dailly n'est cependant pas pour autant un effet de commerce. Il ne pourra pas faire l'objet d'une suite d'endossement comme, par exemple, la lettre de change. En revanche, il peut être vu à la fois un instrument de paiement [3] et un instrument de crédit, dans la mesure où il permet, en fonction des circonstances, une opération de crédit (avec la cession escompte) ou la garantie d'un crédit consenti (par la cession à titre de garantie).

On peut d'ailleurs penser, avec d'autres [4], que la cession de créance par bordereau Dailly est bien une opération de crédit au sens de l'article L. 313-1 du Code monétaire et financier, le transfert de créance étant l'instrument juridique d'une avance de fonds dont la créance transmise assure à la fois la garantie et le remboursement.

258 Étudions alors ce mécanisme à travers ses conditions de validité (Section 1) et ses effets (Section 2).

SECTION 1. LES CONDITIONS DE VALIDITÉ DE LA CESSION DAILLY

259 Il convient ici de se référer aux articles L. 313-23 et suivants du Code monétaire et financier qui prévoient le cadre juridique de la mobilisation des créances professionnelles au moyen d'un bordereau (de cession ou de nantissement). Des conditions de fond (§ 1) comme de forme (§ 2) ont été prévues en la matière.

1. Depuis l'ordonnance n° 2016-131 du 10 février 2016 portant réforme du droit des contrats, du régime général et de la preuve des obligations, la cession de créances est régie par les articles 1321 et suivants du Code civil.
2. Refusant toute valeur à un bordereau comportant à la fois les mentions de cession et de nantissements, Com., 8 nov. 1994, n° 93-10.332, *RTD com.* 1995. 455, obs. M. Cabrillac.
3. C. com., art. L. 632-1, 4°.
4. Rép. min., n° 4067, *JOAN Q* 27 janv. 2003, p. 600 ; *JCP E* 2003, n° 7-8, p. 294.

§ 1. Les conditions de fond

2260 Diverses conditions sont à relever concernant, d'une part, les personnes impliquées par l'opération (A), mais aussi, d'autre part, les créances susceptibles d'être transmises (voire nantie) par bordereau (B).

A. Les conditions relatives aux personnes

2261 ***Cédant*** ◊ Le cédant est le bénéficiaire du crédit. Selon l'article L. 313-23 du Code monétaire et financier il s'agira soit d'une personne morale de droit privé ou de droit public, soit d'une personne physique agissant dans le cadre de son activité professionnelle.

Une question se pose néanmoins à la vue des termes employés par la loi. Est-il nécessaire que la créance soit née dans l'exercice d'une activité professionnelle ? Pas totalement. En effet, cette exigence n'est formulée, par l'article L. 313-23 alinéa 1er, qu'à propos des personnes physiques, et non pas à l'égard des personnes morales [1].

2262 ***Précisions jurisprudentielles*** ◊ Concernant la qualité de cédant en la matière, la jurisprudence est à l'origine de quelques solutions notables. Tout d'abord, elle est venue préciser que les fondateurs d'une société peuvent parfaitement céder des créances pour le compte de la société en formation, mais la société ne sera liée par cette cession après son immatriculation que si les formalités prévues à l'article R. 210-5 du Code de commerce ont bien été respectées [2].

Par ailleurs, une autre décision a eu l'occasion de préciser, récemment, qu'une société en participation, qui n'est pas une personne morale [3], ne peut être débitrice d'une obligation, ce qu'un établissement bancaire ne peut ignorer. En conséquence, une créance sur une société en participation ne peut être cédée par l'intermédiaire d'un bordereau de cession de créances professionnelles [4].

2263 ***Cessionnaire*** ◊ Le bénéficiaire du bordereau ne peut être qu'un établissement de crédit au sens de l'article L. 511-1, I, du Code monétaire et financier ou, depuis le 1er janvier 2014, une société de financement définie au II du même article. Cette exigence ne saurait surprendre : la cession de créances professionnelles opérée par bordereaux est une opération de crédit et relève, à ce titre, du monopole bancaire.

---

1. L'opération de crédit est donc, semble-t-il, valable sans qu'il y ait lieu de vérifier, concernant une personne morale, que la créance est née dans l'exercice de leurs activités professionnelles, Com., 3 janv. 1996, n° 93-20.783, *Bull. civ.* IV, n° 3 ; *D.* 1996. IR 46.

2. Com., 9 oct. 2007, n° 06-16.483, *Bull. civ.* IV, n° 215 ; *D.* 2007. AJ 2614 ; *RTD com.* 2007. 423, obs. D. Legeais.

3. C. civ., art. 1871.

4. Toulouse, 3 oct. 2018, n° 17/02828 : *Gaz. Pal.* 27 nov. 2018, n° 41, p. 22, note J. Lasserre Capdeville ; *LEDB* déc. 2018, p. 5, obs. N. Mathey.

Depuis l'ordonnance n° 2017-1432 du 4 octobre 2017 portant modernisation du cadre juridique de la gestion d'actifs et du financement par la dette, l'article L. 313-23 vise également un fonds d'investissement alternatif (FIA) « relevant du paragraphe 2 de la sous-section 3 ou de la sous-section 5 de la section II du chapitre IV du titre Ier du livre II ».

L'article L. 313-26 du Code monétaire et financier précise encore que le bordereau n'est transmissible qu'à un autre établissement de crédit ou une autre société de financement ou un autre FIA.

264 ***Débiteur cédé*** ◊ Par principe, le débiteur de la créance cédée ne figure pas comme partie à la cession. Il peut toutefois y être engagé sur intervention du cessionnaire. Dans tous les cas, l'article L. 313-23, alinéa 1, nous indique que ce tiers peut être une personne morale de droit public [1] ou de droit privé ou une personne physique dans l'exercice par celle-ci de son activité professionnelle. La loi exclut, ici, les non professionnels même si cela est plus clair, à nouveau, pour les personnes physiques que pour les personnes morales.

B. Les conditions relatives aux créances transmissibles

265 ***Exigences légales*** ◊ La loi du 2 janvier 1981 avait simplement pour ambition de permettre la cession ou le nantissement des créances commerciales. Or, la loi du 24 janvier 1984 n'a pas repris cette précision. Aujourd'hui, l'article L. 313-23 vise ainsi « toute créance que le cédant peut détenir sur un tiers ». Ces créances sont néanmoins tenues de présenter deux caractères.

Tout d'abord, ces créances doivent nécessairement être cessibles. C'est ainsi, par exemple, qu'en vertu de l'article 13-1 de la loi n° 75-1334 du 31 décembre 1975 relative à la sous-traitance, l'entrepreneur ne peut céder ou nantir les créances résultant du marché et du contrat passé avec le maître de l'ouvrage qu'à concurrence des sommes qui lui sont dues au titre des travaux qu'il effectue personnellement.

De plus, les créances doivent impérativement avoir un caractère professionnel, aussi bien du côté du créancier que de celui du débiteur. Les créances détenues sur des consommateurs sont par conséquent exclues.

266 ***Précisions jurisprudentielles*** ◊ La jurisprudence a été amenée à se prononcer à plusieurs reprises à propos des créances susceptibles d'être cédées (ou transmises) par bordereau Dailly. Selon elle, peu importe la nature de la créance cédée, contractuelle ou extracontractuelle [2], à terme

---

1. CE 9 mars 2018, n° 407842 : *RJDA* 2018, n° 528 ; *LEDB* mai 2018, p. 5, obs. J. Lasserre Capdeville.
2. CE 7 avr. 2004, n° 239000, *RJDA* 2004. 1004 ; *JCP E* 2004, n° 18, p. 690. CAA Nantes, 29 juin 2001, *JCP E* 2002, n° 2, 43.

ou échue [1]. Notons que les créances futures sont également admises [2], dans la mesure où le code vise le cas des créances dont le montant et l'exigibilité ne sont pas encore envisagés. Ce mode de mobilisation s'avère donc beaucoup plus souple que l'escompte qui ne retient que des créances dont le montant et l'échéance sont connus.

En revanche, et bien logiquement, la cession de créances éteintes est impossible [3]. En outre, la cession de créances fictives est passible des peines de l'escroquerie [4] ou du faux en écriture de commerce lorsqu'elle s'accompagne de fausses factures [5].

2267 ***Sélection des créances*** ◊ Il est admis que l'établissement de crédit, alors même qu'il existe une « convention-cadre », conserve le droit de refuser la transmission des créances présentées [6]. Le plus souvent, cette faculté, est prévue par une clause de la convention unissant le cédant et le cessionnaire [7]. Son refus ne saurait, toutefois, être exercé de manière intempestive, sous peine d'être vu comme un abus de droit [8].

§ 2. **Les conditions de forme**

2268 Le législateur a créé, par la loi de 1981, un instrument de transfert des créances professionnelles soumis à un formalisme allégé. Seules quelques mentions obligatoires sont ainsi à relever (A). Néanmoins, il demeure possible d'ajouter à ce formalisme certains actes de nature à renforcer la sécurité du bordereau (B).

A. **Les mentions obligatoires**

2269 Deux sortes de mentions obligatoires sont à mentionner ici : d'une part, celles imposées par l'article L. 313-23 du Code monétaire et financier (1) et, d'autre part, celles visées par l'article L. 313-25 du même Code (2).

---

1. Com., 8 janv. 1991, n° 89-13.711, *Bull. civ.* IV, n° 8 ; *RTD com.* 1991. 271, obs. M. Cabrillac et B. Teyssé ; *RDBB* 1991. 96, obs. F.-J. Crédot et Y. Gérard.

2. Paris, 26 mai 1994, *D.* 1994. IR 207. Colmar, 18 mars 2008, *JCP E* 2008, n° 41, p. 16.

3. Com., 20 févr. 1996, n° 94-10.156, *Bull. civ.* IV, n° 56 ; *RTD com.* 1996. 309, obs. M. Cabrillac.

4. Crim., 22 févr. 1993, n° 92-81.811, *Bull. crim.* n° 84. Crim., 22 févr. 1993, n° 91-85.162, *Bull. crim.* n° 83 ; *RTD com.* 1993. 695, obs. M. Cabrillac et B. Teyssié ; *JCP E* 1994, II, 530, note M. Véron. Crim., 6 avr. 1994, n° 93-80.399, *Bull. crim.* n° 134. Crim., 21 mars 2012, n° 11-84.361, *LEDB* juill. 2012, p. 7, n° 098, obs. J. Lasserre Capdeville.

5. Crim., 30 mars 1992, n° 91-81.143, *Bull. crim.* n° 132 ; *D.* 1994, somm. p. 157, obs. G. Roujou de Boubée ; Banque 1992, p. 951, obs. J.-L. Rives-Lange.

6. Com., 8 déc. 1987, n° 86-11.170, *Bull. civ.* IV, n° 264.

7. Com., 26 janv. 1999, n° 96-12.176, *RJDA* 1999, n° 323. Com., 20 nov. 2001, n° 99-13.559, *Banque et Dr.* 3-4/2001. 64, obs. J.-L. Guillot.

8. Paris, 3 mars 1992, *Gaz. Pal.* 1994. 2, somm. p. 729.

1. Les mentions de l'article L. 313-23 du Code

270 ***Exigences légales*** ◊ L'article L. 313-23 du Code monétaire et financier exige que figure sur le bordereau, nécessairement écrit [1], un certain nombre de mentions. Le bordereau doit donc comporter les énonciations suivantes :

- la dénomination, selon le cas, « acte de cession de créances professionnelles » ou « acte de nantissement de créances professionnelles » ;
- la mention que l'acte est soumis aux dispositions des articles L. 313-23 à L. 313-34 [2] ;
- le nom ou la dénomination sociale de l'établissement de crédit, du FIA ou de la société de financement bénéficiaire [3] ;
- et enfin la désignation ou l'individualisation des créances cédées ou données en nantissement ou des éléments susceptibles d'effectuer cette désignation ou cette individualisation, notamment par l'indication du débiteur, du lieu de paiement, du montant des créances ou de leur évaluation et, s'il y a lieu, de leur échéance [4].

En revanche, les juges ont eu l'occasion de préciser qu'aucune autre condition ne pouvait être ajoutée dans le contrat générateur de créance [5].

271 ***Procédé informatique*** ◊ Notons que, toujours pour l'article L. 313-23, lorsque la transmission des créances cédées ou données en nantissement est effectuée par un procédé informatique permettant de les identifier, le bordereau peut se borner à indiquer, outre les trois premières mentions indiquées par l'article, « le moyen par lequel elles sont transmises, leur nombre et leur montant global » [6].

272 ***Sanction*** ◊ Mais qu'advient-il si les mentions requises par l'article sont manquantes ? Son dernier alinéa nous le dit. En effet, le titre dans lequel l'une des mentions fait défaut ne vaut pas comme acte de cession ou de nantissement de créances professionnelles au sens des articles L. 313-23 à

---

1. Rappelons néanmoins que notre droit admet, sauf exception, l'équivalence entre l'écrit papier et l'écrit électronique. C. civ., art. 1174.

2. La volonté est ici d'attirer l'attention du cédant sur un acte, le bordereau Dailly, relativement mal connu du grand public.

3. Il n'est donc pas possible d'établir un bordereau au porteur. Dans tous les cas, l'exigence légale est satisfaite par l'indication d'une agence bancaire, Com., 23 oct. 2001, n° 98-20.442, *Bull. civ.* IV, n° 172 ; *D.* 2001. AJ 3430, obs. A. Lienhard ; *RTD com.* 2002. 141, obs. M. Cabrillac.

4. Com., 13 oct. 1992, n° 90-21.077, *Bull. civ.* IV, n° 301 ; *JCP E* 1993, II, note J. Stoufflet. Com., 3 oct. 2006, n° 04-30.820, *Bull. civ.* IV, n° 193 ; *D.* 2007. Pan. 764, obs. D.-R. Martin ; *D.* 2006. AJ 2731, obs. V. Avena-Robardet ; *Banque et Dr.* 1-2/2007. 25, obs. Th. Bonneau.

5. Com. 11 oct. 2017, n° 15-18.372 : *RTD civ.* 2017. 861, obs. H. Barbier ; *RTD civ.* 2018. 186, obs. P. Crocq ; *JCP* 2017. 1381, note N. Borga ; *Banque et Dr.* 11-12/2017, n° 176, p. 29, obs. Th. Bonneau ; *LEDB* déc. 2017, p. 3, obs. J. Lasserre Capdeville ; *RDC* 2018. 44, obs. R. Libchaber ; *RDC* 2018. 58, obs. M. Julienne. – A. El Mejri, « Bordereau Dailly : utiles précisions au sujet des conditions de forme, de la notification et de la portée des stipulations de l'acte générateur de la créance » : *RDBF* janv.-févr. 2018. Étude 2, p. 21.

6. Com., 20 févr. 2007, n° 05-20.562, *Bull. civ.* IV, n° 48 ; *D.* 2007. AJ 793, obs. X. Delpech ; *RTD com.* 2007. 423, obs. D. Legeais ; *Banque et Dr.* 5-6/2007. 40, obs. Th. Bonneau.

L. 313-34 du Code. Ainsi, la sanction n'est pas ici la nullité du bordereau irrégulier, mais son inopposabilité aux tiers [1].

Cette opération pourra, en revanche, toujours être vue comme une cession ou un nantissement de droit commun. Son efficacité sera cependant limitée aux rapports entre les parties, dans la mesure où le formalisme exigé en la matière par le Code civil, pour rendre l'opération opposable aux tiers, n'aura pas été respecté [2].

2273 ***Illustrations*** ◊ C'est ainsi, par exemple, qu'a été jugé irrégulier un bordereau ne précisant pas la mention « acte de cession de créances professionnelles » [3], un bordereau n'indiquant qu'approximativement le texte auquel l'acte était soumis [4] ou encore un bordereau ne mentionnant ni le nom ni la dénomination sociale du bénéficiaire [5].

En revanche, la Cour de cassation a eu l'occasion d'affirmer que le bordereau sur lequel ne figure pas le nom du débiteur cédé n'est pas irrégulier, dans la mesure où la désignation de ce débiteur n'est pas une mention obligatoire [6]. Il ne s'agit, pour la Haute juridiction, que de l'un des moyens alternatifs susceptibles de permettre d'effectuer l'identification des créances cédées [7].

2. Les mentions de l'article L. 313-25 du Code monétaire et financier

2274 ***Signature*** ◊ Cette disposition légale vise la signature du bordereau par le cédant. Cette signature peut être, depuis la loi n° 2004-575 du 21 juin 2004 pour la confiance dans l'économie numérique, manuscrite comme électronique.

---

1. Com., 9 avr. 1991, n° 89-20.871, *Bull. civ.* IV, n° 121 ; *RTD com.* 1991. 421, obs. M. Cabrillac et B. Teyssié. Com., 3 oct. 2006, n° 04-30.820, *Bull. civ.* IV, n° 193 ; *D.* 2007. Pan. 764, obs. D.-R. Martin ; *D.* 2006. AJ 2731, obs. V. Avena-Robardet ; *RDBF* 2006, comm. 198, obs. A. Cerles ; *Banque et Dr.* 1-2/2007. 25, obs. Th. Bonneau.

2. Com. 25 févr. 2003, n° 00-22.117, *Bull. civ.* IV, n° 27 ; *RDBF* 2003, comm. 112, obs. A. Cerles ; *Banque et Dr.* 11-12/2003. 55, obs. Th. Bonneau ; *RTD com.* 2003. 535, obs. M. Cabrillac.

3. Com., 8 nov. 1994, n° 93-10.332, *RTD com.* 1995. 455, obs. M. Cabrillac ; *RJDA* 1995, n° 320. Dans un sens proche, Com., 16 mai 2000, n° 96-20.070, *JCP* 2000, I, 1259, obs. Ph. Simler ; *RTD com.* 2000. 993 ; obs. M. Cabrillac. Concernant un bordereau intitulé « bordereau de cession de créances », dans lequel l'adjectif « professionnelles » a été omis, Com. 13 sept. 2017, n° 16-11.408 : *RJDA* 2017, n° 834 ; *Banque et Dr.* 11-12/2017, n° 176, p. 29, obs. Th. Bonneau.

4. Com., 11 juill. 2000, n° 97-22.452, *Bull. civ.* IV, n° 141, *D.* 2000. AJ 339, obs. A. Lienhard ; *JCP E* 2001, n° 31-35, p. 1331, obs. J. Stoufflet ; *RTD com.* 2000. 992, obs. M. Cabrillac. Le bordereau en question comportait la dénomination « acte de cession de créance de loi Dailly » et la mention qu'il était soumis à la « loi du 2 janvier 1984 ».

5. Com., 23 oct. 2001, n° 98-20.442, *Bull. civ.* IV, n° 172 ; *D.* 2001. AJ 3430, obs. A. Lienhard ; *RTD com.* 2002. 141, obs. M. Cabrillac ; *Banque et Dr.* 1-2/2002. 47, obs. Th. Bonneau ; *RDBF* 2002, comm. 75, obs. A. Cerles.

6. Com., 1er févr. 2011, n° 10-13.595, *Bull. civ.* IV, n° 10 ; *D.* 2011. AJ 508, obs. X. Delpech ; *JCP E* 2001, 1394, n° 23, obs. J. Stoufflet ; *RDBF* 2011, comm. 98, obs. A. Cerles ; *RDBF* 2011, comm. 124, obs. F.-J. Crédot et Th. Samin ; *Banque et Dr.* 5-6/2011. 28, obs. Th. Bonneau ; *LEDB* mars 2011, p. 3, n° 028, obs. J. Lasserre Capdeville. – Com. 6 juin 2018, n° 16-18.437 : *LEDB* sept. 2018, p. 4, obs. N. Mathey.

7. Com. 7 juin 2006, n° 04-18.211, *RDBF* 2006, comm. 187, obs. F.-J. Crédot et Th. Samin.

Mais quelle est la sanction au bordereau non signé ? L'article ne le dit pas [1]. On peut néanmoins penser que la nullité du bordereau pour défaut de consentement est encourue dans cette hypothèse.

Notons par ailleurs que si le bordereau a été signé par une personne autre que le cédant, ce défaut du pouvoir du signataire est sanctionné par une inopposabilité, qui ne peut être invoquée que par le cédant lui-même [2].

1275 ***Clause à ordre*** ◊ Le banquier dispensateur de crédit ayant acquis des créances professionnelles par le biais d'un bordereau Dailly peut souhaiter se refinancer. L'article L. 313-25 autorise ainsi l'insertion dans le bordereau d'une clause à ordre permettant sa transmission.

Cependant, selon l'article L. 313-26 du Code, cette transmission n'est possible qu'au profit d'un autre établissement de crédit ou une autre société de financement ou à un autre FIA. Les possibilités de mobilisation sont donc réduites ; la mobilisation résultera exclusivement de l'endossement au profit d'un de ces établissements ou fonds.

1276 ***Date*** ◊ Le cessionnaire doit enfin faire figurer la date sur le bordereau. Celle-ci est essentielle car elle atteste de la prise d'effet et de l'efficacité de la cession entre les parties dès la remise. Il importe peu qu'elle puisse être établie par d'autres éléments de preuve. La date de notification ne saurait, en outre, suppléer la date du bordereau [3].

Ici encore, la loi ne dit rien à propos de la sanction applicable au bordereau non daté. La mention de la date n'étant pas présentée comme une condition de validité du titre, on peut penser qu'elle n'est pas nécessairement requise lors de sa création et qu'en conséquence son absence n'entache en rien la validité du bordereau. Toutefois, rappelons que ce n'est que lorsque la banque cessionnaire a opposé une date sur le bordereau, que la cession de créances devient opposable aux tiers, et ce à partir de cette date [4]. Dès lors, l'établissement de crédit (ou la société de financement ou le FIA) ne pourra pas se fonder sur un titre non daté pour réclamer un paiement [5], ni pour procéder à une notification ou à une demande d'acceptation. Celles-ci seront en effet privées d'effets lorsque la date du bordereau sera postérieure [6].

---

1. Concernant un bordereau portant un cachet humide et une signature dont il n'est pas possible de dire si elle a été apposée à la main ou incorporée au cachet, qui peut avoir des incidences quant à l'opposabilité de la cession aux tiers, mais qui n'affecte en rien l'efficacité de la cession entre les parties, TGI Colmar, 13 mars 1987, *D.* 1988, somm. p. 279, obs. M. Vasseur ; *RTD com.* 1988. 100, obs. M. Cabrillac et B. Teyssié.

2. Com. 21 sept. 2010, n° 09-11.707, *Bull. civ.*, n° 138 ; *D.* 2010. AJ 2220, obs. X. Delpech ; *D.* 2011. Pan. 1653, obs. D.-R. Martin ; *RTD com.* 2010. 759, obs. D. Legeais ; *Banque et Dr.* 11-12/2010. 24, obs. Th. Bonneau ; *LEDB* nov. 2010, p. 4, obs. J. Lasserre Capdeville.

3. Com., 14 juin 2000, n° 96-22.634, *Bull. civ.* IV, n° 121 ; *JCP E* 2011, p. 518, note G. Virassamy ; *RTD com.* 2000. 992, obs. M. Cabrillac ; *RDBF* 2000, comm. 186, obs. F.-J. Crédot et Y. Gérard.

4. C. mon. fin., art. L. 313-27, al. 1.

5. Com., 14 juin 2000, n° 96-22.634, *Bull. civ.* IV, n° 121 ; *RTD com.* 2001. 518, obs. M. Cabrillac ; *RDBF* 2000, comm. 186, obs. F.-J. Crédot et Y. Gérard ; *JCP E* 2001, p. 518, obs. G. Virassamy.

6. Il n'est donc pas possible, avant la date du bordereau, de notifier la cession et utilement inviter le débiteur à l'accepter, Com., 8 févr. 2000, n° 97-17.627, *Bull. civ.* IV, n° 27 ; *RTD com.* 2000. 425, obs. M. Cabrillac ; *RTD civ.* 2000. 425, obs. P. Crocq ; *RDBF* 2000, comm. 50, obs. F.-J. Crédot et Y. Gérard.

Bien entendu, la date mentionnée peut être contestée. On ne saurait ainsi admettre une date inexacte [1]. Dans ce cas, il appartient au cessionnaire de prouver, par tous moyens, l'exactitude de la date indiquée [2]. Cette preuve peut notamment se faire par la présence d'un tampon daté apposé par le cessionnaire sur le bordereau [3]. Notons que si le bordereau a plusieurs dates, les juges donnent effet à celle dont la banque démontre qu'elle correspond au jour où elle a consenti à la cession [4].

B. Les actes supplémentaires

2277 Le bordereau Dailly peut voir sa sécurité renforcée par le recours à des actes spécifiques de nature à rassurer le banquier cessionnaire : il s'agit de la notification (1) et de l'acceptation (2).

1. La notification

2278 ***Principe*** ◊ En vertu de l'article L. 313-28 du Code monétaire et financier, le cessionnaire est en droit, par le biais d'une notification, d'interdire au débiteur de la créance cédée ou nantie de payer entre les mains du cédant [5]. Destinée à renforcer la position du cessionnaire face au risque de dilapidation des sommes recouvrées pour son compte par le cédant, cette notification demeure facultative et laissée à la libre appréciation du cessionnaire [6]. Une abstention de ce dernier en la matière ne saurait alors constituer une faute de sa part [7].

Ainsi, à compter de cette dernière, le débiteur ne se libère valablement qu'auprès de l'établissement de crédit (ou de la société de financement ou

---

1. Civ. 1re, 8 juill. 2010, n° 09-66.989 et n° 09-67.450, *RTD com.* 2010. 760, obs. D. Legeais ; *RDBF* 2010, comm. 205, obs. F.-J. Crédot et Th. Samin.

2. C. mon. fin., art. L. 313-27, al. 4.

3. Com., 3 juill. 2012, n° 11-19.796, *Bull. civ.* IV, n° 143 ; *D.* 2012. AJ 1876, obs. X. Delpech ; *JCP E* 2012, 1646, n° 17, obs. N. Mathey ; *Banque et Dr.* 9-10/2012. 18, obs. Th. Bonneau ; *LEDB* oct. 2012, p. 5, n° 129, obs. J. Lasserre Capdeville.

4. Com. 7 déc. 1993, n° 92-10.953, *Bull. civ.* IV, n° 448 ; *RTD com.* 1994. 535, obs. M. Cabrillac et B. Teyssié.

5. En revanche, la notification ne saurait entraîner, à la charge du débiteur cédé, une obligation d'information au profit du cessionnaire sur l'existence et la valeur des créances cédées, Com., 24 mars 1992, n° 90-14.678, *Bull. civ.* IV, n° 128 ; *JCP* 1992, II, 21938, note D. Legeais. Com., 4 mars 2008, n° 06-19.725, *Banque et Dr.* 5-6/2008. 21, obs. Th. Bonneau

6. Com., 18 nov. 1997, n° 95-13.581, *Bull. civ.* IV, n° 293 ; *D.* 1998, somm. p. 140, obs. A. Benabent ; *D. Affaires* 1998. 72, obs. X. Delpech ; *JCP E* 1998, n° 4, p. 97, obs. P. Bouteiller. Com., 12 janv. 1999, n° 96-11.171, *RDBB* 1999. 95, obs. F.-J. Crédot et Y. Gérard. Com. 2 nov. 2016, n° 15-12.491 : *D.* 2017. 147, note M.-P. Dumont-Lefrand ; *RTD civ.* 2017. 195, obs. P. Crocq : *JCP E* 2016, 1653, note D. Legeais ; *LEDB* déc. 2016, p. 7, obs. N. Mathey ; *Banque et Dr.* 1-2/2017, n° 171, p. 12, obs. Th. Bonneau.

7. Com. 27 sept. 2016, n° 14-18.282 : *D.* 2017. 2182, obs. D-R. Martin ; *RTD civ.* 2016. 904, obs. P. Crocq ; *LEDB* nov. 2016, p. 4, obs. J. Lasserre Capdeville ; *Banque et Dr.* 1-2/2017, n° 171, p. 12, obs. Th. Bonneau.

du FIA) cessionnaire. Il en va de la sorte même si le débiteur cédé n'accepte pas la cession [1]. La notification a pour effet de révoquer le mandat, le plus souvent tacite, de recouvrement donné au cédant.

En règle générale, la cession par bordereau Dailly n'est pas notifiée au débiteur cédé.

279 ***Opposabilité des exceptions*** ◊ Il est à souligner, même si nous y reviendrons plus loin [2], que cette notification n'opère par purge des exceptions. Ainsi, le cessionnaire a acquis la créance telle qu'elle existait à la date de la cession, avec tous ses défauts, même ceux non encore révélés (retard de livraison, marchandise non conforme, etc.). Les exceptions sont donc opposables au cessionnaire. Il importe peu que l'exception soit née avant ou après la notification [3].

280 ***Formalisme*** ◊ Cette notification s'effectue par tous moyens écrits (lettre, fax, etc.) [4], à condition de respecter les mentions figurant dans l'article R. 313-15, et notamment la désignation du cédant, celle de la créance cédée et l'interdiction de payer la créance accompagnée de l'obligation de la payer à la personne indiquée selon le mode de règlement précisé [5]. Le non-respect de ce formalisme est sanctionné par la nullité de la notification en question [6].

Il importe peu, pour la Cour de cassation, qu'une telle notification de la cession au débiteur cédé n'ait pas été effectuée au domicile élu par ce dernier dans le marché de travaux passé [7].

2. L'acceptation

281 ***Principe*** ◊ Pour éviter des incidents et renforcer sa position, le cessionnaire peut demander au débiteur d'accepter la cession. Cette acceptation

1. Com., 17 déc. 2013, n° 12-26.706, *Bull. civ.* IV, n° 184 ; dalloz.fr, actualité, 10 janv. 2014, obs. X. Delpech ; *Banque et Dr.* 3-4/2014. 26, obs. Th. Bonneau ; *LEDB* mars 2014, p. 1, n° 017, obs. J. Lasserre Capdeville.
2. V. ss
3. Com., 9 févr. 1993, n° 91-13.601, *Bull. civ.* IV, n° 51. Com., 9 nov. 1993, n° 91-18.116, *Bull. civ.* IV, n° 385.
4. Com., 21 sept. 2010, n° 09-11.707, *Bull. civ.* IV, n° 138 ; *D.* 2011. Pan. 1653, obs. D.-R. Martin ; *D.* 2010. AJ 2220, obs. X. Delpech ; *RTD com.* 2010. 759, obs. D. Legeais ; *Banque et Dr.* 11-12/2010. 24, obs. Th. Bonneau.
5. Com., 7 janv. 1997, n° 95-12.949, *Bull. civ.* IV, n° 2 ; *RTD civ.* 1997. 474, obs. P. Crocq.
6. C. mon. fin., art. R. 313-15.
7. Com. 11 oct. 2017, n° 15-18.372 : *RTD civ.* 2017. 861, obs. H. Barbier ; *RTD civ.* 2018. 186, obs. P. Crocq ; *JCP* 2017. 1381, note N. Borga ; *Banque et Dr.* 11-12/2017. 29, obs. Th. Bonneau ; *LEDB* déc. 2017, p. 3, obs. J. Lasserre Capdeville ; *RDC* 2018. 44, obs. R. Libchaber ; *RDC* 2018. 58, obs. M. Julienne. – A. El Mejri, « Bordereau Dailly : utiles précisions au sujet des conditions de forme, de la notification et de la portée des stipulations de l'acte générateur de la créance » : *RDBF* janv.-févr. 2018. Étude 2, p. 21. Il apparaissait ainsi, dans cette affaire, que la société concernée « *avait eu une connaissance effective de la notification de la cession et ne pouvait se méprendre sur les conséquences de celle-ci* ».

s'apparente alors à une acceptation cambiaire. À l'instar de cette dernière, en effet, elle prive le débiteur de la faculté d'opposer au banquier cessionnaire les exceptions personnelles qu'il avait contre le créancier d'origine. Cela renforce alors un peu plus la position du cessionnaire.

2282 ***Précisions jurisprudentielles*** ◊ Quelques précisions s'imposent ici à la vue de la jurisprudence rendue en la matière. Tout d'abord, la validité de l'acceptation est logiquement subordonnée à celle du bordereau [1].

Enfin, l'acceptation anticipée d'une cession qui n'a pas encore pris effet est sans portée et ne peut être confirmée que par un acte d'acceptation conforme aux dispositions de l'article L. 313-29 et signé postérieurement à la date mentionnée sur le bordereau de cession [2].

2283 ***Formalisme*** ◊ Cet engagement, qui n'est pas obligatoire, sera constaté, à peine de nullité, dans un écrit intitulé « acte d'acceptation de la cession ou du nantissement d'une créance professionnelle » [3], signé par le débiteur. À défaut, et en dépit de l'engagement de payer qu'il comporte, l'acte ne vaut pas acceptation de la cession par le débiteur cédé [4].

Notons encore que si l'écrit peut être établi sur tout support [5], l'acceptation tacite n'est en revanche pas admise.

2284 ***Cas du débiteur public*** ◊ Une acceptation peut être valablement donnée par un débiteur public [6]. L'article L. 313-29-1, modifié par les lois n° 2008-735 du 28 juillet 2008, n° 2009-179 du 17 février 2009 et n° 2010-1249 du 22 octobre 2010, détermine d'ailleurs les conditions de l'acceptation d'un bordereau établi à l'occasion d'un contrat de

---

1. Ainsi, si une acceptation a été souscrite sur le fondement d'un bordereau ne comportant pas toutes les mentions légales, le débiteur est fondé à opposer au cessionnaire les exceptions tirées dans ses rapports personnels avec le cédant, Com., 16 oct. 2007, n° 06-14.675, *Bull. civ.* IV, n° 217 ; *D.* 2007. AJ 2728, obs. X. Delpech ; *RDBF* 2008, comm. 13, obs. A. Cerles ; *Banque et D* 1-2/2008. 25, obs. Th. Bonneau.

2. Com., 3 nov. 2015, n° 14-14.373, dalloz.fr, actualité, 17 nov. 2015, obs. X. Delpech ; *D.* 2016. 2311, obs. D.-R. Martin ; *RTD civ.* 2016. 123, obs. H. Barbier ; *Banque et Dr.* 3-4/2016, n° 166, p. 37, obs. Th. Bonneau ; *LEDB* janv. 2016, p. 5, n° 008, obs. J. Lasserre Capdeville.

3. C. mon. fin., art. L. 313-29, al. 1. Versailles, 28 janv. 1987, *D.* 1988, somm. p. 280, obs. M. Vasseur ; *RTD com.* 1987. 554, obs. M. Cabrillac et B. Teyssié ; Banque 1987, p. 726, obs. J.-L. Rives-Lange. Com., 5 nov. 1991, n° 90-12.334, *Bull. civ.* IV, n° 329.

4. Com., 29 oct. 2003, n° 01-02.512, *Bull. civ.* IV, n° 157 ; *JCP E* 2004, n° 22, p. 864, note C. Malecki ; *JCP E* 2004, n° 20-21, p. 816, obs. J. Stoufflet ; *RDBF* 2004, comm. 6, obs. F.-J. Crédot et Y. Gérard ; *Banque et Dr.* 3-4/2004, obs. Th. Bonneau ; *RTD com.* 2004. 137, obs. M. Cabrillac.

5. Il peut s'agir, bien évidemment, d'un écrit électronique. Pour une décision antérieure à la loi n° 2000-230 du 13 mars 200 admettant une télécopie comme preuve de l'acceptation de la cession de créance, Com., 2 déc. 1997, n° 95-14.251, *Bull. civ.* IV, n° 315 ; *D.* 1998. 192, note D.-R. Martin ; *D. Affaires* 1998. 149, obs. X. Delpech ; *JCP E* 1998, n° 5, p. 178, note Th. Bonneau ; *RDBB* 1998. 9, obs. F.-J. Crédot et Y. Gérard ; *RTD com.* 1998. 187, obs. M. Cabrillac.

6. CE 25 juin 2003, n° 240679, *RDBF* 2004, comm. 124, obs. A. Cerles ; *RTD civ.* 2004. 330, obs. P. Crocq ; *RTD com.* 2003. 792, obs. M. Cabrillac. CE 19 nov. 2004, n° 231103, *JCP E* 2004, n° 51, p. 1998.

partenariat public-privé ou d'un contrat mentionné au premier alinéa de l'article L. 6148-5 du Code de la santé publique.

285 ***Effets de l'acceptation*** ◊ L'acceptation par le débiteur cédé de la cession de créances va produire les mêmes effets que l'acceptation d'une lettre de change [1]. Tout d'abord, le débiteur va s'engager à payer directement l'établissement de crédit, la société de financement ou le FIA cessionnaire.

Ensuite, ce dernier bénéficiera de l'inopposabilité des exceptions que le débiteur pouvait invoquer contre le cédant : retard de livraison, marchandise non conforme, etc. [2] L'acceptation purge ainsi la créance de ses exceptions à l'égard du cessionnaire [3]. Cette dernière solution connaît cependant quelques rares exceptions, notamment si le cessionnaire, en acquérant ou en recevant la créance, a agi sciemment au détriment du débiteur.

En pratique, l'acceptation est rarement sollicitée.

SECTION 2. LES EFFETS DE LA CESSION DAILLY

286 ***Simplicité*** ◊ La cession de créances par bordereau Dailly a pour avantage d'être nettement moins formaliste concernant l'opposabilité de la cession ou du nantissement aux tiers, et plus particulièrement au débiteur cédé, que ne l'est la cession de créances de droit commun. En effet, en vertu de l'article L. 313-27, alinéa 1er, la cession ou le nantissement prend effet entre les parties et devient opposable aux tiers à compter de la date portée sur le bordereau lors de la remise, et ce « quelle que soit la date de naissance, d'échéance ou d'exigibilité des créance » [4]. L'article ajoute qu'aucune autre formalité n'est requise.

287 ***Risques de conflits*** ◊ Cependant, il arrive parfois qu'outre le cessionnaire, un tiers allègue avoir également un droit sur les créances objets de la cession [5]. Il en va ainsi, notamment, entre cessionnaires successifs, avec une société d'affacturage, avec un banquier escompteur, avec un créancier saisissant, avec un créancier muni d'une clause de réserve de propriété, avec un banquier réceptionnaire des fonds ou encore avec un sous-traitant. Dans la plupart des cas, le conflit se résoudra par l'application de la

1. C. mon. fin., art. L. 313-29, al. 2. C. com., art. L. 511-12. V. ss 2167.
2. V. ss 2298.
3. Com. 3 déc. 1991, n° 89-21.920, *Bull. civ.* IV, n° 370 ; Banque 1992, p. 644, obs. J.-L. Rives-Lange. Com., 19 mai 1992, n° 90-16.155, *Bull. civ.* IV, n° 189 ; *JCP* 1992, IV, 2039.
4. Com., 28 oct. 1986, n° 85-15.612, *Bull. civ.* IV, n° 194 ; *D.* 1986. 592, note M. Vasseur ; *RTD com.* 1987. 89, obs. M. Cabrillac et B. Teyssié ; *JCP* 1987, II, 20735, note J. Stoufflet. Com., 12 oct. 1993, n° 91-15. 820, *Bull. civ.* IV, n° 328. Com., 7 mars 1995, n° 93-12.257, *Bull. civ.* IV, n° 66.
5. Sur les différentes hypothèses susceptibles de se présenter, R. Bonhomme, *Instruments de crédit et de paiement*, éd. LGDJ, 2017, 12e éd., n° 282 s.

règle « *prior temporer, potior jure* » [1]. Le juge comparera alors la date portée sur le bordereau, qui rend la cession opposable aux tiers, et celle du droit concurrent : l'opération correspondant à la date la plus ancienne sera alors privilégiée.

À titre d'exemple, en l'absence de notification, le débiteur cédé peut très bien payer un établissement de crédit (celui du cédant) autre que l'établissement de crédit cessionnaire. Ce dernier peut-il dès lors réclamer le montant de la créance au premier établissement ? La réponse à cette question peut se révéler particulièrement importante lorsque le cédant est mis en redressement judiciaire. La Cour de cassation a alors estimé que le cessionnaire ne pouvait obtenir, dans cette hypothèse, la restitution des sommes virées au compte du réceptionnaire. Ce dernier est simplement considéré comme un dépositaire tenu de restituer le dépôt au déposant ou à une personne habilitée [2].

2288 La cession aura alors diverses conséquences pour les parties au contrat (§ 1), mais également pour le débiteur cédé (§ 2).

§ 1. Les effets de la cession pour les parties au contrat

2289 La cession a deux conséquences majeures pour les parties au contrat : d'une part, elle entraîne la transmission des créances cédées (A), et, d'autre part, elle confère au cessionnaire un recours en garantie contre le cédant (B).

A. La transmission des créances cédées

2290 ***Principe*** ◊ À partir de la date portée sur le bordereau [3], le cessionnaire va acquérir la propriété des créances cédées. Cette règle est valable tant pour les cessions consenties à titre d'escompte que pour celles opérées à titre de garantie [4]. Le cessionnaire en devient le titulaire exclusif.

De plus, l'article L. 313-27, alinéa 3, indique qu'outre la créance, sont également transmis au cessionnaire, sauf convention contraire, les sûretés, les garanties [5] et les accessoires [6] attachés à chaque créance, y compris les

---

1. « Premier en date, plus puissant en droit ».

2. Com. 4 juill. 1995, n° 93-12.977, *Bull. civ.* IV, n° 203 ; *D.* 1996, somm. p. 208, obs. S. Piedelièvre ; *JCP* 1995, II, 22553, note D. Legeais ; *JCP E* 1995, II, 738 ; note J. Stoufflet ; *RDBB* 1995. 143, obs. F.-J. Crédot et Y. Gérard ; *RTD civ.* 1996. 192, obs. P.-Y. Gautier. Com., 19 déc. 2000, n° 97-16.763, *Bull. civ.* IV, n° 195 ; *D.* 2001. AJ 375. Com., 3 nov. 2009, n° 08-10.692, *RTD com.* 2010. 772, obs. D. Legeais ; *RDBF* 2010, comm. 40, obs. F.-J. Crédot et Th. Samin.

3. C. mon. fin., art. L. 313-27.

4. C. mon. fin., art. L. 313-24, al. 1er.

5. Com., 24 sept. 2002, n° 00-20.787. Pour le cas d'une clause de réserve de propriété, Com., 15 mars 1988, n° 86-13.687, *Bull. civ.* IV, n° 106.

6. Pour une clause d'arbitrage, Civ. 2e, 20 déc. 2001, n° 00-10.806, *Bull. civ.* II, n° 198 ; *RTD com.* 2002. 279, obs. E. Loquin.

sûretés hypothécaires. La créance est donc transmise en l'état au cessionnaire, avec ses qualités comme ses défauts.

291 ***Incidences*** ◊ Il résulte du principe précité qu'à partir de ce transfert, le cédant ne peut plus, sans l'accord du cessionnaire, modifier l'étendue des droits attachés aux créances cédées [1]. Ainsi, et à titre d'exemple, le cédant ne pourra pas supprimer des suretés ou encore accorder une remise de dette ou un report d'échéance. Toutes ces modifications seront inopposables au banquier bénéficiaire d'un bordereau.

292 ***Cas de la cession en garantie*** ◊ Cela a été dit plus haut, l'article L. 313-24 du Code monétaire et financier permet la cession d'une créance en propriété à des fins de garantie d'un crédit. Cette cession permet alors au cessionnaire de recouvrer la créance cédée si l'obligation garantie n'est pas exécutée par le cédant [2]. En revanche, elle ne procure pas au cessionnaire de privilège si le cédant est soumis à une procédure collective [3].

Seul le cessionnaire peut réclamer au débiteur le paiement total de la créance cédée, même lorsque son montant excède celui de la créance garantie. Le cédant, quant à lui, ne retrouve ses droits à agir qu'après le remboursement intégral de la dette garantie ou la renonciation du cessionnaire à tout ou partie de la créance cédée [4].

Notons encore que si la garantie n'a plus d'objet parce que le crédit consenti par l'établissement de crédit bénéficiaire a été remboursé, il appartient aux parties d'effectuer un nouveau transfert de la créance [5].

Enfin, et cela vient d'être rappelé, la cession de créances par bordereau Dailly faite à titre de garantie implique la restitution du droit cédé au cas où la créance garantie viendrait à être payée ; elle n'opère alors qu'un transfert provisoire de la titularité de ce droit et ne saurait être

---

1. C. mon. fin., art. L. 313-27, al. 2.

2. Ainsi, les règlements effectués avant l'ouverture de la procédure collective du cédant par le débiteur cédé entre les mains du cessionnaire restent acquis à ce dernier tant que les créances garanties par cette cession ne sont pas payées, l'excédent éventuel n'étant restitué qu'après ce paiement, Com. 30 juin 2015, n° 14-13.784 : *D.* 2015. AJ 1484 ; *RTD civ.* 2015. 666, obs. P. Crocq ; *Gaz. Pal.* 2015. 3695, obs. S. Moreil ; *Banque et Dr.* 11-12/2015. 25, obs. Th. Bonneau ; *RDC* 2016. 261, obs. M. Julienne.

3. Com., 20 févr. 2007, n° 05-20.562, *Bull. civ.* IV, n° 48 ; *D.* 2007. AJ 793, obs. X. Delpech ; *RTD com.* 2007. 423, obs. D. Legeais ; *Banque et Dr.* 5-6/2007. 40, obs. Th. Bonneau. En cela, le bordereau de nantissement est plus avantageux sur ce point.

4. Com., 18 nov. 2014, n° 13-13.336, dalloz ; fr, actualité, 4 déc. 2014, obs. X. Delpech ; *RTD com.* 2015. 343, obs. D. Legeais ; *RTD civ.* 2015. 185, obs. P. Crocq ; *LEDB* janv. 2015, p. 6, n° 011, obs. R. Routier ; *Banque et Dr.* 1-2/2015. 41, obs. T. Bonneau ; *RDBF* 2015, comm. 10, obs. A. Cerles ; *RDBF* 2015, comm. 33, obs. F.-J. Crédot et Th. Samin.

5. Sur l'absence de formalité particulière du retour de la créance au cédant dans la mesure où la garantie prend fin lorsque son bénéficiaire n'a plus de créance à faire valoir ou lorsqu'il y renonce, Civ. 1re, 19 sept. 2007, n° 04-18.372, *Bull. civ.* I, n° 275 ; *D.* 2007. AJ 2532, obs. X. Delpech ; *RTD com.* 2008. 162, obs. D. Legeais. V. également, concernant les sommes excédant la créance qui reste due à la banque cessionnaire par le cédant, Com., 9 févr. 2010, n° 09-10.119, *Bull. civ.*, n° 34 ; *D.* 2011. Pan. 414, obs. P. Crocq ; *D.* 2010. AJ 578, obs. X. Delpech ; *RTD com.* 2010. 770, obs. D. Legeais.

vue comme le paiement de la créance garantie. En conséquence, pour les juges, elle n'est pas nulle de plein droit si elle intervient en cours de période suspecte [1].

B. La garantie solidaire du cédant

2293 ***Principe*** ◊ Depuis la loi n° 84-86 du 24 janvier 1984, sauf convention contraire, le cédant est garant solidaire du paiement des créances cédées [2]. Il va ainsi garantir non seulement l'existence des créances cédées [3], mais aussi la solvabilité du débiteur cédé [4]. En conséquence, en cas de défaillance de ce dernier, il devra lui-même payer.

La nature de l'obligation en question demeure particulière. Il s'agit, certes, d'une dette solidaire de celle du cédé, mais elle ne peut être assimilée ni à celle d'une caution ni à celle d'un coobligé.

2294 ***Recours contre le cédant*** ◊ Du fait de la solidarité en question, le cessionnaire pourra exercer son recours contre le cédant sans avoir à respecter de condition particulière [5] : il importe peu que le cessionnaire ait ou non notifié la cession au débiteur cédé [6]. De même, il n'est pas exigé de sa part d'avoir, auparavant, actionné le débiteur cédé [7]. Plus précisément, pour la jurisprudence, le cessionnaire doit simplement justifier qu'il a présenté au débiteur une demande amiable de paiement si la cession a été notifiée à ce

1. Com. 22 mars 2017, n° 15-15.361 : *D.* 2017. 2004, obs. P. Crocq ; *AJ contrat* 2017, p. 236, obs. A. Reygrobellet ; *RTD com.* 2017. 434, obs. A. Martin-Serf ; *RTD civ.* 2017. 455, obs. P. Crocq ; *Banque et Dr.* juill.-août 2017, n° 174, p. 26, obs. Th. Bonneau ; *LEDB* mai 2017, p. 5, obs. J. Lasserre Capdeville.

2. C. mon. fin., art. L. 313-24, al. 2.

3. Com. 1er févr. 2011, n° 09-73.000, *Bull. civ.* IV, n° 11 ; *D.* 2012. Pan. 1913, obs. D.-R. Martin ; *D.* 2011. AJ 509, obs. X. Delpech ; *RTD com.* 2011. 394, obs. D. Legais ; *JCP E* 2011, n° 1394, n° 24, obs. J. Stoufflet ; *RDBF* 2011, comm. 125, obs. F.-J. Crédot et Th. Samin ; *Banque et Dr.* 5-6/2011. 28, obs. Th. Bonneau ; *LEDB* avr. 2011, p. 1, n° 038, obs. J. Lasserre Capdeville.

4. Com., 18 sept. 2007, n° 06-13.736, *Bull. civ.* IV, n° 197 ; *Banque et Dr.* 1/2008. 23, obs. Th. Bonneau ; *JCP E* 2007, 2377, obs. J. Stoufflet. Com., 7 avr. 2009, n° 08-12.008, *RJDA* 2009, n° 884.

5. Com., 17 déc. 1996, n° 94-15.623, *Bull. civ.* IV, n° 312 ; *RTD com.* 1997. 301, obs. M. Cabrillac.

6. C. mon. fin., art. L. 313-28. Com., 11 déc. 2001, n° 98-18.580, *Bull. civ.* IV, n° 196 ; *D.* 2003, somm. p. 342, obs. D.-R. Martin ; *RDBF* 2002, comm. 92, obs. A. Cerles. Com., 26 nov. 2003, n° 01-03.685, *Bull. civ.* IV, n° 176 ; *RDBF* 2004, comm. 123, obs. A. Cerles.

7. Com. 14 mars 2000, n° 96-14.034, *Bull. civ.* IV, n° 55 ; *D.* 2000. AJ 236, obs. A. Faddoul ; *RTD com.* 2000. 996, obs. M. Cabrillac. Notons que lorsque la cession de créances professionnelles a été effectuée en garantie d'un crédit, le cédant reste tenu, en sa qualité de débiteur principal, vis-à-vis de l'établissement cessionnaire lui ayant accordé le crédit, peu important que la créance cédée n'ait pas été déclarée au passif du débiteur cédé, Com., 20 oct. 2009, n° 08-18.233, *Bull. civ.* IV, n° 128 ; *D.* 2009. AJ 2611, obs. A. Lienhard ; *RTD com.* 2010. 422, obs. M. Martin-Serf ; *RDBF* 2010, comm. 39, obs. F.-J. Crédot et Th. Samin ; *Banque et Dr.* 1-2/2010. 18, obs. Th. Bonneau ; *RPC* 2010, n° 63, obs. F. Pérochon.

débiteur ou qu'un événement a rendu impossible ce paiement [1]. À défaut d'une telle notification, aucune condition n'est à respecter [2].

Notons qu'a été jugée valable la clause aux termes de laquelle le cédant s'interdisait d'exiger de la banque cessionnaire l'accomplissement d'une formalité quelconque ou une intervention de quelque nature que ce soit auprès du débiteur cédé et la déchargeait de toute responsabilité en cas de non-recouvrement, pour quelque motif que ce soit, des créances cédées [3].

En revanche, faute d'avoir reçu un mandat spécial à cet effet, le cédant d'une créance n'a aucun pouvoir pour poursuivre en justice le débiteur cédé [4].

295 ***Cas de la procédure collective du cédant*** ◊ Une question juridique importante s'est posée en la matière : l'admission de la créance du cessionnaire dans la procédure collective du cédant, pris en tant que garant, peut-elle interdire au débiteur cédé, non accepteur, d'opposer au cessionnaire l'exception d'inexécution de sa prestation par le cédant ? La jurisprudence a répondu par la négative [5].

Cette solution ne saurait surprendre, dans la mesure où l'interprétation *a contrario* de l'article L. 313-29 laisse penser que seule l'acceptation de la cession peut priver le débiteur du droit d'opposer l'exception d'inexécution. En outre, on ne peut nier que la dette du cédant diffère fondamentalement de celle du débiteur cédé, puisque seul ce dernier est tenu au titre de l'exécution du contrat fondamental qui le lie au cédant.

§ 2. **Les effets de la cession à l'égard du débiteur cédé**

296 Selon l'article L. 313-27 du Code monétaire et financier, « la cession prend effet entre les parties et devient opposable aux tiers à la date portée

1. Com. 18 sept. 2007, n° 06-13.736, *Bull. civ.* IV, n° 197 ; *D.* 2007. AJ 2532, obs. X. Delpech ; *RTD com.* 2007. 821, obs. D. Legeais ; *JCP E* 2007, n° 46, p. 19, obs. J. Stoufflet ; *RDBF* 2007, comm. 210, obs. F.-J. Crédot et Th. Samin ; *Banque et Dr.* 1-2/2008. 23, obs. Th. Bonneau ; *Dr. et patr.* 3/2008. 78, obs. J.-P. Mattout et A. Prüm. – Com. 18 janv. 2017, n° 15-12.951 : dalloz.fr, acutalité, 13 févr. 2017, obs. X. Delpech ; *RTD civ.* 2017. 397, obs. H. Barbier ; *JCP E* 2017. 1159, note D. Legeais ; *Banque et Dr.* 3-4/2017, n° 172, p. 36, obs. Th. Bonneau ; *RDC* 2017. 256, obs. R. Libchaber.

2. Il en va de même à l'égard de la caution du cédant, Com., 22 mars 2016, n° 14-24.455, *LEDB* mai 2016, p. 4, n° 076, obs. R. Routier.

3. Com. 5 juin 2012, n° 11-18.210, *Bull. civ.* IV, n° 112 ; *D.* 2012. AJ 1605, obs. X. Delpech ; *Banque et Dr.* 9-10/2012. 17, obs. Th. Bonneau ; *RTD com.* 2012. 600, obs. D. Legeais ; *LEDB* sept. 2012, p. 3, n° 108, obs. J. Lasserre Capdeville.

4. Com., 27 mai 2014, n° 13-16.673, *LEDB* juill. 2014, p. 4, n° 091, obs. M. Mignot.

5. Com. 1er avr. 2008, n° 06-21458, *Bull. civ.* IV, n° 73 ; *D.* 2008. AJ 1138, obs. X. Delpech ; *D.* 2009. Pan. 1052, obs. D.-R. Martin ; *RTD com.* 2008. 401, obs. D. Legeais ; *Banque et Dr.* juill.-août 2008, p. 16, obs. Th. Bonneau.

sur le bordereau »[1]. Mais quels sont les impacts concrets de la cession Dailly sur ces tiers ? Cela sera variable selon qu'il n'y a pas de notification ou d'acceptation (A), ou, à l'inverse, en cas de notification (B) ou d'acceptation (C).

A. En l'absence de notification ou d'acceptation

2297 ***Paiement au cédant*** ◊ La cession de créance transférant au cessionnaire la propriété de la créance cédée, le cédant ne devrait pas pouvoir recevoir le paiement de ses créances. Cependant, en pratique, le recouvrement des créances professionnelles est assuré par le cédant pour le compte du cessionnaire sur le fondement d'un mandat exprès[2] ou tacite. Il est vrai que tant que le débiteur cédé n'a pas été informé de la cession intervenue, il est fondé à croire que la créance appartient toujours au cédant, qui en est le titulaire apparent. De plus, l'établissement de crédit, cessionnaire d'un grand nombre de créances, ne tient généralement pas à procéder lui-même à leur recouvrement.

Dès lors, en résumé, en l'absence de notification ou d'acceptation, le paiement émanant du débiteur cédé effectué entre les mains du cédant est libératoire. Le cédant devra, quant à lui, reverser les fonds encaissés au cessionnaire, c'est-à-dire son mandant.

2298 ***Opposabilité des exceptions*** ◊ En principe, le débiteur cédé a la possibilité d'opposer au cessionnaire les exceptions qu'il pouvait opposer au cédant : le transfert de la créance n'opère pas purge des exceptions[3]. La créance est transmise avec les vices qui l'affectent.

Il en va ainsi, par exemple, avec la nullité ou l'inexécution du contrat d'où est issue la créance[4] ou encore la nullité de l'acte de cession[5]. De même, le débiteur peut opposer à l'établissement de crédit cessionnaire les exceptions fondées sur ses rapports personnels avec le cédant, et notamment la violation d'une clause interdisant au cédant de céder la créance

---

1. Son paiement ne sera alors pas affecté par l'ouverture d'une procédure collective contre le cédant postérieurement à cette date, Com., 7 déc. 2004, n° 02-20.732, *Bull. civ.* IV, n° 213 ; *D.* 2005. 230, note C. Larroumet ; *D.* 2005. AJ 77, obs. A. Lienhard ; *RDBF* 2005, comm. 77, obs. F.-J. Crédot et Th. Samin ; *JCP E* 2005, n° 17, p. 707, obs. N. Mathey.

2. Le mandat prendra, souvent, la forme d'un contrat-cadre entre le cédant et le cessionnaire. Ce contrat-cadre précisera les modalités de versement au cessionnaire des sommes encaissées pour son compte, les procédés par lesquels elles devront être recouvrées sur les débiteurs cédés, les conditions dans lesquelles il pourra être mis fin au mandat ainsi que les sanctions des manquements du cédant (par exemple, la résiliation de l'ouverture de crédit).

3. Com., 30 juin 1992, n° 90-16.802, *Bull. civ.* IV, n° 252.

4. Com., 9 févr. 1993, n° 91-13.601, *Bull. civ.* IV, n° 51 ; *RTD com.* 1993. 347, obs. M. Cabrillac et B. Teyssié.

5. Metz, 5 févr. 2009, *JCP E* 2009, n° 25, p. 19. En l'occurrence, l'acte de cession était nul pour avoir été signé par le dirigeant de la société créancière qui, au moment de la cession, avait cessé son activité du fait de l'adoption d'un plan de cession et avait fait l'objet d'une radiation d'office au RCS.

sans le consentement du cédé [1]. La jurisprudence considère en outre que l'autorité de chose jugée attachée à la décision d'admission de la créance du cessionnaire au passif de la procédure collective du cédant ne fait pas obstacle à ce que le débiteur cédé puisse opposer au cessionnaire l'exception d'inexécution de son obligation par le cédant [2]. En revanche, étant tiers à la cession, le cédé ne peut opposer au cessionnaire les exceptions résultant de cette convention [3]

Seule l'acceptation du débiteur cédé peut mettre un terme à cette opposabilité des exceptions [4].

2299 ***Cas de la compensation*** ◊ L'hypothèse de la compensation a donné lieu à des difficultés particulières. La question qui s'est posée est la suivante : un débiteur cédé peut-il opposer au cessionnaire l'exception de compensation née de ses rapports avec le cédant ? La réponse à cette question est positive si les conditions de la compensation légale sont réunies avant la date apposée sur le bordereau [5]. Dans cette hypothèse, en effet, la créance n'a pu être transmise, car elle n'existe plus.

En revanche, dans les cas où les conditions de la compensation sont réunies après la date portée sur le bordereau, l'opposabilité en question ne paraît plus envisageable dans la mesure où la compensation en question n'est plus possible la condition de réciprocité faisant défaut. Pourtant la jurisprudence opère dans cette hypothèse une distinction selon que la cession a fait ou non l'objet d'une notification. Ainsi, jusqu'à cette dernière, la compensation demeure admise [6]. Il en va différemment, en principe, postérieurement [7].

Une exception à cette toute dernière solution est néanmoins à relever en cas de compensation de dettes connexes. En effet, si les conditions de la compensation ne sont réunies qu'après la notification, la compensation reste opposable dès lors que les créances réciproques sont unies par un lien de connexité [8].

---

1. Com., 21 nov. 2000, n° 97-16.874, *Bull. civ.* IV, n° 180 ; *D.* 2001. AJ 123, obs. V. Avena-Robardet ; *D.* 2003, somm. p. 343, obs. D.-R. Martin ; *RDBF* 2001, comm. 3, obs. F.-J. Crédot et Y. Gérard ; *JCP E* 2001, n° 31-35, p. 1332, obs. J. Stoufflet ; *RTD civ.* 2001. 933, obs. P. Crocq. Pour une clause de substitution, Paris, 26 janv. 1996, *D. Affaires* 1996. 352 ; *RJ com.* 1996. 188, note F. Grua ; *RTD com.* 1996. 310, obs. Cabrillac.

2. Com., 1er avr. 2008, n° 06-21.458, *Bull. civ.* IV, n° 73 ; *Gaz. Pal.* 29 juill. 2008, p. 49, note R. Bonhomme.

3. Com., 19 mai 1992, n° 90-16.155, *Bull. civ.* IV, n° 189 ; *JCP* 1992, IV, 2039.

4. C. mon. fin., art. L. 313-29. V. ss 2304.

5. Com., 18 juill. 1989, n° 88-14.301, *Bull. civ.* IV, n° 227 ; *D.* 1990, somm. p. 215, obs. A. Honorat.

6. Com., 14 déc. 1993, n° 91-22.033, *Bull. civ.* IV, n° 469 ; *RTD com.* 1994. 332, obs. M. Cabrillac et B. Teyssié ; *D.* 1994. 269, note C. Larroumet. Com., 6 oct. 1998, n° 95-21.350, *Bull. civ.* IV, n° 225 ; *D. Affaires* 1998. 1903, obs. X. Delpech ; *RTD com.* 1999. 163, obs. M. Cabrillac.

7. Com., 26 avr. 1994, n° 92-15.032, *RJDA* 1994, n° 952 ; *JCP* 1994, IV, 1582 ; Banque déc. 1994, p. 91, obs. J.-L. Guillot.

8. En effet, en matière de compensation pour créances connexes, les juges ne sont pas obligés de vérifier la liquidité et l'exigibilité des créances, Com., 12 nov. 1996, n° 94-17.032, *JCP* 1997, IV, 24. Paris, 17 nov. 1992, *JCP E* 1993, II, 428, note C. Larroumet.

2300 ***Charge de la preuve*** ◊ Les juges ont été amenés à clarifier l'état du droit en matière de preuve. Ainsi, sauf acceptation de la cession par le prétendu débiteur, il incombe à celui qui invoque contre lui la créance de la prouver [1].

De même, si c'est l'existence de la créance cédée qui est contestée, c'est à celui qui l'invoque qu'il revient de la démontrer [2].

2301 ***Danger en cas de procédure collective du cédant*** ◊ Un risque est à relever si le cédant vient à faire l'objet d'une procédure collective, et plus particulièrement d'un redressement judiciaire. Deux hypothèses peuvent être distinguées.

Tout d'abord, si la créance n'est pas encaissée lors de l'ouverture de la procédure, le cessionnaire ne court en principe aucun danger, dans la mesure où le cédant (ou l'administrateur) devra lui verser le montant de l'encaissement.

En revanche, si la créance a été encaissée lors de l'ouverture de la procédure, le paiement devient plus incertain, car ces sommes ne pourront plus être identifiées dans le patrimoine du cédant. Le cessionnaire ne semble donc pas pouvoir revendiquer les espèces déjà encaissées. Il devrait se retrouver simple créancier chirographaire du cédant [3]. Il est donc recommandé au cessionnaire, en cas de doute, de mettre fin au mandat, ou encore, plus simplement, de notifier systématiquement les cessions aux débiteurs cédés [4].

B. En présence d'une notification

2302 ***Incidences de la notification*** ◊ La notification a pour effet d'interdire au débiteur cédé de payer en d'autres mains que celles du banquier cessionnaire [5]. Cet acte a pour conséquence la révocation du mandat de recouvrement, le plus souvent tacite, dont était investi le cédant jusqu'alors. Dès lors, à compter de cette notification, le débiteur ne se libérera valablement qu'auprès de l'établissement de crédit [6], lequel pourra en cas de litige apporter la preuve par tous moyens de la connaissance par le débiteur de la notification en question [7]. En revanche, le paiement que le débiteur cédé viendrait à effectuer en violation des droits du cessionnaire sera inopposable à ce dernier et exposera le débiteur à un nouveau paiement [8].

---

1. Com., 18 oct. 1994, n° 93-10.078, *Bull. civ.* IV, n° 290. Com., 18 févr. 1997, n° 95-11.569, *Bull. civ.* IV, n° 54 ; *RTD com.* 1997. 299, obs. M. Cabrillac.

2. Com., 14 juin 2000, n° 97-13.019, *Bull. civ.*, n° 122 ; *RTD com.* 2000. 994, obs. M. Cabrillac ; *JCP E* 2001, p. 1334, obs. J. Stoufflet ; *RDBF* 2000, comm. 187, obs. F.-J. Crédot et Y. Gérard.

3. Com., 10 mai 2000, n° 97-19.759, *Bull. civ.* IV, n° 98.

4. R. Bonhomme, *Instruments de crédit et de paiement*, éd. LGDJ, 2015, 11e éd., n° 271.

5. C. mon. fin., art. L. 313-28. V. ss 2278.

6. Com., 17 déc. 2013, n° 12-26.706, *Bull. civ.* IV, n° 184 ; dalloz.fr, actualité, 10 janv. 2014, obs. X. Delpech ; *Banque et Dr.* 3-4/2014. 26, obs. Th. Bonneau ; *LEDB* mars 2014, p. 1, obs. J. Lasserre Capdeville.

7. C. mon. fin., art. L. 313-23, al. 4.

8. Com., 2 oct. 2007, n° 06-14.343, *Bull. civ.* IV, n° 209 ; *D.* 2007. AJ 2604, obs. X. Delpech. Encore faut-il néanmoins que la notification ait été adressée à la bonne personne, Com., 3 oct. 2006, n° 04-30.820, *Bull. civ.* IV, n° 193.

303 ***Opposabilité des exceptions*** ◊ Il convient de rappeler que la notification n'a pas de conséquence sur la créance elle-même, qui n'est pas purgée, par cette formalité, de ses éventuels vices [1]. Il est alors de principe que le débiteur peut opposer au cessionnaire toutes les exceptions qu'il pouvait opposer au cédant même après la notification. Il en va ainsi même si l'exception est apparue postérieurement à la notification de la cession [2].

C. En présence d'une acceptation

304 ***Engagement du débiteur*** ◊ Les effets de l'acceptation, donnée dans les formes exactes requises par l'article L. 313-29, alinéa 1er, du Code monétaire et financier, sont les mêmes que ceux de la lettre de change [3]. Tout d'abord, le débiteur s'engage à payer directement l'établissement de crédit ou la société de financement. De plus, et surtout, il ne peut plus opposer à l'établissement cessionnaire les exceptions fondées sur ses rapports personnels avec le cédant [4]. La créance se retrouve alors purgée de ses exceptions.

Cette solution connaît cependant quelques rares limites. Il en va ainsi, tout d'abord, lorsque l'établissement de crédit, en acquérant ou en recevant la créance, a agi sciemment au détriment du débiteur [5]. Cette bonne ou mauvaise foi doit logiquement s'apprécier au moment de la cession de créance. De même, lorsque le bordereau de cession est irrégulier, l'engagement de payer du débiteur cédé ne vaut pas acceptation de la cession de créances au sens de l'article L. 313-29 du Code monétaire et financier. Le débiteur est alors fondé à opposer au cessionnaire les exceptions tirées de ses rapports personnels avec le cédant [6].

305 ***Défaut de paiement à l'échéance*** ◊ Si le débiteur cédé ne paie pas à l'échéance, le cessionnaire n'a pas à faire dresser un quelconque protêt. Son recours sera ici soumis au droit commun. Il pourra ainsi utiliser la procédure d'injonction de payer prévue par l'article 1405 du Code de procédure civile.

---

1. V. par ex., Com., 15 juin 1993, n° 91-19.677, *Bull. civ.* IV, n° 242 ; *D.* 1993. 495, note C. Larroumet ; *RTD com.* 1993. 696, obs. M. Cabrillac. Com., 20 nov. 2001, n° 98-21.708, *Bull. civ.* IV, n° 180 ; *Rev. sociétés* 2002. 316, note J.-J. Daigre ; *RDBF* 2002, comm. 3, obs. F.-J. Crédot et Th. Samin ; *Banque et Dr.* 3-4/2002. 54, obs. Th. Bonneau. V. ss 2279.
2. Com., 9 févr. 1993, n° 91-13.601, *Bull. civ.* IV, n° 51. Com., 9 nov. 1993, n° 91-18.116, *Bull. civ.* IV, n° 385.
3. V. ss 2169.
4. Com., 3 déc. 1991, n° 89-21.920, *Bull. civ.* IV, n° 370 ; Banque 1992, p. 644, obs. J.-L. Rives-Lange. Com., 19 mai 1992, n° 90-16.155, *Bull. civ.* IV, n° 189 ; *JCP* 1992, IV, 2039.
5. C. mon. fin., art. L. 313-29, al. 2. Versailles, 11 sept. 1997, *D. Affaires* 1997. 1462.
6. Com. 16 oct. 2007, n° 06-14.675, *Bull. civ.* IV, n° 217 ; *D.* 2007. AJ 2728, obs. X. Delpech ; *RDBF* 2008, comm. 13, obs. A. Cerles ; *Banque et Dr.* 1-2/2008. 25, obs. Th. Bonneau ; *Dr. et patr.* 3/2008. 78, obs. J.-P. Mattout et A. Prüm.

TITRE 4

LES CRÉDITS INTERNATIONAUX

306 *Développements internationaux* ◊ L'activité bancaire ne saurait être vue que d'un point de vue national. En effet, il est bien connu que les échanges internationaux deviennent indispensables lorsqu'un certain seuil de développement économique est atteint. L'activité bancaire a donc vocation à jouer également au niveau international, pour accompagner ce développement du commerce extérieur. Les banques ont été conduites à accroître leurs interventions en ce domaine, notamment sous la forme de « produits » spécifiques (crédits fournisseurs, crédits acheteurs, crédits documentaires, etc.). Elles n'ont d'ailleurs pas hésité à s'implanter hors des frontières de leur établissement principal par la création de filiales ou de succursales, par la prise de contrôle des banques étrangères ou encore en s'associant avec de telles banques [1].

L'activité bancaire doit donc se conformer, aujourd'hui, à différentes normes extranationales ce qui peut être source d'interrogations dans certaines circonstances : détermination de la loi applicable aux opérations, application de régimes juridiques particuliers, etc.

307 *Crédits* ◊ Cette situation est particulièrement vraie en matière de crédit. Les crédits internationaux ont connu une évolution notable en France, notamment sous l'impulsion des pouvoirs publics à l'origine de diverses mesures promotionnelles (assurance, refinancement, etc.). Aujourd'hui encore, et malgré le retrait progressif de l'État en la matière, les crédits

1. J. Stoufflet et E. Bouretz, « Banque et opérations de banque. Statut bancaire en droit international Conflits de lois », *J.-Cl. BCB*, fasc. 120, 2007, n° 1.

internationaux bénéficient de certains régimes protecteurs spécifiques. Tel a été le cas, longtemps, avec l'aide de la Compagnie financière d'assurance pour le commerce extérieur (COFACE) qui avait pour mission couvrir différents risques liés aux échanges commerciaux [1]. La loi n° 2015-1786 du 29 décembre 2015 de finances rectificatives pour 2015 a transféré, depuis le 31 décembre 2016, la gestion des garanties publiques à l'exportation à Bpifrance Assurance Export [2].

La pratique bancaire est donc à l'origine de la création de diverses techniques de financement. Ces dernières sont des plus variées. Il est vrai qu'une opération de crédit peut, dans tous les cas, prendre des formes assez différentes [3]. C'est ainsi que, tant d'un point de vue national qu'international, la mise à disposition des fonds à l'autre partie peut être immédiate, future ou encore éventuelle [4]. Tout dépend du contrat crédit concerné.

2308 On distinguera alors ici les crédits impliquant une mise à disposition immédiate ou future des fonds par l'établissement afin de financer les opérations du commerce international, plus communément appelés « crédits par caisse » (Sous-titre 2), de ceux entraînant uniquement une remise éventuelle des fonds si une condition est respectée, que l'on nomme les « crédits par signature » (Sous-titre 3).

Cependant, avant d'aborder ces opérations de crédit internationales, et leurs spécificités, nous nous interrogerons sur la question de la loi applicable aux opérations bancaires présentant ainsi un élément d'extranéité (Sous-titre 1).

---

1. La COFACE a été fondée en 1946 en tant qu'agence spécialisée dans l'assurance-crédit à l'exportation. Bien que privatisée par un décret du 14 mai 1994, elle a continué jusqu'à une date récente, à côté d'activités privées, à gérer pour le compte et avec la garantie de l'État les garanties publiques destinées à encourager et soutenir le développement international des entreprises. Ces garanties étaient elles-mêmes variées : assurance prospection, assurance risque-exportateur, assurance change, assurance-crédit (pour les exportations présentant de longues durées d'exécution et/ou assorties de durée de crédit de plus de deux ans) et enfin garantie des investissements.
2. Lamy droit du financement 2019, éd. Lamy, n° 5132.
3. V. ss 1524.
4. V. ss 1537.

SOUS-TITRE 1

La loi applicable aux opérations bancaires internationales

309 ***Problématique*** ◊ Il arrive qu'une opération bancaire, et notamment un crédit, présente un élément d'extranéité [1] : nationalité des parties, conclusion du contrat dans un États tiers aux parties, exécution d'une ou de plusieurs prestations des parties dans un pays étranger, etc. [2] Quel droit faut-il alors appliquer ? Y a-t-il des règles régissant cette question de la détermination de la loi applicable ? Le droit bancaire est parfois confronté, à l'image d'autres branches du droit, à des questions de droit international privé [3].

Or, plusieurs réponses nous sont données par les textes, ce qui complique considérablement la situation. Plus concrètement, plusieurs types de règles coexistent : des règles substantielles mais aussi des règles de conflit. Il convient alors de bien les distinguer car leur champ d'application est nettement distinct.

310 ***Règles substantielles*** ◊ On entend par cette notion des règles qui régissent le fond du droit, c'est-à-dire qui encadrent ici spécifiquement certaines opérations de banque internationales. Nous pouvons, comme l'a déjà fait un éminent auteur [4], les répartir en trois catégories distinctes.

---

1. Cet élément peut parfois soulever des incertitudes, Paris, 11 févr. 2016, n° 14/22067, *Banque et Dr.* 2016, n° 167, p. 48, obs. J. Morel-Maroger.

2. L'essor de la banque en ligne multiplie encore un peu plus les opérations bancaires susceptibles de soulever des questions de conflits de lois, J. Morel-Marojer, « Interrogations d'une internationaliste sur l'essor de la banque en ligne », *Banque et Dr.*, hors série, juin 2013, p. 10.

3. Sur la détermination de la loi applicable, V. notamment, Th. Bonneau, *Droit bancaire*, éd. Montchrestien, 2017, 12e éd., n° 110 s. J.-P. Mattout, *Droit bancaire international*, éd. Revue Banque, 2009, 4e éd., n° 7 s. J. Stoufflet et E. Bouretz, « Banque et opérations de banque. Statut bancaire en droit international Conflits de lois », *J.-Cl. BCB*, fasc. 120, 2007. W. Sambar et H. Bouchetemble, *Droit des opérations bancaires et financières transfrontalières*, éd. Revue Banque, 2014, n° 295 s.

4. Th. Bonneau, *op. cit.*, n° 111.

La première regroupe des normes s'appliquant à la fois aux opérations nationales et internationales. Citons notamment la Convention de Genève du 7 juin 1930 portant loi uniforme sur les lettres de change et les billets à ordre ou encore la Convention de Genève du 19 mars 1931 portant loi uniforme sur les chèques. C'est ainsi que les normes contenues par ces textes, ou du moins une majorité, ont été introduites en droit français [1].

La seconde catégorie, quant à elle, concerne les dispositions émanant de traités qui ne portent que sur des opérations internationales. Ainsi, ces dispositions, que l'on peut qualifier d'autonomes, ont pour originalité de ne pas remettre en cause les textes nationaux régissant les mêmes questions. Entre dans cette catégorie, par exemple, la convention d'Ottawa du 28 mai 1988 sur le crédit-bail international [2]. Cette dernière laisse ainsi subsister les dispositions du Code monétaire et financier relatives au crédit-bail [3] qui concernent, alors, uniquement les opérations internes.

La dernière catégorie, enfin, comprend des pratiques qui n'ont, juridiquement, aucune force obligatoire [4], mais qui ne sont pas sans intérêt pour autant. On peut citer, en ce sens, la *lex mercatoria* qui représente une sorte de « loi commune des marchands » [5] et qui permet, sur certaines questions précises, d'éviter d'avoir à recourir aux droits nationaux. Or, en matière bancaire, ces textes ont justement une importance non négligeable en raison du travail précieux de la Chambre de commerce internationale (CCI) qui, depuis plus d'un siècle, formule ces règles, les fixe et les met à jour [6]. Les règles ayant connu de la sorte la plus grande diffusion sont très certainement les Règles et usances relatives aux crédits documentaires (RUU), dont la dernière version (n° 600) date de 2007 [7].

Ces règles substantielles demeurent néanmoins assez rares.

2311 ***Règles de conflit de lois*** ◊ On trouve, à côté des règles substantielles précitées, des règles de conflit, c'est-à-dire des normes qui ont pour fonction de déterminer quelle est la loi applicable, sans énoncer pour autant les dispositions intéressant le fond du droit.

---

1. Les dispositions concernant les effets de commerce se retrouvent ainsi aujourd'hui aux articles L. 511-1 et suivants du Code de commerce, et celles relatives aux chèques aux articles L. 131-1 et suivants du Code monétaire et financier.
2. V. ss 2358.
3. V. ss 2062.
4. La question demeure néanmoins parfois discutée, v. ss 2382.
5. B. Goldman, *Frontière du droit et « lex mercatoria »*, Archives de philosophie du droit 1964, p. 177. Notons que la jurisprudence a déjà affirmé que *la lex mercatoria* était bien du droit, Civ. 1re, 22 oct. 1991, n° 89-21.528.
6. J.-P. Mattout, « Droit bancaire, supranationalité et extraterritorialité : la lex mercatoria », *RDBF* 2015, n° 3, étude 32.
7. V. ss 2378.

Il arrive ainsi que les juges soient amenés à rechercher quel est le droit applicable en matière de comptes en banque [1], d'instruments de paiement [2], de crédits [3], ou encore de sûretés [4].

Cette recherche est d'ailleurs une obligation aujourd'hui pour les magistrats. En effet, pour la jurisprudence de la Cour de cassation, « il incombe au juge français saisi d'une demande d'application d'un droit étranger de rechercher la loi compétente, selon la règle de conflit, puis de déterminer son contenu, au besoin avec l'aide des parties, et de l'appliquer » [5].

Or, pendant longtemps, et faute de texte de portée générale, cette détermination de la loi applicable était réalisée par les juges à la seule vue des circonstances de fait. Il n'en allait différemment que dans les hypothèses où il existait une convention internationale, ce qui était relativement rare. Citons, néanmoins, la Convention de Genève du 19 mars 1931 portant loi uniforme sur les chèques dont certains articles ont justement vocation à régler des conflits de lois susceptibles de se rencontrer [6].

812 ***Loi d'autonomie*** ◊ À défaut de tels textes, les juges mettaient alors plus particulièrement en avant la loi d'autonomie : si les parties avaient expressément visé la loi applicable, le contrat était soumis à cette dernière. La volonté des parties primait ainsi.

Les difficultés se rencontraient alors si les parties n'avaient rien prévu à propos du droit applicable à leur convention. Dans ce cas, les juges recherchaient qu'elle avait été la volonté implicite des parties. Cette recherche s'effectuait à partir d'un certain nombre d'indices, comme par exemple le lieu d'exécution du contrat, les clauses attributives de compétence y figurant ou encore le fait qu'un contrat-type en usage dans un pays déterminé avait été signé par les parties.

---

1. Civ. 1re, 19 nov. 2014, n° 13-19.689, *D.* 2015. 2031, obs. S. Bollée ; *RCA* 2015, comm. 50, obs. N. Ciron. Com., 18 juin 2013, n° 11-27.132.

2. Civ. 1re, 23 janv. 2007, n° 03-13.422, *Bull. civ.* I, n° 32 ; *D.* 2007. 1244, note N. Bouche ; *D.* 2007. 2562, obs. L. D'Avout et S. Bollée ; *D.* 2008. 871, obs. D.-R. Martin et H. Synvet. Com., 4 nov. 2014, n° 12-27.072, dalloz.fr, actualité, 19 nov. 2014, obs. X. Delpech ; *RJ com.* 2015. 163, obs. P. Berlioz ; *LEDB* mai 2015, n° 009, obs. L. Abadie ; *Gaz. Pal.* 15 mars 2015, p. 34, obs. J. Morel-Maroger ; *JCP* 2015. 19, note L. Abadie et J. Lasserre Capdeville. – Paris, 17 févr. 2017, n° 15/07264 : *Banque et Dr.* 9-10/2017, n° 175, p. 49, obs. J. Morel-Maroger.

3. Paris, 15 juin 1994, Clunet 1994, p. 1011, obs. A. Jacquemont. T. com., 3 oct. 2013, n° J2011000253. Paris, 14 janv. 2016, n° 14/10821, *Banque et Dr.* 2016, n° 167, p. 48, obs. J. Morel-Maroger. Metz, 2 févr. 2016, n° 14/01841 et 15/00658, *Banque et Dr.* 2016, n° 167, p. 48, obs. J. Morel-Maroger.

4. Civ. 1re, 16 sept. 2015, n° 14-10.373, dalloz.fr, actualité, 29 sept. 2015, obs. F. Mélin ; *LEDB* nov. 2015, p. 1, n° 159, obs. M. Mignot ; *D.* 2015. 2356, note L. Abadie et J. Lasserre Capdeville.

5. Civ. 1re, 11 févr. 2009, n° 07-13.088, *D.* 2009. 565, obs. V. Egéa. Dans le même sens, Civ. 1re, 28 juin 2005, n° 00-15.734, *D.* 2005. 2853, note N. Bouche ; *D.* 2005. 2748, obs. H. Kenfack ; *D.* 2006. 1495, obs. P. Courbe. Civ. 1re, 16 sept. 2015, n° 14-10.373, *op. cit.*

6. Plusieurs décisions remarquées de la Cour de cassation sont néanmoins venues préciser que ce texte ne s'applique que pour les solutions de conflits de lois qu'énumère expressément la convention. Elle n'a pas, par exemple, pour effet de désigner la loi compétente en matière de responsabilité civile du banquier, Civ. 1re, 23 janv. 2007, n° 03-13.422, *op. cit.* Com., 4 nov. 2014, n° 12-27.072, *op. cit.*

En droit bancaire, cette technique amenait souvent le juge à retenir la loi du pays d'origine de l'établissement de crédit, c'est-à-dire la loi de la banque. Une limite était néanmoins à relever en la matière : c'est lorsque cette loi, si elle était étrangère, était contraire à l'ordre public français. Le droit national devait alors primer.

2313 ***Règlement Rome I*** ◊ Cependant, depuis le début des années 1980, des textes ont succédé à cette jurisprudence. Il en a été plus particulièrement ainsi avec la Convention de Rome du 19 juin 1980 sur la loi applicable aux obligations contractuelles [1].

Cette convention a été, depuis, remplacée par la Règlement (CE) n° 593/2008 du Parlement européen et du Conseil du 17 juin 2008 sur la loi applicable aux obligations contractuelles, dit Règlement Rome I [2], pour les contrats conclus postérieurement au 17 décembre 2009 [3]. Précisons que le Règlement n'a pas fondamentalement remis en cause les situations figurant dans la Convention de Rome [4]. Beaucoup de règles importantes ont été ainsi reprises par le nouveau texte [5].

2314 ***Rapprochement des législations*** ◊ Sans remettre en cause l'importance des dispositions du Règlement Rome I pour le droit bancaire international, il convient de noter que, pour certaines questions, la recherche de la règle de droit applicable est sans grande incidence du fait de la similitude des différentes législations. Il en va plus particulièrement ainsi, au sein de l'Union européenne, à propos de différents points de droits ayant fait l'objet d'un encadrement strict par l'intermédiaire de directives imposant une transposition maximale à l'ensemble des États membres. Citons, notamment, l'encadrement légal du crédit à la consommation qui est aujourd'hui le même dans l'ensemble des pays de

1. Cette convention régit les contrats conclus à compter du 1er avril 1991 et jusqu'au 16 déc. 2009. Sur l'application de ce texte en droit bancaire, B. Sousi-Roubi, « La convention de Rome et la loi applicable aux contrats bancaires », *D.* 1993. 183. J.-P. Mattout, *Droit bancaire international*, Revue Banque éditions, 2009, 4e éd., n° 10-2 s.

2. Règlement (CE) n° 593/2008 du Parlement européen et du Conseil du 17 juin 2008 sur la loi applicable aux obligations contractuelle (Rome I), *JOUE*, 4 juill. 2008, p. 6. G. Affaki et J. Stoufflet, « Règlement (CE) n° 593/2008 du Parlement européen et du conseil du 17 juin 2008 sur la loi applicable aux obligations contractuelles », *Banque et Dr.* 2008, n° 121, p. 46. J.-P. Mattout, *Droit bancaire international*, Revue Banque éditions, 2009, 4e éd., n° 10-2 s.

3. Notons que le texte exclut de son champ d'application « les obligations nées des lettres de change, chèques, billets à ordre » (art. 1, § 2, d)). Ces questions relèvent en effet toujours des Conventions de Genève du 7 juin 1930 et du 19 mars 1931.

4. Notons que le Règlement (CE) n° 864/2007 du Parlement et du Conseil du 11 juillet 2007 sur la loi applicable aux obligations non contractuelles (*JOEU*, 31 juill. 2007), dit Règlement Rome II, n'est pas très utile, quant à lui, pour les opérations bancaires internationales. En effet, son article 1er, § 2, c), exclut de son champ d'application « les obligations non contractuelles nées de lettres de change, de chèques, de billets à ordre ainsi que d'autres instruments négociables, dans la mesure où les obligations nées de ces autres instruments dérivent de leur caractère négociable » Com., 4 nov. 2014, n° 12-27.072, *op. cit.*

5. Ces deux textes confirment eux-mêmes des solutions dégagées par le passé par la jurisprudence en matière de droit bancaire international.

l'Union européenne. Cette situation devrait se retrouver, dans les années à venir, dans des situations toujours plus nombreuses.

815 Au-delà de ces remarques préalables, observons ce Règlement Rome I, qui est donc applicable à l'ensemble des États membres de l'Union européenne. Si celui-ci contient plusieurs dispositions privilégiant la loi de la banque (Chapitre 1), force est de constater qu'il prévoit également des solutions dérogeant à cette dernière (Chapitre 2).

CHAPITRE 1
LES SOLUTIONS PRIVILÉGIANT LA LOI DE LA BANQUE

316 Plusieurs dispositions du Règlement Rome I sont favorables à la loi de la banque. Une distinction s'impose d'ailleurs ici, dans la mesure où le choix de cette loi peut résulter tant de la volonté des parties (Section 1), que de l'application d'une règle de conflit supplétive (Section 2). Notons que le Règlement prend soin de préciser ce qu'est exactement la loi de la banque, mais aussi ce que recouvre son domaine d'application (Section 3).

SECTION 1. LA LOI DE LA BANQUE CHOISIE PAR LES PARTIES

317 ***Principe de liberté de choix*** ◊ L'article 3 du Règlement Rome I, reprenant sur ce point le texte de la Convention de Rome du 19 juin 1980, pose le principe de la liberté de choix de la loi applicable au contrat et des modalités de son exercice. Ainsi, selon l'article 3, § 1, du Règlement : « Le contrat est régi par la loi choisie par les parties ». Cet article consacre l'autonomie de la volonté des parties.

Mais de quelle loi s'agira-t-il ? Tout dépend de cette volonté des parties : ce pourra être la loi de la banque comme une autre loi. Les intéressés pourront même opter pour une loi ne présentant aucun lien avec le contrat.

318 ***Application en pratique*** ◊ Il est bien connu qu'en matière bancaire les conventions passées sont très souvent des contrats d'adhésion rédigés par les établissements de crédit et ne laissant guère la place à la négociation. Par conséquent, lorsqu'une clause de choix de la loi est insérée dans un contrat bancaire, c'est généralement pour que l'établissement concerné impose sa propre loi [1]. La banque se retrouve ainsi en « position de force » par rapport à son client.

319 ***Observations*** ◊ Trois observations s'imposent à la vue de cet article 3 du Règlement Rome 1 qui est riche d'enseignements.

---

1. V. par ex., Nancy, 25 nov. 1992, *LPA* 1993, n° 117, note F.-J. Crédot. Un auteur a pu en outre démontrer que les caractéristiques propres des contrats bancaires rendaient peu opportun de désigner une autre loi que celle de la banque, J. Morel-Maroger, *Les opérations de banque en droit international*, Thèse Paris 1, 2003, n° 178 s.

Tout d'abord, l'article n'est pas particulièrement exigeant en matière de règles de forme. En effet, selon l'article 3, § 1, ce choix peut être exprès ou résulter de façon certaine des dispositions du contrat ou encore des circonstances de fait [1].

Par ailleurs, le choix de loi opéré n'est pas définitif. En effet, l'article en question prévoit que « les parties peuvent convenir, à tout moment, de faire régir le contrat par une loi autre que celle qui la régissait auparavant, soit en vertu d'un choix antérieur selon le présent article, soit en vertu d'autres dispositions du présent règlement » [2]. Ainsi, la compétence de la loi de la banque peut être admise par les parties dès la conclusion du contrat, mais aussi postérieurement. Ce changement de loi applicable n'est cependant pas sans limite d'après le même article. D'une part, il ne saurait avoir d'incidence sur la validité formelle du contrat. D'autre part, il ne peut pas porter atteinte aux droits des tiers. Cette dernière limite est importante. Un auteur [3] l'illustre parfaitement en déclarant que si une loi nouvellement applicable par la volonté des parties venait à aggraver l'obligation du débiteur, elle n'aurait aucune incidence sur l'étendue de l'obligation de la caution.

Enfin, il faut noter que la loi de la banque n'a pas forcément vocation à régir l'ensemble du contrat. On peut parfaitement imaginer que les contractants ne souhaitent que soumettre une partie du contrat à cette dernière. L'article 3, § 1, admet ainsi un « tronçonnage » du contrat : différents points de ce dernier seront soumis à des lois distinctes.

SECTION 2. LA LOI DE LA BANQUE DÉCOULANT D'UNE RÈGLE DE CONFLIT SUPPLÉTIVE

2320 Que faire dans le cas où les parties au contrat n'ont pas opté, expressément ou tacitement, pour une loi ? On peut se le demander, même si cela est assez improbable en matière bancaire, tant les établissements de crédit sont vigilants sur ce point. À l'instar de l'article 4 de la Convention de Rome de 1980, l'article 4 du Règlement Rome I vient répondre à cette incertitude en prévoyant toute une série de règles de conflit supplétives [4].

L'une d'entre elles nous intéresse plus particulièrement ici car adaptée aux opérations passées par les établissements de crédit. Selon l'article 4, § 1, b), en effet, à défaut de choix des parties à propos du droit applicable,

1. Civ. 1re, 25 janv. 2000, n° 98-17.359, *Bull. civ.* I, n° 21.
2. Règl. art. 3, § 2.
3. Th. Bonneau, *op. cit.*, n° 117.
4. T. Azzi, « La loi applicable à défaut de choix selon les articles 4 et 5 du Règlement Rome I », D. 2008. 2169.

le « contrat de prestation de services est régi par la loi du pays dans lequel le prestataire de services à sa résidence habituelle ». Cette solution est importante pour notre étude : les établissements de crédit étant des prestataires de service, ils sont directement concernés par cette règle. En conséquence, c'est la loi du lieu de « résidence habituelle » [1] du banquier qui sera la loi du contrat passé par ce dernier.

Il sera noté plus loin que la présomption envisagée par cet article n'est pas irréfragable [2].

SECTION 3. PRÉCISIONS UTILES SUR LA LOI DE LA BANQUE

321 Le Règlement envisage assez précisément la question de la détermination de la loi de la banque (§ 1) ainsi que son domaine d'application concret (§ 2).

§ 1. La détermination de la loi de la banque

322 Si l'article 19 du Règlement, relativement précis, envisage plusieurs hypothèses (A), il faut noter que des interrogations subsistent en cas d'intervention, pour une même opération, de plusieurs établissements de crédit relevant de lois différentes (B).

A. Les hypothèses envisagées

323 ***Résidence habituelle*** ◊ Que faut-il entendre par la notion de « résidence habituelle » du prestataire de services, mentionnée à l'article 4, § 1, b) évoqué précédemment ? L'article 19, § 1, du Règlement Rome I nous le dit : il s'agit du lieu où il a établi son administration centrale.

La loi de la banque ne sera donc pas difficile à déterminer lorsque l'établissement de crédit en question n'aura pas de succursales implantées dans des pays étrangers. Il en ira de même en cas de filiales de l'établissement implantées à l'étranger, puisque ces dernières sont juridiquement autonomes de leurs maisons mères. Elles ont donc une administration centrale propre.

324 ***Cas particulier*** ◊ Aujourd'hui, cependant, force est de reconnaître que les banques deviennent de plus en plus internationales et implantent des succursales ou des agences dans plusieurs États étrangers. Une question se pose alors. Dans une telle situation, quel droit faut-il privilégier

1. Sur cette notion, v. ss 2323.
2. V. ss 2327.

puisqu'aucune de ces succursales ou agences n'est juridiquement autonome de l'établissement principal ? La réponse à cette question nous est donnée par l'article 19, § 2, du Règlement. En effet, aux termes de ce dernier : « Lorsque le contrat est conclu dans le cadre de l'exploitation d'une succursale, d'une agence ou de tout autre établissement, ou si, selon le contrat, la prestation doit être fournie par lesdits succursale, agence ou autre établissement, le lieu où est situé cette succursale, cette agence ou tout autre établissement est traité comme résidence habituelle ».

Cette règle est importante. Elle permet de retenir la loi du pays où la succursale est implantée. Ce sera en effet la loi de l'établissement qui fournit concrètement la prestation qui devra primer et il importe peu que cet établissement n'ait pas la personnalité juridique.

Cette solution aura néanmoins des impacts différents selon les circonstances. Illustrons nos propos. Si l'opération est réalisée par la succursale d'un établissement de crédit étranger implantée en France, ce sera alors le droit français qui s'appliquera. En revanche, si l'établissement de crédit étranger concerné se contente d'effectuer des prestations de services en France alors qu'il n'y est pas installé, c'est alors la loi étrangère, celle de l'établissement principal, qui sera vue comme loi de la banque.

B. Les ultimes incertitudes

2325 ***Interrogation*** ◊ Les précisions données par l'article 19 du Règlement Rome I n'envisagent pas toutes les situations. En effet, imaginons qu'aucune loi n'a été choisie par les parties, et que plusieurs établissements, relevant de pays différents, sont amenés à intervenir pour mener à bien la même opération. Quelle loi devra être appliquée ? L'article 4, § 1, b) ne nous est pas d'un grand secours ici.

2326 ***Prestation caractéristique*** ◊ On pourrait néanmoins se référer à une autre règle envisagée par le même article 4 du Règlement. En effet, selon son § 2, il est prévu que lorsque le contrat « n'est pas couvert par le paragraphe 1 ou que les éléments sont couverts par plusieurs des points a) à h) du paragraphe 1 [1], le contrat est régi par la loi du pays dans lequel la partie qui doit fournir la prestation caractéristique a sa résidence habituelle ». Dit autrement, c'est la loi du pays avec lequel le contrat présente les liens les plus étroits qu'il conviendra d'appliquer.

Cette « prestation caractéristique » peut être décrite comme l'obligation fondamentale du contrat, celle dont l'exécution réalise l'effet contractuellement poursuivi par les parties [2]. Elle donne souvent lieu à une rémunération en argent.

---

1. Il en va ainsi en cas d'incertitude entre plusieurs solutions applicables.
2. M.-E. Ancel, *La prestation caractéristique du contrat*, éd. Economica, 2002.

Pour l'hypothèse qui nous occupe, le juge devra alors observer le rôle concret joué par les différents établissements en concours afin de faire prévaloir la loi de la banque qui aura eu la mission la plus importante pour le contrat concerné.

Prenons le cas des crédits syndiqués, c'est-à-dire les crédits accordés par un groupe d'établissements de crédit pour financer un projet ou une entreprise en particulier. On sait que le groupement de prêteurs est généralement coordonné par l'un des établissements, qualifié de « chef de file », qui a pour mission de coordonner l'opération : élaboration du montage, encadrement des relations entre le groupement et les bénéficiaires, négociation des conditions financières et des sûretés, etc. Dès lors, dans un tel cas, on retiendra plus facilement la loi de cette banque chef de file.

327 ***Liens plus étroits*** ◊ Les solutions figurant aux § 1 et § 2 de l'article 4 du Règlement Rome I ne sont cependant pas automatiques. En effet, d'autres critères peuvent parfaitement, en fonction des circonstances, être pris en considération : le lieu de conclusion de l'opération, le lieu de son exécution, etc. Cette solution se retrouve, plus particulièrement, à l'article 4, § 3, du Règlement. Selon ce dernier : « Lorsqu'il résulte de l'ensemble des circonstances de la cause que le contrat présente des liens manifestement plus étroits avec un pays autre que celui visé au paragraphe 1 ou 2, la loi de cet autre pays s'applique » [1].

Ainsi, les règles de conflit supplétives envisagées par l'article 4 précité ne sont que des présomptions, demeurant susceptibles d'être renversées. Elles ne sont pas irréfragables. Autrement dit, la présomption ne vaut qu'en ce qui ce qu'elle permet d'identifier la loi du pays qui entretient les liens les plus étroits, et, si elle ne remplit pas son office, au regard d'une analyse objective de la situation litigieuse, elle doit alors être écartée par le jeu de la clause d'exception qui, en définitive, ne fait que rappeler la place centrale du principe de proximité au sein de ce rattachement subsidiaire général.

Les juges doivent donc opérer une stricte appréciation en fonction des circonstances [2].

§ 2. **Le domaine d'application de la loi de la banque**

328 ***Principe général*** ◊ L'article 12 du Règlement Rome I précise le champ d'application de la loi du contrat. Cette dernière a ainsi vocation à régir

---

1. De même, pour l'article 4, § 4, du Règlement : « Lorsque la loi applicable ne peut être déterminée sur la base du paragraphe 1 ou 2, le contrat est régi par la loi du pays avec lequel il présente les liens les plus étroits ».

2. Pour une discussion des circonstances de fait, concernant un cautionnement conclu en Italie par une personne résidant habituellement en France à propos d'un prêt accordé par la même banque italienne à un emprunteur résidant habituellement en Italie, Civ. 1re, 16 sept. 2015, n° 14-10.373, dalloz.fr, actualité, 29 sept. 2015, obs. F. Mélin ; *LEDB* nov. 2015, p. 1, obs. M. Mignot ; *D.* 2015. 2356, note L. Abadie et J. Lasserre Capdeville. La décision est fondée sur la Convention de Rome du 19 juin 1980.

l'interprétation du contrat ; l'exécution des obligations qu'il engendre ; dans les limites des pouvoirs attribués à la juridiction saisie par son droit procédural, les conséquences de l'inexécution (totale ou partielle) du contrat ; les divers modes d'extinction des obligations, ainsi que les prescriptions et déchéances fondées sur l'expiration d'un délai ; les conséquences de la nullité du contrat ; les modalités d'exécution du contrat ou encore les mesures à prendre par le créancier en cas de défaut dans l'exécution. L'article en question n'est pas exhaustif.

2329 ***Tempérament*** ◊ Cela a été dit précédemment [1], la loi de la banque n'a pas forcément vocation à régir l'ensemble du contrat. On peut parfaitement imaginer que les contractants ne souhaitent que soumettre une partie du contrat à cette dernière. L'article 3, § 1, admet cette solution. En conséquence, différents points de la convention pourront être soumis à des lois distinctes.

1. V. ss 2319.

CHAPITRE 2

LES SOLUTIONS DÉROGEANT À LA LOI DE LA BANQUE

330 Certains intérêts peuvent, parfois, empêcher l'application de la loi de la banque comme loi du contrat. Trois hypothèses distinctes peuvent ainsi être relevées dans le Règlement Rome I : la loi de résidence du consommateur (Section 1), les lois de police (Section 2), et enfin, de façon plus anecdotique, la loi régissant la créance (Section 3).

SECTION 1. LA LOI DE RÉSIDENCE DU CONSOMMATEUR

331 ***Principe*** ◊ De longue date, les consommateurs sont considérés comme des parties faibles aux contrats et devant, à ce titre, être mieux protégés par le droit. Notre droit national tend ainsi à cet objectif, notamment en matière de crédit comme en témoigne la législation encadrant le crédit à la consommation ou le crédit immobilier [1].

Sans surprise, le Règlement Rome I, comme avant lui la Convention de Rome [2], prévoit également un système dérogatoire au bénéfice du consommateur [3]. C'est ainsi qu'aux termes l'article 6, § 1, du Règlement : « (...) un contrat conclu par une personne physique (ci-après « le consommateur »), pour un usage pouvant être considéré comme étranger à son activité professionnelle, avec une autre personne (ci-après « le professionnel »), agissant dans l'exercice de son activité professionnelle, est régi par la loi du pays où le consommateur a sa résidence habituelle (...) ». Cette solution sera alors parfois dérogatoire à la loi de la banque.

332 ***Conditions*** ◊ La règle précitée ne jouera cependant, d'après le même article, que si trois conditions, visé par cet article 6, sont cumulativement réunies [4]. En premier lieu, il ressort de son paragraphe 1 que le consommateur doit nécessairement être « une personne physique » concluant un contrat « pour un usage pouvant être considéré comme étranger à son

1. V. ss 1930.
2. Conv. Rome, art. 5.
3. O. Boskovic, « La protection de la partie faible dans le règlement Rome I », *D.* 2008. 2175.
4. Th. Bonneau, *op. cit.*, n° 126.

activité professionnelle ». Les personnes morales ne sauraient, par conséquent, bénéficier de la mesure dérogatoire précitée.

En second lieu, selon l'article 6, § 1, a) et b), l'application de la règle exige que le professionnel « exerce son activité professionnelle dans le pays dans lequel le consommateur a sa résidence habituelle », ou « par tout moyen, dirige cette activité vers ce pays ou vers plusieurs pays, dont celui-ci ». Dans cette dernière hypothèse, le professionnel est nécessairement situé dans un pays différent du pays où le consommateur a sa résidence habituelle [1].

En dernier lieu, le contrat passé entre les deux protagonistes doit entrer dans le cadre de l'activité du professionnel.

2333 ***Limites*** ◊ Au-delà des conditions précitées, un certain nombre de limites à l'application de la loi du lieu de résidence du consommateur sont à mentionner. Nous en avons relevé trois.

Tout d'abord, il découle de l'article 6, § 2, du Règlement que la compétence de la loi du consommateur ne s'impose que si les parties n'ont pas elles-mêmes choisi leur loi. La volonté des parties va prédominer. Cette dernière règle doit cependant, elle-même, être atténuée. Le choix des parties n'est pas, en effet, sans limite : il ne saurait ainsi avoir « pour résultat de priver le consommateur de la protection que lui assurent les dispositions auxquelles il ne peut être dérogé par accord » en vertu de la loi du pays du consommateur. Il s'agit ici des règles qui ne peuvent jamais être écartées par un contrat (par opposition aux règles supplétives), à défaut de quoi celui-ci encourt la nullité. Pour le droit français, on peut citer, à titre d'exemples, l'encadrement légal des clauses abusives, du crédit à la consommation, du crédit immobilier, des délais de grâce bénéficiant aux consommateurs confrontés à des difficultés de paiement, etc. [2]

Par ailleurs, et c'est une seconde limite, il faut noter que la loi du pays du consommateur ne s'applique pas dans un certain nombre de cas expressément envisagés par l'article 6, § 4, du Règlement. Il en va notamment ainsi en matière de contrats de fourniture de services « lorsque les services dus au consommateur doivent être fournis exclusivement dans un pays autre que celui dans lequel il sa résidence » [3].

Enfin, pour l'article 6, § 3, si les conditions mentionnées plus haut concernant le professionnel (c'est-à-dire celles qui sont mentionnées aux a) et b) de l'article 6, § 1) [4] ne sont pas remplies, « la loi applicable à

---

1. Sur cette notion d'activité dirigée, CJUE, 7 déc. 2010, Pammer et Hotel Alpenhof, n° C 585-08 et 144-09, *JCP* 2011. 129, note L. D'Avout ; Procédures 2011, comm. 58, obs. C. Nourrissat ; Europe 2011, comm. 96, obs. L. Idot.

2. Pour d'autres exemples, W. Sanbar et H. Bouchetemble, *Droit des opérations bancaires et financières transfrontalières*, éd. Revue Banque, 2014, n° 320.

3. Règl. art. 6, § 4, a).

4. Il s'agit du fait que le professionnel « exerce son activité professionnelle dans le pays dans lequel le consommateur a sa résidence habituelle », ou « par tout moyen, dirige cette activité vers ce pays ou vers plusieurs pays, dont celui-ci ».

un contrat entre un consommateur et un professionnel est déterminée conformément aux articles 3 et 4 », c'est-à-dire en utilisant les règles de conflit mentionnées plus haut (loi choisie par les parties ou les règles de conflit supplétives).

SECTION 2. LES LOIS DE POLICE

334 ***Principe*** ◊ À l'image de la Convention de Rome, le Règlement Rome I donne priorité, par son article 9, aux lois de police. Ces dernières évincent ainsi la règle de conflit normalement applicable au profit de l'application directe de règles substantielles de droit privé dont le respect est considéré comme impératif pour le pays qui souhaite en imposer l'emploi. Les lois ainsi qualifiées de police devront alors obligatoirement s'imposer, indépendamment de la loi normalement applicable au contrat. En conséquence, pour le cas qui nous occupe, la loi de la banque pourra être écartée en raison de l'existence d'une telle loi de police.

Mais, au-delà de cette règle formulée d'une façon générale, il convient d'observer ce que recouvre exactement ces « lois de police » (§ 1) et comment le Règlement Rome I les régit (§ 2).

§ 1. Précisions sur la notion de « lois de police »

335 ***Définition*** ◊ La notion de loi de police a toujours donné lieu à des incertitudes quant à son contenu exact. Traditionnellement, on la définit comme une disposition ayant vocation à s'appliquer impérativement dans le but de protéger des intérêts jugés supérieurs à la volonté des parties.

Or, et c'est à souligner, l'article 9, § 1, du Règlement donne à présent une définition à ces lois de police. Selon ce dernier : « Une loi de police est une disposition impérative dont le respect est jugé crucial par un pays pour la sauvegarde de ses intérêts publics, tels que son organisation politique, sociale ou économique, au point d'en exiger l'application à toute situation entrant dans son champ d'application, quelle que soit par ailleurs la loi applicable au contrat d'après le présent règlement ».

Cette définition [1] fait écho à celle retenue par la Cour de justice de l'Union européenne dans plusieurs décisions [2]. Elle confirme également des solutions dégagées par le passé par la jurisprudence bancaire pour qualifier certaines dispositions légales de lois de police.

---

1. De façon très proche, Phocion Francescakis voyait ces lois de police comme des lois dont « l'observation est nécessaire pour la sauvegarde de l'organisation politique, sociale et économique du pays ». Ph. Francescakis, « Quelques précisions sur les lois d'application immédiate et leurs rapports avec les règles de conflits de lois », *Rev. crit. DIP* 1966. 1.

2. CJCE 23 nov. 1999, aff. C-369/96, *Arblade*, *AJDA* 2000. 307, chron. H. Chavirer, H. Legal et G. de Bergues ; *Rev. crit. DIP* 2000. 710, note M. Fallon ; *RSC* 2000. 248, obs. L. Idot.

2336 ***Appréciation jurisprudentielle*** ◊ En droit bancaire [1], les juges ont ainsi eu l'occasion de qualifier de lois de police les dispositions régissant l'usure [2], mais aussi celle prévoyant que le tribunal d'instance est seul compétent en matière de crédit à la consommation [3].

En revanche, tel n'a pas été le cas des anciens articles 1326 du Code civil et L. 341-2 et L. 341-3 du Code de la consommation tendant à assurer une meilleure protection de la personne s'engageant en matière de cautionnement [4]. Il en va de même des règles régissant le délai de forclusion applicable au crédit à la consommation [5] et le délai de prescription s'imposant en matière de crédit immobilier à l'action du prêteur contre l'emprunteur défaillant [6]. Ces dernières solutions démontrent que toutes les dispositions du Code de la consommation ne sont pas nécessairement des mesures de police [7].

2337 ***Qualification légale*** ◊ Dans quelques rares cas, c'est le législateur qui est venu qualifier certaines dispositions de lois de police. Citons, notamment, la directive 2014/59/UE du 15 mai 2014 établissant un cadre pour le redressement et la résolution des établissements de crédit et des entreprises d'investissement [8]. Celle-ci déclare en effet que les dispositions de son article 68, intitulé « exclusion de certaines clauses contractuelles dans le cadre de l'intervention précoce et de la résolution », sont « considérées comme des lois de police au sens de l'article 9 » du Règlement Rome I.

---

1. Sur les lois de police en matière bancaire, H. Synvet, "Les lois de police applicables aux opérations bancaires", *in* « La convention de Rome », *Banque et Dr.* 1993, Hors série, p. 15. J. Morel-Marojer, *op. cit.*, n° 403 s. W. Sambar et H. Bouchetemble, *op. cit.*, n° 334 s. A. Ricard, *Lois de police et activités bancaires internationales*, thèse, 2008.

2. Pau, 1er mars 2001, *D.* 2002, somm. p. 639, obs. H. Synvet. Y. Bachelot, F.-J. Crédot, P. Leclerc, D. Martin et H. Synvet, « L'application internationale de la législation sur l'usure », *RDBB* mai-juin 1990, n° 19, p. 100. Concernant les dispositions relatives au taux effectif global, la seule décision connue est, hélas, confuse, Aix-en-Provence, 5 mai 2011, *Gaz. Pal.* 2011. 2, jurispr. p. 43, note J. Morel-Marojer. La doctrine est en revanche favorable à en faire des lois de police, J.-P. Mattout, *op. cit.*, p. 47. A. Ricard, *op. cit.*, n° 297.

3. Il s'agissait en l'espèce de l'ancien article L. 311-37 du Code de la consommation, Civ. 1re, 23 mai 2006, n° 03-15.637, *Bull. civ.* I, n° 258 ; *D.* 2006. 2798, note M. Audit ; *D.* 2006. AJ 1597, obs. V. Avena-Robardet ; *RDC* 2006. 153, obs. P. Deumier. Plus incertain, Douai, 12 avr. 2012, et Nancy, 25 juin 2012, *Gaz. Pal.* 22 sept. 2012, p. 44, note J. Morel-Maroger.

4. Civ. 1re, 16 sept. 2015, n° 14-10.373, dalloz.fr, actualité, 29 sept. 2015, obs. F. Mélin ; *LEDB* nov. 2015, p. 1, obs. M. Mignot ; *D.* 2015. 2356, note L. Abadie et J. Lasserre Capdeville.

5. C. consom., art. R. 312-35. – Metz, 2 févr. 2016, n° 14/01841 et 15/00658 : *Banque et Dr.* 2016, n° 167, p. 48, obs. J. Morel-Maroger. – Metz, 16 août 2018, n° 17/02401 : *LEDB* oct. 2018, p. 7, obs. J. Lasserre Capdeville.

6. C. consom., art. L. 218-2. – Metz, 7 juin 2018, n° 17/01074 : *Gaz. Pal.* 24 juill. 2018, n° 27, p. 10, note J. Lasserre Capdeville.

7. Dans le même sens, Civ. 1re, 9 déc. 2010, *Gaz. Pal.* 2011. 39, obs. J. Morel-Marojer. Colmar, 19 déc. 2008, n° 07/02311. Certains auteurs s'étaient en effet interrogés sur cette application générale au Code de la consommation, M. Audit, « Crédits transfrontaliers : quelle est la loi applicable ? », *D.* 2006. 2798.

8. V. ss 548.

338 ***Tempérament*** ◊ Notons pour finir que, comme le relève très justement un auteur[1], l'application des lois de police nécessite, souvent, un lien étroit entre le contrat et l'État qui cherche à en réglementer le contenu par l'intermédiaire de lois impératives. Par conséquent, les lois de police applicables coïncident finalement, assez fréquemment, avec la loi de la banque.

§ 2. **Le régime juridique de la loi de police**

339 ***Pouvoir d'appréciation du juge*** ◊ Il n'est pas question d'étudier en détail le régime juridique des lois de police, mais simplement d'observer les apports du Règlement Rome I sur ce point. Or, celui-ci ne se contente pas d'autoriser le juge saisi à prendre en considération la loi de police du *for*, c'est-à-dire les lois de police de son pays : l'intéressé peut également appliquer une loi de police étrangère.

Ainsi, pour l'article 9, § 3, du Règlement : « Il pourra également être donné effet aux lois de police du pays dans lequel les obligations découlant du contrat doivent être ou ont été exécutées, dans la mesure où lesdites lois de police rendent l'exécution du contrat illégal. Pour décider si effet doit être donné à ces lois de police, il est tenu compte de leur nature et de leur objet, ainsi que des conséquences de leur application ou de leur non-application ».

340 ***Limite*** ◊ L'article 9, § 3 n'est cependant pas sans limite. C'est ainsi que par une décision du 25 février 2015[2], la cour d'appel de Paris a estimé que le Règlement en question ne mentionnait pas les lois de police propres à un pays tiers et que, par conséquent, les règles américaines relatives aux embargos, qui ne participaient, ni des lois de police du *for*, ni des lois de police du lieu d'exécution du contrat, n'étaient pas applicables à un contrat conclu entre une société française et une société iranienne.

SECTION 3. **LA LOI RÉGISSANT LA CRÉANCE**

341 ***Principes*** ◊ Envisageons une hypothèse tout à fait particulière ici : les transferts conventionnels de créances. Il peut s'agir de cessions de créances comme en matière cessions par bordereau Dailly[3], ou encore de subrogation conventionnelle comme pourl'affacturage[4], c'est-à-dire deux formes classiques de crédits avec mobilisation de créances.

---

1. G. Decocq, Y. Gérard et J. Morel-Maroger, *Droit bancaire*, éd. Revue Banque, 2014, 2e éd., no 264. Le passage en question est l'œuvre de Mme Morel-Maroger.

2. Paris, 25 févr. 2015, *D.* 2015. 1260, note M. Winkler et A. Lacombe.

3. V. ss 2252.

4. V. ss 2231.

Une première règle est alors prévue par l'article 14, § 1, du Règlement : les relations entre le cédant et le cessionnaire ou entre le subrogeant et le subrogé se rapportant à une créance détenue envers un tiers sont « régies par la loi qui, en vertu du présent règlement, s'applique au contrat qui les lie ». La loi de la banque s'appliquera donc logiquement dans ce cas.

Mais cela n'est pas tout. D'après le paragraphe 2 de l'article, c'est la loi qui régit la créance faisant l'objet de la cession ou de la subrogation qui détermine le caractère cessible de celle-ci, les rapports entre cessionnaire ou subrogé et débiteur cédé, les conditions d'opposabilité de la cession ou de la subrogation au débiteur et enfin le caractère libératoire de la prestation faite par le débiteur [1].

2342 ***Incertitude*** ◊ Un courant doctrinal [2] n'a pas manqué de relever que cet article 14 du Règlement ne dit absolument rien concernant la loi applicable à l'opposabilité de la cession ou de la subrogation aux tiers. Un doute persiste dès lors sur ce point.

---

1. Sur les incidences de cet article en matière d'affacturage international, G. Bourdeaux, « Affacturage international », *J.-Cl. BCB*, fasc. 590, 2015, n° 25 s.

2. P. Lagarde et A. Tenenbaum, « De la convention de Rome au règlement Rome I », *Rev. crit. DIP* 2008. 747 s. G. Bourdeaux, *op. cit.*, n° 36 s.

SOUS-TITRE 2

Les opérations internationales de crédit par caisse

2343 ***Présentation générale*** ◊ Les crédits par caisse sont des crédits impliquant une mise à disposition immédiate ou future des fonds par l'établissement afin de financer des opérations du commerce international. Ils sont ainsi accordés, le plus souvent, à des exportateurs afin de valoriser les transferts de biens ou de services de la France vers l'étranger. Ils s'accompagnent, parfois, de l'intervention des pouvoirs publics par l'intermédiaire de la COFACE ou, désormais, Bpifrance Assurance Export [1].

Mais comment le droit les régit-il ? Cela dépend des circonstances. Deux situations peuvent ainsi être distinguées, même si notre présentation est loin d'être exhaustive [2].

Tout d'abord, pour certains de ces crédits internationaux, notre droit interne prévoit un encadrement minimum, essentiellement à travers la jurisprudence venant encadrer des créations de la pratique. Cette solution se retrouve ainsi tant pour le crédit fournisseur que pour le crédit acheteur qui sont deux crédits à l'exportation (Chapitre 1). Cet encadrement juridique s'appliquera alors lorsqu'en vertu des dispositions du Règlement Rome I ce sera le droit français qui devra régir le crédit en question.

En revanche, la situation est différente en présence de crédit-bail international ou d'affacturage international (Chapitre 2). En effet, dans ces hypothèses, il existe des conventions internationales propres susceptibles d'être directement appliquées par les parties si elles le souhaitent. Or, ces textes internationaux dérogent sur certains points à notre droit national.

---

1. V. ss 2307.

2. Nous aurions pu également citer, notamment, la Convention des Nations unies du 30 janvier 2002 sur la cession de créances dans le commerce international qui prévoit des règles substantielles comme des règles de conflit de lois ayant vocation à s'appliquer aux cessions de créances internationales. J. Stoufflet, « L'apport au droit français de la Convention des Nations unies sur la cession de créances dans le commerce international », *Banque et Dr.*, juill.-août 2003, n° 90, p. 37. G. Decocq, Y. Gérard et J. Morel-Maroger, *op. cit.*, n° 283 et 284. S. Piedelièvre et E. Putman, *Droit bancaire*, éd. Economica, 2011, n° 571 s. – Pour d'autres techniques de financement, et notamment la mobilisation des créances nées sur l'étranger, « Lamy droit du financement », éd. Lamy, 2019, n° 5141 s.

CHAPITRE 1
LES CRÉDITS À L'EXPORTATION

344 Afin de favoriser les exportations, toujours nécessaires pour l'économie nationale, la pratique a créé deux formes de crédit spécifiques, le crédit fournisseur (Section 1) et le crédit acheteur (Section 2), qui bénéficient traditionnellement d'un soutien public [1].

SECTION 1. LE CRÉDIT FOURNISSEUR

345 ***Présentation générale*** ◊ Le crédit fournisseur, qui existe depuis les années cinquante, recouvre plusieurs réalités [2]. On pourrait alors le définir comme un ensemble de crédits consentis à un exportateur afin de lui permettre de financer ses activités hors de ses frontières.

Les hypothèses sont ainsi variées. Il peut être accordé pour la fabrication des marchandises à exporter ou encore pour la prospection de nouveaux marchés à l'étranger. L'hypothèse la plus caractéristique est sans doute celle qui tend à permettre à l'exportateur, qui aurait accordé des délais de paiement à l'acheteur, d'obtenir un paiement anticipé de sa créance. Dans ce dernier cas, on le voit, c'est l'exportateur lui-même qui fait crédit à l'acheteur étranger et qui mobilise cette créance auprès d'un établissement de crédit de son pays. Cette mobilisation auprès du banquier de l'exportateur se fera, souvent, par l'escompte d'effets de commerce représentant la créance de l'exportateur français sur l'acheteur étranger.

Le crédit fournisseur demeure cependant un mode marginal de financement des exportations [3].

346 ***Encadrement*** ◊ En contrepartie d'un fort soutien accordé par les pouvoirs publics, ces crédits ont longtemps été soumis à une réglementation rigoureuse et faisaient intervenir différents acteurs publics dans leur mise en œuvre, et plus particulièrement la Banque de France et le Trésor public. Cependant, il en va différemment aujourd'hui, suite au désengagement progressif de l'État. Les crédits fournisseurs peuvent dès lors être plus facilement proposés par les établissements de crédit, même s'il en existe toujours quelques formes qui demeurent relativement encadrées.

---

1. G. Bourdeaux, « Crédits à l'exportation, crédits acheteurs et fournisseurs », *J.-Cl. BCB*, fasc. 1050, 2009. J.-P. Mattout, *op. cit.*, n° 68 s.
2. « Lamy droit du financement », éd. Lamy, 2019, n° 5146 s.
3. J.-P. Mattout, *op. cit.*, n° 68.

2347 ***Durée*** ◊ Il découle de leur variété que ces crédits peuvent être à court terme [1] comme à moyen ou à long terme [2]. Relèveront de la première catégorie, par exemple, les crédits dits de prospection de marchés nouveaux qui s'accompagnent généralement d'une assurance prospection délivrée par la COFACE, et désormais Bpifrance Assurance Export [3].

Concernant les crédits fournisseurs à moyen ou long terme, on peut citer les crédits de préfinancement [4] qui s'adressent aux exportateurs de biens d'équipements et de prestations de service et qui couvrent les besoins de trésorerie résultant d'un marché d'exportation d'un montant important dont l'exécution s'étend sur une longue période. Ce crédit est parfois renouvelable.

2348 ***Souscription de billets à ordre*** ◊ Du fait, toujours, de leur extrême variété, la mise à la disposition des fonds peut prendre diverses formes en matière de crédits fournisseurs. Souvent, elle résultera de la souscription par l'exportateur de billets à ordre qui seront endossés par banquier prêteur. Pour mémoire, le billet à ordre est le titre par lequel une personne, le souscripteur, s'engage à payer une somme déterminée à une date déterminée à une autre personne, appelée bénéficiaire [5].

Le banquier mobilisera alors ces billets et en portera le montant au crédit du compte de l'exportateur. Ces crédits pourront alors être remboursés à l'aide des fonds reçus par ce dernier en règlement de la livraison effectuée à l'acheteur ou encore par la mobilisation de la créance détenue par l'exportateur sur ce même acheteur [6].

Dès lors, si l'on applique le droit régissant l'escompte des effets de commerce, il apparaît que si l'acheteur ne paie finalement pas la livraison en question, le banquier disposera d'un recours contre son client, en l'occurrence l'exportateur. Dès lors, nous le voyons, sauf éventuelle garantie de Bpifrance Assurance Export, c'est ce dernier qui supportera le risque de non-paiement.

2349 ***Forfaitage*** ◊ En pratique différentes techniques ont été mises en place pour se prémunir contre ce risque de non-paiement. Citons notamment la pratique du forfaitage [7]. Il s'agit d'une forme d'escompte sans recours d'effets de commerce avalisés ou garantis par une banque du pays de l'acheteur qui permet alors d'exclure tout recours contre l'exportateur.

---

1. Ils sont alors consentis pour une durée inférieure à deux ans.
2. G. Decocq, Y. Gérard et J. Morel-Maroger, *op. cit.*, n° 267 et 268.
3. Ch. Gavalda et J. Stoufflet, *Droit bancaire*, éd. Litec 2015, 10e éd., n° 942. Une clause de « dégagement » permet souvent au prêteur de mettre fin au crédit si la situation financière de l'entreprise se dégrade.
4. Ch. Gavalda et J. Stoufflet, *op. cit.*, n° 943. G. Bourdeaux, *op. cit.*, n° 8 s.
5. V. ss 2199.
6. M. Vasseur, « La protection du banquier en cas de mobilisation de créances nées à court terme sur l'étranger », *RTD com.* 1977. 1.
7. P. Chareyre, « Le forfaitage, une alternative compétitive pour le financement des exportations », *Banque* oct. 1987, p. 911. Ch. Gavalda et J. Stoufflet, *op. cit.*, n° 955.

SECTION 2. LE CRÉDIT ACHETEUR

350 ***Présentation générale*** ◊ Le processus du crédit acheteur se distingue très nettement du crédit fournisseur [1]. Ici, le banquier, qui sera généralement celui de l'exportateur-fournisseur, consentira directement un crédit à l'acheteur afin qu'il puisse acquérir des biens ou des services auprès de ce même exportateur. Le contrat stipulera alors que, dans tous les cas, le remboursement devra intervenir selon ses propres termes et indépendamment des aléas du contrat commercial.

Ainsi, avec cette forme de crédit, qui représenterait 90 % des crédits à l'exportation [2], ce n'est pas l'exportateur qui supporte directement le risque de non-paiement des créances, mais le banquier lui-même. Cette technique de financement, qui est née dans les années soixante, bénéficie également de l'assurance-crédit proposée par BPI France [3].

Dès lors, après avoir observé le fonctionnement du crédit acheteur (§ 1), nous nous arrêterons un instant sur les relations de la banque prêteuse avec les différents intervenants dans cette opération de crédit [4] (§ 2).

§ 1. Le fonctionnement du crédit acheteur

351 ***Ouverture de crédit*** ◊ Le crédit acheteur repose sur une ouverture de crédit [5]. Pour mémoire, il s'agit d'un engagement du banquier à consentir une opération de crédit déterminée, reconnaissant ainsi à son client une option dont la levée lui permettra d'obtenir le crédit promis. C'est pour résumer une promesse de prêt [6]. L'emprunteur aura le choix soit d'user de l'option et bénéficier du crédit, soit de ne rien faire. Ce ne sera que s'il lève cette option que la convention de prêt sera parfaitement formée.

L'ouverture de crédit fera l'objet d'une convention distincte du contrat commercial unissant l'importateur-acheteur et l'exportateur-fournisseur [7].

1. B. Teston, « Le crédit achteur, une technique de financement d'actifs à l'exportation » : *RDBF* 2010, n° 6, dossier 29, p. 124.
2. G. Decocq, Y. Gérard et J. Morel-Maroger, *op. cit.*, n° 269.
3. Pour une présentation détaillée du mécanisme d'assurance, « Lamy droit du financement », éd. Lamy, 2019, n° 5153.
4. Les relations commerciales entre l'acheteur et le fournisseur n'impliquent pas, quant à elles, de commentaires particuliers. Notons simplement que le contrat commercial les unissant contient fréquemment une condition suspensive relative à la signature de la convention de crédit.
5. V. ss 1543.
6. Com., 21 janv. 2004, n° 01-01.129, *Bull. civ.* IV, n° 13 ; *D.* 2004. 1149, note Ch. Jamin ; *JCP E* 2004, 649, note O. Salati ; *RTD com.* 2004. 352, obs. D. Legeais. Elle demeure cependant, pour l'article L. 313-1 du Code monétaire et financier, une véritable opération de crédit.
7. Cette solution se démarque alors du crédit fournisseur pour lequel c'est le contrat commercial qui contient, le plus souvent, les dispositions financières et les facilités accordées par l'exportateur à l'acheteur étranger.

Cette ouverture de crédit présentera un caractère irrévocable dans la mesure où le banquier ne pourra pas la révoquer pour d'autres raisons que celles prévues à la convention.

Une originalité est à souligner ici : si cette convention lie uniquement le banquier à l'importateur acheteur, les fonds en question ne sont généralement pas directement mis à la disposition de ce dernier. Ils sont remis à l'exportateur-fournisseur en vertu du mandat dont l'ouverture de crédit a investi le banquier, ou le chef de file si nous sommes en présence d'un « pool bancaire » [1].

2352 ***Notification*** ◊ L'ouverture de crédit en question doit être notifiée au fournisseur. Cette notification présente d'ailleurs deux intérêts.

Tout d'abord, elle permet de porter à la connaissance du fournisseur des conditions dont dépend le versement des fonds, et notamment les formalités qu'il aura à suivre [2]. Les modalités de versement sont variables selon les circonstances [3].

De plus, pour un courant doctrinal [4], cette notification comporterait également un engagement personnel, autonome et direct, de la banque à l'égard du fournisseur.

2353 ***Obligations*** ◊ L'importateur-acheteur, bénéficiaire du crédit en question, sera tenu de rembourser ce dernier dans les conditions et aux échéances fixées dans le contrat de financement. Il sera également débiteur des intérêts.

Le fournisseur, quant à lui, ne sera pas garant du remboursement. Il s'agit pour lui d'un net avantage du crédit acheteur sur le crédit fournisseur. La défaillance de l'emprunteur sera, en règle générale, couverte par une assurance-crédit.

§ 2. Les relations entre la banque et les différents intervenants

2354 ***Avec l'exportateur-fournisseur*** ◊ Concernant les relations entre la banque prêteuse et le fournisseur, nous venons d'observer que, quelles que soient les modalités utilisées pour remettre les fonds au fournisseur,

1. Sur cette situation, G. Bourdeaux, *op. cit.*, n° 43 s.

2. En pratique, celui-ci s'effectue sur présentation de documents justifiant l'accomplissement par le fournisseur de ses prestations, ce qui rapproche le crédit fournisseur du crédit documentaire (v. ss 2378). D'ailleurs, comme pour ce dernier, on estime que le banquier prêteur a simplement à vérifier la conformité formelle des documents en question aux instructions qu'il a reçu, et non à contrôler l'exécution du contrat commercial, hormis bien évidemment si cette exigence figure dans la convention de crédit.

3. J.-P. Mattout, *op. cit.*, n° 92.

4. Th. Bonneau, *op. cit.*, n° 814. L'auteur considère ainsi que « le versement des fonds intervient non seulement en vertu du mandat, mais également de cet engagement ». Dans le même sens, G. Bourdeaux, *op. cit.*, n° 41. J.-P. Mattout, *op. cit.*, n° 106.

certains auteurs considèrent que le banquier souscrit à l'égard de ce fournisseur un engagement personnel, autonome et direct [1]. Quelques juges du fond se sont parfois prononcés en ce sens [2]. En cela, on se rapprocherait du crédit documentaire [3].

Par ailleurs, et malgré le caractère normalement autonome du crédit par rapport au contrat commercial, il sera souvent demandé au fournisseur de s'engager, en cas de mauvaise exécution du contrat commercial de sa part, de verser au banquier le montant de l'indemnité dont il serait reconnu débiteur vis-à-vis de son acheteur en raison de cette mauvaise exécution [4]. Cette clause a pour objectif d'éviter qu'une fois payé l'exportateur ne néglige pas ses obligations [5].

2355 ***Avec l'importateur-acheteur*** ◊ Concernant les relations entre la banque prêteuse et l'importateur-acheteur, qui est donc aussi emprunteur, la pratique a voulu sécuriser cette relation bancaire qui concerne concrètement deux personnes relevant de pays différents. Il est vrai que pour parfaitement fonctionner, le crédit acheteur implique que le crédit octroyé et le contrat commercial financé soient indépendants l'un de l'autre. Il serait ainsi gênant, et de nature à décourager les éventuels prêteurs, que l'emprunteur puisse opposer à la banque des exceptions tirées du contrat commercial et refuse alors de rembourser le crédit car le contrat principal n'a pas été exécuté ou n'a pas été correctement exécuté.

On ne sera donc pas surpris de constater que tous les contrats de crédit acheteur contiennent une clause particulière, appelée « clause Isabel » ayant pour objet de prévoir l'inopposabilité des exceptions tirées du contrat commercial [6]. Elle assure ainsi l'autonomie du contrat de crédit par rapport au contrat commercial qu'il sert à financer. Le banquier ayant délivré les fonds à la vue de documents apparemment réguliers aura droit au remboursement.

---

1. V. ss 2352. Cette solution n'est cependant pas partagée par toute la doctrine, J. Stoufflet, « Le mandat irrévocable instrument de garantie », *in Mélanges offerts à A. Colomer*, éd. Litec 1993, p. 477.

2. Bordeaux, 12 nov. 1992, *JCP E* 1993, 243, n° 35, obs. Ch. Gavalda et J. Stoufflet. G. Boudeaux et Th. Samin, « Le crédit acheteur face à la jurisprudence. À propos d'un arrêt de la cour d'appel de Bordeaux du 12 novembre 1992 », *JCP E* 1994, I, 332. Cette décision a cependant été cassée, Com., 13 févr. 1996, n° 93-18.006, *D.* 1996. 381, note critique D.-R. Martin.

3. J.-P. Mattout, *op. cit.*, n° 106.

4. J.-P. Mattout, *op. cit.*, n° 110.

5. G. Decocq, Y. Gérard et J. Morel-Maroger, *op. cit.*, n° 273.

6. J.-P. Mattout, *op. cit.*, n° 116.

CHAPITRE 2
LE CRÉDIT-BAIL INTERNATIONAL ET L'AFFACTURAGE INTERNATIONAL

2356 Si ces deux formes de crédit, que sont le crédit-bail international[1] (Section 1) et l'affacturage international[2] (Section 2), ont pour point commun d'être encadré par deux conventions internationales élaborées, sous l'égide d'Unidroit[3], à Ottawa le 28 mai 1988, leurs régimes juridiques présentent logiquement de grandes différences.

SECTION 1. LE CRÉDIT-BAIL INTERNATIONAL

2357 Présentons rapidement le crédit-bail international (§ 1) avant d'en observer le régime juridique spécifique (§ 2).

§ 1. Présentation du crédit-bail international

2358 ***Définition*** ◊ Le crédit-bail est, pour mémoire, l'opération par laquelle un établissement de crédit ou une société de financement, le crédit-bailleur, acquiert auprès d'un fournisseur, à la demande d'un client, le crédit-preneur, la propriété d'un bien qui est donné à bail à ce client pendant une certaine période à l'issue de laquelle il disposera d'une option lui conférant la faculté, soit de restituer le bien au crédit-bailleur, soit de l'acheter moyennant le paiement d'un prix résiduel, soit de reprendre la location durant une certaine période[4].

L'opération de crédit-bail devient internationale lorsque les parties prenantes s'inscrivent dans des systèmes juridiques nationaux différents. Le

---

1. Ch. Gavalda et D. Crémieux-Israël, « Crédit-bail mobilier. Crédit-bail international et "leasing" en Europe », *J.-Cl. BCB*, fasc. 643, 2001.
2. G. Bourdeaux, « Affacturage international », *J.-Cl. BCB*, fasc. 590, 2015.
3. Pour mémoire, l'Institut international pour l'unification du droit privé (Unidroit) est une organisation intergouvernementale indépendante ayant pour objet d'étudier des moyens et méthodes en vue de moderniser, harmoniser et coordonner le droit privé, et en particulier le droit commercial, entre des États ou des groupes d'États et, à cette fin, d'élaborer des instruments de droit uniforme, des principes et des règles.
4. V. ss 2062.

contrat de crédit-bail devient ainsi international lorsque le bailleur et le preneur sont soumis à des juridictions de nationalités différentes.

359 ***Illustrations*** ◊ Le crédit-bail international prendra, parfois, la forme d'un crédit à l'exportation chaque fois que le fournisseur et le crédit-bailleur seront français alors que le crédit-preneur sera étranger.

Mais cette opération ne se limite pas au financement des exportations. Ainsi, si fournisseur et le crédit-preneur sont étrangers alors que le crédit-bailleur est en France, il ne s'agit plus, du point de vue français, d'un crédit à l'exportation et pourtant nous demeurons en présence d'un crédit-bail international.

360 ***Évolution*** ◊ Notons que, pendant longtemps, les sociétés de crédit-bail ne pratiquaient pas ces opérations au niveau international, tout simplement parce qu'elles ne pouvaient pas mobiliser leurs créances nées à l'exportation. Ces opérations ne se sont alors véritablement développées qu'à partir du moment où les pouvoirs publics ont décidé que les opérations de crédit-bail à l'exportation pourraient être financées et garanties comme les crédits à l'exportation. L'intervention de la COFACE, et aujourd'hui de Bpifrance Assurance Export, a ainsi été rendue possible en la matière.

§ 2. Le régime juridique du crédit-bail international

361 ***Conflit de lois*** ◊ Sans surprise, des interrogations portant sur la loi applicable au crédit-bail international se sont posées en la matière. Il est vrai qu'en l'absence de décision expresse des parties, on peut hésiter entre la loi du pays du crédit-preneur ou celle du pays du crédit-bailleur, prestataire de services. Si l'on se réfère au Règlement Rome I, la seconde loi devrait logiquement être privilégiée. Rappelons en effet que pour l'article 4, § 1, b) du Règlement, à défaut de volonté des parties, le « contrat de prestation de services est régi par la loi du pays dans lequel le prestataire de services à sa résidence habituelle ».

362 ***Convention d'Ottawa*** ◊ Mais une originalité est à noter avec le crédit-bail international : les parties sont libres, si elles le souhaitent, de faire régir leurs rapports par la Convention sur le crédit-bail international élaborée, sous l'égide d'Unidroit, à Ottawa le 28 mai 1988 [1] et entrée en vigueur le 1er mai 1995.

1. Elle a été approuvée par la France par la loi n° 91-636 du 10 juillet 1991 R.-M. Schütz, « La convention d'Ottawa sur le crédit-bail international », CCC mars 1996. Chron. 3. J.-P. Béraudo, « Le nouveau droit du crédit-bail international et de l'affacturage international », *JCP E* 1995, I, 458. J.-P. Mattout, *op. cit.*, n° 135 s.

Étudions cette dernière. Notons, à titre préalable, qu'elle n'a été ratifiée à ce jour que par dix États [1]. Cela en réduit la portée et, partant, l'utilité.

Après avoir observé son champ d'application (A), nous verrons qu'elle entend par crédit-bail international une technique de financement qui se distingue quelque peu du crédit-bail « national » tel qu'il est envisagé par notre droit interne [2] (B).

A. Le champ d'application de la Convention d'Ottawa

2363 ***Meubles concernés*** ◊ La Convention d'Ottawa ne s'applique, en vertu de son article 1, § 1, qu'aux meubles destinés à un usage professionnel, c'est-à-dire des biens d'équipement, du matériel ou de l'outillage. Dès lors, et sans surprise, le paragraphe 4 du même article exclut les biens meubles qui doivent être utilisés par le crédit-preneur à titre principal pour son usage personnel, familial ou domestique.

En revanche, et à la différence du crédit-bail interne, les immeubles ne sont pas concernés ici.

2364 ***Extranéité*** ◊ Par ailleurs, la Convention ne s'applique que lorsque le crédit-bailleur et le crédit-preneur ont leur établissement dans des États différents et que : soit ces États ainsi que l'État où le fournisseur a son établissement sont des États contractants ; soit le contrat de fourniture et le contrat de crédit-bail sont régis par la loi d'un État contractant [3].

Ainsi, la Convention d'Ottawa sera parfaitement applicable lorsque le fournisseur et le crédit-bailleur seront établis sur le territoire français même si le crédit-preneur est établi, quant à lui, dans un État non contractant.

2365 ***Limites*** ◊ Il convient néanmoins de garder à l'esprit que cette Convention d'Ottawa présente un caractère facultatif pour les parties. Tout d'abord, son application peut être écartée si les parties au contrat de fourniture et au contrat de crédit-bail consentent à une telle exclusion. Ainsi, en vertu de la loi d'autonomie, les parties peuvent parfaitement choisir de soumettre leur contrat à la loi d'un pays non partie à la Convention.

De plus, lorsque la Convention est appliquée, son article 5 prévoit que les parties sont encore en droit, dans leurs relations mutuelles, et sauf exception, de déroger à l'une de ses dispositions ou d'en modifier les effets.

---

1. Ne l'ont ainsi ratifié, à ce jour, que la France, l'Italie, le Nigéria, la Hongrie, le Panama, la Lettonie, la Russie, le Bélarus, l'Ouzbekistan et enfin l'Ukraine.

2. Notons que figurent dans cette convention quelques règles de conflit de lois dans le but de résoudre, par application des droits nationaux, les questions n'ayant pas fait l'objet de règles d'harmonisation par la convention elle-même.

3. Conv., art. 3, § 1.

B. Les spécificités du crédit-bail international envisagé par la Convention

366 ***Présentation générale*** ◊ La Convention d'Ottawa ne prévoit pas une législation matérielle uniforme. Seuls un certain nombre de points importants sont réglés, et plus précisément les rapports bipartites à cette opération triangulaire, c'est-à-dire les droits et devoirs respectifs des partenaires. La Convention est ainsi destinée à constituer une base commune de référence, à moins que les parties au contrat de fourniture et au contrat de crédit-bail ne consentent à son exclusion, totale ou partielle.

La Convention d'Ottawa est la synthèse des droits des États qui l'ont adoptée. Cela explique pourquoi le crédit-bail international qu'elle vise présente certaines particularités par rapport au crédit-bail interne [1].

367 ***Absence d'option d'achat*** ◊ En premier lieu, et comme en droit français, l'opération de crédit-bail comporte un contrat de vente et un contrat de crédit-bail. Mais une différence importante est à observer à la fin de ce dernier contrat : alors que le crédit-bail interne suppose pour recevoir une telle qualification que le crédit-preneur bénéficie d'une option d'achat à l'issue de la période de location [2], cette option n'est pas visée par le Convention d'Ottawa. Elle ne participe donc pas à la définition du crédit-bail international. Au contraire, l'article 1, § 3, précise que la Convention s'applique « que le crédit-preneur ait ou qu'il n'ait pas, à l'origine ou par la suite, la faculté d'acheter le matériel ou de le louer à nouveau, même pour un prix ou un loyer symbolique ».

368 ***Exonération du crédit-bailleur*** ◊ En second lieu, alors que dans le crédit-bail interne, le crédit-bailleur doit garantir les vices cachés de la chose louée, sous réserve des clauses de non recours, l'article 8, § 1, a), de la Convention prévoit, au contraire, que « le crédit-bailleur est exonéré de toute responsabilité liée au matériel à l'égard du crédit-preneur ». Il n'en va différemment que si le crédit-preneur a subi un préjudice résultant de son recours à la compétence du crédit-bailleur et de l'intervention de celui-ci « dans le choix du matériel, de ses caractéristiques ou du fournisseur ».

369 ***Pouvoirs du crédit-preneur*** ◊ En dernier lieu, si la jurisprudence a admis, en droit interne, que le crédit-preneur pouvait invoquer les droits du crédit-bailleur à l'encontre du vendeur et obtenir de la sorte

1. Elle est d'ailleurs, sur certains points, plus protectrices que notre droit interne, notamment à l'égard des droits et devoirs respectifs des partenaires qu'elle traite avec précision. Conv., art. 7 à 14.
2. V. ss 2063.

la résolution du contrat de vente, c'est uniquement grâce aux clauses contractuelles transmettant l'exercice d'une telle action au crédit-preneur [1]. La Convention d'Ottawa est légèrement différente sur ce point. En effet, si l'article 10, § 1, de cette dernière prévoit que les obligations du fournisseur qui résultent du contrat de fourniture « peuvent également être invoquées par le crédit-preneur comme s'il était lui-même partie à ce contrat et comme si le matériel devait lui être livré directement », le paragraphe 2 du même article précise que « le présent article ne donne pas au crédit-preneur le droit de résilier ou d'annuler le contrat de fourniture sans le consentement du crédit-bailleur ».

Doit-on alors en conclure que le crédit-preneur est dans une position plus fragile en présence d'un crédit-bail international que d'un crédit-bail au sens du droit interne ? Pas forcément. Notons ainsi que pour l'article 12, § 1, a), de la Convention, à défaut de livraison, en cas de livraison tardive ou de livraison d'un matériel non conforme au contrat de fourniture, le crédit-preneur a le droit, à l'égard du crédit-bailleur, de refuser le matériel ou de résilier le contrat de crédit-bail.

SECTION 2. **L'AFFACTURAGE INTERNATIONAL**

2370 À l'instar du crédit-bail international, l'affacturage international (§ 1) présente un régime juridique spécifique (§ 2).

§ 1. **Présentation de l'affacturage international**

2371 ***Définition*** ◊ L'affacturage peut être défini comme la technique juridique par laquelle un établissement d'affacturage (en l'occurrence un établissement de crédit ou une société de financement), dénommé *factor* ou affactureur, reçoit de son client, appelé adhérent ou fournisseur, des créances dont ce dernier dispose à l'encontre de ses propres clients. L'affactureur rend alors moyennant rémunération, et en fonction des prévisions contractuelles, divers services aux adhérents : par exemple gérer et recouvrer les créances pour le compte de l'adhérent, mais aussi en garantir le recouvrement, ou encore procéder à leur règlement par anticipation [2]. La formule classique de l'affacturage inclut ces trois services à la fois.

L'affacturage international est alors un affacturage à l'exportation car il permet à l'adhérent de bénéficier de cette opération pour des créances sur l'étranger. Cette technique peut être utile en matière internationale

1. V. ss 2073.
2. V. ss 2231.

dans la mesure où les risques commerciaux sur les débiteurs sont accrus par rapport aux ventes internes. Les exportateurs ont, en effet, moins de connaissance sur la solvabilité de leurs contractants étrangers compte tenu de l'extranéité de ces derniers. De plus, les exportateurs confrontés à un système de droit, à une langue, voire à des usages différents, auront probablement plus de mal à recouvrer seuls leurs créances sur l'étranger.

372 ***Présentation concrète*** ◊ L'affacturage international peut fonctionner, comme dans les opérations internes, suivant un schéma triangulaire. Néanmoins, le plus souvent, l'opération deviendra quadrangulaire, le factor s'adressant à un correspondant étranger.

Avec l'affacturage international, le vendeur-exportateur français, qui sera donc l'adhérent, va transmettre ses créances au *factor*, qui sera également français, afin de les mobiliser comme il le ferait à l'égard de créances purement interne. Cependant, ce dernier, que l'on nommera ici *factor* de l'exportateur (*factor export*), n'aura pas les moyens d'apprécier la solvabilité des débiteurs étrangers. En conséquence, il s'adressera à un *factor* du pays de ces derniers, qui prendra alors le nom de factor de l'importateur (*factor import*), qui aura pour mission, dans un premier temps, de procéder aux vérifications adéquates. Ce second *factor* demeurera néanmoins extérieur à la relation contractuelle unissant le *factor* de l'exportateur et l'exportateur lui-même.

Le plus souvent, le *factor* de l'exportateur demandera, en plus, à son homologue étranger de se charger du recouvrement des créances en question une fois que celles-ci seront arrivées à terme. Le *factor* de l'importateur interviendra alors en tant que mandataire pour procéder à l'encaissement et au recouvrement des créances à l'étranger pour le compte du *factor* de l'exportateur.

Notons que le choix de ce correspondant étranger pour le *factor* de l'exportateur résulte parfois de l'existence de liens de capital qui l'unissent au *factor* de l'importateur. Il peut y avoir ainsi des relations de société mère à filiale ou de société à succursale.

§ 2. **Le régime juridique de l'affacturage international**

373 ***Convention d'Ottawa*** ◊ Cette forme de mobilisation de créances n'a été soumise, pendant longtemps, à aucune règle uniforme. Des questions de conflit de lois se sont alors logiquement posées [1]. Finalement, et à l'image du crédit-bail international, l'affacturage international a fini par faire l'objet d'une Convention, également élaborée sous l'égide d'Unidroit,

1. Notons que l'article 14 du Règlement Rome 1 (v. ss 2341), visant la loi de la créance, a vocation à jouer désormais en la matière.

signée à Ottawa le 28 mai 1988 [1]. Ici encore, nous sommes en présence d'une « œuvre de synthèse des droits des États contractants » [2].

Cette dernière, entrée en vigueur le 1er mai 1995, n'a été ratifiée à ce jour que par très peu d'États [3]. Son rayonnement est donc bien limité pour l'heure.

2374 ***Champ d'application*** ◊ La Convention étudiée s'applique lorsque les créances cédées en vertu d'un contrat d'affacturage sont issues d'un contrat de vente de marchandises entre un fournisseur et un débiteur qui ont leur établissement des États différents et que : soit ces États ainsi que l'État où le cessionnaire a son établissement sont parties à la convention ; soit le contrat de vente de marchandises et le contrat d'affacturage sont régis par la loi d'un État contractant [4].

Cette solution fait immanquablement songer à la Convention régissant le crédit-bail international. D'ailleurs, à l'instar de cette dernière, elle présente un caractère facultatif. Son application peut ainsi être exclue par les parties au contrat d'affacturage ou par les parties au contrat de vente de marchandises « à l'égard des créances nées soit au moment soit après que la notification par écrit de cette exclusion a été faite au cessionnaire » [5].

2375 ***Spécificités prévues*** ◊ Les ressemblances entre l'affacturage interne et l'affacturage international sont nombreuses que cela soit concernant les rapports entre le *factor* et le fournisseur ou entre le factor et le débiteur.

Des particularités sont néanmoins prévues par la Convention d'Ottawa. Par exemple, si en cas d'affacturage interne, le transfert de créances est susceptible d'être notifié au débiteur, la Convention d'Ottawa rend, quant à elle, cette notification, obligatoire [6]. Le débiteur ne sera tenu de payer le *factor* que s'il a reçu cette notification du transfert de la créance [7]. À défaut, il pourra adresser son paiement au fournisseur.

---

1. Cette convention a été approuvée par la France par la loi n° 91-641 du 10 juillet 1991. J.-P. Béraudo, « Le nouveau droit du crédit-bail international et de l'affacturage international », *JCP E* 1995, I, 458. J.-M. Daunizeau, « Convention d'Ottawa du 28 mai 1988 sur l'affacturage international », *Banque et Dr.* 1991, n° 19, p. 184. J. Béguin, « La convention d'Ottawa du 28 mai 1988 sur l'affacturage international », *in Mélanges Y. Guyon*, éd. Dalloz, 2003, p. 59. J.-P. Mattout, *op. cit.*, n° 65 s.

2. Th. Bonneau, *op. cit.*, n° 794.

3. Ne l'ont ainsi ratifié, à ce jour, que la France, l'Italie, le Nigéria, l'Allemagne, la Hongrie, la Lettonie, l'Ukraine, la Belgique et la Russie.

4. Conv., art. 2, § 1.

5. Conv., art. 3, § 1.

6. Conv., art. 1, § 2, c).

7. Conv., art. 8.

SOUS-TITRE 3

Les opérations internationales de crédit par signature

376 ***Présentation générale*** ◊ Les crédits par signatures peuvent être définis comme des engagements contractés par un établissement de crédit au profit de tiers à la demande d'un client. Ces crédits ont pour caractéristique de n'impliquer aucune mise à disposition immédiate ou future de fonds, ce qui les distingue des crédits par caisse précités. Ici, la mise à disposition des fonds sera simplement éventuelle. Ils représentent une part importante des opérations internationales de banque.

377 Deux hypothèses bien connues seront alors envisagées ici : le crédit documentaire (Chapitre 1) et les garanties autonomes (Chapitre 2) [1].

1. Pour une présentation détaillée, H. Martini, D. Deprée, J. Klein-Corenede, « Crédits documentaires, lettre de crédit stand by, cautions et garanties. Guide pratique », RB éditions, 2010, 2e éd.

CHAPITRE 1
LE CRÉDIT DOCUMENTAIRE

378 ***Définition*** ◊ Le crédit documentaire [1] est l'opération par laquelle une banque, appelée banque émettrice, accepte, à la demande d'un acheteur, le donneur d'ordre, de mettre des fonds à la disposition du vendeur, le bénéficiaire, afin de financer une opération commerciale, contre remise de documents constatant la bonne exécution d'une vente.

Plus concrètement, à l'occasion d'un contrat de vente, l'acheteur et le vendeur vont se mettre d'accord sur le fait que le paiement du prix sera effectué à l'aide d'un crédit documentaire. En exécution de cette première convention, l'acheteur demandera à sa banque d'ouvrir un tel crédit au bénéfice du vendeur. Si la banque accepte, elle le notifiera à ce vendeur en lui faisant parvenir, soit directement soit par une banque correspondante, une « lettre de crédit ». Le crédit documentaire sera alors ouvert.

La mise à disposition des fonds au profit du vendeur, quant à elle, interviendra à la suite de la présentation, par ce dernier, des documents visés par la lettre de crédit et ce après examen de leur régularité par la banque prêteuse. La banque ayant ainsi payé se retournera ensuite contre le donneur d'ordre.

379 ***Avantages*** ◊ L'utilité de cette forme de crédit, qui trouve son origine dans la méfiance de partenaires commerciaux éloignés géographiquement lors de vente internationale, est évidente. Tout d'abord, il facilite l'exécution d'une vente en en assurant le règlement. On peut donc dire, avec d'autres [2], que c'est un moyen de paiement.

De plus, l'intervention d'un établissement de crédit dans ce règlement apporte une certaine garantie aux parties. Il est vrai que ces dernières ont besoin ici d'être rassurées : souvent, le vendeur se dessaisira des marchandises avant le paiement et l'acheteur acceptera le règlement avant d'avoir reçu livraison de celles-ci.

Malgré ces avantages, beaucoup d'exportateurs se détournent aujourd'hui du crédit documentaire qu'ils trouvent lourd à mettre en œuvre. Il reste néanmoins utilisé pour les gros marchés.

380 ***Encadrement juridique*** ◊ Étonnamment, le crédit documentaire ne fait l'objet de quasiment aucunes dispositions légales ou réglementaires

1. D. Legeais, « Crédit documentaire » : JurisClasseur Commercial, fasc. 366, 2015.
2. Th. Bonneau, *op. cit.*, n° 826.

de la part des États. Il s'agit ainsi d'un outil qui est né de la pratique bancaire et qui est resté en dehors de tout encadrement législatif. L'ampleur de son succès, depuis le début du XXe siècle dans le commerce international, aurait pourtant pu justifier l'élaboration d'une convention internationale.

Néanmoins, il n'échappe pas pour autant à toute réglementation. En effet, les règles qui lui sont applicables, et qui ont donc été créées et développées par la pratique, ont fait l'objet d'une codification sous l'égide de la Chambre de commerce internationale [1] (CCI), et ce dès 1933.

2381 ***RUU*** ◊ Ce document, intitulé « Règles et Usances Uniformes de la CCI relatives aux Crédits documentaires » (RUU), est ainsi le résultat d'une concertation entre les représentants des diverses professions intéressées. Il a été modifié à plusieurs reprises afin de tenir compte de l'évolution des pratiques internationales. Leur dernière version en date est entrée en vigueur le 1er juillet 2007 [2].

Ces règles ont une vocation universelle : selon l'article 1er des RUU 600, elles ont vocation à s'appliquer à l'ensemble des crédits documentaires. D'ailleurs, en pratique, force est de constater que tous les crédits documentaires émis dans le monde y font référence [3]. Elles jouent par conséquent un rôle prépondérant.

2382 ***Caractère obligatoire*** ◊ Ces RUU sont-elles obligatoires ? Il est évident que si les parties ont décidé de s'y référer, elles constituent la loi du contrat, et sont donc obligatoires.

Mais, cela n'est pas tout. Comme le relève un auteur [4], ces règles ont paru avoir acquis avec le temps une portée plus importante encore, « non seulement parce que les RUU sont l'expression des pratiques antérieures à leur rédaction, mais également en raison de l'*opinio necessitatis* », c'est-à-dire l'opinion que ces règles s'imposent à l'ensemble des parties au crédit documentaire. Un courant doctrinal estime d'ailleurs que ces règles s'imposent, même si leur applicable n'a pas été envisagée par les parties [5]. Cette affirmation demeure cependant très discutée [6].

---

1. V. ss 42.

2. Publication n° 600 (2007) de la CCI, *Uniforms Customs and Practice for Documentary Credits 2007 revision*. G. Affaky, « Le nouveau droit des crédits documentaires : les règles et usances 600 », *Banque et Dr.* 2007, n° 112, p. 3. J.-P. Mattout, « Les nouvelles règles et usances 600 de la CCI relatives aux crédits documentaires », *Banque et Dr.* 2007, n° 112, p. 22. J. Stoufflet, « Crédit documentaire. Commentaire des Règles et usances de la CII Révision 2007 (RUU 600) », *J.-Cl. BCB*, fasc. 1082, 2008. Elle a remplacé la précédente version qui datait de 1993 (RUU 500). – Aucune révision n'est, pour l'heure, envisagée, *Banque et Dr.* 11-12/2016, n° 170, obs. G. Affaki.

3. J. Stoufflet, *Droit bancaire*, éd. Litec, 2015, 10e éd., n° 984.

4. Th. Bonneau, *op. cit.*, n° 829.

5. J.-P. Mattout, *op. cit.*, n° 265.

6. Th. Bonneau, *op. cit.*, n° 829.

La jurisprudence, quant à elle, a déjà eu l'occasion de viser les articles des RUU à côté d'articles de loi [1]. On notera cependant que, dans les décisions concernées, les règles en question avaient bien été adoptées par les parties [2].

383 ***Rareté du contentieux*** ◊ Les difficultés en matière de crédit documentaire donnent rarement lieu à des litiges soumis à des juridictions étatiques [3]. Il semble ainsi que les modes alternatifs de règlement des litiges, et notamment l'arbitrage, soient plus fréquemment utilisés [4].

384 Nous nous intéresserons ici, successivement, à l'ouverture du crédit documentaire (Section 1) et à sa réalisation (Section 2) [5].

SECTION 1. **L'OUVERTURE DU CRÉDIT DOCUMENTAIRE**

385 Trois points importants concernant l'ouverture du crédit documentaire sont à évoquer ici : les conventions passées entre les intervenants à l'opération (§ 1), les obligations de la banque émettrice à l'égard du bénéficiaire (§ 2) et enfin les rôles joués par les différentes banques intervenantes (§ 3).

§ 1. **Les conventions passées entre les intervenants à l'opération**

386 Deux conventions vont ici se succéder entre les différents protagonistes : une convention entre le vendeur et l'acheteur (A) et une convention entre le donneur d'ordre et la banque (B).

A. **La convention entre vendeur et l'acheteur**

387 ***Principe général*** ◊ L'ouverture d'un crédit documentaire repose, tout d'abord, sur une stipulation contractuelle incluse dans un contrat

1. Com., 14 oct. 1981, n° 80-12.336, *Bull. crim.* n° 357 ; *D.* 1982. 301, note M. Vasseur. Com., 7 oct. 1987, n° 86-13.066, *Bull. civ.*, n° 213. Com., 5 nov. 1991, n° 89-21.114, *Bull. civ.* IV, n° 328 ; *D.* 1992, somm. p. 303, obs. M. Vasseur.Com. 28 mars 2006, n° 04-15.682 : *Bull. civ.* 2006, IV, n° 78 ; *D.* 2006. AJ 1284, obs. X. Delpech. – Com. 5 mai 2015, n° 13-20.502, n° 13-20.616, n° 13-22.682 et n° 13-27.995 : *LEDB* juill. 2015, p. 6, n° 116, obs. J. Lasserre Capdeville, *Banque et Dr.* 2015, n° 162, p. 53, obs. J. Morel-Marojer ; *RDBF* 2015, comm. 170, obs. D. Robine.

2. M. Vasseur, *D.* 1982. 301. Th. Bonneau, *op. cit.*, 829.

3. Lamy droit du financement : éd. Lamy, 2019, n° 5195.

4. Il en va de même avec l'« alternative dispute resolution » (ADR), qui est le recours à un tiers neutre qui rend un avis d'expert non contraignant. – G. Affaki, « Le nouveau règlement DOCDEX » : *Banque et Dr.* 2015, n° 161, p. 68.

5. Concernant les crédits documentaires particuliers, J.-P. Mattout, *op. cit.*, n° 321 s.

commercial de vente ou d'entreprise imposant à l'acheteur de se libérer par cette voie et exigeant son émission avant une certaine date [1].

Ce contrat de base indiquera, souvent, les principales caractéristiques du crédit documentaire souhaité : date limite de l'émission, durée de validité, caractère irrévocable ou pas du crédit, caractère confirmé ou non, durée de validité, documents à présenter par le vendeur au banquier pour en obtenir l'exécution, etc.

2388 ***Non-respect*** ◊ L'absence d'émission d'un crédit documentaire dans les conditions et à la date définies dans le contrat commercial constitue un manquement à ce contrat justifiant sa résolution à la demande du vendeur.

Parfois, le contrat ira jusqu'à prévoir que tant que le contrat de crédit n'est pas conclu, le contrat de base n'est pas formé. L'acheteur ne pourra donc pas en réclamer l'exécution [2].

B. La convention entre le donneur d'ordre et la banque

2389 ***Principe général*** ◊ L'acheteur va demander à son banquier d'ouvrir un crédit documentaire selon des instructions détaillées. Il devient ainsi donneur d'ordre. Le banquier est bien évidemment libre de refuser. S'il accepte, la convention passée entre le donneur d'ordre et la banque prendra la forme d'une ouverture de crédit.

Par cette convention, le banquier va promette deux choses au donneur d'ordre : d'une part, d'intervenir à l'opération, c'est-à-dire « prêter sa signature afin de faciliter l'exécution d'une vente » [3], mais aussi, d'autre part, de s'engager au profit du bénéficiaire dans une « lettre de crédit ».

2390 ***Caractéristiques*** ◊ La convention unissant le donneur d'ordre et la banque présente quelques spécificités. Tout d'abord, c'est une ouverture de crédit consentie au donneur d'ordre et ayant vocation à être réalisée entre les mains d'un tiers, en l'occurrence le bénéficiaire (c'est-à-dire le vendeur). De plus, il s'agit d'une ouverture de crédit par signature [4]. Il n'y a, en effet, aucune remise immédiate ou future des fonds ; celle-ci n'est qu'éventuelle.

2391 ***Obligations des parties*** ◊ La jurisprudence a eu l'occasion de préciser que le banquier est ici tenu de mettre en garde le donneur d'ordre sur les

---

1. J. Baccar, « La clause d'ouverture du crédit documentaire : une clause sensible », *RDBF* 2008, n° 6, p. 24.

2. Com., 16 avr. 1991, n° 89-20.697, *Bull. civ.*, n° 148 ; *D.* 1992, somm. p. 203, obs. M. Vasseur ; *RTD com.* 1992. 844, obs. M. Cabrillac et B. Teyssié.

3. Th. Bonneau, *op. cit.*, n° 834.

4. D. Legeais, *op. cit.*, n° 9.

risques de l'opération envisagée si ce dernier n'est pas averti, c'est-à-dire n'a pas l'expérience du financement du commerce international [1].

Le donneur d'ordre, quant à lui, devra, préalablement à l'émission du crédit, verser au banquier la rémunération qui lui est due et qui prendra la forme de diverses commissions [2]. Le banquier pourra également exiger du donneur d'ordre la constitution de sûretés, comme par exemple un dépôt de garantie.

§ 2. Les obligations de la banque à l'égard du bénéficiaire

2392 ***Naissance de l'obligation*** ◊ L'obligation de la banque émettrice envers le bénéficiaire, c'est-à-dire le vendeur, ne naît pas directement de la convention conclue entre le banquier et le donneur d'ordre. Elle prendra naissance un peu plus tard : lorsque le bénéficiaire recevra du banquier une « lettre de crédit » qui est l'instrument par lequel le banquier notifie l'ouverture du crédit documentaire à son bénéficiaire [3].

La notification peut être effectuée par la banque émettrice, mais aussi par une banque intermédiaire, le plus souvent une banque du pays du vendeur [4].

2393 ***Caractère irrévocable*** ◊ En pratique, le crédit documentaire peut prendre deux formes. Tout d'abord, il peut être révocable. Dans ce cas, la banque ne contracte aucun engagement personnel à l'égard du bénéficiaire : son seul engagement est envers le donneur d'ordre. Toutefois, cette hypothèse ne se retrouve quasiment plus aujourd'hui [5] : la plupart des crédits documentaires sont irrévocables de nos jours. De la sorte, la banque prend un engagement ferme envers le vendeur-bénéficiaire [6]. Celui-ci est alors assuré d'être payé par la banque s'il se conforme aux conditions énoncées dans la lettre de crédit.

Notons que l'engagement du banquier est indépendant de la convention conclue entre le donneur d'ordre et le banquier. En conséquence, la

---

1. Com., 4 juill. 2006, n° 05-10.529, *Bull. civ.* IV, n° 157 ; *D.* 2006. AJ 2309, obs. X. Delpech ; *RTD com.* 2006. 899, obs. D. Legeais ; *Banque et Dr.* 11-12/2006. 42, obs. J. Stoufflet et G. Affaki. Com., 22 mai 2012, n° 11-17.935, *RDBF* 2012, comm. 177, obs. F.-J. Crédot et Th. Samin.

2. Sur les différentes commissions envisageables, D. Legeais, *op. cit.*, n° 30.

3. Cette notification peut être réalisée par tout moyen. Concernant la télétransmission, RUU 600, art. 11.

4. V. ss 2394.

5. Il est à noter que les RUU 600 ne traitent que du crédit documentaire irrévocable. Le crédit révocable n'y est plus mentionné. Il demeure néanmoins possible pour les parties de prévoir, expressément du coup, un crédit révocable en la matière. Elles ne sauraient viser, cependant, les RUU 600 dans un tel cas. Il incombera alors aux parties d'en fixer le régime, D. Legeais, *op. cit.*, n° 7.

6. Com. 2 nov. 2016, n° 14-25.410 : *Gaz. Pal.* 21 févr. 2017, p. 77, obs. J. Morel-Maroger.

révocation du crédit par le donneur d'ordre, son décès ou encore sa faillite ne permettent pas au banquier émetteur de se soustraire à son obligation. De même, cet engagement est indépendant du contrat commercial conclu au préalable entre le donneur d'ordre et le bénéficiaire.

§ 3. Les rôles joués par les banques intervenantes

2394 ***Pluralité d'établissements*** ◊ Le banquier qui ouvre le crédit documentaire se situe généralement dans le pays de l'acheteur, c'est-à-dire le donneur d'ordre. Cependant, dans la mesure où vendeur et acheteur son éloignés géographiquement, puisque résidant dans des pays différents, il est généralement demandé, en plus, l'intervention d'une banque située dans le pays du vendeur bénéficiaire du crédit. On parle couramment ici de « banque correspondante ».

2395 ***Rôles de la banque correspondance*** ◊ Lorsqu'une telle banque correspondante intervient dans l'opération, son rôle est plus ou moins étendu selon les hypothèses [1].

En premier lieu, cette banque située dans le pays du vendeur peut agir comme simple mandataire de la banque émettrice, sans engagement personnel de sa part, pour informer le vendeur du crédit mis à sa disposition. La seule obligation pesant alors sur cette banque, que l'on qualifie de « notificatrice », est d'apporter un soin raisonnable à vérifier l'authenticité apparente du crédit qu'elle notifie [2].

En second lieu, la banque correspondante peut aussi être chargée, en plus, de la réalisation du crédit. Plus précisément, la banque en question sera investie du mandat de réaliser le crédit pour le compte de la banque émettrice. Dans ce cas, elle sera qualifiée de « banque réalisatrice ».

En dernier lieu, il peut être demandé à la banque correspondante de ne pas se limiter à notifier le crédit, mais d'y ajouter sa confirmation. On parle alors de « banque confirmatrice ». Dans ce cas, l'établissement va s'engager personnellement, c'est-à-dire directement envers le vendeur bénéficiaire du crédit. Celui-ci se retrouvera en conséquence titulaire de deux droits directs, autonomes et parallèles : le premier envers la banque émettrice, et le second à l'égard de cet autre établissement qui prendra le nom de banque confirmatrice. C'est dans la lettre de crédit que sera indiqué au bénéficiaire auprès de quelle banque il devra demander paiement et présenter les documents [3]. Dans tous les cas, si elle effectue le paiement la première, la banque confirmatrice pourra exercer un recours contre la banque émettrice.

---

1. J.-P. Mattout, *op. cit.*, n° 282 s.

2. RUU 600, art. 9, b). Com., 12 mars 2002, n° 99-17.234, *Bull. civ.* IV, n° 51 ; *LPA*, 23 avr. 2002, n° 81, p. 5, obs. E.C. ; *JCP E* 2002, 1601, note J. Djoudi.

3. RUU 600, art. 6, a).

SECTION 2. LA RÉALISATION DU CRÉDIT DOCUMENTAIRE

396 L'étude de l'exécution du crédit documentaire par la banque implique, également, de s'arrêter sur certaines de ses phases : la production des documents (§ 1), les modalités de réalisation du crédit documentaire (§ 2), les obstacles à cette dernière (§ 3) et enfin les recours éventuellement ouverts au banquier (§ 4). Le crédit documentaire présente ainsi de nombreuses originalités.

§ 1. La production des documents

397 ***Principe*** ◊ Le droit du bénéficiaire est subordonné à la présentation dans les délais impartis de documents réguliers apparemment conformes à ceux énumérés dans l'ouverture de crédit [1].

398 ***Choix des documents*** ◊ Le choix des documents, qui sont mentionnés dans la lettre de crédit, appartient au donneur d'ordre, c'est-à-dire à l'acheteur. En effet, c'est lorsqu'il donne à son banquier des instructions en vue de l'émission d'un crédit, que l'intéressé indique quels seront les documents à mentionner dans la lettre de crédit. Le banquier reproduira la liste qui lui aura ainsi été communiquée.

Cette liste pourra être brève comme longue. Tout dépendra des circonstances. En pratique, on distingue plusieurs types de documents [2] : les factures commerciales, les documents de transport, les documents d'assurance et d'autres documents encore [3].

Le donneur d'ordre aura intérêt à les choisir avec soin, dans la mesure où le paiement s'effectuera sur leur simple apparence de conformité, indépendamment du respect du contrat commercial [4]. Leur rôle essentiel est de refléter par eux-mêmes l'exécution du contrat commercial. Le contenu de ces documents, leurs caractères sont, en général, également détaillés dans la lettre de crédit.

---

1. Concernant une faute d'orthographe dans la désignation du produit faisant l'objet du transport, Com., 12 mars 2013, n° 11-22.314, *JCP* 2013. 925, n° 5, obs. G. Bourdeaux.

2. L'exigence d'un document ne saurait, à l'inverse, être implicite, Com., 6 févr. 2006, n° 05-10.214, *D.* 2007. AJ 723, obs. X. Delpech ; *Banque et Dr.* 3-4/2007. 47, obs. G. Affaki et J. Stoufflet ; *RTD com.* 2007. 428, obs. D. Legeais. Sur les documents, RUU 600, art. 18 s.

3. Concernant des documents requis contraires à l'ordre public français, et de nature à être sanctionnés pénalement car discriminatoires, Crim., 18 déc. 2007, n° 06-82.245, *D.* 2008. 293, note S. Détraz ; *RTD com.* 2008. 402, obs. D. Legeais. Il s'agissait, en l'occurrence, de l'obligation de délivrer une attestation certifiant que la marchandise ne sera pas chargée à bord d'un navire appartenant à un transporteur israélien ou ne transitera pas par Israël.

4. J. Baccar, « Crédits documentaires : la précision des instructions de l'importateur, solution à la menace d'insécurité », *RDBF* mai-juin 2010, étude n° 13, p. 28.

2399 ***Vérification des documents*** ◊ Le rôle de la banque est formel : elle n'a pas à vérifier la conformité des documents avec les marchandises [1], ni à vérifier l'authenticité des documents sauf erreur grossière apparente. On retrouve ici le principe de non-ingérence du banquier [2]. En revanche, elle doit s'assurer de la conformité des documents produits avec ceux énumérés dans la lettre de crédit [3]. En effet, la liste doit être complète, les énonciations conformes et concordantes.

Le devoir d'examiner les documents doit intervenir rapidement. En effet, la banque désignée dispose d'un maximum de cinq jours ouvrés suivant le jour de présentation pour déterminer si cette dernière est conforme [4].

Dans tous les cas, à l'issue de l'examen, la banque dispose d'une option. Tout d'abord, si les documents sont apparemment réguliers et qu'ils correspondent formellement aux spécifications de la lettre de crédit, le banquier devra réaliser le crédit [5]. À défaut, elle devra le refuser [6]. Notons que si l'irrégularité est mineure, le banquier peut, pour la jurisprudence, consentir à un paiement sous réserve de ratification par le donneur d'ordre [7].

2400 ***Constat d'une irrégularité*** ◊ Les formes à respecter par la banque émettrice ou confirmatrice constatant l'irrégularité d'une remise et entendant rejeter les documents sont encadrées par l'article 16 des RUU 600.

Ainsi, dès qu'elle décide qu'une présentation n'est pas conforme, elle « peut de sa propre initiative » (ce n'est donc pas obligatoire [8]) approcher le donneur d'ordre afin d'obtenir de celui-ci la levée des irrégularités. Cette situation n'entraîne cependant aucune prorogation du délai de cinq jours précité [9]. La régularisation par le bénéficiaire est donc possible si le délai n'est pas encore expiré [10].

---

1. RUU 600, art. 5.

2. V. ss 268.

3. RUU 600, art. 14. Com., 28 mars 2006, n° 04-15.682, *Bull. civ.* IV, n° 78 ; *D.* 2006. 1284, obs. X. Delpech ; *RTD com.* 2006. 464, obs. D. Legeais. Pour un rappel récent, Com. 5 mai 2015, n° 13-20.502, n° 13-20.616, n° 13-22.682, n° 13-27.995, *LEDB* juill. 2015, p. 6, n° 116, obs. J. Lasserre Capdeville, *Banque et Dr.* 2015, n° 162, p. 53, obs. J. Morel-Marojer ; *RDBF* 2015, comm. 170, obs. D. Robine.

4. RUU 600, art. 14, b).

5. RUU 600, art. 15, a).

6. La banque ne saurait, en revanche, rejeter des documents en posant des exigences non prévues par le crédit, Com., 24 juin 1997, n° 95-10.259, *JCP E* 1998, p. 324, n° 18, obs. Ch. Gavalda et J. Stoufflet.

7. Com., 23 févr. 1976, n° 74-11.803, *Bull. civ.* IV, n° 60 ; *RTD com.* 1976. 771, obs. M. Cabrillac et B. Teyssié. Com., 20 nov. 1990, n° 89-10.057, *Bull. civ.* IV, n° 282. Pour l'engagement de la responsabilité d'une banque ayant payé alors que les documents n'étaient pas conforme sans l'autorisation du donneur d'ordre, Com., 7 janv. 2004, n° 01-02.572, *Bull. civ.* IV, n° 1 ; *D.* 2004. AJ 345 ; *RTD com.* 2004. 359, obs. D. Legeais.

8. Versailles, 25 oct. 2007, *Banque et Dr.* 9-10/2008. 57, obs. G. Affaki et J. Stoufflet.

9. RUU 600, art. 16, b).

10. Com., 20 nov. 1990, n° 89-10.057, *JCP E* 1991, II, 93, n° 38, obs. Ch. Gavalda et J. Stoufflet.

Dans tous les cas, lorsque la banque décide de refuser d'honorer son engagement, elle doit faire part de son refus par un avis au présentateur dont le contenu est expressément envisagé par l'article 16, c), des RUU 600. Cet avis indiquera notamment chaque irrégularité justifiant le refus de la banque mais aussi le fait que la banque tient les documents à disposition de l'intéressé. Cet avis de refus doit lui être adressé au plus tard à la fin du cinquième jour ouvré suivant le jour de la présentation.

Cet encadrement est alors particulièrement important. En effet, si la banque n'agit pas conformément à ces dispositions, elle ne saurait faire valoir que les documents ne constituent pas une présentation conforme [1]. Elle devra par conséquent obligatoirement respecter ses engagements [2].

§ 2. **Les modalités de réalisation du crédit documentaire**

401 ***Présentation générale*** ◊ L'article 6, b), des RUU 600 déclare qu' : « Un écrit doit indiquer s'il est réalisable par paiement à vue, paiement différé, acceptation ou négociation ». Cet article distingue ainsi quatre types de modalités de réalisation du crédit documentaire [3]. Reprenons-les successivement.

402 ***Crédit documentaire payable à vue*** ◊ Le crédit documentaire payable à vue est la modalité de réalisation du crédit documentaire la plus simple. Elle correspond à une vente au comptant. Concrètement, le paiement interviendra contre la remise des documents après leur vérification. Tous les modes de paiement sont possibles, comme le paiement par virement ou par effet de commerce.

403 ***Crédit documentaire à paiement différé*** ◊ Ce crédit documentaire à paiement différé correspond à une vente dont le paiement s'effectuera à une date prévue dans la lettre de crédit. Ici, le crédit ne sera pas réalisé lors de la remise des documents, mais seulement à la date du paiement en question. Concrètement, le vendeur ne recevra le paiement qu'après la réception des marchandises par le donneur d'ordre.

404 ***Crédit documentaire réalisable par acceptation*** ◊ L'engagement du banquier peut encore se réaliser par acceptation, contre remise des documents, d'une lettre de change qui incorporera la créance représentative du crédit [4]. Le porteur pourra alors faire escompter sa traite selon

1. RUU 600, art. 16, f).
2. Lyon, 22 oct. 1999, *JDI* 2000. 761, obs. J. Stoufflet.
3. Lamy droit du financement : éd. Lamy, 2019, n° 5201.
4. Versailles, 25 mars 1999 : *JCP E* 1999, p. 1125.

le droit du change [1]. Le crédit sera alors exécuté, dans un tel cas, par le paiement de l'effet accepté par la banque [2].

2405 ***Crédit documentaire négociable*** ◊ Dans ce cas, comme pour le crédit réalisable par acceptation, la création d'un effet de commerce est nécessaire. Les deux situations ne sauraient être confondues pour autant. D'une part, la lettre de change peut, ici, être tirée par n'importe quelle personne désignée par la lettre de crédit, y compris le donneur d'ordre, c'est-à-dire l'acheteur [3]. D'autre part, les banques n'ont pas à accepter la lettre de change. En effet, celle-ci intégrera une opération d'escompte. En conséquence, la réalisation de ce crédit résultera non pas du paiement de la lettre de change, mais de son acquisition.

En revanche, et c'est à souligner, la banque ayant ainsi escompté le titre, n'aura pas de recours contre le tireur ou les porteurs de bonne foi. Nous nous trouvons ici en présence d'une dérogation aux règles « de droit commun » applicables en matière cambiaire.

§ 3. Les obstacles à la réalisation du crédit documentaire

2406 ***Principe*** ◊ L'engagement financier de la banque est autonome par rapport au contrat de base [4]. En conséquence, la réalisation du crédit documentaire est en principe indépendante des difficultés inhérentes au contrat de vente sur lequel il porte. La banque est également privée du droit d'opposer au bénéficiaire du crédit les exceptions tirées de ses relations avec le donneur d'ordre [5]. Elle ne saurait ainsi se prévaloir, par exemple, du défaut de paiement des commissions qui lui sont dues.

Deux obstacles à la réalisation du crédit documentaire existeraient néanmoins : la saisie (A) et la fraude (B). Si la seconde cause constitue bien un tel obstacle, il en va différemment semble-t-il de la première.

A. Le cas de la saisie

2407 ***Solution générale*** ◊ Le donneur d'ordre, c'est-à-dire l'acheteur, peut être à l'origine d'une saisie. Cette situation se rencontrera, en pratique, lorsqu'il estimera que le contrat de base n'a pas été correctement exécuté. Il est vrai qu'il est tentant de considérer que le produit du crédit documentaire

---

1. TGI de Paris, 5 oct. 1987 : D. 1989, somm. p. 196, obs. M. Vasseur.
2. Com. 11 oct. 2005, n° °04-11.663 : *Bull. civ.* 2005, IV, n° 205 ; *JCP E* 2005. 1677, note J. Stoufflet ; *D.* 2005. AJ 2802, obs. X. Delpech.
3. Com., 23 oct. 1990, n° 88-11.948, *JCP* 1991, II, 21687, note M. Vasseur.
4. V. ss 2387.
5. V. ss 2389.

assure son gage au sens de l'article 2285 du Code civil [1] et qu'il dispose d'une créance découlant de l'inexécution du contrat commercial.

Cependant, la jurisprudence a longtemps refusé cette possibilité. Elle estimait, en effet, que la saisie opérée par le donneur d'ordre était contraire à l'irrévocabilité du crédit ouvert à la demande même de ce dernier [2].

408 ***Dérogation*** ◊ Cette solution a cependant connu un tempérament jurisprudentiel. En effet, par un arrêt remarqué du 16 décembre 2008 [3], la chambre commerciale est venue admettre le principe d'une saisie-conservatoire par le donneur d'ordre en cas de fraude.

Cette hypothèse demeure cependant encadrée. L'intéressé ne se voit, en l'espèce, autorisé à recourir à une telle saisie-conservatoire qu'« en établissant une fraude portant sur la mise en place ou l'exécution de ce crédit documentaire » et « sous réserve de justifier d'une créance sur le bénéficiaire du crédit documentaire, paraissant fondée en son principe et des circonstances susceptibles d'en menacer le recouvrement ». L'importance de la fraude est donc ici considérable.

B. Le cas de la fraude

409 ***Solution générale*** ◊ Aujourd'hui, et la jurisprudence précitée en témoigne, la fraude constitue le seul véritable obstacle à la réalisation du crédit documentaire [4]. Ainsi, lorsqu'une fraude est démontrée, le donneur d'ordre peut empêcher la réalisation du crédit soit en s'adressant directement au banquier chargé de la réalisation, soit sollicitant du juge des référés une ordonnance de blocage [5]. La fraude ne sera bien sûr un obstacle que si elle est découverte avant la réalisation du crédit.

410 ***Cas de fraude*** ◊ Cette fraude, qui peut être du fait du bénéficiaire ou d'un tiers [6], a donné lieu à un contentieux non négligeable [7]. Il est vrai que nous sommes en présence, avec le crédit documentaire, d'un contrat particulièrement formaliste. Il est alors exposé aux falsifications. La fraude pourra ainsi porter sur la lettre de crédit elle-même ou sur un document.

---

1. Selon ce dernier : « Les biens du débiteur sont le gage commun de ses créanciers ; et le prix s'en distribue entre eux par contribution, à moins qu'il n'y ait entre les créanciers des causes légitimes de préférence ».

2. Com., 14 oct. 1981, n° 80-12.336, *Bull. civ.* IV, n° 357; *JCP* 1982, II, 19815, note Ch. Gavalda et J. Stoufflet; *D.* 1982. 309, note M. Vasseur. Com., 14 mars 1984, n° 82-10.522, *Bull. civ.* IV, n° 101. Com., 18 mars 1986, n° 83-16.737, *D.* 1986. 374, note M. Vasseur.

3. Com., 16 déc. 2008, n° 07-18.729, *Bull. civ.* IV, n° 205 ; JCE 2009. 1106, note J. Stoufflet ; *Banque et Dr.* 1-2/2009. 45, obs. F. Jacob ; *JCP E* 2009, 1582, n° 28, obs. N. Mathey.

4. Com., 4 mars 1954, S. 1954, 1, p. 124, obs. J. Lescot. Com., 6 mai 1969, *JCP* 1970, II, 16216, obs. J. Stoufflet J. Stoufflet, « Les exceptions opposables au bénéficiaire d'une garantie bancaire autonome ou d'un crédit documentaire », *in Mélanges Tricot*, éd. Litec/Dalloz, 2011, p. 48.

5. Com., 16 déc. 2008, n° 07-18.729, *op. cit.*

6. J.-P. Mattout, *op. cit.*, n° 319.

7. J. Stoufflet, « Crédit documentaire », *J.-Cl. BCB*, fasc. 1080, 1998, n° 139 s. – Lamy droit du financement : éd. Lamy, 2019, n° 5255 s.

On admet, traditionnellement, que la fraude soit matérielle ou intellectuelle [1]. Elle sera matérielle lorsque des documents constituent des faux matériels (documents totalement contrefaits). Elle sera intellectuelle lorsque des documents authentiques contiennent de fausses mentions. Il en ira ainsi, par exemple, lorsque la quantité des marchandises livrées ne correspond pas à celle prétendument expédiée [2]. Il n'est pas nécessaire, pour qu'elle soit admise, que la fraude soit décelable par la banque émettrice au terme d'un simple examen formel [3].

2411 ***Mauvaise exécution du contrat commercial*** ◊ Une question importante s'est posée en la matière : peut-on admettre une fraude en présence, simplement, d'une exécution défaillante du contrat commercial ? La Cour de cassation a répondu à cette interrogation par la négative [4]. Il n'est pas concevable pour elle de lier le sort du crédit documentaire à l'exécution du contrat de base. La fraude ne peut être retenue que lorsque l'altération ou le défaut de sincérité d'un document est établi.

§ 4. Les recours du banquier ayant réalisé le crédit

2412 ***Recours de la banque émettrice*** ◊ La banque émettrice ayant honoré le crédit dispose logiquement d'un recours contre le donneur d'ordre, c'est-à-dire l'acheteur. Ce recours peut être exercé à des moments différents. Il pourra l'être, par principe, dès le jour du paiement. Cependant, une clause dans la convention unissant les deux protagonistes peut prévoir un remboursement différé. Des intérêts seront alors prélevés dans ce dernier cas.

Notons néanmoins que le recours en question demeure conditionné par le fait que le crédit a été réglé en conformité avec les instructions du donneur d'ordre. À défaut, ce dernier pourra refuser le remboursement [5].

En revanche, la banque ne dispose pas de recours contre le bénéficiaire.

2413 ***Recours de la banque correspondante*** ◊ Si le crédit a été exécuté par une banque correspondante, cette dernière bénéficie d'un recours contre la banque émettrice, du moment que les documents concernés sont bien réguliers [6].

---

1. J.-P. Mattout, *op. cit.*, n° 315 s. Th. Bonneau, *op. cit.*, n° 811.

2. Com., 7 avr. 1987, n° 85-17.399, *Bull. civ.* IV, n° 84 ; Banque 1987, n° 473, p. 625, obs. J.-L. Rives-Lange ; *D.* 1987. 399, note M. Vasseur.

3. Com., 25 avr. 2006, n° 04-15.817, *D.* 2006. AJ 1366, obs. X. Delpech ; *Banque et Dr.* 2006, n° 108, p. 79, obs. G. Affaki et J. Stoufflet.

4. Com., 29 avr. 1997, n° 95-12759, *Bull. civ.* IV, n° 107 ; *JCP E* 1997, 976, note J. Stoufflet ; *RTD com.* 1997. 493, obs. M. Cabrillac. Com., 13 févr. 2001, n° 97-21.885, *JCP E* 2001, p. 1334, obs. J. Stoufflet.

5. Ch. Gavalda et J. Stoufflet, *op. cit.*, n° 1011.

6. La CCI a publié des règles relatives au remboursement entre banques, G. Bourdeaux, « Une œuvre méconnue de la CCI, les règles uniformes pour les remboursements de banque à banque », *in Études en hommage à E. Schaefer*, éd. Bruylant, 2002, p. 37.

CHAPITRE 2
LES GARANTIES AUTONOMES

414 ***Présentation générale*** ◊ Les garanties autonomes, bien connues du droit des sûretés, ont été créées par la pratique commerciale et bancaire internationale. Elles peuvent être définies comme un engagement par lequel le garant, c'est-à-dire un établissement de crédit, promet d'effectuer, à la demande d'un donneur d'ordre, le paiement d'une somme à concurrence d'un montant convenu, sans que ce même garant puisse différer le paiement ou soulever une contestation pour quelque motif que ce soit [1]. Il ne lui est, notamment, pas possible d'invoquer des moyens tirés du contrat de base.

Ces garanties autonomes ont des finalités diverses selon qu'il s'agit de garanties émises au profit de l'exportateur (en l'occurrence un vendeur, un prestataire de services ou un entrepreneur) ou de garanties émises au bénéfice de l'importateur (un acheteur ou un maître de l'ouvrage). Toutefois, le crédit documentaire procurant déjà à l'exportateur une garantie suffisante, force est de constater que les garanties autonomes se retrouvent surtout en faveur de l'importateur.

415 ***Illustrations*** ◊ Lorsque les garanties autonomes jouent de la sorte au profit de l'importateur, elles tendent, d'une façon générale, à garantir les obligations de l'exportateur-fournisseur. La finalité plus précise dépendra ensuite du contrat de base [2].

Citons, par exemple, la garantie d'exécution ou de bonne fin. Dans ce cas, la garantie permettra de couvrir une inexécution partielle du contrat de base par l'exportateur-fournisseur, par laquelle la banque payera une certaine somme afin de permettre au bénéficiaire de recourir à un tiers pour achever le marché ainsi non totalement inexécuté.

416 ***Distinction*** ◊ Les garanties autonomes peuvent prendre plusieurs formes. En effet, elles peuvent être émises sous forme de lettre de garantie ou de lettre de crédit *stand by*.

La lettre de garantie nous intéresse ici tout particulièrement [3]. On lui donne en pratique plusieurs noms : lettre de garantie donc, mais aussi garantie à

---

1. Pour une définition légale, C. civ., art. 2321. Aux termes du 1er alinéa de ce dernier : « a garantie autonome est l'engagement par lequel le garant s'oblige, en considération d'une obligation souscrite par un tiers, à verser une somme soit à première demande, soit suivant des modalités convenues ».

2. Pour différents exemples, Th. Bonneau, *op. cit.*, n° 847.

3. Pour une présentation détaillée, S. Piedelièvre, « Garantie à première demande » : *Rép. com.* Dalloz, 2017.

première demande ou garantie autonome. Ainsi, beaucoup d'auteurs assimilent les garanties à première demande et les garanties autonomes. Cela n'est pas faux. Les garanties à première demande sont nécessairement des garanties autonomes. Néanmoins, on peut également trouver d'autres formes de garanties autonomes, et notamment les lettres de *stand by*.

Nous préférons dès lors voir, à l'image d'un courant doctrinal [1], dans l'expression « garantie autonome » une notion plus générale couvrant à la fois les garanties à première demande (Section 1) et les lettres de *stand by* (Section 2).

SECTION 1. LA GARANTIE À PREMIÈRE DEMANDE

2417 Après avoir présenté les principales caractéristiques de cette garantie à première demande (§ 1), nous observerons les rapports qu'elle crée entre les différents intervenants (§ 2).

§ 1. Principales caractéristiques de la garantie à première demande

2418 ***Structure de base*** ◊ Cela a été dit plus haut, les garanties autonomes, et donc les garanties à première demande, sont surtout utilisées pour garantir les obligations de l'exportateur. Concrètement, et même si elle peut prendre des formes variées [2], la « structure de base » de la garantie à première demande est la suivante.

L'exportateur va conclure avec l'importateur étranger le contrat de base (contrat de vente, de prestation de service, etc.). Or, par ce dernier, l'exportateur va s'engager, à la demande de l'importateur, à obtenir une garantie à première demande.

En exécution de ce contrat, l'exportateur, que l'on qualifie ici de « donneur d'ordre », demandera expressément à son banquier de s'engager au profit de l'importateur, dénommé bénéficiaire, à payer à sa demande une somme d'argent déterminée.

Or, ce contrat entre le donneur d'ordre et son banquier est important. Il s'agira, nous le voyons, d'une promesse de crédit par signature. En le signant, en effet, le banquier s'engagera au profit du bénéficiaire. Il lui fera alors parvenir une lettre de garantie qui constituera, justement, l'engagement à première demande.

---

1. Th. Bonneau, *op. cit.*, n° 848.
2. S. Piedelièvre, *op. cit.*, n° 51 s. L'auteur distingue notamment entre la garantie à première demande documentaire et la garantie à première demande justifiée.

419 ***Complication de la structure*** ◇ Le « schéma de base » précité peut se compliquer [1]. L'importateur, c'est-à-dire le bénéficiaire, souhaitera parfois être garanti par une banque de son propre pays. Or, le donneur d'ordre, l'exportateur, ne sera peut-être en mesure d'obtenir que la garantie d'un banquier de son propre pays.

Dans ce cas, l'exportateur donnera alors ordre à son propre banquier de demander à une banque du pays de l'importateur de délivrer à celui-ci la garantie souhaitée. En conséquence, deux garanties à première demande seront émises : la première par le banquier du pays de l'exportateur au profit du banquier du pays de l'importateur, et la seconde par le banquier du pays de l'importateur au profit de ce dernier. De ce fait, lorsque le banquier du pays de l'importateur aura été amené à verser les fonds au bénéficiaire, il se fera rembourser par le banquier du pays de l'exportateur.

En raison de l'ordre de ces engagements, on estime que le banquier du pays de l'importateur est un garant de 1er rang, et le banquier du pays de l'exportateur, est un garant de second rang, dit aussi « contre-garant ».

420 ***Distinction avec le crédit documentaire*** ◇ Le schéma précité fait immanquablement songer au crédit documentaire : l'émission de la garantie à première demande permet, comme ce dernier, la conclusion du contrat de base et en garantit l'exécution.

L'assimilation ne saurait cependant être totale. Une différence fondamentale est ainsi à souligner : le crédit documentaire permet uniquement le règlement du contrat de base alors que la garantie à première demande ne sera appelée que si le contrat de base n'est pas exécuté ou est mal exécuté. C'est avant tout une garantie. Toutefois, et à l'image d'autres techniques de crédit utilisées dans le cadre international, elle demeure parfaitement autonome du contrat de base qu'elle sert à garantir.

421 ***Encadrement juridique*** ◇ À l'instar du crédit documentaire, le régime des garanties à première demande a longtemps résulté essentiellement des pratiques des professionnels [2]. La Chambre de commerce internationale (CCI) a d'ailleurs élaboré, à partir de 1978, des règles uniformes pour les garanties contractuelles (RUGD) [3]. Leur dernière version est entrée en

1. S. Piedelièvre, *op. cit.*, n° 62 s.

2. En droit français, la garantie autonome a été intégrée à l'article 2321 du Code civil par l'ordonnance n° 2006-346 du 23 mars 2006. J. Stoufflet, « La reconnaissance par l'ordonnance du 23 mars 2006 de deux types de garanties issues de la pratique : la garantie autonome et la lettre d'intention », Revue Société 2006, p. 473.

3. Notons encore qu'une convention internationale élaborée sous l'égide de la CNUDCI (Commission des Nations unies pour le droit commercial international) relatives aux garanties indépendantes et aux lettres de crédit *stand-by* est entrée en vigueur le 1er janvier 2000. Or ce texte prévoit des règles matérielles et des règles de conflit de lois. J. Stoufflet, « La convention des Nations unies sur les garanties indépendantes et les lettres de crédit *stand by* », *RDBB*. juill.-août 1995, p. 132. V. également, *RDBB* nov.-déc. 1995, p. 198.

vigueur le 1er juillet 2010 [1]. Si elles n'ont pas eu le succès des RUU [2], la pratique semble y avoir recours de plus en plus fréquemment.

Leur valeur demeure cependant uniquement contractuelle : les parties sont libres de s'y soumettre ou pas [3].

Si les parties ne s'y soumettent pas, ou que le problème à régir n'est pas envisagé par les RUGD, la question de la détermination de la loi applicable se posera. Dans ce cas, la jurisprudence [4], comme d'ailleurs les RUGD [5], estiment que c'est la loi du lieu d'établissement du garant ou du contre-garant qui est la loi de la prestation la plus caractéristique au sens du Règlement Rome 1 [6].

§ 2. Les rapports entre les différents intervenants

2422 Il convient ici de distinguer les rapports entre le donneur d'ordre et le banquier garant (A), puis, et c'est essentiel, entre le bénéficiaire et le banquier garant (B), et enfin, car la situation peut se rencontrer, entre le banquier garant et le banquier contre-garant (C).

A. Les rapports entre le donneur d'ordre et le banquier garant

2423 ***Obligations du banquier*** ◊ Le contrat conclu entre le donneur d'ordre, c'est-à-dire l'exportateur, et le banquier est important. Par cette convention, en effet, ce dernier va promettre deux choses au donneur d'ordre [7] : d'une part, d'apporter son concours à une opération de garantie, mais aussi, d'autre part, de s'engager au profit du bénéficiaire dans une lettre de garantie, c'est-à-dire l'importateur [8]. La convention ainsi passée par les intéressés doit s'analyser, à l'égard du donneur d'ordre, comme une promesse de crédit par signature.

---

1. J.-P. Mattout, « La révision des Règles uniformes de la CCI relatives aux garanties sur demande (n° 758) », *D.* 2010. 1296. G. Affaki et J. Stoufflet, « Les nouvelles Règles uniformes relatives aux garanties sur demande (RUGD 758) », *Banque et Dr.* 3-4/2010. 37.

2. J.-P. Mattout et A. Prüm, « Les règles uniformes de la CCI pour les garanties sur demande », *Banque et Dr.* 1993, p. 3. Pour des applications, Com., 30 mars 2010, n° 09-12.701, *Gaz. Pal.* 9 juill. 2010, p. 43, note J. Morel-Marojer et P. Pailler ; *D.* 2010. 2274, note C. Houin-Bressand ; *Banque et Dr.* 5-6/2012. 42, obs. N. Rontchevsky. Com., 22 mars 2011, n° 09-71.690, *JCP* 2011. 770, obs. Ph. Simler.

3. RUGD, art. 1.

4. M. Vasseur, « Les nouvelles règles de la chambre de commerce internationale pour les "garanties sur demande" », *RD aff. int.* 1992, n° 3, p. 264.

5. RUGD, art. 34.

6. Th. Bonneau, *op. cit.*, n° 853. L'auteur constate très justement que cette solution peut « aboutir, le cas échéant, à faire relever de lois différentes le contrat de base, la garantie de premier rang et la contre-garantie ».

7. Th. Bonneau, *op. cit.*, n° 855.

8. Notons que, d'un point de vue formel, le garant sera tenu d'informer le donneur d'ordre de la mise en jeu de la garantie.

424 ***Obligations du donneur d'ordre*** ◊ Le donneur d'ordre voit également peser sur lui un certain nombre d'obligations. Tout d'abord, il devra une rémunération pour le banquier sous forme de commissions. De plus, le banquier garant lui demandera souvent de constituer des sûretés, tel un cautionnement. Enfin si la banque vient à régler la garantie, elle disposera contre le donneur d'ordre d'un recours fondé sur la promesse de crédit par signature. Le donneur d'ordre ne pourra pas invoquer le contrat de base pour échapper à ce recours [1].

425 ***Procédure collective*** ◊ Mentionnons pour finir une hypothèse particulière : lorsque le donneur d'ordre fait l'objet d'une procédure collective. Dans cette hypothèse, le garant va devoir déclarer sa créance au passif du donneur d'ordre, et ce même si l'appel de la garantie n'est pas encore intervenu. À défaut, il risque de voir sa créance éteinte [2].

B. Les rapports entre le bénéficiaire et le banquier garant

426 ***Lettre de garantie*** ◊ Suite à la conclusion du contrat de promesse de crédit par signature entre le donneur d'ordre et le banquier garant, par lequel le banquier s'engage donc au profit du bénéficiaire [3], le professionnel de la banque va faire parvenir à ce dernier une lettre de garantie. Par cette lettre, le banquier s'engage à payer, à la demande du bénéficiaire, une somme d'argent déterminée.

Cet engagement va devoir respecter des règles de forme. La lettre de garantie prend ainsi la forme d'un écrit devant contenir un certain nombre de mentions, notamment celles envisagées par l'article 8 des RUGD : l'identification du donneur d'ordre, du bénéficiaire, du garant, le montant de la garantie maximum payable, la monnaie de paiement, le cas échéant la durée de validité de la garantie, les conditions de la demande de paiement, etc.

L'engagement du banquier, par la lettre de garantie, a un caractère essentiel : il est autonome. Les RUGD [4] comme la Cour de cassation [5] le rappellent. Cela aura donc des incidences majeures en cas d'appel de la garantie.

427 ***Conditions de la demande de paiement*** ◊ Selon les cas, la demande de paiement pourra être simple, justifiée ou documentaire [6].

---

1. Com., 19 févr. 1991, n° 89-19.637, *Bull. civ.* IV, n° 76 ; *D.* 1991, somm. p. 199, obs. M. Vasseur.
2. Com., 19 déc. 2006, n° 05-13.461, *Dr. et patr.* 11/2007. 80, obs. J.-P. Mattout et A. Prüm.
3. On notera que le créancier bénéficiaire d'une garantie à première demande n'est débiteur d'aucune obligation de mise en garde à l'égard du garant autonome, Com. 30 janv. 2019, n° 12-21.279 : *D.* 2019. AJ 252 ; *AJ contrat* 2019. 141, obs. G. Piette.
4. RUGD, art. 5.
5. Th. Bonneau, *op. cit.*, n° 859.
6. J.-P. Mattout, *op. cit.*, n° 210.

Tout d'abord, la garantie peut être sur simple demande. Dans ce cas, le bénéficiaire souhaitant appeler la garantie n'aura qu'à formuler simplement une demande de paiement qui n'aura pas à être accompagnée d'une quelconque déclaration de défaillance ou de tout autre document. Cette hypothèse est la plus fréquemment choisie.

La garantie peut également être sur demande justifiée. Ici, le bénéficiaire devra formuler une demande de paiement motivée. Plus précisément, il sera tenu de prouver la défaillance du donneur d'ordre [1].

Enfin, la garantie documentaire est envisageable. Cette dernière obligera le bénéficiaire à accompagner sa demande en paiement des documents dont la liste aura été fixée conventionnellement par avance. Il pourra s'agir, éventuellement, d'un certificat d'expert ou encore d'un bureau d'étude.

2428 ***Appel de la garantie*** ◊ Lorsque le bénéficiaire appelle la garantie, il devra justifier qu'il a respecté les conditions auxquelles est subordonnée la garantie en question.

Le garant verra alors peser sur lui une obligation d'examiner les documents produits [2]. Cette dernière demeure cependant limitée. Il devra ainsi simplement vérifier que les conditions de mise en jeu objectives sont bien réunies. Plus précisément, il s'attachera à examiner si la garantie n'est pas échue [3]. Il devra également s'assurer que le montant du paiement exigé correspond bien à celui pour lequel la garantie est toujours en vigueur.

Dès lors, si l'appel en garantie est conforme à la lettre de garantie, le banquier garant devra payer. Il ne saurait soulever une quelconque contestation [4]. Au contraire, son refus de payer sera susceptible d'entraîner l'engagement de sa responsabilité civile à l'égard du bénéficiaire [5]. Cette règle traduit l'autonomie de l'engagement de la banque garante ;

2429 ***Empêchement du paiement*** ◊ Est-il possible, pour le donneur d'ordre, d'empêcher le paiement par le banquier garant ? La jurisprudence est venue répondre par la positive : le donneur d'ordre peut obtenir la suspension du paiement s'il parvient à établir l'existence d'une fraude ou d'un abus manifestes [6].

---

1. Cette hypothèse a les faveurs de l'article 15 des RUGD.

2. RUGD, art. 19.

3. En cas de garantie documentaire, il devra également vérifier que les documents sont bien présentés. Comme en matière de crédit documentaire, il se contentera de s'assurer de l'apparence de conformité des documents.

4. Com., 2 févr. 1988, n° 85-17.276, *Bull. civ.* IV, n° 55.

5. Com., 20 déc. 1982, n° 81-12.579, *D.* 1983. 365, note M. Vasseur.

6. Com., 7 juin 1994, n° 92-16.585, *Bull. civ.* IV, n° 203 ; *D.* 1995, somm. p. 20, obs. M. Vasseur.

Ces deux notions ont cependant suscité beaucoup de discussions [1], et sont à l'origine d'une jurisprudence notable [2]. Notons, sans rentrer dans le détail, que cette fraude et cet abus ne peuvent entraîner la paralysie de la garantie que s'ils sont « manifestes », c'est-à-dire suffisamment évidents. La caractérisation de ces hypothèses est laissée à l'appréciation des juges du fond en fonction des circonstances de fait.

Ainsi, face à une objection au paiement formulée par le donneur d'ordre, la banque devra déterminer si elle peut ou non neutraliser le paiement. Son appréciation devra ici être rigoureuse ; une erreur de sa part sera en effet de nature à entraîner l'engagement de sa responsabilité [3].

C. Les rapports entre le banquier garant et le banquier contre-garant

1430 ***Pluralité de banquiers*** ◊ Cela a été noté, l'importateur, c'est-à-dire le bénéficiaire de la garantie, souhaitera parfois être garanti par une banque de son propre pays. Dans ce cas, l'exportateur, donc le donneur d'ordre, donnera l'ordre à son propre banquier (qui deviendra garant de second rang dit aussi banquier contre-garant) de demander à une banque du pays de l'importateur de délivrer à celui-ci la garantie souhaitée. Ce banquier deviendra, dans ce cas, le banquier garant (dit aussi garant de 1er rang).

Dès lors, lorsque le banquier du pays de l'importateur, le garant, aura été amené à remettre les fonds au bénéficiaire, il se fera rembourser par le banquier du pays de l'exportateur, le contre-garant.

1431 ***Précisions sur la contre-garantie*** ◊ D'une façon générale, la contre-garantie, qui émane ainsi du banquier du donneur d'ordre, et ce au profit du banquier du bénéficiaire, obéit aux mêmes règles que la garantie. La contre-garantie est par exemple indépendante du contrat de base [4].

Deux observations s'imposent cependant ici. En premier lieu, il convient de noter que la contre-garantie est également indépendante par rapport à la garantie. À défaut de stipulation en ce sens, les deux engagements seront normalement considérés comme autonomes l'un de l'autre [5]. En conséquence, la nullité de la garantie n'aura aucune incidence sur la

1. C. Hannoun, « Réflexions sur la distinction de la fraude et de l'abus dans les garanties à première demande », *RDBB* nov.-déc. 1988, n° 10, p. 188. J. Stoufflet, « Les exceptions opposables au bénéficiaire d'une garantie bancaire autonome ou d'un crédit documentaire », *in Mélanges D. Tricot*, éd. Litec/Dalloz 2011, p. 48. J.-P. Mattout, *op. cit.*, n° 254.

2. Th. Bonneau, *op. cit.*, n° 867. – S. Piedelièvre, *op. cit.*, n° 184 s.

3. Com., 30 mars 2010, n° 09-12.701, *Gaz. Pal.* 9 juill. 2010, p. 43, note J. Morel-Maroger et P. Pailler ; *D.* 2010. 2274, note C. Houin-Bressand ; *Banque et Dr.* 5-6/2012. 42, obs. N. Rontchevsky.

4. Com., 4 juill. 2006, n° 04-19.577, *Bull. civ.* IV, n° 164, *D.* 2006. AJ 2097, obs. X. Delpech ; *Banque et Dr.* nov-déc. 2006, p. 44, obs. G. Affaki et J. Stoufflet.

5. A. Prüm, « De l'autonomie des contre-garanties à première demande », *in Mélanges AEDBF-France* 1997, RB édition, p. 261.

contre-garantie. De même, l'appel de la contre-garantie interviendra seulement selon les formes prévues à cet effet et ne sera pas soumis aux conditions de l'appel en garantie [1]. Pour la doctrine [2], il pourrait être utile, ici, de lier expressément les deux engagements en stipulant que la contre-garantie ne pourra jouer que si la garantie joue elle-même.

En second lieu, si la fraude et l'abus manifestes font également obstacle à la contre-garantie [3], une condition supplémentaire sera néanmoins requise ici : la fraude et l'abus manifeste devront être établis « dans les relations entre les banques garantes et contre-garantes dans le cadre de leurs engagements inconditionnels » [4].

SECTION 2. **LA LETTRE DE *STAND BY***

2432 ***Présentation générale*** ◊ La lettre de *stand by* est une autre garantie autonome. Il s'agit d'une pratique née aux États-Unis à une époque où il était interdit aux banques de garantir les obligations d'autrui, sauf pour les opérations dans lesquelles elles avaient un intérêt direct, car ces opérations de garanties relevaient du monopole des entreprises d'assurance [5].

2433 ***Distinctions avec le crédit documentaire*** ◊ Cette lettre de *stand by* constate, comme le crédit documentaire, l'engagement de l'émetteur de verser une somme d'argent au bénéficiaire. D'ailleurs, comme pour le crédit documentaire, les versements se font suite à la production de documents.

Les deux techniques ne sauraient pour autant être assimilées. Deux différences majeures sont ainsi à relever. D'une part, les documents exigés en matière de lettre de *stand by* sont réduits à leur plus simple expression. Une simple attestation du bénéficiaire par laquelle il déclare ne pas avoir reçu sa prestation ou son paiement ou que la prestation a été mal exécutée peut ainsi suffire et être accompagnée d'un certificat d'expert. Les exigences formelles sont donc moins lourdes.

D'autre part, avec la lettre de *stand by*, le bénéficiaire reçoit la somme non pas pour couvrir le prix d'une prestation, mais à titre de dédommagement en cas d'inexécution par le donneur d'ordre d'une obligation (absence de livraison, non-remboursement d'un prêt, etc.). C'est donc bien une garantie autonome.

---

1. Com., 29 avr. 1986, n° 84-14.262, *Bull. civ.* IV, n° 73 ; *D.* 1987. 17, note M. Vasseur.
2. J.-P. Mattout, *op. cit.*, n° 237.
3. S. Piedelièvre, *op. cit.*, n° 192 s. – V. récemment, Com. 3 mai 2016, n° 14-28.962 : *Banque et Dr.* 1-2/2017, n° 171, p. 40, obs. G. Affaki.
4. Com., 12 déc. 1984, n° 83-15.389, *D.* 1985. 269, note M. Vasseur. Sur les difficultés de mise en œuvre de cette condition, Th. Bonneau, *op. cit.*, n° 867.
5. J.-H. Riggs, « La lettre de crédit "*standby*" en tant que garantie bancaire aux États-Unis », *RD aff. int.* 1990, n° 3, p. 393.

434 ***Encadrement juridique*** ◊ En raison de l'inadaptation partielle des RUU pour régir les lettres de *stand by*, la CCI a élaboré les International Standby Practices ISP 98 [1], c'est-à-dire un corps de règles particulières. Ces dernières ont de nombreux points communs avec les RUU. Notons que cette lettre de *stand by* demeure très rarement utilisée en France [2].

1. J.-P. Mattout, « De nouvelles règles de la CCI pour les lettres de crédit *standby* », *in Mélanges Vasseur*, Banque éditeur 2000, p. 99.
2. Th. Bonneau, *op. cit.*, n° 869.

TITRE 5
LES GARANTIES DU CRÉDIT

435 ***Présentation d'ensemble*** ◊ Les garanties ou les sûretés se trouvent à la croisée du droit des obligations, du droit du patrimoine et des voies d'exécution. Elles tendent toujours à augmenter les chances de paiement du créancier. Ce dernier fait crédit au débiteur dès qu'il accepte que sa créance soit payée à l'échéance d'un terme suspensif. Si le créancier n'ajoute pas de garanties à sa créance, il supporte le risque de la défaillance de son débiteur. Il est alors un créancier chirographaire, c'est-à-dire un créancier sans garantie sur l'un des biens de son débiteur. Tout au plus le créancier bénéficie-t-il d'une garantie réelle générale sur tous les biens de son débiteur, c'est-à-dire du droit de gage général [1]. Si le créancier souhaite réduire ce risque, il doit demander à son débiteur qu'il lui fournisse des sûretés. Il est d'usage de distinguer les sûretés personnelles des sûretés réelles.

Les sûretés personnelles sont relativement homogènes et utilisent la technique du droit personnel. Le créancier devient alors créancier d'autres débiteurs qui garantissent en tout ou en partie la dette du débiteur garanti. Le créancier demeure chirographaire mais au lieu de pouvoir poursuivre son dû sur un seul patrimoine, il le peut sur plusieurs, ce qui réduit d'autant le risque de non-paiement. Les sûretés réelles sont plutôt hétérogènes. Elles utilisent toujours la technique du droit réel mais de façon différente. Les sûretés traditionnelles consistent dans la création d'un droit réel de garantie, accessoire à la créance, conférant à son titulaire le droit

---

1. C. civ., art. 2284. M. Mignot, « Les principes généraux (droit commun) des sûretés en général et des sûretés personnelles et réelles en particulier (art. 2284 à 2287 avant-projet) », *in* L. Andreu et M. Mignot (dir.), *La réforme du droit des sûretés*, Institut Universitaire Varenne, Collection Colloques et Essais, Vol. 75, 2019, p. 17 s., spéc. p. 20-23.

d'être préféré aux autres créanciers du débiteur en cas de paiement forcé (droit de préférence). Elles confèrent parfois au créancier le droit de saisir le bien dans le patrimoine de tiers (droit de suite). Les autres sûretés réelles sont fondées sur la propriété ou sur la détention. Dans le premier cas, le créancier est soit titulaire d'un droit réel principal qu'il conserve (réserve de propriété), soit devient titulaire d'un tel droit, pour sûreté de la dette (fiducie). Dans le second, le créancier est en droit de garder une chose jusqu'au complet paiement de sa créance (droit de rétention).

2436 ***Sources du droit des sûretés*** ◊ Les sources du droit des sûretés sont dispersées. Le Code de la consommation réglemente certains aspects du cautionnement [1]. Le Code de commerce contient des dispositions sur le nantissement de fonds de commerce [2], le gage commercial [3] ou le gage des stocks [4]. Le Livre VI de ce Code relatif aux entreprises en difficultés contient aussi de nombreuses dispositions relatives aux effets des sûretés personnelles ou réelles en cas de procédure de sauvegarde, redressement ou liquidation judiciaires. L'essentiel du droit des sûretés se trouve dans le Code civil. Pendant assez longtemps, la matière n'a pas connu de grande réforme. Cette période de calme relatif s'est achevée avec l'ordonnance n° 2006-346 du 23 mars 2006. La principale innovation issue de ce texte est la consécration d'un livre IVe nouveau dans lequel est transférée la matière des sûretés personnelles et réelles [5]. Les innovations les plus substantielles ont concerné les sûretés réelles. Pour l'essentiel, l'ordonnance a modernisé le gage et réglementé le nantissement de créances. Elle a consacré l'hypothèque rechargeable et le prêt viager hypothécaire (insérée dans le Code de la consommation). Elle a modernisé la réalisation de l'hypothèque en permettant au créancier de demander l'attribution en paiement. Elle a consacré des dispositions générales sur le droit de rétention et la réserve de propriété.

L'ordonnance a été suivie par d'autres réformes plus ou moins importantes. La loi n° 2007-211 du 19 février 2007 a consacré la fiducie en droit français. Plusieurs textes ont par la suite étendu son champ d'application, ont amélioré le dispositif initial et ont distingué le droit commun de la fiducie et le droit spécial applicable à la fiducie-sûreté [6]. L'ordonnance n° 2010-638 du 10 juin 2010 portant suppression du régime des conservateurs des hypothèques a substitué aux bureaux des hypothèques les services chargés de la publicité foncière [7].

---

1. C. consom., art. L. 331-1 à L 333-2 et L. 343-1 à L. 343-6.
2. C. com., art. L. 143-1 à L. 143-23.
3. C. com., art. L. 521-1 à L. 521-3.
4. C. com., art. L. 527-1 à L. 527-9.
5. C. civ., art. 2284 s.
6. L. n° 2008-776 du 4 août 2008 ; Ord. n° 2008-1345 du 18 décembre 2008 ; Ord. n° 2009-112 du 30 janv. 2009 ; L. n° 2009-526 du 12 mai 2009.
7. *JO* n° 133 du 11 juin 2010, p. 10757.

L'hypothèque rechargeable qui avait été créée par l'ordonnance de 2006 a été supprimée [1]. Les articles L. 313-14 à L. 313-14-2 y relatifs ont été abrogés à compter du 1er juillet 2014. Cette même hypothèque a très peu de temps après été rétablie mais avec un champ d'application plus réduit puisqu'elle ne concerne plus que la garantie des créances professionnelles [2].

Une ordonnance n° 2016-56 du 29 janvier 2016 relative au gage des stocks réforme cette sûreté en assouplissant ses conditions de formation et en améliorant son régime.

Une ordonnance n° 2017-748 du 4 mai 2017 relative à l'agent des sûretés développe les dispositions y relatives issues de la loi n° 2008-776 du 4 août 2008 (art. 80).

Une réforme d'une certaine importance du droit des sûretés est en préparation. En 2017, une commission constituée par l'Association Henri Capitant sur la demande du ministère de la Justice a offert au législateur un « *avant-projet de réforme du droit des sûretés* ». L'article 16 du projet de loi relatif à la croissance et à la transformation des entreprises, adopté en première lecture par l'Assemblée nationale, habilite le Gouvernement à simplifier et à renforcer l'efficacité du droit des sûretés personnelles et réelles, mobilières et immobilières [3].

437 ***Agent des garanties et des sûretés*** ◊ L'agent des sûretés a été créé par la loi n° 2007-211 du 19 février 2007 qui avait inséré dans le Code civil l'article 2328-1 ancien [4]. L'ordonnance n° 2017-748 du 4 mai 2017 relative à l'agent des sûretés a abrogé ce texte et inséré dans ce Code les articles 2488-6 à 2488-12 [5]. Ils ont vocation à s'appliquer aux garanties et aux sûretés, qu'elles soient personnelles ou réelles. Par comparaison, le dispositif ancien ne s'appliquait qu'aux sûretés réelles. Bien que la loi ne distingue pas, il faudra distinguer selon que la garantie ou la sûreté est personnelle ou réelle, tout en tenant compte du fait que l'agent est considéré comme un fiduciaire particulier [6].

Lorsque la garantie ou sûreté est personnelle, l'agent fiduciaire est un cocréancier solidaire non intéressé à la créance [7]. Le régime applicable qui

---

1. Art. 46 II n° 2014-344 du 17 mars 2014 relative à la consommation.
2. Art. 48 loi n° 2014-1545 du 20 décembre 2014 relative à la simplification de la vie des entreprises et portant diverses dispositions de simplification et de clarification du droit et des procédures administratives.
3. L. Andreu et M. Mignot (dir.), *La réforme du droit des sûretés*, Institut Universitaire Varenne, Collection Colloques et Essais, Vol. 75, 2019.
4. Cet article avait été modifié par l'article 80 L. n° 2008-776 du 4 août 2008.
5. Ces articles entreront en vigueur le 1er octobre 2017 (art. 4 ord. n° 2017-748). V. égal. Rapport au Président de la République relatif à l'ordonnance n° 2017-748 du 4 mai 2017 relative à l'agent des sûretés, *JO* n° 106 du 5 mai 2017.
6. Rapport au Président de la République, préc. – Déjà en ce sens : Ansaloni G. et Dursun I., *L'agent des sûretés : une fiducie spéciale au service de la prise de garantie pour le compte d'un pool bancaire, JCP E* 2009. 1671.
7. art. 1311 – M. Mignot, *Les obligations solidaires et les obligations in solidum en Droit privé français*, préf. Loquin E., 2002, Paris, Dalloz, Nouvelle bibliothèque des thèses, Vol. 17, n° 138. – Com. 13 sept 2011, n° 10-25533, 10-25731, 10-25908 : *Bull. civ.* IV, n° 131.

n'a rien d'évident, n'est pas précisé par la loi. Lorsque la garantie ou la sûreté est réelle, il y a lieu de combiner les articles 2488-6 à 2488-12 avec les articles 2011 à 2030 et 2372-1 à 2372-5 ou 2488-1 à 2488-5. Selon que la sûreté donne naissance à un droit réel de garantie ou qu'elle est fondée sur un transfert du droit de propriété à l'agent, l'hypothèse s'éloignera ou se rapprochera de la fiducie.

Le recours à l'agent des sûretés facilite la constitution, la gestion et la réalisation d'une garantie ou d'une sûreté en cas de pluralité de créanciers. En pratique, son existence est apparue utile, voire nécessaire, en présence d'un crédit consortial. Ce type de crédit suppose que plusieurs prêteurs conviennent de prêter de l'argent à un même débiteur par une même convention. En principe, chaque prêteur est cocréancier divis de l'emprunteur à concurrence de sa part dans le prêt [1].

Par le passé, il était difficile de faire fonctionner ensemble le crédit consortial et la sûreté réelle le garantissant. La principale difficulté provenait de la pluralité des sûretés : il y en avait autant que de prêteurs [2]. Pour faciliter les choses, les cocréanciers donnaient mandat à un mandataire, choisi parmi eux, d'agir en leur nom pour gérer les sûretés réelles. Le mandat limitait les inconvénients pratiques de la pluralité des sûretés, sans remettre en cause cette pluralité. L'admission de l'agent des sûretés permet de remédier à cet inconvénient majeur car, quel que soit le nombre des cocréanciers, un seul agent suffira qui sera titulaire d'une seule garantie ou sûreté.

La loi ne contient aucune restriction relative à la nature de la personne qui peut être agent. Toute personne physique ou morale peut donc l'être. L'agent est le titulaire d'une garantie ou d'une sûreté dont un ensemble de créanciers sont les bénéficiaires. Il contracte seul la garantie ou la sûreté avec le débiteur ou constituant. De la même façon, il la publie le cas échéant, la gère et la réalise, en son nom mais pour le compte des créanciers [3]. Depuis l'ordonnance n° 2017-748, l'agent des sûretés est titulaire d'un patrimoine d'affectation distinct de son patrimoine personnel [4]. Figurent à l'actif de ce patrimoine, les droits qui constituent les sûretés et ceux acquis par l'effet de leur réalisation. Ce patrimoine peut comporter un passif, même si cela paraît peu vraisemblable.

La convention conclue entre les créanciers et l'agent est solennelle [5]. Elle doit indiquer quelles sont les créances garanties. Elle doit préciser que le contractant est un agent. Elle doit indiquer l'objet et la durée de sa

1. Art. 1309.

2. J. Bertrand de Balanda, *Crédit syndiqué et sûretés*, 1997, *Banque et Dr.* mars-avr., p. 3. – De Richemont H., *Rapport au Sénat, Session ordinaire 2006-2007*, n° 11, p. 103. – De Roux X., *Rapport AN n° 3655*, 1er févr. 2007, p. 96. – Zein Y., *Les pools bancaires*, préf. Larroumet Ch, 1998, Économica, n° 134 s.

3. Art. 2488-6 al. 1er et 2e.

4. Art. 2488-6 al. 3e.

5. Art. 1102 al. 1er, 1172 al. 2e, 2488-7).

mission, ainsi que l'étendue de ses pouvoirs. Elle devra aussi déterminer les conséquences de la défaillance du débiteur, la nature et les modalités des droits des créanciers à l'égard de l'agent dans cette hypothèse.

À l'égard des tiers, l'agent doit mentionner sa qualité [1]. Il a pouvoir en vertu de la loi pour défendre les intérêts des créanciers et pour procéder à toute déclaration de créance à la procédure collective ouverte contre le débiteur [2].

Les droits acquis par l'agent dans l'exercice de sa mission ne peuvent être saisis que par les titulaires de créances nées de la conservation ou de la gestion de leur objet, sous réserve de l'exercice d'un droit de suite et hors les cas de fraude. Cette disposition ne manque pas d'étonner. Elle laisse suppose que la sûreté constituée n'est pas seulement une sûreté traditionnelle (gage, nantissement de meubles, hypothèque) mais encore une propriété-sûreté comme la fiducie. Dans ce dernier cas, l'agent fiduciaire des articles 2488-6 et suivants concurrence pleinement le fiduciaire des articles 2011 et suivants. Or, toute personne peut être agent mais toute personne ne peut pas être fiduciaire [3]. L'ouverture d'une procédure de sauvegarde, de redressement judiciaire, de liquidation judiciaire ou de rétablissement professionnel à l'égard de l'agent est sans effet sur son patrimoine fiduciaire [4].

En l'absence de stipulations contractuelles prévoyant les conditions de son remplacement, si l'agent manque à ses devoirs, met en péril les intérêts qui lui sont confiés ou fait l'objet de l'ouverture d'une procédure de sauvegarde, de redressement judiciaire, de liquidation judiciaire ou de rétablissement professionnel, tout créancier bénéficiaire des sûretés et garanties peut demander en justice la désignation d'un agent provisoire ou le remplacement de l'agent. Tout remplacement conventionnel ou judiciaire de l'agent emporte de plein droit transmission du patrimoine affecté au nouvel agent [5].

L'agent est responsable, sur son patrimoine propre, des fautes qu'il commet dans l'exercice de sa mission [6].

1. Art. 2488-8.
2. Art. 2488-9.
3. Art. 2015.
4. Art. 2488-10.
5. Art. 2488-11.
6. Art. 2488-12.

SOUS-TITRE 1

Les sûretés personnelles

438 Il convient d'envisager les trois sûretés personnelles annoncées par l'article 2287-1, à savoir le cautionnement, la garantie autonome et la lettre d'intention. On ajoutera à ces trois sûretés d'autres sûretés personnelles telles l'obligation solidaire, la promesse de porte-fort, la délégation de personne et la garantie légale existant dans les sociétés notamment.

CHAPITRE 1
LE CAUTIONNEMENT

SECTION 1. LA NOTION DE CAUTIONNEMENT

Sous-section 1. Les diverses figures

§ 1. L'unité ou la pluralité de garanties

439 La question de l'unité ou de la pluralité de garanties est une question complexe. Il n'y a qu'une seule garantie lorsqu'une seule caution est engagée envers le créancier. Lorsque plusieurs cautions sont engagées vis-à-vis du même créancier, il peut y avoir une seule ou plusieurs garanties [1]. Il n'y a qu'une seule garantie lorsque celle-ci est collective. Les cautions sont alors engagées ensemble en vertu d'un même cautionnement. Elles peuvent être simples ou solidaires entre elles. Il y a autant de garanties que de cautions lorsque chaque caution est engagée en vertu d'un cautionnement qui lui est propre. Il y a alors autant de cautionnements que de cautions. Chaque caution peut être tenue solidairement avec le débiteur principal. Mais elles ne peuvent pas l'être entre elles. Les conséquences de l'unité ou de la pluralité de garanties sont radicalement distinctes. En cas d'unité de garantie, les cautions sont engagées ensemble : ce que l'une paye diminue ce que doivent les autres, le tout dans la limite de la somme due par le débiteur principal [2]. Lorsque les garanties sont multiples, les engagements des cautions sont cumulatifs : ce qu'une caution paye ne diminue pas ce que les autres doivent, le tout toujours à concurrence de ce que doit le débiteur principal [3].

§ 2. Le certificateur de cautionnement

440 La caution garantissant la dette d'une autre caution est nommée certificateur de caution [4]. La certification de caution est rare car le créancier

1. M. Mignot, « La distinction entre le cocontrat de cautionnement et la pluralité de cautionnements », *RLDC* 2006/31, p. 25-30 et 2006/32, p. 27-31.

2. Com. 23 nov. 2004, n° 03-17.700, inédit. Civ. 1re, 15 févr. 2005, n° 03-20.621, inédit. Com. 11 févr. 2014, n° 12-26.356, inédit. 11 févr. 2014, n° 12-16.632, inédit.

3. Com. 22 févr. 1977, n° 75-13.800, *Bull. civ.* IV, n° 59. 2 févr. 1981, n° 79-10.350, *Bull. civ.* IV, n° 55.

4. C. civ., art. 2291 al. 2e.

n'y trouve pas forcément un intérêt. Le régime de la certification de caution est identique à celui du cautionnement principal.

§ 3. Le sous-cautionnement

2441 La sous-caution est la caution du débiteur principal à l'égard de la caution de premier rang pour la garantie des recours qu'elle peut exercer contre le débiteur garanti. La sous-caution garantit directement le recours de la caution de premier rang contre le débiteur et indirectement la créance principale du créancier contre le débiteur principal. La jurisprudence refuse de tirer des conséquences de cette garantie indirecte en interdisant à la caution le droit de se prévaloir des moyens de défense tirés de la créance principale garantie par la caution de premier rang [1]. La sous-caution est une caution à l'égard de la caution de premier rang et doit être traitée comme telle [2].

Sous-section 2. Les caractères

§ 1. Les caractères essentiels

A. Le caractère consensuel

2442 ***Principe*** ◊ En principe, le contrat de cautionnement est un contrat consensuel [3]. Son existence ne dépend pas de conditions formelles. Néanmoins, le consentement de la caution doit être certain, c'est-à-dire qu'il doit être exprimé clairement par elle [4]. En pratique et pour des raisons de sécurité évidentes, le cautionnement est presque toujours contenu dans un écrit qui peut être papier ou électronique. Dans le premier cas, l'écrit peut être sous signature privée ou authentique. L'acte sous signature privée doit contenir une mention manuscrite de la caution, contrairement à l'acte authentique qui en est dispensé [5]. Par exception, bien qu'il soit sous signature privée, l'acte d'avocat ne requiert pas de mention manuscrite [6]. Dans le second cas, lorsqu'elle est requise, la mention manuscrite est remplacée par l'écriture par la caution de la somme en lettres et en chiffres [7].

1. Com. 27 mai 2008, n° 06-19.075, *Bull. civ.* IV, n° 106. 17 mai 2017, n° 15-18.460 : *Bull. civ.*, n° 73, p. 93.
2. Civ. 1re, 26 févr. 2002, n° 99-12.299, *Bull. civ.* I, n° 67.
3. C. civ., art. 1102 al. 1er, 1109 al. 1er, 1172 al. 1er.
4. C. civ., art. 2292.
5. C. civ., art. 1369 al. 3e.
6. C. civ., art. 1374 al. 3e.
7. C. civ., art. 1174 al. 2e. art. 1376.

443 ***Exceptions*** ◊ Par exception, le cautionnement est solennel lorsque sa validité dépend de conditions formelles. La loi ne pose pas de conditions générales de forme relativement à l'intégralité de l'acte instrumentaire. En revanche, elle exige souvent que la caution écrive une mention manuscrite à peine de nullité [1]. Cette exigence remet largement en question le caractère consensuel du cautionnement même si elle ne concerne qu'un aspect de l'acte instrumentaire, étant considéré l'indivisibilité entre le corps de l'acte et la mention de la caution. Le domaine du cautionnement solennel dépend donc directement de celui de la mention manuscrite requise à peine de nullité. Là où elle est requise avec cette sanction, le cautionnement est solennel ; là où elle n'est pas requise avec cette sanction ou n'est pas requise du tout, le cautionnement est consensuel. Lorsqu'il est solennel, l'écrit sous signature privée ne peut être électronique, sauf si le cautionnement est conclu pour les besoins de la profession de la caution [2].

B. Le caractère accessoire

444 La doctrine classique considère que le cautionnement est un contrat accessoire. Il serait plus juste de dire que l'obligation de la caution est accessoire de celle du débiteur principal. On veut signifier plusieurs choses en faisant référence à ce caractère. La caution accède à l'obligation principale. L'obligation principale constitue le support de celle de la caution. D'un point de vue économique, l'objet de l'obligation de la caution est identique à celui de l'obligation du débiteur principal. Le caractère accessoire de l'obligation de la caution est un critère de qualification du cautionnement. Un garant est nécessairement une caution s'il s'engage à payer ce que doit le débiteur principal en cas de défaillance de sa part [3]. Le garant n'est pas une caution s'il souscrit un engagement principal [4]. Plusieurs conséquences découlent du caractère accessoire qui peuvent être rattachées à l'adage *accessorium sequitur principale*. La caution peut en principe se prévaloir [5] à l'égard du créancier des moyens de défense tirés de la relation entre le créancier et le débiteur [6]. La caution ne doit au maximum que ce que le débiteur doit au créancier [7].

C. Le caractère unilatéral

445 Le cautionnement est un contrat unilatéral [8]. Seule la caution est obligée vis-à-vis du créancier. Ce caractère traditionnel du cautionnement

---

1. C. const., art. L. 314-15, L. 314-16, L. 331-1, L. 331-2, L. 341-51-1, L. 343-1, L. 343-2.
2. C. civ., art. 1175 2°. M. Mignot, « Les garanties du crédit conclu en ligne », *Rev. Banque et Dr.*, n° spécial, juin 2013, p. 41.
3. C. civ., art. 2288.
4. Com., 8 juin 2017, n° 15-28.438, à paraître au *Bull. civ.*
5. C. civ., art. 1200 al. 2e.
6. C. civ., art. 2289, 2313 al. 1er.
7. C. civ., art. 2290 al. 1er.
8. C. civ., art. 1106 al. 2e.

n'est pas remis en cause par l'existence de nombreux devoirs mis à la charge du créancier au bénéfice de la caution [1]. Les devoirs mis à la charge du créancier ne forment pas la contrepartie économique de l'obligation imposée à la caution. Leur inexécution est sanctionnée le plus souvent par la déchéance du créancier dans ses droits contre la caution.

§ 2. Les caractères secondaires

A. Le cautionnement contractuel, légal ou judiciaire

2446 ***Sources*** ◊ Le cautionnement peut être contractuel, légal ou judiciaire. Le cautionnement contractuel est celui qui est fourni par le débiteur à la seule demande de son créancier. Le cautionnement est légal lorsqu'il est fourni en exécution d'une disposition de la loi. Une telle obligation est fréquente [2]. Le cautionnement judiciaire est prévu par la loi et ordonné par le juge [3]. C'est donc une variété de cautionnement légal. La caution légale ou judiciaire doit être solvable [4]. La solvabilité de la caution s'apprécie par rapport aux immeubles de la caution, à condition qu'ils ne soient pas litigieux [5]. Elle peut s'apprécier par rapport aux meubles dont elle est propriétaire lorsque la dette principale est modique ou commerciale [6]. Lorsque la caution fournie devient ultérieurement insolvable, le débiteur doit en fournir une nouvelle au créancier qui le soit, sauf à ce que celle qui avait été fournie ait été nommément désignée [7]. À défaut de pouvoir proposer une caution, le débiteur est admis à fournir une sûreté réelle mobilière [8]. La jurisprudence admet même qu'il fournisse une sûreté réelle équivalente tels un gage immobilier ou une hypothèque [9].

B. Le cautionnement civil ou commercial

2447 ***Critère*** ◊ En principe, le cautionnement est un acte civil, même lorsque la dette garantie est commerciale et que les parties sont commerçantes. Ce principe connaît des exceptions. On distingue la commercialité objective ou subjective. Au sens objectif, sont commerciaux, le cautionnement bancaire [10], le cautionnement souscrit par des sociétés commerciales par leur forme et l'aval [11]. Au sens subjectif, le cautionnement est commercial

---

1. C. civ., art. 2314.
2. C. civ., art. 2295, = 601, 626, 1518, 1613, 1653, 1799-1, 2480 5°.
3. C. civ., art. 277, 760 al. 2e C. pr. civ., art. 517.
4. C. civ., art. 2295 al. 1er. art. 2317.
5. C. civ., art. 2296.
6. C. civ., art. 2296 al. 1er *in fine*.
7. C. civ., art. 2297.
8. C. civ., art. 2318. art. 2041 anc.
9. Civ. 7 août 1882, S. 1882, 1, p. 457, conc. Desjardins ; *DP* 1883, 1, p. 220.
10. C. com., art. L. 110-1 8°.
11. C. com., art. L. 511-21 ; C. mon. fin., art. L. 512-4, art. L. 131-28.

s'il est l'accessoire d'une opération commerciale et si la caution trouve dans l'opération garantie un intérêt personnel de nature patrimoniale [1]. En général et par application de ce critère, le cautionnement souscrit par un dirigeant de la personne morale garantie est commercial.

448 ***Conséquences*** ◊ Le cautionnement commercial est susceptible de deux degrés. Au 1er degré, le cautionnement est commercial mais la caution n'est pas commerçante. Ce cautionnement relève de la compétence du tribunal de commerce et il est présumé solidaire. Néanmoins, il relève des règles de preuve de droit commun issues du Code civil. Au 2e degré, le cautionnement est commercial et la caution est commerçante. Il faut ajouter aux conséquences qui découlent du caractère commercial du cautionnement d'autres effets déduits de la qualité de commerçant de la caution. La preuve du cautionnement consensuel sera libre [2]. Mais la preuve demeure littérale lorsque la caution doit écrire une mention manuscrite à peine de nullité, ce qui est le cas le plus général aujourd'hui [3]. La clause attributive d'une compétence juridictionnelle dérogatoire est licite lorsque la caution est commerçante [4].

C. Le cautionnement simple ou solidaire

449 ***Cautionnement simple*** ◊ Le cautionnement simple est celui qui n'est pas solidaire. En pratique, il est rare. La caution simple jouit, en principe, du bénéfice de discussion [5] et, en cas de pluralité de cautions, de division [6]. Le bénéfice de discussion concrétise la subsidiarité du cautionnement simple. Il doit être opposé par la caution en réponse aux premières poursuites du créancier [7]. La caution qui demande la discussion doit indiquer au créancier les biens du débiteur à saisir et doit avancer les frais nécessaires aux poursuites [8]. La caution est déchue de ce bénéfice si elle ne satisfait pas à ces exigences. D'un point de vue procédural, le bénéfice de discussion est une exception dilatoire [9]. Les cautions simples sont engagées à la totalité de la dette mais elles jouissent du bénéfice de division [10]. La caution poursuivie par le créancier peut opposer au créancier la division des poursuites [11]. Cela étant, la division de la dette globale entre toutes les cautions n'est possible que lorsque toutes sont solvables. Si une ou plusieurs cautions sont insolvables au moment où

1. Req. 21 mai 1906, *DP* 1907, 1, p. 90, Rapp. Marignan ; *S.* 1906, 1, p. 433, note Ch. Lyon-Caen.
2. C. com., art. L. 110-3.
3. C. consom., art. L. 331-1, L. 331-2, L. 343-1, L. 343-2.
4. C. pr. civ., art. 48.
5. C. civ., art. 2298.
6. C. civ., art. 2303.
7. C. civ., art. 2299.
8. C. civ., art. 2300.
9. C. pr. civ., art. 108.
10. C. civ., art. 2302.
11. C. civ., art. 2303 al. 1er.

la division est demandée, les cautions solvables supportent, en plus de leurs parts, une part proportionnelle de la part de celles qui ne le sont pas.

2450 ***Cautionnement solidaire*** ◊ Le cautionnement est solidaire lorsqu'il est stipulé tel [1]. Il est très souvent solidaire. En principe, la stipulation de solidarité est consensuelle [2]. Le consentement de la caution à cette stipulation doit être exprès [3]. Par exception, la stipulation de solidarité est solennelle [4]. Le cautionnement commercial est présumé solidaire [5]. La loi considère avec défaveur la stipulation de solidarité. Elle en subordonne donc l'efficacité à la limitation de l'objet de l'obligation de la caution à une somme déterminée [6]. En cas de pluralité de cautions, la solidarité est susceptible de diverses modalités qui doivent être combinées avec l'unité ou la pluralité de garanties [7]. En cas de pluralité de garanties, les cautions peuvent être solidaires avec le débiteur principal mais elles ne peuvent l'être entre elles, faute de supporter une dette commune. En cas d'unité de garantie, les cautions peuvent être solidaires entre elles et avec ou sans le débiteur principal. Le cautionnement commercial est régi *mutatis mutandis* par les règles établies pour les obligations solidaires [8]. Les cautions solidaires avec le débiteur principal ne disposent pas du bénéfice de discussion [9]. Les cautions solidaires entre elles ne disposent pas du bénéfice de division.

SECTION 2. LA FORMATION DU CAUTIONNEMENT

§ 1. Les conditions subjectives

A. Le consentement

1. La mention manuscrite

2451 ***Présentation générale*** ◊ *A priori*, la mention manuscrite est une simple condition de forme de l'acte instrumentaire de cautionnement sans

1. C. civ., art. 2298.
2. C. civ., art. 1102 al. 1er, 1109 al. 1er, 1172 al. 1er.
3. C. civ., art. 1310, 2298 *in fine*.
4. C. consom., art. L. 314-16, L. 331-2, L. 331-3, L. 341-51-1, L. 343-2.
5. Req. 20 oct. 1920, S. 1922, 1, p. 201, note J. Hamel ; *DP* 1920, 1, p. 161, note P. Matter ; *RTD civ.* 1923, n° 24, p. 155, obs. R. Demogue.
6. Art. 47 II L. n° 94-126 du 11 févr. 1994 relative à l'initiative et à l'entreprise individuelle. C. consom., art. L. 331-3, 343-3.
7. V. ss 2439.
8. C. civ., art. 2298.
9. C. civ., art. 2298. C. consom., art. L. 314-16, L. 331-2.

rapport avec le consentement de la caution. Cela n'est pourtant pas exact. La mention manuscrite est à mettre en rapport avec le consentement de la caution. La rédaction par la caution d'une mention apposée au pied de l'acte de cautionnement suscite sa réflexion et renforce la connaissance qui est la sienne de la nature et de la portée de son engagement. Il existe plusieurs mentions manuscrites. La plus ancienne est requise par l'article 1376 du Code civil. La mention exigée par cet article a été supplantée par celles requises par le Code de la consommation ou par d'autres dispositions légales [1]. Ce Code prévoit deux séries de dispositions. La première concerne les cautionnements contractés en vue d'assurer la garantie d'un crédit à la consommation ou d'un crédit immobilier contractés par un consommateur [2] [3] ; la seconde concerne tous les cautionnements [4] [5]. Le champ d'application de cette seconde série étant plus large, il convient de s'attarder sur elle, sachant que les textes des deux séries se recoupent très largement.

452 ***Champ d'application*** ◊ En la forme, les articles L. 331-1 et L. 331-2 concernent le cautionnement donné par acte sous signature privée, sauf s'il est contresigné par un avocat [6]. Ils ne concernent pas le cautionnement constaté par acte authentique [7]. Lorsque la caution n'est pas en mesure d'écrire elle-même la mention manuscrite, les parties au cautionnement doivent avoir recours à l'acte authentique pour le constater [8]. Au fond, le champ d'application des deux textes dépend principalement de la qualité du créancier. Le créancier doit être un créancier professionnel. D'après la jurisprudence, il s'agit « de celui dont la créance est née dans l'exercice de sa profession ou se trouve en rapport direct avec l'une de ses activités professionnelles, même si celle-ci n'est pas principale » [9]. La qualité du débiteur principal n'est pas prise en compte. La caution doit être une personne physique mais sa qualité n'est pas non plus prise en compte. Le cautionnement doit être défini et à durée déterminée [10].

---

1. Art. 22-1 al. 6e L. n° 89-462 du 6 juill. 1989.

2. C. consom., art. L. 314-15 et L. 314-16.

3. Les articles L. 313-7 et L. 313-8 sont issus de l'article 19 de la loi n° 89-1010 du 31 décembre 1989. Ils sont entrés en vigueur le 1er mars 1990 et ne s'appliquent pas aux contrats en cours.

4. C. consom., art. L. 331-1 et L. 331-2.

5. Les articles L. 341-2 et L. 341-3 sont issus de l'article 11 de la loi n° 2003-721 du 1er août 2003. Ils sont entrés en vigueur le 6 février 2004 et ne s'appliquent pas aux contrats en cours.

6. C. civ., art. 1374 al. 3e.

7. Com., 14 juin 2017, n° 12-11.644, à paraître au *Bull. civ.* C. civ., art. 1369 al. 3e.

8. Civ. 1re, 9 juill. 2015, n° 14-21.763, *Bull. civ.* I, n° 183, p. 177.

9. Civ. 1re, 9 juill. 2009, n° 08-15.910, *Bull. civ.* I, n° 173. Com. 10 janv. 2012, n° 10-26.630, *Bull. civ.* IV, n° 2.

10. On notera que la condition liée à la durée déterminée n'a de sens que lorsque le cautionnement est de dettes futures. La caution garantit alors les dettes nées dans la durée déterminée par le cautionnement. Lorsque le cautionnement est de dettes présentes, cette condition n'a aucun sens car la caution garantit *ab initio* la dette présente mise à la charge du débiteur principal.

2453 ***Mention principale de l'article L. 331-1*** ◊ D'après l'article L. 331-1, la caution doit écrire exactement la mention dont le modèle est prévu au mot près. Toute différence entre la mention de l'article L. 331-1 et celle écrite par la caution devrait rendre le cautionnement annulable [1]. La jurisprudence ne retient plus une interprétation aussi littérale et stricte de cette disposition [2]. Selon elle, lorsque la mention reproduite par la caution n'est pas parfaitement identique au modèle légal, le cautionnement n'est pas annulable si la différence tient à une erreur matérielle ou si elle n'affecte pas la portée de la mention [3]. Il en est de même si l'ajout par la caution ne modifie pas la formule légale ou n'en rend pas la compréhension plus difficile pour la caution [4]. C'est le cas lorsqu'est en cause la ponctuation [5] ou lorsque le changement ne concerne qu'un ou plusieurs mots mais sans affecter aucunement le sens de la mention [6]. C'est aussi le cas lorsque la caution adapte sciemment la mention à sa situation en y ajoutant quelques mots [7]. En revanche, le cautionnement est annulable lorsque la mention est substantiellement différente du modèle légal [8]. C'est le cas *a fortiori* en l'absence de mention [9] ou lorsqu'elle a été écrite par un tiers [10]. Lorsque l'écriture de la mention manuscrite est déniée par la caution, il incombe au juge de vérifier l'acte contesté, à moins qu'il puisse statuer sans tenir compte de la dénégation (C. civ., art. 1373. - C. pr. civ., art. 287) [11]. La nullité est relative [12] et susceptible par voie de conséquence de confirmation [13].

---

1. C. consom., art. L. 343-1.

2. Certains arrêts dénotent avec cette tendance, en considérant que le cautionnement est annulable en raison d'une différence minime : Com., 24 mai 2018, n° 16-24.400, à paraître au *Bull. civ.* par deux fois, la caution écrit « bénéficiaire du crédit » à la place de X, au lieu de mentionner à cet endroit l'identité du débiteur.

3. Com. 5 avr. 2011, n° 09-14.358, *Bull. civ.* IV, n° 55. Civ. 1re, 22 janv. 2014, n° 12-29.177, inédit. - Com., 28 juin 2016, n° 13-27.245.

4. Com. 4 nov. 2014, n° 13-23.130.

5. Com. 5 avr. 2011, n° 10-16.426, *Bull. civ.* IV, n° 54. Civ. 1re, 11 sept. 2013, n° 12-19.094, *Bull. civ.* I, n° 174.

6. Civ. 1re, 10 avr. 2013, n° 12-18.544, *Bull. civ.* I, n° 74. Com. 1er oct. 2013, n° 12-20.278, *Bull. civ.* IV, n° 143.- Civ. 1re, 27 nov. 2013, n° 12-21.393. - Com. 27 mai 2014, n° 13-16.989. 8 juill. 2014, n° 13-20.621, inédit. 23 sept. 2014, n° 13-23.752, inédit. 14 mars 2018, n° 14-17.931, inédit. 19 sept. 2018, n° 17-15.617.

7. Com., 15 nov. 2017, n° 16-10.504, à paraître au *Bull. civ.*

8. Com. 28 avr. 2009, n° 08-11.616, *Bull. civ.* IV, n° 56. Com. 5 avr. 2011, n° 09-14.358, *Bull. civ.* IV, n° 55. Civ. 1re, 16 mai 2012, n° 11-17.411, inédit. - Com., 13 déc. 2017, n° 15-24.294, à paraître au *Bull. civ.*

9. Civ. 1re, 8 mars 2012, n° 09-12.246, *Bull. civ.* I, n° 53. Com. 5 juin 2012, n° 11-19.627, *Bull. civ.* IV, n° 113.

10. Com. 13 mars 2012, n° 10-27.814.

11. Com., 14 mars 2018, n° 16-20.262.

12. C. civ., art. 1181.

13. C. civ., art. 1182. Com. 5 févr. 2013, n° 12-11.720, *Bull. civ.* IV, n° 20. *Contra* : Com. 28 avr. 2009, n° 08-11.616, *Bull. civ.* IV, n° 56.

454 ***Mention relative à la solidarité de l'article L. 331-2*** ◊ Lorsque le cautionnement est solidaire, la caution doit écrire une mention supplémentaire. La sanction prévue par l'article L. 343-2 en cas de violation des dispositions de l'article 331-2 est l'annulabilité. Cela étant, l'article L. 331-2 n'exige pas, contrairement à l'article L. 331-1, que la mention soit écrite au mot près. Des différences mineures entre la mention écrite et le modèle légal sont sans conséquence sur la validité du cautionnement [1]. Lorsque la différence entre la mention écrite par la caution et le modèle légal est importante, la stipulation de solidarité est annulable [2] d'une nullité relative [3] susceptible de confirmation [4].

2. L'existence et les vices du consentement

455 ***Existence du consentement*** ◊ Les parties doivent consentir au cautionnement [5]. En général, c'est la caution qui est concernée plutôt que le créancier. Le cautionnement est annulable si la caution s'engage alors qu'elle est sous l'empire d'un trouble mental [6].

456 ***Obligation précontractuelle d'information*** ◊ Le Code civil impose, au titre du droit commun, à l'une des parties, une obligation précontractuelle d'information d'ordre public [7]. Cette obligation s'impose au créancier vis-à-vis de la caution dans la période précontractuelle. Son exécution va lui permettre de consentir en connaissance de cause au cautionnement. L'existence de ce devoir dépend d'une asymétrie d'information entre le créancier et la caution. Le créancier doit détenir une information que la caution ne détient pas [8]. Le texte oppose faussement l'ignorance et la confiance. Il faut rectifier et considérer que, dans tous les cas, la caution doit être ignorante, qu'elle soit confiante ou non. Il faut alors sous distinguer de la façon suivante : **1°** la caution est ignorante et confiante. Elle est dispensée de se renseigner par elle-même si la confiance dont elle fait preuve est légitime. La confiance légitime doit être appréciée *in concreto*. Alors le créancier doit lui délivrer toute information essentielle relative à la situation du débiteur principal. **2°** la caution est ignorante et vigilante (ou fautivement confiante). Elle devrait se renseigner elle-même, à condition toutefois d'avoir les moyens matériels d'obtenir les informations pertinentes dans des conditions raisonnables.

---

1. Civ. 1re, 10 avr. 2013, n° 12-18.544, préc. Civ. 1re, 22 janv. 2014, n° 12-29.177, préc. –

2. Com. 8 mars 2011, n° 10-10.699, *Bull. civ.* IV, n° 31. 10 mai 2012, n° 11-17.671, *Bull. civ.* IV, n° 92. Com. 16 oct. 2012, n° 11-23.623, *Bull. civ.* IV, n° 184.

3. C. civ., art. 1181. Com. 5 févr. 2013, n° 12-11.720, préc.

4. C. civ., art. 1182.

5. C. civ., art. 1129.

6. C. civ., art. 414-1.

7. Art. 1112-1.

8. Art. 1112-1 al. 1er.

Si elle est dans l'impossibilité de se renseigner elle-même, le créancier doit lui transmettre l'information en sa possession le cas échéant. L'impossibilité tient à une infériorité commune aux cautions de la même catégorie dont celle en cause (incompétence, ignorance, inexpérience) ou à une infériorité particulière à la caution en cause (âge, faiblesse d'esprit, incapacité).

La caution sera beaucoup plus souvent dans la première situation que dans la seconde. Elle sera dans la première, toutes les fois où elle ne sera pas le dirigeant du débiteur principal et, dans la seconde, lorsqu'elle le sera. La caution dirigeant est en mesure d'être informée de la situation patrimoniale exacte du débiteur principal. Lorsque la caution sera légitimement ignorante et dans l'incapacité de se renseigner elle-même sur la situation patrimoniale du débiteur, le créancier devra alors lui communiquer les informations en sa possession sur le débiteur et surtout l'informer du risque qu'elle supporte en se portant caution. L'obligation d'information précontractuelle se confond alors ici avec celle de mise en garde.

2457 ***Erreur*** ◊ Il faut distinguer diverses erreurs en fonction de ce sur quoi elles portent. Il arrive que la caution invoque l'erreur de droit sur la nature juridique du cautionnement. En principe, une telle erreur n'est pas de nature à entraîner la nullité du contrat. Elle n'était admise que dans des circonstances exceptionnelles lorsqu'il était démontré que la caution n'avait pas compris la nature et la portée de l'acte [1]. Le cas confinait à l'absence de consentement. La rédaction de l'article 1132 du Code civil exclut désormais une telle erreur du fait qu'elle ne porte pas sur la qualité de la prestation mais sur la nature du contrat. L'erreur de la caution sur la solvabilité du débiteur principal n'est en général pas admise [2]. Par exception, une telle erreur est une cause de nullité si la caution a fait de cette solvabilité une condition de son engagement en faisant entrer cet élément dans le champ contractuel [3]. Avec plus de succès, la caution peut obtenir la nullité si elle démontre une erreur de sa part sur les garanties bénéficiant au créancier [4]. Il faut pour cela que la caution démontre que l'existence de ces garanties a constitué pour elle un motif déterminant et que le créancier en avait été informé. Dans ces deux dernières hypothèses, il faut désormais que ces motifs entrent expressément dans le champ contractuel [5]. La caution peut obtenir la nullité du cautionnement en démontrant son erreur les qualités essentielles du débiteur si elles ont constitué un motif déterminant pour la caution et que le créancier en

1. Civ. 1re, 25 mai 1964, n° 62-10.598, *Bull. civ.* I, n° 269.
2. Civ. 1re, 25 oct. 1977, n° 76-11.441, *Bull. civ.* I, n° 388.
3. Com. 1er oct. 2002, n° 00-13.189, *Bull. civ.* IV, n° 131. 19 mai 2015, n° 14-10.860.
4. Civ. 1re, 1er juill. 1997, n° 95-12.163, *Bull. civ.* I, n° 219.
5. C. civ., art. 1135 al. 1er.

avait été informé [1]. La solution est aujourd'hui incertaine dans la mesure où seule les qualités du contractant sont prises en considération par la loi [2].

458 ***Dol*** ◊ Le dol peut avoir lieu par mensonges ou par réticences du créancier [3]. Dans le premier cas, il trompe la caution en lui donnant de fausses informations sur la situation patrimoniale du débiteur principal en vue d'obtenir son consentement [4]. Dans le second, le créancier garde par-devers lui les informations qu'il détient sur la situation obérée du débiteur en vue toujours d'obtenir le consentement de la caution [5]. En principe, c'est le créancier qui doit être l'auteur du dol [6]. Le dol du débiteur principal n'est pas susceptible de vicier le consentement de la caution [7]. Par exception, la Cour de cassation admet qu'une caution se prévale du dol dont elle est victime et dont une autre personne serait l'auteur [8]. La solution est maintenant consacrée par la loi [9].

459 ***Violence*** ◊ Le consentement de la caution peut être vicié du vice de violence [10]. L'hypothèse est néanmoins rare. La jurisprudence distinguait la violence, vice du consentement, de la contrainte économique exclusive de toute nullité parce que n'affectant pas le consentement. Le fait pour un dirigeant social de se porter caution sous la pression des circonstances économiques n'était pas considéré comme un acte de violence morale à son égard [11]. Néanmoins, la violence pouvait être admise si certaines conditions étaient réunies [12]. Le nouvel article 1143 du Code civil pourrait trouver à s'appliquer en cas de cautionnement, à condition que la caution soit reconnue en état de dépendance par rapport au créancier et qu'il en tire un avantage manifestement excessif.

B. **La capacité**

460 La caution doit être capable de s'obliger [13]. Le cautionnement est un acte de disposition [14]. Le mineur ne peut pas contracter seul un cautionnement et son représentant légal ne peut pas le représenter dans ce but, sauf à ce que

1. Com. 19 nov. 2003, n° 01-01.859, *Bull. civ.* IV, n° 172.
2. C. civ., art. 1132, 1134.
3. C. civ., art. 1137.
4. Com. 7 févr. 1983, n° 81-15.339, *Bull. civ.* IV, n° 50. Rennes, 14 juin 1951, *D.* 1951. 712.
5. Civ. 1re, 10 mai 1989, n° 87-14.294, *Bull. civ.* I, n° 187.
6. C. civ., art. 1137.
7. Civ. 1re, 27 juin 1973, n° 72-11.564, *Bull. civ.* I, n° 219.
8. Com. 29 mai 2001, n° 96-18.118, *Bull. civ.* IV, n° 100.
9. C. civ., 1138 al. 2e.
10. C. civ., art. 1140.
11. Com. 23 juin 1992, n° 90-14.642.
12. Com. 28 mai 1991, n° 89-17.672, *Bull. civ.* IV, n° 180.
13. C. civ., art. 1145, 2295.
14. Art. 2 décr. n° 2008-1484 du 22 déc. 2008.

le cautionnement soit parfaitement conforme à son intérêt [1]. Un majeur placé sous sauvegarde de justice peut conclure seul un cautionnement [2]. En revanche, un majeur placé sous curatelle ou tutelle ne le peut, pas plus d'ailleurs que son représentant légal, même si le cautionnement est conforme aux intérêts du majeur protégé [3].

C. Le pouvoir

2461 ***Communauté légale*** ◊ Sauf autorisation obtenue de l'autre époux, chaque époux n'engage que ses biens propres et ses revenus par un cautionnement [4]. Outre le régime légal, le texte s'applique au régime de la communauté universelle [5] et au régime de séparation de biens avec société d'acquêts [6]. Il s'applique naturellement au cautionnement, quelles que soient ses caractéristiques. Il s'applique aussi à la garantie à première demande [7]. Le conjoint de la caution doit donner une autorisation. Cette autorisation est consensuelle [8]. Elle doit être certaine et spéciale. Si elle est donnée, les biens communs sont engagés, à l'exception des gains et salaires [9] et des biens propres [10] de celui qui autorise. En l'absence d'autorisation, la communauté n'est en principe pas engagée [11]. Seuls les biens propres et les revenus de la caution le sont. Outre son conjoint, la caution peut aussi se prévaloir de l'absence d'autorisation [12]. Mais un tiers ne peut se prévaloir de cette absence, même s'il y a intérêt [13].

2462 ***Société*** ◊ Sur la question du pouvoir d'engagement d'une société comme caution, il faut distinguer le régime de droit commun du régime spécial.

Selon le droit commun, le cautionnement est valablement contracté par une société s'il est conforme à l'objet social et à l'intérêt social. Il n'y a aucune difficulté lorsque les statuts font entrer le cautionnement dans l'objet social. Dans le cas contraire, le cautionnement contracté par la société est annulable [14]. Cependant, le cautionnement est valablement conclu si l'objet social est étendu à la conclusion d'un cautionnement par

---

1. J. Massip, *Administration légale et tutelle des mineurs*, Tome I, Régime juridique, Préf. J. Carbonnier, *Defrénois*, 1995, n° 95.
2. C. civ., art. 435 al. 1er.
3. C. civ., art. 509 1°.
4. Issu de la loi n° 85-1372 du 23 décembre 1985 et applicable aux cautionnements conclus après le 1er juillet 1986. C. civ., art. 1415.
5. Civ. 1re, 3 mai 2000, n° 97-21.592, *Bull. civ.* I, n° 125.
6. Civ. 1re, 25 nov. 2003, n° 02-12.942, *Bull. civ.* I, n° 236.
7. Civ. 1re, 20 juin 2006, n° 04-11.037, *Bull. civ.* I, n° 313.
8. C. civ., art. 1100-1 al. 2e, 1102 al. 1er, 1109 al. 1er, 1172 al. 1er.
9. C. civ., art. 1413, 1414.
10. C. civ., art. 1415 *in fine*.
11. C. civ., art. 1415.
12. Civ. 1re, 15 mai 2002, n° 99-21.464, *Bull. civ.* I, n° 129.
13. Civ. 1re, 14 janv. 2003, n° 00-12.295, *Bull. civ.* I, n° 3.
14. Com. 14 juin 2000, n° 97-15.040, inédit. C. civ., art. 1145 al. 2e.

une décision prise à l'unanimité des associés [1]. La jurisprudence admet la validité du cautionnement qui n'entre pas directement dans l'objet social s'il y entre indirectement. D'après elle, il y entre indirectement s'il existe une communauté d'intérêts entre le débiteur principal et la société caution [2]. Il faut également que la société ait un intérêt à cautionner le débiteur principal. Pour que le cautionnement soit valable, il faut aussi qu'il soit conforme à l'intérêt de la société [3]. L'exigence est à rattacher au principe de spécialité des personnes morales et à la capacité de jouissance qui y est liée [4]. C'est le cas s'il existe une communauté d'intérêts entre le débiteur principal et la caution. Il faut que le cautionnement soit adapté aux possibilités patrimoniales de la société et qu'il ne la mette pas en péril [5]. La nullité frappant le cautionnement irrégulier est absolue [6].

Selon le droit spécial, le cautionnement ne reçoit pas le même traitement en fonction de la personne cautionnée. Le cautionnement par la société de l'associé et/ou du dirigeant personne physique est interdit [7]. Lorsqu'il ne l'est pas, le cautionnement donné par la société au profit d'un tiers est réglementé. Selon l'art. L. 225-35 al. 4e ou l'article L. 225-68 du Code de commerce, les « cautions, avals et garanties » donnés par ces sociétés doivent faire l'objet d'une autorisation préalable du conseil d'administration ou de surveillance. À défaut d'une telle autorisation, la jurisprudence estime que le cautionnement est inopposable à la société [8].

§ 2. Les conditions objectives

A. L'objet de l'obligation

1. La détermination

463 ***Obligation garantie*** ◊ En raison du caractère accessoire de l'obligation de la caution, pour déterminer l'objet de son obligation, il faut préciser

1. Com. 28 mars 2000, n° 96-19.260, *Bull. civ.* IV, n° 69. 18 mars 2003, n° 00-20.041, *Bull. civ.* IV, n° 46. C. civ., art. 1852.
2. Civ. 1re, 15 mars 1988, n° 85-18.312, *Bull. civ.* I, n° 75. Com. 6 juin 2001, n° 98-19.040, inédit. Com. 3 déc. 2003, n° 02-11.163, inédit. 8 nov. 2005, n° 01-15.503, inédit. 26 juin 2007, n° 06-10.766, inédit. Civ. 2e, 13 mars 2008, n° 06-16.077, inédit. Com. 3 juin 2008, n° 07-11.785, inédit. 13 déc. 2011, n° 10-26.968.
3. C. civ., art. 1832.
4. art. 1145 - Civ. 3e, 30 nov. 2017, n° 16-20.210.
5. Com. 13 nov. 2007, n° 06-15.826. Com. 3 juin 2008, n° 07-11.785, inédit. Civ. 3e, 12 sept. 2012, n° 11-17.948, *Bull. civ.* III, n° 121. Civ. 3e, 13 oct. 2016, n° 5-22.824, inédit.
6. art. 1179 al. 1er - Civ. 1re, 18 oct. 2017, n° 16-17184, à paraître au *Bull. civ.*
7. C. com., art. L. 223-21 al. 1er. art. L. 225-43 al. 1er et art. L. 225-91 al. 1er. art. L. 227-12. art. L. 226-10 al. 1er.
8. Com. 28 avr. 1987, n° 85-16.956, *Bull. civ.* IV, n° 102.

l'obligation garantie [1]. Le contrat de cautionnement doit ainsi déterminer l'obligation garantie en précisant sa source, ses parties, sa nature, son montant en principal et intérêts, ses modalités, etc. Ce qui compte est que l'obligation soit déterminée d'une façon certaine, sans qu'il soit nécessaire d'indiquer dans le cautionnement toutes les informations en relation avec l'obligation garantie [2]. La caution peut garantir toutes les obligations du débiteur nées pendant une période de référence [3] ou une obligation déterminée avec précision. Cela étant, la jurisprudence interprète restrictivement les clauses du cautionnement en vue de réduire l'objet de l'obligation de la caution [4]. Par exemple, elle considère qu'un cautionnement de toutes les dettes du débiteur ne s'étend pas, malgré sa généralité, aux dettes extracontractuelles du débiteur [5]. Elle estime également que la garantie de la caution ne s'étend pas des obligations issues d'un contrat à celles issues d'un contrat de même nature conclu par reconduction tacite du premier [6].

2464 ***Obligation de la caution*** ◊ L'obligation de la caution peut être complètement calquée sur l'obligation garantie, auquel cas la simple référence à cette obligation suffit à déterminer ce que doit la caution. Le cautionnement est alors indéfini [7]. Il l'est en ce sens que la caution doit ce que doit le débiteur. Mais son obligation peut être limitée par rapport à ce que doit le débiteur principal. Le cautionnement est alors défini en ce sens que l'obligation de la caution est limitée d'un point de vue quantitatif. Le législateur impose souvent le cautionnement défini [8]. En général, la dette garantie comprend le principal (capital) et des accessoires (intérêts, frais, indemnités, pénalités). La caution garantit naturellement le principal. La question se pose de savoir si elle garantit aussi les accessoires. La réponse dépend de la nature définie ou indéfinie du cautionnement. Le cautionnement indéfini couvre les accessoires de la dette [9]. Lorsque le cautionnement est défini, le montant garanti par la caution est un plafond absolu qui n'inclut pas les accessoires de la dette. Il en résulte que la caution ne les garantit que dans la mesure où ils ne dépassent pas ce plafond [10].

---

1. C. civ., art. 1163 al. 2e.
2. Com., 17 oct. 2018, n° 16-16.916, inédit.
3. Com., 28 févr. 2018, n° 16-18.692, à paraître au *Bull. civ.*
4. Civ. 1re, 9 mai 1962, n° 60-13.565, *Bull. civ.* I, n° 238. Com. 19 nov. 1962, n° 61-10.984, *Bull. civ.* III, n° 462. C. civ., art. 1190, 2292.
5. Com. 26 juin 2001, n° 97-11.914, *Bull. civ.* IV, n° 125.
6. Com. 6 févr. 2001, n° 97-19.130, inédit. C. civ., art. 1215.
7. C. civ., art. 2293.
8. C. consom., art. L. 314-15, L. 331-1, L. 331-3, L. 343-3.
9. C. civ., art. 2293.
10. Civ. 1re, 9 déc. 1986, n° 85-13.252, *Bull. civ.* I, n° 287. Com. 16 mars 1999, n° 96-12.653, *Bull. civ.* IV, n° 59.

2. La limitation

465 ***Proportionnalité jurisprudentielle*** ◊ Le créancier supporte le devoir de réduire le montant de l'obligation de la caution et précisément de le proportionner à ses capacités patrimoniales. La source de ce devoir est variée. La jurisprudence impose au créancier professionnel le devoir de réduire le montant de l'obligation de la caution profane [1]. À défaut, ce créancier engage sa responsabilité à l'égard de la caution et devient débiteur à son égard [2]. Les deux obligations sont finalement compensées judiciairement [3]. Cette jurisprudence a perdu de son intérêt en raison de l'importance du dispositif légal.

466 ***Proportionnalité légale*** ◊ La loi impose au créancier le devoir de minimiser la dette. Le *quantum* de l'obligation de la caution doit être proportionné à ses biens et revenus. L'exigence de proportionnalité est relative à la formation du contrat sans être toutefois une condition de validité du cautionnement *stricto sensu* [4]. Il existe plusieurs dispositifs qui varient par leur champ d'application [5]. Il convient de s'attarder sur celui ayant le domaine le plus large [6]. Le champ d'application de ce texte est déterminé en partie par la qualité des parties. La nature de l'obligation garantie n'est pas prise en compte [7]. Le créancier doit être professionnel. La caution doit être une personne physique mais peut être profane ou professionnelle. La forme du cautionnement n'est pas prise en compte. Néanmoins, la jurisprudence refuse de considérer que l'article L. 332-1 s'applique à l'aval [8]. Pour apprécier l'éventuelle disproportion, il faut mettre en rapport, d'une part, l'endettement de la caution, y compris résultant de précédents cautionnements [9] et, d'autre part, l'importance de ses biens et revenus [10]. En principe, tous les biens de la caution doivent donc être pris en compte. Mais seuls ses biens doivent l'être. La disproportion éventuelle de l'engagement

---

1. Com. 17 juin 1997, n° 95-14.105, *Bull. civ.* IV, n° 188. Com. 8 oct. 2002, n° 99-18.619, *Bull. civ.* IV, n° 136. C. civ., art. 1104 al. 1er.

2. Civ. 1re, 6 avr. 2004, n° 01-10.926, *Bull. civ.* I, n° 110. C. civ., art. 1231-2.

3. C. civ., art. 1348.

4. Civ. 3e, 20 avr. 2017, n° 16-13.888, 16-13.976, inédit. - Civ. 1re, 31 janv. 2018, n° 16-24.092, à paraître au *Bull. civ.*

5. Issu de l'article 11 de la loi n° 2003-721 du 1er août 2003 et entré en vigueur le 7 août 2003. Il ne s'applique pas aux contrats en cours. C. consom., art. L. 314-18. C. consom., art. L. 332-1, L. 343-4.

6. C. consom., art. L. 332-1, L. 343-4.

7. Com., 22 févr. 2017, n° 14-17.491, inédit.

8. Com. 30 oct. 2012, n° 11-23.519, *Bull. civ.* IV, n° 195. Civ. 1re, 19 déc. 2013, n° 12-25.888, *Bull. civ.* I, n° 255.

9. Civ. 1re, 12 juill. 2012, n° 11-20.192, inédit. Com. 9 avr. 2013, n° 12-17.891, inédit. 9 avr. 2013, n° 12-17.893, inédit. 22 mai 2013, n° 11-24.812, *Bull. civ.* IV, n° 84 (*idem*). 27 mai 2014, n° 13-17.287, 13-17.288, inédit. Civ. 1re, 15 janv. 2015, n° 13-23.489, *Bull. civ.* I, n° 8. Com. 29 sept. 2015, n° 13-24.568, *Bull. civ.* IV, n° 134, p. 183.

10. C. civ., art. 2284.

d'une caution mariée sous le régime de la séparation des biens s'apprécie au regard de ses seuls biens et revenus personnels [1]. Une restriction du gage du créancier découlant du régime matrimonial de la caution ne doit pas être prise en compte pour apprécier l'éventuelle disproportion [2]. Il en est de même d'une restriction de gage conventionnelle qui s'imposerait au créancier [3]. Il y a lieu de prendre en considération les revenus présents et réguliers de la caution [4] et non ses revenus futurs et éventuels. Dès lors, il ne faut pas tenir compte de ceux escomptés de l'opération financée par la banque qui sont des revenus futurs et aléatoires [5]. La disproportion éventuelle entre l'obligation de la caution et son patrimoine s'apprécie à la date de la conclusion du cautionnement [6]. Il ne faudrait donc pas prendre en considération les changements ultérieurs de la situation de la caution, même s'ils ont un effet rétroactif. La Cour de cassation admet ainsi d'une façon contestable que les juges du fond ne tiennent pas compte d'un cautionnement antérieur annulé pour l'appréciation de la disproportion d'un cautionnement postérieur [7]. Cette disproportion doit être manifeste. D'après la jurisprudence, la disproportion est manifeste lorsque la caution se trouve, lorsqu'elle souscrit le cautionnement, dans l'impossibilité évidente de faire face à un tel engagement avec ses biens et revenus [8]. Cela étant, le créancier pourra se prévaloir du cautionnement si le patrimoine de la caution lui permet d'exécuter son engagement au moment où le créancier en réclame l'exécution (art. L. 332-1, L. 343-4 *in fine*). Il faudra alors prendre en considération tous les biens de la caution au moment des poursuites du créancier, y compris celui faisant l'objet d'une interdiction de saisie par le créancier [9]. Il revient à la caution de prouver que son engagement est excessif au moment où elle s'engage [10]. Il appartient au créancier de prouver qu'au moment où il poursuit la caution, celle-ci est en mesure de s'exécuter [11]. En cas de disproportion, le créancier est totalement déchu de ses droits contre la caution [12]. D'un point de vue procédural, la caution se prévaut d'une défense au fond

1. Com. 24 mai 2018, n° 16-23.036, à paraître au *Bull. civ.*

2. Com., 15 nov. 2017, n° 16-10.504, à paraître au *Bull. civ.* – 6 juin 2018, n° 16-26.182, à paraître au *Bull. civ.* – 4 juill. 2018, n° 17-14.805, inédit. 6 juin 2018, n° 16-26.182, à paraître au *Bull. civ. Contra* : Com. 14 nov. 2012, n° 11-24.341, inédit. 5 févr. 2013, n° 11-18.644, *Bull. civ.* IV, n° 22. 22 févr. 2017, n° 15-14.915 : *Bull. civ.* IV, n° 26, p. 39. C. civ., art. 1415.

3. Com., 18 janv. 2017, n° 15-12.723 : *Bull. civ.* IV, n° 8, p. 13.

4. Com., 5 sept. 2018, n° 16-25.185, à paraître au *Bull. civ.*

5. Com. 27 janv. 2015, n° 13-27.625, inédit. Civ. 1re, 3 juin 2015, n° 14-13.126, 14-17.203 : *Bull. civ.* I, n° 128, p. 122. Com. 22 sept. 2015, n° 14-22.913 : *Bull. civ.* IV, n° 129, p. 179. Com. 29 sept. 2015, n° 14-21.693, inédit.

6. Com. 5 avr. 2011, n° 10-18.106, inédit.

7. Com., 21 nov. 2018, n° 16-25.128, à paraître au *Bull. civ.*

8. Com., 28 févr. 2018, n° 16-24841, à paraître au *Bull. civ.*

9. Com., 17 oct. 2018, n° 17-21.857, à paraître au *Bull. civ.*

10. Com. 17 mai 2011, n° 10-11.810, inédit. 22 janv. 2013, n° 11-25.377, inédit.

11. Com. 13 mai 2014, n° 13-13.683, inédit. Civ. 1re, 8 juill. 2014, n° 13-13.682, inédit. 10 sept. 2014, n° 12-28.977, *Bull. civ.* I, n° 141 ; Com. 10 févr. 2015, n° 13-19.121, inédit.

12. Com. 22 juin 2010, n° 09-67.814, *Bull. civ.* IV, n° 112.

quand elle invoque la disproportion de son obligation [1]. D'après la jurisprudence, l'extinction de l'obligation d'une caution par application des dispositions de l'article L. 332-1 et L. 343-4 du Code de la consommation est une sanction qui s'impose non seulement au créancier et à la caution déchargée mais encore à l'autre caution [2].

B. La cause de l'obligation

1. La cause objective

467 *Cause objective* ◊ La cause objective de l'obligation de la caution est la dette garantie, c'est-à-dire l'obligation du débiteur principal [3]. Cette cause doit être conçue comme la cause catégorique du cautionnement plus que comme sa cause objective. La cause catégorique est celle qui permet un classement du contrat dans diverses catégories en fonction de ses caractères essentiels. Elle regroupe l'ensemble des éléments sans lesquels le but contractuel ne pourrait être atteint ou encore l'ensemble des éléments matériels qui rendent l'existence du contrat possible et qui se situent au delà des éléments nécessaires à l'existence des obligations des parties [4].

2. La cause subjective

468 *Cause subjective* ◊ Les motifs pour lesquels la caution s'est engagée sont à rechercher dans sa relation avec le débiteur principal. Ils sont sans aucune influence en principe sur la validité du cautionnement. La cessation des liens qui existaient entre le débiteur et la caution au moment de la conclusion du cautionnement est sans incidence aucune sur la validité du cautionnement. Par exemple, le fait pour le dirigeant caution de quitter la société débitrice est sans conséquence sur le cautionnement [5]. Il est néanmoins licite de faire entrer le lien existant entre le débiteur principal et la caution dans le champ contractuel afin de subordonner le maintien du cautionnement à l'existence de ce lien [6].

---

1. Civ. 1re, 31 janv. 2018, n° 16-24.092, à paraître au *Bull. civ.* - Com. 4 juill. 2018, n° 17-14.805, inédit.

2. Cass., ch. mixte, 27 févr. 2015, n° 13-13.709, *Bull. ch. mixte* n° 2, p. 3 ; *BICC* n° 823 du 1er juin 2015 ; *Gaz. Pal.* 2 avr. 2015, n° 92, p. 5, note M. Mignot. Civ. 1re, 26 sept. 2018, n° 17-17.903, à paraître au *Bull. civ.*

3. Com. 8 nov. 1972, n° 71-11.879, *Bull. civ.* IV, n° 278. 10 juill. 2001, n° 98-11.536, inédit. 17 mai 2017, n° 15-15.746 : *Bull. civ.* IV, n° 72, p. 92.

4. L. Boyer, *La notion de transaction, Contribution à l'étude des concepts de cause et d'acte déclaratif*, Thèse Toulouse, Lib. du Recueil-Sirey, Paris, 1947, p. 209, 216.

5. Com. 6 déc. 1988, n° 87-12.492, *Bull. civ.* IV, n° 334.

6. Com. 28 févr. 1995, n° 93-14.705, inédit. Com., 4 juill. 2018, n° 16-21743, 16-21787, inédit. C. civ., art. 1102 al. 1er.

SECTION 3. LA VIE DU CAUTIONNEMENT

Sous-section 1. Dans la période précédant la défaillance du débiteur

§ 1. Les droits et obligations des parties au contrat

A. Les droits du créancier

2469 ***Force obligatoire du cautionnement*** ◊ Il faut distinguer la force obligatoire du cautionnement de l'obligation de la caution [1]. Il résulte de celle-ci que le consentement de chaque partie au contrat est irrévocable et que le contrat lui-même ne peut être modifié par la volonté unilatérale d'une partie [2]. Il découle de celle-là que la caution est obligée vis-à-vis du créancier de payer une somme d'argent. En distinguant, on veut signifier non seulement que les effets du cautionnement ne sont pas ceux de l'obligation de la caution mais encore que le cautionnement peut ne pas donner immédiatement naissance à une obligation. Le cautionnement donne immédiatement naissance à une obligation lorsqu'il est de dettes présentes. Il donne ultérieurement naissance à une obligation lorsqu'il est de dettes futures au moment de la conclusion du cautionnement.

2470 ***Dettes présentes ou futures*** ◊ L'obligation garantie peut être présente ou future. Le cautionnement est de dettes présentes lorsque la caution garantit une dette née d'un contrat à effets instantanés [3]. Il est de dettes futures lorsqu'au moment de la conclusion du contrat, la dette garantie n'existe pas encore et est affectée d'un certain aléa. Elle est future et plus ou moins éventuelle. Le cautionnement de dettes futures est par exemple celui contracté par le dirigeant d'une société pour toutes les dettes dont elle serait tenue à l'égard de la banque. C'est le cas plus précisément du cautionnement d'un compte courant ouvert au bénéfice du débiteur dont le solde n'est pas encore débiteur. Lorsque la caution garantit les obligations issues d'un contrat à effets successifs à durée indéterminée [4], le cautionnement est pour partie de dettes présentes et pour partie de dettes futures et éventuelles. La césure est opérée par la résiliation éventuelle du

---

1. D'une façon générale, v. P. Ancel, « Force obligatoire et contenu obligationnel du contrat », *RTD civ.* 1999. 771.

2. C. civ., art. 1103, 1193.

3. C. civ., art. 1111-1 al. 1er.

4. C. civ., art. 1111-1 al. 2e.

contrat, à la date à laquelle elle produirait ses effets, compte tenu de la durée du préavis ou à défaut d'un délai raisonnable [1].

471 ***Distinction entre obligation de couverture et de règlement*** ◊ Le cautionnement de dettes présentes s'explique facilement, contrairement à celui de dettes futures. Dans le premier, la caution est immédiatement obligée par le cautionnement. Dit autrement, le cautionnement est immédiatement efficace, en ce sens qu'il est la source immédiate et directe de l'obligation de la caution. L'analyse du second est beaucoup plus délicate. Certains auteurs, suivis par la jurisprudence [2], estiment que la caution de dettes futures est tenue par deux obligations distinctes : une obligation de couverture et une obligation de règlement [3]. La première a pour fonction essentielle de déterminer la période de couverture. En vertu de cette obligation, la caution garantit toutes les dettes nées à compter de la prise d'effets de la couverture jusqu'à la cessation de ses effets. L'obligation de couverture ne donne lieu à aucun paiement. Elle s'exécute par elle-même, automatiquement, sans que la caution ne fournisse la moindre prestation. La seconde est une obligation classique de somme d'argent : elle supporte les dettes nées pendant la période de couverture. Cette distinction entre deux obligations a été critiquée par certains auteurs qui lui reprochent d'être artificielle. Elle l'est effectivement. Seule l'obligation de règlement existe. La couverture ne consiste pas en une obligation ou une prestation [4]. Une obligation ne peut s'exécuter d'elle-même sans paiement. Il y a lieu d'expliquer autrement le cautionnement de dettes futures.

472 ***Cause efficiente*** ◊ Pour expliquer le cautionnement de dettes futures, il pourrait être possible de remplacer l'obligation de couverture par la cause efficiente [5]. Dans tous les cas, la caution supporte une obligation de somme d'argent. Lorsque le cautionnement est de dettes présentes, il est la cause efficiente de l'obligation de la caution. Lorsqu'il est de dettes futures, il donne naissance à une cause efficiente qu'il faut considérer comme l'un de ses effets. La cause efficiente définit ce que doit la caution en précisant la nature de l'obligation garantie, sa source, son montant, ses modalités, etc. La cause efficiente a elle-même une date de prise d'effet et une date de cessation des effets. La cause efficiente fonctionne comme un modèle : la caution est obligée seulement si une dette de la nature de celle envisagée dans la garantie est mise à la charge du débiteur principal. Si

1. C. civ., art. 1211.
2. Com. 29 juin 1982, n° 80-14.160, *Bull. civ.* IV, n° 258 ; *D.* 1983. 360, note Ch. Mouly. 13 janv. 1987, n° 84-14.146, *Bull. civ.* IV, n° 9.
3. Ch. Mouly, *Les causes d'extinction du cautionnement*, Bibliothèque de droit de l'entreprise, t. 10, Lib. Techniques, Paris, 1979, n° 255 s.
4. P. Ancel, *Force obligatoire et contenu obligationnel…*, *op. cit.*, n° 41, p. 797.
5. M. Mignot, « De la garantie comme modèle. Analyse comparée du contrat d'assurance et du contrat de cautionnement », *RRJ* 2013. 1225.

tel est le cas, la caution est obligée ; si tel n'est pas le cas, elle ne l'est pas. L'originalité de cette explication tient à la révélation d'un effet du contrat en général méconnu. Le contrat est générateur d'effets divers dont le plus évident est la naissance d'obligations. Lorsque le contrat donne naissance à une obligation, il en est la cause efficiente. Avec le cautionnement de dettes futures, le contrat détermine les conditions de naissance de l'obligation sans être en soi à l'origine de cette naissance. Il ne faut pas surestimer l'originalité du cautionnement de dettes futures. Le contrat d'assurance fonctionne de la même façon en donnant aussi naissance à une cause efficiente.

2473 ***Action paulienne*** ◊ Le créancier d'une caution est en droit de mettre en œuvre l'action paulienne tendant à protéger son droit contre la fraude de la caution [1]. Selon la jurisprudence, le créancier peut agir sur le fondement de l'article 1341-2 puisqu'il justifie d'un principe certain de créance contre la caution, antérieur aux actes frauduleux effectués par elle [2]. Le créancier doit prouver l'insolvabilité de la caution consécutive à ses actes frauduleux [3] ou alléguer que les biens lui appartenant encore ne sont pas de valeur suffisante pour lui permettre d'obtenir son paiement à la date d'introduction de la demande [4]. Lorsque l'acte frauduleux a été déclaré inopposable au créancier, ce dernier peut le cas échéant saisir le bien cédé frauduleusement dans le patrimoine de la caution. Si le bien a été cédé à un sous-acquéreur de bonne foi, le créancier peut obtenir la condamnation du contractant de la caution ayant participé à la fraude, à payer le montant des sommes garanties [5].

B. Les devoirs du créancier

2474 ***Information sur l'évolution de la dette*** ◊ Plusieurs textes imposent au créancier d'informer la caution sur l'évolution de la dette principale. Le texte le plus général est l'article 2293 du Code civil [6] qui impose en cas de cautionnement indéfini contracté par une personne physique une obligation d'information annuelle au créancier sur l'évolution de la dette garantie. La sanction réside dans la déchéance de tous les accessoires, à savoir des intérêts, des pénalités et des frais.

---

1. C. civ., art. 1341-2.

2. Civ. 1re, 17 janv. 1984, n° 82-15.146, *Bull. civ.* I, n° 16. 13 janv. 1993, n° 91-11.871, *Bull. civ.* I, n° 5. 4 déc. 2001, n° 98-21.212, *Bull. civ.* I, n° 302. Cass., ch. mixte, 21 févr. 2003, n° 99-13.563 et 99-13.565, *Bull. ch. mixte* n° 2.

3. Civ. 1re, 6 mars 2001, n° 98-22.384 et 98-22.715, *Bull. civ.* I, n° 51.

4. Dans la même affaire, Com. 14 nov. 2000, n° 97-12.708, *Bull. civ.* IV, n° 173 et Civ. 1re, 5 juill. 2005, n° 02-18.722, *Bull. civ.* I, n° 291.

5. Civ. 1re, 15 janv. 2015, n° 13-21.174, *Bull. civ.* I, n° 5.

6. Inséré par l'art. 101 de la loi n° 98-657 du 29 juillet 1998 relative à la lutte contre les exclusions, *JO* n° 175 du 31 juillet 1998, p. 11679.

Le Code de la consommation prévoit une disposition similaire mais ayant champ d'application plus restreint (art. L. 333-2) [1]. L'obligation d'information pèse sur le créancier professionnel d'une caution personne physique. L'information porte principalement sur le montant du principal et des intérêts, commissions, frais et accessoires restant à courir au 31 décembre de l'année précédente au titre de l'obligation garantie, ainsi que le terme de cet engagement. La sanction réside dans la déchéance du droit aux pénalités et intérêts de retard [2].

Le texte le plus spécial est l'article L. 313-22 du Code monétaire et financier [3]. Le créancier doit être un établissement de crédit ou une société de financement ayant accordé un concours financier. Le débiteur principal doit être une entreprise. D'après la jurisprudence, toute personne exerçant toute activité économique, qu'elle qu'en soit la nature, est une entreprise [4]. La forme juridique de l'entreprise n'est pas prise en considération. Il peut s'agir d'un entrepreneur individuel exploitant un fonds de commerce ou d'une personne morale, société ou association. Le concours financier suppose que le créancier ait transféré une certaine quantité de monnaie au débiteur. La location se trouve donc en dehors du champ d'application du texte [5]. Le concours financier doit être accordé sous la condition du cautionnement. Toutes les cautions bénéficient de l'information du créancier. L'information doit porter sur le montant de la dette échue au 31 décembre de l'année précédente et sur celui de la dette à échoir. L'information doit aussi porter sur la faculté de révocation dont bénéficie la caution d'un cautionnement à durée indéterminée ou sur le terme du cautionnement à durée déterminée. La forme de l'information est libre [6]. La preuve de l'exécution de l'obligation d'information peut être faite par tout moyen [7]. En pratique, l'information est faite par lettres simples ou lettres recommandées simples. L'obligation d'information prend effet dès qu'un concours financier existe au 31 décembre de l'année précédente. Elle cesse seulement au jour de l'extinction de la dette principale [8]. La sanction du défaut d'information réside dans la déchéance du droit aux intérêts conventionnels échus depuis la précédente information jusqu'à la nouvelle information. D'un point de vue procédural, la déchéance est une défense

1. Inséré par l'art. 11 II loi n° 2003-721 du 1er août 2003 et entrée en vigueur le 5 févr. 2004. Il s'applique aux contrats en cours sans rétroactivité.

2. Art. L. 343-6.

3. Inséré par l'art. 48 L. n° 84-148 du 1er mars 1984 entrée en vigueur le 2 mars 1985 et modifié par l'art. 3 Ord. n° 2013-544 du 27 juin 2013 relative aux établissements de crédit et aux sociétés de financement. L'art. 48 L. n° 84-148, préc. s'applique aux contrats en cours.

4. Civ. 1re, 12 mars 2002, 3 arrêts, n° 99-13.917, n° 99-17.209 et 99-15.598, *Bull. civ.* I, n° 86.

5. Com. 30 nov. 1993, n° 91-12.123, *Bull. civ.* IV, n° 435. Civ. 1re, 12 déc. 1995, n° 94-10.783, *Bull. civ.* I, n° 457. Com. 8 nov. 2011, n° 10-24.171, inédit. Com. 28 janv. 2014, n° 12-24.592, *Bull. civ.* IV, n° 21.

6. Com. 25 avr. 2001, n° 96-22.035, *Bull. civ.* IV, n° 73.

7. C. civ., art. 1342-8.

8. Cass., ch. mixte, 17 nov. 2006, n° 04-12.863, *Bull. Ch. Mixte*, n° 9.

au fond insusceptible de prescription [1]. Cette déchéance ne concerne pas les autres accessoires de la dette. Il résulte de la déchéance qu'aucun intérêt n'est dû, y compris au taux légal [2]. La déchéance du droit aux intérêts est exclusive de toute autre sanction [3].

2475 ***Information sur la défaillance du débiteur principal*** ◊ Plusieurs textes imposent au créancier une information sur la défaillance du débiteur. Le créancier professionnel doit informer la caution personne physique de la défaillance du débiteur [4]. L'inexécution de l'obligation d'information est sanctionnée par la déchéance des pénalités et intérêts de retard [5].

Le prêteur doit informer la caution personne physique d'une opération de crédit relevant des chapitres IIe et IIIe du Titre Ier du Livre IIIe dès le premier incident de paiement caractérisé susceptible d'inscription au fichier institué à l'article L. 751-1 du Code de la consommation (C. consom., art. L. 314-17). En cas d'inexécution, la sanction résidait par le passé dans la déchéance du droit aux pénalités ou intérêts de retard échus entre la date de ce premier incident et celle à laquelle la caution en a été informée [6]. Cette sanction n'a pas été reprise par les nouveaux textes.

Le créancier doit informer la caution personne physique qui garantit une dette professionnelle d'un entrepreneur individuel ou d'une entreprise constituée sous forme de société de la défaillance du débiteur principal dès le premier incident de paiement non régularisé dans le mois de l'exigibilité de ce paiement. En cas d'inexécution, le créancier est déchu de son droit aux pénalités ou intérêts de retard échus entre la date de ce premier incident et celle à laquelle elle en a été informée [7].

Lorsque la commission de surendettement des particuliers constate que le remboursement d'une ou plusieurs dettes du débiteur principal est garanti par un cautionnement, elle informe la caution de l'ouverture de la procédure [8].

---

1. Com., 6 juin 2018, n° 17-10.103, à paraître au *Bull. civ.*
2. Civ. 1re, 16 nov. 2004, n° 02-16.621, inédit.
3. Com. 25 avr. 2001, n° 97-14.486, *Bull. civ.* IV, n° 75. Civ. 1re, 6 nov. 2001, n° 99-12.124, *Bull. civ.* I, n° 264. 10 déc. 2002, n° 00-18.726, *Bull. civ.* I, n° 303. 16 nov. 2010, n° 09-16.729, inédit.
4. C. consom., art. L. 333-1 – Inséré par l'article 102 de la loi n° 98-657 du 29 juillet 1998. Cette disposition n'a pas d'effet rétroactif et ne s'applique qu'aux incidents de paiement non régularisés postérieurs à son entrée en vigueur.
5. C. consom., art. L. 343-5.
6. Issu de l'article 19 de la loi n° 89-1010 du 31 décembre 1989 relative à la prévention et au règlement des difficultés liées au surendettement des particuliers et des familles *JO* n° 1 du 2 janvier 1990, p. 18) et entré en vigueur le 1er mars 1990 (art. 32 L. n° 89-1010, préc.).
7. Art. 47 II L. n° 94-126 du 11 févr. 1994 relative à l'initiative et à l'entreprise individuelle – Issu de l'article 104 de la loi n° 98-657 du 29 juillet 1998.
8. C. consom., art. R. 723-4 – Inséré par l'article 100 de la loi n° 98-657 du 29 juillet 1998.

§ 2. La transmission de l'obligation principale et/ou du cautionnement

A. La transmission de l'obligation principale

1. La transmission de la créance garantie

476 ***Transmission active à titre universel*** ◊ Le cas se résout simplement lorsque le cautionnement bénéficie à la société absorbante dont la personnalité n'est pas affectée par la fusion-absorption. Le cautionnement est maintenu sans changement [1]. La solution est moins simple lorsque le cautionnement est donné au profit d'une société dont la dissolution est prononcée. Lorsque le cautionnement est de dettes présentes, la créance garantie et le cautionnement sont transmis du créancier originaire au nouveau créancier. La caution demeure tenue sans changement à l'égard du nouveau créancier [2]. Lorsque le cautionnement est de dettes futures, la disparition du créancier initial est une cause de cessation pour l'avenir de la garantie consentie par la caution [3]. Elle peut être prolongée pour l'avenir en faveur du nouveau créancier mais à condition que la caution y consente expressément [4]. Pour le passé et jusqu'à la dissolution du créancier, la garantie a produit ses effets. Elle est alors transmise de l'ancien au nouveau créancier [5].

477 ***Transmission active à titre particulier*** ◊ En cas de cession de créance, le cautionnement est transmis à titre accessoire avec la créance cédée [6]. La cession doit être notifiée au débiteur principal et à la caution ou reconnue par eux, afin de leur être opposable [7].

2. La transmission de la dette garantie

478 ***Transmission passive à titre universel*** ◊ Le décès du débiteur est sans conséquence sur l'obligation de la caution engagée par un cautionnement

1. Com. 17 juill. 2001, n° 98-12.004, *Bull. civ.* IV, n° 140.
2. Com. 17 juill. 2001, n° 98-15.382, *Bull. civ.* IV, n° 139. 21 janv. 2003, n° 97-13.027, *Bull. civ.* IV, n° 9. 8 nov. 2005, n° 01-12.896, *Bull. civ.* IV, n° 218. Com. 14 mai 2008, n° 07-14.305, inédit.
3. Com. 6 mars 1978, n° 76-14.152, *Bull. civ.* I, n° 79. 17 juill. 1990, n° 89-11.059, *Bull. civ.* IV, n° 216. 20 janv. 1987, n° 85-14.035, *Bull. civ.* IV, n° 20. 25 nov. 1997, n° 95-16.842, inédit. 30 juin 2009, n° 08-10.719, inédit. 26 mai 2010, n° 09-15.367, inédit. 8 mars 2011, n° 10-11.835, inédit. 13 sept. 2011, n° 10-21.370, inédit. 4 juin 2013, n° 12-16.611, inédit. 16 sept. 2014, n° 13-17.779, *Bull. civ.* IV, n° 117.
4. Com. 17 juill. 1990, n° 89-11.059, préc.
5. C. civ., art. 1844-4 - Com. 25 mars 1997, n° 95-12.018, inédit. 29 févr. 2000, n° 97-12.551, inédit. Civ. 1re, 28 sept. 2004, n° 03-10.810, *Bull. civ.* I, n° 214.
6. C. civ., art. 1321 al. 3e - Req. 14 mars 1939, *Gaz. Pal.* 1939. 1, p. 909. Com. 22 oct. 1991, n° 89-20.490, *Bull. civ.* IV, n° 302. 3 janv. 1995, n° 90-17.653, inédit. Cass., ass. plén., 6 déc. 2004, n° 03-10.713, Bull. Ass. Plén. 2004, n° 14. Com. 16 déc. 2014, n° 13-23.177, inédit.
7. Art. 1324 al. 1er - V. antérieurement, Civ. 1re, 8 oct. 1980, n° 79-13.748, *Bull. civ.* I, n° 249.

de dettes présentes qui garantit la dette existante du débiteur lors de son décès [1]. Le changement de forme du débiteur lorsqu'il est une société, qui n'a pas entraîné la création d'une personne morale nouvelle, laisse subsister l'obligation de la caution [2]. En cas de fusion-absorption du débiteur principal, il convient d'appliquer les mêmes solutions qu'en cas de fusion absorption du créancier [3]. Si le cautionnement est de dettes présentes, la caution garantira la société absorbante comme elle garantissait la société absorbée [4]. Si le cautionnement est de dettes futures, la garantie cessera pour l'avenir relativement aux dettes nées postérieurement à la dissolution du débiteur mais demeurera pour les dettes nées avant la fusion-absorption [5].

2479 ***Transmission passive à titre particulier*** ◊ En cas de cession de la dette garantie, le régime légal est incohérent [6]. Il est distingué selon que le débiteur cédant est libéré ou non par le créancier [7]. Cette distinction n'est pas pertinente car le cédant est tenu par une obligation solidaire de source légale qui n'est pas garantie par la caution (art. 1327-2, 2e phrase) [8]. Il ne faudrait donc pas raisonner par rapport à cette garantie légale mais seulement par rapport à la dette garantie, c'est-à-dire la dette cédée. Ceci étant, la solution n'est pas évidente. Elle dépend du risque de défaillance du débiteur pris en considération par la caution. Si le risque ne change pas ou diminue, il n'y a aucune raison de considérer que la caution doit être libérée de son obligation en raison de la cession de dette. En revanche, si le risque augmente du fait de la cession de dette, la caution devrait être libérée.

B. La transmission de la dette de la caution

1. La transmission à titre universel

2480 ***Distinction entre dettes présentes et futures*** ◊ Lorsque la caution garantit des dettes présentes, son obligation se transmet sans changement à ses héritiers lors de son décès. C'est le cas lorsqu'elle garantit un prêt dont les remboursements sont fractionnés et affectés de termes

1. Civ. 1re, 4 oct. 1989, n° 87-17.920, *Bull. civ.* I, n° 303.
2. Com. 9 avr. 1973, n° 72-11.049, *Bull. civ.* IV, n° 152. Com. 20 févr. 2001, n° 97-21.289, *Bull. civ.* IV, n° 38.
3. V. ss 2476.
4. Com. 9 avr. 1973, n° 72-11.049, préc.
5. Aix-en-Provence, 8e Ch. com., 10 janv. 2001, *Bull. Joly* Soc. 2002, §133, p. 594, note N. Morelli.
6. Art. 1328-1 al. 1er.
7. Art. 1327-2, 1re phrase.
8. M. Mignot, « La règle dite de l'opposabilité des exceptions après l'ordonnance n° 2016-131 du 10 février 2016 », *Mélanges en l'honneur d'É. Loquin, Droit sans frontières*, Vol. 51, LexisNexis, 2018, p. 671.

suspensifs [1]. Lorsqu'elle garantit des dettes futures, son décès est une cause de cessation de la garantie. Il en résulte que ses héritiers ne garantissent que les dettes nées avant son décès [2]. Si la caution devait une dette au créancier au jour de son décès, cette dette se transmet à ses héritiers. Si elle ne devait rien, les héritiers seront libérés pour l'avenir. Cette solution est considérée comme d'ordre public par la Cour de cassation. La clause contraire constitue un pacte sur succession future prohibé car elle a pour effet de faire peser sur les héritiers de la caution une obligation née après le décès de leur auteur, que ce dernier ne supportait pas de son vivant. En de dissolution de la personne morale qui est caution, le contrat de cautionnement se transmet sans changement à son ayant cause à titre universel [3].

2. La transmission à titre particulier

481 ***Cession de contrat ou novation*** ◊ L'hypothèse de la transmission du cautionnement à titre particulier relève de la cession de contrat [4] ou d'un mécanisme proche de la novation [5]. Cette cession peut être précédée ou non d'un accord de volontés entre la caution cédant et la caution cessionnaire. Si tel est le cas, le cessionnaire s'engage à négocier vis-à-vis du créancier la libération du cédant et à contracter un nouveau cautionnement en remplacement [6]. La libération de l'ancienne caution et l'engagement de la nouvelle supposent le consentement du créancier [7].

Sous-section 2. Dans la période suivant la défaillance du débiteur

§ 1. Le droit au paiement du créancier

A. L'existence de la créance contre la caution

482 ***Champ de la garantie*** ◊ La créance du créancier contre la caution dépend de la nature du cautionnement et de la correspondance entre le champ de la garantie et l'obligation principale garantie [8]. Si cette correspondance existe, la caution sera tenue.

1. Civ. 1re, 20 juill. 1994, n° 92-18.916, *Bull. civ.* I, n° 258.
2. Com. 29 juin 1982, n° 80-14.160, préc. 13 janv. 1987, n° 84-14.146, préc.
3. Com. 7 janv. 2014, n° 12-20.204, *Bull. civ.* IV, n° 1.
4. C. civ., art. 1216.
5. C. civ., art. 1332.
6. M. Mignot, La clause de substitution de caution, *LPA* 7 avr. 2006, n° 70, p. 8.
7. Com. 22 nov. 2005, n° 03-19.098, inédit.
8. V. ss 2472.

2483 ***Charge et objet de la preuve*** ◊ Le créancier doit prouver l'existence et le montant de la créance garantie et la correspondance entre elle et la garantie [1]. Le créancier doit fournir à la caution le cas échéant les documents justifiant l'existence et le montant de la créance, si la caution n'est pas en mesure de connaître par d'autres moyens ces éléments d'information [2]. Le banquier ne peut donc invoquer le secret professionnel à l'encontre de la caution pour s'opposer à la communication à son profit des documents qui révèlent l'étendue de la dette garantie [3].

B. L'exigibilité de l'obligation de la caution

1. Le débiteur est in bonis

2484 ***Exigibilité et accessoire*** ◊ L'obligation de la caution n'est pas exigible tant que celle du débiteur ne l'est pas [4]. D'après la jurisprudence, le cautionnement est exigible en même temps que la dette principale [5]. La caution peut donc se prévaloir du terme initial de l'obligation principale même si le débiteur n'en bénéficie plus [6]. La solution est contestable : il serait plus logique de faire dépendre l'exigibilité de l'obligation de la caution de la défaillance du débiteur principal.

2. Le débiteur est soumis à une procédure collective

2485 ***Suspension des poursuites individuelles*** ◊ Le jugement d'ouverture d'une procédure de sauvegarde suspend jusqu'au jugement arrêtant le plan ou prononçant la liquidation toute action contre la caution personne physique [7]. Il en est de même en cas de redressement judiciaire [8].

2486 ***Plan de continuation comportant des délais*** ◊ Les délais de paiement accordés au débiteur dans l'accord constaté ou homologué issu de la procédure de conciliation ou dans le cadre du plan de sauvegarde profitent à toutes les cautions dans le premier cas et à la caution personne physique dans le second [9]. En revanche, les délais accordés dans le cadre du plan de continuation adopté dans la procédure de redressement ne profitent pas à la caution [10].

1. C. civ., art. 1353 al. 1er - Com. 17 mars 1992, n° 90-17.453, *Bull. civ.* IV, n° 113.
2. Com. 9 oct. 2001, n° 99-10.974, *Bull. civ.* IV, n° 163.
3. Com. 16 déc. 2008, n° 07-19.777, *Bull. civ.* IV, n° 206.
4. C. civ., art. 2290 - Civ. 1re, 24 janv. 1990, n° 87-19.409, *Bull. civ.* I, n° 20.
5. Com. 19 févr. 1979, n° 77-13.340, *Bull. civ.* IV, n° 65.
6. Req. 3 juill. 1890, *DP* 1891, 1, p. 5, note M. Planiol ; S. 1890, 1, p. 415. Civ. 1re, 20 déc. 1976, n° 75-12.439, *Bull. civ.* I, n° 415.
7. C. com., art. L. 622-28.
8. C. com., art. L. 631-14.
9. C. com., art. L. 611-10-2 al. 1er. art. L. 626-11 al. 2e.
10. C. com., art. L. 631-20.

487 ***Plan de redressement judiciaire civil comportant des délais*** ◊ Selon la jurisprudence, les mesures contenues dans le plan conventionnel de redressement de l'article L. 732-2 du Code de la consommation ne bénéficient pas à la caution [1].

C. La liquidation de l'obligation de la caution

488 Il est rare que l'obligation principale soit d'ores et déjà liquidée au moment où le cautionnement est mis en œuvre. D'où la nécessité d'y procéder. Comme toujours, la liquidation de l'obligation de la caution suppose d'abord celle de l'obligation principale.

1. La liquidation de la dette principale

489 ***En l'absence d'instance*** ◊ Il est presque toujours nécessaire de liquider la dette garantie en principal et accessoires. Cette liquidation peut avoir lieu à l'amiable ou résulter d'une transaction entre le créancier et le débiteur principal. Si elle a été conclue sans fraude, la transaction sur le montant de l'obligation principale s'impose à la caution [2]. Il en est de même de la transaction portant sur un moyen de défense du débiteur.

490 ***En présence d'une instance*** ◊ Si le créancier poursuit la caution directement, le juge du cautionnement devra se prononcer sur le montant de l'obligation garantie [3]. Si le créancier poursuit directement le débiteur, il obtiendra contre lui une décision qui aura autorité de la chose jugée contre la caution. Il faut distinguer deux hypothèses selon que le débiteur est *in bonis* ou soumis à une procédure collective. Dans le premier cas, la chose jugée entre le créancier et le débiteur s'impose à la caution, qu'elle soit favorable [4] ou qu'elle ne le soit pas [5]. La jurisprudence fait exception à cette solution lorsque l'autorité de chose jugé est issue d'une sentence arbitrale [6]. Le corollaire de l'extension à la caution de l'autorité positive de chose jugée est l'irrecevabilité de principe de la tierce opposition de la caution contre la décision rendue

1. Civ. 1re, 13 nov. 1996, n° 94-12.856, *Bull. civ.* I, n° 401.
2. En ce sens, Paris, 5e Ch., 30 oct. 1963, *D.* 1964, somm. p. 13. Amiens, 1re Ch., 25 avr. 1973, *JCP* 1973, IV, p. 433. Paris, 15e Ch. B, 23 sept. 2005, *JurisData* n° 2005-281857.
3. Com. 18 janv. 2000, n° 96-20.798, *Bull. civ.* IV, n° 11.
4. Civ. 25 mars 1902, S. 1903, 1, p. 484 ; *DP* 1905, 1, p. 325. Dans la même aff. : Civ. 1re, 28 oct. 2015, n° 14-18.683, inédit et Com. 20 juin 2018, n° 16-23.199, inédit.
5. Civ. 28 déc. 1881, S. 1883, 1, p. 465 ; *DP* 1882, 1, p. 377. 1er déc. 1885, S. 1886, 1, p. 55 ; *DP* 1886, 1, p. 251. Civ. 1re, 20 janv. 1993, n° 91-13.012, *Bull. civ.* I, n° 24. Com. 1er juin 1999, n° 96-18.466, *Bull. civ.* IV, n° 115. CA Alger, 7 déc. 1885, S. 1886, 2, p. 80.
6. Dans la même affaire : Civ. 1re, 5 mars 2014, n° 12-24.213, inédit, *Rev. arb.* 2014. 404, note M. Mignot, Com. 27 nov. 2014, n° 14-16.644, inédit, *Rev. arb.* 2015. 97, note M. Mignot, Com. 5 mai 2015, n° 14-16.644, *Bull. civ.* IV, n° 70, p. 102, *Gaz. Pal.* 11 juin 2015, n° 162, p. 4, note M. Mignot.

à l'issue de l'instance liant le créancier et le débiteur [1]. La tierce opposition est exceptionnellement recevable quand la caution peut faire valoir un moyen de défense personnel au débiteur qu'il n'aurait pas opposé au créancier ou encore en cas de fraude du débiteur principal [2]. Elle l'est également lorsque la chose jugée est celle résultant d'une sentence arbitrale [3]. Dans le second cas, la décision du juge-commissaire a l'autorité de chose jugée à l'égard de la caution [4]. Comme tout tiers intéressé, la caution peut former un recours contre la décision du juge-commissaire [5].

2. La liquidation de la dette de la caution

2491 ***En l'absence d'instance*** ◊ Le créancier et la caution peuvent liquider à l'amiable l'objet de son obligation. Cette liquidation dépendra de celle de l'obligation principale garantie et des stipulations du cautionnement déterminant l'étendue de l'engagement de la caution.

2492 ***En présence d'une instance*** ◊ La liquidation de l'obligation de la caution peut aussi résulter d'une décision rendue à la suite d'une instance la liant au créancier. La caution est fondée à invoquer contre le créancier tous les moyens de défense qui lui sont personnels nonobstant l'autorité de la chose entre le créancier et le débiteur [6].

La caution doit présenter, dès la première instance, l'ensemble des moyens qu'elle estime de nature à faire échec à la demande. Qu'elle soit demandeur ou défendeur, elle devra soulever dès la première instance tous les moyens lui permettant de ne pas payer, à savoir tous les moyens de nullité et tous les moyens d'extinction totale ou partielle de son obligation. Le principe de concentration des moyens ne s'oppose pas à ce que la caution agisse ultérieurement par une instance distincte contre son assureur [7]. Si la caution ne présente pas dans l'instance initiale tous les moyens à sa disposition de nature à faire échec à la prétention du créancier, elle sera ultérieurement irrecevable dans toutes ses demandes tendant aux mêmes fins et fondées sur des faits identiques [8]. La 2e chambre civile de la Cour

---

1. Civ. 1re, déc. 1885, S. 1886, 1, p. 55 ; *DP* 1886, 1, p. 251. Req. 21 févr. 1938, *Gaz. Pal.* 1938. 1, p. 720. Com. 6 juin 1961, n° 59-10.160, *Bull. civ.* III, n° 258. Com. 4 oct. 1983, n° 82-11.639, *Bull. civ.* IV, n° 249.

2. Com., 16 oct. 1956, n° 1510 : *Bull. civ.* III, n° 240, p. 205. 4 oct. 1983, n° 82-11.639, préc.

3. Com. 5 mai 2015, n° 14-16.644, préc.

4. Civ. 6 janv. 1919, *DP* 1919, 1, p. 112. Com. 26 févr. 1980, n° 78-13.745, *Bull. civ.* IV, n° 96. 19 janv. 1993, n° 91-11.322, *Bull. civ.* IV, n° 23. 22 avr. 1997, n° 95-11.532, *Bull. civ.* IV, n° 96.

5. C. com., art. R. 624-8 al. 4e.

6. Com. 22 avr. 1997, n° 94-12.862, *Bull. civ.* IV, n° 97.

7. Civ. 2e, 10 nov. 2016, n° 15-22.862, inédit.

8. Civ. 1re, 1er juill. 2010, n° 09-10.364, *Bull. civ.* I, n° 150. Com. 6 juill. 2010, n° 09-15.671, *Bull. civ.* IV, n° 120. 22 mars 2016, n° 14-23.167, inédit. Il s'agit d'appliquer au cautionnement la solution de Cass., ass. plén., 7 juill. 2006, n° 04-10.672, *Bull. ass. plén.*, n° 8.

de cassation formule différemment le principe de concentration en lui donnant un champ d'application beaucoup plus restreint. D'après elle, le demandeur n'est pas tenu de présenter dans la même instance toutes les demandes fondées sur les mêmes faits [1]. Le principe de concentration des moyens ne fait donc pas obstacle à ce qu'une caution demande dans une première instance sa décharge sur le fondement de l'article 2314 du Code civil, puis la nullité du cautionnement consécutive à celle du prêt garanti [2].

La jurisprudence applique aux cautions des solutions identiques à celles qui prévalent entre le débiteur et la caution. Il y a extension de l'autorité positive de chose jugée entre cautions relativement aux moyens qui leur sont communs [3]. La chose jugée entre le créancier et une caution n'empêche pas une autre caution de faire valoir des moyens personnels [4].

§ 2. Le paiement par la caution

493 ***Titre exécutoire et gage du créancier*** ◊ La mise en œuvre du cautionnement aboutit normalement au paiement du créancier par la caution. Ce paiement peut être amiable ou forcé. Pour qu'il soit forcé, le créancier doit bénéficier d'un titre exécutoire contre la caution [5]. D'après la jurisprudence, le titre exécutoire est personnel au débiteur qui a été poursuivi et condamné et ne s'étend pas d'un coobligé à un autre même solidaire [6]. Le gage du créancier dépend de la qualité de la caution. Le gage ne connaît aucune restriction lorsqu'elle est une personne morale [7]. Il en connaît lorsqu'elle est une personne physique. Dans ce cas, la caution doit conserver le minimum de ressources fixé à l'article L. 731-2 du Code de la consommation [8]. Le texte a un champ d'application large et s'applique à tout cautionnement, simple ou solidaire [9]. Il rend les revenus de la caution partiellement insaisissables. Il y a lieu également de tenir compte de la restriction de gage applicable dans le régime de communauté légale et résultant des dispositions de l'article 1415 du Code civil [10].

---

1. Civ. 2e, 19 oct. 2017, n° 16-24.372, inédit.
2. Civ. 2e, 19 oct. 2017, n° 16-24372, préc.
3. Com. 18 nov. 2014, n° 13-23.976, *Bull. civ.* IV, n° 167.
4. Rennes, 1re Ch. B, 25 oct. 1996, *JurisData* n° 1996-048192.
5. C pr. ex., art. L. 111-3.
6. Civ. 2e, 19 mai 1998, n° 96-12.944 et 96-13.268, *Bull. civ.* II, n° 161. Com. 26 oct. 1999, n° 97-17.823, inédit. Civ. 2e, 28 oct. 1999, n° 97-20.071, *Bull. civ.* II, n° 163.
7. C. civ., art. 2284.
8. C. civ., art. 2301 al. 2e – Issu de l'article 103 de la loi n° 98-657 du 29 juillet 1998.
9. Com. 31 janv. 2012, n° 10-28.236, *Bull. civ.* IV, n° 13.
10. V. ss 2461.

§ 3. Le recours de la caution

A. Le recours contre le débiteur principal

1. Le recours personnel

2494 ***Avant paiement*** ◊ La caution peut recourir avant le paiement qu'elle doit faire au créancier dans plusieurs hypothèses. Tel est le cas lorsque le créancier consent une prorogation de terme au débiteur, à condition qu'il ne soit pas soumis à une procédure collective [1]. La caution bénéficie également d'un recours avant paiement lorsqu'elle se trouve dans l'un des cinq cas énumérés par l'article 2309. 1° Ce recours est admis lorsque la caution est poursuivie pour le paiement. 2° Il est admis lorsque le débiteur est soumis à une procédure collective de sauvegarde, redressement ou liquidation judiciaires. 3° Il l'est encore lorsque le débiteur s'est obligé vis-à-vis de la caution à lui rapporter sa décharge à l'égard du créancier. 4° Il l'est encore lorsque la dette garantie est devenue exigible par l'échéance du terme. 5° Enfin, ce recours est reconnu au bout de dix années, lorsque l'obligation principale n'a pas d'échéance précise.

2495 ***Après paiement*** ◊ La caution bénéficie d'un recours personnel dans trois hypothèses. La principale est celle dans laquelle elle a payé ce qu'elle devait au créancier. S'y ajoute celle d'une compensation ou d'une dation en paiement. Bien que la jurisprudence se prononce en sens contraire [2], il faut considérer que la créance de recours naît à la date du paiement effectué par la caution. Classiquement, le recours est fondé soit sur un mandat non représentatif, soit sur la gestion d'affaires [3]. Le recours est relatif au principal et aux accessoires de la dette - intérêts et frais [4]. La caution a droit aux intérêts sur toutes les sommes qu'elle a payées au créancier, dès le jour du paiement, au taux légal ou à un autre taux convenu entre elle et le débiteur [5]. La caution peut aussi réclamer le paiement des frais qu'elle a engagés, ainsi que l'indemnisation du dommage qu'elle a éventuellement subi. En principe, le recours de la caution est soumis à la prescription quinquennale [6]. Lorsque le cautionnement garantit un crédit à la consommation, le recours de la caution est soumis à la forclusion biennale prévue par l'article R. 312-35 du Code de la consommation [7].

---

1. C. civ., art. 2316.
2. Com. 1er mars 2005, n° 02-13.176, inédit. 30 sept. 2008, n° 07-18.479, inédit.
3. C. civ., art. 1301.
4. C. civ., art. 2305 al. 2e.
5. Civ. 1re, 26 avr. 1977, n° 75-14.889, *Bull. civ.* I, n° 187. Civ. 1re, 22 mai 2002, n° 98-22.674, *Bull. civ.* I, n° 138.
6. *Contra* : Civ. 1re, 17 mars 2016, n° 15-12.494, *Bull. civ.* I, n° 66, p. 77. C. civ., art. 2224.
7. Civ. 1re, 9 déc. 1997, n° 95-21.015, *Bull. civ.* I, n° 366.

2. Le recours subrogatoire

496 ***Droit commun et droit spécial*** ◊ Après paiement, la caution est subrogée dans les droits du créancier, c'est-à-dire dans la créance garantie et ses accessoires [1]. La transmission résultant de la subrogation est opposable au débiteur par sa notification par la caution [2]. La caution qui a payé avant l'ouverture de la procédure collective ouverte à l'égard du débiteur principal a seule qualité pour déclarer sa créance à la procédure [3]. La caution est subrogée dans les droits du créancier à concurrence des sommes payées [4]. Elle ne peut donc sur ce fondement ni demander le remboursement de ses frais, ni réclamer des indemnités ou des intérêts [5]. La caution aura droit aux intérêts légaux à compter de la mise en demeure du débiteur principal [6]. La subrogation est, en principe, à la mesure du paiement. En cas de paiement partiel, la subrogation ne peut nuire au créancier [7]. Ce dernier pourra exercer ses droits, pour ce qui lui reste dû par le débiteur, par préférence à la caution.

B. Le recours contre la caution

497 ***Domaine et effets*** ◊ La caution *solvens* peut recourir contre les autres cautions de la même dette [8]. Ce recours ne devrait bénéficier qu'aux cautions qui s'engagent par une même garantie collective [9]. Pour des raisons d'équité, il est aussi attribué aux cautions qui s'engagent chacune en vertu d'une garantie propre [10]. Le recours se divise et ne permet à la caution *solvens* que de répéter des autres cautions leurs parts dans la dette [11]. Le recours est personnel [12] et subrogatoire [13]. Le recours personnel ne peut être exercé que lorsque la caution a payé dans l'un des cas énoncés par l'article 2309 [14]. La jurisprudence décide, bien que cela soit très contestable, que le recours personnel de la caution *solvens* prend naissance, non au jour du paiement, mais au jour de son engagement [15].

---

1. C. civ., art. 1346, 1346-4 al. 1er, 2306.
2. C. civ., art. 1346-5 al. 1er.
3. Com. 1er déc. 2009, n° 08-12.806 et n° 08-12.811, *Bull. civ.* IV, n° 154.
4. C. civ., art. 1346-4 al. 1er.
5. Paris, 2e Ch., 3 juill. 1956, *D.* 1957, somm. p. 105.
6. C. civ., art. 1346-4 al. 2e.
7. C. civ., art. 1346-3.
8. C. civ., art. 2310.
9. V. ss 2439.
10. V. ss 2439.
11. Civ. 13 juin 1939, *Bull. civ.*, n° 152.
12. C. civ., art. 1301, 2310 al. 1er.
13. C. civ., art. 1346.
14. C. civ., art. 2310 al. 2e.
15. Com. 16 juin 2004, n° 01-17.199, *Bull. civ.* IV, n° 123.

SECTION 4. L'EXTINCTION DU CAUTIONNEMENT

§ 1. L'extinction par voie accessoire

A. Le principe

1. L'anéantissement rétroactif

2498 ***Nullité*** ◊ Il faut distinguer la mise en œuvre de la nullité et les causes de nullités. 1° La caution peut faire valoir la nullité de deux façons. Elle peut se prévaloir de l'autorité positive de la chose jugée d'une décision ayant prononcé la nullité du contrat à l'origine de l'obligation garantie. Elle peut aussi demander en justice la nullité relative ou absolue du contrat à l'origine de l'obligation garantie. Elle a intérêt à agir dans les deux cas [1]. La nullité peut alors être mise en œuvre par la caution par voie d'action [2] ou d'exception [3]. 2° La caution peut ainsi se prévaloir de la nullité relative pour vice du consentement du débiteur [4] ou de celle découlant de son absence [5] ou de son dépassement de pouvoir [6]. De la même façon, la caution peut se prévaloir de la nullité absolue de l'obligation principale fondée sur l'illicéité de la cause [7], sur l'absence de cause objective [8], sur la fausse cause [9], sur l'immoralité de la dette principale ou sur un vice de forme.

2499 ***Caducité*** ◊ La caution peut encore invoquer la défaillance de la condition suspensive affectant l'engagement garanti. Celle-ci empêche la naissance de l'obligation et celle de la caution par voie de conséquence [10].

2500 ***Résolution*** ◊ La caution peut demander en justice la résolution du contrat principal [11]. Elle peut naturellement se prévaloir de l'autorité

---

1. C. civ., art. 1180, 1181. C. pr. civ., art. 31.
2. Civ. 3e, 11 mai 2005, n° 03-17.682, *Bull. civ.* III, n° 101. *Contra* : Cass., ch. mixte, 8 juin 2007, n° 03-15.602, *Bull. Ch. Mixte* n° 5. C. pr. civ., art. 30.
3. Civ. 1re, 9 nov. 1999, n° 97-16.454, *Bull. civ.* I, n° 298. Com. 6 juin 2001, n° 98-18.928, *Bull. civ.* IV, n° 113. Civ. 3e, 30 janv. 2002, n° 00-18.682, *Bull. civ.* III, n° 24. C. pr. civ., art. 64.
4. Civ. 3e, 11 mai 2005, n° 03-17.682, *Bull. civ.* III, n° 101.
5. Civ. 1re, 20 oct. 1987, n° 84-17.412, *Bull. civ.* I, n° 269.
6. Com. 2 juill. 1959, n° 2671 civ. 56, *Bull. civ.* III, n° 299.
7. Com. 24 mars 1998, n° 94-15.281, inédit. 11 janv. 2005, n° 02-12.006, inédit.
8. Com. 8 févr. 2005, n° 03-10.749, *Bull. civ.* IV, n° 21.
9. Civ. 6 nov. 1912, S. 1914, 1, p. 126.
10. Civ. 1re, 12 juin 1990, n° 88-18.808, *Bull. civ.* I, n° 158. Civ. 1re, 29 avr. 1997, n° 95-13.505, *Bull. civ.* I, n° 133. C. civ., art. 1186, 1304-6 al. 4e.
11. Civ. 1re, 20 déc. 1988, n° 87-13.129, *Bull. civ.* I, n° 368. C. civ., art. 1227. C. pr. civ., art. 31.

positive de la chose jugée par un jugement ayant prononcé la résolution de ce contrat. En cas de carence du débiteur, elle pourrait prononcer la résolution du contrat principal [1].

501 ***Garantie des restitutions*** ◊ L'anéantissement rétroactif de l'acte à l'origine de l'obligation principale fait disparaître celle-ci mais donne naissance à des obligations de restitution. La caution ne devrait pas les garantir dans la mesure où elles relèvent d'un quasi-contrat, c'est-à-dire d'une autre source [2]. Néanmoins, la loi et jurisprudence consacrent la solution contraire [3].

2. L'extinction

a. Satisfactoire pour le créancier

502 ***Paiement*** ◊ Le paiement de l'obligation principale libère à due concurrence la caution. L'imputation du paiement relève de l'article 1342-10 du Code civil. Elle ne peut être faite par le débiteur à l'encontre des intérêts de la caution [4]. Elle pouvait être faite par le créancier conformément à ses intérêts [5]. Cette possibilité d'imputation choisie par le créancier a disparu. À défaut de volonté exprimée par le débiteur principal, l'imputation sera faite sur la dette échue que ce dernier avait le plus d'intérêt d'acquitter [6]. Lorsque le débiteur l'est de plusieurs dettes pareillement échues, la caution est en droit de requérir l'imputation sur la dette cautionnée plutôt que sur celle qui ne l'est pas [7]. En cas de cautionnement limité à une partie de la dette, l'imputation sera faite en priorité sur la partie non cautionnée car le cautionnement ne s'éteint qu'en cas de disparition totale de la dette principale [8]. Certaines dispositions légales particulières dérogent aux règles précitées du Code civil [9].

---

1. C. civ., art. 1225, 1226, 1341-1.

2. C. civ., art. 1178 al. 2e, 1187 al. 2e, 1229 al. 4e, 1302, 1352.

3. Com. 17 nov. 1982, n° 81-10.757, *Bull. civ.* IV, n° 357, p. 301 ; *JCP* 1984, II, 20216, note Ph. Delebecque et Ch. Mouly. Civ. 1re, 25 mai 1992, n° 90-21.031, *Bull. civ.* I, n° 154. Com. 2 nov. 1994, n° 92-14.487, *Bull. civ.* IV, n° 321. Civ. 1re, 4 juin 1996, n° 93-18.612, *Bull. civ.* I, n° 236. 1er juill. 1997, n° 95-15.642, *Bull. civ.* I, n° 224. 28 juin 2007, n° 06-13.714, inédit. Paris, 1re Ch., 20 mars 1956, *JCP* 1956, II, 9401, note P. Mazeaud ; *RTD civ.* 1956, n° 7, p. 709, obs. H. Desbois. C. civ., art. 1352-9. v. ss 2511 à propos de l'incapacité du débiteur.

4. Dijon, 2e Ch., 22 mars 1974, *D.* 1974. 385, note B. Vigneron ; *Rec.* gen. lois 1974, p. 405, obs. N. Jacob.

5. Civ. 1re, 24 juin 1997, n° 95-15.055, *Bull. civ.* I, n° 211.

6. C. civ., art. 1342-10 al. 2e.

7. Civ. 1re, 29 oct. 1963, n° 62-10.287, *Bull. civ.* I, n° 462. 19 janv. 1994, n° 92-12.585, *Bull. civ.* I, n° 28. 21 mai 1996, n° 93-21.338, *Bull. civ.* I, n° 217. Com. 16 mars 2010, n° 09-12.226, inédit.

8. Req. 2 juin 1890, *DP* 1891, 1, p. 404. Civ. 12 nov. 1890, *DP* 1892, 1, p. 19. Civ. 1re, 12 juill. 1961, n° 59-10.059, *Bull. civ.* I, n° 397. Com. 5 nov. 1968, n° 67-10.305, *Bull. civ.* IV, n° 306. 28 janv. 1997, n° 94-19.347, *Bull. civ.* IV, n° 28.

9. C mon. fin., art. L. 313-22 al. 2e.

2503 ***Compensation*** ◊ La caution simple ou solidaire peut se prévaloir [1] de la compensation opérée entre le créancier et le débiteur principal par acte unilatéral de ce dernier [2]. En cas de carence du débiteur principal, la caution simple ou solidaire peut provoquer la compensation par un acte unilatéral de sa volonté [3].

2504 ***Dation en paiement*** ◊ La dation en paiement convenue entre le créancier et le débiteur principal libère la caution à due concurrence. La libération de la caution n'est pas remise en cause par l'éviction ultérieure du créancier [4].

b. Non satisfactoire pour le créancier

2505 ***Novation*** ◊ La caution est libérée par la novation objective ou subjective de l'obligation principale garantie [5]. Le cautionnement est reporté sur la nouvelle obligation à condition que la caution y consente [6].

2506 ***Remise de dette*** ◊ La caution est libérée par la remise de la dette principale [7]. Les remises contenues dans l'accord constaté ou homologué issu d'une procédure de conciliation profitent à la caution personne physique ou morale [8]. Les remises contenues dans le plan de sauvegarde profitent à la caution personne physique [9].

2507 ***Confusion*** ◊ La caution est libérée par la confusion opérée entre le créancier et le débiteur principal [10].

2508 ***Prescription*** ◊ La caution peut se prévaloir de l'effet extinctif d'ores et déjà opéré de la prescription. La renonciation du débiteur principal à se prévaloir de la prescription est inopposable à la caution [11]. En cas de carence du débiteur, la caution peut aussi produire l'extinction en se prévalant de la prescription de l'obligation principale [12]. Dans tous les cas, la caution est libérée comme le serait le débiteur garanti.

---

1. C. civ., art. 1200 al. 2e.
2. Civ. 1re, 1er juin 1983, n° 82-10.749, *Bull. civ.* I, n° 165. Com. 7 janv. 1992, n° 90-11.123, *Bull. civ.* IV, n° 1. 19 janv. 1993, n° 91-11.426, *Bull. civ.* IV, n° 15. 26 oct. 1999, n° 96-12.571, *Bull. civ.* IV, n° 181. 17 juill. 2001, n° 98-15.736, *Bull. civ.* IV, n° 138. 17 nov. 2009, n° 08-70.197, *Bull. civ.* IV, n° 144. C. civ., art. 1347-6 al. 1er.
3. C. civ., art. 1341-1, 1347 al. 2e.
4. Com. 20 oct. 1965, n° 60-13.147, *Bull. civ.* III, n° 510. Civ. 1re, 13 juin 1979, n° 78-12.030, *Bull. civ.* I, n° 178. C. civ., art. 2315.
5. Civ. 1re, 16 févr. 1959, n° 879 civ. 54, *Bull. civ.* I, n° 92. Com. 19 oct. 1993, n° 91-13.170, *Bull. civ.* IV, n° 340. C. civ., art. 1334 al. 1er.
6. C. civ., art. 1334 al. 2e.
7. C. civ., art. 1350-2 al. 1er.
8. C. com., art. L. 611-10-2 al. 1er.
9. C. com., art. L. 626-11 al. 2e.
10. Com. 19 déc. 2006, n° 04-15.818, *Bull. civ.* IV, n° 252. C. civ., art. 1349-1 al. 2e.
11. C. civ., art. 2253.
12. C. civ., art. 1341-1.

509 ***Forclusion*** ◊ La caution ne profite pas de la forclusion du créancier contraint d'agir en justice dans les deux années de l'incident de paiement non régularisé [1].

510 ***Défaut de déclaration à la procédure collective*** ◊ Les créanciers antérieurs doivent toujours déclarer leurs créances à la procédure de sauvegarde, redressement et liquidation judiciaires [2]. La sanction de la non déclaration réside dans l'inopposabilité de la créance au débiteur. Cette inopposabilité profite en principe à la caution pendant la période d'observation d'une procédure de sauvegarde ou de redressement et pendant la période d'exécution du plan de sauvegarde. Elle n'est pas prévue pendant celle du plan de redressement [3]. Elle cesse après l'exécution intégrale du plan de sauvegarde [4] et n'existe pas en cas de liquidation judiciaire. Dans les hypothèses où l'inopposabilité de la créance non déclarée ne profite pas à la caution, elle pourra invoquer les dispositions de l'article 2314 du Code civil et demander à être déchargée à hauteur du préjudice qu'elle subit, c'est-à-dire à concurrence du dividende qu'elle aurait perçu dans la procédure si le créancier avait déclaré sa créance [5].

B. Les exceptions

1. L'incapacité du débiteur principal

511 ***Exception au droit commun*** ◊ Par exception [6], la caution ne peut pas se prévaloir de la nullité de l'obligation principale pour incapacité du débiteur [7]. Il en est ainsi même lorsque l'incapable a usé de manœuvres dolosives pour dissimuler son incapacité [8]. Si le débiteur principal se prévaut de son incapacité, la caution demeurera tenue [9]. La solution est moins une exception au caractère accessoire de l'obligation de la caution qu'une exception à la limitation de son objet [10].

2. Les mesures arrêtées dans une procédure collective

512 ***Cours des intérêts*** ◊ Le jugement d'ouverture de la procédure de sauvegarde arrête le cours des intérêts. La caution personne physique peut

1. Civ. 1re, 8 oct. 1996, n° 94-16.633, *Bull. civ.* I, n° 340. C. consom., art. R. 312-35.
2. C. com., art. L. 622-24. art. L. 631-14 al. 1er. art. L. 641-3 al. 4e.
3. C. com., art. L. 631-14 al. 7e.
4. C. com., art. L. 622-26 al. 2e.
5. Sur l'art. 2314, v. ss 2526.
6. V. ss 2498.
7. C. civ., art. 2289 al. 2e.
8. Paris, 1re Ch., 20 mars 1956, préc. C. civ., art. 1149 al. 2e.
9. Paris, 1re Ch., 20 mars 1956, préc. C. civ., art. 1352-9.
10. C. civ., art. 2290.

s'en prévaloir [1]. Le jugement d'ouverture de la procédure de redressement judiciaire arrête également le cours des intérêts [2]. La caution ne peut cependant pas s'en prévaloir [3].

2513 *Remises* ◊ La caution ne peut se prévaloir des remises éventuelles contenues dans le plan de redressement [4]. De même, la caution ne peut se prévaloir des remises contenues dans le plan conventionnel de redressement [5] ou des remises arrêtées par le juge [6].

§ 2. L'extinction par voie principale

A. Les modes d'anéantissement ou d'extinction du droit commun

1. L'anéantissement rétroactif

2514 *Nullité* ◊ La caution peut se prévaloir de la nullité du cautionnement par voie d'action ou d'exception. Si elle agit par voie d'action [7], il faut qu'elle le fasse avant l'expiration du délai de la prescription quinquennale [8]. Si elle agit par voie d'exception [9], il faut qu'elle ait la qualité de défendeur à l'action principale et n'ait pas exécuté son obligation [10] mais n'est pas soumise à la prescription [11].

2. L'extinction de l'obligation de la caution

a. Satisfactoire pour le créancier

2515 *Paiement* ◊ Le paiement par la caution de son obligation fait au créancier la libère à son égard à due concurrence [12].

---

1. C. com., art. L. 622-28 al. 2e.
2. C. com., art. L. 631-14 al. 1er.
3. C. com., art. L. 631-14 al. 7e.
4. C. com., art. L. 631-20.
5. Civ. 1re, 13 nov. 1996, n° 94-12.856, *Bull. civ.* I, n° 401. C. consom., art. L. 732-2.
6. Civ. 1re, 3 mars 1998, n° 96-10.753, *Bull. civ.* I, n° 82. 26 avr. 2000, n° 98-10.693, *Bull. civ.* I, n° 122. C. consom., art. L. 733-1.
7. C. pr. civ., art. 30.
8. C. civ., art. 2224.
9. C. pr. civ., art. 64.
10. Civ. 1re, 7 nov. 2006, n° 05-12.080, *Bull. civ.* I, n° 458. Civ. 1re, 12 nov. 2015, n° 14-21.725, *Bull. civ.* I, n° 276, p. 274.
11. C. civ., art. 1185.
12. C. civ., art. 1342.

516 ***Compensation*** ◊ La caution peut provoquer la compensation entre son obligation et une créance à l'égard du créancier [1]. Le débiteur principal ne peut provoquer cette compensation entre le créancier et la caution. Il pourra s'en prévaloir [2] après qu'elle eut été provoquée par la caution. En cas de pluralité de cautions, l'une d'elles peut se prévaloir à l'égard du créancier de la compensation opérée entre la dette d'une autre caution et une créance de cette dernière contre le créancier [3]. La jurisprudence refuse cependant d'admettre que la caution et le débiteur principal puissent se prévaloir de la compensation judiciaire opérée dans la relation entre le créancier et une autre caution en vue de sanctionner la faute du créancier à l'origine d'un dommage subi par elle [4].

517 ***Dation en paiement*** ◊ Si la caution donne l'un de ses biens en paiement, elle est libérée à concurrence de la valeur du bien. Le débiteur et les autres cautions pourront s'en prévaloir [5].

b. Non satisfactoire pour le créancier

518 ***Novation*** ◊ En cas de pluralité de cautions mais d'unité de garantie [6], la jurisprudence considère que la novation opérée entre une caution et le créancier libère les autres cautions [7]. La solution est contestable. Il faut décider que les cautions qui ne sont pas parties à la novation sont libérées à concurrence des parts divises dues par celles qui y sont. La solution est désormais consacrée par la loi [8]. En cas de pluralité de cautions et de garanties [9], la novation opérée entre le créancier et une caution est sans conséquence sur les autres cautions [10].

519 ***Remise de dette*** ◊ En cas de pluralité de cautions mais d'unité de garantie [11], la remise de dette convenue entre le créancier et une caution libère les autres cautions à concurrence de la part divise de celle ayant obtenu remise [12]. Lorsque la remise est accompagnée d'un paiement partiel de la caution, les autres cautions sont libérées soit à concurrence de la part divise de la caution libérée, soit de la somme payée si elle excède la part

---

1. C. civ., art. 1347 al. 2e.
2. C. civ., art. 1200 al. 2e.
3. Com. 13 déc. 2005, n° 04-19.234, *Bull. civ.* IV, n° 248. 21 nov. 2006, n° 05-19.605.
4. Com. 13 mars 2012, n° 10-28.635, *Bull. civ.* IV, n° 51.
5. C. civ., art. 1200 al. 2e.
6. V. ss 2439.
7. Civ. 1re, 11 janv. 1984, n° 82-13.328, *Bull. civ.* I, n° 11.
8. C. civ., art. 1335 al. 2e.
9. V. ss 2439.
10. Civ. 18 juill. 1866, *DP* 1866, 1, p. 326 ; S. 1866, 1, p. 429. Com. 7 déc. 1999, n° 96-15915, *Bull. civ.* IV, n° 219.
11. V. ss 2439.
12. Civ. 1re, 18 mai 1978, n° 76-14.196, 76-14.832, *Bull. civ.* I, n° 195. C. civ., art. 1350-2 al. 2e.

divise [1]. En cas de pluralité de cautions et de garanties [2], la remise de dette consentie entre le créancier et une caution est sans conséquence sur les autres cautions [3].

2520 ***Confusion*** ◊ Si une seule caution garantit la dette du débiteur, la confusion des qualités de créancier et de caution la libérera. En cas de pluralité de cautions mais d'unité de garantie [4], la confusion résultant de la réunion des qualités de créancier et de caution libérera les autres cautions à concurrence de la part divise de celle concernée par la confusion [5]. En cas de pluralité de cautions mais d'unité de garantie [6], la confusion sera sans conséquence sur les autres cautions.

2521 ***Prescription*** ◊ Le délai de la prescription de l'obligation de la caution était, avant la réforme opérée par la loi du 17 juin 2008, de dix [7] ou de trente années [8] selon la nature de la créance [9]. Il est désormais de cinq années [10]. Le point de départ du délai de la prescription de l'obligation de la caution est fixé d'après la jurisprudence au jour où l'obligation garantie devient exigible [11]. La solution est contestable : il serait plus logique de fixer ce point de départ au jour de la défaillance du débiteur principal. La prescription peut être interrompue par la poursuite du débiteur [12] ou de la caution [13]. La déclaration de créance du créancier au passif du débiteur principal interrompt la prescription à l'égard de la caution. L'effet interruptif en résultant se prolonge jusqu'à la clôture de la procédure collective ouverte contre le débiteur (art. 2242) [14]. En outre, comme toute décision de justice constatant une créance, la décision d'admission de la créance à la procédure ouverte contre le débiteur, rendue par le juge-commissaire, avait un effet interversif : la prescription trentenaire se substituait à la prescription initiale qui régissait la créance, en général la prescription

---

1. Civ. 1re, 11 juill. 1984, n° 82-16.837, *Bull. civ.* I, n° 229. 26 mai 1994, n° 92-13.435, *Bull. civ.* I, n° 187. 4 janv. 2005, n° 02-11.307, inédit. Com. 24 janv. 2006, n° 04-12.012, inédit. Civ. 1re, 25 juin 2009 n° 08-12.067, inédit. C. civ., art. 1350-2 al. 3e.

2. V. ss 2439.

3. Civ. 1re, 23 juin 1992, n° 91-11.064, *Bull. civ.* I, n° 192.

4. V. ss 2439.

5. C. civ., art. 1349-1 al. 2e.

6. V. ss 2439.

7. C. com., art. L. 110-4 I anc.

8. Art. 2262 anc.

9. Com., 3 oct. 2018, n° 16-26.985, à paraître au *Bull. civ.*

10. Art. 2224 - Civ. 1re, 6 sept. 2017, n° 16-15.331, à paraître au *Bull. civ.*

11. Com. 22 janv. 1979, n° 77-12.467, *Bull. civ.* IV, n° 24. 19 févr. 1979, n° 77-13.340, *Bull. civ.* IV, n° 65. Civ. 3e, 22 sept. 2010, n° 09-15.781, *Bull. civ.* III, n° 170.

12. Com. 24 sept. 2003, n° 00-19.689, inédit. 4 oct. 2005, n° 04-15.047, inédit. 26 sept. 2006, n° 04-19.751, *Bull. civ.* IV, n° 190. 10 févr. 2015, n° 13-21.953, inédit. C. civ., art. 2246.

13. C. civ., art. 2241.

14. Com., 24 sept. 2003, n° 00-19.689, inédit. - 4 oct. 2005, n° 04-15.047, inédit. - 26 sept. 2006, n° 04-19751 : *Bull. civ.* IV, n° 190, p. 208. - 10 févr. 2015, n° 13-21.953, inédit. - 3 oct. 2018, n° 16-26.985, à paraître au *Bull. civ.*

décennale [1]. Et cet effet interversif était opposable à la caution [2] mais relatif au seul rapport entre le créancier et le débiteur principal [3]. La loi du 17 juin 2008 maintient l'effet interversif du jugement, en substituant la prescription décennale à la prescription quinquennale [4]. Si une seule caution garantit la dette du débiteur, la prescription de son obligation la libérera. Si plusieurs cautions garantissent la même dette, la prescription produira des effets en principe à l'égard de toutes les cautions qui seront libérées. Il peut arriver par exception que la prescription ne concerne qu'une caution et non les autres. En cas de pluralité de cautions mais d'unité de garantie [5], l'extinction due à la prescription de l'obligation d'une caution libérera les autres cautions à concurrence de la part divise de celle concernée par la prescription. En cas de pluralité de cautions mais de pluralité de garantie [6], la prescription sera sans conséquence sur les autres cautions.

522 ***Absence de déclaration à la procédure collective ouverte contre une caution*** ◊ L'absence de déclaration à la procédure de sauvegarde, redressement et liquidation judiciaires du débiteur empêche le créancier de participer aux distributions de dividendes [7]. L'absence de déclaration à la procédure ouverte contre une caution est sans conséquence sur l'obligation des autres cautions, que la garantie soit unique ou plurale [8].

523 ***Cessation de la garantie dans le cautionnement de dettes futures*** ◊ La garantie issue du cautionnement de dettes futures est à durée déterminée si un terme extinctif est prévu par les parties [9]. Si aucun terme ne l'est, la garantie est à durée indéterminée et la caution peut la résilier par un acte de sa volonté [10]. Le décès de la caution est également une cause de cessation de la garantie [11]. Si la cessation de la garantie intervient avant

---

1. Com., 18 oct. 1988, n° 86-16.029 : *Bull. civ.* IV, n° 281, p. 191. - 16 avr. 1996, n° 93-17.695, inédit. - 12 mai 1998, n° 96-12.194 : *Bull. civ.* IV, n° 154, p. 124. - 13 avr. 1999, n° 96-12.620, inédit. - 15 oct. 2002, n° 99-14.394, inédit.

2. Com., 19 janv. 1993, n° 91-11.322, préc. - 16 avr. 1996, n° 93-17.695, préc. - 13 avr. 1999, n° 96-12.620, préc.

3. Com., 3 oct. 2018, n° 16-26.985, préc.

4. Art. 2224. - C. pr. exéc., art. L. 114-4 al. 1er.

5. V. ss 2439.

6. V. ss 2439.

7. C. com., art. L. 622-26 al. 1er.

8. Sur la distinction, V. ss 2439.

9. Civ. 1re, 6 nov. 1985, n° 84-12.523, *Bull. civ.* I, n° 288. Com. 4 févr. 2003, n° 00-10.067, inédit. Dans la même affaire, Com. 27 mai 2008, n° 07-11.374, inédit et 22 nov. 2011, n° 10-20.874, inédit. 31 janv. 2017, n° 15-15.890 : *Bull. civ.* IV, n° 15, p. 24. - C. civ., art. 1212 al. 1er.

10. Com. 10 oct. 1956, n° 1208, *Bull. civ.* III, n° 231. 20 nov. 1956, n° 1437, *Bull. civ.* III, n° 295. Civ. 3e, 25 avr. 1990, n° 88-15.189, *Bull. civ.* III, n° 101. Com. 11 mai 1993, n° 90-19.932, *Bull. civ.* IV, n° 178. Civ. 1re, 13 mai 1997, n° 95-13.637, inédit. Civ. 1re, 2 juin 2004, n° 02-12.626, *Bull. civ.* I, n° 157. C. civ., art. 1211.

11. V. ss 2480.

la naissance de la dette principale, la caution est libérée. Dans le cas contraire, elle sera tenue des dettes nées avant la fin des effets de la garantie mais libérée des dettes nées après celle-ci.

B. L'extinction de l'obligation de la caution par la faute du créancier

1. La faute génératrice de dommages et intérêts

2524 ***Hypothèses*** ◊ La jurisprudence admet dans de nombreuses hypothèses que le créancier engage sa responsabilité pour n'avoir pas respecté tel ou tel devoir mis à sa charge. Le banquier ne doit pas financer un projet économique dépourvu de viabilité. Si toutefois il accepte de prendre le risque de financer un tel projet, il doit informer la caution du risque qu'elle encoure à garantir le débiteur principal [1]. Le banquier doit mettre en garde l'emprunteur non averti [2], débiteur principal, du risque lié à leur endettement. Le banquier doit également mettre en garde la caution non avertie [3], soit du risque d'endettement du débiteur [4], soit de son propre risque d'endettement [5]. L'emprunteur non averti est celui dont les connaissances ne lui permettent pas d'apprécier justement le risque qu'il supporte. Dans le domaine du droit de la consommation, la loi a pris le relais de la jurisprudence. Le banquier doit donner à l'emprunteur les informations nécessaires lui permettant d'apprécier si l'emprunt est adapté à ses capacités financières [6] et doit vérifier la solvabilité de l'emprunteur [7]. Le banquier doit supprimer les crédits octroyés au débiteur lorsque sa situation est irrémédiablement compromise [8]. Néanmoins, lorsque le débiteur principal est soumis à une procédure de sauvegarde, de redressement ou de liquidation judiciaires, le créancier est en principe considéré comme irresponsable du fait des concours consentis au débiteur [9]. Enfin, le banquier doit maintenir

---

1. Com. 23 juin 1998, n° 95-16.117, *Bull. civ.* IV, n° 208. 7 janv. 2004, n° 01-11.947, *Bull. civ.* IV, n° 2. 20 sept. 2005, n° 03-19.732, *Bull. civ.* I, n° 176.

2. Cass., ch. mixte, 29 juin 2007, n° 05-21.104 et n° 06-11.673, *Bull. Ch. Mixte*, n° 7-8.

3. Com. 12 nov. 2008, n° 07-15.949, inédit. Civ. 1re, 16 sept. 2010, n° 09-15.058, inédit. Com. 7 sept. 2010, n° 08-20.853, inédit. 21 sept. 2010, n° 09-16.348, inédit. 5 oct. 2010, n° 09-69660, inédit. 18 janv. 2011, n° 09-72.743, inédit. 22 mars 2011, n° 10-14.472, inédit. 22 nov. 2011, n° 10-25.920, inédit.

4. 0Com. 15 nov. 2017, n° 16-16.790, à paraître au *Bull. civ.* – Rennes, 1re Ch. B., 9 oct. 2008, n° 07/03675, *JurisData* n° 2008-004905. Lyon, 1re Ch. A, 5 juin 2008, n° 07/03822, *JurisData* n° 2008-368533. Rennes, 1re Ch. B, 21 mai 2010, n° 07/03339, *JurisData* n° 2010-030522. Nancy, 2e Ch., 9 sept. 2010, n° 07/02902, *JurisData* n° 2010-030876. Nancy, 2e Ch. com., 27 oct. 2010, n° 08/02983, *JurisData* n° 2010-031113.

5. Com. 12 janv. 2010, n° 08-20.898, inédit. 22 nov. 2011, n° 10-25.197, inédit.

6. C. consom., art. L. 312-14.

7. C. consom., art. L. 312-16.

8. Com. 24 mai 1976, n° 75-10.324, *Bull. civ.* IV, n° 171.

9. C. com., art. L. 650-1.

les crédits pendant le délai convenu et doit s'abstenir de tout retrait brutal susceptible de provoquer la défaillance du débiteur [1].

525 ***Conditions et régime de l'action*** ◊ La responsabilité du créancier à l'égard de la caution est de nature contractuelle [2]. Elle suppose la démonstration d'une faute du créancier, d'un dommage subi par la caution et d'un lien de causalité entre la faute et le dommage. La faute de la victime caution est également prise en considération. En général, le juge rejette l'action en responsabilité de la caution expérimentée ou avertie et admet celle de la caution profane ou non avertie [3]. D'un point de vue procédural, la caution dispose d'une option. Elle peut demander la déchéance de son obligation en soulevant une défense au fond [4] ou demander l'octroi de dommages et intérêts et la compensation judicaire avec son obligation en étant l'auteur d'une demande reconventionnelle [5].

2. Le bénéfice de subrogation

526 ***Présentation*** ◊ Après paiement, la caution bénéficie d'un recours subrogatoire [6]. Ce recours lui permet de devenir non seulement titulaire de la créance garantie mais encore de ses accessoires et notamment des garanties personnelles et réelles dont bénéficiait le créancier [7]. La caution est déchargée de son obligation si elle n'est pas utilement subrogée dans les droits du créancier par sa faute [8]. Le mécanisme de l'article 2314 repose sur le devoir de bonne foi du créancier qui doit préserver ses intérêts et ne pas lui nuire [9]. Il faut considérer que l'article 2314 est une application de la responsabilité civile contractuelle. Celle-ci suppose une faute causant un dommage à la caution et déclenche une sanction en nature consistant dans la déchéance de l'obligation de la caution.

527 ***Perte d'un droit préférentiel*** ◊ Le créancier doit bénéficier d'un droit préférentiel lui conférant un avantage particulier pour le recouvrement de sa créance [10]. Il sera sanctionné s'il fait perdre ce droit à la caution. Ce droit ne peut pas être purement éventuel ou non préférentiel (droit de gage général) [11]. La jurisprudence adopte une interprétation extensive de la notion de droit préférentiel qui dépasse très largement la lettre de

---

1. Com. 22 avr. 1980, n° 78-14.275, *Bull. civ.* IV, n° 163. 17 nov. 1998, n° 96-11.422, inédit. Com. 21 juin 2005, n° 03-18.595, inédit.

2. Com. 11 mai 1999, n° 96-16.088, *Bull. civ.* IV, n° 95. 21 juin 2005, n° 04-14.132, inédit. C. civ., art. 1231-2.

3. Com. 15 févr. 1994, n° 92-11.591, *Bull. civ.* IV, n° 60.

4. Civ. 1re, 31 janv. 2018, n° 16-24.092, à paraître au *Bull. civ.*

5. Cass., ch. mixte, 21 févr. 2003, n° 99-18.759, *Bull. Ch. Mixte*, n° 3.

6. V. ss 2496.

7. C. civ., art. 1346-4 al. 1er.

8. C. civ., art. 2314.

9. C. civ., art. 1104 al. 1er.

10. Com. 12 janv. 2010, n° 08-19.268, inédit.

11. Com., 2 nov. 2016, n° 15-12.491 : *Bull. civ.* IV, n° 135, p. 172.

l'article 2314. Tous les droits préférentiels du créancier, qu'il s'agisse de droits personnels, réels, légaux ou contractuels sont considérés comme entrant dans le champ d'application du texte. Les devoirs mis à la charge du créancier sont eux-mêmes considérés largement. La jurisprudence ne requière pas seulement du créancier qu'il s'abstienne de nuire à la caution, elle exige de lui qu'il agisse positivement dans l'intérêt de la caution. Finalement, elle considère que le créancier doit préserver l'efficacité de la créance garantie notamment en la déclarant à la procédure ouverte contre le débiteur [1], assurer la constitution de droits efficaces [2], préserver leur existence [3] et les exercer utilement dans l'intérêt de la caution [4].

2528 ***Perte imputable au créancier*** ◊ La perte du droit préférentiel doit être imputable au créancier. Dit autrement, il doit avoir commis une faute. Pour déterminer son existence, il faut préciser les contours de l'obligation du créancier relativement au droit préférentiel. S'agissant de la constitution du droit, son obligation est presque toujours implicite. La jurisprudence s'en remet à des considérations subjectives pour déterminer son existence. Tout dépend alors de ce que la caution a pu considérer au regard de la situation globale ou des stipulations du contrat garanti et du cautionnement. La caution est en droit de compter sur un droit préférentiel s'il a existé au moment où elle s'est engagée ou si le créancier s'est engagé à le constituer. Mais elle n'est pas en droit de compter sur les droits préférentiels non prévus ou inexistants au moment de son engagement [5]. S'agissant de l'exercice du droit, la faute du créancier est évidente lorsqu'il dispose sûrement d'un droit préférentiel qu'il n'exerce pas. En revanche, elle est douteuse lorsqu'il jouit d'une option ou bénéficie d'une faculté. La jurisprudence n'est pas clairement fixée [6]. La 1re Chambre civile juge que la liberté d'exercice d'une faculté est exclusive de toute faute [7]. La Chambre commerciale considère quant à elle que le non exercice d'une faculté est une faute [8]. Se fondant sur la lettre de l'article 2314, la jurisprudence subordonne la déchéance du créancier à sa faute exclusive [9].

---

1. Com. 12 juill. 2011, n° 09-71.113, *Bull. civ.* IV, n° 118. 19 févr. 2013, n° 11-28.423, *Bull. civ.* IV, n° 26. Civ. 1re, 3 juill. 2013, n° 12-21.126, *Bull. civ.* I, n° 144.

2. Req. 18 mars 1901, Pand. franc. 1902, 1, p. 81, note G. Serres de Gauzy. Civ. 5 juin 1945, *D.* 1946. 4. Cass., ch. mixte, 17 nov. 2006, n° 04-19.123, Bull. Ch. mixte, n° 10.

3. Civ. 3e, déc. 1941, S. 1942, 1, p. 8. Com. 25 nov. 1997, n° 95-16.091, *Bull. civ.* IV, n° 301. Cass., ch. mixte, 10 juin 2005, n° 02-21.296, Bull. Ch. mixte, n° 5. Com. 13 sept. 2011, n° 10-20.959, inédit.

4. Civ. 1re, 6 oct. 1971, n° 69-13.473, *Bull. civ.* I, n° 253. Com. 14 févr. 1995, n° 93-13.848, *Bull. civ.* IV, n° 41. 17 févr. 2009, n° 07-20.458, *Bull. civ.* IV, n° 22.

5. Com. 26 juin 1963, n° 59-10.055, *Bull. civ.* III, n° 333. Civ. 1re, 5 oct. 1964, n° 61-12.563, *Bull. civ.* I, n° 419.

6. Cass., ch. mixte, 10 juin 2005, n° 02-21.296, préc.

7. Civ. 1re, 22 mai 2002, n° 99-13.085, *Bull. civ.* I, n° 133.

8. Com. 13 mai 2003, n° 00-15.404, *Bull. civ.* IV, n° 73. 3 déc. 2003, n° 01-14.761, inédit. 9 juill. 2013, n° 12-19.949, inédit. 13 déc. 2017, n° 16-14.672, inédit. – *Contra* : Com., 11 avr. 2018, n° 16-27.947, inédit

9. Civ. 1re, 14 nov. 2001, n° 99-12.740, *Bull. civ.* I, n° 275.

529 ***Dommage*** ◊ La caution doit subir un dommage [1]. La perte d'un droit préférentiel est présumée causer un préjudice à la caution.

530 ***Déchéance du créancier*** ◊ La sanction de l'article 2314 consiste dans la déchéance du créancier de son obligation à concurrence de la valeur du droit préférentiel perdu [2]. La valeur de ce droit s'apprécie à la date de l'exigibilité de l'obligation de la caution, c'est-à-dire à la date de la défaillance du débiteur principal [3], sauf si, à cette date, le créancier était empêché de le mettre en œuvre [4].

531 ***Preuve*** ◊ La caution doit prouver les conditions d'application de l'article 2314 [5]. Le créancier peut prouver en défense l'absence de ces conditions [6].

---

1. Com. 21 juill. 1964, n° 62-11.910, *Bull. civ.* IV, n° 390.

2. Civ. 13 juin 1939, *Bull. civ.*, n° 152.

3. Civ. 1re, 24 févr. 1987, n° 85-12.406, *Bull. civ.* I, n° 64. Com. 5 juill. 2005, n° 04-12.770, *Bull. civ.* IV, n° 150, p. 161.

4. Com. 17 févr. 2009, n° 07-20.458, *Bull. civ.* IV, n° 22.

5. Civ. 1re, 13 nov. 1996, n° 94-16.475, *Bull. civ.* I, n° 394. C. civ., art. 1353 al. 2e.

6. Civ. 1re, 18 mai 2004, n° 03-12.284, inédit. Com. 8 avr. 2015, n° 13-22.969, *Bull. civ.* IV, n° 62.

CHAPITRE 2
LA GARANTIE AUTONOME

2532 ***Origine*** ◊ La garantie autonome a été consacrée par l'article 2321 du Code civil. Elle est née de la pratique bancaire internationale et a été admise par la jurisprudence [1]. Elle met en présence trois et souvent quatre personnes. Il faut supposer qu'un contrat dit de base est conclu entre deux personnes. Ce contrat est souvent international et quantitativement important. Le créancier demande à sa banque de se porter garant de premier rang. Cette banque est contre garantie par la banque du débiteur. Le débiteur, appelé donneur d'ordre, est lui-même garant de sa propre banque, donc du contre garant par rapport à la banque du créancier. Lorsque la garantie est mise en œuvre, le garant de premier rang paye le créancier. Il exerce ensuite un recours en remboursement contre le contre garant qui se retourne lui-même contre le donneur d'ordre. Ce dernier est finalement face au créancier qui détient une somme d'argent dont il demande le remboursement. Il ne l'obtiendra que s'il démontre qu'il ne devait aucune somme ou une somme moindre que la somme retenue.

SECTION 1. LA NATURE DE LA GARANTIE AUTONOME

2533 ***Du gage-espèces à la garantie autonome*** ◊ Dans la pratique du commerce international, la garantie autonome est indissociable du gage-espèces. Il faut supposer un marché de travaux conclu entre un maître de l'ouvrage et un entrepreneur. Les obligations de faire de ce dernier à l'égard du premier étaient d'abord garanties par un gage-espèces qui est un gage portant sur une somme d'argent translatif de la propriété de cette somme. En conséquence, la banque de l'entrepreneur versait à la banque du maître de l'ouvrage une somme d'argent qui restait bloquée pendant la durée d'exécution du contrat. Cette pratique présentait l'inconvénient de rendre stérile cette somme. Afin de remédier à cet inconvénient, les parties ont décidé ensuite que la banque de l'entrepreneur s'engagerait à verser la somme à première demande du maître de l'ouvrage. La banque de l'entrepreneur assure, par une garantie personnelle, la constitution du

---

1. Com. 20 déc. 1982, 2 arrêts, n° 81-12.579 et inédit, *Bull. civ.* IV, n° 417.

gage-espèces par le débiteur garanti [1]. La garantie personnelle n'est pas autonome de l'obligation garantie à la charge de l'entrepreneur mais indirecte : elle assure la constitution d'une sûreté réelle consentie par le débiteur principal. La garantie de la banque est au second degré par rapport à l'obligation de l'entrepreneur et au premier degré par rapport au gage-espèces. Il y a un lien direct entre la garantie de la banque et le gage-espèces. Lorsque la banque s'exécute à la demande du créancier en versant la somme d'argent promise, elle exécute le gage-espèces dans la relation entre le maître de l'ouvrage et l'entrepreneur.

534 ***Oblitération du gage-espèces*** ◊ Cette origine de la garantie autonome est souvent oubliée. La garantie autonome est alors conçue comme une garantie personnelle portant directement sur l'obligation du débiteur principal. Autrement dit, elle n'est plus considérée comme ayant pour objet la constitution d'un gage-espèces. Par exemple, la loi considère que la garantie autonome ou que le cautionnement solidaire peuvent être des substituts au dépôt de garantie d'une somme dans les mains du créancier [2]. De même, la loi n° 2005-845 du 26 juillet 2005 sur la sauvegarde des entreprises et l'ordonnance n° 2008-1345 du 18 décembre 2008 portant réforme du droit des entreprises en difficulté visent les sûretés personnelles et mettent donc sur le même plan le cautionnement et la garantie autonome [3]. Le Code civil consacre parfois la même logique [4]. En concevant cette garantie de cette manière, on la rend réellement autonome de l'obligation du débiteur principal. Et ce faisant, les principes les plus fondamentaux du droit des sûretés personnelles volent en éclats.

SECTION 2. LE RÉGIME DE LA GARANTIE AUTONOME

§ 1. La conclusion de la garantie autonome

535 ***Consentement*** ◊ Lorsqu'elle est soumise au droit français, les conditions de formation de la garantie autonome sont celles du Code civil [5]. La validité de la garantie ne dépend pas en principe de la qualité des parties. Elle peut donc être souscrite par un professionnel, un consommateur ou

1. En ce sens : Ch. Mouly, « L'avenir de la garantie indépendante en droit interne français », Mél. A. Breton et F. Derrida, Dalloz, Paris, 1991, p. 270.
2. C. marchés, art. 61.
3. C. com., art. L. 611-10-2, art. L. 622-26, art. L. 622-28, art. L. 626-11, art. L. 631-14, art. L. 631-20, art. L. 643-11 II.
4. Art. 792.
5. C. civ., art. 1128.

non professionnel. Il est fait exception à cette règle dans certains cas [1]. La garantie autonome est annulable si le consentement des parties est affecté d'un vice. C'est le cas spécialement de celui du garant [2].

2536 ***Cause objective*** ◊ Les auteurs considèrent que la cause objective de la garantie autonome réside dans le contrat de base et qu'elle en est simplement détachée [3]. La jurisprudence décide que la cause de la garantie autonome est constituée par l'intérêt économique du garant autonome à la conclusion du contrat de base [4].

2537 ***Objet de l'obligation du garant*** ◊ La garantie ne peut être autonome que si l'objet de l'obligation du garant n'est pas calqué sur celui de l'obligation du donneur d'ordre et issue du contrat de base [5]. Si l'objet de l'obligation du garant est déterminé sans référence à celui du donneur d'ordre et qu'un lien n'est pas établi pour la période postérieure à la naissance de la garantie, alors celle-ci peut être considérée comme autonome. Une garantie demeure autonome même si elle fait référence au contrat de base mais à condition qu'elle n'implique pas une appréciation des modalités d'exécution de celui-ci pour l'évaluation des montants garantis ou pour la détermination des durées d'efficacité [6]. Une garantie demeure autonome même si sa mise en œuvre doit être motivée par le créancier [7]. La garantie n'est pas considérée comme autonome lorsque l'objet de l'obligation du garant est calqué sur celui de l'obligation du débiteur garanti [8].

2538 ***Forme et preuve de l'acte*** ◊ La garantie autonome est consensuelle [9]. Les mentions manuscrites requises à peine de nullité pour le cautionnement ne s'y appliquent pas [10]. Elle relève du droit commun de la preuve. En matière civile, elle doit être prouvée par écrit lorsque son montant excède la somme prévue par décret [11]. D'après la jurisprudence, la garantie

---

1. C. consom., art. L. 314-19. art. 22-1-1 loi n° 89-462 du 16 juill. 1989.

2. Com. 14 mai 2008, n° 06-21.108, inédit.

3. Par ex. : M. Delierneux, Les garanties bancaires à première demande, entre autonomie juridique et interdépendance économique, Liber Amicorum L. Simont, Bruylant, Bruxelles, 2002, p. 599.

4. Com. 19 avr. 2005, n° 02-17.600, *Bull. civ.* IV, n° 91. 3 juin 2014, n° 13-17.643, inédit.

5. Com. 13 déc. 1994, n° 92-12.626, *Bull. civ.* IV, n° 375.

6. Com. 18 mai 1999, n° 95-21.539, *Bull. civ.* IV, n° 102.

7. Com. 3 nov. 1992, n° 90-16.271, *Bull. civ.* IV, n° 335. Com. 12 juill. 2005, n° 03-20.364, *Bull. civ.* IV, n° 160. Com. 12 juill. 2005, n° 03-20.365, *Bull. civ.* IV, n° 161. Com. 5 oct. 2010, n° 09-14.673, inédit.

8. Com. 13 déc. 1994, n° 92-12.626, préc. Civ. 1re, 13 mars 1996, n° 94-11.386, inédit. 23 févr. 1999, n° 97-10.008, *Bull. civ.* I, n° 64. Com. 8 oct. 2003, n° 01-10.144, inédit. 8 oct. 2003, n° 02-12.807, inédit. 16 juin 2004, n° 03-12.174, inédit. Civ. 1re, 6 juill. 2004, n° 01-15.041, *Bull. civ.* I, n° 199. Com. 16 juin 2009, n° 08-17.490, inédit. Com. 3 juin 2014, n° 13-17.643, préc.

9. C. civ., art. 1102 al. 1er, 1109 al. 1er, 1172 al. 1er.

10. C. consom., art. L. 331-1 et L. 331-2.

11. C. civ., art. 1359.

autonome est soumise au formalisme de l'article 1376 du Code civil [1]. Mais étant le plus souvent souscrite par une banque, sa preuve est libre [2].

539 ***Pouvoir du garant*** ◊ Le pouvoir du garant autonome ne pose en principe aucune difficulté. Il engage tous ses biens par la garantie qu'il souscrit [3]. Dans les sociétés par actions, la garantie autonome doit faire l'objet d'une autorisation préalable du conseil d'administration ou de surveillance [4]. Les autres dispositions applicables aux sociétés qui ne visent que le cautionnement pourraient être étendues à la garantie autonome [5]. C'est ce que décide la jurisprudence en droit des régimes matrimoniaux. Lorsque le garant est une personne physique, mariée sous le régime de la communauté de bien, la jurisprudence lui applique les dispositions de l'article 1415 du Code civil [6].

§ 2. Les effets de la garantie autonome

A. L'exécution de son obligation par le garant ou contre garant

1. Le principe

540 ***Invocabilité des moyens de défense*** ◊ En principe, le garant autonome doit payer lorsque le créancier le lui demande et ne peut invoquer [7] aucun moyen de défense tiré de la relation entre lui et le donneur d'ordre. Il a été ainsi jugé que le garant ne peut se prévaloir contre le créancier de la nullité du contrat de base [8] ou de l'extinction éventuelle de l'obligation du donneur d'ordre [9].

2. Les exceptions

541 ***Procédure de conciliation et de sauvegarde*** ◊ Le garant autonome peut invoquer les remises de dettes contenues dans l'accord constaté ou homologué résultant de la procédure de conciliation [10]. Le garant autonome personne physique peut se prévaloir des remises de dettes contenues

1. Com. 10 janv. 1995, n° 93-10.787, *Bull. civ.* IV, n° 13.
2. C. com., art. L. 110-3.
3. C. civ., art. 2284.
4. C. com., art. L. 225-35 al. 4e, art. L. 225-68 al. 2e.
5. C. com., art. L. 223-21 al. 1er, art. L. 225-43 al. 1er et L. 225-91 al. 1er.
6. Civ. 1re, 20 juin 2006, n° 04-11.037, *Bull. civ.* I, n° 313.
7. C. civ., art. 1200 al. 2e.
8. Versailles, 3e Ch., 28 févr. 1992, *RJDA* 1992, n° 716-5.
9. Com. 30 janv. 2001, n° 98-22.060, *Bull. civ.* IV, n° 25. Toulouse, 2e Ch., 26 oct. 1988, *D.* 1989, somm. p. 145, obs. M. Vasseur.
10. C. com., art. L. 611-10-2 al. 1er.

dans le plan de sauvegarde [1]. Le garant autonome peut se prévaloir de l'extinction pour non déclaration à la procédure de liquidation d'une succession acceptée à concurrence de l'actif net [2].

2542 ***Abus et fraude*** ◊ Le garant autonome peut se prévaloir contre le créancier soit de la fraude, soit de l'abus manifeste dans l'appel de la garantie [3]. L'appel à la garantie est frauduleux en cas de détournement de celle-ci de sa finalité par des manœuvres exercées dans l'intention de nuire ou, au moins, avec la conscience du préjudice causé au garant. L'appel à la garantie est manifestement abusif lorsque le créancier n'a aucun droit contre le débiteur garanti et qu'il demande le paiement au garant. Il en est ainsi lorsqu'il est démontré que le contrat de base n'a pas été conclu [4] ou est caduc [5], qu'il est annulable ou n'a jamais reçu de commencement d'exécution [6], qu'il a été intégralement et correctement exécuté [7] ou que la dette est totalement éteinte. Mais l'appel n'est pas manifestement abusif lorsqu'il existe une contestation entre le bénéficiaire et le donneur d'ordre [8].

B. Les recours consécutifs à cette exécution

2543 ***Recours du garant contre le contre garant ou du contre garant contre le donneur d'ordre*** ◊ Le garant de premier rang peut recourir contre celui de second rang et ce dernier peut recourir contre le donneur d'ordre. Ces recours reposent sur le contrat conclu entre le garant et le contre garant ou entre ce dernier et le donneur d'ordre. La contre garantie du garant de second rang est autonome de la garantie de premier rang et *a fortiori* du contrat de base. Il en résulte qu'en principe, le contre garant ne peut s'opposer au paiement en invoquant des moyens de défense tirés de la garantie de premier rang ou du contrat de base. Le contre garant ne peut se prévaloir de l'appel abusif de la garantie de premier rang par son bénéficiaire pour s'opposer au paiement de la contre garantie. Il doit démontrer l'appel abusif de la contre garantie, donc le plus souvent la mauvaise foi du garant de premier rang [9].

2544 ***Recours du donneur d'ordre contre le créancier*** ◊ Après avoir remboursé le garant ou le contre garant, le donneur d'ordre peut recourir

1. C. com., art. L. 626-11 al. 2e.
2. C. civ., art. 792 al. 2e.
3. C. civ., art. 2321 al. 2e.
4. T. com. de Lyon, 3 juill. 1991, *D.* 1993, somm. p. 100, obs. M. Vasseur.
5. Com. 4 juin 2002, n° 99-21477, inédit.
6. Paris, 5e Ch. A, 27 juin 1988, *D.* 1989, somm. p. 151, obs. M. Vasseur.
7. T. com. Paris, 18e Ch. A, 20 sept. 1991, *RJDA* 1991, n° 953.
8. Versailles, 14e Ch., 16 sept. 1992, *D.* 1993, somm. p. 102, obs. M. Vasseur.
9. Com. 22 mars 2011, n° 09-71.690, inédit. 4 juin 2002, n° 99-21.477, inédit.

contre le bénéficiaire [1]. Ce faisant, il demande la restitution des sommes versées sur le fondement du gage-espèces et dont la conservation par le créancier n'est plus justifiée. L'importance quantitative de ce recours dépendra du montant de la dette réellement due par le donneur d'ordre. Le recours sera intégral si rien n'est dû [2] et partiel si une dette d'un certain montant est à sa charge.

1. Com. 7 juin 1994, n° 93-11.340, *Bull. civ.* IV, n° 202.
2. Paris, 15e Ch. B, 19 mars 2009, n° 06/18433, *JurisData* n° 2009-004519.

CHAPITRE 3
LA LETTRE D'INTENTION

2545 ***Notion*** ◊ La jurisprudence a consacré la validité de la lettre d'intention [1] avant qu'elle ne le soit par l'article 2322 du Code civil qui dispose qu'elle « est l'engagement de faire ou de ne pas faire ayant pour objet le soutien apporté à un débiteur dans l'exécution de son obligation envers son créancier ». On pourrait dire aussi qu'elle consiste pour celui qui la souscrit dans l'engagement de soutenir le débiteur de la dette afin de lui permettre de l'exécuter. La lettre est souvent émise par une société mère à l'égard de la banque accordant son soutien financier à sa société fille. Elle constitue un engagement contractuel fondé sur la liberté contractuelle [2].

SECTION 1. L'EXISTENCE DE LA LETTRE D'INTENTION

§ 1. La naissance de l'engagement

2546 ***Conditions de formation*** ◊ L'engagement contenu dans la lettre d'intention relève des conditions de formation générales posées par le Code civil [3]. Il faut que les parties et surtout l'émetteur de la lettre consente librement et de façon éclairée à son contenu. L'objet de l'obligation de l'émetteur est déterminé de façon unilatérale par lui-même. La particularité de l'engagement de l'émetteur tient au fait qu'il l'est à destination du créancier mais qu'il s'exécute vis-à-vis du débiteur. L'émetteur prend l'engagement de soutenir le débiteur afin qu'il paye son obligation ou soit en mesure de le faire. La cause de cet engagement est difficile à déterminer d'une façon simple. L'engagement s'explique par la relation entre la société mère et la société fille. La lettre est consensuelle [4]. Elle n'est pas soumise au formalisme de l'article 1376 du Code civil [5]. Les lettres d'intention donnant naissance à une obligation de moyens sont hors du champ d'application de l'article L. 225-35 du Code de commerce [6], contrairement à celles qui

---

1. Com. 21 déc. 1987, n° 85-13.173, *Bull. civ.* IV, n° 281.
2. C. civ., art. 1102 al. 1er.
3. C. civ., art. 1128.
4. C. civ., art. 1102 al. 1er, 1109 al. 1er, 1172 al. 1er.
5. Com. 17 déc. 2002, n° 00-11.566, inédit.
6. Com. 26 janv. 1999, n° 97-10.003, *Bull. civ.* IV, n° 31.

donnent naissance à une obligation de résultat qui s'y trouvent [1]. Dans ce dernier cas, l'engagement contenu dans la lettre est inopposable à la société anonyme s'il n'a pas été autorisé par le conseil d'administration [2].

§ 2. La portée de l'engagement

2547 ***Obligation de faire*** ◊ En règle générale, l'émetteur de la lettre ne prend pas l'engagement de payer une somme d'argent mais celui de faire ou de ne pas faire quelque chose. L'engagement de faire s'explique par le lien capitalistique qui existe entre la société mère et la société filiale. Ce lien permet à la première d'avoir une influence sur la seconde. La première s'engage alors soit à maintenir ce lien [3], soit à l'exercer afin que la seconde ait les capacités financières de payer sa dette [4]. Cette obligation de faire peut être de moyens ou résultat. Le principal critère de qualification de l'obligation est la volonté de l'émetteur, telle qu'elle apparaît au travers des termes de la lettre. L'obligation est de moyens lorsque l'émetteur utilise un vocabulaire qui suggère qu'il fera en sorte que sa filiale soit en mesure de satisfaire à ses engagements mais sans garantir qu'elle le sera [5]. L'obligation est de résultat lorsqu'il utilise des mots qui indiquent que l'objectif consistant dans le paiement du créancier sera atteint [6]. Il faut avouer que la recherche de l'intention de l'émetteur confine souvent à la divination.

SECTION 2. LE RÉGIME DE LA LETTRE D'INTENTION

2548 ***Responsabilité de l'émetteur*** ◊ L'émetteur qui exécute son engagement tel qu'il découle des termes de la lettre n'engage pas sa responsabilité. En revanche, celui qui a failli à son engagement est susceptible de devoir réparer le préjudice causé au créancier par cette inexécution [7]. Il appartient naturellement au créancier de démontrer l'existence de l'engagement et

---

1. Com. 23 oct. 1990, n° 89-12.924, *Bull. civ.* IV, n° 256. 16 nov. 2004, n° 00-19.829, inédit.
2. Com. 9 déc. 1997, n° 96-17.916 et n° 96-18.134, *Bull. civ.* IV, n° 332. 19 avr. 2005, n° 01-12.347, inédit.
3. Com. 19 mars 1991, n° 89-16.464, *Bull. civ.* IV, n° 110. Paris, 3e Ch. A, 10 déc. 1991, *RJDA* 1992, n° 593.
4. Com. 18 avr. 2000, n° 97-19.043, *Bull. civ.* IV, n° 78. 26 févr. 2002, n° 99-10.729, *Bull. civ.* IV, n° 43. 17 déc. 2002, n° 00-11.566, préc. 11 janv. 2005, n° 02-12.370, inédit.
5. Com. 4 oct. 1994, n° 92-15.330, *Bull. civ.* IV, n° 276. Com. 26 janv. 1999, n° 97-10.003, préc.
6. Com. 26 févr. 2002, n° 99-10.729, préc. 9 juill. 2002, n° 96-19.953, *Bull. civ.* IV, n° 117. 17 déc. 2002, n° 00-11.566, préc. 11 janv. 2005, n° 02-12.370, préc. 19 avr. 2005, n° 03-11.567, inédit. 19 janv. 2010, n° 09-14.438, inédit.
7. C. civ., art. 1231-2.

son inexécution [1]. C'est à ce stade que la nature de l'obligation trouve son intérêt. Si l'obligation est de moyens, le créancier devra démontrer la faute de l'émetteur. Il n'est pas responsable s'il s'est conformé aux termes de la lettre [2]. Si l'obligation est de résultat, l'émetteur est responsable de la défaillance du débiteur [3]. Si les autres conditions de la responsabilité sont réunies, l'émetteur devra réparer le dommage causé au créancier, qui peut être égal au montant de la créance impayée [4] ou même supérieur à celle-ci [5]. L'émetteur peut s'exonérer de sa responsabilité en démontrant que la situation de la filiale est le résultat de son autonomie de gestion. Il démontre alors l'impossibilité, assimilable à la force majeure, d'exercer une influence sur sa situation, à l'origine du dommage subi par le créancier [6].

1. C. civ., art. 1353 al. 1er.
2. Com. 18 avr. 2000, n° 97-19.043, préc. 18 mai 2005, n° 02-20.615, inédit.
3. T. com. Paris, 16 juin 1986, *D.* 1987, somm. p. 297, obs. M. Vasseur ; *Bull. Joly* Soc. 1987, p. 579.
4. Com. 19 janv. 2010, n° 09-14.438, préc.
5. Com. 6 mai 2003, n° 00-22.045, inédit.
6. C. civ., art. 1218.

CHAPITRE 4
LES AUTRES GARANTIES PERSONNELLES

549 ***Variété*** ◊ Il existe d'autres garanties prenant des formes diverses et dont la pratique est importante. C'est le cas de l'obligation solidaire, de la délégation imparfaite, de la promesse de porte-fort ou des garanties légales.

SECTION 1. L'OBLIGATION SOLIDAIRE

550 ***Obligation divise*** ◊ En principe, l'obligation supportée par plusieurs codébiteurs issue d'une même source est divise entre eux [1]. Cela signifie que chaque codébiteur ne doit qu'une part et portion de la dette globale en vertu d'une obligation divise. La division de la dette a lieu en règle générale par parts égales [2].

551 ***Obligation solidaire*** ◊ Par exception, l'obligation peut être stipulée solidaire [3]. Lorsqu'elle l'est, chaque codébiteur doit au créancier l'intégralité de la dette. La doctrine reconnaît que l'obligation solidaire est une garantie personnelle de paiement. Mais les avis divergent sur l'explication de la structure de l'obligation. Deux explications sont avancées. Selon la plus classique, l'obligation solidaire s'explique par l'unité d'objet et la pluralité de liens [4]. La stipulation de solidarité est censée avoir empêché la division de la dette entre les codébiteurs. Chacun est alors tenu par une obligation principale au total vis-à-vis du créancier. Selon la plus moderne, les codébiteurs sont divis et se garantissent réciproquement [5]. La stipulation de solidarité n'empêche nullement la division de la dette commune entre

---

1. C. civ., art. 1309 al. 1er.

2. C. civ., art. 1309 al. 1er.

3. C. civ., art. 1313.

4. Req. 11 mars 1935, *DH* 1935. 210 ; *DP* 1936, 1, p. 80, note A. C. ; *Gaz. Pal.* 1935. 1, p. 740, *RTD civ.* 1935, n° 23, p. 380, obs. R. Demogue. V. égal. : Ph. Briand, *Éléments d'une théorie de la cotitularité des obligations*, Thèse Nantes, Dactyl., 1999. A. Hontebeyrie, *Le fondement de l'obligation solidaire en droit privé français*, Préf. L. Aynès, Recherches juridiques, Tome 7, Économica, Paris, 2004. J.-D. Pellier, *Essai d'une théorie des sûretés personnelles à la lumière de la notion d'obligation. Contribution à l'étude du concept de coobligation*, Préf. Ph. Delebecque, Bibliothèque de droit privé, Tome 539, LGDJ-Lextenso éditions, 2012.

5. M. Mignot, *Les obligations solidaires et les obligations* in solidum *en Droit privé français*, Préf. E. Loquin, Nouvelle bibliothèque des thèses, Vol. 17, Dalloz, Paris, 2002 ; « Les méfaits durables de la *stipulatio* et l'obligation solidaire », *D.* 2006, n° 39, p. 2696.

les codébiteurs. Ceux-ci sont donc nécessairement des codébiteurs divis : chacun supporte une obligation divise résultant de la division de la dette globale. Mais les codébiteurs sont en plus des garants mutuels les uns des autres. Là se trouve la garantie personnelle. Chaque codébiteur garantit par une seconde obligation les obligations divises des autres codébiteurs.

2552 ***Droit positif*** ◊ Le droit positif français consacre plutôt l'approche moderne [1] mais contient encore un nombre non négligeable de dispositions à mettre en relation avec l'approche classique [2]. Quoi qu'il en soit, la pratique a très fréquemment recours à l'obligation solidaire en raison de sa simplicité et de son efficacité. Il faut traiter à part le cas de l'article 1318 du Code civil qui est une hypothèse de pure garantie personnelle très proche du cautionnement et dont il aurait été souhaitable de se débarrasser [3].

SECTION 2. LA DÉLÉGATION IMPARFAITE

2553 ***Notion*** ◊ La délégation est l'opération par laquelle une personne, le délégant, donne l'ordre à une autre personne, le délégué, de s'engager envers une troisième, le délégataire qui accepte cet engagement [4]. Le Code civil distingue la délégation novatoire, dite parfaite, de la délégation qui ne l'est pas, dite imparfaite [5]. La délégation novatoire est une forme de novation par changement de débiteur [6] qui n'est pas une garantie parce qu'elle aboutit au remplacement d'un débiteur par un autre. La délégation imparfaite est plus répandue parce que nettement plus utile au délégataire. Elle doit être considérée comme de principe [7]. En effet, la délégation novatoire suppose une renonciation par le délégataire à ses droits contre le délégant qui ne se présume pas [8]. La délégation imparfaite peut être une forme de garantie personnelle. Avant la délégation, le créancier n'a qu'un seul débiteur en la personne du délégant. Après elle, il a deux débiteurs, le délégant et le délégué [9]. Il devrait s'adresser d'abord au délégué puis seulement au délégant en cas de défaillance du délégué. La loi se prononce arbitrairement en sens contraire, en assimilant à tort la délégation et l'obligation

1. C. civ., art. 1315, 1316, 1317.
2. C. civ., art. 1313, al. 1er, 1314, 2245.
3. M. Mignot, « Plaidoyer pour l'abrogation de l'article 1216 du Code civil », *RLDC* 2006/27, n° 2050.
4. M. Billiau, *La délégation de créance, Essai d'une théorie juridique de la délégation en droit des obligations*, Préf. J. Ghestin, Bibliothèque de droit privé, Tome 207, LGDJ, Paris, 1989. C. civ., art. 1336.
5. C. civ., art. 1337 al. 1er.
6. C. civ., art. 1332.
7. C. civ., art. 1337 al. 1er.
8. C. civ., art. 1330.
9. C. civ., art. 1338 al. 1er.

solidaire [1]. La jurisprudence et la loi considèrent que le délégué ne peut se prévaloir [2] à l'égard du délégataire des moyens de défense tirés de sa relation avec le délégant [3] ou tirés de la relation entre le délégant et le délégataire [4]. Le délégataire et le délégué peuvent déroger à cette règle et prévoir que ce dernier pourra se prévaloir de certains moyens de défense tirés de l'une ou de l'autre relation [5].

SECTION 3. LA PROMESSE DE PORTE-FORT

554 ***Notion*** ◊ La promesse de porte-fort est la promesse du fait d'autrui, souscrite par le promettant ou porte-fort, à l'égard du bénéficiaire [6]. Deux hypothèses doivent être distinguées. D'abord, le promettant s'engage en son nom et pour son compte à rapporter le consentement d'un tiers à un acte juridique auquel le bénéficiaire sera partie [7]. Ensuite, le promettant contracte avec le bénéficiaire au nom et pour le compte du tiers, tout en promettant au bénéficiaire sa ratification [8]. Dans ces cas, la promesse de porte-fort n'est pas une garantie personnelle. Elle le devient lorsque le porte-fort promet le paiement par un débiteur de sa dette au créancier. La jurisprudence distingue le porte-fort de ratification du porte-fort d'exécution [9]. Elle considère que le premier est autonome des relations des parties, tandis que le second est accessoire de l'obligation dont l'exécution est garantie par le porte-fort [10]. Elle a précisé que l'engagement de porte-fort d'exécution constitue un engagement de faire [11] de résultat [12].

Malgré ces précisions ou à cause d'elles, il est alors extrêmement difficile de faire la différence entre le porte-fort d'exécution et le cautionnement. L'un et l'autre se caractérisent par l'engagement accessoire de payer une somme d'argent en cas de défaillance du débiteur. La jurisprudence a certes ajouté que, selon elle, l'obligation du porte-fort est une obligation de faire. Cela distinguerait le porte-fort du cautionnement et le rapprocherait de la

1. C. civ., art. 1338 al. 2e.
2. C. civ., art. 1200 al. 2e.
3. Civ. 1re, 26 janv. 1960, n° 1.910 Civ. 54, *Bull. civ.* I, n° 55. Com. 15 oct. 1979, n° 78-10.498, *Bull. civ.* IV, n° 254.
4. Com. 25 févr. 1992, n° 90-12.863, inédit. 7 déc. 2004, n° 03-13.595, *Bull. civ.* IV, n° 214. 13 juin 2006, n° 05-17.006, inédit. *Contra* : Civ. 1re, 17 mars 1992, n° 90-15.707, *Bull. civ.*, n° 84. C. civ., art. 1336 al. 2e.
5. C. civ., art. 1336 al. 2e.
6. C. civ., art. 1204 al. 1er.
7. C. civ., art. 1204 al. 2e.
8. C. civ., art. 1204 al. 3e.
9. Com. 13 déc. 2005, n° 03-19.217, *Bull. civ.* IV, n° 256.
10. Civ. 1re, 25 janv. 2005, n° 01-15.926, *Bull. civ.* I, n° 43. Com. 13 déc. 2005, n° 03-19.217, préc.
11. Com. 18 juin 2013, n° 12-18.890, *Bull. civ.* IV, n° 105.
12. Com. 1er avr. 2014, n° 13-10.629, *Bull. civ.* IV, n° 67.

lettre d'intention [1]. Cette jurisprudence n'apporte cependant pas grand-chose. Il aurait fallu que la Cour de cassation dise clairement quel est le contenu de cette obligation de faire et qui en est le bénéficiaire. Selon la jurisprudence, « le porte-fort, débiteur d'une obligation de résultat autonome, est tenu envers le bénéficiaire de la promesse, des conséquences de l'inexécution de l'engagement promis » [2]. Si le porte-fort promet l'abstention du tiers et qu'il agit, le porte-fort en est responsable [3]. Si le porte-fort promet le paiement d'une obligation par le tiers et que ce paiement n'a pas lieu, le porte-fort en est également responsable.

SECTION 4. LES GARANTIES LÉGALES

2555 ***Sources*** ◊ Il existe dans la loi de nombreuses garanties personnelles de natures variées. Certaines sont pleinement légales, en ce sens qu'elles existent au bénéfice du créancier et à la charge du débiteur sans aucune intervention de leur part. C'est le cas en droit des sociétés. Certains associés sont tenus divisément des dettes sociales [4]. D'autres associés sont solidairement responsables des dettes sociale [5]. D'autres garanties sont légales, en ce sens que la loi les impose aux parties qui doivent y consentir. Les garanties de cette nature sont nombreuses et variées. Par exemple, les agents immobiliers, syndics et administrateurs doivent constituer une garantie financière au bénéfice de leurs clients [6]. Ou encore, les intermédiaires d'assurance définis à l'article L. 511-1 du Code des assurances doivent fournir une garantie financière spécialement affectée au remboursement des fonds aux assurés [7]. Ces garanties sont importantes dans le domaine de la construction. Le lotisseur [8], le vendeur d'immeuble à construire [9] et le constructeur d'une maison individuelle [10] doivent notamment en fournir.

2556 ***Nature*** ◊ Les garanties légales n'ont pas la même nature selon qu'elles sont pleinement légales ou imposées par la loi aux parties. Les garanties pleinement légales sont assimilables au cautionnement de dettes futures. Elles sont accessoires [11] et subsidiaires [12] à la dette principale garantie mise

1. Com. 18 juin 2013, n° 12-18.890, préc.
2. Com. 1er avr. 2014, n° 13-10.629, préc.
3. Com. 1er avr. 2014, n° 13-10.629, préc.
4. C. civ., art. 1857. CCH, art. L. 211-2. art. 15 L. n° 66-879 du 29 nov. 1966.
5. C. com., art. L. 221-1 al. 1er. art. L. 226-1.
6. Art. 3 2° L. n° 70-9 du 2 janv. 1970 et art. 19 s. D. n° 72-678 du 20 juill. 1972.
7. C. assur., art. L. 512-7 al. 1er et R. 512-15 s.
8. C. urb., art. R. 442-14.
9. CCH, art. L. 261-10-1, art. R. 262-12.
10. CCH, art. R. 231-8. art. L. 231-6, 232-1.
11. Req. 31 juill. 1928, *DH* 1928. 461.
12. C. civ., art. 1858. C. com., art. L. 221-1 al. 2e, art. R. 221-10.

à la charge de la société. Les autres ont une nature difficile à déterminer. La jurisprudence a considéré que la garantie des agents immobiliers, syndics et administrateurs est une garantie autonome [1]. Cette qualification serait vraiment utile si la garantie autonome avait une nature clairement déterminée. Mais ce n'est pas le cas [2].

La garantie du constructeur d'une maison individuelle a été considérée comme une garantie autonome par la jurisprudence [3], puis comme une assurance de responsabilité. La jurisprudence déduisait de cette dernière qualification que l'assureur ne dispose d'aucun recours contre le constructeur [4] ou contre sa caution [5]. En effet, en payant sa dette directement au créancier, le garant ne fait que payer une dette qui lui est personnelle ou propre [6]. Le législateur a largement remis en cause cette jurisprudence. Les articles L. 443-1 du Code des assurances et L. 313-22-1 du Code monétaire et financier, issus de l'article 26 de la L. n° 2010-737 du 1er juill. 2010, disposent que l'assureur, l'établissement de crédit ou la société de financement qui a fourni un cautionnement, un aval ou une garantie, quelle qu'en soit la source, est subrogé de plein droit dans les droits du créancier contre le débiteur, ses coobligés et cautions, à concurrence des paiements effectués. L'article L. 443-1 est considéré comme interprétatif [7]. Il faut finalement considérer que la garantie financière est un cautionnement lorsqu'une telle qualification est prévue par la loi ou le règlement [8].

2557 ***Régime des garanties légales*** ◊ Sur le principe, il faudrait traiter distinctement les garanties pleinement légales des garanties subordonnées à la volonté des parties. Les premières ont un régime qui doit être inspiré de celui du cautionnement. Les secondes devraient avoir un régime découlant de leur nature. On sait que la jurisprudence a successivement considéré qu'elles étaient des garanties autonomes ou des assurances de responsabilité civile. La loi récente invite à les considérer comme des cautionnements [9].

---

1. Cass., ass. plén., 4 juin 1999, n° 96-18.094, Bull. ass. Plén., n° 4.

2. V. ss 2533-2534.

3. Civ. 3e, 4 oct. 1995, n° 93-18.313, *Bull. civ.* III, n° 213. 12 janv. 2000, n° 98-15.279, *Bull. civ.* III, n° 2. 4 juin 2003, n° 99-17.185, *Bull. civ.* III, n° 120.

4. Dans la même affaire : Civ. 3e, 27 sept. 2006, n° 05-17.774, inédit et 3 déc. 2008, n° 07-20.931, *Bull. civ.* III, n° 192.

5. Dans la même affaire : Civ. 3e, 1er mars 2006, n° 04-16.297, *Bull. civ.* III, n° 50 et 3 déc. 2008, n° 07-20.932, *Bull. civ.* III, n° 192.

6. Dans la même affaire : Civ. 3e, 27 sept. 2006, n° 05-14.674, *Bull. civ.* III, n° 188 et 3 déc. 2008, n° 07-20.264, *Bull. civ.* III, n° 192.

7. Civ. 3e, 12 sept. 2012, n° 11-13.309, *Bull. civ.* III, n° 118. 24 sept. 2013, n° 12-23.770, inédit.

8. En ce sens, Ph. Simler, *JCP* 2013. Doctr. 585, n° 10. CCH, art. L. 231-6 I et art. R. 231-8 II.

9. C. assur., art. L. 443-1. C mon. fin., art. L. 313-22-1.

[illegible]

[illegible] qui ne [illegible] informatique [illegible] de qualification [illegible] que l'assureur ne [illegible] contre le [illegible] ou contre [illegible]. En effet, en [illegible] créancier [illegible] qui [illegible] le législateur [illegible] articles L. [illegible] du Code [illegible] L. 113-2-1 du Code [illegible] [illegible] 2010 [illegible]

[illegible]

[illegible] Régime [illegible] [illegible] [illegible] considérant [illegible] considérant [illegible] garanties [illegible] ou des [illegible] de responsabilité civile, [illegible] à les [illegible] [illegible]

[illegible]

[illegible]

[illegible]

4. Dans le même [illegible] 2014, n° [illegible] Bull. [illegible] II, n° 192.

5. [illegible] 2009, n° 08-[illegible], Bull. civ. II, n° [illegible].

6. Dans le même [illegible] Civ. 2e, 27 sept. [illegible] 2006, n° 05-20.396, Bull. civ. II, n° [illegible].

7. Civ. 2e, [illegible] 2012, n° [illegible]; L. 113-2 [illegible] 2012 [illegible]

8. [illegible]

9. [illegible]

SOUS-TITRE 2

Les sûretés réelles

558 ***Distinction*** ◊ Il faut distinguer les sûretés traditionnelles (gage, nantissement, privilège, hypothèque) et les sûretés nouvelles (fiducie, réserve de propriété, crédit-bail). Les premières dérogent aux règles qui régissent l'exécution sur les biens [1] et reposent sur un classement des créanciers [2]. Pour ce faire, le créancier est titulaire d'un droit de préférence et parfois d'un droit de suite. L'opposabilité de ce droit aux tiers dépend en principe de la publicité de la sûreté. Les secondes obéissent à une logique totalement différente : le créancier est propriétaire d'un bien, le conserve s'il n'est pas payé et en transmet la propriété au débiteur s'il l'est.

1. C. civ., art. 2285.
2. C. civ., art. 2323.

CHAPITRE 1
LES SÛRETÉS RÉELLES TRADITIONNELLES

SECTION 1. LES SÛRETÉS RÉELLES TRADITIONNELLES MOBILIÈRES

559 ***Notion*** ◊ Le gage est la sûreté portant sur un meuble corporel. Le nantissement est celle portant sur un meuble incorporel [1]. Il existe de très nombreux gages [2] et nantissements [3] entre lesquels les parties ne peuvent pas choisir [4]. Tous donnent naissance à un droit réel de garantie sur le droit gagé ou nanti permettant au créancier de se faire payer par préférence aux autres créanciers du débiteur. Dans certains cas, le gage ou le nantissement confère un droit de suite au créancier. On se limitera ici à évoquer le gage de droit commun et le nantissement de créance.

Sous-section 1. Le gage de droit commun

§ 1. Les conditions

A. Les conditions de fond

560 ***Consentement et capacité*** ◊ Chaque partie doit donner son consentement au gage [5]. La constitution de gage est un acte de disposition.

1. Art. 55 ord. n° 2006-346 du 23 mars 2006.
2. Gage de l'outillage et du matériel d'équipement : C. com., art. L. 525-1 à 525-20. Gage d'un véhicule. C. com., art. 2351 à 2353. Gage des stocks : C. com., art. L. 527-1 à L. 527-9.
3. Nantissement d'effets de commerce : C. com, art. L. 511-13 al. 4e et art. L. 512-3. Nantissement de créances professionnelles : C mon. fin., art. L. 313-23 s. Nantissement de marchés publics : C. marchés, art. R. 127 à 130. Nantissement d'assurance vie : C. assur., art. L. 132-10. Nantissement des droits d'exploitation d'un logiciel : CPI, art. L. 132-34. Nantissement de marque : CPI, art. L. 714-1. Nantissement de comptes-titres : C mon. fin., art. L. 211-20 s. Nantissement de droits sociaux : C. civ., art. 1866. Nantissement d'un fonds de commerce, artisanal ou agricole : C. com., art. L. 142-1 s. ; art. 22 Loi n° 96-603 du 5 juillet 1996 relative au développement et à la promotion du commerce et de l'artisanat ; C. rur., art. L. 311-3 al. 3e.
4. Cass., ass. plén., 7 déc. 2015, n° 14-18.435, *Bull. ass. plén.* n° 10, p. 41.
5. C. civ., art. 1128, 2333.

Chaque partie doit avoir la capacité de contracter [1]. Le constituant doit avoir celle de disposer du droit gagé.

2561 ***Créance garantie*** ◊ La créance garantie doit être déterminée ou au moins déterminable [2]. Elle peut être présente ou future [3]. La nature de la créance confère au gage sa qualification. Le gage sera civil ou commercial suivant que la créance garantie est civile [4] ou commerciale [5].

2562 ***Objet du gage*** ◊ L'objet du gage n'est pas déterminé précisément par les textes. Il faut considérer qu'il porte directement sur un droit réel. Le plus souvent, ce droit est un droit de propriété mais il pourrait aussi s'agir du droit d'un indivisaire, nu-propriétaire ou usufruitier. Le droit faisant l'objet du gage est déterminé indirectement par son propre objet, c'est-à-dire par la désignation de la chose sur laquelle il porte. Le constituant du gage doit être titulaire du droit réel en faisant l'objet. À défaut, le contrat de gage est nul d'une nullité absolue [6]. Le droit réel faisant l'objet du gage doit être disponible. À défaut, le gage ne pourrait être utilement mis en œuvre. Le gage de droits définitivement indisponibles est nul [7]. Le gage de droits momentanément indisponibles est valable [8]. Le gage porte indirectement sur une chose mobilière et corporelle, unique ou plurale et présente ou future [9]. La chose peut être un corps certain ou une chose fongible. Des dispositions particulières régissent le gage de choses fongibles [10].

2563 ***Sûreté réelle pour autrui*** ◊ Le gage peut être constitué par le débiteur ou par un tiers. Dans ce dernier cas, la sûreté est une pure sûreté réelle pour autrui constituée par le tiers constituant dans l'intérêt du débiteur [11].

B. Les conditions de forme

2564 ***Validité*** ◊ Sous l'empire de la loi ancienne, le gage était réel. Il est désormais en principe solennel [12]. Il peut être avec ou sans dépossession [13]. Le

---

1. C. civ., art. 1145.
2. C. civ., art. 2236.
3. C. civ., art. 2333 al. 2e.
4. Paris, 3e Ch., 10 oct. 1964, *Rec. gén. lois* 1965, p. 45, obs. E. Massin ; *JCP* 1964. II. 13926, note J. R. ; *D.* 1965. 125 ; Rev. soc. 1965. 416.
5. Com. 26 janv. 1959, n° 2023 civ. 56, *Bull. civ.* III, n° 43. 5 févr. 1962, n° 59-10.113, *Bull. civ.* III, n° 72.
6. C. civ., art. 1119, 2335.
7. Req. 20 févr. 1939, *DH* 1939. 196.
8. Req. 13 juill. 1903, *DP* 1904, 1, p. 326. Civ. 6 juill. 1937, *Bull. civ.*, n° 158. Com. 30 sept. 2008, n° 07-12.768, *Bull. civ.* IV, n° 165.
9. C. civ., art. 2333 al. 1er.
10. C. civ., art. 2341, 2342.
11. Cass., ch. mixte, 2 déc. 2005, n° 03-18.210, *Bull. Ch. Mixte*, n° 7 ; *RLDC* 2006/24, n° 992, note M. Mignot. C. civ., art. 2334.
12. C. civ., art. 1109 al. 2e, 2336.
13. C. civ., art. 2337.

gage commercial est consensuel [1]. L'écrit doit mentionner la créance garantie et les biens faisant l'objet du gage [2]. La loi ne prévoit pas que l'acte ait date certaine.

565 ***Opposabilité*** ◊ Le gage sans dépossession n'est opposable aux tiers que s'il est publié [3]. La publicité du gage est faite à la requête du créancier sur un registre spécial tenu par le greffier du tribunal de commerce [4]. En fonction de sa date et du numéro correspondant, la publicité confère au créancier un rang [5]. Le gage avec dépossession est opposable aux tiers par la mise en possession du créancier ou d'un tiers convenu [6]. Un fichier national électronique permet de connaître la localisation d'un éventuel constituant d'un gage sans dépossession [7].

§ 2. Les effets

A. La situation du constituant

566 ***Conservation ou remplacement du droit gagé*** ◊ Le constituant supporte une obligation de conservation lorsque le gage porte sur un droit destiné à rester dans son patrimoine [8]. Il doit à ce titre assurer le bien objet du gage [9]. Une clause du contrat de gage peut l'obliger à le faire. Le constituant supporte une obligation de remplacement lorsque le gage porte sur un droit qui n'est pas destiné à demeurer dans son patrimoine [10]. Dans ce cas, il est autorisé à céder le droit gagé à autrui mais à charge de le remplacer par un autre droit qui sera gagé en remplacement.

567 ***Indisponibilité du droit gagé*** ◊ Le contrat de gage donne naissance à un droit réel de garantie portant sur le droit gagé. Le premier rend le second indisponible pour autant que cela est nécessaire à la préservation des intérêts du créancier. L'existence de l'indisponibilité dépend de la nature de la chose objet du droit gagé et de la volonté des parties. Elle ne concerne pas l'actif circulant du constituant [11] mais seulement celui destiné à demeurer dans son patrimoine [12]. Elle est fonction de l'efficacité

1. C. com., art. L. 521-1 al. 1er.
2. C. civ., art. 2336.
3. C. civ., art. 2337 al. 1er.
4. Art. 1er s. Décr. n° 2006-1804 du 23 déc. 2006.
5. Art. 3. Décr. n° 2006-1804, préc.
6. C. civ., art. 2337 al. 2e.
7. Art. 9 décr. n° 2006-1804, préc.
8. *Comp.* C. civ., art. 2344 al. 2e.
9. M. Picard et A. Besson, *Les assurances terrestres*, Tome I, Le contrat d'assurance, 5e éd., LGDJ, 1982, n° 45.
10. C. com., art. L. 527-6.
11. C. civ., art. 2360 al. 1er. C. com., art. L. 527-3.
12. C. civ., art. 2344 al. 2e. art. 2363 al. 1er. C. com., art. L. 525-6. C. mon. fin., art. L. 211-20 IV. art. L. 313-27 al. 2e.

du droit de suite. Elle existe pleinement lorsque le droit de suite est inefficace [1] mais est réduite lorsqu'il l'est (gage de véhicules automobiles, nantissement de fonds de commerce). Les parties peuvent prévoir que tel droit gagé portant sur telle chose pourra valablement faire l'objet d'un acte de disposition par le constituant. La loi prévoit cette convention lorsque le gage porte sur la propriété d'une chose fongible [2]. Les parties au gage peuvent convenir que toute chose faisant indirectement l'objet du gage peut faire l'objet d'un acte de disposition. Le remplacement d'une chose par une autre conformément à la convention de gage, ne vaut pas gage nouveau si son assiette n'est pas augmentée par le remplacement [3]. En principe, le gage se reporte sur le droit dont le constituant a l'obligation de devenir titulaire en remplacement. Le cas échéant, il y a lieu de procéder aux formalités de publicité afin de rendre le gage de remplacement opposable aux tiers [4].

2568 ***Sanctions de la disposition*** ◊ Civilement, la disposition du droit gagé est sanctionnée par le droit de suite accordé au créancier [5], par la déchéance du terme de la dette garantie ou par la nécessité pour le constituant de fournir un complément de gage [6]. La disposition est également sanctionnée pénalement [7].

B. La situation du créancier

1. Les obligations

2569 ***Obligations du créancier*** ◊ En principe, le créancier ne supporte aucune obligation. Il n'est tenu d'une obligation que lorsque le gage est avec dépossession. Dans ce cas, le créancier supporte l'obligation de moyens de conserver la chose [8]. Si le créancier fait des dépenses nécessaires ou utiles pour sa conservation, le constituant lui en doit le remboursement [9]. Si la chose est détériorée ou périt, par le fait ou la négligence du créancier, ce dernier devra réparer le préjudice causé au créancier [10].

---

1. C. civ., art. 2344 al. 2ᵉ et art. 2363 al. 1ᵉʳ. C. com., art. L. 525-7 al. 1ᵉʳ. C mon. fin., art. L. 313-27 al. 2ᵉ. art. L. 211-20 IV.
2. Art. 2342.
3. Com. 27 sept. 2016, n° 15-10.421 : *Bull. civ.* IV, n° 125, p. 154, solution rendue pour l'application de l'article L. 632-1 6° du Code de commerce.
4. Art. 2 7° Décr. n° 2006-1804.
5. C. civ., art. 2337 al. 3ᵉ.
6. C. civ., art. 2344 al. 2ᵉ. *Comp.* art. 1305-4.
7. C. pén., art. L. 314-5.
8. C. civ., art. 1197.
9. C. civ., art. 1303, 2343.
10. Com. 26 mai 1961, n° 59-10.150, *Bull. civ.* III, n° 238.

2. Les droits

570 ***Usage et jouissance de la chose*** ◊ En principe, lorsque le gage est avec dépossession, le créancier peut jouir de la chose. Ses fruits lui reviennent et sont imputés sur les intérêts ou, à défaut, sur le capital de la dette [1]. Une convention contraire peut néanmoins interdire au créancier le droit d'en jouir. Sa violation serait sanctionnée civilement [2] et pénalement [3]. Lorsque le gage est sans dépossession, la question de la jouissance de la chose par le créancier ne se pose pas.

571 ***Droit de rétention*** ◊ Le droit de rétention bénéficie au créancier détenteur ou non détenteur de la chose [4]. Il bénéficie aussi au créancier ayant une détention fictive par détermination de la loi [5]. Seuls le droit de rétention du rétenteur effectif [6] et celui du possesseur fictif [7] demeurent efficaces lorsque le débiteur fait l'objet d'une procédure collective de sauvegarde et de redressement [8] ou de liquidation judiciaires [9].

572 ***Attribution en paiement*** ◊ Le créancier peut se faire attribuer le droit gagé en paiement [10]. L'attribution est une dation en paiement. Le droit à l'attribution est autonome du droit de rétention et bénéficie à tout créancier gagiste [11]. L'attribution est judiciaire ou contractuelle. Lorsqu'elle est judiciaire, elle résulte du jugement et doit être précédée par une évaluation du droit [12]. La demande d'attribution judiciaire en paiement entre dans le champ d'application de l'article L. 622-21 du Code de commerce parce qu'elle constitue une demande en paiement d'une obligation [13]. L'attribution est contractuelle si une clause du gage appelée pacte commissoire prévoit que le droit gagé est attribué au créancier en paiement [14]. Une telle clause est prohibée en cas de crédit à la consommation [15] ou de procédure collective [16]. L'opposabilité aux tiers du pacte commissoire dépend de sa publicité [17]. Les parties doivent indiquer dans la clause d'attribution

---

1. C. civ., art. 2345.
2. C. civ., art. 2344 al. 1er.
3. C. pén., art. 314-1.
4. C. civ., art. 2286 1° et 4°.
5. C. civ., art. 2352.
6. C. civ., art. 2286 1°.
7. C. civ., art. 2352.
8. C. com., art. L. 622-7 I al. 2e. art. L. 631-14 al. 1er.
9. C. com., art. L. 641-3 al. 1er et 2e.
10. C. civ., art. 2347, 2348.
11. Cass., ass. plén., 26 oct. 1984, n° 83-10.055, *Bull. Ass. Plén.* n° 6.
12. C. civ., art. 2347.
13. Com., 28 juin 2017, n° 16-10.591, à paraître au *Bull. civ.* – 19 sept. 2018, n° 17-14.964, inédit.
14. C. civ., art. 2348.
15. C. consom., art. L. 312-38.
16. C. com., art. L. 622-7 I al. 3e. art. L. 631-14 al. 1er. art. L. 641-3 al. 1er.
17. Art. 2-3° Décr. n° 2006-1804 du 23 déc. 2006.

contractuelle les modalités de sa mise en œuvre par le créancier. Afin d'éviter que cette valeur ne soit minimisée, l'estimation peut être faite par un consultant [1] ou un expert [2] nommé d'office par le juge ou sur demande d'une partie [3] ou par accord des parties [4]. La loi ne règle pas les conséquences de l'attribution du droit réel de garantie issu du gage. Il faut considérer que ce droit est neutralisé par confusion du fait de la réunion dans un même patrimoine du droit gagé et du droit réel de garantie portant sur lui. Si le constituant ne restitue pas spontanément la chose objet du droit gagé, à supposer que le gage est dans dépossession, le créancier doit avoir recours dans ce but à une procédure de saisie-appréhension [5]. Le créancier aura un titre exécutoire s'il a préalablement fait condamner le débiteur au paiement de sa dette et obtenu judiciairement l'attribution en paiement du droit gagé [6]. Il n'aura pas de titre exécutoire s'il a seulement mis en œuvre le pacte commissoire. Il pourra alors utilement recourir à la procédure d'injonction de restituer [7].

2573 ***Vente forcée du bien*** ◊ Le créancier peut aussi saisir la chose objet du droit gagé en vue de la faire vendre pour se faire payer avec son prix. Dans tous les cas, le créancier devra avoir un titre exécutoire [8]. La vente aura lieu obligatoirement selon les règles des procédures civiles d'exécution [9]. Le créancier peut opter pour deux procédures d'exécution distincte : la procédure de saisie-vente [10] ou la procédure de saisie-appréhension [11]. Cette seconde procédure est avantageuse car elle ne nécessite pas de titre exécutoire initial. Le créancier peut dans ce but avoir utilement recours à la procédure d'injonction de livrer [12]. Quelle que soit la saisie, la vente pourra être amiable ou forcée [13].

Par exception, la réalisation de la sûreté est largement simplifiée lorsque le gage est commercial [14]. Le créancier peut en principe réaliser son gage sans être muni d'un titre exécutoire [15]. Cela étant, les dispositions de

1. C. pr. civ., art. 256.
2. C. pr. civ., art. 263.
3. C. pr. civ., art. 143.
4. C. civ., art. 2348 al. 2e.
5. C. pr. exéc., art. L. 222-1 et R. 222-6.
6. C. pr. exéc., art. R. 222-2 à R. 222-6.
7. C. pr. exéc., art. R. 222-11 à R. 222-16.
8. C. pr. exéc., art. L. 111-2, R. 221-1, 222-1.
9. C. civ., art. 2346.
10. C. pr. exéc., art. L. 221-1 et R. 221-1 s.
11. art. 2286 4°. - C. pr. exéc., art. L. 222-1 et R. 222-1 s.
12. C. pr. exéc., art. R. 222-11.
13. Art. 2346. - C. pr. exéc., art. R. 221-30 à 221-39, R. 222-6, R. 222-16.
14. C. com., art. L. 521-3 al. 1er.
15. J. et E. Escarra et J. Rault par J. Hémard, *Traité théorique et pratique de droit commercial, Les contrats commerciaux, Les ventes commerciales - Le gage commercial*, Sirey, 1953, n° 497. - J. Hamel, G. Lagarde et A. Jauffret, *Traité de droit commercial*, Tome II, Dalloz, 1966, n° 1293. - E. Thaller et J. Percerou, *Traité élémentaire de droit commercial*, 8e éd., Tome I, Lib. Arthur Rousseau, Paris, 1931, n° 1096.

l'article L. 521-3 ne résolvent pas la question de l'appréhension de la chose objet du gage. Si le constituant refuse de la restituer spontanément, le créancier devra avoir recours initialement à la saisie-appréhension [1], avant même de faire procéder à la vente publique de celle-ci. Après avoir obtenu la détention de la chose, le créancier peut faire procéder à la vente publique de celle-ci huit jours après une mise en demeure signifiée au constituant de payer la dette garantie. La vente est toujours publique mais l'officier public chargé de la réaliser varie [2]. La vente se fait, en principe, par courtier de marchandises assermenté, par application des articles L. 131-28 et L. 322-9 à L. 322-13 du Code de commerce [3]. Elle peut aussi se faire par les prestataires de services d'investissement lorsque l'objet du gage le requiert. Et sur la requête de l'une des parties au contrat, le président du tribunal de commerce peut désigner un commissaire-priseur judiciaire, un huissier de justice ou un notaire, pour procéder à la vente. La convention ne peut déroger à ces formalités [4]. Dans tous les cas, que la vente soit faite par courtier ou autre officier public, il y a lieu de respecter les dispositions des articles 871, 873 et 876 du Code général des impôts.

La loi n'organise pas la purge du gage, c'est-à-dire le report du droit réel de garantie du droit gagé sur la créance de prix en cas de vente publique de celle-ci. Il faut considérer néanmoins que le mécanisme de la subrogation réelle joue et que le droit réel de garantie qui portait sur le droit gagé se reporte de plein droit sur la créance de prix. De gage, la sûreté devient un nantissement légal de créance. Le créancier bénéficie alors d'un droit direct en paiement contre le dépositaire des sommes (huissier ou agent chargé de la vente) qu'il exercera conformément à son rang de classement [5].

574 ***Droit de suite*** ◊ Le droit de suite existe principalement dans l'hypothèse du gage avec maintien de la détention au constituant. Le créancier en bénéficie à l'égard de l'ayant cause à titre particulier du constituant [6]. Mais il n'a aucun droit de suite contre l'ayant cause de l'ayant cause du constituant. Le créancier bénéficie également d'un droit de suite contre le fiduciaire [7]. Le droit de suite permet au créancier de saisir le bien dans le patrimoine de l'ayant cause ou du fiduciaire. Ce droit de suite est soumis à la prescription quinquennale [8].

---

1. Art. 2286 4°. - C. pr. exéc., art. L. 222-1 et R. 222-1 s.
2. M. Cachia, « Les ventes publiques de marchandises », *in* J. Hamel (dir.), *La vente commerciale de marchandises, Études de droit commercial*, Dalloz, 1951, p. 395.
3. C. com., art. L. 521-3 al. 3e - P. Emo, *Les courtiers de commerce assermentés*, Avant-propos J. Hamel, Dalloz, 1945.
4. C. com., art. L. 521-3 al. 1er.
5. C. pr. exéc., art. R. 251-5.
6. C. civ., art. 2337 al. 3e.
7. C. civ., art. 2025 al. 1er.
8. C. civ., art. 2224.

§ 3. L'extinction

2575 ***Voie accessoire*** ◊ Le droit réel de garantie du créancier s'éteint par voie accessoire lorsque la créance garantie disparaît en totalité, quelle qu'en soit la cause. Ce droit étant indivisible, son extinction est subordonnée au paiement intégral du créancier, en principal et accessoires.

2576 ***Voie principale*** ◊ Le droit réel de garantie peut être affecté dans son existence ou son efficacité sans que la créance garantie ne le soit. Il y a alors extinction de ce droit par voie principale. Tel est le cas de la renonciation des parties à ce droit ou de la perte de la chose objet du droit gagé, sauf report du droit réel de garantie sur l'indemnité d'assurance [1]. Le droit réel de garantie s'éteint encore par la déchéance du créancier [2].

Sous-section 2. Le nantissement de créance

2577 ***Notion*** ◊ Le nantissement de créance est une sûreté réelle conventionnelle donnant naissance à un droit réel de garantie portant sur une créance. Il est réglementé par des dispositions particulières (art. 2356 à 2366). À défaut, il l'est par les règles applicables au gage de droit commun.

§ 1. Les conditions

A. Les conditions de fond

2578 ***Conditions subjectives*** ◊ Les conditions subjectives (consentement et capacité) sont celles du gage [3].

2579 ***Créance garantie et nantie*** ◊ La créance garantie doit être déterminée ou déterminable et peut être présente ou future [4]. La créance nantie doit être disponible [5]. La créance nantie peut être présente ou future et doit être déterminée ou déterminable [6].

B. Les conditions de forme

2580 ***Contrat solennel*** ◊ Le nantissement de créances est solennel [7]. L'acte doit contenir la désignation de la créance garantie et de la créance nantie [8]. Le nantissement prend effet entre les parties à la date de l'acte [9].

---

1. C. assur., art. L. 121-13.
2. C. civ., art. 2344 al. 1er.
3. V. ss 2560.
4. C. civ., art. 2356 al. 2e.
5. Art. 13-1 al. 2e L. n° 75-1334 du 31 déc. 1975 issu L. n° 81-1 du 2 janv. 1981. C. pr. pén., art. L. 706-155 al. 2e.
6. C. civ., art. 2356.
7. C. civ., art. 1109 al. 2e, 2356 al. 1er.
8. C. civ., art. 2356 al. 2e.
9. C. civ., art. 2361.

581 ***Opposabilité*** ◊ Le nantissement est opposable au débiteur de la créance nantie par sa notification ou par son intervention à l'acte [1]. Il est également opposable aux autres tiers à la date de l'acte [2].

§ 2. **Les effets**

A. **La situation du constituant et du débiteur**

582 ***Droit réel de garantie*** ◊ Le nantissement donne naissance à un droit réel de garantie portant sur la créance nantie [3]. Ce droit réel rend cette créance indisponible [4]. L'indisponibilité existe dès la constitution du nantissement [5]. Dès cet instant, le constituant ne peut plus disposer de la créance nantie. Par la suite, l'indisponibilité est renforcée par la notification du nantissement au débiteur [6]. La notification est comparable à une saisie conservatoire de la créance. Après elle, le débiteur ne peut plus payer que le créancier nanti [7].

583 ***Droit personnel*** ◊ Le droit réel de garantie est doublé par un droit personnel du créancier contre le débiteur de la créance nantie. La loi n'admet pas clairement l'existence de ce droit personnel [8]. Néanmoins, l'efficacité du nantissement de créance dépend de l'admission de ce droit personnel. C'est une raison suffisante pour l'admettre.

B. **La mise en œuvre**

584 ***Paiement direct*** ◊ Le nantissement se réalise par des techniques exclusivement civiles, sans recours à la saisie-attribution de la créance par application des dispositions y relatives du Code des procédures civiles d'exécution. Le créancier réalise en conséquence sa sûreté sans avoir à justifier d'un titre exécutoire. Après la notification, le débiteur de la créance nantie doit payer le créancier nanti [9]. Le paiement effectué dans les mains du créancier de la créance nantie serait annulable. Cette nullité est une conséquence de l'indisponibilité de la créance nantie. Si le débiteur ne

---

1. C. civ., art. 2362 al. 1er.
2. C. civ., art. 2361.
3. En ce sens : Com. 28 janv. 1997, n° 94-20.554, *Bull. civ.* IV, n° 35. 23 janv. 2001, n° 98-10.974, *Bull. civ.* I, n° 20. 9 mai 2007, n° 06-10.679, *Bull. civ.* IV, n° 127.
4. C. civ., art. 2357, 2363.
5. C. civ., art. 2361. C. mon. fin., art. L. 313-27 al. 2e.
6. C. civ., art. 2362 al. 1er.
7. C. civ., art. 2363 al. 1er. C. mon. fin., art. 313-28. *Comp.* C. civ., art. 2350. art. 2475 al. 1er – C. pr. exéc., art. L. 523-1.
8. C. civ., art. 2363 al. 1er.
9. C. civ., art. 2363 al. 1er. C. com., art. L. 521-1 al. 5e. C mon. fin., art. 313-28. C. marchés, art. 107 al. 2e.

paye pas spontanément, chacun des deux créanciers peut le poursuivre en justice, l'autre créancier devant être alors dûment appelé pour faire valoir ses droits [1]. Le paiement direct suppose que la créance garantie et la créance nantie soient exigibles. Le paiement direct s'impute alors à due concurrence à la fois sur la créance nantie et sur la créance garantie. Si la créance garantie n'est pas exigible, les sommes payées sont conservées par le créancier à titre de garantie et déposées sur un compte ouvert spécialement [2].

2585 ***Attribution en paiement de la créance*** ◊ Le créancier nanti peut également se faire attribuer la créance nantie en paiement [3]. La créance garantie doit être exigible et le constituant défaillant. Le créancier peut demander l'attribution de la créance nantie immédiatement ou attendre qu'elle soit devenue exigible [4]. L'attribution de cette créance peut être judiciaire ou contractuelle. Dans tous les cas, elle sera faite à titre de dation en paiement.

Sous-section 3. **Les privilèges**

2586 ***Notion*** ◊ Le privilège est une préférence attribuée par la loi à un créancier en raison de la nature de sa créance (art. 2324). La source des privilèges est essentiellement légale (*pas de privilège sans texte*). Il faut distinguer les privilèges selon leur objet : certains sont généraux et portent sur tous les biens meubles du débiteur ; d'autres sont spéciaux et ne portent que sur un bien déterminé de celui-ci.

§ 1. **Les privilèges généraux**

2587 ***Frais de justice*** ◊ Le Code civil donne une liste non exhaustive des créanciers privilégiés sur la généralité des meubles [5]. Certains d'entre eux sont par ailleurs considérés par la loi comme portant également sur les immeubles du débiteur [6]. Le privilège des frais de justice est le privilège le plus important en pratique. On se concentrera sur lui. Les frais de justice sont ceux indispensables à la réalisation des biens du débiteur dans l'intérêt de tous les créanciers (frais d'instance, de réalisation et de distribution des biens). Les frais doivent être engagés dans l'intérêt de tous les créanciers pour être couverts par le privilège [7]. La loi qualifie la sûreté de

1. Art. 2363 al. 2e. – C. pr. civ., art. 328, 330.
2. C. civ., art. 2364 al. 2e.
3. C. civ., art. 2365.
4. C. civ., art. 2365 al. 2e.
5. C. civ., art. 2331.
6. C. civ., art. 2375.
7. Com. 19 oct. 1970, n° 69-11.606, *Bull. civ.* IV, n° 272.

privilège. En réalité, les frais sont garantis par un mécanisme qui n'est pas au sens strict un privilège. Il s'agit le plus souvent d'un droit de prélèvement sur les sommes obtenues par la réalisation des biens au bénéfice de l'huissier, de l'agent chargé de la vente ou du commissaire-priseur. Le privilège des frais de justice s'applique potentiellement à tous les meubles et immeubles du débiteur [1]. Concrètement, il porte sur le prix des biens pour la conservation, la réalisation ou la répartition desquels ils ont été exposés [2].

588 ***Sécurité sociale*** ◊ La sécurité sociale bénéficie d'un privilège général mobilier couvrant les cotisations de sécurité sociale, les majorations et pénalités de retard. Ce privilège ne vaut que pendant la durée d'une année à compter de la date d'exigibilité de la créance [3]. Le privilège doit être publié sur un registre public tenu au greffe du tribunal de commerce ou du tribunal de grande instance si les sommes garanties dépassent un certain seuil [4].

589 ***Trésor public*** ◊ Le Trésor public bénéficie d'un privilège général mobilier relatif aux contributions directes et taxes assimilées [5], aux taxes sur le chiffre d'affaires et taxes assimilées [6], aux contributions indirectes [7], aux droits d'enregistrement, à la taxe de publicité foncière, aux droits de timbre et autres droits et taxes assimilés [8]. Il couvre toutes les sommes dues en principal et accessoires et s'exerce sur tous les meubles du débiteur. Dans certains cas, le privilège du Trésor doit être publié pour être efficace [9].

590 ***Privilège en cas de procédure collective*** ◊ Certains privilèges n'existent que dans le cadre d'une procédure collective. La loi n° 2005-845 du 26 juillet 2005 a donné naissance au privilège de conciliation qui profite au créancier qui a fourni, dans le cadre de cette procédure, soit un nouvel apport en trésorerie au débiteur en vue d'assurer la poursuite d'activité de l'entreprise et sa pérennité, soit un nouveau bien ou service dans le même but [10]. Le privilège s'exerce lors de l'ouverture ultérieure d'une procédure de sauvegarde, de redressement ou de liquidation judiciaire, à condition qu'un accord ait été homologué par le juge dans le cadre de la conciliation. En cas de sauvegarde et de redressement judiciaire, les créanciers postérieurs à

---

1. C. civ., art. 2331 1°. art. 2375 1°.
2. Req. 15 déc. 1897, *Gaz. Pal.* 1898. 1, p. 137.
3. CSS, art. L. 243-4.
4. CSS, art. D. 243-3.
5. CGI, art. 1920.
6. CGI, art. 1926.
7. CGI, art. 1927.
8. CGI, art. 1929.
9. CGI, art. 1929 *quater*.
10. C. com., art. L. 611-11.

l'ouverture de la procédure bénéficient traditionnellement d'un privilège [1]. Il porte sur tous les biens du débiteur. Il n'existe que si la créance est née régulièrement après le jugement d'ouverture pour les besoins du déroulement de la procédure ou de la période d'observation ou encore en contrepartie d'une prestation fournie au débiteur pendant cette période. En cas de liquidation, certaines créances sont payées à l'échéance [2]. Si elles ne le sont pas, elles sont payées, en principe, par privilège avant toutes les autres créances [3]. Ce privilège porte sur les meubles et les immeubles du débiteur [4].

§ 2. Les privilèges spéciaux

2591 ***Variété*** ◊ Le Code civil donne une liste non exhaustive des créanciers bénéficiant d'un privilège sur certains meubles. Ces privilèges sont fondés sur l'idée de gage tacite, d'introduction d'une valeur dans le patrimoine du débiteur et d'interdiction de s'enrichir aux dépens d'autrui ou de conservation. Il convient d'évoquer les principaux privilèges spéciaux en relation avec ces différents fondements.

2592 ***Privilège du bailleur*** ◊ Le bailleur d'immeuble bénéficie d'un privilège pour le paiement des sommes dues par le preneur [5]. Ce privilège est fondé sur la maîtrise indirecte du bailleur des meubles garnissant l'immeuble. Le privilège bénéficie à tout bailleur d'immeuble, quelle que soit la nature du bail. Il couvre toutes les sommes dues en vertu de l'occupation de l'immeuble, les loyers et fermages, les dommages et intérêts dus sur le fondement du contrat et même l'indemnité d'occupation. En cas de procédure de sauvegarde, de redressement ou de liquidation judiciaire, le bailleur n'a privilège que pour les deux dernières années de loyers avant le jugement d'ouverture de la procédure [6]. Le privilège porte sur les meubles qui sont en rapport avec le bail. Les meubles qui n'ont pas de lien direct avec l'occupation des lieux loués sont exclus de son assiette. En matière rurale, le privilège couvre tout ce qui sert à l'exploitation de la ferme et qui appartient au preneur, ainsi que les fruits de la récolte de l'année, quel que soit le lieu où ils se trouvent. Le privilège s'étend aux biens qui garnissent l'immeuble, même s'ils n'appartiennent pas au preneur, à condition que le bailleur soit de bonne foi, c'est-à-dire qu'il ignore le fait que le meuble appartient à un tiers [7]. Ce privilège confère un droit de préférence au créancier et un droit de suite limité [8].

---

1. C. com., art. L. 622-17 II. art. L. 631-14 al. 1er.
2. C. com., art. L. 641-13 I.
3. C. com., art. L. 641-13 II.
4. C. civ., art. 2332.
5. C. civ., art. 1752, 2332-1°.
6. C. com., art. L. 622-16. art. L. 631-14 al. 1er. art. L. 641-12 al. 6e.
7. C. civ., art. 2276.
8. C. civ., art. 2332 1° al. 5e. art. 2277 al. 2e.

593 ***Privilège du vendeur*** ◊ Le vendeur est privilégié sur le prix des effets mobiliers non payés si l'acheteur les détient encore [1]. Ce privilège est fondé sur l'interdiction de s'enrichir aux dépens d'autrui. Il bénéfice à tout vendeur de meubles et garantit la créance de prix en principal et accessoires (intérêts et frais). Le vendeur peut exercer son droit de préférence en cas de saisie et de réalisation de la chose. Il est aussi en droit de récupérer la détention de la chose s'il l'a livrée sans y être tenu [2]. Le vendeur peut aussi empêcher sa revente, à condition que sa demande soit faite dans les 8 jours de la livraison et que les objets vendus soient encore dans le même état que celui du jour de celle-ci. Lorsque l'acheteur est soumis à une procédure de sauvegarde, de redressement ou de liquidation judiciaire, ces prérogatives ne peuvent être exercées que dans la limite des dispositions des articles L. 624-12 à L. 624-18 du Code de commerce. Le privilège du vendeur de meubles ne comporte aucun droit de suite. Il disparaît avec la vente de la chose à un sous-acquéreur de bonne foi [3]. Le privilège se reporte toutefois sur la créance de prix, ce qui permet au vendeur initial d'être payé directement par le sous-acquéreur.

594 ***Privilège du conservateur*** ◊ Le conservateur d'une chose bénéfice d'un privilège sur elle. La conservation consiste à mettre la chose à l'abri d'un risque devant entraîner sa détérioration ou sa disparition [4]. Comme celui du vendeur, ce privilège est également fondé sur l'interdiction de s'enrichir aux dépens d'autrui. Il existe lorsque les avances exposées par le conservateur ont eu pour résultat de profiter aux autres créanciers du débiteur en prévenant la perte totale ou partielle de la chose [5]. Il existe plusieurs types de conservation. Elle peut être une simple conservation matérielle de la chose [6]. La jurisprudence admet par extension que le privilège s'applique lorsque le conservateur a agi en vue d'assurer le maintien de la valeur d'usage de la chose [7]. Par une extension supplémentaire, la jurisprudence admet également que la conservation soit purement juridique et concerne un bien incorporel [8]. Le privilège couvre les frais faits pour la conservation de la chose.

---

1. C. civ., art. 2332 4°.
2. C. civ., art. 2332 4° al. 2e.
3. C. civ., art. 2276.
4. C. civ., art. 2332 3°.
5. Req. 12 juin 1939, *DH* 1939. 453. Com. 22 juin 1961, n° 58-11.831, *Bull. civ.* III, n° 284.
6. Civ. 14 févr. 1900, *DP* 1900. 1. 175. T. com. Seine, 19 janv. 1959, *D.* 1959, somm. p. 37 ; *Rec.* gen. lois 1959, p. 509, obs. R. Desiry.
7. Com. 31 janv. 1962, n° 57-10.606, *Bull. civ.* III, n° 66. 12 janv. 1988, n° 86-12.070, *Bull. civ.* IV, n° 23.
8. T. com. Saint-Étienne, 20 janv. 1938, *Gaz. Pal.* 1938. 1. 500. Dans la même affaire, Paris, 3e Ch., 7 nov. 1935, *DP* 1936, 2, p. 22, note Ch. Blaevoët et Req. 12 juin 1939, préc. T. civ. de Lisieux, 21 mai 1941, DA 1941, p. 255.

Sous-section 4. Le classement des créanciers

2595 ***Distinction entre droit commun et spécial*** ◊ Le créancier muni d'une sûreté prime toujours le créancier chirographaire. Lorsque plusieurs créanciers munis d'une sûreté souhaitent se faire payer sur le prix du même bien, il convient de les classer en donnant la préférence à l'un d'eux au détriment des autres. Il convient de distinguer le classement de droit commun qui résulte des règles du Code civil du classement en cas de procédure collective déterminé par celles du Code de commerce.

§ 1. Le classement de droit commun

A. Le conflit entre privilèges généraux

2596 ***Principe et exceptions*** ◊ Les créanciers privilégiés sur la généralité des meubles sont payés dans l'ordre de l'article 2331 [1]. Il existe des exceptions à cette règle de classement. C'est le cas du Trésor public qui a en principe le premier rang, sous réserve des frais de justice [2]. C'est aussi le cas de la sécurité sociale dont le privilège vient au même rang que celui des salariés établi par l'article 2331 du Code civil en l'absence de procédure collective et par les articles L. 625-7 et L. 625-8 du Code de commerce en cas de procédure collective [3].

B. Le conflit entre privilèges généraux et spéciaux

2597 ***Principe et exceptions*** ◊ En principe les privilèges spéciaux et sûretés spéciales assimilées priment les privilèges généraux [4]. Par exemple, le créancier nanti sur le fonds de commerce prime le créancier bénéficiant d'un privilège général [5]. Ou encore, le conservateur prime le Trésor. Il existe des exceptions à cette règle de classement. Le privilège général des frais de justice prime les privilèges spéciaux [6]. Il prime d'ailleurs tous les autres privilèges soit généraux, soit spéciaux, mobiliers ou immobiliers. La situation du Trésor est assez complexe. Il faut distinguer deux ordres de privilèges fiscaux, les privilèges fiscaux de premier rang [7] et ceux de second rang [8]. Le privilège du Trésor de premier rang prime tous les autres privilèges et sûretés mobilières. Celui de second rang prend un

1. C. civ., art. 2332-2.
2. CGI, art. 1920, 1926, 1927.
3. CSS, art. L. 243-4 al. 1er.
4. Req. 20 mars 1849, *DP* 1849, 1, p. 250. Civ. 18 juin 1889, *DP* 1889, 1, p. 399. Com. 25 oct. 1976, n° 75-10.654, *Bull. civ.* IV, n° 267. C. civ., art. 2332-1.
5. T. com. Saint-Étienne, 31 mars 1936, Gaz. T. 1936, 2, p. 236.
6. C. civ., art. 2331-1°.
7. CGI, art. 1920, 1926, 1927.
8. CGI, art. 1929 1 al. 2e.

rang immédiatement inférieur au privilège de premier rang mais supérieur aux autres privilèges et sûretés mobilières [1].

C. Le conflit entre privilèges spéciaux, gages et nantissements

598 ***Distinctions*** ◊ Il existe quantité de conflits particuliers plus ou moins bien réglés par la loi. On s'en tiendra aux principales hypothèses.

1. Le conflit entre privilèges spéciaux et sûretés assimilées

599 ***Conflit entre sûretés de même nature*** ◊ Le conflit entre créanciers dont la sûreté est un gage ou un nantissement ou encore un privilège fondé sur l'idée de gage tacite est résolu par la date du titre de la créance ou celle à laquelle chacun a été rendu opposable aux tiers. Le plus ancien l'emporte sur le plus récent [2]. Le conflit entre les vendeurs d'un même meuble est résolu en faveur du plus ancien [3]. Entre les conservateurs du même meuble, la règle est inverse : la préférence est donnée au plus récent car c'est son intervention qui profite aux autres [4].

600 ***Conflit entre sûretés d'une nature distincte*** ◊ En cas de conflit entre un privilège fondé sur l'idée de gage et un autre fondé sur l'introduction d'une valeur, le privilège fondé sur l'idée de gage l'emporte, en principe, sur celui fondé sur l'idée d'introduction d'une valeur. En particulier, le bailleur d'immeuble l'emporte sur le vendeur de meuble [5]. En cas de conflit entre un privilège fondé sur l'idée de gage et le privilège du conservateur, ce dernier l'emporte si son intervention est postérieure [6] et s'incline si son intervention est postérieure [7]. En cas de conflit entre le privilège fondé sur l'idée d'introduction d'une valeur et le privilège du conservateur, ce dernier l'emporte toujours [8].

2. Le conflit entre gages et/ou nantissements

601 ***Droit de rétention*** ◊ Le créancier rétenteur doit en principe être payé avant tout autre créancier [9]. Il bénéficie d'une priorité absolue de paiement, à condition qu'il se prévale de son droit de rétention et conserve la détention de la chose.

1. CGI, art. 1929 1 al. 2e.
2. Com. 14 févr. 1977, n° 75-13.907, *Bull. civ.* IV, n° 43.
3. C. civ., art. 2332-3 al. 2e. C. civ., art. 2332-3 al. 2e.
4. C. civ., art. 2332-3 al. 2e.
5. C. civ., art. 2332 4° al. 3e.
6. C. civ., art. 2332-3 1°.
7. C. civ., art. 2332-3 3°.
8. C. civ., art. 2332-3 1° et 3°.
9. C. civ., art. 2286.

2602 ***Attribution en paiement*** ◊ Le créancier gagiste ou nanti peut demander l'attribution en paiement du droit gagé [1]. La jurisprudence considère que cette attribution lui permet d'échapper à la loi du concours [2]. Cela veut dire que le créancier sera par ce biais payé avant tout autre créancier. En cas de constitution d'une pluralité de gages ou de nantissements sur le même droit, le Code civil ne règle pas le conflit consécutif. Il faut donner la priorité au créancier dont le droit réel de garantie est le plus ancien. Le conflit entre un créancier gagiste ou nanti demandant l'attribution en paiement et un autre demandant la vente forcée, n'est pas non plus résolu par la loi. La solution à donner à ce conflit est la même que celle donnée au précédent. Il faut attribuer la priorité au créancier dont le droit réel de garantie est le plus ancien.

2603 ***Vente forcée*** ◊ Le créancier gagiste peut demande la vente forcée de la chose gagée [3]. En cas de conflit entre plusieurs gagistes demandant la vente forcée, le droit réel de garantie le plus ancien l'emporte. Précisément, la loi considère que le premier gage publié l'emporte [4]. Le conflit entre un créancier muni d'un gage sans dépossession antérieur et un gage avec dépossession postérieur est résolu en faveur du premier [5].

2604 ***Conflit entre créanciers nantis sur une même créance*** ◊ Ce conflit est résolu par l'ordre résultant de la date des notifications. Le nantissement ayant fait l'objet d'une notification au débiteur de la créance nantie en premier l'emporte sur les autres [6].

§ 2. Le classement en cas de procédure collective

A. Le classement en cas de procédure de sauvegarde et de redressement judiciaires

1. Le droit de rétention

2605 ***Droit de rétention effectif*** ◊ Pendant la période d'observation de la procédure de sauvegarde et de redressement judiciaire, le juge-commissaire peut autoriser le débiteur à payer des créances antérieures pour retirer la chose légitimement retenue par un créancier ayant la détention de la chose [7], à condition que ce retrait soit nécessité par la poursuite de l'activité [8].

---

1. V. ss 2572, 2585.
2. Com. 31 janv. 1983, n° 81-15.783, *Bull. civ.* IV, n° 43.
3. V. ss 2573.
4. C. civ., art. 2340 al. 1er.
5. C. civ., art. 2340 al. 2e.
6. C. civ., art. 2363 al. 1er.
7. C. civ., art. 2286 1°, 2286 3°.
8. C. com., art L. 622-7 II al. 2e. art. L. 631-14 al. 1er.

606 ***Droit de rétention fictif*** ◊ En cas de procédure de sauvegarde et de redressement, le droit de rétention fictif du créancier gagiste [1] est considéré comme inopposable à la procédure pendant la période d'observation et l'exécution du plan, sauf si le bien objet du gage est compris dans une cession d'activité décidée en application de l'article L. 626-1 [2].

607 ***Cession d'entreprise*** ◊ En cas de cession de l'entreprise par suite de l'adoption d'un plan de sauvegarde, de redressement ou en cas de liquidation judiciaire, la jurisprudence considère que le droit de rétention effectif du créancier est opposable au cessionnaire de l'entreprise. Le rétenteur est alors en droit d'obtenir le paiement de l'intégralité de sa créance, et non d'une fraction de celle-ci correspondant à la quote-part du prix de cession affectée au bien [3].

2. Les solutions du classement

608 ***Ordre des paiements*** ◊ En principe, les créanciers postérieurs à l'ouverture de la procédure sont payés en priorité par rapport aux créanciers antérieurs [4]. Par exception, certains créanciers antérieurs à la procédure sont payés avant les créanciers postérieurs. C'est le cas des créanciers dont les créances sont garanties par le superprivilège des salariés établi aux articles L. 3253-2 à L. 3253-4 et L. 7313-8 du Code de travail, des frais de justice nés régulièrement après le jugement d'ouverture pour les besoins du déroulement de la procédure et de celles garanties par le privilège établi par l'article L. 611-11 du Code de commerce [5]. Les créanciers antérieurs qui ne bénéficient pas de l'exception visée à l'article L. 622-17 II du Code de commerce sont payés après les créanciers antérieurs qui en bénéficient et après les créanciers postérieurs. Le paiement de ces créances antérieures se fait selon leur rang, déterminé par application des règles du droit commun [6].

B. Le classement en cas de liquidation judiciaire

1. Le droit de rétention

609 ***Droit de rétention*** ◊ Le liquidateur ou l'administrateur peut être autorisé par le juge-commissaire à payer une dette antérieure au jugement afin de retirer le bien retenu par le créancier gagiste muni d'un droit de rétention ou par un simple rétenteur [7]. Il semble que le droit de rétention fictif

---

1. C. civ., art. 2286 4°.
2. C. com., art. L. 622-7 I al. 2e. art. L. 631-14 al. 1er.
3. Com. 20 mai 1997, n° 95-12.925, *Bull. civ.* IV, n° 151. C. com., art. L. 626-22 al. 1er. art. L. 642-12 al. 1er et 5e.
4. C. com., art. L. 622-17 II.
5. C. com., art. L. 622-17 II et III.
6. C. com., art. L. 622-17 III 3°.
7. C. com., art. L. 641-3 al. 2e.

ne soit pas concerné par cette règle dans la mesure où le retrait de la chose n'est pas nécessaire, celle-ci étant par hypothèse détenue par le débiteur [1]. À défaut de retrait de la chose retenue, le liquidateur doit la faire vendre avec l'autorisation du juge-commissaire. Le droit de rétention effectif et fictif se reporte alors sur le prix payé par l'acheteur par le jeu de la subrogation réelle [2].

2. Les solutions du classement

2610 ***Ordre des paiements*** ◊ Les créances postérieures à l'ouverture de la liquidation visées à l'article L. 641-13 I du Code de commerce sont payées par priorité aux créances antérieures [3]. Par exception au principe du paiement par privilège des créances postérieures, certaines créances antérieures sont payées avant les créances postérieures. C'est le cas des créances garanties par le superprivilège des salaires établi aux articles L. 3253-2 à L. 3253-4 et L. 7313-8 du Code du travail, des frais de justice nés régulièrement après le jugement d'ouverture pour les besoins du déroulement de la procédure, de celles qui sont garanties par le privilège établi par l'article L. 611-11 du Code de commerce et de celles qui sont garanties par des sûretés immobilières [4]. Ces créances postérieures sont payées dans l'ordre établi par l'article L. 641-13 III du Code de commerce.

SECTION 2. LES SÛRETÉS RÉELLES TRADITIONNELLES IMMOBILIÈRES

2611 ***Distinction*** ◊ Il existe plusieurs sûretés réelles immobilières [5]. On peut ainsi distinguer le gage immobilier et l'hypothèque. Malgré les apparences, l'une et l'autre ont une nature distincte. Le gage immobilier penche du côté de la fiducie, alors que l'hypothèque donne naissance à un droit réel de garantie traditionnel portant sur le droit réel immobilier.

Sous-section 1. Le gage immobilier

2612 ***Notion*** ◊ Le gage immobilier est défini par l'article 2387 du Code civil par référence implicite à l'hypothèque. Cette définition est largement inutile parce qu'elle ne met pas en évidence la nature réelle de cette sûreté.

---

1. C. civ., art. 2286 4°.
2. C. com., art. 641-13 II al. 1er. art. 642-20-1.
3. C. com., art. L. 641-13 II.
4. C. com., art. L. 641-13 II.
5. C. civ., art. 2373.

§ 1. L'existence du gage

A. La nature du gage

613 *Gage ou fiducie* ◊ La nature du gage n'est pas clairement déterminée. La loi rapproche cette sûreté des sûretés traditionnelles. C'est ce qui résulte de son appellation de gage immobilier [1] et de sa réglementation par référence à l'hypothèque [2]. Il faudrait en déduire que le créancier gagiste est attributaire d'un droit réel de garantie sur le droit immobilier gagé. Pourtant, selon la tradition, le gage immobilier n'est ni un gage, ni une hypothèque mais un démembrement fiduciaire. Le droit de propriété de l'immeuble est démembré : le constituant demeure nu-propriétaire tandis que le créancier devient cessionnaire du droit d'usage et de jouissance de l'immeuble [3]. Ce transfert fiduciaire est réalisé dans le cadre d'une dation à exécution successive en vue du paiement. Les revenus produits par l'immeuble sont imputés sur la créance garantie jusqu'à complet paiement. En toute logique, il faudrait s'inspirer des dispositions sur la fiducie immobilière pour compléter les lacunes des dispositions légales sur le gage immobilier [4].

B. La constitution du gage

1. Les conditions de fond

614 *Capacité* ◊ La constitution d'un gage immobilier est un acte de disposition. Le gage immobilier ne peut être consenti que par celui qui a la capacité d'aliéner le droit de jouissance sur l'immeuble [5].

615 *Créance garantie* ◊ Le gage immobilier peut garantir une ou plusieurs créances, déterminées ou déterminables [6]. Le gage réalisant une dation en paiement, la créance garantie ne peut pas être future.

616 *Objet* ◊ Le gage immobilier a pour objet un droit réel de jouissance relatif à un immeuble. Ce droit doit être disponible. Le gage s'étend aux améliorations qui surviennent à l'immeuble [7].

---

1. Art. 10 L. n° 2009-526 du 12 mai 2009.
2. C. civ., art. 2388.
3. D. Martin, « L'antichrèse », *JCP N* 1987, I, p. 299. M. Mignot, « La nature juridique du gage immobilier », *LPA* 4 déc. 2014, n° 242, p. 7 ; « Le gage immobilier, utilisé ? » *in L'attractivité du droit français des sûretés réelles, 10 ans après la réforme*, 2016, Lextenso éditions, Université Jean Moulin-Lyon 3, Équipe de droit privé, Coll. Grands colloques, p. 177. C. civ., art. 2389.
4. C. civ., art. 2011 s. et art. 2488-1 s.
5. C. civ., art. 2388 al. 1er, 2413.
6. C. civ., art. 2388 al. 1er, 2421.
7. C. civ., art. 2388 al. 1er, 2397 *in fine*.

2617 ***Gestion de l'immeuble*** ◊ Le contrat devrait prévoir les conditions de la gestion de l'immeuble et notamment les modalités de la jouissance. Il devrait déterminer les charges venant en déduction des produits.

2618 ***Dation en paiement*** ◊ Les conditions de la dation en paiement doivent être précisées. Il faudrait prévoir l'équivalent d'un tableau d'amortissement indiquant la progression prévue dans la réduction de la dette garantie et les conditions précises de l'imputation des fruits nets sur le capital et sur les intérêts de la dette.

2619 ***Dépossession*** ◊ Il semble que le contrat de gage immobilier soit réel [1]. Ce caractère est critiquable. L'exigence d'une dépossession ne cadre pas du tout avec la nature du gage immobilier. La dépossession est inutile en raison du transfert fiduciaire du droit réel de jouissance.

2. Les conditions de forme

2620 ***Contrat solennel et publicité*** ◊ Le contrat est solennel et doit être relaté par acte notarié [2]. L'acte devra être publié au service chargé de la publicité foncière, à peine d'inopposabilité aux tiers [3]. La publicité n'est nullement attributive d'un rang au créancier mais réalisée en vue de rendre le démembrement fiduciaire efficace à l'égard des tiers.

§ 2. Les effets du gage

A. Les droits et devoirs des parties

1. La jouissance et l'administration de l'immeuble

2621 ***Jouissance et administration de l'immeuble*** ◊ Le gage immobilier est un démembrement temporaire conférant au créancier le droit réel à la jouissance réalisé dans le cadre d'une dation aux fins de paiement. Ce démembrement a une nature fiduciaire. Le créancier est en droit d'user de l'immeuble et d'en percevoir les fruits [4]. Il est en droit de louer l'immeuble au débiteur ou à un tiers [5]. Corrélativement, le créancier supporte la charge de son administration et doit le gérer en contractant raisonnable [6]. Le créancier peut à tout moment se soustraire à cette obligation en restituant l'immeuble au constituant [7].

---

1. C. civ., art. 2387.
2. C. civ., art. 1109 al. 2e, 2388 al. 1er, 2416.
3. Art. 28 1° a) Décr. n° 55-22 du 4 janv. 1955. art. 2 1° L. 23-26 mars 1855 anc.
4. C. civ., art. 2389.
5. C. civ., art. 2390.
6. C. civ., art. 1197, 2389.
7. C. civ., art. 2389 al. 2e.

1622 ***Dation des fruits nets*** ◊ Le gage immobilier est une dation en vue du paiement, à exécution successive, du droit réel de jouissance sur l'immeuble. Il n'y a pas dation en paiement parce que le transfert du droit réel de jouissance n'est pas extinctif de la créance garantie. Il y a dation en vue du paiement ou aux fins de paiement parce que ce sont les fruits effectivement perçus par le créancier qui l'éteignent. La loi fait référence à cette dation en utilisant le mot *imputation* [1]. Ce dernier n'est pas pris dans son sens technique [2] mais dans un sens plus vague à mettre en relation avec cette dation. Quel que soit le mode de gestion de l'immeuble, la valeur des fruits qu'il produit vient en déduction de la créance garantie. Il y a tout simplement une dation en paiement des fruits. L'imputation est relative aux fruits nets, déduction des charges. Elle porte d'abord sur les intérêts de la créance et ensuite sur le capital. Finalement, il ne faut pas considérer que le constituant du gage peut être défaillant. Il ne peut pas l'être puisque le paiement a lieu par la gestion de l'immeuble et l'imputation des fruits sur la créance. En considérant que le constituant peut être défaillant, la loi est en contradiction avec la nature du gage immobilier [3].

2. Les autres prérogatives du gagiste

1623 ***Droit de rétention*** ◊ La loi considère implicitement que le créancier bénéficie d'un droit de rétention [4]. L'attribution au créancier d'un droit de rétention procède d'une mauvaise conception du gage immobilier. Un créancier ne peut être rétenteur que de la chose d'autrui. Or, le créancier gagiste est titulaire d'un droit réel de jouissance sur l'immeuble qui devient sa chose. Ce droit est incompatible avec l'existence d'un droit de rétention. Le créancier gagiste est dans une situation nettement plus avantageuse que celle du rétenteur.

1624 ***Droit de préférence, attribution en paiement et droit de suite*** ◊ La réalisation du gage immobilier doit être conçue d'une façon qui respecte sa nature de démembrement du droit de propriété sur l'immeuble réalisé dans le cadre d'une dation aux fins de paiement. Le créancier ne peut aucunement bénéficier d'un droit de préférence sur le droit réel de jouissance sur l'immeuble. Comme pour le droit de rétention, un créancier ne dispose d'un droit de préférence que sur un droit dont autrui est titulaire. Ce n'est pas le cas ici s'agissant du droit réel de jouissance mais seulement du droit de disposer de l'immeuble comparable à la nue-propriété dont le constituant conserve la titularité. Si le créancier gagiste bénéficie d'un droit de préférence, ce ne peut être que sur ce droit de disposition. Le même raisonnement peut être tenu s'agissant de l'attribution

1. C. civ., art. 2389 al. 1er.
2. C. civ., art. 1342-10.
3. C. civ., art. 2388 al. 2e, 2458 à 2460.
4. C. civ., art. 2387, 2390, 2391.

en paiement dont la loi accorde le bénéfice au créancier gagiste [1]. Il peut encore être tenu à propos du droit de suite.

B. La cessation du démembrement

2625 ***Voie accessoire ou principale*** ◊ Le démembrement fiduciaire cesse par voie accessoire ou principale. Il cesse par voie accessoire lorsque la dette garantie est éteinte, peu important la cause de cette extinction. Elle peut être éteinte par exécution ou sans exécution. On notera que la principale cause d'extinction par exécution est celle qui résulte de la dation en paiement successive des fruits de l'immeuble au créancier [2]. Il cesse par voie principale lorsque le créancier restitue l'immeuble de façon anticipée à son nu-propriétaire [3]. Il faut supposer dans ce cas que les parties conviennent d'une renonciation à la sûreté [4].

Sous-section 2. L'hypothèque

2626 ***Notion*** ◊ L'hypothèque est définie par l'article 2393 du Code civil comme le droit réel sur les immeubles affectés à l'acquittement d'une obligation. Plus précisément, elle est le droit réel de garantie établi par la loi, le contrat ou le jugement, sur un droit immobilier, qui permet au créancier d'être payé prioritairement aux autres créanciers sur sa valeur et de saisir l'immeuble dans le patrimoine du constituant.

§ 1. Les sources de l'hypothèque

A. L'hypothèque conventionnelle

1. Les conditions de fond

a. Subjectives

2627 ***Consentement*** ◊ L'hypothèque conventionnelle résulte d'un contrat conclu entre le constituant et le créancier [5]. Chaque partie doit donner son consentement [6].

---

1. C. civ., art. 2388 al. 2e, 2458.
2. C. civ., art. 2389 al. 1er.
3. C. civ., art. 2392 2°.
4. C. civ., art. 1193.
5. C. civ., art. 2413.
6. C. civ., art. 1128

628 ***Titularité du droit hypothéqué*** ◊ Le constituant doit être titulaire du droit hypothéqué. Le contrat est annulable si le constituant n'est pas titulaire du droit hypothéqué. La nullité est absolue [1] [2]. Par exception, la jurisprudence valide le contrat lorsque le constituant est un titulaire apparent du droit hypothéqué [3]. Le droit réel doit être présent dans le patrimoine du constituant au moment de l'acte constitutif d'hypothèque. L'hypothèque d'un droit futur est annulable. La nullité est encore absolue [4]. Le Code civil prévoit cependant d'une façon assez imprécise trois exceptions à cette règle de principe [5]. L'annulation du titre du titulaire du droit hypothéqué entraîne celle du contrat à l'origine de l'hypothèque. La résolution de ce titre entraîne la caducité du contrat à l'origine de l'hypothèque [6]. Par exception, l'hypothèque peut être maintenue [7]. L'hypothèque est affectée par les mêmes modalités que l'acte à l'origine de la titularité dans la personne du constituant du droit immobilier hypothéqué [8].

629 ***Capacité*** ◊ Le contrat à l'origine de l'hypothèque est un acte de disposition. Le constituant doit donc avoir la capacité de disposer du droit hypothéqué [9].

630 ***Pouvoir*** ◊ Le constituant doit être titulaire du pouvoir de disposer du droit hypothéqué. Le mandataire doit avoir un pouvoir exprès [10]. Sous tous les régimes matrimoniaux, l'hypothèque du logement de la famille nécessite le consentement des deux époux [11]. Sous le régime de la communauté légale, la constitution d'une hypothèque sur un immeuble commun est un acte de cogestion [12]. L'hypothèque consentie par un indivisaire est réglementée par l'article 2414 du Code civil.

631 ***Sûreté réelle pour autrui*** ◊ L'hypothèque peut être constituée par le débiteur ou par un tiers. Dans ce dernier cas, elle est une pure sûreté réelle pour autrui constituée par le tiers constituant dans l'intérêt du débiteur [13]. Elle ne confère au constituant ni bénéfice de discussion, ni

1. C. civ., art. 1199, 1203.
2. Civ. 24 mai 1892, *DP* 1892, 1, p. 327.
3. Civ. 25 avr. 1939, *DH* 1939. 305. Req. 1er mai 1939, *DH* 1939. 371. Req. 14 oct. 1940, *DH* 1940. 164.
4. Civ. 24 mai 1892, préc.
5. C. civ., art. 2420.
6. C. civ., art. 952, 954, 963.
7. C. civ., art. 952 *in fine*, 958.
8. C. civ., art. 2414 al. 1er.
9. C. civ., art. 1145, 2413. Décret n° 2008-1484 du 22 déc. 2008, Annexe 1, Colonne 2.
10. C. civ., art. 1988 al. 2e. art. 1831-2 al. 2e.
11. C. civ., art. 215 al. 3e.
12. C. civ., art. 1424, 1422 al. 2e. C. civ., art. 1424, 1422 al. 2e.
13. Cass., ch. mixte, 2 déc. 2005, n° 03-18.210, *Bull. Ch. Mixte*, n° 7 ; *RLDC* 2006/24, n° 992, note M. Mignot. art. 55-2 1° D. n° 55-1350 du 14 oct. 1955.

bénéfice de division [1]. Le constituant ne peut invoquer à son bénéfice les dispositions de l'article 2314 du Code civil [2].

b. Objectives

2632 ***Créance garantie*** ◊ La créance garantie peut être présente ou future. La créance garantie doit être déterminée par l'indication de sa source et de son montant [3]. La somme garantie par l'hypothèque doit être énoncée dans le contrat, à peine d'annulabilité de celui-ci [4]. Cette somme peut être celle en principal et accessoire de la créance garantie lorsqu'elle est liquide. Si elle ne l'est pas, les parties doivent indiquer dans l'acte constitutif les éléments connus qui rendent le montant de la créance ultérieurement déterminable [5]. Si la créance est assortie d'une clause de réévaluation, la garantie s'étend à la créance réévaluée, pourvu que l'acte le mentionne [6]. Lorsque la créance garantie est future et que l'hypothèque est à durée indéterminée, le constituant jouit de la faculté de résilier unilatéralement sa garantie en respectant un délai de préavis de 3 mois [7].

2633 ***Hypothèque rechargeable*** ◊ L'une des principales innovations de la réforme de 2006 a été la consécration de l'hypothèque rechargeable [8]. N'ayant pas connu le succès escompté, cette hypothèque a été supprimée [9]. L'article 2422 du Code civil a donc été abrogé à compter du 1er juillet 2014 [10]. De même, les articles L. 313-14 à L. 313-14-2 ont été abrogés à compter de cette même date [11]. Elle a peu de temps après été rétablie mais avec un champ d'application plus réduit puisqu'elle ne concerne plus que la garantie des créances professionnelles [12]. Cela supposera que le créancier et le constituant soient professionnels et que l'immeuble soit affecté à l'activité professionnelle. Dans le Code civil, l'hypothèque rechargeable est principalement réglementée par les dispositions de l'article 2422 du Code civil. Cette hypothèque est une hypothèque contractuelle particulière, relativement autonome de la créance garantie, et qui peut être affectée par le

---

1. Civ. 1re, 25 nov. 2015, n° 14-21.332, *Bull. civ.* I, n° 290, p. 288.
2. Civ. 3e, 12 avr. 2018, n° 17-17.542, à paraître au *Bull. civ.*
3. C. civ., art. 2421, 2428.
4. C. civ., art. 2423.
5. C. civ., art. 2423 al. 1er.
6. C. civ., art. 2423 al. 1er *in fine.*
7. C. civ., art. 1211, 2423 al. 3e.
8. M. Dagot, *L'hypothèque rechargeable*, Carré Droit, LexisNexis-Litec, 2006. Ph. Théry, « L'hypothèque rechargeable », *Dr. et patr.* 5/2007. 42.
9. Art. 46 II n° 2014-344 du 17 mars 2014.
10. L'abrogation ne concerne pas les contrats en cours conclus avant le 1er juillet 2014 (art. 46 II et III Loi n° 2014-344, préc.).
11. L'abrogation ne concerne pas les contrats en cours conclus avant le 1er juillet 2014 (art. 46 I et III Loi n° 2014-344, préc.). L'article L. 526-5 C. com. aurait dû être abrogé mais il ne l'a pas été.
12. Art. 48 L. n° 2014-1545 du 20 déc. 2014.

débiteur en garantie d'autres créances que celles prévues initialement [1]. L'hypothèque doit être stipulée rechargeable, sans quoi elle sera simple [2]. L'acte constitutif doit indiquer, à peine de nullité, le montant maximum du capital garanti [3].

634 ***Prêt viager hypothécaire*** ◊ L'ordonnance du 23 mars 2006 est aussi à l'origine d'une autre innovation : le prêt viager hypothécaire [4]. Ce prêt est défini par l'article L. 315-1 du Code de la consommation comme un contrat par lequel un établissement de crédit ou un établissement financier consent à une personne physique un prêt sous forme d'un capital ou de versements périodiques, garanti par une hypothèque constituée sur un bien immobilier de l'emprunteur à usage exclusif d'habitation et dont le remboursement ne peut être exigé qu'au décès de l'emprunteur ou lors de l'aliénation ou du démembrement de la propriété de l'immeuble hypothéqué, s'ils surviennent avant le décès. Ce prêt ne peut être destiné à financer les besoins d'une activité professionnelle, à peine de nullité [5]. Les aspects formels de la conclusion du contrat sont précisément réglementés [6]. Sur le fond, le prêt est un prêt remboursable en capital et intérêts en principe au décès de l'emprunteur. La dette de ce dernier est plafonnée à la valeur de l'immeuble appréciée au moment de l'échéance du terme [7]. Lors de l'échéance du terme, le créancier peut réaliser son hypothèque dans les conditions habituelles, sauf à préciser que la dette est plafonnée à la valeur de l'immeuble [8].

635 ***Droit hypothéqué*** ◊ L'hypothèque porte sur un droit réel immobilier, quelle que soit sa nature (propriété, nue-propriété, usufruit, superficie, emphytéose, etc.). Le droit hypothéqué doit être disponible [9]. S'il est définitivement indisponible, il ne peut être hypothéqué. S'il est temporairement indisponible, il peut l'être mais l'hypothèque ne peut être mise en œuvre tant que le droit est indisponible [10]. Un droit insaisissable peut être hypothéqué [11]. Le droit réel hypothéqué doit quant à lui porter sur un immeuble [12], à l'exclusion d'un meuble. Sous peine d'annulabilité, la nature

---

1. C. civ., art. 2422 al. 2e.
2. C. civ., art. 2422 al. 1er *in fine*.
3. C. civ., art. 2422 al. 2e, 2423 al. 1er.
4. B. Saint-Alary, « Le prêt viager hypothécaire », *Dr. et patr.* 5/2007. 54. C. consom., art. L. 315-1 s.
5. C. consom., art. L. 315-3.
6. C. consom., art. L. 315-9 à 315-11.
7. C. consom., art. 315-15.
8. Cons. consom., art. L. 315-15.
9. C. civ., art. 2397 1°.
10. *Contra* : Civ. 3e, 29 juin 1983, n° 82-10.038, *Bull. civ.* III, n° 152. Civ. 1re, 23 févr. 2012, n° 09-13.113, *Bull. civ.* I, n° 39.
11. Com. 11 juin 2014, n° 13-13.643, *Bull. civ.* IV, n° 106. 13 sept. 2016, n° 15-14.088, 15-14.089, inédit.
12. C. civ., art. 2397.

et la situation de l'immeuble doivent être indiquées dans le contrat constitutif d'hypothèque [1]. L'hypothèque est indivisible [2]. Elle n'est pas affectée par la division de l'immeuble [3]. Elle l'est en revanche par sa mobilisation partielle [4]. L'hypothèque s'étend aux divers accessoires de l'immeuble [5].

2. Les conditions de forme

a. L'acte notarié

2636 ***Domaine*** ◇ L'hypothèque doit être constituée par acte authentique reçu par notaire [6]. La violation de la forme authentique est sanctionnée par la nullité absolue [7]. Cette forme concerne également le mandat donné par le constituant en vue de consentir une hypothèque [8]. En revanche, la promesse d'hypothèque peut être conclue par acte sous signature privée [9].

b. La publicité

2637 ***Opposabilité aux tiers*** ◇ Entre les parties, l'hypothèque existe par la seule force du contrat indépendamment de toute publication. La publicité de l'hypothèque est requise à des fins d'opposabilité. Pour autant, cette publicité n'est pas obligatoire même si le créancier a un intérêt évident à ce qu'elle soit réalisée. La publicité a lieu au service chargé de la publicité foncière de la situation de l'immeuble [10]. Le créancier y dépose deux bordereaux d'inscription [11]. Le service mentionne le dépôt des bordereaux sur le registre prévu par l'article 2453 du Code civil. Il remet ensuite au déposant le titre ou l'expédition du titre et l'un des bordereaux, au pied duquel il mentionne la date du dépôt, le volume et le numéro sous lesquels le bordereau destiné aux archives a été classé. La date de l'inscription est déterminée par la mention portée sur le registre des dépôts [12]. Chaque bordereau d'inscription contient un ensemble d'indications exclusives [13].

---

1. C. civ., art. 2418, 2426 al. 3ᵉ.
2. C. civ., art. 2393 al. 2ᵉ.
3. Civ. 2ᵉ, 5 déc. 1952, nᵒ 1867, *Bull. civ.* II, nᵒ 36, p. 25.
4. E. Putman, « Sur l'origine de la règle : "meubles n'ont point de suite par hypothèque" », *RTD civ.* 1994. 543. C. civ., art. 2398.
5. C. civ., art. 2397 1°.
6. C. civ., art. 710-1, 2416. art. 2127 anc. D. nᵒ 55-22, art. 4 al. 1ᵉʳ.
7. Civ. 2ᵉ, 10 oct. 1979, nᵒ 78-13.918, *Bull. civ.* II, nᵒ 235.
8. Civ. 7 févr. 1854, *DP* 1854, 1, p. 49 ; S. 1854, 1, p. 322. Civ. 29 juin 1881, *DP* 1882, 1, p. 106. 23 déc. 1885, *DP* 1886, 1, p. 97. Civ. 23 déc. 1885, *DP* 1886, 1, p. 97, conc. Desjardins.
9. Req. 5 nov. 1860, *DP* 1861, 1, p. 300.
10. C. civ., art. 2426 al. 2ᵉ.
11. C. civ., art. 2435 al. 3ᵉ.
12. C. civ., art. 2431.
13. Art. 55 décr. nᵒ 55-1350 du 14 oct. 1955.

638 ***Interdiction ou limitation des publications*** ◊ Certains événements interdisent ou limitent les publications de sûretés réelles [1]. En cas de saisie immobilière, les publications du chef du débiteur, postérieures à la publication de la saisie au service, sont inopposables au créancier poursuivant et à l'acquéreur de l'immeuble [2]. De même, l'ouverture d'une procédure de sauvegarde, de redressement ou de liquidation judiciaire interdit la publication d'une hypothèque [3].

639 ***Durée et péremption de la publication d'une hypothèque ordinaire*** ◊ La publication conserve le droit réel de garantie jusqu'à la date fixée par le créancier, sous réserve de durées maximales prévues par la loi [4]. Au-delà de cette date, la publication cesse de produire ses effets. Il y a péremption de la publicité. Celle-ci laisse subsister le droit réel de garantie [5]. Ce maintien permet une nouvelle publicité produisant effet à partir de sa date [6]. Le créancier peut éviter la péremption en procédant à un renouvellement de la publicité [7]. Lorsque l'hypothèque est mise en œuvre, le renouvellement de l'inscription est obligatoire jusqu'à ce qu'elle ait produit son effet légal, c'est-à-dire jusqu'à ce que le prix de vente de l'immeuble soit payé ou consigné [8] et que la consignation, le cas échéant, ait été acceptée par le créancier [9] ou validée par une décision définitive [10]. À défaut de renouvellement et faute de paiement ou de consignation acceptée ou validée, la créance n'est plus garantie [11].

B. L'hypothèque légale

640 ***Hypothèses*** ◊ L'hypothèque peut exister par la volonté du législateur, sans qu'aucune convention ne soit conclue entre le créancier et le constituant. Les hypothèques légales sont nombreuses. Le Code civil en prévoit un nombre important [12]. L'hypothèque dite judiciaire est une variété d'hypothèque légale. Tout créancier bénéficiant d'un jugement de condamnation

1. C. civ., art. 2427.
2. C. civ., art. 2427 al. 3e. C. pr. civ. ex., art. L. 321-5 al. 3e.
3. C. civ., art. 2427 al. 3e. C. com., art. L. 622-30. art. L. 631-14 al. 1er. art. L. 641-3 al. 1er.
4. C. civ., art. 2434.
5. Civ. 3e, 8 janv. 1974, n° 72-11.176, *Bull. civ.* III, n° 4.
6. Civ. 3e, 25 avr. 2007, n° 06-11.524, *Bull. civ.* III, n° 60.
7. Art. 61 décr. n° 55-1350 du 14 oct. 1955.
8. Com. 24 avr. 1974, n° 73-10.714, *Bull. civ.* IV, n° 130. Civ. 2e, 29 mai 1991, n° 90-12.396, *Bull. civ.* II, n° 164. 10 févr. 1993, n° 91-18.013, *Bull. civ.* II, n° 57. Civ. 3e, 19 mai 1999, n° 97-16.673, *Bull. civ.* III, n° 118. 20 nov. 2002, n° 99-11.485, *Bull. civ.* III, n° 233. Civ. 1re, 22 mars 2012, n° 11-11. 081, *Bull. civ.* I, n° 64. C. civ., art. 2435 al. 3e.
9. C. civ., art. 1261 anc.
10. TGI Vannes, 7 juill. 1976, *JCP* 1976, II, 18462, note H. Bulté ; Journ. not. et av. 1977, art. 53436, n° 16, p. 123, obs. de la Marnierre confirmé par Rennes, 12 déc. 1977, Journ. not. et av. 1978, art. 54487, p. 1472, obs. J. Viatte ; *JCP N* 1978. II. 69. C. civ., art. 1262 anc.
11. TGI Paris, 3 févr. 1973, Journ. not. et av. 1973, art. 51448, p. 1366, obs. B. Brilloit. 22 nov. 1974, Journ. not. et av. 1975, art. 52464, p. 735, obs. A. Raison.
12. C. civ., art. 2400.

de son débiteur jouit d'une telle hypothèque [1]. Certaines contraintes délivrées par l'administration sont assimilées à des jugements et emportent, pour cette raison, hypothèque judiciaire [2]. Le Trésor bénéficie d'une hypothèque légale pour le recouvrement des droits de mutation par décès [3] ou pour celui des impositions de toute nature et amendes fiscales, confié aux comptables mentionnés à l'article L. 252 du livre des procédures fiscales [4].

2641 ***Modalités de publicité*** ◊ Le créancier n'a pas à rapporter le titre constitutif de l'hypothèque mais celui qui justifie sa créance [5]. La publicité se fait par le dépôt de deux bordereaux au service [6]. Afin de protéger le titulaire du droit hypothéqué, la loi prévoit la réduction des inscriptions excessives [7].

C. L'hypothèque judiciaire

2642 ***Notion*** ◊ L'hypothèque judiciaire a une finalité conservatoire. Elle peut être inscrite avant que le créancier ne puisse justifier d'un titre exécutoire, pourvu qu'il bénéficie d'une créance fondée dans son principe [8].

2643 ***Conditions*** ◊ Pour que l'inscription d'une telle hypothèque soit autorisée par le juge, il faut que la créance paraisse fondée en son principe et que le créancier justifie de circonstances susceptibles d'en menacer le recouvrement [9]. Cette hypothèque doit être autorisée par le juge saisi d'une requête [10]. Le créancier doit procéder à l'inscription provisoire dans les trois mois qui suivent l'ordonnance d'autorisation [11]. Il doit, sous peine de caducité de l'autorisation judiciaire, engager une procédure lui permettant d'obtenir un titre exécutoire, dans le mois de l'inscription [12]. La publicité provisoire conserve la sûreté pendant trois ans. L'inscription définitive doit intervenir dans les deux mois qui suivent la décision définitive de condamnation du débiteur [13]. L'inscription définitive ne modifie pas le rang de l'hypothèque inscrite provisoirement [14]. En l'absence d'inscription définitive dans le délai, l'hypothèque inscrite provisoirement devient caduque [15].

---

1. C. civ., art. 2412.
2. CSS, art. L. 133-4, L. 133-9-2, L. 162-1-14, L. 244-9. C. rur. et pêche maritime, art. L. 725-3. CT, art. L. 5422-16.
3. CGI, art. 1929-2°.
4. CGI, art. 1929 ter CGI.
5. C. civ., art. 2428 al. 2e 1°.
6. C. civ., art. 2428. art. 55 D. n° 55-1350 du 14 oct. 1955.
7. C. civ., art. 2444, 2445.
8. C. pr. exéc., art. L. 511-1 s. et art. R. 511-1 s.
9. C. pr. exéc., art. L. 511-1 et art. R. 511-1.
10. C. pr. exéc., art. L. 511-3 et art. R. 511-1.
11. C. pr. exéc., art. R. 511-6.
12. C. pr. exéc., art. R. 511-7.
13. Civ. 3e, 16 janv. 2008, n° 07-10.084 : *Bull. civ.* III, n° 10. 21 janv. 2016, n° 14-29.337 : *Bull. civ.*, n° 16, p. 18. C. pr. exéc., art. R. 533-4.
14. C. pr. exéc., art. R. 533-1.
15. C. pr. exéc., art. R. 533-6.

§ 2. Le régime de l'hypothèque

A. Les effets de l'hypothèque

1. Les effets avant la défaillance du débiteur

a. La conservation de l'hypothèque

644 ***Disponibilité du droit réel immobilier*** ◊ Le constituant de l'hypothèque conserve la titularité du droit faisant l'objet de l'hypothèque. Il ne perd ni l'usage, ni la jouissance, ni la disposition du bien avant que l'hypothèque ne soit mise en œuvre. Il peut le gérer normalement en le louant et en en percevant les fruits. Le constituant peut même donner ou vendre le bien [1]. Les cessions qui entrent dans le cadre d'une administration normale de l'immeuble sont opposables aux créanciers inscrits. C'est le cas de la cession des fruits (récolte, bois taillis, bois exploités en coupes réglées) [2] ou de la cession des créances de loyers non échus d'une durée inférieure à trois années [3]. Néanmoins, les atteintes à la valeur du droit donnent lieu à des mesures de protection. Elles proviennent en général d'actes de disposition juridique ou matérielle. Le créancier peut s'opposer à la mobilisation matérielle de tout ou partie de l'immeuble et à la vente des éléments devenus meubles. Les baux de plus de douze années et les cessions anticipées de créances de loyers et fermages portant sur plus de trois années sont opposables au créancier hypothécaire s'ils ont été publiés avant l'hypothèque [4]. Dans le cas contraire, ils ne sont opposables que pour trois années à compter de l'entrée en jouissance du preneur [5].

645 ***Fraude paulienne*** ◊ Le constituant doit s'abstenir d'accomplir des actes de nature à rendre inefficaces les droits du créancier. Ces actes peuvent être attaqués par l'action paulienne [6]. Même en l'absence d'insolvabilité du débiteur, l'action paulienne peut être exercée contre un acte frauduleux tendant à réduire la valeur des droits hypothéqués. Le créancier peut ainsi attaquer les baux à long terme, la délégation des loyers, les ventes et reventes successives, les apports en société, etc. [7].

---

1. Civ. 3e, 18 juin 2008, n° 07-15.129, *Bull. civ.* III, n° 109.
2. Req. 30 mars 1868, *DP* 1868, 1, p. 417.
3. Paris, 2e Ch., 24 déc. 1894 et Bordeaux, 1re Ch., 27 mars 1895, *DP* 1895, 2, p. 385, note P. de Loynes ; S. 1897, 2, p. 1, note A. Wahl. art. 1er 2 5° L. 23 mars 1855. art. 28 1° b) Décr. n° 55-22.
4. Art. 28 1° b) Décr. n° 55-22 du 4 janv. 1955.
5. Req. 20 août 1940, *DH* 1940. 166.
6. C. civ., art. 1341-2.
7. Req. 24 févr. 1941, *JCP* 1942, II, 1918, note E. Becqué. Soc. 19 déc. 1941, *Gaz. Pal.* 1942. 1, p. 77. Civ. 3e, 22 janv. 1997, n° 95-11.960, *Bull. civ.* III, n° 16. Civ. 3e, 12 oct. 2005, n° 03-12.396, *Bull. civ.* III, n° 189. Civ. 1re, 8 oct. 2008, n° 07-14.262.

b. L'exploitation de l'hypothèque

2646 ***Convention de rechargement*** ◊ Seule l'hypothèque rechargeable est concernée. Une hypothèque de ce type peut être réaffectée à la garantie de nouvelles créances. La recharge de l'hypothèque est un acte d'exploitation. Elle résulte d'un acte notarié [1] publié en marge de l'inscription initiale, à peine d'inopposabilité aux tiers [2]. La convention de rechargement est un acte de disposition. Il faudra en tirer toutes les conséquences en droit des incapacités ou des régimes matrimoniaux. En principe, la recharge est limitée au disponible, c'est-à-dire à la différence entre le montant de la créance garantie et le montant rechargeable selon l'article 2423 al. 1er du Code civil. Au-delà, l'hypothèque n'est plus efficace. Une fois rechargée au bénéfice d'un autre créancier que le créancier d'origine, plusieurs titulaires le sont de la même hypothèque.

2. Les effets après la défaillance du débiteur

a. La mise en œuvre contre le constituant

2647 ***Saisie immobilière*** ◊ Le créancier hypothécaire peut faire saisir l'immeuble dans le patrimoine du constituant afin de provoquer sa vente forcée. L'hypothèque sera mise en œuvre à cette occasion. La saisie se déroule en plusieurs phases : elle commence par la signification d'un commandement de payer, se poursuit par la préparation de la vente de l'immeuble et par l'audience d'orientation dans laquelle le juge décide si la vente sera amiable ou forcée. Elle continue par la réalisation de la vente amiable ou par l'adjudication de l'immeuble et se termine, au besoin, par la distribution du prix, amiable ou judiciaire [3]. En cas de vente amiable ou forcée, la consignation du prix et le paiement des frais de la vente purgent de plein droit le droit hypothéqué de toute hypothèque du chef du saisi. Le droit réel de garantie est ainsi reporté de la propriété de l'immeuble à la créance de prix en sorte que l'hypothèque se transforme en nantissement légal de créance.

2648 ***Attribution en paiement*** ◊ Lorsque l'hypothèque est contractuelle, le créancier a la faculté d'obtenir l'attribution en paiement du droit hypothéqué [4]. Il ne pourra demander l'attribution du droit portant sur la résidence principale du débiteur [5]. L'attribution peut être contractuelle ou judiciaire. Dans le premier cas, elle résulte d'un pacte commissoire adjoint à la convention constitutive de l'hypothèque. Ce pacte a la nature d'une pro-

1. C. civ., art. 2422 al. 3e.
2. C. civ., art. 2422 al. 4e.
3. C. pr. exéc., art. L. 311-1 à L. 334-1 et R. 321-1 à R. 334-3.
4. C. civ., art. 2458. C. pr. exéc., art. L. 322-14.
5. C. civ., art. 2458 et 2459.

messe de dation en paiement. Il devra préciser en détail les modalités de sa mise en œuvre. Que l'attribution soit contractuelle ou judiciaire, l'immeuble doit être estimé par un expert désigné à l'amiable ou judiciairement [1]. L'attribution en paiement transmet la titularité du droit hypothéqué au créancier attributaire. La valeur du droit s'impute sur celle de la créance garantie. La loi est lacunaire et laisse sans réponse des questions fondamentales. Elle ne précise pas si tous les créanciers peuvent obtenir l'attribution en paiement. La logique de l'hypothèque donne à penser que seul le créancier de premier rang peut l'obtenir. Elle ne donne aucun élément sur les conséquences de l'attribution relativement aux autres créanciers hypothécaires. Il aurait ainsi fallu qu'elle prévoit une procédure de purge.

b. La mise en œuvre contre un tiers détenteur

649 ***Distinction*** ◊ Le droit hypothéqué peut avoir été transmis à un autre titulaire que le constituant appelé tiers détenteur. Il faut alors distinguer deux hypothèses selon que la transmission de l'immeuble au tiers détenteur a été l'occasion d'une purge des inscriptions ou ne l'a pas été.

650 ***Purge réalisée*** ◊ La procédure de purge prévue par le Code civil est facultative. Elle est un bénéfice réservé au tiers détenteur, c'est-à-dire à quelqu'un qui n'est pas personnellement obligé à la dette du débiteur [2]. Le cédant qui redevient rétroactivement titulaire du droit de propriété en raison de la résolution de la vente n'est pas un tiers détenteur [3]. Elle peut être amiable [4] ou légale [5]. En cas de purge amiable, une convention est conclue entre tous les créanciers inscrits et le débiteur en vue du paiement direct du prix par l'acheteur dans les mains des créanciers. Dans ce cas, le droit réel de garantie qui portait sur le droit hypothéqué se reporte sur le prix de l'immeuble. Ce report repose sur le mécanisme de la subrogation réelle et transforme l'hypothèque en nantissement légal de créance [6]. En cas de purge légale, le tiers détenteur doit publier son titre [7]. Il doit ensuite offrir aux créanciers inscrits de leur payer directement une somme correspondant à la valeur de l'immeuble [8]. Les créanciers bénéficient d'une option entre accepter le paiement direct ou procéder à la vente forcée de l'immeuble. Cette option doit être exercée dans un délai de 40 jours [9].

1. C. civ., art. 2460.
2. C. civ., art. 2465, 2476.
3. Civ. 3e, 7 janv. 2016, n° 14-18.360 : *Bull. civ.* III, n° 5, p. 6.
4. C. civ., art. 2475 al. 1er.
5. C. civ., art. 2476.
6. C. civ., art. 2475.
7. C. civ., art. 2476.
8. C. civ., art. 2478, 2479. C. pr. civ., art. 1281-13 à 1281-19.
9. C. civ., art. 2480.

L'acceptation de l'offre oblige personnellement le tiers détenteur sur son patrimoine [1] et réellement sur la créance de prix, à supposer qu'elle existe, à l'égard des créanciers [2]. Le tiers détenteur dont l'offre a été acceptée n'est tenu que dans la double limite des créances garanties et de la valeur de l'immeuble [3]. Le droit hypothéqué est purgé des hypothèques et privilèges spéciaux par le paiement de sa valeur dans les mains des créanciers ou par sa consignation à la Caisse des dépôts et consignations [4]. Lorsque la valeur monétaire de l'immeuble est consignée, le droit réel de garantie se reporte sur la créance en déconsignation en sorte que la sûreté se transforme en nantissement légal sur créance.

Tout créancier est libre de refuser l'offre de paiement direct émanant du tiers détenteur. Ce refus du créancier peut être exprès ou tacite. Il est tacite lorsqu'il requiert la vente judiciaire et forcée de l'immeuble. La réquisition est un acte unilatéral de volonté du créancier déclenchant cette vente. Cet acte est soumis en principe aux conditions de validité de droit commun [5]. La réquisition de vente contient l'engagement de son auteur de surenchérir du dixième [6]. L'immeuble est vendu aux enchères publiques à l'audience du tribunal de grande instance dans les conditions prévues aux articles R. 322-39 à R. 322-63 du Code des procédures civiles d'exécution [7]. Si personne ne se porte adjudicataire, le créancier requérant est considéré comme tel à la valeur de l'immeuble, majorée d'un dixième [8]. Le tiers détenteur ou un tiers étranger peut se porter adjudicataire. Dans le premier cas, l'adjudication est confirmative [9]. Dans le second cas, elle est translative et le titre du tiers détenteur résolu [10]. Dans tous les cas, le versement du prix ou sa consignation et le paiement des frais de la vente par l'adjudicataire purgeront de plein droit l'immeuble [11]. En cas de consignation, le droit réel de garantie se reporte sur la créance en déconsignation en sorte que l'hypothèque se transforme en nantissement légal de créance.

2651 ***Purge non réalisée*** ◊ Les créanciers inscrits sont en droit d'engager une procédure de saisie immobilière contre le tiers détenteur [12]. La poursuite

---

1. C. civ., art. 2284.

2. Req. 11 mai 1863, *DP* 1864, 1, p. 191 ; S. 1864, 1, p. 357. Civ. 9 avr. 1878, S. 1878, 1, p. 319 ; *DP* 1878, 1, p. 372. 13 juill. 1903, *DP* 1905, 1, p. 393, note P. de Loynes. Paris, 4e Ch., 8 déc. 1874, S. 1875, 2, p. 260 ; *DP* 1876, 2, p. 219, 1re esp.

3. C. civ., art. 2488. *Contra :* dans la même affaire : Civ. 2e, 19 févr. 2015, n° 13-27.691 : *Bull. civ.* II, n° 48 ; *Gaz. Pal.* 9 avr. 2015, n° 99, p. 13, note M. Mignot et Civ. 2e, 23 juin 2016, n° 15-14.633 : *Bull. civ.* II, n° 175, p. 176.

4. C. civ., art. 2481.

5. Art. 1100-1 al. 2e, 1128, 2480.

6. C. civ., art. 2480 2°.

7. C. pr. civ., art. 1281-18 al. 1er.

8. C. civ., art. 2480 2°

9. C. civ., art. 2486.

10. Req. 15 déc. 1862, *DP* 1863, 1, p. 161 ; S. 1863, 1, p. 57.

11. C. pr. exéc., art. L. 322-14.

12. C. pr. exéc., art. L. 321-1. art. R. 321-1. art. R. 321-4.

de ce dernier est subordonnée à l'exigibilité des créances des créanciers poursuivants [1]. En principe, la procédure de saisie se déroule contre le tiers détenteur. Par faveur, la loi lui offre la possibilité de délaisser l'immeuble afin de ne plus apparaître en son nom dans la procédure de saisie [2]. S'il y a délaissement, la procédure de saisie immobilière et d'adjudication se déroule contre le curateur nommé par le juge pour représenter le tiers détenteur.

B. La transmission de l'hypothèque

652 ***Diversité des hypothèses*** ◊ L'hypothèque peut être transmise par voie accessoire ou principale. Dans le premier cas, elle l'est avec la créance qu'elle garantit. Cette transmission doit être publiée sous forme de mention en marge de l'inscription initiale, à peine d'inopposabilité aux tiers [3]. Dans le second, elle est transmise indépendamment de la créance qu'elle garantit. C'est le cas lorsque le créancier transmet l'hypothèque à un autre créancier, tout en conservant sa créance [4]. L'hypothèque est partiellement détachée de la créance initiale pour être affectée à la garantie d'une autre créance. Elle demeure attachée à la créance initiale, tout en garantissent la nouvelle créance. La cession par voie principale de l'hypothèque doit être publiée sous forme de mention en marge de l'inscription initiale [5]. Il existe une troisième hypothèse en marge des deux précédentes. La modification peut concerner seulement le rang de l'hypothèque. Tel est le cas de la cession d'antériorité qui consiste dans la cession réciproque de deux hypothèques par deux créanciers d'un même débiteur. Le créancier titulaire d'une hypothèque d'un rang inférieur cède son hypothèque au créancier titulaire d'une hypothèque d'un rang plus élevé et réciproquement [6]. Cette cession n'a d'effet qu'entre les parties et ne saurait nuire aux créanciers d'un rang intermédiaire. La cession d'antériorité doit être publiée sous forme de mention en marge de l'inscription initiale [7].

C. L'extinction de l'hypothèque

653 ***Variété des hypothèses*** ◊ Les causes d'extinction, *lato sensu*, sont diverses. Le droit réel de garantie issu de la convention d'hypothèque est accessoire de la créance qu'il garantit. Il disparaît avec elle, qu'elle soit

1. C. civ., art. 2462.
2. C. civ., art. 2467 à 2469.
3. Civ. 3e, 16 juill. 1987, n° 85-10.541, *Bull. civ.* III, n° 145. C. civ., art. 2430 al. 1er.
4. C. civ., art. 2424 al. 1er.
5. C. civ., art. 2430 al. 1er.
6. C. civ., art. 2424 al. 2e.
7. C. civ., art. 2430 al. 1er.

inexistante [1], nulle [2] ou éteinte [3] [4]. Seule l'hypothèque rechargeable fait exception à la règle posée par l'article 2488 1° du Code civil en raison de son autonomie par rapport à l'obligation garantie [5]. La loi range la purge parmi les procédés d'extinction de l'hypothèque [6]. C'est contestable : elle est plutôt un mécanisme de report du droit réel de garantie du créancier hypothécaire du droit de propriété ayant l'immeuble pour objet sur sa valeur monétaire dégagée lors de la transmission de sa propriété [7]. L'hypothèque s'éteint par la renonciation [8] et par la prescription extinctive [9]. Il convient de s'arrêter sur ce dernier mode d'extinction. Lorsque le droit hypothéqué est encore dans le patrimoine du constituant, l'hypothèque ne peut s'éteindre que par voie accessoire, comme conséquence de l'extinction par prescription de l'obligation garantie. Lorsque le droit hypothéqué est dans le patrimoine d'un tiers détenteur, l'hypothèque peut aussi se prescrire par voie principale. Dans ce cas, la prescription est acquisitive par ses conditions mais extinctive par ses effets. Le possesseur de l'immeuble est admis à acquérir un droit réel libre de toute charge hypothécaire [10]. Lorsqu'elle est à durée indéterminée, la convention d'hypothèque constituée en garantie de créances futures s'éteint, pour l'avenir, par la résiliation émanant du constituant [11].

2654 ***Radiation*** ◊ La radiation de l'inscription est une conséquence de l'extinction de l'hypothèque. Elle est soit conventionnelle, soit judiciaire [12]. Dans le premier cas, elle est effectuée en exécution d'une convention conclue entre le créancier et le débiteur [13]. La loi distingue deux formes de radiation conventionnelle : la radiation ordinaire et la radiation simplifiée. La première résulte d'un acte notarié contenant le consentement du créancier et du débiteur à la radiation [14] dont une expédition est déposée au service chargé de la publicité foncière [15]. La seconde est issue de la production d'une attestation notariée du notaire certifiant que le créancier, à la demande du débiteur, a consenti à la radiation de l'hypothèque [16]. La radiation est judiciaire lorsque l'inscription n'est plus justifiée mais que

1. Req. 9 déc. 1930, S. 1931, 1, p. 107.
2. Civ. 1re, avr. 1938, *DH* 1938. 259.
3. C. civ., art. 2488 1°.
4. Com. 20 juin 1978, n° 76-15.425, *Bull. civ.* IV, n° 172.
5. C. civ., art. 2488 1° *in fine*.
6. C. civ., art. 2488 3°.
7. C. civ., art. 2475, 2481. C. com., art. L. 642-12, L. 642-18.
8. C. civ., art. 2488 2°.
9. C. civ., art. 2488 4°.
10. C. civ., art. 2272.
11. C. civ., art. 1211, 2423 al. 3e, 2488 5°.
12. C. civ., art. 2440.
13. C. civ., art. 2440 al. 1er.
14. C. civ., art. 2440 al. 1er.
15. C. civ., art. 2441 al. 1er.
16. C. civ., art. 2441 al. 3e.

le créancier n'y consent pas [1]. Dans tous les cas, la radiation a lieu sous la forme d'une mention en marge de l'inscription d'origine. L'inscription radiée ne produit plus d'effet.

Sous-section 3. Les privilèges

2655 ***Distinction*** ◊ Au sein des privilèges immobiliers, il y a lieu de distinguer les privilèges généraux qui sont de véritables privilèges, des privilèges spéciaux qui sont en général des hypothèques légales.

§ 1. Les privilèges généraux

2656 ***Variété*** ◊ Il existe plusieurs privilèges immobiliers généraux [2]. Ils produisent leurs effets indépendamment de toute publication au service chargé de la publicité foncière [3]. Dans la mesure où ils sont pleinement généraux, ils s'exercent d'abord sur les meubles et ensuite sur les immeubles en cas d'insuffisance [4]. Le Code de commerce institue également plusieurs privilèges en cas d'ouverture d'une procédure collective contre le débiteur. Ces privilèges pleinement généraux ont été étudiés à propos des meubles [5].

§ 2. Les privilèges spéciaux

2657 ***Variété*** ◊ Il existe également plusieurs privilèges spéciaux. Ils conservent certains traits des privilèges mais sont soumis au régime des hypothèques. Leurs conditions d'existence sont déterminées par la loi qui précise la créance garantie et l'assiette du privilège. Ils attribuent une priorité de paiement à leur titulaire fondée sur la nature des créances garanties. Ils doivent être publiés au service chargé de la publicité foncière [6]. La mise en œuvre des privilèges spéciaux est identique à celles des hypothèques [7]. Pour le reste, ils relèvent du régime des hypothèques. On évoquera ici les principaux.

A. Vendeur d'immeuble

2658 ***Vendeur d'immeuble*** ◊ Le vendeur à crédit d'un immeuble bénéficie d'un privilège spécial sur la propriété de celui-ci [8]. Le privilège est attaché

1. C. civ., art. 2440, 2443.
2. C. civ., art. 2375.
3. C. civ., art. 2378.
4. C. civ., art. 2376.
5. V. ss 2590.
6. C. civ., art. 2377.
7. C. civ., art. 2426 s.
8. C. civ., art. 2374-1°.

automatiquement à la vente à crédit. En principe, tout acte ayant la nature d'une vente et portant sur un bien immobilier engendre le privilège. Le privilège bénéficie au vendeur d'immeuble à construire [1], que le contrat soit une vente en état futur d'achèvement [2] ou une vente à terme [3]. Il bénéficie aussi au vendeur d'immeuble à rénover [4]. Le privilège garantit le paiement du prix en principal et accessoires. Il porte directement sur le droit de propriété et indirectement sur l'immeuble. Il s'étend aux constructions incorporées à lui par accession. La publication au service conserve le privilège et l'action résolutoire liée à lui pendant dix années.

B. Prêteur de deniers

2659 ***Prêteur de deniers*** ◊ Le prêteur des deniers ayant servi à l'acquisition d'un immeuble est privilégié sur celui-ci [5]. Le privilège n'existe que si l'origine des fonds est certaine. L'acte d'emprunt et la quittance du vendeur doivent être authentiques. Il doit être déclaré dans le premier que la somme empruntée est destinée à l'acquisition d'un immeuble et dans la seconde que le paiement du prix a été fait avec les deniers empruntés. Les créances garanties comprennent non seulement le capital du prêt, mais encore tous les accessoires de la créance, notamment les intérêts stipulés entre le prêteur et l'acquéreur. L'assiette et les effets du privilège du prêteur de deniers sont identiques à ceux du privilège du vendeur. En cas de prêt contracté par un indivisaire pour financer l'acquisition de sa quote-part dans l'indivision, la jurisprudence décide, d'une façon contestable, que le privilège porte sur l'immeuble dans son entier [6].

C. Syndicat des copropriétaires

2660 ***Syndicat des copropriétaires*** ◊ Le syndicat des copropriétaires est privilégié pour le paiement des charges, travaux et cotisations mentionnés aux articles 10, 24 II c, 30 et 14-2 de la loi n° 65-557 du 10 juill. 1965, s'ils sont relatifs à l'année courante et aux quatre années précédentes [7]. Les créances garanties sont énumérées par l'article 5-1 du décret n° 67-223 du 17 mars 1967. Le privilège porte sur le droit de propriété d'un immeuble soumis au statut de la copropriété [8]. La nature du privilège n'est pas clairement déterminée. Il s'exerce par un droit d'opposition du

1. Art. 1601-1.
2. Art. 1601-3.
3. Art. 1601-2.
4. CCH, art. L. 262-1.
5. C. civ., art. 2374-2°.
6. Civ. 1re, 9 janv. 2019, n° 17-27411, à paraître au *Bull. civ.*
7. C. civ., art. 2374 1° *bis*.
8. art. 1er L. n° 65-557 du 10 juill. 1965.

syndic au paiement du prix de l'immeuble par l'acheteur au vendeur [1]. Il a donc une nature mobilière puisqu'il porte sur la créance de prix. Ce privilège est dispensé des formalités de publication au service [2]. Cette dispense n'en est pas une véritable si l'on considère que le syndicat jouit d'un privilège mobilier.

Sous-section 4. Le classement des créanciers

2661 ***Distinction*** ◊ Il faut encore distinguer le classement de droit commun en l'absence de procédure collective ouverte contre le débiteur de celui ayant lieu en cas d'ouverture d'une telle procédure.

§ 1. Le classement de droit commun

A. Le conflit entre privilèges généraux

2662 ***Loi*** ◊ Les créanciers privilégiés sur la généralité des immeubles sont payés dans l'ordre énoncé par l'article 2375 [3].

B. Le conflit entre privilèges généraux et sûretés spéciales

2663 ***Primauté aux privilèges généraux*** ◊ Les créanciers privilégiés sur la généralité des immeubles priment les créanciers bénéficiaires d'une hypothèque ou d'un privilège spécial [4].

C. Le conflit entre sûretés spéciales conventionnelles ou légales

2664 ***Incidence du droit de rétention*** ◊ Le créancier bénéficiant d'un droit de rétention sur l'immeuble l'emporte sur tout autre créancier muni d'une sûreté réelle [5].

2665 ***Prior tempore*** ◊ Les privilèges spéciaux et hypothèques sont classés en fonction de la date à laquelle ils ont été publiés. Les privilèges spéciaux

1. art. 20 I L. n° 65-557 du 10 juill. 1965.
2. C. civ., art. 2378.
3. C. civ., art. 2376
4. C. civ., art. 2376.
5. C. civ., art. 2286 1°.

relèvent en principe d'une règle légèrement différente. Le privilège spécial de l'article 2374 du Code civil prend rang au jour de l'acte qui donne naissance à la créance [1]. Les hypothèques relèvent de ladite règle. L'hypothèque prend rang le jour de son inscription sur le registre des dépôts [2]. Le Code civil prévoit une règle particulière en cas d'inscriptions prises le même jour [3].

2666 ***Hypothèque rechargeable*** ◊ L'hypothèque rechargeable prend rang au jour de son inscription sur le registre des dépôts [4]. L'hypothèque rechargée relève du rang de l'hypothèque rechargeable. Si plusieurs créanciers deviennent titulaires de la même hypothèque en raison des recharges successives, leur rang est déterminé par leur publication [5].

2667 ***Syndicat des copropriétaires*** ◊ Le syndicat prime le vendeur et le prêteur de deniers pour les créances afférentes aux charges et travaux de l'année courante et aux deux dernières années échues. Le syndicat reçoit un rang identique au vendeur et au prêteur de deniers pour les créances concernant les charges, travaux et cotisations afférents aux troisième et quatrième années [6].

2668 ***Attribution en paiement*** ◊ Le conflit entre plusieurs créanciers demandant l'attribution en paiement doit être réglé par l'ordre des inscriptions [7]. Seul le créancier premier inscrit peut demander l'attribution en paiement. Il faut donner la même solution au conflit entre une demande d'attribution en paiement et la réalisation forcée de l'immeuble par sa saisie dont un autre créancier serait l'auteur.

§ 2. Le classement en cas de procédure collective

2669 ***Renvoi*** ◊ En cas d'ouverture d'une procédure collective contre le débiteur, le classement entre les créanciers est identique en matière mobilière et immobilière. En ce qui concerne les immeubles, on se contentera donc de renvoyer à ce qui a été dit sur la question s'agissant des meubles [8].

1. C. civ., art. 2379 s.
2. C. civ., art. 2431 al. 2e.
3. C. civ., art. 2425. Com. 5 mai 2015, n° 14-17.941, *Bull. civ.* IV, n° 73.
4. C. civ., art. 2431 al. 2e.
5. C. civ., art. 2374 1° *bis*.
6. C. civ., art. 2374 1° *bis*.
7. Sur laquelle, v. ss 2665.
8. V. ss 2605-2610.

CHAPITRE 2
LES SÛRETÉS RÉELLES FONDÉES SUR LA DÉTENTION ET LA PROPRIÉTÉ

2670 ***Distinction*** ◊ Certaines sûretés se situent en marge de celles traditionnelles qui donnent naissance à un droit réel de garantie sur un droit réel ou personnel. Elles n'ont d'ailleurs pas une nature homogène. Le droit de rétention repose sur la détention d'une chose à titre de garantie. Le rétenteur jouit d'un droit réel directement sur la chose matérielle qui forme l'objet de sa sûreté. Les sûretés-propriétés sont fondées soit sur le retard du transfert de la titularité du droit de propriété, soit sur le transfert de celle-ci.

SECTION 1. LE DROIT DE RÉTENTION

2671 ***Notion*** ◊ Le droit de rétention est un droit réel permettant au créancier qui détient la chose de son débiteur d'en refuser la délivrance jusqu'au complet paiement de la somme qui lui est due [1].

Sous-section 1. Les sources du droit de rétention

§ 1. La loi

2672 ***Domaine contractuel*** ◊ Les hypothèses sont nombreuses dans le domaine contractuel. Le créancier gagiste dispose d'un droit de rétention, qu'il soit rétenteur ou non [2]. Celui sur un véhicule terrestre bénéficie aussi d'un droit de rétention fondé sur la possession fictive [3]. Selon certains auteurs, le créancier titulaire d'un gage immobilier est en droit de retenir l'immeuble jusqu'au complet paiement de la dette [4]. Le commissionnaire bénéfice d'un privilège sur les marchandises et documents faisant l'objet de son obligation [5].

---

1. C. civ., art. 2286.

2. C. civ., art. 2286 1° et 4°

3. Com. 15 janv. 1957, n° 852 et 1921, *Bull. civ.* III, n° 21 et Com. 15 janv. 1957, n° 640, *Bull. civ.* III, n° 22. C. civ., art. 2352.

4. C. civ., art. 2391. Sur la critique, v. ss 2623.

5. C. com., art. L. 132-2.

Le vendeur au comptant non payé peut retenir la chose vendue jusqu'au complet paiement de son prix par l'acheteur [1]. Le dépositaire peut retenir la chose jusqu'à l'entier paiement de ce qui lui est dû en raison du dépôt [2].

2673 ***Autres hypothèses*** ◇ Hors du domaine contractuel, la loi consacre aussi plusieurs hypothèses. En cas de spécification, l'ouvrier qui a employé une matière ne lui appartenant pas pour façonner une chose d'une nouvelle espèce peut la retenir tant qu'il n'a pas été intégralement payé du prix de sa main d'œuvre [3]. Le cohéritier soumis au rapport en nature peut retenir le bien jusqu'au remboursement complet des dépenses qu'il a faites [4]. Le possesseur d'une chose mobilière perdue ou volée, acquise dans une foire ou une vente publique, lorsqu'il est poursuivi en restitution, peut retenir la chose tant que son véritable propriétaire ne lui a pas payé le prix qu'elle lui a coûté [5].

§ 2. La jurisprudence

2674 ***Extension*** ◇ Le droit de rétention ne relève pas du principe de légalité. D'après la jurisprudence, pour que le droit de rétention puisse être invoqué par un créancier, il suffit que la détention de la chose se rattache à une convention ou à un quasi-contrat qui a donné naissance à la créance [6]. La jurisprudence a ainsi reconnu un droit de rétention à l'entrepreneur ou au mandataire [7]. Elle a également utilisé la connexité matérielle comme base pour une extension analogique du droit de rétention [8]. C'est le cas notamment du possesseur d'un immeuble revendiqué par le véritable propriétaire finalement évincé [9] ou du possesseur qui a fait des constructions conservées par le propriétaire [10].

§ 3. Le contrat

2675 ***Liberté contractuelle*** ◇ Les parties peuvent créer un droit de rétention par contrat [11]. Ce droit de rétention contractuel peut bénéficier au vendeur [12] ou à l'entrepreneur [13].

1. C. civ., art. 1612.
2. C. civ., art. 1948.
3. C. civ., art. 570.
4. C. civ., art. 862.
5. C. civ., art. 2277.
6. Req. 26 avr. 1900, *DP* 1900, 1, p. 455 ; S. 1901, 1, p. 193, note G. Ferron. Civ. 17 déc. 1928, *Bull. civ.*, n° 179. Civ. 9 mai 1944, *JCP* 1944, II, 2728, note P. L.-P. C. civ., art. 2286 4°.
7. Par ex. : Civ. 1re, 7 janv. 1992, n° 90-14.545, *Bull. civ.* I, n° 4. C. civ., art. 2286 2°.
8. Civ. 1re, 22 mai 1962, n° 58-12.486, *Bull. civ.* I, n° 258. C. civ., art. 2286 3°.
9. C. civ., art. 1381 anc.
10. C. civ., art. 555 al. 3e.
11. Com. 7 juill. 1998, n° 96-15.296, *Bull. civ.* IV, n° 220. Rouen, 1re Ch., 3 déc. 1935, *Rec. de juris. com. et mar. du Havre* 1936, p. 79 ; *RTD civ.* 1936, n° 18, p. 689, obs. R. Demogue. C. civ., art. 1102 al. 1er, 2286 1°.
12. Com. 31 mai 1994, n° 92-16.505, *Bull. civ.* IV, n° 195. 31 mai 1994, n° 91-20.677, *Bull. civ.* IV, n° 196.
13. Lyon, 3e Ch., 13 févr. 1936, S. 1936, 2, p. 142.

Sous-section 2. La nature du droit de rétention

2676 ***Droit réel*** ◊ Le droit de rétention est un droit réel portant sur la chose retenue par le rétenteur. Il est opposable à tous [1]. Ce droit est particulier. Il est un droit qui porte sur la chose et non sur le droit portant lui-même sur la chose comme l'est le droit réel de garantie issu d'un gage, nantissement ou d'une hypothèque. Ceci étant, la Cour de cassation considère, d'une façon contestable, que le droit de rétention n'est pas une sûreté [2].

Sous-section 3. Les conditions du droit de rétention

§ 1. Les conditions objectives

2677 ***Créance*** ◊ Le rétenteur doit justifier d'une créance déterminée et certaine, au moins dans son principe mais pas nécessairement liquide et exigible.

2678 ***Rétention*** ◊ La chose, meuble ou immeuble, doit être dans le commerce [3] et surtout corporelle. Il y a là une condition d'existence essentielle du droit de rétention [4]. On ne peut retenir que ce que l'on détient physiquement et non intellectuellement. Cette condition a néanmoins été remise en cause par la loi. Celle-ci admet qu'un créancier puisse avoir une possession fictive, source d'une rétention fictive [5]. Elle a consacré d'une façon générale le droit de rétention du créancier gagiste, sans égard pour la rétention effective de la chose [6].

2679 ***Lien de connexité*** ◊ Il faut un lien de connexité entre la rétention de la chose et la créance. La connexité peut être juridique ou matérielle. Dans le premier cas, le rétenteur détient la chose à l'occasion du rapport de droit qui l'a rendu créancier de son propriétaire [7]. Cette connexité est naturellement celle que l'on rencontre en matière contractuelle. Elle est celle utilisée par les articles 1612, 1749 et 1948 du Code civil ou par la

1. Civ. 1re, 7 janv. 1992, n° 90-14.545, préc. Com., 24 sept. 2009, n° 08-10.152 : *Bull. civ.* I, n° 178. Civ. 1re, 20 déc. 2017, n° 16-24.029, inédit.
2. Com. 20 mai 1997, n° 95-11.915, *Bull. civ.* IV, n° 141.
3. C. civ., art. 1128 anc.
4. Civ. 3e, 23 juin 1999, n° 97-19.288, *Bull. civ.* III, n° 150. Civ. 1re, 11 mai 2017, n° 15-26.646 : *Bull. civ.* I, n° 107, p. 146. T. civ. de Clermont (Oise), 25 mars 1925, *DH* 1925. 381.
5. C. civ., art. 2352.
6. Pour la critique : A. Aynès, RPC avr.-mai-juin 2008, p. 13. L. Aynès et Ph. Dupichot, *Dr. et patr.* 10/2008. 99. P. Crocq, *D.* 2008. 2106. D. R. Martin, *D.* 2009. 1046. S. Piedelèvre, *D.* 2008. 2950.
7. C. civ., art. 2286 2°.

jurisprudence à propos du contrat d'entreprise ou de mandat. En principe, il n'y a pas de connexité entre une créance née d'un contrat et la détention issue d'un autre contrat. Il est fait exception à ce principe lorsque les deux contrats sont eux-mêmes indivisibles. Dans le second cas, la créance est née à l'occasion de la chose ou est liée à la chose [1]. Le créancier a exposé des dépenses pour la conservation ou l'amélioration de la chose retenue ou lorsque celle-ci a causé un dommage dont il demande réparation [2].

§ 2. Les conditions subjectives

2680 ***Bonne foi du rétenteur*** ◊ Le rétenteur doit être de bonne foi [3]. Le droit de rétention est refusé à celui qui a commis un dol ou une fraude dans l'exécution du contrat qui lui avait conféré la détention de la chose. Il l'est également à celui qui s'est emparé de la chose par un acte illicite ou violent.

2681 ***État*** ◊ En principe, la personnalité du débiteur est indifférente à l'exercice du droit de rétention. Il existe cependant une exception à cette règle relativement à l'État. Le droit de rétention ne peut s'exercer contre lui, puisque toute voie d'exécution contre l'un de ses biens est interdite.

Sous-section 4. Le régime du droit de rétention

§ 1. Les droits et les obligations du rétenteur

A. Les droits

2682 ***Rétention uniquement*** ◊ Le rétenteur ayant la détention de la chose est en droit de la retenir et de s'opposer à toute action personnelle ou réelle en restitution de celle-ci et à toute saisie [4]. Il n'est investi d'aucune autre prérogative. S'il fait saisir et vendre le bien retenu, il perd son droit de rétention. Le rétenteur qui n'a pas la détention du bien [5] devra quant à lui recourir pour l'obtenir à la saisie-revendication [6] et/ou à la saisie appréhension [7].

2683 ***Paiement prioritaire*** ◊ Le droit de rétention est un moyen indirect pour le rétenteur d'être payé en priorité. Il n'a aucun droit réel de garantie sur le droit de propriété portant sur la chose retenue. Mais la rétention peut

1. C. civ., art. 2286 3°.
2. C. civ., art. 555, 570, 862.
3. Civ. 1re, 14 mai 1957, n° 4804, *Bull. civ.* I, n° 214.
4. C. pr. exéc., art. R. 221-29.
5. C. civ., art. 2286 4°.
6. C. pr. exéc., art. L. 222-2. art. R. 222-17 à R. 222-25.
7. C. pr. exéc., art. L. 222-1. art. R. 221-1 à R. 222-16.

inciter les autres créanciers du débiteur à payer le rétenteur pour reprendre la chose. Le droit de rétention est efficace même en cas de procédure de sauvegarde, redressement et liquidation judiciaire [1].

684 ***Gages successifs*** ◊ D'une façon exceptionnelle, le droit de rétention cède face à une autre sûreté réelle. Lorsqu'un premier gage sans dépossession est suivi par un second gage avec dépossession, le droit de rétention du second gagiste est sans effet à l'égard du premier gagiste [2].

B. Les obligations

685 ***Usage et conservation*** ◊ Le rétenteur doit conserver la chose dans l'état où elle se trouvait au moment de son entrée en détention [3]. Il répond donc de sa détérioration et de sa disparition.

§ 2. L'extinction du droit de rétention

686 ***Voie accessoire et principale*** ◊ Le droit de rétention s'éteint par voie accessoire et principale. Dans le premier cas, il disparaît avec la créance dont il était l'accessoire. Toutes les causes d'extinction *lato sensu* de la créance entraîneront la disparition du droit de rétention. Il s'éteint également avec la perte totale de la chose. Dans le second cas, il disparaît seul, sans que la créance ne soit affectée. Le droit de rétention s'éteint ainsi lorsque le rétenteur se dessaisit volontairement de la chose [4].

687 ***Report du droit de rétention sur le prix*** ◊ En principe, le droit de rétention du rétenteur ne se reporte pas sur le prix de vente de la chose lorsqu'elle est réalisée pour désintéresser le créancier [5]. Il se reporte par exception sur le prix lorsque le rétenteur s'est régulièrement prévalu de son droit de rétention et qu'il a subi la vente forcée de la chose [6].

SECTION 2. LA PROPRIÉTÉ-SÛRETÉ

688 ***Notion*** ◊ La propriété-sûreté repose sur la propriété d'un bien. Le créancier n'acquière pas un droit réel de garantie sur le droit de propriété d'une chose. Il demeure ou devient propriétaire à des fins de sûreté [7].

---

1. V. ss 2605, 2609.
2. C. civ., art. 2340 al. 2e.
3. C. civ., art. 1197.
4. C. civ., art. 2286 al. 6e.
5. Com. 19 févr. 1958, n° 546, *Bull. civ.* III, n° 82.
6. Civ. 2e, 27 juin 1958, n° 57-10.288, *Bull. civ.* II, n° 475.
7. P. Crocq, *Propriété et garantie*, Préf. M. Gobert, Bibliothèque de droit privé, Tome 248, LGDJ, 1995.

Sous-section 1. La réserve de propriété

2689 ***Notion*** ◊ La réserve de propriété est une convention par laquelle les parties à un contrat translatif de propriété décident de retarder le transfert de celle-ci jusqu'au complet paiement du prix. Cette convention est en général adjointe à un contrat de vente. La réserve de propriété s'est développée à partir de la loi n° 80-335 du 12 mai 1980 relative aux effets des clauses de réserve de propriété dans les contrats de vente qui a reconnu son efficacité en cas de procédure collective. La clause de réserve de propriété est réglementée par le Code civil [1] et par le Code de commerce [2].

§ 1. L'existence de la réserve de propriété

A. La nature de la réserve de propriété

2690 ***Terme suspensif*** ◊ La réserve de propriété utilise le mécanisme du terme suspensif appliqué à l'effet légal qu'est le transfert de la propriété [3]. Ce transfert est retardé jusqu'à la survenance du paiement du prix considéré, dans une perspective juridique, comme un événement certain [4] [5]. La défaillance de l'acheteur est sanctionnée par la revendication de la chose vendue qui est une forme d'exécution du contrat, donc de paiement de son obligation. Donc si l'acheteur ne paye pas spontanément le prix, il le paiera en restituant la chose. Cela suffit à justifier la qualification de terme suspensif [6].

2691 ***Sûreté*** ◊ La réserve de propriété est une sûreté. La Cour de cassation l'admet expressément [7]. Elle a considéré en conséquence que le droit de propriété forme l'accessoire de la créance et se transmet avec elle [8]. La loi a consacré cette analyse [9].

B. Champ d'application de la réserve de propriété

2692 ***Contrats translatifs*** ◊ La réserve de propriété peut être insérée dans tous les contrats translatifs de la propriété d'un bien. Elle s'intègre naturellement dans la vente mais encore dans le contrat d'entreprise le cas échéant.

---

1. C. civ., art. 2367 à 2372.
2. C. civ., art. L. 624-9 à L. 624-18.
3. C. civ., art. 1196.
4. Art. 1103.
5. C. civ., art. 1305.
6. C. civ., art. 2367 al. 1er. Com. 9 janv. 1996, n° 93-12.667, inédit. - 1er févr. 2000, n° 97-15.263 : *Bull. civ.* IV, n° 23, p. 19. - 24 sept. 2002, n° 98-22.280, inédit. - 17 oct. 2018, n° 17-14.986, à paraître au *Bull. civ.*
7. Com. 15 mars 1988, *Cauzette-Rey*, n° 86-13.687, inédit.
8. Com. 11 juill. 1988, n° 87-10.834, *Bull. civ.* IV, n° 241. 15 mars 1988, n° 85-13.687, *Bull. civ.* IV, n° 106.
9. C. civ., art. 2367 al. 2e.

2693 ***Droit et objet*** ◊ La réserve de propriété concerne celle de toute chose, corporelle ou incorporelle, meuble ou immeuble [1]. Le mécanisme pourrait s'appliquer à d'autres droits que la propriété, qu'ils soient personnels ou réels démembrés.

C. Les conditions d'existence de la réserve de propriété

1. Les conditions de fond

2694 ***Contrat*** ◊ La clause de réserve est un contrat dont les conditions de validité relèvent du droit commun [2]. Son existence est subordonnée au consentement des deux parties [3]. La jurisprudence admet le consentement tacite de l'acheteur [4].

2. Les conditions de forme

2695 ***Écrit*** ◊ La réserve doit être convenue par écrit [5]. L'écrit est requis à des fins probatoires [6].

§ 2. Les effets de la réserve de propriété

A. La situation du détenteur de la chose

2696 ***Propriété et détention*** ◊ Le propriétaire, vendeur ou entrepreneur par exemple, conserve la propriété de la chose faisant l'objet du contrat. La détention de cette chose est transférée à l'acheteur ou au maître de l'ouvrage qui en jouit au moins d'un point de vue factuel. Ces derniers sont dans une situation proche de celle d'un locataire. Ils ne peuvent disposer de la propriété de la chose puisqu'ils n'en sont pas titulaires [7]. Dans le cas contraire, leur auteur serait protégé par les dispositions de l'article 2276 du Code civil, à condition qu'il soit de bonne foi.

---

1. C. civ., art. 2373 al. 2e. *Comp.* Civ. 3e, 14 déc. 2017, nº 16-25.465, inédit, qui estime que l'article 2371 ne s'applique pas aux immeubles.
2. C. civ., art. 1128.
3. C. civ., art. 1129.
4. Com. 13 juin 1989, nº 88-11.951, *Bull. civ.* IV, nº 186.
5. C. civ., art. 2368. art. L. 624-16 al. 2e.
6. C. civ., art. 1173.
7. C. civ., art. 1199, 1203.

B. La situation du propriétaire de la chose

2697 ***Revendication de la chose*** ◊ Le propriétaire est en droit de revendiquer la chose. Il existe deux régimes distincts de revendication : celui de droit commun du Code civil [1] et celui du Code de commerce lorsque le débiteur est soumis à une procédure collective [2]. En cas de procédure collective, la revendication doit avoir lieu dans le délai de trois mois suivant la publication du jugement ouvrant la procédure [3]. Elle porte sur la chose même ayant fait l'objet du contrat [4]. Par faveur pour le revendiquant, la loi admet qu'il puisse revendiquer des choses fongibles de même nature et qualité détenues par le débiteur ou pour son compte [5].

2698 ***Sort du contrat*** ◊ Il faut distinguer selon que le bien vendu avec réserve est un meuble ou un immeuble. **1°** Meuble : En cas de réserve de propriété portant sur celle d'un meuble, le vendeur peut revendiquer sa propriété. La revendication n'entraîne pas la résolution du contrat mais son exécution sous la forme d'une sorte de dation en paiement [6]. Le propriétaire revendiquant recouvre finalement le droit de disposer de la chose [7]. **2°** Immeuble : En cas de réserve de propriété portant sur celle d'un immeuble, la défaillance de l'acheteur permet au vendeur de prononcer la résolution de la vente ou de la demander en justice [8]. Chaque partie doit alors restituer ce qu'elle a reçu en principal, le vendeur le prix et l'acheteur l'immeuble [9]. En outre, l'acheteur doit indemniser le vendeur de la valeur de la jouissance [10]. Et le vendeur doit, le cas échéant, indemniser l'acheteur de la valeur des impenses réalisées [11].

2699 ***Limites à la revendication*** ◊ Il y a trois limites à la revendication : l'incorporation du bien, sa revente et sa perte. En cas d'incorporation, la revendication est admise lorsque la chose a été incorporée dans une autre chose mobilière ou immobilière, si leur séparation peut être effectuée sans qu'elles en subissent un dommage [12]. En cas de revente, le droit

---

1. C. civ., art. 544.
2. C. com, art. L. 624-9 s., art. R. 624-13 s.
3. C. com., art. L. 624-9.
4. C. civ., art. 2371 al. 1er. C. com., art. L. 624-16 al. 2e.
5. C. civ., art. 2369. C. com., art. L. 624-16 al. 3e.
6. Civ. 19 janv. 1942, *Bull. civ.*, n° 18. Com. 5 mars 1996, n° 93-12.818, *Bull. civ.* IV, n° 72. C. civ., art. 2371 al. 2e et 3e. Cette dation est originale. Contrairement à la dation en paiement ordinaire qui suppose un transfert de propriété et une imputation sur la créance payée de la valeur du droit transmis, il y a ici directement imputation de la valeur de la chose, sans transfert de droit.
7. C. civ., art. 2371 al. 1er.
8. Art. 1224 s - Civ. 3e, 14 déc. 2017, n° 16-25.465, préc.
9. Art. 1229 al. 4e, 1352.
10. Art. 1352-3.
11. Art. 1352-5.
12. C. civ., art. 2370. C. com., art. L. 624-16 al. 3e.

de propriété se reporte sur la créance de prix [1]. En cas de perte, le droit de propriété se reporte sur l'indemnité d'assurance le cas échéant [2].

Sous-section 2. La fiducie

700 ***Notion*** ◊ La fiducie a été consacrée en droit français, non sans difficulté, par plusieurs lois. La principale fut la loi n° 2007-211 du 19 février 2007 qui a inséré dans le livre III du Code civil un titre XIVe intitulé « *De la fiducie* ». Plusieurs autres textes suivirent en vue de corriger les défauts de la loi initiale [3]. La fiducie est définie par la loi comme « *l'opération par laquelle un ou plusieurs constituants transfèrent des biens, des droits ou des sûretés, ou un ensemble de biens, de droits ou de sûretés, présents ou futurs, à un ou plusieurs fiduciaires qui, les tenant séparés de leur patrimoine propre, agissent dans un but déterminé au profit d'un ou plusieurs bénéficiaires* » [4]. L'institution est innovante en ce qu'elle crée un patrimoine d'affectation dont le fiduciaire est titulaire. La fiducie nommée est concurrencée par la fiducie innommée. Il convient d'aborder successivement les deux institutions.

§ 1. La fiducie nommée

A. Les conditions

1. Les conditions de fond

701 ***Fiduciant, fiduciaire et bénéficiaire*** ◊ Toute personne peut en principe être fiduciant. Il existe des exceptions dans le droit des incapacités [5]. Le débiteur de la dette garantie peut être le fiduciant ou un tiers. En cas de pluralité de fiduciants propriétaires, le consentement de tous est requis [6]. En cas de décès du fiduciant personne physique, par dérogation à l'article 2029, le contrat se poursuit entre ses héritiers [7]. Le fiduciaire est un organisme financier réglementé [8] ou un avocat [9]. Il peut être le

---

1. C. civ., art. 2372 ; C. com., art. L. 624-18.
2. *Ibid.*
3. Cl. Witz, *La fiducie en droit privé français*, Préf. D. Schmidt, Économica, 1981. L. n° 2008-776 du 4 août 2008. Ord. n° 2009-112 du 30 janv. 2009. L. n° 2009-526 du 12 mai 2009) ou d'adapter l'institution au droit des entreprises en difficulté (Ord. n° 2008-1345 du 18 déc. 2008).
4. Art. 2011.
5. C. civ., art. 408-1, 468 al. 2e, 509 5°.
6. C. civ., art. 815-3. art. 1424 al. 2e.
7. C. civ., art. 2372-1 al. 2e et 2488-1 al. 2e.
8. C. civ., art. 2015 al. 1er.
9. C. civ., art. 2015 al. 2e.

créancier ou un tiers [1]. La relation entre le bénéficiaire et le fiduciaire est conçue comme celle liant le bénéficiaire d'une stipulation pour autrui au promettant [2].

2702 ***Sources*** ◊ La fiducie est établie par la loi ou par le contrat. Dans ce dernier cas, elle doit être expresse [3].

2703 ***Dette garantie*** ◊ Toute dette peut être garantie, quelle que soit sa source, qu'elle soit présente ou future [4]. La dette garantie doit être déterminée ou déterminable [5].

2704 ***Caractère rechargeable*** ◊ Les parties peuvent prévoir que la fiducie est rechargeable. Si elle l'est, la propriété pourra être affectée ultérieurement à la garantie de dettes nouvelles [6].

2705 ***Patrimoine fiduciaire*** ◊ Le fiduciaire est titulaire d'un patrimoine fiduciaire qui s'ajoute à son patrimoine propre [7]. Le patrimoine fiduciaire est un patrimoine d'affectation qui est séparé du patrimoine propre [8]. Il y a autant de patrimoines fiduciaires que de fiduciants ayant contracté avec le même fiduciaire. Le patrimoine fiduciaire peut contenir des biens, des droits, des sûretés et des dettes.

2. Les conditions de forme

2706 ***Contrat solennel*** ◊ Le contrat de fiducie est solennel [9]. Il doit contenir, à peine de nullité, diverses mentions [10].

2707 ***Formalités*** ◊ En matière mobilière, le contrat de fiducie doit être enregistré, à peine de nullité [11]. Mais aucune publicité n'est requise. En matière immobilière, il devra être authentique pour pouvoir être publié à la publicité foncière [12]. La publicité est exigée à peine de nullité [13]. Un registre national des fiducies est constitué qui a pour fonction d'informer les autorités judiciaires et les services impliqués dans la lutte contre le blanchiment des capitaux [14].

---

1. C. civ., art. 2011. art. 2372-3. art. 2388-3.
2. C. civ., art. 1205, 2028, 2030.
3. C. civ., art. 2012.
4. C. civ., art. 2372-2. art. 2488-2.
5. C. civ., art. 2372-2. art. 2488-2.
6. C. civ., art. 2372-5. art. 2488-5.
7. C. civ., art. 2024. art. 2025.
8. C. civ., art. 2011.
9. C. civ., art. 1109 al. 2e.
10. C. civ., art. 2018. art. 2372-2. art. 2488-2.
11. C. civ., art. 2019 al. 1er.
12. Art. 4 al. 1er décr. 4 janv. 1955.
13. C. civ., art. 2019 al. 2e.
14. C. civ., art. 2020. art. 4 et 5 décr. n° 2010-219 du 2 mars 2010.

B. Les effets

1. Dans la période d'exécution du contrat de fiducie

708 ***Gestion des biens et autres questions*** ◊ Par l'effet du contrat de fiducie, le fiduciaire est propriétaire des biens du fiduciant faisant l'objet du contrat [1]. Le fiduciaire est titulaire d'une propriété pleine et entière avec toutes ses composantes, l'*usus*, le *fructus* et l'*abusus matériel*. Néanmoins, l'exercice des droits est limité puisqu'il doit respecter les dispositions et la finalité du contrat de fiducie [2]. Les pouvoirs du fiduciaire doivent être déterminés par le contrat [3]. Le contrat de fiducie doit préciser de nombreux aspects : les conditions de conservation et d'utilisation des biens fiduciaires, la périodicité de l'obligation imposée au fiduciaire de rendre compte [4], le sort des fruits si le bien fiduciaire est frugifère et son imputation éventuelle sur la dette garantie [5], la répartition de la charge de l'évaluation du bien fiduciaire, ainsi que les modalités de réalisation de cette évaluation, la charge des risques, la rémunération due au fiduciaire, etc.

709 ***Information des tiers*** ◊ Le fiduciaire doit informer les tiers de sa qualité lorsqu'il est l'auteur d'un acte en rapport avec les biens fiduciaires [6]. Cette information doit leur permettre de vérifier ses pouvoirs [7].

710 ***Dépassement de pouvoir*** ◊ Dans ses rapports avec les tiers, le fiduciaire est réputé disposer des pouvoirs les plus étendus sur le patrimoine fiduciaire, à moins qu'il ne soit démontré que les tiers avaient connaissance de la limitation de ceux-ci [8]. L'acte du fiduciaire sera nul, d'une nullité relative, si le tiers est informé du dépassement de pouvoir, donc s'il est de mauvaise foi. En matière immobilière, les tiers sont informés par la publicité foncière. En revanche, en matière mobilière, les tiers de bonne foi peuvent se prévaloir des dispositions de l'article 2276 du Code civil.

711 ***Détention des biens*** ◊ La loi ne rend pas le transfert de la détention obligatoire du fiduciant au fiduciaire. La détention peut donc être conservée par le fiduciant. La loi l'admet spécialement à propos des fonds de commerce ou d'un immeuble à usage professionnel [9]. Le Code de commerce prévoit également la possibilité pour les parties de conclure

1. C. civ., art. 2372-1 al. 1er. art. 2488-1 al. 1er.
2. C. civ., art. 2011.
3. C. civ., art. 2018 6°.
4. C. civ., art. 2022 al. 1er.
5. C. civ., art. 2389.
6. C. civ., art. 2021 al. 1er.
7. C. civ., art. 2018 6°.
8. C. civ., art. 2023.
9. C. civ., art. 2018-1.

une convention en exécution de laquelle le débiteur conserve l'usage ou la jouissance de biens [1]. En présence d'une telle convention et en cas de procédure collective ouverte contre le fiduciant, la loi consacre la force obligatoire de cette convention [2]. Il est fait exception à cette règle lorsque le plan de sauvegarde est résolu [3] ou lorsque le fiduciant est mis en liquidation [4]. En l'absence d'une telle convention et en présence d'une procédure collective, le fiduciaire peut réaliser sa sûreté [5].

2712 ***Reddition des comptes*** ◊ Le contrat de fiducie doit aussi définir les conditions dans lesquelles le fiduciaire rend compte de sa mission au fiduciant. Le contrat détermine la périodicité de cette obligation [6].

2713 ***Tiers protecteur*** ◊ Le fiduciant peut à tout moment désigner un tiers chargé de s'assurer de la préservation de ses intérêts dans le cadre de l'exécution du contrat [7].

2714 ***Remplacement du fiduciaire*** ◊ Le fiduciaire peut être remplacé s'il abuse des biens fiduciaires ou s'il fait l'objet d'une procédure de sauvegarde ou de redressement judiciaire [8].

2715 ***Recharge de la fiducie*** ◊ La fiducie peut être stipulée rechargeable. Si elle l'est, elle pourra être affectée ultérieurement à la garantie de nouvelles créances, soit au profit du créancier initial, soit au profit d'un nouveau créancier, même si la première créance garantie n'est pas intégralement payée [9]. Lorsque le fiduciant est une personne physique, la recharge est limitée à la valeur estimée au jour de la réalisation des droits qui forment le patrimoine fiduciaire [10]. La convention de rechargement prend la forme d'un avenant au contrat de fiducie, contracté par le fiduciant et le fiduciaire. Cette convention doit, à peine de nullité, respecter le principe de spécialité consacré par les articles 2372-2 ou 2488-2. En matière mobilière, cette convention doit être enregistrée. La date d'enregistrement détermine le rang de chaque créancier [11]. En matière immobilière, cette convention doit être publiée dans les formes prévues par l'article 2019 du Code civil. La date de publication détermine le rang de chaque créancier par rapport aux autres [12].

---

1. C. com., art. L. 622-13 VI.
2. C. com., art. L. 622-13 VI et art. L. 631-14 al. 1er. art. L. 622-23-1 et art. L. 631-14 al. 1er.
3. C. com., art. L. 631-14 al. 5e.
4. C. com., art. L. 641-11-1 VI.
5. C. com., art. L. 622-7 II al. 2e. art. L. 622-13 VI.
6. C. civ., art. 2022 al. 1er.
7. C. civ., art. 2017 al. 1er.
8. C. civ., art. 2027.
9. C. civ., art. 2372-5 al. 2e. art. 2488-5 al. 2e.
10. C. civ., art. 2372-5 al. 2e. art. 2488-5 al. 2e.
11. C. civ., art. 2372-5 al. 2e.
12. C. civ., art. 2488-5 al. 3e.

716 ***Droits des créanciers du fiduciaire*** ◊ Le fiduciaire est titulaire d'un patrimoine nouveau, le patrimoine fiduciaire, distinct de son patrimoine propre. Chaque patrimoine est composé d'un actif et d'un passif. En principe, l'actif propre répond du passif propre [1] et l'actif fiduciaire du passif fiduciaire [2]. L'actif propre ne répond pas du passif fiduciaire et l'actif fiduciaire ne répond pas du passif propre [3]. Le contrat de fiducie peut cependant prévoir qu'un créancier du fiduciaire, titulaire d'une créance née de la conservation ou de la gestion du patrimoine fiduciaire, pourra saisir les biens propres du fiduciaire [4]. Lors de la réalisation des biens fiduciaires, les créanciers dont la créance découle de la conservation ou de la gestion des biens fiduciaires sont payés par priorité par le fiduciaire soit avec ses deniers propres, soit avec ceux provenant de la vente des biens fiduciaires [5].

717 ***Droits des créanciers du fiduciant*** ◊ Il y a une séparation entre le fiduciant et le fiduciaire et leurs patrimoines respectifs. L'actif du fiduciant répond de son passif ; l'actif du fiduciaire répond également de son passif. Par exception, l'actif du fiduciant peut répondre du passif du fiduciaire [6]. Mais une clause du contrat de fiducie acceptée par le créancier peut restreindre le droit du créancier dont la créance est née de la conservation et de la gestion du patrimoine fiduciaire au seul actif fiduciaire [7]. Les créanciers du fiduciant pourront aussi faire valoir leurs droits de suite sur un bien entré dans le patrimoine fiduciaire et pourront aussi se prévaloir de la fraude paulienne [8].

2. Dans la période de cessation du contrat de fiducie

718 ***Causes de cessation*** ◊ Le contrat de fiducie peut prendre fin par la révocation par le fiduciant possible tant que le bénéficiaire n'a pas accepté la stipulation faite à son profit [9], par l'échéance du terme ou par la réalisation du but poursuivi, par la disparition du fiduciaire, par la renonciation du bénéficiaire [10]. En revanche, il ne prend pas fin par le décès du fiduciant [11]. Parce que la fiducie est rechargeable, le paiement de la dette garantie n'est pas nécessairement une cause d'extinction du contrat de fiducie [12]. Les parties au contrat de fiducie ont intérêt à se déterminer sur cette question.

---

1. C. civ., art. 2025 al. 2e, 2e proposition *a contrario*.
2. C. civ., art. 2025 al. 1er.
3. C. civ., art. 2024.
4. C. civ., art. 2025 al. 2e.
5. C. civ., art. 2372-4, 2488-4.
6. C. civ., art. 2025 al. 2e.
7. C. civ., art. 2025 al. 3e.
8. C. civ., art. 2025 al. 1er.
9. C. civ., art. 1206 al. 2e. art. 2028.
10. C. civ., art. 2029.
11. C. civ., art. 2372-1 al. 2e, 2488-1 al. 2e.
12. *Comp.* C. civ., art. 2488 1°.

2719 ***Défaillance du débiteur*** ◊ En cas de défaillance du débiteur, la réalisation a lieu dans le cadre d'une dation en paiement. Deux hypothèses doivent être distinguées selon que le fiduciaire est le bénéficiaire ou qu'un tiers l'est. Dans le premier cas, le fiduciaire acquiert la libre disposition des biens transmis du fait de leur transfert dans son patrimoine propre. Dans le second cas, deux solutions sont prévues. Dans la première, le fiduciaire doit transférer la titularité des droits au créancier bénéficiaire qui en acquiert alors la libre disposition. Dans la seconde, si le contrat de fiducie le prévoit, le fiduciaire peut être autorisé à vendre les biens fiduciaires à un tiers. Il doit alors remettre leur prix au créancier bénéficiaire. Le cas échéant, la valeur des biens est estimée par un expert [1] et est imputée sur le montant de la créance garantie, le reliquat éventuel revenant au fiduciant [2]. La transmission des droits doit, à peine de nullité, donner lieu à un acte enregistré si les biens fiduciaires sont meubles ou, s'ils sont immeubles, à la formalité fusionnée des articles 647 et 657 du Code général des impôts [3].

§ 2. La fiducie innommée

2720 ***Rejet*** ◊ La question se pose de savoir si la consécration d'une fiducie nommée par la loi [4] rend la fiducie innommée illicite. La réponse devrait résolument être positive [5]. Néanmoins, la jurisprudence récente est hostile à la fiducie innommée notamment lorsqu'elle porte sur une créance. Concrètement, la cession fiduciaire de créance est requalifiée en nantissement de créance [6]. Les raisons de cette hostilité sont énigmatiques. La loi paraît admettre d'une façon générale la fiducie des créances [7]. De toutes les façons, elle relève de la liberté contractuelle et n'est nullement contraire à l'ordre public [8].

Sous-section 3. Le crédit-bail

2721 ***Notion*** ◊ Le crédit-bail est une forme de propriété-sûreté. Il est défini d'une façon très précise par la loi [9]. D'après la jurisprudence, il est une

---

1. C. civ., art. 2372-3, 2488-3.
2. C. civ., art. 2372-4, 2488-4.
3. C. civ., art. 2019 al. 3e.
4. C. civ., art. 2011 s.
5. M. Mignot, « Le *numerus clausus* et les sûretés réelles » *in Liberté contractuelle et droits réels*, Sous la dir. de L. Andreu, Institut Universitaire Varenne, 2015, p. 195.
6. Com. 19 déc. 2006, n° 05-16.395, *Bull. civ.* IV, n° 250. 26 mai 2010, n° 09-13.388, *Bull. civ.* IV, n° 94.
7. C. civ., art. 2018-2.
8. C. civ., art. 1102 al. 1er.
9. C mon. fin., art. 313-7. V ss 2056.

opération financière qui n'est pas soumise au statut des baux [1]. Pour la qualification du contrat, la jurisprudence considère la définition légale comme strictement normative [2].

722 ***Régime*** ◊ Le contrat doit être publié lorsque le bien est un bien professionnel [3]. En cas de défaillance du crédit-preneur, le crédit-bailleur peut revendiquer les biens dont il est resté propriétaire [4]

1. Civ. 3ᵉ, 10 juin 1980, nº 78-11.032, *Bull. civ.* III, nº 113. 3 nov. 1981, nº 79-15.671, *Bull. civ.* I, nº 173.
2. Com. 14 avr. 1972, nº 70-13.333, *Bull. civ.* IV, nº 105. 30 mai 1989, nº 88-11.445, *Bull. civ.* IV, nº 167.
3. C mon. fin., art. R. 313-3 s.).
4. C. com., art. L. 624-9 s.

CINQUIÈME PARTIE

ACTIVITÉ BANCAIRE ET SERVICES D'INVESTISSEMENT

723 ***Activité des établissements de crédit dans le domaine des services d'investissement*** ◊ Les services d'investissement portent sur une activité d'intermédiation financière ou une activité spéculative sur les marchés financiers, ce qui permet de les distinguer des services bancaires [1]. Des recoupements peuvent néanmoins être relevés entre les définitions des opérations de banque, des opérations connexes aux opérations de banque, des services d'investissement et des services connexes aux services d'investissement.

Agréés pour exercer des activités bancaires [2], les établissements de crédit peuvent aussi fournir à titre de profession habituelle ou à titre accessoire des services d'investissement.

724 ***Évolution de la réglementation des services d'investissement*** ◊ La liste des services et activités d'investissement ainsi que des services connexes aux services d'investissement, qui figure aujourd'hui à l'article L. 321-1 du Code monétaire et financier, a été progressivement délimitée par la directive services d'investissement (directive dite DSI), par les directives marchés d'instruments financiers (directives MIF 1 et

1. V. ss 51 s.
2. Opérations de banque et opérations connexes aux opérations de banque : v. ss 52 s., 76 s.

MIF 2), ainsi que par les lois de transposition en droit interne. Pour comprendre la structuration actuelle des services d'investissement ainsi que les conditions dans lesquelles des établissements de crédit peuvent fournir des services d'investissement, il convient de rappeler brièvement les apports successifs de chacun de ces textes.

2725 ***Les services d'investissement dans la directive 93/22/CEE (« DSI »)*** ◊ La directive 93/22/CEE du Conseil du 10 mai 1993 concernant les services d'investissement dans le domaine des valeurs mobilières (dite directive DSI) avait pour objectif de favoriser la création d'un marché unique des services financiers, par la reconnaissance mutuelle des agréments délivrés aux entreprises qui fournissent des services d'investissement. Cette directive s'est profondément inspirée de la directive bancaire 89/646 concernant l'accès à l'activité des établissements de crédit et son exercice, pour fixer le nouveau statut professionnel des entreprises d'investissement [1].

Aux termes de l'article 1er, point 2, de la directive DSI, on entend par entreprise d'investissement « toute personne morale qui exerce habituellement une profession ou une activité consistant à fournir à des tiers un service d'investissement à titre professionnel ». L'entreprise d'investissement s'identifie ainsi à travers les services d'investissement qu'elle est susceptible de fournir. La liste de ces services d'investissement, jointe dans l'annexe A de la directive, comporte 4 services : la réception, transmission et l'exécution d'ordres pour le compte de tiers ; la négociation pour compte propre ; la gestion individuelle de portefeuilles ; la prise ferme.

2726 La DSI prévoit que les services d'investissement ne peuvent être fournis à titre de profession habituelle à des tiers que par les seules entreprises d'investissement et établissements de crédit habilités à fournir des services d'investissement.

Dans ce cadre, l'article 2-1 de la directive prévoit que les établissements de crédit qui proposent à leur clientèle des services d'investissement ne sont pas soumis à une application cumulative de la législation bancaire et du statut professionnel des entreprises d'investissement : s'il est titulaire d'un agrément en tant qu'établissement de crédit, l'établissement de crédit échappe à l'application de l'ensemble de la directive 93/22 mais il est assujetti aux normes prudentielles, aux règles de conduite, à certaines dispositions prises par les États d'accueil et aux obligations de déclaration de leurs transactions, telles que prévues par la directive pour toute entreprise d'investissement. En outre, la directive 93/6 du 15 mars 1993, relative à

---

1. H. Synvet, « La directive "services d'investissement" : première lecture », *Bull. Joly Bourse*, sept. 1993 n° 5, p. 545 ; J.P. Pessa e Costa, « La proposition de directive concernant les services d'investissement dans le domaine des valeurs mobilières », *RDBB* n° 15, sept/oct. 1989, p. 161 ; H. de Vauplane et J.P. Bornet, « Les difficultés de la transposition de la directive européenne services en investissement », *LPA*, 18 janv. 1995, n° 8, p. 25 ; Voir aussi la bibliographie proposée par la COB, in *Bull. COB*, n° 284, oct. 1994, p. 63.

l'adéquation des fonds propres, traite les entreprises d'investissement et les établissements de crédit sur un pied d'égalité en ce qui concerne les activités qui leur sont communes.

727 ***Les services d'investissement dans la loi du 2 juillet 1996 de modernisation des activités financières*** ◊ La loi du 2 juillet 1996 de modernisation des activités financières (« loi MAF »), qui a transposé la directive DSI, a introduit en droit français les notions de services d'investissement (SI) et de prestataire de services d'investissement (PSI) [1].

L'architecture de la loi MAF s'inspire largement de celle de la loi du 24 janvier 1984 sur l'activité bancaire. La loi MAF définit les instruments financiers et fixe la liste des services d'investissement et des services connexes qui portent sur des instruments financiers. L'article 4 de la loi MAF reprend la définition des services d'investissement qui est formulée par la DSI [2] ; toutefois, alors que la DSI ne distingue pas la réception, la transmission et l'exécution des ordres, ces trois prestations ne constituant qu'une seule activité, la loi MAF distingue l'activité de récepteur/transmetteur et l'exécution d'ordres.

728 La loi MAF complète la directive DSI qui n'a instauré que la catégorie des entreprises d'investissement et qui traite de manière spécifique les établissements de crédit qui exercent certains services d'investissement, en créant une catégorie nouvelle de prestataires de services d'investissement (PSI) qui regroupe les entreprises d'investissement et les établissements de crédit ayant reçu un agrément pour fournir des services d'investissement.

La fourniture à des tiers à titre de profession habituelle de services d'investissement est réservée aux prestataires de services d'investissement [3], sous la condition de l'obtention d'un agrément [4].

729 ***Les services d'investissement dans la Directive concernant les marchés d'instruments financiers (Directive « MIF 1 »)*** ◊ La directive 2004/39/CE du Parlement européen et du Conseil du 21 avril 2004 concernant les marchés d'instruments financiers (Directive « MIF ») a créé pour les banques et entreprises d'investissement un « passeport » consolidé leur permettant d'offrir des services d'investissement dans toute l'Union européenne sous réserve qu'elles respectent certaines exigences d'organisation et d'information et offrent une protection complète aux investisseurs.

---

1. H. de Vauplane et J.P. Bornet, « Marchés financiers : le défi de la transposition de la DSI », *Bull. Joly Bourse*, 1er mars 1996 n° 2, p. 83 ; H. Synvet, « La réforme du droit français à la lumière de la directive européenne sur les services d'investissement », *LPA*, 8 mai 1996, p. 16-22 ; *La modernisation des activités financières*, ss dir. Th. Bonneau, GLN Joly, 1996.
2. V. ss 48.
3. L. 2 juill. 1996, art. 21.
4. L. 2 juill. 1996, art. 11.

Il est précisé au considérant 18 de la directive que les établissements de crédit qui sont agréés en vertu de la directive 2000/12/CE du 20 mars 2000 concernant l'accès à l'activité des établissements de crédit et son exercice, n'ont pas besoin d'un autre agrément en vertu de la directive MIF pour fournir des services d'investissement ou exercer des activités de même nature. Lorsqu'un établissement de crédit décide de fournir de tels services ou d'exercer de telles activités, les autorités compétentes doivent s'assurer, avant d'accorder l'agrément, qu'il respecte les dispositions pertinentes de la directive MIF.

2730 La directive MIF a ajouté à la liste des services d'investissement requérant un agrément, le conseil en investissement ainsi que le service d'investissement afférent à l'exploitation d'un système multilatéral de négociation.

L'ordonnance de transposition du 12 avril 2007 a complété dans le Code monétaire et financier la liste des services d'investissement, en y ajoutant le conseil en investissement (auparavant placé dans les services auxiliaires) et la gestion de systèmes multilatéraux de négociation (SMN), et a mis à jour celle des services connexes, en y ajoutant notamment l'analyse financière et la recherche en investissements [1].

2731 ***Les services d'investissement dans la Directive 2014/65/UE concernant les marchés d'instruments financiers (Directive « MIF 2 »)*** ◊ La directive 2014/65/UE du 15 mai 2014 abrogeant la Directive 2004/39/EC a introduit un nouveau lieu d'exécution, sous l'appellation de « système organisé de négociation » ou OTF (*Organised Trading Facilities*), dont l'exploitation constitue un nouveau service d'investissement [2]. Cette directive est entrée en vigueur le 3 janvier 2018 [3].

Hormis la création de ce nouveau service d'investissement d'exploitation d'un OTF, la liste des services et activités d'investissement n'est pas modifiée par rapport à la directive MIF 1.

De même, aucun changement n'est finalement intervenu dans la liste des services connexes aux services d'investissement : le service connexe de tenue de compte-conservation n'est pas intégré à la liste des services d'investissement [4].

---

1. C. mon. fin., art. L. 321-2.
2. H. Boucheta, « MIF 2 : les nouvelles bases de la réglementation financière », *Bull. Joly Bourse*, nov. 2014 n° 11, p. 545 ; v. ss 2788.
3. Directive (UE) 2016/1034 du Parlement européen et du Conseil du 23 juin 2016 modifiant la directive 2014/65/UE concernant les marchés d'instruments financiers : le délai d'entrée en application de la directive MIF 2 a été prolongé d'un an pour tenir compte du défi technique exceptionnel que représente la mise en œuvre de cette directive pour les régulateurs et les acteurs du marché. L'ordonnance n° 2016-827 du 23 juin 2016 a transposé la directive MIF 2 en droit interne.
4. H. Boucheta, « MIF 2 : les nouvelles bases de la réglementation financière », *Bull. Joly Bourse*, nov. 2014 n° 11, p. 545 ; v. ss 2792.

732 ***Plan*** ◊ Les activités bancaires et les activités de services d'investissement n'étant pas cloisonnées et pouvant être exercées à titre de profession habituelle par un même établissement de crédit, il convient de présenter les éléments de définition des services d'investissement (Titre 1) et des services connexes aux services d'investissement (Titre 2), avant de préciser dans quelles conditions les établissements de crédit peuvent étendre leur activité à ces services d'investissement en étant agréés en qualité de prestataire de service d'investissement.

TITRE 1

LES SERVICES D'INVESTISSEMENT

733 ***Définition légale et réglementaire des services d'investissement*** ◊ L'article L. 321-1 du Code monétaire et financier fixe une liste de neuf services et activités qui constituent des services d'investissement s'ils portent sur des instruments financiers :

- la réception et la transmission d'ordres (RTO) pour le compte de tiers (Chapitre 1) ;
- l'exécution d'ordres pour le compte de tiers (Chapitre 2) ;
- la négociation pour compte propre (Chapitre 3) ;
- la gestion de portefeuille pour le compte de tiers (Chapitre 4) ;
- le conseil en investissement (Chapitre 5) ;
- la prise ferme (Chapitre 6) ;
- le placement garanti (Chapitre 7) ;
- le placement non garanti (Chapitre 8) ;
- l'exploitation d'un système multilatéral de négociation au sens de l'article L. 424-1 (Chapitre 9) ;
- l'exploitation d'un système organisé de négociation (Chapitre 10).

Chacun de ces services d'investissement est défini à l'article D. 321-1 du Code monétaire et financier.

CHAPITRE 1

RÉCEPTION ET TRANSMISSION D'ORDRES POUR LE COMPTE DE TIERS

734 ***Définition*** ◊ Le service de réception-transmission d'ordres pour compte de tiers n'est pas défini dans la directive MIF II. Selon l'article D. 321-1, 1 du Code monétaire et financier, le service de réception et transmission d'ordres pour le compte de tiers consiste à recevoir et à transmettre à un prestataire de services d'investissement ou à une entité relevant d'un État non membre de l'Union européenne et non partie à l'accord sur l'Espace économique européen et ayant un statut équivalent, pour le compte d'un tiers, des ordres d'achat ou de vente portant sur des instruments financiers ou sur des quotas d'émission de gaz à effet de serre.

735 Les notions de « réception » et de « transmission » ne doivent pas être interprétées restrictivement ni séparément. Un lien étroit doit exister entre la réception et la transmission des ordres et l'exécution d'ordres, le premier service étant fourni en amont du second et conduisant normalement à la fourniture de celui-ci [1]. Le considérant 44 de la directive MIF II dispose qu'« aux fins de la présente directive, l'activité de réception et de transmission d'ordres devrait également comprendre la mise en relation de deux ou plusieurs investisseurs permettant ainsi la réalisation d'une transaction entre ces investisseurs » [2]. L'AMF considère qu'une plate-forme de financement participatif qui reçoit des ordres de souscription de la part des internautes afin qu'elle les transmette à un PSI chargé de leur centralisation, entre dans le champ de cette définition [3].

La commission des sanctions de l'AMF a précisé que l'activité de RTO est caractérisée par l'existence de deux phases distinctes : d'une part, une phase de réception d'un ordre et d'autre part, une phase de transmission de cet ordre ; que le transmetteur d'ordres est ainsi celui qui retransmet un

---

1. CJUE, 4e ch., 14 juin 2017, aff. C-678/15, *Mohammed Zadeh Khorassani c/Kathrin Pflanz* : JurisData n° 2017-012098, *RDBF* n° 6, nov. 2017, comm. 273 note Th. Bonneau : l'objet de la réception et la transmission d'ordres d'achat ou de vente des instruments financiers « ne couvre pas l'intermédiation en vue de la conclusion d'un contrat ayant pour objet une activité de gestion de portefeuille ».

2. V. déjà Directive 2004/39/CE (MIF I), consid. 20

3. AMF, Guide du financement participatif (*crowdfunding*) à destination des plates-formes et porteurs de projets, p. 8. Publié le 14 mai 2013.

ordre reçu sans en modifier les caractéristiques principales, se distinguant ainsi du donneur d'ordres ou du gestionnaire qui, eux, ont la pleine initiative de l'ordre émis [1].

La réception/transmission d'ordres est un service d'investissement exercé principalement par les établissements de crédit, directement par leurs agences ou indirectement par une filiale spécialisée pour cette activité ; les ordres sont alors transmis le plus souvent à des filiales de ces établissements qui ont un accès direct aux infrastructures de marché sur lequel les ordres d'achat ou de vente d'instruments financiers pourront être exécutés.

SECTION 1. CONTRAT PORTANT SUR LE SERVICE DE RÉCEPTION-TRANSMISSION D'ORDRES

2736 ***Exigence d'un contrat*** ◇ L'activité de réception-transmission pour le compte de tiers est exercée sur la base d'un contrat passé entre le donneur d'ordre et le PSI : le client, s'estimant suffisamment apte à gérer lui-même son portefeuille, passe directement ses ordres de bourse auprès du transmetteur d'ordres avec lequel il conclut un mandat de transmission d'ordres. L'activité de réception-transmission pour le compte de tiers ne doit pas être confondue avec la simple transmission technique de l'ordre, dans laquelle il n'y a aucune relation juridique entre le donneur d'ordre et le prestataire [2]. La Commission des sanctions de l'AMF [3] a précisé que l'absence totale de convention signée avec les clients pour l'activité de RTO caractérise des manquements du PSI à son obligation d'agir de manière professionnelle, avec la compétence, le soin et la diligence qui s'imposent, afin de servir au mieux les intérêts de ses clients [4], et plus précisément un manquement aux règles de bonne conduite relatives à la connaissance de l'expérience, des connaissances financières, des objectifs et de la situation financière de ses clients avant de leur fournir le service de RTO [5].

La nature du contrat dépend des conditions dans lesquelles le prestataire réceptionne et transmet les ordres. Il est précisé à l'article D. 321-1, 1 du Code monétaire et financier que le PSI agit pour le compte du client, mais il n'est pas indiqué qu'il intervient en son nom propre ou au nom du client : le

1. AMF, Comm. Sanct. 23 sept. 2010 à l'égard de M. A, M. B et Melle C, cogérants de la société X ; AMF, Comm. Sanct. 17 mars 2015 à l'égard de SAS Bernheim Dreyfus & Co, de MM. Dettmar, Melka, Shabi et de Mme C, *Bull. Joly Bourse* juin 2015, p. 271 note I. Riassetto.
2. Th. Bonneau, P. Pailler, A.C. Rouaud, A. Tehrani, R. Vabres, *Droit financier*, préc. n° 801.
3. AMF, Commission des sanctions, déc., 27 juin 2014, *Sté Claresco Gestion et M. X.*, *RDBFi* n° 5, sept. 2014, comm. 183 note M. Storck.
4. C. monét. fin., art. L. 533-11. – AMF, RG, art. 314-3.
5. C. monét. fin., art. L. 533-13, II.

transmetteur d'ordres peut être un mandataire de l'article 1984 du Code civil ou un commettant de l'article L. 132-1 du Code de commerce.

§ 1. Contrat de commission

737 Si le prestataire agit en son nom propre pour le compte du client, c'est un contrat de commission qui est établi. Le contrat de commission repose sur une représentation imparfaite : le commissionnaire intervient en son propre nom, pour le compte du donneur d'ordre. La contrepartie et le marché n'ont pas connaissance de l'identité du donneur d'ordres, et ne connaissent que le commissionnaire qui s'engage personnellement en exprimant une volonté propre. Les conditions de formation de l'opération conclue avec la contrepartie sont appréciées en la personne du commissionnaire, qui exprime un consentement qui doit être sain et non vicié ; les effets de l'acte sont reportés sur le donneur d'ordre lorsque le commissionnaire a bien agi dans la limite de la mission qui lui a été confiée.

Le commissionnaire est tenu d'assurer l'exécution du contrat conclu en son nom pour le compte du commettant. À l'égard des tiers, les effets rattachés à l'acte conclu par le commissionnaire se dédoublent : les effets personnels de l'opération de commission se caractérisent par un engagement personnel du commissionnaire et par l'absence de lien direct entre le commettant et le tiers contractant ; les effets réels du contrat commissionné se produisent dans le patrimoine du commettant sous réserve que le commissionnaire ait bien agi dans la limite des pouvoirs qui lui avaient été conférés par le commettant. Dans les rapports entre commettant et commissionnaire, les effets du contrat de commission sont régis par les règles du mandat [1]. Le commissionnaire ne peut se dégager à l'égard de la contrepartie des obligations nées de l'opération qu'il a menée en son nom personnel, en invoquant une absence d'ordres émanant d'un client dont l'identité n'est pas révélée. Le particularisme de la représentation imparfaite réside précisément en la dissociation des deux relations établies d'une part entre le commissionnaire et son client donneur d'ordres, et d'autre part entre le commissionnaire et le tiers cocontractant.

À l'égard d'une banque qui est intervenue en qualité de commissionnaire et qui a souscrit en son nom propre pour le compte de la société donneur d'ordres des titres nominatifs d'un fonds nourricier « Madoff », la Cour de cassation a précisé que le commissionnaire ayant à l'égard du fonds la qualité d'associé, reçoit seul les informations relatives aux titres, notamment les convocations aux assemblées et les informations directes adressées portant sur ces titres, et doit les communiquer au client donneur d'ordres [2].

---

1. C. com., art. L. 132-1, al. 2.
2. Com. 25 nov. 2014, n° 13-18.414, *Sté BNP Paribas c/Société Sofra*, *Bull. Joly Bourse* janv. 2015, note M. Storck ; *Droit des sociétés* n° 2, février 2015, comm. 32 note S. Torck ; Com., 7 mars 2018, n° 16-23.556, *RDBF* mai 2018, comm. 80 note M. Storck.

§ 2. Contrat de mandat

2738 Si le prestataire intervient directement au nom du donneur d'ordre, les relations sont alors régies par un contrat de mandat. Le prestataire ne peut agir au nom du client lorsque la société émettrice n'accepte que les souscriptions par des clients institutionnels : les souscriptions des clients non institutionnels doivent alors être transmises par l'intermédiaire d'un prestataire qui agit en qualité de commissionnaire [1].

La différence entre mandat et commission n'apparaît pas dans les relations internes entre le donneur d'ordres et le PSI exécuteur d'ordres : dans ces relations internes, les obligations entre commettant et commissionnaire sont identiques à celles qui s'établissent entre mandant et mandataire, au regard notamment de l'information, de la reddition des comptes, du report sur le client des effets de l'opération accomplie. Le client donneur d'ordres, qu'il soit mandant ou commettant, a la propriété des instruments financiers acquis : la propriété des instruments financiers souscrits passe directement du patrimoine du tiers-contractant à celui du commettant souscripteur.

SECTION 2. DISPOSITIONS APPLICABLES AU SERVICE DE RÉCEPTION ET DE TRANSMISSION D'ORDRES

2739 ***Évaluation du caractère approprié*** ◊ En application de l'article L. 533-13, II, du Code monétaire et financier le PSI autre qu'une société de gestion de portefeuille qui fournit un service de réception-transmission d'ordres à un client est tenu de demander à ce client des informations sur ses connaissances et son expérience en matière d'investissement. Ce test du caractère approprié est destiné à vérifier que le client possède le niveau d'expérience et de connaissance requis pour appréhender les risques inhérents au service d'investissement demandé.

Lorsqu'il estime, sur la base des informations fournies par le client, que le service ou l'instrument ne sont pas adaptés, ou lorsque le client n'a pas communiqué les informations nécessaires, le PSI a pour seule obligation de mettre en garde le client préalablement à la fourniture du service de réception et transmission d'ordres du client [2]. Les PSI autres que les sociétés de gestion de portefeuille peuvent fournir les services de RTO pour le compte de tiers sans recueillir les informations sur les connaissances

---

1. V. Com. 25 nov 2014 préc.
2. Com. 16 févr. 2016 n° 14-25.104, *M Maby c/Sté Banque CIC Ouest, Bull. Joly Bourse* mai 2016 p. 198 note M. Storck.

et expérience du client (« *execution only* ») lorsque la commercialisation porte sur des instruments financiers non complexes [1].

§ 1. Contenu de la convention

740 Le règlement général de l'AMF précisait jusqu'à l'entrée en vigueur de la directive MIF II quelles étaient les dispositions spécifiques applicables au service de réception et de transmission d'ordres fourni à un client non professionnel [2]. Désormais, le PSI autre qu'une société de gestion de portefeuille qui fournit le service de RTO à un client après le 3 janvier 2018 doit conclure avec le client un contrat de base écrit, sur papier ou autre support durable, énonçant les droits et obligations essentiels de l'entreprise et du client, en conformité avec les dispositions de l'article 58 du Règlement (UE) 2017/565 de la Commission du 25 avril 2016 complétant la Directive MIF II. Lorsque la convention est conclue avec un client non professionnel, il est précisé à l'article 314-11 du Règlement général de l'AMF que la convention doit prévoir des stipulations propres à informer avec précision le client sur les caractéristiques et les modalités du service de RTO et sur les droits et obligations des parties.

§ 2. Règles de bonne conduite

741 Les PSI fournissant un service de RTO se conforment à l'obligation d'agir au mieux des intérêts de leurs clients [3] L'article 65 du règlement délégué (UE) 2017/565 précise qu'à cette fin les PSI prennent toutes les mesures suffisantes pour obtenir le meilleur résultat possible pour leurs clients. Les PSI établissent et mettent en œuvre une politique qui leur permet de se conformer cette obligation ; cette politique identifie, pour chaque catégorie d'instruments, les entités auprès desquelles les ordres sont passés ou auxquelles l'entreprise transmet les ordres pour exécution. Lorsque le PSI sélectionne d'autres entreprises pour fournir des services d'exécution des ordres, il établit et publie une fois par an, pour chaque catégorie d'instruments financiers, le classement des cinq premières entreprises d'investissement en termes de volumes de négociation auxquelles il a transmis ou auprès desquelles il a passé des ordres de clients pour exécution au cours de l'année précédente et des informations synthétiques sur la qualité d'exécution obtenue.

---

1. C. mon. fin., art. L 533-13 III ; il est exigé que le service soit fourni à l'initiative du client, que le prestataire ait préalablement informé le client de ce qu'il n'est pas tenu d'évaluer le caractère approprié de l'instrument financier et que le prestataire ait pris des mesures raisonnables pour empêcher les conflits d'intérêts.
2. Règl. gén. AMF ancien art. 314-62
3. Directive MIF II, art. 24, § 1

§ 3. Obligation de couverture des ordres sur les marchés à terme

2742 L'article 315-23 du Règlement général AMF précise que « le prestataire de services d'investissement qui reçoit un ordre destiné à être exécuté sur un marché réglementé d'instruments financiers à terme ne peut accepter cet ordre que s'il obtient du donneur d'ordre la constitution d'une couverture ». La constitution de la couverture est une règle de bonne conduite du PSI à l'égard de son client, et non plus simplement une norme d'exercice professionnel dépendant des seuls impératifs liés aux infrastructures de marché. Depuis le revirement opéré par un arrêt du 26 février 2008, la Chambre commerciale de la Cour de cassation considère en effet que l'obligation de couverture n'est pas édictée dans l'unique intérêt du prestataire et du marché : le défaut d'exigence d'une couverture suffisante peut être invoqué comme fondement de la responsabilité du PSI [1].

1. Com. 26 févr. 2008, n° 07-10.761, *Bull. civ.* IV, n° 42 ; *D.* 2008. AJ 776, obs. X. Delpech ; *ibid.* Chron. Cass. 1238, obs. R. Salomon ; *ibid.* 2009. Pan. 1044, obs. D. R. Martin et H. Synvet ; *RTD com.* 2008. 371, obs. Storck ; *Banque et Dr.* 3-4/2008. 24 ; *BJB* 2008. 164, note Goutay et Saudo ; *LPA* 16 juill. 2008, note Bussière et Merville ; ibid. 27 nov. 2008, note De Watrigant ; *Dr. sociétés* 2008, n° 161, note Bonneau ; *RDBF* 2008, n° 91, obs. Muller ; Com. 1er juill. 2008, n° 07-16.461, *Banque et Dr.* 9-10/2008. 35 ; *RJDA* 2008, n° 1136 ; Com. 4 nov. 2008, n° 07-21.449, *F-D, Bouhnil c/SA Procapital, JurisData* n° 2008-045766 ; *Dr. sociétés* 2009, comm. 35, note Th. Bonneau ; *Banque et Dr.* 2008, n° 122, p. 32 ; *BJB* 2008. 164, note Ph. Goutay et C. Saudo. Com. 15 sept. 2009, n° 08-13.282, *F-D, K. c/Sté Crédit Agricole de l'Isère, JurisData* n° 2009-049495 ; *Dr. sociétés* 2010, comm. 12, note Th. Bonneau. Com. 15 sept. 2009, n° 08-18.627, *F-D, M. c/Caisse d'épargne et de prévoyance de Lorraine Nord, JurisData* n° 2009-049506. Com. 13 oct. 2009, n° 08-11.958, *F-D, Brunet c/Sté Cortal Consors, JurisData* n° 2009-049942 ; *Dr. sociétés* 2010, comm. 31, note Th. Bonneau. Com. 24 nov. 2009, n° 08-13.295, *F-D, Chataignier c/Sté Dubus, JurisData* n° 2009-051298 ; *Dr. sociétés* 2010, comm. 53, note R. Mortier. Com. 7 avr. 2010, n° 09-14.022, *F-D, Jaeger c/Société Banque CIC Est, JurisData* n° 2010-003397 ; Com. 13 déc. 2011, n° 10-10.103, *FP-P+B, JurisData* n° 2011-02828, *Dr. sociétés* 2012, comm. 50, note S. Torck ; Com. 22 mai 2012, n° 11-17.936, *JurisData* n° 2012-011071 ; *BJB* 2012. 344, note L. Ruet ; *RDBF* 2012, comm. 132, note A.-C. Muller ; Com. 26 juin 2012, n° 11-11.450, *FP-P+B, El Achcar c/SA Dubus, JurisData* n° 2012-014256, *BJB* 2012. 421, *RDBF* 2012, comm. 199, note A.-C. Muller, *JCP E* 2012, 1486, note Th. Bonneau ; Com. 26 mars 2013, n° 12-13.631, *P, Lanes et de Via c/Sté Dubus, JurisData* n° 2013-005849 ; *Dr. sociétés* 2013, comm. 107, note S. Torck, *RDBFi* mai 2013, comm. 107, note A.C. Muller ; *Bull. civ.* IV, n° 46 ; *Gaz. Pal.* 19-23 mai 2013, p. 8, avis Le Mesle ; *BJB* 2013. 285, obs. Ruet ; *Banque et Dr.* 5-6/2013. 30, obs. Daigre ; *RJDA* 2013, n° 640 ; *RTDF* 2013, n° 3, p. 108, obs. Rouaud. Com. 9 juill. 2013, *BJB* 2013. 531, note Ruet. Com. 13 mai 2014, *Bull. civ.* IV, n° 83 ; *D.* 2014. Actu. 1151 ; *JCP E* 2014. 1485, note Attard ; *RJDA* 2014, n° 702 ; *CCE* 2014, n° 63, note Loiseau.

CHAPITRE 2
EXÉCUTION D'ORDRES POUR LE COMPTE DE TIERS

743 ***Définition*** ◊ Le service d'exécution d'ordres pour le compte de tiers est constitué, selon l'article D. 321-1-2°du Code monétaire et financier, par le fait de conclure des accords d'achat ou de vente portant sur un ou plusieurs instruments financiers ou sur des quotas d'émission de gaz à effet de serre, pour le compte de tiers. Il est précisé toutefois que l'exécution des ordres résultant des décisions d'investissement prises par les PSI dans le cadre du service de gestion pour le compte de tiers ou de la gestion d'un OPCVM ou d'un FIA relève, selon le cas, du service de gestion pour le compte de tiers ou de l'activité de gestion d'OPCVM ou de FIA.

SECTION 1. CONTRAT DE MANDAT, DE COMMISSION OU DE COURTAGE

744 ***Éléments à préciser dans le contrat*** ◊ Les relations entre les parties sont fondées sur un contrat de mandat, de commission ou de courtage [1].

Le règlement général de l'AMF précisait jusqu'à l'entrée en vigueur de la directive MIF II quelles étaient les dispositions spécifiques applicables au service d'exécution d'ordres fourni à un client non professionnel [2]. Désormais, le PSI autre qu'une société de gestion de portefeuille qui fournit le service d'exécution d'ordres à un client après le 3 janvier 2018 doit conclure avec le client un contrat de base écrit, sur papier ou autre support durable, énonçant les droits et obligations essentiels de l'entreprise et du client, en conformité avec les dispositions de l'article 58 du Règlement (UE) 2017/565 de la Commission du 25 avril 2016 complétant la Directive MIF II. Lorsque la convention est conclue avec un client non professionnel,

---

1. A. Couret, H. Le Nabasque, M.-L. Coquelet, Th. Granier, D. Poracchia, A. Raynouard, A. Reygrobellet et D. Robine, *op. cit.*, n° 148 ; Th. Bonneau, P. Pailler, A.C. Rouaud, A. Tehrani, R. Vabres, *Droit financier*, préc. n° 802.

2. Règl. gén. AMF ancien art. 314-64. Etaient visés : 1° Les caractéristiques des ordres susceptibles d'être adressés au PSI ; 2° Le mode de transmission des ordres ; 3° Le contenu et les modalités d'information du donneur d'ordre sur la réalisation de la prestation ; 4° Le délai dont dispose le donneur d'ordre pour contester les conditions d'exécution de la prestation dont il a été informé ; 5° L'établissement en charge de tenir le compte du client si le teneur de compte n'est pas le prestataire assurant le service d'exécution d'ordres.

il est précisé à l'article 314-11 du Règlement général de l'AMF que la convention doit prévoir des stipulations propres à informer avec précision le client sur les caractéristiques et les modalités du service d'exécution d'ordres et sur les droits et obligations des parties.

La mise en relation de plusieurs investisseurs permettant la réalisation d'une transaction entre ces mêmes personnes était, jusqu'à la transposition de la directive MIF en droit interne, un service d'exécution d'ordre pour le compte de tiers. Le considérant 20 de la directive MIF en a fait un service de réception-transmission d'ordres [1].

SECTION 2. RÈGLES DE BONNE CONDUITE

2745 Les PSI autres que les sociétés de gestion de portefeuille chargés de l'exécution des ordres pour le compte de leurs clients doivent justifier des instructions données par ces derniers [2].

Ils doivent aussi respecter les règles de bonne conduite imposées par les articles L. 533-18 et L. 533-19 du Code monétaire et financier.

§ 1. Obligation d'exécuter les ordres aux conditions les plus favorables pour le client

2746 *Directive MIF 1* ◊ Pour stimuler la concurrence, favoriser l'innovation et la baisse des coûts d'exécution, la directive MIF 1 a supprimé la règle de concentration des ordres en un lieu unique et a introduit une concurrence entre les plates-formes de négociation : le PSI a le choix pour passer les ordres entre un marché réglementé, une transaction de gré à gré, un MTF ou un système d'internalisation. L'obligation d'obtenir le meilleur résultat possible lors de l'exécution des ordres, qui découle de l'article 21 de la directive MIF 1, doit permettre de s'assurer que le choix effectué par l'intermédiaire l'est dans le meilleur intérêt du client et évite les conflits d'intérêt. La règle de meilleure exécution vise non seulement à protéger les investisseurs en leur garantissant la meilleure exécution de leurs ordres, mais aussi à introduire une concurrence effective entre les différents lieux d'exécution [3].

Le principe de meilleure exécution est modulé en fonction du service fourni par le PSI : il s'applique aux PSI qui exécutent des ordres ou des décisions d'investissement ; il s'applique de manière adaptée, aux PSI qui transmettent, pour exécution auprès d'autres entités, des ordres résultant de leurs décisions

1. V. ss 2734.
2. Déc. Comm. sanctions AMF, 11 sept. 2008, BNP Paribas ; Communiqué AMF, 7 nov. 2008, *RLDA* 2008/33, n° 1994.
3. V. A.C. Muller, « Précisions sur le domaine et le contenu de l'obligation de meilleure exécution », *RDBF* mars 2008, n° 2, comm. 58.

de gestion ou des ordres qu'ils ont reçus et qu'ils n'exécutent pas eux-mêmes : en ce cas, c'est une « politique de sélection » qui est imposée [1].

Après quelques années d'application, le bilan sur les effets de la concurrence entre les systèmes de négociation est mitigé : la transparence du marché s'est dégradée, les coûts d'exécution des ordres n'ont pas baissé ; le développement des *dark pools* (plates-formes d'échanges de blocs opaques) et des *crossing networks* (système d'échange de titres au sein d'une même institution bancaire), qui échappent au dispositif de *best execution* dans l'exécution d'ordres, ont remis en cause l'équilibre du dispositif de meilleure exécution mis en place par la directive MIF 1 [2].

747 ***Directive MIF II*** ◊ L'article 27 § 1 de la directive MIF II et l'article 64 du Règlement (UE) renforcent la politique de meilleure exécution des ordres. Les PSI doivent prendre toutes les mesures suffisantes [3] pour obtenir, lors de l'exécution des ordres, le meilleur résultat possible pour leurs clients compte tenu du prix, du coût, de la rapidité, de la probabilité de l'exécution et du règlement, de la taille, de la nature de l'ordre ou de toute autre considération relative à l'exécution de l'ordre. L'importance relative de ces facteurs doit être appréciée en tenant compte des caractéristiques du client (qualité de client de détail ou professionnel), des caractéristiques de l'ordre du client, des caractéristiques des instruments financiers qui font l'objet de cet ordre et des caractéristiques des plates-formes d'exécution vers lesquels cet ordre peut être acheminé [4].

L'ESMA a précisé ce qu'elle entend par « mesure suffisante » : le changement de terminologie implique pour les PSI une exigence plus forte de conformité et renforce la responsabilité des fonctions de « front office », conduisant à la mise en place de systèmes et de contrôles aux fins de déterminer les potentielles carences [5]. L'ESMA considère que cette approche *in concreto* entraînera des mesures nouvelles devant être prises tant en termes organisationnels de sélection des contreparties (évaluation *ex ante et ex post*) qu'en termes d'interprétation de ce qu'est le prix juste pour le client, y compris en recourant à des services de fournitures de données pour mener une telle évaluation. Les conditions d'application de l'obligation de meilleure exécution aux opérations conclues de gré à gré, notamment celles faisant intervenir le compte propre du prestataire, sont délicates : la vérification porte sur l'équité du prix [6].

1. Règ. gén. AMF art. 314-75.

2. B. Bréhier, « À propos de la révision de la directive MIF », *Bull. Joly Bourse*, avr. 2011, p. 287 ; P. Pailler, « Les projets européens de révision de la directive sur les marchés d'instruments financiers (MIF) », *RDBF* 2012. Étude 4.

3. La directive MIF I visait les mesures « raisonnables »

4. C. mon. fin., art. L. 533-18.

5. *Questions and Answers On MIF II and MiFIR investor protection and intermediaries topics*, 3 oct. 2018, ESMA35-43-349, p. 16.

6. F. Mékoui et B. Bréhier, « Opérations de gré à gré et obligation de meilleure exécution », *BJB* juill. 2018, n° 117s2, p. 266.

Pour les ordres exécutés au nom d'un client de détail, le meilleur résultat possible est déterminé sur la base du prix total [1].

Toutefois, lorsqu'une instruction spécifique est donnée par le client, le PSI exécute l'ordre en suivant cette instruction.

L'article 27, § 2 de la directive MIF II renforce la transparence liée au respect par les PSI de leur obligation de meilleure exécution : les PSI ont l'interdiction de recevoir une rémunération, une remise ou un avantage pour l'acheminement d'ordres vers une plateforme de négociation ou d'exécution qui serait contraire aux exigences relatives aux conflits d'intérêts ou aux incitations prévues par la directive [2].

§ 2. **Politique d'exécution**

2748 ***Obligation de définir une politique d'exécution*** ◊ Les PSI autres que les sociétés de gestion de portefeuille établissent et mettent en œuvre une politique d'exécution des ordres leur permettant d'obtenir, pour les ordres de leurs clients, le meilleur résultat possible.

La politique d'exécution des ordres inclut, en ce qui concerne chaque catégorie d'instruments financiers, des informations sur les différents lieux d'exécution dans lesquels le PSI exécute les ordres de ses clients et les facteurs influençant le choix du lieu d'exécution. Elle inclut au moins les lieux d'exécution qui permettent au prestataire d'obtenir, dans la plupart des cas, le meilleur résultat possible pour l'exécution des ordres des clients [3].

2749 ***Information des clients*** ◊ Les PSI autres que les sociétés de gestion de portefeuille fournissent des informations appropriées à leurs clients sur leur politique d'exécution des ordres. Ces informations expliquent clairement, de façon suffisamment détaillée et facilement compréhensible par les clients, la manière dont les ordres seront exécutés par les prestataires pour leurs clients. Les PSI obtiennent le consentement préalable de leurs clients sur cette politique d'exécution. En cas d'exécution des ordres en dehors d'une plate-forme de négociation, les PSI obtiennent le consentement préalable exprès de leurs clients.

Lorsqu'ils exécutent des ordres de clients, les PSI autres que les sociétés de gestion de portefeuille établissent et publient une fois par an, pour chaque catégorie d'instruments financiers, le classement des cinq premiers lieux d'exécution en fonction des volumes de négociation sur lesquels ils ont exécuté des ordres de clients au cours de l'année précédente et des informations synthétiques sur la qualité d'exécution obtenue [4].

---

1. C. mon. fin., art. L. 533-18, I, al. 2 ; cf. *AMF*, Journal de bord du médiateur, « "Meilleure exécution" des ordres ou la primauté du coût total payé par le client », déc. 2016.

2. C. mon. fin., art. 533-18, V (Ord. n° 2016-827 du 23 juin 2016).

3. C. mon. fin., art. L. 533-18.

4. C.mon.fin. art. L 533-18-1 ; cf. A. Vasquez, « La publication de la liste des cinq premiers lieux d'exécution de l'année : l'information de trop ? », *BJB* juill. 2018, n° 117s1, p. 271

§ 3. Impartialité dans le traitement des ordres des clients

750 La Directive MIF II impose aux PSI la mise en place de procédures destinées à assurer l'impartialité dans le traitement des ordres de leurs clients. Les prestataires de services d'investissement autres que les sociétés de gestion de portefeuille doivent, en vue de l'exécution d'ordres pour compte de tiers, adopter et appliquer des procédures garantissant l'exécution rapide et équitable des ordres de leurs clients par rapport aux ordres de leurs autres clients ou aux ordres pour compte propre [1]. Les PSI ont l'obligation de veiller à réduire de manière aussi brève que possible le délai total d'exécution des ordres depuis leur enregistrement initial jusqu'à l'exécution et la comptabilisation des opérations [2].

---

1. C.mon.fin., art. L 533-19 ; Déc. Comm. sanctions AMF, 23 décembre 2014, *Société 2020 Patrimoine Finance et MM. Alain Gaymu et Claude Hadjadj*, *Bull. Joly Bourse*, mars 2015 n° 3, p. 111 note M. Storck.

2. C.mon.fin., art. L 533-19.

CHAPITRE 3

NÉGOCIATION POUR COMPTE PROPRE

2751 Selon l'article D. 321-1, 3 du Code monétaire et financier, constitue le service de négociation pour compte propre le fait de négocier en engageant ses propres capitaux un ou plusieurs instruments financiers ou sur des quotas d'émission de gaz à effet de serre, en vue de conclure des transactions. Dans ce cas, c'est le professionnel qui vend ou qui achète des instruments financiers pour lui-même et non plus pour le compte de ses clients. La portée de la définition réglementaire du service de négociation pour compte propre doit être appréciée en lien avec les dispositions de l'article L. 531-2, i, du Code monétaire et financier qui précise que peuvent fournir des services d'investissement sans être soumis à la procédure d'agrément les personnes qui ne fournissent aucun autre service d'investissement que la négociation pour compte propre d'instruments financiers autres que des instruments dérivés sur matières premières, quotas d'émission ou instruments dérivés sur ceux-ci. Toutefois il est précisé que cette exemption ne s'applique pas aux personnes suivantes :

- les teneurs de marché ;
- les personnes membres ou participantes à un marché réglementé ou à un MTF

ou qui disposent d'un accès électronique direct à une plate-forme de négociation ;

- les personnes qui ont recours à une technique de négociation algorithmique à haute fréquence ;
- les personnes qui négocient pour compte propre lorsqu'elles exécutent les ordres de leurs clients ;

Par ailleurs, l'article 2 de la directive MIF II, complété par l'article 4 du règlement délégué (UE) 2017/592 prévoit également une dispense d'agrément pour les personnes ayant une activité de négociation pour compte propre accessoire à leur activité principale laquelle ne consiste ni en la fourniture de services d'investissement ni en la réalisation d'opérations de banque ou la fourniture de services de paiement ni en la tenue de marché pour des instruments dérivés sur matières premières [1].

Ne sont ainsi visés par l'exigence d'un agrément pour le service de négociation pour compte propre que les professionnels qui exercent généralement certaines activités spéculatives : les négociateurs pour compte propre

1. C.mon.fin., art. L 531-2, 1°, j).

peuvent agir en tant qu'intermédiaires en se portant contrepartie de l'ordre de leurs clients ; ils peuvent aussi réaliser des arbitrages pour dégager des plus-values en profitant des écarts des cours ; ils peuvent intervenir dans le cadre d'un contrat de liquidité, conclu avec un émetteur qui souhaite accroître la liquidité de son titre ; en dernier lieu, ils peuvent intervenir en tant que teneurs de marché en passant un accord avec l'entreprise de marché en tant qu'apporteur de liquidité [1].

2752 Le service de négociation pour compte propre peut aussi recouper le service d'exécution d'ordres pour le compte d'un client : le PSI est alors soumis à l'obligation de meilleure exécution et doit prendre « toutes les mesures suffisantes pour obtenir, lors de l'exécution des ordres, le meilleur résultat possible pour le client » [2]. Il est précisé ainsi au considérant 103 du règlement délégué (UE) 2017/592 que « les transactions pour compte propre effectuées avec des clients par une entreprise d'investissement doivent être assimilées à l'exécution d'ordres de clients et donc être soumises aux exigences prévues par la directive 2014/65/UE et le présent règlement, en particulier à celles de ces obligations portant sur la meilleure exécution ».

1. Sur ces activités, v. Th. Bonneau, P. Pailler, A.C. Rouaud, A. Tehrani, R. Vabres, *Droit financier*, *op. cit.*, n° 818– A. Couret, H. Le Nabasque, M.-L. Coquelet, Th. Granier, D. Poracchia, A. Raynouard, A. Reygrobellet et D. Robine, *op. cit.*, n° 149.

2. C. mon. fin., art. L. 533-18 ; v. ss 2748 ; v. Versailles, 3 juill. 2015, n° 14/01335, *X et a. c CACIB Crédit agricole corporate & investment bank*, *BJB* mars 2016 p. 92 note J.-J. Daigre et H. de Vauplane. Cf. F. Mékoui et B. Bréhier, « Opérations de gré à gré et obligation de meilleure exécution », *BJB* juill. 2018, n° 117s2, p. 266

CHAPITRE 4
GESTION DE PORTEFEUILLE POUR LE COMPTE DE TIERS

SECTION 1. DUALITÉ DE LA GESTION DE PORTEFEUILLE

2753 ***Gestion individuelle sous mandat et gestion collective*** ◊ La gestion de portefeuille recouvre deux formes juridiques différentes : la gestion individuelle de portefeuille et la gestion collective de portefeuille par l'intermédiaire des organismes de placement collectif (OPC).

La gestion individuelle est une « gestion sous mandat » ou gestion discrétionnaire. Sur le fondement d'un contrat de mandat de gestion, le gestionnaire prend librement l'initiative des décisions d'investissement portant sur les instruments financiers composant le portefeuille pour le compte de son client, sans que ce dernier puisse en principe s'immiscer dans la gestion de son portefeuille. La gestion de portefeuille pour le compte de tiers, visée à l'article L. 321-1 du Code monétaire et financier comme étant un service d'investissement, est définie à l'article D. 321-1,4 au sens étroit de gestion individuelle sous mandat et non au titre de la gestion collective, à la différence de l'ancien article 312-3 du Règlement général de l'AMF [1] : constitue le service de gestion de portefeuille pour le compte de tiers le fait de gérer, de façon discrétionnaire et individualisée, des portefeuilles incluant un ou plusieurs instruments financiers ou des quotas d'émission de gaz à effet de serre dans le cadre d'un mandat donné par un tiers.

Dans la gestion collective, le portefeuille est celui d'une collectivité d'investisseurs réunie sous la forme juridique d'une copropriété ou d'une société d'investissement. Le portefeuille est géré par une société de gestion de portefeuille, prestataire de service d'investissement [2], ou par les organes de gestion - conseil d'administration ou directoire - de la société d'investissement (société d'investissement autogérée).

2754 ***Différences entre gestion individuelle et gestion collective de portefeuille*** ◊ De nombreux éléments distinguent la gestion individuelle

---

1. Th. Bonneau et F. Drummond, *op. cit.*, n° 204.

2. C. mon. fin., art. L. 532-9-I les sociétés de gestion de portefeuille ne sont plus des entreprises d'investissement : cf. I. Riassetto et M. Storck, « La séparation du régime juridique des sociétés de gestion de portefeuille de celui des entreprises d'investissement », *RDBF* n° 4, juill. 2017. Étude 17.

et la gestion collective de portefeuille. En premier lieu, eu égard au nombre d'investisseurs, la gestion de portefeuille est dite individuelle, parce que le gestionnaire gère de façon discrétionnaire et individualisée le portefeuille d'un client, alors que dans la gestion collective, le portefeuille est celui d'une collectivité d'investisseurs. En deuxième lieu, le risque financier d'un porteur d'un OPC est toujours limité à l'investissement réalisé initialement, alors qu'il ne l'est pas s'agissant d'un mandat de gestion, qui peut conduire l'investisseur à subir une perte financière plus importante que le capital confié initialement au gestionnaire de portefeuille selon le type d'actifs en portefeuille. En troisième lieu, la gestion individuelle de portefeuille peut être fournie par un prestataire de services d'investissement autre qu'une société de gestion de portefeuille, alors que la gestion d'OPC est réservée à cette dernière. En outre, dans le cadre de la gestion individuelle de portefeuille, la conservation des actifs gérés peut être assurée par le gestionnaire, si celui-ci n'est pas une société de gestion de portefeuille mais un établissement de crédit. À l'inverse, pour les OPC, le dépositaire et la société de gestion doivent être nécessairement des personnes juridiques distinctes, même s'ils peuvent appartenir à un même groupe.

2755 ***Statut des sociétés de gestion de portefeuille*** ◊ Avant la transposition de la directive MIF II en droit interne, il existait un statut unique de sociétés de gestion de portefeuille, qui étaient définies à l'ancien article L. 532-9, alinéa 1er du Code monétaire et financier comme étant *des entreprises d'investissement qui fournissent, à titre principal, le service d'investissement mentionné au 4 de l'article L. 321-1 (gestion pour le compte de tiers) ou qui gèrent un ou plusieurs organismes de placement collectifs*. Bien que qualifiées d'entreprise d'investissement, les sociétés de gestion de portefeuille étaient néanmoins soumises à un régime dérogatoire pour leur l'agrément, car à la différence des autres entreprises d'investissement, elles étaient agréées par l'AMF, et non par l'ACPR. La soumission de l'ensemble des sociétés de gestion de portefeuille au régime des entreprises d'investissement répondait au souhait du législateur français de leur appliquer les standards élevés de la directive MIF I dans le but de mieux protéger les investisseurs, à un moment où les règles d'organisation et de bonne conduite n'étaient pas détaillées dans la directive OPCVM I modifiée. Cette application des règles de la directive MIF I ne présentait plus d'intérêt depuis que la directive 2010/43/UE du 1er juillet 2010, mesure d'exécution de niveau 2 de la directive OPCVM IV et le règlement délégué 2013/231, mesure d'exécution de la directive AIFM, comportent leurs propres règles d'organisation et de bonne conduite permettant leur application en silo.

L'application des dispositions nouvelles découlant de la directive MIF II à l'ensemble des sociétés de gestion de portefeuille en leur qualité d'entreprise d'investissement aurait conduit à une sur-transposition des dispositions de la directive MIF II préjudiciable aux sociétés de gestion établies en France. Les sociétés de gestion de portefeuille assurant la gestion collective seraient notamment soumises aux nouvelles règles d'organisation et de fonctionnement prévues par la directive MIF II pour l'ensemble de leur activité, dont notamment les obligations nouvelles prévues en matière de gouvernance des produits et de reporting ainsi que les règles de financement de la recherche. Afin mettre le droit interne en conformité avec les dispositions de la directive MIF II, l'ordonnance n° 2017-1107 du 22 juin 2017 relative aux marchés d'instruments financiers et à la séparation du régime juridique des sociétés de gestion de portefeuille de celui des entreprises d'investissement a fait sortir les sociétés de gestion de portefeuille exerçant une activité de gestion collective de la catégorie des entreprises d'investissement, seules visées par cette directive.

Depuis le 3 janvier 2018, l'article L. 531-4 du Code monétaire et financier définit les entreprises d'investissement comme « des personnes morales, autres que les sociétés de gestion de portefeuille et les établissements de crédit, qui sont agréées pour fournir à titre de profession habituelle des services d'investissement... ». Les sociétés de gestion de portefeuille ne sont donc plus des entreprises d'investissement. Ce sont des gestionnaires externes de placements collectifs. Si les sociétés de gestion de portefeuille ne sont plus des entreprises d'investissement, elles demeurent des prestataires de services d'investissement ! La catégorie des prestataires de services d'investissement est en effet conservée dans son périmètre : l'article L. 531-1, alinéa 1er modifié par l'ordonnance de 2017, prévoit qu'elle englobe les entreprises d'investissement, les sociétés de gestion de portefeuille ainsi que les établissements de crédit agréés pour fournir des services d'investissement.

SECTION 2. **MANDAT DE GESTION DE PORTEFEUILLE POUR LE COMPTE DE TIERS**

2756 Le service d'investissement de gestion de portefeuille pour compte de tiers est rattaché au contrat de mandat de gestion de portefeuille. La gestion d'OPC ne relève donc pas du service d'investissement « gestion de portefeuille pour le compte de tiers ».

Le législateur n'a pas institué une réglementation spécifique du contrat de gestion de portefeuille, qui demeure une forme particulière de mandat, mais a organisé l'activité de gestion de portefeuille en soumettant les professionnels qui interviennent en ce domaine à un statut particulier et en leur imposant des obligations propres dans leurs rapports avec les clients investisseurs.

§ 1. **Exigence d'un agrément**

2757 ***Délivrance de l'agrément*** ◊ Conformément aux dispositions de l'article L. 532-1 du Code monétaire et financier, pour fournir un service d'investissement de gestion de portefeuille pour le compte de tiers, les prestataires de services d'investissement autres que les sociétés de gestion de portefeuille doivent obtenir un agrément délivré par l'ACPR après approbation du programme d'activité par l'AMF.

Les sociétés de gestion qui ne sont pas agréées pour gérer des OPCVM ou des FIA et qui fournissent le service de gestion de portefeuille pour le compte de tiers sont soumises intégralement aux dispositions de la directive MIF II. Elles sont uniquement des entreprises d'investissement et ont perdu leur qualité de société de gestion de portefeuille. Elles doivent en conséquence être agréées par l'ACPR et ne peuvent donc plus se prévaloir de l'agrément délivré par l'AMF avant le 3 janvier 2018.

Les sociétés de gestion de portefeuille qui exercent tant une activité de gestion collective (OPCVM ou FIA) que de gestion individuelle sous mandat (service de gestion de portefeuille pour le compte de tiers) ne relèvent plus non plus du statut d'entreprises d'investissement. Elles ne sont soumises aux dispositions de la directive MIF II que pour les règles applicables au service de gestion de portefeuille pour le compte de tiers, conseil en investissement et RTO (pour celles sous agrément AIFM uniquement).

2758 ***Sanction du défaut d'agrément*** ◊ Le fait d'exercer une activité de gestion de portefeuille sans disposer de l'agrément requis entraîne la nullité des contrats litigieux, en raison de la nullité de leur objet [1]. La Commission des sanctions de l'AMF considère que dans le cadre de conventions de réception transmission et exécution d'ordres, l'accomplissement à titre ponctuel d'opérations pour le compte de clients sans instruction préalable de leur part correspond à l'exercice d'un service de gestion pour le compte de tiers [2]...

§ 2. **Cumul de règles applicables**

2759 La gestion de portefeuille pour le compte de tiers - encore appelée gestion individuelle ou gestion sous mandat - est un service d'investissement qui a pour cadre un contrat de mandat : le client donne pouvoir au gestionnaire d'accomplir des actes juridiques d'administration et de disposition portant sur les instruments financiers et les espèces composant le portefeuille, conformément à l'objectif de gestion et aux éventuelles limites et interdictions d'investissement stipulées. L'initiative des opérations de souscription, d'achat ou de vente de ces instruments financiers émane du gestionnaire et non du client, lequel s'interdit en principe de s'immiscer dans la gestion.

---

1. Com. 4 nov. 2008 : *Bull. civ.* IV, n° 187 ; *D.* 2008. AJ 2934, obs. X. Delpech ; *JCP E* 2009, n° 22, p. 11, obs. J. Stoufflet ; *RJDA* 2009, n° 168 ; *Dr. et patr.* 3/2009. 98, obs. J.-P. Mattout et A. Prüm ; *RLDA* janv. 2009. 33, obs. D. Chemin-Bomben ; *Dr. sociétés* 2009, n° 55, obs. T. Bonneau.

2. Décis. AMF 28 janv. 2010, *RTD com.* 2010. 410, obs. M. Storck ; *BJB* 2010. 330, note R. Goutay et N. Spitz.

Le droit commun du mandat ne garantissant pas sur ce plan une protection satisfaisante du mandant-investisseur, des règles professionnelles spécifiques à ce service d'investissement, issues de la directive MIF II, sont imposées par voie législative et réglementaire, conférant ainsi au mandat de gestion un très fort particularisme par rapport au droit commun. Le Code monétaire et financier, le règlement général de l'Autorité des marchés financiers (AMF), ainsi que la doctrine de cette dernière - instructions, positions, positions-recommandations, pratiques de marché admises et rescrits - délimitent un ensemble de règles d'ordre public qui s'impose aux parties. Cet encadrement spécifique du mandat de gestion poursuit principalement l'objectif d'accroître la protection des clients et des clients potentiels, en particulier lorsqu'il s'agit de clients non-professionnels. La position-recommandation AMF DOC-2007-21 détaille les obligations professionnelles à l'égard des clients non professionnels en matière de gestion de portefeuille pour le compte de tiers. Des précisions sont ainsi apportées quant aux conditions d'entrée en relation avec le client, aux mandats de gestion de portefeuille (forme, contenu, information du mandant sur la gestion de son portefeuille) et aux modalités d'exécution du mandat de gestion.

§ 3. Caractère adéquat du service de gestion de portefeuille pour le compte de tiers

2760 L'article L. 533-13 du Code monétaire et financier prévoit qu'en vue de fournir le service de gestion de portefeuille pour le compte de tiers, les PSI autres que les sociétés de gestion de portefeuille s'enquièrent auprès de leurs clients de leurs connaissances et de leur expérience en matière d'investissement, ainsi que de leur situation financière y compris leur capacité à subir des pertes et de leurs objectifs d'investissement y compris leur tolérance au risque, de manière à pouvoir leur recommander le service de gestion de portefeuille et les instruments financiers adéquats et adaptés à leur tolérance au risque et à leur capacité à subir des pertes.

La position AMF DOC-2019-03 intègre les orientations de l'ESMA concernant « certains aspects relatifs aux exigences d'adéquation de la directive MIF II » [1]. Ces orientations précisent les démarches que doivent effectuer les PSI pour vérifier les exigences d'adéquation dans le cadre de la fourniture des services de conseil en investissement et de gestion de portefeuille pour le compte de tiers.

Les douze orientations de l'ESMA apportent des précisions sur les points suivants :

– les informations à fournir aux clients sur la finalité de l'évaluation de l'adéquation (à savoir, recommander des produits ou services adéquats) ;

– les informations à recueillir auprès des clients ;

1. ESMA 35-43-1163

– la proportionnalité des vérifications d'adéquation aux services et aux produits ;

– la mise en place de mesures raisonnables pour vérifier la fiabilité des informations recueillies ;

– la mise à jour des informations sur les clients ;

– les cas particuliers des groupes ou personnes morales ;

– la prise de connaissance des caractéristiques des instruments financiers conseillés ou dans lesquels il est prévu d'investir pour le compte des clients ;

– les procédures à mettre en œuvre pour assurer l'adéquation des investissements aux clients ;

– l'évaluation de l'existence de produits équivalents moins coûteux ou moins complexes ;

– l'évaluation du rapport coûts/avantages préalable à un arbitrage ;

– la formation du personnel ;

– les obligations d'enregistrement.

CHAPITRE 5
SERVICE DE CONSEIL EN INVESTISSEMENT

2761 Avant la réforme opérée par la loi de sécurité financière du 1er août 2003, l'activité de conseil en investissement financier n'était pas soumise à un statut spécifique ; cette activité pouvait être menée en toute liberté à titre principal par des professionnels divers (conseillers en gestion de patrimoine, conseillers financiers, experts financiers, conseillers en placements, gestionnaires de fortune...).

SECTION 1. DÉFINITION DU SERVICE D'INVESTISSEMENT DE CONSEIL EN INVESTISSEMENT

2762 Depuis la réforme du 1er août 2003, l'activité de conseil en investissement est un service d'investissement défini par l'article D. 321-1, 4° du Code monétaire et financier comme le fait de fournir des recommandations personnalisées à un tiers, soit à sa demande, soit à l'initiative de l'entreprise qui fournit le conseil, concernant une ou plusieurs transactions portant sur des instruments financiers ou sur ou des quotas d'émission de gaz à effet de serre.

2763 ***Critère de la recommandation personnalisée*** ◊ Suivant les termes de l'article 9 du règlement délégué (UE) 2017/565, une recommandation est considérée comme personnalisée lorsqu'elle est adressée à une personne en sa qualité d'investisseur ou d'investisseur potentiel, ou en sa qualité représentant d'un investisseur ou investisseur potentiel. Cette recommandation est présentée comme adaptée à cette personne, ou fondée sur l'examen de la situation propre à cette personne, et recommande une action relevant des catégories suivantes :

– l'achat, la vente, la souscription, l'échange, le remboursement, la détention ou la prise ferme d'un instrument financier particulier ;

– l'exercice ou le non-exercice du droit conféré par un instrument financier particulier d'acheter, de vendre, de souscrire, d'échanger ou de rembourser un instrument financier.

Une recommandation n'est pas considérée comme personnalisée si elle est exclusivement destinée au public.

2764 La Cour de justice de l'Union européenne a considéré que l'article 4, § 1, point 4, de la directive n° 2004/39/CE (MIF I) doit être interprété en ce sens que le fait de proposer un contrat d'échange à un client afin de couvrir le risque de variation du taux d'intérêt d'un produit financier que ce client a souscrit constitue un service de conseil en investissement, pour autant que la recommandation portant sur la souscription d'un tel contrat d'échange est adressée à ce client en raison de sa qualité d'investisseur, qu'elle est présentée comme adaptée audit client ou fondée sur l'examen de la situation propre à celui-ci et qu'elle n'est pas exclusivement diffusée par des canaux de distribution ou destinée au public [1].

Selon l'AMF, une plate-forme de *crowdfunding* qui fournit des opinions ou jugements de valeur sur un projet entrepreneurial présenté comme adapté à l'investisseur, sous une forme explicite ou implicite, du type « ce serait le meilleur choix pour vous » tomberait dans le champ du conseil en investissement [2].

Il ne peut y avoir de conseil en investissement en présence d'un mandat de gestion. Lorsqu'un mandataire est habilité à passer des ordres sans consulter son mandant, s'il croit utile de s'entretenir avec lui avant de les passer, ces échanges ne relèvent pas du conseil en investissement : il ne recommande pas une opération financière puisque c'est lui qui prend la décision d'investissement et qui engage à ce titre sa responsabilité [3].

SECTION 2. FOURNITURE DU SERVICE DE CONSEIL EN INVESTISSEMENT

2765 ***Caractère adéquat du service de conseil en investissement*** ◊ L'article L. 533-13 du Code monétaire et financier prévoit qu'en vue de fournir le service de conseil en investissement, les PSI autres que les sociétés de gestion de portefeuille s'enquièrent auprès de leurs clients de leurs connaissances et de leur expérience en matière d'investissement, ainsi que de leur situation financière y compris leur capacité à subir des pertes et de leurs objectifs d'investissement y compris leur tolérance au risque, de manière à pouvoir leur recommander le service de conseil en investissement et les instruments financiers adéquats et adaptés à leur tolérance au risque et à leur capacité à subir des pertes.

1. CJUE, 4ᵉch., 30 mai 2013, aff. C-604/11, Genil 48 SL, *Comercial Hostelera de Grandes Vinos SL c/Bankinter SA, Banco Bilbao Vizcaya Argentaria SA* : Dr sociétés 2013, comm. 144, note S. Torck ; *Europe* 2013, comm. 309, obs. V. Michel.

2. AMF, Guide du financement participatif (*crowdfunding*) à destination des plates-formes et porteurs de projets, p. 9, Publié le 14 mai 2013.

3. En ce sens, Sanct. ACP, 26 mai 2011, *Bull. Joly Bourse*, 1er octobre 2011 n° 10, p. 537 note J.J. Daigre.

La position AMF DOC-2019-03 intègre les orientations de l'ESMA concernant « certains aspects relatifs aux exigences d'adéquation de la directive MIF II » : ces orientations précisent les démarches que doivent effectuer les PSI pour vérifier les exigences d'adéquation dans le cadre de la fourniture des services de conseil en investissement et de gestion de portefeuille pour le compte de tiers [1].

2766 ***« Conseil automatisé »*** ◊ Le conseil automatisé est défini comme étant la fourniture (en tout ou en partie) de services de conseils en investissement par un système automatisé ou semi-automatisé utilisé comme interface client [2].

L'entreprise qui fournit à un client un conseil en investissement par voie de conseil automatisé est tenue de fournir aux clients, outre les autres informations requises [3], les informations suivantes [4]:

- une explication très claire du degré et de l'ampleur réels d'intervention humaine
- une explication indiquant que les réponses fournies par les clients auront une incidence directe sur la détermination de l'adéquation des décisions d'investissement recommandées
- une description des sources d'information utilisées pour formuler un conseil en investissement
- une explication de la manière dont les informations du client seront actualisées en fonction de sa situation, de ses circonstances personnelles, etc.

SECTION 3. **EXERCICE DE L'ACTIVITÉ DE CONSEIL EN INVESTISSEMENT À TITRE HABITUEL**

2767 Le conseil en investissement est un service qui peut être fourni par un PSI ou par un prestataire non agréé, comme le conseiller en investissements financiers (§ 1) ou le conseiller en investissement participatif (§ 2).

§ 1. **Conseillers en investissements financiers (CIF)**

2768 ***Présentation*** ◊ Les conseillers en investissements financiers (CIF) sont, aux termes de l'article L. 541-1, I, du Code monétaire et financier « les

1. ESMA35-43-1163 FR, 6 nov. 2018 ; v. ss 2760.
2. Orientations ESMA préc. 35-43-1163 FR, 6 nov. 2018.
3. V. ss 2767
4. Orientations ESMA préc. 35-43-1163 FR, 6 nov. 2018, § 20.

personnes exerçant à titre de profession habituelle les activités suivantes : le conseil en investissement mentionné au 5 de l'article L. 321-1 ; le conseil portant sur la fourniture de services d'investissement mentionnés à l'article L. 321-1 ; le conseil portant sur la réalisation d'opération sur biens divers défini à l'article L. 550-1. »

Contrairement au gestionnaire de portefeuille, le conseiller en investissement n'a pas de pouvoir de décision. La décision finale d'investir ou non dans telle ou telle catégorie d'actifs appartient au client.

Les CIF sont soumis aux dispositions des articles L. 541-1 s. et R. 541-1 s. du Code monétaire et financier, ainsi qu'à celles du chapitre V du Livre III « Prestataires » du règlement général de l'AMF.

Depuis la réforme réalisée par l'ordonnance n° 2007-544 du 12 avril 2007, les CIF peuvent également fournir le service de réception et de transmission d'ordres pour le compte de tiers dans les conditions et limites fixées par le règlement général de l'AMF.

2769 ***Statut professionnel des CIF*** ◊ Le législateur a prévu des conditions d'accès à la profession : résidence habituelle ou établissement en France, âge et honorabilité, diplôme ou formation professionnelle adaptée ou bien encore expérience professionnelle d'une durée de deux ans dans des fonctions liées à la réalisation d'opérations relevant des catégories énumérées au I de l'article L. 541-1 du Code monétaire et financier. L'instruction AMF n° 2013-07- pose les « exigences en matière de compétence professionnelle des conseillers en investissements financiers, d'actualisation de leurs connaissances et d'information de l'AMF par leurs associations ». Depuis janvier 2013, ils doivent s'immatriculer au registre unique des intermédiaires financiers tenu auprès de l'organisme pour le registre des intermédiaires en assurance (ORIAS) et renouveler par la suite annuellement leur inscription. Ils doivent souscrire une assurance de responsabilité civile professionnelle les couvrant des conséquences pécuniaires liées à l'exercice de leur activité.

Un CIF ne peut pas fournir de service d'investissement, à l'exception du service de conseil en investissement [1]. Cependant, un conseiller en investissements financiers peut accepter de recevoir, aux fins de transmission, un ordre portant sur une ou plusieurs parts d'organismes de placement collectif qu'un client auquel il a fourni une prestation de conseil se propose de souscrire ou de vendre [2]. Par ailleurs, les CIF peuvent cumuler le statut de CIF avec les statuts de courtier en assurance et d'intermédiaire en opérations de banque et en services de paiement [3].

---

1. Sanct. AMF, 14 déc. 2018, n° 16, Axess Finances, *BJB* janv. 2019, n° 117z9, p. 27, note J. Herbet ; Sanct. AMF, 20 déc. 2017, n° 16, *Sté Finance Utile*, *BJB* janv. 2018, n° 117f4, p. 44 note J. Herbet.

2. Régl. gén. AMF art. 325-13.

3. V. ss 150.

2770 ***Adhésion à une association professionnelle*** ◊ Les CIF sont tenus d'adhérer à une association professionnelle agréée par l'AMF chargée de la représentation collective, de la défense de leurs droits et intérêts et de vérifier les conditions d'accès à la profession. Les associations professionnelles de conseillers en investissements financiers enregistrent les CIF et leurs attribuent un numéro d'enregistrement après vérification du respect des conditions d'accès à la profession. Agréées par l'AMF, ces associations doivent notamment avoir fait approuver par cette autorité le Code de bonne conduite auquel sont soumis leurs membres en qualité de règles professionnelles.

2771 ***Conseil indépendant ou non-indépendant*** ◊ En application des dispositions de l'article 24 la Directive MIF II, l'article L. 541-8-1, 7° du Code monétaire et financier introduit une distinction entre le conseil de manière indépendante et le conseil fourni de manière non-indépendant et impose aux CIF fournissant le service de conseil en investissement d'indiquer au client s'ils agissent de manière indépendante ou non. Dans le cas où le conseil est fourni de manière indépendante, ils sont tenus de respecter plusieurs critères relatifs à la méthode d'évaluation des instruments financiers qu'ils sont susceptibles de recommander et aux modalités de rémunération de leur activité.

Lors de la fourniture de conseils sur une base indépendante, le CIF a l'interdiction de conserver tout avantage monétaire ou non monétaire provenant d'un tiers. S'il en perçoit, il devra les reverser à son client et pourra facturer des honoraires de conseil en guise de rémunération du service rendu.

En revanche, lorsque le conseil est rendu de manière non-indépendante, la perception et la conservation de rétrocessions ou de tout autre avantage monétaire et non monétaire demeure permise, sous certaines conditions [1].

2772 ***Conflits d'intérêts*** ◊ Dans le cadre du régime analogue visant les règles d'organisation des CIF [2], l'intégralité des règles relatives aux conflits d'intérêts de la Directive MIF II sont applicables aux CIF selon les modalités précisées à l'article L. 541-8, 4° du Code monétaire et financier.

2773 ***Règles de bonne conduite*** ◊ Les CIF sont soumis à des règles de bonne conduite édictées par l'article L. 541-8-1 du Code monétaire et financier, par le règlement général de l'AMF, ainsi que par les codes de bonne conduite élaborés par les associations professionnelles et approuvés par l'AMF.

§ 2. Conseillers en investissement participatif (CIP)

2774 S'inspirant du statut des conseillers en investissements financiers (CIF), l'ordonnance du 30 mai 2014 relative au financement participatif [3] a créé

1. C. mon. fin., art. L. 541-8-1, 7°
2. Cf. AMF, MIF 2, Guide conseillers en investissements financiers, juin 2018.
3. V. ss 2784.

un nouveau statut au profit de plates-formes se proposant de mettre en relation investisseurs et entreprises dans le cadre d'opérations de financements participatifs. Le statut de conseiller en investissements participatifs se caractérise avant tout par sa souplesse dans la mesure où aucun niveau de fonds propres n'est requis, ce qui devrait faciliter le développement de plates-formes de finance participative.

Alors que l'activité de conseil en investissement d'un CIF n'est pas limitée à une catégorie d'instrument financier, le conseil en investissement du CIP ne porte que sur une catégorie d'instrument financier : la souscription d'actions, d'obligations (simples ou convertibles) et des mini-bons [1].

Les conseillers en investissements participatifs sont tenus à l'obligation d'immatriculation à l'organisme pour le registre des intermédiaires en assurance (ORIAS) et doivent adhérer à une association chargée du suivi de leurs membres [2]. Ils sont, par ailleurs, soumis aux règles du démarchage bancaire et financier et tenus de mettre en place un dispositif de lutte contre les blanchiments de capitaux [3].

1. Le minibon est un titre nominatif, non négociable, établi pour une durée maximale de 5 ans et délivré en tant que reconnaissance de dette par une entreprise auprès d'un investisseur.

2. C.mon.fin. art. L. 547-4)

3. Cf. TRACFIN – Rapport d'analyse 2017-2018, *Escroquerie à l'investissement utilisant des plateformes de financement participatif*, p. 46.

CHAPITRE 6
PRISE FERME

2775 ***Services d'investissement de placement non garanti, garanti, ou de prise ferme*** ◊ L'article L. 321-1 du Code monétaire vise trois services d'investissement qui correspondent au « placement » d'instruments financiers ou de quotas d'émission de gaz à effet de serre : il s'agit du « placement non garanti », du « placement garanti » et de la « prise ferme ». En l'absence de définition harmonisée des services d'investissement de placement non garanti, garanti ainsi que de prise ferme au niveau européen dans les directives MIF I et MIF II, le droit français retient une définition large de chacun de ces services à l'article D. 321-1 du Code monétaire et financier. Une position commune de l'AMF et de l'ACP publiée le 16 juillet 2012 vient préciser la façon dont les deux autorités appliquent les définitions de ces services d'investissement [1].

Chacun de ces trois services d'investissement se caractérise par la présence de deux conditions cumulatives : l'une est l'existence d'un service rendu à un émetteur ou cédant d'instruments financiers ; l'autre est la recherche, qu'elle soit directe ou indirecte, de souscripteurs ou d'acquéreurs. La recherche de souscripteurs ou d'acquéreurs n'est effectuée que pour les besoins du service rendu à l'émetteur ou au cédant. Si l'une ou l'autre de ces deux conditions fait défaut, il n'y a pas de service de placement (garanti ou non), ni de service de prise ferme.

Pour pouvoir fournir le service de placement (garanti ou non) ou celui de prise ferme, les prestataires doivent être agréés à cet effet en tant que PSI ; le statut d'agent lié permet également de participer à la fourniture d'un service de placement (garanti ou non) dans le cadre d'un mandat donné par un PSI dans les conditions fixées par les articles L. 545-1 et suivants du Code monétaire et financier [2].

2776 ***Activité d'intermédiation du service de prise ferme*** ◊ Selon l'article D. 321-1, 6-1 du Code monétaire et financier, le service de prise ferme consiste à souscrire ou à acquérir directement auprès de l'émetteur ou du cédant des instruments financiers ou des quotas de gaz à effet de serre, en vue de procéder à leur vente. Dans le cadre d'un service de prise

1. Position AMF n° 2012-08 « Placement et commercialisation d'instruments financiers » du 16 juillet 2012 – Position ACP n° 2012-P-02, 16 juill. 2012 ; V. S. Bonfils et G. Marty, « Le placement et la commercialisation d'instruments financiers », *BJB* oct. 2012, p. 418, n° 193 ; P. Mousset et J. Monroy, « Le champ d'application du service de placement précisé » : www.agefiactifs.com, 7-13 déc. 2012, n° 567, p. 8.

2. Position AMF n° 2012-08 préc. p. 2.

ferme, le prestataire se présente comme un acheteur-revendeur : il se porte acquéreur des titres auprès d'un émetteur ou d'un cédant et il les revend auprès de ses clients [1]. Nous sommes donc en présence d'une activité d'intermédiation. Le prestataire agit en son nom et pour son compte : il n'intervient pas en qualité de mandataire.

Cette technique se décompose en deux opérations juridiques. D'une part, une souscription ou un achat de titres auprès de l'émetteur ; d'autre part, la vente de ces titres aux clients. À l'égard de l'émetteur ou du cédant, le prestataire sera généralement lié par un contrat d'apport ou de prêt ou par un contrat de vente. L'émission sera réalisée à la date de la signature du contrat de prise ferme et, à la différence du placement garanti, le prestataire devra souscrire immédiatement aux titres émis ou acquérir immédiatement les titres cédés. À l'égard des acquéreurs des titres, le prestataire sera dans la situation d'un vendeur.

Le PSI assure le risque de la prise ferme, ce qui signifie qu'il prend en charge le risque de contrepartie lorsque l'opération ne peut aboutir.

1. Th. Bonneau, P. Pailler, A.C. Rouaud, A. Tehrani, R. Vabres, *Droit financier*, préc. n° 811.

CHAPITRE 7

SERVICE DE PLACEMENT GARANTI

2777 ***Mandat*** ◊ Selon l'article D. 321-1, 6-2 du Code monétaire et financier, le service de placement garanti consiste à rechercher des souscripteurs ou des acquéreurs pour le compte d'un émetteur ou d'un cédant d'instruments financiers ou de quotas d'émission de gaz à effet de serre et à lui garantir un montant minimal de souscriptions ou d'achats en s'engageant à souscrire ou acquérir les instruments financiers non placés. La différence entre la prise ferme et le service de placement garanti repose sur la nature du contrat conclu à l'égard de l'émetteur : vente dans le premier cas ; mandat dans le second cas. Par ailleurs, si le prestataire se porte immédiatement acquéreur des titres dans la prise ferme, il n'est qu'un acquéreur éventuel dans le placement garanti : son intervention n'est requise que si certains titres ne sont pas placés au terme fixé.

L'opération se déroulera alors de la façon suivante. Tout d'abord, le PSI recherchera des souscripteurs ou des acquéreurs au sein de ses propres clients. Si l'offre est importante, il fera appel à d'autres établissements afin de constituer un pool sous la forme d'un consortium ou d'une société en participation [1] dont il sera lui-même coordinateur (dit aussi « chef de file »).

2778 ***Garantie de bonne fin*** ◊ Dans un second temps, à la différence du service de placement non garanti, le prestataire s'engagera à acquérir le reliquat des invendus à une date convenue. Il supportera, de la sorte, la charge des titres non placés. Nous sommes ainsi en présence d'un mandat de placer assorti d'une garantie de bonne fin [2]. La commission reçue, appelée commission de garantie, sera de ce fait plus élevée.

Contrairement au service de prise ferme, le prestataire n'est pas soumis, dans ce cas, lors de la conclusion du contrat, aux obligations des souscripteurs. Il en résulte que le paiement ne sera pas obligatoirement immédiat : en effet, l'augmentation de capital est réputée réalisée dès la conclusion du contrat de placement garanti, mais le versement de la fraction libérée de la valeur nominale et de la totalité de la prime d'émission pourra intervenir, au plus tard, le trente-cinquième jour qui suit la clôture du délai de souscription [3].

1. A. Couret, H. Le Nabasque *et alii, op. cit.*, spéc. n° 156.
2. Th. Bonneau, . n° P. Pailler, A.C. Rouaud, A. Tehrani, R. Vabres, *Droit financier*, préc. n° 810.
3. C. com., art. L. 225-145.

En présence d'un *pool* de prestataires, deux techniques sont couramment employées pour répartir les risques liés à la souscription ou à l'acquisition des instruments financiers non placés. Aux termes d'une première technique, chaque prestataire supportera seul la charge de ses propres invendus. Selon une seconde technique, chaque prestataire supportera la charge du nombre total des invendus pour sa part dans le nombre total des titres à placer [1].

---

1. P. Didier, *Droit commercial*, T. 3. *La monnaie. Les valeurs mobilières. Les effets de commerce*, PUF, 1999, p. 177 ; M.E. Sébire, « Le placement de l'emprunt obligataire », *RDBF* ° 1, janvier 2014, dossier 3.

CHAPITRE 8
PLACEMENT NON GARANTI

2779 ***Définition*** ◊ L'article D. 321-1, 7 du Code monétaire et financier définit le placement non garanti comme « le fait de rechercher des souscripteurs ou des acquéreurs pour le compte d'un émetteur ou d'un cédant d'instruments financiers ou de quotas d'émission de gaz à effet de serre sans lui garantir un montant de souscription ou d'acquisition ».

Cette définition a été précisée par les positions communes de l'AMF [1] et de l'ACPR [2] du 16 juillet 2012 relatives au placement et à la commercialisation d'instruments financiers, qui énoncent deux conditions cumulatives : l'une est l'existence d'un service rendu à un émetteur ou cédant d'instruments financiers ou de quotas d'émission de gaz à effet de serre, l'autre est la recherche, qu'elle soit directe ou indirecte, de souscripteurs ou d'acquéreurs.

Dans un arrêt du 18 mars 2014, la Cour de cassation complète cette approche dualiste et retient trois critères pour qualifier le service de placement non garanti par un commercialisateur d'instruments financiers [3]. D'une part, l'opération doit être accomplie pour le compte de l'émetteur, qui donne ainsi mandat au commercialisateur pour collecter des fonds destinés à être placés. D'autre part, il doit y avoir recherche « active » de souscripteurs de la part du commercialisateur à cette fin. Enfin, le critère de la rémunération proportionnelle au montant placé est aussi un élément de qualification, qui avait été également retenu dans une décision de la commission des sanctions de l'AMF du 28 février 2008 [4]. Il peut aussi être fait référence à la taille minimale de l'opération [5]. En revanche, la qualité des investisseurs et le caractère réalisé ou non de l'opération semblent être indifférents à la qualification [6].

La position AMF DOC-2012-08 précise qu'il n'y a pas fourniture du service de placement non garanti en cas de commercialisation de produits offrant une solution d'épargne (OPCVM, FIA ou titres de créance

---

1. Position AMF n° 2012-08 juill., mod. 4 juill. 2016.

2. Position ACP 2012-P-02. juil

3. Com. 18 mars 2014 n° 13-11.591 (n° 266 F-D), *A. c/C., Bull. Joly Bourse,* 1er juillet 2014 n° 7-08, p. 348 note I. Riassetto.

4. Sanct AMF, 28 février 2008, Prologue Software, S&W Associes, Ernst & Young Audit, Euroland Finance.

5. V. Sanct. AMF, 28 oct. 2013, Société X : *BJB* janv. 2014, p. 19, n° 110z2, note J. Herbet ; Sanct. AMF, 4 déc. 2013, Société X : *BJB* févr. 2014, p. 87, note J. Herbet ; *Banque et Dr.*, n° 154, mars-avr. 2014, p. 33 obs. J.-J. Daigre.

6. I. Riassetto, note préc.

structurés) et que l'activité de recherche de souscripteurs ou d'acquéreurs en lien avec un PSI agréé ne nécessite pas d'agrément.

2780 ***Mandat*** ◊ Le placement non garanti est un contrat de mandat passé entre le prestataire de services d'investissement et l'émetteur ayant pour objet de placer pour le compte de ce dernier des instruments financiers en recherchant des investisseurs. Néanmoins, le mandataire ne prend pas ici l'engagement de souscrire aux titres non placés au terme fixé par le contrat : son obligation est une obligation de moyens [1]. L'émetteur ou le cédant supporte donc les risques de l'opération [2]. Lorsque tous les titres ne sont pas entièrement placés, l'opération de placement ne peut aboutir : en conséquence, les investisseurs qui y ont souscrit pourront récupérer leur mise.

Les prestataires peuvent se regrouper dans un syndicat financier sous forme de société en participation avec un chef de file pour mener l'activité de recherche de souscripteurs [3].

2781 ***Exigence d'un agrément*** ◊ L'exercice de cette activité nécessite un agrément. Ainsi, il a été considéré que le fait pour un prestataire de services d'investissement d'exercer une activité de placement au sens de l'article 2-1-6 du règlement général du conseil des marchés financiers (CMF) c'est-à-dire de « recherche des souscripteurs ou des acquéreurs pour le compte d'un émetteur ou d'un cédant d'instruments financiers », sans avoir été agréé à cette fin constitue un manquement à ses obligations [4].

Cette activité entraîne généralement la réception des fonds liés à la souscription ou à l'acquisition des titres.

2782 ***Placement non garanti et conseil en gestion de patrimoine*** ◊ Le placement non garanti est distinct du service de conseil en gestion de patrimoine, et nécessite un agrément spécifique. Un CIF, tout comme une société de gestion de portefeuille, ne peuvent fournir le service de placement : l'action dans l'intérêt des clients/investisseurs, déterminante de leur activité, est en effet incompatible avec celle de placement au service d'un émetteur [5]. Constitue une activité de placement non garanti une convention d'apporteur d'affaires conclue par un CIF au terme de laquelle

1. Com. 7 oct. 1997 : *Bull. civ.* IV, n° 243 ; *D. Affaires* 1997. 1278 ; *Banque et Dr.* 11-12/1997. 34 ; *BJB* 1998. 21, obs. Faugérolas ; *Dr. sociétés* 1998, n° 35, note Hovasse.

2. Th. Bonneau, P. Pailler, A.C. Rouaud, A. Tehrani, R. Vabres, *Droit financier*, préc. n° 808.

3. Th. Bonneau, P. Pailler, A.C. Rouaud, A. Tehrani, R. Vabres, *op. cit.*, préc. n° 809.

4. Sanct. AMF, 28 févr. 2008, Prologue Software, S&W Associes, Ernst & Young Audit, Euroland Finance.

5. Sanct. AMF, 2 mai 2018, n° 4, *Sté X Conseils et Patrimoines* et M. X, *BJB* sept. 2018, n° 117s4, p. 306 note J.J. Daigre ; Sanct. AMF, 20 déc. 2017, n° 16, *Sté Finance Utile*, *BJB* janv. 2018, n° 117f4, p. 44 note J. Herbet ; Sanct. AMF 20 mai 2015, Eliaxis Conseil, *Banque et Dr.* sept. oct. 2015 note H. Bouchetemble.

il s'engageait envers une société « à faire ses meilleurs efforts et à déployer toutes les diligences nécessaires à l'effet de présenter (...) un maximum d'investisseurs potentiels parmi ses clients et de récolter un maximum de fonds » [1].

Il a été jugé que le fait pour un conseiller en gestion de patrimoine de faire souscrire activement par ses clients des parts de fonds d'investissement pour près de 37 millions d'euros moyennant une commission élevée constitue une activité de placement de titres : le conseiller avait reçu de l'émetteur des parts, le mandat de recevoir des fonds destinés à être investis dans celles-ci et il avait ainsi exercé une activité de placement pour le compte de l'émetteur pour laquelle il n'était pas assuré [2].

2783 ***Placement non garanti et distribution de produits d'épargne*** ◊ Le distributeur de produits d'épargne ne fournit pas le service de placement non garanti à l'émetteur, car la « condition centrale et préalable d'un service qui serait rendu à l'émetteur n'est pas remplie » [3]. Dans la position n° 2012-08, l'AMF précise que « les produits d'épargne (...) sont des produits qui ont d'abord pour objet d'offrir une solution d'épargne aux investisseurs » ; l'AMF identifie les produits d'épargne comme étant les titres financiers émis par des OPC [4] ou encore les titres de créance structurés émis par des établissements de crédit ou des entreprises d'investissement dont le siège est situé dans un État membre de l'Union européenne ou dans un autre État partie à l'accord sur l'Espace économique européen (par exemple, TCN ou obligations structurées). Une exception est mentionnée lorsque la commercialisation de ces produits conduit le distributeur à s'engager, directement ou indirectement, vis-à-vis de l'émetteur sur un montant minimal de souscription.

À l'égard des investisseurs, c'est un autre service d'investissement qui peut être assuré par le commercialisateur de produits d'épargne, notamment de conseil en investissement et de réception-transmission d'ordres pour le compte de tiers.

2784 ***Placement non garanti et financement participatif*** ◊ Les sites de financement participatif qui rapprochent des émetteurs dont les titres ne sont pas admis aux négociations sur un marché réglementé ou sur un système multilatéral de négociation, et des souscripteurs, sont susceptibles de

---

1. Sanct. AMF, 2 mai 2018, *Sté X Conseils et Patrimoines* et M. X, préc.

2. Com. 18 mars 2014, n° 13-11.591 et 13-18.397, *Bull. Joly Bourse*, juil. 2014 n° 7-08, p. 348 note I. Riassetto.

3. La règle a été formulée par la Commission européenne au sujet de la commercialisation d'OPCVM : v. Questions-réponses relatives à la directive MIF, question ID 263 *Fund management - investment services - application to distribution of units in collective investment undertaking*.

4. Les OPCVM, les fonds d'investissement à vocation générale, les fonds de capital investissement, les fonds de fonds alternatifs, les fonds professionnels à vocation générale, les fonds professionnels de capital investissement, les fonds professionnels spécialisés, les fonds d'épargne salariale, les organismes de titrisation, les OPCI, les organismes professionnels de placement collectif immobilier, les SCPI, les SEF et les SICAF.

fournir aux émetteurs le service de placement non garanti. L'AMF a précisé dans une Position « Placement non garanti et financement participatif » [1] que ces plates-formes peuvent être regardées comme ne fournissant pas le service de placement non garanti, sous les 3 conditions suivantes :

- elles disposent d'un site Internet qui satisfait aux exigences définies à l'article 325-48 du règlement général de l'AMF (l'accès aux détails des offres est réservé aux investisseurs potentiels qui ont fourni leurs coordonnées et qui ont pris connaissance des risques et les ont expressément acceptés ; le site doit proposer plusieurs projets ; les projets ont été sélectionnés sur la base de critères et selon une procédure préalablement définis et publiés sur le site) ;
- elles ne recherchent pas activement de souscripteurs pour une opération spécifique ; s'il apparaît que la plate-forme est liée par un contrat avec l'émetteur, dont l'objet est la recherche de souscripteurs ou d'acquéreurs, ou si elle se livre activement à une recherche de souscripteurs ou d'acquéreurs en vue de leur présenter une opération spécifique et de les inciter à investir, via par exemple des mailings par voie électronique ou postale, la fourniture du service de placement non garanti ne pourra pas être écartée
- elles fournissent le service de conseil en investissement en tant que prestataires de services d'investissement ou conseillers en investissements participatifs (CIP).

Sur le deuxième point, il est notamment précisé que l'envoi, à la demande expresse du client (enregistré et ayant accepté les risques), d'une lettre d'information présentant les projets en cours ne caractérise pas le service de placement non garanti.

Enfin, lorsque la plate-forme facture des frais à l'émetteur au titre des services qui lui sont fournis (notamment, les prestations administratives - telles que la prise en charge et la transmission des bulletins de souscription, les prestations juridiques et la communication - ou le conseil en matière de structure de bilan...) elle doit respecter les dispositions concernant :

- les avantages et rémunérations ;
- les conflits d'intérêts (et notamment l'obligation d'élaborer et mettre en œuvre une politique adéquate de gestion des conflits d'intérêts) ;
- et, plus généralement, l'obligation d'agir au mieux de l'intérêt des clients-souscripteurs.

Il est rappelé que la plate-forme doit clairement mentionner sur son site Internet tous les frais à la charge de l'investisseur. Par ailleurs, elle doit lui adresser, sur simple demande, la description des prestations fournies à l'émetteur des titres souscrits et les frais s'y rapportant.

2785 ***Placement non garanti et conseil en haut de bilan*** ◊ Le service de placement non garanti doit être distingué du service connexe de conseil aux entreprises en matière de structure de capital, de stratégie industrielle,

1. AMF, DOC-2014-10.

de fusions et de rachat d'entreprises (conseil en haut de bilan) [1], par lequel le conseiller peut rendre un service à un émetteur ou cédant d'instruments financiers (1re condition caractéristique du service de placement), et rechercher des contreparties qui seront, à l'issue de la mission, les souscripteurs ou acquéreurs des instruments financiers émis ou cédés.

L'AMF a proposé trois critères de distinction qu'il convient d'apprécier in concreto [2].

En premier lieu, s'agissant des acquéreurs et souscripteurs potentiels, dans le conseil en haut de bilan, le conseiller accompagne son client dans la recherche d'acquéreurs et de souscripteurs potentiels intéressés par le projet entrepreneurial de son client ; ces nouveaux actionnaires sont notamment des personnes physiques ou morales, entreprises du secteur (concurrents, partenaires-producteurs, partenaires-distributeurs...), ou encore des établissements spécialisés dans le capital investissement, à la recherche d'un investissement à moyen ou long terme. En revanche, le PSI qui fournit le service de placement non garanti s'adresse pour le compte de son client soit à des investisseurs professionnels (banques, entreprises d'investissement, sociétés de gestion de portefeuille), soit au public (régime de l'offre au public et ses dérogations), intéressés par un investissement à plus court terme.

En second lieu, dans le conseil en haut de bilan le client et son futur cocontractant déterminent ensemble les termes et conditions de la transaction à venir (caractéristiques des instruments financiers, conclusion de pactes statutaires ou extra statutaires...), alors que le PSI qui fournit le service de placement s'engage à rechercher des souscripteurs pour des instruments financiers dont les caractéristiques ont été déterminées par l'émetteur ou le cédant.

Enfin, il est relevé que l'intuitu personae est très fort en matière de conseil en haut de bilan, et généralement moindre dans le service de placement.

---

1. V. ss 2792.

2. Position AMF DOC-2018-03, Placement non garanti, conseil en investissement et conseil aux entreprises en matière de structure de capital, de stratégie industrielle, de fusions et de rachat d'entreprises.

CHAPITRE 9

EXPLOITATION D'UN SYSTÈME MULTILATÉRAL DE NÉGOCIATION

786 ***Les systèmes multilatéraux de négociation (MTF)*** ◊ Alors que la directive services d'investissement (DSI) ne traitait que des marchés réglementés, la directive MIF 1 a supprimé le principe de concentration des ordres et a organisé la fragmentation des marchés en introduisant trois grands modes d'exécution des transactions : l'exécution sur un marché réglementé, sur un système multilatéral de négociation (SMN ou Multilateral Trading Facilities - MTF), ou directement par un prestataire de services d'investissement (internalisateurs systématiques).

Dans ce cadre, l'article L. 424-1 du Code monétaire et financier précise qu'« Un système multilatéral de négociation est un système multilatéral qui assure la rencontre, en son sein et selon des règles non discrétionnaires, de multiples intérêts acheteurs et vendeurs exprimés par des tiers pour des instruments financiers, de manière à conclure des transactions sur ces instruments ». Les MTF peuvent être gérés par un PSI agréé par l'ACPR pour fournir le service d'investissement [1] ou par une entreprise de marché qui doit obtenir une autorisation de l'AMF [2].

787 Les règles du système multilatéral de négociation, établies sous le contrôle de l'AMF par la personne qui le gère, doivent être transparentes et non discrétionnaires et doivent garantir un processus de négociation équitable et ordonné et une exécution efficace des ordres [3].

Les exigences en matière d'organisation des négociations et de règles de transparence des MTF sont alignées sur celles jusqu'alors applicables aux marchés réglementés. La personne qui gère un système multilatéral de négociation prend toute disposition utile pour favoriser le dénouement efficace des transactions effectuées sur ce système. Le gestionnaire d'un système multilatéral de négociation publie les prix à l'achat et à la vente ainsi que le nombre d'instruments financiers correspondant, affichés par ses systèmes pour les actions admises aux négociations sur un marché

1. 6 systèmes multilatéraux de négociations sont agréés en France : Alternext Paris, le Marché libre et Alternativa qui admettent à la négociation des actions ; MTS, NYSE BondMatch et Galaxy qui permettent la négociation d'obligations. Seuls Alternext, NYSE BondMatch et Galaxy ont le statut de système multilatéral de négociation organisé (SMNO).
2. Règl. AMF, art. 521-3.
3. C. mon. fin., art. L. 424-2.

réglementé [1]. Selon l'article D. 321-1, 8 du Code monétaire et financier, le service d'exploitation d'un système multilatéral de négociation consiste à gérer un ou plusieurs de ces systèmes.

Il convient de relever que l'internalisation systématique ne constitue pas un système organisé de négociation et n'est pas une plate-forme/système de négociation qui met en présence les intérêts acheteurs et vendeurs de tiers : les internalisateurs systématiques sont des entreprises d'investissement qui, de façon organisée, fréquente, systématique et substantielle, négocient pour compte propre lorsqu'ils exécutent les ordres de leurs clients en dehors d'un marché réglementé, d'un MTF ou d'un OTF [2].

1. C. mon. fin., art. L. 424-7.
2. Directive 2014/65/UE, art. 4-20.

CHAPITRE 10

EXPLOITATION D'UN SYSTÈME ORGANISÉ DE NÉGOCIATION

2788 ***Les systèmes organisés de négociation (OTF)*** ◊ La directive MIF II a institué un nouveau lieu d'exécution, sous l'appellation de système organisé de négociation (*Organised Trading Facilities* ou OTF) [1] ; l'ordonnance de transposition n° 2016-827 du 23 juin 2016 a introduit dans le Code monétaire et financier un chapitre V consacré aux systèmes organisés de négociation [2]. Afin de soumettre ces nouvelles plateformes à une régulation, la directive MIF II a créé un nouveau service d'investissement : l'exploitation d'un OTF. Dès lors, le gestionnaire d'un OTF est assujetti à l'exigence d'un agrément délivré par l'AMF pour fournir ce service d'investissement [3] ; le gestionnaire peut aussi être une entreprise de marché autorisée à cet effet par l'AMF [4].

Un OTF est un système multilatéral, autre qu'un marché réglementé ou un MTF, au sein duquel de multiples intérêts acheteurs et vendeurs exprimés par des tiers pour des obligations, des produits financiers structurés, des quotas d'émission ou des instruments dérivés peuvent interagir d'une manière qui aboutisse à la conclusion de contrats [5] ; les actions ne sont pas négociées sur des OTF.

Les OTF englobent les formes organisées d'exécution et de négociation ne correspondant pas aux fonctionnalités ou aux spécifications réglementaires des plates-formes existantes (par ex. plates-formes d'exécution de *swaps*, systèmes de croisement d'ordres ou de gré à gré) ; ils englobent également les systèmes de confrontation d'ordres (*broker crossing systems* : systèmes électroniques d'appariement en interne des ordres, exploités par une entreprise d'investissement qui exécute les ordres de clients en les croisant avec ceux d'autres clients) [6].

2789 Le particularisme essentiel des OTF est de permettre une exécution discrétionnaire des ordres qui y sont émis [7] : l'opérateur peut décider d'introduire

1. V. N. Spitz, « MIF 2 : la recomposition des lieux d'exécution », *RDBF*, nov. 2014, dossier 60 ; H. Boucheta, « MIF 2 : microstructure et transparence, le mécanisme de découverte des prix en question », *BJB* juin 2015. 279.
2. C. mon. fin., art. L. 425-1 à L. 425-10.
3. En 2017 l'AMF a agréé 4 OTF.
4. C.mon.fin. art. L 425-1.
5. Directive 2014/65/UE art. 4-23.
6. V. A. Reygrobellet, « Les OTF : une réponse pertinente aux failles de MIF 1 ? », *BJB* nov. 2015. 526.
7. Directive 2014/65/UE art. 20, § 6.

ou retirer un ordre du système, ou de ne pas apparier un ordre spécifique avec d'autres ordres disponibles dans les systèmes à un moment donné ; cette démarche doit être conforme à des instructions précises reçues d'un client et doit respecter l'obligation de meilleure exécution.

À la différence d'un internalisateur systématique, l'OTF est une plate-forme multilatérale : les OTF ont « au moins trois membres ou utilisateurs significativement actifs, chacun d'eux ayant la possibilité d'interagir avec tous les autres en matière de formation des prix » [1].

1. Directive 2014/65/UE art. 18, § 7.

TITRE 2

SERVICES CONNEXES AUX SERVICES D'INVESTISSEMENT

790 ***Les services connexes d'investissement dans la directive DSI et la loi MAF*** ◊ La loi MAF du 2 juillet 1996 a repris l'énumération de la directive Services investissement 93/22/CEE (DSI). L'article 5 de cette loi précise que sont considérés comme services connexes d'investissement :

- la conservation ou l'administration d'instruments financiers ;
- l'octroi de crédits ou de prêts à un investisseur pour lui permettre d'effectuer une transaction portant sur un instrument financier dans laquelle intervient l'entreprise qui octroie le crédit ou le prêt ;
- le conseil en gestion de patrimoine ;
- le conseil aux entreprises qui s'entend comme la fourniture de conseil aux entreprises en matière de structure de capital, de stratégie industrielle ainsi que de services concernant les fusions et le rachat d'entreprises ;
- les services liés à la prise ferme ;
- les services de change lorsque ceux-ci sont liés à la fourniture de services d'investissement (le septième considérant de la DSI exclut le change manuel qui est un métier de banque et non un métier d'investissement) ;
- la location de coffres-forts.

Le démarchage financier, l'analyse financière et la compensation, le conseil en investissement ont été écartés de la définition des services connexes.

La prestation de services connexes est libre dans le respect des dispositions législatives et réglementaires en vigueur applicables à chacun de ces services [1].

---

1. DSI, art. 6, al. 2.

Les personnes qui ont pour profession de fournir des services connexes ne sont pas placées sous le régime juridique des entreprises d'investissement et ne peuvent donc disposer du passeport européen. Elles exercent leur métier en vertu du principe de la liberté du commerce et de l'industrie sous réserve des dispositions régissant certaines professions voisines. Seules les entreprises d'investissement exerçant des services connexes peuvent bénéficier à ce titre du passeport européen.

2791 ***Les services connexes d'investissement dans la directive MIF*** ◊ L'ordonnance du 12 avril 2007 transposant la directive MIF 1 a mis à jour la liste des services connexes qui figure à l'annexe I section B de cette directive, en y ajoutant l'analyse financière et la recherche en investissements [1].

Dans la proposition initiale de rédaction de la directive MIF 2 du 15 mai 2014, il était prévu de faire passer le service de tenue de compte-conservation et administration d'instruments financiers pour le compte de tiers, de la liste des services connexes vers la liste des services d'investissement. Une majorité d'États membres s'y est opposé, souhaitant conserver un régime national d'autorisation des professionnels afin d'éviter une concurrence venant des pays tiers, sous couvert du passeport européen [2].

2792 ***Les services connexes aux services d'investissement dans le Code monétaire et financier*** ◊ L'article L. 321-2 du Code monétaire et financier dresse une liste de 8 services connexes aux services d'investissement :

– tenue de compte-conservation d'instruments financiers pour le compte de tiers et les services accessoires ;

– l'octroi de crédits ou de prêts à un investisseur pour lui permettre d'effectuer une transaction qui porte sur un instrument financier ou un quota d'émission de gaz à effet de serre et dans laquelle intervient l'entreprise qui octroie le crédit ou le prêt (achats à découvert) ;

– la fourniture de conseil aux entreprises en matière de structure de capital, de stratégie industrielle et de questions connexes ainsi que la fourniture de conseil et de services en matière de fusions et de rachat d'entreprises (activité menée par les banques d'affaires) ;

– la recherche en investissements et l'analyse financière ou toute autre forme de recommandation générale concernant les transactions sur instruments financiers ou quotas d'émission de gaz à effet de serre ; sachant toutefois que l'activité d'analyste financier est réglementée ;

– les services liés à la prise ferme ;

– les services de change lorsque ceux-ci sont liés à la fourniture de services d'investissement ;

---

1. V. C.mon.fin. art. L. 321-2.

2. H. Boucheta, « MIF 2 : les nouvelles bases de la réglementation financière », *Bull. Joly Bourse*, nov. 2014 n° 11, p. 545.

- les services et activités assimilables à des services d'investissement ou à des services connexes, portant sur l'élément sous-jacent des instruments financiers à terme dont la liste est fixée par décret, lorsqu'ils sont liés à la prestation de services d'investissement ou de services connexes.
- le service de notation de crédit.

Il est précisé à l'article L. 531-1 alinéa 2 que la prestation de services connexes au sens de l'article L. 321-2 est libre, dans le respect des dispositions législatives et réglementaires en vigueur applicables à chacun de ces services ; l'exercice de cette activité ne permet pas, à elle seule, de prétendre à la qualité d'entreprise d'investissement.

TITRE 3

EXERCICE DE SERVICES D'INVESTISSEMENT PAR LES ÉTABLISSEMENTS DE CRÉDIT

793 Il est précisé à l'article L. 531-1 du Code monétaire et financier que les prestataires de services d'investissement sont les entreprises d'investissement, les sociétés de gestion de portefeuille ainsi que les établissements de crédit ayant reçu un agrément pour fournir des services d'investissement au sens de l'article L. 321-1.

CHAPITRE 1
FOURNITURE DE SERVICES D'INVESTISSEMENT À TITRE DE PROFESSION HABITUELLE

794 ***Agrément des établissements de crédit prestataires de services d'investissement*** ◊ Un établissement qui souhaite exercer des activités bancaires doit déposer auprès de l'ACPR une demande d'agrément en qualité d'établissement de crédit [1]. L'obtention d'un agrément bancaire en tant qu'établissement de crédit n'est pas suffisante pour fournir à titre de profession habituelle des services d'investissement. Des conditions spécifiques à l'exercice de l'activité de services d'investissement sont imposées. Il n'est pas nécessaire d'adresser deux demandes à l'ACPR, pour un agrément bancaire et pour un agrément financier : si l'établissement souhaite exercer des activités bancaires et des services d'investissement, c'est un agrément d'établissement de crédit prestataire de services d'investissement (EC PSI) qui doit être demandé à l'ACPR [2]. En fonction des services d'investissement envisagés, l'AMF sera sollicitée pour transmettre ses observations à l'ACPR ou approuver le programme d'activités.

795 Il est précisé à l'article L. 532-3 du Code monétaire et financier que pour délivrer l'agrément autorisant la fourniture d'un ou plusieurs services d'investissement à un établissement de crédit, l'ACPR vérifie, outre les conditions posées à l'article L. 511-10 relatives à l'agrément bancaire, si cet établissement dispose d'un capital initial ou d'une dotation initiale suffisant compte tenu de la nature du service qu'il entend fournir et d'un programme d'activité pour chacun des services qu'il entend fournir ; l'établissement de crédit doit disposer d'un programme d'activité pour chacun des services qu'il entend fournir [3] et doit en outre avoir adhéré à un mécanisme de garantie des titres géré par le Fonds de garantie des dépôts et de résolution conformément aux articles L. 322-1 à L. 322-4.

L'ACPR peut assortir l'agrément de conditions particulières et peut également subordonner l'octroi de l'agrément au respect d'engagements souscrits par l'établissement requérant.

---

1. V. ss 198.
2. C. mon. fin., art. R 532-1, II.
3. Ce programme d'activité précise les conditions dans lesquelles l'établissement de crédit envisage de fournir les services d'investissement concernés et indique le type d'opérations envisagées et la structure de son organisation.

L'ACPR communique à l'AMF le dossier [1]. L'AMF transmet ses observations à l'ACPR qui doit notifier sa décision au requérant dans un délai de six mois à compter de la date de réception du dossier complet.

L'établissement de crédit qui envisage de proposer de nouveaux services d'investissement (EC PSI) qui ne sont pas actuellement couverts par son agrément doit solliciter une extension de l'agrément de son établissement ou une mise à jour de son programme d'activités, préalablement au démarrage de ces nouvelles opérations, selon la procédure et en utilisant le formulaire relatif à la procédure d'agrément.

1. C. mon. fin., art. R 532-3, I.

CHAPITRE 2

FOURNITURE DE SERVICES D'INVESTISSEMENT À TITRE ACCESSOIRE PAR UN ÉTABLISSEMENT DE CRÉDIT

796 ***Absence d'exigence d'agrément*** ◊ Les articles L. 531-10 et L. 531-2 du Code monétaire et financier prévoient certaines exceptions à l'exigence d'un agrément pour la fourniture à des tiers de services d'investissement.

Cette exigence ne s'impose que pour la fourniture à des tiers des services d'investissement à titre de profession habituelle : si l'activité est occasionnelle ou ponctuelle, l'agrément n'est pas requis, et les sanctions du défaut d'agrément ne peuvent s'appliquer. Il a été jugé en ce sens par la cour d'appel de Paris que l'employé de banque qui est mandaté par un client pour réaliser des opérations sur le MONEP ne fournit pas de services d'investissement à titre de profession habituelle, dès lors qu'il n'est pas démontré que son rôle a excédé le service épisodique d'un particulier ; par conséquent, le client ne peut agir en nullité du mandat pour défaut de capacité du mandataire [1].

797 Il existe trois sortes d'exceptions au monopole des PSI [2] : celles qui ont trait à la qualité du « client » pouvant s'adresser à des prestataires de services non agréés pour lui fournir des services d'investissement, celles qui tiennent au contexte dans lequel s'inscrit cette prestation, et enfin celles qui dépendent de la qualité des personnes fournissant ce service. L'agrément en qualité de PSI n'est pas requis pour fournir des services d'investissement à l'intérieur d'un même groupe, aux seules personnes morales qui se contrôlent directement ou indirectement les unes les autres au sens de l'article L. 233-3 du Code de commerce. Par ailleurs, divers opérateurs se voient dispensés d'agrément en qualité de PSI lorsque leurs activités se limitent à fournir un service d'investissement, de manière accessoire à

1. Paris, 22 nov. 2007, n° 06/0716.
2. C. mon. fin., art. L 531-2.

une activité professionnelle et dans la mesure où celle-ci est régie par les règles qui ne l'interdisent pas formellement.

2798 ***Absence de passeport européen*** ◊ En l'absence d'agrément pour l'activité de services d'investissement, un établissement de crédit n'a pas le statut de PSI et ne peut bénéficier du passeport européen au titre de services d'investissement.

CHAPITRE 3
SÉPARATION DES ACTIVITÉS BANCAIRES ET SPÉCULATIVES

799 Le cumul d'activités bancaires et financières par les établissements de crédit, en conformité avec le principe de la banque universelle introduit par la loi n° 84-46 du 24 janvier 1984 relative à l'activité et au contrôle des établissements de crédit, a été remis en cause par la loi n° 2013-672 du 26 juillet 2013 de séparation et de régulation des activités bancaires qui impose un cloisonnement de certaines activités spéculatives.

La crise financière de 2007 a montré les risques élevés que présentent les opérations que les banques mènent sur les marchés financiers pour leur propre compte et pour leur seul profit, en mettant en risque les dépôts de leurs clients. Dans la perspective de l'adoption d'une directive ayant pour objet la régulation du droit bancaire à l'échelle de l'Union européenne, le rapport Liikanen, remis le 2 octobre 2012, a préconisé une réforme structurelle du secteur bancaire par la filialisation des activités de négociation pour compte propre et plus généralement des activités spéculatives au sein d'une filiale dédiée et isolée juridiquement et financièrement de la banque de dépôt.

800 Dans ce cadre, la loi n° 2013-672 du 26 juillet 2013 de séparation et de régulation des activités bancaires impose une filialisation de certaines activités spéculatives pour les établissements bancaires d'une certaine importance : les activités menées par la banque pour son compte et dans son seul intérêt sur les marchés financiers doivent être cantonnées dans une filiale séparée pour protéger la banque en cas de difficultés [1].

801 ***Principe de filialisation des activités pour compte propre*** ◊ L'article L. 511-47-I du Code monétaire et financier dispose que les activités de négociation portant sur des instruments financiers faisant intervenir le compte propre de la banque et les opérations conclues avec un organisme de placement collectif à effet de levier et dénué de garantie ne peuvent être exercées que par l'intermédiaire de filiales dédiées. Cette obligation ne s'applique toutefois qu'aux banques et aux groupes financiers dont les activités de marché sont significatives. Des seuils de filialisation sont fixés voie

1. C. mon. fin., art. L. 511-47 ; L. n° 2013-672, art. 2 ; Cf. K. Deckert et N. Rontchevsky, « Séparation des activités bancaires et financières : histoire, organisation de la séparation en droit français, droit comparé et droit de l'Union européenne, et perspectives », *Bull. Joly Bourse* juin 2016 n° 6.

réglementaire [1] sur la base de l'importance relative des activités de marché dans l'ensemble des activités de l'établissement de crédit, de la compagnie financière holding ou de la compagnie financière holding mixte. Seules deux banques françaises ont été, dans les faits, concernées par cette évolution légale ; il s'agit de BNP Paribas et de la Société générale. Le Crédit agricole et la BPCE, qui devaient également se voir appliquer cette nouvelle législation, ont préféré ne plus exercer les activités à filialiser.

La filialisation des activités pour compte propre est censée garantir la stabilité financière, la solvabilité à l'égard des déposants, l'absence de conflits d'intérêts avec les clients et la capacité des banques à assurer le financement de l'économie. Il ne s'agit pas d'interdire aux banques les activités spéculatives ou risquées mais de les cantonner afin de limiter le risque systémique.

2802 ***Exceptions à la filialisation des activités pour compte propre*** ◊ L'obligation faite aux établissements de crédit ou aux groupes financiers dont les activités de marché sont significatives de réaliser leurs opérations pour compte propre par l'intermédiaire de filiales dédiées connaît six exceptions [2]. Ces dernières, limitativement énumérées et précisément définies, recouvrent la fourniture de services d'investissement à la clientèle, la compensation d'instruments financiers, la couverture des risques propres de l'établissement, l'activité de tenue de marché ainsi que les opérations d'investissement du groupe et la gestion de sa trésorerie.

S'agissant de la fourniture de services d'investissement, l'exception ne concerne que les opérations « dont la rentabilité attendue résulte des revenus tirés des services fournis à la clientèle et de la gestion saine et prudente des risques associés à ces services » [3]. La couverture des risques, qui s'entend de « l'activité d'un établissement (...) qui se porte partie à des opérations sur des instruments financiers dans le but de réduire ses expositions aux risques de toute nature liés aux activités de crédit et de marché » [4], échappe à l'obligation de filialisation si les instruments utilisés présentent « une relation économique avec les risques identifiés, dans des conditions définies par arrêté du ministre chargé de l'économie ». Les opérations d'investissement du groupe exemptées de filialisation sont « les opérations d'achat ou de vente de titres financiers acquis dans l'intention de les conserver durablement, ainsi que les opérations sur instruments financiers liées à ces dernières » et « les opérations d'achat ou de vente de titres émis par les entités du groupe » [5]. Enfin, les opérations de trésorerie du groupe et les opérations financières entre les entités d'un même groupe

1. Décr. n° 2014-785 du 8 juillet 2014 (C. mon. fin., art. L. 511-47-II et art. R. 511-16).
2. C. mon. fin., art. L. 511-47-I.
3. C. mon. fin., art. L. 511-47-III.
4. C.mon.fin., art. L. 511-47-IV.
5. C.mon.fin., art. L. 511-47-VI.

sont également soustraites à l'obligation de filialisation sous réserve que les fonds soient gérés de façon « saine et prudente ».

La principale exception à l'obligation de filialisation concerne la tenue de marché [1]. Le législateur a choisi de maintenir dans la banque de dépôt les opérations de tenue de marché jusqu'à un certain seuil fixé par arrêté du ministre de l'économie après avis de l'ACPR, en considérant que l'activité de teneurs de marché des banques est essentielle au bon fonctionnement des marchés financiers et au financement de l'économie.

303 ***Cantonnement des activités pour compte propre au sein de filiales dédiées*** ◊ Les filiales dédiées sont agréées par l'ACPR, par défaut, en tant qu'entreprises d'investissement. Elles peuvent, à titre dérogatoire, être agréées comme établissements de crédit afin de réaliser des opérations de banque en plus des opérations de négociation [2]. Dans ce dernier cas, les filiales dédiées ne peuvent recevoir de dépôts garantis ni fournir des services de paiement aux clients dont les dépôts sont garantis. Le législateur entend ainsi séparer clairement l'accès à certaines activités spéculatives ou risquées.

Ces filiales doivent être capitalisées et financées de manière autonome, comme si elles n'appartenaient pas au groupe bancaire qui les contrôle. Elles sont tenues de respecter quel que soit leur statut, individuellement ou de manière sous-capitalisée, les normes de gestion applicables aux établissements de crédit prévues à l'article L. 511-41 du Code monétaire et financier. Il s'agit notamment des normes relatives à la liquidité, à la solvabilité et à la division des risques. Les établissements de crédit, compagnies financières holding ou compagnies financières holding mixtes qui contrôlent ces filiales doivent respecter ces règles prudentielles en excluant du périmètre du groupe les filiales dédiées. Les difficultés qu'elles seraient susceptibles de rencontrer ne devraient donc pas affecter le reste du groupe. L'idée est ainsi d'empêcher toute contagion des risques.

La souscription par la maison mère à une augmentation de capital de ces filiales est soumise à autorisation préalable de l'ACPR. Les filiales dédiées doivent utiliser des raisons sociales et des noms commerciaux distincts de ceux des établissements de crédit du groupe qui les contrôlent, de manière à n'entretenir aucune confusion dans l'esprit de leurs créanciers et cocontractants. Les personnes qui assurent la détermination effective de l'orientation de l'activité de ces filiales et de l'établissement de crédit, de la compagnie financière holding ou de la compagnie financière holding mixte qui les contrôlent ou de leurs autres filiales doivent être distinctes.

Enfin, les filiales dédiées ne peuvent réaliser d'opérations de négoce à haute fréquence ni d'opérations sur les produits dérivés de matières premières agricoles qui ont un caractère fortement spéculatif [3].

1. C.mon.fin., art. L. 511-47-V.
2. C.mon.fin., art. L. 511-48.
3. C.mon.fin., art. L. 511-48-II.

2804 ***Contrôle de la filiale dédiée*** ◊ Les filiales dédiées, ainsi que leur maison mère, assignent à leurs unités internes chargées des opérations sur instruments financiers des règles d'organisation et de fonctionnement de nature à assurer le respect des dispositions qui leur sont applicables [1]. La maison mère doit communiquer à l'ACPR et, pour ce qui la concerne, à l'AMF, la description de ces unités ainsi que les règles d'organisation et de fonctionnement (la cartographie des desks et de leurs mandats, les règles de rémunération des opérateurs, les limites de risques, etc.).

L'ACPR doit s'assurer, au titre de son contrôle du dispositif de contrôle interne de l'établissement, de l'adéquation de cette organisation. Elle vérifiera notamment que les règles d'organisation et de fonctionnement comportent des limites de risques fixées aux unités internes réalisant des opérations sur instruments financiers cohérentes avec leurs mandats [2] et que les rémunérations des personnels chargés de ces opérations sont fixées de façon cohérente avec ces règles d'organisation et de fonctionnement et n'encouragent pas la prise de risque sans lien avec leurs objectifs [3]. L'ACPR peut refuser l'agrément si elle considère que l'organisation et le fonctionnement d'une entité, notamment la filiale dédiée, ou que son système de contrôle interne ne permettent pas d'assurer le respect de ces dispositions [4].

---

1. C.mon.fin., art. L. 511-49, al. 1er.
2. C.mon.fin., art. L. 511-49, al. 4.
3. C.mon.fin., art. L. 511-49, al. 5.
4. C.mon.fin., art. L. 511-50.

SIXIÈME PARTIE

LES AUTRES SERVICES PROPOSÉS

TITRE 1

L'ASSURANCE EMPRUNTEUR

805 ***Notion*** ◊ L'assurance emprunteur est une assurance de personne souscrite en général dans le cadre d'un contrat collectif en vue de la garantie de l'emprunteur pour des risques tel que le décès, l'incapacité ou l'invalidité. L'assurance de l'emprunteur relève du droit commun des contrats et des dispositions relatives aux assurances de personne. Elle est réglementée par les règles du titre IV du livre Ier du Code des assurances consacrées aux assurances de groupe [1]. En droit de la consommation, elle est réglementée également par plusieurs textes relatifs au crédit immobilier ou au crédit à la consommation [2]. Le schéma étant triangulaire, trois relations doivent d'abord être analysées. Il faudra ensuite mettre en évidence leurs liens.

1. C. assur., art. L. 141-1 à L. 141-6.
2. C. consom., art. L. 313-6 s.

CHAPITRE 1
LES DIFFÉRENTES RELATIONS

SECTION 1. LA RELATION ENTRE LE PRÊTEUR ET L'ASSUREUR

806 ***Assurance de groupe*** ◊ Le prêteur contracte préalablement un contrat cadre dit contrat de groupe avec un assureur [1]. L'assurance de groupe suppose qu'une personne morale contracte un contrat en vue de la couverture de risques subis par ses membres ou les personnes qui sont en relation avec elle. Cette personne morale peut être une société. Dans l'assurance emprunteur, il s'agit de la banque. La loi exige que les adhérents au contrat d'assurance aient un lien de même nature avec la personne morale [2]. Dans l'assurance emprunteur, la banque entre en relation avec des emprunteurs. L'emprunteur contracte un contrat individuel d'assurance auprès de l'assureur aux conditions préalablement négociées par la banque.

807 ***Nature du contrat de groupe*** ◊ L'article L. 141-1 al. 1er du Code des assurances analyse le contrat de groupe comme un contrat d'assurance. Cette qualification est contestée par la doctrine lorsque l'assurance est à adhésion facultative. L'assurance emprunteur entre dans cette catégorie. Ce n'est effectivement pas la banque qui a la qualité d'assuré. Le contrat de groupe est un contrat cadre [3] fixant le contenu des futurs contrats individuels d'assurance conclus par les adhérents avec l'assureur [4]. Les risques couverts, les prestations dues par l'assureur en cas de sinistre et le montant des primes dues par l'assuré sont déterminés par ce contrat cadre. Ces conditions s'appliquent au contrat individuel d'assurance conclu entre l'emprunteur et l'assureur.

---

1. C. assur., art. L. 141-1.
2. C. assur., art. L. 141-1 al. 2.
3. C. civ., art. 1111.
4. Sur la qualification de contrat cadre : J. Bigot, *Traité de droit des assurances, Le contrat d'assurance*, T. 3, LGDJ, 2002, n° 191 et 654. B. Foussat, « La gestion des assurances collectives en assurances de dommages », *RGDA* 1998. 551. J. Kullmann, *Les mécanismes juridiques fondamentaux des assurances collectives*, *RGDA* 1998. 527. D. R. Martin, *La stipulation de contrat pour autrui*, *D.* 1994. Chron. 145, spéc. I, A.

SECTION 2. LA RELATION ENTRE L'EMPRUNTEUR ET L'ASSUREUR

2808 ***Contrat d'assurance*** ◊ L'emprunteur contracte un contrat d'assurance aux conditions fixées dans le contrat cadre. L'emprunteur offre la conclusion du contrat d'assurance à l'assureur. Il lui adresse ainsi une demande d'adhésion en vue de son acceptation éventuelle. Si l'assureur juge que l'emprunteur satisfait aux conditions prédéterminées avec le banquier, un contrat d'assurance sera effectivement conclu entre l'un et l'autre.

2809 ***Assuré et bénéficiaire*** ◊ L'assuré est défini par le contrat d'assurance. C'est en principe l'emprunteur. Une stipulation pour autrui est en principe adjointe au contrat d'assurance désignant comme bénéficiaire le prêteur [1]. Si l'un des risques garantis se réalise, l'indemnité d'assurance doit être payée directement au banquier.

2810 ***Risques garantis*** ◊ Le contrat garantit l'accident corporel, la maladie, la maternité et le chômage, à l'origine le cas échéant du décès, de l'incapacité ou de l'invalidité. Un dispositif spécial est prévu afin de faciliter l'accès au crédit des personnes présentant un risque aggravé du fait de leur état de santé ou de leur handicap [2] [3].

SECTION 3. LA RELATION ENTRE LE PRÊTEUR ET L'EMPRUNTEUR

2811 ***Obligation légale d'information*** ◊ En cas de crédit à la consommation, le prêteur doit remettre à l'emprunteur une notice, qui comporte les extraits des conditions générales de l'assurance. Il doit informer l'emprunteur du coût de l'assurance [4]. Si l'assurance est exigée par le prêteur pour obtenir le financement, la fiche d'informations mentionnée à l'article L. 311-6 et l'offre de contrat de crédit rappellent que l'emprunteur peut souscrire une assurance équivalente auprès de l'assureur de son choix. Si l'assurance est facultative, l'offre de contrat de crédit rappelle les modalités suivant lesquelles l'emprunteur peut ne pas y adhérer [5].

En cas de crédit immobilier, le prêteur, l'intermédiaire ou l'assureur doit informer l'éventuel emprunteur avant l'émission de l'offre du coût

1. Civ. 1re, 4 janv. 1995, n° 93-13.614, *Bull. civ.* I, n° 5. 2 déc. 2003, n° 01-10.019, inédit. Civ. 2e, 26 oct. 2006, n° 05-13.637 : *Bull. civ.* II, n° 290. C. civ., art. 1205.
2. CSP, art. L. 1141-2 s. – art. R. 1141-1, R. 1141-2.
3. Rép. min. n° 89210, *JOAN* 30 août 2016, p. 7768.
4. C. consom., art. L. 312-12, R. 312-10.
5. C. consom., art. L. 312-29.

de l'assurance. Il doit également lui remettre lors des négociations la fiche standardisée d'information mentionnée à l'article L. 313-10 [1] et la notice mentionnée au 1° de l'article L. 313-29, énumérant les risques garantis et expliquant les modalités de la mise en œuvre des garanties [2]. La jurisprudence fait une interprétation littérale du texte en refusant d'admettre que l'information de l'emprunteur résulte d'un autre document [3]. L'offre de prêt doit préciser si elle est subordonnée à la conclusion d'un contrat d'assurance, doit évaluer son coût et indiquer que l'emprunteur peut souscrire une assurance équivalente auprès de l'assureur de son choix [4].

812 ***Obligation jurisprudentielle d'information et de conseil*** ◊ D'après la jurisprudence, le banquier doit éclairer l'emprunteur sur l'adéquation des risques couverts à sa situation personnelle lors de la souscription du contrat [5]. D'après la jurisprudence toujours, la banque supporte un devoir général d'information et de conseil à l'égard de l'emprunteur-assuré. Elle doit donc l'informer de l'existence et du fonctionnement de la prescription [6]. La garantie doit être conforme à l'attente de l'assuré [7]. La banque qui a informé l'emprunteur du contenu de la garantie perte d'emploi et des conséquences de l'absence d'une telle garantie n'est pas responsable de son absence de conclusion par l'emprunteur [8].

---

1. Sur la fiche standardisée d'information, v. C. consom., art. R. 313-8 à R. 313-10.
2. C. consom., art. L. 313-8
3. Civ. 2e, 25 janv. 2007, n° 05-19.700, *Bull. civ.* II, n° 17 et Civ. 1re, 2 oct. 2007, n° 04-20.437, inédit. Civ. 1re, 5 avr. 2018, n° 13-27.063, à paraître au *Bull. civ.*
4. C. consom., art. L. 313-25.
5. Cass., ass. plén., 2 mars 2007, n° 06-15.267, *Bull. Ass. plén.* n° 4. Civ. 2e, 2 oct. 2008, n° 07-16.018, *Bull. civ.* II, n° 202. 2 oct. 2008, n° 07-15.276, *Bull. civ.* II, n° 201. Civ. 1re, 22 janv. 2009, n° 07-19.867, *Bull. civ.* I, n° 7. 2 avr. 2009, n° 07-16.670, inédit. Civ. 2e, 13 janv. 2011, n° 10-30.009, inédit. Com. 15 févr. 2011, n° 10-10.677, inédit. 13 sept. 2011, n° 10-18.980, inédit. - 1er déc. 2015, n° 14-22.134 : *Bull. civ.* IV, n° 164, p. 231.
6. Civ. 1re, 17 juin 2015, n° 14-20.257, *Bull. civ.* I, n° 144.
7. Civ. 1re, 8 déc. 2016, n° 14-29.729 : *Bull. civ.* I, n° 266, p. 281.
8. Com. 5 sept. 2018, n° 17-16.865, inédit.

CHAPITRE 2
L'INTERDÉPENDANCE DES DIFFÉRENTES RELATIONS

SECTION 1. LE LIEN ENTRE LE PRÊT ET LE CONTRAT D'ASSURANCE

2813 ***Lien*** ◊ Le contrat d'assurance est lié au contrat de prêt [1]. Ce lien se manifeste tant lors de la formation que lors de l'exécution des contrats.

§ 1. Lors de la formation

2814 ***Formation*** ◊ En matière de crédit immobilier souscrit par un consommateur, le refus d'agrément par l'assureur lui permet de demander la résolution du contrat de prêt, sans frais ni pénalités, dans le délai de forclusion d'un mois à compter de la notification du refus d'agrément [2]. La même solution n'est pas prévue par la loi s'agissant des crédits à la consommation mais elle devrait y être étendue par l'effet d'une clause du prêt, ainsi que le recommande la Commission des clauses abusives [3]. Lorsque le contrat est conclu par un professionnel, la conclusion du prêt n'est pas remise en cause par l'absence de conclusion du contrat d'assurance, sauf stipulation contraire. Par ailleurs, la nullité du prêt entraîne celle du contrat d'assurance [4].

2815 ***Choix d'un autre assureur*** ◊ Dans le crédit immobilier, l'emprunteur demeure libre de contracter avec un assureur de son choix lors de la conclusion de l'emprunt. Le prêteur ne peut refuser l'assureur proposé si les garanties proposées sont équivalentes à celles fournies par l'assureur avec lequel il a contracté le contrat cadre de groupe [5]. Le refus du prêteur devra être motivé [6]. En cas de proposition par l'emprunteur d'un nouvel assureur et d'acceptation par le prêteur de celle-ci, une nouvelle offre est émise en vue de tenir compte de la modification de la

---

1. Civ. 1re, 13 nov. 1990, n° 89-16.362, inédit. 17 mars 1993, n° 90-10.916, inédit.
2. C. consom., art. L. 313-29 3°.
3. Recommandation n° 90-01, BOCCRF du 28 août 1990.
4. Civ. 2e, 16 nov. 2006, n° 05-19.917, inédit. – Civ. 3e, 12 avr. 2018, n° 17-13.118, inédit : *RGDA* 2018. 312, note L. Mayaux.
5. CCSF, avis du 13 janv. 2015 sur l'équivalence du niveau de garantie en assurance emprunteur.
6. C. consom., art. L. 313-30.

prime d'assurance et de sa répercussion sur le taux annuel effectif global. Le contrat de prêt demeure inchangé pour le surplus [1].

§ 2. Lors de l'exécution

816 ***Défaillance de l'emprunteur*** ◊ En cas de crédit à la consommation, le prêteur doit informer l'emprunteur des sanctions encourues au titre du prêt ou du contrat d'assurance dès le non-paiement d'une échéance du prêt et d'une prime [2]. Lorsque la souscription d'une assurance a été exigée par le prêteur et que l'emprunteur a souscrit une assurance auprès de l'assureur de son choix, celui-ci est tenu d'informer le prêteur du non-paiement par l'emprunteur de sa prime ou de toute modification substantielle du contrat d'assurance [3]. En cas de crédit immobilier, l'assureur doit informer le prêteur du non paiement par l'emprunteur de sa prime [4].

817 ***Résiliation*** ◊ L'emprunteur peut résilier le contrat d'assurance soit dans la première année [5], soit ultérieurement [6]. L'emprunteur doit transmettre au prêteur un exemplaire du contrat d'assurance qu'il se propose de contracter en remplacement de l'ancien qui est résilié. Le prêteur notifie alors sa décision d'acceptation ou de refus dans un délai de dix jours à compter de la transmission du nouveau contrat par l'emprunteur. Le prêteur ne pourra refuser de se satisfaire de la garantie obtenue par l'emprunteur auprès d'un autre assureur que celui avec lequel le prêteur a contracté un contrat cadre dès lors que les garanties proposées sont équivalentes. En cas d'acceptation, le prêteur doit rédiger un avenant au contrat de prêt en vue notamment de tenir compte de la modification du taux annuel effectif

---

1. C. consom., art. L. 313-31, L. 313-32.
2. C. consom., art. L. 312-36.
3. C. consom., art. L. 312-37.
4. C. consom., art. L. 313-33.
5. M. Mignot, « Les dispositions relatives à l'assurance emprunteur issues de la loi n° 2014-344 du 17 mars 2014 relative à la consommation », *Gaz. Pal.* 24 avr. 2014, n° 114, p. 20. C. assur., art. L. 113-12-2. C. mut., art. L. 221-10. V. égal., Le changement d'assureur en assurance « emprunteurs » : *RGDA* 2018. 274, sous la dir. de L. Mayaux.
6. C. assur., art. L. 113-12- ; C. mut., art. L. 221-10. – C. consom., art. L. 313-30 – Cette faculté de résiliation du contrat d'assurance après la durée d'une année résulte de l'article 10 I 1° a) L. n° 2017-203 du 21 février 2017. L'article 10 préc. est applicable aux offres de prêts émises à compter de la date de publication de la cette loi le 22 févr. 2017 (art. 10 IV) et, à compter du 1er janvier 2018, aux contrats d'assurance en cours d'exécution à cette date (art. 10 V). Le Conseil constitutionnel juge le système de droit transitoire consacré par le législateur constitutionnel (Cons. const. 12 janv. 2018, n° 2017-685 QPC). Il semble que l'article L. 313-30 C. cons. déroge à l'article L. 113-12 al. 7e C. assur. lorsque l'assurance est une assurance-décès, c'est-à-dire une assurance sur la vie *lato sensu*. Sur le régime antérieur de résiliation, v. Civ. 1re, 9 mars 2016, n° 15-18.899, 15-19.652 : *Bull. civ.* I, n° 50, p. 59 ; *RGDA* 2016. 186, note L. Mayaux. – 24 mai 2017, n° 15-27.127, 15-27.839 : *Bull. civ.* I, n° 122, p. 161 ; *RGDA* 2017. 436, note L. Mayaux – 31 janv. 2018, n° 16-20.562, inédit. – 14 févr. 2018, n° 16-24.251, inédit.

global. Le refus du prêteur du nouveau contrat proposé par l'emprunteur doit être motivé. Le contrat de prêt demeure inchangé pour le surplus [1].

L'assuré doit déclarer pendant le cours du contrat à l'assureur les aggravations de risque qui rendent inexactes ou caduques les réponses aux questions posées par l'assureur lors de la déclaration initiale du risque [2]. L'assureur peut résilier le contrat d'assurance si une aggravation de risque survient pendant le cours du contrat, consécutive à un changement de comportement volontaire de l'assuré, qui n'a pas été déclarée comme elle aurait dû l'être par l'assuré [3]. Le décret n° 2016-1559 du 18 novembre 2016 (C. assur., art. R. 113-13) fixe les conditions exactes permettant cette résiliation [4]. L'assureur ne peut résilier le contrat d'assurance emprunteur lié à un prêt immobilier, que si les conditions suivantes sont réunies : 1° l'assuré pratique régulièrement une nouvelle activité sportive présentant un risque particulier pour sa santé ou sa sécurité, et figurant sur une liste fixée par arrêté du ministre chargé de l'économie ; 2° l'exercice de cette nouvelle activité conduit à rendre inexactes ou caduques les réponses faites par l'assuré en réponse aux questions relatives à sa pratique sportive posées par l'assureur lors de la conclusion du contrat ; 3° l'assuré n'a pas déclaré cette nouvelle activité comme il en a l'obligation.

2818 ***Réalisation du risque*** ◊ En cas de survenance du risque, l'assureur exécute son obligation en payant le capital garanti directement à la banque en sa qualité de tiers bénéficiaire [5]. Le paiement de l'assureur s'impute à la fois sur son obligation à l'égard de la banque, et sur la dette de l'emprunteur à l'égard de celle-ci qui doit être considérée comme payée [6]. Il faut comprendre que l'attribution réalisée dans le cadre de la stipulation pour autrui réalise une dation de la créance aux fins de paiement de la dette de l'emprunteur. En cas de crédit à la consommation, le remboursement anticipé du prêt par l'assureur dans l'hypothèse de réalisation d'un risque garanti n'entraîne pas le paiement d'une indemnité pour remboursement anticipé [7].

SECTION 2. LE LIEN ENTRE LE CONTRAT CADRE ET LE CONTRAT D'ASSURANCE

2819 ***Modification du contrat de groupe*** ◊ Le contrat d'assurance est nécessairement lié au contrat de groupe puisqu'il est conclu en exécution

---

1. C. consom., art. L. 313-31, L. 313-32.
2. C. assur., art. L. 113-2 3°.
3. C. assur., art. L. 113-12-2 al. 3e, R. 113-13.
4. Ce texte est entré en vigueur le 21 nov. 2016.
5. C. civ., art. 1206 al. 1er.
6. Civ. 1re, 14 nov. 1995, n° 93-15309, *Bull. civ.* I, n° 404.
7. C. consom., art. L. 312-34.

de ce dernier contrat [1]. Dans l'assurance de groupe à adhésion facultative, un contrat est conclu entre l'adhérent et l'assureur. Ce contrat ne peut être modifié que par la volonté de ces deux parties [2]. La solution est consacrée par la loi à propos de l'assurance de groupe souscrite dans le cadre d'un crédit à la consommation ou d'un crédit immobilier relevant du Code de la consommation. Ainsi la modification du contrat de groupe est-elle inopposable à l'assuré qui ne l'a pas acceptée [3]. L'article L. 313-29 du Code de la consommation précise que la modification de la définition des risques garantis ou des modalités de la mise en jeu de l'assurance est inopposable à l'emprunteur qui n'a pas donné son acceptation. Ces solutions légales doivent être étendues à toutes les hypothèses car elles ne font que tirer les conséquences des principes applicables à la situation.

2820 ***Résiliation*** ◊ Une question voisine se pose à propos de la résiliation du contrat de groupe. Il se peut que le contrat d'assurance soit conclu pour une durée courte, sans clause de tacite reconduction [4]. Le contrat de groupe et le contrat d'assurance peuvent être conclus pour une durée courte déterminée et reconductibles tacitement. La résiliation du contrat de groupe entraîne celle du contrat d'assurance individuel, même si l'assuré n'en a pas connaissance [5]. L'assureur n'a pas à informer l'assuré de cette résiliation. Ce devoir d'information pèse sur le prêteur [6].

---

1. C. civ., art. 1111.
2. C. civ., art. 1193.
3. C. assur., art. L. 141-4 al. 5.
4. Civ. 1re, 26 avr. 2000, n° 97-18.605, inédit.
5. Civ. 2e, 23 sept. 2004, n° 03-10.501, *Bull. civ.* I, n° 411.
6. Civ. 1re, 7 déc. 2004, n° 02-10.330, inédit.

TITRE 2

LE CONTRAT DE COFFRE-FORT

2821 ***Un « service complémentaire »*** ◊ La mise à disposition d'un coffre-fort est un service couramment proposé à la clientèle par les établissements de crédit. Il n'est pourtant pas mentionné expressément par l'article L. 311-2 du Code monétaire et financier qui donne la liste des « services connexes » si bien qu'une partie de la doctrine préfère évoquer l'idée d'un « service complémentaire » [1]. Au demeurant, les revenus dégagés par la mise à disposition des coffres apparaissent négligeables en comparaison de l'activité bancaire prise par son ensemble mais les banques tiennent à conserver cette activité dès lors qu'elle est prisée des clients les plus fortunés qu'il convient de fidéliser par tous moyens.

2822 ***Plan*** ◊ Jusqu'à une période relativement récente, les règles relatives au contrat de coffre-fort découlaient exclusivement du droit commun des obligations et de la jurisprudence qui a dû se prononcer sur la nature de l'opération (Sous-titre 1) comme sur son régime (Sous-titre 2). Ces dernières années, des dispositions législatives ou réglementaires spécifiques ont cependant été adoptées pour encadrer la saisie du contenu des coffres de même que le sort des contrats inactifs (Sous-titre 3).

1. J. Lasserre Capdeville, « L'encadrement juridique du contrat de coffre-fort bancaire », *JCP* n° 13, 30 mars 2015. Doctr. 384, n° 2.

SOUS-TITRE 1

La nature du contrat de coffre-fort

2823 ***Définition*** ◇ La description des caractéristiques essentielles du contrat de coffre-fort ne pose guère de difficultés : il s'agit de la convention par laquelle un établissement met à la disposition d'un client un ou plusieurs compartiments dans un coffre afin que celui-ci puisse y sécuriser des biens mobiliers. Pourtant, la qualification de contrat de coffre-fort demeure encore aujourd'hui discutée, en dépit d'enjeux jugés inexistants par certains auteurs [1].

2824 ***Qualifications écartées*** ◇ Deux qualifications traditionnelles achoppent sur la complexité du contrat de coffre-fort qui repose sur une double particularité : le client ne maîtrise pas le coffre cependant que la banque ne maîtrise pas son contenu.

La première particularité explique que la qualification de louage de chose soit généralement écartée par la doctrine dominante en dépit de quelques décisions anciennes ayant retenu cette qualification [2]. En effet, le client est en pratique privé de la jouissance paisible de la chose censée être mise à sa disposition dès lors qu'il ne peut y accéder que sous le contrôle et avec le concours de l'établissement de crédit qui en conserve la possession et la garde. Au demeurant, dans sa jurisprudence la plus récente, la Cour de cassation a écarté nettement l'application de l'article 1722 du Code civil à un contrat de coffre-fort aux motifs que celui-ci n'était accessible qu'avec l'autorisation du banquier [3]. Ajoutons que le contrat de coffre-fort fait peser sur le banquier une obligation principale de surveillance [4] qui n'est qu'accessoire dans le louage de droit commun.

La seconde particularité du contrat de coffre-fort explique que la qualification de dépôt soit également écartée par la doctrine dominante. Elle observe en effet que l'absence de remise d'une chose est incompatible avec

---

1. En ce sens, F. Collard-Dutilleul et F. Delebecque, *Contrats civils et commerciaux*, 9e éd., Dalloz 2011, n° 802 ; Th. Bonneau, *Droit bancaire*, 11e éd., LGDJ 2015, n° 924 ; J. Lasserre Capdeville, art. préc., n° 3. *Contra* : C. Gavalda et J. Soufflet, *Droit bancaire*, 9e éd., LexisNexis 2015, n° 780.

2. Req. 11 févr. 1946, *D.* 1946. 365, note A. Tunc. Com. 29 oct. 1953, 1, jur. p. 5. Com. 25 avr. 1953, *JCP* 1953, II, 7676. Civ. 1re, 21 mai 1957, *JCP* 1957, IV, p. 27. V. plus récemment mais de manière moins nette Civ. 1re, 29 mars 1989, n° 87-17.262, *Bull. civ.* I, n° 142.

3. Com. 11 oct. 2005, n° 03-10975, *Bull. civ.* IV, n° 206 ; *LPA* 23 déc. 2005, p. 13, obs. F. Rouvière ; *D.* 2005. 2869, note X. Delpech ; *RDBF* 2005. 9, obs. F. Credot et Y. Gérard.

4. V. ss 2832.

la nature de contrat réel attachée à tout dépôt et elle relève que le banquier n'a aucun accès direct aux choses déposées par le client. L'article 1931 du Code civil anticipe pourtant cette hypothèse en disposant que le dépositaire « ne doit point chercher à connaître quelles sont les choses qui lui ont été déposées si elles lui ont été confiées dans un coffre fermé ou sous une enveloppe cachetée ». Par ailleurs, s'agissant de la qualification de contrat réel, rien ne prive la jurisprudence de la possibilité d'énoncer que certains dépôts échappent à cette qualification comme elle l'a fait au sujet de certains prêts [1]. Une telle solution serait opportune dès lors que la qualification de dépôt rend parfaitement compte des obligations de surveillance pesant sur la banque [2] si bien qu'une partie de la doctrine plaide pour une telle qualification [3]. En jurisprudence, le seul arrêt relativement récent s'est d'ailleurs prononcé en faveur d'une telle qualification de dépôt mais dans un contexte hôtelier [4] si bien que la doctrine hésite à généraliser la solution. Pourtant, dans cette espèce, le client ne pouvait accéder au coffre sans être accompagné d'un employé de l'établissement de sorte que l'analogie avec les pratiques bancaires pouvait se justifier pleinement.

2825 ***Qualification retenue*** ◊ Malgré ces arguments, la majorité de la doctrine préfère plaider pour une qualification *sui generis* de contrat de garde [5], suivie en cela par quelques décisions [6], aux motifs que cette qualification rendrait parfaitement compte du régime du contrat et notamment des obligations du banquier.

1. V. ss 1566.
2. V. ss 2832.
3. C. Gavalda et J. Soufflet, *Droit bancaire*, 9e éd., LexisNexis 2015, n° 780.
4. Civ. 1re, 14 févr. 1990, n° 88-14.562, *Bull. civ.* I, n° 44.
5. Ph. Malaurie, L. Aynès, P.-Y. Gauthier. R. de Quenaudon, *JCl.* Civil Code. Dépôt.
6. Retenant expressément une telle qualification : Civ. 1re, 2 juin 1993, n° 90-21982, *Bull. civ.* I, n° 197.

SOUS-TITRE 2

Le régime du contrat de coffre-fort

CHAPITRE 1
LES OBLIGATIONS DU CLIENT

2826 ***La rémunération du banquier*** ◊ La principale obligation du client a pour objet le paiement du prix convenu par les parties. Conformément au principe énoncé par l'article L. 410-2 du Code de commerce, le prix est librement déterminé par l'établissement de crédit. En pratique, celui se réserve très souvent la possibilité d'en faire évoluer le montant en cours d'exécution du contrat. Dès lors que l'information du client est assurée et qu'il dispose de la possibilité de résilier la convention, aucun abus n'est susceptible d'être reproché à la banque qui n'a pas à justifier sa décision en mettant par exemple en avant une augmentation des charges assumées par elle [1].

2827 ***L'utilisation du coffre conforme à sa destination*** ◊ En contrepartie du paiement du prix, le client peut librement jouir du compartiment mis à sa disposition. En pratique, cette liberté est étroitement bornée par le contrat.

2828 S'agissant de la nature des produits déposés, le banquier peut en premier lieu interdire le stockage de produits dangereux ou périssables susceptibles d'endommager le coffre ou de compromettre sa sécurité. Si les produits stockés sont le fruit d'une infraction, il est en revanche douteux que la banque puisse être poursuivie du chef de recel faute pour elle d'avoir connaissance du contenu du coffre. En pratique, celui-ci est abondé par le client hors de tous regards de sorte que l'établissement éprouve les plus grandes difficultés pratiques pour s'assurer d'une utilisation du coffre mis à disposition du client conformément à la destination convenue.

2829 S'agissant de la valeur des produits déposés, l'établissement de crédit a parfois la tentation d'interdire le stockage au-delà d'un seuil exprimé en valeur afin de limiter sa responsabilité en cas de perte, de vol ou de dégradations. L'utilisation du coffre au-delà de la valeur couverte n'est cependant pas de nature à engager la responsabilité du client, tout au plus celle de la banque se trouve-t-elle bornée par le montant convenu [2]. C'est tout au moins l'interprétation retenue par la jurisprudence lorsqu'il ne découle pas avec évidence de la commune intention des parties que la sanction du

---

1. Civ. 1re, 30 juin 2004, n° 01-00475 ; *Bull. civ.* I, n° 190 ; *Banque et Dr.* 2004, n° 98, p. 58, obs. Th. Bonneau ; *RDBF* 2004, comm. 226, obs. F.-J. Crédot et Y. Gérard ; *CCC* 2004, comm. 151, obs. L. Leveneur ; *D.* 2005. 1828, note D. Mazeaud.
2. V. ss 2833.

dépassement est susceptible de se traduire par une résiliation du contrat ou par la suspension du devoir de surveillance mis à la charge de la banque [1].

2830 ***Les obligations entourant la rupture du contrat*** ◊ Par application des principes attachés à la liberté contractuelle, la banque est libre de mettre un terme au contrat de coffre-fort lorsque celui-ci est conclu pour une durée indéterminée, un préavis raisonnable devant cependant être accordé au client [2]. En conséquence de la rupture, le client est tenu de vider le coffre de tout contenu et de restituer les clefs à l'établissement de crédit, le montant de la redevance due étant calculé jusqu'au jour d'exécution effective de ces obligations. En cas de carence, l'établissement a comme seul recours de faire procéder à l'ouverture du coffre en présence d'un huissier. Un inventaire est alors dressé et le contenu du coffre est conservé sous pli scellé, l'établissement continuant à assumer ses obligations de garde jusqu'à récupération effective des biens par le client [3].

1. Civ. 1re, 15 nov. 1988, n° 86-18970 ; *Bull. civ.* I, n° 318 ; *D.* 1989, jurispr. p. 349, note Ph. Delebecque ; *RJ com.* mars 1989, p. 107, note Ch.-H. Gallet.

2. Paris, ch. 15, 9 avr. 2002, *JurisData* n° 2002-181227 ; Com. 21 janv. 2004, n° 02-16727, *JurisData* n° 2004-022213 ; *RDBF* 2004, comm. 57, obs. F.-J. Crédot et Y. Gérard.

3. Paris, pôle 5, ch. 6, 28 avr. 2011, n° 09/11408 ; *RDBF* 2011, comm. 188, obs. F.-J. Crédot et Th. Samin.

CHAPITRE 2

LES OBLIGATIONS DE L'ÉTABLISSEMENT DE CRÉDIT

2831 ***Garantir et contrôler l'accès au coffre*** ◊ Le client dispose naturellement d'un accès garanti au contenu de son coffre puisqu'il doit pouvoir, à tout moment, y déposer ou retirer les biens de son choix.

La banque peut cependant et a même l'obligation de contrôler l'identité de toute personne sollicitant l'accès au coffre. La jurisprudence a par exemple qualifié de faute lourde le fait pour une banque d'avoir laissé entrer le commis d'une agence sur le seul souvenir de ce qu'il avait parfois accompagné les fondés de pouvoir de celle-ci [1]. Comme cette affaire l'illustre, le simple fait pour la personne se présentant d'être munie de la clef ne suffit pas à décharger la banque de la nécessité de vérifier son identité et son droit d'accès à la salle des coffres. La jurisprudence tend cependant à considérer que la banque n'assume qu'une obligation de moyen, un établissement ayant par exemple été déchargé de toute responsabilité dans une hypothèse où le mari d'une cliente s'était présenté avec de faux documents parfaitement imités et qui avait pu vider le contenu du coffre sans éveiller le moindre soupçon [2].

2832 ***La surveillance du contenu du coffre*** ◊ Les obligations principales du banquier ont été mises en lumière par la jurisprudence qui souligne que « le contrat de coffre-fort comporte pour le banquier une obligation particulière de surveillance et le devoir de prendre toutes les mesures nécessaires pour assurer, sauf impossibilité majeure, la sauvegarde du coffre-fort et des objets qu'il contient » [3]. Le respect de cette obligation suppose des mesures prises en amont destinées à garantir l'intégrité de la salle et des coffres et d'autres en aval garantissant une surveillance et une protection suffisantes contre différents risques : effraction, vol, incendie, inondation, etc.

2833 La jurisprudence qualifie l'obligation en cause comme étant de résultat [4] de sorte que la faute de l'établissement est en pratique systématiquement

---

1. Civ. 1re, 15 nov. 1988 préc. V. plus récemment Aix-en-Provence, 7 juin 2012, n° 2012/258 : *LEDB* oct. 2012, p. 4, obs. J. Lasserre Capdeville.

2. Com. 22 oct. 1991, n° 90-12122 ; *Banque* 1992, n° 535, p. 101, obs. J.-L. Rives-Lange ; *RDBB* 1992. 57, obs. F.-J. Crédot et Y. Gérard

3. Com. 29 oct. 1952, *Bull. civ.* III, n° 326.

4. Civ. 1re, 29 mars 1989, n° 87-17262 ; *Bull. civ.* I, 1989, n° 142 ; *RTD civ.* 1989. 560, obs. P. Jourdain ; *RTD com.* 1989. 704, obs. M. Cabrillac ; *RTD civ.* 1989. 560, obs. Ph. Rémy ;

présumée. La Cour de cassation a d'ailleurs récemment cassé un arrêt d'appel qui avait rejeté la responsabilité de la banque en reprochant au client de ne pas avoir su démontrer la faute alors que « la banque qui met un coffre-fort à la disposition d'un client est tenue d'une obligation de surveillance qui lui impose d'établir qu'elle a accompli toutes les diligences utiles pour en contrôler l'accès par un tiers, fût-il muni d'une clé » [1]. En l'espèce, le coffre avait été vidé par le fils du titulaire et la cour d'appel avait estimé que celui-ci bénéficiait d'une procuration mais l'arrêt a également été cassé aux motifs que les juges du fond s'étaient fondés uniquement sur le fait que le fils avait restitué les clefs au décès de son père alors que cette circonstance était impropre à établir l'existence d'un mandat que l'épouse du défunt contestait.

Pour échapper à ses responsabilités, la banque dispose de la possibilité de mettre en avant l'existence d'un événement de force majeure mais la jurisprudence se montre très restrictive en ne retenant pas une telle qualification dans les hypothèses les plus courantes : braquage à main armée [2], incendie [3], inondation [4].

Pour se prémunir contre les responsabilités très lourdes mises à sa charge, l'établissement de crédit prévoit généralement une clause limitant la valeur totale des objets susceptibles d'être stockés par le client [5]. La première chambre civile de la Cour de cassation semble analyser les stipulations de ce type comme constituant des clauses limitatives de responsabilité avec comme conséquence la paralysie des effets de la clause lorsqu'une faute lourde ou intentionnelle est caractérisée [6]. Certains auteurs [7], confortés en cela par la chambre commerciale [8], estiment en revanche que la clause traduit simplement la volonté de la banque de ne pas souscrire une obligation au-delà d'un certain montant de sorte que l'existence éventuelle d'une faute lourde serait sans incidence sur l'application du plafond [9].

JCP E 1991, II, 190, obs. J. Stoufflet. Pour des applications récentes par les juges du fond, v. Aix-en-Provence, 7 juin 2012, n° 2012/258 : *LEDB* oct. 2012, p. 4, obs. J. Lasserre Capdeville ; Montpellier, 15 janv. 2013, n° 11/06795 : *JurisData* n° 2013-000556.

1. Com. 9 févr. 2016, n° 14-23006, *LEDB* avril 2016, p. 7, obs. R. Routier ; *RDBF* mai 2016, comm. 102, note F.-J. Crédot et Th. Samin.

2. Com. 15 janv. 1985, n° 83-12226 ; *Bull. civ.* IV, 1985, n° 23 ; *RTD com.* 1985. 105, obs. M. Cabrillac ; *Banque* 1985, p. 641, obs. J.-L. Rives-Lange.

3. Com. 11 oct. 2005, n° 03-10975 ; *Bull. civ.* IV, 2005, n° 206 ; *RTD com.* 2006. 177, obs. D. Legeais ; *Banque et Dr.* 2006, n° 105, p. 62, obs. Th. Bonneau ; *CCC* 2006, comm. 19, obs. L. Leveneur ; *RDBF* 2005, comm. 197, obs. F.-J. Crédot et Y. Gérard.

4. Civ. 1re, 21 mai 1957, *Bull. civ.* I, 1957, n° 226 ; *RTD com.* 1957. 690, obs. J. Becqué et H. Cabrillac. V. plus récemment Rennes, 22 déc. 2017, n° 14/09972.

5. V. ss 2829.

6. Civ. 1re, 15 nov. 1988 préc.

7. Th. Bonneau, *Droit bancaire*, LGDJ, 2013, 10e éd., n° 926. V. égal. les obs. de J. Rives Langes citée dans note suivante.

8. Com. 22 mai 1991, n° 88-13700 ; *Banque* 1991, n° 518, p. 759, obs. J.-L. Rives-Lange ; *RDBB* 1991. 194, obs. J.-L. Crédot et Y. Gérard.

9. En ce sens, v. Paris, 9 déc. 2016, n° 15/14153 ; *LEDB* févr. 2017, p. 7, obs. J. Lasserre Capdeville.

La meilleure protection de la banque passe en définitive par les obstacles pratiques que rencontre le client lorsqu'il est amené à établir la valeur des objets perdus ou détruits. Même si la preuve est libre, le client éprouvera les pires difficultés s'il n'est pas en mesure de produire des présomptions graves, précises et concordantes telles que des témoignages, photographies, factures, etc. [1]

1. Nancy, 3 juin 2010, n° 07/02662, *JurisData* n° 2010-027799 (production de factures d'acquisition de bijoux) ; Paris, 21 avr. 2017, n° 15/17741 (de simples déclarations ne suffisent pas à rapporter la preuve de la présence de lingots d'or dans le coffre).

SOUS-TITRE 3

La saisie des biens placés dans le coffre-fort et la gestion des coffres inactifs

2834 ***Prémisses d'un encadrement législatif et réglementaire*** ◊ Les vingt-cinq dernières années ont été marquées par un encadrement législatif plus poussé des pratiques en matière de coffre-fort bancaire, tout au moins s'agissant de la saisie des biens qui y sont déposés et de la gestion des coffres inactifs [1].

---

1. J. Lasserre Capdeville, « L'encadrement juridique du contrat de coffre-fort bancaire », *JCP* n° 13, 30 mars 2015. Doctr. 384, n° 2.

CHAPITRE 1

LA SAISIE DES BIENS PLACÉS DANS LE COFFRE-FORT

2835 ***Obstacles à la saisie*** ◊ La saisie des biens placés dans un coffre s'est longtemps heurtée à deux obstacles majeurs. D'une part, la saisie-arrêt n'était pas envisageable faute de pouvoir envisager le banquier comme un tiers saisi. D'autre part, la saisie-exécution se soldait souvent par un échec dès lors que la notification du commandement de payer 24 heures à l'avance laissait au débiteur le temps de vider le coffre de son contenu.

2836 ***Décret du 31 juillet 1992*** ◊ Depuis un décret n° 92-755 du 31 juillet 1992, le sort des créanciers s'est considérablement amélioré. Les articles R. 224-1 et R. 224-2 du Code des procédures civiles d'exécution prévoient dorénavant une signification adressée au banquier lui faisant injonction d'interdire tout accès au coffre sans la présence de l'huissier, qui dispose d'ailleurs de la possibilité de poser des scellés. La saisie peut déboucher sur la vente des biens contenus dans le coffre, après qu'un commandement de payer resté sans effet ait été signifié au débiteur le jour ouvrable suivant l'acte de saisie et après inventaire du contenu du coffre [1]. La saisie peut également déboucher sur une appréhension suivie d'une remise des biens à un tiers [2] ou encore sur une saisie-conservatoire [3].

L'ouverture peut s'opérer simplement en présence du débiteur, après remise des clefs, ou en son absence avec le concours d'un serrurier et en présence du propriétaire du coffre.

1. C. pr. exéc., art. R. 224-3 s.
2. C. pr. exéc., art. R. 224-10.
3. C. pr. exéc., art. R. 525-1 s.

CHAPITRE 2

LA GESTION DES COFFRES INACTIFS

2837 ***Contrats inactifs*** ◊ Les établissements de crédit ont longtemps profité des situations créées par les contrats d'assurance-vie en déshérence ou les comptes bancaires inactifs sur lesquels des frais de gestion continuaient à être prélevés alors que les fonds auraient dû être déposés à la Caisse des dépôts et consignation [1]. Le législateur n'a réagi que très tardivement à ces phénomènes qui sont pourtant connus de longue date et qui heurtent la morale la plus élémentaire. Il a en effet fallu attendre une loi du 13 juin 2014 [2] dont l'entrée en vigueur a été retardée au 1er janvier 2016 sans que rien ne justifie une telle faveur transitoire.

Profitant des discussions entourant le texte, certains parlementaires ont de manière opportune proposé un amendement afin d'encadrer les problèmes similaires posés par les coffres-forts inactifs. Ceux-ci répondent désormais à une définition légale reposant sur le fait que le « titulaire, le représentant légal de ce dernier ou la personne habilitée par lui ou l'un de ses ayants droit ne s'est pas manifesté, sous quelque forme que ce soit, ni n'a effectué aucune opération sur un compte ouvert à son nom dans les livres de l'établissement pendant une durée d'au moins dix ans et que, à l'issue de cette période de dix ans, les frais de location n'ont pas été payés au moins une fois » [3].

2838 ***Recherche et information du titulaire du contrat*** ◊ Alors que la jurisprudence tendait à ne pas responsabiliser le banquier qui s'abstenait de rechercher l'identité du titulaire du contrat inactif [4], la loi prévoit désormais que l'établissement est tenu de procéder à la recherche du titulaire « éventuellement décédé » en mettant en œuvre des traitements de données personnelles et notamment en consultant tous les ans le répertoire national d'identification des personnes physiques et relatives au décès des personnes inscrites [5]. En parallèle, l'établissement est tenu d'informer le

---

1. V. ss 749.

2. L. n° 2014-617, 13 juin 2014, relative aux comptes bancaires inactifs et aux contrats d'assurance vie en déshérence : *JO* 15 juin 2014 ; J. Lasserre Capdeville, « L'encadrement légal des comptes bancaires et des coffres-forts inactifs : étude d'une évolution », *RDBF* 2014, n° 4, étude n° 17, p. 11.

3. C. com. fin., 312-20, VI, al. 2.

4. Paris, ch. 1, sect. B, 3 oct. 1990 : *JurisData* n° 1990-025070.

5. C. mon. fin., art. L. 312-20, VI, al. 2, qui renvoie à l'article L. 312-19, I, avant dernier alinéa mais la suite du texte évoque paradoxalement une réitération de l'obligation de recherche tous les cinq ans et non tous les ans comme ici.

titulaire, son représentant ou ses ayants droit quant aux conséquences attachées à la qualification de contrat inactif, à savoir l'ouverture du coffre, la vente de son contenu et la perte éventuelle de valeur susceptible d'en découler. Cette information doit être renouvelée tous les cinq ans à compter de la date du premier impayé [1].

2839 ***Ouverture du coffre objet du contrat inactif*** ◊ Vingt ans après la date du premier impayé, l'établissement est autorisé à procéder à l'ouverture du coffre avec l'assistance d'un huissier de justice mais après avoir informé le titulaire, son représentant ou ses ayants droit six mois avant l'expiration du délai [2]. Un inventaire est alors dressé puis l'établissement a la possibilité soit de liquider les titres présents dans le coffre soit de faire vendre aux enchères publiques les biens mobiliers qui avaient été déposés. Le produit est acquis à l'État déduction faite des frais de location impayés mais la banque ne saurait retenir davantage comme par exemple des pénalités ou intérêts de retard ni même les frais engagés pour l'ouverture du coffre et la vente des biens.

La banque n'a ainsi aucun intérêt à favoriser la vente des titres ou des biens au-delà du montant des frais impayés et le texte dispose d'ailleurs expressément qu'elle ne saurait être tenue pour responsable « des effets de la vente sur la valeur des biens concernés » [3].

2840 ***Sort des objets non vendus*** ◊ Pour les objets qui n'ont pu être vendus après deux tentatives intervenues à six mois d'intervalle, ainsi que pour ceux dont la valeur est inférieure à un seuil fixé par arrêté, la banque a la possibilité de les détruire, de les conserver pour le compte du titulaire ou de les transférer à un service public si les biens en cause présentent un intérêt culturel ou historique.

---

1. C. mon. fin., art. L. 312-20, VI, al. 2. Le délai de cinq ans ne s'applique cependant pas à la consultation du répertoire national d'identification des personnes physiques et relatives au décès des personnes inscrites qui doit être réalisée annuellement si le renvoi à l'article L. 312-19, avant dernier alinéa, est interprété dans toute sa rigueur.
2. C. mon. fin., art. L. 312-20, VI, al. 3.
3. C. mon. fin., art. L. 312-20, VI, al. 4.

TITRE 3

LA FOURNITURE DE RENSEIGNEMENTS

2841 ***Généralités*** ◊ La profession de banquier offre un accès privilégié à certaines informations financières ou commerciales susceptibles d'intéresser la clientèle ou les tiers, si bien que les établissements de crédits tendent aujourd'hui à en commercialiser le bénéfice et à en formaliser la pratique par la conclusion de contrats de renseignement, lorsque le service n'est pas assuré à titre gratuit comme élément accessoire d'une autre opération ou comme moyen de fidélisation de la clientèle.

2842 ***Objet du renseignement demandé : secret bancaire*** ◊ Le renseignement objet de l'opération peut concerner un client sur sollicitation d'un autre client ou d'un tiers. Mais il peut également concerner un tiers, à la demande d'un client ou d'un autre tiers. Quel que soit le cas de figure, l'établissement doit apprécier la demande et la possibilité d'y répondre en contemplation du secret bancaire dont la violation est susceptible de déboucher sur des sanctions civiles et pénales [1].

2843 Le secret bancaire ne couvre cependant que les informations confidentielles et précises puisqu'il est d'usage que le banquier puisse donner des appréciations générales sur la situation économique ou financière d'un client en se fondant sur « l'opinion commune de la place ». La Cour de cassation admet ainsi la fourniture de « renseignements [...] simplement commerciaux d'ordre général et économique sur la solvabilité » [2] de

1. V. ss 282 s.
2. Com. 18 sept. 2007, n° 06-10663 : *Bull. civ.* IV, n° 195.

sorte que la banque peut faire état de paiements irréguliers, d'échéances difficiles, de chèques impayés ou au contraire de la bonne réputation et de la bonne tenue des comptes de la personne objet du renseignement [1].

Sont en revanche considérées comme confidentielles les informations portant sur la nature exacte des opérations traitées, les informations nominatives ou encore les informations chiffrées. Il a ainsi été jugé que ne pouvaient être communiqués la dénomination, l'immatriculation et le lieu du siège social lorsque ces informations permettent d'identifier le client d'une banque comme bénéficiaire d'un virement [2] ou encore des informations permettant de connaître la situation médicale d'un client [3], étant précisé que le principe du secret professionnel s'applique également dans les relations interbancaires, quand bien même les établissements de crédit à l'origine de l'échange d'information appartiendraient au même groupe [4].

2844 ***Responsabilité du banquier*** ◊ La question majeure posée par les contrats de renseignements est celle de la responsabilité du banquier en cas de fourniture de renseignements inexacts. Le problème se pose différemment suivant que le préjudice en découlant est causé à la personne ayant sollicité le renseignement ou à celle qui en est l'objet.

---

1. Paris, 6 févr. 1975 : *D.* 1975. 318, note J. Vezian.
2. Com. 21 févr. 2012, n° 11-10900 : *LEDB* avr. 2012, p. 3, n° 039, obs. J. Lasserre Capdeville.
3. Versailles, 23 mars 1994 : *D.* 1994, somm. p. 328, obs. M. Vasseur.
4. En ce sens, C. Gavalda et J. Soufflet, *Droit bancaire*, 9e éd., LexisNexis 2015, n° 1180.

CHAPITRE 1

LA RESPONSABILITÉ DU BANQUIER À L'ÉGARD DE LA PERSONNE À L'ORIGINE DE LA DEMANDE DE RENSEIGNEMENT

2845 ***Nature de la responsabilité*** ◊ Lorsque le banquier a été sollicité par un client ou un tiers moyennant une rémunération, la nature contractuelle de la relation et donc de la responsabilité éventuelle de l'établissement ne fait aucun doute.

En l'absence de toute rémunération, la doctrine et la jurisprudence ont eu tendance à distinguer suivant que le renseignement était sollicité par un client, auquel cas la relation devait être considérée comme étant de nature contractuelle, ou par un tiers avec à la clef une responsabilité qui serait cette fois de nature délictuelle [1]. La doctrine la plus récente tend cependant à relever qu'en répondant à une demande, le banquier exprime une volonté venant rencontrer une offre de sorte que l'existence d'un contrat ne fait en pratique aucun doute [2], fût-il à titre gratuit, d'autant que les établissements font le plus souvent signer une clause de non-responsabilité au client à l'origine de la demande.

Ceci posé, la responsabilité de la banque suppose classiquement la preuve d'une faute contractuelle, d'un préjudice et d'un lien de causalité.

2846 ***Conditions de la responsabilité : préjudice*** ◊ Le préjudice subi par le client résulte le plus souvent de la décision prise par lui de contracter ou de ne pas contracter avec la personne objet du renseignement alors que la solvabilité de cette dernière, ses compétences, sa moralité ou son sérieux ont été mal appréciés du fait des informations fournies par la banque. Le préjudice réside ainsi dans la perte d'une chance de contracter [3] ou de ne pas contracter ou de contracter à des conditions différentes par rapport à celles convenues.

---

1. Jack Vezian, *La responsabilité du banquier*, Montpellier, 1972, n° 304 s. C. Gavalda et J. Stoufflet, *Droit bancaire*, 9ᵉ éd., LexisNexis 2015, n° 1181, soulignant que la responsabilité à l'égard du tiers est toujours délictuelle sans distinguer suivant que le service est proposé à titre gratuit ou non.
2. Th. Bonneau, *Droit bancaire*, 11ᵉ éd., LGDJ 2015, n° 930.
3. Perte d'une chance d'acheter un fonds de commerce par exemple : Com. 2 mai 1989, n° 86-14920 ; *Banque et Dr.* 1990, p. 70.

2847 ***Conditions de la responsabilité : faute*** ◊ La responsabilité de la banque peut en premier lieu découler de l'inexactitude du renseignement fourni. Cependant, l'inexactitude ne saurait en elle-même emporter la responsabilité de la banque dès lors que la jurisprudence pose en la matière le principe d'une obligation de moyen [1]. En pratique, l'établissement cherche à limiter sa responsabilité en accompagnant son renseignement de réserves, celles-ci pouvant par exemple consister à inviter le client à mener ses propres recherches [2]. Précisons que lorsque le banquier s'est adressé à un tiers pour obtenir le renseignement sollicité, par exemple un autre établissement de la place, sa responsabilité n'est jamais engagée du fait de l'inexactitude du renseignement transmis mais seulement lorsque le choix du correspondant s'est opéré dans des conditions fautives, par exemple lorsque la personne sollicitée était manifestement incompétente pour fournir l'information en cause [3].

La responsabilité de la banque peut en second lieu découler d'un simple manquement à son devoir de prudence. Le cas se présente souvent lorsqu'un tiers sollicite une banque afin d'obtenir des renseignements au sujet de l'un de ses clients. L'établissement se trouve alors confronté à une alternative délicate : livrer un renseignement de nature à inspirer une inquiétude au tiers, au risque de nuire à l'intérêt de son client, ou s'abstenir de fournir la moindre indication au risque d'obtenir le même résultat en inspirant une méfiance légitime à la personne à l'origine de la demande. Devant ce dilemme, la banque est tentée de répondre à la demande mais de manière assez neutre, en occultant la situation réelle de son client. La jurisprudence décide dans ce cas qu'en raison de son rôle économique de distributeur de crédit et de la foi qui s'attache à ses informations, une banque doit accompagner sa fourniture de renseignements des nuances et réserves qui s'imposent, à défaut de quoi elle est susceptible de créer une apparence de crédit potentiellement préjudiciable pour les tiers [4]. En revanche, la banque n'est pas responsable lorsqu'elle s'abstient de fournir des informations qu'elle ignore, par exemple l'existence de plusieurs protêts et la situation irrémédiablement compromise de l'un de ses clients [5].

---

1. Com. 30 janv. 1974, n° 72-12710 ; *Bull. civ.* IV, n° 41 ; *RTD com.* 1974. 566, obs. M. Cabrillac et J. Rives-Langes. Com. 22 avr. 1977, n° 75-11531 ; *Bull. civ.* IV, n° 107 ; *Banque* nov. 1977, n° 367, 1244, obs. Martin. Paris, 15ᵉ ch. A, 3 déc. 1986 ; *D.* 1987, somm. 302, Vasseur ; Rev. bancaire 1988. 20, Credot et Gerard ; *RTD com.* 1987. 561, Cabrillac et Teyssie *RTD com.* 1987. 562.

2. Com. 22 avr. 1977, n° 75-11531 ; *Bull. civ.* IV, n° 107 ; *Banque* nov. 1977, n° 367, 1244, obs. Martin, cassant un arrêt d'appel qui avait retenu la responsabilité d'une banque alors que celle-ci avait invité son client à vérifier lui-même la situation commerciale de la société objet du renseignement.

3. Com. 12 déc. 1984, G.P., 16-17 févr. 1985, p. 115. Voir, cependant : Paris, 26 mars 1982, *RTD com.* 1982. 276 et 1984. 321.

4. Com. 9 juin 1980, n° 78-15100 ; *Bull. civ.* IV, n° 241.

5. Com. 8 déc. 1987, n° 85-18460 ; *Bull. civ.* IV, n° 263, dans une espèce où la banque était assignée par une caution mais la Cour a relevé qu'il n'était pas établi que cette dernière avait fait de la solvabilité de l'emprunteur une condition déterminante de son engagement.

848 ***Conditions de la responsabilité : lien de causalité*** ◊ Le demandeur échoue parfois à établir le lien de causalité entre la faute alléguée et le préjudice dont il est demandé réparation. Le cas se présente en général lorsque l'information à l'origine de la faute est communiquée à un moment où la victime a déjà contracté avec la personne objet du renseignement [1].

1. Com. 5 févr. 1962, *Bull. civ.*, n° 70, *Banque* 1962, 269, note X. Marin ; *RTD com.* 1962. 451, obs. J. Becque et H. Cabrillac.

CHAPITRE 2

LA RESPONSABILITÉ DU BANQUIER À L'ÉGARD DE LA PERSONNE OBJET DE LA DEMANDE DE RENSEIGNEMENT

2849 ***Nature de la responsabilité*** ◊ Lorsque le préjudice est causé à la personne objet du renseignement, la nature délictuelle de la responsabilité de la banque ne fait aucun doute en raison de l'absence de relation contractuelle entretenu avec la victime. Une solution identique est applicable lorsque la victime est un client de la banque, à moins que le comportement de cette dernière puisse être rattaché à l'une quelconque des obligations mises à sa charge au titre des contrats conclus avec le client, par exemple la convention de compte-courant.

2850 ***Responsabilité civile*** ◊ La banque peut en premier lieu engager sa responsabilité civile en communiquant un renseignement inexact à même de compromettre la réputation commerciale de la personne qui en est l'objet. L'atteinte à la réputation n'est cependant réparable que si celle-ci a réellement été affectée par le renseignement fourni par la banque. Ainsi, dans une espèce où une banque avait, de manière erronée, fait état, dans une note de renseignement, du règlement judiciaire d'une entreprise, les magistrats ont refusé de condamner l'établissement à la réparation du préjudice constitué par la perte de la réputation commerciale de la personne objet du renseignement dès lors le renseignement avait été fourni à une seule « personne physique isolée » et que « l'état très alarmant de la trésorerie de [la société] ne pouvait être un secret sur la place [...] et dans le milieu des créanciers et des fournisseurs de celle-ci et que le dommage que [les demandeurs] entend[ai]ent mettre à la charge [de la banque] [était] en fait la suite inévitable de difficultés financières impossibles à dissimuler » [1].

La banque peut en second lieu engager sa responsabilité en présence d'un renseignement pourtant exact mais seulement lorsque celui-ci était confidentiel [2] ou lorsque sa divulgation était animée par une intention de

1. Com. 2 mai 1989, n° 86-14920 ; *Banque et Dr.* 1990, p. 70.
2. V. ss 2842.

nuire. Celle-ci ne saurait être prise en considération lorsque le banquier a adopté une attitude conforme aux exigences attachées à une bonne distribution du crédit et donc inspirée par des considérations d'intérêt général, par exemple lorsqu'un établissement en informe un autre de la situation financière difficile d'une personne sollicitant un prêt [1].

851 ***Responsabilité pénale*** ◊ La communication de renseignements inexacts peut exceptionnellement relever de la diffamation non publique, infraction de droit commun échappant au régime spécifique des infractions de presse. Visée à l'article R. 621-1 du Code pénal, l'infraction est sanctionnée de l'amende prévue pour les contraventions de la première classe. La caractérisation d'une diffamation non publique suppose cependant que les propos ou écrits litigieux n'aient pas été confinés dans l'espace restreint de l'échange entre la banque et son client. La Cour de cassation considère en effet que « les expressions diffamatoires, formulées dans un entretien privé entre deux personnes, et visant un tiers, ne sont punissables que si les propos ont été tenus dans des conditions exclusives de tout caractère confidentiel » [2]. En conséquence, doit être démontrée la volonté de l'auteur des propos ou écrits de les voir porter à la connaissance des tiers. La frontière avec la diffamation publique, qui suppose une intervention des médias, est ainsi délicate à tracer.

1. Colmar, 24 mars 1961, *RTD com.* 896, obs. J. Becque et H. Cabrillac : la communication de renseignements à d'autres banquiers pour l'établissement d'une liste noire n'est pas en soi fautive dès lors que la liste est établie « dans l'intérêt du crédit et de l'économie en général ».

2. Crim. 14 oct. 2014, n° 13-85512 ; *Bull. crim.* n° 206.

INDEX ALPHABÉTIQUE

(Les chiffres renvoient aux numéros de paragraphe)

D

E

F

G

P

R

S

T

U

V

TABLE DES MATIÈRES

718950-719100 (I) – OSB-Pr 40 g – JOU (FLE)
Achevé d'imprimer en août 2019
N° 2914259R - Dépôt légal : septembre 2019
Imprimé en France par Jouve
1 rue du Docteur Sauvé, 53100 MAYENNE